Münchener Vertragshandbuch
Band 6. Bürgerliches Recht II

# Münchener Vertragshandbuch

## Band 6. Bürgerliches Recht II

Herausgegeben von

**Sebastian Herrler**

Notar in München

Bearbeitet von

*Stephan Altenburg,* Rechtsanwalt und Fachanwalt für Arbeitsrecht in München;
*Dr. Christoph Döbereiner,* Notar in München;
*Dr. Stefan Heinze,* Notar in Köln;
*Dr. Susanne Herrler,* Notarin in Nürnberg;
*Carsten Huch-Hallwachs,* Rechtsanwalt und Fachanwalt für Arbeitsrecht in München;
*Dr. Thomas Kornexl,* Notar in Nürnberg;
*Dr. Christoph Mecking,* Rechtsanwalt in Berlin;
*Dr. Dirk-Ulrich Otto, Notar a.D.,* Geschäftsführer in Leipzig;
*Dr. Susanne Rücker,* Rechtsanwältin und Fachanwältin für Arbeitsrecht in München;
*Kathrin Wenzel,* Rechtsanwältin und Fachanwältin für Arbeitsrecht in München;
*Dr. Gerhard Widmayer,* Steuerberater in München

8., neubearbeitete und erweiterte Auflage 2020

C.H.BECK

Zitiervorschlag: MVHdB VI BürgerlR II/*Bearbeiter* Form. … Anm. …

**www.beck.de**

Band 6 der 8. Auflage:
ISBN 978 3 406 70496 3

Gesamtabnahme der Bände 1–6 der 8. Auflage:
ISBN 978 3 406 70490 1


Wilhelmstraße 9, 80801 München
Druck: Beltz Grafische Betriebe GmbH
Am Fliegerhorst 8, 99947 Bad Langensalza

Satz: Reemers Publishing Services GmbH, Krefeld
Umschlaggestaltung: Fotosatz Amann GmbH & Co. KG, Memmingen

Gedruckt auf säurefreiem, alterungsbeständigem Papier
(hergestellt aus chlorfrei gebleichtem Zellstoff)

# Vorwort zur 8. Auflage

Bislang folgte die Gliederung der beiden Bände Bürgerliches Recht (Bände 5 und 6) der Gliederung des BGB; die Nebengesetze wurden daher in Band 6 behandelt. Thematisch gehören das Wohnungseigentum und das Erbbaurecht indes zum Immobilienrecht. In der nun vorliegenden 8. Auflage des Münchener Vertragshandbuchs werden sämtliche Darstellungen zum Immobilienrecht in Band 5 zusammengefasst. Neben den Kapiteln Erbbaurecht und Wohnungseigentum wurden die Ausführungen zu den immobiliarsachenrechtlichen Verträgen und Erklärungen sowie die Zuwendungsverträge, die zahlreiche immobilienrechtliche Bezüge aufweisen, in den „Immobilienrechtsband" 5 verschoben. Die arbeitsrechtlichen Formulare finden sich demgegenüber nunmehr in Band 6.

Nach dem Generationenwechsel in der 7. Auflage ist es in der 8. Auflage lediglich zu drei personellen Veränderungen in dem neu zusammengestellten Band 6 gekommen. Aus dem Kreise der Autoren ist auf seinen Wunsch Dipl.-Kfm. *Klaus Neuhoff* ausgeschieden. Ihm sei an dieser Stelle für seine langjährige Mitwirkung herzlich gedankt! An seine Stelle ist Rechtsanwalt Dr. *Christoph Mecking* getreten, der das Kapitel zur nichtrechtsfähigen/unselbständigen Stiftung (nunmehr „Gemeinwohlorientierte Vermögenszuwendungen") komplett neu verfasst und um zahlreiche Formulare erweitert hat. Rechtsanwältin *Kathrin Wenzel* hat die Bearbeitung der dienst- bzw. arbeitsvertraglichen Muster XIX. 1–5, 25a, 31, 41–43 übernommen, die bisher in der Hand von Dr. *Huch-Hallwachs* bzw. Frau Dr. *Rücker* (vormals *Adlberger*) lagen. Zur Autorenschaft hinzugetreten ist zudem Rechtsanwalt Stephan Altenburg, der für das kollektive Arbeitsrecht verantwortlich zeichnet.

In der Neuauflage wurden unter anderem die Europäischen Güterrechtsverordnungen (EuGüVO), das Gesetz zur Änderung der materiellen Zulässigkeitsvoraussetzungen von ärztlichen Zwangsmaßnahmen und zur Stärkung des Selbstbestimmungsrechts von Betreuten vom 17.7.2017 betreffend §§ 1901a, 1906, 1906a BGB, die umfangreiche Rechtsprechung (u.a. des BVerfG zu den inhaltlichen Anforderungen an eine Patientenverfügung und des EuGH zur EuErbVO [güterrechtliches Viertel nach § 1371 Abs. 1 BGB; Vindikationslegate]) und die für die Kautelarpraxis relevanten Stellungnahmen in der Literatur seit Erscheinen der 7. Auflage im Jahr 2016 berücksichtigt.

Folgende Vertragsmuster wurden in der 8. Auflage neu aufgenommen:

- Letztwillige Verfügungen in der Patchworkfamilie – XII.16a,
- Stiftungsgeschäft unter Lebenden zur Errichtung einer nichtrechtsfähigen Stiftung als Schenkung unter Auflage in Abgrenzung zur Treuhand – XV.1,
- Trägerwechsel bei der nichtrechtsfähigen Stiftung – XV.7,
- Vertrag über eine Zustiftung – XV.9,
- Vertrag über ein Stifterdarlehen – XV.11,
- Betriebsvereinbarung – XIX.55.

Abschließend sei Herrn Dr. *Gerhard Widmayer* für die übergreifende steuerliche Bearbeitung, *Cornelia Ruhland* für das Lektorat und *Elise Hartwich* für die Anfertigung des Sachregisters gedankt.

Für Anregungen, Hinweise, Lob und Kritik sind Autoren und Herausgeber stets dankbar (herrler@brienner13.de).

München, im Dezember 2019 *Sebastian Herrler*

# Aus dem Vorwort zur 1. Auflage

Der vorliegende Band (. . .) des Münchener Vertragshandbuchs behandelt neben den klassischen zivilrechtlichen Gebieten des Sachen-, Familien- und Erbrechts die im bürgerlichen Recht verwurzelten, mehr oder weniger stark von sozialrechtlichen Schutzgedanken bestimmten Spezialgebiete (. . .). Dieser Kernbereich jeder kautelarjuristischen Tätigkeit wurde entsprechend den Zielen des Gesamtwerks unter vollständiger Berücksichtigung von Rechtsprechung und Literatur für die Vertragsgestaltung bearbeitet.

Bei ihrer Arbeit haben sich die Autoren – alle erfahrene Praktiker in ihren Gebieten – das Ziel gesetzt, die vielfältigen Gestaltungsmöglichkeiten sowie die hiermit zusammenhängenden Rechtsprobleme umfassend darzustellen und in Formulare umzusetzen. Sie haben dabei wertvolle Anregungen, die in der fast unübersehbaren Literatur verloren zu gehen drohen, aufgegriffen und verarbeitet. Ebenso haben sie sich nicht gescheut, sich aus der intensiven Beschäftigung mit der Materie eröffnende neue Wege zu beschreiten.

Derartige Pionierarbeit bot sich nicht nur in den Bereichen an, in denen dies neue Gesetze oder wichtige Gesetzesänderungen erforderten, sondern auch in anscheinend ruhigeren Materien wie dem Erbrecht, dessen Bearbeitung hier beispielhaft für die Eigenstämmigkeit der Kautelarjurisprudenz stehen kann.

In nicht wenigen Fällen, etwa beim Grundstücksnießbrauch als einem Instrument der Steuerung lebzeitiger oder letztwilliger Vermögensnachfolge, wird die Vertragsgestaltung sehr stark durch steuerrechtliche Überlegungen beeinflußt oder diktiert. Aber auch in allen anderen Fällen wurde das Steuerrecht bei der Gestaltung der Formulare berücksichtigt.

Wie in den bereits erschienenen Bänden des Münchener Vertragshandbuchs waren Herausgeber und Autoren gleichermaßen bestrebt, die Anmerkungen zu den einzelnen Formularen so aufzubauen und zu gestalten, daß sie sich auch als Einführung in die jeweilige Materie sowie zur Vertiefung vorhandener Kenntnisse eignen. Vor allem dienen die Anmerkungen jedoch dazu, alternative Gestaltungsmöglichkeiten zu den gewählten Formularen aufzuzeigen, da diese grundsätzlich nur Vorschlagscharakter haben und den Besonderheiten des einzelnen Falles angepaßt werden müssen.

(. . .)

Gewicht und Verantwortung der Kautelarjurisprudenz liegen in ihrer Funktion, Rechtsverhältnisse zukunftsweisend – nicht selten über Jahrzehnte hinweg – zu gestalten. Da dies die vom Gesetzgeber und Richter zu gewährleistende Rechtssicherheit und damit auch die Verläßlichkeit einmal gesetzten Rechts voraussetzt, sind ihre Feinde insofern eine übereilte, nur am politischen Tageserfolg orientierte Gesetzgebung sowie eine zu sehr auf die gerechte Lösung des Einzelfalls ausgerichtete Rechtsprechung. Es ist der Wunsch des Herausgebers und der Autoren, mit diesem Band auch dazu beizutragen, den Blick wieder mehr auf die Rechtssicherheit zu lenken, die der englische Rechtsdenker Bentham als Grundlage allen Planens, Arbeitens und Sparens, als Garanten der Kontinuität des Lebens und als entscheidendes Kennzeichen der Zivilisation gefeiert hat.

Karlsruhe, im März 1983 *Gerrit Langenfeld*

# Inhaltsübersicht zum Gesamtwerk
# (7./8. Auflage)

## Band 1: Gesellschaftsrecht
## 8. Auflage

I. Gesellschaft des bürgerlichen Rechts, Partnerschaftsgesellschaft
II. Offene Handelsgesellschaft
III. Kommanditgesellschaft
IV. Gesellschaft mit beschränkter Haftung
V. Aktiengesellschaft
VI. Genossenschaft
VII. Verein
VIII. Stiftung
IX. Stille Beteiligung, Unterbeteiligung, gesellschaftsrechtliche Treuhand
X. Konzernrechtliche Verträge, Eingliederung, Ausschluss von Minderheitsaktionären
XI. Verschmelzung
XII. Spaltung
XIII. Formwechselnde Umwandlung
XIV. Europäische Aktiengesellschaft (SE)
XV. Europäische Genossenschaft (SCE)

## Band 2: Wirtschaftsrecht I
## 7. Auflage

I. Unternehmenskauf
II. Industrieanlagengeschäft
III. Vertriebsverträge
IV. Bankverträge
V. Kreditsicherungen
VI. Finanzierungsverträge
VII. Kartellvertragsrecht
VIII. Verträge im öffentlichen Bau- und Schließungsrecht
IX. Public-Private Partnership
X. Energielieferungsverträge

## Band 3: Wirtschaftsrecht II
7. Auflage

I. Internationales Transportrecht
II. Forschungs- und Entwicklungsverträge
III. Qualitätssicherung
IV. Software- und IT-Verträge
V. Online-Dienste, E-Commerce, Internet, Domains
VI. Patent- und Know-how-Lizenzvertragsrecht
VII. Arbeitnehmererfindungsrecht
VIII. Markenrecht
IX. Urheber- und Verlagsrecht
X. Werbe- und Wettbewerbsrecht
XI. Sport- und Sendungssponsoring

## Band 4: Wirtschaftsrecht III
(Englischsprachige Formulare mit deutschen Anmerkungen)
8. Auflage

I. Vertragsvorbereitende und -begleitende Maßnahmen
II. Schiedsklauseln
III. Vertriebsverträge
IV. Wichtige Dokumentationsbestandteile beim Unternehmenskauf
V. Internationale Kauf- und Lieferverträge
VI. Internationales Industrieanlagengeschäft
VII. Internationale Bankgeschäfte
VIII. Seefrachtrecht
IX. Lizenz- und Know-how-Verträge
X. Compliance

## Band 5: Bürgerliches Recht I
8. Auflage

I. Grundstückskaufverträge
II. Mietrecht
III. Immobilienrechtliche und sonstige Dienstleistungs- und Werkverträge; Versandhandel
IV. Zuwendungsverträge
V. Erbbaurechtsverträge
VI. Wohnungseigentum
VII. Sachenrechtliche Verträge und Erklärungen

## Band 6: Bürgerliches Recht II
8. Auflage

VIII. Vollmachten
IX. Eheverträge, Scheidungsvereinbarungen
X. Annahme als Kind
XI. Formelle Gestaltung der Verfügung von Todes wegen
XII. Testamente, Erbverträge
XIII. Erbrechtliche Unternehmensnachfolge
XIV. Nachfolgeregelungen im Internationalen Bereich
XV. Gemeinwohlorientierte Vermögenszuwendungen
XVI. Erb- und Pflichtteilsverzicht
XVII. Erbauseinandersetzung
XVIII. Erbschaftskauf
XIX. Dienst- und Arbeitsvertragsrecht

# Inhaltsverzeichnis


Vorwort zur 8. Auflage ..... V
Aus dem Vorwort zur 1. Auflage ..... VI
Inhaltsübersicht zum Gesamtwerk ..... VII
Bearbeiter der 8. Auflage ..... XVII
Abkürzungs- und Literaturverzeichnis ..... XIX


## VIII. Vollmachten

*Vollmachten einschließlich Vorsorgevollmacht, Betreuungsverfügung und Patientenverfügung*


Einleitung ..... 1
1. Spezialvollmacht und Generalvollmacht ..... 5
2. Untervollmacht (Beispiel: Delegation bzgl. Ausübung der Gesellschafterrechte an einer GmbH) ..... 6
3. Vollmachten im Grundstücksverkehr ..... 8
4. Vollmacht zur Veräußerung von Grundstücken ..... 8
5. Vollmacht zum Erwerb von Grundstücken ..... 8
6. Grundstücksvollmacht im Unternehmensbereich ..... 9
7. Zwangsversteigerungsvollmacht (Bietervollmacht) ..... 9
8. Vollmachtsbescheinigung gemäß § 21 Abs. 3 BNotO in Verbindung mit § 34 GBO ..... 9
9. Vorsorgevollmacht/Betreuungs- und Patientenverfügung ..... 15
10. Vorsorgevollmacht/Betreuungs- und Patientenverfügung (gemeinsame Beurkundung, ausführlich) ..... 18
11. Die Vorsorgevollmacht des Unternehmers ..... 31
12. Vollmachten mit erbrechtlichem Bezug ..... 38
13. Allgemeine Vollmachten im Gesellschaftsrecht ..... 40
14. Notarielle Vollzugsvollmachten ..... 43
15. Internationale Vollmachten ..... 50


## IX. Eheverträge, Scheidungsvereinbarungen


1. Faire Teilhabe beider Partner ohne Streitpotenzial im Scheidungsfall (Das „Ein-Topf-Modell“) ..... 53
2. Faire Korrektur der gesetzlichen Vorgaben: Herausnahme echter Wertsteigerungen aus dem Zugewinn und unterhaltsverstärkende Vereinbarung bei Kinderbetreuung ..... 90
3. Keine Teilhabemechanismen erforderlich: Der Ehevertrag zweier Partner mit gesicherter wirtschaftlicher Ausgangslage ..... 103
4. Einschränkung der Teilhabe am Zugewinn: Der Ehevertrag bei Diskrepanz des Zugewinnpotenzials ..... 112
5. Die Güterstandsschaukel ..... 119
6. Die rückwirkende Aufhebung der Gütertrennung ..... 125

7. Die Scheidungsfolgenvereinbarung: Konkrete Festlegungen zu den Folgen der bevorstehenden Scheidung ... 129
8. Die „Scheidungsimmobilie“: Störungsfrei zum Alleineigentum eines der Ex-Partner ... 157
9. Rechtswahl vor Eheschließung nach Art. 22 EuGüVO ... 169
10. Rechtswahl nach Eheschließung nach Art. 22 EuGüVO ... 187
11. Ehevertrag bei Heirat mit einem Muslim (Islamischer Ehevertrag) ... 190

## X. Annahme als Kind

1. Gemeinschaftliche Adoption: Ehegatten nehmen gemeinsam ein minderjähriges, nichteheliches Kind an (§§ 1741 Abs. 2 S. 2, 1752, 1754 ff. BGB), Vornamenänderung ... 197
2. Stiefkindadoption: Ein Ehegatte/Lebenspartner nimmt das minderjährige Kind des anderen an (§§ 1741 Abs. 2 S. 3, § 1752, §§ 1754 ff. BGB, evtl. iVm § 9 Abs. 7 LPartG) ... 203
3. Adoption durch Unverheiratete: Annahme des verwaisten Kindes durch die unverheiratete Tante (§§ 1741 Abs. 2 S. 1, 1752, 1754 ff. BGB) ... 208
4. Einwilligung des verwaisten Kindes in die Annahme (§§ 1746, 1750 BGB) ... 210
5. Einwilligung der Mutter in die Annahme (§§ 1747, 1746, 1750 BGB) ... 211
6. Einwilligung in die Inkognito-Adoption (§§ 1747 Abs. 2 S. 2, 1750 BGB) ... 213
7. Verzicht des Vaters auf Beantragung der Übertragung der Sorge für das nichteheliche Kind (§ 1747 Abs. 3 Nr. 2 BGB) ... 215
8. Widerruf der Einwilligung durch das vierzehnjährige nicht geschäftsunfähige Kind (§ 1746 Abs. 2 BGB) ... 216
9. Volljährigenadoption: Annahme eines volljährigen Stiefkindes (§§ 1767 ff. BGB) ... 217
10. Antrag auf Anerkennungs- und Wirkungsfeststellung nach § 2 Adoptionswirkungsgesetz ... 221
11. Antrag auf Umwandlungsausspruch nach § 3 Abs. 1 Adoptionswirkungsgesetz ... 222

## XI. Formelle Gestaltung der Verfügungen von Todes wegen

1. NotariellesTestament durch mündliche Erklärung ... 227
2. Notarielles Testament durch Übergabe einer offenen Schrift ... 241
3. Notarielles Testament durch Übergabe einer verschlossenen Schrift ... 243
4. Übersicht über Sondervorschriften für Verfügungen von Todes wegen behinderter Personen ... 244
5. Notarielles Testament eines Schreibunfähigen ... 247
6. Notarielles Testament eines Blinden ... 249
7. Notarielles Testament eines Tauben (Gehörlosen), der sprechen kann und mit dem eine schriftliche Verständigung möglich ist ... 251
8. Notarielles Testament eines Tauben (Gehörlosen), mit dem eine schriftliche Verständigung nicht möglich ist, der jedoch sprechen kann ... 253
9. Notarielles Testament eines Stummen durch Übergabe einer Schrift unter Zuziehung eines Zeugen ... 256
10. Notarielles Testament eines Taubstummen, mit dem schriftliche Verständigung möglich ... 258
11. Notarielles Testament eines der deutschen Sprache Unkundigen ... 259
12. Mündlich erklärtes notarielles Testament durch Jasagen ... 262
13. Nottestament vor dem Bürgermeister durch mündliche Erklärung ... 264

14. Dreizeugentestament ... 268
15. Erbvertragsbeurkundung ... 271
16. Beurkundung eines Ehe- und Erbvertrages ... 277
17. Gemeinschaftliches Testament ... 279

## XII. Testamente, Erbverträge

*Grundlagen der Beratung*

1. Checkliste zur Errichtung von Verfügungen von Todes wegen ... 281
2. Grundlagen einer steuerorientierten Nachlassreglung ... 295

*Zuwendung des Nachlasses im Ganzen oder zu Bruchteilen*

3. Testament mit Erb- und Ersatzerbeinsetzung, gemeinschaftlichem Erbteil und Anwachsung ... 302

*Zuwendung einzelner Nachlassgegenstände*

4. Testament mit Vermächtnisanordnungen verschiedener Art, Testamentsvollstreckung und Auflagen. Digitaler Nachlass ... 309
5. Testament mit gegenständlicher Verteilung des Nachlasses und Bestimmungsrecht des Testamentsvollstreckers ... 323
6. Auf den Tod des Erben aufschiebend befristetes Herausgabevermächtnis. Optimierung von Steuerfreibeträgen ... 331
7. Testament mit Nachvermächtnis und Untervermächtnis ... 337
8. Vorzeitiges Unternehmertestament ... 340
9. Vermächtnis einer Rente, einer dauernden Last und eines Wohnungsrechts .. 353
10. Kapitalvermächtnis mit Rentenoption ... 361

*Einflussnahme des Erblassers auf den Nachlass über den Tod hinaus*

11. Gemeinschaftliches Ehegattentestament mit Vorerbschaft des Überlebenden . 365
12. „Gegenständlich beschränkte Nacherbfolge“, Befugnis des Vorerben zur Auswahl des Nacherben und bedingte Nacherbschaft ... 390
13. Anordnung mehrfacher Nacherbfolge. Ersatznacherbschaft ... 398
14. Testament mit „gegenständlicher“ Nacherbfolge an Grundstücken ... 402
15. Erbvertrag mit Nacherbfolge und Pflichtteilsverzicht des Vorerben zur Ausschließung der Weitervererbung und Ausschaltung entfernterer Pflichtteilsberechtigter ... 404
16. Geschiedenen-Testament ... 408
16a. Letztwillige Verfügungen in der Patchworkfamilie ... 416
17. Der im eigenen Interesse durch Nacherbfolge und Testamentsvollstreckung beschränkte überschuldete Ehegatte („Bedürftigen-Testament 1“) ... 422
18. Wohlmeinende Pflichtteilsbeschränkung eines überschuldeten Abkömmlings durch Nacherbfolge und Testamentsvollstreckung(„Bedürftigen-Testament 2“) ... 427
19. Das Behindertentestament ... 431
20. Ehegattentestament mit Nießbrauchsvermächtnis des Überlebenden und seiner Einsetzung als Testamentsvollstrecker ... 442
21. Nießbrauchsvermächtnis an Erbteilen ... 452
22. Vermächtnis eines Quotennießbrauchs an einem Grundstück und eines Nießbrauchs an Wertpapieren mit Einsetzung des Nießbrauchers als Testamentsvollstrecker ... 455

23. Testament mit Vermächtnissen, Auflagen, Verwirkungsklauseln, Teilungsanordnungen und -verboten, Übernahmerechten, Ausgleichsanordnung, familienrechtlichen Anordnungen, Honorierung einer Pflegeleistung, Testamentsvollstreckung und Schiedsklausel ... 461

*Bindung an die Erklärungen einer zweiten Person*

24. Gegenseitiges Berliner Testament ... 486
25. Berliner Testament mit gegenständlich beschränkter Freistellung ... 510
26. Erbvertrag mit Unterhalts- und Verfügungsunterlassungsvertrag ... 513
27. Erbvertrag bei nichtehelicher nichteingetragener Lebensgemeinschaft ... 527
28. Schenkungsvertrag mit auf den Tod verzögerter Erfüllung ... 530

## XIII. Erbrechtliche Unternehmensnachfolge

1. Nachfolgeregelungen auf den Todesfall bei Personengesellschaften ... 535
2. Nießbrauchsvermächtnis an einem Einzelunternehmen mit Rentenoption und Bestellung des Nießbrauchers zum Testamentsvollstrecker (Dispositionsnießbrauch) ... 564
3. Nießbrauchsvermächtnis an der Beteiligung an einer OHG ... 571
4. Nießbrauchsvermächtnis an der Beteiligung an einer KG ... 579
5. Nießbrauchsvermächtnis am Geschäftsanteil einer GmbH ... 585

## XIV. Nachfolgeregelungen im internationalen Bereich

1. Dokumentation des gewöhnlichen Aufenthalts nach Art. 21 EuErbVO ... 593
2. Rechtswahl im einseitigen Testament nach Art. 22 Abs. 2, 24 Abs. 2 EuErbVO ... 604
3. Rechtswahl im Erbvertrag nach Art. 25 Abs. 3 EuErbVO ... 612

## XV. Gemeinwohlorientierte Vermögenszuwendungen

1. Stiftungsgeschäft unter Lebenden zur Errichtung einer nichtrechtsfähigen Stiftung (Schenkung unter Auflage) ... 627
2. Stiftungsgeschäft unter Lebenden zur Errichtung einer nichtrechtsfähigen Stiftung (Treuhand) ... 639
3. Stiftungsgeschäft von Todes wegen zur Errichtung einer nichtrechtsfähigen Stiftung (Stiftungsträger ist Erbe) ... 644
4. Stiftungsgeschäft von Todes wegen zur Errichtung einer nichtrechtsfähigen Stiftung (Stiftungsträger ist Vermächtnisnehmer) ... 647
5. Satzung einer nichtrechtsfähigen Stiftung (mit eigenem Gremium) ... 648
6. Satzung einer nichtrechtsfähigen Stiftung (ohne eigenes Gremium) ... 657
7. Trägerwechsel ... 660
8. Vertrag zur Errichtung eines Stiftungsfonds ... 662
9. Vertrag über Zustiftung ... 664
10. Zweckempfohlene Spende (Schenkung unter Auflage zur zeitnahen Verwendung) ... 667
11. Vertrag über ein Stifterdarlehen ... 669

## XVI. Erb- und Pflichtteilsverzicht


1. Bedingter und gegenständlich beschränkter Pflichtteilsverzicht ... 675
2. Übersicht über die Pflichtteilsrechte von Erben und Vermächtnisnehmern ... 701


## XVII. Erbauseinandersetzung


1. Erbauseinandersetzungsvertrag ... 705


## XVIII. Erbschaftskauf


1. Erbteilskauf- und Übertragungsvertrag ... 719


## XIX. Dienst- und Arbeitsvertragsrecht


1. Dienstvertrag eines freien Mitarbeiters ... 737

*Vorvertragliche Formulare*

2. Einladung zu einem Bewerbungsgespräch ... 746
3. Personalfragebogen ... 747
4. Einwilligung in eine psychologische Eignungsuntersuchung ... 752
5. Einwilligung in eine werks- oder vertrauensärztliche Eignungsuntersuchung . 754

*Arbeitsverträge und Verträge mit zu ihrer Berufsausbildung beschäftigten Personen*

6. Einfacher Arbeitsvertrag ... 757
7. Ausführlicher Arbeitsvertrag ... 769
8. Arbeitsvertrag mit Tarifunterstellung ... 779
9. Arbeitsvertrag für Außendienst ... 783
10. Arbeitsvertrag für außertarifliche Angestellte ... 792
11. Arbeitsvertrag für leitende Angestellte ... 797
12. Befristeter Arbeitsvertrag ... 804
13. Arbeitsvertrag für Aushilfskräfte ... 814
14. Arbeitsvertrag über Telearbeit/Homeoffice ... 817
15. Gruppenarbeitsvertrag ... 829
16. Berufsausbildungsvertrag ... 837
17. Praktikantenvertrag ... 848
18. Fortbildungsvereinbarung ... 853

*Nebenabreden*

19. Aufschlüsselung des Lohnes für gewerbliche Arbeitnehmer ... 858
20. Aufschlüsselung des Gehalts für Angestellte ... 862
21. Wettbewerbsvereinbarung für Arbeitnehmer ... 863
22. Mankovereinbarung ... 870
23. Vereinbarung über Vertragsstrafe ... 872
24. Abtretung von Schadensersatzansprüchen ... 876
25. Versorgungszusage für betriebliches Ruhegeld ... 877
25a. Vereinbarung über unbezahlten Urlaub ... 902
25b. Vereinbarung über Umzugskosten mit Rückzahlungsklausel ... 904
26. Dienstwagenvertrag ... 907

27. Vereinbarung über Dienstfahrten mit dem Privatfahrzeug' (Privatwagenvertrag) ..... 913
28. Arbeitgeberdarlehen ..... 917
29. Weihnachtsgratifikation mit Bindungsklauseln ..... 922
29a. Einmalige Bonuszahlung mit Freiwilligkeitsvorbehalt ..... 930
30. Anwesenheitsprämie durch zusätzlichen Urlaub ..... 932
31. Aufhebungsvertrag ..... 936

*Einseitige Erklärungen*

32. Anfechtung ..... 949
33. Abmahnung ..... 952
34. Ordentliche Kündigung durch den Arbeitgeber ..... 957
34a. Ordentliche Kündigung mit Abfindungsangebot nach § 1a KSchG ..... 966
35. Änderungskündigung ..... 969
36. Teilkündigung ..... 973
37. Außerordentliche Kündigung durch den Arbeitgeber ..... 975
38. Kündigung durch den Arbeitnehmer ..... 979
39. Erteilung des Urlaubs ..... 981
40. Urlaubsbescheinigung ..... 990
41. Dienstbefreiung zur Arbeitsplatzsuche ..... 992
42. Anzeige einer Arbeitsverhinderung ..... 994
43. Freistellung von der Arbeitspflicht ..... 997
44. Versetzung ..... 1001
45. Ausgleichsquittung ..... 1005
46. Zwischenbescheinigung für Arbeitspapiere ..... 1010
47. Einfaches Zeugnis ..... 1013
48. Qualifiziertes Zeugnis ..... 1014

*Verträge mit arbeitsrechtlicher Drittbeteiligung*

49. Arbeitnehmerüberlassungsvertrag ..... 1023
50. Leiharbeitsvertrag ..... 1035
51. Mittelbares Arbeitsverhältnis ..... 1040
52. Gruppenakkordvertrag ..... 1043
53. Arbeitsvertrag mit Arbeitsplatzteilung (Job-sharing)' ' ..... 1048
54. Dienstwohnungsvertrag ..... 1054

*Kollektives Arbeitsrecht*

55. Betriebsvereinbarung ..... 1056

Sachverzeichnis ..... 1065

# Bearbeiter der 8. Auflage

## Band 6

| | | |
|---|---|---|
| Stephan Altenburg | XIX. | Dienst- und Arbeitsvertragsrecht Form. 55 |
| Dr. Christoph Döbereiner | IX. | Eheverträge, Scheidungsvereinbarungen Form. 9–11 |
| | XII. | Testamente, Erbverträge Form 16 a |
| | XIII. | Erbrechtliche Unternehmensnachfolge |
| | XIV. | Nachfolgeregelungen im Internationalen Bereich |
| Dr. Stefan Heinze | VIII. | Vollmachten |
| Dr. Susanne Herrler | X. | Annahme als Kind |
| Carsten Huch-Hallwachs | XIX. | Dienst- und Arbeitsvertragsrecht Form. 26, 27, 32–38, 44–46, 49-54 |
| Dr. Thomas Kornexl | IX. | Eheverträge, Scheidungsvereinbarungen Form. 1–8 |
| Dr. Christoph Mecking | XV. | Gemeinwohlorientierte Vermögenszuwendungen |
| Dr. Dirk-Ulrich Otto | XI. | Formelle Gestaltung der Verfügungen von Todes wegen |
| | XII. | Testamente, Erbverträge |
| | XVI. | Erb- und Pflichtteilsverzicht |
| | XVII. | Erbauseinandersetzung |
| | XVIII. | Erbschaftskauf |
| Dr. Susanne Rücker | XIX. | Dienst uns Arbeitsvertragsrecht Form. 6–25, 25b, 28–30, 39, 40, 47, 48 |
| Kathrin Wenzel | XIX. | Dienst- und Arbeitsvertragsrecht Form. 1–5, 25a, 31, 41–43 |
| Dr. Gerhard Widmayer | | Mitwirkung bei steuerlichen Anmerkungen |

# Abkürzungs- und Literaturverzeichnis

| | |
|---|---|
| a. | auch |
| aA | anderer Ansicht, anderer Auffassung |
| abgedr. | abgedruckt |
| abl. | ablehnend |
| ABl. | Amtsblatt der Europäischen Gemeinschaften, Reihe C und L |
| Abs. | Absatz |
| Abschn. | Abschnitt |
| Abt. | Abteilung |
| abw. | abweichend |
| AcP | Archiv für die civilistische Praxis |
| Adler/Düring/Schmaltz Rechnungslegung | Adler/Düring/Schmaltz ua, Rechnungslegung und Prüfung der Unternehmen (8 Bde. + Ergbd.), 6. Aufl. 1995–2000 (§§, Tz.) |
| Änd. | Änderung |
| ÄndG | Gesetz zur Änderung . . . |
| aF | Alte Fassung |
| AfA | Absetzung für Abnutzung |
| AG | Aktiengesellschaft; Die Aktiengesellschaft (Jahr u. Seite); Amtsgericht |
| AGB | Allgemeine Geschäftsbedingungen |
| AGBG | Gesetz zur Regelung des Rechts der Allgemeinen Geschäftsbedingungen (außer Kraft; jetzt §§ 305–310 BGB) |
| AGG | Allgemeines Gleichstellungsgesetz |
| AiB | Arbeitsrecht im Betrieb (Jahr u. Seite) |
| AIZ | Allgemeine Immobilienzeitung (Jahr u. Seite) |
| AktG | Aktiengesetz |
| AktO | Aktenordnung |
| allg. | allgemein |
| allgM | Allgemeine Meinung |
| aM | anderer Meinung |
| Anh. | Anhang |
| Anm. | Anmerkungen |
| NK-BGB/Bearbeiter | Kaiser/Schnitzler/Friederici/Schilling, Anwaltkommentar BGB, Band 4: Familienrecht (jetzt: Nomos-Kommentar BGB), 3. Aufl. 2014 |
| AOAnpG | Gesetz zur Anpassung von Gesetzen an die Abgabenordnung |
| AO | Abgabenordnung; Anordnung |
| AP | Arbeitsrechtliche Praxis, Nachschlagewerk des Bundesarbeitsgerichts (Jahrgang u. Seite; seit 1954 Gesetzesstelle u. Entscheidungsnr.) |
| ArbG | Arbeitgeber |
| ArbGG | Arbeitsgerichtsgesetz |
| AR-Blattei | Arbeitsrechts-Blätter |
| ArbN | Arbeitnehmer |

| | |
|---|---|
| ArbPlSchG | Arbeitsplatzschutzgesetz |
| ArbRSamml. | Arbeitsrechtssammlung mit Entscheidungen des Reichsarbeitsgerichts, der Landesarbeitsgerichte und Arbeitsgerichte (Band u. Seite) |
| Art. | Artikel |
| ArbuR | Arbeit und Recht, Zeitschrift für Arbeitsrechtspraxis |
| AÜG | Gesetz zur Regelung der gewerbsmäßigen Arbeitnehmerüberlassung |
| Aufl. | Auflage |
| AUR | Agrar- und Umweltrecht (Jahr u. Seite) |
| AVA | Allgemeine Vertragsbestimmungen für Architekten |
| AVO (RHeimStG) | Ausführungsverordnung zum Reichsheimstättengesetz |
| Az. | Aktenzeichen |
| B2C | Business to Consumer (Geschäft zwischen Unternehmer und Verbraucher) |
| BA | Bundesagentur für Arbeit (offizielle Abkürzung; s. auch BAArb.) |
| BAArb. | Bundesagentur für Arbeit |
| Bärmann | Wohnungseigentumsgesetz: WEG, Kommentar, 12. Aufl. 2013 |
| Bärmann/Pick | Wohnungseigentumsgesetz: WEG, Kommentar, 19. Aufl. 2010 |
| Bärmann/Seuß | Praxis des Wohnungseigentums, 6. Aufl. 2010 |
| BW | Baden-Württemberg |
| BAG | Bundesarbeitsgericht, auch Entscheidungen des Bundesarbeitsgerichts |
| BAGGS | Bundesarbeitsgericht Großer Senat |
| Bamberger/Roth/Bearbeiter | BGB, Bd. 1: §§ 1–610, CISG, 3. Aufl. 2012; Bd. 2: §§ 611–1296, AGG, ErbbauRG, WEG, 3. Aufl. 2012; Bd. 3: §§ 1297–2385, Rom I-VO, Rom II-VO, EGBGB, 3. Aufl. 2012 |
| BAnstArb. | Bundesanstalt für Arbeit |
| BAnz. | Bundesanzeiger |
| BAT | Bundesangestelltentarifvertrag |
| BauGB | Baugesetzbuch |
| Baumbach/Lauterbach/Albers/Hartmann | Kommentar zur Zivilprozessordnung, 72. Aufl. 2014 |
| BauR | Baurecht (Jahr u. Seite) |
| BaWüAGBGB | baden-württembergisches Ausführungsgesetz zum BGB |
| BayObLG | Bayerisches Oberstes Landesgericht, auch Entscheidungssammlungen in Zivilsachen |
| BB | Betriebs-Berater (Jahr u. Seite) |
| BBauBl. | Bundesbaublatt (Jahr u. Seite) |
| BBG | Bundesbeamtengesetz |
| BBiG | Berufsbildungsgesetz |
| Bd. | Band |
| BeamtVG | Beamtenversorgungsgesetz |
| BeckOK | Beck'scher Online-Kommentar |
| BeckOK BGB | Beck'scher Online-Kommentar BGB (Hrsg. Bamberg/Roth/Hau/Poseck) |
| BeckRS | Beck'sche Rechtsprechungssammlung (Jahr u. Entscheidungsnummer) |
| begl. | beglaubigt |
| Begr. | Begriff, Begründung |

| | |
|---|---|
| Beil. | Beilage |
| Bengel/Simmerding | Grundbuch, Grundstück, Grenze, 5. Aufl. 2000 |
| Bergerfurth/Rogner | Bergerfurth/Rogner, Der Ehescheidungsprozess und die anderen Eheverfahren, 15. Aufl. 2006 |
| Bergschneider | Verträge in Familiensachen, 4. Aufl. 2010 |
| Beschl. | Beschluss |
| bestr. | bestritten |
| BestVerz. | Bestandsverzeichnis |
| Betr. | Der Betrieb (Jahr u. Seite) |
| BetrAV | Betriebliche Altersversorgung (Jahr u. Seite) |
| BetrAVG | Gesetz zur Verbesserung der betrieblichen Altersversorgung |
| BetrVG | Betriebsverfassungsgesetz |
| BeurkG | Beurkundungsgesetz |
| BewG | Bewertungsgesetz |
| BFH | Bundesfinanzhof, auch Sammlung der Entscheidungen und Gutachten des Bundesfinanzhofs (Band u. Seite) |
| BGB | Bürgerliches Gesetzbuch |
| BGB-InfoV | Verordnung über Informations- und Nachweispflichten nach bürgerlichem Recht (BGB-Informationspflichten-Verordnung) |
| BGBl. | Bundesgesetzblatt |
| BGH | Bundesgerichtshof, auch Entscheidungen in Zivilsachen |
| BGHZ | Entscheidungen des Bundesgerichtshofs in Zivilsachen |
| BGleiG | Bundesgleichstellungsgesetz |
| BGV(R) | Berufsgenossenschaftliche Vorschriften bzw. Regeln für Sicherheit und Gesundheit bei der Arbeit |
| BKartA | Bundeskartellamt |
| BKGG | Bundeskindergeldgesetz idF der Bek. v. 17.7.2007 |
| Bl. | Blatt |
| Blank | Mietrecht von A–Z, 17. Aufl. 2003 |
| Blank/Börstinghaus | Miete, 5. Aufl. 2017 |
| Blaurock HdB | Handbuch Stille Gesellschaft, 9. Aufl. 2019 |
| BlGBW | Blätter für Grundstücks-, Bau- und Wohnungsrecht (Jahr u. Seite) |
| BlStSozArbR | Blätter für Steuerrecht, Sozialversicherung und Arbeitsrecht |
| BMA | Bundesminister für Arbeit |
| BMAS | Bundesministerium für Arbeit und Soziales |
| BMT-G | Bundesmanteltarifvertrag gemeindlicher Verwaltungen und Betriebe |
| BNotK | Bundesnotarkammer |
| BNotO | Bundesnotarordnung |
| Boruttau/Bearbeiter GrEStG | Boruttau/Fischer/Viskorf ua, Grunderwerbsteuergesetz, 19. Aufl. 2019 (§§, Rn.) |
| BPflVO | Bundespflegesatzverordnung |
| BR-Drs. | Bundesrat-Drucksache |
| Breith | Sammlung von Entscheidungen aus dem Sozialrecht. Begründet von Breithaupt (Jahrgang u. Seite) |
| BremGBl. | Gesetzblatt (Bremen) |
| Brüggemann/Claßen | Erbschaftsteuerrecht, 3. Aufl. 2004 |
| BStBl. | Bundessteuerblatt |
| BT | Bundestag |
| BT-Drs. | Bundestag-Drucksache |
| Buchst. | Buchstabe |

| | |
|---|---|
| BUrlG | Bundesurlaubsgesetz |
| BV | Bestandsverzeichnis |
| II. BV | VO über wohnungswirtschaftliche Berechnungen (Zweite Berechnungsverordnung) v. 12.10.1990 |
| BVerfG | Bundesverfassungsgericht |
| BVerfGE | Entscheidungen des Bundesverfassungsgerichts |
| BVerwG | Bundesverwaltungsgericht |
| BVSG-Saarland | Gesetz Nr. 768 über einen Bergmannsversorgungsschein im Saarland |
| BVSG-Niedersachsen | Gesetz über einen Bergmannsversorgungsschein im Lande Niedersachsen |
| BVSG-NRW | Gesetz über einen Bergmannsversorgungsschein in NRW |
| BWNotZ | Mitteilungen aus der Praxis. Zeitschrift für das Notariat in Baden-Württemberg (Jahr u. Seite) |
| bzgl. | bezüglich |
| BZRG | Bundeszentralregistergesetz |
| bzw. | beziehungsweise |
| Christoffel/Geckle/Pahlke | Erbschaftsteuergesetz, 2002 |
| CISG | Convention on Contracts for the International Sale of Goods (UN-Übereinkommen über Verträge über den internationalen Warenkauf) |
| DAG | Deutschen Angestelltengewerkschaft |
| Däubler/Kittner/Klebe/Wedde | Betriebsverfassungsgesetz, 16. Aufl. 2018 |
| Demharter GBO | Grundbuchordnung, 31. Aufl. 2018 |
| dgl. | dergleichen |
| DGB | Deutscher Gewerkschaftsbund |
| DGWR | Deutsches Gemein- und Wirtschaftsrecht |
| dh | das heißt |
| Dietz/Richardi BetrVG | s. Richardi |
| DIHK | Deutscher Industrie- und Handelskammertag |
| DIN | Deutsche Industrienorm |
| dingl. | dinglich |
| Dipl.-Ing. | Diplom-Ingenieur |
| DNotV | Deutscher Notarverein |
| DNotZ | Deutsche Notar-Zeitschrift (Jahr u. Seite) |
| DONot. | Dienstordnung für Notare |
| DR | Deutsches Recht (Jahr u. Seite) |
| DRV | Deutsche Rentenversicherung; Deutscher Raiffeisenverband eV |
| DStR | Deutsches Steuerrecht (Jahr u. Seite) |
| DStZ | Deutsche Steuerzeitung (Jahr u. Seite) |
| DWW | Deutsche Wohnungswirtschaft (Jahr u. Seite) |
| e. | eines |
| ebd. | ebenda |
| EDV | Elektronische Datenverarbeitung |
| EFG | Entscheidungen der Finanzgerichte |
| EG | Einführungsgesetz; Europäische Gemeinschaft |
| EGAO | Einführungsgesetz zur Abgabenordnung |
| EGBGB | Einführungsgesetz zum Bürgerlichen Gesetzbuch |
| eGmbH | Eingetragene Genossenschaft mit beschränkter Haftung |
| EGV | Vertrag zur Gründung der Europäischen Gemeinschaft |

| | |
|---|---|
| EGZVG | Einführungsgesetz zum Zwangsversteigerungsgesetz |
| EheG | Ehegesetz (außer Kraft) |
| EheRG | Gesetz zur Reform des Ehe- und Familienrechts |
| EHUG | Gesetz über elektronische Handelsregister und Genossenschaftsregister sowie das Unternehmensregister |
| Einf. | Einführung |
| Einl. | Einleitung |
| einschl. | einschließlich |
| elterl. | elterliche |
| Emmerich/Sonnenschein/Bearbeiter | Miete (Handkommentar zu §§ 535–580a BGB. Allgemeines Gleichbehandlungsgesetz), 11. Aufl. 2014 (§§, Rn.) |
| EntgeltFZG | Entgeltfortzahlungsgesetz |
| entspr. | entsprechend, entspricht |
| ErbbauRG | Gesetz über das Erbbaurecht |
| ErbbauRVO | Verordnung über das Erbbaurecht (außer Kraft) |
| ErbStDVO | Erbschaftsteuerdurchführungsverordnung |
| ErbStG | Erbschaftsteuer- und Schenkungsteuergesetz |
| Erman/Bearbeiter | Handkommentar zum Bürgerlichen Gesetzbuch, 15. Aufl. 2017 (§§, Rn.) |
| Esch/Baumann/Schulze zur Wiesche | Handbuch der Vermögensnachfolge, 7. Aufl. 2009 |
| EStDV | Einkommensteuerdurchführungsverordnung |
| ESt | Einkommensteuer |
| EStG | Einkommensteuergesetz |
| EStR | Einkommensteuerrichtlinien |
| EUErbVO | Europäische Erbrechtsverordnung |
| EuGH | Europäischer Gerichtshof |
| EuroEG | Euro-Einführungsgesetz v. 9.6.1998 (BGBl. I 1242) |
| eV. | eingetragener Verein |
| evtl. | eventuell |
| EWG | Europäische Wirtschaftsgemeinschaft (jetzt EG, EU) |
| EzA | Stahlhacke, Entscheidungen zum Arbeitsrecht |
| f. | folgend |
| Fackelmann/Heinemann | GNotKG Kommentar 2013 |
| FamFG | Gesetz über das Verfahren in Familiensachen und in den Angelegenheiten der freiwilligen Gerichtsbarkeit |
| FamRZ | Zeitschrift für das gesamte Familienrecht (Jahr u. Seite) |
| Faßbender HöfeO | Faßbender/Hötzel/von Jeinsen/Pikalo, Höfeordnung, 3. Aufl. 1994 |
| ff. | folgende |
| FGG | Gesetz über die Angelegenheiten der freiwilligen Gerichtsbarkeit (außer Kraft; s. jetzt FamFG) |
| FGPrax. | Praxis der Freiwilligen Gerichtsbarkeit (seit 1995 vereinigt mit OLGZ) |
| Firsching/Dodegge | Familienrecht, 2. Halbbd. Vormundschafts- und Betreuungsrecht sowie andere Rechtsgebiete der freiwilligen Gerichtsbarkeit (HRP Bd. 5b), 7. Aufl. 2010 |
| Firsching/Schmid | Familienrecht, 1. Halbbd. Familiensachen (HRP Bd. 5a), 8. Aufl. 2014 |
| Firsching/Graf | Nachlassrecht (HRP Bd. 6), 10. Aufl. 2014 |
| Fitting/Bearbeiter | Betriebsverfassungsgesetz, Hrsg. Fitting/Engels/Schmidt/Trebinger/Linsenmaier ua, 29. Aufl. 2018 (§§, Rn.) |

| | |
|---|---|
| FlNr. | Flurnummer |
| FlSt. | Flurstück |
| FlStNr. | Flurstücknummer |
| Fn. | Fußnote |
| Form. | Formular |
| FR | Finanzrundschau (Jahr u. Seite) |
| FS | Festschrift |
| Fn. | Fußnote |
| FWW | Die freie Wohnungswirtschaft (Jahr u. Seite) |
| GA | Generalanwalt (beim EuGH) |
| GB | Grundbuch |
| GBA | Grundbuchamt |
| GBGA | Geschäftsanweisung für die Behandlung der Grundbuchsachen (JMBl. 1981, 190) |
| GBO | Grundbuchordnung |
| GBV | Verordnung zur Durchführung der Grundbuchordnung – Grundbuchverfügung (GBV) idF v. 24.1.1995 (BGBl. I 114) |
| geb. | geboren |
| gem. | gemäß |
| GemSOGB | Gemeinsamer Senat der obersten Gerichtshöfe des Bundes |
| Ges. | Gesetz |
| GesBl. | Gesetzblatt |
| Geßler/Hefermehl AktG | s. jetzt MüKo-AktG |
| GewArch. | Gewerbearchiv |
| GewO | Gewerbeordnung |
| GewStG | Gewerbesteuergesetz |
| gez. | gezeichnet |
| GG | Grundgesetz |
| ggf. | gegebenenfalls |
| GK-MitbestG/Bearbeiter | Gemeinschaftskommentar zum Mitbestimmungsgesetz, herausgegeben von Fabricius, 1991 (§§, Rn.) |
| gGmbH | gemeinnützige GmbH |
| GmbH | Gesellschaft mit beschränkter Haftung |
| GmbHG | Gesetz betr. die Gesellschaften mit beschränkter Haftung |
| GmbHRdsch. | Rundschau für GmbH (Jahr u. Seite) |
| GNotKG | Gerichts- und Notarkostengesetz |
| GO | Geschäftsordnung |
| GOA | Gebührenordnung für Architekten |
| Göppinger/Rakete-Dombeck/ Bearbeiter Ehescheidung Bearbeiter | Vereinbarungen anlässlich der Ehescheidung, Hrsg. Göppinger, Rakete-Dombek, 11. Aufl. 2018 (Seite) |
| GrdstVG | Grundstückverkehrsgesetz |
| GrESt | Grunderwerbsteuer |
| GrEStDV | Durchführungsverordnung zum Grunderwerbsteuergesetz |
| GrEStG | Grunderwerbsteuergesetz |
| GrZS | Großer Senat in Zivilsachen |
| GS | Großer Senat |
| GuT | Gewerbemiete und Teileigentum (Jahr u. Seite) |
| GVBl. | Gesetz- und Verordnungsblatt |

| | |
|---|---|
| GVNW | Gesetz- und Verordnungsblatt für das Land Nordrhein-Westfalen |
| GWB | Gesetz gegen Wettbewerbsbeschränkungen |
| hA | herrschende Auffassung |
| Haegele GrBR | s. Schöner/Stöber |
| Winkler | Der Testamentsvollstrecker nach bürgerlichem, Handels- und Steuerrecht, 21. Aufl. 2013 |
| HAG | Heimarbeitsgesetz |
| Hs. | Halbsatz |
| Hartmann | Kostengesetze, 49. Aufl. 2019 |
| HausratsVO | Hausratsverordnung |
| HdB | Handbuch |
| Herrmann/Heuer/Raupach | Herrmann/Heuer/Raupach, Einkommensteuer- und Körperschaftsteuergesetz, Loseblattkommentar, (§§ EStG, KStG u. Nebengesetze, Rn.), 2019 |
| HEZ | Höchstrichterliche Entscheidungen in Zivilsachen |
| HFA | Hauptfachausschuss |
| HFR | Höchstrichterliche Finanzrechtsprechung |
| HGB | Handelsgesetzbuch |
| hins. | hinsichtlich |
| hL | herrschende Lehre |
| hM | herrschende Meinung |
| HOAI | Verordnung über die Honorare für Leistungen der Architekten und der Ingenieure (Honorarordnung für Architekten und Ingenieure) idF v. 4.3.1991 (BGBl. I 533) |
| HöfeO | Höfeordnung |
| HöfeVfO | Verfahrensordnung für Höfesachen |
| HReg. | Handelsregister |
| HRR | Höchstrichterliche Rechtsprechung |
| HRV | Handelsregisterverordnung |
| IAO | Internationale Arbeitsorganisation |
| IBR | Immobilien- und Baurecht (Jahr u. Seite) |
| IBRRS | Immobilien- und Baurecht, Rechtsprechung (Entscheidungsnummer) |
| idÄnd. | in der Änderung |
| idF | in der Fassung |
| idR | in der Regel |
| IDW | Institut der Wirtschaftsprü-fer |
| IG | Industrie-Gewerkschaft |
| IHK | Industrie- und Handelskammer |
| iL | in Liquidation |
| Inf. | Die Information über Steuer und Wirtschaft |
| InfoV | Verordnung über Informations- und Nachweispflichten nach bürgerlichem Recht (BGB-Informationspflichten-Verordnung) |
| insbes. | insbesondere |
| InsO | Insolvenzordnung |
| IntErbRVG | Internationales Erbrechtsverfahrensgesetz (Art. 1 G v. 29.6.2015, BGBl. I 1042) |
| iRd | im Rahmen des |
| iS | im Sinne |
| iSd | im Sinne des, der |
| iSv | im Sinne von |

| | |
|---|---|
| iü. | im übrigen |
| iVm | in Verbindung mit |
| iW | in Worten |
| JArbSchG | Gesetz zum Schutze der arbeitenden Jugend (Jugendarbeitsschutzgesetz) |
| Jauernig/Bearbeiter | Bürgerliches Gesetzbuch, Hrsg. Jauernig, 16. Aufl. 2018 |
| JBeitrO | Justizbeitreibungsordnung |
| Jerschke | Mein und Dein in der Ehe, 8. Aufl. 2001 (Jahr u. Seite) |
| JFG | Jahrbuch für Entscheidungen in Angelegenheiten der Freiwilligen Gerichtsbarkeit und des Grundbuchrechts |
| Jher.Jb. | Jherings Jahrbücher für Dogmatik des bürgerlichen Rechts |
| JMBl. | Justizministerialblatt |
| Jürgens BtR | Betreuungsrecht (Kommentar), 5. Aufl. 2014 |
| Jürgens/Lesting/Marschner/ Winterstein | Jürgens/Lesting/Marschner/Winterstein, Betreuungsrecht kompakt, 7. Aufl. 2011 |
| jur. | juristisch |
| JurBüro | Das juristische Büro (Jahr u. Seite) |
| JuS | Juristische Schulung (Jahr u. Seite) |
| JW | Juristische Wochenschrift (Jahr u. Seite) |
| JZ | Juristen-Zeitung (Jahr u. Seite) |
| KAG | Kommunalabgabengesetz |
| KapErhG | Gesetz über die Kapitalerhöhung aus Gesellschaftsmitteln und über die Verschmelzung von Gesellschaften mit beschränkter Haftung |
| KapErhStG | Gesetz über steuerrechtliche Maßnahmen bei Erhöhung des Nennkapitals aus Gesellschaftsmitteln und bei Überlassung von eigenen Aktien an Arbeitnehmer |
| Kapp ErbStG | Kapp/Ebeling, Erbschaftsteuer- und Schenkungsteuergesetz (Loseblattkommentar), 2019 |
| Keidel/Kuntze/Winkler | Keidel/Kuntze/Winkler, Freiwillige Gerichtsbarkeit, Kommentar, 15. Aufl. 2003 m. Nachtrag 2005 (§§ FGG bzw. BeurkG) |
| KEHE/Bearbeiter | Kuntze/Ertl/Herrmann/Eickmann, Grundbuchrecht, 6. Aufl. 2006 |
| Kerscher/Riedel/Lenz | Pflichtteilsrecht in der anwaltlichen Praxis, 3. Aufl. 2002 |
| Kfz | Kraftfahrzeug |
| KG | Kammergericht; Kommanditgesellschaft |
| KGaA | Kommanditgesellschaft auf Aktien |
| KGJ | Jahrbuch für Entscheidungen des Kammergerichts |
| KHG | Krankenhausfinanzierungsgesetz |
| KJHG | s. jetzt SGB VIII |
| kläger | klägerisch(es) |
| Köhler Handbuch | Köhler/Kossmann, Handbuch der Wohnraummiete, 6. Aufl. 2003 (§§, Rn.) |
| Komm. | Kommentar |
| KonsG | Konsulargesetz |
| Korintenberg GNotKG | Korintenberg/Bearbeiter GNotKG, Kommentar, 19. Aufl. 2014 |

| | |
|---|---|
| Kossmann/Meyer-Abich Wohnraummiete-HdB | Handbuch der Wohnraummiete, begr. von Köhler, 7. Aufl. 2014 (§§, Rn.) |
| KostO | Kostenordnung (außer Kraft) |
| Krafka/Willer/Kühn RegisterR-HdB | Registerrecht, Hrsg. Krafka/Willer/Kühn 9. Aufl. 2013 |
| KR/Bearbeiter | Etzel/Bader/Fischermeier ua, Gemeinschaftskommentar zum Kündigungsschutzgesetz und zu sonstigen kündigungsschutzrechtlichen Vorschriften, Hrsg. Bader/Fischmeier/Gallner u.a. 12. Aufl. 2019 |
| KRsp. | Rechtsprechung zum Kostenrecht, Entscheidungssammlung |
| KSchG | Kündigungsschutzgesetz |
| KSt | Körperschaftsteuer |
| KStG | Körperschaftsteuergesetz |
| KVStDV | Kapitalverkehrsteuer-Durchführungsverordnung |
| KVStG | Kapitalverkehrsteuergesetz |
| LAG | Landesarbeitsgericht |
| Lange/Wulff/Lüdtke-Handjery HöfeO | Höfeordnung, Hrsg. Lützke-Handiery/von Jeisen, 11. Auflage 2015 |
| Langenfeld | Ehevertrag und Scheidungsvereinbarung, Hrsg. Langenfeld/Milzer, 12. Aufl. 2012 (Seite) |
| Langenfeld/Milzer Eheverträge HdB | Handbuch der Eheverträge und Scheidungsvereinbarung, 8. Aufl. 2019 (Rn.) |
| Langenfeld Schenkung | Langenfeld/Günther, Grundstückszuwendungen zur lebzeitigen Vermögensnachfolge, 6. Aufl. 2009 |
| Langenfeld Testament | Testamentsgestaltung, 4. Aufl. 2010 (Seite) |
| Langenfeld, Vertragsgestaltung | Langenfeld, Vertragsgestaltung, 3. Aufl. 2004 |
| Langenfeld/Gail | Langenfeld/Gail, Handbuch der Familienunternehmen, Loseblatt, Stand 11/2009 (Rn., röm. Ziff., arab. Ziff.) |
| Lappe KostRsp. | Noll/Schneider/Lappe/von Eicken/Herget, Kostenrechtsprechung, Loseblattwerk |
| Leipziger-GNotKG/Bearbeiter | Renner/Otto/Heinze, Gerichts- und Notarkostenkommentar, 2013 |
| Leipziger Kostenspiegel | Ländernotarkasse, Leipziger Kostenspiegel, Fälle zum GNotGK, 2013 |
| lfd. | laufend |
| LG | Landgericht |
| Lgb. | Lagebuchnummer |
| lit. | litera (= Buchstabe) |
| Lit. | Literatur |
| LM | Das Nachschlagewerk des Bundesgerichtshofs in Zivilsachen, herausgegeben von Lindenmaier und Möhring, 1950–2002 (Gesetzesstelle u. Entscheidungsnr.) |
| LMK | Kommentierte BGH-Rechtsprechung Lindenmaier/Möhring (jetzt: Beck-Online-Fachdienst Zivilrecht) |
| LPachtG | Landpachtgesetz |
| LStDVO | Lohnsteuerdurchführungsverordnung |
| LStR | Lohnsteuerrichtlinien |
| LwErbR | Landwirtschaftserbrecht |

| | |
|---|---|
| LZ | Leipziger Zeitschrift (Jahr u. Seite) |
| m. | mit |
| MDR | Monatsschrift für Deutsches Recht (Jahr u. Seite) |
| ME | Miteigentum |
| Min. | Ministerium |
| Mio. | Millionen |
| MitbestG | Gesetz über die Mitbestimmung der Arbeitnehmer |
| MittBayNot | Mitteilungen des Bayerischen Notarvereins, der Notarkasse und der Landesnotarkammer Bayern (Jahr u. Seite) |
| MittRhNotK | Mitteilungen der Rheinischen Notarkammer (bis 1997, Nachf. RNotZ) |
| MMR | MultiMedia und Recht (Jahr u. Seite) |
| MMV | Mustermietvertrag |
| ModEnG | Modernisierungs- und Energieeinsparungsgesetz |
| MTV | Manteltarifvertrag |
| MüKoBGB/Bearbeiter | Münchener Kommentar zum Bürgerlichen Gesetzbuch, 11 Bde. 8. Aufl. 2018 ff. (§§, Rn.) |
| MüKoHGB/Bearbeiter | Münchener Kommentar zum Handelsgesetzbuch, (Bde. 1–7) 4. Aufl. 2016 ff. |
| MPFormB FamR | Münchener Prozessformularbuch, Band 3: Familienrecht, 5. Aufl. 2017 |
| MuSchG | Gesetz zum Schutz der erwerbstätigen Mutter |
| mwN | mit weiteren Nachweisen |
| MWSt | Mehrwertsteuer |
| Nachf. | Nachfolger |
| Nachw. | Nachweise |
| NÄG, NamÄndG | Gesetz über die Änderung von Familiennamen und Vornamen |
| NAK | Notaranderkonto |
| nF | neue Fassung |
| NJOZ | Neue Juristische Online-Zeitschrift |
| NJW | Neue Juristische Wochenschrift |
| NJW-RR | NJW-Rechtsprechungs-Report Zivilrecht |
| NMV | Neubaumietenverordnung |
| notar | Zeitschrift des Deutschen Notarvereins (Heft, Jahr u. Seite) |
| NotBZ | Zeitschrift für die notarielle Beratungs- und Beurkundungspraxis |
| Nr. | Nummer |
| NRW | Nordrhein-Westfalen |
| NStZ | Neue Zeitschrift für Strafrecht |
| NWB | Neue Wirtschaftsbriefe |
| NZA | Neue Zeitschrift für Arbeitsrecht; bis 1991 Neue Zeitschrift für Arbeits- und Sozialrecht (Jahr u. Seite) |
| NZBau | Neue Zeitschrift für Baurecht und Vergaberecht |
| NZM | Neue Zeitschrift für Mietrecht und Wohnungseigentum (Jahr und Seite) |
| o. | oben |
| oa | oben angegeben(en) |
| oÄ | oder ähnlich |
| v. Oefele/Winkler | Handbuch des Erbbaurechts, 5. Aufl. 2012 |

| | |
|---|---|
| OFD | Oberfinanzdirektion |
| OGHbrZ | Oberster Gerichtshof für die britische Zone |
| OHG | offene Handelsgesellschaft |
| OLG | Oberlandesgericht |
| OLGZ | Entscheidungen der Oberlandesgerichte in Zivilsachen, seit 1995 vereinigt mit FGPrax |
| p. a. | pro anno |
| Palandt/Bearbeiter | Bürgerliches Gesetzbuch, 78. Aufl. 2018 (§§, Rn.) |
| PersGes. | Personengesellschaft |
| phG | persönlich haftender Gesellschafter |
| pol. | polizeilich |
| Pos. | Position |
| ppa. | per procura |
| PrKlG | Preisklauselgesetz v. 7.9.2007 (BGBl. I 2246) |
| PStG | Personenstandsgesetz |
| RABl. | Reichsarbeitsblatt |
| RAM | Reichsarbeitsminister |
| RBerG | Rechtsberatungsgesetz |
| RdA | Recht der Arbeit (Jahr u. Seite) |
| RdL | Recht der Landwirtschaft (Jahr u. Seite) |
| Rn. | Randnummer |
| Rn. | Randziffer |
| RE | Rechtsentscheid |
| Recht | Das Recht (Jahr u. Seite) |
| RefE, RefEntw. | Referentenentwurf |
| RegE | Regierungsentwurf |
| RegNr. | Registernummer |
| Reimann/Bengel/Mayer | Testament und Erbvertrag, 5. Aufl. 2006 |
| RFH | Reichsfinanzhof |
| RG | Reichsgericht |
| RGBl. | Reichsgesetzblatt |
| RGZ | Entscheidungen des Reichsgerichts in Zivilsachen |
| RHeimStG | Reichsheimstättengesetz |
| Richardi/Bearbeiter, BetrVG | Betriebsverfassungsgesetz, 14. Aufl. 2014 |
| RLNot. | Allgemeine Richtlinien für die Berufsausübung der Notare |
| RNotZ | Rheinische Notarzeitschrift |
| Rohs/Waldner/Rohs KostO | Kostenordnung, Loseblatt-Kommentar |
| Rohs/Wederwer | s. Rohs/Waldner/Rohs |
| Rotax/Bearbeiter | Praxis des Familienrechts, 3. Aufl. 2006 |
| Rpfleger | Der Deutsche Rechtspfleger (Jahr u. Seite) |
| RpflJB | Rechtspflegerjahrbuch |
| RRG | Rentenreformgesetz |
| RStBl. | Reichssteuerblatt |
| Rspr. | Rechtsprechung |
| S. | Satz, Seite |
| s. | siehe |
| Sartorius II | Internationale Verträge/Europarecht (Loseblatt-Textsammlung) |
| SchadErsAnspr. | Schadensersatzanspruch |

| | |
|---|---|
| Schaub ArbR-HdB | Arbeitsrechtsliches Formular- und- Verfahrenshandbuch, Hrsg. Schaub/Koch/Linck/Treber/Vogelsang, 13. Aufl. 2019 |
| Schaub Betriebsrat | Schaub/Kreft, Der Betriebsrat, 8. Aufl. 2006 |
| SchiffsR | Schiffsrecht |
| SchiffsRegR | Schiffsregisterrecht |
| SchiffsRG | Schiffsrechtegesetz |
| SchiffsRegO | Schiffsregisterordnung |
| SchlHA | Schleswig-Holsteinische Anzeigen |
| Schmidt EStG | Einkommensteuergesetz, 33. Aufl. 2014 |
| Schöner/Stöber GrundbuchR | Grundbuchrecht, 15. Aufl. 2012 |
| SchwBG | Schwerbehindertengesetz (außer Kraft; jetzt SGB IX Rehabilitation und Teilhabe behinderter Menschen) |
| SE | Sondereigentum |
| SeemG | Seemannsgesetz |
| SeuffA | Seuffart's Archiv |
| SF | Sozialer Fortschritt (Jahr u. Seite) |
| SGB | Sozialgesetzbuch (SGB II: Grundsicherung für Arbeitsuchende; SGB III: Arbeitsförderung; SGB IV: Sozialversicherung; SGB VIII: Kinder- und Jugendhilfe; SGB IX: Rehabilitation und Teilhabe behinderter Menschen) |
| SGV NW | Sammlung des bereinigten Gesetz- und Verordnungsblattes für das Land Nordrhein-Westfalen |
| SKNSV ArbFV-HdB. | Arbeitsrechtliche Formularsammlung und Verfahrenshandbuch, Hrsg. Schaub/Koch/Neef/Schrader/Vogelsang, 13. Aufl. 2019 |
| so. | siehe oben |
| Soergel/Bearbeiter | Soergel/M. Wolf, Kommentar zum Bürgerlichen Gesetzbuch, 13. Aufl. 1999 ff. (§§, Rn.) |
| sog. | sogenannt |
| Sp. | Spalte |
| spät. | spätestens |
| Spiegelberger | Vermögensnachfolge, 2. Aufl. 2010 |
| städt. | städtisch(e) |
| Staudinger/Bearbeiter | Staudinger, Kommentar zum Bürgerlichen Gesetzbuch, 13. Bearb. 1993 ff. (§§, Rn.) |
| StAZ | Das Standesamt (Jahr u. Seite) |
| StbJb. | Steuerberaterjahrbuch |
| StEK | Steuererlasse in Karteiform |
| StKongrRep. | Steuerberaterkongress-Report |
| StLex | Steuerlexikon |
| Stöber ZVG | Zwangsversteigerungsgesetz, 22. Aufl. 2019 |
| str. | strittig |
| stRspr | ständige Rechtsprechung |
| StuW | Steuer und Wirtschaft |
| StW | Steuer-Warte |
| su. | siehe unten |
| Sudhoff | Handbuch der Unternehmensnachfolge, 5. Aufl. 2005 |
| SVG | Soldatenversorgungsgesetz |
| TDG | Teledienstegesetz v. 22.7.1997 |
| teilw. | teilweise |
| TMG | Telemediengesetz v. 26.2.2007 |
| Troll ErbStG | Troll, Erbschaftsteuer- und Schenkungsteuergesetz (Loseblatt-Kommentar) |

| | |
|---|---|
| TÜV | Technischer Überwachungsverein |
| TVG | Tarifvertragsgesetz |
| Tz. | Textziffer |
| u. | unten; und |
| ua | unter anderem |
| uä | und ähnliche |
| UB | Unbedenklichkeitsbescheinigung |
| udT. | unter dem Titel |
| Überbl. | Überblick |
| UFITA | Archiv für Urheber-, Film-, Funk- und Theaterrecht |
| UmstG | Umstellungsgesetz |
| UmwG | Umwandlungsgesetz |
| UmwStG | Umwandlungssteuergesetz |
| unstr. | unstreitig |
| UR | Urkundenrolle |
| UrhG | Urheberrechtsgesetz |
| URNr. | Urkundenrollennummer |
| USt | Umsatzsteuer |
| UStG | Umsatzsteuergesetz |
| usw | und so weiter |
| uU | unter Umständen |
| UWG | Gesetz gegen den unlauteren Wettbewerb |
| v. | von |
| VBG | s. jetzt BGV(R) |
| VerBAV | Veröffentlichungen des Bundesaufsichtsamtes für das Versicherungs- und Bausparwesen |
| VersR | Versicherungsrecht (Jahr u. Seite) |
| VGH | Verwaltungsgerichtshof |
| vgl. | vergleiche |
| VgV | Vergabeverordnung |
| vH | vom Hundert (= Prozent) |
| VO | Verordnung |
| VOB | Vergabe- und Vertragsordnung für Bauleistungen, Teil A: Allgemeine Bestimmungen für die Vergabe von Bauleistungen; Teil B: Allgemeine Vertragsbedingungen für die Ausführung von Bauleistungen; Teil C: Allgemeine Technische Vertragsbedingungen für Bauleistungen (ATV) |
| VOF | Verdingungsordnung für freiberufliche Leistungen |
| VOL | Verdingungsordnung für Leistungen, Teil A: Allgemeine Bestimmungen für die Vergabe von Leistungen; Teil B: Allgemeine Vertragsbedingungen für die Ausführung von Leistungen |
| vollst. | vollständig |
| Vorb. | Vorbemerkung |
| VR | Vereinsregister |
| VSt | Vermögensteuer (ehemalige) |
| vT. | vom Tausend (= Promille) |
| VV | Verwaltungsvorschrift |
| VVaG | Versicherungsverein auf Gegenseitigkeit |
| VVG | Gesetz über den Versicherungsvertrag |
| VW | (ua) Versicherungswirtschaft |

WarnR ........................................ Rechtsprechung des Reichsgerichts, herausgegeben von Warneyer
WährG ........................................ Währungsgesetz
WE ............................................. Wohnungseigentum (Jahr u. Seite)
WEG .......................................... Wohnungseigentumsgesetz
Weingärtner/Gossen DO-Not. ............................................ Dienstordnung für Notarinnen und Notare, 13. Aufl. 2016
WGB .......................................... Wohnungsgrundbuch
Winkler BeurkG ...................... Beurkundungsgesetz, Kommentar, 19. Aufl. 2019
WohnbauG ................................ Wohnungsbaugesetz
WPg ........................................... Die Wirtschaftsprüfung (Jahr u. Seite)
W(P)M ....................................... Wertpapier-Mitteilungen (Jahr u. Seite)
WuW/E ...................................... Wirtschaft und Wettbewerb, Entscheidungssammlung zum Kartellrecht

ZAKDR ...................................... Zeitschrift der Akademie für Deutsches Recht
zB ................................................ zum Beispiel
ZBlFG ......................................... Zentralblatt für freiwillige Gerichtsbarkeit und Notariat (Jahr u. Seite)
ZBlJugR ..................................... Zentralblatt für Jugendrecht und Jugendwohlfahrt
ZbR ............................................ Zurückbehaltungsrecht
Zeller ZVG ................................ s. Stöber ZVG
ZFA ............................................ Zeitschrift für Arbeitsrecht
ZFS ............................................ Zentralblatt für Sozialversicherung
ZGR ........................................... Zeitschrift für Unternehmens- und Gesellschaftsrecht (Jahr u. Seite)
ZHR ........................................... Zentralblatt für Handelsrecht (Jahr u. Seite)
Ziff. ............................................ Ziffer
ZMR .......................................... Zeitschrift für Miet- und Raumrecht (Jahr u. Seite)
ZPO ........................................... Zivilprozessordnung
zT ............................................... zum Teil
zus. ............................................. zusammen
ZVG ........................................... Zwangsversteigerungsgesetz
ZvglRWiss. ................................ Zeitschrift für vergleichende Rechtswissenschaft
ZZP ........................................... Zeitschrift für Zivilprozess
zzt. ............................................. zur Zeit

# VIII. Vollmachten

## Vollmachten einschließlich Vorsorgevollmacht, Betreuungsverfügung und Patientenverfügung

## Einleitung

*Schrifttum:* Schrifttumsnachweise finden sich jeweils bei den einzelnen Sachbereichen; zu weiteren Nachweise, insbesondere aus dem älteren Schrifttum, siehe die 6. Aufl.

**1. Erteilung.** Nach § 167 BGB kann durch einseitige Erklärung einer Person (auch juristischen Person oder Personengesellschaft) Vollmacht zur Vertretung in einem zu bestimmenden Umfang erteilt werden. Die Bevollmächtigung gibt dem Bevollmächtigten die rechtliche Möglichkeit, im Rechtsverkehr verbindliche Erklärungen für den Vollmachtgeber abzugeben (vgl. § 164 Abs. 1 S. 1 BGB: Wirkung für und gegen den Vertretenen). Gemäß § 167 Abs. 1 BGB kann die Vollmacht gegenüber dem Bevollmächtigten oder gegenüber dem anderen Teil erteilt werden; in der Vertragsgestaltungspraxis weitaus üblicher ist die Vollmachtserteilung gegenüber dem Bevollmächtigten (§ 167 Abs. 1 Fall 1 BGB), da in diesem Fall auch der Widerruf gegenüber dem Bevollmächtigten zu erfolgen hat (§ 168 S. 3 BGB).

**2. Innen- und Außenverhältnis.** Von der durch die Vollmacht vermittelten Rechtsmacht im Außenverhältnis ist die Befugnis zu Vertretungshandlungen im Verhältnis zum Vollmachtgeber zu unterscheiden. Diese Befugnis im Innenverhältnis ergibt sich aus den rechtlichen Beziehungen des Vollmachtgebers zum Bevollmächtigten, in der Regel aus einem Auftrag iSv § 662 BGB oder einem Geschäftsbesorgungsvertrag iSv § 675 BGB. Macht der Bevollmächtigte im Außenverhältnis von der Vollmacht Gebrauch, ohne im Innenverhältnis zum Vollmachtgeber hierzu berechtigt zu sein, so ist das Rechtsgeschäft wirksam. Der Vollmachtgeber kann aber den Bevollmächtigten auf Schadensersatz in Anspruch nehmen. Ausnahmsweise schlägt die Überschreitung der Befugnisse im Innenverhältnis auf das Außenverhältnis durch („Missbrauch der Vertretungsmacht"). Dies ist zum einen der Fall, wenn Vertreter und Geschäftsgegner bewusst zum Nachteil des Vertretenen zusammenwirken („Kollusion"; Nichtigkeit gemäß § 138 Abs. 1 BGB, vgl. BGH NJW-RR 2004, 247 mwN). Zum anderen kann es dem Vertragspartner gemäß § 242 BGB verwehrt sein, sich auf die Wirksamkeit des Vertrages zu berufen, wenn der Vertreter seine Bindungen im Innenverhältnis überschreitet und der Vertragspartner dies erkannte oder hätte erkennen können. Richtigerweise verlangt der BGH vom Geschäftsgegner keine Prüfung des Innenverhältnisses und legt ihm keine Ermittlungspflichten auf. Vielmehr muss der Vertreter in ersichtlich verdächtiger Weise von seiner Vertretungsmacht Gebrauch machen, sodass sich beim Vertragspartner eine Rückfrage geradezu aufdrängt („massive Verdachtsmomente voraussetzende objektive Evidenz des Missbrauchs"; BGH NJW 1994, 2083 (2084); *Schramm* in: MünchKommBGB, 7. Aufl. 2015, § 164 Rn. 115). Diese Fallgruppe spricht dafür, das Innenverhältnis (sofern nicht rechtlich geboten, wie in bestimmten Fällen der Unwiderruflichkeit) nicht in der dem Rechtsverkehr vorzulegenden Urkunde zu regeln, um Spekulationen über diese Fallgruppe zu vermeiden.

**3. Form.** Die Vollmacht bedarf grundsätzlich keiner besonderen Form, auch wenn sie sich auf ein formbedürftiges Rechtsgeschäft bezieht, § 167 Abs. 2 BGB. Eine mündliche

Vollmacht wird allerdings kaum im Rechtsverkehr Anerkennung finden. Einzelne Vorschriften ordnen als Spezialregeln gegenüber § 167 Abs. 2 BGB eine bestimmte Form an. Wichtige Beispiele sind:

- § 2 Abs. 2 GmbHG und § 23 Abs. 2 AktG (Vollmacht zur Gründung einer GmbH oder AG: mindestens öffentliche Beglaubigung – umstritten ist, ob diese Formvorschrift auch für eine Stimmrechtsvollmacht bzgl. eines formwechselnden Gesellschafterbeschlusses gilt, ob also die Verweisung des § 197 S. 1 UmwG sich auch auf diese Vorschriften erstreckt; hierzu Heckschen NZG 2017, 721).
- § 492 Abs. 4 BGB: Vollmacht zum Abschluss eines Verbraucherdarlehensvertrages (mindestens Schriftform sowie Erfüllung der Informationspflichten, sofern nicht notariell beurkundet)
- § 1945 Abs. 3 S. 1 BGB: Erbausschlagung (mindestens öffentliche Beglaubigung);
- §§ 1904 Abs. 5,1906 Abs. 5 und 1906a Abs. 5 BGB (mindestens Schriftform; Ausdrücklichkeitsgebot);
- § 47 Abs. 3 GmbHG und § 134 Abs. 3 AktG (Schriftform bei Stimmrechtsvollmacht)
- § 135 AktG (Stimmrechtsvollmacht für Kreditinstitut)

Auch unter **verfahrensrechtlichen Gesichtspunkten** sind Vollmachten im Einzelfall formbedürftig. Dies trifft insbesondere in folgenden Situationen zu:

- Vollmachten zur Abgabe einer gemäß § 29 Abs. 1 S. 1 GBO in öffentlich beglaubigter Form vorzulegenden Grundbucherklärung (zumeist Eintragungsbewilligungen gemäß § 19 GBO, aber zB auch Erklärungen nach § 27 GBO). Zwar könnte man nach dem Gesetzeswortlaut dazu neigen, die Vollmacht nicht als Erklärung gemäß § 29 Abs. 1 S. 1 GBO anzusehen, sondern als eine „andere Voraussetzung der Eintragung" gemäß § 29 Abs. 1 S. 2 GBO. Dies würde jedoch dazu führen, dass die Vollmacht einer strengeren Form unterläge als die Erklärung selbst, sodass auf die Vollmacht nach einhelliger Auffassung § 29 Abs. 1 S. 1 GBO angewendet wird (siehe nur Otto in: Beckscher Online-Kommentar GBO, 1.2.2018, § 29 Rn. 74). Zur Grundbuchvollmacht siehe dieser Abschnitt.
- Vollmachten für die Rücknahme eines Eintragungsantrages (§ 31 S. 1 iVm § 29 Abs. 1 S. 1 GBO).
- Vollmachten für die Anmeldung zur Eintragung in das Handelsregister (§ 12 Abs. 1 S. 2 HGB).
- § 80 ZPO (Prozessvollmacht). Zu beachten ist indes, dass bei einer Vollmacht zur Unterwerfung unter die sofortige Zwangsvollstreckung ebenfalls mindestens die öffentliche Beglaubigung der Vollmacht erforderlich ist, was aus § 726 Abs. 1 ZPO (ggf. iVm § 795 S. 1 ZPO) hergeleitet wird (BayObLG DNotZ 1964, 573; *Wolfsteiner,* Die vollstreckbare Urkunde, 3. Aufl. 2011, Rn. 38.9).
- § 11 FamFG (Verfahrensvollmacht)
- § 71 Abs. 2 ZVG (öffentliche Beglaubigung einer Bietvollmacht im Zwangsversteigerungsverfahren)

Kraft **Rechtsfortbildung** sind Vollmachten auch in anderen Fällen abweichend von § 167 Abs. 2 BGB formbedürftig. Erwähnungsbedürftig sind insbesondere:

- Vollmacht zur Abgabe einer Übernahmeerklärung gemäß § 55 Abs. 1 GmbHG (analoge Anwendung von § 2 Abs. 2 GmbHG; vgl. *Zöllner/Fastrich* in: Baumbach/Hueck, GmbHG, 21. Aufl. 2017, § 55 Rn. 32);
- Ist das Hauptgeschäft formbedürftig und besteht der Zweck der Formvorschrift für das Hauptgeschäft auch im Schutz vor Übereilung („Warnfunktion"), so besteht für die Vollmacht ebenfalls ein Formzwang, wenn der Vollmachtgeber bereits durch die Vollmachterteilung wie durch den Abschluss des Hauptgeschäfts selbst rechtlich und tatsächlich gebunden wird. Die analoge Anwendbarkeit wird bejaht für die §§ 311b Abs. 1, 518, 766, 780, 781 BGB, hingegen für § 15 Abs. 4 GmbHG verneint (vgl. BGH NJW-RR 1998, 1270). Die weiter zu fordernde Bindung besteht zB in den Fällen einer

unwiderruflichen Bevollmächtigung oder dann, wenn in Folge einer Vertragsstrafe für den Fall des Nichtabschlusses der Vollmachtgeber unter Zwang steht, das Hauptgeschäft vorzunehmen (vgl. im Einzelnen MüKoBGB/*Schramm,* 7. Aufl. 2015, § 167 Rn. 19 ff. mit weiteren Fallgruppen und Nachweisen).

Unabhängig hiervon empfiehlt sich aus Beweisgründen die schriftliche oder notariell beglaubigte Vollmacht, aus Gründen der präzisen Formulierung, der Belehrung und Beratung und der Feststellung der Geschäftsfähigkeit des Vollmachtgebers die notariell beurkundete Vollmacht.

**3. Erlöschen.** Die Vollmacht erlischt durch Zweckerfüllung mit dem Grundverhältnis oder durch Widerruf, § 168 BGB. Hat der Vollmachtgeber dem Bevollmächtigten eine Vollmachtsurkunde ausgehändigt, so bleibt nach § 172 BGB die Vertretungsmacht bestehen, bis die Vollmachtsurkunde dem Vollmachtgeber zurückgegeben oder für kraftlos erklärt wird. Dies gilt für die Urschrift einer privatschriftlichen oder notariell beglaubigten Vollmacht und für die Ausfertigung einer notariell beurkundeten Vollmacht, die im Rechtsverkehr die Urschrift ersetzt. Umstritten ist dabei, ob bei mehreren Bevollmächtigten in einer Urkunde lediglich die Vorlage der auf den Namen des Vorlegenden lautenden Ausfertigung das Vertrauen des Rechtsverkehrs gemäß § 172 Abs. 2 BGB geschützt ist (vgl. OLG Köln RNotZ 2001, 235 einerseits und OLG München DNotZ 2013, 372 andererseits; weiterführend DNotI-Report 2012, 85).

Durch den Tod des Vollmachtgebers erlischt die Vollmacht im Zweifel nicht, § 672 BGB.

**4. Unwiderrufliche Vollmacht.** Eine – wie im Regelfall – nur dem Interesse des Vollmachtgebers dienende Vollmacht ist zwingend jederzeit widerruflich. Sie kann nicht unwiderruflich erteilt werden, da hierin eine Selbstentmündigung des Vollmachtgebers läge (MüKoBGB/*Schramm,* 7. Aufl. 2015, § 168 Rn. 21; Staudinger/*Schilken,* BGB, Neubearb. 2014, § 168 Rn. 8). Der Ausschluss des Rechts zum Widerruf bedarf nach § 168 S. 1 und 2 BGB der vertraglichen Vereinbarung und ist nur möglich bei einer Vollmacht, die zumindest im gleichen Maße wie dem Interesse des Vollmachtgebers auch dem Interesse des Bevollmächtigten oder eines Dritten dient (BGH DNotZ 1972, 229; NJW-RR 1991, 439 (441)). Das der Vollmacht zugrundeliegende Rechtsverhältnis kann zwischen dem Vollmachtgeber und dem Bevollmächtigten, aber auch eines zwischen dem Vollmachtgeber und einem Dritten bestehen (BGH WM 1967, 107; RG 76, 182; MüKoBGB/*Schramm,* 7. Aufl. 2015, § 168 Rn. 21).

Da sich die Interessenlage nicht der Vollmacht als abstraktem Rechtsgeschäft entnehmen lässt, sondern nur dem zugrundeliegenden Rechtsverhältnis, ist eine isolierte unwiderrufliche Vollmacht nicht verkehrsfähig, sondern nur eine mit dem Grundverhältnis verbundene Vollmacht. Die unwiderruflich erteilte isolierte Vollmacht ist stets widerruflich, auch wenn sie als unwiderruflich bezeichnet ist (BGH NJW 1988, 2603; BGHZ 110, 363 (367); MüKoBGB/*Schramm,* 7. Aufl. 2015, § 168 Rn. 21). Im Bereich von Beurkundungserfordernissen, insbesondere im Bereich des § 311b Abs. 1 BGB gilt, dass das zugrundeliegende Rechtsgeschäft und die unwiderrufliche Vollmacht zusammen und insgesamt zu beurkunden sind (BayObLG MittBayNot 1996, 197 = MittRhNotK 1996, 217 mwN).

**5. Untervollmacht.** Der Bevollmächtigte darf Untervollmacht nur erteilen, wenn ihm dies gestattet ist. Wegen des Vertrauenscharakters der Vollmacht ist dies nicht zu vermuten. Die Befugnis zur Erteilung von Untervollmacht ist deshalb ausdrücklich in die Vollmachtsurkunde aufzunehmen. Die Untervollmacht kann nicht weiter gehen als die Hauptvollmacht. Der Bevollmächtigte kann den Unterbevollmächtigten deshalb nur dann vom Verbot des Selbstkontrahierens befreien, wenn er selbst davon befreit ist (BayObLG MittBayNot 1993, 150). Dies gilt bei einer GmbH jedoch nicht für einen Prokuristen; dieser ist nicht als Unterbevollmächtigter des Geschäftsführers in diesem Sinne anzusehen (BGH NJW 1984, 2085).

Im Normalfall der Untervollmacht überträgt der Bevollmächtigte dem Unterbevollmächtigten die Befugnis, den Vollmachtgeber zu vertreten. Der Untervertreter wird dann als Repräsentant des Vollmachtgebers tätig. Streitig ist, ob der Bevollmächtigte dem Unterbevollmächtigten auch lediglich die Befugnis übertragen kann, ihn als Vertreter zu vertreten. Diese Nachvollmacht würde bewirken, dass die Rechtswirkungen des vom Untervertreter abgeschlossenen Geschäfts den Geschäftsherrn nicht unmittelbar, sondern durch den Hauptvertreter hierdurch treffen würden (so die Rspr. RGZ 108, 467; BGHZ 32, 253; 68, 391; BGH NJW 1977, 1535; ablehnend die Literatur, MüKoBGB/*Schramm* § 167 Rn. 73 mwN). Bei beiden Konstruktionen ist noch ungeklärt, ob der Bestand der Untervollmacht vom Bestand der Hauptvollmacht abhängig ist und ob der handelnde Unterbevollmächtigte den Fortbestand der Hauptvollmacht nachzuweisen hat (dazu *Wolf* MittBayNot 1996, 266); nach der Rechtsprechung ist es eine Auslegungsfrage, ob die Untervollmacht gleichzeitig mit der Hauptvollmacht erlösche (OLG Köln, Beschl. v. 16.3.2018 – 2 Wx 123/18, BeckRS 2018, 4198: Hat Hauptbevollmächtigter Grundstückskaufvertrag abgeschlossen und Finanzierungsvollmacht erteilt, so erlischt Finanzierungsvollmacht mit Widerruf der Hauptvollmacht nicht). Zu Besonderheiten bei Vorsorgevollmachten vgl. *Schüller* RNotZ 2014, 585.

5. **Internationales Privatrecht.** Durch Art. 5 Nr. 1 des Gesetzes zur Änderung von Vorschriften im Bereich des Internationalen Privat- und Zivilverfahrensrechts vom 11. Juni 2017 (BGBl. 2017 I, S. 1607–1611) wurde erstmals eine kodifizierte Regelung für das IPR der rechtsgeschäftlichen Vertretung geschaffen (zu den zuvor geltenden Grundsätzen siehe Vorauflage). Vorrangige unionsrechtliche Regelungen existieren derzeit nicht;Art. 1 Abs. 2 lit. g Rom I-VO nimmt die Frage, „ob ein Vertreter die Person, für deren Rechnung er zu handeln vorgibt, Dritten gegenüber verpflichten kann", ausdrücklich vom Anwendungsbereich der Verordnung aus. Für Vorsorgevollmachten existiert in Art. 15 Abs. 1 des Haager Erwachsenenschutzübereinkommens eine Sonderregelung; indes ist dieses Übereinkommen bislang außer in Deutschland nur in der Tschechischen Republik, Estland, Finnland, Frankreich, der Schweiz und Schottland in Kraft getreten (http://www.hcch.net/index_en.php?act=conventions.status&cid=71, abgerufen am 15.7.2015). Die Anknüpfungskette des Art. 8 EGBGB enthält möglicherweise einige Fallstricke, zB in gesellschaftsrechtlichen Unternehmensverbünden mit Auslandsbezug (Ausländische Muttergesellschaft erteilt einem Angestellten Vollmacht zur Regelung der Rechtsverhältnisse einer deutschen GmbH – Anwendbarkeit des ausländischen Rechts in Folge Art. 8 Abs. 3 EGBGB?). Zwecks Vermeidung solcher Rechtsunsicherheiten sind Rechtswahlen, wie von Art. 8 Abs. 1 EGBGB auch vorrangig geregelt, in geeigneten Fällen zweckmäßig. Rechtswahlen sind auch sinnvoll, um bei Abgrenzungszweifeln zwischen Art. 8 EGBGB und Art. 15 ESÜ (der in Abs. 2 ebenfalls eine Rechtswahl zulässt) eindeutige Ergebnisse zu erhalten.

6. **Kosten.** Das GNotKG hat im Bereich der Vollmachten erhebliche Änderungen herbeigeführt. Einschlägig ist § 98 GNotKG, wobei insbesondere die Unterscheidung zwischen Spezialvollmacht (§ 98 Abs. 1) und Generalvollmacht (§ 98 Abs. 3) bedeutsam ist. Bei Spezialvollmachten ist der Geschäftswert nunmehr der hälftige Wert des Rechtsgeschäfts, auf das sich die Vollmacht bezieht (§ 98 Abs. 1), höchstens jedoch 1.000.000 EUR (§ 98 Abs. 4 GNotKG). Bei Generalvollmachten ist der Geschäftswert nach billigem Ermessen zu bestimmen, wobei die Wertfestsetzung die Hälfte des Aktivvermögens des Vollmachtgebers (§ 98 Abs. 3 S. 2 GNotKG) und erneut den Höchstwert nach § 98 Abs. 4 GNotKG nicht überschreiten darf. Wird nur den Entwurf einer Vollmacht gefertigt, so ist weiter § 119 GNotKG einschlägig; im Fall der bloßen Beglaubigung ohne Entwurf kommt § 121 GNotKG zur Anwendung. Im Unterschied zur alten Rechtslage fällt nunmehr gemäß 21200 KV bei Beurkundung eine 1,0-Gebühr an. Zu Besonderheiten bei der Bewertung von General- und Vorsorgevollmachten siehe dort. Weiterführend zum Kostenrecht: *Diehn,* Notarkostenberechnungen, 6. Aufl. 2019, Rn. 1272 ff.; Streifzug durch die Kostenordnung, 12. Aufl. 2017, Rn. 2391 ff.

# 1. Spezialvollmacht und Generalvollmacht

**Vollmacht zur Vornahme eines bestimmten Rechtsgeschäfts**

**Ich, der unterzeichnete ..... (Name, Anschrift), bevollmächtige hiermit Herrn ..... (Name, Anschrift), mein Kraftfahrzeug ..... (Typ) mit dem amtlichen Kennzeichen ..... zu verkaufen und zu übereignen und alle hiemit im Zusammenhang stehenden erforderlichen oder zweckmäßigen Erklärungen abzugeben und Handlungen vorzunehmen.[1, 2]**

**Die Vollmacht erlischt am .....**

**(Ort, Datum, Unterschrift)**

**Allgemeine Vollmacht (Isolierte private Generalvollmacht[3] ohne §§ 1904, 1906 BGB)**

**Verhandelt am ..... in .....**

**Vor dem Notar ..... ist erschienen .....**

**und erklärt**

**Generalvollmacht**

**Hiermit bevollmächtige ich**

**Herrn ..... (Name, Beruf oder Geburtsdatum, Anschrift),**

**mich in allen vermögensmäßigen und persönlichen Angelegenheiten gerichtlich und außergerichtlich zu vertreten, soweit dies rechtlich zulässig ist.**

**Der Bevollmächtigte kann für einzelne Rechtsgeschäfte Untervollmacht erteilen.**

**Der Bevollmächtigte ist von den Beschränkungen des § 181 BGB befreit.**

**Die Vollmacht soll durch meinen Tod nicht erlöschen.**

**Ich beantrage, dem Bevollmächtigten zu meinen Händen eine Ausfertigung zu erteilen. Der Notar hat mich über den Inhalt, den Vertrauenscharakter und die Gefahren einer Generalvollmacht belehrt, weiter darüber, dass die Vollmacht nach dem Gesetz bestehen bleibt, solange der Bevollmächtigte mir die Ausfertigung nicht zurückgegeben hat oder ich sie nicht durch öffentliche Bekanntmachung für kraftlos erklärt habe.**

**Vorgelesen, genehmigt und unterschrieben:**

## Anmerkungen

1. **Einzelvollmacht** Die Einzelvollmacht hat das gegenständliche Rechtsgeschäft so genau zu bezeichnen, dass über den Vollmachtsumfang kein Zweifel bestehen kann. Ob eine Auflistung sinnvoll und zweckmäßig ist, hängt vom jeweiligen Einzelfall ab. Wenn eine ganz bestimmte Vorbereitungshandlung sehr wichtig ist, mag man diese Handlung erwähnen (beispielsweise könnte man bei der KfZ-Vollmacht noch ausdrücklich die Befugnis aufnehmen, alle erforderlichen oder zweckmäßigen Erklärungen/Handlungen gegenüber der KfZ-Zulassungsstelle abzugeben bzw. vorzunehmen und entgegen zu nehmen). Dies ist aber nicht nötig, da es sich hierbei um Handlungen handelt, die „im Zusammenhang" mit Verkauf und Übereignung erforderlich, jedenfalls aber zweckmäßig sind. Für eine Ergänzung könnte sprechen, dass die Empfänger der Vollmacht ggf. nicht mit den für die Vollmacht geltenden Auslegungsregeln vertraut sind und daher die Vollmacht zu Unrecht ablehnen. Stets ist es aber angezeigt, zB durch das Wort „insbesondere" zum Ausdruck zu bringen, dass die beispielhaft aufgelistete Tätigkeit keine begrenzende Funktion hat (also auch bei der Spezialvollmacht andere Tätigkeiten nicht

ausgeschlossen sind, sofern sie nur im Sachzusammenhang mit dem Hauptgeschäft stehen und zweckmäßig sind.

2. **Allgemeine Auslegungsgrundsätze.** Sofern nicht im bestimmten Sachzusammenhängen Abweichungen bestehen, sind Vollmachten nach den allgemeinen Grundsätzen über die Auslegung von Willenserklärungen auszulegen (MüKoBGB/*Schramm*, § 167 Rn. 79). Bei einer Innenvollmacht kommt es auf den Empfängerhorizont des Bevollmächtigten an, bei einer Außenvollmacht auf denjenigen des Erklärungsempfängers. Der Inhalt der Vollmacht ergibt sich bei der Innenvollmacht aus dem zu Grunde liegenden Rechtsverhältnis und seinem Zweck; ohne entgegenstehende Anhaltspunkte ist davon auszugehen, dass die Vollmacht den im Rechtsverkehr üblichen Umfang gleichgelagerter Vollmachten hat (MüKoBGB/*Schramm*, § 167 Rn. 80).

3. **(Isolierte) Generalvollmacht.** Bei der allgemeinen Vollmacht ist die beispielhafte Aufzählung einzelner von der Vollmacht umfasster Geschäfte möglich, aber regelmäßig, wenn sie keine sonstige Funktion erfüllt (Warn- und Hinweisfunktion), nicht empfehlenswert. Es sind lediglich die Rechtsgeschäfte zu bezeichnen, die von der Vollmacht nicht umfasst werden sollen. Die isolierte Generallvollmacht ist angesichts des „Siegeszuges" der Vorsorgevollmachten im privaten Bereich von untergeordneter Bedeutung und in den meisten Fällen wohl auch nicht interessengerecht. Die wesentlichen Fragen sollen daher im Zusammenhang mit der Vorsorgevollmacht erörtert werden.

## 2. Untervollmacht (Beispiel: Delegation bzgl. Ausübung der Gesellschafterrechte an einer GmbH)

(Urkundeneingang)

**Mir, dem Hauptbevollmächtigten, wurde mit notariell beurkundeter Vollmacht vom ...... Vollmacht erteilt, den Vollmachtgeber, ......, in allen Angelegenheiten, bei denen eine Stellvertretung rechtlich zulässig ist, zu vertreten. Mir ist auch die ausdrückliche Befugnis eingeräumt worden, Untervollmacht zu erteilen. Der Notar bescheinigt hiermit, dass die vorbezeichnete über Urkunde über die Erteilung der Hauptvollmacht in einer Ausfertigung, die auf den Hauptbevollmächtigten lautet, vorgelegt wurde; der Notar bescheinigt die Übereinstimmung der beigefügten Abschrift dieser Ausfertigung. Den Vollmachtgeber in Der Vollmachtgeber erteilt hiermit, vertreten durch den Hauptbevollmächtigten, an**

......

(Unterbevollmächtigter)

**Vollmacht, den Vollmachtgeber bezüglich aller Angelegenheiten bezüglich des Geschäftsanteils an der ......-GmbH, Amtsgericht ...... HRB ......, Zu vertreten, insbesondere alle Gesellschafterrechte, egal welcher Art auszuüben. Der Bevollmächtigte kann insbesondere das Stimmrecht ausüben. Er ist auch zur Mitwirkung an Kapitalmaßnahmen befugt und dazu, in meinem Namen zu den Bedingungen des gefassten Beschlussesanteile zu erwerben. Zur Veräußerung oder Belastung des Geschäftsanteils ist jedoch nicht befugt.**

**Dem Unterbevollmächtigten ist sofort eine Ausfertigung zu erteilen; weitere auf meine Anweisung oder Weisung des Vollmachtgebers.**

**vorgelesen, genehmigt, unterschrieben:**

## Anmerkungen

**1. Allgemeines.** Das gewählte Beispiel ist willkürlich; es ist selbstredend auch in anderen Konstellationen denkbar. Selbstverständlich sind die Besonderheiten des jeweiligen Rechtsbereichs zu beachten (bei Grundstücksvollmachten etwa, soweit gewünscht, ausdrücklich die Befugnis zur Unterwerfung gemäß § 800 ZPO). Der Bevollmächtigte darf Untervollmacht nur erteilen, wenn ihm dies gestattet ist. Wegen des Vertrauenscharakters der Vollmacht ist dies nicht zu vermuten. Die Befugnis zur Erteilung von Untervollmacht ist deshalb ausdrücklich in die Vollmachtsurkunde aufzunehmen. Um dem Rechtsverkehr die Prüfung zu ermöglichen, ist die in Ausfertigung/Urschrift vorgelegte Hauptvollmacht der Untervollmacht in beglaubigter Abschrift beizufügen.

**2. Rechtskonstruktion.** Die Rechtsprechung lässt für das Verständnis der Untervollmacht 2 Konstruktionen zu: zum einen diejenige, dass zwischen Geschäftsherrn und Untervertreter ein direktes Vollmachtsverhältnis erteilt wird, welches selbstständig neben die Vollmacht tritt; zum anderen diejenige, dass der Untervertreter vom Hauptvertreter bevollmächtigt wird mit der Maßgabe, dass der Hauptvertreter seinerseits wiederum im Namen des Geschäftsherrn handele (BGH NJW 1977, 1535). Auch wenn die Rechtsprechung beide Varianten zulässt, ist die Variante der Direktvertretung transparent und sachgerecht. Bei der Gestaltung sollte in der Regel diese Variante gewählt werden und liegt dementsprechend auch dem Muster zugrunde.

**3. Umfang der Untervollmacht.** Ebenso wie die Frage, ob eine Untervollmacht überhaupt zulässig ist, ist diejenige nach dem Umfang der Untervollmacht von der Auslegung abhängig. Häufig findet sich die Einschränkung, dass die Untervollmacht für ein einzelnes Geschäft oder bestimmte Arten von Geschäften erteilt werden dürfe; zwingend ist dies jedoch nicht, möglich ist auch eine Weitergabe der Vollmacht im ganzen Umfang, wobei diese Rechtsfolge bei der Beurkundung der Hauptvollmacht dem Vollmachtgeber deutlich vor Augen geführt werden muss. Die Untervollmacht kann nicht weiter gehen als die Hauptvollmacht. Hieraus sollte man aber mE nicht die Schlussfolgerung ziehen, ein von § 181 BGB nicht befreiter Hauptvertreter könne den Untervertreter nicht von § 181 BGB befreien (so aber BayObLG MittBayNot 1993, 150). Meines Erachtens kann der Hauptvertreter immer dann eine solche Gestattung aussprechen, wenn das in Frage stehende Rechtsgeschäft aus seiner Sicht, nähme er es selbst vor, beim Hauptvertreter nicht § 181 BGB verwirklichen würde. Die Frage ist aber hoch umstritten; vgl. Schindeldecker RNotZ 2015, 533, 547 mwN (BayObLG MittBayNot 1993, 150). Dies gilt bei einer GmbH jedoch nicht für einen Prokuristen; dieser ist nicht als Unterbevollmächtigter des Geschäftsführers in diesem Sinne anzusehen (BGH NJW 1984, 2085).

**4. Abhängigkeit vom Fortbestand der Hauptvollmacht.** Die wohl wichtigste Frage ist diejenige, ob die Untervollmacht in ihrem Bestand von der Hauptvollmacht abhängt. Auch dies ist eine Auslegungsfrage (OLG Köln, Beschl. v. 16.3.2018 – 2 Wx 123/18, BeckRS 2018, 4198: Hat Hauptbevollmächtigter Grundstückskaufvertrag abgeschlossen und Finanzierungsvollmacht erteilt, so erlischt Finanzierungsvollmacht mit Widerruf der Hauptvollmacht nicht). Hier stehen zwei wichtige Regelungsziele (effektiver Schutz des Vollmachtgebers einerseits; Funktionsfähigkeit des Rechtsverkehrs andererseits) in einem gewissen Konflikt zueinander. Gerade bei Vorsorgevollmachten kann dies ggf. zu gewissen Risikoszenarien führen (*Schüller* RNotZ 2014, 585). Ein Kompromiss besteht zB darin, die Verwendung der Untervollmacht grds. von der Vorlage der Hauptvollmacht in Urschrift oder Ausfertigung abhängig zu machen, von diesem Erfordernis jedoch abzusehen, wenn die Untervollmacht gegenüber Gerichten und Behörden bzw. der Bevollmächtigung von Notaren und deren Mitarbeitern verwendet werden soll (*Schüller* RNotZ 2014, 585, 591).

## 3. Vollmachten im Grundstücksverkehr

(→ Form. 52a–Form. 52e)

## 4. Vollmacht zur Veräußerung von Grundstücken

Verhandelt in . . . . . am . . . . .
Vor dem Notar . . . . . ist erschienen . . . . .
und erklärt

Grundstücksveräußerungsvollmacht

Ich bevollmächtige hiermit . . . . . (Name, Geburtsdatum oder Beruf, Adresse des Bevollmächtigten), mein im Grundbuch von . . . . . (Grundbuchstelle) verzeichnetes Grundstück bzw. grundstücksgleiches Recht . . . . . (Beschrieb nach dem Grundbuch) zu veräußern und alle im Zusammenhang mit einer Veräußerung stehenden Rechtshandlungen vorzunehmen.

Insbesondere kann der Bevollmächtigte einen Kaufvertrag über das Objekt abschließen (zu beliebigen Bedingungen) und Erklärungen über die Kaufpreiszahlung, die Lastenfreistellung und den Vollzug abgeben. Er ist berechtigt, das Objekt im Rahmen der Vertragsabwicklung mit Grundpfandrechten beliebiger Höhe zu belasten, den jeweiligen Grundstückseigentümer der sofortigen Zwangsvollstreckung zu unterwerfen und dem Käufer oder Mitarbeiter des beurkundenden Notars Untervollmacht und Befreiung von den Beschränkungen des § 181 BGB zu erteilen.

(Schlussvermerke)

## 5. Vollmacht zum Erwerb von Grundstücken

Verhandelt in . . . . . am . . . . .
Vor dem Notar . . . . . ist erschienen . . . . .
und erklärt

Grundstückserwerbsvollmacht

Ich bevollmächtige hiermit . . . . . (Name, Geburtsdatum oder Beruf, Adresse des Bevollmächtigten), das Grundstück bzw. grundstücksgleiche Recht . . . . . (Beschrieb nach dem Grundbuch, Grundbuchstelle) für mich zu erwerben und alle im Zusammenhang mit dem Erwerb stehenden Rechtshandlungen für mich vorzunehmen.

Insbesondere kann der Bevollmächtigte für mich als Käufer einen Kaufvertrag über das Objekt abschließen und Erklärungen über die Kaufpreiszahlung, die Lastenfreistellung und den Vollzug abgeben. Er ist berechtigt, zu Lasten des Objekts Grundpfandrechte in beliebiger Höhe zu bestellen und mich hinsichtlich Kapital, Zinsen und Nebenleistungen dieser Grundpfandrechte persönlich und als Grundstückseigentümer der sofortigen Zwangsvollstreckung zu unterwerfen sowie Schuldanerkenntnisse abzugeben. Weiterhin kann er sonstige dingliche Rechte jeder Art bestellen und Grundbucherklärungen jeder Art abgeben. Er kann vom Verkäufer oder den Mitarbeitern des beurkundenden Notars Untervollmacht unter Befreiung von den Beschränkungen des § 181 BGB erteilen.

Die Vollmacht und etwaige Untervollmachten erlöschen mit meiner Eintragung als Eigentümer des Objekts im Grundbuch.
(Schlussvermerke)

## 6. Grundstücksvollmacht im Unternehmensbereich

Die . . . . . Aktiengesellschaft, vertreten durch die unterzeichneten Vorstandsmitglieder, erteilt hiermit Herrn . . . . . (Name, Beruf, Adresse) Vollmacht zu ihrer Vertretung bei Verpflichtungs- und Verfügungsgeschäften aller Art über Grundstücke, grundstücksgleiche Rechte und Rechte an Grundstücken oder grundstücksgleichen Rechten. Die Vollmacht berechtigt insbesondere zum Erwerb, zur Veräußerung, zur Belastung und zur Begründung und Aufhebung von Rechten an Grundstücken und grundstücksgleichen Rechten. Im Rahmen von grundstücksbezogenen Finanzierungen und Belastungen berechtigt die Vollmacht zur Erklärung der dinglichen und persönlichen Unterwerfung unter die sofortige Zwangsvollstreckung. Für Einzelgeschäfte kann Untervollmacht erteilt werden, wobei dem Unterbevollmächtigten auch die Befugnis zur Vertretung beider Vertragsteile unter Befreiung vom Selbstkontrahierungsverbot erteilt werden kann.
(Unterschriften)

## 7. Zwangsversteigerungsvollmacht (Bietervollmacht)

Ich bevollmächtige . . . . . (Name, Geburtsdatum oder Beruf, Anschrift des Bevollmächtigten), mich im Zwangsversteigerungsverfahren über das Grundstück . . . . . (Beschrieb nach dem Grundbuch, Grundbuchstelle) zu vertreten. Er kann alle Erklärungen abgeben, die in dem Verfahren in Betracht kommen, insbesondere für mich bieten, den Zuschlag beantragen, Vereinbarungen über den Versteigerungserlös und über dingliche Rechte treffen, Gelder in Empfang nehmen und Grundbucherklärungen abgeben.
(Unterschrift)

## 8. Vollmachtsbescheinigung gemäß § 21 Abs. 3 BNotO in Verbindung mit § 34 GBO

Gemäß § 21 Abs. 3 BNotO bescheinige ich, der beurkundende Notar: Herr . . . . ., wie im Urkundeneingang beschrieben, ist auf Grund notariell beurkundeter Vollmacht vom . . . . ., die am heutigen Tag in Ausfertigung vorgelegen hat, berechtigt, Herrn . . . . ., wie im Urkundeneingang beschrieben, zu vertreten.
*Ggf. Vollmachtsbescheinigung bei Vorliegen einer Untervollmacht:*
Gemäß § 21 Abs. 3 BNotO bescheinige ich, der beurkundende Notar: X wurde durch notariell beurkundete, heute in Ausfertigung vorliegender Untervollmacht durch Y Vertretungsmacht mit Wirkung für und gegen Z erteilt. Ich bescheinige auch, dass Y kraft der ihm erteilten Hauptvollmacht durch Z, welche ebenfalls notariell beurkundet in Ausfertigung heute vorliegt, zur Abgabe aller Erklärungen in dieser Urkunde mit Wirkung für und gegen Z bevollmächtigt war und die Befugnis zur Erteilung von Untervollmacht hatte.

*Ggf. Vollmachtsbescheinigung bei Erteilung durch registrierte juristische Person*

**Gemäß § 21 Abs. 3 BNotO wird bescheinigt: X hatte auf Grund der notariell beurkundeten, heute in Ausfertigung vorliegenden Vollmacht Vertretungsmacht zur Abgabe aller in dieser Urkunde enthaltenen Erklärungen mit Wirkung für und gegen die A-GmbH. Die Vollmacht wurde namens der A-GmbH durch Z erteilt. Gemäß § 21 Abs. 1 BNotO bescheinige ich, der Notar, dass Z am Tag der Vollmachtserteilung als einzelvertretungsberechtigter Geschäftsführer für die Erteilung der o.g. Vollmacht Vertretungsmacht hatte.**

*Schrifttum: Böttcher,* Zwangsvollstreckungsunterwerfung durch einen Vertreter, BWNotZ 2007, 109; *Brambring,* Aktuelle Fragen der Grundstücksvollmacht, ZIR 1997, 184; *Michalski,* Postmortale Grundstücksvollmacht, WuM 1997, 658; *Kirchner,* Die „Prokuravollmacht", MittBayNot 1996, 423; *Kühn,* Vollmacht und Genehmigung beim Grundstückskaufvertrag, RNotZ 2001, 305; *Milzer,* § 39 GBO – ein Hemmschuh für die Verwendbarkeit transmortaler Vollmachten bei nachlassbezogenen Immobiliengeschäften? – DNotZ 2009, 325; *Otto,* Notarbescheinigung bei einer Kette von Vollmachten oder Vertretungsnachweisen, NotBZ 2017, 100.

## Anmerkungen

**1. Vollmachtsumfang.** Die allgemeine Vollmacht (Generalvollmacht, → Form. VIII.51) ermächtigt auch zu Verfügungen über Grundstücke. Die vorstehenden Vollmachten im Grundstücksverkehr sind Spezialvollmachten zur rechtsgeschäftlichen Veräußerung oder zum Erwerb durch Rechtsgeschäft oder Zuschlag in der Zwangsversteigerung, die sich auf bestimmte Grundstücke beziehen. Eine auf den Grundstücksbereich beschränkte Vollmacht für alle künftigen Fälle ist die Grundstücksvollmacht im Unternehmensbereich. Bei der Gestaltung der Vollmachten ist einmal auf ausreichende Konkretisierung der Grundstücke, zum anderen darauf zu achten, dass die Vollmacht alle erforderlichen Rechtshandlungen abdeckt. Dabei sind die Grundsätze zur eingeschränkten Auslegung von Vollmachten im Grundbuchverfahren zu beachten: Vollmachten zur Abgabe von Grundbucherklärungen gemäß § 29 Abs. 1 S. 1 GBO sind nach den gleichen Grundsätzen auszulegen wie Grundbucherklärungen selbst (BayObLG DNotZ 1997, 475). Bei der Auslegung einer Grundbuchvollmacht ist auf den Wortlaut und Sinn der Vollmacht abzustellen, wie er sich für einen unbefangenen Betrachter als nächstliegende Bedeutung ergibt. Bei der Auslegung ist jedoch zu beachten, dass der das Grundbuchverfahren beherrschende Bestimmtheitsgrundsatz und das grundsätzliche Erfordernis urkundlich belegter Eintragungsunterlagen der Auslegung durch das Grundbuchamt Grenzen setzen (BayObLG DNotZ 1995, 612 (614)). Führt die nach diesen Grundsätzen durchgeführte Auslegung nicht zu einem eindeutigen Ergebnis, so ist im Grundbuchverfahren im Zweifel vom geringeren, eindeutig feststellbaren Vollmachtsumfang auszugehen (BayObLG MittRhNotK 1989, 13). Eine auf Belastung eines Grundstücks gerichtete Vollmacht muss die Befugnis zur Unterwerfung gem. § 800 ZPO ausdrücklich enthalten (OLG Düsseldorf OLGZ 1988, 297; MittRhNotK 1989, 193). Möglicherweise ändert sich die Einschätzung der Rechtsprechung, weil bei der Auslegung des Aufgabenkreises eines Betreuers die Rechtsprechung großzügiger ist („Veräußerung der Eigentumswohnung" umfasst auch Befugnis für Finanzierungsgrundschuld; KG BeckRS 2018, 21541). Enthält eine Vollmacht die Befugnis, ein Grundstück zu verkaufen, so ist es zur Empfehlung von Zweifeln jedenfalls empfehlenswert, die Befugnis zur Bestellung von Grundpfandrechten ausdrücklich zu regeln (DNotI-Report 1995, 29). Eine Generalvollmacht befugt allerdings auch ohne ausdrückliche Erwähnung im Vollmachtstext zur Belastung mit vollstreckbaren Grundpfandrechten gem. § 800 ZPO. Um Auslegungszweifel zu vermeiden, sollte auch die Befugnis zur Erteilung einer Untervollmacht ausdrücklich aufgeführt werden (*Müller-von Münchow* NotBZ 2010, 31 (35)). Im Übrigen muss eine Grundstücksveräußerungsvollmacht aber nicht auf jede im Grundstückskaufvertrag enthaltene Vertragsbedingung Bezug nehmen (zB Festlegung des Kaufpreises; Abwicklung über Notaranderkonto; Entgegennahme des Kaufpreises; Abgabe von Eintragungsbewilligungen). Der hier verwendete Formulierungsvorschlag enthält zur Klarstellung den Zusatz, dass der Kaufvertrag „zu beliebigen Bedingungen" abgeschlossen werden kann.

Bei der Erwerbsvollmacht ist darauf zu achten, dass (falls benötigt), auch die Befugnis aufgenommen wird, den Käufer bei der Bestellung der Finanzierungsgrundschuld auch bei der Abgabe des abstrakten Schuldversprechens und der Vollstreckungsunterwerfung wegen dieses Anspruchs in das gesamte Vermögen zu vertreten.

Die Vollmacht im Zwangsversteigerungsverfahren muss gemäß § 71 Abs. 2 GBO zumindest notariell beglaubigt sein.

**1a. Vollmachtsbestätigung gemäß § 21 Abs. 3 BNotO, § 34 GBO.** Durch Art. 3 Nr. 2 und Art. 5 Nr. 1 des Gesetzes zur Übertragung von Aufgaben im Bereich der freiwilligen Gerichtsbarkeit auf Notare vom 26.6.2013 (BGBl. 2013 I 1800) sind § 21 Abs. 3 BNotO und § 34 GBO neu geschaffen worden (der bis zum 1.9.2009 geltende § 34 GBO aF betraf eine andere Konstellation und wurde durch das ERVGBG gestrichen, sodass beim Rückgriff auf ältere Kommentierungen und Entscheidung hinsichtlich § 34 GBO Vorsicht geboten ist). Der neue § 21 Abs. 3 BNotO hat folgenden Wortlaut:

„Die Notare sind ferner dafür zuständig, Bescheinigungen über eine durch Rechtsgeschäft begründete Vertretungsmacht auszustellen. Der Notar darf die Bescheinigung nur ausstellen, wenn er sich zuvor durch Einsichtnahme in eine öffentliche oder öffentlich beglaubigte Vollmachtsurkunde über die Begründung der Vertretungsmacht vergewissert hat. In der Bescheinigung ist anzugeben, in welcher Form und an welchem Tag die Vollmachtsurkunde dem Notar vorgelegen hat."

Ergänzt wurde diese Norm durch § 34 GBO, wonach eine durch Rechtsgeschäft begründete Vertretungsmacht durch eine Bescheinigung gemäß § 21 Abs. 3 BNotO im Grundbuchverfahren nachgewiesen werden kann. Das gesetzgeberische Ziel bestand insbesondere darin, Grundbuchämter und Handels- bzw. Partnerschaftsregister von der Prüfung langer Vollmachtsketten bei größeren Unternehmen und Konzernen zu entlasten (BT-Drs. 17/1469, 14). Jedoch ist der Anwendungsbereich beider Normen nicht auf diese Fallgruppen beschränkt.

Es geht bei der „durch Rechtsgeschäft erteilten Vertretungsmacht" um Vollmachten (Legaldefinition des § 166 Abs. 2 S. 1 BGB). Im Zusammenhang mit dem Nachweis der Vertretungsmacht bei Gesellschaften bürgerlichen Rechts wurde zum Teil die Auffassung vertreten, dass der Gesellschaftsvertrag die Vertretungsmacht durch „Erklärungen" im Sinne von § 29 Abs. 1 S. 1 GBO begründe und daher die öffentliche Beglaubigung des Gesellschaftsvertrages genüge (*Dümig* Rpfleger 2002, 53 (57); *Böttcher/Blasche* NZG 2007, 121 (125)). Wenn man die durch BGB-Gesellschaftsverträge begründete Vertretungsmacht im Rahmen des § 29 Abs. 1 S. 1 GBO mit Vollmachten gleichsetzt, so könnte man geneigt sein, dies auch bei § 34 GBO zu tun. Das Problem ist durch die BGH-Entscheidung zum Erwerb durch eine existierende GbR (BGH NJW 2011, 1958) noch nicht in jeder Hinsicht erledigt, insbesondere dann nicht, wenn ein GbR-Gesellschafter behauptet, er handele kraft gesellschaftsvertraglicher Alleinvertretungsmacht, etwa erteilt durch den ursprünglichen Gesellschaftsvertrag oder durch einen Gesellschafterbeschluss. Die Rechtsprechung erkennt den Gesellschaftsvertrag nicht als Nachweismittel an, auch nicht bei notarieller Beurkundung (OLG München RNotZ 2012, 70; vgl. auch OLG Celle NJOZ 2013, 1461) und lehnt insbesondere die (entsprechende) Anwendung des § 172 Abs. 2 BGB ausdrücklich ab. Angesichts dessen erscheint es zweifelhaft, ob § 21 Abs. 3 BNotO auch zur Bescheinigung der Vertretungsmacht auf der Grundlage eines

Gesellschaftsvertrages berechtigt. Ist ein Dokument aber ersichtlich als Vollmacht gewollt, so schadet auch der Umstand nicht, dass sie im Kontext einer GbR erteilt wurde; auch ein GbR-Gesellschaftsvertrag kann Vollmachten enthalten, für welche dann (bei Formgerechtigkeit) § 21 Abs. 3 BNotO sowie der aus § 172 Abs. 2 BGB abgeleitete Erfahrungssatz des Fortbestandes gilt. Besonders deutlich ist dies, wenn eine vor dem Bekanntwerden der BGH-Entscheidung „Weißes Roß" (BGH NJW 2001, 1056) gegründete GbR öffentlich beglaubigte oder notariell beurkundete Vollmachten erteilt. Solche GbR gingen von einem Rechtszustand aus, in welchem allein eine rechtsgeschäftliche Bevollmächtigung möglich war (die sich aus § 714 BGB ergebende Vertretungsmacht wurde früher stets rechtsgeschäftlich gedeutet, BGH NJW 1971, 1698). Solchen Gesellschaftern kann nicht nachträglich unterstellt werden, sie hätten in Wirklichkeit die (im Grundbuchverfahren nicht mehr nachweisbare) organschaftliche Vertretungsmacht gewollt. Aber auch nach modernem Verständnis können organschaftliche Vertretungsmacht (§ 714 BGB) und rechtsgeschäftliche Vertretungsmacht parallel bestehen. Es entspricht dabei interessengerechter Auslegung, dass die Gesellschafter eine Verwendbarkeit im Grundbuchverfahren wünsche und daher eine rechtsgeschäftliche Bevollmächtigung verwenden, für die im Grundbuchverfahren der aus § 172 Abs. 2 BGB abgeleitete Erfahrungssatz gilt – und eben auch § 21 Abs. 3 BNotO. Ergibt also die Auslegung des Dokuments, dass es sich um eine Vollmacht handelt (mag auch der Anlass gesellschaftsrechtlich gewesen sein), so kann der Notar eine Vollmachtsbescheinigung erstellen; dabei sind die im Grundbuchverfahren geltenden Grundsätze für die Auslegung von Vollmachten auch bei der vorgelagerten Frage anzuwenden, ob überhaupt eine Vollmacht vorliegt; dies ist bei einer Bezeichnung als Vollmacht und sonstigen Regelungen, die nur auf Vollmachten passen (zB Anordnung des Fortbestandes über den Tod des Vollmachtgebers hinaus) regelmäßig auch mit diesen Auslegungsgrundsätzen zu bejahen. Liegt hingegen eindeutig nur organschaftliche Vertretungsmacht vor (ein Gesellschaftsvertrag, der keine Bevollmächtigung erwähnt), so wird man sie nicht als „durch Rechtsgeschäft erteilte Vertretungsmacht" im Sinn des § 21 Abs. 3 BNotO begreifen können (vgl. auch OLG Bremen DNotZ 2014, 636: keine Bescheinigung möglich, wenn sich aus beglaubigter Kopie eines Gesellschaftsvertrages bei GmbH Befugnis des Aufsichtsrates zur Vollmachtserteilung ergeben soll). Wenn also Grundstücks-GbR organschaftliche Einzelvertretungsmacht erteilen wollen, so sollten sie dies für Grundbuchzwecke durch eine inhaltlich entsprechende Vollmacht untermauern.

Auch der Gesellschaftsvertrag einer anderen Personengesellschaft, zB einer OHG, würde grundsätzlich unter § 29 Abs. 1 S. 2 GBO fallen (sofern nicht der Zeitablauf der Beweiswirkung im Grundbuchverfahren entgegen steht; hierzu *Güthe/Triebel,* GBO, 6. Aufl. 1936, § 32 Rn. 46; *Meikel/Krause,* GBO, 11. Aufl. 2015, § 32 Rn. 46; ausführlich *Heinze* ZNotP 2010, 409 ff. und *Reymann* ZNotP 2011, 84 ff.); eine Vollmachtsbescheinigung würde danach ausscheiden.

Wird eine Vollmachtsbescheinigung gemäß § 34 GBO vorgelegt, so kann das Grundbuchamt im Regelfall nicht zusätzlich die Vorlage der Vollmacht verlangen. Insoweit gelten dieselben Grundsätze wie zu § 32 GBO (*Meikel/Krause* § 32 Rn. 8): Nur bei begründeten, auf konkreten Tatsachen gestützten Zweifeln (zB dann, wenn die in Bezug genommene Vollmacht dem Grundbuchamt in einer anderen Angelegenheit vorgelegt und für unzureichend befunden worden ist) darf das Grundbuchamt den nach § 29 Abs. 1 S. 1 GBO verlangten Nachweis per Zwischenverfügung fordern. Insbesondere ist das Grundbuchamt oder Registergericht auch (wenn solche Zweifel nicht vorliegen) nicht befugt, diejenigen Urkunden anzufordern, die der Notar zur Grundlage seiner Bescheinigung erhoben hat (OLG Hamm MittBayNot 2017, 93).

Auch für Handelsregisteranmeldungen genügt bei der Einschaltung von Bevollmächtigten gemäß dem neuen § 12 Abs. 1 S. 3 HGB (Art. 11 des Gesetzes zur Übertragung von Aufgaben im Bereich der freiwilligen Gerichtsbarkeit auf Notare vom 26.6.2013) eine

Bescheinigung gemäß § 21 Abs. 3 BNotO. Der Rechtsgedanke des § 34 GBO und des § 12 Abs. 1 S. 3 HGB lässt sich jedoch auf andere Bereiche übertragen: Ebenso wie bei § 32 GBO erfüllt eine ordnungsgemäße notarielle Bescheinigung regelmäßig den erforderlichen Nachweis der Vertretungsmacht. Dies gilt zB bei der Gründung einer GmbH zur Erfüllung der registergerichtlichen Prüfungspflicht (§ 9c GmbHG), bei der Eintragung sonstiger Gesellschafterbeschlüsse, im Rahmen des § 71 Abs. 2 ZVG (zur entsprechenden Anwendung des § 32 GBO bei § 71 Abs. 2 ZVG AG Leipzig 11.2.2010 – 470 K 1252/08, BeckRS 2010, 18441) sowie im Verfahren zur Erteilung einer qualifizierten vollstreckbaren Ausfertigung nach den §§ 726, 727 ZPO (zur Anwendbarkeit der §§ 32–37 GBO *Wolfsteiner,* Die vollstreckbare Urkunde, 3. Aufl. 2011, Rn. 46.21). Konsequenterweise ist bei einer durch den Käufer in Vollmacht für den Verkäufer bestellten Finanzierungsgrundschuld auch die Zustellung der Vollmacht gemäß § 750 Abs. 1 ZPO nicht erforderlich (zu diesem Erfordernis BGH DNotZ 2007, 33; DNotI-Report 2008, 65), wenn in der Grundschuldbestellungsurkunde die rechtsgeschäftliche Vertretungsmacht gemäß § 21 Abs. 3 BNotO bescheinigt wird.

Die Formulierung kann erfolgen wie bei Bescheinigungen gemäß § 21 Abs. 1 BNotO. Bezugnahmen auf den Urkundeneingang (zB die vorstehend erwähnte Vollmacht; den Vollmachtgeber bzw. den Bevollmächtigten) sind wie in anderen Zusammenhängen auch zulässig, sofern nur eindeutig erkennbar ist, auf welche Vollmacht sich die Bescheinigung bezieht. Erwähnt werden muss der Tag der Vollmachtsvorlage und die Form der Vollmachtsvorlage.

Inhaltlich muss der Notar die Vollmacht prüfen; er hat dabei denselben Maßstab anzulegen wie der Vollmachtsadressat (also zB das Grundbuchamt, das Registergericht etc) und die dafür geltenden Auslegungsgrundsätze zu beachten. Dabei ist es in Grenzfällen denkbar, dass der Notar die Vollmacht in einer anderen Weise (großzügiger oder enger) auslegt als es der hypothetische Sachbearbeiter beim Grundbuchamt tun würde. Dies ist in der neuen Vorschrift jedoch angelegt; solche Zweifel dürften in der Praxis eher selten auftreten. Die Rechtsprechung verlangt jedoch bei „Kettenvertretungsverhältnissen" (also Untervollmachten oder Vollmachtserteilung durch organschaftliche Vertreter) die Offenlegung (und auch insoweit ggf. die Bescheinigung gemäß § 21 Abs. 1 oder Abs. 3 BNotO) der Zwischenschritte (OLG Hamm MittBayNot 2017, 93 m. Anm. *Kilian* zur Untervollmacht; BGH DNotZ 2017, 303 zu Vollmachten, die von gesetzlichen Vertretern registrierter juristischer Personen erteilt werden; gemeint sein dürften auch registrierte Personengesellschaften).

Enthält die Urkunde eine Bescheinigung gemäß § 21 Abs. 3 BNotO, so bedarf es keiner Beifügung der Vollmachtsurkunde mehr für das Grundbuchamt. Allerdings wurde der Worlaut des § 12 S. 1 BeurkG nicht angepasst: § 12 S. 2 BeurkG erklärt den Nachweis nur für entbehrlich, wenn eine Bescheinigung gem. § 21 Abs. 1 BNotO vorliegt. Eine Analogie des § 12 S. 2 BeurkG auf die Fälle des § 21 Abs. 3 BNotO wäre sinnvoll und geboten, wird aber von der Literatur nicht praktiziert, obwohl hier sehr vieles für ein gesetzgeberisches Redaktionsversehen spricht (gegen eine Analogie etwa *Grziwotz/Heinemann,* BeurkG, 3. Aufl. 2018, § 12 Rn. 27, der aus diesem Grund von einer geringen Bedeutung ausgeht; im BNotK-Rundschreiben 23/2013 wird eine Beifügung zur Urschrift empfohlen; für die Beifügung zur Urschrift auch Diehn/*Kilian*, BNotO, 2015, § 21 Rn. 40). Eine Ergänzung des § 12 S. 2 BeurkG durch den Gesetzgeber wäre wünschenswert. Dennoch sollte man bei Erstellung einer Vollmachtsbescheinigung zwecks Verwirklichung des gesetzgeberischen Anliegens die Vollmacht tatsächlich, wie von § 12 S. 1 BeurkG gefordert, nur der Urschrift beifügen und Ausfertigungen bzw. beglaubigte Abschriften lediglich auszugsweise erteilen (§§ 42 Abs. 3, 49 Abs. 5 BeurkG).

Wird dem Notar zB eine Vollmachtsurkunde eines ausländischen Notars vorgelegt, so wird der Notar die Bescheinigung gem. § 21 Abs. 3 BNotO in der Regel nur dann ausstellen können, wenn die Vollmacht mit Apostille bzw. Legalisation versehen ist (vgl.

§ 438 Abs. 2 ZPO). Für Einzelheiten siehe DNotI-Abruf-Gutachten Nr. 131018 vom 2.12.2013, www.dnoti.de.

Wirkungslos ist eine Notarbescheinigung dann, wenn der Notar den vom Gesetz vorgezeichneten Rahmen überschreitet, zB durch Bescheinigung der Vertretungsmacht gesetzlicher Vertreter/Amtswalter (DNotI-Report 2013, 185). Umstritten ist, ob auch eine Bescheinigung zum Nachweis der WEG-Verwaltereigenschaft (DNotI-Abruf-Gutachten Nr. 132163 vom 7.2.2014, www.dnoti.de) möglich ist. Kommt es in solchen Fällen gleichwohl zur Eintragung, kann der Notar gemäß § 19 Abs. 1 BNotO haften; ein Amtswiderspruch gemäß § 53 Abs. 1 S. 2 BNotO kommt indes nur in Betracht, wenn das Grundbuch unrichtig geworden ist.

Unklar ist schließlich, ob eine „geteilte" Vollmachtsbestätigung möglich ist. Dies erscheint denkbar, wenn die Vollmacht nur Teile der abgegebenen Erklärungen deckt. Dies kann in Betracht kommen, wenn die Grundstücksveräußerungsvollmacht keine Befugnis zur Zwangsvollstreckungsunterwerfung enthält (siehe hierzu nachstehend). In solchen Fällen sollte aber klargestellt werden, welche Teile der Erklärungen mit bestehender Vertretungsmacht abgegeben werden und welche Teile ohne Vertretungsmacht erklärt werden.

Die Vollmachtsbestätigung löst gemäß KV-GNotKG 25214 pro Bescheinigung eine Festgebühr von 15 EUR aus. Ihr Einsatz ist keine unrichtige Sachbehandlung gem. § 21 GNotKG, da die Vollmachtsbescheinigung der Verfahrensbeschleunigung dient (*Sikora* in: Korintenberg, GNotKG, 20. Aufl. 2017, KV 25214 Rn. 7 ff.). § 21 Abs. 3 BNotO hat sich in der Praxis bewährt. Die Vorschrift sollte ausgedehnt werden und dem Notar auch die Bescheinigung gesetzlicher Vertretungsmacht ermöglichen oder organschaftlicher Vertretungsmacht, wo keine Registerbescheinigung eingreift (etwa: Stiftungen; GbR; ausländische Gesellschaften).

**2. Form.** Auch die Erteilung von Vollmachten im Grundstücksbereich ist formlos möglich und wirksam, § 167 Abs. 2 BGB. So kann etwa für die Partei eines Grundstückskaufvertrages ein Vertreter bei der notariellen Beurkundung mit der Behauptung auftreten, er sei mündlich bevollmächtigt. Ist dies tatsächlich der Fall, so ist der nach § 311b BGB beurkundete Kaufvertrag wirksam und verpflichtet und berechtigt den Vollmachtgeber. Gegenüber dem Grundbuchamt ist das Bestehen der Vollmacht dann aber in der Form des § 29 Abs. 1 S. 1 GBO nachzuweisen. Im Beispielsfall muss deshalb dem Grundbuchamt eine notariell beglaubigte oder beurkundete Vollmachtsbestätigung des Vollmachtgebers nachgereicht werden.

In der Praxis der Grundstücksvollmachten führt § 29 Abs. 1 S. 1 GBO dazu, dass die Vollmachten mindestens schriftlich und mit notarieller Unterschriftsbeglaubigung versehen erstellt werden. Ausnahmsweise ist entgegen § 167 Abs. 2 BGB die für das Rechtsgeschäft vorgeschriebene Form, im Grundstücksbereich die notarielle Beurkundung nach § 311b BGB, einzuhalten, wenn die formlose Bevollmächtigung gegen den Zweck der gesetzlichen Formvorschriften verstieße. So bedarf die unwiderrufliche Vollmacht zur Grundstücksveräußerung der notariellen Beurkundung (BGH DNotZ 1952, 447; 1966, 93). Dies gilt auch für die rechtlich widerrufbare, tatsächlich aber bindende Grundstücksveräußerungs- oder Erwerbsvollmacht (BGH DNotZ 1965, 549; 1979, 684; *Kanzleiter* DNotZ 1979, 684).

**3. Wirksamkeitszusammenhang mit dem Grundgeschäft.** Der Missbrauch sog. „isolierter" Vollmachten im Bauträgerbereich hat die Rechtsprechung veranlasst, entgegen dem sonst bei der Vollmacht geltenden Abstraktionsprinzip (vgl. dazu Palandt/*Heinrichs* § 167 Rn. 4) einen Wirksamkeitszusammenhang zwischen dem Grundgeschäft, regelmäßig einem Geschäftsbesorgungsvertrag, und der Vollmacht im Sinne des § 139 BGB anzunehmen, wenn das Grundgeschäft den Auftraggeber verpflichtet, Vollmacht zu erteilen (BGH NJW 1985, 730; DNotZ 1988, 551; *Korte* DNotZ 1984, 84). Dies führt zur Beurkundungspflichtigkeit des Grundgeschäfts und der Vollmacht (BGH NJW 1992, 3237; BayObLG MittBayNot 1996, 197 = MittRhNotK 1996, 217). → Form. 51 Anm. 4. Bei der Verwertung von Sicherheiten für notleidende Kredite versuchen die Inhaber der NPL (non performing loans) regelmäßig im Zusammenhang mit Vergleichszusagen und der Vereinbarung bedingter Forderungsverzichte umfassende Verfügungsvollmachten vom Schuldner für die Verwertung des als Sicherheit dienenden Besitzes zu erhalten. Mangels Mitbeurkundung des verpflichtenden Vergleichs als Grundgeschäft dürften solche Vollmachten regelmäßig als „isolierte Vollmachten" zu betrachten und damit unwirksam sein, ebenso wegen Formmangels der Vergleich selbst. Sind mehrere Objekte betroffen, tritt die Wirkung des § 311b Abs. 1 S. 2 BGB evt. sehr spät oder gar nie ein. Da die Verträge und Vollmachten hier meist auch die Vermietung und sonstige Verwertungsmöglichkeiten beinhalten, ist hier großer Wert auf die Klärung von Haftungs-, Freistellungs- und Steuerfragen zu legen. Im Falle der Dereliktion des Grundstückes (→ Form. VIII.7) oder der Eröffnung eines Insolvenzverfahrens über das Vermögen des Vollmachtgebers wird die Verwertungsvollmacht wertlos.

## 9. Vorsorgevollmacht/Betreuungs- und Patientenverfügung

*Schrifttum: (Auswahl): Bienwald,* Der Rechtsanwalt als Betreuer oder Vorsorgebevollmächtigter, FPR 2012, 28; *Baumann/Hartmann* DNotZ 2000, 594; *Britz* RNotZ 2001, 271; *Bühler,* Vorsorgevollmacht zur Vermeidung einer Gebrechlichkeitspflegschaft oder Betreuung BWNotZ 1990, 1; *Dieckmann,* Zur Neuregelung von § 1906 BGB durch das Gesetz vom 18.2.2013 und zu den Auswirkungen auf die notarielle Praxis, BWNotZ 2013, 34; *Diehn/Rebhan,* Vorsorgevollmacht und Patientenverfügung, NJW 2010, 326; *Hartmann* RNotZ 2001, 273; *Heckschen/Kreußlein,* Vorsorgevollmachten und Satzungsgestaltung im GmbH-Recht, NotBZ 2012, 321; *G. Müller,* Aktuelle Probleme der Vorsorgevollmacht und der Patientenverfügung, ZNotP 2012, 404; *Horst,* Aktuelle Fragen zu Generalvollmacht, Betreuungs- und Patientenverfügung, ZAP Fach 12 (2018), 357;; *Litzenburger,* Vorsorgevollmacht ohne Auftrag, NotBZ 2010, 1; *G. Müller* DNotZ 1999, 107; *Müller/Renner,* Betreuung und Vorsorgeverfügungen in der Praxis, 5. Aufl. 2018; *Perau,* Betreuungsverfügung und Vorsorgevollmacht, MittRhNotK 1996, 285; *Renner,* Der Widerruf von Vorsorgevollmachten, ZNotP 2004, 288; *Reymann,* Vorsorgevollmachten von Berufsträgern: Bestandssicherung, Dritteinflussabwehr und Kontrolle, ZEV 2006, 12; *Rieger,* Die mutmaßliche Einwilligung in den Behandlungsabbruch, 1998; *Sauer,* Die Gestaltung des Innenverhältnisses von General- und Vorsorgevollmachten, RNotZ 2009, 79; *Spickhoff* NJW 2000, 229; *Walter* FamRZ 1999, 685; *Wedemann,* Vorsorgevollmachten bei Personengesellschaften und GmbHs, ZIP 2013, 1508; *Winkler* Vorsorgeverfügungen – Patientenverfügung, Vorsorgevollmacht, Betreuungs- und Organverfügung, 2. Aufl., 2005; *Zimmer,* Vorsorgevollmachten im Erbrecht, ZEV 2013, 307.

### Anmerkungen

**1. Vorsorge für Alter und Tod.** Die Vorsorgevollmacht zur Vermeidung der Betreuung und das Patiententestament zur Vermeidung sinnloser lebensverlängernder Maßnahmen treten immer mehr in den Blickpunkt des Interesses der Bevölkerung. Staatliche Begehrlichkeiten im Vermögensbereich, die Einschränkungen von Leistungen im Gesundheitsbereich und die Möglichkeiten der Apparatemedizin wecken und verstärken den Willen zur Behauptung des privaten Bereichs gegen unerwünschte Eingriffe Dritter. Wo im Fernsehen, in der Presse oder in Vorträgen auf die Möglichkeiten und Inhalte von Altersvorsorgevollmachten oder Patiententestamenten hingewiesen wird, suchen die Beteiligten den Notar auf und erwarten rechtliche Beratung und entsprechende Vorsorgemaßnahmen.

**2. Überblick über die Rechtsentwicklung.** Vorsorgevollmachten sind ein eher junges Rechtsinstitut; ihr „Aufstieg" begann mit dem Gesetz zur Reform des Rechts der Vormundschaft und Pflegschaft für Volljährige vom 12.9.1990 (Betreuungsgesetz; BGBl. 1990 I 2002). Zuvor sah das BGB in den §§ 1896 ff. BGB auch für Erwachsene die Vormundschaft vor; die §§ 1896 ff. aF enthielten weitreichende Verweise auf das Recht der Vormundschaft für Minderjährige. Die Erteilung einer Generalvollmacht vermochte die Entmündigung jedoch nicht zu verhindern (Staudinger/*Bienwald,* 2013, § 1896 Rn. 265 mwN). Der für die Vorsorgevollmacht wesentliche § 1896 Abs. 2 S. 1 BGB (Subsidiarität der Betreuung) wurde mit dem Betreuungsgesetz eingeführt. Ebenfalls von zentraler Bedeutung war das Betreuungsrechtsänderungsgesetz vom 25.6.1998 (BGBl. 1998 I 1580), welches die Entscheidung über ärztliche Eingriffe gemäß § 1904 BGB und freiheitsentziehende bzw. -beschränkende Maßnahmen gemäß § 1906 BGB durch einen Bevollmächtigten ermöglicht. Ferner wurde mit dem zum 1.9.2009 in Kraft getretenen Dritten Gesetz zur Änderung des Betreuungsrechts (BGBl. 1990 I 2286) die Patientenverfügung erstmals gesetzlich geregelt. Im Jahr 2017 wurde das Recht der ärztlichen Zwangsbehandlungen erneut geändert durch das Gesetz zur Änderung der materiellen Zulässigkeitsvoraussetzungen von ärztlichen Zwangsmaßnahmen und zur Stärkung des Selbstbestimmungsrechts von Betreuten vom 17. Juli 2017, BGBl. 2017 I, S. 2426., welches durch Schaffung des § 1906a BGB erneut auf den Inhalt von Vorsorgevollmachten Einfluss genommen hat.

**2. Rechtsnatur/Begriff der Vorsorgevollmacht.** Mit Vorsorgevollmacht wird eine rechtsgeschäftlich erteilte Vollmacht bezeichnet, die den Charakter einer Generalvollmacht hat. Sie wird vorsorglich für den Fall der eigenen Handlungsunfähigkeit bei Krankheit oder Invalidität erteilt. Sie berechtigt den Vollmachtnehmer zu sämtlichen Handlungen, die sonst durch den Vollmachtgeber selbst vorgenommen werden würden. Die Geltungsdauer der Vollmacht kann auch in ihrer Geltung über den Zeitpunkt nach dem Tod des Vollmachtgebers ausgedehnt werden und wird dann auch als „transmortale Vollmacht" bezeichnet. Wird sie dem gesetzlich berufenen oder testamentarisch eingesetzten Erben erteilt, stellt sie ein ideales Mittel zur Sicherung der Handlungsfähigkeit und Führungskontinuität im Unternehmen im Erbfall dar.

Von entsprechender Wichtigkeit ist die gesetzliche Verankerung der Vorsorgevollmacht in § 1896 Abs. 2 S. 2 BGB. Nach dieser Vorschrift ist eine Betreuung nicht erforderlich und darf nicht angeordnet werden, soweit die Angelegenheiten eines Volljährigen durch einen Bevollmächtigten ebenso gut wie durch einen Betreuer besorgt werden können. Um Missbräuchen vorzubeugen, ist in § 1896 Abs. 3 die Möglichkeit der Bestellung eines Betreuers zur Überwachung des Bevollmächtigten vorgesehen.

Die hieraus folgende Achtung der Selbstbestimmung des Bürgers durch eigene Vorsorge für den Fall insbesondere des Wegfalls der Geschäftsfähigkeit ist der entscheidende Schritt hin zur Privatisierung des Alters (*Müller-Freienfels* FS Keller, 1989, 35 (49)). Die Regelung des § 1896 Abs. 2 S. 2 BGB, die die Selbstbestimmung des Menschen erhält und staatliche Zwangsmaßnahmen vermeidet, ist deshalb in besonderer Weise Ausdruck der Zielsetzung des Betreuungsgesetzes insgesamt. Diese Zielsetzung, die auch Verfassungsrang hat, bleibt nicht ohne Auswirkungen auf die traditionelle Dogmatik der Vollmacht, was die Möglichkeit der Vollmachtserteilung im Gesundheitsbereich und im sonstigen persönlichen Bereich betrifft.

**3. Gemeinsame oder getrennte Beurkundung von Vorsorgevollmacht, Betreuungsverfügung und Patientenverfügung?** Fraglich ist, ob Vorsorgevollmacht und Patientenverfügung in einem Dokument enthalten sein sollten oder ob eine Aufteilung auf zwei Dokumente zweckmäßig ist; fraglich ist ferner, ob Erklärungen mehrerer Vollmachtgeber (zB Vollmachten von Ehefrau und Ehemann) in einer Urkunde enthalten sein sollten. Kein Verfahren dürfte sich als eindeutig vorzugswürdig bezeichnen lassen. Ganz üblich ist es im

Ausgangspunkt, dass die Vorsorgevollmacht sowohl eine Generalvollmacht in Vermögensangelegenheiten als auch eine Vollmacht in persönlichen Angelegenheiten (unter ausdrücklicher Erwähnung der in § 1904 und § 1906 BGB geregelten Fälle) enthält. Lange Zeit war die Verbindung einer Vorsorgevollmacht mit einer Patientenverfügung auch der statistische Regelfall (nach *Görk* FPR 2007, 84 enthalten rund 75 Prozent der beim Zentralen Vorsorgeregister der Bundesnotarkammer angemeldeten Vorsorgevollmachten zugleich eine Patientenverfügung). Uneinheitlich gehandhabt wird ferner die Frage, ob eine Betreuungsverfügung gemäß § 1897 Abs. 4 S. 1 BGB Bestandteil der Vorsorgevollmacht sein sollte. Als Vorteile der gemeinsamen Beurkundung von Vorsorgevollmacht und Patientenverfügung werden ua folgende Aspekte genannt (*Müller/Renner,* Rn. 750):

- es besteht kein Risiko, dass der Vorsorgebevollmächtigte die Patientenverfügung „vergisst“; denn regelmäßig wird die Durchsetzung der Patientenverfügung gemäß § 1904 Abs. 5 BGB dem Vorsorgebevollmächtigten überantwortet;
- die praktische Handhabung sei leichter, da nur mit einem notariellen Dokument „hantiert“ werden muss;
- Als Vorteile einer getrennten Beurkundung werden angesehen (*Müller/Renner,* Rn. 749):
- Die Vorsorgevollmacht ist für den häufigen Einsatz konzipiert; die stetige Mitteilung der Patientenverfügung an Empfänger, die diese nichts angeht, wird nicht gewünscht.
- Der isolierte Widerruf lässt sich handwerklich einfacher bewerkstelligen (wenngleich juristische ohne Weiteres der isolierte Widerruf zB nur der Patientenverfügung auch bei gemeinsamer Beurkundung möglich ist.

Nach dem GNotKG ist mit der gemeinsamen Beurkundung häufig ein gewisser Kostenvorteil verbunden. Vorsorgevollmacht und Patientenverfügung sind gegenstandsverschieden (§ 110 Nr. 3 GNotKG), während Patientenverfügung und Betreuungsverfügung gegenstandsgleich sind (§ 109 Abs. 2 Nr. 1 GNotKG). Bei gemeinsamer Beurkundung werden die Werte von Vorsorgevollmacht und Patientenverfügung/Betreuungsverfügung addiert (§ 35 Abs. 1 GNotKG), was häufig nicht einmal zu einer Gebührenerhöhung führt, wenn für die Patientenverfügung der Regelwert von 5.000 EUR (§ 36 Abs. 3 GNotKG) angesetzt wird. Bei getrennter Beurkundung entstehen demgegenüber für die Patientenverfügung Notargebühren in Höhe von mindestens 60 EUR (KV Nr. 21200). Richtigerweise ist jedoch auch bei getrennter Beurkundung die Vorsorgevollmacht mit der Betreuungsverfügung zu verbinden und nicht – motiviert durch die fragwürdige Gegenstandsgleichheit – mit der Patientenverfügung, da die Betreuungsverfügung mit der Vorsorgevollmacht wesentlich enger verbunden ist als mit der Patientenverfügung. Wegen der angeführten sachlichen Gründe ist eine getrennte Beurkundung von Vorsorgevollmacht und Patientenverfügung und die Verbindung einer Betreuungsverfügung mit der Vorsorgevollmacht keineswegs als unrichtige Sachbehandlung gemäß § 21 Abs. 1 GNotKG anzusehen.

**4. Form.** Mit Recht wird mittlerweile die notarielle Beurkundung im Sinne von §§ 8 ff. BeurkG als die adäquate Form der Vorsorgevollmacht mit Patientenverfügung angesehen (*Perau* MittRhNotK 1996, 291; *Zimmermann* BWNotZ 1998, 101; *Milzer* FPR 2007, 69 (73); nach *Görk* FPR 2007, 84 stammten über 90 Prozent der bis dahin etwa 500.000 beim Zentralen Vorsorgeregister angemeldeten Vorsorgevollmachten von Notaren; siehe auch aktuell Horst, ZAP 2018, 357, 366). Nur sie sichert, dass eine interessengerechte und auf den Einzelfall abgestimmte Vorsorgevollmacht errichtet wird. Regelmäßig werden wichtige Fragen wie die Gefahr des Missbrauchs und eventuelle Vorkehrungen nur auf Veranlassung des Beraters erörtert und Lösungen zugeführt. Die bloße Beglaubigung der Unterschrift unter einem Vordruck ist zwar nicht amtspflichtwidrig, weil die Grenze des § 40 Abs. 2 BeurkG nicht überschritten wird. Der Notar sollte aber darauf hinweisen, dass mit der bloßen Unterschriftsbeglaubigung keine Gewähr für ein funktionierendes Instrument geleistet wird. Die Beurkundungsform gestattet die Aufnahme der wichtigen Belehrungsvermerke, die auch für den Bevollmächtigten erhellend sind, weiterhin aber auch die Erteilung mehrerer Ausfertigungen bei mehreren Bevollmächtigten und die Erteilung weiterer Ausfertigungen im Verlustfall. Gemäß § 47 BeurkG tritt die Ausfertigung an die Stelle der Urschrift im Rechtsverkehr, sodass notariell beurkundete Vollmachten besser vor Verlust geschützt sind als bloß öffentlich beglaubigte Vollmachten (dort führt der Verlust des Originals faktisch zum Wegfall der Vollmacht). Außerdem kann bei der notariellen Vollmacht die Erteilung von Ausfertigungen bei mehreren Bevollmächtigten problemlos gesteuert werden. Bei vielen Formularen aus dem Internet funktioniert dagegen häufig nur die Kombination „Ein Vollmachtgeber – ein Bevollmächtigter". Die in diesen Formularen häufig eingeräumte Möglichkeit, weiteren Text zu ergänzen, veranlasst die Beteiligten häufig dazu, mit entsprechenden Zusätzen zu versuchen, weitere Beteiligte einzufügen. Dies scheitert häufig daran, dass zB die Kinder nur dann bevollmächtigt sein sollen, wenn der andere Ehegatte nicht mehr „kann" – in Folge der fehlenden Differenzierung zwischen Innen- und Außenverhältnis ist die Vollmacht für die Kinder dann faktisch wirkungslos. Auch Befreiungen von § 181 BGB fehlen in derartigen Vordrucken häufig; schließlich wird die Reichweite der Vollmacht im Außenverhältnis auch dadurch in Zweifel gezogen, dass die Befugnis des Bevollmächtigten zu Schenkungen nur in dem Rahmen bestehen solle, wie dies einem Betreuer gestattet sei. Dies wirft Zweifel auf, soweit es zB den Nachweis der Entgeltlichkeit einer Verfügung gegenüber dem Grundbuchamt betrifft.

Gemäß § 6 Abs. 2 S. 1 BtBG ist die Urkundsperson bei der Betreuungsbehörde befugt, Unterschriften oder Handzeichen auf Vorsorgevollmachten oder Betreuungsverfügungen öffentlich zu beglaubigen. Seit einer Klarstellung im Jahr 2009 verwirklicht eine solche Beglaubigung die Anforderungen des § 29 Abs. 1 S. 1 GBO (OLG Dresden NotBZ 2010, 409). Die Beglaubigungszuständigkeit besteht nur bei Vorsorgevollmachten und Betreuungsverfügungen, nicht hingegen bei Patientenverfügungen. Der Begriff der „Vorsorgevollmacht" ist gesetzlich nicht definiert, sodass unklar bleibt, in welchen Fällen die Beglaubigungszuständigkeit besteht. Weitgehende Einigkeit besteht darüber, dass keine universelle Beglaubigungszuständigkeit für Beglaubigungen aller Art besteht und die Überschreitung der Beglaubigungsbefugnis zur Unwirksamkeit der Beglaubigung führt (DNotI-Report 2005, 121 (123); *Müller/Renner* Rn. 708). Nach überwiegender Auffassung sind insbesondere Generalvollmachten nur dann als „Vorsorgevollmachten" auszulegen, wenn sich ihr Zweck aus dem textlichen Inhalt ergibt (zB Überschrift; Vermerk; vgl. DNotI-Report 2005, 121 (123); *Müller/Renner* Rn. 708). Nicht zwingend erforderlich ist es, dass die Beschränkung im Innenverhältnis, nur im Vorsorgefall von der Vollmacht Gebrauch zu machen, im Text enthalten ist, wenn anderweitig aus dem Inhalt der Vollmacht ersichtlich ist, dass ihr Zweck in der Verhinderung einer Betreuung besteht (OLG Jena 6.6.2013 – 9 W 266/13, BeckRS 2014, 13726). Eine Zuständigkeit zur rechtlichen Beratung durch die Betreuungsbehörde ist demgegenüber nicht vorgesehen. Angesichts der dargestellten Risiken bei Internetformularen ist eine Beglaubigung durch die Betreuungsbehörde riskant, zumal bei den Beteiligten der falsche Eindruck entstehen könnte, die Beglaubigung durch die Betreuungsbehörde „heile" eventuelle Mängel des Vollmachttextes. Gemeinden, die keine Betreuungsbehörde haben, bieten zum Teil auch die „amtliche Beglaubigung" an, was keineswegs den Anforderungen des § 6 Abs. 2 S. 1 BtBG entspricht.

## 10. Vorsorgevollmacht/Betreuungs- und Patientenverfügung (gemeinsame Beurkundung, ausführlich)

**Heute, den . . . . .**
**erschienen gleichzeitig vor mir, Notar**
**[Erschienener 1]**
**[Erschienener 2]**

wohnhaft

– nachstehend Vollmachtgeber oder Anordnender –.

Jede der vorgenannten Personen wird nachstehend Vollmachtgeber oder Anordnender genannt und ist mir, dem Notar, zur Person ausgewiesen durch Vorlage eines amtlichen deutschen Lichtbildausweises.

(ggf. bei Bedürfnis): Auf Verlangen bestätige ich, der Notar, dass ich aufgrund der Verhandlung an der Einsichts- und Geschäftsfähigkeit der Beteiligten keinen Zweifel habe.

Jeder Erschienene erklärte, nachdem die Frage einer Vorbefassung iSv § 3 Abs. 1 Nr. 7 BeurkG verneint wurde, mit dem Ansuchen auf Beurkundung mündlich zu meinem Protokoll:

I. Bevollmächtigung

Jeder vorgenannte Vollmachtgeber erteilt hiermit dem jeweils anderen Beteiligten als Vollmachtnehmer,

Vollmacht

ihn in Rechts-, Vermögens- und persönlichen Angelegenheiten zu vertreten.

Gleichlautende Vollmacht wird durch jeden Vollmachtgeber auch an unseren Sohn

.....

als Vollmachtnehmer erteilt. Jeder Bevollmächtigte ist einzelvertretungsberechtigt und von den Beschränkungen des § 181 BGB befreit. Die Vollmacht erlischt durch den Tod des jeweiligen Vollmachtgebers nicht. Die Vollmacht kann aber von dem jeweiligen Vollmachtgeber oder einem Erben jederzeit widerrufen werden.

1. Rechts- und Vermögensangelegenheiten

Jeder Bevollmächtigte ist berechtigt, Rechtsgeschäfte und Rechts- und Prozesshandlungen aller Art und beliebigen Inhalts vorzunehmen, die von dem Vollmachtgeber und ihm gegenüber nach den gesetzlichen Bestimmungen vorgenommen werden können und bei denen das Gesetz eine Stellvertretung gestattet. Allerdings wird angeordnet, dass der Bevollmächtigte die Vollmacht nur dann ausüben kann, wenn er bei der Rechtshandlung im unmittelbaren Besitz einer speziell ihm namentlich erteilten Ausfertigung dieser Urkunde ist; damit ist der Besitz einer dem Bevollmächtigten speziell für die konkrete Vertretungskonstellation erteilten Ausfertigung der Urkunde Wirksamkeitsvoraussetzung für deren Benutzung.

Insbesondere und beispielsweise (ohne dass hiermit eine Einschränkung des Vollmachtsumfangs verbunden ist) umfasst die Vertretungsmacht im rechtsgeschäftlichen Bereich auch:

- die Vertretung, einschließlich Empfangsvollmacht für Zustellungen, gegenüber Kreditinstituten, Versicherungen, Gerichten und Behörden, einschließlich Steuerbehörden und der Post,
- den Abschluss von Verbraucherdarlehensverträgen,
- die Verfügung über Sachen und Rechte aller Art sowie die Abänderung oder Aufhebung bestehender Verträge,
- Regelung von Miet- und Wohnungsangelegenheiten und Entscheidungen im Post- und Fernmeldeverkehr,
- Bewirkung und Entgegennahme von Zahlungen sowie die Ausstellung von Quittungen,
- die Erteilung von Aufträgen und Mandaten an Angehörige der rechts- und steuerberatenden Berufe und die Abgabe von Verfahrens- und Prozesserklärungen, auch iSd § 13 SGB X,
- Anerkennung und Anfechtung von Verfügungen von Todes wegen und die Annahme oder Ausschlagung von Erbschaften,
- die Ausübung von Gesellschafterrechten, auch Tätigung von Inhabergeschäften bei Einzelunternehmen, Teilnahme an Versammlungen und Stimmrechtsausübung,

- die gerichtliche und außergerichtliche Geltendmachung von Ansprüchen, auch gegen Ärzte und Krankenhäuser, mögliche öffentliche und private Schädiger, Reiseveranstalter, Versicherungen und Behörden,
- die Erstattung von Anzeigen gegenüber Justiz-, Polizei- und Ordnungsbehörden,
- Abschluss und Kündigung von Arbeitsverträgen und Abgabe und Entgegennahme arbeitsrechtlich relevanter Erklärungen.
- Weiterhin ist erfasst die Erledigung von Angelegenheiten der elterlichen Sorge, soweit der Vollmachtgeber sorgeberechtigt ist.

Ich stelle noch einmal ausdrücklich klar: Die vorstehende Auflistung ist nur beispielhaft und schränkt den Umfang der Vollmacht keineswegs ein.

2. Persönliche Angelegenheiten

Im medizinischen Bereich deckt die Vollmacht auch, weswegen Ärzte, Pfleger und Krankenhäuser von der Schweigepflicht entbunden werden,
- Erkundigungen zu und Entscheidungen über
- medizinische Maßnahmen, auch soweit sie der Vollmachtgeber aufgrund Bewusstlosigkeit vorübergehend nicht selbst treffen kann,
- die Verlegung in andere Krankenhäuser und Länder,
- das Verlangen von Auskünften gegenüber behandelnden Ärzten und Einsicht in Krankenakten.
- Die Vollmacht gilt auch für sämtliche Erklärungen aus dem Bereich der Gesundheitssorge und Selbstbestimmung, die im Falle vorübergehender oder andauernder eigener Einwilligungs- oder Handlungsunfähigkeit gegenüber Ärzten, Pflegern, Krankenhäusern, Pflegeheimen oder sonstigen Anstalten, Behörden und Gerichten abzugeben oder entgegenzunehmen sind.

Der Bevollmächtigte ist berechtigt, im Namen des Vollmachtgebers
- in Untersuchungen des Gesundheitszustandes, Heilbehandlungen und ärztliche Eingriffe, auch lebensgefährliche, einzuwilligen oder die Einwilligung zu versagen und die Vornahme oder deren Unterlassung oder Beendigung von Maßnahmen zu verlangen (Hilfe zum Sterben, Behandlungsabbruch), auch bezüglich der Verabreichung von Medikamenten mit erheblichen Nebenwirkungen (§ 1904 Abs. 1 BGB) und auch, wenn aufgrund des Unterbleibens oder Abbruchs der Maßnahme der Tod oder eine Lebensverkürzung oder ein länger andauernder gesundheitlicher Schaden beim Vollmachtgeber eintreten kann;
- Erklärungen abzugeben, die mit der Ausübung des Aufenthaltsbestimmungsrechtes verbunden sind, wie Unterbringung in einem Pflegeheim, einer geschlossenen Anstalt oder Aufnahme in ein Krankenhaus (§ 1906 Abs. 1 BGB),
- die Einwilligung in freiheitsbeschränkende Maßnahmen iSv § 1906 Abs. 4 BGB zu erteilen, (Freiheitsentziehung durch mechanische Vorrichtungen, Medikamente oder auf andere Weise),
- die Einwilligung in ärztliche Zwangsmaßnahmen (§ 1906a Abs. 1 BGB) zu erteilen sowie die Einwilligung in die Verbringung des Vollmachtgebers zu einem stationären Aufenthalt in ein Krankenhaus, wenn eine ärztliche Zwangsmaßnahme in Betracht kommt (§ 1906a Abs. 4 BGB)
- Der Bevollmächtigte ist auch berechtigt, die in der nachstehenden Patientenverfügung (*alternativ: einer von mir errichteten oder etwa noch zu errichtenden Patientenverfügung*) getroffenen Anordnungen umzusetzen und alle hierfür erforderlichen Erklärungen abzugeben, auch wenn dadurch Tod oder Lebensverkürzung eintritt.
- Die Vollmacht umfasst auch die Entscheidung über die Gestattung der Entnahme und Verwendung von Gewebe und Körperbestandteilen nach dem Tode des Vollmachtgebers und die Anordnung der Maßnahmen für eine Bestattung.

3. Geltung im Ausland

Jede Vollmacht wird sofort wirksam und gilt im In- und Ausland. Soweit wie möglich soll auch bei Verwendung im Ausland auf die Vollmacht das Recht der Bundesrepublik Deutschland Anwendung finden.

## II. Betreuungsverfügung

Wenn und soweit neben der Vollmacht, die auch der Vermeidung einer Betreuung dienen soll, eine Betreuung erforderlich wird, soll der berufene Bevollmächtigte auch zum Betreuer bestellt werden.

Unser Sohn. . . . . . soll aber erst nach Wegfall des jeweils anderen von uns zum Betreuer bestellt werden.

Gesonderte Anzeige der Betreuungsverfügung beim Betreuungsgericht wird nicht gewünscht.

## III. Patientenverfügung gemäß § 1901a BGB

Wie im Gesetz vorgesehen, hat der Bevollmächtigte, notfalls ein Betreuer, meinem Patientenwillen Ausdruck und Geltung zu verschaffen, falls ich selbst nicht mehr dazu in der Lage sein sollte. Ich mache dabei von meinem in § 1901a BGB vorgesehenen Recht Gebrauch, in einer Patientenverfügung bereits jetzt festzulegen, dass ich bestimmte, noch nicht unmittelbar bevorstehende ärztliche Maßnahmen untersage:

*Beschreibung der Lebens- und Behandlungssituationen*

Die nachfolgenden Festlegungen, mit denen ich bestimmte ärztliche Maßnahmen untersage, gelten, falls ich mich in einer der folgenden Lebens- und Behandlungssituationen befinden sollte:

- Durch eine Gehirnschädigung ist meine Fähigkeit, Einsichten zu gewinnen, Entscheidungen zu treffen und mit anderen Menschen in Kontakt zu treten, unwiederbringlich verloren gegangen. Unerheblich ist dabei, ob die Gehirnschädigung direkt (z.B. durch Unfall, Schlaganfall, Entzündung) oder indirekt (z.B. durch ungenügende Sauerstoffzufuhr, insbesondere aufgrund Kreislauf- oder Atemstillstands) verursacht worden ist oder Folge eines weit fortgeschrittenen Hirnabbauprozesses (z.B. bei Demenzerkrankung) ist.
- In Folge eines Hirnabbauprozesses (Demenz) bin ich selbst mit ausdauernder Hilfestellung nicht mehr in der Lage, Nahrung oder Flüssigkeit selbständig zu mir zu nehmen
- Meine Festlegungen gelten auch, wenn ein Erwachen aus Bewusstlosigkeit oder Wachkoma zwar theoretisch möglich erscheint, dann aber mit hoher Wahrscheinlichkeit meine Gehirnfunktionen erheblich und dauerhaft beeinträchtigt bleiben würden.
- Sie gelten zudem, falls meine Unfähigkeit, in ärztliche Maßnahmen zur Lebensverlängerung einzuwilligen, zwar möglicherweise nur vorübergehend besteht, jedoch bei mir eine Krankheit oder Verletzung festgestellt worden ist, die unabwendbar zu meinem Tod führen wird und sich dieser durch medizinische Maßnahmen nur hinauszögern ließe.

*Ablehnung bestimmter lebensverlängernder Maßnahmen*

Liegt eine der vorstehenden Lebens- und Behandlungssituationen vor, so gilt:

Ich wünsche, dass alle lebenserhaltenden Maßnahmen unterlassen werden. Hunger und Durst sollen auf natürliche Weise gestillt werden, gegebenenfalls mit Hilfe bei der Nahrungs- und Flüssigkeitsaufnahme. Ich wünsche fachgerechte Pflege von Mund und Schleimhäuten sowie menschenwürdige Unterbringung, Zuwendung, Körperpflege und das Lindern von Schmerzen, Atemnot, Übelkeit, Angst, Unruhe und anderer belastender Symptome.

Ich wünsche, dass keine künstliche Ernährung unabhängig von der Form der Nahrungszufuhr (zB Magensonde durch Mund, Nase oder Bauchdecke; venöse Zugänge) und keine künstliche Flüssigkeitszufuhr erfolgt.

Antibiotika wünsche ich nur bei palliativmedizinischer Indikation zur Beschwerdelinderung.

Zu unterlassen sind insbesondere:

- Reanimationen bei Herz- oder Atemstillstand, maschinelle Beatmung,
- Organübertragungen und der Anschluss an eine künstliche Niere oder andere Apparate, welche die natürlichen, aber beeinträchtigten Organfunktionen ersetzen sollen, sowie Bluttransfusionen und Amputationen.

Zusätzlich auftretende Erkrankungen, wie z.B. eine Lungenentzündung oder andere Infektionen, sollen nicht mit dem Ziel behandelt werden, mein Leben zu verlängern. Sind diese oder andere Maßnahmen zur Lebensverlängerung bereits eingeleitet worden (etwa in Unkenntnis meiner Patientenverfügung oder vor Eintritt eines der davon erfassten Fälle), sind sie unverzüglich einzustellen.

*Mutmaßlicher Wille*

Wird eine konkrete Lebens- und Behandlungssituation nicht von meiner Patientenverfügung erfasst, ist nach dem Gesetz mein mutmaßlicher Wille zu ermitteln, wobei meine persönlichen Wertvorstellungen zu berücksichtigen sind: Für mich ist die Möglichkeit, weitgehend beschwerdefrei, bewusst und umweltbezogen zu leben und der eigenen Persönlichkeit Ausdruck zu verleihen, unverzichtbarer Bestandteil eines menschenwürdigen Daseins. Ist davon auszugehen, dass sich dieser Zustand selbst bei intensiver medizinischer Versorgung nicht wieder herbeiführen lässt, ist die medizinische Behandlung zu begrenzen und meine vorstehenden Festlegungen sind (notfalls sinngemäß) anzuwenden.

Schmerz- und Symptombehandlung

Dagegen wünsche ich in den beschriebenen Lebens- und Behandlungssituationen eine humane Sterbebegleitung durch Zuwendung, Körperpflege und andere Pflegemaßnahmen, wie z.B. Linderung von Atemnot, Übelkeit, Angst, Unruhe.

Wenn alle sonstigen medizinischen Möglichkeiten zur Schmerz- und Symptomkontrolle versagen, wünsche ich auch Mittel mit bewusstseinsdämpfenden Wirkungen zur Beschwerdelinderung. Die Möglichkeit einer Verkürzung der Lebenszeit durch schmerz- und symptomlindernde Maßnahmen nehme ich in Kauf.

Organspende

Ich stimme einer Entnahme meiner Organe nach meinem Tod zu Transplantationszwecken zu. Komme ich nach ärztlicher Beurteilung bei einem sich abzeichnenden Hirntod als Organspender in Betracht und müssen dafür ärztliche Maßnahmen durchgeführt werden, die ich in meiner Patientenverfügung ausgeschlossen habe, dann geht die von mir erklärte Bereitschaft zur Organspende vor – jedoch allein für diesen Zweck und zeitlich nur, solange es für die Durchführung der Organspende nötig ist.

Geltungsdauer

Meine Patientenverfügung gilt – wie im Gesetz vorgesehen – unbefristet, ohne dass ich sie regelmäßig erneuern oder bekräftigen muss und ohne dass daraus auf eine Willensänderung geschlossen werden darf. Mir ist bekannt, dass ich sie jederzeit ganz oder teilweise formlos widerrufen kann.

IV. Allgemeines, Hinweise

- Weitere Regelungen:

Jeder Bevollmächtigte ist befugt, für bestimmte Arten von Rechtsgeschäften oder für einzelne Rechtsgeschäfte Untervollmacht zu erteilen, nicht jedoch unter Befreiung von den Beschränkungen des § 181 1. Fall BGB (Verbot des Insichgeschäfts). Im medizinischen Bereich und im Bereich der Gesundheitssorge und Selbstbestimmung ist die Erteilung von Untervollmacht ausgeschlossen. Der Bevollmächtigte selbst ist von den Beschränkungen des § 181 BGB befreit.

Die Vollmacht ist, bei mehreren Vollmachten jede einzeln, frei widerruflich und gilt bis zu ihrem Widerruf durch den jeweiligen Vollmachtgeber, persönlich oder durch einen Vertreter, seinen Bevollmächtigten oder seine Erben. Die Vollmacht erlischt nicht durch Tod oder Geschäftsunfähigkeit oder den Eintritt mangelnder Einwilligungsfähigkeit des Vollmachtgebers und auch nicht mit der Anordnung einer Betreuung. Die Vollmacht ist im Außenverhältnis unbeschränkt. Die dem Bevollmächtigten erteilten Ausfertigung bleibt im Eigentum des Vollmachtgebers, der die Herausgabe jederzeit und ohne Angabe von Gründen von jedem Besitzer der Ausfertigung verlangen kann, ohne dass diesem ein Zurückbehaltungsrecht oder sonstiges Recht zum Besitz gegenüber dem Vollmachtgeber zusteht.

Vollmachtsmissbrauch kann zivil- und strafrechtliche Folgen haben; der Bevollmächtigte soll zur eigenen Absicherung den jeweiligen Rechtsgrund für den Gebrauch der Vollmacht, jedenfalls bei Geldgeschäften, dokumentieren.

Der Bevollmächtigte soll bei der Ausübung der Vollmacht im Falle einer etwaigen Betreuungsbedürftigkeit des Vertretenen nicht der Überwachung durch das Betreuungsgericht oder durch einen Vollmachtsüberwachungsbetreuer unterliegen und einem solchen auch keine Rechenschaft ablegen müssen.

Der Vollmacht liegt ein Auftrag zugrunde.

Im Innenverhältnis weise ich den Bevollmächtigten an, von dieser Vollmacht nur Gebrauch zu machen, wenn

- ich geschäftsunfähig geworden bin oder
- ich ansonsten einer Betreuung bedürfte (§ 1896 BGB) oder
- wenn ich dies vorher wünsche.

Der Bevollmächtigte hat nach meinen Weisungen und im Übrigen in meinem wohlverstandenen Interesse zu handeln.

Für den Bevollmächtigten gilt im Übrigen Auftragsrecht, jedoch mit folgenden Abweichungen:

Die Haftung des Bevollmächtigten wird auf Vorsatz und grobe Fahrlässigkeit beschränkt.

- Hinweise:

Dennoch ist, worauf der Notar ausdrücklich hinweist, nach der Rechtslage zum Zeitpunkt der heutigen Beurkundung, für die Entscheidung des Bevollmächtigten oder Betreuers die Genehmigung des Betreuungsgerichts nötig,

- zur Erteilung, der Nichterteilung oder dem Widerruf der Einwilligung in ärztliche Behandlungen, wenn die begründete Gefahr besteht, dass aufgrund der Maßnahme der Tod oder ein schwerer oder länger dauernder gesundheitlicher Schaden eintritt (die gerichtliche Genehmigung ist indes nicht nötig, wenn zwischen Bevollmächtigtem und behandelndem Arzt Einvernehmen darüber besteht, dass die Erteilung, die Nichterteilung oder der Widerruf der Einwilligung dem nach § 1901a BGB festgestellten Willen des Betreuten entspricht)
- zu Maßnahmen gem. §§ 1906, 1906a BGB

Der besondere Vertrauenscharakter einer solchen umfassenden Generalvollmacht ist dem Vollmachtgeber bewusst. Über die Bedeutung und Unterschiede von Vertretungsmacht im Außenverhältnis und die Vertretungsbefugnis im Innenverhältnis wurde vom Notar belehrt, auch über die Tragweite und Folgen der Erklärung und die Widerrufsmöglichkeit. Bekannt ist, dass im Rahmen der Bevollmächtigung dem Bevollmächtigten der Besitz an der Ausfertigung der Urkunde verschafft werden muss.

- Kosten, Abschriften:

Die Kosten der Urkunde und der Tätigkeiten des Notars trägt der Vollmachtgeber.

Jeder Vollmachtgeber erhält für sich eine beglaubigte Abschrift der Urkunde und zur Weitergabe an jeden einzelnen Bevollmächtigten eine besondere Ausfertigung der Urkunde, die die spezielle Bevollmächtigung nachweist. Weitere Ausfertigungen, ggf. im Auszug,

**sollen auf höchstpersönlich schriftliche Weisung des Vollmachtgebers oder eines Betreuers oder nach Glaubhaftmachung des Verlustes der Ausfertigung durch den diese vormals nach Aushändigung durch den oder aufgrund Weisung des Vollmachtgebers innehabenden Bevollmächtigten erteilt werden; in letzterem Fall ist der Vollmachtgeber unter der im Urkundeneingang oder der dem Notar zuletzt mitgeteilten Adresse zu benachrichtigen.**

**(*Ergänzend bei mehreren Vollmachtgebern*): Der Notar hat darauf hingewiesen, dass beim Widerruf durch lediglich einen Vollmachtgeber kein Anspruch auf Rückgabe der Ausfertigung, sondern lediglich auf Berichtigung besteht; eine mögliche Kraftloserklärung erfolgt dann ebenfalls nur teilweise.**

- **Registrierung im zentralen Vorsorgeregister der Bundesnotarkammer:**

**Jeder Vollmachtgeber wünscht die Erfassung dieser Urkunde einschließlich der darin enthaltenen personenbezogenen Daten im zentralen Register der Bundesnotarkammer für Vorsorgeurkunden.**

**Die Anzeige soll der Notar als institutioneller Nutzer des Registers vornehmen, die Kosten hierfür verauslagen und beim Vollmachtgeber erheben.**

**Dieses Register dient der Information der mit Betreuungsverfahren befassten Stellen. Die Anzeige der Daten der Beteiligten, die aber keine Mitteilung oder Kundgabe iSd § 167 BGB bedeutet, der Urkunde und auch die der benannten Berechtigten soll der Notar bewirken. Die Bevollmächtigten sind nach Angabe der Vollmachtgeber informiert und einverstanden.**

## Anmerkungen

**1. Ein Vollmachtgeber pro Urkunde?** Das Formular sieht vor, dass zwei Personen als Vollmachtgeber auftreten. In der Praxis dürfte die Beurkundung von Vorsorgevollmachten durch Ehegatten/Lebenspartner einen erheblichen Teil aller Vorsorgevollmachten ausmachen. Es stellt sich dann die Frage, ob für jeden Vollmachtgeber eine eigenständige Urkunde errichtet werden soll oder ob (wie im Formular vorgesehen) pro Vollmachtgeber eine eigenständige Urkunde zweckmäßig ist. Letzteres ist sicher dann der Fall, wenn (sei es auch nur teilweise) unterschiedliche Personen bevollmächtigt werden. Aber auch dann, wenn dieselben Personen bevollmächtigt werden, ist eine getrennte Beurkundung übersichtlicher. Schwierigkeiten kann die gemeinsame Beurkundung im Fall des Widerrufs durch einen Vollmachtgeber bereiten: Das Recht eines Urkundsbeteiligten, gem. § 51 Abs. 1 Nr. 1 BeurkG Ausfertigungen zu verlangen, steht im Konflikt zu dem Recht des Vollmachtgebers, die Rückgabe der Vollmachtsurkunde zu verlangen (§ 175 BGB). Ein ähnliches Problem stellt sich, wenn das gerichtliche Kraftloserklärungsverfahren betrieben wird. Das Widerrufsproblem mag man durch entsprechende Formulierungen lösen können (oder durch einen Anspruch auf Berichtigung der Vollmachtsurkunde, wenn von zwei Vollmachtgebern lediglich einer widerruft); im Anwendungsbereich des § 176 BGB mag man rechtsfortbildend an eine teilweise Kraftloserklärung denken (BeckOGK-BGB/*Deckenbrock*, 1.8.2019, § 176 Rn. 7.2). Soweit man sich aber von der gemeinsamen Beurkundung angesichts der Degressionswirkung Einsparungen bei den Notargebühren verspricht, ist diese Hoffnung wohl nicht begründet: Nach zwischenzeitlich herrschender Meinung erfolgt eine Verbindung zweier Vorsorgevollmachten in einer Urkunde ohne sachlichen Grund gem. § 93 Abs. 2 S. 1 GNotKG, sodass kein Gebührenvorteil eintritt (*Bachmayer* in: Beck'scher Online-Kommentar Kostenrecht, Stand 1.6.2019, GNotKG § 93 Rn. 47.1; *Diehn* in: Korintenberg, GNotKG, 20. Aufl. 2017, § 93 Rn. 37).

**2. Keine Anwendbarkeit des § 2 Abs. 1 Nr. 10 GwG.** Der Urkundeneingang sieht vor, dass die Personalausweise kopiert werden und dass hierzu das Einverständnis eingeholt wird. Aus §§ 10–12 GwG in Verbindung mit § 8 Abs. 1 GwG folgen keine über das BeurkG und die DONot hinausgehenden Pflichten zur Identitätsfeststellung, da eine

Vorsorgevollmacht als allgemeine Vollmacht keine Mitwirkung an einem Katalogvorgang gemäß § 2 Abs. 1 Nr. 10 GwG darstellt (vgl. Anwendungsempfehlungen der BNotK zum Geldwäschegesetz vom 20. März 2018, S. 9). Wenn auch somit keine Pflicht zur Aufzeichnung der Daten gemäß § 8 Abs. 2 GwG, so bedarf das Kopieren eines Ausweises auch außerhalb des GwG nicht der Zustimmung der Beteiligten. Auch ohne rechtliche Verpflichtung ist das Anfertigen einer Ausweiskopie regelmäßig zweckmäßig; unter dem Gesichtspunkt der Datensparsamkeit kann erwogen werden, die Zustimmung der Beteiligten hierzu einzuholen.

3. **Feststellungen zur Geschäftsfähigkeit.** Ein weiterer Vorteil der notariell beurkundeten Vorsorgevollmacht besteht darin, dass der Notar seine Feststellungen zur Geschäftsfähigkeit in der Urkunde selbst vermerken kann. Eine Verpflichtung hierzu besteht freilich nur dann, wenn Zweifel an der erforderlichen Geschäftsfähigkeit (§ 11 Abs. 1 S. 2 BeurkG) bestehen oder wenn ein Beteiligter schwer krank ist (§ 11 Abs. 2 BeurkG).

4. **Einzel- oder Gesamtvertretungsberechtigung?** Bei mehreren Bevollmächtigten sollte stets klargestellt werden, ob jeder für sich allein handeln kann. Ohne Klarstellung ist es eine Auslegungsfrage, ob eine Gesamtvollmacht erteilt ist oder nicht. Fehlt eine Klarstellung, so spricht vieles dafür, dass im Zweifel Einzelvertretungsmacht erteilt ist. Dies ist bei der Prokuraerteilung als besonderem Fall der Bevollmächtigung anerkannt (MünchKommHGB/*Krebs*, 4. Aufl. 2016, § 48 Rn. 68) und dürfte bei der Bevollmächtigung entsprechend gelten (vgl. aber OLG Düsseldorf FGPrax 2014, 172: fehlender Zusatz bzgl. Einzelvertretung deutet im Registerverfahren auf Gesamtvertretung; dazu *Heinze* EWiR 2014, 443). Bei der Gestaltung sollte man sich hierauf natürlich nicht verlassen. Für die Gesamtbevollmächtigung spricht die Kontrolle eines eventuellen Missbrauchs; gegen die Gesamtbevollmächtigung spricht deren Schwerfälligkeit. Man mag daran denken, zB eine allgemeine wechselseitige Untervollmacht für bestimmte Arten von Angelegenheiten zuzulassen.

5. **Befreiung von § 181 BGB.** Eine Befreiung von § 181 BGB muss ausdrücklich angeordnet werden. Die in anderen Konstellationen erwogene konkludente Befreiung von § 181 BGB kommt bei Generalvollmachten wohl angesichts der erheblichen Tragweite nicht in Betracht. Dem offenkundigen Missbrauchsrisiko stehen erneut Vorteile gegenüber, so zB bei der Erbauseinandersetzung (vgl. *Müller/Renner* Rn. 304; BGH NJW 1956, 1433) oder auch bei einem Verkauf des Familienheims im hälftigen Miteigentum der Eheleute. In letzterem Fall mag man daran denken, dass § 181 BGB nicht eingreife, weil es sich um ein Rechtsgeschäft in gleicher Richtung handele. Aber bei der Kaufpreisteilung stellt sich die Frage, unter welchen Voraussetzungen § 181 BGB eingreifen kann. Bei entsprechendem Vertrauen, insbesondere der Bevollmächtigung von nahen Angehörigen, dürften gegen die Befreiung von § 181 BGB keine Bedenken bestehen (*Müller/Renner* Rn. 303).

6. **Geltung über den Tod hinaus; transmortale Vollmacht.** Nach dem gesetzlichen Leitbild bleibt die Vollmacht auch nach dem Tod des Vollmachtgebers bestehen (§§ 168, 672 BGB). Da bei weitem nicht immer klar ist, ob tatsächlich Auftragsrecht anwendbar ist, erscheint eine ausdrückliche Klarstellung angebracht (*Sagmeister* MittBayNot 2013, 107 (108)). Die transmortale Vollmacht ermöglicht es insbesondere, in der Zwischenzeit zwischen Tod und Erhalt des Erbnachweises (Erbschein oder Eröffnungsprotokoll bzgl. der Verfügung von Todes wegen) kurzfristige Verbindlichkeiten (zB Begräbniskosten) mit dem Vermögen des Erblassers zu begleichen. Der Bevollmächtigte vertritt dann allerdings nicht mehr den Vollmachtgeber (welcher als Rechtssubjekt nicht mehr existiert), sondern die Erben (*Amann* MittBayNot 2013, 367). Nach hM ist die Vollmacht durch nur einen Miterben widerruflich, ferner bei Anordnung von Testamentsvollstreckung durch den Testamentsvollstrecker (*Sagmeister* MittBayNot 2013, 107 (108) mwN). Die Anordnung von Testamentsvollstreckung führt jedoch keineswegs per se zum Erlöschen der transmortalen Vollmacht (OLG München MittBayNot 2012, 227). Umstritten ist, ob die Voll-

macht wegen Konfusion erlischt, wenn der Bevollmächtigte Alleinerbe ist (so OLG Hamm DNotZ 2013, 689 unter Fortführung von OLG Stuttgart NJW 1948/1949, 627; aA LG Bremen RPfleger 1993, 235; *Keim* DNotZ 2013, 692 ff.; *Lange* ZEV 2013, 343; *Herrler* NotBZ 2013, 454 ff.; vgl. auch DNotI-Report 2015, 65, zum Nachweis gegenüber Kreditinstituten). Die Analyse des OLG Hamm bzgl. des Begriffs der Konfusion ist zu oberflächlich und lässt insbesondere die Auswirkungen einer Ausschlagung der Erbschaft unberücksichtigt (Lebt die Vollmacht gemäß § 1953 Abs. 1 BGB wieder auf?; zu Recht *Lange* ZEV 2013, 343). Soweit angeführt wird, es sei begrifflich unmöglich, sich selbst zu vertreten (*Bestelmeyer* notar 2013, 147, 160), wird hierbei außer Acht gelassen, dass derart pauschale Grundsätze einer näheren Überprüfung häufig nicht ohne Revision standhalten. Wird z. B. der alleinige Erbe in Unkenntnis der Erbenstellung zum Nachlasspfleger berufen (§ 1960 Abs. 1 BGB), so sind dessen Rechtshandlungen unzweifelhaft wirksam. In der Literatur wird zwar angeführt, dass wegen der zu befürchtenden Interessenkollisionen der Erbe in der Regel nicht als Nachlasspfleger ausgewählt werden solle (BeckOGK-BGB/*Heinemann*, 1.7.2019, § 1960 Rn. 75 mwN). Wird hiergegen aber verstoßen, so sind die Rechtshandlungen, die der Alleinerbe in seiner Eigenschaft als Nachlasspfleger vornimmt, unzweifelhaft wirksam (ausdrücklich Staudinger/*Mesina*, 2017, § 1960 Rn. 32: „Auch der vorläufige Erbe kann als Nachlasspfleger bestellt werden"); der Nachlasspfleger handelt (anders als Testamentsvollstrecker und Nachlassverwalter) als gesetzlicher Vertreter der endgültigen, aber unbekannten Erben (BeckOGK-BGB/*Heinemann,* 1.7.2019, § 1960 Rn. 80). Somit kann jemand sich offenbar doch selbst vertreten. Richtigerweise sollte man vom Fortbestand der transmortalen Vollmacht auch bei Alleinerbenstellung ausgehen; erst recht, wenn sie zu Gunsten des alleinigen Vorerben erteilt ist (DNotI-Report 2018, 60).

Selbst wenn man von einem Erlöschen der Vollmacht ausgeht, darf im Grundbuchverfahren bei Vorlage einer transmortalen Vollmacht kein Erbnachweis verlangt werden, weil an der Berechtigung des Handelnden keinerlei Zweifel bestehen (entweder aus eigenem Recht oder als Bevollmächtigter; *Herrler* NotBZ 2013, 454 (462)). In der Rechtsprechung wird indes vertreten, dieser Grundsatz gelte nicht, wobei aber das Grundbuchamt von der (die Vollmacht vermeintlich beseitigenden) Alleinerbenstellung nur ausgehen dürfe, wenn die Alleinerbenstellung in der Form des § 35 Abs. 1 GBO nachgewiesen sei (OLG München FGPrax 2017, 65; aA *Bestelmeyer*, FGPrax 2017, 66, der schon zB ein privatschriftliches Testament ausreichen lassen will – dies verstößt indes gegen das Legalitätsprinzip im Grundbuchverfahren, wonach bei Vorliegen der Eintragungsvoraussetzung das Grundbuchamt eine Eintragung nur bei sicherer Kenntnis von einer dann entstehenden Grundbuchunrichtigkeit entstehen würde). Die jüngere Rechtsprechung (OLG Frankfurt ZEV 2017, 719; OLG Köln BeckRS 2018, 4198) vertritt zutreffend, dass bei einer durch den transmortal Bevollmächtigten erteilten Bewilligung eine Voreintragung der Erben analog § 40 Abs. 1 2. Fall BGB entbehrlich sei, wenn die Bewilligung für die Erben bindend geworden ist. Diese Auffassung erleichtert die Nachlassabwicklung erheblich, da häufig Veräußerungen von Nachlassgrundstücken nur über Finanzierungen möglich sind und bislang § 40 Abs. 1 GBO von der Rechtsprechung lediglich auf Vormerkungen angewendet worden ist, nicht aber auf Finanzierungsgrundpfandrechte (KG FGPrax 2011, 270). Auf Grundpfandrechte, die nicht der Kaufpreisfinanzierung dienen, wird § 40 Abs. 1 GBO weiterhin nicht angewendet und eine Voreintragung bleibt erforderlich; OLG Köln BeckRS 2019, 16249. Eine transmortale Vollmacht bleibt bestehen neben der Anordnung einer Testamentsvollstreckung. Der transmortal Bevollmächtigte ist nach richtiger Auffassung nicht an die Beschränkungen gebunden, an die er kraft nicht befreiter Vorerbschaft gebunden wäre (*Weidlich* ZEV 2016, 57, 64); erst recht gilt keine Beschränkung, wenn der Nacherbe bevollmächtigt ist. Die vorbezeichnete Frage (Verhältnis transmortale Vollmacht zur Vor- und Nacherbschaft) ist aber heftig umstritten; vgl. einerseits OLG Stuttgart ZEV 2019, 530 und andererseits OLG München ZEV 2019, 533). Selbst wenn im Grundbuch ggf. bereits

Nacherbenvermerk (§ 51 GBO) und Testamentsvollstreckervermerk (§ 52 GBO) eingetragen sind, sind die Verfügungen des transmortal Bevollmächtigten zu vollziehen. Gegenüber dem Nacherbenvermerk kann schon nach der Rechtsprechung ein Wirksamkeitsvermerk eingetragen werden (OLG München RNotZ 2016, 305), wenn man wie hier die transmortale Vollmacht auch gegenüber dem Nacherben für wirksam hält; auch gegenüber der Verfügungsbeschränkung, die der Testamentsvollstreckervermerk zum Ausdruck bringt, sollte dies möglich sein. Zwar könnte man argumentieren, beim Testamentsvollstreckervermerk sei dies nicht nötig, da das Grundbuchamt ja schon zu erkennen gegeben habe (durch die Eintragung), es halte die Verfügung für wirksam. Für einen Betrachter des Grundbuchs, der die Eintragungsbewilligungen nicht kennt, erschließt sich dies aber nicht; er könnte vielmehr mutmaßen, das Gericht habe unter Verstoß gegen die Verfügungsbeschränkung eingetragen. Aus Gründen der Rechtsklarheit ist die Eintragung eines Wirksamkeitsvermerks auch gegenüber dem Testamentsvollstreckervermerk zu bejahen. Mit Eigentumswechsel kann der Erwerber die Löschung dieser Vermerke im Wege des Unrichtigkeitsnachweises beantragen.

7. **Vollmacht und Rechtsberatung.** Unter Geltung des RBerG entschied das Kammergericht (FamRZ 2007, 1042), dass eine Vorsorgevollmacht gegen das Rechtsberatungsgesetz verstoßen kann (mit Nichtigkeitsfolge), wenn der Bevollmächtigte in zahlreichen Fällen tätig gegenüber nicht nahe stehenden Personen tätig wird, seine Dienste im Internet anbietet und ein nicht unerhebliches Entgelt verlangt. Inzwischen gilt das Rechtsdienstleistungsgesetz (RDG). Hiernach stellt sich die Frage, ob die Tätigkeit als Vorsorgebevollmächtigter eine „Tätigkeit in konkreten fremden Angelegenheiten" gemäß § 2 Abs. 1 RDG ist. Bei einer Tätigkeit zu Gunsten naher Verwandter wird man jedoch bereits eine fremde Angelegenheit im vorstehenden Sinne zu verneinen haben (*Müller/Renner* Rn. 271; vgl. *Sauer* RNotZ 2009, 79 (94)). Außerhalb dieser Fallgruppen ist die Rechtslage in Bezug auf das weitere Tatbestandsmerkmal der „rechtlichen Prüfung des Einzelfalls" ungeklärt. In vielen Fällen wird sich die Zulässigkeit aus § 5 RDG (Rechtsdienstleistung als Nebentätigkeit) oder aus § 6 Abs. 2 RDG ergeben (unentgeltliche Tätigkeit in familiären, nachbarschaftlichen oder ähnlich engen persönlichen Beziehungen).

8. **Auslandsbezug.** In Folge der erheblichen Unterschiede zwischen den Rechtsordnungen bzgl. der Verwendbarkeit von Vorsorgevollmachten kann in der Regel nicht damit gerechnet werden, dass eine Vorsorgevollmacht im Ausland uneingeschränkt verwendet werden kann. In vielen Rechtsordnungen sind allgemeine Generalvollmachten ohne Aufzählungen der Befugnisse unzulässig; darüber hinaus wird vielfach angeordnet, dass die Vollmacht im Fall der Geschäftsunfähigkeit des Vollmachtgebers erlischt. Weiterführend zum Thema Auslandsbezug und Vorsorgevollmachten: *Müller/Renner,* 3. Aufl., Teil 3 Abschnitt A; *Lipp,* Handbuch der Vorsorgeverfügungen, 2009. Solange das Haager Erwachsenenschutzübereinkommen nicht flächendeckend ratifiziert ist, hat auch eine Rechtswahl gemäß Art. 15 ESÜ nur eine beschränkte Wirkung (siehe Einleitung); auch eventuelle Rechtswahlen gemäß Art. 8 Abs. 1 S. 1 EGBGB helfen nicht wesentlich weiter (vgl. *Bücken*, RNotZ 2018, 238)

9. **Die Vollmacht in Vermögensangelegenheiten; Generalvollmacht** Umstritten ist, ob es empfehlenswert ist, einen Katalog der einzelnen Kompetenzen des Bevollmächtigten beispielhaft in die Urkunde aufzunehmen. Rechtlich notwendig ist dies nicht, da eine Generalvollmacht eben ihrem Wesen nach auf alle denkbaren Rechtsgeschäfte zugeschnitten ist (vorbehaltlich der Auslegung in Evidenzfällen; vgl. zB OLG Zweibrücken NJW-RR 1990, 931 f. [Neugründung einer Gesellschaft für die 91-jährige Vollmachtgeberin]; OLG Hamm OLGR 1999, 269 [strafbewehrte Handlung wie Schwarzgeldabrede]). Der Katalog verdeutlicht dem Vollmachtgeber und dem Bevollmächtigten die Bedeutung der Generalvollmacht und macht sie so vom Laienhorizont her plastisch (*Bühler* FamRZ 2001, 1585

(1587)). Ein Nachteil eines Katalogs kann aber darin bestehen, dass die Vertretungsmacht bei nicht in der Liste enthaltenen Geschäften angezweifelt wird – auch wenn dies zu Unrecht geschieht, weil die Vollmacht klarstellt, dass die Auflistung nur beispielhaft ist und die Vertretungsmacht nicht eingeschränkt wird. Dies kann dafür sprechen, in Vermögensangelegenheiten einen Katalog insgesamt entfallen zu lassen (hierfür *Milzer* NJW 2003, 1836 (1838); *Müller* in: Würzburger Notarhandbuch, 4. Aufl. 2015, Teil 3 Kap. 3 Rn. 29). Bei der Vollmacht in Vermögensangelegenheiten sollten die Möglichkeit der Erteilung von Untervollmachten, die Befreiung von den Beschränkungen des § 181 BGB und die Fortgeltung über den Tod hinaus ausdrücklich aufgenommen werden. Auch ohne ausdrückliche Gestattung berechtigt eine Vorsorgevollmacht zum Öffnen, Anhalten und Entgegennehmen der Post; aus § 1896 Abs. 4 BGB kann kein „Ausdrücklichkeitsgebot" auch für Bevollmächtigte hergeleitet werden (DNotI-Report 2013, 148). Auch zur Vornahme von Schenkungen berechtigt eine Generalvollmacht (*Zimmermann* BKR 2007, 226 (231)); es erscheint wiederum unklar, ob es empfehlenswert ist, die Befugnis hinsichtlich der Befugnis zur Vornahme von Schenkungen im Vollmachtstext ausdrücklich zu regeln (vgl. *Sagmeister* MittBayNot 2013, 107 ff.).

**10. Die Vollmacht in persönlichen Angelegenheiten.** Nach traditioneller dogmatischer Auffassung ist Stellvertretung aufgrund Vollmacht im höchstpersönlichen Bereich insgesamt ausgeschlossen. Diese seit jeher willkürlich erscheinende Beschränkung bedurfte der Revision und ist zumindest seit Inkrafttreten des Betreuungsgesetzes nicht mehr gerechtfertigt. Dem Betreuer kann nach § 1896 Abs. 1 BGB die Betreuung in persönlichen Angelegenheiten übertragen werden. Hierzu gehören die Aufenthalts- und Umgangsbestimmung nach § 1906 Abs. 1 BGB, die Zustimmung zu freiheitsentziehenden Maßnahmen nach § 1906 Abs. 4 BGB und der gesamte Gesundheitsbereich einschließlich der Einwilligung in Heilbehandlungen nach § 1904 BGB. Die Prämisse, der gewillkürte Vertreter könne diese Befugnisse nicht haben, auch wenn dies dem Willen des Vollmachtgebers entspricht, ist nicht haltbar. Nach dem Grundgedanken des Betreuungsgesetzes, das von der Priorität der Selbstbestimmung vor der Fremdbestimmung ausgeht, muss vielmehr umgekehrt der gewillkürte Vertreter im Rahmen der Vorsorgevollmacht dieselben Befugnisse haben können wie der vom Vormundschaftsgericht bestellte Betreuer als gesetzlicher Vertreter. Der Bevollmächtigte unterliegt denselben Genehmigungserfordernissen wie der Betreuer, §§ 1904, 1906, 1906a BGB. Die Vollmacht muss die in §§ 1904, 1906, 1906a BGB bezeichneten Maßnahmen ausdrücklich umfassen, §§ 1904 Abs. 2 S. 2, 1906 Abs. 5, 1906a Abs. 5 BGB. Wird dem Ausdrücklichkeitsgebot nicht genügt, so muss für die nicht hinreichend geregelten Aufgabenkreise ein Betreuer bestellt werden (vgl. DNotI-Report 2012, 158). Auch wenn die Vorsorgevollmacht diese Aufgabenbereiche kraft ausdrücklicher Formulierung erfasst, gelten die in diesen Vorschriften angeordneten betreuungsgerichtlichen Genehmigungsvorbehalte auch für den Vorsorgebevollmächtigten (§ 1906 Abs. 5 S. 2 BGB). Diese Beschränkung der Privatautonomie ist verfassungsgemäß (BVerfG 10.6.2015 – 2 BvR 1967/12).

**11. Die Betreuungsverfügung.** Durch eine Betreuungsverfügung können Wünsche zur Person eines Betreuers, zum Betreuungsverfahren und zur Führung der Betreuung geäußert werden. Gemäß § 1897 Abs. 4 BGB ist dem Vorschlag des Betroffenen hinsichtlich der Auswahl des Betreuers zu folgen, soweit dies seinem Wohl nicht zuwiderläuft. Der Vorschlag gemäß § 1897 Abs. 4 BGB setzt weder Geschäftsfähigkeit noch natürliche Einsichtsfähigkeit voraus (BGH ZEV 2013, 627 (628)). Der Vorschlag ist nur dann unbeachtlich, wenn die konkrete Gefahr besteht, dass der Vorgeschlagene die Betreuung nicht zum Wohl des Betreuten führen wird (BGH ZEV 2013, 627 (628)), was zB bei einem schwerwiegenden Interessenkonflikt in Betracht kommt (BGH NJW 2011, 3777 Rn. 20). Ob die Vorsorgevollmacht von einer Betreuungsverfügung flankiert werden sollte, lässt sich nicht verallgemeinernd beantworten. Eine wirksame Vorsorgevollmacht

macht eine Betreuung grundsätzlich entbehrlich (BGH ZEV 2013, 627 (628)). Trotzdem kann im Ausnahmefall Bedarf für eine Betreuung bei bestimmten höchstpersönlichen Geschäften eintreten bestehen, etwa für die Leistung der eidesstattlichen Versicherung beim Erbscheinsantrag (OLG Schleswig RNotZ 2002, 987). Angesichts dessen kann eine ergänzende Betreuungsverfügung sinnvoll sein.

**12. Die Patientenverfügung.** Das Rechtsinstitut der Patientenverfügung ist nunmehr in § 1901a Abs. 1 BGB ausdrücklich geregelt (zur Entwicklungsgeschichte an dieser Stelle vgl. die VorAufl.). Nach dieser Norm sind Patientenverfügungen schriftliche Willensbekundungen eines Einwilligungsfähigen darüber, ob er für den Fall seiner Einwilligungsunfähigkeit in bestimmte, zum Zeitpunkt der Festlegung noch nicht unmittelbar bevorstehende Untersuchungen seines Gesundheitszustandes, Heilbehandlungen oder ärztliche Eingriffe einwilligt oder sie untersagt. Liegt eine derartige Patientenverfügung vor, so hat der Betreuer bzw. der ihm gleichgestellte Bevollmächtigte (§ 1901a Abs. 3 BGB) zu prüfen, ob diese Festlegungen auf die aktuelle Lebens- und Behandlungssituation zutreffen. Soweit dies der Fall ist, hat der Betreuer/Bevollmächtigte dem Willen des Betreuten/Vollmachtgebers Ausdruck und Geltung zu verschaffen. Nach § 1901b BGB erörtert der behandelnde Arzt die indizierte ärztliche Maßnahme mit dem Betreuer/Bevollmächtigten unter Berücksichtigung des Patientenwillens als Grundlage für die nach § 1901a zu treffende Entscheidung. Den Angehörigen und sonstigen Vertrauenspersonen soll Gelegenheit zur Äußerung gegeben werden, sofern dies ohne erhebliche Verzögerung möglich ist.

Sind sich Arzt und Betreuer/Bevollmächtigter aufgrund der Patientenverfügung über den Patientenwillen einig, so ist die Genehmigung der ärztlichen Maßnahmen durch das Betreuungsgericht nicht erforderlich, § 1904 Abs. 4 BGB. Nur bei Meinungsverschiedenheiten hat das Betreuungsgericht zu entscheiden.

Art. 2 des Gesetzes ändert das FamFG zunächst hinsichtlich der Entscheidungskompetenz des Betreuungsgerichts an Stelle des Vormundschaftsgerichts. Dem Schutz vor übereilten Entscheidungen dienen weitere Vorschriften. Nach einem neuen Absatz 3 des § 287 FamFG wird ein Beschluss über die Genehmigung des Behandlungsabbruchs gem. § 1904 Abs. 2 BGB erst zwei Wochen nach Bekanntgabe an den Betreuer/Bevollmächtigten wirksam. Nach § 298 Abs. 4 FamFG ist vor der Genehmigung eines Behandlungsabbruchs ein Sachverständigengutachten einzuholen.

Eine „für die Praxis kaum zu überschätzende Bedeutung" (*Höfling* NJW 2009, 2849 (2850)) kommt dem Tatbestandsmerkmal „Entscheidung über eine bestimmte ärztliche Maßnahme" zu. Soll der Patientenverfügung unmittelbare Bindungswirkung zukommen, so sind die nicht erwünschten ärztlichen Maßnahmen genau zu bezeichnen, also zB „künstliche Ernährung, künstliche Beatmung, Organübertragungen". Allgemeine Formulierungen und Richtlinien genügend insofern nicht, insbesondere auch nicht die bloße Äußerung, dass lebensverlängernde und/oder lebenserhaltende Maßnahmen unterbleiben mögen (BGHZ 214, 62). Allerdings sind auch derartige allgemeine Formulierungen nicht bedeutungslos; sie sind als Anhaltspunkte gemäß § 1901a Abs. 2 S. 2 BGB zu würdigen.

Im Zusammenhang damit steht § 1904 Abs. 5 BGB, wonach die Vollmacht die ärztlichen Maßnahmen ausdrücklich zu umfassen hat.

**13. Zentrales Vorsorgeregister.** Für die Registrierung von Vorsorgevollmachten führt die Bundesnotarkammer nach § 78a Abs. 1 BNotO ein zentrales Vorsorgeregister. Beurkundet der Notar eine Vorsorgevollmacht, so soll er auf die Möglichkeit der dortigen Registrierung hinweisen, § 20a BeurkG. Die Registrierung erfolgt über den Notar und empfiehlt sich in jedem Fall. Die entstehenden Kosten sind gering (zwischen 8,50 und 18,50 EUR).

**14. Kosten.** Gemäß KV 21200 fällt für die Beurkundung einer Vorsorgevollmacht als „sonstige Erklärung" eine Gebühr in Höhe von 1,0 an, mindestens 60 Euro. Auch die Patientenverfügung und die Betreuungsverfügung fallen unter KV 21200. Beglaubigt der

Notar unter dem von ihm gefertigten Entwurf einer Patientenverfügung die Unterschrift, so fällt ebenfalls gemäß KV 24101 eine 1,0-Gebühr an, mindestens 60 Euro. Der Rahmen von 0,3–1,0 gemäß KV 24101 wirkt sich hier nicht aus, da gemäß § 92 Abs. 2 GNotKG die Höchstgebühr anzusetzen ist, wenn der Notar den Entwurf vollständig selbst fertigt.

Der Geschäftswert ergibt sich für die Vorsorgevollmacht aus § 98 Abs. 3 GNotKG, da es sich nahezu stets um eine „allgemeine Vollmacht" handelt. Gemäß § 98 Abs. 3 S. 2 GNotKG darf der Geschäftswert die Hälfte des Vermögens des Auftraggebers nicht übersteigen; die Wertfestsetzung erfolgt im Übrigen unter Berücksichtigung des Vollmachtsumfangs und des Vermögens des Auftraggebers nach billigem Ermessen, § 98 Abs. 3 S. 1 GNotKG. Der maximale Geschäftswert beträgt gemäß § 98 Abs. 4 GNotKG 1.000.000 EUR. Die ersten Stellungnahmen zum GNotKG gehen davon aus, dass Abschläge vom höchstmöglichen Geschäftswert (§ 98 Abs. 3 S. 2 GNotKG) zB dann möglich sind, wenn der Vollmachtgeber im Innenverhältnis einschränkende Weisungen zur Verwendung der Vollmacht erteilt oder wenn der Vollmachtgeber die Erteilung der Ausfertigungen unter bestimmte Einschränkungen stellt (Streifzug durch das GNotKG, 12. Aufl. 2017, Rn. 2422 f.; *Diehn,* Berechnungen zum neuen Notarkostenrecht, 5. Aufl. 2017, Rn. 1318; *Renner* NotBZ 2014, 11 ff.). Der Geschäftswert von Patientenverfügung/Betreuungsverfügung ergibt sich jeweils aus § 36 Abs. 2 GNotKG, wobei ohne besondere Anhaltspunkte auf den Regelwert von 5.000 EUR abgestellt werden kann. Auch in nichtvermögensrechtlichen Angelegenheiten müssen zukünftig die Vermögens- und Einkommensverhältnisse berücksichtigt werden, was wohl eher bei außerordentlich großen Vermögen in Betracht kommt (*Diehn,* Rn. 1326 schlägt die Verwendung von Vielfachen des Regelwerts von 5.000 EUR vor).

Bei gemeinsamer Beurkundung von Vorsorgevollmacht, Betreuungsverfügung und Patientenverfügung liegt zwischen Patientenverfügung/Betreuungsverfügung Gegenstandsgleichheit vor (§ 109 Abs. 2 Nr. 1 GNotKG), zwischen Patientenverfügung/Betreuungsverfügung und Vorsorgevollmacht jedoch Gegenstandsverschiedenheit (§ 110 Nr. 3 GNotKG). Da jedoch jeweils der gleiche Gebührensatz gilt, erfolgt gemäß § 35 GNotKG eine Zusammenrechnung. Anders als die Verbindung zweier Vollmachten in einer Urkunde dürfte für die Verbindung von Vorsorgevollmacht und Patientenverfügung wohl ein sachlicher Grund gemäß § 93 Abs. 2 S. 1 GNotKG bestehen. Gemäß § 19 Abs. 3 Nr. 3 GNotKG sind die Werte der einzelnen Gegenstände gesondert aufzuführen. Dies gilt nicht nur, wenn zB eine Vorsorgevollmacht mit einer Patientenverfügung kombiniert wird, sondern auch dann, wenn mehrere Vollmachtgeber in einer Urkunde auftreten (was in der Regel bei Ehegatten der Fall ist; Beispiele bei *Diehn,* Berechnungen zum neuen Notarkostenrecht, 5. Aufl. 2018, Rn. 1315, 1323b). Die Kosten der Registrierung im Zentralen Vorsorgeregister fallen unter KV 32015, soweit sie vom Notar erhoben werden.

Beglaubigt der Notar nur die Unterschriften unter einer von ihm nicht entworfenen Vollmacht, so fällt eine Gebühr gemäß KV 25100 an. Gemäß § 121 GNotKG richtet sich der Geschäftswert nach den bei einer Beurkundung anwendbaren Vorschriften, sodass § 98 GNotKG (Vorsorgevollmacht) bzw. §§ 97, 36 GNotKG (Patientenverfügung, Betreuungsverfügung) gemäß § 19 GNotKG neben § 121 zu zitieren sind. Soll der Notar eine solche Vorsorgevollmacht im Vorsorgeregister registrieren, so fällt für die auftragsgemäße Registrierung die Vollzugsgebühr gemäß KV 22124 an.

## 11. Die Vorsorgevollmacht des Unternehmers

### 1. Alternative: Handlungsanweisung und Vollmacht des Einzelunternehmers

*(Anmerkung: Ergänzung zB zum Muster 53a)*

Sollte ich infolge von Unfall oder Krankheit nicht in der Lage sein, mein unter der Firma ..... betriebenes Einzelunternehmen selbst zu leiten, so hat der Bevollmächtigte für die Fortführung des Unternehmens zu sorgen. Dies kann er selbst kraft der erteilten Vollmacht besorgen. Er kann auch sich selbst oder anderen Personen Prokura erteilen. Er kann auch, wenn meine Verhinderung länger dauert, dem Unternehmen eine haftungsbeschränkende Form geben, insbesondere die Einzelfirma aus meinem Vermögen in eine neu zu gründende GmbH abspalten. Bin ich auf Dauer nicht in der Lage, das Unternehmen selbst weiterzuführen, so kann auch eine Veräußerung oder Liquidation erfolgen. Dabei ist zunächst die Veräußerung anzustreben, ehe eine Liquidation erfolgt. Der Bevollmächtigte hat zuvor den Anwalt und den Steuerberater des Unternehmens zu konsolidieren, entscheidet aber schließlich selbst nach seinem billigen Ermessen. Ich stelle klar, dass die vorstehenden Ausführungen den Umfang der Vollmacht nicht beschränken.

Ich bevollmächtige hiermit den eingangs bezeichneten Vollmachtnehmer, mich auch in allen Angelegenheiten meines Einzelunternehmens zu vertreten, insbesondere sich selbst oder andere Personen zu Prokuristen zu bestellen und zum Handelsregister anzumelden. Weiterhin erhält er Vollmacht zur Übertragung des Betriebsvermögens des Einzelunternehmens auf eine haftungsbeschränkende Gesellschaft, deren Alleingesellschafter ich bin oder werde. Zum Betrieb dieser Gesellschaft und zur Ausübung aller meiner Gesellschafterrechte einschließlich der Bestellung und Abberufung von Geschäftsführern und Prokuristen ist der Vollmachtnehmer ebenfalls bevollmächtigt. Sollte das Unternehmen veräußert werden müssen, so erstreckt sich die Vollmacht auch auf diese Veräußerung.

### 2. Alternative: Handlungsanweisung und Vollmacht des Alleingesellschafter-Geschäftsführers einer GmbH

Sollte ich infolge von Unfall oder Krankheit nicht in der Lage sein, meine Aufgaben als Gesellschafter-Geschäftsführer der ..... selbst wahrzunehmen, so hat der eingangs bezeichnete Bevollmächtigte für die Fortführung des Unternehmens zu sorgen. Dies kann er selbst kraft der erteilten Vollmacht besorgen. Er kann sich selbst oder andere Personen zum Geschäftsführer bestellen oder sich selbst oder anderen Personen Prokura erteilen und dies zum Handelsregister anmelden. Bin ich auf Dauer nicht in der Lage, das Unternehmen selbst weiterzuführen, so kann auch eine Veräußerung oder Liquidation erfolgen. Dabei ist zunächst die Veräußerung anzustreben, ehe eine Liquidation erfolgt. Ich stelle klar, dass die Vollmacht im Außenverhältnis auch insoweit unbeschränkt gilt.

Deshalb bevollmächtige ich den eingangs bezeichneten Vollmachtnehmer auch, meine Gesellschafterrechte in der unter der Firma ..... betriebenen GmbH (GmbH & Co. KG) wahrzunehmen, insbesondere Geschäftsführer und Prokuristen zu bestellen und abzuberufen. Sollte das Unternehmen in eine andere Rechtsform transferiert werden müssen oder sollte das Unternehmen veräußert oder liquidiert werden müssen, so bezieht sich die Vollmacht auch hierauf. Weiterhin ermächtigt die Vollmacht auch zur Veräußerung und Liquidation des Unternehmens.

3. Alternative: Handlungsanweisung und Vollmacht des Mitgesellschafters

Sollte ich infolge von Unfall oder Krankheit nicht in der Lage sein, meine Gesellschafterrechte in der . . . . . GmbH selbst auszuüben, so ist die Wahrnehmung dieser Rechte Aufgabe des eingangs bezeichneten Bevollmächtigten.
Dieser wird deshalb auch bevollmächtigt, meine Gesellschafterrechte bei der . . . . . GmbH wahrzunehmen. Er kann mich insbesondere in Gesellschafterversammlungen vertreten und über alle Angelegenheiten mitbeschließen, über die die anderen Gesellschafter Beschlüsse fassen.

4. Alternative: Geschäftsführervollmacht bei einer GmbH unter Berücksichtigung der Grenzen solcher Vollmachten; (mit beispielhafter Auflistung in einzelnen Bereichen)

Hiermit bevollmächtige ich, X, im Namen der von mir vertretenen GmbH, Herrn/Frau . . . . . (nachstehend Bevollmächtigter genannt), die vorbezeichnete GmbH im Umfang einer Generalhandlungsvollmacht gemäß § 54 HGB zu vertreten.
Darüber hinaus berechtigt die Vollmacht auch zur Vornahme der folgenden Geschäfte, unabhängig davon, ob sie bereits unter die Generalhandlungsvollmacht fallen:
1. (Gesellschafterrechte) Gesellschafterrechte wahrzunehmen, etwa die GmbH in Gesellschafterversammlungen zu vertreten, das Stimmrecht für sie auszuüben, und Beschlüsse jeder Art – auch außerhalb von Versammlungen – zu fassen sowie Widerspruchs-, Anfechtungs-, Auskunfts- und sonstige Mitverwaltungs- und Vermögensrechte geltend zu machen; hiervon erfasst ist auch die Beschlussfassung bei Satzungsänderungen und Kapitalerhöhungen sowie Kapitalherabsetzungen sowie die Übernahme neuer Beteiligungen, egal zu welchen Bedingungen;
2. (Gesellschaftsgründungen) Gesellschaften – gleich welcher Rechtsform – zu gründen und hierzu etwa Gesellschaftsverträge, Satzungen und Statute festzulegen, Gesellschaftsanteile sowie Einlage- und sonstige Beitragspflichten zu übernehmen, Gesellschaftsorgane, Prokuristen und Handlungsbevollmächtigte zu bestellen und deren Vertretungsbefugnisse zu regeln;
3. (Unternehmens- und Beteiligungstransaktionen) andere Gesellschaften – gleich welcher Rechtsform – und Gesellschaftsbeteiligungen sowie Betriebe und Betriebsteile mit zugehörigen Einzelgütern und -rechten zu erwerben, veräußern, belasten oder sonst darüber zu verfügen sowie sich sonst an anderen Gesellschaften zu beteiligen, etwa als stiller Gesellschafter, Unterbeteiligter, Treuhänder/-geber, und Gesellschaftsbeteiligungen zu ändern und zu beenden, etwa durch Ein-/Austritt, Kündigung, Auflösung oder Liquidation;
4. (Umwandlungen/Unternehmensverträge) an Umwandlungen jeder Art, etwa Verschmelzungen, Spaltungen, Formwechseln nach dem UmwG, und an sonstigen gesellschaftsrechtlichen Umwandlungen nach anderen Gesetzen, etwa durch Anwachsung, mitzuwirken – soweit rechtlich zulässig – sowie Unternehmensverträge jeder Art, etwa Beherrschungs- und Gewinnabführungsverträge abzuschließen, zu ändern, zu kündigen oder sonst zu beenden;
5. (Registeranmeldungen) Anmeldungen jeder Art zum Handelsregister und zu anderen Registern der GmbH und anderer Rechtsträger – soweit rechtlich zulässig – vorzunehmen, zu ändern und zurückzunehmen;1
6. (Grundstücksgeschäfte) Grundstücke, Wohnungs-/Teileigentum, Erbbaurechte und andere grundstücksgleiche Rechte oder Mitberechtigungen hieran (nachfolgend „Grundbesitz“ genannt) sowie beliebige Rechte an Grundbesitz sowie Rechte an solchen Rechten zu begründen, erwerben, veräußern, belasten, ändern, aufzuheben oder sonst darüber zu verfügen und im Zusammenhang mit Erwerb/Veräußerung beliebige Grundpfandrechte zur Finanzierungssicherung zu bestellen, Schuldaner-

**kenntnisse zu erklären und die GmbH persönlich sowie den jeweiligen Eigentümer dinglich (§ 800 ZPO) der sofortigen Zwangsvollstreckung zu unterwerfen;**

**7. (Prozess- und Verfahrenshandlungen) Prozess- und Verfahrenshandlungen aller Art gegenüber in- und ausländischen Gerichten, Behörden, Notaren und sonstigen öffentlichen Stellen – soweit rechtlich zulässig – vorzunehmen, auch in Rechtsmittel-/-behelfsverfahren sowie in Verfahren des vorläufigen Rechtsschutzes und der freiwilligen Gerichtsbarkeit, etwa in Register- und Grundbuchverfahren;**

**8. (Entgegennahme der Post) Die Post der Gesellschaft entgegen zu nehmen, zu öffnen und anzuhalten;**

**9. (hier ggf. noch weitere Angelegenheiten)**

**10. (Sonstige Geschäfte) und überhaupt alles zu tun, was im Zusammenhang mit den vorbezeichneten Angelegenheiten und deren Vollzug erforderlich oder dienlich erscheint, insbesondere die Geschäftsbedingungen im Einzelnen festzulegen und alle Zustimmungs-, Verzichts- und Vollzugserklärungen – soweit rechtlich zulässig – abzugeben und entgegenzunehmen.**

**Die Bevollmächtigten sind von den Beschränkungen des § 181 BGB befreit; sie sind befugt, für einzelne Rechtsgeschäfte oder für bestimmte Arten von Rechtsgeschäften Untervollmacht zu erteilen.**

**Die Vollmacht ist jederzeit frei widerruflich. Sie erlischt nicht mit dem Ende der Vertretungsbefugnis der Unterzeichner.**

*Schrifttum: Baumann/Selzener,* Vorsorge für den geschäftsunfähigen Personengesellschafter, RNotZ 2015, 605; *Heckschen/Kreußlein,* Vorsorgevollmacht und Satzungsgestaltung im GmbH-Recht, NotBZ 2012, 321; *Langenfeld,* Die Vorsorgevollmacht des Unternehmers, ZEV 2005, 52; *Reymann,* Vorsorgevollmachten von Berufsträgern, ZEV 2005, 457; ZEV 2005, 514; ZEV 2006, *Schäfer,* Vorsorgevollmachten im Personengesellschaftsrecht, ZHR 175 (2011), 557; *Schippers,* Organvertretende Generalvollmachten – Zulässigkeit von „shared legal services" im GmbH-Konzern, DNotZ 2009, 353; *Wedemann,* Vorsorgevollmachten bei Personengesellschaften und GmbHs, ZIP 2013, 1508.

## Anmerkungen

**1. Regelungsbedarf.** Kleinunternehmer und mittelständische Unternehmer bilden immer noch das Rückgrat der Wirtschaft. Sie werden im eigenen Unternehmerinteresse tätig, haben aber auch Verantwortung für ihre Mitarbeiter und das Unternehmen als Wirtschaftsfaktor. In gewisser Diskrepanz hierzu steht die häufig mangelnde Vorsorge für den Ausfall des Unternehmers. Dies gilt einmal für den Todesfall. Das Unternehmertestament bildet den Gegenstand zunehmender literarischer Bemühungen und Fachtagungen, wird aber in der Praxis viel zu selten verwirklicht. Auch wenn der Unternehmer den Rat des Juristen und Steuerberaters einholt, kann er sich häufig nicht zur Umsetzung entschließen. Noch krasser ist dies bei der Vorsorgevollmacht im privaten und unternehmerischen Bereich. Der voll im Leben stehende Unternehmer bezieht deren Notwendigkeit nicht auf sich selbst, sondern ist der Ansicht, dass es sich um eine Sache handelt, die Altenheimbewohner und Besucher von Vorträgen über Sterbehilfe und Patientenverfügung betrifft. Er will nicht zur Kenntnis nehmen, dass gerade bei einem Unternehmer erhöhter Bedarf nicht nur für die letztwillige Vorsorge, sondern auch für die Vorsorge für den Fall des längerfristigen Ausfalls des Unternehmers durch Krankheit oder Unfall besteht, vor allem wenn dieser Ausfall mit Einschränkungen nicht nur der Tatkraft, sondern auch der Geschäftsfähigkeit verbunden ist.

**2. Vollmacht und Handlungsanweisung.** Der Unternehmer braucht nicht nur wie jeder andere eine Vorsorgevollmacht, sondern auch eine spezifische Vorsorge für das Unternehmen. Regelmäßig enthält die Vorsorgevollmacht eine Generalvollmacht. Diese verleiht grundsätzlich uneingeschränkte Vertretungsmacht nach außen, und zwar auch im Unternehmensbereich. Dort reicht dies aber regelmäßig nicht aus. Die Vollmacht ist um eine Handlungsanweisung zu ergänzen. Der Unternehmer muss zumindest in groben Zügen festlegen, was aus dem Unternehmen wird, wenn er etwa durch Unfall oder plötzliche Krankheit für längere Zeit nicht mehr einsatzfähig ist. So wie die allgemeine Vorsorgevollmacht in persönlichen Angelegenheiten ergänzt werden kann durch eine Verfügung, die den Grundsätzen der Betreuungsverfügung folgt, aber zunächst die Ausübung der Vollmacht steuert, so ist im Unternehmensbereich die Vorsorgevollmacht durch eine Vorsorgeverfügung in Form einer Handlungsanweisung zu unterlegen. Mangels einer derartigen Handlungsanweisung wird man zumindest nur schwer einen externen Bevollmächtigten finden. Denn für denjenigen, der in welcher Form auch immer für die Unternehmensleitung Verantwortung übernehmen soll, handelt es sich um ein weites Feld mit Haftungsgefahren nicht nur im Außenverhältnis, sondern auch von Seiten des wieder genesenen Unternehmers oder seiner Erben. Ihm muss die Handlungsanweisung einen Tätigkeitsrahmen vorgeben, ergänzt um die allgemeine Vollmacht oder erforderlichenfalls um spezielle handelsrechtliche und gesellschaftsrechtliche Vollmachten. Selbstverständlich darf die Handlungsanweisung nicht auf das Außenverhältnis durchschlagen, sodass es sich ggf. empfiehlt,

**3. Betroffene Unternehmertypen.** Regelungsbedürftig sind die Fälle, in denen infolge des Ausfalls des Unternehmers das Unternehmen führungslos ist. Dies gilt für den Inhaber der Einzelfirma und den Gesellschafter-Geschäftsführer der Einpersonen-GmbH oder Einpersonen-GmbH & Co. KG. Beim Alleinvorstand etwa der kleinen AG gibt es einen nach dem Gesetz mindestens aus drei Personen bestehenden Aufsichtsrat, der einen neuen Vorstand bestellen kann. Beim Mitgesellschafter und gegebenenfalls Mitgeschäftsführer einer Gesellschaft von Partnern oder einer Familiengesellschaft können die verbleibenden Gesellschafter regelmäßig die Vakanz überbrücken.

Besonders regelungsbedürftig sind also die Fälle, in denen der Unternehmer als alleiniger Firmeninhaber oder alleiniger Gesellschafter-Geschäftsführer ausfällt und keine Personen oder keine Organe vorhanden sind, die einen Ersatz bestellen können. Für diese Fälle sollte der allgemeinen Vorsorgevollmacht eine ergänzende Bevollmächtigung für den Unternehmensbereich angefügt werden. Auch wenn grundsätzlich gilt, dass eine Generalvollmacht den Bereich des Handels- und Gesellschaftsrechts mitumfasst, sollte die Unternehmervollmacht einen besonderen Abschnitt der im Idealfall aus den drei Teilen allgemeine Vollmacht, Vollmacht im Gesundheitsangelegenheiten und Patientenverfügung bestehenden Vorsorgevollmacht bilden. Dies ist schon deshalb zweckmäßig, weil die Unternehmervollmacht anders als regelmäßig die Generalvollmacht mit einer Handlungsanweisung verbunden werden sollte.

**4. Grenzen von Generalvollmachten im Gesellschaftsrecht.** Gemäß den Vorgaben der höchstrichterlichen Rechtsprechung bestehen im Gesellschaftsrecht Grenzen bei der Erteilung allgemeiner Vollmachten. Eher pragmatisch mutet die Lösung des Bundesgerichtshofs im Personengesellschaftsrecht an: Zwar könne wegen der Selbstorganschaft ein Dritter nicht organschaftlicher Vertreter der Personengesellschaft sein (BGHZ 33, 108 = NJW 1960, 1997). Dies schließe es aber nicht aus, dass ein Dritter mit einer umfassenden Vollmacht ausgestattet werde, welche auch noch über den Umfang einer Prokura hinausgeht (BGHZ 36, 292 (295) = NJW 1962, 738 (739); vgl. eingehend mit weiteren Differenzierungen *Schäfer* ZHR 175 (2011), 557 (573); *Wedemann* ZIP 2013, 1508 (1515)). Im Kapitalgesellschaftsrecht ist nach der Rechtsprechung des Bundesgerichtshof jedoch eine „organverdrängende“ oder „organersetzende“ Generalvollmacht unzulässig

(BGH NJW 1977, 199; DNotZ 2003, 147). In der vorstehend zitierten jüngeren Entscheidung deutete der BGH die in der Formulierung unbeschränkte Vollmacht jedoch in eine Generalhandlungsvollmacht um, was in der Rechtsprechung aber nicht durchgehend beachtet wird (OLG Brandenburg BeckRS 2010, 03477: keine Umdeutung, ohne aber die Rechtsprechung des BGH zu beachten). Unklar ist, was genau eine „organverdrängende" oder „organersetzende Vollmacht" ausmacht. Kaum jemand wird auf die Idee kommen, dem Geschäftsführer vorschreiben zu wollen, dass nur noch der Bevollmächtigte, nicht aber der Geschäftsführer, handeln dürfe (im Außenverhältnis wäre eine solche Beschränkung ohnehin gemäß § 37 Abs. 2 GmbHG unwirksam). Die Rechtsprechung des BGH ist daher – besonders unter dem Gesichtspunkt der abweichenden Handhabung bei Personengesellschaften – zweifelhaft (überzeugend daher *Schippers* DNotZ 2009, 353 ff.). Indes deuten die älteren zitierten Entscheidungen darauf hin, dass der BGH schlicht gegenüber Generalvollmachten ohne jeglichen Beschränkungen eine kritische Haltung einnimmt.

Das vorstehende Muster beruht auf dem Vorschlag von *Schippers* (DNotZ 2009, 353 (355)) und ergänzt es als „Auffangregelung" mit dem vom BGH abgesegneten Umfang der Generalhandlungsvollmacht. Wenn feststeht, dass ein bestimmter Bereich nicht von der Vollmacht abgedeckt werden muss, dann empfiehlt es sich, diesen Bereich ausdrücklich auszuklammern, um den „Abstand" zur unzulässigen Generalvollmacht zu betonen.

**4a. Vorzugswürdig: Steuerung auf Ebene der Gesellschafterrechte.** Es ist jedenfalls bei Kapitalgesellschaften vorzugswürdig, anzustreben, dass der Vorsorgebevollmächtigte durch Ausübung der Gesellschafterrechte für eine ordnungsgemäße Besorgung der Angelegenheiten sorgt. Zumeist nicht empfehlenswert ist es, zu versuchen, dass der Geschäftsführer-Gesellschafter einer GmbH z.B. in seiner Eigenschaft als Geschäftsführer „Untervollmacht" erteilt. Denn zum einen ist schon zweifelhaft, ob eine allgemeine Generalvollmacht, die der Geschäftsführer als natürliche Person erteilt hat, dazu berechtigt, die Angelegenheiten einer Gesellschaft, bei der er Geschäftsführer ist, wahrzunehmen (ablehnend LG München I MittBayNot 1997, 246; unklar freilich, ob dies durch die zur GbR ergangene Entscheidung BGH MittBayNot 2011, 494 eingeschränkt wird). Ohnehin besteht zumeist ein Handlungsbedarf, da das Amt des Geschäftsführers erlischt, wenn dieser geschäftsunfähig wird (§ 6 Abs. 2 S. 1 GmbHG).

**4b. GbR, ERVGBG und Vollmachten.** Die Anerkennung der Rechtsfähigkeit der GbR durch die BGH-Entscheidung „Weißes Roß" (NJW 2001, 1056) und die Folgewirkungen, die im Grundbuchrecht letztlich erst durch das ERVGBG verbindlich verarbeitet wurden, haben neben zahlreichen anderen Fragen auch diejenige aufgeworfen, welche Auswirkungen bzgl. Vollmachten bestehen. Es stellen sich folgende Fragen:

- Welcher Rechtsakt ist überhaupt eine „Vollmacht" im Zusammenhang mit GbR?
- Berechtigt die Vollmacht auch zur Ausübung der Gesellschafterrechte?

Die erste Frage mag auf den ersten Blick trivial erscheinen. Ihre Bedeutung entfaltet sie dadurch, dass die Vertretung der GbR (§§ 709, 714 BGB) in Folge der Anerkennung der Rechtsfähigkeit organschaftlich gedeutet wird (*Wertenbruch*, NZG 2005, 462), diese aber gleichwohl nicht über ein Register nachgewiesen werden kann. Der Nachweis einer rechtsgeschäftlichen Vertretungsmacht ist, formgerechte Errichtung vorausgesetzt, im Grundbuchverfahren und auch in sonstigen Angelegenheiten leichter zu führen. Ausschlaggebend ist nämlich der Gutglaubensschutz, der durch § 172 Abs. 1, Abs. 2 BGB gewährleistet wird. Aus diesen Vorschriften leitet die Rechtsprechung im Grundbuchverfahrensrecht den Erfahrungssatz des Fortbestandes der Vollmacht ab, wenn bei Abgabe der Grundbucherklärung eine Vollmacht in Urschrift bzw. bei notarieller Beurkundung in Ausfertigung vorgelegt wird (ständige Rechtsprechung, zB BayObLGZ 1959, 297; KG DNotZ 1972, 18; OLG Hamm FGPrax 2004, 266), jedenfalls dann, wenn es sich um die „richtige" Ausfertigung handelt (OLG München DNotZ 2008, 844). Einen vergleichbaren Erfahrungssatz leitet die Rechtsprechung hingegen nicht ab, wenn lediglich ein Gesellschaftsvertrag vorgelegt wird, mag dieser auch notariell beurkundet oder öffentlich beglaubigt worden sein (OLG München RNotZ 2011, 601; KG RNotZ 2017, 663). Entsprechendes dürfte dann auch für Gesellschafterbeschlüsse gelten, welche lediglich auf die organschaftliche Vertretungsmacht einwirken.

Erschwert wird diese (sich prinzipiell auch bei anderen Personengesellschaften stellende, dort aber ohne praktische Bedeutung bleibende) Abgrenzungsfrage dadurch, dass bei der GbR (anders eben als bei den registrierten Personengesellschaften) vor der Anerkennung der GbR-Rechtsfähigkeit die Vertretung der Gesellschaft durch „Geschäftsführer" ebenfalls rechtsgeschäftlich gedeutet wurde, also dadurch, dass den Geschäftsführern eben entsprechende Vollmachten erteilt wurden (BGH NJW 1971, 1698 – der auch damals schon mögliche Formwechsel von KG zur GbR führte dazu, dass sich die organschaftliche Vertretungsmacht in eine rechtsgeschäftliche „verwandelte"; RGRK/*v. Gamm*, 12. Aufl. 1996, § 714 Rn. 1). Gleichwohl wurde auch schon seinerzeit differenziert zwischen der auf dem Gesellschaftsvertrag beruhenden Vollmacht und einer „Sondervollmacht" (Staudinger/*Keßler*, 12. Aufl. 1979, § 714 Rz. 8). In diesen Fällen ist vieles eine Auslegungsfrage, welche nach den für Vollmachten geltenden Grundsätzen beantwortet werden muss. Dabei ist zu beachten, dass die Gesellschafter es in erster Linie gerade bei öffentlicher Beglaubigung bezweckten, ein für grundbuchverfahrensrechtliche Zwecke taugliches Instrument zu schaffen. Sprechen Wortlaut und Zweck eindeutig für eine Vollmacht, so kommt eine Umdeutung zu Lasten der Gesellschaft unter dem Gesichtspunkt, dass heute ja die organschaftliche Vertretungsmacht anerkannt sei, nicht in Betracht.

Die weitere Frage ist, ob Vollmachten, die keinen spezifischen Bezug zur GbR aufweisen (zB allgemeine Generalvollmachten, erteilt durch die Vollmachtgeber) zur Vertretung der GbR berechtigen. Der BGH hat dies bejaht (MittBayNot 2011, 494 m Anm *Lautner*; nunmehr auch KG MittBayNot 2017, 368). Unzutreffend ist allerdings die Begründung, die GbR selbst könne keine Vollmacht erteilen. Inzwischen ist aber geklärt, dass allgemeine Vollmachten auch dann zur Ausübung der Gesellschafterrechte bei der GbR berechtigen, wenn die GbR nicht erwähnt oder noch nicht einmal gegründet ist (OLG Zweibrücken RNotZ 2016, 247). Insbesondere die skeptische Einschätzung bei Schöner/Stöber, Grundbuchrecht, 15. Auflage 2012, Rn. 4265, dürfte durch diese Rechtsprechungsentwicklung überholt sein.

**5. Mögliche Bevollmächtigte.** In erster Linie kommen Familienangehörige wie die Ehefrau, bereits im Berufsleben stehende Kinder und Mitgesellschafter von Familienunternehmen als Bevollmächtigte in der Weise in Betracht, dass sie entweder selbst die Aufgaben im Unternehmen übernehmen, oder dritte Personen heranziehen, die unter ihrer Aufsicht das Unternehmen leiten. Solche externen Bezugspersonen können auch direkt Bevollmächtigte werden. Es sind dies insbesondere leitende Mitarbeiter im Unternehmen, der Anwalt des Unternehmens und der Steuerberater des Unternehmens. Soweit Anwälte, Steuerberater, Wirtschaftsprüfer oder Notare zur Übernahme einer Testamentsvollstreckung auch für das Unternehmen bereit und in der Lage sind, kommen sie auch als Bevollmächtigte beim vorübergehenden Ausfall des Unternehmers in Betracht.

**6. Instrumente der Vorsorgeregelung.** (1) **Handlungsanweisung.** Die Handlungsanweisung gibt die Vorstellungen des Unternehmers über das Schicksal des Unternehmens bei seinem zeitweiligen oder völligen Ausfall wieder und damit den Rahmen der möglichen Maßnahmen vor. Die grundlegende Entscheidung ist die, ob das Unternehmen bei längerem Ausfall des Unternehmers fortgeführt werden soll oder möglichst bald veräußert oder liquidiert werden soll. Dies hängt von der Größe des Unternehmens und davon ab, ob und inwieweit sich die Unternehmensführung zumindest zeitweise von der Person des Unternehmers lösen lässt. Bei stark personenbezogenen Unternehmen, deren Geschäftswert von der persönlichen Tätigkeit des Unternehmers entscheidend abhängt, sind die Möglichkeiten einer Interimslösung beschränkt. So weit es sich bei dem bestimmten Bevollmächtigten um eine Vertrauensperson handelt, sollte diesem auch die Entscheidung darüber überlassen bleiben, ab welchem Zeitpunkt eine Veräußerung oder Liquidation des Unternehmens betrieben werden muss.

(2) **Prokura.** Soll die im Handelsregister eingetragene Einzelfirma fortgeführt werden, so bietet sich die Bestellung eines Prokuristen an. Als besondere handelsrechtliche Vollmacht ermächtigt die Prokura nach § 49 HGB zu allen Arten von gerichtlichen und außergerichtlichen Geschäften und Rechtshandlungen, die der Betrieb eines Handelsgewerbes mit sich bringt. Auch die Generalsvollmacht verleiht diese Befugnisse. Dennoch empfiehlt es sich, dem Generalbevollmächtigten dann, wenn er die Aufgaben eines Prokuristen wahrnehmen soll, zusätzlich Prokura zu erteilen. Denn die Prokura wird im Handelsregister eingetragen, die Namenszeichnung des Prokuristen wird mit der sie als echt bescheinigenden notariellen Beglaubigung beim Handelsregister aufbewahrt. Der Prokurist hat damit keine Probleme mit dem Nachweis seiner Vollmacht, er hat eine im Handelsverkehr übliche und allgemein akzeptierte Legitimation und Funktion. Die Prokura wird vom Inhaber des Handelsgeschäfts erteilt und zum Handelsregister angemeldet. Erteilung und Anmeldung können auch durch einen Bevollmächtigten erfolgen (*Wagner* in Röhricht/Graf von Westphalen, HGB, 3. Aufl. 2008, § 53 Rn. 10). Die Vollmacht bedarf nach § 12 Abs. 2 HGB der öffentlich beglaubigten Form. Der Prokurist kann sich in dieser Eigenschaft nicht selbst zum Handelsregister anmelden. Wohl aber kann eine und dieselbe Person, etwa die Ehefrau des Unternehmers, sich mit allgemeiner oder spezieller Vollmacht des Unternehmers selbst zum Prokuristen bestellen und für den Unternehmer die Prokura zum Handelsregister anmelden.

(3) **Rechtsformwechsel.** Es ist immer auch in Betracht zu ziehen, dass ein Rechtsformwechsel die Fortführung des Unternehmens erleichtern kann. Dies bezieht sich einmal auf die Möglichkeit der Fremdgeschäftsführung, zum anderen auf die Möglichkeit der Haftungsbeschränkung bei Separierung des Privatvermögens vom Betriebsvermögen. Handelt es sich bei dem Unternehmen um eine Einzelfirma, so kann diese grundsätzlich auch auf längere Zeit durch einen Prokuristen weitergeführt werden. Der entscheidende Nachteil dieser Lösung ist aber, dass der Prokurist über die Verpflichtung des von ihm kraft Prokura vertretenen Unternehmers auch dessen gesamtes Privatvermögen verpflichtet. Dies ist nicht nur für den Unternehmer und seine Familie gefährlich, sondern auf Dauer auch dem Prokuristen nicht zuzumuten. Besser ist es hier, das Firmenvermögen in eine haftungsbeschränkende Rechtsform, regelmäßig die GmbH, zu überführen und die zunächst als Prokurist in Aussicht genommene oder bestellte Person zum Geschäftsführer dieser GmbH zu machen. Als solcher unterliegt sie dann den Weisungen des Gesellschafters, der wiederum durch den Vorsorgebevollmächtigten vertreten wird.

Außerhalb der Vorsorgevollmacht kann auch im Hinblick auf einen etwaigen Ausfall des Unternehmers vorsorglich sofort Prokura erteilt werden. Dabei ist aber zu bedenken, dass eine bedingte Prokura nicht möglich ist, der Prokurist also sofort Befugnisse erhält, von denen er jetzt noch keinen Gebrauch machen soll, aber Gebrauch machen kann. Außerdem ist zu berücksichtigen, dass die Erteilung von Prokura an einen Mitarbeiter auch mit entsprechenden Gehaltsvorstellungen auf dessen Seite verbunden ist.

(4) **Ausgliederung.** Ein elegantes Instrument der Separierung des von einem Einzelkaufmann betriebenen Unternehmens von seinem Privatvermögen ist die Ausgliederung nach §§ 152–160 UmwG (Erläuterungen und Formulierungsmuster bei *Langenfeld/Miras,* GmbH-Vertragspraxis, 7. Aufl. 2015, Rn. 398 ff.). Ausgegliedert wird das von dem Unternehmer als Einzelkaufmann betriebene Unternehmen zur Aufnahme durch eine neu gegründete GmbH, deren Alleingesellschafter der Unternehmer ist. Er kann bei allen erforderlichen Akten mit notariell beglaubigter Vollmacht vertreten werden. Der Gesamtvorgang wird notariell beurkundet und zu den Handelsregistern angemeldet. Außer der Erstellung einer Bilanz sind keine weiteren Formalitäten erforderlich.

(5) Stimmrechtsvollmacht. In den Fällen, in denen der Unternehmer Mitgesellschafter etwa einer GmbH ist, kann sich die Erteilung einer Stimmrechtsvollmacht empfehlen. Nach § 47 Abs. 3 GmbHG bedarf die Vollmacht der Schriftform. Sonst macht das GmbHG keine Vorgaben. Die Satzung kann jedoch abweichende Regelungen treffen, so zB den Ausschluss der Vertretung, die Vertretung nur durch Gesellschafter, die Vertretung nur durch den Ehegatten usw. Daher ist in jedem Fall die Satzung darauf zu überprüfen, welche Möglichkeiten der Vertretung und welche besonderen Formvorschriften sie vorsieht. Gegebenenfalls ist auf eine entsprechende Änderung der Satzung hinzuwirken, um Stimmrechtsvollmachten als Vorsorgevollmacht zu ermöglichen. Bei Erteilung einer Generalhandlungsvollmacht kann es im Einzelfall zweifelhaft sein, ob und in welchem Umfang die Handlungsvollmacht dazu berechtigt, das Stimmrecht bei Tochtergesellschaften wahrzunehmen, sodass sich (wie im Muster vorgesehen) ausdrückliche Regelungen empfehlen (*Reymann* ZEV 2005, 514 (517)). Zu beachten ist ferner § 181 BGB bei der Erteilung von Stimmrechtsvollmachten.

## 12. Vollmachten mit erbrechtlichem Bezug

**Nachlassvollmacht**
**Verhandelt in . . . . . am . . . . .**
**Vor dem Notar . . . . . ist erschienen . . . . .**
**und erklärt**

**Nachlassvollmacht**

**Hiermit bevollmächtige ich . . . . . (Name, Beruf oder Geburtsdatum des Bevollmächtigten), mich in der Nachlasssache auf Ableben . . . . . (Name, Geburtstag, Todestag des Erblassers), zuletzt wohnhaft . . . . . (Adresse) in jeder rechtlich zulässigen Weise gerichtlich und außergerichtlich zu vertreten. Insbesondere kann der Bevollmächtigte Nachlassgegenstände in Besitz nehmen und über solche verfügen, über die Erbschaft oder Erbteile verfügen und alle Handlungen im Zusammenhang mit der Verwaltung, Teilung oder Veräußerung des Nachlasses oder einzelner Nachlassgegenstände vornehmen.**

**Der Bevollmächtigte ist berechtigt, Untervollmacht zu erteilen, sowie Rechtsgeschäfte mit sich im eigenen Namen oder als Vertreter Dritter abzuschließen. Dem Bevollmächtigten können auf seinen Antrag bis zu fünf Ausfertigungen dieser Urkunde erteilt werden.**

**(Belehrungsvermerke, Urkundenschluss)**

**Vollmacht auf den Todesfall (Postmortale Vollmacht)**

**Der Vermächtnisnehmer wird unwiderruflich unter Befreiung von den Beschränkungen des § 181 BGB bevollmächtigt, das ihm vermachte Grundstück . . . . . auf sich selbst aufzulassen sowie alle hierzu erforderlichen Erklärungen, die zur Durchführung des Vermächtnisses notwendig sind, auch im Namen der Erben abzugeben.**

*Schrifttum: Amann,* Die Reichweite transmortaler und postmortaler Vollmachten unabhängig von Erbfolge und Testamentsvollstreckung, MittBayNot 2013, 367; *Glenk,* Grauzone trans- und postmortale Vollmachten? Praktische Überlegungen und Beurkundungshinweise, NotBZ 2017, 364 und 407 (Teile I und II); *Herrler,* Trans-/Postmortale Vollmacht für den Alleinerben, NotBZ 2013, 454; *Herrler,* Werlostigkeit einer trans- zw. postmortalen Vollmacht für den Alleinerben?, DNotZ 2017, 508; Joachim/Lange, Trans- und postmortale Vollmachten als Mittel der Nachlassabwicklung, ZEV 2019, 62; *Lutz,* Die Trans- oder Postmortale Vollmacht im Fall der Alleinerbenstellung des Bevollmächtigten, BWNotZ 2013, 171; *Mensch,* Generalvollmacht für den Alleinerben – zwischen Konfusion und Schutz des Rechtsverkehrs, ZNotP 2013, 171; *Papenmeier,* Transmortale und postmortale Vollmachten als Gestaltungsmittel, 2013; *Sagmeister,* Pflichtteilsrechtliche und erbschaftsteuerliche Probleme bei trans-/postmortalen Vollmachten, MittBayNot 2013, 107; *Seif,* Die postmortale Vollmacht, AcP 200 (2000), 192; *Weidlich,* Grundstücksverfügungen mittels Vollmachten über den Tod hinaus, ZEV 2016, 57; *Zimmer,* Vorsorgevollmachten im Erbrecht, ZEV 2013, 307.

## Anmerkungen

**1. Nachlassvollmacht.** Die Nachlassvollmacht ist gegenständlich auf den durch die Person des Erblassers definierten Nachlass beschränkt, in diesem Bereich aber umfassend. Sie empfiehlt sich, wenn der Erbe aus tatsächlichen Gründen nicht in der Lage ist, seine Rechte und Pflichten selbst wahrzunehmen. Sie setzt besonderes Vertrauen zum Bevollmächtigten voraus. Bei der Formulierung ist zu beachten: Wird die Nachlassvollmacht auf die Nachlassabwicklung bzgl. eines Grundstücks beschränkt, so muss, wenn es verkauft werden soll, ausdrücklich die Befugnis zur Belastung mit gem. § 800 ZPO vollstreckbaren Grundpfandrechten erwähnt werden; bei allgemeinen Nachlassvollmachten ist dies wie bei Generalvollmachten mE nicht nötig.

**2. Vollmacht auf den Todesfall.** Diese Vollmacht soll als sog. postmortale Vollmacht erst mit dem Tod des Vollmachtgebers wirksam werden. In notariellen Testamenten bildet sie eine Alternative zur Testamentsvollstreckung, um dem Vermächtnisnehmer die Vermächtniserfüllung zu erleichtern. Der Vermächtnisnehmer insbesondere des Grundstücks- oder Nießbrauchsvermächtnisses wird auf den Tod des Erblassers bevollmächtigt, sich das Grundstück selbst aufzulassen oder sich das vermachte dingliche Recht selbst zu bestellen. Der Zugang der Vollmacht ist durch die Bekanntgabevorschriften der §§ 2260, 2262 BGB sichergestellt (OLG Köln MittRhNotK 1992, 88). Die Zulässigkeit der postmortalen Vollmacht steht im deutschen Recht außer Streit (BGH NJW 1969, 1245; BayObLG FamRZ 1990, 98; OLG Köln MittRhNotK 1992, 88; BGH NJW 1995, 250). Im nicht deutschsprachigen Ausland ist sie weitgehend unbekannt und wird daher regelmäßig nicht anerkannt.Teilweise wird aber die Möglichkeit der Unwiderruflichkeit in Frage gestellt (*Krampe* ZEV 1995, 189; *Schultz* NJW 1995, 3345; *Trapp* ZEV 1995, 314). Dies ist unbegründet, da die Vollmacht vom Erblasser zu Lebzeiten testamentarisch wieder aufgehoben werden kann und nach seinem Tod im Verhältnis zu den Erben lediglich dem Interesse des Bevollmächtigten dient (zu diesem Erfordernis BGH DNotZ 1972, 229; NJW-RR 1991, 439 (441)). Der Nachweis der Vollmacht gegenüber dem Grundbuchamt wird durch die Vorlage der vom Nachlassgericht mit Eröffnungsprotokoll versehenen beglaubigten Abschrift des eröffneten notariellen Testaments erbracht. Die postmortale Vollmacht hat den Vorteil, dass die Handlungsfähigkeit zwischen Erbfall und Vorliegen des Erbnachweises gewährleistet ist. Ist sie allerdings im Testament enthalten, so kann wohl auch die Vollmacht erst nach Eröffnung des Testaments nachgewiesen werden. Sinnvoller erscheint daher die Erteilung in gesonderter Urkunde. Eine postmortale Vollmacht behält auch dann ihre Gültigkeit, wenn Testamentsvollstreckung angeordnet ist (OLG München MittBayNot 2013, 230). Auch der Testamentsvollstrecker selbst soll zur Erteilung einer Generalvollmacht berechtigt sein, KG DNotZ 2019, 304.

**3. Erlöschen bei Alleinerbenstellung?** Richtigerweise ist nicht vom Erlöschen der Vollmacht auszugehen, wenn der Bevollmächtigte zugleich Alleinerbe wird.

## 13. Allgemeine Vollmachten im Gesellschaftsrecht

### a) Stimmrechtsvollmacht

Ich, der unterzeichnete ..... (Name, Beruf, Adresse des Vollmachtgebers) bin mit einem Geschäftsanteil von EUR ..... Gesellschafter der ..... GmbH mit dem Sitz in ..... Ich bevollmächtige hiermit ..... (Name, Beruf, Adresse des Bevollmächtigten), mich in der Gesellschafterversammlung vom ..... zu vertreten und in ihr meine Gesellschafterrechte einschließlich des Stimmrechts wahrzunehmen. Ich erteile Befreiung von § 181 BGB.
(Ort, Datum, Unterschrift)

### b) Registervollmacht

Ich, der unterzeichnete ..... (Name, Beruf oder Geburtsdatum, Adresse) bin Kommanditist der Kommanditgesellschaft unter der Firma ..... mit dem Sitz in ....., derzeit eingetragen im Handelsregister A ..... des Amtsgerichts ..... Ich bevollmächtige hiermit ..... (Name, Beruf, Anschrift des Bevollmächtigten), sämtliche diese Kommanditgesellschaft und ihre Gesellschafter einschließlich mich selbst betreffenden Anmeldungen zum Handelsregister für mich vorzunehmen, insbesondere die Anmeldung des Eintritts, Austritts und sonstigen Ausscheidens und Wechsels von Gesellschaftern und die Anmeldung der Veränderung der Haftsummen.
(Ort, Datum, Unterschrift, notarielle Unterschriftsbeglaubigung)

### c) GmbH-Gründungsvollmacht

Ich, der unterzeichnende .....

– nachstehend jeweils als Vollmachtgeber bezeichnet –

erteile hiermit .....

– nachstehend als Bevollmächtigter bezeichnet –,

und zwar jedem für sich allein,
Vollmacht, mich bei der Gründung und späteren Änderung des Gründungsvertrages einer Gesellschaft mit beschränkter Haftung uneingeschränkt zu vertreten, soweit eine Stellvertretung gesetzlich zulässig ist.
Betroffen ist die zu gründende Gesellschaft
unter der Firma .....
mit dem Sitz in .....
mit einem Stammkapital von Euro .....
Der Bevollmächtigte ist insbesondere, demgemäß nicht ausschließlich sondern beispielhaft berechtigt, in meinem Namen und für meine Rechnung folgende Rechtshandlungen vorzunehmen und Erklärungen abzugeben:

- Teilnahme am Gründungsakt- Festlegung von Gesellschaftsform, Firma, Gegenstand und Sitz, Dauer und Kapital sowie weitere Bestimmungen in Bezug auf die Gesellschaft, insbesondere auch die Mitwirkung an einer etwaigen späteren Kapitalerhöhung nach dem Entstehen der Gesellschaft,
- Teilnahme an der Beschlussfassung über die Bestellung des ersten Geschäftsführers, Aufsichtrates, Vorstandes und weiterer Organe,

- Abgabe der für die Übernahme einer Beteiligung erforderlichen Erklärungen in einer Höhe, die der Bevollmächtigte selbst entscheidet,
- Erbringung dieser Beteiligung, gleich in welcher Form, so wie gesetzlich vorgeschrieben,
- Eingehung von Verpflichtungen hinsichtlich der Erbringung der übernommenen Beteiligung,
- Feststellung des Gesellschaftsvertrages,
- Einräumung von Gesellschaftersonderrechten für die Gründungsgesellschafter,
- Festlegung von Einschränkungen oder der Einschränkbarkeit der Übertragung von Anteilen an der Gesellschaft,
- Erfüllung aller formalen Erfordernisse, insbesondere die Vornahme jedweder Anmeldung und Abgabe jedweder Versicherung, die nicht höchstpersönlich zu erbringen ist.

Die Kosten der Vollmachtserteilung trägt der Vollmachtgeber.

d) Vollmacht zu Übernahme, Veräußerung, Erwerb und Verfügung über Anteile an einer GmbH

Es wird hiermit durch
. . . . .

– als Vollmachtgeber –

an
. . . . .

– als Bevollmächtigter –,

Vollmacht erteilt, den Vollmachtgeber – bis auf Widerruf – beim Abschluss von Verpflichtungs- und Verfügungsverträgen, auch Treuhandverträgen, in Bezug auf gegenwärtige oder künftige Geschäftsanteile oder Teile davon an der nachfolgend bezeichneten Gesellschaft mit beschränkter Haftung uneingeschränkt zu vertreten, soweit eine Stellvertretung gesetzlich zulässig ist. Dies betrifft auch den Erwerb neuer Geschäftsanteile im Rahmen einer Kapitalerhöhung und die Mitwirkung an Nennbetragsveränderungen bestehender Anteile.
Gleich lautende Vollmacht wird auch an
. . . . .
als weiteren gleichberechtigten Vollmachtnehmer
erteilt.
Betroffen ist die Gesellschaft
unter der Firma

. . . . .

mit dem Sitz in

. . . . .

eingetragen beim AG

. . . . .

im Abteilung B des Handelsregisters unter der Nummer

. . . . .

Der Bevollmächtigte ist,

- bei mehreren jeder einzeln und allein,
- unter Befreiung von den Beschränkungen des § 181 BGB (Verbot des Selbstkontrahierens in beiden Alternativen)

oder!

**unter Befreiung von den Beschränkungen des § 181 BGB 2. Alt. (Verbot der Mehrvertretung)**

**insbesondere, demgemäß nicht ausschließlich sondern beispielhaft berechtigt, im Namen des Vollmachtgebers und für seine Rechnung folgende Rechtshandlungen vorzunehmen und Erklärungen abzugeben:**

- **Abgabe und Entgegennahme aller für die Übernahme, Veräußerung und den Erwerb von Geschäftsanteilen – auch mehrerer – geeigneten Erklärungen in einer Höhe, die der Bevollmächtigte selbst entscheidet,**
- **Abgabe von Zustimmungserklärungen zu Verfügungen Dritter über deren Geschäftsanteile,**
- **Beteiligung an der Beschlussfassung der Gesellschafterversammlung über Nennbetragsveränderungen und die Abgabe von Zustimmungserklärungen zu Verfügungen über Geschäftsanteile,**
- **Erbringung der Gegenleistung aufgrund von Verpflichtungsverträgen über solche Beteiligungen, gleich in welcher Form,**
- **Entgegennahme von Leistungen an den Vollmachtgeber und Erteilung von Quittungen,**
- **Eingehung von Verpflichtungen hinsichtlich der Erbringung der übernommenen Beteiligung,**
- **Erfüllung aller formalen Erfordernisse, insbesondere die Vornahme jedweder Anmeldung und Abgabe jedweder Versicherung, die nicht höchstpersönlich zu erbringen ist.**

**Die Kosten der Vollmachtserteilung (Entwurfsfertigung und Beglaubigung) trägt der Vollmachtgeber.**

. . . . ., den . . . . .

## Anmerkungen

1. **Stimmrechtsvollmacht.** Das Stimmrecht kann von der Mitgliedschaft an Personen- und Kapitalgesellschaften nicht abgespalten werden (Abspaltungsverbot, vgl. zB *Scholz/Uwe H. Schneider/Sven H. Schneider/Hohenstatt,* 11. Aufl. 2013, GmbHG § 47 Rn. 20). Wohl aber kann Stimmrechtsvollmacht im Einzelfall erteilt werden. Die unwiderrufliche verdrängende Stimmrechtsvollmacht wiederum verstößt gegen das Abspaltungsverbot (BGHZ 20, 265). Als nicht vom Abspaltungsverbot umfasst und deshalb zulässig wird zunehmend die Ausübung aller Mitgliedschaftsrechte durch Nießbraucher, Testamentsvollstrecker und Treuhänder angesehen (BGHZ 108, 199). Der Bevollmächtigte hat sich im Bereich der GmbH nach § 47 Abs. 3 GmbHG durch schriftliche Vollmacht zu legitimieren (dazu *Scholz/Uwe H. Schneider/Sven H. Schneider/Hohenstatt* GmbHG § 47 Rn. 89). Bei einer Bevollmächtigung zu Gunsten von Mitgesellschaftern wird wohl eine konkludente Befreiung von den Beschränkungen des § 181 BGB vorliegen (vgl. *Baetzgen* RNotZ 2005, 193 (201)). Gleichwohl empfiehlt sich eine ausdrückliche Befreiung.

2. **Registervollmacht.** Anmeldungen zum Handelsregister einer OHG oder KG sind von allen Gesellschaftern in öffentlich beglaubigter Form vorzunehmen (§§ 108, 161 Abs. 2 HGB). Bei Gesellschaften mit vielen örtlich verstreuten Gesellschaftern empfehlen sich deshalb Registervollmachten für die geschäftsführenden Gesellschafter oder die Initiatoren der jeweiligen Publikums-KG. Eine Registervollmacht muss mindestens öffentlich beglaubigt werden (§ 12 Abs. 1 S. 2 HGB). Auf die Handelsregisteranmeldung ist § 181 BGB nicht anwendbar (BayObLGZ 1977, 76 (78)). Nach einer Entscheidung des KG ist die Abfindungsversicherung bei Anmeldung der Sonderrechtsnachfolge höchstpersönlicher Natur (KG NZG 2009, 905), also nicht der Abgabe durch einen Bevollmächtigten zugänglich. Die Begründung des KG, wonach eine falsche Versicherung möglicherweise gemäß § 263 StGB strafbewehrt sei (weil potenzielle Gläubiger von der Geltendmachung

ihrer Ansprüche abgehalten werden könnten), trägt – unabhängig von der Frage, ob tatsächlich die Voraussetzungen eines Betruges vorliegen – die Annahme der Höchstpersönlichkeit nicht. Viel eher könnte zB eine unberechtigte Anmeldung der Herabsetzung der Haftsumme (§ 175 S. 1 HGB) derartige Auswirkungen auch potenzielle Gläubiger haben, ohne dass dies die Annahme rechtfertigt, ein Bevollmächtigter könne dies nicht anmelden (§ 12 Abs. 1 S. 2 HGB; vgl. *Heinze* ZNotP 2013, 245 ff.).

**3. Gründungsvollmacht; Übernahmevollmacht; Form.** Das Gesetz normiert in § 2 Abs. 2 GmbHG ausdrücklich, dass die Gründung durch Bevollmächtigte nur zulässig ist, wenn eine notariell errichtete oder beglaubigte Vollmacht vorliegt; entsprechendes gilt für die Gründung einer Aktiengesellschaft (§ 23 Abs. 1 S. 2 AktG) und einer KGaA (§ 280 Abs. 1 S. 3 AktG), wobei die fehlende Erwähnung der „notariell errichteten" Vollmacht allein auf der Tatsache beruhen dürfte, dass die Terminologie des AktG 1965 moderner ist. § 129 Abs. 2 BGB (Ersatz der Beglaubigung durch notarielle Beurkundung) gilt auch hier. Existiert eine formgerechte Vollmacht nicht, so ist die Vollmacht nichtig (und es liegt nicht bloß ein Vollzugshindernis vor; *J. Mayer* in: MünchKommGmbHG, 2010, § 2 Rn. 72 mwN). Da bei einer Ein-Personen-Gründung eine Vertretung ohne Vertretungsmacht gemäß § 180 S. 1 BGB nicht heilungsfähig ist (MünchKommGmbHG/*Heinze,* § 2 Rn. 74 mwN), kommt auch ein Handeln durch „mündlich Bevollmächtigte" nicht in Betracht (anders hingegen bei Gesellschafterbeschlüssen auch bei Ein-Personen-GmbH, OLG München RNotZ 2011, 53). Kraft Rechtsfortbildung gilt § 2 Abs. 2 GmbHG auch für die Vollmacht zur Übernahmeerklärung gemäß § 55 Abs. 1 GmbHG (KG DR 1940, 504; OLG Neustadt GmbHR 1952, 58; allgemeine Ansicht). Wegen des Verweises des § 197 S. 1 UmwG auf das Gründungsrecht der angestrebten Rechtsform gelten diese Vorschriften nach zutreffender Ansicht auch für Vollmachten bzgl. eines Formwechselbeschlusses in eine GmbH oder eine AG (*Heidinger/Blath* FS Spiegelberger, 2009, 692 (707)).

## 14. Notarielle Vollzugsvollmachten

### a) Vollzugsauftrag und Vollzugsvollmacht an den Notar

**Verkäufer und Käufer ermächtigen und beauftragen den Notar oder seinen Vertreter im Amt, uneingeschränkt alle zu diesem Vertrag erforderlichen privat- und öffentlichrechtlichen Genehmigungen und Zeugnisse sowie Lastenfreistellungserklärungen einzuholen und sonstige behördliche Maßnahmen herbeizuführen und mit Wirkung für und gegen sämtliche Vertragsbeteiligten für diese entgegenzunehmen. Sämtliche Genehmigungen sollen mit ihrem Eingang beim amtierenden Notar als mitgeteilt gelten und rechtswirksam sein. Der amtierende Notar wird auch ermächtigt, etwaige Genehmigungserklärungen den jeweils anderen Beteiligten mitzuteilen. Der Notar wird weiter ermächtigt, alle Anträge zu stellen und Erklärungen abzugeben, die zum grundbuchamtlichen Vollzug dieser Urkunde zweckdienlich sind. Teilvollzug dieser Urkunde ist gestattet, soweit dies der Notar beantragt. Der Notar soll insbesondere auch ermächtigt sein, Rangbestimmungserklärungen hinsichtlich der Urkunde sowie hinsichtlich des Vollzugs und der Eintragung von Grundpfandrechten wegen der Finanzierung des Kaufpreises zu treffen.**

### b) kurze Vollzugsvollmacht an den Notar

**Der Notar wird bevollmächtigt, die Beteiligten im Grundbuchverfahren (Handelsregisterverfahren, Erbscheinsverfahren etc) uneingeschränkt zu vertreten.**

### c) Vollzugsvollmacht an die Mitarbeiter des Notars

Die Beteiligten erteilen jeder für sich unwiderruflich, über den Tod hinaus und unter Befreiung von den Beschränkungen des § 181 BGB den jeweiligen Mitarbeitern des Notars, die dieser selbst namentlich bezeichnen kann und soll, je einzeln Vollmacht, diesen Vertrag abzuändern und zu ergänzen, Eintragungsbewilligungen zum Grundbuch abzugeben, Eintragungsanträge zu stellen, Auflassungen zu erklären und alle Erklärungen abzugeben und entgegenzunehmen, die mit diesem Vertrag, den Nebenurkunden wie Grundpfandrechtsbewilligungen und ihrem Vollzug in Zusammenhang stehen.

Von der Vollmacht kann nur beim beurkundenden Notar oder seinem Vertreter Gebrauch gemacht werden. Sie erlischt mit der Eintragung des Eigentumswechsels auf den Erwerber im Grundbuch.

Die Beteiligten ermächtigen den Notar zu ihrer uneingeschränkten Vertretung bei allen zur Rechtswirksamkeit und zum Grundbuchvollzug dieser Urkunde erforderlichen Erklärungen mittels Eigenurkunde.

### d) Finanzierungsvollmacht (mit Wortlautvorgabe)

Es ist ausschließlich der Käufer dafür verantwortlich, dass der Kaufpreis bei einer (auch teilweisen) Fremdfinanzierung rechtzeitig verfügbar ist. Um ihm dies zu erleichtern, verpflichtet sich der Verkäufer, zur Kaufpreisfinanzierung bei der Bestellung von Grundschulden oder anderen Grundpfandrechten mitzuwirken. Er erteilt dem Erwerber Vollmacht – bei mehreren Erwerbern jedem einzeln –, vollstreckbare (§ 800 ZPO) Grundpfandrechte in beliebiger Höhe und mit beliebigen Nebenleistungen zu bestellen.

Die Vollmacht und die Pflicht zur Mitwirkung bestehen jedoch nur,

- Wenn von der Vollmacht vor dem beurkundenden Notar, seinem Vertreter oder seinem Sozius Gebrauch gemacht wird;
- und wenn die Grundpfandrechtsbestellungsurkunde die nachfolgenden Bestimmungen zu 1 bis 3 im Wortlaut enthält;
- *(nur bei Teilflächenkauf)* ferner, wenn die Grundpfandrechtsbestellungsurkunde die weitere Ziffer 4 im Wortlaut enthält:

1) Sicherungsabrede:

Die Grundpfandrechtsgläubigerin darf das Grundpfandrecht nur insoweit als Sicherheit verwerten oder behalten, als sie tatsächlich Zahlungen mit Tilgungswirkung auf die Kaufpreisschuld des Erwerbers geleistet hat. Alle weiteren Sicherungsabreden gelten erst ab vollständiger Kaufpreiszahlung, spätestens ab Eigentumsumschreibung auf den Erwerber.

2) Zahlungsanweisung

Zahlungen sind entsprechend der Fälligkeitsmitteilung des Notars, im Übrigen auf das Konto des Veräußerers nach dem Kaufvertrag zu leisten.

3) Keine persönliche Zahlungspflicht

Der Verkäufer übernimmt keinerlei persönliche Zahlungspflichten durch die Grundpfandrechtsbestellung; er übernimmt auch keine Kosten.

4) *(nur bei Teilflächenkauf)* Freigabepflicht bei Teilflächenkauf

Die Gläubigerin verpflichtet sich, unverzüglich nach Vermessung den nicht mitverkauften Grundstücksteil Aufl.nfrei freizugeben, vor Vollzug der Vermessung nicht die Versteigerung in den nicht betroffenen Grundstücksteil zu betreiben und im Fall der Übertragung der Grundschuld diese Verpflichtung eventuellen Rechtsnachfolgern aufzuerlegen.

**Alle Rückgewähransprüche und Eigentümerrechte hinsichtlich des Grundpfandrechts tritt der Verkäufer mit Wirkung ab Kaufpreiszahlung, spätestens ab Eigentumsumschreibung an den Erwerber ab – bei mehreren entsprechend des Erwerbsverhältnisses am Grundstück – und bewilligt die entsprechende Grundbucheintragung.**
***(bei mehreren Käufern)* Jeder der Käufer ist einzeln bevollmächtigt, für alle Beteiligten zugleich zu handeln und für jeden der Käufer als Gesamtschuldner Schuldanerkenntnisse in beliebiger Höhe abzugeben und ihn persönlich der sofortigen Zwangsvollstreckung zu unterwerfen.**

d) Finanzierungsvollmacht ohne Wortlautvorgabe

**Der Verkäufer bevollmächtigt den Käufer, auch vor Eigentumsumschreibung gemäß § 800 ZPO vollstreckbare Grundpfandrechte in beliebiger Höhe mit Zinsen und Nebenleistungen zur Eintragung in das Grundbuch vor dem beurkundenden Notar oder seinem Sozius zu bewilligen und zu beantragen. Die Vollmacht wird insoweit eingeschränkt, als der Verkäufer keine persönliche Haftung gegenüber den Gläubigern übernimmt und die Grundpfandrechte bis zur vollständigen Kaufpreiszahlung nur zur Sicherung des finanzierten und tatsächlich an den Verkäufer ausgezahlten Kaufpreises dienen. Gegenüber dem Grundbuchamt gilt die Vollmacht unbedingt und unbeschränkt.**
**Der Käufer ist bevollmächtigt, Rangänderungen im Grundbuch zu bewilligen und zu beantragen.**
**Der Käufer weist die Gläubiger unwiderruflich an, das Darlehen mit Tilgungsbestimmung für die Kaufpreisschuld des Käufers gemäß den Bestimmungen dieses Kaufvertrages auszuzahlen.**
**Alle Rückgewähransprüche und Eigentümerrechte hinsichtlich des Grundpfandrechts tritt der Verkäufer mit Wirkung ab Kaufpreiszahlung, spätestens ab Eigentumsumschreibung an den Erwerber ab – bei mehreren entsprechend des Erwerbsverhältnisses am Grundstück – und bewilligt die entsprechende Grundbucheintragung.**
***(bei mehreren Käufern)* Jeder der Käufer ist einzeln bevollmächtigt, für alle Beteiligten zugleich zu handeln und für jeden der Käufer als Gesamtschuldner Schuldanerkenntnisse in beliebiger Höhe abzugeben und ihn persönlich der sofortigen Zwangsvollstreckung zu unterwerfen.**

*Schrifttum: Vollzugsvollmachten: Dieterle,* Erteilung von Vollzugsvollmachten in notariellen Urkunden, BWNotZ 1991, 172; *Gergaut,* Neues zur „Angestelltenvollmacht", NotBZ 2012, 125; *Grein,* Vollzugstätigkeiten des Notars, RNotZ 2004, 115.

*Schrifttum: Finanzierungvollmacht/Belastungsvollmacht: Keim,* Der unwirksame Darlehensvertrag – Gefahr für den Verkäufer bei Kaufpreisabwicklung mittels Finanzierungsvollmacht?, DNotZ 2009, 245; DNotI-Report 2005, 177, Bindung einer Finanzierungsvollmacht an eine Notarstelle; *Schramm,* Grundprobleme der Kaufpreisfinanzierungsvollmacht, ZNotP 1998, 363; *Schilling,* Ein Risiko der Direktzahlungsmethode bei partieller Fremdfinanzierung, ZNotP 2009, 138; *Reymann,* Belastungsvollmacht und partielle Fremdfinanzierung, MittBayNot 2008, 272; *Fahl,* Zur vormundschaftlichen Genehmigung einer Finanzierungsgrundschuld, wenn der Grundschuldbetrag den Kaufpreis übersteigt, MittBayNot 2007, 220; *Braun,* Die vormundschaftsgerichtliche Genehmigung in Ausübung einer Belastungsvollmacht, DNotZ 2005, 730; *Tröder,* Grundfragen der Finanzierungsvollmacht, DNotZ 1984, 350.

## Anmerkungen

**1. Vollzugsvollmachten.** Vollmachten für den im Bereich des Notars verbleibenden Urkundenvollzug, insbesondere Vollmachten an die Mitarbeiter des Notars, sind praxishäufig und grundsätzlich empfehlenswert. Allerdings ist die systematische Beurkundung mit Angestellten (ohne persönliches Erscheinen der materiell Beteiligten) eine Form des Beurkundungsverfahrens, die die Einhaltung der Pflichten nach § 17 Abs. 1 und 2 BeurkG in Frage stellen kann. Solche Vollmachten erleichtern den Vollzug, ersparen den Beteiligten weitere Notartermine und ermöglichen dem Notar die Korrektur von Fehlern und Versäumnissen sowie die Vollzugssteuerung. Im Hintergrund steht immer die Überwachung des Urkundenvollzugs durch den beurkundenden Notar. Dieser, nicht seine Mitarbeiter, hat die Verantwortung für die kraft Vollzugsvollmacht abgegebenen Erklärungen. Er hat in Zweifelsfällen die Weisungen oder das Einverständnis der Beteiligten einzuholen, bevor er von der Vollmacht Gebrauch machen lässt.

Im eigenen Haftungsinteresse hat er darauf zu achten, dass er nur Vollzugs- oder Überwachungsaufgaben übernimmt, denen er nachkommen kann, und dass hinsichtlich der Effizienz der möglichen notariellen Überwachung keine nicht erfüllbaren Erwartungen entstehen können.

**2. Vollzugsauftrag und Vollzugsvollmacht.** Einen so umfassenden Vollzugsauftrag wie im ersten Formular mit Finanzierungsvollmacht an die Mitarbeiter sollte der Notar nur dann übernehmen, wenn er aus laufender Beurkundungstätigkeit die Verhältnisse mindestens einer Vertragspartei, etwa des veräußernden Bauträgers, kennt oder mit genügender Sicherheit einschätzen kann.

Die Formulierung des Vollzugsauftrags stellt klar, dass der Notar Adressat aller noch erforderlicher Handlungen und Erklärungen Dritter sein kann. Ein nicht so spezifisch gefasster Vollzugsauftrag löst diese Wirkung im Zweifel nicht aus. Das OLG Köln (OLG Köln NJW 1995, 1499) hatte entschieden, dass ein Notar, der aufgrund einer ihm im Kaufvertrag erteilten Vollzugsvollmacht die Genehmigung des vollmachtlosen Vertreters einholt, die Rechtswirkungen des § 177 Abs. 2 BGB auslöst. Diese Auffassung ist auf Kritik gestoßen (*Holthausen-Dux* NJW 1995, 1470; dagegen wiederum *Prahl* NJW 1995, 2968). Das OLG Naumburg hatte vor dem Beschluss des OLG Köln die gegenteilige Auffassung vertreten (OLG Naumburg MittRhNotK 1994, 315). Die hiergegen eingelegte Revision wurde vom BGH (DNotI-Report 1995, 26) mangels Aussicht auf Erfolg nicht angenommen, so dass davon ausgegangen werden kann, dass die Entscheidung des OLG Köln überholt ist.

**2a. Auslegung der Vollzugsvollmacht; Grundbuchverfahren** Die Rechtsprechung legt Vollzugsvollmachten im Zweifel eng aus (BayObLG MittBayNot 1996, 287 = MittRhNotK 1996, 218). Sie müssen deshalb inhaltlich weit gefasst sein, wenn sie praxistauglich sein sollen. Dieser weite Vollzugsumfang, insbesondere hinsichtlich etwaiger Vertragsänderungen, ist nur vertretbar, wenn die Vollmacht in ihrer Wirksamkeit auf Erklärungen vor dem beurkundenden Notar beschränkt wird und bei Grundbuchvollzug erlischt. In der Rechtsprechung bewährt hat sich insbesondere die kurze Formulierung, wonach der Notar zur uneingeschränkten Vertretung bevollmächtigt wird. Eine solche Vollmacht berechtigt sogar zur Löschung der zu Gunsten des Käufers eingetragenen Vormerkung (OLG Jena MittBayNot 2003, 298) und wird auch im Übrigen von der Rechtsprechung umfassend verstanden (OLG Düsseldorf RNotZ 2012, 562: „uneingeschränkte Vertretung“ umfasst auch Einschränkungen der von den Beteiligten abgegebenen Bewilligungen). Die Vollmachtsvermutung gemäß § 15 Abs. 2 BNotO berechtigt den Notar allein nicht zur Abänderung von Eintragungsbewilligungen, ebenso wenig zu zu Rangbestimmungen (§ 45 Abs. 3 GBO), zur Bezeichnung eines Grundstücks gemäß

§ 28 GBO oder zur Ergänzung des Berechtigungsverhältnisses gemäß § 47 Abs. 1 GBO (*Grein* RNotZ 2004, 115 (120)). Ist bzgl. der Hauptvollmacht eine zeitliche Beschränkung angeordnet, so kann die Auslegung gleichwohl ergeben, dass diese Beschränkung bzgl. einer Untervollmacht (insbesondere einer Vollzugsvollmacht) nicht gelten soll (OLG München 29.5.2015 – 34 Wx 152/15).

**2b. Vollzugsvollmacht und Handelsregisterverfahren** Im Handelsregisterverfahren geltend die vorstehend aufgeführten Grundsätze entsprechend. Am besten wird auch hier der Notar zur uneingeschränkten Vertretung im Handelsregisterverfahren bevollmächtigt. Da allerdings der Eintragungsantrag gleichzusetzen ist mit der Handelsregisteranmeldung (es also nicht denselben funktionellen Unterschied gibt wie zwischen Antrag und Eintragungsbewilligung im Grundbuchverfahren), reicht § 378 Abs. 2 FamFG weiter. Die Norm gilt auch dann, wenn der Notar, wie regelmäßig, lediglich die Handelsregisteranmeldung beglaubigt hat, was der Regelfall sein dürfte (BayOblGZ 1959, 195 (197)). Hat der Notar zB einen Satzungsänderungsbeschluss beurkundet, so ist er gemäß § 378 Abs. 2 FamFG auch berechtigt, die Eintragung in das Handelsregister zu beantragen (OLG Oldenburg FGPrax 2011, 311). Jedoch umfasst die vermutete Vollmacht nach § 378 Abs. 2 FamFG keine Befugnis zur inhaltlichen Änderung einer bereits vorgelegten Anmeldung (KG KGJ 31 A, 220, 221 zu § 129 FGG aF).

**2c. Unterschiede zwischen Notarvollmacht und Mitarbeitervollmacht.** Soweit der Notar eine auf sich lautende Vollmacht beurkundet, sind die Grenzen der §§ 6, 7 BeurkG zu beachten. Der nach § 7 Nr. 1 BeurkG verbotene rechtliche Vorteil besteht in jeder Verbesserung der Rechtsposition durch die Einräumung vorher nicht bestehender Rechte oder die Verminderung bestehender Verpflichtungen (BGH DNotZ 2013, 149 (150) zur Testamentsvollstreckerernennung des Notars). Eine Vollmacht an den Notar begründet im Ausgangspunkt einen rechtlichen Vorteil gemäß § 7 Nr. 1 BeurkG und ist damit unwirksam (*Winkler,* BeurkG, 17. Aufl. 2013, § 7 Rn. 8 mwN). Nicht erfasst hiervon sind jedoch Vollmachten, die dem Notar zur Vorbereitung oder Durchführung von Amtsgeschäften erteilt werden (*Dieterle* BWNotZ 1991, 171 (175)); hierbei handele es sich um „originäre Amtsgeschäfte" des Notars. In der Tat kommt auch im Gesetz zum Ausdruck, dass der Notar im Namen der Beteiligten im Grundbuchverfahren (§ 15 Abs. 2 GBO) und im Handelsregisterverfahren (§ 378 Abs. 2 FamFG) tätig werden kann. Kraft Rechtsfortbildung ist anerkannt, dass Vollmachten zur Abgabe von Verfahrenserklärungen durch den Notar zulässig sind (Eintragungsbewilligungen; Eintragungsanträge; Handelsregisteranmeldungen). Nach allgemeiner Ansicht gilt § 181 BGB nicht bei der Abgabe von Verfahrenserklärungen (vgl. hierzu zB BayObLGZ 1977, 76 (78)). Freilich muss dieser zuletzt genannte Grundsatz mit Vorsicht gehandhabt werden: Im Grundbuchverfahren hat der BGH § 181 BGB auch auf die verfahrensrechtliche Eintragungsbewilligung in Fällen angewendet, in denen die zu Grunde liegende materiell-rechtliche Erklärung auch gegenüber dem Vertreter hätte abgegeben werden können (§ 875 Abs. 1 S. 2 BGB; BGH NJW 1980, 1577; ähnlich OLG München RNotZ 2012, 506 mAnm der Schriftleitung).

**3. Finanzierungsvollmacht.** Im notariellen Vertrag über die Veräußerung von Grundbesitz hat sich der Verkäufer verpflichtet, an der Bestellung von Finanzierungsgrundpfandrechten durch den Erwerber **im Wege der „echten Vorwegbeleihung"** mitzuwirken, weil dem Käufer nicht hinreichend Eigenmittel zur Verfügung stehen.

**3a. Verpflichtung des Verkäufers zur Mitwirkung.** Häufig enthält der Veräußerungsvertrag dann eine notariell zu überwachende Vollmacht des Verkäufers, die den Erwerber in die Lage versetzt, die Finanzierungsgrundpfandrechte vor der Umschreibung des Eigentums im Grundbuch zu bestellen. Die schuldrechtlich bindende Mitwirkungspflicht ist im Veräußerungsvertrag ausdrücklich zu begründen, damit bei Fehlen der Mitwirkung oder Widerruf einer etwa erteilten Vollmacht dem Käufer eine Einrede gegen den Kaufpreisanspruch zusteht. Sie sollte nicht auf die abstrakte Vollmachtserteilung beschränkt werden. Fehlt die Vereinbarung einer Mitwirkungsverpflichtung im Erwerbsvertrag, ist die Mitwirkung durch den Verkäufer freiwillig. Zur Absicherung des Zahlungsflusses, insbesondere bei der Ablösung von Pfandrechten, sind zusätzlich die erforderlichen Erklärungen – spiegelbildlich – in die Pfandrechtsbestellungsurkunde aufzunehmen. Die Mitwirkungspflicht kann – beim Teilflächenkauf oder dem Kauf des Teils einer Einheit – auch auf die nicht verkauften Grundstücksteile erstreckt, der Verkäufer durch eine von der Bank zu bewilligende Freigabevormerkung bei diesem Pfandrecht gesichert werden.

**3b. Höhenmäßige Beschränkung.** Die Finanzierungsvollmacht muss Gegenstand und Umfang der Bevollmächtigung präzise bezeichnen. Zwar berechtigt eine Vollmacht, durch die der Veräußerer eines Grundstücks den Erwerber ermächtigt, ihn „bei der Bestellung solcher Grundpfandrechte umfassend zu vertreten", wobei über Betrag und Bedingungen nichts gesagt war, aber die Vollmacht an den beurkundenden Notar gebunden war, nach einem Beschluss des BayObLG (BayObLG DNotZ 1996, 295) zur Bestellung von Grundschulden in unbeschränkter Höhe. Ob die Festlegung einer Obergrenze geboten ist, sollte im Einzelfall entschieden werden; problematisch kann dies zB beim Verkauf von Bauland sein, wo die Darlehensaufnahme den Kaufpreis um ein Vielfaches überschreitet. Ohne eine höhenmäßige Beschränkung erhöht sich demgegenüber das Risiko des Verkäufers, bei Scheitern der Vertragsdurchführung die Löschungskosten im Grundbuchverfahren tragen zu müssen. Keineswegs rechtlich geboten ist es, in den Fällen der Genehmigungsbedürftigkeit gemäß § 1821 BGB den Belastungsumfang lediglich bis zum Kaufpreis festzusetzen, jedenfalls dann nicht, wenn gewährleistet ist, dass der Verkäufer bzgl. der Differenz der Löschungskosten (im Vergleich zu einer auf den Kaufpreis beschränkten Finanzierungsvollmacht) nicht belastet wird (zB durch Starksagung durch den Notar, vgl. LG Nürnberg-Fürth MittBayNot 2007, 218 mAnm *Fahl*).

**3c. Vollstreckungsunterwerfung.** Ausdrücklich ist in der Finanzierungsvollmacht die Befugnis vorzusehen, den Grundbesitz der sofortigen Zwangsvollstreckung zu unterwerfen bzw. ein abstraktes Schuldanerkenntnis abzugeben und den Käufer diesbezüglich der sofortigen Zwangsvollstreckung in sein gesamtes Vermögen zu unterwerfen (OLG Düsseldorf Rpfleger 1988, 357).

**3d. Persönliche Haftungsübernahme.** Nach Entscheidungen der OLG Düsseldorf und Hamm (DNotI-Report 1995, 161 (163)) stellt sich die an sich formularmäßig zulässige persönliche Haftungsübernahme in Grundschuldbestellungsurkunden als überraschende Klausel (§ 3 AGBG) dar, wenn nicht bereits bei der Vollmachtserteilung der Notar ausführlich über die Bedeutung der persönlichen Haftungsübernahme mit Zwangsvollstreckungsunterwerfung belehrt hat. Sollte in Ausnahmefällen und im Einverständnis bzw. auf Wunsch des Erwerbers eine derartige Vollmacht aufgenommen werden, empfiehlt sich bis zur endgültigen Klärung dieser Rechtsfrage ein fürsorglicher Belehrungsvermerk in der Urkunde.

**3e. Bindung an eine Notarstelle.** Die Bindung der Finanzierungsvollmacht einer Vertragspartei an die andere in der Weise, dass von der Vollmacht nur beim beurkundenden Notar Gebrauch gemacht werden kann (sog. „überwachbare Vollmacht", vgl. DNotI-Report 1996, 109) ist zulässig und zweckmäßig (*Amann* MittBayNot 1996, 420). Insbesondere ist sie nicht standeswidrig (*Wilke* MittBayNot 1996, 260). Sie dient nicht nur der notariellen Überwachung (zu deren Grenzen *Wolfsteiner* MittBayNot 1996, 356), sondern ermöglicht es auch dem Vollmachtgeber, sich jederzeit beim beurkundenden Notar zu vergewissern, wieweit die Vollmacht bereits ausgenützt ist. Für das Grundbuchamt ist die Einhaltung der Beschränkung ohne Weiteres nachprüfbar.

**3f. Sicherungszweckerklärung/Sicherungsabrede.** Als Besonderheit bei der echten Vorwegbeleihung gilt, dass die Möglichkeit des Grundpfandrechtsgläubigers, das Grundpfandrecht als Sicherheit zu verwerten, vorübergehend beschränkt wird. Dies ist im Interesse und zum Schutz des Verkäufers notwendig, weil dieser nur in seiner Eigenschaft als Noch-Eigentümer an der Bestellung des Grundpfandrechts mitwirkt, um dem Erwerber die Finanzierung des Kaufpreises zu ermöglichen. Die Einschränkung der Sicherungsabrede ist auch deshalb geboten, weil nach der Rechtsprechung des BGH (NJW 1989, 1732) im Zweifel der Darlehensnehmer (und damit der Käufer) Gläubiger des Rückgewähranspruchs ist (was die Sicherungsinteressen des Verkäufers erheblich gefährden würde). Damit der Verkäufer dabei nicht unvertretbare Risiken eingeht, wird die Möglichkeit des Gläubigers, das Grundpfandrecht als Sicherheit zu verwerten oder zu behalten, auf diejenigen Zahlungen beschränkt, die mit Tilgungswirkung **auf den Kaufpreis** geleistet wurden. Vorübergehend sind also zB Zinsen, Bearbeitungsgebühren und sonstige Auszahlungen, etwa für Investitionen oder Erwerbsnebenkosten, durch die Sicherungsgrundschuld nicht abgesichert. Hinsichtlich solcher Ansprüche kann der Gläubiger auf der Grundlage des üblicherweise in der Grundschuldbestellungsurkunde enthaltenen abstrakten Schuldanerkenntnisses mit persönlicher Zwangvollstreckungsunterwerfung nur Befriedigung aus dem sonstigen Vermögen des Erwerbers suchen. Diese Einschränkung der Sicherungszweckerklärung/Sicherungsabrede hat ihren Zweck erst dann erfüllt, wenn der Kaufpreis und die vom Erwerber zu tragende Grunderwerbsteuer, für die der Veräußerer kraft Gesetzes mit haftet, vollständig gezahlt ist. Ab diesem Zeitpunkt, regelmäßig spätestens ab Eigentumsumschreibung, gelten alle weiteren Zweckbestimmungserklärungen, Sicherungs- und Verwertungsvereinbarungen uneingeschränkt, und zwar für und gegen den Erwerber als neuen Sicherungsgeber. Da die Zahlung meist vor der Eigentumsumschreibung liegt, sollte der Erwerber ab diesem Zeitpunkt als Bevollmächtigter des Eigentümers auf die Zweckbestimmung für das Pfandrecht vereinbaren können. Um den Verkäufer vor dem Risiko zu schützen, dass der Käufer einen Eigenkapitalanteil nicht aufbringt, kann die Sicherungsabrede zusätzlich dadurch eingeschränkt werden, dass der Bank das Behaltendürfen/Verwerten erst dann gestattet ist, wenn der Kaufpreis vollständig gezahlt ist (*Reymann* MittBayNot 2008, 272 (274); *Schilling* ZNotP 2009, 138 (139) schlägt demgegenüber die Einschaltung eines Notaranderkontos vor).

In technischer Hinsicht kann die Bindung des finanzierenden Kreditinstituts grds. auf zwei Wegen verwirklicht werden. Entscheidende Weichenstellung ist die Frage, ob die Vollmacht im Außenverhältnis inhaltlich unbeschränkt sein soll (Muster f) oder Beschränkungen unterliegen soll (Muster e). Wird die inhaltliche Einschränkung gewählt, so müssen die Bedingungen, unter denen die Vollmacht wirksam wird, in grundbuchtauglicher Form nachgewiesen werden können. Dies geschieht dadurch, dass die Wiedergabe eines bestimmten Wortlautes in der Grundschuldbestellungsurkunde verlangt wird. Die Einhaltung dieser Bedingung kann – ebenso wie die Bindung an eine Notarstelle – ohne weiteres in der Form des § 29 Abs. 1 S. 2 GBO nachgewiesen werden. Die inhaltliche Beschränkung der Finanzierungsvollmacht führt dazu, dass das Risiko einer Grundschuldbestellung ohne entsprechend beschränkte Sicherungsvereinbarung ausgeschlossen ist: Würde zB versehentlich eine Grundschuldbestellung ohne diese Formulierungen vorgenommen, so wäre die Eintragungsbewilligung unwirksam; das Grundbuchamt müsste die Eintragung einer solchen Grundschuld in Ermangelung einer wirksamen Bewilligung verweigern (*Amann* MittBayNot 1996, 420). Dies ist gewiss ein besonders sicherer Weg, weil auf diese Weise gewährleistet ist, dass das Grundbuchamt schon die Eintragung der Grundschuld verhindert, wenn die Vorgaben nicht eingehalten werden. Die Einschränkung der Vollmacht in sachlicher Hinsicht (ohne Wortlautwiedergabe in der Grundschuld) hätte hingegen ggf. zur Folge, dass die (zulässigerweise bedingte) Einigung gemäß § 873 Abs. 1 BGB über die Entstehung des Rechts nicht zu Stande käme;

es bestünde allerdings die Gefahr, dass das gleichwohl eingetragene Grundpfandrecht zB nachträglich gutgläubig erworben könnte. Dieses Risiko dürfte jedenfalls bei Banken und Sparkassen, für die das KWG gilt, ebenso begrenzt sein wie das Risiko, dass der Rückgewähranspruch gegen die Bank im Fall des Scheiterns des Kaufvertrages womöglich nicht durchsetzbar ist. Soll hingegen von einer Finanzierungsvollmacht zu Gunsten eines privaten Geldgebers Gebrauch gemacht werden, so dürften darüber hinaus zB noch Vorkehrungen erforderlich sein, um den Rückgewähranspruch des Verkäufers bis zur vollständigen Kaufpreiszahlung zu sichern (zB durch eine entsprechende Löschungsvormerkung bei der Grundschuld; vgl. *Everts* in Beck'sches Notarhandbuch, 6. Aufl. 2015, A Rn. 122). Bei ausländischen Kreditinstituten sollte eine Rechtswahlvereinbarung zu Gunsten des deutschen Rechts und eine Gerichtsstandsklausel erwogen werden (DNotI-Report 2005, 97).

**3g. Zahlungsanweisung/Abtretung der Auszahlungsansprüche bzgl. des Darlehens.** Häufig wurde zum weiteren Schutz des Verkäufers vorgesehen, dass der Käufer seine Ansprüche auf Auszahlung des ihm gewährten Darlehens an den Verkäufer abtritt. Eine solche Abtretung kann allerdings dazu führen, dass bei Unwirksamkeit des Darlehensvertrages der Verkäufer als Zessionar als Bereicherungsschuldner der Darlehensgläubigerin in Anspruch genommen wird (BGH DNotZ 2008, 923). Um dies zu vermeiden, wird empfohlen auf die Abtretung der Darlehensauszahlungsansprüche zu verzichten (*Keim* DNotZ 2009, 245 (251)). Hinzu kommt, dass die Abtretung der Darlehensauszahlungsansprüche gemäß der AGB der Kreditinstitute regelmäßig nur mit Zustimmung des Darlehensgebers wirksam wird. Schließlich ist die Abtretung der Darlehensauszahlungsansprüche in der Grundschuldbestellungsurkunde gegenstandsverschieden zur Grundschuldbestellung, sodass die Abtretung (wenn überhaupt) im Kaufvertrag vorgenommen werden sollte (Streifzug durch das GNotKG, 12. Aufl. 2017, Rn. 1507, 1509). Angesichts dessen erscheint es vorzugswürdig, auf die Abtretung insgesamt zu verzichten, da sie jedenfalls keine Vorteile bietet, aber mit Nachteilen verbunden sein kann. Daher sollte man es bei einer Zahlungsanweisung belassen.

**4. Kosten beim Notar.** Durch die Mitwirkung des Verkäufers bei der Bestellung des Grundpfandrechts entstehen keine zusätzlichen Kosten, wenn die erforderlichen Erklärungen zur Sicherung des Verkäufers und seiner Gläubiger, insbesondere die Abtretungen bereits im Erwerbsvertrag enthalten sind und die Höhe der zu bestellenden Pfandrechte den Kaufpreis nicht übersteigt. Es bleibt bei den Kosten, die durch die Beurkundung der Grundpfandrechtsbestellung ohnehin anfallen.

## 15. Internationale Vollmachten

### (Hinweise)

Das Europäische Komitee der Internationalen Union des Lateinischen Notariats hatte Vollmachtsformulare zum Abschluss bestimmter Rechtsgeschäfte mit dem Ziel entwickelt, dass sie in den ursprünglichen Mitgliedstaaten der EWG gleichermaßen verwendet werden konnten (vgl. DNotZ 1964, 672 ff.; 1967, 545 ff.). Diese Formulare waren so gefasst, dass sie nach der Auffassung der Notarorganisationen der ursprünglichen sechs Mitgliedstaaten den Vorschriften des Internationalen Privatrechts und des materiellen bürgerlichen Rechts jedes dieser Staaten entsprachen.

Die Vollmachten sind von der Kommission inzwischen überarbeitet und in dem Band: Union Internationale du Notariat Latin, Commission des Affaires Européennes, Texte Uniforme de Procurations, Mailand, 1981 veröffentlicht worden (vgl. auch DNotZ 1982, 137 f.). Es besteht ein erhebliches praktisches Bedürfnis nach einer Überarbeitung, gerade auch angesichts der Rechtsentwicklung im Bereich der General- und Vorsorgevollmachten. Halbwegs aktuelle Erläuterungen finden sich in *Lipp*, Handbuch der Vorsorgeverfügungen, Vahlen 2009, §§ 19–31 (bearbeitet von *Röthel)*.

# IX. Eheverträge, Scheidungsvereinbarungen

## 1. Faire Teilhabe beider Partner ohne Streitpotenzial im Scheidungsfall (Das „Ein-Topf-Modell“)

Heute, am .....[2]

waren vor mir, ....., Notar in ....., in meinen Geschäftsräumen in ....., gleichzeitig anwesend:[3]

*(Namen, Geburtsdaten, Anschriften, derzeitiger Familienstand – ledig/rechtskräftig geschieden/verwitwet-, ausgewiesen durch. .... /von Person bekannt).*

*(Soweit erforderlich: Vermerk über das Fehlen einer Vorbefassung, welche die Mitwirkung des Notars nach § 3 Abs. 1 Nr. 7 BeurkG ausschließen würde.)*

Die Beteiligten erklärten mit Ersuchen um Beurkundung: Wir schließen folgenden Ehevertrag.

§ 1 Vorbemerkungen

1. Persönliche Verhältnisse

Ich, ....., wurde in ..... als Sohn von ..... und ..... geboren. Ich, ....., wurde in ..... als Tochter von ..... und ..... geboren. Jeder von uns besitzt ausschließlich die deutsche Staatsangehörigkeit.

Wir beabsichtigen, demnächst die für den Mann ..... und die Frau ..... Ehe vor einem Standesbeamten der Bundesrepublik Deutschland zu schließen.

Wir sind derzeit beide in Vollzeit erwerbstätig: Ich, ....., als .....; ich, ....., als .....

Kinder hat derzeit keiner von uns, weder gemeinsame noch einseitige. Die Geburt eines gemeinsamen Kindes schließen wir jedoch nicht aus, was wir in unseren Vereinbarungen bereits berücksichtigt haben.

2. Modifizierung der gesetzlichen Vorgaben

Vor Beurkundung haben wir einen Entwurf dieses Ehevertrages erhalten. Er ist das Ergebnis des persönlichen Beratungsgespräches, das wir beide mit dem beurkundenden Notar am ..... geführt haben.[4]

Der Notar hat uns auf Folgendes hingewiesen:[5]

(1) Vereinbarungen, deren Auswirkungen im Scheidungsfall einen Partner einseitig und unzumutbar belasten, unterliegen der gerichtlichen Kontrolle. Diese kann dazu führen, dass der Vertragsinhalt durch das Gericht angepasst wird; in besonders schwerwiegenden Fällen können aber auch einzelne Regelungen oder sogar der gesamte Ehevertrag für unwirksam erklärt werden.

(2) Die belastende Wirkung einer Vereinbarung muss nicht bereits bei Vertragsschluss vorhersehbar sein, sondern beruht meist auf später eintretenden Umständen, zB wenn ein Partner durch die Geburt eines Kindes, durch Unfall, Krankheit oder andere Ereignisse nicht in der Lage ist, seinen Lebensunterhalt vollständig aus eigenem Einkommen oder Vermögen zu bestreiten. Reduzierte Einkünfte verschlechtern dann oft zusätzlich die spätere Versorgung im Alter oder bei dauerhafter Erwerbsminderung.

Die gesetzlichen Vorgaben zum ehelichen Güterrecht, zum Versorgungsausgleich und zum nachehelichen Unterhalt wollen wir dennoch nicht uneingeschränkt beibehalten.

Wir vereinbaren außerdem vorsorglich: Sollte unsere Ehe geschieden werden und dann eine unserer Vereinbarungen in diesem Ehevertrag unwirksam sein, gelten die übrigen unverändert weiter, soweit sich nicht zwingend aus einer Gesamtbetrachtung unseres Vertrages dessen Gesamtnichtigkeit ergibt.

§ 2 Güterrechtliche Vereinbarungen

1. Gesetzliche Vorgaben[6]

Nach dem Gesetz ist der Zugewinnausgleich durchzuführen, wenn eines der folgenden Ereignisse eingetreten ist:

(1) Die Ehe ist durch Tod eines Partners aufgelöst worden und der überlebende Ehepartner ist entweder enterbt worden oder er hat das, was ihm der verstorbene Partner durch Testament oder Erbvertrag zugedacht hat, ausgeschlagen. Auch wenn dies nicht geschieht, kann jedoch nach § 5 Abs. 1 ErbStG die fiktive Ausgleichsforderung des überlebenden Ehegatten dessen Belastung mit Erbschaftsteuer im Einzelfall verringern.

(2) Die Ehe ist durch gerichtliche Entscheidung aufgelöst worden, insbesondere durch Scheidung.

(3) Auf Antrag eines Partners ist die Zugewinngemeinschaft durch gerichtliche Entscheidung vorzeitig aufgehoben worden.

(4) In einem Ehevertrag haben die Eheleute einen Güterstandswechsel vereinbart. Grundsätzlich ist dann die dabei entstehende Zugewinnausgleichsforderung nach § 5 Abs. 2 ErbStG schenkungsteuerfrei.

Wir behalten den gesetzlichen Güterstand der Zugewinngemeinschaft für unsere künftige Ehe zwar bei, modifizieren ihn jedoch durch folgende Vereinbarungen:

2. Teilweiser Ausschluss des Zugewinnausgleichs[7]

2.1 Bei Scheidung und anderen gerichtlichen Entscheidungen

Abweichend von der gesetzlichen Vorgabe schließen wir hiermit die Durchführung des Zugewinnausgleichs vollständig aus, falls durch gerichtliche Entscheidung (insbesondere Scheidung) unsere Ehe aufgelöst oder die Zugewinngemeinschaft vorzeitig aufgehoben worden ist. Ausgeschlossen ist dann auch der vorzeitige Zugewinnausgleich nach § 1385 BGB.

2.2 Kein Ausschluss des Zugewinnausgleichs im Todesfall und bei Güterstandswechsel

Durchzuführen ist der Zugewinnausgleich, falls unsere Ehe durch den Tod aufgelöst wird. Ausgeschlossen ist er dann jedoch, wenn zu diesem Zeitpunkt bereits ein gerichtliches Verfahren zur Eheauflösung rechtshängig gewesen sein sollte.

Durchzuführen ist der Zugewinnausgleich auch, falls die Zugewinngemeinschaft von uns in einem späteren Ehevertrag durch Güterstandswechsel beendet werden sollte. Ausgeschlossen ist er in diesem Fall, wenn wir mit dem Güterstandswechsel unsere Trennung oder Scheidung vorbereiten wollen. Ob diese Bedingung vorliegt, ist von uns beim Güterstandswechsel übereinstimmend festzustellen.

2.3 Ausgleichsmodus

Kommt es aufgrund der vorstehenden Vereinbarungen zum Zugewinnausgleich, gelten für Berechnung und Erfüllung der Ausgleichsforderung uneingeschränkt die gesetzlichen Vorgaben.

3. Kompensierende Vereinbarung zum Familienunterhalt und zur Vermögensbildung[8]

Bei einer Scheidung unserer Ehe findet aufgrund der vorstehenden Vereinbarung kein Zugewinnausgleich statt. Dadurch könnten bei dem Partner, der in der Ehe weniger Zugewinn erzielt hat, ehebedingte Nachteile entstehen. Mit der nachstehenden Ausgestaltung unserer beiderseitigen gesetzlichen Verpflichtung zum Familienunterhalt wollen wir dies verhindern und jedem Partner eine angemessene Vermögensbildung ermöglichen.

3.1 Beitrag zum Familienunterhalt durch Zahlung auf Oder-Konto

(1) Jeder von uns verpflichtet sich deshalb dazu, während unserer Ehe als Beitrag zum Familienunterhalt Einkommen auf ein gemeinschaftliches, noch zu errichtendes/bereits bei der . . . . .-Bank (IBAN DE . . . . . . ) geführtes Oder-Konto weiterzuleiten. Diese Verpflichtung gilt ausdrücklich auch dann, wenn sich die von der Einzahlungspflicht erfassten Beträge erheblich unterscheiden und sogar dann, wenn ein Partner überhaupt kein Einkommen erzielt, insbesondere wegen familienbedingter Aufgabe seiner Erwerbstätigkeit oder wegen dauerhafter vollständiger Erwerbsminderung.

(2) *<Festlegung 1: Welche Einkunftsarten?>*

*<Variante 1a (Sämtliche Einkunftsarten)>* Diese Verpflichtung erfasst jeweils das gesamte Einkommen aus sämtlichen Einkunftsarten im Sinne des § 2 Abs. 1 Einkommensteuergesetz.

*<Variante 1b (Nur ausgewählte Einkunftsarten)>* Diese Verpflichtung erfasst nur das Einkommen aus den in § 2 Abs. 1 Nr. 1–4 und Nr. 7 Einkommensteuergesetz angeführten Einkommensarten, nicht jedoch Einkünfte aus Vermietung und Verpachtung sowie aus Kapitalerträgen. Ausgenommen sind zudem Einkünfte nach § 2 Abs. 1 Nr. 7 i.V.m. § 22 Nr. 2 EStG, also aus privaten Veräußerungsgeschäften sowie nach § 22 Nr. 3 EStG, also insbesondere Einkünfte aus Vermietung beweglicher Gegenstände oder gelegentlicher Vermittlungen, außerdem Einkünfte nach § 22 Nr. 5 EStG, soweit es sich dabei um Leistungen handelt, die bei ihrer Fälligkeit nicht als Rente, sondern als Kapitalsumme geleistet werden.

*<Festlegung 2: Welchen Teil dieser Einkünfte?>*

*<Variante 2a (Nur ein Prozentsatz sämtlicher Einkünfte)>* Diese Verpflichtung erfasst zwar das gesamte Einkommen aus sämtlichen Einkunftsarten im Sinne des § 2 Abs. 1 Einkommensteuergesetz, aber nur in einer Höhe von jeweils . . . . . . Prozent.

*<Variante 2b (Höchstbetrag für die Einzahlungspflicht)>* Allerdings ist die Einzahlungspflicht für beide Partner auf einen Betrag von monatlich höchstens jeweils . . . . . EUR begrenzt. Dieser Höchstbetrag soll wertgesichert sein: Er verändert sich daher in demselben Verhältnis wie der vom Statistischen Bundesamt festgestellte Verbraucherpreisindex für Deutschland. Als Bezugsgröße ist dabei der Monat . . . . . heranzuziehen. Die Änderung ist zu Beginn jedes Kalenderjahres mithilfe der aktuellsten veröffentlichten Indexzahl auf der Basis der jeweils gültigen neuesten Indexreihe zu ermitteln.

*<Variante 2c (Abzug eines Betrages zur freien Verfügung)>* Diese Verpflichtung erfasst zwar grundsätzlich das gesamte Einkommen aus diesen Einkunftsarten im Sinne des § 2 Abs. 1 Einkommensteuergesetz. Jeder von uns ist jedoch dazu berechtigt, vorab monatlich einen Betrag von . . . . . EUR von diesen Einkünften zu seiner freien Verfügung einzubehalten. Dieser Einbehalt soll wertgesichert sein: Er verändert sich daher in demselben Verhältnis wie der vom Statistischen Bundesamt festgestellte Verbraucherpreisindex für Deutschland. Als Bezugsgröße ist dabei der Monat . . . . . heranzuziehen. Die Änderung ist zu Beginn jedes Kalenderjahres mithilfe der aktuellsten veröffentlichten Indexzahl auf der Basis der jeweils gültigen neuesten Indexreihe zu ermitteln.

(3) Die Zahlungspflicht endet, sobald und solange wir im Sinne des § 1567 Abs. 1 BGB voneinander getrennt leben.

3.2 Vereinbarung zur Mittelverwendung

Von diesem gemeinschaftlichen Konto sind sämtliche Ausgaben zu bestreiten, die vom angemessenen Unterhalt unserer Familie im Sinne des § 1360a BGB umfasst sind. Welche Ausgaben unter diesen Begriff fallen, ist von uns gesondert einvernehmlich und formlos mit rechtsbegründender Wirkung festzulegen. Solange nicht einer von uns dem ausdrücklich widerspricht, gilt dabei die Vermutung, dass jede Ausgabe, welche über das Konto vorgenommen wird, Teil des angemessenen Familienunterhaltes ist. Das gilt auch für Ausgaben, die im unterhaltsrechtlichen Sinn nicht „prägend" für unsere ehelichen Lebensverhältnisse sind. Ein Widerspruch gegen diese Zuordnung ist nur beachtlich, wenn er spätestens innerhalb von drei Monaten erklärt wird, nachdem die Wertstellung der Ausgabe auf dem Konto vorgenommen worden ist.

3.3 Entnahmebefugnis zur Vermögensbildung, Zuvielleistung[9]

(1) Befindet sich am Monatsende auf dem gemeinschaftlichen Konto ein Überschussbetrag, steht dieser jedem von uns zur Hälfte zu. Jeder von uns ist dann berechtigt, seinen Überschussanteil sofort zu entnehmen und zur Vermögensbildung zu verwenden. Der Entnahmezeitpunkt kann von uns jederzeit einvernehmlich und formlos abweichend festgelegt werden.

(2) Soweit einer von uns als Folge dieser Regelungen eine Zuvielleistung an Unterhalt erbringt, kann er nach der gesetzlichen Vorgabe des § 1360b BGB vom anderen keinen Ersatz verlangen. Eine davon abweichende Regelung wollen wir nicht treffen.

4. Ausschluss gesetzlicher Verfügungsbeschränkungen[10]

Jeder von uns soll künftig über sein gesamtes Vermögen, auch über die ihm gehörenden Haushaltsgegenstände, ohne Zustimmung des anderen Ehepartners verfügen können. Wir schließen deshalb hiermit die in den §§ 1365 und 1369 BGB enthaltenen Verfügungsbeschränkungen aus.

*Zusatz (nur bei schon bestehender Ehe):* Sollte einer von uns bisher Verfügungen vorgenommen haben, welche von diesen Beschränkungen erfasst worden sind, stimmt der andere diesen hiermit zu.

5. Keine Rückforderung von Ehegattenzuwendungen[11, 12]

Für Schenkungen und andere objektiv unentgeltliche Zuwendungen, die einer von uns zugunsten des anderen bereits erbracht hat oder in Zukunft erbringen wird, vereinbaren wir Folgendes:

(1) Bei Auflösung unserer Ehe können sie nur dann zurückverlangt werden, wenn das Recht zur Rückforderung nachweislich vorbehalten worden ist.

(2) Das Scheitern der Ehe lässt nicht die Geschäftsgrundlage entfallen.

(3) Gesetzliche Rückforderungsrechte wegen Verarmung des Schenkers oder groben Undanks bleiben bestehen.

(4) In einem etwa durchzuführenden Zugewinnausgleich sind sie nach den gesetzlichen Vorgaben zu berücksichtigen.

§ 3 Versorgungsausgleich: Ausschluss gegen Kompensation[13]

1. Gesetzliche Vorgaben

Bei einer Scheidung sind grundsätzlich sämtliche Versorgungsanrechte, welche die Partner während der Ehezeit erworben haben, zu teilen. Davon abweichende Vereinbarungen zum Versorgungsausgleich sind zwar möglich. Das Familiengericht muss diese aber im Scheidungsverfahren einer Inhalts- und Ausübungskontrolle unterziehen. Hierzu erklären wir vorsorglich: Nach unseren aktuellen wirtschaftlichen Verhältnissen wird unsere

Vereinbarung zum Versorgungsausgleich nicht dazu führen, dass einer von uns im Alter oder bei dauerhafter Erwerbsminderung auf Grundsicherung oder andere bedarfsabhängige Leistungen der Sozialhilfe angewiesen sein wird.

2. Ausschlussvereinbarung

Wir vereinbaren, dass jeder von uns im Scheidungsfall seine eigenen Versorgungsanrechte ungeschmälert behalten soll. Dazu schließen wir hiermit gemäß § 6 Versorgungsausgleichsgesetz die Durchführung des Versorgungsausgleichs vollständig und für die gesamte Ehezeit aus. Ein Verzicht auf Altersvorsorgeunterhalt ist in dieser Vereinbarung jedoch nicht enthalten.
Hierzu erklären wir außerdem:
Unsere Vereinbarung soll unabhängig davon wirksam sein und bleiben, zu wessen Lasten und in welchem Umfang sie sich im Scheidungsfall auswirkt. Ein Rücktrittsrecht wollen wir nicht vereinbaren. Eine Abänderung dieser Vereinbarung, insbesondere nach § 227 FamFG, schließen wir ebenfalls aus.
Nach unseren aktuellen wirtschaftlichen Verhältnissen wird unsere Vereinbarung zum Versorgungsausgleich nicht dazu führen, dass einer von uns im Alter oder bei dauerhafter Erwerbsminderung auf Grundsicherung oder andere bedarfsabhängige Leistungen der Sozialhilfe angewiesen sein wird.

3. Kompensation durch private Rentenversicherung[14]

Mit einer privaten Rentenversicherung, bei der . . . . . Versicherungsnehmer ist, wollen wir die wirtschaftlichen Nachteile ausgleichen, welche der Ausschluss des Versorgungsausgleichs für . . . . . im Scheidungsfall haben könnte. Diese Kompensationsvereinbarung gilt jedoch unabhängig davon, zu wessen Gunsten und in welchem Umfang sich der vereinbarte Ausschluss des Versorgungsausgleichs tatsächlich auswirkt.
Die Rente soll monatlich mit einem Ausgangsbetrag von . . . . . EUR ausbezahlt werden, sobald . . . . . das 65. Lebensjahr vollendet hat. Abzuschließen ist ein Vertrag, der auf eine volldynamisierte Rente gerichtet ist.
Wir vereinbaren zudem: Die Beiträge zu dieser Rentenversicherung gelten als Teil des angemessenen Familienunterhaltes und sind deshalb bei ihrer Fälligkeit von dem in § 2 Nr. 3 vereinbarten, gemeinsamen Oder-Konto zu bezahlen. Im Falle unserer Trennung oder Scheidung gehören die Beitragszahlungen zum Unterhaltsbedarf des Versicherungsnehmers. Die Beitragszahlungen sind dann somit von . . . . . selbst zu leisten und werden lediglich im Rahmen eines etwaigen Unterhaltsanspruchs nach den gesetzlichen Vorgaben berücksichtigt.
Um das Ziel der Kompensationsvereinbarung nicht zu gefährden, verpflichte ich, . . . . . , mich dazu, diese Rentenversicherung nicht ohne Zustimmung von . . . . . zu kündigen, um mir bis dahin bereits entstandene Guthaben auszahlen zu lassen.

§ 4 Nachehelicher Unterhalt: Bedarfsbegrenzung[15]

1. Gesetzliche Vorgaben

Nach einer Ehescheidung gilt der Grundsatz der Eigenverantwortung, weshalb vom früheren Ehepartner Unterhalt nur in den gesetzlich geregelten Ausnahmesituationen verlangt werden kann. Die Höhe eines dann etwa zu leistenden Unterhalts hängt nicht nur von der Leistungsfähigkeit des Verpflichteten, sondern auch vom Bedarf des Berechtigten ab.

2. Vereinbarung einer Bedarfsgrenze[16]

Unsere Vereinbarung erweitert die gesetzlichen Unterhaltstatbestände nicht und schafft auch keinen selbstständigen vertraglichen Zahlungsanspruch. Wir wollen stattdessen eine etwaige gesetzliche Pflicht zum nachehelichen Unterhalt einschränken, indem wir folgende Bedarfsgrenze vereinbaren:

(1) Der Bedarf des Unterhaltsberechtigten an Elementarunterhalt, der sich aus den für unsere Ehe prägenden Verhältnissen ergibt, ist nur bis zu einem Höchstbetrag von monatlich ..... EUR (..... Euro) bei der Unterhaltsberechnung zu berücksichtigen. Diese Bedarfsgrenze entspricht derzeit dem Grundgehalt eines Beamten in Stufe ..... der Besoldungsgruppe ..... nach Anlage IV des Bundesbesoldungsgesetzes. Eine künftige Veränderung dieser gesetzlich festgelegten Größe soll automatisch auch den vertraglich festgesetzten Höchstbetrag ändern. Wir vereinbaren deshalb für die Bedarfsgrenze, dass deren Höhe stets derjenigen des vorstehend bezeichneten Grundgehaltes entspricht.

(2) Nicht von dieser Bedarfsgrenze erfasst sind Altersvorsorge-, Kranken- und Pflegeversicherungskosten. Diese können vom Unterhaltsberechtigten somit auch dann verlangt werden, wenn dadurch der Gesamtbetrag der monatlichen Unterhaltszahlung die für den Elementarunterhalt vereinbarte Bedarfsgrenze übersteigt. Die Höhe der zu erstattenden Vorsorgeaufwendungen richtet sich nach den dann jeweils geltenden gesetzlichen Vorgaben. Beiträge des Unterhaltsberechtigten zu einer privaten Kranken- und Pflegeversicherung sind dabei für den sog. Basistarif im Sinne des § 12 Abs. 1c Versicherungsaufsichtsgesetz zu leisten, also auf den in der gesetzlichen Krankenversicherung zu zahlenden Höchstbetrag begrenzt.

(3) Über den mit der vereinbarten Bedarfsgrenze verbundenen (bedingten) Teilverzicht sind wir einig. Soweit sich nicht aus den gesetzlichen Vorschriften zwingend etwas anderes ergibt, gilt diese Vereinbarung selbst dann uneingeschränkt, wenn einer von uns dadurch in Zukunft in eine Notlage geraten sollte. Auch sonst soll eine Veränderung unserer wirtschaftlichen Verhältnisse keine Auswirkungen auf die Gültigkeit der vereinbarten Bedarfsgrenze haben.

(4) Auch Vereinbarungen zum nachehelichen Unterhalt können im Scheidungsfall Gegenstand einer gerichtlichen Inhaltskontrolle sein. Jeder von uns versichert vorsorglich: Nach meinen derzeitigen persönlichen Verhältnissen und unter Berücksichtigung der Vereinbarungen in dieser Urkunde kann ich auch nach einer Scheidung voraussichtlich für meinen Lebensunterhalt alleine aufkommen.

3. Vereinbarung zur Bedarfsdeckung[17]

Um seinen vertraglich begrenzten Bedarf zu decken, hat der Unterhaltsberechtigte seine Arbeitskraft und seine Einkünfte einzusetzen, und zwar grundsätzlich nach den dann geltenden gesetzlichen Vorgaben. Nicht zur Bedarfsdeckung zu verwenden sind dagegen die beim Unterhaltsberechtigten vorhandene Vermögenssubstanz sowie Einkünfte aus sog. überobligatorischen Tätigkeiten, also Tätigkeiten, die ihm nach den gesetzlichen Vorgaben nicht zugemutet werden könnten. Aufwendungen, die ihm im Zusammenhang mit solchen überobligatorischen Tätigkeiten entstehen (zB Fahrtkosten zur Arbeitsstätte), bleiben bei der Bedarfsermittlung dann allerdings ebenfalls unberücksichtigt.

§ 5 Kein Erbvertrag[18]

Ergibt sich die Erbfolge aus einem notariell beurkundeten Testament oder Erbvertrag, macht das in den meisten Fällen einen Erbschein entbehrlich. Der Notar hat uns deshalb darauf hingewiesen, dass wir in dieser Urkunde zusätzlich einen Erbvertrag schließen könnten. Die Kosten für diese Urkunde würden dadurch zwar erhöht. Trotzdem ist ein solcher Ehe- und Erbvertrag regelmäßig insgesamt günstiger als eine Nachlassplanung,

**die eigenhändig errichtet oder gesondert beurkundet wird. Die Aufnahme eines Erbvertrages in diese Urkunde wünschen wir dennoch nicht.**

**§ 6 Schlussbestimmungen**

**1. Abschriften, Kosten dieser Urkunde[19]**

**Von dieser Urkunde soll jedem von uns eine einfache Abschrift erteilt werden. Die Kosten dieser Urkunde tragen wir gemeinsam. Sie hängen vom Wert unseres jeweiligen Gesamtvermögens sowie von der Höhe etwaiger Verbindlichkeiten ab; beides gibt jeder von uns gesondert an.**

**2. Keine steuerliche Beratung des Notars**

**Soweit dies nicht in der Urkunde dokumentiert ist, hat der Notar weder steuerliche Auskünfte noch Ratschläge erteilt.**
**Diese Urkunde wurde vom Notar vorgelesen,**
**von den Beteiligten genehmigt**
**und eigenhändig unterschrieben:**

*Schrifttum: Bergschneider,* Verträge in Familiensachen, 6. Auflage 2018; *Bergschneider,* Richterliche Inhaltskontrolle von Eheverträgen und Scheidungsvereinbarungen, 2008; *Braeuer,* Der Zugewinnausgleich, 2. Auflage 2015; *Brambring,* Ehevertrag und Vermögensordnung unter Ehegatten, 7. Auflage 2012; *Haußleiter/Schulz,* Vermögensauseinandersetzung bei Trennung und Scheidung, 6. Auflage 2015; *Herr,* Nebengüterrecht, 2013; *Kanzleiter/Wegmann,* Vereinbarungen unter Ehegatten, 7. Auflage 2008; *Kogel,* Strategien beim Zugewinnausgleich, 5. Auflage 2016; *Langenfeld/Milzer,* Handbuch der Eheverträge und Scheidungsvereinbarungen, 7. Auflage 2015; *Münch,* Die Scheidungsimmobilie, 2. Auflage 2013; *Münch,* Die Unternehmerehe, 2. Auflage 2016; *Münch,* Ehebezogene Rechtsgeschäfte, 4. Auflage 2015; *Münch,* Familienrecht in der Notar- und Gestaltungspraxis, 2. Auflage 2015; *Münch,* Vereinbarungen zum neuen Versorgungsausgleich, 2. Auflage 2015; *Schröder/Bergschneider,* Familienvermögensrecht, 3. Auflage 2016; *Waldner,* Eheverträge, Scheidungs- und Partnerschaftsvereinbarungen für die notarielle und anwaltliche Praxis, 2. Auflage 2004; *Wever,* Vermögensauseinandersetzung der Ehegatten außerhalb des Güterrechts, 7. Auflage 2018; *Zimmermann/Dorsel,* Eheverträge, Scheidungs- und Unterhaltsvereinbarungen, 5. Auflage 2010.

## Anmerkungen

**1. Begriff und Inhalt eines Ehevertrages.** Seit 1.10.2017 kann eine Ehe von zwei Personen verschiedenen oder gleichen Geschlechts geschlossen werden (§ 1353 Abs. 1 S. 1 BGB). Soweit im Muster „Mann“ und „Frau“ erwähnt werden, ist es deshalb bei einem Vertrag gleichgeschlechtlicher Ehegatten bzw. Verlobter anzupassen, Nicht nur in diesem Fall wirkt ein Vertragstext individualisiert, wenn (zumindest teilweise) die Rollenbezeichnungen durch die konkreten Namen der Vertragspartner ergänzt oder ersetzt werden.

§ 1408 Abs. 1 BGB bezeichnet als Ehevertrag einen Vertrag, mit dem Ehegatten ihre güterrechtlichen Verhältnisse regeln. Allgemein wird der Begriff heute jedoch in einem weitergehenden, funktionalen Sinn verstanden: Neben den in § 1408 Abs. 2 BGB angesprochenen Vereinbarungen über den Versorgungsausgleich zählen dazu alle ehebezogenen Regelungen von Verlobten und Ehepartnern. Mit ihnen lassen sich die beiderseitigen Pflichten abweichend von den gesetzlichen Vorgaben gestalten. In erster Linie sollen dabei die drei „klassischen“ Teilhabemechanismen bei Scheitern der Ehe vertraglich modifiziert werden: Zugewinnausgleich, Versorgungsausgleich und nachehelicher Unterhalt. Konflikten lässt sich aber zusätzlich dadurch vorbeugen, dass der Ehevertrag die Behandlung bestimmter Vermögensgegenstände im Scheidungsfall regelt: Exemplarisch können hier Ankaufsrechte für im Miteigentum stehende Immobilien oder der Rückforderungsausschluss für gegenseitige Geschenke angeführt werden.

Die andere Kategorie bilden ehevertragliche Vereinbarungen, mit denen Teilaspekte des Zusammenlebens während der intakten Ehe gestaltet werden: Besonders praxisrelevant ist hier im güterrechtlichen Bereich der Ausschluss der gesetzlichen Verfügungsbeschränkungen (§§ 1365, 1369 BGB). Gelegentlich sollen aber auch – meist sehr individuelle – Zielvorgaben im Bereich der allgemeinen Ehewirkungen (§§ 1353–1362 BGB) umgesetzt werden, zB zur ehelichen Rollenverteilung, zum Beibehalten einer eigenen Wohnung, zu den Beiträgen zum Familienunterhalt, zur Annahme oder zum Ablegen des Ehenamens oder zur religiösen Erziehung gemeinschaftlicher Kinder.

**2. Methodik der Ehevertragsgestaltung**

**2.1 Die Vertragstypenlehre – das Placebo für den Vertragsgestalter.**

a) **Begriff und Zielsetzung.** Die „Lehre von der Vertragsgestaltung nach Fallgruppen und Vertragstypen" – kurz „Vertragstypenlehre" – ist weitgehend durch *Langenfeld* erarbeitet und verbreitet worden. Ihm gebührt das Verdienst, einen ersten grundlegenden methodologischen Ansatz für die Vertragsgestaltung erarbeitet zu haben. Entwickelt wurde die Vertragstypenlehre durch Analyse vorsorgender Eheverträge (*Langenfeld* DNotZ-Sonderheft 1985, 148; FamRZ 1987, 9; Handbuch der Eheverträge und Scheidungsvereinbarungen, nunmehr 7. Auflage 2015), erst später erfolgte ihre Verallgemeinerung für andere Gestaltungsbereiche (*Langenfeld,* Vertragsgestaltung: Methode – Verfahren – Vertragstypen, 3. Auflage 2004). Ziel der Vertragstypenlehre ist es, dem Kautelarjuristen eine Orientierungshilfe zu geben. Er soll bei der Gestaltung eines konkreten Vertrages auf anerkannte Vertragstypen zurückgreifen können. Mit einem solchen Vertragstyp sind Regelungsvorgaben verbunden. Die Vertragstypenlehre fordert vom Vertragsgestalter, sich daran zu orientieren, weil ohne sie *„die Findung einer sachgerechten Gestaltung dem Zufall überlassen"* bliebe (*Langenfeld* Vertragsgestaltung Rn. 57 und JuS 1998, 33 (34)). Ihre Legitimation gewinnen Vertragstypen aus dem Konsens der Fachleute. Die Erfahrungen der Kautelarpraxis sollen zu ihrer fortlaufenden Kontrolle und einer etwa erforderlichen Anpassung führen

b) **Bildung der Ehevertragstypen.** Nach Ansicht der Vertragstypenlehre werden die Ehevertragstypen in zwei Stufen gebildet:

(1) **Typenbildung erster Stufe auf der Sachverhaltsebene.** In einem ersten Schritt soll die vorgefundene Lebenswirklichkeit in Fallgruppen eingeteilt werden. Das Motto der Vertragstypenlehre lautet dabei: *„Die Wirklichkeit dient als Muster"*. Diese erste Stufe der Typenbildung knüpft deshalb an Umstände der wirtschaftlichen und sozialen Wirklichkeit an, welche allerdings für die rechtlichen Wirkungen der Ehe bzw. Ehescheidung von Bedeutung sein müssen. Solche Kriterien sollen zB „Berufstätigkeit" (Einverdienerehe, Zuverdienerehe, Doppelverdienerehe, Rentnerehe) oder „Kind" sein (kinderlose Ehe mit Kinderwunsch, endgültig kinderlose Ehe, Ehe mit gemeinsamen, noch zu versorgenden Kindern, Ehe mit einseitigen, noch zu versorgenden Kindern, Ehe mit bereits versorgten Kindern). Weitere Kriterien sind „Alter" und „Vermögen" (*Langenfeld* Vertragsgestaltung Rn. 75).

(2) **Typenbildung zweiter Stufe auf der Regelungsebene.** Im zweiten Schritt sollen für die Sachverhaltstypen interessengerechte Regelungen gefunden werden. Diese Regelungen werden im Wege einer wertenden Betrachtung zu einem „Vertragstyp" zusammengesetzt. Nach den Vorstellungen der Vertragstypenlehre soll der Kautelarjurist den von ihm zu regelnden Lebenssachverhalt mit den vorgefundenen Vertragstypen vergleichen. Der Sachverhalt wird dabei einige, vielleicht sogar die meisten, jedoch nur im seltensten Fall

alle Merkmale erfüllen, welche einen bestimmten Vertragstypus kennzeichnen. Um nun feststellen zu können, welchen Vertragstypus er seiner Gestaltung zu Grunde zu legen hat, muss der Kautelarjurist daher eine Wertung vornehmen: je ähnlicher der vorgefundene Sachverhalt dem von einem Vertragstypus erfassten – mit anderen Worten „typischen“ – Sachverhalt ist, desto eher ist er diesem zuzuordnen. Das Schlagwort der Vertragstypenlehre für diese wertende Zuordnung lautet *„je mehr – desto“* (*Langenfeld* Vertragsgestaltung Rn. 91 ff.): Anders als bei der Subsumtion unter einen Begriff müssen somit nicht alle Tatbestandsmerkmale erfüllt sein. Stattdessen muss eine vergleichende Wertung erfolgen, welchem Vertragstyp der vorgefundene Sachverhalt am ehesten entspricht. Aus diesem Typus sollen dann die Regelungen entnommen werden.

c) **Kritik an der Vertragstypenlehre.**

(1) **Vertragstyp als Kategorie.** Die Vertragstypenlehre will nach eigenem Anspruch bei der Gestaltung von Verträgen behilflich sein. Hierzu bedient sie sich einer Methode, die auch in anderen Wissenschaften als Ordnungsmechanismus verbreitet ist – der Kategorienbildung, die sie lediglich fachspezifisch als „Typenbildung“ bezeichnet. Eine Kategorie und damit auch ein „Typus“ ist allerdings stets nur Erscheinungsform eines (künstlich geschaffenen) wissenschaftlichen Systems. Sie ermöglicht es, in der Wirklichkeit vorgefundene Größen („Entitäten“) in dieses System einzuordnen. Um die einzelnen Kategorien voneinander abzugrenzen, benötigt man ein vorgegebenes Zuordnungskriterium: Nur Elemente, die dieses erfüllen, gehören der Kategorie an, alle übrigen Entitäten stehen außerhalb dieser Kategorie.

(2) **Subsumtion: Zuordnung mittels einer Eigenschaft.** Der zweite erforderliche Schritt, um Ordnung zu schaffen, ist die Zuordnung der vorgefundenen Entitäten zu den vorher festgelegten Kategorien. Zuordnungskriterium ist eine Eigenschaft, welche alle Entitäten der einen Kategorie übereinstimmend aufweisen. Diese Eigenschaft wird damit zum Zuordnungskriterium für diese Kategorie. Alle übrigen Entitäten, die diese Eigenschaft nicht besitzen, bleiben im Ordnungsvorgang außerhalb der Kategorie. Damit hat die Eigenschaft auch die Funktion eines Abgrenzungskriteriums.

(3) **Anforderungen an eine Eigenschaft als Zuordnungskriterium.** Eigenschaften sind *diskret (invariabel)* oder *variabel: Diskrete* Eigenschaften können nur mit einem unveränderlichen Inhalt auftreten und lassen sich an einem „entweder/oder“ erkennen: Entweder weist eine Entität genau diese Eigenschaft auf oder deren logisches Gegenstück, „Sowohl als auch“ ist ebenso wenig denkbar wie eine dritte Eigenschaft. Das Sprichwort „ein bisschen schwanger geht nicht“ verdeutlicht anschaulich, dass Schwangerschaft eine diskrete Eigenschaft ist. Bei *variablen* Eigenschaften gibt es zwischen zwei (gedachten) Grenzwerten eine Vielzahl möglicher Zustände, die eingenommen werden können. Diese Zwischenwerte müssen dabei nicht stufenlos veränderbar sein, in Wirklichkeit können sie das auch gar nicht. Denn jede Skala arbeitet mit einer Abgrenzung einer Größe zu ihren Nachbarwerten. Einfache Beispiele für variable Eigenschaften sind die Länge eines Menschen, die Raumtemperatur oder ein Geldbetrag.

*Diskrete* Eigenschaften sind – aufgrund ihrer ja/nein-Struktur ohne weiteres als Zuordnungs- und Abgrenzungskriterium geeignet, wenn ein Ordnungssystem mit Kategorien gebildet werden soll. *Variable* Eigenschaften können diese Aufgabe nur erfüllen, wenn für sie zusätzlich zuvor ein verbindlicher Grenzwert festgelegt worden ist. Zuordnungskriterium ist dann die Antwort auf die Frage, ob diese Eigenschaft bei der zuzuordnenden Entität oberhalb oder unterhalb des festgelegten Grenzwertes liegt.

(4) **Die (fehlerhafte) Zuordnung zum Vertragstyp über variable Eigenschaften.** Die Vertragstypenlehre will einen vorgefundenen Lebenssachverhalt mithilfe „rechtlich relevanter Unterscheidungskriterien“ einem Ehetyp zuordnen, auf den dann ein Ehevertragsmodell anzuwenden sein soll. Als Kriterien für diese notwendige Zuordnung zum Ehevertragstyp will sie Umstände der wirtschaftlichen und sozialen Wirklichkeit verwenden: „Berufstätigkeit“, „Kind“, „Alter“ und „Vermögen“. Dabei handelt es sich aber aus-

nahmslos um *variable* Eigenschaften. Ohne vorherige Festsetzung eines Grenzwertes sind diese daher als Zuordnungskriterium ungeeignet. Der Zuordnungsvorgang kann aber nur dann durch jeden anderen nachvollzogen und wiederholt werden, wenn ein inhaltlich eindeutig definiertes Zuordnungskriterium vorgegeben ist. Diese unverzichtbare Voraussetzung vermag die Vertragstypenlehre nicht zu erfüllen.

Die *Variabilität* der Eigenschaften „Alter“ und „Vermögen“ ist auf den ersten Blick erkennbar. Dagegen könnten die Fragen, ob die Partner erwerbstätig sind, und ob sie grundsätzlich einen Kinderwunsch hegen, formal mit „ja“ oder „nein“ beantwortet werden. Aber – das Schlagwort „Berufstätigkeit“ ist nur eine sprachliche Verkürzung für das, was bei der Typenbildung tatsächlich interessant ist: Der Umfang des zu erwartenden Einkommens aus dem Einsatz der eigenen Arbeitskraft. Die von *Langenfeld* propagierten Ehevertragstypen „Einverdienerehe“, „Zuverdienerehe“, „Doppelverdienerehe“ und „Rentnerehe“ verdeutlichen dies. Und die Höhe des Einkommens ist wiederum eindeutig eine variable Eigenschaft. Das Kriterium „Kind“ ist genau genommen keines, das bei der Ehevertragsgestaltung unmittelbar eine Rolle spielt. Ob und in welchem Umfang die gesetzlichen Vorgaben zum Zugewinnausgleich, zum Versorgungsausgleich und zum nachehelichen Unterhalt modifiziert werden, hängt nicht davon ab, wie viele Kinder vorhanden oder zu erwarten sind. In Wirklichkeit steht hinter dem Kriterium „Kind“ die Frage nach der Chancengleichheit: Ist zu erwarten, dass einem Partner familienbedingt die Chance genommen oder beschränkt wird, durch eigene Erwerbstätigkeit Vermögen und eine angemessene Altersversorgung aufzubauen sowie bei Scheitern der Ehe für sich selbst zu sorgen? Der reale Umstand „Kind“ oder „Kinderwunsch“ reduziert sich somit auf eine Prognose darüber, ob und in welchem Umfang das derzeit erzielte Einkommen auch künftig bei beiden Partnern vorhanden sein wird. Alle von der Vertragstypenlehre angeführten Umstände, die für eine Typenbildung herangezogen werden können, sind somit bei genauer Betrachtung *variable* Eigenschaften – und damit ohne Grenzwertvorgabe zur Kategorienbildung ungeeignet.

Das ist auch die Ursache, weshalb die Vertragstypenlehre einen Sachverhalt nicht im Wege der Subsumtion einem bestimmten Ehetypus zuordnen kann: Sie kann keine diskrete Eigenschaft benennen, welche das Zuordnungskriterium für eine bestimmte Kategorie (den Typus) bildet. Kategorien werden jedoch so gebildet, dass alle von ihr erfassten Entitäten (mindestens) ein solches gemeinsames Merkmal, das „typenbestimmende Merkmal“, aufweisen, dieses also bei allen Elementen der Kategorie *identisch* ist. Die Vertragstypenlehre lässt es demgegenüber genügen, wenn sich alle Entitäten innerhalb des Vertragstyps in einem entscheidenden Punkt *ähnlich* sind. Oder – in der Terminologie der Vertragstypenlehre: „*Beim typisierenden Fallvergleich gruppieren sich die Fälle um ein typenbestimmendes Sachverhaltsmerkmal*“ (*Jerschke* DNotZ-Sonderheft 1989, 32; *Langenfeld* Vertragsgestaltung Rn. 55). Obwohl damit die verwendeten Begriffe fast dieselben sind, ist der Zuordnungsvorgang ein völlig anderer. Nicht die Identität in einem Merkmal, sondern die bloße Ähnlichkeit bestimmt über die Zuordnung zu einem Vertragstyp. Schon die Ähnlichkeit soll die Wertung rechtfertigen, dass zwei Verträge demselben Vertragstyp zugeordnet werden. Das ist die Kernaussage dessen, was die Vertragstypenlehre als „wertende Zuordnung“ bezeichnet. Die Zuordnung erfolgt damit nicht nach objektiven Kriterien, sondern bleibt konturlos und nicht nach allgemein gültigen Kriterien reproduzierbar.

(5) **Praktischer Nutzen der Typenbildung?** Bereits existierende Verträge lassen sich einer Kategorie („Vertragstyp“) zuordnen. Unabhängig von der eben problematisierten Frage, ob sie dabei ein identisches typenbestimmendes Merkmal aufweisen müssen oder ob insoweit bloße Ähnlichkeit genügt. Eine ganz andere Frage ist jedoch, ob auf diese Weise gebildete Vertragstypen überhaupt eine geeignete Hilfe bei der Gestaltung eines *neuen* Vertrages sein können. Das wäre nur dann der Fall, wenn sich aus der Zugehörigkeit zu einem Vertragstypus auch ein exakt bestimmter Regelungsinhalt erschließen

würde. Nur dann könnte der Kautelarjurist aus der Zuordnung praktischen Nutzen ziehen. Ein kurzer Seitenblick auf den Kauf einer gebrauchten Eigentumswohnung zeigt, dass die Vertragstypenlehre das nicht leistet, ja gar nicht leisten kann: Denn der Inhalt der geschuldeten Leistungshandlungen hängt von vielen Faktoren ab, die sich nicht sämtlich in einen Vertragstypus zwängen lassen. So ist die Leistungspflicht des Käufers zur Kaufpreiszahlung anders zu gestalten, wenn die Veräußerung gemäß § 12 WEG von der Zustimmung des Verwalters abhängt. Es müsste deshalb bereits eine verfeinerte Typenbildung erfolgen: „Wohnungskauf *mit/ohne* Verwalterzustimmung". Um die Leistungspflichten konkret festzulegen, genügt dies aber längst nicht. So schuldet der Verkäufer neben der Eigentums- auch die Besitzverschaffung am Vertragsobjekt. Ist die Wohnung aktuell vermietet, stört das einen Käufer, der sie als Kapitalanlage erwirbt, regelmäßig nicht. Im Gegenteil – womöglich verlangt er vom Verkäufer sogar eine Garantie dafür, dass das Mietverhältnis ungekündigt besteht. Ein Käufer, der zur eigenen Nutzung kauft, wird demgegenüber erst dann bereit sein, den vereinbarten Kaufpreis zu bezahlen, wenn die Wohnung von ihm auch bezogen werden kann. Auch insoweit führt die Weichenstellung bei einem einzigen Element auf der Tatsachenebene dazu, dass der Pflichtenkatalog in wesentlichen Punkten abweichend gestaltet werden muss. Die Notwendigkeit, weitere Verästelungen bei der Typenbildung vorzunehmen, lässt sich beliebig fortsetzen: Kauft ein Eigennutzer, hängt der konkrete Inhalt der Verkäuferpflicht auch davon ab, wie die Wohnung derzeit genutzt wird. Bewohnt der Verkäufer sie selbst, muss er im Vertrag zur Räumung verpflichtet werden. Steht sie leer, reicht eine bloße Herausgabepflicht. Ist sie aber vermietet, genügt eine Räumung nicht, wenn das Mietverhältnis nicht ordnungsgemäß beendet ist; nach einem rechtswidrigen „Rausschmiss" könnte der Mieter nach § 535 iVm § 566 BGB selbst dann vom Käufer Wiedereinräumung des Besitzes verlangen, wenn dieser keine Kenntnis von der verbotenen Eigenmacht des Verkäufers (§ 858 Abs. 2 BGB) gehabt hat. Entgegen dem Selbstverständnis der Vertragstypenlehre kann sich deshalb der Kautelarjurist bei der Vertragsgestaltung nicht an einem – wie auch immer festzulegenden – Vertragstyp orientieren. Bei dessen Bildung müssten bereits sämtliche Sachverhaltsmerkmale berücksichtigt werden, die Einfluss auf den konkreten Inhalt der vertraglichen Pflichten haben können. Fast immer ist die Anzahl dieser Faktoren jedoch so groß, dass damit eine Unmenge von Vertragstypen zu bilden wäre. Dann allerdings müsste die Methode der Vertragstypenlehre aufgegeben werden. Zur Erinnerung: Sie verlangt vom Kautelarjuristen, dass er Ähnlichkeiten zwischen dem zu gestaltenden Einzelfall und einem Vertragstyp feststellt und daraufhin seinen Fall wertend zuordnet. Ähnlichkeit, nicht Identität, war die Devise. Müssen die Vertragstypen jedoch so weit ausdifferenziert werden, dass sie alle pflichtenrelevanten Umstände erfassen, geht es nicht mehr um „Ähnlichkeit". Die für den Wohnungskauf geschilderten Sachverhalte waren sich alle ziemlich ähnlich. Trotzdem unterscheiden sie sich in mindestens einem Merkmal, das einen völlig anderen Pflichteninhalt erforderlich macht. Bildet man die Vertragstypen so akkurat, dass sie bei ihrer Abgrenzung alle diese Merkmale berücksichtigt, lässt sich ihnen ein konkreter Sachverhalt nicht mehr „wertend zuordnen". Er muss statt dessen sämtliche typenbestimmenden Sachverhaltsmerkmale aufweisen. Das festzustellen, erfordert jedoch eine Subsumtion – die Erkenntnis, dass Identität zwischen den geforderten Merkmalen und den des vorliegenden Falles besteht.

Im Bereich der Eheverträge, für den die Vertragstypenlehre entwickelt worden ist, werden ihre Schwächen besonders deutlich. Weder macht sie eindeutige Angaben zum typenbestimmenden Merkmal noch wird nachvollziehbar dargestellt, warum dieses eine Merkmal eine Rechtfertigung für die vorgeschlagenen Eingriffe in die gesetzlichen Teilhabemechanismen geben kann. Es entsteht der Eindruck, als sei bei Entstehung der Methodik das Pferd von hinten aufgezäumt worden, nämlich vom Besonderen auf das Allgemeine geschlossen worden: Der Chefarzt heiratet die jüngere Krankenschwester und will einen Ehevertrag, bei dem die wirtschaftlichen Folgen einer Scheidung „verträglich" gestaltet werden. Ganz leer ausgehen soll die Partnerin nicht, aber eine volle Teilhabe ist ebenso wenig erwünscht. Diese Interessenlage führt zu konkreten Regelungen, die in diesem speziellen Fall von beiden Partnern akzeptiert werden. Dem so entstandenen Ehevertrag wird nun die Bezeichnung „Ehevertrag der Diskrepanzehe" verliehen, typenbestimmend soll die Konstellation „Ehe mit großem Alters- und Vermögensunterschied" sein. Eine Methodik, wonach nun auf alle Sachverhalte, die diese Konstellation aufweisen, ebenfalls die Regelungen dieses einen Vertrages passen sollen, vermag nicht zu überzeugen. Hinzu kommt, dass die Fallgruppen und die damit verbundenen Ehevertragstypen konturlos schwammig sind, so dass der hinter ihnen versteckte Vertragsinhalt allenfalls noch erahnt werden kann. So führt *Langenfeld* (Handbuch der Eheverträge und Scheidungsvereinbarungen, Rn. 943 ff.) beispielsweise an:

- Die junge Doppelverdienerehe mit Kinderwunsch (Ehevertragstypen: „Auflösend bedingter Ehevertrag" und „Die junge Ehe mit zeitanteiligem Ausschluss")
- Der begüterte Erbe (Ehevertragstyp: „Gegenständliche Herausnahme aus dem Zugewinnausgleich")
- Der Unternehmer (Ehevertragstypen: „Ehevertrag über die gegenständliche Herausnahme des Betriebsvermögens aus dem Zugewinnausgleich" und „Ehevertrag über Modifizierungen der Scheidungsfolgen, insbesondere des nachehelichen Unterhalts", außerdem „Ehevertrag auf Gütertrennung mit Ausschluss des Versorgungsausgleichs gegen Lebensversicherung und Herabsetzung der Unterhaltsquote")
- Die Partnerschaftsehe (Ehevertragstyp: „Ehe- und Erbvertrag der Partnerschaftsehe")
- Vertrag über vorzeitigen Zugewinnausgleich (Ehevertragstyp: „Erweiterter Zugewinnausgleich")
- Wiederverheiratung älterer Eheleute (Ehevertragstyp: „Ehevertrag Meine Kinder – Deine Kinder")
- Vertrag zur Versorgung der zweiten Ehefrau (Ehevertragstyp: „Ehevertrag über Wechsel in die Gütergemeinschaft")

**2.1 Ehevertragsgestaltung durch interessengerechte Eingriffe in die vorgegebenen Regelungsmechanismen.**

**a) Ausgangslage: „Ob" und „Wie" der Teilhabemechanismen.** Ohne ehevertraglichen Eingriff stellt das Gesetz bei Scheitern der Ehe drei Teilhabemechanismen zur Verfügung – Zugewinnausgleich, Versorgungsausgleich, nachehelicher Unterhalt. Alle drei Bereiche sind in den Jahren 2008 bzw. 2009 reformiert worden. Die Neuregelung des Versorgungsausgleichs war gesetzestechnisch aufwändig und mit grundlegenden Änderungen verbunden. Gravierendere Auswirkungen auf den Alltag der Betroffenen dürften allerdings die Korrekturen des Gesetzgebers im Unterhaltsrecht gebracht haben, nachdem der geänderte § 1570 BGB dem bisherigen „Altersphasenmodell" der Rechtsprechung den Todesstoß versetzt hat. Für alle drei Teilhabemechanismen legt das Gesetz zunächst fest, unter welchen Voraussetzungen sie anzuwenden sind. Darüber hinaus ist das „Wie" geregelt. Dazu werden Rechengrößen und Rechenregeln festgelegt, mit deren Hilfe das wirtschaftliche Ergebnis des Teilhabeanspruchs zu ermitteln ist.

**b) Ehevertragsgestaltung durch Eingriffe in das „Ob" und „Wie".** Ein „maßgeschneiderter" Ehevertrag, der die Vorstellungen der (künftigen) Eheleute über die Folgen eines Scheiterns ihrer Beziehung interessengerecht umsetzt, greift fast immer in einen oder mehrere der Teilhabemechanismen ein.

Dazu kann ihre Anwendung (für alle oder nur einzelne der vorgesehenen Fälle) ausgeschlossen werden, wodurch die Frage, *ob* es überhaupt eine Teilhabe gibt, abweichend von der gesetzlichen Vorgabe geregelt wird.

Alternativ oder kumulativ dazu sind Eingriffe in den Teilhabemechanismus möglich. Regelungen dazu betreffen dann das „Wie" seiner Anwendung. Hier lässt sich zB festlegen, dass bestimmte Parameter nicht mit ihrer tatsächlichen, sondern einer vertraglich fixierten Größe zu berücksichtigen sind. Die Modifizierung kann aber auch die

Rechenregeln betreffen, indem einzelne Komponenten – abweichend von der gesetzlichen Vorgabe – unberücksichtigt bleiben sollen oder die Teilhabequote geändert wird. Auch in das Berechnungsergebnis kann unmittelbar vertraglich eingegriffen werden, zB indem für die Zugewinnausgleichsforderung oder den monatlichen nachehelichen Unterhaltsanspruch ein Höchstbetrag festgelegt wird. Denkbar ist schließlich noch, vorrangig beim Zugewinnausgleich, eine Modifizierung des Erfüllungsmodus, also eine von der gesetzlichen Vorgabe (Geldzahlung, sofort fällig) abweichende Vereinbarung zu Inhalt und Zeitpunkt der geschuldeten Leistungshandlung zu treffen.

c) **Vorgehen bei Beratung und Gestaltung.** Um die Regelungsziele der Vertragspartner erkennen und umsetzen zu können, hat es sich bewährt, im ersten Schritt des Beratungsgesprächs die gesetzlichen Vorgaben zu skizzieren. Nicht selten werden dabei von den künftigen Ehevertragspartnern mitgebrachte Fehlvorstellungen aufgedeckt, nach deren Korrektur der vertragliche Eingriff in die Teilhabemechanismen weniger gravierend ausfallen soll.

**3. Notarielle Beurkundung.** Eheverträge (im Sinne einer Regelung der güterrechtlichen Verhältnisse) sind nur wirksam, wenn sie bei gleichzeitiger Anwesenheit beider Vertragspartner zur Niederschrift eines Notars (§§ 8 ff. BeurkG) geschlossen werden (§ 1410 BGB). Das schließt einen Vertragsschluss durch getrennte Angebots- und Annahmeurkunden aus, nicht jedoch – zumindest formal – die Mitwirkung eines Stellvertreters. Ohne direkte Kommunikation des Notars mit beiden Partnern erhöht sich das Risiko, dass der Vertrag später einer gerichtlichen Inhaltskontrolle nicht standhält. Das gilt zumindest für Regelungen, mit denen zu Lasten des Vertretenen erheblich von den gesetzlichen Vorgaben abgewichen wird.

Notariell beurkundet werden müssen auch Vereinbarungen zum Versorgungsausgleich, wenn sie vor Rechtskraft der Entscheidung über den Wertausgleich bei der Scheidung geschlossen werden (§ 7 VersAusglG), sowie Vereinbarungen zum nachehelichen Ehegattenunterhalt, die vor Rechtskraft der Ehescheidung geschlossen werden (§ 1585c S. 2 BGB). Soweit sie nicht Teil eines Vertrages sind, dessen übrige Inhalte die gleichzeitige Anwesenheit beider Partner erforderlich macht, ist der Abschluss solcher Vereinbarungen jedoch durch sukzessive Beurkundung von Angebot und Annahme möglich.

**4. Rolle des Notars.**

**4.1 Vertragsschluss ohne anwaltliche Mitwirkung.** Der Notar ist unabhängiger und unparteiischer Betreuer der Beteiligten (§ 14 Abs. 1 S. 2 BNotO). Seine Neutralitätspflicht drängt ihn jedoch nicht in die Rolle des passiven Beobachters und Protokollanten. Sie wird vielmehr von seiner vorrangigen Pflicht zur Sachverhaltsaufklärung (§ 17 Abs. 1 BeurkG) überlagert: Indem der Notar beide Parteien über mögliche Risiken und Nebenwirkungen der beabsichtigten Vereinbarung aufklärt, schafft er die Grundlage für eine fehlerfreie Willensbildung und gleicht ein etwaiges Informationsgefälle aus. Von einer solchen umfassenden Aufklärung profitieren beide Vertragspartner: Auch dann ist zwar nicht ausgeschlossen, dass ein Beteiligter auf einen Vertragsinhalt drängt, welcher ihn einseitig begünstigt. Seinem nun umfassend informierten Partner können grob nachteilige Vertragsbedingungen jedoch nur noch diktiert werden, wenn er sie aufgrund einer anderweitig verursachten Unterlegenheit akzeptieren muss, insbesondere einer wirtschaftlichen Abhängigkeit. Da eine strukturelle Unterlegenheit eines Beteiligten nach § 138 BGB zur Unwirksamkeit der darauf beruhenden Vereinbarungen und sogar des gesamten Vertrages führen kann, wird der Notar seine Bedenken gemäß § 17 Abs. 2 BeurkG in der Urkunde dokumentieren, in eindeutigen Fällen sogar die Beurkundung ablehnen (§ 4 BeurkG). Gut aufgeklärte Partner können demgegenüber einen Vertragsinhalt anstreben, der auch die Interessen des unterlegenen Partners angemessen berücksichtigt und dadurch im Scheidungsfall einer gerichtlichen Wirksamkeitskontrolle standhält. Die notarielle Berufspflicht, Sachverhalt und Parteiwillen aufzuklären, ist die Grundlage für eine faire Vertragsgestaltung. Die Rechtsprechung zur Inhaltskontrolle notarieller Eheverträge wurde erst erforderlich, weil in Einzelfällen mit dieser Pflicht nachlässig umgegangen worden war (→ Anm. 5). Im Hinblick auf eine solche Inhaltskontrolle sollte das Verfahren vor und während der Beurkundung eine „subjektive Imparität“ vermeiden. Die Vorbesprechung sollte mit beiden Partnern erfolgen, jeder von ihnen sollte einen Vertragsentwurf erhalten und im Termin den Urkundentext mitlesen können (*Reetz*, NotBZ 2018, 161 (164)).

**4.2 Vertragsschluss unter anwaltlicher Mitwirkung.** Anders als bei Scheidungsfolgenvereinbarungen ist es beim vorsorgenden Ehevertrag nur selten zu beobachten, dass beide Partner anwaltlich vertreten werden. Häufig wird der Notar jedoch damit beauftragt, einen Ehevertrag zu beurkunden, der bereits von dem Anwalt eines der beiden Partner entworfen worden ist. Die Aufklärungs- und Informationspflicht des Notars wird dadurch nicht abgeschwächt – im Gegenteil. Denn anders als der Notar ist der Rechtsanwalt ausschließlich seinem Auftraggeber verantwortlich. § 43a Abs. 4 BRAO untersagt es ihm, widerstreitende Interessen wahrzunehmen. Dem nicht anwaltlich vertretenen Vertragspartner muss diese Ausgangslage deutlich gemacht werden. Aufgabe des Notars ist es dann, ein etwaiges Informationsgefälle auszugleichen und beiden Partner zu verdeutlichen, an welcher Stelle der vom Anwalt vorgeschlagene Vertragsinhalt zum Nachteil „der Gegenseite“ von der gesetzlichen Ausgangslage abweicht.

**5. Grundsätze der richterlichen Inhaltskontrolle vorsorgender Eheverträge.**

**5.1 Grenzen der Privatautonomie.** Die Möglichkeit einer richterlichen Inhaltskontrolle von Eheverträgen beschränkt die Vertragsfreiheit. Dennoch ist sie erforderlich, um eben diese Vertragsfreiheit verfassungskonform zu gewährleisten. Das BVerfG hat die Grundlagen dafür 2001 in zwei Beschlüssen geschaffen (6.2.2001, FamRZ 2001, 343 = NJW 2001, 957 = DNotZ 2001, 222, und 29.3.2001, FamRZ 2002, 985 = DNotZ 2001, 708) und ihre Umsetzung der Zivilgerichtsbarkeit zugewiesen. Die Methodik, wie eine Inhaltskontrolle von Eheverträgen vorgenommen werden soll, hat dann der BGH im Urteil vom 11.2.2004 (BGHZ 158, 81 = FamRZ 2004, 601 = NJW 2004, 930) ausgearbeitet und seither in etlichen Folgeentscheidungen präzisiert und gefestigt. Verfassungsrechtlicher Ansatzpunkt ist der Gedanke, dass das Selbstbestimmungsrecht des Einzelnen sich auch in seiner Freiheit, Verträge abzuschließen, ausdrückt. Aufgabe des Rechts sei es deshalb, zu verhindern, dass die Selbstbestimmung eines Vertragspartners sich in eine Fremdbestimmung verkehre. Diese Gefahr besteht, wenn die Verhandlungspositionen so ungleich sind, dass ein Partner den Vertragsinhalt faktisch einseitig bestimmen könne. Eine solche „strukturelle Unterlegenheit“ des anderen Partners, die „Disparität bei Vertragsschluss“, kann ein subjektbezogener Begleitumstand sein, der die Unwirksamkeit des gesamten Vertrages bewirken kann. Die verfassungsrechtliche Wertung wird dabei über die „Einbruchstelle der Generalklauseln“ (hier: Sittenwidrigkeit nach § 138 BGB) ins Zivilrecht transportiert. Objektiv kann diese Wertung erforderlich sein, wenn der Vertragsinhalt dem einen Partner die Lasten evident einseitig aufbürdet. Nicht jede Abweichung von der gesetzlichen Vorgabe, insbesondere von den Teilhabemechanismen im Scheidungsfall, führt jedoch gleich zu der notwendigen „unangemessenen Benachteiligung“ – andernfalls würden die gesetzlichen Folgen einer Ehescheidung ja der Privatautonomie entzogen. Oder – überspitzt formuliert – die Vertragsfreiheit würde beim Abschluss von Eheverträgen vor einem einseitigen Missbrauch geschützt, indem man sie für diesen Bereich vollständig abschafft. Der BGH hat die verschiedenen Scheidungsfolgen in seiner „Kernbereichslehre“ auf verschiedenen Stufen eingeordnet und ihnen dadurch unterschiedliches Gewicht zugewiesen: Im Zentrum des Kernbereichs und deshalb besonders geschützt ist der Unterhalt wegen Kindesbetreuung (§ 1570 BGB). Denn eine einseitige Lastenaufbürdung (idR durch kompensationslosen Verzicht) benachteiligt nicht nur den später bedürftigen Vertragspartner, sondern gefährdet zusätzlich das Wohl des gemeinsamen Kindes. Auf der zweiten Stufe finden sich der Unterhalt wegen Alters

(§ 1571 BGB) oder Krankheit (§ 1572 BGB) sowie der Versorgungsausgleich. Die dritte Stufe wird durch den Unterhalt wegen Erwerbslosigkeit (§ 1573 Abs. 1 BGB) gebildet. Aufstockungs- und Ausbildungsunterhalt (§ 1573 Abs. 2 bzw. § 1575 BGB) bilden die vierte und letzte Stufe des Kernbereichs der Scheidungsfolgen. Den Anspruch auf Kranken- und Altersvorsorgeunterhalt siedelt der BGH (FamRZ 2005, 1449 = NJW 2005, 2391 = DNotZ 2005, 857 (858); NJW 2005, 2386 (2388) = DNotZ 2005, 853) als Bestandteil des Lebensbedarfes auf der jeweiligen Stufe des Elementarunterhaltes an, wenn mit ihm ehebedingte Nachteile ausgeglichen werden sollen. In der Grundlagenentscheidung vom 11.2.2004 hatte er noch eine eigene Stufe zwischen Unterhalt wegen Erwerbslosigkeit sowie Aufstockungs- und Ausbildungsunterhalt eingenommen.

**5.2 Inhaltskontrolle = Wirksamkeitskontrolle + Ausübungskontrolle.** Die richterliche Inhaltskontrolle eines Ehevertrages soll verhindern, dass eine in ihm vereinbarte Rechtsfolge angewandt wird, die einen der Partner unangemessen benachteiligt. Dabei sind zwei Abschnitte der Prüfung zu unterscheiden:

a) **Wirksamkeitskontrolle (§ 138 BGB).** Sie knüpft zeitlich an die Umstände bei Vertragsabschluss an und kann dazu führen, dass einzelnen Vereinbarungen oder sogar dem gesamten Vertrag wegen Sittenwidrigkeit die Anerkennung versagt werden. Die Prüfung erfolgt in drei Schritten:

**(1) Sind einzelne Klauseln unwirksam?** Zunächst ist jede Klausel im Ehevertrag isoliert daraufhin zu prüfen, ob sie eine sittenwidrige Benachteiligung eines Partners beinhaltet. In seiner Grundlagenentscheidung vom 11.2.2004 hat der BGH die objektiven und subjektiven Kriterien für die Sittenwidrigkeit einer ehevertraglichen Vereinbarung zusammengefasst: **Objektiv** muss sie eine evident einseitige und unzumutbare Belastung mit sich bringen. Das setzt zum einen voraus, dass sie in den geschützten Kernbereich des Scheidungsfolgenrechts eingreift und die Nachteile weder kompensiert werden noch aufgrund anderer Umstände (insbes. Einkommens- und Vermögensverhältnisse, den geplanten oder bereits verwirklichten Zuschnitt der Ehe sowie die Auswirkungen auf die Ehegatten und auf die Kinder) gerechtfertigt sind. **Subjektiv** sind *„die von den Ehegatten mit der Abrede verfolgten Zwecke sowie die sonstigen Beweggründe zu berücksichtigen, die den begünstigten Ehegatten zu seinem Verlangen nach der ehevertraglichen Gestaltung veranlasst und den benachteiligten Ehegatten bewogen haben, diesem Verlangen zu entsprechen.“* (BGHZ 158, 81 = FamRZ 2004, 601 = NJW 2004, 930) Nicht ausdrücklich wird dabei vom BGH auf die Umstände abgestellt, unter denen der Vertrag geschlossen wird. Gleichwohl spielen diese hier eine wichtige Rolle, begründet eine ungleiche Verhandlungsposition doch womöglich die Disparität bei Vertragsschluss, welche zur Sittenwidrigkeit führen kann. Derartige Umstände können zB sein:

- Schwangerschaft der Verlobten und Vertragsschluss kurz vor der Hochzeit; die Schwangerschaft indiziert dabei die ungleiche Verhandlungsposition (BGH FamRZ 2005, 1444 = NJW 2005, 2386 (2389): Vertragsschluss zwei Tage vor Eheschließung. Folge: Gesamtnichtigkeit. BGH FamRZ 2009, 1041 = NJW 2009, 2124: Ausschluss des Versorgungsausgleichs unwirksam, weil vorübergehende Aufgabe der Erwerbstätigkeit durch künftige Ehefrau vorgesehen war, Vertragsschluss einen Tag vor Eheschließung, Gesamtnichtigkeit offen gelassen. BGH FamRZ 2008, 2011 = NJW 2008, 3426: Nichtigkeit des kompensationslosen Versorgungsausgleichsausschlusses bei geplantem Ausscheiden der künftigen Ehefrau aus dem Erwerbsleben; Gesamtnichtigkeit aufgrund Gesamtwürdigung, weil Verlobte bei Vertragsschluss im neunten Monat schwanger war und den Vertragstext erstmals in der Beurkundung erhalten hatte).
- Unzureichende Erwerbsperspektive bei Vertragsschluss aufgrund der konkreten Ausgangslage (OLG Brandenburg BeckRS 2009, 12056: Vertragsschluss kurz nach Geburt des gemeinsamen Kindes und Berufsunfähigkeit der Ehefrau aufgrund 50 %iger Schwerbehinderung. OLG Hamm FamRZ 2009, 1678: Ehefrau war bei Vertragsschluss arbeitslos und betreute die gemeinsame 18 Monate alte Tochter).

- Drohende Ausweisung der Verlobten mit ausländischer Staatsangehörigkeit (BGH FamRZ 2007, 1157: Globalverzicht auf sämtliche Teilhabemechanismen – Gesamtnichtigkeit).

Ergebnis der isolierten Bewertung der Einzelklauseln kann sein, dass alle, einzelne oder keine für sich betrachtet sittenwidrig sind. Das Ergebnis ist für den zweiten Prüfungsschritt bedeutsam.

(2) **Infiziert eine nichtige Klausel die übrigen?** Eine wegen Sittenwidrigkeit unwirksame Vertragsbedingung kann nicht auf ihren gerade noch zulässigen Inhalt eingeschränkt werden. Der BGH hat in seiner Entscheidung vom 11.2.2004 eine „geltungserhaltende Reduktion" ausgeschlossen. Davon zu trennen ist die Frage, ob eine nichtige Vereinbarung im Ehevertrag dessen übrige, für sich nicht zu beanstandende Regelungen „infiziert" oder ob es mit einer Teilnichtigkeit des Ehevertrages sein Bewenden haben kann und dessen übrige Bestimmungen somit gültig bleiben. Der BGH hat die Möglichkeit anerkannt, die Auslegungsregel des § 139 BGB („Teilnichtigkeit führt im Zweifel zur Gesamtnichtigkeit") durch salvatorische Klauseln abzubedingen (BGH FamRZ 2005, 1444 (1447) mAnm *Bergschneider* = NJW 2005, 2386 (2387); FamRZ 2013, 269 = NJW 2013, 457 Rn. 31: Gütertrennung bleibt wirksam, obwohl Unterhaltsverzicht und Versorgungsausgleichsausschluss unwirksam waren). Bleibt eine (möglicherweise) unwirksame Klausel bei der Vertragsdurchführung konkret ohne Bedeutung, kann aus ihr nicht die Nichtigkeit der übrigen hergeleitet werden (OLG Jena RNotZ 2010, 469 = NJW-RR 2010, 649: Verzicht auf Betreuungsunterhalt).

(3) **Ist der Ehevertrag insgesamt nichtig, obwohl alle Klauseln isoliert betrachtet wirksam sind?** Selbst wenn jede Einzelklausel der isolierten Prüfung standgehalten hat, kann sich die Sittenwidrigkeit des gesamten Vertrages durch das Zusammenwirken der einzelnen Regelungen ergeben (*Münch* DNotZ 2005, 819 (822); OLG Köln RNotZ 2010, 55). Der Ehevertrag erweist sich dann aufgrund einer Gesamtwürdigung als *„insgesamt sittenwidrig, wenn das Zusammenwirken aller ehevertraglichen Einzelregelungen erkennbar auf die einseitige Benachteiligung eines Ehegatten abzielt"* (BGH FamRZ 2005, 1444 = NJW 2005, 1370; FamRZ 2008, 2011 = NJW 2008, 3426; FamRZ 2013, 195 = NJW 2013, 380 Rn. 22; FamRZ 2013, 269 = NJW 2013, 457 Rn. 26). Das Verdikt der Sittenwidrigkeit beruht in einem solchen Fall somit auf einem Kriterium, das zusätzlich zu den unbeanstandeten Klauseln Bestandteil des Vertrages ist. Das Gesamtbild, welches der Ehevertrag abgibt, bringt also „das Fass zum Überlaufen", obwohl doch die einzelnen Regelungen darin noch Platz gehabt hätten. Bei einer auf diese Weise festgestellten Gesamtnichtigkeit des Vertrages sind salvatorische Klauseln nutzlos (BGH FamRZ 2006, 1097 (1098) = NJW 2006, 2331; FamRZ 2008, 2011 = NJW 2008, 3426; FamRZ 2013, 269 = NJW 2013, 457 Rn. 31). Der BGH begründet das damit, dass sie dann im Interesse des begünstigten Ehegatten die Funktion erfüllen sollen, den Restbestand des Vertragswerkes, das dem benachteiligten Partner aufgedrängt worden ist, so weit wie möglich abzusichern. Damit spiegelt aber auch die salvatorische Klausel selbst die gestörte Vertragsparität wider, auch sie ist Ergebnis der ungleichen Verhandlungspositionen und daher unwirksam.

b) **Ausübungskontrolle (§ 242 BGB).** Regelungen, welche die Hürde der Wirksamkeitskontrolle erfolgreich genommen haben, können im zweiten Abschnitt richterlicher Inhaltskontrolle korrigiert werden. Erforderlich wird eine solche Ausübungskontrolle insbesondere dann, wenn und soweit die tatsächliche Gestaltung der ehelichen Lebensverhältnisse von derjenigen ursprünglichen Lebensplanung abweicht, welche die Ehegatten dem Ehevertrag zu Grunde gelegt haben (BGH FamRZ 2011, 1377 = NJW 2011, 2969; FamRZ 2013, 269 = NJW 2013, 457 Rn. 34). Das Gericht hat dann zu prüfen, ob die Regelung nun, also nach Scheitern der Ehe, zu einer evident einseitigen, unzumutbaren Lastenverteilung führt. Ist das der Fall, ist es dem durch sie begünstigten Vertragspartner nach Treu und Glauben (§ 242 BGB) verwehrt, sich auf diese Bestimmung zu berufen. Die Vertragsbestimmung wird dadurch allerdings nicht unwirksam, so dass sich die

Rechtsfolgen auch nicht nach den gesetzlichen Vorgaben bestimmen. Stattdessen sind diese, weil die Geschäftsgrundlage durch die unerwartete Entwicklung der familiären und wirtschaftlichen Rahmenbedingungen gestört worden ist, durch das Gericht anzupassen (§ 313 BGB). Dabei hat es diejenige Rechtsfolge anzuordnen, welche den berechtigten Belangen beider Parteien in der eingetretenen Situation in ausgewogener Weise Rechnung trägt. Vorgabe ist dabei einerseits, dass ehebedingte Nachteile auszugleichen sind. Andererseits darf die Anpassung jedoch nicht dazu führen, dass der durch den Ehevertrag benachteiligte Partner nun besser gestellt wird, als er ohne Ehe und die damit verbundenen Änderungen seiner Erwerbsmöglichkeiten stehen würde. Das Ergebnis des (ohne Ehevertrag anzuwendenden) gesetzlichen Teilhabemechanismus bildet dabei stets die Obergrenze einer möglichen Anpassung (BGH FamRZ 2013, 770 = NJW 2013, 1359 Rn. 22 zum Versorgungsausgleich). Zu den Folgeproblemen, die für das Gericht mit diesem „Gestaltungsauftrag“ verbunden sind, → Form. IX.3 Anm. 1.

**6. Ausschluss des Zugewinnausgleichs als interessengerechte Gestaltung.**

**6.1 Streitanfälligkeit der gesetzlichen Vorgabe.** Bei einem Scheitern der Ehe ist das Risiko von zeit- und kostenintensiven Streitigkeiten groß, falls der Zugewinnausgleich durchgeführt werden muss. Dafür gibt es mehrere Ursachen:

a) **Subjektiv.** Wird die Zugewinngemeinschaft durch gerichtliche Entscheidung (Ehescheidung, seltener vorzeitige Aufhebung nach § 1385 BGB, praktisch nie Eheaufhebung) beendet, bewertet der Ausgleichspflichtige seine Zahlungspflicht oft als „unnütze Investition“ in eine bereits gescheiterte Partnerschaft. Erwächst daraus der Wunsch, sich der Verpflichtung soweit wie möglich zu entziehen, ist Streit vorprogrammiert.

b) **Objektiv.** Ergebnis des Zugewinnausgleichs ist eine Geldforderung. Ihre Höhe entspricht der Hälfte der Differenz, um die der Zugewinn des einen Partners den des anderen übersteigt (§ 1378 Abs. 1 BGB). Der Zugewinn ist für jeden Ehepartner getrennt zu berechnen, und zwar nach der durch § 1373 BGB vorgegebenen Kurzformel *„Endvermögen minus Anfangsvermögen“*. Um die Rechengrößen zu ermitteln, sind zwei Schritte erforderlich, die beide problematisch sind und ein hohes Streitpotenzial besitzen:

**(1) Der Nachweis des Anfangsvermögens.**

**Das Problem.** § 1377 Abs. 3 BGB vermutet, dass das Endvermögen zugleich den Zugewinn darstellt, also weder reales noch fiktives Anfangsvermögen vorhanden war. Wurde (wie im Regelfall) kein Vermögensverzeichnis erstellt, muss jeder Ehegatte nachweisen, welches Anfangsvermögen er gehabt hat, um das Ergebnis des Zugewinnausgleichs zu seinen Gunsten zu beeinflussen. Erschwert wird der Nachweis des Anfangsvermögens dadurch, dass es aus zwei Komponenten besteht: Zum einen aus dem *realen Anfangsvermögen,* also dem Wert dessen, was vom jeweiligen Partner tatsächlich „in die Ehe mitgebracht“ hat. Zum anderen aus dem *fiktiven Anfangsvermögen* iSd § 1374 Abs. 2 BGB, wonach auch der Wert bestimmter, erst während der Ehe erworbener Vermögenspositionen als Anfangsvermögen behandelt wird. *Negatives Anfangsvermögen* erhöht demgegenüber den Zugewinn. Seit 1.9.2009 sind Schulden gemäß § 1374 Abs. 3 BGB über die Höhe des Vermögens hinaus abzuziehen, so dass nunmehr der Schuldenabbau während der Ehe nicht vom anderen Partner im Zugewinnausgleich gebüßt werden muss. Die vor der Gesetzesänderung notwendige Vereinbarung eines negativen Anfangsvermögens ist deshalb nicht mehr erforderlich. Die Beweislast für negatives Anfangsvermögen liegt bei dem Partner, für den dieser Umstand günstig ist (*Hoppenz* FamRZ 2008, 1889 (1891)).

**Vermögensverzeichnis als Lösungsansatz.** Wird ein Vermögensverzeichnis über das Anfangsvermögen errichtet, entfällt im Zugewinnausgleich die Notwendigkeit, nachzuweisen, dass bestimmte Vermögensgegenstände dem (realen oder fiktiven) Anfangsvermögen zuzuordnen sind. Denn § 1377 Abs. 1 BGB stellt (im Verhältnis der Eheleute zueinander) die Vermutung auf, ein gemeinsam errichtetes Verzeichnis über das Anfangsvermögen sei inhaltlich richtig. Die zugunsten der Gläubiger eines Ehepartners geltende

Eigentumsvermutung des § 1362 Abs. 1 BGB („Schuldnerehegatte = Eigentümer") wird durch das Vermögensverzeichnis nicht beeinflusst.

In ein nach § 1377 Abs. 1 BGB zu errichtendes Vermögensverzeichnis sind „Bestand und Wert" der jeweils vorhandenen Vermögensgegenstände aufzunehmen. Für die Praxis empfehlenswert ist es, stattdessen im Ehevertrag direkt und ausschließlich die Höhe des jeweiligen realen Anfangsvermögens verbindlich festzulegen. Der damit verbundene Aufwand ist erheblich geringer, spätere Streitigkeiten aber zuverlässig ausgeschlossen. Die bloße Auflistung ohne Wertangaben (so *Langenfeld,* Handbuch der Eheverträge und Scheidungsvereinbarungen, Rn. 500 ff.) beugt nur einem späteren Streit über den Vermögensbestand vor; das Bewertungsproblem bleibt dabei ungelöst.

**(2) Das Bewertungsproblem.**

End- und Anfangsvermögen sind bei Berechnung des Zugewinns jeweils mit einem Geldbetrag anzusetzen. Mit Ausnahme von Geld und Gegenständen, für die zum maßgebenden Stichtag ein objektiv festgesetzter Markt- oder Börsenkurs gilt, müssen deshalb alle Vermögensgegenstände bewertet werden. Der Bewertungsvorgang ist eine häufige Ursache für zeitraubende und kostspielige Streitigkeiten. § 1376 BGB gibt, außer für land- und forstwirtschaftliche Betriebe (§ 1376 Abs. 4 BGB: Ertragswert), keine Bewertungsregeln vor. Einigkeit besteht jedoch darüber, dass für alle anderen Vermögensgegenstand der Verkehrswert zu ermitteln ist (zB BGHZ 70, 224; 75, 195 (199); MüKoBGB/*Koch* BGB § 1376 Rn. 8; Palandt/*Brudermüller* BGB § 1376 Rn. 3; Staudinger/*Thiele* BGB § 1376 Rn. 10 ff.). Dort wo es kein einheitlich anerkanntes Bewertungsverfahren gibt, wie insbesondere bei Unternehmen und Beteiligungen daran, ist im Konfliktfall nur selten mit einer schnellen und günstigen Lösung zu rechnen. Vgl. zur Unternehmensbewertung → Form. IX.2 Anm. 1.5.

**6.2 Streitanfälligkeit der modifizierten Zugewinngemeinschaft.**

**a) Klassischer Ansatz der Modifizierung.** Ehevertragliche Modifizierungen der Zugewinngemeinschaft greifen in das „ob" und/oder das „wie" des gesetzlich vorgegebenen Teilhabemechanismus ein. Bei Eingriffen in das „ob" wird vereinbart, dass der Zugewinnausgleich in einzelnen oder allen gesetzlich vorgesehenen Fällen nicht durchgeführt wird. Bei Eingriffen in das „wie" wird der Zugewinnausgleich durchgeführt, die ehevertraglichen Vereinbarungen sollen das Berechnungsergebnis beeinflussen. Dazu werden (kumulativ oder alternativ) die Berechnungsregeln oder einzelne Rechengrößen geändert, indem für sie ein Wert festgesetzt oder das Verfahren für ihre Ermittlung modifiziert wird. Möglich sind außerdem Vereinbarungen zum Erfüllungsmodus, die den gesetzlich vorgegebenen Inhalt oder den Zeitpunkt der Leistungshandlung („sofort fällige Geldzahlung") ändern. Hinzu kommt regelmäßig ein teilweiser oder vollständiger Ausschluss der in den §§ 1365, 1369 BGB festgelegten Verfügungsbeschränkungen.

**b) Nachweis- und Bewertungsprobleme bleiben.**

Bei Modifizierung des „wie", also bei Vereinbarungen zu Berechnungsmodus oder Rechengrößen wird der Zugewinnausgleich durchgeführt, wenn auch nach geänderten Regeln. Muss der Wert von Anfangs- und/oder Endvermögen weiterhin ermittelt werden, bleiben die damit verbundenen Nachweis- und Bewertungsprobleme bestehen. Das Streitpotenzial wird durch eine solche Modifizierung bestenfalls vermindert, nicht aber vollständig beseitigt. Bei Modifizierung des „ob" wird die Durchführung des Zugewinnausgleichs für (mindestens) einen gesetzlichen Auslöser ausgeschlossen. Tritt dieser Auslöser später ein, findet kein Ausgleich statt, so dass auch kein Streit über sein konkretes Ergebnis entstehen kann. Schließt man den Zugewinnausgleich vollständig, also für alle gesetzlichen Auslösetatbestände, aus, beseitigt man das systemimmanente Streitpotenzial vollständig. Mit ihm allerdings auch die Teilhabegerechtigkeit.

**7. Das „Ein-Topf-Modell“ als Alternativgestaltung** (*Kornexl*FamRZ 2011, 692).
In einer intakten Partnerschaft wird häufig „aus einem Topf“ gewirtschaftet. Viele Paare empfinden dies als natürliche Folge des gegenseitigen Vertrauens, ohne sich dabei mit Gedanken über die juristischen Zusammenhänge zu belasten. Ein gemeinschaftliches „Haushaltskonto“, auf welches beide Partner – je nach ihren finanziellen Möglichkeiten – monatlich ihren Beitrag zum Familienunterhalt einzahlen, ist in der Praxis eher die Regel als die Ausnahme. Weist das Haushaltskonto am Monatsende einen Überschuss aus, bleibt dieser entweder stehen, um das Budget des kommenden Monats zu erhöhen. Oder er wird gespart, mit ihm wird also eine Rücklage gebildet. Damit dient er der Vermögensbildung, die idealerweise beiden Partnern zugutekommt, wozu häufig das Konto oder Depot, auf dem der Überschuss landet, im Miteigentum steht. Dieses (meist ohne vertragliche Grundlage gelebte) Modell kann man sich zunutze machen, um das Konfliktpotenzial der „klassischen“ Modifizierungen zu vermeiden. Beim „Ein-Topf-Modell“ wird zunächst der Zugewinnausgleich für den Scheidungsfall ausgeschlossen. Dennoch werden Risiken und Chancen für die Vermögensbildung zwischen beiden Partnern fair verteilt. Denn sie kompensieren ehevertraglich den beiderseitigen Verzicht auf den Teilhabemechanismus Zugewinnausgleich bei Scheitern der Ehe, indem sie gleichzeitig ihre gesetzliche Verpflichtung zum Familienunterhalt (§§ 1360 ff. BGB) konkretisieren.

**8. Kompensation des Verzichts auf Zugewinnausgleich im Scheidungsfall.**
**8.1 Einrichten eines „Haushaltskontos“.** Dazu wird zunächst vereinbart, dass jeder Partner seinen in Geld zu leistenden Beitrag zum Familienunterhalt monatlich auf ein (schon bestehendes oder noch einzurichtendes) gemeinschaftliches Oder-Konto einzuzahlen hat.
**8.2 Vereinbarung zum „Input“: Umfang der Einzahlungspflichten.** Müsste dabei jeder Partner sämtliche Einkünfte, unabhängig von deren Art und Umfang, auf das Haushaltskonto leisten, würde im Ergebnis der Halbteilungsgrundsatz beibehalten und lediglich (konfliktfrei) während der intakten Ehe ausgeführt. Bei unterschiedlicher Höhe der zu erwartenden Einkünfte ist allerdings oft eine Abweichung vom Halbteilungsprinzip interessengerecht und gewollt: Abhängig von den konkreten Verhältnissen der Partner lässt sich die Einzahlungspflicht auf einzelne der in § 2 Abs. 1 Nr. 1–7 EStG angeführten Einkunftsarten beschränken. Auf diese Weise können zB Erträge aus realem oder fiktivem Anfangsvermögen ganz oder teilweise ausgeklammert werden, insbesondere Gesellschaftsbeteiligungen, bestimmte Geldanlagen oder Mieteinnahmen. Die Einzahlungspflicht kann stattdessen auf einen bestimmten Prozentsatz der jeweiligen Einkünfte oder auf eine (wertgesicherte!) Obergrenze begrenzt werden. Die einzelnen Varianten lassen sich dabei auch interessengerecht miteinander kombinieren, so dass eine „maßgeschneiderte“ Vereinbarung erreicht werden kann.
**8.3 Vereinbarung zum „Output“: Verwendung der einbezahlten Mittel.** Von den einbezahlten Mitteln ist der gesamte angemessene Familienunterhalt im Sinne des § 1360a BGB zu bestreiten. Um nachträglichen Streit über einzelne Ausgaben zu vermeiden, beinhaltet die Vereinbarung einen Zuordnungsmechanismus: Wenn nicht innerhalb einer Frist widersprochen worden ist, erstarkt die vereinbarte Vermutung, dass die Ausgabe zum angemessenen Familienunterhalt gezählt hat, zur unwiderlegbaren Fiktion. Die eigentliche Kompensation (und damit die faire Teilhabe am Vermögenszuwachs) erfolgt am Monatsende. Jeder Partner ist nun berechtigt, die Hälfte eines etwa vorhandenen Überschussbetrages zur Vermögensbildung zu entnehmen. Stattdessen kann auch vereinbart werden, dass er auf ein gemeinschaftliches Konto zu überweisen ist, dessen Guthaben beiden Partnern je zur Hälfte zusteht. Auch längere Intervalle bis zur Überschussverteilung (zB zum Quartals-/Halbjahres- oder Jahresende) können festgelegt werden.

**9. Mögliche Ansätze für Kritik.**

**9.1 Verkappter „fliegender Zugewinnausgleich" mit extrem kurzen Intervallen?**

a) **Exkurs: Die „Sackgasse" des „fliegenden Zugewinnausgleichs".** Bei diesem Gestaltungsmodell handelte es sich um eine *„gedachte Güterstandsschaukel":* In regelmäßigen Abständen sollte der Zugewinnausgleich für den gerade abgelaufenen Zeitraum ermittelt und geleistet werden. Anders als bei einer *„echten Güterstandsschaukel"* (→ Form. IX.5) wurde jedoch darauf verzichtet, dazu den Güterstand jedes Mal tatsächlich zu beenden und wieder neu zu begründen. Der BFH (FamRZ 2006, 1670) hat dieser Gestaltung nicht das „Zugewinnprivileg" des § 5 Abs. 2 ErbStG zugebilligt. Die Zahlungen, die beim „fliegenden Zugewinnausgleich" an den anderen Ehegatten fließen, sind als freigiebige Zuwendung und damit als schenkungsteuerpflichtig zu qualifizieren (so bereits die ErbStR 2003 in 12 Abs. 3). Denn die Frage, ob sich der Leistende durch seine Zahlungen womöglich von einer *künftigen* Ausgleichsforderung befreit hat, ist für den BFH irrelevant: Da ungewiss ist, ob diese Forderung im Scheidungsfall tatsächlich entstehen wird, handelt es sich um eine bloße Erwerbschance, die nicht in Geld veranschlagt werden kann.

b) **Vergleichbarkeit mit dem „Ein-Topf-Modell"?** Der Einwand liegt nahe, dass man das „Ein-Topf-Modell" als eine besonders schnell gelebte Variante des „fliegenden Zugewinnausgleichs" betrachten und steuerlich genauso behandeln könnte. Es fehlt jedoch schon an der *wirtschaftlichen Vergleichbarkeit,* falls (was meist sinnvoll und gewollt ist) die Einzahlungspflicht nur einen Teil der beiderseitigen Einkünfte erfasst. Die *rechtliche* Grundlage der Zahlungspflicht ist mit dem Familienunterhalt ohnehin eine völlig andere.

**9.2 Schenkungsteuerpflicht für die entnommenen Beträge?**

a) **Kein „Zugewinnprivileg".** Die nach § 5 Abs. 2 ErbStG steuerlich privilegierte Ausgleichsforderung entsteht erst, wenn der Zugewinnausgleich durchgeführt worden ist. Beim „Ein-Topf-Modell" wird dieser Teilhabemechanismus jedoch als Ganzes ausgeschlossen. Er kann somit nicht der Rechtsgrund für die Vermögensmehrungen sein, welche der Partner mit der geringeren „Inputleistung" durch Entnahme des Überschusses vom „Haushaltskonto" womöglich erhält. Wie beim „fliegenden Zugewinnausgleich" sind sie zwar wirtschaftlich als Kompensation für den Ausschluss des Zugewinnausgleichs gewollt. Das genügt jedoch nicht, um das „Zugewinnprivileg" des § 5 Abs. 2 ErbStG auf sie anwenden zu können. Stattdessen sind sie als „freigiebig" iSd § 7 Abs. 1 Nr. 1 ErbStG und damit grundsätzlich als schenkungsteuerpflichtig zu qualifizieren (BFH FamRZ 2007, 1812).

b) **Schenkungsteuerliches „Unterhaltsprivileg"?** Dem „Ein-Topf-Modell" liegt eine Vereinbarung zum Familienunterhalt zugrunde. Für Unterhaltsleistungen gelten im Schenkungsteuerrecht wiederum besondere Regeln: Einerseits sind Zuwendungen zum Zwecke des angemessenen Unterhalts nach § 13 Abs. 1 Nr. 12 ErbStG von der Schenkungsteuer befreit. Die Befreiung gilt somit nicht nur für das gesetzlich geschuldete Minimum. Solange der Mehrbetrag nach den konkreten Lebensumständen noch angemessen ist, ist auch er befreit. Andererseits muss es sich um regelmäßig wiederkehrende Leistungen handeln, die für den Lebensunterhalt bestimmt sind. Leistungen zur Vermögensbildung sind demgegenüber unterhaltsrechtlich nicht geschuldet (BFH NJW 1966, 2401 für den Erwerb eines Eigenheims). Ebenso wenig greift die Befreiung, wenn eine Unterhaltsvereinbarung nur dazu bestimmt ist, eine aus anderen Gründen gewollte Schenkung zu verschleiern oder zu verdecken (BFH BStBl. II 1972, 43; BStBl. II 1968, 239 (240)).

Die Qualifikation einer Leistung als „Unterhalt" erfolgt nicht danach, wozu sie der Empfänger konkret verwendet hat. Entscheidend sind vielmehr Höhe und Zweck der Leistung: Solange die einbezahlten Beträge den ehelichen Lebensverhältnissen angemessen sind und Unterschiede noch durch das arbeitsteilige Zusammenwirken der Partner gerechtfertigt ist, liegt keine steuerpflichtige Zuwendung vor. Das gilt selbst dann, wenn ein Teil der Unterhaltsleistung vom Empfänger gespart oder anderweitig zweckentfremdet wird. Nicht der „Output", sondern der „Input" entscheidet darüber, ob eine Zahlung als angemessener Unterhalt zu qualifizieren ist. Unschädlich ist es für das schenkungsteuerliche Unterhaltsprivileg auch, wenn sich der finanzielle Beitrag beider Partner zum Familienunterhalt unterscheidet. Das arbeitsteilige Zusammenwirken in der ehelichen Lebensgemeinschaft verlangt keine identischen Beiträge, um ihre Gleichwertigkeit anzuerkennen. Das frühere Leitbild der „Hausfrauenehe“ hat das als selbstverständlich vorausgesetzt und es gibt keinen einleuchtenden Grund dafür, auf die heute gelebten Partnerschaftsformen einen anderen Maßstab anzuwenden.

*von Oertzen* (FamRZ 2010, 1785) hat steuerrechtliche Fallen zwischen Eherecht und ehelicher Lebensrealität aufgezeigt. Eine davon ist die unterschiedliche Behandlung von Altersvorsorgeunterhalt, welcher in der intakten Ehe geleistet wird: Während er *zivilrechtlich* als Teil des Familienunterhaltes geschuldet ist, behandelt ihn der BFH (BStBl. II 2002, 153; FamRZ 2008, 55) *steuerrechtlich* als freigiebige Zuwendung. Damit muss derzeit damit gerechnet werden, dass ein Teil des Betrages, den der wirtschaftlich schwächere Partner beim „Ein-Topf-Modell“ entnimmt, als (schenkungsteuerbarer) Altersvorsorgeunterhalt behandelt wird.

c) **Praxistauglichkeit auch bei Schenkungsteuerpflicht.** Die noch ungeklärte schenkungssteuerliche Behandlung mindert jedoch die Eignung des „Ein-Topf-Modells“ als praxistaugliche güterrechtliche Gestaltung nicht. Selbst dann nicht, wenn man unterstellt, dass es sich bei den vom wirtschaftlich schwächeren Partner am Monatsende entnommenen Beträgen in voller Höhe um eine freigiebige und somit steuerpflichtige Zuwendung des anderen Ehegatten handelt: Denn damit sich diese Vermögensvorteile im Laufe des Zehnjahreszeitraums (§ 14 Abs. 1 ErbStG) auf einen Betrag summieren, welcher den persönlichen Freibetrag von 500.000 EUR (§ 16 Abs. 1 Nr. 1 ErbStG) übersteigt, muss sich jeden Monat durchschnittlich ein Überschuss von mehr als 8.333,33 EUR auf dem Gemeinschaftskonto befinden und dieser Überschuss muss alleine dem Input des „schenkenden“ Partners zuzurechnen sein. Andernfalls erhält jeder Partner ja wieder einen Teil der von ihm selbst geleisteten Unterhaltsmittel zurück, was ihn nicht steuerpflichtig bereichern kann. Erst bei einem solchen durchschnittlichen Monatsüberschuss summiert sich die Bereicherung des „Beschenkten“ auf jährlich 50.000 EUR und zehrt damit in zehn Jahren den Freibetrag auf.

Bei den meisten Ehen werden derartige Zahlungen nicht realistisch sein. Doch selbst wenn es hier Einzelfälle geben kann, in denen tatsächlich eine Steuerbelastung entsteht: Das Gestaltungsziel, im Scheidungsfall einen zeit- und kostenintensiven Streit um Zugewinnausgleich zu vermeiden und zugleich Teilhabegerechtigkeit zu realisieren, wird auch dann erreicht.

**10. Ausschluss der Verfügungsbeschränkungen der §§ 1365, 1369 BGB.** Nicht mit Vorkenntnissen des Familienrechts vorbelasteten Partnern ist regelmäßig nicht bekannt, dass eine Ehe im gesetzlichen Güterstand grundsätzlich diese beiden Verfügungsbeschränkungen mit sich bringt. Der Abschluss eines vorsorgenden Ehevertrages bietet die Gelegenheit, diese Vorschriften außer Kraft zu setzen. Nach meinen Erfahrungen werden beide Normen als veraltet empfunden, unvereinbar mit dem modernen Bild der Ehe als Gemeinschaft, in der zwei Partner zwar Verantwortung füreinander übernehmen, jedoch nicht ihr Recht, über eigenes Vermögen zu disponieren, beschneiden lassen wollen. Der vorrangige Normzweck, die wirtschaftliche Grundlage der Familie zu sichern, schützt ohnehin nicht vor einem Gläubigerzugriff (OLG Karlsruhe FamRZ 2004, 629; *obiter dictum* BGH NJW 2006, 849 Rn. 8). Der nachrangige Zweck der Vorschriften, substanziell die Lebensgrundlage der Familien zu schützen, läuft im Alltag des Konsumentenzeitalters ins Leere: Der finanzielle Ruin droht kaum einmal als Folge unbedachter Ganzvermögensgeschäfte, sondern ist meist auf eine Überschuldung durch Kreditgeschäfte zurückzuführen, die den Lebensstandard finanzieren sollten. Haushaltsgegenstände sind Teil davon und jederzeit erhältlich, anders als bei Inkrafttreten des Gesetzes vor mehr als hundert Jahren.

**10.1 Gesamtvermögensgeschäfte nach § 1365 BGB.** § 1365 Abs. 1 BGB macht die Wirksamkeit eines Geschäftes, mit dem ein Ehegatte über sein „*Vermögen im Ganzen*" verfügt, von der Einwilligung des anderen Ehegatten abhängig. Die – zunächst schwebende – Unwirksamkeit erfasst auch das erfüllende Verfügungsgeschäft.

a) **Einzeltheorie.** Nach der herrschenden Einzeltheorie sind auch Rechtsgeschäfte über einen oder einzelne Gegenstände zustimmungsbedürftig, wenn sie das wesentliche Vermögen ausmachen (BGHZ 106, 253 (256) = NJW 1989, 1609; BGHZ 77, 293 (295) = NJW 1980, 2350; BGHZ 64, 246 (247) = NJW 1975, 1270; BGHZ 43, 174 f. = NJW 1965, 909; BGHZ 35, 135 (143) = NJW 1961, 1301). Dabei ist der Wert des Einzelgegenstandes mit dem des nicht betroffenen Vermögens zu vergleichen; Gegenleistungen für den Gegenstand bleiben unberücksichtigt. Nach der Rechtsprechung des BGH besteht bei **kleinen Vermögen** keine Zustimmungspflicht, wenn dem verfügenden Ehegatten noch mindestens 15 % des Gesamtvermögens verbleiben (BGHZ 77, 293 (299) = NJW 1980, 2350: Nettogesamtvermögen etwa 44.000 DM. Vertreten wird allerdings auch, dass in Anlehnung an das Sozialhilferecht der Familie stets ein fester Sockelbetrag verbleiben müsse, vgl. hierzu *BeckOK/Siede* BGB § 1365 Rn. 15). Bei **größeren Vermögen** liegt die Grenze bei 10 % des Gesamtvermögens (BGH NJW 1991, 1739: Nettogesamtvermögen etwa 500.000 DM).

Die praktisch bedeutsame Bestellung einer Grundschuld zur Kaufpreisfinanzierung beim Immobilienkauf fällt nicht unter § 1365 BGB. Denn die Norm soll nicht den Erwerb neuen Vermögens erschweren, sondern schon vorhandene wirtschaftliche Werte erhalten. Wirtschaftlich steht der Erwerber nicht anders da, als wenn er gleich ein Grundstück erworben hätte, das mit einem Grundpfandrecht belastet war (BGHZ 132, 218 (227 f.) = NJW 1996, 1740 (1742); MüKoBGB/*Koch* BGB § 1365 Rn. 62; NK-BGB/*Gruber* BGB § 1365 Rn. 30). Auch eine isolierte Zwangsvollstreckungsunterwerfung unterliegt nicht der Verfügungsbeschränkung aus § 1365 BGB (BGH NJW 2008, 3363 = DNotZ 2008, 937 = RNotZ 2008, 537 mAnm *Eckelskemper*).

Nach hM ist § 1365 BGB analog anzuwenden, wenn ein Ehegatte die Teilungsversteigerung nach den §§ 180 ff. ZVG betreiben will, um die Aufhebung der an der gemeinsamen Immobilie bestehenden Miteigentümergemeinschaft zu bewirken (BGH FamRZ 2007, 1634 mAnm *Kogel* = NJW 2007, 3124 = DNotZ 2008, 132; OLG Köln FamRZ 2007, 1343; BayObLG FamRZ 1996, 1013; OLG Frankfurt a. M. FamRZ 1999, 524; OLG Köln NJW-RR 2005, 4. Kritisch dazu *Gottwald* FamRZ 2006, 1075 mit ausführlicher Darstellung des Meinungsstandes). Dabei ist bereits der das Verfahren einleitende Antrag zustimmungspflichtig (BGH FamRZ 2007, 1634 = NJW 2007, 3124), nicht erst der Zuschlagsbeschluss (So OLG Frankfurt a. M. FamRZ 1997, 1490; *Zimmer/Pieper* NJW 2007, 3104; *Sudhoff* FamRZ 1994, 1152 (1154)). Entspricht die Verwertung der ordnungsgemäßen Verwaltung, ist die erforderliche Zustimmung gemäß § 1365 Abs. 2 BGB durch das Familiengericht zu ersetzen (OLG Köln FamRZ 2007, 1343). Auf diese Weise kann die Patt-Situation aufgelöst und dem Ehegatten, der die gemeinsame Immobilie verlassen hat, die Realisierung des darin gebundenen Vermögens ermöglicht werden.

b) **Subjektive Theorie.** Die Einzeltheorie wird durch die subjektive Theorie ergänzt: Danach greifen die Rechtsfolgen des § 1365 BGB nur, wenn der Vertragspartner positiv weiß, dass über das nahezu ganze Vermögen verfügt wird oder er zumindest die tatsächlichen Verhältnisse kennt (BGHZ 106, 253 (256) = NJW 1989, 1609; BGHZ 77, 293 (295) = NJW 1980, 2350; BGHZ 43, 174 f. = NJW 1965, 909). Maßgebend ist dabei der Zeitpunkt, in welchem der Erwerber seine Willenserklärung (Verpflichtungsgeschäft) abgibt (BGHZ 106, 253 (257 f.) = NJW 1989, 1609; BGH FamRZ 1990, 970).

c) **Mögliche Vereinbarungen zu § 1365 BGB.** In der Kautelarpraxis wird bei Modifizierung der Zugewinngemeinschaft die gesetzliche Verfügungsbeschränkung des § 1365

BGB regelmäßig ausgeschlossen. Die Befreiung kann zwar auch befristet oder auf einzelne Vermögensgegenstände beschränkt werden. Selbst eine Befreiung für nur einen Partner ist denkbar (*Waldner,* Eheverträge . . . . . ., Rn. 58), dürfte allerdings nur schwer mit der Vorstellung von einer gleichberechtigten Partnerschaft in Einklang zu bringen sein und schon deshalb nur selten auf Akzeptanz stoßen.

**10.2 Verfügungen über eigene Haushaltsgegenstände nach § 1369 BGB.** Die Verfügungsbeschränkung des § 1369 Abs. 1 BGB erfasst die Haushaltsgegenstände im Sinne des § 1568b BGB. Auf den Wert der Gegenstände kommt es nach hM nicht an. Entscheidend soll stattdessen die tatsächliche Widmung durch die Eheleute sein, so dass auch kostbare Kunstgegenstände, Luxus- und Freizeitobjekte darunter fallen können (Gegen diese Aufweichung des Haushaltsbegriffes zurecht *BeckOK/Siede* BGB § 1369 Rn. 3 mit Nachw. zur hM). Die analoge Anwendung der Norm verhindert den gutgläubigen Erwerb derartiger Gegenstände, wenn der andere Ehegatte als Nichtberechtigter darüber verfügt. Auch § 1369 BGB ist antiquiert und sollte deshalb regelmäßig bei Abschluss eines Ehevertrages abbedungen werden.

**11. Ehegattenzuwendungen.**

**11.1 Begriff.** Eine Zuwendung setzt die Übertragung von Vermögenssubstanz voraus (BGH FamRZ 1994, 1167), weshalb sie eine Vermögensminderung bei dem einen Beteiligten und eine Vermögensmehrung bei dem anderen erfordert. Über dieses Kriterium grenzen sich Zuwendungen von Arbeitsleistungen ab, durch die ein Partner das Vermögen des anderen gemehrt hat, ohne dafür eine Gegenleistung erhalten zu haben (zu solchen Arbeitsleistungen → Anm. 11.5). Ehegattenzuwendungen und Arbeitsleistungen werden in der neueren Kautelarliteratur auch als „eheinterne Leistungstransfers“ bezeichnet. Ihre Behandlung kann bei Scheitern der Ehe zu Gerechtigkeitslücken führen, wenn der Teilhabemechanismus des Zugewinnausgleichs durch Ehevertrag ausgeschlossen oder erheblich eingeschränkt worden ist. Vereinbarungen zum ehelichen Güterrecht kommt deshalb im Hinblick auf das wirtschaftliche Ergebnis keine Sperrwirkung zu, die Rechtsprechung lässt die Korrektur unzumutbarer Ergebnisse mithilfe anderer Anspruchsgrundlagen zu. Diese Ausgleichsmechanismen haben sich durch Richterrecht als ergänzender Teil des ehelichen Güterrechts etabliert, für sie wird immer häufiger der Begriff des **Nebengüterrechts** verwendet. *Herr* (NJW 2012, 1847) weist zutreffend darauf hin, dass die Bezeichnung *„nebengesetzliches Güterrecht“* die systematische Stellung korrekter widerspiegelt.

**11.2 Erscheinungsformen.** Bei allen Ehegattenzuwendungen liegt *objektiv* eine Leistung vor, auf die kein Anspruch bestand und die ohne Gegenleistung erfolgt ist (*Schröder/Bergschneider,* Familienvermögensrecht, Rn. 4.286). Es besteht somit weder durch Synallagma noch durch Bedingung oder Zweckvereinbarung eine Verknüpfung mit einer Gegenleistung des Zuwendungsempfängers. Die Abgrenzung erfolgt deshalb nach *subjektiven* Kriterien:

a) **Echte Schenkung.** Eine echte Schenkung setzt voraus, dass sich beide über die *Unentgeltlichkeit* der Zuwendung *einig* sind (§ 516 BGB). Umschrieben wird das heute mit so hehren Begriffen wie „reine Uneigennützigkeit“, „echte Freigebigkeit“ oder „freie Verfügbarkeit des Empfängers“ (*Schröder/Bergschneider/Wever,* Familienvermögensrecht, Rn. 5.333). Dazu reicht es nicht, dass der Empfänger keine Gegenleistung zu erbringen hat. Erforderlich ist außerdem, dass die Zuwendung nicht im Hinblick auf den Fortbestand der Ehe geleistet wird.

b) **Ehebezogene Zuwendung.** Im Zweifel wird genau das aber der Fall sein, was zu einer ehebezogenen (auch „ehebedingten“ oder „unbenannten“) Zuwendung führt, die damit – im Verhältnis der Ehepartner zueinander – die echte Schenkung praktisch verdrängt hat. Hier wird das Vermögen des Empfängers *„um der Ehe willen und als*

*Beitrag zur Verwirklichung und Ausgestaltung, Erhaltung oder Sicherung der ehelichen Lebensgemeinschaft*" gemehrt.

**c) Ehegatteninnengesellschaft.** Demgegenüber setzt eine Ehegatteninnengesellschaft einen gemeinsam verfolgten Zweck voraus, der über die bloße Verwirklichung der ehelichen Lebensgemeinschaft hinaus geht (BGHZ 142, 137 = FamRZ 1999, 1580; BGH FamRZ 2006, 607 (608); OLG Hamm FamRZ 2010, 1737 f.; OLG Köln FamRZ 2010, 1738 f.). Er erschöpft sich somit nicht im typischen Zusammenwirken, zB ein gemeinsames Familienheim zu schaffen, sondern stellt die eheüberschreitende Vermögensbildung in den Vordergrund, also die „*Absicht gemeinsamer Wertschöpfung*" (so BGH FamRZ 1992, 408; *Hoppenz* FamRZ 2006, 610, zur Innengesellschaft bei einer nichtehelichen Lebensgemeinschaft). Weitere Voraussetzung ist die gleichberechtigte Mitarbeit oder ein anderer Beitrag beider Partner (BGH FamRZ 1990, 973; BGHZ 142, 137 (154) = FamRZ 1999, 1580 (1582)). Außerdem ist ein *Gesellschaftsvertrag* erforderlich, der jedoch – nach Meinung des BGH – auch konkludent zustande gekommen sein kann. Der XII. Senat des BGH FamRZ 1999, 1580 (1584) hat am Erfordernis des zumindest konkludent geschlossenen Gesellschaftsvertrages festgehalten. Demgegenüber ließ der II. Senat in BGHZ 77, 55 (56) und BGHZ 84, 388 (390) für die Innengesellschaft nichtehelicher Partner eine rein faktische Willensübereinstimmung darüber genügen, dass gemeinschaftlich geschaffenes Vermögen wirtschaftlich nicht nur dem formal berechtigten Partner zustehen solle. In einem solchen Fall darf die Annahme einer Innengesellschaft allerdings nicht im Widerspruch zu ausdrücklichen Vereinbarungen stehen (BGH FamRZ 1987, 907 (908 f.); 1995, 1062 (1063 f.); 1990, 1219 (1220); 2006, 607 Rn. 15).

**11.3 Behandlung im Scheidungsfall.**

**a) Echte Schenkung.** Für echte Schenkungen kann dem Schenker ein **gesetzliches Rückforderungsrecht** zustehen. Im Scheidungsfall haben § 527 BGB (Nichtvollziehung einer Auflage) und § 528 BGB (Verarmung des Schenkers) keine praktische Bedeutung. Dagegen kann es aus Anlass einer konfliktbeladenen Scheidung durchaus den Wunsch geben, eine Schenkung wegen groben Undanks zu widerrufen (§ 530 BGB). Das Tatbestandsmerkmal der „schweren Verfehlung" wird allerdings nur selten verwirklicht sein. *Objektiv* erfordert es ein gewisses Maß an Schwere (BGH NJW 2002, 2461), *subjektiv* eine tadelnswerte Gesinnung, die einen Mangel an Dankbarkeit gegenüber dem Schenker erkennen lässt (BGH FamRZ 1993, 1297 (1298) = NJW-RR 1993, 1410. Nach allg. Meinung indiziert ein Ehebruch den groben Undank nicht automatisch, vgl. BGH FamRZ 1985, 351 mAnm *Seutemann;* BGH FamRZ 1982, 1066 mAnm *Bosch;* OLG Düsseldorf FamRZ 2005, 1089; *Schröder/Bergschneider/Wever,* Familienvermögensrecht, Rn. 5.347. Erst recht nicht, wenn er bereits **vor** der Zuwendung erfolgt ist, wie bei OLG München FamRZ 2009, 1831: elfjähriges „Kuckuckskind").

Sämtliche im Schenkungsrecht verankerten Widerrufsrechte sind Sonderfälle des **Wegfalls der Geschäftsgrundlage;** dieses allgemeine Rechtsinstitut (§ 313 BGB) wird dadurch jedoch nicht verdrängt, soweit der Sachverhalt außerhalb des Bereichs der Sondervorschriften liegt (BGH FamRZ 1990, 600 (602) = NJW-RR 1990, 386; BGH FamRZ 2006, 473 (475) = NJW-RR 2006, 699; BGH NJW 2010, 2884 (2885)). Das Scheitern der Ehe kann daher auch bei einer Schenkung zu einem Rückforderungsrecht wegen Wegfalls der Geschäftsgrundlage führen.

Macht der Schenker ein ihm tatsächlich zustehendes **Widerrufsrecht** erfolgreich geltend, erhöht sich sein Endvermögen durch den Rückforderungsanspruch bzw. (nach dessen Erfüllung) um den Wert des geschenkten Gegenstandes. Gleichzeitig reduziert sich das Endvermögen des Beschenkten entsprechend. Ist der Schenker ohnehin schon ausgleichspflichtig, muss er als Folge des Schenkungswiderrufs einen höheren Zugewinnausgleich leisten, als wenn er den Gegenstand beim Beschenkten belässt. Interessant ist der Widerruf dann nur, wenn dem Schenker daran gelegen ist, den konkreten Gegenstand zurückzuerhalten.

Steht dem Schenker **kein Widerrufsrecht** zu oder übt er es nicht aus, bleibt der geschenkte Vermögenswert beim Beschenkten. In diesem Fall ist die Schenkung gemäß § 1380 Abs. 1 BGB als Vorausleistung auf die Ausgleichsforderung des Beschenkten anzusehen. Eine solche Anrechnung scheidet nach allg. Meinung allerdings aus, wenn der Beschenkte der Ausgleichspflichtige ist (Palandt/*Brudermüller* BGB § 1380 Rn. 16 mwN).

**b) Ehebezogene Zuwendung.** Geschäftsgrundlage der ehebezogenen Zuwendung ist die „Vorstellung und Erwartung, die eheliche Lebensgemeinschaft werde Bestand haben und der Leistende werde innerhalb dieser Gemeinschaft weiter am Vermögenswert und dessen Früchten teilhaben.“ (BGHZ 142, 137 (153) = FamRZ 1999, 1580 (1582) = NJW 1999, 2962 (2966); BGH FamRZ 2003, 1454 mAnm Wever = NJW 2003, 2982; BGH FamRZ 2003, 1648; 2006, 607 mAnm Hoppenz (FamRZ 2006, 610), Volmer (FamRZ 2006, 844) und Kogel (FamRZ 2006, 1177) = NJW 2006, 1268; BGH FamRZ 2006, 1022 = NJW 2006, 2330). Mit Scheitern der Ehe entfällt die Geschäftsgrundlage. Gleichwohl soll der Ausgleichsmechanismus des § 313 BGB nur ausnahmsweise und nachrangig greifen:

Beim **gesetzlichen Güterstand** ist die ehebezogene Zuwendung vorrangig im Zugewinnausgleich zu berücksichtigen, und zwar wie eine Schenkung, so dass der Anrechnungsmechanismus des § 1380 BGB entsprechend anzuwenden ist (BGHZ 115, 132 = FamRZ 1991, 1169 (1170) = NJW 1991, 2553; BGH FamRZ 2003, 230; OLG München FamRZ 2001, 393). Nur bei einem Ergebnis, das sich für den Zuwendenden als *„schlechthin unangemessen und untragbar“* darstellt, kann eine Korrektur über den Wegfall der Geschäftsgrundlage erfolgen (Beispiele, für die eine solche Wertung bejaht werden kann, bei *Schröder/Bergschneider/Wever,* Familienvermögensrecht, Rn. 5.373 f.).

Bei der **Gütertrennung** steht zwar der Anwendung des § 313 BGB kein vorrangiger Ausgleichsmechanismus im Weg. Andererseits besteht die Gefahr, dadurch die Gütertrennung faktisch (zumindest in Bezug auf ehebedingte Zuwendungen) in eine Zugewinngemeinschaft kraft Richterrechts umzuwandeln (BGH FamRZ 1990, 855 (856) = NJW-RR 1990, 834). Der BGH löst das Problem, indem er einen milderen Maßstab anlegt. Für einen Ausgleichsanspruch genügt es, wenn das *Beibehalten der Vermögenslage* für den Zuwendenden *unzumutbar* wäre (BGH FamRZ 1997, 933 = NJW 1997, 2747). Regelmäßig führt ein solcher Ausgleichsanspruch zu einer Geldforderung, nur im Ausnahmefall zur Rückgewähr des zugewendeten Gegenstandes (zB bei BGH FamRZ 1994, 503; OLG München FamRZ 2001, 393; OLG Celle FamRZ 2000, 668; LG Aachen FamRZ 2000, 669).

**c) Ehegatteninnengesellschaft.** Wird die Innengesellschaft durch Kündigung eines Partners beendet, weil er die Ehe für gescheitert hält, bleiben die Eigentumsverhältnisse unverändert. Ohne Gesamthandsvermögen ist keine Auseinandersetzung des Gesellschaftsvermögens erforderlich, so dass die Innengesellschaft sofort mit der Kündigung beendet wird (Palandt/*Sprau* BGB Vor §§ 723–725 Rn. 1). Gleichzeitig entsteht der gesellschaftsrechtliche Ausgleichsanspruch des Partners, der nicht Eigentümer war. Dieser Anspruch besteht grundsätzlich neben einem etwaigen güterrechtlichen (BGH FamRZ 2003, 1454; 2006, 607 (609)), wobei jedoch wegen der unterschiedlichen Stichtage auch unterschiedliche Bewertungsergebnisse entstehen können. Wirklich wichtig wird er allerdings nur dann, wenn das durch gemeinsame Wertschöpfung geschaffene Vermögen, welches formal einem Partner alleine gehört, nicht zu einer Zugewinnausgleichsforderung führt. Hauptanwendungsfall sind deshalb Konstellationen, bei denen die Eheleute in Gütertrennung gelebt oder den Zugewinnausgleich für den Scheidungsfall ehevertraglich ausgeschlossen haben. Der gesellschaftsrechtliche Ausgleichsanspruch aus § 738 BGB ist im Zugewinnausgleich als Rechnungsposten zu berücksichtigen. Er fällt als Aktivposten in das Endvermögen des „stillen“ Gesellschafters und mindert zugleich das Endvermögen des anderen. Ist er bereits im Zugewinnausgleich berücksichtigt worden, kann er später nicht gesondert geltend gemacht werden.Beansprucht ein Partner dabei, abweichend von § 722 BGB, mehr als die Hälfte des Gesellschaftsvermögens, ist er für den abweichenden Maßstab darlegungs- und beweispflichtig (BGH FamRZ 2016, 965).

**11.4 Ehevertragliche Gestaltung.** Ziel der Klausel ist es, schon während der Ehe Rechtssicherheit über die Behandlung gegenseitiger Zuwendungen im Falle der Scheidung zu schaffen. Indem grundsätzlich eine Rückforderung ausgeschlossen wird, reduzieren sich etwaige Ansprüche des Schenkers auf die Konstellationen, in denen er sich nachweisbar ein Rückforderungsrecht vorbehalten hat. Von praktischer Bedeutung sind dabei vorsorgliche Vermögensverlagerungen auf den Partner bei eigenem gesteigertem beruflichem Haftungsrisiko. Dagegen sollen – auch großzügige – Geschenke, die anlassbezogen vor oder während der intakten Partnerschaft gemacht worden sind, nicht nachträglich auf das „Schlachtfeld" eines etwa bei Scheidung geführten „Rosenkrieges" gezerrt werden können.

Abzuraten ist demgegenüber von einer Vereinbarung, mit der sich die Partner gegen die spätere Annahme einer Ehegatteninnengesellschaft wehren (so aber *Volmer* FamRZ 2006, 844 (845)). Eine solche Vereinbarung erhöht das Risiko, dass ein Partner während der Ehe Vermögensmehrungen beim anderen bewirkt, aber auf einen wichtigen Ausgleichsmodus verzichtet, der ohnehin nur dann angewandt wird, wenn es ein unbilliges Ergebnis zu korrigieren gilt.

**12. Arbeitsleistungen für den anderen Ehepartner.** Arbeitsleistungen sind **keine** Zuwendungen, weil sie keine Vermögensübertragung beinhalten. Sie können zwar das Vermögen des Empfängers erhöhen, weil er die Arbeit nicht durch einen Dritten gegen Vergütung ausführen lassen muss. Aber sie mindern nicht das Vermögen des Partners, der sie erbringt, selbst wenn er seine Arbeitskraft anderweitig hätte gegen Entgelt einsetzen können. Für die rechtliche Behandlung ist entscheidend, auf welcher rechtlichen Grundlage die Arbeitsleistungen erbracht worden sind:

**12.1 Reguläres Arbeitsverhältnis.** Rechtsgrundlage kann ein reguläres Arbeitsverhältnis (wie unter fremden Dritten) gewesen sein. In diesem Fall wirkt sich das Scheitern der Ehe nicht auf die erbrachten Arbeitsleistungen aus. Die Mitarbeit im Betrieb des Partners bringt eine Reihe steuerlicher und sozialversicherungsrechtlicher Vorteile mit sich. Um anerkannt zu werden, muss das Arbeitsverhältnis einem Fremdvergleich standhalten (BFH NJW 1989, 2150. Unschädlich ist es aber, wenn das Gehalt des Arbeitnehmers auf ein Oder-Konto der Ehegatten fließt – BVerfG FuR 1996, 150 mAnm *Niemeyer*). Deshalb müssen die Arbeitsleistung tatsächlich erbracht und der Arbeitslohn tatsächlich bezahlt werden. Dann bietet das Gesetz eine Reihe von (überwiegend steuerlichen) Vorteilen:

- Das *Gehalt* (einschließlich der Arbeitgeberbeiträge zur gesetzlichen Sozialversicherung und freiwilliger Sozialleistungen) ist Betriebsausgabe (§ 4 Abs. 4 und Abs. 6 EStG).
- Aufwendungen für eine *betriebliche Altersversorgung* können als Rückstellung (§ 6a EStG) oder Betriebsausgabe berücksichtigt werden.
- Durch diese Aufwendungen wird zugleich der *Gewerbeertrag* (und damit die Gewerbesteuerbelastung) gemindert.
- Die steuerpflichtigen Einnahmen des Arbeitnehmer-Ehegatten mindern sich durch den *Werbungskosten-Pauschbetrag* (§ 9a Nr. 1 EStG).
- Gleiches gilt für *vermögenswirksame Leistungen* (§ 19a EStG).

**12.2 Familienrechtlicher Kooperationsvertrag.** Liegt den Leistungen des Ehegatten kein Arbeitsvertrag zugrunde, führt das Scheitern der Ehe womöglich zu enttäuschten Erwartungen. Die Rechtsfolgen hängen dann davon ab, welcher der drei möglichen Rechtsgrundlagen die Arbeitsleistungen im konkreten Fall zuzuordnen sind. Praxisrelevanz hat diese Frage insbesondere bei der (unbezahlten) Mitarbeit im Betrieb des anderen Ehepartners und für Arbeitsleistungen, welche bei Errichtung oder Ausbau einer Immobilie erbracht worden sind, die im Alleineigentum des Partners steht:

Der Kooperationsvertrag ist die konsequente Fortführung der Rechtsprechung zur ehebezogenen Zuwendung, die tatbestandlich eine Vermögensübertragung voraussetzt, welche aber bei Arbeitsleistungen fehlt. Er ist ausgeschlossen, wenn die Mitarbeit aufgrund eines (auch konkludenten) Arbeitsvertrages erbracht worden oder Beitrag zu einer

Ehegatteninnengesellschaft gewesen ist. Die Arbeitsleistungen müssen somit dazu bestimmt gewesen sein, die eheliche Lebensgemeinschaft auszugestalten und zu verwirklichen. Gleichzeitig müssen sie jedoch in Umfang und Dauer über das hinausgegangen sein, was (ohne Entgelt) als Beitrag zum Familienunterhalt oder zur Verwirklichung der ehelichen Lebensgemeinschaft erwartet werden durfte. Durch die Arbeitsleistungen muss beim anderen Partner eine Vermögensmehrung eingetreten, und noch (zumindest teilweise) vorhanden sein. Dieser Vermögenszustand muss außerdem unzumutbar sein und sich durch keinen der vorrangigen Teilhabemechanismen (Zugewinnausgleich und Ehegatteninnengesellschaft) korrigieren lassen. Rechtsgrundlage für einen Ausgleich ist dann, dass mit Scheitern der Ehe die Geschäftsgrundlage für den familienrechtlichen Kooperationsvertrag entfallen ist (§ 313 BGB). Die Höhe des (ausschließlich) finanziellen Ausgleichs ist nach oben hin zweifach begrenzt (BGHZ 127, 48 = FamRZ 1994, 1167 (1168 f.) = NJW 1994, 2545 mAnm *Derleder* FuR 1994, 903): Zum einen durch den Wert der erbrachten Arbeitsleistungen, zum anderen durch den der noch vorhandenen Vermögensmehrung. Denn der Ausgleich soll zwar nachträglich eine angemessene Vergütung bewirken, jedoch keine Teilhabe an einer Wertsteigerung vermitteln, die durch die vorrangigen, aber unanwendbaren Ausgleichsmechanismen nicht gewährt wird.

**13. Vereinbarungen zum Versorgungsausgleich.**

**13.1 Anspruch und Wirklichkeit.** Die zum 1.9.2009 in Kraft getretene Reform des Versorgungsausgleichs sollte die Möglichkeiten und die Bereitschaft der Eheleute erweitern, diesen zum Gegenstand von Vereinbarungen zu machen (BT-Drs. 16/10144, 39 und 51). Dieser Wunsch des Reformgesetzgeber wird in der Fachliteratur teilweise fordernd unterstützt, teilweise wird er aber auch mit pragmatischer Skepsis betrachtet (zB *Münch,* Familienrecht in der Notar- und Gestaltungspraxis, § 4 Rn. 224 bzw. *Milzer* notar 2013, 319, jeweils mwN). Nicht zuletzt die in den zahlreichen Detailproblemen versteckten Haftungsrisiken, welche die Komplexität der Materie für die Berater mit sich bringt, dämpfen die Lust auf fantasievolle Gestaltungsversuche. Die Gefahr, dass eine Vereinbarung im Scheidungsfall zu einem unvorhergesehenen wirtschaftlichen Ergebnis führt, wird durch einige Verzahnungen mit dem Güterrecht und dem Unterhaltsrecht nicht eben geringer. Der hohe Stellenwert in der Kernbereichslehre des BGH (→ Anm. 5.1) birgt das Risiko, dass eine konkrete Vereinbarung aufgrund ihrer späteren Auswirkungen im Scheidungsfall an der Hürde der Wirksamkeitskontrolle hängen bleibt.

**13.2 Gestaltungsansätze.** Folgt man der oben in → Anm. 2.1 kurz skizzierten Methodik, lassen sich Vereinbarungen zum „Ob“ oder zum „Wie“ des Versorgungsausgleichs treffen. Am häufigsten dürften jedoch in der Praxis in vorsorgenden Eheverträge die Regelung zu finden sein, dass es in Bezug auf den Versorgungsausgleich bei den gesetzlichen Vorgaben bleiben soll.

**a) Eingriffe in das „Ob“ des Versorgungsausgleichs.**

**(1) Unbedingter Ausschluss.** Erwarten beide Partner, dass sie (aufgrund ihrer konkreten Lebensplanung) während der Ehezeit dauerhaft etwa gleich hohe Versorgungsanrechte erwerben werden, ist der Wunsch nach Ausschluss des Versorgungsausgleichs nicht selten und unter dem Aspekt einer fairen Teilhabe auch nicht zu beanstanden. Ist bereits abzusehen, dass die Schere der beiderseitigen Anrechte mit zunehmender Ehedauer immer weiter auseinandergehen wird, lässt sich der Ausschluss des Versorgungsausgleichs mit einer Kompensationsvereinbarung verknüpfen. Die Altersversorgung des wirtschaftlich schwächeren Partners wird dann beispielsweise durch eine private Rentenversicherung (so in § 3 des Musters) oder – bei sehr guten Vermögensverhältnissen – durch Übertragung von Ertrag bringendem Vermögen (zB vermietete Immobilie) gesichert.

Ein vollständiger, unbedingter und kompensationsloser Ausschluss ist auch dann in Betracht zu ziehen, wenn beide Partner bereits Versorgungsleistungen wegen Alters erhalten oder relativ kurz vor dem Rentenalter stehen.

(2) **Bedingter Ausschluss – familienbedingter Wegfall.** Erwarten die Partner für die Ehezeit kein Versorgungsgefälle, kann dieses trotzdem eintreten, wenn einer von ihnen längere Zeit keine oder keine vollwertigen Anrechte erwirbt. Der Ausschluss des Versorgungsausgleichs kann deshalb mit einer auflösenden Bedingung verknüpft werden, alternativ dazu lässt sich ein vertragliches Rücktrittsrecht vereinbaren. Letzteres setzt allerdings ein aktives Handeln beim Berechtigten voraus, sobald der Rücktrittsgrund sich realisiert hat. Die Gefahr, dass der Rücktritt als Folge der menschlichen Eigenschaften „Vergesslichkeit" oder „Passivität" versäumt wird, sollte nicht unterschätzt werden. Das spricht für eine Gestaltung, die mit einer auflösenden Bedingung einen automatisch wirkenden Korrekturmechanismus anbietet.

In der Bedingung muss festgelegt werden, bei welcher Änderung der Rahmenbedingungen der Ausschluss des Versorgungsausgleichs hinfällig werden soll. Diese Methode der Risikoverteilung stößt rasch an natürliche Grenzen: Nur besonders leicht prognostizierbare Tatsachenentwicklungen lassen sich mit ihr erfassen. Und selbst dort gibt es Akzeptanzschwellen. Oft wird nur an die (bei Vertragsschluss von den Partnern nicht geplante) Geburt eines gemeinsamen Kindes gedacht. Doch auch andere Begleitumstände können ein Versorgungsgefälle mit sich bringen. Allerdings ist nicht jeder ist dazu bereit, Fallkonstellationen ausdrücklich zu regeln, die an die eigene Krebserkrankung, die Pflegebedürftigkeit eines Angehörigen oder die Behinderung eines künftigen Kindes anknüpfen (*Kornexl* FamRZ 2004, 1609 (1612)). Eine Einzelauflistung sämtlicher Umstände, die zurück zum Versorgungsausgleich führen sollen, mindert die Transparenz der Regelung. Mit einer Regelung, durch die auf eine *„familienbedingte Aufgabe oder Einschränkung der Erwerbstätigkeit"* abgestellt wird, lassen sich demgegenüber auch Umstände erfassen, an die bei Vertragsschluss keiner explizit gedacht hat, die jedoch nach übereinstimmender Bewertung beider Partner bei Vertragsschluss ein Festhalten des kompensationslosen Versorgungsausgleichsauschlusses illoyal erscheinen ließe.

Regelmäßig wird mit der auflösenden Bedingung eine Wirkung *ex tunc* verbunden, so dass bei ihrem Eintritt der Versorgungsausgleich für die gesamte Ehezeit wieder nach der gesetzlichen Vorgabe durchzuführen ist. Alternativ dazu kann vereinbart werden, dass die Bedingung nur *ex nunc* wirkt, also der Versorgungsausgleich für die bis dahin bereits gelebte Ehezeit ausgeschlossen bleibt. Im Ergebnis wirkt die Vereinbarung nach Bedingungseintritt dann als zeitanteilige Ausschlussvereinbarung, mit dem Unterschied, dass der Beginn des ausgleichsrelevanten Ehezeitabschnittes bei Vertragsschluss noch völlig ungewiss ist. Mit folgender Klausel kann vereinbart werden, dass der Ausschluss des Versorgungsausgleichs entfällt, falls bestimmte familienbedingte Voraussetzungen eintreten sollten:

**§ 3 Versorgungsausgleich: Auflösend bedingter Ausschluss**
**1. Gesetzliche Vorgaben**
**. . . . . . (wie im Muster unter § 3 Nr. 1)**
**2. Bedingter Ausschluss**
**Wir vereinbaren, dass jeder von uns im Scheidungsfall seine eigenen Versorgungsanrechte ungeschmälert behalten soll. Dazu schließen wir hiermit gemäß § 6 Versorgungsausgleichsgesetz die Durchführung des Versorgungsausgleichs vollständig und für die gesamte Ehezeit aus. Ein Verzicht auf Altersvorsorgeunterhalt ist in dieser Vereinbarung jedoch nicht enthalten.**
**Dieser Ausschluss des Versorgungsausgleichs ist jedoch auflösend bedingt. Er entfällt, wenn einer von uns seine Erwerbstätigkeit über einen Zeitraum von insgesamt mindestens . . . . . . Monaten/ Jahren familienbedingt aufgibt oder einschränkt. Familienbedingt ist die Aufgabe oder Einschränkung der Erwerbstätigkeit dabei nur, wenn der betroffene Partner**
**(1) ein gemeinsames Kind betreut oder**
**(2) dauerhaft erwerbsgemindert im Sinne von § 43 Abs. 2 SGB VI geworden ist oder**
**(3) aus anderen Gründen seine Erwerbstätigkeit reduziert und der andere Partner hierzu seine Zustimmung erteilt hat.**

**Bei Verlust des Arbeitsplatzes oder einer einseitigen Entscheidung, die Erwerbstätigkeit zu reduzieren, tritt die Bedingung nicht ein, so dass es dann beim Ausschluss des Versorgungsausgleichs bleibt.**

(3) **Bedingter Ausschluss bei selbstständigem Partner.** Ist einer der Ehepartner selbstständig, ohne freiwillig oder aufgrund einer Versicherungspflicht ausgleichspflichtige Versorgungsanrechte aufzubauen, kann sich der Versorgungsausgleich zu Lasten des anderen auswirken, der Beiträge zu einem der gesetzlichen Regelversorgungssysteme (§ 32 VersAusglG) leisten musste. Ist umgekehrt aber eine Teilhabe am Zugewinn des Selbstständigen im Scheidungsfall durch güterrechtliche Vereinbarungen ausgeschlossen, ist das „Gesamtpaket“ womöglich nicht interessengerecht. Dem lässt sich vorbeugen, indem der Versorgungsausgleich unter der Bedingung ausgeschlossen wird, dass er sich insgesamt zu Lasten des nicht selbstständigen Partners auswirken würde. Vgl. dazu § 3 in → Form. IX.4 und dort bei → Anm. 2.

**b) Eingriffe in das „Wie“ des Versorgungsausgleichs.**

Vereinbarungen, durch welche in Rechengrößen oder gar Rechenregeln des Versorgungsausgleichs eingegriffen werden, sollten beim vorsorgenden Ehevertrag besonders zurückhaltend gehandhabt werden. Da naturgemäß noch offen ist, welche Versorgungsanrechte die Partner in der Ehezeit konkret erwerben werden, ist auch das wirtschaftliche Ergebnis solcher Vereinbarungen meist nicht hinreichend genau vorhersagbar.

Sachgerecht kann es jedoch sein, die während der Trennungszeit erworbenen Anrechte aus dem Versorgungsausgleich auszunehmen(siehe dazu § 6 in → Form. IX.7). Auch die Herausnahme von Anrechten aus privater Altersvorsorge kann im Einzelfall von beiden Partnern als fair und interessengerecht beurteilt werden. Zur Abgrenzung kann dabei der Versorgungsausgleich auf die Anrechte aus den gesetzlichen Regelversorgungssystemen beschränkt werden.

**14. Im Muster: Kompensation durch private Rentenversicherung.**

**14.1 Sicherung der Beitragszahlungen.** Zugunsten des Partners, der voraussichtlich im Scheidungsfall vom Versorgungsausgleich profitieren würde, wird im Muster vereinbart, dass für ihn eine private Rentenversicherung abzuschließen ist. Die Beiträge dafür sind beim „Ein-Topf-Modell“ vom gemeinschaftlichen Konto zu bezahlen, wodurch es der aus der Versicherung begünstigte Partner selbst in der Hand hat, für eine pünktliche und vollständige Beitragszahlung zu sorgen.

Außerhalb des „Ein-Topf-Modelles“ ist zumindest zu thematisieren, ob und wie die versprochenen regelmäßigen Beitragszahlungen gesichert werden sollen. Vorgeschlagen werden hier ein (bedingtes) Rücktrittsrecht oder – automatisch wirkend – eine auflösende Bedingung für den Ausschluss des Versorgungsausgleichs. Die Bedingung tritt dabei jeweils ein, wenn der zahlungspflichtige Partner für einen festgelegten Zeitraum die versprochene Beitragszahlung nicht geleistet hat. Lassen versäumte Beitragszahlungen den Ausschluss des Versorgungsausgleichs automatisch entfallen, gehen die Vertragspartner mE ein hohes (und nicht notwendiges) Prognoserisiko ein. Denn die auflösende Bedingung würde ihre Vereinbarung auch dann beseitigen, wenn keiner von ihnen diese Rechtsfolge bedacht hat und sie einvernehmlich – und in Abstimmung mit dem Versicherer – für einige Monate eine Aussetzung der Beitragszahlungen vorgenommen haben, etwa, weil sie kurzfristig unvorhergesehene Ausgaben haben, die nicht anderweitig finanziert werden können oder sollen. Vorzuziehen ist deshalb ein Rücktrittsrecht des durch die Versicherung begünstigten Partners.

**14.2 Dynamisierung.** Beurkundender Notar und beratender Anwalt sind keine Rentenberater. Den Vertragspartnern ist deshalb dringend zu empfehlen, *vor* Beurkundung des Ehevertrages die konkrete Gestaltung des Versicherungsvertrages zu klären. Im Hinblick auf die künftige Beitragsbelastung sollten sich die Vertragspartner eingehend über den Problemkreis der Dynamisierung informieren lassen. Unterschieden wird dabei zwischen der Beitrags- und der Leistungsdynamik: Bei der *Leistungsdynamik* wird der Rentenbetrag, also die vom Versicherer später monatlich zu zahlende Leistung dynamisiert. Erkauft wird das mit stetig steigenden Beiträgen während der Ansparphase, deren Umfang nicht sicher vorhersagbar ist. Bei einer Volldynamisierung ist der ausbezahlte Rentenbetrag anfangs geringer, im Laufe des Leistungsbezuges steigt er dann; unter den Ausgangsbetrag sinken kann er nicht. Anders verhält sich das bei konstanten oder teildynamischen Renten. Hier kann die Rente aufgrund schlechter Ertragslage sinken.

Von der Dynamik in der Rentenbezugsphase ist die *Beitragsdynamik* zu unterscheiden. Wird sie vereinbart, erhöhen sich die in der Ansparphase zu zahlenden Beiträge jährlich um einen festen oder durch Anwendung eines Index ermittelten Prozentsatz, so dass die Beitragslast immer größer wird. In welchem konkreten Umfang diese Anpassungen später die monatlichen Rentenleistungen erhöhen, steht allerdings nicht fest. Hinzu kommt, dass in jedem Dynamisierungsvorgang neue Abschlusskosten versteckt sein können, was zu Lasten der Rendite geht.

**14.3 Ende der Kompensationszahlungen.** In den Teilhabemechanismus des Versorgungsausgleichs fallen nur die während der Ehezeit erworbenen Versorgungsanrechte. Wird der Ausschluss des Versorgungsausgleichs durch Beitragszahlungen zu einer privaten Altersversorgung kompensiert, ist es konsequent, die Zahlungspflicht mit Rechtshängigkeit des Scheidungsantrags enden zu lassen. Im Muster wird demgegenüber auf die Trennung abgestellt, weil die Beitragszahlungen ja vom gemeinsamen „Haushaltskonto" zu entrichten sind, welches mit der Trennung nicht mehr fortgeführt wird. Durch die Vereinbarung, dass die Beitragszahlungen zum Unterhaltsbedarf des Begünstigten gehören, wird jedoch auch hier eine interessengerechte Verteilung der wirtschaftlichen Belastung vorgenommen.

**14.4 Keine Kündigung durch den Begünstigten.** Lässt sich der Versicherungsnehmer im Laufe der Ehe, eventuell kurz vor der Trennung, den Rückkaufswert ausbezahlen, verfehlt die Kompensationsvereinbarung eventuell ihren Zweck – die Versorgungslücke, die sie verhindern soll, kann dadurch wieder entstehen. Das Risiko, dass dann der Ausschluss des Versorgungsausgleichs wegen seiner konkreten Folgen der gerichtlichen Kontrolle nicht standhält, lässt sich jedenfalls vermeiden, wenn die Versicherung nicht ohne Zustimmung des anderen Partners gekündigt werden darf.

**15. Vereinbarungen zum nachehelichen Unterhalt.**

Die am 1.1.2008 in Kraft getretene Unterhaltsrechtsreform hat beim nachehelichen Unterhalt eine Neujustierung vorgenommen: Der Grundsatz der Eigenverantwortung (§ 1569 BGB) hat gegenüber der Pflicht zur nachehelichen Solidarität an Gewicht (zurück)gewonnen. Verstärkte Bedeutung für die Frage, ob und in welchem Umfang nachehelicher Unterhalt verlangt werden kann, kommt dabei den Faktoren „Kindeswohl" und „Kompensation ehebedingter Nachteile" zu.

**15.1 Vereinbarungen zum „Ob" des nachehelichen Unterhalts.** Vereinbarungen, mit denen der Anspruch auf nachehelichen Unterhalt ausgeschlossen werden soll, müssen dessen hohen Stellenwert in der Kernbereichslehre des BGH berücksichtigen. Danach stellt der Betreuungsunterhalt den innersten Kern dar, gefolgt von Krankheitsunterhalt und Unterhalts wegen Alters, die (zusammen mit dem Versorgungsausgleich) die zweite Stufe bilden und – auf der dritten Stufe – vom Unterhalt wegen Erwerbslosigkeit. Grundsätzlich ist für die Gestaltung eines vorsorgenden Ehevertrages davon auszugehen, dass ein Verzicht auf den Basisbetreuungsunterhalt aus § 1570 Abs. 1 S. 1 BGB so massiv in den Kernbereich eingreift, dass er der richterlichen Inhaltskontrolle nicht standhalten wird. Abweichende übereinstimmende Erziehungsvorstellungen, etwa dass eine Fremdbetreuung schon vor Vollendung des dritten Lebensjahres beginnen soll, können zwar in einem Ehevertrag dokumentiert werden. Ob sie „im Ernstfall" einen damit begründeten Verzicht auf den Basisunterhalt tragen, wenn der betreuende Elternteil dann doch das gesetzgeberische

Erziehungsleitbild umsetzen will, muss bezweifelt werden. Partner, die – ohne die dann tatsächlich vorhandenen Rahmenbedingungen zu kennen – abstrakte Wertvorstellungen zur Grundlage bindender vertraglicher Regelungen machen wollen, sind damit generell nicht gut beraten. Denn weicht die tatsächliche Kindesentwicklung von der idealisierten Vorstellung ab, ist sehr schnell die Geschäftsgrundlage gestört. Das Werkzeug, den Verzicht später auszuhebeln, ist damit in der störungsanfälligen Vereinbarung selbst angelegt.

**15.2 Vereinbarungen zum „Wie“ des nachehelichen Unterhalts.** Wie beim Zugewinnausgleich sind auch bei der Ermittlung eines Unterhaltsanspruches verschiedene Rechengrößen zu ermitteln, auf die dann vorgegebene Rechenregeln anzuwenden sind. Vereinbarungen dazu sind im vorsorgenden Ehevertrag möglich, jedoch mit einem höheren Prognoserisiko verbunden als in einer Scheidungsvereinbarung.

Steht fest, dass die gesetzlichen Voraussetzungen für einen nachehelichen Unterhaltsanspruch vorliegen (also das „ob“), ist die Höhe des Anspruchs zu ermitteln. Maßgebende Größen für die Berechnung sind dabei der Bedarf des Berechtigten, dessen Bedürftigkeit sowie die Leistungsfähigkeit des Verpflichteten.

**a) Vereinbarungen zur Höhe des Bedarfs.** Der Bedarf bildet den Lebensstandard ab, den der Unterhaltsberechtigten nach der Scheidung erhalten soll. Er enthält den gesamten Lebensbedarf (allgemeiner Lebensbedarf, sog. Elementarunterhalt, aber auch Bedarf für Kranken- und Altersvorsorge sowie – als unselbstständige weitere Bestandteile – Mehrbedarf und Sonderbedarf). Nach § 1578 Abs. 1 BGB richtet er sich grundsätzlich nach den ehelichen Lebensverhältnissen. Diese sind nunmehr „wandelbar“, so dass auch bestimmte Veränderungen nach dem früher maßgebenden Stichtag (Rechtskraft der Scheidung) zu berücksichtigen sind (BGH FamRZ 2008, 968 = NJW 2008, 1663). Führt eine wertende Gesamtbetrachtung zu dem Ergebnis, dass die damit verbundene „Lebensstandardgarantie“ unbillig ist, ist für die Unterhaltsberechnung stattdessen der „angemessene Lebensbedarf“ anzusetzen. Durch ihn wird die Funktion des Unterhaltsanspruchs darauf beschränkt, „ehebedingte Nachteile“ auszugleichen: Welchen Lebensstandard könnte der Berechtigte eigenverantwortlich erreichen, wenn man die Faktoren wegdenkt, welche nun seine Erwerbschancen verschlechtern und ihre Ursache in einer familienbedingten Veränderung seines Erwerbsverhaltens während der Ehe haben? Nicht mehr die beiderseitigen Einkommen bestimmen im Anwendungsbereich dieses gesetzlichen Ersatzmaßstabes den Bedarf, sondern der (hypothetische) Lebensstandard, den der Unterhaltsberechtigte ohne Ehe und Kindeserziehung hätte erreichen können. Die notwendige konkrete Feststellung dazu ist oft schwierig, müssen dabei doch auch die Aufstiegschancen in dem vor einer familienbedingten Pause ausgeübten Beruf einbezogen werden. Auch die Vergleichbarkeit einer später aufgenommenen Tätigkeit mit der früheren bereitet Probleme.

Besonders dann, wenn schon vor der Ehe eine größere Einkommensdiskrepanz zwischen den Partnern besteht, kann im vorsorgenden Ehevertrag der Bedarf des Unterhaltsberechtigten auf einen Höchstbetrag begrenzt werden.

**b) Vereinbarungen zur Bedürftigkeit.** Der Unterhaltsanspruch ist generell auf eine beim Berechtigten bestehende „Bedarfslücke“ beschränkt. Dessen Bedürftigkeit wird ermittelt, indem von seinem Bedarf das abgezogen wird, was er selbst zu dessen Deckung an Einkommen und verwertungspflichtigem Vermögen aufzubringen hat.

Eine **Verwertung des Vermögensstammes** bleibt dem Unterhaltsberechtigten nach § 1577 Abs. 3 BGB erspart, soweit diese unwirtschaftlich oder (unter Berücksichtigung der beiderseitigen wirtschaftlichen Verhältnisse) unbillig ist. Hier wird es von den Partnern häufig als interessengerecht empfunden, wenn der wirtschaftlich schwächere Partner als Unterhaltsberechtigter keinesfalls die Substanz seines (meist ohnehin geringeren) Vermögens zur Deckung seines Lebensbedarfes angreifen muss.

Auch zur Frage, ob und in welchem Umfang der Unterhaltsberechtigte Einkommen zur Deckung seines Bedarfs einsetzen muss, welches er auf eine ihm an sich nicht zumutbare Weise erzielt hat, kann bereits vorab beantwortet werden. **Einkommen aus überobliga-**

**torischer Tätigkeit,** welches der Berechtigte erzielt, wird nach § 1577 Abs. 2 BGB nur teilweise berücksichtigt, und zwar mit seinem unterhaltsrelevanten Anteil bereits bei der Bedarfsermittlung und anschließend in derselben Höhe bedarfsdeckend (BGH FamRZ 2005, 1817 = NJW 2005, 3277; BGH FamRZ 2005, 1154 mAnm *Gerhardt* und *Maurer* 1823 = NJW 2005, 2145; BGH FamRZ 2006, 846 (848)). Für den Unterhaltspflichtigen fehlt eine solche Regelung, über § 242 BGB ist jedoch auch hier nur der unterhaltsrelevante Anteil bei Ermittlung des Bedarfs anzusetzen (BGH FamRZ 2011, 454 = NJW 2011, 670).

c) **Vereinbarungen zur zeitlichen Begrenzung.** Aus Billigkeit kann der nacheheliche Unterhaltsanspruch zeitlich begrenzt werden. Erforderlich ist dazu eine umfassende Abwägung der beiderseitigen Interessen. Beim Berechtigten sind dabei wiederum die ehebedingten Nachteile von zentraler Bedeutung. Die Unbilligkeit einer unbefristeten Zahlungspflicht kann sich beim Verpflichteten aus der Höhe der Mittel ergeben, die ihm (unter Berücksichtigung seiner sonstigen Verpflichtungen) verbleiben (BGH FamRZ 1988, 817 (820) = NJW 1988, 2101). Vereinbarungen zur Befristung einer etwa nach Scheidung bestehenden Unterhaltspflicht sind wiederum im vorsorgenden Ehevertrag mit Zurückhaltung zu verwenden, weil sie ein hohes Prognoserisiko für den Unterhaltsberechtigten beinhalten. In Scheidungsvereinbarungen werden sie demgegenüber zurecht häufig verwendet; dort sind die konkreten wirtschaftlichen Folgen absehbar und können mit den übrigen Regelungen zu einem beiderseits interessengerechten „Gesamtpaket" geschnürt werden.

d) **Neue Partnerschaft beim Unterhaltsberechtigten.** § 1579 Nr. 2 BGB lässt es zu, den Anspruch auf nachehelichen Unterhalt zu versagen, herabzusetzen oder zeitlich zu begrenzen, wenn der Berechtigte in einer verfestigten Lebensgemeinschaft lebt und deshalb die reguläre Inanspruchnahme des Unterhaltsverpflichteten „grob unbillig wäre". Eine verfestigte Lebensgemeinschaft kann danach insbesondere angenommen werden, wenn objektive, nach außen tretende Umstände den Schluss auf eine verfestigte Lebensgemeinschaft nahelegen. Das können zB ein über einen längeren Zeitraum hinweg geführter gemeinsamer Haushalt, das Erscheinungsbild in der Öffentlichkeit, größere gemeinsame Investitionen (wie der Erwerb eines gemeinsamen Familienheims) oder die Dauer der Verbindung sein. Ein intimes Verhältnis allein reicht dazu nicht aus (BGH FamRZ 2011, 1854 = NJW 2011, 3712). Der Zeitraum, ab dem das Vorliegen solcher Umstände die Feststellung einer verfestigten Lebensgemeinschaft zulässt, liegt regelmäßig zwischen zwei und drei Jahren. Nicht erfasst werden durch die Härteklausel anderweitige Beistandsgemeinschaften, zB das Zusammenziehen mit Verwandten oder reine Haushalts- und Wohngemeinschaften.

Mit einer ehevertraglichen Vereinbarung zu diesem Themenbereich lässt sich den mit der gesetzlichen Regelung verbundenen Nachweis- und Wertungsschwierigkeiten vorbeugen. Dabei müssen nicht notwendig die von der Rechtsprechung entwickelten Kriterien übernommen werden. So soll es bei Anwendung der Härteklausel des § 1579 Nr. 2 BGB grundsätzlich unerheblich sein, ob der neue Partner des Unterhaltsberechtigten in der Lage ist, diesen wirtschaftlich zu unterstützen. Denn die gesetzliche Regelung stellt nur darauf ab, dass sich der Berechtigte mit der neuen Lebensgemeinschaft endgültig aus der ehelichen Solidarität herauslöst und zu erkennen gibt, dass er diese nicht mehr benötigt. Sie will nicht etwa irgendein vorwerfbares Fehlverhalten sanktionieren, sondern rein objektive Veränderungen in den Lebensbedingungen des Unterhaltsberechtigten erfassen, welche eine dauerhafte Fortsetzung der Unterhaltsleistung unzumutbar erscheinen lassen (BGH FamRZ 2011, 1854 = NJW 2011, 3712).

e) **Vereinbarungen zur Leistungsfähigkeit des Unterhaltspflichtigen.** Neben Bedarf und Bedürftigkeit ist die Leistungsfähigkeit der dritte bestimmende Faktor für die Höhe des nachehelichen Unterhalts. § 1581 BGB ist die juristische Umsetzung der dem Volksmund geläufigen Erkenntnis, dass man „einem nackten Mann nicht in die Tasche greifen kann". Denkbar sind hier Vereinbarungen, durch welche der Selbstbehalt des Unterhaltspflichtigen vertraglich auf einen Mindestbetrag angehoben wird, der über den Vorgaben der sonst maßgebenden unterhaltsrechtlichen Leitlinien liegt. Festgelegt werden kann aber beispielsweise auch, dass bestimmte Verbindlichkeiten, die der Vermögensbildung dienen, bei Ermittlung der Leistungsfähigkeit abzuziehen sind.

**16. Im Muster: Vereinbarung einer Bedarfsgrenze.**

**16.1 Vertragliche Limitierung des relevanten Bedarfs.** Die Vereinbarung im Muster greift nicht in das „ob“ eines nachehelichen Unterhaltsanspruchs ein. Ist ein solcher jedoch dem Grunde nach gegeben, begrenzt sie die Rechengröße des Bedarfes auf einen einvernehmlich festgesetzten Höchstbetrag. Ziel dieser Gestaltung ist es, die wirtschaftliche Belastung des Unterhaltspflichtigen zu reduzieren, falls die (wandelbaren) ehelichen Lebensverhältnisse so gut werden sollten, dass der nach der gesetzlichen Vorgabe des § 1578 Abs. 1 S. 1 BGB ermittelte Bedarf des Unterhaltsberechtigten zu einer als unangemessen empfundenen Teilhabe führen würde. Dies ist zwar auch die Intention des in § 1578b Abs. 1 BGB angebotenen Korrekturmechanismus, bei dessen Anwendung auf den „angemessenen Lebensbedarf“ abgestellt wird. Mit welchem konkreten Ergebnis dort aus Billigkeit der Unterhaltsbedarf zur Kompensation ehebedingter Nachteile herabgesetzt wird, ist aber ungewiss. Eine vertragliche Bedarfsbegrenzung schafft insoweit Rechtssicherheit.

**16.2 Dynamisierung der Bedarfsgrenze.** Interessengerecht ist eine Bedarfsobergrenze, in welche die aktuellen Einkommensverhältnisse und eine zu erwartende Karriereentwicklung **ohne** einen ehebedingten Karriereknick einfließen. Mit dem so festgelegten monatlichen Geldbetrag ist bei Vertragsschluss eine bestimmte Kaufkraft verbunden. Inflationsbedingt wird diese bei Scheitern der Ehe geringer sein.

a) **Wertgesicherter Geldbetrag als Bedarfsobergrenze.** Durch eine „klassische“ Wertsicherungsklausel lässt sich die mit der Bedarfsobergrenze verbundenen Kaufkraft erhalten – und somit der mit ihr verbundene, durch den Unterhaltsanspruch maximal gewährte, Lebensstandard. Im Vertrag könnte eine solche Klausel lauten:

2. Vereinbarung einer Bedarfsgrenze
Unsere Vereinbarung erweitert die gesetzlichen Unterhaltstatbestände nicht und schafft auch keinen selbstständigen vertraglichen Zahlungsanspruch. Wir wollen stattdessen eine etwaige gesetzliche Pflicht zum nachehelichen Unterhalt einschränken, indem wir folgende Bedarfsgrenze vereinbaren:
(1) Der Bedarf, der sich aus den für unsere Ehe prägenden Verhältnissen ergibt, ist bei der Unterhaltsberechnung beim Unterhaltsberechtigten nur bis zu einem Höchstbetrag von monatlich. . . . . EUR (. . . . . Euro) zu berücksichtigen.
(2) Wir vereinbaren folgende automatische Anpassung der vereinbarten Bedarfsgrenze an den Kaufkraftschwund: Ihr Betrag verändert sich in demselben Verhältnis wie der vom Statistischen Bundesamt festgestellte Verbraucherpreisindex für Deutschland. Maßgebende Bezugsgröße ist dabei der auf der Basis der dann gültigen neuesten Indexreihe ermittelte Index für den derzeit laufenden Kalendermonat. Erstmals ist die Anpassung der Bedarfsgrenze durchzuführen, wenn die Unterhaltspflicht entstanden ist. Der dann ermittelte Betrag bildet die neue Bezugsgröße. Eine weitere Anpassung nach oben oder unten ist danach erstmals für den Kalendermonat vorzunehmen, in welchem der Indexwert um mehr als fünf Prozent über oder unter dieser neuen Bezugsgröße liegt. Nach Veröffentlichung des Indexwertes sind zwischenzeitlich zu viel oder zu wenig geleistete Beträge ohne Zinsen unverzüglich auszugleichen. Der Indexwert, welcher die Anpassung ausgelöst hat, stellt zugleich die neue Bezugsgröße dar. Bei späteren Anpassungen ist dann entsprechend vorzugehen.
(3) . . . . . .
(4) . . . . . . jeweils wie im Muster.

b) **Im Muster: Koppelung an ein bestimmtes Grundgehalt nach dem Bundesbesoldungsgesetz.** Das Inflationsrisiko trägt bei der vorstehend angesprochenen Gestaltung („klassische“ Wertsicherungsklausel) im Verhältnis der Vertragspartner alleine der Unterhaltsverpflichtete. Einkünfte, gleichgültig aus welcher Quelle, korrelieren aber nicht mit dem Geldwertverfall. Die Entwicklung der Nettolöhne bei Arbeitnehmern bleibt fast immer hinter der Inflationsrate zurück. Sollen die mit einem künftigen Kaufkraftschwund verbundenen wirtschaftlichen Einbußen von beiden Partnern getragen werden, sollte man daher einen anderen Anpassungsmaßstab wählen. Im Muster wird die Bedarfsobergrenze an die Entwicklung der Besoldung der Bundesbeamten gekoppelt. Denn das im Beamtenrecht geltende Alimentationsprinzip stellt sicher, dass gravierende Verschlechterungen aufgrund eines künftigen Geldwertverfalls durch eine Anpassung der Besoldung verhindert werden.

c) **Koppelung an eine Bedarfsgröße aus den Unterhaltsleitlinien.** Bei weniger üppigen Einkommen dient eine vertragliche Bedarfsgrenze vorrangig dazu, die wirtschaftliche Belastung des voraussichtlich zahlungspflichtigen Partners zu begrenzen. Hierzu kann die vertragliche Bedarfsobergrenze an eine Bezugsgröße der Unterhaltsleitlinien gekoppelt werden. Naheliegend, aber nicht zwingend, ist es, dabei auf diejenigen Leitlinien zu verweisen, welche am Lebensmittelpunkt der Partner angewandt werden. Die Verweisung erfolgt dynamisch, so dass künftige Veränderungen bei der Bezugsgröße unmittelbar auf die vertragliche Bedarfsgrenze durchschlagen. Um später Streit und Auslegungsbedarf zu vermeiden muss auf eine korrekte Bezeichnung der Verweisungsgröße geachtet werden. Zieht man – exemplarisch – die Süddeutschen Leitlinien (Stand 1.1.2018) heran, kommen bspw. der „Mindestbedarf des Ehegatten" (Ziffer 15.1 SüdL 880,00 EUR) oder der „Ehegattenmindestselbstbehalt (= Eigenbedarf)" (Ziffer 21.4 SüdL 1.200,00 EUR, worin 430,00 EUR für Unterkunft und Heizung enthalten sind) in Betracht, aber auch der Mindestbedarf eines geschiedenen Ehegatten gegenüber Unterhaltsansprüchen von Eltern, Großeltern und Enkeln des Unterhaltspflichtigen (Ziffer 23.3 SüdL, 1.800,00 EUR). Formulierungsvorschlag:

**2. Vereinbarung einer Bedarfsgrenze**
**Unsere Vereinbarung erweitert die gesetzlichen Unterhaltstatbestände nicht und schafft auch keinen selbstständigen vertraglichen Zahlungsanspruch. Wir wollen statt dessen eine etwaige gesetzliche Pflicht zum nachehelichen Unterhalt einschränken, indem wir folgende Bedarfsgrenze vereinbaren:**
**(1) Der Bedarf, der sich aus den für unsere Ehe prägenden Verhältnissen ergibt, ist nur in Höhe des Ehegattenmindestselbstbehaltes („Eigenbedarf") eines erwerbstätigen Ehepartners bei der Unterhaltsberechnung zu berücksichtigen. Dieser ist nach den unterhaltsrechtlichen Leitlinien der Familiensenate in Süddeutschland („Süddeutsche Leitlinien") in ihrer jeweils aktuellen Fassung zu bestimmen.**
**(2) Derzeit beträgt er nach Ziffer 21.4 der seit 1.1.2018 geltenden Süddeutschen Leitlinien monatlich 1.200,00 EUR. Dieser Betrag ist auch dann als Bedarfsobergrenze vereinbart, wenn die konkreten Kosten für Unterkunft und Heizung beim Unterhaltsberechtigten über oder unter dem in den Leitlinien dafür vorgesehenen Anteil von 430,00 EUR liegen sollten.**
**(3) ......**
**(4) ...... jeweils wie im Muster.**

d) **Koppelung an den Sozialhilferegelsatz.** Besonders in Fällen, in denen die Erwerbschancen eines Partners als ungewöhnlich gering einzuschätzen sind (zB fehlende Qualifizierung, gesundheitliche Beeinträchtigung), kann stattdessen eine sozialrechtliche Größe als vertragliche Bedarfsobergrenze vereinbart werden. Wird eine solche Regelung lediglich zur Entlastung des wirtschaftlich stärkeren Partners gewünscht, ist besonders auf die einseitige Lastenverteilung hinzuweisen. Eine Bedarfsgrenze, die auf eine sozialhilferechtliche Größe verweist, ist – zumindest im Bereich des Betreuungsunterhaltes – kritisch zu hinterfragen, weil die dadurch limitierten Lebensverhältnisse des betreuenden Elternteils auf das Kindeswohl durchschlagen können. Deshalb sollte dann stets zu einer individuellen Verfeinerung durch einen zusätzlichen Multiplikator geraten werden, wie dies im folgenden Formulierungsvorschlag vorgesehen ist. Dieselbe Regelungstechnik (Bedarfsobergrenze = x % der vereinbarten dynamischen Bezugsgröße) ist generell möglich und nicht auf diese Variante beschränkt.

**2. Vereinbarung einer Bedarfsgrenze**
**Unsere Vereinbarung erweitert die gesetzlichen Unterhaltstatbestände nicht und schafft auch keinen selbstständigen vertraglichen Zahlungsanspruch. Wir wollen stattdessen eine etwaige gesetzliche Pflicht zum nachehelichen Unterhalt einschränken, indem wir folgende Bedarfsgrenze vereinbaren:**
**(1) Der Bedarf, der sich aus den für unsere Ehe prägenden Verhältnissen ergibt, ist nur in Höhe des 1,4-fachen des jeweils für einen Haushaltsvorstand nach den Vorgaben des Zwölften Buches des Sozialgesetzbuches (SGB XII) geltenden Regelsatzes zu berücksichtigen. Hat der Unterhaltsberechtigte seinen Wohnsitz nicht im Geltungsbereich dieses Gesetzes, ist auf den in der <Gemeinde . . . . . > geltenden Regelsatz abzustellen.**
**(3) . . . . .**
**(4) . . . . . jeweils wie im Muster.**

**17. Im Muster: Vereinbarungen zur Bedarfsdeckung.** (Zu den beiden Regelungsinhalten → Anm. 15b) Nr. (2)).

**17.1 Einsatz der Vermögenssubstanz.** Die Vereinbarung privilegiert den Unterhaltsberechtigten. Denn – anders als in § 1577 Abs. 3 BGB vorgesehen – wird seine Pflicht zur Verwertung des Vermögensstammes vertraglich ausgeschlossen und nicht von Billigkeitserwägungen abhängig gemacht Für den Unterhaltspflichtigen kann sinngemäß – und in Abweichung von § 1581 S. 2 BGB – eine gleichlautende Privilegierung vereinbart werden. Ist der Bedarf des Berechtigten vertraglich begrenzt worden, wird der Zahlungspflichtige allerdings ohnehin nur in ungewöhnlichen Konstellationen dazu gezwungen sein, seine Leistungsfähigkeit durch Verwertung von Vermögenssubstanz sicherzustellen.

**17.2 Überobligatorische Tätigkeit.** Auch insoweit versucht das Muster, einem späteren Streit vorzubeugen, der über die konkrete Höhe des unterhaltsrelevanten, und damit anzurechnenden Teils überobligatorischer Einkünfte bei Anwendung der gesetzlichen Vorgabe des § 1577 Abs. 2 BGB entstehen könnte. Die darin enthaltene Wertung, dass der Berechtigte den Ertrag unterhaltsrechtlich nicht zumutbarer Anstrengungen ohne Anrechnung auf seinen Bedarf behalten darf, ist natürlich nicht zwingend. Alternativ dazu kann etwa die Anrechnung mit einem bestimmten Prozentsatz der überobligatorischen Einkünfte vereinbart werden. In diesem Fall sollte allerdings nicht versäumt werden, für Aufwendungen im Zusammenhang mit der Erwerbstätigkeit – ebenfalls pauschal – einen anrechnungsfreien Anteil festzulegen.

**18. Erweiterung um die gemeinsame Nachlassplanung – der „Ehe- und Erbvertrag“.** Bis zur Kostenrechtsmodernisierung durch das GNotKG zum 1.8.2013 war die Verbindung von Ehevertrag und Erbvertrag in derselben Urkunde durch § 46 Abs. 3 KostO besonders privilegiert: Von den beiden Verträgen war nur der mit dem höheren Geschäftswert zu bewerten, so dass es den „billigeren“ gratis dazu gab. Da zudem die Ermittlung des Geschäftswertes an den Reinwert des beiderseitigen Vermögens ansetzte, Verbindlichkeiten also in voller Höhe vom Aktivwert abgezogen werden durften, standen Gestaltungsaufwand und Gebührenhöhe nicht selten in einem krassen Missverhältnis zueinander. Durch die Neuregelung ist dies – gleichwohl sozial verträglich – korrigiert worden.

Kostenrechtlich vorteilhaft ist die Aufnahme der erbvertraglichen Nachlassplanung in den Ehevertrag lediglich noch über den Degressionsvorteil, der auch im GNotKG besteht: Zwei getrennte Verträge mit einem Geschäftswert von jeweils 100.000 EUR lösen jeweils eine Verfahrensgebühr in Höhe von 546 EUR (KV 21100), somit insgesamt 1.092 EUR, aus. Betreffen die Erklärungen (wie beim Ehe- und Erbvertrag, § 111 Nr. 1 und 2 GNotKG) nicht denselben Beurkundungsgegenstand (§§ 86, 109 f. GNotKG) und sind sie in derselben Urkunde enthalten, werden ihre Geschäftswerte zusammengezählt und daraus nur einmal die Verfahrensgebühr erhoben (§ 35 Abs. 1 GNotKG). Im genannten

Beispiel würde die Verfahrensgebühr nach KV 21100 bei einem Geschäftswert von 200.000 EUR daher 870 EUR betragen.

Nachteilig an der Verbindung beider Verträge ist, dass der Erbvertrag nicht mehr aus der amtlichen Verwahrung zurückgenommen werden kann, wenn er mit einem anderen Vertrag (hier dem Ehevertrag) in einer Urkunde verbunden ist (§ 2300 Abs. 2 BGB). Sein Inhalt wird deshalb auch dann beim Erbfall bekannt, wenn die Partner ihn später vollständig aufgehoben bzw. widerrufen haben.

**19. Schlussbestimmungen.**

**19.1 Abschriften.**

Falls die Vertragspartner nicht in der Niederschrift oder durch gesonderte Erklärung gegenüber dem Notar etwas Abweichendes bestimmen (§ 51 Abs. 2 BeurkG), kann jeder von ihnen gemäß § 51 Abs. 1 BeurkG eine Ausfertigung der Urkunde verlangen, außerdem einfache oder beglaubigte Abschriften sowie die Einsicht in die Urschrift (§ 51 Abs. 3 BeurkG). Für den Normalfall hat es sich daher bewährt, zunächst lediglich die Erteilung einfacher Abschriften für die Vertragspartner vorzusehen. Der damit verbundene Arbeitsaufwand ist geringer.

Enthält ein Ehevertrag Erklärungen, welche die Erbfolge beeinflussen können, ist er erbfolgerelevant (§ 78b Abs. 2 BNotO), seine Verwahrung ist dann dem Zentralen Testamentsregister mitzuteilen. Das Muster enthält jedoch konkret keine erbfolgerelevanten Erklärung, insbesondere keinen Güterstandswechsel.

**19.2 Kosten der Urkunde.**

**a) Gebührensatz.** Für den Mustervertrag wäre aus dem Geschäftswert eine Verfahrensgebühr nach KV 21100 (Gebührensatz 2,0, mindestens 120 EUR) zu erheben. Dabei sind die Geschäftswerte der einzelnen Vereinbarungen nach § 35 Abs. 1 GNotKG zu addieren.

**b) Geschäftswerte.**

**(1) Teilweiser Ausschluss des Zugewinnausgleichs (§ 2 Nr. 2 im Muster).** Der Geschäftswert für die güterrechtlichen Vereinbarungen in § 2 Nr. 2 des Musters (teilweiser Ausschluss des Zugewinnausgleichs) ist nach § 100 Abs. 1 GNotKG zu bestimmen: Dazu sind – getrennt für beide Vertragspartner – zunächst vom jeweiligen Aktivvermögen etwa vorhandene Verbindlichkeiten abzuziehen, höchstens aber bis zur Hälfte des Aktivvermögens („begrenzter Schuldenabzug"). Die beiden so ermittelten „modifizierten Reinvermögen" sind dann zu addieren.

Der teilweise Ausschluss des Zugewinnausgleichs ist eine Regelung der güterrechtlichen Verhältnisse iSd § 1408 BGB. Gemäß § 111 Nr. 2 GNotKG ist er daher stets ein besonderer Beurkundungsgegenstand, selbst wenn er mit anderen Vereinbarungen in einem Abhängigkeitsverhältnis stehen sollte und deshalb an sich mit diesen nach § 109 Abs. 1 GNotKG die Kriterien für denselben kostenrechtlichen Beurkundungsgegenstand aufweisen würde.

**(2) Kompensationsvereinbarung dazu (§ 2 Nr. 3 im Muster).** Der Ausschluss des Zugewinnausgleichs wird durch die Vereinbarung zum Familienunterhalt kompensiert. Wirtschaftlich ist die vertraglich geschaffene Möglichkeit, zum Aufbau eigenen Vermögens die Hälfte des am Monatsende vorhandenen Überschussbetrages zu entnehmen, die Gegenleistung für den Ausschluss des gesetzlichen Teilhabemechanismus. Dieser und die im Muster in § 2 Nr. 3.3 vereinbarte Entnahmebefugnis stehen daher kostenrechtlich in einem Austauschverhältnis zueinander, so dass nach § 97 Abs. 3 GNotKG nur der höhere der beiden Werte heranzuziehen ist.

Dem Wert der güterrechtlichen Vereinbarung aus § 100 Abs. 1 GNotKG ist somit der Wert der Entnahmebefugnis gegenüber zu stellen. Die Entnahmebefugnis endet bei Trennung oder dem Tod eines Partners, so dass es sich um eine wiederkehrende Leistung von unbestimmter Dauer handelt. Es ist deshalb das, was einem Partner bei der Entnahme voraussichtlich zufließt, mit dem in § 52 Abs. 3 S. 2 GNotKG festgesetzten Faktor zu multiplizieren, mithin ist der für die ersten zehn Jahre zu erwartende Betrag maßgebend. Ist ein Partner bei Vertragsschluss bereits älter als 70 Jahre, ist allerdings nur der fünffache Jahreswert anzusetzen. Denn da die Entnahmebefugnis auch beim Tod eines Partners endet, darf nach § 52 Abs. 3 S. 3 GNotKG der in Abs. 4 der Vorschrift bemessene Wert nicht überschritten werden.

Praktisch bedeutet das: Auf Grundlage des vereinbarten „Inputs“, den beide Partner auf das gemeinsame Konto zu leisten haben, ist zu schätzen, welcher Betrag im Jahresmittel insgesamt entnahmefähig übrig sein wird. Da nur die Hälfte dieses Betrages dem Partner zusteht, zu dessen Gunsten die Kompensationsvereinbarung wirkt, ist der (geschätzte) halbe Jahresbetrag der entnahmefähigen Überschüsse mit dem Faktor zehn zu multiplizieren (bei mindestens einem Partner über 70 mit Faktor fünf). Nicht maßgebend ist die Höhe des voraussichtlichen „Inputs“: Die Verpflichtung, bestimmte Einzahlungen auf das gemeinschaftliche „Haushaltskonto“ vorzunehmen, dient lediglich der Erfüllung und Durchführung der Kompensationsregelung. Zu dieser steht sie daher in einem Abhängigkeitsverhältnis gemäß § 109 Abs. 1 S. 2 GNotKG und bildet denselben Gegenstand. Das modifizierte Reinvermögen beider Partner wird in der Summe regelmäßig deutlich höher sein als der nach § 52 GNotGK ermittelte Wert der kompensierenden Entnahmebefugnis, so dass die Kompensationsvereinbarung beim „Ein-Topf-Modell“ meistens kostenneutral bleibt.

(3) **Ausschluss gesetzlicher Verfügungsbeschränkungen (§ 2 Nr. 4 im Muster).** Der Ausschluss der gesetzlichen Verfügungsbeschränkungen der §§ 1365, 1369 BGB ist Teil der ehevertraglichen Vereinbarung und bildet deshalb mit dem Teilausschluss des Zugewinnausgleichs denselben Gegenstand.

(4) **Keine Rückforderung von Ehegattenzuwendungen (§ 2 Nr. 5 im Muster).** Im Regelfall erfolgt diese Vereinbarung lediglich vorsorglich, also ohne dass ein Vertragspartner einen konkreten (bedingten) Rückgewähranspruch haben würde. Es ist deshalb der Auffangwert von 5.000 EUR nach § 36 Abs. 1 und 3 GNotKG anzusetzen.

(5) **Ausschluss des Versorgungsausgleichs gegen Kompensation (§ 3 im Muster).** Auch beim Ausschluss des Versorgungsausgleichs gegen Kompensation handelt es sich kostenrechtlich um ein Austauschgeschäft, so dass gemäß § 97 Abs. 3 GNotKG der höhere der beiden Geschäftswerte anzusetzen ist.

Für den Ausschluss des Versorgungsausgleichs wird die Wertermittlung jedoch dadurch erschwert, dass bei Vertragsschluss völlig ungewiss ist, welche konkreten Auswirkungen er im Falle einer späteren Scheidung tatsächlich haben würde. Anders als bei einer Scheidungsvereinbarung kann deshalb die Wertermittlung nicht über § 52 GNotKG (wiederkehrende Ansprüche) vorgenommen werden. Stattdessen ist der Auffangwert nach § 36 Abs. 1 und 3 GNotKG (5.000 EUR) zu verwenden.

Dem ist der kostenrechtliche Wert der vereinbarten Kompensationsleistung gegenüber zu stellen. Verpflichtet sich zB ein Partner dazu, bestimmte monatliche Zahlungen in eine private Rentenversicherung zu leisten, die zugunsten des anderen abgeschlossen wird, erfolgt die Wertermittlung nach § 52 GNotKG. Da die Zahlungspflicht (abhängig vom konkreten Regelungsinhalt) bei Trennung oder Scheidung endet, handelt sich auch bei dieser Kompensation um ein Recht von unbestimmter Dauer. Anzusetzen ist also nach § 52 Abs. 3 S. 2 GNotKG der Wert der ersten zehn Jahre, bei einem Partner, der bei Vertragsschluss bereits über 70 Jahre ist, sinkt der Multiplikator auf den fünffachen Jahreswert.

Im Muster sind die Beitragszahlungen zur privaten Rentenversicherung jedoch vom gemeinsamen „Haushaltskonto“ zu bezahlen. Dadurch mindern sie den entnahmefähigen Überschuss am Monatsende und gehen wirtschaftlich je zur Hälfte zu Lasten beider Partner. Das ist zu berücksichtigen, wenn (ausnahmsweise) bei Bewertung des teilweisen Zugewinnausgleichsauschluss gegen Kompensation der Wert der voraussichtlichen Entnahmen maßgebend ist.

(6) **Vereinbarung zum nachehelichen Unterhalt (§ 4 im Muster).** Vereinbart wird eine Bedarfsobergrenze, kein Zahlbetrag. Ob und in welchem Umfang sich diese Deckelung

im Scheidungsfall überhaupt auswirken würde, ist wiederum völlig ungewiss. Es ist deshalb sachgerecht, wiederum auf den Auffanggeschäftswert von 5.000 EUR nach § 36 Abs. 1 und 3 GNotKG zurückzugreifen.

## 2. Faire Korrektur der gesetzlichen Vorgaben: Herausnahme echter Wertsteigerungen aus dem Zugewinn und unterhaltsverstärkende Vereinbarung bei Kinderbetreuung

**Heute, am . . . . .**

**waren vor mir, . . . . ., Notar in . . . . ., in meinen Geschäftsräumen in . . . . ., gleichzeitig anwesend:**

**(*Namen, Geburtsdaten, Anschriften*, „nach Angabe im gesetzlichen Güterstand verheiratet", *ausgewiesen durch. . . . . /von Person bekannt*).**

***(Soweit erforderlich: Vermerk über das Fehlen einer Vorbefassung, welche die Mitwirkung des Notars nach § 3 Abs. 1 Nr. 7 BeurkG ausschließen würde.)***

**Die Beteiligten erklärten mit Ersuchen um Beurkundung: Wir schließen folgenden Ehevertrag.**

§ 1 Vorbemerkungen

1. Persönliche Verhältnisse

**Ich, . . . . ., wurde in . . . . . als Sohn von . . . . . und . . . . . geboren. Ich, . . . . ., wurde in . . . . . als Tochter von . . . . . und . . . . . geboren. Jeder von uns besitzt ausschließlich die deutsche Staatsangehörigkeit.**

**Wir haben am . . . . . in . . . . . die für den Mann und die Frau jeweils erste Ehe vor einem Standesbeamten der Bundesrepublik Deutschland geschlossen.**

**Wir haben ein gemeinsames Kind, nämlich . . . . ., geboren am . . . . . Einseitige Kinder hat keiner von uns.**

**Ich, . . . . ., betreue derzeit unser gemeinsames Kind . . . . .; ich, . . . . ., bin derzeit als . . . . . in Vollzeit erwerbstätig.**

**Die Geburt eines weiteren gemeinsamen Kindes schließen wir nicht aus, was wir in unseren Vereinbarungen bereits berücksichtigt haben.**

**2. Modifizierung der gesetzlichen Vorgaben**

**. . . . . (→ Form. IX.1 unter § 1 Nr. 2)**

**§ 2 Güterrechtliche Vereinbarungen**

**1. Gesetzliche Vorgaben**

**1.1 Zum „Ob" des Zugewinnausgleichs**

**Nach dem Gesetz ist der Zugewinnausgleich durchzuführen, wenn eines der folgenden Ereignisse eingetreten ist:**

**(1) Die Ehe ist durch Tod eines Partners aufgelöst worden und der überlebende Ehepartner ist entweder enterbt worden oder er hat das, was ihm der verstorbene Partner durch Testament oder Erbvertrag zugedacht hat, ausgeschlagen. Auch wenn dies nicht geschieht, kann jedoch nach § 5 Abs. 1 ErbStG die fiktive Ausgleichsforderung des überlebenden Ehegatten dessen Belastung mit Erbschaftsteuer im Einzelfall verringern.**

(2) Die Ehe ist durch gerichtliche Entscheidung aufgelöst worden, insbesondere durch Scheidung.

(3) Auf Antrag eines Partners ist die Zugewinngemeinschaft durch gerichtliche Entscheidung vorzeitig aufgehoben worden.

(4) In einem Ehevertrag haben die Eheleute einen Güterstandswechsel vereinbart. Grundsätzlich ist dann die dabei entstehende Zugewinnausgleichsforderung nach § 5 Abs. 2 ErbStG schenkungsteuerfrei.

1.2 Zum „Wie" des Zugewinnausgleichs

Nach der gesetzlichen Vorgabe zum Zugewinnausgleich steht dem Partner mit dem geringeren Zugewinn eine Ausgleichsforderung zu. Deren Höhe entspricht grundsätzlich der Hälfte des Betrages, um den sich die Zugewinne der beiden Ehepartner unterscheiden.

Der Zugewinn ist für jeden Partner zu ermitteln, indem sein Endvermögen mit seinem Anfangsvermögen verglichen wird.

„Tatsächliches Anfangsvermögen" ist das Vermögen, welches einem Partner – nach Abzug der Verbindlichkeiten – bei Eheschließung gehört.

„Fiktives Anfangsvermögen" ist Vermögen, welches ein Partner während der Ehe im Wege der – auch vorweggenommenen – Erbfolge, durch Schenkung oder durch Ausstattung erwirbt und soweit es nicht nach den Umständen zu den Einkünften zu rechnen ist. Nach der Vorschrift des § 1374 Abs. 2 BGB wird es ebenfalls berücksichtigt.

Tatsächliches und fiktives Anfangsvermögen werden zusammen als „erweitertes Anfangsvermögen" bezeichnet. Erweitertes Anfangsvermögen ist nach dem Gesetz kein Zugewinn, ebenso wenig seine durch den Kaufkraftverlust des Geldes bedingten scheinbaren Wertsteigerungen. Dagegen wird die Höhe des Zugewinns durch Gewinne, Verluste und echte Wertveränderungen im Bereich des erweiterten Anfangsvermögens beeinflusst.

Wir behalten den gesetzlichen Güterstand der Zugewinngemeinschaft für unsere künftige Ehe deshalb zwar bei, modifizieren ihn jedoch durch folgende Vereinbarungen:

2. Vertragliche Änderung des Berechnungsmodus

2.1 Regelungsziel

Echte Wertsteigerungen beim erweiterten Anfangsvermögen sollen bei keinem von uns als ausgleichspflichtiger Zugewinn behandelt werden.

2.2 Änderung der Berechnungsregeln[1]

Bei Ermittlung des Zugewinns sind deshalb im Zusammenhang mit unserem jeweiligen erweiterten Anfangsvermögen folgende, von der gesetzlichen Vorgabe abweichende, Berechnungsregeln anzuwenden:

(1) Unabhängig von den tatsächlichen Wertverhältnissen ist das erweiterte Anfangsvermögen bei jedem von uns mit jeweils 0 EUR (null Euro) anzusetzen.

(2) Soweit Gegenstände des erweiterten Anfangsvermögens im tatsächlichen Endvermögen des jeweiligen Partners noch vorhanden sind, werden sie dort, abweichend von der gesetzlichen Regelung des § 1375 Abs. 1 BGB, ebenfalls nicht berücksichtigt.

(3) Gleiches gilt für sog. Surrogate, also Ersatzgegenstände, die einer von uns während der Ehe für Gegenstände seines erweiterten Anfangsvermögens erhalten hat und soweit sie noch nachweislich in seinem tatsächlichen Endvermögen vorhanden sind. Damit werden insbesondere Verkaufserlöse und Versicherungsleistungen erfasst.

(4) Ebenfalls unberücksichtigt bleiben Erträge von erweitertem Anfangsvermögen und dessen Surrogaten, soweit sie noch nachweisbarer Teil des tatsächlichen Endvermögens sind. Damit werden also zB Sparguthaben erfasst, die vom sonstigen Vermögen getrennt geführt und durch Zins- oder Mieteinnahmen des erweiterten Anfangsvermögens gebildet worden sind.

(5) Andererseits soll keiner von uns das Ergebnis des Zugewinnausgleichs zum Nachteil des anderen beeinflussen können. Das wäre möglich, wenn er Maßnahmen zur Erhaltung oder Verbesserung seines erweiterten Anfangsvermögens aus Mitteln seines ausgleichspflichtigen Vermögens finanzieren würde. Solche, in dieser Vereinbarung als „Verwendungen" bezeichneten Vermögenswerte werden deshalb grundsätzlich – inflationsbereinigt – dem tatsächlichen Endvermögen des betreffenden Ehegatten hinzugerechnet. Etwas anderes gilt ausnahmsweise, wenn und soweit die Verwendung nachweislich aus Mitteln des erweiterten Anfangsvermögens, seiner Erträge oder Erlöse vorgenommen worden ist, weil in diesem Fall lediglich privilegiertes Vermögen umgeschichtet wird.

(6) Als Verwendungen in diesem Sinn gelten außerdem:

(a) Zahlungen auf Verbindlichkeiten, für die ein Gegenstand des erweiterten Anfangsvermögens bei Eheschließung bzw. bei seinem Erwerb als Sicherheit diente;

(b) Leistungen aus dem sonstigen Vermögen eines Partners, die er während der Ehe zum Erwerb eines Surrogates für Gegenstände seines erweiterten Anfangsvermögens erbringt.

2.3 Grenzen der Privilegierung[2]

Der vorstehend vereinbarte besondere Schutz von erweitertem Anfangsvermögen gilt nur bei der Berechnung eines etwaigen Zugewinnausgleichsanspruchs, nicht dagegen bei seiner Erfüllung. Soweit dies erforderlich sein sollte, muss der Ausgleichspflichtige deshalb auch privilegiertes Vermögen verwerten, um seiner Zahlungspflicht nachzukommen.

Die vereinbarte Modifizierung kann zu einer Verschiebung der Zugewinnausgleichspflicht führen – nämlich dann, wenn derjenige Partner, welcher nach dem gesetzlichen Berechnungsmodus ausgleichsberechtigt wäre, durch den vertraglich geänderten Modus ausgleichspflichtig wird. Für diesen Fall vereinbaren wir hiermit bereits vorsorglich einen bedingten Erlass seiner so entstandenen Zahlungspflicht.

2.4 Beweislast

Wir vereinbaren, dass jeder von uns die Beweislast für solche Umstände trägt, welche für ihn – im Vergleich zur gesetzlichen Regelung – zu einem günstigeren Ergebnis führen würden. Der Notar hat uns geraten, sämtliche Vorgänge im Zusammenhang mit erweitertem Anfangsvermögen möglichst genau zu dokumentieren, um spätere Beweisprobleme zu vermeiden. Hierzu verpflichtet sich jeder von uns, auf Verlangen des anderen beim Anlegen und Fortführen eines Verzeichnisses mitzuwirken, in welchem die von vor stehender Vereinbarung erfassten Vermögenswerte und Vorgänge aufgeführt werden. Alle Einträge darin sind zu unterzeichnen und die Unterschrift ist auf Verlangen notariell beglaubigen zu lassen.

2.5 Anwendungsbereich: nur bei Scheidung und anderen gerichtlichen Entscheidungen[3]

Die vorstehend vereinbarte Änderung des Berechnungsmodus ist nur anzuwenden, wenn unsere Ehe durch gerichtliche Entscheidung (insbesondere Scheidung) aufgelöst oder die Zugewinngemeinschaft vorzeitig aufgehoben worden ist. Sie gilt auch bei einem vorzeitigen Zugewinnausgleich nach § 1385 BGB.

In folgenden Fällen ist der Zugewinnausgleich dagegen grundsätzlich uneingeschränkt nach den gesetzlichen Vorgaben durchzuführen:

(1) Unsere Ehe ist durch den Tod aufgelöst worden. Die vorstehend durch Vereinbarung geänderten Berechnungsregeln sind dann jedoch ausnahmsweise anzuwenden, wenn zu diesem Zeitpunkt bereits ein gerichtliches Verfahren zur Eheauflösung rechtshängig gewesen sein sollte.

(2) Die Zugewinngemeinschaft ist von uns in einem späteren Ehevertrag durch Güterstandswechsel beendet worden. Ausnahmsweise sind dann trotzdem die vertraglich geänderten Berechnungsregeln anzuwenden, nämlich dann, wenn wir mit dem Güter-

standwechsel unsere Trennung oder Scheidung vorbereiten wollen. Ob diese Bedingung vorliegt, ist von uns beim Güterstandswechsel übereinstimmend festzustellen.

3. Ausschluss gesetzlicher Verfügungsbeschränkungen

(→ Form. IX.1 unter Nr. 4)

4. Keine Rückforderung von Ehegattenzuwendungen

(→ Form. IX.1 unter Nr. 5)

§ 3 Versorgungsausgleich: Beibehalten der gesetzlichen Vorgaben

Bei einer Scheidung sind grundsätzlich sämtliche Versorgungsanrechte, welche die Partner während der Ehezeit erworben haben, zu teilen. Von dieser gesetzlichen Vorgabe wollen wir nicht abweichen, also den Versorgungsausgleich weder vertraglich ausschließen noch einschränken.

§ 4 Nachehelicher Unterhalt: Teilverzicht und Verstärkung des Betreuungsunterhaltes

1. Gesetzliche Vorgaben

Nach einer Ehescheidung gilt der Grundsatz der Eigenverantwortung, so dass Unterhalt vom früheren Ehepartner nur in den gesetzlich geregelten Ausnahmesituationen verlangt werden kann. Die Höhe eines dann etwa zu leistenden Unterhalts hängt nicht nur von der Leistungsfähigkeit des Verpflichteten, sondern auch vom Bedarf des Berechtigten ab.

2. Grundsatz: Verzicht auf nachehelichen Unterhalt

Abweichend davon vereinbaren wir: Jeder von uns verzichtet hiermit gegenüber dem anderen grundsätzlich vollständig auf seine Ansprüche auf nachehelichen Unterhalt, die ihm nach Scheidung unserer Ehe zustehen könnten.

3. Ausnahme Betreuungsunterhalt: Beibehalten und Verstärken[4]

3.1 Kein Verzicht

Der vorstehend vereinbarte Verzicht erstreckt sich jedoch nicht auf den Betreuungsunterhalt, also den in § 1570 BGB vorgesehenen Anspruch auf Unterhalt wegen der Pflege oder Betreuung eines gemeinschaftlichen Kindes.

3.2 Einschränkung der Erwerbsobliegenheit beim betreuenden Elternteil

Uns ist bekannt, dass Betreuungsunterhalt vom Gesetz grundsätzlich auf die ersten drei Lebensjahre des Kindes begrenzt wird. Darüber hinaus kann er nur verlangt werden, wenn und soweit dies der Billigkeit entspricht. Die Gründe für eine solche Verlängerung können dann kindes- oder ehebezogen sein.
Wir sind jedoch darüber einig, dass derjenige von uns, welcher nach einer etwaigen Scheidung ein gemeinschaftliches Kind betreut, über diese gesetzlichen Vorgaben hinaus die Möglichkeit haben soll, sich intensiv um Erziehung und Förderung unseres Kindes zu kümmern.
Wir schränken deshalb hiermit die Erwerbsobliegenheit des Unterhaltsberechtigten vertraglich ein:
(1) Solange unser jüngstes gemeinschaftliches Kind sein achtes Lebensjahr noch nicht vollendet hat, ist die Erwerbsobliegenheit vollständig ausgeschlossen.
(2) Eine ganztägige Erwerbstätigkeit ist erst mit Vollendung des fünfzehnten Lebensjahres dieses Kindes zumutbar.
Soweit im konkreten Fall die Rechtslage eine darüber hinausgehende Privilegierung vorsieht, bleibt diese zusätzlich anwendbar.

Anderweitige Unterhaltstatbestände bleiben jedoch selbst dann ausgeschlossen, wenn sie zeitlich direkt an den Betreuungsunterhalt anschließen oder diesen aufstocken würden.

3.3 Unterhaltshöhe

In welcher Höhe einer von uns Betreuungsunterhalt verlangen kann, bestimmt sich uneingeschränkt nach den dann geltenden Bestimmungen. Etwas Abweichendes wollen wir insoweit nicht vereinbaren.

3.4 Richterliche Inhaltskontrolle

Auch Vereinbarungen zum nachehelichen Unterhalt können im Scheidungsfall Gegenstand einer gerichtlichen Inhaltskontrolle sein.
Jeder von uns versichert vorsorglich: Nach meinen derzeitigen persönlichen Verhältnissen und unter Berücksichtigung der Vereinbarungen in dieser Urkunde kann ich auch nach einer Scheidung voraussichtlich für meinen Lebensunterhalt alleine aufkommen.
Uns ist bekannt, dass derzeit noch nicht geklärt ist, ob der Anspruch aus einer solchen unterhaltsverstärkenden Vereinbarung auch dann erfolgreich durchgesetzt werden kann, wenn beim Zahlungspflichtigen gesetzliche Unterhaltspflichten gegenüber anderen Personen hinzukommen.

4. Neuer Partner beim Unterhaltsberechtigten[5]

Nach § 1579 Nr. 2 BGB kann ein an sich bestehender Anspruch auf nachehelichen Unterhalt versagt, herabgesetzt oder zeitlich begrenzt werden, wenn der Berechtigte in einer verfestigten Lebensgemeinschaft lebt. Die Anwendbarkeit dieser gesetzlichen Regelung schließen wir hiermit vollständig aus und ersetzen sie durch folgende vertragliche Vereinbarung:
Ein etwaiger Anspruch auf nachehelichen Unterhalt ruht grundsätzlich, sobald der Unterhaltsberechtigte über einen Zeitraum von sechs Monaten mit einem neuen Partner oder anderen Personen in einer Haushaltsgemeinschaft im Sinne der §§ 20 und 36 SGB XII zusammenlebt, unabhängig von deren personeller Zusammensetzung. Dem Unterhaltspflichtigen ist der Beginn einer solchen Gemeinschaft unverzüglich und unaufgefordert mitzuteilen.
Die Zahlungspflicht lebt wieder auf, sobald der Unterhaltsberechtigte in keiner derartigen Haushaltsgemeinschaft mehr lebt und sein Anspruch dann noch besteht, jedoch nicht, bevor er dies dem Unterhaltspflichtigen in Textform mitgeteilt hat.
Die Unterhaltspflicht ruht jedoch nicht, wenn der Unterhaltsberechtigte den Nachweis erbringt, dass er mangels entsprechender Leistungsfähigkeit der anderen Personen in dieser Haushaltsgemeinschaft weiterhin bedürftig ist.

§ 5 Kein Erbvertrag

( → Form. IX.1 *unter § 5)*

§ 6 Schlussbestimmungen

( → Form. IX.1 *unter § 6)*

## Anmerkungen

1. Herausnahme echter Wertsteigerungen aus dem Zugewinnausgleich.

1.1 Vereinbarung einer vom Gesetz abweichenden Zuordnungsregel.

a) Gesetzliche Zuordnung. Um den Zugewinn ausgleichen zu können, ist dieser in einem ersten Schritt – für beide Partner getrennt – zu ermitteln. Zugewinn ist nach § 1373

BGB der Betrag, um den das Endvermögen das Anfangsvermögen übersteigt. Diese Rechengröße erfordert zwei Zuordnungsvorgänge:

Vorhandene (und im Anwendungsbereich des § 1375 Abs. 2 BGB auch nicht mehr vorhandene) Werte müssen dem Endvermögen zugeordnet werden. Das gesamte Endvermögen wird über die Vermutung des § 1377 Abs. 3 BGB zunächst als Zugewinn behandelt. Als Korrektiv ist das Anfangsvermögen iSd § 1374 BGB zu ermitteln, und zwar das reale (Abs. 1) und das fiktive (Abs. 2). Der Wert, welcher dabei dem Anfangsvermögen zugeordnet wird, ist rechnerisch der nicht ausgleichspflichtige Teil des Endvermögens.

**b) Scheinbare Wertsteigerungen.** Beide Rechengrößen (Endvermögen und Anfangsvermögen) werden in Geld, also dem universell verwendbaren Vergleichsmaßstab wiedergegeben. Dabei ist jeweils auf die Verhältnisse zu dem für die Wertermittlung im Gesetz vorgegebenen Stichtag abzustellen. Geld verhält sich analog zu Äpfeln, die im Keller lagern: Im Laufe der Zeit verschrumpeln diese, verlieren also durch Austrocknen an Volumen. Ähnliches geschieht mit einem nominal unveränderten Geldbetrag – die mit ihm verbundene Kaufkraft reduziert sich mit der Zeit (als Folge der Inflation). Das passiert auch zwischen den Stichtagen, die für die Feststellung von Anfangs- und Endvermögen heranzuziehen sind. Der Nominalbetrag des Endvermögens spiegelt die aktuelle Kaufkraft seines Wertes zutreffend wider. Für das Anfangsvermögen gilt dies demgegenüber nicht – sein zum damaligen Stichtag ermittelter Wert muss angepasst werden. Ohne diese Anpassung würden im Zugewinn scheinbare Wertsteigerungen berücksichtigt werden. Die Rechtsprechung eliminiert sie jedoch mithilfe der Verbraucherpreisindizes (BGHZ 61, 385 (389)). Beim *realen* Anfangsvermögen ist der ermittelte Betrag mit dem Verbraucherpreisindex zu multiplizieren, welcher beim Stichtag des § 1384 BGB einschlägig ist. Das so ermittelte Ergebnis muss dann noch durch den Index dividiert werden, welcher bei Eintritt des Güterstandes gültig war. *Fiktives* Anfangsvermögen kann demgegenüber zu unterschiedlichen Zeitpunkten in das Vermögen geflossen sein. Die Bereinigung des Kaufkraftschwundes ist deshalb insoweit für jeden privilegiert nach § 1374 Abs. 2 BGB erworbenen Gegenstand (präziser: dessen Geldwert) gesondert vorzunehmen. Kompliziert wird die Berechnung, weil der Verbraucherpreisindex erst für die Jahre ab 1991 zur Verfügung steht. Davor erworbenes Anfangsvermögen muss daher mithilfe früherer Lebenshaltungsindizes umgerechnet werden (zu Detailfragen vgl. zB *Gutdeutsch* FamRZ 2003 (1061 und 1092), zu Besonderheiten im Beitrittsgebiet zB Palandt/*Brudermüller* BGB § 1376 Rn. 26 ff.).

**c) Echte Wertsteigerungen.** Demgegenüber sind echte Wertsteigerungen des (realen und fiktiven) Anfangsvermögens Zugewinn und damit ausgleichspflichtig, obwohl auch sie – wie das privilegierte Anfangsvermögen selbst – nicht auf der Arbeitsteilung der Ehegatten beruhen (BGHZ 46, 343; 61, 385 (388); 87, 367 (374) = NJW 1983, 2244; BGHZ 111, 8 (12)). Konfrontiert man (künftige) Ehepartner mit dem Schulfall des geerbten Wiesengrundstücks, wird dessen rechtliche Behandlung nach der gesetzlichen Vorgabe fast immer als ungerecht empfunden. In diesem Beispiel hat die Ehefrau während der Ehe ein größeres Wiesengrundstück geerbt, das bei seinem Erwerb zum fiktiven Anfangsvermögen (§ 1374 Abs. 2 BGB) 2 EUR pro Quadratmeter wert war. Da das Areal während der weiteren Ehe als Bauerwartungsland ausgewiesen wurde, hat es bei Rechtshängigkeit des Scheidungsantrags (§ 1384 BGB) einen Wert von 100 EUR pro Quadratmeter. Dieser Wertzuwachs ist ausgleichspflichtiger Zugewinn.

**d) Ehevertraglicher Eingriff in die Zuordnung.** Echte Wertsteigerungen des (realen und fiktiven) Anfangsvermögens lassen sich aus dem Zugewinnausgleich herausnehmen, indem vertraglich die Zuordnungskriterien modifiziert werden, also in die Rechenregeln eingegriffen wird. Ziel der Vereinbarung ist es, die Zuordnung der echten Wertsteigerungen zum ausgleichspflichtigen Vermögen zu beseitigen. Doch so schlicht dieser Grundgedanke ist, so kompliziert ist auch seine saubere Umsetzung. Es genügt nicht, die Wertentwicklung der einzelnen, im (realen und fiktiven) Anfangsvermögen vorhandenen

Vermögensgegenstände bis zu dem Stichtag zu verfolgen, an dem sie (als Bestandteil des Endvermögens) erneut bewertet werden müssen. Es müssen darüber hinaus sämtliche Vorgänge dokumentiert und bei Berechnung des Zugewinns berücksichtigt werden, bei denen Werte vom ausgleichspflichtigen in den ausgleichsfreien Teil des Vermögens verschoben worden sind – oder umgekehrt. Andernfalls verzerren sie das Ergebnis einseitig zu Lasten eines Partners.

**1.2 Risiken und Nebenwirkungen der Gestaltung.**

a) **Komplexität der Regelung.** Echte Wertsteigerungen des privilegierten Vermögens werden aus dem Zugewinn eliminiert, indem man die betroffenen Gegenstände vollständig aus dem Berechnungsvorgang herausnimmt. Abweichend von der gesetzlichen Vorgabe bleiben sie jeweils unberücksichtigt, wenn das End- und das Anfangsvermögen der Partner ermittelt wird. Die Herausnahme des (echten und fiktiven) Anfangsvermögens einschließlich echter Wertsteigerungen ist jedoch besonders anfällig für Veränderungen im tatsächlichen Bereich. Jede Aktion, die während der Ehe mit wirtschaftlichem Bezug zu einem der betroffenen Gegenstände vorgenommen wird, beeinflusst das Ergebnis des Zugewinnausgleichs. Aufgabe des Vertragsgestalters ist es deshalb, die möglichen Entwicklungen in der Vereinbarung zu antizipieren. Resultat einer interessengerechten Störfallvorsorge ist eine hohe Komplexität der Vertragsklausel, unter der leider ihre Verständlichkeit leidet. Geregelt werden muss dabei Folgendes:

(1) **Surrogate.** Tritt durch Veräußerung an die Stelle des privilegierten Vermögensgegenstandes ein anderer, muss auch dieser in den ausgleichsfreien Topf integriert werden. Andernfalls würde der Wert dieses Surrogates in voller Höhe zu ausgleichspflichtigem Zugewinn. Gleiches gilt, wenn die Surrogation andere Ursachen hatte, wie zB der Zufluss einer Versicherungssumme bei Zerstörung des Gegenstandes.

(2) **Erträge,** die mit privilegiertem Vermögen erzielt werden, erhöhen das Endvermögen des betroffenen Partners. Damit sind die ausgleichspflichtig. Auch sie beruhen aber nicht auf arbeitsteiligem Zusammenwirken. Es ist deshalb interessengerecht, sie aus der Ausgleichspflicht herauszunehmen. Der Berechnungsmodus ist also so zu verändern, dass auch Erträge privilegierten Vermögens vom Zugewinnausgleich herausgenommen werden, soweit sie nicht verbraucht worden sind und deshalb zu Vermögen „erstarren" konnten.

(3) **Aufwendungen.** Solange Investitionen nicht „grenzüberschreitend" vorgenommen werden, also zwischen ausgleichspflichtigen und ausgleichsfreien Teilen des Vermögens, ist die Welt in Ordnung. Finanziert jedoch ein Partner Maßnahmen, die der Erhaltung oder Verbesserung seines privilegierten Vermögens dienen, aus dem „Topf" seines ausgleichspflichtigen Vermögens, würde er sich einen Vorteil verschaffen. Denn er würde im Ergebnis Vermögen, das in den Zugewinnausgleich fällt, elegant in sein privilegiertes Vermögen integrieren. Da die Investitionen nicht zwingend aus vorhandenem Vermögen, sondern alternativ durch **Schulden** finanziert werden können, müssen diese gleichfalls aus dem ausgleichspflichtigen Teilbereich des Vermögens herausgenommen werden.

b) **Vertragliches Vollstreckungsprivileg für den Ausgleichspflichtigen?**

(1) **Keine Zwangsvollstreckung in privilegiertes Vermögen?** Zur Vervollständigung des Schutzes werden Regelungen empfohlen, aufgrund derer eine Zwangsvollstreckung wegen der Zugewinnausgleichsforderung in das privilegierte Vermögen ausgeschlossen wird (*Arens* FamRB 2006, 88). Unterlegt wird dies mit dem Hinweis auf die Gefahr, dass in vielen Gesellschaftsverträgen die Vollstreckung in einen Gesellschaftsanteil einen Einziehungs- bzw. Ausschlussgrund darstellt. Dem ausgleichspflichtigen Unternehmer würde deshalb ein Verlust seiner Beteiligung drohen.

Das überzeugt nicht: Privilegiertes Vermögen erhöht den Zugewinn seines Inhabers nicht. Ist dieser dennoch ausgleichspflichtig, beruht dies auf einer Mehrung seines sonstigen, nicht privilegierten Vermögens. Selbst wenn dieses zum Stichtag ausschließlich aus ausgleichspflichtigem Zugewinn besteht, muss es logisch zwingend stets doppelt so groß sein wie die daraus entstehende Ausgleichsforderung des anderen Partners. Eine Vollstreckung in sein privilegiertes Vermögen kann der Ausgleichspflichtige daher problemlos abwenden, indem er die Ausgleichsforderung aus seinem sonstigen Vermögen leistet. Das geht zwar nicht, wenn sich dieses Vermögen zwischen dem Zugewinnermittlung und der Entstehung des Ausgleichsanspruchs drastisch verringert haben sollte. Dieses Risiko des Vermögensverfalls ist aber der Sphäre des Verpflichteten zugeordnet. Es dem Ausgleichsberechtigten aufzubürden, wäre nicht interessengerecht.

(2) **Eingeschränkter Vollstreckungsschutz für privilegiertes Vermögen?** Alternativ dazu wird vorgeschlagen, ein solches Vollstreckungsprivileg inhaltlich eingeschränkt zu vereinbaren: Es soll entweder nur gelten, solange nicht noch ausreichend anderes (also nicht privilegiertes) Vermögen vorhanden ist (*Kanzleiter/Wegmann,* Vereinbarungen unter Ehegatten, Rn. 182). Oder die Vollstreckung in das privilegierte Vermögen soll erst zulässig sein, wenn die Vollstreckung in das ausgleichspflichtige Vermögen erfolglos geblieben ist (*Brambring,* Ehevertrag und Vermögenszuordnung unter Ehegatten, Rn. 131).

Auch eine solche abgeschwächte vollstreckungsrechtliche Privilegierung ist jedoch nicht interessengerecht: Ist der Ausgleichspflichtige leistungsfähig, kann und muss er eine Vollstreckung durch Leistung abwenden. Hat sich sein nicht privilegiertes Vermögen reduziert, so dass er die Ausgleichsforderung daraus nicht mehr erfüllen kann, ist das sein Risiko. Andernfalls wäre der Berechtigte gehalten, seinen Ausgleichsanspruch frühzeitig im Rahmen vorläufigen Rechtsschutzes durch Arrest nach § 199 Abs. 2 FamFG iVm § 916 ZPO sichern zu lassen.

Für alle Ansätze eines Vollstreckungsprivilegs gilt: Nur wenn das Anfangsvermögen das Ausgleichspflichtigen negativ war, kann bei ihm außerhalb seines privilegierten Vermögens ausgleichspflichtiger Zugewinn ohne entsprechendes Aktivvermögen entstanden sein. Ob das der Fall ist, wissen die Partner aber schon bei Vertragsschluss.

c) **Bewertung der Fairness.** Grundgedanke des Zugewinnausgleichs ist eine gerechte Teilhabe. Er ist deshalb erforderlich, wenn und soweit beide Partner während ihrer Ehe durch Arbeitsteilung Vermögen aufbauen, dieses formal aber ungleich verteilt ist. Erhöht sich dagegen der Wert von Vermögen, welches ein Ehegatte mitgebracht oder privilegiert erworben hat, geschieht dies, ohne dass der andere dazu einen Beitrag erbracht hat, der honoriert werden müsste. Die Herausnahme echter Wertsteigerungen aus dem Zugewinnausgleich ist daher eine faire und interessengerechte Vereinbarung. Und zwar unabhängig von der Höhe des jeweiligen privilegierten Vermögens und den Zugewinnchancen beider Partner.

**1.5 Herausnahme von unternehmerischem Vermögen als faire Alternativgestaltung?** Oft wird in der Gestaltungspraxis der Wunsch, Vermögen vom Zugewinnausgleich auszunehmen, nicht auf die Wertsteigerungen des (realen und fiktiven) Anfangsvermögens bezogen, sondern auf Unternehmen und Unternehmensbeteiligungen eingeschränkt.

a) **Vermeintliche Rechtfertigung.** Besonders bei mittelständischen Familienunternehmen beginnen nicht wenige Beratungsgespräche damit, dass man sich eine solche Regelung vorstelle. Manchmal mit dem ergänzenden Hinweis, die Empfehlung stamme vom steuerlichen Berater des Unternehmens. Gerechtfertigt wird der Wunsch nach einer solchen Gestaltung meist mit dem Argument, Wertsteigerungen des Unternehmens würden ohne einen Beitrag des anderen Ehepartners eintreten, so dass der dem Zugewinnausgleich zugrundeliegende Gedanke („Arbeitsteilung rechtfertigt Teilhabe") nicht anwendbar sei. Zum anderen würde eine aus der Wertsteigerung entstehende Ausgleichsforderung den Bestand des Unternehmens gefährden.

Unternehmerisches Vermögen, das Teil des (echten oder fingierten) Anfangsvermögens ist, unterliegt ohnehin nicht dem Zugewinnausgleich. Echte Wertsteigerungen daran zwar schon. Das rechtfertigt es aber nicht ohne weiteres, eine Teilhabe des anderen Ehepartners an dem dadurch entstehenden Zugewinn vollständig auszuschließen:

(1) **Gefährdung des Unternehmensbestandes.** Das Unternehmen selbst wird durch eine Zugewinnausgleichsforderung nur gefährdet, wenn es dem ausgleichspflichtigen Ehepartner alleine gehört. Dagegen gefährdet selbst die Zwangsvollstreckung in eine Unternehmensbeteiligung nur das Vermögen des (bisherigen) Inhabers dieser Beteiligung, nicht jedoch den Bestand des Unternehmens.

(2) **Keine Wertschöpfung aufgrund Arbeitsteilung.** Ist der Inhaber des Vermögens selbst leitend im Unternehmen tätig, beruht die Wertsteigerung zumindest teilweise auch auf seiner Arbeitskraft, die er nur aufgrund des arbeitsteiligen Zusammenwirkens mit dem anderen Ehepartner in vollem Umfang einsetzen kann. Bei einem nachhaltig geführten Unternehmen wird die mit der Arbeitsleistung verbundene Wertschöpfung nur eingeschränkt über Arbeitsentgelt und Gewinnbeteiligungen ausgeschüttet, der Rest bleibt im Unternehmen und bewirkt dort die Wertsteigerung. Derjenige Anteil der Wertsteigerung, welcher auf die Arbeitsleistung des Unternehmer-Ehegatten zurückzuführen ist, beruht somit auch auf seinem arbeitsteiligen Zusammenwirken mit seinem Ehepartner.

(3) **Streitpotenzial bei der Unternehmensbewertung.** Gehört zum Anfangs- und/oder Endvermögen eines Partners ein Unternehmen oder eine Beteiligung daran, ist ebenfalls der Verkehrswert maßgebend, einschließlich des *„good will"* (BGHZ 70, 224; 75, 195 (199)). Tatsächlich besteht die Gefahr, dass die erforderliche Wertermittlung zu langwierigen und kostspieligen Streitigkeiten führt. Denn zur Ermittlung des Verkehrswertes stehen eine Vielzahl unterschiedlicher Bewertungsmethoden zur Verfügung, unter denen die Auswahl dem tatrichterlichen Ermessen überlassen bleibt (BGH NJW 1999, 784 (787); FamRZ 2003, 1186 (1187); 2005, 99). Für den Einstieg in die Thematik sind die Überblicksdarstellungen von *Schröder/Bergschneider,* Familienvermögensrecht, Rn. 4.247 sowie von *Münch* FamRZ 2006, 1164 ff., empfehlenswert. Folgende Verfahren zur Unternehmensbewertung sind besonders praxisrelevant:

**IDW-Standard S 1** (*„Grundsätze der Durchführung von Unternehmensbewertungen das Hauptfachausschusses des Instituts der Wirtschaftsprüfer"*, zuletzt aktualisiert am 29./30.5.2008): Darin sind allgemeine Grundsätze festgelegt, nach denen Wirtschaftsprüfer Unternehmen bewerten. Sie geben lediglich den Rahmen vor, innerhalb dessen dann der Anwender aufgrund der individuellen Besonderheiten des konkreten Falls Lösungen finden muss.

**Ertragswertverfahren:** Mit seiner Hilfe soll die auf Dauer angelegte Ertragskraft ermittelt werden, die in dem Unternehmen vorhanden ist. Auf Grundlage einer Ertragsprognose wird versucht, die Frage zu beantworten, wie viel Geld ein Anleger für den Erwerb des Unternehmens zu investieren bereit wäre, um (über den Ertrag) eine angemessene Verzinsung seines eingesetzten Kapitals zu erhalten.

**Substanzwertverfahren** (auch *„Sachwertverfahren"* genannt): Ansatzpunkt für diese Methode ist die Frage, welchen finanziellen Aufwand man betreiben müsste, um das vorhandene Unternehmen zu reproduzieren, indem man sich alle vorhandenen „assets" beschafft. Oder einfacher – was ist die Summe der Wiederbeschaffungswerte aller vorhandenen Wirtschaftsgüter?

**Liquidationswertverfahren:** Hier wird der Wert als Veräußerungserlös definiert. Also das, was beim Einzelverkauf aller Wirtschaftsgüter – nach Abzug von Schulden sowie Kosten und Steuern der Veräußerung – übrig bleibt.

Daneben gibt es zahlreiche weitere Verfahren, die entweder nur für Teilbereiche der Bewertung herangezogen werden oder lediglich eine Kontrollfunktion haben (*Schröder/Bergschneider,* Familienvermögensrecht, Rn. 4.267. Diese Verfahren haben so originelle und aussagekräftige Bezeichnungen wie *„Vergleichsorientiertes Bewertungsverfahren"*, *„Mittelwert-Methode"*, *„Verfahren der unbefristeten Übergewinnkapitalisierung"*, *„Methode der Übergewinnabgeltung"*, *„Stuttgarter Verfahren"*, *„Verfahren der Geschäftswertabschreibung"*, *„Verfahren der Minderabschreibung"*, *„Leistungswerte-Vergleichs-Verfahren"*, *„Umsatzverfahren"*. Näheres zu all diesen Verfahren bei *Wollny/Hallerbach/*

*Dönmez/Liebert/Wepler,* Unternehmens- und Praxisübertragungen, 9. Aufl. 2018, Rn. 2971 ff.). Im vorsorgenden Ehevertrag können sich die Partner zwar bereits auf ein bestimmtes Bewertungsverfahren festlegen. Der Vertragsgestalter sollte sich jedoch mit Empfehlungen grundsätzlich zurückhalten, falls er die Unterschiede der verschiedenen Verfahren nicht explizit kennt und vermitteln kann, einschließlich ihrer möglichen Auswirkungen im konkreten Fall. Außerdem ist nicht garantiert, dass nach einer langen Ehezeit das vereinbarte Bewertungsverfahren noch existieren wird.

**Problem der Doppelbegünstigung.** Dieses Problem entsteht, wenn ein Bewertungsverfahren angewandt wird, das (zumindest auch) auf den Ertragswert abstellt, und verschärft das Konfliktpotenzial nochmals. Denn bei einem ertragswertbasiertem Verfahren werden die zu erwartenden Erträge im Unternehmenswert berücksichtigt. Zugleich stellen die künftigen Erträge aber Einkommen des Unternehmers dar, die für eine etwaige Unterhaltsverpflichtung bedeutsam sind.

Der BGH hat dazu folgende Grundsätze zur Behandlung des Doppelbegünstigungsproblems bei Freiberufler-Praxen aufgestellt (BGH FamRZ 2008, 761 (765) mAnm *Hoppenz* = NJW 2008, 1221 = MittBayNot 2008, 384 mAnm *Bergschneider:* Tierarztpraxis; BGH FamRZ 2011, 622 mit Anm. *Koch:* Zahnarztpraxis; BGH FamRZ 2018, 172 mAnm *Borth* = NJW 2018, 61 mAnm *Münch*: Unternehmerlohn auch für nicht leitende Tätigkeit): Im Zugewinnausgleich sind sowohl der Substanzwert als auch der *„good will"* zu berücksichtigen. Die Konkurrenz zum Unterhalt wird durch den richtigen Ansatz des *„good will"* verhindert: Von seinem (umsatzabhängigen) Ausgangswert ist ein individueller (nicht pauschaler!), nach den konkreten Umständen gerechtfertigter Unternehmerlohn abzuziehen. Denn dieser Anteil am Umsatz wäre auf einen Nachfolger nicht übertragbar. Genau dieser individuelle Unternehmerlohn ist andererseits im Unterhaltsrecht anzusetzen. Damit folgt der BGH im Wesentlichen dem Vorschlag von *Münch* FamRZ 2006, 1164 (1169 f.) und FamRB 2007, 375 (378). Kritisch zur praktischen Umsetzbarkeit *Schröder* FPR 2012, 97 (98) und *Kuckenburg* FuR 2011, 512 (513). Beide gehen davon aus, dass letztlich doch ein *„individueller **kalkulatorischer**"* Unternehmerlohn ermittelt und dabei auf die früher verwendete Vorgehensweise zurückgegriffen werden muss. Gänzlich anders aber der Ansatz des OLG Hamm (ZFE 2009, 349, ablehnend dazu *Brudermüller* NJW 2010, 3198), welches als Unternehmerlohn ein von der aufgewandten Arbeitszeit abhängiges BAT-Gehalt angesetzt hat.

Das Doppelbegünstigungsproblem beschränkt sich allerdings nicht auf die Behandlung des Unternehmerlohnes. Es umfasst auch die Frage, wie die Ehezeit **prägende Schulden, Steuernachzahlungen** und **Steuererstattungen** im Spannungsverhältnis von Zugewinnausgleich und Unterhaltsrecht zu behandeln sind. Zu dieser Thematik gibt es zahlreiche Meinungsäußerungen (zu prägenden Schulden zB BGH FamRZ 2008, 602 = NJW 2008, 849; OLG Frankfurt a.M. FamRZ 2007, 1169; OLG Bremen FamRZ 2008, 1443 = NJW-RR 2008, 669; *Gerhardt/Schulz* FamRZ 2005, 145 f. und 317 f.; *Niepmann* FF 2005, 131 ff.; *Kogel* FamRZ 2004, 1614 (1617); *Grziwotz* MittBayNot 2005, 284 (286); *Hoppenz* FamRZ 2006, 1242 (1246); *Hermes* FamRZ 2007, 184 (185 f.); *Schmitz* FPR 2007, 198; *Jakobs* NJW 2007, 2885 und FuR 2007, 450. Zu Steuernachzahlungen und -erstattungen zB BGH FamRZ 2011, 1367 = NJW 2011, 2572; OLG Dresden FamRZ 2011, 113; *Kuckenburg/Pereleberg-Kölbel* FPR 2012, 306).

**b) Bewertung der Fairness dieser Alternativgestaltung.** Wie im Muster geht es prinzipiell auch bei der Alternativgestaltung um einen Eingriff in den Berechnungsmodus. Allerdings werden hier bestimmte Vermögenswerte fix aus dem Zugewinnausgleich herausgenommen, nicht lediglich echte Wertsteigerungen daran. Durch die feste Zuordnung zum ausgleichsfreien Vermögen hat der Unternehmer-Ehegatte grundsätzlich die Möglichkeit, vor einer Scheidung den Wert seines privilegierten Vermögens zu Lasten seines ausgleichspflichtigen Vermögens gezielt zu erhöhen.

(1) **Manipulationsgefahr.**

Abhängig von der konkreten Struktur des Unternehmens sind Kapitalerhöhungen oder Einlagen denkbar. Aber auch durch das bloße Stehenlassen („Thesaurieren") von Gewinnen, die – ohne bevorstehende Scheidung – entnommen und damit zugewinnrelevant würden, ist gut vorstellbar. Im Extremfall ist es sogar denkbar, dass ein Partner durch Überschreiten der „Drei-Objekt-Grenze" sein Immobilienvermögen gezielt in den gewerblichen Grundstückshandel bringt und auf diese Weise in den privilegierten Topf verschiebt (*Münch,* Die Unternehmerehe, Rn. 796). Vorschläge, derartige Schlupflöcher durch vorsorgende Regelungen zu schließen, vermögen nicht vollständig zu überzeugen:

- So wird eine Vereinbarung vorgeschlagen, aufgrund derer **Verschiebungen ins privilegierte Vermögen** dem Zugewinnausgleich unterliegen, wenn sie nach der Trennung bzw. sogar in den letzten zwei Jahren (oder einem anderen Zeitraum) vor Rechtshängigkeit des Scheidungsverfahrens vorgenommen werden (*Münch,* Ehebezogene Rechtsgeschäfte, Rn. 542; *Arens* FamRB 2006, 88 (89 f.)). Längerfristig geplante Manipulationen lassen sich damit allerdings nicht verhindern (Zutreffend *Münch,* Ehebezogene Rechtsgeschäfte, Rn. 542). Durch Ausdehnen des Zeitraums reduziert man zwar diese Gefahr, nähert sich jedoch wieder dem gesetzlichen Modell an. Der ursprünglich angestrebte Zweck der Modifizierung wird damit immer mehr verwässert. Was bleibt, sind konfliktträchtige Beweisprobleme.
- Auch gegen eine **„böswillige Thesaurierung"** von Gewinnen ist kein wirklich wirksames Kraut gewachsen: Vorgeschlagen wird eine Regelung, wonach bei Entnahmen, die unter einem *kalkulatorischen Unternehmerlohn* liegen, der fehlende Differenzbetrag fiktiv dem Endvermögen des Unternehmers hinzuzurechnen ist. Damit wird allerdings eine neue Rechengröße eingeführt, deren Höhe im konkreten Fall zusätzliche Rechtsunsicherheit schafft. *Münch* nimmt bei seinem Vorschlag diesen Einwand vorweg und will ihn dadurch entkräften, dass man sich an den Bewertungsgrundsätzen der Kammern für die Freiberufler, die diese Bestimmung leisten, ein Beispiel nehmen könne. Alternativ dazu könne vertraglich eine Schiedsgutachterklausel vorgesehen werden. Ähnlich derjenigen, welche in die Rücklagen eingestellte Erträge und Gesellschafterdarlehen vom Zugewinnausgleich ausnehmen will, „soweit dies den Grundsätzen einer ordnungsgemäßen Unternehmensführung entspricht." Zudem verschärfen sich auch hier die Nachweisprobleme mit zunehmendem zeitlichem Abstand, kann doch kaum erwartet werden, dass die einschlägigen Dokumente über die gesetzlichen Aufbewahrungsfristen hinaus zur Verfügung stehen.
- Im Krisenfall wenig hilfreich sind auch sämtliche Vorschläge, mit denen die Entscheidung über die Anerkennung bestimmter Verschiebungen in den zugewinnfreien Topf einem Dritten als Schiedsgutachter übertragen wird. Rechtssicherheit und Transparenz schaffen sie nur, wenn die Regeln, nach denen der Sachverhalt beurteilt werden soll, bekannt sind und allgemein akzeptiert werden. Die Aufgabe des Schiedsgutachters muss sich darauf beschränken, wie ein Richter den vorgefundenen Lebenssachverhalt unter diese Regeln zu subsumieren. Andernfalls wird lediglich bei Vertragsschluss ein Konflikt verhindert, der jedoch bei Scheitern der Ehe umso heftiger ausgefochten wird.
- Weitere Nebenwirkung einer solchen Gestaltung ist, dass sie aufgrund ihrer Komplexität nur noch sehr schwer vermittelbar ist. Das gilt besonders für den Partner, der nicht über die erforderlichen Kenntnisse verfügt; für ihn ist die Regelung kaum mehr transparent.

(2) **Gestaltungsempfehlung.** Anstatt nur Betriebsvermögen oder Unternehmensbeteiligungen im Zugewinnausgleich zu privilegieren, sollten sämtliche echten Wertsteigerungen des rechtlichen Anfangsvermögens ausgenommen werden. Dafür sprechen auch Gründe der Fairness: Warum sollen das ererbte Unternehmen des einen und das ererbte Wiesengrundstück des anderen Partners im Zugewinnausgleich unterschiedlich behandelt werden? Die Fairness gebietet eine Gleichbehandlung!

**2. Kein Verschieben der Ausgleichspflicht.** Der Eingriff in den Berechnungsmodus führt dazu, dass Vermögen aus dem Zugewinnausgleich herausgenommen wird, welches nach den gesetzlichen Vorgaben zu berücksichtigen wäre. Das Ziel, einen Partner davor zu bewahren, derartige echte Wertsteigerungen ausgleichen zu müssen, ist legitim. Allerdings besteht die Gefahr, dass damit die Ausgleichspflicht auf den anderen Partner verlagert wird. Die Fairness gebietet es jedoch, diesen davor zu bewahren, dass er durch die Modifizierung über den Verlust seines eigenen Ausgleichsanspruchs hinaus zusätzlich noch selbst in eine Ausgleichspflicht gedrückt wird.

Neben dem vorstehend angesprochenen „Umkippen" der Ausgleichsforderung wird auch vor einer „unplanmäßigen Erhöhung" der Ausgleichsforderung gewarnt (*Reetz* DNotZ 2014, 85 (90 ff.)). Bei Gestaltungen, mit denen einzelne Vermögenswerte insgesamt, und nicht nur deren echte Wertsteigerungen, aus dem Zugewinnausgleich herausgenommen werden (zB bei Herausnahme unternehmerischen Vermögens, → Anm. 1.5), besteht diese Gefahr tatsächlich, nicht jedoch bei der hier vorgeschlagenen Regelung.

**3. Vereinbarung zum „ob" der Anwendung.** Die Gestaltung korrigiert die Schwäche der gesetzlichen Vorgabe. Erforderlich ist das, um beim Scheitern der Ehe eine – nicht interessengerechte – Ausgleichspflicht für echte Wertsteigerungen des (realen und fiktiven) Anfangsvermögens zu vermeiden. Wird der Zugewinnausgleich demgegenüber durch den Tod eines Partners oder einen Güterstandswechsel ausgelöst, ist es interessengerecht, das mit ihm verbundene Steuersparpotenzial zu bewahren (→ Form. IX. 6 Anm. 1). Erreicht wird das, indem der Anwendungsbereich der modifizierenden Vereinbarung vertraglich eingeschränkt wird.

**4. Unterhaltsverstärkende Vereinbarung zum „ob" des Betreuungsunterhaltes.**

**4.1 Interessenlage.** Durch den Verzicht entbinden sich die Partner grundsätzlich gegenseitig von ihrer im Unterhaltsrecht verankerten nachehelichen Solidaritätspflicht. Demgegenüber wird für einen möglichen Unterhalt wegen Betreuung eines gemeinschaftlichen Kindes zunehmend der Wunsch geäußert, eine Vereinbarung zu treffen, die sich zugunsten des betreuenden Elternteils auswirkt. Denn Paare, welche über den Inhalt der gesetzlichen Regelung des § 1570 BGB unterrichtet sind, empfinden das ihr zugrunde liegende Leitbild einer frühen Fremdbetreuung häufig als familienfeindlich. Das Altersphasenmodell, welches die Rechtsprechung vor der Reform des Unterhaltsrechts zum 1.1.2008 angewandt hat, wird (mit oder ohne Modifizierungen) von vielen Paaren mit Kinderwunsch nach wie vor als interessengerecht bewertet.

**4.2 Regelungsinhalt.** Die angestrebte Privilegierung des betreuenden Elternteils erfolgt, indem vertraglich in einen der gesetzlichen Parameter eingegriffen wird. Konkret wird die Erwerbsobliegenheit eingeschränkt. Die Vereinbarung begründet nicht eine selbstständige Zahlungsverpflichtung („Novation"), sondern modifiziert nur den gesetzlichen Unterhaltstatbestand. Das ist besonders wichtig im Hinblick auf Folgefragen, wie zB die Abänderbarkeit, den Sonderausgabenabzug nach § 10 Abs. 1 Nr. 1 EStG. Aber auch die Möglichkeit, gemäß § 33 VersAusglG – nach durchgeführtem Versorgungsausgleich – die Kürzung von Versorgungsleistungen aus den gesetzlichen Regelsicherungssystemen (§ 32 VersAusglG) auszusetzen, knüpft an die gesetzliche Unterhaltspflicht an. Sie soll Nachteile abmildern, wenn die unterhaltsrechtliche Leistungsfähigkeit des Verpflichteten durch die Kürzung seiner Versorgungsleistungen eingeschränkt wird, der Berechtigte aber aus den ihm übertragenen Anrechten noch keine Leistungen beziehen kann.

Besteht im konkreten Fall ein besonderer Betreuungsbedarf (zB bei einem behinderten Kind), wird eine gesetzlich vorgesehene weitergehende Privilegierung nicht durch die vertragliche Vereinbarung abgeschnitten.

**4.3 Unterhaltshöhe, Konkurrenzproblem.** Im Muster bleibt es für die Höhe des Betreuungsunterhaltes bei der gesetzlichen Vorgabe. Abweichend davon kann hier eine Bedarfsbegrenzung (→ Form. IX.1 unter § 4 und in → Anm. 16 dazu) vereinbart werden.

Noch nicht zuverlässig geklärt ist derzeit, wie eine unterhaltsverstärkende Vereinbarung zu behandeln ist, wenn beim Verpflichteten eine weitere Unterhaltsschuld hinzukommt (neuer Partner, weiteres Kind), und seine Leistungsfähigkeit nicht ausreicht, um alle Unterhaltsverpflichtungen vollständig zu erfüllen („Mangelfall"). Zunächst ist mE zu berücksichtigen, dass die Vereinbarung den gesetzlichen Unterhaltsanspruch lediglich modifizieren, nicht aber durch Novation einen eigenständigen Anspruch schaffen soll. Hat der geschiedene Ehepartner bei Entstehung des Konkurrenzverhältnisses (auch ohne verstärkende Vereinbarung) einen Anspruch auf Betreuungsunterhalt, gilt: Später geborene Kinder des Unterhaltspflichtigen haben nach § 1609 BGB Vorrang. Im Mangelfall ist der Betreuungsunterhaltsanspruch des Ex-Ehegatten daher zu kürzen, ein Vertrauensschutz ist ihm insoweit nicht zuzubilligen. Gegenüber einem nach der Scheidung hinzutretenden unterhaltsberechtigten Partner des Pflichtigen gilt das nicht. Auf den Bedarf des geschiedenen Unterhaltsberechtigten nach § 1578 Abs. 1 BGB wirkt sich diese neue Partnerschaft zwar nicht aus (BVerfG FamRZ 2011, 437 = NJW 2011, 836 = DNotZ 2011, 291), sie ist aber im Rahmen einer Billigkeitsabwägung bei der Leistungsfähigkeit des Unterhaltspflichtigen zu berücksichtigen, wenn der neue Partner und der geschiedene nach § 1609 BGB unterhaltsrechtlich gleichrangig sind (BGH FamRZ 2012, 281 = NJW 2012, 384 = DNotZ 2012, 692), was voraussetzt, dass aus der neuen Verbindung ein zu betreuendes Kind hervorgegangen ist.

Diese Wertung ist mE ohne Einschränkung zu übernehmen, falls erst der verstärkende Inhalt der Vereinbarung zur Konkurrenzsituation führt: Unterhaltsansprüche minderjähriger und privilegierter volljähriger Kinder bleiben vorrangig. Im Verhältnis zum neu begründeten Betreuungsunterhaltsanspruch ist ohnehin eine Billigkeitsabwägung vorzunehmen. Dort können dann die konkreten Umstände des Einzelfalles angemessen berücksichtigt werden. So könnte es etwa vom geschiedenen Partner treuwidrig sein, sich auf die im Ehevertrag getroffene Entscheidung für eine längere Elternbetreuung des gemeinsamen Kindes zu berufen, gleichzeitig aber zu verlangen, dass für das Kind in der neuen Partnerschaft nach Ablauf der dreijährigen Frist sofort eine Fremdbetreuung veranlasst wird, damit der konkurrierende Unterhaltsanspruch des neuen Partners möglichst schnell reduziert wird. Umgekehrt ist im Verhältnis zu einem neuen Ehepartner zu berücksichtigen, dass die bestehende Unterhaltspflicht als „Altlast", nicht anders als anderweitige vertragliche Verpflichtungen, mitgebracht worden ist. Das ändert zwar nichts am Gleichrang der Unterhaltsansprüche, kann aber beim neuen Partner das Ergebnis bereits auf der Ebene des Bedarfs, spätestens jedoch bei der Leistungsfähigkeit des Verpflichteten beeinflussen.

Gleichwohl bleibt hier eine Unsicherheit, auf die im Muster deshalb hingewiesen wird. Eine „sichere" Alternativgestaltung, bei der mit der unterhaltsverstärkenden eine Abfindungsvereinbarung nach § 1585 Abs. 2 BGB verbunden wird, kann beim vorsorgenden Ehevertrag nicht empfohlen werden: Sowohl das „ob" als auch die Höhe des abzufindenden Anspruchs sind bei Vertragsschluss völlig ungewiss. Es steht womöglich noch nicht einmal fest, wer später ein gemeinsames Kind betreut, so dass selbst die Rollen von Gläubiger und Schuldner nicht eindeutig verteilt sind.

**5. Neuer Partner beim Unterhaltsberechtigten: Modifizierung zu § 1579 Nr. 2 BGB.** Vgl. hierzu zunächst die Ausführungen in → Form. IX.1 Anm. 15b) (4). Die hier vorgeschlagene Regelung erlaubt einerseits eine schnellere Aussetzung der Zahlungspflicht, weil sie nicht – wie § 1579 Nr. 2 BGB – lediglich auf eine neue verfestigte Lebensgemeinschaft abstellt, sondern auch andere Formen einer Wirtschaftsgemeinschaft des Unterhaltsberechtigten erfasst. Insoweit lehnt sie sich an die sozialrechtliche Bedarfsgemeinschaft an und vermeidet unappetitliche Streitigkeiten darüber, inwieweit eine neue Haushaltsgemeinschaft als Lebensgemeinschaft zu qualifizieren ist. Andererseits endet die Zahlungspflicht nicht, wenn die neue Haushaltsgemeinschaft des Unterhaltsberechtigten keinen Einfluss auf dessen

Bedürftigkeit hat („Armer Künstler“ als neuer Partner). Sie wird zudem nur ausgesetzt, lässt einen – dann womöglich noch bestehenden – Unterhaltsanspruch nach Ende der neuen Partnerschaft oder Haushaltsgemeinschaft wieder aufleben.

**6. Kosten der Urkunde.**

**6.1 Gebührensatz.** Für die Beurkundung ist eine Verfahrensgebühr nach KV 21100 (Gebührensatz 2,0, mindestens 120 EUR) zu erheben. Dabei sind die Geschäftswerte der einzelnen Vereinbarungen nach § 35 Abs. 1 GNotKG wiederum zu addieren.

**6.2 Geschäftswerte.**

a) **Änderung der Berechnungsregeln für den Zugewinnausgleich (§ 2 Nr. 2 im Muster).** Maßgebend ist nach § 100 Abs. 1 GNotKG die Summe beider „modifizierter Reinvermögen“: Getrennt für jeden Partner sind vom Wert des gesamten Aktivvermögens etwaige Verbindlichkeiten abzuziehen. Mindestens anzusetzen ist jedoch die Hälfte des Aktivvermögens.

b) **Ausschluss der Verfügungsbeschränkungen (§ 2 Nr. 3 im Muster).** Der in § 2 Nr. 3 des Musters enthaltene Ausschluss der Verfügungsbeschränkungen nach §§ 1365, 1369 BGB ist als güterrechtliche Vereinbarung darin enthalten, also nicht gesondert zu bewerten. Die spezielle Bewertungsvorschrift des § 51 Abs. 2 GNotKG ist dafür nicht einschlägig; sie greift nur, wenn der Ehevertrag keine weiteren güterrechtlichen Vereinbarungen enthält.

c) **Keine Rückforderung von Ehegattenzuwendungen (§ 2 Nr. 4 im Muster).** Anzusetzen ist für diese rein vorsorgliche Vereinbarung der Auffangwert von 5.000 EUR nach § 36 Abs. 1 und 3 GNotKG.

d) **Beibehalten der gesetzlichen Regeln zum Versorgungsausgleich (§ 3 im Muster).** Diese Regelung soll – wie auch die Klausel in § 5 des Musters („kein Erbvertrag gewünscht“) – lediglich dokumentieren, dass hier nicht versehentlich eine Regelungslücke entstanden ist. Das schlichte Beibehalten der gesetzlichen Vorgaben ohne jede Modifizierung hat keinen zu bewertenden Inhalt.

e) **Vereinbarung zum nachehelichen Unterhalt (§ 4 im Muster).** Beim vorsorgenden Ehevertrag ist völlig ungewiss, ob und in welchem Umfang sich die unterhaltsverstärkende Vereinbarung im Scheidungsfall überhaupt auswirken würde. Es ist deshalb sachgerecht, auf den Auffanggeschäftswert von 5.000 EUR nach § 36 Abs. 1 und 3 GNotKG zurückzugreifen.

## 3. Keine Teilhabemechanismen erforderlich: Der Ehevertrag zweier Partner mit gesicherter wirtschaftlicher Ausgangslage

**Heute, am . . . . .**

**waren vor mir, . . . . ., Notar in . . . . ., in meinen Geschäftsräumen in . . . . ., gleichzeitig anwesend:**

***(Namen, Geburtsdaten, Anschriften, derzeitiger Familienstand – ledig/rechtskräftig geschieden/verwitwet-, ausgewiesen durch. . . . ./von Person bekannt).***

***(Soweit erforderlich: Vermerk über das Fehlen einer Vorbefassung, welche die Mitwirkung des Notars nach § 3 Abs. 1 Nr. 7 BeurkG ausschließen würde.)***

**Die Beteiligten erklärten mit Ersuchen um Beurkundung: Wir schließen folgenden Ehevertrag mit gegenseitigem Pflichtteilsverzicht.**

§ 1 Vorbemerkungen

1. Persönliche Verhältnisse

Ich, . . . . ., wurde in . . . . . als Sohn von . . . . . und . . . . . geboren. Ich, . . . . ., wurde in . . . . . als Tochter von . . . . . und . . . . . geboren. Jeder von uns besitzt ausschließlich die deutsche Staatsangehörigkeit.

Wir beabsichtigen, demnächst vor einem Standesbeamten der Bundesrepublik Deutschland die für den Mann und die Frau jeweils zweite Ehe zu schließen.

Gemeinsame Kinder haben wir nicht.

Ich, . . . . ., habe aus meiner früheren Ehe ein Kind, nämlich . . . . . .

Ich, . . . . ., habe aus meiner früheren Ehe zwei Kinder, nämlich . . . . . und . . . . . .

Ich, . . . . ., bin bereits im Ruhestand und beziehe altersbedingte Versorgungsleitungen; ich, . . . . ., bin derzeit noch als . . . . . in Vollzeit erwerbstätig.

Die Geburt eines gemeinsamen Kindes schließen wir aus, was wir in unseren Vereinbarungen bereits berücksichtigt haben.

2. Modifizierung der gesetzlichen Vorgaben

Vor Beurkundung haben wir einen Entwurf dieses Ehevertrages erhalten. Er ist das Ergebnis des persönlichen Beratungsgespräches, das wir beide mit dem beurkundenden Notar am . . . . . geführt haben.

Der Notar hat uns auf Folgendes hingewiesen:

(1) Vereinbarungen, deren Auswirkungen im Scheidungsfall einen Partner einseitig und unzumutbar belasten, unterliegen der gerichtlichen Kontrolle. Diese kann dazu führen, dass der Vertragsinhalt durch das Gericht angepasst wird; in besonders schwerwiegenden Fällen können aber auch einzelne Regelungen oder sogar der gesamte Ehevertrag für unwirksam erklärt werden.

(2) Die belastende Wirkung einer Vereinbarung muss nicht bereits bei Vertragsschluss vorhersehbar sein, sondern beruht meist auf später eintretenden Umständen, zB wenn ein Partner durch die Geburt eines Kindes, durch Unfall, Krankheit oder andere Ereignisse nicht in der Lage ist, seinen Lebensunterhalt vollständig aus eigenem Einkommen oder Vermögen zu bestreiten. Reduzierte Einkünfte verschlechtern dann meistens zusätzlich die spätere Versorgung im Alter oder bei dauerhafter Erwerbsminderung.

Hierzu erklären wir: Jeder von uns hat sich bereits eine Lebensstellung geschaffen, welche ihn vom anderen wirtschaftlich vollständig unabhängig macht. Für den Fall, dass unsere Ehe scheitern sollte, wollen wir deshalb die gesetzlichen Teilhabemechanismen des Zugewinnausgleichs, des Versorgungsausgleichs und des nachehelichen Unterhaltes weitgehend ausschließen.

3. Regelungen für den Fall teilweiser Unwirksamkeit

3.1 Teilunwirksamkeit des Ehevertrages

Vorsorglich vereinbaren wir: Sollte unsere Ehe geschieden werden und dann eine unserer Vereinbarungen in diesem Ehevertrag unwirksam sein, gelten die übrigen unverändert weiter, soweit sich nicht zwingend aus einer Gesamtbetrachtung unseres Vertrages dessen Gesamtnichtigkeit ergibt.

3.2 Bedingter vertraglicher Anpassungsanspruch[1]

Sollten sich unsere tatsächlichen Verhältnisse zwischen Abschluss des Ehevertrages und einem etwaigen Scheitern der Ehe so entwickelt haben, dass einzelne vertraglich vereinbarte Scheidungsfolgen für einen von uns zu einem unzumutbaren wirtschaftlichen

Ergebnis führen würden, wird hiermit dem Betroffenen vertraglich ein Anpassungsanspruch eingeräumt. Für diesen gilt Folgendes:

(1) Der Anspruch kann erst geltend gemacht werden, wenn ein Verfahren zur Auflösung unserer Ehe rechtshängig gemacht worden ist; er kann mit diesem Verfahren verbunden werden.

(2) Der Betroffene kann ausschließlich die Anpassung derjenigen ehevertraglichen Vereinbarung beanspruchen, welche für seine unzumutbare Benachteiligung ursächlich ist.

(3) Eine solche Klausel ist so zu ändern, dass ihr neuer Inhalt nicht mehr zu unzumutbaren Ergebnissen führt. Eine darüber hinaus gehende Änderung zu seinen Gunsten kann der Betroffene nicht verlangen. Die Anwendung des gesetzlichen Regelungsmodells ist nur möglich, soweit sie zum Schutz des unmittelbaren Kernbereichs der gesetzlichen Scheidungsfolgen zwingend erforderlich ist. In seinem Anpassungsverlangen hat der Berechtigte den von ihm angestrebten neuen Inhalt der zu ändernden Vertragsbestimmung zu formulieren.

(4) Jeder von uns verzichtet vorsorglich darauf, im Wege der Feststellungsklage die Unwirksamkeit einer Klausel geltend zu machen, ohne gleichzeitig ihre Anpassung nach dem hier festgelegten Verfahren einzufordern.

§ 2 Güterrechtliche Vereinbarungen

1. Gesetzliche Vorgaben

Nach dem Gesetz ist der Zugewinnausgleich durchzuführen, wenn eines der folgenden Ereignisse eingetreten ist:

(1) Die Ehe ist durch Tod eines Partners aufgelöst worden und der überlebende Ehepartner ist entweder enterbt worden oder er hat das, was ihm der verstorbene Partner durch Testament oder Erbvertrag zugedacht hat, ausgeschlagen. Auch wenn dies nicht geschieht, kann jedoch nach § 5 Abs. 1 ErbStG die fiktive Ausgleichsforderung des überlebenden Ehegatten dessen Belastung mit Erbschaftsteuer im Einzelfall verringern. Ob dieser Vorteil auch dann erhalten bleibt, wenn – wie nachstehend – die güterrechtliche Lösung durch Ehevertrag ausgeschlossen worden ist, ist noch nicht abschließend geklärt.

(2) Die Ehe ist durch gerichtliche Entscheidung aufgelöst worden, insbesondere durch Scheidung.

(3) Auf Antrag eines Partners ist die Zugewinngemeinschaft durch gerichtliche Entscheidung vorzeitig aufgehoben worden.

(4) In einem Ehevertrag haben die Eheleute einen Güterstandswechsel vereinbart. Grundsätzlich ist dann die dabei entstehende Zugewinnausgleichsforderung nach § 5 Abs. 2 ErbStG schenkungsteuerfrei.

Wir behalten den gesetzlichen Güterstand der Zugewinngemeinschaft für unsere künftige Ehe zwar bei, modifizieren ihn jedoch durch folgende Vereinbarungen:

2. Teilweiser Ausschluss des Zugewinnausgleichs

2.1 Bei Scheidung und anderen gerichtlichen Entscheidungen

Abweichend von der gesetzlichen Vorgabe schließen wir hiermit die Durchführung des Zugewinnausgleichs vollständig aus, falls durch gerichtliche Entscheidung (insbesondere Scheidung) unsere Ehe aufgelöst oder die Zugewinngemeinschaft vorzeitig aufgehoben worden ist. Ausgeschlossen ist dann auch der vorzeitige Zugewinnausgleich nach § 1385 BGB.

2.2 Nur teilweiser Ausschluss im Todesfall[2]

Endet unsere Ehe durch den Tod eines von uns, gilt Folgendes:

(1) Ausgeschlossen ist nur die reale Durchführung des Zugewinnausgleichs, die der überlebende Ehegatte nach § 1371 Abs. 2 und Abs. 3 BGB im Wege der sog. güterrechtlichen Lösung verlangen könnte.
(2) Ausdrücklich nicht ausgeschlossen ist dagegen die Erhöhung des gesetzlichen Erbteils für den überlebenden Ehegatten gemäß § 1371 Abs. 1 BGB bei der sog. erbrechtlichen Lösung.

2.3 Kein Ausschluss des Zugewinnausgleichs bei Güterstandswechsel

Durchzuführen ist der Zugewinnausgleich auch, falls die Zugewinngemeinschaft von uns in einem späteren Ehevertrag durch Güterstandswechsel beendet werden sollte. Ausgeschlossen ist er in diesem Fall, wenn wir mit dem Güterstandswechsel unsere Trennung oder Scheidung vorbereiten wollen. Ob diese Bedingung vorliegt, ist von uns beim Güterstandswechsel übereinstimmend festzustellen.

2.4 Ausgleichsmodus

Kommt es aufgrund der vorstehenden Vereinbarungen zum Zugewinnausgleich, gelten für Berechnung und Erfüllung der Ausgleichsforderung uneingeschränkt die gesetzlichen Vorgaben.

3. Ausschluss gesetzlicher Verfügungsbeschränkungen

(→ Form. IX.1 *unter Nr. 4)*

4. Keine Rückforderung von Ehegattenzuwendungen

(→ Form. IX.1 *unter Nr. 5)*

5. Gegenseitiger, umfassender Pflichtteilsverzicht[3]

5.1 Gesetzliche Vorgabe

Die reale Durchführung des Zugewinnausgleichs im Todesfall haben wir vorstehend ausgeschlossen. Ist der Überlebende enterbt oder schlägt er das ihm durch Testament oder Erbvertrag Zugedachte aus, kann er jedoch nach der gesetzlichen Vorgabe seinen Pflichtteil beanspruchen, also einen Geldbetrag, der einer bestimmten Quote vom tatsächlich vorhandenen Nachlasswert entspricht. Diese Möglichkeit wollen wir ausschließen.

5.2 Gegenseitiger Pflichtteilsverzicht

(1) Jeder von uns verzichtet deshalb hiermit auf sämtliche Pflichtteils- und Pflichtteilsergänzungsansprüche am Nachlass des jeweils anderen Ehepartners, so dass ihm bei dessen Tod weder Pflichtteils- noch Pflichtteilsergänzungsansprüche zustehen. Wir nehmen diese Verzichtserklärungen gegenseitig an.
(2) Dieser Verzicht erfasst jedoch weder das gesetzliche Erbrecht noch Zuwendungen, die der Erblasser durch Testament oder Erbvertrag für den Längerlebenden angeordnet hat.

5.3 Keine Fernwirkung auf nachehelichen Unterhalt

Stirbt einer von uns, nachdem unsere Ehe geschieden worden ist oder während eines laufenden Scheidungsverfahrens, können an seiner Stelle seine Erben dem anderen zur Leistung von nachehelichem Unterhalt verpflichtet sein. Diese haften dabei nach § 1586b BGB bis zu einem Betrag, welcher dem Pflichtteil des Unterhaltsberechtigten entspräche, wenn seine Ehe mit dem Verstorbenen nicht gescheitert wäre. Ob ein Pflichtteilsverzicht dabei zu berücksichtigen ist und dadurch mittelbar zu einem Verlust von Unterhaltsansprüchen führen würde, ist noch nicht abschließend geklärt. Wir sind jedoch darüber

einig, dass unser gegenseitiger Pflichtteilsverzicht keinen Einfluss auf etwaige Unterhaltsansprüche haben soll. Dazu vereinbaren wir: Der jeweilige Verzicht auf Pflichtteils- und Pflichtteilsergänzungsansprüche soll bei einer etwa notwendigen Ermittlung der Haftungsgrenze aus § 1586b BGB unberücksichtigt bleiben. Er wird deshalb auflösend bedingt vereinbart und entfällt mit Scheidung unserer Ehe, aber auch schon vorher, wenn in einem gerichtlichen Verfahren zur Auflösung unserer Ehe entweder die in § 1933 S. 1 oder die in § 1933 S. 2 BGB festgelegten Voraussetzungen eingetreten sind und dieses Verfahren durch den Tod eines von uns beendet worden ist.
Uns ist bekannt, dass die vorstehende Einschränkung ohnehin nur greift, falls unser gegenseitiger, umfassender Verzicht auf nachehelichen Unterhalt im Scheidungsfall nicht oder nicht vollständig gelten sollte.

§ 3 Versorgungsausgleich: Vollständiger Ausschluss

1. Gesetzliche Vorgaben

Bei einer Scheidung sind sämtliche Versorgungsanrechte, welche die Partner während der Ehezeit erworben haben, grundsätzlich zu teilen. Davon abweichende Vereinbarungen zum Versorgungsausgleich sind zwar möglich. Das Familiengericht muss diese aber im Scheidungsverfahren einer Inhalts- und Ausübungskontrolle unterziehen.

2. Ausschlussvereinbarung

Wir vereinbaren, dass jeder von uns im Scheidungsfall seine eigenen Versorgungsanrechte ungeschmälert behalten soll. Dazu schließen wir hiermit gemäß § 6 Versorgungsausgleichsgesetz die Durchführung des Versorgungsausgleichs vollständig und für die gesamte Ehezeit aus. Ein Verzicht auf Altersvorsorgeunterhalt ist in dieser Vereinbarung jedoch nicht enthalten.
Der Ausschluss des Versorgungsausgleichs ist im Scheidungsfall für einen Partner nachteilig. Wen von uns diese Nachteile in welchem Umfang treffen, kann heute nicht sicher vorhergesagt werden. Hierzu erklären wir: Unsere Vereinbarung soll unabhängig davon wirksam sein und bleiben, zu wessen Lasten und in welchem Umfang sie sich im Scheidungsfall auswirkt. Ein Rücktrittsrecht wollen wir nicht vereinbaren. Eine Abänderung dieser Vereinbarung, insbesondere nach § 227 FamFG, schließen wir ebenfalls aus.
Nach unseren aktuellen wirtschaftlichen Verhältnissen wird unsere Vereinbarung zum Versorgungsausgleich nicht dazu führen, dass einer von uns im Alter oder bei dauerhafter Erwerbsminderung auf Grundsicherung oder andere bedarfsabhängige Leistungen der Sozialhilfe angewiesen sein wird.

§ 4 Nachehelicher Unterhalt: Vollständiger Verzicht

1. Gesetzliche Vorgaben

Nach einer Ehescheidung gilt der Grundsatz der Eigenverantwortung, so dass Unterhalt vom früheren Ehepartner nur in den gesetzlich geregelten Ausnahmesituationen verlangt werden kann. Die Höhe eines dann etwa zu leistenden Unterhalts hängt nicht nur von der Leistungsfähigkeit des Verpflichteten, sondern auch vom Bedarf des Berechtigten ab.

2. Verzicht auf nachehelichen Unterhalt

Jeder von uns verzichtet hiermit gegenüber dem anderen vollständig auf seine Ansprüche auf nachehelichen Unterhalt, die ihm nach Scheidung unserer Ehe zustehen könnten.

3. Richterliche Inhaltskontrolle

**Auch Vereinbarungen zum nachehelichen Unterhalt können im Scheidungsfall Gegenstand einer gerichtlichen Inhaltskontrolle sein. Jeder von uns versichert vorsorglich: Nach meinen derzeitigen persönlichen Verhältnissen und unter Berücksichtigung der Vereinbarungen in dieser Urkunde kann ich auch nach einer Scheidung voraussichtlich für meinen Lebensunterhalt alleine aufkommen.**

§ 5 Kein Erbvertrag

(→ Form. IX.1 *unter § 5)*

§ 6 Schlussbestimmungen[4]

(→ Form. IX.1 *unter § 6)*

## Anmerkungen

**1. Bedingter Anpassungsanspruch als Schutz vor Instrumentalisierung der richterlichen Inhaltskontrolle.**

**1.1 Teilnichtigkeit und salvatorische Klauseln.** Aufgrund einer Gesamtschau kann ein Ehevertrag im Zuge richterlicher Inhaltskontrolle insgesamt als unwirksam bewertet werden (→ Form. IX.1 Anm. 5.2a)). In diesem Fall ist er als Ganzes nach § 138 BGB nichtig, woran dann auch salvatorische Klauseln nichts ändern können (BGH FamRZ 2006, 1097; 2008, 2011). Sind demgegenüber nur einzelne Vertragsbestimmungen als sittenwidrig beurteilt worden, greift die Auslegungsregel des § 139 BGB. Ihr Regel-Ausnahme-Verhältnis führt dabei grundsätzlich zur Nichtigkeit des gesamten Ehevertrages, „wenn nicht anzunehmen ist, dass er auch ohne die nichtigen Klauseln geschlossen sein würde, was sich insbesondere aus anderweitigen Parteivereinbarungen, zum Beispiel salvatorischen Klauseln, ergeben kann.“ (BGH NJW 2005, 2386 (2388) = FamRZ 2005, 1444 (1447) = DNotZ 2005, 853 ff.).

Salvatorische Klauseln sollten nicht unreflektiert eingesetzt werden, sondern den vorher ermittelten Parteiwillen widerspiegeln:

**Scheidungsvereinbarungen,** bei deren Abschluss die Auflösung der Ehe zeitnah angestrebt wird, beinhalten oft eine Paketlösung. Die Vertragspartner sehen die einzelnen Regelungen regelmäßig als Teil einer wirtschaftlichen Gesamtlösung an. Wird das darin geschaffene (oft erst nach mühsamen Verhandlungen akzeptierte) Gleichgewicht dadurch gestört, dass sich eine Regelung als unwirksam erweist, legt die Interessenlage einen Verknüpfungswillen nahe. Eine unbedacht verwendete salvatorische Klausel wird dieser „ganz oder gar nicht“-Situation nicht gerecht. Andernfalls kann dagegen durchaus mit einer salvatorischen Klausel gearbeitet werden (→ Form. IX.7, dort § 10 Nr. 3). Bilden jedoch einzelne Regelungen nach dem Willen der Partner eine Geschäftseinheit, so dass sie miteinander „stehen und fallen“ sollen, sind sie aus dem Anwendungsbereich der salvatorischen Klausel ausdrücklich herauszunehmen.

Bei **vorsorgenden Eheverträgen** lässt sich demgegenüber eher ein genereller Erhaltungswille feststellen. Im Bewusstsein von Partnern, die einen vorsorgenden Ehevertrag schließen, werden die Scheidungsfolgen (Zugewinn, Versorgungsausgleich, Unterhalt) meist als voneinander unabhängige Kategorien wahrgenommen. Hier ist ein Verknüpfungswille die Ausnahme, so dass in der Regel auch der Einsatz einer eher pauschal formulierten salvatorischen Klausel gerechtfertigt ist.

**1.2 Anpassung bei unzumutbarem Ergebnis – wer hilft dem Gericht?**

**a) Verbot des Qualitätenwechsels.** Die richterliche Ausübungskontrolle am Maßstab des § 242 BGB greift, wenn die (ursprünglich nicht zu beanstandende) Regelung beim

Scheitern der Ehe zu einer unangemessenen Benachteiligung führen würde. Dem einseitig begünstigten Partner ist es dann verwehrt, sich auf die Gültigkeit der Vereinbarung und die sich aus ihr an sich ergebenden Rechtsfolgen zu berufen. In diesem Fall hat das Gericht insoweit das Rechtsverhältnis durch richterlichen Gestaltungsakt neu zu ordnen. Dabei muss sich jedoch die festzusetzende Rechtsfolge graduell zwischen dem (unzumutbar gewordenen) Inhalt der vertraglichen Klausel und dem der gesetzlichen Vorgabe bewegen. Das hypothetische Einverständnis der Vertragspartner mit einem „wesensgleichen Minus" zu ihrer ursprünglichen Vereinbarung darf unterstellt werden. Beide müssen, wenn ihr Handeln am Grundsatz von Treu und Glauben ausgerichtet ist, die mit einer „geltungserhaltenden Reduktion" verbundene graduelle Veränderung ihrer bisherigen Rechtsposition akzeptieren: Der zunächst Benachteiligte muss damit zufrieden sein, dass die unzumutbaren Auswirkungen der ursprünglich von ihm mitgetragenen Klausel beseitigt werden. Im Interesse des Begünstigten liegt es, wenn ein Teil der Regelung auf diese Weise „gerettet" werden kann und deshalb nicht auf die – für ihn ungünstigere – gesetzliche Vorgabe zurückgegriffen werden muss. Demgegenüber wäre ein richterlicher Gestaltungsakt, der nicht lediglich quantitativ in die anzupassende Klausel eingreift, sondern eine qualitativ andere Rechtslage schaffen würde, ein unerlaubter Eingriff in die Privatautonomie (*Kornexl* FamRZ 2004, 1609 (1611)).

b) **Vertraglicher Anpassungsanspruch.** Die im Muster vorgeschlagene Vereinbarung dient in zweifacher Hinsicht der Störfallvorsorge: Zum einen, indem sie Vorgaben zum Inhalt einer nach Treu und Glauben notwendig gewordenen Anpassung macht. Zum anderen aber auch, indem sie das Anpassungsverfahren lenkt und dadurch verhindert, dass der vermeintlich unzumutbar benachteiligte Vertragspartner „ins Blaue hinein" Regelungen auf den Prüfstand stellen kann, in der Hoffnung, das Gericht werde schon irgendeine – für ihn günstigere – Rechtsfolge festsetzen.

Um dem entgegenzuwirken, enthält die Klausel einen (eingeschränkten) Klageverzicht, durch welchen die Partner eine Feststellungsklage vor Rechtshängigkeit eines Scheidungsverfahrens ausschließen. Formal handelt es sich dabei um einen Prozessvertrag, für den außerhalb eines gerichtlichen Verfahrens kein Anwaltszwang besteht (BGH NJW 1984, 805). Einer dennoch erhobenen Feststellungsklage würde eine Prozessvoraussetzung, nämlich die Klagbarkeit des Anspruchs, fehlen, weshalb sie als unzulässig abzuweisen wäre.

Noch ungeklärt ist, ob – ohne einen solchen Klageverzicht – eine Feststellungsklage zulässig wäre: Vor einer Trennung soll das nach § 256 Abs. 1 ZPO erforderliche Feststellungsinteresse in jedem Fall fehlen, weil die ehevertraglichen Vereinbarungen noch nicht zu einem „gegenwärtigen Rechtsverhältnis" geführt haben (*Herr* FamRZ 2005, 458). Kontrovers beurteilt wird dies jedoch für die Zeit des Getrenntlebens, solange noch kein Scheidungsantrag gestellt ist (Unzulässig nach OLG Frankfurt a. M. FamRZ 2005, 457 und FamRZ 2006, 713; OLG Brandenburg NJW-RR 2002, 578. Zulässig nach OLG Stuttgart FamRZ 1983, 498 = DNotZ 1983, 693; *Herr* FamRZ 2005, 458; *Manderscheid* ZFE 2005, 76 (77); zweifelnd *Brudermüller* NJW 2006, 3184 (3185); differenzierend *Grziwotz* FamRB 2006, 175, der zumindest Vereinbarungen zum Ausschluss der §§ 1365, 1369 BGB stets als gegenwärtiges Rechtsverhältnis ansieht). Umstritten ist das Feststellungsinteresse auch, wenn ein Scheidungsverfahren rechtshängig, aber noch nicht abgeschlossen ist (Bejaht – aus Überlegungen zur Prozessökonomie – durch OLG Düsseldorf FamRZ 2005, 282 = NJW-RR 2005, 1. Verneint durch OLG Frankfurt a. M. NJW-RR 2007, 289 und OLG Naumburg FamRZ 2008, 619 = NJW-RR 2008, 385).

**2. Ausschluss des Zugewinnausgleichs für alle Auslöser mit Ausnahme eines Güterstandswechsels.** Diese Gestaltung lässt den Zugewinnausgleich lediglich noch für den Fall eines ehevertraglichen Güterstandswechsels zu. Letztlich soll sie die Möglichkeit einer Güterstandsschaukel (→ Form. IX.5) und das damit verbundene Steuersparpotenzial bewahren, im Übrigen aber eine Teilhabe am Zugewinn vollständig ausschließen.

**2.1 Ausschluss des Auslösers „Ehescheidung".** Bei Scheitern der Ehe ist der Zugewinnausgleich zwar vollständig ausgeschlossen, allerdings werden die mit einer „echten" Gütertrennung verbundenen steuerlichen Nachteile (→ Form. IX.6 Anm. 1) ebenso vermieden wie eine mögliche Erhöhung der Pflichtteilsquoten anderer Familienangehöriger (→ Form. IX.5 Anm. 2.2).

**2.2 Ausschluss des Auslösers „vorzeitige Aufhebung der Zugewinngemeinschaft".** Mit dem Gesetz zur Änderung des Zugewinnausgleichs- und Vormundschaftsrechts (BGBl. 2009 I 1696 ff.) sollten Missstände in der Rechtswirklichkeit behoben, insbesondere unredliche Vermögensverschiebungen des ausgleichspflichtigen Ehegatten besser verhindert werden. Dazu sind ua die §§ 1385 und 1386 BGB grundlegend umgestaltet worden: Unabhängig davon, wer im Zugewinnausgleich Berechtigter und wer Verpflichteter sein wird, kann jeder Ehegatte nunmehr einen Gestaltungsantrag auf vorzeitige Aufhebung der Zugewinngemeinschaft nach § 1386 BGB stellen. Gemäß § 1388 BGB tritt mit Rechtskraft der Entscheidung Gütertrennung ein. Stichtag für die Ermittlung des Zugewinns ist die Rechtshängigkeit des Antrags (§ 1387 BGB). Alternativ dazu kann der Ausgleichsberechtigte einen kombinierten Gestaltungs- und Leistungsantrag nach § 1385 BGB durchsetzen. Bei Erfolg führt dieses Vorgehen direkt zu einem vollstreckbaren Zahlungsanspruch. Der Zahlungsanspruch lässt sich zudem durch Arrest (§ 119 Abs. 2 FamFG, §§ 916 ff. ZPO) vorläufig sichern, was bis zur Reform umstritten war (BT-Drs. 16/10798, 19).

In der Literatur werden die §§ 1385, 1386 BGB teilweise als zwingendes Recht bezeichnet, die durch Ehevertrag nicht abbedungen werden könnten (so zB *MünchKommBGB/Koch* BGB § 1386 Rn. 41; *BeckOK BGB/Siede* § 1385 Rn. 26). Das ist zumindest missverständlich. Denn der vorzeitige Zugewinnausgleich dient lediglich dazu, Manipulationen bis zum „endgültigen" Zugewinnausgleich zu verhindern. Ist dieser wirksam ausgeschlossen, besteht jedoch kein zu sichernder Anspruch, so dass auch für die Anwendung des vorläufigen Sicherungsmechanismus kein Platz ist. Nach (zutreffender) Ansicht umfasst der Ausschluss des Zugewinnausgleichs für den Fall einer gerichtlichen Eheauflösung deshalb automatisch auch den vorzeitigen Zugewinnausgleichs (*Kanzleiter/Wegmann,* Vereinbarungen unter Ehegatten, Rn. 94; *Grziwotz* in Beck´sches Notarhandbuch, B I Rn. 61). Die ausdrückliche Erwähnung im Muster ist daher nur deklaratorisch.

**2.3 Ausschluss des Auslösers „Tod eines Partners".**

a) **Ausschluss der güterrechtlichen Lösung.** Wird die Ehe durch den Tod eines Partners beendet, ist der Zugewinnausgleich nur dann real durchzuführen, wenn der Überlebende über die güterrechtliche Lösung am Nachlass des Verstorbenen beteiligt wird. Das ist nach § 1371 Abs. 2 BGB der Fall, wenn der überlebende Ehegatte weder Erbe noch Vermächtnisnehmer geworden ist, der Verstorbene ihn also bei der Nachlassplanung übergangen hat. Der Überlebende kann jedoch auch selbst in die güterrechtliche Lösung „flüchten", wenn er zwar eine Nachlassbeteiligung erhalten würde, diese jedoch ausschlägt (§ 1371 Abs. 3 BGB). Bei Anwendung der güterrechtlichen Lösung entstehen zwei Ansprüche: Einer auf reale Durchführung des Zugewinnausgleichs. Und ein weiterer auf den „kleinen Pflichtteil". Also darauf, aus dem, was nach dem Zugewinnausgleich vom Nachlass übrig ist, den Pflichtteil zu erhalten. Für dessen Berechnung wird der „nicht erhöhte gesetzliche Erbteil des Ehegatten" zugrunde gelegt (§ 1371 Abs. 2 Hs. 2 BGB). Er beträgt somit $^1/_8$, falls der Erblasser Abkömmlinge hinterlassen hat und $^1/_4$, falls Erben zweiter Ordnung oder die Großeltern gesetzliche Miterben wären, in allen übrigen Fällen $^1/_2$.

b) **Beibehalten der erbrechtlichen Lösung.** Der vollständige Ausschluss des Zugewinnausgleichs für den Todesfall kann die Pflichtteilsquote Dritter erhöhen. Denn der überlebende Partner verliert mit sämtlichen Zugewinnausgleichsansprüchen auch den Anspruch auf das „pauschale Zugewinnviertel" aus § 1931 Abs. 3 iVm § 1371 Abs. 1 BGB. Verringert sich sein Nachlassanteil bei gesetzlicher Erbfolge, erhöht sich die Erbquote der übrigen gesetzlichen Miterben und damit auch deren Pflichtteilsanspruch. Wird der

Zugewinnausgleich für den Todesfall ausgeschlossen, sollte das in § 1371 Abs. 1 BGB vorgesehene pauschale Zugewinnviertel daher unbedingt von diesem Ausschluss ausgenommen bleiben.

**3. Gegenseitiger Pflichtteilsverzicht.**

**3.1 Gestaltungsziel.** Dem Muster liegt das Gestaltungsziel der beiden (wirtschaftlich völlig autarken) Partner zugrunde, als der erstversterbende den eigenen Nachlass vollständig am überlebenden vorbeiführen zu können. Dazu genügt es nicht, für den Todesfall den Zugewinnausgleich auszuschließen; zusätzlich erforderlich ist ein Pflichtteilsverzicht.

**3.2 Formale Voraussetzungen.** Der Pflichtteilsverzicht (§ 2346 Abs. 2 BGB) ist ein Unterfall des Erbverzichts. Bei seiner Beurkundung (§ 2348 BGB) müssen deshalb die besonderen Anforderungen des § 2347 BGB beachtet werden: Da der Erblasser den Vertrag nur persönlich schließen kann (§ 2347 Abs. 2 S. 1 Hs. 1 BGB), ist eine gewillkürte Vertretung ausgeschlossen; der Erblasser muss daher persönlich anwesend sein. Besonders, wenn der Pflichtteilsverzicht als „Sicherungsgeschäft" in andere Vertragsarten (Ehevertrag, Verträge zur Vorwegnahme der Erbfolge) eingebunden wird, besteht die Gefahr, diese zwingende Wirksamkeitsvoraussetzung zu übersehen. Für den geschäftsunfähigen Erblasser macht § 2347 BGB davon zwar eine Ausnahme, allerdings ist für den Abschluss des Verzichtsvertrages die Genehmigung des Betreuungsgerichts erforderlich. Minderjährige können seit 22.7.2017 keinen Ehevertrag mehr schließen (§ 1411 BGB i. d. F. des Gesetzes zur Bekämpfung von Kinderehen, BGBl I, 2429). Ihr Pflichtteilsverzicht als (künftiger) Ehegatte in einem Ehevertrag ist somit nicht mehr möglich.

**3.3 Interessengerechte Gestaltung.** Sollen, wie im Muster, sämtliche gesetzlichen Teilhabemechanismen ausgeschlossen werden, ist ein gegenseitiger Pflichtteilsverzicht interessengerecht. Da keiner der Partner bei Vertragsschluss davon ausgeht, bei Auflösung der Ehe (durch Tod oder Scheidung) an Einkommen oder Vermögen des anderen zu partizipieren, können insoweit auch keine Erwartungen enttäuscht werden. Anders verhält es sich, wenn im Scheidungsfall nacheheliche Unterhaltsansprüche bestehen können. Hier kann ein unbedacht vereinbarter Pflichtteilsverzicht eine ungewollte Versorgungslücke verursachen. → Form. IX.6 Anm. 13.2.

**4. Kosten der Urkunde.**

**4.1 Gebührensatz.** Für den Mustervertrag wäre aus dem Geschäftswert eine Verfahrensgebühr nach KV 21100 (Gebührensatz 2,0, mindestens 120 EUR) zu erheben. Dabei sind die Geschäftswerte der einzelnen Vereinbarungen nach § 35 Abs. 1 GNotKG zu addieren.

**4.2 Geschäftswerte.**

**a) Güterrechtliche Vereinbarungen (§ 2 Nr. 1bis Nr. 3 im Muster).** Geschäftswert ist die Summe der gegenwärtigen Vermögenswerte beider Partner (§ 100 Abs. 1 GNotKG). Bei Ermittlung des jeweiligen modifizierten Reinvermögens ist, für jeden Partner getrennt, der Wert des Aktivvermögens, abzüglich etwaiger Verbindlichkeiten dieses Partners, anzusetzen, mindestens aber die Hälfte seines Aktivvermögens.

Der Ausschluss der Verfügungsbeschränkungen nach §§ 1365, 1369 BGB ist darin enthalten, also nicht gesondert anzusetzen.

**b) Keine Rückforderung von Ehegattenzuwendungen (§ 2 Nr. 4 im Muster).**

Anzusetzen ist für diese rein vorsorgliche Vereinbarung der Auffangwert von 5.000 EUR nach § 36 Abs. 1 und 3 GNotKG.

**c) Gegenseitiger Pflichtteilsverzicht (§ 2 Nr. 5 im Muster).** Da bei beiden Partnern (mindestens) ein Kind vorhanden ist, beträgt die Pflichtteilsquote des Überlebenden $^1/_8$. Die Pflichtteilsverzichtsvereinbarungen stehen gegenseitig in einem Austauschverhältnis, so dass als Geschäftswert hier ein Achtel aus dem höheren modifizierten Reinvermögen nach § 100 Abs. 1 GNotKG heranzuziehen ist (§ 97 Abs. 3 GNotKG).

d) **Vollständiger Ausschluss des Versorgungsausgleichs (§ 3 im Muster).** Der Ausschluss des Versorgungsausgleichs bezieht sich auf alle Anrechte, die während der Ehezeit erworben werden. Wirtschaftlich erfasst er aber nur das Ergebnis des Ausgleichsvorgangs, also die Differenz der während der künftigen Ehe entstehenden Versorgungsrechte. An sich müsste dazu prognostiziert werden, um wieviel sich der Jahreswert des beiderseitigen Zuwachses unterscheiden wird. Da die Dauer der Ehe ungewiss ist, handelt es sich um ein Recht von unbestimmter Dauer. Für seine Bewertung ist deshalb nach § 52 Abs. 3 S. 2 GNotKG der zehnfache Jahreswert anzusetzen. Irrelevant ist § 52 Abs. 4 GNotKG, obwohl die Ehe auch durch den Tod eines Partners beendet werden kann, weil in diesem Fall der Versorgungsausgleich ohnehin nicht durchzuführen wäre und deshalb sein vertraglicher Ausschluss ohne Wirkung bleibt.

Anders als bei einer Scheidungsfolgenvereinbarung kann letztlich nur geschätzt werden, welche Differenz der Zuwachs bei den beiderseitigen jährlichen Versorgungsanrechten ausmachen wird. Nur die Hälfte davon ist wiederum das, was vom Verzicht im Ergebnis erfasst wird. Es dürfte deshalb im Regelfall sachgerecht sein, als Wert der gesamten Ausschlussvereinbarung auf den Auffangwert von 5.000 EUR nach § 36 Abs. 2 GNotKG zurückzugreifen.

e) **Vollständiger Verzicht auf nachehelichen Unterhalt (§ 4 im Muster).** Dieselbe Überlegung greift letztlich auch für den gegenseitigen Verzicht auf nachehelichen Unterhalt. Bei Partnern mit gesicherter wirtschaftlicher Stellung ist völlig ungewiss, ob und in welcher Höhe bei einem Scheitern der Ehe überhaupt nachehelicher Unterhalt zu leisten wäre. Mangels entsprechender konkreter Anhaltspukte ist deshalb auch hier der Auffangwert (5.000 EUR) heranzuziehen.

## 4. Einschränkung der Teilhabe am Zugewinn: Der Ehevertrag bei Diskrepanz des Zugewinnpotenzials

**Heute, am .....**

**waren vor mir, ....., Notar in ....., in meinen Geschäftsräumen in ....., gleichzeitig anwesend:**

***(Namen, Geburtsdaten, Anschriften, derzeitiger Familienstand – ledig/rechtskräftig geschieden/verwitwet-, ausgewiesen durch. . . . ./von Person bekannt).***

***(Soweit erforderlich: Vermerk über das Fehlen einer Vorbefassung, welche die Mitwirkung des Notars nach § 3 Abs. 1 Nr. 7 BeurkG ausschließen würde.)***

**Die Beteiligten erklärten mit Ersuchen um Beurkundung: Wir schließen folgenden Ehevertrag.**

**§ 1 Vorbemerkungen**

**1. Persönliche Verhältnisse**

**Ich, ....., wurde in ..... als Sohn von ..... und ..... geboren. Ich, ....., wurde in ..... als Tochter von ..... und ..... geboren. Jeder von uns besitzt ausschließlich die deutsche Staatsangehörigkeit.**

**Wir beabsichtigen, demnächst die für den Mann ..... und die Frau ..... Ehe vor einem Standesbeamten der Bundesrepublik Deutschland zu schließen.**

**Wir sind derzeit beide in Vollzeit erwerbstätig: Ich, ....., als .....; ich, ....., als .....**

**Kinder hat derzeit keiner von uns, weder gemeinsame noch einseitige. Die Geburt eines gemeinsamen Kindes schließen wir jedoch nicht aus, was wir in unseren Vereinbarungen bereits berücksichtigt haben.**

2. Modifizierung der gesetzlichen Vorgaben

. . . . .(→ Form. IX.1 *unter § 1 Nr. 2)*

§ 2 Güterrechtliche Vereinbarungen

1. Gesetzliche Vorgaben

1.1 Zum „Ob" des Zugewinnausgleichs

Nach dem Gesetz ist der Zugewinnausgleich durchzuführen, wenn eines der folgenden Ereignisse eingetreten ist:

(1) Die Ehe ist durch Tod eines Partners aufgelöst worden und der überlebende Ehepartner ist entweder enterbt worden oder er hat das, was ihm der verstorbene Partner durch Testament oder Erbvertrag zugedacht hat, ausgeschlagen. Auch wenn dies nicht geschieht, kann jedoch nach § 5 Abs. 1 ErbStG die fiktive Ausgleichsforderung des überlebenden Ehegatten dessen Belastung mit Erbschaftsteuer im Einzelfall verringern.

(2) Die Ehe ist durch gerichtliche Entscheidung aufgelöst worden, insbesondere durch Scheidung.

(3) Auf Antrag eines Partners ist die Zugewinngemeinschaft durch gerichtliche Entscheidung vorzeitig aufgehoben worden.

(4) In einem Ehevertrag haben die Eheleute einen Güterstandswechsel vereinbart. Grundsätzlich ist dann die dabei entstehende Zugewinnausgleichsforderung nach § 5 Abs. 2 ErbStG schenkungsteuerfrei.

1.2 Zum „Wie" des Zugewinnausgleichs[1]

Wird der Zugewinnausgleich durchgeführt, steht dem Partner mit dem geringeren Zugewinn eine Ausgleichsforderung zu. Deren Höhe entspricht grundsätzlich der Hälfte des Betrages, um den sich die Zugewinne der beiden Ehepartner unterscheiden. Von diesem Halbteilungsgrundsatz wollen wir jedoch abweichen, wenn die Differenz unserer Zugewinne den von uns nachstehend festgelegten Höchstbetrag überschreiten sollte.

Wir behalten den gesetzlichen Güterstand der Zugewinngemeinschaft für unsere künftige Ehe deshalb daher zwar bei, modifizieren ihn jedoch durch die folgenden Vereinbarungen.

2. Vertragliche Änderung des Berechnungsmodus

2.1 Einteilung der Zugewinndifferenz in Stufen

Wir vereinbaren, dass die konkrete Ausgleichsforderung nach folgendem Modus zu berechnen ist: Zunächst ist dabei die festgestellte Differenz beider Zugewinne in Stufen zu unterteilen, für welche wir nachstehend die Ausgleichsquote (abweichend vom gesetzlichen Halbteilungsgrundsatz) festlegen. Jede dieser Stufen beträgt . . . . . EUR ( . . . . . . Euro).

2.2 Wertsicherung des Stufenbetrages

Dieser Stufenbetrag soll wertgesichert sein: Er verändert sich daher in demselben Verhältnis wie der vom Statistischen Bundesamt festgestellte Verbraucherpreisindex für Deutschland. Dabei sind als Bezugsgrößen der derzeit laufende Kalendermonat sowie derjenige Kalendermonat heranzuziehen, für welchen bei Eintritt der Rechtshängigkeit des Scheidungsantrags die aktuellste Indexzahl veröffentlicht ist. Die Änderung ist auf der Basis der dann gültigen neuesten Indexreihe zu ermitteln.

2.3 Ausgleichsquote in den einzelnen Stufen

(1) In der so ermittelten ersten Stufe, also bis zu einer Zugewinndifferenz von (wertgesicherten) <*Betrag der ersten Stufe*> EUR, erfolgt der Zugewinnausgleich nach dem gesetzlichen Halbteilungsgrundsatz.

(2) In der zweiten Stufe, also für den Teil der Zugewinndifferenz, welcher zwischen jeweils wertgesicherten <*Betrag der ersten Stufe*> EUR und <*Summe erste und zweite Stufe*> EUR liegt, hat der ausgleichspflichtige Partner lediglich vierzig Prozent an den ausgleichsberechtigten zu leisten.

(3) Die dritte und vierte Stufe wird jeweils auf dieselbe Weise gebildet. In ihr steht dem Ausgleichsberechtigten lediglich eine Quote von dreißig bzw. zwanzig Prozent zu.

(4) Eine etwa über die vierte Stufe hinausgehende Zugewinndifferenz führt lediglich noch zu einem Ausgleichsanspruch mit einer Quote von zehn Prozent.

3. Anwendungsbereich: nur bei Scheidung und anderen gerichtlichen Entscheidungen

Die vorstehend vereinbarte Änderung des Berechnungsmodus ist nur anzuwenden, wenn unsere Ehe durch gerichtliche Entscheidung (insbesondere Scheidung) aufgelöst oder die Zugewinngemeinschaft vorzeitig aufgehoben worden ist. Sie gilt auch bei einem vorzeitigen Zugewinnausgleich nach § 1385 BGB.

Dagegen gilt grundsätzlich und ohne die vereinbarte Änderung der gesetzlich vorgegebene Berechnungsmodus

(1) falls unsere Ehe durch den Tod aufgelöst worden ist. Die vorstehend durch Vereinbarung geänderten Berechnungsregeln sind dann jedoch ausnahmsweise anzuwenden, wenn zu diesem Zeitpunkt bereits ein gerichtliches Verfahren zur Eheauflösung rechtshängig gewesen sein sollte.

(2) falls die Zugewinngemeinschaft von uns in einem späteren Ehevertrag durch Güterstandswechsel beendet werden sollte. Ausnahmsweise sind dann trotzdem die vertraglich geänderten Berechnungsregeln anzuwenden, nämlich in dem Fall, dass wir mit dem Güterstandwechsel unsere Trennung oder Scheidung vorbereiten wollen. Ob diese Bedingung vorliegt, ist von uns beim Güterstandswechsel übereinstimmend festzustellen.

4. Ausschluss gesetzlicher Verfügungsbeschränkungen

( → Form. IX.1 *unter § 2 Nr. 4)*

5. Keine Rückforderung von Ehegattenzuwendungen

(→ Form. IX.1 *unter § 2 Nr. 5)*

§ 3 Versorgungsausgleich: Bedingter einseitiger Ausschluss[2]

1. Gesetzliche Vorgaben

Bei einer Scheidung sind grundsätzlich sämtliche Versorgungsanrechte, welche die Partner während der Ehezeit erworben haben, zu teilen. Davon abweichende Vereinbarungen zum Versorgungsausgleich sind zwar möglich. Das Familiengericht muss diese aber im Scheidungsverfahren einer Inhalts- und Ausübungskontrolle unterziehen.

2. Bedingte Ausschlussvereinbarung

Nach unserer derzeitigen Planung wird <*Name des Selbstständigen*> als Selbstständiger in der Ehezeit voraussichtlich keine oder nur geringe Beiträge zur gesetzlichen Rentenversicherung leisten oder anderweitige Versorgungsanrechte erwerben. Im Scheidungsfall soll das nicht dazu führen, dass <*Name des anderen Ehegatten*> dadurch beim Versorgungsausgleich benachteiligt wird.

Wir schließen deshalb hiermit gemäß § 6 Versorgungsausgleichsgesetz durch Ehevertrag die Durchführung des Versorgungsausgleichs aus. Dieser Ausschluss gilt jedoch nur, falls die Summe aller auszugleichenden Versorgungsanrechte bei <*Name des Selbstständigen*> niedriger wäre als bei <*Name des anderen Ehegatten*>.

Ist dagegen die Summe aller auszugleichenden Versorgungsanrechte bei <*Name des anderen Ehegatten*> niedriger, ist der Versorgungsausgleich nach den dann geltenden gesetzlichen Bestimmungen durchzuführen.

Um die Summe der jeweils auszugleichenden Versorgungsanrechte zu ermitteln, ist für jedes Recht dessen Kapitalwert bzw. korrespondierender Kapitalwert im Sinne des § 47 Abs. 1 Versorgungsausgleichsgesetz heranzuziehen.

Der Ausschluss des Versorgungsausgleichs kann im Scheidungsfall für <*Name des Selbstständigen*> nachteilig sein. In welchem Umfang Nachteile entstehen, kann heute nicht sicher vorhergesagt werden. Hierzu erklären wir: Unsere Vereinbarung soll unabhängig davon wirksam sein und bleiben, zu wessen Lasten und in welchem Umfang sie sich im Scheidungsfall auswirkt. Ein Rücktrittsrecht wollen wir nicht vereinbaren. Eine Abänderung dieser Vereinbarung, insbesondere nach § 227 FamFG, schließen wir ebenfalls aus. Nach unseren aktuellen wirtschaftlichen Verhältnissen wird unsere Vereinbarung zum Versorgungsausgleich nicht dazu führen, dass einer von uns im Alter oder bei dauerhafter Erwerbsminderung auf Grundsicherung oder andere bedarfsabhängige Leistungen der Sozialhilfe angewiesen sein wird

§ 4 Nachehelicher Unterhalt: Gesetz

Nach einer Ehescheidung gilt der Grundsatz der Eigenverantwortung, so dass Unterhalt vom früheren Ehepartner nur in den gesetzlich geregelten Ausnahmesituationen verlangt werden kann. Die Höhe eines dann etwa zu leistenden Unterhalts hängt nicht nur von der Leistungsfähigkeit des Verpflichteten, sondern auch vom Bedarf des Berechtigten ab.

Wir wollen einen möglichen Anspruch auf nachehelichen Unterhalt weder ausschließen oder beschränken noch erweitern. Ob und in welcher Höhe nach einer etwaigen Scheidung unserer Ehe nachehelicher Unterhalt zu leisten ist, bestimmt sich somit ohne Einschränkung nach den dann geltenden gesetzlichen Vorschriften.

§ 5 Kein Erbvertrag

(→ Form. IX.1 *unter § 5)*

§ 6 Schlussbestimmungen[3]

(→ Form. IX.1 *unter § 6)*

## Anmerkungen

**1. Abweichung vom Halbteilungsgrundsatz beim Zugewinnausgleich.**

**1.1 Gestaltungsziel.** Der letzte Rechenschritt beim Zugewinnausgleich besteht darin, die festgestellte Zugewinndifferenz zu halbieren und damit die Höhe des zu leistenden Ausgleichsanspruchs zu ermitteln. Im modifizierenden Ehevertrag lässt sich der Eingriff auf diesen letzten Schritt beschränken: Anstelle der vom Gesetz mit dem Halbteilungsgrundsatz vorgegebenen Fünfzig-Prozent-Quote hat der Ausgleichspflichtige nur einen geringeren Anteil der Zugewinndifferenz zu erstatten. Dazu genügt es bereits, eine feste Quote unterhalb der Fünfzig-Prozent-Marke zu vereinbaren. Den Interessen der Vertragspartner wird jedoch eine abgestufte (degressive) Abweichung vom Halbteilungsgrundsatz regelmäßig eher entsprechen: Bis zu einem vertraglich festgelegten Schwellenwert greift zunächst die gesetzliche Quote. Danach folgen weitere Stufen mit immer niedrigeren Quoten. Je größer also die absolute Belastung des Ausgleichspflichtigen wäre, desto größer wird seine Entlastung.

**1.2 Anwendungsbereich „Diskrepanzehe".** Den Einsatzbereich für eine Gestaltung, mit der vom Halbteilungsgrundsatz abgewichen wird, bilden – wie schon für das „Ein-Topf-Modell" (→ Form. IX.1) – sog. Diskrepanzehen. Eine Diskrepanzehe liegt vor, wenn sich das Potenzial, Zugewinn zu erzielen, bei den Partnern erheblich unterscheidet. Doch dieses Kriterium erfüllt auch die „Hausfrauenehe", die als Leitbild der gesetzlichen Vorgabe zugrunde liegt: Übernimmt ein Partner unter Verzicht auf eigene Erwerbschancen die Aufgabe des Familienmanagements (früher „Kinderbetreuung und Haushaltsführung"), ist bei ihm regelmäßig ein geringeres Zugewinnpotenzial vorhanden. Unterschiedliche Zugewinnpotenziale genügen daher für eine Diskrepanzehe nicht – sie müssen zusätzlich unabhängig von der konkreten Lebensplanung und -führung bestehen. Oft entstehen sie aus einer (im Vergleich zum Partner) außergewöhnlich guten beruflichen Qualifikation, die ein deutlich höheres Einkommensniveau erwarten lässt. Schulbeispiel ist die viel zitierte Ehe zwischen Chefarzt und Krankenschwester. Zwingend ist das nicht, denn Einkommen lässt sich auch aus Vermögen erwirtschaften: Haben beide Partner bei Eheschließung nur geringes Vermögen und etwa gleich hohe Arbeitseinkommen, kann ihre Partnerschaft gleichwohl eine Diskrepanzehe sein – beispielsweise dann, wenn einer von ihnen erwarten darf, während der Ehe im Wege der (vorweggenommenen oder tatsächlichen) Erbfolge erhebliches, ertragreiches Vermögen zu erhalten. Dagegen sind weder Alters- noch Vermögensunterschied geeignete Zuordnungskriterien für eine Diskrepanzehe (aA *Langenfeld,* Handbuch der Eheverträge und Scheidungsvereinbarungen, Rn. 1291).

**1.3 Bewertung der Fairness.** Die Regelung vermittelt bei Diskrepanzehen eine faire Teilhabe am Zugewinn, wenn der Zugewinn in besonderem Umfang auf einer besonderen Qualifikation oder Erwerbschance eines Partners beruht: Obwohl beide Partner arbeitsteilig zusammenwirken, sind sie darüber einig, dass der Beitrag des erheblich besser Verdienenden zum Zugewinn höher zu bewerten ist und ihm deshalb auch ein höherer Anteil vom Gesamtzugewinn zustehen soll. Diese Einschätzung der Beiträge beider Partner zum Gesamtzugewinn muss für die künftige Ehe prognostiziert werden. Damit ist das Risiko verbunden, dass sich die Prognose im Nachhinein als unzutreffend erweist.

**2. Einseitiger Ausschluss des Versorgungsausgleichs.**

**2.1 Interessenlage.** Wird während der Ehezeit voraussichtlich nur ein Partner Beiträge zu einem der gesetzlichen Regelsicherungssysteme nach § 32 VersAusglG leisten, wirkt sich der Versorgungsausgleich bei Scheitern der Ehe zu seinen Ungunsten aus. Praktisch relevant wird diese Situation, wenn die Altersvorsorge des anderen Partners nach dessen Lebensplan durch den Aufbau von Vermögen gesichert werden soll. Solange sich, wie nach der gesetzlichen Vorgabe, beide Teilhabemechanismen zu einem fairen Gesamtpaket ergänzen, ist das unproblematisch. Wird jedoch durch güterrechtliche Vereinbarung die Teilhabe am Vermögensaufbau eingeschränkt oder sogar ausgeschlossen, gleichzeitig aber der Versorgungsausgleich beibehalten, wirkt sich das einseitig zu Lasten eines Partners aus. Praxisrelevant wird dies hauptsächlich, wenn ein Partner als Inhaber oder nicht sozialversicherungspflichtiger Geschäftsführer eines Unternehmens tätig sein wird, der andere hingegen Pflichtbeiträge zu einem der Regelsicherungssysteme erbringen muss.

**2.2 Regelungsinhalt.** Mit einem vollständigen Ausschluss des Versorgungsausgleichs ist bei einer solchen Ausgangskonstellation das Risiko verbunden, dass der (zunächst) nicht versicherte Partner später seine Stellung als (Mit-)Unternehmer aufgibt und eine versicherungspflichtige Tätigkeit ausübt oder anderweitig Anrechte aufbaut, welche vom Versorgungsausgleich erfasst werden. Auch eine solche Gestaltung kann durchaus interessengerecht sein.

Im Muster wird demgegenüber durch die vereinbarte Bedingung der Versorgungsausgleich durchgeführt. Allerdings nur, wenn er sich zu Gunsten desjenigen Partners auswirkt, der voraussichtlich nicht als Unternehmer tätig sein wird.

**2.3 Anwendungsbereich.** Eine solche Vereinbarung soll den (voraussichtlich) wirtschaftlich schwächeren Partner davor schützen, einerseits beim Teilhabemechanismus „Zugewinnausgleich" Einschränkungen hinnehmen zu müssen, andererseits beim Versorgungsausgleich in vollem Umfang teilen zu müssen. Das Schutzbedürfnis ist also umso größer, je weiter die Partner in den Zugewinnausgleich eingreifen. Beim „Ein-Topf-Modell" (→ Form. IX.1), aber auch bei der in diesem Muster vorgeschlagenen, abgestuften Teilhabe am Zugewinn kann deshalb der Versorgungsausgleich auch insgesamt ausgeschlossen werden, ohne dass dadurch im Scheidungsfall ein unfaires Ergebnis befürchtet werden muss. Dringend zu empfehlen ist der Schutz jedoch, wenn im Scheidungsfall kein Zugewinnausgleich erfolgt, ohne dass (wie beim „Ein-Topf-Modell") bereits in der intakten Ehe beiden Partnern ein angemessener Vermögensaufbau ermöglicht wird.

**2.4 Bedingung vor der Reform des Versorgungsausgleichs.** Vor seiner Reform zum 1.9.2009 musste für den Versorgungsausgleich eine Gesamtausgleichsbilanz erstellt werden: Auf beiden Seiten wurden die in der Ehezeit erworbenen Versorgungsrechte mit ihren voraussichtlichen künftigen Monatsrenten in den Gesamtsaldo eingestellt. Maßgebende Bezugsgröße war dabei die Anwartschaft in der gesetzlichen Rentenversicherung. Andere Anrechte mussten (mit Hilfe der BarwertVO) umgerechnet werden, damit sie mit dieser Bezugsgröße vergleichbar wurden. Ergebnis dieser Gesamtausgleichsbilanz war ein Einmalausgleich zugunsten des Partners, der insgesamt die geringeren Anrechte während der Ehezeit erworben hatte. Sollte der nicht unternehmerisch tätige Ehepartner vor einer Ausgleichspflicht bewahrt werden, genügte es, auf die Gesamtausgleichsbilanz abzustellen: War er dabei der Ausgleichspflichtige, blieb es beim vereinbarten Ausschluss des Versorgungsausgleichs, so dass er (und auch der Unternehmer) seine Anrechte ungeschmälert behalten durften. War er demgegenüber der Ausgleichsberechtigte, griff die auflösende Bedingung, so dass der Versorgungsausgleich nach den gesetzlichen Vorgaben durchzuführen war.

**2.5 Bedingung nach neuem Recht.** Eine Gesamtausgleichsbilanz gibt es nach dem Versorgungsausgleichsgesetz nicht mehr. Der Ausgleich erfolgt nun, indem jedes Versorgungsanrecht, das ein Partner während der Ehezeit erworben hat, geteilt wird. Die Teilung erfolgt grundsätzlich intern, so dass danach auch der andere Partner beim betroffenen Versorgungsträger Anrechte besitzt. Eine externe Teilung, also durch Begründung von Anrechten bei einem anderen Versorgungsträger, ist in den in § 14 Abs. 2 VersAusglG geregelten Fällen vorgesehen: Zum einen, wenn der Ausgleichsberechtigte und der von der Ausgleichspflicht betroffene Versorgungsträger dies vereinbaren. Zum anderen auf einseitiges Verlangen des Versorgungsträgers bei kleinen Ausgleichswerten.

Trotzdem muss für die zu vereinbarende Bedingung auf das wirtschaftliche Gesamtergebnis des Versorgungsausgleichs abgestellt werden. Nur, wenn sich dieses zu Gunsten des unternehmerisch tätigen Partners auswirken würde, soll der Versorgungsausgleich ausgeschlossen bleiben. Das Muster sieht deshalb vor, dass eine Gesamtbilanz der auszugleichenden Anrechte erstellt wird, indem die Werte der auszugleichenden Anrechte für jeden Partner ermittelt werden und die jeweiligen Summen einander gegenüber gestellt werden. Hat ein Anrecht – wie das in der gesetzlichen Rentenversicherung – einen Kapitalwert, ist dieser in die Gesamtbilanz einzustellen. Andernfalls ist der korrespondierende Kapitalwert zu ermitteln und zu verwenden. Nach der Legaldefinition des § 47 Abs. 2 VersAusglG entspricht der korrespondierende Kapitalwert „dem Betrag, der zum Ende der Ehezeit aufzubringen wäre, um beim Versorgungsträger der ausgleichspflichtigen Person für sie ein Anrecht in Höhe des Ausgleichswerts zu begründen".

Im Interesse einer leichteren Anwendbarkeit verzichtet die Musterformulierung darauf, in der auflösenden Bedingung die in § 47 Abs. 6 VersAusglG enthaltene Vorgabe umzusetzen. Es wird deshalb nur auf die quantitative Größe des (korrespondierenden) Kapitalwert abgestellt. Qualitativ wertbildende Faktoren bleiben dagegen unberücksichtigt. Denn ob die Voraussetzungen für die vereinbarte auflösende Bedingung, also den „logischen Ja/Nein-Schalter", im Scheidungsfall vorliegen, sollte möglichst einfach festzustellen sein. Hängt der Bedingungseintritt davon ab, welchen Wert man qualitativen Eigenschaften eines Anrechts beimisst, ist ein langwieriger Streit vorprogrammiert. Zu diesen, ansonsten beim Wertvergleich zu berücksichtigenden Faktoren zählt insbesondere das Leistungsspektrum: Wird über das Anrecht nur eine Versorgung des Inhabers im Alter gewährt oder beinhaltet es zusätzlich Invaliditäts- und Hinterbliebenenschutz? Auch die Frage, wie das Anrecht finanziert wird (bei den Sozialversicherungen im Wege des Umlagefinanzierungsverfahren, bei berufsständischen Versorgungswerken durch das Abschnittsdeckungsverfahren), wäre ein solcher Faktor. Bedeutung hätten zudem die Fragen, ob und wie Anwartschaften und laufende Versorgungen aus dem konkreten Anrecht angepasst werden und in welchem Umfang Insolvenzschutz besteht (BT-Drs. 16/11903, 112).

**2.6 Ausschluss einer späteren Abänderung.** § 227 Abs. 2 FamFG lässt es ausdrücklich zu, eine spätere gerichtliche Abänderung der Vereinbarung vertraglich auszuschließen. Von dieser Möglichkeit generell Gebrauch zu machen, erhöht für beide Vertragspartner die Sicherheit. Bei den meisten Vereinbarungen zum Versorgungsausgleich bleibt das Risiko unerwarteter und – für einen Partner unzumutbarer – Ergebnisse überschaubar. Die Möglichkeit, dass sich während der Ehe die für den Versorgungsausgleich maßgebenden Umstände verändern können, sollte ohnehin stets mit den Vertragspartnern erörtert werden, bevor eine vom Gesetz abweichende Vereinbarung getroffen wird.

**3. Kosten der Urkunde.**

**3.1 Geschäftswerte.**

**a) Güterrechtliche Vereinbarungen (§ 2 Nr. 1–4 im Muster).** Geschäftswert ist die Summe der gegenwärtigen Vermögenswerte beider Partner (§ 100 Abs. 1 GNotKG). Bei Ermittlung des jeweiligen modifizierten Reinvermögens ist, für jeden Partner getrennt, der Wert des Aktivvermögens, abzüglich etwaiger Verbindlichkeiten dieses Partners, anzusetzen, mindestens aber die Hälfte seines Aktivvermögens.

Der Ausschluss der Verfügungsbeschränkungen nach §§ 1365, 1369 BGB ist darin enthalten, also nicht gesondert anzusetzen.

**b) Keine Rückforderung von Ehegattenzuwendungen (§ 2 Nr. 5 im Muster).**

Anzusetzen ist für diese rein vorsorgliche Vereinbarung der Auffangwert von 5.000 EUR nach § 36 Abs. 1 und 3 GNotKG.

**c) Bedingter Ausschluss des Versorgungsausgleichs (§ 3 im Muster).** Der Ausschluss des Versorgungsausgleichs bezieht sich auf alle Anrechte, die während der Ehezeit erworben werden. Die Dauer der Ehe ist jedoch ungewiss, so dass es sich um ein Recht von unbestimmter Dauer handelt. Für seine Bewertung ist deshalb nach § 52 Abs. 3 S. 2 GNotKG der zehnfache Jahreswert anzusetzen. Die Ehe kann zwar auch durch den Tod eines Partners beendet werden. In diesem Fall wäre jedoch der Versorgungsausgleich nicht durchzuführen, so dass auch sein vertraglicher Ausschluss folgenlos bliebe. Die auf die Lebensdauer abstellende Vorschrift des § 52 Abs. 4 GNotKG ist deshalb für diese Vereinbarung irrelevant.

Anders als bei einer Scheidungsfolgenvereinbarung kann letztlich nur geschätzt werden, welche Differenz der Zuwachs bei den beiderseitigen jährlichen Versorgungsanrechten ausmachen wird. Nur die Hälfte davon ist wiederum das, was vom Verzicht im Ergebnis erfasst wird. Es dürfte deshalb im Regelfall sachgerecht sein, als Wert der gesamten Ausschlussvereinbarung auf den Auffangwert von 5.000 EUR nach § 36 Abs. 2 GNotKG zurückzugreifen.

**d) Vereinbarung zum nachehelichen Unterhalt (§ 4 im Muster).** Das schlichte Beibehalten der gesetzlichen Vorgaben ohne jede Modifizierung hat keinen zu bewertenden

Inhalt. Im Muster soll diese Regelung – wie auch die Klausel in § 5 des Musters („kein Erbvertrag gewünscht") – lediglich dokumentieren, dass hier nicht versehentlich eine Regelungslücke entstanden ist.

3.2 **Gebührensatz.** Die Geschäftswerte der einzelnen Vereinbarungen sind wiederum nach § 35 Abs. 1 GNotKG zusammenzuzählen. Aus diesem Gesamtgeschäftswert ist eine Verfahrensgebühr nach KV 21100 (Gebührensatz 2,0, mindestens 120 EUR) zu erheben.

## 5. Die Güterstandsschaukel

**Heute, am . . . . .**

**waren vor mir, . . . . ., Notar in . . . . ., in meinen Geschäftsräumen in . . . . ., gleichzeitig anwesend:**

**(*Namen, Geburtsdaten, Anschriften,* „nach Angabe im gesetzlichen Güterstand verheiratet", *ausgewiesen durch. . . . . /von Person bekannt*).**

***(Soweit erforderlich: Vermerk über das Fehlen einer Vorbefassung, welche die Mitwirkung des Notars nach § 3 Abs. 1 Nr. 7 BeurkG ausschließen würde.)***

**Die Beteiligten erklärten mit Ersuchen um Beurkundung: Wir schließen folgenden Ehevertrag.**

§ 1 Vorbemerkungen

1. Persönliche Verhältnisse

**Ich, . . . . ., wurde in . . . . . als Sohn von . . . . . und . . . . . geboren. Ich, . . . . ., wurde in . . . . . als Tochter von . . . . . und . . . . . geboren. Jeder von uns besitzt ausschließlich die deutsche Staatsangehörigkeit.**

**Wir haben am . . . . . in . . . . . die für den Mann und die Frau jeweils erste Ehe vor einem Standesbeamten der Bundesrepublik Deutschland geschlossen.**

**Wir haben zwei gemeinsame Kinder, nämlich . . . . ., geboren am . . . . ., und . . . . ., geboren am . . . . . Einseitige Kinder hat keiner von uns.**

**Ich, . . . . ., habe nach der Geburt unseres ersten Kindes familienbedingt meine Erwerbstätigkeit aufgegeben, übe jedoch seit . . . . . wieder eine Teilzeittätigkeit aus; ich, . . . . ., bin derzeit als . . . . . in Vollzeit erwerbstätig.**

**Die Geburt eines weiteren gemeinsamen Kindes schließen wir aus, was wir in unseren Vereinbarungen bereits berücksichtigt haben.**

2. Modifizierung der gesetzlichen Vorgaben

. . . . .(→ Form. IX.1 *unter § 1 Nr. 2)*

§ 2 Güterrechtliche Vereinbarungen[1]

1. Wechsel in die Gütertrennung[2]

1.1 Güterstandswechsel

**Bisher haben wir ohne Ehevertrag im gesetzlichen Güterstand der Zugewinngemeinschaft gelebt. Mit sofortiger Wirkung wechseln wir hiermit in den Güterstand der Gütertrennung. Mit dem Güterstandswechsel sind besondere Rechtsfolgen verbunden, auf die uns der Notar hingewiesen hat:**

Stirbt ein Partner und erhält der Überlebende als Erbe oder Vermächtnisnehmer eine Nachlassbeteiligung, kann die Gütertrennung Auswirkungen bei der Erbschaftsteuer haben, außerdem auch auf das gesetzliche Erb- und Pflichtteilsrecht.

Jeder Partner kann – anders als beim gesetzlichen Güterstand – künftig ohne Zustimmung des anderen über sein gesamtes Vermögen frei verfügen.

Da wir bisher nicht im Güterrechtsregister erfasst waren, ist auch der heute vereinbarte Güterstandswechsel nicht einzutragen.

1.2 Zugewinnausgleich

Aufgrund dieses Güterstandswechsels ist nach dem Gesetz der Zugewinnausgleich durchzuführen. Hierzu stellen wir übereinstimmend fest, dass ..... der ausgleichsberechtigte Partner ist. Seine Ausgleichsforderung beläuft sich auf ..... EUR (..... Euro). Wie im Gesetz vorgesehen, ist sie sofort fällig.

Die Höhe der Ausgleichsforderung haben wir nach den gesetzlichen Berechnungsvorschriften anhand unserer konkreten Vermögensverhältnisse ermittelt; eine freigebige Zuwendung an den jeweils anderen Vertragspartner soll damit nicht erfolgen. Uns ist bekannt, dass auch Vermögensverschiebungen, die zur Erfüllung der Zugewinnausgleichsforderung erfolgen, nach § 133 Abs. 2 Insolvenzordnung bzw. § 3 Abs. 2 Anfechtungsgesetz anfechtbar sein kann, falls sie zu einer Gläubigerbenachteiligung führen sollten.[3]

2 Rückkehr in die Zugewinngemeinschaft[4]

2.1 Kein dauerhaftes Beibehalten der Gütertrennung

Den Vertragsgüterstand der Gütertrennung wollen wir nicht dauerhaft beibehalten. Um beiden Partnern auch in Zukunft eine faire Teilhabe an dem Zugewinn zu ermöglichen, welchen wir während unserer künftigen Ehe erzielen werden, vereinbaren wir deshalb schon heute eine Rückkehr in den gesetzlichen Güterstand der Zugewinngemeinschaft.

2.2 Stichtag für die Rückkehr in die Zugewinngemeinschaft

Mit Wirkung zum ..... heben wir deshalb hiermit den vorstehend vereinbarten Güterstand der Gütertrennung wieder auf und vereinbaren, dass ab diesem Stichtag für unsere weitere Ehe wieder der gesetzliche Güterstand der Zugewinngemeinschaft gilt.

2.3 Anfangsvermögen

Jeder von uns verpflichtet sich dazu, auf Verlangen des anderen Partners zum Stichtag in einer gemeinsam zu erstellenden Aufstellung den Wert des beiderseitigen Vermögens zu dokumentieren und in einem Betrag festzulegen. Dieser ist dann jeweils das bei Beginn der neu vereinbarten Zugewinngemeinschaft real vorhandene Anfangsvermögen.

Nicht erfasst ist dadurch Vermögen, welches einer von uns nach dem Stichtag im Wege der (auch vorweggenommenen) Erbfolge, durch Schenkung oder durch Ausstattung erwirbt. Dieses ist deshalb gemäß der gesetzlichen Fiktion des § 1374 Abs. 2 BGB zusätzlich als Anfangsvermögen zu berücksichtigen.

2.4 Hinweis des Notars

Der Notar hat uns darauf hingewiesen, dass die konkreten rechtlichen Wirkungen des in dieser Urkunde vereinbarten doppelten Güterstandswechsels, der sog. Güterstandsschaukel, teilweise noch umstritten sind. Das gilt insbesondere für ihre Behandlung im Erbrecht, aber auch im Steuerrecht.[5]

**Hierzu vereinbaren wir, dass unsere Vereinbarung in jedem Fall, also unabhängig von ihrer konkreten rechtlichen Behandlung, gilt.**

***Den folgenden Abschnitt nur, falls Modifizierungen der künftigen ZG-Gem. gewünscht sind***

**3. Modifizierung unserer künftigen Zugewinngemeinschaft**

**Den für unsere künftige Ehe ab dem Stichtag geltenden gesetzlichen Güterstand modifizieren wir jedoch durch folgende Vereinbarungen:**

***Hier die gewünschten Modifizierungen ergänzen.***

**§ 3 Versorgungsausgleich: Vollständiger Ausschluss**

**. . . . .(→ Form. IX.3 *unter § 3)***

**§ 4 Nachehelicher Unterhalt: Vollständiger Verzicht**

**. . . . .(→ Form. IX.3 *unter § 4)***

**§ 5 Kein Erbvertrag**

**(→ Form. IX.1 *unter § 5)***

**§ 6 Schlussbestimmungen**[6]

**(→ Form. IX.1 *unter § 6)***

## Anmerkungen

**1. Motiv für die Anwendung.** Ungleichmäßig verteiltes Vermögen erhöht beim späteren Tod der Eheleute womöglich die Gesamtbelastung an Erbschaftsteuer. Durch eine lebzeitige steuerfreie Umschichtung zwischen den Ehepartnern lässt sich dies in geeigneten Fällen verhindern. Der Güterstandswechsel durch Ehevertrag kann dazu in der intakten Ehe als Vehikel für eine freiwillige Vermögensverschiebung zwischen den Partnern verwendet werden. Da er die Zugewinngemeinschaft *„auf andere Weise als durch den Tod eines Ehegatten"* beendet, gilt für die so entstandene Ausgleichsforderung § 5 Abs. 2 ErbStG: Sie ist kein nach §§ 3 und 7 ErbStG steuerpflichtiger Erwerb. Die praktische Bedeutung der „Güterstandsschaukel" ist jedoch erheblich geringer, als die wissenschaftliche Diskussion über diese Gestaltung erwarten lässt. Der damit verbundene Aufwand rechtfertigt sich nur, wenn die Vermögensverlagerung zwischen den Partnern die Gesamtsteuerbelastung bei den späteren Erbfällen erheblich reduziert. Absoluter Vermögenswert und aufgelaufene Zugewinndifferenz müssen dabei eine Größenordnung aufweisen, welche eine breite Anwendung der „Güterstandsschaukel" ausschließen.

**2. Konstruktion der Güterstandsschaukel.** Der Güterstandswechsel ermöglicht zwar eine steuerfreie Vermögensverschiebung hin zum ausgleichsberechtigten Ehegatten. Allerdings leben die Partner dann in Gütertrennung. Deren Nachteile legen eine Rückkehr in die Zugewinngemeinschaft nahe. Dieser Gedankengang führt zur „Güterstandsschaukel".

**2.1 Das „Hinschaukeln".** Im ersten Schritt beenden die Ehepartner ihre bisherige Zugewinngemeinschaft und vereinbaren in einem Ehevertrag Gütertrennung. Kraft Gesetzes (§§ 1372, 1378 Abs. 3 S. 1 BGB) ist nun der Zugewinnausgleich durchzuführen. Vermögen, welches im Wert der Ausgleichsforderung übertragen wird, unterliegt nicht der Schenkungsteuer (§ 5 Abs. 2 ErbStG).

**2.2 Das „Zurückschaukeln".** Die Gütertrennung schließt eine Teilhabe an künftig erzieltem Zugewinn aus. Beim Tod des einen bestimmt sich der gesetzliche Erbteil des anderen Partners ausschließlich nach § 1371 Abs. 1 und 4 BGB – das pauschale Zugewinnviertel aus § 1931 Abs. 3 iVm § 1371 Abs. 1 BGB entfällt. Diese Auswirkungen auf die gesetzliche Erbfolge sind zwar unerheblich, wenn die Ehepartner die Nachlassverteilung durch Verfügung von Todes wegen festlegen. Der Pflichtteil besteht aber gemäß § 2303 Abs. 1 S. 2 BGB „in der Hälfte des Wertes des gesetzlichen Erbteils". Damit kann die Gütertrennung beim ersten Erbfall die Belastung mit Pflichtteilsansprüchen erhöhen – wenn mehr als ein Kind vorhanden ist oder die Eltern des Verstorbenen zum Kreis der gesetzlichen Erben gehören.

**3. Gläubigerbenachteiligung.** Der Zugewinnausgleich im Allgemeinen und die „Güterstandsschaukel" im Besonderen sind als Mittel, den Gläubigern eines Ehegatten Haftungsmasse zu entziehen, grundsätzlich ungeeignet:

**3.1 Unentgeltlichkeit.** Wird unter dem Deckmäntelchen des Zugewinnausgleichs eine in Wirklichkeit nicht geschuldete Leistung erbracht, unterliegt diese als unentgeltliche Zuwendung an den Ehepartner der Insolvenz- oder Gläubigeranfechtung (§ 134 InsO bzw. § 4 AnfG). Verbindlichkeiten zum Stichtag des vertraglichen Güterstandswechsels mindern das Endvermögen des Schuldners und werden in den meisten Fällen dazu führen, dass keine Ausgleichsforderung des anderen Ehegatten besteht.

**3.2 Entgeltlichkeit.** Sehr speziell gelagert war der vom BGH (FamRZ 2010, 1548 = MittBayNot 2010, 493 mit Anm. *Lotter*) entschiedene Fall: Der Ehemann war an einer Grundstücks-GbR beteiligt, für die Projektfinanzierung hatte er selbst ein Darlehen von 2 Mio. EUR aufgenommen und für die Darlehen seiner Mitgesellschafter von weiteren 4 Mio. EUR die persönliche Haftung übernommen. Die Inanspruchnahme aus diesen Darlehen war noch nicht erfolgt, aber nicht mehr auszuschließen. Nach einer Trennungszeit von drei (!) Tagen vereinbarte er mit seiner Ehefrau Gütertrennung zur Vorbereitung ihrer Scheidung; die Ehefrau erhielt zum Zugewinnausgleich Vermögenswerte von insgesamt ca. 1,7 Mio. EUR. Sechs Monate später stellte der Ehemann wegen der nunmehr konkreten Inanspruchnahme Insolvenzantrag. Der BGH hat den Vermögenstransfer auf die Ehefrau zwar als entgeltlich qualifiziert, eine Insolvenzanfechtung nach § 133 Abs. 2 S. 1 iVm § 138 Abs. 1 Nr. 1 InsO dennoch zugelassen: Die Gläubiger seien unmittelbar benachteiligt worden, der Benachteiligungsvorsatz des Schuldners werde (widerlegbar) in § 133 Abs. 2 S. 1 InsO vermutet, ebenso die Kenntnis der Ehefrau hiervon. Die Frage, inwieweit der Ehemann angesichts seiner Verbindlichkeiten überhaupt beim Güterstandswechsel Zugewinnausgleich schuldete, wurde weder gestellt noch beantwortet.

**4. Beurkundungsrecht.** Vielfach wird empfohlen, beide „Schaukelbewegungen" in getrennten Urkunden zu vereinbaren (so zB *Wachter* FR 2006, 42 (44); *Ponath* ZEV 2006, 49 (53); *Wälzholz* FR 2007, 638 (645); *Münch* NotBZ 2009, 349 (352); *Bisle* DStR 2011, 2359 (2360); *Tiedtke/Szczesny* FPR 2012, 107 (112)). Davon ist dringend abzuraten! Entscheiden sich Eheleute für das Gestaltungsmittel einer „Güterstandsschaukel", müssen begriffsnotwendig beide Schritte (also aus der Zugewinngemeinschaft in die Gütertrennung und wieder zurück) durchgeführt werden. Aufgrund dieses Einheitlichkeitswillens bilden beide Schritte eine Geschäftseinheit iSd § 139 BGB, sie „stehen und fallen" nach dem Willen beider Vertragspartner miteinander. Da für beide Einzelschritte das Formerfordernis des § 1410 BGB gilt, muss auch der Verknüpfungswille in der Urkunde abgebildet werden. Entweder, was nahe liegt, indem beide Schritte in denselben Ehevertrag aufgenommen werden. Oder, falls tatsächlich getrennte Urkunden errichtet werden, durch wechselseitige Bezugnahme. Die Beratungspraxis sollte schon aus Haftungsgründen das Risiko einer formnichtigen Vereinbarung meiden und sich zudem nicht dem Vorwurf aussetzen, zu einer Verschleierung der steuerlichen Zielsetzung anzuhalten.

**5. Auswirkungen in Zivil- und Steuerrecht.**

**5.1 Reduzierung von Pflichtteilsansprüchen?** Bei Gütertrennung können sich Pflichtteilsansprüche unliebsamer Berechtigter erhöhen (→ Anm. 2.2), was Motiv für die zweite „Schaukelbewegung" zurück in die Zugewinngemeinschaft sein kann. Unter dem Schlagwort „Pflichtteilsfestigkeit der Güterstandsschaukel" wird jedoch ein anderes Problem diskutiert, das die erste „Schaukelbewegung" betrifft: Ist der Zugewinnausgleich, der beim Wechsel in die Gütertrennung geleistet wird, als unentgeltliche Zuwendung iSd § 2325 BGB zu behandeln? Falls das so wäre, könnten beim Tod des Ausgleichspflichtigen in Bezug auf die Vermögensverschiebung Pflichtteilsergänzungsansprüche bestehen. Der BGH (NJW 1992, 558 = DNotZ 1992, 502 = FamRZ 1992, 304) hat dazu ein etwas konturenloses Grundsatz-Ausnahme-Verhältnis festgelegt: Rechtsgrund für die Bereicherung eines Partners bei Neuordnung der güterechtlichen Verhältnisse sei grundsätzlich eine „ehegüterrechtliche causa". Diese werde nur dann durch einen Schenkungsvertrag verdrängt, wenn die Ehegatten „ehefremde Zwecke" verfolgt haben. Ein einheitlicher Plan für einen doppelten Güterstandswechsel könne ein Indiz für einen Missbrauch der güterrechtlichen Gestaltungsfreiheit sein und damit in die Pflichtteilsergänzung führen. In dieser Entscheidung bezieht sich der BGH jedoch auch noch auf die frühere Rechtsprechung (BGHZ 57, 123 (126) = NJW 1972, 48) wonach neben den Pflichtteilsberechtigten auch sonstige Gläubiger die Folgen einer ehegüterrechtlichen Gestaltungsbefugnis hinnehmen müssten. Diese Kernaussage ist jedoch durch die neuere Rechtsprechung des BGH zur Anfechtbarkeit güterrechtlicher Vereinbarungen (→ Anm. 3.2) überholt. Wie bei allen Versuchen, die Rechte von Pflichtteilsberechtigten durch lebzeitige Transaktionen auszuhöhlen, ist deshalb künftig insoweit gegenüber „güterrechtlich verkleideten" Vermögensverschiebungen besondere Skepsis angezeigt. Das Standardargument für eine Pflichtteilsfestigkeit, die reale Zugewinnausgleichsforderung habe als Nachlassverbindlichkeit im Todesfall Rang vor der Pflichtteilsforderung (zB *Bamberger/Roth/J. Mayer* BGB § 1371 Rn. 33; *Münch* ZEV 2005, 491 (492); *Münch/Schlünder/Geißler,* Familienrecht in der Notar- und Gestaltungspraxis, § 18 Rn. 46), überzeugt nicht: Zum einen, weil der Ausgleichspflichtige auch der längerlebende Ehepartner sein kann. Seine Pflichtteilsberechtigten müssten dann keinen Vermögensabfluss im Wege des Zugewinnausgleichs hinnehmen. Zum anderen findet Zugewinnausgleich im Todesfall real nur bei der güterrechtlichen Lösung statt. Der ausgleichsberechtigte Ehegatte erhält dann aber vom Restnachlass lediglich seinen Pflichtteil. Das gesetzliche Rangverhältnis zwischen Zugewinnausgleichsforderung und Pflichtteilsansprüchen Dritter gilt somit nicht in den praktisch relevanten Fällen, in denen der überlebende Partner gewillkürter Alleinerbe des zugewinnausgleichspflichtigen geworden ist. In dieser Konstellation kann seine (nicht real entstehende) Zugewinnausgleichsforderung daher auch nicht argumentativ als unantastbare Rechengröße gegenüber Pflichtteilsforderungen Dritter in die Waagschale geworfen werden.

**5.2 Keine Schenkungsteuerpflicht.** Zugewinnausgleich, der aufgrund des Wechsels in die Gütertrennung bei einer „Güterstandsschaukel" geleistet wird, ist nach § 5 Abs. 2 ErbStG nicht schenkungsteuerpflichtig. Der BFH hat dies sogar anerkannt, als in derselben Urkunde beide „Schaukelbewegungen" mit Wirkung zum Ende des Tages bzw. Beginn des folgenden vereinbart worden waren (BFH BStBl. II 2005, 843 = DStR 2005, 1772 = ZEV 2005, 490 mAnm *Münch*). Eine Pflicht zur „Totalbeendigung des Güterstandes" ist dem Gesetz nicht zu entnehmen (*Schlünder/Geißler* NJW 2007, 482 (483)). Bei Ermittlung der steuerlich privilegierten Ausgleichsforderung bleiben allerdings Zuwendungen an Dritte, die gemäß § 1375 Abs. 2 Nr. 1 BGB dem Endvermögen hinzuzurechnen wären, unberücksichtigt (BFH BStBl. II 2005, 873 = NJW 2005, 3662 = ZEV 2005, 488 mAnm *Gebel*). Ungeklärt ist noch, ob Modifizierungen des Berechnungsmodus, welche die (nach § 5 Abs. 2 ErbStG) steuerfreie Ausgleichsforderung erhöhen, anerkannt werden müssen. Anders als § 5 Abs. 1 ErbStG enthält Abs. 2 insoweit keine Einschränkung. Im Schrifttum wird von *Schlünder/Geißler* (NJW 2007, 482 (484)) dazu unter Hinweis auf das FG Düsseldorf (DStRE 2006, 1470 = MittBayNot 2007, 250 = ZErb 2007, 24 = RNotZ 2007, 55 mAnm *Thouet*) eine vorsichtig optimistische Haltung vertreten. In dieser Entscheidung ist im Anwendungsbereich des § 5 Abs. 2 ErbStG eine zwischenzeitlich vereinbarte und auf den Zeitpunkt der Eheschließung zurückwirkende Aufhebung der Gütertrennung anerkannt worden. Vgl. zu diesem Thema nachstehend → Form. IX.6 und die Anmerkungen dazu.

**6. Kosten der Urkunde.**

**6.1 Güterrechtliche Vereinbarungen (§ 2 im Muster).** Bei der „Güterstandsschaukel" sind beide Schritte kostenrechtlich verschiedene Gegenstände. Anzusetzen ist jeweils das modifizierte Reinvermögen beider Partner (§ 100 Abs. 1 GNotKG), so dass Verbindlichkeiten höchstens bis zur Hälfte des jeweiligen Aktivvermögens abgezogen werden dürfen. Mit Vereinbarung des neuen Güterstandes wird der bisherige zwar jeweils aufgehoben, was aber nicht zusätzlich zu bewerten ist. Die beim ersten Schritt in die Gütertrennung entstehende Zugewinnausgleichsforderung ist bei der zweiten „Schaukelbewegung" zurück in die Zugewinngemeinschaft beim Ausgleichsschuldner als Verbindlichkeit abzuziehen, beim Ausgleichsberechtigten erhöht sie dessen Aktivvermögen. Wegen der durch § 100 GNotKG auf die Hälfte des Aktivvermögens eingeschränkten Schuldenabzugsmöglichkeit kann deshalb im Einzelfall der für den zweiten Schritt anzusetzende Geschäftswert insgesamt höher sein als der beim ersten Schritt. Beide Geschäftswerte (also insgesamt vier modifizierte Reinvermögen) sind nach § 35 Abs. 1 GNotKG zu addieren, weil für beide „Schaukelbewegungen" derselbe Gebührensatz gilt (2,0 nach KV Nr. 21100). Wird die nunmehr wieder geltende Zugewinngemeinschaft zusätzlich vertraglich modifiziert, erhöht das den Geschäftswert nicht.

**6.2 Sonstige Regelungen.**

**a) Ausschluss des Versorgungsausgleichs (§ 3 im Muster).** Anders als im → Form. IX.3 wird der Versorgungsausgleich hier während der schon länger bestehenden Ehe ausgeschlossen. Damit sind in der bisherigen Ehezeit bereits (unterschiedliche) Versorgungsanrechte entstanden. Allerdings wirkt sich der Ausschluss des Versorgungsausgleichs nur bei einer künftigen Scheidung aus. Dann jedoch nicht nur, weil die Ausgleichspflicht für die bisher schon entstandenen, sondern auch für die künftig entstehenden Anrechte wegfällt. Deshalb müsste festgestellt werden, um wieviel sich die bisher entstandenen Anrechte unterscheiden. Auf dieser Zahlengrundlage wäre dann nach § 52 Abs. 3 S. 2 GNotKG der zehnfache Jahreswert anzusetzen. Allerdings darf bezweifelt werden, dass der mit diesem Vorgehen verbundene Aufwand (Anfordern von Auskünften sämtlicher Versorgungsträger zur Höhe der in der Ehezeit entstandenen Anrechte) noch verhältnismäßig ist, wenn er – wie hier – ausschließlich zur Ermittlung der kostenrechtlichen Bewertungsgrundlage betrieben werden müsste. ME ist es deshalb auch hier sachgerecht, den Auffangwert von 5.000 EUR nach § 36 Abs. 2 GNotKG anzusetzen.

**b) Vollständiger Verzicht auf nachehelichen Unterhalt (§ 4 im Muster).** Auch insoweit ist völlig ungewiss, ob und in welcher Höhe bei einem Scheitern der Ehe überhaupt nachehelicher Unterhalt zu leisten wäre. Mangels entsprechender konkreter Anhaltspunkte ist deshalb wiederum der Auffangwert (5.000 EUR) heranzuziehen.

**6.3 Zentrales Testamentsregister.** Der Wechsel in die Gütertrennung ist zum Zentralen Testamentsregister anzumelden, so dass hier pro Ehepartner 15,00 EUR Registrierungsgebühr hinzukommen. Dasselbe gilt beim Wechsel zurück in den gesetzlichen Güterstand, weil auch diese Vereinbarung unmittelbar die gesetzliche Erbfolge beeinflusst (§ 78b Abs. 2 BNotO).

## 6. Die rückwirkende Aufhebung der Gütertrennung

Heute, am .....
waren vor mir, ....., Notar in ....., in meinen Geschäftsräumen in ....., gleichzeitig anwesend:
(*Namen, Geburtsdaten, Anschriften,* „nach Angabe in Gütertrennung verheiratet", *ausgewiesen durch ...../von Person bekannt*).
*(Soweit erforderlich: Vermerk über das Fehlen einer Vorbefassung, welche die Mitwirkung des Notars nach § 3 Abs. 1 Nr. 7 BeurkG ausschließen würde.)*
Die Beteiligten erklärten mit Ersuchen um Beurkundung: Wir schließen folgenden Ehevertrag.

§ 1 Vorbemerkungen

1. Persönliche Verhältnisse

Ich, ....., wurde in ..... als Sohn von ..... und ...... geboren. Ich, ....., wurde in ..... als Tochter von ..... und ..... geboren. Jeder von uns besitzt ausschließlich die deutsche Staatsangehörigkeit.
Wir haben am ..... in ..... die für den Mann und die Frau jeweils erste Ehe vor einem Standesbeamten der Bundesrepublik Deutschland geschlossen.
Wir haben ein gemeinsames Kind, nämlich ....., geboren am ...... Einseitige Kinder hat keiner von uns.
Ich, ....., habe nach der Geburt unseres Kindes familienbedingt meine Erwerbstätigkeit aufgegeben, übe jedoch seit ..... wieder eine Teilzeittätigkeit aus; ich, ....., bin derzeit als ..... in Vollzeit erwerbstätig.
Die Geburt eines weiteren gemeinsamen Kindes schließen wir aus, was wir in unseren Vereinbarungen bereits berücksichtigt haben.

2. Modifizierung der gesetzlichen Vorgaben

.....(→ Form. IX.1 *unter § 1 Nr. 2)*

§ 2 Güterrechtliche Vereinbarungen

1. Aufhebung der Gütertrennung

1.1 Bisheriger Ehevertrag

Mit Ehevertrag des Notars ..... in ....., URNr ...... vom ..... haben wir den Vertragsgüterstand der Gütertrennung vereinbart.

1.2 Rückkehr in die Zugewinngemeinschaft

Hiermit heben wir die Vereinbarung von Gütertrennung auf und vereinbaren für unsere weitere Ehe den gesetzlichen Güterstand der Zugewinngemeinschaft.

2. Rückwirkung der Aufhebungsvereinbarung

2.1 Im Zugewinnausgleich

Die Aufhebung der Gütertrennung soll auf den Zeitpunkt der Eheschließung zurückwirken. Wir vereinbaren deshalb: Bei einer späteren Durchführung des Zugewinnausgleichs soll bei jedem von uns als Anfangsvermögen dasjenige Vermögen herangezogen werden, welches er im Zeitpunkt der Eheschließung hatte, also nicht das heute vorhandene.

<*Variante 1 (Mit Festsetzung des Anfangsvermögens)*> Um für den Fall der Beendigung unseres neuen Güterstandes der Zugewinngemeinschaft Beweisschwierigkeiten zu vermeiden, setzen wir hiermit das Anfangsvermögen für den Ehemann auf . . . . . EUR und für die Ehefrau auf . . . . . EUR fest. Darin ist bereits der seit unserer Eheschließung eingetretene Geldwertverfall berücksichtigt, so dass bei Durchführung des Zugewinnausgleichs erforderliche Korrekturen auf der Basis des heutigen Geldwertes vorgenommen werden sollen.

Nicht in dem vorstehend festgesetzten Anfangsvermögen berücksichtigt ist Vermögen, welches einer von uns seit der Eheschließung im Wege der (auch vorweggenommenen) Erbfolge, durch Schenkung oder durch Ausstattung erworben hat oder noch erwirbt. Dieses ist deshalb gemäß der gesetzlichen Fiktion des § 1374 Abs. 2 BGB zusätzlich als Anfangsvermögen zu berücksichtigen.

<*Variante 2 (Ohne Festsetzung des Anfangsvermögens)*> Von der Möglichkeit, die Höhe des bei Eheschließung real vorhandene Anfangsvermögen sowie die Höhe des während der bisherigen Ehe hinzugekommenen fiktiven Anfangsvermögens im Sinne des § 1374 Abs. 2 BGB in diesem Vertrag festzulegen, wollen wir keinen Gebrauch machen.

2.2 Im Steuerrecht[1, 2]

Unsere Vereinbarung ist unabhängig von ihren steuerlichen Auswirkungen gültig.

3. Gesetzliche Vorgaben für die Zugewinngemeinschaft

3.1 Zum „Ob" des Zugewinnausgleichs

Nach dem Gesetz ist der Zugewinnausgleich durchzuführen, wenn eines der folgenden Ereignisse eingetreten ist:

(1) Die Ehe ist durch Tod eines Partners aufgelöst worden und der überlebende Ehepartner ist entweder enterbt worden oder er hat das, was ihm der verstorbene Partner durch Testament oder Erbvertrag zugedacht hat, ausgeschlagen. Auch wenn dies nicht geschieht, kann jedoch nach § 5 Abs. 1 ErbStG die fiktiven Ausgleichsforderung des überlebenden Ehegatten dessen Belastung mit Erbschaftsteuer im Einzelfall verringern. Für ein solches Steuerprivileg der „fiktiven Zugewinnausgleichsforderung" schließt Satz 4 dieser Vorschrift jedoch eine steuerliche Rückwirkung unserer heutigen Rückkehr in die Zugewinngemeinschaft aus.

(2) Die Ehe ist durch gerichtliche Entscheidung aufgelöst worden, insbesondere durch Scheidung.

(3) Auf Antrag eines Partners ist die Zugewinngemeinschaft durch gerichtliche Entscheidung vorzeitig aufgehoben worden.

(4) In einem Ehevertrag haben die Eheleute einen Güterstandswechsel vereinbart. Grundsätzlich ist dann die dabei entstehende Zugewinnausgleichsforderung nach § 5 Abs. 2 ErbStG schenkungsteuerfrei.

3.2 Zum „Wie" des Zugewinnausgleichs

Wird der Zugewinnausgleich durchgeführt, steht dem Partner mit dem geringeren Zugewinn eine Ausgleichsforderung zu. Deren Höhe entspricht grundsätzlich der Hälfte des Betrages, um den sich die Zugewinne der beiden Ehepartner unterscheiden.

<*Variante 1*> Zusätzliche Vereinbarungen, mit denen wir in das „ob" oder das „wie" eines etwa erforderlichen Zugewinnausgleichs eingreifen würden, möchten wir nicht treffen. Für die künftig zwischen uns bestehende Zugewinngemeinschaft gelten somit im Übrigen die gesetzlichen Vorgaben.

**<*Variante 2*> Zusätzlich modifizieren wir die gesetzlichen Vorgaben zum Zugewinnausgleich durch die folgenden Vereinbarungen.**

4. Weitere Modifizierungen

***<Hier können Modifizierungen der Zugewinngemeinschaft ergänzt werden, wie sie in den anderen Mustern enthalten sind.>***

**§ 3 Versorgungsausgleich: Beibehalten der gesetzlichen Vorgaben**

**(→ Form. IX.2 *unter § 3)***

**§ 4 Nachehelicher Unterhalt: Gesetz**

**(→ Form. IX.4 *unter § 4)***

**§ 5 Kein Erbvertrag**

**(→ Form. IX.1 *unter § 5)***

**§ 6 Schlussbestimmungen**[3]

**(→ Form. IX.1 *unter § 6)***

## Anmerkungen

**1. Zugewinnprivileg aus § 5 ErbStG.**

**1.1 Reale Ausgleichsforderung.** Wird die Zugewinngemeinschaft beendet und dabei der Zugewinnausgleich real durchgeführt, ist die entstehende Forderung keine steuerpflichtige Zuwendung (§ 5 Abs. 2 ErbStG). Erfasst werden damit die Fälle des Zugewinnausgleichs aufgrund gerichtlicher Entscheidung (Ehescheidung, Eheaufhebung, vorzeitige Aufhebung der Zugewinngemeinschaft) und ehevertraglichen Güterstandswechsels. Steuerlich durch § 5 Abs. 2 ErbStG privilegiert wird aber auch der Zugewinnausgleich bei der „güterrechtlichen Lösung": Bei ihr ist die Ehe durch den Tod des einen Partners aufgelöst und der überlebende ist weder Erbe noch Vermächtnisnehmer geworden (§ 1371 Abs. 2 BGB). Entweder, weil der Verstorbene das so in einer Verfügung von Todes wegen angeordnet hat, oder weil der Überlebende das ihm an sich Zugedachte nach § 1371 Abs. 3 BGB ausgeschlagen hat (BFH ZEV 2006, 224 (226) = DStRE 2006, 541 (543)).

**1.2 Fiktive Ausgleichsforderung.** § 5 Abs. 1 ErbStG erfasst demgegenüber den Fall, dass die Zugewinngemeinschaft durch den Tod eines Partners beendet worden ist und der Zugewinnausgleich nicht real durchgeführt wird. Die Vorschrift stellt dann die fiktive Zugewinnausgleichsforderung steuerfrei, so dass sie im Ergebnis den persönlichen Freibetrag erhöhen kann, welcher dem überlebenden Ehepartner aus § 16 Abs. 1 ErbStG zusteht (derzeit 500.000 EUR).

**1.3 Verlust bei Gütertrennung.** Unabhängig davon, welche Motivlage zur früheren Vereinbarung von Gütertrennung geführt hat – mit ihr gehen beide Zugewinnprivilegien verloren. Diese Nebenwirkung gerät besonders dann in den Fokus der Betroffenen (oder ihrer steuerlichen Berater), wenn die Ehe – womöglich seit Jahrzehnten – intakt ist und nur einer der Partner erhebliches Vermögen aufgebaut hat. Indem die Partner durch Ehevertrag die zwischen ihnen bestehende Gütertrennung rückwirkend aufheben, soll das Zugewinnprivileg so weit wie möglich wiederhergestellt werden.

**2. Folgen bei rückwirkender Aufhebung der Gütertrennung.**

**2.1 Kein Steuerprivileg für die fiktive Ausgleichsforderung.** § 5 Abs. 1 S. 4 ErbStG (eingefügt mit Wirkung zum 1.1.1994) verweigert der (zivilrechtlich wirksamen!) rückwirkenden Vereinbarung von Zugewinngemeinschaft das steuerliche Zugewinnprivileg für die fiktive Zugewinnausgleichsforderung. Die Aufhebung der Gütertrennung wirkt steuerlich somit nur *ex nunc,* soweit später die fiktive Ausgleichsforderung berücksichtigt werden soll.

**2.2 Steuerprivileg für die reale Ausgleichsforderung.** Demgegenüber enthält § 5 Abs. 2 ErbStG keine derartige Einschränkung. In seinem Anwendungsbereich, also bei Leistung realer Zugewinnausgleichsforderungen, wird daher auch die rückwirkend vereinbarte Zugewinngemeinschaft anerkannt (FG Düsseldorf DStRE 2006, 1470 = MittBayNot 2007, 250 = RNotZ 2007, 55 = ZErb 2007, 24; *Geck* ZEV 2006, 65; *Götz* FamRB 2005, 245 (246); *Schlünder/Geißler* FamRZ 2005, 149 (156)).

**2.3 Konkrete Wirkung.** Die rückwirkende Aufhebung der Gütertrennung bringt das steuerliche Zugewinnprivileg nicht in jedem Fall zurück. Sobald die Partner wieder im gesetzlichen Güterstand leben, ist zu unterscheiden, wie dieser beendet wird:

**a) Lebzeitige Beendigung.** Wird die Ehe später geschieden, ist für den Zugewinnausgleich die gesamte Ehezeit heranzuziehen. Die so ermittelte Ausgleichsforderung ist insgesamt nach § 5 Abs. 2 ErbStG steuerfrei. Dasselbe gilt bei konsequenter Gesetzesanwendung auch, wenn die Partner durch einen erneuten Güterstandswechsel in die Gütertrennung zurückkehren *(„Umgekehrte Güterstandsschaukel")*. Insoweit wird jedoch unter dem Aspekt des „steuerlichen Gestaltungsmissbrauchs" iSd § 42 AO zur Vorsicht geraten (DNotI-Report 2007, 149; *Münch/Everts,* Familienrecht in der Gestaltungspraxis, § 2 Rn. 108 ff.).

**b) Eheauflösung durch Tod.** Wird nach dem rückwirkenden Wechsel in die Zugewinngemeinschaft die Ehe durch Tod beendet, ist zu unterscheiden: Erhält der Überlebende *realen* Zugewinnausgleich über die „güterrechtliche Lösung", ist seine Forderung nach § 5 Abs. 2 ErbStG für den Zugewinn der gesamten Ehezeit steuerfrei. Das gilt nicht nur, wenn er enterbt worden ist (§ 1371 Abs. 2 BGB), sondern auch, falls er gemäß § 1371 Abs. 3 BGB ausgeschlagen hat. (allg. Meinung, zB *Jülicher* ZEV 2006, 338 (339); *Littig* FPR 2011, 241 (243); *von Oertzen/Schienke-Ohletz* FPR 2012, 103; *Tiedtke/Szczesny* FPR 2012, 107). Wird der überlebende Partner demgegenüber Erbe oder Vermächtnisnehmer, greift stattdessen eine Steuerfreiheit in Höhe seiner *fiktiven* Zugewinnausgleichsforderung. Für diese ordnet § 5 Abs. 1 S. 4 ErbStG jedoch ausdrücklich an, dass der ehevertragliche Wechsel in die Zugewinngemeinschaft keine steuerliche Rückwirkung genießt. Nur der Zugewinn ab dem Tag des Vertragsabschlusses ist für die Ermittlung der (privilegierten) fiktiven Ausgleichsforderung heranzuziehen.

**3. Kosten der Urkunde.** Die Kosten der notariellen Urkunde bestimmen sich nach dem modifizierten Reinvermögen (§§ 100 Abs. 1, 102 Abs. 1 S. 2 GNotKG): Für jeden Partner ist der Wert seines Aktivvermögens zu ermitteln. Schulden sind maximal bis zur Hälfte des Aktivvermögens abzuziehen. Aus der Summe der modifizierten Reinvermögen ist eine Beurkundungsgebühr nach KV Nr. 21100 (Gebührensatz 2,0) zu erheben. Dem Zentralen Testamentsregister ist wegen der Erbfolgerelevanz des Güterstandswechsels nach § 78b Abs. 2 BNotO Mitteilung zu machen.

## 7. Die Scheidungsfolgenvereinbarung: Konkrete Festlegungen zu den Folgen der bevorstehenden Scheidung

Heute, am . . . . .

waren vor mir, . . . . ., Notar in . . . . ., in meinen Geschäftsräumen in . . . . ., gleichzeitig anwesend:

(*Namen, Geburtsdaten, Anschriften,* „nach Angabe im gesetzlichen Güterstand verheiratet“, *ausgewiesen durch . . . . . /von Person bekannt*).

*(Soweit erforderlich: Vermerk über das Fehlen einer Vorbefassung, welche die Mitwirkung des Notars nach § 3 Abs. 1 Nr. 7 BeurkG ausschließen würde.)*

Die Beteiligten erklärten mit Ersuchen um Beurkundung: Wir wollen die Folgen einer möglichen Ehescheidung regeln und schließen dazu folgenden Vertrag.

§ 1 Vorbemerkungen

1. Persönliche Verhältnisse

Ich, . . . . ., wurde in . . . . . als Sohn von . . . . . und . . . . . geboren. Ich, . . . . ., wurde in . . . . . als Tochter von . . . . . und . . . . . geboren. Jeder von uns besitzt ausschließlich die deutsche Staatsangehörigkeit.

Wir haben ein gemeinsames Kind, nämlich . . . . ., geboren am . . . . . . Einseitige Kinder hat keiner von uns.

Ich, . . . . ., habe nach der Geburt unseres ersten Kindes familienbedingt meine Erwerbstätigkeit aufgegeben, übe jedoch seit . . . . . wieder eine Teilzeittätigkeit aus; ich, . . . . ., bin derzeit als . . . . . in Vollzeit erwerbstätig.

Wir haben am . . . . . in . . . . . die für den Mann und die Frau jeweils erste Ehe vor einem Standesbeamten der Bundesrepublik Deutschland geschlossen.

Wir leben seit . . . . . voneinander getrennt.

*<Variante 1: Noch kein Scheidungsantrag gestellt>* Bislang hat noch keiner von uns einen Scheidungsantrag beim zuständigen Familiengericht gestellt.

*<Variante 2: Scheidungsverfahren bereits rechtshängig>* Die Scheidung unserer Ehe ist bereits durch . . . . . beim Amtsgericht . . . . . (Familiengericht) beantragt worden und wird dort unter dem Aktenzeichen . . . . . geführt.

2. Außergerichtliche Regelung von Scheidungsfolgen

Vor Beurkundung haben wir einen Entwurf dieser Scheidungsfolgenvereinbarung erhalten. Er ist das Ergebnis der Verhandlungen, welche wir vorher geführt haben. In diesen Verhandlungen wurden wir beide anwaltlich vertreten. Mit diesem Vertrag wollen wir wichtige Scheidungsfolgen außergerichtlich regeln. Die Vereinbarungen gelten unabhängig davon, ob und wann es zu einer Scheidung unserer Ehe kommt.

Unsere folgenden Vereinbarungen bewerten wir heute als ausgewogen und fair. Der Notar hat uns jedoch in diesem Zusammenhang auf Folgendes hingewiesen:

(1) Vereinbarungen, deren Auswirkungen im Scheidungsfall einen Partner einseitig und unzumutbar belasten, unterliegen der gerichtlichen Kontrolle. Diese kann dazu führen, dass der Vertragsinhalt durch das Gericht angepasst wird; in besonders schwerwiegenden Fällen können aber auch einzelne Regelungen oder sogar der gesamte Vertrag für unwirksam erklärt werden.

(2) Dabei kann die belastende Wirkung einer Vereinbarung durch später eintretende, heute noch nicht vorhersehbare Umstände verursacht werden.

§ 2 Güterrechtliche Vereinbarungen

1. Güterstandswechsel[1]

Bisher haben wir ohne Ehevertrag im gesetzlichen Güterstand der Zugewinngemeinschaft gelebt. Mit sofortiger Wirkung wechseln wir hiermit in den Güterstand der Gütertrennung.

2. Ausgleichsansprüche

2.1 Zugewinnausgleich

Nach der gesetzlichen Vorgabe entsteht mit diesem Güterstandswechsel ein Anspruch auf Zugewinnausgleich. Hierzu vereinbaren wir: Der Zugewinnausgleich ist abgeschlossen, wenn die zu diesem Zweck in diesem Vertrag festgelegten Leistungspflichten vollständig erfüllt worden sind. Das gilt auch dann, wenn sich nach den gesetzlichen Berechnungsregeln objektiv ein Ausgleichsanspruch ergeben würde, der in Inhalt oder Umfang von dem hier vereinbarten abweicht.

Nach Hinweis des Notars erklären wir: Die Höhe der Ausgleichsforderung haben wir anhand unserer konkreten Vermögensverhältnisse nach den gesetzlichen Berechnungsvorschriften ermittelt; eine freigebige Zuwendung an den jeweils anderen Vertragspartner soll damit nicht erfolgen. Uns ist bekannt, dass auch Vermögensverschiebungen, die zur Erfüllung der Zugewinnausgleichsforderung erfolgen, nach § 133 Abs. 2 Insolvenzordnung bzw. § 3 Abs. 2 Anfechtungsgesetz anfechtbar sein können, falls sie zu einer Gläubigerbenachteiligung führen sollten.

2.2 Bedingter Erlass anderer Ansprüche[2]

Für Schenkungen, anderweitige Zuwendungen und Arbeitsleistungen können bei Scheitern der Ehe zusätzliche Ausgleichsmechanismen anwendbar sein:

(1) Ehegatteninnengesellschaft

Eine Ehegatteninnengesellschaft kann im Einzelfall auch ohne ausdrückliche Vereinbarung entstanden sein, wenn beide Partner Beiträge zur Bildung von Vermögen erbracht haben, das formal nur einem von ihnen gehört. Voraussetzung dafür ist, dass sie damit gemeinsam einen Zweck verfolgt haben, der über die bloße Verwirklichung der ehelichen Lebensgemeinschaft hinausgeht. Hierzu stellen wir fest: Wir haben weder ausdrücklich noch stillschweigend eine solche Ehegatteninnengesellschaft gegründet.

(2) Nutzung und Finanzierung gemeinschaftlichen Eigentums

Ansprüche aus dem sog. Gesamtschuldnerausgleich können bestehen, wenn ein Partner bei der Finanzierung gemeinschaftlichen Eigentums mehr bezahlt hat, als seiner Beteiligungsquote entspricht. Ausgleichsansprüche können auch bestehen, wenn ein Partner einen gemeinschaftlichen Vermögenswert alleine nutzt.

(3) Zuwendungen und Arbeitsleistungen

Das Scheitern der Ehe kann im Einzelfall dazu führen, dass Schenkungen und andere objektiv unentgeltliche Zuwendungen der Partner untereinander zurückgefordert werden können. Ausgleichsansprüche können auch entstehen, wenn ein Partner unbezahlte Arbeitsleistungen erbracht hat, deren Umfang und Dauer das in einer ehelichen Lebensgemeinschaft normale Maß übersteigen.

(4) Erlassvereinbarung

Hierzu vereinbaren wir: Sobald sämtliche vermögensbezogenen Pflichten aus diesem Vertrag vollständig erfüllt sind, sind auch alle anderen vermögensrechtlichen Ansprüche erledigt, welche einem von uns gegen den anderen heute etwa noch zustehen. Das gilt unabhängig von deren Rechtgrund, Inhalt und Höhe. Insoweit sind wir uns über den (aufschiebend bedingten) Erlass derartiger Ansprüche einig.

3. Folgen der Gütertrennung[3]

Mit dem Güterstandswechsel sind noch weitere Rechtsfolgen verbunden, auf die uns der Notar hingewiesen hat:
(1) Stirbt ein Partner und erhält der Überlebende als Erbe oder Vermächtnisnehmer eine Nachlassbeteiligung, kann die Gütertrennung Auswirkungen bei der Erbschaftsteuer haben, außerdem auch auf das gesetzliche Erb- und Pflichtteilsrecht.
(2) Jeder Partner kann – anders als beim gesetzlichen Güterstand – künftig ohne Zustimmung des anderen über sein gesamtes Vermögen frei verfügen.
Da wir bisher nicht im Güterrechtsregister erfasst waren, ist auch der heute vereinbarte Güterstandswechsel nicht einzutragen.

§ 3 Zugewinnausgleich und Vermögensauseinandersetzung

Folgende Vereinbarungen treffen wir, um den mit unserem Güterstandswechsel ausgelösten Anspruch auf Zugewinnausgleich zu erfüllen und zugleich bisher gemeinschaftliches Vermögen auseinander zu setzen:

1. Übertragung eines Depotanteils

Wir sind derzeit gemeinsam Inhaber des Depots bei der ..... (Depotnummer: .....). Wir sind darüber einig, dass dieses Depot künftig ..... alleine zustehen soll. Ich, ....., trete deshalb hiermit meinen Anteil an diesem Depot an ..... ab, verpflichte mich dazu, etwa noch erforderliche Erklärungen gegenüber dem depotführenden Institut abzugeben und erteile hiermit ..... – unter Befreiung von den Beschränkungen des § 181 BGB – die unwiderrufliche Vollmacht, alle Erklärungen abzugeben, die zur Übertragung meiner Rechte als bisheriger Mitinhaber des Depots (insbesondere der Kündigung des Depotvertrages) etwa noch erforderlich sein sollten.

2. Eigentum am Pkw, Marke BMW

Folgendes Fahrzeug steht nach Angabe beider Vertragspartner derzeit noch im Alleineigentum von .....: Pkw, Marke BMW, Modell X3, derzeitiges amtliches Kennzeichen ....., Fahrzeug-Identifizierungsnummer .....
Wir sind darüber einig, dass das Alleineigentum an diesem Fahrzeug auf ..... übergeht. Ich, ....., erteile hiermit ..... – unter Befreiung von den Beschränkungen des § 181 BGB – die Vollmacht, alle Erklärungen abzugeben, die zur Übertragung des Eigentums am Kraftfahrzeug und zu dessen Ummeldung (insbesondere bei der Kfz-Zulassungsstelle und Versicherungsunternehmen) etwa noch erforderlich sein sollten. Soweit ..... noch Schlüssel und Unterlagen für dieses Fahrzeug in Besitz haben sollte, sind diese unverzüglich zu übergeben. Das Fahrzeug wird schon bisher von ..... alleine genutzt; Versicherungsnehmer der Kfz-Haftpflichtversicherung war jedoch ...... Ich, ....., verpflichte mich deshalb dazu, das Fahrzeug unverzüglich auf mich umzumelden.

3. Zahlungspflicht

3.1 Höhe der Zugewinnausgleichsforderung
Wir stellen übereinstimmend fest, dass für den durchzuführenden Zugewinnausgleich ..... der ausgleichsberechtigte Partner ist und seine Ausgleichsforderung sich – unter Berücksichtigung aller übrigen Vermögensübertragungen in dieser Urkunde – auf ..... EUR (..... Euro) beläuft.

3.2 Fälligkeit, Empfängerkonto[4]

Abweichend von der gesetzlichen Vorgabe sofortiger Fälligkeit vereinbaren wir, dass der Betrag innerhalb von vierzehn Kalendertagen auf folgendem, von . . . . . angegebenen Konto bei der . . . . . (IBAN DE. . . . . .) eingegangen sein muss.

3.3 Vollstreckungsunterwerfung

Wegen meiner Pflicht zur Zahlung des unverzinsten Zugewinnausgleichsbetrages unterwerfe ich, . . . . ., mich hiermit der sofortigen Zwangsvollstreckung in mein gesamtes Vermögen. Nach Ablauf von vierzehn Tagen ab heute kann der Notar ohne weitere Nachweise vollstreckbare Ausfertigung erteilen, wenn . . . . . dies beantragt. Die Beweislast in einem gerichtlichen Verfahren wird dadurch nicht verändert.

§ 4 Rechtsverhältnisse an der Ehewohnung[5]

1. Derzeitige Nutzung

Die vor der Trennung gemeinsam genutzte Ehewohnung wird von . . . . . nunmehr alleine, zusammen mit dem gemeinsamen Kind, bewohnt.

2. Herausgabepflicht für Schlüssel

Ich, . . . . ., bestätige, bereits sämtliche Schlüssel und Unterlagen in Bezug auf diese Wohnung erhalten zu haben.

3. Bisheriger Mietvertrag

Der Mietvertrag für die bisher gemeinsam genutzte Wohnung wurde von uns beiden abgeschlossen.

Wir sind darüber einig, dass diese Wohnung künftig . . . . . zur alleinigen Nutzung überlassen wird, er/sie den Mietvertrag alleine fortführt und . . . . . aus dem Mietverhältnis ausscheidet. Jeder von uns verpflichtet sich deshalb, dies unverzüglich dem Vermieter in einer gemeinsamen Erklärung gemäß § 1568a Abs. 3 Nr. 1 BGB mitzuteilen. Bis diese wirksam wird, verpflichte ich, . . . . ., mich im Wege der Erfüllungsübernahme dazu, sämtliche Pflichten aus dem Mietverhältnis alleine und vertragsgemäß zu erfüllen, so dass . . . . . nicht mehr vom Vermieter in Anspruch genommen wird.

§ 5 Rechtsverhältnisse an den Haushaltsgegenständen[6]

Wir erklären, dass die Haushaltsgegenstände bereits verteilt sind. Hierzu vereinbaren wir Folgendes:

Wir sind darüber einig, dass jeder von uns ab sofort Alleineigentümer derjenigen Haushaltsgegenstände ist, welche er derzeit in seinem Besitz hat. Das gilt unabhängig davon, wem von uns diese bisher gehört haben.

*<Diesen Absatz nur bei nicht abgeschlossenem Abzahlungskauf>* Entsprechendes gilt für Haushaltsgegenstände, deren Anschaffung noch nicht abgeschlossen ist. Das hieran bestehende Anwartschaftsrecht wird hiermit an denjenigen von uns übertragen, dem dieser Gegenstand künftig alleine gehören soll. Er verpflichtet sich im Wege der Erfüllungsübernahme dazu, die aus der Anschaffung noch bestehenden gemeinschaftlichen Zahlungspflichten künftig alleine und vertragsgemäß zu erfüllen.

Diese Vereinbarung soll die Rechtsverhältnisse an den Haushaltsgegenständen abschließend regeln. Soweit einer von uns darüber hinaus vom anderen die Übertragung eines Haushaltsgegenstandes (insbesondere aus § 1568b BGB) oder eine Ausgleichszahlung für die vorstehend vorgenommene Zuordnung verlangen könnte, sind wir über den Erlass solcher Ansprüche einig.

Nach einer Trennung beschränkt sich der Schutz einer Hausratversicherung regelmäßig auf einen Haushalt. Der Notar hat uns deshalb geraten, zu prüfen, ob insoweit Regelungsbedarf besteht.

§ 6 Versorgungsausgleich: Nichtberücksichtigung der Trennungszeit[7]

1. Gesetzliche Vorgaben

Bei einer Scheidung sind sämtliche Versorgungsanrechte, welche die Partner während der Ehezeit erworben haben, grundsätzlich zu teilen. Davon abweichende Vereinbarungen zum Versorgungsausgleich sind zwar möglich. Das Familiengericht muss diese aber im Scheidungsverfahren einer Inhalts- und Ausübungskontrolle unterziehen.
2. Nichtberücksichtigung der seit Trennung erworbenen Anrechte
Wir vereinbaren dazu:
Bei Scheidung unserer Ehe ist der Versorgungsausgleich grundsätzlich nach den dann geltenden Vorschriften durchzuführen. Abweichend davon sollen Versorgungsanrechte von uns beiden bei der Durchführung des Versorgungsausgleiches unberücksichtigt bleiben, soweit sie seit Beginn des Getrenntlebens, also seit dem . . . . ., erworben worden sind. Der Ausschluss erfasst jedoch nicht die Wertsteigerungen der auszugleichenden Versorgungsanrechte, welche zwischen diesem Stichtag und dem Ehezeitende (§ 3 Abs. 1 VersAusglG) womöglich noch eintreten. Das gilt auch, wenn diese Wertsteigerungen (zumindest auch) auf die nach dem Stichtag erworbenen, also vertraglich aus dem Versorgungsausgleich ausgenommenen, Anrechte zurückzuführen sind.
Der teilweise Ausschluss des Versorgungsausgleichs ist im Scheidungsfall für einen Partner nachteilig. Wen von uns diese Nachteile in welchem Umfang treffen, kann heute nicht sicher vorhergesagt werden. Hierzu erklären wir:
Unsere Vereinbarung soll unabhängig davon wirksam sein und bleiben, zu wessen Lasten und in welchem Umfang sie sich im Scheidungsfall auswirkt. Ein Rücktrittsrecht wollen wir nicht vereinbaren. Eine Abänderung dieser Vereinbarung, insbesondere nach § 227 FamFG, schließen wir ebenfalls aus.
Nach unseren aktuellen wirtschaftlichen Verhältnissen wird unsere Vereinbarung zum Versorgungsausgleich nicht dazu führen, dass einer von uns im Alter oder bei dauerhafter Erwerbsminderung auf Grundsicherung oder andere bedarfsabhängige Leistungen der Sozialhilfe angewiesen sein wird.

§ 7 Ehegattenunterhalt

1. Zahlungspflicht

1.1 Trennungsunterhalt[8]

Ich, . . . . ., verpflichte mich hiermit, an . . . . . Trennungsunterhalt in Höhe von monatlich . . . . . EUR (. . . . . Euro) zu bezahlen. Die Zahlungspflicht beginnt mit dem Monat . . . . . und endet mit Ablauf des Monats, in welchem die Scheidung unserer Ehe rechtskräftig geworden ist.
Auf Trennungsunterhalt kann für die Zukunft nicht (und grundsätzlich auch nicht teilweise) verzichtet werden. Hierzu erklärt jeder von uns:
Ich bin derzeit in der Lage, meinen Lebensunterhalt durch meine Einkünfte selbst zu bestreiten. Meine derzeit ausgeübte Erwerbstätigkeit ist mir im bisherigen Umfang zuzumuten, falls sich meine persönlichen Verhältnisse nicht wesentlich ändern. Rückstände an Unterhaltsleistungen bestehen mir gegenüber derzeit nicht.
Wir erklären außerdem übereinstimmend: Diese Ausgangslage, bei der Trennungsunterhalt lediglich in der vereinbarten Höhe zu leisten ist, haben wir zur Geschäftsgrundlage der gesamten Scheidungsfolgenvereinbarung gemacht. Die Möglichkeit, auf der Grund-

lage der gesetzlichen Vorgabe Trennungsunterhalt zu beanspruchen, wird dadurch weder eingeschränkt noch ausgeschlossen.

1.2 Nachehelicher Unterhalt

Nach Scheidung unserer Ehe ist der vorstehend vereinbarte Betrag als nachehelicher Unterhalt geschuldet. Die Zahlungspflicht beginnt mit demjenigen Monat, welcher auf die Rechtskraft des Scheidungsbeschlusses folgt.

1.3 Fälligkeit, Empfängerkonto

Der geschuldete Betrag ist jeweils per Überweisung im Voraus zu leisten und muss am ersten Tag des Monats auf folgendem, von . . . . . angegebenen Konto eingegangen sein: IBAN DE . . . . . .

1.4 Vollstreckungsunterwerfung

Wegen meiner vorstehend vereinbarten Pflicht zur Zahlung von Trennungsunterhalt und – getrennt davon – wegen meiner Pflicht zur Zahlung von nachehelichem Unterhalt unterwerfe ich, . . . . . , mich hiermit der sofortigen Zwangsvollstreckung in mein gesamtes Vermögen. Der Notar wird angewiesen, dem Unterhaltsberechtigten auf seinen schriftlichen Antrag hin jederzeit eine vollstreckbare Ausfertigung dieser Urkunde zu erteilen und zwar, solange ihm die Rechtskraft der Scheidung nicht nachgewiesen ist, für den vereinbarten Trennungsunterhalt, danach für den nachehelichen Unterhalt. Die Beweislast in einem gerichtlichen Verfahren wird dadurch nicht verändert..

1.5 Anpassung

Jedem von uns bleibt das Recht vorbehalten, eine Abänderung des Ehegattenunterhalts gemäß § 239 FamFG zu verlangen. Bei einer solchen Anpassung sind folgende Umstände zu berücksichtigen:

(1) Der für Trennungsunterhalt und nachehelichen Unterhalt vereinbarte Betrag ist nach den Vorgaben der derzeit gültigen unterhaltsrechtlichen Leitlinien der Familiensenate in Süddeutschland („Süddeutsche Leitlinien") ermittelt worden. Dabei haben wir beim Verpflichteten ein bereinigtes monatliches Nettoeinkommen von . . . . . EUR und beim Berechtigten von . . . . . EUR angesetzt.

(2) Altersvorsorge-, Kranken- und Pflegeversicherungskosten des Unterhaltsberechtigten sind im vereinbarten Betrag enthalten.

(3) Bei Bemessung des Ehegattenunterhaltes haben wir die mit dieser Urkunde geschaffene Vermögenssituation beider Partner berücksichtigt. Zu § 1577 Abs. 3 BGB vereinbaren wir deshalb, dass der Unterhaltsberechtigte nicht dazu verpflichtet ist, den Stamm seines Vermögens zur Bedarfsdeckung einzusetzen.

(4) Zu Nr. 7 der SüdL wird vereinbart, dass Einkommen aus unzumutbarer Erwerbstätigkeit des Unterhaltsberechtigten nicht bedarfsmindernd zu berücksichtigen ist. Aufwendungen, die ihm im Zusammenhang mit solchen überobligatorischen Tätigkeiten entstehen (zB Fahrtkosten zur Arbeitsstätte), bleiben bei der Bedarfsermittlung ebenfalls unberücksichtigt.

(5) Zu § 1579 Nr. 2 BGB wird vereinbart, dass die Ansprüche des unterhaltsberechtigten Partners ruhen, wenn und solange er mit einem neuen Partner in einer nichtehelichen Lebensgemeinschaft oder einer anderweitigen Bedarfsgemeinschaft im Sinne der §§ 20 und 36 SGB XII zusammenlebt. Die Zahlungspflichten ruhen jedoch erst nach einer Wartefrist von sechs Monaten, gerechnet vom Beginn der Haushaltsgemeinschaft im Sinne des § 36 SGB XII. Das Vorliegen dieser Voraussetzungen ist vom Unterhaltsberechtigten unverzüglich und unaufgefordert mitzuteilen. Erbringt der Unterhaltsberechtigte jedoch den Nachweis, dass seine Bedürftigkeit (mangels entsprechender Leistungs-

fähigkeit des neuen Partners oder anderer mit ihm zusammenlebender Personen) nicht vollständig entfallen ist, ruht die Unterhaltspflicht nicht. Auf Verlangen des Unterhaltspflichtigen ist dann allerdings der zu zahlende Betrag an die reduzierte Bedürftigkeit anzupassen.

Jeder von uns verpflichtet sich dazu, jährlich bis zum 15.3. (letztmals im Jahr . . . . .) dem anderen über das Einkommen des vergangenen Kalenderjahres Auskunft zu erteilen (insbesondere über Brutto- und Nettoeinkommen aus sämtlichen Einkunftsarten nach § 2 EStG sowie über Steuererstattungen und -nachzahlungen) und dies auf Verlangen zu belegen.

2. Ende der Zahlungspflicht, Bedingter Verzicht auf nachehelichen Unterhalt

Die Zahlungspflicht aus dem Anspruch auf nachehelichen Unterhalt wird vertraglich befristet: Sie endet mit Ablauf des Monats . . . . . Sollte ich, *<Name des Unterhaltsberechtigten>* nach diesem Stichtag noch einen Anspruch auf nachehelichen Unterhalt haben, verzichte ich hiermit darauf.

Ich, *<Name des Unterhaltspflichtigen>*, verzichte hiermit vorsorglich vollständig auf jeglichen nachehelichen Unterhalt, der mir gegenüber . . . . . künftig womöglich zustehen könnte.

Jeder von uns nimmt den Verzicht des anderen hiermit an. Der Verzicht gilt jeweils für sämtliche gesetzlichen Unterhaltstatbestände, also auch für den Fall der Krankheit oder Erwerbslosigkeit. Die Anwendbarkeit von § 1586 BGB, wonach die Unterhaltspflicht insbesondere bei Tod oder Wiederheirat des Unterhaltsberechtigten erlischt, wird durch die vorstehende Befristung nicht eingeschränkt.

3. Realsplitting[9]

3.1 Mitwirkungspflichten

Ich, . . . . ., verpflichte mich, erstmals für den Veranlagungszeitraum . . . . ., den Abzug der vorstehend vereinbarten Unterhaltsleistungen (einschließlich der darin enthaltenen Vorsorgeaufwendungen) gemäß § 10 Abs. 1a Nr. 1 Einkommensteuergesetz als Sonderausgaben bei der Einkommensteuer zu beantragen.

Ich, . . . . ., verpflichte mich, diesem sog. begrenzten Realsplitting zuzustimmen und erteile dazu hiermit . . . . . die jederzeit widerrufliche Vollmacht, meine Zustimmung bei Einreichen seiner Steuererklärung in meinem Namen abzugeben.

3.2 Ausgleichspflicht des Unterhaltspflichtigen

Ich, . . . . ., verpflichte mich außerdem dazu, . . . . . sämtliche finanziellen Nachteile auszugleichen, die mit der Durchführung des Realsplittings verbunden sind.

Hierzu vereinbaren wir: Da die Unterhaltszahlungen Einkünfte des Berechtigten darstellen, sind neben etwaigen steuerlichen Nachteilen auch solche auszugleichen, die entstehen, wenn eine Beitragspflicht in einer gesetzlichen Sozialversicherung entsteht oder erweitert wird. Steuerliche Ausgleichsbeträge sind zu den Steuerterminen zu leisten, wenn der Unterhaltsberechtigte zu Steuervorauszahlungen verpflichtet ist, im Übrigen innerhalb von zwei Wochen nach Übersendung einer Fotokopie des Steuerbescheides.

3.3 Sonstige Vereinbarung zur Durchführung

Gerät . . . . . mit seiner/ihrer Ausgleichspflicht in Verzug, kann . . . . . für die bis zum Ende des folgenden Kalenderjahres zu erwartenden Nachteile Sicherheitsleistung verlangen. Bei einer Nichterfüllung dieser Pflichten ist sie/er berechtigt, die Zustimmung gegenüber dem Finanzamt zur Durchführung des Realsplittings zu widerrufen. Steuervorteile und Ausgleichsbeträge, die sich aus der vorstehenden Vereinbarung ergeben, sind bei Ermittlung des jeweiligen unterhaltsrechtlich relevanten Einkommens im Jahr ihres jeweiligen Zu- bzw. Abflusses zu berücksichtigen.

§ 8 Vereinbarungen mit Bezug zum gemeinsamen Kind[10]

1. Elterliche Sorge

Die elterliche Sorge wollen wir auch künftig, entsprechend der gesetzlichen Vorgabe, gemeinsam ausüben.
Jeder von uns erklärt deshalb: Einen Antrag an das Familiengericht mit dem Ziel, dass ich die elterliche Sorge ganz oder für Teilbereiche künftig alleine ausüben darf, will ich nicht stellen.

2. Umgang

Einen Antrag auf gerichtliche Regelung des Umgangs will gleichfalls keiner von uns stellen.

3. Kindesunterhalt[11]

3.1 Höhe, Zahlungsverpflichtung als Vertrag zugunsten des Kindes

Ich, . . . . ., verpflichte mich hiermit, zur Erfüllung meiner gesetzlichen Unterhaltspflicht an unser gemeinschaftliches Kind . . . . . eine monatliche Unterhaltsrente zu bezahlen. Deren Höhe beträgt . . . . . Prozent des Mindestbedarfs der jeweiligen Altersstufe nach § 1612a BGB, abzüglich des halben Kindergeldanteils. Nach der Kindergeldanrechnung ergibt sich somit ein monatlicher Zahlbetrag von . . . . . EUR (. . . . . Euro). Die Zahlungspflicht beginnt mit dem Monat . . . . . Aus der vorstehenden Vereinbarung erwirbt . . . . . ein eigenes Forderungsrecht, sie kann jedoch ohne sie/ihn durch uns einvernehmlich aufgehoben oder geändert werden. Wir stellen hiermit übereinstimmend fest, dass für bisher geschuldeten Kindesunterhalt keine Rückstände bestehen.

3.2 Mehrbedarf

Ich, . . . . ., verpflichte mich außerdem, bis auf weiteres an unser gemeinschaftliches Kind . . . . . monatlich als Mehrbedarf zusätzlich einen Betrag von derzeit . . . . . EUR (. . . . . Euro) zu bezahlen. Dieser Mehrbedarf ist für die Beiträge des Kindes zur privaten Krankenversicherung, zum Musikschulunterricht (Geige) und zur Mitgliedschaft im Fußballverein bestimmt. Ändern sich diese, ist auch der zu zahlende Betrag anzupassen.

3.3 Fälligkeit, Empfängerkonto

Solange das Kind seinen gewöhnlichen Aufenthalt bei . . . . . hat, sind die Zahlungen an diese/n zu leisten. Der geschuldete Betrag ist jeweils per Überweisung im Voraus zu leisten und muss am ersten Tag des Monats auf folgendem, von . . . . . angegebenen Konto eingegangen sein: IBAN DE . . . . .
Ich, . . . . ., verpflichte mich dazu, diese Zahlungen ausschließlich für das Kind zu verwenden und den zahlenden Elternteil insoweit von Ansprüchen des Kindes freizustellen. Wir sind darüber einig, dass . . . . . seine/ihre Unterhaltspflicht gegenüber dem gemeinschaftlichen Kind derzeit im Wege des Naturalunterhaltes erfüllt.

3.4 Vollstreckungsunterwerfung

Ich, . . . . ., unterwerfe mich hiermit wegen meiner vorstehend vereinbarten Pflicht zur Zahlung des – unverzinsten – dynamisierten monatlichen Unterhaltes abzüglich des halben Kindergeldanteiles sowie wegen meiner Pflicht zur Zahlung von Mehrbedarf in der derzeit vereinbarten Höhe der sofortigen Zwangsvollstreckung in mein gesamtes Vermögen. Der Notar wird angewiesen, dem Unterhaltsberechtigten auf seinen schriftlichen Antrag hin jederzeit eine vollstreckbare Ausfertigung dieser Urkunde zu erteilen. Die Beweislast in einem gerichtlichen Verfahren wird dadurch nicht verändert .

§ 9 Erbrechtliche Vereinbarungen

1. Aufhebung bindender Verfügungen von Todes wegen[12]

Nach Hinweis des Notars erklären wir: Mit Urkunde des Notars ..... vom ..... (URNr ......) haben wir – ohne Mitwirkung Dritter – einen Erbvertrag errichtet, in dem wir uns auch gegenseitig bedacht haben. Wir heben diesen Erbvertrag hiermit vollständig auf, so dass auch darin enthaltene Zuwendungen an andere Personen unwirksam werden. Durch diese Aufhebung sollen frühere Verfügungen von Todes wegen nicht wieder wirksam werden. Soweit einer von uns den anderen enterben will, wird er hierzu gesondert ein entsprechendes Testament errichten. Die dabei einzuhaltenden Formvorschriften hat uns der Notar erläutert.

2. Kein gegenseitiger Pflichtteilsverzicht[13]

Der Notar hat uns erläutert, unter welchen Voraussetzungen das gesetzliche Erb- und Pflichtteilsrecht eines Ehepartners im Zusammenhang mit einer angestrebten Scheidung entfällt. Liegen diese noch nicht vor und stirbt ein Partner, ist der andere noch an dessen Nachlass beteiligt. Wir wollen weder eine gegenseitige Enterbung noch einen gegenseitigen Pflichtteilsverzicht in diese Urkunde aufnehmen.

§ 10 Schlussbestimmungen

1. Abschriften, Kosten dieser Urkunde[14]

Von dieser Urkunde soll jedem von uns sowie unserem jeweiligen Rechtsanwalt eine einfache Abschrift erteilt werden. Im Zentralen Testamentsregister ist die vorgeschriebene Eintragung zu veranlassen.

Die Kosten dieser Urkunde tragen wir je zur Hälfte. Soweit sie vom Wert unseres jeweiligen Gesamtvermögens sowie von der Höhe etwaiger Verbindlichkeiten abhängen, gibt diese Beträge jeder von uns gesondert an. Auf die nach dem Gesetz bestehende Haftung jedes Partners als Gesamtschuldner wurden wir hingewiesen.

2. Keine steuerliche Beratung des Notars

Die Zuwendung von Vermögen oder der Erlass bestehender Forderungen kann Schenkungsteuer auslösen. Darüber hinaus hat der Notar weder steuerliche Auskünfte noch Ratschläge erteilt.

3. Regelungen für den Fall teilweiser Unwirksamkeit

Hierzu vereinbaren wir: Soweit einzelne der vereinbarten Scheidungsfolgen unwirksam sein sollten, bleiben die übrigen Vereinbarungen grundsätzlich unverändert gültig. Etwas anderes gilt nur, wenn die dadurch hervorgerufenen wirtschaftlichen Auswirkungen einen Vertragsteil unzumutbar benachteiligen würden. In einem solchen Fall sollen die an sich wirksam vereinbarten Scheidungsfolgen jedoch nicht ungültig werden. Stattdessen soll das Familiengericht im Scheidungsverfahren eine Anpassung der Rechtsfolgen vornehmen, durch welche die Benachteiligung auf ein zumutbares Maß reduziert wird. Die Vereinbarungen zu den Scheidungsfolgen gelten unabhängig davon, ob die Erbvertragsaufhebung wirksam ist und bleibt. Umgekehrt hat auch die Unwirksamkeit einzelner oder sämtlicher Vereinbarungen zu den Scheidungsfolgen keinen Einfluss auf die Gültigkeit der Erbvertragsaufhebung.

Diese Urkunde wurde vom Notar vorgelesen,

**von den Beteiligten durch mündliche Erklärung genehmigt
und eigenhändig unterschrieben:**

## Anmerkungen

**1. Vereinbarung von Gütertrennung.**

**1.1 Notwendigkeit.** Wenn der Zugewinnausgleich für den Fall der Scheidung nicht in einem vorsorgenden Ehevertrag ausgeschlossen worden ist, müsste er nach der nun angestrebten Scheidung durchgeführt werden. Deshalb enthalten viele Scheidungsfolgenvereinbarungen den Wechsel in die Gütertrennung, damit der Zugewinnausgleich bereits in derselben Urkunde abschließend geregelt werden kann. Ergänzt wird dies durch Vereinbarungen dazu, welche Leistungen konkret zum Zugewinnausgleich zu erbringen sind. Oder, alternativ dazu, um den (vorsichtshalber gegenseitigen) Erlass des mit dem Güterstandswechsel entstandenen Ausgleichsanspruchs.

**1.2 Schlichter Güterstandswechsel aus Kostengründen?** Nach der Kostenrechtsmodernisierung sind Übertragungsgeschäfte stets ein anderer Beurkundungsgegenstand als der Ehevertrag iSd § 1408 Abs. 1 BGB. Anders als unter Geltung der Kostenordnung sind Vereinbarungen zur Durchführung des Zugewinnausgleichs somit nicht „gegenstandsgleich" mit der Vereinbarung von Gütertrennung, sondern gesondert zu bewerten. Sie stehen dazu zwar in einem Abhängigkeitsverhältnis, die Vorschrift des § 109 Abs. 1 GNoKG wird insoweit jedoch von der spezielleren Regelung des § 111 Nr. 2 GNotKG verdrängt. Mit dem Wechsel in die Gütertrennung entsteht der Ausgleichsanspruch. Nach diesem Zeitpunkt sind Vereinbarungen darüber grundsätzlich formfrei möglich, also sowohl der Erlass des Ausgleichsanspruchs als auch Regelungen zu seiner Erfüllung. Fast immer bilden diese jedoch mit dem Güterstandswechsel selbst und oft auch mit den übrigen Vereinbarungen in der Urkunde ein Regelungspaket und damit eine Geschäftseinheit iSd § 139 BGB und werden vom Beurkundungserfordernis erfasst. Keinesfalls sollte aus Kostengründen die Formnichtigkeit der gesamten Urkunde riskiert werden!

**1.3 Schlichter Erlass der künftigen Ausgleichsforderung ohne Gütertrennung?**

a) **Kostenvorteil.** Nach § 100 Abs. 1 GNotKG ist für die Gütertrennung der modifizierte Reinwert (Aktivvermögen abzüglich Verbindlichkeiten, mindestens aber die Hälfte des Aktivvermögens) maßgebend. Das gilt selbst dann, wenn die Scheidung unmittelbar bevorsteht. Der Erlass der mit dem Güterstandswechsel entstehenden Ausgleichsforderung ist nach § 111 Nr. 2 GNotKG ein anderer Gegenstand und deshalb zusätzlich zu bewerten. Kostengünstiger wäre es deshalb für die Vertragspartner, die Zugewinngemeinschaft beizubehalten, diese erst mit Rechtskraft des Scheidungsbeschlusses enden zu lassen, jetzt aber bereits für die (erst dann entstehende) Ausgleichsforderung durch Vorabverfügung einen Erlass zu vereinbaren. Diese Strategie bietet sich an, wenn die Zugewinndifferenz im Verhältnis zum modifizierten Reinvermögen beider Partner gering ist.

b) **Die Zulässigkeitsschranke des § 1378 Abs. 3 BGB.** Allerdings setzt die (schwer verständliche) Vorschrift des § 1378 Abs. 3 BGB derartigen Vereinbarungen über den künftigen Zugewinnausgleichsanspruch eine gesetzliche Grenze.

(1) **Grundsatz:** § 1378 Abs. 3 S. 3 BGB. Dabei liegt der Schlüssel zum richtigen Verständnis der Norm in *Satz 3*. Er entzieht die noch nicht entstandene Ausgleichsforderung dem Rechtsverkehr. Damit wird einerseits verhindert, dass Dritte Inhaber der Forderung werden und so ein eigenes Interesse an der Auflösung der Ehe bekommen. Andererseits sollen die Ehepartner auch vor unüberlegten Vereinbarungen geschützt werden.

(2) **Ausnahme:** § 1378 Abs. 3 S. 2 BGB. *Satz 2* macht von diesem Grundsatz eine Ausnahme. Er lässt Vereinbarungen zu, wenn sie von den Ehepartnern und während eines Scheidungsverfahrens getroffen werden. Voraussetzung ist jedoch, dass die Vereinbarung für die konkret beabsichtigte Scheidung getroffen wird. Solche Vereinbarungen

sind also, abweichend von Satz 3, zulässig, weil dieser die Unwirksamkeitsfolge nur „im Übrigen" anordnet. Sie bedürfen allerdings der notariellen Beurkundung oder der Form eines Prozessvergleichs (§ 127a BGB).

(3) **Erweiterung der Norm durch die Rechtsprechung.** Richtig kompliziert wird die Vorschrift, weil – über ihren Wortlaut hinaus – das in ihr enthaltene *Verbot* in Satz 3 sachlich und die in Satz 2 enthaltene *Erlaubnis*zeitlich erweitert werden:

So soll das Verbot generell Vereinbarungen über die Zugewinnausgleichsforderung erfassen, so dass diese auch in einem vorsorgenden Ehevertrag nicht wirksam getroffen werden können (BGHZ 86, 143 (149 f.) = NJW 1983, 753 = FamRZ 1983, 157 (159) = DNotZ 1983, 491). Anderseits soll das Privileg, Vereinbarungen über den Zugewinnausgleich für die beabsichtigte Scheidung zu treffen, nicht erst ab Anhängigkeit des Verfahrens gelten. Wenn die Form dieser Vorschrift gewahrt wird, sind somit doch vor einem Scheidungsverfahren Vereinbarungen zum Zugewinnausgleich möglich. Da die für den vorsorgenden Ehevertrag geltende Formvorschrift des § 1410 BGB strenger ist, weil dort eine Trennung in Angebot und Annahme unzulässig ist, ist diese Voraussetzung leicht zu erfüllen.

Schwierigkeiten bereitet dagegen nach wie vor die Interpretation der sachlichen Erweiterung. Räumt doch der BGH selbst ein, dass den Ehegatten „unbestritten" der Weg offen steht, in einem vorsorgenden Ehevertrag ihre güterrechtlichen Verhältnisse *allgemein* zu regeln, also etwa auch den Zugewinnausgleich auszuschließen oder eine andere Quote zu vereinbaren (BGHZ 86, 143 (151) = NJW 1983, 753 (755)). Hier muss wohl die Abgrenzung ansetzen (so *BeckOK BGB/Cziupka* § 1378 Rn. 24. Zu den unterschiedlichen Ansätzen vgl. *Finger* FuR 1997, 68 (69 f.)):

- Vereinbarungen, die in jedem Fall der Scheidung gelten sollen, stellen einen *vorsorgenden Ehevertrag* dar. Wegen der sachlichen Erweiterung von Satz 3 sind in ihnen Vorabverfügungen über die Ausgleichsforderung unzulässig. Nicht darunter fallen sämtliche Modifizierungen des gesetzlichen Güterstandes. Ihre Funktion beschränkt sich darauf, die gesetzlichen Vorgaben zum Ausgleichs- oder Erfüllungsmodus zu ändern bzw. die Entstehung des Anspruchs insgesamt auszuschließen; es handelt sich deshalb nicht um eine Vorabverfügung über die künftige Ausgleichsforderung.
- Soll die Regelung zum Zugewinnausgleich dagegen nur für ein schon anhängiges oder zumindest konkret beabsichtigtes Scheidungsverfahren gelten, liegt eine *Scheidungsfolgenvereinbarung* vor. Bei ihr lässt Satz 2 auch Vorabverfügungen über die Ausgleichsforderung zu. Von dieser Möglichkeit wird in der Praxis allerdings nicht gerade üppig Gebrauch gemacht.
- Streng wird jedoch weiterhin die Abtretung der Zugewinnausgleichsforderung an einen Dritten gehandhabt: Nichtig ist diese selbst dann, wenn sie aufschiebend bedingt auf den Zeitpunkt erfolgt, zu welchem die Scheidung rechtskräftig wird (BGH MittBayNot 2008, 387: Der Ehemann hatte an seinen Rechtsanwalt abgetreten und zwar nach Ehescheidung, aber vor deren Rechtskraft).

c) **Risiken einer schlichten Erlassvereinbarung ohne Güterstandswechsel.** Das Beibehalten der Zugewinngemeinschaft im laufenden Scheidungsverfahren birgt Risiken:

Zum einen das der *Antragsrücknahme:* Das Verfahren endet, wenn der Antragsteller seinen Antrag zurücknimmt. Ohne Zustimmung des Antragsgegners ist das möglich, solange in der mündlichen Verhandlung noch nicht zur Hauptsache verhandelt worden ist (§ 141 FamFG, § 113 Abs. 1 FamFG iVm § 269 Abs. 1 ZPO vgl. zB *Musielak/Borth* FamFG § 141 Rn. 2; *Bumiller/Harders* FamFG § 141 Rn. 1 f.). Damit entfällt eine (zunächst wirksame) Vorabverfügung über die Zugewinnausgleichsforderung wieder. Denn § 1378 Abs. 3 S. 2 BGB erlaubt sie nur während eines Verfahrens, das auf die Auflösung der Ehe gerichtet ist. Sie gilt also nur für dieses konkrete Verfahren.

Zum anderen den *Tod eines Partners:* Stirbt ein Partner während des Scheidungsverfahrens, ist die Ehe durch Tod aufgelöst. Die Vorabverfügung (die sich ja nur auf die konkret beabsichtigte Scheidung beziehen darf) läuft dann gleichfalls ins Leere. Wer keine

Vorabverfügung über die Zugewinnausgleichsforderung vorschlägt, sondern den „sichersten Weg“ der Gütertrennung, dem kann deshalb kein Beratungsfehler vorgeworfen werden.

**2. Bedingter Erlass anderer Ansprüche.** Ziel einer Scheidungsfolgenvereinbarung ist regelmäßig eine umfassende Bereinigung der bisherigen vermögensrechtlichen Beziehungen beider Vertragspartner zueinander. Nur das, was im Vertrag an Ansprüchen begründet oder bestätigt wird, soll künftig noch bestehen. Ein „Nach-Tarocken“ soll ausgeschlossen sein. Deshalb sieht das Muster hier einen vorsorglichen gegenseitigen Erlass etwaiger Ausgleichsansprüche vor. Solche können sich im Einzelfall aus einer Ehegatteninnengesellschaft ergeben, aber auch aus Gesamtschuldnerausgleich, gezogenen Nutzungen, Ehegattenzuwendungen oder Arbeitsleistungen. Vgl. zu diesen Problemkreisen die Erläuterungen in → Form. IX.1 Anm. 11.3c), 11.4 und 12.

**3. Folgen der Gütertrennung.**

**3.1 Erbschaft- und Schenkungsteuer.** Mit dem Wechsel in die Gütertrennung entsteht der Anspruch auf Zugewinnausgleich. Die zu seiner Erfüllung erbrachte Leistung ist nicht der Schenkungsteuer unterworfen (§ 5 Abs. 2 ErbStG). → Form. IX.6 Anm. 1.

Stirbt einer der Partner vor der angestrebten Scheidung, kann der Überlebende noch am Nachlass beteiligt sein. Denn sein gesetzliches Erb- und Pflichtteilsrecht erlischt erst, wenn die Voraussetzungen des § 1933 S. 1 BGB eingetreten sind: Der Verstorbene muss die Scheidung beantragt oder dem Antrag des nun Längerlebenden zustimmt haben und die Voraussetzungen für die Scheidung der Ehe müssen beim Erbfall geben sein – die Ehe muss somit iSd §§ 1565, 1566 BGB gescheitert sein. Auch eine letztwillige Verfügung des Erblassers, durch die er seinen Ehepartner bedacht hat, wird erst zum selben Zeitpunkt unwirksam (§ 2077 Abs. 1 BGB); sie kann sogar über die Scheidung hinaus wirksam bleiben, wenn ein entsprechender (realer oder hypothetischer) Fortgeltungswille des Erblassers (§ 2077 Abs. 3 BGB) festgestellt wird. Für eine – wie auch immer geartete – Nachlassbeteiligung des Überlebenden besteht bei Gütertrennung weder das erbschaftsteuerliche Privileg aus § 5 Abs. 1 noch aus Abs. 2 ErbStG.

**3.2 Pflichtteilsquoten.** Die Gütertrennung verändert regelmäßig die gesetzlichen Erb- und Pflichtteilsquoten: Der gesetzliche Erbteil des Ehegatten bestimmt sich nun ausschließlich nach § 1931 Abs. 1 und 4 BGB und hängt davon, wer nach dem Gesetz zum Miterben berufen ist. Neben Abkömmlingen des Erblassers erhält der Ehepartner nunmehr ein Viertel (§ 1931 Abs. 1 BGB), mindestens aber soviel wie jedes Kind (§ 1931 Abs. 4 BGB). Hinterlässt der Verstorbene keine Abkömmlinge, erbt der Ehepartner neben Erben zweiter Ordnung (den Eltern des Erblassers oder deren Abkömmlingen) die Hälfte des Nachlasses. Dasselbe gilt, wenn mit ihm die Großeltern des Verstorbenen gesetzliche Erben sind. In allen anderen Fällen wird der Überlebende Alleinerbe. Sein Pflichtteil beträgt nach § 2303 Abs. 2 BGB die Hälfte seiner gesetzlichen Erbquote. Hinterlässt der Erblasser nicht mehr als zwei Abkömmlinge, erhöht die Gütertrennung somit die Pflichtteilsquote des längerlebenden Ehegatten. Hatte er in dieser Konstellation beim gesetzlichen Güterstand stets eine Pflichtteilsquote von einem Achtel, erhöht sich diese nun auf ein Viertel (neben einem Kind) bzw. ein Sechstel (bei zwei Kindern). Zwar kann der Überlebende nun keinen Zugewinnausgleich nach § 1371 Abs. 2 oder 3 BGB mehr verlangen, dieser ist aber bereits beim Güterstandswechsel durchzuführen. Stirbt ein Ehepartner im Zeitraum zwischen Scheidungsfolgenvereinbarung mit Gütertrennung und dem Eintritt der Voraussetzungen aus § 1933 S. 3 BGB, kann sich das wirtschaftliche Gesamtergebnis zugunsten des Überlebenden verändern.

Wären neben dem Längerlebenden bei gesetzlicher Erbfolge mehr als ein Kind oder die Eltern des Verstorbenen als gesetzliche Miterben berufen, erhöht die Gütertrennung auch deren Pflichtteilsquoten (zwei Kinder: je ein Sechstel statt vorher je ein Achtel).

**4. Erfüllungsmodus für den Zugewinnausgleich.** Beim Anspruch auf Zugewinnausgleich handelt es sich um eine Geldwertschuld, so dass zwar die Qualität des geschuldeten Objektes („Geld") feststeht, aber noch nicht seine Quantität („wieviel"). Erst wenn diese Größe anhand der gesetzlichen (und gegebenenfalls ehevertraglich modifizierten) Berechnungsregeln ermittelt worden ist, wird die Forderung zur Geldsummenschuld. Gemäß § 1378 Abs. 3 S. 1 BGB entsteht die Forderung mit der Beendigung des Güterstandes und ist danach sofort fällig (§ 271 Abs. 1 BGB), und zwar als „qualifizierte Schickschuld" iSd § 270 Abs. 4 iVm Abs. 1 BGB. Im Muster wird die Fälligkeit der gesamten Geldforderung durch eine (kurzzeitige) Stundung verschoben.

Soll die Stundung über längere Zeit erfolgen, sollte im Vertrag unbedingt (positiv oder negativ) geregelt werden, ob und in welcher Höhe der gestundete Betrag bis zu seiner Fälligkeit zu verzinsen ist. Auch die Frage, ob und welche Sicherheiten für den Stundungszeitraum gestellt werden müssen, ist zu thematisieren.

Dasselbe gilt, wenn für die Ausgleichsforderung Ratenzahlung vereinbart wird. Bei einer solchen Gestaltung ist es außerdem empfehlenswert, dem Ausgleichsberechtigten ein Kündigungsrecht für die Stundungsvereinbarung einzuräumen, falls der Zahlungspflichtige mit einer Rate in Verzug geraten sollte.

**5. Ehewohnung.**

**5.1 Grundlagen.** Während der Trennungszeit (unabhängig von einem Scheidungsantrag) kann aus § 1361b BGB ein Anspruch auf vorläufige Überlassung der Ehewohnung gegen den anderen Ehegatten bestehen. Für eingetragene Lebenspartner gilt die (inhaltlich ähnliche) Vorschrift des § 14 LPartG. Zuständig ist ausschließlich das Familiengericht (§§ 200, 111 Nr. 5 FamFG). Anordnungen, die auf Grundlage des § 1361b BGB ergehen, haben nur vorläufigen Charakter. Denn eine endgültige Regelung durch gerichtliche Zuweisung der Ehewohnung kann nur ab Rechtskraft der Scheidung auf Grundlage des § 1568a BGB erfolgen. Unzulässig ist dagegen ein auf § 985 BGB gestütztes Herausgabeverlangen des Ehegatten, in dessen Alleineigentum die Ehewohnung steht (BGH FamRZ 2017, 22 = NJW 2017, 260).

**5.2 Zuweisungskriterien.**

**a) Getrenntleben.** Die vorläufige Zuweisung der Ehewohnung während der Trennungszeit setzt voraus, dass sie notwendig ist, um beim Antragsteller eine unbillige Härte zu vermeiden. Die zwei wichtigsten Gründe (Kindeswohl, Gewalt des anderen Partners) sind im Gesetz genannt. Die Eigentumsverhältnisse und andere dingliche Rechtspositionen der Eheleute sind besonders zu berücksichtigen. Ist der weichende Ehepartner Inhaber eines solchen Rechts an der Immobilie, kann er nach § 1361b Abs. 3 S. 2 BGB eine Vergütung verlangen, soweit dies der Billigkeit entspricht. Ist Trennungsunterhalt zu leisten, wird der Wohnwert allerdings vorrangig bei der Unterhaltsberechnung berücksichtigt.

**b) Scheidung.** Für die endgültige Zuweisung der Ehewohnung anlässlich der Scheidung ist erforderlich, dass der Antragsteller auf die Nutzung in stärkerem Maß angewiesen ist als der andere. Besonders zu berücksichtigen sind dabei wiederum das Kindeswohl, aber auch die Lebensverhältnisse der Ehegatten (insbesondere Alter, Gesundheitszustand, finanzielle Verhältnisse, räumliche Entfernung zum Arbeitsplatz, Nutzung der Wohnung schon vor der Ehe).

**5.3 Einfluss auf ein bestehendes Mietverhältnis.** Ist die Ehewohnung gemietet, wirkt sich ihre vorläufige Zuweisung an einen Partner nach § 1361b BGB nicht auf den Bestand des Mietverhältnisses aus.

Für den Anspruch aus § 1568a BGB auf endgültige Überlassung der Ehewohnung nach Rechtskraft der Scheidung lässt das Gesetz in Abs. 3 eine Umgestaltung des bestehenden Mietverhältnisses zu Lasten des Vermieters zu:

Einigen sich beide Ehepartner darauf, dass einer von ihnen das Mietobjekt künftig alleine nutzt, genügt es, dies dem Vermieter mitzuteilen. Der in der Ehewohnung verbleibende Partner führt den bisher gemeinsamen Mietvertrag alleine fort oder übernimmt ihn vom bisher allein mietenden Ehegatten. Wirksam wird dies allerdings erst mit Rechtskraft der Scheidung. Der Vermieter hat keine Möglichkeit, diesem „Vertrag zu Lasten Dritter" zu widersprechen, jedoch ein Sonderkündigungsrecht (§ 1568a Abs. 3 S. 2 iVm § 563 Abs. 4 BGB).

Erfolgt die Zuweisung stattdessen im gerichtlichen Verfahren, ist der Vermieter zu beteiligen (§ 204 Abs. 1 FamFG). Auch hier steht ihm nach der gerichtlichen Entscheidung neben seinem Beschwerderecht (59 Abs. 1 FamFG) das Sonderkündigungsrecht zu. Er kann innerhalb eines Monats außerordentlich kündigen, wenn in der Person des neuen Mieters ein wichtiger Grund vorliegt. Das ist immer dann der Fall, wenn dem Vermieter die Fortsetzung des Mietverhältnisses nicht zugemutet werden kann, wozu das Unvermögen des neuen Mieters gehört, den Mietzins zu bezahlen.

5.4 **Vertragliche Regelung.** Im Muster wird der Fall behandelt, in welchem die bisherige Ehewohnung gemeinsam angemietet war. Ist ein Partner noch nicht ausgezogen („Getrenntleben in derselben Wohnung") oder hat er noch Gegenstände in der Wohnung zurückgelassen, sollte zusätzlich eine Räumungsverpflichtung zu einem festen Stichtag vereinbart werden. Für diese ist auch eine Zwangsvollstreckungsunterwerfung des Räumungspflichtigen möglich und empfehlenswert. Die Einschränkung in § 794 Abs. 1 Nr. 5 ZPO greift insoweit nicht, weil der Anspruch auf Räumung nicht den Bestand des Wohnraummietverhältnisses, also das Verhältnis zum Vermieter, betrifft.

Steht die Ehewohnung im Miteigentum der Eheleute, lässt sich die Scheidungsfolgenvereinbarung um die in → Form. IX.8 enthaltene Vereinbarung zur „Scheidungsimmobilie" erweitern. Zusätzlich wird dadurch die Entflechtung des bisher gemeinschaftlichen Vermögens erreicht.

**6. Haushaltsgegenstände.**

**6.1 Grundlagen.** Seit dem 1.9.2009 gilt die Hausratverordnung nicht mehr. Ihr materiellrechtlicher Regelungsinhalt ist über die §§ 1568a (Ehewohnung, vorstehend → Anm. 5) und 1568b BGB (Haushaltsgegenstände) in das BGB integriert und der Begriff „Hausrat" einheitlich durch den der „Haushaltsgegenstände" ersetzt worden. Beide Begriffe entsprechen sich inhaltlich. Zum Hausrat gehören bewegliche Sachen und Rechte, die nach den Vermögens- und Lebensverhältnissen der Ehegatten für die Wohnung, die Hauswirtschaft und das Zusammenleben der Familie bestimmt sind (BGH FamRZ 1984, 144 = NJW 1984, 484). Wie bei der Ehewohnung kann eine gerichtliche Zuweisung von Haushaltsgegenständen vorläufig (in der Trennungszeit, § 1361a BGB) oder endgültig (anlässlich der Scheidung, § 1568b BGB) vorgenommen worden.

Häufiger Streitpunkt ist die Frage, ob ein vorhandenes Kraftfahrzeug im konkreten Fall Haushaltsgegenstand ist. Nach mittlerweile wohl hM ist das (einzige) „Familienauto" Haushaltsgegenstand, wenn es zumindest gelegentlich familiär genutzt wird. Hat jeder Partner einen eigenen Pkw, ist grundsätzlich keiner von beiden Haushaltsgegenstand. Davon ausgenommen sind Fälle, in denen ein Fahrzeug als „Zweitwagen" von beiden Partnern gefahren wird (vgl. zum Meinungsstand etwa *Münch/Schulz,* Familienrecht in der Notarpraxis, § 5 Rn. 125 ff. und Rn. 160). Eine solche Situation kann zB vorliegen, wenn ein Partner hauptsächlich das vom Arbeitgeber gestellte Dienstfahrzeug nutzt. Weder die Tatsache, dass ein Partner den Kaufvertrag alleine geschlossen und den Kaufpreis für das Fahrzeug bezahlt hat, noch seine alleinige Eintragung als Halter im Kfz-Brief (nach § 12 FZV korrekt „Zulassungsbescheinigung Teil II") ist ein Beweis für sein Alleineigentum.

**6.2 Zuweisungskriterien.**

a) **Getrenntleben.** Während des Getrenntlebens ist die Eigentumslage an den Haushaltsgegenständen unerheblich. Ist ein Ehepartner Alleineigentümer eines Haushaltsgegenstandes, gibt ihm § 1361a Abs. 1 S. 1 BGB grundsätzlich einen Herausgabeanspruch. Aus Gründen der Billigkeit, bei der wiederum das Kindeswohl besonders zu berücksichtigen ist, kann er jedoch nach § 1361a Abs. 1 S. 2 BGB dazu verpflichtet sein, den Haushaltsgegenstand dem getrennt lebenden Ehegatten zum Gebrauch zu überlassen. Dafür kann eine angemessene Nutzungsvergütung festgesetzt werden (§ 1361a Abs. 3 S. 2 BGB). Da der Gebrauchsüberlassungsanspruch aus § 1361a BGB dogmatisch Teil des Trennungsunterhaltes ist und die Höhe der Vergütung nach Billigkeit festzusetzen ist, ist diese wirtschaftlich jedoch meist ohne eigenständige Bedeutung. Eine Entscheidung nach § 1361a BGB beeinflusst die Eigentumslage nicht (§ 1361a Abs. 4 BGB). Haushaltsgegenstände, die im gemeinsamen Eigentum beider Ehepartner stehen, werden gemäß § 1361a Abs. 2 BGB nach Billigkeitsgrundsätzen verteilt.

Bei Feststellung der Eigentumsverhältnisse gilt die (widerlegbare) Vermutung des § 1568b Abs. 2 BGB entsprechend, wonach während der Ehezeit für den gemeinsamen Haushalt angeschaffte Haushaltsgegenstände gemeinsames Eigentum sind. Mit Wirkung zum 1.9.2009 aufgehoben wurde die Vorschrift des § 1370 BGB zur dinglichen Surrogation. Danach stand – beim gesetzlichen Güterstand – ein während der Ehezeit ersatzweise beschaffter Haushaltsgegenstand automatisch im Alleineigentum des Partners, dem zuvor der ausrangierte Gegenstand gehört hatte – unabhängig von den Wertverhältnissen.

**b) Scheidung.** Auf Grundlage des § 1568b BGB kann anlässlich der Scheidung eine Eigentumszuordnung erfolgen. Diese beschränkt sich jedoch auf Haushaltsgegenstände, die beiden Eheleuten *gemeinsam* gehören. Für Haushaltsgegenstände, die während der Ehe für den gemeinsamen Haushalt angeschafft wurden, wird in § 1568b Abs. 2 BGB gemeinsames Eigentum (widerlegbar) vermutet. „Anschaffen" bedeutet dabei Erwerb im Wege eines Rechtsgeschäftes gegen Entgelt, so dass die Vermutung nicht geschenkte oder aufgrund Erbfolge erworbene Haushaltsgegenstände erfasst. Die Vermutung wird nicht dadurch widerlegt, dass ein Ehepartner den Gegenstand alleine gekauft und mit eigenen Mitteln bezahlt hat; der Erwerb wird stattdessen als „Geschäft, für den, den es angeht" behandelt. Dem kaufenden Ehepartner wird im Regelfall unterstellt, dass er „für den gemeinsamen Haushalt" und damit zum Miteigentum erwerben will (BGH FamRZ 1991, 923 (924) = NJW 1991, 2283).

Der Anspruch aus § 1568b Abs. 1 BGB ist auf Überlassung und Übereignung zum Alleineigentum gerichtet. Er steht demjenigen Ehegatten zu, der auf die künftige Nutzung des Haushaltsgegenstandes stärker angewiesen ist als der andere. Notwendig ist wiederum eine Billigkeitsabwägung, bei der – wie bei Zuweisung der Ehewohnung nach § 1568a BGB – in erster Linie auf das Wohl der im Haushalt lebenden Kinder und zusätzlich auf die Lebensverhältnisse der Eheleute abzustellen ist.

Haushaltsgegenstände, die im Alleineigentum eines Ehepartners stehen, sind demgegenüber im Zugewinnausgleich zu berücksichtigen.

**6.3 Vertragliche Regelung.** Das Muster knüpft an die in der Praxis häufige Ausgangslage an, dass die Aufteilung der Haushaltsgegenstände bereits erfolgt ist. Die Vereinbarung dient somit dazu, die Eigentumslage an die bereits einvernehmlich herbeigeführten Besitzverhältnisse anzupassen. Ist ein Haushaltsgegenstand unter Eigentumsvorbehalt des Verkäufers erworben worden, wird das bestehende Anwartschaftsrecht auf einen der Eheleute übertragen. Dieser übernimmt im Gegenzug die Verpflichtung, die noch ausstehenden Kaufpreisraten alleine zu bezahlen. Auf eine bestehende gesamtschuldnerische Haftung des anderen Partners gegenüber dem Vorbehaltsverkäufer hat diese schlichte Erfüllungsübernahme keine Auswirkungen. Das damit verbundene Risiko auszuschließen, würde allerdings einen meist unverhältnismäßigen Aufwand erfordern, etwa, wenn die Zustimmung des Verkäufers zur Haftentlassung beschafft oder Sicherheiten gestellt werden müssten.

**6.4 Hausratversicherung.** Regelmäßig bleibt der Schutz einer Hausratversicherung für eine Übergangszeit am gesamten Hausrat bestehen, wenn mindestens ein Ehepartner aus der Ehewohnung auszieht. (So die Empfehlung des Gesamtverbandes der Deutschen Versicherungswirtschaft eV <GDV> zur fakultativen Verwendung zu den Allgemeinen Hausrat Versicherungsbedingungen <VHB 2016 – Quadratmetermodell>– dort Abschnitt A 16.6). Der Hinweis im Muster soll lediglich Anlass für die Partner sein, einen etwaigen Regelungsbedarf festzustellen. Nach der in den Bedingungen des konkreten Versicherers festgelegten Übergangsfrist erlischt der Versicherungsschutz War nur ein Ehegatte Versicherungsnehmer und zieht der andere in eine neue Wohnung, wird nur diese über die Übergangsfrist hinaus geschützt . Waren beide Partner Versicherungsnehmer, bleibt nach der Frist nur der Schutz für die bisherige Wohnung bestehen. Hat jeder eine neue Wohnung, verlieren beide nach Fristablauf den bisherigen Schutz.

7. **Versorgungsausgleich – Zeitanteilige Herausnahme von Anrechten.** Das Muster greift hier in das „Wie" des Versorgungsausgleichs ein (vgl. dazu die Erläuterung in → Form. IX.1 Anm. 13). Vereinbart wird hier, denjenigen Teil der auszugleichenden Anrechte, welcher zwischen Trennungszeitpunkt und gesetzlichem Stichtag entsteht, unberücksichtigt zu lassen. Ein Verkürzen der in § 3 Abs. 1 VersAusglG definierten „Ehezeit", indem der Endstichtag vertraglich nach vorne verschoben wird, wurde schon vor der Reform des Versorgungsausgleichs als unzulässig angesehen (BGH FamRZ 2001, 1444 = NJW 2001, 3333; BGHZ 158, 81 = FamRZ 2004, 601). Zulässig soll dagegen ein Teilausschluss sein, durch welchen einzelne oder sämtliche Anrechte, die nach dem vertraglich vereinbarten Stichtag erworben worden sind, aus dem Versorgungsausgleich (zB – wie im Muster – des Getrenntlebens) herausgenommen werden (OLG Nürnberg FamRZ 1995, 177 = NJW-RR 1995, 516; OLG Frankfurt FamRZ 2017, 881 Der Unterschied zur (unzulässigen) Ehezeitverkürzung besteht in der Berücksichtigung der Wertentwicklung zwischen vertraglich vereinbartem Stichtag und rechtlichem Ehezeitende: Bei der zulässigen Vereinbarung fließt sie noch in den Versorgungsausgleich ein. Voraussetzung ist allerdings auch dann, dass die Vereinbarung nicht zu einer Erhöhung der Ausgleichsanspruchs führt. Beim Regelfall der internen Teilung (§ 10 Abs. 2 VersAusglG) droht ein solches Ergebnis, falls beide Eheleute bei demselben Versorgungsträger gleichartige Ansprüche auszugleichen haben und der insgesamt Ausgleichsberechtigte während des vertraglich herausgenommenen Trennungszeitraums höhere Anrechte erwirbt als der Ausgleichspflichtige. Von solchen Konstellationen abgesehen, die eher selten sein dürften, ist die Herausnahme des Getrenntlebenszeitraums jedoch insbesondere dann interessengerecht, wenn dieser realtiv lange andauert.

**8. Trennungsunterhalt.**

**8.1 Kein Verzicht für die Zukunft.**

a) **Vorsorgender Ehevertrag.** Für die Vertragsgestaltung besonders wichtig ist die Verweisungskette, die über § 1361 Abs. 3 zu § 1360a Abs. 3 und von dort zu § 1614 Abs. 1 BGB führt: Für die Zukunft kann auf Trennungsunterhalt nicht verzichtet werden. Damit scheiden Vereinbarungen zum Trennungsunterhalt in einem vorsorgenden Ehevertrag faktisch aus. Denn zu diesem Zeitpunkt kann überhaupt nicht abgesehen werden, ob und vor allem in welcher Höhe im Falle einer späteren Trennung (§ 1567 BGB) einer der Partner einen Anspruch auf Trennungsunterhalt haben wird. Das Verbot erfasst auch Vereinbarungen, die einen Teilverzicht beinhalten, gleichgültig, ob dieser die Höhe des Anspruchs betrifft oder mit ihnen eine zeitliche Begrenzung angestrebt wird (BGH FamRZ 1984, 997 (999) = NJW 1985, 64 zum Kindesunterhalt).

b) **Scheidungsfolgenvereinbarung.** In Scheidungsfolgenvereinbarungen ist ein Verzicht ebenfalls unwirksam. Der Versuch, das Verbot durch ein „pactum de non petendo" umgehen zu wollen, in welchem sich die Vertragspartner gegenseitig versprechen, keine Ansprüche auf Trennungsunterhalt geltend zu machen, scheitert ebenfalls (BGH FamRZ 2014, 629 Rn. 47 ff. = NJW 2014, 1101; *Münch/Schmitz,* Familienrecht in der Notar- und Gestaltungspraxis, § 3 Rn. 31; *Münch,* Ehebezogene Rechtsgeschäfte, Rn. 1934, MünchKomm-BGB/*Weber-Monecke* § 1361 Rn. 49). Aber Gefahr droht selbst Vereinbarungen zur Unterhaltshöhe, wenn dabei ein unzutreffendes Einkommen zugrunde gelegt wird und dadurch ein Partner weniger Trennungsunterhalt erhält, als ihm nach den gesetzlichen Vorgaben zustehen würde (BGH FamRZ 2010, 964 Rn. 22 = NJW-RR 2010, 934). Gleiches gilt, wenn die Abänderungsmöglichkeit ausgeschlossen wird (MünchKomm-BGB/*Weber-Monecke* § 1361 Rn. 49).

c) **Zulässige Vereinbarungen.** Im Umkehrschluss wird aus dem Gesetzeswortlaut gefolgert, dass ein Verzicht für die Vergangenheit zulässig ist. Auch Zahlungsvereinbarungen, die nicht (wesentlich) hinter dem gesetzlichen Unterhalt zurückbleiben oder seine Höhe sogar übertreffen, sind gestattet. Ab welcher Grenze eine objektiv zu niedrige Konkretisierung der Zahlungspflicht zu einem unzulässigen Teilverzicht wird, ist umstritten. Maximal dürfte sie bei 20 % liegen (OLG Düsseldorf FamRZ 2001, 1148; OLG Hamm FamRZ 2007, 733 = NJW 2006, 3012), aber auch maximal zehn Prozent werden vertreten (*Münch/Schmitz,* Familienrecht in der Notar- und Gestaltungspraxis, § 3 Rn. 34). Unzulässig ist ein Verzicht auch dann, wenn er gegen eine Abfindung erklärt wird. Stattdessen eine „gebündelte Vorauszahlung des gesamten Trennungsunterhaltes" zu vereinbaren, in welche Inflation und Verzinsung eingerechnet werden (so der Vorschlag von *Münch/Schmitz,* aaO, § 3 Rn. 33), ist wohl eher als – ebenfalls unzulässiger – Umgehungsversuch zu bewerten. Nicht immer endet der Anspruch auf Trennungsunterhalt, wenn die Partner drei Jahre voneinander getrennt leben. Für welchen Zeitraum soll dann aber die Vorausberechnung erfolgen, ohne eine nicht nur unwesentliche Verkürzung des Gesamtanspruchs zu riskieren? Hinzu kommt, dass § 1614 Abs. 2 BGB für Vorausleistungen die schuldbefreiende Wirkung regelmäßig auf drei Monate (§ 760 Abs. 2 BGB) einschränkt; bei erneuter Bedürftigkeit des Unterhaltsberechtigten, auch als Folge von Verschwendung, droht eine erneute Zahlungspflicht.

Überwiegend wird jedoch vertreten, dass die strenge Einschränkung der Gestaltungsfreiheit nach Ablauf des ersten Trennungsjahres nachlässt. Denn die Eheleute könnten dann, bei idealem Verfahrenverlauf, geschieden werden, wenn beide mit der Scheidung einverstanden sind (§ 1566 Abs. 1 BGB). Vereinbarungen zum nachehelichen Unterhalt wären dann aber nach den Vorgaben der §§ 1569 ff. BGB möglich. Daraus wird teilweise gefolgert, dass einvernehmliche Regelungen zum Trennungsunterhalt nach Ablauf des ersten Trennungsjahres innerhalb dieses Regelungsrahmens auch dann zulässig werden, wenn sie einen teilweisen Verzicht beinhalten. Insbesondere wird eine Anwendung von § 1578b BGB auch auf den Trennungsunterhalt (betragsmäßige und/oder zeitliche Begrenzung) befürwortet (Zum Meinungsstand vgl. zB *Münch/Schmitz,* aaO, § 3 Rn. 35 ff.), was von einigen Obergerichten jedoch bereits explizit abgelehnt worden ist (OLG Bremen FamRZ 2009, 1415 = NJW-RR 2009, 1226; OLG Brandenburg FamRZ 2009, 1837 = NJW 2009, 1356; OLG Düsseldorf 15.7.2010 – II-9 UF 51/10, BeckRS 2010, 17841).

In der Praxis kommt es dennoch nicht selten vor, dass beide Partner – aufgrund ihrer guten wirtschaftlichen Verhältnisse – gegenseitig keinen Trennungsunterhaltsanspruch verlangen wollen. Eine Erklärung beider, dass die für den Unterhaltsanspruch erforderliche Bedürftigkeit aktuell bei keinem von ihnen gegeben ist, ist nur dann unbedenklich, wenn durch sie weder ein Verzicht noch ein „pactum de non petendo" begründet werden soll. Zulässig ist sie, wenn sie lediglich die Geschäftsgrundlage des „Gesamtpakets" dokumentiert, nicht aber eine verbindliche Rechtsposition zur Abwehr künftiger Trennungsunterhaltsansprüche schaffen soll (BGH FamRZ 2014, 629 Rn. 49 = NJW 2014, 1101). Eine solche Klausel könnte lauten:

**§ 4 Ehegattenunterhalt**
**1. Gesetzliche Vorgaben**
**Die bestehende Ehe kann auch während des Getrenntlebens („Trennungsunterhalt") bzw. nach ihrer Scheidung („nachehelicher Unterhalt") Grundlage für gesetzliche Unterhaltsansprüche der Partner sein. Auf Trennungsunterhalt kann für die Zukunft nicht verzichtet werden. Nach einer Ehescheidung gilt der Grundsatz der Eigenverantwortung, so dass Unterhalt vom früheren Ehepartner nur in den gesetzlich geregelten Ausnahmesituationen verlangt werden kann. Die Höhe**

**eines dann etwa zu leistenden Unterhalts hängt nicht nur von der Leistungsfähigkeit des Verpflichteten, sondern auch vom Bedarf des Berechtigten ab.**
**2. Trennungsunterhalt**
**Zum Trennungsunterhalt erklärt jeder von uns: Ich bin derzeit in der Lage, meinen Lebensunterhalt durch meine Einkünfte selbst zu bestreiten. Auf die Leistung von Trennungsunterhalt durch den anderen Vertragsteil bin ich deshalb nicht angewiesen. Meine derzeit ausgeübte Erwerbstätigkeit ist mir im bisherigen Umfang zuzumuten, falls sich meine persönlichen Verhältnisse nicht wesentlich ändern. Rückstände an Unterhaltsleistungen bestehen mir gegenüber derzeit nicht. Wir erklären außerdem übereinstimmend: Diese Ausgangslage, bei der kein Vertragspartner Trennungsunterhalt verlangt, haben wir zur Geschäftsgrundlage der gesamten Scheidungsfolgenvereinbarung gemacht. Die Möglichkeit, auf der Grundlage der gesetzlichen Vorgabe Trennungsunterhalt zu beanspruchen, wird dadurch weder eingeschränkt noch ausgeschlossen.**
**3. Verzicht auf nachehelichen Unterhalt**
**Jeder von uns verzichtet hiermit jedoch gegenüber dem anderen vollständig auf seine Ansprüche auf nachehelichen Unterhalt, die ihm nach Scheidung unserer Ehe zustehen könnten. Auch Vereinbarungen zum nachehelichen Unterhalt können im Scheidungsfall Gegenstand einer gerichtlichen Inhaltskontrolle sein. Jeder von uns versichert vorsorglich: Nach meinen derzeitigen persönlichen Verhältnissen und unter Berücksichtigung der Vereinbarungen in dieser Urkunde kann ich auch nach einer Scheidung voraussichtlich für meinen Lebensunterhalt alleine aufkommen.**

### 8.2 Höhe des Trennungsunterhaltes.

**a) Grundlagen.** Trennungsunterhalt ist in einer Höhe zu leisten, die den Erwerbs- und Vermögensverhältnissen der Ehegatten angemessen ist (§ 1361 Abs. 1 S. 1 BGB). Somit richtet sich der Bedarf des Berechtigten – wie beim nachehelichen Unterhalt – nach den konkreten ehelichen Lebensverhältnissen. Dabei schränkt § 1361 Abs. 2 BGB die Erwerbsobliegenheit des bisher nicht erwerbstätigen Partners ein: Bis auf Fälle kurzer Ehedauer besteht im ersten Jahr der Trennung regelmäßig keine Erwerbsobliegenheit (BGH FamRZ 1990, 283 = NJW-RR 1990, 323).

Die ehelichen Lebensverhältnisse werden durch die prägenden bereinigten Nettoeinkommen beider Partner bestimmt, allerdings jeweils gekürzt um den sog. Erwerbstätigenbonus bei Erwerbseinkünften (meist $^{1}/_{7}$, teilw. $^{1}/_{10}$). Um eine einheitliche Rechtsanwendung sicherzustellen, haben die Oberlandesgerichte für ihren Bezirk unterhaltsrechtliche Leitlinien (insgesamt 17) aufgestellt. Sie enthalten Vorgaben zu den unterhaltsrelevanten Rechengrößen und deren konkrete Behandlung.

Trennungsunterhalt ist gemäß § 1361 Abs. 4 S. 2 BGB in Form einer monatlich im Voraus zu bezahlenden Geldrente zu leisten.

**b) Vertragsgestaltung.** Um dem Unterhaltsberechtigten einen Vollstreckungstitel für seinen monatlichen Zahlungsanspruch auf Trennungsunterhalt schaffen zu können (§ 794 Abs. 1 Nr. 5 ZPO) ist die Höhe der monatlich zu leistenden Zahlungen genau zu bestimmen. Verändern sich die prägenden bereinigten Nettoeinkünfte während der Trennungszeit, ist die Unterhaltshöhe anzupassen. Da ein Verzicht für die Zukunft unwirksam ist (→ Anm. 8.1), kann auch der Anpassungsanspruch (zumindest in Bezug auf eine Erhöhung des Zahlbetrages) nicht ausgeschlossen werden.

Nach § 1361 Abs. 1 S. 2 BGB gehören *ab Rechtshängigkeit des Scheidungsverfahrens* zum Bedarf des Unterhaltsberechtigten auch die Kosten für eine angemessene Kranken- und Pflegeversicherung sowie Vorsorge für Alter und Erwerbsunfähigkeit. Besonders dann, wenn bei Vertragsschluss noch kein Scheidungsantrag gestellt worden ist, sollte deshalb ausdrücklich festgehalten werden, ob der vereinbarte Betrag diesen Bedarf bereits beinhaltet (im Muster § 7 Nr. 1.5 Abs. (2)).

Manche unterhaltsrelevante Umstände (zB Berücksichtigung überobligatorischer Einkünfte, neuer Partner beim Berechtigten) sind nach den Leitlinien mit dem unscharfen Maßstab der Billigkeit zu berücksichtigen. Bildet ein solcher Umstand die Grundlage für ein späteres Anpassungsverlangen, erhöht der Billigkeitsmaßstab das Streitpotenzial. Dem lässt sich vorbeugen, indem die Behandlung derartiger Umstände in der Vereinbarung zum Trennungsunterhalt verbindlich geregelt wird (im Muster § 7 Nr. 1.5 Abs. (4) und (5)). Auch eine Vereinbarung darüber, in welchem Zeitraum einander Auskunft über die unterhaltsrelevanten Einkünfte zu erteilen ist, ist empfehlenswert.

Zum nachehelichen Unterhalt vgl. die Darstellung in → Form. IX.1 Anm. 15. Die Ansprüche auf Trennungsunterhalt und nachehelichen Unterhalt beruhen auf unterschiedlichen Grundlagen und sind rechtlich als verschiedene Ansprüche zu qualifizieren. Die Vollstreckungsunterwerfung des zahlungspflichtigen Ehegatten sollte deshalb unbedingt so formuliert sein, dass sie unzweifelhaft einen Vollstreckungstitel für beide Ansprüche schafft.

**9. Realsplitting.**

Unterhaltszahlungen eines Ehepartners an den anderen während des Getrenntlebens und nach der Scheidung können sich auf die zu zahlende Einkommensteuer auswirken: Der Unterhaltspflichtige kann die geleisteten Unterhaltszahlungen als Sonderausgaben von seinem zu versteuernden Einkommen abziehen (§ 10 Abs. 1a Nr. 1 EStG). Der Abzug ist auf 13.805 EUR pro Kalenderjahr beschränkt, weshalb auch von „begrenztem Realsplitting" gesprochen wird. Beim Unterhaltsempfänger stellen die erhaltenen Zahlungen im selben Umfang steuerpflichtige Einkünfte dar (§ 22 Nr. 1a EStG).

Das Realsplitting mindert die Einkommensteuerbelastung des Unterhaltspflichtigen, erhöht sein Nettoeinkommen und damit seine unterhaltsrechtliche Leistungsfähigkeit. Deshalb besteht eine Obliegenheit für ihn, das begrenzte Realsplitting geltend zu machen. Umgekehrt ist der Unterhaltsberechtigte dazu verpflichtet, seine steuerrechtlich notwendige Zustimmung zu erteilen, allerdings nur, wenn ihm vom Unterhaltspflichtigen die mit dem Realsplitting verbundenen Nachteile ausgeglichen werden (BGH FamRZ 1983, 576 = NJW 1983, 1545). Solche bestehen insbesondere in der Erhöhung der eigenen Einkommensteuerbelastung. Aber auch sozialrechtliche Nachteile können mit der Einkommenszurechnung beim Unterhaltsberechtigten verbunden sein: Wird das Gesamteinkommen nun sozialversicherungspflichtig, weil es die Grenze der Beitragsfreiheit (§ 10 Abs. 1 Nr. 5 SGB V) übersteigt, entfällt eine bisher womöglich bestehende beitragsfreie Mitversicherung bei der gesetzlichen Kranken- und Pflegeversicherung; bestand schon zuvor eine einkommensabhängige Beitragspflicht, steigt die damit verbundene monatliche Belastung.

Voraussetzung für das Realsplitting ist ua, dass der Unterhaltsschuldner den Abzug beantragt und der Unterhaltsempfänger dem Abzug zustimmt. Der Antrag kann nicht zurückgenommen werden, dagegen ist die Zustimmung des Unterhaltsberechtigten widerruflich, allerdings nur für künftige Kalenderjahre.

**10. Elterliche Sorge und Umgang.**

**10.1 Elterliche Sorge.** Nach dem Leitbild des § 1626 BGB üben verheiratete Eltern die elterliche Sorge grundsätzlich gemeinsam aus, also auch während des (nicht nur vorübergehenden) Getrenntlebens und nach der Scheidung. In diesen Phasen der gescheiterten Ehe kann jedoch jeder Elternteil unter den Voraussetzungen des § 1671 BGB beantragen, dass ihm durch das Familiengericht die elterliche Sorge (ganz oder teilweise) übertragen wird. Einem derartigen Antrag ist stattzugeben, wenn der andere Elternteil zustimmt; ist das Kind bereits über 14 Jahre alt, steht ihm ein Vetorecht zu (§ 1671 Abs. 2 Nr. 1 BGB). Ohne Zustimmung des anderen Elternteils oder gegen den Widerspruch des mindestens 14-jährigen Kindes kann die Übertragung der elterlichen Sorge nur auf Grundlage des § 1671 Abs. 2 Nr. 2 BGB erfolgen, also wenn dies dem Kindeswohl besser entspricht als das Beibehalten der gemeinsamen Sorge. Zusätzlich muss die Übertragung gerade auf den Antragsteller dem Wohl des Kindes am besten entsprechen.

Bleibt es bei der gemeinsamen elterlichen Sorge, gibt § 1687 BGB die Kompetenzabgrenzung vor: Angelegenheiten des täglichen Lebens werden von demjenigen Elternteil alleine entschieden, bei welchem das Kind sich gewöhnlich aufhält. Während der Besuche beim anderen Elternteil hat dieser die entsprechende Befugnis (§ 1687 Abs. 1 S. 4 BGB). Am häufigsten wird nach wie vor das sog. *Residenzmodell* praktiziert, bei dem das Kind vorwiegend bei einem Elternteil lebt, sich regelmäßig aber auch bei dem anderen aufhält. Auch das Wechselmodell und das sog. Nestmodell können im konkreten Fall funktionieren, ob ihre Umsetzung gelingt, hängt jedoch in besonderem Maß von der Akzeptanz und aktiven Zusammenarbeit beider Elternteile und des betroffenen Kindes ab. Beim *Wechselmodell* verbringt das Kind turnusmäßig etwa gleich lange Phasen im Haushalt des einen, danach in dem des anderen Elternteils, was nur bei geringen räumlichen Distanzen überhaupt sinnvoll praktiziert werden kann. Noch mehr Zurückhaltung dürfte im Regelfall gegenüber dem *Nestmodell* angebracht sein, bei dem das Kind an einem festen Ort bleibt und sich die Elternteile dort in ihrem Aufenthalt abwechseln. Drei Wohnungen gleichzeitig zu unterhalten, dürfte ohnehin nur bei wirtschaftlich ungewöhnlich gut situierten Familien in Betracht kommen.

**10.2 Umgangsrecht.** § 1684 Abs. 1 BGB gibt jedem Elternteil und dem Kind sowohl das Recht als auch die Pflicht zum Umgang. Vereinbarungen dazu sollten die Ausnahme sein, weil mit ihnen ein besonders hohes Prognoserisiko verbunden ist. Das gilt zum einen bezüglich der eigenen Fähigkeit, eine konkretisierte Umgangspflicht überhaupt erfüllen zu können. Ungewiss ist aber auch, ob das Vereinbarte in Zukunft dem Kindeswohl entspricht, besonders, wenn sich die Rahmenbedingungen ändern, zB durch Umzug oder familiäre Neuorientierung. Übernimmt der umgangsberechtigte Elternteil vertraglich die Pflicht des „Holens und Bringens" auf seine Kosten, kann er diese Vereinbarung auch dann nicht kündigen, wenn sie später aufgrund eines Wohnortwechsels erhebliche Mehrkosten nach sich zieht (OLG Zweibrücken FamRZ 1998, 1465).

**11. Kindesunterhalt.**

**11.1 Anspruchsinhalt.** Der Unterhaltsanspruch des Kindes gründet sich auf § 1601 BGB und richtet sich gegen beide Elternteile, die anteilig nach ihren Erwerbs- und Vermögensverhältnissen haften (§ 1606 Abs. 3 S. 1 BGB), also nicht als Gesamtschuldner. Auf Kindesunterhalt kann nicht im voraus verzichtet werden (§ 1614 Abs. 1 BGB). Mit dem Unterhaltsanspruch soll der gesamte Lebensbedarf des Kindes gedeckt werden, einschließlich der Kosten einer angemessenen (BGH FamRZ 2000, 420 = NJW-RR 2000, 593: „optimal begabungsbezogenen") Ausbildung. Da das minderjährige Kind noch keine eigene Lebensstellung hat, leitet sich seine Bedürftigkeit von der Lebensstellung seiner Eltern ab. Minderjährige, unverheiratete Kinder müssen lediglich eigenes Einkommen bedarfsmindernd einsetzen, nicht jedoch den Stamm ihres Vermögens (§ 1602 Abs. 2 BGB). Gegenüber unverheirateten Kindern haben die Eltern ein Unterhaltsbestimmungsrecht (§ 1612 Abs. 2 S. 1 BGB). Sie dürfen bestimmen, ob sie den zur Deckung des Lebensbedarfs geschuldeten Unterhalt als Barunterhalt (Regelfall des § 1612 Abs. 1 BGB) und/oder Naturalunterhalt leisten. Die Bestimmung ist allerdings unwirksam, wenn dabei auf die Belange des Kindes nicht die gebotene Rücksicht genommen wird.

Haben sich die Eltern getrennt, sind beide Unterhaltsformen gleichwertig. Die Höhe des Barunterhaltes richtet sich deshalb nach den Einkommensverhältnissen des barunterhaltspflichtigen Elternteils (BGH FamRZ 2000, 358 = NJW 2000, 954). Der das Kind betreuende Elternteil braucht idR keinen Barunterhalt zu bezahlen. Ausnahmen machen die Leitlinien (zB Nr. 12.1 SüdL), wenn sein Einkommen bedeutend höher ist als das des anderen Elternteils, oder der eigene angemessene Unterhalt des sonst allein barunterhaltspflichtigen Elternteils gefährdet ist.

**11.2 Anspruchshöhe.** Seit der Unterhaltsreform zum 1.1.2008 ist in § 1612a BGB ein gesetzlicher Mindestunterhalt minderjähriger Kinder verankert. Seine Höhe entspricht dem doppelten Freibetrag für das sächliche Existenzminimum eines Kindes (Kinderfreibetrag) gemäß § 32 Abs. 6 S. 1 EStG. Entsprechende Leistungsfähigkeit (§ 1603 Abs. 2 BGB) vorausgesetzt, ist der barunterhaltspflichtige Elternteil deshalb mindestens in einer Höhe zahlungspflichtig, welche in der (auf § 1612a Abs. 4 BGB beruhenden) MindestunterhaltsVO festgelegt ist (BGBl. I 2015, 2188, aktualisert in BGBl. I 2017, 3525). In der Düsseldorfer Tabelle entspricht dieser Mindestunterhalt den Tabellenbeträgen der ersten Einkommensgruppe. Diese Tabelle soll – wie auch die unterhaltsrechtlichen Leitlinien der anderen Oberlandesgerichte, denen sie als Grundlage dient – eine möglichst gleichmäßige Behandlung gleicher Lebenssachverhalte ermöglichen. In den Tabellensätzen ist weder Mehrbedarf noch Sonderbedarf des Kindes enthalten. *Mehrbedarf* ist ein während eines längeren Zeitraums anfallender, kalkulierbarer zusätzlicher Bedarf. Beispiele sind Beiträge zur privaten Kranken- und Pflegeversicherung des Kindes oder die Kosten einer Fremdbetreuung, damit der betreuende Elternteil ab dem dritten Lebensjahr des Kindes seiner Erwerbsobliegenheit nachgehen kann (§ 1570 BGB), insbesondere die Kosten für einen Kindergartenbesuch (BGH FamRZ 2009, 962 = NJW 2009, 1816). Aber auch andere Mehrkosten, zumindest immer dann, wenn sie auf einer gemeinsamen Entscheidung der Eltern beruhen (zB Nachhilfe, Privatschule, Musikunterricht, Haustier). *Sonderbedarf* deckt im Gegensatz dazu zwar nur notwendige Bedürfnisse, tritt aber unvorhergesehen, überraschend und stets nur vorübergehend auf, weshalb Vereinbarungen dazu regelmäßig ausscheiden. In erster Linie entsteht er bei plötzlich auftretenden Erkrankungen oder Behinderungen des Kindes.

Der Mindestunterhalt ist nach Altersstufen gestaffelt, von denen die erste bis zur Vollendung des sechsten Lebensjahres reicht, die zweite bis zur Vollendung des 12. und die dritte die Zeit danach erfasst (§ 1612a Abs. 1 S. 3 BGB).

**11.3 Dynamisierung.** Wird eine Zahlungspflicht mit dem Inhalt vereinbart, dass monatlich ein Betrag in Höhe eines bestimmten Prozentsatzes vom gesetzlichen Mindestunterhalt zu zahlen ist, wird sie dynamisiert. Denn sowohl das Aufrücken des Kindes in die nächste Altersstufe als auch eine Änderung der gesetzlichen Bezugsgröße (des Kinderfreibetrages nach § 32 Abs. 6 S. 1 EStG) bewirkt dann automatisch eine Änderung der konkreten Unterhaltsschuld. Die Höhe dieses Prozentsatzes hängt davon ab, welcher Einkommensgruppe nach der Düsseldorfer Tabelle der Unterhaltspflichtige angehört. Die Tabellensätze sind auf den Fall zugeschnitten, dass der Pflichtige zwei Berechtigten Unterhalt zu gewähren hat (zB Nr. 11.2 SüdL). Andernfalls ist eine Anpassung idR so vorzunehmen, dass die Einstufung in eine höhere oder niedrigere Einkommensgruppe erfolgt. Die dynamisierte Vereinbarung von Kindesunterhalt ist der praktische Regelfall. Für eine – ebenfalls mögliche – statische Vereinbarung und Titulierung der Zahlungspflicht besteht allenfalls eine Notwendigkeit, wenn der Anspruch den gesetzlich geschuldeten übersteigen, nicht aber an dessen Dynamik teilhaben soll. Auch in Mangelfällen, in denen sich jede Veränderung des anrechenbaren Einkommens des Unterhaltspflichtigen auswirkt, kann eine statische Vereinbarung sinnvoll sein (*Bamberger/Roth/Reinken* BGB § 1612a Rn. 12).

**11.4 Kindergeld.** Nach der Neuregelung in § 1612b BGB dient das Kindergeld dazu, den Bedarf des Kindes zu decken. Erfüllt ein Elternteil seine Unterhaltspflicht durch Betreuung des Kindes („Naturalunterhalt"), reduziert sich die Zahlungspflicht des barunterhaltspflichtigen um die Hälfte des Kindergeldbetrages, andernfalls ist das gesamte Kindergeld bedarfsmindernd zu berücksichtigen (§ 1612b Abs. 1 BGB). Seit Januar 2018 beträgt das Kindergeld gemäß § 66 EStG für das erste und zweite Kind monatlich jeweils 194 EUR, für das dritte 200 EUR und das vierte und jede weitere Kind jeweils 225 EUR. Ab Juli 2019 sollen diese Beträge jeweils um 10 EUR erhöht werden. Der Zahlbetrag, der sich nach der Anrechnung des Kindergeldes beim barunterhaltspflichtigen Elternteil ergibt, ist in der Düsseldorfer Tabelle ausgewiesen. Abweichende Vereinbarungen, insbesondere mit dem Inhalt, dass keine Anrechnung erfolgt, sind möglich.

**12. Regelungen mit erbrechtlichem Bezug.**

**12.1 Gesetzliche Vorgaben.** Hat ein Ehepartner den anderen in seinem Testament bedacht, entfällt diese Zuwendung gemäß § 2077 Abs. 1 S. 1 BGB, sobald die Ehe geschieden worden ist. Während des laufenden Verfahrens gilt § 2077 Abs. 1 S. 2 BGB, der – wie § 1933 S. 1 BGB – darauf abstellt, ob die Voraussetzungen für die Scheidung der Ehe gegeben waren und der Erblasser die Scheidung beantragt oder ihr zugestimmt hatte. Diese Rechtsfolge greift allerdings nicht, wenn durch Auslegung der Wille des Verstorbenen ermittelt werden kann, dass die letztwillige Verfügung zugunsten des Ehepartners auch bei Scheitern der Ehe bestehen bleiben soll.

Ist die Zuwendung in einem gemeinschaftlichen Testament oder Erbvertrag enthalten, verweisen § 2268 BGB bzw. § 2279 BGB auf § 2077 BGB, so dass das Scheitern der Ehe unabhängig von der gewählten Errichtungsform dieselben Wirkungen hat. Beim Erbvertrag ist allerdings zwischen vertragsmäßig bindenden (§ 2278 BGB) und einseitigen Verfügungen zu unterscheiden: § 2279 Abs. 1 BGB verweist für vertragsmäßige Verfügungen (auch) auf § 2077 BGB, so dass Erbeinsetzung, Vermächtnisse oder Auflagen zugunsten des Ehepartners unwirksam werden. § 2279 Abs. 2 BGB erweitert den Anwendungsbereich auf vertragsmäßige Verfügungen, durch die im Erbvertrag zwischen den Eheleuten ein Dritter bedacht worden ist. Sind also zB gemeinsame Kinder bindend bedacht worden, entfallen mit der Scheidung (bzw. unter den Voraussetzungen des § 2077 Abs. 1 S. 2 BGB schon vorher) auch diese Verfügungen. Hat der Erblasser einen Erbvertrag mit einem Dritten geschlossen und darin seinen Ehepartner bedacht, werden auch diese Zuwendungen von § 2077 BGB erfasst: Für vertragsmäßig bindende Verfügungen enthält § 2279 Abs. 1 BGB die notwendige Verweisung, für einseitige § 2299 Abs. 2 S. 1 BGB (weitere denkbare Konstellationen und ihre Behandlung im Scheidungsfall zB bei *NK-BGB/Kornexl* § 2279 Rn. 26 ff.).

**12.2 Vertragsgestaltung.**

**a) Gemeinsame Nachlassplanung vorhanden.** Haben die Parteien der Scheidungsfolgenvereinbarung gemeinsam ein Testament oder einen Erbvertrag errichtet, sollte diese Verfügung von Todes wegen aufgehoben werden. Werden die Mehrkosten für die Beurkundung einer solchen Aufhebungsverfügung gescheut, kann die Aufhebungswirkung auch kostenfrei herbeigeführt werden, indem die Ehepartner ihr gemeinschaftliches Testament oder ihren Erbvertrag gemeinsam aus der (besonderen) amtlichen Verwahrung zurücknehmen (§ 2256 Abs. 1 BGB, auf den § 2300 Abs. 2 S. 3 verweist. Am Erbvertrag darf aber kein Dritter beteiligt gewesen sein und er darf auch keine anderweitigen vertraglichen Vereinbarungen enthalten). Ein gemeinschaftliches Testament kann zudem kostengünstig durch ein (ebenfalls gemeinschaftliches) eigenhändiges Widerrufstestament beseitigt werden. § 2292 BGB erlaubt dies auch für einen von den Ehepartnern (ohne Beteiligung eines Dritten) geschlossenen Erbvertrag.

**b) Keine gemeinsame Nachlassplanung vorhanden.** Haben die Ehepartner bislang keine bindende Verfügung von Todes wegen errichtet, kann jeder von ihnen seine Nachlassplanung vornehmen oder ändern, ohne auf die Mitwirkung des anderen angewiesen zu sein. In einem solchen Fall kann folgende Klausel verwendet werden:

**§ 9 Keine erbrechtlichen Regelungen**

**Einen Erbvertrag oder ein gemeinschaftliches Testament haben wir bislang nicht errichtet. Der Notar hat uns erläutert, unter welchen Voraussetzungen das gesetzliche Erb- und Pflichtteilsrecht eines Ehepartners im Zusammenhang mit einer angestrebten Scheidung entfällt. Liegen diese noch nicht vor und stirbt ein Partner, ist der andere noch an dessen Nachlass beteiligt.**

**Wir wollen trotzdem weder eine gegenseitige Enterbung noch einen gegenseitigen Pflichtteilsverzicht in diese Urkunde aufnehmen. Soweit einer von uns den anderen enterben will, wird er hierzu gesondert ein entsprechendes Testament errichten. Die dabei einzuhaltenden Formvorschriften hat uns der Notar erläutert.**

Erbvertraglich bindende Verfügungen sind in Scheidungsfolgenvereinbarungen die Ausnahme. Gelegentlich besteht der Wunsch, als Teil des „Regelungspaketes“ eine Immobilie einem oder mehreren gemeinsamen Kindern zu sichern und deshalb ein erbvertragliches Vermächtnis anzuordnen. In einem solchen Fall ist dann allerdings zu bedenken, dass die damit begründete schlichte Erwerbsaussicht des Vermächtnisnehmers nicht vor lebzeitigen Verfügungen des künftigen Erblassers geschützt ist. Sinnvoll ergänzt werden deshalb solche

Immobilienvermächtnisse um einen (vormerkungsgesicherten) Anspruch auf sofortige Übertragung, falls der aktuelle Eigentümer ohne Zustimmung des künftigen Vermächtnisnehmers oder des Erbvertragspartners verfügt, eine Verpflichtung dazu eingeht, ein Insolvenzverfahren über sein Vermögen eröffnet (oder mangels Masse nicht eröffnet) wird oder Zwangsvollstreckungsmaßnahmen in den Grundbesitz erfolgen, die nicht innerhalb einer festzulegenden Frist wieder aufgehoben werden. Soll eine derartige Konstruktion zugunsten von Abkömmlingen vereinbart werden, deren Reifeprozess noch nicht abgeschlossen ist, sollte den Eheleuten das damit verbundene hohe Risiko unbedingt nachdrücklich aufgezeigt werden.

Ein gegenseitiger Verzicht auf das gesetzliche Erbrecht erhöht gemäß § 2310 S. 2 BGB die Pflichtteilsquoten anderer Berechtigter. Diese unerwünschte Nebenwirkung ist jedoch allenfalls zu befürchten, bis das Ehegattenerbrecht im Scheidungsverfahren mit Eintritt der in § 1933 S. 1 BGB geregelten Voraussetzungen wegfällt (→ Anm. 13.1). Bis dahin genügt ein schlichtes eigenhändiges „Enterbungstestament“ beider Noch-Ehegatten, um dasselbe Ergebnis herbeizuführen. Die für einen Erbverzicht anfallenden zusätzlichen (und nicht unerheblichen) Kosten sind deshalb in jedem Fall überflüssig, so dass die Aufnahme eines Verzichts auf das gesetzliche Erbrecht regelmäßig eine unrichtige Sachbehandlung iSd § 21 Abs. 1 S. 1 GNotKG darstellt.

**13. Pflichtteilsberechtigung.**

**13.1 Wegfallzeitpunkt.** Am gesetzlichen Erb- und Pflichtteilsrecht des Ehepartners ändert auch eine Ehekrise nichts, ebenso wenig der Umstand des Getrenntlebens. Stirbt ein Partner, bevor die zerrüttete Ehe rechtskräftig geschieden ist, kann der andere über das gesetzliche Erb- oder Pflichtteilsrecht am Nachlass beteiligt sein. Schon während des Scheidungsverfahrens entfällt allerdings das gesetzliche Erbrecht des Ehegatten unter den Voraussetzungen des § 1933 S. 1 BGB. Da das Pflichtteilsrecht beim Erbfall einen Anspruch gewährt, welcher der Hälfte des Wertes des gesetzlichen Erbteils entspricht (§ 2303 Abs. 1 S. 2 BGB), endet die abstrakte Pflichtteilsberechtigung des Ehegatten zum selben Zeitpunkt.

§ 1933 S. 1 BGB macht den Verlust dieser erbrechtlichen Positionen davon abhängig, dass der Erblasser die Scheidung beantragt hat und das Scheidungsverfahren rechtshängig geworden ist, der Scheidungsantrag also noch vor dem Tod zugestellt worden ist (§ 124 S. 1 FamFG iVm § 253 Abs. 1, § 261 Abs. 1 ZPO). Hat der überlebende Partner Scheidungsantrag gestellt, entfällt sein Erb- und Pflichtteilsrecht nur, wenn der Verstorbene der Scheidung schon zugestimmt hatte. Adressat dieser Zustimmungserklärung muss das Familiengericht sein. Die Zustimmungserklärung kann in einem Schriftsatz (bei nicht anwaltlich vertretener Partei genügt ihre eigene Erklärung, OLG Köln FamRZ 2013, 1762 = NJW 2013, 2831), zu Protokoll der Geschäftsstelle oder in der mündlichen Verhandlung zur Niederschrift des Gerichts erfolgen (§ 134 Abs. 1 FamFG). Das Scheidungsverfahren muss beim Erbfall auch noch rechtshängig gewesen sein. Ist es zuvor durch Antragsrücknahme beendet worden, bleibt es beim gesetzlichen Erb- und Pflichtteilsrecht des überlebenden Ehegatten.

Beim Erbfall müssen zudem die Voraussetzungen für die Scheidung der Ehe vorgelegen haben. Für das dazu notwendige Scheitern der Ehe kann auf die unwiderlegbaren Vermutungen in § 1566 Abs. 1 BGB zurückgegriffen werden. Andernfalls muss der Zerrüttungsnachweis nach § 1565 Abs. 1 BGB geführt werden, wobei die Beweislast denjenigen trifft, welcher sich auf das Vorliegen dieser Voraussetzungen beruft (BGH FamRZ 1995, 229 = NJW 1995, 1082).

**13.2 Vertragsgestaltung.** Eine ausgewogene Vertragsgestaltung hat die beiderseitigen Interessen zu berücksichtigen und eine für beide akzeptable Lösung vorzuschlagen. Vom unreflektierten, automatisierten Einsatz eines gegenseitigen Pflichtteilsverzichts in Scheidungsvereinbarungen muss deshalb dringend gewarnt werden:

a) **Versorgungslücke durch Pflichtteilsverzicht.** Bei Scheitern seiner Ehe wirkt die Gesetzessystematik der §§ 1933, 1586b BGB für den überlebenden (bedürftigen) Partner existenzsichernd: Bis die in § 1933 S. 1 BGB niedergelegten Voraussetzungen eingetreten sind, steht ihm über das Pflichtteilsrecht eine Mindestbeteiligung am Nachlass seines Ehegatten zu. Für den historischen Gesetzgeber war die Existenzsicherung naher Angehöriger eine der rechtspolitischen Gründe für die Schaffung des Pflichtteilsrechts (vgl. zB MüKoBGB/*Lange* BGB § 2303 Rn. 7; *BeckOK BGB/Müller-Engels* § 2303 Rn. 3 jeweils mit weiteren Nachw.). Nach Scheidung der Ehe kann die (eingeschränkt) fortwirkende Solidaritätspflicht des leistungsfähigen Ex-Partners dem Bedürftigen einen Anspruch auf nachehelichen Unterhalt verschaffen, wenn auch nur bei Vorliegen eines der Tatbestände der §§ 1570 ff. BGB.

Mit dem Tod des Unterhaltsverpflichteten erlischt normalerweise der gesetzliche Unterhaltsanspruch (§ 1615 Abs. 3 BGB). Für nachehelichen Unterhalt macht § 1586b BGB davon eine Ausnahme, indem das Gesetz hier den Anspruch des geschiedenen Partners in eine Nachlassverbindlichkeit des verstorbenen Unterhaltsschuldners umwandelt. Dessen Erben haften allerdings nur bis zur Höhe des (fiktiven) Pflichtteils, den der Unterhaltsberechtigte beanspruchen könnte, falls seine Ehe mit dem Verstorbenen nicht geschieden worden wäre. Auch (fiktive) Pflichtteilsergänzungsansprüche nach § 2325 BGB sind bei Ermittlung dieser Haftungsgrenze zu berücksichtigen (BGH FamRZ 2007, 1800 = NJW 2007, 3207 = DNotZ 2008, 196). Die dabei anzusetzende (fiktive) Pflichtteilsquote entspricht immer dem sog. kleinen Pflichtteil; in welchem Güterstand die geschiedenen Eheleute gelebt hatten, ist unerheblich (§ 1586b Abs. 2 BGB).

Nacheheliche Unterhaltsansprüche setzen die rechtskräftige Scheidung der Ehe voraus. Das gesetzliche Erb- und Pflichtteilsrecht kann nach § 1933 S. 1 BGB jedoch schon früher entfallen (→ Anm. 13.1). § 1933 S. 3 schließt dann die Versorgungslücke zwischen (weggefallenem) Pflichtteilsrecht und (noch nicht entstandenem) nachehelichen Unterhaltsanspruch. Die „Scheidung durch den Tod" im laufenden Verfahren wird dann wie eine Scheidung durch den Richter behandelt.

Mit einem Pflichtteilsverzicht wird diese Versorgungskette durchbrochen: Stirbt der wirtschaftlich stärkere Ehegatte, bevor die Tatbestandsvoraussetzungen des § 1933 S. 1 BGB eingetreten sind, erhält der Überlebende weder Unterhalt von den Erben noch den Pflichtteil.

**b) Fernwirkung eines Pflichtteilsverzichts auf § 1586b BGB?**

**(1) Inhalt und Umfang der Erbenhaftung.** Schon lange ist umstritten, ob sich ein Pflicht teilsverzicht auf die Erbenhaftung nach § 1586b BGB auswirkt, also zum Verlust des Anspruchs auf nachehelichen Unterhalt führen kann. Gegen die Fernwirkung eines Pflichtteilsverzichts wird vorgebracht, dessen Regelungsziel sei es üblicherweise, die Nachlassplanung vor Ansprüchen des Pflichtteilsberechtigten abzusichern, nicht aber einen nachehelichen Unterhaltsanspruch auszuschließen. Die (überwiegende) Gegenauffassung stellt demgegenüber den Normzweck des § 1586b BGB heraus: Der Lebensbedarf des Geschiedenen soll durch die Vorschrift in ähnlicher Weise sichergestellt werden, wie dies bei Fortbestand der Ehe durch erbrechtliche Ansprüche erreicht worden wäre. Der Gesetzgeber ist dabei davon ausgegangen, dass der verstorbene Unterhaltspflichtige bei Scheitern der Ehe – ohne Scheidung – den formal noch mit ihm verheirateten Unterhaltsberechtigten enterbt hätte, so dass dieser nur in Höhe seines Pflichtteils am Nachlass beteiligt wäre. Die Haftungsbegrenzung des § 1586b BGB solle deshalb verhindern, dass der geschiedene Unterhaltsberechtigte beim Erbfall wirtschaftlich besser stünde, als wenn die Ehe nicht aufgelöst worden wäre. Diese Argumentation hat der BGH bei seiner vorstehend zitierten Entschei dung (BGH FamRZ 2007, 1800 = NJW 2007, 3207 = DNotZ 2008, 196) herangezogen. Folgt man dem, gefährdet ein Pflichtteilsverzicht generell nacheheliche Unterhaltsansprüche, wenn und soweit diese beim Tod des Zahlungspflichtigen noch bestehen.

(2) **Ausschluss der Fernwirkung?** Vereinbart man den gegenseitigen Pflichtteilsverzicht auflösend bedingt, kann man seine ungewollte Fernwirkung auf nacheheliche Unterhaltsansprüche zuverlässig ausschließen. Als auflösende Bedingung wird dabei der Eintritt der Voraussetzungen des § 1933 S. 1 BGB vereinbart: Entfällt das gesetzliche Pflichtteilsrecht, wird auch der Mechanismus des Pflichtteilsverzichts überflüssig, um beim Tod eines Partners den anderen vom Nachlass fernzuhalten. Der Meinungsstreit über die Fernwirkung eines Pflichtteilsverzichts wird damit obsolet.

Mit Vorsicht ist dagegen die weit verbreitete Praxis zu beurteilen, den Pflichtteilsverzicht lediglich um eine Vereinbarung zu ergänzen, wonach dem Unterhaltsberechtigten seine Ansprüche aus § 1586b BGB gegen die Erben in vollem Umfang vorbehalten werden. Wie soll ein solcher Vorbehalt dogmatisch eingeordnet werden? Als (bedingte) schuldrechtliche Zahlungspflicht des Unterhaltspflichtigen, die bei seinem Tod auf seine Erben übergehen soll? Oder stellt sie, ungeachtet des im Erbrecht geltenden Typenzwangs, eine inhaltliche Einschränkung des Pflichtteilsverzichts dar? Eine Einschränkung, welche sich nicht auf das Objekt des Verzichts bezieht, sondern auf dessen rechtliche Geltung bei § 1586b BGB? Ist sie also eine vereinbarte Fiktion („Wir tun so, als ob es keinen Pflichtteilsverzicht gibt.") im Rahmen der durch § 1586b BGB gesetzlich angeordneten Fiktion („Wir tun so, als hätte der Unterhaltsberechtigte trotz Scheidung noch einen Pflichtteilsanspruch.")?

c) **Empfehlung.** Bei Scheidungsfolgenvereinbarungen, in denen eine Pflicht zur Leistung von Trennungs- und nachehelichem Unterhalt vereinbart wird, sollte nicht automatisch ein gegenseitiger Pflichtteilsverzicht aufgenommen werden. Andernfalls droht beim Tod des Zahlungspflichtigen „zur falschen Zeit" (also vor Eintritt der in § 1933 S. 1 BGB festgelegten Voraussetzungen) dem Unterhaltsberechtigten ein Totalverlust seiner Versorgung.

Umgekehrt hat der Unterhaltspflichtige, besonderes wenn er über ein großes Vermögen verfügt, kein Interesse daran, den Pflichtteilsanspruch des Partners uneingeschränkt stehen zu lassen, bis die Voraussetzungen des § 1933 S. 1 BGB eingetreten sind. Der mögliche Pflichtteilsanspruch würde dann den voraussichtlichen Gesamtwert des Unterhaltsanspruchs erheblich übersteigen. Die damit verbundene Nachlassbeteiligung des Ehegatten wäre ein nicht akzeptables Ergebnis. Bei einer solchen Ausgangslage kann der Pflichtteilsverzicht – zusätzlich zu der auflösenden Bedingung – auf einen bestimmten Höchstbetrag beschränkt werden. Stirbt der Unterhaltspflichtige dann, bevor die Voraussetzungen des § 1931 S. 1 BGB eingetreten sind, ist die Versorgung des Berechtigten über dessen „gedeckelten" Pflichtteilsanspruch sichergestellt.

**Formulierungsvorschlag:**
**2. Gegenseitiger Pflichtteilsverzicht[1]**
**(1) Ich, . . . . ., verzichte hiermit vollständig auf sämtliche Pflichtteils- und Pflichtteilsergänzungsansprüche, die mir beim Tod von . . . . . zustehen würden.**
**(2) Ich, . . . . ., verzichte hiermit ebenfalls auf sämtliche Pflichtteils- und Pflichtteilsergänzungsansprüche, die mir beim Tod von . . . . . zustehen würden, jedoch nur, soweit diese insgesamt einen Betrag von . . . . . EUR (. . . . . . Euro) übersteigen.**
**(3) Wir nehmen diese Verzichtserklärungen gegenseitig an.**
**(4) Der Verzicht erfasst nicht das gesetzliche Erbrecht, ebenso wenig Zuwendungen in Verfügungen von Todes wegen.**
**(5) Stirbt einer von uns, nachdem unsere Ehe geschieden worden ist oder während eines laufenden Scheidungsverfahrens, können an seiner Stelle seine Erben dem anderen zur Leistung von nachehelichem Unterhalt verpflichtet sein. Diese haften dabei nach § 1586b BGB bis zu einem Betrag, welcher dem Pflichtteil des Unterhaltsberechtigten entspräche, wenn seine Ehe mit dem Verstorbenen nicht gescheitert wäre. Ob unser (vollständiger bzw. teilweiser) Pflichtteilsverzicht dabei zu berücksichtigen ist und dadurch mittelbar zu einem Verlust von Unterhaltsansprüchen führen würde, ist noch nicht abschließend geklärt. Wir sind jedoch darüber einig, dass unser jeweiliger Pflichtteilsverzicht keinen Einfluss auf etwaige Unterhaltsansprüche haben soll. Dazu vereinbaren**

**wir: Der jeweilige Verzicht auf Pflichtteils- und Pflichtteilsergänzungsansprüche soll bei einer etwa notwendigen Ermittlung der Haftungsgrenze aus § 1586b BGB unberücksichtigt bleiben. Er wird deshalb auflösend bedingt vereinbart und entfällt mit Scheidung unserer Ehe, aber auch schon vorher, wenn in einem gerichtlichen Verfahren zur Auflösung unserer Ehe entweder die in § 1933 S. 1 oder die in § 1933 S. 2 BGB festgelegten Voraussetzungen eingetreten sind und dieses Verfahren durch den Tod eines von uns beendet worden ist.**

**14. Kosten der Urkunde.**

**14.1 Geschäftswerte.**

a) Güterrechtliche Vereinbarungen (§ 2 im Muster). Die *Vereinbarung von Gütertrennung* ist Ehevertrag iSd § 1408 BGB. Als Geschäftswert ist deshalb die Summe des modifizierten Reinvermögens beider Vertragspartner nach § 100 Abs. 1 GNotKG abzusetzen. Vom Aktivwert des gegenwärtigen Vermögens sind die Verbindlichkeiten anzuziehen, jedoch jeweils höchstens bis zur Hälfte des jeweiligen Aktivvermögens, was also die untere Grenze bildet (§ 100 Abs. 1 S. 3 GNotKG).

Der bedingte *Erlass anderer Ansprüche* hat lediglich vorsorgenden Charakter. Er ist die logische Folge des vorangehenden ausführlichen Hinweises zu „nebengüterrechtlichen" Ausgleichsinstituten. Sollten im Einzelfall tatsächlich derartige Ansprüche bestehen, werden sie von den Vertragspartnern ausdrücklich in die Vereinbarungen zur Vermögensauseinandersetzung einbezogen. Mit dem im Muster vorgeschlagenen Inhalt ist demgegenüber kein gesondert zu bewertender Regelungsinhalt verbunden.

**b) Zugewinnausgleich und Vermögensauseinandersetzung (§ 3 im Muster).** Die Übertragung von Vermögenswerten ist selbst dann ein anderer Beurkundungsgegenstand als der Ehevertrag im eigentlichen Sinn, wenn mit ihr der Zugewinnausgleichsanspruch erfüllt wird oder sie der Vermögensauseinandersetzung dient (§ 111 Nr. 2 GNotKG). Anzusetzen ist deshalb für die zu übertragenden Vermögensgegenstände deren jeweiliger Verkehrswert (§§ 97, 46 GNotKG).

Im Muster wäre der Tageskurs der im übertragenen *Depot* vorhandenen Wertpapiere anzusetzen; da das Depot beiden Partnern bislang gemeinschaftlich gehört hat, ist nur der Anteil des Übertragenden maßgebend, im Zweifel die Hälfte (§ 430 BGB). Für das (bisher im Alleineigentum des Übertragenden stehende) *Kraftfahrzeug* ist dessen aktueller Zeitwert anzusetzen. Dieser lässt sich allgemein zugänglichen Quellen (zB kostenlos auf www.dat.de, Schwacke-Liste) entnehmen, falls die Beteiligten hierzu keine Angaben machen können. Hinzu kommt im Muster der Nennbetrag der vereinbarten *Zugewinnausgleichszahlung*. Die darauf bezogene *Zwangsvollstreckungsunterwerfung* des Zahlungspflichtigen dient der Sicherung des Rechtsverhältnisses, ist deshalb nach § 109 Abs. 1 S. 2 GNotKG derselbe Beurkundungsgegenstand und nicht gesondert zu bewerten.

**c) Rechtsverhältnisse an der Ehewohnung (§ 4 im Muster).** Die Vereinbarungen zur Übernahme des von beiden Partnern abgeschlossenen Mietvertrages sind gemäß § 36 Abs. 1 GNotKG nach billigem Ermessen zu bestimmen. Hierzu wird vertreten, auf den für Mietverträge in § 99 Abs. 1 GNotKG festgelegten Ausgangswert abzustellen, wegen der bisher gesamtschuldnerischen Haftung davon einen Teilwert von 50 Prozent zu nehmen und diesen dann – wegen der unbestimmten Vertragsdauer – analog § 99 Abs. 1 S. 2 auf den fünffachen Jahreswert zu begrenzen (Leipziger Kostenspiegel der Ländernotarkasse, Teil 20, Rn. 45 lit. f). Dabei ist jedoch zu berücksichtigen, dass der Bestand des bisher gesamtschuldnerischen Mietverhältnisses bei Anwendung des § 1568a BGB von kürzerer Dauer ist: Die gemeinsame Erklärung gegenüber dem Vermieter gestaltet das Mietverhältnis um und lässt die bisherige Mithaftung des weichenden Partners mit Rechtskraft der Scheidung enden. Wird diese auf der Grundlage einer einvernehmlichen Scheidungsfolgenvereinbarung angestrebt, kann davon ausgegangen werden, dass dies innerhalb des nächsten Jahres erfolgen wird. Macht der Vermieter innerhalb der Ausschlussfrist von einem Monat ab Erhalt der Gestaltungserklärung von seinem Sonderkündigungsrecht aus § 1568a Abs. 3 S. 2 iVm § 563 Abs. 4 BGB Gebrauch, endet das Mietverhältnis mit Ablauf der Kündigungsfrist, welche der um drei Werktage verkürzten Dreimonatsfrist gemäß §§ 573d Abs. 2, 575a Abs. 3 S. 1 BGB entspricht, also nach maximal vier Monaten ab der vereinbarten Mitteilung an den Vermieter. Sachgerecht erscheint es deshalb, für die Vereinbarung zur *Übernahme des Mietverhältnisses* den einfachen Jahreswert (Nettokaltmiete) zugrunde zu legen und davon einen Teilwert von 50 Prozent. Die *Herausgabepflicht für Schlüssel und Unterlagen* dient ausschließlich der Durchführung der Übernahmevereinbarung und ist deshalb nicht zusätzlich zu bewerten (§ 109 Abs. 1 S. 2 GNotKG).

d) **Rechtsverhältnisse an den Haushaltsgegenständen (§ 5 im Muster).** Die bloße Feststellung, dass die Haushaltsgegenstände bereits verteilt sind, ist nicht gesondert anzusetzen. Die im Muster vorgesehene optionale Regelung bei einem noch nicht abgeschlossenen Abzahlungskauf begründet demgegenüber eine zusätzliche Leistungspflicht: Für jeden Vertragspartner ist die Höhe der übernommenen Zahlungspflicht festzustellen, wegen der regelmäßig bestehenden Mitverpflichtung aus § 1357 BGB ist dabei die Hälfte der offenen Restzahlungen anzusetzen. Übernehmen mit dieser Vereinbarung beide Ehegatten eine Zahlungspflicht, liegt ein Austauschverhältnis vor, so dass nur der höhere der beiden Beträge heranzuziehen ist (§ 97 Abs. 3 GNotKG).

e) **Versorgungsausgleich: Nichtberücksichtigung der Trennungszeit (§ 6 im Muster).** Auch die Vereinbarung über den Versorgungsausgleich ist eigenständiger Beurkundungsgegenstand. Im Muster wird vereinbart, dass die seit Beginn des Getrenntlebens entstandenen Anrechte beider Partner unberücksichtigt bleiben. Damit liegt wiederum ein Austauschvertrag vor, weil jeder in Bezug auf diesen Teil der Anrechte des anderen einen „Teilverzicht" erklärt. Allerdings werden idR von den Beteiligten keine Informationen zum konkreten Wert der von der Vereinbarung erfassten Anrechte erwartet werden dürfen. Vertretbar ist es deshalb, für die Vereinbarung gemäß § 36 Abs. 3 GNotKG den Auffangwert von 5.000 EUR anzusetzen, sachgerecht dürfte es jedoch meistens sein, nach billigem Ermessen (§ 36 Abs. 1 GNotKG) von einem niedrigeren Wert auszugehen.

f) **Ehegattenunterhalt (§ 7 im Muster).** Trennungs- und nachehelicher Unterhalt sind zwei unterschiedliche Ansprüche, was auch auf ihre kostenrechtliche Behandlung durchschlägt. Sie betreffen somit unterschiedliche Beurkundungsgegenstände.

(1) **Trennungsunterhalt.** Die Zahlungspflicht ist eine wiederkehrende Leistung (§ 52 GNotKG), die nur bis zur Rechtskraft der Scheidung besteht und deshalb von ungewisser Dauer ist. Deshalb wird der 1–2-fache Jahresbetrag im Regelfall als angemessen angesehen (Leipziger Kostenspiegel der Ländernotarkasse, Teil 20, Rn. 45 lit. h); Notarkasse, Streifzug durch das GNotKG, Rn. 486). Je näher die Vereinbarung zeitlich an der angestrebten Scheidung liegt, desto niedriger sollte der Betrag angesetzt werden. Bei der in → Anm. 8.1c) beschriebenen Alternativgestaltung, wonach kein Trennungsunterhalt geschuldet ist, handelt es sich um eine nicht zu bewertende Feststellung.

(2) **Nachehelicher Unterhalt.** Die Befristung des nachehelichen Unterhaltes (§ 7 Nr. 2 im Muster) führt dazu, dass der Gesamtwert der beiden Ansprüche (Trennungs- bzw. nachehelicher Unterhalt) logisch begrenzt ist (§ 52 Abs. 2 GNotKG). Eine Gesamtbetrachtung beider Ansprüche mag dogmatisch nicht korrekt sein. Rechnerisch ist sie aber richtig. Denn die Werte verschiedener Beurkundungsgegenstände sind gemäß § 35 Abs. 1 GNotKG ohnehin zusammenzurechnen. Die Zahlungspflicht kann – gleichgültig auf welcher der beiden Anspruchsgrundlagen – insgesamt nur für die vereinbarte Höchstdauer berücksichtigt werden. Als Geschäftswert für die gesamte Regelung zum Ehegattenunterhalt ist deshalb der vereinbarte Monatsbetrag mit der Anzahl der Monate zu multiplizieren, die bis zum Ende der Befristung noch ausstehen.

Auch bei dieser vereinfachenden Betrachtung gilt allerdings für den nachehelichen Unterhalt die Grenze des § 52 Abs. 2 S. 3 iVm Abs. 4 S. 1 BGB, weil er mit dem Tod des Berechtigten endet. Überschreitet die Gesamtdauer des befristeten Ehegattenunterhalts die vom Lebensalter des Berechtigten abhängende Obergrenze, ist sie in ihre Bestandteile (Trennungs- und nachehelicher Unterhalt) aufzusplitten. Die Obergrenze des § 52 Abs. 4 S. 1 BGB ist dann auf die so ermittelte Dauer des nachehelichen Unterhalts anzuwenden.

Ist, anders als im Muster, keine Befristung des nachehelichen Unterhalts vereinbart, endet die Zahlungspflicht in den gesetzlich dafür vorgesehenen Fällen (insbes. Wegfall des Unterhaltstatbestandes oder Bedürftigkeit, Tod oder Wiederheirat des Berechtigten). Damit ist die Zahlungspflicht von unbestimmter Dauer, als Geschäftswert ist gemäß § 52 Abs. 3 GNotKG der zehnfache Jahresbetrag anzusetzen (nur bei einem mindestens 70-jährigen Berechtigten greift zusätzlich die Grenze des § 52 Abs. 4 GNotKG).

Eine spätere Anpassung der Unterhaltshöhe während der Zahlungspflicht ist nach § 52 Abs. 6 S. 1 GNotKG generell unbeachtlich.

**g) Vereinbarungen mit Bezug zum gemeinsamen Kind (§ 8 im Muster).**

(1) **Elterliche Sorge.** Wird, wie im Muster, lediglich erklärt, es in Bezug auf die elterliche Sorge bei der gesetzlichen Vorgabe belassen zu wollen, liegt keine zu bewertende Regelung vor. Wird stattdessen beantragt, die elterliche Sorge einem Elternteil zu übertragen (§ 1671 BGB, § 137 Abs. 3 FamFG), ist als Geschäftswert für jedes Kind (§ 86 Abs. 2 GNotKG) der Auffangwert von 5.000 EUR (§ 36 Abs. 2 und 3 GNotKG) anzusetzen.

(2) **Umgang.** Die im Muster enthaltene Erklärung ist nicht zu bewerten. Dasselbe würde gelten, wenn in ihr lediglich die nicht konkretisierte beiderseitige Absicht ausgedrückt wird, das Umgangsrecht „großzügig" zu handhaben. Detaillierte Umgangsregelungen sind demgegenüber zu bewerten. Für sie gelten dieselben kostenrechtlichen Normen wie vorstehend bei der elterlichen Sorge.

(3) **Kindesunterhalt.** Hier ist noch unklar, welcher Bewertungsansatz richtig ist: Einigkeit besteht darin, dass der Unterhaltsanspruch des Kindes nicht automatisch mit Volljährigkeit oder Abschluss einer angemessenen Ausbildung enden muss. Deshalb wird zum einen eine unbestimmte Dauer angenommen, weil zwar feststeht, dass der Anspruch zu Lebzeiten des Kindes wegfällt, nicht jedoch wann. Nach § 52 Abs. 3 GNotKG sei der zehnfache Jahreswert anzusetzen. Ist eine solche Dauer unter normalen Umständen beim derzeitigen Alter des Kindes nicht zu erwarten, soll über § 52 Abs. 6 GNotKG eine Korrektur auf die wahrscheinlichste Dauer erfolgen (Leipziger Kostenspiegel der Ländernotarkasse, Teil 20, Rn. 45 lit. e). Zum anderen wird wegen der theoretisch lebenslangen Unterhaltsberechtigung auf § 52 Abs. 4 GNotKG abgestellt, so dass bei minderjährigen Kindern der 20-fache Jahreswert heranzuziehen ist; ob auch hier eine Korrektur nach § 52 Abs. 6 S. 3 GNotKG zu erfolgen hat, wird nicht angesprochen (Notarkasse, Streifzug durch das GNotKG, Rn. 488).

Stets bleiben spätere Erhöhungen, auch bei vereinbarter Dynamisierung, nach § 52 Abs. 6 S. 1 GNotKG unbeachtlich. Maßgebend ist die monatliche Unterhaltsschuld, nicht der durch Kindergeldanrechnung verminderte tatsächliche Zahlbetrag. Der nach dem Muster zu zahlende *Mehrbedarf* erhöht die monatliche Unterhaltsschuld und ist, weil er Teil der Zahlungsverpflichtung ist, dort zu berücksichtigen. Die Vollstreckungsunterwerfung bleibt auch hier als Durchführungsbestimmung unberücksichtigt.

**h) Erbrechtliche Vereinbarungen (§ 9 im Muster).**

Der Geschäftswert für die *Aufhebung des Erbvertrages* ist nach § 102 Abs. 1 GNotKG zu bestimmen, maßgebend ist also die Summe des beiderseitigen modifizierten Reinvermögens beider Eheleute, auch wenn in Abs. 5 S. 1 der Vorschrift die Aufhebung nicht erwähnt wird, sondern nur Anfechtung, Widerruf und Rücktritt.

**14.2 Gebührensatz.** Soweit die einzelnen Regelungen als besondere Beurkundungsgegenstände zu behandeln sind, sind ihre Geschäftswerte nach § 35 Abs. 1 GNotKG zu addieren. Aus dem so ermittelten Gesamtgeschäftswert ist eine Verfahrensgebühr nach KV 21100 (Gebührensatz 2,0, mindestens 120 EUR) zu erheben.

Für die Aufhebung des Erbvertrages gilt demgegenüber KV 21102 Nr. 2 (Gebührensatz 1,0, mindestens 60 EUR). Insoweit ist deshalb die Vergleichsberechnung nach § 94 Abs. 1

GNotKG vorzunehmen. Erste Vergleichsgröße: 2,0-Gebühr aus der Summe sämtlicher Einzelwerte, einschließlich des für die Erbvertragsaufhebung maßgebenden. Zweite Vergleichsgröße: 2,0-Gebühr aus der Summe sämtliche Einzelwerten, jedoch ohne die Erbvertragsaufhebung, zuzüglich der 1,0-Gebühr für den Aufhebungsvertrag. Die niedrigere der beiden Vergleichsgrößen ist dann für die Kostenberechnung heranzuziehen.

**15. Teilunwirksamkeit.** Auch Scheidungsfolgenvereinbarungen unterliegen der gerichtlichen Inhaltskontrolle. Noch nicht abschließend geklärt ist, ob sich diese auf eine Wirksamkeitskontrolle beschränkt (so OLG Jena FamRZ 2007, 2079, mit dem Argument, Vereinbarung und Scheitern der Ehe würden zusammenfallen, so dass für eine Ausübungskontrolle am Maßstab des § 242 BGB kein Bedarf bestünde; ähnlich mit Blick auf die fehlende Notwendigkeit *Wachter* ZNotP 2004, 264 (265); *Bredthauer* NJW 2004, 3072 (3076); *DNotI-Report* 2005, 17). Teilweise ist jedoch die Ausübungskontrolle durchgeführt worden (OLG Celle FamRZ 2004, 1202 = NJW 2004, 1961; OLG Köln RNotZ 2010, 55, wenngleich beide Male keine Beanstandung erfolgt ist).

Zur Verwendung salvatorischer Klauseln → Form. IX.3 Anm. 1, zur richterlichen Inhaltskontrolle ehevertraglicher Vereinbarungen → Form. IX.1 Anm. 5.

## 8. Die „Scheidungsimmobilie“: Störungsfrei zum Alleineigentum eines der Ex-Partner

**Heute, am . . . . .[1]**

**waren vor mir, . . . . ., Notar in . . . . ., in meinen Geschäftsräumen in . . . . ., gleichzeitig anwesend:**

***(Namen, Geburtsdaten, Anschriften, „nach Angabe rechtskräftig geschieden“, ausgewiesen durch . . . . . /von Person bekannt).***

***(Soweit erforderlich: Vermerk über das Fehlen einer Vorbefassung, welche die Mitwirkung des Notars nach § 3 Abs. 1 Nr. 7 BeurkG ausschließen würde.)***

**Der Grundbuchinhalt wurde festgestellt. Die Beteiligten erklärten mit Ersuchen um Beurkundung: Wir schließen folgenden Vertrag zur Auseinandersetzung von bisher gemeinschaftlichem Vermögen.**

**§ 1 Vertragspartner und Vertragsobjekt**

**1. Vertragspartner**

**Veräußerer ist . . . . . Erwerber ist . . . . . Er/Sie erwirbt zum Alleineigentum.**

**2. Vertragsobjekt**

**Zu übertragen ist der ideelle Miteigentumsanteil des Veräußerers zu ein Halb an folgendem Grundbesitz: Grundbuch des Amtsgerichts . . . . ., Gemarkung . . . . ., Blatt . . . . .: Flst.Nr. . . . . . zu . . . . . qm.**

**Das Eigentum an beweglichen Gegenständen wird nur mit übertragen, soweit sie Bestandteil oder Zubehör der Immobilie sind und noch im Eigentum des Veräußerers stehen.**

**§ 2 Sachmängelhaftung**

**Hierzu erklären beide Vertragspartner:**

Verborgene Eigenschaften der zu übertragenden Immobilie, welche deren Eignung für ihre gewöhnliche Verwendung einschränken, sind mir nicht bekannt, ebenso wenig, dass ihr aktueller Zustand gegen behördliche Auflagen verstößt oder für ihn etwa erforderliche Genehmigungen fehlen.
Sollten solche Eigenschaften vorhanden sein, wird das damit verbundene wirtschaftliche Risiko somit vom Erwerber übernommen.
Dazu gehört insbesondere auch das Risiko, dass die Immobilie gesundheitsgefährdende Bestandteile oder andere umweltschädliche Veränderungen enthält oder ein (nicht aus dem Grundbuch erkennbarer) Über- oder Unterbau besteht, welcher die Grundstücksgrenze verletzt.

§ 3 Rechte Dritter

Hierzu wird Folgendes vereinbart:

1. Rechte im Grundbuch

1.1 Istzustand

| | |
|---|---|
| Abteilung II: | . . . . .; |
| Abteilung III: | Buchgrundschuld zu . . . . . EUR für . . . . . |

1.2 Vereinbarter Sollzustand

Der Erwerber hat in Abteilung II nur das derzeit eingetragene Recht zu übernehmen. In Abteilung III übernimmt der Erwerber nur die derzeit eingetragene Grundschuld sowie Grundpfandrechte, die er selbst zur Finanzierung des Ausgleichsbetrages noch bestellt.
Zins und Tilgung für die gesicherte Forderung sind – aufgrund der in dieser Urkunde vereinbarten Freistellungsverpflichtung – künftig vom Erwerber alleine zu leisten.
Welche Verbindlichkeiten die Grundschuld und das von den Vertragspartnern in der Grundschuldbestellungsurkunde abgegebene abstrakte Schuldanerkenntnis sichern, ist in der Sicherungsabrede festgelegt. Deren Inhalt sollte deshalb überprüft und gegebenenfalls vom Erwerber mit dem Gläubiger neu geregelt werden.

2. Öffentliche Lasten

Öffentliche Lasten sind durch Gesetz oder Satzung geschaffene Zahlungspflichten, für deren Erfüllung die Immobilie kraft Gesetzes haftet.

2.1 Einmalige öffentliche Lasten

Als einmalige öffentliche Lasten haben die Gemeinden Erschließungs- und Anliegerbeiträge zu erheben, und zwar für bestimmte Maßnahmen, mit denen Erschließungsanlagen (Straßen, Kanalisation, Wasserversorgung) hergestellt oder verbessert worden sind. Oft wird eine solche Maßnahme erst erhebliche Zeit nach ihrer Ausführung abgerechnet. Beitragspflichtig ist der dann aktuelle Eigentümer.
Hierzu erklären beide Vertragspartner: Soweit mir bekannt ist, sind sämtliche Erschließungsmaßnahmen, welche die Immobilie betreffen, bereits vollständig abgerechnet worden. Sämtliche einmalige öffentliche Lasten, die mir in Rechnung gestellt worden sind, sind jedenfalls bereits bezahlt.

2.2 Wiederkehrende öffentliche Lasten

Beide Vertragspartner erklären: In Bezug auf das Vertragsobjekt bestehen auch keine Rückstände bei wiederkehrenden öffentlichen Abgaben und Lasten, wie insbesondere der Grundsteuer.

3. Nutzungsbeschränkungen

Die Nutzung eines Grundstückes kann durch übernommene Abstandsflächen oder andere Baulasten eingeschränkt sein, ohne dass dies aus dem Grundbuch erkennbar ist. In seltenen Fällen können noch Rechte Dritter aus altrechtlichen Dienstbarkeiten existieren, jedoch nur, wenn diese schon vor 1900 bestanden haben und seitdem durchgehend ausgeübt worden sind. *(Soweit erforderlich: Hinweis auf die Möglichkeit, das Baulastenverzeichnis einzusehen.)*Hierzu wird vereinbart: Falls solche Rechte bestehen sollten, werden sie vom neuen Eigentümer übernommen. Jeder Vertragspartner erklärt jedoch: Von solchen Rechten ist und war mir nichts bekannt. Die Nutzung des Vertragsobjektes war bisher auch nicht als Folge einer früheren öffentlichen Förderung, insbesondere nach dem Wohnungsbindungs- oder Wohnraumförderungsgesetz, eingeschränkt.

§ 4 Vereinbarungen zum wirtschaftlichen Übergang

1. Aktuelle Nutzung

Beide Vertragspartner erklären hierzu: Die Immobilie wird bereits nur noch durch den Erwerber genutzt.

2. Wirtschaftliche Zuordnung der Immobilie

Ab dem ..... wird die Immobilie wirtschaftlich dem Erwerber alleine zugeordnet:
(1) Ihm stehen ab diesem Stichtag die Nutzungen alleine zu.
(2) Er hat im Verhältnis zum Veräußerer ab dem Stichtag sämtliche Kosten und Gebühren zu tragen, welche durch die Nutzung entstehen (einschließlich etwaiger Nachzahlungen), die wiederkehrenden öffentlichen Lasten (insbesondere Grundsteuer) sowie Beiträge zu Sachversicherungen, soweit diese für das Vertragsobjekt bestehen, *<folgenden Halbsatz nur bei WEG>* außerdem die Beiträge zu den Lasten und Kosten des Gemeinschaftseigentums („Hausgeld“).
(3) Schon vom Erwerber zu begleichende Rechnungen, die nach dem Stichtag noch beim Veräußerer eingehen, sind unverzüglich weiterzuleiten.
(4) Beitragsbescheide für einmalige öffentliche Lasten, welche bis zum Stichtag ausgestellt worden sind, haben beide Vertragspartner noch anteilig zu bezahlen. Alle übrigen Beitragsbescheide sind bereits vom Erwerber alleine zu bezahlen, auch solche, die an die Stelle eines früher erlassenen Bescheides treten. Vorauszahlungen und Rückerstattungen kommen bereits dem Erwerber zugute.
(5) Ansprüche gegen Dritte, die dem Veräußerer in Bezug auf das Vertragsobjekt etwa zustehen, werden hiermit an den Erwerber abgetreten, also insbesondere Schadensersatzansprüche gegen Dritte oder gegen eine Versicherung.
(6) Der Erwerber hat ab dem Stichtag sämtliche mit dem Vertragsobjekt verbundenen Verkehrssicherungspflichten zu erfüllen, also insbesondere eine Räum- und Streupflicht aus kommunaler Satzung, unabhängig davon, ob diese Vereinbarung vor Eigentumsumschreibung haftungsbefreiende Wirkung für den bisherigen Eigentümer hat.
(7) Der Veräußerer hat dem Erwerber sämtliche Schlüssel und Objektunterlagen (Original oder Fotokopie) auszuhändigen, die er heute noch in Besitz hat, auch solche, die er Dritten überlassen hat.
(8) *<Nur bei WEG>*Der Erwerber wird hiermit bevollmächtigt bzw. ermächtigt, ab dem Stichtag sämtliche, mit dem Wohnungseigentum verbundenen Rechte auszuüben, insbesondere das Stimmrecht in der Eigentümerversammlung.

§ 5 Rechtsgrund und Gegenleistungen

1. Vermögensauseinandersetzung[2]

Die Übertragung erfolgt durch die Vertragspartner zur Vermögensauseinandersetzung im Zusammenhang mit der bereits erfolgten Ehescheidung. Die Ehe wurde durch rechtskräftige Endentscheidung des Amtsgerichts . . . . . vom . . . . . geschieden.

2. Freistellungsverpflichtung[3]

2.1 Darlehen der Vertragspartner

Beide Vertragspartner erklären: Derzeit sind wir noch beide Schuldner folgender Darlehensverbindlichkeit bei der . . . . ., Vertragsnummer . . . . . Die Höhe der Schuld hat am . . . . . noch . . . . . EUR betragen. Für diese Verbindlichkeit bestehen folgende Sicherheiten:

(1) die an der Immobilie eingetragene, in § 3 Nr. 1.1 bezeichnete Grundschuld;

(2) das vollstreckbare abstrakte Schuldanerkenntnis, welches wir beide zusätzlich in der Grundschuldbestellungsurkunde abgegeben haben.

In der Sicherungsabrede ist festgelegt, welche Forderungen durch Grundschuld und Schuldanerkenntnis gesichert werden und auch, unter welchen Voraussetzungen der Gläubiger die Sicherheiten verwerten darf bzw. freizugeben hat.

Beide Vertragspartner erklären: Uns ist sowohl der Inhalt des Darlehensvertrages als auch der Sicherungsabrede bekannt.

2.2 Inhalt der Freistellungspflicht

Ich, . . . . ., verpflichte mich dazu, den Veräußerer, also . . . . ., von der vorstehend bezeichneten Darlehensverbindlichkeit freizustellen. Für diese Freistellungspflicht vereinbaren wir folgenden Inhalt:

Innerhalb von drei Monaten ab heute hat der Erwerber eine schriftliche Erklärung des Gläubigers zu beschaffen, mit der Folgendes bestätigt wird:

Die persönliche Haftung des Veräußerers aus dem vorstehend bezeichneten Darlehensvertrag und aus dem in der Grundschuldbestellungsurkunde enthaltenen abstrakten Schuldanerkenntnis ist erloschen.

Der Gläubiger darf dabei bestimmen, dass seine Bestätigung erst wirksam wird, sobald das Eigentum am Vertragsobjekt im Grundbuch auf den Erwerber umgeschrieben worden ist.Der Notar wird beauftragt und bevollmächtigt, diese Bestätigung beim Gläubiger anzufordern und für die Vertragspartner entgegenzunehmen.

2.3 Folgen bei Nichterfüllung dieser Pflicht[4]

Was der Erwerber mit dem Gläubiger vereinbart, um die geschuldete Erklärung zu erhalten, bleibt zunächst ihm überlassen. Das ändert sich jedoch, falls die Erklärung des Gläubigers nicht innerhalb der vereinbarten Frist beim Notar eingegangen ist:

Der Veräußerer kann dann vom Erwerber verlangen, dass dieser die noch offene Darlehensschuld unverzüglich vollständig tilgt.

Dieses Verlangen ist in Textform an die vom Erwerber zuletzt bekannt gegebene Anschrift zu senden; eine Kopie soll an den Notar übermittelt werden. Sobald diese Aufforderung dem Erwerber zugegangen ist, entfällt dessen Recht, die Freistellungspflicht auf andere Weise zu erfüllen.

Hierzu erklären die Vertragspartner: Uns ist bekannt, dass der Gläubiger nicht dazu verpflichtet ist, die Erklärung, welche die bisherige persönliche Haftung des Veräußerers beenden soll, abzugeben. Sie ist uns jedoch durch den Gläubiger vor Beurkundung in Aussicht gestellt worden.

2.4 Freistellungskosten

Sämtliche Kosten, die mit der Erfüllung der vereinbarten Freistellungspflicht verbunden sind, hat der Erwerber alleine zu tragen, also insbesondere Bearbeitungsgebühren oder eine etwaige Vorfälligkeitsentschädigung bei sofortiger Tilgung.

2.5 Finanzierungsvollmacht

Um die Finanzierung der Zahlungen zu ermöglichen, welche der Erwerber zur Erfüllung der vereinbarten Gegenleistungen zu leisten hat, bevollmächtigt ihn der Veräußerer hiermit dazu, die gesamte, in § 1 Nr. 2 bezeichnete Immobilie mit Grundschulden samt Nebenleistungen und Zinsen in jeweils beliebiger Höhe zu belasten und den jeweiligen Eigentümer deswegen der sofortigen Zwangsvollstreckung zu unterwerfen. Rechte an solchen Sicherheiten, die zunächst noch beim Veräußerer entstehen, gehen mit vollständiger Erfüllung der Gegenleistung auf den Erwerber über. Allerdings darf diese Vollmacht nur zur Finanzierung der Freistellungsverpflichtung und des Ausgleichsbetrages verwendet werden. In der Urkunde, mit welcher der Erwerber eine Grundschuld bestellt, müssen deshalb folgende Einschränkungen aufgenommen werden:

(1) Grundschuldgläubiger darf nur ein Kreditinstitut mit Sitz in Deutschland sein.

(2) Der Grundschuldgläubiger darf die Grundschuld nur als Sicherheit für die Ausgleichszahlung sowie für solche Zahlungen verwenden, welche der Erwerber nach den Vorgaben dieses Vertrages geleistet hat, um die persönliche Haftung des Veräußerers bei dem bisherigen gemeinsamen Gläubiger zu beenden. Andere Forderungen gegen den Erwerber dürfen damit erst gesichert werden, wenn seine Pflicht zur Ausgleichszahlung und Freistellung vollständig erfüllt oder das Eigentum an der Immobilie auf ihn umgeschrieben worden ist.

Der Grundschuldgläubiger muss dazu angewiesen werden, die mit der Grundschuld gesicherten Darlehen ausschließlich (für Rechnung von . . . . .) nach den in diesem Vertrag vereinbarten Zahlungsmodalitäten auszubezahlen.

Diese Vollmacht kann nur vor dem Notar . . . . . in . . . . . ausgeübt werden. Wird eine Hypothek bestellt, gilt sie sinngemäß. Zu anderweitigen Verfügungen über die Immobilie ist der Erwerber. vor Eigentumserwerb nicht befugt.

3. Ausgleichsbetrag

3.1 Höhe

Ich, . . . . ., verpflichte mich außerdem, an . . . . . einen Ausgleichsbetrag in Höhe von . . . . . EUR (. . . . . Euro) zu bezahlen.

3.2 Zahlungsfrist

Der Ausgleichsbetrag muss spätestens am letzten Tag der Zahlungsfrist beim Zahlungsempfänger eingegangen sein. Diese Zahlungsfrist beträgt vierzehn Kalendertage und beginnt mit dem Datum der Fälligkeitsmitteilung. Diese ist mit einfachem Brief an die Vertragspartner zu übersenden. In ihr bestätigt der Notar, dass die folgende, von ihm zu überwachenden Fälligkeitsvoraussetzung vorliegt:

Im Grundbuch ist an dem zu übertragenden Miteigentumsanteil eine Vormerkung für den Erwerber eingetragen worden; sie schützt vor nachteiligen Grundbucheintragungen. Ihr dürfen deshalb nur Belastungen vorgehen, die vom Erwerber nach den Bestimmungen dieser Urkunde zu übernehmen sind.

3.3 Empfängerkonto

Der Ausgleichsbetrag ist auf das vom Veräußerer angegebene Konto bei der . . . . . (IBAN DE . . . . .) zu überweisen.

3.4 Vollstreckungsunterwerfung

Wegen meiner Pflicht zur Zahlung des unverzinsten Ausgleichsbetrages unterwerfe ich, . . . . ., mich hiermit der sofortigen Zwangsvollstreckung in mein gesamtes Vermögen. Frühestens vierzehn Tage nach Absenden seiner „Fälligkeitsmitteilung“ kann der Notar ohne weitere Nachweise vollstreckbare Ausfertigung erteilen, wenn der Veräußerer dies beantragt. Die Beweislast in einem gerichtlichen Verfahren wird dadurch nicht verändert.

§ 6 Vertragsabwicklung

1. Vollzugsauftrag und Vollmacht[5]

Jeder Beteiligte beauftragt und bevollmächtigt den Notar dazu, sämtliche Erklärungen anzufordern, entgegenzunehmen und abzugeben, die erforderlich sind, um diesen Vertrag zu vollziehen, außerdem, ihn im Grundbuchverfahren uneingeschränkt zu vertreten. Vollmacht und Auftrag gelten über den Tod des Vollmachtgebers hinaus und auch für einen etwaigen Amtsnachfolger des Notars; sie können einseitig nicht widerrufen werden. Zur Sicherung der Vertragspartner erhält der Notar folgende Anweisungen:

(1) Die Eintragung der Vormerkung, welche den Anspruch des Erwerbers auf Eigentumsübertragung im Grundbuch sichert, soll unverzüglich beantragt werden.

(2) Die Eigentumsumschreibung auf den Erwerber darf erst veranlasst werden, wenn der Erwerber seine Freistellungspflicht erfüllt hat Diese Voraussetzung gilt als erfüllt, wenn beim Notar die schriftliche Bestätigung des Gläubigers mit dem in § 5 Nr. 2.2 vereinbarten Inhalt eingegangen ist. Bis dahin bleibt der Veräußerer somit noch als Miteigentümer im Grundbuch eingetragen. Die Vermögensauseinandersetzung kann deshalb insbesondere erst dann endgültig vollzogen werden, wenn der Veräußerer vom Gläubiger aus seiner persönlichen Haftung entlassen worden ist oder diese anders, insbesondere aufgrund regulärer Tilgung des Darlehens, erloschen ist.

(3) Zusätzlich dazu hat der Veräußerer in Textform bestätigt oder der Erwerber nachgewiesen, dass der Ausgleichsbetrag (ohne etwaige Zinsen) vertragsgemäß bezahlt worden ist .

2. Abschriften

Von dieser Urkunde sollen jeweils einfache Abschriften erhalten: jeder Vertragspartner; Finanzamt (Grunderwerbsteuerstelle); der eingetragene Grundschuldgläubiger .

Beglaubigte Abschriften erhalten: Grundbuchamt; Finanzamt (Schenkungsteuerstelle).

3. Grundbucherklärungen

Zum Vollzug dieses Vertrages im Grundbuch werden folgende Erklärungen abgegeben:

3.1 Zur Vormerkung

Der Veräußerer bewilligt, an dem von ihm zu übertragenden Miteigentumsanteil an der Immobilie eine Vormerkung zugunsten des Erwerbers einzutragen. Der Erwerber bewilligt, diese Vormerkung wieder zu löschen. Die Löschung darf erst bei Umschreibung des Eigentums auf ihn erfolgen und nur, falls bis dahin keine Zwischeneintragungen erfolgt sind, denen er nicht zugestimmt hat.

3.2 Zum Eigentumsübergang

Wir sind über Folgendes einig: Das Eigentum am Vertragsobjekt geht auf den Erwerber über, so dass dieser nach Vollzug der Urkunde Alleineigentümer der Immobilie ist. Diese Einigung, die sog Auflassung, ist unbedingt, enthält aber nicht die notwendige Eintragungsbewilligung. Diese ist vom Notar abzugeben, wenn er auftragsgemäß die Eigentumsumschreibung veranlasst.

3.3 Zur Lastenfreistellung

Der Löschung aller im Grundbuch eingetragenen (also auch vorläufig zu übernehmender) Grundpfandrechte wird hiermit zugestimmt, vorsorglich wird sie von den Vertragspartnern bewilligt.

§ 7 Sonstige Regelungen

1. Steuern[6]

Der Notar hat ausschließlich folgende steuerliche Hinweise gegeben und empfohlen, die steuerlichen Auswirkungen dieses Vertrages vorab durch einen Angehörigen der steuerberatenden Berufe klären zu lassen:
(1) Dieser Vertrag kann Grunderwerbsteuer auslösen. Für eine etwa anfallende Grunderwerbsteuer sowie für die Notarkosten haften nach dem Gesetz sämtliche Vertragspartner als Gesamtschuldner. Die Vermögensauseinandersetzung im Zusammenhang mit einer geplanten oder bereits durchgeführten Ehescheidung kann jedoch durch eine der in § 3 GrEStG vorgesehenen Steuerbefreiungen erfasst werden.
(2) Die Zuwendung von Vermögen oder der Erlass bestehender Forderungen kann Schenkungsteuer auslösen.
(3) Private Veräußerungsgeschäfte oder die Veräußerung von Betriebsvermögen können Ertragsteuern auslösen.
Hierzu wird vereinbart: Soweit durch die in dieser Urkunde vorgenommene Übertragung oder Zuordnung von Wirtschaftgütern Grunderwerb- oder Schenkungsteuer ausgelöst wird, hat diese der jeweilige neue Eigentümer zu tragen. Etwa durch die Übertragung ausgelöste Ertragsteuern hat der Veräußerer zu tragen.

2. Kosten

Zu den Kosten wird Folgendes vereinbart: Die Grundbuchkosten, die durch den Vollzug dieses Vertrages ausgelöst werden (einschließlich etwa erforderlicher Genehmigungen und Bescheinigungen) trage ich, . . . . ., alleine. Die Notarkosten[7] für diese Urkunde und ihren Vollzug tragen wir jeweils zur Hälfte. Im Übrigen trägt jeder von uns anderweitige Kosten, die ihm bei der Erfüllung seiner Pflichten entstehen, selbst. Das gilt auch für eigene Anwaltskosten.

3. Keine zusätzlichen Sicherheiten

Erfüllt ein Vertragspartner seine Pflichten nicht oder nicht wie vereinbart, kann eine solche Leistungsstörung zu Ersatzansprüchen des anderen führen, die dann jedoch erst durchgesetzt werden müssen. Eine Verpflichtung, dem jeweils anderen Vertragspartner für diesen Fall sofort zusätzlich eine Sicherheit zu verschaffen (z. B. eine Bankbürgschaft), soll jedoch nicht vereinbart werden.

4. Keine Nebenabsprachen

Sämtliche Vereinbarungen, also auch etwaige Nebenabsprachen, müssen in diese Urkunde aufgenommen werden; andernfalls ist auch der beurkundete Vertrag nichtig. Die Vertragspartner versichern deshalb hiermit, dass der Vertragsinhalt ihre Vereinbarungen nicht nur richtig, sondern auch vollständig wiedergibt.
Diese Urkunde wurde vom Notar vorgelesen,
von sämtlichen Beteiligten genehmigt
und unterschrieben:

## Anmerkungen

1. **Interessenlage.** Vermögensverflechtungen, welche die Partner während der intakten Beziehung geschaffen haben, werden mit Scheitern der Beziehung nicht automatisch aufgelöst, auch nicht im Scheidungsverfahren. Eine Einigung vorausgesetzt, lässt sich eine Mitberechtigung an Konten und beweglichen Gegenständen recht einfach beenden, so dass die daran bestehende Gemeinschaft oft schon vor der Ehescheidung beendet wird. Aufwendiger ist es, dieses Ziel für gemeinschaftlich erworbenes Immobilieneigentum zu verwirklichen.

1.1 **Immobilie als Kapitalanlage.** Objektiv besteht bei einer Immobilie, welche zur Einnahmeerzielung angeschafft worden war, keine zwingende Notwendigkeit, das Gemeinschaftsverhältnis nach Scheitern der Ehe zu beenden. Nutzen und Lasten könnten wie bisher verteilt, die Verwaltung wie bisher gehandhabt werden. Trotzdem besteht meist der Wunsch, die Eigentümergemeinschaft zu beenden: Oft allein schon, weil das persönliche Verhältnis zueinander durch die konkreten Umstände der Trennung belastet ist. Hinzu kommt, dass in der Immobilie Kapital gebunden ist, welches nach der Scheidung benötigt wird, um die Neuausrichtung der eigenen Lebensplanung umsetzen zu können.

1.2 **Selbstgenutzte Immobilie.** Auch die Anschaffung einer Immobilie als „Familienheim" dient zwar der Vermögensbildung. Im Mittelpunkt steht jedoch die Möglichkeit, den Wohnraum selbst zu nutzen. Während der intakten Partnerschaft werden dabei Nutzungen, aber auch Lasten und Kosten, nach einem für beide akzeptablen Schlüssel verteilt.

a) **Nach der Trennung.** Dieses Gleichgewicht wird verschoben, sobald die Miteigentümer getrennt leben. Besonders deutlich wird das, wenn das Getrenntleben nicht innerhalb der gemeinsamen Immobilie erfolgt (§ 1567 Abs. 1 S. 2 BGB), sondern ein Partner ausgezogen ist: Gemäß § 1361b Abs. 3 S. 2 BGB steht dem „weichenden Eigentümer" dann „nach Billigkeit" eine Vergütung zu (→ Form. IX.6 Anm. 5). Dieser Anspruch wird häufig vom (vorrangigen) Trennungsunterhalt (§ 1361 BGB) überlagert. Bei dessen Berechnung wird die Weiternutzung der gesamten Immobilie durch den darin verbliebenen Ehepartner jedoch nur mit einem „angemessenen Wohnwert" berücksichtigt. Dabei ist der Mietzins für eine dem ehelichen Lebensstandard angemessene kleinere Wohnung anzusetzen, nicht jedoch die auf dem Wohnungsmarkt für das Objekt erzielbare Miete schematisch zu kürzen (BGH FamRZ 2007, 879; 2003, 1179). Denn während des Getrenntlebens bringt die Alleinnutzung dem im Objekt verbliebenen Partner zunächst keinen wirtschaftlichen Vorteil (BGH FamRZ 1998, 901: „Totes Kapital"). Eine Verwertung während des Getrenntlebens ist nicht zumutbar, um keine Fakten zu schaffen, die eine noch mögliche Versöhnung erschweren könnten. Beide Anspruchsgrundlagen sind auf die Trennungszeit beschränkt.

b) **Nach der Scheidung.** Sobald die Ehe geschieden ist, ändert sich die wirtschaftliche Behandlung der gemeinschaftlichen, aber nur von einem Ex-Ehegatten bewohnten Immobilie: § 1568a BGB ist dann Grundlage für einen Nutzungsüberlassungsanspruch „aus Billigkeit". Gleichzeitig räumt Abs. 5 der Vorschrift jedem der beiden Ex-Partner das Recht ein, die „Begründung eines Mietverhältnisses zu ortsüblichen Bedingungen" zu verlangen. Wird nach der Scheidung nachehelicher Unterhalt geschuldet, ist zwar umstritten, wie das Konkurrenzverhältnis der beiden Regelungsmechanismen aufzulösen ist (vgl. dazu *Götz/Brudermüller* FamRZ 2009, 1261 (1264); MünchKomm-BGB/*Maurer* BGB Vorb. zu §§ 1569 ff. Rn. 6; NK-*Boden/Cremer* BGB § 1568a Rn. 43). Einigkeit besteht jedoch darüber, dass bei Anwendung der Normen im Ergebnis eine Doppelbelastung für einen der beiden Ex-Partner verhindert werden muss. Deshalb ist der Wohnwert beide Male gleich anzusetzen, also sowohl im Unterhaltsrecht als auch bei Festsetzung des Mietzinses für den nach § 1568a Abs. 5 BGB begründeten Vertrag. Dabei ist auf die ortsübliche Vergleichsmiete abzustellen, von der jedoch die Lasten und die nicht umlagefähigen Kosten iSd § 566 Abs. 1 BGB, §§ 1, 2 BetrKV abzuziehen sind (BGH FamRZ 2009, 1300 (1303)).

**1.3 Entflechtungsmöglichkeiten.** Die Teilungsversteigerung (§ 180 ZVG) ist der „letzte Ausweg", falls ein Miteigentümer nicht dazu bereit ist, nach Scheitern der persönlichen Beziehung die Rechtsverhältnisse an der gemeinschaftlichen Immobilie neu zu ordnen. Vorzugswürdig ist eine einvernehmliche Entflechtung: Beim Verkauf an einen Dritten wird die gesamte Immobilie „versilbert" und ihr Substanzwert – gegebenenfalls nach Tilgung offener Finanzierungsverbindlichkeiten – unter den früheren Gemeinschaftern verteilt. Liegen die notwendigen wirtschaftlichen und persönlichen Voraussetzungen dafür vor, kann stattdessen einer der beiden Miteigentümer den Anteil des anderen übernehmen, welcher dafür eine Gegenleistung erhält. Diese tritt in der Praxis in verschiedenen Erscheinungsformen auf, die oft auch miteinander kombiniert werden: Geldleistung, Sachleistung oder Befreiung von Verbindlichkeiten. Übernimmt ein Partner die bisher gemeinschaftliche Immobilie, müssen die dabei beiderseitig eingegangenen Leistungspflichten detailliert und interessengerecht festgelegt werden.

**2. Rechtsgrund Vermögensauseinandersetzung.** Erfolgt die Immobilienübertragung nach Rechtskraft des Scheidungsbeschlusses, ist der Erwerbsvorgang noch von der Grunderwerbsteuer befreit, wenn er im Rahmen der Vermögensauseinandersetzung nach der Scheidung erfolgt (§ 3 Nr. 5 GrEStG). In der Urkunde sollte das dokumentiert werden, um den Beteiligten eine Nachfrage durch das Finanzamt zu ersparen. Grundsätzlich darf das Grundbuchamt die Eigentumsumschreibung nur vornehmen, wenn die steuerliche Unbedenklichkeitsbescheinigung vorgelegt worden ist. § 22 Abs. 1 S. 2 GrEStG erlaubt es den Obersten Finanzbehörden der Länder, im Einvernehmen mit den Landesjustizverwaltungen, für diesen Grundsatz Ausnahmen anzuordnen (vgl. zB für *Bayern:* Bayer. Staatsministerium der FinanzenSchreiben vom 29.4.1999 – 36-5 4550-17/30–54 156; *Brandenburg:* AV vom 2.2.2000 (3850 E-II 14/95); *Nordrhein-Westfalen:* AV vom 17.7.2007 (3850-I.50); *Saarland:* AV Nr. 10/2000 vom 19.5.2000 (5531-46); *Thüringen:* OFD Erfurt 16.3.1992 – S 4550 A-1-St 2.09). Mit Rechtskraft der Scheidung entfällt dieses formale Privileg. In der Praxis stellen die Grundbuchämter jedoch häufig auf die Angaben in der Urkunde ab: Waren die Partner bei Beurkundung noch verheiratet, wird häufig keine Unbedenklichkeitsbescheinigung verlangt. Erfolgt – wie im hier vorliegenden Muster – die Auseinandersetzung dagegen nach der Ehescheidung, muss die Unbedenklichkeitsbescheinigung vorgelegt werden.

**3. Regelung zu gemeinsamen Finanzierungsverbindlichkeiten.** Sind an der Immobilie noch Grundpfandrechte eingetragen, muss unbedingt geklärt werden, inwieweit diese noch offene Darlehensverbindlichkeiten aus der gemeinsamen Finanzierung sichern. Die praktisch immer bestehende gesamtschuldnerische Haftung beider Ex-Partner bleibt (entgegen der gelegentlich anzutreffenden Fehlvorstellung der Beteiligten) auch nach der Auseinandersetzung bestehen und beinhaltet für den übertragenden Miteigentümer ein enormes Risiko. Vereinbarungen hierzu bilden regelmäßig eine Geschäftseinheit mit der Übertragungspflicht und sind deshalb zwingend mit zu beurkunden. Andernfalls droht über die §§ 311b Abs. 1, 139, 125 BGB Nichtigkeit der gesamten Auseinandersetzungsvereinbarung.

**3.1 Übernahme des Darlehensvertrages.** Inhalt einer solchen Vereinbarung kann sein, dass der übernehmende Miteigentümer den bestehenden Darlehensvertrag künftig alleine weiterführt. Dem Kreditinstitut wird dadurch ein Schuldner weggenommen, ohne sein Einverständnis kann deshalb das Vertragsziel nicht erreicht werden. Rechtlich handelt es sich um eine Vertragsübernahme, die auch in der notariellen Urkunde als solche bezeichnet werden sollte. Anders als bei einer Schuldübernahme geht dabei nicht nur eine bestimmte Leistungspflicht, sondern das Schuldverhältnis als Ganzes über (vgl. zB *Bamberger/Roth/Rohe* BGB § 415 Rn. 26 ff.; MünchKomm-BGB/*Möschel* BGB Vor § 414 Rn. 7; BGHZ 133, 71 = NJW 1996, 2156 (2157)). Denn der angestrebte Wechsel erfasst auch Gestaltungsrechte und sonstige Bestandteile des Schuldverhältnisses. Meist handelt es sich bei dem zu übernehmenden Kreditvertrag um ein Verbraucherdarlehen im Sinne der §§ 491 ff. BGB, für das die dort vorgesehenen besonderen Schutzvorschriften greifen. Das kann sich auch auf die Gestaltung der Übernahmevereinbarung auswirken:

a) **Unechte Vertragsübernahme.** Sie liegt vor, wenn der Übernehmer schon bisher selbst Schuldner des zu übernehmenden Darlehensvertrages gewesen ist. Die geplante Vertragsübernahme erweitert seinen Pflichtenkreis gegenüber dem Gläubiger nicht. Deshalb sind die besonderen Schutzvorschriften der §§ 491 ff. BGB, welche bei Abschluss eines Verbraucherdarlehensvertrages beachtet werden müssen, nicht anwendbar (*Kurz* MittBayNot 1999, 133; *Amann* MittBayNot 2002, 245 (246)). Bei der „Scheidungsimmobilie" ist das der praktische Regelfall.

b) **Echte Vertragsübernahme.** Bestand bisher noch keine persönliche Haftung des erwerbenden Miteigentümers für das zu übernehmende Verbraucherdarlehen, ist zu differenzieren: Die §§ 491 ff. BGB sollen nicht anwendbar sein, wenn die Übernahmevereinbarung zwischen dem bisherigen und dem künftigen Schuldner getroffen wird und der Gläubiger hierzu lediglich seine Zustimmung erteilt (OLG Düsseldorf MittBayNot 2001, 313 ff. mit Anm. *Volmer*). Ist der Kreditgeber jedoch unmittelbar am Vertragsabschluss beteiligt, ist er bei einem solchen dreiseitigen Vertrag auch direkt Vertragspartner des Übernehmers, so dass die §§ 491 ff. BGB zu beachten sind (BGHZ 142, 22 (24) = NJW 1999, 2664). Bei der Immobilienübertragung zur Vermögensauseinandersetzung nach gescheiterter Ehe ist diese Konstellation jedoch ohne praktische Bedeutung.

**3.2 Vereinbarung einer Freistellungspflicht.**

*Amann* (MittBayNot 2002, 245 ff.) hat vorgeschlagen, anstelle einer Vertragsübernahme die flexiblere Freistellungspflicht des erwerbenden Ex-Partners zu vereinbaren. Das Ziel, die bisherige Mithaft des Veräußerers zu beenden, kann dadurch auf unterschiedlichen Wegen erreicht werden, zwischen denen der Freistellungspflichtige und die Gläubigerbank wählen können: Außer der (vorstehend in 3.1 erläuterten) Vertragsübernahme kann dazu die alte Darlehensschuld getilgt werden, wozu der Erwerber ein neues Darlehen (bei derselben oder einer anderen Bank) aufnehmen kann. Auch eine schlichte Entlassung des Veräußerers aus seiner bisherigen Haftung ist – im Wege der Inhaltsänderung des bestehen bleibenden Darlehensvertrages – möglich.

**4. Störfallvorsorge.** Der Vertrag sollte regeln, was geschieht, wenn sich der Darlehensgläubiger weigern sollte, den Veräußerer aus seiner Haftung freizugeben. Dazu sind bei Gestaltung der Freistellungspflicht die wirtschaftlichen Möglichkeiten des Übernehmers zu berücksichtigen:

**4.1 „Starker Übernehmer".** *(wie im Mustertext unter § 5 Nr. 2.3)* Bei einem „starken Übernehmer" ist davon auszugehen, dass er (als künftiger Alleineigentümer) die vereinbarte Haftungsentlassung des Übertragenden innerhalb einer vereinbarten Frist bewirken kann. Meist ist dies der Fall, wenn die Gläubigerbank bereits signalisiert hat, dass ihr die alleinige Haftung des Übernehmers aufgrund seiner Einkommens- und Vermögenslage künftig als Sicherheit ausreicht. In dieser Konstellation kommt es zum Störfall, wenn die notwendige Erklärung der Bank zur Haftentlassung des übertragenden Ex-Partners doch nicht fristgerecht vom Erwerber beschafft werden kann. Als Rechtsfolge kann vereinbart werden, dass der Übernehmer nun zur vorzeitigen Tilgung des Darlehens verpflichtet ist und auch eine etwa dadurch ausgelöste Vorfälligkeitsentschädigung zu tragen hat.

**4.2 „Schwacher Übernehmer".** Bei einem „schwachen Übernehmer" ist demgegenüber bei Vertragsschluss völlig ungewiss, ob die Bank den bislang mithaftenden Veräußerer freigeben wird. Auch hier wird zwar im Vertrag eine Freistellungspflicht vereinbart. Scheitern die Bemühungen innerhalb der vereinbarten Frist, wird dies allerdings nicht mit einer Sanktion belegt. Stattdessen wirkt die fehlgeschlagene Vertragsübernahme weiterhin als Erfüllungsübernahme (§ 329 BGB). Dieser Weg ist stets anzuraten, wenn die Bank zur Freistellung keine oder eine eindeutig negative Aussage gemacht hat. Er lässt sich im Vertragsmuster umsetzen, indem § 5 Nr. 2.2 folgendermaßen formuliert wird und Nr. 2.3 entfällt:

**„ 2.2 Inhalt der Freistellungspflicht**
**Ab sofort sind sämtliche Zahlungspflichten aus dem vorstehend bezeichneten Darlehen rechtzeitig und vollständig durch den Erwerber zu erfüllen, so dass der Veräußerer deswegen künftig nicht mehr durch den Gläubiger in Anspruch genommen wird. Diese Verpflichtung bleibt auch dann bestehen, wenn die persönliche Haftung des Veräußerers nicht beendet werden kann. Der Erwerber hat sich außerdem beim Gläubiger darum zu bemühen, dass dieser den Veräußerer aus dessen bisher bestehenden persönlichen Haftung entlässt: Sowohl aus dem Darlehensvertrag als auch aus dem in der Grundschuldbestellungsurkunde enthaltenen abstrakten Schuldanerkenntnis.**
**Hierzu erklären die Vertragspartner: Uns ist bekannt, dass der Gläubiger nicht dazu verpflichtet ist, die Erklärung, welche die bisherige persönliche Haftung des Veräußerers beenden soll, abzugeben.**

**5. Vermeidung einer ungesicherten Vorleistung.** Keiner dieser Lösungswege bringt den übertragenden Ex-Partner zuverlässig aus seiner bisher bestehenden Haftung. Deshalb wird im Vertrag die Eigentumsumschreibung auf den Übernehmenden davon abhängig gemacht, dass die Haftung des Übertragenden (auf welchem Weg auch immer) erloschen ist. Andernfalls läge eine ungesicherte Vorleistung vor, was haftungsrechtlich zur „doppelten Hinweispflicht" des Notars aus § 17 Abs. 1 BeurkG führt: Erstens ist er dazu verpflichtet, über die Folgen zu belehren, welche eintreten würden, falls der Erwerber seine Freistellungspflicht nicht erfüllen könnte. Zweitens hat der Notar dann Wege aufzuzeigen, wie diese Risiken vermieden werden können (BGH MittBayNot 2012, 241 mit Anm. *Regler;* NJW 2008, 1319 mwN). Im ungünstigsten Fall stimmt die Bank der angestrebten Haftentlassung des Übertragenden auch später nicht zu. Dessen Haftung bleibt dann bis zur regulären Tilgung des Darlehens bestehen, die angestrebte Vermögensentflechtung erfolgt mit erheblicher Verzögerung. Trotzdem behält der Lebenssachverhalt dabei seine Dynamik und der Vertrag kann – wenn auch verzögert – vollzogen werden. Diese Regelung des Störfalls der „fehlgeschlagenen Haftungsfreistellung" ist deshalb einem vertraglichen Rücktrittsrecht für den übertragenden Ex-Partner (so *Amann* MittBayNot 2002, 245 (246)) vorzuziehen, welches nur zu einem kostenträchtigen Scheitern des Vertragsziels führen würde.

**6. Die Vermögensauseinandersetzung als steuerpflichtiges „privates Veräußerungsgeschäft".** Die Übertragung des Miteigentumsanteils kann in besonders gelagerten Fällen ein einkommensteuerpflichtiges privates Veräußerungsgeschäft iSd § 23 Abs. 1 Nr. 1 EStG sein. Voraussetzung dafür ist jedoch, dass die Veräußerung entgeltlich und innerhalb von zehn Jahren nach der Anschaffung erfolgt und der Veräußerer die Immobilie nicht innerhalb des entscheidenden Zeitraums zu eigenen Wohnzwecken genutzt hat.

**6.1. Entgeltlichkeit.** § 23 EStG erfasst nicht nur die Übertragung des Immobilienanteils gegen Zahlung eines Geldbetrages. Entgeltlich ist sie nach Auffassung der Finanzgerichte (BFH BStBl. II 2005, 554 = BB 2005, 762; BFH BStBl. II 2003, 282 = FamRZ 2003, 529; BFH BStBl. II 1977, 389) und der Finanzverwaltung (OFD München DStR 2001, 1298; OFD Frankfurt FR 2001, 322) auch dann, wenn sie als Leistung an Erfüllung Statt erfolgt, der Grundbesitz also anstelle eines eigentlich geschuldeten Geldbetrages übertragen wird. Veräußerungserlös entsteht dabei in Höhe des abgegoltenen Zugewinnausgleichs. Um den steuerpflichtigen Veräußerungsgewinn zu ermitteln, ist der Veräußerungserlös um die Anschaffungskosten zu reduzieren und um etwa bereits geltend gemachte steuerliche Abschreibungen zu erhöhen (§ 23 Abs. 3 EStG). Das gilt stets, wenn das Vermögen des Veräußerers durch eine Gegenleistung gemehrt wird, unabhängig von deren konkreter Erscheinungsform (Geld, Schuldbefreiung gegenüber einem Dritten, Erfüllung einer eigenen Verbindlichkeit).

**6.2 Eigene Wohnzwecke.** Nicht steuerpflichtig ist ein etwaiger Gewinn, wenn die Immobilie vom Veräußerer im Jahr der Veräußerung und in den beiden vorangegangenen Jahren zu eigenen Wohnzwecken genutzt worden ist. Zieht der später veräußernde Ehegatte im Zuge der Trennung aus, verliert er ein Jahr später grundsätzlich das Privileg der „eigengenutzten Wohnung". Ausnahmsweise kann es ihm erhalten bleiben, wenn die Wohnung durch das eigene Kind genutzt wird und für dieses ein Anspruch auf Kindergeld oder auf den Freibetrag nach § 32 Abs. 6 EStG besteht (BMF BStBl. I 2000, 1383 ff.). Offen ist, ob das auch für die praktisch relevante Situation gilt, in welcher der andere (getrennt lebende) Noch-Ehepartner die Immobilie zusammen mit dem Kind bewohnt, das diese Voraussetzung erfüllt (dafür *Wälzholz* FamRB 2002, 382 (384); *Klein* FPR 2012, 324 (327); zweifelnd jedoch *Engels* FF 2004, 285 (286)).

**6.3 Latente Steuerlast im Zugewinnausgleich.** Im Zugewinnausgleich ist die bei einer Veräußerung anfallende Ertragsteuer zu berücksichtigen, und zwar unabhängig davon, ob eine Veräußerung tatsächlich beabsichtigt ist (BGH NJW 2011, 2572 (2576) *obiter dictum* in Rn. 52; *Kogel* NJW 2011, 3337 (3338); *Klein* FPR 2012, 324 ff.). Maßgebend ist die Steuer, die am Stichtag (§ 1384 BGB) bei einer Veräußerung konkret anfallen würde.

**7. Notarkosten.**

**7.1 Verfahrensgebühr, Vollzugsgebühr, Betreuungsgebühr.**

**a) Verfahrensgebühr.**

**(1) Gebührenziffer.** Kostenrechtlich liegt ein Austausch von Leistungen vor. Gemäß § 97 Abs. 3 GNotKG sind deshalb die Werte der beiden von den Vertragspartnern zu erbringenden „Leistungspakete" gesondert festzustellen und gegenüberzustellen. Aus dem höheren der beiden Werte ist dann eine Verfahrensgebühr nach KV 21100 (Gebührensatz 2,0, mindestens 120 EUR) zu erheben.

**(2) Geschäftswert.** Die Leistung des einen Vertragspartners besteht in der Übertragung seines Miteigentumsanteils an der bisher gemeinschaftlich gehaltenen Immobilie. Maßgebend ist daher die Hälfte von deren Verkehrswert (§ 46 GNotKG). Als Gegenleistung übernimmt der Erwerber zum einen die Freistellungspflicht gegenüber der gemeinsamen Gläubigerin (§ 5 Nr. 2 im Muster), zum anderen hat er einen Ausgleichsbetrag zu bezahlen (§ 5 Nr. 3 im Muster). Der Wert beider Gegenleistungspflichten ist zu addieren und dem Verkehrswert des zu übertragenden Immobilienanteils gegenüber zu stellen. Der Wert der Freistellungspflicht beträgt idR die Hälfte der insgesamt noch offenen Verbindlichkeiten, falls nicht ausnahmsweise im Innenverhältnis eine andere Vereinbarung zwischen den bisherigen Gesamtschuldnern bestanden hat (§ 426 Abs. 1 S. 1 BGB). Für den zu zahlenden Ausgleichbetrag ist der Nennwert maßgebend. Alle übrigen Regelungen, also insbesondere zur Mängelhaftung und zum wirtschaftlichen Übergang, betreffen dasselbe Rechtsverhältnis und gestalten lediglich die damit verbundenen Leistungspflichten aus. Sie sind somit nach § 86 Abs. 1 GNotKG nicht gesondert zu bewerten. Die Finanzierungsvollmacht (§ 2 Nr. 2.6 im Muster) und die (vorsorgliche) Zustimmung zur Löschung der Grundschuld (§ 6 Nr. 3.3 im Muster) stehen zum Hauptgeschäft in einem Abhängigkeitsverhältnis iSd § 109 Abs. 1 GNotKG und sind deshalb ebenfalls nicht zusätzlich kostenrelevant.

**b) Vollzugsgebühr.**

**(1) Gebührenziffer.** Für die Vollzugstätigkeit fällt eine Gebühr nach KV Nr. 22110 an, deren Gebührensatz 0,5 beträgt. Sie wird gemäß KV Vorbemerkung 2.2.1.1. Abs. 1 S. 2 Nr. 8 durch den Auftrag an den Notar ausgelöst, die privatrechtliche Erklärung der Grundpfandrechtsgläubigerin anzufordern, in welcher diese bestätigt, dass die persönliche Haftung des Veräußerers aus Darlehen und Grundschuldbestellungsurkunde erloschen ist (§ 5 Nr. 2.2 im Muster).

**(2) Geschäftswert.** Für die Vollzugsgebühr ist gemäß § 112 S. 1 GNotKG derjenige Geschäftswert anzusetzen, welcher für die Verfahrensgebühr ermittelt worden ist. Maßgebend ist also nicht die Höhe der Restschuld, die vom Erwerber übernommen wird.

c) **Betreuungsgebühr.**

(1) **Gebührenziffer.** Für die Betreuungstätigkeit fällt eine Gebühr nach KV Nr. 22200 an, deren Gebührensatz 0,5 beträgt. Ausgelöst wird sie hier, weil der Notar das Vorliegen der Fälligkeitsvoraussetzung für den Ausgleichsbetrag zu prüfen und den Vertragspartnern mitzuteilen hat (§ 5 Nr. 3.2 im Muster).

(2) **Geschäftswert.** Auch für die Betreuungsgebühr ist der volle Verfahrenswert maßgebend (§ 113 Abs. 1 GNotKG). Die Höhe des konkret zu zahlenden Ausgleichsbetrages ist nicht maßgebend; anders als früher in der Kostenordnung ist eine Teilwertbildung ausgeschlossen. Dafür lösen auch mehrere Betreuungstätigkeiten insgesamt nur einmal die Betreuungsgebühr aus (§ 93 Abs. 1 GNotKG).

## 9. Rechtswahl vor Eheschließung nach Art. 22 EuGüVO

Heute, den . . . . .[1]
erschienen gleichzeitig vor mir, Notar . . . . ., in meinen Geschäftsräumen in . . . . . .

1. Frau A. . . . .
2. Herr B . . . . . .

Die Beteiligten erklären mit dem Ersuchen um Beurkundung:

§ 1 Vorbemerkung

Die Beteiligten beabsichtigen, am . . . . . . in . . . . . . zu heiraten. Die künftige Ehefrau ist deutsche Staatsangehörige, der künftige Ehemann französischer Staatsangehöriger. Sie haben derzeit beide ihren gewöhnlichen Aufenthalt in Belgien. Sie erklären:

§ 2 Rechtswahl

Für das auf unseren ehelichen Güterstand anwendbare Recht wählen wir hiermit nach Art. 22 Abs. 1 EuGüVO[2] das deutsche Recht als Recht der Staatsangehörigkeit der künftigen Ehefrau.[3]

§ 3 Güterstand

Die Beteiligten vereinbaren zum Güterstand nunmehr im Wege des Ehevertrages[4] folgendes: . . . . . .
*Alternativ:*
Es soll beim gesetzlichen Güterstand der Zugewinngemeinschaft verbleiben, über dessen Inhalt der Notar belehrt hat. Weitere ehevertragliche Vereinbarungen sollen nicht getroffen werden.

§ 4 Güterrechtsregister

Eine Eintragung der Rechtswahl in das Güterrechtsregister ist derzeit nicht gewünscht. Die Beteiligten bevollmächtigen sich gegenseitig, die Eintragung jederzeit zu beantragen.

§ 5 Hinweise

Der Notar hat den Beteiligten die Möglichkeiten und Folgen der Rechtswahl, den deutschen gesetzlichen Güterstand, die Möglichkeiten seiner ehevertraglichen Modifizierung oder Abbedingung und das sonstige Scheidungsfolgenrecht eingehend erläutert.

**§ 6 Kosten,[5] Abschriften**

**Die Kosten dieser Urkunde tragen die Beteiligten zur Hälfte.**
**Sie erhalten je eine Ausfertigung dieser Urkunde.**
**(Schlussformel, Unterschriften)**

*Schrifttum: Andrae,* Der sachliche Anwendungsbereich der Europäischen Güterrechtsverordnung, IPRax 2018, 221; *Bennett/von Thunen,* Grenzüberschreitend heiraten – Die neuen EU-Güterrechtsverordnungen harmonisieren die Regelungen zur Ermittlung des anwendbaren Ehegüterrechts, FuS 2017, 49; *Bonomi*, Fragen des Allgemeinen Teils: Qualifikation, Vorfrage, Renvoi und ordre public, in: Dutta/Weber (Hrsg.), Die Europäischen Güterrechtsverordnungen, 2017, S. 123; *Buschbaum/Simon,* Les propositions de la Commission européenne relatives à l'harmonisation des règles de conflit de lois sur les biens patrimoniaux des couples mariés et des partenariats enregistrés. Revue critique de droit international privé 2011, 801; *Buschbaum/Simon*, Die Vorschläge der EU-Kommission zur Harmonisierung des Güterkollisionsrechts für Ehen und eingetragene Partnerschaften – eine erste kritische Analyse, GPR 2011, 262
*Coester-Waltjen*, Neues aus dem Bereich des europäischen internationalen Ehegüterrechts, ZEuP 2012, 225; *Coester-Waltjen*, Die objektive Anknüpfung des Ehegüterstatuts, in: Dutta/Weber (Hrsg.), Die Europäischen Güterrechtsverordnungen, 2017, S. 47; *Coester*, Besonderheiten der Verordnung für das Güterrecht eingetragener Partner, in: Dutta/Weber (Hrsg.), Die Europäischen Güterrechtsverordnungen, 2017, S. 111; *Dengel*, Die europäische Vereinheitlichung des Internationalen Ehegüterrechts und des Internationalen Güterrechts für eingetragene Partnerschaften, 2014; *Döbereiner*, Der Kommissionsvorschlag für das internationale Ehegüterrecht, MittBayNot 2011, 463; *Döbereiner*, Rechtswahlfreiheit im Ehegüterrecht, in: Dutta/Weber (Hrsg.), Die Europäischen Güterrechtsverordnungen, 2017, S. 63; *Döbereiner*, Die Europäischen Güterrechtsverordnungen, – Anwendungsempfehlungen und Formulierungsvorschläge für die notarielle Praxis -, notar 2018, 244; *Döbereiner*, Das internationale Güterrecht nach den Güterrechtsverordnungen, MittBayNot 2018, 405; *Döbereiner/Frank*, Internationales Güterrecht für die Praxis – Die neuen EU-Güterrechtsverordnungen -, 2019; *Dörner*, Besser zu spät als nie – Zur güterrechtlichen Qualifikation des § 1371 Abs. 1 BGB im deutschen und europäischen IPR, IPRax 2017, 81; *Dörner*, Erbrechtliche Qualifikation des § 1371 Abs. 1 BGB durch den EuGH, Konsequenzen und neue Fragen, ZEV 2018, 305; *Dutta*, Das neue internationale Güterrecht der Europäischen Union – ein Abriss der europäischen Güterrechtsverordnungen, FamRZ 2016, 1973; *Finger*, Verstärkte Zusammenarbeit im internationalen Ehegüterrecht für Eheleute und registrierte Lebenspartner – VO Nr. 2016/1103 und 1104 des Rates vom 2.4.2016 – ein erster Überblick, FuR 2016, 693; *Godechot-Patris*, Commentaire du règlement du 24 juin 2016 relatif aux régimes matrimoniaux: le changement dans la continuité, D 2016, 2292; *Heiderhoff*, Vorschläge zur Durchführung der EU-Güterrechtsverordnungen, IPRax 2017, 213; *Heiderhoff*, Die EU-Güterrechtsverordnungen, IPRax 2018, 1; *Henrich*, Auf dem Weg zu einem einheitlichen europäischen Ehegüterrecht, in: FS Brudermüller 2014, 311; *Henrich*, Zur EU-Güterrechtsverordnung: Handlungsbedarf für die nationalen Gesetzgeber, ZfRV 2016, 171; *Hilbig-Lugani*, Parteiautonomie im Zusammenspiel des neueren Europäischen Kollisionsrechts, DNotZ 2017, 739; *Köhler*, Der sachliche Anwendungsbereich der Güterrechtsverordnungen und der Umfang des Güterrechtsstatuts, in: Dutta/Weber (Hrsg.), Die Europäischen Güterrechtsverordnungen, 2017, S. 147; *Kohler*, Die Güterrechtsverordnungen der Europäischen Union und die vorrangigen Staatsverträge mit Drittstaaten, in: Dutta/Weber (Hrsg.), Die Europäischen Güterrechtsverordnungen, 2017, S. 163; *Kroll-Ludwigs*, Vereinheitlichung des Güterkollisionsrechts in Europa – Die EU-Güterrechts- und

EU-Partnerschaftsverordnung (Teil 1), GPR 2016, 231; *Lagarde*, Règlements 2016/1103 et 1104 du 24 juin 2016 sur les régimes matrimoniaux et sur le règime patrimonial des partenariats enregistrés, Riv dir int priv proc 2016, 676; *Mankowski*, Das Verhältnis zwischen der EuErbVO und den neuen Verordnungen zum Internationalen Güterrecht, ZEV 2016, 479; *Martiny*, Das Grünbuch zum internationalen Ehegüterrecht – Erste Regelungsvorschläge, FPR 2008, 206; *Martiny*, Die Anknüpfung güterrechtlicher Angelegenheiten nach den Europäischen Güterrechtsverordnungen, ZfPW 2017, 1; *Mankowski*, Internationale Zuständigkeit nach EuGüVO und EuPartVO, in: Dutta/Weber (Hrsg.), Die Europäischen Güterrechtsverordnungen, 2017, S. 11; *Mankowski*, Das Gesetz über die „Ehe für alle“, seine Folgen und sein europäisches Umfeld im Internationalen Privat- und Prozessrecht, IPRax 2017, 541; *Meise*, Rechtswahl in vorsorgenden Eheverträgen und Scheidungsfolgenvereinbarungen – Teil 1 – Allgemeine Ehewirkungen, Güterrecht und Scheidungsrecht mit Versorgungsausgleich, RNotZ 2016, 485; Teil 2 – Unterhaltsrecht, Erb-/Pflichtteilsverzichte, Eingetragene Partnerschaften, Kostenfolgen, RNotZ 2016, 553; *Martiny*, Die Kommissionsvorschläge für das internationale Ehegüterrecht sowie für das internationale Güterrecht eingetragener Partnerschaften, IPRax 2011, 437; *Martiny*, Die Anknüpfung güterrechtlicher Angelegenheiten nach den Europäischen Güterrechtsverordnungen, ZfPW 2017, 1; *Nourissat/Revillard*, Règlements européens du 24 juin 2016: Régimes matrimoniaux et effets patrimoniaux des partenariats enregistrés, Defrénois 2016, 878; *Péroz*, Le nouveau règlement européen sur les régimes matrimoniaux, JCP éd N, 2017, Nr. 29, p. 33; *Rieck*, Ehe- und Partnerschaftsverträge in Anwendung der EU-Verordnungen, NJW 2016, 3755; *Ring/Olsen-Ring*, Das Kollisionsrecht nach den Europäischen Güterrechtsverordnungen (Rom IVa- und Rom IVb-VO), NotBZ 2017, 321; *Rupp*, Die Verordnung zum europäischen internationalen Ehegüterrecht aus sachenrechtlicher Perspektive, GPR 2016, 295; *Serdynska*, Die Entstehung der Güterrechtsverordnungenein Überblick, in: *Dutta/Weber* (Hrsg.), Die Europäischen Güterrechtsverordnungen, 2017, S. 7; *Süß*, Sonderanknüpfung von Eheverträgen und der Schutz Dritter, in: Dutta/Weber (Hrsg.), Die Europäischen Güterrechtsverordnungen, 2017, S. 85; *Wagner*, Kontroversen eines Gemeinschaftsinstruments zum internationalen Güterrecht unter besonderer Berücksichtigung des Grünbuchs der Europäischen Kommission, FamRZ 2009, 269; *Weber*, Interdependenzen zwischen Europäischer Erbrechtsverordnung und Ehegüterrecht – de lege lata und de lege ferenda, DNotZ 2016, 424; *Weber*, Die Europäischen Güterrechtsverordnungen: Eine erste Annäherung, DNotZ 2016, 659; *Weber*, Erwerb von Grundstücken mit ausländischem Güterstand, Teil I: Ermittlung des anwendbaren Güterrechts und Prüfung durch das Grundbuchamt, MittBayNot 2016, 482; Teil II: Risiken und Gestaltungsfragen, MittBayNot 2017, 22; *Weber*, Sachenrecht und Verkehrsschutz aus der Perspektive der Europäischen Güterrechtsverordnungen, RNotZ 2017, 365; *Weber*, Ein Klassiker neu aufgelegt: Die Qualifikation des § 1371 BGB unter dem Regime der Europäischen Erbrechtsverordnung, NJW 2018, 1356; *Weiss/Gremminger*, Die EU-Güterrechtsverordnungen für Ehegatten und eingetragene Partner – Eine erste Analyse und Beleuchtung von Auswirkungen für die Beratung in der Schweiz, (schweiz.) successsio 2017, 312; *Ziereis*, Die neuen Europäischen Güterrechtsverordnungen, JuS 2018, 1040.

## Anmerkungen

**1. Wahl des Formulars.** Die Beteiligten mit unterschiedlichen Staatsangehörigkeiten beabsichtigen zu heiraten. Derzeit wohnen sie aus beruflichen Gründen noch im Ausland, wollen sich aber in ein paar Jahren voraussichtlich in Deutschland niederlassen. Deshalb möchten sie sich von Anfang an dem deutschen Güterrecht unterstellen. Seit dem

29.1.2019 sind in Fällen mit Auslandsberührung für 18 EU-Staaten die Europäischen Güterrechtsverordnungen (EuGüVO – ABl. 2016 L 183, 1 bzw. EuPartVO – ABl. 2016 L 183, 30) anwendbar. Die güterrechtlichen Verhältnisse werden nach der für Ehepartner geltenden EuGüVO künftig grundsätzlich dem Recht des Staates unterliegen, in dem die Ehegatten ihren ersten gemeinsamen gewöhnlichen Aufenthalt nach der Eheschließung haben. Das Recht der Staatsangehörigkeit findet nur subsidiär oder bei entsprechender Rechtswahl Anwendung. Für den Güterstand einer eingetragenen Partnerschaft gilt grundsätzlich das Recht des Staates, nach dessen Recht die Partnerschaft registriert worden ist. Die in weiten Teilen inhaltsgleiche EuPartVO weist gegenüber der EuGüVO an einigen wichtigen Stellen Besonderheiten auf, siehe hierzu zB *Döbereiner/Frank*, Internationales Güterrecht für die Praxis, Rn. 415 ff.

**2. Grundzüge der EuGüVO. (1) Anwendungsbereich der EuGüVO.**

**a) Mitglieds- und Drittstaaten.** Nachdem die Europäische Kommission am 18.3.2011 Vorschläge für die EuGüVO sowie die EuPartVO vorgelegt hatte (siehe hierzu etwa *Buschbaum/Simon* GPR 2011, 262; *Coester-Waltjen* ZEuP 2012, 225; *Döbereiner* MittBayNot 2011, 463; *Martiny* IPRax 2011, 437), stellte sich heraus, dass aufgrund der Vorbehalte einiger EU-Mitgliedstaaten gegenüber gleichgeschlechtlichen Ehen und Partnerschaften die für eine einheitliche Verabschiedung der Verordnungen erforderliche Einstimmigkeit nicht zu erreichen sein würde. Die Verordnungen wurden daher für 18 Mitgliedstaaten im Wege der verstärkten Zusammenarbeit gem. Art. 326 ff. AEUV in Kraft gesetzt. Sie gelten für Belgien, Bulgarien, Deutschland, Finnland, Frankreich, Griechenland, Italien, Kroatien, Luxemburg, Malta, die Niederlande, Österreich, Portugal, Schweden, Slowenien, Spanien, die Tschechische Republik und Zypern, dagegen nicht für Dänemark, Estland, Großbritannien (unabhängig vom Brexit), Irland, Lettland, Litauen, Polen, Rumänien, die Slowakei und Ungarn. Auch die an der verstärkten Zusammenarbeit nicht teilnehmenden EU-Staaten sind im Sinne der Verordnung Drittstaaten (Dutta/Weber/*Köhler*, Die Europäischen Güterrechtsverordnungen, 2017, S. 163, 164, Rn. 2; *Weber* DNotZ 2016, 659 (662)). Sie können sich der Verstärkten Zusammenarbeit jederzeit noch anschließen, allerdings nur insgesamt bezüglich beider Verordnungen im Paket. Auffällig und für die Praxis nicht gerade eine Erleichterung ist, dass damit eine Übereinstimmung der Mitgliedstaaten der Güterrechtsverordnungen weder mit der Rom III-VO noch mit der EuErbVO besteht.

**b) Zeitlicher Anwendungsbereich.** Die EuGüVO ist nach Art. 70 Abs. 1 EuGüVO am 28.7.2016 in Kraft getreten, nach Art. 70 Abs. 2 UAbs. 2 S. 1 EuGüVO iVm Art. 69 Abs. 3 EuGüVO gelten die kollisionsrechtlichen Vorschriften jedoch erst, wenn die Ehegatten nach dem 28.1.2019 die Ehe eingehen oder eine güterrechtliche Rechtswahl treffen. Für vorher geschlossene Ehen bzw. getroffene Rechtswahlen bleibt es bei den bisherigen Regelungen, aus deutscher Sicht also insbesondere bei Art. 15 EGBGB, so dass die bisherigen kollisionsrechtlichen Bestimmungen (mit Ausnahme nun zu treffender Rechtwahlen) noch lange Zeit von Bedeutung sein werden, zu den nach altem Recht bestehenden Rechtswahlmöglichkeiten siehe die Vorauflage Form. IX.10 und 11. In der Praxis ist nunmehr bei der Ermittlung des Güterrechtsstatuts und des maßgeblichen Güterstandes damit zunächst das Heiratsdatum zu ermitteln, liegt dieses nach dem 28.1.2019, also ab dem 29.1.2019 gilt uneingeschränkt die EuGüVO. Lag der Heiratstermin davor, so ist danach zu fragen, ob und wenn ja, wann die Ehegatten eine Güterrechtswahl getroffen haben. Liegt bereits eine Rechtswahl vor und wurde diese nach dem 28.1.2019, also ab dem 29.1.2019 (wirksam) getroffen, so ist – unabhängig vom Heiratsdatum – ebenfalls die EuGüVO anwendbar. Lag das Heiratsdatum dagegen vor dem 29.1.2019 und wurde auch die Rechtswahl vorher errichtet, so gilt weiterhin das „alte" Recht. Sofern gewünscht können sich die Ehegatten jedoch durch eine neue Rechtswahl nach dem 28.1.2019, also ab dem 29.1.2019 dem „neuen" Recht, also der EuGüVO unterwerfen.

c) **Verhältnis zu früheren Abkommen und Staatsverträgen.** Im Bereich des Ehegüterrechts gibt es für Deutschland keine multilateralen Abkommen. Als nach Art. 62 Abs. 1 EuGüVO auch künftig vorrangiges bilaterales Übereinkommen gilt für Deutschland im Bereich des Ehegüterrechts nur noch das Deutsch-Persische Niederlassungsabkommen vom 17.2.1929, das heute noch im Verhältnis zum Iran in Kraft ist und für iranische Ehepaare in Deutschland und für deutsche Ehepaare im Iran auf das Heimatrecht abstellt (hierzu ausführlich Dutta/Weber/*Köhler*, Die Europäischen Güterrechtsverordnungen, 2017, S. 163). Nach Dutta/Weber/*Köhler*, Die Europäischen Güterrechtsverordnungen, 2017, S.163 leben in Deutschland immerhin ca. 70.000 iranische Staatsangehörige. Das Deutsch-Persische Niederlassungsabkommen gilt wohl nicht für Doppelstaater (*Weber* DNotZ 2016, 659 (693) mwN). Nicht tangiert wird von der EuGüVO dagegen das nur sachrechtliche Regelungen enthaltende deutsch-französische Wahlgüterstandsabkommen (*Dutta* FamRZ 2016, 1973 (1985)).

**(2) Auslegung, Abgrenzung, Vorfragen**

a) **Auslegung.** Die Begriffe der Verordnung sind – losgelöst von den nationalen Rechtsordnungen – grundsätzlich autonom auf der Grundlage eines europäischen Begriffsverständnisses auszulegen, also unter Berücksichtigung des Wortlauts, der Entstehungsgeschichte, der Funktion, der Ziele und der Systematik der jeweiligen Regelung sowie der allgemeinen Rechtsgrundsätze, die sich aus der Gesamtheit der nationalen Rechtsordnungen ergeben (vgl. Nr. 18 S. 2, 59 ErwG. Ausführlich hierzu, Dutta/Weber/*Bonomi*, Die Europäischen Güterrechtsverordnungen, 2017, S. 123, 124 ff., Rn. 2 ff.; siehe auch *Henrich* ZfRV 2016, 171 (172); *Weber* DNotZ 2016, 659 (660); *Dutta* FamRZ 2016, 1973). Die Kategorien des deutschen Rechts bilden dabei nur noch einen Teil dieser Gesamtheit. Abweichend von der autonomen Auslegungsmethode sind nach Nr. 50 ErwG die Staatsangehörigkeit einer Person und nach Art. 1 Abs. 2 lit. b EuGüVO iVm Nr. 21 ErwG das Vorliegen einer Ehe nach dem jeweiligen nationalen Recht zu ermitteln.

**b) Abgrenzung zu anderen Statuten**

**aa) Begriff und Reichweite des Güterrechts, Art. 3 Abs. 1 lit. a und Art. 27 EuGüVO.** Nach Art. 1 Abs. 1 EuGüVO findet die Verordnung auf die ehelichen Güterstände Anwendung. Darunter sind nach Art. 3 Abs. 1 lit. a EuGüVO und Nr. 18 ErwG nicht nur die einzelnen Güterstände im engeren Sinn wie etwa Zugewinngemeinschaft, Gütertrennung oder Gütergemeinschaft zu verstehen, sondern sämtliche zivilrechtlichen vermögensrechtlichen Regelungen, die zwischen den Ehegatten und in ihren Beziehungen zu Dritten aufgrund der Ehe oder der Auflösung der Ehe gelten. Korrespondierend hierzu definiert Art. 3 Abs. 1 lit. b EuGüVO eine Vereinbarung über den ehelichen Güterstand als Vereinbarung zwischen Ehegatten oder künftigen Ehegatten, mit der sie ihren ehelichen Güterstand regeln. Wie nach bisherigem deutschen IPR unterfallen dem Güterrechtsbegriff alle materiellen Rechtssätze, die eine vermögensrechtliche Sonderordnung zwischen den Ehegatten schaffen (Dutta/Weber/*Köhler*, Die Europäischen Güterrechtsverordnungen, 2017, S. 147, 148, Rn. 4; Palandt/*Thorn* EGBGB Art. 15 Rn. 25), aber auch sämtliche zivilrechtlichen Verhältnisse zwischen den Ehegatten und in ihren Beziehungen zu Dritten, sofern hierfür die Schließung, das Bestehen oder die Auflösung der Ehe *conditio sine qua non* ist (*Weber* DNotZ 2016, 659 (664)).

Eine positive Umschreibung der Reichweite des Güterrechtstatuts enthält Art. 27 EuGüVO. Demnach regelt das Güterrechtstatut unter anderem (also nicht abschließend) die Einteilung des Vermögens der Ehegatten in verschiedene Kategorien (lit. a), die Übertragung von Vermögen von einer Kategorie in die andere (lit. b), die Haftung eines Ehegatten für Schulden des anderen (lit. c), die Befugnisse, Rechte und Pflichten der Ehegatten in Bezug auf das Vermögen (lit. d), die Auflösung des ehelichen Güterstandes und die Vermögensaufteilung (lit. e – Darunter fallen auch Auseinandersetzungsverträge, vgl. Dutta/Weber/*Köhler*, Die Europäischen Güterrechtsverordnungen, 2017, S. 147, 150, Rn. 8.), die Wirkungen des Güterstandes auf ein Rechtsverhältnis zu Dritten (lit. f – zum Drittschutz nach Art. 28 EuGüVO vgl. zB *Döbereiner/Frank*, Internationales Güterrecht für die Praxis, Rn. 400 ff.) sowie die materielle Wirksamkeit einer Vereinbarung über den ehelichen Güterstand (lit. g).

Nach dem sehr weiten Wortlaut der Definitionen in Art. 3 Abs. 1 lit. a EuGüVO würden zB auch Unterhaltspflichten, der Versorgungsausgleich, Zuwendungen unter Ehegatten oder Ehegattengesellschaften unter die EuGüVO fallen. Art. 1 Abs. 2 EuGüVO grenzt daher den Anwendungsbereich der EuGüVO negativ ab. Er nimmt vom Anwendungsbereich der EuGüVO ausdrücklich Fragen der Rechts-, Geschäfts- und Handlungsfähigkeit (Art. 1 Abs. 2 lit. a EuGüVO – das Güterrechtstatut regelt jedoch spezielle Befugnisse und Rechte der Ehegatten im Zusammenhang mit dem Vermögen, insbesondere Verwaltungsbefugnisse, also spezifisch güterrechtliche Sonderregelungen, siehe ErwG 20 und Art. 27 lit. d EuGüVO sowie *Heiderhoff* IPRax 2018, 1 (2); Dutta/Weber/*Köhler*, Die Europäischen Güterrechtsverordnungen, 2017, S. 147, 151, Rn. 12), Unterhaltspflichten (Art. 1 Abs. 2 lit. c EuGüVO), die Rechtsnachfolge nach dem Tod eines Ehegatten (Art. 1 Abs. 2 lit. d EuGüVO), den Versorgungsausgleich (Art. 1 Abs. 2 lit. f – hierfür gilt weiterhin Art. 17 Abs. 4 EGBGB, nach dem Wortlaut sind nur Rentenansprüche, nicht aber zB Kapitalleistungen aus einer betrieblichen Altersversorgung vom Anwendungsbereich der EuGüVO ausgenommen, so *Dutta* FamRZ 2016, 1973 (1975)) und bestimmte sachenrechtliche Fragestellungen (Art. 1 Abs. 2 lit. g und h) aus. Keine ausdrückliche Erwähnung finden im Nichtanwendungskatalog zur EuGüVO das von der Rom III-VO (Verordnung (EU) Nr. 1259/2010 des Rates vom 20.12.2010 zur Durchführung einer Verstärkten Zusammenarbeit im Bereich des auf die Ehescheidung und Trennung ohne Auflösung des Ehebandes anzuwendenden Recht) geregelte Scheidungsrecht sowie Ehegattengesellschaften und unentgeltliche Zuwendungen zwischen Ehegatten.

**bb) Abgrenzung zum Allgemeinen Ehewirkungsstatut.** Durch den weiten Güterrechtsbegriff der EuGüVO findet diese auf einige Bereiche Anwendung, die bisher nach deutschem Verständnis dem allgemeinen Ehewirkungsstatut des Art. 14 EGBGB unterfielen. So regelt das (weite) Güterrechtsstatut der EuGüVO auch die Schlüsselgewalt des § 1357 BGB (*Dutta* FamRZ 2016, 1973 (1974); *Heiderhoff* IPRax 2018, 1 (2); *Henrich* ZfRV 2016, 171 (174); Dutta/Weber/*Köhler*, Die Europäischen Güterrechtsverordnungen, 2017, S. 147, 149, Rn. 5; *Weber* DNotZ 2016, 659 (665)), die Eigentumsvermutung des § 1362 BGB (*Dutta* FamRZ 2016, 1973 (1974); *Heiderhoff* IPRax 2018, 1 (2); Dutta/Weber/*Köhler*, Die Europäischen Güterrechtsverordnungen, 2017, S. 147, 149, Rn. 5), Verfügungsbeschränkungen wie §§ 1365, 1369 BGB oder Art. 215 frz. CC, und zwar – anders als bisher – unabhängig davon, ob sie güterstandspezifisch sind oder nicht (*Henrich* ZfRV 2016, 171 (174); Dutta/Weber/*Köhler*, Die Europäischen Güterrechtsverordnungen, 2017, S. 147, 149, Rn. 5; *Martiny* ZfPW 2017, 1 (8); *Weber* DNotZ 2016, 659 (665)). Auch die vom BGH (FamRZ 2010, 553) bisher dem allgemeinen Ehewirkungsstatut unterstellte Brautgabe islamischer Rechtsordnungen wird – sofern sie keine Unterhaltsfunktion hat – vom Güterrechtstatut erfasst, ebenso die Zuweisung der Ehewohnung und von Haushaltsgegenständen an einen Ehegatten (*Dutta* FamRZ 2016, 1973 (1975); *Martiny* ZfPW 2017, 1 (9)) sowie ein etwa nach österreichischem Recht (§ 89 AGBGB) bestehender Ausgleichsanspruch des im Betrieb seines Partners mitarbeitenden Ehegatten (*Henrich* ZfRV 2016, 171 (174)). Der deutsche Gesetzgeber hat inzwischen Art. 14 EGBGB mit Wirkung zum 29.1.2019 neugefasst und auch dort den Vorrang des Rechts am gewöhnlichen Aufenthalt vor dem Staatsangehörigkeitsrecht eingeführt.

**cc) Unterhaltspflichten.** Die nach Art. 1 Abs. 2 lit. c EuGüVO vom Anwendungsbereich der EuGüVO ausgenommenen Unterhaltspflichten werden grundsätzlich seit dem 18.6.2011 durch die EuUnterhaltsVO vom 18.12.2008 und das Haager Unterhaltsprotokoll vom 23.11.2007 geregelt. Angesichts der Rechtsprechung des EuGH ist allerdings die Abgrenzung zum Güterrecht nicht immer leicht, da nach den Entscheidungen de *Cavel II* (EuGH 6.3.1980 – 120/79, Slg. 1980, 731) und *van den Boogard* (EuGH 27.2.1997 – C

220/95, Slg. 1997, I-1147) eine Leistung nur dann dem Unterhaltsstatut unterfällt, wenn sie dazu dient, unter Berücksichtigung des Bedarfs und der Mittel beider Ehegatten den Unterhalt eines bedürftigen Partners zu sichern, wohingegen eine Leistung zur Aufteilung der Güter zwischen den Ehegatten dem Güterrecht zuzuordnen ist. Fraglich ist dies zB bei der sog. *prestation compensatoire* des französischen Rechts (siehe hierzu Süß/Ring/*Döbereiner*, Eherecht in Europa, 3. Auflage 2017, Länderbericht Frankreich, Rn. 177 ff.).

**dd) Schenkungen und ehebedingte Zuwendungen unter Ehegatten.** Unentgeltliche Zuwendungen sind nicht ausdrücklich vom Anwendungsbereich der EuGüVO ausgenommen. Für Schenkungen gilt grundsätzlich die Rom-I-Verordnung (Verordnung (EG) Nr. 593/2008 des Europäischen Parlaments und des Rates vom 17.6.2008 über das auf vertragliche Schuldverhältnisse anzuwendende Recht, ABl. 2008 L 177, 6) mit ihren Rechtswahlmöglichkeiten. Ehebedingte Zuwendungen unter Ehegatten sollen jedoch unter Geltung der EuGüVO als Teil des Nebengüterrechts güterrechtlich zu qualifizieren sein (*Dutta* FamRZ 2016, 1973 (1975); Dutta/Weber/*Köhler*, Die Europäischen Güterrechtsverordnungen, 2017, S. 147, 149, Rn. 7; *Weber* DNotZ 2016, 659 (665)).

**ee) Abgrenzung zum Gesellschaftsrecht.** Das Gesellschaftsstatut bestimmt, ob ein Gesellschaftsanteil übertragbar ist und ob er überhaupt in ein eheliches Gesamtgut fallen kann. Ist dies wie etwa im deutschen Gesellschaftsrecht für Anteile an Kapitalgesellschaften der Fall, so regelt das Güterrechtstatut die Ausgestaltung dieses ehelichen Gemeinschaftsverhältnisses, etwa die Verwaltungs- und Verfügungsbefugnisse der Ehegatten. Ist nach dem Gesellschaftsstatut eine gütergemeinschaftliche Beteiligung der Ehegatten – wie etwa im deutschen Gesellschaftsrecht für Anteile an einer GbR oder OHG – ausgeschlossen, so regelt das Güterrechtsstatut die Behandlung eines solchen Gesellschaftsanteils als Vermögensbestandteil der Ehegatten, etwa ob ein solcher Anteil automatisch Vorbehaltsgut wird oder ob es hierzu weiterer Erklärungen oder Rechtshandlungen bedarf. Diese Grundsätze gelten auch für zwischen den Ehegatten selbst errichtete Gesellschaften. Ein nach ausländischem – etwa portugiesischem – Recht ggf. bestehendes Verbot von Ehegattengesellschaften ist güterrechtlich zu qualifizieren (vgl. zum bisherigen deutschen IPR zB Palandt/*Thorn* EGBGB Art. 15 Rn. 25 mwN; Süß/Ring/*Süß*, Eherecht in Europa, 3. Aufl. 2017, Allgemeiner Teil § 2 Rn. 173, 242) ebenso reine Ehegatteninnengesellschaften (*Dutta* FamRZ 2016, 1973 (1975); *Heiderhoff* IPRax 2018, 1 (2); Dutta/Weber/*Köhler*, Die Europäischen Güterrechtsverordnungen, 2017, S. 147, 149, Rn. 7; *Weber* DNotZ 2016, 659 (666); aA wohl *Henrich* ZfRV 2016, 171 (174); anders noch BGH NJW 2015, 2581).

**ff) Abgrenzung zum Sachenrecht, Art. 1 Abs. 2 lit. g und lit. h EuGüVO.** Zur Abgrenzung zum Sachenrecht enthält die EuGüVO in Art. 1 Abs. 2 lit. g (Art der dinglichen Rechte) und lit. h (Registervorbehalt) weitgehend wortgleiche Regelungen wie die EuErbVO in Art. 1 Abs. 2 lit. k und lit. l (ausführlich *Rupp* GPR 2016, 295; *Weber* RNotZ 2017, 365, beide jedoch vor Ergehen der Kubicka-Entscheidung des EuGH). Weitere Erläuterungen hierzu finden sich in Nr. 24, 27 und 28 ErwG. Ergänzend hierzu ordnet Art. 29 EuGüVO (wie Art. 31 EuErbVO) eine Anpassung ausländischer Rechtsinstitute an, wenn diese im Inland geltend gemacht werden und dem inländischen Recht fremd sind. Nach der positiven Definition der Reichweite des Güterrechtstatuts in Art. 27 lit. a EuGüVO unterliegt außerdem die Übertragung von Vermögen zwischen verschiedenen güterrechtlichen Vermögenskategorien dem Güterrechtstatut, ebenso nach Art. 27 lit. e EuGüVO die Teilung und Aufteilung des Vermögens nach Auflösung des ehelichen Güterstandes.

Der aus der EuErbVO zum Vindikationslegat bekannte – inzwischen durch die Kubicka-Entscheidung des EuGH vom 13.10.2017 (EuGH FamRZ 2017, 2057 mAnm *Döbereiner*, siehe auch *Bandel* MittBayNot 2018, 99) entschiedene – Problemkreis findet sich hier in anderem Gewand wieder. Bedeutung hat die Abgrenzung im Rahmen der EuGüVO zB dann, wenn es aufgrund der Eheschließung oder durch einen Güterstandswechsel nach dem anwendbaren Güterrechtsstatut automatisch zu einem Eigentumswechsel oder einer Veränderung des Beteiligungsverhältnisses an einem Gegenstand kommt, das Recht der Belegenheit jedoch hierfür weitere Übertragungsakte wie etwa bei Immobilien eine Auflassung verlangt. Entsprechende Fragen können sich zB auch bei nach dem anwendbaren ausländischen Güterrechtstatut dinglich wirkenden Auseinandersetzungsverträgen stellen, wenn zum ehelichen Gemeinschaftsvermögen Immobilien in Deutschland gehören. Wendet man die vom EuGH im genannten Kubicka-Urteil aufgestellten Grundsätze auf diesen Fragenkreis entsprechend an, so ist von einem Vorrang des Güterrechtstatuts auszugehen. Demnach stehen Art. 1 Abs. 2 lit. g EuGüVO und Art. 29 EuGüVO der Anerkennung nach ausländischem Recht automatisch dinglich wirkender Rechtsgeschäfte nicht entgegen, da es sich nicht um unterschiedliche dingliche Rechte an sich, sondern nur um verschiedene – jeweils auf das gleiche dingliche Recht, nämlich das Eigentum abzielende – Erwerbsmodalitäten handelt. Auch der Vorrang des in Art. 1 Abs. 2 lit. h EuGüVO enthaltenen Registervorbehalts ändert nach Auffassung des EuGH hieran nichts, da dieser bereits nach dem Wortlaut nur die Voraussetzungen der *Eintragung*, nicht aber die Voraussetzungen des *Erwerbs* der betreffenden Rechte regle. Im internationalen Erbrecht mag dies bei Vorliegen eines Europäischen Nachlasszeugnisses als für das Grundbuchverfahren taugliche Eintragungsgrundlage ohne größere Probleme durchführbar sein, ein vergleichbares Zeugnis steht allerdings nach der EuGüVO nicht zur Verfügung, allenfalls – jedenfalls zwischen den Mitgliedstaaten – nach Art. 58 ff. EuGüVO anzuerkennende öffentliche, insbesondere notarielle Urkunden wie zB Eheverträge. Die weitere Entwicklung in diesem Bereich bleibt abzuwarten. Eine Umdeutung nach Art. 29 EuGüVO ist bei der Grundbucheintragung von nach einem ausländischen Güterrechtsstatut bestehenden, im Inland unbekannten Rechtsinstituten vorzunehmen. So kann eine nach ausländischem Recht zugunsten eines Ehegatten bestehende Legalhypothek in Deutschland nur als Hypothek oder Sicherungsgrundschuld im Grundbuch eingetragen werden (*Martiny* ZfPW 2017, 1 (11)).

**gg) Abgrenzung zum Erbrecht, Art. 1 Abs. 2 lit. d EuGüVO.** Nach Art. 1 Abs. 2 lit. d EuGüVO regelt die Verordnung nicht die Rechtsnachfolge nach dem Tod eines Ehegatten. Damit ist zunächst das gesamte Erbrecht des überlebenden Ehegatten vom Anwendungsbereich ausgenommen, aber auch Ansprüche Dritter wie etwa Pflichtteils- oder Noterbrechte naher Angehöriger, vgl. hierzu korrespondierend Art. 1 Abs. 2 lit. d EuErbVO und Art. 23 Abs. 2 lit. b EuErbVO.

Die EuGüVO enthält wie die EuErbVO keine Bestimmungen zur Vereinheitlichung zwischen Güter- und Erbrecht. Diese wird damit auch künftig im Einzelfall kompliziert und eine vordringliche Aufgabe der Rechtsgestaltung bleiben. Die klassischen kollisionsrechtlichen Probleme wie etwa des § 1371 Abs. 1 BGB (Zusammentreffen deutschen Güterrechtsstatuts mit ausländischem Erbstatut) werden bestehen bleiben. Wie auch vom BGH zur Rechtslage vor Inkrafttreten der EuErbVO entschieden (BGH FamRZ 2015, 1180 mAnm *Mankowski),* ging die fast einhellige Auffassung in der deutschen Literatur auch unter Geltung der EuErbVO und der EuGüVO von einer güterrechtlichen Qualifikation des § 1371 Abs. 1 BGB aus (siehe nur *Dörner* ZEV 2012, 505 (507); *Mankowski* ZEV 2016, 479 (483); *Odersky notar* 2013, 3; *Weber* DNotZ 2016, 424 (433) u. DNotZ 2016, 659 (666)). Der EuGH hat sich jedoch auf Vorlage des KG (KG MittBayNot 2017, 628 mAnm *Odersky*) – vor allem um die Effektivität des Europäischen Nachlasszeugnisses sicherzustellen –mit seinem Urteil vom 1.3.2018 in der Rechtssache C-558/16 (Mahnkopf) für eine erbrechtliche Qualifikation entschieden (EuGH C-558/16, ZEV 2018, 205 mAnm *Bandel;* siehe hierzu *Weber* NJW 2018, 1356).

Allgemein kann auch künftig unter Geltung von EuErbVO und EuGüVO wohl als Richtschnur gelten, dass Regelungen, die den Ehegatten in eine Reihe mit den erbberechtigten Verwandten stellen und ihm eine Teilhabe am Vermögen des Verstorbenen ausschließlich aufgrund der Nähebeziehung zum Erblasser gewähren und im Hinblick darauf, dass nach dem hypothetischen Willen des Verstorbenen eine erbrechtliche Verteilung an nahe Angehörige erfolgen soll, erbrechtlich zu qualifizieren sind. Erbrechtliche

Begünstigungen werden ferner in der Regel unabhängig von einem bestimmten Güterstand gewährt. Güterrechtlich ist zu qualifizieren, wenn die Begünstigung ein Ausgleich für die während der Ehe erbrachten Leistungen des Überlebenden oder Konsequenz des Umstands sein soll, dass Ehegatten während der Ehe ihre beiderseitigen Vermögen verschmolzen und somit aus einem Topf gewirtschaftet haben. Güterrechtliche Begünstigungen sind ferner häufig (aber nicht zwingend) vom Bestehen eines bestimmten Güterstandes abhängig (vgl. zB LG München I FamRZ 1978, 364; *Mankowski* ZEV 2016, 479 (482); *Martiny* ZfPW 2017, 1 (11); Staudinger/*Dörner* EGBGB Art. 25 Rn. 33; Staudinger/*Mankowski* EGBGB Art. 15 Rn. 328; Süß/*Süß*, Erbrecht in Europa, 3. Aufl. 2015, § 4 Rn. 133; anders jedoch der Generalanwalt in den Schlussanträgen in der oben genannten Rechtssache C-558/16 – Mahnkopf).

**c) Vorfragen**

**aa) Selbständige Anknüpfung.** Die nach Art. 1 Abs. 2 EuGüVO vom Anwendungsbereich der Verordnung ausgeschlossenen Komplexe sind grundsätzlich nach den für sie geltenden Kollisionsregeln anzuknüpfen. Fraglich ist, ob dies auch gilt, wenn sie als sog. Vorfragen vorgreiflich für güterrechtliche Fragen sind, oder ob nicht eine sog. unselbständige Vorfragenanknüpfung nach dem Recht der güterrechtlichen Hauptfrage sachgerechter ist. Für eine selbständige Vorfragenanknüpfung spricht allgemein der interne, für eine unselbständige Anknüpfung der internationale Entscheidungseinklang. Für die klassische Vorfrage des Bestehens, der Gültigkeit oder Anerkennung der Ehe entscheidet Art. 1 Abs. 2 lit. b EuGüVO ausdrücklich in erstem Sinn, so dass es hierfür aus deutscher Sicht bei Art. 11 und 13 EGBGB verbleibt. Aber auch im Übrigen sind nach Nr. 21 ErwG im Rahmen der EuGüVO Vorfragen selbständig anzuknüpfen.

**bb) Abgrenzung zwischen Ehe und Partnerschaft.**

Unklar ist in diesem Zusammenhang die Abgrenzung zwischen Ehe und eingetragener Partnerschaft und damit die Abgrenzung des Anwendungsbereichs der beiden Güterrechtsverordnungen untereinander. Auch diese Frage wird nach Art. 1 Abs. 2 lit. b EuGüVO bzw. EuPartVO nicht von den Verordnungen, sondern nach Nr. 17 ErwG vom jeweiligen nationalen Gesetzgeber beantwortet. Nach Art. 3 Abs. 1 lit. a EuPartVO ist eine eingetragene Partnerschaft eine rechtlich vorgesehene Form der Lebensgemeinschaft zweier Personen, deren Eintragung nach den betreffenden rechtlichen Vorschriften verbindlich ist und welche die in den betreffenden Vorschriften vorgesehenen rechtlichen Formvorschriften für ihre Begründung erfüllt. Man wird darunter alle Rechtsinstitute sehen können, die der nationale Gesetzgeber, in dessen Hoheitsgebiet die Partnerschaft begründet oder erstregistriert wurde, als alternatives Rechtsinstitut zur Ehe geschaffen hat, die dieser aber nicht gleichwertig sind (Dutta/Weber/*Köhler*, Die Europäischen Güterrechtsverordnungen, 2017, S. 147, 152, Rn. 15). Konstitutiv ist eine verbindliche (aA wohl *Weber* DNotZ 2016, 659 (693): bloße Verpflichtung zur Registereintragung reicht, ob diese konstitutiv ist, ist unerheblich) und zwingende Registereintragung, so dass nicht eingetragene und rein faktische Lebensgemeinschaften nicht darunter fallen, für eine entsprechende Anwendung der EuPartVO, jedenfalls wenn der Staat, in dem Paarbeziehung begründet wurde, hierfür güterrechtsähnliche Folgen vorsieht *Dutta* FamRZ 2016, 1973 (1976), zur Behandlung nach deutschem IPR MüKo/*Coester* EGBGB Art. 17b Rn. 144 ff. Da beide Verordnungen geschlechtsneutral formuliert sind, wird man davon ausgehen können, dass zum einen auf (nach nationalem etwa deutschem, französischem oder belgischem Recht) „echte" gleichgeschlechtliche Ehen, aber auch auf gleichgeschlechtliche Verbindungen, die nach nationalem Recht (wie bis zur Einführung der echten gleichgeschlechtlichen Ehe zB die frühere deutsche Lebenspartnerschaft) der heterosexuellen Ehe weitgehend gleichgestellt sind, die EuGüVO, andernfalls (wie zB für den französischen PACS) die EuPartVO, Anwendung findet. In Art. 17b Abs. 4 EGBGB wurde inzwischen ausdrücklich klargestellt, dass gleichgeschlechtliche Ehen unter die EuGüVO und nicht unter die EuPartVO fallen.

(3) **Regelanknüpfung des Güterrechtstatuts, Art. 26 EuGüVO.**

a) **Erster gemeinsamer gewöhnlicher Aufenthalt nach Eheschließung.** Im Gegensatz zum deutschen IPR, das bisher in Art. 15 Abs. 1, 14 Abs. 1 Nr. 1 EGBGB für das Güterrechtstatut primär auf die gemeinsame Staatsangehörigkeit abstellte, galt in der Vergangenheit bereits in zahlreichen europäischen Staaten eine Anknüpfung an das Aufenthaltsrecht. Auch die EuGüVO bestimmt in Art. 26 Abs. 1 lit. a EuGüVO, dass mangels Rechtswahl in erster Linie das am ersten gewöhnlichen Aufenthalt der Ehegatten nach der Eheschließung geltende Güterrecht Anwendung findet.

aa) **Begriff des gewöhnlichen Aufenthalts.** Unter dem autonom auszulegenden, nicht definierten Begriff des gewöhnlichen Aufenthalts ist der Lebens- und Daseinsmittelpunkt einer Person im Sinne des Ortes der Integration in ihr soziales und familiäres Umfeld zu verstehen. Zur Feststellung des gewöhnlichen Aufenthalts ist eine Gesamtbetrachtung der Lebensumstände der Ehegatten unmittelbar nach Eheschließung vorzunehmen. Zu berücksichtigen sind Dauer und Regelmäßigkeit des Aufenthalts in dem betreffenden Land und die damit zusammenhängenden Umstände und Gründe. Vorauszusetzen ist eine enge und verfestigte Bindung zu dem betreffenden Staat mit gewisser Beständigkeit. Die Staatsangehörigkeit und die Belegenheit von Vermögensgegenständen können als Indizien berücksichtigt werden, ebenso der Arbeitsort, der Bleibewille und die Integrationsabsicht. Eine Mindestverweildauer in der Vergangenheit wird nicht vorausgesetzt. Indizien können auch Häufigkeit und Dauer von Besuchen der Ehegatten im Heimatstaat sowie Kenntnisse der ausländischen Landessprache sein.

bb) **Einzelfälle.** Folgende Problemfälle werden europaweit bisher vor allem im Rahmen der EuErbVO diskutiert (näher zB *Frank/Döbereiner,* Nachlassfälle mit Auslandsbezug, 2015, Rn. 120; ausführlich *Kurth*, Der gewöhnliche Aufenthalt in Art. 4, 21 Abs. 1 EuErbVO, 2017, S. 205 ff.), wobei die Lösung stets im Einzelfall anhand der genannten Kriterien zu ermitteln ist: sog. Mallorca-Rentner, Wanderarbeiter, Berufspendler, Grenzpendler, Pflegebedürftige und geschäftsunfähige Personen, die von nahen Angehörigen – um Pflegekosten zu sparen oder aufgrund „günstigerer" Pflichtteilsquoten – ins Ausland verbracht werden (siehe hierzu nun OLG München MittBayNot 2017, 623 mAnm *Odersky;* ausführlich *Weber/Francastel* DNotZ 2018, 163), Auslandsstudenten, Strafgefangene und Profisportler.

cc) **Gemeinschaftlichkeit des gewöhnlichen Aufenthalts.** Im Rahmen des Art. 26 Abs. 1 lit. a EuGüVO kommt es auf den *gemeinsamen* gewöhnlichen Aufenthalt der Partner an. Bei Bestehen einer ehelichen häuslichen Lebensgemeinschaft, deren Vorliegen hierfür jedoch nicht zwingend ist (*Kroll-Ludwigs* GPR 2016, 231 (232)), dürfte dies unproblematisch sein. Fehlt es hieran, so ist zunächst für beide Partner der gewöhnliche Aufenthalt getrennt zu ermitteln, liegen beide an verschiedenen Orten in demselben Staat, so reicht dies für die Annahme eines gemeinsamen gewöhnlichen Aufenthalts aus, da es nur auf den Staat ankommt (Dutta/Weber/*Coester-Waltjen*, Die Europäischen Güterrechtsverordnungen, 2017, S. 47, 52, Rn. 21; *Heiderhoff* IPRax 2018, 1 (5); *Weber* DNotZ 2016, 659 (671)). Anders dürfte dies wegen Art. 33 Abs. 2 lit. a EuGüVO aber sein, wenn die Ehegatten an verschiedenen Orten mit verschiedenen Rechtssystemen in einem Mehrrechtsstaat leben (Dutta/Weber/*Coester-Waltjen*, Die Europäischen Güterrechtsverordnungen, 2017, S. 47, 52, Rn. 21).

ee) **Maßgeblicher Zeitpunkt.** Entscheidend ist nicht der gewöhnliche Aufenthalt bei Eheschließung, sondern der erste gewöhnliche Aufenthalt nach der Eheschließung. Ein zeitlicher Rahmen wird in Art. 26 Abs. 1 lit. a EuGüVO allerdings nicht vorgegeben, Nr. 49 S. 2 ErwG spricht ohne nähere Konkretisierung von einem Zeitpunkt kurz nach der Heirat. Teilweise wird hierzu – ohne Anhaltspunkt im Verordnungstext – ein Zeitraum von drei Monaten vorgeschlagen (*Weber* DNotZ 2016, 659 (672), siehe auch Dutta/Weber/*Coester-Waltjen*, Die Europäischen Güterrechtsverordnungen, 2017, S. 47, 52, Rn. 22). Bei der im Einzelfall vorzunehmenden Würdigung der Gesamtumstände wird man als oberste Grenze wohl einen Zeitraum von sechs Monaten ansetzen müssen (ähnlich *Heiderhoff* IPRax 2018, 1 (5)). Zu berücksichtigen sind dabei auch die Planungen der (künftigen) Ehegatten (aA wohl *Dutta* FamRZ 2016, 1973 (1982)), ohne dass diese – da jederzeit abänderbar – allein entscheidend sein können. Äußerst problematisch ist bei der in Art. 26 Abs. 1 lit. a EuGüVO vorgenommenen Regelung, dass das Güterrechtstatut und damit der Güterstand der Ehegatten im Zeitpunkt der Eheschließung überhaupt nicht feststeht, sondern ggf. erst rückwirkend festgestellt werden kann und damit einige Zeit ein güterrechtliches Vakuum bestehen kann.

**b) Ausweichklausel, Art. 26 Abs. 3 EuGüVO.** Abweichend von der primär vorzunehmenden Anknüpfung an den gewöhnlichen Aufenthalt, sieht Art. 26 Abs. 3 EuGüVO eine – zu Recht kritisch betrachtete (*Kroll-Ludwigs* GPR 2016, 231 (238)) – Ausweichklausel vor. Demnach kann bzw. – mangels Ermessens – muss (so auch Dutta/Weber/*Coester-Waltjen*, Die Europäischen Güterrechtsverordnungen, 2017, S. 47, 57, Rn. 37; *Weber* DNotZ 2016, 659 (676)) das zuständige Gericht in den Fällen, in denen die Anknüpfung des Güterrechtstatuts nach Art. 26 Abs. 1 lit. a EuGüVO aufgrund des gemeinsamen Aufenthalts erfolgt (nicht also in den anderen Fällen, etwa der Anknüpfung bei gemeinsamer Staatsangehörigkeit nach Art. 26 Abs. 1 lit. b EuGüVO) ausnahmsweise auf Antrag eines Ehegatten das Recht eines anderen Staates (nicht notwendig Vertragsstaates) für anwendbar erklären. Dies setzt voraus, dass der letzte gemeinsame gewöhnliche Aufenthalt in einem bestimmten Staat erheblich länger bestand als der erste gemeinsame gewöhnliche Aufenthalt. Wann diese Voraussetzung erfüllt ist, wird von der EuGüVO nicht geregelt, eine absolute zeitliche Grenze gibt es nicht, abzustellen ist wieder auf die Umstände des Einzelfalls. Ein Verhältnis von drei Jahren zu elf Monaten wird wohl ausreichend sein, nicht dagegen ein Verhältnis von 25 Jahren zu 22 Jahren, auch wenn im letzten Fall die Unterschiedszeitspanne länger ist.

Darüber hinaus müssen beide Ehegatten nach Art. 26 Abs. 3 UAbs. 1 lit. b EuGüVO, ohne eine (konkludente) Rechtswahl getroffen zu haben, auf das Recht dieses anderen Staates bei der Regelung ihrer vermögensrechtlichen Beziehungen vertraut haben, sie müssen also von einem anderen Güterrechtstatut (nicht Güterstand, aA *Weber* DNotZ 2016, 659 (674)) ausgegangen sein.

Die Anwendung der Ausweichklausel ist nach Art. 26 Abs. 3 UAbs. 4 wiederum ausgeschlossen, wenn die Ehegatten vor Begründung des letzten gemeinsamen Aufenthalts einen (wirksamen) Ehevertrag geschlossen haben.

Bei Eingreifen der Ausweichklausel gilt nach Art. 26 Abs. 3 UAbs. 2 EuGüVO als Güterrechtsstatut das Recht des Staates des letzten gemeinsamen gewöhnlichen Aufenthalts und zwar rückwirkend ab Eheschließung, bei Widerspruch eines Ehegatten hiergegen gilt das Recht am letzten gemeinsamen gewöhnlichen Aufenthaltsort erst ab dessen Begründung. Nach Art. 26 Abs. 3 UAbs. 3 EuGüVO dürfen ohne Rücksicht auf ein schützenswertes Vertrauen durch die Anwendung der Ausweichklausel die Rechte Dritter nicht beeinträchtigt werden.

**c) Recht der gemeinsamen Staatsangehörigkeit.** Erst bei Fehlen eines gemeinsamen gewöhnlichen Aufenthalts gilt subsidiär nach Art. 26 Abs. 1 lit. b EuGüVO das Recht, dessen Staatsangehörigkeit beide Ehegatten zum Zeitpunkt der Eheschließung besitzen.

**aa) Ermittlung der Staatsangehörigkeit.** Die Ermittlung der Staatsangehörigkeit erfolgt nicht nach der EuGüVO, sondern als Vorfrage nach nationalem Recht, siehe auch Nr. 50 S. 1 ErwG.

**bb) Mehrstaater.** Bei Mehrstaatern kommt damit weiterhin Art. 5 Abs. 1 S. 1 EGBGB zur Anwendung, so dass grundsätzlich die effektive Staatsangehörigkeit entscheidend ist (aA *Heiderhoff* IPRax 2018, 1 (6)). Art. 5 Abs. 1 S. 2 EGBGB und die Bevorzugung der deutschen Staatsangehörigkeit kann wegen des Diskriminierungsverbots in Art. 18 AEUV allerdings keine Anwendung mehr finden, maßgeblich bleibt allein die effektive Staatsangehörigkeit (Dutta/Weber/*Coester-Waltjen*, Die Europäischen Güterrechtsverordnungen, 2017, S. 47, 52, Rn. 26; *Martiny* ZfPW 2017, 1 (17)). Haben beide Ehegatten mehrere Staatsangehörigkeiten, aber nur eine gemeinsame, so gilt Art. 26 Abs. 1 lit. b EuGüVO, wenn es sich bei der gemeinsamen jeweils um die effektive Staatsangehörigkeit handelt. Entsprechendes gilt, wenn eine gemeinsame Staatsangehörigkeit vorliegt, aber nur ein Ehegatte Mehrstaater ist (*Dutta* FamRZ 2016, 1973 (1981) Fn. 57; *Martiny* ZfPW 2017, 1 (21)). Bei mehrfacher *gemeinsamer* Staatsangehörigkeit gilt Art. 26 Abs. 1 lit. b gemäß Art. 26 Abs. 2 EuGüVO nicht, und zwar angesichts des eindeutigen Wortlauts auch dann nicht, wenn eine gemeinsame effektive Staatsangehörigkeit darunter ist, vgl. auch Nr. 49 S. 3 ErwG (Dutta/Weber/*Coester-Waltjen*, Die Europäischen Güterrechtsverordnungen, 2017, S. 47, 54, Rn. 26; *Martiny* ZfPW 2017, 1 (22); *Weber* DNotZ 2016, 659 (673)).

**d) Engste Verbindung.** Fehlt auch eine gemeinsame Staatsangehörigkeit im vorstehenden Sinn, ist nach Art. 26 Abs. 1 lit. c EuGüVO schließlich auf das Güterrecht des Staates abzustellen, mit dem die Ehegatten unter Berücksichtigung aller Umstände im Zeitpunkt der Eheschließung gemeinsam am engsten verbunden sind. Zu berücksichtigende Kriterien sind etwa gescheiterte oder noch nicht verwirklichte Pläne zur Begründung eines gemeinsamen gewöhnlichen Aufenthalts, die Staatsangehörigkeit, die Belegenheit des Vermögens, gemeinsame soziale Bindungen, die Herkunft, Religionszugehörigkeit oder Sprachkenntnisse der Ehegatten sowie der Ort der Eheschließung (vgl. auch *Kroll-Ludwigs* GPR 2016, 231 (241); *Martiny* ZfPW 2017, 1 (23)).

**e) Besonderheiten der EuPartVO.** Für den Güterstand einer eingetragenen Partnerschaft gilt nach Art. 26 Abs. 1 EuPartVO anders als nach Art. 26 Abs. 1 EuGüVO das Recht des Staates, nach dessen Recht die Partnerschaft registriert worden ist. Wurde die Partnerschaft in mehreren Staaten registriert, dürfte es auf die Erstregistrierung ankommen.

**f) Unwandelbarkeit des Güterstatuts.** Wie im bisherigen deutschen IPR ist das Güterrechtsstatut – vorbehaltlich einer nachträglichen Rechtswahl nach Art. 22 EuGüVO und der Ausweichklausel des Art. 26 Abs. 3 EuGüVO – unwandelbar, so dass Änderungen der Anknüpfungsmomente, etwa ein Wechsel des gewöhnlichen Aufenthalts oder der Staatsangehörigkeit keine Auswirkungen auf das Güterrechtsstatut haben.

**g) Universelle und einheitliche Anwendung.** Das nach der EuGüVO maßgebliche Recht ist nach Art. 20 EuGüVO auch dann anzuwenden, wenn es sich nicht um das Recht eines Mitgliedstaates handelt (*loi uniforme*). Nach Art. 21 EuGüVO gilt das Güterrechtsstatut ausnahmslos für das gesamte Vermögen der Ehegatten, eine Güterrechtsspaltung ist aus Sicht der EuGüVO ausgeschlossen. Ein Vorrang des Einzelstatuts, wie er zB bisher in dem inzwischen aufgehobenen Art. 3a Abs. 2 EGBGB vorgesehen war, besteht nicht mehr.

**h) Keine Rück- und Weiterverweisung, Art. 32 EuGüVO.** Bei den Verweisungen in der Verordnung handelt es sich nach Art. 32 EuGüVO ausnahmslos um Sachnormverweisungen. Rück- und Weiterverweisungen sind anders als nach Art. 34 Abs. 1 EuErbVO ausgeschlossen. Dies ist auf den ersten Blick anhand der eintretenden Rechtssicherheit zu begrüßen, kann aber zur Folge haben, dass die Rechtsordnung eines Landes zur Anwendung kommt, das nicht Mitgliedstaat der Verordnung ist und die Verweisung durch das Abkommen nicht annimmt, also selbst auf eine andere Rechtsordnung (zurück- bzw. weiter-)verweist. Der internationale Entscheidungseinklang ist damit nicht gewährleistet. In der Beratungspraxis wird man für eine umfassende Beratung – auch wenn die Kenntnis ausländischen Rechts keine notarielle Amtspflicht darstellt – trotz des Ausschlusses des renvoi ohnehin auch ausländisches IPR und Güterrecht zu beachten haben und zwar insbesondere dann, wenn wesentliche Vermögensgegenstände des Ehegatten in einem Nichtmitgliedstaat der EuGüVO belegen sind, dessen IPR zu einem anderen Güterrechtsstatut gelangt als die EuGüVO. Die von der EuGüVO gefundene Lösung kann in diesen Fällen mangels Durchsetzbarkeit wertlos sein.

**i) Mehrrechtsstaaten, Art. 33, 34 EuGüVO.** Art. 33 EuGüVO enthält Vorschriften für Mehrrechtsstaaten wie Spanien oder die USA. In erster Linie bestimmen nach Art. 33

Abs. 1 EuGüVO bei Mehrrechtsstaaten die internen Kollisionsvorschriften dieses Staates die Gebietseinheit, deren Rechtsvorschriften anzuwenden sind. Sind solche nicht vorhanden gilt bei Maßgeblichkeit des gewöhnlichen Aufenthalts nach Art. 33 Abs. 2 lit. a EuGüVO die Teilrechtsordnung, in der die Ehegatten ihren gewöhnlichen Aufenthalt haben und bei Maßgeblichkeit der Staatsangehörigkeit Art. 33 Abs. 2 lit. b EuGüVO die Teilrechtsordnung, zu der die Ehegatten die engste Verbindung haben. Unterscheidet ein Staat güterrechtlich zwischen verschiedenen Personengruppen, so entscheiden nach Art. 34 S. 1 EuGüVO die in diesem Staat geltenden Vorschriften, welches Recht zur Anwendung kommt. Bei Fehlen diesbezüglicher Vorschriften ist nach Art. 34 S. 2 EuGüVO das Rechtssystem oder das Regelwerk anzuwenden, zu dem die Ehegatten die engste Verbindung haben.

j) **Eingriffsnormen, Art. 30 EuGüVO.** Eine Einschränkung der allgemeinen Anknüpfung enthält Art. 30 EuGüVO. Die Verordnung berührt nach Art. 30 Abs. 1 EuGüVO nicht die Anwendung der Eingriffsnormen des Rechts des angerufenen Gerichts. Hierunter ist nach Art. 30 Abs. 2 EuGüVO eine Vorschrift zu verstehen, deren Einhaltung von einem Mitgliedstaat als so entscheidend für die Wahrung seines öffentlichen Interesses angesehen wird, dass sie unabhängig vom Güterrechtsstatut auf alle Sachverhalte in ihrem Anwendungsbereich angewendet wird. Darunter fällt nicht die ggf. in einem Staat geltende allgemeine kollisionsrechtliche Unterscheidung zwischen beweglichen und unbeweglichen Gegenständen, Art. 30 EuErbVO ist also nicht mit Art. 3a Abs. 2 EGBGB aF gleichzusetzen. Gemeint sind nach Nr. 53 S. 2 ErwG zB Normen zum Schutz der Familienwohnung wie §§ 1568a, b BGB, die damit vom Anwendungsbereich der EuGüVO ausgenommen sind, vgl. auch bereits Art. 17a EGBGB (Dutta/Weber/*Coester-Waltjen*, Die Europäischen Güterrechtsverordnungen, 2017, S. 47, 59, Rn. 43; *Henrich* ZFRV 2016, 171 (173); aA *Kroll-Ludwigs* GPR 2016, 231 (238)).

k) **Ordre public, Art. 31 EuGüVO.** Nach Art. 31 EuGüVO darf die Anwendung einer Vorschrift des nach der Verordnung bestimmten Rechts versagt werden, wenn ihre Anwendung mit der öffentlichen Ordnung der lex fori offensichtlich unvereinbar ist. Ein ordre public Verstoß liegt etwa dann vor, wenn es nach dem Güterrechtsstatut zu einer Ungleichbehandlung wegen des Geschlechts kommt, wenn etwa bei der güterrechtlichen Auseinandersetzung die Ehefrau schlechter gestellt wird als der Ehemann (Dutta/Weber/*Bonomi*, Die Europäischen Güterrechtsverordnungen, 2017, S. 123, 142, Rn. 102).

**3. Rechtswahlmöglichkeiten, Art. 22–24 EuGüVO**

(1) **Allgemeines.** Die Regelungen zu Rechtswahlen in der EuGüVO finden sich in Art. 22–24, ergänzend sind Nr. 45–47 und Nr. 50 ErwG heranzuziehen. Für den deutschen Notar bietet die Rechtswahl die Möglichkeit, den Beteiligten den Weg ins deutsche Recht zu öffnen. Dabei hat er über das deutsche Recht und den Umfang der Vertragsfreiheit fallbezogen zu belehren. Von der Möglichkeit der Rechtswahl ausländischen Rechts wird der deutsche Notar nur im Ausnahmefall Gebrauch machen, da er regelmäßig über den Inhalt des gewählten ausländischen Rechts nicht belehren kann. Besser als eine nach § 17 Abs. 4 BeurkG eingeschränkte Belehrung ist dann eine Beurkundung durch einen Notar im Bereich des gewählten ausländischen Rechts. Immer, auch bei der Wahl deutschen Rechts, ist zu beachten, dass die Frage der Anerkennung der Rechtswahl in einem Drittstaat Sache des dortigen IPR ist, die hiesige Rechtswahl also ein „hinkender" Vertrag sein kann, der in einem Drittstaat nicht anerkannt wird.

(2) **Bisherige Rechtslage.** Siehe auch Vorauflage Form. IX.10 und 11. Das deutsche IPR kannte bezüglich des Güterrechtsstatuts bisher Rechtswahlmöglichkeiten entweder mittelbar über das Ehewirkungstatut nach Art. 15 Abs. 1, 14 Abs. 2 und 3 EGBGB oder unmittelbar nach Art. 15 Abs. 2 EGBGB. Die Möglichkeiten der Wahl des Rechts der Staatsangehörigkeit eines Ehegatten (bisher Art. 15 Abs. 2 Nr. 1 EGBGB) bzw. des Rechts am gewöhnlichen Aufenthaltsort eines Ehegatten (bisher Art. 15 Abs. 2 Nr. 2 EGBGB)

werden auch künftig unter Geltung der EuGüVO bestehen. Unter Geltung der EuGüVO gibt es jedoch keine beschränkte Rechtswahl für unbewegliches Vermögen mehr. Die bisher nach Art. 15 Abs. 2 Nr. 3 EGBGB bestehende Möglichkeit, die *lex rei sitae* als Güterrechtsstatut für Immobilien zu wählen, wird damit wegfallen. Einerseits wird dadurch eine Güterrechtsspaltung vermieden, andererseits ist teilweise in der Praxis das anwendbare Güterrecht nicht leicht oder im schlimmsten Fall gar nicht zu ermitteln. Wollen in ihrem Heimatstaat weiter wohnhaft bleibende Ausländer in Deutschland eine Immobilie erwerben, haben sie in der Praxis kaum ein Interesse an einer umfassenden Wahl des deutschen Güterrechts. Lässt sich das ausländische Güterrecht und damit das für die Ehegatten geltende Erwerbsverhältnis (vgl. auch § 47 GBO) nicht eindeutig ermitteln, führt dies – mangels Möglichkeit einer Teilrechtswahl nach der EuGüVO – zwangsläufig zu Problemen bei der Urkundsgestaltung und beim Grundbuchvollzug (ausführlich hierzu *Weber* MittBayNot 2016, 482; 2017, 22). Die genaue Ermittlung des anwendbaren Güterrechts wird damit unter Geltung der EuGüVO in der (notariellen) Praxis eine noch wichtigere Aufgabe sein.

(3) **Zeitpunkt der Rechtswahl.** Wie sich aus Art. 22 Abs. 1 EuGüVO und Nr. 45 S. 2 ErwG ergibt („Ehegatten oder *künftige* Ehegatten"), können Rechtswahlen nach der EuGüVO vor, bei oder nach der Eheschließung erfolgen.

(4) **Wählbare Rechte nach Art. 22 Abs. 1 EuGüVO.** Nach Art. 22 Abs. 1 EuGüVO können ohne Rücksicht darauf, ob es sich um das Recht eines Mitglieds- oder eines Drittstaates handelt, folgende Rechte gewählt werden:

a) **Güterrecht am gewöhnlichen Aufenthaltsort zum Zeitpunkt der Rechtswahl, Art. 22 Abs. 1 lit. a EuGüVO.** Nach Art. 22 Abs. 1 lit. a Alt. 1 EuGüVO kommt zunächst das Güterrecht am gemeinsamen gewöhnlichen Aufenthaltsort der (künftigen) Ehegatten *im Zeitpunkt der Rechtswahl* in Betracht. Haben die (künftigen) Ehegatten keinen gemeinsamen gewöhnlichen Aufenthalt, erlaubt Art. 22 lit. a Alt. 2 EuGüVO auch die Wahl des Rechts am gewöhnlichen Aufenthalt (nur) eines der beiden Ehegatten. Vor Eheschließung kann das Recht am aktuellen gewöhnlichen Aufenthalt (ggf. auch nur eines Ehegatten) selbst dann gewählt werden, wenn nach Eheschließung der (meist gemeinsame) gewöhnliche Aufenthalt der Ehegatten an einem anderen Ort sein wird. Man könnte in Betracht ziehen, eine aufschiebend bedingte Rechtswahl zuzulassen, die erst mit tatsächlicher Begründung des gewöhnlichen Aufenthalts in dem betreffenden Staat wirksam wird. Der klare Wortlaut des Art. 22 Abs. 1 lit. a EuGüVO spricht jedoch gegen eine solche Gestaltungsmöglichkeit (aA wohl *Weber* DNotZ 2016, 659 (677)).

b) **Güterrecht eines Staates, dessen Staatsangehörigkeit einer der (künftigen) Ehegatten zum Zeitpunkt der Rechtswahl hat, Art. 22 Abs. 1 lit. b EuGüVO.** Art. 22 Abs. 1 lit. b EuGüVO erlaubt ferner die Wahl des Rechts der Staatsangehörigkeit eines oder beider Ehegatten, wiederum im Zeitpunkt der Rechtswahl. Die Wahl einer späteren Staatsangehörigkeit ist nicht vorgesehen, so dass bei einem späteren Staatsangehörigkeitswechsel bei Bedarf ggf. eine neue Rechtswahl zu treffen ist. Man könnte auch hier daran denken, eine aufschiebend bedingte Rechtswahl zu erlauben, die erst mit Erwerb der betreffenden Staatsangehörigkeit wirksam wird. In Betracht käme dies wohl allenfalls während eines laufenden Einbürgerungsverfahrens. Der Wortlaut des Art. 22 Abs. 1 lit. b EuGüVO spricht jedenfalls wiederum gegen eine solche Gestaltung.

aa) **Ermittlung der Staatsangehörigkeit.** Die Ermittlung der Staatsangehörigkeit erfolgt wie im Rahmen des Art. 26 EuGüVO nicht nach der Verordnung, sondern nach nationalem Recht, siehe Nr. 50 S. 1 ErwG.

bb) **Mehrstaater.** Für Mehrstaater fehlt in Art. 22 EuGüVO eine Regelung wie Art. 26 Abs. 2 EuGüVO, der für die Ermittlung des objektiven Güterrechtsstatuts bei mehrfacher gemeinsamer Staatsangehörigkeit das Recht der Staatsangehörigkeit außer Betracht lässt. Nach dem Wortlaut des Art. 22 Abs. 1 lit. b EuGüVO gibt es keine Einschränkungen, so dass die Wahl zwischen den verschiedenen Staatsangehörigkeitsrechten besteht. Dieses

Ergebnis wird von Nr. 50 S. 2 ErwG bestätigt, wonach die Anwendung des nationalen Rechts für Fragen der Staatsangehörigkeit von Mehrstaatern keine Auswirkungen auf die Gültigkeit einer Rechtswahl haben soll. Mehrstaater können also jede Rechtsordnung wählen, der sie angehören (So auch *Dutta* FamRZ 2016, 1973 (1980), *Heiderhoff* IPRax 2018, 1 (6); *Kroll-Ludwigs* GPR 2016, 231 (234); *Meise* RNotZ 2016, 485 (493); *Weber* DNotZ 2016, 659 (673)).

c) **Besonderheiten der EuPartVO.** Bezüglich der für die Partner bestehenden Rechtswahlmöglichkeiten enthält Art. 22 Abs. 1 EuPartVO den Vorbehalt, dass das gewählte Recht Rechtsfolgen an die eingetragene Partnerschaft knüpfen muss, nach Nr. 44 ErwG soll die Rechtswahl nicht in einen rechtsfreien Raum führen. Ein entsprechender Vorbehalt findet sich in der Ausweichklausel des Art. 26 Abs. 2 EuPartVO. Ausreichend dürfte sein, dass das gewählte Recht die Lebenspartnerschaft überhaupt kennt und gesetzlich regelt (so auch *Mankowski* IPRax 2017, 541 (548)), unabhängig davon, ob es hierfür ausdrückliche güterrechtliche Regeln aufstellt (so aber Dutta/Weber/*Coester*, Die Europäischen Güterrechtsverordnungen, 2017, S. 111, 116 f., Rn. 17; *Weber* DNotZ 2016, 659 (695)). Bei den Rechtswahlmöglichkeiten sieht Art. 22 Abs. 1 lit. c EuPartVO auch die Möglichkeit der Wahl des Rechts des Staates vor, nach dem die Partnerschaft begründet wurde.

(5) **Form der Rechtswahl, Art. 23 EuGüVO.** Art. 23 EuGüVO regelt die Formwirksamkeit der Rechtswahl. Die Vorschrift ist weitgehend Art. 7 Rom-III VO nachempfunden. Nach Nr. 47 S. 1 ErwG soll Art. 23 EuGüVO sicherstellen, dass sich die Ehegatten der Tragweite ihrer Rechtswahl bewusst sind und diese in „voller Sachkenntnis" treffen. Unabhängig davon, ob die Regelungen in Art. 23 EuGüVO tatsächlich geeignet sind, dies zu gewährleisten, wird man die Vorschrift daher streng auslegen müssen (NK-BGB/*Hilbig-Lugani* ROM III Art. 7 Rn. 4).

a) **Grundsatz: Art. 23 Abs. 1 EuGüVO.** Das – in der Praxis allerdings die Ausnahme bildende – Grundprinzip ist in Art. 23 Abs. 1 S. 1 EuGüVO niedergelegt. Demnach muss die Rechtswahl schriftlich niedergelegt, datiert und von beiden Ehegatten unterzeichnet sein. Alternativ ersetzt nach Art. 23 Abs. 1 S. 2 EuGüVO jede elektronische Übermittlung, die eine dauerhafte Aufzeichnung erlaubt, die Schriftform. Hauptanwendungsfall des Art. 23 Abs. 1 S. 2 EuGüVO soll der E-Mail-Schriftverkehr sein (Vgl. NK-BGB/*Hilbig-Lugani* ROM III Art. 7 Rn. 6 mwN; Palandt/*Thorn* Rom III Art. 7 Rn. 2).

b) **Ausnahmen, Einzelfälle.** Art. 23 Abs. 2–4 EuGüVO sieht bedeutende Ausnahmen vom Grundprinzip des Art. 23 Abs. 1 EuGüVO vor, die – was zu begrüßen ist – in vielen Fällen in der Praxis zum Tragen kommen werden:

aa) **Zusätzliche Formvorschriften im Mitgliedstaat des gemeinsamen gewöhnlichen Aufenthalts, Art. 23 Abs. 2 EuGüVO.** Art. 23 Abs. 2 EuGüVO regelt den Fall, dass beide Ehegatten ihren gemeinsamen gewöhnlichen Aufenthalt in einem Mitgliedstaat (nicht: Drittstaat!) haben, der für Vereinbarungen über den ehelichen Güterstand eine strengere Form als die in Art. 23 Abs. 1 EuGüVO vorgesehene Form vorsieht. In diesem Fall setzt sich die strengere Form durch. Das Recht der Staatsangehörigkeit spielt keine Rolle. Zusätzliche Formvorschriften iSd Art. 23 Abs. 2 EuGüVO sind vor allem immer dann gegeben, wenn dritte Personen wie Urkundspersonen, insbesondere Notare oder Standesbeamte, aber auch Zeugen zum Abschluss eines Ehevertrages hinzugezogen werden müssen, oder wenn der Ehevertrag – ohne inhaltliche Kontrolle durch die Registrierungs- oder Veröffentlichungsstelle – veröffentlicht werden muss. Bedarf der Ehevertrag dagegen einer (echten) behördlichen oder gerichtlichen Genehmigung, liegt in der Regel keine Formvorschrift, sondern eine materielle Vorschrift vor. In 15 von 18 Mitgliedstaaten der EuGüVO (siehe hierzu etwa die Übersicht unter www.coupleseurope.eu oder im Einzelnen die Länderberichte in *Süß/Ring*, Eherecht in Europa, 3. Aufl. 2017) ist entweder eine notarielle Beurkundung (Belgien, Bulgarien, Deutschland, Frankreich, Griechenland, Italien, Luxemburg, Malta, die Niederlande, Österreich, Portugal, Slowenien, Spanien, die Tschechische Republik) oder wenigstens eine notarielle Beglaubigung des Ehevertrages (Kroatien) vorgesehen. In Italien kann zusätzlich Gütertrennung (aber nur diese) anlässlich der Eheschließung vor dem Standesbeamten erklärt werden, dies wird in der Heiratsurkunde vermerkt. In Finnland reicht für einen Ehevertrag zwar die einfache Schriftform, zusätzlich ist aber die Mitwirkung zweier unabhängiger Zeugen nötig. Lediglich in Schweden und Zypern reicht die einfache Schriftform für den Abschluss eines Ehevertrages. In Finnland und Schweden wird der Ehevertrag allerdings erst wirksam, wenn er – ohne inhaltliche Kontrolle, also wohl aus formellen bzw. steuerlichen Gründen – bei einer öffentlichen Stelle registriert wurde.

**bb) Gewöhnlicher Aufenthalt der Ehegatten in verschiedenen Mitgliedstaaten, Art. 23 Abs. 3 EuGüVO.** In dem in Art. 23 Abs. 3 EuGüVO geregelten Fall haben ebenfalls beide Ehepartner ihren gewöhnlichen Aufenthalt in einem Mitgliedstatt, aber in unterschiedlichen. In diesem Fall reicht es aus, wenn die Formvorschriften einer der beiden betroffenen Rechtsordnungen eingehalten werden. Es muss sich dabei nicht um die strengere Form handeln. Der Abschlussort der Rechtswahl oder die Staatsangehörigkeit spielen keine Rolle.

**cc) Gewöhnlicher Aufenthalt nur eines Ehegatten in einem Mitgliedstaat, Art. 23 Abs. 4 EuGüVO.** Hat nur ein Ehegatte seinen gewöhnlichen Aufenthalt in einem Mitgliedstaat, der andere in einem Drittstaat, so setzen sich nach Art. 23 Abs. 4 EuGüVO wiederum die Vorschriften des Mitgliedstaates durch, sofern sie strenger sind als die Formvoraussetzungen des Art. 23 Abs. 1.

**dd) Gewöhnlicher Aufenthalt beider Ehegatten in einem Drittstaat.** Haben beide Ehepartner ihren gewöhnlichen Aufenthalt in einem Drittstaat, so verbleibt es für die Rechtswahl bei der allgemeinen Regel des Art. 23 Abs. 1 EuGüVO und zwar selbst dann, wenn das Recht am gewöhnlichen Aufenthalt der Ehegatten eine strengere Form vorsieht.

**c) Kein Rückgriff auf die Ortsform, das Recht der Staatsangehörigkeit oder das gewählte Recht**

Art. 23 EuGüVO stellt eine abschließende Regelung dar. Insbesondere ist dadurch ein Rückgriff auf die Ortsform (*locus regit actum*) versperrt. Auch das Recht der Staatsangehörigkeit der Ehegatten oder das von ihnen gewählte Recht spielen für die Formwirksamkeit der Rechtswahl unter Geltung der EuGüVO keine Rolle, da die Ausnahmen in Art. 23 Abs. 2–4 EuGüVO ausschließlich auf den gewöhnlichen Aufenthalt der Ehegatten abstellen. Unter der EuGüVO wird man deshalb selbst bei inländischer notarieller Beurkundung der Rechtswahlvereinbarung nicht mehr automatisch von deren Formwirksamkeit ausgehen können, da es stets auf das Recht am gewöhnlichen Aufenthalt der Ehegatten ankommt, sofern dieser in einem Mitgliedstaat liegt. Sieht dieses Recht zwar keine notarielle Beurkundung, aber andere Formvoraussetzungen vor, so werden diese nicht automatisch durch die notarielle Form ersetzt. Über eine solche Substitution entscheidet vielmehr das nach Art. 23 EuGüVO anwendbare Recht. Anders ist der Fall zu beurteilen, wenn aufgrund des gewöhnlichen Aufenthalts beider Ehegatten in einem Drittstaat die Grundnorm des Art. 23 Abs. 1 EuGüVO anwendbar ist. Durch eine notarielle Beurkundung in Deutschland sind deren Anforderungen (Schriftform, Datierung, Unterschriften der Ehegatten) jedenfalls gewahrt.

**(6) Inhalt und materielle Wirksamkeit der Rechtswahl, Art. 24 EuGüVO**

**a) Ausdrückliche oder konkludente Rechtswahlerklärung.** Wie sich aus der sonst überflüssigen Regelung des Art. 24 Abs. 2 EuGüVO entnehmen lässt, liegt eine wirksame Rechtswahl auch dann vor, wenn die Ehegatten zwar nicht ausdrücklich, aber konkludent klar zum Ausdruck bringen, dass sie sich einer bestimmten Rechtsordnung unterstellen wollen (so auch *Dutta* FamRZ 2016, 1973 (1981); *Kroll-Ludwigs* GPR 2016, 231 (236); Hausmann/Odersky/*Hausmann*, Internationales Privatrecht in der Notar- und Gestaltungspraxis, 3. Aufl. 2017, § 9 Rn. 15; *Martiny* ZfPW 2017, 1 (19); *Weber* DNotZ 2016, 659 (680)). Eine konkludente Rechtswahl kann sich insbesondere aus der konkreten Nennung von Rechtsvorschriften oder Gestaltungen (zB der modifizierten Zugewinngemeinschaft) einer bestimmten Rechtsordnung ergeben, sofern ein diesbezügliches –

wenn auch geringes – Erklärungsbewusstsein der Ehegatten anzunehmen ist. Keine konkludente Rechtswahl liegt nach bisheriger deutscher Rspr. etwa in der Rechtswahl für einen Grundstückskaufvertrag (LG Augsburg MittBayNot 1995, 233), oder alleine in der Vereinbarung einer Morgengabe (OLG Frankfurt a. M. FamRZ 1996, 1478).

b) **Materielle Wirksamkeit der Rechtswahlerklärung, Art. 24 Abs. 1 EuGüVO.** Die materielle Wirksamkeit der Rechtswahlerklärung unterliegt nach Art. 24 Abs. 1 EuGüVO dem insoweit vorwirkenden gewählten Recht. Bei der Rechtswahl handelt es sich zwar nicht selbst um einen Ehevertrag, dennoch beeinflusst diese das Güterrecht, so dass man mangels anderer Vorschriften die Regelungen des gewählten Rechts über Eheverträge analog anwenden können wird. Bei Anwendbarkeit deutschen Rechts ist damit auch der Anwendungsbereich des § 138 BGB bzw. der Grundsätze der Inhaltskontrolle eröffnet. Allein die Rechtswahl als gesetzlich vorgesehenes Rechtsinstitut wird jedoch kaum als sittenwidrig oder unangemessen angesehen werden können (vgl. auch *Weber* DNotZ 2016, 659 (681)).

c) **Ausnahmeregelung des Art. 24 Abs. 2 EuGüVO.** Eine nur schwer verständliche Ausnahmeregelung enthält Art. 24 Abs. 2 EuGüVO. Demnach kann sich ein Ehegatte für die Behauptung, er habe der Vereinbarung nicht zugestimmt, auf das Recht des Staates berufen, in dem er zum Zeitpunkt der Anrufung des Gerichts seinen gewöhnlichen Aufenthalt hat, wenn sich aus den Umständen ergibt, dass es nicht angemessen wäre, die Wirkung seines Verhaltens nach dem in Absatz 1 bezeichneten Recht zu bestimmen. Da jeder Ehegatte die Rechtswahlvereinbarung mindestens unterzeichnen muss, ist nur schwerlich ein Anwendungsbereich der Vorschrift denkbar. Bei Willensmängeln oder etwa durch Zwang beeinflussten Erklärungen dürfte in der Regel das gewählte Recht bereits ausreichende Regeln vorsehen. Geht man von der Zulässigkeit einer konkludenten Rechtswahl aus, dürfte auch dies keinen Anwendungsbereich für Art. 24 Abs. 2 EuGüVO bieten, da dann gerade eine (wenn auch nur konkludente) Zustimmung beider Partner vorliegt (aA *Weber* DNotZ 2016, 659 (680)). Denkbar wären allenfalls Konstellationen, in denen etwa eine in Deutschland lebende Frau mit ausländischer Staatsangehörigkeit im Ausland verheiratet und im Wege der Stellvertretung dabei das Recht eines ausländischen, etwa muslimischen Staates gewählt wurde. Derartigen Fällen wird man jedoch auch durch Anwendung des *ordre public*-Vorbehalts nach Art. 31 EuGüVO begegnen können.

d) **Bedingte oder befristete Rechtswahl.** Eine Rechtswahl nach Art. 22 Abs. 1 EuGüVO kann bedingt oder befristet sein. Dies ergibt sich bereits daraus, dass die Ehegatten die Rechtswahl ändern oder aufheben können. Zur Bedingung des späteren Erwerbs der Staatsangehörigkeit oder der späteren Begründung eines gewöhnlichen Aufenthalts vgl. jedoch oben.

(7) **Wirkungen der Rechtswahl, Zeitpunkt.** Die Wirkungen einer vor der Eheschließung getroffenen Rechtswahl treten mit der Eheschließung ein. Zum Zeitpunkt der Wirksamkeit der nach der Eheschließung vereinbarten Rechtswahl → Form. IX.10 Anm. 2.

(8) **Aufhebung und Änderung der Rechtswahl.** Aus Art. 22 EuGüVO ergibt sich, dass eine Rechtswahl wieder geändert werden kann. Für die Formwirksamkeit einer solchen Änderung gilt Art. 23 EuGüVO.

a) **Aufhebung der Rechtswahl.** Wird lediglich eine bestehende Rechtswahl aufgehoben, ohne eine neue zu treffen, ist nunmehr das Güterrechtsstatut nach der allgemeinen Kollisionsregel des Art. 26 EuGüVO zu ermitteln und zwar – vorbehaltlich einer anderen Vereinbarung der Ehegatten – ex nunc. Maßgeblicher Zeitpunkt für die Ermittlung des objektiv anwendbaren Güterrechtsstatuts sind dabei die Verhältnisse zum jeweils in Art. 26 Abs. 1 lit. a–c EuGüVO genannten Zeitpunkt („nach" bzw. „zum Zeitpunkt" der Eheschließung) und nicht zum Zeitpunkt der Aufhebung der Rechtswahl (so zu Art. 15 EGBGB auch Hausmann/Odersky/*Hausmann*, Internationales Privatrecht in der Notar- und Gestaltungspraxis, 3. Aufl. 2017, § 9 Rn. 135 mwN auch zur Gegenansicht).

Die materielle Wirksamkeit der Aufhebung wird man ebenfalls – da bei der Aufhebung kein für die Anwendung des Art. 24 Abs. 1 EuGüVO neu gewähltes Recht zur Verfügung steht – nach dem nach Art. 26 Abs. 1 EuGüVO und zu den dort genannten Zeitpunkten anwendbaren Recht beurteilen können.

b) **Änderung der Rechtswahl.** Eine Änderung einer bestehenden Rechtswahl kann (im Gegensatz zur bloßen Aufhebung) begriffsnotwendig nur darin liegen, dass zB nach einem Wechsel des gewöhnlichen Aufenthalts oder nach einem Staatsangehörigkeitswechsel eine neue Rechtswahl getroffen wird. Hier richtet sich nach Art. 24 Abs. 1 EuGüVO die materielle Wirksamkeit der neuen Rechtswahl nach dem neu gewählten Recht.

(9) **Rechtswahl nach dem IPR eines Drittstaates.** Zahlreiche drittstaatliche Rechtsordnungen wie zB Polen sehen im Bereich des Güterrechts ebenfalls Rechtswahlmöglichkeiten vor. Da in der EuGüVO ausschließlich Sachnormverweisungen enthalten sind, spielen diese auf den ersten Blick für die Mitgliedstaaten der EuGüVO keine Rolle. Insbesondere kann es aufgrund einer nach dem Recht eines Drittstaates zulässigen, nach der EuGüVO aber unzulässigen Rechtswahl aus Sicht eines Mitgliedstaates nicht zu einer Rück- oder Weiterweisung kommen. Eine Rechtswahl nach dem IPR eines Drittstaates kann aber insbesondere bei ausländischen Ehegatten mit gewöhnlichem Aufenthalt im Inland ggf. zur Herbeiführung einer Harmonisierung zwischen dem nach der EuGüVO und dem drittstaatlichen IPR anwendbaren Recht genutzt werden, etwa wenn das ausländische IPR – wie zB das polnische – grundsätzlich dem Staatsangehörigkeitsprinzip folgt, aber eine Wahl des Rechts am gewöhnlichen Aufenthalt zulässt.

**4. Besonderheiten für Eheverträge, Vereinbarungen über den ehelichen Güterstand, Art. 25 EuGüVO**

(1) **Begriff und Definition des Ehevertrages.** Die EuGüVO verwendet nicht unmittelbar den Begriff des „*Ehevertrages*", sondern den Begriff „*Vereinbarung über den ehelichen Güterstand*". Dieser Begriff wird in Art. 3 Abs. 1 lit. b EuGüVO definiert als „*jede Vereinbarung zwischen Ehegatten oder künftigen Ehegatten, mit der sie ihren ehelichen Güterstand regeln*". Der Begriff der Vereinbarung über den ehelichen Güterstand ist weiter und umfassender als der Begriff des Ehevertrages in § 1408 BGB. Dies korrespondiert mit dem weiten Anwendungsbereich der EuGüVO, → Anm. 2.

(2) **Form des Ehevertrages, Art. 25 EuGüVO.** Art. 25 EuGüVO regelt die Formwirksamkeit des Ehevertrages.

a) **Grundsatz: Art. 25 Abs. 1 EuGüVO.** Das – in der Praxis allerdings die Ausnahme bildende – Grundprinzip ist in Art. 25 Abs. 1 S. 1 EuGüVO niedergelegt und entspricht Art. 23 Abs. 1 EuGüVO zur Rechtswahl, Art. 25 Abs. 1 EuGüVO regelt dabei nicht nur das anwendbare Recht, ist also keine Kollisionsnorm, sondern eine echte Sachnorm. In diesem Zusammenhang stellt sich durchaus die Frage, ob hierfür überhaupt eine Gesetzgebungskompetenz der EU im Rahmen einer justiziellen Zusammenarbeit besteht. Zweifelnd Dutta/Weber/*Süß*, Die Europäischen Güterrechtsverordnungen, 2017, S. 82, 93; *Weber* DNotZ 2016, 659 (683).

b) **Ausnahmen.** Art. 25 Abs. 2 EuGüVO sieht wie Art. 23 Abs. 2–4 EuGüVO zur Rechtswahl bedeutende Ausnahmen vom Grundprinzip des Art. 25 Abs. 1 EuGüVO vor, die in vielen Fällen in der Praxis der Mitgliedstaaten zum Tragen kommen werden, siehe hierzu die Ausführungen → Anm. 3. Maßgeblicher Zeitpunkt ist dabei der Abschluss des Ehevertrages.

c) **Zusätzliche Formvorschriften des anwendbaren Rechts, Art. 25 Abs. 3 EuGüVO.** Nach Art. 25 Abs. 3 EuGüVO sind jedoch darüber hinaus, unabhängig davon, ob für den Ehevertrag die Grundnorm des Art. 25 Abs. 1 EuGüVO oder die besonderen Regelungen in Art. 25 Abs. 2 EuGüVO gelten, kumulativ die für Eheverträge geltenden zusätzlichen Formvorschriften des Güterrechtsstatuts zu beachten. Dies gilt unabhängig davon, ob Güterrechtsstatut das Recht eines Mitgliedstaates oder das Recht eines Drittstaates ist.

Nach Nr. 48 S. 3 ErwG wurde diese Regelung bewusst geschaffen, um dem besonderen Schutzbedürfnis der Ehegatten gerecht zu werden. Das Güterrechtsstatut bestimmt sich dabei nach Art. 22 bzw. Art. 26 EuGüVO. Gilt für die Ermittlung des Güterrechtsstatuts im Einzelfall Art. 26 Abs. 1 lit. a EuGüVO, also das Recht des gemeinsamen gewöhnlichen Aufenthalts nach Eheschließung, und soll der Ehevertrag bereits vor der Eheschließung errichtet werden, hat dies zur Folge, dass ggf. erst nachträglich festgestellt werden kann, welche Formvorschriften für den Ehevertrag überhaupt anwendbar waren. Bei notarieller Beurkundung stellt sich an dieser Stelle ggf. das Problem der Gleichwertigkeit von Auslandsbeurkundungen (hierzu Dutta/Weber/*Süß*, Die Europäischen Güterrechtsverordnungen, 2017, S. 85, 91 f., Rn. 24 f.). Im Zweifelsfall kann ggf. nur eine Doppelbeurkundung sowohl im In- als auch im Ausland absolute Sicherheit bringen, wenn die nach Art. 25 Abs. 2 und Abs. 3 EuGüVO anwendbaren Rechte auseinanderfallen (kritisch daher *Dutta* FamRZ 2016, 1973 (1984); siehe auch Dutta/Weber/*Süß*, Die Europäischen Güterrechtsverordnungen, 2017, S. 85, 95, Rn. 39).

**d) Kein Rückgriff auf die Ortsform.** Art. 25 EuGüVO stellt eine abschließende Regelung dar. Insbesondere ist dadurch auch hier ein Rückgriff auf die Ortsform (*locus regit actum*) versperrt. Das Recht der Staatsangehörigkeit (eines) der Ehegatten kann für die Formwirksamkeit des Ehevertrages unter Geltung der EuGüVO nur dann eine Rolle spielen, wenn es wegen Art. 25 Abs. 3 EuGüVO zugleich als Güterrechtsstatut zum Tragen kommt.

**(3) Materielle Wirksamkeit des Ehevertrages, Art. 27 lit. g EuGüVO.** Nach Art. 27 lit. g EuGüVO gilt für die materielle Wirksamkeit des Ehevertrages das Güterrechtsstatut, also das nach Art. 22 EuGüVO gewählte oder das nach Art. 26 Abs. 1 und 2 EuGüVO mangels Rechtswahl anwendbare Recht. Die Ausweichklausel des Art. 26 Abs. 3 EuGüVO gilt nach Art. 26 Abs. 3 letzter UAbs. EuGüVO bei Vorliegen eines Ehevertrages dagegen ggf. nicht. Zum Güterstandswechsel nach Eheschließung → Form. IX.10 Anm. 2.

**(4) Inhalt des Ehevertrages.** Der mögliche Inhalt des Ehevertrages, die zulässigerweise zu vereinbarenden Güterstände und die hierfür geltenden inhaltlichen Schranken unterliegen dem Güterrechtsstatut, ebenso die Frage einer (richterlichen) Ausübungs- und Inhaltskontrolle (so auch *Weber* DNotZ 2016, 659 (684)).

Bei ausschließlich ausländischen Beteiligten oder erheblichem Vermögen im Ausland empfiehlt es sich, im Zweifel und sofern dies den Interessen der Beteiligten entspricht Gütertrennung zu vereinbaren, da deren Prinzip und Wirkungen dem Ausländer und im Ausland (im Gegensatz zur – modifizierten – Zugewinngemeinschaft) am besten vermittelt werden können (siehe bereits *Langenfeld* BWNotZ 1986, 153; zustimmend *Böhringer* BWNotZ 1987, 104 (111) und *Röll* MittBayNot 1989, 1 (3).

**5. Kosten.** → Form. IX.1 Anm. 19.2. Bei der Beurkundung einer Rechtswahl, die das Güterrecht betrifft, ist zusätzlich § 104 Abs. 1 GNotKG zu beachten. Demnach beträgt der Geschäftswert der Rechtswahl 30 Prozent des Geschäftswerts des Ehevertrages nach § 100 GNotKG. Es handelt sich bei der Rechtswahl stets um einen besonderen Beurkundungsgegenstand, so dass der Geschäftswert der Rechtswahl zum Geschäftswert des Ehevertrages addiert wird.

## 10. Rechtswahl nach Eheschließung nach Art. 22 EuGüVO

**Heute, den . . . . .[1]**
**erschienen gleichzeitig vor mir, Notar . . . . ., in meinen Geschäftsräumen in . . . . . .**

**1. Frau A . . . . . .**
**2. Herr B . . . . . .**

Die Beteiligten erklären mit dem Ersuchen um Beurkundung:

§ 1 Vorbemerkung

Sie haben am ...... in ...... geheiratet. Die Ehefrau ist deutsche Staatsangehörige, der Ehemann französischer Staatsangehöriger. Die Eheleute hatten nach der Eheschließung bis heute ihren gemeinsamen gewöhnlichen Aufenthalt in Belgien, eine Rechtswahl oder einen Ehevertrag haben sie bisher nicht errichtet, sie leben also im gesetzlichen belgischen Güterstand der Errungenschaftsgemeinschaft. Sie erklären:

§ 2 Rechtswahl

Für das auf unseren ehelichen Güterstand anwendbare Recht wählen wir hiermit mit sofortiger Wirkung (alternativ: mit Wirkung ab ......, ggf. auch rückwirkend) das deutsche Recht.[2]

§ 3 Güterstand

Die Beteiligten vereinbaren zum Güterstand nunmehr im Wege des Ehevertrages folgendes: ......

*Alternativ*

*Es soll beim gesetzlichen Güterstand der Zugewinngemeinschaft verbleiben. Der Zugewinnausgleich soll ab heute (alternativ*: ab dem ......) berechnet werden. Das Anfangsvermögen setzen wir auf beiderseits Null an (alternativ: keine oder andere konkrete Festlegung des Anfangsvermögens)

§ 4 Vermögensauseinandersetzung

In Auseinandersetzung der bisherigen Errungenschaftsgemeinschaft des belgischen Rechts wird hiermit vereinbart: Der PKW ...... steht im Alleineigentum des Ehemannes. Der Hausrat der Ehewohnung steht in unserem je hälftigen Miteigentum. Persönliche Gebrauchsgegenstände stehen im Alleineigentum des jeweiligen Ehegatten. Eine weitere Abwicklung des durch die heutige Rechtswahl beendeten belgischen Güterstandes ist nicht erforderlich, da die Beteiligten keinen Grundbesitz haben.

*Alternativ*

*Der Notar hat darauf hingewiesen, dass durch die in dieser Urkunde getroffene Rechtswahl der bisherige Güterstand der Errungenschaftsgemeinschaft des belgischen Rechts beendet ist. Die erforderliche Auseinandersetzung des im Ausland belegenen Vermögens werden die Beteiligten gesondert durchführen, sie verpflichten sich gegenseitig, sämtliche hierfür erforderlichen Rechtshandlungen vorzunehmen und Erklärungen abzugeben. Der Notar hat darauf hingewiesen, dass er ausländisches Recht nicht kennen muss, er hat hierzu auch keinen Beratungsauftrag übernommen.*

§ 5 Güterrechtsregister

Eine Eintragung der Rechtswahl in das Güterrechtsregister ist derzeit nicht gewünscht. Die Beteiligten bevollmächtigen sich gegenseitig, die Eintragung jederzeit zu beantragen.

§ 6 Hinweise

Der Notar hat den Beteiligten die Möglichkeiten und Folgen der Rechtswahl, den deutschen gesetzlichen Güterstand, die Möglichkeiten seiner ehevertraglichen Modifizierung oder Abbedingung und das sonstige Scheidungsfolgenrecht eingehend erläutert.

**§ 7 Kosten,[3] Abschriften**

**Die Kosten dieser Urkunde tragen die Beteiligten zur Hälfte.**
**Sie erhalten je eine Ausfertigung dieser Urkunde.**
**(Schlussformel, Unterschriften)**

## Anmerkungen

**1. Fallgruppe.** Die Beteiligten mit unterschiedlichen Staatsangehörigkeiten leben bisher im Ausland in einem ausländischen Güterstand, hier der belgischen Errungenschaftsgemeinschaft. Derzeit wohnen sie aus beruflichen Gründen noch im Ausland, wollen sich aber nun dauerhaft in Deutschland niederlassen und sich deshalb dem deutschen Güterrecht unterstellen. Zum Internationalen Güterrecht und zur EuGüVO zunächst → Form. IX.9 Anm. 2.

**2. Rechtswahl.** Zur Rechtswahl nach Art. 22 EuGüVO zunächst → Form. IX.9 Anm. 3.

(1) **Zeitpunkt der Wirksamkeit, Rückwirkung, Art. 22 Abs. 2 EuGüVO.** Nach der Eheschließung getroffene Rechtswahlen oder Änderungen einer Rechtswahl wirken nach Art. 22 Abs. 2 EuGüVO grundsätzlich nur ex-nunc. Die Ehegatten können eine Rückwirkung vereinbaren, die jedoch nach Art. 22 Abs. 3 EuGüVO keine Auswirkung auf frühere Rechtshandlungen oder Rechte Dritter hat, die sich aus dem früheren Güterrechtsstatut ergeben. Unter dem bisherigen Güterrechtsstatut wirksam abgeschlossene Rechtsgeschäfte bleiben also wirksam, unwirksame werden nicht wirksam (*Weber* DNotZ 2016, 659 (682); RNotZ 2017, 365 (369); siehe auch, Dutta/Weber/*Süß*, Die Europäischen Güterrechtsverordnungen, 2017, S. 85, 106, Rn. 85). Die Rückwirkung muss nicht auf den Zeitpunkt der Eheschließung erfolgen, der Rückwirkungszeitraum kann vielmehr frei gewählt werden.

Von der rückwirkenden Wahl des Güterrechtstatuts strikt zu trennen ist die rückwirkende Änderung des Güterstandes, über deren Zulässigkeit und Voraussetzungen allein das (gewählte) Güterrechtsstatut selbst entscheidet. Verbietet dieses eine rückwirkende Änderung des Güterstandes, hat es allerdings hinzunehmen, wenn es allein aufgrund der nach Art. 22 Abs. 2 EuGüVO zulässigen rückwirkenden Rechtswahl zugleich zu einer rückwirkenden Änderung des Güterstandes kommt (aA wohl *Weber* DNotZ 2016, 659 (682)).

(2) **Aufgrund der Rechtswahl eintretender Güterstandswechsel.**

a) **Bloßer Wechsel des Güterrechtstatuts.** Ein Wechsel des Güterrechtstatuts während der Ehe wird in vielen Fällen automatisch zu einem Wechsel oder wenigstens einer Veränderung des Güterstandes führen. In den wenigstens Fällen werden die güterrechtlichen Bestimmungen des bisherigen Güterrechtstatuts denen des neuen Status entsprechen, am ehesten ist dies noch denkbar, wenn sowohl vor- als auch nachher Gütertrennung besteht. Folge der Rechtswahl ist zunächst stets, dass die Ehegatten ohne weiteres im gesetzlichen Güterstand des gewählten Rechts leben. Einige Rechtsordnungen wie etwa das portugiesische (Süß/Ring/*Huzel*, Eherecht in Europa, 3. Aufl. 2017, Länderbericht Portugal, Rn. 40) oder das thailändische Recht verbieten nach Eheschließung generell eine Änderung des Güterstandes. Andere wie etwa das französische Recht (näher Süß/Ring/*Döbereiner*, Eherecht in Europa, 3. Aufl. 2017, Länderbericht Frankreich, Rn. 95 ff.) stellen in bestimmten Fällen für eine Änderung des Güterstandes nach Eheschließung weitere Voraussetzungen wie etwa Wartefristen oder gerichtliche Genehmigungserfordernisse auf. In der EuGüVO ist nicht geregelt, ob solche Verbote oder zusätzlichen Voraussetzungen auch bei einem bloßen Wechsel des Güterrechtsstatutes, der automatisch einen Wechsel des Güterstandes zur Folge hat, durchschlagen und zu beachten sind. Dies ist zu verneinen, da Art. 22 EuGüVO als höhergesetzliche Spezialnorm die Voraussetzungen der Rechtswahl abschließend regelt und einen Rückgriff auf zusätzliche materielle Erfordernisse der beteiligten Rechtsordnungen versperrt, unabhängig davon, ob sie gewählt oder abgewählt werden (so auch die hM in Frankreich zur dort wegen der Geltung des Haager Ehegüterrechtsabkommens vom 14.3.1978 vergleichbaren Rechtslage, vgl. *Döbereiner* in Süß/Ring, Eherecht in Europa, 3. Aufl. 2017, Länderbericht Frankreich, Rn. 132; siehe auch Dutta/Weber/*Süß*, Die Europäischen Güterrechtsverordnungen, 2017, S. 85, 89, Rn. 12 ff.).

b) **Zusätzlicher Güterstandswechsel innerhalb des gewählten Rechts.** In vielen Fällen des Wechsels des Güterrechtstatuts werden es die Ehegatten innerhalb des Rahmens dieses neuen Güterrechtsstatuts nicht beim gesetzlichen Güterstand belassen, sondern zusätzlich ehevertraglich einen neuen Güterstand wählen wollen. Für diesen (zweiten) Güterstandswechsel gelten dann bereits die Voraussetzungen des neugewählten Rechts (in diesem Sinne auch Dutta/Weber/*Süß*, Die Europäischen Güterrechtsverordnungen, 2017, S. 85, 89, Rn. 12 ff.), dieses entscheidet darüber, ob ein Ehevertrag nur vor der Ehe oder ob er auch noch nach der Ehe errichtet werden kann, ob und unter welchen Voraussetzungen also der Güterstand während der Ehe geändert werden kann.

c) **Abwicklung des bisherigen Güterstandes.** Durch die Änderung des Güterstandes ist in den vorstehend aufgeführten Fällen der bisherige Güterstand beendet und abzuwickeln. Fraglich ist, nach welchem Recht diese Abwicklung zu erfolgen hat. In den meisten Fällen werden die Ehegatten hierzu selbst im Rahmen der Vertragsfreiheit die erforderlichen Vereinbarungen treffen. Tun sie dies nicht oder können sie sich nicht einigen, spricht jedenfalls bei einer ohne Rückwirkung getroffenen Rechtswahl vieles dafür, die Abwicklung nach dem bisherigen Recht vorzunehmen. Die Abwicklung nach dem neuen Recht ist unter Umständen gar nicht möglich, insbesondere wenn es den bisherigen Güterstand nicht kennt (so auch *Kroll-Ludwigs* GPR 2016, 231 (235); *Weber* DNotZ 2016, 659 (681); nach bisherigem deutschen IPR war die Frage sehr umstritten, vgl. zB *Hausmann*/Odersky, Internationales Privatrecht in der Notar- und Gestaltungspraxis, 3. Aufl. 2017, § 9 Rn. 129; Palandt/*Thorn* EGBGB Art. 15 Rn. 21; *Schotten* DNotZ 1999, 326 (333)). Lebten die Beteiligten in einem ausländischen Güterstand der Gütergemeinschaft, so wird dieser durch die Rechtswahl beendet.

Bei Güterstandswechsel aus einer fremden Rechtsordnung ist, wenn es sich um einen ausländischen Güterstand mit Gesamtgut handelt, die Auseinandersetzung dieses Gesamtguts durchzuführen. Hier wird der Notar regelmäßig mangels Kenntnis des ausländischen Rechts an einen zuständigen ausländischen Amtsträger verweisen müssen, insbesondere wenn es um Grundbesitz geht.

3. **Kosten.** → Form. IX.9 Anm. 5.

## 11. Ehevertrag bei Heirat mit einem Muslim (Islamischer Ehevertrag)

**Heute, den . . . . .[1]**
**erschienen gleichzeitig vor mir, Notar[4]. . . . ., in meinen Geschäftsräumen in . . . . . .**

1. **Frau . . . . .**
2. **Herr . . . . .**

**– Verlobte –[5]**

3. **Herr . . . . .**
   **Herr . . . . .**

– Zeugen –[6]

Nach seiner Erklärung und der Überzeugung des Notars ist Herr . . . . . der deutschen Sprache nicht hinreichend mächtig. Es wurde deshalb Frau . . . . . als Dolmetscherin hinzugezogen, die die heutige Verhandlung und die Urkunde übersetzt hat. Sie hat auch den aufgrund einer Vorbesprechung vom Notar angefertigten Entwurf der heutigen Urkunde schriftlich übersetzt. Diese schriftliche Übersetzung ist der heutigen Urkunde beigefügt.

Herr . . . . . gibt zunächst, nachdem er vom Notar über die Bedeutung einer eidesstattlichen Versicherung und die strafrechtlichen Folgen unrichtiger Angaben belehrt wurde, die folgende

eidesstattliche Versicherung

ab: Ich versichere, dass ich derzeit nicht verheiratet bin.[7]

Sodann erklären Frau . . . . . und Herr . . . . .:

Ich, Herr . . . . . .bin . . . . . . Staatsangehöriger, ich, Frau . . . . . . bin deutsche Staatsangehörige. Wir haben derzeit unseren gewöhnlichen Aufenthalt in Deutschland, werden aber evtl. in das Heimatland des Ehemannes ziehen.

Wir beabsichtigen, in Kürze zu heiraten. Wir erklären deshalb folgenden

Ehevertrag

I. Rechtswahl, Vereinbarungen zum deutschen Recht

1. Für das Ehevermögensrecht und die persönlichen Wirkungen unserer Ehe wählen wir das deutsche Recht.
2. Wir vereinbaren für unsere künftige Ehe den Güterstand der Gütertrennung und schließen deshalb den gesetzlichen Güterstand aus.
   Der Notar hat uns darauf hingewiesen, dass durch die Vereinbarung der Gütertrennung ein Ausgleich des Zugewinns bei Beendigung der Ehe, insbesondere nach einer Scheidung, nicht stattfindet, und dass sich das gesetzliche Erbrecht und das Pflichtteilsrecht vermindern können. Jeder von uns ist berechtigt, ohne Zustimmung des anderen über sein Vermögen im Ganzen, auch über die ihm gehörenden Gegenstände des ehelichen Haushalts, frei zu verfügen.
3. Wir schließen den Versorgungsausgleich aus.
   Der Notar hat uns über die Bedeutung und die Folgen des Ausschlusses belehrt, insbesondere darüber, dass infolge dieser Vereinbarung der vom Gesetz für den Fall der Scheidung vorgesehene Ausgleich der in der Ehezeit erworbenen Versorgungsanwartschaften nicht stattfindet.
4. Wir verzichten gegenseitig auf jeglichen nachehelichen Unterhalt, auch für den Fall der Not, und nehmen den Verzicht gegenseitig an.
   Die Beteiligten wurden vom Notar über die rechtliche Bedeutung und wirtschaftliche Tragweite des vorstehenden Unterhaltsverzichtes belehrt. Insbesondere wurden die Beteiligten darauf hingewiesen, dass der Unterhaltsverzicht unwirksam sein kann, wenn zum Zeitpunkt der Scheidung der Ehe gemeinsame betreuungsbedürftige Kinder vorhanden sind oder der Unterhaltsverzicht zu Lasten des Sozialhilfeträgers geht. Außerdem kann nach der Rechtsprechung des Bundesverfassungsgerichts und des Bundesgerichtshofs der völlige Unterhaltsverzicht unwirksam bzw. die Berufung auf den Verzicht rechtsmissbräuchlich sein, wenn dieser zu einer erkennbar einseitigen Lastenverteilung zu Ungunsten eines Vertragsteils führt. Die Beteiligten gehen bei der vorstehenden Unterhaltsregelung davon aus, dass der Kernbereich des Scheidungsfolgerechts dadurch nicht verletzt ist.

II. Vereinbarungen im Hinblick auf das islamische Eherecht[2,3]

1. Im Hinblick auf das Heimatrecht des Bräutigams erklären die Brautleute zunächst: Ich, die Braut, bin bereit, Dich gegen Zahlung des nachstehenden Heiratsgeldes zu ehelichen.
   Ich, der Bräutigam, bin bereit, Dich zu dieser Bedingung als meine Ehefrau anzunehmen.[8]
2. Ich, der Bräutigam, verpflichte mich, meiner zukünftigen Ehefrau ein angemessenes Heiratsgeld (Morgengabe, Mahr)[9] zu zahlen. Das Heiratsgeld beträgt mindestens zehntausend Euro oder einen gleichwertigen Betrag in der Heimatwährung des Ehemannes. Es ist auf Verlangen der Ehefrau, spätestens bei Auflösung der Ehe durch Scheidung oder Tod zu zahlen. Haben die Eheleute bei Auflösung der Ehe ihren Wohnsitz im Heimatstaat des Mannes, sind der Ehefrau neben obigem Betrag auch die sie etwa treffenden Scheidungskosten und die Kosten der Rückreise nach Deutschland zu zahlen.
3. Der Mann bevollmächtigt die Frau hiermit unwiderruflich, sich durch Scheidung aus dem ehelichen Band zu befreien, soweit dies nach dem Recht seines Heimatlandes möglich ist, und nach Maßgabe der dort jeweils geltenden Gesetze.[10] Mit dieser Maßgabe soll die Scheidung der Frau insbesondere dann möglich sein, wenn der Mann eine andere Frau heiratet oder seine Unterhaltspflichten verletzt oder der Frau durch üble Behandlung das Leben unerträglich macht.
4. Der Mann verpflichtet sich, der Frau nach einer Scheidung, die er selbst beantragt hat oder die von der Frau aus obigen Gründen beantragt wurde, bei Bedürftigkeit angemessenen Unterhalt zu zahlen, soweit dies nach den Gesetzen seines Heimatlandes zulässig ist.[11]
5. Wenn aus der Ehe Kinder hervorgehen, so soll im Falle der Auflösung der Ehe der über die Auflösung entscheidende Richter feststellen, bei welchem Elternteil die Kinder am besten aufgehoben sind. Er soll sich hierbei von dem Wohl und der gesunden Entwicklung der Kinder leiten lassen. Diesem Elternteil soll er das Sorgerecht für die Kinder übertragen.[13]
   Unabhängig hiervon jedoch soll für den Fall, dass einer von uns vorzeitig stirbt, der andere von uns die elterliche Sorge für die Kinder allein erhalten.
6. Der Mann ermächtigt die Frau als seine zukünftige Ehefrau unwiderruflich, im Geschäftsleben sowie für alle Personenstands-, urkundlichen-, Pass- und registerlichen Zwecke ihren vorehelichen Familiennamen auch während der Ehe weiter zu führen.
7. Der Mann ermächtigt und bevollmächtigt hierdurch die Frau als seine zukünftige Ehefrau unwiderruflich:[12]
   - einen ehrenhaften Beruf auszuüben,
   - in der ehelichen Wohnung Besuch auch aus dem Ausland zu empfangen, insbesondere aus ihrem Heimatland,
   - ihre Wohnung selbst zu wählen und jederzeit frei und ohne Beschränkung zu reisen und ausreisen, sowie sich alle hierfür erforderlichen Urkunden und Genehmigungen des Ehemannes zu beschaffen. Soweit gleichwohl hierfür eine Zustimmung oder Genehmigung des Ehemannes erforderlich ist, erteilt er diese Zustimmung bzw. Genehmigung bereits durch seine nachfolgende Unterschrift unwiderruflich.

III. Weitere Vereinbarungen

1. Im Übrigen soll auch für die allgemeinen Ehewirkungen deutsches Recht maßgeblich sein. Die Vereinbarungen gemäß Abschnitt II dieser Urkunde werden nur für den Fall getroffen, dass die Eheleute ihren Wohnsitz in einem Land islamischer Rechtsordnung nehmen werden und dieses Land das deutsche Eherecht nicht anwendet.

**2. Der Notar hat uns über die Auswirkungen dieses Vertrages nach deutschem Recht belehrt.**
**Der Notar hat über den Inhalt ausländischen Rechts nicht belehrt, er hat hierzu auch keinen Beratungsauftrag übernommen. Die Beteiligten haben über Form, Inhalt und Anerkennung des vorstehenden Ehevertrages nach dem Heimatrecht des Mannes selbst Erkundigungen eingezogen und wünschen seine Beurkundung, um der Frau auch im Heimatland des Mannes die Chance des bestmöglichen Rechtsschutzes zu geben.**

**(Schlussvermerke)**

## Anmerkungen

**1. Wahl des Formulars.** Ist bei Heirat einer deutschen Staatsangehörigen mit einem Muslim die Ausreise in das Heimatland des Mannes geplant oder nicht auszuschließen, so mpfiehlt sich zur Wahrung der Rechte der Frau in der islamischen Rechtsordnung der Abschluss eines Ehevertrags nach dem vorstehenden Muster. Zur Beurkundung sind zwei männliche Zeugen muslimischen Glaubens hinzuzuziehen. Die Beurkundung durch einen männlichen deutschen Notar wird wohl in allen Staaten islamischer Rechtsordnung anerkannt, wenn sie vor der Eheschließung erfolgt. Bei der Gestaltung sind selbstverständlich zunächst die deutschen Grundsätze zur inhaltlichen Ausgestaltung von Eheverträgen, insbesondere zur richterlichen Inhaltskontrolle zu beachten, → Form. IX.1 Anm. 5.2. Zur (im Beispiel vorsorglichen) Rechtswahl → Form. IX.3 Anm. 3. Darüber hinaus sind die nachfolgend erläuterten Besonderheiten zu beachten.

**2. Gefahren des islamischen Eherechts.** Das islamische Eherecht beruht wie das gesamte islamische Recht auf dem Koran, den Äußerungen der Propheten und der übereinstimmenden Ansicht der Rechtsgelehrten. Auf der Grundlage dieser Lehren werden zunehmend Ehegesetze erlassen. Die Ehe ist ein privater Vertrag, historisch aus dem Brautkauf entstanden. Wesentlicher Bestandteil des Ehevertrages ist deshalb die Festsetzung des Hochzeitgeldes, der Morgengabe (mahr). Sie dient der finanziellen und rechtlichen Sicherstellung der Frau bei Auflösung der Ehe durch Scheidung oder Tod. Nach traditionellem islamischen Eherecht kann der Mann bis zu vier legale Frauen haben. Er kann die Ehe jederzeit durch dreimalige Wiederholung der Verstoßungsformel einseitig auflösen. Die Frau hat grundsätzlich kein Scheidungsrecht. Unterhaltsansprüche nach der Scheidung bestehen nicht. Die elterliche Gewalt über die Kinder steht ausschließlich dem Manne zu. Auch nach seinem Tod geht sie nicht etwa auf die Frau über, sondern auf den nächsten männlichen Verwandten des Verstorbenen.

Diese Grundsätze gelten in konservativen arabischen Staaten noch unverändert, während sie in anderen Staaten teilweise zugunsten der Frau abgemildert wurden. Jede Deutsche, die einem islamischen Ehemann in sein Heimatland folgt, unterwirft sich damit jedoch einer unseren von Freiheit und Gleichberechtigung geprägten Rechtsvorstellungen fremden Rechtsordnung. Insbesondere muss sie nach wie vor in Kauf nehmen, dass bei Scheidung die gemeinsamen Kinder endgültig beim Ehemann verbleiben. Eine Verpflichtung des Ehemannes zur Überlassung der Kinder an die Frau widerspricht den Grundsätzen des Islam und ist, auch wenn sie in einem Ehevertrag aufgenommen wird, unbeachtlich.

**3. Inhalt und Grenzen von Eheverträgen.** Eheverträge sind, da nach islamischem Recht die Ehe Vertragscharakter hat, in allen islamischen Staaten üblich und naturgemäß nur vor bzw. bei Eheschließung möglich. Form und Inhalt variieren je nach den einschlägigen besonderen Gesetzen. Im vorliegenden Formular wurde versucht, Formulierungen zu finden, die in allen islamischen Rechtsordnungen Aussicht auf Anerkennung haben. Eine zuverlässige Aussage über die Anerkennung im jeweiligen islamischen Staat ist jedoch unmöglich, wobei auch die instabilen politischen und rechtlichen Verhältnisse in vielen

Staaten eine Rolle spielen. Dennoch muss jeder Deutschen dringend zum Abschluss eines derartigen Ehevertrages geraten werden, da ohne ihn ihre Lage im Heimatland des Mannes unzumutbar wäre. Auch wenn einzelne Bestimmungen nicht anerkannt werden sollten, bleibt die Chance der Wirksamkeit der übrigen Bestimmungen. Ist aber erst einmal die Ehe vertragslos geschlossen, besteht keine Möglichkeit zur Verbesserung der Rechtslage der Frau mehr. Die Anknüpfung des Güterrechtsstatuts gemäß Art. 26 EuGüVO führt bei islamisch-deutschen Ehen mit Wohnsitz und Eheschließung in Deutschland zur Geltung deutschen Rechts, dies aber nur für Deutschland. Der islamische Heimatstaat des Mannes wird bei Scheidung der Ehe im Heimatland des Mannes immer islamisches Recht anwenden. Deshalb bleibt, soweit nicht eine Übersiedlung der Eheleute in einem islamischen Staat völlig ausgeschlossen ist, der Abschluss eines Ehevertrages nach islamischem Recht zum Schutz der Frau weiter erforderlich.

4. **Der Notar als Urkundsperson.** Der Ehevertrag kann als privates, nicht religiöses Rechtsgeschäft vor einer weltlichen oder geistlichen Amtsperson abgeschlossen werden. Der deutsche Notar dürfte allgemein als zuständig anerkannt werden. Die Beteiligten sollten sich zunächst erkundigen, ob ein Konsulatsangehöriger zur Beurkundung des Ehevertrages zuständig ist, dessen Dienste wegen der Kenntnis des betreffenden Rechts bevorzugt in Anspruch genommen werden sollten.

5. **Angaben zur Person.** Angaben über Staatsangehörigkeit, Religion, Beruf, Geburtstag und -ort und die Geschäftsfähigkeit sind erforderlich. Die in manchen noch sehr in der Tradition verwurzelten islamischen Ländern anscheinend noch immer in die Eheverträge aufgenommenen Angaben über den körperlichen Zustand der Frau wie Geschlechtsreife und Jungfräulichkeit sind unzumutbar.

6. **Zeugen.** Nach sunnitischem Recht müssen bei Abschluss des Ehevertrages zwei Muslims als Zeugen auftreten, nach schiitischem Recht nur einer. Ob das Auftreten der Zeugen Wirksamkeitsvoraussetzung ist oder nur Beweisfunktion hat, scheint von den einzelnen nationalen Rechten verschieden beurteilt zu werden. Aus Sicherheitsgründen sollte versucht werden, zwei geschäftsfähige männliche Muslims etwa aus dem Kreis der Mitstudenten oder Arbeitskollegen des Mannes hinzuzuziehen.

7. **Ehefähigkeitszeugnis.** Vgl. § 1309 BGB.

8. **Vertragsformel.** Die Eheschließungsformel ist in vielen Staaten unerlässlich. Der Notar sollte sie deshalb vorsorglich immer aufnehmen, um die Anerkennung im Heimatland des Mannes nicht zu gefährden. Nach deutschem Recht ist die Erklärung nur als Absichtserklärung, allenfalls als Verlöbnis zu werten. Der Notar maßt sich mit ihrer Beurkundung keine standesamtlichen Befugnisse an.

9. **Heiratsgeld (Morgengabe, *mahr*).** Das Heiratsgeld ist unerlässlicher Bestandteil der historisch aus dem Brautkauf entstandenen islamischen Ehe. Traditionell wird ein Teil des Heiratsgelds bei Eheschluss, der andere Teil bei Scheidung oder Tod fällig. Es schützt die vom islamischen Scheidungsfolgen- und Erbrecht sehr schlecht behandelte Frau vor materieller Not bei Auflösung der Ehe. Die islamische Familie der Frau achtet deshalb auf ein angemessenes Heiratsgeld, dessen Höhe aber auch der späteren Festsetzung durch die Parteien oder den Richter überlassen werden kann. Auch die deutsche Frau sollte trotz der Fremdheit des Heiratsgeldgedankens keine Scheu haben, sich insoweit orientalischen Vorstellungen zu unterwerfen und auf eine angemessene finanzielle Sicherstellung achten. Das Heiratsgeld sollte zu ihrem Schutz immer in EUR bzw. der entsprechenden Summe der ausländischen Währung beziffert werden und den Vermögensverhältnissen des Mannes angemessen sein, ohne ihn zu knebeln. Denn bei einer unangemessen hohen Summe könnte sich der Mann einer später von der Frau gewünschten Scheidung aus rein finanziellen Gründen widersetzen. Zu einer begrenzten Wertsicherung führt die Klausel,

dass der Frau neben der festgesetzten Geldsumme noch die Scheidungs- und Rückreisekosten vorzuschießen sind.

**10. Einehe, Scheidungsrechte der Frau.** Der Mann kann sich nach islamischem Recht nicht zur Einehe verpflichten. Die Aufnahme einer derartigen Verpflichtung würde die Gefahr der Ungültigkeit des Ehevertrages nach dem Heimatrecht des Mannes heraufbeschwören. Wohl aber kann die Eingehung einer weiteren Ehe nach den meisten Rechten zum Scheidungsgrund gemacht werden. In sehr traditionalistischen Staaten wie der Arabischen Republik Jemen hat die Frau auch heute noch kein Scheidungsrecht. In den meisten islamischen Staaten bestehen jedoch gesetzliche Scheidungsrechte der Frau, die ehevertraglich konkretisiert und erweitert werden können. Da die Scheidungsrechte der Frau teilweise noch als Ausübung der nur dem Mann zustehenden Scheidungsbefugnisse in dessen Namen angesehen werden, sollte die Form der Bevollmächtigung entsprechend dem Formular gewählt werden.

**11. Nachehelicher Unterhalt.** Nach islamischem Recht hat die Frau nur während der gesetzlichen Wartezeit von 90 Tagen, während deren der Mann die Frau auch gegen ihren Willen zurückholen kann, Anspruch auf Unterhalt. Sonstiger nachehelicher Unterhalt ist unbekannt. Die Anerkennung der Klausel im Heimatland des Mannes ist fraglich.

**12. Freizügigkeit der Frau.** Nach islamischem Recht ist die Frau auf Haus und Familie beschränkt (Harem). Der Mann hat disziplinäre Befugnisse bis hin zur Züchtigung. Er allein bestimmt den Aufenthalt und den Umgang der Frau. Dies führt in den meisten Staaten auch dazu, dass die Frau nur mit ausdrücklicher Zustimmung des Mannes ausreisen darf. Die Erlaubnisse und Vollmachten des Formulars sind deshalb von größter praktischer Wichtigkeit. Insbesondere die Ausreisevollmacht sollte nochmals getrennt vom Ehevertrag schriftlich erteilt werden, damit sie nicht von einer sich etwa später herausstellenden Unwirksamkeit des Ehevertrages miterfasst wird.

**13. Zuteilung der Kinder.** Nach islamischem Recht hat die Frau das Sorgerecht für Knaben bis zu sieben Jahren, für Mädchen bis zu neun Jahren. Die ausländische Frau hat jedoch keine Möglichkeit, mit den Kindern auszureisen. Eine ehevertragliche Klausel, nach der die Kinder endgültig der Frau zugeteilt werden sollen, wird nicht anerkannt. Auch ist zweifelhaft, ob der nicht muslimischen Frau obige begrenzte Sorgenrechte zugestanden werden, da sie im Heimatland des Mannes keine Familie hat. Die ausländische Frau muss damit rechnen, bei Scheidung im Heimatland des Mannes ihre Kinder sofort und endgültig zu verlieren.

Der Ehevertrag enthält in Deutschland geltende Regelungen und Regelungen nur für den Fall der Übersiedlung in das Heimatland des Mannes. Die aufgrund Rechtswahl für das deutsche Rechtsgebiet zu treffenden Regelungen hängen vom Einzelfall ab und müssen nicht im Ausschluss aller Scheidungsfolgen bestehen.

Bei den Regelungen für die islamische Rechtsordnung besteht die Chance, aber nicht die Gewähr der Anerkennung im Heimatland des Mannes. Dies gilt insbesondere für den nachehelichen Unterhalt und die Regelungen der elterlichen Sorge über gemeinsame Kinder. Im Einzelfall sollte versucht werden, bei einer diplomatischen oder konsularischen Vertretung des islamischen Heimatlandes des Mannes Genaues zu erfahren.

# X. Annahme als Kind

## 1. Gemeinschaftliche Adoption: Ehegatten nehmen gemeinsam ein minderjähriges, nichteheliches Kind an (§§ 1741 Abs. 2 S. 2, 1752, 1754 ff. BGB), Vornamenänderung

Heute, am .....
waren vor mir, .....
Notar/in in .....,
in meinen Geschäftsräumen in ....., gleichzeitig anwesend:
.....
Die Beteiligten erklärten mit Ersuchen um Beurkundung:

A. Angaben zur Person

Zur Person der Annehmenden und des anzunehmenden Kindes machen wir folgende Angaben:

1. Anzunehmendes Kind

| | |
|---|---|
| Name: | ..... |
| Geburtsdatum: | ..... |
| Geburtsort: | ..... |
| Name des Vaters: | ..... |
| Name der Mutter: | ..... |
| Geburtsname der Mutter: | ..... |
| Staatsangehörigkeit: | ausschließlich deutsch |
| Familienstand: | ledig |

2. Annehmender Ehemann

| | |
|---|---|
| Name: | ..... |
| Geburtsort: | ..... |
| Name des Vaters: | ..... |
| Name der Mutter: | ..... |
| Geburtsname der Mutter: | ..... |
| Staatsangehörigkeit: | ausschließlich deutsch |

3. Annehmende Ehefrau

| | |
|---|---|
| Name: | ..... |
| Geburtsort: | ..... |
| Name des Vaters: | ..... |
| Name der Mutter: | ..... |
| Geburtsname der Mutter: | ..... |
| Staatsangehörigkeit: | ausschließlich deutsch |

B. Vorbemerkungen

Wir, . . . . . ., haben am . . . . . . in. . . . . . standesamtlich geheiratet. Aus unserer Ehe sind die Kinder . . . . ., geb. am . . . . . und . . . . ., geb. am . . . . . hervorgegangen.

Wir möchten [*Name anzunehmendes Kind:*] als drittes Kind annehmen, so dass es die rechtliche Stellung eines gemeinsamen Kindes von uns beiden erhält. Das Kind haben wir seit . . . . . in Pflege, zwischen uns ist ein Eltern-Kind-Verhältnis entstanden.

C. Antrag auf Annahme

Wir beantragen beim zuständigen Amtsgericht (Familiengericht), die Annahme als Kind mit folgendem Inhalt auszusprechen:

[*Name Anzunehmender:*] wird das gemeinsame Kind von [*Namen Annehmende:*].

Der Notar wird beauftragt, diesen Antrag beim zuständigen Familiengericht einzureichen. Das Familiengericht wird gebeten, von seinem Beschluss dem Notar eine einfache Fotokopie zur Kenntnisnahme zu übersenden.

D. Name des Anzunehmenden

1. Nachname

[*entweder:*]

Da wir keinen gemeinsamen Ehenamen führen, bestimmen wir hiermit gemäß § 1757 Abs. 2 BGB, dass das anzunehmende Kind mit Ausspruch der Annahme den Geburtsnamen „[*Familienname eines Ehegatten:*]" erhalten soll.

Der Notar hat uns insoweit auf Folgendes hingewiesen: Hat das Kind bis dahin sein fünftes Lebensjahr vollendet, ist diese Bestimmung nur wirksam, wenn es sich ihr vor Ausspruch der Annahme durch Erklärung gegenüber dem Familiengericht anschließt. [*Falls Kind 14 oder älter:*] Ich, [*Name des minderjährigen Anzunehmenden:*], schließe mich hiermit der Bestimmung des Geburtsnamens „[*neuer Geburtsname des Anzunehmenden:*]" durch Erklärung an.

[*oder:*]

Uns ist bekannt, dass der Anzunehmende mit Wirksamkeit der Annahme unseren gemeinsamen Ehenamen „[*Familienname der Annehmenden:*]" als Geburtsnamen erhält.

2. Vorname

Wir beantragen weiter, mit dem Ausspruch der Annahme den Vornamen des Kindes in „Katharina" zu ändern. Diesen Antrag begründen wir damit, dass der Vorname . . . . . . nicht zu den Vornamen der zukünftigen Geschwister des Kindes passt. Ein derartiger Vorname wäre von uns niemals gewählt worden. Deshalb besteht auch die Gefahr, dass bei Beibehaltung des alten Vornamens die volle Integration des Kindes in die neue Familie erschwert würde. Das Kind selbst hat sich an den Vornamen . . . . . nicht gewöhnen können, da es uns als Säugling in Pflege gegeben wurde und wir den Vornamen nicht benutzt haben.

E. Einwilligungserklärungen

1. Einwilligung des minderjährigen Kindes

[*Falls Kind jünger als 14:*]

Nach Angabe der Beteiligten liegt das Sorgerecht für das anzunehmende Kind bei beiden leiblichen Elternteilen/allein bei der leiblichen Mutter/beim Jugendamt als Amtsvormund. [*Falls Sorgerecht bei den Eltern:*] Mit der Einwilligung durch die leiblichen Eltern/die leibliche Mutter soll (jeweils) auch deren Einwilligung zur Adoption sowie zur Änderung des Vornamens als Sorgeberechtigte für das Kind erklärt werden. [*Falls ein Amtsvor-*

*mund bestellt wurde*:] Dieser wird die Einwilligung für das Kind zur Adoption sowie zur Änderung des Vornamens zu gesonderter Urkunde erklären.

[*Falls Kind 14 oder älter*:]

Ich, [*Name des minderjährigen Anzunehmenden*:], willige hiermit gemäß § 1746 Abs. 1 BGB in meine vorstehend beantragte Annahme als Kind sowie auf Änderung meines Vornamens ein.

Mir ist bekannt, dass ich diese Einwilligungserklärung auch ohne Zustimmung meines gesetzlichen Vertreters bis zum Wirksamwerden des Adoptionsbeschlusses widerrufen kann und dass ein solcher Widerruf der öffentlichen Beurkundung bedarf.

Mit der Einwilligung durch die leiblichen Eltern soll jeweils auch deren Zustimmung als Sorgeberechtigte für das Kind erklärt werden.

2. Einwilligung [des/der:] leiblichen [Vaters/Mutter:] des Anzunehmenden

[*entweder*:]

Eine Einwilligung durch die leiblichen Eltern des Anzunehmenden ist entbehrlich, da diese bereits gestorben sind.

[*oder*:]

Die Einwilligung durch die leiblichen Eltern des Anzunehmenden ist entbehrlich, da deren Identität und Aufenthalt dauerhaft unbekannt sind.

[*oder*:]

Die Einwilligung durch die leiblichen Eltern des Anzunehmenden wird gesondert erklärt und beim Familiengericht eingereicht.

F. Sonstiges

1. Hinweise des Notars

Der Notar hat uns insbesondere auf Folgendes hingewiesen:

- Die Einwilligungserklärungen können, sobald sie dem Familiengericht zugegangen sind, nicht mehr widerrufen werden.
- Diese Urkunde ändert das Rechtsverhältnis zwischen dem anzunehmenden Kind und den Antragstellern noch nicht. Die Annahme als Kind erfolgt erst durch den beim Familiengericht beantragten Beschluss. Damit wird das Kind auch mit den Verwandten der Annehmenden verwandt und erlischt das Verwandtschaftsverhältnis zu den leiblichen Verwandten.
- Die wirksame Annahme als Kind ist Grundlage für gegenseitige Ansprüche und Pflichten, insbesondere erbrechtlicher und familienrechtlicher Art. Gegenüber den leiblichen Verwandten erlöschen diese mit Wirksamkeit des Adoptionsbeschlusses.
- –Die Aufhebung des Annahmeverhältnisses ist nur in besonderen Ausnahmefällen möglich.

2. Verteiler, Kosten

Von dieser Urkunde soll dem Amtsgericht – Familiengericht – eine Ausfertigung erteilt werden, außerdem eine beglaubigte Abschrift (zur Weitergabe an das Jugendamt).

Jedem von uns soll eine einfache Abschrift übersandt werden.

Die Kosten dieser Urkunde und des Annahmeverfahrens tragen wir.

*Schrifttum: Brandt,* Die Adoption eines Volljährigen in der notariellen Praxis, RNotZ 2013, 459; *Kroppenberg,* Unvereinbarkeit des Verbots der sukzessiven Stiefkindadoption durch eingetragene Lebenspartner mit dem Grundgesetz, NJW 2013, 2161 *Müller/Sieghörtner/Emmerling de Oliveira,* Adoptionsrecht in der Praxis, 3. Aufl. 2016, *Münch,* Familienrecht in der Notar- und Gestaltungspraxis, 2. Aufl. 2016; *Peschel-Gutzeit,* Welcher Nachteil ist bei der Stiefkindadoption unverhältnismäßig?, NJW 2005, 3324;

*Rieck/Zinkgraf,* Die Adoption Erwachsener, 2011, *Zimmermann,* Die Adoption Erwachsener, NZFam 2015, 1134, *Zimmermann,* Das Adoptionsverfahren mit Auslandsberührung, NZFam 2016, 150, 249.

## Anmerkungen

**1. Ausgangsfall, gesetzliche Grundlagen.** Es handelt sich um den Fall des § 1741 Abs. 2 S. 2 BGB, bei dem ein von den leiblichen Eltern zur Annahme freigegebenes Kind von Eheleuten adoptiert wird. Diese müssen nach § 1743 S. 2 BGB das fünfundzwanzigste bzw. einundzwanzigste Lebensjahr vollendet haben und uneingeschränkt geschäftsfähig sein, § 1741 Abs. 2 S. 2 BGB. Alleiniger Maßstab für die Zulässigkeit der Annahme sind das Kindeswohl und die Erwartung bzw. das Bestehen eines Eltern-Kind-Verhältnisses, § 1741 Abs. 1 S. 1 BGB. Die Vermittlung von Annahmen ist ausschließlich den anerkannten Adoptionsvermittlungsstellen iSv § 2, § 2a Adoptionsvermittlungsgesetz vorbehalten. Der Annahme geht regelmäßig die Inpflegegabe des Kindes an die zukünftigen Eltern voraus (§ 1744 BGB).

Durch das am 1.9.2009 in Kraft getretene Gesetz über das Verfahren in Familiensachen und in den Angelegenheiten der freiwilligen Gerichtsbarkeit (FamFG) wurden die Adoptionssachen aus dem Bereich des Vormundschaftsgerichts in den Zuständigkeitsbereich des Familiengerichts überführt, § 111 Nr. 4 FamFG. Das Verfahren in Adoptionssachen richtet sich nach §§ 186–199 FamFG. Das Familiengericht entscheidet durch Beschluss, § 1752 BGB, § 197 FamFG.

Welche Unterlagen das Familiengericht in dem Adoptionsverfahren fordert, steht weitgehend in seinem Ermessen (Würzburger Notarhandbuch/G. *Müller* Rn. 81). In aller Regel erforderlich sind:

- Geburtsurkunde der Annehmenden, des Kindes und der leiblichen Eltern
- Heiratsurkunde der Annehmenden und ggf. der leiblichen Eltern
- Staatsangehörigkeitsnachweise der Annehmenden und des Kindes
- Meldebescheinigung der Annehmenden
- Polizeiliches Führungszeugnis der Annehmenden
- Ggf. Amtsärztliches Gesundheitszeugnis der Annehmenden und des Kindes
- Ggf. Sterbeurkunde der leiblichen Eltern des Kindes.

Diese Unterlagen können (zur Beschleunigung des Verfahrens) bereits dem Notar zur Weiterreichung an das Familiengericht übergeben werden. Andernfalls wird sie das Familiengericht bei den Beteiligten anfordern.

Von Amts wegen erhebt das Gericht nach § 189 FamFG eine fachliche Äußerung des Jugendamtes oder der Adoptionsvermittlungsstelle und erforderlichenfalls Strafregisterauszüge der Annehmenden.

**2. Erforderliche Einwilligungen.** In die Annahme müssen einwilligen:

- Das über vierzehnjährige Kind selbst, § 1746 Abs. 1 S. 1 BGB;
- bis zur Volljährigkeit mit Zustimmung des gesetzlichen Vertreters § 1746 Abs. 1 S. 3 BGB. Die Zustimmung des gesetzlichen Vertreters ist formlos möglich (Staudinger/*Frank,* Neubearb. 2007, § 1746 Rn. 33).
- Für das geschäftsunfähige oder noch nicht vierzehn Jahre alte Kind dessen gesetzlicher Vertreter, § 1746 Abs. 1 S. 2 BGB, → Form. X.5.
- Die Eltern des Kindes, § 1747 Abs. 1–3 BGB, → Form. X.5 und die Erläuterungen in X. 2 Ziff. 2.
- Bei Annahme eines Kindes durch einen Ehegatten allein der andere Ehegatte, § 1749 Abs. 1 BGB.

- Bei Annahme eines volljährigen Verheirateten dessen Ehegatte, § 1767 Abs. 2 S. 2 BGB. Bei Annahme eines minderjährigen Verheirateten ist dieses früher in § 1749 Abs. 2 BGB aF enthaltene Einwilligungserfordernis durch das Gesetz zur Bekämpfung von Kinderehen (BGBl. I 2017, S. 2924 ff.) gestrichen worden, da nach dem Gesetz eine Heirat Minderjähriger im deutschen Recht ausgeschlossen ist.

Die Annahme eines nichtehelichen Kindes, dessen Eltern die Sorge nicht gemeinschaftlich zusteht, durch Dritte, ist nicht auszusprechen, wenn der Vater die Übertragung der Sorge für das nichteheliche Kind beantragt hat (§ 1626a Abs. 2, § 1671 Abs. 2 BGB) und über diesen Antrag noch nicht entschieden worden ist, § 1747 Abs. 3 BGB. Er kann gem. § 1747 Abs. 3 Nr. 2 BGB in öffentlich beurkundeter Erklärung auf dieses Recht verzichten, → Form. X.7.

Nach § 1750 BGB sind die Einwilligungen nach §§ 1746, 1747 und 1749 BGB dem Familiengericht gegenüber in notarieller Urkunde zu erklären, werden durch Eingang bei Gericht wirksam, sind bedingungs- und befristungsfeindlich, unvertretbar und bis auf die Einwilligung des über 14-jährigen nicht geschäftsunfähigen Kindes unwiderruflich. Die Einwilligung des Vormunds oder Pflegers, die Einwilligung der Eltern und die Einwilligung des nichtannehmenden Ehegatten können vom Familiengericht auf Antrag ersetzt werden, § 1746 Abs. 3, §§ 1748, 1749 Abs. 1 BGB.

Kinder der Annehmenden und gegebenenfalls des Anzunehmenden sind gem. § 193 FamFG im Verfahren anzuhören, so dass ihre Nennung im Antrag sinnvoll ist.

**3. Annahmen durch Lebenspartner.** Seit Inkrafttreten des Gesetzes zur Einführung des Rechts auf Eheschließung für Personen gleichen Geschlechts vom 20.7.2017 (BGBl. I 2017 S. 2787) können Lebenspartnerschaften nicht mehr geschlossen werden. Es gelten grundsätzlich die Regeln für Ehegatten auch für verheiratete Personen gleichen Geschlechts. Bereits vorher geschlossene Lebenspartnerschaften können gem. § 20a LPartG in eine Ehe umgewandelt werden. Eine Verpflichtung hierzu besteht jedoch nicht. Nach früherem Recht geschlossene Lebenspartnerschaften bestehen somit grundsätzlich fort.

Lebenspartner können nach aktuellem Gesetzesstand ein fremdes Kind nicht gemeinsam annehmen. § 9 Abs. 6 LPartG ermöglicht die **Einzeladoption**, § 9 Abs. 7 LPartG ermöglicht lediglich die **Stiefkindadoption.** Indem § 9 Abs. 7 LPartG nach einer Entscheidung des BVerfG mWv 27.6.2014 neu gefasst wurde, verweist er auch auf § 1742 BGB , so dass die Möglichkeit der Annahme eines adoptierten Kindes des eingetragenen Lebenspartners durch den anderen Lebenspartner besteht (**Sukzessivadoption**). Möchten Lebenspartner ein fremdes Kind unmittelbar gemeinsam annehmen, ist nach bisherigem Gesetzesstand die Umwandlung der Lebenspartnerschaft in eine Ehe erforderlich. Danach kann die Annahme durch beide Ehegatten gem. § 1741 Abs. 2 S. 2 BGB beantragt werden. Ob darüber hinaus Gerichte auch (nicht in Ehegatten umgewandelten) Lebenspartnern eine gemeinsame Adoption ermöglichen, ist derzeit offen.

**4. Annahme durch einen Ehegatten allein.** Eheleute können grundsätzlich ein Kind nur gemeinschaftlich annehmen, § 1741 Abs. 2 S. 2 BGB. Allein annehmen kann ein Ehegatte ein leibliches oder adoptiertes Kind des anderen (Stiefkindadoption, §§ 1741 Abs. 2 S. 3, 1742 BGB → Form. X.2). Ein Ehegatte kann ein Kind auch dann allein annehmen, wenn der andere Ehegatte wegen Geschäftsunfähigkeit oder weil er das 21. Lebensjahr noch nicht vollendet hat das Kind nicht annehmen kann. Solchen Adoptionen dürfte das Kindeswohl (§ 1741 Abs. 1 BGB) enge Grenzen setzen.

**5. Annahmen mit Ausländerbeteiligung.** Bei unterschiedlicher Staatsangehörigkeit des Annehmenden und des Kindes bedarf die nach § 1746 Abs. 1 erforderliche Einwilligung des Kindes oder seines gesetzlichen Vertreters der Genehmigung des Familiengerichts, es sei denn, dass die Annahme deutschem Recht unterliegt (§ 1746 Abs. 1 S. 4 BGB). Gemäß Art. 22 EGBGB bestimmt sich die Annahme eines Kindes nach den deutschen Gesetzen, wenn der Annehmende im Zeitpunkt der Annahme Deutscher ist. Ist der Annehmende Ausländer, so ist sein Heimatrecht maßgebend. Das bedeutet für gemeinsam annehmende Eheleute verschiedener Nationalität, dass die Voraussetzungen der Adoption getrennt für jeden Ehegatten nach seinem Heimatrecht zu prüfen sind (vgl. *Lüderitz,* Hauptfragen internationalen Adoptionsrechts, FS G. Beitzke, 1979, 589). Die internationale Zuständigkeit der deutschen Familiengerichte zur Mitwirkung an einer Adoption mit Ausländerbeteiligung besteht nach § 101 FamFG, wenn das Kind oder einer der Annehmenden Deutscher ist oder seinen gewöhnlichen Aufenthalt im Inland hat. Die örtliche Zuständigkeit bestimmt sich nach dem gewöhnlichen Aufenthalt der Annehmenden, ersatzweise des anzunehmenden Kindes, § 187 Abs. 1, 2 FamFG.

Ein ausländisches minderjähriges Kind erwirbt bei Annahme durch einen Deutschen nach § 6 StAG die deutsche Staatsangehörigkeit. Bei einer im Ausland vollzogenen Adoption setzt dies voraus, dass sie in Deutschland wirksam ist und den wesentlichen Wirkungen einer Minderjährigenadoption nach deutschem Recht gleichsteht, insbesondere also das Eltern-Kind-Verhältnis des Adoptierten zu seinen leiblichen Eltern erlischt, BVerwG v. 25.10.2917 – 1 C 30.16 . Ob das Kind die bisherige ausländische Staatsangehörigkeit verliert, richtet sich nach dem jeweiligen ausländischen Recht. Ein minderjähriger Deutscher verliert bei Adoption durch einen Ausländer die deutsche Staatsangehörigkeit, wenn er gleichzeitig die Staatsangehörigkeit des Annehmenden erwirbt. Er behält jedoch die deutsche Staatsangehörigkeit, wenn er mit einem deutschen Elternteil verwandt bleibt, also zB bei Adoption durch den ausländischen Gatten der deutschen leiblichen Mutter oder bei gemeinsamer Adoption durch einen Deutschen und einen Ausländer, § 27 StAG. (Zu Einzelheiten des Staatsangehörigkeitsrechts bei Adoption vgl. Müller/*Sieghörtner*/Emmerling de Oliveira, Adoptionsrecht in der Praxis, Rn. 332 ff.).

**6. Geburts- und Vornamen des Kindes. Kraft Gesetzes erhält das Kind als Geburtsnamen den Familiennamen des Annehmenden,** § 1757 Abs. 1 BGB. Führen die Ehegatten keinen Ehenamen, so bestimmen sie den Geburtsnamen des Kindes, § 1757 Abs. 2 BGB. Die Bestimmung gilt auch für weitere Kinder, §§ 1757 Abs. 2 S. 1, 1617 Abs. 1 S. 2 BGB. Das über fünfjährige Kind muss sich der Bestimmung anschließen. Dies ist von dem über 14-jährigen Kind selbst, mit Zustimmung seines gesetzlichen Vertreters zu erklären, für das unter 14-jährige Kind erfolgt die Anschließung durch die Sorgeberechtigten als gesetzliche Vertreter (Palandt/*Götz* § 1617c Rn. 3). Das früher in § 1757 Abs. 3 BGB aF statuierte Erfordernis der Anschließung des Ehegatten des Anzunehmenden, dessen Geburtsname Ehename ist, wurde durch das Gesetz zur Bekämpfung von Kinderehen (BGBl I 2017, S. 2924 ff.) gestrichen, da nach dem Gesetz eine Heirat Minderjähriger im deutschen Recht ausgeschlossen ist. Sollte ein schon verheirateter Minderjähriger adoptiert werden, erfolgt die Ehenamensänderung demgemäß – anders als bei Adoption eines volljährigen Verheirateten, § 1767 Abs. 2 S. 3 BGB → Form. X.9 – ohne Zustimmung des Ehegatten. Unter den Voraussetzungen des § 1757 Abs. 3 BGB kann das Familiengericht auf Antrag des Annehmenden mit Einwilligung des Kindes den **Vornamen** des Kindes ändern oder dem neuen Familiennamen den bisherigen Familiennamen heran- oder nachstellen.

**7. Adoptionsbeschluss.** Das Adoptionsgesetz 1976 hat den konstitutiven Gerichtsbeschluss eingeführt, der auf notariell beurkundeten, bedingungs- und befristungsfeindlichen sowie unvertretbaren Antrag des Annehmenden ergeht, § 1752 BGB.

**8. Todesfall zwischen Annahmeantrag und Beschluss.** Verstirbt das Kind zwischen Annahmeantrag und Beschluss, so kann die Annahme nicht mehr ausgesprochen werden, § 1753 Abs. 1 BGB. Beim Tod des Annehmenden zwischen Antrag und Beschluss kann die Herstellung der Verwandtschaft zu den Verwandten des Annehmenden sinnvoll sein. Dem Kindeswohl dient hier auch das durch die Annahme entstehende Erb- und Pflichtteilsrecht. Deshalb lässt § 1753 Abs. 2 und 3 BGB den Ausspruch der Annahme mit ihren vollen

Rechtswirkungen dann zu, wenn der Annehmende den Antrag bereits beim Familiengericht eingereicht hat oder bei Beurkundung den Notar mit der Einreichung betraut hat.

**9. Steuerliche Folgen der Adoption.** Steuerrechtlich wird das angenommene Kind Angehöriger iSv § 15 Abs. 1 Nr. 3 AO. Unterschiede zum leiblichen Kind bestehen nicht. Auch im Rahmen des Erbschaftsteuer- und Schenkungsteuergesetzes ist das angenommene Kind nach der Volladoption in allen Steuerklassen dem leiblichen Kind gleichgestellt. Beim Vermögensübergang unter Lebenden oder von Todes wegen können durch die Annahme als Kind, insbesondere bei der Grunderwerbsteuer und der Erbschaft- und Schenkungsteuer erhebliche Vorteile erzielt werden. Die Frage nach einer steuerlichen Nichtanerkennung der Adoption gem. § 42 AO scheidet jedoch von vornherein aus, da die vom Familiengericht durch Hoheitsakt ausgesprochene Adoption von den Finanzbehörden anerkannt werden muss (Troll/Gebel/*Jülicher*, § 15 ErbStG Rn. 49). Bei Adoption allein aus Steuergründen verbietet § 1741 Abs. 1 BGB dem Familiengericht den Ausspruch der Annahme. Adoption auch zur Steuerersparnis ist dagegen zulässig (BGHZ35, 75, 83).

**10. Kosten und Gebühren.** Bei der Annahme Minderjähriger beträgt der Geschäftswert 5.000,00 EUR, § 101 GNotKG Die Einwilligungserklärungen anwesender Beteiligter sind gegenstandsgleich nach § 109 Abs. 1 GNotKG. Zu erheben ist gem. KV Nr. 21200 die Mindestgebühr in Höhe von 60,00 EUR. Wird der Notar darüber hinaus mit der Einholung von Personenstandsurkunden beauftragt, fällt eine 0,3 Vollzugsgebühr nach KV 22111, 22112, somit 15 EUR an (Streifzug durch das GNotKG, 12. Aufl. 2017, Rn. 112). Das Verfahren bei Gericht ist für die Annahme Minderjähriger gebührenfrei (BeckOK KostR/Schindler FamGKG § 42 Rn. 21, Stand 1.6.2019).

## 2. Stiefkindadoption: Ein Ehegatte/Lebenspartner nimmt das minderjährige Kind des anderen an (§§ 1741 Abs. 2 S. 3, § 1752, §§ 1754 ff. BGB, evtl. iVm § 9 Abs. 7 LPartG)

**Heute, am . . . . .**
**waren vor mir, . . . . .**
**Notar/in in . . . . .,**
**in meinen Geschäftsräumen in . . . . ., gleichzeitig anwesend:**
**. . . . .**
**Die Beteiligten erklärten mit Ersuchen um Beurkundung:**

**A. Angaben zur Person**

**Zur Person des Annehmenden und des anzunehmenden Kindes machen wir folgende Angaben:**

**1. Anzunehmendes Kind**

**Name:** . . . . .
**Geburtsdatum:** . . . . .
**Geburtsort:** . . . . .
**Name des Vaters:** . . . . .
**Name der Mutter:** . . . . .
**Geburtsname der Mutter:** . . . . .

Staatsangehörigkeit: ausschließlich deutsch
Familienstand: ledig

2. Annehmender
Name: .....
Geburtsort: .....
Name des Vaters: .....
Name der Mutter: .....
Geburtsname der Mutter: .....
Staatsangehörigkeit: ausschließlich deutsch

Meine [*Ehe/eingetragene Lebenspartnerschaft*:] mit dem leiblichen Elternteil des anzunehmenden Kindes, [*Name des anderen Partners (= leiblicher Elternteil)*:], wurde am [*Datum*:] in [*Ort der Eheschließung/Verpartnerung*:] geschlossen.
Aus meiner, der Ehefrau, vorhergehenden ersten Ehe habe ich das Kind . . . . ., das seit unserer Eheschließung/Verpartnerung in unserem gemeinsamen Haushalt lebt. Zwischen mir, [*Name des Annehmenden*:] und dem Kind ist ein Eltern-Kind-Verhältnis entstanden. Weitere Kindern hat keiner von uns.
Ich, [*Name des Annehmenden*:], möchte . . . . . als Kind annehmen, so dass es die rechtliche Stellung eines gemeinsamen Kindes von uns beiden erhält.

B. Antrag auf Annahme

Ich, [*Name Annehmender*:], beantrage daher beim zuständigen Amtsgericht (Familiengericht), die Annahme als Kind mit folgendem Inhalt auszusprechen:
[*Name Anzunehmender*:] wird das Kind von [*Name Annehmender*:].
Der Notar wird beauftragt, diesen Antrag beim zuständigen Familiengericht einzureichen. Das Familiengericht wird gebeten, von seinem Beschluss dem Notar eine einfache Fotokopie zur Kenntnisnahme zu übersenden.

C. Name des Anzunehmenden

[*entweder*:]
Uns ist bekannt, dass der Anzunehmende mit Wirksamkeit der Annahme unseren gemeinsamen [*Ehe/Lebenspartnerschafts*:]namen „[Familienname des Annehmenden:]" als Geburtsnamen [*er/be*:]hält.
[*oder*:]
Da wir keinen gemeinsamen [*Ehe/Lebenspartnerschafts*:]namen führen, bestimmen wir hiermit gemäß § 1757 Abs. 2 BGB, dass das anzunehmende Kind mit Ausspruch der Annahme den Geburtsnamen „[*aktueller Geburtsname des Kindes*:]" [*er/be*:] halten soll.
Der Notar hat uns insoweit auf Folgendes hingewiesen: Hat das Kind bis dahin sein fünftes Lebensjahr vollendet, ist diese Bestimmung nur wirksam, wenn es sich ihr vor Ausspruch der Annahme durch Erklärung gegenüber dem Familiengericht anschließt. [*Falls Kind jünger als 14*::] Ich, [*Name des Ehegatten/Lebenspartners des Annehmenden*:], schließe mich deshalb hiermit als gesetzlicher Vertreter des anzunehmenden Kindes dieser Bestimmung des Geburtsnamens durch Erklärung gegenüber dem Familiengericht an. [*Falls Kind 14 oder älter*::] Ich, [*Name des minderjährigen Anzunehmenden*:], schließe mich deshalb hiermit der Bestimmung des Geburtsnamens „[*neuer Geburtsname des Anzunehmenden*:]" durch Erklärung gegenüber dem Familiengericht an. Ich, [*Name des Ehegatten/Lebenspartners des Annehmenden*:], stimme dem als gesetzlicher Vertreter des anzunehmenden Kindes zu.

D. Einwilligungserklärungen

1. Einwilligung des minderjährigen Kindes
[*Falls Kind jünger als 14:*]
[*entweder:*]
Ich, [*Name des Ehegatten/Lebenspartners des Annehmenden:*], bin für das minderjährige anzunehmende Kind alleine sorgeberechtigt.
In meiner Eigenschaft als dessen alleiniger gesetzlicher Vertreter willige ich in die vorstehend beantragte Annahme als Kind ein.
[*oder:*]
Nach Angabe der Beteiligten liegt das Sorgerecht für das anzunehmende Kind bei beiden leiblichen Elternteilen.
Ich, [*Name des Ehegatten/Lebenspartners des Annehmenden:*], willige hiermit in die vorstehend beantragte Annahme als Kind ein.
Mit der Einwilligung durch den anderen leiblichen Elternteil soll auch seine Einwilligung als Mit-Sorgeberechtigter für das Kind erklärt werden.
[*Falls Kind 14 oder älter::*]
Ich, [*Name des minderjährigen Anzunehmenden:*], willige hiermit gemäß § 1746 Abs. 1 BGB in meine vorstehend beantragte Annahme als Kind ein.
Mir ist bekannt, dass ich diese Einwilligungserklärung auch ohne Zustimmung meines gesetzlichen Vertreters bis zum Wirksamwerden des Adoptionsbeschlusses widerrufen kann und dass ein solcher Widerruf der öffentlichen Beurkundung bedarf.
Ich, [*Name des Ehegatten/Lebenspartners des Annehmenden:*], stimme der Einwilligung als gesetzlicher Vertreter zu.
2. Einwilligung durch den Ehegatten[*Lebenspartner:*] des Annehmenden
Ich, [*Name des Ehegatten/Lebenspartners des Annehmenden:*], willige in die vorstehend beantragte Annahme außerdem in meiner Eigenschaft ein
(1) als [*Ehepartner/Lebenspartner:*] des Annehmenden und zugleich
(2) als [*Vater/Mutter:*] des Anzunehmenden
3. Einwilligung [des/der:] leiblichen [Vaters/Mutter:] des Anzunehmenden
[*entweder:*]
Eine Einwilligung durch den anderen leiblichen Elternteil des Anzunehmenden ist entbehrlich, da dieser bereits gestorben ist.
[*oder:*]
Die Einwilligung durch den anderen leiblichen Elternteil des Anzunehmenden ist entbehrlich, da dessen Identität und Aufenthalt dauerhaft unbekannt sind.
[*oder:*]
Die Einwilligung durch den anderen leiblichen Elternteil des Anzunehmenden wird gesondert erklärt und beim Familiengericht eingereicht.

E. Sonstiges

1. Hinweise des Notars
Der Notar hat uns insbesondere auf Folgendes hingewiesen:
- Die Einwilligungserklärungen können, sobald sie dem Familiengericht zugegangen sind, nicht mehr widerrufen werden.
- Diese Urkunde ändert das Rechtsverhältnis zwischen dem anzunehmenden Kind und dem Antragsteller noch nicht. Die Annahme als Kind erfolgt erst durch den beim Familiengericht beantragten Beschluss. Damit wird das Kind auch mit den Verwandten des Annehmenden verwandt [*entweder, falls der andere leibliche, Elternteil nicht*

***vorverstorben ist oder nicht sorgeberechtigt war (§ 1756 Abs. 2 BGB):]*** **und erlischt das Verwandtschaftsverhältnis zu den leiblichen Verwandten des anderen Elternteils.** ***[oder, im Fall der Vorversterben des anderen leiblichen, sorgeberechtigten Elternteils:]*** **und erlischt das Verwandtschaftsverhältnis zum anderen, verstorbenen Elternteil. Abweichend vom sonstigen Recht der Volladoption bleibt jedoch gem. § 1756 Abs. 2 BGB die Verwandtschaft zu den Verwandten des verstorbenen sorgeberechtigten Elternteils bestehen.**

- **Die wirksame Annahme als Kind ist Grundlage für gegenseitige Ansprüche und Pflichten, insbesondere erbrechtlicher und familienrechtlicher Art.** ***[nur anfügen, falls der andere leibliche Elternteil nicht vorverstorben ist:]*** **Gegenüber dem anderen leiblichen Elternteil erlöschen diese mit Wirksamkeit des Adoptionsbeschlusses.**
- **Die Aufhebung des Annahmeverhältnisses ist nur in besonderen Ausnahmefällen möglich.**

**2. Verteiler, Kosten**

**Von dieser Urkunde soll dem Amtsgericht – Familiengericht – eine Ausfertigung erteilt werden, außerdem eine beglaubigte Abschrift (zur Weitergabe an das Jugendamt).**

**Jedem von uns soll eine einfache Abschrift übersandt werden.**

**Die Kosten dieser Urkunde und des Annahmeverfahrens trage ich, [*Name Annehmender*:].**

## Anmerkungen

**1. Grundsätze.** Nach § 1741 Abs. 2 S. 3 BGB kann ein Ehegatte allein nur ein Kind seines Ehegatten annehmen. Ausnahmsweise kann er nach § 1741 Abs. 2 S. 4 BGB ein fremdes Kind auch allein annehmen, wenn der andere Ehegatte das Kind nicht annehmen kann, weil er geschäftsunfähig ist oder das 21. Lebensjahr noch nicht vollendet hat. Der eingetragene Lebenspartner kann nach § 9 Abs. 7 LPartG ein Kind seines Lebenspartners allein annehmen. Dies gilt auch, wenn das Kind erst infolge Adoption zum Kind des anderen Lebenspartners geworden ist, sog. Sukzessivadoption (→ Form. X.1 Ziff. 3). In der Praxis stellt die Annahme des Kindes des Lebenspartners mittlerweile einen häufigen Fall der Adoption dar.

**2. Verfassungswidrigkeit des Ausschlusses der Stiefkindadoption in nichtehelichen Familien.** Das BVerfG hat durch Beschl. v. 26.3.19 – 1 BvR 673/17 einen Verstoß von § 1754 Abs. 1 und 2 sowie § 1755 Abs. 1 S. 1 und Abs. 2 BGB gegen Art. 3 Abs. 1 GG festgestellt, da ein Kind von seinem mit einem Elternteil in nichtehelicher Lebensgemeinschaft lebenden Stiefelternteil nicht adoptiert werden kann, ohne dass die verwandtschaftliche Beziehung zum Elternteil erlischt. Diese Ungleichbehandlung zu ehelichen Lebensgemeinschaften sei nicht gerechtfertigt. Die Vorschriften wurden jedoch nicht für nichtig, sondern nur für unvereinbar erklärt. Der Gesetzgeber hat bis zum 31.3.2020 eine Neuregelung zu treffen. Bis dahin sei das geltende Recht auf nichteheliche Stiefkindfamilien nicht anwendbar und entsprechende Verfahren auszusetzen.

**3. Einwilligung.** Die Mutter des Kindes hat nach § 1747 Abs. 1 BGB als Elternteil, nach § 1749 Abs. 1 BGB als Ehegatte des Annehmenden und nach § 1746 Abs. 1 S. 2 BGB für das noch nicht vierzehnjährige Kind einzuwilligen. Zu beachten ist, dass die Einwilligung der Eltern des Kindes gem. § 1747 Abs. 2 BGB erst erteilt werden kann, wenn das Kind acht Wochen alt ist. Dies ist in der Praxis vor allem in Fällen relevant, in denen ein Kind durch Samenspende gezeugt wurde und sämtlichen Beteiligten an dem zeitnahen Vollzug der Adoption gelegen ist. Die Einwilligung des leiblichen, nicht sorgeberechtigten Vaters kann dann nach § 1747 Abs. 3 Nr. 1 BGB schon vor der Geburt erteilt werden. Für die Einwilligung der Mutter gilt jedoch die 8-Wochen-Frist. Ein möglicher biologischer Vater muss einwilligen, wenn er durch eine entsprechende Glaubhaftmachung am Adoptionsverfahren mitwirkt. Dabei muss ihm eine Mitwirkung am Verfahren durch das Familiengericht von Amts wegen ermöglicht werden. Dies ist nur entbehrlich, wenn zuverlässig davon ausgegangen werden kann, dass der leibliche Vater kein Interesse an der Wahrnehmung seiner Rechte hat, wie bei der medizinisch assistierten anonymen Samenspende. Vgl. dazu insgesamt BGH 18.2.2015 – XII ZB 473/13, OLG Bamberg v. 26.4.2017 – 2 UF 70/17, *Keuter*, NZFam 2017, 873.

**4. Besonderheiten der Stiefkindadoption.** Bei Adoption eines Kindes des anderen Ehegatten werden dessen Verwandtschaftsbeziehungen zum anderen nichtehelichen oder ehelichen Elternteil und dessen Verwandten gem. § 1755 Abs. 2 BGB voll abgeschnitten. Insoweit bestehen also keine Besonderheiten. Bei der Adoption eines Kindes des anderen, verstorbenen Ehegatten, für das dieser sorgeberechtigt war, ordnet § 1756 Abs. 2 BGB abweichend hiervon an, dass das Erlöschen der Verwandtschaftsbeziehungen nicht im Verhältnis zu den Verwandten des verstorbenen Elternteils eintritt. Die Vorschrift wirft im Zusammenhang mit der erbrechtlichen Vorschrift § 1925 Abs. 4 BGB Probleme auf. Nach dem Wortlaut von § 1925 Abs. 4 BGB sind Geschwister des adoptierten Kindes, die von den leiblichen Eltern abstammen, nicht Erben zweiter Ordnung. Die herrschende Meinung legt die Vorschrift im Anwendungsbereich von § 1756 Abs. 2 BGB jedoch einschränkend aus und wendet sie nur an, soweit es sich um einseitige Abkömmlinge des vorverstorbenen Elternteils handelt. Nicht anzuwenden ist die Regelung demgegenüber auf Vollgeschwister und einseitige Abkömmlinge des längerlebenden Elternteils. Letztere können demnach unverändert Erben zweiter Ordnung sein (vgl. dazu Erman/*Lieder* 15. Aufl. 2017 § 1925 Rn. 13 mwN, MüKo/*Leipold*, 7. Aufl. 2017, § 1925 Rn. 15).

**5. Kein Ergänzungspfleger bei Stiefkindadoption.** Die Bestellung eines Ergänzungspflegers ist im Regelfall bei der Stiefkindadoption nicht erforderlich (BGH FamRZ 1980, 675, BayObLG FamRZ 1981, 93; OLG Hamm FamRZ 1978, 945; ausführl. Staudinger/*Frank,*Neubearb. 2007, § 1746 Rn. 15 mwN auch zur Gegenmeinung)

**6. § 1592 Nr. 1 BGB gilt nicht für Ehegatten gleichen Geschlechts.** Gem. § 1592 Nr. 1 BGB ist Vater eines Kindes der Mann, der im Zeitpunkt seiner Geburt mit der Mutter verheiratet ist. Die Anwendung dieser Vorschrift auf die gleichgeschlechtliche Ehe zweier Frauen hat der BGH sowohl direkt als auch analog abgelehnt (BGH Beschl. v. 10.10.2018 – XII ZB 231/18). Eine direkte Anwendung scheide schon mangels „Vater" aus. Gegen eine analoge Anwendung wird angeführt, dass eine unbewusste Regelungslücke ebenso fehle wie eine Vergleichbarkeit der Sachverhalte (so auch *Kaiser*, FamRZ 2017, 1889, 1895, *DNotI-Report* 2018, S. 19, 20 mwN). Gebährt eine Frau, die in einer gleichgeschlechtlichen Ehe lebt, ein Kind, ist danach unverändert, wie bei Lebenspartnern, eine Stiefkindadoption erforderlich, damit auch der andere Ehegatte Elternteil des Kindes wird. Für weitere Fragen zur Adoption durch Lebenspartner s. auch → Form. X.1, Ziff. 3.

**7. Sonstiges.** Im Übrigen gelten die Ausführungen zu → Form. X.1.

## 3. Adoption durch Unverheiratete: Annahme des verwaisten Kindes durch die unverheiratete Tante (§§ 1741 Abs. 2 S. 1, 1752, 1754 ff. BGB)

Heute, am .....
waren vor mir, .....
Notar/in in .....,
in meinen Geschäftsräumen in ....., gleichzeitig anwesend:
.....
Die Beteiligten erklärten mit Ersuchen um Beurkundung:

A. Angaben zur Person

Zur Person des Annehmenden und des anzunehmenden Kindes machen wir folgende Angaben:

1. Anzunehmendes Kind

| | |
|---|---|
| Name: | ..... |
| Geburtsdatum: | ..... |
| Geburtsort: | ..... |
| Name des Vaters: | ..... |
| Name der Mutter: | ..... |
| Geburtsname der Mutter: | ..... |
| Staatsangehörigkeit: | ausschließlich deutsch |
| Familienstand: | ledig |

2. Annehmender

| | |
|---|---|
| Name: | ..... |
| Geburtsort: | ..... |
| Name des Vaters: | ..... |
| Name der Mutter: | ..... |
| Geburtsname der Mutter: | ..... |
| Staatsangehörigkeit: | ausschließlich deutsch |

3. Vorbemerkungen

Die Eltern des Kindes [*Name anzunehmendes Kind*:] kamen am ..... bei einem Verkehrsunfall um. Zum Vormund des Kindes wurde ich, [*Name Annehmender*:], die Schwester der verunglückten Ehefrau bestellt. Ich habe das Kind schon zu Lebzeiten seiner Eltern oft betreut. Seit dem Tod seiner Eltern leben wir in einem gemeinsamen Haushalt. Zwischen uns ist ein Eltern-Kind-Verhältnis entstanden. Weitere Kinder habe ich nicht. Ich, [*Name des Annehmenden*:], möchte [*Name anzunehmendes Kind*:] als Kind annehmen. Der miterschienene Herr C wurde vom Familiengericht als Ergänzungspfleger bestellt.

B. Antrag auf Annahme

Ich, [*Name Annehmender*:], beantrage daher beim zuständigen Amtsgericht (Familiengericht), die Annahme als Kind mit folgendem Inhalt auszusprechen:
[*Name Anzunehmender*:] wird das Kind von [*Name Annehmender*:].
Der Notar wird beauftragt, diesen Antrag beim zuständigen Familiengericht einzureichen. Das Familiengericht wird gebeten, von seinem Beschluss dem Notar eine einfache Fotokopie zur Kenntnisnahme zu übersenden.

C. Name des Anzunehmenden

Uns ist bekannt, dass der Anzunehmende mit Wirksamkeit der Annahme den Familiennamen der Annehmenden „[*Familienname des Annehmenden*:]“ als Geburtsnamen [*er/be*:]hält.

D. Einwilligungserklärung für das minderjährige Kind

[*Falls Kind jünger als 14*::]

Der Ergänzungspfleger willigt für das Kind in die Annahme ein.

[*Falls Kind 14 oder älter*::]

Ich, [*Name des minderjährigen Anzunehmenden*:], willige hiermit gemäß § 1746 Abs. 1 BGB in meine vorstehend beantragte Annahme als Kind ein.

Mir ist bekannt, dass ich diese Einwilligungserklärung bis zum Wirksamwerden des Adoptionsbeschlusses ohne Zustimmung des gesetzlichen Vertreters widerrufen kann und dass ein solcher Widerruf der öffentlichen Beurkundung bedarf.

Ich, [*Name des Ergänzungspflegers*:], stimme der Einwilligung zu.

E. Sonstiges

1. Hinweise des Notars

Der Notar hat uns insbesondere auf Folgendes hingewiesen:

- Diese Urkunde ändert das Rechtsverhältnis zwischen dem anzunehmenden Kind und dem Antragsteller noch nicht. Die Annahme als Kind erfolgt erst durch den beim Familiengericht beantragten Beschluss. Dadurch erhält das Kind die rechtliche Stellung eines eigenen Kindes der Annehmenden. Die Verwandtschaft zu den leiblichen Eltern erlischt dadurch, die zu den anderen Verwandten der verstorbenen Eltern bleiben jedoch bestehen.
- Die wirksame Annahme als Kind ist Grundlage für gegenseitige Ansprüche und Pflichten, insbesondere erb- und familienrechtlicher Art.
- Die Aufhebung des Annahmeverhältnisses ist nur in besonderen Ausnahmefällen möglich.

2. Verteiler, Kosten

Von dieser Urkunde soll dem Amtsgericht – Familiengericht – eine Ausfertigung erteilt werden, außerdem eine beglaubigte Abschrift (zur Weitergabe an das Jugendamt).

Jedem von uns soll eine einfache Abschrift übersandt werden.

Die Kosten dieser Urkunde und des Annahmeverfahrens trage ich, [*Name Annehmender*:].

## Anmerkungen

1. **Annahme durch einen Nichtverheirateten.** Sie wird durch § 1741 Abs. 2 S. 1 BGB zugelassen. Das Kindeswohl und das Eltern-Kind-Verhältnis nach § 1741 Abs. 1 BGB müssen gewahrt sein.

2. **Ergänzungspfleger.** Er ist gem. § 1746 Abs. 1, § 1795 Abs. 1 Nr. 1, § 1909 BGB zu bestellen.

3. **Verwandtenadoption.** Vgl. § 1756 Abs. 1 BGB – in diesem Sonderfall erlischt das Verwandtschaftsverhältnis des Kindes nur zu seinen Eltern, nicht gegenüber allen anderen Verwandten, dazu *Müller*/Sieghörtner/Emmerling de Oliveira, Adoptionsrecht in der Praxis, Rn. 125 f.

4. **Im Übrigen.** → Form. X.1.

## 4. Einwilligung des verwaisten Kindes in die Annahme (§§ 1746, 1750 BGB)

Heute, am . . . . .

waren vor mir, . . . . .

Notar/in in . . . . .,

in meinen Geschäftsräumen in . . . . ., gleichzeitig anwesend:

. . . . .

Die Beteiligten erklärten mit Ersuchen um Beurkundung:

A. Vorbemerkungen

Die Eheleute [*Name Annehmende*:] . . . . . wollen mich, [*Name anzunehmendes Kind*:], als gemeinschaftliches Kind annehmen. Einen entsprechenden Antrag haben sie am . . . . . zu Urkunde des Notars . . . . . erklärt.

B. Einwilligung des anzunehmenden Kindes [*Falls Kind 14 oder älter zusätzlich*::], Zustimmung

[*Falls Kind jünger als 14*::]

Ich, [*Name des Vormunds*:], bin zum Vormund für das minderjährige anzunehmende Kind bestellt worden. In meiner Eigenschaft als dessen alleiniger gesetzlicher Vertreter willige ich in die vorgenannte Annahme als Kind ein.

[*Falls Kind 14 oder älter*::]

Ich, [*Name des minderjährigen Anzunehmenden*:], willige hiermit gemäß § 1746 Abs. 1 BGB in die vorgenannte Annahme als Kind ein. Mir ist bekannt, dass ich diese Einwilligungserklärung bis zum Wirksamwerden des Adoptionsbeschlusses auch ohne Zustimmung des Vormunds widerrufen kann und dass ein solcher Widerruf der öffentlichen Beurkundung bedarf.

Ich, [*Name des Vormunds*:], stimme als Vormund von [*Name des minderjährigen Anzunehmenden*:] der Einwilligung des Kindes zu.

C. [Falls die annehmenden Ehegatten keinen gemeinsamen Ehenamen führen::] Name des Kindes

*[Wenn Kind über 5, aber unter 14 Jahre alt ist:]* Ich, [*Name des Vormunds*:], schließe mich hiermit als gesetzlicher Vertreter des anzunehmenden Kindes der Bestimmung des Geburtsnamens gem. § 1757 Abs. 2 BGB durch Erklärung gegenüber dem Familiengericht an.

*[Wenn Kind mindestens 14 Jahre alt ist:]* Ich, [*Name des Kindes*:], schließe mich hiermit der Bestimmung des Geburtsnamens gem. § 1757 Abs. 2 BGB durch Erklärung gegenüber dem Familiengericht an. Ich, [*Name des Vormunds*], stimme dem hiermit als gesetzlicher Vertreter des anzunehmenden Kindes zu.

D. Sonstiges

1. Weitere Hinweise

Der Notar hat uns insbesondere auf Folgendes hingewiesen:

- **Durch die Annahme erlöschen die Verwandtschaftsverhältnisse des Angenommenen zu seinen bisherigen Verwandten. Dafür wird der Angenommene das gemeinschaftliche Kind der Annehmenden mit allen Rechten und Pflichten und erhält deren Namen.**
- **Die Aufhebung des Annahmeverhältnisses ist nur in besonderen Ausnahmefällen möglich.**

**2. Verteiler, Kosten**

**Von dieser Urkunde soll dem Amtsgericht – Familiengericht – eine Ausfertigung erteilt werden, außerdem eine beglaubigte Abschrift (zur Weitergabe an das Jugendamt).**

**Jedem von uns soll eine einfache Abschrift übersandt werden.**

**Die Kosten dieser Urkunde trägt . . . . . .**

### Anmerkungen

**1. Gesetz.** Gesetzliche Grundlagen sind § 1746, § 1750 BGB. Die Zustimmung des gesetzlichen Vertreters ist analog § 182 Abs. 2 BGB formlos möglich (Palandt/*Götz* § 1746 Rn. 4).

**2. Kosten und Gebühren.** Wert nach § 101 GNotKG: 5.000 EUR, hieraus 0,5 Gebühr, mindestens 30 EUR nach KV 21201 Nr. 8.

## 5. Einwilligung der Mutter in die Annahme (§§ 1747, 1746, 1750 BGB)

**Heute, am . . . . .**
**war vor mir, . . . . .**
**Notar/in in . . . . .,**
**in meinen Geschäftsräumen in . . . . ., anwesend:**
**. . . . .**
**Die Beteiligte erklärte mit Ersuchen um Beurkundung:**

**A. Vorbemerkungen**

**Ich, [*Name der Mutter*:], bin die leibliche Mutter des am . . . . . in . . . . . geborenen Kindes [*Name anzunehmendes Kind*:]. Die elterliche Sorge für das Kind steht mir allein zu. Ich bin ausschließlich deutsche Staatsangehörige. Die Eheleute [*Name Annehmende*:] wollen [*Name anzunehmendes Kind*:], als gemeinschaftliches Kind annehmen. Einen entsprechenden Antrag haben sie am . . . . . zu Urkunde des Notars . . . . . erklärt.**

**B. Einwilligung**

***[Wenn Kind unter 14 Jahre alt ist:]***

**Ich, [*Name der Mutter*:], willige**
- **als Mutter des Kindes und**
- **als sein gesetzlicher Vertreter**

**darin ein, dass mein Kind [*Name anzunehmendes Kind*:] von den Eheleuten [*Name Annehmende*:] als gemeinschaftliches Kind angenommen wird.**

*[Wenn Kind mindestens 14 Jahre alt ist:]*
Ich, [*Name der Mutter*:], willige als Mutter des Kindes darin ein, dass mein Kind [*Name anzunehmendes Kind*:] von den Eheleuten [*Name Annehmende*:] als gemeinschaftliches Kind angenommen wird.
Als sein gesetzlicher Vertreter stimme ich der von dem Kind erteilten Einwilligung zu.

C. [Falls die annehmenden Ehegatten keinen gemeinsamen Ehenamen führen:] Name des Kindes

*[Wenn Kind über 5, aber unter 14 Jahre alt ist:]* Ich, [*Name der sorgeberechtigten Mutter*:], schließe mich hiermit als gesetzlicher Vertreter des anzunehmenden Kindes der Bestimmung des Geburtsnamens gem. § 1757 Abs. 2 BGB durch Erklärung gegenüber dem Familiengericht an.
*[Wenn Kind mindestens 14 Jahre alt ist:]* Ich, [*Name der sorgeberechtigten Mutter*:], stimme hiermit als gesetzlicher Vertreter des anzunehmenden Kindes der Bestimmung des Geburtsnamens gem. § 1757 Abs. 2 BGB zu.

D. Sonstiges

1. Hinweise

Der Notar hat uns insbesondere auf Folgendes hingewiesen:
- Die Einwilligungserklärung wird mit Zugang beim Familiengericht unwiderruflich.
- Ab dem Zugang der Einwilligung beim Familiengericht ruht die elterliche Sorge der leiblichen Mutter für das Kind, ihr Umgangsrecht darf nicht ausgeübt werden und das Jugendamt wird Vormund des Kindes.
- Mit Beschluss des Familiengerichts über die Annahme erlöschen die Verwandtschaftsverhältnisse des Angenommenen zu seinen bisherigen Eltern und Verwandten. Dafür wird der Angenommene das gemeinschaftliche Kind der Annehmenden mit allen Rechten und Pflichten.
- Die Aufhebung des Annahmeverhältnisses ist nur in besonderen Ausnahmefällen möglich.

2. Verteiler, Kosten

Von dieser Urkunde soll dem Amtsgericht – Familiengericht – eine Ausfertigung erteilt werden, außerdem eine beglaubigte Abschrift (zur Weitergabe an das Jugendamt).
Mir soll eine einfache Abschrift übersandt werden.
Die Kosten dieser Urkunde trage ich.

## Anmerkungen

**1. Einwilligung und Sorgerecht.** Das Einwilligungserfordernis der Eltern gem. § 1747 BGB besteht unabhängig vom Sorgerecht. Relevant ist die Frage des Sorgerechts für die Einwilligung des Kindes gem. § 1746 BGB, die für ein unter 14 Jahre altes Kind durch seinen gesetzlichen Vertreter zu erteilen ist, danach seiner Zustimmung bedarf, insoweit → Form. X.4. Auch die Erklärung, dass sich das mindestens 5 Jahre alte Kind der Bestimmung seines Geburtsnamens im Fall eines nicht einheitlichen Ehenamens der Annehmenden anschließt bzw. die entsprechende Zustimmung zur Erklärung eines mindestens 14 Jahre alten Kindes gem. § 1757 Abs. 2, § 1617c BGB ist durch die gesetzlichen Vertreter zu erklären.

**2. Mindestalter des Kindes.** Die Einwilligung der Eltern des Kindes kann gem. § 1747 Abs. 2 BGB grundsätzlich erst erteilt werden, wenn das Kind acht Wochen alt ist. Eine

Ausnahme ist die Einwilligung des nicht sorgeberechtigten, nicht mit der Kindsmutter verheirateten Vaters, welche gem. § 1747 Abs. 3 Nr. 1 BGB bereits vor der Geburt des Kindes erteilt werden kann.

3. **Ausnahme vom Erfordernis der Einwilligung.** Nach § 1747 Abs. 4 BGB ist die Einwilligung eines Elternteils nicht erforderlich, wenn er zur Abgabe einer Erklärung dauernd außerstande ist, insbesondere bei Geschäftsunfähigkeit, oder sein Aufenthalt dauernd unbekannt ist. Erforderlich ist allerdings zunächst, dass das Amtsgericht seine Amtsermittlungspflicht nach dem FamFG erfüllt hat. Erst nach etwa 6 Monaten erfolgloser Ermittlungstätigkeit darf ein dauerhaft unbekannter Aufenthalt bejaht werden. Ein unbekannter Aufenthalt ist auch anzunehmen, wenn die Identität des Vaters nicht zu ermitteln ist, wie bei einer anonymen Samenspende. Er liegt hingegen nicht vor bei einem freiwilligen Samenspender, dessen Identität der Mutter bekannt ist, von ihr aber nicht preisgegeben wird (vgl. dazu insgesamt MüKo/*Maurer*, 7. Aufl. 2017, § 1747 Rn. 104 f. mwN). Zum Erfordernis der Einwilligung eines Vaterschaftsprätendenten, der seine biologische Vaterstellung glaubhaft macht, vgl. BGH 18.2.2015 – XII ZB 473/13, MüKo/*Maurer*, 7. Aufl. 2017, § 1747 Rn. 29 ff., 96 und die Erläuterungen in → Form. X.2 Ziff. 2. Gemäß § 1748 BGB kann die Einwilligung eines Elternteils vom Familiengericht ersetzt werden.

4. **Weitere Folgen der Einwilligung,** insbesondere das Ruhen der elterlichen Sorge, sind in § 1751 BGB geregelt. Das Jugendamt wird, ohne dass es einer Bestellung bedarf, Vormund des Kindes (MüKo/*Maurer,* 7. Aufl. 2017, § 1751 Rn. 28). Relevanter Zeitpunkt ist die Wirksamkeit der Einwilligung, also gem. § 1750 Abs. 1 S. 3 BGB ihr Zugang beim Familiengericht.

5. **Kosten und Gebühren.** Wert nach § 101 GNotKG: 5.000 EUR, hieraus 0,5 Gebühr, mindestens 30 EUR nach KV 21201 Nr. 8.

## 6. Einwilligung in die Inkognito-Adoption (§§ 1747 Abs. 2 S. 2, 1750 BGB)

**Heute, am . . . . .**
**waren vor mir, . . . . .**
**Notar/in in . . . . .,**
**in meinen Geschäftsräumen in . . . . ., gleichzeitig anwesend:**
**. . . . .**
**Die Beteiligten erklärten mit Ersuchen um Beurkundung:**

**A. Vorbemerkungen**

**Wir sind die leiblichen Eltern des am . . . . . geborenen Kindes [*Name anzunehmendes Kind*:]. Die elterliche Sorge für das Kind steht mir, der Mutter, allein zu. Wir sind ausschließlich deutsche Staatsangehörige.**
**Dieses Kind möchte ein bestimmtes Ehepaar, das in der Adoptionsliste des [*Adoptionsvermittlungsstelle*:] geführt wird, adoptieren.**

**Die**

**B. Einwilligung**

**Wir, [*Name der Eltern*:], willigen darin ein, dass unser Kind [*Name anzunehmendes Kind*:] von den Eheleuten, die in der Adoptionsliste des [*Adoptionsvermittlungsstelle*:] unter der Nr. . . . . . geführt werden, als gemeinschaftliches Kind angenommen wird.**

***[Wenn Kind unter 14 Jahre alt ist:]***

**Ich, [*Name der Mutter*:], willige außerdem als gesetzlicher Vertreter des Kindes in die Annahme ein.**

***[Wenn Kind mindestens 14 Jahre alt ist:]***

**Ich, [*Name der Mutter*:], stimme außerdem als gesetzlicher Vertreter des Kindes der von dem Kind erteilten Einwilligung zu.**

**Die Einwilligung erfolgt jeweils gegenüber dem zuständigen Familiengericht.**

**Wir verzichten darauf, den Namen der adoptierenden Eheleute zu erfahren.**

**C. Sonstiges**

**1. Hinweise**

**Der Notar hat uns insbesondere auf Folgendes hingewiesen:**

- **Die Einwilligungserklärung wird mit Zugang beim Familiengericht unwiderruflich.**
- **Ab dem Zugang der Einwilligung beim Familiengericht ruht die elterliche Sorge der leiblichen Mutter für das Kind, ihr Umgangsrecht darf nicht ausgeübt werden und das Jugendamt wird Vormund des Kindes.**
- **Mit Beschluss des Familiengerichts über die Annahme erlöschen die Verwandtschaftsverhältnisse des Angenommenen zu seinen bisherigen Eltern und Verwandten. Dafür wird der Angenommene das gemeinschaftliche Kind der Annehmenden mit allen Rechten und Pflichten.**
- **Die Aufhebung des Annahmeverhältnisses ist nur in besonderen Ausnahmefällen möglich.**

**2. Verteiler, Kosten**

**Von dieser Urkunde soll dem Amtsgericht – Familiengericht – eine Ausfertigung erteilt werden, außerdem eine beglaubigte Abschrift (zur Weitergabe an das Jugendamt).**

**Jedem von uns soll eine einfache Abschrift übersandt werden.**

**Die Kosten dieser Urkunde tragen wir.**

## Anmerkungen

**1. Inkognito-Adoption.** Sie ist nach § 1747 Abs. 2 S. 2 BGB zulässig. Die Einwilligung kann auch alternativ erteilt werden, sofern sie konkret bleibt, zB als Einwilligung in die Adoption durch die in der Adoptionsliste mit Nr. 8–12 bezeichneten Ehepaare. Die Eltern können vor der Einwilligung Auskunft über die Lebensverhältnisse der Adoptiveltern verlangen, auch über deren Religion und die Aussichten einer religiösen Erziehung des Kindes (vgl. *Listl* FamRZ 1974, 75).

**2. Rechtsnatur der Einwilligung.** Die Einwilligung kann nach § 1747 Abs. 2 S. 1 BGB erst erteilt werden, wenn das Kind acht Wochen alt ist (Ausn: § 1747 Abs. 3 Nr. 1 BGB). Sie kann unter den Voraussetzungen des § 1748 BGB vom Familiengericht ersetzt werden. Die Einwilligung ist unwiderruflich, unvertretbar, bedingungs- und befristungsfeindlich. Sie bedarf bei einem beschränkt geschäftsfähigen Elternteil nicht der Zustimmung des gesetzlichen Vertreters. Die Einwilligung verliert ihre Kraft, wenn nicht innerhalb von drei Jahren die Adoption erfolgt, § 1750 BGB.

**3. Kosten und Gebühren.** → Form. X.6.

## 7. Verzicht des Vaters auf Beantragung der Übertragung der Sorge für das nichteheliche Kind (§ 1747 Abs. 3 Nr. 2 BGB)

**Heute, am .....**
**war vor mir, .....**
**Notar/in in .....,**
**in meinen Geschäftsräumen in ....., anwesend:**
**.....**
**Der Beteiligte erklärte mit Ersuchen um Beurkundung:**

**A. Vorbemerkungen**

**Ich bin der Vater des am ..... in ..... nichtehelich geborenen Kindes [*Name des Kindes*:]. Die Vaterschaft habe ich am ..... zu Urkunde des Notars ..... in ..... (UR Nr. .....) anerkannt.**

**B. Verzicht gem. § 1747 Abs. 3 Nr. 2 BGB**

**Ich, [*Name des Vaters*:], verzichte hiermit gem. § 1747 Abs. 3 Nr. 2 BGB darauf, einen Antrag auf Übertragung der Sorge für das Kind [*Name des Kindes*:] zu stellen.**
**Der Verzicht wird gegenüber dem Familiengericht erklärt.**

**C. Sonstiges**

**1. Hinweise**
**Der Notar hat mich insbesondere auf Folgendes hingewiesen:**
- **Ich habe das Recht, die Übertragung der Sorge zu beantragen. Wenn ich einen entsprechenden Antrag stellen würde, dürfte die Annahme des Kindes durch Dritte erst nach Ablehnung meines Antrags ausgesprochen werden.**
- **Der Verzicht wird mit Zugang beim Familiengericht unwiderruflich.**

**2. Verteiler, Kosten**
**Von dieser Urkunde soll dem Amtsgericht – Familiengericht – eine Ausfertigung erteilt werden, außerdem eine beglaubigte Abschrift (zur Weitergabe an das Jugendamt).**
**Mir soll eine einfache Abschrift übersandt werden.**
**Die Kosten dieser Urkunde trage ich.**

### Anmerkungen

**1. Gesetz zur Reform der elterlichen Sorge nicht miteinander verheirateter Eltern.** Durch das Gesetz zur Reform der elterlichen Sorge nicht miteinander verheirateter Eltern vom 16.4.2013 (BGBl. I 795) wurde die Möglichkeit nicht verheirateter Väter, die elterliche Sorge für ihr Kind zu bekommen, erleichtert. Vor Inkrafttreten des Gesetzes war dies nur mit Zustimmung der Mutter möglich. Dies stellte einen Verstoß gegen die Europäische

Konvention zum Schutz der Menschenrechte und Grundfreiheiten (EMRK) dar (Entscheidung des Europäischen Gerichtshofs für Menschenrechte vom 3.12.2009, Individualbeschwerde Nr. 22028/04). Zudem verstießen §§ 1626a und 1672 Abs. 1 BGB gegen Art. 6 Abs. 2 GG (BVerfG 21.7.2010 – 1 BvR 420/09).

Nach der Neuregelung des § 1626a Abs. 1 Nr. 3 BGB kann der leibliche Vater die gemeinsame elterliche Sorge für sein Kind auch ohne Zustimmung der Mutter erhalten, indem er einen Antrag auf Übertragung der gemeinsamen elterlichen Sorge an das Familiengericht stellt. Das Familiengericht entspricht dem Antrag, wenn dies dem Kindeswohl nicht widerspricht (§ 1626a Abs. 2 S. 1 BGB). Trägt der andere Elternteil keine Gründe vor, die der Übertragung entgegenstehen können, und sind solche Gründe auch sonst nicht ersichtlich, wird nach Abs. 2 Satz 2 der Vorschrift vermutet, dass die gemeinsame elterliche Sorge dem Kindeswohl nicht widerspricht. Das Verfahren ist in einem durch das Gesetz neu geschaffenen § 155a FamFG geregelt.

**2. Hemmung des Verfahrens der Adoption** Solange über den Antrag des Vaters auf Übertragung der Sorge nach § 1626a Abs. 2 oder § 1671 Abs. 2 BGB noch nicht entschieden ist, darf eine Annahme als Kind nicht ausgesprochen werden (§ 1747 Abs. 3 Nr. 3 BGB). Um die mögliche Hemmung des Adoptionsverfahrens zu vermeiden, kann der Vater gem. § 1747 Abs. 3 Nr. 2 BGB auf die Übertragung des Sorgerechts verzichten (vgl. dazu BeckOK/Pöcker, Stand 1.8.2019, BGB § 1747 Rn. 15). Dieser Verzicht bedarf der öffentlichen Beurkundung, ist bedingungsfeindlich, unwiderruflich, höchstpersönlich abzugeben und wird auch nicht dadurch unwirksam, dass der Adoptionsantrag zurückgenommen oder die Annahme versagt wird (§ 1747 Abs. 3 Nr. 2, § 1750 BGB).

**3. Kosten und Gebühren.** Vom Geschäftswert in Höhe von 5.000,00 EUR nach § 36 Abs. 3 GNotKG eine 1,0-Gebühr gem. KV Nr. 21200, mindestens 60,00 EUR. Ein gebührenfreier Tatbestand nach Vorb. 2 (3) iVm § 62 Abs. 1 BeurkG ist nicht gegeben (vgl. *Fackelmann*/Heinemann GNotKG KV Vorb. 2 Rn. 23).

## 8. Widerruf der Einwilligung durch das vierzehnjährige nicht geschäftsunfähige Kind (§ 1746 Abs. 2 BGB)

**Heute, am . . . . .**

**war vor mir, . . . . .**

**Notar/in in . . . . .,**

**in meinen Geschäftsräumen in . . . . ., anwesend:**

**. . . . .**

**Der Beteiligte erklärte mit Ersuchen um Beurkundung:**

**A. Vorbemerkungen**

**Ich [*Name des Kindes*:], habe am . . . . . zur Urkunde des Notars . . . . . in . . . . . (UR Nr. . . . . .) in meine Annahme als Kind durch die Eheleute [*Name der Annehmenden*:], eingewilligt. Die Annahme ist vom Gericht noch nicht ausgesprochen.**

**B. Widerruf der Einwilligung**

**Ich widerrufe hiermit meine Einwilligung in vorgenannte Adoption gegenüber dem Familiengericht.**

**C. Verteiler, Kosten**

**Von dieser Urkunde soll dem Amtsgericht – Familiengericht – eine Ausfertigung erteilt werden, außerdem eine beglaubigte Abschrift (zur Weitergabe an das Jugendamt).**
**Mir soll eine einfache Abschrift übersandt werden.**
**Die Kosten dieser Urkunde trage ich.**

## Anmerkungen

**1. Allgemeines.** Die Widerrufsmöglichkeit nach § 1746 Abs. 2 BGB soll dem Willen des Hauptbeteiligten bis zur Rechtskraft der Annahme Rechnung tragen. So kann das Kind zB widerrufen, wenn es nach gegebener Einwilligung im Laufe der Adoptionspflege merkt, dass es nicht in die neue Familie passt. Die Zustimmung des gesetzlichen Vertreters ist zum Widerruf nicht erforderlich, § 1746 Abs. 2 S. 3 BGB. Der Widerruf wird häufig zur Urkunde des Jugendamtes erfolgen, § 1746 Abs. 2 BGB, § 59 Abs. 1 Nr. 6 SGB VIII, da zu diesem – etwa im Rahmen der §§ 1712 ff. BGB – der bessere Kontakt besteht.

**2. Kosten und Gebühren.** Vom Geschäftswert in Höhe von 5.000,00 EUR nach § 101 GNotKG eine 1,0-Gebühr gem. KV Nr. 21200, mindestens 60,00 EUR. Ein gebührenfreier Tatbestand nach Vorb. 2 (3) iVm § 62 Abs. 1 BeurkG ist nicht gegeben (vgl. *Fackelmann*/Heinemann GNotKG KV Vorb. 2 Rn. 23). Auch die ermäßigte Gebühr nach KV Nr. 20201 Nr. 8 ist nicht einschlägig (vgl. Fackelmann/Heinemann/*Drempetic* GNotKG KV Nr. 21201 Rn. 38).

# 9. Volljährigenadoption: Annahme eines volljährigen Stiefkindes (§§ 1767 ff. BGB)

**Heute, am . . . . .**
**war vor mir, . . . . .**
**Notar/in in . . . . .,**
**in meinen Geschäftsräumen in . . . . ., anwesend:**
**. . . . .**
**Die Beteiligten erklärten mit Ersuchen um Beurkundung:**

**A. Angaben zur Person**

**Zur Person des Annehmendem und des anzunehmenden Kindes machen wir folgende Angaben:**

**1. Anzunehmendes Kind**

| | |
|---|---|
| **Name:** | **. . . . .** |
| **Geburtsdatum:** | **. . . . .** |
| **Geburtsort:** | **. . . . .** |
| **Name des Vaters:** | **. . . . .** |
| **Name der Mutter:** | **. . . . .** |
| **Geburtsname der Mutter:** | **. . . . .** |
| **Staatsangehörigkeit:** | **ausschließlich deutsch** |
| **Familienstand:** | **. . . . .** |

2. Annehmender

| | |
|---|---|
| Name: | ..... |
| Geburtsort: | ..... |
| Name des Vaters: | ..... |
| Name der Mutter: | ..... |
| Geburtsname der Mutter: | ..... |
| Staatsangehörigkeit: | ausschließlich deutsch |

B. Vorbemerkungen, Sittliche Rechtfertigung

Die [*Ehe/eingetragene Lebenspartnerschaft*:] des Annehmenden mit dem leiblichen Elternteil des anzunehmenden Kindes, [*Name des anderen Partners (= leiblicher Elternteil)*:], wurde am [*Datum*:] in [*Ort der Eheschließung/Verpartnerung*:] geschlossen. Es sind folgende Abkömmlinge vorhanden: .....
Wir, [*Name Kind*:] und [*Name Annehmender*:], leben schon seit [*Aufnahme des Stiefkindes in den gemeinsamen Haushalt*:] in einem gemeinsamen Haushalt. Ich, [*Name anzunehmendes Kind*:], habe somit schon als Minderjähriger in der Familie des Annehmenden, meines Stiefvaters, gelebt. Zwischen uns ist ein Eltern-Kind-Verhältnis entstanden.

C. Antrag auf Annahme

Ich, [*Name Annehmender*:], möchte das Kind meine [*s/r*:] [*Ehefrau/Ehemannes/Lebenspartnerin/Lebenspartners*:], [*Name anzunehmendes Kind*:], als Kind annehmen, so dass es die rechtliche Stellung eines gemeinsamen Kindes von uns beiden erhält.
Wir wünschen beide, dass sich die Wirkungen der beantragten Annahme als Kind nach den Vorschriften über die Annahme eines Minderjährigen (§§ 1754–1756 BGB) richten.
Wir, [*Name Annehmender:*], und [*Name anzunehmendes Kind*:], beantragen daher beim zuständigen Amtsgericht (Familiengericht), die Annahme als Kind mit folgendem Inhalt auszusprechen:

1. [*Name Anzunehmender*:] wird das Kind von [Name Annehmender:].
2. Die Wirkungen der Annahme richten sich nach den Vorschriften über die Annahme eines Minderjährigen.
3. Der Anzunehmende behält gemäß § 1767 Abs. 2 S. 3 BGB seinen derzeit geführten Ehenamen „[*Ehename*:]“. [oder:] Der Anzunehmende erhält den Geburtsnamen „[*Familienname des Annehmenden:]*“.

Hilfsweise beantragen wir für den Fall, dass dem vorstehenden Antrag nicht stattgegeben werden sollte, dann die Annahme als Kind mit den „schwachen Wirkungen“ des § 1770 BGB auszusprechen.
Alternative:
*Für den Fall, dass dem vorstehenden Antrag nicht stattgegeben werden sollte, wollen wir nicht hilfsweise beantragen, dann die Annahme als Kind mit den „schwachen Wirkungen“ des § 1770 BGB auszusprechen.*
Der Notar wird beauftragt, diesen Antrag beim zuständigen Familiengericht einzureichen. Das Familiengericht wird gebeten, von seinem Beschluss dem Notar eine einfache Fotokopie zur Kenntnisnahme zu übersenden.

D. Name des Anzunehmenden

Uns ist bekannt, dass der Anzunehmende mit Wirksamkeit der Annahme den Geburtsnamen „[*Familienname des Annehmenden:*]“ erhält.
[*falls gewünscht, va wenn Kind unverheiratet ist*:] Ich, [*Name Anzunehmender*:], habe in der Vergangenheit diverse berufliche und private Beziehungen unter meinem bisherigen

Familiennamen aufgebaut. Wir beantragen daher, dem neuen Familiennamen den bisherigen anzufügen, so dass [*Name Anzunehmender:*], zukünftig den Namen . . . . . führt. Ich, [*Name Anzunehmender:*], erteile hiermit gegenüber dem Familiengericht meine Einwilligung. [*wenn Kind verheiratet ist:*] Ich, [*Name Ehegatte des Anzunehmenden:*], schließe mich der Namensänderung an.
[*wenn Kind verheiratet ist, falls gewünscht alternativ:*] Wir erklären übereinstimmend, dass sich der neue Geburtsname nicht auf den Ehenamen des Anzunehmenden erstreckt, dieser also weiterhin „[*Ehename des Anzunehmenden:*]" lautet.

E. Einwilligungserklärungen

1. Einwilligung durch den Ehegatten[*Lebenspartner:*] des Annehmenden
Ich, [*Name des Ehegatten/Lebenspartners des Annehmenden:*], willige in die vorstehend beantragte Annahme in meiner Eigenschaft ein
(3) als [*Ehepartner/Lebenspartner:*] des Annehmenden und zugleich
(4) als [*Vater/Mutter:*] des Anzunehmenden.
2. [*löschen, wenn Kind unverheiratet ist:*]Einwilligung durch den Ehegatten des Anzunehmenden
Ich, [*Name des Ehegatten des Anzunehmenden:*], willige in die vorstehend beantragte Annahme [*meiner/meines Ehefrau/Ehemannes + Name Anzunehmender:*] ein.
3. Einwilligung durch [den leiblichen Vater/die leibliche Mutter:] des Anzunehmenden
Uns ist bekannt, dass [*der/die:*] leibliche [*Vaters/Mutter:*] des Anzunehmenden gemäß § 188 Abs. 1 Nr. 1 Buchstabe b FamFG durch das Familiengericht am Verfahren zu beteiligen ist und dass die beantragte Adoption mit den starken Wirkungen nicht ausgesprochen werden darf, wenn überwiegende Interessen eines leiblichen Elternteils dem entgegenstehen.

F. Sonstiges

1. Weitere Hinweise des Notars
Der Notar hat uns insbesondere auf Folgendes hingewiesen:
- Die Einwilligungserklärungen können, sobald sie dem Familiengericht zugegangen sind, nicht mehr widerrufen werden.
- Diese Urkunde ändert das Rechtsverhältnis zwischen dem anzunehmenden Kind und dem Antragsteller noch nicht. Die Annahme als Kind erfolgt erst durch den beim Familiengericht beantragten Beschluss.
- Die wirksame Annahme als Kind ist Grundlage für gegenseitige Ansprüche und Pflichten, insbesondere erbrechtlicher und familienrechtlicher Art. Gegenüber dem anderen leiblichen Elternteil und dessen Verwandten erlöschen diese im Fall der Adoption mit den Wirkungen der Annahme Minderjähriger mit Wirksamkeit des Adoptionsbeschlusses.
- Die Unterschiede zwischen den Wirkungen einer Minderjährigenadoption und einer Volljährigenadoption wurden uns vom Notar erläutert.
- Das Familiengericht kann gehalten sein, auch andere Verwandte der Antragsteller, insbesondere Kinder, im Verfahren anzuhören (§ 193 FamFG).
- [*Ggf.:*]Die Hinzufügung des bisherigen Familiennamens an den neuen Geburtsnamen erfolgt nur, wenn dies aus schwerwiegenden Gründen zum Wohl des Kindes erforderlich ist.
- Die Aufhebung des Annahmeverhältnisses ist nur in besonderen Ausnahmefällen und nur auf gemeinsamen Antrag des Annehmenden und des Angenommenen möglich.

**2. Verteiler, Kosten**

**Von dieser Urkunde soll dem Amtsgericht – Familiengericht – eine Ausfertigung erteilt werden.**

**Jedem von uns soll eine einfache Abschrift übersandt werden.**

**Die Kosten dieser Urkunde und des Annahmeverfahrens trage ich, [*Name Annehmender*:].**

## Anmerkungen

**1. Starke bzw. schwache Wirkung der Annahme.** Für die Annahme eines Volljährigen gelten die Vorschriften der Minderjährigenadoption sinngemäß, soweit §§ 1767 ff. BGB keine Sonderregel enthalten, § 1767 Abs. 2 S. 1 BGB. Die Wirkungen der Annahme bestimmen sich nach § 1770 bzw. § 1772 BGB. Grundsätzlich erfolgt die Annahme nur mit sog. schwacher Wirkung, § 1770 BGB, dh **der Anzunehmende wird Kind des Annehmenden und die Abkömmlinge des Anzunehmenden Abkömmlinge des Annehmenden, im Übrigen bleiben jedoch sämtliche Verwandtschaftsbeziehungen unberührt** (Staudinger/*Frank,* Neubearb. 2007, § 1770 Rn. 3–9). Der Anzunehmende bleibt demnach Kind seiner leiblichen Eltern und bleibt mit seinen leiblichen Verwandten verwandt, wird hingegen nicht mit den Verwandten des Annehmenden verwandt. Im Ergebnis kommt es somit zu einer **Häufung von Elternverhältnissen** (*Müller*/Sieghörtner/Emmerling de Oliveira, Adoptionsrecht in der Praxis, Rn. 135). Allerdings ist der Annehmende vor den leiblichen Verwandten unterhaltspflichtig, § 1770 Abs. 3 BGB. Die Unterhaltspflichten des Angenommenen verdoppeln sich, wobei die Unterhaltsansprüche des Annehmenden und der leiblichen Eltern im gleichen Rang stehen (vgl. näher MüKo/*Maurer,* 7. Aufl. 2017, § 1770 Rn. 23).

Nur bei Vorliegen einer der in **§ 1772 BGB** genannten Voraussetzungen kann die Annahme auf Antrag mit den **Wirkungen der Minderjährigenadoption** erfolgen, so dass die Verwandtschaftsverhältnisse zu den leiblichen Eltern und Verwandten erlöschen und auch zu den Verwandten des Annehmenden entstehen. Ob dies gewünscht ist, sollte vor Antragstellung wohl überlegt werden.

**2. Antrag.** Ist der Anzunehmende geschäftsunfähig, handelt der gesetzliche Vertreter, bei beschränkter Geschäftsfähigkeit hat er zuzustimmen, § 1768 Abs. 2 BGB.

**3. Kindeswohl, Sittliche Rechtfertigung.** Auch die Volljährigenadoption muss gem. § 1767 Abs. 2 S. 1, § 1741 Abs. 1 S. 1 BGB dem **Kindeswohl** dienen. Allerdings entscheidet darüber grundsätzlich der Anzunehmende selbst (OLG Köln FamRZ 1990, 800). Ausnahmen gibt es bei geschäftsunfähigen oder betreuungsbedürftigen Anzunehmenden (BT-Drs. 7/3061, 53; *Müller*/Sieghörtner/Emmerling de Oliveira, Adoptionsrecht in der Praxis, Rn. 91). Die Adoption Erwachsener darf zudem nur ausgesprochen werden, wenn sie **sittlich gerechtfertigt** ist. Dies ist insbesondere anzunehmen, wenn ein Eltern-Kind-Verhältnis entstanden ist, § 1767 Abs. 1 BGB (hierzu bei Ausländeradoption etwa BayObLG FamRZ 1980, 1158 und OLG Düsseldorf FamRZ 1981, 94). Andere, insbesondere **steuerliche Motive** dürfen daneben vorhanden sein, aber nicht hauptausschlaggebend sein. Bei der Stiefkindadoption spielt die Schenkung- und Erbschaftsteuer regelmäßig keine Rollen (Stiefkinder unterfallen ebenso wie Kinder der Steuerklasse I mit einem Freibetrag von 400.000 EUR, § 15 Abs. 1 Nr. 2, § 16 Abs. 1 Nr. 2 ErbStG), hier ist oft die Vermeidung einer möglichen Unterhaltspflicht gegenüber dem leiblichen Elternteil, zu dem kein Kontakt besteht, gewünschter Nebeneffekt der Adoption.

**4. Einwilligung, Anhörung.** Die Einwilligung der **Eltern** des Anzunehmenden ist nicht erforderlich, § 1768 Abs. 1 S. 2 iVm § 1747 BGB. Hintergrund ist, dass die Verwandtschaftsverhältnisse zu diesen durch die Volljährigenadoption grundsätzlich unberührt bleiben. Jedoch darf die Annahme mit den Wirkungen der **Minderjährigenadoption** nur ausgesprochen werden, wenn ihr **nicht überwiegende Interessen** der Eltern des Anzunehmenden **entgegenstehen,** § 1772 Abs. 1 S. 2 BGB. Diese sind daher bei der Adoption mit starker Wirkung gem. § 188 Abs. 1 Nr. 1b FamFG am Verfahren zu beteiligen. Auch wenn die Adoption nur mit „schwacher Wirkung" beantragt wird, sind die leiblichen Eltern im Rahmen der Amtsermittlungspflicht (§ 26 FamFG) zur Feststellung der sittlichen Rechtfertigung der Adoption grundsätzlich **anzuhören** (*G. Müller*, MittBayNot 2011, 16, 21 m.w.N.). Ebenfalls anzuhören sind nach § 193 FamFG grundsätzlich die **Kinder** des Annehmenden und des Anzunehmenden.

5. **Name.** Der Anzunehmende erhält als Geburtsnamen zwingend den Familiennamen des Annehmenden, § 1767 Abs. 2 S. 1 iVm § 1757 Abs. 2 S. 1 BGB. Ist der Anzunehmende verheiratet, erstreckt sich die Änderung seines Geburtsnamens jedoch nur dann auf den **Ehenamen,** wenn sich sein Ehegatte der Namensänderung anschließt, § 1767 Abs. 2 S. 3 BGB. Die Möglichkeit der **Voranstellung** oder Anfügung des bisherigen Familiennamens an den neuen Namen (mit Einwilligung des Anzunehmenden) richtet sich nach § 1757 Abs. 3 S. 1 Nr. 2, § 1767 Abs. 2 S. 1 BGB. War dem Ehenamen der frühere Geburtsname beigefügt, tritt der aufgrund späterer Adoption geänderte Geburtsname zwingend als Beiname an dessen Stelle. Die Beifügung des (geänderten) Geburtsnamens kann jedoch nach § 1355 Abs. 4 S. 4 BGB widerrufen werden, vgl. dazu BGH v. 17.8.2011 – XII ZB 656/10.

6. **Kosten und Gebühren.** Bei der Annahme Volljähriger ist der Geschäftswert für die Anträge sowie die Einwilligungserklärungen gem. § 36 Abs. 2 GNotKG unter Berücksichtigung der Vermögens- und Einkommensverhältnisse des Annehmenden zu bestimmen. Vorgeschlagen wird ein Wert in Höhe von 30–50 % des Reinvermögens, höchstens 1 Mio. EUR (Fackelmann/Heinemann/*Krause* GNotKG § 101 Rn. 2). Die Einwilligungserklärungen anwesender Beteiligter sowie die Anträge des Annehmenden und des Anzunehmenden in derselben Urkunde sind gegenstandsgleich nach § 109 Abs. 1 GNotKG. Zu erheben ist gem. KV Nr. 21200 eine Gebühr in Höhe von 1,0, mindestens 60 EUR.

Der Verfahrenswert der **Gerichtskosten** richtet sich grundsätzlich nach § 42 Abs. 2 FamGKG. Hier werden 25 % des Reinvermögens des Annehmenden vorgeschlagen (OLG Bamberg 18.10.2011 – 2 UF 234/11, FamRZ 2012, 737 L; BeckOK KostR/Schindler FamGKG § 42 Rn. 21, Stand 15.2.2018), höchstens beträgt der Wert 500.000 EUR (§ 42 Abs. 2 FamGKG). Aus diesem wird eine 2,0-Gebühr erhoben (FamGKG KV Nr. 1320, vgl. dazu näher BeckOK FamFG/Nickel FamFG § 186 Rn. 8, Stand 1.7.2019).

## 10. Antrag auf Anerkennungs- und Wirkungsfeststellung nach § 2 Adoptionswirkungsgesetz

**An das Amtsgericht**

**– Familiengericht –**

. . . . . .

**1. Vorbemerkungen**

**Mit Entscheidung des Gerichts . . . . . . in . . . . . . vom . . . . . ., Az. . . . . . ., haben wir, die Eheleute . . . . . ., das minderjährige Kind . . . . . ., geboren am . . . . . ., nach den Gesetzen des Staates . . . . . . als Kind angenommen.**

2. Antrag

Wir beantragen, nach § 2 AdWirkG festzustellen, ob
- die Annahme als Kind anzuerkennen ist und ob
- das Eltern-Kind-Verhältnis des Kindes zu seinen bisherigen Eltern durch die Annahme erloschen ist.

Zusätzlich ist festzustellen, dass das Annahmeverhältnis einem nach deutschen Sachvorschriften begründeten Annahmeverhältnis gleichsteht.

. . . . . ., den . . . . . . (Unterschriften)

## 11. Antrag auf Umwandlungsausspruch nach § 3 Abs. 1 Adoptionswirkungsgesetz

Heute, am . . . . .
waren vor mir, . . . . .
Notar/in in . . . . .,
in meinen Geschäftsräumen in . . . . ., gleichzeitig anwesend:
. . . . .
Die Beteiligten erklärten mit Ersuchen um Beurkundung:

A. Angaben zur Person

Zur Person der Annehmenden und des angenommenen Kindes machen wir folgende Angaben:

1. Angenommenes Kind

| | |
|---|---|
| Name: | . . . . . |
| Geburtsdatum: | . . . . . |
| Geburtsort: | . . . . . |
| Staatsangehörigkeit: | ausschließlich . . . . . |
| Familienstand: | ledig |

2. Annehmender Ehemann

| | |
|---|---|
| Name: | . . . . . |
| Geburtsort: | . . . . . |
| Staatsangehörigkeit: | ausschließlich deutsch |

3. Annehmende Ehefrau

| | |
|---|---|
| Name: | . . . . . |
| Geburtsort: | . . . . . |
| Staatsangehörigkeit: | ausschließlich deutsch |

B. Vorbemerkungen

Wir, [*Namen Annehmende*:], haben am . . . . . in . . . . . standesamtlich geheiratet. Für beide Ehegatten war dies die . . . . . Eheschließung. Wir haben sonst [??? keine:] gemeinsamen oder einseitigen Abkömmlinge.

Wir haben am . . . . . in . . . . . vor dem Gericht . . . . . des Staates . . . . ., Az. . . . . . das Kind . . . . . adoptiert. Durch Beschluss des Amtsgerichts – Familiengericht – A-Stadt vom . . . . ., Az. . . . . . wurde festgestellt, dass die Annahme anzuerkennen ist, jedoch das Eltern-Kind-Verhältnis des Kindes zu seinen bisherigen Eltern nicht erloschen ist. Zudem wurde festgestellt, dass das Annahmeverhältnis in Ansehung der elterlichen Sorge und der Unterhaltspflicht des Annehmenden einem nach den deutschen Sachvorschriften begründeten Annahmeverhältnis gleichsteht.
Das Kind lebt seit . . . . . in unserem gemeinsamen Haushalt, zwischen uns ist ein Eltern-Kind-Verhältnis entstanden.

C. Antrag auf Umwandlungsausspruch, weiterer Antrag

Wir beantragen hiermit beim zuständigen Amtsgericht (Familiengericht) auszusprechen, dass das Kind die Rechtsstellung eines nach den deutschen Sachvorschriften angenommenen Kindes erhält.
Wir beauftragen den Notar, diesen Antrag beim Familiengericht einzureichen.

D. Name

1. Nachname
Das Kind erhält unseren gemeinsamen Ehenamen „[*Familienname der Annehmenden*:]“ als Geburtsnamen.
2. Vorname
Wir beantragen ferner, dem bisherigen Vornamen . . . . . den weiteren Vornamen . . . . . voranzustellen.
Diese Namensänderung dient dem Wohl des Kindes, da sie seine Integration erleichtern wird.
Das Kind soll nach Abschluss des Verfahrens somit den Namen . . . . . führen.

E. Zustimmungen

Für das Kind erteilen wir als dessen gesetzliche Vertreter die Zustimmung zu diesem Umwandlungsausspruch.
Die Zustimmung der leiblichen Eltern des Kindes ist bereits am . . . . . erteilt worden.

F. Sonstiges

1. Hinweise
Der Notar hat uns insbesondere auf Folgendes hingewiesen:
- Die Umwandlung kann nur erfolgen, wenn sie dem Wohl des Kindes dient, die erforderlichen Zustimmungen erteilt sind und überwiegende Interessen des Ehegatten, Lebenspartners oder der Kinder des Angenommenen oder Annehmenden nicht entgegenstehen.
- Diese Urkunde ändert das Rechtsverhältnis zwischen dem Kind und den Antragstellern noch nicht. Die Umwandlung erfolgt erst durch den beim Familiengericht beantragten Beschluss. Damit wird das Kind auch mit den Verwandten der Annehmenden verwandt und erlischt das Verwandtschaftsverhältnis zu den leiblichen Eltern und Verwandten.
- Die Annahme als Kind ist Grundlage für gegenseitige Ansprüche und Pflichten, insbesondere erbrechtlicher und familienrechtlicher Art. Gegenüber den leiblichen Eltern erlöschen diese mit Wirksamkeit des Umwandlungsbeschlusses.

**2. Verteiler, Kosten**
**Von dieser Urkunde soll dem Amtsgericht – Familiengericht – eine Ausfertigung erteilt werden. Jedem von uns soll eine einfache Abschrift übersandt werden.**
**Die Kosten dieser Urkunde und des Umwandlungsverfahrens tragen wir.**

## Anmerkungen

**1. Internationales Adoptionsrecht.** Seit dem 1.3.2002 ist das Haager Übereinkommen über den Schutz von Kindern und die Zusammenarbeit auf dem Gebiet der internationalen Adoption vom 29.5.1993 in Deutschland in Kraft (Palandt/*Thorn* EGBGB Art. 22 Rn. 10 mit Liste der Vertragsstaaten). Es regelt in Art. 23–27 die Anerkennung und Wirkungen ausländischer Adoptionen im Inland. Nach Art. 23 Abs. 1 wird die Auslandsadoption eines Minderjährigen von den anderen Vertragsstaaten kraft Gesetzes anerkannt, wenn die zuständige Behörde des Staates, in dem die Adoption durchgeführt worden ist, bescheinigt, dass sie gemäß dem Übereinkommen zustande gekommen ist. Die Wirkungen der Adoption richten sich nach dem Recht des Staates, in dem die Adoption durchgeführt worden ist. Dies gilt insbesondere für die Frage, ob – wie im deutschen Recht – das allgemeine Verwandtschaftsverhältnis zwischen dem Kind und den leiblichen Eltern erloschen ist (Adoption mit starken Wirkungen), oder mit der Folge weiterhin bestehenbleibender Erb- und Unterhaltsrechte fortbesteht (Adoption mit schwachen Wirkungen, zu weiteren Differenzierungen vgl. *Ludwig* RNotZ 2002, 355; vgl. auch *Steiger* DNotZ 2002, 184; *Süß* MittBayNot 2002, 88). Nach Art. 27 Abs. 1 kann eine Adoption, die das frühere Eltern-Kind-Verhältnis nicht beendet, im Aufnahmestaat in eine Adoption mit starken Wirkungen umgewandelt werden, wenn das Recht des Aufnahmestaates dies gestattet und die nach Art. 4 Buchstabe c und d vorgesehenen Zustimmungen vorliegen.

**2. Adoptionswirkungsgesetz.** Zur Ausführung des Haager Adoptionsübereinkommens wurde das Gesetz über Wirkungen der Annahme als Kind nach ausländischem Recht (Adoptionswirkungsgesetz) vom 5.11.2001 erlassen (BGBl. I 2953). Das Gesetz gilt für Auslandsadoptionen aller Art, auch wenn sie nicht in den Anwendungsbereich des Haager Adoptionsübereinkommens fallen (*Steiger* DNotZ 2002, 184 (196)). Es regelt ein eigenes Verfahren zur Anerkennung einer ausländischen Adoption, das neben das Verfahren nach Art. 23 Abs. 1 des Haager Adoptionsübereinkommens (Ausstellung einer Bescheinigung durch den Staat, in dem die Adoption durchgeführt wurde) tritt. In diesem Verfahren wird vom Familiengericht auf Antrag mit Wirkung gegenüber jedermann festgestellt, dass die ausländische Adoption wirksam ist und ob das Eltern-Kind-Verhältnis des Kindes zu seinen bisherigen Eltern durch die Annahme erloschen ist (**§ 2 Abs. 1 AdWirkG**). Zusätzlich ist dann, wenn das Eltern-Kind-Verhältnis erloschen ist, festzustellen, dass das Annahmeverhältnis einem nach deutschem Sachrecht begründeten Annahmeverhältnis gleichsteht (§ 2 Abs. 2 S. 1 Nr. 1 AdWirkG), andernfalls, dass das Annahmeverhältnis in Ansehung der elterlichen Sorge und der Unterhaltspflicht des Annehmenden einem nach deutschem Sachrecht begründeten Annahmeverhältnis gleichsteht (§ 2 Abs. 2 S. 1 Nr. 2 AdWirkG).

**3. Umwandlungsausspruch.** In letzterem Fall kann das Familiengericht auf Antrag aussprechen, dass das Kind die Rechtsstellung eines nach den deutschen Sachvorschriften angenommenen Kindes erhält (Umwandlungsausspruch, **§ 3 AdWirkG**, Ausführungsvorschrift zu Art. 27 Abs. 1 des Haager Adoptionsübereinkommens). Dies setzt voraus, dass der Ausspruch dem Wohl des Kindes dient, überwiegende Interessen des Ehegatten, Lebenspartners oder der Kinder des Annehmenden oder des Angenommenen nicht entgegenstehen und die erforderlichen Zustimmungen zu einer Annahme mit einer das Eltern-Kind-Verhältnis beendenden Wirkung erteilt sind. Ein Umwandlungsausspruch ist auch möglich, wenn zwar das Eltern-Kind-Verhältnis erloschen ist, aber die sonstigen Wirkungen der Annahme von den nach deutschen Sachvorschriften vorgesehenen Wirkungen abweichen.

**4. Formalia.** Die **Anerkennungs- und Wirkungsfeststellung** nach § 2 AdWirkG erfolgt auf formlosen Antrag. Dagegen bedarf der Antrag auf **Umwandlungsausspruch** nach § 3 AdWirkG der notariellen Beurkundung, § 4 Abs. 1 S. 1 Nr. 2, S. 3 AdWirkG iVm § 1752 Abs. 2 BGB. Die Zuständigkeit ist nach § 5 Abs. 1 AdWirkG auf das Familiengericht konzentriert, in dessen Bezirk ein Oberlandesgericht seinen Sitz hat. Das Familiengericht entscheidet im Verfahren der freiwilligen Gerichtsbarkeit. In dessen Rahmen werden die durch die konzentrierte Zuständigkeit besonders sachkundigen Familiengerichte Auskunft erteilen und auf sachgerechte Anträge hinwirken. Insbesondere werden sie an den Notar verweisen, wenn ein Umwandlungsausspruch erforderlich oder sachgerecht ist.

**5. Kosten.** Der Geschäftswert beträgt nach § 101 GNotKG 5.000 EUR. Für die Beurkundung des Antrags auf Umwandlung fällt nach KV 21200 eine 1,0 Gebühr an, mindestens 60 EUR. Das gerichtliche Verfahren nach § 2 AdWirkG ist gebührenfrei (Hölzel, StAZ 2003, 293), dasjenige nach § 3 AdWirkG löst nur dann eine 1,0 Gebühr aus, wenn der Angenommene zwischenzeitlich volljährig ist (Kersten Bühling/*Kordel/ Emmerling de Oliveira,* Formularbuch und Praxis der freiwilligen Gerichtsbarkeit, 25. Aufl. § 93 Rn. 74M).

# XI. Formelle Gestaltung der Verfügungen von Todes wegen

## 1. NotariellesTestament durch mündliche Erklärung

Verhandelt[1, 2, 3, 4] zu .....
am .....
Vor mir, Notar[5].....
erscheint ausgewiesen durch Personalausweis:[6]
Herr A (Testator), wohnhaft in ..... (Ort, Straße), geboren am ..... in ..... (Geburtenregister von ..... Nummer .....)[7] und nach seinen Angaben ausschließlich deutscher Staatsangehöriger.[8]
Er besitzt die erforderliche Testierfähigkeit, wovon ich mich durch ein längeres mit ihm geführtes Gespräch überzeugte.[9]
Herr A wünscht die Errichtung eines öffentlichen Testaments ohne Zuziehung von Zeugen[10] und erklärt mir folgendes mündlich[11] als seinen letzten Willen: .....
Schluss:

1. Der Testator erklärt, zum ersten Mal verheiratet zu sein und nur aus dieser Ehe zwei Kinder zu haben.[12]
2. Der Testator wurde insbesondere über das Pflichtteilsrecht belehrt. Er erklärt dazu, dass seine heutigen Verfügungen ohne Rücksicht auf vorhandene oder künftige Pflichtteilsberechtigte gelten sollen.[13]
3. Der Testator versichert, noch keine andere letztwillige Verfügung abgegeben zu haben und insbesondere nicht durch Erbvertrag oder bindend gewordenes gemeinschaftliches Testament an der vorstehenden letztwilligen Verfügung gehindert zu sein.[14] Vorsorglich widerruft er hiermit alle etwa doch von ihm bisher getroffenen letztwilligen Verfügungen.[15]
4. Den Wert seines Vermögens vor Abzug von Verbindlichkeiten gibt der Testator mit Euro ..... an, die Höhe seiner Verbindlichkeiten mit Euro .....[16]
5. Der Testator beantragt die Erteilung einer beglaubigten Abschrift des Testaments. Er wünscht die Verwahrung bei dem für seinen heutigen Wohnort zuständigen Amtsgericht.[17]

In Gegenwart des Notars dem Testator vorgelesen, von ihm genehmigt[15,18] und eigenhändig unterschrieben:[19, 16, 17]

................
Unterschriften

*Schrifttum: Brambring/Mutter,* Beck'sches Formularbuch Erbrecht, 3. Aufl. 2014; *v. Dickuth-Harrach,* Handbuch der Erbfolgegestaltung 2010; *Dorsel*, Kölner Formularbuch Erbrecht 2.- Aufl. 2015; *Horsky*, Die Grundlagen der Testierfähigkeitsbegutachtung, RpflStud 2017, 203; *Huber/Schmieder/Dengler,* Dreihundertzwölfundzwanzig Jahre – geschäftsfähig/testierfähig oder fremdbestimmt?, BWNotZ 2012, 150; *Kanzleiter,* Empfiehlt es sich, das privatschriftliche gemeinschaftliche Testament abzuschaffen?, ZEV 2011, 1; *Klingelhöffer,* Testierunfähigkeit und ihre Geltendmachung im Nachlassverfahren, ZEV 1997, 92; *Klöckner,* Die Anzeigepflichten der Notare gemäß § 34 ErbStG, ZEV 2011, 299; *Komexl,* Nachlassplanung bei Problemkindern, 2006; *Kroppenberg*, Die

Testierfähigkeit betagter Erblasser de lege lata und de lege ferenda in Damrau/Muscheler, Festschrift Bengel und Reimann 2012, S. 199–216; *Langenfeld/Fröhler,* Testamentsgestaltung, 5. Aufl. 2015; *Litzenburger,* Sind die notariellen Vermerkpflichten zur Geschäftsfähigkeit mit dem Grundrecht auf Privatsphäre vereinbar? ZEV 2016, 1; *Löhnig,* Zur Testierfähigkeit Minderjähriger in Damrau/Muscheler, Festschrift Bengel und Reimann 2012, S. 231–240; *Losch,* Testierfähigkeit unter besonderer Berücksichtigung des Krankheitsbildes der Demenz und ihrer postmortalen Begutachtung, ZErb 2017, 188; *Nieder/Kössinger,* Handbuch der Testamentsgestaltung, 5. Aufl. 2015; *Ponath,* Die Beschränkungen der Testierfreiheit durch das Testamentsrecht; *Reimann/Bengel/J. Mayer,* Testament und Erbvertrag, 6. Aufl. 2015; *Rossak,* Neue Vorschriften zum materiellen Recht der Testamentserrichtung und zum Beurkundungsrecht bei Beteiligung von behinderten Erblassers, ZEV 2002, 435; *Wetterling/Neubauer/Neubauer,* Psychiatrische Gesichtspunkte zur Beurteilung der Testierfähigkeit, ZEV 1995, 46; *Zacher-Röder/Eichner,* Wirksamkeit eines Nachtrags bei einem gemeinschaftlichen Testament gemäß § 2267 BGB, ZEV 2010, 63; *Zimmer,* Demenz als Herausforderung für die erbrechtliche Praxis, NJW 2007, 1713.

## Anmerkungen

**1. Sachverhalt.** Es wird ein **öffentliches Einzeltestament** zur Niederschrift eines Notars in der Weise errichtet, dass der Testator dem Notar persönlich und unmittelbar seinen letzten Willen mündlich erklärt, dieser darüber eine Niederschrift errichtet, der Testator den vorgelesenen Inhalt genehmigt und zusammen mit dem Notar unterschreibt. Diese Variante wird nachfolgend als Standard für die in den weiteren Mustern zu beachtenden Formalien angenommen.

**2. Notarielles Testament** im Vergleich zum privatschriftlichen Testament. Auf den Abdruck eines Formulars für das **privatschriftliche Testament** wird hier verzichtet. Seine Voraussetzungen sind bekannt, können aber nicht häufig genug betont werden: Das privatschriftliche Testament muss in allen seinen Teilen vom Testator eigenhändig geschrieben und abschließend unterschrieben sein (zum Gemeinschaftlichen Testament → Form. XV.16 Anm. 1). Eigenhändigkeit bedeutet dabei sowohl Einsatz der eigenen Schrift auf Papier (kein elektronisch erfasster Text oÄ) wie auch die selbstbestimmte Stiftführung (Dritte dürfen allenfalls assistieren). Die Kombination von Text und Pfeildiagramm genügt nicht (OLG Frankfurt a.M. ZEV 2013, 334). Verfügungsinhalte in Ergänzungen und weiteren Schriftstücken, auf die das Testament verweist, können nur gelten, wenn sie selbst die Form wahren, insbesondere unterschrieben sind (vgl. OLG München NotBZ 2011, 57 = ZEV 2011, 80). Bei Verletzung dieser Vorgaben ist die Verfügung nichtig. Zu den zahlreichen Zweifelsfällen siehe die Kommentarliteratur zu § 2247 Abs. 1 BGB. Hinzu kommen in § 2247 Abs. 2 und 3 BGB weitere Formanforderungen, deren Verletzung die Gültigkeit des Testaments gefährden können: Eine vollständige Unterschrift erfordert Vor- und Nachnamen; Ort und Zeit der Errichtung sollen im Testament angegeben werden. Bei Beachtung der Form und erkennbarem Testierwillen kommt es auf eine missverständliche Überschrift jedenfalls bei einem vom Laien erstellten Testament nicht an (OLG Hamm FamRZ 2018, 862).

**Minderjährige** oder nicht lesekundige Personen können kein eigenhändiges Testament verfassen (§ 2247 Abs. 4 BGB).

Ansonsten sind **öffentliche und private Testamente** in ihrer erbrechtsgestaltenden Wirkung gleichwertig). Schon wegen seiner **erbrechtsbezeugenden Funktion** verdient jedoch das öffentliche Testament eindeutig den Vorzug (Reimann/Bengel/*J. Mayer* § 2231 Rn. 5 ff.). Es ist eine öffentliche Urkunde iSd §§ 415, 418 ZPO, dh es begründet vollen

Beweis der in ihm bezeugten Tatsachen, somit von Ort und Zeit seiner Errichtung, der Identität des Testators und dem Inhalt und der Vollständigkeit der von ihm als letztwillig abgegebenen Erklärungen (nicht jedoch ihrer Richtigkeit). Der Gegenbeweis der unrichtigen Beurkundung (§ 415 Abs. 2 ZPO) kommt nur selten in Betracht. Das privatschriftliche Testament dagegen genügt anders als das öffentliche Testament mit Eröffnungsvermerk (§ 35 Abs. 1 S. 2 GBO) oder der Erbvertrag (OLG München FGPrax 2012, 203) insbesondere nicht als Nachweismittel im Grundbuchverfahren. Den Erben entstehen bei fehlendem öffentlichen Testament bzw. Erbvertrag also Kosten und Zeitaufwand zur Beantragung eines Erbscheins.

Ferner gewähren öffentliches Testament und Erbvertrag dem Testator den Vorteil der sachverständigen Lenkung und Beratung durch den Notar; spontanen, unüberlegte Verfügungen wird dadurch ebenso entgegengewirkt wie unzulässigen Beeinflussungen durch Dritte (MüKoBGB/*Hagena* § 2231 Rn. 17). Die **Mitwirkung des Notars** macht es wahrscheinlicher, dass der letzte Wille formell richtig und materiell klar niedergelegt wird (Reimann/Bengel/*J. Mayer* § 2231 Rn. 6) und dass nicht, wie häufig in eigenhändigen Testamenten, Rechtsbegriffe falsch verwandt werden und dadurch Auslegungsschwierigkeiten entstehen. Problematisch ist hier insbesondere die von den Erblassern häufig verkannte Bindungswirkung der wechselbezüglichen Verfügungen im gemeinschaftlichen Testament (*Kanzeleiter* ZEV 2011, 1; *Röthel,* Gutachten für den 68. DJT, E III 2). Da das öffentliche Testament anders als das eigenhändige (§ 2248 BGB) stets unverzüglich in die besondere amtliche Verwahrung beim Amtsgericht verbracht werden soll (§ 34 BeurkG), ist die Gefahr, dass es später verfälscht wird, ausgeschlossen. Es ist gewährleistet, dass es nach dem Tode des Erblassers eröffnet wird und nicht verloren geht oder von interessierter Seite unterdrückt wird (Reimann/Bengel/*J. Mayer* BGB § 2231 Rn. 6). Das gilt um so mehr, als seit 1.1.2012 alle vom Notar errichteten erbrechtlich relevanten Urkunden in dem Zentralen Testamentsregister erfasst werden (§ 34a Abs. 1 BeurkG, § 78b BNotO, § 20 DONot). Das privatschriftliche Testament kann dort nur dann registriert werden, wenn es in amtliche Verwahrung gegeben wird. Der Notar trifft obligatorisch Feststellungen zur erforderlichen Geschäftsfähigkeit des Testators (§ 28 BeurkG). Sie machen ein fachärztliches Gutachten im Streit nicht entbehrlich, bieten aber doch ein Indiz, das weitere Ermittlung des Nachlassgerichts nur bei substantiiert vorgetragenen Einwendungen erfordert (OLG Hamm FGPrax 1997, 88; vgl. auch OLG Düsseldorf NJW-RR 2012, 776). Schließlich ist die Haftung des Notars für einen Fehler bei der Beurkundung des öffentlichen Testaments schärfer als die Haftung eines Rechtsanwalts oder Steuerberaters für Fehler bei der Beratung hinsichtlich eines eigenhändigen Testaments (MüKoBGB/Hagena § 2231 Rn. 23). Auf der anderen Seite verursacht das eigenhändige Testament dem Testator, sofern auch auf Anwalt oder andere Berater verzichtet wird, zunächst keine Kosten, zwingt ihn nicht, einem Fremden seine Probleme anzuvertrauen (als Alternative → Form. XI.3) und kann wegen der relativ geringen Formvorschriften jederzeit und überall schnell errichtet und auch widerrufen werden.

**3. Verfügungen von Todes wegen.** Das BGB verwendet den Begriff für Testamente und Erbverträge (zu diesen → Form. XI.15, → Form. XI.17– → Form. XI.18). Testamente unterscheiden sich hinsichtlich der Beteiligung nach Einzeltestamenten und gemeinschaftlichen Ehegattentestamenten (zu diesen → Form. XI.16). Die so genannte ordentliche Testamentsform erfüllen eigenhändige (privatschriftliche) und öffentliche (notarielle) Testamente (zu Unterschieden → Anm. 1). Die außerordentlichen Testamentsformen (→ Form. XI.13– → Form. XI.15) sind Nottestamente (Bürgermeistertestament, Dreizeugentestament, Seetestament) und Konsulartestamente. Bei öffentlichen Testamenten unterscheidet man nach dem Vorgang ihrer Errichtung gem. § 2232 BGB zwischen durch mündliche Erklärung (→ Form. XI.1 sowie 5–12) und durch Übergabe einer offenen (→ Form. XI.2) oder verschlossenen Schrift (→ Form. XI.3) errichteten notariellen Testamenten.

Ein Testament kann trotz § 127a BGB als einseitige Willenserklärung nicht Gegenstand eines Prozessvergleichs sein, da dieser ein beiderseitiges Nachgeben voraussetzt (RGZ 48, 183 (187) = JW 1901, 474; BGH FamRZ 1960, 28).

**4. Notarielle Verhandlung und Erfordernisse der Niederschrift.** Über die Verfügung von Todes wegen ist eine Niederschrift aufzunehmen (§ 8 BeurkG), und zwar grundsätzlich in deutscher Sprache, auch wenn der Erblasser kein Deutsch versteht (§ 5 Abs. 1 BeurkG). Auf Verlangen kann der Notar die Niederschrift auch in einer anderen Sprache errichten, soll dies jedoch nur, wenn er der fremden Sprache hinreichend kundig ist (§ 5 Abs. 2 BeurkG). Die Verfügung von Todes wegen ist nichtig, falls eine Niederschrift fehlt oder sie gegen eine der folgenden Mussvorschriften verstößt.

(1) Die Niederschrift muss enthalten (§ 9 Abs. 1 BeurkG)

a) Die Bezeichnung des Notars sowie des Erblassers.
b) Die Erklärung des letzten Willens.

(2) Die Niederschrift soll enthalten:

a) Ort und Tag der Verhandlung (§ 9 Abs. 2 BeurkG).
b) Wahrnehmungen über die Testierfähigkeit (§ 28 BeurkG).
c) Gegebenenfalls Zweifel an der Gültigkeit der beabsichtigten Verfügung von Todes wegen, der Inhalt der Belehrung des Notars darüber und die evtl. Erklärungen der Beteiligten dazu (§ 17 BeurkG).
d) Gegebenenfalls Hinweis auf eine etwa bestehende Genehmigungspflicht (§ 18 BeurkG).
e) Gegebenenfalls Feststellungen über eine Hör-, Sprech- oder Sehbehinderung des Erblassers (§§ 22, 24 BeurkG).
f) Insbesondere, aber nicht nur bei Feststellungen nach lit. e Feststellungen über die Zuziehung von Zeugen, eines zweiten Notars, eines Gebärdendolmetschers oder einer Verständigungsperson (§§ 22, 24, 25, 29 BeurkG) und die Vorlage der Niederschrift bei tauben Erblassern (§ 23 BeurkG).
g) Gegebenenfalls Verzicht auf die Beifügung einer Übersetzung bei festgestellt Sprachunkundigen (§ 32 BeurkG).

(3) Die Niederschrift muss in Gegenwart des Notars, nicht notwendig von ihm selbst, vorgelesen, vom Erblasser genehmigt, nicht notwendig mündlich, sondern auch durch schlüssige Handlung (→ Form. XV.12), wie zB Kopfnicken oder vorbehaltloses Unterzeichnen (RGZ 108, 403; BayObLG NJW 1966, 56), und von ihm eigenhändig unterschrieben werden (§ 13 Abs. 1 S. 1 BeurkG). In der Niederschrift soll festgestellt werden, dass dies geschehen ist (§ 13 Abs. 1 S. 2 BeurkG, zu Sonderfällen → Anm. 11). Die Niederschrift muss ferner vom Notar eigenhändig unterschrieben werden (§ 13 Abs. 3 BeurkG). Die Unterschrift des Notars auf dem Testamentsumschlag ersetzt dabei nach § 35 BeurkG seine fehlende Unterschrift unter der Niederschrift.

(4) Die Erklärungen des letzten Willens können auch in einem anderen Schriftstück enthalten sein, auf das in der Niederschrift verwiesen ist und dessen Inhalt mit vorgelesen werden muss (§ 9 Abs. 1 Ziff. 2 BeurkG). Das andere Schriftstück wird durch Schnur und Siegel mit der Haupturkunde verbunden. Auch auf in dieser Weise der Urkunde beigefügte Karten und Pläne, die dem Testator zur Durchsicht vorgelegt wurden, kann verwiesen werden (§ 9 Abs. 1 Ziff. 3 BeurkG). Bezüglich des Regelungsinhalts des Testaments kann auf eine andere notarielle Beurkundung verwiesen werden (ersetzende Verweisung), ohne dass diese der Niederschrift beigefügt und mitverlesen werden muss, wenn die Beteiligten ausdrücklich darauf verzichten (§ 13a BeurkG). Der Inhalt der in Bezug genommenen notariellen Beurkundung wird dann selbst als zum Inhalt der Niederschrift gehörig angesehen. Ohne besondere Förmlichkeiten kann im Testament auf bestehende Rechtsverhältnisse, wie zB frühere Testamente, aber auch auf eine veröffentlichte Vergütungsempfehlung für den Testamentsvollstrecker verwiesen werden (unechte

oder erläuternde Verweisung; dazu Eylmann/Vaasen/*Limmer* BNotO/BeurkG § 9 Rn. 18; *Nieder* BB 1980, 1130 (1133); *Reithmann* ZEV 2001, 285).

**5. Ausschluss des Notars von der Beurkundung der Verfügung von Todes wegen.** (1) Ausschließungsgründe, deren Verletzung die Verfügung insgesamt unwirksam machen: Der Notar darf bei Sanktion der Unwirksamkeit im Gesamten keine Verfügung von Todes wegen beurkunden, bei der als Testator oder nichttestierender Partner oder dessen Vertreter (§ 6 Abs. 1 Ziff. 4 BeurkG) eines Erbvertrages oder Ehe- und Erbvertrages formell beteiligt sind (§ 6 Abs. 2 BeurkG):

a) er selbst (§ 6 Abs. 1 Ziff. 1 BeurkG),
b) sein derzeitiger Ehegatte oder Lebenspartner (§ 6 Abs. 1 Ziff. 2, Ziff. 2a BeurkG),
c) ein mit ihm in gerader Linie Verwandter (§ 6 Abs. 1 Ziff. 3 BeurkG).

(2) Ausschließungsgründe, deren Verletzung die Verfügung nur teilweise unwirksam machen:

Eine von einem Notar beurkundete Verfügung von Todes wegen ist insoweit unwirksam, als sie den folgenden Personen einen rechtlichen Vorteil (§ 7 BeurkG), insbesondere auch eine letztwillige Zuwendung oder die Ernennung zum Testamentsvollstrecker (§ 27 BeurkG), bringen:

a) dem Notar selbst (§ 7 Ziff. 1 BeurkG),
b) seinem (früheren) Ehegatten oder Lebenspartner (§ 7 Ziff. 2, Ziff. 2a BeurkG),
c) Personen, die mit ihm in gerader Linie verwandt oder verschwägert oder in der Seitenlinie bis zum dritten Grade verwandt oder bis zum zweiten Grade verschwägert sind (§ 7 Ziff. 3 BeurkG).

Unwirksam ist es auch, wenn die Testamentsvollstreckerbestimmung zwar in einer verschlossenen Schrift erfolgt, deren Inhalt der der ernannte Notar nicht kennt, diese Schrift aber durch Textverweis faktisch doch Inhalt des notariellen Testaments wird (OLG Bremen FamRZ 2015, 533)). Anders wird aber entschieden bei einer Ergänzung des öffentlichen Testaments durch Privattestament (OLG Köln NJW-RR 2018, 457; OLG Bremen NJW-RR 2016, 979; zur Differenzierung *Genske* notar 2017, 188).

(3) Mitwirkungsverbote, deren Verletzung nicht zur Unwirksamkeit der Verfügung führen:

Der Notar soll nach § 3 Abs. 1 BeurkG keine Verfügung von Todes wegen beurkunden, an der als Testator, Vertragspartei des Erbvertrages, Bedachter, Testamentsvollstrecker (§ 27 BeurkG) oder übergangener Pflichtteilsberechtigter (Soergel/*J. Mayer* BeurkG § 3 Rn. 6) materiell beteiligt sind:

a) er selbst (§ 3 Abs. 1 Ziff. 1 BeurkG),
b) sein Ehegatte, früherer Ehegatte, Lebenspartner, früherer Lebenspartner oder Verlobter (§ 3 Abs. 1 Ziff. 2, 2a BeurkG),
c) Personen, die mit dem Notar in gerader Linie verwandt oder verschwägert oder in der Seitenlinie bis zum dritten Grade verwandt oder bis zum zweiten Grade verschwägert sind oder waren (§ 3 Abs. 1 Ziff. 3 BeurkG),
d) der Sozius des Notars, gemeinsame Büroräume reichen (§ 3 Abs. 1 Ziff. 4 BeurkG),
e) Personen, deren gesetzlicher Vertreter der Notar oder sein Sozius iSd Abs. 1 Ziff. 4 ist, oder deren vertretungsberechtigtem Organ er angehört (§ 3 Abs. 1 Ziff. 4 BeurkG), letzteres mit Ausnahme von Gemeinde- oder Kreisvertretungen oder Kirchenorganen, wo den Notar nach § 3 Abs. 3 BeurkG nur eine Hinweispflicht trifft, ferner Gesellschaften, an denen der Notar wenigstens mit den in § 3 Abs. 1 Ziff. 9 BeurkG bestimmten Anteilen beteiligt ist.
f) Personen, die den Notar oder seinen Sozius iSd Abs. 1 Ziff. 4 in derselben Angelegenheit (= rechtlich wirtschaftlicher Lebenssachverhalt) bevollmächtigt haben oder wenn er für einzelne von ihnen außerhalb seiner Amtstätigkeit in der Angelegenheit bereits

beruflich tätig war oder zu denen er in einem ständigen Dienst- oder ähnlichen Geschäftsverhältnis steht (§ 3 Abs. 1 Ziff. 7 u. 8 BeurkG).

(4) Hinweispflichten: War der Notar früher gesetzlicher Vertreter oder Bevollmächtigter eines der oben genannten Beteiligten oder ist er für einen von ihnen in einer anderen Sache als Bevollmächtigter tätig, so hat er den Testator oder die anderen Beteiligten des Erbvertrages darauf hinzuweisen und sie zu fragen, ob er die Beurkundung trotzdem vornehmen soll (§ 3 Abs. 2 BeurkG). Wegen Abs. 1 Ziff. 7 (eingefügt 1998) kommt es auf die Entscheidung des formell Beteiligten hier aber nur noch in der zweiten Alternative an, das Mitwirkungsverbot bei Vorbefassung steht nicht zur Disposition (Staudinger/*Hertel* (2012) vor 127a, 128 Rn. 308). Hinweis, Frage und Antwort sind in der Urkunde zu vermerken. Die gleiche Hinweispflicht trifft den Notar bei Beteiligung einer juristischen Person, deren nicht vertretungsberechtigtem Organ der Notar angehört oder einer Gemeinde, eines Landkreises oder einer kirchlichen Organisation, deren Organ der Notar angehört (§ 3 Abs. 3 BeurkG).

Der Notar hat nach § 3 Abs. 1 Nr. 7 BeurkG eine Frage- und Vermerkpflicht, ob er oder eine der mit ihm beruflich verbundenen Personen in einer Angelegenheit, die Gegenstand der Beurkundung ist, außerhalb des Notaramts beruflich (*Mihm* DNotZ 1999, 8 (17)) tätig war oder ist. Frage und Vermerk sind zwar keine Wirksamkeitsvoraussetzung, aber berufsrechtlich zwingend für den Anwaltsnotar und jeden hauptberuflichen Notar, der einmal in einem anderen rechtsberatenden Beruf tätig war (vgl. *Heller/Vollrath* MittBayNot 1998, 322 und *Lischka* NotBZ 1998, 208 einerseits; *Maaß* ZNotP 1999, 178 andererseits).

**6. Identitätsfeststellung.** Nach § 10 BeurkG (enthält nur Soll-Vorschriften) soll der Notar die Person des Beteiligten, hier des Testators, in der Niederschrift so genau bezeichnen, dass Zweifel und Verwechslungen ausgeschlossen sind. Das bedeutet nach § 26 Abs. 2 DONot, dass Wohnort und Wohnung, der Geburtstag und außer dem aktuell geführten Familiennamen auch ein etwaiger Geburtsname angegeben werden sollen. Der Notar soll ferner angeben, ob er den Testator kennt oder wie er sich Gewissheit über seine Person verschafft hat. Dies geschieht in erster Linie durch Vorlage eines mit Lichtbild versehenen Ausweises, dessen Gültigkeit zu überprüfen ist, gegebenenfalls aber auch durch Vorstellung durch eine dritte Person (Erkennungs- oder Nämlichkeitszeuge), deren Glaubwürdigkeit zu prüfen ist, so dass hierzu regelmäßig nur Personen geeignet sind, die der Notar selbst als zuverlässig kennt und die nicht am Gegenstand der Amtshandlung beteiligt sind und zu Beteiligten nicht in näheren verwandtschaftlichen oder sonstigen Beziehungen stehen. Kann sich der Notar keine Gewissheit über die Person des Testators verschaffen, besteht dieser aber trotzdem auf der Beurkundung, so hat der Notar diese zwar vorzunehmen, sollte jedoch die mangelnde Feststellung der Identität des Erblassers in der Urkunde vermerken (§ 10 Abs. 2 BeurkG). In einem solchen Fall sollte der Notar jedoch versuchen, die Identität des Testators nachträglich festzustellen. Dazu genügt ein selbständiger Vermerk iSd § 39 BeurkG (*Piegsa* in *Armbrüster/Preuß/Renner*, 6. Aufl., BeurkG § 10 Rn. 14).

**7. Umfang der Aufnahme der Personalien.** Welche Personalien des Testators im Einzelnen zu ermitteln sind, richtet sich nach den Angaben, die gemäß § 34a BeurkG, § 78b Abs. 2 S. 2 BNotO von dem Notar an das Zentrale Testamentsregister zu melden und auf dem Vermerkblatt nach § 20 Abs. 1 DONot anzubringen sind. Siehe hierzu die Testamentsregister-Verordnung (ZTRV) vom 11.7.2011, BGBl. I 1386. Gefordert werden als Daten des Erblassers (§ 1 S. 1, § 2 Abs. 2 ZTRV): Familienname, Geburtsname, Vornamen und Geschlecht, Tag und Ort der Geburt sowie Geburtsstandesamt und Geburtenregisternummer, wenn die Geburt im Inland beurkundet wurde bzw. den Staat der Geburt, wenn der Erblasser im Ausland geboren wurde. Die Meldung zum Zentralen Testamentsregister soll unverzüglich nach Beurkundung und noch vor der Verwahrung erfolgen. Häufig wird die Geburtsregisternummer zu diesem Zeitpunkt noch nicht vorliegen. Sie kann von den Beteiligten nachgereicht werden und wird dann nachgemeldet (§ 2 Abs. 2 S. 1 ZTRV). Vorgaben zu den Angaben auf dem Testamentsumschlag bei Ablieferung zur amtlichen Verwahrung gem. § 34 Abs. 1 BeurkG enthält die bundeseinheitlichen AV über Benachrichtigung in Nachlasssachen (zB für Nds. AV d. MJ v. 12.4.2012 – 3804-204.26 – Nds. MBl. 458). Praktisch wird der Testamentsumschlag heute in Rückmeldung aus der Registeranmeldung automatisiert erstellt.

8. **Staatsangehörigkeit.** Festzustellen ist auch die Staatsangehörigkeit, da davon das Erbstatut abhängen kann. Allerdings ist im Geltungsbereich der EU-Erbrechtsverordnung (einführend zu ihr Simon/Buschbaum NJW 2013, 2393) auch bei dem ausschließlich deutschen Staatsangehörigen nunmehr vorrangig an das Recht des gewöhnlichen Aufenthaltsorts (dazu *Döbereiner* MittBayNot 2013, 358, 362) zum Zeitpunkt des Sterbefalls anzuknüpfen. Das Testamentsstatut im Geltungsbereich der VO wiederum bestimmt sich nach dem Recht, das auf den Erbfall anwendbar wäre, wenn er sich bei Testamentserrichtung ereignen würde. Ein späterer Umzug gefährdet ursprünglich wirksam errichtete Testamente also nicht. Materiell können sich aber Abweichungen ergeben. Eine Rechtswahl erlaubt die Rückkehr zum Staatsangehörigkeitsprinzip. Sie muss sich aus einer Verfügung von Todes wegen ergeben (siehe insgesamt zu **Verfügungen mit Auslandsbezug Kapitel XIV**). Nach Ansicht des BGH in DNotZ 1963, 315 brauchte der Notar die Staatsangehörigkeit des Testators nur festzustellen, wenn die Umstände des Einzelfalles (zB fremder Akzent, exotisches Aussehen, Geburtsort im Ausland) Anlass geben, an die Möglichkeit einer Auslandsberührung zu denken. Ähnlich wird der Notar nach dem Paradigmenwechsel nicht regelmäßig verpflichtet sein, Erblasser, die ihm allein ihre inländische Adresse nennen, nach möglichen anderen Aufenthaltsschwerpunkten zu befragen. Bei Anhaltspunkten sollte der Testator aber nach **Auslandsgrundbesitz** gefragt werden (mögliche Geltung des Rechts des Belegenheitsortes außerhalb der VO). Zu einer etwaigen Rechtswahl → Form XIV.2.

9. **Feststellungen über die erforderliche Geschäftsfähigkeit.** (*Grziwotz* MDR 2016, 737; *Huber/Schmieder/Dengler* BWNotZ 2012, 150; *Kruse* NotBZ 2001, 405 (448); *Lichtenwimmer* MittBayNot 2002, 240; *G. Müller* DNotZ 2006, 325; *Stoppe/Lichtenwimmer* DNotZ 2005, 806; *Wetterling/Neubauer/Neubauer* ZEV 1995, 46; *Zimmermann* BWNotZ 2000, 97). Im Allgemeinen sind Feststellungen über die Geschäftsfähigkeit in der Niederschrift nur zu vermerken, wenn dafür ein besonderer Anlass besteht (§ 11 BeurkG). Bei der Beurkundung einer Verfügung von Todes wegen soll der Notar jedoch nach § 28 BeurkG immer seine Wahrnehmungen über die erforderliche Geschäftsfähigkeit in der Urkunde festhalten (BayObLG DNotZ 1993, 471). Verfassungsrechtliche Bedenken gegen diese Bestimmung dürften nicht durchgreifen (anders *Litzenburger* ZEV 2016, 1). Nur die Tatsache, dass und welche Wahrnehmungen der Notar über die erforderliche Geschäftsfähigkeit des Testators gemacht hat, werden mit der Beweiskraft des § 415 ZPO bezeugt, nicht dagegen sein Urteil über die Testierfähigkeit des Testators. Diese unterliegt im Streitfall der freien Beweiswürdigung (§ 286 ZPO). Die „erforderliche" Geschäftsfähigkeit (§ 28 BeurkG betrifft auch den Erbvertrag, → Form. XI.15) wird herkömmlich „Testierfähigkeit" genannt. Die Fähigkeit, ein Testament zu errichten, abzuändern oder aufzuheben ist ein Unterfall der Geschäftsfähigkeit und ist unabhängig von §§ 104 Nr. 2, 105 Abs. 1, 2 BGB in § 2229 BGB geregelt.

**Testierunfähig** sind:

a) Minderjährige, die das 16. Lebensjahr noch nicht vollendet haben (§ 2229 Abs. 1 BGB),
b) bis 31.12.1991 wegen Geisteskrankheit, Geistesschwäche, Verschwendung, Rauschgiftsucht oder Trunksucht **Entmündigte** und zwar schon von dem Zeitpunkt an, in welchem die Entmündigung beantragt wurde (§ 2229 Abs. 3 BGB aF); diese Personen konnten jedoch gem. § 2253 Abs. 2 BGB ein vor der Entmündigung errichtetes Testament widerrufen, sofern bei ihnen nicht zugleich auch die Voraussetzungen des § 2229 Abs. 4 BGB gegeben waren (BayObLG Rpfleger 1975, 303); zur vorläufigen

Vormundschaft des früheren Rechts s. hier bis zur 5. Auflage. Seit 1.1.1992 ist die Vormundschaft durch die Betreuung ersetzt (§§ 1896 ff. BGB). Bei einem **Betreuten** ist jeweils im Einzelfall seine Testierfähigkeit gem. § 2229 Abs. 4 BGB zu prüfen. Selbst ein Einwilligungsvorbehalt erstreckt sich nicht auf Verfügungen von Todes wegen (§ 1903 Abs. 2 BGB).

c) wer wegen krankhafter Störung der Geistestätigkeit, wegen Geistesschwäche und wegen Bewusstseinsstörung nicht in der Lage ist, die Bedeutung einer von ihm abgegebenen Willenserklärung einzusehen und nach dieser Einsicht zu handeln (§ 2229 Abs. 4 BGB). Gleichgültig ist hierbei, ob dieser Zustand dauernd oder vorübergehend ist. Es kommt allein auf den Zeitpunkt der Testamentserrichtung an (dazu *Roth* ZEV 1997, 94). Das Reichsgericht (RGZ 162, 228) hat die Testierunfähigkeit infolge krankhafter Störung der Geistestätigkeit oder wegen Geistesschwäche dahin präzisiert, dass danach derjenige testierunfähig ist, „dessen Erwägungen und Willensentschlüsse nicht mehr auf einer der allgemeinen Verkehrsauffassung entsprechenden Würdigung der Außendinge und Lebensverhältnisse beruhen, sondern durch krankhafte Empfindungen, krankhafte Vorstellungen und Gedanken oder durch Einflüsse dritter Personen derart beeinflusst werden, dass sie tatsächlich nicht mehr frei sind, vielmehr sich den genannten regelwidrigen Einwirkungen schranken- und hemmungslos hingeben und von ihnen widerstandslos beherrscht werden“ (siehe auch OLG Köln FamRZ 1991, 1356). In sog. lichten Augenblicken sind Testamente Geisteskranker wirksam, wenngleich diese lucida intervalla nur schwer nachweisbar sein werden (Soergel/*J. Mayer*, 13. Aufl., § 2229 Rn. 10). Eine nach dem Grad der Schwierigkeit des Testaments abgestufte, relative Testierfähigkeit wird von der hM (BGHZ 30, 112 (117 ff.)) abgelehnt. Es gibt auch keine partielle, auf einen bestimmten abgegrenzten Lebensbereich beschränkte, Testierunfähigkeit, zB bei Querulantenwahn oder krankhafter Eifersucht (BayObLGZ 1991, 59 = NJW 1992, 248; *Klingelhöffer* ZEV 1997, 92 (93); aM früher BayObLG FamRZ 1985, 539 = Rpfleger 1984, 467). Nach anderer Meinung kann es durchaus auf die Komplexität der abzugebenden Erklärungen ankommen (*Voit* in Reimann/Bengel/J.Mayer § 2229 Rn. 12). Nach ausf Erörterung abl zu „luziden Momenten“ bei Demenz OLG München ZEV 2013, 504- Ein Verfolgungswahn, der die freie Willensbildung hindert, kann den Betroffenen testierunfähig machen, auch wenn er Inhalt und Auswirkung seines Testaments durchaus erkennen kann (BayObLGZ 2004, 237 = NotBZ 2004, 433).

**Faktisch testierunfähig**, da sie die vorgeschriebenen Förmlichkeiten nicht zu erfüllen vermochten, waren bis zum 31.7.2002 einige Personengruppen mit **Mehrfachbehinderungen** (→ Form. XV.9 Anm. 2). Die Rechtslage ist seither geändert (→ Anm. 10 am Ende). Es gelten aber beurkundungsverfahrensrechtliche Besonderheiten (vgl. XV. 4).

Auf bestimmte Formen der Errichtung des Testaments sind angewiesen

a) **Minderjährige**, die das 16. aber noch nicht das 18. Lebensjahr vollendet haben, können nur durch mündliche Erklärung oder Übergabe einer offenen Schrift vor einem Notar testieren (§ 2233 Abs. 1 BGB). Sie können also vor allem kein eigenhändiges Testament errichten (§ 2247 Abs. 4 BGB),
b) **Leseunfähige** können nur durch mündliche Erklärung vor einem Notar testieren (§ 2233 Abs. 2, § 2247 Abs. 4 BGB).
c) **Schreibunfähige** sind gehindert, ein eigenhändiges Testament zu errichten (§ 2247 Abs. 1 BGB).

Zeigen sich auch nur kleinste Anzeichen von Zweifeln, sollte sich der Notar auch bei letztlich positiver Einschätzung nicht auf die Feststellung in der Urkunde beschränken, der Testator sei unbedenklich voll geschäfts- und testierfähig. Besser sollte er mit aufnehmen, worauf sich seine Überzeugung gründet (wie hier *Huber/Schmieder/Dengler* BWNotZ 2012, 151; anders – nur Ergebnis der Wahrnehmung – *Waldner* Beurkundungsrecht für die notarielle Praxis, 2007, Rn. 59). Zur – ausnahmsweisen – Niederlegung außerhalb der Urkunde *Kanzleiter* DNotZ 1993, 434). Als Wahrnehmungen, die dieser Feststellung dienen, kommen in Betracht der persönliche Eindruck, den der Notar bei der Unterhaltung mit dem Erblasser gewonnen hat, gegebenenfalls aber auch Bekundungen von dessen Angehörigen oder dem behandelnden Arzt. Nur die Tatsachenfeststellungen des Notars nehmen an der Beweiskraft der notariellen Urkunde teil, nicht sein Urteil über die Geschäftsfähigkeit (*Kruse* NotBZ 2001, 405). Da das Gesetz nicht mehr von Testierfähigkeit, sondern von der erforderlichen Geschäftsfähigkeit spricht, sollte der Notar diese Wendung auch gebrauchen (*Winkler* BeurkG § 28 Rn. 3).

Hat der Notar im Ergebnis Zweifel an der erforderlichen Geschäftsfähigkeit des Testators, so hat er sie in der Niederschrift festzulegen (§ 11 Abs. 1 S. 2 BeurkG). Eine schwere Krankheit des Testators ist, auch wenn der Notar von dessen Testierfähigkeit überzeugt ist und obwohl längst nicht jede schwere Krankheit Anlass zu Zweifel gibt (OLG Bamberg NotBZ 2012, 379), im Protokoll festzustellen (§ 11 Abs. 2 BeurkG). Bei alten oder schwerkranken Personen sollte der Notar Erkundigungen beim behandelnden Arzt oder dem Stationsarzt im Krankenhaus einholen und das Ergebnis in der Niederschrift festhalten (*Winkler* BeurkG § 28 Rn. 9). Fehlt dem Testator nach der Überzeugung des Notars die erforderliche Geschäftsfähigkeit, so soll die Beurkundung abgelehnt werden (§ 11 Abs. 1 S. 1 BeurkG). Dies sollte jedoch nur bei sicherer Überzeugung geschehen, etwa weil der Erblasser bereits in Agonie liegt oder eine Verständigung mit ihm nicht mehr möglich ist. Wenn irgend möglich wird der Notar unter Schilderung seiner Wahrnehmungen und Zweifel (*Firsching* DNotZ 1955, 283 (286)) die Beurkundung vornehmen, um die Bedachten nicht um ihre Chance zu bringen, dass sich in einem späteren Prozess die Zweifel des Notars als unbegründet erweisen. Durch die Beurkundung einer sich später als unwirksam erweisenden letztwilligen Verfügung kann niemand geschädigt werden, wohl jedoch durch eine meist irreparable Verweigerung der Beurkundung. Andererseits kann der Notar für entstandene Prozesskosten haftbar werden, wenn er erkennbare Symptome, die gegen die Testierfähigkeit des Erblassers sprechen, nicht erkennt oder nicht in die Niederschrift aufnimmt (OLG Oldenburg DNotZ 1974, 19 ff.). Bei all dem ist der Notar aber nicht Sachverständiger, sondern nur „Zeuge des Geschehens" (*Müller* DNotZ 2006, 325), der nicht mehr als eine laienhafte Einschätzung treffen kann (OLG Celle OLG-Report 2003, 168 = ZErb 2003, 321). Die Integration vom Notar durchgeführter „screenings" in das Beurkundungsverfahren wird daher kritisch gesehen (*Müller* DNotZ 2006, 325 und *Cording/Foerster* DNotZ 2006, 329 gegen *Stolpe/Lichtenwimmer* DNotZ 2005, 806). Das Prozessgericht wird ein psychiatrisches oder nervenärztliches Gutachten nur einholen, wenn objektivierbare Tatsachen vorliegen, die den Schluss auf Testierunfähigkeit zulassen können (OLG Düsseldorf NJW-RR 2012, 1030; OLG Bamberg NotBZ 2012, 379). Die Feststellungslast für eine Testierunfähigkeit liegt bei dem, der sich darauf beruft (OLG Köln BeckRS 2016, 17893). Als Fazit kann festgehalten werden: Wenn der Notar nicht von einer Testierunfähigkeit überzeugt ist, muss er unter Angabe seiner Beobachtungen beurkunden, zugleich wird er zu einer zeitnahen ärztlichen Überprüfung der Testierfähigkeit raten (*Münch* FamRZ 2014, 1073 (1074)).

**10. Zuziehung von Zeugen.** Auf Verlangen des Erblassers soll der Notar bei der Beurkundung bis zu zwei Zeugen oder einen zweiten Notar als Überwachungspersonen zuziehen (§ 29 BeurkG). Sind, etwa beim gemeinschaftlichen Testament, mehrere Personen beteiligt, so müssen alle diesen Wunsch äußern (*Seger* in *Armbrüster/Preuß/Renner*, 6. Aufl. BeurkG § 29 Rn. 5). Das Verlangen ist in der Niederschrift zu vermerken (§ 29 S. 1 BeurkG). Es empfiehlt sich auch ein entgegengesetzter Vermerk, wenn die Zuziehung von Zeugen nicht gewünscht wird (*Winkler* BeurkG § 29 Rn. 10), da dadurch festgehalten ist, dass der Notar den Punkt zur Sprache gebracht hat. Gegen den Willen der Beteiligten darf der Notar nicht handeln. Die Zeugen oder der zweite Notar sollen die Niederschrift mitunterschreiben (§ 29 S. 2 BeurkG). Unabhängig davon hat der Notar von sich aus einen Zeugen oder zweiten Notar zuzuziehen bei hörbehinderten, sprachbehinderten und sehbehinderten Testatoren, falls nicht alle Beteiligten darauf verzichten (§ 22 BeurkG – Sollvorschrift), sowie falls der Testator seinen Namen nicht schreiben kann (§ 25 BeurkG – Mussvorschrift). Auf Verlangen eines hör- oder sprachbehinderten Testators soll der Notar ferner einen Gebärdendolmetscher hinzuziehen (22 Abs. 1 S. 2 BeurkG). Bis zum 31.7.2002 musste der Notar bei tauben Testatoren, mit denen eine schriftliche Verständigung nicht möglich war, eine Vertrauensperson zuziehen (§§ 24, 31 BeurkG aF – Mussvorschrift). Seit dem am 1.8.2002 in Kraft getretenen OLG-Vertretungsänderungsgesetz (BGBl. 2002 I 2850) soll der Notar diese Behinderung in der Niederschrift feststellen (Soll-Vorschrift). Hat er diese Feststellung getroffen, muss er zu der Beurkundung eine Person zuziehen, die sich mit dem behinderten Testator zu verständigen vermag (sog. **Informationstransferhelfer** oder **Erklärungshelfer**) und mit deren Zuziehen der Testator nach der Überzeugung des Notars einverstanden ist (Mussvorschrift) (§ 24 Abs. 1 BeurkG nF). Bei der deutschen Sprache unkundigen Testatoren ist ein **Dolmetscher** zuzuziehen (§ 16 BeurkG – Mussvorschrift, sobald der Notar das ungenügende Sprachvermögen dokumentiert hat). Bei diesen Personen dürfen wie beim Notar keine Mitwirkungsverbote oder Ausschließungsgründe nach §§ 3, 6, 7, 26, 27 BeurkG vorliegen. Die Mitwirkung eines Zeugen, der als Vermächtnisnehmer eingesetzt wird, macht das Testament aber nicht unwirksam (OLG Hamm FamRZ 2013, 1424).

11. **Mündliche Erklärung des Testators.** Bis zum Inkrafttreten des OLG-Vertretungsänderungsgesetzes (BGBl. 2002 I 2850) am 1.8.2002 musste der Erblasser nach den §§ 2232, 2233 BGB aF dem Notar seinen letzten Willen mündlich erklären, dh mit Mitteln der Lautsprache (BGHZ 2, 172 = DNotZ 1952, 75; RGZ 85, 125; 108, 397 (400); 161, 378 (382)). Das gerade noch von der hM als gültig angesehene Verfahren bestand darin, dass der Notar einen von ihm oder dritter Hand gefertigten Testamentsentwurf dem Testator in einem Zug vorliest und dieser dann auf die Frage, ob dies sein letzter Wille sein solle, mit einem vernehmlichen „Ja“ antwortet und damit die Erklärung und die Genehmigung in einem Vorgang abgibt (BGHZ 37, 79 = NJW 1962, 1149; RGZ 161, 378; 108, 397; KG DNotZ 1960, 485 (487); BayObLG NJW-RR 2000, 456 = DNotZ 2000, 472 = ZEV 2000, 66; OLG Hamm ZEV 2002, 458 u. → Form. XV.12). Nachdem das BVerfG in seiner Entscheidung vom 19.1.1999 (DNotZ 1999, 409) den generellen Ausschluss schreib- und sprechunfähiger Personen von der Testiermöglichkeit für verfassungswidrig erklärt hat, hat der Gesetzgeber allgemein das Erfordernis der „mündlichen Erklärung“ in den §§ 2232, 2233 BGB gestrichen (siehe dazu *Frank* NotBZ 2003, 8). Folglich genügt seither materiell-rechtlich (vorbehaltlich der Erfüllung der beurkundungsrechtlichen Vorschriften) zur Errichtung eines notariellen Testaments jede Äußerung des letzten Willens, dh auch stillschweigende, schlüssige, konkludente Willenserklärungen, die durch Gebärden, Zeichen, allgemein nicht verständliche Laute und sonstige Kommunikationsbehelfe wie Behindertendolmetscher, Blindenschrift usw vermittelt werden (*Rossak* ZEV 2002, 435). Erforderlich ist nur, dass der Erblasser in irgendeiner Weise reagiert und nach der Art der nonverbalen Kommunikation auch äußern kann, wann er gegenteiliger Auffassung ist (*Reimann* FamRZ 2002, 1383 (1384)). Erklärung des letzten Willens und Genehmigung der Niederschrift können dabei praktisch zusammenfallen (OLG Hamm RNotZ 2011, 253). In den beurkundungsrechtlichen Vorschriften der §§ 22 ff. und 27 ff. BeurkG sind jeweils für die anderen Übermittlungsarten außer der mündlichen Erklärung besondere Verfahren vorgesehen, so dass die mündliche Erklärung nach wie vor den Normalfall bildet. Ist der Testator sprechbehindert und ist auch keine schriftliche Verständigung mit ihm möglich, dann sollte der Notar nach § 24 BeurkG nF vorgehen und auf jeden Fall einen Informationstransferhelfer (s. o.) zuziehen. Wer sich allerdings auf keinerlei Art erklären, also weder mit dem Notar noch mit der nach § 24 BeurkG nF zugezogenen Person verständigen kann, ist auch weiterhin vom Testieren ausgeschlossen (Palandt/*Weidlich* § 2233 Rn. 3).

**12. Angaben über die Familienverhältnisse des Testators.** Der Notar muss in der Verhandlung die Familienverhältnisse des Testators ermitteln, da durch sie weitgehend die Beratung bestimmt und der Umfang seiner Belehrungspflicht festgelegt wird. Er sollte sie in die Urkunde aufnehmen, damit ihm später keine Vorwürfe gemacht werden können, wenn ihm der Testator relevante Umstände verschwiegen hat. Letztlich liegt eine möglichst genaue Aufnahme der Familienverhältnisse des Testators im Testament im Interesse des Nachlassgerichts, dessen Ermittlungen dadurch wesentlich abgekürzt werden. Eine fehlerhafte Angabe des Testators an dieser Stelle ist allein noch nicht Nachweis genug, dass er sich über das Bestehen oder Nichtbestehen einer Ehe im Irrtum befand (OLG München NotBZ 2008, 239).

**13. Belehrung über das Pflichtteilsrecht.** Schließt der Erblasser einen Abkömmling oder Ehegatten ausdrücklich oder stillschweigend von der Erbfolge aus, so hat der Notar über das Pflichtteilsrecht zu belehren. Insbesondere das Pflichtteilsrecht eines nichtehelichen Kindes und das der Eltern gegenüber dem unverheirateten (und nicht verpartnerten) Kind ist häufig den Mandanten nicht gewärtig. Ein Vermerk über die erfolgte Belehrung in der Urkunde dokumentiert einerseits die erfolgte Belehrung, sie kann aber vor allem eine Anfechtung wegen Übergehung eines Pflichtteilsberechtigten gem. § 2079 BGB verhindern, da diese Anfechtung auch bei Rechtsirrtum über das Pflichtteilsrecht eines bekannten Berechtigten zulässig ist. Ein Pflichtteilsergänzungsanspruch setzt nicht voraus, dass die Pflichtteilsberechtigung zum Zeitpunkt der maßgeblichen Schenkung bestand (so jetzt BGHZ 193, 260 = DNotZ 2012, 860).

**14. Aufklärungen über die Testierfreiheit.** Zur Vorbereitung der Errichtung einer Verfügung von Todes wegen durch den Notar gehört (neben der Prüfung der Testierfähigkeit des Testators, der Frage, ob Überwachungspersonen zuzuziehen sind, und ob bei diesen oder dem Notar selbst Ausschließungsgründe vorliegen) auch die Klärung, ob nicht etwa Bindungen des Testators durch frühere Verfügungen von Todes wegen bestehen, BGH DNotZ 1974, 296 mAnm Haug; OLG Stuttgart DNotZ 1974, 22; OLG Düsseldorf DNotZ 1974, 23 ff.). Es genügt, dass der Notar den Testator fragt, ob er schon früher Verfügungen von Todes wegen errichtet hat, und, falls der das bejaht, sich weiter erkundigt, ob es sich dabei um ein gemeinschaftliches Testament oder einen Erbvertrag gehandelt hat, aus denen sich Bindungen ergeben könnten, die der beabsichtigten Verfügung entgegenstehen (*Reithmann/Albrecht/Riegel,* Handbuch der notariellen Vertragsgestaltung 8. Aufl. Rn. 1114; OLG Köln DNotZ 1936, 630; RG DNotZ 1940, 152). Lediglich wenn der Notar ernsthafte Zweifel an der Rechtswirksamkeit der letztwilligen Verfügung wegen fehlender Testierfreiheit hat, besteht eine weitergehende Aufklärungspflicht und ist der Notar verpflichtet, über die zweifelhafte Rechtslage zu belehren (BGH VersR 1958, 782; Rpfleger 1974, 59; OLG Celle OLGR 2005, 331). Bei der Errichtung eines Testaments einer Witwe ist der Notar nicht verpflichtet, die Nachlassakten ihres Mannes nach bindenden Verfügungen von Todes wegen zu durchforschen (LG Ravensburg BWNotZ 1959, 163). Auf jeden Fall empfiehlt sich, die Verneinung des Vorliegens von gemeinschaftlichen Testamenten und Erbverträgen durch den Testator in die Urkunde aufzunehmen. Zu den Schranken der Testierfreiheit nach dem Heimgesetz → Form. XII.5 Anm. 8.

**15. Ausdrücklicher Widerruf früherer letztwilliger Verfügungen.** Es bereitet oft große Schwierigkeiten, mehrere vom Erblasser hinterlassene Testamente miteinander in Einklang zu bringen, da nur bei objektiv-sachlicher Unvereinbarkeit das jüngere das ältere Testament eindeutig aufhebt (§ 2258 Abs. 1 BGB). Es dient daher der Streitvermeidung, wenn frühere letztwillige Verfügungen ausdrücklich gemäß § 2254 BGB im neuen Testament aufgehoben werden. Kostenmäßig könnte sich dieser vorsorgliche Zusatz nur dann auswirken, wenn der Wert des Widerrufstestaments ausnahmsweise einmal höher wäre als derjenige der neuen Verfügung (§ 109 Abs. 2 S. 1 Nr. 2 mit S. 2 GNotKG). Das hieße allerdings, dass sich die neue Verfügung auf einzelne Anordnungen oder Verfügungen beschränkt. In diesem Fall ist der Widerruf früherer weiter gehender Verfügungen aber zwingend, wenn im Übrigen jetzt die gesetzliche Erbfolge gelten soll.

**16. Kosten.** Die Beurkundung eines Einzeltestaments löst beim Notar eine 1,0-**Gebühr** aus (KV Nr. 21200 GNotKG). Für das gemeinschaftliche Testament oder den Erbvertrag gilt eine 2,0-Gebühr (KV Nr. 21100, Vorbemerkung 2.1.1. (2) GNotKG). Für die **amtliche Verwahrung** bei Gericht ist eine Festgebühr von 50 EUR vorgesehen (KV Nr. 12100 GNotKG). Den **Geschäftswert** der Verfügungen von Todes wegen regeln § 102 Abs. 1–3 GNotKG. Betrifft die Verfügung den gesamten Nachlass, bestimmt sich der Wert nach dem Vermögen des Erblassers. **Verbindlichkeiten** finden grundsätzlich Berücksichtigung. Abziehbar sind jedoch dabei nur die zur Zeit der Beurkundung der Verfügung von Todes wegen bestehenden Verbindlichkeiten des Erblassers selbst, nicht etwa auch die erst durch den Erbfall entstehenden Nachlassschulden. Anders als nach der Kostenordnung werden die Verbindlichkeiten nur soweit abgezogen, bis mindestens $^1/_2$ des Aktivvermögens als Geschäftswert verbleiben. Wird nur über einen **Bruchteil des Nachlasses** verfügt, ist dieser entscheidend. Der Geschäftswert wird nur einmal zugrunde gelegt, gleichgültig welche und wie viele letztwilligen Verfügungen bezüglich desselben Gegenstandes das Testament enthält. Wenn das Testament weitere Bestimmungen enthält (Schlusserbenbestimmung, Vermächtnisse, Vor- und Nacherbfolge, Auflagen und diverse Anordnungen wie zB Testamentsvollstreckung) führt das nur dann zu gesonderter Bewertung, wenn solche Anordnungen Gegenstände oder Nachlassbruchteile betreffen, über die ansonsten noch nicht verfügt war. Bei der ausschließlichen Verfügung über Einzelgegenstände zählt deren Wert. Auch hier erfolgt – anders als nach der Kostenordnung – ein Schuldenabzug, aber höchstens wiederum soweit, dass es mindestens bei $^1/_2$ des Werts des Gegenstands bleibt (§ 102 Abs. 3, Abs. 2 S. 2 GNotKG). Gelegentlich wird – in der Regel durch Vermächtnis – über Gegenstände verfügt, die sich bei Beurkundung noch gar nicht im Erblasservermögen befinden. Sie werden zusätzlich zu dem nach § 102 Abs. 1 GNotKG errechneten Wert mit ihrem nach §§ 36 ff. GNotKG bestimmten Wert berücksichtigt. Muss gemäß der Verfügung der mit diesen Gegenständen Bedachte auch Verbindlichkeiten übernehmen, reduzieren sie den Wert bis auf maximal die Hälfte des Werts dieser Gegenstände. Bei der **Änderung** eines Testaments oder Erbvertrags kommt es auf den Umfang der Änderungen an. Wird die vorherige Verfügung ganz oder teilweise widerrufen bzw. aufgehoben, ist der Geschäftswert auch dafür nach § 102 zu bestimmen, maßgeblich sind die Werte zur Zeit des Widerrufs bzw. der Aufhebung. Die neue Verfügung hat denselben Gegenstand (§ 109 Abs. 2 Nr. 2). Die gleichzeitige Beurkundung eines Erbvertrags mit einem Ehevertrag ist seit 1.8.2013 nicht mehr privilegiert (vgl. § 46 Kostenordnung).

Der Berechnung der Gebühren sind in der Regel die **Angaben der Beteiligten** zugrunde zu legen (vgl. § 95 GNotKG). Stellt sich jedoch nachträglich heraus, dass die Wertangabe unrichtig war, so können die zu niedrig erhobenen Notargebühren nacherhoben werden. Auch insoweit gilt allerdings die Verjährungsfrist des § 6 Abs. 1 S. 3 GNotKG (4 Jahre nach Ablauf des Kalenderjahres, in dem die Fälligkeit eingetreten ist). Eine § 46 Abs. 5 S. 2 KostO entsprechende Regelung, welche den Beginn der Verjährung des Nachforderungsanspruchs auf den Zeitpunkt der Testamentseröffnung uä verschob, besteht nicht mehr. Häufig wird der Verjährungseinrede der Einwand unzulässiger Rechtsausübung entgegenzuhalten sein, wenn Wertangaben gezielt unrichtig waren (Leipziger-GNotKG/*Klingsch* § 6 Rn. 6).

Die Ablieferung des Testaments oder Erbvertrags an das Amtsgericht zur besonderen amtlichen Verwahrung (Fälle des § 34 bzw. § 34a Abs. 3 BeurkG, § 20 DONot) und die Meldung an das zentrale Testamentsregister (Notar: § 34a BeurkG; Gericht: § 347 Abs. 2,

Abs. 3 FamFG) sind gebührenfreie Nebengeschäfte. Für die Registrierung erhebt das Zentrale Testamentsregister auf der Grundlage von § 78e Abs. 1 Nr. 2, Abs. 4 BNotO eine Gebühr von 18 Euro (bzw. 15 Euro bei Zahlungsvermittlung durch den Notar).

**17. Die Behandlung des Testaments nach Abschluss der Beurkundung. Verwahrung. Zentrales Testamentsregister.** Das Testament soll der Notar nach § 34 BeurkG in einen Umschlag nehmen und diesen mit dem Prägesiegel verschließen. Hinsichtlich der auf dem Testamentsumschlag vorzunehmenden Angaben kommt in der Regel ein Ausdruck des vom Zentralen Testamentsregister auf Grundlage der Meldung des Notars bereitgestellten Formulars zum Einsatz. Nach Unterzeichnung auf dem Umschlag soll der Notar nach § 34 Abs. 1 S. 4 BeurkG veranlassen, dass das Testament unverzüglich in besondere amtliche Verwahrung gebracht wird. Zuständig für die besondere amtliche Verwahrung sind die Amtsgerichte. Örtlich zuständig ist primär das Amtsgericht, in dessen Bezirk der Notar seinen Amtssitz hat. Der Erblasser kann jedoch jederzeit die Verwahrung bei einem anderen Amtsgericht verlangen (§ 344 Abs. 1 S. 2 FamFG).

Noch vor der Inverwahrgabe übermittelt der Notar die in § 78b Abs. 2 BNotO bestimmten Verwahrangaben elektronisch an das Zentrale Testamentsregister (§ 34a BeurkG). Zu dessen Funktion und Tätigkeiten s. *Bormann* ZEV 2012, 628. Zu dem Meldewesen s. auch die auf der Grundlage von § 347 Abs. 4 FamFG erlassene bundeseinheitlichen AV über die Benachrichtigung in Nachlasssachen.

Auf Wunsch des Erblassers, und dazu sollte ihn der Notar animieren (*Reimann/Bengel/J. Mayer* § 34 Rn. 11; § 20 Abs. 1 S. 5 DONot), soll der Notar eine beglaubigte Abschrift der in besondere amtliche Verwahrung gegebenen Verfügung von Todes wegen bei den Akten zurückzuhalten, muss sie aber auf Wunsch dem Beteiligten aushändigen (§ 20 Abs. 1 DONot). Diese Abschrift ist im verschlossenen Umschlag in der Urkundensammlung zu verwahrten, wenn vom Erblasser nicht schriftlich die offene Aufbewahrung angeordnet wird.

§ 34, § 34a BeurkG sind Sollvorschriften und berühren die Wirksamkeit der Beurkundung nicht. Insbesondere wird die Gültigkeit der Testamentserrichtung nicht dadurch beeinträchtigt, dass der Notar das Testament nicht in besondere amtliche Verwahrung bringt (*Winkler* BeurkG § 34 Rn. 30). Erbverträge (→ Form. XI.15 Anm. 12) können auf Wunsch der Beteiligten in der Verwahrung des Notars verbleiben. Das ist im Zweifel anzunehmen, wenn der Erbvertrag – wie häufig als Ehe- und Erbvertrag – mit einem weiteren Vertrag in einer Urkunde verbunden ist (§ 34 Abs. 2 BeurkG).

Nach § 20 DONot hat der Notar von jeder Verfügung von Todes wegen, die er dem Amtsgericht abliefert, für seine Urkundensammlung einen Vermerk anzufertigen, der den Namen, Beruf und Wohnort des Erblassers, die Urkundenrollennummer sowie Angaben darüber enthält, in welcher Form die Verfügung von Todes wegen errichtet worden ist. Bei diesem Vermerkblatt ist auch eine Bestätigung der Registerbehörde über die Meldung zum Zentralen Testamentsregister aufzubewahren.

**18. Das Verlesen der Niederschrift und ihre Genehmigung durch den Erblasser.** Vorzulesen ist die gesamte Niederschrift in Gegenwart des Notars (BayObLG 1973, 213 = DNotZ 1974, 49). Das nach § 13 Abs. 1 S. 1 BGB zwingend vorgeschriebene Vorlesen der Niederschrift kann nicht durch „lautes Diktat" ersetzt werden (BayObLG Rpfleger 1979, 458 mwN). Sinn dieser Vorschrift ist, demjenigen, dessen Erklärungen in die Niederschrift aufgenommen werden, vor der Genehmigung die Überprüfung zu ermöglichen, ob die Niederschrift seine Erklärungen auch zutreffend wiedergibt (BayObLG Rpfleger 1979, 458). Vorgelesen werden muss auch ein Schriftstück, auf das in der Niederschrift verwiesen und das ihr beigefügt, dh mit Schnur und Prägesiegel verbunden ist (§§ 9 Abs. 1 S. 3, 13 Abs. 1 BeurkG). Karten, Zeichnungen oder Abbildungen, auf die in der Urkunde verwiesen wird, sind ihr förmlich beizufügen (§ 9 Abs. 1 S. 3 BeurkG) und dem Testator anstelle des Vorlesens zur Durchsicht vorzulegen (§ 13 Abs. 1 BeurkG). § 13a BeurkG gilt auch bei der Testamentsbeurkundung (Palandt/*Weidlich* § 2232 Rn. 6).

Wird also auf eine andere notarielle Niederschrift verwiesen, kann der Testator grundsätzlich auf Vorlesen und Beifügen zum Testament verzichten, sein Verzicht ist in die Urkunde aufzunehmen. Wegen der unterschiedlichen Verwahrfristen (vgl. § 18 DONot) empfiehlt sich allerdings die Beifügung hier stärker als bei anderen Beurkundungen. Dient die Verweisung lediglich der Erläuterung oder verweist sie auf ein bereits bestehendes Rechtsverhältnis oder eine Rechtsvorschrift – sog. unechte Verweisung – so ist sie auch beim Testament ohne Einhaltung der Förmlichkeiten nach §§ 9 Abs. 1 S. 2 u. 3, 13a BeurkG zulässig. Bei den Verweisungen ist zu beachten, dass ein notarielles Testament wegen Formmangels ungültig ist, das eine Erbeinsetzung enthält, ohne die zum Erben eingesetzte Person wenigstens andeutungsweise zu nennen oder sonst zu bestimmen, zB nach § 2066 BGB (BGH NJW 1981, 1736 (1737)).

Nach § 23 BeurkG wird bei einem Hörbehinderten das Vorlesen des Testaments zwingend durch die Vorlage zur Durchsicht ersetzt. Unterbliebenes Vorlesen ist ein unheilbarer Formfehler und führt zur Nichtigkeit des Testaments (BayObLG Rpfleger 1979, 458 (459) mwN). Der Notar muss stets anwesend sein, braucht das Testament aber nicht selbst vorzulesen, sondern kann sich dazu einer Hilfsperson oder eines Dritten bedienen. Auf Verlangen soll das Testament dem Testator vor der Genehmigung zur Durchsicht vorgelegt werden (§ 13 Abs. 1 S. 4 BeurkG). Die Niederschrift ist von dem Testator zu genehmigen (§ 13 Abs. 1 BeurkG). Die Genehmigung muss zeitlich der Vorlesung nachfolgen und in Gegenwart des Notars und der sonst mitwirkenden Personen geschehen. Zu genehmigen hat nur der Testator, nicht ein Zeuge oder anderer Dritte, da sie nur Mittler- bzw. Kontrollfunktionen ausüben (*Winkler* BeurkG § 13 Rn. 43). Die Genehmigung kann durch schlüssige Handlungen wie zB Kopfnicken oder eine andere einwandfreie Bekundung des Einverständnisses erfolgen (RGZ 108, 397 (403); *Winkler* BeurkG § 13 Rn. 41 mwN). Das bloße Zuhören „mit dem Ausdruck der Befriedigung" genügt nicht (BayObLG 1965, 341 (346) = NJW 1966, 56). Wenn der Erblasser zu Beginn der notariellen Verhandlung im Vollbesitz seiner geistigen Kräfte das von ihm gewünschte Testament gedanklich gestaltet und dem Notar gegenüber sprachlich verständlich zum Ausdruck gebracht hat und dann vor der Verlesung des inzwischen zu Papier gebrachten Testaments infolge eines Schlaganfalls eine Bewusstseinsstörung erleidet, so genügt zu dessen Genehmigung, dass er das verlesene Schriftstück verstehen und erfassen konnte, dass es sich um sein Testament handelt (BGHZ 30, 294 = NJW 1959, 1822).

**19. Erblasserunterschrift.** Die Niederschrift ist eigenhändig zu unterschreiben (§ 13 Abs. 1 S. 1 BeurkG) und zwar bis auf Sonderfälle wie Künstlernamen, Bischofsnamen oÄ mit dem vollen zur Zeit der Beurkundung geführten Familiennamen (sehr eng BGHZ 152, 255 = NJW 2003, 1120 = DNotZ 2003, 269, zustimmend *Renner* NotBZ 2003, 178). Entscheidend sollte die einwandfreie Zuordnung der mit der Unterschrift bestätigten Genehmigung zu dem durch den Notar identifizierten Beteiligten sein (vgl. *Kanzleiter* DNotZ 2002, 520 (525); *Heinemann* DNotZ 2003, 243). Demnach kann zusätzlich die Angabe (mindestens) der Anfangsbuchstaben des Vornamens ratsam sein, wenn dies zur Klarstellung notwendig ist (Soergel/*J. Mayer* BeurkG § 13 Rn. 11). BGHZ 152, 255 verlangt weitergehend eine Ernsthaftigkeit der Unterschriftsleistung, die i. d. R. nur bei Verwendung des – zumindest im Wesentlichen lesbaren (vgl. BGH NJW 1959, 734; MDR 1964, 747; NJW 1974, 1090; 1975, 1705; 1982, 1467) – Familiennamens gewährleistet sei.

Der Erblasser kann bei der Leistung der Unterschrift von einem Dritten unterstützt werden. Die Unterstützung darf jedoch nicht so weit gehen, dass die Schriftzüge nicht mehr vom Erblasser, sondern durch Führung der Hand des Erblassers durch den Helfer hergestellt werden (BayObLG 1951, 598 = DNotZ 1952, 78 mAnm *Rechenmacher*). Schreiben können bedeutet lediglich den Namen schreiben können, ohne Rücksicht auf die sonstige Schreibfähigkeit des Testators. Blinde, die schreiben können, müssen die Niederschrift unterzeichnen (*Winkler* BeurkG § 25 Rn. 9), obwohl sie das, was sie unterschreiben, nicht sehen können und ihre Unterschrift daher nicht die Bedeutung einer gleichzeitigen Genehmigung der in der unterzeichneten Urkunde enthaltenen Erklärungen haben kann (*Winkler* BeurkG § 13 Rn. 53; OLG Koblenz NJW 1958, 1784). Neben dem Testator müssen bei Sanktion der Ungültigkeit der Beurkundung nur noch der Notar (§ 13 Abs. 3 BeurkG) und der Schreibzeuge bei schreibunfähigen Erblassern (§ 25 S. 3 BeurkG) die Niederschrift unterzeichnen (§§ 22, 24, 29 BeurkG). Stirbt der Testator, bevor er selbst unterschrieben oder der zugezogene Schreibzeuge für ihn unterschrieben hat, ist das Testament nichtig. Einig ist man sich, dass der Notar, der die Urkunde unterschreiben muss und die sonst mitwirkenden Personen, die die Urkunde mitunterschreiben sollen, diese nicht in Gegenwart des Erblassers zu vollziehen brauchen. Sie können dies auch noch, wenn der Testator inzwischen verstorben oder testierunfähig geworden ist. Umstritten ist jedoch, innerhalb welcher zeitlichen Grenzen der Notar seine Unterschrift noch nachholen darf. Hier werden alle nur denkbaren Meinungen vertreten. Einig ist man sich nur, dass die endgültige Grenze die Eröffnung der Verfügung von Todes wegen ist (*Winkler* BeurkG § 13 Rn. 91).

Aufgrund ausdrücklicher Vorschrift in § 35 BeurkG ersetzt bei seit 1.1.1970 errichteten Verfügungen von Todes wegen die Unterschrift des Notars auf dem Testamentsumschlag seine fehlende Unterschrift unter der Niederschrift.

## 2. Notarielles Testament durch Übergabe einer offenen Schrift

**Verhandelt zu[1, 2] . . . . .**
**am . . . . .**
**Vor mir, Notar . . . . .**
**erscheint, ausgewiesen durch Personalausweis:**
**Herr A, wohnhaft in . . . . . (Ort, Straße), geboren am . . . . . in . . . . . (Ort) und nach seinen Angaben deutscher Staatsangehöriger. Er besitzt die erforderliche Testierfähigkeit, wie ich mich durch ein längeres mit ihm geführtes Gespräch überzeugte.**
**Der Anwesende wünschte die Errichtung eines öffentlichen Testaments durch Übergabe einer offenen Schrift ohne Zuziehung von Zeugen und übergab[3] mir in meiner Eigenschaft als Notar die dieser Niederschrift beigefügte offene Schrift[4] und erklärte mir dabei mündlich,[5] dass diese Schrift seinen letzten Willen enthalte. Ich las die Schrift durch und besprach ihren Inhalt mit dem Testator.[6] Dieser gibt an, den Inhalt der Schrift lesen zu können.[7] Daraufhin kennzeichnete[8] ich die Schrift durch den Vermerk: „Zu Urk.Rolle Nr . . . . . übergebene Schrift“ und fügte sie der Niederschrift bei.[9]**
**(Schlussformel → Form. XI.1)**

### Anmerkungen

**1. Sachverhalt.** Es wird ein öffentliches Einzeltestament zur Niederschrift eines Notars in der Weise errichtet, dass der Testator persönlich dem Notar eine offene Schrift übergibt und dabei erklärt, die Schrift enthalte seinen letzten Willen. Der Notar errichtet nur über diesen Vorgang eine Niederschrift und fügt ihr die übergebene Schrift bei. Die Niederschrift wird vorgelesen, vom Testator genehmigt und von ihm und dem Notar unterschrieben.

**2. Anwendungsfälle.** Da die übergebene Schrift nicht vom Testator verfasst zu sein braucht (§ 2232 S. 2 Hs. 2 BGB), eignet sich dieses Verfahren insbesondere für Fälle, in denen das Testament von einem anderen Rechtskundigen als dem beurkundenden Notar verfasst wurde, oder, da die Schrift nicht mitverlesen werden muss, für besonders **umfangreiche** und vorher eingehend ausgearbeitete und besprochene Verfügungen von Todes wegen.

Da der Erblasser nach verbreiteter Auffassung nur die Kenntnismöglichkeit, aber keine tatsächliche Kenntnis vom Inhalt der Schrift zu haben braucht (*Voit* in Reimann/Bengel/J. Mayer § 2232 Rn. 18; *Nieder/Kössinger* § 17 Rn. 35 mwN; RGZ 76, 94 (95); aM Palandt/*Weidlich* § 2232 Rn. 3 mwN) kommt diese Errichtungsform auch für schwerkranke, aber noch testierfähige Personen, in Betracht, die einerseits nicht einer langwierigen Prozedur unterzogen werden sollen, andererseits der Person, die die Schrift verfasst oder bei ihrer Abfassung behilflich war, bedingungslos vertrauen. Das Risiko einer Anfechtung (§ 2078 Abs. 1 BGB) ist hier allerdings groß (*Nieder/Kössinger* § 17 Rn. 35).

Da der Notar die Sprache, in der die Schrift abgefasst ist, nicht zu verstehen braucht, eignet sich dieses Verfahren auch für die Errichtung letztwilliger Verfügungen durch **Ausländer.** Letztlich ist die Form auch für Fälle geeignet, in denen Zeugen zugezogen werden müssen, die vom Inhalt des Testaments jedoch nichts erfahren sollen (*Haegele* Rpfleger 1969, 414 (416 f.)). **Minderjährige** von 16 bis 18 Jahren können ein Testament, abgesehen von seiner Errichtung durch Erklärung gegenüber dem Notar, nur durch Übergabe einer offenen Schrift errichten (§ 2233 Abs. 1 BGB). **Leseunfähige** können nach § 2233 Abs. 2 BGB nur durch Erklärung gegenüber dem Notar, nicht durch Übergabe einer Schrift testieren.

3. **Übergabe.** Die zu übergebende Schrift muss beim Übergabeakt vorhanden sein (RGZ 81, 34). Die Übergabe der den letzten Willen enthaltenden Schrift braucht nicht von Hand zu Hand erfolgen (RGZ 150, 192). Es genügt, wenn die Schrift mit dem Willen des Erblassers nach außen erkennbar aus seinem Verfügungsbereich in den des Notars gelangt (RGZ 150, 189).

4. **Offene Schrift.** Die Schrift braucht vom Erblasser nicht selbst geschrieben zu sein, sie kann von einem Dritten, zB auch demselben Notar, entworfen sein (KG DNotZ 1960, 487). Es können alle Schriftzeichen, auch die Blindenschrift (*Schulze* DNotZ 1955, 629) oder Chiffren gewählt werden, sofern es objektive Regeln zu deren Entzifferung gibt (Soergel/*J. Mayer* § 2232 Rn. 17, § 2247 Rn. 19). Das Schriftstück kann in jeder lebenden oder toten Sprache abgefasst werden (*Voit* in Reimann/Bengel/J. Mayer § 2232 Rn. 17). Es braucht nicht mit Datum, Ort oder Unterschrift des Erblassers versehen zu sein. Nach wohl hM muss der Erblasser keine tatsächliche Kenntnis vom Inhalt der übergebenen Schrift haben (s. o.). Er muss aber wenigstens die Möglichkeit haben, sich über den Inhalt zu vergewissern, er muss also zB die verwendete Sprache wenigstens mithilfe eines Lexikons verstehen (Soergel/*J. Mayer,* 13. Aufl. § 2232 Rn. 17 mN). Hat der Erblasser tatsächlich keine Kenntnis vom Inhalt der Schrift, ist allerdings die Gefahr der Anfechtung des Testaments gem. § 2078 Abs. 1 BGB nach dem Erbfall groß. Dagegen braucht der Notar weder der gebrauchten Sprache noch der Schrift mächtig zu sein. Die Kenntnis vom Inhalt der übergebenen Schrift, die er sich nach § 30 BeurkG verschaffen soll, braucht nicht auf eigenem Lesen, sondern kann auch auf Befragen des Testators beruhen (*Schulze* DNotZ 1955, 629).

5. **Zusätzliche Erklärung.** Die Erklärung des Erblassers, die übergebene Schrift enthalte seinen letzten Willen, kann seit 1.8.2003 auch durch Gebärden, Zeichen oder nicht verständliche Laute abgegeben werden. Allerdings sind die Verfahrensvorschriften der §§ 22 ff., 27 ff. BeurkG zu beachten (ausf. → XI. 4). In erster Linie sollte der Notar auf mündliche Erklärung bestehen.

**6. Pflichten des Notars.** Von dem Inhalt einer offen übergebenen Schrift soll der Notar gem. § 30 S. 4 BeurkG Kenntnis nehmen, sofern er der Sprache, in der die Schrift verfasst ist, hinreichend kundig ist. Dem Notar obliegt die Belehrungspflicht nach den allgemeinen Grundsätzen des § 17 BeurkG (§ 30 S. 4 BeurkG). Er ist verpflichtet, die Anordnungen des Erblassers auf ihre Rechtswirksamkeit zu prüfen, etwaigen Zweifeln mit den ihm zur Verfügung stehenden Mitteln nachzugehen, von mehreren offen stehenden rechtlichen Wegen für die Durchsetzung des Erblasserwillens den sichersten und gefahrlosesten anzuraten und seine Mitwirkung zu verweigern, wenn er von der Unwirksamkeit der Anordnung überzeugt ist (BGH DNotZ 1974, 296 (297)).

**7. Lesensunkundige Personen.** Diese Feststellung empfiehlt sich, da nach § 2233 Abs. 2 BGB lesensunkundige Personen ein Testament nur durch Erklärung gegenüber dem Notar und nicht durch Übergabe einer Schrift errichten können. Der Erblasser muss dabei nach hM (→ Anm. 4) konkret die übergebene Schrift lesen können. Kann der Testator nicht hinreichend hören oder sprechen und stellt der Notar dies in der Niederschrift fest, muss er nach § 24 BeurkG nF einen sog. Erklärungshelfer zuziehen, der sich mit dem Testator verständlich machen kann und dessen Wille dem Notar vermittelt.

**8. Kennzeichnung.** Nach § 30 S. 2 BeurkG soll der Notar die ihm übergebene Schrift so kennzeichnen, dass sie nicht mit anderen Schriftstücken verwechselt werden kann. Die Kennzeichnung einer offen übergebenen Schrift kann dabei entweder durch ihre Beschreibung im Protokoll, etwa „die Schrift beginnt mit den Worten . . . . . und endet mit den Worten . . . . .“ oder, wie im Form., durch ein auf ihr angebrachtes Zeichen oder eine Aufschrift vorgenommen werden (*Winkler* BeurkG § 30 Rn. 7).

**9. Beifügung der übergebenen Schrift.** Die übergebene Schrift soll nach § 30 S. 5 BeurkG der Niederschrift beigefügt werden. Die übergebene Schrift ist nicht Teil der Niederschrift und muss nicht wie diese vorgelesen werden (§ 30 S. 5 BeurkG). Ein Zusammensiegeln der Schrift mit der Niederschrift gem. § 44 BeurkG ist nicht vorgeschrieben, aber zweckmäßig (*Haegele* Rpfleger 1969, 418). Wie das durch mündliche Erklärung errichtete Testament soll der Notar nach § 34 Abs. 1 BeurkG Niederschrift und übergebenes Schriftstück in einem Testamentsumschlag versiegeln und unverzüglich in die besondere amtliche Verwahrung bringen. Auch hier erfolgt unverzügliche Meldung an das Zentrale Testamentsregister (→ Form. XI.1 Anm. 17).

## 3. Notarielles Testament durch Übergabe einer verschlossenen Schrift

**Verhandelt zu[1, 2]. . . . .**
**am . . . . .**
**Vor mir, Notar . . . . .**
**erscheint, ausgewiesen durch Personalausweis:**
**Herr A, wohnhaft in . . . . . (Ort, Straße), geboren am . . . . . in . . . . . (Ort) und nach seinen Angaben deutscher Staatsangehöriger. Er besitzt die erforderliche Testierfähigkeit, wie ich mich durch ein längeres mit ihm geführtes Gespräch überzeugte.**

**Der Anwesende wünschte die Errichtung eines öffentlichen Testaments durch Übergabe einer verschlossenen Schrift ohne Zuziehung von Zeugen und übergab[3] mir den dieser Niederschrift beigefügten verschlossenen Umschlag[4] und erklärte mir in meiner Eigenschaft als Notar dabei mündlich,[5] dass die in diesem Umschlag befindliche Schrift seinen letzten Willen enthalte. Er versicherte, dass ich oder mit mir zu gemeinsamer Berufsausübung verbundene Personen oder mein Ehegatten bzw. Lebenspartner oder ein Angehö-**

**riger iSd § 7 BeurkG in dem Testament weder bedacht, noch zum Testamentsvollstrecker ernannt ist.[6] Ich kennzeichnete[7] dann den verschlossenen Umschlag mit der Aufschrift: „Dieser Umschlag enthält das Testament des Herrn A, geboren am ..... in ..... (Ort) und wohnhaft in ..... (Ort, Straße)" und fügte ihn der Niederschrift bei.**

**(Schlussformel → Form. XV.1 und zusätzlich:) Der Notar wies den Testator nachdrücklich darauf hin, dass sich ungeachtet zuvor erfolgter Besprechung mit dem Notar oder anderweitiger Beratung Risiken für die Erreichung der mit dem Testament erstrebten Ziele ergeben können, wenn der Notar wie hier die letztlich gewählte Formulierung nicht überprüfen kann.[8]**

## Anmerkungen

1. **Sachverhalt.** Es wird ein öffentliches Einzeltestament zur Niederschrift eines Notars in der Weise errichtet, dass der Testator persönlich dem Notar einen verschlossenen Umschlag übergibt und dabei erklärt, dass die in dem Umschlag befindliche Schrift seinen letzten Willen enthalte. Der Notar errichtet nur über diesen Vorgang eine Niederschrift und fügt ihr den verschlossenen Umschlag bei. Die Niederschrift wird verlesen, vom Testator genehmigt und von ihm und dem Notar unterschrieben.

2. **Anwendungsfälle.** Diese Art der Testamentserrichtung kommt dem Bedürfnis des Testators nach Geheimhaltung seines letzten Willens auch vor dem Notar entgegen. Sie verbindet den Vorteil der größeren Sicherheit des öffentlichen Testaments mit dem der Geheimhaltung des privaten Testaments. Der Testator erkauft dies allerdings damit, dass er praktisch auf die ihm zustehende Rechtsbelehrung durch den Notar verzichtet.

3. **Erfordernisse der Niederschrift.** → Form. XI.2 Anm. 3.

4. Der Notar darf von dem Inhalt der ihm verschlossen übergebenen Schrift ohne Willen des Erblassers keine Kenntnis nehmen. Er ist jedoch berechtigt, aber nicht verpflichtet, den Erblasser über den Inhalt der Schrift zu befragen und ihn auf mögliche Bedenken hinzuweisen (*Winkler* BeurkG § 30 Rn. 10).

5. → Form. XI.2 Anm. 5.

6. Diese Feststellung empfiehlt sich bei entsprechenden Anhaltspunkten, da die Unwirksamkeit der Zuwendung oder der Ernennung zum Testamentsvollstrecker nach § 27 BeurkG unabhängig davon eintritt, ob der Notar von der Zuwendung oder der Ernennung wusste (*Winkler* BeurkG § 27 Rn. 13).

7. **Kennzeichnung und weiteres Verfahren.** → Form. XI.2 Anm. 8/9.

8. Ein solcher Hinweis empfiehlt sich. Auf seine Unterlassung kann jedoch keine Haftung des Notars gestützt werden (*Boehmer* DNotZ 1940, 144 f.).

# 4. Übersicht über Sondervorschriften für Verfügungen von Todes wegen behinderter Personen

*Schrifttum: Dickuth-Harrach*, Testament durch Wimpernschlag, FamRZ 2003, 493; *Ertl*, Gestaltung von Testamenten und anderen Rechtsgeschäften für den Todesfall von sprech- oder schreibbehinderten Personen, MittBayNot 1991, 196; *Frank*, Erbrechtliche

Regelungen des OLGVertrÄndG, NotBZ 2003, 8; *Frenz,* verfahrensrechtliche Besonderheiten bei der Beurkundung von Testamenten mit behinderten Personen, ZNotP 1998, 373; *Nieder,* Testamentserrichtung äußerungsbehinderter Erblasser, ZNotPrax 2001, 335; *Rossak,* neue Vorschriften zum materiellen Recht der Testamentserrichtung und zum Beurkundungsrecht bei Beteiligung von behinderten Erblassern, ZEV 2002, 435.

| **Art der Behinderung des Erblassers:** | **Möglichkeiten der Errichtung von Vfg. v. Todes wg. und Sondervorschriften:** | **betr. Form.:** |
|---|---|---|
| 1. Hinsichtlich der Unterschrift Schreibbehinderter der Lesen kann | Alle öffentl. Vfg. v. Todes wg. unter Zuziehung eines Schreibzeugen od. 2. Notars (§ 25 BeurkG), wenn nicht bereits Zeuge nach § 22 BeurkG zugezogen | XI. 5 |
| 2. Schrift- und Lesensunkundiger | | |
| a) auch hinsichtlich Namens | Vfg. v. Todes wg. nur durch Erklärung (§ 2233 Abs. 2 BGB) unter Zuziehung eines Schreibzeugen od. 2. Notars (§ 25 BeurkG), wenn nicht bereits Zeuge nach § 22 BeurkG zugezogen | XI. 5 |
| b) nicht hinsichtlich Namens | Vfg. v. Todes wg. nur durch Erklärung (§ 2233 Abs. 2 BGB) | XI. 1 |
| 3. Blinder | | |
| a) Blindenschrift beherrschend | Vfg. v. Todes wg. durch Übergabe einer Blindenschrift (§ 2232 Abs. 2 BGB) od. durch Erklärung. Mangels Verzichts, Zuziehung eines Zeugen od. 2. Notars (§ 22 BeurkG) | XI. 6 |
| b) Blindenschrift nicht beherrschend | Vfg. v. Todes wg. nur durch Erklärung (§ 2233 Abs. 2 BGB). Mangels Verzichts, Zuziehung eines Zeugen od. 2. Notars (§ 22 BeurkG) | XI. 6 |
| c) schreibunfähig | Zuziehung eines Schreibzeugen od. 2. Notars (§ 25 BeurkG), wenn nicht bereits Zeuge nach § 22 BeurkG zugezogen | XI. 6 |
| 4. Stummer (nicht taub) | | |
| a) schreib- und lesensfähig | Alle Vfg. v. Todes wg.; mangels Verzichts, Zuziehung eines Zeugen od. 2. Notars (§ 22 Abs. 1 S. 1 BeurkG). Auf Verlangen Zuziehung eines Gebärdendolmetschers (§ 22 Abs. 1 S. 2 BeurkG). Ferner eigenhändiges Testament möglich. | XI. 9 |
| b) schreib- aber nicht lesensunfähig | Alle Vfg. v. Todes wg. Zuziehung eines Erklärungshelfers nach § 24 BeurkG; mangels Verzichts, Zuziehung eines Zeugen od. 2. Notars (§ 22 Abs. 1 S. 1 BeurkG). Auf Verlangen Zuziehung eines Gebärdendolmetschers (§ 22 Abs. 1 S. 2 BeurkG). | XI. 9 |
| c) schreibfähig aber lesensunfähig | Vfg. v. Todes wg. nur durch Erklärung; Zuziehung eines Erklärungshelfers nach § 24 BeurkG (§ 2233 Abs. 2 BGB); mangels Verzichts, Zuziehung eines Zeugen od. 2. Notars (§ 22 Abs. 1 S. 1 BeurkG). Auf Verlangen Zuziehung eines Gebärdendolmetschers (§ 22 Abs. 1 S. 2 BeurkG). | XI. 9 |
| 5. Tauber (nicht stumm) | | |
| a) schreib- und/oder lesensfähig | Vfg. v. Todes wg. in jeder Form. Niederschrift ist statt vorzulesen zur Durchsicht vorzulegen (§ 23 BeurkG). mangels Verzichts, Zuziehung eines Zeugen od. 2. Notars (§ 22 Abs. 1 S. 1 BeurkG). Auf Verlangen Zuziehung eines Gebärdendolmetschers (§ 22 Abs. 1 S. 2 BeurkG). | XI. 7 |

| **Art der Behinderung des Erblassers:** | **Möglichkeiten der Errichtung von Vfg. v. Todes wg. und Sondervorschriften:** | **betr. Form.:** |
|---|---|---|
| b) lesensunfähig | Vfg. v. Todes wg. nur durch Erklärung (§ 2233 Abs. 2 BGB): Zuziehung eines Erklärungshelfers gem. § 24 BeurkG; mangels Verzichts, Zuziehung eines Zeugen od. 2. Notars (§ 22 Abs. 1 S. 1 BeurkG). Auf Verlangen Zuziehung eines Gebärdendolmetschers (§ 22 Abs. 1 S. 2 BeurkG). Falls Verständigung auch mittels eines Erklärungshelfers nach § 24 BeurkG nicht möglich = faktische Testierunfähigkeit. | XI. 8 |
| 6. Taubstummer | | |
| a) schreib- und lesensfähig | Wie Ziff. 4a, zusätzlich ist die Niederschrift statt vorzulesen zur Durchsicht vorzulegen (§ 23 BeurkG) | XI. 1 |
| b) schreib- aber nicht lesensunfähig | Alle Vfg. v. Todes wg.; Zuziehung eines Erklärungshelfers (zB Taubstummendolmetscher od. naher Angehöriger) gem. § 24 BeurkG. mangels Verzichts, Zuziehung eines Zeugen od. 2. Notars (§ 22 Abs. 1 S. 1 BeurkG). Auf Verlangen Zuziehung eines Gebärdendolmetschers (§ 22 Abs. 1 S. 2 BeurkG). Falls Verständigung auch mittels eines Erklärungshelfers nach § 24 BeurkG nicht möglich = faktische Testierunfähigkeit. | XI. 1 |
| c) schreibfähig aber lesensunfähig | Vfg. v. Todes wg. nur durch Erklärung (§ 2233 Abs. 2 BGB): Zuziehung eines Erklärungshelfers gem. § 24 BeurkG; mangels Verzichts, Zuziehung eines Zeugen od. 2. Notars (§ 22 Abs. 1 S. 1 BeurkG). Auf Verlangen Zuziehung eines Gebärdendolmetschers (§ 22 Abs. 1 S. 2 BeurkG). Falls Verständigung auch mittels eines Erklärungshelfers nach § 24 BeurkG nicht möglich = faktische Testierunfähigkeit. | XI. 1 |
| 7. Minderjähriger über 16 Jahre (schreib- und lesensfähig) | Vfg. v. Todes wg. nur durch Übergabe einer offenen Schrift (§ 2233 Abs. 1 BGB). | XI. 2 |
| 8. Sprachunkundiger | Falls Notar nicht selbst übersetzt, muss Dolmetscher zugezogen werden (§ 16 BeurkG). Mangels Verzichts ist Übersetzung anzufertigen und der Niederschrift beizufügen (§ 32 BeurkG). | XI. 11 |

Die Behinderung muss jeweils wahlweise auf Grund Angabe des Behinderten oder der Überzeugung des Notars festgestellt und in der Niederschrift festgehalten werden.

Der Verzicht der Beteiligten auf die Zuziehung eines Zeugen oder zweiten Notars nach § 22 BeurkG oder die Anfertigung einer Übersetzung nach § 32 BeurkG soll jeweils in der Niederschrift festgestellt werden.

Die Sondervorschriften stellen weder formell noch materiell direkt auf bestimmte Behinderungen bzw. Erkrankungen ab. Auf Analphabeten beispielsweise ist zwar wie für Blinde § 2233 Abs. 2 BGB anwendbar (nur öffentliches Testament durch Erklärung), nicht aber § 22 BeurkG. Bei ihnen kann aber die Hinzuziehung eines Schreibzeugen nach § 25 BeurkG zwingend erforderlich sein, wenn sie auch den eigenen Namen nicht schreiben können – was allein aufgrund Blindheit noch nicht der Fall sein muss. Wenn der hochgradig Schwachsichtige seine Brille vergessen hat, wird nach § 22 BeurkG verfahren, der Betreffende könnte aber dennoch zuhause ein eigenhändiges Testament verfassen.

## 5. Notarielles Testament eines Schreibunfähigen

**Verhandelt zu[1, 2] . . . . .**
**am . . . . .**
**Vor mir, Notar . . . . . erscheint, ausgewiesen durch Personalausweis: Herr A, wohnhaft in . . . . . (Ort, Straße), geboren am . . . . . in . . . . . (Ort) und nach seinen Angaben deutscher Staatsangehöriger. Er besitzt die erforderliche Testierfähigkeit, wie ich mich durch ein längeres mit ihm geführtes Gespräch überzeugte.**

**Der Anwesende wünscht die Errichtung eines öffentlichen Testaments ohne Zuziehung von Zeugen[3] durch mündliche Erklärung.[4] Da der Testator nach seinen Angaben und der Überzeugung des Notars seinen Namen nicht zu schreiben vermag[5] zog der Notar beim Vorlesen und der Genehmigung Herrn F, wohnhaft in . . . . . (Ort, Straße) als Schreibzeugen zu.[6] In seiner Person liegen keine Mitwirkungsverbote nach § 26 BeurkG vor.[7] Der Testator erklärte dem Notar mündlich wie folgt seinen letzten Willen: . . . . .**

**Abschlussvermerk:**

**Vorstehende Niederschrift wurde in Gegenwart des Schreibzeugen und des Notars dem Testator vorgelesen, von ihm genehmigt und von dem Schreibzeugen[8] eigenhändig unterschrieben:[9]**

. . . . . . . . . . . .
**Unterschriften**

### Anmerkungen

**1. Sachverhalt.** Der Testator kann, gleichgültig aus welchem Grund, seinen eigenen Namen nicht schreiben.

**2. Anwendungsfälle.** § 25 BeurkG stellt allein auf den Mangel der Fähigkeit ab, den eigenen Namen schreiben zu können. Unwesentlich ist, ob der Betreffende darüber hinausgehende Schreibfähigkeit besitzt. Unwesentlich ist ferner, ob der Testator lesen kann. Dies spielt nur eine Rolle bezüglich der Art von öffentlichen Testamenten, die er errichten kann (§ 2233 Abs. 2 BGB). Wer seinen Namen in fremden Schriftzeichen schreiben kann, ist nicht schreibunfähig (*Winkler* BeurkG § 25 Rn. 4). Ein Handzeichen reicht jedoch nicht aus. Ohne Bedeutung ist der Grund der Schreibunfähigkeit, es kommen daher zB in Frage Analphabetismus (Schreib- u. Leseunfähigkeit), Krankheit, Lähmung, Verletzung der Hand, Schwäche (Schreibbehinderung). Blinde, die schreiben können, müssen die Niederschrift unterzeichnen (*Haegele* Rpfleger 1969, 415). Gleichgültig ist auch, wie die Unterschrift vollzogen wird, zB mit der Hand, dem Fuß oder dem Mund. Zur Unterstützung des Testators bei der Unterschrift (Schreibhilfe) → Form. XI.1 Anm. 19.

**3. Zeugen auf Verlangen.** Durch diese Formulierung wird festgestellt, dass der Testator keine Zuziehung von bis zu zwei Zeugen oder einem zweiten Notar nach § 29 BeurkG verlangt. Würden solche Personen auf Verlangen zugezogen, bedürfte es keiner Zuziehung eines besonderen Schreibzeugen mehr (*Winkler* BeurkG § 25 Rn. 11). Zwar ist nach dem Wortlaut des § 25 BeurkG nur dann ein Schreibzeuge nicht zuzuziehen, wenn bereits nach § 22 BeurkG ein Zeuge oder zweiter Notar zugezogen ist, aber wenn schon diese kraft Gesetzes zuziehenden Zeugen zugleich die Funktion eines Schreibzeugen erfüllen können, müssen erst recht auf Wunsch des Testators zugezogene Zeugen dazu in der Lage sein. Eine Vertrauensperson (§ 24 BeurkG) oder ein Dolmetscher (§ 16 BeurkG) können jedoch nicht gleichzeitig Schreibzeugen sein.

**4. Art des öffentlichen Testaments.** Hinsichtlich der Frage, welche Arten von öffentlichen Testamenten Schreibunfähige errichten können, ist zu unterscheiden zwischen Schreibbehinderten und Schreibunkundigen. Schreibbehinderte, dh Personen, die lesen und schreiben können, aber infolge Krankheit oder Gebrechen am Schreiben gehindert sind, können öffentliche Testamente in allen Formen des § 2232 BGB errichten. Leseunkundige Personen (Analphabeten) dürfen, selbst wenn sie ihren Namen schreiben können, ein Testament nur durch Erklärung errichten (§ 2233 Abs. 2 BGB).

**5. Beurteilung der Unfähigkeit.** Voraussetzung für die Zuziehung eines Schreibzeugen oder zweiten Notars nach § 25 BeurkG ist nicht die Schreibunfähigkeit des Testators, sondern entweder seine Angabe, seinen Namen nicht schreiben zu können oder die Überzeugung des Notars hiervon oder, wie im Formular, beides zusammen. Prägnant kann das Vorliegen beider Voraussetzungen auch durch die sog. Hieber'sche Klausel in der Urkunde festgestellt werden. Sie lautet: „Der Testator erklärte zur Überzeugung des Notars, dass er seinen Namen nicht schreiben könne". Die Erklärung der Schreibunfähigkeit durch den Erblasser bindet den Notar. Sie ist aber abzugrenzen von Erklärungen, die darauf hinauslaufen, nicht unterschreiben zu wollen. Eine mentale Hemmung kann zB auf Verweigerung der Genehmigung der Niederschrift hinauslaufen (vgl. *Winkler* BeurkG § 25 Rn. 6). Die Erklärung, blind zu sein, genügt als Angabe bzw. Grundlage der Meinungsbildung des Notars nicht, da Blindheit nicht mit Schreibunfähigkeit gleichgesetzt werden kann (BGHZ 31, 136 = NJW 1960, 813).

**6. Zuziehung eines Schreibzeugen.** Der Schreibzeuge oder zweite Notar muss vom Notar zugezogen werden (Ausnahme → Anm. 3). Die Wirkung des Zugezogenen besteht darin, dass er die Unterschrift des schreibunfähigen Testators ersetzt. Die Zuziehung ist im Fall des § 25 BeurkG zwingend. Ihr Unterlassen hat die Nichtigkeit der Beurkundung zur Folge (*Winkler* BeurkG § 25 Rn. 16). Nach § 25 S. 2 BeurkG soll der Notar in der Niederschrift festhalten, dass der Testator seinen Namen nicht schreiben kann, wie er zu dieser Feststellung gelangt ist – durch Angabe des Testators, eigene Überzeugung oder beidem – und wen er als Zeugen oder zweiten Notar zugezogen hat. Der Schreibzeuge muss zur Mitwirkung bereit sein. Er bestätigt mit seiner Unterschrift, dass die Niederschrift den Beteiligten vorgelesen und vor allem vom Schreibunfähigen genehmigt worden ist (BayObLG MittBayNot 1984, 204 (206)). Der Schreibzeuge sollte bei der gesamten Verhandlung zugezogen werden, nicht nur beim Vorlesen und der Genehmigung (vgl. *Grziwotz/Heinemann* BeurkG § 25 Rn. 19 und *Winkler* BeurkG § 25 Rn. 11, die das für zwingend ansehen). Stellt sich erst nach dem Vorlesen die Schreibunfähigkeit des Testators heraus, muss ein Schreibzeuge zugezogen und nochmals vorgelesen werden. Im Zweifel ist daher die vorsorgliche Zuziehung anzuraten (*Winkler* BeurkG § 25 Rn. 8).

**7. Mitwirkungsverbote.** Nach § 26 BeurkG soll als Zeuge oder zweiter Notar gem. §§ 22, 25 und 29 BeurkG nicht zugezogen werden, wer:

a) selbst beteiligt ist oder durch einen Beteiligten vertreten wird,
b) aus einer beurkundeten Willenserklärung einen rechtlichen Vorteil erlangt, – was auch der Fall ist, wenn er in der Verfügung von Todes wegen bedacht oder zum Testamentsvollstrecker ernannt wird (§ 27 BeurkG) –
c) mit dem Notar verheiratet oder als eingetragener Lebenspartner verbunden ist,
d) mit dem Notar in gerader Linie verwandt ist oder war.

Als Zeuge gem. §§ 22, 25 und 29 BeurkG soll nicht zugezogen werden, wer:

a) zu dem Notar in einem ständigen Dienstverhältnis steht. Das sind nicht nur die Angestellten in seiner amtlichen Tätigkeit. Nicht gelten soll der Ausschlussgrund für die Kassenangestellten in Bayern (fraglich, vgl. *Armbrüster* in Armbrüster/Preuß/Renner 5. Aufl. BeurkG § 26 Rn. 8, revidiert von *Seger* in Armbrüster/Preuß/Renner 6. Aufl.

BeurkG § 26 Rn. 8) in keinem Dienstverhältnis zum Notar stehen zur Ausbildung zugewiesene Referendare und Notarassessoren (dennoch bedenklich aufgrund Weisungsverhältnis).
b) minderjährig ist,
c) geisteskrank oder geistesschwach ist,
d) nicht schreiben kann,
e) der deutschen Sprache nicht hinreichend kundig ist, es sei denn im Falle des § 5 Abs. 2 BeurkG, wenn er der Sprache der Niederschrift hinreichend kundig ist.

Ein Verstoß gegen die Mitwirkungsverbote führt, sofern der Schreibzeuge im Fall des § 25 S. 3 BeurkG wenigstens seinen Namen schreiben konnte, nicht zur Unwirksamkeit der Urkunde (*Winkler* BeurkG § 26 Rn. 14). § 26 BeurkG bezieht sich nicht auf Dolmetscher gem. § 16 BeurkG und Vertrauenspersonen nach § 24 BeurkG (*Winkler* BeurkG § 26 Rn. 2; s. aber auch *Frank* NotBZ 2003, 9). Für Dolmetscher finden die Ausschließungsgründe nach §§ 6, 7 BeurkG entsprechende Anwendung (§ 16 Abs. 3 BeurkG), bei Vertrauenspersonen sind nur die ihnen zugewandten rechtlichen Vorteile unwirksam (§§ 24 Abs. 2, 27 BeurkG).

**8. Unterschrift des Schreibzeugen.** Der zugezogene Schreibzeuge oder zweite Notar muss, auch wenn zugleich ein Fall der Zuziehung nach §§ 29 oder 22 BeurkG vorliegt (Unterzeichnung hier Sollvorschrift), die Niederschrift unterschreiben (§ 25 S. 3 BeurkG).

**9. Kosten.** Gebärdendolmetscher sowie Urkundszeugen gem. §§ 22, 24, 25, 29 BeurkG können eine Vergütung erhalten, die mangels gesetzlicher Regelung frei zu vereinbaren ist, aber, wenn sie gezahlt wird, vom Notar in tatsächlich angefallener Höhe als Auslage geltend gemacht wird (KV Nr. 32010 GNotKG). Ein hinzugezogener zweiter Notar erhält gem. KV Nr. 25205 GNotKG die Hälfte der dem beurkundenden Notar zustehenden Beurkundungsgebühr und Auslagenersatz im Fall einer Geschäftsreise, jedoch keine Zusatzgebühr für die Abwesenheit von der eigenen Geschäftsstelle. Der hinzuziehende Notar teilt dem zweiten die Höhe der erhobenen Beurkundungsgebühr mit (KV Nr. 25202 (2) GNotKG). Wenn der Urkundsnotar die Gebühren des zweiten verauslagt, kann er sie selbst vom Testator nach KV Nr. 32010 GNotKG geltend machen.

## 6. Notarielles Testament eines Blinden

**Verhandelt zu[1, 2] . . . . .**

**am . . . . .**

**Vor mir, Notar . . . . .**

**erscheint, ausgewiesen durch Personalausweis:**

**Herr A, wohnhaft in . . . . . (Ort, Straße), geboren am . . . . . in . . . . . (Ort) und nach seinen Angaben deutscher Staatsangehöriger. Er besitzt die erforderliche Geschäftsfähigkeit, wie sich der Notar durch ein längeres mit ihm geführtes Gespräch überzeugte.**

**Der Anwesende wünscht die Errichtung eines öffentlichen Testaments durch mündliche Erklärung,[3] ohne die Zuziehung von Zeugen gem. § 29 BeurkG zu verlangen. Da der Testator nach seinen Angaben und nach der Überzeugung des Notars nicht hinreichend zu sehen vermag,[4] und ein Verzicht des Beteiligten auf die Zuziehung eines Zeugen oder zweiten Notars nicht erfolgte, zog der Notar Herrn F, wohnhaft in . . . . . (Ort, Straße) als Zeugen zu.[5] In seiner Person liegen keine Mitwirkungsverbote nach § 26 BeurkG vor. Der Testator erklärte darauf dem Notar mündlich wie folgt seinen letzten Willen: . . . . .**

**Abschlussvermerk:**

**Vorstehende Niederschrift wurde in Gegenwart des Notars vorgelesen, vom Erblasser genehmigt und von ihm, dem Zeugen und dem Notar eigenhändig unterschrieben:**[6]

. . . . . . . . . . . .

**Unterschriften**

*Schrifttum: Seybold,* Welche Anforderungen sind an die Überzeugung des Notars über die Blindheit eines Beteiligten zu stellen? DNotZ 1967, 543; *Schulze,* Über die Verwendung der Blindenschrift bei der Errichtung letztwilliger Verfügungen, DNotZ 1955, 629.

## Anmerkungen

**1. Sachverhalt.** Der Testator kann, gleichgültig aus welchem Grund, das Geschehen um sich herum nicht mehr deutlich wahrnehmen. Er kann jedoch hören und sprechen. Wenn der Testator die Urkundsperson noch in Umrissen sieht und sieht, von welcher Urkunde der zu verlesende Text abgelesen wird und unterscheiden kann, dass ihm diese Urkunde und nicht etwa ein anderes Schriftstück zur Unterzeichnung vorgelegt wird, kann sein Sehvermögen möglicherweise noch ausreichend sein (*Seybold* DNotZ 1967, 543 (544)).

**2. Anwendungsfälle.** Völlige Blindheit muss nicht vorliegen, auch hochgradige Schwachsichtigkeit genügt (*Winkler* BeurkG § 22 Rn. 7). Das Gesetz will den Testator davor schützen, dass ihm Willenserklärungen untergeschoben werden, die seinem Willen nicht entsprechen. Der Grund der Behinderung ist gleichgültig, in Frage kommen Blindheit durch Geburtsfehler, Krankheit, vorübergehende Sehstörung, Verbinden der Augen, aber auch Vergessen der Brille bei starker Kurzsichtigkeit. Blindheit iSv § 22 BeurkG ist nicht identisch mit Leseunfähigkeit nach § 2233 Abs. 2 BGB (*Winkler* § 22 Rn. 11). Zwar wird, wer blind iSv § 22 BeurkG ist, immer auch leseunfähig gem. § 2233 Abs. 2 BGB sein (sofern er nicht die Blindenschrift lesen kann). Wer jedoch leseunfähig ist, muss nicht blind iSv § 22 BeurkG sein. Der **Analphabet** kann zwar gemäß § 2033 Abs. 2 BGB auch nur durch Erklärung testieren, zur Hinzuziehung von Zeugen oder weiteren Notars kommt es aber nur auf seinen eigenen Wunsch, nicht auf Entscheidung des Notars (§ 29 BeurkG).

**3. Testiermöglichkeiten eines Blinden.** Wenn Blinde leseunfähig sind, können sie gem. § 2233 Abs. 2 BGB ein öffentliches Testament nur durch Erklärung gegenüber dem Notar und nicht durch Übergabe einer Schrift errichten. Beherrscht ein Blinder jedoch die Blindenschrift, so kann er das öffentliche Testament auch in der Weise errichten, dass er dem Notar ein in Blindenschrift geschriebenes Schriftstück, das er nicht selbst geschrieben zu haben braucht, mit der Erklärung überreicht, es enthalte seinen letzten Willen (*Voit* in Reimann/Bengel/J. Mayer § 2233 Rn. 6). Umstritten ist, ob ein Blinder, der die Blindenschrift zu lesen vermag, ein eigenhändiges Testament in Blindenschrift errichten kann. Von der wohl hM wird dies verneint (LG Hannover NJW 1972, 1204; BayObLG MittBayNot 1995, 56; anders *Neuner* NJW 2000, 1822 (1827) und ablehnend Soergel/*J. Mayer* § 2247 Rn. 17).

**4. Feststellung der Behinderung.** Erklärt sich der Beteiligte selbst für sehunfähig, ist der Notar bis auf offensichtlichen Missbrauch (*Winkler* BeurkG § 22 Rn. 13, str.) daran gebunden. Verneint er dies, kann der Notar dennoch zur entsprechenden Überzeugung gelangen. Ob die Angaben des Testators richtig waren, ob der Notar zu Recht überzeugt war oder er sich geirrt hat oder getäuscht wurde, beeinflusst die Wirksamkeit der Beurkundung nicht (*Winkler* BeurkG § 22 Rn. 15).

**5. Zuziehung eines Zeugen.** Liegen die Voraussetzungen des § 22 BeurkG vor, soll der Notar nach § 22 Abs. 1 BeurkG einen Zeugen oder zweiten Notar zuziehen, es sei denn sämtliche Beteiligten, nicht nur der Behinderte, verzichten darauf. Zeuge kann jeder sein, der nicht nach § 26 BeurkG von der Mitwirkung ausgeschlossen ist (→ Form. XI.5 Anm. 7). Der Zeuge muss zur Mitwirkung bereit sein (OLG Celle OLGZ 1968, 487), er kann nicht dazu gezwungen werden. Der Zeuge wird nicht vereidigt. Er muss beim ganzen Beurkundungsakt als Kontrollperson zugegen sein. Der Zeuge vertritt nicht den Blinden, sondern hat nur die Aufgabe, den korrekten Ablauf des Beurkundungsverfahrens zu überwachen. Sowohl die Feststellungen über die Blindheit des Testators als auch die Zuziehung des Zeugen sollen in der Niederschrift vermerkt werden (§ 22 Abs. 1 S. 2 BeurkG). Sämtliche in § 22 BeurkG enthaltenen Bestimmungen sind Sollvorschriften und ein Verstoß gegen sie hat daher auf die Gültigkeit der Urkunde keinen Einfluss (*Winkler* BeurkG § 22 Rn. 29).

**6. Die Unterschriften.** Die Erklärung, blind zu sein, enthält nicht ohne weiteres auch die Erklärung, nicht schreiben zu können (BGH DNotZ 1960, 158 = NJW 1960, 813). Blinde, die schreiben können, müssen die Niederschrift unterschreiben, auch wenn ihre Unterschriften nicht die Bedeutung einer Genehmigung des unterzeichneten Schriftstücks haben können (OLG Koblenz NJW 1958, 1784). Wenn der Blinde nach seinen Angaben oder der Überzeugung des Notars seinen Namen nicht zu schreiben vermag, muss der Notar nach § 25 BeurkG einen Schreibzeugen zuziehen, wenn nicht bereits ein Zeuge oder zweiter Notar nach § 22 BeurkG oder § 29 BeurkG zugezogen war. Auf die Hinzuziehung eines Schreibzeugen oder weiteren Notars nach § 25 BeurkG kann anders als bei Anwendung allein des § 22 BeurkG nicht verzichtet werden. Der Notar soll die Hinzuziehung in der Niederschrift feststellen. Auch der Zeuge oder der zweite Notar sollen die Niederschrift unterschreiben (§ 22 Abs. 2 BeurkG). Der Notar muss die Urkunde bei Vermeidung ihrer Nichtigkeit eigenhändig unterzeichnen (§ 13 Abs. 3 BeurkG). Eine Verweisung auf der Urkunde beigefügte Pläne und Karten gem. § 9 Abs. 1 Ziff. 3 BeurkG ist bei Beteiligung eines Blinden nicht möglich, da ihm die Anlage nicht wie in § 13 Abs. 1 BeurkG vorgeschrieben anstelle des Vorlesens zur Durchsicht vorgelegt werden kann (*Seyfang* BWNotZ 83, 82).

**7. Kosten.** Bezüglich der Vergütung des Zeugen oder eines zweiten Notars → Form. XI.5 Anm. 9.

## 7. Notarielles Testament eines Tauben (Gehörlosen), der sprechen kann und mit dem eine schriftliche Verständigung möglich ist

**Verhandelt zu[1, 2] . . . . .**

**am . . . . .**

**Vor mir, Notar . . . . . . . . . . .**

**erscheint, ausgewiesen durch Personalausweis:**

**Herr A, wohnhaft in . . . . . (Ort, Straße), geboren am . . . . . in . . . . . (Ort) und nach seinen Angaben deutscher Staatsangehöriger. Er besitzt die erforderliche Testierfähigkeit, wie sich der Notar durch schriftliches Befragen überzeugte.**

**Der Anwesende wünscht die Errichtung eines öffentlichen Testaments durch mündliche Erklärung,[3] ohne die Zuziehung von Zeugen gem. § 29 BeurkG und eines Gebärdendolmetschers nach § 22 Abs. 1 BeurkG zu verlangen. Da der Testator nach seinen Angaben und nach der Überzeugung des Notars nicht hinreichend zu hören vermag[4] und ein**

**Verzicht des Beteiligten nach § 22 Abs. 1 BeurkG auf die Zuziehung eines Zeugen oder zweiten Notars nicht erfolgte,[5] zog der Notar Herrn F, wohnhaft in ..... als Zeugen zu.[6] In seiner Person liegen keine Mitwirkungsverbote nach § 26 BeurkG vor. Der Testator, mit dem eine schriftliche Verständigung möglich ist, da er lesen und schreiben kann,[7] erklärte darauf dem Notar mündlich wie folgt seinen letzten Willen: .....**

**Schlussformel:**

**Vorstehende Niederschrift wurde dem Testator zur Durchsicht vorgelegt,[8] von ihm genehmigt und von ihm, dem Zeugen und dem Notar eigenhändig unterschrieben:**

**............**

**Unterschriften**

## Anmerkungen

1. **Sachverhalt.** Der Testator kann gleich aus welchen Gründen, nicht hinreichend hören, jedoch sprechen, und mit ihm ist eine schriftliche Verständigung möglich, da er zumindest lesen kann.

2. **Anwendungsfälle.** Hochgradige, an Taubheit grenzende Schwerhörigkeit steht der Taubheit gleich, wenn der Behinderte kein Hörgerät verwendet. Als Grund der Taubheit kommen Geburtsfehler, Krankheit, Altersschwäche aber auch ein Kopfverband in Frage. Ein Tauber kann, wenn er nicht sonst behindert ist, ein öffentliches Testament durch mündliche Erklärung oder durch Übergabe einer offenen oder verschlossenen Schrift errichten und natürlich auch ein eigenhändiges Testament. Für die Errichtung eines öffentlichen Testaments in einer der möglichen Formen kommt es nicht darauf an, dass der Gehörlose die Fähigkeit besitzt, die Sprache dem Notar vom Munde abzulesen und dann entsprechend zu antworten. Es ist vielmehr erforderlich aber auch genügend, dass der Notar sich mit ihm schriftlich verständigen kann (§ 24 BeurkG), was voraussetzt, dass er mindestens lesen und auf die ihm vom Notar schriftlich gestellten Fragen mündlich antworten kann. Kann er auch nicht sprechen, so ist er taubstumm, und es kommen zusätzlich die für Stumme geltenden Vorschriften zur Anwendung. Kann er nicht lesen, ist mit ihm eine schriftliche Verständigung nicht möglich und die Sondervorschriften des § 24 BeurkG (Zuziehung einer Person die sich mit dem Behinderten zu verständigen vermag) findet Anwendung. Der Notar muss sich abgesehen von der Vorlage der Urkunde zur Genehmigung nicht tatsächlich mit dem Gehörlosen schriftlich verständigen. Wenn aber schon die Möglichkeit nicht besteht und der Notar dies in der Urkunde vermerkt, muss er gem. § 24 BeurkG eine sog. Verständigungsperson (auch: Erklärungshelfer, Informationstransferhelfer) zuziehen. Der Notar kann sich mit einem Gehörlosen, mit dem auch eine schriftliche Verständigung möglich wäre, auch in der Weise verständigen, dass er die Fragen mündlich an ihn stellt, der Gehörlose, der diese Fähigkeit erlernt hat, sie ihm vom Munde abliest und ihm dann, zwar uU monoton und unmelodisch, da er sich selbst nicht hören kann, aber verständlich darauf antwortet.

3. **Mögliche Testamentsformen.** Der Gehörlose, der sprechen und lesen kann, kann ein öffentliches Testament in allen Testamentsformen errichten, es ist ihm lediglich jeweils anstatt des Vorlesens zur Durchsicht vorzulegen (§ 23 BeurkG). Kann er nicht lesen, ist die Errichtung nur in der Form der Erklärung gegenüber dem Notar, nicht jedoch durch Übergabe einer Schrift möglich (§ 2233 Abs. 2 BGB). Da man sich dann auch nicht schriftlich mit ihm verständigen kann, muss der Notar, wenn er dies in der Urkunde vermerkt, nach § 24 BeurkG einen Informationstransferhelfer zuziehen. Kann auch der sich nicht mit ihm verständigen, ist er faktisch testierunfähig. Kann der Gehörlose lesen und schreiben, kann er auch ein eigenhändiges Testament errichten.

**4. Feststellung der Behinderung.** → Form. XI.6 Anm. 4.

**5. Verzicht auf die Zuziehung eines Zeugen.** Gem. § 22 Abs. 1 BeurkG kann der Testator auf die Zuziehung des Zeugen verzichten. Auch dies soll in der Niederschrift vermerkt werden.

**6. Zuziehung von Zeugen.** → Form. XI.6 Anm. 5.

**7. Schriftliche Verständigungsmöglichkeit.** Ist mit einem Gehörlosen eine schriftliche Verständigung nicht möglich, was der Fall ist, wenn er nicht mindestens lesen kann, so muss, wenn der Notar dies in der Urkunde feststellt, gem. § 24 BeurkG nF ein Informationstransferhelfer zugezogen werden, der sich mit dem Behinderten zu verständigen vermag. Zu beachten ist, dass die Mussvorschrift erst eingreift, wenn die Behinderung und die Unmöglichkeit der schriftlichen Verständigung in der Niederschrift festgestellt sind. Die Verpflichtung, diese Feststellung in der Niederschrift zu treffen, ergibt aus einer Sollvorschrift (Ordnungsvorschrift). Unterlässt der Notar daher pflichtwidrig die Feststellung trotz Vorliegens der Voraussetzungen, hat dies auf die Wirksamkeit der Beurkundung keinen Einfluss (*Winkler* BeurkG § 24 Rn. 20). Sofern sich der Notar mit dem tauben Erblassers schriftlich verständigt hat, kann es sich anbieten, die schriftlich vorgelegten Fragen samt Antwort in der Niederschrift selbst aufführen. Es ist dies aber nicht notwendig.

**8. Vorlage der Niederschrift zur Durchsicht.** Gehörlosen Beteiligten muss die Niederschrift nach § 23 BeurkG zur Durchsicht vorgelegt werden. Nur wenn außer dem Tauben noch andere Beteiligte mitwirken, muss zusätzlich vorgelesen werden. Zeugen nach § 22 BeurkG lösen gem. dem Wortlaut des § 13 BeurkG keine Vorlesungspflicht aus (*Winkler* § 23 Rn. 4). Liest der Notar vor, statt zur Durchsicht vorzulegen, führt dies nur dann zur Unwirksamkeit der Beurkundung, wenn in der Niederschrift festgestellt wurde, dass der Beteiligte nicht hinreichend zu hören vermag. Fehlt diese Feststellung, ist die Beurkundung auch ohne Vorlage zur Durchsicht gültig, selbst wenn die Behinderung tatsächlich bestanden hat (*Seger* in *Armbrüster/Preuß/Renner* § 23 Rn. 6). Die Vorlage zur Durchsicht ersetzt nur das Vorlesen, daneben bleibt die Genehmigung und die Unterschrift des Tauben nach § 13 BeurkG notwendig. Kann der taube Erblasser seinen Namen nicht schreiben, so muss nach § 25 BeurkG ein Schreibzeuge zugezogen werden, wenn nicht bereits ein Zeuge nach §§ 22 oder 29 BeurkG zugezogen war.

**9. Kosten.** Bezüglich der Vergütung des Zeugen oder eines zweiten Notars → Form. XI.5 Anm. 9.

## 8. Notarielles Testament eines Tauben (Gehörlosen), mit dem eine schriftliche Verständigung nicht möglich ist, der jedoch sprechen kann

**Verhandelt zu[1, 2] . . . . .**
**am . . . . .**
**Vor mir, Notar . . . . .**
**erscheint, ausgewiesen durch Personalausweis:**
**Herr A, wohnhaft in . . . . . (Ort, Straße), geboren am . . . . . in . . . . . (Ort) und nach seinen Angaben deutscher Staatsangehöriger. Er besitzt die erforderliche Testierfähigkeit, wie sich der Notar durch Befragung über den Erklärungshelfer nach § 24 BeurkG, die der Erblasser mündlich beantwortete, überzeugte.**

**Der Anwesende wünscht die Errichtung eines öffentlichen Testaments durch mündliche Erklärung,[3] und zwar ohne die Zuziehung von Zeugen gem. § 29 BeurkG zu verlangen.**

**Da der Testator nach seinen Angaben und nach der Überzeugung des Notars nicht hinreichend zu hören vermag, zog der Notar Herrn F, wohnhaft in . . . . . (Ort, Straße) als Zeugen zu.[4] In seiner Person liegen keine Mitwirkungsverbote nach § 26 BeurkG vor. Da nach Angaben des Testators und nach der Überzeugung des Notars eine schriftliche Verständigung mit ihm nicht möglich ist,[5] zog der Notar ferner im Einverständnis mit dem Testator den Gebärdensprachdolmetscher Herrn S, wohnhaft in . . . . . (Ort, Straße) als Erklärungshelfer nach § 24 BeurkG zu. Mit ihm kann sich der Testator nach festem Eindruck des Notars verständigen. Herr S. übermittelte dem Testator die Fragen des Notars.[6] Der Testator erklärte darauf mündlich wie folgt seinen letzten Willen: . . . . .**
**Schlussformel:**
**Vorstehende Niederschrift wurde den Erschienenen vorgelesen,[7] vom Testator genehmigt und von ihm,[8] dem Zeugen, dem Gebärdensprachdolmetscher[9] und dem Notar eigenhändig unterschrieben:**

**. . . . . . . . . . . .**
**Unterschriften**

*Schrifttum: Ertl,* Gestaltung von Testamenten und anderen Rechtsgeschäften für den Todesfall von sprech- oder schreibbehinderten Personen, MittBayNot 1991, 196; *Frank,* Erbrechtliche Regelungen des OLGVertrÄndG, NotBZ 2003, 8; *Nieder,* Testamentserrichtung äußerungsbehinderter Erblasser, ZNotPrax 2001, 335; *Rossak,* neue Vorschriften zum materiellen Recht der Testamentserrichtung und zum Beurkundungsrecht bei Beteiligung von behinderten Erblassern, ZEV 2002, 435.

## Anmerkungen

**1. Sachverhalt.** Der Testator kann, gleichgültig aus welchen Gründen, nicht hinreichend hören, jedoch sprechen, und mit ihm ist eine schriftliche Verständigung nicht möglich, da er, gleichgültig aus welchen Gründen, nicht lesen kann.

**2. Anwendungsfälle.** Mit einem Tauben, der sprechen und lesen oder schreiben und lesen, aber nicht sprechen (Taubstummer) kann, ist eine schriftliche Verständigung möglich. Nicht schriftlich verständigen kann sich ein Gehörloser, der nicht lesen kann, da er keine mündlichen oder schriftlichen Fragen versteht (*Winkler* BeurkG § 24 Rn. 4). Der Grund des Unvermögens zu schriftlicher Kommunikation ist ohne Bedeutung. Analphabetismus, Blindheit, vorübergehende Sehstörung oder verbundene Augen können die Ursache sein, dass der Taube nicht lesen kann und Analphabetismus, Lähmung der Hand oder vorübergehende Bewegungsunfähigkeit (Gipsverband) können der Grund für sein Schreibunvermögen sein.

**3. Testiermöglichkeiten.** Wer lesensunfähig ist, kann kein eigenhändiges Testament errichten (§ 2247 Abs. 4 BGB). Wenn mit einem Tauben eine schriftliche Verständigung nicht möglich ist, kann er nach § 2233 Abs. 2 BGB ein öffentliches Testament nur durch mündliche Erklärung gegenüber dem Notar errichten. Ein Taubstummer, der zugleich nicht lesen kann, war bis 2002 faktisch testierunfähig. Seit jedoch weitere Sonderregelungen für Stumme in den §§ 2233 Abs. 3 BGB, 31 BeurkG aF ersatzlos weggefallen sind, kann er mit Hilfe eines sog. Erklärungshelfers (auch: Informationstransferhelfer) nach § 24 BeurkG ein notarielles Testament errichten. So liegt der Fall hier: Da der Testator nicht hinreichend hören kann und sich auch nicht schriftlich zu verständigen vermag, so dass § 23 BeurkG (= zur Durchsicht vorlegen) nicht in Frage kommt, soll der Notar nach § 24 Abs. 1 BeurkG zu der Beurkundung eine Person zuziehen, die sich mit dem Behinderten zu verständigen vermag.

**4. Zeugenzuziehung.** Die Verpflichtung gem. § 22 BeurkG, einen Zeugen oder zweiten Notar zuzuziehen, sofern die Beteiligten nicht darauf verzichten, besteht auch, wenn eine Vertrauensperson nach § 24 BeurkG zugezogen wird. Die Vertrauensperson kann nicht zugleich Zeuge sein und umgekehrt (§ 24 Abs. 3 BeurkG).

**5. Zuziehung eines Erklärungshelfers.** Tatbestandsvoraussetzungen für die Verpflichtung des Notars (Mussvorschrift), einen Erklärungshelfer (Informationstransferhelfer) zuzuziehen, ist, dass der Testator

- nicht hinreichend zu hören **oder** (nicht und) zu sprechen vermag,
- und eine schriftliche Verständigung mit ihm nicht möglich ist,
- und dass der Notar, was er allerdings nur soll (Ordnungsvorschrift), beides in der Niederschrift festgestellt hat (§ 24 Abs. 1 BeurkG).

Die Auswahl der Person obliegt dem Notar. Der Testator muss jedoch mit der Zuziehung des Erklärungshelfers nach der Überzeugung des Notars einverstanden sein, was in der Niederschrift festgestellt werden soll. Als Erklärungshelfer kommen etwa Taubstummendolmetscher, vor allem aber Angehörige in Frage. Zweifelt der Notar an der Möglichkeit der Verständigung zwischen der zugezogenen Person und dem behinderten Testator, so soll er dies in der Niederschrift feststellen. Die Ausschließungsgründe der §§ 6, 7 BeurkG finden, anders als beim Sprachdolmetscher, auf den Informationstransferhelfer keine Anwendung (*Winkler* § 24 Rn. 13). Die Verfügung von Todes wegen ist allerdings insoweit unwirksam, als in ihr der Informationstransferhelfer bedacht oder zum Testamentsvollstrecker ernannt wird (§§ 24 Abs. 2, 27 BeurkG). Die Begünstigung von Angehörigen des Informationstransferhelfers ist jedoch unschädlich (*Winkler* BeurkG § 24 Rn. 13; *Seger* in *Armbrüster/Preuß/Renner* BeurkG § 24 Rn. 7). Ein Zeuge oder zweiter Notar nach §§ 22, 29 BeurkG oder ein Schreibzeuge nach § 25 BeurkG können nicht gleichzeitig Informationstransferhelfer sein (*Rossak* ZEV 2002, 436). Wohl kann aber, von der obigen Einschränkung abgesehen, ein Beteiligter, ein Sprachdolmetscher oder ein Gebärdensprachdolmetscher gleichzeitig als Erklärungshelfer mitwirken (*Rossak* ZEV 2002, 436). Die Tatsache der Zuziehung eines Informationstransferhelfers soll im Protokoll festgehalten werden (§ 24 Abs. 1 BeurkG).

**6. Die Verständigung des Erklärungshelfers mit dem Behinderten.** Der Erklärungshelfer muss sich in Gegenwart des Notars mit dem Behinderten verständigen. Zweifelt der Notar an der Möglichkeit der Verständigung zwischen der zugezogenen Person und dem Testator, so soll er dies in der Niederschrift feststellen (§ 24 Abs. 1 S. 3 BeurkG). Gerade bei der Zuziehung eines Erklärungshelfers aus dem Kreise der Angehörigen des Erblassers ist besonders darauf zu achten, dass der letzte Wille nicht fremdbestimmt wird. Der Erklärungshelfer muss dem Tauben die Fragen des Notars verständlich machen und dieser muss, da er das Testament nur durch Erklärung gegenüber dem Notar errichten darf (§ 2233 Abs. 2 BGB), die Antworten dem Notar erklären. Es genügt allerdings, dass der Erblasser sie konkludent durch Gebärden, Zeichen oder auf andere Weise dem Notar gegenüber abgibt (Palandt/*Weidlich* § 2232 Rn. 2). Auf jeden Fall genügt es wie bisher, wenn der Notar einen Entwurf vorliest, und der Erblasser auf die Frage nach der Bestätigung der Richtigkeit mit einem verständlichen „Ja" antwortet. Dies gilt auch, wenn der Entwurf von einer dritten Person, auch von dem Erklärungshelfer, gefertigt wurde, wenn nur die mitwirkenden Personen erkennen, worauf der wirkliche Wille des Erblassers gerichtet ist. Der Erklärungshelfer nach § 24 BeurkG muss während der ganzen Zeit der Beurkundung anwesend sein (BGH NJW 1970, 1602).

**7. Vorlesen.** Wenn der Taube nicht lesen kann, ist die Vorschrift des § 23 BeurkG, nach der Gehörlosen die Niederschrift anstelle des Vorlesens zur Durchsicht vorgelegt werden muss, nicht anwendbar. Die Niederschrift muss dem Tauben dann vorgelesen werden, da dies die Grundlage für die „Übersetzung" durch den Erklärungshelfer ist. Die Niederschrift muss vom Testator auch genehmigt werden (§ 13 Abs. 1 BeurkG).

**8. Die Unterschrift des Testators.** Das Protokoll muss vom Testator unterschrieben werden (§ 13 Abs. 1 BeurkG). Kann er seinen Namen nicht schreiben, so muss nach § 25 BeurkG ein Schreibzeuge zum Vorlesen und der Genehmigung zugezogen werden, der nicht zugleich Informationstransferhelfer (§ 24 Abs. 1 BeurkG), wohl aber Zeuge nach §§ 22 oder 29 BeurkG sein kann. Ist, wie im Formular, ein Zeuge nach § 22 BeurkG zugezogen, so würde dessen Unterschrift und die Feststellung, dass der Testator seinen Namen nicht schreiben kann, genügen.

**9. Die Unterschriften der mitwirkenden Personen.** Nach § 24 Abs. 1 BeurkG soll die Niederschrift auch von dem Erklärungshelfer und nach § 22 Abs. 2 BeurkG vom zugezogenen Zeugen unterschrieben werden.

**10. Kosten.** Bzgl. der Vergütung des Zeugen oder eines zweiten Notars → Form. XI.5 Anm. 9.

## 9. Notarielles Testament eines Stummen durch Übergabe einer Schrift unter Zuziehung eines Zeugen

Verhandelt zu[1] . . . . .
am . . . . .
Vor mir, Notar . . . . .
erscheint, ausgewiesen durch Personalausweis:
Herr A, wohnhaft in . . . . . (Ort, Straße), geboren am . . . . . in . . . . . (Ort) und nach seinen Angaben deutscher Staatsangehöriger. Er besitzt die erforderliche Testierfähigkeit, wie sich der Notar durch schriftliches Befragen überzeugte.
Der Anwesende wünscht die Errichtung eines öffentlichen Testaments durch Übergabe einer Schrift, und zwar ohne die Zuziehung von Zeugen gem. § 29 BeurkG zu verlangen. Da der Testator nach seinen Angaben und nach der Überzeugung des Notars nicht hinreichend zu sprechen vermag,[3] aber lesen und schreiben kann, und er nicht auf die Zuziehung eines Zeugen oder zweiten Notars verzichtete,[4] zog der Notar Herrn F, wohnhaft in . . . . . (Ort, Straße) als Zeugen zu. In seiner Person liegen keine Mitwirkungsverbote nach § 26 BeurkG vor. Der Erblasser übergab sodann dem Notar die dieser Niederschrift beigefügte offene Schrift und erklärte ihm, dass die übergebene Schrift seinen letzten Willen enthalte.[5] Der Notar versah danach die ihm vom Erblasser offen übergebene Schrift am Kopf mit dem Vermerk: „Diese Schrift ist das öffentliche Testament des . . . . . vom . . . . . " und fügte sie dieser Niederschrift bei.
Schlussformel:
Die Niederschrift wurde vom Notar vorgelesen und vom Erblasser, dem Zeugen und dem Notar eigenhändig unterschrieben:

. . . . . . . . . . . .
Unterschriften

*Schrifttum: Dickuth-Harrach,* Testament durch Wimpernschlag, FamRZ 2003, 493; *Ertl,* Gestaltung von Testamenten und anderen Rechtsgeschäften für den Todesfall von sprech- oder schreibbehinderten Personen, MittBayNot 1991, 196; *Frank,* Erbrechtliche Regelungen des OLGVertrÄndG, NotBZ 2003, 8; *Frenz,* Verfahrensrechtliche Besonderheiten bei der Beurkundung von Testamenten mit behinderten Personen, ZNotP 1998, 373; *Nieder,* Testamentserrichtung äußerungsbehinderter Erblasser, ZNotPrax 2001, 335; *Rossak,* Neue Vorschriften zum materiellen Recht der Testamentserrichtung und zum Beurkundungsrecht bei Beteiligung von behinderten Erblassern, ZEV 2002, 435.

## Anmerkungen

**1. Sachverhalt.** Der Testator kann, gleichgültig aus welchem Grund, nicht hinreichend sprechen, jedoch hören, und kann lesen und schreiben.

**2. Anwendungsfälle.** Seit dem 1.8.2002 sind mit dem OLGVertrÄndG (BGBl. 2002 I 2850) die Sonderregelungen für Stumme in den §§ 2233 Abs. 3 BGB, 31 BeurkG ersatzlos weggefallen. Ein Stummer, der lesen kann, kann die nach § 2232 Abs. 1 BGB erforderliche Erklärung, dass die Schrift seinen letzten Willen enthalte, in jeder Weise, dh auch durch Gebärden, gegenüber dem Notar abgeben. Kann er allerdings nicht lesen, so kann er nach § 2233 Abs. 2 BGB nF ein öffentliches Testament nur durch Erklärung gegenüber dem Notar errichten, notfalls mittels eines Erklärungshelfers nach § 24 BeurkG (→ Form. XI.8).

**3. Verhinderung am Sprechen.** Ob der Grund der Sprechverhinderung Stummheit oder eine sonstige Behinderung ist, ist bedeutungslos. Ein Testator ist stumm, wenn er sich infolge eines natürlichen Fehlers durch die Sprache in keiner Weise verständlich machen kann. In sonstiger Weise kann der Testator am Sprechen verhindert sein zB durch eine Erkrankung der Sprachorgane, Mundverletzungen, Schlaganfall. Am Sprechen verhindert ist jedoch nur der Erblasser, der seine Sprache überhaupt nicht gebrauchen und nur unartikuliert lallen kann. Unschädlich ist dagegen, wenn er das Sprechen zu einzelnen Punkten durch Zeichen unterstützen oder ersetzen muss (BayObLG 1968, 268 = Rpfleger 1969, 18; OLG Köln MDR 1957, 740). Für die Errichtung eines öffentlichen Testaments durch mündliche Erklärung des letzten Willens vor einem Notar genügte es schon bisher, wenn der Testamentsentwurf vorgelesen wurde und der Erblasser auf die Frage, ob das Verlesene seinem Willen entspricht, mit „Ja" antwortete (BayObLG 1968, 268). Auf Verlangen eines hör- oder sprachbehinderten Testators soll der Notar einen Gebärdensprachdolmetscher hinzuziehen (§ 22 Abs. 1 BeurkG nF).

**4. Zuziehung eines Zeugen.** Gem. § 22 BeurkG soll der Notar, sofern nicht alle Beteiligten darauf verzichten, bei Sprechbehinderten einen Zeugen oder zweiten Notar zuziehen. Zur Vergütung → Form. XI.5 Anm. 9.

**5. Öffentliches Testament durch Übergabe einer Schrift.** Gegenüber → Form. XI.2 gelten keine weiteren Besonderheiten. Wichtig ist ua auch hier der Vermerk, ob die Schrift offen oder verschlossen übergeben worden ist (§ 30 S. 3 BeurkG).

## 10. Notarielles Testament eines Taubstummen, mit dem schriftliche Verständigung möglich

**Verhandelt zu ist[1, 2]. . . . .**
**am . . . . .**
**Vor dem unterzeichneten Notar . . . . .**
**erscheint, ausgewiesen durch Personalausweis:**
**Herr A, wohnhaft in . . . . . (Ort, Straße), geboren am . . . . . in . . . . . (Ort) und nach seinen Angaben deutscher Staatsangehöriger. Er besitzt die erforderliche Testierfähigkeit, wie sich der Notar durch schriftliches Befragen überzeugte.**
**Der Anwesende erklärte dem Notar schriftlich,[3] dass er ein öffentliches Testament durch Übergabe einer verschlossenen Schrift errichten wolle und verlangte keine Zuziehung von Zeugen gem. § 29 BeurkG. Da der Testator nach seinen Angaben und nach der Überzeugung des Notars[5] sowohl nicht hinreichend zu hören als auch nicht zu sprechen vermag,[4] jedoch lesen und schreiben kann und er nicht auf die Zuziehung eines Zeugen oder zweiten Notars verzichtete, zog der Notar Herrn F, wohnhaft in . . . . . als Zeugen zu.[5] In seiner Person liegen keine Mitwirkungsverbote nach § 26 BeurkG vor. Der Erblasser übergab sodann dem Notar den dieser Urkunde beigefügten verschlossenen Umschlag und erklärte ihm schriftlich, dass die übergebene verschlossene Schrift seinen letzten Willen enthalte.[6]**
**Der Notar kennzeichnete sodann den verschlossenen Umschlag mit der Aufschrift: „Dieser Umschlag enthält das Testament des Herrn A, geboren am . . . . . in Y-Stadt und wohnhaft in X-Stadt" und fügte ihn der Niederschrift bei.**
**Schlussformel:**
**Die Niederschrift nebst der besonderen Erklärung des Erblassers wurden dem Testator anstelle des Vorlesens zur Durchsicht vorgelegt[3] und von ihm, dem Zeugen und dem Notar eigenhändig unterschrieben:**

**. . . . . . . . . . . .**
**Unterschriften**

*Schrifttum:* → Form. XI. 9.

### Anmerkungen

1. **Sachverhalt.** Der Testator ist taub und stumm, kann aber lesen und schreiben.

2. **Anwendungsfälle.** Auf Taubstumme finden die gleichen Vorschriften Anwendung wie auf Stumme. Seit dem 1.8.2002 kann ein Taubstummer, der Geschriebenes zu lesen versteht, ohne weiteres vor einem Notar ein Testament durch Übergabe einer offenen oder verschlossenen Schrift errichten und dabei die hierfür erforderliche Erklärung schriftlich oder durch Gebärden, notfalls mittels eines Erklärungshelfers (Taubstummendolmetschers) nach § 24 BeurkG abgeben (zur früheren Rechtslage siehe hier bis 5. Aufl.). Kann der erwachsene Taubstumme lesen und schreiben, so kann er auch ein eigenhändiges Testament nach § 2247 BGB errichten. Ist der Taubstumme minderjährig, ist ihm auch heute noch die Errichtung nur durch Übergabe einer offenen Schrift (→ Form. XI.9) möglich (§ 2233 Abs. 1 BGB).

Die Taubstummensprache ist keine fremde Sprache iSv § 5 BeurkG und ein Taubstummendolmetscher keine Dolmetscher iSv § 16 BeurkG. § 186 GVG findet im Beurkundungsverfahren keine Anwendung. Mit Hilfe des Taubstummendolmetschers kann eine den letzten Willen des Taubstummen enthaltende Schrift gefertigt werden, die der Testator selbst dann dem Notar gem. § 2232 BGB mit der konkludenten Erklärung übergeben kann, dass sie seinen letzten Willen enthält.

3. **Verständigungsmöglichkeit mit dem Taubstummen.** Es reicht, wenn der Taubstumme, der lesen kann, bei Übergabe der Schrift, die seinen letzten Willen enthält, die Erklärung nach § 2232 Abs. 1 BGB in irgendeiner Weise konkludent gegenüber dem Notar abgeben kann. Wenn er nicht lesen kann: → Form. XI.8.

4. **Feststellung der Behinderung.** → Form. XI.9 Anm. 3. Gem. § 23 BeurkG ist die Niederschrift dem Erblasser, da er taub ist, anstelle des Vorlesens zur Durchsicht vorzulegen.

5. **Zuziehung von Zeugen.** Gem. § 22 BeurkG soll der Notar, sofern nicht alle Beteiligten darauf verzichten bei Behinderten einen Zeugen oder zweiten Notar zuziehen. Zur Vergütung → Form. XI.5 Anm. 9.

6. **Öffentliches Testament durch Übergabe einer Schrift.** Gegenüber → Form. XI.3 gelten keine weiteren Besonderheiten. Wichtig ist ua auch hier der Vermerk, ob die Schrift offen oder verschlossen übergeben worden ist (§ 30 S. 3 BeurkG).

## 11. Notarielles Testament eines der deutschen Sprache Unkundigen

**Verhandelt zu[1, 2]. . . . .**
**am . . . . .**
**Vor mir, Notar . . . . .**
**erscheint, ausgewiesen durch . . . . .:**
**Herr A, wohnhaft in . . . . . (Ort, Straße), geboren am . . . . . in . . . . . (Ort). Er besitzt die erforderliche Testierfähigkeit, wovon ich mich durch ein längeres über den Dolmetscher mit ihm geführtes Gespräch überzeugte.**
**Der Anwesende gab mir zu erkennen, dass er ein Testament durch mündliche Erklärung[3] errichten wolle, ohne die Zuziehung von Zeugen nach § 29 BeurkG zu verlangen. Der Anwesende ist italienischer Staatsangehöriger und nach seinen Angaben und meiner Überzeugung der deutschen Sprache nicht hinreichend kundig.[4, 5] Zur Beurkundung habe ich daher den durch Personalausweis ausgewiesenen Herr N, wohnhaft in . . . . . (Ort, Straße) als Dolmetscher zugezogen.[6] Bei dem Dolmetscher liegen keine Ausschließungsgründe nach den §§ 6, 7 BeurkG vor.[7] Er erklärte die italienische Sprache zu beherrschen. Der Dolmetscher ist nicht allgemein vereidigt. Auf die Bedeutung eines Eides und die strafrechtlichen Folgen einer Eidesverletzung hingewiesen, leistete Herr N den Eid, indem er dem Notar die Worte nachsprach: „Ich schwöre, dass ich treu und gewissenhaft übersetzen werde.“[8] Der Erblasser erklärte darauf durch Vermittlung des Dolmetschers mündlich dem Notar seinen letzten Willen wie folgt: . . . . .**
**Der Dolmetscher fertigte danach die anliegende Übersetzung der Niederschrift in die italienische Sprache. Sie wurde dem Testator zur Durchsicht vorgelegt.[9]**
**. . . . .**

**Schlussformel:**
**Die Niederschrift wurde anstelle des Vorlesens vom Dolmetscher mündlich in die italienische Sprache übersetzt,[10] vom Erblasser genehmigt und von ihm, dem Dolmetscher und dem Notar eigenhändig unterschrieben:**

**. . . . . . . . . . . .**
**Unterschriften**

*Schrifttum: Hagena,* Die Bestimmungen über die Errichtung einer Urkunde in einer fremden Sprache und die Übersetzung von Niederschriften, DNotZ 1978, 387; *Lerch,* Der Dolmetscher bei der Beurkundung, NotBZ 2006, 6; *Renner,* Der Dolmetscher im Beurkundungsverfahren, ZNotP 2005, 145.

## Anmerkungen

**1. Sachverhalt.** Der Testator ist italienischer Staatsangehöriger, der deutschen Sprache nicht hinreichend kundig und wünscht die Errichtung eines öffentlichen Testaments durch mündliche Erklärung.

**2. Anwendungsfälle.** Nach § 5 Abs. 1 BeurkG sind Urkunden grundsätzlich in deutscher Sprache zu errichten. Der Notar kann jedoch gem. § 5 Abs. 2 BeurkG auf Verlangen Urkunden auch in einer anderen Sprache errichten, und zwar unabhängig davon, ob sie zur Verwendung im Ausland bestimmt sind oder nicht. Er soll dem Verlangen aber nur entsprechen, wenn er der fremden Sprache hinreichend kundig ist. Entsprechend bestimmt § 16 BeurkG ganz allgemein, dass, wenn Beteiligte der Sprache, in der die Niederschrift abgefasst wird, nicht hinreichend kundig sind, dies in der Niederschrift festgestellt werden soll und dass die Urkunde anstelle des Vorlesens mündlich übersetzt werden muss, und zwar von dem Notar selbst oder einem von ihm zuzuziehenden Dolmetscher. Zusätzlich können die sprachunkundigen Beteiligten eine schriftliche Übersetzung verlangen. § 32 BeurkG verschärft diese allgemeine Regelung für den Fall der mündlichen Testamentserrichtung vor einem Notar dahin, dass, wenn die Sprachunkundigkeit des Erblassers in der Niederschrift festgestellt ist, zusätzlich zur mündlichen eine schriftliche Übersetzung angefertigt werden muss, wenn der Erblasser nicht darauf verzichtet und dies in der Niederschrift festgestellt wird.

**3. Mögliche Formen der Testamentserrichtung.** Ein Sprachunkundiger kann ein öffentliches Testament in jeder der Errichtungsformen des § 2232 BGB errichten. Errichtet er das Testament durch Übergabe einer Schrift, kommen nur die Vorschriften des § 16 BeurkG zur Anwendung. In diesem Fall beschränkt sich die Tätigkeit des Notars darauf, die Erklärung des Erblassers zu beurkunden, dass die übergebene Schrift seinen letzten Willen enthalte. Nur diese Erklärung, nicht auch das übergebene Schriftstück (die eigentliche letztwillige Verfügung), ist nach § 16 Abs. 2 S. 1 BeurkG mündlich und auf Verlangen auch schriftlich (§ 16 Abs. 2 S. 2 BeurkG) zu übersetzen (*Winkler* BeurkG § 32 Rn. 7). Hat der Notar nur geringe Kenntnisse der vom Testator beherrschten Sprache und ist kein Dolmetscher verfügbar, so empfiehlt sich dieses Verfahren. Will der sprachunkundige Testator, wie im Formular, das Testament durch mündliche Erklärung errichten, werden die Vorschriften des § 16 BeurkG durch die des § 32 BeurkG dahin erweitert, dass die schriftliche Übersetzung der Niederschrift grundsätzlich gefertigt werden muss, wenn der Testator nicht darauf verzichtet und dies in der Niederschrift festgestellt ist.

**4. Kenntnis der Urkundssprache.** Der Testator muss der Sprache, in der die Niederschrift gefertigt wird, hinreichend kundig sein (§ 16 Abs. 1 BeurkG). Durch den Zusatz „hinreichend“ soll klargestellt werden, dass es auf die im Einzelfall erforderlichen

Sprachkenntnisse ankommt (*Haegele* Rpfleger 1969, 415). So können zB die Deutschkenntnisse eines Ausländers beim Testieren durch Übergabe einer Schrift hinreichen, um die Erklärung, dass die übergebene Schrift seinen letzten Willen enthält, zu verstehen, während er überfordert wäre, seinen letzten Willen in deutsch mündlich zu erklären. Einer Sprache ist ein Beteiligter dann hinreichend kundig, wenn er dem Vorlesen der Niederschrift folgen (passive Sprachkenntnis) und eindeutig zum Ausdruck bringen kann, dass er sie genehmigt. Es ist unerheblich, ob er auch imstande ist, sich in der Urkundssprache auszudrücken (aktive Sprachkenntnis) (*Winkler* BeurkG § 16 Rn. 7).

**5. Die Folgen der Feststellung der Sprachunkundigkeit.** Nur wenn die fehlende Sprechfähigkeit in der Niederschrift selbst festgestellt ist, sich also aus ihr selbst ergibt, sind die Mussvorschriften der §§ 16 Abs. 2, 3 und 32 BeurkG anzuwenden (*Winkler* BeurkG § 16 Rn. 19). Dies entspricht der Absicht des Beurkundungsgesetzes, dass Unwirksamkeitsgründe aus der Niederschrift selbst erkennbar sein sollen. Die Feststellung der Sprachunkundigkeit in der Urkunde hat zur Folge, dass die Niederschrift entweder vom Notar oder einem zugezogenen Dolmetscher mündlich übersetzt werden muss und dass dies auf Verlangen bzw. bei mündlich erklärten Verfügungen von Todes wegen, falls nicht darauf verzichtet wird, immer zusätzlich schriftlich zu geschehen hat.

**6. Zuziehung eines Dolmetschers.** Ein Dolmetscher muss nach Feststellung der Sprachunkundigkeit zugezogen werden, wenn der Notar die Niederschrift nicht selbst übersetzt (§ 16 Abs. 3 S. 1 BeurkG). Hält sich der Notar für fähig, selbst zu übersetzen, ohne es zu sein, ist die Beurkundung trotzdem wirksam (*Winkler* BeurkG § 16 Rn. 20). Der Notar darf von der Zuziehung eines Dolmetschers uU auch dann absehen, wenn ihm eine zuverlässige Übersetzung vorliegt und er diese verlesen kann (*Hagena* DNotZ 1978, 393). Wer als Dolmetscher heranzuziehen ist, entscheidet der Notar selbst. Dolmetscher kann nicht ein an der Urkunde Beteiligter oder Mitwirkender sein, also nicht der zweite Notar oder ein Zeuge (*Winkler* BeurkG § 16 Rn. 23). Dagegen kann die Vertrauensperson, deren Tätigkeit der des Dolmetschers ähnelt, gleichzeitig Dolmetscher sein (*Winkler* BeurkG § 16 Rn. 23). Der Dolmetscher sollte während der ganzen Beurkundung anwesend sein, damit der sprachunkundige Beteiligte der Verhandlung wirklich folgen kann (vgl. *Grzwiwotz/Heinemann* § 16 Rn. 44). Er soll nach § 16 Abs. 3 S. 4 BeurkG die Niederschrift unterschreiben.

**7. Ausschließungsgründe.** Für den Dolmetscher gelten nach § 16 Abs. 3 S. 2 BeurkG die Ausschließungsgründe der §§ 6, 7 BeurkG entsprechend. Bei Verfügungen von Todes wegen gilt nach § 27 BeurkG zusätzlich, dass Verfügungen zugunsten des Dolmetschers oder seine Ernennung zum Testamentsvollstrecker unwirksam sind.

**8. Die Vereidigung des Dolmetschers.** Ist der Dolmetscher nicht allgemein vereidigt, so soll ihn der Notar vereidigen, wenn nicht alle Beteiligten darauf verzichten (§ 16 Abs. 3 S. 3 BeurkG). Ist der Dolmetscher allgemein vereidigt, genügt es, dass er sich auf diesen Eid beruft (§ 189 Abs. 2 GVG entspr.), jedoch bezieht sich nach dem einschlägigen Landesrecht eine allgemeine Vereidigung oft nur auf das Auftreten vor Gericht (*Piegsa* in Armbrüster/Preuß/Renner § 16 Rn. 33 f. mit Länderübersicht). Die Vereidigung des Dolmetschers durch den Notar geschieht entsprechend § 189 Abs. 1 GVG (*Winkler* BeurkG § 16 Rn. 26). Der Eid ist vor der Übersetzung und nicht als Nacheid zu leisten. Die Gültigkeit der Beurkundung hängt von der Beeidigung nicht ab (*Winkler* BeurkG § 16 Rn. 31).

**9. Die schriftliche Übersetzung.** Die Niederschrift muss nach Feststellung der Sprachunkundigkeit des Testators in der Urkunde bei mündlich erklärten Verfügungen von Todes wegen, falls kein Verzicht des Erblassers vorliegt, schriftlich übersetzt (§ 32 BeurkG) und dem Erblasser zur Durchsicht vorgelegt und der Niederschrift beigefügt werden (§ 16 Abs. 2 S. 2 BeurkG). Ein Verzicht des Erblassers muss in der Niederschrift festgestellt werden, sonst ist die Verfügung ungültig (*Winkler* BeurkG § 32 Rn. 14).

**10. Die mündliche Übersetzung.** Besonders zu beachten ist, dass nach § 16 Abs. 2 BeurkG die schriftliche Übersetzung neben der mündlichen („außerdem") zu geschehen hat. Die Niederschrift muss deshalb auch im Falle des § 32 BeurkG anstelle des Vorlesens mündlich übersetzt werden, gleichgültig ob daneben eine schriftliche Übersetzung angefertigt wurde oder nicht (*Winkler* BeurkG § 32 Rn. 4). Ein Verstoß dagegen macht, wenn die Sprachunkunde in der Niederschrift festgestellt ist, die Beurkundung unwirksam (*Winkler* BeurkG § 32 Rn. 15). Neben der mündlichen Übersetzung ist eine Verlesung der Niederschrift in der Urkundssprache für den sprachkundigen Beteiligten nicht erforderlich, wohl aber für etwaige andere Beteiligte.

**11. Kosten.** An einen Dolmetscher gezahlte Vergütungen macht der Notar in voller Höhe nach KV Nr. 32010 GNotKG geltend, wenn er sie verauslagt hatte. Gibt der der deutschen Sprache Unkundige seine letztwillige Erklärung **ohne Hinzuziehung** eines Dolmetschers in einer fremden Sprache ab, so entsteht eine Zusatzgebühr in Höhe von 30 % der Gebühr für das Beurkundungsverfahren (KV Nr. 26001 GNotKG).

## 12. Mündlich erklärtes notarielles Testament durch Jasagen

**Verhandelt zu[1, 2] . . . . .**

**in der Wohnung des Testators in der . . . . . -Straße Nr. . . . . . am . . . . .**

**Der unterzeichnete Notar begab sich heute auf Ersuchen in die Wohnung des Herrn A, wohnhaft in . . . . ., geboren am . . . . . in . . . . . und nach seinen Angaben deutscher Staatsangehöriger. Der Erblasser lag krank im Bett und wies sich durch Personalausweis aus. Der Erblasser war bei vollem Bewusstsein, konnte sich aber nicht zusammenhängend mündlich ausdrücken.[3] Er gab zu verstehen, dass er ein Testament durch mündliche Erklärung errichten wolle und verlangte keine Zuziehung von Zeugen gem. § 29 BeurkG. Der Notar setzte sich fernmündlich mit seinem behandelnden Arzt, Herrn Dr. med. S in . . . . . in Verbindung und erfuhr von ihm, dass Herr A an einer Cerebral-Sklerose leide, was zu einer expressiven Aphasie geführt habe, so dass A zwar noch wisse, was er wolle, sich jedoch nicht mehr zusammenhängend ausdrücken könne. Trotz dieser Behinderung sei er aber zurzeit noch testierfähig. Aufgrund dieser Auskunft und seiner persönlichen Wahrnehmungen bei der weiteren Verhandlung kam der Notar zu der Überzeugung, dass der Testator die erforderliche Testierfähigkeit besitzt.[4]**

**Der Testator gab darauf durch Worte und Gebärden zu verstehen, dass seine gleichfalls anwesende langjährige Haushälterin Frau C erklären könne, was sein letzter Wille sei. Der Notar zog Frau C hinzu, die sich mit dem Testator zu verständigen vermag und mit deren Zuziehung dieser nach der Überzeugung des Notars einverstanden ist. Der Notar versicherte sich von der Möglichkeit der Verständigung zwischen Frau C und dem Testator. Aufgrund der Angaben der Frau C verfasste der Notar darauf den letzten Willen des Testators wie folgt: . . . . .**

**Danach verlas der Notar die Niederschrift, unterbrach dabei nach jedem Abschnitt und fragte den Erblasser jeweils, ob das so richtig sei. Am Ende der Verlesung fragte der Notar nochmals zusammenfassend, ob der Testator das ganze Testament so haben wolle. Der Testator antwortete auf jede Frage vernehmlich mit Ja.[6] Der Notar stellte die darin liegende gleichzeitige mündliche Erklärung und Genehmigung des Testamentsinhalts fest und darauf wurde das Testament wie folgt vom Erblasser, Frau C und dem Notar unterschrieben:**

**. . . . .**

**Unterschriften**

## Anmerkungen

**1. Sachverhalt.** Der Testator kann sich infolge Krankheit mündlich nicht mehr zusammenhängend äußern, ist aber testierfähig und wünscht die Errichtung eines öffentlichen Testaments durch mündliche Erklärung. Zur Erklärung seines letzten Willens verweist er dabei auf die Angaben einer dritten Mittelsperson, nach deren Informationen der Notar den Testamentstext verfasst.

**2. Anwendungsfälle.** Seit Neufassung der §§ 2232, 2233 zum 1.8.2002 ist grundsätzlich – unbeschadet besonderen Verfahrensvorschriften – jede denkbare Verständigungsmöglichkeit einer testierfähigen Person als Grundlage einer notariellen Verfügung von Todes wegen materiellrechtlich zulässig. Trotzdem dürfte die mündliche Erklärung gegenüber dem Notar nach wie vor die Regel sein. Das bei der Testamentserrichtung angewendete Verfahren ist jeweils in der Niederschrift so darzustellen, wie es sich tatsächlich zugetragen hat. Hält es sich wie im Beispiel in den vormals hinsichtlich des Kriteriums der „Mündlichkeit" einer Erklärung von der Rechtsprechung gezogenen Grenzen (→ Anm. 3), so ist die Testamentserrichtung verfahrensrechtlich einwandfrei erfolgt, die Beurkundung gültig und es besteht keine Gefahr, dass ihre Beweiskraft von interessierter Seite gem. § 415 Abs. 2 ZPO widerlegt wird. Die Gründe einer Anfechtung der Verfügung nach § 2078 Abs. 1 BGB wären vom Anfechtenden zu beweisen. Wird der Testamentstext von dritter Seite (zB Rechtsanwalt) verfasst, sollte das Testament besser in der Form der Übergabe einer Schrift (→ Form. XV.2 und 3) errichtet werden. An diese Testamentsform stellte das BGB von Anfang an die niedrigsten Anforderungen, so reicht es zB wenn der Notar die Schrift mit Zustimmung des Erblassers vom Nachtkasten nimmt (*Lange/Kuchinke* Erbrecht § 19 III 3a). Das Testieren durch Übergabe einer Schrift bietet allerdings noch geringere Garantien gegen eine spätere Irrtumsanfechtung als ein mündliches Testieren durch Jasagen (OGHZ 2, 45 (50) = NJW 1949, 544). Nicht zulässig ist in diesen Fällen eine Verweigerung der Beurkundung. Die Pflicht des Notars, den Willen des Testators zu erforschen, den Sachverhalt zu klären und Zweifel und Unklarheiten zu beseitigen (§ 17 BeurkG) soll möglichen Irrtümern gerade entgegenwirken. Sie gilt bei allen notariellen Testierformen, solange nicht der Erblasser den Inhalt einer verschlossenen Schrift verschweigt.

**3. Die Erklärung.** Es entspricht den Anforderungen einer „Erklärung zur Niederschrift" (§ 9 Abs. 1 Nr. 2 BeurkG), wenn der Erblasserwille im Wege der Rede und Gegenrede, Frage und Antwort zwischen ihm und dem Notar geäußert wird (RGZ 63, 86; 108, 397; 161, 378 (382); OGHZ 3, 383 (387) = MDR 1950, 417). Als äußerste Möglichkeit kann ein von dritter Seite oder vom Notar auf Grund Angaben Dritter vorher angefertigter Testamentsentwurf dem Erblasser vorgelesen werden, zu dem er „Ja" sagt (RGZ 63, 86; 161, 378; BGHZ 2, 172 = DNotZ 1952, 75; BGHZ 37, 79 = NJW 1962, 1149; BayObLG NJW-RR 2000, 456 = DNotZ 2000, 472 = ZEV 2000, 66). Seit 1.8.2002 sind auch **nonverbale Erklärungen** ausreichend, also Gebärden, Zeichen, schlüssiges Handeln, vorbehaltloses Unterschreiben, Kopfnicken oder -schütteln. Wichtig ist, dass der Erblassers selbst Aktivität entwickelt und es nach der Art der Kommunikation auch eindeutig ist, wann er gegenteiliger Auffassung ist (*Reimann* FamRZ 2002, 1383 (1384)). Mit dieser Einschränkung können auch konkludente Handlungen zugelassen werden (generell dafür Palandt/*Weidlich* § 2232 Rn. 2, kritisch *Reimann* FamRZ 2002, 1383 (1384)).

**4. Die Testierfähigkeit des Erblassers.** Selbstverständlich ist in solchen Fällen ganz besondere Sorgfalt auf die Feststellung der Testierfähigkeit des Erblassers zu legen (KG DNotZ 1960, 485 (488)). Man wird hierbei nie ohne Befragung des behandelnden Arztes auskommen und dessen Bekundungen in die Urkunde aufnehmen müssen. Der Notar ist zur Beurkundung verpflichtet, solange er nicht zweifelsfrei von einer Geschäfts- oder Testierunfähigkeit überzeugt ist MüKoBGB/*Hagena,* 7. Aufl. BeurkG § 28 Rn. 19.

5. **Bezugnahme zur Erleichterung der mündlichen Erklärung.** Jede Bezugnahme muss der Testator erkennbar in seinen Willen aufnehmen. Zur Vereinfachung und Erleichterung der mündlichen Erklärung seines letzten Willens ließ es die Rechtsprechung auch zum alten Recht bereits zu, wenn er Bezug nimmt auf die Angaben dritter Personen (OGHZ 2, 45 = NJW 1949, 544; BGHZ 2, 172 (175) = DNotZ 1952, 75; BGHZ 37, 79 (85) = NJW 1962, 1149; KG DNotZ 1960, 485 (487)), auf Aufzeichnungen oder bereits fertig gestellte Entwürfe die vom Erblasser selbst, von der Urkundsperson oder von einem Dritten stammen können (so die vorgenannte Rspr.) oder das Abspielen eines Tonbandes. Das alles gilt aber nur als Hilfsmittel, um den Erblasserwillen und den gewollten Inhalt seiner Erklärung zu ermitteln. Ob und wie solche Bezugnahmen unmittelbar Testamentsinhalt werden können, bestimmen dagegen das materielle Recht (insbes. § 2065 BGB) und das Beurkundungsverfahrensrecht.

6. **Erklärung und Genehmigung des letzten Willens in einem Akt.** Die Erklärung des letzten Willens gem. § 2232 BGB und die Genehmigung gem. § 13 Abs. 1 S. 1 BeurkG können durch den Erblasser im Falle der Bezugnahme auf einen vorgefertigten Testamentsentwurf in einem Akt vollzogen werden (RGZ 161, 378 (380); BGHZ 37, 79 (80) = NJW 1962, 1149; BayObLG NJW-RR 2000, 456 = DNotZ 2000, 472 = ZEV 2000, 66). Bei umfangreichen Verfügungen kann es zweckmäßig sein, sie vor der abschließenden Genehmigung auch abschnittsweise genehmigen zu lassen, zwingend ist es nicht (RGZ 161, 378; KG DNotZ 1960, 485; MüKoBGB/*Hagena* § 2232 Rn. 8). Diesen Vorgang sollte er im eigenen Interesse auch in der Niederschrift festhalten.

7. **Kosten und Gebühren.** Für die Beurkundung des Testaments außerhalb seiner Amtsstelle erhält der Notar gem. Nr. 26003 KVGNotKG eine Zusatzgebühr in Höhe von 50 Euro als Festgebühr (Auswärtsgebühr).

## 13. Nottestament vor dem Bürgermeister durch mündliche Erklärung

**Verhandelt zu[1, 2] . . . . .**

**in der Wohnung des Testators in der . . . . . -Straße Nr. . . . . .**

**am . . . . .[3]**

**Gegenwärtig:**

**1. A, Bürgermeister[4]**

**2. B und C als Zeugen.[5]**

**Auf Ersuchen des hier wohnhaften E hat sich der unterzeichnete Bürgermeister unter Zuziehung der ihm bekannten Zeugen B und C, beide hier wohnhaft, heute in die Wohnung des E begeben. Herr E ist dem Bürgermeister persönlich bekannt und weder mit ihm noch den Zeugen verwandt oder verschwägert. Der Erblasser lag bei vollem Bewusstsein im Bett. Gegen seine Testierfähigkeit hatte der Bürgermeister keine Bedenken. Die Krankheit des Erblassers ließ ihn jedoch besorgt sein, dass er früher sterben werde, als die Errichtung eines Testaments vor einem Notar möglich ist.[6] Herr E ist wohnhaft in . . . . . (Ort, Straße), geboren am . . . . . in . . . . . (Ort) und nach seinen Angaben deutscher Staatsangehöriger.**

**Er erklärte in ununterbrochener Gegenwart des Bürgermeisters und der beiden Zeugen mündlich[7] seinen letzten Willen wie folgt: . . . . .**

**Der Erblasser wurde darauf hingewiesen, dass das Testament als nicht errichtet gilt, wenn seit der Errichtung drei Monate verstrichen sind und der Erblasser noch lebt, dass jedoch Beginn und Lauf der Frist gehemmt sind, solange der Erblasser außerstande ist, ein Testament vor einem Notar zu errichten.[8]**
**Die Niederschrift wurde vom Bürgermeister vorgelesen, vom Erblasser genehmigt und von ihm, den beiden Zeugen und dem Bürgermeister unterschrieben:[9]**

. . . . . . . . . . . .
**Unterschriften**

## Anmerkungen

**1. Sachverhalt.** Der Erblasser ist so schwer krank oder verletzt, dass zu befürchten ist, er werde früher sterben, als eine Testamentserrichtung vor einem Notar möglich ist.

**2. Anwendungsfälle.** Ein Nottestament zur Niederschrift des Bürgermeisters des Aufenthaltsortes des Erblassers unter Zuziehung zweier Zeugen ist zulässig
a) wenn zu besorgen ist, dass der Erblasser früher sterben werde, als die Errichtung eines Testaments vor einem Notar möglich ist – Todesbesorgnis (§ 2249 Abs. 1 BGB)
b) wenn der Erblasser sich an einem Ort aufhält, der infolge außerordentlicher Umstände dergestalt abgesperrt ist, dass die Errichtung eines Testaments vor einem Notar nicht möglich oder erheblich erschwert ist – Absperrung – (§ 2250 Abs. 1 BGB). Für diesen Fall konkurriert das Bürgermeistertestament mit dem Dreizeugentestament (§ 2250 Abs. 1 BGB).

**3. Nottestament vor dem Bürgermeister (Dorftestament).** Das Dorftestament ist dem öffentlichen Testament gleichgestellt, da der Bürgermeister an die Stelle des Notars tritt (Palandt/*Weidlich* § 2249 Rn. 1). Der Bürgermeister hat daher bei seiner Errichtung grundsätzlich dieselben Beurkundungsvorschriften anzuwenden wie der Notar. Eine Ausnahme bilden die Vorschriften über die Zeugenzuziehung, da der Bürgermeister zwei Zeugen zuziehen muss. Im Einzelnen sind kraft ausdrücklicher gesetzlicher Verweisung in § 2249 Abs. 1 S. 4 BGB vom Bürgermeister folgende Vorschriften einzuhalten:

§ 2232 BGB (Errichtungsformen des Nottestaments), § 2233 BGB (Nottestament minderjähriger, lesensunfähiger und stummer Erblasser), § 2 BeurkG (Überschreiten des Amtsbezirks), § 4 BeurkG (Ablehnung der Beurkundung), § 5 Abs. 1 BeurkG (Urkundssprache), § 6 BeurkG (Ausschließungsgründe), § 7 BeurkG (Unwirksamkeit der Beurkundung zugunsten des Bürgermeisters oder seiner Angehörigen), § 8 BeurkG (Aufnahme einer Niederschrift), § 9 BeurkG (Inhalt der Niederschrift), § 10 BeurkG (Feststellung der Persönlichkeit des Erblassers), § 11 BeurkG (Feststellung der Geschäftsfähigkeit des Erblassers), § 13 BeurkG (Vorlesen, Genehmigen und Unterzeichnen der Niederschrift), § 16 BeurkG (Übersetzung der Niederschrift in eine fremde Sprache), § 17 BeurkG (Prüfungs- und Belehrungspflicht des Bürgermeisters), § 23 BeurkG (taube Erblasser), § 24 BeurkG (taube Erblasser, mit denen eine schriftliche Verständigung nicht möglich ist), § 26 BeurkG (Mitwirkungsverbot für Zeugen), § 27 BeurkG (Mitwirkungsverbot bedachter Personen), § 28 BeurkG (Feststellungen über die Testierfähigkeit des Erblassers in der Niederschrift), § 30 BeurkG (Nottestament durch Übergabe einer Schrift), § 32 BeurkG (sprachunkundiger Erblasser), § 34 BeurkG (Verschließung und Verwahrung des Nottestaments) und § 35 BeurkG (Fehlen der Unterschrift des Bürgermeisters).

**Unschädliche Formfehler** bei der Abfassung der Niederschrift. Nach § 2249 Abs. 6 BGB sind nicht nur Verstöße gegen bloße Sollvorschriften, sondern auch gegen zwingende Protokollierungsvorschriften (Mussvorschriften) beim Bürgermeistertestament unschädlich, soweit sie im Zusammenhang mit der Abfassung der Niederschrift unterlaufen sind, aber dennoch mit Sicherheit anzunehmen ist, dass das Testament eine zuverlässige Wiedergabe der Erklärung des Erblassers enthält (Palandt/*Weidlich* § 2249 Rn. 11). Es wird somit unterschieden zwischen Mängeln bei der textlichen Abfassung der Niederschrift (Formfehler bei der Abfassung der Niederschrift), die unschädlich sind, und Mängeln der materiellen Formvorschriften über den Errichtungsakt (Mangel des Errichtungsakts), die, falls dabei gegen Mussvorschriften verstoßen wurde, zur Nichtigkeit führen. Die Abgrenzung beider Mängelarten ist schwierig und in Rechtsprechung und Schrifttum sehr umstritten und unübersichtlich. Die beiden Mängelarten stimmen auch nicht etwa mit der Unterscheidung zwischen Soll- und Mussvorschriften im Beurkundungsrecht überein. Die Auslegung des § 2249 Abs. 6 BGB sollte dabei mit dem BGH (BGHZ 37, 79 (88) = NJW 1962, 1149) weit zugunsten unschädlicher Formfehler bei der Abfassung erfolgen. **Zwingende (materielle) Errichtungserfordernisse,** bei deren Verstoß Nichtigkeit auch bei Nottestamenten eintritt, sind nach der Rspr. die Erklärung des letzten Willens durch den Erblasser mündlich oder durch Übergabe einer Schrift, das Vorliegen der Todesbesorgnis, die Zuständigkeit der Urkundsperson, die Zuziehung von zwei Zeugen, die ständige Anwesenheit des Erblassers und der Mitwirkenden (BGHZ 37, 79 (88 f.) = NJW 1962, 1149), die Aufnahme einer noch zu Lebzeiten des Erblassers gefertigten Niederschrift (KG DJ 1940, 1015), aus der mindestens hinreichend erkennbar sein muss, wer Erblasser ist und wer als Urkundsperson und als Zeuge mitgewirkt hat (BGHZ 37, 79 (90) = NJW 1962, 1149), Vorlesen (LG Nürnberg-Fürth ZErb 2008, 421), Genehmigung und Unterschrift des verlesenen Textes durch den Erblasser, sofern dieser nicht schreibunfähig ist (BGHZ 17, 39 = NJW 1955, 787; BayObLG 79, 232 (236)). **Schädlich** sind die Zuziehung nach § 2249 Abs. 1 S. 3 BGB, §§ 7, 27 BeurkG ausgeschlossener Zeugen (OLG Nürnberg OLGZ 65, 157), zwischenzeitliche Abwesenheit der mitwirkenden Zeugen (BayObLG Rpfleger 1977, 439) sowie der Verstoß gegen zwingende Sondervorschriften bei körperlichen Gebrechen des Erblassers (OLG München HRR 42 Nr. 202). **Unschädliche Formfehler** bei der Abfassung der Niederschrift sind dagegen, mit dem Vorbehalt besonders schwerer Mängel (BGHZ 37, 79 (89) = NJW 1962, 1149) solche, die die Anforderungen an den Protokollinhalt selbst betreffen, wie zB Mangelhaftigkeit in der Bezeichnung des Erblassers und der mitwirkenden Personen, aber auch über die Art der Abgabe der Erblassererklärung (mündlich oder durch Übergabe einer Schrift). Ferner sind nach der Rspr. zB unschädlich das Fehlen der vorgeschriebenen Feststellung der Todesbesorgnis in der Niederschrift (KG DNotZ 1942, 103), fehlende Angaben über Ort und Zeit der Verhandlung, die Identitätsnachweise der Beteiligten, die Überzeugung von der Schreibunfähigkeit des Erblassers (BGHZ 28, 190 = NJW 1958, 1915 (1917); BGH LM § 2249 Nr. 1 mAnm *Ascher* u. Nr. 3 mAnm *Piepenbrock;* BGH LM § 2249 Nr. 1 mAnm *Mattern;* KG NJW 1960, 1208). In diesen Fällen ist der Errichtungsakt formgerecht erfolgt, die Protokollierung war aber unvollständig. Der Beweis, dass die nicht protokollierten Umstände vorlagen, kann dann auch durch außerhalb des Testaments liegende Beweismittel erbracht werden (MüKoBGB/*Hagena* 7. Aufl. § 2249 Rn. 32). Das gilt aber nur für Mängel bei der Abfassung der Niederschrift. Ist vor Ableben des Testators noch gar keine Niederschrift vorhanden, ist das Nottestament nichtig (KG NJW 1947/48, 188; OLG Gera NJW 1949, 80). Eine nachträgliche Niederschrift der mündlichen Erklärung des Erblassers ist nicht mehr möglich (KG ZAkfDR 1941, 101).

**4. Bürgermeister.** Wer Bürgermeister ist, bestimmt sich nach den Ländergemeindeordnungen. Gem. § 2249 Abs. 5 BGB ist ohne Nachweis eines Verhinderungsgrundes auch der nach den gesetzlichen Vorschriften zur Vertretung des Bürgermeisters Befugte zuständig. Er soll dabei in der Niederschrift angeben, worauf er seine Vertretungsbefugnis stützt. Örtlich zuständig ist der Bürgermeister des Aufenthaltsorts des Erblassers. Dabei genügt auch ein nur vorübergehender Aufenthalt. Die Beurkundung ist jedoch gemäß dem durch gesetzliche Verweisung anwendbaren § 2 BeurkG nicht unwirksam, wenn sie außerhalb des Gemeindebezirks vorgenommen wird.

**5. Zeugen.** Der Bürgermeister muss zu der Beurkundung zwei Zeugen zuziehen (§ 2249 Abs. 1 S. 2 BGB). Bei Nichtzuziehung ist das Testament nichtig. Weitere Zeugen nach §§ 22, 29 BeurkG brauchen und dürfen daneben nicht zugezogen werden. Als Zeuge darf nicht zugezogen werden, wer in der Verfügung bedacht oder zum Testamentsvollstrecker ernannt werden soll. Ferner finden die Ausschließungsgründe der §§ 7, 27 BeurkG für die Zeugen entsprechende Anwendung. Ein Verstoß dagegen macht die Zuwendung gegenüber dem Bedachten, der zu dem Personenkreis gehört, unwirksam (BGH NJW 1973, 843). Als Zeugen sollen nicht mitwirken der Ehegatte des Bürgermeisters und die mit ihm in gerader Linie Verwandten, wer zu ihm in einem ständigen Dienstverhältnis steht, worunter aber nicht die Gemeindebediensteten fallen, deren Dienstherr die Gemeinde ist, letztlich Minderjährige, Geisteskranke, Geistesschwache, wer nicht hinreichend hören, sprechen oder sehen kann, wer nicht schreiben kann und wer der deutschen Sprache nicht hinreichend kundig ist (§ 2249 Abs. 1 S. 4 BGB, § 26 Abs. 1 Nr. 3, 4, Abs. 2 BeurkG). Eine Verletzung dieser Mitwirkungsverbote führt jedoch nicht zur Unwirksamkeit des Dorftestaments. Die Niederschrift muss auch von den Zeugen unterschrieben werden (§ 2249 Abs. 1 S. 5 BGB).

**6. Todesbesorgnis.** Voraussetzung ist, dass der Bürgermeister nach gewissenhafter Prüfung die Besorgnis hat, der Erblasser werde früher sterben, als die Errichtung eines Testaments vor einem Notar möglich ist (§ 2249 Abs. 1 S. 1 BGB). Dabei ist die Zuständigkeit auch gegeben, wenn die Besorgnis objektiv nicht begründet war (§ 2249 Abs. 2 S. 2 BGB) oder wenn der Bürgermeister die Besorgnis zwar subjektiv nicht hatte, sie jedoch objektiv bestand (RGZ 171, 27). Bestand weder objektiv noch nach Ansicht des Bürgermeisters die Besorgnis, so ist das Nottestament nichtig, da dann dem Bürgermeister die Beurkundungszuständigkeit fehlt (*Voit* in Reimann/Bengel/J. Mayer § 2249 Rn. 5). Maßgebend ist die Besorgnis des Bürgermeisters, nicht die der Zeugen oder des Erblassers Der Besorgnis des vorzeitigen Ablebens steht die Besorgnis des Eintritts einer bis zum Tode fortdauernden Testierunfähigkeit gleich (BGHZ 3, 372 = NJW 1952, 181). Ein gemeinschaftliches Nottestament kann von Ehegatten auch errichtet werden, wenn die Todesbesorgnis nur hinsichtlich eines der Ehegatten gegeben ist (§ 2266 BGB). Die Todesbesorgnis soll in der Niederschrift festgestellt werden (§ 2249 Abs. 2 S. 1 BGB).

**7. Form des Nottestaments.** Das Bürgermeisternottestament kann sowohl durch Erklärung als auch durch Übergabe einer offenen oder verschlossenen Schrift errichtet werden (§§ 2249 Abs. 1 S. 4, 2232 BGB). Da das Gesetz auf die §§ 2232, 2233 BGB nF verweist, braucht die Erklärung nicht mehr nur „mündlich" zu sein. Die Beschränkungen der freien Wahl der Testierform für minderjährige und behinderte Erblasser gem. § 2233 BGB findet auch beim Bürgermeistertestament Anwendung (§§ 2249 Abs. 1 S. 5, 2233 BGB).

**8. Gültigkeitsdauer des Bürgermeistertestaments.** Das Bürgermeistertestament verliert seine Gültigkeit, wenn seit seiner Errichtung drei Monate verstrichen sind und der Erblasser noch lebt (§ 2252 Abs. 1 BGB). Beginn und Lauf der Frist sind gehemmt, solange der Erblasser außerstande ist, ein Testament vor einem Notar zu errichten (§ 2252 Abs. 2 BGB). Der Bürgermeister soll den Erblasser auf diese beschränkte Gültigkeitsdauer hinweisen und in der Niederschrift feststellen, dass diese Belehrung erfolgt ist (§ 2249 Abs. 3 BGB). Ein Ehegattentestament bleibt als gemeinschaftliches Testament voll wirksam, wenn auch nur einer der Ehegatten innerhalb von drei Monaten seit seiner Errichtung stirbt (KGJ 51, 87).

**9. Unterschriften und Behandlung des Nottestaments.** Das Bürgermeistertestament ist vom Erblasser zu unterschreiben (§ 2249 Abs. 1 S. 4 BGB, § 13 Abs. 1 BeurkG). Vermag der Erblasser nach seinen Angaben oder nach der Überzeugung des Bürgermeisters seinen Namen nicht zu schreiben, so wird die Unterschrift des Erblassers durch die Feststellung dieser Angabe oder Überzeugung in der Niederschrift ersetzt (§ 2249 Abs. 1 S. 6 BeurkG). Die Niederschrift muss vom Bürgermeister eigenhändig unterschrieben werden (§ 2249 Abs. 1 S. 4 BGB, § 13 Abs. 3 BeurkG). Er soll dabei der Unterschrift seine Amtsbezeichnung beifügen. Die fehlende Unterschrift des Bürgermeisters unter der Niederschrift wird nach § 2249 Abs. 1 S. 4 BGB, § 35 BeurkG durch seine Unterschrift auf dem Testamentsumschlag ersetzt. Die Niederschrift muss auch von den beiden Zeugen unterschrieben werden (§ 2249 Abs. 1 S. 5 BGB). Diese Unterschriften können aber auch nach dem Tode des Erblassers jederzeit nachgeholt werden (KG NJW 1947/48, 190). Das Nottestament ist in einen Umschlag zu nehmen, zu versiegeln und unverzüglich in die amtliche Verwahrung des gem. § 344 Abs. 1 FamFG zuständigen Amtsgerichts zu bringen (§ 2249 Abs. 1 S. 4 BGB, § 34 BeurkG). Die Meldung an das Zentrale Testamentsregister übernimmt bei dem Nottestament das verwahrende Gericht (§ 347 Abs. 1 FamFG).

**10. Kosten.** Die für das Bürgermeisternottestament zu erhebenden Kosten richten sich nach Landesrecht.

## 14. Dreizeugentestament

**Geschehen im Kreiskrankenhaus von[1, 2] . . . . .**
**am . . . . .[3]**
**Uns, A, B, und C[4] alle mit dem Wohnsitz in . . . . . bat der schwerkranke E, wohnhaft in . . . . ., geboren am . . . . . in . . . . . und uns persönlich bekannt, jedoch mit keinem von uns verwandt oder verschwägert, sein Testament aufzunehmen. E befand sich nach unserer aller Überzeugung in so naher Todesgefahr, dass wir besorgt waren, dass die Errichtung eines Testaments vor einem Notar oder einem Bürgermeister nicht mehr rechtzeitig möglich gewesen wäre.[5] E war auch bereits so geschwächt, dass er nach unserer Überzeugung nicht mehr schreiben konnte.[6] An seiner Testierfähigkeit bestand für uns alle kein Zweifel.[7]**
**Herr E erklärte uns sodann mündlich[8] seinen letzten Willen wie folgt: . . . . .**
**Das Protokoll wurde von A niedergeschrieben, dem Erblasser vorgelesen, von ihm genehmigt und von uns Zeugen unterschrieben:[9, 10, 11]**

*Schrifttum: J. Mayer,* Zur wirksamen Errichtung eines Nottestaments, ZEV 2002, 140; *Seiler,* Das Dreizeugentestament gem. § 2250 BGB, ZErb 2002, 114.

### Anmerkungen

**1. Sachverhalt.** Der Testator ist so schwer erkrankt oder verletzt, dass die Besorgnis besteht, er werde sterben, bevor er ein ordentliches öffentliches Testament vor einem Notar oder ein Nottestament vor einem Bürgermeister machen kann.

**2. Anwendungsfälle.** Ein Nottestament durch mündliche Erklärung vor drei Zeugen ist zulässig

a) bei so naher Todesgefahr des Erblassers, dass voraussichtlich auch die Form des Bürgermeistertestaments nach § 2249 BGB (→ Form. XI.13) nicht mehr eingehalten werden kann (§ 2250 Abs. 2 BGB),
b) bei Absperrung eines Ortes von der Außenwelt (§ 2250 Abs. 1 BGB), wobei in diesem Fall wahlweise auch ein Bürgermeistertestament errichtet werden kann,
c) bei Seereisen an Bord eines deutschen Schiffes außerhalb eines inländischen Hafens (§ 2251 BGB).

Alternative für schreibfähige Erblasser ist natürlich jeweils das eigenhändige Testament gem. § 2247 BGB.

**3. Niederschrift über die Errichtung des Dreizeugentestaments.** Das Dreizeugentestament ist nicht völlig formlos. Über die mündliche Erklärung des Testaments vor drei Zeugen ist noch zu Lebzeiten des Erblassers eine Niederschrift (einheitliche Urkunde: OLG München ZErb 2015, 253) aufzunehmen (§ 2250 Abs. 3 S. 1 BGB). Für den Errichtungsakt und den Inhalt der Niederschrift hat der Gesetzgeber durch Verweisung in § 2250 Abs. 3 S. 2 BGB auf die entsprechenden allgemeinen Beurkundungsvorschriften Minimalerfordernisse aufgestellt. Im Einzelnen sind danach bei der Niederschrift folgende Erfordernisse einzuhalten: § 8 BeurkG (Aufnahme einer Niederschrift), § 9 BeurkG (Inhalt der Niederschrift), § 10 BeurkG (Feststellung der Person des Erblassers), § 11 Abs. 1 S. 2, Abs. 2 BeurkG (Feststellung der Geschäfts- und Testierfähigkeit des Erblassers), § 13 Abs. 1, 3 S. 1 BeurkG (Vorlesung, Genehmigung und Unterschrift des Erblassers sowie Unterschrift der beurkundenden Zeugen), § 23 BeurkG (Besonderheiten für taube Erblasser), § 28 BeurkG (Aufnahme der Feststellungen über die Geschäfts- und Testierfähigkeit des Erblassers in die Niederschrift), § 2249 Abs. 1 S. 5, 6, Abs. 2, 6 BGB (Unterschrift der Zeugen, schreibunfähige Erblasser, Feststellung der subjektiven Todesbesorgnis, Unschädlichkeit von Formfehlern).

Durch die Verweisung in § 2250 Abs. 3 S. 2 BGB auf § 2249 Abs. 6 BGB sind beim Dreizeugentestament wie beim Bürgermeistertestament alle bei der Abfassung der Niederschrift unterlaufenen Formfehler für seine Gültigkeit unschädlich, während Mängel des Errichtungsaktes, soweit dabei gegen Mussvorschriften verstoßen wurde, zu seiner Nichtigkeit führen (siehe zur Abgrenzung beider Mängelarten → Form. XI.13 Anm. 3 (2)). Ein Nottestament ist nicht zustandegekommen, wenn der Erblasser seinen letzten Willen vor drei Zeugen erklärt hat, jedoch vor der Unterschriftsleistung unter das angefertigte Schriftstück stirbt. Nur seine Unterschrift ist geeignet, die Niederschrift zu vollenden, das nicht unterschriebene Schriftstück ist eine bedeutungslose Notiz, falls nicht Schreibunfähigkeit des Erblassers vorlag (MüKoBGB/*Hagena* § 2250 Rn. 16; BGHZ 28, 190 = NJW 1958, 1915). Lag Schreibunfähigkeit vor, so muss mindestens einer der drei Zeugen vor dem Tod des Erblassers unterschrieben haben, da er gleichzeitig als Schreibzeuge fungiert, seine Unterschrift an Stelle der des Erblassers tritt und damit zum Wirksamkeitserfordernis der Urkunde wird (§ 25 S. 2 BeurkG) (BayObLG Rpfleger 1979, 458 = FamRZ 1980, 505). Das Fehlen der Unterschrift der drei Zeugen beim Tode des Erblassers, der gerade noch selbst unterschreiben konnte, führt dagegen als Formfehler gem. §§ 2249 Abs. 6, 2250 Abs. 3 BGB nicht zur Nichtigkeit (KG OLGZ 1966, 462 = NJW 1966, 1661). Die Niederschrift kann außer in der deutschen auch in einer anderen Sprache aufgenommen werden (§ 2250 Abs. 3 S. 3 BGB). Voraussetzung hierzu ist, dass die Zeugen und der Erblasser der fremden Sprache hinreichend kundig sind, was in der Niederschrift festgestellt werden sollte (§ 2250 Abs. 3 S. 4 BGB). Nach der hM (MüKoBGB/*Hagena* § 2250 Rn. 1; *Voit* in Reimann/Bengel/J. Mayer BGB § 2250 Rn. 6) stellt das Dreizeugentestament keine öffentliche Urkunde (§ 415 ZPO), sondern eine Privaturkunde dar.

**4. Errichtung vor drei Zeugen.** Die Errichtung des Nottestaments erfolgt durch mündliche Erklärung vor drei Zeugen. Die Zeugen treten an die Stelle der Amtsperson und übernehmen deren Beurkundungsfunktion als mitwirkende Personen (BGHZ 54, 89 = NJW 1970, 1601; MüKoBGB/*Hagena* § 2250 Rn. 10). Alle drei Zeugen müssen zur Mitwirkung unter Übernahme der Verantwortung für die richtige Wiedergabe des Erblasserwillens bereit sein (BGHZ 54, 89 = NJW 1970, 1601, OLG München OLGR 2001, 345). Die zufällige Anwesenheit eines sonst unbeteiligten Dritten genügt nicht für die Wahrung der Form (BGH NJW 1972, 202; OLG Köln NJW-spezial 2017, 744). Die Zeugen müssen während des gesamten Errichtungsvorgangs, also auch bei der Verlesung und Genehmigung der Niederschrift, zugegen sein (BGHZ 54, 89 = NJW 1970, 1601).

Nach § 2250 Abs. 3 S. 2 BGB finden auf die Zeugen die Ausschließungsgründe des § 6 Abs. 1 Nr. 1–3 BeurkG mit Unwirksamkeitsfolge, des § 7 BeurkG mit Teilunwirksamkeitsfolge und die Mitwirkungsverbote des § 26 Abs. 2 Nr. 2–5 BeurkG als Sollvorschriften Anwendung, wobei nach § 27 BeurkG das Bedachtwerden und die Ernennung zum Testamentsvollstrecker im Nottestament als rechtlicher Vorteil anzusehen ist (OLG Frankfurt a.M. Rpfleger 1981, 303). Als Zeuge kann also zB nicht der Sohn der geplanten Erbin fungieren (OLG Köln NJW-spezial 2017, 744).

**5. Todesbesorgnis.** Voraussetzung für die Zulässigkeit eines Dreizeugentestaments ist so nahe Todesgefahr des Erblassers, dass voraussichtlich weder ein Testament nach § 2232 BGB noch nach § 2249 BGB möglich ist. Der Besorgnis naher Todesgefahr steht dabei die Befürchtung des Eintritts einer bis zum Tod fortdauernden Testierunfähigkeit gleich (BGHZ 3, 372 = NJW 1952, 181). Die Todesgefahr muss entweder subjektiv nach pflichtgemäßem Ermessen aller drei Zeugen zum Zeitpunkt der Testamentserrichtung vorliegen (*Pilger* NJW 2010, 686 oder objektiv bestehen (LG Freiburg ZEV 2003, 370). Liegt weder objektiv noch subjektiv nahe Todesgefahr vor, ist das Nottestament nichtig (vgl. *Voit* in Reimann/Bengel/J. Mayer BGB § 2250 Rn. 4). Auf die Einschätzung des Erblassers kommt es nicht an (OLG München NJW 2010, 684).

**6. Schreibunfähigkeit des Erblassers.** Vermag der Erblasser nach seinen Angaben oder nach der Überzeugung aller drei Zeugen seinen Namen nicht zu schreiben, so wird die Unterschrift des Erblassers durch die Feststellung dieser Angabe oder Überzeugung in der Niederschrift ersetzt (§§ 2250 Abs. 3 S. 2, 2249 Abs. 1 S. 6 BGB).

**7. Geschäfts- und Testierfähigkeit.** Die drei Zeugen sollen Zweifel an der Geschäfts- und Testierfähigkeit des Erblassers in der Niederschrift feststellen (§ 2250 Abs. 3 S. 2 BGB, § 11 Abs. 1 S. 2 BeurkG) und wenn der Testator schwer krank ist, dies (§ 2250 Abs. 3 S. 2 BGB, § 11 Abs. 2 BeurkG) und ihre Wahrnehmungen über die erforderliche Geschäftsfähigkeit des Erblassers in der Niederschrift vermerken (§ 2250 Abs. 3 S. 2 BGB, § 11 Abs. 2, 28 BeurkG).

**8. Errichtung nur durch mündliche Erklärung.** Die Errichtung eines Dreizeugentestaments kann nur durch mündliche Erklärung des Erblasserwillens erfolgen, nicht durch Übergabe einer offenen oder verschlossenen Schrift (*Voit* in Reimann/Bengel/J. Mayer BGB § 2250 Rn. 7).

**9. Unterschrift des Erblassers und der Zeugen.** Die Unterschrift des Erblassers ist zwingendes Wirksamkeitserfordernis (§ 2250 Abs. 3 S. 2 BGB, § 13 Abs. 1 BeurkG), es sei denn, er vermochte seinen Namen nicht mehr zu schreiben. Die Zeugen müssen ebenfalls unterschreiben (§§ 2250 Abs. 3 S. 2, 2249 Abs. 1 S. 4 BGB, § 13 Abs. 3 S. 1 BeurkG). Die Unterschrift eines der Zeugen ist auch nach dem Ableben des Erblassers nachholbar (KG NJW 1947/48, 190; BGHZ 37, 79 = NJW 1962, 1149). Verlangt wird jedoch teilweise wenigstens die Unterschrift eines der Zeugen noch vor dem Eintritt des Todes (MüKoBGB/*Hagena* § 2250 Rn. 18). In der Rechtsprechung wurde völliges Fehlen der Zeugenunterschriften als unschädlich angesehen, wenn der Erblasser unterschrieben hat und mit Sicherheit anzunehmen ist, daß das Testament eine zuverlässige Wiedergabe der Erklärung des Erblasser (OLG Köln NJW-RR 1994, 777; nur bei unverzüglicher Nachholung: Soergel/*J. Mayer* § 2250 Rn. 16).

**10. Behandlung der Niederschrift.** Da es sich dabei um eine Privaturkunde handelt, muss das Dreizeugentestament nicht versiegelt und amtlich verwahrt werden. §§ 2256 Abs. 1 BGB, 34 BeurkG sind nicht anwendbar (Palandt/*Weidlich* § 2250 Rn. 11). Die Testamentsverwahrung ist jedoch möglich. In diesem Fall erfolgt durch das Gericht auch eine Meldung an das Zentrale Testamentsregister (§ 347 Abs. 1 FamFG).

**11. Gültigkeitsdauer.** Das Dreizeugentestament hat gem. § 2252 BGB wie alle Nottestamente nur eine beschränkte Gültigkeitsdauer von 3 Monaten ab seiner Errichtung. Es verliert seine Gültigkeit, wenn der Erblasser den Fristablauf überlebt. Beginn und Lauf der Frist sind gehemmt, solange der Erblasser außerstande ist, ein Testament vor einem Notar zu errichten.

## 15. Erbvertragsbeurkundung

Verhandelt zu[1, 2]. . . . .
am . . . . .
Vor mir, Notar . . . . .
erscheinen, ausgewiesen durch Personalausweise und der Erblasser nach meinem persönlichen Eindruck und der mit ihm geführten Unterhaltung unbedenklich unbeschränkt geschäfts- und testierfähig:
A, geboren am . . . . . in . . . . ., wohnhaft in . . . . . (Ort, Straße), und nach eigenen Angaben deutscher Staatsangehöriger

– Erblasser –[3]

C, wohnhaft in . . . . . (Ort, Straße) handelnd für B, wohnhaft in . . . . . (Ort, Straße) auf Grund privatschriftlicher Vollmacht vom . . . . .

– anderer Vertragschließender –.[4]

Die Anwesenden wünschen die Errichtung eines Erbvertrages durch mündliche Erklärung,[5] wobei A Erblasser und B, vertreten durch C der andere Vertragsschließende ist. Sie verlangen keine Zuziehung von Zeugen.
Die Erschienenen erklärten bei gleichzeitiger Anwesenheit[6] mündlich und wobei C für B handelnd alle erbvertraglichen Erklärungen des A annahm,[7] folgenden

Erbvertrag:

. . . . .

Wir treffen alle vorstehenden Verfügungen, soweit gesetzlich zulässig, mit erbvertraglicher Bindung und damit einseitig unwiderruflich.
Schlussbestimmungen:

1. Der A versichert, nicht durch Erbvertrag oder gemeinschaftliches Testament in der Verfügung über seinen Nachlass gebunden zu sein.[8] Er habe keine andere als die deutsche Staatsangehörigkeit und sein gewöhnlicher Aufenthalt sei in Deutschland. Vermögen im Ausland habe er nicht. Ihm ist nach Hinweis des Notars bekannt, dass für den Nachlass ganz oder in Teilen ausländisches Recht gelten kann, wenn sich das ändert. Eine Rechtswahl habe er nicht getroffen und wünsche er heute nicht.[8a]
2. Der Erblasser wurde vom Notar auf die Bedeutung und Auswirkung eines Erbvertrages hingewiesen, insbesondere darauf, dass die erbvertraglichen Bestimmungen einseitig weder aufgehoben noch abgeändert werden können und dass diese Bindung durch gegenständliche Beschränkung, Rücktrittsvorbehalt und andere individuelle Klauseln gemindert werden könnte.[9]
   Ferner wurde der Erblasser auf das Pflichtteilsrecht von Abkömmlingen, Ehegatten und Eltern hingewiesen.[10]
   Der andere Vertragsbeteiligte wurde vom Notar auf die Grenzen der Bindungswirkung des Erbvertrages hingewiesen, insbesondere darauf, dass der Vertrag durch Verfügungen des Erblassers zu Lebzeiten, durch die gesetzlichen Rücktrittsrechte und die Anfechtungsmöglichkeit beeinträchtigt werden könnte.[11]

**3. Die Vertragsbeteiligten wünschen nicht, dass dieser Erbvertrag verschlossen und in die besondere amtliche Verwahrung beim Amtsgericht verbracht wird. Er soll vielmehr bis zum Erbfall offen bei der Urkundensammlung des Notars aufbewahrt und den Beteiligten je eine beglaubigte Abschrift erteilt werden.[12] Die Widerrufswirkung einer gemeinschaftlichen Rückforderung wurde besprochen.[13]**

**In Gegenwart des Notars den Beteiligten vorgelesen, von ihnen genehmigt und eigenhändig unterschrieben:**

**. . . . . . . . . . . .**

**Unterschriften**

*Schrifttum: Basty,* Bindungswirkung bei Erbvertrag und gemeinschaftlichem Testament, MittBayNot 2000, 73; *Commichau,* Erbvertrag: amtliche Verwahrung des Aufhebungsvertrages? MittBayNot 1998, 235; *Kanzleiter,* Der Umfang der Beurkundungsbedürftigkeit bei verbundenen Geschäften, DNotZ 1994, 275; *Kapp,* Der Erbvertrag in zivilrechtlicher und erbschaftsteuerlicher Sicht, BB 1980, 845; *Keim,* Der Änderungsvorbehalt beim Erbvertrag, ZEV 2005, 365; *Kornexl,* Gibt es einen Nachtrag zum Erbvertrag?, ZEV 2003, 62; *J. Mayer,* Ausgewählte erbrechtliche Fragen des Vertrags zugunsten Dritter, DNotZ 2000, 905; *Lehmann,* Nachtrag zum Erbvertrag, ZEV 2003, 234; *Lehmann,* Zur Entbehrlichkeit des Änderungsvorbehalts, NotBZ 2004, 210.

## Anmerkungen

**1. Sachverhalt.** Der A will mit Bindungswirkung gegenüber dem B eine Verfügung von Todes wegen durch mündliche Erklärung vor einem Notar errichten, wobei sich B als Vertragsgegner von C vertreten lässt.

**2. Anwendungsfälle.** Vertragsmäßig können nur Erben eingesetzt (§ 1937 BGB) und Vermächtnisse (§ 1939 BGB) oder Auflagen (§ 1940 BGB) angeordnet werden (§§ 1941 Abs. 1, 2278 Abs. 2 BGB). Als Erbe (Vertragserbe) oder Vermächtnisnehmer kann dabei sowohl der andere Vertragsschließende als auch ein Dritter bedacht werden (§ 1941 Abs. 2 BGB). Das schließt nicht aus, in der Form des Erbvertrags weitere Verfügungen von Todes wegen zu treffen. Lediglich einseitig (§ 2299 BGB) und nicht vertragsmäßig können in einem Erbvertrag verfügt werden zB die Ernennung eines Testamentsvollstreckers (§ 2197 BGB), familienrechtliche Anordnungen (§§ 1418 Abs. 2 Nr. 2, 1638, 1777 BGB), Enterbung (§ 1938 BGB) oder eine Auflassungsvollmacht für den Todesfall. Ein Erbvertrag ist anders als das gemeinschaftliche Testament nicht auf Ehegatten bzw. Lebenspartner (§ 10 Abs. 4 LPartG) beschränkt. Der Erbvertrag ist ein wirklicher Vertrag (BGHZ 26, 204 (207) = NJW 1958, 498), der eine Bindung des Erblassers an seine vertragsmäßigen Verfügungen von Todes wegen bewirkt.

Durch den Erbvertrag wird für den Begünstigten unmittelbar der Berufungsgrund als Erbe oder Vermächtnisnehmer geschaffen, was jedoch nicht bedeutet, dass bereits zu Lebzeiten des Erblassers eine Rechtsposition des Begünstigten entsteht, die Rechte und Pflichten begründet. Solche Rechtswirkungen treten erst mit dem Erbfall ein. Dies unterscheidet den Erbvertrag von einem Rechtsgeschäft unter Lebenden und weist ihn als Verfügung von Todes wegen aus (MüKoBGB/*Musielak* Einl. vor § 2274 Rn. 2). Die Unterscheidung zwischen vertragsmäßigen und einseitigen Verfügungen innerhalb eines Erbvertrages ist für die Bindung des Erblassers bedeutsam. Er ist nur an vertragsmäßige Verfügungen gebunden, einseitige kann er ohne weiteres widerrufen (MüKoBGB/*Musielak* Einl. vor § 2274 Rn. 4). Ein Erbvertrag muss wenigstens eine vertragsmäßige Verfügung enthalten. Von einem einseitigen Erbvertrag spricht man, wenn nur ein Vertragspartner vertragsmäßige Verfügungen von Todes wegen trifft und der andere die

Erklärungen lediglich annimmt. Treffen beide Vertragspartner vertragsmäßige Verfügungen von Todes wegen (§ 2278 Abs. 1 BGB), liegt ein zweiseitiger oder gemeinschaftlicher Erbvertrag vor, und, wenn sie sich darin gegenseitig etwas zuwenden, ein gegenseitiger Erbvertrag. Es können auch mehr als zwei Personen vertragsmäßige Verfügungen von Todes wegen treffen. Man spricht dann von einem mehrseitigen Erbvertrag (MüKoBGB/*Musielak* Einl. vor § 2274 Rn. 24).

Ein Erbvertrag kann im Gegensatz zu einem Testament auch in Form eines Prozessvergleichs geschlossen werden (RG JW 1901, 474 = RGZ 48, 183; BGHZ 14, 381 = DNotZ 1955, 190; BGH FamRZ 1960, 28; Köln OLGZ 1970, 114), da der Prozessvergleich jede Vertragsform ersetzt (§ 127a BGB). Notwendig dazu ist, dass der Erblasser persönlich anwesend ist (im Anwaltsprozess auch sein Anwalt; RGZ 48, 183; BayObLG NJW 1965, 1276). Der bloß vertragsschließende Teil kann sich vertreten lassen (§ 2274 BGB), das Erfordernis gleichzeitiger Anwesenheit (→ Anm. 6) gilt aber auch hier.

**3. Der Erblasser im Erbvertrag.** Als Erblasser wird beim Erbvertrag bezeichnet, wer vertragsmäßige Verfügungen von Todes wegen trifft (§§ 1941, 2278 BGB). Der Erblasser kann einen Erbvertrag nur höchstpersönlich schließen (§ 2274 BGB). Er darf sich hierzu weder eines Vertreters noch eines Boten bedienen. Es ist die gleiche Regelung, die auch für Testamente (§ 2064 BGB), Erbverzichtsverträge (§ 2347 Abs. 2 S. 1 BGB), für die Anfechtung (§ 2282 BGB – jedoch mit Ausnahme des Abs. 2 –) und für die Bestätigung (§ 2284 BGB), Aufhebung (§ 2290 Abs. 2 BGB) und Rücktrittserklärung (§ 2296 Abs. 1 BGB) eines Erbvertrages gilt, die dem Erblasser die Verantwortung für die Ausgestaltung seiner Erbfolge selbst auferlegt und verhindern soll, dass ein Vertreter den Willen des Erblassers verfälscht (BGHZ 15, 199 = NJW 1955, 100). Wie beim Testament ist es dem Erblasser auch beim Erbvertrag nicht gestattet, seine Verfügungen von Todes wegen in der Weise unvollständig zu treffen, dass es einem Dritten überlassen bleibt, sie nach Belieben oder Ermessen in wesentlichen Teilen zu ergänzen (BGHZ 15, 199 = NJW 1955, 100). Als Erblasser kann einen Erbvertrag nur schließen, wer unbeschränkt geschäftsfähig ist (§ 2275 Abs. 1 BGB). Ein Erbvertrag, den ein geschäftsunfähiger (§ 104 BGB) oder beschränkt geschäftsfähiger (§§ 106 BGB) Erblasser schließt, ist nichtig. Daran ändert auch eine Zustimmung des gesetzlichen Vertreters oder die eigene Genehmigung nach Erlangen der Volljährigkeit nichts (MüKoBGB/*Musielak* § 2275 Rn. 3). Eine Umdeutung in ein Testament bei Minderjährigen, die das 16. Lebensjahr vollendet haben, sollte jedoch möglich sein (BeckOK BGB/Litzenburger, § 2275 Rn. 5 mit Verweis auf RGZ 28, 217). Die früher für Ehegatten und Verlobte bestehenden Ausnahmen (§ 2275 Abs. 2 u. 3 BGB aF) sind seit 22.7.2017 abgeschafft.

Steht der **Erblasser** unter **Betreuung**, kann er dennoch geschäftsfähig sein. Das ist sorgfältig zu prüfen (*Weser* MittBayNot 1992, 170). Ein Einwilligungsvorbehalt kann sich gem § 1903 Abs. 2 Nr. 2 BGB nicht auf Verfügungen von Todes wegen richten. Eine unter Betreuung stehende Person, die bei Vertragsschluss tatsächlich unbeschränkt geschäftsfähig ist, kann also einen Erbvertrag als Erblasser ohne Zustimmung seines Betreuers abschließen. Eine geschäftsunfähige Person kann dies hingegen auch dann nicht, wenn ein Betreuer sie vertritt. § 2274 BGB gilt auch insoweit, sodass eine Stellvertretung nicht in Betracht kommt.

**4. Der andere Vertragschließende oder Vertragsgegner.** Der andere Vertragschließende, wie das Gesetz ihn nennt, oder Vertragsgegner, der nicht als Erblasser vertraglich verfügt, kann sich nach den allgemeinen Regeln durch einen gesetzlichen Vertreter oder einen Bevollmächtigten und auch vollmachtlos (§ 177 BGB) vertreten lassen. Die Vollmacht bedarf keiner Form (§ 167 Abs. 2 BGB). Bei Einwilligungsvorbehalt kann die Zustimmung eines Betreuers erforderlich werden. Für die Geschäftsfähigkeit des anderen Vertragschließenden gelten die allgemeinen Vorschriften der §§ 104 ff. BGB, dh wenn er geschäftsunfähig ist, kann sein Vertreter für ihn das Vertragsangebot annehmen, und wenn er beschränkt geschäftsfähig ist, benötigt er keine Zustimmung seines gesetzlichen Vertreters, da er durch den Vertrag nur einen rechtlichen Vorteil erlangt (§ 107 BGB). Letzteres gilt auch dann, wenn er durch Vermächtnis oder Auflagen beschwert wird, weil dadurch vor dem Erbfall noch keine Verpflichtungen entstehen und die spätere Ausschlagung möglich bleibt. Etwas anderes gilt bei Geschäftseinheit mit einem anderen Vertrag bzw. Vertragsinhalten, die Pflichten enthalten (MüKoBGB/*Musielak* § 2275 Rn. 7). Die Beurkundung eines Erbvertrages sollte nicht deswegen abgelehnt werden, weil die Zustimmung des gesetzlichen Vertreters oder Betreuers noch nicht vorliegt (Reimann/Bengel/*J. Mayer* § 2275 Rn. 12). Mit Erreichen der Volljährigkeit kann der andere Vertagsteil grds auch selbst genehmigen. Nach dem Tod des Erblassers kann der Erbvertrag jedoch weder genehmigt noch ihm zugestimmt werden (BGH NJW 1978, 1159).

5. **Form der Errichtung des Erbvertrages.** Für die Errichtung eines Erbvertrages gelten grundsätzlich die für das ordentliche öffentliche Testament geltenden Vorschriften (§ 2276 Abs. 1 BGB; §§ 27 ff. BeurkG). Er muss daher zur Niederschrift eines Notars (§§ 2276 Abs. 1, 2231 Nr. 1 BGB) entweder durch Erklärung gegenüber dem Notar oder durch Übergabe einer offenen oder verschlossenen Schrift errichtet werden (§§ 2276 Abs. 1, 2232 BGB). Dabei brauchen die Vertragschließenden ihre Erklärungen nicht in derselben Weise abzugeben (sofern nicht zugleich ein Ehevertrag geschlossen wird, dazu § 2276 Abs. 2 BGB). Der eine kann sich gegenüber dem Notar erklären, der andere eine Schrift übergeben. Die Sondervorschriften für Behinderte gelten ebenfalls (§§ 2276 Abs. 1, 2233 BGB). Was nach diesen materiellrechtlichen Formvorschriften für den Erblasser gilt, hat auch für die anderen Vertragschließenden Geltung (§ 2276 Abs. 1 S. 2 Hs. 2 BGB). Dabei sind aber die Einschränkungen des § 2233 BGB nur dann auf den anderen Vertragschließenden anwendbar, wenn die Voraussetzungen auch in seiner Person erfüllt sind, dh er selbst nicht lesen oder sprechen kann oder in der Geschäftsfähigkeit beschränkt ist (MüKoBGB/*Musielak* § 2276 Rn. 5). Für das Beurkundungsverfahren bei der Errichtung eines Erbvertrages sind die Vorschriften des Beurkundungsgesetzes maßgebend. Nach § 33 BeurkG sind die speziellen Verfahrensvorschriften für die Übergabe einer Schrift (§ 30 BeurkG) und die mündliche Erklärung eines Sprachunkundigen (§ 32 BeurkG) nicht nur auf den Erblasser, sondern auch auf den anderen Vertragschließenden anzuwenden, wenn die entsprechenden Verhältnisse bei ihm oder in der Person seines Vertreters gegeben sind.

6. **Gleichzeitige Anwesenheit beider Teile.** Der Abschluss eines Erbvertrages ist nur bei gleichzeitiger Anwesenheit beider Vertragsteile möglich (§ 2276 Abs. 1 S. 1 BGB). Das soll ausschließen, dass der Erbvertrag durch Vertragsangebot des einen Teils und Vertragsannahme des anderen abgeschlossen werden kann (§ 128 BGB). Persönlich anwesend muss nur ein Erblasser sein.

7. **Die Annahme der Verfügung.** Die Annahme der erbvertraglichen Verfügungen des Erblassers durch den anderen Vertragschließenden ist ein wesentliches Merkmal für den Erbvertrag und sollte daher höchst vorsorglich ausdrücklich wenigstens in dieser pauschalen Form beurkundet werden (s. *Nieder/Kössinger* § 17 Rn. 77).

8. **Aufklärung der Testierfreiheit.** Der Notar hat die Testierfreiheit des Erblassers aufzuklären. Er kann sich dabei auf die Richtigkeit der ihm vom Erblasser insoweit gemachten Angaben verlassen, ohne sie nachprüfen zu müssen. → Form. XI.1 Anm. 13.

8a. **Auslandsbezug und mögliche Rechtswahl.** Beachte dazu ausf → Form. XIV.1, XIV.3, XIV.4.

9. **Belehrung des Erblassers.** Bei der Beurkundung eines Erbvertrages ist der Erblasser über die rechtliche Tragweite des Rechtsgeschäfts zu belehren. Das bedeutet hier insbesondere, dass für vertragsmäßige Verfügungen eine Bindung eintritt und spätere Verfügungen unwirksam sind, wenn sie das Recht des vertragsmäßig Bedachten beeinträchtigen

(§§ 2278, 2279 BGB) (*Reithmann/Albrecht/Riegel,* Handbuch der notariellen Vertragsgestaltung, 8. Aufl., Rn. 1124 f). Der Notar ist nach ständiger Rechtsprechung (BGH DNotZ 1954, 330 f.) aufgrund allgemeiner Betreuungsverpflichtung auch zur erweiterten Belehrung im Sinne von gestaltender Beratung verpflichtet. Das gilt jedenfalls dann, wenn besondere Umstände vermuten lassen, dass ein Beteiligter sich eines drohenden Schadens nicht voll bewusst ist. Daher kann es angezeigt sein, den Erblasser auf eine zu weitgehende Bindung durch den Erbvertrag und die gegebenen Möglichkeiten ihrer Einschränkung durch individuelle Klauseln hinzuweisen (*Reimann/Bengel/J. Mayer* BeurkG § 17 Rn. 11).

**10. Belehrung über das Pflichtteilsrecht.** Zu den erst mit dem Erbfall eintretenden Folgen, auf die der Notar bei einer Verfügung von Todes wegen hinzuweisen hat, gehören mögliche Pflichtteilsansprüche übergangener gesetzlicher Erben.

**11. Belehrung des anderen Vertragschließenden.** Der andere Vertragschließende braucht beim Erbvertrag grundsätzlich nicht darüber belehrt zu werden, dass der Erblasser über sein Vermögen trotz der Bindungswirkung durch Rechtsgeschäft unter Lebenden gem. § 2286 BGB frei verfügen kann (*Reithmann/Albrecht/Riegel,* Handbuch der notariellen Vertragsgestaltung, 8. Aufl., Rn. 1138) und dass der Erbvertrag gem. § 2281 BGB auf Grund der §§ 2078, 2079 BGB angefochten werden kann. Trotzdem kann auch hier im Einzelfall, wenn der Notar erkennt, dass der Vertragsgegner auf die Bindungswirkung vertraut, eine Hinweispflicht auf die Einschränkungen der Bindungswirkung gegeben. Es mag sich im Einzelfall empfehlen, auf das Anfechtungsrecht des § 2079 BGB ausdrücklich zu verzichten, jedenfalls wird der Notar über das Anfechtungsrecht bei späterer Wiederverheiratung, Geburt oder Adoption weiterer Abkömmlinge belehren (*Reithmann/Albrecht/Riegel* Handbuch der notariellen Vertragsgestaltung, 8. Aufl., Rn. 1136). Wegen der lebzeitigen Verfügungen (s. *Hohmann* ZEV 1994, 133) kann der Vertragserbe geschützt werden durch die schuldrechtliche Vereinbarung eines Verfügungsverbots, sanktioniert durch eine bei Grundstücken durch Vormerkung sicherbare bedingte Übertragungsverpflichtung (Muster eines Verfügungsunterlassungsvertrags bei Brambring/Mutter/*Brambring,* Beck'sches Formularbuch Erbrecht, Form D.11) Nicht dagegen durch Vormerkung sicherbar sind die erbrechtliche Erwartung und das Verfügungsverbot selbst (vgl. *Amann* DNotZ 1995, 252 (256); *Krebber* AcP 204, 149).

**12. Urkundenbehandlung und Registrierung.** Während öffentliche Testamente in einen Umschlag verschlossen und unverzüglich in die besondere amtliche Verwahrung gebracht werden müssen (§ 34 Abs. 1 BeurkG), ist dies beim Erbvertrag nur grundsätzlich geboten, entfällt jedoch, wenn alle Vertragschließenden die besondere amtliche Verwahrung ausschließen (§ 34 Abs. 2 BeurkG). Der Widerspruch nur eines einzelnen genügt dabei nicht (*Winkler* § 34 BeurkG § 34 Rn. 15). Die besondere amtliche Verwahrung eines Erbvertrages kann auch noch später verlangt werden oder es kann auch nur die Verschließung in einem Umschlag ohne besondere amtliche Verwahrung verlangt werden (*Winkler* BeurkG § 34 Rn. 15). Da die besondere amtliche Verwahrung vom Willen der Vertragschließenden abhängt, kann sie von diesen übereinstimmend auch später in der Weise wieder aufgehoben werden, dass der Erbvertrag an den Urkundsnotar zur Verwahrung übergeben werde. Diese Art der Rücknahme hat keine Widerrufswirkung (*Winkler* BeurkG § 34 Rn. 20; OLG Hamm DNotZ 1974, 460). Der von allen Beteiligten gewollte Ausschluss der besonderen amtlichen Verwahrung des Erbvertrages ist gem. § 34 Abs. 2 Hs. 2 BeurkG im Zweifel anzunehmen, wenn er mit einem anderen Vertrag in derselben Urkunde (zB Ehe- oder Erbverzichtsvertrag, Adoptionsantrag – sog. gemischte Erbverträge) wenn auch nur rein äußerlich verbunden wird (*Winkler* BeurkG § 34 Rn. 16). Wird die besondere amtliche Verwahrung des Erbvertrages nicht ausgeschlossen, hat der Urkundsnotar nach § 2300 BGB, § 34 Abs. 1 BeurkG seine Urschrift in einen amtlich vorgeschriebenen Testamentsumschlag zu nehmen, mit einem Prägesiegel zu verschließen und unverzüglich beim zuständigen Amtsgericht zur Verwahrung einzureichen (im Einzelnen → Form. XI.1 Anm. 17). Er hat gem. § 20 Abs. 1 DONot vor der Ablieferung für seine Urkundensammlung einen Vermerk anzufertigen, der außer der Urkundennummer den Namen, Geburtsdatum, Geburtsort mit Postleitzahl und Wohnort der Vertragschließenden, gegebenenfalls die Personalien der Zeugen oder eines zweiten Notars sowie die Angaben darüber zu enthalten hat, in welcher Form der Erbvertrag (§§ 2232, 2276 BGB) errichtet wurde. Auch die nach unverzüglicher Meldung (Pflicht aus § 34a BeurkG) ergangene Bestätigung der Registrierung bei dem Zentralen Testamentsregister ist dazuzunehmen. Auf Wunsch der Vertragschließenden soll der Notar eine beglaubigte Abschrift des Erbvertrages bei seinen Akten zurückbehalten, muss sie aber nachträglich auf Wunsch den Beteiligten aushändigen. Soweit die Beteiligten nicht schriftlich in die offene Aufbewahrung einwilligen, ist die Abschrift im verschlossenen Umschlag zur Urkundensammlung zu nehmen. Das Amtsgericht hat gem. § 2277 BGB über die Verwahrung des Erbvertrages jedem der Vertragschließenden einen Hinterlegungsschein zu erteilen.

Über die nach § 25 Abs. 2 S. 1 BNotO in seiner Verwahrung befindlichen Erbverträge hat der Notar gem. § 9 DONot ein Verzeichnis zu führen, in das die Namen der Erblasser, ihr Geburtsdatum, der Tag der Ausstellung der Urkunde und die Urkundenrollennummer aufzunehmen sind. Dieselbe Funktion kann statt des Verzeichnisses eine fortlaufende und nummerierte Sammlung der Registrierungsbestätigungen des Zentralen Testamentsregisters erfüllen (§ 9 Abs. 2 DONot). Nach dem Tode des Erblassers ist der in Verwahrung des Notars befindliche Erbvertrag gem. § 34a Abs. 3 BeurkG an das zuständige Nachlassgericht zur Eröffnung abzuliefern. Erklärungen in anderen Urkunden, die Einfluss auf die Erbfolge haben können (wie Erbverzichte, Wechsel des Ehegüterstands), sind in beglaubigter Abschrift mitzuteilen (§ 34a Abs. 3 S. 2 BeurkG). Der Notar hat dabei nach § 20 Abs. 3 DONot eine beglaubigte Anschrift der abgelieferten Urkunde zu seiner Urkundensammlung zu nehmen. Auch ein aufgehobener Erbvertrag ist zur Eröffnung abzuliefern (Palandt/*Weidlich* § 2300 Rn. 2). Enthält ein zweiseitiger Erbvertrag Verfügungen für den zweiten Erbfall, ist er gem. § 349 Abs. 4, Abs. 2 FamFG nach seiner Eröffnung nach dem ersten Erbfall, sofern er in besonderer amtlicher Verwahrung war oder der überlebende Vertragsteil dies beantragt, in die besondere amtliche Verwahrung zurückzubringen, sonst bleibt er offen in der gewöhnlichen amtlichen Verwahrung bei den Akten des Nachlassgerichts. Auf jeden Fall darf er nicht an den Notar, der ihn übersandt hat, zurückgegeben werden. Befindet sich ein Erbvertrag seit mehr als dreißig Jahren in besonderer oder gewöhnlicher amtlicher Verwahrung, so hat gem. § 351 FamFG die Verwahrstelle soweit tunlich Ermittlungen darüber anzustellen, ob der Erblasser noch lebt. Führen die Ermittlungen nicht zur Feststellung des Fortlebens des Erblassers, so ist der Erbvertrag zur Eröffnung zu bringen. Der Notar hat gem. § 20 Abs. 4 DONot zu jedem Jahresende das Verzeichnis der Erbverträge oder die Sammlung der Registerbestätigungen auf solche noch nicht eröffneten Erbverträge durchzusehen, bei denen die Frist des § 351 FamFG abgelaufen ist.

**13. Rücknahme aus der amtlichen Verwahrung.** Nach § 2300 Abs. 2 BGB kann ein Erbvertrag, der nur Verfügungen von Todes wegen enthält, bis zum Tod eines der Vertragschließenden aus der amtlichen oder notariellen Verwahrung zurückgenommen und an alle Vertragsschließenden gemeinschaftlich zurückgegeben werden. Die Rücknahme ist an enge Voraussetzungen gebunden, insbesondere darf die Urkunde keine anderen Erklärungen als Verfügungen von Todes wegen enthalten und muss körperlich an alle Vertragsbeteiligten erfolgen, beim Erblasser sogar an diesen persönlich (umfassend zum Ganzen *Dickuth-Harrach* RNotZ 2002, 384; *Frank* NotBZ 2003, 8 (10 ff.); *Keim* ZEV 2003, 55; zum Verfahren § 20 Abs. 3 DONot und BNotK-Rundschreiben Nr. 25/2002 v. 13.8.2002, zugänglich über www.bnotk.de/service). Die Rücknahme stellt eine letztwillige Verfügung dar (BayObLG NJW-RR 2005, 957), über die der Notar ein Rückgabeprotokoll als Vermerkurkunde (§ 39 BeurkG) errichtet. Der Notar erhebt für die Rückgabe eine Gebühr von 0,3 (KV Nr. 23100 GNotKG), sie wird auf die Gebühr für die Beurkundung einer demnächst erfolgenden neuen Verfügung angerechnet. Mit der förmlichen Rückgabe ist der Erbvertrag *endgültig* widerrufen.

## 16. Beurkundung eines Ehe- und Erbvertrages

**Verhandelt zu[1, 2]. . . . .**
**am . . . . .**
**Vor dem unterzeichneten Notar . . . . .**
**erscheinen, ausgewiesen durch Personalausweise und nach dem persönlichen Eindruck des Notars und der mit ihnen geführten Unterhaltung unbedenklich unbeschränkt geschäfts- und testierfähig:[3]**
**A, geboren am . . . . . in . . . . ., wohnhaft in . . . . . (Ort, Straße), nach eigenen Angaben ausschließlich deutscher Staatsangehöriger[3a]**

**– Verlobter –**

**B, geboren am . . . . . in . . . . ., wohnhaft in . . . . . (Ort, Straße), nach eigenen Angaben ausschließlich deutsche Staatsangehörige[3a]**

**– Verlobte –**

**Die Anwesenden erklärten, demnächst heiraten zu wollen, und wünschten die Errichtung eines Ehe- und Erbvertrages durch mündliche Erklärung,[4] wobei beide vertragsmäßige Verfügungen von Todes wegen treffen und sich gegenseitig Zuwendungen machen.[5] Sie verlangen keine Zuziehung von Zeugen. Sie erklären ferner, dass keiner von ihnen durch Erbvertrag oder gemeinschaftliches Testament an der Verfügung über seinen Nachlass verhindert ist.[6] Die Erschienenen erklärten bei gleichzeitiger Anwesenheit[7] mündlich und wobei sie gegenseitig alle erbvertraglichen Erklärungen annahmen,[8] folgenden mit ihrer Eheschließung in Kraft tretenden[9]**

**Ehe- und Erbvertrag:**

**. . . . .**
**(Schlussbestimmungen → Form. XV.15)**

### Anmerkungen

1. **Sachverhalt.** Die Vertragschließenden sind verlobt und wollen für ihre künftige Ehe sowohl ihre güterrechtlichen als auch erbrechtlichen Beziehungen regeln.

2. **Anwendungsfälle.** Da das eheliche Güterrecht erbrechtliche Auswirkungen hat, liegt es nahe, zugleich mit einem Ehevertrag Verfügungen von Todes wegen zu treffen. Diese Gestaltungsmöglichkeit war historisch durch eine Formerleichterung (§ 2276 Abs. 2 BGB) und hinsichtlich der Kosten (§ 46 KostO) privilegiert. Heute hat § 2276 Abs. 2 BGB seinen praktischen Vorteil verloren (dazu unten 4.). Der Kostenvorteil reduziert sich seit Geltung des GNotKG auf die Degressionswirkung der Tabelle, die Werte beider Verträge werden zusammengerechnet (§ 111 Nr. 1 bzw. Nr. 2, § 86 Abs. 2, 35 GNotKG). Ein nachteiliger Aspekt ist der Wegfall der Möglichkeit einer Rücknahme des Erbvertrages (§ 2300 BGB; → Form. XI.15Anm. 13), so dass auch ein widerrufener Ehe- und Erbvertrag im Sterbefall stets eröffnet wird.

**3. Geschäftsfähigkeit.** Ein Erbvertrag, den ein Minderjähriger oder ein Geschäftsunfähiger **als Erblasser** schließt, ist unheilbar nichtig. Sowohl für den Ehevertrag (§ 1411 Abs. 1 BGB aF) wie auch beim Erbvertrag (§ 2275 Abs. 2, Abs. 3 BGB aF) geltende Ausnahmen für Verlöbnisse und Lebenspartnerschaften bzw Ehen Minderjähriger sind mit dem absoluten Verbot der Minderjährigenehe seit 22.7.2017 weggefallen. Eine Umdeutung in ein Testament bei Minderjährigen, die das 16. Lebensjahr vollendet haben, sollte jedoch möglich sein (BeckOK BGB/Litzenburger, § 2275 Rn. 5 mit Verweis auf RGZ 28, 217).

Steht der **Erblasser** unter **Betreuung**, kann er dennoch geschäftsfähig sein. Das ist sorgfältig zu prüfen (*Weser* MittBayNot 1992, 170). Ein Einwilligungsvorbehalt kann sich gem § 1903 Abs. 2 Nr. 2 BGB nicht auf Verfügungen von Todes wegen richten. Eine unter Betreuung stehende Person, die bei Vertragsschluss tatsächlich unbeschränkt geschäftsfähig ist, kann also einen Erbvertrag als Erblasser ohne Zustimmung seines Betreuers abschließen. Eine geschäftsunfähige Person kann dies hingegen auch dann nicht, wenn ein Betreuer sie vertritt.

Ein Betreuter kann **als anderer Vertragsteil** (ohne eigene letztwillige Verfügung) einen Ehevertrag nur mit Zustimmung seines Betreuers schließen, soweit für diese Angelegenheit ein Einwilligungsvorbehalt angeordnet ist. Für einen geschäftsfähigen Betreuten kann der Betreuer keinen Ehevertrag schließen (§ 1411 Abs. 3 S 3 BGB). Für einen geschäftsunfähigen Ehegatten schließt der Betreuer den Ehevertrag (§ 1411 Abs. 2 S 1 BGB).

Nach dem Tod des Erblassers kann ein wegen mangelnder Zustimmung des gesetzlichen Vertreters schwebend unwirksamer Erbvertrag nicht mehr durch die nachträgliche Zustimmung des gesetzlichen Vertreters geheilt werden (BGH NJW 1978, 1159).

**3a. Auslandsbezug und mögliche Rechtswahl.** Beachte dazu → Form XI.5 Anm. 8a und ausf. → Form XIV.1, XIV.3.

**4. Form der Errichtung des Ehe- und Erbvertrages.** Gem. § 2276 Abs. 2 BGB genügt für einen Erbvertrag zwischen Ehegatten oder Verlobten, der mit einem Erbvertrag in derselben Urkunde verbunden wird, die für den Ehevertrag vorgeschriebene Form dh die Form des § 1410 BGB und der einschlägigen Vorschriften der §§ 1–26 BeurkG (Reimann/Bengel/*J. Mayer* § 2276 Rn. 25). Bezüglich der materiellen Formvorschriften bedeutet das für Ehe- und Erbverträge gegenüber bloßen Erbverträgen eher eine Einschränkung, da Eheverträge nicht wie Erbverträge (§ 2232 iVm § 2276 Abs. 1 S. 2 BGB) durch Übergabe einer verschlossenen Schrift errichtet werden können (§§ 13 Abs. 1 S. 1, 9 Abs. 1 S. 2 BeurkG). Eine Abweichung besteht noch bei den Verfahrensvorschriften, da gem. § 2276 Abs. 2 BGB beim Ehe- und Erbvertrag auch hinsichtlich des Erbvertrages die §§ 28–34a BeurkG keine Anwendung finden.

**5. Höchstpersönlichkeit.** Die Verlobten schließen einen gegenseitigen Erbvertrag, bei dem jeder zugleich Erblasser und Vertragsgegner ist. Das hat zur Folge, dass beide den Ehe- und Erbvertrag nach § 2274 BGB nur höchstpersönlich abschließen können, während sie sich beim Ehevertrag (§ 1410 BGB) und als bloße Vertragsgegner des Erbvertrages hätten vertreten lassen können.

**6. Bisherige Eheverträge.** Wurde der Ehe- und Erbvertrag zwischen Verheirateten geschlossen, müsste hier zur Versicherung der Testierfreiheit noch kommen, dass die Vertragschließenden bisher keinen Ehevertrag geschlossen haben.

**7. Gleichzeitige Anwesenheit.** Sowohl der Ehevertrag (§ 1410 BGB) als auch der Erbvertrag (§ 2276 Abs. 1 BGB) können nur bei gleichzeitiger Anwesenheit beider Teile zur Niederschrift eines Notars geschlossen werden, so dass getrennte Beurkundung von Angebot und Annahme gem. § 128 BGB hier nicht möglich ist.

**8. Annahme.** Bezüglich der ausdrücklichen Mitbeurkundung der Angebotsannahme → Form. XI.15Anm. 7.

**9. Nachfolgende Eheschließung.** Kommt beim Ehevertrag zwischen Verlobten die Heirat nicht zustande, entfaltet er keine Rechtswirkungen (Bamberger/Roth/Hau/Poseck § 1408 Rn. 5). Wird das Verlöbnis gelöst, wird gem. §§ 2279 Abs. 2, 2077 Abs. 2, 3 BGB im Zweifel auch der Erbvertrag unwirksam (MüKoBGB/*Musielak* § 2276 Rn. 10; Reimann/Bengel/*J. Mayer* § 2276 Rn. 31). Bei Auflösung des Verlöbnisses durch Tod bleibt der Erbvertrag jedoch in der Regel wirksam (KG KGJ 37 A 115; MüKoBGB/*Musielak* § 2276 Rn. 10; Reimann/Bengel/*J. Mayer* Rn. 31). Will man diese Folge nicht, muss man wie im Formular den Erbvertrag ausdrücklich durch den Eheschluss ausschiebend bedingen.

## 17. Gemeinschaftliches Testament

Hinweis: Die Voraussetzungen der Abfassung eines gemeinschaftlichen Testaments, dessen formale Anforderungen und die Bindungswirkung wechselbezüglicher Verfügungen als besonderes Charakteristikum sind bei → Form. XII.24 Anm. 3 und 4 behandelt.

# XII. Testamente, Erbverträge

## Grundlagen der Beratung

### 1. Checkliste zur Errichtung von Verfügungen von Todes wegen

(1) Der Notar oder Rechtsanwalt wird bei der Abfassung von Verfügungen von Todes wegen und der dabei zu treffenden Auswahl der Gestaltungsmöglichkeiten immer folgende Gesichtspunkte beachten:

a) *Bei allen Verfügungen von Todes wegen:*
- Prüfung der Person und der Testierfähigkeit des Erblassers.
- Frage nach dem Familienstand des Erblassers.
- Frage nach Abkömmlingen einschließlich nichtehelicher Kinder in allen in Betracht kommenden Erbordnungen und nach adoptierten und für ehelich erklärten Kindern (dabei Klärung ob Volladoption, Adoption mit schwacher Wirkung oder nur Namenserteilung bzw. Einbenennung).
- Frage nach vorhandenen Pflichtteilsberechtigten und Hinweis auf deren Pflichtteilsrecht (evtl. Strafklausel).
- Hinweis auf Pflichtteilsrechte entfernter Abkömmlinge nach dem Vorversterben unmittelbarer Abkömmlinge.
- Möglichkeit der Nachgeburt von Kindern.
- Frage nach dem Güterstand des Erblassers.
- Frage nach der Staatsangehörigkeit des Erblassers.
- Klärung des gewöhnlichen Aufenthaltsorts (Form. XIV.1) und eventuell Rechtswahl bei gewöhnlichem Aufenthalt eines deutschen Staatsangehörigen im Ausland; zu den Konsequenzen der EU-Erbrechtsverordnung für die Nachfolgeplanung s insg Kap. XIV.
- Frage nach Auslandsvermögen (Kap. XIV).
- Klärung der Testierfreiheit (Bindung an frühere gemeinschaftliche Testamente oder Erbverträge).
- Klärung etwaiger erbrechtlicher Bindungen des Nachlasses oder von Nachlassteilen (zB Vorerbenstellung des Testators in der Variante auflösend bedingter Vollerbeneinsetzung).
- Frage nach sonstigen praktischen Beschränkungen der Vererblichkeit von Nachlassteilen (zB Nachfolgeklauseln in Gesellschaftsverträgen); Urheberrechten (*Gloser* DNotZ 2013, 497).
- Sondererbfolge aufgrund gesellschaftsvertraglicher Regelung (ausf. Form XIII.1).
- Sondererbfolge nach Landwirtschaftsrecht, „Anerbenrecht“. In den Ländern Hamburg, Niedersachsen, Schleswig-Holstein und Nordrhein-Westfalen gilt die Höfeordnung (s dazu die Spezialliteratur; Überblick: Ruby ZEV 2006, 351; *Söbbeke* ZEV 2006, 395; *Wellmann* ZErb 2010, 12; aktuelle Rechtsfragen bei *Führ* notar 2016, 342; *Graß* ZEV 2019, 399) als partielles Bundesrecht (zu interlokalen Anwendungsfragen *Osterholzer* DNotZ 2018, 264). In Brandenburg gilt seit 21.6.2019 eine eigene daran stark angelehnte landesrechtliche Höfeordnung. Zielsetzung ist jeweils der Erhalt der Wirtschaftseinheit eines landwirtschaftlichen „Hofs“ durch Bestimmung nur eines Hoferben. Den Miterben, die nicht Hoferben

werden, stehen vorbehaltlich anderweitiger Regelung durch Übergabevertrag oder Verfügung von Todes wegen Ansprüche gegen den Hoferben auf Zahlung einer Abfindung in Geld zu, dem überlebenden Ehegatten auch Nutzungs- bzw. Fruchtziehungsrechte. Der von beiden Ehegatten bewirtschaftete Hof und in beider Eigentum stehende Hof geht auf den Überlebenden über, sofern nicht beide gemeinsam einen anderen Hoferben bestimmt haben. Hat der Erblasser einem seiner hoferbeberechtigten Abkömmlinge bereits zu Lebzeiten die Wirtschaftsführung des Hofes übertragen, ist damit praktisch auch der Hoferbe bestimmt. Der Eigentümer kann zwar im Übrigen durch letztwillige Verfügung im Wesentlichen frei den einen Hoferben bestimmen, er kann aber die Erbfolge kraft Höferechts durch Verfügung von Todes wegen nicht ausschließen (fraglich für die landesrechtliche Höfeordnung; vgl Art 64 Abs. 2 EGBGB). Ein Anerbenrecht enthält auch das Bremische Höfegesetz vom 18. Juli 1899 idF der Bekanntmachung vom 19. Juli 1948 (GVBl 1948, 124). Nachweise weiterer landesrechtlicher Bestimmungen der landwirtschaftsrechtlichen Erbfolge zB bei MüKo/*Säcker* Art. 64 EGBGB Rn. 2).

- Wunsch nach Regelungen zum „digitalen Nachlass“ (→ Form. XII.4 Anm. 14).
- Möglichkeit der wesentlichen Veränderung des Vermögensstandes bis zum Erbfall. Nach BGH ZEV 2017, 629 ist nach den Umständen des Einzelfalls zu entscheiden, ob eine Erbeinsetzung nach dem Regelungsplan des Erblassers auch einen späteren Vermögenserwerb umfassen soll. Umgekehrt ist zu entscheiden und im Testament zu regeln, wie sich eine Vermögensverschlechterung zB auf Vermächtnisse auswirken soll (vgl etwa § 2318 BGB).
- Hinweis auf die Möglichkeit der Weitervererbung von Nachlassgegenständen beim Zuwendungsempfänger.
- Klärung etwaiger Besonderheiten in Person und Umständen des Erben (Sozialleistungsbezug, Behinderung, unliebsame Schwiegerkinder).
- Erbeinsetzung dessen, dem der Erblasser den Kern seines Vermögens abweichend von der gesetzlichen Erbfolge zuwenden will.
- Klärung, ob Zuwendung des Vermögens im Ganzen, zu Bruchteilen oder nur einzelner Nachlassgegenstände (Erbeinsetzung, Vermächtnis evtl. Vorausvermächtnis, Auflage, Teilungsanordnung).
- Zuwendung der Nachlassnutzung an Erstbedachten, der Substanz an Endbedachten (Vor- und Nacherbschaft, Vor- und Nachvermächtnis, Nießbrauchsvermächtnis).
- Einflussnahme des Erblassers auf den Nachlass über seinen Tod hinaus (Teilungsanordnung, Teilungsverbot, Verwirkungsklauseln, Schiedsklauseln (→ Form. XII.23 Anm. 11), familienrechtliche Anordnungen, Testamentsvollstreckung).
- Anordnung von Ausgleichs- und Anrechnungspflichten.
- Einsetzung von Ersatznacherben und Ersatzvermächtnisnehmern.
- Hinweis auf Wiederverheiratungsfall des überlebenden Ehegatten (Wiederverheiratungsklausel).
- Prüfung der Übereinstimmung der Verfügung mit den Nachfolgebestimmungen eines Gesellschaftsvertrages.
- Bestehen von Lebensversicherungen und anderer Verträgen zugunsten Dritter auf den Todesfall (*Bredemeyer* ZEV 2010, 288; *Klepsch/Klepsch* NotBZ 2004, 365; *Leitzen* RNotZ 2009, 129; zum Pflichtteilsrecht auch *Herrler* ZEV 2010, 333). Das Thema hat neuerdings gesteigerte Bedeutung, weil der BGH nicht nur einen Widerruf des diesbezüglichen Schenkungsangebots in einer letztwilligen Verfügung akzeptiert, sondern diesen auch konkludent in einer Verteilung des gesamten Vermögens erkennt (BGH NJW-RR 2018, 518) → ausf. bei → Form. XII. 3 Anm. 11. Für eine etwaige Pflichtteilsergänzung (§ 2325 BGB) maßgeblich ist der Wert, den der Erblasser aus einer Lebensversicherung in der letzten – juristischen – Sekunde seines

Lebens nach objektiven Kriterien für sein Vermögen hätte umsetzen können. In aller Regel ist das der Rückkaufswert (BGHZ 185, 252).

- Spezieller oder vorsorglich genereller Widerruf aller früher errichteten Testamente.
- Klärung, ob die Verfügung von Todes wegen frei widerruflich sein oder Bindungswirkung eintreten soll (dann Wahl von gemeinschaftlichem Testament oder Erbvertrag).
- Wer soll das Recht (und die Pflichten) der Totenfürsorge tragen (ausf *Karczewski* ZEV 2017, 129)? Die in den Bestattungsgesetzen der Länder insoweit getroffenen und im Detail durchaus unterschiedlichen Anordnungen geben regelmäßig dem Erblasserwillen den Vorrang. Er muss nicht ausdrücklich, geschweige denn in Form der letztwilligen Verfügung erklärt sein. Das schließt die Aufnahme in die letztwillige Verfügung nicht aus. Der Vorsorgebevollmächtigte ist als solcher in der Regel nicht mit der Totenfürsorge betraut (OLG Naumburg ErbR 2016, 281).

b) *Zusätzlich bei gemeinschaftlichen Testamenten:*

- Hinweis auf die Möglichkeiten und das jeweilige Maß der Bindung (Berliner Testament, Ehegattenerbvertrag, bedingte Vermächtnisse für Abkömmlinge, Nießbrauchsvermächtnis für Überlebenden mit und ohne Testamentsvollstreckung, Vor- und Nacherbschaft).
- Ganze oder teilweise Freistellung von der Bindung (Freistellungsklausel).
- Evtl. gegenseitiger Pflichtteilsverzicht.
- Evtl. gegenseitiger ehevertraglicher Verzicht auf güterrechtlichen Zugewinnausgleich im Todesfall.
- Evtl. gegenseitiger Verzicht auf Anfechtungsrechte.
- Ausdrückliche Ersatzerbregelung.
- Wiederverheiratungsklausel.

c) *Zusätzlich bei Erbverträgen:*

- Einschränkung der Bindung.
- Rücktrittsvorbehalt.
- Verzicht auf Anfechtungsrecht.
- Einschränkung des freien Verfügungsrechts unter Lebenden (Verfügungsunterlassungsvertrag mit durch Zuwiderhandlung bedingtem schuldrechtlichen Übereignungsanspruch).

(2) Das Erbrecht des BGB enthält eine Reihe von besonderen gesetzlichen Auslegungsregeln und ergänzenden Rechtssätzen für Verfügungen von Todes wegen. Sie sind anzuwenden, wenn der Wille des Erblassers durch Auslegung (individuelle oder ergänzende) nicht ermittelt werden kann (Subsidiarität). Dabei geht die Rechtsprechung (BGHZ 149, 363 = FamRZ 2002, 747; vgl. aus jüngerer Zeit OLG Schleswig NJW-RR 2014, 73) von dem Grundsatz aus, dass mehrere gesetzlichen Auslegungsregeln nicht hintereinander auf den gleichen Tatbestand angewendet werden dürfen. Die Regeln entsprechen allgemeinen Erfahrungssätzen (BGH NJW 1980, 1276). Einen abweichenden Inhalt der letztwilligen Verfügung hat im Zivilprozess derjenige darzulegen und gegebenenfalls zu beweisen, der dies für sich geltend machen will. Im Erbscheinsverfahren trägt er die Feststellungslast, der von Amts wegen ermittelnde Richter muss von sich aus einem nur mutmaßlichen anderen Erblasserwillen nicht nachgehen. Die überkommene Unterscheidung nach Auslegung und Ergänzung ist für die Praxis heute jedenfalls insoweit bedeutungslos, als ein Vorrang auch der ergänzenden Auslegung allgemein anerkannt wird. Wichtiger erscheint die Frage, wie stark ein gegenläufiger Wille des Testators in der auszulegenden Verfügung angedeutet sein muss. Das ist für jede der Regeln einzeln zu entscheiden. Bei der hier wegen ihres Vorrangs vor allem interessierenden ergänzenden Testamentsauslegung handelt es sich nicht darum, dass der erwiesene oder auch nur zu vermutende wirkliche Wille des Erblassers zur Geltung gebracht wird, sondern um die Berücksichtigung eines hypothetischen Willens, den der

Erblasser vermutlich gehabt haben würde, wenn er bei seiner letztwilligen Verfügung die künftige Entwicklung vorausschauend in Betracht gezogen hätte. Auch die ergänzende Auslegung ist aber in erster Linie Auslegung und muss deshalb anhand des Testaments erfolgen; für die behauptete Willensrichtung des Erblassers muss sich daher ein wenn auch noch so geringer oder unvollkommener Anhaltspunkt im Testament selbst finden (sog **Andeutungstheorie**; BayObLG NJW-RR 1991, 1094).

Der Rechtsanwalt oder Notar sollte sich beim Entwurf einer Verfügung von Todes wegen nicht auf diese Rechtssätze verlassen, sondern die in ihnen behandelten Fragen ausdrücklich klären (eindringlich zum Risiko einer Rechtsprechungsänderung bei Anwendung der Ergänzungsregeln *Frenz* ZNotP 2006, 329). Er setzt ansonsten unter Umständen die Ursache für einen Rechtsstreit der Erbprätendenten, für dessen Kosten er schadensersatzpflichtig gemacht werden könnte (RG DNotZ 1934, 944 u. 1936, 431; BGH DNotZ 1982, 498). Die Regeln sollten dem Berater als Richtschnur für den Umfang der Aufklärung des Willens des Erblassers dienen. Erweist sich in der Beratung ein der gesetzlichen Regel widersprechender Erblasserwunsch, dann muss er in der Verfügung klar niedergelegt werden. Ist dem Erblasser ein der gesetzlichen Vermutung entsprechendes Ergebnis wichtig, sollte auch das individuell fixiert werden.

d) *Für alle Verfügungen von Todes wegen:*

- §§ 2044, 750 BGB – Ein **Auseinandersetzungsverbot** fällt beim Tod eines Miterben weg.
- § 2049 Abs. 1 BGB – Ein übernommenes **Landgut** wird zum Ertragswert angesetzt.
- § 2051 Abs. 2 BGB – Der **Ersatzerbe** eines weggefallenen Abkömmlings ist wie dieser **ausgleichungspflichtig.**
- § 2052 BGB – Testamentarisch auf ihren gesetzlichen Erbteil eingesetzte **Abkömmlinge** sind wie gesetzlich erbende Abkömmlinge **ausgleichungspflichtig.**
- § 2066 BGB – Die Vorschrift hat drei Regelungsgegenstände: Der Erblasser bedenkt ohne individualisierende Bezeichnung **„seine Erben".** Ist nicht wenigstens durch ergänzende Auslegung festzustellen, wen er damit berücksichtigen wollte, ist gemäß Satz 1 erstens von den gesetzlichen Erben zum Zeitpunkt des Erbfalls auszugehen. Fehlt (auch oder ausschließlich) zweitens eine Anordnung über die Anteile der „gesetzlichen Erben" zueinander, sind diese genauso zu ermitteln, wie wenn gesetzliche Erbfolge gälte. Hat der Erblasser drittens die Verfügung an den Eintritt einer Bedingung oder einen frühesten Termin geknüpft und auch insoweit keine andere Anordnung getroffen, tritt nach Satz 2 der Bedingungseintritt bzw. Anfangstermin insoweit an die Stelle des Zeitpunkts des Erbfalls.
  Der Erblasser hat seine „gesetzlichen Erben" eingesetzt oder eine vergleichbare Sammelbezeichnung gewählt. Hat er einzelne Personen individualisiert, gilt für Zweifel über die Größe ihrer Anteile § 2091 BGB. Hat er schlicht angeordnet, es „bleibe bei der gesetzlichen Erbfolge", ist das nur deklaratorisch und keine Erbeinsetzung. Es ist dann keine Auslegung möglich, auch wenn der Erblasser falsche Vorstellungen von der gesetzlichen Erbfolge hatte (BGH BGHZ 80, 246). Werden die gesetzlichen Erben eines Dritten bedacht, ist die Bestimmung entsprechend anwendbar. Ein praktisch häufiger Fall ist die Einsetzung der gesetzlichen Erben des Vorerben als Nacherben (BayObLG FamRZ 2001, 1561). Maßgeblich für Satz 1 ist das zum Zeitpunkt des Erbfalls geltende Erbrecht. Fehlvorstellungen des Erblassers zB über das Ehegattenerbrecht, das Erbrecht nichtehelicher Kinder oder infolge Adoption können vorrangig nur im Wege der Auslegung berücksichtigt werden, müssten also im Testamentswortlaut angedeutet sein (KG FamRZ 1961, 447). Nichts anderes gilt für die geänderte gesetzliche Erbfolge im Gebiet der ehemaligen DDR. Fehlt ein Anhaltspunkt im Testamentswortlaut, kommt allenfalls Anfechtung in Betracht.

Steht die Zuwendung unter einer Bedingung oder einem frühesten Geltungstermin, ist statt auf den Erbfall für den Kreis der „gesetzlichen Erben", ihre Erbquoten und das anzuwendende Recht auf den Zeitpunkt des unbedingten Wirksamwerdens der Zuwendung abzustellen. Eingeschlossen sind auch Berechtigte, die zum Zeitpunkt des Erbfalls noch nicht gezeugt waren.
Da nach der Regelung des Satz 2 eine „andere Anordnung" im Sinn des § 2108 Abs. 2 S. 1 BGB anzunehmen ist, geht die Einsetzung der gesetzlichen Erben des Vorerben im Zweifel einer freien Vererblichkeit der Vorerbenanwartschaft vor (MünchKomm/*Leipold* BGB § 2066 Rn. 18).

- § 2067 BGB – Auch diese Bestimmung enthält drei Auslegungsregeln. Hat der Erblasser ohne individualisierende Bezeichnung **„seine Verwandten"** bedacht und ist nicht wenigstens durch ergänzende Auslegung festzustellen, wen er damit berücksichtigen wollte, so ist gemäß Satz 1 erstens vom gesetzlichen Begriff der „Verwandtschaft" (§ 1589 BGB) und dabei von denjenigen Verwandten auszugehen, die nach der gesetzlichen Erbfolge erbberechtigt wären. Zweitens sind die Quoten eingesetzter „Verwandter" zueinander wie bei gesetzlicher Erbfolge zu bestimmen. Maßgeblich sind jeweils die Verhältnisse zum Zeitpunkt des Erbfalls, es sei denn, der Erblasser hat die Verfügung an den Eintritt einer Bedingung oder einen frühesten Termin geknüpft und auch insoweit keine andere Anordnung getroffen. Dann tritt nach Satz 2 iVm § 2066 S. 2 BGB der Bedingungseintritt bzw. Anfangstermin an die Stelle des Zeitpunkts des Erbfalls.
  Als abweichenden Erblasserwillen praktisch relevant ist insbesondere die verbreitete Fehlvorstellung, der Ehepartner zähle zu den „Verwandten" (im Gebiet der neuen Bundesländer legt die Erinnerung an § 365 ZGB-DDR dies besonders nahe). Im Begriff der „Familie" ist der Ehegatte jedenfalls einbezogen, nach § 2067 kann sich dann noch die Erbquote bestimmen. Ein Erfahrungssatz, dass nichteheliche Abkömmlinge vom männlichen Erblasser nicht als „Verwandte" anerkannt wären, wäre heute nicht nachvollziehbar, bestand aber auch früher so nicht. Der Erblasser muss seine „Verwandten" eingesetzt oder eine vergleichbare Sammelbezeichnung gewählt haben. Hat er einzelne Personen individualisiert, gilt im Zweifel über die Größe ihrer Anteile das Kopfprinzip des § 2091 BGB (vgl. OLG Dresden FamRZ 2011, 403). Hat er dagegen eine abstrakt bestimmbare Untergruppe aus dem Kreis seiner erbberechtigten Verwandten eingesetzt, ist die Bestimmung hinsichtlich der Quoten entsprechend anzuwenden, so dass § 2091 BGB verdrängt wird. Hat der Erblasser ausdrücklich die „nicht Blutsverwandten" als Nacherben ausgeschlossen, ist das mit einer ersatzweisen Einsetzung nur der eigenen gesetzlichen Erben nicht gleichzusetzen, dh es können auch die mit dem Erblasser verwandten gesetzlichen Erben des Vorerben gemeint sein (Staudinger/*Otte* (2013) BGB § 2068 Rn. 9). Werden die Verwandten eines Dritten eingesetzt, der selbst mit dem Erblasser nicht verwandt ist, soll die Bestimmung nach verbreiteter Ansicht nicht gelten (Staudinger/Otte (2013) § 2067 Rn. 8; für eine Analogie BeckOK BGB/*Litzenburger* BGB § 2067 Rn. 5).
- § 2068 – Die Vorschrift betrifft den Fall, dass der Erblasser ohne nähere Konkretisierung Zuwendungen an **„seine Kinder"** macht. Soweit eines oder mehrere seiner Kinder bereits im Zeitpunkt der Errichtung dieser Verfügung vorverstorben war, gelten an deren Stelle im Zweifel die Abkömmlinge der Verstorbenen als eingesetzt, und zwar untereinander im Verhältnis wie bei gesetzlicher Erbfolge (§ 1924 Abs. 2–4 BGB). Bleiben Zweifel nur hinsichtlich der Erbquote, gilt die Vorschrift insoweit. Sind Abkömmlinge des Vorverstorbenen nicht vorhanden, kommt es zur Anwachsung (§ 2094 BGB). Dabei ist der Begriff des Abkömmlings im BGB nicht definiert. Abweichungen der biologischen Abstammung vom Familienrecht sind Gegenstand der Rechtsprechung (*Karczewski* ZEV 2014, 641). Insbesondere zur Einbeziehung adoptierter Kinder kann eine Klarstellung in der letztwilligen Verfügung zweckmäßig

sein. Auf die Kenntnis des Erblassers vom Vorversterben kommt es nicht an. Die Bestimmung stellt die Vermutung einer ersatzweisen Berufung auf. Eine wirksam erklärte anderweitige Ersatzerbeneinsetzung (§ 2096 BGB) hat daher Vorrang. Bei Wegfall des Kindes nach Testamentserrichtung, aber vor Eintritt des Erbfalls gilt § 2069 BGB. Fällt das Kind durch einen Erbverzicht weg, kommt § 2349 BGB zur Anwendung. Zweifel hinsichtlich der Einbeziehung von Schwieger-, Stief- oder Pflegekindern werden durch § 2068 BGB nicht entschieden. Die Bezeichnung „unsere Kinder" in einem gemeinschaftlichen Testament kann auch das Kind von nur einem Ehegatten einschließen (AG Brandenburg, zitiert bei Siebert NJW 2013, 1062 Fn 11). Der Erblasser hat seine „Kinder" (auch das einzige Kind) eingesetzt oder eine vergleichbare Sammelbezeichnung gewählt. Die vorverstorbenen Kinder können auch namentlich benannt sein. Sind dagegen nur die überlebenden Kinder oder nur einzelne Vorverstorbene namentlich genannt, spricht das für einen von § 2068 BGB abweichenden Erblasserwillen hinsichtlich der übrigen. Werden die **„Kinder" eines Dritten** oder die **eigenen Geschwister** eingesetzt, soll die Bestimmung nicht gelten, ergänzende Auslegung kann aber zu demselben Ergebnis führen (vgl. OLG München FamRZ 2011, 1692; Staudinger/*Otte* (2013) BGB § 2068 Rn. 9; für analoge Anwendung BeckOK BGB/*Litzenburger* § 2068 Rn. 4).

- § 2069 BGB – Wenn der Erblasser einen seiner **Abkömmlinge** zum (Mit-)erben eingesetzt hat, bestimmt die Auslegungsregel, dass im Zweifel dessen Abkömmlinge ersatzweise erben, wenn der zunächst Bestimmte **nach Errichtung** des Testaments als Erbe **weggefallen** ist. Mehrere Abkömmlinge des Vorverstorbenen treten in dem Verhältnis ein, in dem sie bei gesetzlicher Erbfolge den Erblasser beerben würden („Stammesprinzip"). Ob schon die Wendung im Testament „Ersatzerben will ich heute nicht bestimmen" die Anwendung des § 2069 BGB ausschließt, ist offen (vgl. BayObLG DNotZ 2005, 631 einerseits, OLG München NJW-RR 2009, 878 andererseits) und muss daher dringend in diesen Fällen mit geregelt werden.
  Der Anwendungsbereich der Norm ist insbesondere abzugrenzen von der ausdrücklichen Ersatzerbenberufung (§ 2096 BGB). → Form. XII.3 Anm. 6 (2). Sind Abkömmlinge des Vorverstorbenen nicht vorhanden oder ist die Anwendung der Regel klar ausgeschlossen, kommt es zur Anwachsung bei den übrigen Erben (§ 2094 BGB). Abgesehen vom Sonderfall des Schlusserben im Berliner Testament (BGH FamRZ 2001, 993) findet die Vorschrift auf Zuwendungen an andere als Abkömmlinge des Erblassers keine Anwendung, also auch nicht auf Stief-, Pflege- oder Geschwisterkinder. Insbesondere bei einem besonderen Näheverhältnis des Erblassers zum Bedachten und zu seinem gesamten Stamm kann die ergänzende Auslegung aber zu entsprechenden Ergebnissen führen (Nieder ZNotP 1999, 104 (186) m. zahlr. Nachweisen; anders für die Abkömmlinge eines Lebensgefährten OLG Düsseldorf NJW-RR 2012, 1357; letztlich entscheiden die Umständen des Einzelfalls: BayObLG FamRZ 2001, 516).
- § 2070 BGB – Die Erbeinsetzung von im Erbfall noch nicht gezeugten Personen ist möglich, sie gelten als Nacherben (§§ 2101 Abs. 1, 2105 Abs. 2, 2106 Abs. 2 BGB). Auch Vermächtnisse zugunsten dieser Personen sind als Nachvermächtnis möglich (§ 2191 BGB). Die widerlegbare Auslegungsregel sieht es als typischen Erblasserwillen an, dass der Testator eine solche Anordnung nicht gewollt hat, wenn er ohne nähere Bestimmung die **Abkömmlinge eines Dritten** bedacht hat.
- § 2071 BGB – Ist eine **Personengruppe** wirksam unter einer **Sammelbezeichnung** eingesetzt, so beantwortet die Vorschrift – ausschließlich – die Frage, zu welchem Zeitpunkt die Bedachten dieser Gruppe angehört haben müssen. Im Zweifel sollen diejenigen bedacht sein, die im Moment des Erbanfalls (§ 2066 S. 2 BGB gilt entsprechend) dazugehören. Mit der **Klassenbezeichnung** kann auch eine Einzelperson angesprochen sein: „unser Gemeindepfarrer", „meine Sekretärin" etc. Al-

lerdings wird in solchen Fällen die individuelle Auslegung oft ein Abstellen auf die Verhältnisse zum Zeitpunkt der Testamentserrichtung nahe legen, vor allem wenn es dem Erblasser erkennbar auf ein persönliches Näheverhältnis ankommt. „Meine geliebte Frau" ist immer die Ehefrau zum Zeitpunkt der Testamentserrichtung; RG 10.12.1931 – IV 261/31, RGZ 134, 277 (281). Bei „Belohnungscharakter" liegt ebenfalls Abstellen auf den Errichtungszeitpunkt nahe, auch wenn der Gemeinte die Funktion später nicht mehr innehat, so zB „meine treue Haushälterin" (BeckOK BGB/Litzenburger § 2071 Rn. 3). „Unsere Fußballweltmeister" in einem Testament von 1975 kann nicht die Mannschaft des Jahres 1990 meinen (Staudinger/*Otte* (2013) BGB § 2071 Rn. 3). Die Bestimmung kommt nicht zur Anwendung, wenn eine erbfähige **Personenmehrheit** als solche bedacht ist. Bei Formulierungen wie „meine Vereinsfreunde" ist also vorab zu klären, ob einzelne oder der Verein gemeint sind (MünchKomm/*Leipold* BGB § 2071 Rn. 8). Für die Bestimmung der Erbquote gibt § 2071 BGB keine Hilfestellung. Ist ein anderer Erblasserwille nicht zu ermitteln, gelten insoweit §§ 2091, 2157 BGB.

- § 2072 BGB – Eine Verfügung zugunsten der **„Armen"** wäre als solche zu unbestimmt und daher unwirksam. Die Umdeutungsregel erhält sie aufrecht, indem im Zweifel die Gemeinde in ihrer Eigenschaft als Trägerin der Sozialhilfe als eingesetzt gilt. Träger der „Armenkasse" sind heute die Gemeinden als örtliche Träger der Sozialhilfe. Vergleichbare „weite" Bezeichnungen bestimmter **Großgruppen von Bedürftigen** werden in die Anwendung des Gedankens des § 2072 BGB einbezogen („Die Kriegsbeschädigten", KG Rpfleger 1993, 157; „Die Behinderten", OLG Hamm MDR 1984, 940). Nicht hinweghelfen kann die Vorschrift über das Verbot der Erbenbestimmung durch einen Dritten, zB Auswahl von „zehn Waisenkindern" (BayObLG ZEV 1998, 385). Zu unbestimmt kann es auch sein, wenn der Erblasser lediglich Verfügungen zugunsten eines gemeinnützigen Zwecks trifft, aber auch die Auslegung überhaupt keinen Zuwendungsempfänger ergibt (BayObLG FamRZ 2000, 1392). Die Zwecksetzung für „den Tierschutz" kann aber als Einsetzung des Tierschutzvereins gemeint sein (OLG Oldenburg MDR 1993, 546).
- § 2073 BGB – Die vom Erblasser gewählte Bezeichnung des Begünstigten passt auf eine überschaubare Gruppe mehrerer Personen und es steht fest, dass der tatsächlich Gemeinte darunter ist. In diesem Fall soll die Verfügung nicht insgesamt scheitern, sondern § 2073 BGB fingiert die „salomonische" Aufteilung zwischen allen Prätendenten zu gleichen Teilen. Es muss sich aber stets ein **engerer Kreis** ausmachen lassen, unter denen sich der Eingesetzte befindet. Der Erblasser darf nicht auf nicht existente oder nicht verifizierbare Kriterien zur Bezeichnung abgestellt haben. Ob bei alternativer Erbenberufung (A oder B, aber nur einer von beiden) § 2073 BGB (entsprechend) angewandt werden darf, ist streitig.
- § 2074 BGB – Das Gesetz geht davon aus, dass es bei **aufschiebend bedingter Einsetzung** dem Erblasser allein auf die Person des Bedachten ankommt, nicht auf dessen Stamm. Erlebt der Begünstigte den Bedingungseintritt nicht, fällt daher die Zuwendung an ihn insgesamt weg. Diese Vermutung ist widerlegbar, insbesondere auch bei Eingreifen des § 2069 (BGH NJW 1958, 22).
- § 2075 BGB – Letztwillige Zuwendungen, die vom Tun oder Unterlassen des Bedachten abhängig sind, gelten als unter der auflösenden Bedingung gemacht, dass der Bedachte das Tun unterlässt oder dem Unterlassen zuwiderhandelt. Es muss sich nach dem Wortlaut um eine Bedingung handeln, deren Erfüllung allein im Belieben des Bedachten steht (**„Potestativbedingung"**). Die herrschende Meinung dehnt das (wenigstens analog) auch auf Vorgänge aus, die (auch) von der Mitwirkung anderer (§ 2076 BGB) oder von den Fähigkeiten des Bedachten abhängen. Die Bedingung (häufig als Wohlverhaltens- bzw. Strafklausel formuliert) muss wirksam sein, dh sie darf insbesondere nicht sittenwidrig in Freiheitsrechte des Bedachten eingreifen.

Vorzunehmen ist insoweit eine Abwägung der mit der Bedingung verfolgten Ziele und dem Grad der Höchstpersönlichkeit des abverlangten Verhaltens. Legitim ist insbesondere der Wunsch des Erblassers, den Nachlass zusammenzuhalten, unzulässig sind Forderungen um so eher, als sie keine vernünftige Beziehung zum Schicksal des Nachlasses aufweisen (*Otte* hereditare 2014, 23 (36); zur Sittenwidrigkeit einer Bedingung, dass die Erbin einen namentlich bezeichneten Mann nicht heiratet, OLG Naumburg 3.11.1998 – 9 U 110/98, juris). Die Rechtsprechung zeigt restriktive Tendenzen. Die vom OLG Frankfurt NJW-RR 2019, 394 angenomme Unwirksamkeit eines Besuchsgebots scheint etwa nur aufgrund der besonderen Konstellation geboten, dass die minderjährigen Erben den Erblasser gegen ein Verbot des Erziehungsberechtigten nicht aufsuchen konnten (→ Form XII.23 Anm. 4) Häufige Anwendungsfälle sind **Wiederverheiratungsklausel, Pflichtteilsstrafklausel** (*Radke* ZEV 2001, 136; *J. Mayer* ZEV 1995, 136) und das Gebot, den Erblasser oder einen Dritten zu pflegen (BayObLG NJW-RR 1998, 729). Verpflichtung des Erben auf das Eingehen gesellschaftsvertraglicher Bindungen: OLG Stuttgart ZEV 1998, 225; BGH ZEV 2009, 459. Die Zuwendung wird mit Bedingungseintritt ex nunc unwirksam (§ 158 Abs. 2 BGB). Der bedingt eingesetzte Erbe war Vorerbe. Mit Bedingungseintritt fällt der Nachlass an die Nacherben, das sind mangels anderer Bestimmung die gesetzlichen Erben (§ 2104 BGB). Gezogene Nutzungen bleiben im Zweifel beim Erstbedachten (§ 2111 Abs. 1 S. 1 BGB). Das bedingt ausgesetzte Vermächtnis fällt weg, wenn nicht ein Nachvermächtnis für diesen Fall bestimmt ist (§ 2191 Abs. 1 BGB), Leistungen auf das Vermächtnis sind rechtsgrundlos erlangt. Verwirkungsklauseln führen dazu, dass die Vorlage eines notariellen Testaments oder Erbvertrags in der Regel für den Grundbuchvollzug (§ 35 GBO) nicht mehr genügt und ein Erbschein erforderlich werden kann (BGH DNotZ 2016, 934).

- § 2076 BGB – Die zum Vorteil eines Dritten gemachte Bedingung einer letztwilligen Zuwendung gilt als eingetreten, wenn der **Dritte** seine erforderliche **Mitwirkung** verweigert. Nach dem Wortlaut der Bestimmung geht es um eine aufschiebende Bedingung. Sie gilt aber jedenfalls entsprechend, wenn der Begünstigte willentlich den Eintritt einer auflösenden Bedingung herbeiführt (zB Wegzug Desjenigen, dem dauerhaft Wohnung zu gewähren ist). Auf Treuwidrigkeit (vgl. § 162 BGB) kommt es nicht an.
- § 2077 Abs. 1 BGB – Zuwendungen an Ehegatten werden mit der **Nichtigkeit oder Auflösung der Ehe** unwirksam (ausf. *Battes* JZ 1978, 733 und *J. Mayer* ZEV 1997, 280). Der Auflösung der Ehe steht es gleich, wenn zur Zeit des Todes des Erblassers die Voraussetzungen für die Scheidung (oder Aufhebung) der Ehe gegeben waren und der Erblasser die Scheidung (oder Aufhebung) beantragt oder ihr zugestimmt hatte. Diese Regelungen bergen bei einvernehmlichem Scheidungswillen einen Moment der „Zufälligkeit“, sodass man die Verfügungen oft so gestalten wird, dass es nicht auf die Person des Antragstellers ankommt. Die Bestimmung gilt auch bei Lebenspartnerschaft (§ 10 Abs. 5 LPartG), nicht aber für andere nichteheliche Lebensgemeinschaften. Verlobte: § 2077 Abs. 2 BGB. § 2077 BGB ist auf die Erbeinsetzung von Schwiegerkindern nicht entsprechend anwendbar (BGH FamRZ 2003, 870). Gemäß § 2279 Abs. 2 BGB werden im Fall des Erbvertrags zwischen Ehegatten, Lebenspartnern oder Verlobten auch Zuwendungen an Dritte erfasst. Zur Frage, ob die Erbeinsetzung der gemeinsamen Tochter nach dem hypothetischen Willen der Eheleute auch für den Fall der Scheidung gilt, s. BayObLG ZEV 2001, 190. Höchst streitig – und daher dringend regelungsbedürftig – sind die Fälle der Versöhnung und Wiederverheiratung.
- § 2085 BGB – Abweichend von § 139 BGB gilt bei testamentarischen Verfügungen gerade umgekehrt die Vermutung, dass die – aus welchem Grund auch immer gegebene – **Unwirksamkeit einzelner Verfügungen** die Geltung des Testaments im Übrigen unberührt lässt. Ein abweichender Erblasserwille wäre auf den Zeitpunkt der Testaments-

errichtung positiv festzustellen (BayObLG FamRZ 1999, 1386). Wünscht der Erblasser eine alternative Regelung zum Erhalt des wirtschaftlichen Gehalts der unwirksamen Anordnung selbst, muss er dafür durch eine Teilunwirksamkeitsklausel Vorsorge treffen. Die Vorschrift gilt für das einseitige Testament und die nicht wechselbezüglichen Verfügungen im gemeinschaftlichen Testament sowie für einseitige Verfügungen im Erbvertrag. Die Auswirkungen der Nichtigkeit bzw. des Widerrufs oder Rücktritts von einzelnen wechselbezüglichen testamentarischer bzw. ehevertraglicher Verfügungen auf die korrespondieren Verfügung des Ehegatten regeln dagegen die speziellen Vorschriften §§ 2270 Abs. 1 bzw. 2298 Abs. 1, Abs. 2 S. 1 BGB. Die heute herrschende Lehre wendet die Bestimmung auch an, wenn die Verfügung nur zu einem Teil unwirksam ist (zB Anordnung der Vorerbschaft, die konkret angeordnete Nacherbfolge ist aber unwirksam). Es muss aber eine für sich bestandsfähige Anordnung verbleiben. Der Grund der Unwirksamkeit ist unerheblich. Unwirksam ist die Einzelverfügung zB auch bei erfolgreicher Anfechtung (§§ 2078, 2079 BGB). Fällt der als Erbe eingesetzte Ehemann gem § 2077 Abs. 1 BGB weg, tritt eine im Einzeltestament vorgesehene Ersatzerbfolge im Zweifel auch dann ein (§ 2096 BGB), wenn der Ersatzerbe ein Verwandter des wegfallenden Erben ist (OLG Hamburg NJW-RR 2015, 1419). Bei gemeinschaftlichem Testament wäre hingegen zu klären, ob die Ersatzerbeneinsetzung wechselbezüglich war, beim Erbvertrag gilt § 2298 BGB.

- § 2086 BGB – Der Erblasser hat in seinem Testament ausdrücklich **Folgeanordnungen** angekündigt oder im Schriftbild bewusst Platz für eigene Ergänzungen gelassen. Zu der Ergänzung kommt es nicht mehr. Abweichend vom Modell des § 154 BGB gilt dann die Vermutung, dass die – aus welchem Grund auch immer – unterbliebene Vervollständigung der letztwilligen Verfügung nicht Unwirksamkeit der bereits wirksam niedergelegten Teile bedeutet. Der vorhandene Text muss formell und materiell wirksame Anordnungen enthalten. Sie dürfen unter keinem anderen Vorbehalt als der geplanten Ergänzung stehen und müssen im Übrigen auch vollständig sein. Zur Abgrenzung zum bloßem Entwurf s. OLG München FamRZ 2011, 1757. Bei nur mentalen Vorbehalten kommt nicht Unwirksamkeit, sondern nur Anfechtung (§§ 2078 und 2079 BGB) in Betracht. Bei ungewollter Unvollständigkeit ist die Lücke zunächst durch Auslegung zu schließen, auch in Anwendung der gesetzlichen Auslegungs- und Ergänzungsregeln.
- § 2087 BGB – Vermögenszuwendung im Ganzen oder zu Bruchteilen ist **Erbeinsetzung,** Einzelzuweisung ist **Vermächtnis.** Für die Erbenstellung kommt es darauf an, ob der Erblasser den so Bedachten eine möglichst starke Stellung, also unmittelbare Rechte am Nachlass verschaffen wollte und ob der Bedachte nach dem Willen des Erblassers auch den Nachlass zu regeln und Erbschaftsschulden zu tilgen hatte („wirtschaftliche Nachfolge"). Davon zu unterscheiden ist die Frage, inwieweit der Bedachte wertmäßig am Erblasservermögen partizipiert. Für den Begriff der Erbenstellung ist es nicht entscheidend, ob dem Erben nach Erfüllung aller Nachlassverbindlichkeiten noch ein mehr oder weniger großer wirtschaftlicher Vorteil von der Erbschaft verbleibt (BayObLG NJW-RR 2002, 1232; → Form. XII.4). Wird das gesamte Vermögen in Einzelgegenständen verteilt, kann der mit dem deutlich größten Anteil Bedachte als Erbe gewollt sein. Die Wertverhältnisse sind aber nur Indiz (BayObLG FamRZ 2001, 1252). Bei hinreichender Rechtskenntnis (oder entsprechender professioneller Beratung) des Erblassers hat die eindeutige Wortwahl des Erblassers Vorrang vor einer Auslegung nach § 2087 BGB (BayObLG FamRZ 1993, 1250). Von einer Erbeinsetzung durch Verteilung der Vermögensbestandteile kann auch dann auszugehen sein, wenn der Erblasser dabei bestimmte Vermögensgegenstände bewusst nicht erwähnt (so für den Erben bekannte Schwarzgeldkonten BayObLG ZEV 2003, 331).
- § 2088 BGB – Wenn der Erblasser nur für einen **Teil seines Vermögens** abweichende Anordnungen treffen wollte, tritt bezüglich der nicht verteilten Vermögensbruchteile

die gesetzliche Erbfolge ein. Die Bestimmung stellt also klar, dass gesetzliche und gewillkürte Erbfolge nebeneinander stehen können. Intensiv diskutiert wird die Frage, ob der gewillkürte Erbe zugleich nach § 2088 BGB berücksichtigt wird, wenn er im Kreis der gesetzlichen Erben ist. Ganz entscheidend ist auch hier die Auslegung des Testaments. Sie kann ergeben, dass der Testamentserbe hinsichtlich des Restes enterbt sein sollte. Ansonsten erhöht sich sein testamentarisch zugesprochener Erbteil um die nach gesetzlicher Erbquote bestimmte Beteiligung am Restbruchteil, es handelt sich nicht um einen besonderen Erbteil im Sinn des § 1935 BGB. Ergibt die Auslegung, dass der Erblasser jedenfalls niemand anderen als die eingesetzten Erben bedenken wollte, hat § 2089 BGB Vorrang. Fallen einzelne wirksam eingesetzte Erben weg, greift eine ausdrücklich angeordnete oder vermutete Ersatzerbfolge, hilfsweise kommt es zur Anwachsung (§§ 2094, 2099 BGB). Nur wenn beides ausdrücklich ausgeschlossen ist, gilt § 2088 BGB (Palandt/*Weidlich* BGB § 2088 Rn. 2). Anders ist es, wenn die Erbeinsetzung von Anbeginn (auch infolge Anfechtung) unwirksam ist. In diesem Fall ist das Verhältnis zu § 2089 BGB bzw. § 2094 BGB streitig. In jedem Fall ist der Erblasserwille entscheidend. Zu seiner Ermittlung genügen bloße Vermutungen nicht (vollständige Erbeinsetzung jeweils verneint in Fällen, in denen nur Vermögensgegenstände verteilt waren von OLG München FamRZ 2010, 1941; 2011, 68). Hat der Erblasser einzelne gesetzliche Erben ausdrücklich enterbt („Negatives Testament"; § 1938 BGB), bleibt es dabei auch für die Anwendung des § 2088 BGB.

- § 2089 BGB – Der Erblasser hat sich bei der **Bruchteilsvergabe** nach unten **verrechnet,** und zwar nicht hinsichtlich der einem oder einzelnen Erben zugedachten Quote (dann Korrektur infolge individueller Auslegung), sondern in der Gesamtsumme. Er will eindeutig keine weitere Person als die genannten Erben zur Erbfolge gelangen lassen (Abgrenzung zu § 2088 BGB) und keinen der Erben über das Bruchteilsverhältnis hinaus begünstigen (Abgrenzung zu §§ 2091, 2092 BGB). Der bisher rechnerisch unverteilte Bruchteil ist dann in dem vom Erblasser vorgegebenen Verhältnis der Erben zueinander auf diese aufzuteilen. Ihre jeweiligen Erbteile erhöhen sich somit, es handelt sich nicht um besondere Erbteile im Sinn des § 1935 BGB. Weitere Abgrenzung: Die Differenz ergibt sich nicht aus nachträglichem Wegfall eingesetzter Personen (dann Ersatzerbfolge bzw. Anwachsung (§§ 2099, 2094, 2096, 2069 BGB). Hat der Erblasser neben den Einsetzungen auf feste Bruchteile auch unbestimmte Quoten vergeben, gilt § 2092 Abs. 1 BGB.
- § 2090 BGB – Geregelt wird der zu § 2089 BGB gewissermaßen umgekehrte Fall. Der Erblasser hat sich bei der **Bruchteilsvergabe** nach oben **verrechnet**, und zwar nicht hinsichtlich der einem oder einzelnen Erben zugedachten Quote (dann Korrektur infolge individueller Auslegung), sondern in der Gesamtsumme. Es steht aber fest, dass keine der eingesetzten Personen nur ein Quotenvermächtnis erhalten sollte. Es lässt sich auch nicht feststellen, dass einer der Erben in einem solchen Fall, wäre er vom Erblasser bedacht worden, hätte besonders belastet oder bevorzugt sein sollen (BayObLG FamRZ 1984, 825). Die vom Erblasser ausgeworfenen Erbteile sind dann verhältnismäßig so zu kürzen, dass ihre Summe ein Ganzes ergibt. Bei der Bestimmung der Bruchteile sind die Wertvorstellungen des Erblassers maßgeblich. Sollten neben der Erbeinsetzung auf Bruchteile außerdem auf den Rest ein oder mehrere weitere Erben zu unbestimmten Bruchteilen eingesetzt sein, gilt § 2092 Abs. 2 BGB.
- § 2091 BGB – Wenn vom Erblasser nicht bestimmt ist, welche Erbquote bei mehreren Erben auf den einzelnen fallen soll, gibt § 2091 BGB die Aufteilung nach gleichen Anteilen vor (**„Kopfprinzip"**). Vorrang hat die Auslegung einschließlich der Anwendung der §§ 2066–2069 BGB. Sind Erbquoten nur teilweise bestimmt, gilt § 2092 BGB. Für die Quote mehrerer Ersatzerben zueinander enthält § 2098 BGB

eine Spezialvorschrift. Ergibt sich die Einsetzung mehrerer Personen aus verschiedenen Testamenten, ist vorrangig § 2258 Abs. 1 BGB anzuwenden.

- § 2092 BGB – Der Erbe, für den kein bestimmter Bruchteil festgesetzt oder durch Auslegung zu ermitteln ist, erhält den durch die Summe der vergebenen Quoten **nicht ausgeschöpften Rest.** Mehrere teilen ihn untereinander nach dem Kopfprinzip. Bliebe allerdings angesichts der bestimmten Erbquoten für die übrigen Erben gar kein zu verteilender Rest übrig, werden die bezifferten Erbquoten gekürzt. Dazu geht Abs. 2 davon aus, dass im Zweifel jeder der ohne Quote eingesetzten Erben wenigstens so viel erhalten sollte, wie der mit dem kleinsten Bruchteil bedachte Erbe. Beispiel: A ist zu $^1/_2$ als Erbe bestimmt, B und C sind es zu je $^1/_4$. D und E, deren Erbquote sich anders nicht feststellen lässt, sind dann nach Abs. 2 als mit gleichfalls je einem Viertel eingesetzt anzunehmen. Damit wären über 100 % der Erbschaft vergeben, so dass im nächsten Schritt nach § 2090 BGB⊠ die verhältnismäßige Kürzung greift. Somit letztendlicher Anteil des A = $^1/_3$ (Verhältnis 50 % bezifferte Erbquote zu 150 % verteiltes Erbe) und von B, C, D, E je $^1/_6$.
- § 2093 BGB – Der Erblasser kann durch den gemeinschaftlichen Erbteil für bestimmte Personen eine **Gruppenbildung innerhalb der Erben** vorgeben. § 2093 BGB regelt, wie mangels anderer Bestimmung der gemeinschaftliche Erbteil unter den darunter versammelten Erben aufzuteilen ist, nämlich nach den Bestimmungen der §§ 2089–2092 BGB. Bei gesetzlicher Erbfolge ergibt sich dagegen eine Gruppenbildung ausschließlich aus dem Prinzip der Erbfolge nach Linien und Stämmen. Ob der Erblasser mehrere Erben auf einen gemeinschaftlichen Erbteil setzen wollte, ergibt sich häufig allerdings erst durch Auslegung. Dabei lassen Literatur und Rechtsprechung die Verwendung eines Oberbegriffs zur Bezeichnung der Erben allein noch nicht genügen. Hinzutreten muss eine aus Sicht des Erblassers bei Testamentserrichtung gegebene sachliche Rechtfertigung der Anwendung der §§ 2089–2092 BGB, § 2094 Abs. 2 BGB auf diese Gruppe. Nur ein Indiz ist auch die Nennung mehrerer Personen unter einer Nummer, wenn der Erblasser den Testamentstext nach fortlaufenden Nummern geordnet hat. Die Bildung weiterer „Schachtel"- Untergruppen wird allgemein für möglich gehalten. Mangels näherer Bestimmung teilen sich die Gruppenangehörigen den gemeinschaftlichen Bruchteil nach dem Kopfprinzip (§ 2091 BGB). Im Übrigen ist bei der Anwendung von §§ 2089–2090, 2092 BGB rechnerisch jeweils von dem gemeinschaftlichen Erbteil = 100 % auszugehen, um den Anteil des einzelnen daran zu ermitteln. Die Gruppenangehörigen werden allerdings unmittelbar mit einem eigenen Erbteil (Quote = Anteil am gemeinschaftlichen Bruchteil * dessen Bruchteil vom Gesamtnachlass) Mitglieder der Erbengemeinschaft. Auch innerhalb der durch den gemeinschaftlichen Erbteil gebildeten Zurechnungseinheit hat die Anwachsung (§ 2094 BGB) Vorrang vor einer Erweiterung der Quote der anderen Erben oder Anwendung des § 2088 BGB (§ 2094 Abs. 2 BGB). Die gruppenangehörigen Erben sind als Ersatzerben gegenüber anderen im Fall des § 2098 Abs. 2 bevorzugt. Weitere Bedeutung hat der gemeinschaftliche Erbteil nicht, insbesondere haben die gruppenzugehörigen Erben im Außenverhältnis keine andere Stellung als sonstige Miterben.
- § 2094 BGB – **„Anwachsung":** Bei Wegfall eines von mehreren gewillkürten Erben kommt es zur Vergrößerung der den übrigen Erben zugewandten Anteile, soweit nicht eine Ersatzerbfolgeregelung greift (§ 2099 BGB, auch nach §§ 2069, 2070, 2102 Abs. 1 BGB, dazu Nieder ZEV 1996, 241), gesetzliche Erbfolge eintreten soll (§ 2088 BGB) oder die Anwachsung im Testament ausgeschlossen ist. Zur Bedeutung für die Gestaltungspraxis s. *Keller* ZEV 2002, 439; Gesamtüberblick mit Zahlenbeispielen bei *Faber* BWNotZ 1987, 7. Der bedachte Abkömmling fällt weg durch Tod (§ 1923 BGB), Erbunwürdigkeitserklärung (wirkt ex tunc, § 2344 BGB), Zuwendungsverzicht (§ 2352 BGB), ebenso durch Ausschlagung (§ 1953 BGB),

Eintritt einer auflösenden Bedingung bereits vor dem Erbfall oder Nichterleben einer aufschiebenden Bedingung (§ 2074 BGB). Streitig ist die Anwendung der Bestimmung für den Fall der von Anfang an unwirksamen Erbeinsetzung (zB Fälle des §§ 138, 134 BGB, §§ 7, 27 BeurkG; differenzierte Lösung dazu bei Staudinger/*Otte*, Bearb. 2013, BGB § 2094 Rn. 2 und § 2088 Rn. 5). Die Vererblichkeit der Nacherbenanwartschaft (§ 2108 Abs. 2 S. 1 führt zur Nichtanwendung des § 2094 BGB bei Wegfall des Nacherben. Außerdem kann in der Form einer Verfügung von Todes wegen das Anwachsungsrecht für einen oder alle Erben ausgeschlossen werden. Das kann auch konkludent erfolgen. Hat es der Erblasser für einen Teil des Nachlasses bei der gesetzlichen Erbfolge belassen (§ 2088 BGB), kommt es gemäß Abs. 2 nur insoweit zur Anwachsung, als die Testamentserben auf einen gemeinschaftlichen Erbteil eingesetzt sind (§ 2093 BGB). Einsetzung auf einen bestimmten Bruchteil bedeutet noch nicht Ausschluss einer Erhöhung durch Anwachsung (KG FamRZ 1977, 344). Das liegt aber nahe, wenn ein Erbe genau auf einen dem Pflichtteil entsprechenden Bruchteil gesetzt wurde (Staudinger/*Otte*, Bearb. 2013, BGB § 2094 Rn. 10). Der Vorrang der Ersatzerbschaft nach § 2069 BGB kommt nicht zum Tragen, wenn der Wegfall des Erben als Sanktion im Berliner Testament angeordnet war (BeckOK BGB/*Litzenburger* § 2094 Rn. 5). Die Erbteile der übrigen testamentarischen Erben erhöhen sich in gleich bleibendem Verhältnis zueinander. War der weggefallene Erbe in einen gemeinschaftlichen Erbteil mit eingesetzt und sind noch weitere Gruppenmitglieder vorhanden, erfolgt die Erhöhung nur auf diese (§ 2094 Abs. 1 S. 2 BGB). Sind sämtliche auf einen gemeinschaftlichen Erbteil gesetzten Erben weggefallen, kommt es zur Verteilung auf alle übrigen, wenn der gesamte Nachlass durch Testament verteilt war. Ansonsten vergrößern sich die gesetzlichen Erbteile (§ 2094 Abs. 2 BGB).

- § 2095 BGB – Ist der nach § 2094 BGB **angewachsene Erbteil** mit Vermächtnissen oder Auflagen gegenüber dem ursprünglich zugewiesenen Erbteil des jeweiligen Miterben unterschiedlich **belastet,** soll dies im Zweifel trotz des Zusammenfallens in einer Person dabei bleiben. Das führt dazu, dass der Erbe seine Haftung insoweit auf den jeweiligen ursprünglich belasteten Anteil beschränken kann. Die Anwachsung führt also in keinem Fall zu einer Verschlechterung der wirtschaftlichen Position des Erben. Ebenso bleibt es für die Bestimmung einer Ausgleichungspflicht (§ 2052 BGB) rechnerisch bei getrennten Anteilen, so dass auch insoweit keine Zusatzbelastung entstehen kann. Grundsätzlich kann der Erblasser abweichende Regelungen vorsehen. Nicht abdingbar ist allerdings die Möglichkeit der Haftungsbeschränkung, auch die Rechte der Pflichtteilsberechtigten (§§ 2306, 2318 BGB) dürfen nicht beschränkt werden.
- § 2097 BGB – **Ersatzerbeinsetzung** für den Fall, dass der Erbe nicht Erbe sein kann, gilt auch für den Fall, dass er nicht Erbe sein will und umgekehrt. Der Erblasser kann den Eintritt einer Ersatzerbfolge auf bestimmte Gründe des Wegfalls eines zunächst eingesetzten Erben beschränken. Bleiben trotz der Wortwahl des Erblassers Zweifel, ob die Ersatzerbfolge nur für unabhängig vom Willen des eingesetzten Erben eingreifende Wegfallgründe oder gerade nur für willentlichen Wegfall angeordnet sein soll, gilt die Ersatzerbfolge für jeden **Wegfallgrund.** Der Gesetzgeber geht hier davon aus, dass der Rechtslaie zB mit einer Ersatzerbenberufung zB „wenn A vor mir etwas passiert“ außer dem Vorversterben auch alle weiteren Wegfallgründe des Erben A gemeint und genannt hätte, wären sie bei Testamentserrichtung gekannt und bedacht worden. Mangels besonderer Anhaltspunkte soll ungeachtet der Formulierung im Testament nicht davon ausgegangen werden, dass die Ersatzerbfolge beschränkt sein sollte. Dennoch hat auch hier die konkrete Auslegung der letztwilligen Verfügung Vorrang und bei einem notariell beurkundeten Testament bleibt eine engere Orientierung am Wortlaut möglich (BayObLG FamRZ 1989, 666). Die Vermutung kehrt sich

nach nahezu einhelliger Auffassung um, wenn der Erstbedachte infolge eigener Ausschlagung und Einfordern des Pflichtteils bzw. durch entgeltlichen Zuwendungsverzicht wegfällt und als Ersatzerben Angehörige seines Stammes eingesetzt sind. Dann ist im Zweifel davon auszugehen, dass der Stamm des Weggefallenen nicht mehrfach begünstigt sein sollte. Zu demselben Ergebnis kann eine Pflichtteilsstrafklausel führen (OLG Karlsruhe BeckRS 2010, 30136). Eine mit § 2069 BGB inhaltlich übereinstimmende ausdrückliche Ersatzberufung bezieht sich nicht auf den Fall, dass der zum Nacherben berufene Abkömmling die Nacherbschaft ausschlägt und den Pflichtteil verlangt (OLG Stuttgart Rpfleger 1982, 106).

- § 2098 BGB – Sind die **Erben gegenseitig** zu **Ersatzerben** eingesetzt oder mehrere für einen von ihnen, gelten sie als nach dem Verhältnis ihrer ursprünglichen Erbteile zu Ersatzerben eingesetzt, wobei aber bei der gegenseitigen Ersatzerbeinsetzung die auf einen gemeinschaftlichen Erbteil (§ 2093 BGB) eingesetzten den anderen vorgehen. Anders als im Fall der Anwachsung ist der von einem Miterben durch Ersatzerbfolge hinzugewonnene Erbteil rechtlich selbstständig.
- § 2101 BGB – Eine als Erbe eingesetzte Person, die beim Erbfall noch **nicht gezeugt** ist (zur Feststellungslast OLG Köln BeckRS 2016, 13050), ist Nacherbe.
- § 2102 BGB – Die **Nacherbeinsetzung** enthält gleichzeitig die **Ersatzerbeinsetzung,** jedoch nicht umgekehrt (OLG Schleswig FamRZ 2011, 675).
- § 2107 BGB – Wird ein **kinderloser Abkömmling** mit der Nacherbfolge beschwert, gilt die Nacherbschaft als durch sein Versterben mit Abkömmlingen auflösend bedingt. Das gilt nicht, wenn die Anordnung der Nacherbschaft primär sicherstellen soll, dass der Nachlass durch Verbindlichkeiten des Vorerben nicht geschmälert wird (OLG Nürnberg NJW-RR 2013, 330 = ZEV 2013, 264 mAnm *Litzenburger*).
- § 2108 Abs. 2 BGB – Die **Nacherbenanwartschaft** ist vererblich.
- § 2110 Abs. 1 BGB – Die Nacherbschaft erstreckt sich auch auf dem Vorerben durch Wegfall von Miterben **angefallene Erbteile.**
- § 2110 Abs. 2 BGB – Die Nacherbschaft erstreckt sich nicht auf ein dem Vorerben zugewandtes **Vorausvermächtnis.**
- § 2137 Abs. 2 BGB – Die Bestimmung des Erblassers, dass der Vorerbe zur freien Verfügung über die Erbschaft berechtigt sei, bedeutet seine **Befreiung** von allen gesetzlichen Beschränkungen soweit zulässig. Zur Frage, ob bei weitestgehender Befreiung überhaupt eine Nacherbschaft gewollt ist vgl. OLG Hamm FamRZ 2011, 1331. Die Zweifelsregel hilft aber nicht zur Klärung, ob denn die von ihr vorausgesetzte „freie Verfügung" gewollt ist (OLG Düsseldorf Rpfleger 2017, 462).
- § 2142 Abs. 2 BGB – Bei **Ausschlagung des Nacherben** verbleibt die Erbschaft dem Vorerben.
- § 2147 BGB – Das **Vermächtnis beschwert** grundsätzlich den Erben.
- § 2148 BGB – **Mehrere Erben** sind im Verhältnis ihrer Erbteile mit dem Vermächtnis beschwert.
- § 2149 BGB – Soll der testamentarisch bestimmte Erbe einen **bestimmten Gegenstand ausdrücklich nicht** erhalten, ist dieser den gesetzlichen Erben vermacht (zur Abgrenzung gegenüber § 2086 OLG Stuttgart ZEV 2008, 434.
- § 2151 Abs. 3 S. 3 BGB – Beim **Bestimmungsvermächtnis** ist der ausgewählte Bedachte nicht mit den anderen Auswahlberechtigten zur Teilung gem. § 430 BGB verpflichtet.
- § 2161 BGB – Beim **Wegfall des Beschwerten** eines Vermächtnisses ist derjenige beschwert, dem der Wegfall des zunächst Beschwerten unmittelbar zugute kommt.
- § 2164 BGB – Ein Vermächtnis erstreckt sich auch auf das Zubehör und einen evtl. Ersatzanspruch.

- § 2165 Abs. 1 BGB – Der Vermächtnisnehmer kann nicht die Beseitigung der **Belastungen** des zum Vermögen des Erblassers gehörenden **Vermächtnisgegenstands** verlangen.
- §§ 2166 Abs. 1, 2167, 2168 Abs. 1 BGB – Der Vermächtnisnehmer ist dem Erben gegenüber zur rechtzeitigen Erfüllung einer durch eine Hypothek auf dem vermachten Grundstück gesicherten Forderung, für die der Erbe persönlich haftet, verpflichtet.
- § 2169 BGB – Befindet sich der Vermächtnisgegenstand nicht in der Erbschaft, ist das Vermächtnis unwirksam. **Verschaffungsvermächtnisse** müssen ausdrücklich angeordnet werden (*Roth* NJW-spezial 2015, 743).
- § 2172 Abs. 2 BGB – Ging eine vermachte Sache durch Verbindung, Vermischung oder Vermengung eines anderen als des Erblassers unter, so ist das Miteigentum des Erblassers an der einheitlichen Sache vermacht.
- § 2173 BGB – Ist bei einem **Forderungsvermächtnis** die Forderung erfüllt, ist der geleistete Gegenstand oder der Geldbetrag vermacht. Zum Befreiungsvermächtnis → Form. XVI.4 Anm. 8.
- § 2181 BGB – Ein Vermächtnis, dessen Erfüllung dem freien Belieben des Beschwerten überlassen ist, wird mit dessen Tod fällig.
- § 2182 Abs. 2 BGB – Bei einem Verschaffungsvermächtnis haftet der Beschwerte für **Rechtsmängel** wie ein Verkäufer.
- § 2182 Abs. 3 BGB – Bei einem **Grundstücksvermächtnis** haftet der Beschwerte nicht für die Freiheit des Grundstücks von Grunddienstbarkeiten, beschränkten persönlichen Dienstbarkeiten und Reallasten.
- § 2188 BGB – Wird das Hauptvermächtnis wegen **Überschwerung** gekürzt, darf der Vermächtnisnehmer das **Untervermächtnis** entsprechend kürzen.
- § 2191 Abs. 1 BGB – Mit dem **Nachvermächtnis** gilt der erste Vermächtnisnehmer als beschwert.
- § 2208 Abs. 1 BGB – Dem **Testamentsvollstrecker** stehen grundsätzlich die in den §§ 2203–2206 BGB genannten Befugnisse zu (zu den regelungsbedürftigen Themen s auch *Rott* ZNotP 2016, 138).
- § 2208 Abs. 2 BGB – Bei der **beaufsichtigenden Testamentsvollstreckung** kann der Testamentsvollstrecker die Ausführung der Verfügungen des Erblassers von den Erben verlangen.
- § 2209 S. 2 BGB – Der **Verwaltungstestamentsvollstrecker** hat die erweiterten Verpflichtungsbefugnisse gem. § 2207 BGB.
- § 2221 BGB – Der Testamentsvollstrecker kann eine angemessene **Vergütung** verlangen. Zu deren Ermittlung, wenn spezielle Anordnungen fehlen, vgl. die vom Deutschen Notarverein herausgegebene „Neue Rheinische Tabelle“, ausführlich kommentiert von *Muscheler* Hereditare 2016, 183–256.
- § 2255 BGB – Wird die **Testamentsurkunde** vom Erblasser vernichtet oder verändert, wird vermutet, dass er die Aufhebung beabsichtigte. Zur **Vernichtung** durch einen Dritten im Auftrag des Erblassers s. OLG München FamRZ 2012, 333. Allein die Tatsache, dass ein (in Kopie vorhandenes) Testament nicht aufgefunden werden kann, beweist nicht ohne weiteres, dass es widerrufen ist (OLG Köln FamRZ 2017, 1164; s aber auch OLG Düsseldorf ZEV 2017, 114).
- § 2257 BGB – Wird der Widerruf eines Testaments widerrufen, ist das widerrufene Testament im Zweifel wieder gültig.
- § 2258 BGB – Wird ein Testament durch ein widersprechendes Testament widerrufen, so wird es im Zweifel wieder gültig, wenn das widersprechende Testament widerrufen wird.
- § 2304 BGB – Die **Zuwendung des Pflichtteils** ist keine Erbeinsetzung.
- § 2320 Abs. 2 BGB – Wem der Erbteil eines Pflichtteilsberechtigten durch Verfügung von Todes wegen zugewendet ist, hat auch die **Pflichtteilslast** zu tragen.

- Nach § 2299 Abs. 2 S. 1 BGB bzw. § 2279 Abs. 1 BGB sind diese Regeln auf einseitige Verfügungen im **Erbvertrag** direkt, auf vertragsmäßige Verfügungen entsprechend anwendbar (zu Besonderheiten der Auslegung *Giencke* FamRZ 1974, 241; *Tappmeier* NJW 1988, 2714+).

e) *b)Zusätzlich für gemeinschaftliche Testamente:*

- § 2268 BGB – Mit der **Nichtigkeit oder Auflösung der Ehe** verliert ein gemeinschaftliches Testament in seinem gesamten Umfang, also auch die nicht wechselbezüglichen Teile, seine Wirksamkeit. Allerdings kann nach § 2268 Abs. 2, § 2077 Abs. 3 BGB bei entsprechendem „Aufrechterhaltungswillen" (maßgeblich ist der Zeitpunkt der Verfügung) auch eine Fortgeltung zu vermuten sein, die sich auf die Bindung erstreckt (BGH NJW 2004, 3113).
- § 2269 Abs. 1 BGB – Wird in einem gemeinschaftlichen Testament ein Vermächtnis angeordnet, so fällt es erst beim Tode des Überlebenden an.
- § 2270 Abs. 2 BGB – Wenn in einem gemeinschaftlichen Testament sich die Ehegatten gegenseitig bedenken und/oder der eine dem anderen Zuwendungen macht und für den Fall des Überlebens des Bedachten von diesem eine Verfügung zugunsten von Personen getroffen wird, die mit dem anderen Ehegatten verwandt sind oder ihm nahe stehen, so sind diese Verfügungen wechselbezüglich (bindend). Dabei gelten § 2270 und § 2069 BGB nicht kumulativ (BGH NJW 2002, 1126).

f) *c) Zusätzlich für Erbverträge:*

- § 2279: Auf vertragsmäßige Zuwendungen und Auflagen finden die für letztwillige Zuwendungen und Auflagen geltenden Vorschriften entsprechende Anwendung. § 2077 gilt für einen Erbvertrag zwischen Ehegatten, Lebenspartnern oder Verlobten (auch im Sinne des Lebenspartnerschaftsgesetzes) auch insoweit, als ein Dritter bedacht ist. Nicht abschließend geklärt ist dabei, ob durch den Verweis auf Auslegungsregeln (etwa § 2069) das (erst dadurch) gefundene Auslegungsergebnis vertragsmäßig wird (OLG Celle MittBayNot 2013, 315 (316); dagegen m. E. im Ergebnis zu Recht Gutachten DNotI-Report 2014, 124).
- § 2298 Abs. 1BGB – Die Nichtigkeit einer vertragsmäßigen Verfügung in einem zweiseitigen Erbvertrag führt zur Unwirksamkeit aller vertragsmäßigen Verfügungen dieses Erbvertrags. Das Thema ist dennoch regelungsbedürftig, weil gemäß Abs. 3 auch etwas anderes gewollt sein kann und dann im Fall eines Aufrechterhaltungswillens auch über die Frage der weiteren Bindung entschieden werden muss (s dazu bereits oben bei § 2077 BGB und § 2268 BGB).
- § 2298 Abs. 2 BGB – Durch die Ausübung eines vorbehaltenen Rücktrittsrechts werden sämtliche vertragsmäßigen Verfügungen des Erbvertrags unwirksam. Ein vorbehaltenes Rücktrittsrecht erlischt mit dem Tod des Vertragspartners. Auch hier kann ein – auf den Zeitpunkt der Verfügung ermittelter – entgegenstehender der Erblasser zu einem anderen Ergebnis führen (§ 2298 Abs. 3 BGB).
- § 2299 Abs. 3 BGB – Tritt der Erblasser vom gesamten Erbvertrag zurück oder hebt er alle vertragsmäßigen Verfügungen auf, so treten auch die einseitigen Verfügungen außer Kraft.

## 2. Grundlagen einer steuerorientierten Nachlassreglung

*Schrifttum: Moench,* Zehn gut gemeinte Ratschläge zum Umgang mit der Erbschafts- und Schenkungsteuer in der „Otto-Normal-Familie", ZEV 2013, 21.

(1) **Grundzüge der Erbschaftsteuer.** Nachfolgend findet sich ein Überblick über das Erbschaftsteuersystem. Spezielle erbschaftsteuerliche Probleme werden bei den einzelnen Formularen behandelt.

a) **Gegenstand der Besteuerung.** Steuerpflichtig ist zunächst der Erwerb von Todes wegen (§§ 1 Abs. 1 Nr. 1, 3 ErbStG), insbesondere

aa) der Erwerb durch Erbanfall (§ 1922 BGB), eines Vermächtnisses (§§ 2147 ff. BGB), einer Auflage (§§ 2192 f. BGB) und eines geltend gemachten Pflichtteilsanspruchs (§§ 2303 ff. BGB); dabei gilt bei der Vor- und Nacherbschaft erbschaftsteuerlich der Vorerbe als Erbe und ist unbeschränkt, dh ohne Berücksichtigung seiner Beschränkungen durch die Nacherbfolge für seinen vollen Wertanteil steuerpflichtig (§ 6 Abs. 1 ErbStG). Tritt die Nacherbfolge ein, unterliegt der Nacherbe der erneuten Erbschaftsteuerpflicht (§ 6 Abs. 2 ErbStG), wobei jedoch für ihn gewisse Erleichterungen gewährt werden;

bb) der Erwerb durch Schenkung auf den Todesfall (§ 2301 BGB), wobei als solche wie bei der Schenkung unter Lebenden gem. § 7 Abs. 7 ErbStG auch der auf einem Gesellschaftsvertrag beruhende Übergang des Anteils eines Gesellschafters bei dessen Tod auf die anderen Gesellschafter oder die Gesellschaft angesehen wird, soweit der Wert, der sich für diesen Anteil zurzeit des Erbfalls nach § 12 ErbStG ergibt, Abfindungsansprüche Dritter übersteigt (§ 3 Abs. 1 Nr. 2 ErbStG). Steuerbar ist auch der Erwerb auf Grund Vertrages zugunsten Dritter auf den Todesfall, wie zB Lebensversicherungen (§ 3 Abs. 1 Nr. 4 ErbStG).

Zur Verhütung von Umgehungen der Erbschaftsteuer ist auch der Erwerb durch Schenkungen unter Lebenden steuerpflichtig (§§ 1 Abs. 1 Nr. 2, 7 ErbStG) und zwar insbesondere:

aa) jede freigebige Zuwendung unter Lebenden, soweit der Bedachte durch sie auf Kosten des Zuwendenden bereichert wird;

bb) der Erwerb auf Grund einer vom Schenker angeordneten Auflage;

cc) die Bereicherung, die ein Ehegatte bei Vereinbarung der Gütergemeinschaft (§ 1415 BGB) erfährt;

dd) was als Abfindung für einen Erb- oder Zuwendungsverzicht (§§ 2346, 2352 BGB) gewährt wird;

ee) was ein Vorerbe dem Nacherben mit Rücksicht auf die angeordnete Nacherbschaft vor ihrem Eintritt herausgibt.

Ferner sind sog. Zweckzuwendungen steuerpflichtig (§§ 1 Abs. 1 Ziff. 3, 8 ErbStG). Eine Zweckzuwendung besteht dabei darin, dass dem Empfänger Vermögen mit der Verpflichtung zugewendet wird, dieses nicht für eigene Zwecke und auch nicht für eine oder mehrere bestimmte andere Personen, sondern für einen ihm fremden Zweck oder einen unbestimmten Personenkreis zu verwenden (RFH RStBl. 1936, 544).

Zudem unterliegt der Steuer das Vermögen einer Stiftung, sofern sie wesentlich im Interesse einer Familie oder bestimmter Familien errichtet ist, und eines Vereins, dessen Zweck wesentlich im Interesse einer Familie oder bestimmter Familien auf die Bindung von Vermögen gerichtet ist, in Zeitabständen von je 30 Jahren (Erbersatzsteuer) seit dem Zeitpunkt des ersten Übergangs von Vermögen auf die Stiftung oder auf den Verein (§ 1 Abs. 1 Ziff. 4 ErbStG).

Mehrere innerhalb von zehn Jahren von derselben Person anfallende Vermögensvorteile, zB mehrere Schenkungen oder Schenkungen und ein Erwerb von Todes wegen, sind gem. § 14 ErbStG zusammenzurechnen.

§ 27 ErbStG sieht Steuerermäßigungen zwischen 10 und 50 vH für Fälle vor, in denen Personen der Steuerklassen I von Todes wegen Vermögen anfällt, das in des letzten zehn Jahren bereits von Personen dieser Steuerklasse erworben und versteuert worden ist (mehrfacher Erwerb desselben Vermögens).

b) **Die steuerpflichtigen Personen.** Unbeschränkte Steuerpflicht besteht grundsätzlich, wenn entweder der Erblasser bzw. Schenker oder der Erwerber zur fraglichen Zeit Inländer (= Wohnsitz oder gewöhnlicher Aufenthalt im Inland, deutsche Staatsangehörigkeit jedoch nicht erforderlich) oder nicht länger als fünf Jahre im Ausland wohnende deutsche Staatsangehörige sind (§ 2 Abs. 1 Ziff. 1 ErbStG). Sofern weder der Erblasser oder Schenker noch der Erwerber den Wohnsitz im Bundesgebiet haben, spricht man von einer beschränkten Steuerpflicht, der nur das Inlandsvermögen iSd § 121 BewG unterliegt (§ 2 Abs. 1 Ziff. 3 ErbStG).

c) **Wertermittlung.** Als steuerpflichtiger Erwerb gilt die Bereicherung des Erwerbers, soweit sie nicht steuerfrei ist (§ 10 Abs. 1 ErbStG). Die steuerliche Bewertung richtet sich nach § 12 ErbStG und den Bestimmungen des Bewertungsgesetzes (BewG).

Nach dem zum 1.1.2009 reformierten Bewertungs- und Erbschaftsteuerrecht ist für die Bereicherung generell gem. § 9 Abs. 1 BewG der gemeine Wert (= Verkehrswert) maßgebend, also zB bei Bargeld der Nennbetrag und bei Wertpapieren oder Aktien der Kurswert. Dies gilt seither auch für die Bewertung von Grundbesitz, nicht notierten Anteilen an Kapitalgesellschaften und Betriebsvermögen für Zwecke der Erbschaftsteuer die (§§ 157–203 BewG). Bei Wohnungseigentum, Ein- und Zweifamilienhäusern wird der Verkehrswert vorrangig nach dem *Vergleichswertverfahren* (§§ 182 Abs. 2, 183 BewG) ermittelt, was voraussetzt, dass es Immobilien gibt, die nach Lage, Größe, Zustand, Ausstattung und anderen Kriterien dem zu bewertenden Objekt entsprechen. Bei Mietwohngrundstücken und Immobilien mit zumindest teilweise gewerblicher Nutzung findet das *Ertragswertverfahren* (§§ 182 Abs. 3, 184–188 BewG) Anwendung, wenn sich eine marktübliche Miete feststellen lässt. Der Ertragswert setzt sich zusammen aus dem Bodenwert (Bodenrichtwert × Fläche) und dem Gebäudeertragswert. Ist das Objekt zu Wohnzwecken vermietet, dann ermäßigt sich der für die Besteuerung anzusetzende Wert um 10 %. Lässt sich für die Immobilie weder ein Vergleichswert noch ein Ertragswert ermitteln, dann findet das *Sachwertverfahren* (§§ 182 Abs. 4, 189–191 BewG) Anwendung. Hierbei werden Bodenwert (Bodenrichtwert × Fläche) und Gebäudesachwert (Gebäuderegelherstellungswert abzüglich Alterswertminderung) zum vorläufigen Sachwert addiert und mit einer Wertzahl multipliziert. Auch Ausländischer Grundbesitz ist jeweils mit dem Verkehrswert zu bewerten (§ 12 Abs. 7 ErbStG, § 31 BewG).

Für Betriebsvermögen und Anteile an Kapitalgesellschaften kommt grundsätzlich – wenn sich der Wert nicht aus einer zeitnahen Veräußerung ableiten lässt – das sog. vereinfachte Ertragswertverfahren zur Anwendung (§ 12 Abs. 2 und 5 ErbStG; § 11 BewG; §§ 199 ff. BewG).

Vom so errechneten Steuerwert der Zuwendung können vom Erblasser herrührende Schulden, Verbindlichkeiten aus Vermächtnissen, Auflagen und geltend gemachten Pflichtteilsansprüchen, sowie die Kosten der Beerdigung, Grabanlage und der Nachlassregelung abgezogen werden (für letztere nach § 10 Abs. 5 Nr. 3 ErbStG 10.300 EUR pauschal ohne Nachweis).

d) **Steuerklassen.** Nach den persönlichen Verhältnissen des Erwerbers zum Erblasser werden gem. § 15 ErbStG folgende drei Steuerklassen unterschieden, nämlich in

Steuerklasse I:

1. der Ehegatte und der Lebenspartner,
2. die Kinder und Stiefkinder,
3. die Abkömmlinge der in Nummer 2 genannten Kinder und Stiefkinder,
4. die Eltern und Voreltern bei Erwerben von Todes wegen,

Steuerklasse II:

1. die Eltern und Voreltern, soweit sie nicht zur Steuerklasse I gehören,
2. die Geschwister,
3. die Abkömmlinge ersten Grades von Geschwistern,
4. die Stiefeltern,

5. die Schwiegerkinder,
6. die Schwiegereltern,
7. der geschiedene Ehegatte und der Lebenspartner einer aufgehobenen Lebenspartnerschaft.

Steuerklasse III:

alle übrigen Erwerber und die Zweckzuwendungen.

Bei der Steuerklasseneinteilung wird das Adoptivkind entgegen dem bürgerlichen Recht auch bei der Volladoption sowohl gegenüber seinen leiblichen Eltern als auch gegenüber den Adoptiveltern wie ein leibliches Kind behandelt (§ 15 Abs. 1a ErbStG). Das Adoptivkind hat somit erbschaftsteuerlich zwei Elternpaare.

e) **Steuerbefreiung und Freibeträge.** Von der nach §§ 10 ff. ErbStG ermittelten Bereicherung sind die Steuerbefreiungen und die Freibeträge abzuziehen.

aa) Leben Ehegatten im gesetzlichen Güterstand der Zugewinngemeinschaft, so ist der Zugewinnausgleichsanspruch erbschaftsteuerfrei (§ 5 Abs. 1 S. 1 ErbStG). Dies gilt unbeschränkt, soweit der Zugewinn güterrechtlich nach §§ 1373 ff. BGB ausgeglichen wird, was auch beim Tode eines Ehegatten möglich ist, wenn der Überlebende nicht Erbe wird und ihm auch kein Vermächtnis zusteht (§ 1371 Abs. 2) oder wenn er die Erbschaft ausschlägt (§§ 1371 Abs. 3, 2303 Abs. 2 BGB) und den güterrechtlichen rechnerischen Zugewinnausgleich gem. §§ 1373 ff. BGB verlangt. Wählt dagegen der überlebende Ehegatte die erbrechtliche Lösung (§ 1371 Abs. 1 BGB) mit der pauschalen Erhöhung seines Erbteils um ein Viertel der Erbschaft (§ 1931 Abs. 3 BGB) bleibt gem. § 5 Abs. 1 S. 1 ErbStG nur derjenige Betrag steuerfrei, den der überlebende Ehegatte bei einer güterrechtlichen Abwicklung der Zugewinngemeinschaft (§ 1371 Abs. 2 BGB) tatsächlich als Ausgleich hätte beanspruchen können (*Schmitz* Betr. 1974, 2322). Zur Ermittlung dieser fiktiven güterrechtlichen Ausgleichsforderung zu erbschaftsteuerlichen Zwecken vgl. *Troll/Gebel/Jülicher/Gottschalk*, § 5 Rn. 190 ff. Seit dem 1.9.2009 (Streichung des § 1374 Abs. 1 Hs. 2 aF BGB durch G. v. 6.7.2009, BGBl. I 1696) sind Verbindlichkeiten auch über die Höhe des Anfangsvermögens hinaus abzuziehen (§ 1374 Abs. 3 BGB).

bb) Ebenfalls steuerfrei ist die Vererbung einer selbst genutzten Wohnimmobilie an einen Ehegatten oder eingetragenen Lebenspartner, wenn dieser das Objekt nach Erwerb zehn Jahre lang selber zu Wohnzwecken nutzt; die Größe der Immobilie spielt keine Rolle. Auch an Kinder bzw. Enkel, deren erbberechtigter Elternteil bereits verstorben ist, kann eine Wohnimmobilie, die der Begünstigte anschließend zehn Jahre lang zu eigenen Wohnzwecken nutzt, steuerfrei vererbt werden; in diesem Fall gilt eine Begrenzung auf eine Wohnfläche von 200 $m^2$. Die Steuerbefreiung bleibt auch dann bestehen, wenn der Begünstigte vor Ablauf der Zehnjahresfrist die Selbstnutzung deshalb aufgibt, weil er schwer pflegebedürftig wird (dh Pflegestufe 3) (RE 13.4(6) Satz 9 ErbStR).

cc) Steuerfrei ist gleichermaßen eine Zuwendung unter Lebenden, durch die ein Ehegatte bzw. ein eingetragener Lebenspartner dem anderen das Eigentum oder Miteigentum an einer inländischen Eigentumswohnung verschafft oder durch die er den anderen Ehegatten oder Lebenspartner von eingegangenen Verpflichtungen im Zusammenhang mit der Anschaffung oder Herstellung dieses Familienwohnheims freistellt (§ 13 Abs. 1 Nr. 4a ErbStG).

dd) Baudenkmäler sind zu 85 % von der Erbschaft- und Schenkungsteuer befreit.

ee) Steuerfrei bleiben ferner ua gem. § 13 Abs. 1 Nr. 1 ErbStG der Hausrat einschließlich Wäsche- und Kleidungsstücke sowie Kunstgegenstände und Sammlungen beim Erwerb durch Personen der Steuerklasse I, soweit der Wert insgesamt 41.000 EUR nicht übersteigt. Steuerfrei bleiben außerdem andere bewegliche körperliche Gegenstände beim Erwerb durch Personen der Steuerklasse 1, soweit der Wert insgesamt 12.000 EUR nicht übersteigt. Von Personen der Steuerklasse 2 und 3 kann ein Freibetrag von ebenfalls 12.000 EUR zusammengefasst für Hausrat und andere bewegliche körperliche Gegenstände in Anspruch genommen werden. Ferner sind ua steuerfrei der Erwerb auf Grund des Dreißigsten gem. § 1969 BGB (§ 13 Abs. 1 Nr. 4 ErbStG), der Verzicht auf die

Geltendmachung des Pflichtteilanspruchs oder des Erbersatzanspruchs (§ 13 Abs. 1 Nr. 11 ErbStG), Zuwendungen an Religionsgemeinschaften und bestimmte Körperschaften, die nach ihren Statuten ausschließlich und unmittelbar kirchlichen, gemeinnützigen oder mildtätigen Zwecken dienen (§ 13 Abs. 1 Nr. 16 ErbStG) sowie Zuwendungen an politische Parteien iSd Parteiengesetzes (§ 13 Abs. 1 Nr. 18 ErbStG).

ff) Die persönlichen Freibeträge nach § 16 ErbStG richten sich nach der Person des Erwerbers; zu versteuern ist nur der Betrag, der nach Abzug des Freibetrages noch verbleibt. Es handelt sich daher um echte Freibeträge, nicht um Freigrenzen. Diese persönlichen Freibeträge betragen:

1. des Ehegatten und des eingetragenen Lebenspartners in Höhe von 500.000 EUR;
2. der Kinder im Sinne der Steuerklasse I Nr. 2 und der Kinder verstorbener Kinder im Sinne der Steuerklasse I Nr. 2 in Höhe von 400.000 EUR;
3. der Enkel im Sinne der Steuerklasse I Nr. 2 in Höhe von 200.000 EUR;
4. der übrigen Personen der Steuerklasse I (Eltern, Großeltern) in Höhe von 100.000 EUR;
5. der Personen der Steuerklasse II in Höhe von 20.000 EUR;
6. der Personen der Steuerklasse III (Lebensgefährten) in Höhe von 20.000 EUR.

Dazu bleibt bei im gesetzlichen Güterstand lebenden Ehegatten für den Überlebenden die fiktive güterrechtliche Ausgleichsforderung erbschaftsteuerfrei (siehe oben lit. e aa).

Ferner gewährt § 17 ErbStG noch folgende besondere Versorgungsfreibeträge für den überlebenden Ehegatten bzw. Lebenspartner und die hinterlassenen Kinder:

Der besondere Versorgungsfreibetrag für den überlebenden Ehegatten bzw. Lebenspartner beträgt 256.000 EUR, ist jedoch dann zu kürzen, soweit der Ehegatte bzw. Lebenspartner durch nicht der Erbschaftsteuer unterliegende Versorgungsbezüge, die zu kapitalisieren sind, bereits abgesichert ist.

Den Kindern stehen je nach Lebensalter, höchstens bis zur Vollendung des 27. Lebensjahres, weitere Freibeträge zu.

dd) **Begünstigung von Betriebsvermögen.** Für die Zuwendung von Betriebsvermögen, land- und forstwirtschaftlichem Vermögen und Beteiligungen an Kapitalgesellschaften von mehr als 25 % gewährt das Gesetz nach §§ 13a ff. ErbStG weitere Steuerbefreiungen. Solches Vermögen ist danach grundsätzlich zu 85 % steuerbefreit. Voraussetzung dafür ist grundsätzlich, dass das Vermögen zu nicht mehr als 50 % aus in § 13b Abs. 2 ErbStG definiertem, nicht betriebsrelevantem Verwaltungsvermögen besteht, über das Vermögen in den folgenden fünf Jahren nicht schädlich verfügt und in dieser Zeit 400 % der Ausgangslohnsumme (Durchschnitt der fünf Jahre vor dem Erwerb) erreicht wird. Es ist sogar eine Steuerbefreiung von 100 % möglich (sog. Optionsverschonung). Hierfür sind strengere Voraussetzungen einzuhalten (Verwaltungsvermögen: nicht mehr als 10 %; Behaltefrist: sieben Jahre; Lohnsumme: 700 % in sieben Jahren). Für Großerwerbe von über EUR 26 Mio. schmilzt im Ergebnis die Begünstigung nach § 13a ff. ErbStG bis auf 0 ab. Gegebenenfalls kommt in solchen Konstellationen ein Erlass der Steuer nach den Regeln der sog. Verschonungsbedarfsprüfung (§ 28a ErbStG) zur Anwendung.

f) **Steuersätze.** Besteuert wird der Wert des steuerpflichtigen Erwerbs nach Abzug der persönlichen Freibeträge gem. § 19 ErbStG nach folgenden Vomhundertsätzen:

| Wert des steuerpflichtigen Erwerbs bis einschließlich . . . . . EUR | Vomhundertsatz in der Steuerklasse | | |
|---|---|---|---|
| | I | II | III |
| 75.000 | 7 | 15 | 30 |
| 300.000 | 11 | 20 | 30 |
| 600.000 | 15 | 25 | 30 |
| 6.000.000 | 19 | 30 | 30 |
| 13.000.000 | 23 | 35 | 50 |

| Wert des steuerpflichtigen Erwerbs bis einschließlich . . . . . EUR | Vomhundertsatz in der Steuerklasse | | |
|---|---|---|---|
| | I | II | III |
| 26.000.000 | 27 | 40 | 50 |
| darüber | 30 | 43 | 50 |

Für nur geringfügige Überschreitung der Wertstufen der obigen Tabelle sieht § 19 Abs. 3 ErbStG eine Limitierung (Stufenübergangsregelung) in der Weise vor, dass der Unterschied zwischen der Steuer, die sich bei strikter Anwendung der obigen Wertstufen ergibt und der Steuer, die sich berechnen würde, wenn der Erwerb die letztvorhergehende Wertgrenze nicht überstiegen hätte, nur insoweit erhoben wird, als er

a) bei einem Steuersatz bis zu 30 % aus der Hälfte,
b) bei einem Steuersatz über 30 % aus drei Vierteln

des die Wertgrenze übersteigenden Betrages gedeckt werden kann.

In bestimmten Fällen ist die Verrentung einer Steuerschuld (§ 24 ErbStG) und die Stundung der Steuer (§ 28 ErbStG) möglich.

(2) **Steuerlich zweckmäßige Gestaltungsmöglichkeiten.** Vor der Anwendung erbschaftsteuerlich günstiger Gestaltungsvorschläge sollte immer geprüft werden, ob sie auch mit den wirtschaftlichen Erfordernissen und Zielen des Erblassers übereinstimmen. Eine Verfügung von Todes wegen sollte in erster Linie nach den Bedürfnissen und Wünschen des Erblassers gestaltet werden und erst wenn diese auch durch eine steuerlich günstigere Regelung erfüllt werden können, sollte diese gewählt werden.

a) **Steuerersparnis durch Ausnutzung von Freibeträgen und Staffeltarif.** Der Nachlass sollte grundsätzlich auf möglichst viele Erwerber verteilt werden, da bei jedem der persönliche Freibetrag zum Abzug gelangt und sich dann außerdem die progressive Staffelung des Erbschaftsteuertarifs nicht so stark auswirkt. Im Grundsatz gilt: Je mehr Bedachte, umso geringer ist in der Regel die Erbschaftsteuer. Während bei kleineren Nachlässen mehr auf die Auswirkungen der Freibeträge zu achten ist, steht bei großen Nachlässen die Auswirkungen einer Aufteilung auf die Steuerprogression im Vordergrund.

b) **Vermeidung einer ungünstigen Steuerklasse.** Bei der Aufteilung des Vermögens durch den Erblasser in der Verfügung von Todes wegen sollte immer im Auge behalten werden, dass die Steuersätze der Steuerklasse II und III je nach Höhe des steuerpflichtigen Erwerbs zT mehr als vierfach über denjenigen der Steuerklasse I liegen und dass für die einzelnen Steuerklassen unterschiedlich hohe Freibeträge gelten.

c) **Überspringen einer Generation.** Die unmittelbare Einsetzung des Enkels durch den Großvater kann bei erheblichem eigenen Vermögen des Sohnes zweckmäßig sein. Damit wird einmal die Versteuerung des gleichen Vermögens sowohl beim Tod des Großvaters als auch des Vaters und zum anderen die Progression des Steuersatzes durch die Zusammenrechnung des beiderseitigen Vermögens beim Tod des Vaters vermieden. Dies ist vor allem deshalb so günstig, weil sich sowohl der Sohn als auch der Enkel in Steuerklasse I befinden.

d) **Wechsel des Familienstandes.** Da der Unterschied zwischen der Steuerklasse I und der Steuerklasse III groß ist, kann es vorteilhaft sein, wenn kinderlose Ehepaare die vorgesehenen Erben adoptieren und Verlobte oder in außerehelicher Lebensgemeinschaft lebende Paare einander heiraten. Das wirkt sich nicht nur auf die Steuerklasse der unmittelbar davon Betroffenen aus, sondern kann auch bei den Steuerklassen ihrer Verwandten zu einer positiven Änderung führen (*Troll/Gebel/Jülicher/Gottschalk* § 15 Rn. 12).

e) **Getrennte Zuwendung vom Vermögen und Vermögensnutzung.** Ein zugewendetes Nutzungsrecht kann im Regelfall mit seinem Kapitalwert von dem belasteten Erwerb abgezogen werden und wirkt sich dadurch erbschaftsteuermindernd aus. Es kann daher jetzt wegen der Freibeträge und der Steuerprogression erbschaftsteuerlich interessant sein, das Vermögen horizontal aufzuspalten und etwa dem einen Abkömmling das Vermögen und dem anderen die Nutzung daran zuzuwenden. Dabei ist allerdings zu beachten, dass der vom Erwerb abziehbare Kapitalwert der Nutzungen den 18,6-ten Teil des Steuerwerts des genutzten Wirtschaftsguts nicht übersteigen darf (§ 16 BewG), was den steuerlichen Effekt wieder erheblich mindert.

f) **Vorrang für Steuerbegünstigtes Vermögen.** Auch nach der Einführung des Verkehrswertmaßstabs durch die Erbschaftsteuerreform 2009 bleibt die Zuwendung von Grundvermögen sinnvoll insbesondere durch die Privilegierung selbstgenutzten Wohnraums (s. o. e) bb)). Zudem sind Grundstücke, die zu Wohnzwecken vermietet sind, gemäß § 13c ErbStG begünstigt.

Erhebliche Bedeutung haben die weitreichenden Steuerbefreiungen für Betriebsvermögen, für bestimmte Anteile an Kapitalgesellschaften sowie die Land- und Forstwirtschaft (§§ 13a, 13b, 28a ErbStG). Diese Steuerbefreiungen sind an strenge Voraussetzungen geknüpft. Unsicherheiten bei der Auslegung dieser Voraussetzungen im Detail machen eine sorgfältige Strukturierung der Nachlassregelung bzw. Schenkung erforderlich.

g) **Zahlung der Schenkungsteuer durch den Schenker.** Übernimmt der Schenker die Zahlung der Schenkungsteuer, erhöht dies die schenkungsteuerliche Bemessungsgrundlage. Die Erhöhung der Bemessungsgrundlage wird allerdings vereinfacht berechnet. Bei einer gegebenen Gesamtzuwendung des Schenkers an den Beschenkten ergibt sich deshalb ein Steuervorteil, wenn die Schenkung so ausgestaltet wird, dass ein Teil dieser Leistung zur Zahlung der Schenkungsteuer durch den Schenker verwendet wird (ausführlich vgl. zB *Troll/Gebel/Jülicher/Gottschalk* § 10 Rn. 73 ff.).

h) **Rechtzeitig übergeben.** Nach § 14 ErbStG werden von demselben Empfänger innerhalb von 10 Jahren demselben Erwerber gemachte Zuwendungen in der Weise zusammengerechnet, dass dem letzten Erwerb die früheren Erwerbe nach ihrem früheren Wert zugerechnet werden. Von der Steuer für den Gesamtbetrag wird die Steuer abgezogen, die für die früheren Erwerbe nach den persönlichen Verhältnissen des Erwerbers und auf der Grundlage der geltenden Vorschriften zur Zeit des letzten Erwerbs zu erheben gewesen wäre. Das gilt auch für unentgeltliche Zuwendungen, die der Erbe oder Vermächtnisnehmer innerhalb der letzten 10 Jahre vor dem Erbfall von dem Erblasser erhalten hat. Letztlich bedeutet das, dass die persönlichen Freibeträge alle 10 Jahre einmal vollausgeschöpft werden können. Das kann der Erblasser ausnützen und frühzeitig alle 10 Jahre einen Teil seines Vermögens auf seine künftigen Erben übertragen (vorweggenommene Erbfolge). Zu beachten ist auch, dass bei einer Schenkung die Festsetzungsfrist bezüglich der Schenkungsteuer von vier Jahren nicht vor Ablauf des Kalenderjahres beginnt, in dem der Schenker gestorben ist (§ 170 Abs. 5 Nr. 2 AO).

i) **Vereinbarungen beim Güterstand.** Bei dem Güterstand der Gütertrennung zwischen den Eheleuten besteht der Nachteil, dass die Steuerfreiheit in Höhe der fiktiven Zugewinnausgleichsforderung nach § 5 Abs. 1 ErbStG im Falle des Todes entfällt (*Troll/Gebel/Jülicher* § 5 Rn. 2; *Langenfeld/Gail* VII. 267.3). Es ist daher vorteilhafter, wenn die Eheleute statt völliger Gütertrennung ehevertraglich lediglich den Zugewinnausgleich für den Fall der Beendigung des Güterstandes auf andere Weise als durch den Tod eines Ehegatten (Zugewinnausgleich unter Lebenden – § 1372 BGB) ausschließen, ihn aber für den Fall der Beendigung durch den Todesfall (Ausgleichsregelung von Todes wegen – § 1371 Abs. 1 BGB) belassen. Das ist bürgerlichrechtlich zulässig (*Langenfeld,* HdB d. Eheverträge u. Scheidungsvereinbarungen, 3. Aufl. Rn. 360; MüKoBGB/*Koch* § 1371 Rn. 19) und wird auch erbschaftsteuerlich anerkannt (*Langenfeld* Rn. 358). Auch derjenige, der Gütertrennung vereinbart hat, kann zum gesetzlichen Güterstand der Zugewinngemeinschaft oder zu der modifizierten Zugewinngemeinschaft zurückkehren. Allerdings ist dies gem. § 5 Abs. 1 S. 4 ErbStG erbschaftsteuerlich nicht mit rückwirkender Kraft auf den Beginn der Ehe möglich (*Troll/Gebel/Jülicher/Gottschalk* § 5 Rn. 232). Nachträgliche ehevertragliche Rückkehr zur Zugewinngemeinschaft führt hinsichtlich des Freibetrages nach § 5 Abs. 1 ErbStG nur zu einer Berücksichtigung des Zugewinns ab dem Tag des Vertragsschlusses.

(3) **Einkommensteuer.** Auch einkommensteuerliche Erwägungen sollten bei der Gestaltung von Verfügungen von Todes wegen angestellt werden. Dies insbesondere bei der Frage, ob ein Nießbrauchsvermächtnis oder ein Rentenvermächtnis zugewandt und ob das Rentenvermächtnis als Leibrente oder als dauernde Last ausgestaltet werden soll. Besonders wichtig sind einkommensteuerliche Überlegungen, wenn der Erblasser Eigentümer von Betriebsvermögen ist. Hier sollte darauf geachtet werden, dass wenn möglich das Betriebsvermögen nicht durch den Erbfall ins Privatvermögen fällt, da dann einkommensteuerlich ein Entnahmegewinn ausgelöst werden würde.

## Zuwendung des Nachlasses im Ganzen oder zu Bruchteilen

## 3. Testament mit Erb- und Ersatzerbeinsetzung, gemeinschaftlichem Erbteil und Anwachsung

Verhandelt zu[1, 2]. . . . . (auch als eigenhändiges Testament möglich[3])
am . . . . .

§ 1 Erbeinsetzung[4]

(1) Ich setze hiermit meinen Sohn A und meine Tochter B untereinander je zur Hälfte auf einen gemeinschaftlichen Erbteil[5] von drei Vierteln ein. Zum restlichen ein Viertel Erbteil setze ich C, die ersteheliche Tochter meiner verstorbenen Ehefrau ein.

(2) Abweichend von anderslautenden gesetzlichen Auslegungs-, Vermutungs- und Ergänzungsregelungen und anderen gesetzlichen Bestimmungen sind Ersatzerben[6] jeweils die Abkömmlinge der Erben, einschließlich adoptierter, jedoch mit Ausnahme nichtehelicher Kinder männlicher Nachkommen und ihrer Abkömmlinge,[7] unter sich nach den Regeln der ersten Erbordnung zum Zeitpunkt des Erbfalls. Im Falle der Ausschlagung oder des Zuwendungsverzichts entfällt für diesen Erbteil jegliche ausdrückliche oder mutmaßliche Ersatzerbeinsetzung.[8]

(3) Mangels Ersatzerben soll Anwachsung[9] eintreten.

§ 2 Enterbung

Meinen nichtehelichen Sohn N enterbe ich hiermit.[10] In dem mit der ABC-Versicherungsgesellschaft abgeschlossenen Lebensversicherungsvertrag habe ich ihn jederzeit widerruflich als Bezugsberechtigten benannt. Das Bezugsrecht widerrufe ich hiermit und mein Schenkungsangebot an N, das ihm noch nicht zugegangen ist, soll nicht mehr gelten. Mir ist nach Belehrung durch den Notar bekannt, dass der Widerruf der Bezugsberechtigung einer ausdrücklichen Mitteilung an die Gesellschaft bedürfen kann. Ich werde diese selbst vornehmen.[11]

§ 3 Totenfürsorge

Ich wünsche eine Erdbestattung im Familiengrab mit meiner vorverstorbenen Ehefrau. Ich habe dies mit meiner Tochter B bereits besprochen. Sie wird alle mit der Totenfürsorge verbundenen weiteren Entscheidungen treffen.[12]

**§ 4 Schlussformel**[13] (→ **Form. XI.1**)

*Schrifttum: Bausch,* Der Begriff des „Abkömmlings" in Gesetz und rechtsgeschäftlicher Praxis, FamRZ 1980, 413; *Böhm,* Der Einfluß des Gesetzes über die rechtliche Stellung nichtehelicher Kinder auf erbrechtliche Auslegungs- oder Ergänzungsregeln, FamRZ 1972, *180; Bredemeyer,* Lebensversicherungen vor und nach dem Todesfall, ZEV 2010, 288; *Brüggemann,* Probleme des § 2338a BGB, FamRZ 1975, 309; *Giencke,* Ergänzende Auslegung von Erbverträgen gemäß § 2066 BGB unter Berücksichtigung nichtehelicher Kinder des Erblassers als gesetzlicher Erben, FamRZ 1974, 241; *Höfer,* Zur Anwendung des § 2069 BGB bei Pflichtteilsverlangen nach Erbausschlagung, NJW 1961, 588; *Leitzen,* Lebensversicherungen im Erbrecht und Erbschaftsteuerrecht, RNotZ 2009, 129; *Mattern,* Einzelzuwendungen von Todes wegen, DNotZ 1963, 450; *Metzeler,* Die Erstreckung der Wirkungen des Zuwendungsverzichts, hereditare 2011, 53; *Müller,* Zuwendungsverzicht – Erstreckung der Verzichtswirkung auf die Abkömmlinge nach der neuen Rechtslage, ZNotP 2011, 256; *Nieder/Kössinger,* Hdb. d. Testamentsgestaltung, 4. Aufl. S. 403 ff.; *Nieder,* Die ausdrücklichen oder mutmaßlichen Ersatzbedachten im deutschen Erbrecht, ZEV 1996, 241; *Perkams,* Ergänzende Testamentsauslegung im Umfeld von § 2069 BGB, ZEV 2005, 510; *Schopp,* Anwachsung – Ersatzerbschaft, MDR 1978, 10; *Wacke,* Rechtsfolgen testamentarischer Verwirkungsklauseln – Anwachsung oder Ersatzerbschaft? DNotZ 1990, 403.

## Anmerkungen

**1. Sachverhalt.** Der Erblasser ist verwitwet, hat einen verheirateten Sohn A und eine ledige Tochter B. Ferner ist aus der ersten Ehe seiner verstorbenen Ehefrau eine verheiratete Tochter C vorhanden und der Erblasser hat einen nichtehelichen Sohn N.

**2. Anwendungsfälle.** Da der Grundsatz der Gesamtrechtsnachfolge im deutschen Erbrecht eine unmittelbare Einzelzuwendung von Nachlassgegenständen verbietet, ist bei Erbenmehrheit nur die dingliche Beteiligung an sämtlichen Nachlassgegenständen nach Anteilen (Erbquoten) möglich. Jede Verfügung von Todes wegen muss, da es keinen erbenlosen Nachlass geben kann, direkt oder indirekt durch Erbeinsetzung nach Vermögensgruppen (→ Anm. 4 Abs. 2a), Zuwendung des Hauptvermögens (→ Anm. 4 Abs. 2b) oder durch stillschweigende Aufrechterhaltung der gesetzlichen Erbfolge eine Erbeinsetzung enthalten. Darüber hinaus hat der Erblasser durch die Rechtsfiguren des Vermächtnisses, insbesondere in der Form des Vorausvermächtnisses, der Teilungsanordnung und der Testamentsvollstreckung die Möglichkeit, alle oder einzelne Nachlassgegenstände konkret zu verteilen, und zwar nach seiner Wahl unter Anrechnung auf die Erbquote (Teilungsanordnung gem. § 2048 BGB) oder über die Erbquote hinaus (Vorausvermächtnis gem. § 2150 BGB). Der Erblasser kann sich bei einer Mehrheit von Bedachten immer dann mit der Erbeinsetzung nach Quoten begnügen, wenn er nur rechnerisch-abstrakte Verteilungsvorstellungen hat, dh es ihm nur auf die wertmäßige Verteilung seines Nachlasses ankommt und er die konkrete Verteilung der einzelnen Nachlassgegenstände seinen Erben oder einem Testamentsvollstrecker überlassen will. Das hat für ihn den Vorteil, dass er damit auch über diejenigen Nachlassgegenstände bestimmt, an die er bei der Errichtung der Verfügung von Todes wegen nicht denkt, weil sie ihm nicht gegenwärtig sind oder weil sie erst später Bestandteil seines Vermögens werden. Anders als beim Vermächtnis (§ 2169 Abs. 1 BGB), das im Zweifel entfällt, wenn sein Gegenstand sich beim Erbfall nicht im Nachlass befindet, umfasst die Erbquote den Bestand des Nachlasses zum Zeitpunkt des Erbfalls. Bei der Quotenzuwendung gibt es keine Auslegungsschwierigkeiten, wenn zwischen Testamentserrichtung und Erbfall größere Veränderungen im Vermögensstand des Testators eintreten (*Barz* 1972, 1174).

3. **Eigenhändiges Testament.** Zu den formalen Anforderungen → Form. XI.1 Anm. 2.

4. **Erbeinsetzung.** **(1) Zuwendung des Vermögens im ganzen oder zu Bruchteilen.** Wendet der Erblasser einer Person sein ganzes Vermögen zu oder mehreren zu Bruchteilen, ist diese Verfügung nach § 2087 Abs. 1 BGB als Erbeinsetzung anzusehen. Die Vorschrift ist nicht zwingend, sondern nur Ergänzungsregel für den Fall, dass der Erblasser nichts anderes bestimmt hat. Der Erblasser kann daher die Zuwendung des ganzen Vermögens oder eines Bruchteils davon auch so verstanden wissen wollen, dass der Bedachte die Zuwendung nicht als sein Gesamtrechtsnachfolger, sondern über einen schuldrechtlichen Vermächtnisanspruch gegen die gesetzlichen Erben erhalten soll (Staudinger/*Otte,* Bearbeitung 2013, § 2087 Rn. 2). Mögliche Ausnahmefälle von der Regel des § 2087 Abs. 1 BGB sind:

a) Das Universalvermächtnis, bei dem der gesamte nach Begleichung aller Nachlassverbindlichkeiten verbleibende Nachlassrest vermacht ist (Staudinger/*Otte,* Bearbeitung 2013, Vorb. zu §§ 2147–2191 Rn. 3; MüKoBGB/*Rudy* § 2087 Rn. 4).
b) Das Quotenvermächtnis, bei dem ein Bruchteil vom Barerlös des nach Begleichung aller Nachlassverbindlichkeiten verbleibenden Nachlassrests vermacht ist (Staudinger/*Otte,* Bearbeitung 2013, Vorb. zu §§ 2147–2191 Rn. 3; MüKoBGB/*Rudy* § 2087 Rn. 6, vor § 2147 Rn. 3 u. § 2155 Rn. 2; BGH NJW 1960, 1759).

**(2) Zuwendung einzelner Gegenstände.** Wendet der Erblasser einzelne Gegenstände zu, so ist dies nach der Auslegungsregel des § 2087 Abs. 2 BGB im Zweifel als Vermächtnisanordnung aufzufassen. Die Regel muss nach dem Willen des Erblassers insbesondere bei folgenden Fallgruppen zurücktreten:

a) Bei der Erbeinsetzung nach Vermögensgruppen, bei der der Erblasser ohne ausdrückliche Erbeinsetzung sein gesamtes Vermögen durch Bezeichnung der wichtigsten Vermögensgegenstände auf verschiedene Personen verteilt hat und die Auslegung ergibt, dass er in Wirklichkeit eine Erbeinsetzung vornehmen wollte (BGH DNotZ 1972, 500 mwN; BayObLG FamRZ 1986, 728 (730 f.)); OLG Düsseldorf FGPrax 2016, 272; OLG München ZEV 2016, 533). Die Verfügung enthält in diesem Fall die Erbeinsetzung zu den Quoten, welche sich aus dem Wertverhältnis des Zugewiesenen zum Gesamtnachlass ergeben (gegenständlich ermittelte Erbquoten) und gleichzeitig die Anordnung (§ 2048 BGB) an die Miterben, sich der Zuweisung gemäß auseinanderzusetzen (*Beck* DNotZ 1961, 565 (567); RG DNotZ 1942, 184). Auch bei dieser Gestaltung ist es möglich, dass der Erblasser, wie im → Form. XII.5, statt dessen eine durch Vermächtnisse belastete gesetzliche Erbfolge wollte. Kann der Rechtsberater den Erblasser nicht von der Einsetzung nach Vermögensgruppen abbringen, sollte er zur Klarstellung der letztwilligen Verfügung folgende Klausel beifügen: „Ich setze die Zuwendungsempfänger zu meinen Erben zu den Quoten ein, welche sich aus dem Wertverhältnis des Zugewiesenen zum Gesamtnachlass ergeben."
b) Bei der Zuwendung des Hauptvermögens, bei der im Wege der Einzelzuweisung der Erblasser einer oder mehreren Personen Einzelgegenstände zuwendet, die sein gesamtes oder fast gesamtes Vermögen ausmachen und die Auslegung ergibt, dass er ihm oder ihnen die Stellung von Erben verschaffen wollte (BayObLG FamRZ 1986, 728 (731) = Rpfleger 1986, 430; OLG Düsseldorf FGPrax 2016, 272).

Zu Schwierigkeiten, die sich bei beiden Fallgruppen ergeben können, wenn zwischen Testamentserrichtung und Erbfall größere Veränderungen im Vermögensbestand des Testierers eintreten siehe *Barz* NJW 1972, 1174.

5. **Gemeinschaftlicher Erbteil.** Das Gesetz lässt es in § 2093 BGB zu, mehrere Erben auf einen und denselben Bruchteil der Erbschaft einzusetzen (gemeinschaftlicher Erbteil). Das

hat zur Rechtsfolge, dass der gemeinschaftliche Teil für die Berechnung der Bruchteile (§§ 2093, 2089–2092 BGB), der Anwachsung (§ 2094 Abs. 1 S. 2, Abs. 2 BGB) und der Ersatzberufung (§ 2098 Abs. 2 BGB) einen gedachten Einheitsbruchteil bildet. Im Fall des Wegfalls der B im Formular würde ihr Erbteil daher allein dem A zuwachsen. Sofern der Erblasser nichts anderes anordnet, erben die Erben innerhalb der Gruppe gem. § 2091 BGB zu gleichen Unterbruchteilen (Staudinger/*Otte,* Bearbeitung 2013, § 2093 Rn. 3). Nach außen und mit Ausnahme der oben genannten Rechtswirkungen auch im Innenverhältnis der Gruppe sind die Unterbruchteile des gemeinschaftlichen Erbteils selbstständige Erbteile. Deshalb sind auch nur die aufs Ganze umgerechneten Unterbruchteile und nicht der Einheitsbruchteil im Erbschein aufzuführen. Der gemeinschaftliche Erbteil erfüllt in der gewillkürten Erbfolge im Wesentlichen die Aufgaben, die bei der gesetzlichen die Berufung nach Stämmen hat. Die Einsetzung auf einen gemeinschaftlichen Erbteil erfolgt durch den ausdrücklich oder in irgendeiner anderen Weise kundgegebenen Willen des Erblassers. Anhaltspunkte können dabei sein zB die Zusammenfassung mehrerer Erben unter einer Nummer oder einer Gesamtbezeichnung, die räumliche Anordnung der Bedachten im Testament, die Anlehnung an die gesetzliche Erbfolge nach Stämmen oder bei einer Erbeinsetzung nach Gegenständen die Einsetzung mehrerer auf denselben Gegenstand (Staudinger/*Otte,* Bearbeitung 2013, § 2093 Rn. 1).

**6. Ersatzerbfolge.** (1) **Ausdrückliche Ersatzerbeinsetzung.** Der Ersatzerbe wird vom Erblasser für den Fall eingesetzt, dass ein Erbe vor oder nach dem Eintritt des Erbfalls wegfällt (§ 2096 BGB). Die Ersatzerbfolge steht somit unter der Bedingung, dass der zuerst Berufene nicht Erbe wird. Die Ersatzerbfolge entspricht bei der gewillkürten Erbfolge dem Eintrittsrecht gem. § 1924 Abs. 3 BGB bei der gesetzlichen Erbfolge. Vom Ersatzerben ist der Nacherbe zu unterscheiden. Dieser wird erst Erbe, nachdem zunächst ein anderer, der Vorerbe, Erbe des Erblassers geworden ist (§ 2100 BGB). Wegfall des zunächst berufenen Erben kann jeder Umstand sein, der den Erstberufenen für keinen Zeitpunkt Erbe werden lässt. Der Umstand muss daher entweder vor dem Erbfall eintreten oder in seiner Wirkung auf den Zeitpunkt des Erbfalls zurückbezogen sein (Staudinger/*Otte,* Bearbeitung 2013, § 2096 Rn. 5; RGZ 95, 98). Wegfallsgründe sind demnach zB vor dem Erbfall der Tod des eingesetzten Erben (§ 1923 Abs. 1 BGB), ein Erbverzicht (§§ 2346 Abs. 1, 2352), der Eintritt einer auflösenden Bedingung oder der Ausfall einer aufschiebenden Bedingung und der Widerruf der Einsetzung des Erstberufenen durch den Erblasser. Nach dem Erbfall haben Wegfallswirkung zB die Ausschlagung (§ 1953 BGB), die Erbunwürdigkeitserklärung (§ 2344 BGB) und die Nichtigkeit der Erbeinsetzung und zwar unabhängig, ob sie anfänglich ist oder auf Anfechtung beruht (Staudinger/*Otte,* Bearbeitung 2013, § 2096 Rn. 5). Der Eintritt der Ersatzerbfolge kann auch für einzelne Wegfallgründe unterschiedlich geregelt werden (Palandt/*Weidlich* § 2096 Rn. 6). Die Ersatzerbeinsetzung erfolgt durch Verfügung von Todes wegen durch den Erblasser (Staudinger/*Otte,* Bearbeitung 2013, § 2096 Rn. 3). Bei jeder ausdrücklichen Ersatzerbeinsetzung sollte der Erblasser die Möglichkeit erwägen, dass der Erstberufene die Erbschaft ausschlägt, um, sofern die Voraussetzungen vorliegen, gem. §§ 2306 oder 1371 Abs. 3 BGB den Pflichtteil zu erlangen und dass dann infolge der Ersatzerbeinsetzung trotzdem der Stamm des Ausschlagenden Erbe wird (allerdings belastet mit der Pflichtteilslast gem. § 2320 Abs. 2 BGB). Die Frage sollte nicht der Auslegung überlassen bleiben (vgl. Staudinger/*Otte,* Bearbeitung 2013, § 2096 Rn. 9–11; BayObLG FamRZ 1962, 538; OLG Stuttgart Rpfleger 1982, 106). Der Erblasser, der die zusätzliche Begünstigung eines Stamms nicht will, wird eine Verwirkungsklausel etwa wie folgt aufnehmen: „Ein den Pflichtteil verlangender Erbe ist mit seinem ganzen Stamm von der Erbfolge ausgeschlossen." Alternativ kann die Ersatzerbfolge insoweit ausgeschlossen werden: „Fällt ein Erbe aufgrund eigenen Willensentschlusses einschließlich Einfordern des Pflichtteils weg, tritt die Ersatzerbfolge nicht ein, sondern Anwachsung bei den übrigen Erben."

(2) **Stillschweigende (vermutete) Ersatzerbberufung.** Hat der Erblasser keine Ersatzerben eingesetzt, sind kraft der gesetzlichen Vermutung des § 2069 BGB im Zweifel die nach der gesetzlichen Erbfolge berufenen Abkömmlinge eines vom Erblasser eingesetzten Abkömmlings als Ersatzerben berufen. Diese Auslegungsregel gilt nicht nur für die Erbeinsetzung einschließlich Vor- und Nacherbeinsetzung, sondern auch für Vermächtnisse (einschränkend *Haspl* ZEV 2013, 60) und Auflagen (MüKoBGB/*Leipold* § 2069 Rn. 3). Sie gilt nur, wenn kein abweichender Wille des Erblassers aus der Verfügung erkennbar ist. Der Auslegung der Verfügung im Einzelfall gebührt stets der Vorrang, erst Recht ist ein ausdrücklicher Verzicht auf eine Ersatzerbeneinsetzung beachtlich (BayObLG Rpfleger 2005, 315 = DNotZ 2005, 631). Das OLG München (ZEV 2009, 239) lässt dafür die gängige Aussage „Ersatzerben will ich heute nicht benennen" nicht genügen, sondern wendet dann § 2069 BGB an (dagegen *Dietz* ZEV 2009, 241). Zum Kreis der ersatzberufenen Abkömmlinge iSd § 2069 zweiter Halbsatz BGB gehören heute auch nicht aus einer Ehe hervorgegangene Kinder eines Sohnes oder Enkels des Erblassers (OLG Köln NJW 1994, 266). Im Einzelfall kann aber ein anderes Auslegungsergebnis in Frage kommen (weitergehend: *Schmucker* DNotZ 2002, 666). Sicherheit gewährt auch hier nur ein ausdrücklicher Ausschluss bei der Ersatzerbenberufung. Mit Rücksicht auf die ältere Rechtsmeinung, dass kraft Gesetzes vermutete Ersatzerbrecht der Abkömmlinge gem. § 2069 BGB gehe im Zweifel dem Recht eines ausdrücklich berufenen Ersatzerben vor (*Planck/Flad* § 2096 → Anm. 1; *Erman/Schmidt* § 2096 Rn. 3; aM mit Recht MüKoBGB/*Rudy* § 2096 Rn. 8 und jetzt Staudinger/*Otte,* Bearbeitung 2013, § 2096 Rn. 3 [man muss nach dem mutmaßlichen Erblasserwillen, uU auch nach Wegfallgründen differenzieren]; vgl. auch BayObLG NJW-RR 1994, 460; *J. Mayer* MittBayNot 1994, 111 (114)), ist die ausdrückliche Klausel § 1 Abs. 2 gewählt. Siehe zur Vermeidung der mittelbaren Auswirkungen der Ersatzerbfolge insbesondere *J. Mayer* MittBayNot 1994, 111 (114) u. *Nieder* ZEV 1996, 241 ff. Zur analogen Anwendung des § 2069 BGB bei Wegfall anderer vom Erblasser eingesetzter naher Verwandter siehe *Perkams* ZEV 2005, 510. Die Rechtsprechung lehnt eine – auch analoge – Anwendung ab, kommt aber im praktischen Auslegungsergebnis oft zu identischen Resultaten (vgl. OLG München NJW-RR 2006, 1597 = DNotZ 2006, 936). Der zweite Fall der gesetzlich vermuteten Ersatzerbberufung ist der des eingesetzten Nacherben, der gem. § 2102 Abs. 1 BGB im Zweifel auch als Ersatzerbe des Vorerben eingesetzt gilt.

**7. Der Begriff des Abkömmlings.** Die vom weggefallenen Erben angenommenen Kinder sind nur dann Abkömmlinge des Erblassers und damit Ersatzerben, wenn durch die Annahme ein Verwandtschaftsverhältnis auch zu diesem begründet wurde (vgl. zur Volljährigenadoption § 1770 Abs. 1 BGB). Bei nichtehelichen Kindern kann es für die Auslegung des Testaments darauf ankommen, ob das Testament vor oder nach Inkrafttreten des NEhelG (1969) und vor oder nach dem Erbrechtsgleichstellungsgesetz (1998) verfasst wurde, wenigstens seit letzterem dürfte die Gleichstellung auch im öffentlichen Rechtsbewusstsein angekommen sein (→ Anm. 6 (2) und MüKoBGB/*Leipold* § 1924 Rn. 3 ff. sowie *Otte* ZEV 2002, 151). Dass die Erblasser sich in ihren Verfügungen zur Vermeidung von Auslegungszweifeln hinsichtlich ihrer nichtehelichen und angenommenen Verwandten klar ausdrücken, hat heute noch uU Bedeutung zum Ausschluss einer Irrtumsanfechtung. Die Formulierung im Muster umfasst den heute selteneren Fall, dass der Erblasser adoptierte Kinder und nichteheliche Kinder seiner weiblichen Nachkommen im Familienverband akzeptiert, nicht jedoch die nichtehelichen seiner männlichen Nachkommen (weitere Formulierungen bei *Strobel* MDR 1980, 363 (365)). Ferner wirkt die Formulierung, was gerade bei der Ersatzerbenberufung wichtig ist, auch hinsichtlich entfernter Abkömmlinge.

**8. Ausdrücklicher Ausschluss der Ersatzerbfolge.** Vieldiskutiert ist bei der vermuteten Ersatzerbenberufung die Frage, ob ein Wegfall des Erstberufenen mit der Wirkung des § 2069 BGB auch dann vorliegt, wenn der Erstberufene die Erbschaft ausschlägt, um den

Pflichtteil zu verlangen (§ 2306 BGB). Der BGH tendiert zur Nichtanwendung des § 2069 BGB in derartigen Fällen, weil ein Stamm nicht doppelt bedacht werden soll (BGHZ 33, 60 = NJW 1960, 1899; ebenso *Braga* AcP 153, 144 (154); *Kipp/Coing* ErbR, 13. Bearb. § 22 IV Fn. 21; *v. Lübtow* ErbR I S. 287). Nach anderer Meinung (*Höfer* NJW 1961, 588; MüKoBGB/*Leipold* § 2069 Rn. 13) genügt es zur Abwendung unbilliger Ergebnisse, dass gem. § 2320 BGB die nachrückenden Abkömmlinge im Innenverhältnis den Pflichtteilsanspruch des Ausschlagenden zu tragen haben. Lediglich für die Fälle, in denen ein Nacherbe vor Eintritt des Nacherbfalls ausschlägt, um vom Vorerben den Pflichtteil zu verlangen, ist man sich im Ergebnis dahin einig, dass eine tatsächliche Vermutung dafür spricht, dass der Erblasser den ganzen Stamm des ausschlagenden Erstberufenen ausschließen wollte. Dieser wäre sonst durch den sofortigen Erhalt des Pflichtteils und den Wegfall des Risikos des Nachlassschwunds während der befreiten Vorerbschaft gegenüber den anderen Stämmen bevorzugt (*Höfer* NJW 1961, 588; MüKoBGB/*Leipold* § 2069 Rn. 13; Palandt/*Weidlich* § 2069 Rn. 4). Vorrang hat die individuelle Auslegung (*Günther* ZEV 2011, 357). Will der Erblasser insoweit Streitigkeiten vermeiden, sollte er ausdrücklich für diesen Fall andere Ersatzerben einsetzen.

Die Klausel für den Fall des Zuwendungsverzichts (§ 2352 BGB) zeichnet die seit 1.1.2010 geltende Rechtslage nach. Seitdem gilt hier eine Verweisung auf § 2349 BGB, der Verzicht eines Abkömmlings oder Geschwisters erstreckt sich also ohne weiteres auf dessen Abkömmlinge. Die ausdrückliche Anordnung wird dennoch weiter empfohlen (*Weidlich* NotBZ 2009, 163), zumal es als nicht geklärt gelten muss, ob die gesetzliche Wirkung auch für den ausdrücklich benannten Ersatzerben (also nicht nur im Fall des § 2069 BGB) eingreift (zum Diskussionsstand jurisPK-BGB/*Hau* § 2352 Rn. 9 Fn 30). Die Neuregelung gilt für alle Erbfälle ab dem Stichtag (*Weidlich* FamRZ 2010, 166). Ein anderes Auslegungsergebnis sollte aber möglich sein (Staudinger/*Schotten* Bearbeitung 2016 § 2352 Rn. 46 mN; *Müller* ZNotP 2011, 256 (266)). „Ein anderes" kann bestimmt sein (§ 2349 BGB), Anknüpfungspunkt der Auslegung insoweit muss nicht der Verzichtsvertrag, sondern kann auch die letztwillige Verfügung sein, aus der sich das Erbrecht des Verzichtenden herleitete (*Metzler* hereditare 2011, 53 (79 f.) mit Nachw. der Gegenauffassungen). Die Folgen der Neuregelung werden teils heftig bedauert (*Kanzleiter* DNotZ 2010, 520; DNotZ 2009, 805). Wer es entgegen der im Formular gewählten Formulierung den Parteien des Zuwendungsverzichtsvertrags überlassen will, ob die Wirkung erstreckt wird, muss darauf achten, eine ausdrücklich auf jeden Wegfallgrund bezogene Ersatzerbenberufung nicht bindend werden zu lassen (*Odersky* notar 2010, 283).

**9. Anwachsung.** Die Formulierung schließt eine Anwendung des § 2069 BGB aus (vgl. OLG München ZEV 2009, 153). (1) Unter Anwachsung versteht man bei der gewillkürten Erbfolge die vom Erblasser gewollte infolge Wegfalls eines Miterben eintretende Vergrößerung des einem anderen Miterben zugewendeten Erbteils (Staudinger/*Otte*, Bearbeitung 2013, § 2094 Rn. 1). Die Anwachsung gem. § 2094 BGB entspricht für die gewillkürte Erbfolge der Erhöhung des Erbteils gem. § 1935 BGB bei der gesetzlichen Erbfolge. Die Anwachsung beruht auf der Annahme, dass der Erblasser, der durch Erbeinsetzung über den ganzen Nachlass verfügt hat, seine gesetzlichen Erben in jedem Fall ausschließen wollte. Voraussetzungen für das Eintreten der Anwachsung sind:

a) Aufteilung des ganzen Nachlasses unter die eingesetzten Erben in der Verfügung von Todes wegen durch den Erblasser (§ 2094 Abs. 1 BGB),
b) Wegfall eines Miterben (§ 2094 Abs. 1 BGB). Die Wegfallgründe sind hier die gleichen wie bei der Ersatzerbfolge (→ Anm. 6 (1)) mit Ausnahme der anfänglichen Nichtigkeit, bei der die hM dies ablehnt (Palandt/*Weidlich* § 2094 Rn. 2; aA MüKoBGB/*Rudy* § 2094 Rn. 3 mwN). Gem. § 2094 Abs. 3 BGB kann der Erblasser die Anwachsung in der Verfügung von Todes wegen ausdrücklich oder schlüssig ausschließen, und zwar allgemein oder bezüglich einzelner Miterben. Einen gesetzlich geregelten Fall des

Ausschlusses der Anwachsung enthält § 2099 BGB, wonach das Recht des Ersatzerben dem Anwachsungsrecht vorgeht. Liegen die Voraussetzungen der Anwachsung vor, wächst der Erbteil des weggefallenen Erben den übrigen Erben nach dem Verhältnis ihrer Erbteile an (§ 2094 Abs. 1 BGB). Der ursprüngliche und der angewachsene Erbteil werden grundsätzlich als ein Erbteil behandelt, lediglich, wenn der angewachsene Teil mit Vermächtnissen oder Auflagen beschwert ist oder insoweit Ausgleichspflichten bestehen, gilt er als besonderer Erbteil (§ 2095 BGB).

(2) Bei Anwachsung scheidet § 1948 Abs. 1 BGB (der Ausschlagung des zugewendeten Erbteils und Annahme des gesetzlichen) aus (MüKoBGB/*Leipold* § 1948 Rn. 3).

**10. Die ausdrückliche Enterbung.** Die im Formular vorgeschlagene ausdrückliche Enterbung hat wegen der Gleichstellung ehelicher und nichtehelicher Abkömmlinge nichts damit zu tun, dass es sich im Beispiel um ein außer der Ehe geborenes Kind halten soll. Die ausdrückliche Enterbung (§ 1938) empfiehlt sich vielmehr, um einen potentiellen Anfechtungsgrund auszuschließen. Materiell ausreichend wäre auch die erschöpfende Erbeinsetzung anderer Personen, nicht aber die Verteilung des Nachlasses durch seinen Wert aufzehrende Vermächtnisse (MüKoBGB/*Leipold* § 1938 Rn. 3).

**11. Bezugsrecht einer Lebensversicherung und andere Verträge zugunsten Dritter.** Die Aufnahme einer diesbezüglichen Regelung im Muster ist angesichts neuer Rechtsprechung des BGH heute mehr als ein „Merkposten". Valuta- und Deckungsverhältnis bestimmen sich außerhalb des Erbrechts allein schuldrechtlich (BGH NJW 2013, 3448). Für das **Valutaverhältnis** gilt: Nach den allgemeinen Vertragsbedingungen der Versicherungswirtschaft ist Zugang eines Widerrufs bzw. einer Neubestimmung des Bezugsrechts beim Versicherer erforderlich. Der Testamentsgestalter sollte dringend darauf hinweisen, dass die testamentarische Regelung insoweit voraussichtlich nicht genügt (ausf hierzu *Leitzen* RNotZ 2010, 129 (150 f.)). Die Erwähnung des Bezugsrechts kann Anlass geben, die in ihrer wirtschaftlichen Bedeutung gar nicht hoch genug einzuschätzende Konsequenzen der Einsetzung eines Bezugsberechtigten als Weg der Erbfolge am Erbe vorbei (kritisch dazu *Peters* ZErb 2010, 165 (Teil 1), 195 (Teil 2))) zu diskutieren. Zum Themenkreis siehe insbesondere *Bredemeyer* ZEV 2010, 288; *Elfring* ZEV 2004, 305; *Klepsch/Klepsch* NotBZ 2004, 365; *Leitzen* RNotZ 2009, 129; *J.Mayer* DNotZ 2000, 905; *Vollkommer* ZEV 2000, 10. Speziell zum Pflichtteilsrecht BGHZ 185, 252 und dazu *Herrler* ZEV 2010, 333; *Rudy* ZErb 2010, 351. Sind formularmäßig „die Erben" bestimmt, sind dies diejenigen Personen, die Erben werden. Sie erwerben die Versicherungssumme jedoch nicht als Teil des Nachlasses, somit unmittelbar, zu Bruchteilen und nicht in Erbengemeinschaft. **Deckungsverhältnis und Causa** der im Lebensversicherungsvertrag (Vertrag zu Gunsten Dritter) vereinbarten Leistung an den Bezugsberechtigten oder anderen Dritten ist zumeist eine Schenkung. Typischerweise wird das diesbezügliche Angebot erst nach dem Sterbefall übermittelt, angenommen und durch den Vollzug sind Formfehler geheilt. Zu einem im Wege des Vertrags auf den Todesfall übertragenen Wertpapierdepot hat der BGH entschieden, dass ein dahingehendes Schenkungsangebot durch Abgabe einer testamentarischen Erklärung widerrufen werden kann. Wird dem Begünstigten der Testamentsinhalt und damit der Widerruf bekannt, ehe ihm (in der Regel über die Bank oder den Versicherer als Boten) ein annahmefähiges Angebot zugeht, kann kein wirksames Deckungsverhältnis für die eintretende Bereicherung mehr zustande kommen (BGH NJW-RR 2018, 518). Bemerkenswert an der Entscheidung ist, dass der BGH dabei einen konkludenten Widerruf der Schenkung genügen lässt, der sich allein daraus ergibt, dass im Testament erklärtermaßen über „mein gesamtes Kapitalvermögen bei der XY-Bank" verfügt wurde und ersichtlich das gesamte Vermögen im Testament verteilt werden sollte. Auch dass der Erblasserin die Vereinbarung mit der Bank bei Errichtung ihres Testaments möglicherweise nicht mehr gegenwärtig war, schließe eine Bewertung der testamentarischen Verfügungen als Widerruf nicht aus. Die Entscheidung ist nicht zuletzt wegen dieser Auslegung teilweise kritisch aufgenommen worden (*Forschner* MittBayNot 2018, 465; *Keim* FamRZ 2018, 857, *Litzenburger* ZEV 2018, 282; *Muscheler* ZNotP 2018, 137; *Wellenhofer* JuS 2018, 809). Sie muss Anlass sein, die Thematik in der Testamentsberatung intensiv zu besprechen und **ausdrücklich zu regeln**, ob noch nicht vollzogene Schenkungsversprechen widerrufen werden.

Verträge zu Gunsten Dritter, die der Erblasser gelten lassen will, sind jedenfalls insofern in die Beratung einzubeziehen, als sie bei einer als gerecht empfundenen Vermögensverteilung nicht vergessen werden dürfen. Die Zuwendung kann zu einer Pflichtteilsergänzung (§ 2325 BGB) führen. Bei einer Lebensversicherung maßgeblich ist der Wert, den der Erblasser aus ihr in der letzten – juristischen – Sekunde seines Lebens nach objektiven Kriterien für sein Vermögen hätte umsetzen können. In aller Regel ist das der Rückkaufswert (BGHZ 185, 252).

12. **Totenfürsorge** (ausf *Karczewski* ZEV 2017, 129). Zum Zeitpunkt der Testamentseröffnung wird über zentrale Fragen wie Form und Ort der Bestattung in der Regel bereits entschieden sein. Insofern ist § 3 teils nur als Hinweis an den Erblasser zu verstehen, darüber zu Lebzeiten mit den nächsten Angehörigen zu sprechen. Die in den Bestattungsgesetzen der Länder getroffenen und im Detail durchaus unterschiedlichen Anordnungen, in welcher Reihung die „nächsten Angehörigen" zuständig sind, geben regelmäßig dem Erblasserwillen den Vorrang. Er muss nicht ausdrücklich, geschweige denn in Form der letztwilligen Verfügung erklärt sein. Die Bestimmung eines Totenfürsorgeberechtigten im Testament kann trotzdem sinnvoll sein, da dieser zB auch eine etwaige spätere Umbettung veranlassen könnte (Fall des OLG Naumburg ErbR 2016, 281 mit ausf Darstellung bei *Karczewski* ZEV 2017, 129). Außerdem bewirkt § 1968 BGB (Beerdigungskosten gehen zu Lasten der Erben) keine Sperre für den allgemeinen zivilrechtlichen Anspruch aus Geschäftsführung ohne Auftrag gegen einen Totenfürsorgepflichtigen, wenn ein Dritter an dessen Stelle Beerdigungskosten getragen hat und von den Erben nichts zu erlangen ist (BGH ZEV 2012, 559). Der Vorsorgebevollmächtigte ist als solcher in der Regel nicht mit der Totenfürsorge betraut (OLG Naumburg ErbR 2016, 281).

13. **Kosten.** → Form. XI.1 Anm. 16. Eine gesonderte Bewertung der Ersatzerbeneinsetzung wie auch der begleitenden Anordnungen erfolgt nicht. Die Enterbung führ nur dann zu eigenständiger Bewertung, soweit nicht zugleich eine Erbeinsetzung für den Gesamtnachlass vorgenommen wird.

## Zuwendung einzelner Nachlassgegenstände

# 4. Testament mit Vermächtnisanordnungen verschiedener Art, Testamentsvollstreckung und Auflagen. Digitaler Nachlass

**Verhandelt zu[1, 2, 18]. . . . .**
**am . . . . . (auch als eigenhändiges Testament möglich)**

**§ 1 Erbeinsetzung[3]**

**Zu meinen Erben setze ich meinen Neffen B und meine Nichte C je zur Hälfte meines Nachlasses ein. Ersatzerben sind jeweils deren Abkömmlinge, untereinander jeweils nach der gesetzlichen Erbregel erster Ordnung zum Zeitpunkt des Erbfalls. Mangels Ersatzerben soll Anwachsung eintreten.**

§ 2 Vermächtnisse zulasten aller Erben[4]

Zu Lasten meiner Erben setze ich folgende Vermächtnisse aus:

a) Meine Haushälterin E erhält das lebtägliche, ausschließliche und in der Ausübung unentgeltliche Wohnungsrecht an der 2-Zimmerwohnung im Dachgeschoss meines Hauses in R-Stadt in der S-Straße Nr. . . . . ., die sie zurzeit bereits bewohnt. Die Überlassung dieses Rechts an einen Dritten ist ihr nicht gestattet. Das Recht ist nach meinem Tod durch Eintragung im Grundbuch auf dem Hausgrundstück dinglich zu sichern.[5]

b) Meine Freundin G hat mir versprochen, dass sie mir das Gartengrundstück hinterlassen wird, dass ich seit Jahren für sie bewirtschafte. Nur wenn der Garten bei meinem Tod in meinem Eigentum ist, vermache ich dieses Grundstück der E.[6] Wenn das nicht der Fall ist, sollen meine Erben der E auf Lebenszeit die miet- und pachtfreie Nutzung des kleinen Gartens neben meinem Hausgrundstück verschaffen, für den mir mein Nachbar N ein Vorkaufsrecht eingeräumt hat.[7]

c) Dem Ehepaar H vermache ich gemeinsam meine Grafiksammlung.[8] Das gilt auch dann, wenn noch weitere Stücke hinzukommen.[9]

d) M, der Jagdfreund meines verstorbenen Ehemannes, erhält aus dem Gewehrschrank meines Mannes ein Jagdgewehr nach seiner Wahl.[10]

e) F, der frühere Geschäftspartner meines Ehemanns, schuldet mir aus der Auseinandersetzung des Firmenvermögens noch einen Betrag von derzeit 10.000,– Euro. Ich erlasse ihm den bei meinem Tod noch offenen Rest als Vermächtnis. Zahlungen an F sind von meinen Erben nicht geschuldet.[11]

f) Dem Deutschen Alpenverein Sektion R-Stadt eV, dessen langjähriger Vorsitzender mein verstorbener Ehemann war, vermache ich ein von meinem Testamentsvollstrecker auszusuchendes und nach Lage und Größe geeignetes Berggrundstück in den Ötztaler Alpen[12] nebst der Verpflichtung des Testamentsvollstreckers, darauf aus Mitteln des Nachlasses eine bewirtschaftbare Berghütte errichten zu lassen, die den Namen meines Mannes tragen soll.[13] Der Testamentsvollstrecker darf hierfür bis zu 500.000 Euro aufwenden.

g) Geldvermächtnissen sind wie folgt auszuzahlen:

   aa) Je einzeln 50.000 Euro an meine Patenkinder P, geb am … in …, derzeit wohnhaft …., und Q, geb am … in …, derzeit wohnhaft …..,
   Diese Vermächtnisse sind fällig zum dritten Kalendermonatsanfang nach dem Erbfall, frühestens aber mit Erreichen des vollendeten 16. Lebensjahres durch den jeweils Bedachten mit einem Teilbetrag von 5.000 Euro und mit dem Rest bei Erreichen des vollendeten 21. Lebensjahres. Das betreffende Vermächtnis fällt insoweit ersatzlos weg, als der jeweilige Vermächtnisnehmer die Fälligkeit nicht erlebt.

   bb) 10.000 Euro dem Tierschutzverein R-Stadt eV. Dieses Vermächtnis ist fällig zum dritten Kalendermonatsanfang nach dem Erbfall.
   Die Erben sind zur Herausgabe der Geldvermächtnisse nur verpflichtet, soweit nach Bestand und Werten zum Zeitpunkt des Erbfalls das vorhandene Barvermögen (Bargeld, Konten und börsengehandelte Wertpapiere) nach Abzug der auf dem Immobilienvermögen lastenden Kredite und nach Erledigung der sonstigen hier ausgesetzten Vermächtnisse dafür ausreicht. Ansonsten werden die Vermächtnisse zu g)bb) im Verhältnis der jeweils vermachten Beträge anteilig gekürzt. Das Vermächtnis zu aa) wird erst gekürzt, wenn die übrige Kürzung nicht ausreicht.[13a]

§ 3 Vermächtnis zulasten des B

Die vorigen Monat geborene Tochter T meines Neffen B erhält meine Eigentumswohnung in X, Y-Straße 17. Mit dem Vermächtnis beschwere ich ausschließlich den B. Das Vermächtnis entfällt, wenn B persönlich nicht Erbe wird. Einen Ersatzvermächtnisnehmer bei Wegfall der T wünsche ich nicht.[14] Mein Neffe B ist bei Anfall des Vermächtnisses an T bis zur Übereignung auf die T bevollmächtigt, meine Rechte gegenüber den Miteigentümern und der WEG-Gemeinschaft wahrzunehmen. Von § 181 BGB ist er dabei befreit.[15]

§ 4 Auflagen[16]

(1) Das Geldvermächtnis an den Tierschutzverein (§ 2 g) ist verbunden mit der Auflage, meine Dackelhündin Thekla nach meinem Tod aufzunehmen und zu pflegen. Das Vermächtnis entfällt auch dann nicht, wenn die Hündin bei meinem Tod nicht mehr leben sollte.

(2) Meinen Erben mache ich zur Auflage, das Stillleben von Georges Braque an den Rechtsträger der Staatlichen Kunsthalle in R-Stadt zu übereignen, mit der Auflage, es auf immer in den Räumen der Kunsthalle in R-Stadt zu belassen.

(3) Meine Erben verpflichte ich im Wege der Auflage aus Mitteln des Nachlasses meines Mannes und meine Grabstätte auf die Dauer der vollen Ruhezeit für Kaufgräber zu schmücken und zu pflegen. Jeder Erbe kann verlangen, dass dazu ein Grabpflegevertrag mit der Genossenschaft der Friedhofsgärtner in R-Stadt abgeschlossen wird.

§ 5 Testamentsvollstreckung

(1) Ich ernenne Herrn Rechtsanwalt N zu meinem Testamentsvollstrecker mit der Aufgabe und Befugnis, die von mir ausgesetzten Vermächtnisse und Auflagen zu erfüllen und zu überwachen.[17]

(2) Es ist weitere Aufgabe des Testamentsvollstreckers, unter Ausschluss der Erben meine Benutzerkennungen und Passwörter in sämtlichen Medienformen des Internet und im E-Mailverkehr an sich zu nehmen. Eine Liste der wesentlichen Konten und Zugangsdaten habe ich in meinem Bankschließfach bei der X-Sparkasse hinterlegt. Der Testamentsvollstrecker soll die an mich unter diesen Verbindungsdaten gerichteten Nachrichten der letzten fünf Wochen vor meinem Versterben sichten und an Erben oder Vermächtnisnehmer weiterleiten, sofern ihm dies zur Fortführung der auf Erben oder Vermächtnisnehmer übergehenden Gegenstände bzw. die damit verbundenen Geschäfte zweckmäßig erscheint. Spätestens nach Abschluss der Nachlassverteilung soll er alle weiteren Nachrichten und meine eigenen Darstellungen im Interner und vergleichbaren Medien löschen bzw. die Löschung aller Konten bewirken.[18]

(3) Will oder kann der vorgesehene Testamentsvollstrecker das Amt nicht antreten oder fällt er vor seiner Ausführung weg, ersuche ich das Nachlassgericht, einen geeigneten Testamentsvollstrecker zu ernennen.[19] Der Testamentsvollstrecker erhält eine einmalige Vergütung in Höhe von 6 % der Verkehrswerte der Vermächtnisse. Seine Auslagen sind damit abgegolten.

§ 6 Schluss

Zu den Vermächtnissen wünsche ich keine Ersatzvermächtnisnehmer.[20] Die Vermächtnisse stehen den Bedachten nur persönlich zu. Hinsichtlich des gemeinschaftlich Vermachten bleibt es bei der Anwachsung.[8]

Soweit im vorstehenden Testament ohne speziellere Anordnung für diesen Fall über Gegenstände verfügt ist, die im Erbfall nicht oder nicht ganz zu meinem Nachlass

**gehören, fallen die Anordnungen weg [oder: gelten die Anordnungen als Verschaffungsvermächtnisse].**[6]

(→ **Form. XV.1**)

*Schrifttum: Bengel,* Rechtsfragen zum Vor- und Nachvermächtnis, NJW 1990, 1826; *Bredemeyer,* Praxisrelevante Fälle zum Vermächtnisrecht, ZErb 2017, 343; *Bühler,* Das Verschaffungsvermächtnis, Inhalt und Durchsetzung, DNotZ 1964, 581; *Daragan,* Vermächtnisse als Mittel der Erbschaftsteuergestaltung, DStR 1998, 357; *Grunewald/Rizor,* Wer trägt die Lasten, wenn ein vermachtes Grundstück belastet ist? ZEV 2008, 510; *Grziwotz,* Wohnungsrechtsvermächtnis und Grundbucheintragung, ZEV 2010, 130; *Haegele,* Verschaffungsvermächtnisse, Rpfleger 1964, 138; *Hofstetter,* Dinglich gesichertes Wohnrecht oder schuldrechtliches Wohnungsrecht als Gegenstand eines Vermächtnisses, ZEV 1996, 17; *Keim,* Vermächtnisse zugunsten Minderjähriger: Schwierigkeiten und Lösungsmöglichkeiten, ZEV 2011, 563; *Knorr,* Problemkreise bei der Nachfolge des Testamentsvollstreckers, NJW 2018, 2598; *Kölmel,* Die Erfüllung von Vermächtnissen zugunsten Minderjähriger, NotBZ 2013, 95; *Kraiß,* Testamentsvollstrecker und Vermächtnis, BWNotZ 1986, 12; *Küpper,* Fortwirkung eines Vermächtnisses als Anspruch auf Ersatzherausgabe, VIZ 2000, 195; *Landsittel* Der Stichtag bei Erwerben durch vorheriger Vermächtnis und Erbanfall, ZEV 2003, 221; *Mattern,* Einzelzuweisung von Todes wegen, DNotZ 1963, 450; *ders.,* Einzelzuweisungen auf den Todesfall, BWNotZ 1965, 1; *Mayer,* die Sicherung des Vermächtnisnehmers, BWNotZ 1997, 62; *J. Mayer,* Das zwecklose Zweckvermächtnis – Möglichkeiten und Grenzen der Drittbestimmung bei Vermächtnissen, MittBayNot 1999, 447; *Maur,* die Stellung des Vorvermächtnisnehmers, NJW 1990, 1161; *Meyding,* Testamentsvollstreckervermerk und Verschaffungsvermächtnis, ZEV 1995, 100; *Muscheler,* Das gemeinschaftliche Vermächtnis, NJW 2012, 1399; *Muscheler,* Testamentsvollstreckung und Vermächtnis, ZEV 2011, 230; *Nieder/Kössinger,* Hdb. d. Testamentsgestaltung, S. 449 ff.; *v. Olshausen,* Die Verteilung der Pflichtteilslast zwischen Erben und Vermächtnisnehmern, MDR 1986, 89; *Piltz,* das Vermächtnis als Instrument der Nachfolgeplanung, DStR 1991, 1108; *Reich,* Erbeinsetzung oder Vermächtnis? Macht das steuerlich einen Unterschied? ZNotP 2001, 272; *Reimann,* Das Herausgabevermächtnis als Alternative zur Nacherbfolgeanordnung, MittBayNot 2002, 4; *Roth/Maulbetsch/Schulte,* Vermächtnisrecht 2013; *Schlittenheim,* zur Anrechnung aufschiebend bedingter Vermächtnisse auf den Pflichtteil, NJW 1991, 988; *Watzek,* Vor- und Nachvermächtnis MittRhNotK 1999, 37; *Werkmüller,* Gestaltungsmöglichkeiten im Rahmen der Anordnung von Vor- und Nachvermächtnissen, ZEV 1999, 343.

## Anmerkungen

**1. Sachverhalt.** Die Erblasserin ist verwitwet und hat ebenso wie ihr verstorbener Ehegatte keine Abkömmlinge. Da auch ihre Eltern verstorben sind, gibt es keine Pflichtteilsberechtigten. Sie ist in den neuen sozialen Medien aktiv. Schon weil sie keine besonders nahen Verwandten hat, ist es ihr wichtig, dass der Einblick der Erben in ihren Mailverkehr etc weitgehend unterbleibt (→ Anm. 13).

**2. Anwendungsfälle.** Wenn der Erblasser nur einen einzelnen Nachlassgegenstand oder einen wertmäßig relativ unbedeutenden Teil der Nachlassgegenstände (zum Universalvermächtnis als Sonderfall → Form. XII.5 Anm. 5) einem oder mehreren am übrigen Nachlass nicht Beteiligten zuweisen will, bietet sich ihm das Rechtsinstitut des Vermächtnisses (§§ 1939, 2147 ff. BGB) an. Der mit dem Vermächtnis Bedachte erwirbt mit dem Erbfall kein dingliches Recht am Nachlass oder an dem ihm zugewiesenen Einzelgegenstand, sondern nur ein Forderungsrecht gegen den oder die Erben auf Leistung des zugewiesenen

Einzelgegenstands (§§ 2174, 2176 BGB). Da der Vermächtnisgegenstand konkretisiert sein muss, eignet sich ein Vermächtnis nicht für Verfügungen, die über lange Zeit unverändert aufrechterhalten bleiben sollen. Eine Vermächtnisanordnung muss vielmehr in kurzen Zeitabständen vom Erblasser auf ihre Erfüllbarkeit aus dem Bestand seines Vermögens beim Erbfall überprüft werden. Da die Auflage (§§ 1940, 2192 ff. BGB) nur einen Beschwerten, aber keinen bestimmten Begünstigten zu haben braucht, eignet sie sich besser zur Erreichung überpersönlicher Zwecke über lange Zeiträume.

**3. Zwingende Erbeinsetzung.** Es gibt keinen erbenlosen Nachlass (MüKoBGB/*Rudy* § 2087 Rn. 6; BayObLG MDR 1979, 847). Auch wenn, was zulässig ist (RG LZ 1923, 321), der Erblasser seinen ganzen Nachlass erschöpfend durch Vermächtnisse verteilt, entfällt die gesetzliche Erbfolge nicht. Wenn ein Erblasser eine solche erschöpfende Verteilung durch Einzelzuweisung vornimmt, ist durch Auslegung zu ermitteln, ob er die gesetzliche Erbfolge aufrecht erhalten (→ Form. XII.3 Anm. 4), eine Erbeinsetzung im Wertverhältnis der zugewiesenen Gegenstände zueinander vornehmen (BGH DNotZ 1972, 500 mwN) oder die Erbenstellung allein für einen der Bedachten wollte, der den Hauptgegenstand erhält (Staudinger/*Otte,* Bearbeitung 2013, Staudinger/*Otte* § 2087 Rn. 19; MüKoBGB/*Rudy* § 2087 Rn. 8, 9). In einem notariellen Testament sollte allerdings immer eine ausdrückliche Erbeinsetzung erfolgen, wenigstens die Erbeinsetzung der Bedachten zu den dem Wertverhältnis der Einzelzuwendungen zueinander entsprechenden Quoten.

**4. Vermächtnisse.** (1) **Der Begriff des Vermächtnisses.** Unter Vermächtnis ist die Zuwendung eines Vermögensvorteils in einer Verfügung von Todes wegen an einen anderen (Bedachten) ohne Erbeinsetzung zu verstehen (§ 1939 BGB). Das Vermächtnis begründet keine unmittelbare Rechtsnachfolge. Der zugewandte Vorteil geht nicht mit dem Anfall des Vermächtnisses (§ 2176 BGB) von selbst in das Vermögen des Vermächtnisnehmers über. Der Bedachte erhält lediglich einen schuldrechtlichen Anspruch auf Erfüllung gegen den Beschwerten (§ 2147 BGB). Die Auflassung eines Grundstücks durch den Erblasser selbst ihm Testament kommt nicht in Betracht (OLG Rostock ZEV 2018, 679). Seit 1.1.2010 (Wegfall des § 197 Abs. 1 Nr. 1 aF BGB) gilt die kurze Regelverjährung von 3 Jahren bzw. 10 Jahren bei Ansprüchen auf Rechte an Grundstücken (§ 196 BGB). Insoweit ist bei Vermächtnissen stets die Notwendigkeit einer Verlängerung der Verjährungsfrist (§ 202 Abs. 2 BGB) zu erwägen. Zu Lebzeiten des Erblassers hat der Bedachte – auch im Fall einer erbvertraglichen Bindung – lediglich eine tatsächliche Erwerbsaussicht, also weder eine gesicherte Anwartschaft noch einen (bedingten) Anspruch. Er kann nicht durch eine Vormerkung im Grundbuch geschützt werden (ständige Rspr. seit BGHZ 12, 115). Zu Überlegungen, den Bedachten gegenüber den Erben insbesondere in der Situation stärker zu stellen, dass der Erblasser nach Errichtung der letztwilligen Verfügung dauerhaft geschäftsunfähig wurde, s. *Baldus/Stremmnitzer* DNotZ 2006, 598 (ablehnend *Zimmer* DNotZ 2006, 724). Lediglich bei einem Vorausvermächtnis an einen alleinigen Vorerben erwirbt dieser den ihm vermachten Nachlassgegenstand unmittelbar mit dem Erbfall (BGHZ 32, 60).

(2) **Gegenstand des Vermächtnisses.** Möglicher Gegenstand eines Vermächtnisses kann alles sein, was als Inhalt einer Leistungspflicht nach § 241 BGB vereinbart werden könnte (BGHZ 148, 187 = NJW 2001, 2883 = DNotZ 2001, 805; MüKoBGB/*Leipold* § 1939 Rn. 6; MüKoBGB/*Rudy* Vor § 2147 Rn. 3–5). Es kann sein eine Sache oder ein Recht wie zB Nutzungsrecht, Nießbrauch, Wohnrecht, Altenteil, Urheberrecht, Rente, GmbH-Anteil, (Staudinger/*Otte,* Bearbeitung 2013, § 1939 Rn. 5), ein Handelsgeschäft oder eine sonstige Sachgesamtheit (Sachinbegriff) (MüKoBGB/*Leipold* § 1939 Rn. 7). Ferner Forderungsrechte wie zB auf Anerkennung oder Sicherung einer Schuld, auf Leistung von Diensten, auf Unterlassung, auf Aufnahme in eine Gesellschaft, auf Zahlung einer Geldsumme, die ziffernmäßig nicht bestimmt sein braucht, sondern anhand anderer Kriterien wie zB Gewinnanteil oder Preis einer Ware zu bestimmen sein kann, zB auch

in Höhe des Werts des gesetzlichen Erbteils oder eines Bruchteils des Nachlasswerts (Quotenvermächtnis) oder in Höhe des Pflichtteils (zur Abgrenzung, ob Enterbung oder ein Vermächtnis in Höhe des Pflichtteils gewollt ist s. BGH NJW 2004, 3558 = DNotZ 2004, 45). Ferner kann auch der Anspruch auf Befreiung von einer Verbindlichkeit, auf bloße Stundung und den Verzicht auf die Ausübung von Gestaltungsrechten oder Einreden vermacht werden (Staudinger/*Otte,* Bearbeitung 2013, § 1939 Rn. 7). Durch Vermächtnis zugunsten der Nacherben kann der Vorerbe verpflichtet werden, aus dem grundsätzlich ihm zustehenden Erträgen des Nachlasses Nachlassverbindlichkeiten abzutragen (BGH NJW 2004, 2981 = DNotZ 2005, 49). Der vermächtnisweise zugesprochene Anspruch kann von einer an den Erben zu erbringenden Gegenleistung abhängig gemacht werden (BGHZ 148, 187 = NJW 2001, 2883 = DNotZ 2001, 805, dort auch zur Grundbuchvormerkung eines solchen Ankaufsrechts).

(3) **Haftung des Beschwerten.** Der Vermächtnisnehmer ist zwar Nachlassbeteiligter, hauptsächlich jedoch Nachlassgläubiger und zwar minderen Grades, da ihm Erblasserschulden, Erbfallschulden und Ansprüche Pflichtteilsberechtigter vorgehen, und, soweit der Erblasser nicht gem. § 2189 BGB eine Rangfolge festgesetzt hat, andere Vermächtnisse und Auflagen im Range gleichstehen (§§ 1980 Abs. 1 S. 3, 1990, 1991 Abs. 4 BGB, §§ 322, 327 InsO). Das Vermächtnis ist Nachlassverbindlichkeit (§ 1967 BGB). Beschwert sind im Zweifel alle Miterben (§§ 2147, 2148 BGB), und zwar als Gesamtschuldner (§§ 2058, 431 BGB). Sie haften mit ihrem gesamten Vermögen, also sowohl mit dem ererbten (Nachlass) als auch mit dem bereits besessenen (Privatvermögen). Die Erben können jedoch, sofern sie nicht unbeschränkt haften (§ 2013 BGB), was nur bei Verletzung der Inventarpflicht (§ 1994 BGB), bei Inventaruntreue (§ 2005 BGB) und bei Verzicht auf Beschränkung gegenüber allen Nachlassgläubigern (§ 2021 Abs. 1 S. 3 BGB) der Fall ist, die Haftung auf den Nachlass beschränken. Dazu bedarf es der Anordnung der Nachlassverwaltung (§ 1975 BGB), der Eröffnung des Nachlassinsolvenzverfahrens (§ 1975 BGB) oder, falls sich beides mangels Masse oder Vorschuss nicht lohnt, der Erhebung der Dürftigkeits- und Unzulänglichkeitseinrede (§ 1990 BGB). Leistungen an Vermächtnisnehmer oder Begünstigte aus Auflagen vor Eröffnung des Nachlassinsolvenzverfahrens sind insolvenzrechtlich ebenso anfechtbar wie unentgeltliche Verfügungen des Erben (§ 323 InsO). Die Dürftigkeitseinrede ist als sog. Überschwerungs- oder Überlastungseinrede gem. § 1990 BGB bei Überschuldung durch Vermächtnisse und Auflagen (sog. Überschwerung) diesen Ansprüchen gegenüber auch dann zulässig, wenn eine die Kosten der Nachlassverwaltung oder des Nachlassinsolvenzverfahrens deckende Masse vorhanden ist. Der Erbe muss sich dabei auch gegenüber Vermächtnis- und Auflagegläubigern die Beschränkung seiner Haftung im Urteil gem. § 780 Abs. 1 ZPO vorbehalten lassen, um Vollstreckungen in sein Eigenvermögen zu verhindern. Nach dieser Überschwerungseinrede hat der Erbe gem. den in § 1992 S. 1 BGB in Bezug genommenen §§ 1990, 1991 BGB die Verbindlichkeiten aus Pflichtteilsrechten, Vermächtnissen und Auflagen entsprechend ihrem Rangverhältnis gem. § 327 InsO aus Mitteln des Nachlasses soweit wie möglich zu befriedigen (§ 1991 Abs. 4 BGB). Nach Erschöpfung des Nachlasses kann der Erbe die Befriedigung verweigern. Darüber hinaus kann der Erbe gem. § 1992 S. 2 BGB Vermächtnis- und Auflagegläubigern gegenüber die Herausgabe der noch vorhandenen Nachlassgegenstände durch Zahlung des Wertes abwenden. Da jedoch dadurch der Vermächtnisnehmer auch bei einer verhältnismäßig geringfügigen Überschuldung um die Gegenstandssubstanz gebracht werden könnte, legt die hM (BGH NJW 1964, 2298 = DNotZ 1964, 630) § 1992 BGB dahin aus, dass demgegenüber auch der Vermächtnisnehmer die Befugnis hat, gegen eine die Überschuldung ausgleichende Aufzahlung in Geld die Übertragung des Vermächtnisgegenstandes in Natur (in ungekürztem Umfang) zu verlangen. Der mit dem Vermächtnis beschwerte Erbe kann aber auch die Erbschaft form- und fristgerecht ausschlagen (§§ 1944, 1945 BGB) und, falls ein Fall des § 2306 BGB vorliegt, den Pflichtteil verlangen. Nach Aus-

schlagung trifft die Pflicht zur Erfüllung des Vermächtnisses denjenigen, dem sein Wegfall unmittelbar zustatten kommt (§ 2161 BGB).

(4) **Vermächtnisarten.** Im Wesentlichen unterscheidet man folgende Arten von Vermächtnissen (Staudinger/*Otte,* Bearbeitung 2013, Vorb. zu §§ 2147–2191 Rn. 3):

a) Vorausvermächtnis, das einem Erben zugewandt ist (§ 2150 BGB) (→ Form. XII.8 und → Form. XII.9 sowie → Form. XII.15).
b) Universalvermächtnis, bei dem der gesamte nach Begleichung aller Nachlassverbindlichkeiten verbleibende Nachlassrest vermacht ist (→ Form. XII.5 Anm. 11).
c) Quotenvermächtnis, wenn ein Bruchteil vom Barerlös des nach Begleichung aller Nachlassverbindlichkeiten verbleibenden Nachlassrests vermacht ist (siehe *Roth* NJW-Spezial 2017, 39 und → Form. XII. Anm 4 (1))).
d) Pflichtteilsvermächtnis, im Zweifel wenn ein Geldbetrag in Höhe des Pflichtteilsanspruchs vermacht ist (§ 2304 BGB).
e) Wahlvermächtnis, wenn der Bedachte von mehreren Gegenständen nur den einen oder anderen erhalten soll (§ 2154 BGB) (siehe obiges Formular).
f) Gattungsvermächtnis, wenn die vermachte Sache nur der Gattung nach bestimmt ist (§§ 2155, 2182, 2183 BGB) (siehe obiges Formular).
g) Zweckvermächtnis, wenn der Vermächtnisgegenstand nicht vom Erblasser, sondern auf Grund einer vom Erblasser angegebenen Zweckbestimmung vom Beschwerten oder einem Dritten zu bestimmen ist (§§ 2155, 2182, 2183 BGB) (→ Form. XII.5).
h) Bestimmungsvermächtnis, wenn der Beschwerte oder ein Dritter den Bedachten aus mehreren vom Erblasser Benannten auszuwählen hat (§ 2151 BGB) (→ Form. XII.5, → Form. XII.8). Von Verteilungsvermächtnis kann gesprochen werden, wenn der Beschwerte oder ein Dritter die Verteilung unter mehreren gemeinschaftlich Begünstigten vornehmen soll (§ 2157 BGB).
i) Stückvermächtnis, wenn ein bestimmter zur Erbschaft gehörender Gegenstand vermacht ist (§§ 2169, 2184, 2185 BGB).
k) Verschaffungsvermächtnis, wenn ein nicht zur Erbschaft gehörender bestimmter Gegenstand vermacht ist (§ 2170 BGB) (siehe *Roth* NJW-Spezial 2014, 231 und → Anm 6 ff).
l) Forderungsvermächtnis, wenn der zugewendete Vermögensvorteil eine Forderung des Erblassers ist (§ 2173 BGB). Ein Sonderfall ist das Schuldbefreiungsvermächtnis (→ Anm. 11)
m) Untervermächtnis, wenn ein Vermächtnisnehmer damit beschwert ist (§ 2186 BGB) (→ Form. XII.7).
n) Hauptvermächtnis, wenn es seinerseits mit einem Vermächtnis oder einer Auflage beschwert ist (§ 2187 BGB).
o) Ersatzvermächtnis, das einem anderen zugewandt ist, für den Fall, dass der zunächst Bedachte wegfällt (§ 2190 BGB).
p) Nachvermächtnis, das erst zu einem bestimmten Zeitpunkt oder Ereignis anfällt, nachdem zunächst ein anderer Vorvermächtnisnehmer war (§ 2191 BGB) (→ Form. XII.7).
q) Aufschiebend bedingtes oder befristetes (betagtes) Vermächtnis, das erst nach Eintritt eines bestimmten Ereignisses oder zu einem bestimmten Zeitpunkt anfällt (§§ 2177, 2179 BGB) (→ Form. XII.23).

(5) Ist im Zusammenhang mit Vermächtnissen eine Testamentsvollstreckung angeordnet, sollte im Zweifel klargestellt werden, ob der Testamentsvollstrecker (nur) die Erfüllung der Vermächtnisse übernimmt oder auch etwaige Beschwerungen des Vermächtnisnehmers seinerseits (wie Untervermächtnisse, Beachtung von Auflagen, etc.) vom Testamentsvollstrecker zu überwachen oder weitergehend zB bei einem Vorvermächtnis die vermachten Gegenstände in seiner Verwaltung verbleiben sollen (zur Vermächtnisvollstreckung *Lange* DNotZ 2018, 804).

5. **Wohnungsrecht.** Siehe ausf. die Varianten in → Form. XII.9. Die Grundbucheintragung ist einem nur schuldrechtlichen Wohnrecht („Wohnleihe") unbedingt vorzuziehen (zur Auslegung *Grziwotz* ZEV 2010, 130). Gestaltungen zum Vermächtnis eines Wohnrechts (Verschaffungsvermächtnis) zugunsten eines gehandicapten Kindes erörtert *Schneider* ZEV 2017, 617.

6. **Verschaffungsvermächtnis bzw. dessen Ausschluss.** § 2169 Abs. 1 BGB bestimmt, dass das Vermächtnis eines bestimmten Gegenstandes (Stückvermächtnis) unwirksam ist, soweit der Gegenstand zurzeit des Erbfalls nicht zur Erbschaft gehört, es sei denn, dass der Gegenstand dem Bedachten auch für diesen Fall zugewendet sein soll („qualifizierter Zuwendungswille", BGH NJW 1983, 937; Nieder/*Kössinger* S. 452). § 2271 Abs. 1 BGB bestimmt, dass dann der Beschwerte den Gegenstand dem Bedachten zu verschaffen hat. Bei subjektivem Unvermögen hat der Beschwerte nach § 2170 Abs. 2 BGB Wertersatz zu leisten. Der Bedachte hat zu beweisen, dass der Erblasser ihm den Gegenstand zuwenden wollte, obwohl er sich nicht in der Erbschaft befindet (RGZ 164, 202; Roth NJW-Spezial 2014, 231). Bereits Haegele (Rpfleger 1964, 138) schlug vor, in Zweifelsfällen immer vorsorglich das Gewollte klarzustellen.

„Gegenstand" im Sinn des § 2169 BGB kann auch ein schuldrechtliches Nutzungsrecht oder ein Wohnungsrecht nach § 1093 BGB sein (zu letzterem OLG Bremen ZEV 2001, 401). Verschaffungsvermächtnisse kommen in der Praxis häufig vor, wenn der Erblasser am Vermächtnisgegenstand nur gesamthänderisch oder als Miteigentümer beteiligt ist und die zu Miterben berufenen Miteigentümer oder Gesamthandbeteiligte mit einem Verschaffungsvermächtnis zugunsten eines von ihnen beschwert (*Bühler* DNotZ 1964, 581 Fn. 4; *Haegele* Rpfleger 1964, 138 (139); BGH NJW 1964, 2298 = DNotZ 1964, 630). Eine alternative Gestaltungsmöglichkeit für Fälle dieser Art ist die Erbeinsetzung dieser Miterben unter der auflösenden Bedingung ihrer Mitwirkung bei der Übereignung der in Miteigentum oder Gesamthand stehenden Sachen (*Bühler* DNotZ 1964, 589 ff.; BGH NJW 1964, 2298 = DNotZ 1964, 630). Eine Verschaffung wird häufig auch dann gewollt sein, wenn der Erblasser, ohne rechtlich Eigentümer zu sein, den vermachten Gegenstand als sein wirtschaftliches Eigentum empfindet. Ist er allerdings nur Besitzer, sind mangels anderer Anordnung auch nur die Besitzrechte vermacht (§ 2169 Abs. 2 BGB). Anders liegt der Fall im Muster: Die Erblasserin verfügt über einen Gegenstand (Garten der G) in der Erwartung, dass er zur Zeit des Erbfalls im Nachlass sein wird, und ausdrücklich nur für diesen Fall. Eine Ausnahme von der Regel des § 2169 BGB und auch ein Besitzvermächtnis sind für dieses Stückvermächtnis gerade nicht gewollt.

Eine ausdrückliche Klarstellung, ob Verschaffung gewollt ist, empfiehlt sich insbesondere immer dann, wenn der Erblasser **Miteigentum** oder Gesamthandseigentum, das ihm nur zum Teil gehört, zuwendet oder einen Sachinbegriff mit wechselndem Bestand aufschiebend bedingt vermacht.

7. Ein **aufschiebend bedingtes Verschaffungsvermächtnis** ist hingegen hinsichtlich des Gartens des N angeordnet. Wie die Erben das rechtliche Ziel umsetzen, also insbesondere durch Erwerb oder Anmietung von N und kostenfreier Überlassung an E oder auch Vermittlung eines Pachtvertrags zwischen N und E bei schuldbefreiender Übernahme der Zahlungsplichten, ist diesen überlassen. Erweist sich die Verschaffung als unmöglich oder unverhältnismäßig erschwert, greifen die Bestimmungen der §§ 2170 Abs. 2, 2171 BGB (dazu neben der Kommentarliteratur zB *Maulbetsch* in Roth/Maulbetsch/Schulte § 4 Rn. 51 ff.).

8. **Gemeinschaftliches Vermächtnis.** Ein unteilbarer Gegenstand, aber auch teilbare Gegenstände und Sachgesamtheiten können mehreren Personen gemeinschaftlich vermacht werden. Wenn der Erblasser zur Verteilung keine Anordnungen trifft, gelten für die Aufteilung über § 2157 BGB die §§ 2089–2093 BGB entsprechend. Es kommt dann im Zweifel zur Verteilung nach gleichen Anteilen (§ 2092 BGB). Der Erblasser kann aber

auch etwas anderes bestimmen (§ 2158 Abs. 1 S. 2 BGB). Fällt einer der Vermächtnisnehmer weg, wächst sein Anteil dem anderen an (§ 2158 Abs. 1 BGB). Insofern wirkt die Anordnung unter § 5 hier hauptsächlich klarstellend. Wenn allerdings – anders als hier in § 5 – kraft ausdrücklicher Anordnung oder gesetzlicher Vermutung (besonders wichtig: § 2069 BGB) ein Ersatzvermächtnisnehmer bestimmt ist, geht diese Bestimmung im Zweifel vor. Außerdem können gerade bei teilbarem Gegenstand Zweifel bleiben, ob ein gemeinschaftliches Vermächtnis mit Anwendbarkeit der §§ 2157, 2158 überhaupt gewollt ist (*Muscheler* NJW 2012, 1399). Nicht abschließend geklärt ist beim gemeinschaftlichen Vermächtnis auf einen teilbaren Gegenstand die Anwendbarkeit von § 420 BGB (statt § 432 BGB), ob also einer der gemeinschaftlich Bedachten für sich Leistung seines Anteils verlangen kann (dafür jurisPK/*Reymann* § 2057 Rn. 14; dagegen *Muscheler* NJW 2012, 1399, je mwN).

**9.** Ein weiterer praktisch wichtiger Fall eines Verschaffungsvermächtnisses ist gegeben, wenn der Alleinerbe, oder ein Miterbe nach der Erbteilung, einen Inbegriff von Gegenständen oder einen Bestand von Zubehörstücken (zB Viehbestand) bedingt oder befristet (betagt) vermächtnisweise herauszugeben hat, dessen Umfang sich nicht nach dem Bestand zurzeit des Erbfalls, sondern zum Zeitpunkt des Eintritts der Bedingung oder des Termins richten soll. In diesem Fall sind, soweit keine dinglichen Surrogationsnormen eingreifen (§§ 2041, 2111 BGB), uU auch Stücke mitvermacht, die nicht zur Erbschaft gehören (*Bühler* DNotZ 1964, 581 Fn. 4; Staudinger/*Otte*, Bearbeitung 2013, § 2169 Rn. 12).

**10. Wahlvermächtnis.** Gem. § 2154 BGB liegt ein Wahlvermächtnis vor, wenn der Erblasser bestimmt, dass der Vermächtnisnehmer von mehreren Gegenständen nur den einen oder den anderen erhalten soll. Das durch das Vermächtnis entstehende Schuldverhältnis ist eine Wahlschuld, auf die die §§ 262–265 BGB Anwendung finden (Staudinger/*Otte*, Bearbeitung 2013, § 2154 Rn. 1). Die Auswahl zwischen den Gegenständen steht, sofern der Erblasser keine anderweitige Bestimmung getroffen hat, nach § 262 BGB dem Beschwerten zu. Die steuerliche Bewertung richtet sich von Anfang an danach, was der Bedachte auswählt (BFH ZEV 2001, 452). Der Erblasser kann auch bestimmen, dass das Wahlrecht dem Bedachten (wie im Formular) oder einem Dritten zustehen soll (Staudinger/*Otte*, Bearbeitung 2013, § 2154 Rn. 3 u. 4). Auch wenn der Bedachte das Wahlrecht erhält und zudem selbst Testamentsvollstrecker ist, tritt mit der Ausübung der Wahl keine Sondererbfolge ein, die etwa einen Erbnachweis der anderen Erben im Grundbuchverfahren entbehrlich machen würde (OLG München NJW-Spezial 2017, 168).

**11. Erlass- bzw. Schuldbefreiungsvemächtnis.** Hier liegt ein Vermächtnis auf Befreiung von einer Verbindlichkeit vor. Auch dabei ist der bloß schuldrechtliche Charakter des Vermächtnisses zu beachten (BGH FamRZ 1964, 140). Die Erfüllung erfolgt durch Erlassvertrag (§ 397 Abs. 1 BGB), wenn der Beschwerte Forderungsinhaber ist bzw. durch den Erbfall wird, sonst Schuldübernahme (§§ 414 ff. BGB). Durch Leistungsklage kann der Vermächtnisnehmer ein Urteil erlangen, dass die für einen Erlassvertrag erforderliche Gläubigererklärung ersetzt (§ 894 ZPO). Ist die Schuld bereits getilgt, dann soll nach Literaturmeinung die Auslegung regelmäßig ergeben, dass der Bedachte vom Beschwerten den entsprechenden Geldbetrag verlangen kann (*Maulbetsch* in Roth/Maulbetsch/Schulte § 4 Rn. 141 mwN; *Roth* NJW-spezial 2017, 231). Das ist die Regelvermutung des § 2173 BGB, wenn eine Forderung gegen einen Dritten vermacht ist. Überzeugend ist die Übertragung auf das Schuldbefreiungsvermächtnis nicht: Wenn der Erblasser den Bedachten in jedem Fall bereichern und nicht nur entschulden will, kann er von vornherein eine Geldsumme vermachen. Im Fall des Musters ergibt sich das Gewollte deutlich aus der Motivlage: Hinsichtlich einer alten Geschäftsverbindung soll „reiner Tisch" gemacht werden. Nichts anderes gilt aber schon für das von *Maulbetsch* selbst vorgestellte Formular, wonach eine bestimmte Forderung erlassen wird, „sollte sie noch nicht komplett getilgt worden sein". Ein sehr vorsichtiger Gestalter mag dennoch die Klarstellung im dritten Satz mit aufnehmen.

**12. Gattungsvermächtnis.** Ein Gattungsvermächtnis gem. § 2155 BGB liegt vor, wenn der Erblasser den Vermächtnisgegenstand nur der Gattung nach bestimmt hat. Es ist dabei gleichgültig, ob das Vermächtnis vertretbare oder unvertretbare Sachen betrifft (Staudinger/*Otte,* Bearbeitung 2013, § 2155 Rn. 3). Es muss sich auch nicht auf körperliche Gegenstände, sondern kann sich nach hM auch auf Rechte oder Dienstleistungen beziehen (OLG Bremen ZEV 2001, 401; Staudinger/*Otte,* Bearbeitung 2013, § 2155 Rn. 2; MüKoBGB/*Rudy* § 2155 Rn. 2; Palandt/*Weidlich* § 2155 Rn. 1). Abweichend von § 243 Abs. 1 BGB ist beim Gattungsvermächtnis nicht eine Sache von mittlerer Art und Güte, sondern eine den Verhältnissen des Bedachten entsprechende Sache zu leisten (§ 2155 Abs. 1 BGB). Die Bestimmung der Sache obliegt, wie sich aus § 243 Abs. 2 BGB ergibt, regelmäßig dem Beschwerten (OLG Bremen ZEV 2001, 402). Hat der Erblasser die Bestimmung der Sache dem Bedachten oder einem Dritten, etwa einem Testamentsvollstrecker, übertragen, so gelten gem. § 2155 Abs. 2 BGB die Vorschriften über das Wahlrecht des Dritten beim Wahlvermächtnis (§ 2154 Abs. 1 S. 2 und Abs. 2 BGB) entsprechend. Im Formular ist das Vermächtnis eines nicht zum Nachlass gehörenden Grundstücks ein Gattungsvermächtnis, bei dem der Testamentsvollstrecker Bestimmungsberechtigter ist. Das erforderliche Minimum an Bestimmbarkeit der Gattungszugehörigkeit aus dem Testament heraus ergibt sich hier aus den Eingrenzungen als „Berggrundstückstück", der Lagebeschreibung und der geforderten Bebaubarkeit in Verbindung mit der Zweckbestimmung des Grundstücks (vgl. *J. Mayer* MittBayNot 1999, 447).

Gleichgültig ist, ob ein Gegenstand der fraglichen Art zurzeit des Erbfalls im Nachlass vorhanden ist. Gerade umgekehrt zum Fall des § 2169 Abs. 1 BGB (Stückvermächtnis) müsste bei einem Gattungsvermächtnis als Abweichung von der gesetzliche Regel angeordnet sein, wenn das Vermächtnis nur aus im Nachlassvermögen vorhandenen Vermögensgegenständen geschuldet sein soll (so genanntes beschränktes Gattungsvermächtnis).

**13. Zweckvermächtnis mit Auflage.** Beim Zweckvermächtnis gem. § 2156 BGB kann der Erblasser die Bestimmung des Vermächtnisgegenstandes dem Beschwerten oder einem Dritten überlassen (zu den Grenzen *J. Mayer* MittBayNot 1999, 447). Der Erblasser muss die Person des Bedachten und den Vermächtniszweck bestimmen. Ausnahmen hinsichtlich der Bestimmung der Person sind im Rahmen der §§ 2151 f. BGB zulässig. Die Bestimmung des Vermächtniszwecks durch den Erblasser muss wenigstens so weit reichen, dass sich für die Ausübung billigen Ermessens bei der Bestimmung der Leistung ausreichende Anhaltspunkte ergeben (BayObLG NJW-RR 1999, 946; Staudinger/*Otte,* Bearbeitung 2013, § 2156 Rn. 2). Dem Bedachten selbst kann die Leistungsbestimmung nicht überlassen werden (BGH NJW 1991, 1885; s. aber auch *Kanzleiter* DNotZ 1992, 511). Dem Bestimmungsrecht unterliegen sowohl der Gegenstand als auch Zeit, Ort und Umstände der Leistung, jeweils soweit hierüber nicht schon durch den Erblasser Bestimmungen getroffen worden sind (Staudinger/*Otte,* Bearbeitung 2013, § 2156 Rn. 2). Im Formular stellt die Verpflichtung zur Errichtung einer Berghütte aus Mitteln des Nachlasses ein Zweckvermächtnis dar, bei dem der Testamentsvollstrecker Bestimmungsberechtigter ist.

Die Anordnung der Erblasserin im Formular, die Berghütte nach dem Namen ihres Ehemannes zu benennen, stellt eine Auflage gem. §§ 2192 ff. BGB dar (→ Anm. 11).

**13a. Unzureichender Nachlass.** Bei der Bestimmung von Vermächtnissen sollte stets – hier nur gezeigt am Beispiel der Geldvermächtnisse – die Möglichkeit der Wertänderung des Gesamtvermögens bedacht werden. Die Dürftigkeitsrede der beschwerten Erben (Anm. 4(3)) ist insofern nur ein Notbehelf, den es in der Gestaltung zu vermeiden gilt. Im Form ist insofern eine Kürzungsregel eingeführt. Ebenso ist es möglich, von vornherein das Geldvermächtnis in der Höhe „atmen" zu lassen: „Meiner Nichte X vermache ich einen Geldbetrag in Höhe von 5 % des nach Abzug sämtlicher Verbindlichkeiten und Erledigung anderer Vermächtnisse in Bargeld, auf Konten oder Depots vorhandenen Vermögens. Maßgeblich sind die Wertverhältnisse am Sterbetag."

**14. Vermächtnis zugunsten eines minderjährigen Kindes.** Die Erfüllung eines Grundstücksvermächtnisses kann praktische und rechtliche Probleme selbst dann bereiten, wenn (anders als hier) ein zumindest schon beschränkt geschäftsfähiges Kind bedacht werden soll. Der Erwerb etwa eines vermieteten Grundstücks ist nicht allein rechtlich vorteilhaft (ausf. zu unterschiedlichen Vermächtnissen zugunsten der Kinder *Keim* ZEV 2011, 563). Dennoch kann zur Ausnutzung von Steuerfreibeträgen in gutem Einvernehmen mit den Eltern auch die unmittelbare Begünstigung der übernächsten Generation gewollt sein. Die Problematik des In-Sich-Geschäfts (§ 181 BGB) bei Vertretung des Kindes durch seine Eltern (dazu *Keim* ZEV 2011, 563 einerseits, *Kölmel* NotBZ 2013, 95 andererseits) stellt sich nicht, wenn wie hier ein Dritter als Testamentsvollstrecker (Alternativ: Vollmacht des Erblassers über den Tod hinaus an einen Dritten) mit dem Vollzug betraut wird. Daneben ist immer an eine etwaige Genehmigungspflicht nach §§ 1643 Abs. 1, 1822 Nr. 10 BGB zu denken.

Abweichend von § 2147 BGB wird hier allein der Vater B der Großnichte mit dem Vermächtnis beschwert, um so die Stämme von B und C gleichmäßig zu bedenken. Fällt B weg, kann auch das Vermächtnis entfallen, weil dann T (allerdings zusammen mit etwaigen aktuelle nicht vorhandenen) Geschwistern ohnehin erbt. Bei den Barvermächtnissen ((2 g) aa) im Form) werden Bestand and Fälligkeit der Vermächtnisse an das Erreichen bestimmter Lebensalter geknüpft.

**15. Vermächtnis und WEG-Eigentum.** Erst mit erfolgter Übereignung tritt der Vermächtnisnehmer in die WEG-Gemeinschaft ein (ausf *Eichhorn* ZfIR 2017, 223 (228)). Die Vollmacht sichert das Stimmrecht und sonstige Rechte der Vermächtnisnehmerin gegenüber der Gemeinschaft und den Miteigentümern bereits mit dem Erbfall. Wegen ihrer Minderjährigkeit wird im Muster nicht die Vermächtnisnehmerin selbst bevollmächtigt, sondern ihr Vater, der Miterbe ist. Dadurch ist auch praktisch sichergestellt, dass die Erbengemeinschaft die Vollmacht nicht ohne weiteres widerrufen wird. Weil im Muster ohnehin ein Testamentsvollstrecker eingesetzt ist, kann die Verwaltungsbefugnis aber auch bei diesem belassen werden. Wenn den Interessen der T widersprechende Dispositionen der Erbengemeinschaft besorgt werden, kann dies bereits ein Grund für die Bestellung eines Testamentsvollstreckers sein.

**16. Auflagen.** Die Auflage ist eine Anordnung von Todes wegen, durch die der Erblasser Erben oder Vermächtnisnehmer zu einer Leistung verpflichten kann, ohne einem anderen ein Recht auf diese Leistung zuzuwenden (§§ 1940, 2193–2196 BGB). Zur Abgrenzung zum bloßen moralischen Apell s. *Edenfeld* ZEV 2004, 141. Da für die Auflage nicht die Zuwendung, sondern die Verpflichtung des Beschwerten im Vordergrund steht, ist das Vorhandensein eines Begünstigten nicht notwendig. Durch Auflagen lässt sich im Vergleich mit anderen erbrechtlichen Instrumenten daher insbesondere zweierlei erreichen:

a) Durch die Lösung von einem Anspruch bietet die Auflage dem Erblasser die Möglichkeit, über einen längeren Zeitraum hinweg auf das Verhalten der von ihm bedachten Personen in rechtsverbindlicher Weise Einfluss zu nehmen und dadurch bestimmte Ziele zu fördern, ohne deshalb zu dem einschneidenden Mittel der auflösend bedingten Erb- oder Vermächtniseinsetzung greifen zu müssen. Zu diesem Zweck der Auflage → Form. XII.19 Anm. 2d und → Form. XII.23 Anm. 5.
b) Da die Auflage keiner begünstigten Person bedarf, ist sie für den Erblasser auch das geeignete Mittel, rechtsunfähigen Tieren (*Weimar* MDR 1975, 551 (553)) und nicht rechtsfähigen Personenkreisen und Institutionen, zB Behörden, Stammtischrunden, Kaffeekränzchen usw Zuwendungen von Todes wegen zu machen (zur Auslegung bei

Erbeinsetzung solcher Personenklassen siehe § 2071 und dazu oben bei XI. 1. (2). Ein Beispiel findet sich im Formular. Die Aufnahme eines Tieres zur Pflege kann alternativ auch zur Bedingung der Erbeinsetzung gemacht werden (vgl AG Lüdinghausen NJW-spezial 205, 648). Dem Erblasser geht es aber um fortlaufende Betreuung, sodass eine Beendigung der Tierpflege als auflösende Bedingung konzipiert werden muss – mit der Folge, dass konstruktiv Vor- und Nacherbschaft eingreifen, was die Abwicklung unverhältnismäßig verkompliziert.

Beide Zwecke kann der Erblasser mit einer im Wege der Auflage angeordneten sog. fiduziarischen, unpersönlichen oder **unselbstständigen Stiftung** (OLG München RNotZ 2014, 559) verfolgen, dh der Zuwendung eines Vermögenswertes an einen Vermächtnisnehmer oder Erben mit der Auflage, aus diesem Vermögen Leistungen zugunsten bestimmter Zwecke oder Personen zu erbringen. Ausf. → Kap. XIV. Das wesensentscheidende Merkmal der Auflage, ohne Begünstigten auszukommen, bildet zugleich ihre Schwäche. Für ihre Erzwingung fehlt es an dem natürlichen Interesse eines Anspruchsberechtigten, der eigene Zwecke verfolgt (MüKoBGB/*Rudy* § 2192 Rn. 2). Der Gesetzgeber hat dadurch Ersatz zu schaffen versucht, dass nach § 2194 BGB der Erbe, der Miterbe und derjenige, welchem der Wegfall des mit der Auflage zunächst Beschwerten unmittelbar zustatten kommen würde (**Vollziehungsberechtigte**), die Vollziehung der Auflage von dem Beschwerten notfalls im Klageweg verlangen kann. Liegt die Vollziehung im öffentlichen Interesse, so kann auch die zuständige Behörde die Vollziehung verlangen. Wegen der in den einzelnen Bundesländern zuständigen Behörden siehe zB Staudinger/*Otte,* Bearbeitung 2013, § 2194 Rn. 11; MüKoBGB/*Rudy* § 2194 Fn. 12 bei Rn. 8. Der Testamentsvollstrecker kann gem. §§ 2203, 2208 Abs. 2 BGB ebenfalls die Vollziehung der Auflage verlangen. Der Erblasser kann weiteren Personen die Vollziehungsberechtigung verleihen (MüKoBGB/*Rudy* § 2194 Rn. 5; anders NK-BGB/*J. Mayer*, 4. Aufl. 2014, § 2194 Rn. 8: nur als Testamentsvollstrecker) oder einzelnen oder allen in § 2194 BGB genannten diese Befugnis entziehen. Zwar kann auch ein (Mit)Begünstigter selbst vollziehungsberechtigt sein (zu einem begünstigten Erben OLG Karlsruhe NJW-RR 2004, 1307 = ZEV 2004, 331); zumeist wird dann aber ein Vermächtnis gewollt sein (*J. Mayer* ZEV 2004, 333 (334)). Die Erfüllung einer Auflage kann zur Bedingung weiterer Verfügungen gemacht werden (BGH ZEV 2009, 459), dadurch wird ihre Einhaltung dem (auch übereinstimmenden) Willen der Erben entzogen (*Odersky* notar 2010, 283 (285)).

**17. Testamentsvollstreckung** (ausf zu regelungsbedüftigen Fragen zB Bengel/Reimann, Handbuch der Testamentsvollstreckung 6. Aufl. 2017; *Rott* ZNotP 2016, 138; *Knorr* NJW 2018, 2598; → Form. XII.5 Anm. 4; zur Vergütung sa → Form. XII.8 Anm. 9; zu Haftung und Versicherung → Form. XII.8 Anm. 10; zur Verwaltungsanweisung nach § 2216 Abs 2 BGB → Form. XII.19 Anm. 8–10). Die Befugnisse des Testamentsvollstreckers sind hier gem. § 2208 BGB auf die Erfüllung von Vermächtnissen und Auflagen beschränkt. Ebenso möglich ist die Beschränkung der Testamentsvollstreckung auf einzelne Nachlassgegenstände (§ 2208 Abs. 1 S. 2 BGB), sie ist dann im Testamentsvollstreckerzeugnis wie auch im Erbschein anzugeben (BayObLG NJW-RR 2005, 1245). Außerdem zeigt die Rechtsprechung eine Tendenz, darüber hinaus auch schuldrechtlichen Bindungen des Testamentsvollstreckers Außenwirkung zuzuerkennen (so etwa zum Auseinandersetzungsverbot OLG Zweibrücken ZEV 2001, 274 unter Berufung auf BGH NJW 1984, 2464; kritisch *Winkler* DNotZ 2001, 401; sa *Lettmann* RNotZ 2001, 590). Der Testamentsvollstrecker N hat das übrige Vermögen weder zu verwalten, noch zwischen den beiden Miterben dessen Auseinandersetzung zu bewirken. Er braucht die Erbschaft allerdings nur insoweit an die beiden Erben herauszugeben, als er sie nicht zur Erfüllung der Vermächtnisse, insbesondere auch der Grundstückserwerbs- und Bauverpflichtung benötigt. Deshalb wird man ihn hier im Zweifel auch als berechtigt anzusehen haben, hinsichtlich der vermachten Eigentumswohnung alle Eigentümerrechte gegenüber

Miteigentümern und Gemeinschaft wahrzunehmen (sodass bei Testamentsvollstreckung die in § 3 vorgesehene Vollmacht entbehrlich ist).

**18. „Digitaler Nachlass".** Siehe hierzu *Barth,* Der digitale Nachlass – Tagungsbericht, MittBayNot 2015, 208; *Deutsch,* Digitales Sterben: Das Erbe im Web 2.0, ZEV 2014, 1; *Gloser* „Digitale Erblasser" und „digitale Vorsorgefälle" – Herausforderungen der Online-Welt in der notariellen Praxis Teil 1 MittBayNot 2016, 12, Teil 2 MittBayNot 2016, 101; *Herzog,* Facebook und der digitale Nachlass, ZErb 2017, 205; *Hoeren,* Der Tod und das Internet – Rechtliche Fragen zur Verwendung von E-Mail- und WWW-Accounts nach dem Tode des Inhabers, NJW 2005, 2113; *Klas/Möhrke-Sobolewski,* NJW 2015, 3473; *Lange/Holtwiesche,* Digitaler Nachlass – eine Herausforderung für Wissenschaft und Praxis, ZErb 2016, 125 (Teil 1), 157 (Teil 2); *Martini,* Der digitale Nachlass und die Herausforderung postmortalen Persönlichkeitsschutzes im Internet, JZ 2012, 1145; *Raude,* Der digitale Nachlass in der notariellen Praxis RNotZ 2017, 17; *dieselbe,* Rechtsprobleme des digitalen Nachlasses: Der Anspruch der Erben auf Zugang zum Account des Erblassers in sozialen Netzwerken ZEV 2017, 433; *Steiner/Holzer,* Praktische Empfehlungen zum digitalen Nachlass, ZEV 2015, 262; *Uhrenbacher,* Rechtsprobleme des digitalen Nachlasses im Hinblick auf Pflichtteilsansprüche und Testamentsvollstreckung, ZEV 2018, 248. Eine intensive Analyse de lege lata und ferenda findet sich in der Stellungnahme des Deutschen Anwaltvereins durch die Ausschüsse Erbrecht, Informationsrecht und Verfassungsrecht zum Digitalen Nachlass, DAV-Stellungnahme Nr.: 34/2013 aus Juni 2013. Die Entscheidung des BGH zur Vererblichkeit eines facebook-accounts (BGH FamRZ 2018, 1456 = ZIP 2018, 1881) belegt, dass das Erbrecht auch ohne Rechtsänderungen flexibel genug ist (*Ludyga* ZEV 2018, 1 (6), vgl auch *Biermann* ZErb 2017, 210; *Pruns* ZErb 2017, 217). Mit Rücksicht auf den Eintritt einer Geschäftsunfähigkeit können sich Regelungen in der **Vorsorgevollmacht** samt Hinterlegung eines „Masterpassworts" beim Notar anbieten (*Gloser* MittBayNot 2016, 101 (106); *Raude* RNotZ 2017, 17 (24), *Stückemann* ZNotP 2018, 258).

Providerverträge, aber auch E-Mailkonten, Facebook- oder Twitteraccounts und ähnlicher „digitaler Nachlass" gehen grundsätzlich mit dem Nachlass auf die Erben über (BGH FamRZ 2018, 1456 = ZIP 2018, 1881; *Alexander* notar 2018, 364; Lg Münster NJW-Spezial 2019, 488). Insofern mag in vielen Fällen in der letztwilligen Verfügung gar kein materieller Regelungbedarf bestehen. Relevanter ist eine praktische Lösung für den Zugang zu Benutzernamen und Passwörtern, die vom Anbieter trotz für das Inland geklärter Rechtslage faktisch schwierig, stark verzögert und u.U. auch aus technischen Gründen gar nicht zu erhalten sein mag.

Die Erblasserin will vorliegend ihren elektronischen Nachrichtenverkehr aus dem Nachlass heraushalten und möglichst nicht weitergeben. Andererseits geht sie davon aus, dass zum Erbfallzeitpunkt geschäftsrelevante Nachrichten vorliegen könnten, die zu beantworten sind. Sie betraut den Testamentsvollstrecker mit der Aufgabe, insofern ihre Nachrichten zu sichten. Sie vertraut ihm insoweit mehr als den Erben und Vermächtnisnehmern, die Weiterleitung unterliegt seiner freien, gerichtlich praktisch nicht überprüfbaren Entscheidung. Um künftige Einsichtnahme oder einen Missbrauch ihrer „digitalen" Identität auszuschließen, sollen dann zügig alle Verträge gekündigt und Konten bzw. Profile gelöscht werden (zu den praktischen Problemen siehe die Beispiele von *Deutsch* ZEV 2014, 2; zur Durchsetzung gegenüber ausl Anbietern *Schleifenbaum* ErbR 2015, 230). Um den Zugang eines Vertrauten sicherzustellen, wird hier im Anschluss an *Deutsch* ZEV 2014, 2 die Hinterlegung im Bankschließfach vorgeschlagen. Bei allen Alternativen ist zu bedenken, dass Passwörter möglichst regelmäßig geändert werden sollen – damit scheidet eine unmittelbare Aufnahme in das Testament, aber auch deren zu aufwändige Verwahrung aus. Außerdem wird das Testament mit Eröffnung auch Dritten zugänglich. Soll der digitale Nachlass zum Gegenstand eines Vermächtnisses gemacht werden, ist ein Ausschluss der Erben ebenfalls durch Testamentsvollstreckung zu bewerkstelligen (*Raude* RNotZ 2017, 17 (26)). Technische Möglichkeiten, alle Daten auch für den Provider nicht entschlüsselbar zu sichern und dann „mit ins Grab zunehmen“, erörtert *Gloser* MittBayNot 2016, 101 (107).

**19. Ernennungsbefugnis.** Ohne Ersuchen des Erblassers (Auslegung ist möglich, OLG Zweibrücken Rpfleger 2006, 409 = FGPrax 2006, 169) würde das Nachlassgericht keinen Ersatz-Testamentsvollstrecker ernennen, wenn der Benannte das Amt ablehnt. Dem Urkundsnotar darf die Bestimmung des Testamentsvollstreckers wegen § 7 BeurkG nicht überlassen werden (BGH NJW 2013, 52).

**20. Ersatzvermächtnisnehmer.** (1) **Ausdrückliche Ersatzberufung.** Nach § 2160 BGB ist ein Vermächtnis unwirksam, wenn der Bedachte zurzeit des Erbfalls nicht mehr lebt. Unwirksam wird ein Vermächtnis ferner zB durch den Wegfall des Bedachten vor dem Erbfall durch Verzicht (§ 2352 BGB) und nach dem Erbfall durch Ausschlagung des Vermächtnisses (§§ 2180 Abs. 3, 1953 Abs. 1 BGB), Vermächtnisunwürdigkeit (§ 2345 BGB), Anfechtung (§ 2078 BGB), Nichterleben der Bedingung (§§ 2177, 2074 BGB) (Palandt/*Weidlich* § 2160 Rn. 1). Als Bedachter ist dabei jeder gemeint, dem der Erblasser, wenn auch erst in zweiter Linie, das Vermächtnis zugewandt hat. Die Unwirksamkeit greift deshalb nicht ein bei ausdrücklicher (§ 2190 BGB) oder stillschweigender (§ 2069 BGB) Ersatzberufung oder bei Anwachsung gem. § 2158 BGB (MüKoBGB/*Rudy* § 2160 Rn. 1).

Wenn der Erblasser ausdrücklich für den Fall, dass der zunächst mit dem Vermächtnis Bedachte wegfällt, den Gegenstand einem anderen zugewandt hat, finden gem. § 2190 BGB die für die Einsetzung eines Ersatzerben geltenden Vorschriften des §§ 2097–2099 BGB entsprechende Anwendung. Das bedeutet insbesondere, dass das Recht des Ersatzvermächtnisnehmers dem Anwachsungsrecht gem. § 2158 BGB vorgeht.

(2) **Stillschweigende Ersatzberufung.** Auch bei einem Vermächtnis gilt gem. § 2069 BGB die Auslegungsregel, dass bei Begünstigung eines Abkömmlings bei dessen Wegfall nach Errichtung des Testaments im Zweifel dessen Abkömmlinge (unter sich nach den Regeln der gesetzlichen Erbfolge) als Ersatzvermächtnisnehmer eintreten. Da in entsprechender Anwendung dieser Regel teilweise auch eine stillschweigende Ersatzberufung von Abkömmlingen anderer naher Angehöriger angenommen wird (Palandt/*Weidlich* § 2069 Rn. 8), sollte man auch bei jeder Vermächtnisanordnung entweder ausdrücklich Ersatzvermächtnisnehmer berufen oder die Ersatznachfolge ausdrücklich ausschließen.

**21. Steuern.** (1) **Erbschaftsteuer.** Das Vermächtnis unterliegt wie der Erbanfall als Erwerb von Todes wegen der Erbschaftsteuer gem. §§ 1 Abs. 1 Nr. 1, 3 Abs. 1 Nr. 1 ErbStG. Die Steuer entsteht grundsätzlich mit dem Tod des Erblassers (§ 9 Abs. 1 Nr. 1 ErbstG), jedoch bei aufschiebender Bedingung, Betagung oder Befristung erst mit dem Zeitpunkt des Eintritts der Bedingung oder des Ereignisses (§ 9 Abs. 1 Nr. 1a ErbStG). Der Nachlass haftet gem. § 20 Abs. 3 ErbStG bis zur Auseinandersetzung auch für die Steuer des Vermächtnisnehmers. Nach § 10 Abs. 5 Nr. 2 ErbStG sind Verbindlichkeiten aus Vermächtnissen von dem Erwerb des Erben oder Hauptvermächtnisnehmers erbschaftsteuerlich abzugsfähig.

(2) **Einkommensteuer.** Vorsicht ist geboten beim Vermächtnis zB eines aktivierten Betriebsgrundstücks. Die Erfüllung des Vermächtnisses führt zur Entnahme des Grundstücks, auch wenn das Grundstück beim Vermächtnisnehmer Betriebsvermögen wird. Der Entnahmegewinn (Aufdeckung stiller Reserven) ist dem Alleinerben bzw. allen Miterben zuzurechnen und nicht dem Vermächtnisnehmer (BMF BStBl. I 2006, 253, dort Rn. 60 f., *Schmidt*, „Einkommensteuergesetz-Kommentar“, 34. Aufl. 2015, § 16 Rn. 597). Sonderregelungen gelten für das Vermächtnis bezogen auf einen (ganzen) Betrieb (BMF BStBl. I 2006, 253 Rn. 65).

**22. Kosten.** → Form. XI.1 Anm. 16. Eine besondere Bewertung findet nach dem GNotKG das **Verschaffungsvermächtnis.** Verfügt der Erblasser über Vermögenswerte, die bei Beurkundung der letztwilligen Verfügung nicht zu seinem Vermögen gehören, wird deren Wert gemäß § 102 Abs. 2 GNotKG bei Ermittlung des Geschäftswerts der Verfügung von Todes wegen dem nach § 102 Abs. 1 GNotKG ermittelten Urkundswert hinzugerechnet. Der Garten, den die Erblasserin zu erwerben erwartet und den sie der Haushälterin vermacht, ist hier ein solcher Vermögenswert.

Das Nutzungsrecht an einem anderen Garten ist gleichfalls derzeit nicht im Nachlass, es wird aber seine Verschaffung verfügt. Die Bewertung des Nutzungsrechts erfolgt nach § 52 GNotKG. Ein Bedingungsabschlag erfolgt nicht, weder wegen des unsicheren Erwerbs des Gartens der G, noch wegen der nur bedingten Bestimmung des Vermächtnisses der Nutzung des Gartens N.

Die Gartengrundstücke sind hier unbelastet. Etwaige Verbindlichkeiten wären vom Wert des weiteren Vermögensgegenstands vor dessen Addition zum Nachlasswert abzuziehen, wenn deren Übernahme angeordnet ist. Mindestgeschäftswert ist dabei der hälftige Wert des Vermögensgegenstands, § 102 Abs. 2 S. 2 GNotKG. Nach anderer Ansicht wird der nach Abs. 2 und unter Berücksichtigung von Abs. 2 Satz 2 berechnete Wert dem Aktivvermögen des Gesamtnachlasses hinzugerechnet, bevor von diesem sämtliche Verbindlichkeiten abgezogen werden (*Wudy* notar 2013, 230), bei dieser Anwendungsfolge kann sich das Geschäftswertergebnis verringern.

Nicht werterhöhend wirkt sich die klarstellende Festlegung der Erblasserin aus, dass der G nicht nur alle gerade vorhandenen, sondern auch noch weitere bis zum Erbfall erworbene Sammelstücke vermacht sein sollen. Hier sind gerade nicht bestimmte Gegenstände konkret benannt, sondern die Erblasserin stellt nur klar, wie die Sammelbezeichnung gemeint ist.

## 5. Testament mit gegenständlicher Verteilung des Nachlasses und Bestimmungsrecht des Testamentsvollstreckers

§ 1 Testamentsvollstreckung[1, 2, 4]

**Ich ordne für meinen Nachlass Testamentsvollstreckung an. Zu meinem Testamentsvollstrecker ernenne ich Herrn Rechtsanwalt F. Sollte er das Amt nicht annehmen wollen, können oder nach seiner Annahme wegfallen, ersuche ich das Nachlassgericht, einen Testamentsvollstrecker für meinen Nachlass zu ernennen. Der Testamentsvollstrecker hat das Grundstücksvermächtnis nach § 2 zu erfüllen. Ferner hat er meinen restlichen Nachlass zu verkaufen und den nach Tilgung der Nachlassschulden, Zahlung der Beerdigungskosten, der Grabanlage, der Kosten für die Sicherstellung der Grabpflege für die Dauer der Ruhezeit, seiner eigenen Vergütung und sämtlicher anderen mit der Nachlassauseinandersetzung verbundenen Aufwendungen verbleibenden Restbetrag entsprechend seinem Bestimmungsrecht nach § 2 an die Vermächtnisnehmer auszuzahlen. Seine Vergütung beträgt 5 % des Bruttonachlasses.**

§ 2 Vermächtnisse

**Ich vermache**

**a) mein Hausgrundstück in X-Stadt in der M-Straße Nr. 18, eingetragen im Grundbuch von X-Stadt Blatt 3940 mit der Flst.Nr. 2732 an das Deutsche Rote Kreuz Ortsverein X-Stadt,[6]**

**b) den nach Verwertung meines restlichen Nachlasses und Begleichung aller Nachlassverbindlichkeiten verbleibenden Geldbetrag[7] denjenigen Personen, die mindestens**

**während des letzten Monats vor meinem Tod in einem Alten- oder Pflegeheim, einem Krankenhaus oder bei mir zu Hause mit meiner Pflege beschäftigt sind.[8] Diese Vermächtniseinsetzung erfolgt ohne Rücksicht darauf, ob in meinem Vermögensstand von heute bis zum Erbfall Veränderungen eintreten. Die Auswahl der Bedachten aus dem genannten Personenkreis und die Festsetzung ihrer Anteile hat durch den Testamentsvollstrecker zu erfolgen.[9] Bei der Bestimmung der Anteile hat er sich dabei am Ausmaß der mir erbrachten Dienstleistungen zu orientieren.[10] Sollte ich schnell versterben oder sollte die Pflege nicht ordnungsgemäß erfolgt sein, vermache ich den Restbetrag ebenfalls dem Deutschen Roten Kreuz Ortsverein X-Stadt, das dann meinen gesamten Nachlass vermächtnisweise erhält.[11]**

**§ 3 Schlussformel (→ Form. XV.1)[12]**

*Schrifttum:* S. Form XVI. 3. und ferner *Bunke,* Auswahl und Bestimmung des Erben durch Dritte, MittRhNotK 1962, 536; *Dobroschke,* Die Unternehmensnachfolge Minderjähriger, Betr. 1967, 803; *Dubischar,* Die untersagte „Vorteilsannahme" nach § 14 Heimgesetz, DNotZ 1993, 419; *Hahn*, die gegenständlich beschränkte Erbeinsetzung, ZEV 2016, 360; *Haegele,* Möglichkeiten und Grenzen der Bestimmung von Erben und Vermächtnisnehmer durch einen Dritten, Rpfleger 1965, 355; *ders.,* Zulässigkeit der Bezeichnung eines Erben oder eines Vermächtnisnehmers durch einen Dritten, BWNotZ 1972, 74; *Karczewski*, Erbrecht und älter werde Gesellschaft: Probleme des § 2065 BGB, ZEV 2018, 192; *Keim*, das Gebot der höchstpersönlichen Erbenbestimmung bei der Testamentsgestaltung, FamRZ 2003, 137; *ders,.* „Wer sich kümmert, soll mein Erbe werden" – belohnende letztwillige Zuwendungen und § 2065 BGB, ZEV 2014, 72; *Klunzinger,* Die erbrechtliche Ermächtigung zur Auswahl des Betriebsnachfolgers durch Dritte, BB 1970, 1197; *Leipold,* Testierverbote am Beispiel des § 14 HeimG und seiner landesrechtlichen Nachfolger, hereditare 3 (2013), 1; *Lindemann,* Erben nach Gegenständen, DNotZ 1951, 215; *J. Mayer,* Das zwecklose Zweckvermächtnis – Möglichkeiten und Grenzen der Drittbestimmung bei Vermächtnissen, MittBayNot 1999, 447; *N. Mayer,* Die Bestimmung des Erben durch Dritte ZEV 1995, 247; *Nieder,* Hdb. d. Testamentsgestaltung, 2. Aufl. Rdn. 288; *Reimann,* Das Herausgabevermächtnis als Alternative zur Nacherbfolgeanordnung, MittBayNot 2002, 4; *Rossak*, Letztwillige Verfügungen von Heimbewohnern zugunsten des Heimträgers oder von Heimmitarbeitern, ZEV 1996, 41; *Schäfer,* Die Mindestanforderungen an die Bestimmbarkeit des Erblasserwillens bei letztwilligen Verfügungen, BWNotZ 1962, 188; *Schlitt,* Das Universalvermächtnis, ZErb 2006, 226; *Wachter,* Bewertung von Grundstücksvermächtnissen in der Erbschaftsteuer, NotBZ 2005, 99; *Wendelstein,* Gegenständliche Verteilung des Nachlasses im Testament, BWNotZ 1966, 274; *Zimmer,* Das Testament älterer Menschen, ZErb 2010, 126.

## Anmerkungen

**1. Sachverhalt.** Die Erblasserin ist verwitwet und ohne Abkömmlinge. Ihre Eltern sind verstorben. Da sich ihre Verwandten nicht um sie kümmern, möchte sie ihnen nichts zukommen lassen. Vor allem möchte sie die Personen bedenken, die sie vor ihrem Tod pflegen.

**2. Anwendungsfälle.** Das Formular ist in zwei Fallgruppen anwendbar:

a) Wenn der Testierer die Erbfolge nicht nach Vermögensbruchteilen, sondern nach den einzelnen Vermögensgegenständen wertmäßig und nicht als bloße Teilungsanordnung verteilen will und dabei bereit ist, einem der Bedachten den Überrest seines Vermögens nach Begleichung der Nachlassverbindlichkeiten zukommen zu lassen. Der Erblasser will damit das Ergebnis einer nach deutschem Recht nicht möglichen Erbeinsetzung auf bestimmte Gegenstände erreichen. Ein Testamentsvollstrecker braucht in diesen Fällen nicht unbedingt ernannt zu werden. Jedoch würden die gesetzlichen Erben, wenn sie aus dem Nachlass nichts erhalten, die Vermächtnisse nur widerwillig erfüllen.

b) Wenn der Testierer sein ganzes oder einen Teil seines Vermögens an noch unbestimmte Personen aus einem bestimmten Personenkreis zuwenden will. Er muss sich dann anstelle der Erbeinsetzung einer Vermächtnisanordnung bedienen, denn nur die Bestimmung eines Vermächtnisnehmers, nicht des Erben, kann dem Testamentsvollstrecker oder sonstigen Dritten überlassen werden. Kann der Erblasser keinen bestimmten Personenkreis bezeichnen, kann auch mit einer Zweckauflage mit Drittbestimmungsrecht gem. § 2193 Abs. 1 BGB geholfen werden. Nach dieser Vorschrift kann der Erblasser bei Anordnung einer Auflage, deren Zweck er bestimmt hat, die Bestimmung der Person, an welche die Leistung erfolgen soll, dem Beschwerten oder einem Dritten überlassen, dh der Testierer kann sich auf die Anordnung des Zwecks der Auflage in erkennbaren Umrissen (RGZ 96, 15) beschränken und die Bestimmung des Begünstigten einem Bestimmungsberechtigten überlassen (MüKoBGB/*Rudy* § 2193 Rn. 1). Danach wurde als Zweckbestimmung zB von der Rspr. anerkannt die Anordnung, es solle „alles, was nach Abzug der Legate, Kosten und Abgaben übrig bleibt, zu frommen und wohltätigen Zwecken verwendet werden" (BayObLG 1913, 743; ähnlich: RG Recht 1920 Nr. 1531) oder die Erben sollten den gesamten Aktivnachlass nach ihrem Ermessen unter die bedürftigen beiderseitigen Verwandten verteilen (KG OLG 21, 359) oder, der Rest des Nachlasses solle „an Wohltätigkeitsunternehmen verteilt werden" (BayObLG MDR 1979, 847).

3. **Testamentsform.** Zu den formalen Anforderungen → Form. XI.1.

4. **Testamentsvollstreckung** (allgem zu ihr aus jüngerer Zeit *Rott* ZNotP 2016, 138; *Knorr* NJW 2018, 2598; umfassende Darstellung Bengel/Reimann, Handbuch der Testamentsvollstreckung 6. Aufl. 2017; zur Vergütung → Form. XII.8 Anm. 9; zu Haftung und Versicherung → Form. XII.8 Anm. 10; zur Verwaltungsanweisung nach § 2216 Abs 2 BGB → Form. XII.19 Anm. 8–10)). Die Aufrechterhaltung der gesetzlichen Erbfolge ist hier reine Formsache, um dem zwingenden Prinzip der Universalsukzession (§ 1922 BGB) zu genügen. Der Testamentsvollstrecker hat in diesem Konzept wirtschaftlich die Stellung eines executors nach angloamerikanischem Recht, der dort zwingend Universalnachfolger des Erblassers wird. Obwohl die gesetzlichen Erben praktisch nichts mit dem Nachlass zu tun haben, stehen ihnen grundsätzlich gegen den Testamentsvollstrecker die Ansprüche auf Mitteilung eines Nachlassverzeichnisses (§ 2215 BGB), ordnungsgemäße Verwaltung des Nachlasses (§ 2216 BGB), Auskunftserteilung und Rechnungslegung (§§ 2218, 666 BGB) zu und er haftet ihnen (§ 2219 BGB). Der Erblasser kann den Testamentsvollstrecker nicht von diesen Verpflichtungen befreien (§ 2220 BGB). Die Geltendmachung dieser Ansprüche dürfte jedoch wegen unzulässiger Rechtsausübung (§ 242 BGB) scheitern, da dem Verlangen kein schutzwürdiges Eigeninteresse der Erben zugrunde liegen würde. Zum Ersuchen einer Ersatzernennung → Form. XII.4 Anm. 19.

5. **Grundsatz der Universalsukzession.** Nach § 1922 BGB geht das Vermögen des Erblassers zwingend im Erbgang auf einen Erben oder mehrere Miterben über (Gesamtrechtsnachfolge). Auch wenn, was zulässig ist (RG LZ 1923, 321), wie im Formular, der Erblasser seinen ganzen Nachlass erschöpfend durch Vermächtnisse verteilt, entfällt die gesetzliche Erbfolge nicht. Es gibt keinen erbenlosen Nachlass, wohl aber einen vermögenslosen Nachlass. Die Erbenstellung hängt nicht davon ab, dass dem Erben aus der Erbschaft ein wirtschaftlicher Vorteil zukommt (BayObLG MDR 1979, 847; KG OLG 21, 359). In analoger Anwendung der §§ 2385, 2378 BGB sind Nachlassverbindlichkeiten von den Vermächtnisnehmern zu tragen (*v. Lübtow* ErbR I S. 355; *Dobroschke* Betr. 1967, 803

(805); *Nieder/R. Kössinger* § 9 Rn. 49). Teilweise wird hier aber auch ein zusätzliches Risiko für den Erben gesehen (*Maulbetsch* in Roth/Maulbetsch/Schulte § 4 Rn. 149), so dass die Frage wie im Muster ausdrücklich geregelt werden sollte. Die Aufrechterhaltung der gesetzlichen Erbfolge muss ausdrücklich in der Verfügung angeordnet werden, denn die Verteilung des Nachlasses unter Bezeichnung der wichtigsten Vermögensgegenstände auf verschiedene Personen gilt in der Regel als Erbeinsetzung (Einsetzung nach Vermögensgruppen), § 2087 Abs. 1 BGB (Staudinger/*Otte,* Bearbeitung 2013, § 2087 Rn. 11), und zwar zu Erbteilen nach dem Wertverhältnis zwischen den zugewendeten Gegenständen (Staudinger/*Otte,* Bearbeitung 2013, § 2087 Rn. 25). Da jedoch § 2087 Abs. 1 BGB nicht zwingender Natur ist (MüKoBGB/*Rudy* § 2087 Rn. 6), lässt die hM bei ausdrücklicher Anordnung des Erblassers auch die erschöpfende Verteilung des Nachlasses durch Vermächtnisse zu. Wird der Gesamtnachlass einem einzelnen Vermächtnisnehmer zugewandt, spricht man auch vom „Universalvermächtnis", bei anteiliger Verteilung vom „Quotenvermächtnis".

6. **Erfüllung des Grundstücksvermächtnisses.** Das Grundstücksvermächtnis kann vom Testamentsvollstrecker gem. § 40 Ziff. 2 GBO durch Auflassung an den Vermächtnisnehmer und Grundbuchvollzug erfüllt werden, ohne dass es der Voreintragung der Erben und damit eines Erbscheins bedarf. Es genügt die Vorlage des Testamentsvollstreckerzeugnisses (§ 35 Abs. 2 GBO). Aus Sicht des Käufers ist die Zwischeneintragung allerdings zu empfehlen.

7. **Vermächtnis des Restnachlasses.** Ist die Verteilung der Vermögensgegenstände nicht erschöpfend (weil Vermögensgegenstände übersehen wurden, für wertlos gehalten waren oder sich das Vermögen später noch wesentlich ändert), kann es zu erheblichen Auslegungsschwierigkeiten kommen (MüKoBGB/*Rudy* § 2087 Rn. 10) und evtl. zur Anwendung des § 2088 BGB. Es ist daher unumgänglich, einem der vorgesehenen Vermächtnisnehmer den Restnachlass nach Begleichung aller Nachlassverbindlichkeiten zu vermachen, wenn tatsächlich den Erben wirtschaftlich nichts bleiben soll.

Seit 1.1.2010 (Wegfall des § 197 Abs. 1 Nr. 1 aF BGB) gilt die kurze Regelverjährung von 3 Jahren bzw. bei Ansprüchen auf Rechte an Grundstücken 10 Jahren (§ 196 BGB). Insoweit ist bei Vermächtnissen stets die Notwendigkeit einer Verlängerung der Verjährungsfrist (§ 202 Abs. 2 BGB) zu erwägen.

8. **Zuwendungen an Mitarbeiter in besonderen Wohnformen.** Zuwendungen an Heimträger und **Heimbedienstete** iwS unterliegen seit jeher Beschränkungen, die sich auch gegen die Testierfreiheit durchsetzen können. Seit 1.9.2006 ist die Materie Ländersache (vgl. Art. 125a GG). Alle Bundesländer (zur Fortgeltung von § 14 HeimG in Nds *Keim* notar 2017, 119) haben mittlerweile den Anwendungsbereich und Einzelfragen der Zuwendungsverbote neu geregelt (*Keim* notar 2017, 119, vgl. auch *Karl* ZEV 2009, 544 und *Dittrich* ZEV 2013, 14). Nachfolgende Grundsätze sind daher je nach Landesrecht einzuschränken. Die Regelungen der Landesheimgesetze gelten als vergleichbar (*Dittrich* ZEV 2013, 14 mit Einzelnachweis) bzw. sie bestätigen bisherige Grundsätze der Rechtsprechung (*Leipold* hereditare 3 (2013), 1 (8 ff.)).; trotzdem ist ein Blick in das jeweils geltende Recht für den Gestalter zwingend (*Keim* notar 207, 119). Nach § 14 des Heimgesetzes (letzte Neubekanntmachung vom 5.11.2001 (BGBl. I 2970)) ist es zum Schutz volljähriger Heimbewohner und der Heimplatzbewerber (insoweit zur Rechtslage vor 1.1.2002 BGH NJW-RR 1995, 1272; *Everts* MittBayNot 2005, 320) dem **Träger**, dem **Leiter**, den **Beschäftigten** oder **sonstigen Mitarbeitern** eines Heims, auch Kurzzeitpflegeheims, untersagt, sich über das für die Unterbringung, Beköstigung und Pflege der Bewohner vereinbarte Entgelt hinaus Geld- oder geldwerte Leistungen versprechen oder gewähren zu lassen (§ 14 Abs. 1 u. 5 HeimG), soweit es sich nicht um geringwertige Aufmerksamkeiten handelt. **Bei häuslicher Pflege** ist die Bestimmung nicht, auch nicht analog anwendbar (OLG Düsseldorf NJW 2001, 2338 = ZEV 2001, 366; *Suyter* ZEV 2003, 104), es kann allenfalls

Sittenwidrigkeit in Frage kommen (vgl. zur Begünstigung des Hausarztes OLG Karlsruhe NJW 2001, 2804). Einzelne Landesgesetze regeln das für **ambulante Pflegedienste** jetzt ausdrücklich anders (§ 5a HmWBG Hamburg; § 7 HGBP Hessen, dazu OLG Frankfurt NJW 2015, 2351). Bei Einrichtungen des **Betreuten Wohnens** wird teilweise nach dem Leistungsumfang differenziert (vgl § 12 WTG – Berlin, Art. 2 Abs. 2 BayPfleWqG, § 2 Ab. 6 WTPG-BaWü und § 32 WTG-NRW). Für Erweiterungen durch den Gesetzgeber ist *Dittrich* ZEV 2013, 14 (anders Ludyga NZS 2013, 201); für eine grundsätzliche Überprüfung des Verbots *Leipold* hereditare 3 (2013), 1 (17). Durch die Vorschrift sollen die Heiminsassen vor wirtschaftlicher Ausbeutung und finanzieller Ausnutzung bewahrt und der Spekulation auf ihren baldigen Tod entgegengewirkt werden, sowie verhindert werden, dass eine unterschiedliche Behandlung je nach Zahlung oder Versprechen von Vermögensvorteilen eintritt (BVerfG NJW 1998, 2964). Allgemein anerkannt ist, dass unter das Verbot des § 14 HeimG auch testamentarische Zuwendungen fallen können (BayObLG NJW 1993, 1143; BVerwG NJW 1990, 2268; OLG München ZEV 1996, 148; 1996, 145). Das gilt für die landesrechtlichen Verbote nicht anders (für Berlin: KG ZEV 2018, 526). Die Einsetzung als Testamentsvollstrecker wird man als verboten anzusehen haben, sobald damit irgendeine Vergütung – auch die angemessene nach § 2212 BGB – verbunden ist (*Everts* ZEV 2006, 544). Geschützt werden durch § 14 Abs. 1 und 5 HeimG die Heimbewohner, auch soweit zu deren Gunsten Leistungen von Dritten erbracht werden. Daher kann das Vermächtnis eines nahen Angehörigen des Heimbewohners jedenfalls dann nicht unter das Verbot fallen, wenn es „im Stillen" erfolgt und im Heim nicht bekannt wird (BGH NJW 2012, 155 gegen OLG München NJW 2006, 2642). Verboten ist die Leistungsannahme dem Träger (zum Begriff BayObLG ZEV 2003, 462 = DNotZ 2003, 873) des Heimes und dem Heimpersonal (§ 14 Abs. 5 HeimG), zu denen auch alle Personen gehören, die auf Grund besonderen Verträge oder ehrenamtlich in dem Heim tätig sind, wie zB der Hausarzt oder der Psychologe (*Kunz/Butz/Wiedemann* HeimG, 10. Aufl. § 14 Rn. 22). In analoger Anwendung erfasst das Verbot auch nahe Angehörige der in § 14 Abs. 5 HeimG genannten Personen und Alleingesellschafter-Geschäftsführer der Betreiber-GmbH (OLG Düsseldorf ZEV 1997, 459; BayObLG NJW-RR 2001, 295 = ZEV 2001, 121; BayObLG FGPrax 2000, 117 = ZEV 2000, 283; zu den Grenzen *Rossak* MittBayNot 2000, 451), wobei in diesen Fällen allerdings der Zusammenhang zwischen Heimbetreuung und letztwilliger Verfügung genau zu prüfen ist. Das Verbot der Annahme von Vermögensvorteilen für Leiter und Beschäftigte gilt nämlich nicht, wenn kein Zusammenhang mit den Leistungen besteht, die im Heim den Bewohnern angeboten werden. Um die Vorschrift nicht leerlaufen zu lassen, wird allerdings der Zusammenhang des versprochenen oder gewährten Vermögensvorteils mit diesen Leistungen erfahrungsgemäß bis zum Beweis des Gegenteils vermutet (KG ZEV 2018, 526; OLG Frankfurt a.M. NJW 2001, 1504; s. auch bereits BGHZ 110, 235 (239) = NJW 1990, 1603). Ein Erbvertrag, den der Heimbewohner als Erblasser mit dem Träger oder einem Heimbediensteten zu dessen Gunsten schließt, fällt immer unter das Verbot des § 14 Abs. 2 HeimG. Bei einer testamentarischen (= einseitigen) Zuwendung ist dies aber nur der Fall, wenn sie im Einvernehmen mit dem Bediensteten durch sich Versprechenlassen oder gar auf sein Verlangen erfolgt, da nur der lebende Heimbewohner geschützt werden soll (BayObLG NJW 1992, 55 = DNotZ 1992, 258). Dies folgert die hM aus dem Begriff „sich versprechen oder gewähren lassen" (BVerwG NJW 1990, 2268; BayObLG NJW 1993, 1143 (1144)).

Bei fehlender Kenntnis des Begünstigten ist das Testament wirksam (BVerfG NJW 1998, 2964). Insofern kann es aber schon zum Verstoß führen, wenn der Begünstigte vor dem Erbfall von seiner Begünstigung Kenntnis erlangt und nicht widerspricht (VGH Mannheim NJW 2004, 3792). Es genügt das Wissen eines Mitarbeiters, den der Heimträger als Ansprechpartner für die Heimbewohner bestimmt hat und der wegen seiner Stellung im Heim wesentlichen Einfluss auf die konkrete Lebenssituation der Heimbewohner ausüben kann (BVerwG NJW 1990, 2268; BayObLG NJW 1993, 1143 =

DNotZ 1993, 453; OLG Karlsruhe u. BGH ZEV 1996, 145 (147); anders für die Wissenszurechnung einer Verbandsspitze zum einzelnen Heimträger OLG Stuttgart MittBayNot 2014, 353). Ein Zusammenhang zwischen der Vorteilszuwendung und dem Heimvertrag wird bis zum Beweis des Gegenteils vermutet (BGHZ 110, 235 = NJW 1990, 1603). Der beurkundende Notar, der nicht auf die Bedenken gegen die Wirksamkeit des Testaments auf Grund § 14 HeimG hinweist, kann schadensersatzpflichtig sein (OLG München ZEV 1996, 145). Vom Verbot kann die Heimaufsichtsbehörde **Ausnahmen** zulassen, soweit der Schutz der Bewohner die Aufrechterhaltung des Verbots nicht erfordert (§ 14 Abs. 6 HeimG). Derartige Genehmigungen sind unbedingt zu Lebzeiten des Erblassers einzuholen. Nach der Rechtsprechung des BVerwG (NJW 1988, 984 = DNotZ 1988, 367) ist eine nachträgliche Genehmigung nicht zulässig. Dies wurde durch das Änderungsgesetz vom 23.4.1990 ausdrücklich in § 14 Abs. 6 festgeschrieben und gilt auch in allen Nachfolgeregelungen. Mit Rücksicht auf die grundgesetzliche Testierfreiheit greift häufig ein Genehmigungsanspruch (*Keim* notar 2017, 119 (120)).

Nach heute wohl allgM (BGHZ 110, 235 = NJW 1990, 1603 (1604) mwN; BayObLG NJW 1992, 55 (56); BVerwG NJW 1990, 2268; *Kunz/Ruf/Wiedemann,* HeimG, 7. Aufl. § 14 Rn. 24), sind die Nachfolgevorschriften von § 14 des Heimgesetzes Verbotsgesetz iSv § 134 BGB mit der Folge, dass eine dagegen verstoßende Verfügung automatisch nichtig ist und dem Bedachten erst gar nicht anfällt (BayObLG NJW 1992, 55 (56); *Rossak* ZEV 1996, 41 (45 f.)). Den Testator zur absoluten Diskretion gegenüber dem Begünstigten anzuhalten dürfte für seinen Rechtsberater in aller Regel allein schon mit Rücksicht auf die Beweislast zu riskant sein. Er muss vielmehr auf rechtzeitige Einholung der Genehmigung drängen (*Petersen* DNotZ 2000, 739 (749)). In Zweifelsfällen sind mindestens ausreichende Ersatzberufungen vorzusehen (*Keim* notar 2017, 119 (127)).

Den Bediensteten staatlicher oder kommunaler Altenpflegeeinrichtungen sind die Annahme von Belohnungen oder Geschenken ohne Zustimmung des Dienstherrn gem. § 3 Abs. 2 TvÖD für Angestellte und § 43 BRRG bzw. § 70 BBG für Beamte verboten. Dasselbe galt für die Zivildienstleistenden gem. § 78 Abs. 2 Zivildienstgesetz iVm § 19 Soldatengesetz (zur Erbschaftsannahme: BVerwGE 100, 172). Die Zuwendungen sind dabei nur zustimmungspflichtig, wenn sie dienstbezogen sind (Kausalität erforderlich!), und nicht etwa wegen der Beziehungen zwischen Schenker und Bedachtem hauptsächlich in der privaten Sphäre begründet sind (BayObLG Rpfleger 1990, 56). Zweck dieser Vorschrift ist, schon den Anschein zu vermeiden, Beamte oder Angestellte des öffentlichen Dienstes könnten ihrer dienstlichen Tätigkeit durch Geschenke beeinflussbar sein. Deshalb greifen nach einer richtigen verbreiteten Meinung die §§ 3 Abs. 2 TvÖD, 70 BBG, 43 BRRG, 19 SG nicht erst bei einem Zusammenwirken zwischen dem Geber und dem Belohnten ein. Ihr Regelungsziel setzt vielmehr schon früher ein: es soll bereits der böse Anschein vermieden werden (BAG DÖD 1984, 290 (291) = NVwZ 1985, 142 (143)). In diesen Fällen ist daher auch die Annahme einer ohne Wissen und Einvernehmen mit dem Bedachten erfolgten testamentarischen Zuwendung als gegen das Zustimmungserfordernis verstoßend anzusehen (*Stach* NJW 1988, 943; BayObLG Rpfleger 1990, 56; *Rossak* ZEV 1996, 46; aM *Dubischar* DNotZ 1993, 430), sofern die Belohnung dienstbezogen war. Sehr umstritten sind die Rechtsfolgen eines Verstoßes gegen eine der genannten dienstrechtlichen Bestimmungen (siehe zu den unterschiedlichen Auffassungen *Rossak* ZEV 1996, 46). Die Entscheidung des BVerwG (BVerwGE 100, 172 = ZEV 1996, 343 = NJW 1996, 2319 hat die Frage offen gelassen (siehe hierzu die berechtigte Kritik von *Meincke* in ZEV 1996, 384). Die Schwierigkeit liegt vor allem darin, dass im Gegensatz zu einem Verstoß gegen § 14 HeimG die Zuwendung auch noch nachträglich dadurch geheilt werden kann, dass die Zustimmung durch den Dienstherrn erteilt wird. § 10 BAT galt daher nicht als Verbotsgesetz (BGH ZEV 2000, 202). *Koos* (ZEV 1997, 435 (437)). kommt aus dem Rechtsgedanken des § 134 BGB zur schwebenden Unwirksamkeit der letztwilligen Verfügung bis zur Genehmigungsverweigerung und danach zu deren Nichtigkeit. Zuzustimmen ist *Rossak* (ZEV 1996, 46) darin, dass man die Entscheidung dahingestellt lassen kann, da ja die Anwendbarkeit des § 14 HeimG neben den dienstrechtlichen Vorschriften erhalten bleibt (so auch *Dubischar* DNotZ 1993, 419 (429)). Das Gesetz über den Bundesfreiwilligendienst verzichtet denn auch auf spezielle Regelungen für diesen Beschäftigtenkreis.

9. **Bestimmung des Zuwendungsempfängers durch Dritte.** Gerade ältere Personen wollen häufig im Testament Pflege und Zuwendung belohnen, die sie am Lebensabend erfahren: „Wer sich kümmert (oder auch: mir beisteht), soll mein Erbe werden" (ausf *Karczewski* ZEV 2018, 192; *Keim* ZEV 2014, 72). Eine derart **unbestimmte Erbeinsetzung** ist nichtig (aus jüngerer Zeit OLG Köln NJW-RR 2015, 7; OLG München ZErb 2013, 179). § 2064 BGB schließt bei der Errichtung eines Testaments außerdem jede Stellvertretung des Erblassers im Willen oder in der Erklärung aus (**formelle Höchstpersönlichkeit**). Entsprechend kann nach § 2065 BGB der Erblasser die Bestimmung der Person, die eine Zuwendung erhalten soll, oder des Gegenstands der Zuwendung nicht einem anderen überlassen (**materielle Höchstpersönlichkeit**). Die Reichweite dieser Vorschrift ist zweifelhaft und umstritten. Die Rspr. (RGZ 159, 296 (299) = DRW 1939, 310 m. zust. v. *Vogel;* einengend: BGHZ 15, 199 (202) = NJW 1955, 100 = DNotZ 1955, 402; eingehend hierzu *Großfeld* JZ 1968, 113) lässt die **Drittbestimmung bei der Erbeinsetzung** nur in sehr engen Grenzen (= kleiner, unschwer überschaubarer Personenkreis und jedes Auswahlermessen ausschließende Festlegung der Auswahlkriterien) zu. Demgegenüber lässt das Gesetz für das Vermächtnis (§§ 2151 ff. BGB), die Auflage (§ 2193 BGB), die Teilungsanordnung (§ 2048 BGB) und die Ernennung eines Testamentsvollstreckers (§§ 2198 ff. BGB) erhebliche Ausnahmen vom Grundsatz der materiellen Höchstpersönlichkeit zu, und zwar sich steigernd in dieser Reihenfolge.

§ 2151 BGB lockert dieses Prinzip insoweit auf, als der Erblasser bei der Einsetzung eines bestimmten **Vermächtnisses** lediglich einen **bestimmten Personenkreis** anzugeben braucht, aus dem dann der Beschwerte oder ein Dritter (Bestimmungsberechtigter) den Bedachten durch formlose, empfangsbedürftige und unwiderrufliche Willenserklärung auszuwählen hat. Nach der hM ist, abgesehen vom Fall der Arglist, diese Bestimmung der gerichtlichen Nachprüfung entzogen (Staudinger/*Otte,* Bearbeitung 2013, § 2151 Rn. 9 mwN), braucht nicht der Billigkeit zu entsprechen, sondern ist nach freiem Ermessen oder Belieben vorzunehmen (MüKoBGB/*Rudy* § 2151 Rn. 12; *Schäfer* BWNotZ 1962, 188 (206)). Die Beachtung der vom vorgegebenen Grenzen der Auswahl ist freilich überprüfbar (Staudinger/*Otte,* Bearbeitung 2013, § 2151 Rn. 8). Als solche kann auch Beachtung der Billigkeit angeordnet werden (Kipp/Coing ErbR, 13. Bearb. § 55 IV 1). Hat der Erblasser keinen Bestimmungsberechtigten benannt, ist der Beschwerte auswahlberechtigt (§ 2152 BGB). Kann der Bestimmungsberechtigte die Auswahl nicht treffen, oder trifft er sie trotz Fristsetzung durch das Nachlassgericht nicht, steht das Vermächtnis allen Bedachten als Gesamtgläubigern (§ 428 BGB) zu (§ 2151 Abs. 3 BGB). Nach § 2153 BGB kann der Erblasser auch anordnen, dass bei der Teilung eines Gegenstandes unter mehrere Vermächtnisnehmer der Bestimmungsberechtigte die Anteile jedes einzelnen bestimmt. Da eine Verbindung dieser Vorschrift mit § 2151 BGB zulässig ist (RGZ 96, 15 (17)), kann der Erblasser dem Bestimmungsberechtigten auch die Aufgabe übertragen, den Vermächtnisgegenstand innerhalb eines bestimmten Personenkreises summen- (§ 2151 BGB) oder bruchteilsmäßig (§ 2153 BGB) zu verteilen. Dann kann der Bestimmungsberechtigte einzelne Angehörige des vom Erblasser bezeichneten Personenkreises bei der Verteilung übergehen (OLG Braunschweig OLG 42, 137; Staudinger/*Otte,* Bearbeitung 2013, § 2153 Rn. 1). Die Auswahl der Bedachten kann nicht völlig in das Belieben des Bestimmungsberechtigten gestellt werden. Der Personenkreis muss vom Erblasser hinreichend genau bestimmt werden. Gefordert wird ein objektiv bestimmbarer, beschränkter, leicht überschaubarer Personenkreis (RGZ 96, 15 (17)). Zu dem

Personenkreis können auch Erben gehören, da § 2151 BGB auch für das Vorausvermächtnis gilt (KG JW 1937, 2200). Auch der Bestimmungsberechtigte selbst kann zu dem Personenkreis gehören (Staudinger/*Otte,* Bearbeitung 2013, § 2151 Rn. 3).

Eine weitere Möglichkeit zur Durchbrechung des Grundsatzes des § 2065 BGB bietet das **Zweckvermächtnis** gem. § 2156 BGB. Danach kann der Erblasser bei einem Vermächtnis, dessen Zweck von ihm bestimmt ist, die Bestimmung der Leistung dem billigen, dh gerichtlich nachprüfbaren Ermessen des Beschwerten oder eines Dritten überlassen. Auch diese Vorschrift kann mit § 2151 BGB kombiniert werden (Staudinger/*Otte,* Bearbeitung 2013, § 2156 Rn. 1), so dass der Bestimmungsberechtigte sowohl den Empfänger des Vermächtnisses aus einem bestimmten Personenkreis auswählen als auch den Vermächtnisgegenstand auf Grund der Zweckbestimmung nach billigem Ermessen bestimmen kann. Wird die **Auflage** gemacht, Vermögen in eine noch zu errichtende **unselbständige Stiftung** einzubringen, kann dem Testamentsvollstrecker zumindest nach Auffassung des OLG München ein sehr weit gehendes Bestimmungsrecht eingeräumt werden (OLG München RNotZ 2014, 559). Die durch die genannten Bestimmungen des Vermächtnisrechts vom Gesetzgeber selbst gebotene Auflockerung des Prinzips der Höchstpersönlichkeit von Verfügungen von Todes wegen darf nicht wieder unter dem Gesichtspunkt der Umgehung des § 2065 BGB gesehen und zunichte gemacht werden (MüKoBGB/*Rudy* § 2151 Rn. 8; *Klunzinger* BB 1970, 1197 (1199 f.)), und zwar auch dann nicht, wenn der Erblasser das Vermächtnis nur angeordnet hat, um der Einengung durch § 2065 Abs. 2 BGB zu entgehen (*Haegele* BWNotZ 1972, 74 (79); Staudinger/*Otte,* Bearbeitung 2013, § 2087 Rn. 15).

**10. Honorierung der Pflegeleistung.** → Form. XII.23 Anm. 8. Die Berücksichtigung von Pflegeperson in und außerhalb der Familie (*Keim* ZEV 2014, 72) ist nur ein Aspekt, der beim **Testament eines älteren Menschen** besondere Beachtung verdient (ausf. *Zimmer* ZErb 2010, 126).

**11. Universalvermächtnis.** Wenn ein Erblasser seinen ganzen oder nahezu ganzen Nachlass zuwendet und dies ausdrücklich als Vermächtnisanordnung bezeichnet, gibt er damit kund, dass er die rechtstechnische Realisierung seines Willens dem Vermächtnisrecht unterstellen will. Es ist bezweifelt worden, ob auch zur Auswahl des Bedachten eines solchen Universalvermächtnisses ein Bestimmungsberechtigter gem. § 2151 BGB eingesetzt werden kann. Die Verneinung (*Menz* Betr. 1966, 1719; *Sudhoff* Betr. 1966, 1720) wird damit begründet, dass eine Verfügung, mit der der Erblasser seinen Nachlass im Ganzen zuwendet, gem. § 2087 Abs. 1 BGB als Erbeinsetzung anzusehen ist und bei dieser nach § 2065 BGB die Drittbestimmung verboten sei. Dabei wird jedoch verkannt, dass § 2087 Abs. 1 und 2 BGB nicht zwingender Natur sind (RG DNotZ 1937, 340) und die Ausnützung dieser Tatsache keine unzulässige Gesetzesumgehung sein kann (*Klunzinger* BB 1970, 1197 (1200)). Die hM lässt daher die Drittbestimmung auch beim Universalvermächtnis zu (*Schäfer* BWNotZ 1962, 188 (203); *Dobroschke* Betr. 1967, 803 (805); *Haegele* BWNotZ 1972, 74 (79); *Helms* ZEV 2007, 1 (3); Soergel/*Wolf* § 2151 Rn. 1 [auch wesentlicher Vermögensgegenstand]; Staudinger/*Otte,* Bearbeitung 2013, § 2151 Rn. 2; MüKoBGB/*Rudy* § 2151 Rn. 8). Zur Kombination von Universal- und Zweckvermächtnis zum „Supervermächtnis" → Form. XII.24 Anm. 2 (2) d).

**12. Pflichtteilsrechte.** Sind Pflichtteilsberechtigte vorhanden, ist zu bedenken, dass der pflichtteilsberechtigte gesetzliche Erbe gem. § 2306 Abs. 1 BGB den gesetzlichen Erbteil ausschlagen und den Pflichtteil fordern kann. Wenn noch weitere Pflichtteilsberechtigte vorhanden sind, kann der pflichtteilsberechtigte Erbe das Vermächtnis kürzen, § 2318 Abs. 3 BGB. Das Muster bietet sich daher nur an, wenn die gesetzlichen Erben nicht pflichtteilsberechtigt sind.

**13.** Steuern. Erbschaftsteuer. Ein Vermächtnis unterliegt als Erwerb von Todes wegen der Erbschaftsteuer (§§ 1 Abs. 1 Nr. 1, 3 Abs. 1 Nr. 1 ErbStG), die grundsätzlich mit dem Tod des Erblassers entsteht (§ 9 Abs. 1 Nr. 1 ErbStG). Nach § 10 Abs. 5 Nr. 2 ErbStG sind Vermächtnisse beim Erben von seinem Erwerb abzugsfähig. Steuerlich kann es einen Unterschied machen, wenn nicht das Grundstück vermacht wird, sondern dieses in den zu verwertenden Restnachlass fällt. Erbschaftsteuerlich können sich Bewertungsunterschiede ergeben. Ertragsteuerlich kommt es zu einer Realisierung stiller Reserven, soweit diese steuerverhaftet sind (zB gemäß § 23 EStG, wenn die 10-Jahresfrist noch nicht abgelaufen ist und die Ausnahme für selbst genutzten Wohnraum nicht greift).

**14. Kosten.** → Form. XI.1 Anm. 16. Soweit Vermächtnisse konkret bezeichnet Gegenstände betreffen sollen, die aktuell nicht im Erblasservermögen sind, kann deren Wert hinzuzurechnen sein (→ Form. XII.4 Anm. 20). Die Anordnung der Testamentsvollstreckung ist Teil der nach § 102 Abs. 1 GNotKG bewerteten Verfügung von Todes wegen. Die „isolierte" Anordnung einer Testamentsvollstreckung kann mit 30 % des betroffenen Nachlasses bewertet werden (arg. § 51 Abs. 1 GNotKG), Leipziger-Kostenspiegel Fall 19.4.

## 6. Auf den Tod des Erben aufschiebend befristetes Herausgabevermächtnis. Optimierung von Steuerfreibeträgen

Verhandelt zu .[1, 2, 10] . . . . . .
am . . . . . (auch als eigenhändiges Testament möglich)[3]

§ 1 Erbeinsetzung

**Ich, die A, geb. E, setze hiermit meinen Sohn B zu meinem Alleinerben ein. Ersatzerben sind dessen ehelichen Abkömmlinge gemäß der gesetzlichen Erbfolge erster Ordnung zum Zeitpunkt des Erbfalls.**

§ 2 Vermächtnisse nach Tod des B

**Meinen Sohn B, und nur ihn,[4] belaste ich mit folgenden Vermächtnissen zugunsten seiner ehelichen Abkömmlinge, unter sich im Anteilsverhältnis der gesetzlichen Erbfolge erster Ordnung zum Zeitpunkt des Anfalls der Vermächtnisse, jedoch mit der Maßgabe, dass diese Vermächtnisse den Vermächtnisnehmern erst mit dem Tod meines Sohnes B anfallen[5] und erst drei Monate nach seinem Tod fällig[6] sind:**

**a) Mein Einfamilienhausgrundstück in X-Stadt in der Y-Straße Nr. 19, eingetragen im Grundbuch von X-Stadt Blatt Nr. 1557 mit der Flst. Nr. 1718. Mitvermacht ist die Verpflichtung des Erben nach dem Erbfall, das Anwartschaftsrecht der Vermächtnisnehmer durch eine Vormerkung im Grundbuch zu sichern.**

**b) Sämtliche Wertpapiere ohne Rücksicht auf ihren Kurswert, die sich zum Zeitpunkt meines Todes auf meinem Depotkonto Nr. . . . . . bei der M-Bank in X-Stadt befinden. Mitvermacht ist die Verpflichtung des Erben, unbeschadet der Fortdauer seines Nutzungsrechts, diese Wertpapiere bereits nach dem Erbfall aufschiebend bedingt auf seinen Tod an die Vermächtnisnehmer zu übertragen.[7]**

**c) Sämtliche anderen Vermögensgegenstände, die der Beschwerte aus meinem Nachlass erhalten hat, einschließlich, im Wege des Verschaffungsvermächtnisses, aller die in entsprechender Anwendung des § 2111 BGB als Surrogate angesehen werden können, jedoch nur soweit sie sich im Zeitpunkt seines Todes noch in seinem Vermögen befinden.[8] Insoweit werden keine besonderen Sicherungsmittel mitvermacht.**

**Die Nutzungen der vermachten Gegenstände steht dem Erben bis zum Vermächtnisanfall zu. Sämtliche Verwendungsersatzansprüche gegen die Vermächtnisnehmer sind ausgeschlossen. Die Anwartschaften der Bedachten sind zwischen Erbfall und Vermächtnisanfall weder vererblich noch übertragbar.**

§ 3 Testamentsvollstreckung

**Ich ernenne Herrn Rechtsanwalt Z zu meinem Testamentsvollstrecker mit der alleinigen Aufgabe, die mitvermachten Sicherungsmittel nach meinem Tod zu bestellen. Ersatzweise ersuche ich das Nachlassgericht um entsprechende Testamtentsvollstreckerbestellung.[9]**

§ 4 Weitere Vermächtnisse

**(1) Die außereheliche Tochter T meines verstorbenen Ehemanns erhält mit Erleben ihres 20. und 30. Geburtstags jeweils ein Barvermächtnis von 10.000 Euro. Ersatzvermächtnisnehmer sind ihre zu den jeweiligen Zeitpunkten vorhandenen Abkömmlinge, andere Personen sind als Ersatzvermächtnisnehmer nach T ausgeschlossen.[10]**
**(2) Meine Tochter S erhält die Perlenkette, die ich von Großmutter G geerbt habe. Dieses Vermächtnis soll sie auch dann erhalten, wenn sie den Pflichtteil einfordert und es soll ihren etwaigen Pflichtteil nicht verkürzen.[11]**

§ 5 Schlussformel

**(→ Form. XI.1 sowie zusätzlich:) Die Testiererin wurde darauf hingewiesen, dass, soweit sie keine besonderen Sicherungsmittel mitvermacht, die Vermächtnisanwartschaften gegen Verletzungen durch den Beschwerten oder seine Privatgläubiger nicht geschützt sind.**

*Schrifttum:* S. → Form. XVI. 3. und ferner *Biebl,* Pflichtteil und Vermächtnis kumulativ, ZErb 2010, 99; *Bühler,* Zum Inhalt der Vermächtnisanwartschaft im Vergleich zur Anwartschaft des Nacherben, BWNotZ 1967, 174; *Hieber,* Sicherstellung von Abkömmlingen in Übergabeverträgen und Ehe- und Erbverträgen bei Wiederverheiratung des überlebenden Ehegatten, MittBayNot 1960, 117; *Hölscher,* Das aufschiebend bedingte Universalherausgabevermächtnis, ZEV 2009, 213; *Reimann,* Das Herausgabevermächtnis als Alternative zur Nacherbfolgeanordnung, MittBayNot 2002, 4; *Schlitt,* Das Universalvermächtnis, ZErb 2006, 226; *Schulte,* Wie kann der Eigentümer einer landwirtschaftlichen Besitzung für seinen Todesfall seinen Ehegatten sichern und zugleich die Besitzungen seinen Abkömmlingen erhalten?, DNotZ 1953, 355; *Stein,* Das aufschiebend bedingte Vermächtnis: Eine Möglichkeit zur mehrfachen Nutzung der Steuerfreibeträge und zur Steueroptimierung, ZEV 2011, 572; *Wachter,* Bewertung von Grundstücksvermächtnissen in der Erbschaftsteuer, NotBZ 2005, 99; *Zawar,* Das Vermächtnis in der Kautelarjurisprudenz, 1983; *ders.* Der bedingte oder befristete Erwerb von Todes wegen, DNotZ 1986, 515.

## Anmerkungen

**1. Sachverhalt.** Die Erblasserin ist verwitwet. Der als Erbe gewünschte einzige Sohn ist verheiratet und hat Kinder. Da sie sich mit ihrer Schwiegertochter nicht versteht, will sie deren mittelbare Beteiligung an ihrem Nachlass unbedingt ausschließen, gleichzeitig aber ihren Sohn möglichst wenig in seiner Verfügungsfreiheit unter Lebenden beschränken. Die Erblasserin hat sich hinsichtlich einer außerehelichen Affäre ihres bereits verstorbenen Ehemanns ausgesöhnt und will auch die Tochter ihres Ehemanns bedenken (dazu § 4 Abs. 1 und → Anm. 10). Unversöhnt ist sie mit der eigenen leiblichen Tochter S. Insoweit fühlt sich die Erblasserin aber an ein früher der eigenen Mutter gegebenes Versprechen gebunden, das von dieser erhaltene wertvolle Perlenkollier der Enkelin S zukommen zu lassen (dazu § 4 Abs. 2 und → Anm. 11).

**2. Anwendungsfälle.** Das Formular kann mit seinen Varianten immer dann Anwendung finden, wenn auch die Anordnung der Nacherbfolge zweckmäßig wäre, aber hauptsächlich auf den Ausschluss der Weitervererbung des Ererbten durch den Erben Wert gelegt wird und weniger auf die Sicherung des späteren Anfalls an den Endbedachten. Dem Erben sollen auch diejenigen Beschränkungen nicht zugemutet werden, von denen ein Vorerbe nicht befreit werden kann. Zur grundsätzlichen Zulässigkeit eines Universalvermächtnisses → Form. XII.5 Anm. 12.

**3. Form des Testaments.** → Form. XI.1.

**4. Unabhängigkeit des Vermächtnisses von der Person des Beschwerten.** Bei Vorversterben des mit dem Vermächtnis beschwerten Erben wären nach der Auslegungsregel des § 2161 BGB seine Ersatzerben mit dem Vermächtnis beschwert, wenn nicht aus der letztwilligen Verfügung ein abweichender Wille des Erblassers zu entnehmen ist.

**5. Aufschiebend bedingtes oder befristetes Vermächtnis.** (1) **Anfall des Vermächtnisses.** Das Vermächtnis hat keine dingliche Wirkung (§ 2174 BGB). Der Zeitpunkt der Entstehung des Anspruchs wird vom Gesetz als Anfall des Vermächtnisses bezeichnet (§ 2176 BGB). Vom Anfall des Vermächtnisses ist dessen Fälligkeit zu unterscheiden. Sie ist der Zeitpunkt, an dem vom Beschwerten der entstandene Anspruch zu erfüllen ist (Staudinger/*Otte,* Bearbeitung 2013, § 2176 Rn. 5). Das Vermächtnis fällt grundsätzlich mit dem Erbfall an (§ 2176 BGB). Ausnahmen von dieser Regel sind:

a) Aufschiebend bedingte oder befristete (betagte) Vermächtnisse (§ 2177 BGB). Hier erfolgt der Anfall erst mit dem Eintritt der Bedingung oder des Termins.
b) Wenn der Bedachte zurzeit des Erbfalls noch nicht geboren ist oder seine Persönlichkeit erst durch ein Ereignis nach dem Erbfall bestimmt wird (§ 2178 BGB). Hier erfolgt der Anfall erst mit der Geburt oder dem Eintritt des Ereignisses.

Die allgM (RG JW 1918, 502; DNotZ 1932, 539; OLG Bremen DNotZ 1956, 149 (151); Staudinger/*Otte,* Bearbeitung 2013, § 2177 Rn. 5, § 2181 Rn. 4; *Olshausen* DNotZ 1979, 707 (716) mwN) hält es für zulässig, den Anfall eines Vermächtnisses erst mit dem Ableben des Erben eintreten zu lassen. In der jeweiligen Verfügung sollte daher klargestellt sein, ob Anfall oder Fälligkeit gemeint sind.

Nachteile aus der seit 1.1.2010 (Wegfall des § 197 Abs. 1 Nr. 1 aF BGB) **verkürzten Verjährungsfrist** für das Vermächtnis (3 Jahre bzw. bei Ansprüchen auf Rechte an Grundstücken 10 Jahren) sind im Regelfall nicht zu erwarten, weil die Verjährung nicht vor der Fälligkeit des Vermächtnisses beginnen kann (*Karsten* RNotZ 2010, 357 (377)).

(2) **Vermächtnisanwartschaft.** Der Bedachte hat zwischen Erbfall und Eintritt oder Ausfall der Bedingung bzw. des Termins eine geschützte Rechtsposition (Anwartschaft), die grundsätzlich vererblich, übertragbar und pfänd- bzw. verpfändbar ist (Staudinger/*Otte* § 2179 Rn. 7–9; Palandt/*Weidlich* § 2179 Rn. 1). Bei aufschiebend bedingten Vermächtnissen ist dabei § 2074 BGB zu beachten, wonach im Zweifel die Zuwendung nur gelten soll, wenn der Bedachte die Bedingung erlebt. Bei aufschiebend befristeten Vermächtnissen entscheidet mangels einer solchen gesetzlichen Regelung die freie Auslegung der letztwilligen Verfügung (Staudinger/*Otte,* Bearbeitung 2013, § 2179 Rn. 8; MüKoBGB/*Leipold* § 2074 Rn. 2; Palandt/*Weidlich* § 2177 Rn. 4). Es ist daher bei Bedingungen oder Befristungen immer erforderlich, im Testament Anordnungen über die Vererblichkeit und Übertragbarkeit des Vermächtnisanwartschaftsrechts zu treffen (so auch bei *Dieterle* BWNotZ 1970, 18).

(3) **Gesetzlicher Inhalt der Vermächtnisanwartschaft.** In der Schwebezeit zwischen dem Erbfall und dem Anfall des Vermächtnisses finden nach § 2179 BGB bei aufschiebend bedingten oder befristeten (betagten) Vermächtnissen die Vorschriften des allgemeinen

Teils des BGB über aufschiebende Bedingungen Anwendung. Das bedeutet im Einzelnen (siehe hierzu insbes. *Bühler* BWNotZ 1967, 174):

a) Der Bedachte genießt (nur!) den Schutz des § 160 Abs. 1 BGB dh nach Anfall des Vermächtnisses kann er Schadensersatz verlangen, wenn sein Recht während der Schwebezeit durch Verschulden des Beschwerten vereitelt oder beeinträchtigt worden ist (*Zawar* NJW 2007, 2353).
b) Anwendbarkeit des § 285 BGB (Schuldrechtliche Surrogation) (*Bühler* BWNotZ 1967, 174 (175); Staudinger/*Otte,* Bearbeitung 2013, § 2179 Rn. 3; MüKoBGB/*Rudy* § 2179 Rn. 5).
c) Nach § 159 BGB werden die Eintrittsfolgen nur dann auf den Zeitpunkt des Erbfalls zurückbezogen, wenn aus der Verfügung ein hierauf bezüglicher Wille des Erblassers erkennbar ist (Staudinger/*Otte,* Bearbeitung 2013, § 2179 Rn. 6). Sonst folgt aus § 2184 BGB, dass bis zum Vermächtnisanfall gezogene Nutzungen nicht zu ersetzen sind (*Bühler* BWNotZ 1967, 174 (176)). Für schuldhafte Substanzbeeinträchtigungen vor dem Vermächtnisanfall hat der Beschwerte einzustehen, jedoch nicht für im Übermaß gezogene Früchte. Auch insoweit empfiehlt sich eine detaillierte Regelung in der Verfügung von Todes wegen.
d) Der Beschwerte kann gem. § 2185 BGB für die in der Schwebezeit gemachten Verwendungen Ersatz gem. den Vorschriften nach §§ 994 ff. BGB vom Bedachten verlangen. Danach sind objektiv notwendige Verwendungen, mit Ausnahme der gewöhnlichen Erhaltungskosten, sowie Aufwendungen für außerordentliche, auf den Stammwert gelegte Lasten, die vor Kenntnis der Vermächtnisanordnung gemacht wurden, in voller Höhe zu ersetzen, nach Kenntnis gemachte aber nur gem. den Vorschriften über die Geschäftsführung ohne Auftrag (*Bühler* BWNotZ 1967, 174 (177)). Letzteres bedeutet, dass ein entgegenstehender wirklicher Wille des Bedachten den Ersatzanspruch aus §§ 683, 670 BGB entfallen lässt und die Ersatzpflicht des Bedachten auf den Wert der durch die notwendigen Verwendungen bei ihm eingetretenen Bereicherung beschränkt (§ 684 BGB). Bei dieser Rechtslage empfiehlt es sich, was möglich ist (*Bühler* BWNotZ 1967, 174 (181)), den Ersatz von Verwendungen ausdrücklich und gegebenenfalls detailliert in der Verfügung von Todes wegen zu regeln.
e) Der Beschwerte ist gegenüber dem Bedachten grundsätzlich nicht mit einer dem § 2130 BGB beim Vorerben entsprechenden Pflicht zur ordnungsgemäßen Verwaltung des vermachten Gegenstandes belastet, sie müsste ihm schon durch ein zusätzliches Vermächtnis auferlegt werden.
f) Wird der Eintritt der Bedingung, unter der das Vermächtnis angeordnet ist, von dem Beschwerten wider Treu und Glauben verhindert, so gilt die Bedingung als eingetreten (§ 162 Abs. 1 BGB), umgekehrt gilt der Eintritt der Bedingung als nicht erfolgt, wenn sie vom Bedachten wider Treu und Glauben herbeigeführt wurde (§ 162 Abs. 2 BGB) (Staudinger/*Otte,* Bearbeitung 2013, § 2179 Rn. 4; OLG Stuttgart FamRZ 1981, 818: Adoption, um nicht kinderlos zu versterben).

(4) **Sicherung der Vermächtnisanwartschaft.** Einen Anspruch auf Sicherheitsleistung gegen den Beschwerten gewährt das Anwartschaftsrecht dem Vermächtnisnehmer nicht. Der Beschwerte ist dem Bedachten auch nicht zur Auskunft verpflichtet (aA auf Grund RG JW 1918, 502 Staudinger/*Otte,* Bearbeitung 2013, § 2179 Rn. 13 = Anspruch auf Vorlegung eines Verzeichnisses gem. § 260 BGB, falls ein Sachinbegriff vermacht ist) und ihm kann auch nicht die Verwaltung des Vermächtnisgegenstandes entzogen werden (*Bühler* BWNotZ 1967, 174 (176)). Bei Gefährdung kann der Vermächtnisnehmer jedoch durch Arrest oder einstweilige Verfügung gesichert werden (§§ 916 Abs. 2, 936 ZPO) (Staudinger/*Otte,* Bearbeitung 2013, § 2179 Rn. 10; MüKoBGB/*Rudy* § 2179 Rn. 8). Den Schutz des § 161 BGB gegen Zwischenverfügungen erfährt der bedingte Vermächtnisanspruch nicht, da die Vermächtniszuwendung kein Teil einer Verfügung ist, sondern nur einen schuldrechtlichen Anspruch begründet (*Bühler* BWNotZ 1967,

174; *Bungeroth* NJW 1967, 1357; MüKoBGB/*Rudy* § 2179 Rn. 4; aM *Gudian* NJW 1967, 431). Er hat jedoch den Schutz des § 160 Abs. 1 BGB. Bei beweglichen Sachen oder Forderungen kann hier eine auf den Tod des Zuwendenden aufschiebend befristete Übereignung oder Abtretung unter Lebenden Abhilfe bringen (→ Anm. 6).

(5) **Abweichende Bestimmung des Inhalts der Vermächtnisanwartschaft durch den Erblasser.** Die Rechtsstellung des Vermächtnisanwartschaftsberechtigten kann vom Erblasser in den allgemeinen Grenzen der §§ 137, 138, 276 Abs. 2, 226 BGB abweichend vom Gesetz geregelt werden (*Bühler* BWNotZ 1967, 174 (180); Palandt/*Weidlich* § 2179 Rn. 1). Er kann jedoch keine dinglich wirkende Verfügungsbeschränkung des Beschwerten anordnen (§ 137 BGB) und ihn nicht von der Haftung für Vorsatz befreien (§ 276 Abs. 2 BGB). Dagegen kann der Erblasser dem Beschwerten auch leicht- oder grobfahrlässig unentgeltliche Verfügungen oder sonstige Beeinträchtigungen gestatten (*Bühler* BWNotZ 1967, 174 (180)). Ferner kann er Vereitelungen oder Beeinträchtigungen der Anwartschaft durch den Beschwerten entweder zur auflösenden Bedingung des Vermächtnisses machen oder den Erlass der Schadensersatzforderung dem Bedachten als Untervermächtnis auferlegen und auf diese Weise dem Beschwerten die Verwendung des vermachten Gegenstandes für sich selbst ermöglichen (*Bühler* BWNotZ 1967, 174 (181)). Der Erblasser kann auch die Rechtsstellung des Bedachten dadurch verbessern, dass er die Haftung des Beschwerten auf Zufall ausdehnt und/oder ihm generell oder unter gewissen Voraussetzungen durch zusätzliche unbedingte Vermächtnisse einen Anspruch auf Auskunft und/oder auf folgende Sicherheiten mitvermacht:

a) Anspruch auf Eintragung einer Vormerkung gem. § 883 BGB nach dem Erbfall, wenn der Vermächtnisgegenstand ein Grundstück, Grundstücksrecht oder ein Anspruch auf Aufhebung oder Inhaltsänderung eines Grundstücksrechts ist (RG DNotZ 1932, 539 Nr. 20; BayObLG Rpfleger 1981, 190; Staudinger/*Otte,* Bearbeitung 2013, § 2179 Rn. 12; MüKoBGB/*Rudy* § 2179 Rn. 8). Allein aus dem Vermächtnis ergibt sich das Sicherungsrecht nicht, es muss eigens mitvermacht sein (BGHZ 148, 187 = NJW 2001, 2883 = ZEV 2001, 362; Zawar NJW 2007, 2355). Im vorliegenden Fall wäre die Vormerkung nach dem Erbfall auf entsprechende Bewilligung entweder für den B zugunsten seiner künftigen gesetzlichen Erben einzutragen oder, wenn man ihre Bestimmbarkeit als ausreichend erachtet, für diese künftigen Erben selbst (siehe die Zitate bei → Form. XII.15 Anm. 3);
b) Verpflichtung des Beschwerten dem Bedachten, soweit dies rechtlich möglich ist, bereits nach dem Erbfall den Vermächtnisgegenstand auf den Vermächtnisanfall aufschiebend bedingt zu übertragen (*Bühler* BWNotZ 1967, 174 (181); MüKoBGB/*Rudy* § 2179 Rn. 4), damit der Bedachte während der Schwebezeit den Schutz des § 161 BGB erhält;
c) Anordnung einer Verwaltungstestamentsvollstreckung bezüglich des vermachten Gegenstandes evtl. mit Ernennung von Beschwertem und Bedachtem zu gemeinschaftlichen Testamentsvollstreckern, was zu gemeinschaftlicher Verfügungsbefugnis und gem. § 2214 BGB zum Schutz des Vermächtnisgegenstandes vor Eigengläubigern des Beschwerten führt (*Bühler* BWNotZ 1967, 174 (181).

Soweit die Bestellung dieser Sicherungsmaßnahmen die Mitwirkung des Bedachten erfordert, wäre in den Fällen des § 2178 BGB ein Pfleger gem. § 1913 BGB zu bestellen (Staudinger/*Otte,* Bearbeitung 2013, § 2179 Rn. 14).

**6.** Die Fälligkeit des Vermächtnisses ist hier um die drei Monate hinausgeschoben, bis zu deren Ablauf der Erben gem. § 2014 BGB die Erfüllung sowieso verweigern könnte (Staudinger/*Otte,* Bearbeitung 2013, § 2176 Rn. 5).

**7.** Diese aufschiebend bedingte Übereignung bringt dem Bedachten in der Zeit vom Erbfall bis zum Vermächtnisanfall den Schutz des § 161 BGB.

**8.** Durch diese Formulierung ist nur der Überrest der sonstigen geerbten Gegenstände vermacht und der Erbe kann daher über diese Gegenstände eigennützig unter Lebenden frei verfügen. Das betagte Herausgabevermächtnis ist, soweit die einzelnen Gegenstände nicht mehr aus dem Nachlass stammen, Verschaffungsvermächtnis gem. § 2170 Abs. 1 BGB, da es beim Alleinerben von Anfang und bei Miterben von der Teilung an keine dingliche Surrogation gibt (*Bühler* DNotZ 1964, 581 Fn. 4; Staudinger/*Otte,* Bearbeitung 2013, § 2169 Rn. 12). Ein Verschaffungsvermächtnis sollte wegen der gegenteiligen gesetzlichen Vermutung des § 2169 Abs. 1 BGB immer ausdrücklich angeordnet werden.

9. Diese beschränkte Testamentsvollstreckung garantiert die alsbaldige Bestellung der mitvermachten Sicherungsmittel. Soweit dabei allerdings die Bedachten mitwirken müssen, muss trotzdem, soweit sie noch unbekannt sind, ein Pfleger gem. § 1913 BGB bestellt werden.

**10. Aufschiebend bedingtes Vermächtnis zur Steueroptimierung.** Die mit der Erblasserin nicht verwandte außereheliche Tochter ihres Ehemanns fällt in die höchste Steuerklasse und genießt lediglich einen Freibetrag von (derzeit) 10.000 Euro hinsichtlich der Erbschaftsteuer. Sie soll im 10-Jahres-Abstand jeweils aufschiebend (Bedingung ihres Überlebens) bedingte Vermächtnisse erhalten. Das Formular folgt hier einem Vorschlag von *Stein* (ZEV 2011, 572 mit verschiedenen Fallkonstellationen der von ihm so genannten „postmortalen Freibetragsmultiplikation“). Es macht sich den Umstand zunutze, dass die Auszahlung der aufschiebend bedingten Vermächtnisse je zu gesonderten Erwerbsvorgängen führen soll (*Stein* ZEV 2011, 572 unter Berufung auf BFH ZEV 2006, 373) mit der Folge, dass der Freibetrag nach Ablauf des Zusammenrechungszeitraums von 10 Jahren (§ 14 ErbStG) erneut ausgenutzt werden kann. Dieser Umstand kann auch beachtlich sein, wenn der Begünstigte bereits zu Lebzeiten Geschenke vom Erblasser erhalten hat, die im 10-Jahreszeitraum gleichfalls mit dem Vermächtnis zusammenzurechnen wären. Nachteile aus der seit 1.1.2010 verkürzten Verjährungsfrist sind nicht zu erwarten, weil die Verjährung nicht vor der Fälligkeit des Vermächtnisses beginnen kann (*Karsten* RNotZ 2010, 357 (377)).

**11. Vermächtnis trotz Verweis auf den Pflichtteil.** Obwohl keine rechtliche Bindung besteht, sieht sich die Erblasserin hinsichtlich des Perlenkolliers lediglich als eine Art Treuhänderin und will den Wunsch der Großmutter erfüllen, diese unbeschadet aller sonstigen Ansprüche an die mittlerweile ungeliebte Tochter weiterzureichen. § 2307 BGB soll also ausgeschlossen sein. Die Erblasserin nimmt in Kauf, dass der Pflichtteilsanspruch aus dem Nachlass vor Abzug des Vermächtnisses bestimmt werden wird. Mit der gewählten Formulierung ausdrücklich nicht gewünscht ist kumulativ zum Vermächtnis eine Erbeinsetzung der S (zu diesbezüglicher Auslegung jurisPK/*Birkenheier* § 2307 Rn. 10) oder ein weiteres Vermächtnis für S in Höhe des Pflichtteils. Wegen der teilweise gravierenden Unterschiede bei Berechnung des jeweiligen Pflichtteils – auch unter Berücksichtigung der Pflichtteile der Erben, § 2318 – sollte bei der **Kumulation von „Pflichtteil und Vermächtnis“** stets klargestellt werden, was gemeint ist (ausf. mit Anschauungsbeispielen *Biebl* ZErb 2010, 99).

**12. Steuern.** Erbschaftsteuer. Nach § 6 Abs. 4 ErbStG steht das beim Tod des Beschwerten anfallende Vermächtnis der Nacherbschaft gleich, es ist daher nach § 6 Abs. 2 ErbStG zu verfahren dh der Vermächtnisgegenstand wird beim Erbfall beim Erben und nach seinem Tod nochmals beim Vermächtnisnehmer versteuert, ohne dass eine Anrechnungsmöglichkeit besteht (*Troll/Gebel/Jülicher* ErbStG § 6 Rn. 22 + 28). Bei einem aufschiebend bedingten Vermächtnis, das von einem anderen Ereignis als dem Tod des Beschwerten abhängt, erfolgt dagegen die erbschaftsteuerliche Abwicklung in der Weise, dass beim Erbfall der Vermächtnisgegenstand gem. § 5 Abs. 1 BewG beim Erben versteuert wird, der die Steuer dann beim Vermächtnisanfall voll zurückerstattet erhält (§ 5 Abs. 2 BewG), während der Vermächtnisnehmer den Gegenstand dann nach § 9 Abs. 1 Nr. 1a ErbStG i. Verb. m. § 4 BewG zu versteuern hat (*Troll/Gebel/Jülicher* ErbStG § 6 Rn. 55.

**13. Kosten.** → Form. XI.1 Anm. 16.

## 7. Testament mit Nachvermächtnis und Untervermächtnis

Verhandelt zu[1, 2] .....
am ..... (auch als eigenhändiges Testament möglich)

§ 1 Erbeinsetzung

Ich setze hiermit meine beiden Töchter B und C je zur Hälfte zu meinen Erben ein. Ersatzerben sind jeweils deren Abkömmlinge gemäß der gesetzlichen Erbfolge erster Ordnung zum Zeitpunkt des Erbfalls. Mangels Ersatzerben soll Anwachsung eintreten.

§ 2 Vermächtnisse

(1) Meinem Sohn D vermache ich mein Hausgrundstück in M-Stadt in der L-Straße Nr. ....., eingetragen im Grundbuch von M-Stadt Blatt 3477, Flst.Nr. 7412. Ersatzvermächtnisnehmer sind die Abkömmlinge meines Sohnes, unter sich entsprechend der gesetzlichen Erbregel erster Ordnung zum Zeitpunkt des Erbfalls.[3]
(2) Für den Fall, dass mein Sohn D ohne Hinterlassung von Abkömmlingen verstirbt, vermache ich im Wege des Nachvermächtnisses auf seinen Tod das unter Abs. 1 beschriebene Hausgrundstück meiner Nichte N.[4] Ersatznachvermächtnisnehmer und Vermächtnisnehmer für den Fall, dass N zwischen dem Erbfall und dem Tod des D wegfällt, sind deren Abkömmlinge, gemäß der gesetzlichen Erbregel erster Ordnung zum Zeitpunkt des Erbfalls meines Sohnes. Die Nutzungen des Hausgrundstücks stehen dem Vermächtnisnehmer bis zu seinem Tode zu. Sämtliche Verwendungsersatzansprüche gegen die Nachvermächtnisnehmer sind ausgeschlossen. Die Anwartschaften der Nachvermächtnisnehmer sind zwischen Erbfall und Nachvermächtnisanfall weder vererblich noch übertragbar. Die Nachvermächtnisanordnung entfällt mit Geburt eines Abkömmlings meines Sohnes.
(3) Nach meinem Tod ist der bedingte Übertragungsanspruch der Nachvermächtnisnehmer, wie ich ihnen hiermit zusätzlich vermache, durch Eintragung einer Eigentumserwerbsvormerkung im Grundbuch zu sichern.[5]
(4) Sollte mein Sohn bei seinem Tod eine verheiratet sein oder wenigstens 12 Monate in eheähnlicher Lebensgemeinschaft mit einer Person in dem vermachten Haus zusammenleben, vermache ich dieser Person hiermit im Wege des Untervermächtnisses[6] zu Lasten der Nachvermächtnisnehmer das unentgeltliche dingliche Wohnungsrecht gem. § 1093 BGB an der Erdgeschosswohnung des Hauses auf Lebenszeit.

§ 3 Schlussformel[7] (→ Form. XV.1).

*Schrifttum: Bengel,* Rechtsfragen zum Vor- und Nachvermächtnis, NJW 1990, 1826; 515; *Bühler,* Zum Inhalt der Vermächtnisanwartschaft im Vergleich zur Anwartschaft des Nacherben, BWNotZ 1967, 174; *Enzensberger,* Testamente für Geschiedene und Patchworkehen, 3. Aufl. 2013, S. 46 ff.; *Halding-Hoppenheit,* Sicherstellung der Vermächtniserfüllung, RNotZ 2005, 311; *Jülicher,* Erbschaftsteuerliche Gestaltungsüberlegungen im Vergleich: Vor- und Nacherbschaft bzw. -vermächtnis und Weiterleitungsklauseln zugunsten Dritter in Schenkungsverträge, ZEV 2003, 350; *Lutz,* Kürzungsrechte bei Haupt- und Untervermächtnissen, notar 2014, 347; Maur, Die Rechtsstellung des Vorvermächtnisnehmers bei zugunsten des Nachvermächtnisnehmers eingetragener Vormerkung, NJW 1990, 1161; *Nieder/Kössinger,* Hdb. d. Testamentsgestaltung, 5. Aufl. § 10 Rdn. 3 ff.; *Randt,* Das Vor- und Nachvermächtnis, BWNotZ 2001, 73; *Rossak,* Problematik der gegenständlichen Beschränkung einer zeitlich gestuften Sukzession, insbesondere bei Vor- und Nacherbfolge,

ZEV 2005, 14; *Spall,* Vollzug eines Nachvermächtnisses durch den Testamentsvollstrecker, ZEV 2002, 53; *Schlichting,* Der Verwendungsersatzanspruch des Vorvermächtnisnehmers gegen den Nachvermächtnisnehmer ZEV 2000, 385; *Watzek,* Vor- und Nachvermächtnis, MittRhNotK 1999, 37; *Werkmüller,* Gestaltungsmöglichkeiten des Erblassers im Rahmen der Anordnung von Vor- und Nachvermächtnissen, ZEV 1999, 343; *Zawar,* Der bedingte oder befristete Erwerb von Todes wegen, DNotZ 1986, *Zawar,* Das Vermächtnis in der Kautelarjurisprudenz, 1983.

## Anmerkungen

**1. Sachverhalt.** Die Erblasserin ist verwitwet, hat zwei auswärts verheiratete Töchter und einen unverheirateten Sohn, der bei ihr wohnt und bei dem es zweifelhaft ist, ob er noch heiraten und Kinder haben wird. Der Sohn soll ihr Hausgrundstück bekommen, dabei soll jedoch gesichert werden, dass es auf jeden Fall in der Verwandtschaft bleibt. Weil die Töchter kein Interesse daran haben, das Haus zu beziehen, soll es der am Ort wohnenden Nichte zufallen. Etwaige Partner des Sohnes sind durch ein Wohnrecht abzusichern, falls das Haus an die Nichte und deren Familie übergeht. Der nach Erfüllung des Vermächtnisses den Erbinnen verbleibende Nachlass übertrifft voraussichtlich deren Pflichtteil, sodass eine Kürzung des Vermächtnisses (§ 2318 Abs. 3 BGB) nicht zu besorgen ist.

**2. Anwendungsfälle.** Die Lösung ist überall dort anwendbar, wo ein einzelner Nachlassgegenstand oder ein im Nachlass befindlicher Sachinbegriff in seiner Substanz erhalten und nach gewisser Zeit von einem Erstbedachten auf einen Endbedachten übergehen soll. Nachteil gegenüber der Vor- Nacherbschaft ist die nur schuldrechtliche Berechtigung der Nachvermächtnisnehmer (*Rossak* ZEV 2005, 14 (15)). Die Gestaltung ist hinsichtlich der pflichtteilsberechtigten Erben bedroht durch § 2306 BGB und § 2318 Abs. 3 BGB, hinsichtlich eines pflichtteilsberechtigten Vermächtnisnehmers aus § 2307 BGB.

**3. Ersatzvermächtnis.** Der Erblasser kann für den Fall, dass ein Vermächtnisnehmer das ihm zugewandte Vermächtnis nicht erwirbt, den Gegenstand des Vermächtnisses einem anderen zuwenden. Bezüglich dieses Ersatzvermächtnisnehmers ordnet § 2190 BGB die entsprechende Anwendung der Vorschriften über den Ersatzerben (§§ 2097–2099 BGB) an. Das Ersatzvermächtnis erfordert eine Grundlage im erkennbaren Willen des Erblassers. Wenn der zunächst Bedachte ein Abkömmling des Erblassers ist, kommt nach § 2069 BGB die stillschweigende Berufung seiner Ersatzerben (unter sich nach gesetzlicher Erbregel) in Betracht (Staudinger/*Otte,* Bearbeitung 2013, § 2190 Rn. 5; MüKoBGB/*Rudy* § 2190 Rn. 2). Zur entspr. Anwendung dieser Auslegungsregel auf Abkömmlinge von nicht zu den Abkömmlingen des Erblassers gehörenden nahen Angehörigen siehe Palandt/*Weidlich* § 2069 Rn. 9 mwN und → Form. XII.1 Anm. 5 (2).

**4. Nachvermächtnis.** (1) Ein Nachvermächtnis gem. § 2191 BGB hat zur Voraussetzung,

a) dass mit ihm ein Vermächtnisnehmer (Vorvermächtnisnehmer) und nicht der Erbe beschwert ist, dass es somit immer Untervermächtnis ist und daher auch die Bestimmungen der §§ 2186–2188 BGB Anwendung finden und
b) dass der Gegenstand des Nachvermächtnisses ganz oder teilweise der gleiche wie der des Vorvermächtnisses ist (Identität des Gegenstandes) (Staudinger/*Otte,* Bearbeitung 2013, § 2191 Rn. 3; MüKoBGB/*Rudy* § 2191 Rn. 4).

Liegen diese Voraussetzungen vor, so finden, und das ist der einzige Unterschied zu einem normalen aufschiebend bedingten oder befristeten Vermächtnis gem. § 2177 BGB, auf das Nachvermächtnis gem. § 2191 Abs. 2 BGB ausschließlich folgende Vorschriften der Nacherbfolge Anwendung:

Die Berufung als Nachvermächtnisnehmer enthält im Zweifel auch die Berufung als Ersatzvermächtnisnehmer (§ 2102 BGB). Hat der Erblasser keinen Zeitpunkt des Anfalls bestimmt, fällt das Nachvermächtnis mit dem Tode des Vorvermächtnisnehmers an (§ 2106 Abs. 1 BGB). Hat der Erblasser einen kinderlosen Abkömmling zum Vermächtnisnehmer berufen und mit einem Nachvermächtnis beschwert, so ist das Nachvermächtnis im Zweifel nur für den Fall bestimmt, dass der Vorvermächtnisnehmer ohne Abkömmlinge stirbt (§ 2107 BGB). Das Recht des Nachvermächtnisnehmers erstreckt sich im Zweifel auch auf einen Vermächtnisanteil, der dem Vorvermächtnisnehmer infolge Wegfalls eines Mitvermächtnisnehmers angefallen ist (§ 2110 Abs. 1 BGB). Alle übrigen Vorschriften über die Nacherbfolge sind auf das Nachvermächtnis auch nicht entsprechend anwendbar (Staudinger/*Otte,* Bearbeitung 2013, § 2191 Rn. 9). Das Nachvermächtnis ist von seinem Begriff her ein aufschiebend bedingtes oder befristetes Vermächtnis gem. § 2177 BGB (Staudinger/*Otte,* Bearbeitung 2013, § 2191 Rn. 7). Es findet daher auch die Vorschrift des § 2179 BGB auf das Nachvermächtnis Anwendung (BGH BWNotZ 1961, 265). Es kann insoweit auf die Ausführungen in → Form. XII.7 Anm. 4 verwiesen werden. Der Erblasser kann mehrere Nachvermächtnisse hintereinander anordnen. Eine zeitliche Grenze wird durch die §§ 2162, 2163 BGB gezogen.

(2) **Rückvermächtnis.** Ein Rückvermächtnis kann ein Nachvermächtnis sein, bei dem der Vermächtnisgegenstand beim Eintritt der Bedingung oder Befristung wieder dem mit dem ersten Vermächtnis Beschwerten herauszugeben ist (*Kipp/Coing* ErbR, 13. Bearb. 1978, § 62 IV, 1). Unter einem Rückvermächtnis kann man aber auch ein auflösend bedingtes oder befristetes Vermächtnis verstehen (*Kipp/Coing;* Staudinger/*Otte* § 2177 Rn. 8), das gem. § 2176 BGB mit dem Erbfall anfällt. Sind Verfügungen über den Vermächtnisgegenstand bedingungsfeindlich, wie die Grundstücksübertragung (§ 925 BGB), spielt der Unterschied praktisch keine Rolle. Verträgt der Übertragungsakt jedoch Bedingungen, wie bei beweglichen Sachen oder Forderungen, kann der Erblasser anordnen, dass bei der Vermächtniserfüllung die Übertragung unter auflösender Bedingung oder Befristung vorzunehmen ist, damit bei deren Eintritt der Vermächtnisgegenstand automatisch wieder an den Beschwerten zurückfällt (*Kipp/Coing* § 62 IV, 2). Das hätte den Vorteil, dass der Endbedachte in der Schwebezeit durch § 161 Abs. 2 BGB geschützt wäre.

**5. Die Sicherung der Nachvermächtnisanwartschaft.** Als aufschiebend bedingtem oder befristetem Vermächtnis gewährt das Gesetz dem Nachvermächtnis in der Schwebezeit zwischen Erbfall und seinem Anfall über § 2179 BGB nur den schwachen Schutz des § 160 Abs. 1 BGB dh Schadensersatz im Falle der Vereitelung oder Beeinträchtigung des Eintritts der Bedingung (BGH BWNotZ 1961, 265; Staudinger/*Otte,* Bearbeitung 2013, § 2191 Rn. 7; MüKoBGB/*Rudy* § 2191 Rn. 6). Bei Grundstücksvermächtnissen kann, wenn ein Anspruch darauf vom Erblasser mitvermacht wurde, die Position des Nachvermächtnisnehmers, wenn der Vorvermächtnisnehmer im Grundbuch eingetragen ist, nach dem Erbfall durch eine Vormerkung im Grundbuch gesichert werden (BayObLG Rpfleger 1981, 190; Staudinger/*Otte,* Bearbeitung 2013, § 2191 Rn. 8 u. § 2179 Rn. 12; *Bengel* NJW 1990, 1826). Erblassern, denen dieser Schutz der Nachvermächtnisnehmer nicht ausreicht, können diese durch eine **Vermächtnisvollstreckung** stärker sichern (*Lange* DNotZ 2018, 804; *Dieterich* NJW 1971, 2017; MüKoBGB/*Rudy* § 2191 Rn. 6). Weiter bietet sich die „gegenständliche" Nacherbfolge (→ Form. XII.14) als Ausweichlösung an.

**6. Untervermächtnis.** Das Untervermächtnis entsteht mit dem Erbfall (§ 2176 BGB). Der sog Hauptvermächtnisnehmer ist aber erst dann zur Erfüllung verpflichtet, wenn er seinerseits die Leistung aus dem Hauptvermächtnis verlangen kann. Anders als im Spezialfall des Nachvermächtnisses müssen Haupt- und Untervermächtnis nicht deckungsgleich, das Untervermächtnis auch nicht immer allein aus dem Hauptvermächtnis zu erfüllen sein. Bei unzureichendem Wert kann das Untervermächtnis aber zu kürzen sein (§ 2187 BGB). Eine verhältnismäßige Kürzung tritt mangels anderer Anordnung des Erblassers auch ein, wenn das Hauptvermächtnis gekürzt wird (§ 2188 BGB), so wegen der Pflichtteile Dritter (§ 2318 BGB).

7. **Steuern. Erbschaftsteuer.** Nach § 6 Abs. 4 ErbStG stehen Nachvermächtnisse den Nacherbschaften gleich dh es fällt Erbschaftsteuer aus dem Vermächtnisgegenstand sowohl beim Anfall des Vorvermächtnisses als auch bei dem des Nachvermächtnisses an (Doppelbesteuerung).

8. **Kosten und Gebühren.** → Form. XI.1 Anm. 16. Soweit Gegenstände vermacht werden, die zum Zeitpunkt der Verfügung nicht im Erblasservermögen sind, auch → Form. XII.4 Anm. 20.

## 8. Vorzeitiges Unternehmertestament

Verhandelt zu[1, 2].....
am ..... (auch als eigenhändiges Testament möglich)

§ 1 Erbeinsetzung

(1) Ich setze hiermit meine Söhne B und C und meine Tochter D zu je $^1/_3$ Erbteilen zu meinen Erben ein. Ersatzerben sind jeweils deren Abkömmlinge gemäß der gesetzlichen Erbfolge erster Ordnung zum Zeitpunkt des Erbfalls. Mangels Ersatzerben soll Anwachsung eintreten.

(2) Für den Fall, dass eines meiner Kinder ohne Hinterlassung von Abkömmlingen verstirbt, war er Vorerbe und sind meine anderen Kinder, unter sich nach gesetzlicher Erbregel, zu Nacherben eingesetzt.[3] Die Nacherbenanwartschaften sind weder vererbnoch veräußerlich, ausgenommen ist die Veräußerung an einen Vorerben. Die Vorerbschaft verdrängt jede ausdrückliche oder stillschweigende Ersatznacherbeinsetzung.

§ 2 Vermächtnis mit Drittbestimmung des Bedachten[4]

(1) Meine unter der Firma P einzelkaufmännisch betriebene Glasgroßhandlung vermache ich hiermit mit Aktiven und Passiven und dem Betriebsvermögen, wie es sich aus der letzten Jahresbilanz vor meinem Tod ergibt, meinen Kindern in der Weise, dass mein Prokurist M als Testamentsvollstrecker frühestens nach Volljährigkeit und spätestens nach Vollendung des 25. Lebensjahres des jüngsten meiner Kinder nach freiem Ermessen dh ohne gerichtliche Nachprüfbarkeit bestimmen soll, wer von ihnen als für die Betriebsführung am geeignetsten das Vermächtnis erhalten und Unternehmensnachfolger werden soll. Das Vermächtnis ist Vorausvermächtnis. Ersatzvermächtnisnehmer werden nicht bestellt.

(2) Den Kindern, die nicht Unternehmensnachfolger werden, ersatzweise jeweils ihren Abkömmlingen, unter sich im Anteilsverhältnis der gesetzlichen Erbfolge erster Ordnung zum Zeitpunkt des Anfalls, vermache ich an dem Unternehmen stille Beteiligungen.[5] Die Höhe der vermachten Einlagen errechnen sich dabei nach den ihren Erbquoten entsprechenden Teilen des bilanzierten Eigenkapitals zum Zeitpunkt der Unternehmensübernahme. Sie sollen dabei nicht nur am Gewinn und Verlust, sondern im Innenverhältnis auch am Gesellschaftsvermögen in gleicher Weise wie ein Kommanditist beteiligt sein.[6] Die Vermächtnisse fallen zum Zeitpunkt der Unternehmensübernahme an und sind sofort fällig. Es sind jeweils Vorausvermächtnisse.

§ 3 Testamentsvollstreckung und Vormundschaft

(1) Zu meinem Testamentsvollstrecker mit dem ausschließlichen Wirkungskreis[7] meines bilanzierten Betriebsvermögens und der Fortführung meines einzelkaufmännischen Unternehmens bis zur Benennung des Unternehmensnachfolgers ernenne ich meinen Prokuristen M. Er hat das Unternehmen bis zu diesem Zeitpunkt nach seinem freien Ermessen entweder im eigenen Namen und unter eigener persönlicher Haftung als Treuhänder für Rechnung der Erben oder im Namen und unter Haftung der Erben als deren Bevollmächtigter zu führen.[8] Die Erben werden hiermit im Wege der Auflage verpflichtet, dem Testamentsvollstrecker die entsprechenden Befugnisse einzuräumen. Die Testamentsvollstreckung endet mit der Benennung des Unternehmer-Nachfolgers. Danach hat der Testamentsvollstrecker gegenüber den Erben einen Anspruch auf Befreiung von seiner unbeschränkten Haftung für die Geschäftsverbindlichkeiten. Dem Testamentsvollstrecker stehen alle Rechte zu, die ihm nach dem Gesetz eingeräumt werden können. Er ist auch von den Beschränkungen des § 181 BGB befreit. Als Vergütung erhält er neben seinem bisherigen Gehalt, falls er die Vollmachtslösung wählt 5 % und, falls er die Treuhandlösung wählt, 20 % des ausgewiesenen jährlichen Reingewinns.[9] Er kann auf Kosten des Nachlasses eine Haftpflichtversicherung wegen seiner Tätigkeit als Testamentsvollstecker und im Fall der Treuhandlösung auch als Geschäftsleiter abschließen.[10]
(2) Zur Testamentsvollstreckerin mit dem ausschließlichen Wirkungskreis meines Privatvermögens ernenne ich meine Ehefrau A, geb. E. Sie ist von den Beschränkungen des § 181 BGB befreit. Eine Vergütung steht ihr nicht zu. Ihre Testamentsvollstreckung endet mit der Volljährigkeit des jüngsten Kindes und mit ihrer Wiederverheiratung. Bis zum Zeitpunkt der Volljährigkeit des jüngsten Kindes schließe ich die Auseinandersetzung meines Privatnachlasses aus.
(3) Sollte ein Testamentsvollstrecker aus irgendeinem Grunde das Amt nicht antreten oder das Amt vorzeitig enden, bitte ich hinsichtlich der Testamentsvollstreckung zu Abs. 1 den Präsidenten der für Musterdorf zuständigen IHK um die Benennung eines Ersatzes oder Nachfolgers. M., meine Ehefrau und die zu diesem Zeitpunkt erwachsenen Kinder sowie der Betriebsrat sollen bei der Auswahl gehört werden. Ersatz oder Nachfolger hinsichtlich der Testamentsvollstreckung zu Abs, 2 ist, wen meine Frau dazu schriftlich bestimmt. Wenn eine Bestimmung fehlt, ist dies mein Bruder B.
(4) Sollte ein Kind zum Zeitpunkt meines Todes und des Todes meiner Frau noch minderjährig sein, bestimme ich meinen Bruder zum Vormund. Er erhält die nach §§ 1852 bis 1854 BGB möglichen Befreiungen.[11]

§ 4 Vermächtnisse

Meine Erben belaste ich mit folgenden Vermächtnissen zugunsten meiner Ehefrau A, geb. E:[12]

a) Monatlich im Voraus zahlbare, lebtägliche Rente, die es ihr ermöglicht, ihren Unterhalt im angemessenen Umfang zu bestreiten. Die Höhe der Rente ist in diesem Rahmen vom Testamentsvollstrecker M und nach seinem Wegfall von demjenigen Sohn, der das Unternehmen übernimmt, nach billigem Ermessen festzusetzen und im Bedarfsfall jeweils zu ändern.[13] Die Rente entfällt bei Wiederverheiratung. Eine dingliche Sicherung soll nicht erfolgen.
b) Lebtägliches Wohnungsrecht gemäß § 1093 BGB an sämtlichen Räumen[12] meines Einfamilienhauses in M-Stadt in der S-Straße Nr. 4, Flstr.Nr. . . . . . Bei der Bestellung ist zu vermerken, dass zur Löschung des Rechts der Nachweis des Todes der Berechtigten genügen soll.

c) **Die gesamte Einrichtung unserer Familienwohnung im weitesten Sinne, soweit sie in meinem Eigentum steht, und alle meine persönlichen Gebrauchsgegenstände. Bis auf das Rentenvermächtnis sollen diese Vermächtnisse auch im Falle einer Wiederheirat meiner Ehefrau bestehen bleiben. Ersatzvermächtnisnehmer werden nicht bestellt.**

**§ 5 Schlussformel (→ Form. XI.1).**

*Schrifttum: Bisle,* Testamentsvollstreckung im Handels- und Gesellschaftsrecht, DStR 2013, 1037; *Bunke,* Auswahl und Bestimmung des Erben durch Dritte, MittRhNotK 1962, 536; *Dobroschke,* Die Unternehmensnachfolge Minderjähriger, Betr. 1967, 803; *Everts,* Die Testamentsvollstreckung an Personengesellschaftsbeteiligungen in der notariellen Praxis, MittBayNot 2003, 427; *Goebel,* Drittbestimmung des Unternehmensnachfolger-Erben? DNotZ 2004, 101; *Grossfeld,* Höchstpersönlichkeit der Erbenbestimmung und Auswahlbefugnis Dritter, JZ 1968, 113; *Grunsky/Hohmann,* Die Teilbarkeit des Testamentsvollstreckeramtes, ZEV 2005, 41; *Haegele,* Möglichkeiten und Grenzen der Bestimmung von Erben und Vermächtnisnehmern durch einen Dritten, Rpfleger 1965, 355; *ders.,* Zur Regelung der Nachfolge in der Leitung eines Familienunternehmens, BWNotZ 1968, 133; *ders.,* Zulässigkeit der Bezeichnung eines Erben oder eines Vermächtnisnehmers durch einen Dritten, BWNotZ 1972, 74; *ders.,* Der Testamentsvollstrecker im Handels- und Gesellschaftsrecht, Rpfleger 1973, 113 ff., 157 ff. u. 203 ff.; *Helms,* Erbrechtliches Drittbestimmungsverbot und kautelarjuristische Praxis, ZEV 2007, 1; *Horn,* Testamentsgestaltung für Eltern von minderjährigen Kindern, ZEV 2013, 297; *Ivens,* Leitlinien zur Unternehmensnachfolge: Die Vererbung von Einzelunternehmen, ZEV 2010, 462; *Jocher,* Die Vorsorgevollmacht des Unternehmers, notar 2014, 3; *John,* Testamentsvollstreckung über ein einzelkaufmännisches Unternehmen, BB 1980, 757; *Klarner,* Testamentsvollstreckung bei Betriebsvermögen und Gesellschaftsanteilen im Zivil- und Steuerrecht, ZErb 2017, 271; *Klunzinger,* Die erbrechtliche Ermächtigung zur Auswahl des Betriebsnachfolgers durch Dritte, BB 1970, 1197; *Kollmeyer,* Unternehmensnachfolge und Geschwisterabfindung durch Bestimmungs- und Zweckvermächtnisse in der Praxis, NJW 2017, 3271; *Lange,* Die Rechtsmacht des Testamentsvollstreckers und ihre Grenzen, JuS 1970, 101; *Langenfeld,* Das Testament des Gesellschafter-Geschäftsführers einer GmbH und GmbH & Co, 1980; *Langenfeld/Gail,* Handbuch der Familienunternehmen, Loseblatt, Stand 54. Lfg. September 2017, Teil IV: Gestaltungen der erbfallbezogenen Unternehmensnachfolge; *Mayer D.,* Unternehmensnachfolge und Umwandlung, ZEV 2005, 325; *Menz,* Die Regelung der Unternehmensnachfolge bei noch jugendlichen Erben, Betr. 1966, 1719; *Muscheler,* Die neue Rheinische Tabelle – Zur Vergütung des Testamentsvollstreckers, Hereditare 2016, 183–256; *Nitz,* Unternehmensnachfolge – im Wege der vorweggenommenen Erbfolge bzw. von Todes wegen unter besonderer Berücksichtigung steuerlicher Aspekte, BWNotZ 2004, 153; *Progl,* Die Haftungsbegrenzungsmöglichkeiten des Unternehmenserben im Falle der Fortführung des ererbten einzelkaufmännischen Betriebs, ZErb 2006, 181; *Rott,* Die Vergütung des Testamentsvollstreckers, notar 2018, 43; *Säcker,* Die Bestimmung des Nachfolgers durch den Testamentsvollstrecker – oder: Das Erbrecht in den Fängen der Begriffsjurisprudenz? ZEV 2006, 288; *Sudhoff,* Die Regelung der Unternehmensnachfolge bei noch jugendlichen Erben, Betr. 1966, 649 u. Betr. 1966, 1720; *Weidlich,* Testamentsvollstreckung an einem einzelkaufmännischen Unternehmen – Zulässigkeit aufgrund geänderter Gesetzeslage? NJW 2011, 641; *Werner,* Der Beirat als Instrument der Unternehmensnachfolge, ZEV 2010, 619; *Westermann,* Die Auswahl des Nachfolgers im frühzeitigen Unternehmenstestament, Festschrift für Möhring, 1965, S. 183.

## Anmerkungen

**1. Sachverhalt.** Der Testator ist 35 Jahre alt und hat zwei Söhne im Alter von 3 und 5 Jahren und eine Tochter von 7 Jahren. Sein Unternehmen macht sein gesamtes oder doch nahezu gesamtes Vermögen aus. Er möchte dasjenige seiner Kinder zum alleinigen Nachfolger seines Einzelunternehmens machen, der sich später als der Geeignetste zu seiner Leitung erweist. Die beiden anderen Kinder möchte er voll gleichstellen und seine Witwe versorgen. Seine Ehefrau ist weder willens noch in der Lage, das Unternehmen in der Zwischenzeit zu führen. Da er sich einer nicht ungefährlichen Operation unterziehen muss, ist er gezwungen, sofort eine entsprechende letztwillige Verfügung zu errichten. Dieses Motiv ist nicht in der Verfügung aufgenommen (etwa „sollte die Operation nicht gut ausgehen . . . . . .“), um keine Zweifel zu lassen, dass durch einen solchen Konditionalsatz das Testament nicht bedingungsmäßig mit seinem Anlass verknüpft ist (die Rechtsprechung hilft aber auch mit Auslegung, s. OLG München NJW 2012, 2818).

**2. Anwendungsfälle.** Einleitend sei darauf hingewiesen, dass der beste Weg zur Regelung der Unternehmensnachfolge eines Einzelunternehmens die Umwandlung in eine Gesellschaft (GmbH, GmbH & Co. KG oder GmbH & Still) sein kann, in der dann im Falle des vorzeitigen Todes des Unternehmers ein geeigneter, eingearbeiteter Angestellter als Geschäftsführer die Übergangszeit bis zur vollen Einsatzfähigkeit des Unternehmernachfolgers überbrückt (*Sudhoff* Betr. 1966, 649 (652)). Statt dies bereits zu seinen Lebzeiten durchzuführen, kann der Unternehmer die Unternehmensumwandlung auch erbrechtlich anordnen, indem er seine Erben durch eine Auflage, deren Vollziehung die Einsetzung eines Testamentsvollstreckers sichert, zum Abschluss eines in der Verfügung von Todes wegen von ihm entworfenen Gesellschaftsvertrages verpflichtet. In dem Gesellschaftsvertrag sollte er alle Institutionen eingebaut haben, die die Elastizität der Nachfolgeregelung gewährleisten (*Westermann* FS Möhring, 1965, 183 (198); *Strothmann,* Die letztwillige Gesellschaftsgründungsklausel, 1983). Diese Umwandlungslösung hat den Vorteil, dass die Erben nicht für die Tätigkeit eines Angestellten voll haften. Lediglich in Eil- und Notfällen sollte man auf die Regelung des Form. zurückgreifen. Zu flankieren ist diese Vorsorge durch Vollmachtsregelungen für den Fall der Handlungsunfähigkeit (Gestaltungsvorschläge bei *Jocher* notar 2014, 3).

Wenn sich ein Unternehmer anstelle einer gesellschaftsrechtlichen Lösung der Unternehmensnachfolge zur erbrechtlichen Lösung entschließt oder infolge Zeitdruck entscheiden muss, fragt sich zuallererst

a) wer für die Zeit zwischen Erbfall und Bestimmung des Nachfolgers durch einen Dritten Rechtsinhaber des Unternehmens sein soll (ein oder alle Erben – wie im Formular oder ein Vorerbe, wie in → Form. XII.12) und wer, was nicht mit der Rechtsinhaberschaft identisch zu sein braucht, seine Leitung in der Zwischenzeit haben soll (der Vorerbe, wie in → Form. XII.12 oder ein Testamentsvollstrecker, wie hier) und

b) wie nach der Auswahl die anderen, weichenden Erben abgefunden werden sollen (mit Geld oder, das Unternehmen schonender, wie hier, mit Beteiligungen). Eine Alternative zur Gestaltung des Form. ist die Nacherbeinsetzung unter dem Vorbehalt anderweitiger Verfügungen des Vorerben (→ Form. XII.12). Nachteile dieser Lösung sind allerdings, dass die Möglichkeit einer dabei gebotenen einschränkenden Ermächtigung zur Auswahl des Nacherben durch den Vorerben nicht unumstritten ist und dass die Vor- und Nacherbfolge praktisch zu zweimaliger Erbschaftsteuer für das gleiche Vermögen führt.

**3. (Bedingte) Vorerbschaft.** Durch diese Nacherbeinsetzung wird die Beteiligung der Schwiegerkinder am Nachlass durch Weitervererbung vermieden und auch der evtl. steuerlich nicht erwünschte Rückfall an die gut versorgte Witwe des Erblassers bei einem Vorversterben der Kinder.

**4. Möglichkeiten und Grenzen der Drittbestimmung des Zuwendungsempfängers.** (1) **Erbenauswahl durch einen Dritten.** (aktuell zum Stand der Diskussion: *Helms* ZEV 2007, 1). Nach § 2065 Abs. 2 BGB kann der Erblasser die Bestimmung der Person, die eine Zuwendung erhalten soll, oder den Gegenstand der Zuwendung nicht einem anderen überlassen (materielle Höchstpersönlichkeit). Das Reichsgericht (RGZ 159, 296 (299) = DRW 1939, 310 m. zust. Anm. *Vogel*) sah dadurch nur verboten, dass ein anderer den Erben „bestimmt", nicht auch, dass er ihn „bezeichnet". Nach dem RG konnte der Erblasser einen Dritten damit beauftragen, aus einem so eng begrenzten Kreis von Personen, nach so genau festgelegten sachlichen Gesichtspunkten, dass für eine Willkür des Dritten kein Raum blieb, nach seinem Urteil über das Vorliegen jener Voraussetzungen, einen Erben auszuwählen, auch wenn dies ein reines Werturteil des Dritten darstellte oder ein solches einschloss. Das RG hielt somit eine Wertung innerhalb der vom Erblasser gegebenen Merkmale und damit eine echte Ermessensentscheidung des Dritten im Sinne einer Wahl zwischen mehreren gleichermaßen in den Rahmen dieser Ermächtigung fallenden Möglichkeiten für zulässig (*Westermann* FS Möhring, 1965, 183 (191)). Dies hat der Bundesgerichtshof (BGHZ 15, 199 = NJW 1955, 100 = DNotZ 1955, 402) unter Aufrechterhaltung der allerdings wenig aussagekräftigen Unterscheidung zwischen „Bestimmung" und „Bezeichnung" des Erben, dahin eingeschränkt, dass nach ihm die Verfügung von Todes wegen so genaue Hinweise enthalten muss, dass die Bezeichnung des Erben von jeder mit genügend Sachkunde ausgestatteten Person, durch objektive Bestimmung erfolgen kann, ohne dass deren freies Ermessen bestimmend oder auch nur mitbestimmend sein darf. Damit lässt der BGH nur zu, dass der Dritte den objektiv feststellbaren Willen des Erblassers verwirklicht (feststellende Ermächtigung), nicht jedoch, dass er an Stelle des Erblassers eine Auswahl und eine echte Ermessensentscheidung treffen kann (echt wählende Ermächtigung) dh einen Wertungsspielraum hat (*Haegele* BWNotZ 1972, 74 (75); *Westermann* FS Möhring, 1965, 183 (193)). Nach dem BGH darf der Dritte nicht wählen, er darf nur bezeichnen. Damit ist aber die Brauchbarkeit dieser Gestaltungsmöglichkeit für die erbrechtliche frühzeitige Auswahl des Unternehmensnachfolgers nicht mehr gegeben (*Langenfeld* S. 78). Für eine Rückbesinnung auf die Grundsätze des Reichsgerichts spräche deshalb einiges (*Goebel* DNotZ 2004, 101; vgl. auch Bamberger/Roth/*Litzenburger,* 1. Aufl., BGB § 2065 Rn. 7 sowie *Keim* FamRZ 2003, 138; kritisch *Helms* ZEV 2007, 1 (5)). Zulässig auch nach den Grundsätzen des BGH wäre zweifellos die Anordnung, der Dritte habe denjenigen der beiden Söhne zum Erben zu bestimmen, der ein bestimmtes Ingenieurstudium an einer bestimmten technischen Universität mit dem besseren Abschluss von beiden absolviere, nicht jedoch, wenn er den für die Betriebführung am besten geeigneten der beiden auswählen soll. Damit wird aber im Grunde nur die Auslegung gestattet (*Lüderitz,* Familien- u. Erbrecht, 1971, S. 150). Warum der BGH NJW 1965, 2201 dann in solchen Fällen trotzdem verlangt, dass der Erblasser einen Bestimmungsberechtigten benennt und nicht die Ermittlung des objektiv aus der Verfügung erkennbaren Willens des Erblassers durch Auslegung zulässt, ist nicht einzusehen *(Lüderitz* S. 150). In der Praxis ist es jedoch so, dass die Eignung der verschiedenen Personen zwar bezüglich der einzelnen Beurteilungspunkte differiert, im ganzen aber annähernd gleich sein wird, und dass die Ansicht über die Eignung zum Nachfolger davon abhängt, welche Eigenschaften der Auswählende für die Leitung gerade dieses Unternehmens zu diesem Zeitpunkt für die wichtigsten hält. Die Auswahl kann daher nicht rein feststellender Natur sein, sondern muss eine echte Ermessensentscheidung sein (*Westermann* FS Möhring, 1965, 183 (190 ff); *Klunzinger* BB 1970, 1197 (1198); anders die Rechtsprechung, die aber bei genügend bestimmten Kriterien durch Auslegung hilft: Das im Testament eingeräumte Auswahlrecht kann als Bestimmungsrecht – korrespondierend mit einer Bestimmungspflicht – gemeint sein: KG ZEV 1998, 182 = DNotZ 1999, 679). Wird im Einklang mit den Voraussetzungen des Bundesgerichtshofs einem Dritten die Ermächtigung zur Erbenauswahl erteilt, stellt sich die Frage nach der Rechtslage des Nachlasses in der Zeit zwischen Erbfall und Auswahlerklärung. Da in dieser Zeit Ungewissheit über die Person des Erben herrscht, bleibt nur der Ausweg nach § 1960 BGB einen Nachlasspfleger zu bestellen (*Klunzinger* BB 1970, 1197 (1200)). Um das zu vermeiden, ist es bei der Ermächtigung eines Dritten zur Erbenauswahl unumgänglich, Testamentsvollstreckung anzuordnen und zweckmäßigerweise die Auswahlermächtigung dem Testamentsvollstrecker zu erteilen (*Klunzinger* BB 1970, 1197; *Haegele* BWNotZ 1972, 74 (79); KG ZEV 1998, 182). Die Auswahlerklärung (aus Sicht der Rechtsprechung: Feststellungserklärung) ist dem Nachlassgericht gegenüber abzugeben (KG ZEV 1998, 182 = DNotZ 1999, 679).

(2) **Vermächtnisnehmerbestimmung durch einen Dritten.** Während die Drittbestimmung eines Erben lediglich als feststellende Bezeichnung zulässig ist und daher einen zu schwankenden Boden für eine zuverlässige letztwillige Anordnung bildet, kann, wenn das Unternehmen Gegenstand eines Vermächtnisses, einer Auflage oder einer Teilungsanordnung ist, kraft ausdrücklicher gesetzlicher Bestimmungen der vom Erblasser ermächtigte Dritte bei der Auswahl des Bedachten echte Ermessensentscheidungen treffen (*Westermann* FS Möhring, 1965, 183 (194)). Nach § 2151 Abs. 1 BGB kann der Erblasser mehrere mit einem Vermächtnis in der Weise bedenken, dass der Beschwerte oder ein Dritter (Bestimmungsberechtigter) zu bestimmen hat, wer von ihnen das Vermächtnis erhalten soll. Der Erblasser darf die Auswahl allerdings nur aus einem objektiv bestimmbaren, beschränkten und leicht überschaubaren Personenkreis anordnen (RGZ 96, 15 (17)). Es muss sich um ein Vermächtnis handeln, also die Zuwendung eines oder mehrerer einzelner Vermögensgegenstände, etwa eines Unternehmens. Grundsätzlich entscheidet der Bestimmungsberechtigte bei der Auswahl nach Belieben und seine Entscheidung ist gerichtlich nicht nachprüfbar (Staudinger/*Otte,* Bearbeitung 2013, § 2151 Rn. 6 u. 7). Der Erblasser kann jedoch Auswahlrichtlinien festlegen und dabei wiederum entweder eine gerichtliche Überprüfungsmöglichkeit zulassen oder ausschließen (Staudinger/*Otte,* Bearbeitung 2013, § 2151 Rn. 7). Die Auswahl ist vom Bestimmungsberechtigten dem Beschwerten gegenüber formlos zu erklären (§ 2151 Abs. 2 BGB). Kann oder will der Dritte die Wahl trotz Fristsetzung durch das Nachlassgericht nicht treffen, sind alle, die als Bedachte in Frage kommen, Gesamtschuldner (§ 2151 Abs. 3 BGB). *Schäfer* BWNotZ 1962, 206 schlägt deshalb vor, dasjenige Kind, das Antrag auf Fristsetzung nach § 2151 Abs. 3 BGB stellt, von dem Vermächtnis auszuschließen (aA *Klunzinger* BB 1970, 1201). Ein Widerruf der Auswahlerklärung ist nicht mehr zulässig, sobald sie dem Beschwerten zugegangen ist (*Klunzinger* BB 1970, 1201 BB 1970, 1201 mwN). Bezüglich der Bedenken gegen die Zulässigkeit der Drittbestimmung im Falle das vermachte Unternehmen das ganze oder nahezu ganze Vermögen des Erblassers ausmacht, dh der Zulässigkeit der Drittbestimmung beim Universalvermächtnis, → Form. XII.5 Anm. 11. Zur Kombination von Bestimmungsrechten des Erben mit einem Zweckvermächtnis zum „Supervermächtnis" → Form. XII.24 Anm. 2 (2) d).

(3) Wenn, wie im Formular, die Abkömmlinge gleichgestellt werden sollen, ist eine weitere Gestaltungsmöglichkeit die Teilungsanordnung in der Variante des § 2048 S. 2 BGB, der Teilung nach billigem Ermessen eines Dritten, hier des Testamentsvollstreckers. Dieser hätte auf Grund Anordnung des Erblassers den Unternehmensnachfolger im Rahmen der Verteilung des Nachlasses nach billigem Ermessen zu bestimmen (*Langenfeld* S. 79).

(4) Teilweise (*Westermann* FS Möhring, 1965, 183 (197); *Klunzinger* BB 1970, 1197; aM *Schlüter* ErbR, 12. Aufl. § 14 IV 4b) wird auch für zulässig gehalten gem. § 2193 BGB (Zweckauflage) eine Auflage „zum Zweck der Erhaltung eines Unternehmens" anzuordnen und die Auswahl des Leistungsempfängers einem Dritten zu überlassen. Das hätte den Vorteil, dass die Zweckbestimmung durch den Erblasser ausreichen würde, während die Bestimmung des Umfangs der Leistung und der Person des Empfängers ins

freie Belieben des Bestimmungsberechtigten gestellt werden könnte (Staudinger/*Otte,* Bearbeitung 2013, § 2193 Rn. 7).

(5) Ähnliche Probleme treten auf, wenn ein Erblasser an einer Personengesellschaft beteiligt ist. Zwar legt hier meist der Gesellschaftsvertrag fest, aus welchem Personenkreis ein Gesellschafter seinen Nachfolger bestimmen kann und darf. Doch lässt der Gesellschaftsvertrag meist einen ausreichenden Spielraum, innerhalb dessen der Gesellschafter gegebenenfalls durch eine in einer Verfügung von Todes wegen angeordneten Drittbestimmungsermächtigung die Nachfolge in gleicher Weise regeln kann wie der Einzelunternehmer (*Haegele* BWNotZ 1972, 74 (78)).

Zur Problematik der Drittbestimmung des Zuwendungsempfängers siehe eingehend *Stiegeler,* Der Grundsatz der Selbstentscheidung des Erblassers, 1985, Diss. Freiburg.

5. Der Vermächtnisnehmer braucht im Gegensatz zum Erben (§ 1923 BGB) beim Erbfall weder bereits leben noch wenigstens erzeugt sein (§ 2178 BGB). Die Vermächtnisnehmer können daher, wie hier, vom Erblasser ohne weiteres statt namentlich, zum durch bestimmte Merkmale erst nach dem Erbfall liegenden Vermächtnisfall bestimmbar bezeichnet werden (§§ 2178, 2179 BGB). Die Berufung von Ersatzvermächtnisnehmern (§ 2190 BGB) erübrigt sich in diesem Fall.

Wenn ein Abkömmling den Pflichtteil verlangt, muss er auf seine potentielle Benennung als Vermächtnisnehmer verzichten (§ 2306 BGB bzw wenn anders als hier nicht als Erbe eingesetzt: § 2307 BGB) und scheidet als Unternehmensnachfolger aus. Das dürfte dem typischen Erblasserwillen entsprechen, sodass hier kein allgemeiner Regelungsbedarf besteht und es auch unbedenklich ist, dass ein Pflichtteilsanspruch vor der Benennung verjähren kann (zu Gestaltungsmöglichkeiten *Hölscher* ZEV 2015, 677).

6. **Atypische stille Gesellschaft.** Die gesetzlich in den §§ 335 ff. HGB geregelte typische stille Gesellschaft ist reine Ergebnisbeteiligung, dh der Stille ist nur am Gewinn und Verlust, nicht aber an der Substanz des Geschäfts beteiligt und ihm stehen auch keine Geschäftsführungsbefugnisse zu (*Blaurock,* Handbuch der stillen Gesellschaft, 6. Aufl. 2003, Rn. 1.27). Beide Merkmale können vertraglich geändert werden. Es kann, wie hier, mit schuldrechtlicher Wirkung angeordnet werden, dass der Stille im Innenverhältnis der Gesellschafter zueinander am Geschäftsvermögen einschließlich der stillen Reserven wie ein Kommanditist beteiligt sein soll (*Blaurock,* Rn. 1.29). Es handelt sich dann um eine atypische stille Gesellschaft, die sich einkommensteuerlich dahin auswirkt, dass der Stille mit den anderen Gesellschaftern eine Mitunternehmerschaft im Sinne des § 15 Abs. 1 Ziff. 2 EStG bildet (*Blaurock,* Rn. 20.50). Durch diese Gestaltung sind alle Erben finanziell gleichgestellt und der Unternehmensnachfolger hat lediglich die Geschäftsführungsbefugnis und sein daraus resultierendes Gehalt den anderen voraus.

7. **Mehrere Testamentsvollstrecker.** Mehrere Testamentsvollstrecker führen ihr Amt grundsätzlich gemeinschaftlich und zwar im Innen- wie im Außenverhältnis (Staudinger/*Reimann,* Bearbeitung 2016, § 2224 Rn. 12), bei Meinungsverschiedenheiten entscheidet das Nachlassgericht (§ 2224 Abs. 1 S. 1 BGB). Da der Erblasser hiervon gem. § 2224 Abs. 1 S. 2 BGB abweichende Anordnungen treffen darf, kann er die Aufgabenkreise teilen und jedem Testamentsvollstrecker einen bestimmten Wirkungskreis zuweisen und zwar im Innen- und Außenverhältnis gleich oder verschieden (Staudinger/*Reimann,* Bearbeitung 2016, § 2224 Rn. 7–9; Palandt/*Weidlich* § 2224 Rn. 1 – „Nebenvollstreckung“).

8. **Führung des Unternehmens in der Zwischenzeit durch den Testamentsvollstrecker.** (*Goebel* ZEV 2003, 261). Zentrale Frage beim frühzeitigen Unternehmertestament ist, wer das Unternehmen in der Zwischenzeit vom Erbfall bis zur Altersreife der möglichen Nachfolger führen soll. Falls sie dazu bereit und in der Lage ist, besteht die einfachste Zwischenlösung in der Alleinerbeinsetzung der zugleich auswahlberechtigten Ehefrau des Unternehmers. Will oder kann sie das Unternehmen nicht führen, könnte an sich die

Miterbengemeinschaft der möglichen Nachfolger bis zur Bestimmung des Vermächtnisnehmers als Träger des Unternehmens fungieren und man es etwa durch Handlungsbevollmächtigte oder Prokuristen führen lassen. Grundsätzlich kann eine Erbengemeinschaft als solche das Handelsgeschäft eines Einzelkaufmanns unter der alten Firma mit oder ohne Nachfolgezusatz als werbendes weiterführen (BGHZ 92, 259 = NJW 1985, 136; jurisPK/*Otto*, 7. Aufl. § 2032 Rn. 38 mN). Die Erbengemeinschaft wird dadurch nicht zur OHG, lediglich auf das Verhältnis der Miterben zueinander findet das Recht der OHG entspr. Anwendung (BGHZ 17, 299 = NJW 1955, 1227). Dann könnten aber die unreifen Erben im Unternehmen mitreden, was der Erblasser gerade nicht will, oder, falls sie noch minderjährig sind, läge die Last wieder bei der Mutter und die Fortsetzung des Geschäfts in dieser Weise bedürfte der vormundschaftsgerichtlichen Genehmigung (§ 1822 Ziff. 3 BGB; RGZ 127, 157). Es bleibt somit letztlich nur, wie im Formular, der Weg der Ernennung eines Testamentsvollstreckers. Da die Lösung dann mit dem Testamentsvollstrecker steht und fällt, sollte nur ernannt werden, wer sich dazu bereit erklärt hat. Eine gesetzliche Pflicht zur Übernahme des Amtes eines Testamentsvollstreckers besteht nicht. Die Verpflichtung zur Übernahme kann aber durch Vertrag des Erblassers mit dem Ernannten begründet werden (RGZ 139, 41; Staudinger/*Reimann*, Bearbeitung 2016, § 2202 Rn. 26). Dies dürfte beim vorzeitigen Unternehmertestament zweckmäßig sein. Der Testamentsvollstrecker könnte als solcher allerdings nur das Unternehmen abwickeln und versilbern. Er kann, da er nicht persönlich haftet, aber auch die Erben persönlich nicht zu verpflichten vermag, das einzelkaufmännische Unternehmen allein aufgrund seiner Stellung als Testamentsvollstrecker nicht fortführen (*John* BB 1980, 757 mwN Fn. 1; vgl. auch zur Unternehmensumwandlung *Frank* ZEV 2003, 5). Zur Lösung dieses Dilemmas haben Rspr. (BGHZ 12, 100 = NJW 1954, 636 = DNotZ 1954, 270) und Schrifttum folgende Ersatzlösungen entwickelt, die im Wesentlichen darauf hinauslaufen, dass entweder der Erbe (Vollmachtslösung) oder der Testamentsvollstrecker (Treuhandlösung) die unbeschränkte Haftung übernehmen. Die Ersatzlösungen werden hinfällig, wenn sich die Einschätzung von *Weidlich* NJW 2011, 641, durchsetzt, wonach es dem Gesetz heute auf einen Mindesthaftbetrag nicht mehr ernstlich ankommt (vgl. § 5a GmbHG).

(1) **Vollmachtslösung.** Der oder die Erben bleiben dabei Inhaber des ererbten (§ 22 HGB) Unternehmens und werden, was möglich ist (jurisPK/*Otto,* 7. Aufl. § 2032 Rn. 38 mN), als Erbengemeinschaft im Handelsregister eingetragen und zwar, da unzulässig, ohne Testamentsvollstreckervermerk. Die Erbengemeinschaft wird dadurch nicht zur OHG (RGZ 132, 138), lediglich auf die Rechtsbeziehungen der Miterben untereinander können die Rechtssätze des Rechts der OHG entspr. angewendet werden (BGHZ 17, 299 = NJW 1955, 1227). In Vollmacht und im Namen der Erben führt der Testamentsvollstrecker das Unternehmen fort mit der Folge, dass er persönlich weder für die Alt- noch die Neuschulden haftet, die Erben für die Neuschulden unbeschränkt haften und für die Altschulden sofern sie das Geschäft ohne die Firma fortführen erbrechtlich beschränkbar und falls sie es unter Übernahme der Firma mit oder ohne Nachfolgezusatz fortführen unbeschränkt (§§ 25, 27 HGB) jedoch mit der Möglichkeit durch Bekanntmachung oder entsprechenden Eintrag im Handelsregister auch dann nur erbrechtlich beschränkbar zu haften (§ 25 Abs. 2 HGB entspr.; zu den maßgeblichen Fristen *Progl* ZErb 2006, 181 (184))). Die Verwaltungs- und Verfügungsbefugnisse, die der Testamentsvollstrecker bei der Vollmachtslösung zur Fortführung des Unternehmens bedarf, ergeben sich nur zum Teil aus seinem Amt. Um den Erben persönlich verpflichten zu können, benötigt er eine entsprechende Bevollmächtigung über den Rahmen der §§ 2206, 2207 BGB hinaus durch den Erben (BGHZ 12, 100 (103); *John* BB 1980, 757 (758) mwN für die Vollmachtslösung unter Fn. 3). Diese Vollmacht darf dabei keine gegenständlichen Beschränkungen aufweisen, außer vielleicht die auf „alle Geschäfte, die im Betrieb des Handelsunternehmens anfallen", da sie eine der des Einzelunternehmers entsprechende Haftung der Erben erzielen muss (*John* BB 1980, 757 (758)). Ferner darf der Erbe dem Testaments-

vollstrecker die Vollmacht nicht ohne stichhaltige Begründung entziehen können (*John* BB 1980, 757 (758)). Der Erblasser muss ausdrücklich (BGHZ 12, 100 (104)) durch entsprechende testamentarische Bedingung (§§ 2074 ff. BGB) oder Auflage (§§ 1940, 2192 ff. BGB) die Erben zur Erteilung dieser Vollmacht verpflichten. Gem. §§ 2208 Abs. 2, 2194 BGB kann dann der Testamentsvollstrecker von den Erben die Vollziehung der Bedingung oder Auflage verlangen (BGHZ 12, 100 (103)). Eingehend über Druckmittel des Erblassers zur Sicherung der Erteilung der Vollmacht bei *Winkler,* Der Testamentsvollstrecker, 18. Aufl. Rn. 328 ff. Die Vollmachtslösung ist problematisch geworden, seit sich die Stimmen mehren, der Erbe könne nicht gezwungen werden, gegen seinen Willen das Handelsgeschäft selbst zu betreiben und handelsrechtlich voll zu haften. Der BGH BB 1969, 773 = WPM 1969, 492 hat im Gegensatz zu RGZ 172, 199 hinsichtlich des ähnlichen Problems, ob der Erbe durch Auflage gezwungen werden könne, einem Testamentsvollstrecker die Ausübung der Mitgliedschaftsrechte an einer Personengesellschaft zu überlassen, Bedenken geäußert. Bedenken rühren auch daher, dass die Vollmacht nie verdrängend sein kann (zum Ganzen Langenfeld/Gail/*Kühn,* Teil IV Rn. 202). Da im Handelsregister nur die Erben eingetragen sind, bleibt bei der Vollmachtslösung einem Dritten der interne Ausschluss der Erben von der Geschäftsführung verborgen. Sind die Erben noch minderjährig, so bedarf auch diese Gestaltung der vormundschaftsgerichtlichen Genehmigung (§ 1822 Ziff. 3 BGB; RGZ 127, 157).

(2) **Treuhandlösung.** Hier führt der Testamentsvollstrecker das Handelsgeschäft nach außen im eigenen Namen und in eigener unbeschränkter Haftung fort, im Innenverhältnis allerdings für Rechnung der Erben als deren Treuhänder (*John* BB 1980, 757 (758 ff.) mwN für die Treuhandlösung unter Fn. 9). Der Testamentsvollstrecker wird bei dieser Amtsführungsmöglichkeit als Inhaber des Geschäftes in das Handelsregister eingetragen ohne Rücksicht darauf, dass er im Innenverhältnis für Rechnung und Risiko der Erben handelt, dh ohne Vermerk der Testamentsvollstreckung (Staudinger/*Reimann*, Bearbeitung 2016, § 2205 Rn. 152). Bei der Handelsregisteranmeldung haben die Erben, da sie nach außen die Übertragung eines Handelsgeschäftes anmelden, mitzuwirken (MüKoBGB/*Zimmermann* § 2205 Rn. 27). Auch bei der Treuhandlösung muss der Erblasser durch Auflage die Erben, zumindest konkludent durch die Anordnung der Testamentsvollstreckung, verpflichten, eine treuhänderische Übertragung des Geschäftes auf den Testamentsvollstrecker vorzunehmen, da die Fortführung des Geschäftes über seine Amtsbefugnisse hinausgeht und der Testamentsvollstrecker gegen die Erben auch einen Anspruch auf Befreiung von seiner unbeschränkten Außenhaftung für die übernommenen und neu begründeten Geschäftsschulden nach §§ 2218, 670 BGB erhält (MüKoBGB/*Zimmermann* § 2205 Rn. 28; BGHZ 12, 100 (104)). Für die Altschulden haften die Erben nach der treuhänderischen Übertragung nicht mehr persönlich, da sie selbst den Geschäftsbetrieb eingestellt haben (§ 27 Abs. 2 HGB; *John* BB 1980, 758). Dem Testamentsvollstrecker wird man bei der Treuhandlösung die Möglichkeit geben müssen, die Haftung für die Altschulden entspr. §§ 27 Abs. 1, 25 Abs. 2 HGB auf den Nachlass zu beschränken (Staudinger/*Reimann*, Bearbeitung 2016, § 2205 Rn. 151; *Schelter* DNotZ 1976, 703; *John* BB 1980, 759; aM *Haegele* Rpfleger 1973, 113 (114)), insbesondere dann, wenn, wie bei der Ermächtigung des Testamentsvollstreckers zur Erbenauswahl, ein Erbe noch nicht feststeht. Für neu begründete Geschäftsschulden haftet der Testamentsvollstrecker unbeschränkt mit seinem Privatvermögen. In der Variante der Verwaltungs- oder Ermächtigungstreuhand bleiben die Erben Eigentümer des Geschäftsvermögens und Inhaber der zu ihm gehörenden Forderungen. Der Testamentsvollstecker kann über das Geschäftsvermögen kraft der ihm erteilten Ermächtigung verfügen (*John* BB 1980, 759). Das Geschäftsvermögen haftet für von ihm begründeten Verbindlichkeiten nur, wenn er die ihm gezogenen Grenzen nicht überschreitet (KG JW 1939, 104; *Holch* DNotZ 1956, 292). Da jedoch eine Verpflichtungsermächtigung nicht anerkannt wird, stößt die Begründung der Verpflichtung des Geschäftsvermögens durch den Testa-

mentsvollstrecker auf Schwierigkeiten (*John* BB 1980, 759 mwN) und da auch eine Erwerbsermächtigung nicht anerkannt wird, kann auch der Erwerb neuer Gegenstände für das Geschäftsvermögen nur durch analoge Anwendung des Surrogationsprinzips begründet werden. *John* BB 1980, 757 (760 f.) schlägt deshalb vor, der Erblasser solle bei der Treuhandlösung anordnen, dem Testamentsvollstrecker alle zum Handelsgeschäft gehörenden Rechtsgegenstände mit Ausnahme der Betriebsgrundstücke sowie allen späteren Erwerb zu vollem Recht zu übertragen (Vollrechtstreuhand). Er wird statt zur ordnungsgemäßen Verwaltung (§ 2216 Abs. 1 BGB) zum unternehmerischen Handeln im Rahmen der Sorgfalt eines ordentlichen Kaufmanns verpflichtet und berechtigt. Dann kann sich der Testamentsvollstrecker nach dem Erbfall diese Positionen durch Geschäft mit sich selbst ohne Mitwirkung der Erben verschaffen.

(3) Weitere Gestaltungsmöglichkeiten bezüglich der Verwaltung eines Einzelunternehmens durch einen Testamentsvollstrecker sind zB seine Fortführung durch Verpachtung oder die Freigabe des Handelsgeschäfts durch den Testamentsvollstrecker an die Erben im Außenverhältnis (§ 2217 BGB) unter Vorbehalt der Entscheidungsbefugnis im Innenverhältnis („Weisungsgeberlösung", Staudinger/*Reimann*, Bearbeitung 2016, 2205 Rn. 57 f.).

(4) Die Probleme sind bei der Verwaltung von Personengesellschaftsanteilen durch einen Testamentsvollstrecker im Wesentlichen die gleichen. Auch hier kann der Erblasser, vorausgesetzt, dass die übrigen Gesellschafter damit einverstanden sind, durch entsprechende Auflagen oder Bedingungen als Druckmittel die Ausübung der Gesellschafterrechte durch den Testamentsvollstrecker als treuhänderischer Gesellschafter oder als Erben-Bevollmächtigter anordnen.

**9. Testamentsvollstreckervergütung** (*Haas/Lieb* ZErb 2002, 202; *Rott* notar 2018, 43). Um dem Testamentsvollstrecker die Übernahme des Amtes annehmbar zu machen, sollte ihm der Erblasser eine Umsatz- oder Gewinnprovision zugestehen. Diese sollte für den Fall der Treuhandlösung wegen der unbeschränkten persönlichen Haftung des Vollstreckers wesentlich höher sein.

Gem. § 2221 BGB hat der Testamentsvollstrecker Anspruch auf eine angemessene Vergütung. Vorrang hat die Bestimmung des Erblassers. Er kann die Vergütung ausschließen oder konkret ausgestalten. Soweit die vom Erblasser zugebilligte Vergütung den angemessenen Betrag überschreitet, wird sie allerdings in einem etwaigen Nachlassinsolvenzverfahren als ein durch die Übernahme des Amtes bedingtes Vermächtnis angesehen (Staudinger/*Reimann*, Bearbeitung 2016, § 2221 Rn. 26). Steuerrechtlich kommt für diesen Teil der Vergütung aber nur bei besonderem Naheverhältnis eine Erbschaftsteuerpflicht in Betracht (BFH NJW 2005, 1967). Die Vergütung darf nicht so hoch sein, dass sie sittenwidrig und damit nichtig ist (OLG Köln BeckRS 2015, 7700: Vergütung überschreitet die Empfehlung einschlägiger Tabellen um über 100 %). Hat der Erblasser die Vergütung aus Sicht des gewünschten Testamentsvollstreckers zu gering bestimmt, dann liegt es bei ihm, das Amt abzulehnen, zu kündigen (§ 2226 BGB) oder mit den Erben über die Vergütung zu verhandeln.

Einen ausdifferenzierten Vergütungsvorschlag, der insbesondere die Art (Dauer- oder Abwicklungsvollstreckung, unternehmerischer oder privater Bereich), Aufwendigkeit (Gesaltungsaufgaben, Miterledigung steuerlicher Aspekte) der Testamentsvollstreckung und die Verantwortung des Amtes (etwaige Mittestamentsvollstrecker, Wert des zu verwaltenden Nachlasses) berücksichtigt, enthält die vom Deutschen Notarverein im Jahr 2000 (notar 2000, 2) veröffentlichte Vergütungsempfehlung (auch sog neue Rheinische Tabelle). Die Vergütungssätze dieser Tabelle (ausf kommentiert von *Muscheler* Hereditare 2016, 183–256) gelten in der Rechtsprechung als Anhaltspunkt einer angemessenen Vergütung (OLG Schleswig ZEV 2009, 625), teilweise werden sie aber auch als recht hoch kritisiert *Zimmermann* ZEV 2001, 334). Daneben kommen auch andere Tabellen zum Einsatz (zB Möhringsche Tabelle: modifiziert bei *Möhring/Beisswingert/*

*Klingelhöffer*, Vermögensverwaltung in Vormundschafts- und Nachlaßsachen, 7. Aufl. 1991, 224 ff.; Klingelhöffersche Tabelle: *Klingelhöffer*, Vermögensverwaltung in Nachlaßsachen, 2002, Rn. 323; Berliner Praxistabelle: *Gerold/Schmidt/Madert* u. a., BRAGO, 14. Aufl. 1999, § 1 Rn. 25; Groll in: *Groll*, Praxis-Handbuch Erbrechtsberatung, 2001, C IX Rn. 213). Der Erblasser, der sich aus den verschiedenen Konstellationen einer Tabelle bestimmte Regelungen zu Eigen machen will, sollte sie ausdrücklich in seine letztwillige Verfügung aufnehmen. Beschränkt er sich auf die Festlegung, dass eine bestimmte Tabelle als angemessene Herleitung dienen soll, sollten vorsorglich wenigstens ein Mindest- und ein Höchstbetrag (Prozentanteil) vom Nachlass als Grenzen der Gesamtvergütung festgeschrieben werden. Denn förmlich verweisungsfähig in einer notariellen Urkunde (§ 13, § 13a oder § 14 BeurkG) existieren die Tabellen nicht (MüKoBGB/*Zimmermann* § 221 Rn. 4). Eine wohl hM akzeptiert zwar dennoch einen allgemeinen Verweis (*Muscheler* Heriditare 2017, 183 (189) mwN: es gilt § 291 ZPO; Muster: KölnerFormularbuch/*Dorsel* 9.Kap Rn. 173). Aber auch wenn man dem folgt, stellt sich sofort die Folgefrage, ob ein pauschaler Verweis statisch oder dynamisch gemeint war. Es wird auch bestritten, dass dem Erblasser die aus einem Grundbetrag und diversen Zusatzgebühren sich ergebende Vergütungshöhe immer bewusst war (MüKoBGB/*Zimmermann* § 2221 Rn. 4).

**10. Haftung des Testamentsvollstreckers** (allgemein zur besonderen Haftung bei unternehmensfortführung im eigenen Namen s Anm 8). Korrespondierend mit der starken Stellung des Testamentsvollstreckers trifft ihn gegenüber den Erben und Vermächtnisnehmern gem 2219 BGB eine strenge Haftung für jedes Verschulden. Anderen Personen gegenüber haftet der Testamentsvollstrecker wie Jedermann deliktisch, auch wenn er eine unerlaubte Handlung bei der Vewaltung des Nachlasses begangen hat (BGH WM 1957, 514). Das Verschulden eines Gehilfen hat er nach § 278 BGB wie eigenes zu vertreten. Bei Aufgabenübertragung auf Dritte (Rechtsberater, Hausverwaltungsfirma, Handwerker etc.) kommt es darauf an, ob dies ausdrücklich oder nach den Umständen zulässig war. Ist das der Fall, dann haftet der Testamentsvollstrecker für sorgfältige Auswahl, Anweisung und Überwachung des Dritten; bei unerlaubter Übertragung für jeden Schaden, der ausgeblieben wäre, wenn der Testamentsvollstrecker selbst gehandelt hätte (MünchKomm/*Zimmermann* § 2219 Rn. 4).

Von dieser Haftung kann der Erblasser nicht befreien (§ 2220 BGB). Auch Erleichterungen im Haftungsmaßstab und das sog Befreiungsvermächtnis (vermacht wird der Anspruch, von etwaigen Schadensersatzansprüchen freigestellt zu werden) gelten als unwirksam. Handelt der Testamentsvollstrecker mit Zustimmug der Erben, schließt das seine Haftung gegenüber den (hinreichend informierten) zustimmenden Erben oder Vermächtnisnehmern aus. In den Fällen des § 2206 BGB hat er einen Anspruch auf solche Zustimmung. Die Erben (nur gemeinsam) können auch eine generelle Haftungserleichterung vereinbaren (MünchKomm/*Zimmermann* § 2219 Rn. 3 mN). Es wäre aber wohl unzulässig, wenn der Erblasser den Abschluss einer solchen Vereinbarung seinen Erben zur Auflage macht.

Es bleibt somit nur, dem Testamentsvollstrecker ggfs eine Haftpflichtversicherung zu finanzieren. Das kann über die Vergütungsanordnung oder als eigenes Vermächtnis (der jährlich für eine angemessene Versicherung erforderlichen Beiträge) an den Testamentsvollstrecker erfolgen. Ohne eine derartige Anordnung dürfte dem Testamentsvollstrecker die Entnahme einer der eigenen Absicheurng dienenden Versicherungsprämie aus dem Nachlass allerdings verwehr sein.

**11. Benennung des Vormunds.** → siehe → Form. XII. 23 Anm. 9.

**12. Versorgung der Ehefrau.** Die Vermächtnisse zur Versorgung der Ehefrau müssen so großzügig bemessen sein, dass sie sich nicht veranlasst sieht, nach ihrer Ausschlagung entweder den großen Pflichtteil (§ 2307 Abs. 1 S. 1 BGB) oder, falls die Eheleute im gesetzlichen Güterstand lebten, den kleinen Pflichtteil plus güterrechtlichen Zugewinnausgleich (§ 1371 Abs. 1, 2 BGB) zu verlangen. Ausschließen kann der Erblasser diese Möglichkeit nur durch einen mit seiner Ehefrau notariell abzuschließenden Pflichtteilsverzichtsvertrag. Da sie sonst trotzdem nach Ausschlagung der Vermächtnisse den güterrechtlichen Ausgleich verlangen könnte, wäre er durch den ehevertraglichen Ausschluss lediglich des güterrechtlichen Zugewinnausgleichs nach § 1371 Abs. 2 BGB zu ergänzen. Deswegen Gütertrennung gem. § 1414 BGB zu vereinbaren, dürfte nicht zweckmäßig sein, da dann der Freibetrag nach § 5 Abs. 1 ErbStG verloren ginge (*Troll/Gebel/Jülicher*, Erbschaftssteuer- und Schenkungsteuergesetz, § 5 Rn. 2).

**13. Zweckvermächtnis einer Rente.** Nach § 2156 BGB kann der Erblasser bei der Anordnung eines Vermächtnisses, dessen Zweck er bestimmt hat, die konkrete Bestimmung der Leistung dem billigen Ermessen des Beschwerten oder eines Dritten überlassen. Der Erblasser muss den Bedachten bestimmt bezeichnen und rechtsverbindlich anordnen, dass er etwas aus seinem Nachlass erhalten soll, dh die Entscheidung über das „Ob" selbst treffen (MüKoBGB/*Rudy* § 2156 Rn. 2). Ferner muss er den Vermächtniszweck so genau bezeichnen, dass der Bestimmungsberechtigte genügend Anhaltspunkte für die Ausübung seines billigen Ermessens hat. Lediglich die Bestimmung des Vermächtnisgegenstandes kann er dem Beschwerten oder einem Dritten, nicht jedoch dem Bedachten überlassen. Eine in dieser Weise vermachte Rente gewährleistet die nötige Elastizität, die sowohl vom Standpunkt des Verpflichteten als auch der Berechtigten wünschenswert erscheint (*Schäfer* BWNotZ 1962, 188 (207 f.)). Ferner bietet sie den Vorteil, dass sie keiner Genehmigung des Bundesamts für Wirtschaft bedarf. Da im Formular die drei Kinder finanziell einander gleichgestellt werden, erscheint es billig, sie auch im Verhältnis ihrer Erbteile mit dem Vermächtnis zu beschweren (§ 2148 BGB). Müsste der Übernehmer des Unternehmens seinen Geschwistern jedoch keinen vollwertigen Ausgleich leisten und deshalb allein die Vermächtnislast tragen, wäre dies ausdrücklich anzuordnen (§ 2148 BGB). Mit einer solchen Anordnung kann der Erblasser sowohl die Verteilung der Vermächtnislast im Innenverhältnis als auch die Haftung für das Vermächtnis im Außenverhältnis gegenüber dem Vermächtnisnehmer abweichend vom Gesetz und auch untereinander verschieden regeln (Staudinger/*Otte*, Bearbeitung 2013, § 2148 Rn. 2).

**14. Steuern. (1) Erbschaftsteuer.** Die Erben sind mit dem Nachlass gem. § 3 Abs. 1 Ziff. 1 ErbStG entsprechend ihrer Steuerklasse und ihren Freibeträgen erbschaftsteuerpflichtig. Bei jedem Erben entsteht dabei gem. § 39 Abs. 2 Nr. 2 AO die Steuer in Höhe des Bruchteils seiner Erbquote (*Troll/Gebel/Jülicher*, Erbschaftsteuer- und Schenkungsteuergesetz, § 12 Rn. 16). Die Vorausvermächtnisse werden jeweils in der Weise berücksichtigt, dass bei jedem Erben die Summe des Wertes seines Erbanteils gemindert um den anteiligen Vermächtniswert plus dem Wert seines Vorausvermächtnisses zu versteuern ist (*Troll/Gebel/Jülicher* § 3 Rn. 115). Da die Vorausvermächtnisse bedingt sind, entsteht die Steuerschuld für sie erst mit dem Eintritt der Bedingung (§ 9 Abs. 1 Nr. 1a ErbStG). Die erbschaftsteuerliche Berücksichtigung von evtl. durch die Vorausvermächtnisse ungleichen Zuwendungen bezüglich der Erben kann daher erst dann vorgenommen werden. Bis zu diesem Zeitpunkt sind die Vermächtnisgegenstände gem. § 5 Abs. 1 BewG von den Erben entsprechend ihrer Erbquoten zu versteuern. Die Versteuerung des einzelkaufmännischen Unternehmens erfolgt gem. § 12 ErbStG aus den nach dem BewG ermittelten Werten. Da das Unternehmensvermächtnis und die Gleichstellungsvermächtnisse nicht auf den Tod des Beschwerten fällig sind, stehen sie nicht nach § 6 Abs. 4 ErbStG den Nacherbschaften gleich und es fällt deshalb nicht zweimal für das gleiche Vermögen Erbschaftsteuer an (*Troll/Gebel/Jülicher* § 6 Rn. 55). Das ist ein Vorteil gegenüber der Nacherbschaftslösung des → Form. XVI.12. Besondere Planung bedürfen die Auswirkungen der erbschaftsteuerlichen Begünstigung für Betriebsvermögen gemäß §§ 13a, 13b

ErbStG. Die Idee des Gesetzgebers ist hier, dass die Begünstigungen beim Erwerber des Unternehmens konzentriert werden.

(2) **Einkommensteuerliche Behandlung der Unternehmensnachfolge:** Befindet sich im Nachlass Betriebsvermögen, ist jeweils bei der Testamentsgestaltung zu beachten, ob beim Erbfall eine Gewinnrealisierung iSd § 15 EStG (Vollzug der testamentarischen Anordnung führt zur Entnahme) oder § 16 EStG (Abfindung für Unternehmen und Unternehmensanteile) erfolgt. Zur ertragsteuerlichen Behandlung der Erbengemeinschaft und ihrer Auseinandersetzung vgl. BMF BStBl. I 2006, 253).

a) **Abfindung im außerbetrieblichen Bereich.** Seit der Entscheidung des Großen Senats des BFH vom 5.7.1990 (BStBl. II 1990, 837) wird die Erbauseinandersetzung einkommensteuerlich, selbst wenn sie unmittelbar nach dem Erbfall erfolgt, grundsätzlich als ein vom Erbfall getrennter Vorgang betrachtet (BMF BStBl. I 2006, 253 Rn. 2). Kommt es bei der Erbauseinandersetzung zu Abfindungszahlungen, weil einzelne Erben vom Nachlass mehr erhalten als die anderen, so handelt es sich um entgeltliche Vorgänge, die, sofern es sich um Betriebsvermögen handelt, steuerbare Veräußerungsgewinne auslösen. Diese Folge kann, falls dies möglich ist, durch Realteilung des Nachlasses vermieden werden, wenn die Erben das ihnen zugeteilte Betriebsvermögen wiederum einem Betrieb zuführen (vgl. BMF BStBl. I 2006, 253 und I 2006, 228). Die Erfüllung von Vermächtnissen soll jedoch nach wie vor ein unentgeltlicher Vorgang sein.

b) **Erbauseinandersetzung nach Testamentsvollstreckung.** Führt der Testamentsvollstrecker, wie im vorliegenden Formular, bis zur Reife des Unternehmensnachfolgers im Namen und für Risiko der Erben das Unternehmen, dann sind die Erben als Unternehmer anzusehen (BMF BStBl. I 2006, 253 Rn. 1). Streitig ist, ob dies auch dann gilt, wenn das Unternehmen in die Treuhandschaft des Testamentsvollstreckers übergeht (Treuhandlösung) (Unternehmerschaft der Erben bejaht Schmidt, 34. Aufl. 2015 § 15 Rn. 296/301).

c) **Beispiel einer betrieblichen Erbauseinandersetzung ohne Gewinnrealisierung.** Werden, wie im Formular, die weichenden Erben mit atypischen stillen Beteiligungen abgefunden, bleiben sie Mitunternehmer. Wird dabei das gleiche Beteiligungsverhältnis am Gewinn und an den stillen Reserven beibehalten und lediglich die gesellschaftsrechtliche Stellung geändert, werden dadurch die stillen Reserven nicht realisiert (Blaurock, Handbuch der stillen Gesellschaft, 6. Aufl. 2003, S. 482 ff.). Bei Abfindung durch Einräumung eine typischen stillen Beteiligung liegt dagegen ein entgeltlicher Vorgang iSd § 16 EStG gegebenenfalls mit Veräußerungsgewinn oder -verlust vor.

(3) **Einkommensteuerliche Behandlung der Rente.** Zu den Grundzügen der einkommensteuerrechtlichen Behandlung von wiederkehrenden Leistungen (Versorgungsleistungen, Unterhaltsleistungen, wiederkehrende Leistungen im Austausch und einer Gegenleistung) im Zusammenhang mit der Übertragung von Privat- und Betriebsvermögen vgl. BMF BStBl. I 2010, 227. Versorgungsleistungen (dh existenzsichernde Zahlungen im Zusammenhang mit einer unentgeltlichen Vermögensübertragung, deren Leistungen in vollem Umfang nach § 10 Abs. 1a Nr. 2 EStG (§ 10 Abs. 1 Nr. 1a EStG) aF abzugsfähig und bei der berechtigten Ehefrau in vollem Umfang gemäß § 22 Nr. 1a EStG zu versteuern wären) liegen nur unter engen Voraussetzungen vor. In solchen Konstellationen muss zudem geprüft werden, ob nach § 12 Nr. 2 EStG nicht abzugsfähige Unterhaltszahlungen oder wiederkehrende Leistungen für die Veräußerung von Wirtschaftsgütern vorliegen.

**15. Kosten und Gebühren.** → Form. XI.1 Anm. 16. Soweit mit Rente und Wohnungsrecht Gegenstände vermacht werden, die zum Zeitpunkt der Verfügung nicht im Erblasservermögen sind, → Form. XI.4 Anm. 20. Deren Wert ist nach § 52 GNotKG zu bestimmen und dem Nachlassvermögen hinzuzurechnen (§ 102 Abs. 2 GNotKG).

## 9. Vermächtnis einer Rente, einer dauernden Last und eines Wohnungsrechts

Verhandelt zu[1, 2]. . . . .
am . . . . . (auch als eigenhändiges Testament möglich)

§ 1 Erbeinsetzung

Zu meinen Erben setze ich meine beiden erstehelichen Kinder B und C je zur Hälfte ein. Ersatzerben sind deren Abkömmlinge, jeweils nach der gesetzlichen Erbregel erster Ordnung. Mangels Ersatzerben soll Anwachsung eintreten.

§ 2 Vermächtnisse

(1) Meinem Sohn B vermache ich im Voraus meine in meinem Mehrfamilienhaus in . . . . . in der . . . . .-Straße betriebene Metzgerei mit sämtlichen Betriebsmitteln und Einrichtungsgegenständen und mit Aktiven und Passiven soweit sie in meinem Eigentum stehen. Dazu vermache ich ihm ebenfalls im Voraus ein in der Ausübung übertragbares und unentgeltliches Nutzungsrecht als beschränkte persönliche Dienstbarkeit gemäß §§ 1090 ff. BGB an sämtlichen bei meinem Tode durch die Metzgerei gewerblich genutzten Räumlichkeiten und unbebauten Flächen des Grundstücks Flst.Nr. . . . . .[3] Von meinem Tode bis zu seiner Eintragung im Grundbuch soll das Recht schuldrechtlich bestehen. Ein Ersatzvermächtnisnehmer wird für beide Vermächtnisse nicht bestimmt.

(2) Meiner Ehefrau A, geb. E, mit der ich in zweiter Ehe verheiratet bin, vermache ich zu Lasten meines Sohnes B als Vermächtnisnehmer eine monatlich im Voraus ab dem auf meinen Tod folgenden Monat zahlbare Versorgungsrente[4] von 1.250,– Euro monatlich auf Lebenszeit. Die Höhe dieser Rente soll sich sowohl in der Zeit von heute bis zu meinem Tode als auch danach in dem gleichen prozentualen Verhältnis nach oben oder unten verändern, in dem sich der vom Statistischen Bundesamt in Wiesbaden für Deutschland festgestellte Verbraucherpreisindex (Basis 2000 = 100) verändert. Dabei sind bis zu meinem Tode alle Veränderungen zu berücksichtigen, danach soll sich die Rente nur bei Veränderungen über 10 % jeweils ab Beginn des folgenden Jahres entsprechend ändern. Jeweils nach erneutem Eintreten der genannten Bedingungen erfolgt, ausgehend vom Stand der vorangegangenen Anpassung, erneut entsprechende Anpassung. Die Veränderung anderer Umstände als der vorgenannten soll ohne Einfluss auf die Höhe der Rente bleiben, insbesondere soll die Rente nicht durch Veränderungen in der Leistungsfähigkeit des Verpflichteten und/oder dem Bedürfnis der Berechtigten beeinträchtigt werden. Die Rentenberechtigte ist berechtigt, aber nicht verpflichtet, den gesamten für die Zukunft noch ausstehenden, nach finanzmathematischen Grundsätzen unter Zugrundelegung eines Zinssatzes von 5,5 % und der allgemeinen Lebenserwartung der Berechtigten nach der neuesten amtlichen allgemeinen Sterbetafel zu errechnenden Betrag ohne besondere Inverzugsetzung des Verpflichteten auf einmal zu fordern, wenn einer der folgenden Voraussetzungen vorliegt:

a) Zahlungsverzug in Höhe von drei Monaten,
b) Eröffnung des Insolvenz- oder Vergleichsverfahrens,
c) Anordnung des Zwangsversteigerungs- oder Zwangsverwaltungsverfahrens bezüglich des mit der Rentenreallast belasteten Grundstücks.[6]

Die Erben sind verpflichtet, diese Rentenzahlungsverpflichtung innerhalb dreier Monate nach meinem Tode durch Eintragung einer Rentenreallast[5] im Grundbuch auf meinem Mehrfamilienhausgrundstück in . . . . . Flst.Nr. . . . . . im Range innerhalb von 80 % des amtlichen Schätzwerts des Grundstücks dinglich zu sichern. Dabei ist zum dinglichen Inhalt der Reallast zu machen, dass die Berechtigte entsprechend der obigen schuldrechtlichen Verfallklausel bei Eintritt einer der genannten Bedingungen auch aus der Reallast statt der einzelnen Rentenbeträge eine nach den obigen Grundsätzen bestimmte Ablösungssumme gegen Löschung der Reallast verlangen kann.[6] Der Beschwerte hat sich wegen seiner schuldrechtlichen Rentenverpflichtung und die Erben haben sich wegen der dinglichen und persönlichen Ansprüche aus der Rentenreallast ebenfalls innerhalb von drei Monaten nach meinem Tod der sofortigen Zwangsvollstreckung aus notarieller Urkunde zu unterwerfen und zwar unter Verzicht auf den Nachweis der Fälligkeitsbedingungen.[7]

(3) Meiner Ehefrau A, geb. E räume ich ab meinem Tode das lebtägliche, in der Ausübung nicht übertragbare, ausschließliche, schuldrechtliche Wohnungsrecht ein an der abgeschlossenen Wohnung im zweiten Obergeschoss meines Mehrfamilienhauses in ..... in der .....-Straße Nr. ..... nebst dazugehörenden Kellerraum und dem Recht auf Mitbenutzung an sämtlichen zum gemeinschaftlichen Gebrauch der Bewohner bestimmten Anlagen und Einrichtungen des Hauses. Die Berechtigte hat die Kosten der gewöhnlichen Ausbesserung und Erneuerung der Räume zu tragen, während die Eigentümer verpflichtet sind, alle außergewöhnlichen Ausbesserungen und Erneuerungen an den Räumen des Rechts und sämtliche Instandsetzungen des Gebäudes und der Gemeinschaftsanlagen auf ihre Kosten durchführen zu lassen. Die Kosten der Heizung und die üblichen Nebenkosten hat die Berechtigte wie eine Mieterin selbst zu tragen.

Zur Sicherung dieser Rechte haben die Erben innerhalb dreier Monate nach meinem Tode auf dem Grundstück im Range nach der Rentenreallast und noch innerhalb der 80 %-Wertgrenze eine nicht übertragbare Wohnungsreallast[8] betr. Verpflichtung zur Wohnungsgewährung entsprechend der obigen schuldrechtlichen Verpflichtung im Grundbuch eintragen zu lassen. Dabei darf bestimmt werden, dass die Wohnungsreallast erlischt, wenn die Berechtigte die Wohnung dauerhaft aus Gründen nicht mehr bewohnen will oder kann, die weder durch den Zustand der Wohnung begründet noch von den Verpflichteten verschuldet sind, und dass in diesem Fall Geldersatzleistungen nicht geschuldet sind.

(4) Letztlich vermache ich meiner Ehefrau A, geb. E die gesamte Einrichtung unserer Familienwohnung im weitesten Sinne und alle sonstigen persönlichen Gebrauchsgegenstände, soweit sie in meinem Eigentum stehen.

(5) Meiner Tochter C vermache ich im Voraus ebenfalls zu Lasten meines Sohnes B für die Dauer von 10 Jahren ab meinem Tod eine jeweils im Voraus zahlbaren monatlichen Unterhaltszuschuss von 400,– Euro. Die Höhe dieses Zuschusses soll sich ändern, wenn die Leistungsfähigkeit des Zahlungsverpflichteten sich mindert und/oder sich das Unterhaltsbedürfnis der Berechtigten verändert und zwar jeweils ab dem Zeitpunkt meines Todes.

§ 3 Schlussformel

Auf das Pflichtteilsrecht und die Möglichkeit von Pflichtteilsverzichtsverträgen wurde vom beurkundenden Notar hingewiesen.[9] (→ Form. XI.1).

*Schrifttum: Fetsch,* Rentenvereinbarungen und ihre steuerlichen Folgen 1973; *Ivens,* Leitlinien zur Unternehmensnachfolge: Die Vererbung von Einzelunternehmen, ZEV 2010, 462; *Jansen/Wrede,* Renten, Raten, Dauernde Lasten, 7. Aufl. 1980; *Kluge,* Wertsicherungsklauseln in der notariellen Praxis, RNotZ 2000, 409; *Limmer,* Wertsicherungsklauseln und die Neuregelung durch das Euro- Einführungsgesetz, ZNotP 1999, 148; *Nieder/Kössinger,* Hdb. d. Testamentsgestaltung, S. 470 f.; *Roth/Maulbetsch/Schulte,* Vermächtnisrecht, 2013, § 3 Rn. 64 ff.

## Anmerkungen

**1. Sachverhalt.** Der Testierer ist Metzgermeister und betreibt im eigenen Mehrfamilienhaus eine nicht im Handelsregister eingetragene Metzgerei. Er hat aus erster Ehe einen Sohn und eine Tochter. Der Sohn ist selbst Metzger und bereit, das Geschäft weiterzuführen. Die Tochter ist außer Haus. Aus zweiter Ehe sind keine Kinder vorhanden. Seine Ehefrau zweiter Ehe hat lediglich eine kleine eigenständige Rente zu erwarten, soll aus der Substanz des Nachlasses nichts erhalten, jedoch ausreichend versorgt werden. Beide Kinder sollen gleich behandelt werden.

**2. Anwendungsfälle.** (1) Ein Rentenvermächtnis bezweckt wie das Nießbrauchsvermächtnis und die Anordnung einer Vor- und Nacherbschaft einerseits die Erhaltung des Nachlasses für die Abkömmlinge, andererseits die Versorgung des Ehegatten oder anderer Angehöriger. Lässt man steuerliche Erwägungen beiseite, ist der wesentliche Unterschied dieser Gestaltungsmittel, dass Nießbrauch und Vorerbschaft den Berechtigten keinen Eingriff in die Vermögenssubstanz ermöglichen, während, sofern die Rente nicht ertragsabhängig gestaltet ist, der Verpflichtete zu ihrer Erfüllung auch die Vermögenssubstanz angreifen darf und muss. Für die Wahl zwischen diesen Möglichkeiten und die Festsetzung der Höhe der Rente dürften daher im Wesentlichen die verfügbaren Mittel bzw. die Ertragskraft des Unternehmens ausschlaggebend sein. Zu beachten ist aber auch, dass das Rentenvermächtnis dem Berechtigten gegenüber Nießbrauch und Vorerbschaft keinerlei Mitwirkungsmöglichkeit an der Verwaltung des Vermögens bietet, was bei Witwen neben Kindern aus erster Ehe manchmal erwünscht sein kann.

(2) Da die dauernde Last von einer bestimmten Bezugsgröße (zB Einkommen, Gewinn, Umsatz oder die wirtschaftlichen Verhältnisse der Beteiligten) und deren Schwankungen abhängig sein muss, eignet sich diese Lösung weniger zur alleinigen Alterssicherung. Zu erwägen ist die Vereinbarung einer dauernden Last jedoch als Zusatzsicherung und für Zuschüsse an jüngere, weichende Familienmitglieder.

(3) Das Vermächtnis dinglicher Wohnungsrechte nach § 1093 BGB bzw. als Wohnungsreallast und dinglicher Nutzungsrechte nach § 1090 BGB bezüglich unbebauter oder nicht Wohnzwecken dienender Grundstücke bietet, da diese Rechte grundsätzlich unveräußerlich und nicht vererbbar sind (§§ 1092, 1090 Abs. 2, 1061, 1093 Abs. 1 und 1111 BGB), die Möglichkeit, einer Generation die wirtschaftliche Nutzung des Grundstücks zuzuwenden und gleichzeitig der nächsten den Erhalt seiner Substanz zu gewährleisten.

**3. Vermächtnis des Betriebes.** Um eine einkommensteuerlich unerwünschte Entstehung eines Entnahmegewinns zu vermeiden, ist dem den Betrieb fortführenden Sohn B auch der gewerblich genutzte Teil des steuerlich gemischtgenutzten Mehrfamilienhausgrundstücks zuzuwenden. Dies geschieht, da ein Wohnungsrecht nach § 1093 BGB nur bestellt werden kann, wenn das Wohnen der Hauptzweck der Benutzung ist, durch eine einfache beschränkte persönliche Dienstbarkeit nach § 1090 BGB. Da keine vom gesetzlichen Schuldverhältnis abweichende Vereinbarung über die Unterhaltskosten der gewerblichen Räume getroffen werden soll, was nach §§ 1090 Abs. 2, 1021 BGB mit dinglicher Wirkung möglich wäre, hat diese nach §§ 1090 Abs. 2, 1020 S. 2 BGB der Berechtigte zu tragen (RGZ 112, 368; *Nieder* BWNotZ 1975, 3 (5)).

**4. Wertgesichertes Rentenvermächtnis.** Unter Leibrente (§§ 759 ff. BGB) ist bei fehlender gesetzlicher Definition nach der hM ein selbstständiges einheitlich nutzbares Recht (Grund- oder Stammrecht) zu verstehen, das dem Berechtigten für die Lebensdauer eines Menschen (ihm selbst, dem Verpflichteten oder eines Dritten) eingeräumt ist und dessen Erträge aus fortlaufend wiederkehrenden, gleichmäßigen Leistungen in Geld oder vertretbaren Sachen bestehen (RGZ 67, 204 (210); 137, 261; BGH WPM 1966, 248; aM, dh gegen die Zwischenschaltung eines Stammrechts, ua *Reinhart* FS Wahl, 1973, 261). Die Leibrente stellt somit keine Mehrzahl einzelner selbstständiger Ansprüche mit fortlaufend aufeinander folgenden Fälligkeitsterminen dar, sondern ein selbstständiges einheitliches Stammrecht, aus dem die einzelnen Rentenleistungen als Rechtsfrüchte gem. §§ 99, 100 BGB erwachsen. Die einzelnen Rentenleistungen und das Stammrecht müssen dabei von den Gegenleistungen des zugrundeliegenden Verpflichtungsvertrages losgelöst sein (Palandt/*Sprau* § 759 Rn. 8). Entgegen *Ripfel* BWNotZ 1961, 71 (73) verstößt nach heutiger Ansicht die Vereinbarung einer Wertsicherungsklausel nicht mehr gegen das Erfordernis der Gleichmäßigkeit und damit gegen den Begriff der Leibrente (BGH WPM 1980, 593; OLG Celle DNotZ 1977, 548; *Dürkes,* Wertsicherungsklauseln, 9. Aufl. 1982 Rn. F 4; die finanzgerichtliche Rspr.: BFH BStBl. III 1967, 179; 1967, 699; II 1968, 262; sowie die Ansicht der Finanzverwaltung: 22.3 EStR). Befristung oder Bedingung des Stammrechts ist möglich (Palandt/*Sprau* § 759 Rn. 9) so zB auf Lebenszeit aber bei Eingehung einer neuen Ehe entfallend (bedingtes Rentenstammrecht) oder auf Lebenszeit des Berechtigten höchstens bis zum ..... (abgekürzte Leibrente) oder auf Lebenszeit des Berechtigten mindestens jedoch bis zum ..... (verlängerte Leibrente). Die schuldrechtliche Verpflichtung zur Bestellung einer Leibrente und im sie erfüllenden Leibrentenvertrag die Erteilung des Leibrentenversprechens, nicht jedoch seine Annahme, bedürfen, sofern nicht aus anderen Gründen eine schärfere Form vorgeschrieben ist, beide nach § 761 BGB der Schriftform (RGZ 67, 211; Palandt/*Sprau* § 759 Rn. 3). Ersetzt wird Verpflichtungs- und Erfüllungsgeschäft einschließlich seiner Form durch ein Rentenvermächtnis in einer Verfügung von Todes wegen, so dass mit Eintritt des Erbfalls das Stammrecht begründet wird, ohne dass es eines besonderen Vermächtniserfüllungsvertrages durch den Beschwerten bedarf (Palandt/*Sprau* § 761 Rn. 1).

Die Leibrente ist im Formular an den Verbraucherpreisindex für Deutschland gekoppelt (siehe hierzu *Jerschke* in Beck'sches Notarhandbuch, A V Rn. 167 ff.). Seine Schwankungen werden regelmäßig in der NJW und der DNotZ veröffentlicht. Die Wahl des Wertmaßstabes bei der Wertsicherung von Leibrenten entscheidet sich danach, welcher Lebensstandard dem Rentenberechtigten gesichert werden soll und welche Rentensteigerung dem Beschwerten zugemutet werden kann. Eine Lebenshaltungskostenindexklausel gleicht nur die Schwankungen der Verbraucherpreise aus, belässt den Berechtigten also auf dem Lebensstandard bei Beginn der Rente oder Vereinbarung der Klausel, während eine lohn- und gehaltsbezogene Klausel ihn auch an dem steigenden Lebensstandard teilhaben lässt. Da bisher die Löhne und Gehälter stärker stiegen als die Lebenshaltungskosten, führte eine lohn- und gehaltsbezogene Rente zu einer stärkeren Belastung des Verpflichteten als eine indexbezogene (s. hierzu insbes. *Langenfeld* „Testament“ S. 94 f.). Während die Veränderung des Lebenshaltungskostenindex in Punkten ausgedrückt wird, sollte man in der Klausel zweckmäßigerweise auf Prozente abstellen (*Langenfeld* S. 96).

Zweckmäßig ist es, wie im Formular, eine Mindestschwankungsgrenze (hier 10 %) zu vereinbaren (*Dürkes,* Wertsicherungsklauseln, 9. Aufl. D 517 ff.), bei deren Überschreitung die Anpassung dann allerdings im vollen Umfang eintritt. Die Anpassung erfolgt auf Grund der im Formular gewählten Klausel automatisch. Möglich ist auch die Vereinbarung eines Leistungsvorbehalts oder Leistungsbestimmungsvorbehalts, nach dem die Rente bei Änderung der Bezugsgröße durch Parteivereinbarung oder Schiedsgutachten innerhalb eines gegebenen Spielraums angepasst werden muss (*Dürkes* Rn. D 148 ff.). Diese Klausel und die im → Form. XII.10 gewählte Spannungsklausel, dh die Vereinbarung, dass die Geldschuld vom Wert gleichberechtigter Güter oder Leistungen automatisch abhängig sein soll (*Dürkes* Rn. D 5), sind nicht genehmigungspflichtig (ausführlich bei → Form. XII.10 Anm. 8). Fragen der Umstellung älterer Indizes behandelt *Reul* DNotZ 2003, 92.

**5. Sicherungswirkung der Reallast.** Das übliche Mittel der Sicherstellung einer wertgesicherten Leibrente ist die Reallast nach §§ 1105 ff. BGB (BayOblG DNotZ 1969, 492; OLG Celle DNotZ 1977, 548 f.). Die dafür vom Gesetzgeber eigentlich vorgesehene Rentenschuld nach §§ 1199 ff. BGB eignet sich nicht zur Sicherung von sich durch eine Indexklausel automatisch anpassende Renten, da sie im Grundbuch einzutragende der Höhe nach bestimmte Rentenleistungen sowie eine feste Ablösungssumme verlangt, und nicht wie die Reallast nur bestimmbare. Bei der Reallast unterscheidet man folgende voneinander unabhängige Ansprüche und Haftungen: Das Stammrecht der Reallast und die daraus folgenden Einzelleistungen nach § 1107 BGB für die der Eigentümer dinglich mit dem belasteten Grundstück haftet. Daneben haftet der Eigentümer für die während der Dauer seines Eigentums fällig gewordenen Einzelleistungen (§ 1108 BGB) und der Besteller für die durch die Reallast gesicherten Forderungen jeweils persönlich mit ihrem ganzen Vermögen. Zwar können hierbei mangels Akzessorietät die dingliche und schuldrechtliche Gläubiger- und Schuldnerstellung auseinander fallen. Die beides verbindende Sicherungsabrede bietet insoweit aber schuldrechtlich ein Gegenrecht, sobald der schuldrechtliche Anspruch erfüllt ist. Zu ihrer Feststellung genügt eine konkludente Vereinbarung, die hier schon daraus folgen wird, dass mit der Reallastbestellung die insoweit eindeutigen Vorgaben des Testaments erfüllt werden sollen. Unsicher ist die Eintragungsfähigkeit einer so genannten Anrechnungsabrede, wonach schuldrechtliche Verpflichtung und dingliches Stammrecht unmittelbar verknüpft sein sollen (dafür Staudinger/*Amann* § 1105 Rn. 25). Derartige Gestaltungsfreiheit (vgl. § 1108 Abs. 1 Hs. 2) besteht nur für den persönlichen Anspruch aus der Reallast. Er kann direkt davon abhängig gemacht werden, dass schuldrechtliche Leistungspflichten nicht erfüllt wurden (jurisPK-BGB/*Otto*, 7. Aufl., § 1108 Rn. 18 mN). Trotz der Häufung von Ansprüchen kann es Schwierigkeiten geben, wenn die Rente eingetrieben werden muss (s. hierzu insbes. *Ripfel* DNotZ 1969, 84 ff.; *Langenfeld* „Grundstücksschenkung" S. 31 f.). Scheitert nämlich die Vollstreckung in die Erträgnisse des Grundstück und das sonstige Vermögen des Verpflichteten und muss daher der Rentenberechtigte wegen der fälligen Einzelleistungen – wegen des Gesamtrechts ist eine Vollstreckung nicht möglich – in das belastete Grundstück vollstrecken, muss er darauf achten, dass er die Zwangsversteigerung nur aus dem persönlichen Anspruch gegen den Eigentümer aus § 1108 BGB oder aus der gesicherten Forderung betreibt. Betreibt der Berechtigte nämlich aus der dinglichen Forderung gem. § 1107 BGB, so fällt das Stammrecht seiner Reallast, da ja aus ihr betrieben wird, nach § 44 Abs. 1 ZVG nicht als bestehen bleibendes Recht ins geringste Gebot und die Reallast erlischt mit dem Zuschlag (§ 91 ZVG; *v. Hertzberg* MittRhNotK 1988, 55 (62); *Ripfel* DNotZ 1969, 84 (85)). Die Möglichkeit auf Antrag die Reallast als abweichende Versteigerungsbedingung nach §§ 59, 52 ZVG doch ins geringste Gebot aufzunehmen ist zwar gegeben, würde aber günstigstenfalls zum Doppelausgebot führen (§ 59 Abs. 2 ZVG). Eine von der Rangordnung des § 12 ZVG bezüglich des Stammrechts und der wiederkehrenden Leistungen abweichende Vereinbarung lässt der BGH als dinglichen Inhalt einer Reallast nicht zu (BGHZ 156, 274 = NJW 2004, 361 gegen BayObLG Rpfleger 1991, 50). Zu den verbleibenden Gestaltungsmöglichkeiten s. *Amann* DNotZ 2007, 298; *Eickmann* NotBZ 2004, 262; *Stöber* NotBZ 2004, 265 je mwN; OLG München NotBZ 2007, 102 mAnm *Otto*). Erlischt die Reallast mit dem Zuschlag, tritt an ihre Stelle gem. § 92 ZVG ein Anspruch auf Ersatz ihres Wertes aus dem Versteigerungserlös. Dieser Wertersatz wird aber nicht in einem Betrag ausbezahlt, sondern nach Bestimmung des Berechtigten angelegt und aus ihm ist dem Berechtigten eine dann allerdings nicht mehr wertgesicherte Rente zu zahlen (§§ 121 Abs. 2, 120 Abs. 2 ZVG). Die Höhe des Ersatzanspruches wird auf Grund des angemeldeten Jahreswertes der Reallast durch Multiplikation mit der auf Grund der allgemeinen Sterbetafel ermittelten voraussichtlichen Lebenserwartung des Berechtigten höchstens jedoch dem 25fachen Jahresbetrag ermittelt. Bedenkt man, dass auf Grund der Sterbetafel Männer ab dem 48.

und Frauen ab dem 52. Lebensjahr die 25 Jahre bereits unterschreiten, wird klar, dass verstärkt durch die wegfallende Wertsicherung gerade im fortschreitenden Alter diese Ersatzrente immer kleiner wird und oft bereits vor dem Tode des Berechtigten ganz wegfällt. Um diese Folge wenigstens teilweise auszugleichen oder zu mildern, wird hier unter → Anm. 6 die Vereinbarung einer dinglichen Ablösungssumme vorgeschlagen, deren Anerkennung allerdings umstritten ist. Stattdessen kann zur Sicherung auch eine Grundschuld in zu schätzender Höhe bestellt werden, die durch den Tod des Berechtigten auflösend bedingt und deren Abtretung ausgeschlossen sein sollte. Weiter sollte sich der Besteller immer wegen aller Ansprüche aus und im Zusammenhang mit der Reallast in notarieller Urkunde der sofortigen Zwangsvollstreckung unterwerfen und letztlich sollte eine Rentenreallast, wenn irgend möglich, erste Rangstelle erhalten, da sie dann bei Vollstreckung von Fremdgläubigern in das Grundstück immer ins geringste Gebot fällt und damit vom Ersteher übernommen werden muss.

**6. Verfallsklausel und Ablösungsrecht.** Schuldrechtlich ist die angeordnete Verfallklausel, mit dem Recht des Berechtigten nach Bedingungseintritt eine Ablösungssumme zu verlangen, ohne weiteres zulässig. Fraglich ist nur, ob sie auch zum Inhalt der Reallast gemacht werden kann mit der Folge, dass der Berechtigte im Verteilungsverfahren nach Durchführung der Zwangsversteigerung des Grundstücks, in der seine Reallast gegen Wertersatz erloschen ist, statt einer laufenden Rente aus dem Versteigerungserlös den Ablösungsbetrag endgültig und in einem Betrag erhält. Nach allgM ist die Vereinbarung eines dinglich wirkenden Ablösungsrechts zugunsten des Eigentümers möglich (RGZ 85, 244 (245, 247 f.); KG KGJ 21, 312 (313, 316); *Dümchen* Jher. Jb. 54 (1909), 428; Staudinger/*J. Mayer* Einl. § 1105 Rn. 45). Eine beachtliche Meinung hält jedoch auch die Vereinbarung eines dinglich wirkenden Ablösungsanspruchs des Gläubigers der Reallast für bestimmte Fälle für möglich (Staudinger/*Dittmann,* 11. Aufl. § 1107 Rn. 23; *Ripfel* DNotZ 1969, 84 (88); MüKoBGB/*Westermann* § 1105 Rn. 15; *Langenfeld/Günther,* Grundstückszuwendungen, 5. Aufl. Rn. 4 (eingeschränkt gegenüber den Vorauflagen); *v. Hertzberg* MittRhNotK 1988, 55 (63); aM Staudinger/*J. Mayer* Vorb. zu §§ 1105–1112 Rn. 47; jurisPK/*Otto,* 7. Aufl., § 1105 Rn. 46; *Dümchen* Jher. Jb. 54 (1909), 428 mwN; OLG Köln DNotZ 1991, 807). Die Kritiker dieser Meinung (sa NK-BGB/*Reetz* § 1105 Rn. 56) weisen darauf hin, dass nach dem Wortlaut des § 1105 Abs. 1 BGB nur wiederkehrende Leistungen zum Inhalt der Reallast gemacht werden können. Sie müssen jedoch einräumen, dass daneben ausnahmsweise auch einmalige Leistungen durch die Reallast gesichert werden können, wenn sie innerhalb eines Gesamtbereichs wiederkehrender Leistungen liegen, innerlich zu einem Leibgeding gehören, dieses ergänzen und nur ihrer Natur nach einmalig sind (BayObLG DNotZ 1970, 415; OLG Hamm Rpfleger 1973, 98 (99)). Die Vereinbarung des Ablösungsrechts muss ins Grundbuch eingetragen werden und zwar nicht nur durch Bezugnahme gem. § 874 BGB, da es sich um einen Umstand handelt, der den Bestand des Rechts selbst betrifft (KG JFG 13, 76; OLG Köln DNotZ 1963, 48). Lässt man die Vereinbarung eines bedingten Ablösungsrechts des Berechtigten als Inhalt der Reallast zu, so ist nicht ersichtlich, warum die Ablösungssumme genau beziffert sein muss (so *Ripfel* DNotZ 1969, 84 (89)) und nicht auch bei ihr Bestimmbarkeit genügt wie bei den wiederkehrenden Einzelleistungen der Reallast (BGHZ 22, 58). Diese Vereinbarung eines Ablösungsrechts mit einer bestimmbaren Ablösungssumme darf nicht verwechselt werden mit der Festlegung eines Höchstbetrags für den Wertersatz nach § 882 BGB, der auch bei der Reallast möglich ist und auf Grund ausdrücklicher gesetzlicher Vorschrift mit einem genau bezifferten Betrag ins Grundbuch einzutragen ist.

**7. Unterwerfung unter die sofortige Zwangsvollstreckung.** Der schuldrechtliche Rentenanspruch (§ 759 BGB), der dingliche Reallast-Anspruch nach § 1107 BGB und der persönliche Anspruch aus der Reallast gegen den jeweiligen Eigentümer des belasteten Grundstücks nach § 1108 BGB sind jeweils getrennt unterwerfungsfähig (*Wolfsteiner,*

Die vollstreckbare Urkunde, 2. Aufl. Rn. 27.15 ff. – soweit bestimmt genug). Im Unterwerfungstext sollte klargestellt werden, welche der Ansprüche die Unterwerfung umfasst. Während nach der hM (BGHZ 61, 140) die Vollstreckungsklausel wegen des schuldrechtlichen Rentenanspruchs nicht umgeschrieben werden kann, vielmehr eine neue persönliche Unterwerfung des Schuldübernehmers notwendig würde, ist dies bei den dinglichen Ansprüchen aus den §§ 1107 und 1108 BGB unproblematisch (*Wolfsteiner* Rn. 44.87). Die Umschreibung der Vollstreckungsklausel für und gegen die Rechtsnachfolger dieser Ansprüche richtet sich dabei nach § 727 ZPO und die Unterwerfung ist im Grundbuch nicht eintragungsfähig, da bei der Reallast eine dem § 800 ZPO entsprechende Bestimmung fehlt (*Wolfsteiner* Rn. 44.87). Wegen der sich aus der Wertsicherungsklausel ergebenden Erhöhungsbeträge ist eine Unterwerfung unter die sofortige Zwangsvollstreckung nach der hM (BGHZ 22, 45 = DNotZ 1957, 200 = NJW 1957, 23; aM dh für eine großzügigere Auffassung plädieren *Mümmler* Rpfleger 1973, 124; *Mes* NJW 1973, 875; *Geitner/Pulte* Rpfleger 1980, 93) nicht möglich, da nach ihr die Zahlungsansprüche auf die sich die Unterwerfung erstreckt, genau beziffert dh bestimmt und nicht nur bestimmbar sein müssen. Dabei genügt jedoch, wenn aus den in der Unterwerfungsurkunde angeführten Rechnungsfaktoren und den als Bestandteil der Urkunde beigefügten Unterlagen der Schuldbetrag unmittelbar dh ohne Heranziehung außerhalb der Urkunde liegender Berechnungsfaktoren wie zB des Lebenshaltungskostenindex, mühelos errechnet werden kann.

**8. Wohnungsreallast.** Herkömmlicherweise würde man das Wohnungsrecht der Mutter an der Wohnung im zweiten Obergeschoss des Hauses, da die Räume des Rechts genau bezeichnet sind, durch ein dingliches Wohnungsrecht nach § 1093 BGB sichern lassen. Dies hat den Vorteil, dass dadurch zwischen den Beteiligten ein eingehendes und ausgewogenes gesetzliches Schuldverhältnis begründet wird, das man meistens ohne Abänderung übernehmen kann. Dinglich wirkende Abänderungsmöglichkeiten bestehen hinsichtlich der Übertragbarkeit seiner Ausübung (§ 1092 Abs. 1 S. 2 BGB) und vor allem bezüglich der Instandhaltung der Wohnung (§§ 1090 Abs. 2, 1021 BGB). Der Nachteil dieser Lösung ist aber, dass nach wohl immer noch hM das Wohnungsrecht bei Zerstörung des Gebäudes erlischt (BGHZ 7, 268 = DNotZ 1965, 165; BGH NJW 1972, 584 = Rpfleger 1972, 129; jetzt auch wieder Palandt/*Herrler* § 1093 Rn. 19; aA, dh Ruhen des Wohnungsrechts Palandt/*Bassenge* bis 77. Aufl. § 1093 Rn. 19; NK-BGB/*Otto* § 1093 Rn. 38 mwN) und den Eigentümer keine Wiederaufbaupflicht und Wiedereinräumungspflicht trifft, wenn er sich hierzu nicht bei der Bestellung schuldrechtlich verpflichtet hat oder sie ihm nach Landesrecht (zB § 12 BaWüAGBGB) auferlegt ist. Dinglich sichern kann man die Wiederaufbaupflicht durch eine zusätzliche Reallast und die Wiedereinräumungspflicht durch eine Vormerkung (*Reichert* BWNotZ 1962, 120 (121, 124)). Dem entgeht man, wenn man zur Sicherung des Wohnanspruchs, wie hier vorgesehen, eine Wohnungsreallast wählt, die den Eigentümer nur allgemein zur Wohnungsgewährung verpflichtet, und nicht, wie beim Wohnungsrecht nach § 1093 BGB, an genau bestimmten Räumen und unter Ausschluss des Eigentümers (BayObLG Rpfleger 1981, 353; *Nieder* BWNotZ 1975, 3 (6)). Daneben kann sich natürlich der Besteller schuldrechtlich zur Duldung der Benutzung bestimmter Räume verpflichten. Im Gegensatz zum Wohnungsrecht nach § 1093 BGB hat die Wohnungsreallast keinen gesetzlichen Inhalt (*Ripfel*, Grundbuchrecht, 1961 S. 152). Ihr Umfang und Leistungsinhalt muss daher im dinglichen Bestellungsvertrag konkretisiert werden. Hierzu kann man, nach *Ripfel* und wie hier vorgesehen, auf die gesonderten schuldrechtlichen Wohnungsgewährungsvereinbarungen bezüglich einer bestimmten Wohnung, in die auch alle Bestimmungen über die Unterhaltung der Wohnung aufzunehmen sind, verweisen und zum Inhalt der Reallast die Wohnungsgewährung im Umfang und Qualität entsprechend dieser schuldrechtlichen Vereinbarung machen. Da die Wohnungsreallast vom Bestand eines Gebäudes nicht abhängig ist und sein kann, bleibt sie unzweifelhaft auch bestehen, wenn das

Gebäude oder der vom Wohnungsberechtigten bewohnte Teil zerstört wird (*Ripfel* S. 153). Ein Nachteil der Wohnungsreallast ist, dass sie pfändbar ist, was beim dinglichen Wohnungsrecht nach § 1093 BGB nur der Fall ist, wenn die Befugnis zu seiner Ausübung durch andere ausdrücklich gestattet ist (§ 1092 Abs. 1 S. 2 BGB). Subjektive Ausübungshindernisse wie der Umzug (in ein Altersheim) oÄ lassen Wohnungsrecht (BGH NJW 2007, 1884) und wohl auch die Wohnungsreallast in der Regel nicht ohne weiteres wegfallen. Landesrechtliche Bestimmungen zum so genannten Altenteil (Art. 96 EGBGB), aber auch eine teilweise divergierende Auslegung bzw. Ergänzung (§ 313 BGB) der Bestellungsvereinbarungen durch die Rechtsprechung (Nachw. b. NK-BGB/*Otto* § 1093 Rn. 39) können uU dazu führen, dass sich der Anspruch auf Wohnraum bei Auszug in einen Geldanspruch wandelt. Für beides sollte eine Regelung getroffen werden (weiterführend auch zu sozialleistungsrechtlichen Implikationen *Krauß* NotBZ 2007, 129).

**9. Pflichtteilsrecht.** Wie alle nicht mit einem Pflichtteilsverzicht verbundenen Verfügungen von Todes wegen ist auch diese von der Geltendmachung von Pflichtteilsansprüchen in der Durchführung bedroht.

Lebt der Testierer mit seiner Ehefrau zweiter Ehe im gesetzlichen Güterstand, so kann diese das Vermächtnis nach § 2307 Abs. 1 S. 1 BGB ausschlagen und den Pflichtteil nach dem nicht erhöhten Ehegattenerbteil nebst dem güterrechtlichen Zugewinnausgleichsanspruch verlangen (Palandt/*Weidlich* § 2307 Rn. 1). Um diesen Anreiz zu nehmen, mag es sich empfehlen, das Vermächtnis entsprechend attraktiver zu gestalten.

**10. Erbschaftsteuer.** Sämtliche gemachten Zuwendungen sind gem. § 3 Abs. 1 Ziff. 1 ErbSt erbschaftsteuerpflichtig entspr. den Steuerklassen u. der Freibeträge. Dabei werden gem. § 12 ErbStG, der auf die Bestimmungen des Bewertungsgesetzes verweist, das Nutzungsrecht des Sohnes an den gewerblichen Räumen und das Wohnrecht der Ehefrau in der Weise bewertet, dass der nach § 15 BewG zu berechnende Jahreswert der tatsächlichen Nutzungen nach § 16 BewG höchstens jedoch mit dem günstigen Satz (Steuerwert geteilt durch 18,6) des steuerlichen Grundstückswertes gem. §§ 145 ff. BewG errechnet wird, wovon auf das Recht dann der entsprechende Teil entfällt, der dann, da es sich um lebenslängliche Rechte handelt, gem. § 14 Abs. 1 BewG mit der aus der Sterbetafel des Statistischen Bundesamtes zu entnehmenden durchschnittlichen Lebenserwartung des Berechtigten vervielfältigt wird. Die Leibrente der Ehefrau wird gem. § 14 BewG bewertet, indem ihr tatsächlicher Jahreswert, ohne Berücksichtigung der etwaigen späteren Erhöhungen durch die Wertsicherungsklausel, ebenfalls mit der durchschnittlichen Lebenserwartung der Begünstigten ab dem Erbfall vervielfältigt wird. Bei vorzeitigem Wegfall der Leibrente wird uU ihr Kapitalwert nach § 14 Abs. 2 BewG berichtigt und die Erbschaftsteuer neu veranlagt. Der Kapitalwert des Unterhaltszuschusses der Tochter C wird gem. § 13 BewG durch Abzinsung des zehnfachen Jahreswertes mit 5,5 % berechnet. Nach § 23 ErbStG haben die Erwerber die Wahl, die Erbschaftsteuer aus den ermittelten Kapitalwerten der Rechte sofort in voller Höhe zu zahlen oder auf Antrag jeweils die Jahreswerte zu dem nach § 19 ErbStG für den Kapitalwert des Rechts maßgeblichen Prozentsatz zu versteuern.

Die Erbengemeinschaft aus den Kindern B und C, die mit dem Wohnungsrecht der Stiefmutter belastet ist und der Sohn B, der mit der Leibrente für sie belastet ist, können die Wohn- und Rentenrechte grundsätzlich mit erbschaftsteuermindernder Wirkung vom Wert ihrer Erwerbe abziehen.

**11. Kosten und Gebühren.** → Form. XI.1 Anm. 16. Soweit Rechte an einem Gegenstand vermacht werden, der zum Zeitpunkt der Verfügung nicht im Erblasservermögen ist, → Form. XII.4 Anm. 20. Der Wert laufender Reallastleistungen wäre dann nach § 52 GNotKG zu bestimmen und dem Nachlassvermögen hinzuzurechnen (§ 102 Abs. 2 GNotKG).

## 10. Kapitalvermächtnis mit Rentenoption

Verhandelt zu[1, 2] . . . . .
am . . . . . (auch als eigenhändiges Testament möglich)

§ 1 Erbeinsetzung

Zu Erben setze ich meine Ehefrau A, geb. E, meinen Sohn B und meine Tochter C zu gleichen Teilen ein. Ersatzerben meiner Ehefrau sind unsere gemeinschaftlichen Kinder B und C je zur Hälfte. Weitere Ersatzerben meiner Ehefrau und Ersatzerben unserer Kinder sind deren Abkömmlinge, einschließlich adoptierter, jedoch mit Ausnahme nichtehelicher Kinder männlicher Nachkommen und ihren Abkömmlingen,[3] jeweils nach der gesetzlichen Erbregel erster Ordnung. Hinterlässt einer keine Abkömmlinge, wächst sein Erbteil den anderen Erben nach dem Verhältnis ihrer Erbteile an.

§ 2 Vermächtnisse

Meinem Sohn B vermache ich eine wertmäßig 74 %ige Beteiligung und meiner Tochter C eine wertmäßig 26 %ige Beteiligung an dem von mir unter der Firma A, Hoch- und Tiefbau einzelkaufmännisch betriebenen Bauunternehmen. Die Beteiligungen erstrecken sich auf alle zu dem Unternehmen gehörenden Aktiven und Passiven einschließlich des Betriebsgrundstücks.[4]
Ich bestimme, dass meine Kinder B und C das genannte Bauunternehmen in Form einer Kommanditgesellschaft fortführen,[5] deren persönlich haftender Gesellschafter mein Sohn B sein soll, während meine Tochter C Kommanditistin mit einer Kommanditeinlage (Hafteinlage) in Höhe ihres Kapitalanteils werden soll und nicht zur Mitarbeit in der Firma verpflichtet ist. Ersatzvermächtnisnehmer sollen jeweils die Ersatzerben entsprechend der Bestimmung zu § 1 sein. Sind die Abkömmlinge meines Sohnes im Falle seines Vorversterbens alle noch minderjährig oder lehnen alle eine Vollhaftung ab, ist eine GmbH zu gründen.
Meiner Ehefrau A, geb. E vermache ich im Voraus mein gesamtes Barvermögen, die Guthaben auf meinen privaten (nicht bilanzierten) Giro-, Spar- und Bausparkonten, die Wertpapiere, sowie die gesamte Einrichtung unserer Familienwohnung im weitesten Sinne, soweit sie in meinem Eigentum steht und alle meine persönlichen Gebrauchsgegenstände. Ein Ersatzvermächtnisnehmer wird nicht bestellt.
Sämtliche obigen Vermächtnisse sind Vorausvermächtnisse, sind also auf die Erbquote nicht anzurechnen.

§ 3 Kapitalvermächtnis mit Rentenoption[6]

(1) Meinen Sohn B belaste ich mit dem Vermächtnis, meiner Ehefrau zu ihrer Versorgung auf meinen Tod ein Kapital zu schulden, das mit 5,5 % verzinslich und in monatlichen im Voraus zahlbaren Raten abzuzahlen ist. Die Höhe des Kapitals und der monatlichen Raten soll durch Herrn Steuerberater X bzw. seinen Nachfolger bestimmt werden.[7] Er hat dabei von dem nach finanzmathematischen Grundsätzen berechneten Barwert einer vorschüssigen Rente auf Lebenszeit auszugehen, die dem monatlichen Grundgehalt nebst Ortzulage und Weihnachtsgeld jedoch ohne sonstige Zulagen und Sonderzahlungen eines unverheirateten und kinderlosen Bundesbeamten der Besoldungsgruppe A 13/Endstufe entspricht, die mit 5,5 % abzuzinsen und der die durchschnittliche Lebenserwartung meiner Ehefrau nach der neuesten allgemeinen Sterbetafel zugrunde zulegen ist.[8] Die Vermächtnisnehmerin kann durch Erklärung gegenüber dem Beschwerten jederzeit verlangen, dass ihr anstelle des ratenweise abzuzahlenden Kapitals ab dem der Erklärung folgenden Monat eine

**monatliche im Voraus auf Lebenszeit zahlbare Rente in Höhe der oben beschriebenen Einkünfte eines Bundesbeamten der Gehaltsgruppe A 13 gezahlt wird.**

**(2) Der Beschwerte hat sich wegen des Kapitalvermächtnisses und gegebenenfalls der Rentenverpflichtung alsbald nach meinem Tode in notarieller Urkunde der sofortigen Zwangsvollstreckung in sein gesamtes Vermögen zu unterwerfen. Ferner haben er bzw. die Erben das Kapital nebst Zinsen durch eine Grundschuld und gegebenenfalls die Rente gegen Löschung der Grundschuld durch eine Reallast entsprechend der Rentenverpflichtung auf dem Betriebsgrundstück Flst. Nr. . . . . . in der M-Straße in F-Stadt dinglich zu sichern und zwar im Range innerhalb von 80 % des amtlichen Schätzwerts des Grundstücks.[9] Wegen der dinglichen und persönlichen Ansprüche aus der Reallast haben sich die Grundstückseigentümer ebenfalls in notarieller Urkunde der sofortigen Zwangsvollstreckung zu unterwerfen und zwar unter Verzicht auf den Nachweis der Fälligkeitsbedingungen. Auch dieses Vermächtnis ist ein Vorausvermächtnis, ist also nicht auf die Erbquote anzurechnen. Ein Ersatzvermächtnisnehmer wird nicht bestellt. Das Restkapital bzw. die Rente erlischt mit dem Tode der Vermächtnisnehmerin.**

**§ 4 Schlussformel**

**Auf das Pflichtteilsrecht und die Möglichkeit von Pflichtteils- und Zugewinnausgleichsverzichtsverträgen wurde vom beurkundenden Notar hingewiesen.[10]**

*Schrifttum: Langenfeld,* Das Testament des Gesellschafter-Geschäftsführers einer GmbH und GmbH & Co., 1980; *Langenfeld/Günther,* Grundstückszuwendungen zur lebzeitigen Vermögensnachfolge, 5. Aufl. 2005; *Nieder/Kössinger,* Hdb. d. Testamentsgestaltung, S. 468.; *Roth/Maulbetsch/Schulte,* Vermächtnisrecht, 2013, § 3 Rn. 75 ff.

## Anmerkungen

1. **Sachverhalt.** Der Testierer besitzt ein mittleres Bauunternehmen, das er einzelkaufmännisch betreibt. Er hat ein Betriebsgrundstück und verschiedene Privatgrundstücke. Sein Sohn B ist für die Übernahme des Unternehmens vorgesehen und auch dazu in der Lage. Die Tochter C ist auswärts verheiratet und nicht mit dem Betrieb verbunden. Die Ehefrau hat vom Erblasser keine Witwenrente zu erwarten und hat auch keine eigenständige Altersversorgung.

2. **Anwendungsfälle.** Der Erblasser beabsichtigt mit dem Testament die Erhaltung des Unternehmens als Lebensgrundlage der Unternehmerfamilie und die angemessene Sicherung seiner Ehefrau. Durch die außergewöhnliche Gestaltung des Rentenrechts der Ehefrau soll, wie unter → Anm. 11 (1) näher ausgeführt, Erbschaftssteuer dadurch erspart werden, dass der Sohn B das Geldvermächtnis von seinem erbschaftsteuerpflichtigen Erwerb abziehen kann. Die geringere vermächtnisweise Beteiligung der Tochter C am Unternehmen rechtfertigt sich dadurch, dass der Sohn seine ganze Arbeitskraft in das Unternehmen einbringt und außerdem die Versorgungslast seiner Mutter hat. Andererseits verhindert die kapitalistische Beteiligung der Tochter am Unternehmen den Kapitalentzug durch ihre Abfindung.

3. Siehe zu dieser Formulierung → Form. XII.2 Anm. 6

4. Die ausdrückliche Erwähnung des oder der Betriebsgrundstücke ist bei Einzelunternehmen notwendig, da hier der Inhaber unter seinem bürgerlichen Namen und nicht mit seiner Firma in das Grundbuch einzutragen ist (*Demharter* GBO § 44 Rn. 49).

5. **Erbrechtlich angeordnete Unternehmensumwandlung.** Die Anordnung der Umwandlung des Einzelunternehmens in eine Kommanditgesellschaft ist als Auflage gem.

§§ 2192 ff. BGB zulässig (RGZ 172, 194; BGHZ 12, 100 (103); Langenfeld/Gail/*Kühn;* Handbuch der Familienunternehmen, Teil IV Rn. 210). Ihre Einhaltung durch Sohn B und Tochter C könnte von der Mutter gem. § 2194 BGB erzwungen werden. Der Testator kann dabei seinen Erben auch ein bestimmtes Gesellschaftsverhältnis mit genau umrissenem Inhalt vorschreiben. Ferner könnte man daran denken, im Testament dem Sohn B Vollmacht zur Fortführung der Firma für die Zeit vom Tode des Testierers bis zur Durchführung der Umwandlung zu erteilen. *Strothmann* (Die letztwillige Gesellschaftsgründungsklausel, 1983) ordnet solche Bestimmungen rechtlich als Verbindung einer Auflage mit einer Teilungsanordnung ein. Zur Umwandlung durch den Testamentsvollstrecker (wohl ausdrückliche Erblasseranordnung erforderlich): *J. Mayer* ZEV 2002, 209; *Frank* ZEV 2003, 5.

**6. Kapitalvermächtnis mit Rentenoption.** Die Lösung dient der Erbschaftsteuerersparnis (→ Anm. 11 (1)).

Nach Ausübung der Option bedarf es, obwohl dann zweifellos eine Leibrente gem. §§ 769 ff. BGB geschuldet wird, keines schriftlichen Leibrentenversprechens nach § 761 BGB durch B (Palandt/*Sprau* § 761 Rn. 1, § 759 Rn. 3).

Um den gewünschten steuerlichen Erfolg zu erreichen, setzt die Gestaltung natürlich voraus, dass Sohn B und Mutter sich wenigstens noch so lange einig sind, bis die Mutter nach einiger Zeit ihre Rentenoption ausgeübt hat.

**7. Zweckvermächtnis mit Drittbestimmung.** Hier handelt es sich um ein zweckbestimmtes Vermächtnis mit Bestimmungsrecht eines Dritten nach § 2156 BGB (siehe hierzu *Langenfeld* S. 98). Im Rahmen eines solchen Zweckvermächtnisses wäre es auch möglich, letztwillig nur zu bestimmen, dass die Mutter ein Kapital in „angemessener" Höhe bzw. eine „angemessene" Geldrente auf Lebenszeit erhalten soll. Der Dritte müsste dann in diesem weiten Rahmen Kapital und Rente festsetzen und im Bedarfsfall jeweils ändern (*Schäfer* BWNotZ 1962, 188 (207)). Auf diese Weise könnte man auch eine etwaige währungsrechtliche Genehmigungspflicht auf jeden Fall ausschalten. Zur Kombination von Drittbestimmungsrecht und Zweckvermächtnis zum sog. „Supervermächtnis" im Rahmen der Einheitslösung (Berliner Testament) von Ehegatten → Form. XII.24 Anm. 2 (2) d).

**8. Wertsicherung.** Die unmittelbare Anknüpfung an Beamten- oder Tarifgehälter birgt die Gefahr, dass sich die Rente, ohne dass dies gewollt ist, mit den Bezugsgehältern entsprechend der allgemeinen Steigerung der Einkommensverhältnisse über die Steigerung der Lebenshaltungskosten hinaus erhöht. Stattdessen könnte man Kapital und Rente auch entsprechend der Gestaltung in → Form. XII.9 an den amtlich berechneten Lebenshaltungskostenindex anhängen, müsste dazu aber für Kapital und Rente bei der Testamentserrichtung feste Ausgangsbeträge festsetzen, wozu sich die Testierer erfahrungsgemäß schwer entschließen können.

Wenn die Wertsicherungsklausel mit einem Automatismus ausgestattet sein soll, muss sie die Vorgaben des Preisklauselgesetzes v. 13.9.2007 erfüllen (früher: Preisangaben- und Preisklauselgesetz iVm der Preisklauselverordnung vom 23.9.1998; zuvor: § 3 WährungsG). Erlaubt sind vor allem die so genannte Spannungsklausel, bei welcher die geschuldete Geldleistung vom künftigen Geldwert gleichartiger Güter oder Leistungen abhängig gemacht wird (§ 1 Abs. 2 Nr. 2 PrKlG). Darunter lässt sich die im Form. verwendete Anknüpfung an bestimmte Beamtengehälter oder Pensionsansprüche fassen, ebenso ein Abstellen auf den Wert hinterlassener Grundstücke. Eine Indexklausel (Gleit- oder Preisklausel) bezieht sich unmittelbar auf einen (amtlichen) Preisindex. Die Zulässigkeit bestimmt sich nach § 3 PrKlG (für Leibrenten auch § 5 PrKlG). Nach der neuen Systematik sind Klauseln gültig, bis ihre Unwirksamkeit gerichtlich festgestellt ist (§ 8 PrKlG). Die Möglichkeit, vorab Genehmigungen oder Negativatteste zu erhalten, besteht nicht mehr.

**9. Sicherstellung der Rente.** Bezüglich der mangelhaften Sicherung des Rentenrechts durch die Reallast mangels Beitreibbarkeit und der Möglichkeit der Festlegung eines Höchstbetrages für den Wertersatz nach § 882 BGB bzw. einer Ablösungssumme → Form. XVI.8 Anm. 6. Zur Sicherstellung ist es vor allem aber notwendig, dass sich der Rentenverpflichtete wegen des schuldrechtlichen Rentenanspruchs nach §§ 759 ff. BGB, die Eigentümer des mit der Reallast belasteten Grundstücks wegen des persönlichen Anspruchs aus der Reallast den jeweiligen Grundstückseigentümer nach § 1108 Abs. 1 BGB in notarieller Urkunde der sofortigen Zwangsvollstreckung in ihr gesamtes Vermögen aus dieser unterwerfen (§ 794 Abs. 1 Nr. 5 ZPO) und dass sich die Eigentümer auch wegen des dinglichen Anspruchs auf Zahlung der einzelnen Rentenbeträge nach § 1107 BGB in dieser Weise der Duldung der sofortigen Zwangsvollstreckung in das Grundstück unterwerfen (*Ripfel* DNotZ 1969, 84 (91)). Fehlen diese Unterwerfungen unter die sofortige Zwangsvollstreckung, ist der Rentenberechtigte auf den langwierigen Weg über Mahn- und Vollstreckungsbescheid oder gar auf die Klage angewiesen (Ripfel DNotZ 1969, 84 (92)).

**10. Hinweis auf das Pflichtteilsrecht.** S. die Checkliste → Form. XI.1.

**11. Steuern. (1) Erbschaftsteuer.** Nach Wegfall des § 25 ErbStG ist bei der Ermittlung des erbschaftsteuerpflichtigen Erwerbs der Abzug von Renten, Nutzlasten sowie sonstigen Verpflichtungen zu wiederkehrenden Leistungen auch dann nicht mehr ausgeschlossen, wenn der Ehegatte des Erblassers der Berechtigte ist. Vermächtnisweise zugewandte Renten zugunsten anderer Personen als des Ehegatten des Erblassers waren schon immer mit ihrem Kapitalwert abzugsfähig, ebenso nach allgemeiner Meinung Schulden und Verbindlichkeiten, die auf eine einmalige Leistung gerichtet sind, wenn sie auch ratenweise fällig wird.

(2) **Einkommensteuer.** Solange das vermachte Kapital geschuldet und in Raten abgezahlt wird, handelt es sich um eine einkommensteuerlich unbeachtliche Umschichtung von Vermögen (Kapp/Ebeling § 25 Rn. 18). Weder braucht die Witwe die Raten zu versteuern, noch sind sie für B irgendwie steuerlich abzugsfähig. Nach der Ausübung der Option ist die dann zu zahlende Rente als Leibrente (= fortlaufende wiederkehrende gleichmäßige Leistungen; BFH BStBl. II 1975, 882) bei der Rentenberechtigten gem. § 22 Nr. 1 S. 3 Buchst. a/bb EStG nur mit dem aus der dort enthaltenen Tabelle zu entnehmenden Ertragsanteil abzüglich der Werbungskosten zu versteuern. Der Rentenverpflichtete kann demgegenüber die Rente auch nur mit ihrem Ertragsanteil gem. § 10 Abs. 1 Ziff. 1a EStG als Sonderausgabe ohne Höchstbetragsbegrenzung geltend machen. Das Abzugsverbot des § 12 Nr. 2 EStG hindert ihn daran nicht, weil Aufwendungen, die im Zusammenhang mit einer Vermögensübertragung oder auf Grund testamentarischer Anordnung begründet werden, für den Verpflichteten entgeltlich und daher keine Zuwendungen im Sinne von § 12 Nr. 2 EStG sind (BFH BStBl. III 1965, 706; BFH BStBl. III 1964, 422; BFH BStBl. II 1968, 263; BFH BStBl. II 1975, 881; BFH in FR 1978, 172; BFH BStBl. II 1978, 332 = FR 1978, 245 mAnm v. *L. Schmidt;* BFH BStBl. II 1980, 575; *Herrmann/Heuer/Raupach Komm.* z. EStG § 12 Rn. 85; *Littmann/Bitz/Tust*, „Das Einkommensteuerrecht", § 12 Rn. 170; *Jansen/Jansen*, Der Nießbrauch im Zivil- und Steuerrecht, 6. Aufl. 2001 Rn. 243). Obwohl die Rente im Zusammenhang mit dem Erwerb eines Unternehmens steht, ist sie nicht als Betriebsausgabe abzugsfähig (BFH BStBl. II 1973, 184; FG Nürnberg EFG 1974, 250), da sich der Betriebserwerb und die Entstehung der Rentenverpflichtung nicht im betrieblichen, sondern im privaten Bereich vollzogen haben (*Kapp/Ebeling* § 26 Rn. 18).

**12. Kosten und Gebühren.** → Form. XI.1 Anm. 16.

## Einflussnahme des Erblassers auf den Nachlass über den Tod hinaus

# 11. Gemeinschaftliches Ehegattentestament mit Vorerbschaft des Überlebenden

Verhandelt zu[1, 2] .....

am ..... (auch als eigenhändiges Testament möglich)[3]

§ 1 Erster Erbfall

Der Erstversterbende[4] von uns, Eheleute A und A, geb. E, setzt den Überlebenden zu seinem alleinigen Vorerben[5] ein. Dieser ist von allen Beschränkungen und Verpflichtungen befreit, von denen nach dem Gesetz Befreiung erteilt werden kann.[6] Der Nacherbfall tritt ein mit dem Tode oder, nach Maßgabe der Regelung unter § 3, bei einer etwaigen Wiederverheiratung des überlebenden Ehegatten.

§ 2 Nacherbfolge

Nacherben sind unsere gemeinschaftlichen Abkömmlinge, einschließlich adoptierter, gemäß der gesetzlichen Erbfolge erster Ordnung zum Zeitpunkt des Nacherbfalles.[7,8] Die Nacherbanwartschaft ist weder vererblich noch veräußerlich, ausgenommen die Veräußerung an den Vorerben. In diesem Fall entfällt auch jede ausdrückliche oder stillschweigende Ersatznacherbeinsetzung.[9]

§ 3 Wiederverehelichung[10]

Wenn der Überlebende von uns wieder heiratet, tritt die Nacherbfolge ein mit der Maßgabe, dass der Überlebende in diesem Fall im Wege der Erbeinsetzung eine Erbquote in Höhe seines gegebenenfalls gem. § 1371 Abs. 1 BGB erhöhten Pflichtteils erhält, auf die sich die Nacherbfolge nicht erstreckt.

§ 4 Vermächtnisse

(1) Als Vorausvermächtnis[11] erhält der Überlebende vom Erstversterbenden frei von der Nacherbfolge alle zum ehelichen Haushalt gehörenden Sachen, soweit sie in seinem Eigentum stehen.

(2) Der Vorerbe ist berechtigt, vor Eintritt des Nacherbfalles den zur Vorerbschaft gehörenden Grundbesitz an einen oder mehrere unserer gemeinschaftlichen Abkömmlinge zu übertragen. Macht der Vorerbe von dieser Befugnis Gebrauch, so gilt ihm der überlassene Grundbesitz als durch Vorausvermächtnis auf Ableben des Erstversterbenden zugewandt und unterliegt nicht mehr der Nacherbfolge.[12]

§ 5 Zweiter Erbfall[13]

(1) Der Längstlebende von uns setzt auf seinen Tod unsere gemeinschaftlichen Abkömmlinge, einschließlich adoptierter, jedoch mit Ausnahme nichtehelicher Kinder männlicher Nachkommen und ihren Abkömmlingen, gemäß der gesetzlichen Erbfolge erster Ordnung zu seinen Erben ein.

(2) Der Längstlebende darf nach dem Tode des Erstversterbenden diese Erbeinsetzung beliebig abändern, sofern er dabei keine anderen Personen als unsere gemeinschaftlichen Abkömmlinge bedenkt.[14]

(3) Im Fall der Wiederverheiratung ist der Überlebende an die Erbeinsetzung in Absatz (1) nicht mehr gebunden.[15]
(4) Die Erbeinsetzung in Absatz (1) soll auch für den Fall des gleichzeitigen Versterbens von uns beide gelten.[16]

§ 6 Pflichtteilsstrafklausel[17]

Verlangt und erhält einer unserer Abkömmlinge auf den Tod des Erstversterbenden den Pflichtteil, so wird er und sein Stamm von der Nacherbfolge und der Erbfolge auf Ableben des Längstlebenden von uns ausgeschlossen und erhält auch beim Tode des Längstlebenden nur den Pflichtteil.

§ 7 Bindung, Anfechtungsverzicht, Scheidungsfall und Pflichtteilsrecht

(1) Sämtliche Bestimmungen dieses Testaments sind, soweit nichts anderes bestimmt ist und soweit gesetzlich zulässig, wechselbezüglich.[18]
(2) Ferner erfolgen sämtliche Verfügungen unabhängig davon, ob und welche Pflichtteilsberechtigte beim Ableben eines jeden von uns vorhanden sind.[19]
(3) Ist beim Tode eines Ehegatten ein Scheidungs- oder Eheaufhebungsantrag rechtshängig,[20] sollen sämtliche Verfügungen von Todes wegen ihrem ganzen Inhalt nach unwirksam sein,[21] ohne dass die gesetzlichen Voraussetzungen für die Eheauflösung gegeben sein müssen.[20] Zugleich werden der überlebende Ehegatte und dessen mit dem Verstorbenen nicht verwandte Abkömmlinge enterbt.[22]
(4) Ausschließlich für den Fall des Abs. 3 verzichten beide Ehegatten jeweils auf ihre Pflichtteilsrechte einschließlich etwaiger Unterhaltsansprüche (§ 1586b BGB) gegen die Erben. Im Übrigen wünschen die Eheleute keinen Pflichtteilsverzicht.[23]

§ 8 Nacherbentestamentsvollstrecker[24]

Der Erstversterbende von uns ernennt Herrn Rechtsanwalt N zu seinem Testamentsvollstrecker mit der Aufgabe, die Rechte und Pflichten seiner Nacherben bis zum Eintritt des Nacherbfalles wahrzunehmen. Der Überlebende selbst ist als alleiniger Vorerbe nicht mit der Testamentsvollstreckung belastet. Kann oder will der Testamentsvollstrecker das Amt nicht übernehmen, ersucht der Erstversterbende von uns das Nachlassgericht, einen Nacherbentestamentsvollstrecker zu ernennen. Für den Fall, dass bei Eintritt der Nacherbfolge der jüngste der nach § 2 zur Nacherbfolge gelangenden Abkömmlinge das 21. Lebensjahr noch nicht vollendet hat, erweitern sich die Aufgaben des Testamentsvollstreckers dahin, dass er nach Eintritt der Nacherbfolge den Nachlass des Erstverstorbenen in Besitz zu nehmen und zu verwalten hat, bis der jüngste der Nacherben das 21. Lebensjahr vollendet hat.

§ 9 Schlussformel

(→ Form. XI.1 und → Form. XI.15 sowie zusätzlich:) Ferner wurde darauf hingewiesen, dass der Vorerbe kraft Gesetzes in seiner Verfügungsfreiheit über den Nachlass beschränkt ist, dass der Erblasser ihn aber von gewissen Beschränkungen ganz oder teilweise befreien kann.[25]

*Schrifttum: Adam,* Möglichkeiten und Grenzen erbrechtlicher Verwirkungsklauseln, MDR 2007, 68; *Bengel,* Zum Verzicht des Erblassers auf Anfechtung bei Verfügungen von Todes wegen, DNotZ 1984, 132; *Beckmann,* Nacherbschaft oder Pflichtteil? – Die Entscheidung des als Nacherbe eingesetzten Pflichtteilsberechtigten gemäß § 2306 BGB, ZEV 2012, 637; *Bestelmeyer,* Nochmals: Klauseln zum „gemeinsamen Versterben“ in Ehegattentestamenten: Ende eines Mythos? – Zivilrechtliche und erbschaftsteuerliche

Folgen, ZEV 2006, 146; *Böttcher,* Vor-und Nacherbfolge in der Grundbuchpraxis, NotBZ 2011, 269; *Diederichsen,* Ersatzerbfolge oder Nacherbfolge, NJW 1965, 671; *Dittrich,* Verfassungsrechtliche Vorgaben des Erbrechts, ZEV 2013, 14; *Gaier,* Die Bedeutung der Grundrechte für das Erbrecht, ZEV 2006, 2; *Gebhardt,* Der Zeitpunkt für die Beurteilung der Sittenwidrigkeit eines Testaments, Rpfleger 2008, 622; *Gutmann,* Der Erbe und seine Freiheit, NJW 2004, 2347; *Haegele,* Zur Vererblichkeit des Anwartschaftsrechts eines Nacherben, Rpfleger 1967, 161; *Haegele,* Rechtsfragen zur Vor- und Nacherbschaft, Rpfleger 1971, 121; *Hartmann,* Gestaltungsfragen der Vor- und Nacherbschaft in der notariellen Praxis, ZNotP 2012, 322 und 371; *Kanzleiter,* Der „unbekannte" Nacherbe, DNotZ 1970, 326; *Kanzleiter,* Zur Stellung des Ersatznacherben, DNotZ 1970, 693; *Kanzleiter,* Ermächtigung des Vorerben zu Schenkungen aus dem Nachlaß? FS Schippel, 1996 S. 287 ff.; *Karczewski,* Beeinflussung der Lebensführung durch Potestativbedingungen in Verfügen von Todes wegen, hereditare 3 (2011), 19 ff.; *Langner,* Vor- und Nacherbschaft an Personengesellschaftsanteilen, 2000; *J. Mayer,* Der Fortbestand letztwilliger Verfügungen bei Scheitern von Ehe, Verlöbnis und Partnerschaft, ZEV 1997, 280; *ders.*, Der superbefreite Vorerbe? – Möglichkeiten und Grenzen der Befreiung des Vorerben, ZEV 2000, 1; *Münch,* Infiziert der Ehevertrag erbrechtliche Verzichte oder Verfügungen?, ZEV 2008, 571; *Muscheler*, Die Beschränkung der Vorerbenbefreiung, hereditare 3 (2013), 159; *Muscheler,* Schadensersatz bei befreiter Vorerbschaft, ZEV 2012, 389; *Nieder/Kössinger,* Hdb. d. Testamentsgestaltung, 3. Aufl. 2008 § 14; *Otte,* Die Bedeutung der „Hohenzollern"-Entscheidung des Bundesverfassungsgerichts für die Testierfreiheit, ZEV 2004, 393; *ders.*, Stellvertretungsverbot und Bestimmung des Testamentsinhalts durch Dritte, hereditare 2014, 23–37; *Petzoldt,* Vorerbschaft und Nießbrauchsvermächtnis, BB Beil. 61.975; *Reimann,* Das Herausgabevermächtnis als Alternative zur Nacherbfolgeanordnung, MittBayNot 2002, 4; *Roggendorff,* Surrogationserwerb bei Vor- und Nacherbfolge, MittRhNotK 1981, 29; *Schmidt,* Die Nachfolge in das Anwartschaftsrecht des Nacherben und die Erteilung des Erbscheins nach Eintritt des Nacherbfalls, BWNotZ 1966, 139; *Scheuren-Brandes,* Wiederverheiratungsklauseln nach der Hohenzollern-Entscheidung – Handlungsbedarf für die Gestaltungspraxis?, ZEV 2005, 185; *Siebert,* Die Erbschaftsbesteuerung bei der Vor- und Nacherbschaft, BB 2010, 1952; *Völzmann,* Wiederverheiratungsklauseln, RNotZ 2012, 1; *Wendt,* Regieren aus dem Grab – unbegrenzt? Grenzmarkierungen von BGHZ 111 bis BGHZ 174, ZNotP 2009, 160; *ders.,* Erblasserfreiheit versus Erbenfreiheit, ZErb 2010, 45; *Werkmüller,* Bankrechtliche Probleme der Vor- und Nacherbschaft, ZEV 2004, 276.

## Anmerkungen

**1. Sachverhalt.** Die Testierer sind junge Eheleute, die noch keine Kinder haben oder noch weitere Kinder bekommen können. Durch das Testament soll erreicht werden, dass sich nach dem Tode des Erstversterbenden hinsichtlich des Familiengutes nichts ändert, und der Überlebende es ungestört und ungeschmälert allein besitzen, benützen und weitgehend auch darüber verfügen darf. Andererseits soll aber auch gesichert sein, dass die Substanz des Familiengutes den gemeinschaftlichen Abkömmlingen der Eheleute erhalten bleibt. Letztlich soll, da die Eheleute noch jung sind und die Ehe noch nicht allzu lange dauert, die Wiederheirat des Überlebenden nicht durch völlige Bindung an die eigenen letztwilligen Verfügungen finanziell unmöglich gemacht werden.

**2. Anwendungsfälle.** Durch die Anordnung von Vor- und Nacherbschaft kann der Erblasser erreichen dass die Substanz des Nachlasses bestimmten Personen (Nacherben) gesichert wird, etwa den weiteren Abkömmlingen oder Seitenverwandten, während zunächst die Verwaltungs- und Nutzungszuständigkeit am Nachlass dem Vorerben zuteil wird. Motiv einer solchen Anordnung kann sein,

a) dass der Erblasser den Erstberufenen für untüchtig hält oder ihm misstraut, oder dass er umgekehrt den Zweitberufenen noch nicht für reif zur Übernahme des Nachlasses hält und ihm den Erstberufenen gleichsam als Treuhänder setzt.
b) Verhinderung des Abwanderns von Vermögen des Erblassers an zweite Ehegatten oder Kinder zweiter Ehen des Vorerbe werdenden Ehegatten.
c) die Umgehung eines Pflichtteilsberechtigten des Vorerben. Der Nachlass bildet in der Hand des Vorerben ein Sondervermögen, das bei Eintritt des Nacherbfalls als Nachlass des Erblassers und damit nicht zum pflichtteilsunterworfenen Vermögen des Vorerben gehörend dem Nacherben anfällt. Als solche Pflichtteilsberechtigte des Vorerben kommen dabei zB in Frage sein derzeitiger Ehegatte (so im Fall des BGH LM § 242 BGB (Ca) Nr. 13 (III 5), der künftige zweite Ehegatte des überlebenden Ehegatten des Erblassers, Kinder zweiter Ehen, der geschiedene Ehegatte des Erblassers als Elternteil nach den gemeinsamen Kindern (*Dieterle* BWNotZ 1970, 170 u. 1971, 14; *Schalhorn* JurBüro 1973, 700) oder der lästige Enkel nach dem Kind des Erblassers (*Stanovsky* BWNotZ 1974, 102). Alternativgestaltung bei dieser Motivation ist ein auf den zweiten Erbfall bedingtes Herausgabevermächtnis seitens des Erstversterbenden (Hartmann in Dorsel, Kölner Formularbuch Erbrecht, S. 287). → Form. XII. 6.
d) Schutz des überschuldeten Vorerben vor Vollstreckung seiner Eigengläubiger in den Nachlass (§ 2115 BGB), wobei allerdings die Nacherbeinsetzung mit einer Testamentsvollstreckung kombiniert werden muss (§ 2214 BGB), da sonst zwar die Zwangsverwertung aber nicht die Beschlagnahme der Nachlassgegenstände für Eigengläubiger des Vorerben verhindert wird (*Flik* BWNotZ 1979, 53).
e) Erbeinsetzung noch nicht erzeugter Personen (§ 2101 Abs. 1 BGB).
f) die Möglichkeit, für zwei Generationen das Schicksal seines Vermögens zu bestimmen, da gem. § 2109 Abs. 1 Nr. 1 BGB, wenn der Nacherbfall mit dem Tod des Vorerben eintreten soll, der beim Erbfall bereits lebt, die Nacherbeinsetzung auch über 30 Jahre hinaus gültig bleibt.
g) Wird der Eintritt der Nacherbfolge an eine entsprechende Bedingung geknüpft, kann dadurch entweder der Vorerbe unter dem Druck des Verlustes der Erbschaft oder der Nacherbe durch die Verheißung des Nacherbfalles zu einem bestimmten Verhalten veranlasst werden.

Grundsätzlich ist die Verfügungsfreiheit des Vorerben beschränkt (§§ 2113–2115 BGB), was ihn in die Nachbarschaft des Erbschaftsnießbrauchers rückt (§ 1089 BGB). Davon kann der Erblasser den Vorerben aber bis auf einen Kernbereich befreien, (§ 2136 BGB), so dass sich seine Stellung einem Vollerben auf Zeit annähert. Dazu kommt die Möglichkeit, dem Vorerben durch Vorausvermächtnisse (§ 2110 BGB) bestimmte Gegenstände frei von der Nacherbbindung zuzuweisen. Somit steht dem Erblasser ein Instrumentarium zur Verfügung, mit dem die genannten Zwecke im Einzelfall maßgeschneidert erreicht werden können.

**3. Testamentsform.** Zur Form → Form. XI.1. Das gemeinschaftliche Testament ist grundsätzlich auch privatschriftlich möglich. Es kann ein Ehegatte dem vom anderen eigenhändig geschriebenen und unterschriebenen Testament auch mit einiger zeitlicher Verzögerung beitreten (OLG München MittBayNot 2012, 300).

**4. Trennbare Gestaltung des gemeinschaftlichen Testaments.** Bei gemeinschaftlichen Testamenten und zweiseitigen Ehegattenerbverträgen besteht meist der Wunsch, im Interesse des Familienfriedens die Bestimmungen des Längstlebenden auf sein Ableben nicht schon beim Tod des Erstversterbenden bekannt werden zu lassen. In welchem Umfang solche Verfügungen von Todes wegen nach dem Tode des Erstversterbenden zu eröffnen sind, regelt § 2273 Abs. 1 BGB. Danach sind die Verfügungen des überlebenden

Ehegatten, soweit sie sich sondern lassen, weder zu verkünden noch sonst zur Kenntnis der Beteiligten zu bringen. Nach der in der Rspr. hM sind jedoch Verfügungen, die in Wir-Form gehalten sind oder, wie im Formular, so formuliert sind, dass allgemein von Bestimmungen des zuerstversterbenden Ehegatten und solchen des Überlebenden gesprochen wird, nicht trennbar und müssen daher beim Tode des Erstversterbenden vollständig eröffnet werden, und zwar auch dann, wenn sie durch den Tod des Erstversterbenden ungültig oder gegenstandslos geworden sind (BGHZ 91, 105 = WM 1984, 972). Um Wer das vermeiden will, muss die Verfügungen von Mann und Frau sprachlich vollkommen getrennt halten und etwa formulieren:

**„Ich, der Ehemann, bestimme:**
**a) Für den Fall, dass ich vor meiner Ehefrau versterben sollte: . . . . .**
**b) Für den Fall, dass ich nach meiner Ehefrau versterben sollte: . . . . .**
**Ich, die Ehefrau, bestimme: . . . . .“**

Die Verfügungen des Erstversterbenden werden allerdings stets in ihren beiden Varianten a) und b) verkündet. Somit werden sich die Hinterbliebenen nach dem ersten Sterbefall leicht denken können, dass auch der überlebende Ehegatte eine ähnliche Verfügung errichtet haben wird (so auch schon *Pütz* DNotZ 1936, 372).

5. **Anordnung von Vor- und Nacherbschaft.** (1) **Allgemein.** Eheleute stehen regelmäßig vor der Wahl zwischen den Grundmodellen einer „Einheitslösung“ (§ 2269 Abs. 1 BGB, → Form. XII.24) und der Getrennthaltung ihrer Vermögensmassen durch Vor- und Nacherbschaft. Während steuerliche Erwägungen für die Trennungslösung sprechen können (Erhalt von Freibeträgen), ist andererseits an die praktisch sehr viel komplizierte Abwicklung bei Nacherbschaft zu denken (vgl. *Werkmüller* ZEV 2004, 276). Nach § 2100 BGB kann der Erblasser einen Erben in der Weise einsetzen, dass dieser Erbe (Nacherbe) wird, nachdem zunächst ein anderer Erbe (Vorerbe) geworden ist. Vorerbe wie Nacherbe sind beide Erben des Erblassers, nicht untereinander. Jeder ist auf Zeit Alleinerbe und beide sind jeweils Gesamtrechtsnachfolger des Erblassers. Der Erbfall tritt ein mit dem Tod des Erblassers, der Nacherbfall mit dem Eintritt der vom Erblasser dafür gesetzten Bedingung (§ 2103 BGB). Hat der Erblasser eine solche Bedingung nicht gesetzt, tritt der Nacherbfall mit dem Tod des Vorerben ein (§ 2106 Abs. 1 BGB). Die Nacherbeinsetzung kann nur durch eine Verfügung von Todes wegen erfolgen. Kraft Gesetzes tritt gem. §§ 2104, 2105 BGB Vor- bzw. Nacherbschaft zugunsten der gesetzlichen Erben ein, wenn der Erblasser einen Erben nur bis zu einem Ereignis oder Zeitpunkt oder ab einem solchen, dh unter einer auflösenden oder aufschiebenden Bedingung (§§ 2074, 2075 BGB) oder Befristung eingesetzt hat, ohne für die übrige Zeit eine Regelung getroffen, dh jemand eingesetzt zu haben **(sog. konstruktive Vor- und Nacherbfolge).** Der Vorerbe ist echter Erbe, wenn auch nur auf Zeit (RGZ 80, 30), nicht bloßer Nießbraucher, sondern Eigentümer der Nachlassgegenstände und Inhaber der zum Nachlass gehörenden Rechte. Auf den Vorerben geht das gesamte Vermögen (§ 1922 BGB), der Besitz des Erblassers (§ 857 BGB), sowie dessen Verbindlichkeiten (§ 1967 BGB) über (§ 2100 BGB). Der Vorerbe ist lediglich nach Maßgabe der §§ 2113–2115 BGB im Interesse des Nacherben in der Verfügungsmöglichkeit über Nachlassgegenstände eingeschränkt. Soweit sich jedoch aus diesen Bestimmungen keine Beschränkung der Verfügungsbefugnis ergibt, kann der Vorerbe über die Nachlassgegenstände frei verfügen (§ 2112 BGB). Es tritt allerdings gem. § 2111 BGB (**dingliche Surrogation**) der Verfügungserlös an die Stelle des Erbschaftsgegenstandes. Hierin liegt ein wesentlicher Unterschied zum Nießbrauchsvermächtnis, bei dem der Nießbraucher über die dem Nießbrauch unterliegenden Gegenstände kraft Gesetzes grundsätzlich nicht verfügungsberechtigt ist, ihm lediglich nach §§ 1074, 1077, 1087 Abs. 2 BGB ein sehr eingeschränktes Verfügungsrecht gegeben ist. Ein weiterer großer Unterschied zwischen Vorerbschaft und Nießbrauchsvermächtnis liegt darin, dass der Vorerbe den Nachlass grundsätzlich nach

seinem eigenen Ermessen, wenn auch ordnungsmäßig, verwalten, ja sogar Nachlassgegenstände gegen Wertersatz nach Eintritt der Nacherbfolge für sich verwenden darf (§ 2134 BGB), und eine Ersatzpflicht wegen Verletzung seiner Sorgfaltspflicht, die zudem auf das Maß, das er in eigenen Angelegenheiten anzuwenden pflegt, gemindert ist (§ 2131 BGB), erst nach Eintritt des Nacherbfalls in Betracht kommt (§ 2130 BGB). Der Vorerbe haftet, und das auch noch gemindert auf den Haftungsmaßstab gem. § 277 BGB, nur für die Erhaltung der wertmäßigen Substanz des Nachlasses, nicht auf die Erhaltung der konkreten Nachlassgegenstände (Staudinger/*Avenarius* § 2130 Rn. 7, 8). Demgegenüber ist der Nießbraucher verpflichtet, die wirtschaftliche Bestimmung (§§ 1036 Abs. 2, 1037 Abs. 1 BGB) und die Sachsubstanz (§ 1041 BGB) der konkreten Nießbrauchsgegenstände zu erhalten und haftet dafür voll. Im wirtschaftlichen Bereich, dh bezüglich des Nutzungsrechts und der Lastentragungspflicht, gleichen sich die Positionen des Vorerben und des Nießbrauchsvermächtnisnehmers jedoch weitgehend (*Petzoldt* BB Beil. 61.975 S. 4). Wie dem Nießbraucher am Nießbrauchsgegenstand (§ 1030 Abs. 1 BGB) so gebühren dem Vorerben die Nutzungen des Nachlasses (§ 2111 Abs. 1 BGB) und fallen in sein freies Vermögen. Die gewöhnlichen Erhaltungs- und Verwaltungskosten der Nachlassgegenstände hat der Vorerbe aus eigenen Mitteln zu tragen (§ 2124 Abs. 1 BGB). Andere Aufwendungen, welche der Vorerbe den Umständen nach für erforderlich halten darf, und außerordentliche Lasten, die als auf dem Stammwert der Erbschaftsgegenstände gelegt anzusehen sind, kann er aus der Erbschaft bestreiten bzw. sind ihm vom Nacherben nach Eintritt der Nacherbfolge zu ersetzen (§§ 2124 Abs. 2, 2126 BGB). Sonstige Verwendungen auf die Erbschaft hat der Nacherbe nach den Vorschriften über die Geschäftsführung ohne Auftrag zu ersetzen (§ 2125 Abs. 1 BGB). Der Nachlass bildet in der Hand des Vorerben wegen der Beschränkungen zugunsten des Nacherben ein Sondervermögen, das zwar denselben Rechtsträger wie das Eigenvermögen hat, aber im Interesse der Nachlassgläubiger und des Nacherben sein eigenes rechtliches Schicksal besitzt und in seiner rechtlichen Identität durch den Grundsatz der dinglichen Surrogation (§ 2111 BGB) erhalten wird (Staudinger/*Avenarius,* Bearbeitung 2013, § 2100 Rn. 50). Der Vorerbe kann diesem Sondervermögen nicht mit dinglicher Wirkung Gegenstände seines freien Vermögens zuweisen (OLG Stuttgart OLGZ 1973, 262 = DNotZ 1974, 365). Bei Eintritt des Nacherbfalls fällt das Sondervermögen als Nachlass des Erblassers, nicht des Vorerben, dem Nacherben an (§ 2130 BGB).

(2) **Schutz des Nacherben durch Beschränkung des Vorerben.**

a) Der Grundsatz der freien Verfügungsmacht des Vorerben ist im Interesse und zum Schutz des Nacherben durch die §§ 2113–2115 BGB erheblich eingeschränkt, wobei allerdings der Erblasser den Vorerben gem. §§ 2136, 2137 BGB von der Mehrzahl der Beschränkungen und Verpflichtungen befreien kann. Im Einzelnen hat der Nacherbe danach folgende Mitverwaltungsrechte bzw. ist der Vorerbe wie folgt beschränkt:

aa) Verfügungen über Grundstücke und Rechten an Grundstücken (§ 2113 Abs. 1 BGB),

bb) alle unentgeltlichen Verfügungen mit Ausnahme sog. Pflichtschenkungen (§ 2113 Abs. 2 BGB), wobei eine Verfügung des Vorerben nach der Rspr. (RGZ 125, 242 (245); 159, 389; BGHZ 5, 173; 7, 274 (278), BGH NJW 1955, 1354; 1963, 1613; WM 1970, 1422; 1971, 2264; GmbHR 1984, 153) dann unentgeltlich ist, wenn er objektiv ohne gleichwertige Gegenleistung Opfer aus dem Nachlass erbringt und subjektiv weiß, dass dem keine gleichwertige Gegenleistung an die Erbmasse gegenübersteht oder dies hätte erkennen müssen, und

cc) alle Zwangsverfügungen von Eigengläubigern bzw. des Insolvenzverwalters gegen den Vorerben (§ 2115 BGB, § 773 ZPO, § 83 Abs. 2 InsO)

sind im Falle des Eintritts der Nacherbfolge insoweit unwirksam, als sie das Recht des Nacherben vereiteln oder beeinträchtigen würden.

Die Kündigung und die Einziehung einer zur Erbschaft gehörenden Hypothekenforderung, Grund- oder Rentenschuld steht zwar dem Vorerben zu, er kann dabei aber nur verlangen, dass das Kapital an ihn nach Beibringung der Einwilligung des Nacherben gezahlt oder dass es für ihn und den Nacherben hinterlegt wird (§ 2114 BGB). Der Vorerbe kann allerdings die Zustimmung des Nacherben zu allen diesen Verfügungen nach § 2112 BGB erzwingen, falls sie zur ordnungsmäßigen Verwaltung des Nachlasses notwendig sind. Um die Einhaltung dieser gesetzlichen Verfügungsbeschränkungen zu sichern, ist vorgesehen, dass das Recht des Nacherben, die Voraussetzungen des Eintritts der Nacherbfolge und die Person des Nacherben sowie etwaige vom Erblasser angeordnete Befreiungen im Erbschein anzugeben (§ 2363 BGB) und im Grundbuch einzutragen sind (§ 51 GBO). Nach §§ 2116 ff. BGB kann der Nacherbe vom Vorerben Maßnahmen verlangen, die diesem eine Verfügung über gewisse zur Erbschaft gehörige Wertpapiere oder Buchforderungen gegen den Bund oder ein Land nur mit Zustimmung des Nacherben ermöglichen. Ferner ist Geld, soweit es für eine dauernde Anlage in Frage kommt, mündelsicher anzulegen (§ 2119 BGB).

b) Der Vorerbe muss dem Nacherben, allerdings nur einmal (RGZ 164, 208), auf dessen Verlangen ein Verzeichnis der zur Erbschaft gehörenden Gegenstände mitteilen (§ 2121 BGB). Das Verzeichnis muss die zum Zeitpunkt seiner Errichtung, nicht etwa des Erbfalls, zur Erbschaft gehörenden Gegenstände angeben (RGZ 164, 208). Nach dem Erbfall in den Nachlass gefallene Surrogate sind daher in das Verzeichnis aufzunehmen, nicht dagegen inzwischen ausgeschiedene Nachlassgegenstände. In das Verzeichnis sind nur die Aktiva der Erbschaft aufzunehmen. Über die Nachlassverbindlichkeiten braucht es keine Angaben zu enthalten. Ebenso sind Wertangaben über die Nachlassgegenstände nicht erforderlich (MüKoBGB/*Grunsky* § 2122 Rn. 2). Das Verzeichnis ist mit der Angabe des Tages der Aufnahme zu versehen und von dem Vorerben zu unterzeichnen (§ 2121 Abs. 1 BGB). Seine Unterschrift ist auf Verlangen des Nacherben öffentlich zu beglaubigen. Der Nacherbe kann verlangen, bei der Aufnahme des Verzeichnisses zugezogen zu werden (§ 2121 Abs. 2 BGB). Der Vorerbe ist berechtigt und auf Verlangen des Nacherben verpflichtet, auf Kosten des Nachlasses das Verzeichnis amtlich aufnehmen zu lassen (§ 2121 Abs. 3 BGB). Zuständig ist dafür der Notar (§ 20 BNotO) oder eine landesrechtlich bestimmte Behörde (§ 2121 Abs. 3 BGB ist insofern unverändert, vgl. aber § 2003 BGB in der seit 1.9.2013 geltenden Fassung, BGBl. I 1800). Der Vorerbe und der Nacherbe können jeweils auf Kosten des Antragstellers den Zustand der zur Erbschaft gehörenden Sachen durch Sachverständige feststellen lassen (§ 2122 BGB). Dies soll dem Vorerben gegen ungerechtfertigte Ansprüche des Nacherben wegen angeblicher Verschlechterung der Sachen bzw. dem Nacherben zur Sicherung seiner berechtigten Ansprüche wegen Verschlechterung von Nachlasssachen dienen.

c) Der Grundsatz der freien Verwaltung des Nachlasses durch den Vorerben, der zwar für ihre ordnungsmäßige Führung, jedoch nur mit der in eigenen Angelegenheiten angewandten Sorgfalt (§ 2131 BGB) und erst nach Eintritt des Nacherbfalles (§ 2130 BGB) haftet, sowie die Berechtigung des Vorerben gem. § 2134 BGB Erbschaftsgegenstände eigennützig für sich zu verwenden und deren Wert erst nach Eintritt der Nacherbfolge ersetzen zu müssen, birgt die Gefahr der Beeinträchtigung des Nacherben in sich. Um sie zu verringern, stehen dem Nacherben bis zum Eintritt des Nacherbfalles unter der Voraussetzung der Verletzung oder Gefährdung seines zukünftigen Herausgabeanspruchs gem. § 2130 BGB eine Reihe von Kontroll- und Sicherungsmöglichkeiten gem. §§ 2127–2129 BGB zur Verfügung. Nach § 2127 BGB hat der Nacherbe gegen den Vorerben ein Auskunftsrecht über den gegenwärtigen Bestand der Erbschaft, wenn Grund zu der Annahme besteht, dass der Vorerbe durch seine Verwaltung die Rechte des Nacherben erheblich verletzt. Die Gefahr einer erst künftigen Verletzung reicht dabei nicht aus. Die Gefährdung des Nacherben muss auf der Art der Verwaltung des Nachlasses beruhen. Eine nur schlechte Vermögenslage des Vorerben reicht nicht aus (MüKoBGB/*Grunsky* § 2127 Rn. 3). Der Inhalt des Anspruchs geht auf Auskunft über den derzeitigen Bestand des Nachlasses, nicht dagegen auch über seit dem Erbfall eingetretene Veränderungen; insbesondere schuldet der Vorerbe keine Auskunft über den zwischenzeitlichen Verbleib von

Erbschaftsgegenständen (BayObLG Recht 1903 Nr. 2379; MüKoBGB/*Grunsky* § 2127 Rn. 4). Gemäß § 260 BGB, der als allgemeine Regel Anwendung findet, kann der Nacherbe die Vorlegung eines Bestandverzeichnisses und bei Zweifeln an der erforderlichen Sorgfalt seiner Erstellung auch seine eidesstattliche Versicherung verlangen (§ 260 Abs. 2 BGB, Staudinger/*Avenarius* Bearbeitung 2013, § 2127 Rn. 9). Rechnungslegung, dh eine die geordnete Zusammenstellung der Einnahmen und Ausgaben enthaltende Rechnung, kann gem. § 2127 BGB nicht verlangt werden. Zu ihr ist der Vorerbe erst gem. § 2130 Abs. 2 BGB nach Eintritt der Nacherbfolge verpflichtet (Staudinger/*Avenarius* Bearbeitung 2013, § 2127 Rn. 9). Auch einem pflichtteilsberechtigten Nacherben steht vor dem Eintritt der Nacherbfolge neben den Ansprüchen aus §§ 2121, 2122 und 2127 BGB kein weitergehender Auskunftsanspruch gegen den Vorerben zu, und zwar auch nicht der den Nachlass weit mehr belastende Anspruch nach § 2314 BGB in entsprechender Anwendung (BGH NJW 1981, 2051). Auskunft nach § 2127 BGB kann, wenn eine neue Verletzung oder Gefährdung erfolgt oder eingetreten ist, auch wiederholt verlangt werden. Nach § 2128 BGB kann der Nacherbe vom Vorerben Sicherheitsleistung verlangen, wenn durch dessen Verhalten oder durch seine ungünstige Vermögenslage die Besorgnis einer erheblichen Verletzung der Rechte des Nacherben begründet wird. Gem. §§ 2128 Abs. 2, 1052 BGB ist, falls der Vorerbe nach rechtskräftiger Verurteilung zur Sicherheitsleistung diese nicht binnen einer vom Gericht festzusetzenden Frist erbringt, auf Antrag des Nacherben die Verwaltung der Vorerbschaft einem vom Gericht zu bestellenden Verwalter zu übertragen. Damit verliert der Vorerbe zugleich gem. § 2129 BGB die Verfügungsbefugnis hinsichtlich der Gegenstände der Erbschaft. Nach Eintritt der Nacherbfolge, hat der Vorerbe auf Verlangen dem Nacherben gem. § 2130 Abs. 2 BGB in der Form des § 259 BGB Rechnung zu legen. Bei Zweifel an der erforderlichen Sorgfalt der Rechnungslegung kann der Nacherbe eine eidesstattliche Versicherung verlangen (§ 259 Abs. 2 BGB). Letztlich hat der Nacherbe nach dem Nacherbfall über den Herausgabeanspruch gem. § 2130 Abs. 1 BGB ein Recht auf ein ordnungsmäßiges Gesamtergebnis der Verwaltung durch den Vorerben (Staudinger/*Avenarius* Bearbeitung 2013, § 2130 Rn. 3).

d) Neben den Verfügungsbeschränkungen (oben lit. a) und den Kontroll- und Sicherungsrechten (oben lit. b u. c) dient vor allem die Vorschrift des § 2111 BGB dazu, den Nacherben vor einer Verminderung der Nachlasssubstanz zu sichern. Nach dieser Bestimmung gehört zur Erbschaft, was der Vorerbe auf Grund eines zur Erbschaft gehörenden Rechts oder als Ersatz für die Zerstörung, Beschädigung oder Entziehung eines Erbschaftsgegenstandes oder durch Rechtsgeschäft mit Mitteln der Erbschaft erwirbt. Der Rechtsübergang erfolgt jeweils im Wege der dinglichen Surrogation (im Einzelnen dazu *Roggendorf* MittRhNotK 1981, 29 ff.). Durch diese dingliche Surrogation sowie die Verpflichtung des Vorerben zur ordnungsmäßigen Verwaltung soll der Nachlass nach seiner Wertsubstanz erhalten bleiben, so wie beim Nießbrauch dadurch, dass dem Nießbraucher die Verfügungsbefugnis weitgehend vorenthalten wird, durch das Substanzerhaltungsgebot (§ 1041 BGB) und das Zweckbestimmungserhaltungsgebot (§§ 1036 Abs. 2, 1037 Abs. 1 BGB) die konkreten Nießbrauchsgegenstände erhalten bleiben sollen.

e) Die gesetzlichen Beschränkungen des Vorerben können wegen § 137 BGB durch den Erblasser mit dinglicher Wirkung nicht vermehrt oder verstärkt werden. Wohl kann er aber durch Auflagen und Vermächtnisse dem Vorerben weitere schuldrechtliche Verwaltungspflichten auferlegen (Staudinger/*Avenarius* § 2136 Rn. 28, § 2112 Rn. 29; *Bühler* BWNotZ 1967, 174 (179)). Der Erblasser kann insoweit auch anordnen, dass der Vorerbe einen Teil der Nutzungen des Nachlasses an den Nacherben oder einen Dritten herauszugeben hat (RG WarnR 1912 Nr. 174). Auch diese zusätzlichen schuldrechtlichen Verwaltungsverpflichtungen unterstehen dem Schutz der Sicherungsrechte gem. §§ 2127–2129 BGB. Die umfangreiche Verfügungsbefugnis auch des nicht befreiten Vorerben kann durch Einsetzung eines Testamentsvollstreckers gem. § 2211 Abs. 1 BGB entzogen werden (KG OLG 26, 346; 44, 93), und zwar auch bei befreiter Vorerbschaft (BayObLG 59, 128 = NJW

1959, 1920). Soweit sich die Testamentsvollstreckung nur auf das Vorerbenrecht bezieht, kann der Testamentsvollstrecker lediglich die dem Vorerben zustehenden Rechte wahrnehmen, dh er bedarf auch in den Fällen der §§ 2113 ff. BGB die Zustimmung des Nacherben. Ist der Testamentsvollstrecker dagegen für das Vorerben- und das Nacherbenrecht eingesetzt, so kann er über Nachlassgegenstände im Rahmen des § 2205 BGB verfügen (MüKoBGB/*Grunsky* § 2112 Rn. 9). Als Testamentsvollstrecker kann auch der Nacherbe eingesetzt werden (KHJ 52 A, 77; BayObLG NJW 1959, 1920). Der alleinige Vorerbe kann dagegen nach hM nicht Nacherbentestamentsvollstrecker sein. Nicht geeignet, die Beschränkungen des Vorerben zu verstärken, ist eine vom Erblasser einem Dritten erteilte, über den Erbfall hinaus geltende Vollmacht, da sie vom Vorerben jederzeit widerrufen werden kann (Staudinger/*Avenarius* Bearbeitung 2013, § 2112 Rn. 30). Letztlich ist eine Verstärkung der Nacherbenstellung dadurch möglich, dass bei Vornahme eines die Erbschaft aushöhlenden Geschäftes des Vorerben unter Lebenden die Nacherbfolge vorzeitig eintreten soll (*Recker* MittRhNotK 1978, 125 (127)).

f) Die oben genannten Verfügungsbeschränkungen und Kontroll- und Sicherungsrechte zum Schutz des Nacherben, wirken auch zugunsten eines Nacherben, der nur unter einer Bedingung eingesetzt ist (Nachweise → Form. VIII.42 Anm. 4 Abs. 1c).

(3) **Erbenhaftung bei Vor- und Nacherbschaft.** Vor dem Nacherbfall haftet der Vorerbe wie jeder andere Erbe, der Nacherbe dagegen nicht. Nach dem Nacherbfall haftet der Nacherbe als Erbe des Erblassers für ungetilgte Nachlassschulden wie ein Erbe, dem die Erbschaft schon mit dem Tod des Erblassers angefallen ist (§ 2144 Abs. 1 BGB). Dabei begründen auch Geschäfte des Vorerben zur ordnungsgemäßen Verwaltung des Nachlasses Nachlassschulden (BGHZ 32, 60 = NJW 1960, 959). Nach dem Nacherbfall haftet der Vorerbe weiter nur für sog. Nachlasserbenschulden, dh Eigenverbindlichkeiten (vgl BGH ZEV 2016, 267 und dazu *Küpper* ZEV 2017, 61), ferner für reine Nachlassverbindlichkeiten, wenn er die Haftungsbeschränkungsmöglichkeit verloren hatte (§ 2145 Abs. 2 BGB), und mit der Möglichkeit der Haftungsbeschränkung gem. § 2145 Abs. 2 BGB auf die ihm verbleibenden Nutzungen oder ihre Surrogate, wenn ihm die Nachlassverbindlichkeit im Verhältnis zum Nacherben allein zur Last fällt (§ 2145 Abs. 1 BGB) oder bei fehlender oder nicht realisierbarer Haftung des Nacherben (§ 2145 Abs. 1 BGB).

(4) **Abgrenzung zum Nießbrauchsvermächtnis.** Durch die wirtschaftliche Ähnlichkeit zwischen Vorerbschaft und Nießbrauchsvermächtnis ist oft unsicher, ob vom Erblasser Vorerbschaft angeordnet oder nur ein Nießbrauchsvermächtnis eingeräumt worden ist. In Zweifelsfällen ist dabei nach der Rspr. ein Entscheidungskriterium, ob der Bedachte erst von dem Erben die Einräumung des Nießbrauchs am Nachlass verlangen können, oder ob er sogleich dinglicher Vermögensinhaber und Herr des Nachlasses sein sollte (BGH Rpfleger 1952, 181 = LM § 2100 Nr. 2; BayObLG 1965, 457 (461) = NJW 1966, 662), bedeutsamer noch, ob dem Bedachten über die Nutzungsbefugnis hinaus auch die Verfügungsbefugnis eingeräumt werden sollte (BGH Rpfleger 1952, 181 = LM § 2100 Nr. 2; RG WarnR 1927 Nr. 57; KG DR 1941, 594), was nur durch Vorerbschaft erreicht werden kann (siehe zur Auslegung *Petzoldt* BB Beil. 61.975 S. 2 u. die Rspr. bei Staudinger/*Avenarius* Bearbeitung 2013, § 2100 Rn. 22). Ausschlaggebend ist danach, ob der Erblasser dem Bedachten weniger oder mehr Rechtsmacht am Nachlass einräumen wollte. Das Erste spricht für Nießbrauch, das letzte für Vorerbschaft.

**6. Befreite Vorerbschaft.** (Umfassend: *J. Mayer* ZEV 2000, 1)

(1) **Unmittelbare Befreiungsmöglichkeiten und ihre Grenzen.** Nach § 2136 BGB hat der Erblasser die Möglichkeit, durch ausdrückliche Anordnung die Rechtsstellung des Vorerben weitgehend zu verbessern und die des Nacherben entsprechend zu verringern, indem er ihn von den in dieser Vorschrift aufgezählten gesetzlichen Beschränkungen und Verpflichtungen ganz oder teilweise befreit. Im Einzelnen besteht nach dieser Vorschrift die Möglichkeit, den Vorerben zu befreien:

a) von der Verfügungsbeschränkung über Grundstücke und Rechte an solchen (§ 2113 Abs. 1 BGB), sowie über Hypothekenforderungen, Grund- und Rentenschulden (§ 2114 BGB);
b) von der Hinterlegung bzw. Umschreibung von Wertpapieren und der Anlegung von Geld (§§ 2116–2119 BGB);
c) von der Aufstellung eines Wirtschaftsplanes bei Wald und der Gewinnung von Bodenschätzen (§ 2123 BGB);
d) von den Kontroll- und Sicherungsrechten des Nacherben nach §§ 2127–2129 BGB (Auskunftserteilung, Sicherheitsleistung, Entziehung des Verwaltungs- und Verfügungsrechts);
e) von dem Gebot der ordnungsmäßigen Verwaltung (zur Haftung gegenüber Dritten in diesem Fall *Küpper* ZEV 2017, 61) und der Rechnungslegungsverpflichtung nach § 2130 BGB und der Haftung des Vorerben nach § 2131 BGB, so dass der davon befreite Vorerbe beim Eintritt des Nacherbfalles nur die noch vorhandenen Erbschaftsgegenstände an den Nacherben herauszugeben hat (§ 2138 Abs. 1 BGB), ihm aber, jedoch erst nach Eintritt des Nacherbfalls (Staudinger/*Avenarius* Bearbeitung 2013, § 2138 Rn. 18), zum Schadensersatz verpflichtet ist, wenn er entgegen § 2113 Abs. 2 BGB unentgeltlich über einen Nachlassgegenstand verfügt oder die Erbschaft in der Absicht, den Nacherben zu benachteiligen, vermindert hat (§ 2138 Abs. 2 BGB);
f) von dem Wertersatz für Raub- und Übermaßfrüchte (§ 2133 BGB) und für eigennützige Verwendung von Erbschaftsgegenständen (§ 2134 BGB);
g) von der in § 2136 BGB nicht aufgeführten Verpflichtung zur Tragung der gewöhnlichen Erhaltungskosten nach § 2124 Abs. 1 BGB, da sie in der Verpflichtung zur ordnungsmäßigen Verwaltung (§ 2130 BGB) und dem Verbot der eigennützigen Verwendung von Nachlassgegenständen (§ 2134 BGB) enthalten ist (Staudinger/*Avenarius* Bearbeitung 2013, § 2136 Rn. 10) und von beiden gem. § 2136 BGB Befreiung erteilt werden kann.

Befreiung von sonstigen gesetzlichen Beschränkungen und Verpflichtungen sind mit dinglicher Wirkung unzulässig (BGHZ 7, 276). Danach ist eine Befreiung von folgenden Bestimmungen nicht zulässig:
a) vom Verbot unentgeltlicher Verfügungen (§ 2113 Abs. 2 BGB);
b) von der Verpflichtung, auf Verlangen des Nacherben ein Nachlassverzeichnis aufzustellen (§ 2121 BGB);
c) von der Verpflichtung, auf Verlangen des Nacherben den Zustand der Nachlassgegenstände feststellen zu lassen (§ 2122 BGB);
d) von der Haftung, wenn der Vorerbe entgegen der Vorschrift des § 2113 Abs. 2 BGB über einen Nachlassgegenstand verfügt oder die Erbschaft in der Absicht, den Nacherben zu benachteiligen, vermindert hat (§ 2138 Abs. 2 BGB);
e) von der Beschränkung der Eigengläubiger des Vorerben bei Vollstreckungsmaßnahmen oder der Verfügungsmacht des Insolvenzverwalters (§ 2115 BGB);
f) von der Verpflichtung des Vorerben, die gewöhnlichen Erhaltungskosten zu tragen (§ 2124 BGB);
g) von der zugunsten des Nacherben eintretenden Surrogation (§ 2111 BGB).

Die Befreiung von allen im § 2136 BGB bezeichneten Beschränkungen und Verpflichtungen gilt als angeordnet, wenn der Erblasser den Nacherben auf dasjenige eingesetzt hat, was von der Erbschaft beim Eintritt der Nacherbfolge übrig sein wird, dh Einsetzung auf den Überrest (§ 2137 Abs. 1 BGB). Das Gleiche ist im Zweifel anzunehmen, wenn der Vorerbe zur freien Verfügung über die Erbschaft berechtigt sein soll (§ 2137 Abs. 2 BGB).

Der Erblasser kann die Befreiung auch gegenständlich beschränken, so zB Befreiung nur hinsichtlich des Privat-, nicht auch für das Geschäftsvermögen (MüKoBGB/*Grunsky* § 2136 Rn. 9) erteilen. Auch kann die Befreiung lediglich gegenüber einzelnen von mehreren Nacherben erteilt werden (LG Frankfurt a.M. NJW 1980, 387). Weiter kann er auch zwischen einzelnen Arten von Verfügungen differenzieren, zB Befreiung für

Grundstücksbelastungen, nicht aber für Veräußerungen (MüKoBGB/*Grunsky* § 2136 Rn. 9). Die Befreiung kann schließlich auch hinsichtlich des vom Erblasser verfolgten Zwecks ausdrücklich eingeschränkt sein (*Muscheler* hereditare 3 (2013), 159 (182); dort auch ausf. zu allen weiteren Eingrenzungen der Befreiung).

Setzt der Erblasser seinen Ehegatten zum Vollerben ein, bestimmt aber, dass im Falle seiner Wiederheirat die gemeinsamen Kinder Nacherben sein sollen (bedingte Vor- und Nacherbschaft), so soll nach überwiegender Meinung auf Grund einer tatsächlichen Vermutung mangels besonderer Umstände befreite Vorerbschaft anzunehmen sein (MüKoBGB/*Grunsky* § 2136 Rn. 5; Staudinger/*Avenarius* Bearbeitung 2013, § 2136 Rn. 22; zweifelnd Soergel/*Harder*/*Wegmann* § 2136 Rn. 6 jeweils mwN).

(2) **Mittelbare Befreiungsmöglichkeiten.** Der Erblasser kann mittels folgender Anordnungen mittelbar über die Möglichkeiten des § 2136 BGB hinaus die Rechtsstellung des Vorerben verbessern:

a) Der Wille des Erblassers zu einer vollständigen, über die Grenzen des § 2136 BGB hinausgehenden Befreiung lässt sich ganz allgemein durch eine mit Vermächtnissen beschwerte Vollerbeinsetzung verwirklichen (Staudinger/*Avenarius* Bearbeitung 2013, § 2136 Rn. 11).

b) Will der Erblasser dagegen nur einzelne Gegenstände oder ihre Surrogate dem Nacherbenrecht entziehen, kann er sie dem Vorerben als Vorausvermächtnisse (§ 2110 Abs. 2 BGB) anwenden. Ein alleiniger Vorerbe erwirbt diese Gegenstände ohne weiteres mit dem Erbfall, sie werden sein freies Vermögen, über das er nach Belieben, also auch unentgeltlich, verfügen kann (BGHZ 32, 60 = NJW 1960, 959).

c) Der Erblasser kann den Vorerben auch dadurch mittelbar in seiner Verwaltung freier stellen, dass er den Nacherben für den Fall, dass er durch den Eintritt des Nacherbfalls Erbe wird, mit dem Vermächtnis beschwert, bestimmten (unentgeltlich) Verfügungen oder Verwaltungshandlungen des Vorerben zuzustimmen. Er ist dann bei Eintritt des Nacherbfalls verpflichtet, die betreffenden Verwaltungsmaßnahmen des Vorerben als ordnungsgemäß nach § 2130 BGB anzuerkennen bzw. das Verfügungsgeschäft zu genehmigen (Staudinger/*Avenarius,* Bearbeitung 2013, § 2136 Rn. 6 f.; *J. Mayer* ZEV 2000, 1 (4)). Ob diese Zustimmungsverpflichtung auch generell angeordnet werden kann, ist bestr. (*Bühler* BWNotZ 1967, 174 (179 f.) mwN). Möglicherweise kann der Nacherbe außerdem durch Vermächtnis verpflichtet werden, die beim Nacherbfall gegen den Vorerben entstehenden Schadensersatzansprüche wegen unentgeltlicher Verfügung zu erlassen (*Bühler* BWNotZ 1967, 174 (180); wohl zu Recht ablehnend *J. Mayer* ZEV 2001, 1 (5)).

d) Der Erblasser kann auch das Anwartschaftsrecht des Nacherben, dh die Nacherbeinsetzung in den Grenzen des § 138 BGB auflösend bedingen und dadurch die Nacherbeinsetzung zB für den Fall der unentgeltlichen Verfügung des Vorerben über einen bestimmten oder wesentlichen oder gar über alle Nachlassgegenstände wegfallen lassen (*Bühler* BWNotZ 1967, 174 (180)).

Bei einzelnen Gegenständen würde es sich dabei um ein bedingtes Vorausvermächtnis zugunsten des Vorerben und bei allen um eine auflösend bedingte Nacherbschaft handeln.

Nach hM kann die Rechtsstellung des befreiten Vorerben jedoch nicht dadurch erweitert werden, dass der alleinige Vorerbe zum alleinigen Testamentsvollstrecker des Nacherben ernannt wird (KG JFG 11, 126) oder dass ihn der Erblasser über seinen Tod hinaus bevollmächtigt (RGZ 77, 177).

7. **Einsetzung von Abkömmlingen nach gesetzlicher Erbregel.** Der Begriff des Abkömmlings ist im Gesetz nicht definiert (zur Rechtsprechung bei Auseinanderfallen von biologischer und rechtlicher Abstammung *Karczewski* ZEV 2014, 641). Bei der Erbeinsetzung, Ersatzerbeinsetzung, Nacherbeinsetzung und Ersatznacherbeinsetzung von eigenen oder fremden Abkömmlingen wird in der notariellen Praxis oft statt der namentli-

chen Bezeichnung der Eingesetzten formuliert, dass als Erben die Abkömmlinge einer bestimmten Person „gemäß der gesetzlichen Erbfolge erster Ordnung“ oder „entsprechend der gesetzlichen Erbregel erster Ordnung“ eingesetzt sind. Der Zweck ist, auch die Veränderungen im Kreis der Eingesetzten zwischen der Testamentserrichtung und dem Erbfall zu erfassen. Durch die Verweisung auf die gesetzliche Erbregelung sind der eingesetzte Personenkreis und die Höhe der Erbteile bestimmbar, es muss aber auch der für die Bestimmung maßgebliche Zeitpunkt geklärt sein. Bei der Erbeinsetzung kommen als maßgebliche Zeitpunkte die Testamentserrichtung und der Erbfall in Betracht und bei der Nacherbeinsetzung kommt der Nacherbfall hinzu. Bei bloßer Bezeichnung der Eingesetzten als „gesetzliche Erben“ oder „Abkömmlinge“ einer bestimmten Person ohne nähere Bezeichnung ist zweifelhaft, zu welchem Zeitpunkt die Erben anhand dieser Merkmale festgestellt werden sollen. Die Bestimmung des maßgeblichen Zeitpunkts ist bei einer solchen Formulierung nur mit Hilfe der Auslegungsregeln der §§ 2066, 2069 BGB möglich. Geht die Verweisung aber auf die Erben oder eines Teils von ihnen gemäß der gesetzlichen Erbfolge erster Ordnung einer bestimmten Person, sind damit die Gruppe, der Zeitpunkt ihrer Feststellung, nämlich der Tod der betreffenden Person und ihre Erbquoten, nämlich die gesetzlichen der ersten Ordnung, eindeutig festgelegt. Nach der gesetzlichen Erbfolge erster Ordnung können vorverstorbene Abkömmlinge gem. § 1923 BGB nicht erben. An ihre Stelle treten kraft des Eintrittsrechts gem. § 1924 Abs. 3 BGB die nächsten Abkömmlinge. Schlagen Abkömmlinge nach dem Erbfall die Erbschaft aus, tritt gem. § 1953 BGB kraft Gesetzes die gleiche Wirkung ein. Auch zwischen der Testamentserrichtung und dem Erbfall geborene oder erzeugte nähere Abkömmlinge werden danach Erben, da die gesetzliche Erbfolge erster Ordnung alle zurzeit des Erbfalls lebenden bzw. erzeugten Abkömmlinge umfasst (§§ 1924, 1923 Abs. 2 BGB). Grundsätzlich gilt daher gleichermaßen für Erb-, Ersatzerb-, Nacherb- und Ersatznacherbeinsetzung, dass die Bezeichnung der Eingesetzten als Abkömmlinge einer bestimmten Person gemäß der gesetzlichen Erbfolge erster Ordnung sich nur auf den Tod dieser Person beziehen und daher nur ihre zu diesem Zeitpunkt vorhandenen gesetzlichen erbberechtigten Abkömmlinge umfassen kann und dass sich daher ein den maßgeblichen Zeitpunkt ausdrücklich festlegender Zusatz erübrigt. Da sich die Testator dessen aber meist nur bei den leicht überschaubaren Verhältnissen der Erb- und Ersatzerbeinsetzung bewusst sind, sollte man bei der Nacherb- und Ersatzerbeinsetzung trotzdem den maßgeblichen Zeitpunkt im Testament ausdrücklich bezeichnen. In diesen Fällen könnte nämlich durchaus einmal eine abweichende Festlegung des maßgeblichen Zeitpunkts zB der Vorerbfall zweckmäßig und gewünscht sein (siehe OLG Köln FamRZ 1970, 605), so dass die ausdrückliche Festlegung zur Klarstellung, zum Hinweis und als Formulierung mit Belehrungswirkung dient.

**8. Die „unbekannten“ Nacherben.** Wenn, wie hier, der Erblasser diejenigen gemeinschaftlichen Abkömmlinge zu Nacherben beruft, die zum Zeitpunkt des Nacherbfalles gesetzliche Erben beider Ehegatten sind, so sind die Nacherben zwar benannt, da sie nach Merkmalen bestimmbar sind (was genügt: BayObLG NJW 1966, 662 (663)), aber bis zum Eintritt des Nacherbfalles unbekannt, da erst zu diesem Zeitpunkt feststeht, um wen es sich dabei handelt (*Kanzleiter* DNotZ 1970, 326; *Ripfel* BWNotZ 1959, 177 (183); *Haegele* Rpfleger 1969, 348). Nicht zu verwechseln ist ein solcher noch „unbekannter“ Nacherbe mit einem Ersatznacherben (§ 2096 BGB entspr.), der vom Erblasser für den Fall eingesetzt ist, dass der von ihm ausdrücklich benannte Nacherbe vor oder nach dem Nacherbfall wegfällt, er also nicht Nacherbe sein kann oder sein will (bezgl. des Unterschieds zwischen Nacherb- und Ersatznacherbeinsetzung siehe *Diederichsen* NJW 1965, 671). Eine Einsetzung solcher Ersatznacherben erübrigt sich im Formular, da die Nacherben sowieso erst im Zeitpunkt des Nacherbfalls bestimmt sind. Wird die Persönlichkeit eines Nacherben erst durch ein künftiges Ereignis bestimmt, ist für ihn nach § 1913 BGB bis zum Eintritt der

Nacherbfolge ein Pfleger zu bestellen. Etwas anderes soll nur gelten, wenn die Erben namentlich aufgeführt sind, sodass letztlich die Fassung des Testaments entscheidet, ob die Nacherben vom Tode des Erblassers an bis zum Nacherbfall bekannt oder unbekannt sind (*Haegele* Rpfleger 1969, 348). Das wird mit guten Gründen auch anders gesehen (*Kanzleiter* DNotZ 1970, 326; Soergel/*Knopp* § 2104 Rn. 5; Staudinger/*Avenarius,* Bearbeitung 2013, § 2104 Rn. 17). Die Streitfrage kann und sollte jedoch umgangen werden, indem der Erblasser zur Wahrnehmung der Rechte und Pflichten der bekannten wie auch der unbekannten Nacherben bis zum Eintritt der Nacherbfolge eine Nacherbentestamentsvollstreckung gem. § 2222 BGB anordnet (*Ripfel* BWNotZ 1959, 177 (183); Reithmann/Albrecht/*Riegel,* HdB d. notariellen Vertragsgestaltung, 8. Aufl., Rn. 1193).

**9. Vererblichkeit und Veräußerlichkeit der Nacherbenanwartschaft.** Der Nacherbe erlangt mit dem Tod des Erblassers, durch den der Nachlass auf den oder die Vorerben übergeht, ein gegenwärtiges Anwartschaftsrecht auf die spätere Nacherbschaft (BGHZ 37, 319 (325); *Haegele* Rpfleger 1967, 161 mwN). Erlebt der Nacherbe den Tod des Erblassers (bei seinem Vorversterben gilt §§ 2108 Abs. 1, 1923 BGB), stirbt er aber vor dem Eintritt der Nacherbfolge, ist gem. § 2108 Abs. 2 BGB seine Anwartschaft vererblich, sofern nicht ein anderer Wille des Erblassers anzunehmen ist. Die Vererblichkeit bedeutet, dass das Anwartschaftsrecht auf seine gesetzlichen oder testamentarisch berufenen Erben als Vermögensteil seines eigenen Nachlasses übergeht. Der Nacherbe kann seinerseits die Anwartschaft mit Nacherbschaft belasten oder einer Testamentsvollstreckung unterwerfen (RGZ 103, 354; *Schmidt* BWNotZ 1966, 145 (147)). Mehrere Erben des Nacherben stehen hinsichtlich des Nacherbenanwartschaftsrechts in Erbengemeinschaft (*Schmidt* BWNotZ 1966, 145 (147) Fn. 6). Die Vererblichkeit des Anwartschaftsrechts geht im Interesse des Nacherben der Anwachsung nach § 2094 BGB im Zweifel vor (RGZ 106, 357). Der Ausschluss der Vererblichkeit durch den Erblasser kann in einer ausdrücklichen Bestimmung in der Verfügung von Todes wegen oder durch ihre Auslegung gefunden werden. Str. ist, ob mit der ausdrücklichen Berufung eines Ersatznacherben die Vererblichkeit ausgeschlossen ist. Von der Regelvermutung bis zu ihrem Gegenteil wird hier alles vertreten (vgl. etwa vermittelnd Palandt/*Weidlich* § 2108 Rn. 6). Vor diesem Hintergrund empfiehlt es sich, wie schon von *Haegele* vorgeschlagen (Rpfleger 1967, 161 (163)), die Vererblichkeit des Nacherbenanwartschaftsrechts in der Verfügung von Todes wegen ausdrücklich auszuschließen und Ersatzerben einzusetzen oder umgekehrt klarzustellen, wenn das Anwartschaftsrecht vererblich sein soll (Reithmann/Albrecht/*Riegel,* HdB d. notariellen Vertragsgestaltung, 8. Aufl., Rn. 1192). Dabei kann die Vererblichkeit auch auf bestimmte Personengruppen beschränkt werden (BGH FamRZ 2000, 63).

Trotz Schweigen des Gesetzes ist die Veräußerlichkeit (Verpfändbarkeit, Pfändbarkeit) des Nacherbenanwartschaftsrechts heute gewohnheitsrechtlich anerkannt (RGZ 101, 185 (191); 170, 163; 139, 347; BGHZ 37, 319). Sie kommt wegen § 311b Abs. 5 BGB aber stets erst nach Eintritt des Vorerbfalls in Betracht. Die Veräußerung der Nacherbschaft steht der Erbteilsveräußerung nahe, es gelten daher die Formvorschrift § 2371 BGB und das Vorkaufsrecht der Mit(nach)erben analog (Staudinger/*Avenarius,* Bearbeitung 2013, § 2100 Rn. 75) Umstritten ist die Frage, ob der Erblasser die Übertragbarkeit des dem Nacherben zustehenden Anwartschaftsrechts ausschließen kann (dafür: Andeutung in RGZ 170, 163 (168); OLG Köln NJW 1955, 633 (634) mwN; *Kipp/Coing* ErbR 13. Bearb. § 50 I 3; anders Staudinger/*Avenarius,* Bearbeitung 2013, § 2100 Rn. 76; § 137 BGB *Mezger* AcP 152, 382: § 137 BGB). Ist (nur) die Vererblichkeit der Nacherbenanwartschaft ausgeschlossen, dann bricht das Anwartschaftsrecht in der Hand des Erwerbers zusammen, wenn der Nacherbe vor dem Nacherbfall stirbt. Der Erwerber sollte sich also stets auch die Ersatznacherbenanwartschaft übertragen lassen (Staudinger/*Avenarius,* Bearbeitung 2013, § 2100 Rn. 77). Oft wird man den Ausschluss der Übertragbarkeit als Nacherbeinsetzung unter der aufschiebenden Bedingung auslegen, dass der Nacherbe im Nacherbfall die Erbschaft auch selbst im vollen Umfang erwirbt (*Kanzleiter* DNotZ 1970, 695). Sicherer kann die Anordnung einer Nacherbentestamentsvollstreckung eine Veräußerung verhindern, da ein nach § 2222 BGB bestellter Testamentsvollstrecker die Anwartschaft nicht übertragen kann (KG HRR 1937, 931 = JW 1937, 1553). Ein vorsichtiger Notar wird die Vererblichkeit und Veräußerlichkeit der Nacherbenanwartschaft ausdrücklich ausschließen (vgl. *Kanzleiter* DNotZ 1970, 326).

**10. Wiederverehelichungsklausel.** Sinn einer Wiederverheiratungsklausel ist, den Nachlass des Erstversterbenden zugunsten der Schlusserben (also in der Regel den gemeinsamen oder auch einseitigen Kindern des Erstversterbenden) mehr oder weniger sicherzustellen, während Zweck der Bindungswirkung wechselbezüglicher Verfügungen des gemeinschaftlichen Testaments oder der vertraglichen eines Erbvertrags ist, ihnen auch das Vermögen des Längstlebenden möglichst zu erhalten.

Für die Gestaltung der Wiederverehelichungsklausel bei der Ausgangslage des Formulars – sog. „Trennungslösung" – sind, nach dem Maß der Beeinträchtigung des überlebenden Ehegatten geordnet, folgende Möglichkeiten gebräuchlich:

a) Der Vorerbe ist lediglich bis zu seiner Wiederheirat von allen gesetzlichen Beschränkungen befreit, danach unterliegt er ganz oder zum Teil diesen Beschränkungen.
b) Mit der Wiederverheiratung tritt zugunsten der Abkömmlinge der Nacherbfall ein und der Überlebende bekommt den Nießbrauch am gesamten Nachlass des erstverstorbenen Ehegatten auf Lebenszeit.
c) Mit der Wiederheirat tritt die Nacherbfolge bezüglich einer bestimmten Erbquote zugunsten der Abkömmlinge ein, während der Überlebende die Restquote, im Formular zB in Höhe seines Pflichtteils, frei von der Nacherbenbelastung erhält (BayObLG 58, 109 (112) = NJW 1958, 1683).
d) Mit der Wiederheirat tritt die Nacherbfolge bezüglich einer bestimmten Erbquote zB ihrem gesetzlichen Erbteil zugunsten der Abkömmlinge ein, bezüglich der Restquote zB dem Ehegattenerbteil tritt sie erst mit dem Tode des Überlebenden ein.
e) Der überlebende Ehegatte hat im Falle seiner Wiederverheiratung die Erbschaft mit den Abkömmlingen nach den Regeln der gesetzlichen Erbfolge zu teilen, dh die Nacherbeinsetzung ist in Höhe des gesetzlichen Ehegattenerbteils durch die Wiederheirat auflösend bedingt und gleichzeitig tritt mit der Wiederheirat bezüglich der gesetzlichen Erbteile der Abkömmling der Nacherbfall ein (RGZ 106, 355).

Weitere Varianten sind es, dem überlebenden Partner ausgesetzte Vermächtnisse bei Wiederheirat entfallen zu lassen bzw. durch eine einmalige Ablösung in Geld zu ersetzen (so als Wegfall des Nießbrauchsvermächtnisses vorgesehen in → Form. 20 § 4), oder aufschiebend bedingt auf die Wiederheirat werden den als Schlusserben eingesetzten Personen Vermächtnisse ausgesetzt (so im → Form. XII.24 § 3).

Bei der Auswahl der Wiederverehelichungsklausel ist bei gesetzlichem Güterstand stets der güterrechtliche Zugewinnausgleich (§ 1371 Abs. 3 BGB) zu bedenken. Er steht dem überlebenden Ehegatten nach einer gemäß § 2306 Abs. 1 BGB erfolgten Ausschlagung der Erbschaft nebst dem kleinen Pflichtteil zu. Diese Möglichkeit hat, wenn die im gesetzlichen Güterstand lebenden Eheleute kurz hintereinander versterben und deshalb beim Tode des Überlebenden das Ausschlagungsrecht nach dem Erstversterbenden noch fortbesteht, auch der Erbe des Überlebenden (BGHZ 44, 152 = NJW 1963, 2320; *Johannsen* WM 1970, 2 (7)) und bei mehreren Erben möglicherweise sogar ein einzelner Miterbe für seinen Teil (*Schramm* BWNotZ 1966, 18 (34); aA Palandt/*Weidlich* § 1952 Rn. 4; *Olshausen* FamRZ 1976, 678 (683): nur gemeinschaftliche Ausschlagung). Dem kann dadurch entgegengewirkt werden, dass dem Überlebenden auch für den Fall seiner Wiederheirat ein genügend großer Teil der Erbschaft frei oder zur Nutzung verbleibt und dies ihn von einer Ausschlagung abhält. Ohne eine derartige Kompensation ist es vor dem verfassungsrechtlichen Hintergrund (dazu sogleich) wohl nicht mehr ohne weiteres zu empfehlen, dass die Ehegatten die Wiederverheiratungsklausel in der Weise verstärken, dass sie in notarieller Urkunde zusätzlich auch für diesen Fall gegenseitig auf ihr Pflichtteilsrecht verzichten und gleichzeitig Gütertrennung vereinbaren oder den Zugewinnausgleich unter Lebenden ausschließen, so dass auch der güterrechtliche Zugewinnausgleich (§ 1414 S. 2 BGB) entfällt (so aber wie auch hier bis zur 5. Aufl. etwa *Fröhler* in Wurm/Wagner/Zartmann, Das Rechtsformularbuch, 15. Aufl., Kap. 77 Rn. 22).

Wiederverheiratungsklauseln, namentlich auch die hier und in → Form. XII.24 § 3 verwandte Klausel (*Scheuren-Brandes* ZEV 2005, 185 (186, 187) und allgemeiner *Gaier* ZEV 2006, 2 (5); *Otte* ZEV 2004, 393 (397); *Wendt* ZNotP 2009, 460) sind vor einiger Zeit in den Fokus verfassungsrechtlicher Bedenken geraten. Die aufgrund der Klausel eingreifenden wirtschaftlichen Konsequenzen sind grundsätzlich geeignet, bei der Entscheidung des Überlebenden für oder gegen eine Ehe mitbedacht zu werden (in der Anwendung der §§ 242, 138 BGB gleichzusetzen ist letztlich auch hier immer die gleichgeschlechtliche Ehe, obwohl sie nicht durch Art. 6 Abs. 1 GG geschützt ist, wohl aber gelten Art. 1, 2 Abs. 1, 3 GG als Schutz vor Fremdbestimmung der Partnerwahl). Das Bundesverfassungsgericht hat entschieden, dass die weit reichende Beschränkung der Ehegattenwahl im Erbvertrag betreffend das Hausvermögen des Hauses Hohenzollern durch so genannte Ebenbürtigkeitsklausel (ua wer zum Zeitpunkt des Nacherbfalls in nicht ebenbürtiger Ehe lebt, wird nicht Nacherbe) geeignet sei, die Eheschließungsfreiheit des als Nacherben eingesetzten Abkömmlings des Erblassers mittelbar zu beeinflussen und unzumutbaren Druck vor der Eingehung einer Ehe zu erzeugen. Im konkreten Fall könne sie geeignet sein, unter Berücksichtigung der Lebensführung und der sonstigen Vermögensverhältnisse des potentiellen Nacherben dessen Entschließungsfreiheit bei Eingehung der Ehe nachhaltig zu beeinflussen. Gegenüber diesen Freiheitseingriffen könne sich auch die Testierfreiheit (dahingehend noch BGHZ 140, 118 = NJW 1999, 566) nicht durchsetzen (Kammerbeschluss NJW 2004, 2088 m. abl. Anm. *Gutmann* S. 2347 = DNotZ 2004, 798 m. krit. Anm. *Isensee* S. 754 = ZEV 2004, 241 mit abl. Anm. *Otte* S. 393; vgl. auch *Gaier* ZEV 2006, 2). Eine Strukturierung der Rechtslage durch den BGH steht noch aus (*Reimann* ZEV 2018, 549 (556)). Zur Inhaltsprüfung beim Erbverzicht → Form. XVI.1 Anm. 3a. Die Entscheidung erscheint aus mehreren Gründen nicht allgemein auf die Wiederverheiratungsklausel übertragbar (anders jetzt aber OLG Saarbrücken DNotZ 2015, 691; OLG Zweibrücken FGPrax 2011, 176). Davon seien an dieser Stelle genannt:

- Die Wiederverheiratungsklausel ist nicht dadurch motiviert, das Verhalten des Überlebenden zu steuern, sondern sie will die vermögensrechtlichen Folgen regeln und dabei die Schlusserben schützen für den Fall, dass der Überlebende eine neue Ehe eingeht. Diese Zielsetzung der Klausel ist so praxistypisch (vgl. *Goll/Edenfeld,* Praxis-Handbuch Erbrechtsberatung, B VII Rn. 80; *Enzensberger* in Bonefeld/Daragan/Wachter, Der Fachanwalt für Erbrecht, Kap. 21 Rn. 166; *Fröhler* in Wurm/Wagner/Zartmann, Das Rechtsformularbuch, Kap. 77 Rn. 21; *Ridder* in Münchener Anwaltshandbuch Erbrecht, § 11 Rn. 89), dass sie nicht erst erläuternd im Testament ausgeführt werden muss (anders *Scheuren-Brandes* ZEV 2005, 185 (187 f.)). Wer geltend macht, die Klausel ziele allein auf eine Bestrafung des Überlebenden – dann läge Sittenwidrigkeit wohl etwas näher – müsste dafür überzeugende Anhaltspunkte vortragen und die verwerfliche Willensrichtung des Erblassers im Zweifel beweisen (MüKoBGB/*Musielak* § 2269 Rn. 47). Die an die monarchischen Hausgesetze anknüpfende Ebenbürtigkeitsklausel dürfte maßgeblich vor dem Hintergrund formuliert sein, dass nicht-ebenbürtige Ehen eben generell nicht gewünscht waren (ihre weitere Funktion, nämlich eine Übereinstimmung mit der staatsrechtlich vorgegebenen Thronfolgeregelung herzustellen, konnte sie im Fall des BVErfG – Erbvertrag aus 1938, nach der zeitgeschichtlichen Ausgangslage schon nicht mehr haben). Damit hat die Ebenbürtigkeitsklausel subjektiv eine Tendenz zur in der Tat bedenklichen Fremdbestimmung der Lebensführung des Bedachten (vgl. *Litzenburger* in Bamberger/Roth § 2074 Rn. 9 mwN), die der Wiederverheiratungsklausel fehlt.

- Zwar umfasst die Testierfreiheit stets auch die Freiheit, die Vermögensnachfolge nicht an den allgemeinen gesellschaftlichen Überzeugungen der Anschauungen der Mehrheit ausrichten zu müssen (BVerfG NJW 2000, 295). Sobald dadurch Grundrechte anderer tangiert sind, kann es aber durchaus einen Unterschied machen, ob die dies auslösende Klausel wie die der ebenbürtigen Ehe allein durch eine überholte Tradition begründet ist. Das Kriterium der Ebenbürtigkeit hat durch die geschichtliche Entwicklung jegliche inhaltliche Begründung verloren und „verdient – bei aller Zurückhaltung der Erstreckung des Gleichheitssatzes auf das Erbrecht – keinen Schutz durch die Rechtsordnung mehr. Die fehlende Standesmäßigkeit gehört zu den Kriterien, die nach Ansicht des Senats in so elementarem Widerspruch zu den Grundlagen einer auf demokratischer Gleichordnung beruhenden Rechtsordnung steht, dass sich auch das Privatrecht nicht mehr dazu hergeben darf, ihr rechtliche Beachtlichkeit zu verschaffen“ (so in der Vorlage an den BGH das OLG Stuttgart FGPrax 1997, 230 = FamRZ 1998, 260). Dieser Ansatz geht bei der Wiederverheiratungsklausel gänzlich ins Leere. Sie stellt dem Überlebenden keine historisch überlebten Bedingungen, sondern folgt einer weit verbreiteten und anerkannten Praxis (die Klausel ist bislang ganz unbeanstandet: BGHZ 96, 198 (202); OLG Hamm FamRZ 1995, 250). Dass eine Wiederheirat des hinterbliebenen Ehegatten für ihn finanziell nachteilig sein kann, ist eine aus dem Recht der Soldaten- und Beamtenversorgung und der gesetzlichen Rentenversicherung (Abfindung nach §§ 107, 90 SGB VI) durchaus geläufige Folge. Die Rechtsordnung geht mit derartigen Regelungen davon aus, dass die durch Füreinander-Einstehen geprägte neue Lebensgemeinschaft nunmehr grundsätzlich für eine ausreichende Versorgung sorgt. Ein Anschauungswandel ist insofern nicht auszumachen.
- Auch wenn sie in einem Erbvertrag mit dem Vorerben vereinbart wurde, geht es in der Ebenbürtigkeitsklausel doch um den einseitigen Willen eines Erblassers, der mit seinen Vorgaben Einfluss auf mehrere künftige Generationen nimmt. Die Nacherben als Söhne und Sohnessöhne des Vorerben hatten von vornherein so gut wie keine Möglichkeit, durch Ausschlagung einen Pflichtteil zu erlangen (§ 2309 BGB). Darauf, dass sie bei anderweitigem Testament auch nichts hätten erlangen können, kommt es nicht an. Denn so wie die Klausel formuliert ist, liegt seine Nacherbenstellung mittelbar in der Entscheidung des jeweils Erstgeboren, der dadurch einem unzumutbaren Druck ausgesetzt wird. Jedenfalls bei der gegenseitig in einem gemeinsamen Testament oder Erbvertrag vereinbarten Wiederverheiratungsklausel ist das ganz anders. Sofern man dort überhaupt von Fremdbestimmung des Überlebenden sprechen könnte, strahlt sie nicht über die eigene Generation hinaus, sondern betrifft nur die Beteiligten selbst und auf Gegenseitigkeit (*Adam* MDR 2007, 68 (69)).
- Mittelbar kann die Wiederverheiratungsklausel im Gegensatz zu anderen vom Erblasser gesetzten Bedingungen dem erbberechtigten Ehegatten sogar zugute kommen. Soweit sie pflichtteilsberechtigten Schlusserben eine jedenfalls vom Hinzutreten neuer Pflichtteilsberechtigter ungetrübte Aussicht auf angemessene Beteiligung am Nachlass des Erstversterbenden belässt, kann sie ein Grund sein, den Pflichtteil nicht zu fordern und den überlebenden Ehegatten somit zu schonen.

Nicht leugnen lässt sich dagegen, dass die Wiederverheiratungsklausel ihre Wirkung auf den Überlebenden stets und sofort mit dem ersten Sterbefall ausübt. Soweit dem BVerfG vorgeworfen wird, im Hohenzollern-Fall gänzlich ungesicherte Rechtspositionen zu schützen (*Gutmann* NJW 2004, 2347), gilt das hier also nicht. Anders als zB die Zweitgeborenen der Adelsfamilie, die nur potentiell überhaupt unter die Klausel fallen, ist die Entscheidungslage für den heiratswilligen Überlebenden unmittelbar klar und daher möglicherweise drückender.

Ausgangspunkt bleiben die Vorstellungen und Wertungen des Erblassers. Die Hohenzollern-Entscheidung erinnert aber daran, dass jede vom Erblasser gesetzte Potestativbedingung daraufhin zu überprüfen ist, ob von ihr ein unzulässiger, weil nach den

Umständen des Einzelfalls unzumutbarer Druck ausgeht (*Gaier* ZEV 2006, 2 (5) mwN). Konkordanz von Testierfreiheit und Handlungs- (Eheschließungsfreiheit) ist hier wie dort herzustellen. Wie gezeigt, wiegen die gegen eine Geltung der Ebenbürtigkeitsklausel sprechenden Erwägungen wohl sehr viel stärker als bei der Wiederverheiratungsklausel. Aber in schwerwiegenden Fällen kann die Nichtigkeit jedweder letztwilligen Verfügung (oder auch nur der Bedingung) wegen Sittenwidrigkeit (§ 138 BGB) angenommen werden (BGH NJW 1999, 566 (568)).

Bei der Bewertung der Wiederverheiratungsklausel führt zur Nichtigkeit, wenn sie im Einzelfall entweder reinen Strafcharakter erlangt oder gemessen am Umfang der Zuwendung (und damit des drohenden Verlustes) oder am Versorgungsbedarf des überlebenden Ehegatten zu besonderer Härte führt (vgl. Staudinger/*Otte*, Bearbeitung 2013, § 2074 Rn. 34). Der Druck darf in diesem zweiten Fall nicht soweit gehen, dass er dem anderen faktisch jede Entscheidungsfreiheit nimmt (Bamberger/Roth/*Wegmann* § 2074 Rn. 15). Das wurde hier (ebenso in → Form. XII.20 § 4 und → Form. XII.24 § 3) schon immer berücksichtigt, indem der überlebende, wiederverheiratungswillige Ehegatte eben nicht einem kompensationslosen Gesamtverlust seiner Nachlassbeteiligung ausgesetzt wurde. Dass *jedes* Vertragsmuster den Umständen des Einzelfalls anzupassen ist, kann als Selbstverständlichkeit dabei nicht stets ausgesprochen werden. Als äußerer Gestaltungsrahmen dürfte sich erweisen:

- Unbedenklich sind alle Gestaltungen, die den Schlusserben nicht mehr erhalten wollen, als sie in gesetzlicher Erbfolge nach dem Erstversterbenden bekommen hätten (*Stahl* in Münchener Anwaltshandbuch Erbrecht, § 15 Rn. 41; MüKoBGB/*Leipold* § 2074 Rn. 25). Zum Schutz des zunächst mit einer stärkeren Nachlassbeteiligung eingesetzten Ehegatten kann es aber geboten sein, die zeitliche Wirkung der Klausel hinauszuschieben, um seine Liquidität nicht unzumutbar zu gefährden.
- Unbedenklich dürfte es auch sein, wenn die den Überlebenden treffenden Belastungen wenigstens in ihrer hauptsächlichen Wirkung erst mit seinem Versterben eingreifen. Genannt wird hier zumeist die aufschiebend bedingte Vorerbschaft, bei der erst der zweite Sterbefall den Nacherbfall auslöst (zB jurisPK/*Reymann* § 2269 Rn. 55; *Fenner* in Beck'-sches Formularbuch Bürgerliches, Handels- und Wirtschaftsrecht, 9. Aufl., → Form. VI.10 Anm. 1; *Bestelmeyer* Rpfleger 2016, 694 (701)). Damit handeln sich die Beteiligten aber von Anfang an die Probleme der Vorerbenbeschränkung ein (→ Form. XII.24 Anm. 7), so dass eher zu Vermächtnislösungen zu raten ist (→ Form. XII.24 § 3).
- Bedenklich wären Gestaltungen, bei denen infolge einer Wiederheirat nicht einmal der Pflichtteil erhalten bleibt (Groll/*Esser,* Praxishandbuch Erbrechtsberatung, 2. Aufl. B II Rn. 44: unzulässig). Der Verlust des Pflichtteils droht wegen der Ausschlagungsfrist. Es sollte für den Fall des Bedingungseintritts also wenigstens ein Betrag im Wert des Pflichtteils vermacht werden (*Karczewski* hereditare 3 (2011), 19 (29) mN). Die Schutzbedürftigkeit des Ehegatten ist hier eine andere als bei einem Pflichtteilsverzicht (→ Form. XVII.1 Anm. 3a), der nicht in die Entschließungsfreiheit des Verzichtenden für die Zukunft eingreift. Das OLG Saarbrücken (DNotZ 2015, 691) lässt ein für den Fall der Wiederverheiratung ausgesetztes Totalvermächtnis an die Kinder nur vermindert um den Wert des Ehegattenpflichtteils gelten.
- Unzulässigen Strafcharakter kann die Wiederverheiratungsklausel erlangen, wenn für den Fall der Wiederheirat der Nachlasswert nicht dem Familienstamm des Erblassers zugute kommt, sondern mehr oder weniger beliebig vergeben und weitläufig zerteilt wird (vgl. Staudinger/*Otte*, Bearbeitung 2013, § 2074 Rn. 60 f.). Wenn ein kinderloser Erblasser sein Vermögen für diesen Fall in einer Stiftung erhalten will, kann das aber bereits zu anderer Wertung führen.
- Auf die Rechtsnatur des bei Wiederheirat drohenden Nachteils kommt es nicht vorrangig an. Entscheidend ist die von ihr ausgehende Beeinflussung der Willensfreiheit im Einzelfall. Den längerlebenden Ehegatten, der sein neues Glück in weiter Ferne gefun-

den hat, wird die Beeinträchtigung aus dem Grundstücksveräußerungsverbot einer nicht befreiten Vorerbschaft sehr viel härter treffen als bei Wiederheirat fällige Vermächtnisansprüche der Kinder, wegen derer das ohnehin zu große Familienheim verkauft werden muss (aA der Ausgangspunkt von *Scheuren-Brandes* ZEV 2005, 185 (187)). Der drohende Nachteil muss über eine nur „nennenswerte" Belastung klar hinausgehen (zutreffend MüKoBGB/*Leipold* § 2074 Rn. 25; wohl aA Staudinger/*Otte*, Bearbeitung 2013, § 2074 Rn. 25).

Der Versorgungsaspekt für den überlebenden Ehegatten sollte nicht überbetont werden. Auf jeden Fall verbieten sich auch hier schematische, zB an das Unterhaltsrecht nach Ehescheidung anknüpfende Lösungen (in diese Richtung aber *Scheuren-Brandes* ZEV 2005, 185 (186 ff.)). Im Grunde ist dem Gesichtspunkt der Versorgung über das Pflichtteilsrecht genüge getan (*Adam* MDR 2007, 68 (69) lässt ein Pflichtteilsvermächtnis für den Fall der Wiederheirat daher grundsätzlich genügen). Soweit vertreten wird, es komme insoweit auch auf das Alter des Überlebenden an (jurisPK-BGB/*Reymann* § 2269 Rn. 55; *Scheuren-Brandes* ZEV 2005, 185, mit Alterstaffel S. 188), kann das jedenfalls so allgemein nicht gelten: In jungen Jahren mag man die vom Erblasser gebotene Kompensation in Relation zum klauselbefreiten Nachlassanteil rechnerisch auf eine längere Lebenserwartung verteilen müssen (*Scheuren-Brandes* ZEV 2005, 185 (186)). Im hohen Alter wird dagegen oft die eigene Erwerbschance sehr viel stärker eingeschränkt sein, so dass der Druck, eine besonders hohe Erbschaft nicht zu verlieren, auch bei guter Kompensation noch viel stärker als beim jungen Menschen wirken kann. Wohl hergeleitet aus der Hohenzollern-Entscheidung, bei der es für den Nacherben um exorbitant hohe Vermögenswerte gehen dürfte (vgl. *Otte* ZEV 2004, 393), wird, damit überhaupt die Eingriffsschwelle in Grundrechte des Erben erreicht ist, eine gewisse Mindest-Zuwendung vorausgesetzt, deren Verlust die Entscheidung des Überlebenden beeinträchtigen könnte (Bamberger/Roth/*Litzenburger* § 2074 Rn. 16 mN). In bescheidenen Vermögensverhältnissen kann aber wohl auch der drohende Verlust von absolut gesehen geringfügigen Werten zu einer relevanten Fremdsteuerung der Entscheidung geeignet sein. Maßgeblich ist hier allein die Relation von Zuwendung und – bei Heirat – verbleibendem Rest (nicht anders das BVerfG, das eine Prüfung der dem Nacherben bei nichtebenbürtiger Heirat verbleibenden Apanageansprüche etc den Instanzen anheimgab, NJW 2004, 2088).

**Ob die Wiederverheiratungsklausel überhaupt eine empfehlenswerte Gestaltung darstellt,** ist eine andere Frage und sei hier dahingestellt. Es dürfte einiges dafür sprechen, dass ua wegen der höheren Lebenserwartung und einer geänderten Einstellung zu einer aktiven Lebensgestaltung im Alter derartige Bindungen des länger lebenden Partners vom Erblasser in der Regel nicht ernstlich gewünscht sind. Dem Bild einer vertrauensvollen Partnerschaft dürfte es eher entsprechen, das der Erblasser den künftigen Dispositionen des Überlebenden vertraut, der seinerseits die nachfolgende Generation auch ohne rechtliche Bindung angemessen berücksichtigen wird. Soweit unbedingt ein stärkerer Schutz der Abkömmlinge für den Fall der Wiederheirat gewünscht wird, bleibt zu erwägen, ob anstelle der Wiederverheiratungsklausel nicht eine Verlängerung der Verjährungsfrist der Pflichtteilsansprüche der Kinder genügen kann. Zulässigkeit (§ 202 Abs. 2 BGB idF der Schuldrechtsreform) und praktische Umsetzung (weiterführend s. *Keim* ZEV 2004, 173) sind für eine klare Empfehlung leider noch immer zu ungesichert (vgl. *Amann* DNotZ 2002, 94 (125 f.); *Bonefeld* ZErb 2002, 321; *Brambing* ZEV 2002, 137 f.; *Schlichting* ZEV 2002, 478 (480); ablehnend etwa MüKoBGB/*Grothe* § 202 Rn. 4; Palandt/*Ellenberger* § 202 Rn. 6). Sicherer ist es, den pflichtteilsberechtigten Abkömmlingen im Wert des Pflichtteils ein Vermächtnis für den Fall der Wiederheirat des Längerlebenden auszusetzen und für dieses eine längere Verjähurngsfrist zu bestimmen, was unstr möglich ist. Daneben kommt auch in Betracht, dass sich der überlebende Ehegatte und Erbe mit den Pflichtteilsberechtigten auf eine Verlängerung der Verjährung verständigt (Palandt/*Edenhofer* § 202 Rn. 6).

**11. Das dem Vorerben zugewandte Vorausvermächtnis.** Soll der Vorerbe hinsichtlich bestimmter Gegenstände des Nachlasses vollständig von den Beschränkungen der Nacherbfolge befreit werden, bietet sich das Vorausvermächtnis (§ 2150 BGB) als geeignetes Gestaltungsmittel an. Nach § 2110 Abs. 2 BGB scheidet im Regelfall der dem Vorerben durch Vorausvermächtnis zugewandte Gegenstand mit Wirkung des Vermächtnisses aus dem gebundenen Nachlass aus, fällt in das freie Eigenvermögen des Vorerben und unterliegt nach Eintritt des Nacherbfalls weder dem Anfallsrecht des Nacherben nach § 2139 BGB noch der obligatorischen Herausgabepflicht des Vorerben nach §§ 2130, 2138 BGB (Staudinger/*Avenarius,* Bearbeitung 2013, § 2110 Rn. 4). Das dem Vorerben vermachte Vorausvermächtnis ist auch nicht notwendig mit dem Erwerb der Erbenstellung verbunden, da letztere aufschiebend bedingt oder befristet sein oder ausgeschlagen werden kann, während das Vorausvermächtnis sofort zustehen soll oder angenommen wird. Ist das Vorausvermächtnis dem Alleinerben zugewandt, fällt der Vermächtnisgegenstand mit dem Erbfall automatisch in das freie Vermögen des Vorerben, so dass das Vorausvermächtnis in diesem Sonderfall die dingliche Wirkung hat (BGHZ 32, 60 (61) = NJW 1960, 959; *Sonntag* ZEV 1996, 450), die dem Vermächtnisrecht des BGB sonst fremd ist. Ist das Vorausvermächtnis dagegen einem Mitvorerben zugewandt, ist die Mitvorerbengemeinschaft verpflichtet, ihm den Gegenstand zu freiem Recht zu übertragen (§ 2174 BGB, Staudinger/*Avenarius,* Bearbeitung 2013, § 2110 Rn. 8). Da § 2110 Abs. 2 BGB nur eine Auslegungsregel ist, kann der Erblasser, wenn er den Willen dazu ausdrücklich in einer letztwilligen Verfügung zu Ausdruck bringt (siehe hierzu und zum folgenden insbes. *Flad* DGWR 1937, 233), das Recht des Nacherben auch auf das dem Vorerben zugewendete Vorausvermächtnis erstrecken. Das hat zur Folge, dass der Vermächtnisgegenstand, anders als wenn bezgl. seiner Vor- und Nachvermächtnis angeordnet worden wäre (§ 2191 Abs. 2 BGB), allen zum Schutz des Nacherben dem Vorerben auferlegten Verfügungsbeschränkungen (§§ 2113–2115 BGB) und Kontroll- und Sicherungsrechten (§§ 2116–2120, 2124 ff., 2128 BGB) unterliegt, er dem Nacherben beim Nacherbfall als Bestandteil der Erbschaft zufällt (§ 2139 BGB) und an ihn herauszugeben ist. Der Erblasser wird diese Gestaltungsmöglichkeit vor allem wählen, wenn er einem Mitvorerben gegenüber den anderen über seinen Vorerbteil hinaus durch Zuwendung eines Gegenstandes bevorzugen will, ohne das Recht des Nacherben schmälern zu wollen (Staudinger/*Avenarius,* Bearbeitung 2013, § 2110 Rn. 5). Die Regelung empfiehlt sich auch, wenn ein bestimmter Erbschaftsgegenstand einem kinderlosen Mitvorerben nur zur alleinigen lebtäglichen Nutzung zugewandt werden, ihm jedoch eine dem reinen Nießbrauch gegenüber stärkere Stellung eingeräumt werden soll.

**12. Befugnis des überlebenden Ehegatten zur wertverschiebenden Verteilung des Nachlasses des Erstversterbenden unter dessen Nacherben.** Während die Einräumung der Befugnis des Überlebenden, eine solche wertverschiebende Verteilung vorzunehmen, beim Ehegattentestament mit Nießbrauchsvermächtnis auf große Schwierigkeiten stößt (→ Form. XII.20 Anm. 9), ist ihre Konstruktion bei der Vor- und Nacherbschaft recht einfach. Man kann diese Befugnis dem Überlebenden entweder dadurch einräumen,

- dass die Nacherben nur unter der auflösenden Bedingung eingesetzt werden, dass der Vorerbe nicht letztwillig anders unter den gemeinschaftlichen Abkömmlingen unter Lebenden oder von Todes wegen verfügt (→ Form. XII.12 Anm. 3, dort auch zu Bedenken gegen diese Gestaltung), dann entfällt allerdings die Nacherbfolge bezüglich des ganzen Nachlasses,
- oder kann, wie hier, bestimmte Vermögensgegenstände dem Überlebenden (Vorerben) als durch die Verteilung dieser Gegenstände unter die gemeinschaftlichen Ankömmlinge aufschiebend bedingtes Vorausvermächtnis zuwenden (*Kanzleiter* FS Schippel, 1996, 300). Dies ist auch keine Umgehung des § 2136 BGB, da der Gegenstand in zulässiger Weise (siehe § 2110 Abs. 2 BGB) von der Nacherbfolge frei wird,

- oder der Erblasser kann den Überlebenden zum Vollerben einsetzen und diejenigen Nachlassgegenstände, über die dieser bis zu seinem Tod nicht verfügt, den gemeinschaftlichen Abkömmlingen durch ein Herausgabevermächtnis vermachen (→ Form. XII.6) (OLG Bremen DNotZ 1956, 149; vgl. *Reimann* MittBayNot 2002, 4).

**13. Verfügungen für den zweiten Erbfall.** Es liegt bei den Eheleuten, ob und wieweit sie für den Sterbefall des Längstlebenden von ihnen Verfügungen von Todes wegen treffen wollen und wieweit diese bindend sein sollen. Werden für den zweiten Sterbefall keine letztwilligen Verfügungen getroffen, so sollte dies ausdrücklich im Testament festgestellt werden, nicht zuletzt damit der Nachweis geführt ist, dass der Notar diesen Punkt angesprochen hat. Ferner sollte in diesem Fall etwa durch die Worte: „Die Nacherben sind auf den Tod des Überlebenden nicht seine Ersatzerben", klargestellt werden, dass die Auslegungsregel des § 2102 Abs. 1 BGB, nach der die Einsetzung als Nacherbe im Zweifel auch die Einsetzung als Ersatzerbe enthält, keine Anwendung findet. (vgl. RG Recht 1922 Nr. 432; *Hilderscheid* DNotZ 1939, 13 (36)). Denn die Anwendbarkeit des § 2102 Abs. 1 BGB auf diese Fälle ist umstritten. Die Rechtsprechung geht auch bei fehlender Schlusserbeneinsetzung im sog. Berliner Testament mit Pflichtteilsstrafklausel nicht ohne weiteres davon aus, dass die wegen des ersten Erbfalls als Pflichtteilsberechtigte angesprochenen Personen die Schlusserben sein sollen (OLG Karlsruhe Rpfleger 2006, 472 = FamRZ 2006, 1303; vgl. auch KG Rpfleger 2006, 127).

**14. Freistellungsklausel.** Bei jedem gemeinschaftlichen Testament oder Erbvertrag sollte klargestellt werden, ob und wieweit die Bindung an die wechselbezüglichen (§§ 2270, 2271 BGB) oder vertraglichen (§§ 2278, 2298 BGB) Anordnungen eintreten sollen. Da es den Ehegatten sogar frei steht zu bestimmen, ob und wieweit ihre letztwilligen Anordnungen wechselbezüglich sein sollen, können sie in dem gemeinschaftlichen Testament einander auch das Recht zugestehen, eigene wechselbezügliche Verfügungen nach dem Tod des anderen Ehegatten einseitig aufzuheben oder zu ändern, ohne dass diese damit aufhören würden, wechselbezüglich zu sein – sog. Ermächtigung zum Widerruf oder Vorbehalt des Widerrufs – (BGHZ 2, 35 = NJW 1951, 959). Ähnlich können auch beim Erbvertrag vertragsmäßige Verfügungen eingeschränkt oder gelockert werden, solange wenigstens eine vertragsmäßige Verfügung ohne Totalvorbehalt verbleibt (Palandt/*Weidlich* § 2289 Rn. 8 f.; enger *Musielak* ZEV 2007, 245). Im Formular ist die Befugnis zur teilweisen Durchbrechung der Bindung durch eine sog. umfangmäßig beschränkte Wechselbezüglichkeit festgelegt. Dabei sollte der Kreis der Personen, innerhalb dessen Änderungen vom Überlebenden vorgenommen werden dürfen und der Umfang der Änderungen genau festgelegt werden. Wenn dem überlebenden Ehegatten zB nur Anordnungen über die Art der Verteilung unter den Kindern vorbehalten sind, kann er nicht die Erbteile der Kinder ändern (BayObLG BayZ 1919, 105). Wenn dem Überlebenden die Änderung der Erbteile vorbehalten wurde, erlaubt das noch keine Herabsetzung auf eine „Erbquote Null" (OLG Düsseldorf FamRZ 2007, 769 = ZEV 2007, 275). Der überlebende Ehegatte kann wegen § 2065 BGB immer nur ermächtigt werden, seine eigenen Verfügungen aufzuheben oder zu ändern, nicht auch Verfügungen des erstversterbenden Ehegatten (Staudinger/*Kanzleiter* Bearbeitung 2019 § 2271 Rn. 62 mwN). Indirekt kann man jedoch diese Befugnis bei Anordnung der Vorerbschaft dadurch erreichen, dass man, was wohl zulässig ist (BGHZ 2, 35 = NJW 1951, 959, → Form. XII.12 Anm. 3), die Nacherbschaft durch eine anderweitige Verfügung von Todes wegen des Vorerben auflösend bedingt. Varianten zu der Freistellungsklausel im Formular wären die völlige Freistellung des überlebenden Ehegatten bezüglich seiner Anordnungen oder, durch die Klausel, dass die Verfügungen nur zu Lebzeiten beider Ehegatten wechselseitig sein sollen, für den Überlebenden freie Hand in der Zeit nach dem Tod des Erstversterbenden, aber zu beider Lebzeiten gegenseitige Unterrichtung von Testamentsänderungen, dh Geltung des Offenheitsprinzips (BGH LM § 2270 Nr. 3 = NJW 1964, 2056).

**15. Wegfall der Bindung nach Wiederverheiratung.** Da streitig ist, ob im Falle der Wiederverheiratung nach Erfüllung der Wiederverehelichungsklausel die Gebundenheit des Überlebenden an die eigenen Verfügungen im gegenseitigen Testament oder Ehegattenerbvertrag automatisch außer Kraft tritt, oder der Überlebende nur die Testierfreiheit über sein eigenes Vermögen wieder erlangt (siehe dem Meinungsstand bei *Huber* Rpfleger 1981, 41 (44)), sollte dieser Punkt in jedem gemeinschaftlichen Testament oder Ehegattenerbvertrag mit Wiederverheiratungsklausel ausdrücklich klargestellt werden.

**16. Gleichzeitiges Versterben.** (siehe *Keim* ZEV 2005, 10 *Feick* ZEV 2006, 16 – beide im Ergebnis kritisch gegen die Verwendung). Der Begriff des „gleichzeitigen Versterbens" meint nicht nur ein medizinisch exakt gleichzeitige Versterben oder die Fälle der Vermutung nach § 11 VerschG, wenn die Todesreihenfolge nicht festgestellt werden können. Er umfasst nach der Rspr. vielmehr auch den Fall, dass die Ehegatten zwar nicht genau im selben Zeitpunkt sterben, jedoch infolge desselben äußeren Ereignisses = Unglücks (BayObLG Rpfleger 1981, 304; KG FamRZ 1970, 148 (149); LG Ellwangen BWNotZ 1981, 94; Auslegung kann darüber hinaus führen: s. etwa OLG München MDR 2013, 1407) als handlungsfähige Rechtssubjekte aus dem Rechtsleben ausscheiden, da sie bis zu ihrem Tod wegen anhaltender Unfähigkeit der Willensbildung oder -äußerung zu eigenen Handlungen nicht mehr fähig sind. Die neuere Rechtsprechung (vgl die Auswertung von *Kleffmann* ZNotP 2018, 91) legt derartige Anordnungen dahin aus, das es bei kurzem Aufeinanderfolgen des Todes auf die gemeinsame Todesursache nicht ankommt (OLG Stuttgart NJW-RR 1994, 592). Ein Zeitraum von 7 Jahren zwischen den Sterbefällen ist zu lang (OLG Nürnberg FamRZ 2012, 1588). Weitergehend wird diskutiert, die Klausel in ergänzender Auslegung auch für den Fall gelten zu lassen, dass der zweite Erblasser zwar in größerem zeitlichen Abstand verstirbt, jedoch schon zum Zeitpunkt des ersten Erbfalls oder direkt danach testierunfähig wurde (*Kasper* ZEV 2001, 201; hiergegen wohl BayObLG ZEV 2004, 200, s. aber auch OLG München ZEV 2011, 31). Auf jeden Fall wird die Klausel dann, wenn ein gewisser zeitlicher Abstand besteht, auch entgegen ihrem Wortlaut als Vor- und Nacherbfolge eingeordnet (OLG Stuttgart NJW-RR 1994, 592). Steuerliche Vorteile („doppelter Freibetrag") hat die Lösung damit wohl nicht, sie kann aber Auswirkung auf die Pflichtteilsberechnung haben (*Bestelmeyer* ZEV 2006, 146).

**17. Pflichtteilsstrafklausel.** Sanktionen für diejenigen Abkömmlinge, die beim Tod des Erstversterbenden ihren Pflichtteil verlangen, sind zum einen, dass ihre und ihres Stammes Nacherbeinsetzung bezüglich des Nachlasses des Erstversterbenden durch das Pflichtteilsverlangen auflösend bedingt ist und zum anderen, dass sie und ihr Stamm für den zweiten Erbfall ebenfalls nur den Pflichtteil erhalten. Da durch die Nacherbeinsetzung der Nachlass des Erstversterbenden von dem des Überlebenden getrennt wird, besteht keine Gefahr, dass das der Pflichtteilsberechtigte den Pflichtteil aus dem Vermögen des Erstversterbenden faktisch zweimal erhält (so aber bei Schlusseinsetzung nach Muster des „Berliner Testaments", vgl. hierzu die Jastrowsche Klausel DNotZ 1904, 424 bzw. → Form. XII.24 Anm. 9). Es ist hinsichtlich der Nacherbfolge nicht unbedingt notwendig, ausdrücklich den ganzen Stamm des betreffenden Abkömmlings von der Nacherbfolge auszuschließen. Nach der Rspr. (BGHZ 33, 60 = NJW 1960, 1899; OLG Stuttgart Rpfleger 1982, 106) ist nämlich § 2069 BGB nicht anwendbar, wenn der als Nacherbe berufene Abkömmling die Nacherbschaft ausschlägt und den Pflichtteil verlangt. Für den zweiten Erbfall muss aber ausdrücklich festgestellt werden, dass sich die Enterbung dessen, der den Pflichtteil verlangt, auch auf seine Abkömmlinge erstreckt (Palandt/*Weidlich* § 1938 Rn. 3 mwN).

Im Zweifel greift die hier formulierte Strafklausel auch dann, wenn nicht der Pflichtteilsberechtigte persönlich, sondern aus übergeleitetem Recht ein Sozialleistungsträger den Pflichtteil einfordert, wie das im Fall des § 93 Abs. 1 SGB XII möglich ist (OLG Hamm NJW-RR 2013, 779). Ist eine derartige Entwicklung absehbar, sollte an die Gestaltung als

Behinderten- oder Bedürftigentestament gedacht werden, bei dem der Pflichtteilsanspruch nur durch (nicht überleitbare) Ausschlagung entsteht (→ Form. XII.17 bzw. 19).

**18. Festlegung der Wechselbezüglichkeit der Verfügungen.** Da fraglich sein kann, ob und wieweit die einzelnen Anordnungen in einem gemeinschaftlichen Testament wechselbezüglich (korrespektiv) und damit in ihrem Bestand im Sinne des § 2270 Abs. 1 BGB voneinander abhängig und gleichzeitig gegenüber dem anderen Ehegatten bindend (§ 2271 BGB) und in ihrer Widerruflichkeit und Abänderbarkeit beschränkt sind, empfiehlt es sich, diese Frage jeweils ausdrücklich klarzustellen (ausf zu Auslegungsproblemen *Mayer* ZEV 2016, 420). Zu beachten ist dabei, dass nach § 2270 Abs. 3 BGB nur Erbeinsetzungen, Vermächtnisse oder Auflagen wechselbezüglich sein können. Anderen Bestimmungen kann jedoch durch Angabe des Motivs, dessen Verfehlung dann zur Anfechtung nach § 2078 Abs. 2 BGB berechtigt oder indem man den Wegfall des Motivs direkt zur auflösenden Bedingung der Bestimmung macht, eine der Wechselbezüglichkeit ähnliche Wirkung verschafft werden (unechte Wechselbezüglichkeit; siehe hierzu und zum Begriff der Wechselbezüglichkeit *Bühler* DNotZ 1962, 359 ff.; einen Rechtsprechungsüberblick bezogen auf das BayObLG gibt *Schmucker* MittBayNot 2001, 526).

**19. Ausschluss der Anfechtungsmöglichkeit wegen Übergehung eines Pflichtteilsberechtigten.** Gem. § 2079 BGB könnte der Überlebende bzw. die weiteren Anfechtungsberechtigten (§ 2080 Abs. 1 BGB) seine nach dem Tod des Erstversterbenden Vertragscharakter enthaltenden und damit bindenden eigenen Verfügungen anfechten, wenn gegenüber ihm nach Testamentserrichtung Pflichtteilsrechte entstehen oder ihm bekannt werden. Da die Anfechtung der Verfügung jedoch ausgeschlossen ist, soweit anzunehmen ist, dass der Erblasser sie auch bei Kenntnis der Sachlage getroffen haben würde (§ 2079 S. 2 BGB), ist ein Verzicht auf das künftige Anfechtungsrecht durch den Erblasser im Testament möglich und in gemeinschaftlichen Testamenten und Ehegattenerbverträgen gebräuchlich (*Häußermann* BWNotZ 1960, 256 (260)). Desgleichen könnte auch auf das künftige Anfechtungsrecht nach § 2078 BGB verzichtet werden (BGH NJW 1983, 2247 (2249); OLG Celle NJW 1963, 353; Reimann/Bengel/*J. Mayer* § 2281 Rn. 26; *Kipp/Coing* ErbR 13. Bearb. 1978 § 38 II 4; RGRK/*Kregel* § 2281 Rn. 6; *Bengel* DNotZ 1984, 132).

**20. Anhängigkeit eines Scheidungsverfahrens.** Die Klausel sieht vor, dass es im Falle eines Scheidungsverfahrens abweichend von § 2077 BGB nicht darauf ankommen kann, wer den Antrag gestellt hat. Außerdem entfällt eine Ermittlung, ob die Scheidungsvoraussetzungen bereits vorlagen (zu § 2077 BGB → XII.2 (2)).

**21. Unwirksamkeit aller Verfügungen und Wegfall der vertragsmäßigen Bindung.** § 2077 BGB und § 2068 BGB (bzw § 2279 BGB) bestimmen für den Fall der Scheidung oder Aufhebung der Ehe etc. zwar grundsätzlich die Unwirksamkeit, die (im Streit dann sehr aufwendige) Feststellung eines anderweitigen Aufrechterhaltungswillens ist aber möglich. Ist die Fortgeltung vertragsmäßiger Verfügungen festgestellt, kann das darüber hinaus auch den Überlebenden weiter binden (→ XII.2 (2) bei § 2068, § 2279 BGB). Beides wird hier ausdrücklich ausgeschlossen. Alternativ könnte man je nach Interessenlage einzelne Bestimmungen ausdrücklich für den Scheidungsfall fortgelten lassen.

**22. Enterbung.** Die Klausel zum Scheidungsverfahren geht über die Fälle des § 1933 BGB hinaus, sodass hier klargestellt wird, dass nicht das gesetzliche Ehegattenerbrecht anstelle der unwirksamen Verfügungen tritt.

**23. Stillschweigender Erb- und Pflichtteilsverzicht in notariellen gemeinschaftlichen Testamenten.** Ein gemeinschaftliches notarielles Testament oder Erbvertrag unter Ehegatten kann zugleich die stillschweigende Erklärung eines Erb- und Pflichtteilsverzichts des einen Ehegatten und dessen Annahme durch den anderen Ehegatten enthalten kann, zB wenn die Auslegung ergibt, dass die Ehegatten eine vollständige Trennung ihres

Vermögens auch für die Zeit nach ihrem Tod beabsichtigten (BGHZ 22, 364 = NJW 1957, 422; BGH NJW 1977, 1728; aM *Jochem* JuS 1977, 765; *Habermann* JuS 1979, 169) Das wird nicht immer gewollt sein und sollte in jedem Fall besser ausdrücklich geregelt werden. Vorliegend soll – bis auf den Scheidungsfall – kein Pflichtteilsverzicht eingreifen, sodass der Überlebende, wenn er ausschlägt, einen Pflichtteilsanspruch nach den § 2306, § 2307 (bei gesetzlichem Güterstand: § 1371 Abs. 3 BGB) erhält und seine Testierfreiheit wieder erlangt. Alternativ: Ausdrücklicher gegenseitiger Pflichtteilsverzicht jeweils unter der Bedingung, dass der andere Ehegatte seine Verfügungen nicht widerruft. Zum Verzicht auf den nachehelichen Unterhaltsanspruch gegen die Erben gem. § 1586b Abs. 1 BGB →Form XVI. Anm 3.

**24. Nacherbentestamentsvollstreckung.** (1) Bei der Vor- und Nacherbschaft ist die Anordnung von Testamentsvollstreckung mit folgenden Aufgabenbereichen denkbar:

a) Testamentsvollstreckung mit den **Regelbefugnissen.** Sie beschränkt sich darauf, dass der Testamentsvollstrecker den Nachlass in Besitz nimmt, das Nachlass- und Schuldenverzeichnis aufstellt, die Schulden, soweit dies einer ordnungsmäßigen Verwaltung entspricht, begleicht, evtl. Vermächtnisse und Auflagen erfüllt und die sonstigen mit der Regelung des Nachlasses verbundenen Arbeiten erledigt, dann aber den Nachlass dem Vorerben aushändigt (§§ 2203, 2209 BGB, *Krech* DNotZ 1940, 269 (270)).

b) Allgemeine Testamentsvollstreckung für die **Vorerbschaft.** Sie beginnt mit dem Erbfall und ist eine Verwaltungsvollstreckung gem. § 2209 BGB für die Dauer der Vorerbschaft. Sie beschränkt die Rechte des Vorerben über das gesetzliche Maß hinaus dadurch, dass für die Dauer der Vorerbschaft allein dem Testamentsvollstrecker die Verwaltungs- und Verfügungsbefugnis über den Nachlass zusteht. Das Verfügungsrecht des Testamentsvollstreckers geht nicht weiter als das des konkreten Vorerben, wenn keine Testamentsvollstreckung angeordnet wäre (Palandt/*Weidlich* § 2205 Rn. 24; MüKoBGB/*Zimmermann* § 2222 Rn. 9 mwN; anders RG JW 1938, 1454; OLG Stuttgart BWNotZ 1980, 92 und hier bis zur 6. Aufl.).

c) Allgemeine Testamentsvollstreckung für die **Nacherbschaft.** Sie tritt erst ab Eintritt der Nacherbfolge in Kraft, besteht für den Nacherben während der Nacherbschaft und nimmt dem Nacherben seine Verwaltungs- und Verfügungsbefugnis.

d) Allgemeine Testamentsvollstreckung für **Vor- und Nacherbschaft.** Der Testamentsvollstrecker ist hier zugleich für den Vor- und Nacherben ernannt mit der Folge, dass er ab dem Erbfall während der Dauer der Vor- und Nacherbschaft das Verwaltungs- und Verfügungsrecht anstelle des Vor- und danach des Nacherben ausübt. In diesem Fall ist der Testamentsvollstrecker während der Vorerbschaft unbestritten nur gem. § 2205 S. 3 BGB in der Verfügung beschränkt, nicht dagegen nach den weitergehenden §§ 2113, 2114 BGB (BGHZ 40, 115 = NJW 1963, 2320). Bei dieser Gestaltung kann zweifelhaft sein, ob der Testamentsvollstrecker während der Vorerbschaft auch die Kontroll-, Sicherungs- und Mitwirkungsrechte des Nacherben an dessen Stelle ausüben können soll (BayObLG 1958, 301). Das ist nur bei Vorliegen ausreichender Anhaltspunkte für einen entsprechenden Erblasserwillen zu bejahen, während im Zweifel nicht angenommen werden kann, dass der allgemeine Testamentsvollstrecker auch die Funktionen nach § 2222 BGB haben soll (BayObLG 1959, 128 = NJW 1959, 1920).

e) **Nacherbentestamentsvollstreckung gem. § 2222 BGB.** Hier hat der Testamentsvollstrecker nur die Aufgabe, während der Dauer der Vorerbschaft die Kontroll-, Sicherungs- und Mitwirkungsrechte des Nacherben an dessen Stelle wahrzunehmen. Diese Nacherbentestamentsvollstreckung kann mit den unter lit. a–d beschriebenen Typen kombiniert werden. So ist zB im Formular die Nacherbentestamentsvollstreckung gem. § 2222 BGB mit einer allgemeinen Testamentsvollstreckung für den Nacherben bis zur Erreichung seines 21. Lebensjahres kombiniert.

f) Der alleinige Vorerbe kann, mit Ausnahme einer Vermächtnisvollstreckung nach § 2223 BGB (BGH NJW-RR 2005, 591 = ZEV 2005, 204 mAnm *Adams*), ebenso wenig wie der alleinige Vollerbe zum einzigen Testamentsvollstrecker bestellt werden, und zwar auch nicht zum Nacherbentestamentsvollstrecker gem. § 2222 BGB (hM RGZ 77, 177; KGJ 33 A 159; 38 A 129; 52, 77; aM *Rohlff* DNotZ 1971, 518 (527 ff.)). Als zulässig werden jedoch folgende Gestaltungsmöglichkeiten angesehen:

aa) Alleiniger Vorerbe neben dritten Mittestamentsvollstreckern, wenn gewährleistet ist, dass der Wegfall der anderen nicht zur alleinigen Vollstreckung durch den Vorerben führt (BayObLG 20, 242 = Recht 1920 Nr. 247; KG JFG 11, 126).

bb) Mitvorerbe, wenn neben ihm Dritte zur gemeinschaftlichen Testamentsvollstreckung berufen sind (BayObLG 1976, 67 = NJW 1976, 1692).

cc) Mehrere Mitvorerben können zu Mittestamentsvollstreckern für den Nachlass oder den Nacherben ernannt werden, da hier eine gewisse gegenseitige Kontrolle besteht.

dd) Von mehreren Vorerben kann einer zum Nacherbentestamentsvollstrecker gem. § 2222 BGB ernannt werden (RGZ 77, 177; KG OLG 42, 139).

ee) Ein Testamentsvollstrecker der zugleich Mitvorerbe oder ein alleiniger Vorerbe der zugleich Mittestamentsvollstrecker ist, ist sofern er nicht zugleich die Rechte des Nacherben wahrzunehmen hat, in seiner Verfügungsmacht wie ein Vorerbe beschränkt (MüKoBGB/Zimmermann § 2205 Rn. 9 mN).

ff) Der Nacherbe oder einer von mehreren Nacherben kann zum den Vorerben beschränkenden Testamentsvollstrecker ernannt werden (KGJ 25 A 278; 52 A 77; KG OLG 40, 136; Recht 1920 Nr. 1279; BayObLG 1959, 128 = NJW 1959, 1920). Dann unterliegt er natürlich nicht den Beschränkungen der §§ 2113, 2114 BGB (MüKoBGB/*Zimmermann* § 2222 Rn. 9).

Bei der Vielfalt der Kombinationsmöglichkeiten ist bei der Abfassung des Testaments besondere Klarheit geboten. Insbesondere sollte jeweils ausdrücklich vermerkt werden, wenn der Testamentsvollstrecker während der Dauer der Vorerbschaft auch die Kontroll-, Sicherungs- und Mitwirkungsrechte des Nacherben an seiner Stelle ausüben soll (Reithmann/Albrecht/*Riegel,* HdB d. notariellen Vertragsgestaltung, 8. Aufl., Rn. 1193). Eine nicht eindeutige testamentarische Anordnung des Erblassers insoweit muss nach § 2084 BGB ausgelegt werden (MüKoBGB/*Zimmermann* § 2222 Rn. 3).

(2) Die Anordnung der Nacherbentestamentsvollstreckung gem. § 2222 BGB beschränkt nicht den Vorerben, sondern den Nacherben, da dieser seine Rechte nicht wahrnehmen kann (Staudinger/*Reimann,* Bearbeitung 2016, § 2222 Rn. 4). Soweit der Vorerbe nach den §§ 2113 ff. BGB zu einer Verfügung über Erbschaftsgegenstände der Zustimmung des Nacherben bedarf, ist allein Testamentsvollstrecker und befugt, die Zustimmung zu erteilen; der Nacherbe selbst ist ausgeschaltet (Staudinger/*Reimann,* Bearbeitung 2016, § 2222 Rn. 12). Insbesondere wenn, wie im Formular, unbekannte Nacherben, dh solche, die erst im Zeitpunkt des Nacherbfalls feststehen, eingesetzt sind, ist die Anordnung einer Nacherbentestamentsvollstreckung zweckmäßig. Denn dann fällt die Notwendigkeit weg, für die noch unbekannten Nacherben zur Wahrnehmung ihrer Rechte und Pflichten einen Pfleger gem. §§ 1909, 1912, 1913 BGB zu bestellen (BayObLG 1959, 493 = NJW 1960, 966; KG JW 1936, 3562; *Haegele* Rpfleger 1971, 121 (122)). Der Nacherbentestamentsvollstrecker kann die erforderliche Zustimmung des Nacherben bei Verfügungen über Nachlassgegenstände erteilen, ohne wie der Pfleger nach § 1913 BGB eine Genehmigung des Vormundschaftsgerichts zu benötigen (*Kanzleiter* DNotZ 1970, 335). Zweckmäßig ist die Anordnung einer Nacherbentestamentsvollstreckung gem. § 2222 BGB auch, wenn eine noch nicht genehmigte Stiftung (§ 83 BGB) Nacherbin ist.

**25. Belehrungen.** Neben den allgemein bei gegenseitigen Testamenten zu erteilenden Belehrungen (→ Form. XI.15 Anm. 9) sollte der Notar bei der Anordnung von Vor- und

Nacherbschaft auf die mit diesem Rechtsinstitut verbundenen Beschränkungen der Erben und die gegebenen Befreiungsmöglichkeiten hinweisen.

**26. Steuern.** (1) **Erbschaftsteuer.** Der Vorerbe gilt nach § 6 Abs. 1 ErbStG als Vollerbe, hat also die volle Erbschaftsteuer zu zahlen. Die mit der Nacherbschaft verbundenen Verfügungsbeschränkungen werden beim Vorerben erschaftsteuerlich nicht berücksichtigt. Selbst wenn im Einzelfall die Stellung des Vorerben wirtschaftlich mehr der eines Nießbrauchers gleicht, kommt eine Besteuerung als Nießbraucher nicht in Betracht (RFH RStBl. 1931, 241). Umgekehrt wird der Nießbraucher selbst dann nicht einem Vorerben steuerlich gleichgestellt, wenn er durch gleichzeitige Bestellung zum Testamentsvollstrecker einem befreiten Vorerben wirtschaftlich gleichsteht (BFH BStBl. III 1954, 250; BStBl. III 1966, 507). Tritt der Nacherbfall ein, so hat der Nacherbe den Erwerb noch einmal voll zu versteuern (Doppelversteuerung) und zwar entgegen der bürgerlich-rechtlichen Anschauung grundsätzlich als vom Vorerben stammend (§ 6 Abs. 2 S. 1 ErbStG). Ist Nacherbfall der Tod des Vorerben, so kann der Nacherbe beantragen, dass diejenige Steuerklasse zugrunde gelegt wird, die seinem Verwandtschaftsverhältnis zum Erblasser entspricht (§ 6 Abs. 2 S. 2 ErbStG). Ein solcher Antrag ist immer dann sinnvoll, wenn nach dem Verhältnis zum Erblasser die Versteuerung infolge Steuersatz und Freibetrag zu einem günstigeren Ergebnis führt. Geht in diesem Fall nicht nur das Vermögen des Erblassers, sondern auch eigenes freies Vermögen des Vorerben von Todes wegen auf den Nacherben über, so gilt der Nachlass als einheitlicher Erwerb, allerdings sind die Vermögensmassen ihrer Herkunft nach zu trennen und auf sie jeweils die entsprechende Steuerklasse anzuwenden (§ 6 Abs. 2 S. 3 ErbStG). Von der Nacherbschaft wird der Freibetrag entsprechend dem Verwandtschaftsverhältnis des Nacherben zum Erblasser abgezogen. Verbleibt dabei ein Teil des Freibetrages unverbraucht, kann er zwar nicht unmittelbar auf die freie Erbschaft übertragen werden, jedoch ist bei ihr der nach dem Verwandtschaftsverhältnis zum Vorerben in Betracht kommende Freibetrag bis zur Höhe des noch verbliebenen Teils des anderen Freibetrags zu berücksichtigen (§ 6 Abs. 2 ErbStG). Wählt der Nacherbe die Versteuerung nach seinem Verhältnis zum Erblasser, steht ihm, wenn er auch vom Vorerben eigenes Vermögen von Todes wegen erwirbt, trotzdem nur ein Freibetrag zu (§ 6 Abs. 2 S. 4 ErbStG). Das Antragsrecht auf Versteuerung im Verhältnis zum Erblasser steht auch dem zweiten und weiterer Nacherben zu (RFH RStBl. 1935, 1485) (*Troll/Gebel/Jülicher* § 6 Rn. 28). Tritt die Nacherbfolge durch ein anderes Ereignis als den Tod des Vorerben ein, wird dem Nacherben bei der von ihm zu zahlenden Steuer die vom Vorerben erhobene angerechnet, abzüglich desjenigen Steuerbetrages, welcher der vom Vorerben entnommenen oder ihm verbleibenden Substanz der Vorerbschaft entspricht (§ 6 Abs. 3 ErbStG). Eine Erstattung seitens des Vorerben gezahlter Erbschaftsteuer an den Nacherben findet jedoch nicht statt (Kapp/Ebeling § 6 Rn. 37). Eine gewisse Milderung der Doppelversteuerung bei Nacherbfolge beim Tod des Vorerben gewährt § 27 ErbStG, nach dem in der Steuerklasse I die Erbschaftsteuer für den Zweiterwerb zwischen 50 % und 10 % ermäßigt wird, wenn dasselbe Vermögen innerhalb der letzten 10 Jahre mehrfach in der Steuerklasse I den Erben wechselt. Die Höhe der Ermäßigung richtet sich nach einer Tabelle entsprechend der Zeitdauer, die zwischen den beiden Zeitpunkten der Entstehung der Steuer liegt. Sie darf den Betrag nicht übersteigen, der sich nach Anwendung des Ermäßigungsprozentsatzes auf die Steuer ergibt, die der Vorerwerber für den Erwerb desselben Vermögens entrichtet hat (§ 27 Abs. 3 ErbStG). Die vorzeitige Übertragung des Nachlasses auf den Nacherben wird dem Eintritt der Nacherbfolge gleichgestellt (§ 7 Abs. 1 Nr. 7 ErbStG). Veräußert der Nacherbe seine Anwartschaft, so gilt der Erlös als ihm vom Erblasser zugewandt (§ 3 Abs. 2 Nr. 6 ErbStG). Überträgt der Nacherbe die Nacherbenanwartschaft auf den Vorerben oder verzichtet er auf die Nacherbschaft, so wird der Vorerbe Vollerbe. Erfolgt die Übertragung oder der Verzicht gegen eine Abfindung, so unterliegt diese der Schenkungsteuer (*Troll/Gebel/Jülicher* § 6 Rn. 9; Kapp/Ebeling § 6 Rn. 40). Stirbt der Nacherbe vor dem Nacherbfall, so geht das Anwartschaftsrecht als nicht erbschaftsteuerlicher Vorgang auf die Erben des Nacherben über (§ 10 Abs. 4 ErbStG). Ein erbschaftsteuerpflichtiger Erwerb ist hier erst mit dem Eintritt der Nacherbfolge gegeben (*Troll/Gebel/Jülicher* § 6 Rn. 11). Gemäß § 20 Abs. 4 ErbStG darf der Vorerbe im Verhältnis zum Nacherben seine Erbschaftsteuer aus der Vorerbschaft entnehmen, unbeschadet seiner persönlichen Haftbarkeit gegenüber der Finanzverwaltung (Kapp/Ebeling § 6 Rn. 20).

(2) **Einkommensteuer.** Der Vorerbe ist als Vollerbe auf Zeit Eigentümer des Nachlasses und hat die Einkünfte aus dem Nachlassvermögen zu versteuern. Andererseits hat er auch die Möglichkeit, Absetzungen für Abnutzung und andere Werbungskosten wie ein unbeschränkter Eigentümer geltend zu machen. Vor Entscheidung zwischen Vorerbschaft und Nießbrauch sollte jeweils im Einzelfall ein Steuerbelastungsvergleich unter Einbeziehung von Erbschaftsteuer und Einkommensteuer vorgenommen werden.

**27. Kosten.** → Form. XI.1 Anm. 16. Als Vertrag löst der Erbvertrag eine 2,0-Gebühr aus. Das gemeinschaftliche Testament ist gleichgestellt (KV Nr. 21100, Vorbemerkung 2.1.1. (2) GNotKG).

## 12. „Gegenständlich beschränkte Nacherbfolge", Befugnis des Vorerben zur Auswahl des Nacherben und bedingte Nacherbschaft

Verhandelt zu[1, 2, 3] . . . . .

am . . . . . (auch als eigenhändiges Testament möglich)

**§ 1 Vorerbeneinsetzung**

**Ich setze hiermit meine Ehefrau A, geb. E zu meiner Vorerbin ein. Ersatzerben sind die Nacherben. Die Nacherbenfolge tritt unbeschadet der Ausnahmen unter § 2 Abs. 3 mit dem Tod der Vorerbin ein.**

**§ 2 Nacherbeinsetzung**

**(1) Zu Nacherben setze ich meine Söhne B und C sowie meine Tochter D zu je $^1/_3$ Erbteilen ein. Die Nacherbenanwartschaften sind weder vererblich noch übertragbar, ausgenommen die Veräußerung an den Vorerben. In diesem Fall entfällt auch jede ausdrückliche oder stillschweigende Ersatznacherbeinsetzung. Ersatznacherben sind jeweils die Abkömmlinge der Erben, einschließlich adoptierter, unter sich nach der Regel der ersten Erbordnung zum Zeitpunkt des Nacherbfalls.**

**(2) Die Nacherbfolge ist unter der auflösenden Bedingung angeordnet, dass meine Ehefrau A, geb. E über ihren Nachlass ausschließlich zugunsten der obigen Nacherben oder Ersatznacherben von Todes wegen verfügt. Vermächtnisse oder Auflagen zugunsten Dritter, die ausschließlich aus ihrem Eigenvermögen ohne meinem Nachlass erfüllt werden können, sind für den Bedingungseintritt unschädlich. In diesem Fall soll sie Vollerbin gewesen sein. Dabei soll sie für die Nachfolge in mein unter der Firma Autohaus A einzelkaufmännisch betriebenes Unternehmen den nach ihrem freien Ermessen Bestgeeigneten aus dem obigen Kreis auswählen.[3]**

**(3) Die Vorerbin ist verpflichtet, das von mir unter der Firma Autohaus A betriebene einzelkaufmännische Unternehmen bis zu ihrem Tod oder der Übergabe an einen der Nacherben oder Ersatznacherben fortzuführen. Sollte sie den Betrieb einstellen, tritt mit der Löschung im Handelsregister die Nacherbfolge ein.[4]**

(4) Im Wege der Auflage beschränke ich die Nutzungen der Vorerbin aus dem Unternehmen auf die sich nach der Steuerbilanz ergebenden Gewinne.[5] Sollten diese Gewinne unter Berücksichtigung ihres sonstigen Einkommens nicht zur standesgemäßen Versorgung der Vorerbin ausreichen, vermache ich ihr den jeweils benötigten Betrag aus der Substanz des Unternehmens. Die Höhe dieses Betrages ist im Bedarfsfall von ihrem Mittestamentsvollstrecker gem. § 2156 BGB festzusetzen.[6]

§ 3 Vermächtnisse

(1) Alle Nachlassgegenstände, ohne Rücksicht auf Änderungen im Vermögensbestand bis zum Erbfall, mit Ausnahme des Betriebsvermögens der Firma Autohaus A, wie es sich aus der letzten Jahresbilanz vor meinem Tod ergibt, einschließlich des Betriebsgrundstücks, vermache ich hiermit meiner Ehefrau A, geb. E als Vorausvermächtnis.[7]
(2) Soweit die von mir eingesetzten Nacherben nicht durch Verfügung meiner Ehefrau (Abs. 2) am Unternehmen beteiligt werden, vermache ich ihnen auf den Zeitpunkt des Versterbens meiner Ehefrau stille Beteiligungen. Die Höhe der ihnen vermachten Einlagen errechnen sich dabei jeweils nach den ihren Nacherbquoten entsprechenden Teilen des bilanzierten Eigenkapitals des Unternehmens zum Fälligkeitszeitpunkt. Die stillen Gesellschafter sollen nur am Gewinn und Verlust, nicht auch an den stillen Reserven und der Geschäftsführung beteiligt sein.[8]
(3) Die Vorerbin ist berechtigt, das von mir unter der Firma Autohaus A betriebene Unternehmen schon zu ihren Lebzeiten an einen der nach § 2 Abs. 2 Nachfolgeberechtigten zu übergeben. Macht die Vorerbin von dieser Befugnis Gebrauch, so gilt ihr auch das Unternehmen als durch Vorausvermächtnis zugewandt und unterliegt nicht mehr der Nacherbfolge.[9] Sie hat in diesem Fall bei der Übergabe den anderen bisherigen Nacherben entsprechend der Vermächtnisse unter Abs. 2 stille Beteiligungen einzuräumen.
(4) Sollte die Vorerbin, was ihr gestattet ist, das Unternehmen in eine Kapitalgesellschaft umwandeln, haben die Beteiligungen der weichenden Nacherben entsprechend als Unterbeteiligungen zu erfolgen.

§ 4 Testamentsvollstreckung

Zu Nacherbentestamentsvollstreckern gem. § 2222 BGB ernenne ich meine Ehefrau und meinen Steuerberater M.[10] Sie führen das Amt gemeinschaftlich. Sollte Herr M das Amt nicht annehmen können, wollen oder später wegfallen, ohne einen Nachfolger benannt zu haben, ersuche ich das Nachlassgericht einen geeigneten Mitnacherbentestamentsvollstrecker zu ernennen.

§ 5 Pflichtteilserschwerung[11]

Verlangt und erhält einer meiner Abkömmlinge auf meinen Tod seinen Pflichtteil, entfällt für ihn und seinen Stamm die Nacherbeinsetzung gem. § 2 Abs. 1 und das unter § 3 Abs. 2 angeordnete Vermächtnis. Ferner vermache ich in diesem Fall im Wege des Nachvermächtnisses auf den Tod meiner Ehefrau als Vorvermächtnisnehmerin mein ganzes Privatvermögen, soweit es noch vorhanden ist, meinen Abkömmlingen, mit Ausnahme dessen, der den Pflichtteil verlangt hat und seinem Stamm, unter sich zu den Bruchteilen entsprechend den Erbquoten der ersten Erbordnung zum Zeitpunkt des Nachvermächtnisfalles.

§ 6 Schlussformel (→ Form. XII.1).[12]

*Schrifttum: Ahrens,* Anmerkung zu OLG Hamm – 15 W 66/06. Zugleich ein Beitrag zu dem Spannungsfeld von bedingter Nacherbeneinsetzung und eigenhändiger Erbenbestimmung, ErbR 2008, 110; *Baur,* „Nutzungen" eines Unternehmens bei Anordnung von Vorerbschaft und Testamentsvollstreckung, JZ 1958, 465; *Böttcher,* Vor-und Nacherbfolge in der Grundbuchpraxis, NotBZ 2011, 269; *Brox,* Die Bestimmung des Nacherben oder des Gegenstandes der Zuwendung durch den Vorerben, FS Bartholomeyczik, 1973, S. 41 ff.; *Frank,* Die Nacherbeinsetzung unter Vorbehalt anderweitiger Verfügung des Vorerben, MittBayNot 1987, 231; *Gergaut,* Nacherbenzustimmung zur Vermächtniserfüllung, NotBZ 2001, 303; *Hahn,* die gegenständlich beschränkte Erbeinsetzung, ZEV 2016, 360; *Helms,* Erbrechtliche Drittbestimmungsverbote und kautelarjuristische Praxis, ZEV 2007, 1; *Heskamp,* Überführung von Nachlassgegenständen in das nacherbenfreie Vermögen des Vorerben, RNotZ 2014, 517; *Keim,* Befugnisse des Nacherbentestamentsvollstreckers bei Verfügungen über Nachlassgegenstände, ZErb 2008, 5; *Kollmeyer,* Vorausvermächtnisse für Vorerben und „gegenstandliche Beschränkung" der Nacherben ZEV 2019, 125; *Langenfeld,* Das Testament des Gesellschafter-Geschäftsführers einer GmbH und GmbH & Co, 1980; *Lorz,* Einfluss einer Dauertestamentsvollstreckung auf die personelle Verflechtung, ZEV 2008, 498; *Mattern,* Haftung des Vorerben und des Nacherben für die Schulden des vererbten Einzelhandelsgeschäfts, BWNotZ 1960, 166; *Nieder,* Hdb. d. Testamentsgestaltung, 2. Aufl. Rdn. 635; *Petzoldt,* Vorerbschaft und Nießbrauchsvermächtnis, BB 1975 Beil. 6; *Roggendorf,* Surrogationserwerb bei Vor- und Nacherbfolge, MittRhNotK 1981, 29; *Rossak,* Problematik der gegenständlichen Beschränkung einer zeitlich gestuften Sukzession, insbesondere bei Vor- und Nacherbfolge, ZEV 2005, 14; *Säcker,* Die Bestimmung des Nachfolgers durch den Testamentsvollstrecker, ZEV 2008, 288; *Stiegeler,* Der Grundsatz der Selbstentscheidung des Erblassers, Diss. Freiburg 1985; *Tanck,* Die Bestimmung des Ersatzerben bei Vor- und Nacherbschaft, ZErb 2008, 33.

## Anmerkungen

**1. Sachverhalt.** Der Testierer ist noch jung und seine Kinder sind noch minderjährig. Sein einzelkaufmännisch geführtes Unternehmen soll später von einem seiner Kinder fortgeführt werden, das noch zu bestimmen ist. Seine Ehefrau ist bereit und in der Lage, das Geschäft im Falle des Versterbens ihres Mannes bis zur Reife der Kinder selbst zu führen. Außerdem Unternehmen soll ihr der gesamte Nachlass zufallen.

**2. Anwendungsfälle.** Das vorstehende Formular konkurriert mit dem vorzeitigen Unternehmentestament (→ Form. XII.8) mit der Lösung über das Bestimmungsvermächtnis samt Testamentsvollstreckung. Hier wie dort soll letztwillig die Unternehmensnachfolge bereits zu einem Zeitpunkt sichergestellt werden, zu dem die Kinder noch so jung sind, dass eine Auswahl unter ihnen nicht möglich ist. Während sich → Form. XII.8 anbietet, wenn für die Rechtsinhaberschaft und Leitung des Unternehmens in der Zwischenzeit nur ein Dritter zur Verfügung steht, kommt die Nacherbfolgelösung des vorstehenden Musters vor allem in Frage, wenn die Witwe bereit und in der Lage ist, das Unternehmen in der Zwischenzeit zu führen. Unabhängig davon, dass es hier um ein Unternehmen geht, ist die Vorerbeinsetzung einer bestimmten Person und die Zuwendung aller anderen Nachlassgegenstände an sie im Wege des Vorausvermächtnisses das Mittel der Wahl, um für den einen ausgesparten Vermögensgegenstand im wirtschaftlichen Ergebnis eine Art **gegenständlich beschränkte Nacherbfolge** zu erreichen (kritisch in Hinblick auf das Prinzip der Universalsukzession *Hahn* ZEV 2016, 360 (366)). Das hat gegenüber der nur ein Forderungsrecht vermittelnden Anordnung von Vor- und Nachvermächtnis den Vorteil, dass bei nur einem Vorerben das Vorausvermächtnis ausnahmsweise dinglich wirkt, dh der Vorerbe den Vermächtnisgegenstand mit dem Erbfall von selbst erwirbt (BGHZ 32, 60 = NJW 1960, 959 = DNotZ 1960, 553).

**3. Nacherbeinsetzung unter der auflösenden Bedingung anderweitigen Verfügungen des Vorerben.** Nach der hM (RGZ 95, 278 (279); OLG Hamm FamRZ 2000, 446;

BayObLGZ 1982, 331; OLG Oldenburg NJW-RR 1991, 646; OLG Hamm NJW-RR 2000, 78; BayObLG NJW-RR 2001, 1588; OLG Stuttgart NotBZ 2005, 221; Palandt/*Weidlich* § 2065 Rn. 6; Staudinger/*Otte*, Bearbeitung 2013, § 2065 Rn. 49; Staudinger/*Avenarius*, Bearbeitung 2013, § 2100 Rn. 36; RGRK/*Johannsen* § 2065 Rn. 10; differenziert Reimann/Bengel/*J. Mayer,* Vorb. § 2229 Rn. 24–25; *Lange/Kuchinke* § 27 I 7b; gegen frühere Bedenken auch MüKoBGB/*Leipold* § 2065 Rn. 16 f.; aM *Erman/Schmidt* § 2065 Rn. 5; BGH JZ 1981, 229 (230) = NJW 1981, 2051 hat die Frage ausdrücklich offen gelassen) kann der Eintritt der Nacherbfolge davon abhängig gemacht werden, dass der Vorerbe nicht anderweitig letztwillig über die Erbschaft verfügt. Die Nacherbfolge wird dabei unter der entsprechenden **auflösenden Bedingung** angeordnet angesehen. Mit dem Tod des Vorerben steht der Eintritt oder Ausfall derartiger Bedingungen fest. Dabei hängt dies zum einen nicht entgegen § 2065 Abs. 1 BGB vom Willen eines Dritten ab, sondern von der vom Erblasser selbst gesetzten Bedingung (Potestativbedingung). Zum anderen bewirkt die anderweitige Verfügung des Vorerben über die Vorerbschaft, dass der Nachlass infolge Wegfalls der Nacherbfolge bereits ab dem Erbfall in sein unbeschränktes Vermögen gefallen ist (KG DNotZ 1956, 195 (200)) und der Vorerbe deshalb nicht in unzulässiger Weise (§ 2065 Abs. 2 BGB) eine fremde letztwillige Verfügung vorgenommen, sondern über seinen eigenen Nachlass letztwillig verfügt hat (*Otte*, hereditare 2014, 23 (35)). Über die vom Erblasser gesetzte Bedingung wirkt sich die Entscheidung des Vorerben nur mittelbar auf die Rechtsstellung des Nacherben aus (OLG Hamm DNotZ 1973, 110 (111)). In der Rechtsprechung wurde auch die Umdeutung einer unzulässigen Abänderungsbefugnis hinsichtlich der Nacherbenbestimmung in eine Bedingung der genannten Art zugelassen (OLG München RNotZ 2016, 174). Die anderweitige Verfügung des Vorerben darf nicht bereits zu Lebzeiten des Erblassers erfolgen, da er ja dann noch kein Vollerbe werden kann (BGH DNotZ 1970, 358). Der Vorerbe kann ermächtigt werden, nach dem Erbfall unter Lebenden anderweitig zu verfügen und dadurch die auflösende Bedingung auszulösen, sofern dabei der gesamte Nachlass und nicht nur einzelne Nachlassgegenstände erfasst werden (OLG Hamm FamRZ 2000, 446 = NJW-RR 2000, 78; Palandt/*Weidlich* § 2065 Rn. 6; großzügiger insoweit *Lange/Kuchinke* ErbR § 27 I 7b). Verfügungen, zu welchen der Vorerbe ermächtigt wird, sind neben der Änderung der Erbeinsetzung auch eine Vermächtnisanordnung (RG HRR 1942 Nr. 838), Teilungsanordnungen und die Ernennung von Testamentsvollstreckern (KG DNotZ 1956, 195 (200)). Die Grenzen zwischen zulässiger Potestativbedingung und unzulässiger Stellvertretung im Willen sind freilich fließend, die hM verlangt, dass es dem Erblasser als Weichenstellung gerade auf das in die Willensentscheidung des anderen gelegte Ergebnis ankommt, nicht auf dessen Entscheidungsfreiheit (*Otte*, hereditare 2014, 23 (36); Palandt/*Weidlich* § 2065 Rn. 5). Schon wegen des insgesamt nicht zu hohen Gerechtigkeitsgehalts des § 2065 BGB kann der erforderliche Erblasserwille aber weitgehend unterstellt werden (*Helms* ZEV 2007, 1 (3, 5)) bzw. muss eine strikt formale Abgrenzung genügen (*Otte* ZEV 2001, 318 (319)).

**Der Vorerbe kann sich durch einfaches eigenes Testament rückwirkend zum vollen Erben machen** und in dem eigenen Testament über das frühere Erblasservermögen, das durch Eintritt der Bedingung sein eigenes geworden ist, frei verfügen. Der oft verkannte **Nachteil dieser Lösung** ist allerdings, dass, sofern beim Tod des Vorerben eine Bedingung auslösende wirksame letztwillige Verfügung vorliegt, damit feststeht, dass der „Vorerbe" von Anfang an Vollerbe war und dass dann auch von Anfang an die zum Schutz des Nacherben bestehenden Verfügungsbeschränkungen der §§ 2113 ff. BGB nicht gegeben waren. Dagegen verstoßende Verfügungen unter Lebenden des „Vorerben" können vom „Nacherben" und auch von dem durch den „Vorerben" an dessen Stelle Bedachten nach dem Tod des „Vorerben" nicht mehr mit Erfolg angegriffen werden (*Brox* FS Bartholomeyczik, 1973, 51; *Stiegeler,* Der Grundsatz der Selbstentscheidung des Erblassers, S. 98). Es können aus dem Zusammenfall der Vermögensmassen auch die **Pflichtteilsansprüche**

anfallen, die gerade durch Vor- und Nacherbschaft ausgeschlossen werden sollten (einseitige Abkömmlinge). Bis zum Tode des „Vorerben" ist der Eintritt der Bedingung unsicher, daher bleibt bei Grundstücken der Nacherbvermerk im Grundbuch eingetragen (OLG Frankfurt a.M. Rpfleger 1991, 204). Außerdem hat der „Nacherbe" die Kontroll- und Sicherungsrechte der §§ 2127–2129 BGB.

Die Rechtsprechung lässt eine **eingeschränkte Ermächtigung** durch den Erblasser zu, so dass der Vorerbe nur im Rahmen der ihm vom Erblasser gesetzten Bedingungen die Nacherbfolge durch eine eigene Verfügung von Todes wegen beseitigen kann (OLG Hamm DNotZ 1973, 110 = Rpfleger 1972, 445 m. zust. Anm. *Haegele* = OLG 73, 103; KG DNotZ 1956, 195; BGHZ 59, 220 (222) = NJW 1972, 1987; BGH LM § 2065 Nr. 2 = JZ 1954, 98 = DNotZ 1954, 492 Ls.; OLG Oldenburg Rpfleger 1966, 47; Staudinger/*Avenarius*, Bearbeitung 2013, § 2100 Rn. 36; *Lange/Kuchinke* ErbR § 27 I 7b; *Westermann* FS Möhring, 1965, 183 (194) Fn. 15; kritisch hingegen *Brox* FS Bartholomeyczik, 1973, 41 Fn. 38; *Stiegeler*, Der Grundsatz der Selbstentscheidung des Erblassers S. 99; zweifelnd auch *Grossfeld* JZ 1968, 113 (115) Fn. 17 je wegen § 2065 Abs. 2 BGB). Solche Einschränkungen können sein, dass die Bedingung zB nur eintritt, wenn der Vorerbe eine Person aus einem vorgegeben Kreis einsetzt oder auch dahin, dass „kein Kind leer ausgehen darf" (Palandt/*Weidlich* § 2065 Rn. 6 mN). Bei einer letztwilligen Zuwendung, die an die auflösende Bedingung geknüpft sind, dass der Empfänger einen Dritten von Todes wegen bedenkt **(kaptatorische Verfügung)**, steht es in der freien Entscheidung des so Bedachten, ob er diese Bedingung erfüllen will (kein Verstoß gegen § 2302 BGB). In Ausnahmefällen kann wegen des mittelbaren Drucks, der auf den Erben ausgeübt wird, allerdings an § 138 BGB zu denken sein (so bei Beeinflussung seiner Eheschließungsfreiheit, vgl. BVerfG NJW 2004, 2088 = ZEV 2004, 241; *Gaier* ZEV 2006, 2; weitere Aspekte bei *Karczewski* hereditare (3) 2013, 19 (27 ff.)).

Im Einzelnen sind folgende Fallgruppen zu unterscheiden und werden mit Ausnahme der oben zitierten Gegenmeinungen weitgehend als zulässig angesehen (*Nieder/R. Kössinger* § 10 Rn. 70 ff.):

a) Ermächtigung des Vorerben, beliebig anderweitig letztwillig über den Nachlass zu verfügen (RGZ 95, 278 (279); *Raape* AcP 140, 233; OLG Hamm NJW-RR 2000, 78) mit der Folge, dass er – mit allen Konsequenzen auch für das Pflichtteilsrecht – Vollerbe wird;
b) Ermächtigung des Vorerben, unter den als zunächst als Nacherben eingesetzten Abkömmlingen (die dann Erben des „Vorerben" = nunmehrigen Vollerben werden) letztwillig eine anderweitige Verteilung des Nachlasses vorzunehmen (KG DNotZ 1956, 195; BGHZ 59, 220 (222) = NJW 1972, 1987 = Rpfleger 1972, 435 mAnm *Haegele* = DNotZ 1973, 105 = LM § 2065 Nr. 7 mAnm *Mattern; Haegele* Rpfleger 1971, 121 (132); aM die oben zitierten Autoren);
c) Ermächtigung des Vorerben, aus mehreren zu Nacherben bestimmten Personen denjenigen auszuwählen, der den Nachlass des Erblassers als Schlusserbe (also Erbe des nunmehrigen Vollerben) erhalten soll (OLG Celle RdL 1953, 211; OLG Hamm RdL 1951, 369; DNotZ 1973, 110 = Rpfleger 1972, 445 m. zust. Anm. *Haegele;* BGH JZ 1954, 98 = DNotZ 1954, 492 Ls.; *Johannsen* WM 1970, 8; OLG Oldenburg Rpfleger 1966, 47; *Haegele* Rpfleger 1971, 121 (132); aM die oben zitierten Autoren; Bedenken bei BGH RdL 1954, 78 = LM § 2065 Nr. 2).

**Abweichende Nacherbenbestimmung:** Mit Bedingungseintritt ist der „Vorerbe" Vollerbe, eine abweichende Bestimmung der Nacherben oder auch deren Quoten ist ihm denklogisch nicht möglich (tendentiell anders hier bis 4. Aufl.; vgl. auch die bei MüKoBGB/*Leipold* § 2065 Rn. 18 zitierten Auffassungen, die a maiore ad minus argumentieren). Wenn der Vorerbe dagegen die Person des Nacherben bestimmen soll, gelten die von der Rechtsprechung für ein Drittbestimmungsrecht zu § 2065 BGB entwickelten engen Kriterien. Eine eigene Auswahlentscheidung des Vorerben kommt nicht in Betracht

(OLG Hamm MDR 2007, 663 mit zust. Anm. *Ahrens* ErbR 2008, 110). Wieder eine andere Frage ist es, ob sich der Erblasser mit seiner Nacherbenbestimmung daran anschließen kann, wen der Vorerbe später zum eigenen Erben macht (so die erwünschte Wirkung der heute fragwürdigen „Dieterle-Klausel“, → Form. XII.16 Anm. 3).

Im Grunde wurzeln die Kontroversen über die Zulässigkeit bedingter Nacherbfolgen in der mangelhaften Formulierung **solcher Verfügungen** von Todes wegen. Vier Punkte stehen fest (ausf. *Nieder/R. Kössinger* § 10 Rn. 72 ff.): Zum einen verstößt es wie eben ausgeführt gegen § 2065 Abs. 2 BGB, wenn man zulässt, dass der Vorerbe bestimmt, wer bzw. zu welchen Erbquoten Nacherbe werden soll (OLG Hamm MDR 2007, 663; *Ahrens* ErbR 2008, 110; *Frank* MittBayNot 1987, 231 (235); s. aber auch *Nieder*, Handbuch der Testamentsgestaltung 2. Aufl. Rn. 636, wo diese Möglichkeit noch offengehalten wurde). Zum anderen ist gemäß § 2075 BGB eine auflösend bedingte Nacherbfolge zulässig. Ferner gibt es keine gegenständlich beschränkte Nacherbfolge (MüKoBGB/*Grunsky* § 2100 Rn. 19). Das bedeutet, dass die Nacherbfolge nur hinsichtlich des ganzen Nachlasses oder eines Bruchteils desselben auflösend bedingt sein kann, nicht bezüglich bestimmter Nachlassgegenstände (OLG Hamm NJW-RR 2000, 78 (79) = FamRZ 2000, 446). Ein anderes Resultat wird nur erzielt, wenn die übrigen Gegenstände dem einzigen Vorerben als Vorausvermächtnis zugewendet werden.

Mit Eintritt der auflösenden Bedingung, dh wenn der Vorerbe selbst verfügt, gelangt je nach den Bestimmungen des Erblassers der ganze Nachlass oder ein Bruchteil desselben in sein freies Vermögen. Er kann in seiner letztwilligen Verfügung diese Teile seines Vermögens nicht mehr als Nacherbschaft und die von ihm damit Bedachten auch nicht als Nacherben bezeichnen. Falls er über sie getrennt von seinem eigenen Vermögen von Todes wegen verfügen will, muss er dazu Vermächtnisse aussetzen. Solche sollte der Vorerbe in seiner eigenen, die Bedingung auslösenden Verfügung von Todes wegen deutlich zum Ausdruck bringen.

Wer Bedenken gegen eine Nacherbeinsetzung unter der Bedingung anderweitiger Verfügungen des Vorerben hat, mag die Möglichkeit der späteren Fremdbestimmung des Endbedachten wie im → Form. XII.8 durch ein Bestimmungsvermächtnis gem. § 2151 BGB lösen.

**4. Fortführung des Unternehmens durch den Vorerben.** (1) Der Vorerbe ist über den Herausgabeanspruch gem. § 2130 BGB mittelbar dem Nacherben nur zur Erzielung eines ordnungsmäßigen Gesamtergebnisses der Verwaltung des Nachlasses verpflichtet. Für einzelne Verwaltungshandlungen ist er dem Nacherben nicht verantwortlich (Staudinger/*Avenarius*, Bearbeitung 2013, § 2130 Rn. 3). Da der Vorerbe im Gegensatz zum Nießbraucher Eigentümer des Nachlasses wird, hat er nicht wie dieser die wirtschaftliche Zweckbestimmung des der Nacherbfolge unterliegenden Vermögens aufrechtzuerhalten (*Petzoldt* BB 1975 Beil. 6 S. 9). Gehört, wie hier, ein einzelkaufmännisches Unternehmen zum Nachlass, entscheidet der Vorerbe allein, ob er das Geschäft fortführen will oder ob er gem. § 27 Abs. 2 HGB durch Einstellung der Fortführung des Geschäfts vor dem Ablauf von drei Monaten nach dem Zeitpunkt, in welchem er Kenntnis vom Anfall der Erbschaft erlangt hat, seine unbeschränkte Haftung nach § 25 Abs. 1 HGB abwenden will (*Petzoldt* S. 9; Staudinger/*Avenarius*, Bearbeitung 2013, § 2112 Rn. 22). Der Vorerbe kann sogar durch seine Pflicht zur ordnungsmäßigen Verwaltung gezwungen sein, bei eigener Unfähigkeit das Geschäft zu verpachten oder zu liquidieren (BGH WM 1973, 361 (362) = MDR 1973, 749 = FamRZ 1973, 188). Auch wenn Beteiligungen an Personengesellschaften zum Nachlass gehören, entscheidet der Vorerbe allein, ob und in welcher Form er von einer gesellschaftsvertraglichen Eintritts- oder Fortsetzungsklausel Gebrauch machen will oder ob die haftende Gesellschaftsbeteiligung gem. § 139 HGB in eine Kommanditbeteiligung umgewandelt werden soll (Staudinger/*Avenarius*, Bearbeitung 2013, § 2122 Rn. 23 u. § 2130 Rn. 10). Führt der Vorerbe das einzelkaufmännische

Unternehmen fort, hat er sich im Handelsregister eintragen zu lassen (Staudinger/*Avenarius*, Bearbeitung 2013, § 2112 Rn. 22; MüKoBGB/*Grunsky* § 2112 Rn. 3). Die Eintragung eines Nacherbenvermerks im Handelsregister ist nicht zulässig (Staudinger/*Avenarius*, Bearbeitung 2013, § 2122 Rn. 22). Eine Mitwirkung des Nacherben ist zur Fortführung und Registeranmeldung nicht erforderlich. Durch Vermächtnis zugunsten des Nacherben, Auflage oder, wie hier, bedingte Vorerbeinsetzung kann der Vorerbe vom Erblasser schuldrechtlich zur Fortführung des Unternehmens verpflichtet werden.

(2) Haftung des Nacherben eines Handelsgeschäfts. Bürgerlich-rechtlich: Grundsätzlich haftet der Nacherbe nach dem Nacherbfall für die vom Vorerben begründeten Nachlassverbindlichkeiten gem. §§ 1967, 2115 S. 2 BGB nur, „wenn sie vom Standpunkt eines sorgfältigen Beobachters in ordnungsmäßiger Verwaltung des Nachlasses eingegangen wurden" (BGHZ 32, 60 (64) mwN = NJW 1960, 959; BGH WM 1973, 361 = FamRZ 1973, 188 = MDR 1973, 749; *Mattern* BWNotZ 1960, 166). Handelsrechtlich: Wird ein zum Nachlass gehörendes Handelsgeschäft vom Nacherben fortgeführt, gelten die §§ 27, 25 HGB, der Nacherbe haftet kraft Fortführung für alle im Betrieb des Handelsgeschäfts begründeten Verbindlichkeiten des Erblassers und des Vorerben und zwar ohne Rücksicht darauf, ob die Eingehung der Verbindlichkeit im Rahmen der ordnungsmäßigen Verwaltung lag (BGHZ 32, 60; *Mattern* BWNotZ 1960, 166). Die unbeschränkte handelsrechtliche Haftung kann der Nacherbe nur vermeiden, wenn er vor Ablauf von drei Monaten nach dem Zeitpunkt, in welchem er vom Anfall der Nacherbschaft Kenntnis erlangt, die Fortführung des Unternehmens einstellt (§ 27 Abs. 2 HGB).

5. **Unternehmensgewinne.** Nach § 2111 Abs. 1 S. 1 BGB stehen dem Vorerben die Nutzungen des Nachlasses als freies Vermögen zu. Gehört zum Nachlass ein Unternehmen, fehlt es an Bestimmungen über die Berechnung dieser Nutzungen. Es dürfte jedoch der Reingewinn der nach kaufmännischen Grundsätzen aufzustellenden jährlichen Handelsbilanz maßgeblich sein (*Baur* JZ 1958, 465). Da jedoch für die Handelsbilanz keine bestimmten Bilanzierungs- und Bewertungsmethoden festgelegt sind, sollen die Regeln der Steuerbilanz für den Vorerben gelten (*Baur* JZ 1958, 465 (466)). Bei dieser Unsicherheit dürfte es sich für den Erblasser empfehlen, entsprechende Bewertungs- und Bilanzierungsvorschriften dem Vorerben ausdrücklich zur Pflicht zu machen (*Baur* JZ 1958, 465; Staudinger/*Avenarius*, Bearbeitung 2013, § 2111 Rn. 40).

6. **Mindestversorgung der Vorerben.** Durch Vermächtnis, hier Zweckvermächtnis gem. § 2156 BGB, kann der Vorerbin ohne Rücksicht auf den Gewinn eine Mindestversorgung aus der Substanz des Unternehmens zugewendet werden (*Baur* JZ 1958, 465 (467)).

7. **Vorausvermächtnis an die Alleinvorerbin.** Durch das Vorausvermächtnis aller Nachlassgegenstände mit Ausnahme des Unternehmens, dh des gesamten Privatvermögens an die Vorerbin, fallen diese Gegenstände mit dem Erbfall von selbst in das freie Vermögen der Vorerbin (BGHZ 32, 60 = NJW 1960, 959 = DNotZ 1960, 553; Staudinger/*Avenarius*, Bearbeitung 2013, § 2110 Rn. 7). Außerhalb der Erfüllung von Vorausvermächtnissen wird die Überführung von Nachlassgegenständen in das „nacherbenfreie Vermögen" des Vorerben überwiegend als Auseinandersetzung zwischen allen Vor- und Nacherben zugelassen, teils auch als Freigabeerklärung durch die Nacherben (ausf *Heskamp* RNotZ 2014, 517; *Weidlich* ZErb 2014, 325).

8. **Typische stille Gesellschaft.** Die stille Gesellschaft ist in den §§ 335 ff. HGB gesetzlich geregelt. Sie ist eine rein schuldrechtliche Innengesellschaft. Dem stillen Gesellschafter steht weder das Recht zur Geschäftsführung noch ein Anteil am Gesamthandsvermögen einschließlich der stillen Reserven des Unternehmens zu, sondern nur ein seiner Einlage entsprechender Anteil am Gewinn und Verlust des Handelsgeschäfts. Diese gesetzliche Regelung ist jedoch abänderbar. Einkommensteuerlich handelt es sich bei der typischen stillen Gesellschaft nicht um eine Mitunternehmerschaft (§ 15 Abs. 1 Nr. 2 EStG). Unter-

nehmer bleibt derjenige, der das Unternehmen nach außen hin führt. Der typische stille Gesellschafter hat im Unterschied zum atypischen (§ 15 Abs. 1 Nr. 2 S. 2 EStG) Einkünfte aus Kapitalvermögen, nicht aus Gewerbebetrieb.

**9. Vorweggenommene Erbfolge.** Der Witwe muss die Möglichkeit eingeräumt werden, die Nachfolgerauswahl schon zu ihren Lebzeiten vorzunehmen und durch Übergabe des Unternehmens zu verwirklichen. Um ihr die Rechtmacht dazu zu geben, ist ihr das Unternehmen aufschiebend bedingt durch die Übergabe an einen der Abkömmlinge als Vorausvermächtnis zugewandt, fällt daher mit der Übergabe für eine juristische Sekunde in ihr freies Vermögen.

**10. Vorerbe als Testamentsvollstrecker?** Nach der hM kann der alleinige Vorerbe grundsätzlich nicht einziger Testamentsvollstrecker sein, weil eine Befreiung des Vorerben über die in § 2136 BGB vorgesehenen Möglichkeiten hinaus grundsätzlich nicht möglich ist (RGZ 77, 177; aM *Rohlff* DNotZ 1971, 518 (528 ff.)). Eine Ausnahme wird zugelassen, wenn sich die Testamentsvollstreckung auf die sofortige Erfüllung eines Vermächtnisses beschränkt und das Nachlassgericht bei groben Pflichtverstößen einen anderen Testamentsvollstrecker bestimmen kann (BGH NJW-RR 2005, 591 = FamRZ 2005, 614 m. abl. Anm. *Bestelmeyer* S. 1830 = ZEV 2005, 204 m. zust. Anm. *Adams*). Eine weitere, schon länger anerkannte Ausnahme bildet die im Form. verwendete Einsetzung des alleinigen Vorerbe neben einem Mittestamentsvollstrecker eingesetzt werden, wenn gewährleistet ist, dass der Wegfall des anderen nicht zur Alleinvollstreckung des Vorerben führt (vgl. RGZ 163, 57; BayObLG 20, 242 = Recht 1920 Nr. 247; KG JFG 11, 126).

**11. Pflichtteilsstrafklausel** (→ Form. XII.11 Anm. 17). Fordert einer der Abkömmlinge beim Tod des Erblassers den Pflichtteil, soll durch die Strafklausel verhindert werden, dass er beim Tod der Ehefrau nochmals mindestens den Pflichtteil aus dem sich jetzt im Vermögen seiner Mutter befindlichen Nachlass seines Vaters erhält. Erzielt wird dies dadurch, dass die Mutter als bedingte Vorausvermächtnisnehmerin des Privatvermögens des Erblassers mit bedingten Nachvermächtnissen gem. § 2191 BGB dh durch das Pflichtteilsverlangen aufschiebend bedingten und auf den Tod der Mutter aufschiebend befristeten und mit ihm anfallenden Untervermächtnissen (§ 2177 BGB) zugunsten der nicht den Pflichtteil verlangenden Abkömmlingen beschwert wird. Das Privatvermögen fällt bei Pflichtteilsverlangen nicht in den Nachlass der Mutter und unterliegt damit auch nicht den Pflichtteilsansprüchen auf ihr Ableben. In der Zeit zwischen dem Erbfall und dem Anfall der Nachvermächtnisse sind die Nachvermächtnisnehmer durch § 2179 BGB geschützt (BGH BWNotZ 1961, 265; Staudinger/*Otte*, Bearbeitung 2013, § 2191 Rn. 5).

**12. Steuern.** (1) **Erbschaftsteuer.** Bei der Vor- und Nacherbfolge fällt jeweils volle Erbschaftsteuer an und es erfolgt somit doppelte Erbschaftsbesteuerung desselben Vermögens (§ 6 ErbStG). Insoweit ist das frühzeitige Unternehmertestament mit seiner Bestimmungsvermächtnis-Testamentsvollstrecker-Lösung ggf. günstiger, da das Unternehmensvermächtnis nicht unter § 6 Abs. 4 ErbStG fällt, weil es nicht auf den Tod des Beschwerten anfällt, sondern zwar zunächst bei den Erben zu versteuern ist (§ 5 Abs. 1 BewG), sie die Steuern aber voll zurückerstattet bekommen, wenn nach seinem Anfall der ausgewählte Vermächtnisnehmer das Vermächtnis zu versteuern hat (§ 9 Abs. 1 Nr. 1a ErbStG; *Troll/Gebel/Jülicher/Gottschalk* § 6 Rn. 140). Die früheren Beschränkungen des § 25 ErbStG (betr. Abzug der Nießbrauchslast bei Ehegatten) sind mWv 1.1.2009 weggefallen.

(2) **Einkommensteuer.** Bezüglich einer eventuell anfallenden Einkommensteuer für die zu zahlenden Abfindungen an die Erben, die das Betriebsvermögen nicht übernehmen, → Form. XII.7.

**13. Kosten.** → Form. XI.1 Anm. 16.

## 13. Anordnung mehrfacher Nacherbfolge. Ersatznacherbschaft

Verhandelt zu[1, 2].....
am ..... (auch als eigenhändiges Testament möglich)

§ 1 Vorerbeinsetzung

Ich setze hiermit meine Ehefrau A, geb. E zu meiner alleinigen Vorerbin ein. Sie ist von allen Beschränkungen und Verpflichtungen befreit, von denen nach dem Gesetz Befreiung erteilt werden kann. Die Nacherbfolge tritt mit ihrem Tode ein.

§ 2 Erste Nacherbfolge

Nacherben auf den Tod meiner Ehefrau sind unsere beiden ehelichen Kinder B und C je zur Hälfte. Ersatznacherben[3] sind jeweils die Abkömmlinge unserer Kinder, einschließlich adoptierter, jedoch mit Ausnahme nichtehelicher Kinder männlicher Nachkommen und ihren Abkömmlingen, gemäß der gesetzlichen Erbfolge erster Ordnung zum Zeitpunkt des Nacherbfalls. Mangels Ersatzerben soll Anwachsung eintreten. Die Nacherbanwartschaften sind weder vererblich noch veräußerlich, ausgenommen die Veräußerung an den Vorerben. In diesem Fall entfällt auch jede ausdrückliche oder stillschweigende Ersatznacherbeinsetzung.

§ 3 Weitere Nacherbfolge

Weitere Nacherben jeweils auf den Tod der ersten Nacherben sind jeweils deren Abkömmlinge, einschließlich adoptierter, jedoch mit Ausnahme nichtehelicher in männlichen Linien, gemäß der gesetzlichen Erbfolge erster Ordnung jeweils zum Zeitpunkt des Todes der ersten Nacherben. Für die Zeit vom ersten Nacherbfall bis zu den weiteren Nacherbfällen unterliegen die ersten Nacherben jeweils den gesetzlichen Beschränkungen und Verpflichtungen eines Vorerben.[4] Auch diese Nacherbanwartschaften sind weder vererblich noch veräußerlich, ausgenommen die Veräußerung an den Vorerben. In diesem Fall entfällt auch jede ausdrückliche oder stillschweigende Ersatznacherbeinsetzung.

§ 4 Nacherbfolge nachgeborener Geschwister der weiteren Nacherben

Falls den unter § 3 zu weiteren Nacherben eingesetzten Abkömmlingen meiner Kinder B und C jeweils nach dem ersten Nacherbfall bis zum zweiten oder, falls Ersatznacherbfolge eintreten sollte, nach dem Erbfall bis zum ersten Nacherbfall, weitere Geschwister und zwar auch Halbgeschwister geboren werden sollten, werden diese ebenfalls Nacherben der ersten Nacherben und zwar zu den Quoten, die sie bekommen hätten, wenn sie bereits beim ersten Nacherbfall bzw. beim Erbfall gelebt hätten und alle von mir abstammen würden. Die Nacherbanteile fallen diesen nachgeborenen Geschwistern jeweils mit ihrer Geburt an.[5]

§ 5 Nacherbentestamentsvollstreckung[6]

Ich ersuche das Nachlassgericht, einen geeigneten Nacherbentestamentsvollstrecker gem. § 2222 BGB zu ernennen.

**§ 6 Schlussformel**[7]

**(→ Form. XI.1 sowie zusätzlich:) Der Testierer wurde auf die Verfügungsbeschränkungen zu Lasten der Vorerben und die zeitliche Begrenzung der Nacherbfolge gem. § 2109 BGB hingewiesen.**

*Schrifttum: J.Mayer,* Dauertestamentsvollstreckung: positives Recht und rechtspolitische Würdigung, hereditare 3 (2013), 37 ff.; *Nieder/Kössinger,* Hdb. d. Testamentsgestaltung, § 10 Rdn. 58 ff.; *Nieder,* Anm. zu den Urt. des OLG Köln vom 13.1.91 u. 25.5.92 DNotZ 1993, 816.

## Anmerkungen

**1. Sachverhalt.** Der Testierer ist ohne Ehevertrag verheiratet und hat zwei Kinder, den Sohn B und die Tochter C. Beide haben ihrerseits noch keine Kinder. Der Erblasser möchte das Familienvermögen möglichst lange gebunden in seiner Großfamilie erhalten haben und zählt dazu auch evtl. Kinder aus zweiten Ehen seiner Schwiegerkinder, dh Halbgeschwister seiner Enkelkinder. Der Fall dient zur Verdeutlichung der äußersten zeitlichen Grenze der Nacherbenbindung im geltenden Recht.

**2. Anwendungsfälle.** Der Erblasser kann mit den Mitteln der Bedingungs- oder Fristsetzung ohne weiteres mehrere Nacherben hintereinander einsetzen und zwar theoretisch ohne jede Beschränkung der Zahl (Staudinger/*Avenarius*, Bearbeitung 2013, § 2100 Rn. 32; OLG Karlsruhe OLGZ 14, 299). Beschränkt ist er dabei nur insoweit, als die Nacherbenbindung gem. § 2109 BGB die Gesamtfrist von 30 Jahren oder die individuelle Lebensdauer Beteiligter nicht überschreiten darf. Diese 30-Jahresfrist ist auch die Höchstdauer für aufschiebend bedingte oder befristete Vermächtnisse (§§ 2162, 2163 BGB), für die Verwaltungstestamentsvollstreckung (§ 2210 BGB) und für den Auseinandersetzungsausschluss von Erbengemeinschaften (§ 2044 Abs. 2 BGB). Nach Ablauf der Frist wird die Nacherbenberufung unwirksam, und das zu diesem Zeitpunkt bestehende Vorerbenrecht erstarkt zu unbeschränktem Recht (Staudinger/*Avenarius*, Bearbeitung 2013, § 2109 Rn. 5). Sind mehrere Nacherben nacheinander eingesetzt, kommt die Unwirksamkeit der Nacherbenbindung demjenigen zustatten, der die Erbschaft bei Fristablauf als Vorerbe innehat (Staudinger/*Avenarius*, Bearbeitung 2013, § 2109 Rn. 6). Von der Regelfrist des § 2109 Abs. 1 S. 1 BGB gibt es zwei Ausnahmen, die sie fast völlig zurückdrängen und die es dem Erblasser ermöglichen, den Nachlass für zwei Generationen innerhalb der Familie festzulegen. Die Begrenzung auf 30 Jahre gilt nach § 2109 Abs. 1 S. 2 BGB nicht:

a) Wenn die Nacherbfolge für den Fall angeordnet ist, dass in der Person des Vor- oder Nacherben ein bestimmtes Ereignis eintritt, und derjenige, in dessen Person das Ereignis eintreten soll, zurzeit des Erbfalls lebt (§ 2109 Abs. 1 Nr. 1 BGB) oder doch bereits erzeugt war (§ 1923 Abs. 2 BGB). Es muss sich dabei nicht um ein Ereignis in der Person der ersten Vor- oder Nacherben handeln, es kann auch ein späterer Vor- oder Nacherbe sein, wenn er nur zurzeit des Erbfalls schon gelebt hat (Staudinger/*Avenarius*, Bearbeitung 2013, § 2109 Rn. 8). Die Begrenzung besteht hier in der individuellen Lebensdauer eines Menschen. Unstreitig kommen als Ereignis in der Person des Vor- oder Nacherben die Geburt eines eigenen Kindes, die eigene Heirat, der eigene Tod und wirtschaftliche Ereignisse in der eigenen Person (BGH NJW 1969, 1112) in Frage. Es handelt sich dabei um in der Person eintretende Ereignisse. Umstritten ist jedoch, ob auch äußere Ereignisse, die der Vor- oder Nacherbe nur miterlebt, zum Wegfall der Regelfrist führen können (dafür MüKoBGB/*Grunsky* § 2109 Rn. 5 mN: Es kann reichen, dass der Vorerbe ein bestimmtes äußeres Ereignis erlebt – etwa eine Geldentwertung von x Prozent seit dem Erbfall; enger *Lange/Kuchinke* § 28 I 3c; vgl. auch Staudinger/*Avenarius*, Bearbeitung 2013, § 2109 Rn. 8). Hauptanwendungsfall dieser Ausnahmeregelung ist der Erblasser, der seine Ehefrau zur Vorerbin einsetzt und seinen bereits lebenden Sohn zum Nacherben und dessen Abkömmlinge zu weiteren Nacherben. War der Sohn beim Erbfall noch sehr jung, kann sich die Regelung des Erblassers über 100 Jahre erstrecken (*Lange/Kuchinke* ErbR § 28 I 3c). Ist nämlich als Nacherbfall der Tod des Vorerben ausdrücklich vom Erblasser oder durch die Ergänzungsvorschrift des § 2106 Abs. 1 BGB bestimmt, bleibt die Nacherbeinsetzung auch dann wirksam, wenn der Vorerbe den Erblasser um mehr als 30 Jahre überlebt (BayObLG 1975, 63 (66); KG DNotZ 1976, 609 = Rpfleger 1976, 249).

b) Wenn der Erblasser einem, also nicht zwingend dem ersten (Staudinger/*Avenarius*, Bearbeitung 2013, § 2109 Rn. 9), Vor- oder Nacherben dessen voll- oder halbbürtige Geschwister, die nach dem ihn betreffenden Nacherbfall geboren werden, als Nacherben bestimmt hat, um auf diese Weise sein Vermögen einer ganzen Familiengeneration zuzuwenden (§ 2109 Abs. 1 Nr. 2 BGB). Als äußerste zeitliche Schranke ist hier auf die Lebensdauer oder genauer die Dauer der Zeugungsfähigkeit (Staudinger/*Avenarius*, Bearbeitung 2013, § 2109 Rn. 9) des gemeinsamen Elternteils der zu Erben berufenen Geschwister abgestellt. Zu beachten ist dabei, dass die Nacherbenberufung des ersten als Nacherbe eingesetzten Geschwisterteils bei dem weiteren Nacherbfall nicht bereits ausgefallen sein darf (Zeitablaufs und Nichtvorliegen einer Ausnahme gem. § 2109 Abs. 1 Nr. 1 BGB), da dies sonst auch die Unwirksamkeit und Gegenstandslosigkeit der sie (teilweise) ablösenden weiteren Nacherbfolge des nachgeborenen Geschwisterteils zur Folge hätte (Staudinger/*Avenarius*, Bearbeitung 2013, § 2109 Rn. 9). Ist diese Voraussetzung eingehalten, braucht auch nicht unbedingt die Geburt des nachgeborenen Geschwisterteils Zeitpunkt der Nacherbfolge sein, sondern auch etwa die Erreichung eines bestimmten Lebensalters oder der Tod des Erstberufenen (gegen eine derartige Kombination der beiden Ziffern des § 2109 Abs. 1 Staudinger/*Avenarius*, Bearbeitung 2013, § 2109 Rn. 9 f.). Die Ausnahmeregelung dürfte heute nach einer Minderjährigenadoption ebenso gelten wie für leibliche voll- oder halbbürtige Geschwister, anders ist das bei Annahme eines Volljährigen (MüKoBGB/*Grunsky* § 2109 Rn. 6). Als Anwendungsfall ist denkbar, dass ein wesentlich älterer Ehemann seine junge Frau zur Vorerbin, das gemeinsame Baby zum Nacherben und dessen etwaige Geschwister auch aus neuen Ehen zu weiteren Mitnacherben nicht bereits mit ihrer Geburt, sondern mit Erreichung eines bestimmten Lebensalters einsetzt.

3. **Ersatznacherbe.** Der Ersatznacherbe wird für den Fall eingesetzt, dass der Nacherbe vor oder nach Eintritt des Nacherbfalls wegfällt (§ 2096 BGB entspr.). Er hat nach dem Erbfall ein nur schwaches, aber, falls der Erblasser dies nicht ausgeschlossen hat, vererbliches und übertragbares Anwartschaftsrecht (so hM, Übersicht bei *Kanzleiter* DNotZ 1970, 693 (695) Fn. 16, 17 u. Staudinger/*Avenarius*, Bearbeitung 2013, § 2100 Rn. 89; aM *Becher* NJW 1969, 1463 mwN). Nach der hM stehen ihm jedoch vor Eintritt des Ersatznacherbfalles die Kontroll- und Sicherungsrechte des Nacherben nicht zu (RGZ 145, 316; RGRK/*Johannsen* § 2121 Rn. 3; Staudinger/*Avenarius*, Bearbeitung 2013, vor §§ 2127–2129 Rn. 1) und seine Zustimmung ist zu Rechtsgeschäften des Vorerben nach hM nicht erforderlich, damit diese Geschäfte ihm gegenüber im Ersatznacherbfall wirksam sind (BGHZ 40, 115 (119) mwN = NJW 1963, 2320; RGZ 145, 316; *Kanzleiter* DNotZ 1970, 693 (694) mwN Fn. 9), weil er hinter dem primären Nacherben steht und ihn dessen Zustimmung bindet. Dagegen ist er im Erbschein des Vorerben anzugeben (RGZ 142, 171 (173)) und ist zur Sicherung seiner Anwartschaft im Grundbuch einzutragen (OLG Köln NJW 1955, 633; OLG Oldenburg DNotZ 1963, 23; OLG Hamm DNotZ 1966, 108;

*Haegele* Rpfleger 1969, 348; Staudinger/*Avenarius*, Bearbeitung 2013, § 2100 Rn. 89). Vor Eintritt des Nacherbfalls und Annahme der Nacherbschaft durch den Nacherben kann der Nacherbenvermerk ohne Zustimmung des Ersatznacherben nicht gelöscht werden (OLG Braunschweig FamRZ 1995, 443; OLG Frankfurt a. M. DNotZ 1970, 691; OLG Hamm NJW 1970, 1606 mAnm *Lehmann* NJW 1970, 2028), es sei denn die Löschung erfolgt auf Grund Unrichtigkeitsnachweis gem. § 22 GBO, weil der befreite Vorerbe das Grundstück entgeltlich oder der nicht befreite mit Zustimmung des Nacherben veräußert hat (zum Nachweis BayObLG DNotZ 2005, 697 = FGPrax 2005, 193; das OLG München NotBZ 2012, 469, erwartet jedoch eine formlose Anhörung des Ersatznacherben).

**4. Die weiteren Nacherbfolgen (Nach-Nacherben).** Sind mehrere Nacherben hintereinander eingesetzt, so erhält der erste Nacherbe mit dem Eintritt des ersten Nacherbfalles die Stellung eines Vorerben gegenüber den weiter berufenen Nacherben usw (Staudinger/*Avenarius*, Bearbeitung 2013, § 2100 Rn. 32). Die weiteren Nacherben haben, schon bevor sie aufrücken, gegenüber dem Vorerben die Stellung voller Nacherben, sind als solche im Erbschein (§ 2363 BGB) und im Grundbuch (§ 51 GBO) aufzuführen und zustimmungsbedürftige Geschäfte bedürfen anders als bei Ersatznacherben auch ihrer Zustimmung (Staudinger/*Avenarius*, Bearbeitung 2013, § 2100 Rn. 32). Falls die ersten Nacherben gegenüber den weiteren Nacherben von den Beschränkungen des § 2136 BGB befreit sein sollten, müsste dies der Erblasser anordnen. Wie der Erbe zurzeit des Erbfalls leben oder doch gezeugt sein muss, so muss auch der Nacherbe zurzeit des Eintritts der Nacherbfolge leben oder gezeugt sein (§§ 2108, 1923 BGB). Für die weiteren Nacherben muss dies nur beim Eintritt ihres Nacherbfalles gegeben sein. Wird eine zum Zeitpunkt des Nacherbfalls noch nicht gezeugte Person zum Nacherben eingesetzt, so ist sie entsprechend § 2101 Abs. 1 BGB als zweiter Nacherbe anzusehen, dem die Erbschaft gem. § 2106 Abs. 2 BGB mit der Geburt anfällt.

**5. Die Nacherbfolge Nachgeborener.** Da hier die Nacherbfolge zugunsten sämtlicher Geschwister angeordnet ist, die den beim Tode des B und der C bereits vorhandenen Kindern nachgeboren werden, können jeweils mehrere Nacherbfälle nacheinander eintreten in der Weise, dass die zunächst berufenen Geschwister zuerst dem Nächstgeborenen weiter aber auch einschließlich des Nächstgeborenen einem weiter geborenen Geschwisterteil als Vorerben gegenüberstehen, und mit dessen Geburt oder dem Eintritt eines etwa bestimmten späteren Zeitpunkts oder Ereignisses entsprechende Anteile am Nachlass herauszugeben haben (OLG Köln DNotZ 1993, 814 mAnm *Nieder;* aA Staudinger/*Avenarius*, Bearbeitung 2013, § 2109 Rn. 9 f. der, falls seit dem Erbfall 30 Jahre verstrichen sind, als Zeitpunkt des weiteren Nacherbfalls nur den der Geburt des nachgeborenen Geschwisterteils zulässt, da sonst eine nach Wortlaut und Sinn des Gesetzes nicht zulässige Kombination der Ausnahmeregelungen nach § 2109 Abs. 1 Nr. 1 und 2 BGB vorliegen würde). Die Gestaltung im Formular ist auf jeden Fall wirksam, da B und C oder ihre Ersatznacherben den Erbfall erleben und damit die Voraussetzungen nach § 2109 Abs. 1 Nr. 1 BGB gegeben sind. Ausgehend von den auf ihren Tod bedingten weiteren Nacherbberufungen der Enkelkinder, sind dann auch die deren nachgeborener Geschwister gem. der Ausnahmeregelung des § 2109 Abs. 1 Nr. 2 BGB wirksam. Zur Frage, wie in solchen Fällen der Erbscheinsantrag zu lauten hat, sofern noch die Möglichkeit der Geburt weiterer Geschwister besteht, s. *Eschenbacher* in Rpfleger 1992, 392 u. *Nieder* DNotZ 1993, 820. Die Gestaltungsmöglichkeit des § 4 des Formulars wird in der Praxis manchmal bei jungen Eheleuten zur Ergänzung der Nacherbeinsetzung der eigenen Kinder gewählt. Sie setzt eine großzügige Auffassung gegenüber einer Wiederheirat des überlebenden Ehegatten voraus. Häufiger ist jedoch die Einsetzung aller gemeinschaftlichen, dh auch der nach dem Erbfall geborenen Kinder eines Ehepaars etwa der Enkel des Erblassers oder der Abkömmlinge seines Bruders in der Weise, dass die beim Erbfall bereits lebenden Erben und für den Fall der Geburt weiterer Geschwister bedingte Vorerben und die evtl. Nachgeborenen jeweils ungewisse

Nacherbenanwärter sind. Klärt man den Erblasser allerdings über die Beschränkungen auf, denen die beim Erbfall lebenden Kinder bis zum Tode eines Elternteils unterworfen sind, wird er stattdessen meist die Zuwendung aufschiebend bedingter Herausgabevermächtnisse (§§ 2178, 2179 BGB) an die Nachgeborenen wählen.

6. **Nacherbentestamentsvollstreckung.** Wie beim „unbekannten" Nacherben und beim bedingten Nacherben ist auch beim Einsetzen von Nach-Nacherben zu empfehlen, durch einen Nacherbentestamentsvollstrecker gem. § 2222 BGB die Rechte und Pflichten der Nacherben während der Dauer der Vorerbschaft wahrnehmen zu lassen, damit sich die Bestellung eines Pflegers nach § 1913 S. 2 BGB erübrigt. Zur Höchstdauer der Testamentsvollstreckung s. BGHZ 174, 346 und dazu insbesondere die Gestaltungshinweise von *Weidlich* MittBayNot 2008, 263. Probleme der „Rotation" der Testamentsvollstrecker skizziert *J.Mayer* hereditare (3) 2013, 37 (61 ff.)).

7. **Steuern. Erbschaftsteuer.** Ob bei mehrfacher Nacherbschaft § 6 Abs. 2 ErbStG – Nichtanrechnung der Steuer des Vorerben – oder § 6 Abs. 3 ErbStG – Anrechnung der Steuer des Vorerben – anzuwenden ist, hängt davon ab, ob der Nacherbfall mit dem Tode des zuletzt vorhergegangenen Nacherben oder mit einem anderen Ereignis eintritt (RFH RStBl. 1935, 1485).

8. **Kosten.** → Form. XI.1 Anm. 16.

## 14. Testament mit „gegenständlicher" Nacherbfolge an Grundstücken

**Verhandelt zu[1, 2] . . . . .**
**am . . . . . (auch als eigenhändiges Testament möglich)**

**§ 1 Vorerbeinsetzung und Vorausvermächtnis**

**(1) Ich setze hiermit meine Ehefrau A, geb. E zu meiner von allen gesetzlichen Beschränkungen und Verpflichtungen befreiten Vorerbin ein.**
**(2) Zugleich erhält meine Ehefrau im Wege des nicht der Nacherbfolge unterliegenden Vorausvermächtnisses meine sämtlichen Nachlassgegenstände, ohne Rücksicht auf Veränderungen im Bestand meines Vermögens bis zum Erbfall, mit Ausnahme sämtlicher Grundstücke und grundstücksgleicher Rechte.[3] Ersatzvermächtnisnehmer bestimme ich nicht.**

**§ 2 Nacherbeinsetzung**

**Zu meinen Nacherben auf den Tod der Vorerbin setze ich hiermit meine beiden Kinder B und C ein. Die Anwartschaftsrechte meiner vorgenannten Nacherben sind vom Eintritt des Erbfalls bis zum Eintritt der Nacherbfolge weder übertragbar noch vererblich,[4] ausgenommen die Veräußerung an den Vorerben. In diesem Fall entfällt auch jede ausdrückliche oder stillschweigende Ersatznacherbeinsetzung. Zu Ersatznacherben berufe ich jeweils die Abkömmlinge der Nacherben, einschließlich adoptierter, jedoch mit Ausnahme nichtehelicher Kinder männlicher Nachkommen und ihren Abkömmlingen, gemäß der gesetzlichen Erbfolge erster Ordnung zum Zeitpunkt des Nacherbfalls.**

**§ 3 Schlussformel[5]**

**(→ Form. XV.1 sowie zusätzlich:) Ferner wurde darauf hingewiesen, dass der Vorerbe kraft Gesetzes in seiner Verfügungsfreiheit über den Nachlass beschränkt ist, dass der Erblasser ihn aber mehr oder weniger von diesen Beschränkungen befreien kann.**

*Schrifttum: Jülicher,* Erbschaftsteuerliche Gestaltungsüberlegungen im Vergleich: Vor- und Nacherbschaft bzw. -vermächtnis und Weiterleitungsklauseln zugunsten Dritter in Schenkungsverträge, ZEV 2003, 350; *Kollmeyer*, Vorausvermächtnisse für Vorerben und „gegenständliche Beschränkung" der Nacherben ZEV 2019, 125; *Mayer J.*, Der superbefreite Vorerbe? – Möglichkeiten und Grenzen der Befreiung des Vorerben, ZEV 2000, 1; *Nieder/Kössinger,* Hdb. d. Testamentsgestaltung, § 10 Rdn. 41 ff.; *Rossak,* Problematik der gegenständlichen Beschränkung einer zeitlich gestuften Sukzession, insbesondere bei Vor- und Nacherbfolge, ZEV 2005, 14; *Schäuble*, Erbscheinsanträge bei sog.- „gegenständlich" beschränkter Nacherbfolge, ZEV 2016, 675.

## Anmerkungen

**1. Sachverhalt.** Der Erblasser ist verheiratet und hat zwei Kinder. Neben einigen teilweise bebauten Grundstücken hat er noch anderes Vermögen. Er will seiner Ehefrau im Falle seines Todes die lebtägliche Nutznießung an seinen sämtlichen Grundstücken und sein übriges Vermögen zur freien Verfügung zuwenden. Seinen Kindern soll die Substanz seiner Grundstücke gesichert werden.

**2. Anwendungsfälle.** Die Gestaltungsmöglichkeit dient dem Ziel, die Nutzungen bestimmter Vermögensgegenstände des Erblassers seiner Witwe auf Lebenszeit einzuräumen, deren Substanz aber seinen Abkömmlingen zu sichern. Eine Alternative der Lösung ist die Erbeinsetzung der Abkömmlinge mit dem Nießbrauchsvermächtnis der Witwe bezüglich der bestimmten Nachlassgegenstände. Neben den unter → Anm. 5 erwähnten einkommensteuerlichen Vorteilen bietet die „gegenständliche" Nacherbfolge demgegenüber die größeren Variationsmöglichkeiten. So kann je nach dem gewünschten Grad der Beschränkung teilweise oder völlig befreite Vorerbschaft oder nicht befreite Vorerbschaft angeordnet werden. Eine weitere Abwandlungsmöglichkeit liegt darin, dass alle oder einzelne Gegenstände des Vorausvermächtnisses an die Alleinerbin entgegen der gesetzlichen Vermutung des § 2110 Abs. 2 BGB der Nacherbfolge unterstellt (s aber auch DNotI-Report 2013, 113; Ludwig DNotZ 2001, 102 (110f)) oder die Nacherben insoweit als Nachvermächtnisnehmer eingesetzt werden können (Staudinger/*Avenarius*, Bearbeitung 2013, § 2110 Rn. 5). Eine weitere Alternative ist das auf den Tod der Witwe aufschiebend befristete Vermächtnis bestimmter Nachlassgegenstände zugunsten der Abkömmlinge. Hierbei wären die Erstbedachten aber nur durch die §§ 2177, 2179, 162 Abs. 1 BGB recht schwach geschützt, während sie bei der vorstehenden Lösung durch die Kontroll- und Sicherungsrechte der §§ 2113–2119 BGB weit besser geschützt sind. Alle Vermächtnislösungen haben zudem den Nachteil, dass sie unmittelbar den Bedachten nur Forderungsrechte gewähren, die erst von den Erben erfüllt werden müssen, während die Nacherbfolge-Vorausvermächtnis-Lösung mit dem Erbfall dinglich in Kraft tritt.

**3. Vorausvermächtnis an die Alleinerbin.** Die gesetzlich (§§ 2087, 2174 BGB) nicht mögliche Nacherbfolge bezüglich eines bestimmten Gegenstandes kann indirekt dadurch erreicht werden, dass eine bestimmte Person zum Vorerben berufen wird und man ihr alle Nachlassgegenstände mit Ausnahme desjenigen, für den die Vor- und Nacherbfolge gedacht ist, als Vorausvermächtnis zuwendet, das dann als solches gem. § 2110 Abs. 2 BGB der Nacherbfolge nicht unterliegt (MüKoBGB/*Grunsky* § 2110 Rn. 3). Man kommt dadurch zu einer „gegenständlichen" Nacherbfolge (vgl. bereits das vorausgehende Muster). Der Vorerbe erwirbt dann beim Erbfall von selbst (BGHZ 32, 60 (61) = NJW 1960, 959) dinglich den Gegenstand zum Eigenvermögen, und er unterliegt beim Nacherbfall weder dem Anfallsrecht des Nacherben gem. § 2139 BGB noch der obligatorischen Herausgabepflicht des Vorerben gem. §§ 2130, 2138 BGB (Staudinger/*Avenarius*, Bearbeitung 2013, § 2110 Rn. 4). Im Erbschein (zum Verfahren *Schäuble* ZEV 2016,

675) ist anzugeben, dass sich das Nacherbenrecht nicht auf den vermachten Gegenstand erstreckt (KG JFG 21, 122) und wenn der Gegenstand ein Grundstück ist, ist bei ihm im Grundbuch kein Nacherbenvermerk einzutragen (OLG München JFG 23, 300).

4. Hinsichtlich Gestaltungsvorschlägen in Bezug auf die Vererblichkeit des Nacherbenanwartschaftsrechts → Form. XII.11 Anm. 9 und *Haegele* Rpfleger 1967, 161 (166).

5. **Steuern.** Einkommensteuer. Den wesentlichsten Vorteil bietet die „gegenständliche" Nacherbfolge gegenüber dem Nießbrauchsvermächtnis seit beim unentgeltlichen Zuwendungsnießbrauch dem Eigentümer und dem Nießbraucher einkommensteuerlich während der Dauer des Nießbrauchs die AfA-Befugnis aberkannt wird (BMF BStBl. I 2013, 1189 Rn. 20, 24). Demgegenüber ist der Vorerbe als Eigentümer auf Zeit, trotzdem seine Stellung in vielfacher Hinsicht der eines Nießbrauchers gleichsteht, nach wie vor AfA-befugt. Der Vorerbe setzt dabei als unentgeltlicher Erwerber die Abschreibung der Anschaffungs- oder Herstellungskosten des Erblassers bei der Abschreibung des Gegenstands des Privatvermögens fort (§ 11d EStDVO). Nach dem Nacherbfall setzt wiederum der Nacherbe die AfA des Vorerben fort.

6. **Kosten.** → Form. XI.1 Anm. 16.

## 15. Erbvertrag mit Nacherbfolge und Pflichtteilsverzicht des Vorerben zur Ausschließung der Weitervererbung und Ausschaltung entfernterer Pflichtteilsberechtigter

**Verhandelt zu[1, 2]. . . . .**
**am . . . . . (Kann nur zu notarieller Urkunde errichtet werden)**
**(weiter → Form. XI.15)**

§ 1 Vertragliche Vorerbeinsetzung

**Ich, der A, setze hiermit erbvertraglich mit meinem Sohn B ihn zu $^1/_4$ meines Nachlasses zu meinem Vorerben ein. Der Vorerbe ist von allen Beschränkungen und Verpflichtungen befreit, von denen nach dem Gesetz Befreiung erteilt werden kann. Über die verbleibenden Beschränkungen und Kontrollrechte der Nacherben wurde ich belehrt.[3] Ersatzerben sind die Nacherben. Mangels Ersatzerben soll Anwachsung eintreten, jedoch keinesfalls für meinen Enkel D und seinen Stamm. Der Nacherbfall tritt mit dem Tode des Vorerben ein.**

§ 2 Vertragliche Nacherbeinsetzung

**Erbvertraglich mit meinem Sohn B setze ich, der A, hiermit zu dessen Nacherben seine ehelichen Abkömmlinge, einschließlich adoptierter, gemäß der gesetzlichen Erbfolge erster Ordnung zum Zeitpunkt des Nacherbfalls ein, jedoch mit Ausnahme meines Enkels D und seines Stammes. Die Nacherbanwartschaftsrechte sind weder vererblich noch veräußerlich, ausgenommen die Veräußerung an den Vorerben. In diesem Fall entfällt auch jede ausdrückliche oder stillschweigende Ersatznacherbeinsetzung. Ich, der B, nehme hiermit die unter §§ 1 und 2 getroffenen Verfügungen als vertragliche an.**

§ 3 Pflichtteilsverzicht[4]

**Ich, der B, verzichte hiermit vertraglich mit meinem Vater A mit Wirkung auch für meine Abkömmlinge[5] auf mein Pflichtteilsrecht auf Ableben meines Vaters B.[6] Dieser nimmt den Verzicht hiermit an.**

**§ 4 Einseitige Verfügungen**[7]

**Einseitig verfügend setze ich, der A, hiermit meine Ehefrau A, geb. E zu $^1/_2$ und meine Tochter C zu $^1/_4$ meines Nachlasses zu meinen Vollerben ein. Ersatzerben meiner Ehefrau sind unsere Kinder B und C je zur Hälfte mit der Maßgabe, dass bei B auch dieser Erbteil der für ihn angeordneten Nacherbfolge unterliegt. Weitere Ersatzerben sind jeweils die Abkömmlinge unserer Kinder, einschließlich adoptierter, jedoch mit Ausnahme nichtehelicher Kinder männlicher Nachkommen und ihren Abkömmlingen, gemäß der gesetzlichen Erbfolge erster Ordnung zum Zeitpunkt des Erbfalls, jedoch mit Ausnahme meines Enkels D und seines Stammes. Mangels Ersatzerben soll Anwachsung eintreten.**[8] **Ersatzerben meiner Tochter C sind deren Abkömmlinge, einschließlich adoptierter, gemäß der gesetzlichen Erbfolge erster Ordnung zum Zeitpunkt des Erbfalls. Mangels Ersatzerben soll Anwachsung eintreten mit der Maßgabe, dass bei B auch dieser Erbteil der für ihn angeordneten Nacherbfolge unterliegt. Zum Nacherbentestamentsvollstrecker gem. § 2222 BGB für die Zeit der Vorerbschaft meines Sohnes B setze ich Herrn Rechtsanwalt P ein. Er ist befugt und verpflichtet, bei Annahme seines Amtes dem Nachlassgericht einen Nachfolger zu benennen.**

**§ 5 Schlussformel (→ Form. XI.15)**

*Schrifttum: Baumgärtel,* Die Wirkung des Erbverzichts auf Abkömmlinge, DNotZ 1959, 63; *Bengel,* Die gerichtliche Kontrolle von Pflichtteilsverzichten, ZEV 2006, 192; *Dieterle,* Das Geschiedenen-Testament, BWNotZ 1970, 170 u. 1971, 14; *Enzensberger,* Testamente für Geschiedene und Patchworkehen, 3. Aufl. 2013, S. 46 ff.; *Kornexl,* Nachlassplanung bei Problemkindern 2006, Rdn. 423 ff.; *Nieder/Kössinger,* Hdb. d. Testamentsgestaltung, § 19; *Regler,* Erbverzicht von Vorfahren oder Ehegatten mit Wirkung für deren Abkömmlinge?, DNotZ 1970, 646; *Schotten,* die Erstreckung eines Zuwendungsverzichts auf die Abkömmlinge des Verzichtenden, ZEV 1997, 1; *Stanovsky,* Zur erbrechtlichen Ausschaltung lästiger Enkel, BWNotZ 1974, 102; *Worm,* Pflichtteilserschwerungen und Pflichtteilsstrafklauseln, RNotZ 2003, 535.

## Anmerkungen

**1. Sachverhalt.** Das Formular folgt der im obigen Aufsatz von *Stanovsky* geschilderten Ausgangslage und dem dort aufgezeigten Lösungsweg. Der Erblasser ist ohne Ehevertrag verheiratet und hat zwei Kinder, Sohn B und Tochter C. B hat seinerseits ua den Sohn D, der dem Erblasser nach seiner Persönlichkeit und seinem Verhalten als Erbe nicht genehm ist und daher auf keinen Fall, und zwar auch nicht mittelbar über seinen Vater B, am Nachlass des Erblassers A teilhaben soll.

**2. Anwendungsfälle.** Während der Ehegatte bei bestehender Ehe und die unmittelbaren Abkömmlinge, abgesehen von den Sonderfällen der begründeten Pflichtteilsentziehung oder der Erbunwürdigkeit, zumindest über ihr Pflichtteilsrecht unentziehbar am Nachlass des Erblassers teilhaben, besteht hinsichtlich eines geschiedenen Ehegatten, von Schwiegerkindern, leiblichen Verwandten von Adoptierten und entfernteren Abkömmlingen (Enkeln, Urenkeln) bei Einigkeit mit den lebenden, näheren Abkömmlingen die Möglichkeit, deren unmittelbaren oder mittelbaren Vermögenserwerb aus dem Nachlass zu vereiteln. Die Gestaltungsmöglichkeit macht sich dabei zwei gesetzliche Rechtsfolgen zunutze:

a) Da der Nachlass in der Hand des Vorerben ein Sondervermögen zugunsten des Nacherben bildet und daher nicht in den Nachlass des Vorerben fällt, kann durch Nacherbeneinsetzung die Nacherbschaft an den gesetzlichen oder gewillkürten Erben des Vorerben vorbeigeführt und insbesondere ihren Pflichtteilsansprüchen entzogen werden – Ausschluss der Weitervererbung.

b) Da sich die Wirkung eines Erb- oder Pflichtteilsverzichts gem. § 2349 BGB automatisch auf den gesamten Stamm des Verzichtenden erstreckt, wenn er Abkömmling oder Seitenverwandter des Erblassers ist, können dadurch die im Falle des Vorversterbens näherer Abkömmlinge drohenden Pflichtteilsansprüche entfernterer Abkömmlinge ohne ihre Zustimmung ausgeschlossen werden – Ausschluss entfernterer Pflichtteilsberechtigter.

Die Hauptanwendungsfälle dieser Gestaltungsmöglichkeit lassen sich einteilen:

a) In solche, in denen die Nacherbeneinsetzung mit ihrem Ausschluss der Weitervererbungsmöglichkeit mit dem Pflichtteilsverzicht kombiniert werden muss, da sonst beim Vorversterben des näheren Abkömmlings ein Pflichtteilsrecht des entfernteren Abkömmlings erwächst. Es sind die Fallgruppen der nicht genehmen („lästigen") Enkel, wie im Formular. Hier muss wegen des Pflichtteilsverzichts der nähere Abkömmling mitwirken und deswegen ist auch notarielle Urkundsform erforderlich (§ 2348 BGB).

b) In solche, in denen entweder kein Pflichtteilsrecht gegenüber dem Erblasser besteht oder sein indirekter Ausschluss gem. § 2349 BGB nicht möglich ist und daher allein durch Nacherbeinsetzung der mögliche Vermögensabfluss beim Tod des unmittelbar Bedachten an die unerwünschten Personen verhindert bzw. bis auf ihr Pflichtteilsrecht umgangen werden kann. Es sind dies die Fallgruppen der geschiedenen Ehegatten (Näheres in → Form. XVI.16), der Schwiegerkinder, des derzeitigen Ehegatten bei gestörter Ehe, des künftigen Ehegatten des überlebenden Ehegatten und trotz Adoptionsreform der leiblichen Verwandten von Adoptierten in folgenden Fällen:
    aa) Altadoptionen, bei denen der Angenommene am 1.1.1977 bereits volljährig (18 Jahre) war (Art. 12 § 1 Abs. 1 AdoptG);
    bb) Altadoptionen, bei denen der Angenommene zwar am 1.1.1977 noch minderjährig war, jedoch die Erklärung zur Ablehnung der Überleitung nach Art. 12 § 2 Abs. 2 S. 2 AdoptG abgegeben wurde;
    cc) Annahme eines Volljährigen als Kind, soweit nicht ausnahmsweise die Annahme mit den Wirkungen einer Minderjährigenannahme ausgesprochen ist (§§ 1767, 1772 BGB).

In diesen Fällen haben die leiblichen Verwandten des Angenommenen, insbesondere seine leiblichen Eltern, ihm und seinen Abkömmlingen gegenüber und umgekehrt nach wie vor das gesetzliche Erb- und Pflichtteilsrecht (§§ 1770 Abs. 2, 1924, 1925 BGB) neben den Adoptiv-Eltern, nicht jedoch ihren Verwandten (§ 1770 Abs. 1 BGB) (im Einzelnen siehe *Dittmann* Rpfleger 1978, 277 ff.). Der Erbrechtsgestalter muss dies berücksichtigen (vgl. BGHZ 58, 343).

Da sich die Beschränkungen und Sicherungen nicht gegen den Vorerben, sondern die unerwünschten Personen richten, wird der Erblasser regelmäßig den Vorerben von allen Beschränkungen im Rahmen des gesetzlich Zulässigen freistellen.

**3. Gestaltungsalternative zur Vor-/Nacherbschaft:** Der Ausschluss der unliebsamen 2. Generation wird hier mit erheblichen Restriktionen zu Lasten des Erben erkauft. Soll der Vorerbe nicht nur unter Lebenden, sondern auch letztwillig anders als der Erblasser über den der Erbfolge unterliegenden Nachlass verfügen können, so kann ihm das in den geschilderten Konstellationen nicht dadurch ermöglicht werden, dass die Nacherben nur unter der Bedingung eingesetzt werden, dass der Vorerbe nicht letztwillig anders verfügt (→ Form. XII.12 Anm. 3). Die als Lösung entwickelte *Dieterle-Klausel* stößt zunehmend auf Bedenken (→ Form. XII.16 Anm. 3). Wenn **größere Dispositionsfreiheit für den ersten Erben** gewollt ist, als sie die Vorerbschaft herstellen kann, sollte der Erblasser ihn zum Vollerben einsetzen. Zugleich wird er mit einem erst bei Tod des Erben anfallenden Sachvermächtnis zugunsten der genehmen Personen in der Weise beschweren, dass diejenigen Vermögensgegenstände, die ursprünglich zum Nachlass des Erblassers gehört haben, sowie deren Surrogate im Sinne des § 2111 BGB herauszugeben sind (**aufschiebend befristetes Herausgabevermächtnis**). Dabei kann wieder variiert werden zwischen unbedingter Zuweisung aller oder doch einzelner Gegenstände oder lediglich des Überrestes der Nachlassgegenstände (siehe hierzu *Dieterle* BWNotZ 1971, 19; *Reimann/Bengel/J. Mayer,* Testament und Erbvertrag, Formularteil Rn. 33; Hartmann in Dorsel, Kölner Formularbuch Erbrecht, S. 287). Dieses Vermächtnis ist eine echte Verbindlichkeit im eigenen Nachlass des Erben und wirkt als solche auch gegenüber den Pflichtteilsberechtigten (*Dieterle* BWNotZ 1971, 19). Nachteil ist die schwächere Position der Nachfolgegeneration. Der Endbedachte ist beim aufschiebend befristeten Herausgabevermächtnis gegen beeinträchtigende oder vereitelnde Verfügungen des Erben nur durch Schadensersatzansprüche gem. §§ 2179, 160 BGB geschützt (*Bühler* BWNotZ 1967, 174; *Bungeroth* NJW 1967, 1357). Die treuwidrige Einflussnahme auf Eintritt bzw. Nichteintritt einer Bedingung bleibt wirkungslos (OLG Stuttgart FamRZ 1981, 818: Annahme des gewünschten erwachsenen Unternehmensnachfolgers als Kind, nur um nicht kinderlos zu versterben; vgl. auch BayObLG FamRZ 2000, 380). § 161 wird nicht angewandt (MüKoBGB/*Rudy* § 2179 Rn. 4 mN; aA *Gudian* NJW 1967, 431). Auf Sicherheit für den Endbedachten legt der Erblasser häufig nicht den Schwerpunkt, ihm genügt es, dass die unerwünschten Personen nichts erhalten.

Im Übrigen kann, wenn sich im herauszugebenden Nachlass Grundstücke oder Grundstücksrechte befinden, die Position des Vermächtnisnehmers zwischen Erbfall und Vermächtnisanfall durch Vormerkungen im Grundbuch gesichert werden (Staudinger/*Avenarius*, Bearbeitung 2013, § 2179 Rn. 12; BayObLG Rpfleger 1981, 190). In diesem Fall muss aber das Recht, derartige Sicherung zu erhalten, dem Vermächtnisnehmer eigens mitvermacht sein (*Zawar* DNotZ 1986, 515 (525); BGHZ 148, 187 = NJW 2001, 2883 = ZEV 2001, 362). Gegebenenfalls kann alternativ zur Vermächtnislösung die Anordnung der Nacherbfolge bedingt werden, so dass sie zB nur eintritt, falls die Tochter vor dem Schwiegersohn stirbt. Dabei sollte jedoch beachtet werden, dass nach hM (siehe *Kanzleiter* DNotZ 1970, 330 mwN) die Kontroll-, Sicherungs- und Mitwirkungsrechte auch dem unter aufschiebender oder auflösender Bedingung eingesetzten Nacherben zustehen und daher die Beeinträchtigung für den Erben dieselbe ist, wie wenn eine unbedingte Nacherbfolge angeordnet worden wäre.

**4. Ausnützung der Erstreckungswirkung des Pflichtteilsverzichts.** Handelt es sich bei den Personen, die der Erblasser von jeglicher Teilhabe an seinem Nachlass ausschalten will, um entferntere Abkömmlinge, so vermag der Ausschluss der Weitervererbung durch Anordnung der Nacherbfolge nicht auszuschließen, dass sie an seinem Nachlass partizipieren. Stirbt nämlich der Vorerbe vor dem Erblasser, so tritt zwar die Ersatzerbfolge ein, gleichzeitig erhalten aber die entfernteren Abkömmlinge (zB Enkel) unmittelbare Pflichtteilsrechte gegenüber dem Erblasser (§ 2309 BGB). Um auch dieser Gefahr zu begegnen, kann sich der Erblasser der Wirkung des Erbverzichts auf Abkömmlinge gem. § 2349 BGB bedienen. Nach dieser Vorschrift erstreckt sich, sofern im Verzichtsvertrag nichts anderes bestimmt ist, die Wirkung eines Verzichtes des Abkömmlings oder Seitenverwandten des Erblassers auf sein gesetzliches Erbrecht auch auf seine Abkömmlinge, dh seinen ganzen Stamm. Diese Erstreckung erfolgt automatisch und unmittelbar, und ohne dass er im Namen oder Vertretung der Abkömmlinge erklärt werden müsste. Der Vorberufene verfügt damit über das selbstständige, künftige Erbrecht seiner Abkömmlinge (*Baumgärtel* DNotZ 1959, 63 (64)). Belanglos für die Anwendung des § 2349 BGB ist auch, ob der Verzichtende eine Abfindung erhalten hat (MüKoBGB/*Wegerhoff* § 2349 Rn. 1). Die Vorschrift auch auf den bloßen Pflichtteilsverzicht (§ 2346 Abs. 2 BGB) Anwendung. Seit 1.1.2010 gilt sie auch beim Zuwendungsverzicht des gewillkürten Erben oder Vermächtnisnehmers (§ 2352 BGB nF, kritisch *Kanzleiter* DNotZ 2009, 805).

Seine Grenzen findet der Erb- und Pflichtteilsverzicht lediglich an den guten Sitten (OLG München ZEV 2006, 313, der Fall hätte aber auch über die Täuschungsanfechtung gelöst werden können, s. jurisPK/*Hau* BGB § 2346 Rn. 22; dort auch zum Wegfall der Geschäftsgrundlage, zu dieser ferner OLG Nürnberg FamRZ 2003, 634 mAnm *Grziwotz*).

Eine Ausübungskontrolle aus einer ex-post Betrachtung der Angemessenheit etwaiger Abfindungen (§ 242 BGB) sollte auch nach den neueren Grundsätzen zur Inhaltskontrolle beim Ehevertrag nicht stattfinden (*Bengel* ZEV 2006, 1192; *Muscheler* FS Spiegelberger, 2009, 1079 (1083) gegen Zweifel von *Wendt* ZNotP 2006, 2 und *Wachter* ZErb 2004, 238). Der Abwanderung des Familienvermögens vorzubeugen dürfte stets ein billigenswerter Beweggrund sein (*Stanovsky* BWNotZ 1974, 102 (105) unter Hinweis auf BGHZ 58, 343 = NJW 1972, 1422 = DNotZ 1973, 240). Die Verzichtswirkung erstreckt sich auch auf das mit Vollwirkung angenommene Kind (Palandt/*Weidlich* § 2349 Rn. 3). In der vorliegenden Konstellation ist wie zumeist dem Pflichtteilsverzicht gegenüber dem vollen Erbverzicht der Vorzug zu geben, da er nicht über § 2310 BGB die Pflichtteilsrechte des Ehegatten oder weiterer Abkömmlinge erhöht oder begründet (*Bühler* DNotZ 1967, 778). Durch den Verzicht verlieren der Abkömmling und sein Stamm ihr Pflichtteilsrecht und dem Erblasser wird damit insoweit uneingeschränkte Testierfreiheit eröffnet. Das ist für den Abkömmling häufig nur tragbar, wenn er, wie im Form., zumindest erbvertraglich abgesichert wird. Die Ausdehnung des Verzichts gem. § 2349 BGB erfolgt nicht gegenüber Vorfahren oder dem Ehegatten (*Regler* DNotZ 1970, 646). Eine Erstreckung auf solche Personen ist nur möglich, wenn sie ihrerseits vertraglich verzichten.

5. Die ausdrückliche Aufnahme der Erstreckungswirkung erfolgt vorsorglich, es könnte auch etwas anderes vereinbart werden.

6. **Vermuteter relativer Erbverzicht.** Würde der B auf sein volles Erbrecht und nicht nur auf sein Pflichtteilsrecht verzichten, müsste hier, um eine Unwirksamkeit des Verzichts zu vermeiden, wegen der Auslegungsregel des § 2350 Abs. 2 BGB eine Klarstellung dahin erfolgen, dass er nicht zugunsten der anderen Abkömmlinge und des Ehegatten des Erblassers verzichtet (*Stanovsky* S. 105). Auf den bloßen Pflichtteilsverzicht findet § 2350 BGB jedoch keine Anwendung (MüKoBGB/*Wegerhoff* § 2350 Rn. 2).

7. Einseitige Verfügungen im Erbvertrag gem. § 2299 BGB.

8. Auslegungsregel gem. § 2110 Abs. 1 BGB.

9. **Steuern.** Erbschaftsteuer. Gemäß § 7 Abs. 1 Ziff. 5 ErbStG gilt als Schenkung unter Lebenden, was als Abfindung für einen Erbverzicht (§§ 2346 und 2352 BGB) gewährt wird.

10. **Kosten.** → Form. XI.1 Anm. 16.

## 16. Geschiedenen-Testament

**Verhandelt zu[1, 2]. . . . .**
**am . . . . . (auch als eigenhändiges Testament möglich)**

**§ 1 Vorerbeinsetzung**

**Ich, A, geb. E, setze hiermit meine beiden Kinder B und C je zur Hälfte zu meinen Vorerben ein. Die Vorerben sind von allen Beschränkungen und Verpflichtungen befreit,**

von denen nach dem Gesetz Befreiung erteilt werden kann. Ersatzerben sind die Nacherben. Die Nacherbfolge tritt bezüglich jedes Vorerben mit seinem Tode ein.

Variante 1 („Dieterle"):

Nacherben meiner Kinder B und C sind jeweils diejenigen Personen, die die Vorerben zu ihren gewillkürten Erben einsetzen, und zwar im gleichen Anteilsverhältnis wie sie selbst ihre Erben einsetzen.[3] Im Übrigen gilt § 2.

Variante 2:

Die Anordnung der Nacherbfolge entfällt jeweils einzeln für jeden Vorerben, der unter Hinterlassung eines Abkömmlings verstirbt, außerdem mit Erreichen des 50. Lebensjahres.

§ 2 Nacherbeinsetzung

Mein geschiedener Ehemann A hat gegen mich keine Unterhaltsansprüche mehr.[4] Er, seine Abkömmlinge soweit sie nicht mit mir gemeinschaftlich sind, und seine Verwandten aufsteigender Linie sind als Nacherben ausgeschlossen.[5] Wenn und soweit sie zum Zuge kommen würden, sind Nacherben jeweils in folgender Reihenfolge:

a) Die Abkömmlinge des jeweiligen Vorerben, einschließlich der an Kindes Statt Angenommenen, gemäß der gesetzlichen Erbfolge erster Ordnung;
b) meine übrigen Abkömmlinge, einschließlich der an Kindes Statt Angenommenen, gemäß der gesetzlichen Erbfolge erster Ordnung;
c) diejenigen Personen, die meine gesetzlichen Erben wären, wenn ich im Zeitpunkt des Eintritts des Nacherbfalles ohne Hinterlassung von Abkömmlingen verstorben wäre, unter sich nach gesetzlicher Erbregel.

Die Nacherbanwartschaften sind zwischen Erbfall und Nacherbfall nicht vererblich und nicht übertragbar.

§ 3 Weitere Nacherbeinsetzungen[6]

Soweit gemeinschaftliche Abkömmlinge von mir und meinem geschiedenen Ehemann Nacherben werden, sind jeweils die in entsprechender Anwendung des § 2 bestimmten Personen deren weitere Nacherben auf ihren Tod. Die zeitliche Schranke des § 2109 BGB bleibt unberührt.

§ 4 Familienrechtliche Anordnung

Soweit Kinder von mir zurzeit meines Todes noch minderjährig sind, entziehe ich meinem geschiedenen Ehemann A gem. § 1638 BGB das Recht, den Erwerb von Todes wegen zu verwalten.[7]

§ 5 Testamentsvollstreckung

Für die Zeit bis das jüngste meiner Kinder volljährig ist, schließe ich, und zwar auch für den Fall des Todes eines Miterben, die Auseinandersetzung meines Nachlasses aus[7] und ordne Dauertestamentsvollstreckung an.[8] Der Testamentsvollstrecker soll in der Eingehung von Verbindlichkeiten für den Nachlass nicht beschränkt sein.[9] Der Testamentsvollstrecker ist gleichzeitig Nacherbentestamentsvollstrecker gem. § 2222 BGB bezüglich aller Nacherben.[10] Dies soll er auch nach der Volljährigkeit des jüngsten meiner Kinder für die Dauer von Vorerbschaften bleiben. Zum Testamentsvollstrecker ernenne ich Herrn Rechtsanwalt O. Er ist befugt und verpflichtet, bei Annahme seines Amtes seinen Nachfolger zu benennen. Sollte er das Amt nicht annehmen wollen oder können und auch keinen Nachfolger benennen, ersuche ich das Nachlassgericht um Ernennung eines geeigneten Testamentsvollstreckers.

**§ 6 Schlussformel**[11]

**(→ Form. XI.1, insbesondere auch: Aufhebung früherer Verfügungen).**[12]

*Schrifttum: Baltzer/Reisnecker,* Vorsorgen mit Problemkindern 2012, S. 188 ff.; *Bergschneider,* Der Tod des Unterhaltsverpflichteten – praktische Anmerkungen zu § 1586b BGB, FamRZ 20.903, 1049; *Damrau,* Minderjährige Kinder aus geschiedenen Ehen als Erben, ZEV 1998, 90; *Dieterle,* Das Geschiedenen-Testament, BWNotZ 1970, 170 u. 1971, 14; *Enzensberger,* Testamente für Geschiedene und Patchworkehen 3. Aufl. 2013; *Kornexl,* Nachlassplanung bei Problemkindern 2006, Rdn. 423 ff.; *Frenz,* Erbrechtliche Gestaltungen bei Scheitern der Ehe, ZNotP 2000, 67; *Frohnmayer,* Geschiedenentestament 2004; *Grziwotz,* „Das Patchworktestament" – Nachlassplanung bei neuen Familienformen (Teil 2), ZNotP 2018, 81; *Hausmann,* Die Patchwork-Familie – eine besondere Herausforderung für das Notariat, DNotZ 2011, 602; *Ivo,* Nochmals: Abschied von „Dieterle"?, DNotZ 2002, 260; *Kanzleiter,* Die letztwillige Verfügung geschiedener Eheleute, ZNotP 2003, 127; *Kappler/Kappler,* Patchworkfamilie und Erbrecht: letztwillige Verfügungen zugunsten „meiner, deiner und unser Kinder", ZEV 2015, 437; *Keim,* Testamentsgestaltung bei der Patchworkehe, notar 2013, 115; *Klingelhöffer,* Die erbrechtliche Unterhaltssicherung des ersten und zweiten Ehegatten: Ein ungeklärtes Problem des § 1586b BGB, ZEV 2001, 179; *Kössinger,* Das Testament Alleinstehender, 4. Aufl. 2010, S. 57 ff.; *Lauk,* Scheidungsvereinbarungen und erbrechtliche Verzichtserklärungen, NJ 2014, 1; *Ludwig,* Gegenständliche Nachlassspaltung bei Vor- und Nacherbschaft, DNotZ 2001, 102; *Mayer J.*, Der superbefreite Vorerbe? – Möglichkeiten und Grenzen der Befreiung des Vorerben, ZEV 2000, 1; *Mayer N.*, Schwiegerkinderzuwendungen, ein Dauerbrenner in der familienrechtlichen Gestaltungspraxis, ZEV 2016, 177; *Nieder/Kössinger,* Hdb. d. Testamentsgestaltung, 3. Aufl. § 21 Rdn. 35 ff.; *Nieder,* Das Geschiedenentestament und seine Ausgestaltung, ZEV 1994, 156; *Reimann,* Erbrechtliche Überlegungen aus Anlass der Ehescheidung. Ein Überblick, ZEV 1995, 329; *Schalhorn,* Kann der schuldlos geschiedene Ehemann durch ein Testament verhindern, daß die schuldig geschiedene Ehefrau als gesetzliche Erbin ihrer gemeinsamen Kinder Vermögen aus dem von dem Ehemann herrührenden Nachlaß erlangt?, JurBüro 1973, 700; *Schindler,* Probleme der Vererblichkeit der Unterhaltspflicht nach § 1586b Abs. 1 Satz 3 BGB, FamRZ 2004, 1527; *Schnabel,* Das Geschiedenentestament, 2001; *Schwarz,* Herausgabevermächtnis und Drittbestimmungsverbot: Lösung über kumulative Zweckauflage? ZEV 2011, 292; *Wagner,* Das Geschiedenentestament – eine sinnvolle erbrechtliche Gestaltungsform?, ZEV 1997, 369; *Waldner,* Das Testament nach der Scheidung, FamRB 2003, 411; *Zimmer,* Testamentsgestaltung in der Patchworkfamilie, NotBZ 2014, 26 ff.

## Anmerkungen

**1. Sachverhalt.** Das Formular folgt der im obigen Aufsatz von *Dieterle* geschilderten Ausgangslage und in Variante § 1.1 dem dortigen Testamentsentwurf. Die Erblasserin ist geschieden und hat zwei noch minderjährige Kinder. Ihr geschiedener Ehemann ist wiederverheiratet und hat aus der neuen Ehe ebenfalls Kinder. Die Testiererin will verhindern, dass beim Versterben ihrer Kinder aus deren Nachlass das von ihr ererbte Vermögen auf ihren geschiedenen Ehemann, dessen einseitige Abkömmlinge oder seine Eltern übergeht. Variante § 1.2 verzichtet auf die in ihrer Geltung umstrittene „Dieterle-Klausel" und beschränkt sich in Anlehnung an den Vorschlag von *Kanzleiter* (ZNotP 2003, 127 (133)) darauf, zumindest für das Gros der Fälle das Risiko eines Vermögensübergangs auf die Seite des Expartners zu reduzieren. Zur **„Patchwork-Familie"**, bei der noch der Wunsch dazukommen kann, die Kinder des anderen durchaus zu begünstigen, siehe *Zimmer* NotBZ 2014, 26 ff.

**2. Anwendungsfälle.** Die einfachste Lösung des Problems der Testiererin wäre, die eigenen Kinder als befreite Vorerben einzusetzen und zu Nacherben auf deren Tod deren Abkömmlinge, ersatzweise das Geschwisterkind bzw. dessen Abkömmlinge und letztlich Verwandte der eigenen Familie (*Schalhorn* JurBüro 1973, 700 f.). Sie hätte damit ihr Vermögen durch Nacherbenbenennung in eine ihr genehme Richtung gelenkt. Sie hätte damit aber auch, was sie eigentlich nicht will, ihre noch minderjährigen Kinder bezüglich des von ihr ererbten Vermögens weitgehend in der Verfügung unter Lebenden und völlig in der Verfügung von Todes wegen gebunden. Die Kinder können nichts aus der mütterlichen Erbschaft ihren Ehepartnern oder sonstigen Personen ihrer Wahl letztwillig zuwenden (*Dieterle* BWNotZ 1971, 14). Die Standardlösung für solche Fälle, den Nacherben unter der aufschiebenden oder auflösenden Bedingung einzusetzen, dass der Vorerbe nicht selbst letztwillig anders über den Nachlass verfügt, muss hier versagen, da mit dem Eintritt der Bedingung feststände, dass der Vorerbe Vollerbe war und dann das ererbte Vermögen vom Pflichtteilsrecht des geschiedenen Ehemannes erfasst würde (*Dieterle* BWNotZ 1971, 15). Zur Vermeidung der indirekten Teilhabe des geschiedenen Ehegatten bzw. seiner einseitigen Verwandten am Nachlass des anderen Ehegatten bieten sich folgende Möglichkeiten an (siehe hierzu eingehend Nieder ZEV 1994, 158 ff.):

a) **Nacherbfolgelösung.** Hierbei werden, wie im vorliegenden Formular, die Abkömmlinge aus der geschiedenen Ehe vom Erblasser zu von den gesetzlichen Beschränkungen befreiten Vorerben (§ 2136 BGB) eingesetzt. Nacherben sind, um die Vorerben nicht in ihrer Testierfreiheit zu beeinträchtigen, auf Grund der unter → Anm. 3 beschriebenen und belegten Lösung, in Variante § 1.1 diejenigen Personen, die von den Vorerben jeweils als eigene Erben eingesetzt werden (*Dieterle* BWNotZ 1971, 15 f). Eine Alternative zu dieser modifizierten Nacherbeinsetzung wäre, sie in gleicher Weise, jedoch nur bedingt für den Fall anzuordnen, dass Nachlassgegenstände im Wege der Erbfolge oder der Vermächtniserfüllung auf den unerwünschten Personenkreis übergehen oder Grundlage einer Pflichtteilsberechnung des geschiedenen Ehemannes sind (*Dieterle* BWNotZ 1971, 17 f. m. entspr. Testamententwurf). Hierbei sollte man aber berücksichtigen, dass die Beeinträchtigungen des Vorerben bei der bedingten Nacherbeinsetzung die gleichen sind wie bei der unbedingten. Sofern der Erblasser für die Zeit nach dem Tod der Vorerben weiterhin Sicherungsbedarf sieht, können, wie in § 3 des Formulars, innerhalb der Zeitgrenze des § 2109 BGB weitere Nacherbfolgen angeordnet werden, wobei immer der vorgehende Nacherbe Vorerbe des ihm folgenden Nacherben wird. Variante 2 akzeptiert sicherheitshalber (→ Anm. 3) für eine gewisse Zeit die Beschränkungen, welche die Vorerbschaft den Kindern auferlegt. Sobald sie eigene Kinder haben, ergreift eine eigene letztwillige Verfügung den durch Wegfall der Beschränkung vereinigten Nachlass. Bis zum eigenen Tod bleiben die (Vor-)erben allerdings in der schlechteren Position des Vorerben. Zu einem Zeitpunkt (oder Lebensalter) x sollte außerdem die Wahrscheinlichkeit vernachlässigbarer werden, dass der Expartner den Vorerben überlebt. Es bleibt in Variante 2 aber mindestens das Risiko einer Erbfolge in der Vorerbschaft des Expartners.

b) **Herausgabevermächtnislösung** (umfassend dazu *Reimann* MittBayNot 2002, 4; *Hölscher* ZEV 2009, 213; zum Pflichtteilsrecht aber *Mayer* ZEV 2000, 1). Da es geschiedenen Testierern meist allein darauf ankommt, sicherzustellen, dass unter keinen Umständen Vermögenswerte aus ihrem Nachlass an den geschiedenen Ehegatten und seine Verwandtschaft geraten, soll dieses Ziel mit der geringsten Beeinträchtigung der eigenen Abkömmlinge erreicht werden. Dies ist möglich, wenn die eigenen Abkömmlinge zu Vollerben eingesetzt werden und sie und die Vermächtnisnehmer mit jeweils erst mit ihrem Tod anfallenden Vermächtnissen belastet werden, diejenigen Vermögensgegenstände einschließlich ihrer Surrogate, die sie aus dem Nachlass des Erblassers erworben haben und die sich zurzeit des Vermächtnisanfalls noch nachweislich im Vermögen des Beschwerten befinden, an die Vermächtnisnehmer herauszugeben (*Dieterle* BWNotZ 1971, 18 m. entspr. Testamentsentwurf; → Form. XII.6. und das Bestimmungsvermächtnis gem. → Form. XII.9). Die Vererb- und Veräußerlichkeit des Anwartschaftsrechts aus dem Vermächtnis zwischen Erbfall und Vermächtnisanfall muss dabei wieder ausgeschlossen werden (*Dieterle* BWNotZ 1971, 18). Bei dieser Lösung sind die Erben lediglich schuldrechtlich beschränkt, ohne Vermerk im Erbschein und Grundbuch. Die Offenhaltung der Bestimmung der Vermächtnisnehmer als Endbedachter lässt sich hier einfacher bewerkstelligen als bei der Nacherbfolge. Da bei Vermächtnissen das Drittbestimmungsrecht vom Gesetz weitgehend zugelassen wird, kann der Erblasser einem von ihm für seinen oder von den Erben für ihren Nachlass ernannten Testamentsvollstrecker gem. § 2151 BGB das Recht einräumen, aus einem vom Erblasser bestimmten Personenkreis zB der Verwandtschaft mit Ausnahme des geschiedenen Ehegatten und seiner einseitigen Abkömmlinge die Vermächtnisnehmer zu bestimmen und gem. § 2153 BGB die einzelnen Vermächtnisgegenstände unter ihnen zu verteilen (*Dieterle* BWNotZ 1971, 19; *Keller* BWNotZ 1970, 49 (51); *Vogt* BWNotZ 1955, 60). Zu beachten ist hierbei, dass die Erben bei dieser Gestaltung nicht selbst zu Bestimmungsberechtigten bestimmt werden können, da die Vermächtnisse erst mit ihrem Tod anfallen und die Ausübung des Bestimmungsrechts nicht durch eine Verfügung von Todes wegen erfolgen kann. Das Bestimmungsrecht erlischt mit dem Tod des Bestimmungsberechtigten (Staudinger/*Avenarius*, Bearbeitung 2013, § 2151 Rn. 1, 9). Die Anordnung der Vermächtnisse hindert den Erben nicht, die Nachlassgegenstände durch Vertrag unter Lebenden an den anderen Elternteil zu übertragen, es würde sich dadurch jedoch schadensersatzpflichtig machen (§§ 2179, 160 Abs. 1 BGB). Durch die Einsetzung eines Testamentsvollstreckers kann jedoch bereits die gegen das Vermächtnis verstoßende Verfügung verhindert oder doch erschwert werden.

c) **Kombinationslösungen.** Da die Nacherbfolgelösung gegenüber der Herausgabevermächtnislösung einerseits die für die Erben belastendere, andererseits aber die sicherere ist, liegt es nahe, die Nacherbfolgelösung nur für Situationen und Zeiträume zu wählen, in denen die Gefährdung der indirekten Teilhabe besonders groß ist. Das ist zweifelslos die Lebenszeit des geschiedenen Ehegatten mit der Gefahr, dass er nach einem kinderlos verstorbenen gemeinschaftlichen Kind aus der geschiedenen Ehe seinen Pflichtteil gem. § 2303 Abs. 2 BGB geltend macht. Für diese Zeit und diese familiäre Situation sollte daher die Nacherbfolge gewählt werden, während für die Abwanderungsmöglichkeit an Halbgeschwister und die einseitigen Verwandten des geschiedenen Ehegatten aufsteigender Linie die Vermächtnislösung ausreicht (*Nieder* ZEV 1994, 159 m. entspr. Formulierungsvorschlag). Sieht der Erblasser lediglich Sicherungsbedarf gegenüber seinem geschiedenen Ehegatten und nicht auch gegenüber dessen einseitiger Verwandtschaft, so genügt es, entsprechend dem Vorschlag von *Wagner* in ZEV 1997, 371, die eigenen Kinder als befreite Vorerben einzusetzen und deren gesetzliche oder gewillkürte Erben, mit Ausnahme des geschiedenen Ehegatten, als Nacherben. Weil auch beim Herausgabevermächtnis § 2065 Abs. 2 BGB Probleme bereiten kann (dazu sogleich unter 3) wird neuerdings auch die Kombination von Vermächtnis und Zweckauflage vorgeschlagen (*Schwarz* ZEV 2011, 2092 mit Formulierungsmuster).

**3. Einsetzung der gewillkürten Erben des Vorerben als Nacherben.** Nach § 2065 Abs. 2 BGB kann der Erblasser die Bestimmung der Person, die eine Zuwendung erhalten soll, nicht einem anderen überlassen. Trotzdem ist es nach der wohl immer noch hM (*Schäfer* BWNotZ 1962, 203; *Gaberdiel* Rpfleger 1966, 265; *Dieterle* BWNotZ 1971, 14 (15, 17); Palandt/*Weidlich* § 2065 Rn. 6; MüKoBGB/*Leipold* § 2065 Rn. 19; *Lange/Kuchinke* § 27 I

6b); *Langenfeld/Fröhler,* Testamentsgestaltung, 5. Aufl. 2015, Kap. 6 Rn. 24; *Kipp* ErbR 13. Bearb. § 18 III 3 Fn. 10; *von Lübtow* ErbR S. 143; *Ivo* DNotZ 2002, 260; *Schnabel* S. 112 ff.; wohl auch NK-BGB/*Beck/Selbherr* § 2065, Rn. 19; aM Erman/*Schmidt* § 2101 Rn. 1; *Frank* MittBayNot 1987, 231 (235); MüKoBGB/*Grunsky* § 2100 Rn. 16; Soergel/*Loritz* § 2065 Rn. 14; Reimann/Bengel/*J. Mayer* Vorb. z. BGB § 2229 Rn. 25–28) zulässig, diejenigen Personen zu seinen Nacherben einzusetzen, die gesetzliche oder gewillkürte Erben eines anderen, zB des Vorerben werden (sog. „Dieterle-Klausel" nach *Dieterle* BWNotZ 1971, 14). Die Person des Bedachten braucht nicht namentlich bezeichnet zu sein, es genügt, dass sie umschrieben und daraus erkennbar ist (*Schäfer* BWNotZ 1962, 201; BGHZ 15, 199 (201)). Es können auch Personen, die erst durch den Eintritt gewisser in der Zukunft liegender Umstände bestimmt werden sollen, bedacht werden (*Lübtow* ErbR S. 143; BGHZ 15, 199 (201); BayObLG NJW 1966, 662). Im Zuge eines insoweit sehr kurz gehaltenen Beschlusses des OLG Frankfurt a. M. (OLG Frankfurt a. M. DNotZ 2001, 143 m. abl. Anm. *Kanzleiter* = ZEV 2001, 316 m. abl. Anm. *Otte*) ist die Klausel jedoch verstärkt in die Diskussion geraten (s. bereits *Mayer J.* ZEV 2000, 1 (7) und *Lange/Kuchinke,* Erbrecht, § 27 I 7b). Auch ihre Anhänger nennen sie grenzwertig (*Ivo* DNotZ 2002, 260 (266)), von ihrer Verwendung wird wenigstens angesichts dieser – vereinzelten – Entscheidung vorsorglich nun abgeraten (*Langenfeld/Fröhler,* Testamentsgestaltung, 5. Aufl. 2015, Kap. 6 Rn. 33; *Kanzleiter* DNotZ 2001, 143 und ZNotP 2003, 127 (129 f.); *J. Mayer* ZErb 2001, 197 (205); *Wachter* in Münchner Anwaltshandbuch Erbrecht, § 17 Rn. 28; *Reimann* ZEV 2019, 278, *Schwarz* ZEV 2011, 292). Eine Ersatzerbenbestimmung in der Weise, dass die gewillkürten Erben des Ersatzerben auch die eigenen Ersatzerben sein sollen, wurde von OLG Hamm (ZEV 2019, 276) jüngst zugelassen.

Es wird ganz überwiegend anerkannt, wenn der Erblasser eine Nachfolgeanordnung davon abhängig macht, dass der Nacherbe nicht anders (oder in einem vom Erblasser vorgegebenen Rahmen) verfügt (s. dazu und zum Folgenden die Nachw. bei → Form. XVI.12 Anm. 3). Tangiert ist dabei primär § 2065 Abs. 1 BGB: Es darf nicht ein anderer bestimmen, ob eine letztwillige Verfügung gelten soll. Die *„Dieterle"*-Klausel betrifft dagegen § 2065 Abs. 2 BGB: unstreitig ist verboten, dass ein Dritter, und sei es der Vorerbe, anstelle des Erblassers den Nacherben bestimmt. Das bestätigt etwa OLG Hamm MDR 2007, 663 (zur *Dieterle*-Klausel geben die Gründe aber gerade nichts her, anders offenbar KölnerFombErbR/*Hartmann,* 5. Kap. Rn. 95). Wenn es im Rahmen des Abs. 1 möglich ist, die Entscheidung eines Dritten zuzulassen, soweit sie sich nur mittelbar über ihr Ergebnis auf die vom autonomen Erblasserwillen geprägte Entscheidung auswirkt (Potestativbedingung), dann kann die Wertung für Abs. 2 nicht anders ausfallen (*Ivo* DNotZ 2002, 260 (265)). Die Abgrenzung ist nur strikt formal möglich (*Otte* ZEV 2001, 318 (319)). Formal ist es bei richtiger Gestaltung der Klausel aber der Erblasser, der seinen Nacherben festlegt: Nämlich denjenigen, der Erbe seines Vorerben wird. Er hat daran auch ein relevantes eigenes Interesse, nämlich sein Vermögen und das des Vorerben zusammenzuführen, dabei aber bestimmte, ihm selbst unerwünschte gesetzliche Erben jedenfalls zu Lebzeiten des Vorerben außen vor zu lassen. Insofern ist ihm gerade nicht gleichgültig, wer sein Erbe wird (dies würde § 2065 Abs. 2 BGB sicher verbieten; für die Angabe der Erblassermotivation bei Wahl dieser Klausel daher *Schnabel* S. 128). Auf die gleiche originäre Willensbildung des Erblassers setzt das OLG Stuttgart (Rpfleger 2005, 431 = NotBZ 2005, 221), wenn es als auflösende Bedingung einer Nacherbeneinsetzung zulässt, dass der Vorerbe den in Aussicht genommenen Nacherben *nicht* zum eigenen Erben macht. Vor dem Hintergrund, dass es die Rechtsprechung zulässt, wenn Erbe derjenige sein soll, der von einem Dritten adoptiert wird (BayObLG NJW 1966, 662; OLG Köln Rpfleger 1984, 236 = BB 1984, 878), sollte die Klausel weiter verwendbar sein, wenn sie der über Wirksamkeitsrisiken belehrte Erblasser gegenüber einer Vermächtnislösung (mit den Nachteilen fehlender Gesamtrechtsnachfolge, höherem Regelungsbedarf, Nichtgeltung der Gläubigerabwehr aus § 2115 BGB) bevorzugt (uneingeschränkt für die Verwendung aus den neueren

Formularbüchern etwa *v. Dickhuth-Harrach,* 2011, § 65 Rn. 8; Formularbibliothek-Erbrecht/*Eckert/Kroiß,* 2. Aufl. 2012, § 3 Rn. 8; zurückhaltend KölnerFormBErbR/*Schleifenbaum,* 6. Kap. Rn. 92; klar ablehnend Brambring/Mutter/*Kössinger* 3. Aufl. 2014 E. I.3 → Anm. 3; KölnerFombErbR/*Hartmann,* 5. Kap. Rn. 95).

Andererseits muss der Erblasser sehen, dass er mit Anordnung der Nacherbschaft dem Vorerben auch zumindest lästige Beschränkungen auferlegt. Befreiungen sind nur im Rahmen des § 2136 BGB möglich. Hilfskonstruktionen wie das Vermächtnis einer Zustimmungspflicht der Nacherben zu unentgeltlichen Verfügungen (*Nieder/Kössinger* § 10 Rn. 44; weitergehend OLG Düsseldorf NJW-RR 2000, 375 = ZEV 2000, 29 m. krit. Anm. *Wübben;* zum Ganzen *Ludwig* DNotZ 2001, 102) oder ein aufschiebend durch das Verschenken durch den Vorerben bedingtes Vorausvermächtnis müssen zumindest in Kumulation mit der hier verwendeten Klausel versagen. Sie würde deutlich machen, dass dem Erblasser wohl doch gleichgültig ist, was aus dem Nachlass wird. Das aber verbietet § 2065 BGB. Sofern es den belehrten Beteiligten nicht zwingend auf das psychologische Moment der Erbenstellung ankommt, sollte angesichts der erheblichen Bedenken der Literatur wo immer möglich auf die Variante § 1.2. (→ Anm. 2) oder eine Vermächtnislösung umgestellt werden.

**4. Nachehelicher Unterhalt.** In der Ausgangslage des Form. ist diese Erklärung des Erblassers entbehrlich. Sie ist nur als Merkposten aufgenommen, damit in der Beratung an die möglicherweise erforderliche Abstimmung des Testaments mit einer fortbestehenden unterhaltsrechtlichen Verpflichtung des Erblassers gedacht wird. Im Zuge jüngerer BGH-Entscheidungen (BGH NJW 2007, 3207; BGHZ 153, 372 = NJW 2003, 1796; BGHZ 146, 114 = NJW 2001, 828) ist die Nachlassverbindlichkeit gem. § 1586b BGB etwas aus ihrem rechtstatsächlichen Schattendasein (vgl. jurisPK-BGB/*Löffler* § 1586b Rn. 8) gerückt. Sie hat einige Bedeutung für die Nachfolgeplanung Geschiedener (umfassende Hinweise von *Frenz* ZEV 1997, 450, ergänzt ZEV 2001, 115 und *Bengel/Spall* in Münchener Anwaltshandbuch Erbrecht, § 31 Rn. 42 ff.; vgl. auch *Bergschneider* FamRZ 2003, 1049; *Dressler* NJW 2003, 2430; *Krug* ZErb 2001, 61; *Lauck* NJ 2014, 1 und *Sarres* FamRB 2003, 200). Der gesetzliche nacheheliche Unterhalt ist gem. § 1586b Abs. 1 BGB von den Erben als Gesamtschuldnern weitergeschuldet bis zur Höchstgrenze dessen, was dem Unterhaltsberechtigten bei fiktivem Fortbestand der Ehe als Pflichtteilsanspruch zugestanden hätte. Ein fiktiver Pflichtteilsergänzungsanspruch nach § 2325 BGB (wohl nicht nach § 2329 BGB) wird gem BGH NJW 2007, 3207 hinzugerechnet. Güterstandsbedingte Erhöhungen des Erb- und Pflichtteils bleiben allerdings unberücksichtigt (§ 1586b Abs. 2 BGB). Die Bestimmung greift auch bei vertraglich aufgrund so genannter „unselbstständiger“ Unterhaltsvereinbarung modifizierten Unterhaltsansprüchen, aber wohl nicht bei „selbstständigen“ Unterhaltsvereinbarungen, mit denen die Eheleute losgelöst von den gesetzlichen Unterhaltsregelungen einen neuen Schuldgrund schaffen wollten. Letztere bilden die Ausnahme, bei ihnen ist dann aber davon auszugehen, dass § 1586b BGB im Zweifel abbedungen ist (insgesamt sehr str., vgl. jurisPK-BGB/*Löffler* § 1586b Rn. 18 mN, dessen Darstellung hier zugrunde gelegt wird). Für den Trennungsunterhalt gilt die Bestimmung bei Rechtshängigkeit der Scheidung nach Maßgabe des § 1933 S. 3 BGB. Für das Geschiedenentestament (zum Erbverzicht → Form. XVI. Anm. 3 (2)) ergibt sich möglicherweise folgender Regelungsbedarf:

- Die Nachlassverbindlichkeit trifft alle Erben im Verhältnis der Erbquoten. Insbesondere, wenn Abkömmlinge aus der geschiedenen Ehe gemeinsam mit weiteren Kindern des Erblassers oder dem neuen Partner erben, mag das dem Erblasser nicht immer angemessen erscheinen. Regelungsmöglichkeit zB: „Soweit meine Erben keine Abkömmlinge meines geschiedenen Ehemann A sind, sind sie durch die anderen Erben von etwaigen noch nach dem Erbfall fällig werdenden Unterhaltsansprüchen des A freizustellen. Insofern belaste ich meine mir mit meinem geschiedenen Ehemann gemeinsamen Abkömmlinge unter den Erben mit einem Vorausvermächtnis zugunsten aller übrigen." Im Innenverhältnis der Erben tragen dann nur die Kinder des Expartners die Vermächtnislast, untereinander im Verhältnis ihrer Erbteile (§ 2148 BGB). Streitigkeiten über die betragsmäßige Höhe des fiktiven Pflichtteils und den Unterhaltsanspruch sind somit in der Verwandtschaft des geschiedenen Ehepartners auszutragen.

- Es kann sein, dass die Eheleute eine Unterhaltsfortzahlung nach dem Tod wollen, aber eine unselbständige Unterhaltsvereinbarung oder überhaupt eine Abweichung vom gesetzlichen Unterhalt vereinbart haben, bei der die Geltung des § 1586b BGB nicht geklärt ist. Durch Vermächtnis zugunsten des geschiedenen Partners in einem Erbvertrag kann das gewünschte Ergebnis nachträglich auf erbrechtlichem Wege gesichert werden (dafür offenbar *Bengel*/Spall in Münchener Anwaltshandbuch Erbrecht, § 31 Rn. 51). Die Frage kann und sollte aber vorrangig in einer Änderung der Unterhaltsvereinbarung ausdrücklich geregelt werden (§ 2301 BGB greift nicht), gegebenenfalls kann dann noch die Verteilung der damit begründeten Erblasserschuld unter den Erben wie vor geregelt werden.
- Wenn Unterhaltspflichten nicht (mehr) bestehen, weil kein Unterhaltstatbestand (mehr) eingreift oder weil § 1586b BGB in einer Unterhaltsvereinbarung wirksam abbedungen wurde, besteht grundsätzlich kein weiterer Regelungsbedarf.
- Wenn der Wegfall der Unterhaltspflicht nach dem Tod des Verpflichteten aber nur deshalb angenommen wird, weil sich nach der wohl hM ein vom Unterhaltsberechtigten erklärter Erb- oder Pflichtteilsverzicht mittelbar auch gegenüber § 1586b Abs. 1 BGB durchsetzt (→ Form. XVIII. Anm. 3 (2)), so kommt es darauf an, ob diese Wirkung mit den bei der Scheidung getroffenen unterhaltsrechtlichen Regelungen übereinstimmt. Ist das nämlich nicht der Fall, dh es soll ein (ggf. modifizierter) Unterhalt aus dem Nachlass fortgezahlt werden, müssen vorsorglich diese Wirkungen des Verzichts beseitigt werden (→ Form. XVIII. Anm. 3 (2)). Das kann auch durch ein Vermächtnis zugunsten des ehemaligen Partners geschehen (*Bengel/Spall* in Münchener Anwaltshandbuch Erbrecht, § 31 Rn. 51 mit Formulierungsvorschlag). Ergänzend kann durch letztwillige Verfügung wiederum auch die Verteilung der Unterhalts- bzw. Vermächtnislast unter den Erben geregelt werden.

Es besteht keine einklagbare Verpflichtung, etwaige **Pflichtteilsansprüche** geltend zu machen, wohl aber eine Obliegenheit, deren Verletzung bei Ermittlung der unterhaltsrechtlichen Leistungsfähigkeit beachtlich sein kann (BGH FamRZ 2013, 530).

**5.** Um zu verhindern, dass durch das kinderlose Versterben von Nacherben Teile des Nachlasses dem auszuschließenden Personenkreis zufallen, ist die Anordnung einer mehrfachen Nacherbfolge notwendig, was gem. § 2109 BGB jeweils solange nacheinander möglich ist, bis der Letzte zum Zeitpunkt des Erbfalls bereits erzeugte Nacherbe verstorben ist, mindestens jedoch für 30 Jahre (→ Form. XVI.13).

**6.** Es handelt sich um eine familienrechtliche Anordnung, die, obwohl ihr Inhalt nicht erbrechtlicher Natur ist, in der Form der letztwilligen Verfügung erfolgt. Bindend durch Erbvertrag oder wechselseitige Verfügung im gemeinschaftlichen Testament kann eine solche Anordnung nicht werden. Schwächere Wirkung hätte eine Verwaltungsanordnung nach § 1639 BGB, der Erblasser muss klarstellen, was gemeint ist.

**7.** Befristetes Teilungsverbot gem. § 2044 BGB, das gem. § 750 BGB im Zweifel mit dem Tod eines Miterben außer Kraft tritt.

**8.** Dauer- oder Verwaltungsvollstreckung gem. § 2209 BGB im Gegensatz zur normalen Abwicklungsvollstreckung gem. §§ 2203, 2204 BGB.

**9.** Erweiterung der Verpflichtungsbefugnis des Testamentsvollstreckers gem. § 2207 BGB.

10. Bei jeder mehrfachen Nacherbfolge empfiehlt sich die Einsetzung eines Nacherbenvollstreckers gem. § 2222 BGB, der bis zum Eintritt der Nacherbfolge die Rechte und Pflichten der Nacherben wahrnimmt.

11. **Kosten.** → Form. XI.1 Anm. 16.

12. Im Hinblick auf die Rechtsprechung zu § 2077 Abs. 3 BGB (etwa OLG München DNotZ 2006, 132) empfiehlt sich die ausdrückliche Aufhebung früherer Anordnungen, die gemeinsam mit dem geschiedenen Ehegatten getroffen waren. Teilweise kann sogar dessen Mitwirkung gefordert sein (vgl. den Fall BGH DNotZ 2005, 51); → Form. XII.24 Anm. 11a.

## 16a. Letztwillige Verfügungen in der Patchworkfamilie

Heute, den .....

erschienen gleichzeitig vor mir, Notar ....., in meinen Geschäftsräumen in ......

1. Frau A.....

2. Herr B.....

Die Beteiligten sind voll geschäfts- und testierfähig. Die Zuziehung von Zeugen war weder gewünscht noch aus gesetzlichen Gründen veranlasst.

Bei gleichzeitiger Anwesenheit erklären die Beteiligten zur Beurkundung:

I. Vorbemerkungen

Herr B ist in ...... (Standesamt ......, Geburtenbuchnummer ......) geboren. Frau A ist in ...... (Standesamt ......, Geburtenbuchnummer ......) geboren. Die Beteiligten sind beide ausschließlich deutsche Staatsangehörige und haben am ......in ......die beiderseits zweite Ehe[1] miteinander geschlossen. Sie haben ihren gewöhnlichen Aufenthalt in Deutschland und wollen diesen auch beibehalten. Einen Ehevertrag haben die Beteiligten bisher nicht geschlossen, leben also im gesetzlichen Güterstand der Zugewinngemeinschaft. Aus der gemeinsamen Ehe der Beteiligten sind keine Kinder hervorgegangen. Frau A hat aus erster Ehe zwei Kinder, nämlich C und D. Herr B hat aus erster Ehe ebenfalls zwei Kinder, nämlich E und F. Weitere Kinder, auch außereheliche Kinder, haben die Beteiligten nicht.

II. Aufhebung bisheriger Verfügungen

In der Verfügung über ihr Vermögen sind die Beteiligten weder durch gemeinschaftliche Testamente noch durch Erbverträge beschränkt. Vorsorglich widerrufen die Beteiligten hiermit alle von ihnen bisher etwa getroffenen Verfügungen von Todes wegen, so dass nur noch gegenwärtiger Erbvertrag Geltung hat.

III. Verfügungen von Todes wegen

Die Beteiligten schließen folgenden E r b v e r t r a g :

A. Verfügungen für den Fall, dass Frau A die Erstversterbende ist

1. Frau A setzt vertragsmäßig, also einseitig nicht widerruflich, Herrn B zum alleinigen Erben ein.[2]

2. Frau A ordnet einseitig, also jederzeit frei abänderbar und widerruflich, folgende Vermächtnisse[3] an: Ihren Kindern, C und D vermacht sie jeweils einen Geldbetrag in

Höhe ihres gesetzlichen Erbteils. Das Vermächtnis fällt mit dem Tod von Frau A an und ist innerhalb von 2 Jahren zu erfüllen.

Ersatzvermächtnisnehmer sind die Vermächtnisnehmer untereinander, weitere Ersatzvermächtnisnehmer werden nicht bestimmt.

Die Kinder von Frau A sind Vorvermächtnisnehmer.[4] Nachvermächtnisnehmer sind die Vorvermächtnisnehmer untereinander, ersatzweise Herr B, wiederum ersatzweise ......

Das Nachvermächtnis fällt mit dem Tod des Vorvermächtnisnehmers an. Die Anwartschaften der Nachvermächtnisnehmer sind weder vererblich noch übertragbar.

Die Nachvermächtnisse sind jeweils auflösend bedingt angeordnet. Sie gelten für den jeweiligen Vorvermächtnisnehmer als nicht angeordnet, wenn und sobald er eigene Abkömmlinge hat.

3. Frau A ordnet Testamentsvollstreckung nach Maßgabe folgender Bestimmungen an.

a) Der Testamentsvollstrecker hat die Aufgabe, die in Ziffer 2 angeordneten Vermächtnisse zu erfüllen. Er hat darüber hinaus die Verwaltung des jeweiligen Vermächtnisgegenstandes zu führen und fortzuführen (Dauervollstreckung mit Verfügungsrecht) bis der jeweilige Vermächtnisnehmer das 30. Lebensjahr vollendet hat. Die Testamentsvollstreckung gilt sowohl für Vorvermächtnisnehmer, als auch für die Nachvermächtnisnehmer. Dabei besteht ein Anspruch der Vermächtnisnehmer auf den jährlichen Reinertrag nach Ermessen des Testamentsvollstreckers, der Testamentsvollstrecker ist trotz der Dauervollstreckung berechtigt, aber nicht verpflichtet ist, Geldbeträge nach seinem freien Ermessen den Vermächtnisnehmern zur freien Verfügung zu belassen. Der Testamentsvollstrecker ist von den Beschränkungen des § 181 BGB befreit.

b) Zum Testamentsvollstrecker wird Herr B bestimmt. Fällt Herr B als Testamentsvollstrecker weg, so wird als Testamentsvollstrecker . . . . . . bestimmt. Dieser ist berechtigt, einen Nachfolger zu bestimmen. Fällt er als Testamentsvollstrecker weg und ist kein Nachfolger bestimmt, so hat das Nachlassgericht einen Nachfolger zu bestimmen. Der Testamentsvollstrecker erhält keine Vergütung.

B. Verfügungen für den Fall, dass Herr B der Erstversterbende ist

1. Herr B setzt vertragsmäßig, also einseitig nicht widerruflich, Frau A zur alleinigen Erbin ein.

2. Herr B ordnet einseitig, also jederzeit frei abänderbar und widerruflich, folgende Vermächtnisse an: Seinen Kindern, E und F vermacht er jeweils einen Geldbetrag in Höhe ihres gesetzlichen Erbteils. Das Vermächtnis fällt mit dem Tod von Herrn B an und ist innerhalb von 2 Jahren zu erfüllen.

Ersatzvermächtnisnehmer sind die Vermächtnisnehmer untereinander, weitere Ersatzvermächtnisnehmer werden nicht bestimmt.

Die Kinder von Herrn B sind Vorvermächtnisnehmer. Nachvermächtnisnehmer sind die Vorvermächtnisnehmer untereinander, ersatzweise Frau A, wiederum ersatzweise ......

Das Nachvermächtnis fällt mit dem Tod des Vorvermächtnisnehmers an. Die Anwartschaften der Nachvermächtnisnehmer sind weder vererblich noch übertragbar.

Die Nachvermächtnisse sind jeweils auflösend bedingt angeordnet. Sie gelten für den jeweiligen Vorvermächtnisnehmer als nicht angeordnet, wenn und sobald er eigene Abkömmlinge hat.

3. Herr B ordnet Testamentsvollstreckung nach Maßgabe folgender Bestimmungen an.

a) Der Testamentsvollstrecker hat die Aufgabe, die in Ziffer 2 angeordneten Vermächtnisse zu erfüllen. Er hat darüber hinaus die Verwaltung des jeweiligen Vermächtnisgegenstandes zu führen und fortzuführen (Dauervollstreckung mit Verfügungsrecht) bis der jeweilige Vermächtnisnehmer das 30. Lebensjahr vollendet hat. Die

Testamentsvollstreckung gilt sowohl für Vorvermächtnisnehmer, als auch für die Nachvermächtnisnehmer. Dabei besteht ein Anspruch der Vermächtnisnehmer auf den jährlichen Reinertrag nach Ermessen des Testamentsvollstreckers, der Testamentsvollstrecker ist trotz der Dauervollstreckung berechtigt, aber nicht verpflichtet ist, Geldbeträge nach seinem freien Ermessen den Vermächtnisnehmern zur freien Verfügung zu belassen. Der Testamentsvollstrecker ist von den Beschränkungen des § 181 BGB befreit.

b) Zum Testamentsvollstrecker wird Frau A bestimmt. Fällt Frau A als Testamentsvollstrecker weg, so wird als Testamentsvollstrecker . . . . . . bestimmt. Dieser ist berechtigt, einen Nachfolger zu bestimmen. Fällt er als Testamentsvollstrecker weg und ist kein Nachfolger bestimmt, so hat das Nachlassgericht einen Nachfolger zu bestimmen. Der Testamentsvollstrecker erhält keine Vergütung.

C) Verfügungen für den Fall, dass Frau A die Letztversterbende ist bzw. für den Fall des gleichzeitigen Ablebens der Beteiligten

1. Frau A setzt, für den Fall ihres Todes als Letztversterbende bzw. für den Fall des gleichzeitigen Ablebens der Beteiligten ihre Kinder, C und D, sowie die Kinder von Herrn B, E und F, zu gleichen Teilen zu Erben ein.

Die Erbeinsetzung der eigenen Kinder von Frau A ist in einseitiger, dh in frei abänderbarer und widerruflicher Weise, die Erbeinsetzung der Kinder von Herrn B ist in vertragsmäßiger Weise, dh einseitig nicht widerruflich, getroffen.

Die vorgenannten Erben werden bezüglich ihres Erbteils als befreite Vorerben eingesetzt. Nacherben der Kinder von Frau A sind C und D gegenseitig untereinander, ersatzweise die Kinder von Herrn B, nämlich E und F zu gleichen Teilen. Nacherben der Kinder von Herrn B sind E und F gegenseitig untereinander, ersatzweise die Kinder von Frau A, nämlich C und D zu gleichen Teilen.

Die Nacherbfolge tritt mit dem Tod des Vorerben ein. Die Nacherbanwartschaften sind nicht vererblich und übertragbar.

Die Nacherbfolge ist jeweils auflösend bedingt angeordnet. Die Vor- und Nacherbfolge gilt für den jeweiligen Erben dann als nicht angeordnet, wenn und sobald er eigene Abkömmlinge hat.

2. Frau A ordnet für jeden der Erben Testamentsvollstreckung nach Maßgabe folgender Bestimmungen an.

a) Der Testamentsvollstrecker hat alle gesetzlichen Rechte und Pflichten eines Abwicklungsvollstreckers. Er hat darüber hinaus die Verwaltung des Nachlasses bzw. des Erbteils zu führen und fortzuführen (Dauervollstreckung mit Verfügungsrecht) bis der jeweilige Erbe das 30. Lebensjahr vollendet hat. Der Testamentsvollstrecker ist gleichzeitig Nacherbentestamentsvollstrecker gem. § 2222 BGB. Dabei besteht ein Anspruch der Erben auf den jährlichen Reinertrag nach Ermessen des Testamentsvollstreckers, der Testamentsvollstrecker ist trotz der Dauervollstreckung berechtigt, aber nicht verpflichtet, Gegenstände nach seinem freien Ermessen den Erben zur freien Verfügung zu belassen. Der Testamentsvollstrecker ist von den Beschränkungen des § 181 BGB befreit.

b) Zum Testamentsvollstrecker wird . . . . . . bestimmt. Er hat das Recht, einen Nachfolger zu bestimmen. Fällt er als Testamentsvollstrecker weg und ist kein Nachfolger bestimmt, so hat das Nachlassgericht einen Nachfolger zu bestimmen. Der Testamentsvollstrecker erhält keine Vergütung.

D) Für den Fall, dass Herr B der Letztversterbende ist bzw. für den Fall des gleichzeitigen Ablebens der Beteiligten

1. Herr B setzt, für den Fall seines Todes als Letztversterbender von ihnen seine Kinder, E und F, zu je 7/18 sowie die Kinder von Frau A, C und D, zu je 2/18 zu Erben ein.

Die Erbeinsetzung der eigenen Kinder von Herrn B ist in einseitiger, dh in frei widerruflicher Weise, die Erbeinsetzung der Kinder von Frau A ist in vertragsmäßiger Weise, dh einseitig nicht widerruflich, getroffen. Herr B ist jedoch berechtigt, die Erbquote der Kinder von Frau A auf jeweils bis zu 1/16 herabzusetzen, für die Kinder von Frau A muss also in jedem Fall eine Erbquote von 1/16 verbleiben. Klargestellt wird, dass diese Herabsetzungsbefugnis auch einzeln für jedes Kind gesondert ausgeübt werden kann.

Die vorgenannten Erben werden bezüglich ihres Erbteils als befreite Vorerben eingesetzt. Nacherben der Kinder von Frau A sind C und D untereinander gegenseitig, ersatzweise die Kinder von Herrn B, nämlich E und F. Nacherben der Kinder von Herrn B sind E und F untereinander gegenseitig, ersatzweise die Kinder von Frau A, nämlich C und D.
Die Nacherbanwartschaften sind nicht vererblich und übertragbar. Die Nacherbfolge tritt mit dem Tod des Vorerben ein.

Die Nacherbfolge ist jeweils auflösend bedingt angeordnet. Die Vor- und Nacherbfolge gilt für den jeweiligen Erben dann als nicht angeordnet, wenn und sobald er eigene Abkömmlinge hat.

2. Herr B ordnet für jeden der Erben Testamentsvollstreckung nach Maßgabe folgender Bestimmungen an.

a) Der Testamentsvollstrecker hat alle gesetzlichen Rechte und Pflichten eines Abwicklungsvollstreckers. Er hat darüber hinaus die Verwaltung des Nachlasses bzw. des Erbteils zu führen und fortzuführen (Dauervollstreckung mit Verfügungsrecht) bis der jeweilige Erbe das 30. Lebensjahr vollendet hat. Der Testamentsvollstrecker ist gleichzeitig Nacherbentestamentsvollstrecker gem. § 2222 BGB. Dabei besteht ein Anspruch der Erben auf den jährlichen Reinertrag nach Ermessen des Testamentsvollstreckers, der Testamentsvollstrecker ist trotz der Dauervollstreckung berechtigt, aber nicht verpflichtet, Gegenstände nach seinem freien Ermessen den Erben zur freien Verfügung zu belassen. Der Testamentsvollstrecker ist von den Beschränkungen des § 181 BGB befreit.

b) Zum Testamentsvollstrecker wird . . . . . . bestimmt. Er hat das Recht, einen Nachfolger zu bestimmen. Fällt er als Testamentsvollstrecker weg und ist kein Nachfolger bestimmt, so hat das Nachlassgericht einen Nachfolger zu bestimmen. Der Testamentsvollstrecker erhält keine Vergütung.

E) Anordnung nach § 1638 BGB

Für den Fall, dass Kinder der Beteiligten zum Zeitpunkt des Ablebens eines von ihnen noch minderjährig sein sollten, entzieht jeder der Beteiligten dem geschiedenen Ehemann von A sowie der geschiedenen Ehefrau von B das Recht, den Erwerb von Todes wegen zu verwalten.[5]

Weiteres wollen die Beteiligten heute nicht bestimmen.

III. Gegenseitige Annahme; Vertragsmäßigkeit, Rücktrittsrecht

1. Sämtliche Verfügungen von Todes wegen sind ohne Rücksicht auf das Vorhandensein von Pflichtteilsberechtigten aller Art und unter Ausschluss von Anfechtungsrechten wegen Pflichtteilsberechtigter getroffen.

2. Vertragsmäßige Verfügungen werden gegenseitig angenommen. Soweit in diesem Erbvertrag nicht ausdrücklich vertragsmäßige Verfügungen getroffen sind, handelt es sich um einseitige, dh frei abänderbare und widerrufliche Verfügungen.

3. Jeder der Beteiligten behält sich das Recht vor, von diesem Erbvertrag ohne Angabe von Gründen durch einseitige Erklärung zurückzutreten. Den Beteiligten ist bekannt, dass der Rücktritt von diesem Erbvertrag zu Lebzeiten des anderen Vertragspartners nur durch eine notariell beurkundete Erklärung erfolgen kann, die dem anderen Vertragsteil

**in Ausfertigung nach den Vorschriften der Zivilprozessordnung zuzustellen ist, dass der Rücktritt des einen Teiles auch die Unwirksamkeit der Verfügungen des anderen Teiles zur Folge hat.**

**IV. Hinweise, Pflichtteil**

**Die Beteiligten wurden hingewiesen:**

**1. auf die Pflichtteilsrechte;**

**2. auf die Bindungswirkung der vertragsmäßigen Verfügungen;**

**3. dass Zahlungen aus Verträgen zugunsten Dritter auf den Todesfall (zB Lebensversicherungen oder Sparkonten) unmittelbar dem eingesetzten Bezugsberechtigten zustehen und deshalb nicht in den Nachlass fallen;**

**V. Kosten, Abschriften**

**Die Kosten dieser Urkunde und die Kosten der amtlichen Verwahrung beim Nachlassgericht . . . . . . tragen die Beteiligten. Von dieser Urkunde erhält jeder Beteiligte eine Ausfertigung. Eine beglaubigte Abschrift ist in der Urkundensammlung des Notars in offener Form zu verwahren. Diese Urkunde ist in die besondere amtliche Verwahrung beim Nachlassgericht . . . . . . zu nehmen.**

**(Schlussvermerke)**

## Anmerkungen

**1. Patchworksituation, Wahl des Formulars.** Unter einer Patchworkfamilie versteht man eine Familie, in der von unterschiedlichen Eltern stammende Kinder leben, die aus der aktuellen oder einer früheren Beziehung der Partner hervorgegangen sind. Häufig handelt es sich um in zweiter Ehe verheiratete Paare mit einseitigen Kindern. Die einzelnen Konstellationen und erbrechtlichen Gestaltungsziele in derartigen Fällen sind äußerst unterschiedlich, es kann kein für alle Fälle passendes „Pachtworktestament" geben, ausführlich *Enzensberger*, Testamente für Geschiedene und Patchworkehen, 4. Auf. 2017. Aufgrund der Scheidung der ersten Ehe sind in jedem Fall zunächst die Grundsätze des Geschiedenentestaments zu beachten, um zu verhindern, dass Vermögen auf den ersten Ehegatten übergeht, zunächst → Form. XII.16 und nachfolgende → Anm. 4. Daneben spielen in der Regel die erbrechtliche Absicherung des aktuellen Ehepartners sowie die Frage der passenden Vermögensverteilung zwischen aktuellem Ehepartner und den verschiedenen Kindern eine entscheidende Rolle. Teilweise soll auch eine Gleichbehandlung aller Kinder angestrebt werden. Verkompliziert wird die Situation, wenn zu einem oder mehreren der Kinder ein schlechtes Verhältnis besteht und diese deshalb nur ihren Pflichtteil und zwar in möglichst geringem Umfang erhalten sollen.

Im Beispielsfall haben A und B jeweils zwei minderjährige Kinder aus erster Ehe, das Verhältnis zu allen Kindern ist grundsätzlich gut. Das Vermögen von A besteht zu ca. 20 % aus einer selbstgenutzten Immobilie und zu ca. 80 % aus Barvermögen, das Vermögen von B besteht weitgehend aus Barvermögen. A gehört wertmäßig ca. 7/9, B ca. 2/9 des addierten Vermögens der beiden. Die Ehegatten möchten sich gegenseitig absichern, insbesondere soll B als Längerlebende die selbstgenutzte Immobilie frei nutzen und darüber verfügen können. Andererseits sollen die jeweiligen Kinder aus dem Barvermögen das ihnen „Zustehende" erhalten, der Längerlebende soll zur Auszahlung jedoch eine großzügige Frist erhalten. Wie beim Geschiedenentestament soll das Vermögen möglichst nicht dem Zugriff des ersten Ehepartners unterliegen, ohne jedoch die Verfügungsbefugnis der Kinder dauerhaft völlig einzuschränken. Am Ende, also nach dem Ableben des längerlebenden Ehegatten soll das Vermögen insgesamt – unter Berücksichtigung des ersten Erbfalls – unter allen Kindern nicht gleichmäßig, sondern in etwa so verteilt sein, dass die jeweiligen Kinder am Gesamtnachlass entsprechend dem Verhältnis der von ihrem jeweiligen Elternteil in die Ehe mitgebrachten Vermögen beteiligt sind. Herr B möchte in gewissem Rahmen aber auch die Kinder von B begünstigen, sofern sein Verhältnis zu diesen weiterhin gut bleibt.

**2. Erbeinsetzung des Ehegatten.** Zur Absicherung des Ehegatten und zur Sicherung der freien Verfügungsbefugnis wird im Beispielsfall der Längerlebende Ehegatte als Alleinerbe eingesetzt. Zu beachten ist dabei im Einzelfall, dass dies zu einer Vereinigung des Eigenvermögens des Längerlebenden mit dem Nachlass des Erstversterbenden führt. Dies ist vor allem dann problematisch, wenn Kinder des Längerlebenden höchstens ihren Pflichtteil erhalten sollen, da dann auch das vom Erstversterbenden ererbte Vermögen zur Pflichtteilsberechnung herangezogen wird. Hier ist ggf. der Längerlebende lediglich als Vorerbe einzusetzen oder die Anordnung von beim Tod des Längerlebenden fälligen, nach § 2311 BGB seinen Nachlass jedoch schmälernden Herausgabevermächtnissen in Betracht zu ziehen, → Form. XII.6 und → Form. XII.15 sowie *Gockel*, Notarformulare Sonderfälle Testamentsgestaltung, § 5 Rn. 29 ff.

**3. Gefahren des Pflichtteilsrechts.** Problematisch kann im Einzelfall weiter sein, dass durch die Alleinerbeinsetzung des längerlebenden Ehegatten Pflichtteilsansprüche der Kinder des erstversterbenden Partners entstehen können. Im Formular wird dies durch die Anordnung des Geldvermächtnisses in Höhe des gesetzlichen Erbteils vermieden. Zur Erfüllung wird dem Längerlebenden eine Frist von zwei Jahren eingeräumt, wobei im Beispielsfall ausreichend liquide Mittel zur Verfügung stehen. Ist dies nicht der Fall ist in Betracht zu ziehen, die Fälligkeit des Vermächtnisses auf den Tod des Längerlebenden hinauszuschieben (siehe hierzu *Gockel*, Notarformulare Sonderfälle Testamentsgestaltung, § 5 Rn. 12). Möglich ist es auch, dem längerlebenden Ehegatten die Wahl des Vermächtnisgegenstandes sowie den Zeitpunkt der Erfüllung zu überlassen, sog. „Supervermächtnis", siehe hierzu etwa *Gockel*, Notarformulare Sonderfälle Testamentsgestaltung, § 5 Rn. 21 ff. und OLG Hamm notar 2019, 166). Auch die Anordnung von Pflichtteilsstrafklauseln kann im Einzelfall in Betracht kommen, → Form. XII.11 und *Gockel*, Notarformulare Sonderfälle Testamentsgestaltung, § 5 Rn. 18 ff.

**4. Vor- und Nachvermächtnis.** In vielen Fällen werden bei der erbrechtlichen Gestaltung innerhalb einer Patchworkfamilie zugleich die Regeln des sog. Geschiedenentestaments von Bedeutung sein, zunächst → Form. XII.16 zur Anordnung von Vor- und Nacherbfolge (wie im Beispielsfall bei Tod des Längerlebenden) bzw. der Anordnung von Herausgabevermächtnissen in diesen Fällen. Im Beispielsfall werden die einseitigen Kinder des erstversterbenden nur mit einem Vorvermächtnis bedacht und zusätzlich Nachvermächtnisse angeordnet. Zum Vor- und Nachvermächtnis → Form. XII.7. Der Gegenstand des Nachvermächtnisses muß ganz oder teilweise mit dem Gegenstand des Nachvermächtnisses übereinstimmen, nach hM kann aber auch eine bestimmte Geldsumme im Wege des Nachvermächtnisses zugewendet werden (vgl. *Burand*/Rojahn BGB § 2191 Rn. 2).

5. Anordnung nach § 1638 BGB. → Form. XII.16.

## 17. Der im eigenen Interesse durch Nacherbfolge und Testamentsvollstreckung beschränkte überschuldete Ehegatte („Bedürftigen-Testament 1“)

Verhandelt zu[1, 2]. . . . .
am . . . . . (auch als eigenhändiges Testament möglich)

§ 1 Vorerbeinsetzung

Ich setze meinen Ehemann A zu meinem alleinigen Vorerben ein.[3] Er ist von allen Beschränkungen und Verpflichtungen befreit, von denen nach dem Gesetz Befreiung erteilt werden kann. Der Nacherbfall tritt mit dem Tode des Vorerben ein. Das Anwartschaftsrecht der Nacherben ist weder vererblich noch übertragbar.

§ 2 Nacherbeinsetzung

Nacherben sind unsere gemeinschaftlichen Abkömmlinge, einschließlich adoptierter, gemäß der gesetzlichen Erbfolge erster Ordnung zum Zeitpunkt des Nacherbfalls.

§ 3 Testamentsvollstreckung

Der Vorerbe wird durch eine allgemeine Dauertestamentsvollstreckung für die Zeit der Vorerbschaft beschränkt.[4] Der Testamentsvollstrecker hat gleichzeitig die Befugnisse gem. § 2222 BGB (Nacherbentestamentsvollstreckung). Der Testamentsvollstrecker ist in der Eingehung von Verbindlichkeiten für den Nachlass nicht beschränkt. Es unterliegt dem billigen Ermessen des Testamentsvollstreckers im Rahmen der von mir in § 4 offengelegten Motive dem Vorerben die Nutzungen des Nachlasses und einzelne Nachlassgegenstände zur freien Verfügung zu überlassen. Er kann dabei dem Vorerben auch Erträgnisse nur in Form von Naturalverpflegung und Wohnraum zur ausschließlichen Eigennutzung zukommen lassen. Zum Testamentsvollstrecker ernenne ich Herrn Rechtsanwalt T. Er hat das Recht, einen Nachfolger zu ernennen. Sollte er das Amt nicht annehmen oder nach seiner Annahme wegfallen, ohne einen Nachfolger ernannt zu haben, ersuche ich das Nachlassgericht, eine geeignete Person als Testamentsvollstrecker zu bestimmen. Der Testamentsvollstrecker erhält eine einmalige Vergütung von 5 % des Bruttonachlasses.

§ 4 Motivangabe[5]

Die Beschränkungen meines Ehemannes durch Nacherbfolge und Testamentsvollstreckung erfolgen allein zu dem Zweck, den Nachlass vor dem Zugriff seiner Eigengläubiger zu schützen.

§ 5 Schlussformel (→ Form. XI.1 und → Form. XII.11).

*Schrifttum: Baltzer/Reisnecker,* Vorsorgen mit Problemkindern 2012, S. 174 ff.; *Beckmann,* Nacherbschaft oder Pflichtteil? – Die Entscheidung des als Nacherbe eingesetzten Pflichtteilsberechtigten gemäß § 2306 BGB, ZEV 2012, 637; *Bisle,* Testamentsgestaltung bei überschuldeten Erben, DStR 2011, 526; *Bisle,* Testamentsgestaltung bei überschuldeten Erben: Regelungen für den Fall des Wegfalls der Verschuldung, DStR 2011, 1432; *Braun* (1.Aufl. *Kornexl),* Nachlassplanung bei Problemkindern, 2. Aufl. 2017; *Everts,* Letztwillige Verfügungen zugunsten überschuldeter und bedürftiger Personen, ZErb 2005, 353; *Flik,*

Gemeinschaftliches Testament bei überschuldetem Ehegatten, BWNotZ 1979, 53; *Gockel,* Sonderfälle Testamentsgestaltung 2015; *Hartmann,* Verfügungen von Todes wegen zugunsten verschuldeter und insolventer Personen, ZNotP 2005, 82; *Herrler,* Vermögenssicherungen bei erbrechtlichem Erwerb während des Insolvenzverfahrens und in der Wohlverhaltensperiode, NJW 2011, 2258; *Ivo,* Der Verzicht auf erb- und familienrechtliche Positionen im Insolvenzrecht, ZErb 2003, 50; *Kiesgen,* Erbrechtliche Positionen in der Insolvenz und in der Wohlverhaltsnperiode – Gestaltungsüberlegungen zum Überschuldeten-Testament, RNotZ 2018, 429; *Kleensang,* Ehegattenverfügungen bei behinderten, sozialhifebedürftigen oder verschuldeten Kindern: Einsetzung des „Problemkinds" als Nacherbe?, RNotZ 2007, 22; *Klühs,* Das sog. „Bedürftigentestament" und seine Alternativen – eine Bestandsaufnahme, ZEV 2011, 15;; *Krauß,* Überlassungsverträge in der Praxis, 2006, Kapitel 12: „Behinderten- bzw. Bedürftigentestament"; *Limmer,* Testamentsgestaltung bei überschuldeten Erben im Hinblick auf die Auswirkungen des Verbraucherinsolvenz- und Restschuldbefreiungsverfahrens, ZEV 2004, 133; *Litzenburger,* Das Bedürftigentestament – Erbfolgegestaltung zu Gunsten von Langzeitarbeitslosen, ZEV 2009, 278; *Manthey/Trilsch,* Das „Bedürftigentestament": Die hohe Schule der Testamentsgestaltung, ZEV 2015, 618; *Mayer,* Testamentsgestaltung bei überschuldetem Erben, MittBayNot 2011, 445 und 2012, 18; *Menzel,* Die negative Erbfreiheit, MittBayNot 2013, 289; *Nieder/Kössinger,* Hdb. d. Testamentsgestaltung, § 8 Rn. 126 ff.; *Reich,* Testamentsgestaltung zum Schutz des Familienheims vor dem sozialrechtlichen Zugriff, ZEV 2011, 639; *Tersteegen,* Gestaltungsmissbrauch bei der Testamentsgestaltung zulasten des Sozialhilfeträgers?, MittBayNot 2010, 105; *Tersteegen,* Ist weniger mehr? ZErb 2011, 234; *Tönnies,* Die teilweise Ausschlagung als Gestaltungsmittel bei Testamentserrichtung, ZNotP 2003, 92; *Vaupel,* Der Sozialhilferegeress in der notariellen Praxis, RNotZ 2009, 497.

## Anmerkungen

**1. Sachverhalt.** Zu dem so genannten Bedürftigentestament → Form. XII.18. Es handelt sich um das Einzeltestament einer Ehefrau, deren Ehemann in Insolvenz gefallen und überschuldet ist, so dass im Falle seiner Vollerbeinsetzung die Gefahr des Zugriffs seiner Eigengläubiger auf den Nachlass besteht. Die Möglichkeit, dass der Ehemann seine Schulden zurückzahlen kann, ist zwar nicht ausgeschlossen, jedoch gering einzuschätzen. Die Eheleute haben gemeinschaftliche Abkömmlinge.

**2. Anwendungsfälle.** Das Formular ist überall dort anwendbar, wo der Bestand des Nachlasses gegen den Zugriff der Eigengläubiger des Erben geschützt werden soll. Die Gestaltungsaufgabe ähnelt insoweit derjenigen des sog. Behindertentestaments (→ Form. XII.19), lässt sich aber noch weniger als dieses standardisieren (*Limmer* ZEV 2004, 133). Die einfache Ausschlagung des Erbes durch den Insolvenzschuldner ist keine Alternative (vgl LSG Bayern ZEV 2016, 43). Der Schutz wird erreicht durch die Kombination des § 2115 BGB, der Zwangsverfügungen gegen Vorerben unwirksam sein lässt, soweit sie das Recht des Nacherben vereiteln oder beeinträchtigen würden, mit § 2214 BGB, der den Zugriff von Eigengläubigern des Erben auf der Verwaltung des Testamentsvollstreckers unterliegende Nachlassgegenstände verbietet. Der Schutz des § 2115 BGB würde allein nicht ausreichen, da er die Gläubiger nur an der zwangsweisen Verwertung der einzelnen Nachlassgegenstände hindert, nicht auch an ihrer Pfändung oder Beschlagnahme, während das Zugriffsverbot des § 2214 BGB jede Zwangsvollstreckungsmaßnahme in verwaltungsunterworfene Nachlassgegenstände durch Privatgläubiger des Erben verhindert (MüKoBGB/*Zimmermann* § 2214 Rn. 3). Der Nachteil der Lösung ist, dass die vom Testamentsvollstrecker an den Vorerben herausgegebenen Erträgnisse des Nachlasses von den Eigengläubigern des Vorerben gepfändet werden können, und die dagegen gerichteten Anordnungen des Erblassers lediglich dazu führen, dass weder der Vorerbe noch seine Privatgläubiger etwas von den Nutzungen des Nachlasses haben. Im Verhältnis zu den Abkömmlingen des Erblassers könnte dagegen durch Anordnung einer Nacherbfolge und/oder Testamentsvollstreckung als Pflichtteilsbeschränkung in guter Absicht gem. § 2338 BGB erreicht werden, dass die Nutzungen der Erbschaft gem. § 863 ZPO der Pfändung insoweit nicht unterworfen sind, als sie der Vorerbe oder Erbe zur Bestreitung seines standesmäßigen Unterhalts und der Erfüllung seiner Unterhaltsverpflichtungen bedarf. Eine Alternative zu der vorliegenden Gestaltung wäre natürlich, den überschuldeten Ehegatten ganz zu enterben. Dies wird jedoch oft aus psychologischen Gründen und auch deshalb nicht gewünscht, weil die Abkömmlinge noch nicht reif zur Übernahme des Nachlasses sind. Als Alternative wurde die Zuwendung eines Nießbrauchsvermächtnisses an den Überschuldeten diskutiert (vgl. *Strutz* Rpfleger 1968, 145 (147)). Zwar wird es weitgehend als zulässig erachtet, die Überlassung der Ausübung des Nießbrauchs und damit die Verpfändung ausdrücklich auszuschließen (BGHZ 95, 99 = NJW 1985, 2827). Das macht ihn jedoch nicht unpfändbar (BGHZ 95, 99, Palandt/*Herrler* § 1059 Rn. 5; aA *Rossak* MittBayNot 2000, 383 (384)). Nach einer Pfändung kann der Berechtigte außerdem nicht mehr ohne Zustimmung des Pfändungsgläubiger auf den Nießbrauch verzichten (BGHZ 62, 133 (138 f.)). Unpfändbar wäre dagegen ein dingliches Wohnungsrecht gem. § 1093 BGB, sofern die Überlassung seiner Ausübung an Dritte nicht ausdrücklich gestattet (§ 1092 Abs. 1 S. 2 BGB) oder der Gläubiger zufällig selbst aufnahmeberechtigt iSd § 1093 Abs. 2 BGB ist.

3. **Vollstreckungsschutz zugunsten des Nacherben.** Durch § 2115 BGB, § 773 ZPO, § 83 InsO wird das gesamte der Nacherbenbindung unterliegende Sondervermögen zugunsten des Nacherben vor der haftungsrechtlichen Verwertung durch die Eigengläubiger des Vorerben geschützt. Die im Wege der Einzelzwangsvollstreckung (§§ 803–871 ZPO) oder der Arrestvollziehung (§§ 928 ff. ZPO) begründeten Pfandrechte, die Beschlagnahmewirkung der Verfahrenseröffnung (§§ 35, 36, 80 InsO) und die Grundstücksbeschlagnahme durch Anordnung der Zwangsversteigerung (§§ 15, 20 ZVG) sind dabei durch den Eintritt des Nacherbfalls auflösend bedingt für die Dauer der Vorerbschaft wirksam, die entsprechenden Verwertungsakte sind jedoch auf Grund der gem. § 773 ZPO, § 83 InsO eintretenden Vorwirkung der gem. § 2115 BGB aufschiebend bedingten Unwirksamkeit der Zwangsverfügung unzulässig). Die durch Pfändung oder Beschlagnahme begründeten Sicherungsrechte verlieren somit erst mit dem Eintritt des Nacherbfalls ihre Wirkung und dienen deshalb nur dazu, den Eigengläubigern des Vorerben den Rang für die Befriedigung zu sichern, falls die Nacherbfolge zB durch Nichteintritt der Bedingung, Nichtvererblichkeit der Anwartschaft oder Übertragung der Anwartschaft auf den Vorerben nicht eintritt und um ihnen den Weg zur Vollstreckung in die Nutzungen der einzelnen Nachlassgegenstände offenzuhalten (Staudinger/*Avenarius*, Bearbeitung 2013, § 2115 Rn. 17, 19). Da der Mitvorerbe seinen Vorerbteil veräußern kann (§ 2033 BGB), ohne dass dadurch die Nacherbenrechte berührt werden (Staudinger/*Avenarius*, Bearbeitung 2013, § 2112 Rn. 9), können auch die Eigengläubiger des Mitvorerben dessen Erbanteil pfänden (KGJ 47, 165). Ob dann der gepfändete Vorerbteil dem Gläubiger zur Einziehung überwiesen und von ihm gem. §§ 844, 857 Abs. 5 ZPO unbeschadet der Nacherbenrechte veräußert werden kann (so *Stöber*, Forderungspfändung, 14. Aufl. 2005 Rn. 1705 mwN) oder ob weder die Überweisung noch die Veräußerung des Vorerbteils angeordnet werden kann (so *Haegele* BWNotZ 1975, 129 (132)) ist umstritten, auf jeden Fall aber bedeutungslos, da für den Vorerbteil wegen des Fortbestands der Nacherbenrechte sowieso kein Erwerber zu finden sein wird. Unbeschränkt wirksam ist dagegen die Zwangsvollstreckung einschließlich der Zwangsverwertung von Eigengläubigern in die dem Vorerben zustehenden Nutzungen der Erbschaft (§ 2111 BGB), dh beim Alleinvorerben der einzelnen Nachlassgegenstände und

beim Mitvorerben seines Erbteils, da diese dinglich in das freie Vermögen des Vorerben fallen (RGZ 80, 7; MüKoBGB/*Grunsky* § 2115 Rn. 3). Insbesondere kann auch bei einem Nachlassgrundstück Zwangsverwaltung (§ 146 ZVG) angeordnet werden (Palandt/*Weidlich* § 2115 Rn. 4). Bei Pfändung der Nutzungen genießt dabei der Vorerbe nicht den Pfändungsschutz nach § 850b Nr. 3 ZPO, da er selbst Fruchtziehungsberechtigter und während der Dauer seines Rechts Eigentümer der Substanz ist und daher keine fortlaufenden Einkünfte von einem Dritten bezieht (RGRK/*Johannsen* § 2100 Rn. 4; *Herzfelder* JW 1919, 119).

**4. Zugriffsverbot auf der Testamentsvollstreckung unterliegende Nachlassgegenstände.** Nach § 2214 BGB ist Eigengläubigern (persönlichen Gläubigern, Privatgläubigern des Erben) die Zwangsvollstreckung und zwar auch die Pfändung bzw. Beschlagnahme von der Verwaltung des Testamentsvollstreckers unterliegenden Nachlassgegenständen verboten. Voll haftet der Nachlass jedoch gegenüber den Nachlassgläubigern. Der Erblasser kann somit durch Anordnung einer Dauervollstreckung (§ 2209 BGB) auf die Dauer von mindestens 30 Jahren (§ 2210 BGB) erreichen, dass die Eigengläubiger des Erben sich nicht an den Nachlass halten können (MüKoBGB/*Zimmermann* § 2214 Rn. 1). Der Nachlass fällt nach Annahme der Erbschaft zwar mit Insolvenzeröffnung gegen den Erben in die Insolvenzmasse, sein unter Testamentsvollstreckung stehender Teil bildet aber ein Sondermasse, auf die für die Dauer der Testamentsvollstreckung nur Nachlassgläubiger Zugriff haben (BGHZ 167, 352 = NJW 2006, 2698). Der Erbe kann allerdings in dieser Zeit die Nachlassgegenstände auch nicht als Kreditunterlagen verwenden. Der Erblasser kann auch nicht seinen Alleinerben zum lebenslänglichen Testamentsvollstrecker einsetzen und dadurch den Nachlass dem Zugriff von dessen Eigengläubigern entziehen (Staudinger/*Reimann*, Bearbeitung 2016, § 2214 Rn. 12). Vollständig ist der Vollstreckungsschutz nur beim Alleinerben. Sind mehrere Miterben vorhanden, kann der Eigengläubiger eines Miterben dessen Erbanteil zusammen mit dem Anspruch auf Auseinandersetzung des Nachlasses und evtl. dem Anspruch auf Auskunftserteilung und Rechnungslegung des Testamentsvollstreckers (KG JW 1929, 869; 1930, 1014) pfänden (§ 859 Abs. 2 ZPO) und sich zur Einziehung überweisen lassen und dann die Nachlassauseinandersetzung betreiben (Staudinger/*Reimann*, Bearbeitung 2016, § 2214 Rn. 15) oder nach §§ 844, 857 Abs. 5 ZPO eine andere Art der Verwertung durch das Vollstreckungsgericht anordnen lassen. Die Erbteilspfändung kann dabei ohne Zustimmung des Testamentsvollstreckers als Verfügungsbeschränkung im Grundbuch eines Nachlassgrundstückes eingetragen werden (KGJ 37 A 273). Durch die Erbteilspfändung wird aber der Testamentsvollstrecker nicht an der Verfügung über einzelne Nachlassgegenstände gehindert (KG JR 1952, 323; KGJ 37 A 373), da sie nur das Verfügungsrecht des Miterben und nicht das des Testamentsvollstreckers beschränkt und daher rechtlich nur Bedeutung erlangt, wenn die Testamentsvollstreckung erlischt oder der Testamentsvollstrecker den Nachlassgegenstand den Erben nach § 2217 Abs. 1 BGB zur freien Verfügung überlässt. Die Erbteilspfändung schützt den Gläubiger, falls der Nachlass der Testamentsvollstreckung unterliegt, daher nur vor einer seine Befriedigung vereitelnden Erbteilung und sichert ihm die Zwangsvollstreckung für die Zeit in der die seinem Schuldner zuzuteilenden Nachlassgegenstände aus der Nachlassmasse ausscheiden (KGJ 37 A 273 (277)). Diese Einschränkung macht das Betreiben einer Nachlassauseinandersetzung seitens des Pfändungsgläubigers praktisch unmöglich. Zuverlässig vor Nachlassauseinandersetzungen durch Pfändungsgläubiger von Miterbanteilen schützt die zusätzliche Nacherbeneinsetzung, da dann eine Verwertung des Miterbenanteils ausgeschlossen ist (→ Anm. 3). Ansprüche des Erben gegen den Testamentsvollstrecker auf Überlassung von Nachlassgegenständen gem. § 2217 Abs. 1 BGB kann der Privatgläubiger pfänden (MüKoBGB/*Zimmermann* § 2214 Rn. 4). Ob und inwieweit Nutzungen des Nachlasses dem Erben herauszugeben sind, entscheidet sich aber nicht nach § 2217 BGB (Staudinger/*Reimann*, Bearbeitung 2016, § 2217 Rn. 13). Grundsätzlich ist der Testamentsvollstrecker, falls der Erblasser darüber nichts angeordnet hat, bei der Dauervollstreckung nicht verpflichtet, die Erträgnisse des Nachlasses alljährlich an den oder die Erben herauszugeben (Staudinger/*Reimann*, Bearbeitung 2016, § 2216 Rn. 17). Richtlinie für eine Herausgabeverpflichtung der Nutzungen dürfte jedoch der Grundsatz der ordnungsmäßigen Verwaltung (§ 2216 BGB) sein. Auf jeden Fall hat eine Anordnung des Erblassers Vorrang und kann auch nicht durch Privatgläubiger des Erben durch Pfändung umgestoßen werden. Zu einer Anordnung des Erblassers, der Testamentsvollstrecker dürfe dem Erben die Reinerträgnisse seines Erbteils nur in Form der Naturalverpflegung zukommen lassen und zwar auch, wenn dadurch die Eigengläubiger des Erben benachteiligt werden → Form XII.19 Anm. 7–8.

Nur durch die Anordnung der Testamentsvollstreckung auch hinsichtlich der **Nacherben** wird eine teilweise Erbauseinandersetzung unter Einbindung der (möglicherweise noch unbekannten) Nacherben möglich (vgl. OLG München FamRZ 2016, 1302).

**5. Motivangabe zwecks Anfechtungsmöglichkeit.** Im Formular gibt die Testiererin als Motiv für die Beschränkung des Erben durch Nacherbfolge und Testamentsvollstreckung den Schutz des Nachlasses vor dem Zugriff der Eigengläubiger des Erben an. Dies bietet dem Erben für den Fall, dass er wieder Erwarten schuldenfrei wird, die Möglichkeit, diese Beschränkungen durch Anfechtung gem. § 2078 Abs. 2 BGB zu Fall zu bringen (*Bisle* DStR 2011, 1432; *Everts* ZErb 2005, 353 (357); kritisch *Kornexl* (1. Aufl.) Rn. 422; *Mayer* MittBayNot 2012, 18). Die Möglichkeit besteht auch, wenn die Schuldenfreiheit erst nach dem Erbfall eintritt, denn nach der wohl hM (RGZ 86, 206 (210); BGH Betr. 1966, 379 Ls.; u. bereits Motive Bd. V S. 49) kann auch ein Irrtum über die Entwicklung von Tatsachen nach dem Erbfall die Anfechtung begründen. Die Anfechtung wäre innerhalb eines Jahres nach Eintritt der Schuldenfreiheit (§ 2082 Abs. 1, 2 BGB) gegenüber dem zuständigen Nachlassgericht (§ 2081 Abs. 1 BGB) vom Erben (§ 2080 Abs. 1 BGB) zu erklären. Wenn die Chance, dass der Erbe schuldenfrei wird, größer wäre, könnte man auch, wie *Flik* BWNotZ 1979, 53 (54) (vgl. auch die Formulierung von *Hartmann* ZNotP 2005, 82 (91)) vorschlägt, die Schuldenfreiheit zur auflösenden Bedingung von Testamentsvollstreckung und Nacherbfolge machen. Dabei bietet sich an, die Bedingung dahin zu präzisieren, dass sie an die Befriedigung aller im Insolvenzverfahren des Ehemannes zur Tabelle angemeldeten Ansprüche geknüpft wird. Der Unterschied zwischen diesen beiden Möglichkeiten ist, dass beim Eintritt der auflösenden Bedingung der frühere Rechtszustand ohne rückwirkende Kraft eintritt (§ 159 BGB), während die Anfechtung mit rückwirkender Kraft wirkt (§ 142 Abs. 1 BGB). Mit einem Ausschlagungsrecht des „kritischen" Erben operiert *Tönnies* (ZNotP 2003, 92), der dessen Nacherbschaft mit allen gezeigten Kautelen erst ersatzweise eingreifen lässt, falls der primär als Vollerbe Eingesetzte ausschlägt (Gestattung der Ausschlagung beschränkt auf eine Ausgestaltung der Erbenstellung entsprechend § 1951 Abs. 3, s. BayObLG NJW-RR 1997, 72, krit. *Edenfeld* ZEV 1996, 425). Der Erbe kann dann je nach seiner Vermögenssituation zum Zeitpunkt des Erbfalls und ggf. auch Nacherbfalls entscheiden. Wer Gestaltungen wie die vorliegende als sittenwidrig ansieht (→ Form. XII.19 Anm. 1), wird sich durch derartige Motivangabe allerdings bestätigt sehen.

**6. Pflichtteilsrecht.** Die Gestaltung des Formulars setzt natürlich Duldung des Erben voraus. Er könnte sie durch Erbausschlagung und Pflichtteilsverlangen gem. § 2306 BGB stören, würde dann allerdings riskieren, dass seine Gläubiger den Pflichtteil gem. § 852 ZPO pfänden. Nur gegenüber Abkömmlingen des Erblassers könnte die Lösung des Formulars durch wohlmeindende Pflichtteilsbeschränkung gem. § 2338 BGB (→ Form. XVI.18) gegen eine solche Durchkreuzung gesichert werden. Unmittelbare Gestaltungsgrenzen aus § 2306 BGB aF gelten seit 1.1.2010 nicht mehr, dennoch sollte der Erbteil nicht zu klein gewählt werden, um keine Ausschlagung zu provozieren (vgl. auch SG Dortmund NJW-spezial 2009, 260) und einen Zugriff auf den Pflichtteilsrestanspruch (§ 2305 BGB) auszuschließen.

Die **Geltendmachung** des Pflichtteilsanspruchs gilt als höchstpersönliches Recht, die Nichtgeltendmachung kann insoweit von Gläubigern und dem Insolvenzverwalter nicht angegriffen werden (BGH NJW 1997, 2384; Staudinger/*Herzog*, Bearbeitung 2015, § 2317 Rn. 56). Sie soll aber eine Restschuldbefreiung gefährden können (vgl. *Kübler/Prütting* InsO § 295 Rn. 19a; anders BGH NZI 2009, 563). Es gilt eine **negative Erbfreiheit** des Pflichtteilsberechtigten (BGH BGHZ 188, 96 = NJW 2011, 1586; kritisch dazu *Leipold* ZEV 2011, 528; eine Übersicht zum Diskussionsstand bei Ausschlagung und Pflichtteil gibt *Menzel* MittBayNot 2013, 294). Sie führt dazu, dass ein **Pflichtteilsverzicht,** der mittelbar „zulasten der Solidargemeinschaft" wirkt, zumeist nicht sittenwidrig sein wird (entschieden jedenfalls für die typische Konstellation des Behindertentestaments, → Form. XII.19, BGH BGHZ 188, 96). Vgl aber auch LSG Bayern ZEV 2016, 43 – 5. Leitsatz: „Verzicht und Ausschlagung als zivilrechtlich eröffnete Gestaltungsmittel eines Hilfebedürftigen sind nicht in jedem Fall hinzunehmen". **Weitergehende Rechte** haben **Sozialleistungsträger,** die den Pflichtteilsanspruch auf sich überleiten (§ 93 Abs. 1 SGB XII) oder unmittelbar kraft cessio legis (§ 33 SGB II) einfordern können, ehe er noch geltend gemacht oder nach dem Erbfall ein Verzicht erklärt war (BGH NJW-RR 2005, 369 = DNotZ 2005, 296 mAnm *Spall* = BGH-Report 2005, 506 mAnm *Langenfeld* = RNotZ 2005, 176 mAnm *Litzenburger* = ZEV 2005, 117 mAnm *Muscheler;* BGH NJW-RR 2006, 223 = NotBZ 2006, 175; LSG Bayern MittBayNot 2016, 442). Dies gilt grundsätzlich auch dann, wenn wie im klassischen „Berliner Testament" für diesen Fall eine Strafklausel (→ Form. XII.24) vorgesehen ist (deren Einsatz ist schon deshalb stets kritisch zu prüfen, vgl *Kanzleiter* DNotZ 2014, 5). Die Verwertung des Pflichtteils nach dem Erstversterbenden kann aber als eine besondere Härte ausgeschlossen sein (BSG ZEV 2010, 585; Einschränkung bei SG Mainz MittBayNot 2018, 167). Nicht überleitungsfähig ist das **Ausschlagungsrecht** (ganz hM, *Nieder* NJW 1994, 1266; siehe aber auch *van de Loo* ZEV 2006, 478; die Frage ist offen gelassen in BGH NJW-RR 2005, 369). Es bleibt aber das bislang wohl ungeklärte Risiko, ob vom Leistungsträger der Vermögenseinsatz des durch Ausschlagung zu erlangenden Pflichtteilsanspruchs gefordert werden kann. Aus all diesen Gründen muss die Gestaltung dahin gehen, keine Pflichtteilsansprüche entstehen zu lassen. Zur Pfändung des Pflichtteilsanspruch (Verwertungssperre in § 852 ZPO) BGH FamRZ 2009, 869.

**7. Kosten.** → Form. XI.1 Anm. 16.

## 18. Wohlmeinende Pflichtteilsbeschränkung eines überschuldeten Abkömmlings durch Nacherbfolge und Testamentsvollstreckung („Bedürftigen-Testament 2")

**Verhandelt zu[1, 2]. . . . .**
**am . . . . . (auch als eigenhändiges Testament möglich)**

**§ 1 Erbeinsetzung**

**Ich setze hiermit meine Kinder A, B und C zu je $^1/_3$ Erbteil zu meinen Erben ein. Ersatzerben der Kinder A und C sind jeweils deren Abkömmlinge, einschließlich adoptierter, jedoch mit Ausnahme nichtehelicher Kinder männlicher Nachkommen und ihren Abkömmlingen, nach der gesetzlichen Erbregel erster Ordnung.**

**§ 2 Pflichtteilsbeschränkung in guter Absicht**

**Mein Sohn B ist stark überschuldet und ein Antrag auf Eröffnung des Insolvenzverfahrens über sein Vermögen ist mangels Masse abgelehnt worden. Durch diese Überschuldung ist sein späterer Erwerb erheblich gefährdet.[3] Ich setze meinen Sohn B daher bezüglich seines Erbteils nur zum von den gesetzlichen Beschränkungen und Verpflichtungen nicht befreiten Vorerben ein. Nacherben auf seinen Tod sind seine gesetzlichen Erben gemäß § 2066 BGB. Das Anwartschaftsrecht der Nacherben ist weder vererblich noch übertragbar. Der Vorerbe wird ferner durch eine Verwaltungstestamentsvollstreckung für die Zeit der Vorerbschaft mit der Maßgabe beschränkt, dass ihm der Anspruch auf den jährlichen Reinertrag des Erbteils verbleibt.[4] Der Testamentsvollstrecker hat gleichzeitig die Befugnisse gem. § 2222 BGB (Nacherbentestamentsvollstreckung). Ich ersuche das Nachlassgericht einen geeigneten Testamentsvollstrecker zu bestimmen. Sollte mein Sohn B seinen Erbteil ausschlagen und seinen Pflichtteil verlangen, so wird dieser Pflichtteil den gleichen Beschränkungen unterliegen, wie sie vorstehend für den Erbteil angeordnet sind.[5] Sollte mein Sohn nicht Erbe werden können oder wollen, so sind die Nacherben seine Ersatzerben und sämtliche Beschränkungen entfallen.**

**§ 3 Schlussformel (→ Form. XI.1)**

*Schrifttum: Baumann,* Die Pflichtteilsbeschränkung „in guter Absicht", ZEV 1996, 121; *Everts,* Letztwillige Verfügungen zugunsten überschuldeter und bedürftiger Personen, ZErb 2005, 353; Gutachten des DNotI in DNotI-Report 2006, 101; *Häfele* § 2338 BGB – Beschränkung des Pflichtteils in guter Absicht, BWNotZ 1957, 49; *Hartmann,* Verfügungen von Todes wegen zugunsten verschuldeter und insolventer Personen, ZNotP 2005, 82; *Keller B.*, Die Beschränkung des Pflichtteils in guter Absicht, NotBZ 2000, 253; *Klug,* Die Beschränkung in guter Absicht (§ 2338 BGB) und das Pflichtteilsrecht (§§ 2305–2307 BGB), MittRhNotK 1971, 169; *Kuhn,* Anforderungen an die Pflichtteilsbeschränkung nach § 2338 BGB, ZEV 2011, 288; *Limmer,* Testamentsgestaltung bei überschuldeten Erben im Hinblick auf die Auswirkungen des Verbraucherinsolvenz- und Restschuldbefreiungsverfahrens, ZEV 2004, 133; *Nieder/Kössinger,* Hdb. d. Testamentsgestaltung, 5. Aufl. § 8 Rdn. 126 ff.; *Tönnies,* Die teilweise Ausschlagung als Gestaltungsmittel bei Testamentserrichtung, ZNotP 2003, 92.

## Anmerkungen

**1. Sachverhalt.** Der Erblasser ist verwitwet und hat drei Kinder. Da sein Sohn B überschuldet ist, muss befürchtet werden, dass seine Gläubiger sich aus dem Erbteil befriedigen. Das will der Erblasser verhindern. Würde der Erblasser seinen Sohn B ganz enterben, könnte dieser seinen Pflichtteil geltend machen, der dann ebenfalls dem Gläubigerzugriff offen stünde. Durch eine Anordnung gem. § 2338 BGB kann der Erblasser dagegen den standesmäßigen Unterhalt seines Sohnes aus den Erträgnissen des ihm Zugewendeten sicherstellen und gleichzeitig die Substanz des Zugewendeten den gesetzlichen Erben des Sohnes sichern.

**2. Anwendungsfälle.** Die Pflichtteilsbeschränkung in guter Absicht gem. § 2338 BGB setzt voraus, dass ein Abkömmling des Erblassers sich entweder derart der Verschwendung ergeben hat oder in einem solchen Maß überschuldet ist, dass der spätere Erwerb der Erbschaft oder des Erbteils erheblich gefährdet wird. Unter diesen Voraussetzungen kann der Erblasser nicht nur Erbschaft oder Erbteil, sondern auch den Pflichtteil dieses Abkömmlings durch Anordnung der Nacherbfolge oder eines Nachvermächtnisses zugunsten der gesetzlichen Erben des Abkömmlings oder durch Anordnung einer Verwaltungstestamentsvollstreckung beschränken. Damit wird der Abkömmling in der Verfügungsmacht über den Pflichtteil beschränkt, und wenn alle in § 2338 BGB vorgesehenen Beschränkungen angeordnet werden, wird der Vollstreckungsschutz zugunsten des Nacherben gem. § 2115 BGB und das Zugriffsverbot auf der Testamentsvollstreckung unterliegende Nachlassgegenstände gem. § 2214 BGB gegenüber den persönlichen Gläubigern des Abkömmlings gem. § 863 ZPO dadurch ergänzt, dass auch die Nutzungen der Erbschaft oder des Pflichtteils der Pfändung nicht unterworfen sind, soweit sie zur Erfüllung der dem Schuldner, seinem Ehegatten, früheren Ehegatten oder seinen Verwandten gegenüber gesetzlich obliegenden Unterhaltspflichten und zur Bestreitung seines eigenen standesmäßigen Unterhalts benötigt werden. Durch die Anordnung der gem. § 2338 BGB zulässigen Beschränkungen kann somit der Erblasser, sofern die Tatbestandselemente des § 2338 BGB vorliegen, auch die Substanz des Pflichtteils vor Verfügungen seitens des Erben und vor dem Zugriff durch dessen persönlicher Gläubiger schützen. Die Anwendbarkeit der Vorschrift ist nicht häufig, da die Tatbestandselemente des § 2338 BGB selten zusammentreffen und die Gestaltungsmöglichkeiten beschränkt sind (AnwK/*Herzog* BGB § 2338 Rn. 2). Häufig wird man daher andere Lösungen wählen – insbesondere auch im Konsens mit dem überschuldeten Abkömmling (dazu ua *Everts* ZErb 2005, 353; *Hartmann* ZNotP 2005, 82; *Kleensang* RNotZ 2007, 22; *Kornexl,* Nachlassplanung bei Problemkindern, 2006, Rn. 400 ff.; *Krauß,* Überlassungsverträge in der Praxis, 2006, Kapitel 12: „Behinderten- bzw. Bedürftigentestament"; *Limmer* ZEV 2004, 133; *Tönnies* ZNotP 2003, 92). Kraft ausdrücklicher gesetzlicher Vorschrift (§§ 2289 Abs. 2, 2271 Abs. 3 BGB) wird auch dem durch Erbvertrag oder letztwillige Verfügung gebundenen Erblasser ermöglicht, durch eine spätere letztwillige Verfügung einen Abkömmling gem. § 2338 BGB zu beschränken. Das kann sich auf die ganze Zuwendung erstrecken und ist nicht auf den Pflichtteil begrenzt (KGJ 48, 144 (150); Staudinger/*Kanzleiter,* Bearbeitung 2019, § 2289 Rn. 20 mwN). Ferner kann nach § 1513 Abs. 2 BGB bei der Gütergemeinschaft jeder Ehegatte für den Fall, dass mit seinem Tod die fortgesetzte Gütergemeinschaft eintritt, bei Vorliegen der Voraussetzungen den Anteil eines Abkömmlings am Gesamtgut den Beschränkungen nach § 2338 BGB unterwerfen.

**3. Voraussetzungen der wohlmeinenden Pflichtteilsbeschränkung.** Voraussetzungen für die Pflichtteilsbeschränkung in guter Absicht sind gem. § 2338 BGB:

a) Die Beschränkungen sind mit der Wirkung des § 2338 BGB, dh trotz zulässigem Pflichtteilsverlangen auch den Pflichtteil beschränkend und des § 863 ZPO, dh die Pfändung der Nutzungen beschränkend, nur gegenüber Abkömmlingen des Erblassers jeglichen Grades, dh auch adoptierten und nichtehelichen zulässig, nicht dagegen gegenüber Eltern und dem Ehegatten (MüKoBGB/*Lange* § 2338 Rn. 3).
b) Der spätere Erbschaftserwerb muss entweder durch die Verschwendungssucht oder die Überschuldung des Abkömmlings erheblich gefährdet sein. Überschuldung liegt vor, wenn die Passiven die Aktiven übersteigen (§§ 11, 129, 320 InsO). Maßgebende Zeitpunkte für das Vorliegen dieser Umstände in der Person des Abkömmlings sind die Errichtung der beschränkenden Verfügung und der Erbfall (§ 2338 Abs. 2 BGB). Besserung oder Entschuldung des Abkömmlings nach dem Erbfall lassen die Beschränkungen unberührt, sofern der Erblasser nichts anderes bestimmt hat. Es ist auch nicht möglich, die Beschränkungen auf eine drohende Überschuldung zu stützen (MüKoBGB/*Lange* § 2338 Rn. 6). Aus diesem Grund ist diese Gestaltungsmöglichkeit auch nicht für Eltern behinderter Kinder geeignet, da zum Zeitpunkt der Testamentserrichtung gegen den Behinderten selbst abgesehen von Sonderfällen wie § 34 SGB II oder §§ 103–105 SGB XII zur Verschuldung führende Rückzahlungsansprüche in aller Regel nicht bestehen werden.

Die gute Absicht, dem Pflichtteilsberechtigten zu nützen, ist ratio der Norm, aber nicht als Erfordernis aufgestellt worden. (Staudinger/*Olshausen*, Bearbeitung 2015, § 2338

Rn. 14). Nicht erforderlich ist auch, dass dem Abkömmling sein gesetzlicher Erbteil belassen oder doch gewisse Zuwendungen gemacht werden (Staudinger/*Olshausen*, Bearbeitung 2015, § 2338 Rn. 17, 38), er kann auch ganz enterbt und dann nur sein Pflichtteil beschränkt werden. Andererseits ist es auch zulässig, die Beschränkungen mit einer Zuwendung zu verknüpfen, die die Hälfte des gesetzlichen Erbteils des Abkömmlings übersteigt (RGZ 85, 347), wenn nur die Voraussetzungen des § 2338 BGB vorliegen. Der Beschränkungsgrund muss in der Verfügung von Todes wegen angegeben werden (§§ 2338 Abs. 2, 2336 Abs. 2 BGB), dh es muss aus ihr hervorgehen, ob die Beschränkung wegen Verschwendung oder Überschuldung getroffen ist (Staudinger/*Olshausen*, Bearbeitung 2015, § 2338 Rn. 16). Nähere Einzelheiten brauchen jedoch nicht angegeben werden, können allerdings aus Beweisgründen zweckmäßig sein, da die Beschränkungsverfügung nur Bestand hat, wenn die Beschränkungsgründe bewiesen werden, was demjenigen obliegt, der sich auf die Beschränkung beruft (§§ 2338 Abs. 2, 2336 Abs. 3 BGB). Die Beschränkungen entfallen, sobald sich der Pflichtteilsberechtigte dauerhaft von der verschwenderischen Lebensweise abgewandt oder die Überschuldung behoben hat (§ 2338 Abs. 2 S. 2 BGB). Dies allerdings muss der Pflichtteilsberechtigte beweisen (MüKoBGB/*Lange* § 2338 Rn. 19). Die Beschränkung des Pflichtteils in guter Absicht ist durch Verfügung von Todes wegen zu treffen (§§ 2338 Abs. 2 S. 1, 2336 Abs. 1 BGB).

**4. Die Beschränkungsmöglichkeiten.** § 2338 BGB lässt folgende Beschränkungen der Verfügungsmacht des Erben zu:

a) Einsetzung der gesetzlichen Erben des Abkömmlings gemäß den sie nach der gesetzlichen Erbfolge treffenden Anteilen als Nacherben oder als Nachvermächtnisnehmer. Eine Einsetzung anderer Personen oder zu anderen Erbquoten hätte nicht die Wirkung der § 2338 BGB, § 863 ZPO (KG in OLG 6, 332). Es empfiehlt sich daher, im Testament den Kreis der Nacherben ohne Umschreibungen, Zusätze und vor allem ohne individuelle Bezeichnung nach dem Gesetzeswortlaut als die gesetzlichen Erben des Abkömmlings gemäß § 2066 BGB zu bezeichnen (*Baumann* ZEV 1996, 121 (125)). Gesetzliche Erben des Abkömmlings sind auch seine Ehe- oder eingetragene Lebenspartner und alle Abkömmlinge. Ein Ausschluss zB der nichtehelichen Kinder des Abkömmlings im Testament würde die Wirkungen der Pflichtteilsbeschränkung in guter Absicht beseitigen. Man könnte hier allenfalls eine normale vom Erben geduldete Nacherbeinsetzung nur der ehelichen Kinder kombinieren mit einer für den Fall der Ausschlagung und des Pflichtteilsverlangens bedingt angeordneten Beschränkung gem. § 2338 BGB durch Nacherbeinsetzung der gesetzlichen Erben des Abkömmlings. Wirkungen der Nacherbeneinsetzung – anders bei der Vermächtnislösung – sind die Verfügungsbeschränkungen nach §§ 2113 ff. und ein Pfändungsschutz nach § 2115 BGB, § 863 Abs. 1 ZPO.
b) Einsetzung eines Verwaltungstestamentsvollstreckers mit der Maßgabe, dass dem Abkömmling der Anspruch auf den jährlichen Reinertrag des Pflichtteils verbleibt. Es ist dies ein Sonderfall der in § 2209 BGB geregelten Verwaltungsvollstreckung. Zu Lebzeiten des Pflichtteilsberechtigte gelten dann Verfügungsbeschränkung (§ 2211 BGB) und Pfändungsschutz (§ 2214 BGB; 863 ZPO). Mit der Wirkung des § 2338 BGB kann der Erblasser keine andere Art der Testamentsvollstreckung anordnen. Überträgt der Erblasser dem Testamentsvollstrecker auch die Verwaltung der Nachlasserträge, so verstößt dies gegen § 2338 Abs. 1 S. 2 BGB und der Erbe kann sich von dieser Beschränkung durch Ausschlagung und Pflichtteilsverlangen befreien. Duldet er sie jedoch, greift § 863 Abs. 1 ZPO ein und auch die Nutzungen sind dem Zugriff seiner Eigengläubiger entzogen, sofern sie nicht zur Erfüllung bestimmter in § 863 Abs. 1 S. 1 genannter Unterhaltspflichten erforderlich sind (OLG Bremen FamRZ 1984, 213 mwN; wohl auch BGH FamRZ 1986, 90; aM RGZ 85, 347 (350); *Baumann* ZEV 1996, 121 (124)).

Der Erblasser kann, wie im Formular, alle Beschränkungsmöglichkeiten gleichzeitig und nebeneinander anordnen. Besonders zu empfehlen ist die Kombination der Anordnung eines Nachvermächtnisses zur Pflichtteilsbeschränkung in guter Absicht mit der zusätzlichen Anordnung einer Verwaltungstestamentsvollstreckung, da allein durch die Anordnung des Nachvermächtnisses keine Verfügungsbeschränkung des Vorvermächtnisnehmers eintritt. Eigengläubiger des Vorvermächtnisnehmers könnten in den Vermächtnisgegenstand und seine Nutzungen vollstrecken (MüKoBGB/*Lange* § 2338 Rn. 15). Es wird dennoch das Nachvermächtnis anstelle der Nacherbschaft gewählt, damit der Überschuldete nicht Mitglied der Erbengemeinschaft wird (*Baumann* ZEV 1996, 121 (125)). Die nebeneinander angeordneten Maßnahmen sind in ihrem Bestand voneinander unabhängig (KG in OLG 6, 332 (333)).

**5. Die Wirkung der zulässigen Beschränkungen des Pflichtteils.** Bei Vorliegen der Tatbestandselemente des § 2338 BGB wirken sich im Rahmen dieser Vorschrift angeordnete Pflichtteilsbeschränkungen auf jeden Pflichtteilserwerb aus, gleichgültig ob es sich um den Anspruch des völlig Übergangenen, um die verschiedenen Rechte der gem. §§ 2305–2307 BGB unzureichend oder mit Belastungen Bedachten oder um die Ansprüche aus Anrechnung und Ausgleichung gem. §§ 2315, 2316 BGB handelt.

An sich ergeben sich diese Wirkungen ordnungsgemäßer Pflichtteilsbeschränkung in guter Absicht von selbst. Es erscheint jedoch zweckmäßig, sie, wie im Formular, in der Verfügung von Todes wegen ausdrücklich klarzustellen (*Klug* MittRhNotK 1971, 169 (172)).

**6. Kosten.** → Form. XI.1 Anm. 16.

## 19. Das Behindertentestament

**Verhandelt zu[1, 2]. . . . .**
**am . . . . . (auch als eigenhändiges gemeinschaftliches Ehegattentestament möglich)**

**§ 1 Erster Erbfall**

**Der Erstversterbende von uns, den Eheleuten XA und YA, setzt den Überlebenden zu 91 % und unseren behinderten gemeinschaftlichen Sohn D zu 9 % zu seinen Erben ein.[3] D ist jedoch mit seinem Erbteil nur von den gesetzlichen Beschränkungen und Verpflichtungen der §§ 2113 ff. BGB nicht befreiter Vorerbe.[4] Nacherbe auf den Tod des D ist der Längstlebende von uns. Ersatznacherbe ist das älteste der nicht behinderten Kinder. Es ist dabei mit dem Vermächtnis belastet, seine anderen, zum Zeitpunkt des Nacherbfalls lebenden Geschwister wertmäßig bei Eintritt des Nacherbfalls gleichzustellen. Weitere Ersatzerben sind die unten eingesetzten Schlusserben des Längstlebenden von uns. Die Nacherbenanwartschaft ist weder vererblich noch übertragbar, ausgenommen ihre Veräußerung an den Vorerben. In diesem Fall entfällt auch jede ausdrückliche oder stillschweigende Ersatzerbeinsetzung.**

**§ 2 Zweiter Erbfall**

**Der Längstlebende von uns setzt auf seinen Tod unsere beiden Kinder B und C zu je 41 % und unseren Sohn D zu 18 % zu seinen Schlusserben ein.[3] Diese Erbeinsetzung gilt auch für den Fall unseres gleichzeitigen Versterbens. Ersatzschlusserben sind jeweils die Abkömmlinge der Schlusserben unter sich entsprechend den Regeln der gesetzlichen Erbfolge. Sind keine vorhanden, tritt bei den übrigen Schlusserben Anwachsung nach § 2094 BGB ein. Der behinderte Sohn D ist auch hier mit seinem Erbteil nur von den gesetzlichen Beschränkungen der §§ 2113 ff. BGB nicht befreiter Vorerbe.[4] Nacherben auf seinen Tod sind die Abkömmlinge des Vorerben. Ersatznacherben sind die anderen**

Schlusserben nach Maßgabe der gesetzlichen Verwandtenerbfolge. Die Nacherbfolge ist weder vererblich noch veräußerlich, ausgenommen ihre Veräußerung an den Vorerben. In diesem Fall entfällt auch jede ausdrückliche oder stillschweigende Ersatzerbeinsetzung.

§ 3 Testamentsvollstreckung für beide Erbfälle[5]

(1) Unser Sohn D ist wird wegen seiner geistigen Behinderung voraussichtlich nie in der Lage sein, seine Angelegenheiten selbst zu besorgen. Er kann daher die ihm bei beiden Erbfällen jeweils zugewandten Vorerbteile nicht selbst verwalten. Wir ordnen daher bezüglich beider Erbfälle und beiden dem D als Vorerben zugewandten Erbteile jeweils Dauertestamentsvollstreckung gem. § 2209 BGB bis zum Tode des Vorerben an. Zum Testamentsvollstrecker ernennen wir beim Tod des Erstversterbenden den Überlebenden von uns, beim Tod des Längstlebenden unsern Sohn B, ersatzweise unsere Tochter C. Die Testamentsvollstrecker haben jeweils das Recht, ihren Nachfolger zu ernennen. Sollte keiner der Testamentsvollstrecker das Amt annehmen oder sollten sie alle vor oder nach dem Erbfall wegfallen, ersuchen wir das Nachlassgericht, eine geeignete Person als Testamentsvollstrecker zu ernennen. Der Testamentsvollstrecker ist in der Eingehung von Verbindlichkeiten für den Nachlass nicht beschränkt und von § 181 BGB befreit. Nach einer Erbteilung[6] hat der jeweilige Testamentsvollstrecker die Vermögenswerte zu verwalten, die unserem Sohn D als Vorerben zugeteilt werden.

(2) Im Wege der Verwaltungsanordnung nach § 2216 Abs. 2 BGB wird der jeweilige Testamentsvollstrecker angewiesen,[7] unserem Sohn D aus den ihm gebührenden anteiligen jährlichen Reinerträge (Nutzungen) des Nachlasses bzw. der ihm bei einer Erbauseinandersetzung zugeteilten Vermögensgegenstände nach billigem Ermessen solche Geld- oder Sachleistungen nach Art und Höhe zukommen zu lassen, die zur Verbesserung seiner Lebensqualität beitragen, auf die der Sozialhilfeträger nach der von Dritten nicht überprüfbaren Einschätzung des Testamentsvollstreckers[10]aber nicht zugreifen kann und die auch nicht auf die dem Behinderten gewählten Sozialhilfeleistungen anrechenbar sind.

Dies sind vor allem:

a) Geschenke zum Geburtstag des D und zu den üblichen Festtagen.
b) Aufwendungen zur Befriedigung seiner individuellen Bedürfnisse hinsichtlich Freizeitgestaltung und Hobbies.
c) Aufwendungen für eine Teilnahme an Ferien- und Kuraufenthalten.

(3) Soweit die jährlichen Reinerträge nicht in voller Höhe in der obigen Weise verwendet werden, sind sie ausschließlich entsprechend der obigen Zielsetzungen und Einschränkungen für größere Anschaffungen oder Unternehmungen zugunsten des D anzusparen.[8]

(4) Falls für D ein Betreuer bestellt werden muss, kann dessen Vergütung aus den Reinerträgen entnommen werden. Dasselbe gilt für Kosten einer Rechtsberatung im Rahmen der Entscheidung des Testamentsvollstreckers über Leistungen nach Abs. 2 oder 3.[9]

(5) Der jeweilige Testamentsvollstrecker erhält als Vermächtnis monatlich den Betrag ersetzt, der für die Unterhaltung einer angemessenen Haftpflichtversicherung wegen seiner Haftung den Erben und Vermächtnisnehmern gegenüber anfällt.[10]

§ 4 Hinweise und Bindung

(1) Bedeutung und Folgen der Vor- und Nacherbfolge und der Testamentsvollstreckung wie auch das Pflichtteilsrecht und Folgen einer denkbaren Ausschlagung durch Pflichtteilsberechtigte hat der Notar eingehend mit den Beteiligten erörtert. Er hat darauf hingewiesen, dass Zugriffsrechte Dritter anstelle des behinderten Kindes bestehen können. Nach dem Willen der Beteiligten sollen sie möglichst ausgeschlossen sein. Der Notar hat dringend angeregt, insbesondere die dazu getroffenen Regelungen in regelmäßigen

**Abständen mit einem Notar oder anderem Rechtsberater zu besprechen und auf neuere Rechtsentwicklungen zu überprüfen.**

**(2) Die Bindungswirkung vertragsmäßiger Verfügungen hat der Notar erläutert. Die Beteiligten erklären daraufhin: Vertragsmäßig verfügt sind nur die jeweiligen Erbeinsetzungen für den ersten Sterbefall. Die Anordnungen von Vor- und Nacherbschaft, Testamentsvollstreckung und die Verfügungen für den zweiten Sterbefall sind nicht vertragsmäßig und können somit einseitig geändert werden.**

**§ 5 Schlussformel**

**(→ Form. XI.1 u. → Form. XII.28)**

*Schrifttum: Armbrüster,* Noch einmal: Zur Sittenwidrigkeit eines Behindertentestaments sowie eines Pflichtteilsverzichtsvertrags, ZEV 2010, 655; *Armbrüster,* Kindeswohl versus Gemeinwohl – zur Sittenwidrigkeit erbrechtlicher Gestaltungen, ZErb 2013, 77; *Baltzer/Reisnecker,* Vorsorgen mit Problemkindern 2012; *Bengel,* Gestaltung letztwilliger Verfügungen bei Vorhandensein behinderter Abkömmlinge, ZEV 1994, 29; *Bengel/Spall* in Münchener Anwaltshandbuch Erbrecht § 41; *Braun* (1.Aufl. *Kornexl),* Nachlassplanung bei Problemkindern, 2. Aufl. 2017; *Damrau,* Das Behinderten-Testament mit Vermächtnislösung, ZEV 1998, 1; Gutachten des *DNotl* in DNotl-Report 1996, 48; *Dietz/Spall,* Das Behindertentestament im Vollzug: Erste Schritte nach dem Erbfall, ZEV 2012, 436; 8; *Doering-Striening,* Der Sozialhilfeempfänger als Erbe, ZErb 2014, 105; *Dreher/Görner,* Das Behindertentestament und § 138 BGB, NJW 2011, 1761; *Hartmann,* Das sog. Behindertentestament: Vor- und Nacherbschaftskonstruktion oder Vermächtnisvariante?, ZEV 2001, 89; *Golpayegani/Boger,* Aktuelle Gestaltungsempfehlungen zum Behindertentestament, ZEV 2005, 377; *Heinz-Grimm/Krampe/Pieroth (Hrsg.),* Testamente zugunsten von Menschen mit geistiger Behinderung, 3. Aufl. Marburg 1997; *Grziwotz,* Die umgekehrte Vermächtnislösung beim Behindertentestament: der Königsweg?, ZEV 2002, 409; *ders.,* Das Behindertentestament nach Hartz IV, NotBZ 2006, 149; *Ihrig,* Erbrechtliche Gestaltungen mit nachteiligen Wirkungen für Dritte, insbesondere Sozialhilfeträger, NotBZ 2011, 1761; *Ivo,* Die Erbschaftsausschlagung zwecks Pflichtteilsgeltendmachung beim „Behindertentestament", ZErb 2004, 174; *Joussen,* Das Testament zu Gunsten behinderter Kinder, NJW 2003, 1851; *ders.,* Das Ausschlagungsrecht nach § 2306 Abs. 1 Satz 2 BGB beim Behindertentestament, ZErb 2003, 134; *Kanzleiter,* „Pflichtteilsstrafklauseln" und Geltendmachung des übergeleiteten Pflichtteilsanspruchs durch den Sozialhilfeträger, DNotZ 2014, 5; *Kleensang,* Endlich Sicherheit für das Behindertentestament!, ZErb 2011, 121; *Kleensang,* Ehegattenverfügungen bei behinderten, sozialhifebedürftigen oder verschuldeten Kindern: Einsetzung des „Problemkinds" als Nacherbe?, RNotZ 2007, 22; *Krampe,* Testamentsgestaltung zugunsten eines Sozialhilfeempfängers, AcP 191 (1991), 526 ff.; *Krauß,* Überlassungsverträge in der Praxis, 2006, Kapitel 12: „Behinderten- bzw. Bedürftigentestament"; *Lessing,* Zwar legal – aber unmoralisch, RpflStud 2006, 161; *Litzenburger,* Die interessengerechte Gestaltung des gemeinschaftlichen Testaments von Eltern zu Gunsten behinderter Kinder, RNotZ 2004, 138; *ders.,* Ist das Berliner Testament zum Schutz behinderter Erben vor dem Zugriff des Sozialhilfeträgers noch geeignet? – zugleich Anmerkung zum Urteil des BGH vom 8.12.2004 – IV ZR 223/03, RNotZ 2005, 162; *van de Loo,* Die letztwillige Verfügung von Eltern behinderter Kinder, NJW 1990, 2852; *ders.,* Die Gestaltung der Verfügung von Todes wegen zugunsten des betroffenen Behinderten, MittRhNotK 1989, 233; *Jörg Mayer,* Das Behinderten-Testament als empfehlenswerte Gestaltung?, DNotZ 1994, 347; *ders.,* Grundsicherung und Beratungspraxis, ZEV 2003, 173; *ders.,* Behindertentestament und Pflichtteilsstrafklauseln – zugleich Anmerkung zum Urteil des BGH vom 8.12.2004, IV ZR 223/03, MittBayNot 2005, 286; *Mensch,* Sozialrechtliche Fragestellungen im Problemkreis der notariellen Praxis, BWNotZ 2009, 162; *Mundanjohl/Tanck,* Die Problematik des § 2306 Abs. 2 BGB und des § 1371 Abs. 2 Halbsatz 2 BGB beim Behindertentestament, ZErb 2006, 177; *Nieder,* Das Behindertentestament, NJW 1994, 1264; *Otte,* Anmerkung zur BGH-Entscheidung von 21.3.1990 – 4 ZR 169/89 in JZ 1990, 1025; *Frhr. v. Proff,* Erbrechtsgestaltung nach der jüngsten BGH-Rechtsprechung zum Behindertentestament, RNotZ 2012, 272; *Ruby,* Behindertentestament: Häufige Fehler und praktischer Vollzug, ZEV 2006, 66; *Schmidl,* Der sozialhilfefeste Substanzzugriff beim Behindertentestament – ein kritisch-aktueller Überblick mit eigenem Vorschlag, ZErb 2018, 81; *Schneider*, Nutzungsrecht für Wohnräume im behindertengerechten Testament, ZEV 2017, 617; *Spall,* Zur so genannten Vermächtnislösung beim Behindertentestament, MittBayNot 2001, 249; *ders.*, Die vernachlässigten Erbquoten der Geschwisterkinder – § 2306 Abs. 2 BGB und Behindertentestament, ZEV 2006, 344; *ders.*, Notar und Sozialrecht – Rechtsgestaltung im Spannungsverhältnis zwischen privater und öfentlicher Solidarität, MittBayNot 2014, 211 (218); *Tanck,* Auswirkungen des Grundsatzes der Doppelverpflichtung beim Pflichtteilsergänzungsanspruch auf die Pflichtteile anderer Beteiligter, ZErb 2005, 2; *Tersteegen,* Behindertentestament – aktuelle Entwicklungen aus sozialrechtlicher Sicht, ZErb 2013, 141; *Weidlich,* Vorweggenommene Erbfolge und Behindertentestament – zugleich ein Beitrag zur Werttheorie bei Bestehen von Pflichtteilsergänzungsansprüchen, ZEV 2001, 94; *Wendt,* Grenzen der Pflichtteilsbeeinflussung, ZErb 2012, 262 und 313; *Wendt,* Ist das Erbrecht für alle da? ZNotP 2011, 326; *Wendt,* Das Behindertentestament – ein Auslaufmodell? ZNotP 2008, 2; *Vaupel,* Der Sozialhilferegeress in der notariellen Praxis, RNotZ 2009, 497.

## Anmerkungen

**1. Sachverhalt und Zielsetzung.** Die Eheleute A leben im gesetzlichen Güterstand, haben drei Kinder, die Söhne B und D und die Tochter C. Der Sohn D ist geistig behindert und erhält Hilfe zum Lebensunterhalt nach SGB XII. Das Ehegattentestament, das auch als Ehegattenerbvertrag notariell beurkundet werden kann, soll dem Behinderten nach dem Tod seiner Eltern Vorteile verschaffen, die seine Lebensqualität über die Sozialleistungsstandards hinaus verbessern. Das Vermögen ist nicht groß genug, um den gesamten Unterhaltsbedarf des Sohnes ohne Inanspruchnahme der Solidargemeinschaft zu finanzieren. Daher ist der erstrebte Vorteil an Lebensqualität, den die Eltern dem Sohn aus ihrem Erspartem ermöglichen wollen, nur zu realisieren, wenn der Sozialleistungsträger keinen Zugriff auf den Nachlass erhält und die laufenden Leistungen aus dem Nachlass so gestaltet sind, dass auch auf sie nicht zuzugreifen ist und keine Anrechnung auf die Sozialleistungen erfolgt. Letztlich wird häufig gewünscht, dass alles, was von den Zuwendungen beim Tode des behinderten Kindes noch vorhanden ist, entweder an die eigene Familie zurückfällt oder an eine bestimmte Organisation zur Betreuung Behinderter. Bei dieser Motivlage kommt zum Ausdruck, dass das sozialrechtliche Nachrangprinzip im öffentlichen Bewusstsein nicht besonders stark verankert ist. Soweit es um den Schutz des Vermögens vor Steuerzahlungen geht, wird auf die Interessen der Solidargemeinschaft allgemein ebenso wenig Rücksicht genommen. In beiden Bereichen ist es nicht die Aufgabe des Rechtsberaters, den Einzelnen zu Gemeinschaftsbewusstsein zu erziehen, sondern er wird gemeinsam mit den Beteiligten im Rahmen des gesetzlich erlaubten und sinnvollen nach Gestaltungen suchen, die deren individuelle Ziele verwirklichen.

Jedenfalls für Vermögen bzw. potentielle gesetzliche Erbteile, die – wie auch hier im Form vorausgesetzt – allein voraussichtlich nicht ausgereicht hätten, den gesamten Lebensunterhalt des betroffenen Kinds ganz ohne Sozialleistungen zu bestreiten, hat der BGH die nachfolgend vorgestellte Variante einer Vor-/Nacherbfolgelösung ausdrücklich vor § 138 BGB bestehen lassen (BGHZ 111, 36 = NJW 1990, 2055 = JZ 1990; möglicherweise bereits ohne diese Einschränkung in einem Fall mit DM 460.000,– Nachlass und zwei pflichtteilsberechtigten Abkömmlingen: BGHZ 123, 368 = NJW 1994, 248 = FamRZ 1994, 162; deutliche Anerkennung findet das typische Behindertentestament auch in BGH NJW 2011, 1586; NJW-RR 2017, 974). Indem die Eltern in Zeiten sinkender Sozialleistungsstandards ihrem Kind ergänzende Leistungen zukommen lassen wollen, werden sie geradezu einer sittlichen Verpflichtung gerecht. Demgegenüber bestehe kein Rechtssatz oder Sittengebot, das einen Anfall des Vermögens bei Sozialleistungsträgern gebieten würde, zumal auch das Nachrangprinzip nicht konsequent im Gesetz verankert sei (BGHZ 123, 368, zustimmend ua *Hohloch* JuS 1990, 937 (938); *Otte* JZ 1990, 1027 (1028); *Krampe* AcP 191, 526 (559); *Pieroth* NJW 1993, 173; anders hinsichtlich einer Vermögensverwertung *nach* dem Tod des Leistungsbedürftigen *Köbl* ZfSH/SGB 1990, 449 (465); *Schubert* JR 1991, 106 (107)). Der BGH stützt sich stark auf die Interessen des Hilfebedürftigen (vgl. *J. Mayer* DNotZ 1994, 347 (351) und *ders.* ZErb 2000, 22). Wenn ihnen gedient ist, ist die Gestaltung dem Kind gegenüber nicht sittenwidrig und auch von der Allgemeinheit anzuerkennen, zumal es die Eltern sind und nicht das leistungsbeziehende Kind, das Vermögensquellen verschüttet, die den Leistungsträger begünstigen könnten (*Lange/Kuchinke*, Erbrecht, § 35 IV 6). Die Gestaltung ist Ausdruck der sittlich anzuerkennenden Sorge für das Wohl des Kindes über den Tod der Eltern hinaus (BGHZ 188, 96 = NJW 2011, 1586; zustimmend *Kleensang* ZErB 2011, 121; vorab *Mensch* BWNotZ 2010, 137). Es ist auch anzuerkennen, wenn das behinderte Kind auf den Pflichtteil vorab verzichtet (BGHZ 188, 96; vgl aber auch LSG Bayern ZEV 2016, 43 – 5. Leitsatz: „Verzicht und Ausschlagung als zivilrechtlich eröffnete Gestaltungsmittel eines Hilfebedürftigen sind nicht in jedem Fall hinzunehmen“). Kritiker des vom BGH gesehenen Vorrangs der Testierfreiheit gegenüber dem Nachranggrundsatz der Sozialhilfe fordern eine Festlegung durch den Gesetzgeber (so etwa *Armbrüster* ZEV 2010, 555).

**2. Lösungsmöglichkeiten im Überblick** (→ Form XII.17). Da die Zuwendung vor dem Zugriff des Sozialhilfeträgers als Eigengläubiger des Behinderten geschützt werden soll, kommen nur Gestaltungsmittel in Betracht, die den Eigengläubigern gegenüber Vollstreckungsschutz gewähren. Das sind im deutschen Erbrecht nur die Vor- und Nacherbschaft und die Testamentsvollstreckung. Durch die § 2115 BGB, § 773 ZPO, § 83 InsO wird der gesamte der Nacherbenbindung unterliegende Nachlass vor der Verwertung durch die Eigengläubiger des Vorerben geschützt, dh dass diese zwar die Nachlassgegenstände pfänden oder beschlagnahmen lassen können, aber nur durch den Eintritt der Nacherbfolge auflösend bedingt. Alle Verwertungsakte sind während der Dauer der Vorerbschaft jedoch unzulässig (sog. Halbvollstreckung). Nach § 2214 BGB haben Eigengläubiger eines Erben während der Dauer der Testamentsvollstreckung überhaupt keine Zugriffsmöglichkeit auf die der Verwaltung des Testamentsvollstreckers unterliegenden Nachlassgegenstände.

a) *Vor- und Nacherbschaftslösung.* Durch eine Kombination von Nacherbfolge mit Dauertestamentsvollstreckung, wie im Formular, wird somit Vollstreckungsschutz der Substanz der Vorerbschaft gegenüber den Eigengläubigern des Vorerben (hier des Behinderten) und damit dem Sozialleistungsträger erzielt. Anderenfalls müsste das ererbte Vermögen nach § 90 SGB XII eingesetzt werden (problematisch, aber seit BGHZ 188, 96 wohl obsolet SG Dortmund NJW-Spezial 2009, 760, das den Hilfebedürftigen auf Testamentsanfechtung verpflichten will). Damit hat der Behinderte durch diese Gestaltung noch keinen Vorteil und die Reinerträge (Nutzungen) der Vorerbschaft wären immer noch dem Zugriff des Sozialleistungsträgers ausgesetzt. Um dem zu begegnen, wird bei den gebräuchlichen Mustern des Behindertentestaments der Testamentsvollstrecker vom Erblasser durch Verwaltungsanordnung gem. § 2216 Abs. 2 BGB ausdrücklich angewiesen, die jährlichen Reinerträge der Vorerbschaft an den Behinderten ausschließlich in solchen Formen (vgl. den Katalog des § 90 Abs. SGB XII) auszukehren, auf die der Leistungsträger keinen Zugriff nehmen kann

*Methode der Einsetzung des Behinderten zum nicht befreiten Vorerben nebst Testamentsvollstreckung mit Verwaltungsanordnung).* Bezüglich der Restrisiken dieser Gestaltung siehe die folgenden Anmerkungen. Nach dem Tod des Leistungsempfängers erwächst dem Leistungsträger gem. § 102 SGB XII grundsätzlich ein Kostenersatzanspruch, den die Erben aus dem Nachlass und begrenzt auf diesen zu erfüllen haben. Damit wird ein während der Lebzeit des Leistungsempfängers bestehendes Schonvermögen aufgelöst. Da die Nacherben aber unmittelbar vom Erblasser und nicht vom Vorerben erben (§ 2100 BGB), geht dieser Anspruch bei der vorgeschlagenen Gestaltung ins Leere, das nicht für Zwecke des Behinderten verbrauchte Vermögen bleibt in der Familie.

b) *Vermächtnislösung.* (ausf. zu Vor- und Nachteilen jurisPK/*Reymann* BGB § 2191 Rn. 12 ff.). Wegen der den Vorerben zugunsten der Nacherben belastenden Verfügungsbeschränkungen sowie Kontroll- und Sicherungsverpflichtungen gem. den §§ 2113 ff. BGB wird oft statt der Nacherbfolgelösung dem Behinderten ein Vorvermächtnis in der Höhe zugewendet, dass ein überleitbarer Zusatzpflichtteil gem. §§ 2307, 2305 BGB ausgeschlossen ist (*Spall* MittBayNot 2001, 249). Es bietet sich an, dem behinderten Kind ein Quotenvorvermächtnis auszusetzen, dass mindestens seiner potentiellen Pflichtteilsquote entspricht. Auch der Vermächtnisnehmer wird unter Testamentsvollstreckung gestellt und der Testamentsvollstrecker erhält hinsichtlich der Verwendung der Erträgnisse und evtl. auch der Substanz des Vermächtnisses die gleichen Verwaltungsanordnungen gem. § 2216 Abs. 2 BGB wie bei der Nacherbfolgelösung. Für den nach dem Tod des Behinderten übrig bleibenden Rest des Vermächtnisses setzt der Erblasser die gesunden Geschwister des Behinderten als Nachvermächtnisnehmer ein. Diese Lösung hat den Nachteil, dass nicht gesichert ist, ob der Rest des dem Behinderten zugewandten Vermögens im Nachvermächtnisfall dem Zugriff des Sozialhilfeträgers wie bei der Vorerbschaft entzogen ist, da das Nachvermächtnis nur eine schuldrechtliche Belastung des Nachlasses des Vorvermächtnisnehmers ist (*Damrau* ZEV 1998, 1 ff.). Nachlassspaltende Wirkung hat eben nur die Anordnung von Nacherbfolge, nicht auch ein Nachvermächtnis. Der Sozialhilfeträger hat bei dieser Lösung gegen die Erben des Behinderten, im Rahmen des § 102 SGB XII einen Anspruch auf Ersatz der für den Behinderten aufgewandten Kosten. Die Haftung der Erben ist auf den Wert des Nachlasses beschränkt (§ 102 Abs. 2 S. 1 SGB XII), er wird praktisch nur noch aus dem Rest des Vermächtnisses bestehen. Er ist damit zwischen dem Sozialhilfeträger und den Nachvermächtnisnehmern quotenmäßig aufzuteilen, da beide Forderungen gleichrangig sind (*Damrau* ZEV 1998, 3; aA *Weidlich* ZEV 2001, 94: Das Vermächtnis ist Erblasserschuld, der Kostenersatzanspruch nachrangige Erbfallschuld). Die Vermächtnislösung verfehlt damit insoweit ihren Zweck, als sie nicht geeignet ist, das restliche Vermögen an die Familie zurückfallen zu lassen.

c) *Weitere Alternativlösungen bzw. Modifizierungen.* – Das geschäftsfähige behinderte Kind kann zu Lebzeiten des Erblassers auf den Pflichtteil verzichten (BGHZ 188, 96).

- *Litzenburger* (RNotZ 2004, 138 (144 ff.)) will das Entstehen einer Erbengemeinschaft mit dem behinderten Kind nach dem ersten Erbfall vermeiden, indem sich die Eheleute zunächst gegenseitig als Vorerben einsetzen. Das behinderte Kind ist dann erster Nacherbe nach dem Erstversterbenden und Vorerbe nach dem Zweitversterbenden. Dagegen steht, dass wegen der zeitlich ungewissen Aussicht auf die Verwirklichung der Erbschaft die gesetzlichen Betreuer eher geneigt sein könnten, nach dem ersten Erbfall auszuschlagen (*J. Mayer* ZEV 2004, 299).
- Die „umgekehrte Vermächtnislösung" (*Grziwotz* ZEV 2002, 409; Muster auch bei *Kornexl*, Rn. 345 ff.) setzt den Hilfebedürftigen als alleinigen, nicht befreiten Vorerben ein. Die anderen „Erben" werden durch Vermächtnisse befriedigt, für deren Erfüllung der Testamentsvollstrecker zusätzlich zuständig erklärt wird. Die eigentlich als Träger des Vermögensstamms gewollten Personen werden also gerade nicht Erben. Der Einsatz dieser Variante wird ua davon abhängen, inwieweit sie den Beteiligten in der

Praxis mental zu vermitteln ist und welche Zusatzkosten (bei Grundbesitz) durch die Vermächtnisse entstehen.

- Gestaltungen zum Vermächtnis eines Wohnrechts (Verschaffungsvermächtnis) erörtert *Schneider* ZEV 2017, 617.

d) *Zwecklose Gestaltungen.* Auflagenlösung. Es wurde erwogen, den überlebenden Elternteil und/oder die gesunden Geschwister des Behinderten zu Erben einzusetzen und die Erben mit der Auflage (§§ 1940, 2192 ff. BGB) zu beschweren, dem Behinderten seine Lebensqualität verbessernde laufende Zuwendungen nach freiem Ermessen zukommen zu lassen. Zwar besteht dann auf diese Zuwendungen gem. § 1940 BGB kein auf den Sozialhilfeträger überleitbarer Anspruch, wohl aber kann dieser den daneben in voller Höhe bestehenden Pflichtteilsanspruch des enterbten Behinderten gem. § 2303 Abs. 1 BGB auf sich überleiten. Die Auflageleistungen sind dabei auf den Pflichtteilsanspruch nicht anrechenbar, da eine entsprechende Anwendung des § 2307 Abs. 1 S. 2 BGB auf die Auflage nicht möglich ist (OLG Düsseldorf FamRZ 1991, 1107 (1109); MünchKomm/*Lange* § 2307 Rn. 11).

Da nach ganz überwiegender Meinung (BGH NJW-RR 2005, 369 = ZEV 2005, 117 = FamRZ 2005, 448; *Nieder* NJW 1994, 1265 mwN; anders wohl BayObLG FGPrax 2003, 268 = ZErb 2004, 69) ein entstandener (zum Pflichtteilsanspruch infolge Ausschlagung s. u.) **Pflichtteilsanspruch** des Behinderten auf den Sozialhilfeträger überleitbar ist (§ 93 SGB XII), und zwar auch ohne, dass er vertraglich anerkannt oder rechtshängig geworden sein müsste (anders § 852 ZPO), sind dem Gestalter eines Behindertentestaments folgende Möglichkeiten verschlossen:

a) Der Erbe wird von der gesetzlichen Erbfolge vollkommen ausgeschlossen (§ 2303 Abs. 1 BGB).
b) Dem Behinderten wird eine Erbquote zugewendet, die geringer als seine Pflichtquote ist (§ 2305 BGB).
c) Dem Behinderten wird keine Erbquote, sondern ein Vermächtnis zugewendet, dessen Wert aber geringer als der seines Pflichtteils ist (§§ 2307 Abs. 1, 2305 BGB).
d) Dem Behinderten darf generell keine zu kleine Nachlassbeteiligung zugewandt werden, um nicht eine Ausschlagung (§ 2306 BGB) zu provozieren. Die strenge 50 %-Grenze des § 2306 Abs. 1 S. 1 BGB aF gilt seit 1.1.2010 nicht mehr, wohl aber greift unabhängig von der Ausschlagung § 2305 BGB.

Bei der Einforderung des Pflichtteilsanspruchs nach dem Erstversterbenden im Rahmen des „Berliner Testaments" muss der Leistungsträger nicht auf die Nachteile Rücksicht nehmen, die dem Hilfebedürftigen aus einer Strafklausel für den zweiten Erbfall drohen können. Der BGH hält vielmehr die Auslegung der Strafklausel (→ Form. XII.24) dahingehend für nahe liegend, dass sie für diese Situation nicht eingreift (BGH NJW-RR 2005, 369 = ZEV 2005, 117). Die Geltendmachung des Pflichtteilsanspruchs kann zwar wegen der drohenden schwerwiegenden familiären Konfliktsituation regelmäßig eine besondere Härte iSv § 12 Abs 3 Nr 6 SGB II darstellen (BSG ZEV 2010, 585). Ist im Nachlass aber ausreichend Barvermögen zur Auszahlung des Pflichtteilsanspruchs vorhanden, soll das nicht gelten (SG Mainz MittBayNot 2018, 167). Beim Behindertentestament ist von Pflichtteilsstrafklauseln zulasten des bedürftigen Kindes daher in aller Regel dringend abzuraten (*Grziwotz* NotBZ 2006, 149 (156)).

Die ganz hM (*Reimann* MittBayNot 1990, 248; *Karpen* MittRhNotK 1988, 131 (149); *Kuchinke* FamRZ 1992, 363; *Lange/Kuchinke* § 35 IV 3c; *Krampe* AcP 191 (1991), 526 (531 f.); *Bengel* ZEV 1994, 30; *Jörg Mayer* DNotZ 1994, 347 (355); *Dieter Mayer* in HdB d. Testamentsvollstreckung, 1994, Kap. V Rn. 353; siehe auch DNotI-Report 1996, 53) hält das **Ausschlagungsrecht** des Behinderten in den Fällen der §§ 2306 Abs. 1, 2307 Abs. 1 BGB für nicht auf den Sozialhilfeträger überleitbar, da es sich um ein höchstpersönliches Gestaltungsrecht und nicht um einen Anspruch handelt und da der Pflichtteilsanspruch erst mit der Ausübung des Pflichtteilsrechts entsteht (aM *van de Loo* NJW 1990, 2856, der ihn auch in diesen Fällen bereits mit dem Erbfall entstehen lässt; der BGH lässt die Frage offen, so zB in NJW-RR 2005, 369 = ZEV 2005, 117 = FamRZ 2005, 448).

Hinsichtlich aller Gestaltungsmöglichkeiten, die den Zugriff des Sozialhilfeträgers auf die erbrechtlichen Zuwendungen an den Behinderten einschließlich seinem Pflichtteil verhindern sollen, wurde der Einwand der Gläubigerbenachteiligung und Sittenwidrigkeit nach § 138 Abs. 1 BGB wegen unerträglicher Belastung der Allgemeinheit vorgebracht (statt aller *Raiser* MDR 1995, 237). Dieser Einwand dürfte seit den beiden Entscheidungen des BGH (BGHZ 111, 36 = NJW 1990, 2055; BGHZ 123, 368 = NJW 1994, 248) beseitigt sein. Ausnahmen werden noch diskutiert bei bei deutlich hohem Vermögen, so dass aus den Nutzungen des Pflichtteils des Behinderten neben den Sonderzuwendungen für besondere Annehmlichkeiten praktisch auch seine gesamte Grundversorgung auf Lebenszeit bestritten werden könnte. Feste Wertgrenzen anzusetzen verbietet sich hier aber (*Langenfeld/Gail,* Handbuch der Familienunternehmen, Lfg. 32, Teil V Rn. 28; anders zB *Damrau,* in ZEV 1998, 2: beträchtlich über 250.000 EUR; *Groll/Hieke,* Praxishandbuch Erbrechtsberatung, 2. Aufl., B VIII Rn. 16: über 1 Mio. EUR). Das LG Essen verneint die Sittenwidrigkeit bei Pflichtteils- und Pflichtteilsergänzungsansprüchen von annähernd 1 Mio. Euro (LG Essen ZEV 2016, 324). Neben den unten bei den → Anm. 3, 4 und 7 behandelten Gefahrenpunkten für Behindertentestamenten ist zzt. auch noch die Frage offen, ob der Sozialhilfeträger bei Vorliegen eines seinen Zugriff auf die Erbschaft ausschließenden Testaments nicht seine Hilfe für den Behinderten einschränken könnte (vgl. den Rechtsgedanken der §§ 26 Abs. 1 S. 2, 39 SGB XII), um ihn bzw. seinen Betreuer zu veranlassen, die Vorerbschaft auszuschlagen und den Pflichtteil zu verlangen (*Karpen* MittRhNotK 1988, 131 (149); *Frank* BWNotZ 1983, 153 (156); VGH Mannheim Justiz 1994, 100; aM *Krampe* AcP 191, 526 (534); OVG Bautzen NJW 1997, 2898). Dafür offenbar SG Dortmund (NJW-Spezial 2009, 760). Dies dürfte jedoch gegen die verfassungsmäßige Garantie des Erbrechts verstoßen, da niemand gezwungen werden darf, ein erworbenes Erbrecht aufzugeben, um dadurch dem Sozialhilfeträger den Zugriff auf den Pflichtteil zu ermöglichen (*Lange/Kuchinke* § 35 IV 6; so auch im Ergebnis OVG Saarlouis ZErb 2006, 275; LG Essen ZEV 2016, 324). Die Verwertung von Vermögen, über das ein von der Jugendhilfe Unterstützter – wegen Testamentsvollstreckung – erst nach dem Ende der Leistung verfügen kann, kommt nur ausnahmsweise in Betracht BVerwG (NJE 2016, 584).

Wegen der verbleibenden Unsicherheiten wird zu Vermeidung des „Super-Gau" zT für den Fall der Nichtigkeit des Gesamtkonzepts oder auch bedingt für den Fall, dass doch ausgeschlagen wird, als Auffanglösung in Grenzfällen die hilfsweise zusätzliche Berufung des Behinderten in Höhe seines Pflichtteils empfohlen, aber ohne alle Beschränkungen (sog. cautela socini, vgl. *Bengel* in Münchener Anwaltshandbuch Erbrecht, § 41 Rn. 33, 44. Kritisch zur Klausel *Mayer* ZEV 2010, 2).

**3. Erbquote.** Der Erblasser muss den Behinderten jeweils zu einer über dessen Pflichtteilsquote liegenden Erbquote einsetzen, da der Zusatzpflichtteil gem. § 2305 BGB dem Zugriff durch den Sozialhilfeträger offen stünde. Grundlage der im Rahmen des § 2306 BGB vom Betreuer zu treffenden Entscheidung ist allein das wohlverstandene Interesse des Behinderten und nicht etwa das der Allgemeinheit, möglich wenig für ihn aufwenden zu müssen (*Bengel* ZEV 1994, 30). Als Quote darf nicht starr der Pflichtteil als Minimum angesetzt werden, sondern sie ist vor allem auch danach auszurichten, dass aus dem Erbteil die erwünschten Zusatzleistungen für das Kind tatsächlich bestritten werden können (*Langenfeld/Gail,* Handbuch der Familienunternehmen, Lfg. 32, Teil V Rn. 70–72). Gestaltungsunsicherheit erzeugt die Möglichkeit, dass der Erblasser anderen gesetzlichen Erben **ausgleichungspflichtige Ausstattungen** gewährt (Geschenke nur bei ausdrücklicher Ausgleichungsanordnung, § 2050 Abs. 3 BGB), die im Rahmen des § 2305 BGB (wie früher bei § 2306 Abs. 1 S. 1 BGB aF, wo die Konsequenzen allerdings sehr viel dramatischer waren) ausnahmsweise zur Bestimmung des Pflichtteils nicht nach der Quote, sondern nach den Werten führen mögen („Werttheorie“, vgl. Palandt/*Weidlich* § 2305 Rn. 3) bzw. über § 2316 eine Korrektur der Pflichtteilsquote bewirken können. Dabei ist wichtig, dass auch die Zehnjahresfrist des § 2325 BGB nicht greift (zum Ganzen *Bengel/Spall* in Münchener Anwaltshandbuch Erbrecht, § 41 Rn. 43).

Einen **Pflichtteilsergänzungsanpruch** (§ 2325 BGB) kann der Sozialleistungsträger auf sich überleiten, auch wenn ein Pflichtteilsanspruch als solcher nicht besteht (vgl OLG Hamm ZEV 2017, 158 (162)). Der Pflichtteilsergänzungsanspruch entsteht auch unabhängig von der nicht überleitungsfähigen Entscheidung über eine etwaige Erbausschlagung. Wenn innerhalb des 10-Jahreszeitraums relevante Schenkungen an eines der anderen Kinder oder Dritte erfolgt sind, ist daher zu überlegen, durch ein gleichfalls der Testamentsvollstreckung unterliegendes Vorvermächtnis zugunsten des Vorerben die Entstehung eines Pflichtteilsergänzungsanspruchs auszuschließen (*Weidlich* ZEV 2001, 94 (96)). Auch diese Bedrohung der Gestaltung spricht dafür, generell eher eine höhere Erbquote zu wählen und nicht nur knapp über dem Pflichtteil.

**4. Nicht befreiter Vorerbe.** Der Behinderte sollte auf jeden Fall nur als nicht befreiter Vorerbe eingesetzt werden, da seine Einsetzung als befreiter Vorerbe nach verbreiteter Meinung die Nachlassfrüchte und evtl. sogar die Nachlasssubstanz zumindest mittelbar der Zugriffsmöglichkeit des Sozialhilfeträgers aussetzt (*Otte* JZ 1990, 1027; Gutachten des DNotI in DNotI-Report 1996, 48). Zwar kann auch nach dieser Meinung wegen § 2115 BGB nicht direkt in den Nachlass vollstreckt werden, wohl aber hat der Behinderten wegen des vorrangigen Vermögenseinsatzes (§§ 19, 90 SGB XII mit Privilegien nach § 92f SGB XII) grundsätzlich erst nach dessen Verbrauch Leistungsansprüche, da er ihn ja bei der befreiten Vorerbschaft für sich verwenden darf (§ 2138 Abs. 1 BGB; vgl. zu § 88 Abs. 1 BSHG *van de Loo* NJW 1990, 2852; *ders.* MittRhNotK 1989, 233 (241); *Otte* JZ 1990, 1027). Allerdings ist an eine Befreiung von § 2119 BGB zu denken, damit der Nachlass auch in ertragreicheren Anlageformen investiert werden kann (*Bengel/Spall* in Münchener Anwaltshandbuch Erbrecht, § 41 Rn. 30).

**5. Testamentsvollstrecker.** Bei der **Auswahl des Testamentsvollstreckers** sollte man darauf achten, dass er nicht jetzt oder später auch der Betreuer des Behinderten ist, da das wegen der Personenidentität von manchen Vormundschaftsgerichten abgelehnt bzw. dann eine Ergänzungspflegschaft als erforderlich erachtet wird (*Damrau* ZEV 1994, 6; OLG Zweibrücken ZEV 2004, 834; OLG Hamm MittBayNot 1994, 53; OLG Nürnberg ZEV 2002, 158). Einen Formulierungsvorschlag zur Ernennung eines Mittestamentsvollstreckers für alle Fälle möglicher Interessenkollision macht *Bonefeld* ZErb 2007, 2. Allerdings sollte die Bennennung des Mitvollstreckers vom Erblasser selbst ausgehen und nicht dem aus Rechtsgründen an der Ausübung des Amts Verhinderten überlassen werden.

**6. Fortsetzung der Bindungen nach einer Auseinandersetzung** (*Keim* DNotZ 2014, 895). Die Formulierung stellt (vorsorglich) klar, dass Nacherbschaft und Dauertestamentsvollstreckung auch an Gegenständen fortbestehen, die dem geschützten Kind im Rahmen einer (teilweisen) Erbauseinandersetzung zufallen. Nicht ausschließen kann sie einen Wegfall der Bindungen, wenn es zu einer Erbauseinandersetzung in der Weise kommt, dass der betroffene Erbteil von einem anderen erworben und aus Eigenmitteln bezahlt wird (Fall des LG Kassel ZEV 2014, 104). Dies gilt es in der Nachlassabwicklung unbedingt zu vermeiden.

**7. Verwaltungsanordnung: Erträge des Vorerbanteils.** Die Nutzungen der Vorerbschaft stehen gem. § 2111 Abs. 1 S. 1 BGB grundsätzlich dem Vorerben zu und sind gem. §§ 2216 Abs. 1, 2217 Abs. 1 BGB vom Testamentsvollstrecker an den Vorerben herauszugeben, es sei denn, dass anderweitige Verwaltungsanordnungen des Erblassers gem. § 2216 Abs. 2 BGB vorliegen.

An dieser Stelle dürfte ein „Hauptknackpunkt" (*Doering-Striening* ZErb 2017, 95 (102) des Bedürftigen- oder Behindertentestaments liegen. Vom BGH wie auch vom BSG (ZEV 2015, 484) trotz genereller Anerkennung des „Behindertentestaments" noch offengelassen ist die Frage, inwieweit der Sozialhilfeträger durch die Nacherbfolge-/ Dauertestamentsvollstreckungslösung mit Verwaltungsanordnung nicht nur von der Nachlasssubstanz (bzw dem Vermögen, wie es sich bei Beantragung der Hilfe darstellte), sondern auch von den (nach erstmaliger Beantragung von Unterstützungsleistungen entstandenen) Erträgen des Vorerbanteils ausgeschlossen werden kann (ausf. dazu *Doering-Striening* ZErb 2017, 95 (102 ff).

Der Testamentsvollstrecker gerät dabei schnell in die Gefahr, Vorgaben aus der Verwaltungsanweisung zu verletzen, wenn er in bester Absicht Zahlungen vornimmt, die sich im Nachhinein wegen einer von ihm verkannten sozialrechtlichen Rechtslage als nicht zweckdienlich erweisen. Aus diesem Grund wird in der hier gewählten Verwaltungsanweisung ganz auf die nicht justiziable Einschätzung durch den Testamentsvollstrecker abgestellt. Er soll nicht in Konflikt zur Verwaltungsanweisung geraten, auch wenn sich seine Einschätzung objektiv als unzutreffend erweist.

**8. Verwaltungsanordnung: Ansparmöglichkeit und Substanzeingriffe.** Der Testamentsvollstrecker ist (aus seiner Pflicht zur ordnungsgemäßen Nachlassverwaltung) in der Regel verpflichtet, aus den Früchten des Nachlasses für den angemessenen Unterhalt des Erben zu sorgen. Nach der Rechtsprechung (RG SeuffA 74 Nr. 101; HRR 1929 Nr. 1652; OLG Bremen FamRZ 1984, 213; BGH FamRZ 1986, 900; 1988, 279) haben aber der Wille des Erblassers und der von ihm mit einer Anordnung nach § 2216 Abs 2 S 1 BGB verfolgte Zweck den Vorrang und zwar auch vor den Interessen etwaiger (privater) Eigengläubiger des Vorerben. Das LSG Hamburg (FamRZ 2013, 1428) sieht dies auch gegenüber dem Sozialleistungsträger so (kritisch dazu *Doering-Striening* ZErb 2014, 105 (110)). Der Erblasser kann im Wege der Verwaltungsanordnung bestimmen, dass den Erben die Erträge nur als Sachleistung herauszugeben sind. Im Behindertentestament werden dabei solche Leistungen gewählt, auf die ein Sozialleistungsträger gem §§ 82 ff, 90, 91 SGB XII nicht zugreifen kann (*Nieder* NJW 1994, 1264; Bedenken bei *J.Mayer* DNotZ 1994, 347 (357); *Krampes* AcP 1919 (1991), 526 (544)). Dieser Meinung folgt das vorliegende Formular, insbesondere wenn es unter § 3 Abs. (3) die Thesaurierung evtl. nicht verbrauchter Nutzungen anordnet. Insofern wird allerdings auch vertreten, dass zwar Verwaltungsanordnungen in der Art des Formulars unter § 3 Abs. (2) zulässig seien, ein verbleibender Überschuss jedoch sei an den Vorerben herauszugeben und stünde dem Sozialhilfeträger zum Zugriff offen (vgl. *Engelmann* MittBayNot 1999, 509 (511)). In § 3 Abs. (3) wird versucht, auch dieser Meinung dadurch gerecht zu werden, dass der Überschuss nur als Rücklage für spätere Maßnahmen zur Verbesserung der Lebensqualität des Behinderten zurückgelegt werden darf und nicht, um die Nachlasssubstanz zugunsten der Nacherben zu stärken. Das LSG Hessen (BtPrax 2013, 208) gibt allerdings dem Sozialhilfeträger gerade auf derartige größere Ansparbeträge den Zugriff.

*Otte* (JZ 1990, 1027 (1028)) ist der Meinung, Verwaltungsanordnungen des Erblassers über die Nutzungsverwendung zugunsten des Behinderten könnten auf Antrag des Sozialhilfeträgers gem. § 2216 Abs. 2 S. 2 BGB mit der Begründung aufgehoben werden, der Unterhalt des Behinderten sei gefährdet. Das setzt voraus, dass die Außerkraftsetzung durch gerichtliche Entscheidung nicht nur bei einer erheblichen Gefährdung des Nachlasses, sondern auch bei einer Schädigung der am Nachlass interessierten Personen erfolgen kann (str., ausf – ablehnend – dazu *Muscheler* Hereditare 2016, 291 (334)). Weil es sich bei § 2216 Abs. 2 S. 2 BGB um einen ausdrücklich vom Gesetz geregelten Fall der ergänzenden Auslegung handelt, sollte der Erblasserwille den Vorrang behalten. Der Erblasser will jedoch gerade den Zugriff des Sozialhilfeträgers verhindern (so auch Gutachten DNotI-Report 1996, 52) und außerdem wird durch die aus den Nutzungen finanzierten zusätzlichen Leistungen der Unterhalt des Behinderten verbessert. § 2216 Abs. 2 S. 2 BGB enthält kein subjektives Recht von Nachlassgläubigern, Privatgläubigern des Erben oder Pflichtteilsberechtigten (OLG München NJW-RR 2017, 1289 mwN). Der Sozialleistungsträger hat auch spezialgesetzlich keine stärkeren Rechte.

Nicht allein in der Niederigzinsphase kann es zur Befriedigung von nicht aus Sozialleistungen abgedeckten Bedürfnissen des Begünstigten wirtschafltich erforderlich werden, über den laufenden Ertrag hinaus auch die **Substanz des Nachlasses anzugreifen**. An dieser Stelle ist vieles ungeklärt. Während bei einigen Autoren schon die Akkumulation von Erträgen Bedenken erweckt, schließen andere insbesondere aus BGHZ 123, 368 auf die Möglichkeit eines zweckgebundenen Substanzeingriffs ohne Zugriffsmöglichkeit eines Sozialleisungsträgers. Dazu wird teilweise schlicht die Verwaltungsanordnung erweitert (*Braun* Rn. 116; *Perau* in Kölner Formularbuch Erbrecht 2011, S. 387; *Schmidl* ZErb 2018, 81). Erörtert wird auch ein Vermächtnis zugunsten des Vorerben, mit dem der Nacherbe unter bestimmten Voraussetzungen zur Zustimmung in den Substanzeingriff verpflichtet wird (*Spall* ZEV 2017, 26).

**9. Verwaltungsanordnung: Betreuungskosten etc.**Um flexibel sowohl auf künftige Bedürfnisse des Behinderten wie auch auf die rechtlichen Anforderungen eingehen zu können, wird dem Testamentsvollstrecker regelmäßig ein weitgehendes Ermessen in der Entscheidung über die Vermögensauskehr an den bzw. zugunsten des Behinderten eingeräumt. Kosten der **Wahrung der eigenen Rechte** des Behinderten wie zB eine Vergütung für den gesetzlichen Betreuer sind nach dem Erblasserwille in der Regel aber zu übernehmen, ohne dass dazu ein Ermessensspielraum bleibt. Insoweit ist der Hilfebedürftige also nicht mittelos im Sinn der § 1836c und § 1836d BGB. Der BGH (BGH FamRZ 2013, 876) schließt das zwar nur aus einer Auslegung der Verfügung, sodass ein ausdrücklicher Ausschluss möglich wäre (mit der Folge, dass die Staatskasse eine – geringere – Betreuervergütung zahlt). Zu empfehlen ist das nicht (ebenso *Müller* MittBayNot 2017, 593 (594): Die Zielsetzung der Konstruktion insgesamt wäre konterkariert, wenn der Erblasser sich nicht bereit zeigt, die Kosten der Rechtswahrung gegenüber Miterben und Testamentsvollstrecker abzusichern.

Zur Aufhebung und ggfs Abänderung einer Verwaltungsanordnung durch das Gericht s *Schmidl* ZErb 2017, 276 (Teil 1), 301 (Teil 2), 339 (Teil 3).

**10. Haftung des Testamentsvollstreckers.** → Form. XII.8 Anm. 10. Die sozialrechtliche Einordnung der vom Testamentsvollstrecker während eines Sozialleistungsbezugs ausgeschütten oder zur späteren Freigabe an den Vorerben angesparten Beträge als Schonvermögen oder Einkommen (in Richtung des letzteren BSG NJW 2012, 2911 und für angesparte Beträge ausdrücklich LSG Hessen BtPrax 2013, 208) und die daraus abzuleitenden Folgen für einen etwaigen Regreß des Sozialleistungsträgers, eine Anrechnung auf die Sozialleistungen oder deren Kürzung kann je nach Art der konkreten Sozialleistung unterschiedlich einzuschätzen sein. Zudem ist in der Rechtsprechung vieles unentschieden (ausf. *Doering-Striening*, Zerb 2014, 105). Den Testamentsvollstrecker trifft also ein nicht unerhebliches Haftungsrisko, wenn die Verwaltungsanordnung ihn zu eng bindet. Aus diesem Grund lässt die Anordnung im Formular dem Testamentsvollstrecker große Freiheit. Wenn ihn eine Verwaltungsanweisung enger an die Motive des Erblassers bindet, sollte der Testamentsvollstrecker bemüht sein, zu allen Auszahlungen die Zustimmung der Erben einzuholen, sodass sie ihn nicht mehr wegen einer Verletzung der Verwaltungsanorndung haftbar machen können, wenn die Erwartung einer sozialhilfeunschädlichen Zusatzleistung fehlschlägt. Weil Haftungserleicherungen durch den Erblasser gesetzlich ausgeschlossen sind (§ 2220 BGB), kommt ansonsten zur Begegnung dieses Riskos nur die Versicherungslösung in Betracht. ,

**11. Kosten.** → Form. XI.1 Anm. 16.

## 20. Ehegattentestament mit Nießbrauchsvermächtnis des Überlebenden und seiner Einsetzung als Testamentsvollstrecker

Verhandelt zu[1, 2] . . . . .
am . . . . . (auch als eigenhändiges Testament möglich)

§ 1 Erster Erbfall

Der Erstversterbende von uns setzt hiermit unsere gemeinschaftlichen, zum Zeitpunkt seines Todes an ihm gesetzlich erbberechtigten Abkömmlinge,[3] einschließlich adoptierter, jedoch mit Ausnahme nichtehelicher Kinder männlicher Nachkommen und ihren Abkömmlingen, unter sich jeweils nach der gesetzlichen Erbregel erster Ordnung zu seinen Erben ein.

§ 2 Vermächtnisse

(1) Der Erstversterbende von uns vermacht dem Überlebenden an seinem gesamten Nachlass den Nießbrauch auf Lebenszeit.[4]
(2) Der Erstversterbende vermacht dem Überlebenden die gesamte Einrichtung unserer Familienwohnung im weitesten Sinne, soweit die Sachen in seinem Eigentum stehen, sowie alle seine persönlichen Gebrauchsgegenstände.
(3) Die Vermächtnisse verjähren in 30 Jahren nach dem gesetzlichen Verjährungsbeginn.[5]

§ 3 Teilungsverbot[6]

Die Auseinandersetzung des Nachlasses des Erstversterbenden kann, solange sich der Überlebende nicht wieder verheiratet, gegen dessen Willen nicht verlangt werden. Diese Bestimmung tritt auch durch den Tod eines Erben nicht außer Kraft.

§ 4 Wiederverehelichungsklausel[7]

Im Falle der Wiederheirat des Überlebenden erlischt der Nießbrauch am Nachlass des Erstversterbenden. Der überlebende Ehegatte erhält jedoch dann vermächtnisweise ein Viertel des amtlichen Schätzwertes des zum Zeitpunkt der Wiederheirat noch vorhandenen Reinnachlasses in Geld. Die bis dahin von ihm bezogenen Erträge des Nießbrauchs sind ihm nicht auf das Vermächtnis anzurechnen.

§ 5 Testamentsvollstreckung[8]

Der Erstversterbende von uns ernennt hiermit den überlebenden Ehegatten zu seinem Testamentsvollstrecker mit den Aufgaben, sich selbst den Nießbrauch am Nachlass zu verschaffen und ihn zu verwalten. Er ist in der Eingehung von Verbindlichkeiten für den Nachlass nicht beschränkt und von § 181 BGB befreit. Mit der Wiederverheiratung endet die Testamentsvollstreckung.

§ 6 Befugnisse des Überlebenden zur Erbauseinandersetzung und zu Ausstattungen[9]

(1) Der Überlebende ist berechtigt, den Nachlass des Erstversterbenden hinsichtlich einzelner Nachlassgegenstände auseinanderzusetzen. In diesem Fall endet sein Testamentsvollstreckeramt bezüglich dieser Gegenstände.
(2) Der Erstversterbende räumt dem Überlebenden das Recht ein, gem. § 2048 BGB nach seinem billigen Ermessen Bestimmungen über die Auseinandersetzung des Nachlasses des Erstversterbenden auch in einer Verfügung von Todes wegen zu treffen.

(3) Der Erstversterbende beschwert seine Erben im Wege des Vermächtnisses, zu Lasten ihrer Erbteile zu dulden, dass einzelnen von ihnen Geld- und Sachleistungen mit Rücksicht auf ihre Verheiratung oder auf die Erlangung einer selbstständigen Lebensstellung zur Begründung oder zur Erhaltung der Wirtschaft oder der Lebensstellung jeweils im Sinne des § 1624 BGB aus dem Nachlass des Erstversterbenden zugewendet werden. Der Überlebende bestimmt nach billigem Ermessen die Person, den Gegenstand, den Zeitpunkt, die Form und den Anrechnungsbetrag der Zuwendung. Das Bestimmungsrecht endet mit dem Tode des Überlebenden, gleichzeitig fällt auch das Vermächtnis ersatzlos weg.

§ 7 Herausgabevermächtnis[10]

Für den Fall, dass einer der Erben des Erstversterbenden vor dem Längstlebenden ohne Hinterlassung ehelicher Abkömmlinge versterben sollte, hat er vermächtnisweise bei seinem Tode alles herauszugeben, was er vom Erstversterbenden zugewandt bekommen hat und bei seinem Tod noch vorhanden ist. Bedacht sind die übrigen Erben des Erstversterbenden im Verhältnis ihrer Erbteile, ersatzweise der überlebende Ehegatte.

§ 8 Zweiter Erbfall[11]

Der Längstlebende von uns, sowie für den Fall, dass wir gleichzeitig versterben jeder von uns, setzt hiermit auf seinen Tod unsere gemeinschaftlichen zum Zeitpunkt seines Todes gesetzlich erbberechtigten Abkömmlinge, einschließlich adoptierter, jedoch mit Ausnahme nichtehelicher Kinder männlicher Nachkommen und ihrer Abkömmlinge, zu seinen Erben gemäß der gesetzlichen Erbregel erster Ordnung ein. Der Längstlebende ist nach dem Tode des Erstversterbenden berechtigt, die Zuwendungen innerhalb des Kreises unserer Abkömmlinge durch Verfügung von Todes wegen zu ändern.

§ 9 Pflichtteilserschwerung[12]

Verlangt und erhält einer unserer Abkömmlinge auf den Tod des Erstversterbenden den Pflichtteil, ist er und sein Stamm auf Ableben des Längstlebenden enterbt unter Verweisung auf seinen Pflichtteilsanspruch.

§ 10 Bindung und Anfechtungsverzicht[13]

Sämtliche Bestimmungen dieses Testaments sind, soweit jeweils nichts anderes bestimmt ist, und soweit gesetzlich zulässig, wechselseitig. Bei einer Wiederverheiratung entfällt allerdings die Bindung des Längstlebenden an seine Verfügung in § 8. Ein Anfechtungsrecht nach § 2079 BGB ist beiderseits ausgeschlossen.

§ 11 Schlussformel

(→ Form. XI.1 u. → Form. XII.28 zusätzlich:) Ferner wurde auf die Bestimmung des § 2307 BGB (Pflichtteilsrecht eines ausschlagenden pflichtteilsberechtigten Vermächtnisnehmers) und ihre möglichen Auswirkungen hingewiesen.[14,15]

*Schrifttum: Brandenberg,* Nießbrauch an Privatgrundstücken, Betriebsgrundstücken und Kapitalvermögen, 2. Aufl. 1985; *Bünger,* Nießbrauch am Nachlaß und an Erbteilen, BWNotZ 1963, 100; *Gebel,* Nießbrauchsrechte und Nießbrauchslasten im Erbschaft- und Schenkungsteuerrecht, ZErb 2006, 122; *Hartmann/Aschfalk,* Testamentsvollstreckung, Nießbrauch und Vorerbschaft zur Sicherung der Nachfolge des Einzelunternehmers im Zivil- und Steuerrecht, 1983; *Keller,* Überlegungen zu Ehegattentestament, BWNotZ 1970, 49; *Nieder/Kössinger,* Hdb. d. Testamentsgestaltung, § 10 Rdn. 170;

*Petzoldt,* Vorerbschaft und Nießbrauchsvermächtnis, BB 1975 Beil 6; *Rohlff,* Nießbraucher und Vorerben als Testamentsvollstrecker, DNotZ 1971, 518.

## Anmerkungen

**1. Sachverhalt.** Die Testierer sind Eheleute mit Kindern. Die Ehefrau wurde jeweils durch Einräumung von Miteigentumshälften beim Erwerb von Vermögensstücken während der Ehe am Familiengut beteiligt. Durch das Testament soll erreicht werden, dass sich beim Tode des Erstversterbenden hinsichtlich des Familiengutes nichts ändert und der Überlebende es ungestört und ungeschmälert allein besitzen und benützen darf. Das Vermögen des Erstversterbenden soll erst nach dem Tode des Längstlebenden oder dessen Wiederverehelichung unbeschränkt auf die gemeinschaftlichen Abkömmlinge übergehen.

**2. Anwendungsfälle.** Zur Erreichung ihres Ziels, das Vermögen des Erstversterbenden den gemeinschaftlichen Abkömmlingen zu erhalten, stehen den Testierern verschiedene Möglichkeiten zur Verfügung, die sich durch das Maß der Sicherheit und die Stellung des überlebenden Ehegatten gegenüber dem Nachlass voreinander unterscheiden. Die einfachste und für die Erbfolge der Abkömmlinge sicherste Möglichkeit ist die im Formular gewählte, die Abkömmlinge zu Erben einzusetzen und dem überlebenden Ehegatten nur den Nießbrauch einzuräumen. Diese Lösung ist variabel, zB iSd Testamentsvollstrecker-Nießbrauch-Lösung. Stärker ist die Stellung des Überlebenden, wenn er zum Vorerben und die Abkömmlinge zu Nacherben eingesetzt werden, noch freier, wenn die Nacherbschaft der Abkömmlinge nur bedingt für den Fall seiner Wiederheirat angeordnet wird. Die stärkste Stellung bei dieser Zielsetzung hat der Längstlebende, wenn er zum Vollerben eingesetzt und nur vermächtnisweise verpflichtet wird, im Falle seiner Wiederverheiratung oder seines Todes Nachlassgegenstände an die Abkömmlinge zu übertragen. Die Einsetzung des Überlebenden als Nießbrauchs-Testamentsvollstrecker erfreut sich vor allem in den verschiedensten Abwandlungen im Landesteil Württemberg des Bundeslandes Baden-Württemberg großer Beliebtheit. Varianten des Grundmodells sind unter anderem seine Anordnung im Einzeltestament, wenn nur ein Ehegatte nennenswertes Vermögen besitzt, die Zuwendung des vollen gesetzlichen Erbteils an den überlebenden Ehegatten, wenn dieser nicht bereits unter Lebenden Anteil am Familienvermögen erhalten hat und die völlige Freistellung des Überlebenden für letztwillige Verfügungen über seinen Nachlass oder seine völlige Bindung an seine eigenen im Testament getroffenen letztwilligen Verfügungen, je nachdem woher sein Vermögen stammt und wie alt die Eheleute sind. Da im vorliegenden Fall der gesamte Nachlass des Erstversterbenden mit einem Nutzungsrecht zugunsten des Überlebenden belastet werden soll und nicht nur ein einzelner Gegenstand, was am einfachsten durch Nießbrauch erfolgen kann und außerdem der Überlebende durch sein Testamentsvollstreckeramt ein umfassendes Verfügungsrecht über den Nachlass erhält, bildet die befreite Vorerbschaft eine echte Alternative. Vom wirtschaftlichen Ergebnis her gesehen bestehen zwischen diesen beiden Lösungsmöglichkeiten so geringe Unterschiede, dass es oft zweifelhaft ist, welche der beiden der Erblasser wollte. Klarheit des Ausdrucks ist daher geboten (*Petzoldt* BB 1975 Beil. 6 S. 4). Zwar vermeidet man auch heute noch beim Nießbrauch die Doppelbesteuerung mit Erbschaftsteuer, aber der große steuerliche Vorteil dieser Lösung ist entfallen, seit durch § 25 ErbStG im Verhältnis zwischen Erblasser und seinem Ehegatten die Abzugsmöglichkeit des kapitalisierten Nießbrauchs weggefallen ist. Die Nießbraucher-Testamentsvollstrecker-Lösung hat gegenüber der Vorerbschaft den Vorteil, dass bei beiden zwar die gleiche Verfügungsbefugnis besteht, der Eigentümer aber gegenüber dem Testamentsvollstrecker nach §§ 2218, 666 BGB weitergehende Ansprüche auf Auskunftserteilung und Rechnungslegung hat als nach § 2122 BGB der Nacherbe gegen den Vorerben. Während der befreite Vorerbe nicht mehr der Verpflichtung zur ordnungsgemäßen Verwaltung nach §§ 2130, 2136 BGB unterliegt und seine Befugnisse lediglich an dem Verbot der absichtlichen Schädigung des Nacherben (BGH LM § 2136 Nr. 1) eine Grenze finden, trifft den Nießbraucher-Testamentsvollstrecker die unabdingbare Verpflichtung zur ordnungsgemäßen Ausübung seines Amtes (§ 2216 BGB). Letztlich ist der Nießbraucher nach §§ 1036 Abs. 2, 1037 Abs. 1, 1041 BGB grundsätzlich verpflichtet, die wirtschaftliche Zweckbestimmung des belasteten Vermögensgegenstandes zu belassen, während der Vorerbe als Eigentümer auf Zeit dazu nicht verpflichtet ist. Es liegt somit hauptsächlich an der strengeren Bindung im Innenverhältnis gegenüber den künftigen Berechtigten der Nachlassgegenstände bei gleichzeitiger freier Verfügungsbefugnis nach außen, dass auch nach Wegfall der erbschaftsteuerlichen Bevorzugung die Verknüpfung von Nießbrauch und Testamentsvollstreckung gewählt wird.

3. **Eigene Abkömmlinge.** Diese Formulierung empfiehlt sich, da die Auslegungsregel des § 2070 BGB nicht für die Berufung eigener Enkel gilt (Palandt/*Weidlich* § 2070 Rn. 2). Durch sie wird sichergestellt, dass wie nach der Regel des § 2070 BGB und entsprechend der gesetzlichen Erbregel zwar die nach § 1923 Abs. 2 BGB erbfähigen beim Erbfall noch nicht geborenen aber bereits erzeugten Abkömmlinge erben, nicht jedoch auch zum Zeitpunkt des Todes des Testierers noch nicht gezeugte, dh dass die Nacherbenregelung für noch nicht Gezeugte gem. §§ 2101 Abs. 1, 2105 Abs. 2, 2106 Abs. 2 BGB nicht eintreten soll. Man kann natürlich auch anders formulieren, wie etwa „die Abkömmlinge nach gesetzlicher Erbregel".

4. **Nießbrauch am Nachlass.** a) **Nießbrauch allgemein.** Der Nießbrauch ist das unvererbliche und bei natürlichen Personen unübertragbare dingliche Recht sämtliche Nutzungen des belasteten Gegenstandes zu ziehen (§§ 1030 Abs. 1, 1036, 1059, 1061 BGB). Er verpflichtet den Eigentümer nur zur Duldung dieser Nutznießung, nicht zu irgendwelchen Leistungen (BayObLG 72, 364 = DNotZ 1973, 299). Ferner berechtigt der Nießbrauch grundsätzlich nur zur Nutznießung, nicht dagegen zur Verfügung über den nießbrauchsbelasteten Gegenstand. Durch den Nießbrauch entstehen zwischen den Beteiligten kraft Gesetzes schuldrechtliche Beziehungen (gesetzliches Schuldverhältnis), die das Verhältnis zwischen Nießbraucher einerseits und Eigentümer oder Rechtsinhaber bzw. Nießbrauchsbesteller regeln. Das gesetzliche Schuldverhältnis ist mit dinglicher Wirkung durch Vereinbarung, gegebenenfalls nebst Grundbucheintragung, abänderbar, soweit dadurch nicht gegen das Wesen des Nießbrauchs verstoßen wird und insbesondere die begriffswesentlichen Grenzen zwischen Eigentum und Nießbrauch und der Grundsatz der Substanzerhaltung der nießbrauchsbelasteten Sache nicht verletzt werden (BayObLG 72, 363 (367)). Ein Nießbrauch kann bestellt werden an Sachen aller Art (§§ 1030–1067 BGB), an Rechten (§§ 1068–1084 BGB) sowie an einem Vermögen (§§ 1085–1088 BGB) und einer Erbschaft (§ 1089 BGB), letzteres Sachgesamtheiten.

b) **Nachlassnießbrauch.** Der Nießbrauch am Nachlass ist die in der Praxis am häufigsten auftretende Form des Vermögensnießbrauchs (jurisPK/*Laukemann*, BGB, 6. Aufl., § 1085 Rn. 3). Auf ihn finden nach § 1089 BGB die Vorschriften der §§ 1085–1088 BGB über den Nießbrauch an einem Vermögen entsprechende Anwendung. Der Nießbrauch an einem Nachlass hat wie der an einem Vermögen als dingliches Recht keinen besonderen Inhalt. Er ist Nießbrauch an den einzelnen Nachlassgegenständen. Er wird wie der Nießbrauch am Vermögen gem. § 1085 BGB an den einzelnen Gegenständen nach den für sie geltenden Vorschriften bestellt (jurisPK/*Laukemann*, BGB, 6. Aufl., § 1085 Rn. 5). Scheiden einzelne Nachlassgegenstände nachträglich aus dem Nachlass aus, besteht der Nießbrauch an ihnen fort, bis der Nießbraucher ihn nach den jeweils dafür geltenden Vorschriften aufgibt. Kommen nachträglich Nachlassersatzgegenstände hinzu, entsteht an ihnen der Nießbrauch nicht von selbst, sondern muss jeweils an ihnen, soweit ein Anspruch darauf besteht, ausdrücklich bestellt werden. Eine dingliche Surrogation der

Art, dass der Nießbrauch sich beim Ausscheiden einzelner Gegenstände aus dem Nachlass ohne weiteres auf die Ersatzgegenstände erstrecken würde, ist weder für den Vermögens- noch für den Nachlassnießbrauch vorgesehen (AnwK/*Lemke* BGB § 1085 Rn. 6; OLG Bremen Betr. 1970, 1436). Der Erblasser kann natürlich durch ein weiteres Vermächtnis dem Nießbraucher einen Anspruch auf Nießbrauchsbestellung an solchen später in den Nachlass gelangenden Ersatzstücken bestellen, jedoch besteht dann, falls die Verfügung nicht klar und eindeutig ist, die Gefahr, dass mittels Auslegung Vorerbschaft statt vermachtem Nießbrauch angenommen wird. Die Rechtslage ist beim Nießbrauch an einem Erbteil, der ein Rechtsnießbrauch nach § 1068 BGB ist, gerade umgekehrt (jurisPK/*Laukemann,* BGB, 6. Aufl., § 1089 Rn. 4). Im Falle der Veräußerung eines Nachlassgegenstandes ist hier zwar gem. § 1071 BGB die Zustimmung des Nießbrauchers notwendig, dann scheidet aber der Gegenstand ohne weiteres unbelastet aus der Nachlassmasse aus und an seine Stelle tritt die Gegenleistung, ohne dass an ihr der Nießbrauch neu begründet werden müsste (*Bünger* BWNotZ 1963, 100 (101) mwN).

Da der Nießbrauch am gesamten Nachlass und der an allen Erbteilen praktisch zum selben Ergebnis führen, wird oft zwischen beiden Möglichkeiten nicht klar unterschieden und werden sie als austauschbar betrachtet. Dabei wird dann der Nießbrauch an allen Erbteilen bevorzugt, da er zwar immer notarielle Beurkundung erfordert (§§ 2033 Abs. 1, 1068 BGB) aber in einem Akt erfolgt, während der Nießbrauch am gesamten Nachlass als Summe von Nießbrauchsrechten an den einzelnen Nachlassgegenständen recht schwerfällig jeweils an diesen nach den entsprechenden Vorschriften bestellt werden muss. Da zwischen beiden Möglichkeiten neben der unterschiedlichen Bestellung verschiedene wichtige Unterschiede in Wirkung und bei der Nachlassauseinandersetzung bestehen (s. im Einzelnen *Bünger* BWNotZ 1963, 100; zu steuerlichen Folgen *Stein* ZEV 2018, 127), sollte in der letztwilligen Verfügung klar bestimmt werden, welche Nießbrauchsart zugewandt werden soll und derjenige, dem der Nießbrauch am gesamten Nachlass vermacht ist, braucht sich nicht darauf einzulassen, dass ihm die Erben den Nießbrauch an sämtlichen Erbanteilen bestellen (*Petzoldt* BB 1975 Beil. 6 S. 3; *Wolff/Raiser* SachenR 10. Aufl. § 123 I; *Kipp/Coing* ErbR § 113 II 2 Fn. 3). Legt der Erblasser, der den Nießbraucher nicht wie hier zugleich zum Testamentsvollstrecker einsetzt, Wert darauf, dass dieser ein Mitspracherecht bei Verfügungen der Erben über Nachlassgegenstände, insbesondere bei der Erbauseinandersetzung erhält, so muss er ihm statt des Nießbrauchs am gesamten Nachlass den „an allen Erbteilen" vermachen (*Bünger* BWNotZ 1963, 100 (103)). Während nämlich beim Nießbrauch am gesamten Nachlass die Erben die Auseinandersetzung ohne den Nießbraucher vornehmen können, dessen Recht auch nach der Teilung unverändert als Belastung der einzelnen Gegenstände bestehen bleibt, können sie sich beim Nießbrauch an allen Erbteilen gem. §§ 1068 Abs. 2, 1066 Abs. 2 u. 3, 1071 BGB nur mit Zustimmung des Nießbrauchers auseinandersetzen, da mit der Aufhebung der Erbengemeinschaft der Nießbrauch an den Erbteilen untergehen würde (*Bünger* BWNotZ 1963, 100 (102)). Diese Möglichkeit ist natürlich bei Einsetzung eines Alleinerben nicht möglich, hier kann nur ein Nießbrauch am Nachlass vermacht werden.

**5. Verlängerung der Verjährungsfrist.** Durch die Aufhebung des vormaligen § 197 Abs. 1 Nr. 2 BGB gilt seit 1.1.2010 (BGBl. 2009 I 3142) zumeist (Ausnahmen in § 197 Abs. 1 Nr. 1 BGB) die lange Sonderverjährung von 30 Jahren nicht mehr. Es greift bei Grundstücksvermächtnissen die Frist von 10 Jahren (Rechte an einem Grundstück, § 196 BGB), sonst die allgemeine Verjährungsfrist von nur 3 Jahren. Allgemein muss das kein Problem sein, weil den jeweils Begünstigten ohnehin an schnellem Vollzug des Vermächtnisses gelegen ist. In der Konstellation des Musters allerdings mag der Ehegatte geneigt sein, die dingliche Bestellung des Nießbrauchs aufzuschieben, da er durch seine starke Stellung als Testamentsvollstecker ohnehin Zugriff auf die betroffenen Gegenstände und deren Erträge hat. Er läuft bei kurzer Verjährung nunmehr Gefahr, den verjährten

Anspruch in seiner Eigenschaft als Testamentsvollstrecker nicht mehr erfüllen zu dürfen. Darauf ist bei dieser Gestaltung dringend hinzuweisen bzw. von der in § 202 Abs. 2 BGB eingeräumten Möglichkeit einer Verlängerung der Verjährung Gebrauch zu machen (*Schaal/Grigas* BWNotZ 2008, 2 (23) mit Formulierungsvorschlag).

6. **Teilungsverbot.** Der nach § 2044 BGB zulässige Teilungsausschluss verhindert ebenso wie die Anordnung einer Dauertestamentsvollstreckung nach § 2209 S. 1 Hs. 2 BGB, dass die Erben gem. §§ 2042, 2204 BGB vom Testamentsvollstrecker die Auseinandersetzung des Nachlasses fordern können, woran sie allein durch den Nießbrauch am gesamten Nachlass nicht gehindert wären, da diese auch nach der Teilung an den einzelnen Nachlassgegenständen verbleiben würde. Das Teilungsverbot wirkt wie eine entsprechende Vereinbarung unter den Miterben nur schuldrechtlich nicht dinglich (§ 137 Abs. 1 BGB). Aus wichtigem Grund ist das Aufhebungsverlangen trotz des Teilungsverbots möglich (§§ 2044 Abs. 1 S. 2, 749 BGB). Im Zweifel erlischt das Teilungsverbot mit dem Tode eines Miterben (§§ 2044 Abs. 1 S. 2, 750 BGB), so dass diese Rechtsfolge, wenn sie nicht gewünscht wird, ausdrücklich ausgeschlossen werden muss. Der Ausschluss wirkt auch gegen Sonderrechtnachfolger von Nachlassgegenständen (§§ 2044 Abs. 1 S. 2, 751, 1010 Abs. 1 BGB). Ist, wie im Formular, das Teilungsverbot nur zugunsten eines der Miterben, hier der Witwe, angeordnet, so handelt es sich um ein Vorausvermächtnis zu ihren Gunsten. Ist sie, wie hier, gleichzeitig zum Testamentsvollstrecker berufen, so kann sie, auch ohne ausdrückliche Gestattung im Testament, jederzeit den Nachlass auseinandersetzen (OLG Stuttgart HEZ 2, 115).

7. **Wiederheirat des Überlebenden** (→ Form. XII.11 Anm. 9 und → Form. XVI.28 Anm. 7 und die dort genannte Literatur). Hier ist eine Reihe von Abwandlungen denkbar, angefangen vom ersatzlosen Wegfall des Nießbrauchs im Falle der Wiederheirat. Diese Möglichkeit wäre zu erwägen, wenn die Eheleute den Vermögenszuwachs jeweils bereits unter Lebenden unter sich verteilt hätten. Diese Einschränkung wurde hier aus allgemeinen Erwägungen schon immer gemacht und deshalb auch im Muster bei Wegfall des Nießbrauchs ein Geldersatz vorgesehen. Ganz mittelbar berührt die jüngst im Spannungsfeld mit der Testierfreiheit vom Bundesverfassungsgericht betonte Eheschließungsfreiheit (NJW 2004, 2088 = FamRZ 2004, 765 mit krit. Anm. *Isensee* DNotZ 2004, 754) auch die Gestaltungsfreiheit bei Wiederverheiratungsklauseln (eindringlich *Scheuren-Brandes* ZEV 2005, 185; s. aber auch *Gutmann* NJW 2004, 2347). Eine gewisse Kompensation sollte dem überlebenden Ehegatten also geboten werden, wenn er trotz einer „Strafklausel" die Wiederheirat wünscht. Statt des hier als Ersatz für den Wegfall des Nießbrauchs bei Wiederverehelichung gewählten bedingten Geldvermächtnisses, könnte man auch den Überlebenden aufschiebend bedingt durch die Wiederheirat auf seinen gesetzlichen Erbteil evtl. ohne das Zugewinnviertel einsetzen. Dazu sollte man ausdrücklich die eingesetzten Erben zu Vorerben einsetzen, besser aber, wie im Formular, den Nachteilen der durch die Bedingung eintretenden Vor- und Nacherbschaft durch Anordnung eines bedingten Vermächtnisses ausweichen (*Haegele* JurBüro 1969, 1 (5)).

8. **Nießbrauch und Testamentsvollstreckung.** Es könnte zweifelhaft sein, ob die Verbindung von Nießbrauch und Testamentsvollstreckung wegen des zweifellos bestehenden Interessenwiderstreits zulässig ist. Da aber der Erblasser den Testamentsvollstrecker sogar vom Verbot des Selbstkontrahierens befreien und ihm zusätzlich eine postmortale Vollmacht zur Vertretung erteilen kann, so dass ihm in seiner Eigenschaft als Bevollmächtigter sogar unentgeltliche Verfügungen erlaubt sind (BGH NJW 1962, 1718; *Mensch* NotBZ 2013, 420), bestehen keine Bedenken, dem Nießbraucher zugleich die Stellung des Testamentsvollstreckers einzuräumen (*Rohlff* DNotZ 1971, 518 (521)). Die Verknüpfung von Nießbrauch und Testamentsvollstreckung versetzt den Berechtigten in die Lage, über alle Nachlassgegenstände zu verfügen. Das findet nur seine Grenzen im Gebot

der ordnungsgemäßen Verwaltung des Nachlasses (§§ 2216, 2220 BGB). Zur erforderlichen Verlängerung der Verjährungsfrist → Anm. 5.

9. **Befugnisse des überlebenden Ehegatten zu wertverschiebender Verteilung des Nachlasses des verstorbenen Ehegatten zwischen dessen Erben.** Diese Bestimmungen dienen dazu, dem Überlebenden in festgelegten Grenzen die Möglichkeit zu geben, wertmäßig eine von den Erbquoten abweichende Erbteilung des Nachlasses des Erstversterbenden zwischen den Abkömmlingen vorzunehmen. Wegen § 2065 BGB ist es nicht möglich, etwa dem Überlebenden ein Widerrufsrecht bezüglich der Verfügungen des Erstversterbenden vorzubehalten (*Huber* Rpfleger 1981, 41 (43) mwN). Zunächst legt der Erblasser fest, dass der Überlebende nur so lange Testamentsvollstrecker bezüglich eines bestimmten Nachlassgegenstandes bleibt, bis er selbst bezüglich dieses Gegenstandes die Auseinandersetzung verlangt. Damit entfällt die Unsicherheit über seine Befugnis zur Freigabe von Nachlassgegenständen gem. § 2217 BGB (*Keller* BWNotZ 1970, 49 (50)). Ferner erhält der Überlebende gem. § 2048 BGB die Befugnis, die Auseinandersetzung der Nachlassgegenstände unter den Erben nach billigem Ermessen vorzunehmen. Dieses Bestimmungsrecht kann er dabei auch in einer Verfügung von Todes wegen ausüben (*Keller* BWNotZ 1970, 49 (51)). Damit kann der Überlebende jedoch noch keine Wertverschiebungen zwischen den Erben vornehmen, diese müssen sich vielmehr mit den ihnen vom Überlebenden zugeteilten Nachlassgegenständen nach ihren Erbquoten ausgleichen. Um dem Überlebenden die Möglichkeit zu geben, zu Lasten des Nachlasses des Erstversterbenden Anordnungen zu treffen, die Wertverschiebungen unter dessen Erben zur Folge haben, werden die Erben mit einem Bestimmungsvermächtnis gem. §§ 2151, 2153 BGB verbunden mit einem Zweckvermächtnis gem. § 2156 BGB beschwert, und zum Bestimmungsberechtigten der Überlebende ernannt. Dieser kann dann gem. § 2156 BGB innerhalb des ihm vom Erblasser zu setzenden Rahmens, hier der der Ausstattung gem. § 1624 BGB, Gegenstand, Zeitpunkt und Bedingungen der Leistung aus dem Nachlass des Erstversterbenden nach billigem Ermessen bestimmen. Ferner bestimmt er nach freiem Ermessen gem. § 2151 BGB die Person des Berechtigten und gem. § 2153 BGB dessen Anteil am Nachlassgegenstand (*Keller* BNotZ 1970, 49 (52)). Eine andere Gestaltungsmöglichkeit, dem Überlebenden die freie, wertmäßige Verteilung des Nachlasses des Erstversterbenden nach seinem Ermessen zu ermöglichen, wäre einzelne Nachlassgegenstände oder eine Gruppe von Nachlassgegenständen zB sämtliche Grundstücke den Kindern gemeinsam als Vorausvermächtnis zuzuwenden und dem Überlebenden gem. § 2151 BGB das Recht einzuräumen, evtl. unter gleichzeitiger Anordnung von Ausgleichszahlungen zu bestimmen, wer von den Abkömmlingen jeweils das Vermächtnis erhalten soll (*Vogt* BWNotZ 1955, 60; *Keller* BWNotZ 1970, 49 (51)). Modifizieren lässt sich diese Gestaltungsmöglichkeit dadurch, dass gem. § 2153 BGB dem Überlebenden auch das Recht eingeräumt werden kann, die Quoten zu bestimmen, zu denen bestimmte Gegenstände zugewandt sein sollen (*Keller* BWNotZ 1970, 49 (51); Soergel/*Wolf* § 2153 Rn. 1). Klarstellend sollte in der Verfügung ausdrücklich bestimmt werden, dass die anteilsmäßige Verteilung auch getrennt für jeden einzelnen der vermachten Gegenstände erfolgen kann (*Keller* BWNotZ 1970, 49 (52)). Wertverschiebende Verteilung des Nachlasses des verstorbenen Ehegatten zwischen den Abkömmlingen durch den Überlebenden sind einfacher zu ermöglichen, wenn der Überlebende zum Vorerben und die Abkömmlinge zu Nacherben eingesetzt werden und außerdem bestimmt wird, dass durch eine Verteilung des Nachlasses des Erstverstorbenen unter Lebenden oder von Todes wegen durch den Überlebenden unter die Abkömmlinge die dadurch auflösend bedingte Nacherbfolge entfällt und die aufschiebend bedingte Vollerbschaft des Überlebenden wirksam wird (→ Form. XII.12).

10. **Schutz des Überlebenden vor dem Eindringen Familienfremder.** Beim Ehegattennießbrauchstestament besteht immer die Gefahr, dass der oder einer der zu Erben einge-

setzten Abkömmlinge bereits vor dem Tode des Längstlebenden des Ehegatten verstirbt, und, falls er kinderlos war, über seinen Erbfall Familienfremde in die Erbengemeinschaft hereinkommen. Zwar ändert das nichts am Nießbrauch des Überlebenden, wird aber trotzdem vom Erblasser meist nicht gewünscht. Hier kann durch die Anordnung einer bedingten Nacherbfolge oder besser, da nicht wie diese mit Verfügungsbeschränkungen verbunden, wie im Formular, mit einem Herausgabevermächtnis geholfen werden (*Keller* BWNotZ 1970, 49 (53)).

**11. Bestimmungen auf den zweiten Erbfall.** Es bleibt dem Einzelfall überlassen, ob auch für den Erbfall des Längstlebenden im Testament letztwillige Verfügungen getroffen werden sollen oder ob dieser über sein Vermögen auch von Todes wegen frei verfügen können soll. Letzteres wird oft der Fall sein, wenn bereits Kinder oder Enkel vorhanden sind. Der Notar sollte dann aber ausdrücklich in der Urkunde dokumentieren, dass der Überlebende der Eheleute heute keine Verfügungen von Todes wegen treffen will. Werden Verfügungen auf den zweiten Erbfall getroffen, stellt sich sofort die Frage nach der Bindung des Überlebenden nach dem Tod des Erstversterbenden und einer ganzen oder teilweisen Freistellung davon (Freistellungsklausel). Im Formular ist dem Überlebenden nur die Befugnis zur teilweisen Durchbrechung der Bindungswirkung, nämlich zur anderweitigen Verteilung seines eigenen Nachlasses unter die gemeinschaftlichen Abkömmlinge, eingeräumt worden (sog. umfangmäßig beschränkte Wechselbezüglichkeit). Der Begriff des gleichzeitigen Versterbens umfasst nach der Rechtsprechung (KG FamRZ 1970, 148 (149); LG Ellwangen BWNotZ 1981, 94) auch den Fall, dass die Ehegatten zwar zeitlich nacheinander sterben, der überlebende Gatte aber ab dem Eintritt des ersten Erbfalls durch anhaltende Unfähigkeit der Willensbildung oder -äußerung zu eigenen Handlungen nicht mehr fähig war. Das ist insbesondere dann anzunehmen, wenn beide Todesfälle die Folge desselben äußeren Ereignisses (zB eines Unfalls) sind, das Versterben beider somit gleichzeitig „begonnen“ hat. Zur jüngeren Diskussion über diese Klausel → Form. II.24 Anm. 15. Seit der völligen Gleichstellung ehelicher und außerehelich geborener Kinder muss im Testament klar zum Ausdruck kommen, wenn ausnahmsweise als Kind angenommene oder außereheliche Kinder nicht bedacht sein sollen. Man muss individuell nach den Wünschen des Erblassers formulieren und dabei auch beachten, dass die Auslegungsregel des § 2070 BGB nicht für eigene Abkömmlinge gilt (→ Anm. 3).

**12. Pflichtteilsstrafklausel.** Da im Formular die Abkömmlinge bereits allein zu Erben des Erstversterbenden eingesetzt sind, kann hier die erweiterte sog. Jastrowsche Pflichtteilsstrafklausel (→ Form. XII.24 Anm. 9) keine Anwendung finden. Beim zweiten Erbfall ist der Nachlass des Erstversterbenden nicht mehr im Nachlass des Längstlebenden enthalten.

**13. Festlegung der Wechselbezüglichkeit** (→ Form. XII.26 Anm. 3). Wegen der Schwierigkeiten, die mit der Feststellung der Wechselbezüglichkeit einer Verfügung in einem gemeinschaftlichen Testament verbunden sind (Palandt/*Weidlich* § 2270 Rn. 5), sollte in jedem gemeinschaftlichen notariellen Testament ausdrücklich festgelegt werden, welche der Verfügungen wechselbezüglich sein sollen. Da ungeklärt ist (*Huber* Rpfleger 1981, 41 (44)), ob bei Vorliegen einer Wiederverehelichungsklausel und deren Erfüllung im Falle der Wiederheirat die im gemeinschaftlichen Testament getroffenen Verfügungen des Längstlebenden auf den zweiten Erbfall bestehen bleiben, automatisch wegfallen oder nur die Bindung an sie wegfällt, sollten die Folgen der Wiederverehelichung auf die Verfügungen des Längstlebenden ausdrücklich im gemeinschaftlichen Testament bestimmt werden. Ferner sollte auch die Frage eines Verzichts des Überlebenden auf ein Anfechtungsrecht nach § 2079 BGB (Übergehung eines Pflichtteilsberechtigten) und evtl. auch des § 2078 BGB (Irrtum) erörtert und das Ergebnis im Testament festgehalten werden.

**14. Pflichtteilsrecht des ausschlagenden Vermächtnisnehmers.** Neben der bei jeder Verfügung von Todes wegen gebotenen Belehrung über das Pflichtteilsrecht (*Reimann/Bengel/*

*Mayer* BeurkG § 17 Rn. 10 mwN), sollte hier insbesondere auch das Pflichtteilsrecht angesprochen werden, dass jeder Pflichtteilsberechtigte hat, wenn er ein ihm zugewandtes Vermächtnis ausschlägt (§ 2307 BGB). Ferner, dass für die Annahme oder Ausschlagung von Vermächtnissen gesetzliche Fristen nicht bestehen, dafür aber der mit dem Vermächtnis beschwerte Erbe gem. § 2307 Abs. 2 BGB dem Vermächtnisnehmer eine Frist zur Annahme setzen kann, bei deren fruchtlosem Ablauf das Vermächtnis als ausgeschlagen gilt.

**15. Steuern. (1) Erbschaftsteuer.** Die Zuwendung eines Nießbrauchs von Todes wegen unterliegt der Erbschaftsteuer (§ 3 Abs. 1 Ziff. 1 ErbStG). Der Steuerpflichtige hat dabei das Wahlrecht, entweder einmalig nach dem Kapitalwert des Nießbrauchs oder jährlich wiederkehrend nach dem Jahreswert des Nießbrauchs die Erbschaftsteuer zu entrichten (§ 23 Abs. 1 ErbStG). Wird die Versteuerung nach dem Jahreswert gewählt, besteht nach § 23 Abs. 2 ErbStG die Möglichkeit, die Jahressteuer zum nächsten Fälligkeitstermin mit ihrem Kapitalwert abzulösen. Die Bewertung des Nießbrauchs für die Erbschaftsteuer richtet sich nach §§ 13 ff. BewG jeweils nach der Art des belasteten Gegenstandes. Wird der Nießbrauch, wie im Formular, am gesamten Nachlass oder an einem Erbteil bestellt, so lässt sich der Jahreswert nicht einheitlich berechnen, sofern der Nachlass nicht nur aus einem einzigen Vermögensgegenstand besteht. So wie der Nießbrauch am gesamten Nachlass zivilrechtlich Nießbrauch an den einzelnen Nachlassgegenständen ist, ist auch für die erbschaftsteuerliche Bewertung die Summe der Werte der einzelnen Nießbrauchsrechte an den Nachlassgegenständen maßgebend (BFH BStBl. III 1966, 507). Das schließt jedoch nicht aus, dass eine Verrechnung zwischen positiven und negativen Einkünften aus den einzelnen Nießbrauchsrechten vorgenommen wird. Zur Ermittlung des Jahreswertes des Nießbrauchs am gesamten Nachlass sind von den Einnahmen der ertragbringenden Nachlassgegenstände die Aufwendungen auf die ertragslosen Nachlassgegenstände abzuziehen (BFH BStBl. II 1970, 368). Grds. kann der mit dem Nießbrauchsvermächtnis belastete Erbe den Wert des Nießbrauchs von dem steuerlichen Wert des Nießbrauchsobjekts in Abzug bringen.

(2) Einkommensteuer. Der Nießbrauch ist als dingliche Belastung einer Sache oder eines Rechts Teilrechtsnachfolge, die darin besteht, dass aus den in der Hand des Rechtsinhabers vereinigten Herrschaftsrechten das Recht auf den originären Bezug der Nutzungen für den Nießbraucher abgespaltet wird, während das Herrschaftsrecht an der Substanz beim Rechtsinhaber verbleibt. Die Finanzverwaltung hat die Rechtsprechung für die Praxis in den sog. Nießbrauchserlassen zusammengefasst, zuletzt mit Erlass vom 30.9.2013 (BStBl. I 2013, 1184).

Die Nießbrauchsbestellung wird im privaten Bereich (insbesondere bei Haus- und Grundbesitz) als Mittel genutzt, unter nahen Angehörigen Einkünfte zu verlagern, um Progressionsvorteile zu nutzen (Einkünfteverlagerung). Dem Nutzungsberechtigten werden die Einkünfte zugerechnet, wenn er den Tatbestand der Einkünfteregelung verwirklicht, dh wenn er im Rahmen zB der Vermietung und Verpachtung – ausgestattet mit den Rechten und Pflichten des Vermieters, Sachen und Rechte iSd § 21 EStG an andere zur Nutzung überlässt. Dingliche und obligatorische Nutzungsrechte werden grds. gleich behandelt.

Für die steuerliche Beurteilung ist zwischen unentgeltlicher, teilentgeltlicher und (voll-) entgeltlicher Bestellung des Nießbrauchs-/Nutzungsrechts zu unterscheiden, des Weiteren nach dem Zustandekommen (Zuwendungs-, Vorbehalts-, Vermächtnisnießbrauch) und der Zielsetzung (Sicherungsnießbrauchs).

Bedeutung hat die Unterscheidung neben der Einkünftezurechnung für die Geltendmachung von Werbungskosten einschließlich AfA des Nießbrauchsgegenstandes. Eine Ausgestaltung als Bruttonießbrauch, dh die Nießbrauchsbestellung unter Übernahme der den Nießbrauchsberechtigten nach §§ 1041, 1045, 1047 BGB treffenden Kosten/Lasten durch den Nießbrauchsbesteller, ist grds. zulässig – dem Nießbraucher (mit der idR niedrigeren Steuerprogression) verbleiben hierbei die Bruttoerträge (Mieteinnahmen).

Beim teilentgeltlichen Zuwendungsnießbrauch erfolgt eine „Festlegung" des Sachverhalts nach dem Aufteilungsmaßstab „vereinbartes Entgelt: Kapitalwert Nießbrauch" sowie eine teilweise Anwendung der Grundsätze des entgeltlichen/unentgeltlichen Nießbrauchs.

Auf den Vermächtnisnießbrauch sind die Grundsätze des Zuwendungsnießbrauchs anwendbar; dem Vermächtnisnehmer ist die AfA für das vom Erblasser hinterlassene Gebäude verwehrt (BFH BStBl. I 1994, 319).

Beim Vorbehaltsnießbrauch wird bei der Übertragung des Grundstücks gleichzeitig ein Nießbrauchsrecht für den bisherigen Eigentümer bestellt, wobei das Grundstück stets belastet übergeht und die Nießbrauchsbestellung – bei unentgeltlicher und bei entgeltlicher Grundstücksübertragung – keine Gegenleistung des Erwerbers darstellt (und nicht zu den Anschaffungskosten des Erwerbers zählt). Der Vorbehaltsnießbrauch ist stets unentgeltlich. Der (Vorbehalts-)Nießbraucher kann im Falle der Nutzung durch Vermietung die AfA – wie zuvor als Eigentümer – in Anspruch nehmen (ohne Kürzung der AfA-Bemessungsgrundlage um die Gegenleistung des Erwerbers). Der Eigentümer kann Aufwendungen auf das Grundstück nur als Werbungskosten abziehen, soweit ihm Einnahmen aus dem Grundstück zuzurechnen sind. Ab Erlöschen des Nießbrauchs steht dem Eigentümer die Gebäude-AfA für das gesamte Gebäude zu: bei entgeltlichem Erwerb nach Maßgabe der AHK des Eigentümers (ohne Kapitalwert/Nießbrauch) gekürzt um das auf den Zeitraum zwischen Anschaffung/Grdstck. und Erlöschen/Nießbrauch entfallende AfA-Volumen; bei unentgeltlicher Grundstücksüberlassung sind AfA-Besteuerungsgrundlage die ursprünglichen AHK des bisherigen Eigentümers (§ 11d Abs. 1 EStDV), gekürzt um die vom Vorbehaltsnießbraucher während der Laufzeit des Nießbrauchs in Anspruch genommene AfA. Das schuldrechtlich vorbehaltene obligatorische Nutzungsrecht ist steuerlich dem Vorbehaltsnießbrauch gleichgestellt (BFH BStBl. II 1997, 121).

Beim dinglichen Zuwendungs-Wohnrecht sind die Grundsätze der Zuwendungsnießbraucher entsprechend anwendbar, beim dinglichen Vorbehaltswohnrecht die des Vorbehaltsnießbrauchs.

Bei der Ablösung eines Vorbehaltsnießbrauches kommt es nicht mehr darauf an, ob der Nießbrauch anlässlich einer entgeltlichen oder unentgeltlichen Grundstücksübertragung vorbehalten wurde (so die Kriterien nach bisheriger Rechtsprechung). Maßgebend ist nunmehr, ob eine Ablösung im Zusammenhang mit einer Vermögensübertragung gegen Versorgungsleistungen (Privatversorgungs-/Unterhaltsrente) oder im Zusammenhang mit sonstigen (entgeltlichen) Vermögensübertragungen erfolgt (vgl. BMF 11.3.2010, BStBl. I 227).

Bei der Ablösung eines Zuwendungsnießbrauchs ist zwischen unentgeltlichen und entgeltlicher Einräumung zu unterscheiden.

Ablösezahlungen sind bei unentgeltlich eingeräumten Zuwendungsnießbrauch gemäß § 12 Nr. 2 EStG einkommensteuerlich grds. nicht relevant (keine Einkünfte/keine Werbungskosten). Hat demgegenüber ein ablösender Eigentümer ein mit einem Nießbrauch bereits belastetes Grundstück übernommen, führt die Abfindung zu Anschaffungskosten beim Eigentümer (iHd Einmalzahlung bzw. des Barwerts wiederkehrender Leistungen), während beim Nießbraucher die Einmalzahlung nicht steuerbar ist und wiederkehrende Leistungen mit dem Zinsanteil (dauernde Last/bzw. dem Ertragsanteil (Leibrente) steuerbar sind.

Beim entgeltlich eingeräumten Zuwendungsnießbrauch sind Ablösezahlungen beim Eigentümer als negative Einnahmen aus Vermietung und Verpachtung zu erfassen (und nach § 11 Abs. 1 S. 3 EStG noch nicht versteuerte Entgelte als positive Einnahmen zu versteuern), während beim Nießbraucher grds. eine nicht steuerbare Vermögensumschichtung vorliegt (ggf. veräußerungsähnlicher Vorgang nach § 23 Abs. 1 S. 1 Nr. 1 EStG/grundstücksgleiches Recht). Die Grundsätze für die Ablösung von Nießbrauchsrechten gelten für dingliche Wohnrechte sowie dingliche/obligatorische Nutzungsrechte entsprechend.

**16. Kosten.** → Form. XI.1 Anm. 16.

## 21. Nießbrauchsvermächtnis an Erbteilen

Verhandelt zu[1, 2].....
am ..... (auch als eigenhändiges Testament möglich)

§ 1 Erbeinsetzung

Auf meinen Tod setze ich meine Ehefrau A, geb. E, meinen Sohn B und meine Tochter C zu meinen Erben zu je $^1/_3$ Erbteil ein. Ersatzerben meiner Ehefrau sind unsere gemeinschaftlichen Kinder B und C je zur Hälfte. Weitere Ersatzerben meiner Ehefrau und Ersatzerben unserer Kinder sind deren Abkömmlinge, einschließlich adoptierter, jedoch mit Ausnahme nichtehelicher Kinder männlicher Nachkommen und ihren Abkömmlingen, jeweils nach der gesetzlichen Erbregel erster Ordnung. Meine Ehefrau A, geb. E ist mit ihrem Erbteil lediglich den gesetzlichen Beschränkungen unterliegende Vorerbin. Nacherben auf den Tod der Vorerbin sind unsere Kinder B und C je zur Hälfte. Die Nacherbschaftsrechte sind vom Erbfall bis zum Nacherbfall weder übertragbar noch, mit Ausnahme an die Ersatznacherben, vererblich.[3] Die Ersatznacherbschaft entspricht der Ersatzerbschaft. Meine Ehefrau A, geb. E ist jedoch als Vorerbin befugt, abweichende letztwillige Verfügungen hinsichtlich des ihr zugewendeten Erbteils unter unseren ehelichen Abkömmlingen einschließlich adoptierter, jedoch mit Ausnahme nichtehelicher Kinder männlicher Nachkommen und ihren Abkömmlingen, zu treffen.[4] Die Auseinandersetzung meines Nachlasses schließe ich bis zum Tode meiner Ehefrau A, geb. E aus.

§ 2 Vermächtnisse

1. Meiner Ehefrau A vermache ich im Voraus den lebtäglichen Nießbrauch an den Erbteilen der Kinder B und C.[5] Einen Ersatzvermächtnisnehmer bestelle ich nicht. Sobald mein Sohn B auf Grund des ihm unter Ziff. 3 eingeräumten Übernahmerechts mein von mir einzelkaufmännisch betriebenes Heizungsbauunternehmen einschließlich des Betriebsgrundstücks übernimmt, endet, unbeschadet der Fortdauer an den anderen Nachlassgegenständen, der Nießbrauch daran.
2. Ferner vermache ich meiner Ehefrau A im Voraus die Haushaltseinrichtung soweit sie mir gehört.
3. Meinem Sohn B räume ich im Wege des Vorausvermächtnisses, nicht der bloßen Teilungsanordnung, das Recht ein, nach Vollendung seines 21. Lebensjahres und nach dem Bestehen der Meisterprüfung im Heizungsbauerhandwerk mein Heizungsbauunternehmen, und zwar gleichgültig in welcher Rechtsform es zu diesem Zeitpunkt betrieben wird, einschließlich des Betriebsgrundstücks zu übernehmen.[6] Ein Ersatzvermächtnisnehmer bezüglich dieses Übernahmerechts wird nicht bestellt. Der Übernahmepreis ist durch Schiedsgutachten[7] eines von der zuständigen Handwerkskammer zu bestimmenden vereidigten Sachverständigen bezüglich des Betriebs und des zuständigen Gutachterausschusses nach dem Bundesbaugesetz bezüglich des Grundstücks auf den Übernahmezeitpunkt zu ermitteln.
4. Mein Sohn B hat ab dem Zeitpunkt der Betriebsübernahme meiner Ehefrau A eine monatlich im Voraus zahlbare Unterhaltsrente in Höhe des jeweiligen Grundgehalts ohne alle Zuschläge eines Bundesbeamten der Besoldungsgruppe A 11 in der Endalterstufe zu zahlen.[8] Diese Rente ist zum Zeitpunkt der Übernahme nach finanzmathematischen Grundsätzen unter Zugrundelegung eines Zinssatzes von 7 % und der neuesten Sterbetafel zu kapitalisieren. Der Kapitalisierungsbetrag ist vom nach Ziff. 3 berechneten Übernahmepreis in Abzug zu bringen und die Hälfte des restlichen Über-

**nahmepreises hat B in vier gleichen unverzinslichen Jahresrenten ab dem Zeitpunkt der Übernahme an seine Schwester C auszuzahlen.**

**5. Die Vermächtnisansprüche verjähren in 30 Jahre nach dem gesetzlichen Verjährungsbeginn.**[9]

**§ 3 Testamentsvollstreckung**

**Ich setze meine Ehefrau A zu meinem Testamentsvollstrecker ein**[10] **und zwar auch mit den Befugnissen nach § 2222 BGB. Sie kann sich auch den ihr vermachten Nießbrauch an den Erbteilen der Kinder selbst einräumen. Im Übrigen ist sie nur insoweit beschränkt, als sie Grundstücke nicht ohne Zustimmung der übrigen Erben, mit Ausnahme der Nacherben, veräußern darf und sie zur Nachlassauseinandersetzung deren Zustimmung bedarf.**

**§ 4 Schlussformel**

**Belehrung über das Pflichtteilsrecht ist erfolgt. (Schluss → Form. XI.1)**

*Schrifttum: Bünger,* Nießbrauch am Nachlaß und an Erbteilen, BWNotZ 1963, 100; *Rohlff,* Nießbraucher und Vorerbe als Testamentsvollstrecker, DNotZ 1971, 518.

## Anmerkungen

**1. Sachverhalt.** Der Testator ist verheiratet und hat zwei Kinder. Er ist Inhaber eines einzelkaufmännisch betriebenen Heizungsbauunternehmens. Die Ehefrau hat keine eigenständige Altersversorgung.

**2. Anwendungsfälle.** Ziel des Testaments ist die Alterssicherung der Ehefrau und die Sicherstellung des Vermögens für die Abkömmlinge und der Fortführung des Unternehmens. Erreicht werden soll dies durch eine Kombination zwischen Vorerbschaft und Nießbrauchsvermächtnis für die Witwe und der Erweiterung ihrer Verfügungsbefugnis durch ihre Einsetzung als Testamentsvollstreckerin. Da die Stellung eines Nießbrauchers wirtschaftlich gesehen in etwa der eines nicht befreiten Vorerben entspricht, hat die Einsetzung der Ehefrau zu $^{1}/_{3}$ Erbteil hauptsächlich optische Bedeutung. Sie dient aber auch dazu, ihr über die Konstruktion der auflösend bedingten Vorerbschaft bezüglich des $^{1}/_{3}$ Erbteils die Möglichkeit zu geben, wenigstens bezüglich dieser Erbquote trotz Bindung durch die Nacherbschaft unter den Abkömmlingen eine von den gesetzlichen Erbquoten abweichende letztwillige Verteilung vornehmen zu können. Abgesehen davon wäre wirtschaftlich das gleiche Ergebnis auch dadurch zu erreichen, dass der Ehefrau kein Erbteil zugewandt und ihr nur der Nießbrauch am gesamten Nachlass vermacht würde.

**3. Vererblichkeit und Übertragbarkeit des Nacherbenanwartschaftsrechts.** Weil es teilweise als Auslegungsfrage angesehen wird, ob die Einsetzung von Ersatznacherben gleichzeitig als Ausschluss der Vererblichkeit der Nacherbenanwartschaft zu verstehen ist (RGZ 142, 171; 169, 38; OLG Köln FGPrax 2018, 34), sollte diese wenn gewünscht auch neben einer Ersatznacherbeneinsetzung ausdrücklich ausgeschlossen werden (*Haegele* Rpfleger 1967, 161 (163 u. 166); → Form. XII.11 Anm. 9). Auch der Ausschluss der Übertragbarkeit ist zulässig.

**4. Die vom Willen des Vorerben abhängige Vorerbeinsetzung.** Siehe insoweit die Ausführungen bei → Form. XII.12 Anm. 3. Mit dieser Konstruktion lässt sich bei der Vorerbschaft das beim Nießbrauchsvermächtnis des überlebenden Ehegatten schwer zu lösende Problem, dem Überlebenden die wertverschiebende Verteilung des Nachlasses des

Erstversterbenden unter den Abkömmlingen zu ermöglichen (→ Form. XII.20 Anm. 9), relativ einfach lösen.

**5. Nießbrauch an einem Erbteil.** Der Nießbrauch an einem Erbteil oder an allen Erbteilen ist etwas anderes als der Nießbrauch am Nachlass oder an einem Bruchteil des Nachlasses. Ist letzterer Vermögensnießbrauch (§ 1089 BGB) und besteht an den einzelnen Nachlassgegenständen und ist, wenn er vermächtnisweise zugewandt wird, beim Vermächtniserfüllungsvertrag an den einzelnen Gegenständen nach den für sie geltenden Vorschriften zu bestellen, ist der Nießbrauch am Erbteil Nießbrauch an einem Recht und fällt unter §§ 1068 ff. BGB (jurisPK/*Laukemann,* BGB, 6. Aufl., § 1089 Rn. 4). Gem. § 1069 BGB erfolgt die Bestellung des Nießbrauchs an einem Recht nach den für die Übertragung geltenden Vorschriften, dh beim Erbteil durch notariell beurkundeten Erbteilsübertragungsvertrag gem. § 2033 Abs. 1 BGB. Aus welchen Gegenständen der Nachlass besteht, vielleicht nur aus einem einzigen Gegenstand, spielt dafür keine Rolle. Bezüglich des Unterschieds zum Nießbrauch am Nachlass → Form. XII.20 Anm. 4.

**6. Übernahmerecht.** Durch ein Übernahmerecht wird einem Miterben das Gestaltungsrecht eingeräumt, durch eine von seinem freien Willensentschluss abhängende Übernahmeerklärung das Recht zu erlangen, einen Gegenstand aus dem Nachlass zu entnehmen. Es kommt dabei auf den Einzelfall an, ob das dem Bedachten in dieser Weise eingeräumte Forderungsrecht auf eine Vorwegbefriedigung aus dem Nachlass gerichtet ist und dann als Vorausvermächtnis zu betrachten ist oder ob der Erblasserwille auf die Zuweisung des Gegenstandes im Rahmen der Gesamtauseinandersetzung ging und deshalb lediglich eine ausgleichungspflichtige Teilungsanordnung nach § 2048 BGB ist (*Benk* MittRhNotK 1979, 53 (58)). Wenn in dem Testament nicht, wie im Formular, eine ausdrückliche Klarstellung erfolgt, ist die Frage der Abgrenzung zwischen Teilungsanordnung und Vorausvermächtnis gerade bei Übernahmerechten gegen Wertausgleich besonders schwierig. Nach der Rechtsprechung des BGH (BGHZ 36, 115; BGH NJW 1995, 721) ist allein entscheidend für die Rechtsnatur des Übernahmerechts das subjektive Abgrenzungskriterium des Begünstigungswillens des Erblassers. Lag ein solcher vor, handelt es sich bei dem Übernahmerecht um ein Vorausvermächtnis nach § 2150 BGB, scheidet er hingegen aus, liegt eine bloße Teilungsanordnung vor (→ Form. XII.23 Anm. 6 (4)). Zur erheblichen Bedeutung des Unterschieds zwischen Vorausvermächtnis und Teilungsanordnung siehe auch Palandt/*Weidlich* § 2048 Rn. 8.

**7. Schiedsgutachten.** Die genannten Institutionen haben den Übernahmepreis als Schiedsgutachter rechtsgestaltend endgültig festzustellen (Palandt/*Grüneberg* § 317 Rn. 5 ff.). Angreifbar ist diese Feststellung nur mit der Begründung, sie sei gem. § 319 BGB offenbar unbillig erfolgt (Palandt/*Grüneberg* § 319 Rn. 3). Allgemein zu **Schiedsklauseln** in Testament und Erbvertrag → Form. XII.23 Anm. 11.

**8. Rentenvermächtnis.** Bezüglich des wertgesicherten Rentenvermächtnisses → Form. XII.8 Anm. 11.

**9. Verjährung.** → Form. XII.20 Anm. 5.

**10. Nießbrauch und Testamentsvollstreckung.** → Form. XII.20 Anm. 8.

**11. Steuern. (1) Erbschaftsteuer.** Die Erben sind mit ihren Zuwendungen gem. § 3 Abs. 1 Ziff. 1 ErbStG entsprechend ihren Steuerklassen und Freibeträgen erbschaftsteuerpflichtig. Soweit die überlebende Ehefrau mit ihrem 1/3 Erbteil nur Vorerbin ist, hat sie nach § 6 Abs. 1 ErbStG trotzdem die volle Erbschaftsteuer zu entrichten, die mit der Nacherbschaft verbundene Verfügungsbeschränkung wird nicht berücksichtigt. Nach dem mit ihrem Tod eintretenden Nacherbfall, haben die Nacherben diesen Erbteil gem. § 6 Abs. 2 ErbStG nochmals zu versteuern. Bezüglich der Erbschaftsteuer der ihr an den Erbteilen zu je 1/3 der beiden Kinder vermachten Nießbrauchsrechte hat die Ehefrau gem. § 23 Abs. 1 ErbStG die Wahl, ob sie einmalig nach den Kapitalwerten oder jährlich wiederkehrend nach den Jahreswerten der Nießbrauchsrechte die Erbschaftsteuer entrichten will. Die Bewertung der Nießbrauchsrechte richtet sich gem. §§ 13 ff. BewG jeweils nach den mit der wahrscheinlichen Lebenserwartung der Berechtigten gem. Sterbetafeln des Statistischen Bundesamtes vervielfältigten den Erbteilsquoten entsprechenden Teilen der Summe der tatsächlichen jährlichen Erträge der einzelnen Nachlassgegenstände. Bei der Ermittlung der Jahreswerte können dabei von den Einnahmen der ertragbringenden Nachlassgegenstände die Aufwendungen für die ertraglosen Nachlassgegenstände abgezogen werden (BFH BStBl. II 1970, 368). Anders als vor der Aufhebung des § 25 ErbStG mWv 1.1.2009 können die Erben nun auch die kapitalisierten Nießbrauchsrechte an den Erbteilen vom steuerlichen Wert ihres Gesamterwerbs abziehen; schon bisher hatten sie die Möglichkeit der zinslosen Stundung der auf den Wert der Nießbrauchsrechte entfallenden Erbschaftsteuerbeträge bis zum Erlöschen dieser Rechte. Da die der Witwe unter § 2 Ziff. 4 vermachte Unterhaltsrente erst ab dem Zeitpunkt der Betriebübernahme durch den Sohn B zu zahlen ist, steht dieser Erwerb unter einer aufschiebenden Bedingung (§ 4 BewG) und die Erbschaftsteuerpflicht entsteht daher gem. § 9 Abs. 1a ErbStG erst mit dem Zeitpunkt des Eintritts der Bedingung. Dann wird die Rente gem. § 14 BewG bewertet, indem ihr tatsächlicher Jahreswert, ohne Berücksichtigung etwaiger späterer Erhöhungen infolge der Wertsicherungsklausel, mit der wahrscheinlichen Lebenserwartung der Berechtigten auf Grund der Sterbetafeln vervielfältigt wird.

(2) **Einkommensteuer.** Die überlebende Ehefrau hat die ihr aus den Nießbrauchsrechten an den beiden Erbteilen zufließenden Einkünfte anstelle der Erben als originäres Einkommen zu versteuern. Dagegen können, und darin liegt der Nachteil eines Nießbrauchsvermächtnisses, die Erben und die Nießbraucherin in Höhe der nießbrauchsbelasteten Erbquoten keine Absetzungen für Abnutzung (AfA) und sonstige Werbungskosten bezüglich der Nachlassgegenstände geltend machen (BFH BStBl. II 1994, 319; BStBl. II 1996, 440). In jedem Einzelfall ist durch Steuerbelastungsvergleich zu ermitteln, ob eine gegenständlich beschränkte Vorerbschaft günstiger ist.

**12. Kosten.** → Form. XI.1 Anm. 16.

## 22. Vermächtnis eines Quotennießbrauchs an einem Grundstück und eines Nießbrauchs an Wertpapieren mit Einsetzung des Nießbrauchers als Testamentsvollstrecker

Verhandelt zu[1]. . . . .
am . . . . . (auch als eigenhändiges Testament möglich)

§ 1 Erbeinsetzung

Ich setze meine beiden Kinder B und C je zur Hälfte zu Erben meines Nachlasses ein. Ersatzerben sind deren leibliche Abkömmlinge, einschließlich adoptierter, unter sich nach der gesetzlichen Erbregel erster Ordnung. Mangels Ersatzerben soll Anwachsung eintreten.

§ 2 Vermächtnisse

(1) Meiner Ehefrau A, geb. E vermache ich den lebenslangen unentgeltlichen Quotennießbrauch[3] am ganzen Grundstück auf die Hälfte der gesamten Nutzungen an meinem Mehrfamilienhausgrundstück in . . . . . (Ort, Straße) mit der Flst. Nr. . . . . . Abweichend

von der gesetzlichen Lastenverteilungsregelung haben die Grundstückseigentümer auch die Kosten der gewöhnlichen Erhaltungsaufwendungen im Sinne des § 1041 BGB, der Versicherungsaufwendungen nach § 1047 BGB und die öffentlichen und privaten Lasten im Sinne des § 1047 BGB zu tragen und sind dem Nießbraucher gegenüber zur Vornahme der außergewöhnlichen Ausbesserungen verpflichtet. Der Nießbraucher haftet bei Ausübung seiner Rechte nur für diejenige Sorgfalt, die er in eigenen Angelegenheiten anzuwenden pflegt. Soweit diese Abänderungen des gesetzlichen Schuldverhältnisses zwischen Eigentümer und Nießbraucher als Inhalt des dinglichen Nießbrauchs nicht zulässig sind, sollen sie nur schuldrechtlich erfolgen. Die Ausübung des Quotennießbrauchs soll nicht übertragbar sein. Er soll auch bestehen bleiben, wenn sich meine Ehefrau wieder verheiratet. Innerhalb von drei Monaten nach meinem Tod hat der Testamentsvollstrecker die Eintragung des Nießbrauchs im Grundbuch mit der Maßgabe zu beantragen, dass zur Löschung des Rechts der Nachweis des Todes der Berechtigten genügt.[4] Unabhängig vom Grundbuchvollzug soll der Quotennießbrauch schuldrechtlich ab meinem Todestag Geltung haben.[5]

(2) Meiner Ehefrau A, geb. E vermache ich weiter den vollen Nießbrauch auf Lebenszeit an meinen sämtlichen Wertpapieren ohne Rücksicht auf ihren Kurswert, die sich zum Zeitpunkt meines Todes auf meinem Depotkonto Nr. . . . . . bei der X-Bank in . . . . . (Ort) befinden.[6]

(3) Letztlich vermache ich meiner Ehefrau A, geb. E die gesamte Einrichtung unserer Familienwohnung im weitesten Sinne und alle sonstigen persönlichen Gebrauchsgegenstände, soweit sie in meinem Eigentum stehen.

(4) Bis zum Tode meiner Ehefrau schließe ich die Erbauseinandersetzung bezüglich meines Mehrfamilienhauses und des Inhalts meines Wertpapierdepots aus.[7]

§ 3 Testamentsvollstreckung

Ich ernenne meine Ehefrau A, geb. E zum Testamentsvollstrecker mit der Aufgabe, insbesondere das Mehrfamilienhaus und die Wertpapiere zu verwalten und den übrigen Nachlass auseinanderzusetzen. Sie ist dabei von allen gesetzlichen Beschränkungen soweit zulässig und von den Beschränkungen nach § 181 BGB befreit. Sie ist berechtigt, statt ihrer einen anderen Testamentsvollstrecker und ihren Nachfolger zu bestimmen, der nach dem Tod meiner Ehefrau auch den restlichen Nachlass auseinandersetzt. Sollte meine Ehefrau aus irgendeinem Grund nicht als Testamentsvollstrecker in Frage kommen und auch keinen anderen bestimmt haben, so ersuche ich das Nachlassgericht um Ernennung eines Testamentsvollstreckers mit dem obigen Aufgabenbereich, der aber den gesetzlichen Beschränkungen voll unterliegt.

§ 4 Schlussformel (→ Form. XV.1)

*Schrifttum: Amann*, Entlastung des überforderten Nießbrauchers – Zugleich ein Beitrag zur Substitution nicht abzugsfähiger Versorgungsleistungen durch einen Quotennießbrauch, FS Spiegelberger, 2009, S. 1161–1170; *Jansen/Jansen,* Der Nießbrauch im Zivil- und Steuerrecht, 6. Aufl. 2001; *Petzoldt,* Vorerbschaft und Nießbrauchsvermächtnis, BB Beil. 6/1975; *Rosenau,* Der Nießbrauch in rechtlicher und steuerlicher Sicht, BB Beil. 3/1969; *Hoyer,* Ausgewählte ertragsteuerliche Fragen zum Nießbrauch, BB 1980, 1461; *ders.,* Der Nießbrauch an Grundbesitz im Privatvermögen, BB 1981, 230; *Nieder,* Hdb. d. Testamentsgestaltung, 2. Aufl. Rdn. 685 ff.; *Schellenberger,* Nießbrauch im Steuerrecht – eine Standortbestimmung, DStR 1981, 395; *Schmidt-Carré,* Die Rechtsprechung des Bundesfinanzhofs zur steuerrechtlichen Zurechnung von Einkünften aus mit einem Nießbrauch belasteten Gegenständen, MittRhNotK 1980, 61; *Seithel,* Einkommensteuerliche Auswirkungen eines im Grundbuch nicht vollzogenen schuldrechtlichen Nießbrauchs bzw. Wohnrechts im Privatbereich, DStR 1980, 582; *Stein*, Der Nachlassnießbrauch – eine (steuerlich) sinnvolle Gestaltung? ZEV 2018, 127; *Troll*, Renten und Nießbrauch im Steuerrecht, 1980.

## Anmerkungen

**1. Sachverhalt.** Der Testierer ist verheiratet und hat zwei Söhne B und C, die bereits außer Haus sind und beide mehr verdienen, als ihre Mutter an Witwenbezügen zu erwarten hat. Außer einem Mehrfamilienwohnhaus und Wertpapierbesitz hat der Testierer nur noch unwesentliches Vermögen.

**2. Anwendungsfälle.** Der Quotennießbrauch ist immer dann angebracht, wenn bei einer auf Lebenszeit zu versorgenden Person die Zuwendung eines Bruchteils der Nutzungen einer Sache ausreicht, die Sache selbst aber anderen bereits fest zugewiesen werden soll. Der Quotennießbrauch ist, wie unten näher ausgeführt wird, insbesondere als sog. Bruttonießbrauch steuerlich immer noch günstig. Die Stellung des Nießbrauchers, der neben seiner Verwaltungsbefugnis nur äußerst geringe Verfügungsbefugnisse über den belasteten Gegenstand hat, kann wesentlich dadurch verstärkt werden, dass man ihn gleichzeitig zum Testamentsvollstrecker ernennt. Er erhält dann die ihm fehlende Verfügungsbefugnis, mit Ausnahme von unentgeltlichen Verfügungen, kann sich den dinglichen Nießbrauch selbst bestellen und die ihm zustehenden Nutzungen selbst ziehen. Die Gestaltung setzt allerdings Vertrauen voraus, da die Missbrauchsmöglichkeiten groß sind. Insbesondere beim Quotennießbrauch, bei dem der Nießbraucher mit den Erben in einem Gemeinschaftsverhältnis bezüglich der Nutzungen des Nießbrauchsgegenstandes steht, kann diese Lösung zur Vermeidung von Streitigkeiten nützlich sein (s. hierzu auch das Formular bei *Langenfeld,* Das Testament des Gesellschafter-Geschäftsführers einer GmbH und GmbH & Co, 1980 S. 131, das für Meinungsverschiedenheiten zwischen Eigentümer und Nießbraucher die Einschaltung eines vom Nachlassgericht zu bestimmenden Testamentsvollstreckers als Schiedsrichter vorsieht).

Eine Alternative zu der hier getroffenen Problemlösung wäre das Vermächtnis einer schuldrechtlichen quotenmäßigen Beteiligung der Ehefrau A, geb. E auf Lebenszeit am Gesamtbetrag der Soll-Mieten des Mietgrundstücks unabhängig vom tatsächlichen Eingang der Mietzinsforderungen, die durch eine Reallast gesichert werden könnte. Die Berechtigte hätte diese Bezüge nach § 22 Nr. 1 EStG zu versteuern. Die Erben müssten die vollen Mieteinnahmen sich zwar als Einkünfte aus Vermietung und Verpachtung anrechnen lassen, könnten aber auf Grund der Beteiligung an die Vermächtnisnehmerin abzuführenden Beträge voll nach § 10 Abs. 1 Nr. 1a EStG (dauernde Lasten) als Sonderausgaben absetzen. Desgleichen könnten sie bei dieser Lösung unbestritten die vollen Grundstücksaufwendungen einschließlich AfA als Werbungskosten absetzen. Eine andere Möglichkeit der Wahl wäre, der Ehefrau eine Miteigentumshälfte des Mietgrundstücks als Vorvermächtnisnehmerin gem. § 2191 BGB zuzuwenden und die Söhne zu Nachvermächtnisnehmern einzusetzen. Dabei entstünde nach dem Erbfall für die Nachvermächtnisnehmer zwar nur ein schuldrechtlicher Anspruch (§ 2174 BGB), der jedoch nach Eintragung der Vorvermächtnisnehmerin im Grundbuch durch eine Vormerkung sicherbar ist (BayObLG Rpfleger 1981, 190 mwN). Diese Lösung wäre allerdings für das Bestreben, die steuerlichen Abzugs- und Abschreibungsmöglichkeiten den besserverdienenden Söhnen zuzuweisen, nicht günstig, da diese Möglichkeiten nur im Verhältnis der Miteigentumsquoten bestehen. Durch die Festlegung des Nießbrauchsvermächtnisses an den Wertpapieren auf den Depotbestand zum Zeitpunkt des Todes hat es der Testierer in der Hand, ohne Änderung des Testaments laufend auf die Höhe des Vermächtnisses Einfluss zu nehmen.

3. **Quotennießbrauch.** a) **Nießbrauch allgemein.** Der Nießbrauch ist das unvererbliche und bei natürlichen Personen unübertragbare dingliche Recht eine Sache in Besitz zu nehmen, sie zu verwalten und zu bewirtschaften und die Nutzungen daraus zu ziehen (§§ 1030 Abs. 1, 1036, 1059, 106 BGB). Er verpflichtet den Eigentümer nur zur Duldung dieser Nutznießung, nicht zu irgendwelchen Leistungen (BayObLG 72, 364 = DNotZ 1973, 299). Die Ausübungsbefugnis kann Dritten überlassen werden (§ 1059 S. 2 BGB), diese Berechtigung kann jedoch durch Vereinbarung mit dinglicher Wirkung ausgeschlossen werden (LG Mönchengladbach NJW 1969, 140 = DNotZ 1969, 164). Zwischen Nießbraucher und Eigentümer entsteht ein dingliches, gesetzliches Schuldverhältnis, nach dem der Nießbraucher zur gewöhnlichen Unterhaltung des Grundstücks (§ 1041 BGB), zur Tragung der laufenden öffentlichen und privaten Lasten (§ 1045 BGB) und der Versicherungsbeiträge (§ 1045 BGB) verpflichtet ist. Zur Vornahme außergewöhnlicher Ausbesserungen ist der Nießbraucher nicht verpflichtet, wohl aber berechtigt (§§ 1043, 1044, 1049 BGB). Er kann die Vornahme solcher außergewöhnlicher Ausbesserungen auch nicht vom Eigentümer verlangen (BGHZ 52, 234 (237)). Das gesetzliche Schuldverhältnis ist mit dinglicher Wirkung durch Vereinbarung nebst Eintragung im Grundbuch abänderbar, soweit dadurch nicht gegen das Wesen des Nießbrauchs verstoßen und insbesondere die begriffswesentlichen Grenzen zwischen Eigentum und Nießbrauch und damit der Grundsatz der Erhaltung der Substanz der nießbrauchbelasteten Sache nicht verletzt wird (BayObLG 72, 364 (367)). Danach können die innerhalb des gesetzlichen Schuldverhältnisses den Nießbraucher treffenden Verpflichtungen gegenüber dem Eigentümer sowohl zugunsten als auch zu Lasten des Nießbrauchers mit dinglicher Wirkung abgeändert (BayObLG 79, 273 (277) = Rpfleger 1979, 382) nicht jedoch dem Eigentümer Leistungsverpflichtungen (zB Unterhaltungspflicht) gegenüber dem Nießbraucher auferlegt werden, da der Nießbrauch seinem Wesen nach eine Dienstbarkeit ist, in deren Rahmen den Eigentümer nur Duldungs- aber keine Leistungspflichten treffen können (BayObLG 72, 364 (367)). Schuldrechtlich kann der Eigentümer natürlich solche Leistungsverpflichtungen übernehmen, die dann durch eine zusätzliche Reallast für den Nießbraucher gesichert werden könnten. Die im Muster aufgenommene Änderung des Sorgfaltsmaßstabs will die Rechtsprechung nicht als dinglichen Inhalt eines Nießbrauchs anerkennen (OLG Frankfurt NotBZ 2014, 384; anders *Frank* DNotZ 2006, 470 (475); *Amann* in FS Spiegelberger, 2009, S. 1161 (1164).

b) **Bruchteils- und Quotennießbrauch.** § 1066 BGB enthält eine ausdrückliche Vorschrift für den Fall, dass ein Miteigentümer an seiner Miteigentumsquote einen Nießbrauch bestellt. Es ist aber anerkannt, dass auch ein Alleineigentümer Nießbrauch an bloßen Bruchteilen eines Gegenstandes begründen kann und zwar entweder, dass er ihn mehreren jeweils an ideellen Bruchteilen des ganzen Gegenstandes bestellt und diese Bruchteile zusammen den ganzen Gegenstand bilden oder dass er von vornherein nur einem Berechtigten den Nießbrauch nur an einem ideellen Bruchteil der Sache einräumt, während der restliche Bruchteil des ganzen Gegenstandes lastenfrei bleibt (sog. **Bruchteilsnießbrauch**). Beides ist zulässig, obwohl sich der Gegenstand weiterhin in Alleineigentum befindet, ideelle Miteigentumsbruchteile somit gar nicht vorhanden sind. Die Zulässigkeit dieser Art der Bestellung wird allgemein damit begründet, dass beim Nießbrauch ein den §§ 1095, 1106, 1114, 1192 und 1199 BGB entsprechendes Verbot fehlt und der Nießbrauch an einem ideellen Bruchteil der Sache daher nicht nur bestellt werden kann, wenn er Anteil eines Miteigentümers ist (LG Hamburg DNotZ 1969, 39). Unbestritten zulässig und mit dem bisherigen nicht zu verwechseln ist auch die Belastung des ganzen Gegenstandes mit einem Nießbrauchsrecht, das mehreren in Bruchteilsgemeinschaft gem. §§ 741 ff. BGB oder als Gesamtberechtigte gem. § 428 BGB zusteht (KGJ 49, 191; KG Recht 1929, 480; KG OLGRspr. 40, 52; RG HRR 1937 Nr. 1443; BayObLG DNotZ 1956, 209; *Faber* BWNotZ 1978, 151 (153)).

Vorzugswürdig und im Muster umgesetzt ist die Variante, dass das ganze Grundstück mit einem Nießbrauch belastet wird, der nur auf eine Quote der Gesamtnutzungen geht.

Dieser so genannte **Quotennießbrauch** ist heute anerkannt (BGH NJW-RR 2003, 1290 = ZfIR 2004, 20 = NotBZ 2003, 310). Der Unterschied zwischen Bruchteils- und Quotennießbrauch ist, dass beim ersten nur ein ideeller Bruchteil des ganzen Gegenstandes mit dem Nießbrauch belastet ist, beim zweiten dagegen der ganze Gegenstand, der Nießbrauch aber nur auf die Nutzungen zu einer Quote geht (BGH NJW-RR 2003, 1290). Weil das gesamte Grundstück belastet ist, ist der Quotennießbrauch nicht durch ein Auseinanderfallen des Eigentums an den Eigentumsbruchteilen bedroht, nach hM nämlich würde der Bruchteilsnießbrauch mit dem Zuschlag erlöschen, wenn der Eigentümer eines anderen Bruchteils die Teilungsversteigerung betreibt (*Amann* in FS Spiegelberger, 2009, S. 1161 (1169) mN). Nicht zu verwechseln sind der Bruchteils- und der Quotennießbrauch mit der Möglichkeit der Beschränkung des Nießbrauchs durch Ausschluss einzelner Nutzungen nach § 1030 Abs. 2 BGB. Dazu sei darauf hingewiesen, dass auf Grund dieser Vorschrift die Beschränkung des Nießbrauchs auf einzelne Gebäudeteile (BGH NJW 2006, 1881), zB auf eine oder mehrerer Wohnungen eines Mietwohngrundstücks nicht möglich ist (BayObLG Rpfleger 1980, 17 = MittBayNot 1979, 230). Hier hilft nur die Bestellung einer beschränkten persönlichen Dienstbarkeit für die vorbehaltenen Wohnungen. Ein Nießbrauch kann an dem eigenen Grundstück (Eigentümernießbrauch) wird heute auch ohne Nachweis eines berechtigten Interesses an der Bestellung zugelassen (BGHZ 190, 267).

4. **Vermächtniserfüllung.** Der Quotennießbrauch ist an dem Miteigentumsanteil gem. §§ 873, 874 BGB durch Einigung und Grundbucheintrag zu bestellen. Es genügt eine Eintragungsbewilligung in öffentlich beglaubigter Form (§§ 19, 29 GBO) nebst formlosem Eintragungsantrag des Berechtigten oder des Verpflichteten (§ 13 GBO). Die Eintragung einer sog. Vorlöschungsklausel nach § 23 Abs. 2 GBO vereinfacht später die Löschung nach dem Tode des Berechtigten. Die Bedachte kann als Testamentsvollstreckerin sich nach dem Erbfall den Nießbrauch selbst bestellen, ohne durch § 181 BGB daran gehindert zu sein (ebenso zur Auflassung eines vermachten Grundstücks BayObLG Rpfleger 1982, 344 = JurBüro 1982, 1398).

5. Diese Klausel ist notwendig, da die Meinung vertreten wird (KG NJW 1964, 1808), der testamentarisch mit einem Nießbrauch Bedachte sei nicht berechtigt, aus den zur Erbschaft gehörenden, mit dem Nießbrauch belasteten Grundstücken Nutzungen zu ziehen, bevor nicht der Nießbrauch entsprechend § 873 BGB bestellt und im Grundbuch eingetragen sei.

6. Der Nießbrauch an Wertpapieren ist ein Nießbrauch an Rechten gem. §§ 1068 ff. BGB. Er wird gem. § 1069 Abs. 1 BGB nach den Vorschriften über ihre Übertragung bestellt. Somit bei Namens- und Orderpapieren durch Indossament, Einigung über die Nießbrauchsbestellung und Papierübergabe oder deren Surrogat. Bei Inhaberpapieren (zB Inhaberaktien und festverzinsliche Wertpapiere = Inhaberschuldverschreibungen nach §§ 793 ff. BGB) und bei den ihnen gleichgestellten blankoindossierten Orderpapieren durch Einigung über die Nießbrauchsbestellung und Papierübergabe, wobei jedoch nach § 1081 Abs. 2 BGB die Einräumung des Mitbesitzes genügt. Hinsichtlich des Verhältnisses zwischen Eigentümer und Nießbraucher gelten für Inhaberpapier- und blankoindossierte Orderpapiere die Vorschriften der §§ 1081–1084 BGB. Der Besitz an ihnen steht Eigentümer und Nießbraucher gemeinschaftlich zu, das Dividendenrecht dem Nießbraucher allein. Stimmberechtigt ist nach der hM nur der Eigentümer bzw. Gesellschafter (NK-BGB/*Lemke* BGB § 1068 Rn. 13; *Wiedemann,* Die Übertragung und Vererbung von Mitgliedschaftrechten bei Handelsgesellschaften, 1965 S. 413/414 mwN; *Kruse* RNotZ 2002, 69 (75); aM dh Stimmrecht des Nießbrauchers *Bamberger/Roth/Wegmann* § 1069 Rn. 21 f. mwN). Näheres über Nießbrauch an Aktien s. *Spieß* MittRhNotK 1969, 752 ff.

7. **Ausschluss der Auseinandersetzung bzw Verwaltungsbefugnisse.** Der Ausschluss der Auseinandersetzung für die nießbrauchbehafteten Nachlassteile in Kombination mit der

Testamentsvollstreckung bewirkt, dass die Verwaltung der betreffenden Vermögensteile insgesamt dem Testamentsvollstrecker zufällt. Regelung zur Zuständigkeitsverteilung zwischen Nießbraucher und Eigentümer sind daher hier entbehrlich.

**8. Steuern.** (1) **Erbschaftsteuer.** Der Erwerb der Nießbrauchsvermächtnisse ist nach § 3 Abs. 1 Ziff. 1 ErbStG erbschaftsteuerpflichtig. Nach § 12 ErbStG sind dabei die zu versteuernden Kapitalwerte der Nießbrauchsrechte nach den Vorschriften des Bewertungsgesetzes (§§ 13–16 BewG) zu bewerten. Der tatsächliche Jahreswert der gezogenen Nutzungen am Miethausgrundstück und am Wertpapierbesitz ist danach gem. § 15 BewG zu ermitteln und mit dem dem Anteil des Nutzungsrechts am ganzen Wirtschaftsgut entsprechenden Teil des nach den Vorschriften des Bewertungsgesetzes ermittelten Wertes des genutzten Wirtschaftsgutes (Steuerwert geteilt durch 18,6) zu vergleichen. Der niedrigste der beiden Werte ist der Jahreswert. Der Wert des Grundstücks richtet sich dabei nach §§ 145 ff. BewG, der der Wertpapiere der niedrigste Tageskurs am Todestag (§ 11 BewG). Der so ermittelte Jahreswert ist, da es sich um Nutzungen auf Lebenszeit handelt, mit der aus Anlage 9 BewG zu entnehmenden durchschnittlichen Lebenserwartung des Berechtigten zu vervielfachen (§ 14 BewG) und ergibt dann den zu versteuernden Kapitalwert. Nach § 23 ErbStG hat die Witwe, wenn ihre Freibeträge nicht ausreichen sollten, die Wahl zwischen der sofortigen vollen Versteuerung und der jährlichen Versteuerung bis zum Ende des Nießbrauchs (zum Sonderausgabenabzug der jährlichen Erbschaftsteuerzahlungen s. *Kapp/Ebeling* § 23 → Anm. 26). Anders als vor Aufhebung des § 25 ErbStG mWv 1.1.2009 können die Erben den Kapitalwert des Nießbrauchsrechtes nun mit erbschaftsteuerlicher Wirkung von ihrem Erwerb abziehen, wodurch das Nießbrauchsvermächtnis erbschaftsteuerlich wieder attraktiver ist. Schon immer bestand die Möglichkeit, denjenigen Teil der Erbschaftsteuer, der auf die Nießbrauchsbelastung entfällt, bis zu deren Wegfall auf Antrag stunden zu lassen.

(2) **Einkommensteuer.**

a) Bezüglich der einkommensteuerlichen Behandlung des Nießbrauchs an Hausbesitz im privaten Bereich allgemein → Form. XII.20 Anm. 15.

b) ESt bei Bruchteils- und Quotennießbrauch. Beim Bruchteils- und Quotennießbrauch und bei Wohnungsrechten in Mehrfamilienhäusern sind nach dem Nießbrauchserlass vom 30.9.2013 (BStBl. I 1184) die Einkünfte, die Werbungskosten und die AfA entsprechend dem Verhältnis der vereinbarten anteiligen Nutzung zwischen Eigentümer und Berechtigtem aufzuteilen und steuerlich zuzurechnen bzw. absetzbar. Beim unentgeltlichen Nießbrauch am Bruchteil eines Gebäudes entfällt eine Gebäude-AfA beim Nießbraucher, während der Eigentümer nur auf den unbelassenen Eigentumsanteil Werbungskosten/AfA geltend machen kann.

**8. Kosten.** → Form. XI.1 Anm. 16.

# 23. Testament mit Vermächtnissen, Auflagen, Verwirkungsklauseln, Teilungsanordnungen und -verboten, Übernahmerechten, Ausgleichsanordnung, familienrechtlichen Anordnungen, Honorierung einer Pflegeleistung, Testamentsvollstreckung und Schiedsklausel

Verhandelt zu[1, 2].....
am ..... (auch als eigenhändiges Testament möglich)

§ 1 Erbeinsetzung

Zu meinen Erben setze ich hiermit meine Ehefrau A, geb. E und unsere Kinder B, C und D zu je $^1/_4$ Erbteil ein. Ersatzerben meiner Ehefrau sind unsere Kinder zu gleichen Teilen. Weitere Ersatzerben meiner Ehefrau und Ersatzerben unserer Kinder sind jeweils deren Abkömmlinge, einschließlich adoptierter, unter sich jeweils nach der gesetzlichen Erbregel erster Ordnung. Mangels Ersatzerben soll Anwachsung eintreten.

§ 2 Vermächtnisse und Auflagen

Meine Erben belaste ich mit folgenden Vermächtnissen, die, soweit Erben zugewendet, als Vorausvermächtnisse nicht auf den Erbteil anzurechnen sind:

a) Meiner Ehefrau A, geb. E vermache ich das lebtägliche und in der Ausübung unentgeltliche Nießbrauchsrecht an meinem Einfamilienhausgrundstück in M-Stadt in der S-Straße Nr. ....., eingetragen im Grundbuch von M-Stadt Blatt ....., Flst. Nr. ..... Das Recht ist nach meinem Tod in Grundbuch mit der Maßgabe einzutragen, dass zu seiner Löschung der Nachweis des Todes der Berechtigten genügen soll. Ersatzvermächtnisnehmer bestimme ich nicht.

b) Das Wohn- und Geschäftsgrundstück in M-Stadt, W-Straße Nr. ....., eingetragen im Grundbuch von M-Stadt Blatt ....., Flst. Nr. ..... vermache ich meinen Kindern B, C und D zu je $^1/_3$ Miteigentum. Dabei schließe ich im Wege der Auflage bezüglich dieser Bruchteilsgemeinschaft die Teilung auf immer aus und ordne an, dass dieses Auseinandersetzungsverbot nach meinem Tod als Anteilsbelastung gem. § 1010 Abs. 1 BGB im Grundbuch eingetragen werden soll.[3] Die Vermächtnisnehmer sind verpflichtet, sämtliche Grundpfandrechte, die auf diesem Grundbesitz zum Zeitpunkt meines Todes lasten, mit den durch sie gesicherten persönlichen Forderungen mit schuldbefreiender Wirkung für die übrigen Miterben zu übernehmen. Sämtliche bezüglich dieser Grundpfandrechte bei meinem Tod bestehenden Eigentümerrechte sind ebenfalls im Voraus an die Vermächtnisnehmer vermacht. Ersatzvermächtnisnehmer sind jeweils die Abkömmlinge der Vermächtnisnehmer, einschließlich adoptierter, jedoch mit Ausnahme nichtehelicher in männlichen Linien, unter sich jeweils zu Bruchteilen entsprechend den Erbquoten der gesetzlichen Erbregel erster Ordnung. Mangels Ersatzerben soll Anwachsung eintreten.

c) Die Erben B, C und D beschwere ich mit dem Vermächtnis, meiner Ehefrau und ihrer Mutter, A, geb. E, monatlich ab meinem Tod auf ihre Lebenszeit einen Betrag zu zahlen, der den jeweiligen Nettomieteinkünften aus dem ihnen unter lit. b vermachten Hausgrundstück entspricht. Ersatzvermächtnisnehmer bestimme ich nicht.

d) Meinem Enkel H vermache ich mein Segelboot unter der aufschiebenden Bedingung,[4] dass er innerhalb von drei Jahren ab dem Erbfall den Segelschein B erwirbt.

e) Meine Sammlung moderner Malerei und Plastik vermache ich meiner Heimatstadt M-Stadt mit der Auflage,[5] sie ungeteilt in nebeneinanderliegenden Räumen der städtischen Kunsthalle unter dem Namen „Sammlung A" auf Dauer der Öffentlichkeit zugänglich zu machen. Das Vermächtnis ist durch die Erfüllung dieser Auflage auflösend bedingt.[4] Ersatzvermächtnisnehmer bestimme ich nicht.

§ 3 Teilungsanordnungen und Teilungsverbot

Für die Teilung meines Nachlasses treffe ich folgende Anordnungen, die, soweit sie Gegenstandszuweisungen an Erben enthalten, innerhalb des Rahmens des Erbteils erfolgen, dh auszugleichen sind:[6]

a) Mein Sohn D erhält im Wege des Vorausvermächtnisses das Recht, mein Einfamilienhausgrundstück in M-Stadt, S-Straße Nr. . . . . ., eingetragen im Grundbuch von M-Stadt Blatt . . . . . Flst. Nr. . . . . . zum amtlichen Schätzwert, abzüglich des Wertes des unter § 2 lit. a meiner Ehefrau an dem Hausgrundstück vermachten Nießbrauchsrecht, zu übernehmen.
b) Diejenigen meiner Kinder, die darauf bauen wollen, können die Bauplätze in M-Stadt im Gewann „Rosengärtle" zum amtlichen Schätzwert übernehmen. Sollten mehr daran interessiert sein, als Bauplätze vorhanden sind, soll das Los unter Aufsicht des Testamentsvollstreckers entscheiden.
c) Mein Vermögen an in- und ausländischen Wertpapieren, die ich in verschiedenen Depotkonten im In- und Ausland habe, soll zur Versorgung meiner Erben ungeteilt und unter Dauerverwaltung eines fachkundigen Testamentsvollstreckers bleiben. Ich schließe daher insoweit im Wege der Auflage das Recht, die Auseinandersetzung zu verlangen, auf die Dauer von 30 Jahren nach meinem Tod aus.[3] Das Teilungsverbot soll auch nach dem Tode eines Miterben fortbestehen.

§ 4 Anordnung der Ausgleichungspflicht[7]

a) Meiner Tochter D habe ich am . . . . . (Datum) einen Bauplatz geschenkt. In dem notariellen Schenkungsvertrag wurde ausdrücklich vermerkt, dass ich mir bei der Schenkung die nachträgliche Anordnung der Ausgleichungspflicht vorbehalten habe. Gemäß diesem Vorbehalt ordne ich hiermit an, dass sich die D nach meinem Tod mit ihren Geschwistern hinsichtlich dieser Zuwendung auszugleichen hat.
b) Ein Erbe, der persönlich oder dessen selbst nicht erbende Familienangehörige mich wenigstens 6 Monate bei Krankheit oder altersbedingt pflegen, kann dafür eine Ausgleichung nach den Regeln der §§ 2057a, 2052 BGB verlangen. Als angemessenen Ausgleich erachte ich die Sätze des § 36 Abs. 3 SGB XI, mindestens die Stufe 1 dabei auch ohne formale Feststellung dieser Pflegestufe.[8]

§ 5 Familienrechtliche Anordnungen[9]

Sollte mein Sohn C vor mir versterben und daher seine Kinder an seine Stelle treten, entziehe ich, soweit sie noch minderjährig sind, ihrer Mutter die Vermögensverwaltung über das von mir ererbte Vermögen. Zum Ergänzungspfleger benenne ich insoweit den Testamentsvollstrecker.

§ 6 Testamentsvollstreckung[10] und Schiedsklausel[11]

(1) Zu meinem Testamentsvollstrecker ernenne ich Herrn Prokurist M, den Leiter der Wertpapierabteilung der R-Bank, Filiale M-Stadt. Der Testamentsvollstrecker hat die Vermächtnisse und Übernahmerechte zu erfüllen und die Erhaltung der Auflagen zu überwachen. Während er bezüglich des anderen Nachlasses Abwicklungsvollstrecker ist, soll er bezüglich des Wertpapiervermögens Dauervollstrecker sein und soll im Rahmen seiner Verwaltung das Wertpapiervermögen im Hinblick auf die bestmögliche Rendite erforderlichenfalls umschichten. Bezüglich des Wertpapiervermögens ist er von allen Be-

**schränkungen befreit, von denen ihm nach dem Gesetz Befreiung erteilt werden kann und er hat insbesondere die erweiterte Verpflichtungsbefugnis nach § 2207 BGB. Dem Testamentsvollstrecker steht zunächst eine einmalige Vergütung von 6 % des Bruttonachlasses zu und außerdem für die Verwaltung des Wertpapiervermögens 5 % seiner jährlichen Bruttoeinnahmen. Sollte der Testamentsvollstrecker nicht in der Lage sein, das Amt zu versehen oder die Übernahme ablehnen, so soll das zuständige Nachlassgericht einen geeigneten Testamentsvollstrecker ernennen, der in der Wertpapieranlage und -verwaltung versiert ist. Für ihn gelten die vorstehenden Anordnungen in gleicher Weise.**

**(2) Streitigkeiten der Erben, Vermächtnisnehmer und sonstiger Begünstigter unter sich oder mit dem Testamentsvollstrecker, welche sich bei der Durchführung der letztwilligen Anordnung ergeben, sind unter Ausschluss der ordentlichen Gerichte durch einen Schiedsrichter als Einzelrichter zu entscheiden.[11] Tatsachen kann er auch ohne Schiedsverfahren durch ein Schiedsgutachten feststellen. Soweit keine zwingenden Gesetze entgegenstehen, entscheidet der Schiedsrichter prozess- und materiellrechtlich nach freiem Ermessen. Schiedsrichter ist Frau Rechtsanwältin B in M-Stadt. Nimmt sie das Amt nicht an oder ist sie an der Ausübung gehindert, wird der Schiedsrichter durch das Gericht gemäß § 1035 ZPO bestellt. Vergütet wird für jeden Streitfall eine Pauschale in Höhe von $^{13}/_{10}$ der vollen Gebühr entsprechend der Gebührentabelle zum Rechtsanwaltsvergütungsgesetz. Damit sind sämtliche Ansprüche, ausschließlich der entstandenen und nachgewiesenen Spesen und Auslagen, abgegolten.**

**(3) Beteiligte, welche die ordentlichen Gerichte in anderen als den zwingend vorgeschriebenen Fällen anrufen oder einstweilige Verfügungen oder Arreste beantragen, haben alles, was sie noch als Erbteil oder Vermächtnis unmittelbar besitzen, vermächtnisweise an die anderen Erben im Verhältnis ihrer Erbteile herauszugeben.[4]**

**§ 7 Schlussformel (→ Form. XI.1)**

*Schrifttum: Bandel,* Schiedsklausel in Testamenten und Erbverträgen, NotBZ 2005, 381; *Beck,* Grenzen der Teilungsanordnung, DNotZ 1961, 565; *Benk,* Teilungsanordnung, Vorausvermächtnis, Übernahmerecht, MittRhNotK 1979, 53; *Birk,* Die Problematik der Verwirkungsklausel in letztwilligen Verfügungen, DNotZ 1972, 284; *Burandt,* Teilungsanordnung und Vorausvermächtnis, FS Spiegelberger, 2009, 978; *Coing,* Vorausvermächtnis und Teilungsanordnung, JZ 1962, 529; *Frischknecht,* Bringt eine Ausstattung lediglich einen rechtlichen Vorteil? BWNotZ 1960, 269; *Fröhler,* Erbausgleichung und Pflichtteilsanrechnung aufgrund Schenkung bzw. Ausstattung, BWNotZ 2010, 94; *Gergen,* Begünstigung und Begünstigungswille als Abgrenzung zwischen Vorausvermächtnis und Teilungsanordnung – Zur Kritik der Rechtsprechung seit BGHZ 36, 115, ZEV 2006, 362; *Grunsky,* Zur Abgrenzung der Teilungsanordnung gegenüber dem Vorausvermächtnis, JZ 1963, 250; *Haegele,* Bedingte, namentlich unter einer Verwirkungs- oder Strafklausel stehende testamentarische Anordnungen, JurBüro 1969, 1; *ders.,* Zu den Verfügungsrechten eines Testamentsvollstreckers, Rpfleger 1972, 43; *ders.,* Einzelfragen der Testamentsvollstreckung, BWNotZ 1974, 109; *Haß,* Zur „schwierigen" Auflage im Erbrecht, SchlHA 1978, 61; *Hilgers,* Die bedingte Erbeinsetzung, MittRhNotK 1962, 381; *Herrler/Schmied,* Ermöglichung nachträglicher Ausgleichungs- und Anrechnungsbestimmungen (§§ 2050 ff. und 2315 BGB), ZNotP 2008, 178; *Kapp,* Die rechtliche Stellung des Testamentsvollstreckers, BB 1981, 113; *Karczewski,* Beeinflussung der Lebensführung durch Potestativbedingungen in Verfügungen von Todes wegen, hereditare 3 (2013), 19–36; *Kehrer,* Strafklauseln in letztwilligen Verfügungen, BWNotZ 1957, 125; *Keuk,* Der Erblasserwille post testamentum, Zur Unzulässigkeit der testamentarischen Potestativbedingung, FamRZ 1972, 9; *Kohler,* Testamentarisches Familiengut, NJW 1957, 1173; *ders.,* Das Teilungsverbot besonders beim testamentarischen Familiengut, DNotZ 1958, 245;

*ders.*, Letztwillige Schiedsklauseln, DNotZ 1962, 125; *Kollmeyer*, Ausgleich von Pflegeleistungen unter Abkömmlingen, NJW 2017, 1849; *Lange*, Die Rechtsmacht des Testamentsvollstreckers und ihre Grenzen, JuS 1970, 101; *derselbe*, Letztwillige Schiedsklauseln in der jüngsten Rechtsprechung, ZEV 2017, 1; *Mattern*, Einzelzuweisungen von Todes wegen, DNotZ 1963, 450; *Mayer*, Anrechnung und Ausgleichung im Erb- und Pflichtteilsrecht – eine Einführung anhand von Beispielsfällen, ZErb 2007, 130; *Meincke*, Zum Verfahren der Miterbenausgleichung, AcP 178, 43; *Natter*, Teilungsanordnung und Vermächtnis, JZ 1959, 151; *Muscheler*, Entlassung des Testamentsvollstreckers und letztwillige Schiedsklausel, ZEV 2009, 317; *Nieder/Kössinger*, Hdb. d. Testamentsgestaltung, § 15; *Obergfell*, Der Dritte als Teiler (§ 2048 S. 2, 3 BGB), Heriditare 2014, 1; *Reimann*, Schiedsgerichtsverfahren im Erbrecht, FamRZ 2017, 1295; *Schmid*, Ausstattung und Schenkung, BWNotZ 1971, 29; *Schiffer/Schürmann*, Die Anordnung von Schiedsgericht und Mediation in der Verfügung von Todes wegen, Hereditare 2014, 39–60; *Schneider*, Berücksichtigung von Pflegeleistungen eines Abkömmlings im Erbfall, ZEV 2018, 380; *Sommer/Kerschbaumer*, „Echte" und „überquotale" Teilungsanordnungen – Zivil- und steuerrechtliche Probleme, ZEV 2004, 13; *Sostmann*, Grundstücksübertragungen an Abkömmlinge und ihre Auswirkungen auf das Pflichtteilsrecht, MittRhNotK 1976, 479; *Wälzholz*, Erbauseinandersetzung und Teilungsanordnung nach der Erbschaftsteuerreform, ZEV 2009, 113; *Weimar*, Rechtsfragen zur Ausgleichungspflicht unter Miterben, JR 1967, 97; *ders.*, Der Ausgleichsanspruch eines Abkömmlings bei besonderer Mitarbeit und Pflege (§ 2057a BGB), MDR 1972, 23; *Werner*, Werterhöhung als ausgleichspflichtiger Zugewinn und erbrechtlicher Vorempfang, DNotZ 1978, 66; *Wolfsteiner*, Anrechnung auf Erb- und Pflichtteil, MittBayNot 1982, 61.

## Anmerkungen

**1. Sachverhalt.** Der Erblasser ist verheiratet und hat drei Kinder. Neben der gegenständlichen Verteilung seiner wesentlichen Nachlassgegenstände zwischen seinen Erben innerhalb und außerhalb deren Erbquoten will er mit seinem Wertpapiervermögen ein Familiengut schaffen, aus dessen Erträgen die Erben über lange Zeit Nutzen ziehen sollen. Außerdem will er seine Bildersammlung nach seinem Tod der Öffentlichkeit zugänglich machen.

**2. Anwendungsfälle.** Erblassern ist oft nicht damit getan, ihr Vermögen von Todes wegen vertikal zu Erbteilen oder einzelnen Nachlassgegenständen oder horizontal durch Aufspaltung in Vermögensnutzung und Vermögenssubstanz (Vor- und Nacherbschaft, Nießbrauchsvermächtnis) zu verteilen. Sie wollen darüber hinaus über ihren Tod Einfluss auf die Verwendung ihres Vermögens und seiner Nutzungen haben, und damit etwas erreichen, was ihnen zu Lebzeiten nicht möglich war, da sie das Vermögen zu eigenen Zwecken benötigten oder wollen mit den letztwilligen Zuwendungen über ihren Tod hinaus Einfluss auf die Lebensführung und Handlungsfreiheit der Bedachten nehmen. Der Gesetzgeber hat zu diesem Zweck die in diesem Formular behandelten Rechtsinstitute zur Verfügung gestellt, denen jedoch allen eine absolute zeitliche Begrenzung zu eigen ist. Bei der Nacherbfolge (§ 2109 BGB) und damit über die sog. konstruktive Vorerbschaft (§ 2105 BGB) auch bei der bedingten Erbeinsetzung (§§ 2074, 2075 BGB), beim bedingten oder betagten Vermächtnis (§§ 2162, 2163 BGB), beim Teilungsverbot (§ 2044 Abs. 2 BGB) und bei der Dauertestamentsvollstreckung (§ 2210 BGB) werden die Anordnungen des Erblassers unwirksam, wenn dreißig Jahre seit dem Erbfall verstrichen sind. Diese Frist kann sich nur dann verlängern, wenn sie bis zum Eintritt eines bestimmten Ereignisses in der Person eines Menschen dauern soll, der aber beim Erbfall bereits gelebt haben muss. Die äußerste Zeitspanne der Nachlassbindung ist daher die Lebenszeit eines individuell bestimmten, beim Erbfall lebenden oder doch bereits erzeugten Menschen. Über diese zeitliche Schranke hinaus, kann der Erblasser aber, da die zeitliche Begrenzung für das Wirksamwerden eines Vermächtnisses (§§ 2162, 2163 BGB) für die Auflage nicht gilt, eine als Erbe oder Vermächtnisnehmer bedachte juristische Person mit einer Auflage zu wiederkehrenden Leistungen zu einem bestimmten Zweck (unselbstständige oder treuhänderische Stiftung oder Zweckzuwendung) zeitlich unbegrenzt beschweren (*Haegele* JurBüro 1969, 1 (8); RGZ 88, 339). Gegenüber natürlichen Personen setzen dafür indirekt die §§ 2191, 2147, 2109, 2162 f. BGB und bezüglich einmaliger Leistungen die Verjährungsvorschriften (§§ 195 ff. BGB) zeitliche Grenzen. Bezüglich unselbstständiger Stiftungen von Todes wegen siehe Kapitel XIV. Zeitlich unbegrenzten Einfluss auf seinen Nachlass kann der Erblasser auch durch die Bestimmung des Stiftungszwecks bei Anordnung einer rechtfähigen Stiftung (§ 83 BGB) nehmen (*Kohler* NJW 1957, 1173 (1175)).

**3. Teilungsverbot.** Nach § 2044 BGB kann der Erblasser durch letztwillige Verfügung die Auseinandersetzung bezüglich des ganzen Nachlasses oder einzelner Nachlassgegenstände ausschließen oder von der Einhaltung einer Kündigungsfrist abhängig machen (negative Auseinandersetzungsanordnung). Ein solches Auseinandersetzungsverbot kann zweierlei Rechtscharakter haben. Es kann entweder nur der Anspruch jedes einzelnen Miterben oder einzelner Miterben gegen die übrigen auf Erbauseinandersetzung gem. § 2042 Abs. 1 BGB ausgeschlossen sein sollen (BGHZ 40, 115 (117) = NJW 1963, 2320 = DNotZ 1964, 623). Ein solches Einrederecht ist dann ein Vermächtnis (§ 2150 BGB) zugunsten aller oder einzelner Miterben und hindert die Erbauseinandersetzung nicht, wenn keiner der Miterben die Einrede geltend macht. Oder der Erblasser kann mit seinem Teilungsverbot bezwecken, die Auseinandersetzung unabhängig vom Willen der Erben zu untersagen. Eine solche Ausschlussanordnung hat dann den Rechtscharakter einer Auflage gem. §§ 1940, 2190 ff. BGB (BGHZ 40, 115). Dingliche Wirkung hat wegen § 137 S. 1 BGB auch diese Anordnung nicht (§ 137 S. 2 BGB). Die Erben können sich daher im allseitigen Einverständnis auch darüber hinwegsetzen (BGHZ 40, 115). Ist zusätzlich Testamentsvollstreckung angeordnet, ist der Testamentsvollstrecker an das Auseinandersetzungsverbot gebunden, sofern nicht alle Miterben mit ihm gemeinsam anders entscheiden (BGHZ 40, 115 (118); 56, 275 (280) = NJW 1971, 1805; (MüKoBGB/*Ann* § 2044 Rn. 8; *Haegele* Rpfleger 1972, 43). Die Sicherung des Auseinandersetzungsverbots durch auflösend bedingte Einsetzungen hat Nachteile (MüKoBGB/*Ann* § 2044 Rn. 9). Der Erblasser muss dann jedenfalls Nacherben einsetzen und diese wiederum binden, mit weiterer Ersatzanordnung etc (§ 2104 BGB). Eine Alternative ist, in der Form der Auflage (→ Anm. 5; zur Teilungsanordnung → Anm. 6) Dritte zu begünstigen und zugleich vollziehungsberechtigt zu stellen, also auf Personen zu setzen, die nicht erben (MüKoBGB/*Ann* § 2044 Rn. 9).

Da das Teilungsverbot somit sowohl Vermächtnis als auch Auflage sein kann, sollte im notariellen Testament zur Vermeidung von Auslegungsschwierigkeiten seine Rechtsnatur jeweils eindeutig klargestellt werden. Den Einfluss des Erblassers auf den Nachlass durch Anordnung eines Teilungsverbots schränkt das Gesetz mit Rücksicht auf die Bedürfnisse der Miterben durch Verweisung auf die Vorschriften über den vereinbarten Auseinandersetzungsausschluss von Gemeinschaftern (§ 2044 Abs. 1 BGB) ein. Die Anordnung ist danach wirkungslos, wenn für die Auseinandersetzung ein wichtiger Grund vorhanden ist (§ 749 Abs. 2, 3 BGB). Ferner tritt im Zweifel eine auf Zeit getroffene Anordnung mit dem Tod eines Miterben außer Kraft (§ 750 BGB). Die Anordnung wirkt zwar für und gegen die Sondernachfolger (§ 751 S. 1 BGB), auf die der Erbteil gem. § 2033 BGB übertragen wird, aber nicht gegenüber dem Gläubiger, der auf Grund eines nicht nur vorläufig vollstreckbaren Schuldtitels die Pfändung des Erbteils erwirkt hat (§ 751 S. 2 BGB) und auch nicht in der Insolvenz eines Miterben (§ 84 Abs. 2 S. 2 InsO). Die entsprechende Anwendung des § 1010 BGB, dh Wirkung des Aufhebungsausschlusses bei Miteigentum an Grundstücken gegen (für: bereits nach § 751 S. 1 BGB) den Sondernachfolger eines Eigentümers, hat zur Voraussetzung, dass der Erblasser die Umwandlung der Erbengemeinschaft bezüglich eines Nachlassgrundstücks in eine Bruchteilsgemeinschaft anordnet oder gestattet, die Teilung dieser Bruchteilsgemeinschaft aber ausschließt. Dann wirkt das Teilungsverbot gegen einen Sondernachfolger in den Anteil des Miterben an der Bruchteilsgemeinschaft, wenn es als Belastung gem. § 1010 BGB im Grundbuch eingetragen ist (Staudinger/*Löhnig*, Bearbeitung 2015, § 2044 Rn. 7).

Der Ausschluss der Auseinandersetzung ist, ähnlich wie die Einsetzung von Nacherben (§ 2109 BGB), zeitlich begrenzt. Die Anordnung wird im Regelfall 30 Jahre nach dem Erbfall unwirksam (§ 2044 Abs. 2 BGB), es sei dann, dass das Verbot bis zum Eintritt eines bestimmten Ereignisses in der Person eines Miterben, bis zum Eintritt einer angeordneten Nacherbschaft oder bis zum Anfall eines ausgesetzten Vermächtnisses gelten soll, für die aber auch entsprechende Zeitgrenzen (§§ 2109, 2102 f. BGB) bestehen.

Die Auseinandersetzung kann – insgesamt oder hinsichtlich einzelner Nachlassgegenstände – nach dem Erbfall auch durch einstimmigen Beschluss der Miterben dauerhaft ausgeschlossen werden. Eine lediglich zum Zweck der Abwicklung angeordnete Testamentsvollstreckung endet dann insgesamt bzw. hinsichtlich des betreffenden Gegenstands (OLG Nürnberg ZEV 2011, 35).

**4. Bedingte Zuwendungen.** (1) **Bedingte Erbeinsetzung.** a) Allgemein. Verfügungen von Todes wegen können wie Rechtsgeschäfte unter Lebenden auch unter einer Bedingung oder Zeitbestimmung getroffen werden. Dem Erblasser wird dadurch die Möglichkeit gegeben, durch entsprechende Klauseln in einem Testament oder Erbvertrag künftigen Entwicklungen Rechnung zu tragen, die Herrschaft über sein Vermögen über seinen Tod hinaus zu erstrecken und den Willen des Bedachten durch seinen eigenen in der Rechtswirkung fortlebenden Willen zu beeinflussen (*Hilgers* MittRhNotK 1962, 381). Dabei kann er durch Zuwendung unter einer aufschiebenden Bedingung den Bedachten vornehmlich zu einer Handlung veranlassen und durch eine solche unter auflösender Bedingung zu einer Unterlassung bewegen. Unter einer Bedingung wird die einer Willenserklärung beigefügte Beschränkung verstanden, durch die der Eintritt oder das Ende einer Rechtswirkung von einem in der Zukunft liegenden ungewissen Umstand abhängig gemacht wird (*Haegele* JurBüro 1969, 1). Eine echte Bedingung liegt vor, wenn das künftige Ereignis sowohl objektiv als auch nach den Vorstellungen des Erklärenden ungewiss ist (BayObLG NJW 1967, 729). Es können, wie aus § 2075 BGB hervorgeht, auch solche Umstände zur Bedingung gemacht werden, deren Eintritt oder Nichteintritt vom Willen des mit der Zuwendung Bedachten abhängen (Potestativbedingungen) (MüKoBGB/*Leipold* § 2074 Rn. 14 ff.). Sie finden allerdings ihre Schranken an § 2065 Abs. 1 BGB, dh Geltung, Inhalt oder Empfänger einer Zuwendung können nicht von der bloßen Willensäußerung eines anderen, auch nicht des Bedachten, abhängig gemacht werden, und weiterhin an § 138 Abs. 1 BGB. Das **Sittenwidrigkeitsverbot** wirkt dabei in zwei Richtungen: Zum einen darf das Verhalten, zu dem der Bedachte veranlasst werden soll, nicht sittenwidrig sein oder gar gegen Strafgesetze verstoßen (*Keuk* FamRZ 1972, 9). Zum anderen sind vom Erblasser gesetzte Bedingungen daran zu messen, ob sie den Bedachten einem unzumutbaren Druck aussetzen und daher zur verfassungsrechtlich bedenklichen Fremdbestimmung seines Willens werden (vgl den Fall OLG Frankfurt ZEV 2019,212; zust *Litzenburger* Beck-FDErbR 2019, 3; abl *Bernauer* DNotZ 2019, 785; *Keim* MittBayNot 2019, 472 und *Roth* NJW-spezial 2019, 167: Bestimmte jährliche Anzahl an Besuchen beim Erblasser als unwirksame Bedingung der Erbeinsetzung; mE haltbar nur unter der Prämisse, dass im konkreten Fall die minderjährigen Erben den Großvater und Erblasser nur gegen den erklärten Willen der Erziehungsberechtigten hätten besuchen können). Ausgangspunkt ist dabei aber die Testierfreiheit des Erblassers, so dass solche Fälle der sittenwidrigen Bedingung auf enge Ausnahmen beschränkt bleiben (s. ausf. zur Wiederverheiratungsklausel → Form. XII.11 Anm. 15.). Auch **Dis-**

**kriminierungsverbote** können in diesem Kontext zu beachten sein (MüKoBGB/*Leipold* § 2074 Rn. 24 ff.; *Karczewski* hereditare 3 (2013), 19 ff. mit Fallgruppen S. 27 ff.). Das OLG Frankfurt ZEV 2019,212 (auch insoweit abl. *Bernauer* DNotZ 2019, 785 und *Keim* MittBayNot 2019, 472) legt bei Wegfall einer wegen Sittenwidrigkeit unwirksamen Bedingung die Erbeinsetzung als unbedingte aus. Das kann jedenfalls nicht die allgemeine Regel sein. Im Zweifel empfiehlt sich eine vorsorgliche Klarstellung in der Verfügung: „Erweist sich diese Bedingung als unwirksam, fällt die hier als bedingt formulierte Erbeinsetzung des A weg und es tritt Anwachsung bei den anderen Erben (/oder: Ersatzerbfolge) ein" oder „gilt die Erbeinsetzung des A als unbedingte." Für die Bewertung der fraglichen Klauseln muss auch beachtet werden, ob es sich überhaupt um eine Verhaltenssteuerung „aus dem Grab" heraus handelt oder ob der „Bedingungseintritt" mit dem Zeitpunkt des Erbfalls feststeht. Eine solche „Vergangenheitsbedingung" wirkt letztlich nicht anders als eine Offenlegung des Motivs für eine bestimmte Verfügung (*Bernauer* DNotZ 2019, 785 (786) mwN), was jedem Erblasser freisteht.

Alles für die Bedingung gesagte gilt jeweils in gleicher Weise für **befristete Zuwendungen** (§ 163 BGB).

Ist in einer Verfügung von Todes wegen eine Bedingung enthalten, so unterliegt der dadurch gemachte Vorbehalt den allgemeinen Vorschriften der §§ 158 ff. BGB, ergänzt durch die §§ 2074–2076 BGB. § 161 BGB gilt naturgemäß nicht, wohl aber § 162 BGB bei treuwidriger Verhinderung des Eintritts einer Bedingung (MüKoBGB/*Leipold* § 2074 Rn. 12).

b) **Aufschiebend bedingte Erbeinsetzung.** Hat der Erblasser eine Erbeinsetzung unter einer aufschiebenden Bedingung gemacht (§ 2074 BGB), verlangt der Grundsatz der Universalsukzession (§ 1922 BGB), dass die Erbschaft vom Erbfall bis zum Eintritt der Bedingung einem anderen zufällt. Mangels anderer Bestimmung des Erblassers sind in einem solchen Fall seine gesetzlichen Erben gem. § 2105 BGB als Vorerben und der Bedachte zum Nacherben berufen. Man spricht von sog. gedachter oder konstruktiver Vorerbenberufung, da sie nur Folge der vom Erblasser gewählten Rechtskonstruktion ist und nicht vom Erblasser ausdrücklich und bewusst angeordnet wurde (*Haegele* JurBüro 1969, 1 (3); *Birk* DNotZ 1972, 284 (300). Ferner ist im Zweifel anzunehmen, dass der unter einer aufschiebenden Bedingung Bedachte die Zuwendung nur erhalten soll, wenn er den Eintritt der Bedingung erlebt (§ 2074 BGB). Verstirbt der Bedachte vor dem Eintritt der aufschiebenden Bedingung, ist die Zuwendung im Zweifel unwirksam. § 2074 BGB geht, wie § 2108 Abs. 2 S. 2 BGB ausdrücklich klarstellt, der gem. § 2108 Abs. 2 S. 1 BGB vermuteten Vererblichkeit der Nacherbenanwartschaft bei der bedingten Nacherbeneinsetzung vor (MüKoBGB/*Leipold* § 2074 Rn. 2).

c) **Auflösend bedingte Erbeinsetzung.** Bei einer auflösend bedingten Erbeinsetzung wird der Berufene sofort mit dem Erbfall Erbe, aber nur Vorerbe, da er verpflichtet ist, die Erbschaft nach Eintritt der auflösenden Bedingung herauszugeben und sie dann nicht herrenlos bleiben darf. Hat der Erblasser niemand bestimmt, dem die Erbschaft nach Eintritt der auflösenden Bedingung zufallen soll, fällt sie gem. § 2104 BGB denjenigen Personen als Nacherben an, welche die gesetzlichen Erben des Erblassers wären, wenn er erst bei Eintritt der auflösenden Bedingung verstorben wäre. Auch diese Vor- und Nacherbschaft tritt konstruktiv ein, dh ohne vom Erblasser besonders angeordnet und gewollt zu sein. Die kraft Gesetzes durch ergänzende Auslegung der aufschiebend oder auflösend bedingten Erbeinsetzung eintretende konstruktive Vor- und Nacherbfolge ist die gleiche wie die unbedingte und es finden daher alle Verfügungsbeschränkungen und Kontroll- und Sicherungsrechte zum Schutze des Nacherben Anwendung (OLG München JFG 15, 39 (40); *Ripfel* Rpfleger 1951, 577 (579 f.); *Haegele* Rpfleger 1971, 121 (122); *Kanzleiter* DNotZ 1970, 326 (330)). Die Tatsache der bedingten Erbeinsetzung, die zur Nacherbfolge führt, ist gem. § 2363 BGB im Erbschein zu vermerken (*Hilgers* MittRhNotK 1962, 381 (392)). Letztlich dürfen bei einer bedingten Erbeinsetzung die Pflichtteilsrechte des Ehegatten, der Abkömmlinge und evtl. Eltern nicht außer acht gelassen werden (*Haegele* JurBüro 1969, 1 (3)). Hat der mit einer Bedingung belastete Erbe die Stellung eines Vorerben, so findet § 2306 Abs. 1 BGB Anwendung, denn er ist er als Nacherbe zu betrachten.

d) **Verwirkungsklauseln** (*Kroppenberg* ZEV 2009, 459; Staudinger/*Otte,* Bearbeitung 2013, § 2074 Rn. 62 ff.). Selten in notariellen, häufiger in eigenhändigen Testamenten finden sich sog. Verwirkungsklauseln auch Strafklauseln, privatorische oder kassatorische Klauseln genannt, mit denen der Erblasser demjenigen, der gegen seinen letzten Willen vorgeht, androht, er solle nichts bzw. nur den Pflichtteil erhalten (MüKoBGB/*Leipold* § 2074 Rn. 29 ff.; *Adam* MDR 2007, 68; vgl. auch *Karczewski* hereditare 3 (2013), 19). Wenn die Rechtsfolge dabei im Verlust testamentarischer Zuwendungen besteht, handelt es sich im Zweifel nach § 2075 BGB um eine auflösende Bedingung für den Fall der Zuwiderhandlung (MüKoBGB/*Leipold* § 2074 Rn. 29). Das sollte aber in der Verfügung herausgearbeitet werden, denn auch die aufschiebend bedingte Enterbung kommt in Betracht (Palandt/*Weidlich* § 2075 Rn. 6).

*Birk* (DNotZ 1972, 284 (288)) unterscheidet zwischen allgemeinen und speziellen Verwirkungsklauseln. Bei allgemeinen Verwirkungsklauseln haben die vom Erblasser an die Zuwendung geknüpften Verhaltensanforderungen an den Bedachten keinen präzis fixierten Ausdruck gefunden oder werden mit unbestimmten Begriffen umschrieben (zB „wer mein Testament angreift, erhält nur den Pflichtteil"; weitere Beispiele aus der Rspr. bei *Schopp* Rpfleger 1954, 545 (547) Fn. 5). Vor solchen Klauseln ist zu warnen. Sie führen letztlich nur zur Schmälerung des Nachlasses durch hohe Prozesskosten. Bei den speziellen Verwirkungsklauseln ist die vom Bedachten geforderte Verhaltensweise genau oder wenigstens genauer bestimmt. Spezielle Verwirkungsklauseln sind zB solche, durch die die Einhaltung eines Veräußerungsverbotes, Teilungsverbotes, Verpfändungsverbotes oder einer Teilungsanordnung des Erblassers sanktioniert werden sollen, oder die Erfüllung eines Vermächtnisses oder einer Auflage erzwungen oder die Anfechtung der letztwilligen Verfügung gem. §§ 2078, 2079 BGB verhindert werden soll. Auch die Pflichtteilsstrafklauseln und Wiederverheiratungsklauseln (→ Form. XII.11 Anm. 15) gehören in diesen Zusammenhang. Zur Frage möglicher Sittenwidrigkeit solcher Klauseln s bereits oben zu a). Denkbar wäre auch eine Klausel, in der in einem gemeinschaftlichen Testament bestimmt umrissene Pflichtverletzungen der Abkömmlinge gegenüber dem überlebenden Ehegatten zum Eintritt der auflösenden Bedingung ihrer Erbeinsetzung nach dem Längstlebenden gemacht werden, um das Wohlverhalten der Kinder gegenüber dem Überlegenden sicherzustellen (*Schopp* Rpfleger 1954, 545 (547)). Hier würde keine konstruktive Nacherbfolge eintreten, da es nur um den Nachlass des Längstlebenden geht und ein etwaiger Bedingungseintritt bei dessen Tod feststeht.

e) Zu den bedingten Zuwendungen gehören auch die sog. **kaptatorischen Verfügungen,** bei denen die letztwillige Zuwendung an die Bedingung geknüpft ist, dass der Zuwendungsempfänger den Geber oder einen Dritten seinerseits durch Verfügung von Todes wegen bedenkt, zB hinsichtlich des vom Erblasser Erlangten. Eine solche Verfügung, durch die lediglich die Zuwendung des Erblassers eingeschränkt wird, verstößt nach allgemeiner Auffassung nicht gegen die Testierfreiheit (BGH WPM 1971, 1510; NJW 1977, 950; MüKoBGB/*Musielak* § 2302 Rn. 3; Palandt/*Weidlich* § 2074 Rn. 5 u. § 2302 Rn. 1; *Haegele* JurBüro 1969, 1 (6)). Wie bei den die Wiederverehelichungsklauseln (→ Form. XII.11 Anm. 10) darf dabei aber die eigene durch Grundrechte verbürgte Willensfreiheit des Zuwendungsempfängers (hier: seine Testierfreiheit) nicht durch einen zu hohen faktischen Druck außer Kraft gesetzt werden. Anders motiviert, aber konstruktiv vergleichbar ist die Nacherbeneinsetzung unter Vorbehalt anderweitiger Verfügungen des Vorerben (→ Form. XII.12 Anm. 3).

f) **Alternative.** Da die Verfügungsbeschränkung und die Kontroll-, Sicherungs- und Mitwirkungsrechte auch zugunsten bedingter Nacherben gelten (Staudinger/*Avenarius,*

Bearbeitung 2013, § 2113 Rn. 25), erfreut sich die bedingte oder befristete Erbeinsetzung, die zwangsläufig zur bedingten Nacherbfolge führt, keiner großen Beliebtheit. Besonders misslich ist, dass auch der Erbe, der die Erwartungen des Erblassers voll erfüllt, zeitlebens durch die Kontroll-, Sicherungs- und Mitwirkungsrechte des bedingten Nacherben in seiner Eigentümerstellung beeinträchtigt wird. Oft reicht es aus, statt dessen ein bedingtes oder befristetes Geldvermächtnis anzuordnen, mit dem der Erbe beschwert wird, wenn er das vom Erblasser erwartete Verhalten verweigert (BayObLG 1962, 48; *Ripfel* Rpfleger 1951, 583; *Haegele* JurBüro 1969, 1 (5); *Kehrer* BWNotZ 1957, 125 (136)). Zwar ist dabei die Sicherung des mit dem Vermächtnis Bedachten nicht mit der des Nacherben vergleichbar, aber darauf kommt es dem Erblasser auch gar nicht an. Er will durch die Gestaltung nur den Erstbedachten zu einem bestimmten Verhalten veranlassen, gelingt dies nicht, soll er durch den Entzug der Zuwendung bestraft werden, der Zweitbedachte ist dabei nur Mittel zum Zweck. Sollte der Erblasser jedoch ausdrücklich eine bedingte oder befristete Erbeinsetzung verlangen, so sollte der Notar die damit verbundene Anordnung einer bedingten Nacherbschaft klar zum Ausdruck bringen (*Kehrer* BWNotZ 1957, 125 (136)) und sich nicht auf die Auslegungsregeln der §§ 2104, 2105 BGB verlassen.

(2) **Bedingtes Vermächtnis.** a) Aufschiebend bedingtes Vermächtnis. Ist ein Vermächtnis unter einer aufschiebenden Bedingung angeordnet, finden neben dem § 2174 BGB auch die §§ 2177, 2179 BGB Anwendung. → Form. XII.6 Anm. 10. Mit einem aufschiebend bedingten Vermächtnis kann der Bedachte zu einem Tun bestimmt werden, wie im Formular unter § 2d, es kann aber auch insoweit als Strafklausel dienen, als der Beschwerte mit dem Eintritt der Bedingung bedroht und so zu einem Tun oder Unterlassen veranlasst werden soll (→ Form. § 6 Abs. 3). Der Vorteil einer solchen Strafklausel ist, dass die Erbenstellung unangetastet bleibt und der Erbe nur schuldrechtlich verpflichtet wird, nach Eintritt der Bedingung den Nachlass oder Teile davon an Dritte als Vermächtnisnehmer herauszugeben. Solange der Erbe die Erwartungen des Erblassers erfüllt, tritt die Bedingung nicht ein und er ist durch keine Kontroll-, Sicherungs- und Mitwirkungsrechte des Zweitbedachten wie bei der Vorerbschaft in seiner Erbenstellung beeinträchtigt.

b) Auflösend bedingtes Vermächtnis. Steht ein Vermächtnis unter einer auflösenden Bedingung, findet § 2075 BGB Anwendung. Das Vermächtnis fällt ungeachtet der Bedingung mit dem Erbfall an (§ 2176 BGB), es sei denn, die auflösende Bedingung ist schon vorher eingetreten (MüKoBGB/*Rudy* § 2177 Rn. 5 f.). Tritt die Bedingung nach dem Erbfall ein, so ist ein Nachvermächtnisnehmer (§ 2191 BGB) nur dann berufen, wenn der Erblasser dies ausdrücklich angeordnet hat (Staudinger/*Otte,* Bearbeitung 2013, § 2177 Rn. 8). Eine gesetzliche Vermutung wie in § 2104 BGB besteht hier nicht. Ist kein Nachvermächtnisnehmer berufen, erlischt der Vermächtnisanspruch ersatzlos und bereits erfolgte Leistungen sind nach Bereicherungsrecht (§ 812 Abs. 1 S. 2 BGB) an den ursprünglich Beschwerten zurückzugeben (MüKoBGB/*Leipold* § 2074 Rn. 45, § 2075 Rn. 5). Bei Nichterfüllung der Auflage hätte somit in § 2e des Form. die Stadt die Kunstsammlung den Erben zurückzugeben. Da die Verjährung erst mit der Entstehung des Bereicherungsanspruchs beginnt (§ 198 S. 1 BGB), ist, da eine juristische Person mit der Auflage beschwert ist, und ihr Inhalt in wiederkehrenden Leistungen besteht, in diesem Fall die Wirkung der Anordnung des Erblassers zeitlich unbegrenzt.

5. **Auflage.** Die Auflage ist eine Anordnung von Todes wegen, durch die der Erblasser Erben oder Vermächtnisnehmer zu einer Leistung verpflichten kann, ohne einem anderen ein Recht auf diese Leistung zuzuwenden (§§ 1940, 2193–2196 BGB). → Form. XII.4 Anm. 12. Bietet → Form. XII.4 unter § 1 Abs. 2 ein Beispiel für eine Zuwendung durch eine Auflage, so enthält das obige Formular ein Beispiel für eine Auflage zwecks Einflussnahme des Erblassers auf das Verhalten eines Bedachten nach dem Erbfall. Erzwungen werden kann die Einhaltung der Auflage durch die Vollziehungsberechtigten gem. § 2194 BGB. Um die Einhaltung der Auflage besser zu schützen, ist im vorliegenden Formular

ihre Nichteinhaltung zur auflösenden Bedingung des Vermächtnisses gemacht worden. Auflagen zwecks Einflussnahme auf das Verhalten der Bedachten sind auch die zur Unternehmensführung oder -umgründung → Form. XII.8 Anm. 4 (4)).

6. **Teilungsanordnung.** (1) **Allgemein.** In § 2048 S. 1 BGB erkennt das Gesetz die Zulässigkeit letztwilliger Anordnungen über die Teilung des Nachlasses durch Gegenstandszuweisung innerhalb des Rahmens des Erbteils ausdrücklich an. Durch eine Teilungsanordnung kann der Erblasser insbesondere einem Erben einen bestimmten Gegenstand zuweisen, den der sich allerdings auf seinen Erbteil anrechnen zu lassen hat. Die Zuweisung des Gegenstandes erfolgt jedoch als Folge des Typenzwangs und des § 137 S. 1 BGB nur mit schuldrechtlicher nicht mit dinglicher Wirkung (RGZ 110, 270 (274)). Diese schuldrechtliche Verpflichtung ist vom Testamentsvollstrecker (§§ 2203, 2204 BGB) und vom Notar oder Richter bei der Auseinandersetzungsvermittlung nach §§ 363 ff. FamFG zu beachten, während die Miterben sich einverständlich darüber hinwegsetzen können (BGHZ 40, 115). Der Erblasser kann aber der Teilungsanordnung auch die Rechtsnatur einer Auflage (§ 1940 BGB) geben, damit sich die Miterben nicht einverständlich über seinen Willen hinwegsetzen können (Staudinger/*Löhnig*, Bearbeitung 2016¸ § 2048 Rn. 8). Die Rechtslage ist dann die gleiche wie beim entsprechenden Teilungsverbot (→ Anm. 3). Inhalt der Teilungsanordnung oder besser Auseinandersetzungsanordnung nach § 2048 BGB können nicht nur die Zuweisung bestimmter Gegenstände an Miterben sein, sondern auch Verwaltungsanordnungen über die Art der Verwaltung des Nachlasses abweichend von § 2038 BGB (Staudinger/*Löhnig*, Bearbeitung 2016¸ § 2048 Rn. 4) sowie die Anordnung eines schiedsrichterlichen Verfahrens gem. § 1048 ZPO für die Entscheidung von bei der Auseinandersetzung entstehender Streitigkeiten (RGZ 100, 77). Eine Teilungsordnung bildet eine Beschränkung iSv § 2306 Abs. 1 BGB. Der pflichtteilsberechtigte Erbe kann also ausschlagen und den Pflichtteil verlangen.

(2) **Teilung nach billigem Ermessen eines Dritten.** (*Obergfell* Heriditare 2014, 1–22). Nach § 2048 S. 2 BGB kann der Erblasser unabhängig von der Ernennung eines Testamentsvollstreckers anordnen, dass die Auseinandersetzung des Nachlasses nach dem billigen Ermessen eines Dritten erfolgen soll. Eine Verschiebung hinsichtlich des Vermögenswerts der Erbanteile kann der Dritte aber nicht vornehmen. Dritter kann hierbei jede Person innerhalb und außerhalb der Erbengemeinschaft sein, auch ein Miterbe (RGZ 110, 274). Der teilende Dritte ist nicht an die gesetzlichen Teilungsregeln (§§ 2042 ff. BGB) gebunden (MüKoBGB/*Ann* § 2048 Rn. 19). Daher stärkt es diesen, wenn der Testamentsvollstrecker zugleich als teilender Dritter eingesetzt wird (*Ogergfell* Heriditare 2014, 1 (13). Ist der Dritte nicht zugleich Testamentsvollstrecker, kann er die Erbteilung nicht selbst dinglich vollziehen, sondern ist darauf beschränkt, einen die Erben bzw. den Testamentsvollstrecker bindenden Auseinandersetzungsplan aufzustellen. Die Bestimmungen der Dritten sind aber dann nicht verbindlich, wenn sie offenbar unbillig sind (§ 2048 S. 3 BGB), die Bestimmung erfolgt dann durch Urteil. Kann oder will der Dritte die Entscheidung nicht treffen oder verzögert er sie, ist im Zweifel § 319 Abs. 1 S. 2 BGB entsprechend anwendbar (Staudinger/*Löhnig*, Bearbeitung 2016¸ § 2048 Rn. 15 mwN). Als Beispiel für eine Teilung nach billigem Ermessen eines Dritten sei auf die angeordnete Befugnis des Testamentsvollstreckers zur Auswahl des Unternehmensnachfolgers nach billigem Ermessen in → Form. XII.8 § 3 hingewiesen.

(3) **Teilungsanordnung und Nacherbfolge.** Bei einer Erbengemeinschaft zwischen Vollerben und Vorerben ist die Teilungsanordnung geeignet, dem nicht durch Nacherbfolge beschränkten Vollmiterben Teile des Nachlasses vor Eintritt des Nacherbfalls in Anrechnung auf seinen Erbteil zur freien Verfügung zuzuweisen (*Beck* DNotZ 1961, 565 (573)). Aber auch eine Teilungsanordnung zugunsten von Vormiterben ist zulässig und dient dazu, einzelne Nachlassgegenstände während der Dauer der Vorerbschaft einzelnen Mitvorerben zuzuweisen. Zur Nachlassteilung auf Grund dieser Anordnung unter den

Mitvorerben bedarf es dabei nicht der Zustimmung der Nacherben (BayObLG 1974, 312 = Rpfleger 1974, 355). Der dem Mitvorerben auf Grund der Teilungsanordnung zugeteilte Nachlassgegenstand unterliegt als Surrogat gem. § 2111 BGB immer noch der Nacherbschaft (BGH MDR 1959, 290; RGZ 89, 53). Bei einem insoweit zugeteilten Grundstück ist daher der Nacherbenvermerk einzutragen (BayObLG 1958, 109; KG OLG 8, 322; *Deimann* Rpfleger 1978, 244 (245); aA *Beck* DNotZ 1961, 565 (573)). Nur unter Mitwirkung der Nacherben (oder eine Nacherbenvollstreckers) kann auch ein Ausscheiden aus der Nacherbenbindung vereinbart werden (BGH NJW-RR 2001, 217). Der Nacherbenvermerk bleibt auch dann am Grundstück insgesamt eingetragen, wenn ein Vorerbe andere Erbanteile bereits mit dem Erbfall oder später ohne die BGHschränkung erlangt (BGH NJW-spezial 2018, 711). Wenn der Erblasser einzelne Gegenstände unbeschränkt dem Vorerben zusprechen will, bedient er sich dazu anstelle der Teilungsanordnung eines **Vorausvermächtnisses** (dazu sogleich und → Form. XII.11 § 4). In der Verfügung von Todes wegen sollte klar dargestellt sein, was gemeint ist.

(4) **Unterschied zwischen Teilungsanordnung und Vorausvermächtnis.** Eine Teilungsanordnung (§ 2048 BGB) erschöpft sich in der Gegenstandzuweisung innerhalb des Rahmens des Erbteils, während das einem Miterben zugewendete Vorausvermächtnis (§ 2150 BGB) zusätzlich Zuwendungen außerhalb des Erbteils, dh über ihn hinaus enthält. Typischerweise ist der Wert des Gegenstandes einer Teilungsanordnung auf den Erbteil anzurechnen, der eines Vorausvermächtnisses dagegen nicht (*Mattern* DNotZ 1963, 450 (454)).

Der **Vorausvermächtnisnehmer** kann von der Erbengemeinschaft die Übertragung des Zuweisungsgegenstandes zeitlich schon vor der Erbauseinandersetzung (§ 2176 BGB) und rangmäßig zwar erst hinter den sonstigen Nachlassgläubigern (§ 1991 Abs. 4 BGB iVm § 327 Abs. 1 Nr. 2 InsO) aber vor der Verteilung des übrigen Nachlasses unter den Miterben beanspruchen (§§ 1967 Abs. 2, 2046 gegenüber § 2047 BGB), während der durch Teilungsanordnung Bedachte den Gegenstand erst im Rahmen und zum Zeitpunkt der Erbauseinandersetzung (§ 2047 BGB) zugeteilt verlangen kann (*Mattern* DNotZ 1963, 450 (454)). Der Übertragungsanspruch des Vermächtnisnehmers ist von seiner Erbenstellung nicht abhängig, wohl aber die Zuweisung eines Gegenstandes durch eine Teilungsanordnung. Der Vorvermächtnisgegenstand unterliegt in der Regel nicht der Nacherbenbeschränkung (§ 2110 Abs. 2 BGB) und dem Erbteilsverkauf (§ 2373 S. 1 BGB) und nach dem Vermächtnisvollzug nicht mehr der Verfügung des Nachlassverwalters oder des Testamentsvollstreckers (§§ 1984, 1985, 2205, 2209, 2211 BGB) und der auf den Nachlass beschränkten Erbenhaftung (§§ 1973, 1975, 1990 BGB). Der durch **Teilungsanordnung** zugewiesene Gegenstand behält dagegen in diesen Beziehungen seinen Zusammenhang mit dem Erbteil auch nach Durchführung der Erbauseinandersetzung und wird grundsätzlich von der Nacherbeinsetzung (BGH NJW-RR 2001, 217), dem Erbteilsverkauf, der beschränkten Erbenhaftung (BayObLG 1974, 312 (315)) und der Testamentsvollstreckung miterfasst (*Mattern* DNotZ 1963, 450 (455)). Ferner kann das Vorausvermächtnis ausgeschlagen werden (§ 2180 BGB), die Teilungsanordnung nicht.

Der wesentliche Wirkungsunterschied zwischen Vorausvermächtnis und Teilungsanordnung ist für Praxis jedoch, dass dem Vorausvermächtnis kraft ausdrücklicher gesetzlicher Vorschrift im gemeinschaftlichen Testament (§§ 2270 Abs. 3, 2271 BGB) und im Erbvertrag (§§ 2287 Abs. 2, 2289–2292 BGB) bindende Wirkung von Todes wegen beigelegt werden kann, während die Teilungsanordnung stets frei widerruflich ist (§§ 2253, 2299 BGB). In drei grundsätzlichen Urteilen hat der BGH (BGHZ 36, 115 = DNotZ 1962, 322 = NJW 1962, 343; BGH DNotZ 1962, 327; 1963, 112; bestätigt BGH NJW 1995, 721) die Abgrenzungsmerkmale dahin festgelegt, dass bei Vorausvermächtnissen jedenfalls ein objektiver Vermögensvorteil für den Bedachten vorhanden sein muss (*Mattern* DNotZ 1963, 450 (457)), dass die Verkoppelung mit der Erbenstellung keineswegs immer eine Teilungsanordnung bedeuten muss (*Mattern* DNotZ 1963, 450 (457)S. 457) und dass auch die Anordnung der Anrechnung auf den Erbteil nicht unbedingt ein Vorausvermächtnis ausschließt (BGH NJW 1995, 721). Abgrenzungskriterium ist der für das Vorausvermächtnis charakteristische subjektive Begünstigungswillen. Fehlt er, ist eine reine Teilungsanordnung gegeben (siehe hierzu *Natter* JZ 1959, 151; *Coing* JZ 1962, 529; *Grunsky* JZ 1963, 250). Später hat der BGH der Prüfung des **„Begünstigungswillens"** des Erblassers ein objektives Moment vorangestellt (kritisch dazu *Gergen* ZErb 2006, 362). Zu fragen ist, ob nach dem Testamentsinhalt bei Zuweisung bestimmter Gegenstände der Begünstigte einen den Wert seiner Erbquote überschießenden Wert aus seinem eigenen Vermögen ausgleichen muss (BGHZ 82, 274 (279) = FamRZ 1982, 56 (57); BGH FamRZ 1982, 370; 1984, 688; 1985, 62 mAnm *Rudolf;* Bestätigung ua BGH NJW-RR 1990, 1220). Erst wenn gegebenenfalls durch Auslegung feststeht, dass der Erblasser dem Bedachten eine Ausgleichungspflicht nicht auferlegen wollte, soll auch der Begünstigungswille geprüft werden (BGH FamRZ 1984, 688; *Rudolf* FamRZ 1985, 64). Angesichts dieser Abgrenzungsschwierigkeiten ist es besonders wichtig, in der Verfügung von Todes wegen um ausdrucksmäßige Klarheit bemüht zu sein.

(5) **Übernahmerecht.** Übernahmerechte sind alle Erblasseranordnungen, mit denen einem Miterben das Recht eingeräumt wird, auf Grund eigener Entscheidung einen Gegenstand aus dem Nachlass zu entnehmen. Die Festsetzung eines Übernahmepreises ist möglich, aber für die Einordnung unerheblich (*Benk* MittRhNotK 1979, 58). Das Forderungsrecht des Bedachten entsteht nicht automatisch mit dem Erbfall, sondern erst nach seiner Übernahmeerklärung (Potestativbedingung). Auch bei diesen speziellen Teilungsanordnungen kann die Abgrenzung zum Vorausvermächtnis problematisch werden. Soll keine Anrechnung erfolgen, handelt es sich sicher um ein Vorausvermächtnis. Wenn eine Anrechnung erfolgen soll, kommt es auf den Begünstigungswillen des Testators an (BGHZ 36, 115 = DNotZ 1962, 322 = NJW 1962, 343). Ein objektiver Vermögensvorteil (oben (4)) besteht nämlich bereits in der Möglichkeit der Entscheidung über die Übernahme.

Denkbar ist auch die Anordnung einer **Übernahmepflicht** durch den Erblasser in der Weise, dass er die Erbeinsetzung des Bedachten von der Übernahme eines konkreten Nachlassgegenstandes abhängig macht. Die Erbeinsetzung des Bedachten ist dann durch die Abgabe der Übernahmeerklärung aufschiebend bedingt (*Benk* MittRhNotK 1979, 53 (61)).

**7. Ausgleichung und Anrechnung.** (1) **Ausgleichung von Vorempfängen.** a) **Ausgleichungspflichtige und -berechtigte Personen.** Bei gesetzlicher Erbfolge sind bestimmte Vorempfänge, die ein Abkömmling des Erblassers bereits zu dessen Lebzeiten von ihm erhalten hat, im Rahmen der Erbauseinandersetzung zu berücksichtigen (§§ 2050 ff. BGB). Ausgleichspflichtig und -berechtigt sind nur Abkömmlinge des Erblassers, soweit sie als gesetzliche Erben zur Erbfolge gelangen (§ 2050 Abs. 1 BGB). Nach § 2052 BGB kommt es außerdem dann zur Ausgleichung, wenn gesetzliche Erben durch Verfügung von Todes wegen zu Erbteilen eingesetzt sind, die in demselben Verhältnis zueinander stehen wie bei der gesetzlichen Erbfolge. Es ist unschädlich, wenn die zugewandten Erbteile der Abkömmlinge größer oder kleiner sind als die gesetzlichen, wenn sie nur untereinander im Verhältnis der gesetzliche Erbteile stehen. Die Ausgleichung beschränkt sich auf die betroffenen Erben, wenn dieses Voraussetzung nur für einzelne von ihnen erfüllt ist (MüKoBGB/*Ann* § 2052 Rn. 2). Fallen Abkömmlinge weg, so haben die in gesetzlicher Erbfolge Nachrückenden ebenso wie gewillkürte Ersatzerben im Zweifel auszugleichen (§ 2051, Ausnahme für Zuwendungen an die Nachrücker bzw. Ersatzerben selbst in § 2053 BGB).

b) **Gegenstand der Ausgleichung.** Zur Ausgleichung zu bringen sind gem. § 2050 BGB:

aa) Ohne Erblasseranordnung: **Ausstattungen** gem. § 1624 Abs. 1 BGB, die der Erblasser als Vater oder Mutter einem Kind zu Lebzeiten zu einem der in § 1624 BGB genannten Zwecke unentgeltlich zugewendet hat, sofern die Ausgleichungspflicht bei der

Zuwendung nicht ausgeschlossen wurde (§ 2050 Abs. 1 BGB). Zum Nachteil eines Pflichtteilsberechtigten ist dieser Ausschluss nicht möglich (§ 2316 Abs. 3 BGB). Objektiv zu bestimmender **Ausstattungsanlass** (jurisPK-BGB/*Kerscher* § 2050 Rn. 54 ff., auch zum Folgenden) ist, dass die Zuwendung von den Eltern an das Kind mit Rücksicht auf seine Verheiratung, Eingehung einer Lebenspartnerschaft oder auf die Erlangung einer selbstständigen Lebensstellung, zur Begründung oder zur Erhaltung der Wirtschaft oder der Lebensstellung erfolgt. Ausstattung ist auch das, was einem Kind von den Eltern zur Verbesserung seiner Wirtschaft oder Lebensstellung zu dem Zweck zugewendet wird, ihm eine auskömmliche Lebensführung zu ermöglichen (HRR 29 Nr. 608). Hinzukommen muss stets der subjektiv zu bestimmende **Ausstattungszweck** (jurisPK-BGB/Kerscher § 2050 Rn. 57). Er besteht in der Begründung und Erhaltung einer selbständigen Lebensstellung des Kindes. Die Eltern wollen das Kind nicht beschenken, sondern die wirtschaftliche Selbständigkeit des Kindes begründen, erhalten und sichern sowie nötigenfalls wieder herstellen (OLG Karlsruhe ZEV 2011, 531 (532)). Dabei verzichten die Eltern auf ein Rückforderungsrecht (*Sailer* NotBZ 2002, 81 (82)). Eine Ausstattung ist also **behaltensfest** in Bezug auf §§ 528, 530, 2287 BGB, außerdem hinsichtlich von Pflichtteilsergänzung gem. §§ 2325 ff. BGB. Der spezifische Zweck (causa sui generis, nicht donandi) grenzt die Ausstattung als Institut des Familienrechts zur Schenkung ab. In Form der Ausstattung können danach gewährt sein zB eine Aussteuer (BGHZ 11, 206; 14, 205), die Einrichtung eines Handwerksbetriebs oder die Zahlung der Schulden des Schwiegersohnes (RG JW 1912, 913), auch eine einmalige Kapitalzuwendung. Nicht entscheidend ist, ob die Zuwendung zur Erlangung des Zwecks notwendig war (BGHZ 44, 91 (93); *Schmid* BWNotZ 1971, 29 (32)). Wenn eine Zuwendung bei der Hingabe ausdrücklich als Ausstattung bezeichnet wurde, ist diese Absicht im Zweifel maßgebend (RG HRR 29 Nr. 608; JW 1906, 426; *Siegmann* BWNotZ 1977, 152; *Schmid* BWNotZ 1971, 29 (32)), es muss aber auch dann ein Ausstattungsanlass gegeben sein (sonst falsa demonstration, vgl. jurisPK-BGB/*Kerscher* § 1624 Rn. 49). Häufig fehlt zum Zeitpunkt der Zuwendung allerdings eine konkrete Festlegung. Zwar kann bei größeren elterlichen Zuwendungen die Deutung als Ausstattung nahe liegen (OLG Karlsruhe ZEV 2011, 531 (533)). Gerade wegen der erbrechtlichen Konsequenzen kann aber aus Sicht der Eltern oder des Kindes, die sich letztlich über die causa der Zuwendung verständigen müssen, eine Schenkung auch vorzugswürdig sein (jurisPK-BGB/*Kerscher* § 1624 Rn. 65 ff.).

Entgegen dem Wortlaut des § 1624 BGB ist nach ganz hM auch auszugleichen, was der Erblasser nicht seinen Kindern, sondern entfernteren Abkömmlingen zu dem Ausstattungszweck gegeben hat (Palandt/*Weidlich* § 2050 Rn. 1). Ausstattungen, die nach § 1624 BGB nach den Vermögensverhältnissen der Eltern als übermäßig anzusehen und daher insoweit nach Schenkungsrecht zu behandeln sind, sind abgesehen von den Fällen des § 2050 Abs. 2 BGB (sogleich bb) gemäß § 2050 Abs. 3 BGB auszugleichen. Der Erblasser kann bei der Zuwendung etwas anderes bestimmt haben (MüKoBGB/*Ann* § 2050 Rn. 16). Das Übermaß der Ausstattung wird als pflichtteilsergänzungspflichtige Schenkung gem. § 2325 BGB angesehen (MüKoBGB/*Lange* § 2325 Rn. 28 mN; *Schmid* BWNotZ 1971, 29 (35)).

bb) Ohne Erblasseranordnung: **Zuschüsse,** die zu dem Zwecke gegeben sind, als Einkünfte verwendet zu werden und zwar auch wenn sie unter den Begriff der Ausstattung fallen, aber nur hinsichtlich des Übermaßes, dh soweit sie das den Vermögensverhältnissen des Erblassers entsprechende Maß übersteigen und soweit der Erblasser die Anrechnung nicht bei der Zuwendung ausgeschlossen hat (§ 2050 Abs. 2 BGB) (nur für Übermaß!). Zuschüsse zu Einkunftszwecken, also zur Erfüllung des laufenden Bedarfs, setzen eine gewisse Dauer und Regelmäßigkeit voraus, ohne dass allerdings eine entsprechende Erblasserverpflichtung vorliegen muss (MüKoBGB/*Ann* § 2050 Rn. 24). Ein einmaliger Zuschuss ist ohne entsprechende Erblasseranordnung nicht ausgleichspflichtig.

cc) Ohne Erblasseranordnung: Aufwendungen für die Vorbildung zu einem Beruf, jedoch nur hinsichtlich des Übermaßes und soweit der Erblasser die Anrechnung nicht bei der Zuwendung ausgeschlossen hat (§ 2050 Abs. 2 BGB) (nur für Übermaß!). Nicht hierunter fallen die Kosten der allgemeinen Schulbildung an höheren Schulen.

dd) Andere lebzeitige Zuwendungen des Erblassers an Abkömmlinge sind nur auszugleichen, wenn dies der Erblasser bei der Zuwendung angeordnet hat (§ 2050 Abs. 3 BGB). Diese Anordnung kann auch hinsichtlich Zuschüssen (oben bb) und Aufwendungen für die Berufsausbildung (oben cc) unterhalb des Übermaßes erfolgen. Eine Form ist für diese **Ausgleichungsanordnung** nicht vorgeschrieben., Sie sollte aus Beweisgründen jedoch schriftlich erfolgen. *Wolfsteiner* (MittBayNot 1982, 61) schlägt dafür folgende Formulierung vor: „Der Empfänger der Schenkung hat deren Wert im Verhältnis zu den übrigen Abkömmlingen des Schenkers auszugleichen." Die Bezeichnung der Zuwendung als Ausstattung ordnet die Ausgleichung auch für das Übermaß an (*Schramm* BWNotZ 1959, 227 (228)). Die Bestimmung, dass die Übertragung „in Vorwegnahme der zukünftigen Erbregelung" erfolge, stellt noch keine eindeutige Ausgleichsanordnung dar (BGH NJW 1982, 43 = Rpfleger 1982, 28). Entscheidend ist vielmehr das Gesamtbild der Erklärung und ihrer Begleitumstände (BGH BGHZ 183, 376 = NJW 2010, 3023; *Kroppenberg* JZ 2010, 741). Kennzeichnend für die Ausgleichungsanordnung ist, dass der Empfänger ohne Auswirkung auf sein Erbrecht im Übrigen zeitlich vorgezogen bedacht wird (Palandt/*Weidlich* § 2050 Rn. 10).

Die Ausgleichsanordnung muss spätestens gleichzeitig mit der Zuwendung dem Bedachten so zur **Kenntnis** gebracht werden, dass er die Zuwendung ablehnen oder durch seine Annahme sein Einverständnis erklären kann (RGZ 67, 308). Ein minderjähriger Bedachter braucht zur Annahme einer Schenkung unter Ausgleichsanordnung keiner Einwilligung seines gesetzlichen Vertreters (BGHZ 15, 168 = NJW 1955, 1353; *Everts* Rpfleger 2005, 180). Die Anordnung ist keine Auflage (*Kipp/Coing* ErbR, 13. Bearb. § 120 IV, 4; BGHZ 15, 168 (171)). Sie kann auch **im Voraus** für zukünftige Zuwendungen erfolgen (Staudinger/*Löhnig*, Bearbeitung 2016¸ § 2050 Rn. 34). Ferner wird man, wie bei der Anordnung der Anrechnungspflicht nach § 2315 BGB im Schrifttum ausdrücklich anerkannt (*Sostmann* MittRhNotK 1976, 484), die Ausgleichungsanordnung auch in der Weise bedingt treffen können, dass eine jetzt gewährte Zuwendung bei Eintritt eines späteren Ereignisses ausgleichungspflichtig werden oder die zunächst angeordnete Ausgleichspflicht wegfallen soll. Der Erblasser kann sich deshalb auch, wie in § 4 des Formulars, bei der Schenkung die nachträgliche Anordnung der Ausgleichungspflicht in einer Verfügung von Todes wegen ausdrücklich vorbehalten (Muster der nachfolgenden Anordnung zB bei *Fröhler* BWNotZ 2010, 94). **Nachträglich einseitig** kann der Erblasser die Ausgleichungspflicht nicht bestimmen. Eine vergleichbare Wirkung kann jedoch durch eine Verfügung von Todes wegen erreicht werden, in der der Empfänger der Zuwendung durch Vermächtnis zugunsten der Miterben mit der Ausgleichung beschwert wird (RGZ 90, 419; 67, 307). Nur auf diesem Weg können die Wirkungen der Ausgleichung auch über den Personenkreis des § 2050 hinaus ausgedehnt werden (BGH ZEV 2010, 33). Diese Möglichkeit findet jedoch ihre Grenze an dem Pflichtteilsrecht des bevorzugten Abkömmlings, da Vermächtnisse und Auflagen gem. § 2306 BGB durch Ausschlagung beseitigt werden können, wenn sie das Pflichtteilsrecht beeinträchtigen (RGZ 67, 306 (309)). Abhilfe könnte hier nur ein Teilpflichtteilsverzichtsvertrag (§ 2346 Abs. 2 BGB) bringen, etwa mit der Formulierung: „Verzicht auf das Pflichtteilsrecht insoweit, als bei der Pflichtteilsberechnung die Zuwendung . . . . . als ausgleichspflichtige Ausstattung in die Berechnung einzubeziehen ist" (*Schmid* BWNotZ 1971, 29 (34) Fn. 34; → Form. XII.1 Anm. 3 Abs. 5d). Eine **nachträgliche Vereinbarung** des Erblassers unter Lebenden mit dem im Voraus Begünstigten über eine Ausgleichung über § 2050 BGB hinaus schließt der BGH aus (BGH ZEV 2010, 33 m. abl. Anm. *Leipold*, aA Staudinger/*Löhnig*, Bearbeitung 2016¸ § 2050 Rn. 35.).

Eine **nachträgliche Beseitigung** der bei der Zuwendung angeordneten Ausgleichung ist dem Erblasser durch Verfügung von Todes wegen möglich und zwar als Vermächtnis zugunsten des Zuwendungsempfängers und zu Lasten der übrigen ausgleichsberechtigten Abkömmlinge, wobei aber auch hier die Pflichtteilsrechte der damit Beschwerten nicht beeinträchtigt werden dürfen (*Schmid* BWNotZ 1971, 29 (34)). Der Erblasser kann aber auch indirekt die Ausgleichspflicht dadurch beseitigen, dass er die Abkömmlinge nachträglich in einem anderen als dem Verhältnis ihrer gesetzlichen Erbteile zueinander einsetzt und damit die Voraussetzungen der Ausgleichungspflicht nach den §§ 2050, 2052 BGB beseitigt (*Schmid* BWNotZ 1971, 29 (34 f.)). Daraus ergibt sich auch, dass bei einer Änderung von Erbteilen von Abkömmlingen, die bisher im Verhältnis der gesetzlichen Erbteile zueinander standen, geklärt werden muss, was mit ausgleichungspflichtigen Zuwendungen geschehen soll (*Schmid* BWNotZ 1971, 29 (35) Fn. 37). Problematisch ist der Fall, dass Ehegatten, die ein sog. Berliner Testament (§ 2269 BGB) gewählt haben, gemeinschaftlichen Kindern Ausstattungen gewähren. Stirbt hier einer der Ehegatten, wird der andere Alleinerbe und erst nach dessen Tod werden die Abkömmlinge Erben und müssen sich ausgleichen. Folgerichtig müsste diese Ausgleichung aber nur hinsichtlich der Zuwendung des Letztversterbenden erfolgen, was aber nicht gewollt sein kann (*Schmid* BWNotZ 1971, 29 (34)). Abhilfe kann dadurch erfolgen, dass bei Ausstattungen allgemein bestimmt wird, dass für den Fall, dass der zuerst versterbende Ausstattungsgeber von dem überlebenden Ausstattungsgeber allein beerbt wird, die Ausstattung als von dem überlebenden Ausstattungsgeber allein gemacht gelten und als seine Zuwendung auf seinen Tod in voller Höhe ausgeglichen werden soll.

Bei der Anordnung der Ausgleichungspflicht sollte beachtet werden, dass sich dies gem. § 2316 Abs. 1 BGB zwar für die Vorempfänger pflichtteilsmindernd, für die übrigen **Pflichtteilsrechte** aber pflichtteilserhöhend auswirkt (*Schramm* BWNotZ 1959, 229). Wird dagegen nur die Anrechnung auf den Pflichtteil gem. § 2315 BGB angeordnet, so stellt dies, sofern neben den Abkömmlingen ein überlebender Ehegatte vorhanden ist, die stärkste Form der Pflichtteilsminderung dar (*Schmid* BWNotZ 1971, 29 (35)). Geringer ist dagegen die Pflichtteilsminderung, wenn, wie üblich (so zB *Wolfsteiner* MittBayNot 1982, 61) für denselben Betrag Anrechnung- und Ausgleichungspflicht (§ 2316 Abs. 4 BGB) angeordnet ist (*Sostmann* MittRhNotK 1976, 479 (491, 494); *Schmid* BWNotZ 1971, 29 (35)). *Schramm* BWNotZ 1959, 227 (229 f.) rät deshalb, um dem Erblasser für die Zukunft alle Möglichkeiten offen zu halten, bei Schenkungen nur die Anrechnung nach § 2315 BGB zu bestimmen, die Ausgleichungsanordnung dagegen vermächtnisweise in einem Testament zu treffen, das jederzeit widerrufen werden kann. Die Anrechnungsbestimmung könnte dann etwa lauten: „Der Beschenkte hat sich den Wert der Schenkung auf seinen Pflichtteil nach dem Schenker anrechnen zu lassen. Der Schenker behält sich die vermächtnisweise Anordnung der Ausgleichung vor." Dem Notar obliegt es grundsätzlich nicht, die erbrechtlichen Auswirkungen einer Schenkung von sich aus zu erörtern und Ermittlungen in dieser Richtung anzustellen (*Reithmann/Röll/Geßele,* Handbuch der notariellen Vertragsgestaltung, 5. Aufl. 1983 Rn. 414). Ergibt sich jedoch aus den ausdrücklichen oder auszulegenden Erklärungen der Beteiligten oder ausnahmsweise aus den vorgetragenen Tatsachen, dass eine Zuwendung eine Ausstattung oder in sonstiger Weise ausgleichungspflichtig oder auf den Pflichtteil anzurechnen ist, muss der Notar die Beteiligten auf die erbrechtliche Relevanz hinweisen und den Text der Urkunde entsprechend formulieren (*Reithmann/Röll/Geßele,* Handbuch der notariellen Vertragsgestaltung, 5. Aufl. 1983 Rn. 414). Zum speziellen gesetzlichen Ausgleichungsanspruch für Abkömmlinge bei besonderer Mitarbeit und Pflege → Anm. 8.

c) **Durchführung der Ausgleichung.** Die Ausgleichung geschieht im Rahmen der Erbauseinandersetzung. Sie wird nicht dadurch vollzogen, dass der Ausgleichungspflichtige den empfangenen Wert in den Nachlass einschießen muss, sondern durch rechnerische Zurechnung des Wertes des Vorempfangs zu dem Wert der beteiligten Erbteile (§ 2055

Abs. 1 BGB). Dazu werden vom Wert des wirklich vorhandenen Nachlasses als erstes die Werte aller Erbteile nicht ausgleichungspflichtiger und -berechtigter Erben (zB Ehegatten) abgezogen, da sie mit der Ausgleichung nichts zu tun haben. Dem verbleibenden Nachlasswert werden dann die Werte aller auszugleichender Zuwendungen hinzugerechnet (§ 2055 Abs. 1 S. 2 BGB – fiktiver Nachlass). Aus diesem Gesamtwert werden dann die Erbanteile der Ausgleichsbeteiligten berechnet und dann bei jedem ausgleichspflichtigen Erben von seinem Anteil sein Vorempfang abgezogen (§ 2055 Abs. 1 S. 1 BGB) (Beispiele siehe Palandt/*Weidlich* § 2055 Rn. 2.). Hat dabei einer als Vorempfang bereits mehr erhalten, als ihm danach zustehen würde, muss er den Mehrbetrag jedoch nicht herauszahlen (§ 2056 S. 1 BGB). Er bekommt lediglich bei der Erbauseinandersetzung nichts mehr und der Nachlass wird ohne Berücksichtigung seiner Zuwendung und seines Erbteils unter die übrigen Miterben entsprechend ihrer Erbteile verteilt (§ 2056 S. 2 BGB). Für die Wertberechnung ist in erster Linie eine etwaige Anordnung des Erblassers maßgebend (MüKoBGB/*Ann* § 2055 Rn. 16). Hat der Erblasser den Ausgleichswert nicht festgelegt, ist der Wert zurzeit der Zuwendung maßgeblich (§ 2055 Abs. 2 BGB). Eine Wertsteigerung zwischen der Zuwendung und dem Erbfall bleibt unberücksichtigt. Jedoch berücksichtigt die wohl hM (BGHZ 65, 75 = DNotZ 1975, 721 = NJW 1975, 1831 mAnm von *Löbbecke* NJW 1975, 1193; *Philipp* Betr. 1976, 664; *Werner* DNotZ 1978, 66) den laufenden Kaufkraftschwund des Geldes in der Weise, dass der Wert des zugewendeten Gegenstandes zum Empfangszeitpunkt mit dem vom statistischen Bundesamt ermittelten Lebenshaltungskostenindex im Zeitpunkt des Erbfalls multipliziert und dieser Betrag durch den Lebenshaltungskostenindex zum Zeitpunkt der Zuwendung dividiert wird (MüKoBGB/*Ann* § 2055 Rn. 15 mwN). Die gleiche Formel zur Berücksichtigung der allgemeinen Geldentwertung wird auch bei den Wertberechnungsbestimmungen der §§ 1376 Abs. 1 und 2315 Abs. 2 S. 2 BGB angewandt. Eine besondere Bewertungsvorschrift bietet § 2312 BGB, wenn ein pflichtteilsberechtigter Miterbe nach Anordnung des Erblassers ein Landgut zum Ertragswert übernehmen darf.

d) **Auswirkungen der Ausgleichungspflicht auf den Pflichtteil.** Während die Ausgleichungspflicht nach §§ 2050, 2052 BGB nur unter Abkömmlingen des Erblassers eintritt, die als gesetzliche Erben zur Erbfolge gelangen, ist die Ausgleichung der sich nach § 2050 Abs. 1–3 BGB ergebenden Ausgleichsposten im Rahmen der Pflichtteilsberechnung unter den pflichtteilsberechtigten Abkömmlingen nach § 2316 Abs. 1 BGB ohne Rücksicht darauf vorzunehmen, ob ihre Erbquoten zueinander im Verhältnis der gesetzlichen Erbregel stehen, sie von der Erbfolge ausgeschlossen sind, die Erbschaft ausgeschlagen haben, oder für erbunwürdig erklärt werden (§ 2310 S. 1 BGB). Lediglich wer durch Erbverzicht von der gesetzlichen Erbfolge ausgeschlossen ist, ist nicht zu berücksichtigen (§ 2310 S. 2 BGB). Hinsichtlich des Pflichtteils kann daher der Erblasser die Ausgleichungspflicht nicht indirekt dadurch ändern, dass er die Erbquoten seiner Abkömmlinge entgegen dem Verhältnis der gesetzlichen Erbteile ändert. Die Tendenz des Gesetzes wird noch dadurch verstärkt, dass nach § 2316 Abs. 3 BGB der Erblasser hinsichtlich der Pflichtteilsberechnung nicht auf die Ausgleichung von Ausstattungen und Übermaßzuschüssen (§ 2050 Abs. 1 und 2 BGB) verzichten kann. Ferner hat nach § 2316 Abs. 2 BGB ein pflichtteilsberechtigter Abkömmling als Miterbe, wenn ihm weniger hinterlassen ist als sein Pflichtteil unter Berücksichtigung der Ausgleichungsposten betragen würde, gegen die Miterben einen Pflichtteilsrestanspruch auf wertmäßige Aufstockung seines Erbteils bis zur Höhe des Wertes des ausgeglichenen Pflichtteils. Die Ausgleichung wird bei der Pflichtteilsberechnung rechnerisch wie oben lit. c beschrieben durchgeführt und dabei dem Wert des Nachlasses, soweit er auf die ausgleichungspflichtigen und -berechtigten Abkömmlinge entfällt, sämtliche Ausgleichsbeträge (nicht nur die des betreffenden Ausgleichungspflichtigen wie bei der Anrechnung) hinzugerechnet (fiktive Nachlasssumme) und daraus die Werte der Erbteile der einzelnen Abkömmlinge nach den Regeln der gesetzlichen Erbfolge berechnet (kollektive Ausgleichung). Von den so ermittelten fiktiven

Erbteilen jedes einzelnen Abkömmlings werden dann die ihm gemachten ausgleichspflichtigen Zuwendungen abgezogen (Ausgleichserbteil). Die Hälfte des so gefundenen Betrages ist dann der Pflichtteil des Abkömmlings (Ausgleichungspflichtteil) (Beispiele siehe Palandt/*Weidlich* § 2316 Rn. 3 ff.). Da sämtliche Ausgleichsposten dem Gesamtnachlass zugerechnet werden (kollektive Ausgleichung) vermindert die Ausgleichungsverpflichtung mittelbar über § 2316 Abs. 1 BGB nur den Pflichtteilsanspruch des im Voraus Begünstigten, erhöht jedoch gleichzeitig die der anderen pflichtteilsberechtigten Abkömmlinge. Die Pflichtteilssumme bleibt die gleiche, es ändert sich durch die Anordnung der Ausgleichung nur ihre Verteilung unter den pflichtteilsberechtigten Abkömmlingen (*Sostmann* MittRhNotK 1976, 479 (493)).

(2) **Anrechnung von Vorempfängen auf den Pflichtteil.** Nach § 2315 Abs. 1 BGB hat sich ein Pflichtteilsberechtigter eine lebzeitige freigebige Zuwendung des Erblassers dann auf seinen Pflichtteil anrechnen zu lassen, wenn der Erblasser dies bei der Zuwendung bestimmt hat. Diese Anrechnungsbestimmung ist eine einseitige empfangsbedürftige, jedoch nicht formbedürftige Willenserklärung, die vor oder bei der Zuwendung erfolgen muss. Teilweise wird eine stillschweigende Anrechnungsbestimmung für genügend gehalten (Palandt/*Weidlich* § 2315 Rn. 2; *Sostmann* MittRhNotK 1976, 479 (483)). Die Anrechnung kommt für alle Pflichtteilsberechtigten in Betracht, während die Ausgleichung nur unter Abkömmlingen erfolgen kann. Setzt die Ausgleichung eine Mehrheit von Abkömmlingen voraus, ist die Anrechnung auch bei nur einem Pflichtteilsberechtigten möglich. Kann die Ausgleichung auch auf Grund Gesetzes erfolgen (§ 2050 Abs. 1 u. 2 BGB), setzt die Anrechnung stets eine, spätestens mit der Zuwendung erfolgende Anrechnungsanordnung des Erblassers voraus (Staudinger/*Otte,* Bearbeitung 2015, § 2315 Rn. 14). Die Anrechnungsbestimmung kann auch bedingt getroffen werden. Eine nachträgliche Anrechnungsbestimmung kann insbesondere nicht durch Anordnung von Todes wegen erfolgen, da sie eine Beeinträchtigung des Pflichtteils wäre. Möglich wäre sie nur durch einen der Form des § 2348 BGB genügenden Pflichtteilsverzichtsvertrag zwischen Erblasser und dem betreffenden Pflichtteilsberechtigten (Staudinger/*Otte,* Bearbeitung 2015, § 2315 Rn. 21). Es ist Tatfrage, ob eine Anrechnungsbestimmung, wenn der Bedachte doch nicht auf den Pflichtteil gesetzt wurde, sondern seinen gesetzlichen Erbteil erhalten hat, als Ausgleichsanordnung gewertet werden kann (Staudinger/*Otte,* Bearbeitung 2015, § 2315 Rn. 17).

Die Anrechnung erfolgt gem. § 2315 BGB in der Weise, dass, da jeder Pflichtteilsberechtigte sich nur das anrechnen lassen muss, was gerade ihm unter Anrechnungsbestimmung zugewendet wurde, für jeden einzelnen Pflichtteilsberechtigten eine gesonderte Berechnung aufgestellt wird (individuelle Anrechnung im Gegensatz zur kollektiven Ausgleichung). Dabei werden zunächst nur seine anrechnungspflichtigen Zuwendungen (nicht sämtliche, wie bei der Ausgleichung) fiktiv dem wirklichen Nachlass zugerechnet, dann wird aus diesem rein rechnerischen Gesamtnachlass der rein rechnerische Pflichtteilsanspruch des betreffenden Anrechnungspflichtigen berechnet und zum Schluss von dem so berechneten Pflichtteil seine Zuwendungen, dh das Gleiche was zunächst fiktiv dem Nachlass zugerechnet wurde, abgezogen (Beispiele siehe Palandt/*Weidlich* § 2315 Rn. 10 ff.). Eine ähnliche Regelung für die Anrechnung von Vorempfängen auf die Ausgleichsforderung eines Ehegatten bei der Zugewinngemeinschaft enthält § 1380 BGB (siehe hierzu insbes. *v. Olshausen* FamRZ 1978, 755 (758 ff.)). Wenn eine Zuwendung gleichzeitig ausgleichungspflichtig nach § 2316 BGB und anrechnungspflichtig nach § 2315 BGB ist, erfolgt gem. § 2316 Abs. 4 BGB zunächst die Ausgleichung gem. § 2316 Abs. 1 BGB, dh wie oben Abs. (1) lit. d und danach ist von dem so bezüglich des betreffenden Pflichtteilsberechtigten errechneten Ausgleichspflichtteil lediglich die Hälfte des Wertes der anrechnungspflichtigen Zuwendung (halber Vorempfang) abzuziehen, da ja dieser Vorempfang zur anderen Hälfte bereits bei der Ausgleichung berücksichtigt wurde (Berechungsschritte s Staudinger/*Otte,* Bearbeitung 2015, § 2315 Rn. 18 ff; Beispiele auch bei Palandt/*Weidlich* § 2316 Rn. 3 ff.). Diese Berechnung wird auch beim Zusammentreffen des überlebenden Ehegatten mit den Abkömmlingen in dieser Weise vorgenommen, obwohl bei dem zunächst vorzunehmenden Ausgleich nach § 2316 Abs. 1 BGB die Ausgleichsposten nur dem Bruchteil des Nachlasses zuzurechnen sind, der den Abkömmlingen insgesamt zukommt, während demgegenüber nach § 2315 BGB die Anrechnungsposten dem ganzen Nachlass, also auch dem zB auf den überlebenden Ehegatten entfallenden Teil, zuzuschlagen sind. Der Wert des anrechnungspflichtigen Zuwendung bestimmt sich, wenn der Erblasser keine Wertbestimmung vorgenommen hat, nach der Zeit ihrer Vornahme, wobei der Kaufkraftschwund des Geldes bis zum Zeitpunkt der Anrechnung bzw. dem Erbfall wie oben (Abs. (1) lit. c dargestellt, ausgeglichen wird (BGHZ 65, 75 = NJW 1975, 1831). Zu beachten ist, dass weder die Ausgleichung nach § 2316 BGB, mit Ausnahme des Sonderfalls nach § 2316 Abs. 2 BGB, noch die Anrechnung nach § 2315 BGB zur Rückzahlung erhaltener Vorempfänge führen kann (§ 2056 BGB). Allerdings kann auch im Rahmen der Ausgleichung ein Anspruch nach § 2325 BGB (Pflichtteilsergänzungsanspruch) entstehen. Das nach § 2056 BGB beim Ausgleichsvollzug keine Vorempfänge zurückgezahlt werden müssen, bedeutet nämlich nicht, dass ausgleichungspflichtige Vorempfänge soweit sie als Schenkungen anzusehen sind, nicht zu einem Anspruch auf Ergänzung des Pflichtteils nach § 2325 BGB führen könnten. Nach dieser Vorschrift ist der Pflichtteilsberechtigte so zu stellen, als wäre der verschenkte Wert zzt. des Erbfalls noch im Nachlass vorhanden. Aus dem so erhöhten rechnerischen Nachlass ist gem. § 2316 Abs. 1 BGB dann die Berechnung des Ausgleichspflichtteils vorzunehmen und nur, wenn auch dann der Ausgleichspflichtige durch den Vorempfang mehr erhalten hat, als seinem daraus errechneten Erbanteil entspricht, braucht er wegen § 2056 BGB den Mehrbetrag auch nicht als Ergänzungspflichtteil gem. § 2325 BGB zu leisten. Ist dies jedoch nicht der Fall, weil der Erblasser kein nennenswertes Vermögen hinterlassen hat, muss er den Pflichtteil ergänzen (BGH NJW 1965, 1526 = DNotZ 1966, 239 = Rpfleger 1966, 251 mAnm *Haegele; Keßler* DRiZ 1966, 399).

Die unterschiedliche Art der Berechnung (individuelle Anrechnung und kollektive Ausgleichung) führt dazu, dass die Anrechnung auf den Pflichtteil (§ 2315 BGB) eine stärkere Beschränkung des Pflichtteils bewirkt als die Berücksichtigung der Ausgleichungspflicht (§§ 2316, 2055 ff. BGB) (*Sostmann* MittRhNotK 1976, 479 (493)). Die Anwendung des § 2315 BGB einerseits und des § 2316 Abs. 4 BGB andererseits führen nur dann zu demselben Pflichtteil des Zuwendungsempfängers, wenn ausschließlich Abkömmlinge pflichtteilsberechtigt sind und nur einer von ihnen eine ausgleichungspflichtige Zuwendung erhalten hat (*Sostmann* MittRhNotK 1976, 479 (495)). Sonst und insbesondere beim Vorhandensein eines überlebenden Ehegatten wird der Pflichtteil am stärksten durch bloße Anrechnung (§ 2315 BGB) gemindert, danach durch Zusammentreffen von Anrechnungs- und Ausgleichungspflicht (§ 2316 Abs. 4 BGB) und am wenigsten durch bloße Ausgleichung (§ 2316 Abs. 1 BGB; *Sostmann* MittRhNotK 1976, 479 (494); *Schmid* BWNotZ 1971, 29 (35); *Wieser* MittBayNot 1972, 106 (111)).

8. **Honorierung von Pflegeleistungen**(*Kollmeyer* NJW 2017, 1849; *Schneider* ZEV 2018, 380; *Teschner* ZErb 2017, 61 (Teil 1) und 89 (Teil 2); *Weimar* MDR 1973, 23). Die Ausgleichsanordnung nach § 2057a BGB zugunsten pflegender Angehöriger wurde seit 1.1.2010 verbessert, wenn auch nicht in dem ursprünglich im Gesetzgebungsverfahren intendierten Umfang (hierzu *Wagner* NotBZ 2009, 44 (49 f.)). Die Bestimmung enthält eine Vielzahl unbestimmter Rechtsbegriffe (*Teschner* ZErb 2017, 61 (64)). Um sich nicht auf eine Auslegung nach § 2052 BGB verlassen zu müssen, sollte die Frage bei gewillkürter Erbfolge stets geregelt werden (*Keim* MittBayNot 2010, 85 (88)). Außerdem kommt nur so eine Berücksichtigung pflegender Schwiegerkinder oÄ in Betracht. Die Pflegesätze des SGB XI waren im Entwurf eines nicht Gesetz gewordenen § 2057b vorgesehen (BT-Drs. 96/08, 37). Die Berücksichtigung von Pflegeperson in und außerhalb

der Familie ist nur ein Aspekt, der beim **Testament eines älteren Menschen** besondere Beachtung verdient (ausf. *Zimmer* ZErb 2010, 126).

9. **Familienrechtliche Anordnungen.** (1) Nach § 1638 Abs. 1 BGB kann der **Zuwendende** bei einer unentgeltlichen Zuwendung unter Lebenden und der Erblasser bei einer letztwilligen Zuwendung an einen Minderjährigen bestimmen, das dessen Eltern das zugewendete Vermögen nicht verwalten dürfen. Diese Bestimmung kann auch hinsichtlich der gesetzlichen Erbfolge (BayObLG FamRZ 1964, 522 f.) und des Pflichtteilsanspruchs und des zu seiner Erfüllung Geleisteten erfolgen (OLG Hamm FamRZ 1969, 662). Die Bestimmung kann auch unter einer Bedingung oder Zeitbestimmung getroffen werden, zB für den Fall der Wiederverheiratung des sorgeberechtigten Elternteils (jurisPK-BGB/*Schwer* § 1638 Rn. 5). Die Bestimmung hat bei der lebzeitigen Zuwendung und wenigstens konkludent in der letztwilligen Verfügung zu erfolgen, kann jedoch nicht vertragsmäßiger Inhalt des Erbvertrages sein. Wird die Verwaltungsbefugnis nur einem Elternteil entzogen, verwaltet der andere allein (§ 1638 Abs. 3 BGB). Wird sie beiden Elternteilen entzogen, entsteht verwaltungsfreies Vermögen und es ist gem. § 1909 Abs. 1 S. 2 BGB ein Pfleger zu bestellen. Der Zuwendende hat nach § 1917 Abs. 1 BGB ein Benennungsrecht (vgl. BayObLG FamRZ 1997, 1289). Die Eltern sind nach § 1909 Abs. 2 BGB anzeigepflichtig, wenn eine solche Pflegschaft erforderlich wird. Liegt eine Bestimmung nach § 1638 Abs. 1 BGB neben einer Dauertestamentsvollstreckung vor, so nimmt der Pfleger die Rechte des Kindes gegenüber dem Testamentsvollstrecker wahr. In der Anordnung einer Dauertestamentsvollstreckung allein liegt aber noch keine Anordnung iSd § 1638. Nach § 1638 Abs. 2 BGB gilt für das der Vermögenssorge der Eltern entzogene Vermögen das Surrogationsprinzip.

(2) Durch familienrechtliche Anordnung in einer letztwilligen Verfügung (§ 1777 Abs. 3 BGB → Form. XII.8 § 3; *Ott* BWNotZ 2014, 138) können **Eltern**, wenn ihnen zurzeit ihres Todes die Sorge für die Person und das Vermögen des Kindes zusteht (§ 1777 Abs. 1 BGB), für das Kind auch einen Vormund benennen (§ 1776 Abs. 1 BGB). Haben Vater und Mutter verschiedene Personen benannt, so gilt die Benennung durch den zuletzt verstorbenen Elternteil (§ 1776 Abs. 2 BGB). Ein so benannter Vormund darf ohne seine Zustimmung nur übergangen werden, wenn einer der unter § 1778 Abs. 1 BGB aufgeführten Gründe vorliegt. Die Form der letztwilligen Verfügung gilt auch für mögliche Befreiungen des Vormunds (§§ 1852 bis 1854, § 1855 BGB). Möglich ist auch die Anordnung, dass eine Person oder ein bestimmter Personenkreis gerade nicht Vormund sein soll (§ 1782 BGB).

10. **Testamentsvollstreckung.** (1) **Zweck der Testamentsvollstreckung.** Der Erblasser kann eine Person seines Vertrauens in einer Verfügung von Todes wegen mit Machtbefugnissen hinsichtlich des Nachlasses unter Ausschluss der Erben ausstatten. Der Erblasser will dabei seine Herrschaft über sein Vermögen mit seinem Tod nicht aufgeben, sondern sie über diesen hinaus durch die Person des Testamentsvollstreckers weiter ausüben. Das Vertrauen, das der Erblasser seinen Erben nicht entgegenbringt, schenkt er uneingeschränkt dem Testamentsvollstrecker (*Lange* JuS 1970, 102).

(2) Arten der Testamentsvollstreckung. Üblicherweise wird zwischen folgenden Arten von Testamentsvollstreckungen unterschieden (zurückgehend auf *Haegele/Winkler*, Der Testamentsvollstrecker, 6. Aufl. Rn. 3):

a) **Abwicklungsvollstreckung** (§§ 2203, 2204 BGB). Normalerweise (Regeltypus), dh wenn der Erblasser seine Aufgaben nicht anders bestimmt, hat der Testamentsvollstrecker die letztwilligen Verfügungen des Erblassers zur Ausführung zu bringen (§ 2303 BGB) und bei mehreren Erben den Nachlass unter ihnen auseinanderzusetzen (§ 2204 BGB – Auseinandersetzungsvollstreckung). Die auszuführenden letztwilligen Anordnungen des Erblassers können dabei verschiedenster Art sein, zB Vermächtnisse oder Auflagen zu Lasten der Erben, Teilungsanordnungen und überhaupt alle Verfügungen, die ohne

Ernennung eines Testamentsvollstreckers die Erben auszuführen hätten. Ferner hat der Testamentsvollstrecker die Nachlassverbindlichkeiten zu erfüllen (MüKoBGB/*Zimmermann* § 2203 Rn. 9). Die Auseinandersetzung unter Miterben hat der Testamentsvollstrecker, sofern sie der Erblasser nicht nach § 2044 BGB ausgeschlossen hat, alsbald zu bewirken (Staudinger/*Reimann*, Bearbeitung 2016, § 2204 Rn. 24) und zwar, soweit der Erblasser keine besonderen Anordnungen getroffen hat, nach den gesetzlichen Vorschriften über die Auseinandersetzung zwischen Miterben (§§ 2204, 2042, 2046 ff., 2050 ff., 752–754, 755 ff. BGB). Als Beispiele zu Abwicklungsvollstreckungen → Form. XII.3 § 4, → Form. XII.4 § 1 und → Form. XII.5 § 3.

b) **Dauertestamentsvollstreckung** (§ 2209 S. 1 Hs. 2 BGB). Der Erblasser kann den Wirkungskreis des Testamentsvollstreckers dahin erweitern (Sondertypus), dass er ihm die Verwaltung des Nachlasses auch für die Zeit nach der Erledigung seiner sonstigen Aufgaben überträgt. Die Erledigung der sonst zugewiesenen Aufgaben führt somit nicht zu der normalerweise eintretenden Amtsbeendigung, sondern die Verwaltung dauert fort bis zu dem vom Erblasser festgesetzten Zeitpunkt, äußerstenfalls bis zur zeitlichen Grenze nach § 2210 BGB.

c) **Schlichte Verwaltungsvollstreckung** (§ 2209 S. 1 Hs. 1 BGB). Hier ist nach der Anordnung des Erblassers die reine Verwaltung des Nachlasses die einzige Aufgabe des Testamentsvollstreckers. Die Verwaltungsvollstreckung kann insbesondere angeordnet werden zB bis zur Volljährigkeit von Miterben (→ Form. XII.16 § 5), zu Gunsten des überlebenden Ehegatten auf dessen Lebenszeit (→ Form. XII.20 § 5, → Form. XII.21 § 3, → Form. XII.22 § 3 u. → Form. XII.23 § 3), als Instrument der Enterbung in guter Absicht gem. § 2338 BGB (→ Form. XII.18 § 2) und allgemein um einen überschuldeten Erben vor seinen Eigengläubigern zu schützen (→ Form. XII.17 § 3).

d) **Nacherbentestamentsvollstrecker** (§ 2222 BGB). → Form. XII.11 § 8 und insbes. → Anm. 20, → Form. XII.12 § 4 und → Form. XII.13 § 5.

e) **Vermächtnis-Testamentsvollstreckung** (§ 2223 BGB). Hierbei ernennt der Erblasser den Testamentsvollstrecker nur zu dem Zweck, dass er für die Ausführung der einem Vermächtnisnehmer auferlegten Beschwerung, dh Auflage, Nach- oder Untervermächtnis sorgt. Hier kann auch der Alleinerbe Testamentsvollstrecker sein.

f) **Testamentsvollstreckung mit beschränktem Aufgabenkreis** (§ 2208 BGB). Nach dieser Vorschrift kann der Erblasser den Wirkungskreis des Testamentsvollstreckers nach jeder Richtung, auch zeitlich beschränken, insbesondere kann er anordnen, dass die Verwaltung des Nachlasses dem Testamentsvollstrecker nur hinsichtlich einzelner Nachlassgegenstände zustehen soll.

(2) **Beginn und Ende der Testamentsvollstreckung.** Der Erblasser bestimmt im Normalfall die Person des Testamentsvollstreckers im Testament oder als einseitige Bestimmung im Erbvertrag (§ 2197 BGB). Er kann einen oder mehrere Testamentsvollstrecker benennen. Mehrere Testamentsvollstrecker führen im Regelfall ihr Amt gemeinschaftlich (§ 2224 BGB). Es kann jedoch jedem ein besonderer Wirkungskreis mit eigener Verantwortung und voller Vertretungsmacht zugewiesen werden. Ein Testamentsvollstrecker kann seinerseits testamentarisch ermächtigt werden, einen oder mehrere Mitvollstrecker oder seinen Nachfolger zu ernennen (§ 2199 BGB). Ferner kann der Erblasser die Bestimmung der Person des Testamentsvollstreckers einem Dritten überlassen (§ 2198 BGB). Letztlich kann er das Nachlassgericht in der Verfügung von Todes wegen um Auswahl und Ernennung eines Testamentsvollstreckers ersuchen (§ 2200 BGB). Die Bestimmung des Testamentsvollstreckers erfolgt in den Fällen der §§ 2198, 2199 BGB durch öffentlich beglaubigte Erklärung gegenüber dem Nachlassgericht (§ 2198 Abs. 1 BGB). Die Ernennung eines Testamentsvollstreckers ist unwirksam, wenn er zu der Zeit, zu welcher er das Amt anzutreten hat, geschäftsunfähig oder in der Geschäftsfähigkeit beschränkt ist oder nach § 1910 BGB zur Besorgung seiner Vermögensangelegenheiten einen Pfleger erhalten hat (§ 2201 BGB). Das Amt des Testamentsvollstreckers beginnt

mit dem Zeitpunkt, in dem der Ernannte das Amt annimmt. Die Annahme kann erst nach dem Erbfall, aber schon vor der Testamentseröffnung erklärt werden (§ 2202 BGB). Die Annahme ist formfrei. Zur Annahme des Amtes ist niemand verpflichtet. Die Kündigung des Amtes ist jederzeit möglich, jedoch kann eine zur Unzeit erfolgte Kündigung schadensersatzpflichtig machen (§ 671 Abs. 2, 3 BGB). Das Amt des Testamentsvollstreckers erlischt mit seinem Tod oder wenn ein Fall eintritt, in welchem die Ernennung nach § 2201 BGB unwirksam sein würde (§ 2225 BGB). Ferner endet die Testamentsvollstreckung mit der Kündigung durch den Testamentsvollstrecker (§ 2226 BGB), mit seiner Entlassung durch das Nachlassgericht aus wichtigem Grund auf Antrag eines Beteiligten (§ 2227 BGB) und ohne ausdrückliche Aufhebung automatisch mit der Erledigung der ihm obliegenden Aufgaben (BGH NJW 1964, 1316; BGHZ 41, 25).

(3) **Abänderungsmöglichkeiten.** Wenn der Erblasser nur die Testamentsvollstreckung anordnet, ohne die Aufgaben des Testamentsvollstreckers im Einzelnen zu bestimmen, sind seine regelmäßigen Aufgaben die Ausführung der letztwilligen Verfügung (§ 2203 BGB), die Auseinandersetzung unter den Miterben (§ 2204 BGB) und, soweit es zur Erfüllung dieser Aufgaben notwendig ist, die Verwaltung des Nachlasses (sog. Abwicklungsvollstreckung). Zu ausdrücklichen Anordnungen des Erblassers in der Verfügung von Todes wegen besteht bei der Testamentsvollstreckung nur Veranlassung und muss dann aber auch klar und eindeutig zum Ausdruck gebracht werden:

a) Wenn die Befugnisse des Testamentsvollstreckers beschränkt werden sollen (§ 2208 BGB). Ein Mindestumfang ist dabei für die verbleibenden Befugnisse des Testamentsvollstreckers nicht vorgeschrieben, jedoch hat Einschränkungen der im Gesetz vorgesehenen Befugnisse der zu beweisen, der sich darauf beruf. Der Erblasser kann dem Testamentsvollstrecker als einzige Aufgabe zB die Ausführung einer Bestattungsanordnung übertragen (Staudinger/*Reimann,* Bearbeitung 2016, § 2208 Rn. 7). Man unterscheidet hinsichtlich der Beschränkungen:

aa) Inhaltliche Beschränkungen, bei denen der Erblasser dem Testamentsvollstrecker die ihm in §§ 2203–2206 BGB zugewiesenen Regelaufgaben und Befugnisse, insbesondere die Verwaltungs-, Verfügungs- und Verpflichtungsbefugnis ganz oder teilweise entzieht oder ihm nur einzelne Aufgaben dieser Art überträgt. Inhaltliche Beschränkungen besonderer Art sind die Übertragung der Verwaltung als einziger Aufgabe nach § 2209 BGB und die bloße Beaufsichtigung der Erben nach § 2208 Abs. 2 BGB. Weitere gesetzlich geregelte, inhaltlich beschränkte Testamentsvollstreckungen sind die Nacherbentestamentsvollstreckung gem. § 2222 BGB (→ Form. XII.11 Anm. 20) und die nach § 2223 BGB zu dem alleinigen Zweck angeordnete, für die Ausführung der einem Vermächtnisnehmer auferlegten Beschwerung zu sorgen (Vermächtnisvollstreckung). Der Wirkungskreis des Testamentsvollstreckers kann sich auch darauf beschränken, dass die Erben seiner Zustimmung zu Verfügungen über Nachlassgegenstände bedürfen oder er für bestimmte Verfügungen ein Einspruchsrecht erhält (Staudinger/*Reimann,* Bearbeitung 2016, § 2208 Rn. 15) oder dass er seinerseits Weisungen Dritter gebunden wird (Staudinger/*Reimann,* Bearbeitung 2016, § 2208 Rn. 16). Der Erblasser kann jedoch nicht anordnen, dass der Testamentsvollstrecker bei seiner Tätigkeit über das Gesetz hinaus der Aufsicht des Nachlassgerichts unterstehen oder von dort Weisungen entgegennehmen soll (Staudinger/*Reimann,* Bearbeitung 2016, § 2208 Rn. 17).

bb) Gegenständliche Beschränkung. Die Befugnisse des Testamentsvollstreckers können auch auf einzelne Nachlassgegenstände beschränkt werden. Der Erblasser kann ihn auch nur für den Erbteil eines Miterben oder Mitvorerben ernennen (Staudinger/*Reimann,* Bearbeitung 2016, § 2208 Rn. 13).

cc) Zeitliche Beschränkung. Der Erblasser kann die Testamentsvollstreckung auch befristen oder auflösend bedingen (Staudinger/*Reimann,* Bearbeitung 2016, § 2208 Rn. 14).

dd) Die Beschränkungen sind im Testamentsvollstreckerzeugnis anzugeben (§ 2368 Abs. 1 S. 2 BGB).

b) Wenn die Befugnisse des Testamentsvollstreckers erweitert werden sollen. Dies unterliegt allerdings Grenzen (MüKoBGB/*Zimmermann* § 2208 Rn. 15). Erweiterungsmöglichkeiten sind insbesondere:

aa) Die Dauervollstreckung nach § 2209 S. 1 Hs. 2 BGB, bei der dem Testamentsvollstrecker die Verwaltung des Nachlasses auch für die Zeit nach der Erledigung seiner sonstigen Aufgaben übertragen ist.

bb) Die erweiterte Verpflichtungsbefugnis nach § 2207 BGB, bei der der Testamentsvollstrecker vom Erblasser ermächtigt ist, Verbindlichkeiten für den Nachlass einzugehen, auch soweit sie zur ordnungsgemäßen Verwaltung nicht erforderlich sind.

cc) Wenn bei der Einsetzung mehrerer Testamentsvollstrecker von der Regel der gemeinschaftlichen Amtsführung, der Entscheidung von Meinungsverschiedenheiten durch das Nachlassgericht und der Amtsführung der übrigen beim Fortfall eines Vollstreckers vom Erblasser abweichende Anordnungen getroffen worden sind (§ 2224 Abs. 1 S. 3 BGB).

dd) Mittelbar, dass nach § 2220 BGB der Erblasser den Testamentsvollstrecker lediglich von folgenden Verpflichtungen nicht befreien darf: Von der Verpflichtung zur Aufnahme des Nachlassverzeichnisses (§ 2215 BGB), zur ordnungsgemäßen Verwaltung des Nachlasses (§ 2216 BGB), zur Unterrichtung der Erben, Erteilung von Auskunft, Rechenschaftslegung und zur Herausgabe des Nachlasses an die Erben (§ 2218 BGB) und zum Ersatz des verschuldeten Schadens (§ 2219 BGB). Ferner kann der Erblasser den Testamentsvollstrecker nicht vom Verbot der unentgeltlichen Verfügung (§ 2205 S. 3 BGB) und des Schenkungsversprechens (§ 2207 S. 2 BGB) befreien.

ee) Alle obigen Erweiterungsmöglichkeiten sind als Abweichungen gegenüber der gesetzlichen Normalregelung im Testamentsvollstreckerzeugnis anzugeben (MüKoBGB/*J. Mayer* § 2368 Rn. 37).

ff) Da der Erblasser Befugnisse, die er jedem Dritten einräumen kann, auch dem Testamentsvollstrecker übertragen kann (Staudinger/*Reimann,* Bearbeitung 2016, § 2208 Rn. 25), kann er ihm die Erbauseinandersetzung nach billigem Ermessen übertragen (§ 2048 S. 2 BGB), ihm eine über den Tod hinaus gültige Generalvollmacht erteilen, die allerdings vom Erben widerrufen werden kann (Staudinger/*Reimann* Vorb. zu §§ 2197–2228 Rn. 76), ihn zum Schiedsrichter in Testamentsauslegungsstreitigkeiten bestellen (MüKoBGB/*Zimmermann* § 2203 Rn. 18) und ihn von den Beschränkungen des § 181 BGB befreien (RGZ 61, 139; BGHZ 30, 67 = NJW 1959, 1429 = DNotZ 1959, 480). Diese erweiterten Befugnisse können noch dadurch verstärkt werden, dass die Erben zu ihrer Einräumung und Respektierung durch Auflagen verpflichtet werden und/oder die Erfüllung der Anordnungen zur aufschiebenden oder ihre Nichterfüllung zur auflösenden Bedingung der Erbeinsetzung gemacht werden (*Lange* JuS 1970, 102; Staudinger/*Reimann,* Bearbeitung 2016, Vorb. zu §§ 2197–2228 Rn. 99).

(4) **Rechtsstellung des Testamentsvollstreckers.** Der Testamentsvollstrecker ist weder Vertreter des Erblassers, der Erben, des Nachlasses noch der Nachlassgläubiger, sondern Träger eines privaten Amtes zu eigenem Recht, aber im fremden Interesse (Amtstheorie) (BGHZ 13, 203 = NJW 1954, 1036). Er hat, im Rahmen der letztwilligen Anordnungen, Verpflichtungs-, Verfügungs-, Erwerbs- und Prozessführungsermächtigung (§§ 2205, 2206 BGB). Er kann im eigenen Namen, jedoch, damit die materiellrechtlichen und prozessualen Folgen seines Handelns nicht ihn selbst treffen, stets mit dem Zusatz: „. . . . . als Testamentsvollstrecker des Nachlasses auf Ableben des . . . . .“, über Nachlassgegenstände verfügen, den Erben verpflichten, für ihn erwerben und Rechtsstreitigkeiten über Nachlassgegenstände als Partei kraft Amtes mit Wirkung für und gegen den Erben führen

(RG JW 1912, 147). Aus den Rechtshandlungen des Testamentsvollstreckers wird der Erbe nur als Träger des Sondervermögens Nachlass, nicht als Träger seines Eigenvermögens berechtigt und verpflichtet.

(5) **Verhältnisse des Testamentsvollstreckers zum Erben.** Soweit die Verfügungsbefugnis des Testamentsvollstreckers geht, ist dem oder den Erben die Verfügungsbefugnis entzogen (§§ 2205 S. 2, 2211 BGB). Die Anordnung der Testamentsvollstreckung enthält somit eine Beschränkung der Rechtsstellung des Erben (§§ 2306, 2338 Abs. 1, 2376 BGB). Die trotzdem vorgenommenen Verfügungen des Erben sind absolut abwirksam. Die Verfügungsbeschränkung des Erben beginnt mit dem Erbfall und zwar unabhängig davon, ob der Testamentsvollstrecker sein Amt entnommen hat oder nicht (BGHZ 25, 282). Vor dem Amtsantritt ist weder der Erbe noch der Testamentsvollstrecker verfügungsberechtigt (KGJ 40, 196 (200)). Deshalb kann sich eine durch den Amtsantritt des Testamentsvollstreckers auflösend bedingte, über den Tod hinaus gültige Vollmacht empfehlen. Durch die Eintragung des Testamentsvollstreckervermerks gem. § 52 GBO im Grundbuch wird das Grundbuch gegen Verfügungen der Erben gesperrt. Die Verfügungsbeschränkung der Erben macht den Nachlass zu einem Sondervermögen (BGH JZ 1967, 703). Den Eigengläubigern des Erben ist nach § 2214 BGB vom Erbfall an der Zugriff auf die der Verwaltung des Testamentsvollstreckers unterliegenden Nachlassgegenstände verwehrt. Der Testamentsvollstrecker hat gegenüber den Erben das Recht die Herausgabe des Nachlasses an ihn (§ 2205 S. 1 BGB), den Ersatz seiner notwendigen Aufwendungen (§§ 2218, 670 BGB) und eine angemessene Vergütung (§ 2221 BGB) zu verlangen. Auf das Rechtsverhältnis zwischen Testamentsvollstrecker und Erben finden nach § 2218 BGB gewisse für den Auftrag geltende Vorschriften entsprechende Anwendung. Die Pflichten des Testamentsvollstreckers gegenüber den Erben ergeben sich aus den §§ 2215–2219 BGB und sind gemäß § 2220 BGB zwingender Natur (Staudinger/*Reimann* Vorb. zu §§ 2197–2228 Rn. 18). Es sind im Einzelnen die Ansprüche der Erben gegen den Testamentsvollstrecker auf Mitteilung eines Nachlassverzeichnisses (§ 2215 BGB), auf ordnungsgemäße Verwaltung des Nachlasses (§ 2216 BGB), auf Überlassung der Nachlassgegenstände die er zur Erfüllung seiner Obliegenheiten nicht mehr bedarf (§ 2217 BGB), auf Auskunftserteilung und Rechnungslegung (§§ 2218, 666 BGB) und auf Schadensersatz, wenn der Testamentsvollstrecker schuldhaft eine ihm obliegende Pflicht verletzt (§ 2219 BGB). Gegen die Testamentsvollstreckung kann der Erbe gem. § 2306 Abs. 1 S. 2 BGB die Erbschaft ausschlagen und seinen davon unbeschwerten Pflichtteil verlangen (BGHZ 12, 103; *Weiler* DNotZ 1952, 296; *Holch* DNotZ 1958, 295). Ferner kann er die Anordnung gem. § 2078 BGB anfechten, wenn sich der Erblasser über die Notwendigkeit der Anordnung geirrt hat (*Lange* JuS 1970, 107). Gegen den einzelnen Testamentsvollstrecker hat der Erbe die Möglichkeit bei Vorliegen eines wichtigen Grundes beim Nachlassgericht gem. § 2227 BGB seine Entlassung zu beantragen. Ein solcher Grund ist nach dem Gesetz insbesondere bei grober Pflichtverletzung oder Unfähigkeit zur ordnungsmäßigen Geschäftsführung gegeben. Die Entlassung ist nicht nur bei Verschulden oder Unfähigkeit des Vollstreckers zulässig, sondern auch aus anderen wichtigen Gründen, die auch in der Person des Erben, eines Erbbeteiligten oder in der Entwicklung der Verhältnisse liegen können (*Lange* JuS 1970, 107; OLG Düsseldorf DNotZ 1950, 67). So zB berechtigtes Misstrauen gegen den Vollstrecker (BayObLG 1957, 317; OLG Hamm Rpfleger 1959, 53 u. NJW 1968, 800 = DNotZ 1968, 443; OLG Zweibrücken DNotZ 1973, 112), Interessenkonflikt (OLG Dresden JFG 3, 169) und sogar Verfeindung zwischen Erben und Vollstrecker (OLG Köln OLGZ 1969, 281 = Rpfleger 1969, 207). In der Praxis dient der Antrag eines Erben auf Entlassung des Testamentsvollstreckers oft nur dazu, auf diesem Weg zu einer Überwachung des Testamentsvollstreckers durch das Nachlassgericht zu kommen (*Lange* JuS 1970, 107), die sonst nicht möglich ist (Staudinger/*Reimann,* Bearbeitung 2016, Vorb. zu §§ 2197–2228 Rn. 25). Anordnungen des Erblassers wie zB eine auflösend bedingte Erbeinsetzung,

die den Erben davon abhalten sollen, die Entlassung des Testamentsvollstreckers gem. § 2227 BGB zu beantragen, sind unwirksam (MüKoBGB/*Zimmermann* § 2220 Rn. 3; RGZ 133, 128 (135)).

(6) **Regelmäßige Aufgaben und Befugnisse des Testamentsvollstreckers.** Der Testamentsvollstrecker hat den Nachlass zu verwalten (§ 2205 S. 1 BGB). Das Verwaltungsrecht umfasst die Befugnis über die Nachlassgegenstände, nicht jedoch die Erbteile, zu verfügen (§ 2205 S. 2 BGB). Die Wirksamkeit der Verfügungen hängt nicht von der Ordnungsmäßigkeit der Verwaltung gem. § 2216 BGB ab (MüKoBGB/*Zimmermann* § 2205 Rn. 28). Unwirksam sind unentgeltliche Verfügungen des Testamentsvollstreckers, soweit sie nicht einer sittlichen Pflicht oder einer auf den Anstand zu nehmenden Rücksicht entsprechen (§ 2205 S. 3 BGB). Eine unentgeltliche Verfügung des Testamentsvollstreckers liegt, wie beim Vorerben, dann vor, wenn er objektiv ohne gleichwertige Gegenleistung Opfer aus der Erbmasse bringt und subjektiv entweder weiß, dass dem Opfer keine gleichwertige Leistung an die Erbmasse gegenübersteht, oder doch bei ordnungsmäßiger Verwaltung der Masse unter Berücksichtigung seiner künftigen Pflicht, die Erbschaft an den Erben herauszugeben, das Fehlen oder die Unzulänglichkeit der Gegenleistung hätte erkennen müssen (RGZ 105, 246 (248); BGHZ 5, 173 (182) = NJW 1952, 698; BGHZ 7, 274 (277) = NJW 1953, 219; BGH NJW 1963, 1613 (1614); BGHZ 57, 84 (89) = NJW 1971, 2264). Nach der Rspr. (BGHZ 57, 84 = NJW 1971, 2264 = DNotZ 1972, 90) ist der Testamentsvollstrecker dann zur Vornahme unentgeltlicher Verfügungen berechtigt, wenn sämtliche Erben, auch Vor- und Nacherben und die Vermächtnisnehmer bei der Verfügung mitwirken. Nicht erforderlich ist, dass kein entgegenstehender Wille des Erblassers erkennbar sein darf und dass die anderen Nachlassgläubiger nicht geschädigt werden (zu der BGH-Entscheidung siehe eingehend *Haegele* Rpfleger 1972, 43). Der Testamentsvollstrecker ist berechtigt, Verbindlichkeiten für den Nachlass einzugehen, soweit die Eingehung zur ordnungsgemäßen Verwaltung erforderlich ist (§ 2206 Abs. 1 BGB). Ein Dritter wird dabei in seinem guten Glauben daran geschützt, dass die Eingehung der Verbindlichkeit zur ordnungsgemäßen Verwaltung erforderlich ist (RGZ 83, 348 (353); 130, 131 (134); BGH NJW 1983, 40). Soweit die Verbindlichkeit vom Testamentsvollstrecker zur Verfügung über einen Nachlassgegenstand eingegangen wird, entfällt gem. § 2206 Abs. 1 S. 2 BGB die Voraussetzung, dass ihre Eingehung zur ordnungsmäßigen Verwaltung erforderlich sein muss. Dingliche Verfügungsmacht und Verpflichtungsermächtigung haben damit hier den gleichen Umfang (vgl. MüKoBGB/*Zimmermann* § 2206 Rn. 4). Der Testamentsvollstrecker unterliegt nicht den sich aus § 1365 BGB für den gesetzlichen Güterstand oder aus den entsprechenden Vorschriften bei den vertraglichen Güterständen für einen Erben ergebenden Verfügungsbeschränkungen und bedarf auch keiner vormundschaftsgerichtlichen Genehmigung, wenn sich unter den Erben geschäftsunfähige oder in der Geschäftsfähigkeit beschränkte Personen befinden, für die der gesetzliche Vertreter für die betreffende Rechtshandlung dieser Genehmigung bedürfte (siehe hierzu eingehend *Haegele* Rpfleger 1963, 330). Die Anordnung der Testamentsvollstreckung eignet sich daher vorzüglich, die erbrechtliche Abwicklung solcher Fälle zu vereinfachen. Besonders problematisch und umstritten ist die Verwaltung von einzelkaufmännischen Unternehmen oder Personengesellschaftsanteilen (dazu BGH DB 2014, 1670) durch einen Testamentsvollstrecker (→ Form. XII.8 Anm. 8).

**11. Schiedsklausel.** (s. Empfehlungen der Bundesnotarkammer mit Verfahrens- und Vergütungsregelung in DNotZ 2000, 401; *Bandel* NotBZ 2005, 381; *ders.* MittBayNot 2018, 352; *Lange* ZEV 2017, 1; *Wegmann* ZEV 2003, 20, mit Muster; *Muscheler* ZEV 2009, 317 (320); *ders.* ZEV 2018, 120; *Schiffer/Schürmann* Hereditare 2014, 39–60). Erbrechtliche Streitigkeiten können durch ein Schiedsgericht entschieden werden, soweit sie vermögensrechtliche Ansprüche betreffen (§ 1030 Abs. 1 S. 1 ZPO) bzw. soweit die Parteien durch Vergleich über den Streitgegenstand verfügen könnten (§ 1030 Abs. 1 S. 2

ZPO). Die Schiedsklausel (§ 1029 Abs. 2 ZPO) kann in einer letztwilligen Verfügung des Erblassers enthalten sein. Soweit die Erben oder Pflichtteilsberechtigte dabei nicht mitwirken, ist der Erblasser aber auf die ihm nach den Vorschriften des materiellen Rechts zustehenden Anordnungskompetenzen beschränkt (*Schiffer* ZErb 2014, 292; *Lange* ZZP 128 [2015] 407 (410)). Damit ist kraft letztwilliger Anordnung grundsätzlich nur schiedsfähig, was innerhalb der Verfügungsmacht des Erblassers liegt (BGH ZEV 2017, 416). Ist die ausschließliche Zuständigkeit des Schiedsgerichts angeordnet, handelt es sich um eine Auflage (*Kohler* DNotZ 1962, 127; str.). Die Formvorschrift § 1031 Abs. 1 ZPO wird durch eine formgültige Verfügung von Todes wegen regelmäßig erfüllt. Grundsätzlich kann auch der Testamentsvollstrecker zum Schiedsrichter bestellt werden (OLG Frankfurt a. M. RNotZ 2013, 238). Jedoch darf auf diesem Weg das Drittbestimmungsverbot des § 2065 BGB nicht umgangen werden (BGHZ 15, 199 = NJW 1955, 100). Ferner kann er auch nicht für Streitigkeiten über den Bestand seines Amtes zu Schiedsrichter berufen werden (BGHZ 41, 23 = NJW 1964, 1316). Nach hM kann generell die Entlassung des Testamentsvollstreckers nicht einseitig durch letztwillige Verfügung am staatlichen Gericht vorbei einem Schiedsgericht übertragen werden (BGH BGHZ 215, 109). Dasselbe gilt für den Streit über einen Pflichtteilsanspruch (BGH ZEV 2017, 416). Die Bestellung nur eines Schiedsrichters (vgl. demgegenüber § 1034 Abs. 1 S. 2 ZPO) dient der Kostenersparnis. Ob der länger lebende Vertragspartner eine Schiedsklausel nachträglich anordnen darf oder ob dies den Vertragserben unwirksam beeinträchtigt, ist in der Rechtsprechung unklar (OLG Hamm NJW-RR 1991, 455 einerseits; OLG Celle ZEV 2016, 337 andererseits; zur Wechselbezüglichkeit bei gemeinschaftlichem Testament OLG Frankfurt ZEV 2012, 665).

**12. Steuern.** (1) **Erbschaftsteuer.** Mit dem Tod des Erblassers geht der gesamte Nachlass auf den Erben/die Erbengemeinschaft über (Gesamtrechtsnachfolge/Gesamthandsvermögen). Die Teilungsanordnung legt lediglich die Art und Weise der Erbauseinandersetzung gem. Erblasserwillen fest und ist erbschaftsteuerlich unbeachtlich, so dass der Nachlasswert den Miterben stets, ohne Berücksichtigung der Teilungsanordnung so zugerechnet wird, wie es ihren Erbquoten entspricht (*Kapp/Ebeling* ErbStG § 3 Rn. 129.2; BMF BStBl. I 2006, 253, dort Rn. 67). Nach § 31 Abs. 5 ErbStG ist die Erbschaftsteuererklärung vom Testamentsvollstrecker abzugeben, entsprechend ist ihm der Erbschaftsteuerbescheid bekannt zu geben (§ 32 Abs. 1 ErbStG). Der Testamentsvollstrecker kann nur dann für die Erben wirksam Einspruch gegen Erbschaftsteuerbescheid einlegen, wenn die Erben eine schriftliche Vollmacht erteilen. Wird diese Vollmacht nicht erteilt, so ist der Einspruch unzulässig (*Kapp/Ebeling* § 32 Rn. 16).

(2) **Einkommensteuer.** Der Testamentsvollstrecker muss dem Finanzamt binnen Monatsfrist Anzeige erstatten, wenn er nach dem Tod des Erblassers erkennt, dass Erklärungen, die dieser zur Festsetzung oder Veranlagung von Steuern abgegeben hat, unrichtig oder unvollständig sind oder dass der Erblasser es pflichtwidrig unterlassen hat, solche Erklärungen abzugeben (§ 153 AO). Einkommensteuerlich besonders interessant ist jedoch, dass die Beschwerten hinsichtlich des Miethausgrundstücks ihre volle Abschreibungsmöglichkeit für Abnutzung (AfA) und sämtliche anderen Werbungskosten behalten, was nicht der Fall wäre, wenn stattdessen der Bedachten ein Nießbrauchsrecht an dem Mietshaus vermacht worden wäre (→ Form. XII.20 Anm. 15 Abs. 2).

**13. Kosten.** → Form. XI.1 Anm. 16.

## Bindung an die Erklärungen einer zweiten Person

# 24. Gegenseitiges Berliner Testament

Verhandelt zu[1, 2] . . . . .
am . . . . . (auch als eigenhändiges Testament möglich)

§ 1 Erster Erbfall

(1) Wir, die Eheleute A und A, geb. E, setzen uns hiermit gegenseitig[3, 4] zu alleinigen und ausschließlichen Vollerben ein. Eine Nacherbfolge findet nicht statt.[6]

(2) Schlägt der Längstlebende die Erbschaft aus, so ist er nicht als gesetzlicher Miterbe berufen.

§ 2 Zweiter Erbfall[5]

Schlusserben[6] beim Tod des Überlebenden von uns und Erben von uns beiden im Falle unseres gleichzeitigen Versterbens sind unsere gemeinschaftlichen Abkömmlinge, einschließlich adoptierter, unter sich nach den Regeln der gesetzlichen Erbfolge erster Ordnung zum Zeitpunkt des zweiten Erbfalls.

§ 3 Wiederverehelichungsklausel[7]

Sollte sich der Überlebende von uns wieder verheiraten, so hat er an unsere gemeinschaftlichen Abkömmlinge, einschließlich adoptierter, jedoch mit Ausnahme nichtehelicher Abkömmlinge in männlichen Linien, Geldvermächtnisse entsprechend ihren gesetzlichen Erbteilen erster Ordnung neben ihm, wenn der Erstversterbende erst zum Zeitpunkt der Wiederverehelichung verstorben wäre, berechnet aus dem Wert des reinen Nachlasses des Erstversterbenden zum Zeitpunkt des Erbfalls herauszuzahlen. Von der Bewertung sind dabei die gesamte Haushaltseinrichtung, Kleider, Wäsche und die Hochzeitsgeschenke ausgenommen. Jeder Abkömmling hat einen selbstständigen, von den übrigen unabhängigen Vermächtnisanspruch. Die Vermächtnisse sind innerhalb von drei Monaten nach der Wiederverheiratung fällig und bis dahin unverzinslich. Der Anspruch eines Vermächtnisnehmers entfällt, wenn er oder einer seiner weggefallenen Vorfahren Pflichtteilsansprüche auf Ableben des Erstversterbenden geltend gemacht und erhalten hat. Zwecks Feststellung des Wertes des reinen Nachlasses des Erstversterbenden hat der Überlebende auf Kosten des Nachlasses den Nachlass des Erstversterbenden alsbald nach dessen Tod amtlich verzeichnen und schätzen zu lassen.

§ 4 Sanktioniertes Verfügungsunterlassungsvermächtnis[8]

(1) Der Erstversterbende von uns beschwert den Überlebenden mit dem Vermächtnis zugunsten der Schlusserben nach § 2, über unser Hausgrundstück in M-Stadt in der S-Straße Nr. . . . ., eingetragen im Grundbuch des Amtsgerichts von M-Stadt Blatt . . . . . mit der Flst.Nr. . . . . . unter Lebenden nicht zu verfügen.

(2) Sollte der Überlebende gegen dieses schuldrechtliche Verfügungsverbot verstoßen, so hat er, wie der Erstversterbende hiermit vermächtnisweise anordnet, auf seine Kosten das genannte Hausgrundstück an diejenigen unserer gemeinschaftlichen Abkömmlinge, einschließlich adoptierter, jedoch mit Ausnahme nichtehelicher Abkömmlinge in männlichen Linien, unentgeltlich zu übertragen, welche zurzeit der Zuwiderhandlung gesetzliche

Erben des Erstversterbenden wären, wenn er erst in diesem Zeitpunkt verstorben wäre und zwar zu den ihren gesetzlichen Erbteilen entsprechenden Bruchteilen. Abkömmlinge die auf Ableben des Erstversterbenden den Pflichtteil verlangen und erhalten haben und ihre Nachkommen sind von diesem bedingten Vermächtnis ausgeschlossen. Soweit der Erstversterbende bei diesen Vermächtnissen über Gegenstände verfügt, die nicht oder nicht ganz zu seinem Nachlass gehören, gelten die Anordnungen als Verschaffungsvermächtnisse. Zur Sicherung dieses bedingten Übereignungsanspruchs hat der Überlebende nach dem Tod des Erstversterbenden auf dem Grundstück zugunsten der Vermächtnisnehmer eine Vormerkung im Grundbuch an bereitester Rangstelle eintragen zu lassen.

§ 5 Pflichtteilsklausel[9]

(1) Verlangt und erhält einer unserer Abkömmlinge auf den Tod des Erstversterbenden den Pflichtteil, so sind er und seine Nachkommen von der Erbfolge auf Ableben des Längstlebenden ausgeschlossen.
(2) Ferner erhalten in diesem Fall jeder nach § 2 berufene Abkömmling mit Ausnahme dessen, der den Pflichtteil verlangt hat und seiner Nachkommen, aus dem Nachlass des Erstversterbenden ein Geldvermächtnis in Höhe des Wertes seines gesetzlichen Erbteils auf Ableben des Erstversterbenden, wenn dieser erst beim Tod des Längstlebenden verstorben wäre, berechnet aus dem zum Zeitpunkt des Todes des Längstlebenden noch vorhandenen Nachlasses des Erstversterbenden. Diese Vermächtnisse fallen erst mit dem Tod des Längstlebenden an und nur an zu diesem Zeitpunkt noch lebende Bedachte. Soweit eine Enterbung vom Überlebenden auf Grund der Freistellung nach § 6 Abs. 1 widerrufen wird, entfallen diese Vermächtnisse.

§ 6 Bindung und Anfechtungsverzicht

(1) Sämtliche Bestimmungen dieses Testaments sind soweit nichts anderes bestimmt ist und soweit gesetzlich zulässig wechselbezüglich.[4] Der Überlebende von uns ist jedoch berechtigt, die Enterbung eines Abkömmlings nach § 5 Abs. 1 jederzeit zu widerrufen und zwar auch bezüglich einzelner betroffener Abkömmlinge.[10] Im Rahmen der Freistellung entfällt auch die Wechselbezüglichkeit der Verfügungen. Bei einer Wiederverheiratung des Überlebenden entfällt seine Bindung an seine Verfügungen nach § 2, er kann sie somit ganz oder teilweise widerrufen.[11]
(2) Sollten beim Tode eines von uns ein Scheidungs- oder Eheauflösungsantrag zugestellt sein, sollen alle vorstehenden Verfügungen von Todes wegen ihrem ganzen Inhalt nach unwirksam sein und zwar ohne dass die gesetzlichen Voraussetzungen für die Eheauflösung gegeben sein müssten. Zugleich wird der überlebende Ehegatte enterbt.[11a]
(3) Nach dem Tod eines jeden von uns sollen seine letztwilligen Verfügungen auch Bestand haben, wenn bei ihm bei ihrer Errichtung Willensmängel vorlagen und unabhängig sein von seinen Beweggründen, Erwartungen, bewussten und unbewussten Vorstellungen und seiner Unkenntnis künftiger Umstände und zwar auch unvorhersehbarer. Wir nehmen das damit verbundene Risiko bewusst in Kauf und verzichten hiermit auf ein künftiges Anfechtungsrecht wegen Irrtums gem. § 2078 BGB. Ferner erfolgen sämtliche letztwilligen Verfügungen unabhängig davon, ob und welche Pflichtteilsberechtigten beim Ableben eines jeden von uns vorhanden sind. Wir verzichten hiermit auch auf ein künftiges Anfechtungsrecht wegen Übergehung eines Pflichtteilsberechtigten gem. § 2079 BGB.[12]
(4) Trotz Belehrung wünschen wir keinen gegenseitigen Pflichtteilsverzicht.[13]

§ 7 Schlussformel

(→ Form. XI.1 sowie zusätzlich:) Ferner wurde darauf hingewiesen, dass die wechselbezüglichen Verfügungen in diesem Testament zu Lebzeiten beider Ehegatten einseitig in

**förmlich zuzustellender notarieller Urkunde widerrufen werden können, jedoch nach dem Tod eines von ihnen der andere seine Verfügungen nach Annahme der Erbschaft nicht mehr widerrufen kann. Letztlich, dass diese Bindung durch individuelle Freistellungsklauseln eingeschränkt werden könnte und dass sie Verfügungen unter Lebenden nicht hindert.**

*Schrifttum: Battes,* Gemeinschaftliches Testament und Ehegattenerbvertrag als Gestaltungsmittel für die Vermögensordnung der Familie, 1974; *Beckmann,* Die Aushöhlung von Erbverträgen und gemeinschaftlichen Testamenten durch Rechtsgeschäft unter Lebenden, MittRhNotK 1977, 25; *Beckmann,* Nacherbschaft oder Pflichtteil? – Die Entscheidung des als Nacherben eingesetzten Pflichtteilsberechtigten gemäß § 2306 BGB, ZEV 2012, 637; *Bengel,* Zum Begriff „nahestehende Person" in § 2270 Abs. 2 BGB, DNotZ 1977, 5; *Buchholz,* Berliner Testament (§ 2269 BGB) und Pflichtteilsrecht der Abkömmlinge – Überlegungen zum Ehegattenerbrecht, FamRZ 1985, 872; *Bühler,* Zur Wechselbezüglichkeit und Bindung beim gemeinschaftlichen Testament und Erbvertrag, DNotZ 1962, 359; *Caspary,* Irrtum über die Bindungswirkung beim gemeinschaftlichen Testament, NotBZ 2002, 338; *Dilcher,* Der Widerruf wechselbezüglicher Verfügungen im gemeinschaftlichen Testament, JuS 1961, 20; *Everts,* Berliner Testament und Rettung erbschaftsteuerlicher Freibeträge, NJW 2008, 557; *Gebel,* Nießbrauchsrechte und Nießbrauchslasten im Erbschaft- und Schenkungsteuerrecht, ZErb 2006, 122; *Haegele,* Wiederverheiratungsklauseln, Rpfleger 1976, 73; *Häußermann,* Korrespektivität in Testamenten, BWNotZ 1960, 256; *Huber,* Freistellungsklauseln in gemeinschaftlichen Testamenten, Rpfleger 1981, 41; *Hilgers,* Die bedingte Erbeinsetzung, MittRhNotK 1962, 381; *Huken,* Bleibt in einem gemeinschaftlichen Testament mit Wiederverheiratungsklausel die letztwillige Verfügung des überlebenden Ehegatten nach seiner Wiederverheiratung im Zweifel bestehen? DNotZ 1965, 729; *Hurst,* Wiederverheiratungsklauseln in letztwilligen Verfügungen, MittRhNotK 1962, 435; *Jastrow,* Wie können sich Eheleute bei einem Testament nach § 2269 BGB gegen die Vereitelung ihrer Absichten durch Pflichtteilsansprüche ihrer Kinder sichern? DNotV 1904, 424; *Johannsen,* Der Schutz der durch gemeinschaftliches Testament oder Erbvertrag berufenen Erben, DNotZ 1977, 69; *Kanzleiter,* Die Aufrechterhaltung der Bestimmungen in unwirksamen gemeinschaftlichen Testamenten als einseitige letztwillige Verfügungen, DNotZ 1973, 133; *ders.,* Keine wechselbezüglichen Verfügungen in gemeinschaftlichen Testamenten nach der Ehescheidung!, ZEV 2005, 181; *ders.,* Das Berliner Testament – immer aktuell und fast immer ergänzungsbedürftig, ZEV 2014, 225; *Keller,* Überlegungen zum Ehegattentestament, BWNotZ 1970, 49; *Keller, B.,* Beeinträchtigende Schenkungen i.S.d. § 2287 Abs. 1 BGB, NotBZ 2001, 385; *Kesseler/Thouet,* Berliner Testament und Rettung erbschaftsteuerlicher Freibeträge, NJW 2008, 125; *Mattern,* Zur Rechtsstellung des von Todes wegen bindend Bedachten, BWNotZ 1962, 229; *ders.,* Die Testamentsaushöhlung, BWNotZ 1966, 1; *ders.,* Die Rechtsprechung des Bundesgerichtshofs zur Testamentsaushöhlung, DNotZ 1964, 196; *J. Mayer,* Der Fortbestand letztwilliger Verfügungen bei Scheitern von Ehe, Verlöbnis und Partnerschaft, ZEV 1997, 280; *Meincke,* Vorteile und Nachteile von Ehegatten-Testamenten und Erbverträgen, DStR 1981, 523; *Nieder,* Hdb. d. Testamentsgestaltung, 2. Aufl. Rdn. 314 ff. u. 809 ff.; *v. Olshausen,* Die Sicherung gleichmäßiger Vermögensteilhabe bei „Berliner Testamenten" mit nichtgemeinsamen Kindern als Schlußerben, DNotZ 1979, 707; *Peter,* Anfechtung oder Zuwendungsverzicht? BWNotZ 1977, 113; *Radke,* Überlegungen zur Gestaltung der Wechselbezüglichkeit im gemeinschaftlichen Testament, NotBZ 2001, 15; *Raitz von Frentz,* Gestaltungsformen zur Abgrenzung der Rechte von überlebenden Ehegatten und Kindern in gemeinschaftlichen Testamenten und Erbverträgen, DNotZ 1962, 635; *Recker,* Schutz des von Todes wegen Bedachten, MittRhNotK 1978, 125; *Remmele,* „Lebzeitiges Eigeninteresse" bei Schenkungen zugunsten des zweiten Ehegatten? NJW 1981, 2290; *Ripfel,* Die Nacherbschaft bei Wiederverheiratung des überlebenden Ehegatten, Rpfleger 1951,

578; *Rötelmann,* Erfordernisse des eigenhändigen gemeinschaftlichen Testaments, Rpfleger 1958, 146; *Roth,* Die Ausstattung im Erbrecht, NJW-Spezial 2010, 39; *Schlitt,* Das Anfechtungsrecht gemäß § 2079 BGB für den Fall der Wiederverheiratung des Erblassers, ZErb 2006, 371; *Schmucker,* Die Bindung beim gemeinschaftlichen Testament und Erbvertrag, ZNotP 2006, 414; *dies.,* Die Wechselbezüglichkeit von Verfügungen in gemeinschaftlichen Testamenten in der Rechtsprechung des BayObLG, MittBayNot 2001, 526; *Schramm,* Nochmals das Wahlrecht des Erben nach § 1948 BGB, DNotZ 1965, 734; *Schuhmann,* Ist das sog. Berliner Testament wirklich „out"?, ErbR 2010, 4; *Staudenmaier,* Abzug des Voraus bei der Pflichtteilsberechnung, DNotZ 1965, 68; *Stöcker,* Erbenschutz zu Lebzeiten des Erblassers bei der Betriebsnachfolge in Familienunternehmen und Höfe, WPM 1980, 482; *Streppel/Breitenbach,* Supervermächtnis mit Verwaltungsvollstreckung, notar 2019, 106; *Strobel,* Nochmals: Pflichtteilsstrafklausel im Ehegatten-Testament, MDR 1980, 363; *Strobl,* Das Wahlrecht des Erben nach § 1948 BGB, DNotZ 1965, 337; *Tanck,* Pflichtteilsklauseln im gemeinschaftlichen Testament (Berliner Testament) – zivilrechtliche und steuerlich Gestaltung bei der Einheitslösung, ZErb 2018, 1; *Weiss,* Pflichtteilsstrafklausel im Ehegatten-Testament, MDR 1979, 812; *Worm,* Pflichtteilserschwerungen und Pflichtteilsstrafklauseln, RNotZ 2003, 535; *Zawar,* Der auflösend bedingte Vollerbe, NJW 1988, 16; *Zimmer,* Zur Auslegung von Pflichtteilsklauseln, NotBZ 2007, 10; *Zimmer,* Das Testament älterer Menschen, ZErb 2010, 126.

## Anmerkungen

**1. Sachverhalt.** Die Testierer sind Eheleute mit gemeinschaftlichen Kindern. Nach dem Tod des erstversterbenden Ehegatten soll der Überlebende hinsichtlich des beiderseitigen Vermögens weitgehend freigestellt werden. Gleichzeitig soll aber auch weitgehend sichergestellt werden, dass nach dem Tod des Längstlebenden den Kindern der beiderseitige Nachlass zufällt.

**2. Anwendungsfälle.** Wenn Eheleute mit Kindern die Erbfolge in der Weise anordnen wollen, dass einerseits dem Überlebenden das Familienvermögen ganz, zum Teil oder wenigstens seine Nutzung zur Verfügung stehen soll, andererseits sichergestellt werden soll, dass es nach dem Tod des Längstlebenden an die Kinder fällt, haben sie im Wesentlichen je nach dem gewünschten Grad der Freistellung des Überlebenden und der Sicherstellung der endbedachten Kinder folgende Wahl:

(1) **Testamentsvollstrecker-Nießbrauch-Lösung.** Hier tritt beim Tode eines Ehegatten entweder die gesetzliche Erbfolge ein oder nur die Kinder werden Erben, und der überlebende Ehegatte erhält jeweils zu Lasten der Erbteile der Kinder ein Nießbrauchsvermächtnis und wird Testamentsvollstrecker (so im → Form. XII.20). Diese Gestaltungsmöglichkeit dürfte sich empfehlen, wenn die Sicherung der Abkömmlinge besonders stark sein soll, weil zB eine Wiederverheiratung des überlebenden Ehegatten wahrscheinlich ist.

(2) **Alleinerbenlösung.** Hier wird der überlebende Ehegatte zum Alleinerben eingesetzt, wobei folgende Varianten möglich sind:

a) Der Überlebende ist von Anfang an oder durch seine Wiederheirat bedingt Vorerbe, und die Abkömmlinge sind Nacherben des Erstversterbenden und Vollerben des Überlebenden (so zB im → Form. XII.11). Man nennt dies die Trennungslösung, da der Nachlass des Erstversterbenden beim Überlebenden von seinem Vermögen durch die Nacherbfolge getrennt bleibt. Hier ist die Stellung des Überlebenden freier gestaltet, ohne die Sicherheit der Abkömmlinge zu beeinträchtigen. Für die Getrennthaltung der Vermögensmassen durch Vor- und Nacherbschaft können vor allem auch steuerliche Erwägungen sprechen (Erhalt von Freibeträgen). Andererseits unterliegt der Vorerbe hinsichtlich des vom verstorbenen Ehegatten rechtlichen Beschränkungen und tatsächlichen Abwicklungsproblemen (vgl. nur zum Bankkonto *Werkmüller* ZEV 2004, 276).

b) Der Überlebende ist Vollerbe, dagegen sind die Abkömmlinge nur Schlusserben des beiderseitigen Vermögens (so im vorst. Formular). Man nennt dies die Einheitslösung, weil sich die Vermögensmassen beider Ehegatten beim Überlebenden zu einer Einheit zusammenfinden (Berliner Testament). Wenn die Beteiligten im Rahmen der Einheitslösung auf einer Wiederverheiratungsklausel (→ Anm. 7) bestehen, sollte das – wie im Form. – über Vermächtnisse zugunsten der gemeinsamen (oder einseitigen Kinder des Erstversterbenden) gelöst werden. Es kann auch angeordnet werden, dass für den Fall der Wiederverheiratung Nacherbschaft eintritt. Nacherbfall ist vorzugsweise erst der Tod der Ehefrau, um keinen unzumutbaren Druck gegen die Entscheidung für eine Wiederheirat zu erzeugen. Durch die derart bedingte Nacherbschaft kommt es aber doch wieder zu allen Bindungen des Vorerben, die gerade gegen die Trennungslösung sprechen. Erst mit dem Tod des Zweitversterbenden steht fest, ob die Bedingung eingetreten ist, bis dahin unterliegt der Überlebende auch bei auflösend bedingter Vollerbschaft den Beschränkungen des Vorerben (Einzelheiten zur dogmatischen Konstruktion sind str., konsequent *Zawar* NJW 1988, 16). Allerdings nimmt die hM weitmögliche Befreiung an, auch wo das nicht ausdrücklich angeordnet ist (Palandt/*Weidlich* § 2269 Rn. 18, MüKoBGB/*Musielak* § 2269 Rn. 54; differenziert NK-BGB/*Gierl*, 4. Aufl. 2014, § 2269 Rn. 125; Staudinger/*Kanzleiter*, Bearbeitung 2019, § 2269 Rn. 44). Wenn hier vom Erblasser keine zusätzlichen Sicherungen für die Abkömmlinge angeordnet waren, haben diese nur den Rest des beiderseitigen Vermögens der Ehegatten zu erwarten, und diese Aussicht ist nach dem Tod des Erstversterbenden lediglich gegen beeinträchtigende Verfügungen von Todes wegen, nicht auch gegen solche unter Lebenden geschützt. *v. Olshausen* (DNotZ 1979, 707) hat im Anschluss an eine Entscheidung des OLG Stuttgart (DNotZ 1979, 104) darauf hingewiesen, dass, wenn beim Berliner Testament die Eheleute nicht nur gemeinsame Kinder haben, für ein nach dem zufällig Längstlebenden der Ehegatten pflichtteilberechtigtes Kind der Pflichtteil größer sein kann als sein Erbteil als Schlusserbe neben seinen Stief- oder Halbgeschwistern. Um in solchen Fällen eine Störung der gleichmäßigen Vermögensverteilung nach dem Tod des Längstlebenden durch Geltendmachung von Pflichtteilsansprüchen auszuschließen, empfiehlt sich die Trennungslösung, dh Vorerbschaft des überlebenden Ehegatten und durch die Geltendmachung des Pflichtteils auf den Tod des Längstlebenden auflösend bedingte Nacherbschaft der Kinder am Nachlass des Erstversterbenden (*v. Olshausen* DNotZ 1979, 707 (713)).

c) Der Überlebende der Eheleute soll unbeschränkter Vollerbe sein, und auf den Tod des Längstlebenden werden keine Verfügungen getroffen. Hier sind die Abkömmlinge völlig ungesichert und der Überlebende vollkommen freigestellt.

d) Zum Ausgleich steuerlicher Nachteile der Einheitslösung insbesondere des Berliner Testaments (Verlust von Freibeträgen nach dem ersten Sterbefall) wird in der Literatur das sog „**Supervermächtnis**" vorgeschlagen. Dabei bestimmt jeder Ehegatte für den Fall seines Erstversterbens Vermächtnisse unter Vorgabe eines Kreises der potentiellen Vermächtnisnehmer (zB Abkömmlinge) und eines weit gefassten Vermächtniszwecks (§ 2156 BGB) wie etwa den „Ausgleich des Ausschlusses vom Erbrecht nach dem ersten Sterbefall" oder eine „gerechte und wirtschaftlich sinnvolle" Vermögensverteilung. Beschwert und zugleich bestimmungsberechtigt wird der überlebende Ehegatte, der Umfang und alle Bedingungen der Vermächtnisse bestimmen darf. Bei Bestimmung der Fälligkeit muss dann jedenfalls der Beschwerte beachten, dass diese wegen § 6 Abs. 4 ErbStG vor seinem eigenen Tod liegen muss (Gutachten DNotI-Report 2010, 3 (5)). Zum Ganzen s *Streppel/Breitenbach* notar 2019, 106; *Wälzholz* MittBayNot 2014, 417, 423; *Kössinger* in: Nieder/Kössinger, Hdb. der Testamentsgestaltung, 5. Aufl. 2015, § 6 Rn 209; *Schmidt* BWNotZ 1998, 97–101, 101; *Langenfeld* JuS 2002, 351–353, 353. Kritisch *Kanzleiter* in FS Brambring, 2011, 225; *Keim* ZEV 2016, 6; Staudinger/*Otte* Bearb 2013 § 2156 BGB

Rn. 2. Hinsichtlich § 42 AO steht soweit ersichtlich noch die Bewährungsprobe der Gestaltung aus.

(3) Hinsichtlich der **Bindung bzw. Widerrufsmöglichkeit** der beiderseitigen Verfügungen von Todes wegen haben die Eheleute die Wahl:

a) Sie können ihre Anordnungen jeweils in Einzeltestamenten oder durch einseitige Verfügungen im gegenseitigen Testament treffen, mit der Folge, dass diese jederzeit von ihnen einseitig widerrufen werden können.

b) Sie können sie im gemeinschaftlichen Testament durch wechselbezügliche Verfügungen (§ 2270 Abs. 1 BGB) treffen, die dann zu Lebzeiten beider Ehegatten nur in notarieller Urkunde und nach dem Tod des Partners und Annahme der Erbschaft überhaupt nicht mehr widerrufen werden können (§ 2271 BGB).

c) Sie können Anordnungen in einem Ehegattenerbvertrag durch vertragsmäßige Verfügungen treffen, die schon vom Zeitpunkt des Vertragsschlusses an nicht mehr einseitig widerrufen werden können (§§ 2278, 2289 BGB). Scheidungsfest sind jedoch alle diese Verfügungen nicht (§§ 2077, 2268, 2279 BGB), auch können sie angefochten werden (§§ 2078 ff., 2281 BGB) und sind grundsätzlich nicht gegen Verfügungen unter Lebenden geschützt (§ 2286 BGB).

**3. Gemeinschaftliches Testament.** (1) **Allgemein.** Ein gemeinschaftliches Testament liegt vor, wenn mehrere Erblasser ihren letzten Willen gemeinschaftlich erklären, wobei jedoch, sofern es sich nicht um wechselbezügliche Verfügungen (§ 2270 Abs. 1 BGB) handelt, jeder von ihnen ohne inneres Beziehungsverhältnis einseitig für den Fall seines Todes verfügt, beide aber einen gemeinsamen Testierwillen haben, der in einer der gewählten Testamentsform entsprechenden Weise zum Ausdruck gebracht werden muss (Errichtungszusammenhang) (BGHZ 9, 113; *Coing* DZ 1952, 611 (613)). Ein gemeinschaftliches Testament ist nur zwischen Eheleuten (§ 2265 BGB) und den Partnern einer eingetragenen Lebenspartnerschaft (§ 10 Abs. 4 LPartG) zulässig. Ein von anderen Paaren gemeinschaftlich abgefasstes Testament kann allenfalls in einzelnen Konstellationen als einseitige letztwillige Verfügung aufrechterhalten werden (*Kanzleiter* DNotZ 1973, 133). Ein gemeinschaftliches Testament muss stets letztwillige Verfügungen beider Partner enthalten, seien es wechselbezügliche (§ 2270 Abs. 1 BGB) oder einseitige. Es braucht weder eine wechselbezügliche Verfügung noch eine gegenseitige Zuwendung enthalten, sondern kann ausschließlich aus einseitigen Verfügungen bestehen (Reimann/Bengel/*Mayer,* Vorb. BGB § 2265 Rn. 39).

(2) **Form des gemeinschaftlichen Testaments.** Nach der jetzt herrschenden vermittelnden Auffassung vom Wesen des gemeinschaftlichen Testaments kann es von den Eheleuten bzw. Lebenspartnern auch in verschiedenen öffentlichen Urkunden oder eigenhändig beschriebenen Papierbogen niedergelegt werden, wenn nur der Wille, gemeinsam letztwillig zu verfügen, zu einer gemeinschaftlichen Erklärung geführt hat, die aus den beiden Einzeltestamenten selbst äußerlich erkennbar sein muss (BGHZ 9, 113 = NJW 1953, 698). Der BGH hält somit sowohl ein subjektives Element (Einheit des Willens) als auch ein objektives (Gemeinschaftlichkeit der Erklärung) für erforderlich. Weiter können beide im öffentlichen Testament in einer einheitlichen Urkunde bzw. beim eigenhändigen auf einem Blatt in der Weise testieren, dass jeder seine letztwillige Verfügung in der allgemeinen Form erklärt (zwei Haupterklärungen). Hierbei kann der gemeinsame Testierwille bereits daraus entnommen werden, dass in einer Niederschrift testiert wird. Besser ist es jedoch auch hier, wenn der Wille, gemeinschaftlich zu testieren, aus den beiden Erklärungen selbst nach außen erkennbar ist, etwa durch die Worte „wir" oder „auch ich". Für das gemeinschaftliche eigenhändige Testament besteht nach § 2267 BGB ein Formprivileg in der Weise, dass es genügt, wenn ein Ehegatte das Testament in der vorgeschriebenen privatschriftlichen Form errichtet und der andere die Erklärung eigenhändig mitunterzeichnet. Das Gesetz dispensiert damit den anderen Testierer von dem

Zwang, seine Verfügung in vollem Umfang selbst eigenhändig zu schreiben. Bei dieser Form ist die Feststellung des gemeinsamen Testierwillens völlig unproblematisch. Ein gemeinschaftliches Testament kann auch als Bürgermeister- oder Dreizeugentestament nach §§ 2249, 2250 BGB errichtet werden, wenn die Todesbesorgnis bei einem der Ehegatten vorliegt (§ 2266 BGB).

(3) **Besonderheiten des gemeinschaftlichen Testaments sind:**

a) Der gemeinschaftliche Testierwille der Eheleute beim gemeinschaftlichen Testament schließt den Willen zu rückhaltloser Offenlegung der eigenen letztwilligen Verfügungen dem Ehepartner gegenüber ein (Offenheitsprinzip) und zwar auch für nicht wechselbezügliche Verfügungen (*Bühler* DNotZ 1962, 359 (362)). Wenn der eine Partner seinen Teil des ausdrücklich gemeinschaftlich gewollten Testaments formrichtig errichtet hat, bleibt seine Verfügung grundsätzlich trotzdem solange unwirksam, bis auch der andere verfügt hat. Nur wenn festgestellt werden kann, dass nach dem Willen des Testierenden seine Verfügung auch unabhängig vom Beitritt des anderen Ehegatten gelten sollte kommt die Umdeutung eines vom anderen Ehegatten nicht unterzeichneten gemeinschaftlichen Testaments in ein Einzeltestament in Betracht (OLG München NJW-RR 2014, 838). Auch wenn einem Teil die erforderliche Geschäftsfähigkeit fehlt, kommt eine Umdeutung der als wechselbezüglich formulierten Bestimmungen in eine testamentarische Verfügung des anderen Teils in Betracht (OLG Düsseldorf FGPrax 2016, 176). Niemand kann für seinen Teil des gemeinschaftlichen Testaments eine Errichtungsform wählen, die dem anderen die Erkennbarkeit verwehrt. Wenn ein Partner Geschriebenes nicht lesen kann, müssen beide mündlich testieren (*Bühler* DNotZ 1962, 359 (363)). Auf den Schutz des Offenheitsprinzips kann allerdings verzichtet werden. Da zur Errichtung eines gemeinschaftlichen Testaments auch in öffentlicher Form gleichzeitige Anwesenheit nicht erforderlich ist, können beide ihre Anordnungen zu verschiedenen Zeiten und vor verschiedenen Notaren treffen und dem zuerst Verfügenden nützt dann die Erkennbarkeit der Anordnungen des zuletzt Verfügenden nichts mehr (*Bühler* DNotZ 1962, 359 (364)). Gegen eine sonst mögliche heimliche Aufhebung der nicht wechselbezüglichen Verfügungen in einem gemeinschaftlichen Testament durch Rücknahme aus der besonderen amtlichen Verwahrung schützt § 2272 BGB, wonach ein gemeinschaftliches Testament nur gemeinsam zurückgenommen werden kann. Kein Schutz ist gegen die heimliche Aufhebung nicht wechselbezüglicher Verfügungen durch ein Widerrufstestament (§ 2254 BGB) oder ein widersprechendes Testament (§ 2258 BGB) gegeben. Grundsätzlich kann bei einem gegenseitigen Testament jeder Partner jederzeit, dh auch nach dem Tod des anderen, einseitig seine nicht wechselbezüglichen Verfügungen widerrufen (§ 2253 Abs. 1 BGB). Wenn sich das gemeinschaftliche Testament nicht in besonderer amtlicher Verwahrung befindet, kann jeder seine einseitigen Verfügungen, soweit sie sich von denen des anderen sondern lassen, auch dadurch widerrufen, dass er sie durchstreicht oder den sie enthaltenden Teil der Testamentsurkunde vernichtet (Staudinger/*Kanzleiter,* Bearbeitung 2019, § 2271 Rn. 4).

b) Für die Eröffnung gemeinschaftlicher Testamente gelten nach § 2273 BGB besondere, die allgemeinen Eröffnungsvorschriften der §§ 2260–2263 BGB ergänzende Regeln. Vor allem sind danach nach dem Tod des Erstversterbenden die Verfügungen des Überlebenden nicht zu verkünden, soweit sie sich sondern lassen. Siehe zu der trennbaren Gestaltung gemeinschaftlicher Testamente und ihrem geringen Nutzen → Form. XII.11 Anm. 3.

c) Wird bei Vorliegen eines gemeinschaftlichen Testaments die Ehe bzw. Lebenspartnerschaft aufgelöst, so werden dadurch nicht nur die Verfügungen unwirksam, mit denen sich die Partner gegenseitig bedacht haben (§ 2077 Abs. 1 BGB), sofern nicht anzunehmen ist, dass sie auch für diesen Fall getroffen wären (§ 2077 Abs. 3 BGB), sondern das Testament wird seinem ganzen Inhalt nach unwirksam (§ 2268 Abs. 1 BGB), sofern nicht auch diese anderen Verfügungen auch für diesen Fall getroffen sein sollten (§ 2268 Abs. 2

BGB). Der Aufrechterhaltungswillen muss jeweils auf den Zeitpunkt der Errichtung der letztwilligen Verfügung feststellbar sein (*Dieterle* BWNotZ 1970, 170).

d) Für gemeinschaftliche Testamente, in denen sich die Ehegatten oder Lebenspartner gegenseitig bedacht haben (gegenseitige gemeinschaftliche Testamente), stellt § 2269 BGB bestimmte Auslegungsregeln auf.

e) In erster Linie bietet das gemeinschaftliche Testament jedoch die Möglichkeit, einzelne Verfügungen wechselbezüglich, dh in ihrem rechtlichen Bestand wechselseitig voneinander abhängig zu machen (§ 2270 Abs. 1 BGB). Mit dem ersten Sterbefall erhalten sie Vertragscharakter und damit Bindungswirkung (§ 2271 Abs. 2 BGB).

**4. Wechselbezügliche Verfügungen.** (1) **Begriff und Zulässigkeit.** Wechselbezügliche Verfügungen sind nach § 2270 Abs. 1 BGB durch den gemeinschaftlichen rechtsgeschäftlichen Willen beider Partner so miteinander verbunden, dass sie sich in ihrer Wirksamkeit gegenseitig bedingen. Die eine steht und fällt mit der anderen (RGZ 116, 148 f.). Wechselbezüglich ist dabei nur die einzelne Verfügung, nicht das gemeinschaftliche Testament insgesamt. Die Wechselbezüglichkeit muss daher für jede einzelne Verfügung des gemeinschaftlichen Testaments gesondert geprüft werden (BGH LM § 2270 Nr. 2). Die Partner können nach Belieben im gemeinschaftlichen Testament auf wechselbezügliche Verfügungen verzichten. Auch kann nur die Verfügung des einen von der Wirksamkeit der des anderen abhängig gemacht werden, während diese unabhängig bleiben soll (einseitige Wechselbezüglichkeit). Die Ermächtigung des überlebenden Teils, über seinen Nachlass auch von Todes wegen zu verfügen, muss nicht notwendig gegen eine Wechselbezüglichkeit der betreffenden Verfügung sprechen, da es denkbar ist, dass die Partner einander zwar für die Zeit nach dem Tod des ersten freie Hand lassen wollten, für die Zeit vorher aber darauf Wert legten, von einer Testamentsänderung des anderen unterrichtet zu werden (BGH NJW 1964, 2056 = LM § 2270 Nr. 3).

Wechselbezüglich können **nur solche Verfügungen** getroffen werden, die auch in einem Erbvertrag als vertragsmäßige zulässig sind, nämlich **Erbeinsetzungen, Vermächtnisse und Auflagen** (§ 2270 Abs. 3 BGB). Andere Verfügungen wie zB Ernennung eines Testamentsvollstreckers (§ 2170 Abs. 3 BGB; zur Auswechslung der Person des Testamentsvollstreckers OLG Hamm FamRZ 2001, 1176 = ZEV 2001, 271 mAnm *Reimann*), familienrechtliche Anordnungen, Enterbung (§ 1938 BGB), Teilungsanordnungen (§ 2048 BGB), Entziehung des Pflichtteils (§§ 2333 ff. BGB) oder eine Auflassungsvollmacht für den Todesfall können zwar auch in einem gemeinschaftlichen Testament getroffen werden, aber nicht wechselbezüglich.

(2) **Wirkung der Wechselbezüglichkeit.** Wenn sich eine wechselbezügliche Verfügung in einem gemeinschaftlichen Testament als nichtig erweist oder wenn sie gem. § 2271 BGB wirksam widerrufen wird, sind bzw. werden die von ihr abhängigen (wechselbezüglichen) Anordnungen des anderen Teils ebenfalls unwirksam. Diese Wirkung tritt ohne weiteres kraft Gesetz ein, dh ohne ausdrücklichen Widerruf. Statt der Auslegungsregel § 2085 BGB gilt insoweit § 2270 Abs. 1 BGB. Die Sonderbestimmung gilt aber nur für die aufeinander wechselbezüglichen Verfügungen, nicht für teilweise unwirksame Verfügungen desselben Testierers zueinander (MüKoBGB/*Leipold* § 2085 Rn. 13), außerdem nicht in anderen Fällen der Unwirksamkeit wie zB Vorversterben, Erbverzicht oder Ausschlagung. Zur Bindungswirkungen wechselbezüglicher Verfügungen siehe nochmals unten Abs. (4).

(3) **Feststellung der Wechselbezüglichkeit.** Wie bereits unter (1) ausgeführt, steht es den Testierern frei, die Wirkungen, die das Gesetz an die Wechselbezüglichkeit knüpft, auszuschließen oder zu beschränken (BGHZ 2, 35 = NJW 1951, 959; OLG Hamm NJW 1972, 1088 (1089)). Daraus, dass sich eine Verfügung in einem gemeinschaftlichen Testament befindet, kann allein nicht auf ihre Wechselbezüglichkeit geschlossen werden (*Bengel* DNotZ 1977, 5 (7)). Zweckmäßigerweise sollte man daher in einem gemeinschaftlichen Testament ausdrücklich festlegen, welche der Verfügungen und gegebenen-

falls wieweit sie wechselbezüglich sein sollen. Ist die Wechselbezüglichkeit einer Verfügung nicht eindeutig aus dem Text des gegenseitigen Testaments feststellbar, so muss zunächst versucht werden, mit den Mitteln der Auslegung, und zwar unter Einbeziehung auch von außerhalb der Testamentsurkunde liegenden Umständen (RGZ 116, 148), den Willen des Testierers zu erforschen (§§ 133, 2084 BGB). Erst wenn das misslingt, greift die Auslegungsregel des § 2270 Abs. 2 BGB Platz, nach der im gemeinschaftlichen Testament im Zweifel Wechselbezüglichkeit anzunehmen ist:

a) wenn sich die Ehegatten bzw. Lebenspartner gegenseitig bedenken (§ 2270 Abs. 2 Alt. 1 BGB),
b) wenn der eine Partner den anderen bedenkt und dieser für den Fall seines Überlebens eine Person bedenkt, die mit dem ihn bedenkenden Teil verwandt ist (§ 2270 Abs. 2 Alt. 2 BGB),
c) wenn der eine Teil den anderen bedenkt und dieser für den Fall seines Überlebens eine Person bedenkt, die dem ihn bedenkenden Partner sonst nahe steht (§ 2270 Abs. 2 Alt. 3 BGB). Bei den „sonst nahe stehenden“ Personen muss es sich um solche handeln, zu denen der betreffende Partner konkrete, deutlich über das normale Maß hinausgehende, mindestens dem üblichen Verhältnis zu Verwandten entsprechende, gute Beziehungen hatte (*Bengel* DNotZ 1977, 5 (8)). Ein bloß verträgliches Miteinanderauskommen dürfte keinesfalls genügend sein. Verschwägerte zählen nicht ohne weiteres zu den nahe stehenden Personen (Palandt/*Weidlich* § 2270 Rn. 9; BGH FamRZ 1985, 1287).

Fällt der in einem gemeinschaftlichen Testament eingesetzte Schlusserbe weg, ist BGB § 2270 Abs. 2 auf Ersatzerben nur anwendbar, wenn sich Anhaltspunkte für einen auf deren Einsetzung gerichteten Willen der Testierenden feststellen lassen, die Ersatzerbeinsetzung also nicht allein auf BGB § 2069 beruht (BGHZ 149, 363 = NJW 2002, 1126 in Abwendung von BGH NJW 1983, 277).

(4) **Die Bindungswirkung wechselbezüglicher Verfügungen.** Die Testierfreiheit (§ 2302 BGB) findet ihre Schranken im Pflichtteilsrecht (§§ 2303 ff. BGB) und in der Bindung an wechselbezügliche Verfügungen im gemeinschaftlichen Testament (§ 2271 BGB) und vertraglichen in Erbverträgen (§ 2289 BGB). Die wechselbezügliche Verfügung führt dazu, dass die Testierer gehindert sind, ohne weiteres einseitig abweichende Verfügungen von Todes wegen zu treffen. Hinsichtlich dieser Bindung ist zu unterscheiden, ob beide Teile noch leben oder einer bereits verstorben ist. Solange beide leben, können sie natürlich auch ihre wechselbezüglichen Verfügungen gemeinsam widerrufen, und zwar durch reines Widerrufstestament (§ 2254 BGB), durch widersprechendes Testament (§ 2258 BGB), durch Vernichtung oder Veränderung der Urkunde (§ 2255 BGB) oder durch gemeinsame Rücknahme des Testaments aus der besonderen amtlichen Verwahrung (§§ 2256, 2272 BGB). Ferner kann, wenn in dem gemeinschaftlichen Testament Vermächtnisse und Auflagen enthalten sind, jeder Testierer diese in entsprechender Anwendung des § 2291 BGB durch einfaches Testament mit notariell beurkundeter Zustimmung des anderen widerrufen (Palandt/*Weidlich* § 2271 Rn. 2). Einseitig kann ein Partner bei Lebzeiten des anderen seine wechselseitigen Verfügungen aus Gründen der Rechtssicherheit und der Verhinderung eines heimlichen Widerrufs gem. § 2271 Abs. 1 BGB nur in der für den Rücktritt von einem Erbvertrag gem. § 2296 BGB angeordneten Form widerrufen, dh der Widerrufende muss die Urschrift oder eine Ausfertigung seiner notariell beurkundeten Widerrufserklärung dem anderen Teil zugehen oder zustellen lassen (§§ 2296 Abs. 2, 130, 132 BGB). Zu Lebzeiten Beider besteht somit noch keine unverrückbare Bindung. Durch die Formbedürftigkeit des Widerrufs ist lediglich die Möglichkeit des heimlichen Widerrufs ausgeschaltet. Nach dem Tod eines Partners tritt jedoch die Bindung des Überlebenden an seine eigenen wechselbezüglichen Verfügungen ein. Sie ist der Bindung des Erblassers an vertragsmäßige Verfügungen vergleichbar. Der Überlebende hat nach Annahme der Erbschaft kein Widerrufsrecht hinsichtlich der

eigenen wechselbezüglichen Verfügungen mehr (§ 2271 Abs. 2 S. 1 BGB). Die Bindung betrifft nur wechselbezügliche Verfügungen (§ 2271 Abs. 1 BGB). Andere Anordnungen, also vor allem solche, die nicht Erbeinsetzungen, Vermächtnisse und Auflagen sind (§ 2270 Abs. 3 BGB) und solche, bei denen er die Wechselbezüglichkeit ausgeschlossen hat, bleiben nicht bindend. Solche Verfügungen können jederzeit grundlos und ohne Verständigung des Anderen (heimlich) in den Formen der §§ 2254, 2258 BGB widerrufen werden. Ihr Widerruf hat dies nicht die automatische Unwirksamkeit der bindenden oder nichtbindenden Verfügungen des anderen Teils zur Folge. Nur bei Auflösung der Ehe entfällt das gesamte Anordnungswerk nach § 2268 BGB (*Lange* NJW 1963, 1572).

(5) **Die Wirkung der Wechselbezüglichkeit auf andere letztwillige Verfügungen.** Widerspricht eine wechselbezügliche Verfügung einer früheren einseitigen letztwilligen Verfügung, so wird das frühere Testament insoweit aufgehoben (§ 2258 Abs. 1 BGB). Nachträgliche Verfügungen von Todes wegen sind insoweit unwirksam, als sie den früheren wechselbezüglichen Anordnungen widersprechen und den anderen Teil beeinträchtigen (§ 2271 Abs. 1 S. 2 BGB). Die gesetzliche Regelung führt jedoch nicht zur Nichtigkeit der widersprechenden einseitigen Verfügung. Wird nachträglich die frühere wechselbezügliche Verfügung aufgehoben oder gegenstandslos, erlangt die einseitige Verfügung Wirksamkeit (RGZ 65, 275; 149, 200 (201)). Nach hM wird ein Partner durch frühere wechselbezügliche Verfügungen auch nicht gehindert, den Anderen durch spätere einseitige letztwillige Verfügungen rechtlich besser zu stellen (BGHZ 30, 261 (264) = NJW 1959, 1730; *Haegele* Rpfleger 1959, 378; aM *Bärmann* NJW 1960, 142). Letztlich kann ein Partner auch durch einseitige letztwillige Verfügung die Bindung des anderen an dessen wechselbezügliche Verfügung beseitigen. Er kann nur nicht einseitig die eigene Bindung beseitigen (KG DNotZ 1938, 180; BayObLG 1966, 242; BGHZ 30, 263).

(6) **Die einseitige Beseitigung der Bindungswirkung wechselbezüglicher Verfügungen.**

a) **Zu Lebzeiten beider Testierer**):

Nur durch Widerruf nach den für den Rücktritt von einem Erbvertrag gem. § 2296 BGB geltenden Vorschriften, dh in Form einer notariellen Urkunde, nicht etwa auch in Form eines Widerrufstestaments oder eines widersprechenden Testaments (§ 2271 Abs. 1 BGB). Dies auch dann, wenn die wechselbezüglichen Verfügungen in einem gemeinschaftlichen eigenhändigen Testament enthalten sind. Wenn der andere Teil bei der Abgabe der Widerrufserklärung beim Notar nicht anwesend ist, wird sie gem. § 130 BGB erst wirksam, wenn sie ihm entweder in Urschrift oder Ausfertigung zugeht (BGHZ 36, 201 = NJW 1962, 736; BGHZ 48, 374 = NJW 1968, 496 = DNotZ 1968, 360; *Bärmann* NJW 1964, 53; aM dh begl. Abschrift genügt: *Hieber* DNotZ 1960, 240; *Jansen* NJW 1960, 475; *Röll* DNotZ 1961, 312). Der Beweis für den Zugang obliegt dem Erblasser bzw. seinen Gesamtrechtsnachfolgern. Am sichersten wird er durch Zustellung gem. § 132 BGB erbracht, die unabhängig vom tatsächlichen Empfang wirkt. Zuständig ist der Gerichtsvollzieher (§ 132 Abs. 1 BGB iVm §§ 166 ff. ZPO). Übersendung mittels Einschreibebrief, Einschreiben gegen Rückschein oder Zustellung gegen Zustellungsurkunde unmittelbar durch die Post (Postzustellungsauftrag, § 193 ZPO) beweisen allein noch nicht den Zugang (BGHZ 67, 271 (277)). Natürlich hat der Notar den Widerrufenden auf diese Besonderheiten hinzuweisen. Übernimmt der Notar die Weiterleitung der Ausfertigung zwecks Zustellung an den Gerichtsvollzieher, hat er zur Vermeidung einer Amtshaftung bei dem Zustellungsauftrag ausdrücklich zu verlangen, dass der Gerichtsvollzieher die Ausfertigung und nicht etwa, wie im Fall des BGHZ 31, 5 = NJW 1960, 33 (Amtshaftungsfall), eine beglaubigte Abschrift zustellt (*Röll* DNotZ 1961, 313 (314)). Am einfachsten wird der Notar dem Gerichtsvollzieher zwei Ausfertigungen übersenden, mit dem ausdrücklichen Ersuchen, die eine zuzustellen und die andere gem. § 190 Abs. 2 ZPO mit der Zustellungsurkunde zu verbinden. Nach § 130 Abs. 2 BGB ist der Widerruf auch dann wirksam, wenn der Widerrufende nach Abgabe der Erklärung verstirbt und die Zustellung erst nach seinem Tode erfolgt (RGZ 65, 270). Der Widerruf ist jedoch unwirksam, wenn der Adressat zwischen Abgabe und Zugang verstirbt (RGZ 65, 270 (273)). Unzulässig ist die Anweisung des Widerrufenden an den Notar, den Widerruf erst nach dem eigenen Tod dem anderen Ehegatten zuzustellen, dh die bewusste Verzögerung der Übermittlung (BGHZ 9, 233 = NJW 1953, 938 = DNotZ 1953, 415). Die Erklärung des Widerrufs kann auch öffentlich zugestellt werden, wenn der Aufenthaltsort des anderen Ehegatten nicht bekannt ist. Diese Zustellung ist auch wirksam, wenn die Bewilligung der Zustellung vom Erblasser erschlichen wird (BGHZ 64, 5 = NJW 1975, 827 (828) = DNotZ 1975, 724). Der BGH lässt hier jedoch den Einwand der unzulässigen Rechtsausübung zu.

Der widerrufende Teil muss testierfähig sein (MüKoBGB/*Musielak* § 2271 Rn. 6). Wenn der andere Teil geschäftsunfähig oder in der Geschäftsfähigkeit beschränkt ist, so muss der Widerruf seinem gesetzlichen Vertreter (Betreuer) zugehen (§ 131 BGB) (OLG Nürnberg FGPrax 2013, 270, str., ausführlich dazu *Damrau/Bittler* ZErb 2004, 77). Die Zustellung an einen Bevollmächtigten ist unsicher (*Keim* ZEV 2013, 452; *Zimmer* ZEV 2013 307).

Ein Widerruf des Widerrufs ist unzulässig und unwirksam (Reimann/Bengel/*Mayer,* BGB § 2271 Rn. 29), wohl kann jedoch der Widerruf nach § 2078 BGB angefochten werden (Palandt/*Weidlich* § 2271 Rn. 4).

Zu beachten ist, dass der wirksame Widerruf einer wechselbezüglichen Verfügung nach § 2270 Abs. 1 BGB bewirkt, dass auch die wechselbezüglichen Verfügungen des Anderen automatisch unwirksam werden.

b) **Nach dem Tod des Erstversterbenden:**

aa) **Befreiung von der Bindung durch Ausschlagung.** Schlägt der Überlebende das ihm wechselbezüglich durch Erbeinsetzung, Vermächtnis (BGH NJW 2011, 1353) oder Auflage Zugewendete aus, so kann er seine eigenen wechselbezüglichen Verfügungen aufheben (§ 2271 Abs. 2 S. 1 Hs. 2 BGB). War ihm nichts zugewandt, so kann er sich von seiner Bindung durch Anfechtung (§ 2278 BGB) in dem Fall lösen, dass ein Dritter Bedachter ausschlägt (Palandt/*Weidlich* § 2271 Rn. 19, str.). Ein Verwandter oder eine dem Überlebenden nahe stehende Person muss ansonsten nicht zugleich mit ihm ausschlagen (Palandt/*Weidlich* § 2271 Rn. 19, str.). Umstritten ist, ob und inwieweit der in einem gemeinschaftlichen Testament wechselbezüglich Bedachte die Bindung an seine eigenen Verfügungen nach dem Tod des Anderen zwar durch Ausschlagung des testamentarisch Zugewandten aufheben, als **gesetzlicher Erbe** aber dennoch das Erbe antreten kann. Eine ältere hM (*Strohal* Dt. ErbR, 3. Aufl. 1903 Bd. I S. 342 f.; OLG München DNotZ 1937, 338; KG NJW-RR 1991, 330; hiergegen *Tiedke* FamRZ 1991, 1259) lässt den Überlebenden bei Ausschlagung grundsätzlich nur dann von seiner Bindung freiwerden, wenn er aus beiden Berufungsgründen ausschlägt. Nach KG NJW-RR 1991, 330 gilt das jedenfalls dann, wenn der gesetzliche Erbteil fast so groß oder sogar gleich dem letztwillig Zugewandten ist. Die Gegenauffassung hält dies für eine Frage der (ergänzenden) Auslegung des Testaments (Staudinger/*Kanzleiter*, Bearbeitung 2019, BGB § 2271 Rn. 43; Reimann/Bengel/*J.Mayer*, BGB § 2271 Rn. 54). Je nach Größe des Erbteils naheliegend ist, dass der Überlebende unter der aufschiebenden Bedingung enterbt ist, dass er ausschlägt (Soergel/*Wolf*, BGB, 13. Aufl., § 2271 Rn. 19; MünchKomm-BGB/*Musielak*, § 2271 Rn. 25; Palandt/*Weidlich* BGB § 2271 Rn. 18). Der BGH lässt das offen (BGH NJW 2011, 1353). Um Auslegungsschwierigkeiten zu vermeiden, sollte man die vom Erblasser unerwünschte Folge beim gemeinschaftlichen Testament entweder wie im Formular unter § 1 Abs. 2 ausdrücklich ausschließen oder aber durch Einsetzung von Ersatzerben das Eintreten der gesetzlichen Erbfolge überhaupt verhindern (*Schramm* BWNotZ 1965, 735).

Eingesetzte (§ 2096 BGB) wie vermutete (§§ 2069, 2102 Abs. 1 BGB) **Ersatzerben** und das Anwachsungsrecht (§ 2094 BGB) gehen nämlich der Teilbarkeit von Annahme und Ausschlagung vor (*Schramm* DNotZ 1965, 735; *Holzhauer,* Erbrechtliche Untersuchungen, 1973, S. 88 ff.; BGH bei *Johannsen* WM 1973, 534). Teilweise (Staudinger/*Kanzleiter*, Bearbeitung 2019, § 2269 Rn. 18; *Kipp/Coing* ErbR, 13. Bearb. § 79 III 3d; RGZ 60, 115 (117); OLG Stuttgart BWNotZ 1979, 11) wird angenommen, dass beim Berliner Testament (§ 2269 BGB) im Zweifel die zu Erben des Längstlebenden eingesetzten Personen zugleich als Ersatzerben des Vorverstorbenen eingesetzt sind, so dass der ausschlagende überlebende Ehegatte nicht als gesetzlicher Erbe zum Zuge kommt.

Auch die Erbausschlagung zur Wiedergewinnung der eigenen Testierfreiheit nach § 2271 Abs. 2 BGB muss innerhalb der Sechswochenfrist des § 1944 Abs. 1 BGB erfolgen, wobei allerdings die Fristversäumung, da es sich um ein Rechtsgeschäft unter Lebenden handelt, bei Vorliegen eines Grundes nach §§ 119, 120, 123 BGB und nicht etwa nach §§ 2078 ff. BGB anfechtbar ist (§ 1956 BGB). Ist dem überlebenden Ehegatten nur ein Vermächtnis zugewendet, fehlt es im Gegensatz zur Erbfolge an einer Frist für die Ausschlagung (§§ 1944, 1943, 2180 BGB).

Durch die Ausschlagung zur Wiedergewinnung der Testierfreiheit werden nicht etwa gleichzeitig die eigenen wechselbezüglichen Verfügungen aufgehoben. Es besteht allein wieder die Möglichkeit, abweichend von den eigenen wechselbezüglichen Verfügungen wirksam zu testieren (KG KGJ 48, 99 (101); MüKoBGB/*Musielak* § 2271 Rn. 22). Er muss sie daher durch Widerrufstestament (§ 2254 BGB), widersprechendes Testament (§ 2258 BGB) oder Erbvertrag (§ 2289 BGB) aufheben, nach dem ersten Sterbefall nicht mehr durch Vernichtung der Testamentsurkunde (Palandt/Weidlich § 2255 Rn. 13 BGB). Rücknahme aus der amtlichen Verwahrung (§ 2256). Das widersprechende Testament kann auch schon vor der Ausschlagung errichtet sein (RGZ 65, 275). Da der überlebende Ehegatte durch die Ausschlagung das ihm vom Erstversterbenden Zugewendete verliert, lohnt sich dieser Weg, die Testierfreiheit wiederzuerlangen nur, wenn das eigene Vermögen des Überlebenden wesentlich größer ist als das des Erstversterbenden.

bb) **Aufhebung bei Verfehlung des Bedachten.** Nach § 2271 Abs. 2 S. 2 BGB ist der überlebende Teil auch nach der Annahme der Zuwendung berechtigt, seine eigenen wechselbezüglichen Verfügungen aufzuheben, wenn sich der durch sie Bedachte nach Errichtung des gemeinschaftlichen Testaments einer Verfehlung im Sinn des § 2333 BGB schuldig gemacht hat (§ 2294 BGB). Durch eine so begründete Aufhebung wird die Zuwendung des Vorverstorbenen an den Überlebenden im Zweifel nicht gem. § 2270 Abs. 1 BGB unwirksam (Staudinger/*Kanzleiter*, Bearbeitung 2019, § 2271 Rn. 50). Die Aufhebung ist gem. § 2336 BGB durch letztwillige Verfügung vorzunehmen, in der der Grund der Aufhebung genannt sein muss (MüKoBGB/*Musielak* § 2271 Rn. 29).

cc) **Beschränkung in guter Absicht.** Wenn der durch bindend gewordene wechselbezügliche Verfügung Bedachte durch Verschwendung oder Überschuldung seinen späteren Erwerb erheblich gefährdet, kann der überlebende Testierer entgegen seiner Bindung gem. § 2271 Abs. 3 BGB eine sog. Pflichtteilsbeschränkung in guter Absicht gem. § 2338 BGB anordnen (→ Form. XII.18).

dd) **Selbstanfechtung.** Da die Bindung des überlebenden Partners an seine wechselbezüglichen Verfügungen erbvertragsähnlichen Charakter hat, gewährt ihm die hM (RGZ 132, 1 (4); BGHZ 37, 331 (333); BGH FamRZ 1970, 79; OLG Hamm NJW 1972, 1088; MüKoBGB/*Musielak* § 2271 Rn. 36 mwN) in entsprechender Anwendung der für den Erbvertrag geltenden Bestimmungen der §§ 2281 ff. BGB hinsichtlich seiner eigenen wechselbezüglichen Verfügungen ein Anfechtungsrecht gem. §§ 2078, 2079 BGB. Er kann seine eigenen wechselbezüglichen Verfügungen anfechten, wenn er sich bezüglich seiner Erklärungen im Irrtum befunden hat oder eine Erklärung dieses Inhalts überhaupt nicht abgeben wollte (§ 2078 Abs. 1 BGB), wenn er zu seiner Verfügung durch die irrige Annahme oder Erwartung des Eintritts oder Nichteintritts eines Umstandes (Motivirrtum) oder widerrechtlich durch Drohung bestimmt worden ist (§ 2078 Abs. 2 BGB) oder wenn er durch seine Verfügung einen Pflichtteilsberechtigten übergangen hat, dessen Vorhandensein ihm bei Errichtung der Verfügung nicht bekannt war, oder der erst nach der Errichtung geboren oder pflichtteilsberechtigt geworden ist, und der zurzeit der Anfechtung vorhanden ist (§§ 2079 S. 1, 2281 Abs. 1 Hs. 2 BGB). Im Gegensatz zu § 119 Abs. 2 BGB ist nach § 2078 BGB jeder Motivirrtum erheblich. § 2078 Abs. 1 BGB verzichtet auf eine objektive Würdigung der Erklärungshandlung und lässt vielmehr die subjektive Fehlvorstellung des Erblassers für die Anfechtung genügen (*Mattern* BWNotZ 1961, 277 (283 f.)). So genügt zB als Anfechtungsgrund, dass der Erblasser hinsichtlich des Verhaltens des Schlusserben enttäuscht ist, wobei dessen beanstandetes Verhalten nicht einmal verschuldet zu sein braucht (*Johannsen* DNotTag 1977, 73). Sehr fraglich ist aber die Anfechtung wegen eines Irrtums über die Bindungswirkung (MüKoBGB/Musielak § 2271 Rn. 37).

Die Anfechtung nach § 2078 BGB kann der überlebende Partner auf einen Teil seiner letztwilligen Anordnungen beschränken, dagegen ergreift die Anfechtung nach § 2079 BGB grundsätzlich seine sämtlichen im gemeinschaftlichen Testament enthaltenen wechselbezüglichen Verfügungen, allerdings vorbehaltlich des § 2079 S. 2 BGB (OLG Hamm NJW 1972, 1088 (1089); RGRK/*Johannsen* § 2271 Rn. 50), sofern anzunehmen ist, dass der Erstversterbende seine mit der angefochtenen wechselbezügliche Verfügung auch getroffen hätte, wenn in dieser Verfügung der angefochtene Teil gefehlt hätte (beschränkte Wechselbezüglichkeit). Der Nachteil der Selbstanfechtung liegt darin, dass bei ihrem Erfolg Verfügungen des Erstversterbenden, die mit der angefochtenen im Verhältnis der Wechselbezüglichkeit stehen, gemäß § 2270 Abs. 1 BGB automatisch nichtig werden. Damit tritt rückwirkend auf den ersten Erbfall die gesetzliche Erbfolge ein, wenn nicht ein wegen der wechselbezüglichen Verfügungen bisher unwirksames Testament auf Grund ihrer Nichtigkeit Wirksamkeit erlangt (MüKoBGB/*Musielak* § 2271 Rn. 43). Im Gegensatz zur Ausschlagung zwecks Wiedererlangung der Testierfreiheit verbleibt dem Längstlebenden bei der Selbstanfechtung wenigstens der gesetzliche Erbteil auf Ableben des Erstversterbenden. Bei nur teilweiser Anfechtung bleiben die Verfügungen des vorverstorbenen Ehegatten wirksam, soweit ausnahmesweise anzunehmen ist, er hätte sie auch getroffen, wenn sein Ehepartner nur seine nicht angefochtenen Verfügungen getroffen hätte (Reimann/Bengel/*Mayer* BGB § 2271 Rn. 109). Die Selbstanfechtung ist daher ebenso wie die Erbausschlagung zur Wiedererlangung der eigenen Testierfreiheit für den Längstlebenden nur empfehlenswert, wenn diese ihm wichtiger ist als das ihm vom Erstversterbenden Zugewendete. Bei dieser Wirkung der Anfechtung, auf die der Notar bei ihrer Beurkundung hinzuweisen hat (*Peter* BWNotZ 1977, 114), sollte man jeweils erwägen, ob nicht ein durch Verhandlung mit dem Schlusserben im Wege des Vergleichs erzielter Zuwendungsverzichtsvertrag gem. § 2352 BGB im Einzelfall die bessere Lösung zur Wiedererlangung der Testierfreiheit ist (*Peter* BWNotZ 1977, 113 ff.). Auch die Selbstanfechtung muss in entsprechender Anwendung von § 2282 Abs. 3 BGB notariell beurkundet werden. Sie ist entsprechend § 2281 Abs. 2 BGB dem Nachlassgericht gegenüber zu erklären. Die Anfechtungsfrist beträgt 1 Jahr (§ 2283 BGB) und beginnt frühestens mit dem Tod der erstversterbenden Ehegatten, im Übrigen bei Drohung mit dem Ende der Zwangslage und sonst mit dem Zeitpunkt, in welchem der Erblasser von dem Anfechtungsgrund Kenntnis erlangt hat. Der BGH WM 1973, 974 lässt die Jahresfrist im Falle sich wiederholender Zwistigkeiten erst beginnen, wenn der Erblasser zu der Überzeugung gelangt ist, es werde nicht mehr zu einem harmonischen und friedlichen Zusammenleben mit den Bedachten kommen. Von dem Anfechtungsgrund hat der Berechtigte erst dann Kenntnis, wenn er über objektiv genügend Beweismittel für den Anfechtungsgrund verfügt. Irrt er sich über für den Anfechtungsgrund relevante Tatsachen, beginnt die Frist nicht zu laufen, während ein Irrtum in der rechtlichen Beurteilung des Fristbeginns dessen Lauf nicht hindert (MüKoBGB/*Leipold* § 2082 Rn. 4 f.). Nach der Rspr. (siehe MüKoBGB/*Leipold* § 2082 Rn. 7) soll ein Rechtsirrtum hier jedoch beachtlich sein, wenn er die Unkenntnis einer die Anfechtung begründenden Tatsache zur Folge hat. Daraus, dass die Anfechtung ausgeschlossen ist, wenn der

Erblasser die Verfügung auch bei Kenntnis der Sachlage getroffen hätte (§§ 2078 Abs. 1, 2079 S. 2 BGB), wird gefolgert, dass der Erblasser auf sein künftiges Anfechtungsrecht ganz, wie oben im Form. § 6 Abs. 2, oder teilweise verzichten kann (OLG Celle NJW 1963, 353 = MDR 1963, 221; Reimann/Bengel/*Mayer* BGB § 2281 Rn. 26;). Dieser Verzicht hat praktische Bedeutung insbesondere, wenn weitere Pflichtteilsberechtigte hinzutreten könnten (Staudinger/*Kanzleiter*, Bearbeitung 2019, § 2281 Rn. 20).

Der Verzicht könnte auch einfacher etwa formuliert werden: „Auf das Anfechtungsrecht nach §§ 2078, 2079 BGB wird allseits verzichtet". Die im Formular in § 6 Abs. 2 gewählte Formulierung entwickelt demgegenüber Belehrungswirkung. Natürlich kann der Überlebende auch die einseitigen und wechselbezüglichen Verfügungen seines verstorbenen Ehegatten nach § 2078 BGB anfechten. Die Anfechtung, die auch nach Annahme des ihm durch das gemeinschaftliche Testament Zugewendeten zulässig ist, braucht dabei nur in der Form des § 2081 BGB, dh formlos gegenüber dem Nachlassgericht und nicht in notarieller Urkunde gem. § 2282 Abs. 3 BGB zu erfolgen. Auch hier hat allerdings die erfolgreiche Anfechtung die Nichtigkeit der mit der angefochtenen Verfügung wechselseitigen des anfechtenden Ehegatten nach § 2270 Abs. 1 BGB zur Folge.

ee) **Anfechtung durch Dritte.** Sowohl nach dem Tod des Erstversterbenden als auch nach dem des Überlebenden können nach den allgemeinen Bestimmungen der §§ 2078 ff. BGB Dritte, denen die Aufhebung der letztwilligen Verfügungen des Erblassers in dem gemeinschaftlichen Testament zustatten kommen würden, sowohl die Verfügungen des Erstversterbenden als auch des Überlebenden anfechten. Wegen der entsprechenden Anwendung des § 2285 BGB (RGZ 77, 165; BGH FamRZ 1956, 83 (84); OLG Hamm FamRZ 1972, 395) können Dritte aber nach dem Tod des Längstlebenden dessen eigene wechselbezügliche Verfügungen nur anfechten, wenn der Längstlebende sein Recht zur Selbstanfechtung nicht durch Fristablauf oder Bestätigung (§§ 2283, 2284 BGB) verloren hatte (Reimann/Bengel/*Mayer* BGB § 2271 Rn. 106). Nicht wechselbezügliche Verfügungen des Längstlebenden können von Dritten ohne Beschränkung durch § 2285 BGB gem. §§ 2078 ff. BGB angefochten werden (BGH FamRZ 1956, 83). Ob auch auf die Anfechtung wechselbezüglicher Verfügungen des erstversterbenden Ehegatten durch Dritte, vor oder nach dem Tod des Längstlebenden, § 2285 BGB entsprechende Anwendung findet, ist bestritten (dafür Palandt/*Weidlich* § 2271 Rn. 32; dagegen mit beachtlichen Gründen Reimann/Bengel/*Mayer* BGB § 2271 Rn. 91). Auch die wirksame Anfechtung wechselbezüglicher Verfügungen durch Dritte hat nach § 2270 Abs. 1 BGB die Nichtigkeit der wechselbezüglichen Verfügungen des anderen zur Folge (Palandt/*Weidlich* § 2271 Rn. 33).

5. **Der gesetzliche Schutz der von Todes wegen bindend Bedachten gegen lebzeitige Zweitgeschäfte des Erblassers.** (1) Grundsätzlich verbietet die Bindung an seine eigenen wechselbezüglichen Verfügungen im gemeinschaftlichen Testament dem überlebenden Ehegatten nicht, über sein Vermögen, soweit er über es von Todes wegen nicht mehr frei verfügen kann, unter Lebenden frei zu verfügen, da § 2286 BGB – wie auch § 2287 BGB – auf bindend gewordene wechselbezügliche Verfügungen entsprechende Anwendung findet (BGH DNotZ 1951, 343 (345); BGHZ 82, 274 (276)). Unmöglich sind dem überlebenden Ehegatten daher nur Zweitgeschäfte von Todes wegen, nicht solche unter Lebenden. Nicht verboten sind auch Verträge zugunsten Dritter auf den Todesfall, da sie auch Verträge unter Lebenden sind (BGHZ 157, 79 = NJW 2004, 767). Schutz bietet dem Bedachten nur § 2287 BGB, der ihm, wenn der Erblasser eine Schenkung in der Absicht den Bedachten zu beeinträchtigen macht, innerhalb der hier mit dem Erbfall beginnenden 3-jährigen Regelverjährung gegen den Beschenkten einen Herausgabeanspruch wegen ungerechtfertigter Bereicherung einräumt (zur Nichtanwendung des § 196 BGB *Schindler/Walter* ZEV 2017, 7). Der BGH (NJW 1956, 1501) verlangte zur Anwendung des § 2287 BGB zunächst eine sittenwidrigen „Testamentsaushöhlung" durch Verfügungen des überlebenden Ehegatten unter Lebenden. Seit BGHZ 59, 343 (=

NJW 1973, 240 = DNotZ 1973, 421) gelten für einen Anspruch nach § 2287 BGB folgende Voraussetzungen:

a) **Einigung über die Unentgeltlichkeit.** Es muss, da der Bedachte den Bereicherungsanspruch dem Erbfall nur gegenüber dem Beschenkten geltend machen kann, zumindest eine gemischte Schenkung vorliegen. Unter einer Schenkung iSv § 2287 BGB ist ebenso wie bei § 2325 BGB Freigiebigkeit iSv § 516 BGB zu verstehen (BGH NJW 1982, 43 (44) = Rpfleger 1982, 28). Ein objektives Missverhältnis von Leistung und Gegenleistung reiht nicht aus. Zu der Bereicherung des anderen Teils muss eine Einigung der Beteiligten über die Unentgeltlichkeit der Zuwendung oder bei der gemischten Schenkung über die Unentgeltlichkeit des nicht durch die Gegenleistung abgegoltenen Teils der Zuwendung hinzukommen (BGHZ 59, 132 (136) = NJW 1972, 1709; BGH NJW 1981, 1956 u. 1981, 2458; 1982, 43 (45)). Nur wenn ein auffallendes grobes Missverhältnis zwischen den wirklichen Werten von Leistung und Gegenleistung festzustellen ist, ist eine Schenkung anzunehmen, auch wenn die Vertragspartner keine Einigung über die teilweise Unentgeltlichkeit erzielt haben (BGHZ 59, 132 (136)). Der das Zweitgeschäft beurkundende Notar sollte daher in der Urkunde auf solche Umstände hinweisen, die geeignet sind, eine unübliche, außergewöhnliche Höherbewertung der Gegenleistung zu rechtfertigen (*Beckmann* MittRhNotK 1977, 25 (27)), so zB der Gesundheitszustand und damit das Risiko eines jahrelangen Siechtums bei der Bewertung einer Pflegeverpflichtung oder der Verzicht des Pflegeverpflichteten auf günstige Berufsaussichten, um die Pflegeverpflichtung übernehmen zu können (vgl. das Beispiel bei *Spellenberg* FamRZ 1974, 350 (359), wo die Tochter teilweise auf die Ausübung ihres Arztberufs verzichtete, um die Pflege übernehmen zu können).

b) **Beeinträchtigungsabsicht.** Nach § 2287 BGB muss die Schenkung in der Absicht gemacht sein, den Vertragserben oder bindend Bedachten zu beeinträchtigen (böswillige Schenkung). Nach der Änderung der BGH-Rechtsprechung ist die Benachteiligungsabsicht mit der Absicht, den Beschenkten zu begünstigen, meist untrennbar verbunden und daher, von Ausnahmefällen abgesehen, praktisch immer gegeben (BGHZ 59, 343 (350) = NJW 1973, 240; BGHZ 66, 8 (15) = NJW 1976, 749; BGH NJW 1982, 43 (45)). Es gilt die Regel: Begünstigung des Dritten = Absicht, den Vertragserben oder bindend Bedachten zu benachteiligen (*Beckmann* MittRhNotK 1977, 25 (28)).

c) **Rechtfertigung der Beeinträchtigung durch ein „lebzeitiges Eigeninteresse".** Der BGH (BGHZ 59, 343 (350); 77, 264 (266)) entschärft die Regel, dass in der Begünstigung des Dritten zugleich die Beeinträchtigungsabsicht liegt, durch die weitere Forderung, dass der Erblasser das ihm verbliebene Recht zu lebzeitigen Verfügungen missbraucht haben muss. Das ist nicht der Fall, wenn zB der verschenkte Gegenstand nur von ganz geringem Wert ist (*Beckmann* MittRhNotK 1977, 25 (28); BGHZ 66, 8 (16) = NJW 1976, 749 (751): „wesentliche Vermögensteile"; *Johannsen* DNotZ 1977, 93) oder die Schenkung einer sittlichen Pflicht folgt (vgl. § 2330 BGB, BGH FamRZ 2006, 1186 = ZEV 2006, 505. Hauptsächlich fehlt jedoch nach der Rspr. (BGHZ 59, 343 = NJW 1973, 240; BGHZ 77, 264 = NJW 1980, 2307; BGHZ 83, 44 = NJW 1982, 1100) die Beeinträchtigungsabsicht, wenn der Erblasser ein „lebzeitiges Eigeninteresse" (vgl. *Spellenberg* FamRZ 1972, 349 (355)) an der beeinträchtigenden Schenkung an einen Dritten hat. Dies ist nach der Rspr. des BGH (zB BGHZ 77, 264 = NJW 1980, 2307 (2308)) anzunehmen, wenn nach dem Urteil eines objektiven Beobachters die Schenkung in Anbetracht der gegebenen Umstände auch unter Berücksichtigung der Bindung als billigenswert und gerechtfertigt erscheint. Es kommt darauf an, dass die Gründe, die den Erblasser zu der Verfügung bestimmt haben, ihrer Art nach so sind, dass der Vertragspartner oder Schlusserbe sie anerkennen und deswegen die sich aus der Schenkung für ihn ergebende Benachteiligung hinnehmen muss.

aa) Bisher wurde von der Rspr. das „lebzeitige Eigeninteresse" bejaht: Wenn es darum geht, die Altersversorgung des Erblassers zu sichern oder zu verbessern (BGHZ 66, 8 =

NJW 1976, 749 (751) = DNotZ 1976, 55; BGH FamRZ 1977, 539). Dabei kommt es nicht darauf an, ob die Verfügung zur Erlangung der Alterssicherung wirtschaftlich notwendig war oder ob der Erblasser die ihm versprochene Versorgung auch „billiger" hätte haben können (BGH LM § 2287 Nr. 10; NJW 1982, 43 (45)). Es kann auch nicht vom Vertrags- oder Schlusserben eingewendet werden, der Erblasser hätte die Altersversorgung auch von ihm erhalten können (*Johannsen* DNotZ 1977, 94). Offen ist, ob der BGH zur Anerkennung des „lebzeitigen Eigeninteresses" die bloße Erwartung des Erblassers, der Beschenkte werde sich angesichts seiner Begünstigung den Versorgungswünschen des Erblassers letztlich nicht entziehen können, genügen lässt, oder ob dazu eine rechtliche Absicherung der Alterssicherung gefordert wird (*Beckmann* MittRhNotK 1977, 25 (29)). Sicherheitshalber sollte der Notar bei einer Durchbrechung der Bindung in dieser Weise immer auf der Übernahme einer rechtlichen Verbindlichkeit bezüglich der Altersversorgung durch den Empfänger bestehen. Nicht nur materielle, sondern auch ideelle Gründe können ein lebzeitiges Eigeninteresse begründen. So kann es in der Erfüllung einer sittlichen Verpflichtung liegen, wenn zB der Erblasser mit dem Geschenk einer Person, die ihm in besonderem Maße geholfen hat, seinen Dank abstatten will (BGHZ 66, 8 = NJW 1976, 749 (751)). Bei Schenkungen zu mildtätigen Zwecken kommt es jeweils auf das Ausmaß der Schenkung im Verhältnis zum restlichen Vermögen des Erblassers an. Nach LG Gießen MDR 1981, 582 soll auch eine schwere Verfehlung des Vertragserben ein lebzeitiges Eigeninteresse des Erblassers an einer anderweitigen Schenkung begründen. *Remmele* NJW 1981, 2290 sieht grundsätzlich ein lebzeitiges Eigeninteresse des Erblassers an Schenkungen zugunsten des nach der bindenden Verfügung von Todes wegen geehelichten (zweiten) Ehegatten für gegeben, während Palandt/*Weidlich* § 2287 Rn. 7 aE dies mit guten Gründen bezweifelt.

bb) Bisher wurde von der Rspr. das „lebzeitige Eigeninteresse" verneint: Wenn die Verfügung ihrem Gehalt nach auf eine Korrektur des Erbvertrages oder des gemeinschaftlichen Testaments angelegt war (BGHZ 66, 8 = NJW 1976, 749 (751); BGH NJW-RR 2005, 462). Das ist insbesondere der Fall, wenn der Erblasser an Stelle der bedachten Person einer anderen wesentliche Vermögenswerte ohne Gegenleistung zuwendet, nur weil sie ihm genehmer ist (BGHZ 77, 264 = NJW 1980, 2307 (2308)). So rechtfertigt zB die Einsicht des Erblassers, die Ehefrau unzureichend bedacht zu haben, keine Schenkung an sie und auch nicht eine Korrektur zugunsten des nichtehelichen Sohnes (BGH WM 1977, 201). Abgelehnt wurde das Eigeninteresse auch, wenn der Besitz des Anwesens nur in der Familie und mit dem Namen verbunden bleiben (BGH NJW 1973, 240) oder der Elterngrundbesitz in einer Hand verbleiben und nicht an eine Erbenmehrheit fallen sollte (BGH WM 1973, 680).

d) **Beweislast.** Die Beweislast für die Benachteiligungsabsicht und das fehlende Eigeninteresse hat im Rechtsstreit der Vertragserbe bzw. der bindend Bedachte (BGHZ 66, 8 = NJW 1976, 749 (751). Den Beschenkten trifft eine Darlegungslast für die Umstände, die nach seiner Meinung den Erblasser zu der Schenkung bewogen haben (Roth NJW-spezial 2014, 679 mN), er muss also substantiiert und schlüssig vortragen, was für ein lebzeitiges Eigeninteresse spricht (OLG Köln NJW-RR 2018, 457).

e) **Inhalt des Anspruchs.** Erst mit dem Erbfall (zu den – letztlich fehlenden – Rechtsschutzmöglichkeiten davor *Sarres* ZEV 2003, 232) entsteht dem Schluss- oder Vertragserben gegen den Beschenkten ein Anspruch auf Herausgabe des verschenkten Gegenstandes in Natur nach Bereicherungsrecht (§§ 818–822 BGB). Kenntnis des Anspruchs oder seiner Rechtshängigkeit verschärfen die Haftung (§ 819 BGB). Der Einwand des Wegfalls der Bereicherung ist möglich (§ 818 Abs. 3 BGB). Vor dem Erbfall kann ein evtl. Anspruch nach §§ 2287, 2288 BGB nicht durch Eintragung einer Vormerkung im Grundbuch gesichert werden, selbst wenn der überlebende Ehegatte diese Eintragung bewilligen sollte (Reimann/Bengel/*J. Mayer* BGB § 2286 Rn. 16).

f) Der Anspruch entfällt, wenn der Bedachte der Schenkung **zustimmt** (BGHZ 83, 44 = NJW 1984, 1100 (1102); Staudinger/*Kanzleiter*, Bearbeitung 2019, § 2287 Rn. 19). Der BGH wertet diese Zustimmung als partiellen Erbverzicht, so dass er der Form des § 2348 BGB bedarf (BGHZ 108, 252 = NJW 1989, 2618, anders *Kanzleiter* DNotZ 1990, 776). Eine solche Zustimmung gilt dann auch für Ersatzerben (str., vgl. Palandt/Weidlich § 2287 Rn. 8; *Keim* ZEV 2009, 574; anders *Ivo* ZEV 2003, 101). Zu *Lebzeiten* kann der andere Ehegatte von allen oder einzelnen Bindungen durch einseitige letztwillige Verfügung befreien (*Ivo* ZEV 2003, 58 (60), anders beim Erbvertrag: Vertragsänderung erforderlich).

(2) Trotz Abkehr von der „Aushöhlungsnichtigkeit" kann ein gegen einen Erbvertrag oder bindend gewordenes gemeinschaftliches Testament verstoßendes lebzeitiges Zweitgeschäft des Erblassers immer noch **nach § 138 BGB nichtig sein,** wenn besondere Umstände hinzutreten, die es als unvereinbar mit den guten Sitten kennzeichnen (BGHZ 59, 343 (348) = NJW 1973, 240). Der BGH nennt als Beispiel das anstößige Zusammenwirken des Erblassers und des Dritten, um die in einem entgeltlichen Erbvertrag übernommene Bindung im Ergebnis wirkungslos zu machen und den Dritten zu bereichern.

(3) Soweit der Beschenkte Kenntnis von der Beeinträchtigungsabsicht des Erblassers hat, kann im Einzelfall ein **Schadensersatzanspruch** wegen vorsätzlicher Schädigung gegen den Beschenkten nach § 826 BGB in Betracht kommen (RGZ 111, 151; *Recker* MittRhNotK 1978, 125 (126)), so zB wenn der Beschenkte die Willensschwäche des Überlebenden sittenwidrig zum eigenen Vorteil missbraucht (BGH DNotZ 1959, 205). Der Anspruch würde jedoch frühestens mit dem Erbfall fällig (*Kohler* NJW 1964, 1393 (1397)).

(4) Vor dem ersten Erbfall besteht eine **schutzwürdige Rechtsposition** des Schlussbedachten grundsätzlich nicht, er hat nur eine tatsächliche Erwerbsaussicht. Nach dem ersten Erbfall und dem Eintritt der Bindungswirkung, erlangt der Schlusserbe eine Anwartschaft (BGH NJW 1962, 1910 (1911); *Mattern* BWNotZ 1962, 229 (234)) im Gegensatz zum Vermächtnisnehmer, da bei ihm der Erblasser den Vermächtnisgegenstand aus seinem Vermögen ausscheiden kann. Trotz dieser Anwartschaft ist die Rechtsstellung des Schlusserben vor dem zweiten Erbfall praktisch wertlos (*Recker* MittRhNotK 1978, 125 (126)), da sie nicht durch einstweilige Verfügung (OLG 21, 263) oder Vormerkung (BGHZ 12, 115) gesichert werden kann.

**6. Berliner Testament.** Haben sich Eheleute in einem gemeinschaftlichen Testament gegenseitig als Erben eingesetzt und bestimmt, dass nach dem Tod des Überlebenden der beiderseitige Nachlass an einen Dritten fallen soll, so stellt § 2269 Abs. 1 BGB eine Auslegungsregel zugunsten der Einheitslösung (→ Anm. 2 Abs. 2b) auf. Das heißt, der überlebende Ehegatte ist uneingeschränkter Erbe des erstverstorbenen Ehegatten und der Dritte nur (Schluss-)Erbe des überlebenden Ehegatten, bei dem beim ersten Erbfall die Vermögen beider Ehegatten zu einer Einheit verschmolzen sind. Dieser Auslegung des Testaments ist nach der Auslegungsregel des § 2269 BGB der Vorzug zu geben, wenn auch eine Deutung dahin möglich wäre, dass der überlebende Ehegatte hinsichtlich des Nachlasses des Erstversterbenden nur Vorerbe, der Dritte aber Nacherbe sein, dh der Nachlass des Erstversterbenden und der des Überlebenden jeweils getrennt (Trennungslösung) vererbt werden sollen. Die Bestimmung, dass der beiderseitige Nachlass Dritten als Schlusserben zufallen soll, muss nicht ausdrücklich im Testament enthalten sein, sie kann auch im Wege der Auslegung ermittelt werden (MüKoBGB/*Musielak* § 2269 Rn. 12 f.). Die Formulierung in § 1 Abs. 1 des Formulars stellt die Entscheidung für die Einheitslösung klar. Abzulehnen ist eine Ergänzung wie „Wir setzen uns gegenseitig zu unbeschränkten Alleinerben ein. Der Überlebende von uns soll daher über unser beiderseitiges Vermögen in jeder Weise frei verfügen können," da dies Zweifel über den Umfang der Bindung nach dem ersten Sterbefall erwecken kann. Wenn tatsächlich keine

Bindung gewollt ist, muss es deutlicher formuliert werden (vgl OLG Köln ZErb 2014, 118). → Form. XII 25 § 3.

Das Berliner Testament gilt – abgesehen von Nachteilen bei drohender Inanspruchnahme des Pflichtteils und Überschreitung erbschaftsteuerlicher Freibeträge (→ Anm. 2) – als typische Gestaltung von Eheleuten, die sich wechselseitig absichern wollen und keine (Kinder) mehr zu versorgen haben. Neuerdings wird darauf hingewiesen, dass in hohem Alter allerdings Aspekte hinzutreten können, die gegen dieses Modell sprechen wie das Empfinden von Eigentum als belastende Verantwortung und drohende altersbedingte Geschäfts- bzw. Handlungsunfähigkeit (*Zimmer* ZErb 2010, 126).

7. **Wiederverheiratungsklausel.** → Form. XII.11 Anm. 10. Sollen für den Fall der Wiederverheiratung des überlebenden Ehegatten Anordnungen des Erstversterbenden aufgenommen werden, so ist bei der Auswahl der Gestaltungsmöglichkeiten von der Interessenlage der möglichen Beteiligten auszugehen. Der überlebende Ehegatte wird daran interessiert sein, jedenfalls bis zu einer neuen Eheschließung möglichst frei gegenüber den Schlusserben disponieren zu können und im Fall einer Wiederverheiratung möglicherweise auch den neuen Partner und weitere Abkömmlinge zu bedenken. Seine grundrechtlich verbürgte Eheschließungsfreiheit darf nicht abgeschnürt werden (→ Form. XII.11 Anm. 10). Dagegen steht jedenfalls nach traditioneller Auffassung das Interesse des jeweiligen Erblassers, die eigenen Abkömmlinge zu versorgen und den Nachlass auch für den Fall der Wiederheirat möglichst ungeteilt nur diesen zu erhalten. Sinn einer Wiederverheiratungsklausel ist, den Nachlass des Erstversterbenden zugunsten der Abkömmlinge mehr oder weniger sicherzustellen, während Zweck der Bindungswirkung wechselbezüglicher Verfügungen des gemeinschaftlichen Testaments oder der vertraglichen eines Erbvertrags ist, ihnen auch das Vermögen des Längstlebenden möglichst zu erhalten. Gegen die Gefahren, die dem Erhalt des beiderseitigen Vermögens durch Verfügungen unter Lebenden drohen, schützt beides grundsätzlich nicht. Die Interessen etwaiger neu hinzukommender Pflichtteilsberechtigter (Ehe- bzw. Lebenspartner und Kinder) sind durch deren Pflichtteilsrecht und das – dispositive – Anfechtungsrecht (§ 2079 BGB) berücksichtigt. Zur Wahl stehen im Wesentlichen (siehe hierzu insbes. *Hurst* MittRhNotK 1962, 435 ff. u. *Haegele* Rpfleger 1976, 73 ff.):

a) **Trennungslösung:** Bedingungslos angeordnete, Vor- und Nacherbschaft, bei der der Nacherbfall in erster Linie auf den Tod des überlebenden Ehegatten und erst in zweiter Linie auf seine Wiederheirat eintreten soll (→ Form. XII.11 § 1, § 3). Der Überlebende ist dabei, falls er nicht wieder heiratet, bis zu seinem Tod Vorerbe. Tritt die Nacherbfolge bereits infolge der Wiederverheiratung ein, so wird die für den Tod vorgesehene Nacherbfolge gegenstandslos. Der Erblasser wird bei Verwendung dieser Gestaltungsmöglichkeit den Ehegatten in der Regel zum befreiten Vorerben (§ 2136 BGB) berufen. Wenn eine ausdrückliche Regelung fehlt, nimmt die hM bei solchen Wiederverheiratungsklauseln in der Regel befreite Vorerbschaft an (Palandt/*Weidlich* § 2269 Rn. 18, MüKoBGB/*Musielak* § 2269 Rn. 54; differenziert NK-BGB/*Gierl*, 4. Aufl. 2014, § 2269 Rn. 125; Staudinger/*Kanzleiter*, Bearbeitung 2019, § 2269 Rn. 44). Eine andere Möglichkeit ist, die angeordnete Vorerbschaft nicht bei Wiederverheiratung enden zu lassen, sondern sie bis dahin befreit und danach nicht befreit sein zu lassen (*Haegele* Rpfleger 1976, 73 (74)). Weiter kann angeordnet werden, dass dem überlebenden Ehegatten an dem nach seiner Wiederverheiratung auf die Abkömmlinge übergegangenen Nachlass der Nießbrauch zustehen soll. Letztlich kann eine Besserstellung des Überlebenden dadurch erreicht werden, dass die Nacherbfolge im Falle seiner Wiederheirat nur zu einem Bruchteil eintritt (BGH Rpfleger 1980, 95), während der Restbruchteil für den Überlebenden von der Nacherbbindung frei wird (→ Form. XII.25 § 3), was ausdrücklich im Testament festgelegt werden sollte (*Ripfel* Rpfleger 1951, 577 (581)), damit nicht bezüglich dieser

Quote die Nacherbfolge weiterhin mit dem Tod des wiederverheirateten Überlebenden eintritt.

b) **Einheitslösung.** Der Erblasser setzt den Ehegatten zum alleinigen Vollerben ein, bestimmt aber, dass dieser den ganzen Nachlass im Falle seiner Wiederverheiratung an die gemeinschaftlichen Abkömmlinge herauszugeben hat, worin gem. § 2103 BGB eine aufschiebend bedingte Einsetzung der Abkömmlinge zu Nacherben liegt (RGZ 156, 172). Der Erblasser könnte auch anordnen, dass die bedingten Nacherben mit der Wiederverheiratung zwar unbedingte Nacherben werden, der Nacherbfall aber erst mit dem Tod des Vorerben eintreten soll (dafür zB *Fenner* in Beck'sches Formularbuch Bürgerliches, Handels- und Wirtschaftsrecht, 9. Aufl., um den Einwand der Sittenwidrigkeit auszuschließen). An Stelle der aufschiebend bedingten Nacherbschaft wäre auch eine unter der auflösenden Bedingung der Nichtwiederverheiratung des Ehegatten stehende Nacherbschaft denkbar (*Haegele* Rpfleger 1976, 73). In beiden Fällen tritt die Bedeutung der Einsetzung des überlebenden Ehegatten zum alleinigen Vollerben erst bei seinem Tod besonders in Erscheinung. Heiratet er bis zu diesem Zeitpunkt nicht, steht fest, dass er von Anfang an Vollerbe war. Da bis zu diesem Zeitpunkt die Wiederheirat noch erfolgen kann und damit nie feststeht, ob nicht doch noch die Nacherbfolge eintritt, ist der Nachlass des Erstverstorbenen bei dieser Gestaltung stets als mit der bedingten Nacherbschaft belastet anzusehen und der Überlebende hat nur die Rechtsstellung eines Vorerben, obgleich er nach dem Testament Vollerbe sein soll, solange er nicht heiratet (*Haegele* Rpfleger 1976, 73 (75) mwN). Der Nachlass unterliegt damit auch in seiner Gesamtheit den für einen Vorerben bestehenden Verfügungsbeschränkungen (§§ 2113 ff. BGB) und den Kontroll- und Sicherungsrechten zugunsten der Nacherben (*Haegele* Rpfleger 1976, 73 (75) mwN). Soweit für den Vorerben Verfügungsbeschränkungen gelten, steht erst mit seinem Versterben fest, ob er mangels Bedingungseintritt Vollerbe war, seine lebzeitigen Verfügungen also (ex tunc) unbeschränkt gelten. Nur bei Nichteintritt der Bedingung und damit erst im zweiten Erbfall steht auch fest, ob der Längerlebende, soweit er nicht der Bindung nach §§ 2270, 2271 BGB unterliegt, hinsichtlich des vom Erstverstorbenen ererbten Vermögens wirksam von Todes wegen verfügt hat.

Nach ganz hM führte jede bedingte Erbeinsetzung zu einer bedingten Vor-/Nacherbschaft (grundsätzlich anders MüKoBGB/Grunsky § 2269 Rn. 59). Die hM (Palandt/*Weidlich* § 2136 Rn. 6, § 2269 Rn. 18, siehe auch oben zu a) sieht dabei den Überlebenden im Zweifel als befreiten Vorerben an. Der Erblasser kann statt bedingte Nacherbfolge für den ganzen Nachlass diese auch nur für einen Bruchteil zB in Höhe der gesetzlichen Erbteile der Abkömmlinge anordnen. Aber auch hier unterliegt der ganze Nachlass den bei einer Vorerbschaft geltenden Verfügungsbeschränkungen (*Haegele* Rpfleger 1976, 73 (76)). Befreiungen über § 2136 BGB hinaus können auch bei dieser Konstruktion nicht erteilt werden (BGHZ 96, 198; aA MüKoBGB/*Musielak* § 2269 Rn. 60), auch wenn für die Beteiligten die Vorstellung einer bis zur Wiederverheiratung unbeschränkten Erbenstellung vorherrschen mag. Siehe dazu auch die Gestaltungen in → Form. XII.11 Anm. 5.

c) **Wiederverheiratungsvermächtnis.** Der Erblasser beruft den Ehegatten zu seinem alleinigen Vollerben, bestimmt aber, dass dieser im Falle seiner Wiederverheiratung den noch vorhandenen Rest des Nachlasses, eine bestimmte Quote des Nachlasswertes in Geld (so wie oben im Formular § 3), einen bestimmten Geldbetrag oder bestimmte Nachlassgegenstände an die Abkömmlinge als Vermächtnis herauszugeben hat. Es kann variiert werden kann, ob dieses Vermächtnis sofort, bei der Wiederheirat oder erst beim Tod des Überlebenden anfallen oder fällig sein soll (*Weihe* DNotZ 1939, 12; siehe hierzu auch *Raitz von Frentz* DNotZ 1962, 635). Das wird man von Umfang und Zusammensetzung des Nachlasses abhängig machen, um den Überlebenden nicht übermäßig zu beschweren (→ Form. XII.11 Anm. 9). Es handelt sich in diesen Fällen um aufschiebend bedingte Vermächtnisse (→ Form. XII.5). Beim Vermächtnisanfall verbleibt der Überlebende unverändert alleiniger Vollerbe. Er ist vor und nach der Wiederverheiratung über den Nachlass voll verfügungsberechtigt, kann auch unentgeltliche Verfügungen vornehmen und ist durch keine Verfügungsbeschränkungen und Kontroll- und Sicherungsrechte beeinträchtigt (*Ripfel* Rpfleger 1951, 577 (583 f.)). In dieser Weise vermachte Geldforderungen können nach dem Erbfall durch ein Grundpfandrecht gesichert werden, derartige Sicherungsrechte müssen den Vermächtnisnehmern aber ausdrücklich mitvermacht werden. Falls der vermachte Geldbetrag sich aus dem Wert des Nachlasses beim Erbfall errechnen soll, empfiehlt es sich, wie im Formular, die Erstellung eines amtlichen Nachlassverzeichnisses und eine Nachlassschätzung anzuordnen (*Ripfel* Rpfleger 1951, 577 (583 f.)). Ferner sollte angeordnet werden, welche Auswirkungen die Geltendmachung des Pflichtteilanspruchs durch einen Abkömmling auf sein Vermächtnis haben soll.

d) Wenn der überlebende Ehegatte infolge einer Wiedervereheliehungsklausel den gesamten verbliebenen Nachlass(wert) verlieren soll, dann sollten ihm allerdings die zum ehelichen Haushalt gehörenden und die seinem persönlichen Gebrauch dienenden Gegenstände als Vermächtnis verbleiben.

(2) **Wegfall der Bindung** des überlebenden Ehegatten an seine wechselbezüglichen Verfügungen nach Eintritt der Wiederverheiratungsklausel. Nach der hM ist es, sofern nicht ausdrücklich eine gegenteilige Anordnung getroffen ist, als Inhalt jeder Wiederverheiratungsklausel anzusehen, dass mit der Wiederheirat und der damit verbundenen Einbuße der Rechte am Nachlass des verstorbenen Ehegatten zugunsten der Kinder regelmäßig die Bindung des überlebenden Ehegatten an seine wechselbezüglichen Verfügungen im gemeinschaftlichen Testament entfällt (OLG Zweibrücken ZEV 2013, 395 mN). Bei Wegfall der Bindung bedarf es aber einer neuen, abweichenden Verfügung des überlebenden Ehegatten, wenn die wechselbezügliche Verfügung nicht mehr gelten soll (Palandt/*Weidlich* § 2269 Rn. 20). Vorsorglich kann schon im gemeinschaftlichen Testament eine Regelung getroffen werden, was nach Eintritt der Wiedervereheliehungsklausel mit den wechselbezüglichen Verfügungen des Überlebenden geschehen soll (*Huken* DNotZ 1965, 734). Das empfiehlt sich auch deshalb, weil der BGH in anderer Konstellation die Fortdauer von letztwilliger Verfügung und Bindungswirkung einheitlich sehen will (BGHZ 160, 33 = NJW 2004, 3113). Fassungsvorschläge (nach *Haegele* Rpfleger 1976, 77): Entweder: „Im Falle einer Wiederverheiratung kann der überlebende Ehegatte die Erbeinsetzung der Abkömmlinge ganz oder teilweise widerrufen." Oder: „Im Falle einer Wiederverheiratung des überlebenden Ehegatten gilt die von ihm vorgenommene Erbeinsetzung der Kinder als nicht angeordnet."

(3) **Pflichtteil und Wiederverheiratungsklausel.** Generell ist zu empfehlen, dem Ehegatten bei Wiederheirat wenigstens einen dem (güterrechtlich erhöhten) Pflichtteil entsprechenden Wert aus dem Nachlass des Erstversterbenden zu belassen. Ansonsten gilt: Der mit einer Wiederverheiratungsklausel belastete, als Erbe eingesetzte überlebende Ehegatte kann im Falle seiner Wiederheirat einen Pflichtteil nicht geltend machen, auch wenn er dann die ganze Erbschaft verliert. Er hätte bereits beim Erbfall die Erbschaft fristgemäß ausschlagen und den Pflichtteil verlangen müssen (§ 2306 Abs. 1 S. 2 BGB). Ist der Überlebende dagegen nur mit einem Vermächtnis bedacht, so kann er innerhalb von drei Jahren (§ 2332 BGB) entweder seinen Pflichtteilsrestanspruch oder, falls er das Vermächtnis noch nicht angenommen hat, unter seiner Ausschlagung den vollen Pflichtteil verlangen (§ 2307 BGB), da beim Vermächtnis keine Ausschlagungsfrist läuft (§ 2180 BGB). Leben die Ehegatten in Zugewinngemeinschaft, so steht der Überlebende vor der Wahl, ob er die Erbschaft mit der Wiedervereheliehungsklausel annehmen oder ausschlagen soll (§ 1371 Abs. 3 BGB). Im Falle der Ausschlagung erhält er den rechnerischen Zugewinnausgleich und daneben den Pflichtteil aus dem um den Zugewinn verringerten Nachlass (Palandt/*Brudermüller* § 1371 Rn. 19) zu der um das Zugewinnviertel gekürzten Pflichtteilsquote (kleiner Pflichtteil). Ist der überlebende Ehegatte zum Vorerben und sind die Abkömmlinge zu Nacherben berufen, können diese im Rahmen des § 2306 BGB die Erbschaft ausschlagen und den Pflichtteil

verlangen (zur Abwägung insoweit *Beckmann* ZEV 2012, 637. Da die Ausschlagungsfrist für Nacherben frühestens mit dem Eintritt der Nacherbfolge beginnt (§§ 2139, 2106 BGB), haben sie dazu drei Jahre, dh bis zur Verjährung des Pflichtteils (§ 2332 BGB) Zeit. Ist der überlebende Ehegatte alleiniger Vollerbe, sind die Abkömmlinge, auch wenn sie zu durch seine Wiederverheiratung aufschiebend bedingte Nacherben eingesetzt sind, von der Erbfolge nach dem Erstversterbenden ausgeschlossen und können daher, ohne die bedingte Nacherbschaft ausschlagen zu müssen, den Pflichtteil verlangen (§ 2303 Abs. 1 S. 1 BGB), müssen sich diesen allerdings im Falle des Eintritts der Nacherbschaft auf sie anrechnen lassen (BayObLG 1966, 227 = FamRZ 1967, 695).

**8. Der Schutz des von Todes wegen bindend Bedachten gegen lebzeitige Zweitgeschäfte des Erblassers durch Gestaltung von Todes wegen.** (1) Wie oben → Anm. 5 ausgeführt, ist der Schutz des Gesetzes für in einem gemeinschaftlichen Testament bindend Bedachte gegen Verfügungen des überlebenden Ehegatten teilweise gering. Durch entsprechende Gestaltung der Verfügung von Todes wegen kann er jedoch verstärkt werden.

a) Bei der **Trennungslösung,** dh wenn die Abkömmlinge als Nacherben des Erstversterbenden eingesetzt sind, ist ihr Schutz gegen solche Beeinträchtigungen bereits kraft Gesetzes umfangreicher. Sie erwerben mit dem ersten Erbfall ein gegenwärtiges, unentziehbares, unbeschränkbares, vererbliches und übertragbares Anwartschaftsrecht (Palandt/*Weidlich* § 2100 Rn. 10), das gemäß §§ 2122 ff. BGB vor Eintritt des Nacherbfalls weitgehend vor beeinträchtigenden Verfügungen des Vorerben schützt. Dieses Anwartschaftsrecht kann durch Feststellungsklage geltend gemacht werden und ist durch einstweilige Verfügung sicherbar (*Recker* MittRhNotK 1978, 125 (127)). Dagegen ist eine Sicherung des Anwartschaftsrechts auf einem zum Nachlass gehörenden Grundstück nicht möglich (*Recker* MittRhNotK 1978, 125 (127)). Eine Verstärkung der Nacherbenstellung ist dadurch möglich, dass der Erblasser die Vornahme eines Aushöhlungsgeschäfts zur aufschiebenden Bedingung des vorzeitigen Eintritts der Nacherbfolge macht (*Recker* MittRhNotK 1978, 125 (127)) und durch Anordnung von Testamentsvollstreckung.

b) Demgegenüber hat der Schlusserbe beim **Berliner Testament (Einheitslösung)** zwischen Erb- und Schlusserbfall überhaupt keine gesetzlichen Einwirkungsmöglichkeiten gegenüber aushöhlenden Verfügungen des Vollerben. Der Erblasser kann jedoch seine Rechtsposition durch letztwillige Anordnungen verbessern.

aa) **Verfügungsunterlassungsvermächtnis.** Der Erstversterbende kann, wie in § 4 Abs. 1 des Musters, den Überlebenden mit dem Vermächtnis zugunsten der Schlusserben beschweren, über bestimmte Nachlassgegenstände, etwa Grundstücke, nicht zu verfügen (*Recker* MittRhNotK 1978, 125 (127 f.)). Das durch ein Vermächtnis begründete Forderungsrecht gegenüber dem Erben kann auch auf eine Unterlassung gerichtet sein (Staudinger/*Otte* § 1939 Rn. 6). Durch dieses Vermächtnis entsteht bereits beim Tod des erstversterbenden Elternteils ein schuldrechtlicher Vermächtniserfüllungsanspruch der Kinder gegen den überlebenden Elternteil auf Unterlassung einer anderweitigen Verfügung über das Grundstück (*Mattern* BWNotZ 1966, 1 (13)). Dieser Anspruch leidet allerdings unter denselben Schwächen wie der durch Verfügungsunterlassungsvertrag (§ 137 S. 2 BGB) unter Lebenden begründete Verfügungsunterlassungsanspruch (*Mattern* BWNotZ 1966, 1 (13)). Wie dieser ist er nicht durch Vormerkung im Grundbuch sicherbar. Bei Verstoß gegen die übernommene Verpflichtung erwirbt der Schlusserbe erst mit dem Erbfall gegen den Erben, dh hier gegen sich selbst als Schlusserben (*Johannsen* DNotT 1977, 78) einen Anspruch auf Wiederherstellung des früheren Zustands und bei deren Unmöglichkeit entsprechende Schadensersatzansprüche. Da ab dem ersten Erbfall den Schlusserben gegen den Erben ein Verfügungsunterlassungsanspruch zusteht, könnten diese allerdings, bei Vorliegen der Voraussetzungen, gegen ihn eine einstweilige Verfügung erwirken (BGH DNotZ 1962, 497) und das auf diese Weise erwirkte Veräußerungsverbot im Grundbuch eintragen lassen.

bb) **Bedingte Vermächtniseinsetzung.** Der Verstoß gegen das Verfügungsunterlassungsvermächtnis kann gegenüber dem Erben zugunsten der Schlusserben dadurch sanktioniert werden, dass der Fall des Verstoßes gegen die Verfügungsunterlassungsverpflichtung, wie in § 4 Abs. 2 des Musters, zur aufschiebenden Bedingung des Vermächtnisses des betreffenden Grundstücks an die Schlusserben gemacht wird (bezgl. des bedingten Vermächtnisses → Form. XI.6). Die dadurch zwischen dem ersten Erbfall und dem Eintritt oder Ausfall der Bedingung gem. §§ 160 ff., 2179 BGB gegebene Vermächtnisanwartschaft (→ Form. XII.6 Anm. 5 (2)) ist, sofern vom Erblasser angeordnet, nach dem ersten Erbfall durch Vormerkung im Grundbuch sicherbar, der Anspruch auf derartige Sicherung muss aber eigens mitvermacht werden (BGHZ 134, 182 = NJW 1997, 861; → Form. XII.6 Anm. 5 (5a)). Erwägenswert ist, ob der Erblasser nicht im Einzelfall Ausnahmen vom Verfügungsverbot für den Fall zulassen sollte, dass der Überlebende in Not gerät oder er das Grundstück begrenzt mit Grundpfandrechten belasten will.

cc) **Bedingte Nacherbeinsetzung.** Eine Sicherung des Schlusserben ist auch dadurch möglich, dass der Erblasser eine durch eine aushöhlende Verfügung über einen Nachlassgegenstand bedingte Nacherbfolge zugunsten des Schlusserben anordnet. Die betreffende Verfügung wäre dann gem. §§ 2113, 2136 Abs. 1 BGB nichtig, gutgläubiger Erwerb bliebe allerdings möglich (§ 2113 Abs. 3 BGB). Man belastet dadurch allerdings wieder den Erben mit den Verfügungsbeschränkungen und Kontroll- und Sicherungsrechten zugunsten der bedingten Nacherben.

dd) **Testamentsvollstreckung.** Die Interessen des Schlusserben können auch durch Anordnung von Testamentsvollstreckung gesichert werden, was allerdings eine völlige Entziehung der Verfügungsbefugnis des Längstlebenden über den Nachlass mit sich bringt.

(2) Keinen Schutz gewähren die unter Abs. 1 beschriebenen Gestaltungsmöglichkeiten dagegen, dass der Überlebende nach der Wiederverheiratung mit seinem neuen Ehepartner Gütergemeinschaft vereinbart oder den gesetzlichen Güterstand der Zugewinngemeinschaft gelten lässt. Etwaige Pflichtteils- und Zugewinnausgleichsverbindlichkeiten, die aus Anlass des Todes des Überlebenden zu Gunsten seines neuen Ehepartners oder von Abkömmlingen aus zweiter Ehe erwachsen, muss der Schlusserbe erfüllen (BGH FamRZ 1969, 207).

**9. Pflichtteilsstrafklausel. Jastrow'sche Klausel.** Zur Verhütung der Störung der gleichmäßigen Vermögensverteilung unter den Schlusserben durch Geltendmachung von Pflichtteilsansprüchen einzelner Schlusserben auf den Tod des erstversterbenden Ehegatten, ist es weit verbreitet, wie unter § 5 Abs. 1 des Formulars, die den **Pflichtteil verlangenden Schlusserben** auf den Tod des Längstlebenden zu **enterben** (Muster bei *Worm* RNotZ 2003, 535 (551), dort auch umfassend zu anderen Möglichkeiten der Pflichtteilsreduzierung). Regional unterschiedlich stark sind diese Klauseln auf dem Rückzug. Konsequent erscheint es insbesondere bei jüngeren Eheleuten (zu deren Interessenlage auch → Form. XII.25 Anm. 2), durch einen Änderungsvorbehalt für den länger lebenden Ehegatten diesem ganz die Disposition über die Schlusserbeneinsetzung zu geben, womit eine ausdrückliche Strafklausel gegen vorwitzige Schlusserben entbehrlich wird. Steuerlich kann es bei größeren Vermögen durchaus im Interesse aller Hinterbliebenen sein, wenn unter Ausnutzung von Freibeträgen Pflichtteile ausgezahlt werden. Diesen Weg verschließt eine unflexible Strafklausel, ihre Wirkungen sind nachträglich kaum zu beseitigen (vgl. BayObLG ZEV 2004, 202 mAnm *Ivo*). Auf der anderen Seite kann es aber auch zum „Schlag ins Wasser" (*Zimmer* NJW 2007, 1713 (1716) und *derselbe* ZErb 2010, 126) werden, wenn auf eine automatisch wirkende Strafklausel verzichtet wird, nämlich dann, wenn der länger Lebende testierunfähig wird, ehe er von einer optional eingeräumten Möglichkeit zur Änderung der Schlusserbenbestimmung Gebrauch machen konnte. *Zimmer* (NJW 2007, 1713 (1716 f.)) plädiert daher für ein

Vorausvermächtnis nach dem Längerlebenden an alle anderen Erben in Höhe desjenigen, was nach dem Erstversterbenden an Pflichtteilen ausgezahlt worden ist.

Die Abschreckungswirkung einer Enterbung auf den zweiten Erbfall wird dadurch beträchtlich vermindert, dass das den Pflichtteil verlangende Kind ihn faktisch zweimal vom Nachlass des Erstversterbenden erhält, nämlich einmal bei dessen Tod und ein zweites Mal beim Tod des Längstlebenden, weil sich in dessen Nachlass bei der Einheitslösung (Berliner Testament) auch der Nachlass des Erstversterbenden befindet. *Jastrow* hat dagegen vorgeschlagen (DNotV 1904, 424), der Erstversterbende solle für die anderen Abkömmlinge **Vermächtnisse in Höhe ihrer gesetzlichen Erbteile** aussetzen, die sofort anfallen (richtiger gem. § 2177 BGB mit dem zeitlich nach dem Tod liegenden Pflichtteilsverlangen), aber erst beim Tod des Überlebenden fällig sein sollen. Nachteile aus der seit 1.1.2010 (Wegfall des § 197 Abs. 1 Nr. 1 aF BGB) verkürzten Verjährungsfrist sollte es nicht geben, weil die Verjährung nicht vor der Fälligkeit des Vermächtnisses beginnen kann (*Karsten* RNotZ 2010, 357 (377)).

Als vom Erstversterbenden angeordnet, gehören diese Vermächtnisse zu seinen Nachlassverbindlichkeiten und mindern daher von vornherein den Wert des Nachlasses des Längstlebenden und damit auch die Höhe der gegen seinen Nachlass gerichteten Pflichtteilsansprüche (vgl. Staudinger/*Otte* § 2181 Rn. 2). Die Klausel ist mehrfach verbessert worden. So hat *Weiss* (MDR 1979, 812) darauf hingewiesen, dass die sofort anfallenden und nur auf den Tod des Längstlebenden gestundeten Vermächtnisse vererblich sind und daher uU beim Vorversterben eines Abkömmlings durch sie Familienfremde hereinkommen können. Er schlägt statt dessen die Anordnung auf den Tod des Längstlebenden aufschiebend befristeter (betagter) Vermächtnisse vor, deren Vererblichkeit und Übertragbarkeit ausgeschlossen werden bzw. die aufschiebend bedingt davon abhängen, dass die Bedachten den Beschwerten überleben (RG JW 1918, 502). *Strobel* (MDR 1980, 363) hat sich dem angeschlossen und zusätzlich verlangt, den Kreis der Vermächtnisnehmer auf den Zeitpunkt des Schlusserbfalls bestimmbar zu bezeichnen und den ganzen Stamm des den Pflichtteil Verlangenden auszuschließen, damit nicht seine Abkömmlinge über die Auslegungsregel des § 2069 BGB an seiner Stelle die Strafvermächtnisse erhalten. Letztlich hat *v. Olshausen* DNotZ 1979, 707 (714) Fn. 19 vorgeschlagen, die Vermächtnisse auf das beim Tod des Überlebenden noch vorhandene Vermögen des Erstversterbenden zu begrenzen (was möglich ist: OLG Bremen DNotZ 1956, 149 (150)), damit nicht die mit den Vermächtnissen bedachten Kinder zur Sicherung ihrer bedingten Ansprüche uU die Anordnung eines Arrestes (§ 916 Abs. 2 ZPO), einer einstweiligen Verfügung (§ 935 ZPO) oder einer Nachlassverwaltung (§ 1981 Abs. 2 BGB) beantragen können. Siehe zu vorstehendem auch *Buchholz* FamRZ 1985, 872.

Sofern das gegenseitige Testament keine Strafklausel enthält, kann der überlebende Ehegatte seine Erbeinsetzung des den Pflichtteil fordernden Abkömmlings möglicherweise wegen Motivirrtums anfechten (→ Anm. 4 (6) b) dd), ohne befürchten zu müssen, dass dadurch die Verfügungen des Erstversterbenden zu seinen Gunsten gem. § 2270 Abs. 1 BGB automatisch nichtig werden, da man diese Verfügungen des Erstversterbenden dahin auslegen muss, dass er sie auch getroffen hätte, wenn ihm die Anfechtung und ihr Grund bekannt gewesen wären. Beide Verfügungen müssen daher insoweit inhaltlich als nur beschränkt wechselbezüglich angesehen werden (*Holzhauer,* Erbrechtliche Probleme, 1973, S. 129 Fn. 82; OLG Hamm NJW 1972, 1089; RGRK/*Johannsen* § 2271 Rn. 50).

Das mit der Jastrow'schen Klausel zugewandte Vermächtnis greift auch dann ein, wenn der länger lebende Ehegatte bereits verstorben und die Schlusserbschaft angenommen ist. Dasselbe gilt für den strafweisen Entzug der gewillkürten Erbeinsetzung. Auf die Verjährung des Pflichtteils nach dem Erstversterbenden kommt es nicht an (BGH NJW 2006, 3064 = Rpfleger 2006, 605). Konstruktiv war der betreffende Schlusserbe in diesem Fall nur Vorerbe und seine Mitschlusserben sind insoweit Nacherben. Regelungsbedarf besteht an dieser Stelle aber dann, wenn (was der Interessenlage der Eheleute häufig entspricht) die Schlusserbfolge gar nicht geregelt, sondern der gesetzlichen Erbfolge überlassen ist (vgl. OLG Stuttgart NJW-RR 2017, 1353 mit Anm *Weber* MittBayNot 2018, 365). Denn die mit dem zweiten Erbfall eingetretene gesetzliche Erbfolge kann nicht rückwirkend wegfallen. Das Problem wird vermieden, wenn man wenigstens „die gesetzlichen Erben" als – gewillkürte – Schlusserben einsetzt.

**10. Abänderungsbefugnis hinsichtlich der Strafklausel.** Diese Möglichkeit sollte man dem überlebenden Ehegatten stets für den Fall einräumen, dass sich die Beziehungen zu dem Enterbten oder seinen Abkömmlingen bessern. Bezüglich der Zulässigkeit einer Freistellung des Überlebenden von der Bindung an seine eigenen Verfügungen → Form. XII.25 Anm. 3. Essentiell ist der Abänderungsvorbehalt, wenn eine Einforderung des Pflichtteils durch den Sozialhilfeträger zu besorgen ist (zur Auslegung einer Strafklausel in diesen Fällen etwa BGH ZEV 2005, 117; OLG Hamm MittBayNot 2012, 146). Zumeist wird dann allerdings eine Einsetzung des betroffenen Abkömmlings unter den Kautelen eines Bedürftigen- oder Behindertentestaments anzuraten sein → Form. XII.17; → Form. XII.19). Ungeklärt ist die Frage, ob und inwieweit durch eine solche Freistellung die Wechselbezüglichkeit berührt wird. Die Rechtsprechung (BGH NJW 1964, 2056 = LM 2270 Nr. 3; BGH NJW 1987, 901 mAnm *Kanzleiter;* BayObLG FamRZ 1989, 1353; vgl. auch die auch deshalb in der Literatur kritisierte Entscheidung BGHZ 160, 33 = NJW 2004, 3113) trennt klar die Bindungsfreistellung von der Wechselbezüglichkeit, so dass eine Freistellungsklausel die Wechselbezüglichkeit von beiderseitigen Verfügungen in einem gemeinschaftlichen Ehegattentestament nicht notwendig ausschließt. Wird dieser Punkt nicht wie im Formular ausdrücklich geregelt, entscheidet die Auslegung des Testaments (siehe hierzu Palandt/*Weidlich* § 2271 Rn. 22–24; BayObLGZ 1987, 23 (28)).

**11.** → Anm. 7 Abs. 2.

**11a. Trennung zu Lebzeiten.** Die in § 2077 BGB genannten Eheauflösungsfälle führen gem. § 2268 Abs. 1 BGB zur Unwirksamkeit auch des gemeinschaftlichen Testaments. Wegen der allgemein als unbefriedigend empfundenen möglichen Ergebnisse des § 2077 BGB (Reimann/Bengel/*J.Mayer* § 2268 Rn. 19) ist eine Gestaltung anzuraten, die das Schicksal der letztwilligen Verfügungen nicht davon abhängig macht, wer den Scheidungsantrag gestellt hat. Die hier dafür vorgeschlagene Klausel geht insofern sehr weit, als sie es auf Rechtsfolgenseite bei der Regelung des § 2268 Abs. 1 BGB belässt, also Unwirksamkeit sämtlicher Verfügungen anordnet. Mangels neuer Testamente greift die gesetzliche Erbfolge. Die Ausnahme des § 2268 Abs. 2 BGB, wonach die Auslegung auch den Fortbestand einzelner Verfügungen ergeben kann (so zum Fortbestehen der Enterbung eigener Verwandter OLG München NJW-RR 2006, 82) wird dadurcht ausdrücklich verschlossen. Denkbar wäre alternativ, die Schlusserbeneinsetzungen oder einzelne Vermächtnisse als einseitige Verfügung fortbestehen zu lassen. Um keine Auslegungsunsicherheiten entstehen zu lassen, sollten fortgeltende Bestimmungen klar bezeichnet werden. Da der BGH (BGHZ 160, 33 = NJW 2004, 3113; zu Recht krit. Anm. *Kanzleiter* ZEV 2005, 181) aus dem ausnahmsweisen Fortbestand nach § 2268 Abs. 2 BGB auch schließt, dass die Verfügungen dann als wechselbezüglich fortbestehend gewollt sind, muss ferner ausdrücklich klargestellt werden, dass dies nicht gewollt ist.

**12.** → Anm. 4 Abs. 6b dd.

**13.** Seit der BGH die diesbezügliche Entscheidung zum Ehegattenerbvertrag (BGHZ 22, 364 = NJW 1957, 422) dahin erweitert hat (BGH NJW 1977, 1728), dass durch Auslegung ein gegenseitiger Erb- und Pflichtteilsverzicht der Ehegatten auch in einem notariellen gemeinschaftlichen Testament gefunden werden kann, empfiehlt sich jeweils eine ausdrückliche Klarstellung.

**14. Steuern. Erbschaftsteuer.** Nach § 15 Abs. 3 ErbStG sind bei einem Berliner Testament, soweit der überlebende Ehegatte (oder Lebenspartner) an seine wechselbezüglichen Verfügungen gebunden ist, die mit dem erstverstorbenen Ehegatten (oder Lebenspartner) näher als mit dem Längstlebenden verwandten Erben und Vermächtnisnehmer (zB dessen Geschwister) auf den Tod des Längstlebenden so anzusehen, als würden sie vom Erstverstorbenen und nicht vom Längstlebenden erben, aber nur bezgl. des vom erstverstorbenen stammenden und noch vorhandenen Vermögens (*Troll/Gebel/Jülicher* § 15 Rn. 151 f.). Die Begünstigungsklausel ist auch auf Fälle anwendbar, in denen auf Grund einer Freistellungsklausel in dem Berliner Testament der Überlebende seine Bindung hätte durchbrechen können, davon aber keinen Gebrauch gemacht hat (BFH BStBl. II 1983, 44). Der BFH hat diese Rechtsprechung später eingeschränkt (BFH BStBl. II 1990, 1067), im Anschluss wieder gelockert (BFH/NV 2000, 190). Demnach sollte ein überlebender Ehepartner von eingeräumten Änderungsvorbehalten nur insoweit Gebrauch machen, wie der Erwerb (maßgeblich: Erbquote) eines nach § 15 Abs. 3 ErbStG begünstigten Erwerber nicht verändert wird. Mittelbare Minderungen durch Aussetzung von Vermächtnissen zu Gunsten Dritter sollen unschädlich sein, Mehrzuwendungen an den betroffenen Erben sollten über Schenkungen oder Vorausvermächtnisse abgewickelt werden (vgl. *Troll/Gebel/Jülicher* § 15 Rn. 158, 159).

Die Regelung des § 15 Abs. 3 ErbStG kann im Einzelfall zu Nachteilen für den Schlusserben führen, die durch Gestaltung zu vermeiden bzw. ggf. im Billigkeitswege zu lösen sind (*Troll/Gebel/Jülicher* § 15 Rn. 164).

**15. Kosten.** → Form. XI.1 Anm. 16.

## 25. Berliner Testament mit gegenständlich beschränkter Freistellung

**Verhandelt zu .....**
**am ..... (auch als eigenhändiges Testament möglich)**

**§ 1 Erster Erbfall**

**(1) Wir, die Eheleute A und A, geb. E, setzen uns hiermit gegenseitig zu alleinigen und ausschließlichen Vollerben ein. Eine Nacherbfolge findet nicht statt.**

**(2) Schlägt der Längstlebende die Erbschaft aus, so ist er nicht als gesetzlicher Miterbe berufen.**

**§ 2 Zweiter Erbfall**

**Schlusserben beim Tod des Überlebenden von uns und Erben von uns beiden im Falle unseres gleichzeitigen Versterbens sind unsere gemeinschaftlichen Abkömmlinge, einschließlich adoptierter, jedoch mit Ausnahme nichtehelicher Kinder männlicher Nachkommen und ihren Abkömmlingen, unter sich nach den Regeln der gesetzlichen Erbfolge erster Ordnung zum Zeitpunkt des zweiten Erbfalls.**

**§ 3 Bindung, gegenständlich beschränkte Freistellung und Anfechtungsverzicht**

**(1) Sämtliche Bestimmungen dieses Testaments sind, soweit nichts anderes bestimmt ist, und soweit gesetzlich zulässig, wechselbezüglich. Der Überlebende von uns wird jedoch bezüglich derjenigen Vermögenswerte von der Bindung an seine eigenen Verfügungen freigestellt, welche er erst nach dem Tode des Erstversterbenden erwirbt, so dass er über diese Gegenstände vermächtnisweise verfügen kann. Zur Feststellung des der Bindung**

**unterliegenden Vermögens hat der Überlebende beim Tode des Erstversterbenden ein notarielles Vermögensverzeichnis über unser beiderseitiges Vermögen zu diesem Zeitpunkt errichten zu lassen. Zu den der Bindung unterliegenden Vermögenswerten gehört auch alles, was der Überlebende auf Grund eines zu diesem Vermögen gehörenden Rechts, als Ersatz für die Zerstörung, Beschädigung oder Entziehung eines Gegenstandes dieses Vermögens oder durch Rechtsgeschäft mit Mitteln dieses Vermögens erwirbt. Der Überlebende hat jeweils, wenn ein Austausch wesentlicher Vermögensstücke stattgefunden hat, das Verzeichnis in notarieller Nachtragsurkunde ergänzen zu lassen. Der Anspruch auf Errichtung des Vermögensverzeichnisses wird den Schlusserben vom Erstversterbenden im Wege des Vermächtnisses zugewandt. Die obengenannten Ersatzgegenstände werden den Schlusserben vom Erstversterbenden im Wege des beim Tod des Längstlebenden anfallenden Verschaffungsvermächtnisses zugewandt. Über das nicht der Bindung unterliegende Vermögen kann der Längstlebende im Wege des Vermächtnisses frei verfügen.**

**(2) Der Überlebende von uns verzichtet ausdrücklich auf sein Anfechtungsrecht wegen Übergehung eines Pflichtteilsberechtigten gem. § 2079 BGB.**

**(3) Trotz Belehrung wünschen die Eheleute keinen gegenseitigen Pflichtteilsverzicht.**

**§ 4 Schlussformel (→ Form. XI.1 und → Form. XII.24)**

*Schrifttum: Huber,* Freistellungsklauseln in gemeinschaftlichen Testamenten, Rpfleger 1981, 41; *Nieder/Kössinger,* Hdb. d. Testamentsgestaltung, 3. Aufl. § 11 Rdn. 87.

## Anmerkungen

**1. Sachverhalt.** Die Testierer sind ein Arztehepaar mit Kindern im mittleren Alter. Sie bringen einander das für die Errichtung eines gemeinschaftlichen Testaments notwendige Vertrauen entgegen. Sie möchten die mit dem Berliner Testament verbundene freie Stellung des überlebenden Ehegatten zu Verfügungen unter Lebenden verknüpfen mit einer auf den „Zugewinn" des Überlebenden nach dem Tod des Erstversterbenden beschränkten Freistellung für Verfügungen von Todes wegen.

**2. Anwendungsfälle.** Durch die nach dem Tod des Erstversterbenden beim Berliner Testament (Einheitslösung) hinsichtlich der eigenen wechselbezüglichen Verfügungen eintretenden Bindungswirkung wird der Überlebende nicht nur an der freien Verfügung von Todes wegen über die Vermögensteile gehindert, die er vom Verstorbenen geerbt hat oder die er bis zum Tod des Ehepartners selbst erworben hat, sondern wegen der Verschmelzung der beiden Vermögen auch bezüglich der Vermögenswerte, die er nach dem Tod seines Ehegatten unter Lebenden oder von Todes wegen erwirbt (MüKoBGB/*Musielak* § 2271 Rn. 15). Dies ist oft nicht im Sinne jüngerer Eheleute, bei denen die Möglichkeit besteht, dass nach dem Tod des einen der andere noch eine lange Lebenszeit vor sich hat, eine neue Ehe eingeht, weitere Kinder kommen und erhebliches Vermögen hinzukommt. Auf der anderen Seite möchte der Erstversterbende meist nur gesichert wissen, dass sein eigenes und das bis zu seinem Tod vom anderen erworbene Vermögen den gemeinsamen Abkömmlingen erhalten bleibt. Gegen eine Zuwendung des nach seinem Tod erworbenen Vermögens an einen zweiten Ehegatten und dessen Kinder hat er nichts einzuwenden. In diesen Fällen dürfte die vorliegende Gestaltungsmöglichkeit, die eine schuldrechtliche Absonderung des beiderseits bis zum Tod des Erstversterbenden erworbenen Vermögens vorsieht, zweckmäßig sein. An sich würde sich bezüglich des Vermögens des Erstversterbenden die Trennungslösung mit Vor- und Nacherbschaft anbieten. Dann wäre der Überlebende jedoch bezüglich dieses Vermögens stark beschränkt und bezüglich seines eigenen bis zum Tod seines Ehegatten erworbenen Vermögens müsste trotzdem auf die hier getroffene Lösung zurückgegriffen werden. Die Gestaltung setzt natürlich gegenseitiges Vertrauen voraus, da keinerlei Sicherungen zugunsten der Schlusserben vorgesehen sind. Sie soll mehr dazu dienen, den Überlebenden gegenüber einem neuen Ehegatten und weiterer Kinder wegen der von ihm weiterhin gewollten Verteilung seines Nachlasses zu rechtfertigen (Alibifunktion).

Eine Alternative zu der Gestaltung wäre, dass der Überlebende in dem Berliner Testament den gemeinschaftlichen Abkömmlingen von vornherein nur das beiderseits bis zum Tod des Erstversterbenden erworbene Vermögen nebst seinen Surrogaten vermacht. Die Bestimmbarkeit des Vermächtnisgegenstandes genügt (MüKoBGB/*Leipold* § 2065 Rn. 24) und wird durch ein vom Erstversterbenden vermächtnisweise anzuordnenden Vermögensverzeichnis auf seinen Tod möglich gemacht.

3. **Abänderungsbefugnis bzw gegenständlich beschränkte Freistellung.** Da der Gesetzgeber es den Ehegatten freigestellt hat, ob und in welchem Umfang sie ihre letztwilligen Verfügungen wechselbezüglich sein lassen wollen (§ 2270 BGB), können sie sich im gemeinschaftlichen Testament auch einander das Recht einräumen, eigene wechselbezügliche Verfügungen nach dem ersten Erbfall ganz oder zum Teil aufzuheben oder abzuändern (*Huber* Rpfleger 1981, 41 (42) mwN). Ein Abänderungsrecht des Überlebenden kann nach vereinzelter Auffassung des OLG Bremen auch von der Zustimmung eines Dritten abhängig gemacht werden (OLG Bremen ZEV 2018, 90 mit ablAnm *Graf Wolffskeel v. Reichenberg* ZEV 2018, 92) – wegen § 2065 Abs. 1 BGB keine empfehlenswerte Gestaltung.

a) Die Ehegatten wollen sich für die Zeit nach dem Tod freie Hand lassen, zu Lebzeiten aber von Testamentsänderungen gegenseitig unterrichtet werden (Offenheitsprinzip). Ein dem Überlebendem eingeräumter Vorbehalt, anderweitig zu testieren, schließt dann auch die Möglichkeit ein, dass er ergänzende Anordnung wie zB die Einsetzung eins Schiedsgerichts vornimmt (OLG Frankfurt a. M. RNotZ 2013, 238).

b) Die Eheleute wollen die Verfügungen weder vor noch nach dem ersten Erbfall wechselbezüglich stellen. Der Ausschluss der Wechselbezüglichkeit bzw der Bindung des länger Lebenden an die gemeinschaftliche Verfügung muss aber eindeutig formuliert sein (vgl etwa OLG Köln ZErb 2014, 118 = ZEV 2014, 329 (Ls.)). Abkömmlinge des Erstversterbenden können bei vollständiger Freiheit des Überlebenden hinsichtlich der Schlusserbeneinsetzung insofern geschützt werden, als ihnen der Erstversterbende den Anspruch auf Abschluss einer Vereinbarung (§ 202 BGB) über die Verlängerung der Verjährungsfrist für den Pflichtteilsanspruch vermacht (Formulierungsvorschlag bei *Tenck* ZErb 2018, 8 (10)).

c) Es soll nur eine Befugnis zur teilweisen Durchbrechung der Bindung festgelegt werden (sog. umfangmäßige beschränkte Wechselbezüglichkeit). Hierher gehört auch der im Formular gegebene Fall, dass der überlebende Ehegatte hinsichtlich der Erbfolge der Schlusserben gebunden sein soll, er aber zu Lasten der Schlusserben Vermächtnisse anordnen darf (*Kipp/Coing* ErbR, 13. Bearb. § 35 III 4d; BGH WM 73, 205; FamRZ 1973, 189 (199); *Johannsen* WM 73, 534; Palandt/*Weidlich* § 2271 Rn. 22). Ferner kann die Freistellung auch vom Vorliegen bestimmter Gründe (zB dem Fehlverhalten der Abkömmlinge) abhängig gemacht werden (BGH NJW 1951, 959). Dazu sollte geregelt werden, wieweit das Vorliegen solcher Gründe gerichtlich nachprüfbar sein soll. Der Umfang der Abänderungsbefugnis und etwaige Voraussetzungen ihrer Ausübung sollten stets möglichst eindeutig festgelegt werden (vgl. BayObLG FamZR 2002, 1434).

Bei der im Formular gewählten Gestaltung bleibt der überlebende Ehegatte an seine Schlusserbeinsetzung gebunden. Er kann jedoch Vermächtnisse anordnen, jedoch nicht aus dem ganzen miteinander verschmolzenen Vermögen, sondern nur aus den Vermögensteilen, die er selbst nach dem Tod des Erstverstorbenen erworben hat. Zwecks Feststellung des gegenständlichen Umfangs seiner Freistellung für Vermächtnisanordnungen muss beim Tode des Erstversterbenden über das beiderseitige Vermögen ein amtliches Nachlassverzeichnis errichtet werden. Zur Sicherung dieser Vermögensteile ist eine schuldrechtliche Surrogation im Wege des Verschaffungsvermächtnisses (§§ 2169 Abs. 1, 2170 Abs. 1 BGB) angeordnet. Die Schwächen und Schwierigkeiten der Konstruktion seien nicht verschwiegen. Sie liegen darin, dass die einem Testament nach § 2269 BGB zugrunde liegende Absicht der Eheleute, ihr beiderseitiges Vermögen als eine Einheit zu behandeln und ein unterschiedliches Schicksal der beiden Vermögensmassen gerade auszuschließen, durch die hier gewählte Gestaltung weitgehend vereitelt wird. Obwohl beide Vermögensmassen dem Überlebenden als Rechtsträger zustehen, ist er schuldrechtlich gezwungen, sie weitgehend getrennt zu verwalten. Man kann gegen die Gestaltung dieselben Bedenken geltend machen, die gegen die Jastrow'sche Klausel (→ Form. XII. 24 Anm. 9) vorgebracht werden (siehe hierzu *v. Olshausen* DNotZ 1979, 707 (718)). Beide sind Fremdkörper bei der Einheitslösung. Dies spricht aber nicht gegen ihre rechtliche Zulässigkeit und ihre Zweckmäßigkeit in bestimmten Fällen.

**4. Kosten.** → Form. XI.1 Anm. 16.

## 26. Erbvertrag mit Unterhalts- und Verfügungsunterlassungsvertrag

**Verhandelt zu[1, 2]. . . . .**
**am . . . . . (kann nur in notarieller Urkunde errichtet werden!)**
**(weiter → Form. XV.15)**

§ 1 Vertragliche Vermächtniseinsetzung

**(1) Ich, die A, vermache hiermit, unter Aufrechterhaltung der gesetzlichen Erbfolge und zu Lasten meiner Erben erbvertraglich[3] und damit bindend mit der C, dieser mein in M-Stadt in der R-Straße Nr. . . . . . gelegenes Einfamilienhausgrundstück, eingetragen im Grundbuch von M-Stadt Blatt Nr. . . . . . mit der Flst. Nr. . . . . . Ersatzvermächtnisnehmer sind die Abkömmlinge der C, einschließlich adoptierter, jedoch mit Ausnahme nichtehelicher Kinder männlicher Nachkommen und ihren Abkömmlingen, zu den ihren gesetzlichen Erbquoten nach der C zum Zeitpunkt meines Todes entsprechenden Bruchteilen. Ich, die C, nehme diese Erklärung hiermit als erbvertragliche an.[7]**
**(2) Durch einseitige Verfügung[4] vermache ich, die A, hiermit meiner Schwägerin E den Sarough-Perserteppich aus meinem Wohnzimmer. Ersatzvermächtnisnehmer bestelle ich nicht.**
**(3) Die A behält sich die Einsetzung gewillkürter Erben vor.**

§ 2 Verfügungsunterlassungsanspruch und bedingter Übertragungsanspruch[5, 6]

**(1) Die A verpflichtet sich hiermit schuldrechtlich gegenüber der C und nach deren Wegfall gegenüber den Ersatzvermächtnisnehmern gem. § 1 Abs. 1, über das unter § 1 Abs. 1 beschriebene Hausgrundstück nicht zu verfügen oder sich zu einer solchen Verfügung zu verpflichten.**
**(2) Sollte die A gegen diese Verpflichtung verstoßen oder gegen das Grundstück Zwangsvollstreckungsmaßnahmen ergriffen werden, so können die C bzw. nach ihrem Wegfall die Ersatzvermächtnisnehmer verlangen, dass die A unter dem Vorbehalt ihres lebtäglichen und unentgeltlichen Nießbrauchs das genannte Hausgrundstück sofort der C oder nach ihrem Wegfall den unter § 1 Abs. 1 genannten Ersatzvermächtnisnehmern, die insoweit ein eigenes Recht erhalten, auf deren Kosten unentgeltlich zu Eigentum über-**

trägt. Zur Sicherung dieser bedingter Übertragungsansprüche bewilligt die A und beantragt die C die Eintragung je einer Vormerkung zu ihren Gunsten und im Rang danach für den Fall ihres Wegfalles zu Gunsten der Ersatzvermächtnisnehmer gem. § 1 Abs. 1 zu den dort genannten Bruchteilen im Grundbuch an bereitester Rangstelle.[9]

(3) Die Unterhaltsverpflichtung gemäß § 3 wird durch die Übertragung des Eigentums auf die C oder die Ersatzvermächtnisnehmer nicht berührt. Zur Sicherung des Rückübertragungsanspruchs der A für den Fall ihres berechtigten Rücktritts gemäß § 4 Abs. 2 ist bei Übertragung des Eigentums am Grundstück eine Rückübertragungsvormerkung für sie im Grundbuch einzutragen.

§ 3 Unterhaltsvertrag

Ich, die C, verpflichte mich, die A bis zu ihrem Tod in gesunden und kranken Tagen zu pflegen und zu verpflegen, und zwar auch bei dauernder Pflegebedürftigkeit. Die C hat dabei, sofern es der Gesundheitszustand der A erfordert, bei ihr Wohnung zu nehmen. Ferner hat die C das von der Berechtigten bewohnte Einfamilienhaus in der R-Straße Nr. . . . . . zu reinigen, ihre Wäsche zu waschen, die Kleider auszubessern und der Berechtigten die notwendigen Dienste und Handreichungen zu leisten sowie die erforderlichen Gänge zu erledigen. Dabei sind die hierfür von der C, ihren Familienangehörigen oder einer gem. § 4 Abs. 2 gestellten Ersatzkraft geleisteten persönlichen Dienste unentgeltlich, während alle anderen Aufwendungen, insbesondere die Kosten für die Nahrungs- und Verbrauchsmittel, einschließlich der eigenen Verpflegung der C, wenn sie bei der A wohnt, sowie die der Gegenstände des persönlichen Gebrauchs der Berechtigten und ihrer Arzt-, Arznei- und Krankenhauskosten von der A zu tragen sind.

§ 4 Verbindung der Verträge[8]

(1) Der Unterhaltsvertrag unter § 3 erfolgt im Hinblick auf die unter §§ 1 und 2 getroffenen Vereinbarungen hinsichtlich des Einfamilienhausgrundstücks. Die Wirksamkeit dieser Verträge wird hiermit wechselseitig zu ihrer Bedingung gemacht.

(2) Sollte die C ihre unter § 3 übernommenen Verpflichtungen trotz erfolgter Abmahnung objektiv nicht ordnungsgemäß erfüllen, ist die A zum Rücktritt vom Erbvertrag und den unter § 2 eingegangenen Verpflichtungen berechtigt.[5] Dieses Rücktrittsrecht steht ihr auch zu, wenn die C wegfällt oder infolge Krankheit zur Leistung der von ihr unter § 3 übernommenen Verpflichtungen unfähig wird und die C oder ihre Erben keine der A genehme Ersatzkraft stellen. Im Falle des berechtigten Rücktritts der A steht der C oder ihren Rechtnachfolgern kein Anspruch auf Entgelt für bereits auf Grund § 3 geleistete Dienste zu. Weitere Rücktrittsrechte werden nicht vereinbart.

(3) Die A verzichtet auf ihr Anfechtungsrecht nach §§ 2078, 2079 BGB.[5]

§ 5 Schlussformel[10, 11] (→ Form. XI.15)

*Schrifttum: Beckmann,* Die Aushöhlung von Erbverträgen und gemeinschaftlichen Testamenten durch Rechtsgeschäft unter Lebenden, MittRhNotK 1977, 25; *Bühler,* Zur Wechselbezüglichkeit und Bindung beim gemeinschaftlichen Testament und Erbvertrag, DNotZ 1962, 359; *Coing,* Wie ist die bindende Wirkung von Erbverträgen zu ermitteln?, NJW 1958, 689; *Keim,* Die Aufhebung von Erbverträgen durch Rücknahme aus amtlicher und notarieller Verwahrung, ZEV 2003, 55; *ders.,* Der Änderungsvertrag beim Erbvertrag bei richtiger Handhabung ein sicheres Gestaltungsmittel, ZEV 2005, 365; *Keller,* Aufhebung, Änderung und Ergänzung eines Erbvertrags durch die Vertragspartner, ZEV 2004, 93; *Knieper,* Die Verbindung des Erbvertrages mit anderen Verträgen, DNotZ 1968, 331; *Kornexl,* Gibt es einen Nachtrag zum Erbvertrag?, ZEV 2003, 62;

*ders.*, Nochmals: Gibt es . . . . . .?, ZEV 2003, 235; *Lehmann*, Nochmals: Gibt es einen Nachtrag zum Erbvertrag?, ZEV 2003, 234; *ders.*, Der Rücktrittsvorbehalt beim Erbvertrag, ein wenig genutztes Gestaltungsmittel, NotBZ 2000, 85; *Nieder*, Hdb. d. Testamentsgestaltung, 2. Aufl. Rdn. 712 ff., 723; *Nolting*, Inhalt, Ermittlung und Grenzen der Bindung beim Erbvertrag, 1985; *Recker*, Schutz des von Todes wegen Bedachten, MittRhNotK 1978, 125; *Reithmann*, Erbverträge zwischen mehr als zwei Beteiligten, DNotZ 1957, 527; *Strobel*, Mittelbare Sicherung erbrechtlicher Erwerbsaussichten, 1982.

## Anmerkungen

**1. Sachverhalt.** Die A steht im hohen Alter, ist verwitwet und hat keine Abkömmlinge, nur verschiedene Nichten und Neffen, denen sie sich nicht verpflichtet fühlt. Sie möchte sich mit der Substanz ihres Einfamilienhauses Aufwartung und Pflege in ihren altersschwachen Tagen sichern. Ihre langjährige Hausangestellte C, der sie vertraut, ist dazu bereit, wenn sie nach dem Tod der C deren Hausgrundstück erhält und dieser Anspruch entsprechend abgesichert wird.

**2. Anwendungsfälle.** Ein Erbvertrag kann mit einem anderen Vertrag in derselben Urkunde verbunden werden (§ 34 Abs. 2 BeurkG). Für den Ehevertrag ist diese Möglichkeit ausdrücklich in § 2276 Abs. 2 BGB aufgeführt. Neben dem Ehevertrag kommen als Verträge, die in der Praxis mit einem Erbvertrag verbunden werden, hauptsächlich der Erbverzichtsvertrag (§§ 2346 ff. BGB, BGHZ 22, 364) und, wie im Formular, der sog. Verpfründungsvertrag in Betracht. Bei einem Verpfründungsvertrag wird die Verpflichtung übernommen, den Erblasser bis zu seinem Tod zu unterhalten, während dieser den Verpflichteten durch den Erbvertrag zum Erben oder, wie hier, zum Vermächtnisnehmer einsetzt (BGHZ 36, 65 (70) = NJW 1962, 249 (250)). Ob derart verbundene Verträge eine rechtliche Einheit bilden, richtet sich nach dem Willen der Vertragsparteien, dem sog. Einheitlichkeitswillen oder Motiv des Zusammenhangs (§§ 139, 2085 BGB). Liegt dieses Motiv vor, bedarf auch das mit dem Erbvertrag zusammenhängende Geschäft der Form des § 2276 BGB, sonst unterliegt jede der Vereinbarungen den für sie geltenden Formvorschriften (BGHZ 36, 71). Auch wenn der Erbvertrag im Hinblick auf die Versorgungszusage des anderen Vertragschließenden geschlossen wird, stehen dennoch die vertragsmäßigen Zuwendungen nicht im Verhältnis der Leistungen eines gegenseitigen Vertrages im Sinne der §§ 320 ff. BGB zueinander (BGHZ 29, 129 = NJW 1959, 625; BGHZ 50, 63 (72); MüKoBGB/*Musielak* vor § 2274 Rn. 21).

**3. Die Bindungswirkung vertragsmäßiger Zuwendungen und Auflagen.** (1) Über die Arten der Erbverträge, die Form ihrer Errichtung und die Vertragschließenden → Form. XI.15 Anm. 2–6. § 2280 BGB überträgt die Auslegungsregel zugunsten der Einheitslösung des § 2269 BGB auf den Ehegattenerbvertrag, so dass, wenn sich Ehegatten durch vertragsmäßige Verfügungen gegenseitig im Erbvertrag zu Erben und einen Dritten als Erben des Längstlebenden einsetzten, dies im Zweifel dahin auszulegen ist, dass der Überlebende Vollerbe des Erstversterbenden und der Dritte Schlusserbe des Längstlebenden sein soll.

(2) **Bindungswirkung.** Verfügungen von Todes wegen sind grundsätzlich letztwillige Verfügungen, dh sie sind frei widerruflich (§ 2253 Abs. 1 BGB). Ausnahmen hiervon sind das gemeinschaftliche Testament, dessen Bindungswirkung aber erst nach dem Tod eines der Ehepartner eintritt (§ 2271 Abs. 2 BGB) und der Erbvertrag, der bindende Verfügungen zugunsten des anderen Vertragsschließenden bereits zu Lebzeiten des Erblassers zulässt. Diese Bindung folgt aus der Rechtsnatur des Erbvertrages als „wirklichem

Vertrag“ (BGHZ 26, 204 (208) = NJW 1958, 498). Auf dieser Bindung beruht die Vorschrift des § 2289 Abs. 1 BGB.

a) einerseits, dass durch den Erbvertrag frühere letztwillige Verfügungen des Erblassers aufgehoben werden, soweit sie das Recht des vertragsmäßig Bedachten beeinträchtigen würden (§ 2289 Abs. 1 S. 1 BGB, Aufhebungswirkung). Dieser Aufhebungseffekt ist wesentlich stärker als der eines widersprechenden Testaments nach § 2258 BGB. Während beim widersprechenden Testament sich die Aufhebungswirkung durch Auslegung ergeben muss, ist es beim Erbvertrag genau umgekehrt, hier müsste sich der Fortbestand der früheren beeinträchtigenden Verfügung durch Auslegung ergeben (*Johannsen* DNotZ 1977, 70 f.). Ferner umfasst das „beeinträchtigen“ des § 2289 Abs. 1 S. 1 BGB im Gegensatz zu dem „in Widerspruch stehen“ des § 2258 BGB neben den rechtlichen auch bloße wirtschaftliche Beeinträchtigungen des vertragsmäßig Bedachten (BGHZ 26, 204). Umgekehrt liegt aber eine zur Unwirksamkeit führende Beeinträchtigung auch dann vor, wenn die Verfügung den Vertragspartner nur rechtlich beeinträchtigt, wirtschaftlich aber begünstigt (BGHZ 26, 204). Die Aufhebungswirkung entfällt, wenn der Erbvertrag später durch rechtsgeschäftliche Aufhebung oder Rücktritt beseitigt wird, oder durch Wegfall des Bedachten vor oder nach dem Erbfall gegenstandslos wird (Palandt/*Weidlich* § 2289 Rn. 3).

b) andererseits sind aber auch nachträgliche Verfügungen von Todes wegen des Erblassers unwirksam, soweit sie das Recht des vertragsmäßig Bedachten beeinträchtigen (§ 2289 Abs. 1 S. 2 BGB, Bindungswirkung). Der Erblasser kann somit die vertragsmäßigen Verfügungen nicht durch eine neue Verfügung von Todes wegen widerrufen. Diese Bindungswirkung betrifft nur die sog. vertragsmäßigen Verfügungen von Todes wegen (§ 2278 Abs. 1 BGB). Vertragsmäßig können nur Erbeinsetzung, Vermächtnisse und Auflagen getroffen werden (§ 2278 Abs. 2 BGB). Alle anderen Anordnungen wie zB Ernennung eines Testamentsvollstreckers (§ 2197 BGB), familienrechtliche Anordnungen, Enterbung (§ 1938 BGB), Teilungsanordnungen (§ 2048 BGB), Entziehung des Pflichtteils (§§ 2333 ff. BGB) und Auflassungsvollmacht für den Todesfall können im Erbvertrag nur einseitig (§ 2299 BGB) erfolgen. Eine Vermutung dafür, dass in einem Erbvertrag getroffene Verfügungen soweit zulässig grundsätzlich vertragsmäßig erfolgen, besteht nicht (RGZ 116, 321). Wohl sieht jedoch die Rspr. es als Anzeichen der Vertragsmäßigkeit an, wenn die Zuwendung an einen Vertragspartner (BGHZ 26, 204 (208) = NJW 1958, 498) oder einen mit ihm verwandten Dritten (BGH LM § 2278 Nr. 4) erfolgen. Es ist daher notwendig, im Erbvertrag zur Vermeidung von Zweifeln ausdrücklich abzugrenzen, wieweit die einzelnen Verfügungen vertraglich oder einseitig gewollt sind und ob sie im Falle eines vorbehaltenden Rücktritts oder einer Aufhebung fortbestehen sollen (Reimann/Bengel/*J. Mayer* § 2299 Rn. 21/22; MünchKomm/*Musielak* § 2278 Rn. 3). Nach der hM (BGHZ 26, 208; BGH NJW 1982, 441) muss im Erbvertrag mindestens eine Verfügung vertragsmäßig und damit bindend sein. Nach § 2279 Abs. 1 BGB finden auf vertragsmäßige Verfügungen die für letztwillige Zuwendungen und Auflagen geltenden Vorschriften entsprechende Anwendung, dh soweit sich nicht aus den §§ 2274–2298 BGB oder aus dem Wesen des Erbvertrages etwas anderes ergibt (RGZ 67, 65; siehe zu der entspr. Anwendung der einzelnen Vorschriften insbes. Reimann/Bengel/*J. Mayer* BGB § 2279 Rn. 2–11 und Staudinger/*Kanzleiter*, Bearbeitung 2019, § 2279 Rn. 2–11). So gilt für einseitige erbvertragliche Verfügungen auch § 2085 BGB über die Teilunwirksamkeit einer einheitlichen Verfügung von Todes wegen. Für wechselbezügliche (zweiseitige) vertragliche Verfügungen trifft dagegen § 2298 BGB eine dem § 2085 BGB vorgehende Sonderregelung.

(3) **Wechselbezügliche Erbverträge.** Von der Vertragsmäßigkeit ist beim Erbvertrag die Wechselbezüglichkeit zu unterscheiden. Nach § 2298 Abs. 1 BGB, der insoweit § 2085 BGB vorgeht, hat bei einem zweiseitigen oder gemeinschaftlichen Erbvertrag, dh einem von zwei Personen abgeschlossenen, in dem sich beide vertragsmäßig entweder gegenseitig bedenken (gegenseitiger Erbvertrag) oder zugunsten eines Dritten verfügen, im

Zweifel die Nichtigkeit einer dieser vertragsmäßigen Verfügungen die Unwirksamkeit des ganzen Vertrages zur Folge, dh der vertragsmäßigen Verfügungen beider Teile. Die beiderseitigen vertragsmäßigen Verfügungen sind damit gegenseitig voneinander abhängig (Wechselbezüglichkeit). Dabei wird die gegenseitige Abhängigkeit vertraglicher Verfügungen im zweiseitigen Erbvertrag vermutet (§ 2298 Abs. 1 BGB), wogegen das Fehlen einer solchen Abhängigkeit als Ausnahmetatbestand behauptet und bewiesen werden muss (§ 2298 Abs. 3 BGB). Diese Folge tritt jedoch nur für den Fall der ursprünglichen oder durch Anfechtung herbeigeführten Nichtigkeit ein, während bei Gegenstandslosigkeit der vertragsmäßigen Verfügungen durch Vorversterben des Bedachten, Erbausschlagung, Zuwendungsverzicht des Dritten oder Erb- oder Vermächtnisunwürdigkeit nach der hM (*Bühler* DNotZ 1962, 359 (367); MünchKomm/*Musielak* § 2298 Rn. 3 mwN) die Auswirkungen nicht nur auf die eigenen, sondern auch auf die vertragsmäßigen Verfügungen des Vertragsgegners nach § 2085 BGB beurteilt werden. Damit ist anders als beim gemeinschaftlichen Testament beim Erbvertrag eine Wechselbezüglichkeit möglich, die alle Fälle der Unwirksamkeit umfasst. Wird nämlich eine vertragliche Verfügung des einen Erblassers durch Vorversterben oder Erbverzicht des Bedachten gegenstandslos, so kann bei Vorliegen der Voraussetzungen des § 2085 BGB, anders als beim gemeinschaftlichen Testament, dies zur automatischen Unwirksamkeit der Verfügungen des anderen Erblassers führen. Der Erbvertrag ist dadurch wesentlich geeigneter als das gemeinschaftliche Testament, eine volle Abhängigkeit der beiderseitigen Verfügungen zu erreichen (*Bühler* DNotZ 1962, 359 (367 f.)). Durch die Ausübung eines in einem gegenseitigen Erbvertrag vorbehaltenen Rücktrittsrecht (§ 2293 BGB) durch einen Vertragsschließenden werden im Zweifel sämtliche vertragsmäßigen Verfügungen (§ 2298 Abs. 2 S. 1 BGB) und in der Folge auch die einseitigen Verfügungen (§ 2299 Abs. 3 BGB) aufgehoben. Ferner erlischt das Rücktrittsrecht im Zweifel mit dem Tode des Vertragspartners (§ 2298 Abs. 2 S. 2 BGB). Der Überlebende kann dann jedoch, wenn er das ihm durch Vertrag Zugewendete ausschlägt, seine Verfügungen durch Testament aufheben (§ 2298 Abs. 2 S. 3 BGB). Wegen der Auslegungsregel des § 2298 Abs. 3 BGB ist es beim gegenseitigen Erbvertrag besonders wichtig, die Folgen der Unwirksamkeit einzelner vertragsmäßiger Verfügungen sowie das Schicksal eines vorbehaltenen Rücktrittsrechts beim Tode des Vertragsgegners ausdrücklich in der Urkunde zu regeln.

**4. Einseitige Verfügungen im Erbvertrag.** In einem Erbvertrag können neben mindestens einer vertragsmäßigen Verfügung auch einseitige Verfügungen von Todes wegen getroffen werden, und zwar auch von dem nur annehmenden Teil (§ 2299 Abs. 1 BGB). Hierbei ist jede Art von Verfügungen zulässig, die auch in einem einfachen Testament zulässig wäre. Auf sie ist das Testamentsrecht ohne Einschränkung anwendbar (§ 2099 Abs. 2 S. 1 BGB). Werden einzelne vertragsmäßige Verfügungen in einem Erbvertrag gegenstandslos, so richten sich die Folgen für andere in ihm enthaltenen einseitigen Verfügungen nach § 2085 BGB (MünchKomm/*Musielak* § 2298 Rn. 2). Ist der gesamte Erbvertrag unwirksam, dann umfasst die Unwirksamkeit auch die in ihm enthaltenen einseitigen Verfügungen. Dagegen kann die Nichtigkeit einer einseitigen Verfügung keine Bedeutung für die Gültigkeit vertragsmäßiger haben (MünchKomm/*Musielak* § 2298 Rn. 2; aM *Bühler* DNotZ 1962, 359 (368 f.)), es sei denn, die Geltung der einseitigen Verfügung ist zur Bedingung für die Wirksamkeit der vertragsmäßigen erhoben oder der Erblasser hat sich für den Fall der Unwirksamkeit der einseitigen den Rücktritt von den vertragsmäßigen Verfügungen vorbehalten (MünchKomm/*Musielak* § 2298 Rn. 2). Einseitige Verfügungen können vom Erblasser wahlweise einseitig (§ 2299 Abs. 2 S. 1 BGB) oder durch Vertrag zusammen mit vertragsmäßigen Verfügungen aufgehoben werden (§ 2299 Abs. 2 S. 2 BGB).

**5. Die Grenzen der Bindungswirkung vertragsmäßiger Zuwendungen.** (1) **Vorbehalt des Erblassers.** Aufgrund der Vertragsfreiheit kann die vertragsmäßige Bindung im Erbvertrag in der Form des § 2276 BGB ausdrücklich oder stillschweigend durch den Vorbehalt des Rechts eingeschränkt oder dahin gelockert werden, dass der Erblasser im genau festgelegten Rahmen (OLG München OLG-Rep. 2007, 273; *Keim* ZEV 2005, 365 (370)) über seinen Nachlass anders als im Erbvertrag verfügen darf, zB Vorbehalt von Vermächtnissen und Auflagen (OLG Düsseldorf OLGZ 66, 68) oder der anderweitigen Verteilung des Gesamtnachlasses durch den überlebenden Ehegatten (ganz hM, vgl. nur Staudinger/*Kanzleiter*, Bearbeitung 2019, § 2278 Rn. 12 mwN; anders *Lehmann* NotBZ 2000, 85, der mit Rücktrittsrechten zu gleichen Ergebnissen gelangen will). Der BGH (BGHZ 26, 204 (208) = NJW 1958, 498) verlangt jedoch dabei, dass mindestens eine vertragsmäßige Anordnung vom Vorbehalt nicht erfasst wird, sondern für den Erblasser verbindlich bleibt, da sonst der Vertrag seines eigentlichen Wesens entkleidet würde (eingehend hierzu OLG Stuttgart Die Justiz 1985, 395). Die Testfrage, ob und in welchem Umfang ein solcher Vorbehalt zulässig ist, lautet demnach, ob es zulässig wäre, durch vertragsmäßige Verfügung von vornherein das anzuordnen, was sich nach Ausübung des Vorbehalts ergibt (MünchKomm/*Musielak* § 2278 Rn. 19). Die Vorbehaltsklausel entspricht der Freistellungsklausel beim gemeinschaftlichen Testament. **Zu Lebzeiten der Vertragsparteien** erfolgen Änderungen vertragsmäßiger Verfügungen entweder einseitig durch Verfügung von Todes wegen (soweit im Erbvertrag vorbehalten, eine nachträgliche Genehmigung des anderen Vertragsteils genügt bei fehlendem Änderungsvorbehalt aber in der Regel wohl nicht, *Keller* ZEV 2004, 93 (97 f.) mN) oder durch neuen Vertrag, der schon dann als Erbvertrag geschlossen werden kann, wenn er frühere erbvertragliche Bindungen ändert oder ergänzt (*Keller* ZEV 2004, 93 (95) unter Hinweis auf BayObLGZ 1956, 205 f.; BayObLG NJW-RR 2003, 658 f.; vgl. auch *Ivo* ZEV 2003, 58 f. und Reimann/Bengel/*J. Mayer* § 2278 Rn. 14 ff.). Eine vertragsgemäße Verfügung enthält ein solcher Nachtrag zum Erbvertrag schon deshalb, weil der länger Lebende in der Regel erst nach dem ersten Sterbefall davon Gebrauch machen darf, aber auch sonst kann er als Änderung einer einheitlich gewollten Gesamtregelung formwirksam als Erbvertrag erfolgen (*Keim* ZEV 2005, 365 (370) mN; insofern wohl zu formalistisch *Kornexl* ZEV 2003, 62).

(2) **Beschränkung in guter Absicht.** Nach § 2289 Abs. 2 BGB kann für den Fall, dass der bedachte pflichtteilsberechtigte Abkömmling in solchem Maß der Verschwendung ergeben oder derart überschuldet ist, dass sein späterer Erwerb erheblich gefährdet ist, der Erblasser trotz vertraglicher Bindung die Zuwendung an den Abkömmling im Rahmen des § 2338 BGB in guter Absicht beschränken (→ Form. XVI.18).

(3) **Zustimmung des Bedachten.** Ob das Einverständnis des Vertragsgegners bzw. des Bedachten die Bindungswirkung beseitigt und damit zur Wirksamkeit beeinträchtigender Verfügungen führt, ist umstritten (für formloses Einverständnis des Bedachten: RGZ 134, 325; RGRK/*Kregel* § 2289 Rn. 3; dagegen: Freistellung nur durch notariellen Vertrag mit Vertragsgegner oder Bedachtem nach dem §§ 2290 oder 2352 BGB: BGH NJW 1989, 2618; *Lange/Kuchinke* § 25 VI 3; Staudinger/*Kanzleiter*, Bearbeitung 2019, § 2289 Rn. 19; OLG Hamm NJW 1974, 1774 = Rpfleger 1974, 223).

(4) **Unwirksamkeit durch Eheauflösung.** Nach § 2279 Abs. 2 BGB finden auf einen Erbvertrag zwischen Ehegatten oder Verlobten die Vorschriften des § 2077 BGB Anwendung, und zwar auch soweit ein Dritter bedacht ist, dh die Verfügung ist im Falle der Auflösung der Ehe oder Verlobung unwirksam, sofern sie nicht auch für diesen Fall getroffen ist.

(5) **Aufhebungsvertrag.** Der ganze Erbvertrag, einschließlich der darin enthaltenen einseitigen Verfügungen (§ 2299 Abs. 2 S. 2 BGB), sowie einzelne vertragsmäßige Verfügungen können durch Vertrag von den Personen aufgehoben werden, die ihn geschlossen haben (§ 2290 Abs. 1 BGB). Nach § 2290 Abs. 1 S. 2 BGB entfällt die Möglichkeit eines Aufhebungsvertrages nach dem Tode eines der Vertragsschließenden. Der im Erbvertrag bedachte Dritte, der nicht Vertragsschließender war, kann keinen Aufhebungsvertrag schließen und hat kein Recht auf Mitwirkung beim Aufhebungsvertrag

(LG Mosbach MDR 1971, 222). Der Dritte kann aber in einem Zuwendungsverzichtsvertrag gem. § 2352 S. 2 BGB mit dem Erblasser auf seine Zuwendungen verzichten. Dies kann dagegen ein im Erbvertrag bedachter Vertragspartner nicht, weil das Gesetz für diesen Fall den Aufhebungsvertrag vorsieht, für den strengere Formvorschriften gelten (OLG Hamm DNotZ 1977, 751 (753); OLG Stuttgart OLGZ 1979, 129 = DNotZ 1979, 107). Die Formerfordernisse (notarielle Urkunde) und Abschlussmodalitäten des Aufhebungsvertrages (§ 2290 Abs. 2–3 BGB) sind im Allgemeinen dieselben wie beim Erbvertrag. Ein Erblasser, der in der Geschäftsfähigkeit beschränkt ist (§§ 106, 114 BGB), kann den Aufhebungsvertrag ohne Mitwirkung oder Zustimmung seines gesetzlichen Vertreters schließen (§ 2290 Abs. 2 S. 2 BGB), weil er durch ihn von der erbrechtlichen Bindung befreit wird (ähnlich § 2253 Abs. 2 BGB). Der Vertragsgegner und daher beim gegenseitigen Erbvertrag beide, bedarf, wenn er unter Vormundschaft bzw. seit 1.1.1992 unter Betreuung oder elterlicher Sorge steht, gem. § 2290 Abs. 3 BGB zum Aufhebungsvertrag der Genehmigung des Vormundschaftsgerichts, es sei denn, dass der Vertrag unter Ehegatten oder unter Verlobten geschlossen wird. Der Aufhebungsvertrag bewirkt, dass der Erbvertrag oder die aufgehobenen vertragsmäßigen Verfügungen außer Kraft treten. Wird der ganze Erbvertrag aufgehoben, so erstreckt sich die Aufhebungswirkung im Zweifel auch auf die in ihm enthaltenen einseitigen Verfügungen (§ 2299 Abs. 3 BGB). Der Aufhebungsvertrag ist anfechtbar, wobei sachlich die §§ 2078 ff. BGB entsprechend gelten (Reimann/Bengel/*J.Mayer* BGB § 2290 Rn. 35). Wird der Aufhebungsvertrag seinerseits aufgehoben oder wirksam angefochten, so lebt der ursprüngliche Erbvertrag wieder auf (Reimann/Bengel/*J.Mayer* BGB § 2290 Rn. 32).

(6) **Gemeinschaftliches Aufhebungstestament.** Nach § 2292 BGB können Eheleute einen zwischen ihnen geschlossenen Erbvertrag statt durch notariell beurkundeten Aufhebungsvertrag auch in einem gemeinschaftlichen Testament, das auch eigenhändig (§ 2267 BGB) errichtet werden kann, aufheben.

(7) **Aufhebungstestament mit Zustimmung des Vertragspartners.** Für die Aufhebung vertragsmäßiger Vermächtnis- und Auflageanordnungen bietet § 2291 BGB eine Erleichterung. Sie können vom Erblasser zu Lebzeiten mittels eines Testaments in jeder zulässigen Form aufgehoben werden, wenn der Vertragsgegner in notarieller Urkunde zustimmt. Die Zustimmung ist eine einseitige empfangsbedürftige Willenserklärung (MünchKomm/*Musielak* § 2291 Rn. 3). Sie ist, einmal erklärt, unwiderruflich (§ 2291 Abs. 2 Hs. 2 BGB). Sie kann nach dem Tod des Vertragsgegners nicht mehr erklärt werden. Sie wird vor der Errichtung des Aufhebungstestaments als Einwilligung oder danach als Genehmigung erteilt.

(8) **Rücktritt.** a) **Gesetzliche Rücktrittsrechte.** Ist mit einem Erbvertrag, durch den der Erblasser den Bedachten zum Erben bestimmt, ein gegenseitiger Vertrag unter Lebenden verbunden, in dem der Bedachte sich zum Erbringen von Pflegeleistungen verpflichtet und der Erblasser weitere Verpflichtungen übernimmt (zB schuldrechtliches Veräußerungsverbot), so kann letzterer wegen unterbliebener Pflegeleistungen gemäß § 323 BGB von diesem Vertrag und zugleich nach § 2295 BGB vom Erbvertrag zurücktreten (BGH ZEV 2013, 330; NJW 2011, 224 = DNotZ 2012, 89 mAnm *J. Mayer* = ZEV 2011, 254 mAnm *Kanzleiter*). Dem Erblasser steht ein gesetzliches Rücktrittsrecht zu, wenn sich der Bedachte einer Verfehlung schuldig gemacht hat, die den Erblasser zur Entziehung des Pflichtteils berechtigen würde, wenn der Bedachte eine pflichtteilsberechtigte Person wäre (§ 2294 BGB). Ferner steht dem Erblasser nach § 2294 BGB ein Rücktrittsrecht zu, wenn vertragliche Verpflichtungen des Bedachten zu lebtäglich wiederkehrenden Leistungen an den Erblasser, die mit Rücksicht auf dessen vertragsmäßige Verfügungen eingegangen wären, vor dem Tod des Erblassers aufgehoben werden. Dagegen berechtigen Schlechterfüllung, Verzug oder Nichterfüllung durch den Bedachten den Erblasser nicht ohne Nachfristsetzung zum Rücktritt, weil die Verpflichtung zur Leistung unverändert beste-

hen bleibt (MünchKomm/*Musielak* § 2295 Rn. 5). Auf die Ausübung dieser gesetzlichen Rücktrittsrechte findet beim zweiseitigen Erbvertrag die Auslegungsregel des § 2298 Abs. 2 BGB keine Anwendung, es verbleibt bei der des § 2085 BGB (MünchKomm/*Musielak* § 2298 Rn. 4). Diese beiden gesetzlichen Rücktrittsrechte sind zwingendes Recht, ebenso wie das im § 2271 Abs. 2 S. 2 BGB vorgesehene Recht, eine in einem gemeinschaftlichen Testament getroffene wechselbezügliche Verfügung wegen schwerer Verfehlungen des Schlusserben aufheben zu können (BGHZ 29, 129 = NJW 1959, 625 = DNotZ 1959, 209).

b) **Vorbehaltener Rücktritt.** Der Vertragserblasser kann sich von der Bindung lösen, wenn ihm im Erbvertrag ein Rücktrittsrecht vorbehalten wurde (§ 2293 BGB). Wegen der unzureichenden gesetzlichen Regelung ist das unbedingt anzuraten (*Kanzleiter* ZEV 2011, 254). Er kann sich den Rücktritt für den ganzen Erbvertrag oder auch nur für einzelne vertragsmäßige Verfügungen vorbehalten (s. *Lehmann* NotBZ 2000, 85), schlechthin oder nur für gewisse Fälle, bedingt oder unbedingt, befristet oder unbefristet (Motive z. Entw. d. BGB 5, 343). Ist der Vorbehalt auf bestimmte Gründe beschränkt, so ist im Vertrag zu bestimmen, ob das Vorliegen der Gründe gerichtlich nachprüfbar sein soll oder, was möglich ist (BGH NJW 1951, 959), der Erblasser verbindlich über ihr Vorliegen befinden darf. Hat sich der Erblasser den Rücktritt für den Fall vorbehalten, dass der Vertragserbe eine bestimmte Verpflichtung nicht ordnungsgemäß erfüllt, kann er nach Treu und Glauben erst nach einer erfolglosen Abmahnung zulässig sein (BGH LM § 242 (Cd) Nr. 118). Dies wird immer dann der Fall sein, wenn der Umfang der übernommenen Verpflichtungen nur sehr ungenau festgelegt ist (BGH NJW 1981, 2299 (2300)). Der Rücktritt bewirkt, dass der Erbvertrag oder die betreffenden vertragsmäßigen Verfügungen außer Kraft treten, soweit der Vorbehalt und die Rücktrittserklärung reichen. Bei einem Rücktritt vom ganzen Vertrag treten im Zweifel auch die einseitigen Verfügungen außer Kraft (§ 2299 Abs. 3 BGB). Beim zweiseitigen Erbvertrag wird durch den Rücktritt im Zweifel der ganze Erbvertrag aufgehoben (§ 2298 Abs. 2 S. 2 BGB).

c) **Die Form des gesetzlichen und vorbehaltenen Rücktritts.** aa) Zu Lebzeiten des Vertragsgegners. Der Rücktritt ist vom Erblasser höchstpersönlich in notarieller Urkunde gegenüber dem anderen Vertragsschließenden (Vertragsgegner) zu erklären (§ 2296 BGB). Er wird wirksam, wenn die notarielle Rücktrittserklärung in Urschrift oder Ausfertigung dem anderen Teil zugeht (§ 130 Abs. 1 BGB) oder wenn sie ihm durch Vermittlung des Gerichtsvollziehers nach den Vorschriften der ZPO zugestellt wird (§ 132 Abs. 1 BGB, → Form. XII.28 Anm. 4 Abs. 6a). Die Angabe des Grundes für den Rücktritt ist in der notariellen Urkunde grundsätzlich nicht erforderlich, ist jedoch zweckmäßig, falls das Rücktrittsrecht nach dem Vertrag von bestimmten Gründen abhängt. Die Rücktrittserklärung ist bedingungsfeindlich (OLG Stuttgart OLGZ 1979, 129 = DNotZ 1979, 107). Grundsätzlich ist der erklärte Rücktritt unwiderruflich (MünchKomm/*Musielak* § 2296 Rn. 9).

bb) Nach dem Tod des Vertragsgegners. Nach dem Tod des Vertragsgegners kann der zum Rücktritt berechtigte Erblasser gem. § 2297 BGB die vertragsmäßige Verfügung durch ein Testament in jeder zulässigen Form aufheben. Der Erblasser kann das Aufhebungstestament seinerseits widerrufen, wodurch die aufgehobenen Verfügungen wieder als vertragsmäßige wirksam werden (MünchKomm/*Musielak* § 2297 Rn. 5).

(9) **Anfechtung durch den Erblasser (Selbstanfechtung).** a) **Anfechtungsgründe.** Gem. § 2281 Abs. 1 BGB kann der Erbvertrag auf Grund der §§ 2078, 2079 BGB, dh wegen Inhalts-, Erklärungs- und Motivirrtums, wegen Drohung und wegen Übergehung eines Pflichtteilsberechtigten auch vom Erblasser (Selbstanfechtung) angefochten werden (→ Form. XII.27 Anm. 4 Abs. 6b dd, da die Anfechtungsvorschriften des Erbvertrages entsprechend auf bindend gewordene wechselbezügliche Verfügungen in gemeinschaftlichen Testamenten angewendet werden). Zur Anfechtung nach § 2079 BGB ist erforder-

lich, dass der Pflichtteilsberechtigte zurzeit der Anfechtung vorhanden ist (§ 2281 Abs. 1 Hs. 2 BGB).

b) **Form der Anfechtung.** Die Anfechtung ist vom Erblasser höchstpersönlich vorzunehmen, es ist weder Vertretung im Willen noch in der Erklärung zulässig (*Lent* DNotZ 1951, 151). Während die Anfechtungserklärung nach §§ 2078 ff. BGB keine besondere Form erfordert, bedarf die Anfechtung des Erbvertrages durch den Erblasser der notariellen Beurkundung (§ 2282 Abs. 3 BGB). Die notarielle Anfechtungserklärung muss dem Anfechtungsgegner in Urschrift oder Ausfertigung zugehen oder durch Vermittlung eines Gerichtsvollziehers nach den Vorschriften der ZPO zugestellt werden (§ 132 Abs. 1 BGB). Diese zum Rücktritt vom Erbvertrag (§ 2296 BGB) und Widerruf des gemeinschaftlichen Testaments (§ 2271 Abs. 1 S. 1 BGB) entwickelten Grundsätze (→ Form. XII.24 Anm. 4 Abs. 6a und → Anm. 5 Abs. 8c) gelten angesichts der Übereinstimmung und der Gleichheit des Rechtsgrundes der Vorschriften auch für die Erbvertragsanfechtung (BayObLG NJW 1964, 205 = DNotZ 1964, 635). Anfechtungsgegner ist, solange der andere Vertragsschließende lebt, dieser. Nach seinem Tod kann der Erblasser eine zugunsten Dritter getroffene Verfügung gegenüber dem Nachlassgericht des verstorbenen Vertragsgegners anfechten (§ 2281 Abs. 1 BGB). Das Nachlassgericht soll in diesem Fall die Erklärung dem Dritten mitteilen. Ein in der Geschäftsfähigkeit beschränkter Erblasser bedarf zur Anfechtung nicht der Zustimmung seines gesetzlichen Vertreters (§ 2282 Abs. 1 S. 2 BGB). Für einen geschäftsunfähigen Erblasser kann sein gesetzlicher Vertreter mit Genehmigung des Vormundschaftsgerichts den Erbvertrag anfechten (§ 2282 Abs. 2 BGB).

c) **Anfechtungsfrist.** Die Anfechtung durch den Erblasser kann nur binnen einer Ausschlussfrist von einem Jahr (§ 2283 Abs. 1 BGB) erfolgen. Die Frist beginnt bei Drohung mit dem Ende der Zwangslage und im Übrigen mit dem Zeitpunkt, in welchem der Erblasser vom Anfechtungsgrund Kenntnis erlangt (§ 2283 Abs. 2 BGB). Kenntnis bedeutet dabei Informiertsein über alle für das Anfechtungsrecht wesentlichen, auch innere, Tatsachen (BGH FamRZ 1970, 79 (81)), so zB über das dauernde Ausbleiben der dem Erblasser für die vertragliche Zuwendung versprochenen Unterhaltsleistungen (BayObLG NJW 1964, 205 = DNotZ 1964, 635). Ein Rechtsirrtum zB über das Bestehen eines Anfechtungsrecht ist grundsätzlich unbeachtlich (KG NJW 1963, 767). Nach der Rspr. (BGH FamRZ 1970, 80 f.) ist er jedoch dann beachtlich, wenn er die Unkenntnis einer die Anfechtung begründenden Tatsache zur Folge hat. In den Fällen der §§ 203 und 206 BGB ist der Lauf der Anfechtungsfrist gehemmt (§ 2283 Abs. 2 S. 2 BGB). Nach der hM trägt derjenige, der sich auf die Ungültigkeit des Erbvertrages beruft, die Beweislast für das Vorliegen der Anfechtungsgründe, während der Anfechtungsgegner diejenige für den Ablauf der Frist trägt (BayObLG NJW 1964, 205 = DNotZ 1964, 635).

d) **Wirkung der Anfechtung.** Die wirksame Anfechtung führt zur Nichtigkeit des Erbvertrages von Anfang an (§ 142 BGB). Die Anfechtung kann den ganzen Erbvertrag oder einzelne in ihm enthaltene Verfügungen zum Gegenstand haben. Werden Teile eines einseitigen Erbvertrages auf Grund einer Anfechtung unwirksam, hat dies die Nichtigkeit der übrigen vertragsmäßigen und einseitigen Verfügungen zur Folge, wenn anzunehmen ist, dass der Erblasser diese ohne die unwirksame Verfügung nicht getroffen haben würde (§ 2085 BGB). Bei zweiseitigen Erbverträgen hat die Nichtigkeit einer vertragsmäßigen Verfügung die der anderen zur Folge, wenn nicht ein anderer Wille beider Vertragsschließenden anzunehmen ist (§ 2298 Abs. 1, 3 BGB). Ob auch bei Anfechtung des Erbvertrages durch den Erblasser § 2078 Abs. 3 BGB einen Anspruch des Vertragsgegners auf Ersatz des Vertrauensschadens gem. § 122 BGB ausschließt, ist umstritten (MüKoBGB/*Musielak* § 2281 Rn. 20 mwN). Die Wirkung der Anfechtung erschöpft sich in der Vernichtung der anfechtbaren und angefochtenen Verfügung. Sie kassiert, aber reformiert nicht (*Sieber* RG-Festschrift III, 378). Aus diesen Gründen muss stets vor einer Anfechtung geprüft werden, ob nicht mit Mitteln der ergänzenden Vertragsauslegung der

Wille des Erblassers zur Geltung gebracht und der Anfechtungsgrund auf diese Weise beseitigt werden kann (MüKoBGB/*Musielak* § 2281 Rn. 19).

e) **Bestätigung des Erbvertrages und Verzicht auf das Anfechtungsrecht.** Der Erblasser kann einen anfechtbaren Erbvertrag persönlich formlos bestätigen (§ 2284 S. 1 BGB). Die Bestätigung ist ausgeschlossen, wenn der Erblasser in der Geschäftsfähigkeit beschränkt ist (§ 2284 S. 2 BGB). Die Anfechtung ist ausgeschlossen, wenn der Erblasser den Erbvertrag auch bei Kenntnis der Sachlage abgeschlossen haben würde (§§ 2078 Abs. 1, 2079 S. 2 BGB). Daraus wird allgemein (BGH NJW 1983, 2247 (2249); OLG Celle NJW 1963, 353 = MDR 1963, 221; *Erman/Schmidt* § 2281 Rn. 2; RGRK/*Kregel* § 2281 Rn. 6; *Bengel* DNotZ 1984, 132) geschlossen, dass der Erblasser in dem Erbvertrag ganz oder teilweise auf ein künftiges Anfechtungsrecht verzichten kann. Ist der Verzicht auf ein künftiges Anfechtungsrecht wie im Formular § 4 Abs. 3 einfach formuliert und nicht ausführlich wie im → Form. XVI.28 § 6 Abs. 3, wird er so auszulegen sein, dass der Erblasser nur die Unerheblichkeit solcher Umstände festlegen will, mit denen er rechnen oder die er voraussehen konnte. Die Anfechtung wegen unvorhersehbarer Umstände wird dann im Zweifel nicht ausgeschlossen sein (Reimann/Bengel/*J. Mayer* BGB § 2281 Rn. 25).

(10) **Anfechtung durch Dritte.** Ein Recht Dritter, vertragsmäßige Verfügungen in Erbverträgen anfechten zu können, entsteht erst mit dem Tod des Erblassers, vorher ist allein er anfechtungsberechtigt (MüKoBGB/*Musielak* § 2285 Rn. 2). Danach sind die in § 2080 BGB bezeichneten Personen, sofern die Voraussetzungen der §§ 2078 ff. BGB gegeben sind, anfechtungsberechtigt. Wenn jedoch das eigene Anfechtungsrecht des Erblassers gem. § 2281 BGB zurzeit des Erbfalls durch Fristablauf (§ 2283 BGB) oder Bestätigung (§ 2284 BGB) erloschen ist, können auch diese dritte Personen den Erbvertrag nicht mehr anfechten (§ 2285 BGB). Das Gleiche gilt entsprechend der Zweckrichtung des § 2285 BGB, wenn der Erblasser auf sein Anfechtungsrecht vertraglich verzichtet hat (MüKoBGB/*Musielak* § 2285 Rn. 5).

**6. Der Schutz der vertragsmäßig Bedachten gegen lebzeitige Zweitgeschäfte des Erblassers.** (1) **Die Rechtsstellung des Bedachten vor dem Erbfall.** Durch die vertragsmäßigen Verfügungen im Erbvertrag wird das Recht des Erblassers, über sein Vermögen von Todes wegen zu verfügen, beschränkt (§ 2289 Abs. 1 S. 2 BGB). Die Sicherung des vertragsmäßig Bedachten ist jedoch bereits dadurch beeinträchtigt, dass der Erblasser auch ohne vertraglichen Vorbehalt vom Erbvertrag zurücktreten kann, wenn der Bedachte gegen §§ 2294, 2295 BGB verstößt, und dass er, falls er nicht darauf verzichtet hat, den Vertrag wegen eines Willensmangels gem. §§ 2078 ff. BGB anfechten kann. Da schon die Unkenntnis von einem noch nicht vorhandenen Pflichtteilsberechtigten dazu ausreicht, stellen eine Ehe, die der Erblasser nach Vertragsschluss eingeht und jede Geburt eines Kindes, den Bestand des Erbvertrages in Frage. Die einzige Besserstellung des Vertragserben oder -vermächtnisnehmers gegenüber dem testamentarisch Bedachten ist, dass er gegen Widerruf durch Verfügung von Todes wegen gesichert ist. Vor allem bietet der Erbvertrag keine Sicherung dafür, dass dem Bedachten die Erbschaft oder der vermachte Gegenstand später wirklich zufallen wird, da nach § 2286 BGB der Erblasser durch den Erbvertrag nicht gehindert ist, über sein Vermögen durch Rechtsgeschäft unter Lebenden zu verfügen. Lediglich gegen böswillige Schenkungen (§ 2287 BGB) und Vereitelung von Vermächtnissen (§ 2288 BGB) besteht eine geringfügige Sicherung (siehe hierzu Abs. 2). Wenn der Erblasser den vermachten Gegenstand veräußert, so dass er zurzeit des Erbfalls nicht mehr zur Erbschaft gehört, ist das Vermächtnis unwirksam (§ 2169 BGB, BGHZ 31, 13 = NJW 1959, 2252 = DNotZ 1960, 207). Letztlich kann der vertragsmäßig Bedachte durch eine Eheschließung des Erblassers und durch Adoptionen und Ehelichkeitserklärungen, die Pflichtteils- bzw. Zugewinnausgleichsansprüche Dritter begründen, mittelbar benachteiligt werden. Auch kann der Erblasser zB einen Pflichtteilsverzichtsvertrag nach § 2351 BGB zusammen mit dem Pflichtteilsberechtigten wieder aufheben, so dass dessen Pflichtteilsanspruch wieder gegen den Vertragserben gerichtet ist (BGH NJW 1980, 2307 (2308) = DNotZ 1981, 49; aA *Hölsmeier* NJW 1981, 2043). Es besteht eben keine schuldrechtliche Verpflichtung des Erblassers aus dem Erbvertrag gegenüber dem Bedachten, den Zueignungsgegenstand für diesen ordnungsgemäß zu verwalten oder auch nur zu erhalten (BGHZ 31, 13 (21)). Bei dieser Rechtslage kann kaum von einem Anwartschaftsrecht des Vertragserben vor dem Erbfall gesprochen werden (zum Meinungsstand MüKoBGB/*Musielak* § 2286 Rn. 3). Jedenfalls ist die Rechtsstellung des im Erbfall Bedachten vor dem Erbfall nicht vererbbar, nicht übertragbar, nicht verpfändbar und kann nicht gepfändet oder zur Insolvenzmasse des Bedachten gezogen werden (MünchKomm/*Musielak* § 2286 Rn. 4). Vor dem Erbfall besteht kein Anspruch, der hinsichtlich eines Grundstücks durch Vormerkung gesichert werden könnte (BGHZ 12, 115 = DNotZ 1954, 264 = NJW 1954, 633), und ebenso wenig kann bei Bedrohung zu Lebzeiten des Erblassers die Rechtsstellung des Bedachten durch Arrest oder einstweilige Verfügung gesichert werden (MünchKomm/*Musielak* § 2286 Rn. 6 mwN). Dagegen ist bei Vorliegen eines rechtlichen Interesses eine Feststellungsklage des Vertragsgegners gegen den Erblasser zulässig (BGHZ 37, 331 (334) = NJW 1962, 913; aA *Lange* NJW 1963, 1571 (1673)).

(2) **Schutz auf Grund Gesetzes.** Zur Auslegung der § 2287 und § 2288 BGB → Form. XII.24 Anm. 5.

(3) **Schutz auf Grund Gestaltung unter Lebenden.** Der Erblasser, der einen Erbvertrag abschließt, wird im Allgemeinen an einer zusätzlichen Bindung unter Lebenden nicht interessiert sein, da er sonst den betreffenden Gegenstand uU unter Nießbrauchsvorbehalt sofort dem Bedachten hätte übereignen können. Trotzdem sind Fälle denkbar, in denen der Erblasser unter allen Umständen bis zu seinem Tod Eigentümer bleiben möchte, andererseits dem im Erbvertrag Bedachten, etwa weil er dem Erblasser Unterhalt gewährt oder in dessen Hausgrundstück Geld investiert hat, der schwache Schutz, den das Gesetz ihm gewährt, nicht ausreicht. Hier ist ein weiterreichender Schutz dadurch möglich, dass mit dem Erbvertrag zusätzliche, vertragliche Vereinbarungen unter Lebenden verbunden werden. Eine solche Verbindung ist nach allgemeiner Meinung zulässig (*Recker* MittRhNotK 1978, 125 (128) mwN; MünchKomm/*Musielak* Einl. § 2274 Rn. 20 u. § 2286 Rn. 8).

a) **Verfügungsunterlassungsvertrag.** Der Erblasser kann dem Bedachten dadurch neben dem Erbvertrag eine zusätzliche Sicherung einräumen, dass er sich ihm gegenüber schuldrechtlich vertraglich negativ verpflichtet, über bestimmte Gegenstände seines Vermögens unter Lebenden nicht zu verfügen (§ 137 S. 2 BGB, BGHZ 31, 13 (18) = NJW 1959, 2252 = DNotZ 1960, 207; BGH DNotZ 1964, 214; FamRZ 1967, 470; DNotZ 1962, 497; *Haegele* Rpfleger 1969, 271; *Mattern* DNotZ 1964, 196 (214); *Bund* JuS 1968, 268; *Beckmann* MittRhNotK 1977, 25 (31); *Recker* MittRhNotK 1978, 125 (129 f.); MünchKomm/*Musielak* § 2286 Rn. 10). Der Unterlassungsvertrag sollte sich dabei nur auf einen oder einige bestimmte Vermögensgegenstände beziehen, nicht auf alle, da sonst Gefahr besteht, dass er als Knebelungsvertrag nach § 138 BGB nichtig ist (*Lange* NJW 1963, 1576). Der Verfügungsunterlassungsvertrag ist grundsätzlich nicht an eine Form gebunden, und zwar auch dann nicht, wenn ein Grundstück Gegenstand der Verpflichtung ist, da § 311b Abs. 1 BGB nur die Verpflichtung zur Veräußerung und dem Erwerb eines Grundstücks der Form unterwirft (BGH NJW 1963, 1603 = DNotZ 1964, 214; BGH FamRZ 1967, 470). Lediglich wenn der Verfügungsunterlassungsvertrag mit dem Erbvertrag wegen Einheitlichkeitswillens der Parteien zu einer rechtlichen Einheit zusammengefasst wird, bedarf er der Form des Erbvertrages (BGHZ 36, 65 (70) = NJW 1962, 249 (250)). Der Verfügungsunterlassungsvertrag kann auch stillschweigend abgeschlossen werden (BGHZ 31, 13 (19)). Für das Vorliegen einer stillschweigenden Unterlassungsverpflichtung besteht jedoch keine rechtliche oder tatsächliche Vermutung (BGH NJW 1963, 1602). Bei Verstoß gegen die Nichtverfügungsverpflichtung entsteht ein vom Verschulden des Erblassers unabhängiger Erfüllungsanspruch des Bedachten gegen den Erblasser auf Rückgängigmachung des durch den Verstoß eingetretenen Erfolgs (BGH NJW 1963, 1602 (1604) = DNotZ 1964, 214). Ist die verbotswidrige Verfügung bereits endgültig, so erwirbt der Bedachte gegen den Erblasser, wenn dieser die Unmöglichkeit der Erfüllung der Unterlassungspflicht zu vertreten hat, einen Schadensersatzanspruch gem. §§ 280, 276 BGB (BGHZ 31, 13 (19) = NJW 1959, 2252 = DNotZ 1960, 207). Ein gefährdeter Unterlassungsanspruch kann notfalls im Wege der einstweiligen Verfügung durch Erlass eines, bei Grundstücken im Grundbuch eintragbaren, Verfügungsverbots gem. §§ 136, 135 BGB gesichert werden (BGH DNotZ 1962, 499). Dagegen können die Ansprüche aus einem Verfügungsunterlassungsvertrag nicht durch Vormerkung im Grundbuch gesichert werden (BGHZ 12, 122 ff.; MünchKomm/*Musielak* § 2286 Rn. 13 mwN).

b) Durch den Verstoß gegen die Unterlassungspflicht bedingte Übertragungsverpflichtung. Die Wirkung des Verfügungsunterlassungsvertrages kann durch die zusätzliche Verpflichtung des Erblassers verstärkt werden, bei einem Verstoß gegen die Unterlassungspflicht das Eigentum an dem betreffenden Gegenstand auf den Bedachten übertragen zu müssen (*Recker* MittRhNotK 1978, 125 (130); MünchKomm/*Musielak* § 2286 Rn. 13). Zur Vermeidung von Umgehungen, könnte neben dem Verstoß gegen die Unterlassungspflicht auch die Anordnung der Zwangsversteigerung und die Eröffnung des Insolvenzverfahrens als auslösende Bedingung für die Übertragungsverpflichtung vereinbart werden. Ein solcher aufschiebend bedingter Übertragungsanspruch ist bei Grundstücken durch Vormerkung sicherbar, eine unzulässige Umgehung des § 137 S. 1 BGB ist darin nicht zu erblicken (BGH NJW 1997, 861 (863); MünchKomm/*Musielak* § 2286 Rn. 12; Staudinger/*Kanzleiter*, Bearbeitung 2019, § 2286 Rn. 17). Wegen möglicher Anfechtungsrechte in der Insolvenz siehe aber BGH ZIP 2007, 1120.

c) **Andere Gestaltungsmöglichkeiten.** aa) Forderungen und bewegliche Sachen können aufschiebend befristet auf den Todesfall des Erblassers übertragen werden. Die aufschiebend befristete Übertragung schützt den Begünstigten vor beeinträchtigenden Verfügungen des Erblassers unter Lebenden nur gem. §§ 160 ff. BGB, so dass bei beweglichen Sachen ein gutgläubiger Erwerb Dritter nicht ausgeschlossen ist (*Recker* MittRhNotK 1978, 125 (128)).

bb) Forderungen und bewegliche Sachen können auch durch das Überleben des Begünstigten aufschiebend bedingt übertragen werden (*Recker* MittRhNotK 1978, 125 (128)). Auch hier wird der Begünstigte nur im Rahmen der §§ 160 ff. BGB geschützt. In dieser Weise bedingte unentgeltliche Verfügungen sind keine Schenkungsversprechen von Todes wegen nach § 2301 BGB, da lediglich die schuldrechtlichen Wirkungen bedingt sind, während das dingliche Geschäft mit dem Abschluss voll gültig ist und daher die Leistung gem. § 2301 Abs. 2 BGB bereits vollzogen ist (*Recker* MittRhNotK 1978, 125 (128) mwN).

cc) Ein gebräuchlicher Schutz des von Todes wegen Bedachten ist auch durch einen bloßen schuldrechtlichen Vertrag unter Lebenden mit auf den Tod des Erblassers verzögerter Erfüllung möglich, wobei bei Grundstücken der Auflassungsanspruch durch eine Vormerkung gesichert wird. Die Beteiligten schließen dabei neben dem Erbvertrag einen unbedingten notariellen Kauf- oder Schenkungsvertrag ab, in dem sich der Erblasser unbedingt zur Übertragung des Grundstücks an den Bedachten auf den Zeitpunkt seines Todes verpflichtet (BGHZ 8, 23 = NJW 1953, 182 = DNotZ 1953, 275; BGH DNotZ 1957, 548 = FamRZ 1957, 171; Reimann/Bengel/*J.Mayer* BGB Vor. § 2274 Rn. 18; § 2278 Rn. 5, § 2301 Rn. 17 ff.; *Rehbeim* DNotZ 1927, 10, 73); *Knieper* DNotZ 1968, 331 (337); *Hieber* DNotZ 1958, 306; *Mattern* BWNotZ 1966, 1 (8); *Pikalo* DNotZ 1972, 644 (650); *Bund* JuS 1968, 268; *Thieme* JR 1956, 292 (293); aA OGHBrZ NJW 1949, 822; MünchKomm/*Musielak* § 2301 Rn. 5 ff.). Bei einem solchen Vertrag ist der Erbe des Erblassers verpflichtet, dem Bedachten den Gegenstand zu verschaffen, zu dessen Übereignung bei seinem Ableben der Erblasser sich dem Bedachten gegenüber durch Rechtsgeschäft unter Lebenden bedingungslos verpflichtet hat. Ob ein solches Rechtsgeschäft unter Lebenden oder eine Verfügung von Todes wegen vorliegt, hängt davon ab, ob die Beteiligten schon zu Lebzeiten Rechte und Pflichten begründen wollten, auch wenn diese erst beim Tode des einen von ihnen voll wirksam werden sollten, oder ob eine Bindung des Erblassers zu Lebzeiten nicht gewollt war (BGHZ 31, 13 (20)). Im Falle einer Schenkung bedarf der Vertrag, da noch unvollzogen, gem. § 518 BGB der notariellen Beurkundung (Palandt/*Weidlich* § 2301 Rn. 6). Ist die Schenkung mit einer Überlebensbedingung iSv § 2301 Abs. 1 BGB verknüpft, dann ist diese Vorschrift zu beachten (MünchKomm/*Musielak* § 2286 Rn. 9). Die Anwendbarkeit des § 2301 Abs. 1 BGB hätte allerdings zur Folge, dass, da der bedingt Beschenkte dann keine Anwartschaft erwirbt (MünchKomm/*Musielak* § 2301 Rn. 14), er bei Grundstücken nicht durch eine Vormerkung gesichert werden kann (LG Zweibrücken MittBayNot 1972, 118). Liegt allerdings, wie im Formular § 2 Abs. 2, ein entgeltliches Geschäft vor, dann ist § 2301 BGB unanwendbar (BGHZ 8, 31; Palandt/*Edenhofer* § 2301 Rn. 1). War das Schenkungsversprechen unbedingt, fällt beim Vorversterben des Beschenkten das Geschenk an dessen Erben (Palandt/*Weidlich* § 2301 Rn. 4). Bezüglich einer solchen unbedingten, erst mit dem Tode des Schenkers zu erfüllenden Schenkung unter Lebenden (betagte Schenkung unter Lebenden) sind drei Gestaltungsmöglichkeiten gegeben. Zum einen können die Beteiligten die Auflassung bereits im notariellen Vertrag erklären, aber den Notar gem. §§ 51, 53 BeurkG unwiderruflich anweisen, Ausfertigungen und beglaubigte Abschriften der Auflassung erst nach dem Tod des Schenkers zu erteilen und beim Grundbuchamt einzureichen. Zum anderen können sie vereinbaren, dass die Auflassung nach dem Tod des Schenkers von dem dazu bevollmächtigten Beschenkten erklärt werden soll und letztlich können sie sich mit der bloßen, die Erben des Zuwendenden bindenden schuldrechtlichen Vereinbarung begnügen. In allen drei Fällen kann der unbedingte, nur in der Erfüllung auf den Tod des Verpflichteten hinausgeschobene Eigentumsübertragungsanspruch durch eine Auflassungsvormerkung gesichert werden (*Recker* MittRhNotK 1978, 125 (129) mwN; BayObLGZ 1953, 226 = DNotZ 1953, 599). Ein solcher Vertrag unter Lebenden kann auch zum Schutz eines vertragsmäßig bedachten Dritten neben dem Erbvertrag als Vertrag zugunsten Dritter nach §§ 328 ff. BGB geschlossen werden (*Pabst* MittBayNot 1952, 157; *Schulte* DNotZ 1953, 355 (365)). Der Anspruch kann auch durch eine Vormerkung gesichert werden, wenn der Dritte noch nicht individuell bestimmt ist, spätere Bestimmbarkeit genügt (BGHZ 28, 99 = NJW 1958, 1677). Klargestellt sollte werden, ob der Dritte selbst ein Recht erwerben soll, die Leistung zu fordern (§ 328 Abs. 1 BGB) und ob den Vertragsschließenden die Befugnis vorbehalten bleibt, die Rechte des Dritten ohne seine Zustimmung aufzuheben oder abzuändern (§ 328 Abs. 2 BGB). Wurden bereits im Erbvertrag ein Vermächtnis angeordnet und die einzelnen Übergabemodalitäten vereinbart, so soll es in dem mit ihm verbundenen Vertrag unter Lebenden nicht mehr der Wiederholung dieser Einzelheiten bedürfen. Es genüge vielmehr, wenn zusätzlich zu den erbvertraglichen Regeln in die notarielle Urkunde der Passus aufgenommen werde, dass sich die Vertragsschließenden auch durch Rechtsgeschäft unter Lebenden verpflichten, die Übergabe des Anwesens in der bereits erwähnten Weise durchzuführen (*Pabst* MittBayNot 1952, 157; *Hieber* MittBayNot 1960, 130; Reimann/Bengel/*J. Mayer* Formularteil Rn. 85).

7. **Annahme der vertragsmäßigen Verfügungen.** Bezüglich der ausdrücklichen Annahme der vertragsmäßigen Verfügung durch den Vertragsgegner → Form. XI.15 Anm. 7.

8. **Verbindung des Erbvertrages mit anderen Verträgen.** Wie sich aus § 34 Abs. 2 Hs. 2 BeurkG (früher § 2277 Abs. 2 S. 2 BGB) ergibt, kann ein Erbvertrag mit einem anderen Vertrag verbunden werden. Ein Erbvertrag kann dabei auch den Charakter eines entgeltlichen Rechtsgeschäfts annehmen (BGHZ 36, 65 (70 f.) = DNotZ 1962, 319). Trotzdem stehen dann die vertragsmäßigen Zuwendungen, die sich die Vertragspartner gegenseitig gewähren, nicht in einem Verhältnis von Leistung und Gegenleistung im Sinne der §§ 320 ff. BGB (MünchKomm/*Musielak* Vor § 2274 Rn. 21 u. § 2295 Rn. 1; Reimann/Bengel/*J. Mayer*

BGB Vor § 2274 Rn. 44). Trotz der wirtschaftlichen Verknüpfung stehen beide Verträge formal unabhängig nebeneinander. Die gesetzliche Ausgestaltung (§ 2302 BGB) steht der Annahme eines einheitlichen, gegenseitigen Vertrages entgegen (*Knieper* DNotZ 1968, 331 (332)). Die Anwendung der gesetzlichen Vorschriften für gegenseitige Verträge, die Unmöglichkeit, Rücktritt, Verzug und andere Leistungsstörungen regeln, ist daher bei der Verbindung des Erbvertrages mit anderen Verträgen ausgeschlossen (*Knieper* DNotZ 1968, 331 (333)). Jeder der verbundenen Verträge unterliegt den für ihn geltenden Formvorschriften. Lediglich wenn der Erbvertrag mit den übrigen Vereinbarungen der Parteien eine rechtliche Einheit bildet, bedürfen auch diese der Form des § 2276 BGB (BGHZ, 36, 65 (71) = DNotZ 1962, 319). Der Gesetzgeber hat nur durch zwei Bestimmungen eng begrenzte Konfliktsituationen aus diesem Bereich geregelt. § 2295 BGB räumt dem Erblasser das Recht zum Rücktritt ein, wenn er seine Verfügung „mit Rücksicht auf" die Verpflichtung des Vertragspartners auf Erbringung wiederkehrender Leistungen getroffen hat und diese Verpflichtung nachträglich aufgehoben wird. Dabei berechtigt nur deren Aufhebung nicht aber ihre Schlechterfüllung, Verzug oder Nichterfüllung zu diesem Rücktritt (MünchKomm/*Musielak* § 2295 Rn. 5). Ferner ergreifen nach § 2298 BGB Nichtigkeit und Rücktritt den gesamten Vertrag, wenn beide Parteien Verfügungen von Todes wegen getroffen haben. Ferner haben sowohl der Erblasser als auch der Bedachte Ansprüche aus ungerechtfertigter Bereicherung, die auf Einwilligung in die Aufhebung der Verfügung bzw. Rückerstattung des bereits Erbrachten gehen, wenn der jeweils andere Teil seine Leistungen nicht erbringt (*Knieper* DNotZ 1968, 331 (334) mwN). Da die Leistung des Erblassers nur in seiner Verfügung liegt, kann er sie zwar erfüllen, indem er sie bestehen lässt, kann aber sein Vermögen durch wirksame Leistungen unter Lebenden aushöhlen (*Knieper* DNotZ 1968, 331 (335)). Außerdem hat der Erblasser, wenn die Verpflichtungen des Bedachten nicht seinen Erwartungen gemäß erfüllt werden, ein Anfechtungsrecht wegen Irrtums (§§ 2078 Abs. 2, 2281 BGB). Allem nach geht das Fehlen der Gegenseitigkeit beim entgeltlichen Erbvertrag in erster Linie zu Lasten des Bedachten (*Knieper* DNotZ 1968, 331 (337)). Ihm muss daher durch entsprechende Vertragsgestaltung Sicherheit gewährt werden. Dies kann geschehen:

a) durch zusätzlichen Verfügungsunterlassungsvertrag mit bedingter Übertragungsverpflichtung (→ Anm. 6 Abs. 3a, b) oder durch zusätzlichen schuldrechtlichen Übertragungsvertrag unter Lebenden mit aufgeschobener Erfüllung (→ Anm. 6 Abs. 3c dd). Beidesmal handelt es sich um Verpflichtungsgeschäfte unter Lebenden, die im Verhältnis zur Gegenleistung des Bedachten zur Anwendung der §§ 323 ff. BGB führen (*Knieper* DNotZ 1968, 331 (336)).

b) indem die Parteien den Willen ausdrücklich zum Ausdruck bringen, dass der Erbvertrag mit der Verpflichtung zur Gegenleistung ein einheitliches Geschäft darstellen soll, so dass die Nichtigkeit des einen die des anderen Teils gem. § 139 BGB nach sich zieht (*Boehmer,* Entgeltliche Erbverträge, FS Lehmann, Bd. I. 1956, 467; *Kipp/Coing* ErbR, 13. Bearb. § 36 IV 1).

c) indem die Parteien die Wirksamkeit der verbundenen Verträge **ausdrücklich gegenseitig zur Bedingung nach § 158 BGB machen** (Reimann/Bengel/*J.Mayer* BGB Vor § 2274 Rn. 48; *Knieper* DNotZ 1968, 331 (337)).

**9. Sukzessivberechtigung und ihre Vormerkbarkeit.** Der bedingte Übertragungsanspruch in § 2 Abs. 2 des Formulars steht zunächst der C zu und nach ihrem Vorversterben vor der Erblasserin nicht etwa ihren Erben, sondern den von der Erblasserin unter § 1 Abs. 1 eingesetzten Ersatzvermächtnisnehmern. Würde es sich im Formular nicht um eine wegen der Unterhaltsgegenverpflichtung der C entgeltliche Übertragungsverpflichtung handeln, sondern um eine Schenkung, wäre wegen der Überlebensbedingung der C § 2301 Abs. 1 BGB anzuwenden, mit der Folge, dass der Anspruch der C nicht durch Vormerkung gesichert werden könnte (LG Zweibrücken MittBayNot 1972, 118). Bei Schenkungen müssten daher in einem solchen Fall als Sukzessivberechtigte des bedingten Übertragungsanspruchs immer die Erben des Erstberechtigten eingesetzt werden. Liegt jedoch, wie hier, keine Schenkung vor, ist § 2301 BGB nicht anwendbar (BGHZ 8, 31; Palandt/*Weidlich* § 2301 Rn. 1). Soweit die Ersatzvermächtnisnehmer beim Vorversterben der C Berechtigte des bedingten Übertragungsanspruchs werden, handelt es sich um einen Vertrag zugunsten Dritter. Es sind dabei drei Ansprüche zu unterscheiden. Zunächst der persönliche der C, dann der der C auf Leistung an die noch unbekannten Ersatzvermächtnisnehmer (§ 335 BGB) und letztlich der Anspruch dieser zum Zeitpunkt des Vertragsschlusses noch unbekannten Ersatzvermächtnisnehmer (§ 328 Abs. 1 BGB). Es fragt sich, ob und wieweit diese Ansprüche durch Vormerkung sicherbar sind. Da nach § 883 Abs. 1 S. 2 BGB auch künftige und bedingte Ansprüche durch Vormerkung gesichert werden können, könnte nur fraglich sein, ob die derzeit ihrer Person nach noch unbekannten Ersatzvermächtnisnehmer dem grundbuchmäßigen Bestimmtheitserfordernis entsprechen. Das grundbuchmäßige Erfordernis der genauen Bezeichnung des Berechtigten gilt jedoch nach der Rspr. (KG JFG 9, 207 = JW 1932, 2445; BGHZ 28, 99 (104) = NJW 1958, 1677; LG Traunstein NJW 1962, 2207; LG Regensburg MittBayNot 1971, 18; LG München II MittBayNot 1972, 229; LG Köln Rpfleger 1982, 17; *Holch* BWNotZ 1956, 144; *Tröster* Rpfleger 1967, 313 (316)) nur für die Erstanspruchsberechtigten, während für die später Berechtigten die künftige Bestimmbarkeit genügt aber auch erforderlich ist. Bezüglich der im Formular vorliegenden Ansprüche können entweder drei verschiedene Vormerkungen eingetragen werden (wie zB im Fall des LG Köln Rpfleger 1982, 17) oder aber auch alle Ansprüche können nur in einem Grundbuchvermerk vorgemerkt werden (wie im Fall des LG Flensburg SchlHA 1970, 230). Auch bei der letztgenannten Eintragungsweise haben beim Wegfall des Erstberechtigten die Ansprüche der späteren volle Vormerkungswirkung (*Tröster* Rpfleger 1967, 313 (316)).

**10. Steuern.** Erbschaftsteuer. Der Erwerb auf Grund eines Erbvertrages wird erbschaftsteuerlich nicht anders behandelt als der auf Grund gesetzlicher Erbfolge oder Testament. Nach BFH BStBl. II 1984, 37 kann der Vertragsgegner beim Erbvertrag eine „Gegenleistung", die er für die erbvertragliche Zuwendung etwa durch Pflege und Unterhalt des Erblassers unter Lebenden erbracht hat, beim Eintritt des Erbfalls erbschaftsteuerlich vom Erwerb abziehen. Es muss aber bereits zur Zeit der Leistungserbringung vereinbart sein, dass diese entgolten wird, FG München BeckRS 2003, 26015492.

**11. Kosten.** → Form. XI.1 Anm. 16. Mit einem Erbvertrag verbundene andere Verträge wie zB der Unterhaltsvertrag, der Verfügungsunterlassungsvertrag mit bedingter Übertragungsverpflichtung oder ein zum Schutz des Bedachten zusätzlich vereinbarter schuldrechtlicher Übertragungsvertrag mit verzögerter Erfüllung haben stets verschiedenen Gegenstand (§ 111 Nr. 1 GNotKG).

## 27. Erbvertrag bei nichtehelicher nichteingetragener Lebensgemeinschaft

**Verhandelt zu[1, 2] . . . . .**
**am . . . . . (kann nur in notarieller Urkunde errichtet werden!)**
**(weiter → Form. XV.15)**

**§ 1 Gegenseitige Erbeinsetzung**

**(1) Wir, A und B, sind beide unverheiratet und leben in nichtehelicher Lebensgemeinschaft.**

**(2) Vertragsmäßig setzen wir uns hiermit gegenseitig zu alleinigen und ausschließlichen Vollerben ein. Eine Nacherbfolge findet nicht statt. Wir nehmen diese Erklärungen**

**gegenseitig als vertragliche an. Der Überlebende von uns trifft heute keine Verfügungen von Todes wegen.**

**§ 2 Rücktrittsvorbehalt**

**Jeder von uns behält sich den jederzeit ohne Angaben von Gründen[3] möglichen Rücktritt von dem Erbvertrag vor.**

**§ 3 Verzicht auf Anfechtungsrecht**

**Wir verzichten hiermit gegenseitig auf künftige Anfechtungsrechte gem. §§ 2078, 2079 BGB, und zwar auch bezüglich solcher Umstände mit denen wir nicht rechnen oder die wir nicht voraussehen konnten.[4]**

**§ 4 Schlussformel[6, 7]**

**Wir verzichten auf eine besondere amtliche Verwahrung dieses Erbvertrages.[5] Die Kosten der Urkunde trägt der A. Den Wert unseres beiderseitigen reinen Vermögens geben wir mit . . . . . an.**

*Schrifttum: Grziwotz,* Partnerschaftsvertrag für die nichteheliche Lebensgemeinschaft, 3. Aufl. 1998; *Kunigk,* Die Lebensgemeinschaft, 1978; *Nieder/Kössinger,* Hdb. d. Testamentsgestaltung, § 21 Rdn. 55 ff.; *Meier-Scherling,* Die eheähnliche Lebensgemeinschaft, DRiZ 1979, 296.

## Anmerkungen

**1. Sachverhalt.** Frau A und Herr B sind unverheiratet und leben in nichtehelicher Lebensgemeinschaft. Sie haben sich einen Hausstand angeschafft und wollen vorsorgen, dass auf den Tod eines von ihnen der Überlebende nicht von den Verwandten des anderen durch über die gesetzlichen Pflichtteilsrechte hinausgehenden Erbansprüchen belästigt wird. Im Übrigen wollen sie sich jedoch, so wie sie sich auch nicht in ihrer Gemeinschaft binden wollen, auch nicht von Todes wegen binden, sondern jeder soll, allerdings nicht ohne Wissen des anderen, anderweitig letztwillig verfügen können.

**2. Anwendungsfälle.** Ein gesetzliches Erbrecht besteht für Partner einer nichtehelichen und auch nicht nach dem LPartG eingetragenen Gemeinschaft (das ist im Folgenden stets mitgedacht) nicht. Durch Verfügung von Todes wegen kann jeder nichteheliche Partner den anderen bedenken, jedenfalls zweifelsfrei dann, wenn keiner von ihnen anderweitig verheiratet ist (*Meier-Scherling* DRiZ 1979, 298). Bei beiderseits ungebundenen Partnern bestehen die sonst aus § 138 BGB (Sittenwidrigkeit) hergeleiteten Bedenken nicht. Hinsichtlich der Form ist zu beachten, dass Testamentsformen, die eine gültige Ehe voraussetzen (§§ 2265, 2267 BGB, vgl. auch § 10 Abs. 4 LPartG), für die eheähnliche Gemeinschaft nicht gelten, und zwar auch nicht die für ein Verlöbnis (§ 2276 Abs. 2 BGB) bestehenden, weil die Partner einer solchen Gemeinschaft ja gerade keine gültige Ehe eingehen wollen und daher auch nicht iSd BGB miteinander verlobt sind (*Meier-Scherling* DRiZ 1979, 298). Insbesondere können die Partner einer nichtehelichen Gemeinschaft kein gemeinschaftliches Testament mit wechselbezüglichen Verfügungen errichten. Sie können jedoch mit einem gegenseitigen Erbvertrag (§ 2298 BGB) dieselben Rechtswirkungen erzielen. Wenn sie zB vertragsmäßig sich gegenseitig zu Alleinerben einsetzen und der Längstlebende vertragsmäßig einen Dritten einsetzt und sie behalten sich solange sie beide leben gegenseitig bedingungslose Rücktrittsrechte vor, nicht jedoch für die Zeit nach dem Tod des Erstversterbenden, erreichen sie damit die Bindungswirkung des

Berliner Testaments (§ 2269 BGB). Grundsätzlich dürften hinsichtlich der erbvertraglichen Bindungswirkung folgende Gestaltungsmöglichkeiten zwischen Partnern einer solchen Gemeinschaft denkbar sein:

a) Sie können sich vertragsmäßig gegenseitig zu Alleinerben einsetzen und sich bedingungslose Rücktrittsrechte vorbehalten. Eine solche Regelung hat trotz des vollen Rücktrittsvorbehalts gegenüber Einzeltestamenten den Vorteil, dass keiner seine Verfügungen widerrufen kann, ohne dass es der andere erfährt, da der Rücktritt in notarieller Urkunde erklärt und dem Vertragsgegner zugehen muss (§ 2296 Abs. 2 BGB, *Küster* JZ 1958, 394 (395)). Diese Regelung macht sich den Schutz des Offenheitsprinzips zunutze. Außerdem fällt mit dem Rücktritt des einen Partners auch dessen Erbeinsetzung durch den anderen automatisch weg (§ 2298 Abs. 1 BGB). Wenn die Partner, wie im Formular, außerdem gegenseitig auf ihre künftigen Anfechtungsrechte verzichten, hindert das vor allem die Entstehung von Anfechtungsrechten Dritter (MüKoBGB/*Musielak* § 2285 Rn. 5) und verhindert dadurch, dass Verwandte des Erstversterbenden seine vertragsmäßigen Verfügungen aus Gründen anfechten, die ihn selbst nicht zur Anfechtung veranlasst hätten. Eine solche Drittanfechtung dürfte immer drohen, wenn die Verwandtschaft das Verhältnis missbilligt.

b) Die Partner können statt dessen die Rücktrittsmöglichkeiten nur für den Fall zulassen, dass der andere Partner durch sein Verhalten die Lebensgemeinschaft so zerrüttet hat, dass dem anderen ein Festhalten daran nicht mehr zugemutet werden kann (siehe zum auf bestimmte Gründe beschränkten Vorbehalt → Form. XII.31 Anm. 5 (8b)). Dagegen, dem an der Auflösung der Lebensgemeinschaft schuldigen Partner die Rücktrittsmöglichkeit zu verweigern, sie dem anderen aber zu geben, könnte § 138 BGB sprechen. Da jedoch früher auch im Eherecht die Scheidungsfolgen an das Verschulden gekoppelt waren, dürfte man dies kaum als unsittlich ansehen können (siehe auch *Walter* NJW 1981, 1409 (1412)). Ferner könnte eine solche Bedingung wegen ihres Strafcharakters gegenüber dem Schuldigen als Verstoß gegen das Verbot erbrechtlicher Verpflichtungsverträge gem. § 2302 BGB angesehen werden. Da jedoch eine Bindung, und zwar ohne jeden Rücktrittsvorbehalt durch Erbvertrag, möglich ist, wenn nur die gesetzlichen Rücktrittsrechte gem. §§ 2294, 2295 BGB verbleiben (BGHZ 29, 129 = NJW 1959, 625 = DNotZ 1959, 209; Palandt/*Weidlich* § 2302 Rn. 1), dürfte die Gestaltung auch aus diesem Grund nicht unzulässig sein. Dagegen erscheint mir ihre Zweckmäßigkeit fraglich. Sobald das Rücktrittsrecht vom Vorliegen bestimmter Gründe abhängen soll, muss ausdrücklich klargestellt werden, ob deren Vorliegen gerichtlich nachprüfbar sein soll (MünchKomm/*Musielak* § 2293 Rn. 2).

c) Letztlich könnte die gegenseitige Erbeinsetzung der Lebensgefährten auch unter der Bedingung erfolgen, dass die Lebensgemeinschaft bis zum Tod des Erstversterbenden bestanden hat.

d) Selbst wenn sich jedoch die Partner gegenseitig ohne Rücktrittsvorbehalt zu Erben einsetzen würden, könnte jeder von ihnen im Fall des Scheiterns der Lebensgemeinschaft seine Verfügungen gem. §§ 2281, 2078 BGB wegen Motivirrtums, der in den enttäuschten Erwartungen zu finden wäre, anfechten.

e) Keine gute Lösung wäre es, wenn die Partner statt in einem Erbvertrag sich in zwei Einzeltestamenten gegenseitig zu Alleinerben einsetzten und, um eine Bindung zu erreichen, entweder die Wirksamkeit der Verfügung des anderen gegenseitig zur Bedingung der eigenen machen, oder sie ausdrücklich gegenseitig zum Motiv der eigenen Verfügung zu erklären, damit der Ausfall der Bedingung zur Anfechtung berechtigt (unechte Wechselbezüglichkeit *Bühler* DNotZ 1962, 359 (364)). Die so erreichte unechte Wechselbezüglichkeit hat den Nachteil, dass sie entgegen der Rechtslage bei der echten (§ 2271 Abs. 1 S. 2 BGB) keine verdrängende Wirkung auf spätere beeinträchtigende letztwillige Verfügungen hat und deshalb jeder der Partner heimlich seine Verfügung durch eigenhändiges widersprechendes oder widerrufendes Testament aufheben könnte, in der Hoffnung, selbst der Längstlebende zu bleiben.

3. **Rücktrittsvorbehalt.** Der Erblasser kann sich gem. § 2293 BGB den bedingungslosen Rücktritt von seinen vertragsmäßigen Verfügungen im Erbvertrag vorbehalten (Staudinger/*Kanzleiter*, Bearbeitung 2019, § 2293 Rn. 7; Reimann/Bengel/*J.Mayer* BGB, § 2293 Rn. 12; *Lehmann* NotBZ 2000, 85).

4. **Verzicht auf künftige Anfechtungsrechte.** Zur Möglichkeit, im Erbvertrag auf künftige Anfechtungsrechte zu verzichten, → Form. XII.31 Anm. 5 (9e).

5. **Ausschluss der besonderen amtlichen Verwahrung.** Die Parteien des Erbvertrages können gemeinsam die besondere amtliche Verwahrung des Erbvertrages ausschließen (§ 34 Abs. 2 BeurkG).

6. **Steuern.** Erbschaftsteuer. Die Partner einer nichtehelichen Lebensgemeinschaft (zu Lebenspartnern s. u.) werden wie Verlobte erbschaftsteuerlich nach der ungünstigen Steuerklasse III versteuert (*Troll/Gebel/Jülicher* § 15 Rn. 2/30). Außerdem steht ihnen nur ein Steuerfreibetrag von 20.000,– EUR und nicht wie Ehegatten der Freibetrag von 500.000,– EUR nach § 16 Abs. 1 Nr. 1 ErbStG zu, es sei denn, dass sie in eingetragener Lebenspartnerschaft leben (§ 16 Abs. 1 Nr. 1 ErbStG). Die Möglichkeit der Umgehung durch Geltendmachung eines angemessenen Entgelts für Pflege und Unterhalt des Erblassers durch den überlebenden Partner ist ebenfalls nicht mehr gegeben, seit dies nach § 13 Abs. 1 Nr. 9 ErbStG nur mehr eingeschränkt (zzt. bis zu 20.000,– EUR) möglich ist. Wurden Leistungen zur Grundpflege oder hauswirtschaftlichen Versorgung eines pflegebedürftigen Partners erbracht, so sind Geldzuwendungen *unter Lebenden* – fraglich allerdings, ob auch solche auf den Todesfall! – bis zur Höhe des nach § 37 SGB XI oder nach entsprechenden privaten Versicherungsverträgen gewährten Plegegeldes erbschaft- und schenkungsteuerfrei (§ 13 Abs. 1 Nr. 9a ErbStG). Durch das Jahressteuergesetz 2010 wurden eingetragene Lebenspartner im Erbschafts- und Schenkungsteuerrecht Ehegatten völlig gleichgestellt. Auch Partner einer eingetragenen Lebenspartnerschaft erwerben stets nach Steuerklasse I.

7. **Kosten.** → Form. XI.1 Anm. 16.

## 28. Schenkungsvertrag mit auf den Tod verzögerter Erfüllung

**Verhandelt zu[1, 2]. . . . .**

**am . . . . . (kann wegen §§ 518, 311b Abs. 1 BGB nur in notarieller Urkunde errichtet werden!)**

**§ 1 Grundstücksbeschrieb**

**Der A ist im Grundbuch von M-Stadt Blatt . . . . . eingetragen bezüglich des unbelasteten Hausgrundstücks Flst. Nr. . . . . ., S-Straße Nr. . . . . .**

**§ 2 Schenkung**

**Der A schenkt hiermit dieses Grundstück unbedingt, dh insbesondere ohne die Bedingung, dass der Beschenkte den Schenker überlebt, dem B, der die Schenkung annimmt. Die Erfüllung dieser Schenkung durch Auflassung und Grundbucheintragung soll jedoch erst mit dem Tod des Schenkers erfolgen.[3,4] Danach soll der B das Grundstück auf Grund**

**der ihm unten erteilten Vollmacht auf sich auflassen und den Antrag auf Vollzug des Eigentumswechsels im Grundbuch stellen. Bis zum Tod des Schenkers ist der Anspruch des Beschenkten durch eine Vormerkung zu sichern.**

§ 3 Übergabe

Die Übergabe des Grundstücks mit allen Rechtswirkungen erfolgt am Todestag des A.

§ 4 Gewährleistungsausschluss

Der Schenker schließt gegenüber dem Beschenkten seine Haftung wegen Rechts- und Sachmängel aus.

§ 5 Eigentumserwerbsvormerkung

Zur Sicherung des Anspruchs des B auf Eigentumserwerb nach dem Tod des A an dem unter § 1 bezeichneten Grundstück auf Grund des obigen Schenkungsvertrages bewilligt der A und beantragt der B die Eintragung einer Vormerkung im Grundbuch an breitester Rangstelle.

§ 6 Auflassungsvollmacht

Der A bevollmächtigt hiermit unwiderruflich[5] und unter Befreiung von den Beschränkungen des § 181 BGB den B, ihn nach seinem Tod bei der Auflassung und dem Antrag auf Vollzug des Eigentumswechsels bezüglich des unter § 1 beschriebenen Grundstücks auf sich selbst zu vertreten. Von der Vollmacht darf nur nach Vorlage einer Sterbeurkunde des A Gebrauch gemacht werden.

§ 7 Hinweise

Die Beteiligten wurden vom Notar darauf hingewiesen, dass durch diesen Schenkungsvertrag für den Beschenkten ein veräußerlicher und vererblicher Anspruch auf Erwerb des Grundstücks begründet wird. Ferner, dass eine Rückforderung oder ein Widerruf der Schenkung nur bei Vorliegen der Voraussetzungen des Notbedarfs beim Schenker oder des groben Undanks gegenüber dem Schenker nach dem Schenkungsrecht des BGB möglich ist.

§ 8 Schluss[7]

Beantragt werden:

1. Grunderwerbsteuerliche Unbedenklichkeitbescheinigung des Finanzamts M-Stadt
2. Mitteilung an das Finanzamt – Erbschaftsteuerstelle – M-Stadt[6]
3. Je eine beglaubigte Abschrift für beide Vertragsteile
4. Ausfertigung an das Amtsgericht – Grundbuchamt – M-Stadt zum Vollzug gegen Vollzugsanzeige.

In Gegenwart des Notars den Beteiligten vorgelesen, von ihnen genehmigt und eigenhändig unterschrieben.

................

Unterschriften

*Schrifttum: Lindemeier,* Die Überlebensbedingung als Merkmal der Schenkung von Todes wegen, NotBZ 2002, 122, 167; *Nieder/Kössinger,* Hdb. d. Testamentsgestaltung, 3. Aufl. § 4 Rdn. 6 ff.

## Anmerkungen

**1. Sachverhalt.** Der A will dem B das Grundstück auf seinen Tod zukommen lassen. Da der B das Haus noch zu Lebzeiten des A auf seine Kosten umbauen lassen will, ist ihm der Schutz des Bedachten, den eine Verfügung von Todes wegen bietet, zu gering.

**2. Anwendungsfälle.** Wenn man eine Reihenfolge der Gestaltungsmöglichkeiten, einen Gegenstand einem anderen auf den Tod zukommen zu lassen, nach dem Maß der Sicherheit für den Bedachten aufstellt, den Gegenstand tatsächlich zu erhalten, bietet die Zuwendung durch ein Einzeltestament die geringste Sicherheit. Hier kann der Erblasser sowohl das Testament widerrufen als auch den Gegenstand unter Lebenden veräußern. Als Schlusserbe oder Schlussvermächtnisnehmer in einem Berliner Testament ist der Widerruf der letztwilligen Zuwendung wenigstens nach dem Tod des Erstversterbenden nicht mehr möglich, und als Bedachter und Vertragsgegner in einem Erbvertrag ist dieser Widerruf sogar ab dem Vertragsschluss ausgeschlossen. Bei beiden Gestaltungsmöglichkeiten ist der Bedachte jedoch nicht vor beeinträchtigenden Verfügungen des Erblassers durch Rechtsgeschäfte unter Lebenden geschützt. Hier bietet beim Erbvertrag ein zusätzlicher Verfügungsunterlassungsvertrag mit bedingter Übertragungsverpflichtung bei Verstoß gegen die Unterlassungspflicht größeren Schutz. Wirkliche Sicherheit gewährt jedoch, wie im vorliegenden Formular, ein schuldrechtlicher Vertrag unter Lebenden mit auf den Tod des Veräußerers verzögerter Erfüllung nebst bei Grundstücken der Sicherung des Auflassungsanspruchs durch eine Vormerkung (Rechtsgeschäft unter Lebenden auf den Todesfall). Diese Gestaltungsmöglichkeit konkurriert bezüglich der Sicherheit für den Bedachten mit der sofortigen Übertragung unter Nießbrauchsvorbehalt des Ver-äußerers. Die Wahl zwischen diesen beiden Gestaltungen wird von steuerlichen und psychologischen Aspekten bestimmt. Oft ist es der gefühlsmäßig geprägte Wunsch des Veräußerers, bis zu seinem Tod Eigentümer zu bleiben. Zu der verzögerten Erfüllung sind verschiedene Varianten möglich:

a) Die Beteiligten können die Auflassung bereits im notariellen Vertrag erklären, aber den Notar unwiderruflich gem. §§ 51, 53 BeurkG anweisen, Ausfertigungen und beglaubigte Abschriften erst zu erteilen und beim Grundbuchamt einzureichen, wenn der Zuwendende verstorben ist.

b) Die Beteiligten können sich mit der bloßen schuldrechtlichen Vereinbarung begnügen, die dann von den Erben des Zuwendenden erfüllt werden muss.

Bei der Gestaltung des Formulars würden bei einem Vorversterben des B dessen Erben den Eigentumsübertragungsanspruch erben. Im Wege des Vertrages zugunsten Dritter könnte für diesen Fall auch ein anderer Nachfolgeberechtigter bestimmt und auch dessen bedingter Anspruch durch Vormerkung gesichert werden.

**3. Zulässigkeit von Rechtsgeschäften unter Lebenden auf den Todesfall.** Zur Zulässigkeit von Rechtsgeschäften unter Lebenden auf den Todesfall wie im GH NJW 1974, 2319 = DNotZ 1975, 414.

**4. Der Beginn der Zehnjahresfrist für die Berücksichtigung von Schenkungen beim Pflichtteilsergänzungsanspruch.** Nach § 2325 Abs. 3 bleiben hinsichtlich der Pflichtteilsergänzung alle Schenkungen des Erblassers unberücksichtigt, bei denen zum Zeitpunkt des Erbfalls zehn Jahre seit der Leistung des verschenkten Gegenstandes verstrichen sind (davor pro-rata Berücksichtigung). Lediglich Schenkungen des Erblassers an seine Ehefrau sind davon ausgenommen. Bei ihnen beginnt die Zehnjahresfrist nicht vor der Auflösung der Ehe (§ 2325 Abs. 3 S. 2), dh wenn die Ehe durch den Tod des Erblassers aufgelöst wird, sind sämtliche Schenkungen an den Ehegatten während der Dauer der Ehe mit Ausnahme der Pflicht- und Anstandsschenkungen gem. § 2330 ergänzungspflichtig (kritisch *Derleder* ZEV 2014, 8). Dabei ist zu klären, ob unter „Leistung" des verschenkten Gegenstandes, ab der die Ausschlussfrist zu laufen beginnt, die Leistungshandlung (Anwartschaftsbegründung), der wirtschaftliche Leistungserfolg (wirtschaftliche Ausgliederung + Vermögensopfer) oder erst der rechtliche Leistungserfolg (Vollendung des Rechtsübergangs) zu verstehen ist. Der BGH (BGHZ 98, 226 = NJW 1987, 122 = DNotZ 1987, 315 mAnm *Nieder* = JR 1987, 240 mAnm *Frank* = JZ 1987, 150 mAnm *Paulus*) fordert seit einer Grundsatzentscheidung v. 17.9.1986 unter ausdrücklicher Aufgabe früherer Rechtsprechung für den Beginn der Zehnjahresausschlussfrist, „dass der Erblasser einen Zustand geschaffen hat, dessen Folgen er selbst noch zehn Jahre lang zu tragen hat und der schon im Hinblick auf diese Folgen von einer böslichen Schenkung abhalten kann" und weiter, dass es dazu „jedenfalls einer wirtschaftlichen Ausgliederung des Geschenks aus dem Vermögen des Erblassers" bedarf. Dieses Abstellen auf konturlose wirtschaftliche Aspekte dient nicht dem Gebot der Rechtssicherheit (*Frank* JR 1987, 244). Die Rechtsprechung ist aber heute gefestigt und in der Literatur überwiegend anerkannt (BGH NJW-RR 1990, 1158; BGHZ 125, 395 = NJW 1994, 223; BGHZ 211, 38; zur Kritik MüKoBGB/*Lange* § 2325 Rn. 59). Bei Schenkungen, bei denen sich der Schenker durch schuldrechtliche oder dingliche Vereinbarung die Nutzung des verschenkten Gegenstandes noch ganz vorbehält (zB Grundstücksschenkung unter Nießbrauchsvorbehalt oder mit freiem Rückforderungsrecht), kann von einer endgültigen wirtschaftlichen Ausgliederung des Geschenks aus dem Vermögen des Erblassers trotz Herbeiführung des rechtlichen Leistungserfolgs nicht gesprochen werden, die Frist beginnt also nicht (BGHZ 125, 395) Grenzfälle bilden Teilnutzungen wie zB das Wohnungsrecht. Hier ist eine abstrakte Antwort nicht möglich (*Karczewski* in FS 25 Jahre DNotI, 2018, 639 (657). Erstreckt es sich nur auf eine von mehreren Wohnungen und besteht kein Rückforderungsrecht, läuft die Zehnjahresfrist bereits mit Vollzug der Grundstücksschenkung im Grundbuch (BGHZ 211, 38). Wurde dagegen die Rückforderung vorbehalten (OLG Düsseldorf FamRZ 1999, 1546) oder ist praktisch der gesamte Grundbesitz von dem Nutzungsrecht beansprucht, ist aus Sicht der Rechtsprechung wohl noch kein wirtschaftlicher Übergang erfolgt (kritisch dazu MüKoBGB/*Lange* § 2325 Rn. 66; Überlegungen zur „Reparatur" einer Schenkung, damit die Frist anläuft, *Weber* ZEV 2017, 252).

Nach der bisherigen Rechtsprechung korreliert der Fristbeginn nicht mit der Frist nach § 529 BGB (zu dieser BGHZ 190, 281). Zu fordern wäre dies (*Everts* MittBayNot 2012, 23; *Herrler* ZEV 2011, 669). Selbst wenn im vorliegenden Formular die Auflassung sofort erfolgt, aber nur eine Eigentumserwerbsvormerkung im Grundbuch eingetragen worden wäre, würde das nach der Rechtsprechung zum Fristbeginn nach § 2325 Abs. 3 BGB nicht ausreichen. Eine Schenkung mit auf den Tod des Schenkers verzögerter Erfüllung ist daher generell nicht geeignet, einen Pflichtteil zu verkürzen.

**5. Widerruf einer Vollmacht über den Tod hinaus.** Der Erblasser kann eine über seinen Tod hinaus geltende Vollmacht erteilen (postmortale Vollmacht, *Haegele* Rpfleger 1968, 345). Aus der Vollmacht muss klar hervorgehen, dass sie auch für die Zeit nach dem Tod des Vollmachtgebers oder überhaupt erst ab seinem Tod gelten soll (RGZ 88, 348), es sei denn, dass dies, wie bei der Auflassungsvollmacht, bereits aus dem Geschäft selbst hervorgeht (KG JW 1939, 432; LG Kassel DNotZ 1958, 429; LG Kiel NJW 1963, 719). Nach dem Tod vertritt der Bevollmächtigte dann die Erben und nicht den Erblasser (BGH NJW 1969, 1245 mAnm *Finger* NJW 1969, 1624). Deshalb können die Erben auch grundsätzlich nach dem Tod des Vollmachtgebers die Vollmacht widerrufen (BGH NJW 1969, 1245; Staudinger/*Reimann,* Bearbeitung 2016, Vorb. zu §§ 2197 ff. Rn. 72). Bei einer Spezialvollmacht kann der Erblasser diese Widerrufsmöglichkeit der Erben nur ausschließen, wenn auch für ihn die Vollmacht unwiderruflich war (Reimann/Bengel/*J. Mayer* Teil A Rn. 48) und die Erteilung der Vollmacht auch im Interesse des Bevollmächtigten liegt (BGH DNotZ 1972, 229), so insbesondere, wenn, wie im Formular, nach dem Tod des Vollmachtgebers auf Grund der Vollmacht sich der Bevollmächtigte ein Grundstück auflassen soll, wozu die Verpflichtung auf die Erben übergegangen ist (RGZ 114, 351 ff.).

**6. Steuern.** (1) Erbschaftsteuer. Nach § 9 Abs. 1 Nr. 2 ErbStG entsteht bei Schenkungen unter Lebenden die Steuer mit dem Zeitpunkt der Ausführung der Zuwendung. Bei Grundstücksschenkungen ist dabei der maßgebliche Zeitpunkt nicht erst der zivilrechtliche Eigentumswechsel, sondern bereits der Zeitpunkt in dem die Auflassung erklärt und die Eintragung im Grundbuch bewilligt und beantragt ist (BFH BStBl. II 2002, 781). Zur Steuerentstehung bei betagten Erwerbsgründen/-gegenständen vgl. *Troll/Gebel/Jülicher/Gottschalk* § 9 Rn. 42 f. Die Steuer entsteht somit erst beim Tod des Schenkers.

(2) Einkommensteuer. Nachdem beim Nießbrauch sowohl dem Nießbraucher als auch dem Eigentümer die Möglichkeit versagt wird, die AfA geltend zu machen, dürfte wie die Vorerbschaft auch die Grundstücksschenkung auf den Todesfall einkommensteuerlich interessant sein, da hier der Schenker bis zu seinem Tod Eigentümer bleibt und daher die AfA und alle anderen Werbungskosten geltend machen kann. Die Wahl sollte allerdings nicht ohne Steuerbelastungsvergleich vorgenommen werden.

**7. Kosten.** Bei dem Schenkungsvertrag handelt es sich um ein zweiseitiges Rechtsgeschäft, so dass nach KV Nr. 21100 GNotKG für die notarielle Beurkundung eine doppelte Gebühr aus dem Verkehrswert des Grundstücks (§§ 97 Abs. 3, 46 GNotKG) anfällt. Die Auflassungsvormerkung und die Auflassungsvollmacht haben mit der Schenkung denselben Gegenstand iSd § 109 GNotKG. Sie werden also nicht besonders bewertet, sondern sind mit der Gebühr für den Schenkungsvertrag abgegolten.

# XIII. Erbrechtliche Unternehmensnachfolge

## 1. Nachfolgeregelungen auf den Todesfall bei Personengesellschaften

### I. Fortsetzungsklausel:[1, 2, 3]

1. Im OHG- oder KG-Vertrag (formfrei):
Beim Tode eines Gesellschafters wird die Gesellschaft zwischen den verbleibenden Gesellschaftern fortgesetzt, so dass sein Anteil ihnen verhältnismäßig zuwächst. Den Erben des verstorbenen Gesellschafters stehen keine Abfindungsansprüche gegen die Gesellschafter zu.[4]
2. In der Verfügung von Todes wegen:
Keine besonderen Verfügungen erforderlich.[5]

### II. Rechtsgeschäftliche Eintrittsklausel:[6]

1. Im OHG- oder KG-Vertrag (formfrei):
Beim Tod des Gesellschafters A steht demjenigen, den der Verstorbene durch Erklärung gegenüber der Gesellschaft zu Lebzeiten oder durch Verfügung von Todes wegen aus dem Kreise seiner Abkömmlinge als seinen Nachfolger bestimmt hat, das Recht zu, zu den Bedingungen der Mitgliedschaft des Verstorbenen seinen Eintritt in die Gesellschaft als persönlich haftender Gesellschafter zu erklären. Der Eintritt hat durch Erklärung gegenüber den übrigen Gesellschaftern spätestens 3 Monate nach dem Erbfall zu erfolgen. Nach fruchtlosem Ablauf dieser Frist wird die Gesellschaft von den übrigen Gesellschaftern unter Abfindung der Erben des Verstorbenen fortgesetzt. Tritt der Eintrittsberechtigte in die Gesellschaft ein, so haben ihm die überlebenden Gesellschafter, wozu sie sich hiermit ihm gegenüber verpflichten, den bis dahin von ihnen treuhänderisch gehaltenen Kapitalanteil des Verstorbenen unentgeltlich zu übertragen. Abfindungsansprüche der Erben des Verstorbenen gegen die Gesellschaft sind in diesem Fall ausgeschlossen.
2. In der Verfügung von Todes wegen:
Bei dieser Regelung ist bezüglich der Zuwendung des Kapitalanteils an den Eintrittsberechtigten keine besondere Verfügung von Todes wegen erforderlich. Der Sohn B wäre jedoch, falls dies nicht schon gegenüber der Gesellschaft erfolgt ist, als Nachfolger zu benennen.

### III. Rechtsgeschäftliche Nachfolgeklausel:[7]

1. Im OHG- oder KG-Vertrag (formfrei):
Beim Tod eines Gesellschafters wird die Gesellschaft unter den übrigen Gesellschaftern fortgesetzt. Beim Tod des Gesellschafters A geht jedoch dessen Beteiligung auf seinen Sohn B über, der diesen Vertrag als zukünftiger Gesellschafter neben den anderen Gesellschaftern zwecks Begründung der Anwartschaft auf unmittelbaren und automatischen Übergang der Beteiligung auf ihn beim Tod seines Vaters kraft Rechtsgeschäfts unter Lebenden mitunterzeichnet. Den Erben des A stehen keine Abfindungsansprüche gegen die Gesellschaft zu.
2. In der Verfügung von Todes wegen:
Keine besondere Verfügung erforderlich.

### IV. Einfache erbrechtliche Nachfolgeklausel:[8]

1. Im OHG- oder KG-Vertrag (formfrei):
Beim Tod eines Gesellschafters wird die Gesellschaft mit seinen Erben, oder den oder die er zu Vermächtnisnehmern der Beteiligung eingesetzt hat, fortgesetzt. Die Erben oder Vermächtnisnehmer erhalten jedoch nur die Stellung als Kommanditisten mit der Maßgabe, dass die Miterben oder Vermächtnisnehmer bzw., falls diese sich nicht einigen können, die übrigen Gesellschafter mit einfacher Mehrheit einen der Erben oder Vermächtnisnehmer innerhalb eines Jahres ab dem Erbfall als vollhaftenden Gesellschafter bestimmen können. Die Kommanditisten gewordenen Erben oder Vermächtnisnehmer können ihr Stimmrecht nur gemeinschaftlich ausüben und ihr Widerspruchsrecht gegen die Geschäftsführung ist ausgeschlossen. Die Erben oder Vermächtnisnehmer des verstorbenen Gesellschafters erhalten mit diesen Einschränkungen alle seine Rechte und Pflichten in der Gesellschaft, mit Ausnahme derer, die ihm nur wegen seiner persönlichen Eigenschaften zustanden oder auferlegt waren. Jedem Gesellschafter ist gestattet, einen Testamentsvollstrecker bezüglich seiner Beteiligung einzusetzen und dabei zu bestimmen, dass dieser nach seiner Wahl alle gesellschaftlichen Rechte der Erben als Bevollmächtigter oder als Treuhänder ausüben kann.[9]
2. In der Verfügung von Todes wegen:
Erbeinsetzung und/oder Zuweisung der Beteiligung an einen oder mehrere Vermächtnisnehmer.
Ferner: Damit mein Testamentsvollstrecker seine Rechte und Pflichten auch in Bezug auf meine Gesellschaftsbeteiligung an der OHG mit der Firma X wahrnehmen kann, belaste ich meine Erben mit der Auflage, ihm die Ausübung sämtlicher Gesellschaftsrechte vermögens- und personenrechtlicher Natur, einschließlich des Stimmrechts zu ermöglichen, soweit dem nicht zwingende gesetzliche Vorschriften entgegenstehen. Ich bevollmächtige den Testamentsvollstrecker hiermit mit Wirkung gegenüber meinen Erben, alle ihre vermögens- und mitgliedschaftlichen Rechte aus meiner Beteiligung im vollen Umfang auszuüben und mache meinen Erben hiermit die Auflage, auf Verlangen des Testamentsvollstreckers nach meinem Tod ihm diese Vollmacht in notariell beurkundeter Form zu bestätigen. Mein Testamentsvollstrecker kann nach seiner Wahl die Beteiligung auch als Treuhänder für meine Erben verwalten. Für diesen Fall mache ich meinen Erben die Auflage, ihm die Beteiligung treuhänderisch zu übertragen. Sollte einer meiner Erben ohne wichtigen Grund den obigen Auflagen nicht nachkommen und/oder die Vollmacht widerrufen, so hat er im Wege der hiermit von mir angeordneten Vermächtnisbelastung seinen Anteil an der Beteiligung unverzüglich an die anderen Erben im Verhältnis ihrer Erbquoten herauszugeben. Die Erfüllung dieses bedingten Vermächtnisses gehört auch zu den Aufgaben des Testamentsvollstreckers.

### V. Qualifizierte erbrechtliche Nachfolgeklausel:[10]

1. Im OHG- oder KG-Vertrag (formfrei):
Beim Tod eines Gesellschafters wird die Gesellschaft immer nur mit einem Erben oder Vermächtnisnehmer als Nachfolger fortgesetzt. Der Nachfolger ist durch Erklärung gegenüber der Gesellschaft zu Lebzeiten oder durch Verfügung von Todes wegen durch den Gesellschafter zu bestimmen (ggf.: wobei es sich dabei um einen Abkömmling des verstorbenen Gesellschafters handeln muss). Übt er sein Bestimmungsrecht nicht aus, oder wird der als Nachfolger vorgesehene nicht Erbe, so sind die Erben des Verstorbenen, denen dann der Gesellschaftsanteil zufällt, verpflichtet, ihn dem Bestimmten oder falls niemand bestimmt ist dem zu übertragen, den der Testamentsvollstrecker oder notfalls die übrigen Gesellschafter einstimmig als Nachfolger aus der Zahl der Erben oder Vermächtnisnehmer auswählen. Den übrigen Erben oder Vermächtnisnehmern des verstorbenen Gesellschafters stehen gegen die Gesellschafter

**keinerlei Abfindungsansprüche zu. Auf den Nachfolger gehen alle Rechte und Pflichten des Verstorbenen uneingeschränkt über, ausgenommen solche, die dem Verstorbenen wegen seiner persönlichen Eigenschaften übertragen oder auferlegt waren.**

**2. In der Verfügung von Todes wegen: Nach Bezugnahme oder besser wörtlichem Zitat der obigen Nachfolgeklausel: Zu meinen Erben setze ich meine Kinder B, C und D zu je $^1/_3$ Erbteil ein. Meinem Sohn B, den ich auf Grund meines obigen gesellschaftsvertraglichen Bestimmungsrechts zum Nachfolger meiner Gesellschaftsbeteiligung bestimme, vermache ich diese Beteiligung im Wege des Vorausvermächtnisses. Er hat seine Geschwister C und D entsprechend ihren Erbquoten abzufinden. Die Abfindung erfolgt zu den Buchwerten des Unternehmens auf Grund der letzten Handelsbilanz vor meinem Tode mit einem Zuschlag von 20 % jedoch ohne Berücksichtigung der stillen Reserven, des Firmenwerts und der schwebenden Geschäfte. Die Auszahlung hat in zehn gleichen Jahresraten zu erfolgen. Die Abfindungsguthaben sind mit 2 % über dem jeweiligen Basiszinssatz zu verzinsen.**[11, 12]

*Schrifttum: Behme,* Der Erblasserwille und das Gesellschaftsrecht – was darf der Testamentsvollstrecker in einer KG?, ZErb 2008, 40; *Bommer,* Neue Entwicklungen zur Frage der Testamentsvollstreckung in Personengesellschaften, BB 1984, 178; *Brox,* Zweckmäßige Gestaltung der Erbfolge im Unternehmen, JA 1980, 561; *Buchwald,* Gesellschaftsanteil und Erbrecht, AcP 154 (1954), 22; *Bunte,* Ausschließung und Abfindung von Gesellschaftern einer Personengesellschaft, ZIP 1983, 8; *Casper/Altgen,* Gesellschaftsrechtliche Abfindungsklauseln – Auswirkungen der Erbschaftsteuerreform, DStR 2008, 2319; *Damrau,* Zur Testamentsvollstreckung am Kommanditanteil, NJW 1984, 2785; *ders.,* Kann ein Testamentsvollstrecker einen Kommanditanteil erwerben?, DNotZ 1984, 660; *Durchlaub,* Die Ausübung von Gesellschaftsrechten in Personengesellschaften durch Testamentsvollstrecker, Betr. 1977, 1399; *DWS-Institut,* Handbuch Familienunternehmen, Loseblatt, Stand 57. Lfg. 2018: *Ebeling,* Nachfolgeklauseln im Zivil- und Steuerrecht, 1979; *ders.,* Zivilrechtliche und steuerrechtliche Auswirkungen unentgeltlicher Verfügungen des Vorerben in seiner Eigenschaft als Personengesellschafter, BB 1983, 1933; *Ebeling/Geck,* Handbuch der Erbengemeinschaft, Loseblatt, Stand 52. Lfg. 2018; *Eiselt,* Zum Ausschluß des Gesellschafters minderen Rechts unter Buchwertabfindung, De iustitia et iure, FG U. v. Lübtow, 1980, 643; *ders.,* Buchwertabfindung in Personalgesellschaften und Pflichtteil, NJW 1981, 2447; *Engel,* Abfindungsklauseln – eine systematische Übersicht, NJW 1986, 345; *Esch,* Gesellschaftsvertragliche Buchwertabfindung im Falle der Ausschließungskündigung, NJW 1979, 1390; *ders.,* Zur Zulässigkeit der Testamentsvollstreckung an Kommanditbeteiligungen, NJW 1981, 2222; *ders.,* Die Nachlaßzugehörigkeit vererbter Personengesellschaftsbeteiligungen, NJW 1984, 339; *Esch/Baumann/Schulze zur Wiesche,* Handbuch der Vermögensnachfolge, 7. Aufl. 2009; *Everts,* Die Testamentsvollstreckung an Personengesellschaftsbeteiligungen in der notariellen Praxis, MittBayNot 2003, 427; *Feick/Weber,* Nachfolgeregelungen in Gesellschaftsverträgen von Familienunternehmen, notar 2014, 395; *Finger,* Die Vererbung von Anteilen einer Personengesellschaft, JR 1969, 409; *ders.,* Die Nachfolge in einer offenen Handelsgesellschaft beim Tode eines Gesellschafters, 1974; *Flume,* Die Nachfolge in die Mitgliedschaft in einer Personengesellschaft beim Tode eines Gesellschafters, FS Wolfgang Schilling, 1973, 25; *ders.,* Die Abfindung nach der Buchwertklausel für die Gesellschafter minderen Rechts einer Personengesellschaft, NJW 1979, 902; *ders.,* Teilungsanordnung und Erbschaftssteuer, Betr. 1983, 2271; *Gluth,* Rechtsnachfolge bei Personengesellschaften ErbStB 2003, 105, 122, 169; *Göbel,* Gestaltung der Gesellschaftsnachfolge für den Todesfall, DNotZ 1979, 133; *Götte,* Die Gewinn- und Auseinandersetzungsansprüche bei einer Gesellschafternachfolge aufgrund rechtsgeschäftlichen Eintrittsrechts, DNotZ 1988, 603; *Grobshäuser/Maier/Kies,* Besteuerung der Gesellschaften, 5. Aufl. 2017; *Grunsky/Hohmann,* Die Teilbarkeit des Testamentsvollstreckeramtes, ZEV 2005, 41; *Haegele,* Der Pflichtteil im Handels- und

Gesellschaftsrecht, BWNotZ 1976, 25; *Heckelmann,* Abfindungsklauseln in Gesellschaftsverträgen, 1973; *Hefermehl,* Vor- und Nacherbe bei der Beteiligung an einer Personenhandelsgesellschaft, FS H. Westermann, 1974, 223; *Hennerkes/Binz,* Die Buchwertabfindung – ein Fossil unserer Zeit?, Betr. 1983, 2669; *Hübner/Maurer,* Erbschaft- und schenkungsteuerliche Folgen gesellschaftsvertraglicher Abfindungsbeschränkungen, ZEV 2009, 361; *Iversen,* Gesellschaftsvertragliche Abfindungsklauseln und pflichtteilsrechtliche Nachlassbewertung, NJW 2010, 183; *Ivo,* Erbteilsverfügungen bei Sondererbfolge in Anteile von Personengesellschaften ZEV 2004, 499; *ders.*, die Vererbung von Kommanditanteilen, ZEV 2006, 302; *Johannsen,* Die Nachfolge in kaufmännischen Unternehmen und Beteiligungen an Personengesellschaften beim Tode ihres Inhabers, FamRZ 1980, 1074; *Kämper,* Dauervollstreckung an Personengesellschaftsanteilen – Berührungspunkte in der notariellen Praxis, notar 2018, 125; *Klussmann,* Zur Testamentsvollstreckung bei Beteiligungen an Personengesellschaften, BB 1966, 1209; *Kieper/Fromm,* Erbrecht und Gesellschaftsrecht bei der Gesellschafternachfolge, NJW 1980, 2677; *Knobbe-Keuk,* Bilanz- und Unternehmenssteuerrecht, 9. Aufl. 1993; *Koch,* Kommanditanteil und Testamentsvollstreckung, NJW 1983, 1762; *Koller,* Der Ausschluß ohne wichtigen Grund zum Buchwert bei Familiengesellschaften, Betr. 1984, 545; *Krämer,* Die gesellschaftsvertragliche „Ausschließung“ aus der Personengesellschaft, NJW 1981, 2553; *Krüger,* Regelungsmöglichkeiten des Gesellschafters einer Personengesellschaft für den Todesfall, DStR 1980, 77; *Krumm,* Gesellschaftsvertragliche Abfindungsklauseln und erbschaftsteuerliche Schenkungsfiktion, NJW 2010, 187; *Landsittel,* Auswirkungen des Erbschaftsteuerreformgesetzes auf die Unternehmensnachfolge, ZErb 2009, 11; *Lappe,* Die Abgrenzung der erbrechtlichen von der rechtsgeschäftlichen Nachfolgeklausel aus gebührenrechtlicher Sicht, EWiR 2000, 925; *Leitzen,* Abfindungsklauseln bei Personengesellschaften und GmbHs – Aktuelle Entwicklungen der Erbschaftsteuerreform, RNotZ 2009, 315; *Mayer U.*, Der Abfindungsausschluss im Gesellschaftsrecht: pflichtteilsfester Vermögenstransfer am Nachlass vorbei?, ZEV 2003, 355; *Michalski,* Gesellschaftsrechtliche Gestaltungsmöglichkeiten zur Perpetuierung von Unternehmen, 1980; *ders.,* Nachfolgeregelungen in Personengesellschaften, Betr. 1980, Beil. 5; *Nitz,* Unternehmensnachfolge – im Wege der vorweggenommenen Erbfolge bzw. von Todes wegen unter besonderer Berücksichtigung steuerlicher Aspekte, BWNotZ 2004, 153; *Pogorzelski,* Auswirkungen von Abfindungsbeschränkungen für den Fall des Todes des Gesellschafters einer Personengesellschaft auf Pflichtteils- und Zugewinnausgleichsansprüche – Teil I: Pflichtteilsansprüche, RNotZ 2017, 489; *Randenborgh,* Abfindungsklauseln in Gesellschaftsverträgen, MittRhNotK 1984, 133; *ders.,* Abfindungsklauseln in Gesellschaftsverträgen, BB 1986, 75; *Rasner,* Abfindungsklauseln in OHG- und KG-Verträgen, NJW 1983, 2905; *Frhr. v. Rechenberg,* Erbfolge und Erbteilung in der GmbH & Co KG, GmbHR 2005, 386; *Rehmann,* Testamentsvollstreckung an Gesellschaftsanteilen, BB 1985, 297; *Reimann,* Die qualifizierte Nachfolgeklausel – Gestaltungsmittel und Störfaktor, ZEV 2002, 487; *ders.,* Gesellschaftsvertragliche Nachfolgeregelungen in der Kautelarpraxis – zivilrechtliche und steuerrechtliche Fragen, ZNotP 2006, 62; *G. u. D. Reinicke,* Zur Kollision von Gesellschaftsrecht und Erbrecht, NJW 1957, 561; *Reithmann,* Testamentsvollstreckung und postmortale Vollmacht als Instrument der Kautelarjurisprudenz, BB 1984, 1394; *Reuter,* Gesellschaftsvertragliche Nachfolgeregelung und Pflichtteilsrecht, JuS 1971, 289; *ders.,* Privatrechtliche Schranken der Perpetuierung von Unternehmen, 1973; *Reuter/Kuhn,* Gütergemeinschaft und Ehegatten-OHG, JuS 1977, 376; *Reymann,* Das Vermächtnis des Kommanditisten, ZEV 2006, 307; *Riedel,* Gesellschaftsvertragliche Nachfolgeregelungen im Lichte der neuen Erbschaftsteuer, ZErb 2009, 2; *Rössler,* Kreditzinsen eines Miterben als Sonderausgaben, BB 1985, 460; *Säcker,* Gesellschaftsvertragliche und -erbrechtliche Nachfolge in Gesamthandsmitgliedschaften, 1970; *Schäfer,* Die Vererbung von Personengesellschaftsanteilen durch Nachfolgeklauseln, BB-Spezial 2004, 14; *Schnitter,* Übertragung von Familienunternehmen, ErbStB 2005, 28; *Stötter,* Die Nachfolge in Anteile an Personengesellschaften auf Grund Gesellschaftsvertrages oder Erbrecht, Betr. 1970, 525 u. 573; *Sudhoff,* Unternehmensnachfolge, 5. Aufl. 2005; *Sudhoff,* Unternehmensnachfolge und Pflichtteilsanspruch, Betr. 1968, 648; *Schild,* Erbschaftsteuer und Erbschaftsteuerpolitik bei der Unternehmensnachfolge, 1980; *K. Schmidt,* Abfindung, Unternehmensbewertung und schwebende Geschäfte, Betr. 1983, 2401; *S. Schmidt,* Vor- und Nacherbfolge im Recht der Personengesellschaften, BWNotZ 1983, 102; *Tiedau,* Die Abfindungs- und Ausgleichsansprüche der von der gesellschaftlichen Nachfolge ausgeschlossenen Erben, NJW 1980, 2446; *Ulmer,* Gesellschaftsnachfolge und Erbrecht, ZGR 1972, 195 u. 325; *ders.,* Die Sonderzuordnung des vererbten OHG-Anteils, FS Wolfgang Schilling, 1973, 79; *ders.,* Zur Gesellschafternachfolge im Todesfall, BB 1977, 805; *ders.,* Wirksamkeitsschranken gesellschaftsvertraglicher Abfindungsklauseln, NJW 1979, 81; *ders.,* Testamentsvollstreckung an Kommanditanteilen? ZGR 146 (1982), 555; *ders.,* Nachlaßzugehörigkeit vererbter Personengesellschaftsbeteiligungen, NJW 1984, 1496; *Wachter,* Unternehmensnachfolge bei der GmbH & Co. KG nach dem MoMiG, Der Betrieb 2009, 159; *Wälzholz,* Reduzierung von Pflichtteilsansprüchen durch gesellschaftsrechtliche Gestaltungen, NWB Fach 19, 2008 S. 3971; *Westermann/Wertenbruch,* Handbuch Personengesellschaften, Loseblatt, Stand 2019; *H. P. Westermann,* Haftung für Nachlaßschulden bei Beerbung eines Personengesellschafters durch eine Erbengemeinschaft, AcP 173 (1973), 24; *ders.,* Die höchstrichterliche Regelung der Erbfolge in Beteiligungen an Personengesellschaften, JuS 1979, 761; *Wiedemann,* Die Übertragung und Vererbung von Mitgliedschaften bei Handelsgesellschaften, 1965; *Winkler,* Der Testamentsvollstrecker, 20. Aufl. 2010; *Winkler,* Unternehmertestament und gesellschaftsvertragliche Nachfolgeklauseln, ZErb 2006, 195; *ders.,* Unternehmensnachfolge und Pflichtteilsrecht – Wege zur Minimierung des Störfaktors „Pflichtteilsansprüche", ZEV 2005, 89; *Wolf,* Die Fortführung eines Handelsgeschäfts durch die Erbengemeinschaft, AcP 181 (1981), 480; *Zimmermann,* Pflichtteilsrecht und Zugewinnausgleich bei Unternehmer- und Gesellschafternachfolge, BB 1969, 965.

## Anmerkung

**Übersicht über die Regelungsmöglichkeiten für den Tod eines Gesellschafters einer Personengesellschaft**

Der Tod eines Gesellschafters führt

entweder bei der GbR: aufgrund der dispositiven gesetzlichen Regelung zur Auflösung der Gesellschaft (§ 727 Abs. 1 BGB); bei oHG, KG oder PartG: aufgrund ausdrücklicher gesellschaftsvertraglicher Regelung zur Auflösung – → Anm. 2 (2) –
Folge: Die Erbengemeinschaft rückt in die Liquidationsgesellschaft ein und erhält nach Abwicklung einen Auseinandersetzungsanteil.

oder zur Fortsetzung der Gesellschaft, wenn im Gesellschaftsvertrag der GbR eine Fortsetzungsklausel enthalten ist, bei oHG, KG und PartG als gesetzlicher Normalfall – → Anm. 2 (1) – dann:

entweder Fortsetzung der Gesellschaft nur unter den verbleibenden Gesellschaftern – gesetzlicher Normalfall für oHG, Komplementär einer KG und PartG, nicht aber für den Kommanditisten → Anm. 3 –

Die Erbengemeinschaft hat (soweit nicht § 177 HGB) einen Abfindungsanspruch, der modifiziert sein kann bis hin zum Totalausschluss (→ Anm. 4)

oder Fortsetzung der Gesellschaft mit den oder einzelnen Erben oder eintrittsberechtigten Dritten.
Hierbei hat man die Wahl zwischen:

entweder rechtsgeschäftliche Eintritts- oder Übernahmeklausel auch für Dritte oder
erbrechtlicher Eintrittsklausel – → Anm. 6 –

oder rechtsgeschäftliche Nachfolgeklausel unter Beteiligung (!) des Nachfolgers, der kein Erbe zu sein braucht – → Anm. 7 –

oder erbrechtliche Klauseln nur für Erben, nicht für Vermächtnisnehmer
dann:

entweder einfache erbrechtliche Nachfolgeklausel, der Alleinerbe oder alle Miterben werden Gesellschafter – Normalfall beim Kommanditisten (§ 177 HGB) und → Anm. 8 –

oder qualifizierte Nachfolgeklausel, (nur) einer oder einige der Miterben sollen Gesellschafter werden – → Anm. 10 –

**1. Sachverhalt.** Der A ist persönlich haftender Gesellschafter einer offenen Handelsgesellschaft. Er ist verwitwet und hat einen Sohn B und zwei Töchter C und D. Er will sicherzustellen, dass seine Beteiligung nach seinem Tod auf seinen Sohn B übergeht. Dazu muss sich der Berater zwingend die gesellschaftsvertraglichen Regelungen vorlegen lassen und sie in die weitere Planung einbeziehen (vgl. BGH DNotZ 2002, 768 mAnm *Reithmann*).

**2. Anwendungsfälle.** (1) **Die gesetzliche Regelung der Vererbung von Anteilen an Personengesellschaften.** Seit 1.7.1998 (Übergangsregelung: Art. 41 EGHGB) sieht das Gesetz bei Tod eines Gesellschafters der offenen Handelsgesellschaft (oHG) oder Kommanditgesellschaft (KG) nicht mehr die Auflösung der Gesellschaft als Regel vor (so aber noch immer für die Gesellschaft bürgerlichen Rechts: § 736 BGB). Soweit der Gesellschaftsvertrag keine andere Regelung vorsieht, führt der Tod eines persönlich haftenden Gesellschafters jedoch zu seinem Ausscheiden (§ 131 Abs. 3 HGB). Auch der Anteil des Partners einer Partnerschaftsgesellschaft ist nicht vererblich (§§ 9 Abs. 1, 4 PartGG). Darin kommt wie auch im früheren Recht zum Ausdruck, dass die Gesellschaft als Arbeits- und Haftungsgemeinschaft grundsätzlich auf die Gesellschafter persönlich zugeschnitten ist, daneben soll seit der Handelsrechtsreform 1998 nun aber auch der

Unternehmensbestand gesichert werden. Der Anteil wächst dann den verbleibenden Gesellschaftern an. Dem Erben bzw. bei mehreren der Erbengemeinschaft gegenüber erfolgt ein finanzieller Ausgleich nach Maßgabe des Gesellschaftsrechts (§§ 105 Abs. 2, 161 Abs. 2 HGB, 738 BGB). Versterben eines Kommanditisten führt dagegen nach dem gesetzlichen Modell zur Fortsetzung mit den Erben (§ 177 HGB), die im Verhältnis ihrer Erbquote je einzeln in einen Bruchteil der Erblasser-Beteiligung nachrücken (stRspr seit BGHZ 22, 186 (192) = WM 1957, 24; BGHZ 68, 225 = NJW 1977, 1339 = DNotZ 1977, 550; BGHZ 91, 132 = NJW 1984, 2104 = DNotZ 1984, 630; BGHZ 98, 48 = NJW 1986, 2431 = DNotZ 1987, 116; BGHZ 108, 187 = NJW 1989, 3152 = DNotZ 1990, 183; KG NJW-RR 1991, 835 = Rpfleger 1991, 318). Diese Sonderzuordnung an der Erbengemeinschaft, nicht jedoch am Nachlass vorbei (Testamentsvollstreckung ist also möglich, vgl. BGHZ 108, 187 = NJW 1989, 3152 = DNotZ 1990, 183) ist letztlich Konsequenz der tradierten Auffassung, dass sich die Erbengemeinschaft nicht auf Dauer für eine unternehmerische Betätigung eignet (BGHZ 22, 186 (192) = WM 1957, 24; BGHZ 68, 225 = NJW 1977, 1339 = DNotZ 1977, 550; BGH NJW 2006, 3715, dazu jurisPK/*Otto*, 6. Aufl. § 2032 Rn. 36.1; vgl. aber auch *Ann*, Die Erbengemeinschaft, 2001, S. 398 ff.; *Weipert* ZEV 2002, 300 und zur gegenteiligen hM bei Fortführung eines Einzelunternehmens → Form. XII.8 Anm. 8). Zu der Sonderzuordnung kommt es dann nicht, wenn das Versterben zur Auflösung führt oder sich die Erblasserbeteiligung auf eine ihrerseits bereits in Liquidation befindliche Gesellschaft bezog (BGH NJW 1995, 3314). Auch stille Beteiligungen fallen in das gesamthänderische Vermögen der Erbengemeinschaft (AnwK/*Ann* BGB § 2032 Rn. 26).

(2) **Regelungsmöglichkeiten.** Die Gesellschafter können sich bei oHG, KG und Partnerschaftsgesellschaft die frühere gesetzliche Regel zu eigen machen, dh den Tod eines Gesellschafters als Auflösungsgrund der Gesellschaft vereinbaren. Gesellschafterin der Liquidationsgesellschaft ist an Stelle des verstorbenen Gesellschafters die Erbengemeinschaft zur gesamten Hand (RGZ 106, 63 (65)). Der Anspruch der Erben gegen die Gesellschaft auf Auszahlung des Auseinandersetzungsguthabens gem. §§ 731 ff. BGB, §§ 154 ff. HGB fällt in den Nachlass und ist unter die Miterben nach den Regeln der §§ 2042 ff. BGB zu verteilen (BGH Betr. 1971, 2400). Nach Auflösung der Gesellschaft können die Erben vertraglich mit den übrigen Gesellschaftern die Fortsetzung der Gesellschaft vereinbaren. Dann wandelt sich die Abwicklungsgesellschaft wieder in eine werbende Gesellschaft. Die Erben werden in diesem Fall jedoch einzeln, nicht als Erbengemeinschaft, Gesellschafter dieser Personengesellschaft. Im Wesentlichen haben die Gesellschafter ansonsten die Wahl, ihre Nachfolge mittels bloßer Fortsetzungsklausel, rechtsgeschäftlicher Nachfolgeklausel oder Eintrittsklausel unmittelbar und allein im Gesellschaftsvertrag zu regeln, so dass sich die Nachfolge durch Rechtsgeschäft unter Lebenden am Nachlass vorbei vollzieht. Dabei muss derjenige, dessen Nachrücken gesellschaftsvertraglich vorgesehen ist, auch nicht Erbe sein. Die Gesellschafter können aber auch durch eine einfache oder qualifizierte erbrechtliche Nachfolgeklausel ihre Anteile vererblich stellen, müssen dann aber diese vertraglichen Bestimmungen durch entsprechende Verfügungen von Todes wegen ergänzen. Aufgrund der Anordnung des § 139 HGB kann jeder Erbe – einzeln für sich – sein Verbleiben in der Gesellschaft davon abhängig machen, dass ihm von den anderen Gesellschaftern unter Beibehaltung des auf seinen Anteil am Gewinnanteil des Erblassers die Stellung eines Kommanditisten eingeräumt wird. Lehnen diese ab, kann der vorgesehene Nachfolger fristlos kündigen (§ 139 Abs. 2 HBG) und den Abfindungsbetrag nach § 738 Abs. 1 S. 2 BGB von ihnen verlangen. Er muss dieses Wahlrecht innerhalb einer Frist von drei Monaten nach Kenntnis vom Anfall der Erbschaft ausüben (§ 139 Abs. 3 S. 1 HGB) und kann seine Haftung für Gesellschaftsschulden für die Zeit vor der Umwandlung in eine Kommanditbeteiligung oder Kündigung nach den Regeln der Erbenhaftung gegenständlich auf den Nachlass

beschränken (§ 139 Abs. 4 HGB). Dieses Wahlrecht des erbrechtlichen Nachfolgers kann im Gesellschaftsvertrag nicht ausgeschlossen, sondern lediglich hinsichtlich des Gewinnanteils des Verstorbenen in gewisser Hinsicht gesteuert werden (§ 139 Abs. 5 HGB). Erbrechtlich kann der Erblasser durch Auflage oder Vermächtnis Einfluss nehmen. Das Wahlrecht des Nachfolgers entfällt, wenn der Gesellschaftsanteil auf den Nachfolger nicht auf erbrechtlichem, sondern auf rechtsgeschäftlichem Weg übergeht (*Göbel* DNotZ 1979, 153). Gegebenenfalls ist das zusätzliche Kündigungsrecht zu beachten, das der minderjährige Erbe bei Eintritt der Volljährigkeit hat (§ 723 Abs. 1 BGB, § 105 Abs. 2 HGB, § 161 Abs. 2 HGB).

3. **Fortsetzungsklausel.** Die Wirkungen einer „einfachen" Fortsetzungsklausel (aus Sicht der Erben: Ausschließungsklausel, s. *K. Schmidt,* Gesellschaftsrecht, 4. Aufl., § 45 V c) im Gesellschaftsvertrag entsprechen seit 1998 dem gesetzlichen Modell: Bei Tod eines persönlich haftenden Gesellschafters wird die Gesellschaft unter den verbleibenden Gesellschaftern fortgeführt. Den verbleibenden Gesellschaftern wächst dann der Anteil des Verstorbenen im Verhältnis ihrer Anteile an (§ 738 Abs. 1 S. 1 BGB iVm § 105 Abs. 2 HGB), ohne besonderen Übertragungsakt (RGZ 136, 99; BGH BB 1974, 996 f.). Der Anteil selbst geht daher nicht auf die Erben des verstorbenen Gesellschafters über. Die Erben haben jedoch, falls er im Gesellschaftsvertrag nicht abbedungen ist (→ Anm. 4), einen Abfindungsanspruch nach § 738 Abs. 1 S. 2 BGB iVm §§ 105 Abs. 2, 138 HGB gegen die Gesellschaft. Die Gesellschaft kann nur fortgesetzt werden, wenn mindestens zwei Gesellschafter übrig bleiben, ansonsten wandelt sich die oHG kraft Gesetzes in ein Einzelunternehmen (*Priester* DNotZ 1998, 691 (703); vgl. auch BGH WM 1957, 512: Auslegung einer Fortsetzungsregelung als Übernahmerecht des letzten verbleibenden Gesellschafters). Es besteht auch die Möglichkeit, bei einer mehrgliedrigen Gesellschaft im Gesellschaftsvertrag zu vereinbaren, dass beim Tod eines Gesellschafters die Gesellschaft zwar fortgesetzt wird, sein Anteil aber nicht allen anderen anwachsen soll, sondern nur auf einen oder einzelnen übergehen. Hierbei kann ein Übernahmerecht eingeräumt werden, das eine entsprechende Gestaltungserklärung des Übernehmers voraussetzt (BGH WM 1971, 1338 (1339)) oder, falls der Übergang des Anteils automatisch mit dem Tod erfolgen soll, durch sofortige Übertragung des Anteils durch Rechtsgeschäft unter Lebenden auf den oder die Übernehmer aufschiebend befristet durch den Tod des Gesellschafters und bedingt durch das Überleben der Übernahmeberechtigten (*Göbel* DNotZ 1979, 133 (151 f.); Fall des BGH NJW 1970, 1638; Fall des BGH NJW 1959, 1433; *Johannsen* FamRZ 1980, 1074 (1077 f.)). Bei einer solchen Gestaltung ist deutlich zum Ausdruck zu bringen, dass sich der Gesellschafter bereits endgültig binden und dem oder den Übernehmern ein unentziehbares Anwartschaftsrecht an dem Anteil einräumen will. Im Zweifel ist nämlich nach der Rechtsprechung (BGHZ 68, 225 = DNotZ 1977, 620; BayObLG DNotZ 1981, 702) in diesen Fällen keine rechtsgeschäftliche (→ Anm. 6), sondern eine erbrechtliche Nachfolge anzunehmen. Bezüglich der Rechte der übrigen Nachlassbeteiligten (weichende Erben, Pflichtteilsberechtigte) bei diesen Gestaltungen siehe hinsichtlich der Übernahmeklausel die Ausführungen zu den rechtsgleichen rechtsgeschäftlichen Nachfolgeklauseln → Anm. 7 (2) und bezüglich der Übernahmerechte die zu den rechtsgeschäftlichen Eintrittsklauseln unter → Anm. 6 (2).

Die Fortsetzung der Gesellschaft nur mit den übrigen Gesellschaftern kann auch nur für den Tod einzelner Gesellschafter vereinbart werden, während beim Tod der anderen Nachfolger an ihre Stelle treten sollen. Die Fortsetzung der Gesellschaft nach dem Tod eines Gesellschafters kann auch von einem einstimmig oder mit Mehrheit zu treffenden Beschluss der überlebenden Gesellschafter abhängig gemacht werden und dabei kann auch den Erben des verstorbenen Gesellschafters Stimmrecht eingeräumt werden. Die Fortsetzungsklausel ist in den Gesellschaftsverträgen meist mit einer Nachfolgeklausel oder mit der sie notwendig voraussetzenden Eintrittsklausel verbunden.

In unserem Ausgangsfall müsste, wenn der Gesellschaftsvertrag gar keine Regelung oder eine reine Fortsetzungsklausel enthalten würde, der A zu seinen Lebzeiten dafür sorgen, dass sein Sohn B als Gesellschafter in die oHG aufgenommen wird.

**4. Ausschluss oder Beschränkung des Abfindungsanspruchs der Erben.** Der Abfindungsanspruch kann für den Ausscheidungsgrund des Todes eines Gesellschafters im Gesellschaftsvertrag beschränkt werden, zB auf den Buchwert oder Stundung der Auszahlung, und auch, entgegen der Meinung für sonstige Fälle des Ausscheidens (siehe *Ulmer* NJW 1979, 81), völlig ausgeschlossen werden (BGH WM 1971, 1338; NJW 1981, 1956 f.; MüKoBGB/*Lange* § 2311 Rn. 47; anders *Boujong* FS Ulmer, 2003, 41 ff.). Der Ausschluss unterliegt in der Regel auch nicht dem Formerfordernis des § 2301 BGB (Schenkungsversprechen von Todes wegen). Wenn die Abfindungsansprüche auf den Tod allseits ausgeschlossen sind, hat jeder die Chance, am Anteil verstorbener Mitgesellschafter beteiligt zu werden. Dieses Synallagma rechtfertigt nach hM die Annahme eines gegenseitigen entgeltlichen Vertrags unter Lebenden (*Brox* JA 1980, 564; *Wälzholz* NWB Fach 19, 2008, 3974); vgl. BGHZ 22, 186 (194); BGH MDR 1960, 1004; DNotZ 1966, 620 (622); NJW 1970, 1638; 1970, 941; KG DNotZ 1978, 109). Falls der Abfindungsanspruch nur für den Tod einzelner Gesellschafter ausgeschlossen ist, handelt es sich ebenfalls nicht um ein Schenkungsversprechen von Todes wegen, sondern um eine durch das Versterben des Gesellschafters aufschiebend befristete und das Überleben der übrigen Gesellschafter aufschiebend bedingte und somit nach der hM unter Lebenden vollzogene gesellschaftsvertragliche Zuwendung, auf die nach § 2301 Abs. 2 BGB die Vorschriften einer Schenkung unter Lebenden Anwendung finden. Das Fehlen der Form des § 518 BGB ist durch den Vollzug geheilt, § 518 Abs. 2 BGB (ausf. *Nieder/Kössinger*, Handbuch der Testamentsgestaltung, § 20 Rn. 11). Fraglich und streitig ist, ob und inwieweit bei einer Beschränkung oder dem Ausschluss der Abfindungsansprüche der Erben diese Pflichtteils- (§ 2303 BGB) oder Pflichtteilsergänzungsansprüche (§§ 2325 ff. BGB) geltend machen können (*U. Mayer* ZEV 2003, 355 (357)) und von Seiten der Nachlassgläubiger Ansprüche aus Schenkungsanfechtung (§ 134 InsO, § 4 AnfG) bestehen können. Eine Berücksichtigung beim ordentlichen Pflichtteilsanspruch nach § 2303 BGB sowie eine unmittelbare Haftung für Nachlassverbindlichkeiten würde voraussetzen, dass die Gesellschaftsbeteiligung beim Tod des Gesellschafters mindestens vorübergehend Nachlassbestandteil geworden ist (§ 2311 BGB). Das ist jedoch bei der einfachen Fortsetzungsklausel nicht der Fall (*Heinrich* Betr. 1973, 1003). Bei ihr wird der Gesellschaftsanteil am Nachlass vorbeigesteuert (MüKoBGB/*Lange* § 2311 Rn. 50; *Erman/Schlüter* § 2311 Rn. 7; vgl. BGHZ 68, 225). AA ist hierin nur, wer eine Schenkung auf den Todesfall zwar formfrei zulassen, materiell aber auf den Vermögensanfall Erbrecht anwenden will (so *Finger* Betr. 1974, 27 ff.) oder, wer im lediglich einseitigen, nicht für sämtliche Gesellschafter vereinbarten Abfindungsausschluss eine Schenkung gem. § 2301 BGB sieht, die mangels gegenwärtigen Vermögensopfers nicht unter Lebenden vollzogen ist, so dass, falls die Form des § 2301 BGB fehlt, in den Nachlass ein Anspruch gem. § 812 BGB fällt, oder falls die Form gewahrt ist, die Abrede als Vermächtnis anzusehen und daher nicht pflichtteilsschädlich ist (so *Reuter/Kunath* JuS 1977, 381). Eine andere Frage ist, ob die Erben, sofern sie zum Kreis der Pflichtteilsberechtigten gehören, Pflichtteilsergänzungsansprüche gem. §§ 2325 ff. BGB gegen die Erben und hilfsweise (§ 2329 BGB) gegen die Gesellschaft oder die restlichen Gesellschafter geltend machen können (MüKoBGB/*Lange* § 2311 Rn. 50). Wie oben dargelegt, sieht die hM in einem für alle Gesellschafter gleichmäßig geltenden (allseitige) Abfindungsausschluss grundsätzlich einen entgeltlichen Vorgang und verneint daher einen solchen Anspruch (→ Anm. 3; aM dh auch bei allseitigem Ausschluss Unentgeltlichkeit MüKoBGB/*Frank* 3. Aufl. § 2325 Rn. 16; *Heckelmann*, Abfindungsklauseln in Gesellschaftsverträgen, 1973, S. 84; *Ulmer* NJW

1979, 81 (84)). Die Entgeltlichkeit der Zuwendung bei allseitigem Abfindungsausschluss wird von der hM angenommen, gleichgültig ob die weichenden Erben Pflichtteilsberechtigte des verstorbenen Erblasser-Gesellschafters waren oder nicht. Eine Ausnahme macht die hM allerdings dort, wo große Altersunterschiede zwischen den Gesellschaftern oder die durch eine schon bei Vertragsschluss vorhandene schwere Erkrankung deutlich geminderte Lebenserwartung eines der Gesellschafter eine einseitige Wirkung des Abfindungsausschlusses mit großer Wahrscheinlichkeit erwarten lassen (BGH NJW 1981, 1956; KG DNotZ 1978, 109 (111); OLG Düsseldorf MDR 1977, 932; *Erman/Schlüter* § 2311 Rn. 7). In einseitigen, dh nicht für alle Gesellschafter vereinbarten Ausschlüssen oder Beschränkungen der Abfindungsansprüche sieht auch die hM grundsätzlich eine unentgeltliche Zuwendung (Palandt/Weidlich § 2325 Rn. 15; BGHZ 22, 186 (194); BGH DNotZ 1966, 620 (622); *Heinrich* Betr. 1973, 1003; aA *Rittner* FamRZ 1961, 505 (510) u. BGH DNotZ 1966, 620 (622), nach denen in diesem Bereich von Schenkung nicht gesprochen werden kann). Selbst wenn man grundsätzlich (also gegen die hM) oder nur beim einseitigen Ausschluss die Unentgeltlichkeit bejaht, muss immer noch im Einzelfall geprüft werden, ob bei den Gesellschaftern bei Vertragsschluss der für eine Schenkung im Sinne des § 516 BGB erforderliche subjektive Schenkungswille beiderseits vorhanden war (BGH WPM 1966, 249; 1971, 1338 (1340 f.) = BGHZ 50, 307; BGH NJW 1981, 1956), wobei jedoch eine tatsächliche Vermutung für sein Vorliegen spricht, wenn ein auffallendes Missverhältnis zwischen den Werten von Leistungen und Gegenleistungen festzustellen ist (BGH NJW 1981, 1956). Hält man bei der Ausschlussklausel die objektiven Voraussetzungen einer Schenkung für gegeben, ist wegen der Berechnung der 10-Jahres-Frist des § 2325 Abs. 3 BGB zu fragen, wann die Schenkung erfolgt ist. Nach einer älteren Meinung (BGH NJW 1970, 1638 m. krit. Anm Speckmann; BGH NJW 1974, 2319 mAnm Finger; Damrau FamRZ 1969, 131 u. BB 1970, 469) beginnt die Frist bereits mit dem Zeitpunkt, in dem der Schenker alles getan hat, was von seiner Seite für den Erwerb des Leistungsgegenstandes durch den Beschenkten erforderlich ist, hier also mit der vertraglichen Vereinbarung der Ausschlussklausel, während die heute vorherrschende Gegenmeinung sie erst mit dem Eintritt des wirtschaftlichen Leistungserfolgs beginnen lässt, hier also mit dem Ausscheiden des Gesellschafters durch seinen Tod (Staudinger/*Olshausen* § 2325 Rn. 54 f.; *Ulmer* ZGR 1972, 335 Fn. 184; *Speckmann* NJW 1978, 358; jurisPK/*Birkenheier* BGB, 6. Aufl., § 2325 Rn. 75 unter Berufung auf BGH NJW 1987, 122; 1993, 2737 f.). Ist der Gesellschaftsanteil trotz Ausschlussklausel zur Ergänzungspflicht heranzuziehen, fragt sich weiter, von welchem Anteilswert auszugehen ist, vom Vollwert oder einem vertraglich vereinbarten geringeren Abfindungswert. Hierzu gibt es eine Vielzahl einen Kompromiss suchender Meinungen (siehe im einzelnen *Eiselt* NJW 1981, 2447). Nach der wohl hM ist zur Berechnung des ordentlichen Pflichtteils wie auch des Pflichtteilsergänzungsanspruchs, sofern sie bestehen, auch bei Vorliegen einer vertraglichen Abfindungsklausel der wahre wirtschaftliche Wert der fortgeführten Beteiligung, einschließlich stiller Reserven und des Firmenwertes, zugrunde zu legen (Staudinger/*Haas* § 2311 Rn. 54; *Ulmer* ZGR 1972, 324 (343); *Michalski* Betr. 1980 Beil. 5 S. 22; BGHZ 75, 195 = NJW 1980, 229 für Zugewinnausgleich; *Zimmermann* BB 1969, 965 (971); *Heinrich* Betr. 1973, 1003; *Randenborgh* BB 1986, 75 (80); *Winkler* ZEV 2005, 89 (92 f.); aA *Sudhoff* Betr. 1968, 648 (652); *Sudhoff* Betr. 1973, 53; differenzierend Palandt/*Weidlich* § 2311 Rn. 10 und MüKoBGB/*Lange* § 2311 Rn. 49). Eine andere Beurteilung kann angebracht sein, wenn die Beteiligung alsbald nach dem Erbfall zum Buchwert abgefunden wird (*Michalski* Betr. 1980 Beil. 5 S. 22; *Heckelmann,* Abfindungsklauseln in Gesellschaftsverträgen, 1973, S. 209 ff.). Bei Ausscheiden nicht durch den Tod, sondern nach Kündigung wird die Buchwertabfindung dann als unzulässig angesehen, wenn wegen des Missverhältnisses zwischen dem Buchwert und dem wirklichen Wert des Gesellschaftsanteils die

Freiheit des Gesellschafters, sich zu einer Kündigung zu entschließen, unvertretbar eingeengt wird (Verstoß gegen § 723 Abs. 3 BGB, BGH NJW 1985, 192). *Bunte,* für den die Buchwertabfindung allgemein für die Vertragspraxis unsicher geworden ist (ZIP 1983, 8; vgl. auch *Lange* NZG 2001, 635), empfiehlt für den Fall, dass die Buchwertabfindung als unzulässig befunden wird, die rechtlich zulässige Mindestabfindung zu vereinbaren. So auch *Blaum/Scholz* in Beck'sches Formularbuch Bürgerliches-, Handels- und Wirtschaftsrecht, 12. Aufl., Form. VIII.C.3. Anm. 38 und *Hennerkes/Binz* (Betr. 1983, 2669), die überhaupt eine rein ertragswertabhängige Abfindungsregelung vorschlagen (so auch BGH NJW 1985, 192), letztlich *Randenborgh* (MittRhNotK 1984, 133) mit Klauselvorschlag. Der Pflichtteilsergänzungsanspruch richtet sich zwar grundsätzlich zunächst gegen die Erben (§ 2325 Abs. 1 BGB) und erst subsidiär gegen den Beschenkten, dh wenn der Nachlass nicht ausreicht und der Erbe nur beschränkt haftet oder wenn und soweit der Erbe, da selbst pflichtteilsberechtigt, gem. § 2328 BGB die Ergänzung verweigern darf. Haftet dagegen der Erbe unbeschränkt, ist aber zahlungsunfähig, so geht der Ergänzungsanspruch nicht gegen den Beschenkten (Palandt/*Weidlich* § 2329 Rn. 2; aM Staudinger/*Olshausen* § 2329 Rn. 8). Wenn jedoch, wie hier, bei der reinen Fortsetzungsklausel mit Abfindungsausschluss das dem Alleinerben oder den Miterben vom verstorbenen Gesellschafter Hinterlassene den Wert ihres um den Geschäftsanteil ergänzten Pflichtteils nicht erreicht, steht den zu kurz gekommenen Erben ein direkter Ergänzungsanspruch gem. § 2329 BGB gegen die in der Gesellschaft verbleibenden Gesellschafter zu (BGHZ 80, 205 = NJW 1981, 1446 (1447)). Somit bietet bei der Fortsetzungsklausel nach hM lediglich der allseitige Abfindungsausschluss Gewähr gegen Pflichtteils- und Pflichtteilsergänzungsansprüche, während beim nur einseitigen Abfindungsausschluss die verbleibenden Gesellschafter und damit indirekt auch die Gesellschaft gem. § 2329 BGB Pflichtteilsergänzungsansprüchen ausgesetzt sind. Außerdem ist beim einseitigen Ausschluss zu bedenken, dass beim Versterben des nicht verzichtenden Gesellschafters der anfallende Abfindungsanspruch gegen die Gesellschaft (§ 738 Abs. 1 S. 2 BGB) in seinen Nachlass fällt (*Michalski* Betr. 1980 Beil. 5 S. 5). Nachlassgläubiger sind lediglich im engen Rahmen der Anfechtungsvorschriften nach §§ 129 ff. InsO, §§ 3 f. AnfG gegen allseitige und einseitige Abfindungsklauseln geschützt (*Heckelmann,* Abfindungsklauseln in Gesellschaftsverträgen, 1973, S. 116 ff.). Dabei passt die Absichtsanfechtung nur auf Abfindungsklauseln für den Pfändungs- und Insolvenzfall, nicht jedoch für einen Abfindungsausschluss nur im Todesfall. Hier könnte nur die Schenkungsanfechtung in Frage kommen, wenn man den Abfindungsausschluss als Schenkung in diesem Sinne ansieht (s. o.) und wenn man, da die Frist lediglich ein Jahr beträgt, die Schenkung im Sinne der Anfechtungsvorschriften erst mit dem Ausscheiden des Gesellschafters als bewirkt ansieht (so die heute überwiegende Auffassung, s. o.). In jedem Fall sind die Abfindungsregelungen für Fall des § 139 Abs. 5 HGB mit den zur Bestimmung einer Pflichtteilsergänzung maßgeblichen Berechnungswerten abzustimmen (*Winkler* ZEV 2005, 89 (92)).

**5. Unterstützende Verfügungen von Todes wegen.** Da sich der Rechtserwerb der verbleibenden Gesellschafter durch Anwachsung mittels Rechtsgeschäft unter Lebenden vollzieht, bedarf es keiner unterstützenden Verfügung von Todes wegen. Die einfache Fortsetzungsklausel mit Abfindungsausschluss kann auch nur gesellschaftsvertraglich und nicht durch Verfügung von Todes wegen getroffen werden, weil das Erbrecht nur bestimmen kann, wem der Nachlass zufällt, der Wert der Beteiligung des Erblassers oder ein entsprechender Abfindungsanspruch bei der Fortsetzungsklausel aber nicht in den Nachlass fällt (*Michalski* Betr. 1980 Beil. 5 S. 5 mwN). Der Unternehmensschutz würde auch nicht dadurch gestärkt, dass der Erblasser, falls wegen einseitigen Abfindungsausschlusses Pflichtteilsergänzungsansprüche zu befürchten und die verbleibenden

Gesellschafter und die weichenden Erben Pflichtteilsberechtigte sind, die verbleibenden Gesellschafter enterbt, damit gegen sie keine Pflichtteilsergänzungsansprüche nach § 2325 BGB durch die weichenden pflichtteilsberechtigten Erben geltend gemacht werden können (so offenbar *Stauder/Westerhoff* FamRZ 1972, 615). Denn dann bestehen gegen sie als Beschenkte Ergänzungsansprüche gem. § 2329 BGB, denen sie als ebenfalls Pflichtteilsberechtigte lediglich in entsprechender Anwendung des § 2328 BGB entgegensetzen könnte, wie ein pflichtteilsberechtigter Erbe gestellt zu werden (BGHZ 85, 274; BGH NJW 1985, 2828 (2829)). Wenn und soweit, etwa bei einseitigem Abfindungsausschluss, Pflichtteilsergänzungsansprüche geltend gemacht werden können, nützt auch das Vorbeisteuern der Gesellschaftsbeteiligung am Nachlass nicht viel, und die Fortsetzungsklausel mit Abfindungsausschluss ist für diese Fälle der erbrechtlichen Gesellschaftsnachfolge nicht überlegen. Es kann eben auch im Gesellschaftsrecht normalerweise gegen einen Pflichtteil nichts Wesentliches unternommen werden (*Haegele* BWNotZ 1976, 31). Immerhin verbleibt die Feststellung, dass die einfache Fortsetzungsklausel mit allseitigem Abfindungsverzicht ohne Übernahmeklausel oder Übernahmerechten einzelner Gesellschafter oder einer Eintrittsklausel für Dritte die einzige gesellschaftsrechtliche Nachfolgeregelung ist, die nach hM die Gesellschaft und die verbleibenden Gesellschafter vor Pflichtteils-, Pflichtteilsergänzungs- und Ansprüchen von Gläubigern des verstorbenen Gesellschafters schützt (*Zimmermann* BB 1969, 965 (971)).

**6. Rechtsgeschäftliche Eintrittsklausel.** (1) **Rechtliche Gestaltung und Wirkung der Klausel.** Die einfache Fortsetzungsklausel empfiehlt sich nur in Fällen, in denen alle bereits in der Gesellschaft befindlichen Personen fähig und gewillt sind, die Gesellschaft im Falle des Todes eines von ihnen fortzuführen. Im Extremfall führt sie schließlich dazu, dass das Unternehmen als Einzelhandelsfirma fortbetrieben wird, falls nicht unabhängig vom Todesfall neue Gesellschafter aufgenommen werden. Sie eignet sich daher nicht, den Fortbestand der Gesellschaft auf die Dauer zu gewährleisten. Anders ist das, wenn die reine Fortsetzungsklausel ergänzt wird durch vertragliche Bestimmungen mit dem Ziel, einem oder mehreren bereits im Gesellschaftsvertrag bestimmten (so Fall des OLG Hamburg MDR 1955, 43) oder von einem hierzu vertraglich Berechtigten (Altgesellschafter, Erbengemeinschaft, verbleibende Gesellschafter ua) zu bestimmenden Berechtigten das Recht auf Eintritt in die Gesellschaft zu verschaffen (sog. Eintrittsklausel; vgl. BGH DNotZ 1980, 699 (700)). Bei der Eintrittsklausel vollzieht sich der Mitgliedschaftswechsel zum Unterschied zu den erbrechtlichen Nachfolgeklauseln und der rechtsgeschäftlichen Nachfolgeklausel nicht automatisch, sondern nur unter Mitwirkung des Eintrittsberechtigten (*Ulmer* ZGR 1972, 217). Seine Mitgliedschaft in der Gesellschaft muss nach dem Erbfall erst begründet werden. Es handelt sich bei der Eintrittsklausel nicht um eine Verfügung von Todes wegen, sondern um ein Rechtsgeschäft unter Lebenden, das sich in einen schuldrechtlichen Teil – der Begründung des Eintrittsrechts im Gesellschaftsvertrag oder seiner Ergänzung (Fortsetzungsvereinbarung) und einen vollziehenden Teil – den Eintritt des Berechtigten in die Gesellschaft (Vollzug des Beteiligungserwerbs) aufspaltet (*K. Schmidt,* Gesellschaftsrecht, 4. Aufl. § 45 V 6a). Die Fortsetzungsvereinbarung kann unter Teilnahme des Nachfolgers von den Gesellschaftern vereinbart werden, häufiger ist jedoch, dass das Eintrittsrecht zwischen ihnen im Wege eines echten oder unechten Vertrages zugunsten Dritter (§§ 328, 331 BGB), dh hier des Nachfolgers, begründet wird (OLG Hamburg MDR 1955, 43). Der Eintrittsberechtigte braucht dabei nicht notwendig im Gesellschaftsvertrag bereits bestimmt zu sein, es genügt, wenn – wie im Formular – in ihm bestimmt ist, dass er von einem Altgesellschafter oder einem Dritten zu benennen ist (*Westermann/Wertenbruch* Rn. 548, 551, 463).

Dies ist auch einer der Vorteile dieser Klausel. Sie lässt, da sie ein Rechtsgeschäft unter Lebenden ist und daher nicht dem Verbot der Drittbestimmung des Zuwendungsempfängers gem. § 2065 BGB unterliegt, die Ermächtigung eines Dritten zur echt wertenden und auswählenden Bestimmung des Eintrittsberechtigten zu. Wegen dieser Möglichkeit empfiehlt sich die Eintrittsklausel, wenn der Nachfolger erst bei Erfüllung bestimmter Voraussetzungen einrücken soll oder wenn sich die übrigen Gesellschafter die Auswahl des Eintretenden offen halten wollen (*Göbel* DNotZ 1979, 153). Der Vollzug des Berechtigungserwerbs durch den Eintrittsberechtigten nach dem Tode des Gesellschafters ist auf verschiedene Weise möglich. Der Gesellschafter kann, was die Mitwirkung des Eintrittsberechtigten voraussetzt, ihm seinen Kapitalanteil schon zu seinen Lebzeiten durch Schenkungsvertrag mit auf seinen Tod befristeter und durch das Überleben des Eintrittsberechtigten aufschiebend bedingter Abtretung zuwenden (*Göbel* DNotZ 1979, 154; Fall des BGH NJW 1959, 1433; Fall des BGH NJW 1970, 1638). Darin liegt bereits der Vollzug der Schenkung zu Lebzeiten des Gesellschafters (§ 2301 Abs. 2 BGB), so dass die Vorschriften für die Schenkung unter Lebenden anwendbar sind (BGH NJW 1969, 1245; BGHZ 46, 198; 50, 307). Die etwa fehlende Form des Schenkungsversprechens nach § 518 Abs. 1 BGB wird gem. § 518 Abs. 2 BGB mit dem Tod des Gesellschafters durch Vollzug geheilt, weil dann der Eintrittsberechtigte den Kapitalanteil unmittelbar erwirbt (*Westermann/Wertenbruch* Rn. 561). Bei dieser Lösung ist der Gesellschafter allerdings schon zu Lebzeiten gebunden, was nicht immer erwünscht ist (*Göbel* DNotZ 1979, 152). Ferner kann der Gesellschafter dem Eintrittsberechtigten seinen Abschichtungsanspruch durch Vermächtnis oder Erbeinsetzung auf erbrechtlichem Weg zuwenden – **erbrechtliche Eintrittsklausel** – (*Westermann/Wertenbruch* Rn. 557; *Ulmer* ZGR 1972, 222; BGH NJW 1978, 264 (265)). Letztlich kann er – wie im Formular – Abfindungsansprüche seiner Erben gegen die Gesellschaft bei seinem Tod völlig ausschließen und seine Mitgesellschafter durch Vertrag zugunsten des Eintrittsberechtigten verpflichten, nach seinem Tod den ihnen anwachsenden Kapitalanteil bis zur Entscheidung des Berechtigten über seinen Eintritt treuhänderisch selbst zu halten und ihn danach auf den Eintrittsberechtigten zu übertragen – **eigentliche rechtsgeschäftliche Eintrittsklausel** – (*Westermann/Wertenbruch* Rn. 560; RGZ 145, 289 (293); *Göbel* DNotZ 1979, 154; *Ulmer* ZGR 1972, 220; BGH NJW 1978, 264 (265)). Auch dieser Fall unterfällt nicht der Formvorschrift des § 2301 Abs. 1 BGB, da nach der hM in Rechtsprechung (RGZ 80, 175 (177); BGHZ 41, 95 (96); 66, 8 (12 f.); BGH NJW 1975, 382 (383)) und Schrifttum (Palandt/*Weidlich* § 2301 Rn. 17) sich bei Verträgen zugunsten Dritter auf den Todesfall die Formbedürftigkeit nicht nach dem Valutaverhältnis, sondern nach dem Deckungsverhältnis richtet. Die fehlende Form des Schenkungsversprechens nach § 518 Abs. 1 BGB wird auch hier gem. § 518 Abs. 2 BGB geheilt, da mit dem Tod des Gesellschafters der Anspruch des Eintrittsberechtigten gegen die übrigen Gesellschafter auf Übertragung des Kapitalanteils entsteht (BGH NJW 1975, 382 (383)). Ob man den letztgenannten Weg der mittelbaren Zuwendung des Kapitalanteils an den Eintrittsberechtigten auch so variieren kann, dass die Gesellschafter sich versprechen, den Auseinandersetzungsanspruch beim Todesfall eines von ihnen nicht dessen Erben, sondern dem Eintrittsberechtigten zu schulden (*Wiedemann,* Die Übertragung und Vererbung von Mitgliedschaftsrechten bei Handelsgesellschaften, 1965, unter Hinweis auf § 332 BGB; *Göbel* DNotZ 1979, 154, Variante 4) hängt davon ab, ob Verfügungen zugunsten Dritter möglich sind. Da dies jedoch von der Rechtsprechung abgelehnt wird (BGHZ 41, 95), empfiehlt sich diese Variante nicht für die Praxis (*Westermann/Wertenbruch* Rn. 559). Ein Vorteil der Eintrittsklausel ist, dass durch sie nicht nur Erben oder Vermächtnisnehmer des Gesellschafters, sondern außenstehende Dritte zu Nachfolgern bestimmt werden können. Daher kann eine Nachfolgeklausel, die daran gescheitert ist, dass der in ihr vorgesehene Nachfolger nicht Erbe wurde, häufig in eine gültige Eintrittsklausel umgedeutet werden (BGH NJW 1978, 264; BGHZ 68, 225 = NJW 1977, 1339). Umgekehrt ist, sofern der vorgesehene Nachfolger zum Kreis der voraussichtlichen Erben des Gesellschafters gehört, im Zweifel das Vorliegen einer erbrechtlichen Nachfolgeklausel anzunehmen, mit der zusammen mit einer entsprechenden letztwilligen Verfügung eine automatische Nachfolge leicht herbeigeführt werden kann (BGHZ 68, 225 (233)). Ein weiterer Vorteil der Eintrittsklausel ist, dass im Gegensatz zur erbrechtlichen Nachfolge keine Wahlmöglichkeit des Nachfolgers nach § 139 HGB besteht (*Göbel* DNotZ 1979, 153). Schließlich muss, den Ausschluss des Abfindungsanspruchs vorausgesetzt, die Eintrittsklausel im Gegensatz zu den erbrechtlichen Nachfolgeklauseln nicht mit der Erbfolge abgestimmt werden (MüKoBGB/*Schäfer* § 727 Rn. 54). Ein Nachteil liegt in der Unsicherheit, ob der Eintrittsberechtigte von seinem Eintrittsrecht wirklich Gebrauch macht, und damit die Kontinuität der Gesellschaft gesichert ist (*Ulmer* BB 1977, 805 (807)) oder ob die Gesellschaft Abfindungen zahlen und dazu das Gesellschaftskapital schmälern muss (BGHZ 68, 225 (233)). Nur wenn der Eintrittsberechtigte zugleich Erbe oder Vermächtnisnehmer des Gesellschafters wird, kann er indirekt durch Auflage (§ 1940 BGB) oder aufschiebend bedingte Erbeinsetzung oder Vermächtniszuwendung (§§ 2074, 2177 BGB) zum Eintritt veranlasst werden.

(2) **Rechtsstellung der übrigen Nachlassbeteiligten.** (*Götte* DNotZ 1988, 603 (606 ff.); *U. Mayer* ZEV 2003, 355). Anders als bei der bloßen Fortsetzungsklausel mit allseitigem Abfindungsausschluss ist der Vollzug des Beteiligungserwerbs durch den Eintrittsberechtigten ein unentgeltlicher Vorgang, der bei den weichenden Erben und Pflichtteilsberechtigten Ansprüche nach den Vorschriften für unentgeltliche lebzeitige Zuwendungen auslösen kann (*Ulmer* ZGR 1972, 331; BGH NJW 1970, 1638; s. aber auch *Riedel* ZErb 2003, 212). Ist der Eintrittsberechtigte gesetzlicher Erbe geworden, können Ausgleichungsansprüche nach §§ 2050 ff. BGB in Frage kommen. Bei rechtsgeschäftlicher Zuwendung des Kapitalanteils unter Lebenden scheidet ein Kondiktionsanspruch der Erben wegen Formnichtigkeit aus, da die fehlende Form des §§ 518 Abs. 2, 2301 Abs. 1 BGB entweder wie oben dargelegt durch Vollzug geheilt bzw. § 2301 Abs. 1 BGB auf das Valutaverhältnis nicht anzuwenden ist. Wenn der Kapitalanteil durch Rechtsgeschäft unter Lebenden und nicht auf erbrechtlichem Weg auf den Eintrittsberechtigten übergeht und somit nicht in den Nachlass fällt, sondern an ihm vorbeigeführt wird (OLG Hamburg MDR 1955, 43), scheiden ordentliche Pflichtteilsansprüche nach §§ 2303 ff. BGB aus. Es verbleiben aber Pflichtteilsergänzungsansprüche nach §§ 2325, 2326, 2329 Abs. 1 BGB gegen die Erben oder den Eintrittsberechtigten (→ Anm. 4). Bei einer allseitigen Eintrittsklausel kann allerdings auch hier die Unentgeltlichkeit entfallen (BGH DNotZ 1966, 620 (621)). Über den Streit, ob die Bewertung des Anteils in diesen Fällen nach dem Vollwert, dh einschließlich aller Reserven und des Firmenwerts, oder einem beschränkten Klauselwert vorzunehmen ist, → Anm. 4. Die Zehnjahresfrist des § 2325 Abs. 3 BGB wird kaum je helfen, da es nach hM auf den Erbfall ankommt (→ Anm. 4). Wurde der Kapitalanteil vom Gesellschafter dem Eintrittsberechtigten durch Erbeinsetzung oder Vermächtnis zugewandt (erbrechtliche Eintrittsklausel), können den benachteiligten Erben bzw. Pflichtteilsberechtigten des Gesellschafters normale Ansprüche nach §§ 2303, 2305, 2306 und 2307 BGB zustehen. Nachlassgläubigern stehen bei rechtsgeschäftlicher Zuwendung lediglich beim Vorliegen der Voraussetzungen Ansprüche aus Schenkungsanfechtung gem. §§ 129 ff., 3 Nr. 3, 4 AnfG zu. Insoweit → Anm. 4 am Ende

**7. Rechtsgeschäftliche Nachfolgeklausel.** (1) **Rechtliche Gestaltung und Wirkung der Klausel.** Die Eintrittsklausel wäre ideal ergänzt, wenn durch entsprechende vertragliche Gestaltung (Vertrag zugunsten Dritter gem. §§ 331, 328 BGB) erreicht werden könnte, dass der zum Eintritt Vorgesehene, jedoch nicht am Gesellschaftsvertrag Beteiligte, mit dem Tod des Gesellschafters automatisch allein auf Grund des Gesellschaftsvertrages und unmittelbar in dessen personenrechtliche und vermögensrechtliche Gesellschafterstellung einrücken und sich dieser Vorgang außerhalb des Erbrechts am Nachlass vorbei vollziehen würde (so zB *Flume* FS Wolfgang Schilling, 1973, 23 ff.). Rechtsprechung (BGHZ 22, 186; 68, 225 (231)) und hM im Schrifttum (K. Schmidt, Gesellschaftsrecht, 4. Aufl., § 45 V 6c mwN; *Göbel* DNotZ 1979, 135) lehnen jedoch die Zulässigkeit solcher rechtsgeschäftlicher Nachfolgeklauseln ohne Beteiligung des Nachfolgers mit der Begründung ab, es handele sich dabei um eine nicht zulässige Verfügung zugunsten Dritter (BGHZ 41, 95) und vor allem auch um einen Vertrag zu Lasten Dritter (BGHZ 41, 95). Möglich ist allerdings eine rechtsgeschäftliche Nachfolgeklausel, wenn der Nachfolger an der Vereinbarung der Klausel beteiligt ist, insbesondere wenn er bereits Mitgesellschafter ist (BGHZ 68, 225 Leitsatz b; *Priester* DNotZ 1977, 559). Auf diese Weise kann auch ein Dritter automatisch mit dem Tod seines Vorgängers in die Gesellschaft kommen. Um Verwechslungen mit erbrechtlichen Nachfolgeklauseln zu vermeiden, empfiehlt es sich im Gesellschaftsvertrag ausdrücklich festzustellen, dass eine rechtsgeschäftliche Nachfolgeklausel gewollt ist, die der Ausfüllung durch das Erbrecht nicht mehr bedarf. Konstruktiv handelt es sich um eine auf den Tod des Gesellschafters befristete und durch das Überleben des Nachfolgers aufschiebend bedingte Abtretung des Kapitalanteils unter Zustimmung der übrigen Gesellschafter (Fall des BGH NJW 1959, 1433; Fall des BGH NJW 1970, 1638). Die damit schon zu Lebzeiten eintretende Bindung des Erblassers bleibt als Nachteil dieser Gestaltung unbedingt zu bedenken.

(2) **Rechtsstellung der übrigen Nachlassbeteiligten.** Ebenso wie bei der bloßen Fortsetzungsklausel und der Eintrittsklausel (→ Anm. 6 (2) wird auch bei der rechtsgeschäftlichen Nachfolgeklausel der Mitgliedschaftswert am Nachlass vorbeigesteuert (*Heckelmann,* Abfindungsklauseln in Gesellschaftsverträgen, 1973, S. 267). Hier wie dort ist eine Ausgleichung für die Benachteiligten nach Bereicherungsrecht in Verbindung mit den Formvorschriften der §§ 2301 Abs. 1, 518 Abs. 1 BGB nicht möglich, weil die hM Vollzug annimmt (§§ 2301 Abs. 2, 518 Abs. 2 BGB). Ist der Nachfolger gleichzeitig gesetzlicher Erbe, kann eine Ausgleichungspflicht nach § 2050 BGB in Frage kommen. Sonst verbleiben den weichenden Erben bzw. Pflichtteilsberechtigten nur der Pflichtteilsergänzungsanspruch gegen die Erben nach § 2325 BGB bzw. subsidiär nach § 2329 BGB gegen den Nachfolger (*Heckelmann* S. 267 f.). Die 10-Jahresfrist des § 2325 Abs. 3 BGB beginnt erst mit dem Tod des betreffenden Gesellschafters (→ Anm. 4). Der Anspruch besteht nicht, soweit der Nachfolger den Erben ein Entgelt zu zahlen hat (BGH NJW 1959, 1433) oder er beim Eintritt eigene Mittel in die Gesellschaft einbringen muss, während die Gesellschafter die Erben abfinden (zu den unterschiedlichen, bei der Gestaltung sauber zu unterscheidenden Konstellationen *Götte* DNotZ 1988, 606). Sofern alle Gesellschafter sich gegenseitig zur Übertragung verpflichtet haben, entfällt bereits die Unentgeltlichkeit (BGH DNotZ 1966, 620 (621), siehe aber auch die in → Anm. 4 genannten Ausnahmen). Nachlassgläubigern stehen bei Vorliegen der Voraussetzungen und innerhalb der Fristen Ansprüche aus Schenkungsanfechtung gem. §§ 129 ff. InsO, § 3 Nr. 3, 4 AnfG zu. Insoweit → Anm. 4 am Ende.

**8. Einfache erbrechtliche Nachfolgeklausel.** (1) **Rechtliche Gestaltung und Wirkung der Klausel.** Nach der hM (BGHZ 22, 186; 68, 225 (233)) haben Nachfolgeklauseln in Gesellschaftsverträgen im Zweifel die Bedeutung, den Gesellschaftsanteil entgegen § 727 Abs. 1 BGB vererblich zu stellen bzw. das vom Gesetz für oHG, KG und Partnerschaftsgesellschaft vorgesehene Ausscheiden des verstorbenen Gesellschafters abzuwenden. Ihre Wirkung tritt automatisch, kraft erbrechtlichen Anteilsübergangs ein. Wer Nachfolger des verstorbenen Gesellschafters wird, bestimmt sich bei der sog. „einfachen" erbrechtlichen Nachfolgeklausel allein nach der gesetzlichen oder gewillkürten Erbfolge des Gesellschafters. Beim Kommanditisten (§ 177 HGB) entspricht die Klausel der gesetzlichen Normalregelung. Zu beachten ist, dass § 139 HGB unabdingbar vorsieht, dass jeder Erbe eines vollhaftenden Gesellschafters (einzeln für seinen Erbanteil) von den übrigen Gesellschaftern verlangen kann, die übernommene Einlage des Erblassers (anteilig) unter Beibehaltung des

Gewinnanteils in eine Kommanditbeteiligung umzuwandeln und, falls sie dies ablehnen, ihm ein sofortiges Kündigungsrecht zusteht. Die einfache Nachfolgeklausel legt die Auswahl des oder der Nachfolger völlig in die Hände des einzelnen Gesellschafters, was bei mangelnder Eignung der Nachfolger für die Gesellschaft und die anderen Gesellschafter problematisch werden kann (*Göbel* DNotZ 1979, 144). Zur erbrechtlichen, automatischen Gesellschafternachfolge berufen sind auch Ersatzerben, sowie Vor- und Nacherben, nicht jedoch Vermächtnisnehmer und auf Grund Teilungsanordnung Begünstigte (*Göbel* DNotZ 1979, 144). Ist, wie im Formular, im Gesellschaftsvertrag vorgesehen, dass die Gesellschaft beim Tod des Gesellschafters auch mit demjenigen fortgesetzt werden soll, dem der Erblassergesellschafter seinen Kapitalanteil bzw. sein Abfindungsguthaben vermacht, so scheitert der unmittelbare Erwerb von Todes wegen durch den Vermächtnisnehmer an § 2174 BGB (*Wiedemann,* Die Übertragung und Vererbung von Mitgliedschaftsrechten bei Handelsgesellschaften, 1965, S. 165; *Göbel* DNotZ 1979, 145 f.). Der Abfindungsanspruch steht mit dem Erbfall vielmehr den Erben zu, die verpflichtet sind, ihn dem Bedachten abzutreten (§ 2174 BGB), worauf er sich wieder in den Kapitalanteil umwandelt (*Westermann/Wertenbruch* Rn. 533). Sind somit nach den Gesellschaftsvertrag auch Vermächtnisnehmer nachfolgeberechtigt, erfolgt ihr Eintritt in die Gesellschaft nicht automatisch mit dem Erbfall, es handelt sich insoweit um eine erbrechtliche Eintrittsklausel (→ Anm. 6), die die Vermächtnisnehmer nur zum Eintritt in die Gesellschaft berechtigt, aber nicht verpflichtet (*Buchwald* AcP 154, 27; *Westermann/Wertenbruch* Rn. 543; *Schmidt* BWNotZ 1983, 104). Es handelt sich im Formular somit um eine Kombination von einfacher erbrechtlicher Nachfolgeklausel mit einer erbrechtlichen Eintrittsklausel. Will der Gesellschafter den Anteil bei der einfachen Nachfolgeklausel einer bestimmten Person zuwenden, muss er sie als Alleinerbin einsetzen. Der Alleinerbe tritt mit dem Tod des Gesellschafters nach § 1922 BGB sowohl in dessen vermögensrechtliche als auch personenrechtliche Stellung innerhalb der Gesellschaft ein, wenn die letztere nicht gerade an die Person des verstorbenen Gesellschafters gebunden war. Wird dagegen der verstorbene Gesellschafter von mehreren Personen beerbt, kommt es zur Kollision zwischen Erbrecht und Gesellschaftsrecht. Nach dem Grundsatz der Universalsukzession (§ 1922 Abs. 1 BGB), müsste die Gesellschafterstellung des Verstorbenen als Teil des Nachlasses der Miterbengemeinschaft zur gesamten Hand (§ 2032 Abs. 1 BGB) zufallen. Andererseits kann jedenfalls nach hM eine Erbengemeinschaft nicht Mitglied einer werbenden Personengesellschaft sein (→ Anm. 2 Abs. 1). Der Konflikt wird in ständiger Rechtsprechung (BGHZ 22, 186 (192) = WM 1957, 24; BGHZ 68, 225 = NJW 1977, 1339 = DNotZ 1977, 550; BGHZ 91, 132 = NJW 1984, 2104 = DNotZ 1984, 630; BGHZ 98, 48 = NJW 1986, 2431 = DNotZ 1987, 116; BGHZ 108, 187 = NJW 1989, 3152 = DNotZ 1990, 183; vgl. bereits RGZ 16, 40 (57)) dahin gelöst, dass der bis zum Erbfall einheitliche Gesellschaftsanteil nach den Erbquoten zerfällt und jedem der mehreren Miterben unmittelbar als selbstständige Gesellschafterstellung mit eigenem Gesellschaftsanteil zugeordnet wird. Jeder Erbe hat einzeln für sich das Wahlrecht nach § 139 HGB. Für die Verteilung des Kapitalanteils sowie des Gewinn- und Verlustanteils des Erblassers kann auch eine anderweitige Quote festgelegt werden, und zwar mit dinglicher Wirkung durch Gesellschaftsvertrag oder letztwillige Verfügung (*Priester* DNotZ 1977, 561). Die den Erben zugefallenen einzelnen Gesellschaftsanteile teilen, da eine Sonderzuweisung vorliegt, nicht das rechtliche Schicksal der Erbteile der Erbengemeinschaft. Verbreitet wird daher auch – in Anlehnung an das Höfe- und Heimstättenrecht – von einer Sondererbfolge gesprochen (*Ulmer* ZGR 1972, 195 (206 f.)). Von einer Übertragung oder Belastung der Erbteile werden die Personengesellschaftsanteile nicht erfasst. Die Möglichkeit und Wirksamkeit ihrer Übertragung richtet sich ausschließlich nach Gesellschaftsrecht (*Schmidt* BWNotZ 1983, 104). Dass der vererblich gestellte Gesellschaftsanteil beim Tod des Gesellschafters im Wege der Sonderzuordnung auf den oder die Erben übergeht, gilt nicht nur beim Vorhandensein mehrerer Miterben, sondern auch dann, wenn nur ein Erbe vorhanden ist (BGHZ 22, 186 (193); 91,

132 = NJW 1984, 2104; *Ulmer* FS Schilling, 1973, 90 ff.; Ulmer ZHR 146 [1981], 509; anders *K. Schmidt,* Gesellschaftsrecht, 4. Aufl., § 45 V 4a mN). Daraus wurde teilweise gefolgert, dass die Vererbung der Mitgliedschaft am Nachlass vorbei erfolge, da hier Erbschaft und Nachlass zu unterscheiden seien (so vor allem *Ulmer* NJW 1984, 1496 (1500); *Ulmer* JuS 1986, 856 (859 ff.); anders die heute hM siehe ausf. *Nieder/Kössinger,* Handbuch der Testamentsgestaltung, § 20 Rn. 20). Konsequenzen hätte das ua für die Testamentsvollstreckung, Nachlassverwaltung und Nachlassinsolvenz. Der BGH sieht Hinderungsgründe für eine Testamentsvollstreckung allein im konkret geltenden Gesellschaftsrecht, nicht im Erbrecht (BGHZ 108, 187 = NJW 1989, 3152; BGH NJW 1983, 2376; BGHZ 98, 48 = NJW 1986, 2431; Staudinger/*Marotzke* § 1922 Rn. 122 mwN; Palandt/*Weidlich* § 1922 Rn. 19). Man sollte sich bewusst bleiben, dass dieser Bereich noch nicht abschließend geklärt ist. Zu den gleichfalls so genannten Nachfolgeklauseln in Satzungen einer **Familien-GmbH** siehe zB *Langner/Heydel* GmbHR 2005, 377.

(2) **Gesellschaftsvertragliche Modifizierungen der einfachen Nachfolgeklausel.** Die Gefahr der einfachen erbrechtlichen Nachfolgeklausel ist die Zersplitterung der Geschäftsanteile, die Vervielfältigung der Mitwirkungs- und Kontrollrechte und die damit verbundene Gefährdung der Einheit der Unternehmensführung (*Michalski,* Gesellschaftsrechtliche Gestaltungsmöglichkeiten zur Perpetuierung von Unternehmen, 1980 S. 157). Durch geeignete Abänderungen der nachgiebigen gesetzlichen Bestimmungen des Organisationsrechts, durch die die Nachfolge in der Unternehmensleitung (Geschäftsführung) geregelt und der Einfluss der nichttätigen Gesellschafter eingeschränkt wird, kann dem jedoch begegnet werden. Diese gesellschaftsvertraglichen Bestimmungen für den Nachfolgefall übernehmen die Erben im Wege der Universalsukzession mit dem Erbfall (*Michalski* S. 176). Üblich und zulässig bereits auf der Ebene des Gesellschaftsvertrags (zur erbrechtl. Klausel → Anm. 10) sind folgende Vereinbarungen für den Nachfolgefall:

a) Wie im Formular werden die Erben des verstorbenen persönlich haftenden Gesellschafters Kommanditisten und nur einer von ihnen kann Komplementär werden (BGH BB 1963, 323 = DNotZ 1964, 108; BGH WPM 1967, 319 = DNotZ 1967, 387; WPM 1971, 308; *Michalski* Betr. 1980 Beil. 5 S. 23). Wer von den Erben persönlich haftender Gesellschafter wird und wer sich mit der Kommanditistenstellung zufrieden geben muss (oder darf), kann dabei je nach der Vereinbarung im Gesellschaftsvertrag vom Erblasser bestimmt werden, aber auch von Dritten, etwa den Erben oder den übrigen Gesellschaftern (BGH BB 1963, 323). Das verstößt nicht gegen § 2065 Abs. 2 BGB, da es sich hierbei nicht um die Bestimmung des Zuwendungsempfängers oder -gegenstandes handelt, sondern um die gesellschaftsrechtliche Bestimmung der Rolle der vermögensmäßig gleichgestellten Nachfolger-Erben innerhalb der Gesellschaft.

b) **Ausschluss einzelner Komplementäre oder der Kommanditisten von der Geschäftsführung und der Vertretung der Gesellschaft** (BGHZ 41, 367; *Michalski* S. 159 ff.). Zweckmäßig kann auch ein Vorschlagsrecht nach Familienstämmen sein (*Reuter,* Privatrechtliche Schranken der Perpetuierung von Unternehmen, 1973, S. 163 ff.), dh den Abkömmlingen der Kinder des Gesellschaftsgründers wird nach Stämmen jeweils das Recht eingeräumt, je einen Kandidaten pro Stamm aus ihren Reihen für die Geschäftsführung zu benennen. Weit verbreitet ist auch, der Nachgründergeneration einen Beirat aus Nichtgesellschaftern beizugeben, die die Auswahl der geschäftsführenden Gesellschafter vorzunehmen haben und deren Zustimmung die Geschäftsführung bei wichtigen Entscheidungen bedarf (*Reuter* S. 172 ff.; BGH JZ 1960, 490). Dagegen lässt die Rechtssprechung (BGHZ 36, 292 ff.) im Personengesellschaftsrecht die sog. Drittorganschaft, dh die Bestellung eines Nichtgesellschafters als Geschäftsführer nicht zu.

c) **Ausschluss oder Beschränkung des Stimmrechts für einzelne Gesellschafter** (BGHZ 20, 363; 14, 269 für GmbH; *Michalski* S. 162 ff.; *Michalski* Betr. 1980 Beil. 5 S. 22), evtl. auch Gewährung eines zusätzlichen Stimmrechts an verschiedene Gesellschafter

(BGH NJW 1960, 963) bzw. Regelung des Stimmgewichts (*U. Huber* S. 44). Dagegen ist die Abspaltung und Übertragung des Stimmrechts auf andere Gesellschafter oder Dritte (BGH NJW 1960, 963) und auch die Erteilung einer unwiderruflichen Stimmrechtsvollmacht (BGHZ 3, 357) jeweils wegen Verstoßes gegen das Abspaltungsverbot nach § 717 S. 1 BGB nicht zulässig.

d) Gebot an die Kommanditisten, ihr Stimmrecht nur durch einen gemeinschaftlichen Vertreter wahrzunehmen – **Vertreterklausel** – (BGHZ 22, 192; 46, 291 (296); *Michalski* S. 171 ff.; *Michalski* Betr. 1980 Beil. 5 S. 23). Bei vollhaftenden Gesellschaftern wird die Vertreterklausel dagegen sehr kritisch gesehen (MüKoBGB/*Gergen* § 2032 Rn. 59 mN).

e) Gebot der treuhänderischen Übertragung des Gesellschaftsanteils des Erblassers auf einen Altgesellschafter – **Verwaltungstreuhand** – (*Michalski* S. 182 ff.; *Reuter* S. 224 ff.).

Wer seine Gesellschafterstellung auf eine letztwillige Verfügung zurückführt, muss es sich gefallen lassen, wenn der Erblasser anderen Gesellschaftern ein freies Hinauskündigungsrecht eingeräumt hat (BGH 19.3.2007 – II ZR 300/05, NotBZ 2007, 112 = ZIP 2007, 862). Gesellschaftsrechtlich ist es also entsprechend einer älteren Tradition der Praxis (*Flume* NJW 1979, 902) durchaus möglich, alle pflichtteilsberechtigten Erben zwar in die Gesellschaft aufzunehmen, aber mit Ausnahme des zur Nachfolge als persönlich haftendem Gesellschafter Berufenen nur als Kommanditisten mit einer Beteiligung insoweit geminderten Rechts, dass sie vom persönlich haftenden Gesellschafter jederzeit, dh zu einem Zeitpunkt, zu dem Abfindungszahlungen für das Unternehmen tragbar sind, nach freiem Ermessen auch ohne wichtigen Grund hinausgekündigt werden können. Eine andere Frage ist jedoch, ob sie dabei zum Buchwert, dh ohne Berücksichtigung der stillen Reserven und des Geschäftswerts, abgefunden werden können. Der vorgenannten Entscheidung des BGH vom 19.3.2007 lässt sich entnehmen, dass es insoweit auch darauf ankommen kann, ob das Kündigungsrecht zeitlich aufgeschoben war, so dass dem später ausgeschlossenen Erben über längere Zeit Gewinnanteile gesichert waren. Ansonsten bleibt es aber dabei, dass jedenfalls bei grobem Missverhältnis die Buchwertabfindung unwirksam sein kann (BGH NJW 1979, 104). Ferner wird die nur geminderte Gesellschafterstellung im Rahmen der Erbteilung bzw. für eine Pflichtteilsergänzung zu berücksichtigen sein.

(3) **Rechtsstellung der übrigen Nachlassbeteiligten.** Geht auf Grund einer einfachen erbrechtlichen Nachfolgeklausel mit dem Erbfall automatisch der Gesellschaftsanteil auf den Alleinerben oder alle Miterben über, können Probleme der Abfindung und der Auseinandersetzung gegenüber der Gesellschaft und zwischen den Miterben nicht auftreten. Da bei dieser Regelung die Gesellschaftsbeteiligung vermögensmäßig in den Nachlass fällt, ist sie bei der Nachlassbewertung gem. § 2311 BGB für den ordentlichen Pflichtteilsanspruch nach § 2303 BGB zu berücksichtigen (MüKoBGB/*Lange* § 2311 Rn. 49) und kommt so indirekt den bei gewillkürter Erbfolge übergangenen Pflichtteilsberechtigten zugute. Insoweit kann nur fraglich sein, ob bei der Bewertung gesellschaftsvertragliche Abfindungsklauseln zu berücksichtigen sind (→ Anm. 4). Trotz des Zerfalls der einheitlichen Gesellschafterstellung des Erblassers in selbstständige Gesellschafterstellungen bei den Miterben gehört der Gesellschaftsanteil wertmäßig zum Nachlass und haftet den Nachlassgläubigern gem. §§ 2058, 2059 Abs. 1 BGB (*H. P. Westermann* AcP 173, 28; BGHZ 47, 293 (295 f.)). Sehr streitig ist jedoch, in welcher Art und Weise die verschiedenen Gruppen von Gläubigern (Nachlassgläubiger, Gesellschaftsgläubiger, Erbeneigengläubiger) auf den Gesellschaftsanteil Zugriff nehmen können. Dabei ist man sich über die Ergebnisse weitgehend einig und nur die Begründungen differieren.

Für alle, die wie die hM den Gesellschaftsanteil einschließlich der Mitgliedschaft dem Nachlass zuordnen, stellt sich die Haftungssituation nach dem Tod des Gesellschaftererblassers wie folgt dar:

- Für die bisherigen und neue Gesellschaftsverbindlichkeiten haftet den Gesellschaftsgläubigern zunächst das Gesellschaftsvermögen (§§ 124 Abs. 2 HGB, 736 ZPO), danach die anteilig zu Gesellschaftern gewordenen Erben persönlich, dh ohne erbrechtliche Beschränkungsmöglichkeiten (§§ 128, 129, 130 HGB), sofern sie nicht von dem Wahlrecht nach § 139 HGB Gebrauch gemacht haben und letztlich den Altgläubigern, da sie gleichzeitig Nachlassgläubiger sind, der Nachlass und die Erben nach Maßgabe der §§ 2058 ff. und mit der Möglichkeit letzterer, ihre erbrechtliche Haftung (nicht die gesellschaftsrechtliche) auf den Nachlass durch Nachlassverwaltung (§ 1975), Nachlassinsolvenz (§ 1975), Aufgebotsverfahren (§ 1973), Versäumung (§ 1974), Erschöpfungseinrede (§ 1989), Dürftigkeitseinrede (§ 1990) oder Verweisung auf den ungeteilten Nachlass (§ 2059) zu beschränken.
- Den Nachlassgläubigern, die nicht zugleich Gesellschaftsgläubiger sind, haftet der Gesellschaftsanteil als Nachlassgegenstand gem. §§ 2058, 2059 Abs. 2. Zur Geltendmachung der Haftung ist gem. § 747 ZPO ein gegen alle Erben ergangenes Urteil erforderlich, mit dem der Gläubiger unter den Voraussetzungen des § 135 HGB das Auseinandersetzungsguthaben gem. §§ 857, 859 ZPO pfänden, sich überweisen lassen und danach die Gesellschaft mit Sechsmonatsfrist auf das Geschäftsjahresende kündigen kann. Wer, wie die unten Genannten, in der automatischen Aufteilung des Gesellschaftsanteils beim Erbfall unter die Miterben eine Erbteilung iSd § 2059 Abs. 1 sieht, muss den Nachfolger-Erben alsbald auch mit seinem Privatvermögen für die Nachlassverbindlichkeiten haften lassen. Dabei kann der Erbe diese Haftung allerdings durch eine Maßnahme nach §§ 2060, 2061 auf den seiner Erbquote entsprechenden Teil der Nachlassverbindlichkeiten beschränken.
- Sofern man im automatischen Zerfall der Gesellschafterstellung des Erblassers in selbstständige Gesellschaftsanteile der nachfolgeberechtigten Miterben eine Teilung iSv § 2059 Abs. 1 sieht (so *H. P. Westermann* AcP 173 (1973), 24 (28 f.)), können Eigengläubiger der Miterben sofort nach dem Erbfall gegen den automatisch ihrem Schuldner zugefallenen Gesellschaftsanteil in gleicher Weise vorgehen, wie vorstehend für die Nachlassgläubiger gegen den ungeteilten Anteil erläutert. Wer allerdings diese Meinung vertritt, lässt meist daneben zu, dass jeder betroffene Nachfolger-Erbe entgegen § 2062 die Nachlassverwaltung auch allein beantragen kann, was zu einer Separierung der Beteiligung und letztlich zum Vorrang der Nachlassgläubiger vor den Eigengläubigern führt. Eine Auffassung (MüKoBGB/*Ann* § 2059 Rn. 8, 11; *Lange/Kuchinke* § 5 VI 6 f.) sieht in diesen Fällen jedoch nur dann eine Teilung iSd § 2059 Abs. 1, wenn der Wert der Gesellschaftsbeteiligung praktisch dem ganzen oder wesentlichen Nachlass gleichkommt. Sonst kann der Miterbe die Einrede nach § 2059 Abs. 1 S. 1 mit der Folge geltend machen, dass bis zur endgültigen Teilung der ihm zugefallene Teil des Gesellschaftsanteils nicht dem Vollstreckungszugriff seiner Eigengläubiger unterliegt. Andere (*Ulmer* ZGR 1972, 193 (203) Fn. 44; *Ulmer* NJW 1984, 1496 (1500); Staudinger/*Marotzke* § 2059 Rn. 50, 58, 71) wollen ohne diese Einschränkung im automatischen Anfall des Anteils nie Teilung iSd § 2059 Abs. 1 sehen, da diese Vorschrift allein die rechtsgeschäftliche Aufteilung erfasse. Aber auch eine noch so großzügige Auslegung des § 2059 Abs. 1 kann einen Eigengläubiger des Nachfolgermiterben nicht hindern, dessen gesamten Erbteil gem. §§ 2033 Abs. 1 BGB, 859 Abs. 2 ZPO zu pfänden und dann die Auseinandersetzung des Nachlasses nach § 2042 Abs. 1 zu erzwingen, dem dann auch der sich noch ungeteilt iSd § 2059 Abs. 1 in ihm befindliche Personengesellschaftsanteil unterliegt. Im Gegenzug können die Nachlassgläubiger durch Antrag auf Nachlassverwaltung gem. § 1981 Abs. 2 oder Nachlassinsolvenz gem. § 319 InsO eine Nachlassabsonderung herbeiführen und so den Nachlass vor dem Zugriff der Eigengläubiger der Erben schützen. Wer den Gesellschaftsanteil oder zumindest die Mitgliedschaft sofort mit dem Erbfall statt dem Nachlass dem Eigenvermögen des Nachfolgers zuordnet, kann nur mit erheblichem konstruktivem

Aufwand ein ähnliches vollstreckungsrechtlich gebotenes Ziel erreichen (*Lange/Kuchinke* § 5 VI 6 f.).

Der einzige geeignete Weg, den Gesellschaftsanteil langfristig (§ 2210) und sicher vor dem Zugriff der Privatgläubiger des Erben zu bewahren, ist allerdings die Anordnung einer jetzt hinsichtlich der „Außenseite" des Gesellschaftsanteils zulässigen Testamentsvollstreckung (*Marotzke* JR 1988, 184 (186)).

**9. Testamentsvollstreckung an Gesellschaftsanteilen.** (1) **An vollhaftenden Beteiligungen.** Aus erbrechtlicher Sicht steht einer Verwaltungszuständigkeit des Testamentsvollstreckers nichts entgegen (MüKoBGB/*Zimmermann* § 2205 Rn. 30). Eine bloße Abwicklungsvollstreckung erstreckt sich auch auf eine Personengesellschaftsbeteiligung. Noch ungeklärt sind aber die gesellschaftsrechtlichen Voraussetzungen und Grenzen einer Verwaltungsvollstreckung, soweit die Erben vollhaftende Gesellschafter einer werbenden Gesellschaft werden. Zu kritisch gegenüber Geschäftsführungsbefugnissen des Testamentsvollstreckers wohl *Frank* NZG 2002, 898 (unmittelbar allerdings nur bezogen auf Kapitalgesellschaften). Auf bereits entstandene Auseinandersetzungsguthaben oder auch die Abfindung eines Erben nach seinem Ausscheiden gem. § 139 HGB erstreckt sich auch eine Verwaltungstestamentsvollstreckung (BGH BB 1981, 201 = WPM 1981, 140; BGH BB 1985, 951 = NJW 1985, 1953). Der BGH (BGHZ 98, 48 (56 f.) = NJW 1986, 2431 (2433) = DNotZ 1987, 116; vgl. auch BGH NJW 1998, 1313) spricht von der „Außenseite" des Gesellschaftsanteils und zielt damit auf Vermögenswerte, die den Nachlassgläubigern gesichert werden sollen. Ausgeschlossen ist der Dauertestamentsvollstrecker lediglich von Geschäftsführung, Vertretung und Stimmrecht, dh der Ausübung der nicht vermögensrechtlichen innergesellschaftlichen Mitgliedschaftsrechte (zustimmend: *Flume* NJW 1988, 161; *Marotzke* JZ 1986, 457; *K.* Müller JR 1986, 504; Esch NJW 1984, 339; Reimann MittBayNot 1986, 232; Palandt/Weidlich § 2205 Rn. 11; Erman/*M. Schmidt* § 2205 Rn. 29; ablehnend: *Ulmer* JuS 1986, 856; *Weber* FS Stiefel, 1987, 829). Auch das Recht des § 139 HGB übt der Erbe stets persönlich aus (AnwK/*Weidlich* BGB § 2205 Rn. 60). Die Abgrenzung zwischen „innen" und „außen" im einzelnen bleibt klärungsbedürftig (*Weidlich* ZEV 1994, 205 (210)). Eine weitergehende Erstreckung der vom Erblasser angeordneten Verwaltungstestamentsvollstreckung auf die Beteiligung des Erblassers an einer offenen Handelsgesellschaft oder als persönlich haftender Gesellschafter an einer Kommanditgesellschaft kommt jedenfalls ohne ausdrückliche Zulassung im Gesellschaftsvertrag oder die Zustimmung aller Gesellschafter nicht in Betracht (vgl. RGZ 170, 392 (394); BGHZ 24, 106 (112 f.); 68, 225 (394); 108, 187 (195) = NJW 1989, 3152). Begründet wird dies mit der Diskrepanz zwischen dem Erbrecht, das dem Testamentsvollstrecker gem. § 2206 S. 1 BGB nur gestattet, Verbindlichkeiten für den Nachlass einzugehen, die den erbrechtlichen Haftungsbeschränkungen der §§ 1975, 1990, 2059 Abs. 1 S. 1 BGB unterliegen, und dem Gesellschaftsrecht, das im § 128 HGB die unbeschränkte persönliche Haftung der Gesellschafter festlegt, zu der der Testamentsvollstrecker die Erben nicht ohne ihr Einverständnis verpflichten kann. Hinzu kommt der Grundsatz der Selbstorganschaft, der einer Gesellschaftsleitung durch den Testamentsvollstrecker ohne persönliche Haftung entgegensteht. Ob eine Freistellung in der Satzung oder das Einverständnis der Gesellschafter ein anderes Ergebnis erlaubt, ist unentschieden (dafür *Marotzke* AcP 187 [1987], 233; MüKoBGB/*Zimmermann* § 2205 Rn. 36; dagegen *Reimann* MittBayNot 1986, 232). Ist daher im Gesellschaftsvertrag keine Regelung über die Zulässigkeit der Testamentsvollstreckung enthalten und hat der Erblasser trotzdem Testamentsvollstreckung angeordnet, so sind die Erben dadurch zwar nicht gehindert, die Innenseite ihrer Gesellschaftsrechte selbst wahrzunehmen. Eine beaufsichtigende Funktion hinsichtlich der „Außenseite" kann der Testamentsvollstrecker dagegen wahrnehmen, auch ohne Zustimmung der anderen Gesellschafter. Er kann so verhindern, dass die Gesellschafter-Erben über ihre ererbten Geschäftsanteile verfügen und dass ihre Eigengläubiger in den Anteil und die daraus erwachsenden Vermögensrechte vollstrecken. Ferner bedürfen die Gesellschafter-Erben zu allen die vermögensrechtliche Außenseite ihrer Anteile betreffenden Maßnahmen der Zustimmung des Testamentsvollstreckers.

(2) **Ersatzlösungen.** Bei bestehendem Bedürfnis bieten sich folgende Lösungsmöglichkeiten an, um dem Testamentsvollstrecker die Ausübung auch der nicht vermögensrechtlichen Mitgliedschaftsrechte (Innenseite) an der Beteiligung zu ermöglichen. Die Probleme und Einwendungen gegen die einzelnen Ersatzlösungen sind dabei denen ähnlich, die gegen die Erstreckung einer Verwaltungstestamentsvollstreckung auf ein einzelkaufmännisches Unternehmen vorgebracht werden (→ Form. XII.8 Anm. 8). Die Ersatzlösungen setzen alle die Zustimmung der Mitgesellschafter im Gesellschaftsvertrag oder nach dem Erbfall voraus (MüKoBGB/*Zimmermann* § 2205 Rn. 38). Bei den Ersatzlösungen werden für das Verhältnis des Testamentsvollstreckers zu den Erben die Regeln der §§ 2197 ff. BGB analog angewendet. Allerdings ist hierbei immer noch vieles offen, insbesondere die Rolle des Nachlassgerichts (*Damrau* NJW 1984, 2789).

a) **Auflage, Bedingung.** Das Reichsgericht (RGZ 172, 199) und zunächst auch der Bundesgerichtshof (BGHZ 12, 102) haben grundsätzlich bejaht, dass der Erblasser den Erben durch Auflage zwingen könne, die Ausübung der Mitgliedschaftsrechte dem Testamentsvollstrecker zu überlassen. Der BGH (MDR 1954, 32 (33); WPM 1969, 492 (493) = BB 1969, 773) hat dies dann aber in einem obiter dictum ausdrücklich im Gegensatz zu RGZ 172, 199 in Frage gestellt. Gegen die Verwendung der auflösenden Bedingung als Druckmittel ist nur eine Gegenstimme ersichtlich (*Wiedemann,* Die Übertragung und Vererbung von Mitgliedschaftsrechten bei Handelsgesellschaften, 1965, S. 333). Diese Lösung hat jedoch den Nachteil, dass der Erblasser dann einen Nacherben oder Nachvermächtnisnehmer für den Anteil einsetzen muss (*Damrau* NJW 1984, 2789), da sonst sog. konstruktive Nacherbfolge nach §§ 2104, 2105 BGB eintritt. Die Entscheidung der Frage, ob mit Auflage oder Bedingung den Erben eine Quasitestamentsvollstreckung bezüglich des Anteils aufgezwungen werden kann, lässt sich nicht generell, sondern nur getrennt für die einzelnen Lösungswege beantworten, auf denen die Überlassung der Gesellschaftsrechte an den Testamentsvollstrecker erfolgen soll. Anordnung der Testamentsvollstreckung, Auflagen und Bedingungen können im Übrigen pflichtteilsberechtigte Testamentserben zur Ausschlagung und zum Pflichtteilsverlangen nach § 2306 BGB und damit zur Vereitelung der Nachfolgelösung veranlassen. Will man dem entgehen, sollte der Erblasser zu Lebzeiten mit ihnen einen Erb- und Erbverzichtsvertrag (*Klussmann* BB 1966, 1209 (1211)) oder besser noch einen Pflichtteilsverzichtsvertrag gegen entsprechende Gegenleistung abschließen.

b) **Treuhänderische Übertragung der Gesellschaftsbeteiligung an den Testamentsvollstrecker.** Sie wird von der Rechtsprechung und dem Schrifttum allgemein als zulässig angesehen (RGZ 132, 138; BGHZ 12, 102; *Esch* NJW 1981, 2226; *Rehmann* BB 1985, 297 (300)). In der Praxis dürfte der Weg jedoch bei vollhaftender Beteiligung daran scheitern, dass sich kaum ein Testamentsvollstrecker bereitfinden wird, die zwingende Haftung aus § 128 HGB zu übernehmen.

c) **Vollmacht der Erben an den Testamentsvollstrecker.** Diese Lösung wird weitgehend als zulässig erachtet, soweit ihre Widerruflichkeit aus wichtigem Grund nicht ausgeschlossen ist (*Rehmann* BB 1985, 297 (299)). Durch eine solche Vollmacht wird indessen dem Anliegen des Erblassers kaum Genüge getan. Mit Rücksicht auf das Abspaltungsverbot nach § 717 S. 1 BGB ist eine verdrängende Vollmacht unzulässig. Es verbleibt die Möglichkeit, den Widerruf mittels erbrechtlichen Druckes (Auflage, auflösende Bedingung) zu vermeiden zu suchen (*Damrau* NJW 1984, 2789; *Rehmann* BB 1985, 300; siehe aber auch lit. a).

d) **Postmortale Vollmacht des Erblassers für den Testamentsvollstrecker.** Hierbei erteilt der Erblasser zu seinen Lebzeiten dem Testamentsvollstrecker auf seinen Tod aufschiebend bedingte Vollmacht zur Ausübung der Gesellschafterrechte (*Ulmer* ZGR 146 (1982), 574;

*Reithmann* BB 1984, 1394; *Rehmann* BB 1985, 301). Auch hierbei stellt sich allerdings das Problem der Widerruflichkeit durch die Erben nach dem Erbfall. Einer Sanktion des Widerrufs bzw. der verdrängenden Wirkung der Vollmacht (so *Rehmann* BB 1985, 301; *Reithmann* BB 1984, 1396 f.) stehen wiederum die oben lit. a genannten Bedenken entgegen.

e) **Vorübergehende Kommanditbeteiligung der Erben.** Hierbei soll der für die Testamentsvollstreckung vorgesehene Anteil nach dem Erbfall für die Zeit der Testamentsvollstreckung in einen Kommanditanteil umgewandelt werden mit dem Anspruch auf Rückumwandlung nach Beendigung der Testamentsvollstreckung in eine vollhaftende Beteiligung (*Wiedemann,* Die Übertragung und Vererbung von Mitgliedschaftsrechten bei Handelsgesellschaften, 1965, S. 345 f.). Dazu ist eine entsprechende gesellschaftsvertragliche Regelung erforderlich und die Unterstellung des Kommanditanteils unter die Testamentsvollstreckung durch den Erblasser in letztwilliger Verfügung.

Bei dieser Rechtslage sollte die Praxis davon Abstand nehmen, eine vollhaftende Beteiligung an einer Personengesellschaft einer Verwaltungstestamentsvollstreckung unterstellen zu wollen. Falls dies jedoch unumgänglich ist, sollte man, wie im Formular, das angestrebte Ziel, dem Testamentsvollstrecker die Ausübung der Mitgliedschaftsrechte zu ermöglichen, auf mehreren Wegen zu erreichen versuchen (*Reithmann* BB 1984, 1397).

(3) **An Kommanditbeteiligungen.** Auch hier war die Zulässigkeit der Testamentsvollstreckung lange Zeit umstritten. Der BGH (BGHZ 108, 187 = NJW 1989, 3152 = WPM 1989, 1131 = BB 1989, 1840 = DNotZ 1190, 183 mAnm *Reimann;* siehe eingehende Besprechung von *Ulmer* NJW 1990, 73) lässt jetzt die Einbeziehung eines Kommanditanteils in eine Dauertestamentsvollstreckung ausdrücklich zu. Noch nicht geklärt ist insoweit, ob die Testamentsvollstreckung einer Zulassung im Gesellschaftsvertrag bedarf, um nicht später von der Zustimmung aller Mitgesellschafter abhängig zu sein (so OLG Stuttgart ZIP 1988, 1335; OLG Hamm ZIP 1989, 505 anders MünchKommHGB/*K. Schmidt* HGB § 177 Rn. 27). Jedenfalls wenn der Gesellschaftsvertrag eine freie Vererblichkeit des Anteils, auch durch einfache Nachfolgeklausel vorsieht, wird darin konkludent auch die Zulassung der Verwaltungsvollstreckung zu sehen sein (MüKoBGB/*Zimmermann* § 2205 Rn. 44; enger AnwK-BGB/*Weidlich* § 2205 Rn. 52). Das Zustimmungsbedürfnis entfällt, wenn der Testamentsvollstrecker selbst Gesellschafter ist (Soergel/*Damrau,* 13. Aufl., § 2205 Rn. 30). Fehlt die Zustimmung, erstreckt sich die Testamentsvollstreckung wenigstens auf die „Außenseite" nach den für den Vollhafter geltenden Grundsätzen (AnwK-BGB/*Weidlich* § 2205 Rn. 52). Die Ausübung der mit dem Kommanditanteil verbundenen Gesellschaftsrechte steht während der Dauer der Testamentsvollstreckung grundsätzlich dem Testamentsvollstrecker zu. Lediglich zu Vertragsänderungen, die entweder in den Kernbereich (str.) der Mitgliedschaftsrechte der Kommanditisten-Erben eingreifen, ihre persönliche Haftung begründen oder die erbrechtliche Beschränkung des Testamentsvollstreckeramtes tangieren, bedarf es des Zusammenwirkens von Testamentsvollstrecker und Erben (*Ulmer* NJW 1990, 83; *D. Mayer* ZIP 1990, 978). Der Testamentsvollstrecker ist in diesem Fall auch ausschließlich berechtigt und verpflichtet, den Übergang des Kommanditanteils auf den Erben beim Handelsregister anzumelden (BGHZ 108, 187 = NJW 1989, 3152; KG NJW-RR 1991, 835).

**10. Qualifizierte erbrechtliche Nachfolgeklausel.** (1) **Rechtliche Gestaltung und Wirkung der Klausel.** Bei der qualifizierten Nachfolgeklausel ist im Gesellschaftsvertrag bestimmt, dass nicht alle Erben in die Gesellschafterstellung des verstorbenen Gesellschafters einrücken sollen, sondern nur einzelne oder nur einer. Bei ihr haben es die Altgesellschafter in der Hand, die Zahl der Nachfolger zu beschränken und damit die Zersplitterung der Gesellschaft zu vermeiden. Sofern bei dieser Klausel der Gesellschafter-Erblasser durch Verfügung von Todes wegen nur den oder die im Gesellschaftsvertrag abstrakt oder konkret als Nachfolger vorgesehenen Personen zu seinen Erben einsetzt, vollzieht sich die Nachfolge in den Gesellschaftsanteil wie oben bei der einfachen Nachfolgeklausel (→ Anm. 8). Anders ist es jedoch, wenn der verstorbene Gesellschafter von weiteren (nicht anderen) Personen beerbt wird, als im Gesellschaftsvertrag für die Nachfolge in die Beteiligung vorgesehen. Automatisch Nachfolger können dann nur der- oder diejenigen Miterben werden, die im Gesellschaftsvertrag vorgesehen sind, da nur insoweit die Gesellschaftsbeteiligung vererblich gestellt ist. Bezüglich des Umfangs des automatischen erbrechtlichen Übergangs des Gesellschaftsanteils beim Tod des Gesellschafters in diesen Fällen hat der Bundesgerichtshof (BGHZ 22, 186 (193 ff.)) zunächst die Theorie der Teilnachfolge vertreten, dh auf den oder die Nachfolger-Erben sollte der Gesellschaftsanteil nur in Höhe ihrer Erbquote unmittelbar und automatisch übergehen, die übrigen Teile sollten zunächst den übrigen Altgesellschaftern gesamthänderisch zuwachsen, die jedoch auf Grund des Gesellschaftsvertrages verpflichtet sein sollten, auch diese Teile an die Nachfolger-Erben zu übertragen. Seit BGHZ 68, 225 folgt der Bundesgerichtshof jedoch mit der hM der Theorie der unmittelbaren Vollnachfolge (BGH NJW 1983, 2376; BayObLG DNotZ 1981, 702), nach der oder die im Gesellschaftsvertrag als Nachfolger bestimmten Erben die Gesellschafterstellung unmittelbar und in dem Umfang erwerben, wie sie der Erblasser innegehabt hat. Ferner liegt nach Ansicht des BGH (BGHZ 68, 225 (236)) in der Vereinbarung einer solchen Nachfolgeklausel im Zweifel zugleich der Ausschluss von Abfindungsansprüchen der weichenden Erben gegen die Gesellschaft (*Priester* DNotZ 1977, 559). Wenn man die qualifizierte Nachfolgeklausel funktionell als eine dinglich wirkende Teilungsanordnung begreift (so insbesondere *K. Schmidt*, Gesellschaftsrecht, 4. Aufl., § 45 V 5b), wird ebenfalls klar, dass Ansprüche gegen die Gesellschaft nicht entstehen können.

(2) **Ausgestaltung der qualifizierten Nachfolgeklausel.** a) Der nachfolgeberechtigte Erbe kann im Gesellschaftsvertrag namentlich aufgeführt oder nach eindeutigen Merkmalen bezeichnet werden, wie zB der älteste Sohn, die Witwe usw. Der Nachfolgeberechtigte ergibt sich in diesen Fällen automatisch und unmittelbar aus der Nachfolgeklausel. Diese Gestaltung kommt den Interessen der anderen Gesellschafter an der Kalkulierbarkeit der Nachfolge am weitesten entgegen, hat jedoch den Nachteil, nur für einen konkreten Erbfall zu gelten, trägt das Risiko des Ausfalls des Bestimmten, bindet den Gesellschafter-Erblasser wie eine rechtsgeschäftliche Nachfolgeklausel und setzt voraus, dass der Nachfolger bereits bei seiner Aufnahme in den Vertrag feststeht.

d) Ein Recht anderer Personen als des Erblassers, zB der verbleibenden Gesellschafter oder der Erben, auf Auswahl des oder der Sondererben, die den Gesellschaftsanteil im Wege der Sondererbfolge erben sollen, wird von der hM wegen § 2065 Abs. 2 BGB nicht zugelassen, da nach dieser Vorschrift der Erblasser die Bestimmung der Person, die eine Zuwendung erhalten soll, nicht Dritten überlassen darf (→ Form. XII.8 Anm. 4 (1)). Hat die Auswahl allerdings lediglich feststellende Bedeutung, ist eine solche Ermächtigung zulässig, nicht dagegen, wenn die Auswahl eine echte Ermessensentscheidung darstellt (BGHZ 15, 199). Da § 2151 BGB die Auswahl des Vermächtnisnehmers aus einem überschaubaren Personenkreis durch Dritte zulässt (→ Form. XII.8 Anm. 4 Abs. 2), könnte der Gesellschaftsvertrag stattdessen zulassen, dass zunächst alle Erben den Gesellschaftsanteil erben, sie aber mit dem Vermächtnis belastet werden, ihn an einen von dem auswahlberechtigten Dritten aus ihren Reihen Ausgewählten zu übertragen. Zulässig ist ferner, wie im Formular für den Fall des Fehlschlagens der qualifizierten Nachfolgeklausel vorgesehen, dem von Dritten Ausgewählten ein rechtsgeschäftliches Eintrittsrecht zu geben, auf Grund dessen dann, falls er es verlangt, die mit dem Erbfall Gesellschafter gewordenen Erben den Anteil ihm zu übertragen haben (*Göbel* DNotZ 1979, 150; *Tiedau* MDR 1978, 356), oder aber, dass der Gesellschaftsanteil zunächst den verbleibenden Gesellschaftern zuwachsen soll und die ihn dann an den Ausgewählten herauszugeben haben (→ Anm. 6). Bei allen diesen Ersatzlösungen findet jedoch kein unmittelbarer Rechtsübergang des Gesellschaftsanteils auf den ausgewählten Nachfolger statt, da sie keine qualifizierte Nachfolgeklauseln, sondern rechtsgeschäftliche Eintrittsklauseln sind.

e) Gebräuchlich ist bei der gesellschaftsvertraglichen Gestaltung auch, eine erbrechtliche Nachfolgeklausel nicht nur subsidiär für den Fall ihres Scheiterns, sondern wahlweise mit einer rechtsgeschäftlichen Eintrittsklausel zu verbinden, so dass der Gesellschafter-Erblasser zwischen der erbrechtlichen und der rechtsgeschäftlichen Gestaltung der Nachfolge in seinen Anteil wählen kann (*Göbel* DNotZ 1979, 151 f.).

f) Da die Aufführung des Nachfolgeberechtigten im Gesellschaftsvertrag nicht ausreicht, vielmehr seine Benennung und die Erbenstellung hinzukommen muss, kann der Gesellschafter-Erblasser durch Verfügung von Todes wegen den Kreis der im Gesellschaftsvertrag vorgesehenen Nachfolger zwar nicht erweitern, nach richtiger, in der Rechtsprechung aber noch nicht gesicherter Auffassung aber dadurch verkleinern, dass er die von ihm unerwünschten Nachfolgeberechtigten nicht benennt oder nicht zu Erben einsetzt (vgl. BGHZ 68, 225 (236)).

(3) **Die fehlgeschlagene qualifizierte Nachfolgeklausel.** Da die qualifizierte Nachfolgeklausel meist der nachträglichen Bestimmung des Nachfolgeberechtigten und, da sie lediglich den Anteil für die in ihr bezeichneten Personen vererblich stellt, immer der Ergänzung durch und Abstimmung mit der letztwilligen Verfügung bedarf, geht sie ins Leere, wenn die Bestimmung des Nachfolgeberechtigten versäumt wurde oder dieser kein Erbe wird. Eine (für den Berater haftungsträchtige) Inkongruenz zwischen Gesellschaftsvertrag und Erbfolgeregelung besteht auch, wenn ohne Vorausvermächtnis für den nach dem Gesellschaftsvertrag allein qualifizierten Unternehmensnachfolger neben diesem im Testament noch andere Erben eingesetzt werden, die dann nach Maßgabe des Gesellschaftsvertrags unter Wert abgefunden werden (BGH DNotZ 2002, 768 mAnm *Reithmann*). Es ist daher unabdingbar, bei der qualifizierten Nachfolgeklausel die Folgen ihres Fehlschlagens gesellschaftsvertraglich zu regeln (*Göbel* DNotZ 1979, 149). Dies ist im Formular wie üblich durch eine subsidiäre erbrechtliche Eintrittsklausel geschehen. Enthält der Gesellschaftsvertrag keine Ersatzlösung, so wird auf jeden Fall die Gesellschaft zunächst unter den verbleibenden Gesellschaftern fortgesetzt, da eine fehlgeschlagene Nachfolgeklausel eine einfache Fortsetzungsklausel umfasst (*Michalski* Betr. 1980 Beil. 5 S. 15 f.; *Heckelmann* FG U. v. Lübtow, 1980, 636). Im Wege der ergänzenden Vertragsauslegung wird man jedoch zusätzlich zum Ergebnis kommen können, dass, sofern der Nachfolger in der Klausel oder danach eindeutig benannt ist, sie als rechtsgeschäftliche Eintrittsklausel zu werten ist (BGH BB 1966, 1123; NJW 1978, 264; BB 1988, 104).

(4) **Der Wertausgleich der nachfolgenden mit den weichenden Erben.** Abfindungsansprüche der weichenden Erben gegen die Gesellschaft entstehen bei der qualifizierten Nachfolgeklausel nicht (s. oben 1), es sei denn, der Erbe in der Gesellschafterstellung erhält ausnahmsweise nicht den ganzen Gesellschaftsanteil, so dass an die Erbengemeinschaft abzufindende Anteile übrigbleiben (vgl. BGHZ 68, 225 (236)). Das ist aber nur die gesellschaftsrechtliche Seite. Denn andererseits besteht Einigkeit darüber, dass der Gesellschaftsanteil wertmäßig zum Nachlass gehört, so dass er bei der Erbauseinandersetzung unter den einrückenden und weichenden Miterben auszugleichen ist (*Winkler* ZErB 2006, 195 (196)). Streitig sind jedoch die rechtliche Begründung, der Umfang und die Grenzen dieser Ausgleichungspflicht (Übersicht über die Konstruktionsversuche bei *Ulmer* ZGR 1972, 326 f. und *H. P. Westermann* JuS 1979, 761 (769)). Als Grundlagen für die Ausgleichungspflicht werden herangezogen die Grundsätze der Teilungsanordnung nach § 2048 BGB (*Rüthers* AcP 168, 263 (281); *Ulmer* ZGR 1972, 324 (327)), eine Analogie zu §§ 2050 ff. BGB, der Grundsatz von Treu und Glauben (so BGHZ 22, 186 (196 f.)), eine analoge Anwendung des § 1417 Abs. 3 BGB, aus dem das Prinzip einer Wertgemeinschaft an dem erbrechtlichen Sondergut Gesellschaftsanteil entnommen wird (*Wiedemann*, Die Übertragung und Vererbung von Mitgliedschaftsrechten bei Handelsgesellschaften, 1965, S. 209), ein Ausgleich nach den Vorschriften über ungerechtfertigte Bereicherung gem. § 812 Abs. 1 S. 1 Alt. 2 BGB (*Heckelmann* FG U. v. Lübtow, 1980, 627) und eine Analogie zu § 1978 BGB (*Ulmer* FS Schilling, 1973, 94; *H. P. Westermann* JuS 1979, 769). Zur Bewertung des Geschäfts-

anteils als Grundlage des Ausgleichsanspruchs siehe die Übersicht bei Ulmer ZGR 1972, 324 (388 ff.) sowie → Anm. 4. Es wird dabei durchweg ohne Rücksicht auf eine vertragliche Bewertungsklausel vom Vollwert des Anteils ausgegangen und das künftige Abfindungsrisiko des Übernehmers durch einen Abschlag oder künftige Rückforderungsansprüche berücksichtigt. Falls der einrückende Miterbe die Ausgleichsansprüche der weichenden Miterben, Pflichtteilsansprüche und Ansprüche anderer Nachlassgläubiger nicht aus seinem Eigenvermögen befriedigen kann, kann dies mittelbar doch den Bestand des Unternehmens berühren. Die Gläubiger können den in den Nachlass gefallenen Anspruch auf das künftige Auseinandersetzungsguthaben (*Ulmer* BB 1977, 807) oder den Gesellschaftsanteil des Schuldners (*G. u. D. Reinicke* NJW 1957, 563) pfänden, die Gesellschaft dann nach § 135 HGB kündigen und so indirekt auf das Gesellschaftsvermögen Zugriff nehmen. Der Gesellschafter-Erblasser kann allerdings die Ausgleichungspflicht in einer letztwilligen Verfügung dadurch ausschließen, dass er den Anteilswert den Nachfolger-Miterben im Wege des Vorausvermächtnisses (§ 2150 BGB) zuwendet (*Ulmer* BB 1977, 807; BayObLG DNotZ 1981, 702 (706); *K. Schmidt,* Gesellschaftsrecht, § 45 V 5c). Eine Grenze bildet dabei nur das Pflichtteilsrecht der Beteiligten (BayObLG DNotZ 1981, 702 (706) das automatisch dadurch berücksichtigt wird, dass bei der Feststellung des für die Berechnung des Pflichtteils maßgeblichen Nachlasswertes (§ 2311 BGB) das Vorausvermächtnis nicht abgesetzt wird (Palandt/*Weidlich* § 2311 Rn. 5). Die letztwillige Verfügung kann dabei nicht nur den vollständigen Ausschluss der Ausgleichungspflicht festlegen, sondern auch einen Teilausschluss, etwa – wie im Form. – durch Festlegung eines bestimmten Wertes oder einer Bewertungsklausel, mit dem der Gesellschaftsanteil bei der Erbauseinandersetzung berücksichtig werden soll (*Heckelmann* FG *U. v. Lübtow,* 1980, 629). Ob es überhaupt eines ausdrücklichen Ausschlusses der Ausgleichungspflicht in erbrechtlicher Form bedarf oder ob dieser Wille des Erblassers auch durch Auslegung der letztwilligen Verfügung gefunden werden kann, ist streitig (für stillschweigenden Ausschluss: *Ulmer* ZGR 1972, 324 (328) Fn. 152 mwN; *Heckelmann* FG U. v. Lübtow, 1980, 7; dagegen; *Rüthers* AcP 168, 281). Falls die Nachfolger-Miterben nicht genügend Eigenmittel zum Ausgleich für die weichenden Miterben haben, kann es sich empfehlen, die Nachfolger-Erben letztwillig vermächtnisweise zu verpflichten, mit den weichenden Miterben eine Unterbeteiligung am Gesellschaftsanteil zu vereinbaren (*Rüthers* AcP 168, 263 (281 ff.); *Brox* JA 1980, 565; → Form. XVI.1 Anm. 9).

(5) **Sonderprobleme bei Nacherbfolge.** Mangels einer entsprechenden Einschränkung im Gesellschaftsvertrag lässt eine erbrechtliche Nachfolgeklausel auch zu, dass der Erblasser bezüglich seines Gesellschaftsanteils Vor- und Nacherbfolge anordnet (BGHZ 69, 47 (50); BGH NJW 1981, 115; *Schmidt* BWNotZ 1983, 102 (106)). Die Voraussetzungen einer qualifizierten Nachfolgeklausel müssen in diesem Fall Vor- und Nacherbe erfüllen (Baumbach/Hopt HGB § 139 Rn. 19). Bis zum Eintritt der Nacherbfolge ist der Vorerbe alleiniger Gesellschafter (§§ 2100, 2112 BGB), erst mit dem Eintritt der Nacherbfolge tritt der Nacherbe an die Stelle des Vorerben. Dem Vorerben steht daher auch das volle Wahlrecht nach § 139 HGB zu. Bleibt er persönlich haftender Gesellschafter, so hat auch der Nacherbe nach dem Nacherbfall selbst das Wahlrecht nach § 139 HGB. Nur wenn der Vorerbe Kommanditist geworden oder aus der Gesellschaft ausgeschieden ist, verbleibt es dabei auch für den Nacherben (Soergel/*Harder*/*Wegmann* § 2112 Rn. 8, § 2144 Rn. 2, 3). Inwieweit die dem Nacherbenschutz dienenden Verfügungsbeschränkungen gem. §§ 2113 ff. BGB auf die Vorerben-Personengesellschaft Anwendung finden können, siehe *Ebeling* BB 1983, 1933; *Paschke* ZIP 1985, 129 ff. Zur Vor- und Nacherbfolge an Personengesellschaftsanteilen allgemein siehe auch *Schmidt* BWNotZ 1983, 102 ff.

(6) **Rechtsstellung der übrigen Nachlassbeteiligten.** Da der Wert des Gesellschaftsanteils unbestritten zum Nachlass gehört (Ulmer ZGR 1972, 324 (328)), ist dieser Wert der Berechnung etwaiger ordentlicher Pflichtteilsansprüche zugrunde zu legen (§ 2311

BGB). Die Pflichtteilsberechtigten sind bei den erbrechtlichen Nachfolgeklauseln nicht auf Pflichtteilsergänzungsansprüche (§ 2325 BGB) angewiesen. Nach welchem Bewertungsmaßstab dabei die Bewertung durchzuführen ist → Anm. 4. Bezüglich der Rechtsstellung sonstiger Gläubigergruppen im Hinblick auf den in Sondernachfolge auf die nachfolgeberechtigten Miterben übergegangenen Gesellschaftsanteil → Anm. 8 (3). Zusätzlich wird bei der qualifizierten Nachfolgeklausel die Meinung vertreten, der Wertausgleichs- oder -ersatzanspruch gegen die Nachfolger-Erben falle in den Nachlass (*Johannsen* FamRZ 1980, 1074 (1082)), in den die Nachlassgläubiger, die keine Geschäftsgläubiger sind, sofort vollstrecken können. Da ferner auch nach dieser Meinung mit der automatischen Aufspaltung des Anteils die Teilung im Sinne des § 2059 Abs. 1 BGB vollzogen ist, wenn der Gesellschaftsanteil der wesentliche Nachlassgegenstand war, müssen die Nachfolger-Erben bei Richtigkeit dieser Auffassung alsbald nach dem Erbfall mit Vollstreckungsmaßnahmen von Nachlassprivatgläubigern in ihr Eigenvermögen rechnen.

**11. Erwägungen zur Auswahl der Nachfolgeklausel.** Die Gesellschafter haben sich bei der Auswahl der von der Kautelarjurisprudenz entwickelten Klauselarten für ihren konkreten Gesellschaftsvertrag zunächst zu fragen, ob mit der geplanten Nachfolgeregelung im Todesfall in erster Linie den Gemeinschaftsinteressen der verbleibenden Gesellschafter oder dem Interesse des Gesellschafter-Erblassers an der Nachfolge in den Wert seiner Beteiligung Rechnung getragen werden soll. Ersteres wird wohl bei der Nachfolge in vollhaftende Beteiligungen, letzteres bei Kommanditanteilen vorherrschen.

(1) Steht das Interesse der übrigen Gesellschafter und der Gesellschaft an einer berechenbaren Nachfolgeregelung im Vordergrund, dann bietet sich eine rechtsgeschäftliche Nachfolgeklausel an, da bei ihr grundsätzlich die persönliche Gestaltungsfreiheit des Gesellschafter-Erblassers am weitesten eingeschränkt werden kann und die übrigen Gesellschafter die Gewähr haben, dass er nach Person und Quote an die in der Klausel Aufgeführten gebunden bleibt (*Priester* DNotZ 1977, 560). Die größte Sicherheit für Gesellschaft und übrige Gesellschafter bietet dabei die einfache Fortsetzungsklausel mit allseitigem Ausschluss der Abfindungsansprüche (oben Klausel Ziff. I), da hier nach dem Erbfall keine neuen Gesellschafter in die Gesellschaft kommen, sie vielmehr nur mit den übrigen fortgesetzt wird. Zudem entstehen beim Erbfall weder ordentliche Pflichtteilsansprüche noch Pflichtteilsergänzungsansprüche. Diese Gestaltung dürfte aber nur bei Familiengesellschaften in Betracht kommen, bei denen die für die Nachfolge vorgesehenen Abkömmlinge bereits zu Lebzeiten des Erblassers in die Gesellschaft aufgenommen wurden (*Haegele* BWNotZ 1976, 31). Eine klare Nachfolgeregelung, mit Sicherheit darüber, wer eintritt und dass er eintritt, bietet auch die rechtsgeschäftliche Nachfolgeklausel mit Beteiligung des Nachfolgers (oben Klausel Ziff. III). Sie wird jedoch nur bei hohem Alter oder durch Krankheit geminderter Lebenserwartung des Erblasser-Gesellschafters in Frage kommen. Geminderte Sicherheit bietet die rechtsgeschäftliche Eintrittsklausel (oben Klausel Ziff. II) bei Festlegung des Kreises der Nachfolgeberechtigten und subsidiärem Benennungsrecht der übrigen Gesellschafter, da nicht sicher ist, ob der Nachfolgeberechtigte von seinem Recht Gebrauch macht und dadurch die Gesellschaft von Abfindungsansprüchen verschont bleibt (*Wiedemann* JZ 1977, 690; BGHZ 68, 225). Gehört der Nachfolger nicht zu den Erben des Erblassers, so kommt sowieso nur die Vereinbarung einer Eintrittsklausel im Gesellschaftsvertrag in Betracht (*Brox* JA 1980, 565). Der generelle Nachteil aller rechtsgeschäftlichen Klauseln ist, dass sie den Gesellschafter-Erblasser vorzeitig binden und diese Bindung nur gemeinsam mit den Mitgesellschaftern beseitigt werden kann (*Göbel* DNotZ 1979, 135). Vorteile der rechtsgeschäftlichen Klauseln gegenüber den erbrechtlichen sind, dass durch sie die Bindungswirkung gemeinschaftlicher Testamente (§ 2271 Abs. 2 BGB) und Erbverträge (§ 2289 Abs. 1 BGB) durchbrochen werden kann (BGH DNotZ 1974, 296 (299); BGHZ 62, 20 (25)), dass sie als Rechtsgeschäfte unter Lebenden nicht wegen Motivirrtum (§§ 2078

Abs. 2 Alt. 1, 2079 BGB) angefochten werden können, dass bei ihnen eine wertende Auswahl des Nachfolgers durch Dritte möglich ist, ohne dass dies gegen den Grundsatz der Selbstentscheidung des Erblassers gem. § 2065 BGB verstößt und bei ihnen der Nachfolger kein Wahlrecht nach § 139 BGB hat. Da bei den rechtsgeschäftlichen Nachfolgeklauseln die Beteiligung am Nachlass vorbeigeführt wird, können bei ihnen keine Ausgleichs- oder ordentliche Pflichtteilsansprüche entstehen, wohl aber Pflichtteilsergänzungsansprüche mit Ausnahme bei der einfachen Fortsetzungsklausel mit allseitigem Abfindungsausschluss. Es muss daher davor gewarnt werden, allein aus Gründen der Pflichtteilsvermeidung eine rechtsgeschäftliche Nachfolgeklausel zu wählen. Auch im Handels- und Gesellschaftsrecht kann gegen einen Pflichtteil nichts Wesentliches unternommen werden (*Haegele* BWNotZ 1976, 31). Das einzige sichere Mittel gegen Pflichtteilsansprüche ist ein Pflichtteilsverzichtsvertrag, evtl. verbunden mit der Zuwendung einer Unterbeteiligung an den Verzichtenden (→ Form. XVI.1 Anm. 9). Weiterer Vorteil der rechtsgeschäftlichen Klauseln ist, dass sie keiner Ergänzung durch übereinstimmende Verfügungen von Todes wegen bedürfen.

(2) Kommt es bei der Gestaltung hauptsächlich darauf an, den Wert der Beteiligung auf die Erben der Gesellschafter zu übertragen, bieten sich die erbrechtlichen Nachfolgeklauseln an. Hier wiederum gewährt die einfache erbrechtliche Nachfolgeklausel dem Gesellschafter-Erblasser die größte Gestaltungsfreiheit, da bei ihr der Anteil generell vererblich gestellt ist und er daher durch entsprechende Erbeinsetzung praktisch jedermann in die Gesellschaft hineinbringen kann. Hiergegen helfen nur gesellschaftsvertragliche Organisationsvereinbarungen für den Nachfolgefall, die die Erben im Wege der Universalsukzession übernehmen müssen (*Michalski,* Gesellschaftsrechtliche Gestaltungsmöglichkeiten zur Perpetuierung von Unternehmen, 1980, S. 176). Die Aufnahme aller pflichtteilsberechtigten Nachfolger, modifiziert durch die Bestimmung, dass nur einer Komplementär, die anderen Kommanditisten werden müssen (modifizierte erbrechtliche Nachfolgeklausel), kann erwägenswert sein als Mittel, den Kapitalentzug durch Pflichtteilsansprüche zu verhindern. Eine andere Lösung dieses Problems ist allerdings die Unterbeteiligung der Pflichtteilsberechtigten am Gesellschaftsanteil des Nachfolger-Erben (*Brox* JA 1980, 565). Mehr auch den Interessen der übrigen Gesellschafter gerecht wird die qualifizierte Nachfolgeklausel, und zwar je mehr sie den Kreis der Nachfolgeberechtigten beschränkt. Dafür verlangen die im Unterschied zur einfachen erbrechtlichen Nachfolgeklausel bei dieser Gestaltung entstehenden Ausgleichungsansprüche der weichenden Erben besondere Aufmerksamkeit (*Michalski* Betr. 1980 Beil. 5 S. 22). Eindeutiger Vorteil der erbrechtlichen Nachfolgeklausel ist, dass der oder die Nachfolger-Erben automatisch mit dem Erbfall Gesellschafter werden, so dass keine Ungewissheit darüber entsteht, ob sie eintreten werden. Ein großer Nachteil der erbrechtlichen Klauseln ist, dass bei ihnen ständig auf die Übereinstimmung von Gesellschaftsvertrag und Unternehmertestament geachtet werden muss, was in der Praxis häufig versäumt wird.

**12.** Die **steuerlichen Auswirkungen** der verschiedenen Nachfolgeregelungen.

(1) **Erbschaftsteuer**

a) **Fortsetzungsklausel.** Wird auf Grund einer vertraglichen Fortsetzungsklausel das Gesellschaftsverhältnis mit dem Tod eines Gesellschafters auf die überlebenden Gesellschafter beschränkt, so haben diese verbleibenden Gesellschafter aus dem Betrag Erbschaftsteuer zu zahlen, zu dem die gezahlte Abfindung unter dem nach § 12 ErbStG errechneten Steuerwert des Anteils liegt (§ 3 Abs. 1 Nr. 2 S. 2 ErbStG). § 3 Abs. 1 Nr. 2 korrespondiert mit § 7 Abs. 7 ErbStG für die Anwachsung unter Lebenden. Bei der Ermittlung des erbschaftsteuerlichen Wertes des Anteils wird zunächst der Wert des Betriebsvermögens der Gesellschaft insgesamt nach den Grundsätzen des § 12 Abs. 5 ErbStG festgestellt und dann dieser Stichtagswert nach § 3 BewG auf die Gesellschafter anteilig aufgeteilt. Die Erben haben einen evtl. Abfindungsbetrag zu versteuern (§ 3

Abs. 1 Nr. 4 ErbStG; vgl. *Troll/Gebel/Jülicher/Gottschalk* § 3 Rn. 138). Nach §§ 13a, 13b ErbStG ist nur der Anwachsungserwerb der übrigen Gesellschafter begünstigt, nicht dagegen der Erwerb der Abfindung, die die Erben von den Mitgesellschaftern des Erblassers erhalten (R E 13b.1 Abs. 2 ErbStR).

b) **Nachfolgeklauseln.** Die erbrechtlichen Nachfolgeklauseln, und zwar sowohl die einfache als auch die qualifizierte, werden erbschaftsteuerlich als Unterfall bloßer Teilungsanordnungen behandelt mit der Folge, dass sie für die Besteuerung des Erbfalles des einzelnen Miterben ohne Bedeutung sind, jeder der Miterben vielmehr entsprechend seiner Erbquote zur Erbschaftssteuer veranlagt wird (BFH BStBl. II 1983, 329 (331) = Betr. 1983, 1289 = MittBayNot 1983, 266; aM *Flume* Betr. 1983, 2271 (2272); *Troll/Gebel/Jülicher* § 3 Rn. 145; *Kapp/Ebeling* § 13a Rn. 31). Zweifelhaft ist dies für Sonderbetriebsvermögen, sofern aufgrund einer qualifizierten Nachfolgeklausel hier einzelne Miterben Gesellschafter-Nachfolger werden (*Troll/Gebel/*Jülicher § 3 Rn. 146; Kapp/Ebeling § 13a Rn. 31). Für Zwecke der Begünstigung nach §§ 13a, 13b ErbStG wird der Erwerb aufgrund einer qualifizierten Nachfolgeklausel wie ein Erwerb durch Erbanfall behandelt (R E 13b.1 Abs. 2 ErbStR).

c) **Eintrittsklausel.** Ist der Eintrittsberechtigte Alleinerbe, hat er den Anteil zum wie oben bei der Fortsetzungsklausel errechneten Steuerwert zu versteuern. Sind Miterben vorhanden, erfolgt die Versteuerung zu den oben für die Nachfolgeklausel dargelegten Grundsätzen, da die Eintrittsklauseln in ihrer Funktion der Nachfolgeklausel gleichkommt (*Knobbe-Keuk,* Bilanz- und Unternehmenssteuerrecht, § 27 III 1d; str. vgl. *Troll/Gebel/Jülicher* § 3 Rn. 148; *Kapp/Ebeling* § 13a Rn. 32). Auch wenn der Erbe von einer Eintrittsklausel Gebrauch macht, liegt ein begünstigter Erwerb von Todes wegen vor (R E 13b.1 Abs. 2 ErbStR).

(2) **Einkommensteuer**

Zu ertragsteuerlichen Auswirkungen der verschiedenen Nachfolgeregelungen im Überblick vgl. BMF BStBl. I 2006, 253, dort Rn. 69 ff.; *Schmidt,* EStG, 38. Aufl. 2019, § 16 Rn. 660 ff.).

a) **Fortsetzungsklausel.** Bei ihr scheidet der Erblasser mit dem Tod aus und die verbleibenden Gesellschafter führen den Betrieb weiter. Soweit hier der Abfindungsanspruch der Erben gegen die Gesellschaft höher ist als der Buchwert des Gesellschaftsanteils, entsteht, als habe der verstorbene Gesellschafter seinen Anteil an die verbleibenden veräußert, in dieser Höhe noch beim Erblasser und ab dem Todestag als Nachlassverbindlichkeit (*Schmidt* EStG § 16 Rn. 661; BMF BStBl. I 2006, 253 Rn. 69), ein nach § 16 Abs. 1 Nr. 2 EStG zu versteuernder Veräußerungsgewinn, der allerdings nach §§ 16 Abs. 4, 34 Abs. 1 EStG grundsätzlich begünstigt ist. Die verbleibenden Gesellschafter haben in Höhe des den Buchwert übersteigenden Abfindungsbetrages abschreibungsfähige Anschaffungskosten (*Schmidt* EStG § 16 Rn. 661). Die Vereinnahmung der Abfindungszahlung durch die Erben ist nicht einkommensteuerpflichtig.

b) **Einfache erbrechtliche Nachfolgeklausel.** Bei ihr führen die automatisch in die Gesellschaft eingetretenen Erben die sich zum Todestag ergebenden Buchwerte des Erblassers fort (§ 6 Abs. 3 EStG) und haben künftig Einkünfte aus Gewerbebetrieb nach § 15 Abs. 1 Ziff. 2 EStG. Der Vorgang ist einkommensteuerlich neutral (*Schmidt* § 16 Rn. 665). Seit der Entscheidung des Großen Senats des Bundesfinanzhofes zur Erbauseinandersetzung vom 5.7.1990 – GrS 2/89 – (BStBl. II 1990, 837 = BB 1990 Beil. 36 S. 2 = Betr. 1990, 2144 = NJW 1991, 249) wird entsprechend der zivilrechtlichen Sicht (unter ausdrücklicher Aufgabe der bisherigen Einheitstheorie) die Erbauseinandersetzung nicht mehr als Einheit mit dem Erbfall und damit unentgeltlicher Vorgang angesehen, sondern grundsätzlich als getrennter, entgeltlicher Vorgang mit der Folge, dass sie bei Abfindungszahlungen an einen weichenden Erben und bei Aufwendungen für den Erwerb des Erbteils eines Miterben bei Vorhandensein von Betriebsvermögen zu Gewinnrealisierungen führen kann und damit zu abschreibungsfähigen Anschaffungskosten beim übernehmenden Erben und entsprechenden Veräußerungsgewinnen beim weichenden Erben (BMF BStBl. I 2006, 253 Rn. 71). Maßgebend dafür ist, dass der Miterbe mehr erlangt, als seinem Erbteil entspricht und wobei gleichgültig ist, ob der Ausgleich aus dem erlangten Nachlassvermögen oder dem Eigenvermögen des übernehmenden Miterben geleistet wird (*Meincke* NJW 1991, 198 (201)). Die Erben sind vom Erbfall an als gemeinsame unentgeltliche Rechtsnachfolger des Erblassers (§ 6 Abs. 3 EStG) „geborene" Mitunternehmer iSv § 15 Abs. 1 Nr. 2 EStG hinsichtlich des Betriebsvermögens mit allen sich daraus ergebenden einkommensteuerlichen Konsequenzen (BMF BStBl. I 2006, 253 Rn. 1). Alle Miterben treten in die Betriebsvermögensposition des Erben ein. Die Folge davon ist, dass die entgeltliche Übertragung des Anteils auf einen oder mehrere Miterben die Veräußerung eines Mitunternehmeranteils darstellt, mit der Folge eines beim Veräußerer gem. §§ 16 Abs. 4, 34 Abs. 1 EStG tarifbegünstigt zu versteuernden Veräußerungsgewinns aus der Differenz zwischen Buchwert und Abfindung und dem Entstehen abschreibungsfähiger Anschaffungskosten in Höhe der ganzen Abfindung beim Erwerber (BMF BStBl. I 2006, 253 Rn. 39). Diese einkommensteuerlichen Folgen entstehen allerdings nicht, wenn der Ausgleich vom Erblasser in einer Verfügung von Todes wegen durch ein Vorausvermächtnis (nicht eine Teilungsanordnung!) zugunsten der weichenden Erben vorgenommen wird, dass die Vermächtniserfüllung auch weiterhin als unentgeltlicher und privater Vorgang angesehen wird (BMF BStBl. I 2006, 253 Rn. 60). Wird infolge des Vermächtnisses ein Wirtschaftsgut des Betriebsvermögens an einen Dritten herausgegeben, führt dies zu einem Entnahmegewinn des/der Erben. Betrifft das Sachvermächtnis einen ganzen Betrieb, führt der Vermächtnisnehmer die Buchwerte der Erbengemeinschaft gemäß § 6 Abs. 3 EStG fort (BMF BStBl. I 2006, 253 Rn. 65).

c) **Teilnachfolgeklausel.** Sollen nach der Nachfolgeregelung die oder einige Miterben mit den ihren Erbquoten entsprechenden Bruchteilen nur hinsichtlich eines Bruchteils des Gesellschaftsanteils des verstorbenen Gesellschafters in die Gesellschaft eintreten, während der restliche Bruchteil den Altgesellschaftern zuwachsen soll, so ist die einkommensteuerliche Rechtslage bezüglich der Nachfolger-Erben dieselbe wie bei der einfachen Nachfolgeklausel, und bezüglich der für den anwachsenden Bruchteil zu zahlenden Abfindung liegt eine entgeltliche Veräußerung von Mitunternehmeranteilen vor, die zu laufendem Gewinn führen (*Schmidt* EStG § 16 Rn. 676/417). Die verbleibenden Gesellschafter können die Abfindung aktivieren (BFH BStBl. II 1981, 614).

d) **Qualifizierte erbrechtliche Nachfolgeklausel.** Bei qualifizierten Nachfolgeklauseln, bei denen nur einer oder einzelne von mehreren Miterben den Erblasser in seiner Gesellschafterstellung nachfolgen, wird nur der qualifizierte Miterbe Mitunternehmer (*Schmidt* § 16 Rn. 672; BMF BStBl. I 2006, 253 Rn. 72) mit der Folge, dass durch ihre Erfüllung weder Gewinne realisiert noch Anschaffungskosten entstehen (zu abw. Auffassungen in der Rechtsliteratur vgl. *Schmidt* EStG § 16 Rn. 672 mwN).

Entfällt Sonderbetriebsvermögen auf nicht qualifizierte Miterben (§ 39 Abs. 2 Nr. 2 AO), führt dies insoweit zu notwendigen Privatvermögen und nicht begünstigten Entnahmegewinn des Erblassers, da SonderBV zu zivilrechtlichen Gesamthandsvermögen der Erbengemeinschaft wird (*Schmidt* § 16 Rn. 674; BMF BStBl. I 2006, 273 Rn. 73/74).

## 2. Nießbrauchsvermächtnis an einem Einzelunternehmen mit Rentenoption und Bestellung des Nießbrauchers zum Testamentsvollstrecker (Dispositionsnießbrauch)

Verhandelt zu[1, 2]. . . . .
am . . . . . (auch als eigenhändiges Testament möglich)

§ 1 Erbeinsetzung

Zu meinen Erben setze ich meine beiden Söhne B und C je zur Hälfte ein. Ersatzerben sind deren Abkömmlinge, einschließlich adoptierter, jedoch mit Ausnahme nichtehelicher Kinder, unter sich jeweils nach der gesetzlichen Erbregel erster Ordnung. Mangels Ersatzerben soll Anwachsung eintreten.

§ 2 Vermächtnisse

(1) Meiner Ehefrau A, geb. B vermache ich auf Lebenszeit den vollen dinglichen Nießbrauch,[3] also nicht nur den Ertragsnießbrauch, an dem von mir unter der Firma A, Tabakwaren Groß- und Einzelhandel einzelkaufmännisch betriebenen Unternehmen mit dem Sitz in . . . . ., das im Handelsregister des Amtsgerichts S unter HRA Nr. . . . . . eingetragen ist. Der Nießbrauch endet im Falle ihrer Wiederheirat. Der Nießbrauch ist wie folgt auszugestalten:
Der Nießbrauch ist der Nießbraucherin an dem Betriebsgrundstück in . . . . . (Ort, Straße), Flst. Nr. . . . . . sowie an allen beweglichen Wirtschaftsgütern des Betriebsvermögens, somit an allen Gegenständen, die steuerlich bei dem Einzelunternehmen aktiviert sind, einzuräumen. Alle Gegenstände des Umlaufvermögens gehen in das Eigentum der Nießbraucherin über. Sie ist verpflichtet, sie nach Beendigung des Nießbrauchs entsprechend in Natur zu erstatten. Alle betrieblichen Forderungen sind an die Nießbraucherin abzutreten. Entsprechend ist die Nießbraucherin verpflichtet, alle zum Zeitpunkt meines Todes bestehenden betriebsbedingten Verbindlichkeiten zu übernehmen bzw. falls die Gläubiger der befreienden Schuldübernahme nicht zustimmen sollten, die Erben von jeglicher Inanspruchnahme freizustellen. Die Nießbraucherin ist, im Rahmen einer ordnungsgemäßen Wirtschaft und mit der Verpflichtung zur Ersatzbeschaffung, berechtigt, auch über Gegenstände des Anlagevermögens zu verfügen.
Die Vermächtnisnehmerin hat in ihrer Eigenschaft als Nießbraucherin die Firma mit oder ohne Beifügung eines Nachfolgezusatzes im eigenen Namen und unter eigener Haftung fortzuführen.
Diejenigen persönlichen Steuern,[9] die die Erben hinsichtlich des nießbrauchsbelasteten Unternehmens und die die Nießbraucherin auf Erträge, die zivilrechtlich nicht ihr, sondern den Erben zustehen, zu zahlen haben, können aus den jährlichen Gewinnen des Unternehmens entnommen werden. Bei der Berechnung der auf solche Erträge entfallenden Einkommensteuer sind diese jeweils als Spitzeneinkünfte anzusehen.
Die Nutzungen der Nießbraucherin errechnen sich wie folgt:[4]
Auszugehen ist vom jährlichen Steuerbilanzgewinn. Davon sind zunächst diejenigen persönlichen Steuern in Abzug zu bringen, die die Erben und die Nießbraucherin auf Grund der obigen Regelung zu entnehmen berechtigt sind. Danach sind etwaige Verluste vergangener Jahre auszugleichen, soweit dies nicht bereits in der Steuerbilanz geschehen ist. Danach ist für die Erben ein Betrag in Höhe von 20 % der in der Steuerbilanz vorgenommenen Abschreibungen abzuziehen als Ausgleich für die erhöhten Wiederbeschaffungskosten der Ergänzungsinvestitionen. Der danach verbleibende Rest steht der

Nießbraucherin zu 75 % und den Erben zu 25 %, letzteren zur Sicherung des Wachstums des Unternehmens, zu. Die Erben dürfen die ihnen zugerechneten Beträge nicht entnehmen. Verluste trägt die Nießbraucherin nur insoweit, als sie durch die obige Regelung bis zur Beendigung des Nießbrauchs wieder durch Gewinne ausgeglichen werden können.

Die jährlichen Entnahmen der Nießbraucherin müssen jedoch mindestens die Höhe der ihr unten zur Wahl eingeräumten Rente erreichen können.[5] Ist dies nicht der Fall, so entfallen bis auf die Steuerrückvergütungen alle Zuwendungen an die Erben sowie der Verlustausgleich. Ist auch dann die Höhe der Rente nicht aus dem Jahresertrag zahlbar, vermache ich hiermit meiner Ehefrau A, geb. E, das Recht, die zur Erreichung der Rentenhöhe erforderlichen Mittel aus der Substanz des Unternehmens zu entnehmen. Die Übertragung der Ausübung des Nießbrauchs an einen Dritten ist ausgeschlossen.[6]

(2) Meine Ehefrau A, geb. E, kann, wenn sie auf den Unternehmensnießbrauch verzichtet, durch Erklärung gegenüber den Erben verlangen,[7] dass ihr statt des Nießbrauchs eine monatlich im Voraus zahlbare Rente auf Lebenszeit jeweils in derselben Höhe wie das monatliche Grundgehalt nebst Ortszulage und Weihnachtsgeld, jedoch ohne sonstige Zulagen und Sonderzahlungen eines unverheirateten und kinderlosen Bundesbeamten der Besoldungsgruppe A 13 in der Enddienstaltersstufe gezahlt wird. Die Rentenberechtigte nimmt jeweils automatisch an den jährlichen Gehaltsänderungen zur Anpassung an die Lebenshaltungskosten dieser Beamtenkategorie teil. Das Verlangen kann unter Einhaltung einer Frist von drei Monaten jeweils nur auf den Schluss eines Kalenderjahres gestellt werden.

Im Falle der Wiederverheiratung meiner Ehefrau endet auch diese Rente.

Auf Verlangen meiner Ehefrau ist die Rente durch Eintragung einer Reallast an dem vorstehend genannten Betriebsgrundstück an erster Rangstelle dinglich zu sichern.

(3) Ferner vermache ich meiner Ehefrau A, geb. E, die gesamte Einrichtung unserer Familienwohnung im weitesten Sinne, soweit sie in meinem Eigentum steht und alle meine persönlichen Gebrauchsgegenstände.

Einen Ersatzvermächtnisnehmer bestelle ich hinsichtlich aller meiner Ehefrau zugewandten Vermächtnisse nicht.

§ 3 Testamentsvollstreckung[8]

Ich ernenne meine Ehefrau A, geb. E, zu meiner Testamentsvollstreckerin. Ihr stehen dabei alle Rechte zu, die ihr nach dem Gesetz eingeräumt werden können. Sie ist von den Beschränkungen des § 181 BGB befreit. Die Testamentsvollstreckerin kann unter Verzicht auf ihren Nießbrauch und nach Wahl der Rente im Wege der Teilungsanordnung das Unternehmen nach billigem Ermessen jederzeit einem meiner Erben zuteilen. Sie hat dabei denjenigen auszuwählen, der ihr für die betriebliche Nachfolge am geeignetsten erscheint. Eine besondere Vergütung erhält die Testamentsvollstreckerin nicht.

§ 4 Schlussformel

*Schrifttum: Barz,* Gestaltungen in der erbrechtlichen Praxis heute, DNotTag 1965, 53 ff. u. 82 ff.; *Biergans,* Der Nießbrauch an Einzelunternehmen und Mitunternehmeranteilen in der Einkommensteuer, DStR 1995, 327; *Bökelmann,* Nutzungen und Gewinn beim Unternehmensnießbrauch, 1971; *Fichtelmann,* Der Nießbrauch an Unternehmen und Beteiligungen, DStR 1974, 267, 299, 341; *Götz/Hülsmann,* Der Nießbrauch im Zivil- und Steuerrecht, 12. Aufl. 2019; *R. von Godin,* Nutzungsrechte an Unternehmen und Unternehmensbeteiligungen, 1949; *Haegele,* Nießbrauch an einem Handelsgeschäft sowie bei Personen- und Kapitalgesellschaften, BWNotZ 1974, 24; *Hartmann/Aschfalk,* Testamentsvollstreckung, Nießbrauch und Vorerbschaft zur Sicherung der Nachfolge des

Einzelunternehmers im Zivil- und Steuerrecht, 1983; *Hassel,* Der Nießbrauch am Handelsgeschäft, MittRhNotK 1968, 161; *Petzoldt,* Vorerbschaft und Nießbrauchsvermächtnis, BB 1975 Beil. 6; *Walter,* Unternehmensnießbrauch, BB 1983, 1151.

## Anmerkungen

**1. Sachverhalt.** Die Söhne des Testierers sind noch zu jung zur Unternehmensnachfolge und um einen Unternehmensnachfolger unter ihnen auszuwählen. Die Ehefrau ist infolge ihrer bisherigen Mitarbeit in der Lage und auch bereit, das Unternehmen nach dem Tode ihres Ehemannes fortzuführen. An seinem privaten, nicht bilanzierten Vermögen hat der Testierer seiner Ehefrau bereits unter Lebenden jeweils Miteigentumsanteile eingeräumt. Die Eheleute leben im gesetzlichen Güterstand. Die Ehefrau hat keine oder nur eine geringe eigenständige Altersrente zu erwarten.

**2. Anwendungsfälle.** Es soll einerseits der Fortbestand des Unternehmens und seine Zuwendung an die Abkömmlinge gesichert und andererseits die Versorgung der Witwe sichergestellt werden. Der Fortbestand des Unternehmens wird durch den Nießbrauch am Gesamtunternehmen gesichert, der einerseits der Witwe die volle Inhaberstellung gewährt und ihr durch die Testamentsvollstreckung eine über die Verwaltungs- und Verfügungsbefugnis eines Nießbrauchers hinausgehende Verfügungsmacht einräumt und andererseits die Substanz des Unternehmens den Söhnen erhält. Die Versorgung der Witwe erfolgt mindestens in Höhe der zu ihrer Wahl stehenden Rente aus dem Unternehmen, und zwar durch die zusätzliche Vermächtnisanordnung uU auf Kosten seiner Substanz. Will die Witwe später einem der Söhne, der den anderen abzufinden hat, das Unternehmen übergeben, kann sie das infolge der Teilungsanordnung und ist dann durch die bereits festgesetzte, wertgesicherte Rente versorgt. Infolge ihrer Stellung als Testamentsvollstreckerin könnte sie grundsätzlich den Betrieb auch verpachten und sogar veräußern, was ihr kraft des Nießbrauchs nicht möglich wäre. Da jedoch der Nießbraucherin ausdrücklich der volle Unternehmensnießbrauch zugewandt ist und, wie unter → Anm. 8 näher ausgeführt wird, sich echter Nießbrauch und Testamentsvollstreckung an einem Unternehmen gegenseitig ausschließen, ist damit die Testamentsvollstreckung gem. § 2208 BGB bezüglich des Unternehmens auf die Bestellung des Nießbrauchs an ihm beschränkt, was im Testamentsvollstreckerzeugnis vermerkt werden muss (§ 2368 Abs. 1 S. 2 BGB). Bezüglich der anderen Nachlassgegenstände besteht die volle Verfügungsbefugnis der Testamentsvollstreckerin. Gewählt kann die Gestaltungsmöglichkeit nur werden, wenn der Testierer volles Vertrauen zu seiner Ehefrau hat, sonst sollte er ihr nicht die Führung seines Unternehmens nach seinem Tod mit der umfassenden Befugnis des echten Unternehmensnießbrauchs anvertrauen. Andererseits ist das Vertrauen wegen der Möglichkeit einer Wiederheirat und der Geburt weiterer Kinder in einer neuen Ehe nicht so groß, dass er sie zur Alleinerbin verbunden mit der Bindung an eine eigene Verfügung von Todes wegen zugunsten der gemeinschaftlichen Abkömmlinge mittels Erbvertrag oder gemeinschaftlichem Testament einsetzen möchte. Schließlich bestehen vielfache Möglichkeiten, die Bindung zu durchbrechen. Auch ist zu bedenken, dass ein Nießbraucher am Gesamtunternehmen mit dessen wirtschaftlichem Schicksal verbunden ist und dadurch zur Eigeninitiative angespornt wird. Würde andererseits die Ehefrau als Nurhausfrau nicht zur Führung des Unternehmens in der Lage sein, wäre an die Einsetzung eines fremden Testamentsvollstreckers zu denken, der die Befugnis zur Auseinandersetzung des Nachlasses und zur Bestimmung eines Unternehmensnachfolgers nach Beendigung der Berufsausbildung der Söhne haben müsste (→ Form. XII.8). Die Witwe wäre dann mit einem Ertragnießbrauch, einer stillen Beteiligung oder einer wertgesicherten Rente zu versorgen. Man könnte ihr aber auch den Unternehmensnießbrauch mit einer Verpachtungsauflage vermachen. Eine Alternative zu der im Formular gewählten Lösung wäre die Einsetzung einer Vor- und Nacherbschaft, und zwar, da es sich nicht um die Zuwendung des Nachlasses im ganzen oder zu Bruchteilen handelt, vielmehr um die Einzelzuwendung einer Sachgesamtheit (Unternehmen), in der Form des Vor- und Nachvermächtnisses. Nachteilig wäre dabei, dass dann nicht wie bei der Nacherbschaft dinglicher Anfall eintritt, da das Vermächtnis nur obligatorisch wirkt und allenfalls bei Grundstücken der Anspruch des Nachvermächtnisnehmers, wenn es der Erblasser angeordnet hat, nach Eintritt der Erbfolge und Eintragung des Vorerben im Grundbuch durch eine Vormerkung gesichert werden kann (BayObLG Rpfleger 1981, 190). Ein dinglicher Anfall lässt sich allerdings bei der Zuwendung von Einzelgegenständen dadurch erreichen, dass die Witwe als Vorerbin des gesamten Nachlasses und die Söhne zu Nacherben auf ihren Tod eingesetzt werden und der Erblasser den Söhnen auf seinen Tod sämtliche nicht zum Betriebsvermögen gehörenden Nachlassgegenstände vermacht (*Petzoldt* BB 1975 Beil. 6, 3; → Form. XII.14).

Erbschaftsteuerliche Gründe, die früher wegen der Vermeidung der Doppelversteuerung desselben Vermögens bei der Wahl zwischen Vor- und Nacherbschaft oder Nießbrauchsvermächtnis eindeutig zugunsten letzteren gesprochen haben (*Rosenau* Betr. 1968 Beil. 15, 1 f.), sind heute nicht mehr generell ausschlaggebend. Das erbschaftsteuerlich günstigste Ergebnis zwischen Vorerbschaft und Nießbrauchsvermächtnis lässt sich nur anhand des Einzelfalles unter Gegenüberstellung der beiden Gestaltungsmöglichkeiten errechnen. Zu beachten ist dabei, dass bei kleinen Erbschaften wegen der Freibeträge der Ehefrau die Anordnung der Vorerbschaft erbschaftsteuerlich in der Regel unbedenklich ist. Ferner ist zu beachten, dass, falls die Nacherbfolge auch bei Wiederverheiratung der Witwe eintreten soll, in diesem Fall nach § 6 Abs. 3 S. 2 ErbStG die von der Vorerbin gezahlte Erbschaftsteuer in gewissem Umfang auf die des Nacherben angerechnet wird. Den Ausschlag für das Nießbrauchsvermächtnis dürfte wohl die größere Sicherheit geben, die es gegenüber der Vorerbschaft den Abkömmlingen bietet. Der Vorerbe ist nämlich nicht verpflichtet, die wirtschaftliche Zweckbestimmung der Nachlassgegenstände aufrecht zu erhalten. Er kann darüber entscheiden, ob er das Unternehmen fortführen will oder nicht (Staudinger/*Avenarius* § 2112 Rn. 22; *Petzoldt* BB 1975 Beil. 6 S. 9). Ihm steht nach § 27 Abs. 2 HGB das Recht zu, ohne Zustimmung des Nacherben durch Einstellung des Geschäftsbetriebs innerhalb dreier Monate nach Kenntniserlangung vom Anfall der Erbschaft die unbeschränkte Haftung für die Geschäftsschulden nach § 25 Abs. 1 HGB abzuwenden. Demgegenüber ist der Nießbraucher nach §§ 1036 Abs. 2, 1037 Abs. 1, 1041 BGB grundsätzlich verpflichtet, die wirtschaftliche Zweckbestimmung des belasteten Vermögensgegenstandes zu belassen. Er ist zum Betrieb des Unternehmens verpflichtet und hat es in seinem wirtschaftlichen Bestand zu erhalten (jurisPK/*Laukemann*, BGB, 6. Aufl., § 1085 Rn. 14). Der Nießbraucher ist zur Einstellung des Unternehmens ebenso wenig befugt wie zu seiner wesentlichen Umstrukturierung. Bezüglich der Verfügungsbefugnis besteht allerdings zwischen der Vorerbschaft und dem echten Unternehmensnießbrauch kein wesentlicher Unterschied, da der Nießbraucher bei letzterem bezüglich des Umlaufvermögens und gemäß § 1048 BGB auch bezüglich des Anlagevermögens verfügungsberechtigt ist. Dabei hat jedoch der Unternehmensnießbraucher nur einen Überschuss an äußerer Rechtsmacht, während sie dem Vorerben auch im Innenverhältnis zusteht. Die Auskunfts- und Rechenschaftspflicht des Nutzungsberechtigten ist bei beiden Rechtsinstituten gleich gering und erschöpft sich im Wesentlichen in der Aufstellung eines Verzeichnisses (§ 1035 BGB einerseits und § 2121 BGB andererseits). Wer die zivil- und steuerrechtlichen Rechtsunklarheiten beim Nießbrauch an einem Einzelunternehmen vermeiden will, sollte erwägen, das Unternehmen in eine GmbH & atypische stille Gesellschaft umzuwandeln, weil Nießbrauchsrechte an GmbH-Anteilen und stillen Gesellschaften leicht zu bestellen sind und zu klaren und eindeutigen Rechtsverhältnissen führen.

**3. Unternehmensnießbrauch.** (1) Der Nießbrauch an einem Unternehmen kann vermächtnisweise in dreierlei Form angeordnet werden:

- Zuwendung eines Nutzungsvermächtnisses, auf Grund dessen der Vermächtnisnehmer lediglich einen schuldrechtlichen Anspruch gegen den Erben auf den ganzen oder teilweisen Reinertrag des Unternehmens hat (*Hassel* MittRhNotK 1968, 161 (163); BGH WPM 1969, 337).
- Zuwendung des zwar dinglichen Nießbrauchs an den einzelnen Gegenständen des Unternehmens jedoch nur auf den Ertrag gerichtet und wobei der Nießbraucher keinen unmittelbaren Besitz hat, von der Wirtschaftsführung ausgeschlossen ist, kein Unternehmer wird und nach außen nicht haftet (schlichter Ertragsnießbrauch am Unternehmen). Diese Form kann mangels Unternehmerstellung des Nießbrauchers praktisch nur zu einer Quote des Ertrags (Quotennießbrauch) bestellt werden (Palandt/*Herrler* § 1085 Rn. 3 f.; BGH DNotZ 1954, 399 (402)). Dabei spricht, da das Recht zur Unternehmensleitung begrifflich nicht nach ideellen Bruchteilen aufteilbar ist, die Bestellung eines Quotennießbrauchs für diese Nießbrauchsform (BayObLG DNotZ 1974, 241).
- Zuwendung des vollen dinglichen Nießbrauchs am Unternehmen (Unternehmensnießbrauch mit Unternehmerstellung oder echter Unternehmensnießbrauch) mit unmittelbarem Besitz des Nießbrauchers an den Gegenständen des Unternehmens, der Verfügungsmacht über das Umlaufvermögen im Rahmen der selbstständigen Wirtschaftsführung, dem Recht auf Eigenerwerb des Ertrags (BayObLG 1974, 241) bei voller Haftung nach außen.

(2) **Unternehmensnießbrauch mit Unternehmerstellung.** Die Bestellung des Nießbrauchs an einem Handelsgeschäft ist im Gesetz nicht ausdrücklich geregelt. Er wird nur in § 22 Abs. 2 HGB vorausgesetzt. Auf seine Bestellung findet § 1085 S. 2 BGB und auf seinen Inhalt finden die §§ 1085–1089 BGB nur Anwendung, wenn das Unternehmen das gesamte Vermögen des Bestellers darstellt. Sonst sind auf ihn die §§ 1030–1084 BGB über den Nießbrauch an Sachen und Rechten anzuwenden.

Wie beim Vermögensnießbrauch ist auch hier eine Bestellung des Nießbrauchs durch einheitlichen Rechtsakt nicht möglich (RGZ 70, 226 (232); Palandt/*Herrler* § 1085 Rn. 4; jurisPK/*Laukemann*, BGB, 6. Aufl., § 1085 Rn. 15). Er muss nach dem Spezialitätsprinzip des Sachenrechts an sämtlichen Gegenständen des Unternehmens entsprechend den jeweiligen gesetzlichen Bestimmungen bestellt werden, dh an Grundstücken durch Einigung und Grundbucheintragung (§ 873 BGB), an beweglichen Sachen nach § 1032 BGB und an Forderungen nach § 1069 BGB. Natürlich kann er an Gegenständen, für die spezielle Formvorschriften fehlen, durch zusammenfassenden Rechtsakt uU auch durch schlüssiges Verhalten bestellt werden. Da der Nießbraucher das Handelsgeschäft als Inhaber betreiben muss, ist die Nießbrauchsbestellung vom Besteller und Nießbraucher zum Handelsregister anzumelden (LG Aachen RNotZ 2003, 398). Gemäß § 22 Abs. 2 HGB kann der Nießbraucher und muss im Zweifel aus dem Gesichtspunkt der Erhaltungspflicht heraus die bisherige Firma mit oder ohne Nachfolgevermerk fortführen (AnwK/*Lemke* BGB § 1030 Rn. 55). Beim Nießbrauchsvermächtnis sind dabei die Erben zur Zustimmung zur Firmenfortführung verpflichtet. Der Nießbraucher haftet gem. § 25 HGB im Außenverhältnis für die Geschäftsschulden des Erblassers. Die Haftung kann durch Vereinbarung mit den Erben und Eintragung im Handelsregister ausgeschlossen werden (§ 25 Abs. 2 HGB). Im Zweifel sind die Erben jedoch dazu nicht verpflichtet, da der Nießbraucher keine günstigere Stellung als der Erblasser erhalten soll. Eigentümer des Umlaufvermögens wird gem. § 1067 BGB der Nießbraucher, während das Anlagevermögen im Eigentum der Erben verbleibt. Der Nießbraucher kann jedoch in entspr. Anwendung des § 1048 BGB innerhalb der Grenzen einer ordnungsgemäßen Wirtschaft über Inventarstücke verfügen und ist dann zur Ersatzbeschaffung verpflichtet (BGH Betr. 1973, 146). Die bei Beginn bestehenden Geschäftsforderungen sind ihm abzutreten. Der

Nießbraucher ist verpflichtet, das Unternehmen in seinem wirtschaftlichen Bestand zu erhalten. Nach hM (Palandt/*Herrler* § 1085 Rn. 7) steht dem Nießbraucher der bilanzmäßig ausgewiesene Reingewinn zu. Entscheidend ist also die nach kaufmännischen Grundsätzen, dh anerkannten Bilanzierungs- und Bewertungsmethoden aufgestellte jährliche Handelsbilanz. Der damit eingeräumte Spielraum kann natürlich durch den Erblasser eingeengt oder erweitert werden (des näheren zur Ermittlung des dem Nießbraucher zustehenden Reingewinns s. *Fichtelmann* DStR 1974, 267 (272 f.)). Zweckmäßig ist, wie im Form., eine genaue Festlegung der dem Nießbraucher zustehenden Gewinnanteile und ihrer Berechnung. Bei Beendigung des Nießbrauchs ist das Anlagevermögen an den Eigentümer herauszugeben. Nach § 1067 BGB hätte der Nießbraucher bei Beendigung des Nießbrauchs nur den Wert des zu Beginn in sein Eigentum übergegangenen Umlaufvermögens zu ersetzen. Meist wird jedoch beim Unternehmensnießbrauch vereinbart, dass der Eigentümer die Herausgabe des vorhandenen Umlaufvermögens verlangen kann und nur die Wertdifferenz zum Anfangsvermögen, meist sogar zu den Wertverhältnissen bei Beendigung, in Geld auszugleichen ist. Da hinsichtlich der rechtlichen Behandlung des vollen Unternehmensnießbrauchs die Meinungen vielfältig und konträr sind und Rspr. kaum vorliegt, ist zur Vermeidung von Unsicherheit und ungewollten Ergebnissen anzuraten, vertraglich oder testamentarisch die Rechtstellung zwischen Nießbraucher und Eigentümer möglichst genau zu regeln.

**4. Gewinnzuordnung.** Im Anschluss an *Götz/Hülsmann,* Der Nießbrauch im Zivil- und Steuerrecht, Vertragsmuster S. 368 f. sind im Formular genaue Berechnungsgrundlagen für den entnahmefähigen Gewinnanteil der Nießbraucherin und dem nicht Entnahmefähigen, der Substanzerhaltung und Wachstumssicherung Dienenden, der Erben pauschal festgelegt. Da jedoch nicht nur der entnahmefähige, sondern der ganze Steuerbilanzgewinn versteuert werden muss, ist damit gleichzeitig festgelegt, mit welchen Teilen des Gewinns Nießbraucher und Eigentümer zur Einkommensteuer heranzuziehen sind. Da beim Vollnießbrauch der Eigentümer keine Einkünfte aus dem Nießbrauchsobjekt hat, ist ihm für die auf das Unternehmen zu zahlende Einkommensteuer ein Entnahmerecht zugebilligt (*Baums* Betr. 1981, 355). Da die einkommensteuerliche Heranziehung beim Unternehmensnießbrauch sehr umstritten ist (*Götz/Hülsmann* Rn. 1121 ff.), die hM will den gesamten Steuerbilanzgewinn beim Unternehmensnießbraucher versteuern, ist vorsorglich für den Fall einer solchen Heranziehung auch der Nießbraucherin ein Entnahmerecht für Steuern, die sie für ihr nicht zustehenden Gewinn zahlen muss, eingeräumt. Für Eigentümer und Nießbraucher ist dabei wegen der Progression des Einkommensteuertarifs jeweils festgelegt, dass für die Berechnung der entnahmefähigen Einkommensteuerbeträge die Einkünfte aus dem Unternehmen als ihre Spitzeneinkünfte anzusehen sind. Ferner wurde festgelegt, dass die Nießbraucherin zwar während seiner Dauer Verluste des Unternehmens mit Gewinnen kommender Jahre auszugleichen hat, dass sie aber über das Ende des Nießbrauchs hinaus zwar nach außen für solche Verluste haftet, sie aber im Verhältnis zu den Erben nicht zu tragen hat (*Götz/Hülsmann* S. 369).

**5. Mindestversorgung.** Reichen die Erträge des Nießbrauchs nicht zur Deckung des Lebensunterhalts der Witwe aus, kann sie als Nießbraucherin die Substanz des Unternehmens nicht angreifen (§ 1037 Abs. 1 BGB). Aber auch wenn sie als Testamentsvollstreckerin über die Substanz verfügt, fällt der Erlös kraft dinglicher Surrogation gem. § 2041 BGB in den Nachlass. Will man ihr das Recht einräumen, die Substanz der Erbschaft anzugreifen, so geht das nicht durch Modifikation des Nießbrauchsrechts, da der Grundsatz der Erhaltung der Substanz nicht abdingbar ist (BayObLG Rpfleger 1977, 251). Möglich ist es nur durch eine zusätzliche Vermächtnisanordnung, wonach der Nießbraucherin für den Fall der nicht ausreichenden Versorgung zusätzlich Mittel zum Lebensunterhalt aus der Substanz des Nachlasses zur Verfügung zu stellen sind (*Rohlff*

DNotZ 1971, 518 (522)). Um zu verhindern, dass das Vermächtnis wegen Unbestimmtheit seines Gegenstandes unwirksam ist, sollte man auf jeden Fall den zu ihrer Versorgung notwendigen Mindestbetrag und zugleich Höchstbetrag der Entnahmen aus der Substanz bestimmbar festlegen (*Rohlff* DNotZ 1971, 518 (523)).

**6.** Ohne diesen zulässigen Ausschluss (MüKoBGB/*Pohlmann* § 1059 Rn. 8; LG Mönchengladbach NJW 1969, 140) könnte die Ausübung des Nießbrauchs einem anderen überlassen werden (§ 1059 S. 2 BGB).

**7.** Zum Rentenwahlrecht und der evtl. Wertsicherung der Rente → Form. XII.9 Anm. 4.

**8. Testamentsvollstreckung.** Beim Zusammentreffen von echtem Unternehmensnießbrauch und Testamentsvollstreckung in einer Person (sog. erbrechtlicher Dispositionsnießbrauch – hierzu eingehend *Hartmann/Aschfalk* S. 117 ff.) ist, sofern er nicht wie im Formular klar zum Ausdruck gebracht ist, der Wille des Testators zu unterstellen, dass das Unternehmen von dem Bedachten in seiner Eigenschaft als Nießbraucher und nicht als Testamentsvollstrecker geführt werden soll (*Rohlff* DNotZ 1971, 518 (519)). Bezüglich des Unternehmens hat er als Testamentsvollstrecker die alleinige Aufgabe, das Nießbrauchsvermächtnis gegenüber sich selbst zu erfüllen (*Hartmann/Aschfalk* S. 120). Die dem Testamentsvollstrecker nach §§ 2218, 666 BGB obliegende Auskunfts- und Rechenschaftspflicht erschöpft sich bezüglich des Unternehmens deshalb auf die Auskunft über die ordnungsgemäße Bestellung des Nießbrauchs. Über die Angelegenheiten des Unternehmens selbst hat der Nießbraucher, außer der Verpflichtung einmal ein Verzeichnis der dem Nießbrauch unterliegenden Gegenstände zu erstellen, keine Auskunfts- und Rechenschaftspflicht (*Hartmann/Aschfalk* S. 70 f.). Sollte allerdings nach dem Willen des Testierers der Bedachte das Unternehmen in seiner Eigenschaft als Testamentsvollstrecker führen sollen, was unter Anordnung der Art und Weise der Testamentsvollstreckung (Vollmacht- oder Treuhandlösung) deutlich im Testament zum Ausdruck zu bringen wäre, hätte er zwar über das Unternehmen die erweiterte Verfügungsbefugnis eines Testamentsvollstreckers, dafür aber auch dessen Auskunfts- und Rechenschaftspflicht. Mit einem echten Unternehmensnießbrauch wäre die Unterstellung des Unternehmens unter die Testamentsvollstreckung auf jeden Fall nicht vereinbar, da dieser Nießbraucher die Unternehmerstellung erhalten und als Inhaber im Handelsregister eingetragen werden muss (*Hartmann/Aschfalk* S. 120). Da somit die Witwe auf Grund ihres vollen Nießbrauchs die Unternehmerstellung erhalten wird, entfällt die Problematik der Testamentsvollstreckung über ein einzelkaufmännisches Unternehmen (*John* BB 1980, 757) und es verbleibt bei einer normalen Verwaltungstestamentsvollstreckung.

**9. Steuern.** (1) **Erbschaftsteuer.** Der vermachte Nießbrauch ist nach § 3 Abs. 1 Ziff. 1 ErbStG erbschaftsteuerpflichtig. Die Erbschaftsteuer wird dabei gem. §§ 12 Abs. 1 ErbStG, 14 BewG aus dem mit der wahrscheinlichen Lebenserwartung der Berechtigten nach Sterbetafeln des Statistischen Bundesamts vervielfältigten Jahreswert des Nießbrauchs nach den Steuersätzen des § 19 ErbStG berechnet. Der Jahreswert des Nießbrauchs ist dabei nach § 15 Abs. 3 BewG der Betrag, der in Zukunft im Durchschnitt der Jahre voraussichtlich aus dem Unternehmen erzielt werden kann, höchstens jedoch mit dem günstigen Satz nach § 16 BewG (Steuerwert geteilt durch 18,6). Die Anwendung der erbschaftsteuerlichen Begünstigung für Betriebsvermögen gemäß §§ 13a, 13b ErbStG auf die Zuwendung des Nießbrauchs erscheint in Abhängigkeit von der konkreten Ausgestaltung denkbar (RE 13b.30 Abs. 6 ErbStR zu Anteilen an Personengesellschaften). Für die

Erben kommt die erbschaftsteuerliche Begünstigung für Betriebsvermögen allenfalls dann in Betracht, wenn diese ertragsteuerlich Mitunternehmer werden.

(2) **Einkommensteuer.** Da beim vollen dinglichen Nießbrauch an einem Einzelunternehmen der Nießbraucher das Unternehmerrisiko trägt, ist er Unternehmer im steuerlichen Sinn und bezieht originär Einkünfte nach § 15 EStG. Soweit Erben und Vermächtnisnehmer Mitunternehmer sind, erfolgt die Gewinnverteilung im Rahmen der einheitlichen und gesonderten Gewinnfeststellung.

Grundsätzlich kann ein Betrieb unentgeltlich nach § 6 Abs. 3 EStG ertragsteuerneutral übertragen werden. Der BFH hat mit Urteil vom 25.1.2017 – X R 59/14, DStR 2017, 1308, entschieden, dass die Übertragung eines Betriebs unter Zurückbehalt des Vorbehaltsnielßbrauchs durch den Übertragenden die Steuerneutralität der Übertragung hindert. Begründet wird dies damit, dass der Übertragende seine bisherige gewerbliche Tätigkeit einstellen müsse, was beim Vorbehaltsnießbrauch nicht der Fall sei. Wird der neue Betriebsinhaber nicht in die Lage versetzt, die gewerbliche Tätigkeit fortzusetzen, weil der frühere Betriebsinhaber weiterhin unter Einsatz des übertragenen Betriebsvermögens gewerblich tätig ist, kann eine gewerbliche Einheit nicht übergegangen sein. Die Finanzverwaltung wendet dieses Urteil an (BMF vom 20.11.2019, IV C 6 – S 2241/15/10003, Rz. 7).

Im vorliegenden Fall soll der Betrieb auf die Söhne übergehen und gleichzeitig der Mutter der Nießbrauch eingeräumt werden. Vor diesem Hintergrund könnte es fraglich sein, ob eine ertragsteuerneutrale Übertragung nach § 6 Abs. 3 EStG möglich ist bzw. ob stille Reserven aufzudecken sind.

## 3. Nießbrauchsvermächtnis an der Beteiligung an einer OHG

Verhandelt zu[1, 2]. . . . .

am . . . . . (auch als eigenhändiges Testament möglich)

§ 1 Erbeinsetzung

**Zu meinem Erben setze ich meine beiden Kinder B und C je zur Hälfte ein. Ersatzerben sind deren Abkömmlinge, einschließlich adoptierter, jedoch mit Ausnahme nichtehelicher Kinder, unter sich jeweils nach der gesetzlichen Erbregel erster Ordnung. Mangels Ersatzerben soll Anwachsung eintreten.**

§ 2 Nachfolgerbestimmung[3]

**(1) Ich bin Gesellschafter der im Handelsregister des Amtsgerichts von . . . . . (Ort), HRA . . . . . eingetragenen offenen Handelsgesellschaft mit der Firma F & Co OHG. Nach dem Gesellschaftsvertrag wird beim Tode eines Gesellschafters die Gesellschaft nur mit einem der Erben als Nachfolger fortgesetzt. Dieser ist vom Erblasser durch Testament zu bestimmen, ersatzweise durch die Gesamtheit der Miterben, notfalls durch den Präsidenten der zuständigen Industrie- und Handelskammer. Ich bestimme hiermit zu diesem Nachfolger meinen Sohn B.**

**(2) Er hat, wie ich hiermit im Wege des Vermächtnisses bestimme, seine Schwester C wie folgt gleichzustellen:**

**Auf meinen Todestag ist eine Auseinandersetzungsbilanz der OHG zu erstellen, in der alle stillen Reserven aufzulösen sind, ein Firmenwert aber nicht in Ansatz kommt. Von**

dem in dieser Bilanz auf meinen OHG-Anteil entfallenden Auseinandersetzungsguthaben ist für den in § 3 Abs. 1 meiner Ehefrau vermachten Quotennießbrauch am OHG-Anteil ein Betrag abzuziehen, der sich aus dem in § 3 Abs. 1 bestimmten jährlichen Mindestbetrag des Nießbrauchs, vervielfältigt mit der aus der neuesten amtlichen Sterbetafel entnommenen durchschnittlichen Lebenserwartung meiner Ehefrau zum Zeitpunkt meines Todes, ergibt. Die Hälfte des dann noch verbleibenden Guthabens hat mein Sohn B in fünf gleichen Jahresraten, von denen die Erste $^1/_2$ Jahr nach meinem Tod und die weiteren jeweils ein Jahr später fällig werden, zinslos an seine Schwester C auszuzahlen. Sollte dieser Ausgleich nicht dem Vollwert meiner Beteiligung an der OHG entsprechen, gilt die Differenz meinem Sohn B als im Voraus vermacht.

§ 3 Vermächtnisse

(1) Meinen Sohn B verpflichte ich vermächtnisweise, seiner Mutter und meiner Ehefrau A, geb. E an meinem Gesellschaftsanteil an der Firma F & Co OHG einen Ertragsnießbrauch[4] auf Lebenszeit in folgendem Umfang und mit folgender Ausgestaltung zu bestellen:

a) Der Nießbrauch besteht nur an den vermögensrechtlichen Bezügen, dh den jährlichen Gewinnansprüchen und einem etwaigen Auseinandersetzungsguthaben jeweils in Höhe von 40 %. Mein Sohn B bleibt somit Gesellschafter und Anteilsinhaber. Ein Wertersatz nach §§ 1067, 1075 Abs. 2 BGB für bezogene und verbrauchte Gewinne hat die Nießbraucherin nach Beendigung des Nießbrauchs nicht zu leisten.[5] Für den Fall, dass dieser Verzicht nicht anerkannt werden sollte, wird hiermit ein Bruchteil von je 40 % aller künftigen Gewinnansprüche sowie eines künftigen Auseinandersetzungsguthabens an die Nießbraucherin abgetreten.

b) Sollte dieser Quotennießbrauch der Nießbraucherin nicht jährlich einen Ertrag erbringen, der den Bruttobezügen des bestbezahlten Angestellten der Firma F & Co OHG entspricht, so hat mein Sohn B die Differenz am Jahresende aufzuzahlen.

c) Soweit die Nießbraucherin auf Grund ihres Nießbrauchs Steuern[9] auf Erträge zu zahlen hat, die handelsrechtlich nicht ihr, sondern dem Gesellschafter zugerechnet werden, ist sie berechtigt von ihm ihre Erstattung zu verlangen.[6] Dabei sind diese Erträge bei ihr jeweils als Spitzeneinkünfte anzusehen. Ferner hat im Innenverhältnis der Gesellschafter die etwaigen auf den belasteten Anteil entfallende Vermögenssteuer oder eine vergleichbare Steuer auf die Substanz zu tragen.

d) Die Nießbraucherin hat keinerlei Stimm- und sonstige Verwaltungsrechte an der Gesellschaft. Der Nießbrauch erstreckt sich auch auf die aus Gesellschaftsmitteln vorgenommenen Kapitalerhöhungen, nicht jedoch auf solche gegen Einlagen. Im Rahmen seiner Rechte auf Auskunft und Einsichtnahme in die Geschäftsunterlagen ist der Gesellschafter verpflichtet, die Nießbraucherin jederzeit umfassend über die Angelegenheiten der Gesellschaft zu informieren. Die Nießbraucherin ist berechtigt, den Jahresabschluss einschließlich der Gewinnverwendung einzusehen und sich dazu eines Sachverständigen zu bedienen.

e) Der Gesellschafter darf nur mit Zustimmung der Nießbraucherin seinen Anteil veräußern, seine Beteiligung kündigen oder aus der Gesellschaft austreten. Verstößt er gegen diese Verpflichtung, so ist die Nießbraucherin auf Grund eines ihr hiermit zugewandten Vermächtnisses berechtigt, die unentgeltliche Vollübertragung des gesamten Anteils auf sich zu verlangen.[7]

Der Gesellschafter ist gegenüber der Nießbraucherin verpflichtet, seine Mitwirkung an Gesellschafterbeschlüssen zu versagen, durch die über das betriebswirtschaftlich notwendige Maß hinaus Reserven gebildet werden sollen oder der Gewinnverteilungsschlüssel geändert wird.

(2) Meiner Ehefrau A, geb. E vermache ich weiter das unentgeltliche lebenslängliche Wohnungsrecht gemäß § 1093 BGB an meinem Einfamilienhaus in (Ort, Straße), Flst.-

**Nr. . . . . nebst Gartennutzung. Bei der Eintragung ist im Grundbuch zu vermerken, dass zur Löschung des Rechts der Nachweis des Todes der Berechtigten genügen soll.[8]**

**(3) Letztlich vermache ich meiner Ehefrau A, geb. E die gesamte Einrichtung unserer Familienwohnung im weitesten Sinne soweit sie in meinem Eigentum steht und alle meine persönlichen Gebrauchsgegenstände.**

**(4) Die Vermächtnisse sollen auch im Falle einer Wiederheirat meiner Ehefrau bestehen bleiben. Ersatzvermächtnisnehmer werden nicht bestellt.**

**§ 4 Schlussformel**

*Schrifttum: Bender,* Nießbrauch und Unterbeteiligung an Personengesellschaften, Betr. 1979, 1445; *Bunke,* Der Nießbrauch an der Beteiligung an einer Personalgesellschaft, DNotZ 1968, 5; *Daragan,* Der Mitunternehmeranteil des Nießbrauchers, DStR 2011, 1347; *Fett/Brand,* Die sog. „Einmann-Personengesellschaft" – Über die Vereinbarkeit des Grundsatzes vom Mehrpersonenverhältnis im Personengesellschaftsrecht mit den Besonderheiten des Erb- und Sachenrechts, NZG 1999, 45; ZEV 2002, 487; *Fichtelmann,* Der Nießbrauch an Unternehmen und Beteiligungen, DStR 1974, 267; *Finger,* Der Nießbrauch am Gesellschaftsanteil einer Personengesellschaft, DB 1977, 1033; *Fleischer,* Aktuelle Entwicklungen zum Stimmrecht des Nießbrauchers am Anteil an einer Personengesellschaft im Zivil-, Ertrag- und Erbschaftsteuerrecht, ZEV 2012, 466; *Frank,* Der Nießbrauch an Gesellschaftsanteilen, MittBayNot 2010, 96; *Götz,* Unentgeltliche Übertragung einer Beteiligung an gewerblich geprägter Personengesellschaft: Keine Mitunternehmerinitiative bei Nießbrauchsvorbehalt, ZEV 2010, 151; *Götz/Hülsmann,* Der Nießbrauch im Zivil- und Steuerrecht, 12. Aufl. 2019; *Götz/Jorde,* Nießbrauch an Personengesellschaftsanteilen – Vertragsklauseln und ihre Tücken, ZErb 2005, 365; *Götz/Jorde,* Nießbrauch an Personengesellschaftsanteilen – Praxisprobleme, FR 2003, 998; *Hochheim/Wagemann,* Der Vorbehaltsnießbrauch am Kommanditanteil und die Mitunternehmerschaft, ZEV 2010, 109; *Hoyer,* Der Nießbrauch an einem Gesellschaftsanteil, BB 1978, 1459; *Kruse,* Nießbrauch an der Beteiligung an einer Personengesellschaft, RNotZ 2002, 69; *Lindemeier,* Die Eintragung des Nießbrauchs am Kommanditanteil im Handelsregister, RNotZ 2001, 155; *Nieder/Kössinger,* Handbuch der Testamentsgestaltung, 5. Aufl., § 10 Rdn. 177 ff.; *Petzoldt,* Vorerbschaft und Nießbrauchsvermächtnis, BB 1975, Beil. 6; *Petzoldt,* Nießbrauch an Personengesellschaftsanteilen, DStR 1992, 1171; *Rohlff,* Die Verwendung des Nießbrauchs am Anteil einer Personenhandelsgesellschaft zur Einsparung von Schenkungs- und Erbschaftsteuer, NJW 1971, 481; *Schön,* Der Nießbrauch am Gesellschaftsanteil, ZHR 158 (1994), 229; *Schulze zur Wiesche,* Der Nießbrauch am Gesellschaftsanteil, DStR 1980, 222; *Schulze zur Wiesche,* Die ertragsteuerliche Behandlung des Nießbrauchs an einem Gesellschaftsanteil, Betr. 1977, 1214; *Schulze zur Wiesche,* Der Nießbrauch am Kommanditanteil, Betr. 1970, 171; *Schüller,* Nießbrauch und Pfandrecht am Anteil einer Personengesellschaft, MittRhNotK 1980, 97; *Siebert,* Nießbrauch am Gewinnrecht des Gesellschafters einer offenen Handelsgesellschaft, BB 1956, 1126; *Söffing/Jordan,* Nießbrauch an einem Mitunternehmeranteil, BB 2004, 353; *Sudhoff,* Nochmals: Der Nießbrauch am Gesellschaftsanteil, NJW 1974, 2205; *Teichmann,* Der Nießbrauch in Gesellschaftsanteilen, ZGR 1972, 1 u. 1973, 25; *Wälzholz,* Aktuelle Gestaltungsprobleme des Nießbrauchs an einem Anteil an einer Personengesellschaft, DStR 2010, 1786; *Wälzholz,* Aktuelle steuerliche Gestaltungsprobleme des mitunternehmerischen Nießbrauchs am Anteil an einer Personengesellschaft, DStR 2010, 1930.

## Anmerkungen

**1. Sachverhalt.** Die Ehefrau des Testierers ist zur tätigen Mitarbeit in der OHG nicht geeignet. Da sie keine oder nur eine unwesentliche eigenständige Altersversorgung hat, soll diese aus Mitteln der Beteiligung gesichert werden. Der Sohn B ist nach Alter und Ausbildung zur Nachfolge seines Vaters an der Beteiligung und zur Mitarbeit in der OHG bereit und in der Lage. Die Tochter ist außer Haus und soll abgefunden werden.

**2. Anwendungsfälle.** Während die Übergabe der Beteiligung an einer OHG unter Lebenden mit Nießbrauchsvorbehalt des Übergebenden dazu dient, dem sich zurückziehenden, alternden Gesellschafter noch die Mitwirkungsmöglichkeit in der Gesellschaft zu belassen, hat das Nießbrauchsvermächtnis an der Beteiligung zum Ziel, den überlebenden Ehegatten zu versorgen, ohne ihn am unternehmerischen Entscheidungsprozess zu beteiligen. Diese Rolle ist für den Nachfolger vorgesehen. Da somit der Nießbraucher beim Nießbrauchsvermächtnis von der Mitwirkungsmöglichkeit in der Gesellschaft ausgeschlossen sein soll, kommt der Vollnießbrauch, der mit einer Übernahme der vollen Gesellschafterstellung während der Dauer des Nießbrauchs verbunden ist, nicht in Frage. Auch ein Ertragsnießbrauch mit Aufspaltung der Gesellschafterstellung zwischen Nießbraucher und Gesellschafter, wenn man ihn entgegen der wohl noch hM für zulässig hält, dürfte sich aus diesem Grund verbieten. Aus dem gleichen Grund scheidet auch eine Vor- und Nacherbschaft aus, da sie dem überlebenden Ehegatten die volle Gesellschafterstellung bringen würde, die der Nachfolger erhalten soll. Es bleibt daher nur die Wahl eines Nießbrauchs an den vermögensrechtlichen Bezügen der Beteiligung, dh am Gewinnanteil bzw. dem Auseinandersetzungsguthaben. Da der Nachfolger bereits im Unternehmen mitarbeitet, kommt, um ihm die Motivation nicht zu nehmen, nur ein Quotennießbrauch in Frage. Eine Alternative zur Lösung des Formulars wäre, insbesondere um den zivil- und steuerrechtlichen Unklarheiten beim Nießbrauch an Personengesellschaftsbeteiligungen zu entgehen, das Vermächtnis einer gewinnabhängigen Rente mit Mindest- und evtl. Höchstgrenzsätzen. Auch dies wäre eine erfolgsabhängige Alterssicherung. Hierbei bestünde allerdings keine Möglichkeit, die Rentenbeträge als Verlagerung von Einkünften vom Nachfolger auf den Rentenberechtigten steuerlich anerkannt zu bekommen. Das hätte allerdings keine große Bedeutung, da das Abzugsverbot des § 12 Nr. 2 EStG im Zusammenhang mit vermächtnisweisen Zuwendungen keine Anwendung findet und diese Rente deshalb auf jeden Fall vom Nachfolger als dauernde Last abgezogen werden kann. Eine weitere Ersatzlösung wäre die vermächtnisweise Einräumung einer Unterbeteiligung des überlebenden Ehegatten an der OHG-Beteiligung.

**3. Nachfolgeklausel.** Es handelt sich um eine sog. qualifizierte Nachfolgeklausel. Sie bewirkt, dass die Nachfolge beim Tode des Testierers unmittelbar und automatisch (Sondererbfolge) in dessen gesamte Mitgliedschaft eintritt (BGHZ 68, 225 = NJW 1977, 1339 u. → Form. XIII.1 Anm. 10).

**4. Formen des Nießbrauchs an Personengesellschaftsbeteiligungen.** (1) **Vollnießbrauch und Treuhandlösung.** Die Beteiligung an einer Personengesellschaft ist grundsätzlich nicht übertragbar und belastbar (§§ 717, 719 BGB). Beides ist jedoch zulässig, wenn es im Gesellschaftsvertrag zugelassen ist oder die übrigen Gesellschafter zustimmen. Unter dieser Voraussetzung ist somit gem. § 1069 Abs. 1 BGB eine Nießbrauchsbestellung an einer Beteiligung grundsätzlich zulässig (sicherheitshalber sollte ausdrücklich die Nießbrauchseinräumung und nicht nur allgemein die Übertragbarkeit des Anteils im Gesellschaftsvertrag zugelassen werden, vgl. *Kruse* RNotZ 2002, 69 (71)). Jedenfalls seit anerkannt ist, dass das gesellschaftsrechtliche Abspaltungsverbot Verwaltungsrechten

Dritter nicht generell entgegensteht (BGHZ 108, 187 = NJW 1989, 3152), wird daher zu Recht die Bestellung eines Nießbrauchs am Gesellschaftsanteil selbst bejaht (BFH NJW 1995, 1918 = DB 1994, 2423 auch unter Berufung auf BGHZ 58, 316; BGH BB 1975, 295; K. Schmidt, Gesellschaftsrecht, 4. Aufl., § 61 II 1b; *Petzoldt* DStR 1992, 1171 (1172); anders früher mit der vormals hM *Petzoldt* GmbHR 1987, 383 und MünchKomm/*Petzoldt* 2. Aufl. § 1068 Rn. 14). Auch dabei behält der Anteilsinhaber einen hinreichenden Bestand an vermögensrechtlicher Substanz des nießbrauchsbelasteten Gesellschaftsanteils und einen hinreichenden Bestand an gesellschaftsrechtlichen Mitwirkungsrechten zurück (BFH NJW 1995, 1918). Der echte Nießbrauch gewährt dem Nießbraucher ein dingliches, dh unmittelbar gegen Gesellschafter und Mitgesellschafter wirkendes Nutzungsrecht an den entnahmefähigen Erträgen. Darüber hinaus hat er wohl Teil an den mitgliedschaftlichen Rechten des Gesellschafters, dessen Zuständigkeit für grundlegende und substanzverändernde Angelegenheiten aber unberührt bleibt (AnwK/*Lemke* BGB § 1068 Rn. 10). Die Abgrenzung wie überhaupt Einzelheiten hierüber sind jedoch bisher weitgehend ungeklärt. Eine Aufstellung, welche Konfliktfelder bei der echten Nießbrauchsbestellung an Gesellschaftsanteilen daher unbedingt regelungsbedürftig sind, gibt *Laukemann* in jurisPK-BGB § 1085 Rn. 17. Kontrovers diskutiert wird ua, wem das Stimmrecht zusteht. Das Meinungsspektrum reicht vom Besteller über Zwischenlösungen bis zum Nießbraucher (ausführlich *Schön* ZHR 158 (1994), 229 (260 ff.), der seinerseits für eine gemeinschaftliche Ausübung eintritt). Der BGH lässt dem Gesellschafter das Stimmrecht mindestens insoweit, als eine Substanzfrage betroffen ist (BGH NJW 1999, 571 = DNotZ 1999, 607; vgl. auch zum Nießbrauch an WEG-Eigentum BGHZ 150, 109 = NJW 2002, 1647, wo sich der BGH gegen eine Teilbarkeit des beim Eigentümer verbleibenden Stimmrechts ausspricht). Unbedingt empfehlenswert ist daher eine Vollmacht des Gesellschafters auf den Nießbraucher. Sie kann freilich nie verdrängend wirken.

Daneben bleibt es möglich – was die früher hM als einzige Lösung ansah – dass der Nießbraucher für die Dauer seines Rechts die volle Gesellschafterstellung nach innen und außen mit allen haftungs- und registerrechtlichen Konsequenzen treuhänderisch an Stelle des Gesellschafters einnimmt („Nießbrauchsbestellung“ als in Wahrheit treuhänderische Vollrechtsübertragung auf Zeit). Der Nießbraucher ersetzt in dieser Alternative den Gesellschafter in seiner Position in der Gesellschaft und gegenüber dem Gesamthandsvermögen und wird selbst uneingeschränkter Gesellschafter auf Zeit. Der auf diese Weise vom Nießbraucher treuhänderisch gewonnene Überschuss an äußerer Rechtsmacht, kann nur schuldrechtlich im Innenverhältnis ausgeglichen werden (BGH DNotZ 1975, 735 = BB 1975, 295). Bei dieser Art des Nießbrauchs ist der Nießbraucher anstelle des Bestellers als Gesellschafter im Handelsregister einzutragen (zur Eintragungsfähigkeit des Nießbrauchs selbst bei fehlender Vollrechtsübertragung auf den Nießbraucher und beim reinen Ertragsnießbrauch vgl. OLG Stuttgart ZEV 2013, 347 MünchKomm/*Pohlmann* § 1068 Rn. 83; *Frank* MittBayNot 2010, 96 (98); *Lindemeier* RNotZ 2001, 155; *Kruse* RNotZ 2002, 69 (83)). Es stehen ihm alle gesellschaftlichen Verwaltungsrechte in dem Umfang zu, wie sie der bisherige Gesellschafter hatte, dh evtl. Geschäftsführung, Vertretung und Stimmrecht. Handelt es sich um einen Anteil an einer GdbR, bei der die Gesellschafter einzeln im Grundbuch eingetragen sind, kann der Nießbraucher im Wege der Grundbuchberichtigung eingetragen werden (OLG Hamm DNotZ 1977, 376). Für die Verbindlichkeiten der Gesellschaft haftet der Nießbraucher, wenn es sich um einen OHG-Anteil oder einen sonstigen Anteil mit Vollhaftung handelt, wie jeder neu eintretende Gesellschafter sowohl für die während der Nießbrauchszeit entstehenden als auch für vorher entstandenen Schulden. Beim Kommanditanteil wird die Eintragung einer Haftungsgrenze des Nießbrauchers für zulässig erachtet (LG Köln RNotZ 2001, 170). Im Innenverhältnis ist er ohne besondere vertragliche Regelung nicht verpflichtet, einen in der Bilanz ausgewiesenen Verlust anteilig zu übernehmen (*Bunke* DNotZ 1968, 5 (14)). Gewinne gebühren dem Nießbraucher nur insoweit, als sie auch der Gesellschafter nach Gesetz, Gesellschaftsvertrag und Jahresabschluss zu entnehmen berechtigt gewesen wäre (BGHZ 58, 316 = NJW 1972, 1755). Da ihm auch das Stimmrecht im vollen Umfang zusteht, kann er zusammen mit den anderen Gesellschaftern den Gesellschaftsvertrag ändern, zur Aufnahme oder Ausschließung eines Gesellschafters seine Zustimmung geben und auch die eigene Beteiligung aufkündigen. Alle diese Maßnahmen sind gesellschaftsrechtlich wirksam, obwohl bürgerlich-rechtlich beim „echten Nießbrauch" das Stammrecht am Gesellschaftsanteil nicht durch den Nießbraucher beeinträchtigt werden dürfte (§ 1071 BGB). Streitig ist, ob der Besteller nach Ende des Nießbrauchs automatisch wieder in seine volle Gesellschafterstellung einrückt oder ob es dazu einer förmlichen Rückübertragung bedarf.

Auch der Vollnießbrauch kann an nur einem Teil der Beteiligung eingeräumt werden (Quotennießbrauch), so dass der Besteller mit dem anderen Teil Gesellschafter bleibt (*Bunke* DNotZ 1968, 5 (8) Fn. 17). Muss, wie häufig bei der OHG, der Gesellschafter zur Erreichung des Gesellschaftszwecks mitarbeiten, dann eignet sich deswegen und wegen der Haftung der Vollnießbrauch nicht für den allein Versorgungszwecken dienenden Witwennießbrauch. Da die Pflicht zur Mitarbeit beim Kommanditisten nicht besteht, kann man, wenn der Witwennießbrauch unbedingt als Vollnießbrauch ausgestaltet werden soll, mit Zustimmung der Mitgesellschafter anordnen, dass die OHG-Beteiligung für die Dauer des Nießbrauchs in eine Kommanditbeteiligung umgewandelt werden soll → Form. XIII.4.

(2) **Ertragsnießbrauch.** Seit jeher als zulässige Abspaltung (vgl. § 717 S. 2 BGB) angesehen wird es, wenn – wie hier im Form. – nur der Gewinnanspruch bzw. die Reinerträge des Gesellschafters zum Gegenstand eines Nießbrauchs gemacht werden (MünchKomm-BGB/*Pohlmann* vor § 1030 Rn. 8; AnwK/*Lemke* § 1068 Rn. 12). Die Lösung sieht sich unter anderem dem Einwand ausgesetzt, dass, wenn ein Nießbrauch an den Gewinnansprüchen mit der Maßgabe eingeräumt werde, dass der Nießbraucher den Gewinn auf die Dauer behalten könne, in Wahrheit keine Nießbrauchsbestellung vorliege, sondern eine Vorausabtretung der künftigen Gewinnansprüche (*Finger* Betr. 1977, 1033 f.; ebenso im steuerlichen Ergebnis BFH BStBl. II 1976, 592). Immerhin ist aber der auf Gewinnbezug beschränkte Nießbrauch an Personengesellschaftsanteilen vom BGH schon länger (BGH DNotZ 1975, 735 (737) = BB 1975, 295) ausdrücklich anerkannt worden. Er hat auch neben dem jetzt zugelassenen „echten" Vollrechtsnießbrauch seine Berechtigung, weil hier der Nießbraucher eben gerade nicht wie dort mitunternehmerisch tätig werden sowie haften muss und darf. Dieser Unterschied kann für die steuerliche Wertung entscheidend sein. Er wird in dieser Variante auch nicht im Handelsregister eingetragen. Die weitergehende Zweckkonstruktion eines von der Mitgliedschaft getrennten „Gewinnstammrechts" (*Siebert* BB 1956, 1126; *Sudhoff* NJW 1971, 481 (483)), auf den sich der Nießbrauch beziehen könne, war nur eine Notlösung, um die vormals bestehenden Hindernisse für einen Vollnießbrauchs zu kompensieren (*Kruse* RNotZ 2002, 69 (73)). Im Gesellschaftsrecht findet sie keine Stütze und sollte in der Beratung daher als Variante nicht vorgeschlagen werden (*Nieder/Kössinger,* Handbuch der Testamentsgestaltung, 5. Aufl., Rn. 181).

**5. Verzicht auf Wertersatz.** Bei einem Nießbrauch an den Gewinnansprüchen ist der Nießbraucher zur Einziehung der Forderung und zum Verbrauch des Geldes berechtigt, aber zur Rückzahlung der erhaltenen Summe verpflichtet (§§ 1074, 1075, 1067 BGB). Ihm verbleiben als Nießbraucher des Gewinnanspruchs also grundsätzlich nur die Zinsen. Die Wertersatzpflicht des § 1067 Abs. 1 S. 1 Hs. 2 BGB kann abbedungen und auf den Rückzahlung der bezogenen Gewinne gehenden Wertersatzanspruch verzichtet werden (MüKoBGB/*Pohlmann* § 1068 Rn. 28; *Nieder/Kössinger,* Handbuch der Testamentsgestaltung, 5. Aufl., § 10 Rn. 180). Um den Einwand zu vermeiden, dass bei einem völligen Ausschluss des Wertersatzes nach § 1067 BGB in Wirklichkeit kein Nießbrauch, sondern nur eine Abtretung künftiger Gewinnansprüche vorliege, erfolgt hier der Ausschluss nur hinsichtlich der vom Nießbraucher verbrauchten Gewinnanteile (*Petzoldt* GmbHR 1980, 197 (198)). Die im Unternehmen verbliebenen Anteile fallen daher nach Beendigung des Nießbrauchs an den Gesellschafter zurück. Für den Fall, dass trotzdem der Nießbrauch nicht anerkannt werden sollte, erfolgt zur Sicherheit die Abtretung der Gewinnansprüche (*Finger* Betr. 1977, 1033 (1034)).

**6. Steuerbeihilfe.** Denkbar ist, dass der Nießbraucher eine höhere Bemessungsgrundlage an Vorsteuern hat, obwohl er zivilrechtlich lediglich Anspruch auf den festgestellten und ausgeschütteten Jahresgewinn hat. Um diese Unbilligkeit zu vermeiden, ist in der Nießbrauchsbestellung der Ausgleich in Form einer Steuerbeihilfe vorzusehen (BGHZ 58, 316 (322) = NJW 1972, 1755).

**7. Schuldrechtliche Vereinbarungen zur Sicherung des Nießbrauchers.** Die Stellung des Nießbrauchers am Reingewinn ist keine sehr sichere (hierzu u. zum folgenden bereits *Bunke* DNotZ 1968, 5 (14); *Finger* Betr. 1977, 1033). Die Bestimmungen des Gesellschaftsvertrages über die Gewinnermittlung und Gewinnverteilung und das Auseinandersetzungsguthaben können nachträglich ohne Zustimmung des Nießbrauchers zu seinen Ungunsten geändert werden (BGH DNotZ 1975, 735 = BB 1975, 295), man kann zB übermäßige Reserven bilden. Der Gesellschafter kann seine Beteiligung kündigen und aus der Gesellschaft ausscheiden. Durch § 1071 BGB ist der Nießbraucher nur gegen eine rechtsgeschäftliche Aufhebung oder Änderung des belasteten Rechts geschützt, dh der Gesellschafter kann nicht ohne seine Zustimmung auf die Gewinnansprüche und das Auseinandersetzungsguthaben verzichten. Bezüglich aller anderen Beeinträchtigungsmöglichkeiten kann sich der Nießbraucher nur wie im Formular vorgesehen durch schuldrechtliche Vereinbarungen mit dem Gesellschafter zu schützen versuchen. Verstößt der Gesellschafter gegen sie, macht er sich schadensersatzpflichtig. Schutz gegen Maßnahmen anderer Gesellschafter wird dem Nießbraucher beim Ertragsnießbrauch nur im Rahmen des § 826 BGB gewährt (*Bunke* DNotZ 1968, 5 (15)).

**8.** Ein **Wohnungsrecht** nach § 1093 BGB kann auch an sämtlichen Räumen eines Hauses bestellt werden (LG Freiburg BWNotZ 1974, 85; BGH DNotZ 1978, 157). Solange das Wohnen der Hauptzweck ist, können auch Nebengebäude und Außenanlagen (letztere nur zur Mitnutzung neben dem Eigentümer, str.) einbezogen werden (AnwK/*Otto* § 1093 Rn. 4, 19 f.). Soll das Wohnungsrecht auf einzelne Räume beschränkt werden, sollte schon im Testament für den späteren Grundbucheintrag an deren eindeutige Bezeichnung gedacht werden.

**9. Steuern.** (1) **Erbschaftsteuer.** Die Zuwendung des OHG-Anteils an den Sohn B ist gem. § 3 Abs. 1 Nr. 1 ErbStG entspr. seiner Steuerklasse u. seinen Freibeträgen erbschaftsteuerpflichtig. Der der Besteuerung zugrundezulegende Wert des Anteils ist dabei nach § 12 Abs. 5 ErbStG der nach § 151 Abs. 1 Satz 1. Nr. 2 BewG gesondert festzustellende und in analoger Anwendung von § 11 Abs. 2 BewG zu ermittelnde gemeine Wert des Betriebsvermögens. Gegebenenfalls sind die erbschaftsteuerlichen Begünstigungen der §§ 13a, 13b ErbStG anzuwenden. Der Ausgleichsanspruch der Schwester C ist mit seinem vollen Wert zu versteuern und zwar nicht weil er ihr im Wege des Vermächtnisses und nicht im Wege der Teilungsanordnung zugewiesen wurde, sondern weil B den OHG-Anteil auf Grund der qualifizierten Nachfolgeklausel bürgerlichrechtlich im Wege der Sondererbnachfolge (ohne Durchgangserwerb) unmittelbar vom Erblasser und nicht über die Erbengemeinschaft zwischen ihm und der C erworben hat (BMF BStBl. I 2006, 253, dort Rn. 72) und somit eine Teilungsanordnung über einen Nachlassgegenstand der

Erbengemeinschaft mit der erbschaftsteuerlichen Folge der Besteuerung nach der Erbquote seines nach dem Bewertungsgesetz ermittelten Wertes gar nicht möglich war (BMF BStBl. I 2006, 253, dort Rn. 67). Andererseits kann B den Ausgleichsanspruch auch zu seinem vollen Wert nach § 10 Abs. 5 Nr. 2 ErbStG als Nachlassverbindlichkeit abziehen. Auch der der Witwe vermächtnisweise zugewandte Quotennießbrauch an den Gewinnansprüchen ist nach § 3 Abs. 1 Nr. 1 ErbStG erbschaftsteuerpflichtig. Er wird nach den Vorschriften der §§ 13 ff. BewG bewertet, dh gem. §§ 13, 14 BewG zu dem mit der wahrscheinlichen Lebenserwartung der Berechtigten nach Sterbetafeln des Statistischen Bundesamts vervielfältigten Jahreswert des Nießbrauchs, der seinerseits aus der dem Nießbrauch entsprechenden Quote der durchschnittlichen künftigen Jahresgewinne (§ 15 Abs. 3 BewG) berechnet wird. Die Nießbraucherin hat nach § 23 Abs. 1 ErbStG wiederum die Wahl zwischen sofortiger oder jährlicher Versteuerung. B kann den kapitalisierten Nießbrauch, der der Ehegattin des Erblassers zugewandt ist, nun auch als Nachlassverbindlichkeit abziehen. Schon immer bestand die Möglichkeit seiner zinslosen Stundung bis zum Erlöschen.

(2) **Einkommensteuer.** Beim Vollnießbrauch ist der Nießbraucher Mitunternehmer und bezieht originär Einkünfte aus Gewerbebetrieb. Streitig ist die einkommensteuerliche Zurechnung der Einkünfte bei den eingeschränkten Nießbrauchsformen an einem Personengesellschaftsanteil (partieller Unternehmensnießbrauch). Höchstrichterlich eindeutig geklärt ist nur auf Grund des Urteils des BFH BStBl. II 1976, 562, dass beim Nießbrauch am sog. Gewinnstammrecht dem Gesellschafter nach wie vor die Einkünfte zuzurechnen sind. Beim Nießbrauch am Reingewinn hat nur der Gesellschafter den auf seine Beteiligung entfallenden Gewinnanteil voll als Einkünfte aus Gewerbebetrieb zu versteuern, da der bloße Nießbrauch am Reingewinn keine Mitunternehmerschaft begründet. Die von ihm an die Nießbraucherin auf Grund des Quotennießbrauchs abzuführenden Beträge kann er jedoch idR als dauernde Lasten innerhalb der Sonderausgaben nach § 10 Abs. 1 Ziff. 1a EStG geltend machen, ohne bei durch Verfügung von Todes wegen zugewandtem Nießbrauch daran durch das Abzugsverbot nach § 12 Nr. 2 EStG gehindert zu sein. Die Nießbraucherin hat ihre Bezüge nach § 22 Nr. 1 EStG als sonstige Einkünfte voll zu versteuern.

Die unentgeltliche Übertragung eines Anteils an einer gewerblichen Personengesellschaft (sog. Mitunternehmeranteil) ist unter den Voraussetzungen des § 6 Abs. 3 EStG ertragsteuerneutral möglich. Im Hinblick auf die Abfindung ist zu prüfen, ob von einer Unentgeltlichkeit auszugehen ist. Das Urteil des BFH vom 25.1.2017 X R 59/14 hat Unsicherheit hervorgerufen, inwieweit Übertragungen von Betriebsvermögen unter Nießbrauchsvorbehalt ertragsteuerneutral möglich sind. Nach Ansicht der Finanzverwaltung soll das vorstehende Urteil nicht auf die Übertragung von Mitunternehmeranteilen Anwendung finden (BMF vom 20.11.2019, IV C 6 – S 2241/15/10003, Rz. 7). Rechtsprechung dazu liegt allerdings nicht vor, so dass Vorsicht geboten ist.

## 4. Nießbrauchsvermächtnis an der Beteiligung an einer KG

Verhandelt zu[1, 2].....
am ..... (auch als eigenhändiges Testament möglich)

§ 1 Erbeinsetzung

Zu meinen Erben setze ich meine beiden Töchter B und C je zur Hälfte ein. Ersatzerben sind deren Abkömmlinge, einschließlich adoptierter, jedoch mit Ausnahme nichtehelicher Kinder, unter sich jeweils nach der gesetzlichen Erbregel erster Ordnung. Mangels Ersatzerben soll Anwachsung eintreten.

§ 2 Auflagen und Vermächtnisse

(1) Ich bin Gesellschafter der im Handelsregister des Amtsgerichts von ..... (Ort), HRA ..... eingetragenen offenen Handelsgesellschaft mit der Firma M & Co OHG. Nach dem Gesellschaftsvertrag wird beim Tode eines Gesellschafters die Gesellschaft nicht aufgelöst, sondern mit dessen Erben als Nachfolger fortgesetzt.[3] Ferner ist die Abtretung der Beteiligung an Ehegatten und eheliche Abkömmlinge einschließlich adoptierter zulässig.[4] Wer durch Erbfolge oder Abtretung der Beteiligung Gesellschafter wird, ist befugt seine vollhaftende Beteiligung in eine Kommanditbeteiligung umzuwandeln. Die Mitgesellschafter können in diesen Fällen diese Umwandlung verlangen, wenn der Betreffende minderjährig ist oder keine zur Mitarbeit im Unternehmen geeignete Vor- oder Ausbildung nachweist, oder vom Standpunkt der Gesellschaft aus gegen seine Aufnahme als geschäftsführungs- und vertretungsberechtigter Gesellschafter schwerwiegende Bedenken geltend gemacht werden können.[5]
(2) Im Wege der Auflage bestimme ich, dass meine beiden Töchter B und C ihre ererbten OHG-Anteile auf Grund der obengenannten Umwandlungsklausel im Gesellschaftsvertrag auf den Zeitpunkt meines Todes in Kommanditanteile umwandeln.[6]
(3) Meine Erbinnen verpflichte ich im Wege des Vermächtnisses, ihrer Mutter und meiner Ehefrau A, geb. E an den beiden Kommanditanteilen unentgeltliche Nießbrauchsrechte auf Lebenszeit in folgendem Umfang und folgender Ausgestaltung einzuräumen:[7]
a) Die beiden Nießbrauchsrechte sollen an den Kommanditbeteiligungen jeweils die volle Rechtsstellung eines Gesellschafters erfassen (Vollnießbrauch mit treuhänderischer Vollrechtsübertragung) und sind so auszugestalten, dass die Nießbraucherin Mitunternehmer im steuerlichen Sinne wird.
b) Der Nießbrauch erstreckt sich auch auf die Privat- und Darlehnskonten und das Sonderbetriebsvermögen der Nießbrauchsbestellerinnen[8] und umfasst die Kommanditanteile in ihrem jeweiligen Bestand.[9] Für den Fall der Auflösung der KG oder des Ausscheidens mit den Beteiligungen erstreckt sich der Nießbrauch auf die Auseinandersetzungsguthaben bzw. die Abfindungsansprüche.[10]
c) Die Nießbraucherin hat Anspruch auf Auszahlung der auf die belasteten Kommanditanteile entfallenden Gewinne, soweit sie die Nießbrauchsbestellerinnen auch zu entnehmen berechtigt wären.[11] Der Nießbraucherin gebühren ferner die Zinsen der auf die Nießbrauchsbestellerinnen lautenden Privat- und Darlehnskonten und die Miet- und Pachtzinsen ihres etwaigen Sonderbetriebsvermögens.
d) Bei Erhöhungen der Kapitalanteile gegen Einlagen hat die Nießbraucherin die auf ihre Kommanditanteile entfallenden Erhöhungsbeträge vorzuschießen, soweit sie nicht mit Guthaben von Rücklagenkonten oder mit nicht entnahmefähigen Gewinnen verrechnet werden können.[12] Nach Beendigung des Nießbrauchs sind ihr die vorgeschossenen Beträge zu ersetzen.

e) Soweit die Nießbrauchsbestellerinnen Steuern auf Erträge zu zahlen haben, die auf Grund des Nießbrauchs nicht ihnen, sondern der Nießbraucherin zufließen, sind sie ihnen zu erstatten. Desgleichen können sie die Erstattung der etwa auf die Anteile entfallenden Vermögenssteuer verlangen. Sollte die Nießbraucherin ihrerseits Steuern für Erträge zu bezahlen haben, die handelsrechtlich nicht ihr, sondern den Nießbrauchsbestellerinnen zugerechnet werden, ist sie berechtigt, von ihnen ihre Erstattung zu verlangen. Bezüglich aller obigen Steuererstattungsansprüche sind die zu versteuernden aber nicht zugeflossenen Einkünfte jeweils als Spitzeneinkünfte des Betreffenden anzusehen.[13]

f) Da die Nießbraucherin im Außenverhältnis Kommanditistin mit allen Rechten wird, steht ihr auch im vollen Umfang das Stimmrecht zu.[14] Schuldrechtlich ist sie gegenüber den Nießbrauchsbestellerinnen verpflichtet, folgende Maßnahmen nicht ohne deren Zustimmung vorzunehmen oder ihnen zuzustimmen:[15]
   aa) Veräußerung und Belastung der Kommanditanteile;
   bb) Änderung der Beteiligungsverhältnisse oder des Gewinnverteilungsschlüssels;
   cc) Erhöhung der Einlagen;
   dd) Kündigung des Gesellschaftsverhältnisses;
   ee) Erhebung einer Klage auf Aufhebung der Gesellschaft;
   ff) Auflösung oder Umwandlung der Gesellschaft.

   Für den Fall, dass die Nießbraucherin gegen diese Verpflichtungen verstößt, steht jeder der Nießbrauchsbestellerinnen das Recht zu, die Nießbrauchsrechte durch Kündigung zu beenden.

g) Die Nießbrauchsrechte enden mit dem Tod der Nießbraucherin oder mit ihrer Aufgabeerklärung. Die Nießbraucherin darf die Ausübung des Nießbrauchs nicht an Dritte überlassen.[16]

(4) Meiner Ehefrau A, geb. E vermache ich ferner das unentgeltliche und lebtägliche Wohnungsrecht gemäß § 1093 BGB an der Erdgeschosswohnung meines Zweifamilienhauses . . . . . (Ort, Straße), Flst. Nr. . . . . . nebst anteiliger Gartennutzung. Bei der Eintragung im Grundbuch ist zu vermerken, dass zur Löschung des Rechts der Nachweis des Todes der Berechtigten genügen soll.

(5) Letztlich vermache ich meiner Ehefrau A, geb. E die gesamte Einrichtung unserer Familienwohnung im weitesten Sinne soweit sie in meinem Eigentum steht und alle meine persönlichen Gebrauchsgegenstände.

(6) Die Vermächtnisse sollen auch im Falle einer Wiederheirat meiner Ehefrau bestehen bleiben. Ersatzvermächtnisnehmer werden nicht bestellt.

§ 3 Schlussformel[17]

*Schrifttum:* → Form. XIII.3.

## Anmerkungen

**1. Sachverhalt.** Der Testierer ist Gesellschafter einer OHG. Er hat eine Ehefrau und zwei Töchter, die alle nicht bereit und in der Lage sind, seine Stellung als mitarbeitender geschäftsführender und vertretungsberechtigter Gesellschafter in dem Unternehmen nach seinem Tod zu übernehmen. Seine Ehefrau hat keine ausreichende eigenständige Altersversorgung und ist daher versorgungsbedürftig. Die Töchter sind auswärts verheiratet und gut versorgt.

**2. Anwendungsfälle.** Das Ziel des Testierers ist die Altersversorgung seiner Witwe bei gleichzeitiger Erhaltung der Substanz seines Vermögens für seine Nachkommen. Dieses Ziel kann durch eine Aufspaltung der Beteiligung in Inhaberschaft und Nutzungsbefugnis erreicht werden. Der Testierer muss dabei zunächst die Schwierigkeit beseitigen, die darin besteht, dass in einer OHG die Gesellschafter nicht nur kapitalistisch an dem Unternehmen beteiligt sein, sondern zur Erreichung des Gesellschaftszwecks selbst mitarbeiten sollen. Da weder die Erben noch die Nießbraucherin dazu willens und in der Lage sind, könnte er durch Vereinbarung mit seinen Mitgesellschaftern sie von der Verpflichtung zur Geschäftsführung freistellen lassen. Das sollte unbedingt im Einvernehmen mit den anderen Gesellschaftern durch Änderung des Gesellschaftsvertrages geschehen und nicht, obwohl zulässig (*Weimar* JR 1977, 234), durch Auflage an die Erben zur Kündigung der Geschäftsführungspflicht aus „wichtigem Grund" gem. der entsprechend anwendbaren § 114 Abs. 1 HGB, § 712 Abs. 2 BGB (*Weimar* JR 1977, 234). Es ist nämlich nicht sicher, ob die auswärtige Hausfrauentätigkeit der verheirateten Töchter die Geschäftsführertätigkeit als unzumutbar erscheinen lässt. Durch die Entpflichtung von der Geschäftsführung wäre jedoch die Vollhaftung für die nicht mitarbeitenden Erben besonders gefährlich und lästig. Da die Erben wegen des unabdingbaren § 139 HGB ohnehin nicht zur vollhaftenden Übernahme der Beteiligung gezwungen werden können, ist die bessere Lösung, durch gesellschaftsvertragsändernde Vereinbarung mit den Mitgesellschaftern den Erben das Recht auf Umwandlung der vollhaftenden Beteiligung in eine Kommanditbeteiligung einzuräumen und gleichzeitig den Mitgesellschaftern die Möglichkeit zu geben, wenn es im Interesse der Gesellschaft angezeigt ist, die personale Beteiligung auf eine kapitalistische zu reduzieren, diese Umwandlung zu erzwingen. Erst wenn der Gesellschaftsvertrag in dieser Weise den Nachfolgewünschen des Testierers angepasst ist, kann er wie im Form. vorgesehen testieren. Da die Kommanditistenstellung keine Mitarbeit im Unternehmen verlangt und nur mit der vollen Einlage gehaftet wird, kann der Nießbrauch dann unbedenklich mit der vollen Gesellschafterstellung ausgestaltet werden. Das kommt auch dem Wunsch entgegen, der Witwe im Interesse ihrer Versorgung auf Lebenszeit sämtliche Nutzungen der Beteiligung zufließen zu lassen und die Erben auf die Zeit nach ihrem Tod zu verweisen. Eine Alternative zur vermächtnisweisen Einräumung des Vollnießbrauchs an der Beteiligung wäre, insbesondere um den zivil- und steuerrechtlichen Unklarheiten beim Nießbrauch an Personengesellschaftsbeteiligungen zu entgehen, die Einsetzung der Witwe als Vorerbin, wobei die Beschränkung der Vorerbschaft auf den Gegenstand der KG-Beteiligung durch eine vermächnisweise Zuwendung aller anderen Vermögensgegenstände an die Abkömmlinge als Nacherben zu erreichen wäre. Ein wichtiger Aspekt für die Wahl zwischen den beiden Lösungsmöglichkeiten ist das gewünschte Maß der Sicherung der Beteiligung für die Abkömmlinge. Während die Vorerbschaft eine Veräußerung und Umgestaltung der Beteiligung nicht verbietet, gewährt der Nießbrauch nicht die Möglichkeit der Änderung der Zweckbestimmung des belasteten Gegenstandes und bietet damit ein höheres Maß an Sicherung. Da der Vollnießbrauch an einer Beteiligung allerdings die volle Gesellschafterstellung für den Nießbraucher während der Dauer des Nießbrauchs verlangt, ist diese Sicherheit nur schuldrechtlicher Natur. In Fällen, in denen zu Misstrauen Anlass besteht, empfiehlt sich daher, lediglich einen Nießbrauch an den Gewinnansprüchen oder eine Unterbeteiligung zu vermachen. Beides belässt den Erben die Inhaberschaft an der Beteiligung und bietet ihnen unmittelbaren Schutz gegen unberechtigte Verfügungen über die Beteiligung.

**3. Nachfolgeklausel.** Da bei einer OHG grundsätzlich der Tod eines Gesellschafters nach § 131 Nr. 4 HGB zur Auflösung der Gesellschaft führt, ist diese Folge, sofern sie nicht gewünscht wird, im Gesellschaftsvertrag auszuschließen (Fortsetzungsklausel) und wenn die Fortsetzung nicht nur mit den übrigen Gesellschaftern erfolgen soll, sondern auch mit den Erben des Verstorbenen, ist auch dies wie im Formular in den Vertrag aufzunehmen (einfache Nachfolgeklausel). Die Erben erwerben dann eine Beteiligung jeder für sich, im Wege einer Sonderzuordnung am Gesamthandsvermögen der Erbengemeinschaft vorbei, und zwar im Verhältnis ihrer Erbteile (BGHZ 22, 186 (192); 68, 225 (237); → Form. XIII.1 Anm. 8). Die im Gesellschaftsvertrag vereinbarte Nachfolgeklausel hat nur die Funktion, den Gesellschaftsanteil vererblich zu stellen. Sie begründet nicht etwa selbst für die Angehörigen des Gesellschafters ein Recht zum Eintritt in die Gesellschaft, sondern überlässt es der testamentarischen oder gesetzlichen Erbfolgeregelung des Gesellschafters, ob die durch den Gesellschaftsvertrag ermöglichte Vererblichkeit des Anteils sich tatsächlich verwirklicht (BGH NJW 1978, 264). Handelt es sich um eine sog. qualifizierte Nachfolgeklausel (→ Form. XIII.1 Anm. 10), so ist der Kreis der Nachfolgeberechtigten beschränkt. Wenn dann niemand aus diesem Kreis Erbe wird, ist, da Gesellschaftsvertrag und letztwillige Verfügung nicht miteinander im Einklang stehen, die gesellschaftsvertraglich festgelegte erbrechtliche Nachfolgeregelung gescheitert (BGH NJW 1978, 264). Ebenso, wenn ohne Vorausvermächtnis für den nach dem Gesellschaftsrecht qualifizierten Unternehmensnachfolger neben diesem noch andere Erben eingesetzt werden (BGH DNotZ 2002, 768 mAnm *Reithmann*). Die qualifizierte Nachfolgeklausel kann dann aber evtl. im Wege der ergänzenden Vertragsauslegung in eine rechtsgeschäftliche Eintrittsklausel umgedeutet werden (BGH NJW 1978, 264). Aber auch dann müsste dem Nachfolgeberechtigten durch Verfügung von Todes wegen wenigstens der Vermögenswert der Beteiligung des verstorbenen Gesellschafters zugewandt sein, da er sonst die Einlage aus eigenen Mitteln aufbringen müsste (BGH NJW 1974, 264 (265)). Eingehend zu vorstehendem → Form. XIII.1 Anm. 8 u. → Form. XIII.1 Anm. 10.

**4. Übertragbarkeit.** Die Zulässigkeit des Nießbrauchs mit voller Gesellschafterstellung an der Beteiligung an einer Personalgesellschaft (→ Form. XIII.3 Anm. 4 (1)) richtet sich nach der Übertragbarkeit dieses Rechts (§ 1069 Abs. 2 BGB). Nach den Vorschriften der §§ 717, 719 BGB, die auf die OHG und KG anzuwenden sind (§§ 105 Abs. 2, 161 Abs. 2 HGB), sind im Gegensatz zu den in § 717 S. 2 BGB genannten sog. vermögensrechtlichen Bezügen die einzelnen Ansprüche aus dem Gesellschaftsverhältnis und der Anteil am Gesellschaftsvermögen grundsätzlich nicht übertragbar (*Bunke* DNotZ 1968, 5 (6)). Dieses Übertragungsverbot ist allerdings nicht zwingend und kann mit im Gesellschaftsvertrag vorweggenommener oder im Einzelfall erteilter Zustimmung der Mitgesellschafter durchbrochen werden. Die generelle Zustimmung zur Veräußerung enthält dabei in aller Regel auch die Zustimmung zur Belastung mit einem Nießbrauch (*Bunke* DNotZ 1968, 5 (7); *Petzoldt* BB 1975 Beil. 6 S. 11; *Fichtelmann* DStR 1974, 305; vorsichtiger *Kruse* RNotZ 2002, 69 (72)). Der Gesellschaftsanteil eines Kommanditisten ist hingegen mangels entgegenstehender gesellschaftsvertraglicher Abreden frei vererblich (§ 177 HGB).

**5. Umwandlungsklausel.** Nach § 139 Abs. 1 HGB kann jeder Erbe eines OHG-Gesellschafters an die Mitgesellschafter den Antrag richten, ihn zum Kommanditisten zu machen. Nehmen die Mitgesellschafter diesen Antrag nicht an, kann der Erbe ausscheiden (§ 139 Abs. 2 HGB). Dieses Wahlrecht der Erben ist nach § 139 Abs. 5 HGB unabdingbar. Die Zustimmung zu dieser Umwandlung kann auch wie im Form. bereits im Gesellschaftsvertrag in einer sog. Umwandlungsklausel enthalten sein (*Bunke* DNotZ 1968, 5 (18)).

**6. Umwandlungsauflage.** Die gesellschaftsvertragliche Umwandlungsklausel gibt den Erben lediglich das Recht, die Umwandlung der vollhaftenden in eine Kommanditbeteiligung zu verlangen. Damit der Nießbrauch wie vorgesehen an den Kommanditbeteiligungen bestellt werden kann, müssen die Erbinnen mittels einer Auflage gem §§ 2192 ff. BGB zur Umwandlung verpflichtet werden. Vollziehungsberechtigte gem

§ 2194 BGB ist die Witwe. Die Umwandlung könnte auch zur Bedingung der Erbeinsetzung der beiden Erbinnen gemacht werden.

**7. Vollnießbrauch, treuhänderischen Vollrechtsübertragung.** Zum Vollnießbrauch an der Beteiligung an einer Personengesellschaft → Form. XIII.3 Anm. 4 (1). Der Nießbrauch an einer Beteiligung ist ein Nießbrauch an einem Recht gem. § 1068 Abs. 1 BGB (Palandt/*Bassenge* § 1068 Rn. 5). Wegen der trotz Zulassung des echten Vollnießbrauchs verbleibenden Unsicherheiten über die Reichweite der damit erlangten Rechtsstellung des Nießbrauchers wird im Form. die herkömmliche Lösung einer quasi treuhänderischen Vollrechtsübertragung des Anteils gewählt („Nießbrauch" mit voller Gesellschafterstellung), der dem Nießbraucher einen im Innenverhältnis schuldrechtlich auszugleichenden Überschuss an äußerer Rechtsmacht gibt (BGH DNotZ 1975, 735 = BB 1975, 295). Der Nießbraucher tritt in die volle Gesellschafterstellung ein und nur im Innenverhältnis zwischen Nießbrauchsbesteller und Nießbraucher finden die Bestimmungen über den Nießbrauch Anwendung. Bei einem, wie hier, Nießbrauch an einer Kommanditbeteiligung wird der Nießbraucher Kommanditist und haftet nur mit der Einlage, beim Nießbrauch an einer Komplementärbeteiligung wird er dagegen persönlich vollhaftender Gesellschafter und es steht ihm die Befugnis zur Geschäftsführung und Vertretung der Gesellschaft zu. Die Vermächtniserfüllung durch Bestellung des Vollnießbrauchs erfolgt, da es sich um einen Nießbrauch an einem Recht handelt, gem. § 1069 Abs. 1 BGB in der gleichen Weise wie die Übertragung der Beteiligung, dh durch einen formlos gültigen Vertrag zwischen Erben und Nießbraucherin, der gegebenenfalls auch stillschweigend abgeschlossen werden kann (*Götz/Hülsmann* Rn. 342). Ferner ist der Vollnießbraucher als Gesellschafter ins Handelsregister einzutragen (BayObLGZ 1973, 168 = BB 1973, 956; zur Eintragungsfähigkeit eines Nießbrauchs bei fehlender Vollrechtsübertragung vgl. OLG Stuttgart ZEV 2013, 347 mwN). Zu den Rechten des Vollnießbrauchers gehört auch das Stimmrecht in der Gesellschaft. Hinsichtlich des Umfangs der Nutzungsbefugnis des Nießbrauchers ist zu beachten, dass der Nießbrauch nicht unmittelbar am Gesellschaftsvermögen, sondern an der Beteiligung besteht. Es gebühren dem Nießbraucher daher die Erträge dieses Rechts, nicht die anteiligen Gewinne des Unternehmens schlechthin. Hierbei kommen nur die Erträge in Betracht, die das Recht, dh die Beteiligung „seiner Bestimmung nach" gewährt (§ 99 Abs. 2 BGB). Das sind diejenigen Gewinnanteile, die der Gesellschafter im Rahmen von Gesetz, Gesellschaftsvertrag und festgestelltem Jahresabschluss zu entnehmen berechtigt ist – entnahmefähiger Gewinn – (BGHZ 58, 316 (320) = NJW 1972, 1755; *Bunke* DNotZ 1968, 5 (15); aA *Fichtelmann* S. 308; *Sudhoff* NJW 1971, 481 (483)). Gesellschaftsvertragliche Entnahmebeschränkungen wirken auch gegen den Nießbraucher, er erhält dann nur den Teil des Gewinns, der zur freien Verfügung der Gesellschafter steht. Wenn im Gesellschaftsvertrag nicht abbedungen (dh sog. feste Kapitalkonten gebildet sind), werden bei einem Nießbrauch an einem OHG-Anteil gem. § 120 Abs. 2 HGB Gewinne dem Kapitalanteil zugeschrieben und Verluste abgeschrieben (sog. veränderliche Kapitalanteile). Dafür steht dem Gesellschafter und damit auch dem Nießbraucher das Entnahmerecht nach § 122 Abs. 1 HGB zu (*Bunke* DNotZ 1968, 5 (15)). Das gilt grundsätzlich auch dann, wenn ein entsprechender Gewinn nicht vorhanden ist. Jedoch wird dies als übermäßige Fruchtziehung anzusehen sein und der Nießbraucher wäre dem Nießbrauchsbesteller gegenüber nach § 1039 BGB zum Wertersatz verpflichtet (*Bunke* DNotZ 1968, 5 (15) Fn. 54). Beim Nießbrauch an einem Kommanditanteil gelten insoweit Besonderheiten, als nach der gesetzlichen Regelung der Gewinn des Kommanditisten seinem Kapitalanteil nur so lange gutgeschrieben wird, bis die bedungene Einlage erreicht ist (§ 167 Abs. 2 HGB), so dass der Nießbraucher, falls gesellschaftsvertraglich nichts anderes vereinbart ist, beim Vorliegen dieser Voraussetzungen immer Anspruch auf Auszahlung des Gewinns hat. Ein Entnahmerecht hat der Kommanditist und entsprechend auch der Nießbraucher nach der gesetzlichen Regelung nicht. Nach § 169 Abs. 1 HGB darf er auch die auf ihn entfallenden

Gewinne nicht entnehmen, soweit sie dazu benötigt werden, ein Absinken des Kommanditanteils unter den Betrag der Pflichteinlage zu verhindern oder auszugleichen (BGHZ 58, 316 (321)). Da dies alles in der Literatur sehr umstritten ist und wenig klärende Rechtsprechung vorliegt, ist es angezeigt, wie im Form., im Rahmen des Gesellschaftsvertrages, der seinerseits sich nicht auf die gesetzliche Regelung verlassen darf, sondern dem Einzelfall angepasste eingehende und klare Bestimmungen über die Gewinnansprüche der Kommanditisten und ihre Berechnung enthalten muss, in der Verfügung von Todes wegen eingehende Regelungen über die Nutzungsbefugnis des Nießbrauchers zu treffen.

**8.** Ohne eine solche Festlegung würde sich der Nießbrauch nicht auf die Privat- und Darlehnskonten und etwaiges Sonderbetriebsvermögen des Nießbrauchsbestellers erstrecken (*Schulze zur Wiesche* Betr. 1977, 1214 (1215)).

**9.** Da die Frage streitig ist, ob sich bei einer Erhöhung des Kapitalanteils der Nießbrauch automatisch auf den erhöhten Anteil erstreckt (s. hierzu *Teichmann* ZGR 1972, 1 (16 f.)), wird durch diese Formulierung Klarheit geschaffen.

**10.** Diese Formulierung dient nur der Klarstellung, da anders als beim eingeschränkten Nießbrauch an den vermögensrechtlichen Bezügen beim Vollnießbrauch das Auseinandersetzungsguthaben bei Auflösung der Gesellschaft oder dem Ausscheiden des Gesellschafters an die Stelle der Beteiligung tritt. Entsprechend den Vorschriften der §§ 1076 ff. BGB ist dann das Auseinandersetzungsguthaben gemeinsam an Besteller und Nießbraucher zu zahlen und beide haben es bei gleichzeitiger Bestellung eines neuen Nießbrauchs mündelsicher anzulegen (*Bunke* DNotZ 1968, 5 (16)).

**11.** Diese Regelung entspricht der hM, nach der dem Vollnießbraucher nur der gesellschaftsvertraglich entnahmefähige Gewinn zusteht (BGHZ 58, 316 (320) = DNotZ 1972, 1755.

**12.** Diese Vereinbarung empfiehlt sich, wenn wie hier, der Nießbrauchsbesteller selbst keine Einkünfte aus der Gesellschaft haben soll und andererseits kraft ausdrücklicher Vereinbarung der Nießbraucher auch die Nutzungen aus dem erhöhten Anteil hat. Da der Nießbraucher aber den Erhöhungsanteil nicht etwa als freies Vermögen erwirbt (BGHZ 58, 316 (319)), erscheint die Einräumung eines Erstattungsanspruchs nach Beendigung des Nießbrauchs angemessen.

**13.** Ähnlich wie beim Nießbrauch an einem Unternehmen ist auch bei einem echten Nießbrauch an einer Personengesellschaftsbeteiligung noch nicht völlig geklärt, ob der Nießbraucher auch den nicht ausschüttungsfähigen bzw. den zur Bildung von Rücklagen verwendeten Gewinn zu versteuern hat. Da andererseits auch der Nießbrauchsbesteller mit Steuern für Erträge belegt werden können, die dem Nießbraucher zugeflossen sind, empfiehlt sich über diese Punkte eine erbrechtliche Regelung zu treffen (*Schulze zur Wiesche* DStR 1980, 222 (225)).

**14.** Eine Einschränkung der Ausübung des Stimmrechts durch den Nießbraucher wäre mit dem Vollnießbrauch nicht vereinbar und würde außerdem bedeuten, dass der Nießbraucher steuerrechtlich nicht mehr als Mitunternehmer nach § 15 Abs. 1 Nr. 2 EStG anerkannt würde (BFH BStBl. II 1973, 528).

**15.** Der Nießbraucher ist auch beim Vollnießbrauch im Innenverhältnis gegenüber dem Nießbrauchsbesteller gem. §§ 1041, 1044, 1050 BGB zur Erhaltung der Substanz der Sache verpflichtet. Trotzdem empfiehlt es sich schuldrechtlich ausdrücklich die Zustimmungsbedürftigkeit solcher Maßnahmen anzuordnen, die eine Beeinträchtigung der Substanz mit sich bringen können (BGH DNotZ 1975, 735 (737) = BB 1975, 295). Zu den regelungsbedürftigen Themenkreisen siehe auch die Zusammenfassung von *Laukemann* in jurisPK-BGB § 1085 Rn. 17.

**16.** Ohne dieses Verbot könnte die Ausübung des Nießbrauchs gem. § 1059 S. 2 BGB Dritten überlassen werden.

**17. Steuern.** (1) **Erbschaftsteuer.** Die Erbinnen sind wegen der Zuwendung der Personengesellschaftsbeteiligung nach § 3 Abs. 1 Nr. 1 ErbStG entspr. ihrer Steuerklasse und ihren Freibeträgen erbschaftsteuerpflichtig. Der Wert des Anteils ist dabei der nach § 151 Abs. 1 Satz 1 Nr. 2 BewG gesondert festzustellende und in analoger Anwendung von § 11 Abs. 2 BewG zu ermittelnde gemeine Wert des Betriebsvermögens. Gegebenenfalls sind die erbschaftsteuerlichen Begünstigungen der §§ 13a, 13b ErbStG anzuwenden. Desgleichen hat die Nießbraucherin den ihr vermachten Vollnießbrauch nach § 3 Abs. 1 Nr. 1 ErbStG mit seinem Kapitalwert zu versteuern. Der Kapitalwert wird dabei gem. §§ 13 ff. BewG auf der Grundlage des Jahreswerts der Nutzungen ermittelt. Erben können den kapitalisierten Nießbrauch vom steuerlichen Wert ihres Gesamterwerbs abziehen. Die Anwendung der erbschaftsteuerlichen Begünstigung für Betriebsvermögen gemäß §§ 13a, 13b ErbStG auf die Zuwendung des Nießbrauchs erscheint in Abhängigkeit von der konkreten Ausgestaltung denkbar (RE 13b.30 Abs. 6 ErbStR).

(2) **Einkommensteuer.** Da beim Vollnießbrauch der Nießbraucher für die Dauer des Nießbrauchs selbst die vollen Gesellschafterrechte wahrnimmt und Gesellschafter auf Zeit ist, wird er, da er insoweit das Unternehmerrisiko trägt und seine Einkünfte von den wirtschaftlichen Erfolgen des von der Gesellschaft betriebenen Gewerbes abhängen, einkommensteuerlich als Mitunternehmer gem. § 15 Abs. 1 Nr. 2 EStG angesehen und bezieht als solcher originäre Einkünfte aus Gewerbebetrieb. Die Einkunftsquelle ist somit zu ihm verlagert. Die Einkünfte des Nießbrauchers werden einheitlich und gesondert festgestellt (§ 180 AO). Die unentgeltliche Übertragung ernes Anteils an einer gewerblichen Personengesellschaft (sog. Mitunternehmeranteil) ist unter den Voraussetzungen des § 6 Abs. 3 EStG ertragsteuerneutral möglich. Das Urteil des BFH vom 25.1.2017 X R 59/14 hat Unsicherheit hervorgerufen, inwieweit Übertragungen von Betriebsvermögen unter Nießbrauchsvorbehalt ertragsteuerneutral möglich sind. Nach Ansicht der Finanzverwaltung soll das vorstehende Urteil nicht auf die Übertragung von Mitunternehmeranteilen Anwendung finden (BMF vom 20.11.2019, IV C 6 – S 2241/15/10003, Rz. 7). Rechtsprechung dazu liegt allerdings nicht vor, so dass Vorsicht geboten ist.

## 5. Nießbrauchsvermächtnis am Geschäftsanteil einer GmbH

**Verhandelt zu[1, 2] . . . . .**
**an . . . . . (auch als eigenhändiges Testament möglich)**

**§ 1 Erbeinsetzung**

**Zu meinen Erben setze ich hiermit meine Ehefrau A, geb. E, meinen Sohn B und meine Tochter C zu gleichen Teilen ein. Meine Ehefrau ist jedoch mit ihrem Erbteil nur von allen nach dem Gesetz vorgesehenen Beschränkungen befreite Vorerbin. Nacherben sind mein Sohn B und meine Tochter C zu gleichen Teilen. Der Fall der Nacherbfolge tritt ein mit dem Tode oder der Wiederverheiratung der Vorerbin. Die Nacherbschaftsrechte sind vom Erbfall bis zum Nacherbfall weder übertragbar noch vererblich.[3] Es soll allein die Ersatznacherbfolge eintreten können. Ersatzerben und Ersatznacherben meiner Ehefrau sind unsere beiden Kinder je zur Hälfte, deren Ersatzerben und weitere Ersatzerben und Ersatznacherben meiner Ehefrau sind deren Abkömmlinge, einschließlich adoptierter,**

jedoch mit Ausnahme nichtehelicher Kinder, gemäß der gesetzlichen Erbregel erster Ordnung. Mangels Ersatzerben soll jeweils Anwachsung eintreten. Die Auseinandersetzung meines Nachlasses schließe ich bis zum Tode meiner Ehefrau aus.

§ 2 Vermächtnisse

(1) Ich halte an der M-GmbH, eingetragen im Handelsregister des Amtsgerichts F unter HRB . . . . . fünf Geschäftsanteile im Nennbetrag von je 20.000,– EUR mit den Nummern 1–5 laut der zuletzt im Handelsregister aufgenommenen Gesellschafterliste. Das Stammkapital der Gesellschaft beträgt insgesamt 200.000,– EUR. Sämtliche Bareinlagen sind einbezahlt und sämtliche Sacheinlagen vollwertig erbracht. Nach der Satzung kann, wenn ein Gesellschafter nicht ausschließlich von anderen Gesellschaftern, seinem Ehegatten oder seinen Abkömmlingen beerbt wird, sein Geschäftsanteil gegen Entgelt eingezogen werden.[4] Statt der Einziehung kann die Gesellschaft verlangen, dass der Anteil ganz oder geteilt an die Gesellschaft selbst, an einen oder mehrere Gesellschafter oder an einen Dritten abgetreten wird. Ferner bedarf nach der Satzung die Abtretung eines Geschäftsanteils einschließlich seiner Sicherungsübereignung oder treuhänderischen Übertragung, seine Verpfändung und seine Belastung mit einem Nießbrauch der Zustimmung der Gesellschaft, es sei denn, dass die Übertragung oder Belastung des ungeteilten Anteils an Abkömmlinge, einschließlich adoptierter, jedoch mit Ausnahme nichtehelicher Kinder, oder den Ehegatte des abtretenden oder belasteten Gesellschafters oder an andere Gesellschafter erfolgt.[5]

(2) Ich vermache hiermit auf meinen Tod meiner Schwester S den lebenslänglichen unentgeltlichen Nießbrauch an meinem Geschäftsanteil Nr. 5[6] in folgendem Umfang und folgender Ausgestaltung und wobei ich darauf hinweise, dass die Gesellschaft durch ihren alleinvertretungsberechtigten Geschäftsführer G mit Schreiben vom . . . . . (Datum) an mich auf Grund Gesellschafterbeschlusses vom . . . . . (Datum) in diese Nießbrauchsbestellung bereits eingewilligt hat:

a) Die mit der Beteiligung verbundenen Mitverwaltungsrechte, insbesondere das Stimmrecht, steht weiterhin den Erben zu. Sie sind jedoch verpflichtet, bei Ausübung der Verwaltungsrechte alles zu unterlassen, was den Nießbrauch an der Beteiligung beeinträchtigen oder vereiteln könnte. Die Erben haben der Nießbraucherin auf Verlangen unverzüglich Auskunft über die Angelegenheiten der Gesellschaft, insbesondere ihre wirtschaftlichen Verhältnisse zu erteilen.[7]

b) Die Nießbraucherin hat Anspruch auf denjenigen Gewinn, der auf den mit dem Nießbrauch belasteten Geschäftsanteil für die Zeit ihrer Berechtigung zur Auszahlung kommt.[8]

c) Zu den Nutzungen des Nießbrauchsrechts gehören nicht:[9]
   aa) die Liquidationsquote nach § 72 GmbHG bzw. das Abfindungsguthaben;
   bb) das Einziehungsentgelt nach § 34 GmbHG;
   Die Erben sind jedoch bzgl. aa) und bb) verpflichtet, der Nießbraucherin jeweils an den hinterlegten Beträgen erneut den Nießbrauch zu bestellen;[10]
   cc) das Bezugsrecht auf neue Geschäftsanteile nach § 55 GmbHG;
   dd) zurückgezahlte Nachschüsse nach § 30 Abs. 2 GmbHG;
   ee) Teilrückzahlungen der Stammeinlage nach § 58 Abs. 2 GmbHG;
   ff) ein etwaiger Überschuss aus dem Verkauf des abandonnierten Geschäftsanteils[11] nach § 27 Abs. 2 GmbHG.

d) Bei Kapitalerhöhungen oder Ausgabe neuer Geschäftsanteile stehen den Erben die erhöhten bzw. neuen Anteile zu. Sie haben auch die Mittel dazu aufzubringen. Die Nießbraucherin hat jedoch einen Anspruch auf Einräumung eines Nießbrauchs an den

**erhöhten bzw. neuen Anteilen.[12] Zur Erbringung etwaiger Nachschüsse sind ebenfalls die Erben verpflichtet.**

**e) Die Anrechnung der Körperschaftsteuer auf die Einkommensteuer steht den Erben, die der Kapitalertragsteuer der Nießbraucherin zu.[13]**

**f) Der Nießbrauch erlischt mit dem Tode der Nießbraucherin oder durch ihre schriftliche Aufgabeerklärung.**

**(3) Meiner Ehefrau A, geb. E vermache ich ferner das unentgeltliche und lebenslängliche Wohnungsrecht gemäß § 1093 BGB an meinem Einfamilienhaus in F in der T-Straße Nr. . . . . ., Flst.Nr. . . . . . Bei der Eintragung im Grundbuch ist zu vermerken, dass zur Löschung des Rechts der Nachweis des Todes der Berechtigten genügen soll.**

**(4) Letztlich vermache ich meiner Ehefrau A, geb. E die gesamte Einrichtung unserer Familienwohnung im weitesten Sinne soweit die Sachen in meinem Eigentum stehen sowie alle meine persönlichen Gebrauchsgegenstände.**

**(5) Diese Vermächtnisse sollen auch im Falle einer Wiederverheiratung meiner Ehefrau bestehen bleiben. Ersatzvermächtnisnehmer werden nicht bestellt.**

**§ 3 Schlussformel[14]**

*Schrifttum: Barry,* Nießbrauch an GmbH-Geschäftsanteilen, RNotZ 2014, 401; *Fichtelmann,* Der Nießbrauch an Unternehmen und Beteiligungen, DStR 1974, 267 u. 299 ; *Frank,* Der Nießbrauch an Gesellschaftsanteilen, MittBayNot 2010, 96; *Götz/Hülsmann,* Der Nießbrauch im Zivil- und Steuerrecht, 12. Aufl. 2019; *Fricke,* Der Nießbrauch an GmbH-Geschäftsanteil – Zivi- und Steuerrecht, GmbHR 2008, 739; *Nieder/Kössinger,* Handbuch. der Testamentsgestaltung, 5. Aufl. § 10 Rdn. 182 ff.; *Perzborn,* Gesellschaftsvertragliche Nachfolgeregelungen bei Gesellschaften mit beschränkter Haftung und Aktiengesellschaften, RNotZ 2017, 405; *Petzoldt,* Vorerbschaft und Nießbrauchsvermächtnis, BB 1975 Beil. 6; *ders.,* Gesellschaftsvertrag und Erbrecht bei der GmbH und der GmbH & Co. KG, GmbHR 1972, 25; *Reichert/Schlitt/Düll,* Die gesellschafts- und steuerrechtliche Gestaltung des Nießbrauchs an GmbH-Geschäftsanteilen, GmbHR 1998, 565; *Spieß,* Der Nießbrauch an Aktien und GmbH-Geschäftsanteilen, MittRhNotK 1969, 752; *Sudhoff,* Der Nießbrauch am Geschäftsanteil einer GmbH, GmbHRdsch. 1971, 53; *Todtenhöfer*, Testamentsvollstreckung an GmbH-Anteilen in der notariellen Praxis, RNotZ 2017, 557; *Werner*, Regelungsbedürftige Punkte bei der Anordnung einer Testamentsvollstreckung an GmbH-Geschäftsanteilen, ZEV 2018, 252.

## Anmerkungen

**1. Sachverhalt.** Der Erblasser ist zur Hälfte an einer GmbH beteiligt. Diese Beteiligung soll zur Versorgung seiner Hinterbliebenen dienen. Seine Ehefrau und seine beiden Kinder werden Erben, der Erbteil seiner Ehefrau wird dabei durch Anordnung der Nacherbschaft für seine Kinder gesichert. Seine unverheiratete Schwester wird durch das Nießbrauchsvermächtnis an einem der Geschäftsanteile versorgt.

**2. Anwendungsfälle.** Auch hier dient die vermächtnisweise Einräumung eines Nießbrauchs der Versorgung des Vermächtnisnehmers durch Zuwendung der Nutzungen bei gleichzeitiger Sicherung der Vermögenssubstanz für die Erben. Gegenüber der Vor- und Nacherbschaft hat das Nießbrauchsvermächtnis den Vorteil, dass mit ihm die Nutzung eines einzelnen Vermögensgegenstandes unter Sicherung seiner Substanz zugewandt werden kann, was bei der Vorerbschaft nur durch Abänderung möglich ist.

Da die Finanzverwaltung beim Nießbrauch an einem GmbH-Anteil dem Nießbraucher keine originären Einkünfte mehr zuerkennen will (→ Anm. 15), käme als Alternative auch die vermächtnisweise Einräumung eines Nießbrauchs nur an den Gewinnansprüchen oder die Einräumung einer Unterbeteiligung am Anteil in Frage. Dies wäre vor allem die Lösung, wenn die Gesellschaft der Nießbrauchsbestellung nicht zustimmen würde.

**3. Übertragbarkeit und Vererblichkeit der Nacherbenrechte.** Überlebt der Nacherbe den Erblasser, verstirbt aber vor dem Eintritt der Nacherbfolge, ist sein Anwartschaftsrecht nach der Auslegungsregel des § 2108 Abs. 2 BGB vererblich, wenn nicht ein anderer Wille des Erblassers anzunehmen ist. Desgleichen ist nach hM nach Eintritt des Erbfalls die Anwartschaft des Nacherben veräußerlich (Palandt/*Weidlich* § 2108 Rn. 6). Nach einer verbreiteten Ansicht (RGZ 142, 171; 169, 38 = DR 1942, 1187; BayObLGZ 1951, 570 u. 1961, 132; OLG Köln NJW 1955, 633; Palandt/*Weidlich* § 2108 Rn. 5) kann der Ausschluss der Vererblichkeit der Anwartschaft nicht allein daraus geschlossen werden, dass der Erblasser einen Ersatznacherben ernannt hat, da diese Ersatzerbeinsetzung für den Fall des § 2142 Abs. 2 BGB getroffen sein könnte (aA mit Recht *Haegele* Rpfleger 1967, 161 (162 f.)). Solange jedoch diese Meinung vertreten wird, bleibt nichts anderes übrig, als die Vererblichkeit und Veräußerlichkeit (Ausschluss möglich: RGZ 170, 168) durch den Testierer ausdrücklich ausschließen und den oder die Ersatzerben möglichst genau bezeichnen zu lassen (*Haegele* Rpfleger 1967, 161 (163 u. 166)).

**4. Vererblichkeit von GmbH-Geschäftsanteilen.** Im Gegensatz zu den Beteiligungen an Personengesellschaften, die grundsätzlich gem. §§ 717, 719 BGB nicht übertragbar und vererblich sind, können Geschäftsanteile grundsätzlich veräußert und vererbt werden (§ 15 Abs. 1 GmbHG). Die Veräußerung erfolgt durch Abtretung in notarieller Form (§ 15 Abs. 3, 4 GmbHG). Der Gesellschaftsvertrag kann die Übertragung von Geschäftsanteilen erschweren, dh zB von der Zustimmung der anderen Gesellschafter oder der Gesellschaft abhängig machen, ja sogar nach verbreiteter Ansicht ganz ausschließen. Die Vererblichkeit eines Geschäftsanteils kann dagegen nach hM durch die Satzung nicht ausgeschlossen werden (*Baumbach/Hueck/Fastrich* GmbHG § 15 Rn. 9) und auch nicht durch Festlegung eines Genehmigungserfordernisses beschränkt werden (*H. W. Westermann* ZIP 1985, 1249). Wohl kann jedoch eine dem Gesellschaftsverhältnis angepasste Steuerung der Gesellschaftsnachfolge in der Satzung dadurch erreicht werden, dass der Nachfolgerkreis eingeschränkt wird und entweder nicht nachfolgeberechtigte Erben zur Abtretung verpflichtet werden (*Baumbach/Hueck/Fastrich* GmbHG § 15 Rn. 13) oder einem Erben oder Dritten ein Eintrittsrecht eingeräumt wird (*Haegele* BWNotZ 1976, 53 (56) mwN), oder der Gesellschaft das Recht zur Einziehung eingeräumt wird, oder nur ein oder einzelne Erben Nachfolger des Verstorbenen werden können (sog. **qualifizierte Nachfolgeklausel**). Zu den Gestaltungsmöglichkeiten insoweit siehe *Langner/Heydel* GmbHR 2005, 377. Mit dem Tod des Gesellschafters geht der Anteil ohne Weiteres auf die gesetzlichen oder testamentarischen Erben über. Bei, wie hier, einer Mehrheit von Erben steht der Geschäftsanteil ungeteilt der Erbengemeinschaft zu und geht nicht wie bei Personengesellschaften im Wege einer Sonderzuordnung aufgeteilt auf die Erben über. Soll im Wege der Erbauseinandersetzung oder der Vermächtniserfüllung, oder darf nach der Satzung den Geschäftsanteil nur ein Erbe oder ein Dritter erhalten, so muss die Abtretung in notarieller Form geschehen (§ 15 Abs. 3 GmbHG). Testamentsvollstreckung an GmbH-Anteilen ist zulässig (siehe im Einzelnen *Todtenhöfer* RNotZ 2017, 557; *Werner* ZEV 2018, 252). Die Sicherung der gewünschten Nachfolge gegen die nichtnachfolgeberechtigten Erben kann durch auf seinen Tod aufschiebend bedingte Abtretung des Anteils durch den Erblasser oder durch Anordnung einer entsprechenden Testamentsvollstreckung erfolgen. Eine solche Abtretung würde allerdings die Mitwirkung des Nachfolgers bei der Vereinbarung der hierzu erforderlichen Satzungsbestimmung voraussetzen, da eine Abtretung zugunsten eines am Vertrag nicht beteiligten Dritten daran scheitert, dass es Verfügungen zugunsten und Verträge zu Lasten Dritter nicht gibt.

**5. Auswirkungen von Abtretungsverboten und -beschränkungen auf die Nießbrauchsbestellung.** Der Gesellschaftsvertrag kann die Übertragbarkeit von Geschäftsanteilen beschränken (§ 15 Abs. 5 GmbHG) und sogar nach allerdings nicht unbestrittener Meinung ganz ausschließen (*Baumbach/Hueck/Fastrich* GmbHG § 15 Rn. 38) RGZ 80, 175 (179)). Da nach § 1069 Abs. 2 BGB an einem nicht übertragbaren Recht auch kein Nießbrauch bestellt werden kann, wirken sich diese Abtretungsverbote bzw. -beschränkungen auch auf die Nießbrauchsbestellung aus. Der Gesellschaftsvertrag könnte auf Grund § 15 Abs. 5 GmbHG auch allein die Nießbrauchsbestellung von einer Genehmigung abhängig machen und die Übertragung zulassen (jurisPK/*Laukemann,* BGB, 6. Aufl., § 1069 Rn. 11). Soweit die Übertragung eines Geschäftsanteils und damit auch seine Belastung mit einem Nießbrauch von der Genehmigung der Gesellschaft oder der Gesellschafter abhängig ist, muss diese zwar erst zur Erfüllung eines Nießbrauchsvermächtnisses vorliegen, sollte aber bereits vor der Testamentserrichtung eingeholt werden, damit bei ihrer Versagung auf ein ähnliches nicht der Genehmigung bedürftiges Gestaltungsmittel wie zB Nießbrauch lediglich an den Gewinnansprüchen oder Unterbeteiligung ausgewichen werden kann.

**6. Nießbrauch am GmbH-Geschäftsanteil.** Der Nießbrauch an einem Geschäftsanteil einer GmbH ist ein Nießbrauch an einem Recht gem. §§ 1068 ff. BGB. Seine Bestellung bedarf nach § 1069 Abs. 1 BGB der gleichen Form wie die Übertragung des Rechts, also nach § 15 Abs. 3 GmbHG der Form der notariellen Beurkundung. Im Gegensatz zur Nießbrauchsbestellung am Anteil an einer Personengesellschaft im Wege der Treuhandlösung (Vollnießbraucher als Treuhandgesellschafter auf Zeit) geht bei der Bestellung eines Nießbrauchs am Geschäftsanteil einer GmbH nicht die volle Gesellschafterstellung auf den Nießbraucher über. In die Gesellschafterliste muss der Nießbraucher nicht eingetragen werden, umstritten ist, ob er dort eingetragen werden kann (vgl. MünchKomm/*Pohlmann* § 1068 Rn. 84 mwN). Nach hM fallen dem Nießbraucher nur die Vermögensrechte zu, während die Herrschafts- oder Mitverwaltungsrechte einschließlich des Stimmrechts beim Gesellschafter verbleiben (*Baumbach/Hueck/Fastrich* GmbHG § 15 Rn. 53; AnwK/*Lemke* BGB § 1068 Rn. 21–23 mwN). Einem Übergang auch der Mitverwaltungsrechte steht nach der hM bei der GmbH der gesellschaftsrechtliche Grundsatz entgegen, dass diese Rechte wegen ihres sozialrechtlichen Charakters nicht von der Person des Gesellschafters getrennt werden können (*Petzoldt* BB 1975 Beil. 6 S. 14).

**7. Mitverwaltungsrechte.** Wenn auch die Mitverwaltungsrechte und insbesondere das Stimmrecht weiterhin dem Gesellschafter und nicht dem Nießbraucher zustehen, so hat der Gesellschafter doch bei ihrer Ausübung die Interessen des Nießbrauchers zu berücksichtigen. Schuldrechtlich könnte man bei der Nießbrauchsbestellung im Innenverhältnis den Gesellschafter hinsichtlich des Stimmrechts an die Zustimmung des Nießbrauchers binden, soweit bei seiner Ausübung das Nießbrauchsrecht unmittelbar berührt wird. Ferner könnte der Nießbraucher vom Gesellschafter, soweit es die Satzung nicht verbietet, auch zur Stimmabgabe bevollmächtigt werden. Zur Ausübung der Gesellschafterrechte, die zum Untergang des Geschäftsanteils führen oder ihn in einer den Nießbraucher beeinträchtigenden Weise verändern, bedarf der Gesellschafter gem. § 1071 BGB im Innenverhältnis der Zustimmung des Nießbrauchers, wobei aber ihr Fehlen die gesellschaftsrechtliche Wirksamkeit der Maßnahme nicht beeinträchtigt, der Nießbraucher vielmehr nur einen Schadensersatzanspruch gegen den Gesellschafter erwirbt (OLG Hamm DNotZ 1971, 247 (248); *Baumbach/Hueck/Fastrich* GmbHG § 15 Rn. 53).

**8.** Der Nießbraucher kann, solange der Nießbrauch besteht, den auf den Geschäftsanteil entfallenden Jahresreingewinn (§ 29 GmbHG) beziehen, und zwar kann er sie kraft der Dinglichkeit seines Rechts unmittelbar von der GmbH verlangen, sobald diese die Gewinnverteilung beschlossen hat (*Götz/Hülsmann* Rn. 216).

**9.** Da der Umfang der Nutzungen des Nießbrauchers umstritten ist, empfiehlt es sich, vertraglich eine genaue Regelung vorzunehmen (*Fichtelmann* DStR 1974, 341 (344); *Laukemann* in jurisPK-BGB § 1085 Rn. 17).

**10.** Die Liquidationsquote, das Abfindungsentgelt und das Einziehungsentgelt sind Surrogate des Geschäftsanteils und sind daher nach § 1077 BGB an den Nießbraucher und den Gesellschafter gemeinschaftlich auszuzahlen. Beide haben das Kapital mündelsicher und verzinslich anzulegen, wobei der Nießbraucher die Art der Anlegung bestimmt und der Nießbrauch am Kapital neu zu bestellen ist (§ 1079 BGB).

**11.** Nach hM (vgl. *Baumbach/Hueck/Fastrich* GmbHG § 15 Rn. 54, *Götz/Hülsmann* Rn. 235); setzt sich an den unter lit. cc–ff aufgeführten **Surrogaten** des Geschäftsanteils das Nießbrauchsrecht in entsprechender Anwendung des § 1075 Abs. 1 BGB fort.

**12. Nießbrauch und Kapitalerhöhung.** Der Nießbraucher hat keinen Anspruch darauf, bei einer Kapitalerhöhung zur Übernahme eines neuen Geschäftsanteils zugelassen zu werden, und zwar auch dann nicht, wenn sie aus Gesellschaftsmitteln erfolgt und die verwendeten Rücklagen während der Dauer des Nießbrauchs gebildet wurden (so für KG: BGHZ 58, 316 = NJW 1972, 1755; BGH NJW 1972, 1755; für AG: OLG Bremen Betr. 1970, 1436), da es sich bei dem Bezugsrecht nicht um den Ertrag des Geschäftsanteils, sondern einen Ausfluss der Mitgliedschaft in der Gesellschaft handelt. Wohl hat er aber bei Kapitalerhöhungen aus Gesellschaftsmitteln einen Anspruch darauf, dass ihm an dem neuen Anteil ebenfalls der Nießbrauch eingeräumt wird (*Baumbach/Hueck/Fastrich* GmbHG § 15 Rn. 54). Es empfiehlt sich jedoch hierüber eine ausdrückliche Regelung zu treffen.

**13. Steuerbeihilfe.** Die Festlegung einer gegenseitigen Steuerbeihilfe zwischen Nießbraucher und Gesellschafter ist hier nicht notwendig, da die Besteuerungspraxis der handelsrechtlichen Gewinnverteilung zwischen den Beteiligten entspricht. Den entnommenen und zugeteilten Gewinn hat zwar, wie in → Anm. 14 Abs. 2 näher ausgeführt, grundsätzlich der Gesellschafter zu versteuern, soweit er jedoch dem Nießbraucher zufließt und von ihm versteuert wird, kann der Gesellschafter ihn als dauernde Last absetzen.

**14. Steuern.** (1) **Erbschaftsteuer.** Die GmbH-Geschäftsanteile der Erben unterliegen nach § 3 Abs. 1 ErbStG der Erbschaftsteuer, deren Höhe sich nach dem gemeinen Wert der Anteile, dem Verwandtschaftsgrad und den Freibeträgen berechnet. Der der Erbschaftsteuerberechnung nach § 12 ErbStG, § 11 Abs. 2 BewG zugrunde zulegende gemeine Wert der Anteile wird – wenn er sich nicht aus zeitnahen Verkäufen ableiten lässt – grundsätzlich nach dem sogenannten vereinfachten Ertragswertverfahren berechnet. Die Erben können den Kapitalwert des Nießbrauchs, der jedoch den nach § 16 Abs. 1 BewG berechneten Wert des Geschäftsanteils nicht übersteigen darf (BFH BStBl. II 1978, 257 = BB 1978, 947), vom steuerlichen Wert ihres Gesamterwerbs abziehen. Die Nießbraucherin hat den kapitalisierten Wert des Nießbrauchs nach § 3 Abs. 1 ErbStG entsprechend ihrer Steuerklasse und ihren Freibeträgen zu versteuern. Der Kapitalwert des Nießbrauchs berechnet sich gem. §§ 13, 14 BewG nach den addierten Jahreswerten der mutmaßlichen Lebensdauer der Nießbraucherin mit Revisionsmöglichkeit nach § 14 Abs. 2 BewG, darf jedoch nach der Höchstwertvorschrift des § 16 BewG berechneten Wertes des Geschäftsanteils nicht übersteigen (BFH BStBl. II 1980, 631 = BB 1980, 1510). Nach § 23 ErbStG hat die Nießbraucherin die Wahl, ob sie den Nießbrauch sofort zum Kapitalwert versteuern will oder laufend jährlich in voraus von den einzelnen Jahreswerten mit der Möglichkeit späterer Ablösung.

(2) **Einkommensteuer.** Beim Vorbehalts- und Vermächtnisnießbrauch sind die Einkünfte aus Kapitalvermögen dem Nießbraucher zuzurechnen (*Sudhoff* § 54 Rn. 130).

# XIV. Nachfolgeregelungen im internationalen Bereich

## 1. Dokumentation des gewöhnlichen Aufenthalts nach Art. 21 EuErbVO

Deutscher Erblasser mit gewöhnlichem Aufenthalt in Deutschland[1]

Ich bin ausschließlich deutscher Staatsangehöriger und habe meinen gewöhnlichen Aufenthalt in Deutschland.[2] Diesen will ich auch dauerhaft beibehalten.[3] Eine vorsorgliche Wahl deutschen Erbrechts wünsche ich nicht.

Der Notar hat darauf hingewiesen, dass die heute getroffenen Anordnungen ausländischem Recht unterliegen können, wenn ich im Zeitpunkt meines Todes meinen gewöhnlichen Aufenthalt im Ausland habe.[4]

Deutscher Erblasser mit gewöhnlichem Aufenthalt im Ausland

Ich bin ausschließlich deutscher Staatsangehöriger und habe meinen gewöhnlichen Aufenthalt in ...... (ausländischer Staat). Diesen will ich auch dauerhaft beibehalten. Eine Wahl des deutschen Erbrechts wünsche ich nicht, so dass für das heutige Testament ...... (ausländisches) Recht gilt.

Der Notar hat darauf hingewiesen, dass
- die heute getroffenen Anordnungen einem anderen Recht unterliegen können, wenn ich im Zeitpunkt meines Todes meinen gewöhnlichen Aufenthalt nicht mehr in ...... habe;
- er ausländisches Recht nicht kennen muss und darüber auch nicht beraten hat.

Ausländischer Erblasser mit gewöhnlichem Aufenthalt in Deutschland

Ich bin ausschließlich ...... (ausländischer) Staatsangehöriger. Mein gewöhnlicher Aufenthalt befindet sich in Deutschland. Ich bin im Jahre ...... nach Deutschland gezogen und wohne seither ununterbrochen hier. Ich bin verheiratet mit ......, die ausschließlich die deutsche Staatsangehörigkeit besitzt. Wir haben ...... gemeinsame Kinder, die ausschließlich deutsch sprechen und in Deutschland zur Schule gehen. Mein Heimatland besuche ich nur noch gelegentlich zu Urlaubszwecken. Ich habe daher meinen Lebensmittelpunkt in Deutschland. Diesen will ich auch dauerhaft beibehalten. Eine Wahl des Rechts meiner Staatsangehörigkeit wünsche ich nicht, so dass für das heutige Testament deutsches Recht gilt.

Der Notar hat darauf hingewiesen, dass
- die heute getroffenen Anordnungen ausländischem Recht unterliegen können, wenn ich im Zeitpunkt meines Todes meinen gewöhnlichen Aufenthalt nicht mehr in Deutschland habe;
- er ausländisches Recht nicht kennen muss und darüber auch nicht beraten hat.

Ausländischer Erblasser mit gewöhnlichem Aufenthalt im Ausland

Ich bin ausschließlich ...... (ausländischer) Staatsangehöriger und habe meinen gewöhnlichen Aufenthalt in ...... (ausländischer Staat). Diesen will ich auch dauerhaft

**beibehalten. Eine (ggf. vorsorgliche) Wahl des Rechts meiner Staatsangehörigkeit wünsche ich nicht, so dass für das heutige Testament . . . . . . (ausländisches) Recht gilt.**

**Der Notar hat darauf hingewiesen, dass**
- **die heute getroffenen Anordnungen einem anderen Recht unterliegen können, wenn ich im Zeitpunkt meines Todes meinen gewöhnlichen Aufenthalt nicht mehr in . . . . . . habe;**
- **er ausländisches Recht nicht kennen muss und darüber auch nicht beraten hat.**

*Schrifttum: Baldus* – Erbe und Vermächtnisnehmer nach der Erbrechtsverordnung, GPR 2012, 312; *Bandel*, Rechtsübergang und Rechtsbegründung durch ausländische Vindikationslegate in Deutschland – zugleich Anmerkung zum Urteil des EuGH vom 12.10.2017, C-218-16, MittBayNot 2018, 99; *Becker/Wegener*, Das Europäische Nachlasszeugnis im elektronischen Rechtsverkehr in Grundbuchsachen, notar 2017, 32; *Beyer,* Die Problematik gemeinschaftlicher Testamente im internationalen Erbrecht am Beispiel Deutschland-Italien, ZErb 2015, 170; *Böhringer*, Das Europäische Nachlasszeugnis im deutschen Grundbuchverfahren, NotBZ 2015, 281; *Bonimaier,* Erb- und Pflichtteilsverzichte bei Anwendung der EuErbVO, Öst. Notarzeitschrift (NZ), 2016, 321; *Bonomi/ Wautelet,* Le droit européen des successions. Commentaire du règlement n 650/2012 du 4 juillet 2012, 2013; *Buschbaum,* Die künftige Erbrechtsverordnung. Wegbereiter für den acquis im europäischen Kollisionsrecht, in: Gedächtnisschrift Hübner, 2012, 589; *Buschbaum/Kohler,* Vereinheitlichung des Erbkollisionsrechts in Europa, GPR 2010, 106; *Buschbaum/Simon,* EU-Erbrechtsverordnung: Das Europäische Nachlasszeugnis, ZEV 2012, 525; *Coester,* Das Erbrecht registrierter Lebenspartner unter der EuErbVO, ZEV 2013, 115; *Döbereiner,* Das internationale Erbrecht nach der EU-Erbrechtsverordnung (Teil I), MittBayNot 2013, 358; *Döbereiner,* Das internationale Erbrecht nach der EU-Erbrechtsverordnung (Teil II), MittBayNot 2013, 437; *Döbereiner,* Vindikationslegate unter Geltung der EU-Erbrechtsverordnung, GPR 2014, 42; *Döbereiner,* Der Kommissionsvorschlag für das internationale Ehegüterrecht, MittBayNot 2011, 463: *Döbereiner,* (Bindende?) Rechtswahlen nach der EU-Erbrechtsverordnung, DNotZ 2014, 323; *Döbereiner*, Das Gesetz zum Internationalen Erbrecht und zur Änderung von Vorschriften zum Erbschein, NJW 2015, 2449; *Döbereiner*, Damnationslegate unter Geltung der EU-Erbrechtsverordnung (am Beispiel des deutsch-französischen Rechtsverkehrs), ZEV 2015, 559; *Dörner,* Der Entwurf einer europäischen Verordnung zum Internationalen Erb- und Erbverfahrensrecht, ZEV 2010, 221; *Dörner,* Die Verordnung zum Internationalen Erb- und Erbverfahrensrecht ist in Kraft!, ZEV 2012, 505; *Dörner*, Die internationale Zuständigkeit zur Ausstellung eines deutschen Erbscheins, DNotZ 2017, 407; *Dörner*, Anerkennung mitgliedstaatlicher Nachlasszeugnisse (im Lichte von „Oberle"), DNotZ 2018, 661; *Dutta,* Das neue internationale Erbrecht der Europäischen Union – Eine erste Lektüre der Erbrechtsverordnung, FamRZ 2013, 4; *Dorsel/Schall*, Die Umsetzung der ErbVO durch die Europäische Kommission – Ein erster Überblick unter besonderer Berücksichtigung des Europäischen Nachlasszeugnisses, GPR 2015, 36; *Dorth*, Testamentarische Anordnung eines ausländischen Vindikationslegats im Hinblick auf deutsche Nachlassgegenstände, ZEV 2018, 11; *Dutta/Herrler* (Hrsg.), Die Europäische Erbrechtsverordnung, 2014; *Dutta*, Das neue Internationale Erbrechtsverfahrensgesetz, ZEV 2015, 493; *Dutta/Weber*, Internationales Erbrecht, 2016; *Fetsch*, Die Rechtswahlfiktion in Art. 83 Abs. 4 der Europäischen Erbrechtsverordnung, in: FS Wulf-Henning Roth, 2015, 107; *Frank/Döbereiner*, Nachlassfälle mit Auslandsbezug, 2015; *Frank/Leithold,* Die Ermittlung des anwendbaren Erbrechts im deutsch/US-amerikanischen Erbfall nach der EuErbVO, ZEV 2014, 462; *Frank/Salinas,* Die Ermittlung des anwendbaren Erbrechts im deutsch/spanischen Erbfall nach der EU-ErbVO, ErbR 2015, 182; *Frank/Atkinson*, Die Ermittlung des anwendbaren Erbrechts im deutsch-britischen Erbfall – Einfluss der EU-

ErbRVO, obwohl diese nicht in Großbritannien gilt, IWB 2015, 697; *Gierl/Köhler/Kroiß/Wilsch,* Internationales Erbrecht, 2. Aufl. 2017; *Hausmann/Odersky,* Internationales Privatrecht in der Notar- und Gestaltungspraxis, 3. Auflage 2017; *Heinig,* Rechtswahlen in Verfügungen von Todes wegen nach der EU-Erbrechts-Verordnung, RNotZ 2014, 197; *Heinig,* Rechtswahlen nach nationalem Kollisionsrecht – Der Countdown läuft!, RNotZ 2014, 281; *Hertel,* Nachweis der Erbfolge im Grundbuchverfahren – bisher und nach der EuErbVO, ZEV 2013, 539; *Herzog,* Die EU-ErbVO, ErbR 2013, 2; *Janzen,* Die EU-Erbrechtsverordnung, DNotZ 2012, 484; *Kanzleiter,* Deutscher Erbschein für einen Erblasser, der mit gewöhnlichem Aufenthalt in einem anderen Vertragsstaat der Europäischen Erbrechtsverordnung verstorben ist?, DNotZ 2018, 724; *Kern/Glücker,* Das neue Europäische Erbstatut und seine Aufnahme in der deutschen Literatur, RabelsZ 78 (2014), 294; *Khairallah/Revillard,* Droit européen des successions. Règlement du 4 juillet 2012, 2013; *Kindle,* Der Aktionär im toskanischen Lebensabend – Zum Kollisionsrecht bei der Testamentsgestaltung bei Auslandsdomizil unter der neuen EU-Erbrechtsverordnung, in FS Stilz, 2014, S. 345; *Kindler,* Vom Staatsangehörigkeits- zum Domizilprinzip: das künftige internationale Erbrecht der Europäischen Union, IPRax 2010, 44; *Kleinschmidt,* Optionales Erbrecht: Das Europäische Nachlasszeugnis als Herausforderung an das Kollisionsrecht, RabelsZ 77 (2013), 726; *Kowalczyk,* Spannungsverhältnis zwischen Güterrechtsstatut und Erbstatut nach den Kommissionsvorschlägen für das Internationale Ehegüter- und Erbrecht (Teil I), GPR 2013, 212, (Teil II), GPR 2013, 258; *Kunz,* Die neue Europäische Erbrechtsverordnung – ein Überblick (Teil I), GPR 2012, 208; (Teil II), GPR 2012, 253; *Kunz,* Nachlassspaltung durch die registerrechtliche Hintertür. Zur Koordination des Erb-, Sach- und Registerstatuts in der EuErbVO, GPR 2013, 293; *Lange,* Das neue Internationale Erbverfahrensrecht, ErbR 2016, 58; *Lechner,* Erbverträge und gemeinschaftliche Testamente in der neuen EU-Erbrechtsverordnung, NJW 2013, 26; *Lechner,* Die EuErbVO im Spannungsfeld zwischen Erbstatut und Sachenrecht, IPRax 2013, 497; *Lehmann,* Die EU-Erbrechtsverordnung zur Abwicklung grenzüberschreitender Nachlässe, DStR 2012, 2085; *Lehmann,* EuErbVO: Die Verordnung im Kurzüberblick, ZEV 2012, 533; *Leipold,* Das Europäische Erbrecht (EuErbVO) und das deutsche gemeinschaftliche Testament, ZEV 2014, 139; *Leitzen,* EuErbVO: Praxisfragen an der Schnittstelle zwischen Erb- und Gesellschaftsrecht, ZEV 2012, 520; *Leitzen,* Die Rechtswahl nach der EuErbVO, ZEV 2013, 128; *Leitzen,* Kubicka und die Folgen: Vindikationslegate in der Rechtspraxis, ZEV 2018, 311; *Leitzen,* Oberle und die Folgen: Erbscheinsverfahren in grenzüberschreitenden Fällen in der Rechtspraxis, ZEV 2018, 630; *Ludwig,* Die Wahl zwischen zwei Rechtsordnungen durch bedingte Rechtswahl nach Art. 22 der EU-Erbrechtsverordnung, DNotZ 2014, 12; *Majer,* Die Geltung der EU-Erbrechtsverordnung für reine Drittstaatensachverhalte, ZEV 2011, 445; *Mankowski,* Gelten die bilateralen Staatsverträge der Bundesrepublik Deutschland im Internationalen Erbrecht nach dem Wirksamwerden der EuErbVO weiter? ZEV 2013, 529; *Mankowski,* Das Verhältnis zwischen der EuErbVO und den neuen Verordnungen zum Internationalen Güterrecht, ZEV 2016, 479; *Margonski,* Ausländische Vindikationslegate nach der EU-Erbrechtsverordnung, GPR 2013, 106; *MAX-PLANCK-INSTITUT FÜR AUSLÄNDISCHES UND INTERNATIONALES PRIVATRECHT,* Comments on the European Commission's Proposal for a Regulation of the European Parliament and of the Council on jurisdiction, applicable law, recognition and enforcement of decisions and authentic instruments in matters of succession and the creation of a European Certificate of Succession, RabelsZ 74 (2010), 522; *Müller-Lukoschek,* Die neue EU-Erbrechtsverordnung, 2. Aufl. 2015; *Nordmeier,* EuErbVO: Neues Kollisionsrecht für gemeinschaftliche Testamente, ZEV 2012, 513; *Nordmeier,* Erbverträge und nachlassbezogene Rechtsgeschäfte in der EuErbVO – Eine Begriffsklärung, ZEV 2013, 117; *Nordmeier,* Grundfragen der Rechtswahl in der neuen EU-Erbrechtsverordnung – Eine Untersuchung des Art. 22 ErbRVO, GPR 2013, 148; *Odersky,* Die Europäische Erbrechtsverordnung in der Gestaltungspraxis, notar 2013, 3; *Odersky,* Der wirksam-wirkungslose Erb- und Pflichtteilsverzicht nach der EU-ErbVO, notar 2014, 139; *Paulus*, Das Schicksal von Gesellschaftsanteilen in internationalen Erbfällen, notar 2016, 3; *Pfeiffer*, Ruhestandsmigration und EU-Erbrechtsverordnung, IPRax 2016, 310; *Reich,* Verfügungen von Todes wegen mit Bindungswirkung in gemischt-nationalen Ehen unter Berücksichtigung der Besonderheiten der EuErbVO, ZEV 2014, 144; *Reich/Assan*, Das anwendbare Erbrecht in deutsch-israelischen Erbfällen: Veränderungen durch die EU-Erbrechtsverordnung, ZEV 2015, 145; *Reimann*, Testamentsvollstrecker im Auslandseinsatz: Änderungen nach Inkrafttreten der EuErbVO?, ZEV 2015, 510; *Reymann*, Auswirkungen der EU-Erbrechtsverordnung auf das Fürstentum Liechtenstein, ZVglRWiss 114 (2015), 41; *Richters,* Anwendungsprobleme der EuErbVO im deutsch-britischen Rechtsverkehr, ZEV 2012, 576; *Rieck,* Möglichkeiten und Risiken der Rechtswahl nach supranationalem Recht bei der Gestaltung von Ehevereinbarungen, NJW 2014, 257; *Sakka, Der pauschalierte Zugewinnausgleich und das Europäische Nachlasszeugnis, MittBayNot 2018, 4; Schaub,* Die EU-Erbrechtsverordnung, in: Hereditare – Jahrbuch für Erbrecht und Schenkungsrecht 2013, 91; *J. P. Schmidt,* Die kollisionsrechtliche Behandlung dinglich wirkender Vermächtnisse – Ein Prüfstein für Grundfragen des internationalen und des materiellen Privatrechts, RabelsZ 77 (2013), 1; *J. P. Schmidt,* Ausländische Vindikationslegate über im Inland belegene Immobilien – zur Bedeutung des Art. 1 Abs. 2 lit. l EuErbVO, ZEV 2014, 133; *Schoppe,* Die Übergangsbestimmungen zur Rechtswahl im internationalen Erbrecht: Anwendungsprobleme und Gestaltungspotential, IPRax 2014, 27; *Simon/Buschbaum,* Die neue EU-Erbrechtsverordnung, NJW 2012, 2393; *Soutier*, Verbindliche Rechtswahlen im Erbrecht, ZEV 2015, 515; Soutier, Die Geltung deutscher Rechtsgrundsätze im Anwendungsbereich der Europäischen Erbrechtsverordnung, 2015; *Stade,* Die EU-Erbrechtsverordnung aus französischer Sicht, ZErb 2015, 69; *Steinmetz,* EuErbVO: Beibehaltung des letzten gewöhnlichen Aufenthalts ohne Unterkunft im Herkunftsstaat?- Überlegungen zur Maßgeblichkeit des Erblasserwillens und zum „Mallorca-Rentner", ZEV 2018, 317; *Stürner*, Deutsch-italienische Erbfälle unter der kommenden Europäischen Erbrechtsverordnung, in: Jahrbuch für Italienisches Recht, Rechtsvereinheitlichung im Zivil- und Kollisionsrecht, 2013, 59; *Stürner*, Die Bedeutung des ordre public in der EuErbVO, GPR 2014, 317; *Süß,* Das Europäische Nachlasszeugnis, ZEuP, 2013, 725; *Süß*, Die Entscheidung des EuGH in der Rechtssache Mahnkopf: Folgen für das gesetzliche Erbrecht des überlebenden Ehegatten in internationalen Ehen und neue Gestaltungsmöglichkeiten, DNotZ 2018, 742; *Sütçü*, Deutsch-türkische Erbrechtsfälle in der Anwaltspraxis – Derzeitige Rechtslage und mögliche Auswirkungen der neuen ErbRVO, ZErb 2015, 43; *Volmer,* Die EU-Erbrechtsverordnung – erste Fragen an Dogmatik und Forensik, RPfl 2013, 421; *Vollmer,* Die neue europäische Erbrechtsverordnung – ein Überblick, Zerb 2012, 227; *Vollmer,* Definitive Entscheidung von Vorfragen aufgrund der Gerichtszuständigkeit nach der EuErbVO, ZEV 2014, 129; *von Hinden/Müller,* Die Europäische Erbrechtsverordnung, ErbStB 2013, 97–103; *Wachter,* Europäische Erbrechtsverordnung in der Gestaltungspraxis, ZNotP 2014, 2; *Weber*, Erb- und Pflichtteilsverzichtsverträge im Spiegel der EuErbVO, ZEV 2015, 503; *Weber,* Ausgewählte Fragen der Testamentsgestaltung unter Geltung der Europäischen Erbrechtsverordnung, notar 2015, 296; *Weber,* Interdependenzen zwischen Europäischer Erbrechtsverordnung und Ehegütterrecht – de lege lata und de lege ferenda, DNotZ 2016, 424; *Weber,* Kubicka und die Folgen: Vindikationslegate aus Sicht des deutschen Immobiliarsachenrechts, DNotZ 2018, 16; *Weber*, Ein Klassiker neu aufgelegt: Die Qualifikation des § 1371 BGB unter dem Regime der Europäischen Erbrechtsverordnung, NJW 2018, 1356; *Weber*, Zur Erteilung eines deutschen erbscheins bei letztem gewöhnlichem Aufenthalt des Erblassers im Ausland – zugleich Besprechung der EuGH-Entscheidung in der Rechtssache Oberle – C-20/17, RNotZ 2018, 454; *Weber/Francastel,* Der gewöhnliche Aufenthalt pflegebedürftiger Erblasser im Kontext von EuErbVO und

FamFG, DNotZ 2018, 163; *Werkmüller*, Verträge zugunsten Dritter auf den Todesfall im Lichte der EuErbVO: Probleme bei der lebzeitigen Übertragung von Vermögen „am Nachlass vorbei"?, ZEV 2016, 123; *Wilke*, Das internationale Erbrecht nach der neuen EU-Erbrechtsverordnung, RIW 2012, 601; *Wilsch*, EuErbVO: Die Verordnung in der deutschen Grundbuchpraxis, ZEV 2012, 530; *Wollmann*, Die EU-Erbrechtsverordnung in Portugal – Auswirkungen auf das portugiesische Zivil- und Steuerrecht, IWB 2015, 605; *Zimmer/Oppermann*, Geschäftsfähigkeit, „Demenztourismus" und gewöhnlicher Aufenthalt nach der EuErbVO am Beispiel der Schweiz, ZEV 2016, 126; *Zimmer/Oppermann*, Erbrechtliche Beratung bei gewöhnlichem Aufenthalt in Spanien – Vor- und Nachteile einer Rechtswahl nach Art. 22 EuErbVO, ZErb 2018, 111

## Anmerkungen

**1. Wahl des Formulars.** Am 16.8.2012 ist für alle EU-Staaten mit Ausnahme von Großbritannien, Irland und Dänemark die „Verordnung (EU) Nr. 650/2012 des Europäischen Parlaments und des Rates vom 4.7.2012 über die Zuständigkeit, das anzuwendende Recht, die Anerkennung und Vollstreckung von Entscheidungen und die Annahme und Vollstreckung öffentlicher Urkunden in Erbsachen sowie zur Einführung eines Europäischen Nachlasszeugnisses" (EuErbVO – ABl. 2012 L 201, 107; abrufbar ua unter eurolex.europa.eu) in Kraft getreten. Die EuErbVO ist seit dem 17.8.2015 anwendbar, in der vorausschauenden Nachfolgeplanung und aufgrund der in Verordnung enthaltenen Übergangsregelungen war sie jedoch wegen der in der Verordnung enthaltenen Übergangsregelungen bereits vorher zu berücksichtigen, zur vorher geltenden Rechtslage, insbesondere Art. 25, 26 EGBGB aF der Vorauflage. Nach der EuErbVO unterliegt die Erbfolge grundsätzlich dem Recht des Staates, in dem der Erblasser seinen letzten gewöhnlichen Aufenthalt hatte. Das Recht der Staatsangehörigkeit findet nur noch Anwendung, wenn der Erblasser eine dahingehende Rechtswahl getroffen hat. Die EuErbVO führt zu einer grundsätzlich begrüßenswerten Vereinheitlichung der Kollisionsregeln im internationalen Erbrecht Europas. Zugleich hat sie erhebliche Änderungen in der Rechtsanwendung gerade auch in der notariellen Praxis zur Folge. Erbverträge und gemeinschaftliche Testament sind im internationalen Rechtsverkehr nunmehr leichter zu handhaben, da stets ein einheitliche Recht für alle Beteiligten zur Anwendung kommt und ein *ordre public* Verstoß jedenfalls in Europa nicht mehr droht. Aufgrund der Anknüpfung an den letzten gewöhnlichen Aufenthalt wird es künftig voraussichtlich häufiger zu einem Rechtsimport, also zur Anwendung ausländischen Erbrechts im Inland kommen.

**2. Allgemeines zur Behandlung internationaler Erbrechtsfälle. (1) Auslandsberührung, Anknüpfungsgegenstand und Anknüpfungspunkt, Qualifikation.** Ein Erbfall mit Auslandberührung liegt vor, wenn der Erblasser oder Testator eine fremde Staatsangehörigkeit hat, im Ausland wohnt, Nachlassgegenstände im Ausland liegen oder eine Verfügung von Todes wegen im Ausland errichtet wurde oder errichtet werden soll. Welche der nationalen Rechtordnungen (Sachnormen) der am Erbfall beteiligten Staaten Anwendung finden, bestimmen vorbehaltlich vorrangiger Staatsverträge die Kollisionsnormen der EuErbVO. Aufgabe der Kollisionsnormen ist die Festlegung von Kriterien (Anknüpfungspunkte), die über die Verknüpfung eines generell materiell-privatrechtlichen Sachverhalts (Anknüpfungsgegenstand) wie zB Erbrecht, Sachenrecht usw mit einer der beteiligten Rechtsordnungen (lex causae) entscheiden. Die für den Erblasser maßgeblichen Normen nennt man sein Erbstatut. Da man bis zum Tode eines Erblassers nicht weiß, welches Erbrecht maßgebend sein wird, ist das Erbstatut ein sog. schwebendes Statut.

(2) **Internationales notarielles Nachlassverfahrensrecht** (ausf. *Riering* MittBayNot 1999, 519). Die Bearbeitung von Nachlasssachen ausländischer Staatsangehöriger ist nur möglich, wenn das betreffende deutsche Organ international zuständig ist. Werden deutsche Notare im Inland tätig, sind sie grundsätzlich auch dann international zuständig, wenn an dem Beurkundungsakt ausländische Staatsangehörige oder Personen mit ausländischem Wohnsitz beteiligt sind oder wenn sich die Urkunde auf im Ausland belegene Gegenstände bezieht (so schon *Blumenwitz* DNotZ 1966, 712 ff.). Nach hM gilt die Urkundsgewährungspflicht des § 15 BNotO auch in Fällen mit Auslandsberührung (siehe bereits *Schoetensack* DNotZ 1952, 265 (268)). *Eder* BWNotZ 1982, 74 ff. sieht diesen Grundsatz jedoch mit Recht insbesondere dann teilweise eingeschränkt, wenn mangels detaillierter Kenntnis des ausländischen Rechts seitens des deutschen Notars die erforderliche Gleichwertigkeit mit dem ausländischen Beurkundungsorgan tatsächlich nicht gegeben ist oder die ausländische Rechtsordnung sogar die Zuständigkeit zur Beurkundung ausdrücklich ihren eigenen, einheimischen Rechtspflegeorganen vorbehalten hat. § 17 Abs. 3 BeurkG schränkt die Haftung des Notars in Fällen mit Auslandsberührung ein.

(3) **Vorgehen bei Verfügungen von Todes wegen mit Auslandsberührung.** Wer eine Verfügung von Todes wegen entwirft oder beurkundet, muss jeweils darauf achten, ob nicht ein Fall mit Auslandsberührung vorliegt oder er später kollisionsrechtlich relevant werden könnte. Eine ausländische Anschrift, ein fremdländisch klingender Name oder Akzent oder das Aussehen eines Beteiligten müssen zur Frage nach einem Auslandsbezug veranlassen. Ein weiteres Indiz ist die Lage von Vermögensgegenständen im Ausland.

Muss die Verfügung wegen Nachlassspaltung, Belegenheit des Nachlasses in verschiedenen Staaten, Beteiligung von Personen mit verschiedenem Erbstatut oder vorauszusehendem Statuswechsel in mehreren Ländern Wirksamkeit entfalten, so muss die Prüfung ihrer formellen und materiellen Gültigkeit aus der Sicht jedes dieser Länder vorgenommen werden. Danach muss durch entsprechende Gestaltung versucht werden, ihre Rechtsbeständigkeit und den Gleichlauf ihrer Wirkungen in den verschiedenen Ländern zu erreichen Diese Untersuchungen kann der Rechtsanwalt oder Notar, wenn er sich dazu befähigt fühlt, auf Grund der einschlägigen deutschen Literatur selbst vornehmen, Standardwerke dazu sind: *Ferid/Firsching/Dörner/Hausmann,* Internationales Erbrecht, 9 Bde. (Loseblatt); *Süß* (Hg.), Erbrecht in Europa, 3. Aufl., 2015. Ausführlichere Darstellungen bieten außerdem ua Würzburger Notarhandbuch/Hertel, 5. Aufl. 2018, Teil 7 Kap. 3 Rn. 56 und Kap. 4; Staudinger/*Dörner* Anhang zu § 25f und für ausgewählte Staaten die Länderlisten von *Schwab* in Beck'sches Formularbuch Erbrecht und *Döbereiner* in Firsching/Graf, Nachlassrecht, 11. Auflage 2019, S. 791 ff. sowie von mehreren Autoren in AnwK-BGB, 5. Buch und Burandt/Rojahn, Erbrecht. In schwierigen Fällen sollte der Notar den Beteiligten die Einholung eines Gutachtens einer der von *Hetger* DNotZ 2003, 310 (Zweitabdruck ZEV 2006, 450) aufgelisteten Experten und Institute für ausländisches und internationales Privatrecht anraten. Ohne genaue Untersuchung des fremden Rechts einschließlich seiner Kollisionsnormen sollte nur bei naher Todesgefahr des Erblassers beurkundet werden, oder wenn die Beteiligten von sich aus die Wirksamkeit der Verfügung kraft eigener Kenntnis des ausländischen Rechts behaupten. Da viele Rechtsordnungen eine Bindung an Verfügungen von Todes wegen durch Erbvertrag oder gemeinschaftliches Testament ablehnen, sollte man in diesen Fällen jedenfalls im Zweifel getrennt testieren lassen.

**3. Grundzüge der EuErbVO. (1) Anwendungsbereich der EuErbVO.**

a) Als **Bilaterale Übereinkommen** bleiben für Deutschland der Deutsch-Türkische Konsularvertrag vom 28.5.1929, der Deutsch-Sowjetische Konsularvertrag vom 25.4.1958 sowie das Deutsch-Iranische Niederlassungsabkommen vom 17.2.1929 nach Art. 75 Abs. 1 EuErbVO mit ihren von der EuErbVO abweichenden Regelungen vorrangig, da die Mitgliedsstaaten ihren völkerrechtlichen Verpflichtungen weiter nach kommen müssen. Ob seitens Deutschlands eine Kündigung der Abkommen erfolgen kann und wird bleibt abzuwarten. Die EuErbVO gilt unmittelbar für alle EU-Staaten, allerdings nicht für Großbritannien (unabhängig vom Brexit), Irland und Dänemark, da diese Staaten von der Möglichkeit des opt-out Gebrauch gemacht haben (Großbritannien und Irland) bzw. nicht von ihrer Möglichkeit des opt-in (Dänemark) Gebrauch machen werden. Soweit in der EuErbVO von Mitgliedsstaaten die Rede ist, sind hierunter diese Länder nicht zu verstehen, sie bilden im Sinne der Verordnung vielmehr Drittstaaten.

b) Nach Art. 1 Abs. 1 EuErbVO ist die Verordnung auf die **Rechtsnachfolge von Todes wegen** anzuwenden. Darunter ist nach Art. 3 Abs. 1 EuErbVO jede Form des Übergangs von Vermögenswerten, Rechten und Pflichten von Todes wegen, sei es im Wege der gewillkürten Erbfolge durch eine Verfügung von Todes wegen oder im Wege der gesetzlichen Erbfolge zu verstehen. Die Begriffe der Verordnung sind autonom auf der Grundlage eines europäischen Begriffsverständnisses auszulegen, also losgelöst von den nationalen Rechtsordnungen unter Berücksichtigung des Wortlauts, der Entstehungsgeschichte, der Ziele und der Systematik des jeweiligen Rechtsaktes sowie der allgemeinen Rechtsgrundsätze, die sich aus der Gesamtheit der nationalen Rechtsordnungen ergeben (vgl. nur *Dörner* ZEV 2012, 505 (507)). Die Kategorien des deutschen Rechts bilden dabei nur noch einen Teil dieser Gesamtheit. Im Zweifelsfall wacht der EuGH nach Art. 267 Abs. 2 AEUV über die einheitliche Auslegung der Verordnung.

c) Nach Art. 1 Abs. 2 lit. d EuErbVO sind Fragen des ehelichen **Güterrechts** sowie des Güterrechts aufgrund von Verhältnissen, die nach dem auf diese Verhältnisse anzuwendenden Recht mit der Ehe vergleichbare Wirkungen entfalten, vom Anwendungsbereich ausgeschlossen. Andererseits bestimmt Art. 23 Abs. 2 lit. b EuErbVO, dass dem Erbstatut die Nachlassansprüche des überlebenden Ehegatten oder Lebenspartners unterliegen. Die EuErbVO enthält keine Bestimmungen zur Vereinheitlichung zwischen Güterrecht und Erbrecht, sie enthält im Gegenteil überhaupt keine Regelungen zur Abgrenzung zwischen den beiden Bereichen. Diese wird damit auch künftig im Einzelfall kompliziert bleiben, zumal auch die seit 29.1.2019 anwendbaren Güterrechtsverordnungen (EuGüVO = Verordnung des Rates über die Zuständigkeit, das anzuwendende Recht, die Anerkennung und die Vollstreckung von Entscheidungen im Bereich des Ehegüterrechts – sowie EuPartVO = Verordnung des Rates über die Zuständigkeit, das anzuwendende Recht, die Anerkennung und Vollstreckung von Entscheidungen im Bereich des Güterrechts eingetragener Partnerschaften, ausführlich → Form IX.9 und 10) hierzu keine Aussagen treffen. Die klassischen kollisionsrechtlichen Probleme, wie etwa des § 1371 BGB (Zusammentreffen deutschen Güterrechtsstatuts und ausländischem Erbstatut), bestehen weiterhin. Wie auch vom BGH zur Rechtslage vor Inkrafttreten der EuErbVO entschieden (BGH FamRZ 2015, 1180 mAnm *Mankowski),* ging die fast einhellige Auffassung in der deutschen Literatur auch unter Geltung der EuErbVO und der EuGüVO von einer güterrechtlichen Qualifikation des § 1371 Abs. 1 BGB aus (siehe nur *Dörner* ZEV 2012, 505 (507); *Mankowski* ZEV 2016, 479 (483); *Odersky notar* 2013, 3; *Weber* DNotZ 2016, 424 (433) u. DNotZ 2016, 659, (666)). Der EuGH hat sich jedoch auf Vorlage des KG (KG MittBayNot 2017, 628 mAnm *Odersky*) – vor allem um die Effektivität des Europäischen Nachlasszeugnisses sicherzustellen –mit seinem Urteil vom 1.3.2018 in der Rechtssache C-558/16 (Mahnkopf) für eine erbrechtliche Qualifikation entschieden (EuGH C-558/16, ZEV 2018, 205 mAnm *Bandel;* siehe hierzu *Weber* NJW 2018, 1356).

Allgemein kann auch künftig unter Geltung von EuErbVO und EuGüVO wohl als Richtschnur gelten, dass Regelungen, die den Ehegatten in eine Reihe mit den erbberechtigten Verwandten stellen und ihm eine Teilhabe am Vermögen des Verstorbenen ausschließlich aufgrund der Nähebeziehung zum Erblasser gewähren und im Hinblick darauf, dass nach dem hypothetischen Willen des Verstorbenen eine erbrechtliche Verteilung an nahe Angehörige erfolgen soll, erbrechtlich zu qualifizieren sind. Erbrechtliche Begünstigungen werden ferner in der Regel unabhängig von einem bestimmten Güterstand gewährt. Güterrechtlich ist zu qualifizieren, wenn die Begünstigung ein Ausgleich für die während der Ehe erbrachten Leistungen des Überlebenden oder Konsequenz des Umstands sein soll, dass Ehegatten während der Ehe ihre beiderseitigen Vermögen verschmolzen und somit aus einem Topf gewirtschaftet haben. Güterrechtliche Begünstigungen sind ferner häufig (aber nicht zwingend) vom Bestehen eines bestimmten Güterstandes abhängig (vgl. zB LG München I FamRZ 1978, 364; *Mankowski* ZEV 2016, 479 (482); *Martiny* ZfPW 2017, 1 (11); Staudinger/*Dörner* EGBGB Art. 25 Rn. 33; Staudinger/*Mankowski* EGBGB Art. 15 Rn. 328; Süß/*Süß*, Erbrecht in Europa, 3. Aufl. 2015, § 3 Rn. 82; anders jedoch der Generalanwalt in den Schlussanträgen in der oben genannten Rechtssache C-558/16 – Mahnkopf).

Ein Gleichlauf zwischen Güterrechts- und Erbstatut wird auch künftig jedenfalls nicht automatisch eintreten. Die im Einzelfall anzustrebende Vereinheitlichung von Güterrecht und Erbrecht wird damit im internationalen Rechtsverkehr weiterhin eine vordringliche, wenn nicht aufgrund der Anknüpfung der Erbrechtsverordnung an den gewöhnlichen Aufenthalt im Todeszeitpunkt sogar eine noch vordringlichere Aufgabe der Rechtsgestaltung bleiben.

d) Fragen des **Gesellschaftsrechts** wie Klauseln im Errichtungsakt oder in der Satzung der Gesellschaft, die das Schicksal der Anteile verstorbener Gesellschafter regeln, werden nach Art. 1 Abs. 2 lit. g EuErbVO nicht von der Verordnung erfasst. Das Gesellschaftsstatut bestimmt also, ob ein Gesellschaftsanteil vererblich ist und in den Nachlass fällt. Ist der Anteil nach dem Gesellschaftsstatut vererblich, so bestimmt das Erbstatut, auf wen der Anteil von Todes wegen übergeht (ausführlich *Leitzen* ZEV 2012, 520; siehe auch *Dörner* ZEV 2012, 505 (508); *Simon/Buschbaum* NJW 2012, 2393 (2394)). Für Pflichtteils- und Pflichtteilsergänzungsansprüche gilt nach Art. 23 Abs. 2 lit. h EuErbVO jedoch das Erbstatut.

(2) **Vorfragen.** Die nach Art. 1 Abs. 2 EuErbVO vom Anwendungsbereich der Verordnung ausgeschlossenen Komplexe sind grundsätzlich nach den für sie geltenden Kollisionsregeln anzuknüpfen, Fragen des Bestehens einer Ehe also zB nach Art. 13 EGBGB und güterrechtliche Fragen nach der EuGüVO bzw. der EuPartVO. Fraglich ist, ob dies auch gilt, wenn sie als sog. Vorfragen vorgreiflich für erbrechtliche Fragen sind oder ob im Bereich der EuErbVO nicht eine sog. unselbständige, Vorfragenanknüpfung nach dem Recht der erbrechtlichen Hauptfrage sachgerechter ist. Für eine unselbständige Vorfragenanknüpfung spricht allgemein der interne Entscheidungseinklang, für eine unselbständige Anknüpfung der internationale Entscheidungseinlang. Im Bereich der EuErbVO wird mit beachtlichen Argumenten eine unselbständige Vorfragenanknüpfung vertreten, da sonst bei der Ausstellung eines Europäischen Nachlasszeugnisses zB aufgrund der bisher fehlenden Vereinheitlichung des Güterrechts unterschiedliche Ergebnisse in den jeweiligen Mitgliedsstaaten ergeben können (*Dörner* ZEV 2012, 505 (512)). Angesichts des eindeutigen Ausschlusses bestimmter Bereiche in Art. 1 Abs. 2 EuErbVO (siehe auch zB Nr. 12 der Erläuterungen) scheint allerdings eine unselbständige Vorfragenanknüpfung von der Verordnung vorgegeben.

(3) **Ermittlung des Erbstatuts**

a) **Regelanknüpfung nach Art. 21 EuErbVO.** Nach der allgemeinen Kollisionsnorm des Art. 21 Abs. 1 EuErbVO unterliegt die gesamte Rechtsnachfolge von Todes wegen dem Recht des Staates, in dem der Erblasser im Zeitpunkt seines Todes seinen gewöhnlichen Aufenthalt hatte. Dies gilt unabhängig davon, ob er dort auch verstorben ist, welche Staatsangehörigkeit er hatte und wo sein Nachlass belegen ist. Ein Deutscher, der seinen Lebensabend an der Cote d'Azur verbringt, wird daher nach französischem Recht beerbt. Die Anknüpfung an den letzten gewöhnlichen Aufenthalt gilt auch in reinen Drittstaatsfällen (vgl. Art. 20 EuErbVO), wobei es in solchen Fällen allerdings regelmäßig an der Zuständigkeit der Gerichte der Mitgliedsstaaten nach Art. 4 ff. EuErbVO fehlen wird.

**b) Letzter gewöhnlicher Aufenthalt.** Eine Definition des gewöhnlichen Aufenthalts fehlt in der Verordnung. Lediglich die Erläuterungen geben in Nr. 23 und 24 gewisse, wenn auch vage und wenig konkrete Anhaltspunkte *(Kunz* GPR 2012, 208 (211); *Odersky* notar 2013, 3 (5)). Der gewöhnliche Aufenthalt ist nicht gleichzusetzen mit dem Wohnsitz, da anders als beim Wohnsitz für die Begründung eines gewöhnlichen Aufenthalts grundsätzlich kein rechtsgeschäftlicher Wille erforderlich ist (*Lehmann* DStR 2012, 2085 (2087)). Der gewöhnliche Aufenthalt ist also zunächst nach rein objektive Kriterien festzulegen. Andererseits dürfte bei Fehlen jeglichen subjektiven Moments die Annahme eines gewöhnlicher Aufenthalts nur schwer zu begründen sein (*Odersky* notar 2013, 3 (5)). Eine Person kann lediglich einen einzigen gewöhnlichen Aufenthalt iSd EuErbVO haben, da nicht zwei oder mehrere Erbrechte nebeneinander gelten können. Zur Feststellung des gewöhnlichen Aufenthalts ist unter Berücksichtigung eine Gesamtbeurteilung der Lebensumstände des Erblassers vor seinem Tod und im Zeitpunkt seines Todes vorzunehmen. Zu berücksichtigen sind zB Dauer und Regelmäßigkeit des Aufenthalts des Erblassers in dem betreffenden Staat und die damit zusammenhängenden Umstände und Gründe (Erläuterungen Nr. 23). Vorausgesetzt wird in Nr. 23 und 24 der Erläuterungen eine besonders enge und feste und verfestigte Bindung zu dem betreffenden Staat mit gewisser Beständigkeit bzw. Regelmäßigkeit und familiärem und sozialem Lebensmittelpunkt. Ist der Erblasser im Ausland verstorben, ist stets im Einzelfall zu prüfen, wie tief der Erblasser noch in seinem Ursprungsland verwurzelt war. Die Staatsangehörigkeit und die Belegenheit von Vermögensgegenständen können als Indizien berücksichtigt werden, ebenso der Bleibewille und die Absicht, sich in dem betreffenden Land zu integrieren (*Kunz* GPR 2012, 208 (211)) und der Arbeitsort. Eine Mindestverweildauer in der Vergangenheit wird nicht vorausgesetzt. Indizien können auch, wie häufig und von welcher Dauer die Besuche des Erblassers im Heimatstaat waren und welche Kenntnisse der ausländischen Landessprache er erworben hat.

Folgende Problemfälle werden europaweit in diesem Zusammenhang aktuell diskutiert (näher zB *Frank/Döbereiner,* Nachlassfälle mit Auslandsbezug, 2015, Rn. 120; *Hausmann/Odersky*, Internationales Privatrecht in der Notar- und Gestaltungspraxis, § 15 Rn. 20 ff.; Würzburger Notarhandbuch/*Hertel*, 5. Aufl. 2018, Teil 7 Kap. 3 Rn. 35; ausführlich *Kurth*, Der gewöhnliche Aufenthalt in Art. 4, 21 Abs. 1 EuErbVO, 2017, S. 205 ff.), wobei die Lösung stets im Einzelfall anhand der genannten Kriterien zu ermitteln ist:

- sog. Mallorca-Rentner, also Personen die einen Teil des Jahres im Süden, einen Teil des Jahres im Heimatland verbringen;
- Wanderarbeiter, Berufspendler, zB Bankangestellte, die während der Woche am Finanzplatz London tätig sind, jedes Wochenende aber zurück nach Frankfurt fliegen, wo auch die Familie weiterhin wohnt;
- Grenzpendler, zB Deutsche, die aufgrund günstiger Steuersätze in den Niederlanden wohnen, aber jeden Tag zur Arbeit nach Deutschland pendeln und auch in der Freizeit viel Zeit zB bei Freunden und Verwandten in Deutschland verbringen;
- Pflegebedürftige und geschäftsunfähige Personen, die von nahen Angehörigen – um Pflegekosten zu sparen oder aufgrund „günstigerer“ Pflichtteilsquoten – ins Ausland verbracht werden (siehe hierzu nun OLG München MittBayNot 2017, 623 mAnm *Odersky*; ausführlich *Weber/Francastel* DNotZ 2018, 163);
- Auslandsstudenten (idR kein gewöhnlicher Aufenthalt im Studienland, jedenfalls wenn und solange Rückkehrabsicht);
- Strafgefangene (idR kein gewöhnlicher Aufenthalt im Inhaftierungsland);
- Profisportler, die häufig den Verein wechseln, je nach sportlicher und nicht zuletzt finanzieller Perspektive.

Nach Art. 21 Abs. 2 ErbRVO gilt als Erbstatut ausnahmsweise nicht das Recht am letzten gewöhnlichen Aufenthalt, wenn sich aus der Gesamtheit der Umstände ergibt, dass der Erblasser im Zeitpunkt seines Todes eine offensichtlich engere Verbindung zu einem anderen

Staat hatte. In diesem Fall ist auf die Rechtsnachfolge von Todes wegen das Recht dieses anderen Staates anzuwenden. Der Sinn und Zweck der erst am Ende des Rechtssetzungsverfahrens aufgenommenen Bestimmung ist unklar, da bereits bei der Ermittlung des letzten gewöhnlichen Aufenthalts eine Gesamtbetrachtung aller Umstände anzustellen ist.

(4) **Reichweite des Erbstatuts.** Dem nach Artikel 21 oder Artikel 22 bezeichneten Recht unterliegt nach Art. 23 Abs. 1 EuErbVO die gesamte Rechtsnachfolge von Todes wegen. Hierzu gehören nach der Aufzählung in Art. 23 Abs. 2 EuErbVO insbesondere (also nicht abschließend) die Bestimmung der Erbteile einschließlich der Nachlassansprüche des überlebenden Ehegatten oder Lebenspartners (lit. b), die Erbfähigkeit (lit. c), die Enterbung und die Erbunwürdigkeit (lit. d), der Übergang der zum Nachlass gehörenden Vermögenswerte, Rechte und Pflichten auf die Erben und gegebenenfalls die Vermächtnisnehmer, einschließlich der Bedingungen für die Annahme oder die Ausschlagung der Erbschaft oder eines Vermächtnisses und deren Wirkungen (lit. e); die Rechte der Erben, Testamentsvollstrecker und anderer Nachlassverwalter, insbesondere im Hinblick auf die Veräußerung von Vermögen und die Befriedigung der Gläubiger (lit. f), die Haftung für die Nachlassverbindlichkeiten (lit. g), der verfügbare Teil des Nachlasses, die Pflichtteile und andere Beschränkungen der Testierfreiheit sowie etwaige Ansprüche von Personen, die dem Erblasser nahe stehen, gegen den Nachlass oder gegen den Erben (lit. h), die Ausgleichung und Anrechnung unentgeltlicher Zuwendungen (lit. i) sowie die Teilung des Nachlasses (lit. j).

(5) **Rück- und Weiterverweisung, Art. 34 EuErbVO.** Das nach der EuErbVO maßgebliche Recht ist nach Art. 20 der Verordnung auch dann anzuwenden, wenn es sich um das Recht eines Drittstaates handelt („loi uniforme"). Bei den Verweisungen in der Verordnung handelt es sich grundsätzlich um Sachnormverweisungen, Rück- und Weiterverweisungen sind somit ausgeschlossen. Der Ausschluss von Rück- und Weiterverweisungen ist auf den ersten Blick anhand der eintretenden Rechtssicherheit zu begrüßen, hätte aber uU zur Folge, dass die Rechtsordnung eines Landes zur Anwendung kommt, das nicht Mitgliedsstaat ist und die Verweisung durch das Abkommen nicht annimmt, also selbst auf eine andere Rechtsordnung (zurück- bzw. weiter-)verweist. Der internationale Entscheidungseinklang wäre dadurch nicht gewährleistet. Art. 34 Abs. 1 EuErbVO sieht daher vor, dass Rück- oder Weiterverweisungen durch das Recht eines Drittstaates zu beachten sind, wenn und soweit die Verweisung auf das Recht eines Mitgliedsstaates oder auf das Recht eines anderen Drittstaats erfolgt, der sein eigenes Recht anwenden würde. Dies gilt wiederum nicht in den Fällen des Art. 21 Abs. 2, Art. 22 (Rechtswahl), Art. 27 (Form), Art. 28 lit. b (Ausschlagung) und Art. 30 (Besondere Regelungen). Dabei kann es auch zu einem partiellen renvoi kommen, wenn zB das Recht eines Drittstaates nur für unbewegliches Vermögen zurückverweist. Die bekannten Probleme der Nachlassspaltung sind damit weiterhin – wenn auch wohl in geringerem Umfang – von Bedeutung.

(6) **Nachlassspaltung.** Wenn die Rück- oder Weiterverweisung nicht das ganze zu beurteilende Rechtsverhältnis ergreift, ist sie eine partielle. Das ist bei Ländern, die in ihrem IPR für die Beerbung des unbeweglichen Nachlasses Lagerecht (= *lex rei sitae,* = Belegenheitsrecht) anwenden, der Fall und führt zur sog. Nachlassspaltung. Auf dieser Grundlage kommt es zB zu einer Nachlassspaltung bei deutschen Staatsangehörigen, die in den USA lebten und starben, für deren in Deutschland gelegenen Grundbesitz. Auch Staatsverträge können zum Vorrang des Belegenheitsstatuts und damit zur Nachlassspaltung führen (so der deutsch-türkische und der deutsch-sowjetische Konsularvertrag). Der durch Aufspaltung entstandene Nachlassteil ist dabei als selbständiger Nachlassteil anzusehen und entgegen dem Prinzip der Universalsukzession (Gesamtrechtsnachfolge) nach dem für ihn maßgeblichen Erbstatut so zu behandeln, als ob er der Gesamtnachlass wäre (BGHZ 24, 352 (355); BayObLG NJW 1960, 775 = DNotZ 1960, 431; *Hausmann/Odersky*, Internationales Privatrecht in der Notar- und Gestaltungspraxis, § 15 Rn. 79 ff.; Würzburger Notarhandbuch/*Hertel*, 5. Aufl. 2018, Teil 7 Kap. 3 Rn. 57 ff.). In diesen Fällen ist somit

auch die getrennte Erbeinsetzung bezüglich der verschiedenen Rechten unter liegenden Nachlassteile ohne Bruchteilsangabe mit gleichzeitiger Teilungsanordnung möglich.

(7) **Erbrechtliche Anknüpfungspunkte drittstaatlicher Rechtsordnungen außerhalb der EuErbVO.** Man unterscheidet zwischen Ländern mit Nachlasseinheit und solchen mit Nachlassspaltung. Rechtsordnungen mit **Nachlasseinheit** knüpfen ohne Unterschied der Art der Nachlassgegenstände das Erbstatut entweder an die Staatsangehörigkeit, den letzten Wohnsitz oder das Domizil des Erblassers an. Dabei ist jedoch zu beachten, dass der Begriff Domizil im angloamerikanischen Rechtskreis nicht unserem Wohnsitz entspricht, sondern mehr dem, was wir unter Heimat verstehen. Länder mit **Nachlassspaltung** knüpfen die Vererbung von Grundstücken an das Erbrecht des Lageorts *(lex rei sitae)*, während sie hinsichtlich des beweglichen Nachlasses wieder entweder an die Staatsangehörigkeit, den letzten Wohnsitz oder das Domizil des Erblassers anknüpfen. Teilweise wird die *lex rei sitae* dabei auch nur für das im eigenen Staatsgebiet belegene unbewegliche Vermögen angewandt. Zu Einzelheiten können die in vorstehender Anmerkung aufgeführten Werke herangezogen werden.

(8) **Eingriffsnormen, Art. 30 EuErbVO.** Eine weitere Einschränkung der allgemeinen Anknüpfung an den letzten gewöhnlichen Aufenthalt enthält Art. 30 EuErbVO. Besondere Regelungen im Recht eines Staates, in dem sich bestimmte unbewegliche Sachen, Unternehmen oder andere besondere Arten von Vermögenswerten befinden, die die Rechtsnachfolge von Todes wegen in Bezug auf jene Vermögenswerte aus wirtschaftlichen, familiären oder sozialen Erwägungen beschränken oder berühren, finden auf die Rechtsnachfolge von Todes wegen Anwendung, soweit sie nach dem Recht dieses Staates unabhängig von dem auf die Rechtsnachfolge von Todes wegen anzuwendenden Recht anzuwenden sind. Die Vorschrift meint dabei nicht die in einem Staat geltende allgemeine kollisionsrechtliche Unterscheidung zwischen beweglichen und unbeweglichen Gegenständen (*Dutta* FamRZ 2013, 4 (11); *Wilke* RIW 2012, 601 (608)), Art. 30 EuErbVO ist also keinesfalls mit Art. 3a Abs. 2 EGBGB aF gleichzusetzen. Auch Sondererbfolgen in Gesellschaftsanteile fallen nicht unter Art. 30 EuErbVO, da diese nach Art. 1 Abs. 2 lit. g EuErbVO vom Anwendungsbereich der Verordnung ausgenommen sind. Gemeint sind vielmehr zB Besonderheiten im Landwirtschaftserbrecht wie etwa §§ 4 ff. HöfeO.

(9) **Mehrrechtsstaaten. Art. 36 EuErbVO** enthält Vorschriften für Mehrrechtsstaaten wie Spanien oder die USA. In erster Linie bestimmen nach Art. 36 Abs. 1 EuErbVO bei Mehrrechtsstaaten die internen Kollisionsvorschriften dieses Staates die Gebietseinheit, deren Rechtsvorschriften anzuwenden sind. Sind solche nicht vorhanden gilt bei Maßgeblichkeit des gewöhnlichen Aufenthalts die Teilrechtsordnung, in der der Erblasser im Zeitpunkt seines Todes seinen gewöhnlichen Aufenthalt hatte und bei Maßgeblichkeit der Staatsangehörigkeit die Teilrechtsordnung, zu der der Erblasser die engste Verbindung hatte. Unterscheidet ein Staat erbrechtlich zwischen verschiedenen Personengruppen, so entscheiden nach Art. 37 EuErbVO die in diesem Staat geltenden Vorschriften, welches Recht zur Anwendung kommt. Bei Fehlen von diesbezüglichen Vorschriften ist das Rechtssystem oder das Regelwerk anzuwenden, zu dem der Erblasser die engste Verbindung hatte.

(10) **Ordre public.** Art. 35 EuErbVO enthält den verordnungsüblichen *ordre-public* Vorbehalt. Demnach darf die Anwendung einer Vorschrift des nach der Verordnung bestimmten Rechts nur versagt werden, wenn ihre Anwendung mit der öffentlichen Ordnung offensichtlich unvereinbar ist. Der Entwurf der Verordnung vom 14.10.2009 enthielt in Art. 35 Abs. 2 noch eine ausdrückliche Regelung, wonach eine ausländische, von der innerstaatlichen Regelung abweichende Pflichtteilsgestaltung allein keinen ordre public Verstoß darstellt. Aus der Streichung dieser Bestimmung kann jedoch nicht geschlossen werden, dass nunmehr jede ausländische, abweichende Pflichtteilsregelung potentiell gegen den inländischen ordre public verstoßen würde. Jedenfalls innerhalb der Mitgliedsstaaten, die alle ein Erb- oder Pflichtteilsrecht in irgendeiner Form kennen, dürfte eine Anwendung von Art. 35 EuErbVO von vornherein ausscheiden. Anders mag

dies sein, wenn nach der EuErbVO ein Recht zur Anwendung kommt, das gar kein Pflichtteilsrecht kennt (siehe auch *Odersky* notar 2013, 3 (7)).

**4. Hinweise.** Nach § 17 Abs. 3 S. 2 BeurkG braucht der Notar über den Inhalt ausländischer Rechtsordnungen nicht zu belehren und sie demnach auch nicht zu kennen. Ihre Kenntnis fällt somit nicht unter seine Amtspflichten, sehr wohl hingegen der Hinweis auf die Problematik der Auslandsberührung als solche und die Kenntnis der deutschen Kollisionsnormen und damit auch der Regelungen der EuErbVO. Kenntnis des ausländischen Rechts ist nicht gefordert, auch nicht der fremden Kollisionsnormen. Nach § 17 Abs. 3 S. 1 BeurkG hat der Notar die Beteiligten jedoch darauf hinzuweisen, dass das beurkundete Geschäft fremdem Recht unterliegt oder zumindest hinsichtlich der Geltung deutschen Rechts Zweifel bestehen (Hinweispflicht). Er hat dies in der Urkunde zu vermerken, macht sich jedoch, falls der Hinweis erfolgt ist, durch das Unterlassen des Vermerks nicht haftpflichtig (BGH DNotZ 1974, 296). Der Hinweis ist nur erforderlich, wenn die Umstände des Falles (ausländischer Name, fremdländischer Akzent, Aussehen oder ausländischer Wohnsitz) Anlass geben, an die Möglichkeit von Auslandsbeziehungen zu denken (BGH DNotZ 1963, 315). Nimmt der Notar diesen Hinweis in die Urkunde auf und die Beteiligten nehmen trotz der ungeklärten Rechtslage keinen Abstand von der Beurkundung, kann er unbedenklich nach und auf Grund deutschen Rechts verfahren und haftet nicht, falls die Urkunde ganz oder teilweise unwirksam ist, weil tatsächlich fremdes Recht Anwendung findet. Interessant ist hierzu auch die Meinung des BGH (DNotZ 1981, 451 (453)), wenn deutsche Beteiligte einen ausländischen Notar aufsuchten, komme dies einem Verzicht auf Belehrung gleich, da von ihm regelmäßig keine Kenntnis des fremden Rechts und damit eine umfassende Belehrung erwartet werden könne. Belehrt der Notar jedoch über das ausländische Recht, und das ist letztlich immer der Fall, wenn er die Urkunde entsprechend dem fremden Recht abzufassen versucht, muss die Belehrung richtig sein. Dies folgt aus dem Grundsatz, dass eine Auskunft sachgerecht, unmissverständlich und vollständig zu erteilen ist, auch wenn eine Pflicht zu ihrer Erteilung nicht besteht. Der Notar kann sich von dieser Amtspflicht nicht freizeichnen. Er kann insoweit nur seine hinsichtlich des fremden Rechts eingeschränkte Kompetenz offen legen und dadurch verhindern, dass durch seine Tätigkeit ein Vertrauenstatbestand geschaffen wird. Das soll durch den „Haftungsausschluss" zum Ausdruck kommen. Der gleiche Gedanke führt auch zur Haftungsbeschränkung, wenn sich der Notar eines Gutachtens bedient, das meist ohne Gewähr erstattet wird und dieses sich als unrichtig erweisen sollte, sofern er nur in der Urkunde auf den Haftungsausschluss hinweist.

## 2. Rechtswahl im einseitigen Testament nach Art. 22 Abs. 2, 24 Abs. 2 EuErbVO

**Heute, den .[1] . . . . . .**
**erschien vor mir, Notar . . . . ., in meinen Geschäftsräumen in . . . . . .**
**(auch als eigenhändiges Testament möglich)**
**Herr A. . . . .**
**Der Beteiligte erklärte mit dem Ersuchen um Beurkundung:**

**§ 1 Vorbemerkungen**

**Ich, Herr A, bin deutscher Staatsangehöriger, ich habe jedoch meinen gewöhnlichen Aufenthalt in Spanien (Mallorca) und beabsichtige nicht, meinen gewöhnlichen Aufenthalt in ein anderes Land zu verlegen, insbesondere plane ich keine dauerhafte Rückkehr nach Deutschland.[2]**

**§ 2 Rechtswahl**

**Ich wähle hiermit nach Art. 22 Abs. 2 EuErbVO für die Rechtsnachfolge von Todes wegen nach meinem Ableben deutsches Recht.[2]**
**Ferner wähle ich auch für die Zulässigkeit und die materielle Wirksamkeit dieses Testaments nach Art. 24 Abs. 2 EuErbVO deutsches Recht.[4]**

**§ 3 Testament**

**Ich errichte sodann folgendes Testament nach deutschem Recht . . . . .[5]**
**. . . . . (es folgen die letztwilligen Verfügungen)[3]**
**§ 4 Kosten,[6] Hinweise,[7] Steuern,[8] Schlussbestimmungen**
**. . . . .**

## Anmerkungen

**1. Wahl des Formulars.** Herr A ist deutscher Staatsangehöriger, hat jedoch seinen gewöhnlichen Aufenthalt auf Mallorca und will dort auch seinen Lebensabend verbringen, eine dauerhafte Rückkehr nach Deutschland hält er für ausgeschlossen. Da wesentliche Teile seines Vermögens in Deutschland belegen sind und auch seine Kinder als potentielle Erben in Deutschland leben, möchte er dennoch nach deutschem Recht testieren und nach deutschem Recht beerbt werden.

**2. Rechtswahl nach Art. 22 EuErbVO. (1) Allgemeines.** Art. 22 Abs. 1 S. 1 EuErbVO sieht eine eingeschränkte Rechtswahlmöglichkeit vor. Eine Person kann für die Rechtsnachfolge von Todes wegen das Recht des Staates wählen, dem sie im Zeitpunkt der Rechtswahl oder im Zeitpunkt ihres Todes angehört. Dabei ist unerheblich, ob es sich um das Recht eines Mitgliedsstaates handelt oder das Recht eines Drittstaates. Mehrstaater können nach Art. 22 Abs. 1 S. 2 EuErbVO jede Rechtsordnung wählen, der sie angehören, nicht nur die effektive. Gehört der Testierende einem Mehrrechtsstaat an, so sind für die Ermittlung des wählbaren Rechts zusätzlich Art. 36 und 37 EuErbVO zu beachten, so dass es in erster Linie auf das interlokale bzw. interpersonale Kollisionsrecht, hilfsweise auf die engste Verbindung abzustellen ist. Staatenlosen steht dagegen nach dem Wortlaut keine Rechtswahlmöglichkeit zur Verfügung, allerdings ist wegen Art. 75 Abs. 1 EuErbVO aus deutscher Sicht Art. 12 des New Yorker UN-Übereinkommens über die Rechtstellung der Staatenlosen vom 28.9.1954 zu beachten, so dass Staatenlose wohl das Recht ihres Wohnsitzes oder bei Fehlen eines solchen ihres (schlichten) Aufenthalts wählen können (so *Nordmeier* GPR 2013, 148 (150)). Die Rechtswahl muss umfassend sein, eine beschränkte Rechtswahl etwa allein für unbewegliches Vermögen, wie sie Art. 25 Abs. 2 EGBGB aF vorsah, ist nicht zulässig. Die gewählte Rechtsordnung ist nach wohl überwiegender Auffassung konkret anzugeben, die Wahl des Rechts der Staatsangehörigkeit im Todeszeitpunkt, welche dies auch immer sein mag, ist also nicht möglich (*Dörner* ZEV 2012, 505 (513); *Janzen* DNotZ 2012, 487; *Leitzen* ZEV 2013, 128; aA *Nordmeier* GPR 2013, 148 (151); *Wilke* RIW 2012, 601 (606)). Eine Rechtswahl nach Art. 22 Abs. 1 EuErbVO kann auch bedingt oder befristet sein, dies ergibt sich bereits daraus, dass der Erblasser die Rechtswahl auch ändern oder aufheben kann (*Leitzen* ZEV 2013, 128 (129)).

Die Rechtswahl sollte und muss immer dann getroffen werden, wenn der Erblasser nach seinem Heimatrecht beerbt werden will, seinen gewöhnlichen Aufenthalt aber in einem anderen Staat hat. Eine Rechtswahl auf deutsches Erbrecht ist auch nicht von vornherein überflüssig, wenn der Erblasser seinen gewöhnlichen Aufenthalt ohnehin in Deutschland hat oder das am gewöhnlichen Aufenthaltsort des Erblassers geltende Recht auf deutsches Recht zurückverweist. Zum einen kann der Erblasser seinen gewöhnlichen Aufenthalt verlegen, zum anderen kann die Feststellung des ausländischen Rechts schwierig sein, eine Rechtswahl schafft Klarheit.

(2) **Form der Rechtswahl.** Nach Art. 22 Abs. 2 EuErbVO muss die Rechtswahl ausdrücklich in einer Erklärung in Form einer Verfügung von Todes wegen erfolgen oder sich aus den Bestimmungen einer solchen Verfügung ergeben. Damit ist nicht gemeint, dass eine Rechtswahl nur gemeinsam mit einer letztwilligen Verfügung erfolgen kann und eine isolierte Rechtswahl ausgeschlossen wäre, es handelt sich vielmehr lediglich um eine Klarstellung zur Form (A.A: *Kunz* GPR 2012, 207). Da es sich auch beim gemeinschaftlichen Testament und beim Erbvertrag um letztwillige Verfügungen im Sinne der EuErbVO handelt, kann eine Rechtswahl auch dort enthalten sein.

(3) **Rechtswahlerklärung.** Die Rechtswahl kann ausdrücklich oder konkludent erfolgen. Eine konkludente Rechtswahl kann sich zB aus der konkreten Nennung von Rechtsvorschriften einer bestimmten Rechtsordnung ergeben (siehe Nr. 31 der Erläuterungen zur EuErbVO), sofern auch ein diesbezügliches – wenn auch geringes – Erklärungsbewusstsein des Erblassers anzunehmen ist (*Dutta* FamRZ 2013, 4 (8); *Leitzen* ZEV 2012, 128 (129); *Nordmeier* GPR 2013, 148 (152)). Vormals unter dem Stichwort „Handeln unter fremdem Recht" behandelte Fälle können damit ggf., sofern dies zum Recht der Staatsangehörigkeit führt, durch die Annahme einer konkludenten Rechtswahl gelöst werden. Die materielle Wirksamkeit der Rechtswahl unterliegt nach Art. 22 Abs. 3 EuErbVO dem gewählten Recht, das damit insoweit Vorwirkungen erzeugt. Das gewählte Recht wird aber in der Regel – bis jetzt jedenfalls – keine Regelungen für eine Rechtswahl nach der EuErbVO enthalten, vgl. auch Nr. 40 der Erläuterungen. Bei der Rechtswahl handelt es sich zwar nicht selbst um eine letztwillige Verfügung (vgl. zu Art. 25 Abs. 2 EGBGB *Dörner* DNotZ 1988, 88: „erbrechtliches Gestaltungsrecht"), dennoch beeinflusst sie die Erbfolge, so dass man mangels anderer Vorschriften die Regelungen des gewählten Rechts über letztwillige Verfügungen zB hinsichtlich Testierfähigkeit, Stellvertretung, Willensmängel oder Auslegung (analog) anwenden wird können (MünchKomm/*Dutta* EuErbVO Art. 22 Rn. 18; aA *Nordmeier* GPR 2013, 148 (153): Regeln über allgemeine Rechtsgeschäfte; wie hier bereits zu Art. 25 Abs. 2 EGBGB aF zB MünchKomm/*Birk* EGBGB Art. 25 Rn. 33 f.; *Schotten/Schmellenkamp*, 2. Aufl., Rn. 294; Staudinger/*Dörner* EGBGB Art. 25 Rn. 528 ff.). Die Rechtswahl muss in einer wirksamen Verfügung von Todes wegen enthalten sein. Damit steht eine Rechtswahl zB für Testierunfähige nicht zur Verfügung.

(4) **Änderung und Widerruf der Rechtswahl.** Die Änderung oder der Widerruf der Rechtswahl muss nach Art. 22 Abs. 4 EuErbVO den Formvorschriften für die Änderung oder den Widerruf einer Verfügung von Todes wegen entsprechen. Nicht geregelt ist die Frage, nach welchem Recht die materielle Wirksamkeit des Widerrufs oder der Änderung zu beurteilen ist. Wird lediglich eine bestehende Rechtswahl ohne neue Rechtswahl widerrufen, so gilt nach der allgemeinen Kollisionsregel des Art. 21 EuErbVO nunmehr für den Erblasser im Todesfall wieder das Recht am letzten gewöhnlichen Aufenthalt im Todeszeitpunkt, so dass man in der bloßen Aufhebung der Rechtswahl die gleichzeitige Wahl des allgemein nach Art. 21 EuErbVO geltenden Erbstatuts sehen könnte. Da der gewöhnliche Aufenthalt im Todeszeitpunkt im Zeitpunkt der Aufhebung der Rechtswahl jedoch noch nicht feststeht, hilft eine Anknüpfung nach Art. 21 EuErbVO hier nicht weiter. Es kommen damit lediglich noch das ursprünglich gewählte Recht und das Recht am aktuellen gewöhnlichen Aufenthalt als mögliche Anknüpfungspunkte in Betracht. Die Erläuterungen zur EuErbVO deuten in Nr. 40 S. 2 darauf hin, dass für eine Rechtshandlung, mit der lediglich eine bestehende Rechtswahl aufgehoben wird, das in der zugrundeliegenden Rechtswahl gewählte Recht maßgeblich ist. Es kann wie folgt formuliert werden:

*„Ich, der Erblasser, erkläre: Ich bin niederländischer Staatsangehöriger, habe aber meinen gewöhnlichen Aufenthalt in Deutschland und beabsichtige auch nicht, dies zu ändern. Ich habe am _____ testamentarisch eine Rechtswahl zugunsten des niederländischen Rechts vorgenommen. Ich widerrufe diese Rechtswahl. Eine neue Rechtswahl möchte ich nicht treffen. Maßgeblich soll stattdessen das Recht meines gewöhnlichen Aufenthalts sein.“*

Eine Änderung einer bestehenden Rechtswahl kann (im Gegensatz zum reinen Widerruf) begriffsnotwendig nur darin liegen, dass insbesondere bei mehrfacher Staatsangehörigkeit oder nach einem Staatsangehörigkeitswechsel eine neue Rechtswahl getroffen wird. Hier wird man Art. 22 Abs. 3 EuErbVO anwenden können, so dass sich die materielle Wirksamkeit der neuen Rechtswahl nach dem neuen gewählten Recht richtet, siehe wiederum auch Nr. 40 S. 1 der Erläuterungen (A.A.: *Nordmeier* GPR 2013, 148 (154)). Es kann wie folgt formuliert werden:

*„Ich, der Erblasser, erkläre: Ich bin brasilianischer und portugiesischer Staatsangehöriger, habe aber meinen gewöhnlichen Aufenthalt in Deutschland und beabsichtige auch nicht, dies zu ändern. Ich habe am _____ testamentarisch eine Rechtswahl zugunsten des Rechts von Brasilien vorgenommen. Ich ändere diese Rechtswahl und wähle stattdessen für die Rechtsnachfolge von Todes wegen das Recht von Portugal.“*

**3. Einseitige Testamente nach der EuErbVO.** Art. 3 Abs. 1 lit. d EuErbVO definiert als Verfügung von Todes das Testament, das gemeinschaftliches Testament und den Erbvertrag. Bei einem Testament handelt es sich dabei in Abgrenzung zum Erbvertrag um eine stets frei und uneingeschränkt einseitig widerrufliche letztwillige Verfügung, zur Abgrenzung zum Erbvertrag sowie zum gemeinschaftlichen Testament → Form. X.IV.3 Anm. 1.

(1) **Form.** Für die Form eines Testaments gilt vorrangig nach Art. 75 Abs. 1 EuErbVO zunächst unmittelbar das Haager Übereinkommen vom 5.10.1961 über das auf die Form letztwilliger Verfügungen anzuwendende Recht – TestÜbK –. Da jedoch nicht alle Mitgliedsstaaten der EuErbVO zugleich Mitgliedsstaaten des vorgenannten Haager Abkommens sind und zudem dieses für Erbverträge nicht gilt, enthält Art. 27 EuErbRVO eine weitgehend dem Haager Testamentsabkommen entsprechende Regelung. Das TestÜbK ist in der Bundesrepublik seit 1.1.1966 und war für die DDR seit 21.9.1974 in Kraft. Nach Art. 6 TestÜbK findet es auch gegenüber Erblassern Anwendung, die keine Angehörigen eines Vertragsstaates sind. Was unter Form zu verstehen ist (Qualifikation), definiert das Abkommen nicht, dies beantwortet sich vielmehr nach der lex fori. Art. 5 TestÜbK setzt lediglich fest, dass auf jeden Fall Beschränkungen und Verbote nationaler Rechte, die für Erblasser oder Testamentszeugen in Bezug auf die Staatsangehörigkeit, die Rasse, das Geschlecht oder andere persönliche Eigenschaften, wie zB Blind-, Stumm- oder Taubheit, Geisteskrankheit, Geistesschwäche, Verschwendung oder Trunksucht bestehen, zur Form zu rechnen sind. Eine letztwillige Verfügung (Testament) ist nach Art. 1 TestÜbK hinsichtlich dieser Form gültig, wenn sie den Formerfordernissen des Staates entspricht, dessen Staatsangehörigkeit der Erblasser bei der Errichtung der Verfügung oder im Zeitpunkt seines Todes besaß oder denen, die am Ort ihrer Errichtung oder an dem Ort gelten, an dem der Erblasser im Zeitpunkt ihrer Errichtung oder seines Todes seinen Wohnsitz oder gewöhnlichen Aufenthalt hatte oder wo sich unbewegliches Vermögen befindet, das Gegenstand der Verfügung ist. Die genannten Anknüpfungsvorschriften gelten nicht nur für die Form der Errichtung einer letztwilligen Verfügung, sondern auch für ihren Widerruf.

(2) **Zulässigkeit und materielle Wirksamkeit.** Die Zulässigkeit und die materielle Wirksamkeit einer Verfügung von Todes wegen mit Ausnahme eines Erbvertrags unterliegen nach Art. 24 Abs. 1 EuErbVO dem Recht, das nach dieser Verordnung auf die Rechtsnachfolge von Todes wegen anzuwenden wäre, wenn die Person, die die Verfügung errichtet hat, zu diesem Zeitpunkt verstorben wäre. Es gilt also grundsätzlich nach Art. 21 EuErbVO das Recht am gewöhnlichen Aufenthalt des Testierenden, wobei

jedoch der maßgebliche Zeitpunkt auf den Zeitpunkt der Testamentserrichtung vorverlagert ist, sog. Errichtungsstatut. Ein späterer Statutenwechsel ist damit insoweit unbeachtlich, so dass ein einmal wirksam errichtetes Testament bei einem späteren Statutenwechsel nicht unwirksam, ein unwirksam errichtetes Testament umgekehrt jedoch auch nicht wirksam wird. In der Praxis kann die Feststellung des gewöhnlichen Aufenthalts zum Zeitpunkt der Testamentserrichtung im Einzelfall schwierig sein, wenn seit der Errichtung bereits längere Zeit verstrichen ist und der Erblasser mehrmals seinen Lebensmittelpunkt verändert hat. Es ist daher zu empfehlen, in der Verfügung den derzeitigen gewöhnlichen Aufenthalt ausdrücklich zu dokumentieren.

a) **Zulässigkeit.** Der Begriff der Zulässigkeit einer letztwilligen Verfügung betrifft die Frage, ob eine bestimmte Verfügung von Todes wegen generell statthaft ist und als Gestaltungsmittel für die Rechtsnachfolge von Todes wegen zur Verfügung steht (so Staudinger/*Dörner* EGBGB Art. 25 Rn. 246). Hiervon nicht immer leicht zu unterscheiden ist die nach dem tatsächlichen Erbstatut zu beurteilende inhaltliche Zulässigkeit der in der letztwilligen Verfügung getroffenen Anordnungen (Staudinger/*Dörner* EGBGB Art. 25 Rn. 245 f., 256, EGBGB Art. 26 Rn. 68, 73). Das einseitige Testament jedenfalls dürfte in den Mitgliedstaaten der EuErbVO und in nahezu allen Ländern der Welt grundsätzlich zulässig sein.

b) **Materielle Wirksamkeit.** Über die Zulässigkeit der Verfügung hinaus regelt das Errichtungsstatut die materielle Wirksamkeit des Testaments. Nach Art. 26 EuErbVO gehören zur materiellen Wirksamkeit der letztwilligen Verfügung insbesondere die Testierfähigkeit der Person, die die Verfügung von Todes wegen errichtet (lit. a), die besonderen Gründe, aufgrund deren nicht zugunsten bestimmter Personen verfügt werden darf oder aufgrund deren eine Person kein Nachlassvermögen vom Erblasser erhalten darf (lit. b); die Zulässigkeit der Stellvertretung bei der Errichtung einer Verfügung von Todes wegen (lit. c), die Auslegung der Verfügung sowie Täuschung, Nötigung, Irrtum und alle sonstigen Fragen in Bezug auf Willensmängel oder Testierwillen der Person, die die Verfügung errichtet (lit. d). Zu den unter das Errichtungsstatut fallenden Willensmängel in diesem Sinn sind auch später eintretende Veränderungen der Lebensumstände wie zB die spätere Nachgeburt von Kindern oder eine spätere Eheschließung zu zählen (nach einer verbreiteten Ansicht im früheren deutschen IPR war insoweit zu unterscheiden, so Staudinger/*Dörner* EGBGB Art. 25 Rn. 252, 310), da sonst eine Nachfolgeplanung im Einzelfall erheblich erschwert, wenn nicht gar völlig unmöglich gemacht würde. Die Auswirkungen einer Eheauflösung nehmen hierbei eine Sonderstellung ein, da sie häufig im Zusammenhang mit Erbverträgen eine Rolle spielen, werden sie dort behandelt, vgl. Form. XIV.3 Anm. 3.

(3) **Änderung, Widerruf.** Nach Art. 24 Abs. 3 S. 1 EuErbVO gilt Art. 24 Abs. 1 EuErbVO für die Änderung oder den Widerruf eines Testaments entsprechend. Das bedeutet zunächst, dass auch die Zulässigkeit und materielle Wirksamkeit der Änderung oder des Widerrufs eines Testaments dem Recht am gewöhnlichen Aufenthalt des Erblassers unterliegen. Unklar ist allerdings, welcher Zeitpunkt im Rahmen von Art. 24 Abs. 3 EuErbVO maßgeblich ist: Beurteilt sich die Zulässigkeit und materielle Wirksamkeit der Änderung bzw. des Widerrufs des Testaments nach dem Errichtungsstatut zum Zeitpunkt der Errichtung des ursprünglichen Testaments oder nach dem Errichtungsstatut zum Zeitpunkt der Änderung bzw. Widerrufs? Bei Vorliegen einer Rechtswahl nach Art. 24 Abs. 2 EuErbVO unterliegen die Änderung oder der Widerruf des Testaments (nicht der Rechtswahl) nach Art. 24 Abs. 3 S. 2 EuErbVO jedenfalls ausdrücklich dem gewählten Recht, also dem Errichtungsstatut des in Frage stehenden Testaments. Auch bei einem Erbvertrag werden nach der ausdrücklichen Regelung in Art. 25 Abs. 1 bzw. 2 EuErbVO die Voraussetzungen für seine Auflösung vom Errichtungsstatut geregelt. Um eine einheitliche und in sich schlüssige Behandlung der verschiedenen Fälle sicherzustellen, wird man zunächst in jedem Fall die Widerruflichkeit

einer letztwilligen Verfügung allgemein deren Errichtungsstatut unterstellen müssen (so auch *Dutta* FamRZ 2013, 4 (10)). Hinsichtlich der materiellen Wirksamkeit eines Widerrufs ist danach zu differenzieren, ob lediglich eine widerrufende Verfügung getroffen wird oder ob im Zusammenhang damit eine neue letztwillige Verfügung errichtet wird. Soweit die Widerrufswirkung bezüglich des früheren Testaments in Frage steht, ist das Errichtungsstatut des ursprünglichen Testaments maßgeblich, soweit die Wirksamkeit der neuen Anordnungen betroffen ist, ist das im Zeitpunkt der Errichtung der neuen letztwilligen Verfügung anwendbare Erbstatut berufen. Hat das Errichtungsstatut etwa durch einen Wechsel des gewöhnlichen Aufenthalts im Zeitraum zwischen den beiden Akten gewechselt, so ist theoretisch denkbar, dass eine neue Verfügung von Todes wegen zwar ein vorher errichtetes Testament beseitigt, die dort neu getroffenen Anordnungen jedoch unwirksam sind.

(4) **Wirkungen im Todesfall.** Nicht nach dem Errichtungsstatut, sondern nach dem tatsächlichen Erbstatut richten sich dagegen der Inhalt des Testaments und dessen tatsächliche Wirkungen im Todesfall, insbesondere auch Noterb- oder Pflichtteilsrechte. Auslegungsprobleme können sich ergeben, wenn in einer letztwilligen Verfügung Begriffe verwendet werden, die dem tatsächlichen Erbstatut fremd sind, und dem Testament auch keine konkludente Rechtswahl entnommen werden kann, sog. Handeln unter fremdem Recht (vgl. hierzu zB *Schotten/Schmellenkamp,* 2. Aufl., Rn. 51).

**4. Rechtswahlmöglichkeiten im einseitigen Testament.** In einem einseitigen Testament ergeben sich nach der EuErbVO folgende Rechtswahlmöglichkeiten, wobei in der Praxis klargestellt werden sollte, von welcher Möglichkeit Gebrauch gemacht werden soll.

(1) **Wahl des Errichtungs- und des Erbstatuts nach Art. 24 Abs. 1 iVm Art. 22 EuErbVO.** Nach Art. 24 Abs. 1 EuErbVO entscheidet über die Zulässigkeit und materielle Wirksamkeit des Testaments das Errichtungsstatut. Die Vorschrift verweist damit zunächst auf Art. 21 EuErbVO, also grds. auf das Recht des Staates, in dem Erblasser seinen gewöhnlichen Aufenthalt hat. Der Testierende kann abweichend von Art. 21 EuErbVO bereits vor Abschluss des jetzt in Frage stehenden Testaments, zB in einem früheren Testament, nach Art. 22 EuErbVO das Recht seiner Staatsangehörigkeit gewählt haben. Er kann eine solche Rechtswahl auch anlässlich der jetzigen Testamentserrichtung treffen. Diese Rechtswahl bestimmt damit zunächst das im späteren Todeszeitpunkt tatsächlich anwendbare Erbstatut. Sie ist jedoch auch im Rahmen der Ermittlung des auf das Testament anwendbaren Rechts nach Art. 24 Abs. 1 EuErbVO zu beachten, da sie gerade das Recht festlegt, das anwendbar wäre, wenn der Verfügende zu dem Zeitpunkt verstorben wäre, in dem die Verfügung errichtet wurde. Da es für die im Rahmen von Art. 24 EuErbVO zu beurteilenden Umstände immer um das Errichtungsstatut geht, kann insoweit die im Zeitpunkt des Todes maßgebliche Staatsangehörigkeit des Erblassers keine Rolle spielen, so ausdrücklich auch Nr. 51 der Erläuterungen zur EuErbVO. Eine Änderung des Errichtungsstatuts durch einen Wechsel der Staatsangehörigkeit ist bereits begrifflich ausgeschlossen. Nach Art. 24 Abs. 1 iVm 22 EuErbVO kann also der Erblasser für alle vom Errichtungsstatut umfassten Fragen das Recht seiner Staatsangehörigkeit im Zeitpunkt der Testamentserrichtung wählen. Fraglich und im Einzelfall zweifelhaft wird sein, ob ein Erblasser, der allgemein, wie es zumindest in privatschriftlichen Testamenten in der Praxis zu erwarten sein wird, „das deutsche Recht“ wählt, dadurch außer einer Rechtswahl nach Art. 22 EuErbVO auch zugleich eine Rechtswahl bezüglich des Errichtungsstatuts treffen wollte. Im Zweifel wird ein Erblasser, der eine Rechtswahl trifft, von der Vollumfänglichkeit seiner Wahl ausgehen und nicht zwischen den Rechtswahlmöglichkeiten unterscheiden.

(2) **Isolierte Wahl des Errichtungsstatuts nach Art. 24 Abs. 2 EuErbVO.** Nach Art. 24 Abs. 2 EuErbVO kann der Testierende aber ungeachtet des Absatzes 1 für die Zulässigkeit und die materielle Wirksamkeit des Testaments das Recht wählen, das er nach

Artikel 22 unter den darin genannten Bedingungen hätte wählen können. Der Erblasser kann also mittels Rechtswahl nur für sein Testament – also ohne Bestimmung des im Todeszeitpunkt maßgeblichen Erbstatuts – eine bestimmte Rechtsordnung, die ihm zB hinsichtlich der Testierfähigkeit, späterer Auslegungsfragen oder Fragen von Willensmängeln entgegenkommt, zur Anwendung berufen. Auch hier gilt, dass eine Wahl des Rechts der im Todeszeitpunkt maßgeblichen Staatsangehörigkeit ausgeschlossen ist, da es sonst zu einem – logischerweise ausgeschlossenen – Wechsel des Errichtungsstatuts kommen könnte. Die Rechtwahl kann nur insgesamt erfolgen, also nur einheitlich für alle dem Errichtungsstatut unterliegenden Fragen, also nicht getrennt für die Zulässigkeit und die übrigen Fragen der materiellen Wirksamkeit des Testaments. Die Rechtswahl des Art. 24 Abs. 2 EuErbVO bezieht sich nur auf die nach dem Errichtungsstatut zu beurteilenden Fragen, dagegen nicht auf das spätere tatsächliche Erbstatut. Aus diesem Grund ist ein späterer Widerruf einer Rechtswahl nach Art. 24 Abs. 2 EuErbVO von vornherein ausgeschlossen (aA wohl *Odersky* notar 2013, 3 (8)) bzw. geht ein solcher ins Leere.

(3) **Isolierte Wahl des Erbstatuts nach Art. 22 EuErbVO.** Die dritte Rechtswahlmöglichkeit im Testament besteht darin, dass nach der allgemeinen Vorschrift des Art. 22 EuErbVO vom Testator – ohne Wahl des Errichtungsstatuts und in Abweichung von diesem – nur das tatsächlich anwendbare Erbstatut, also das Recht, nach welchem er beerbet werden möchte, gewählt werden kann. Er kann es also für das Errichtungsstatut beim Recht des aktuellen gewöhnlichen Aufenthalts belassen und nach Art. 22 EuErbVO für das Erbstatut das Recht seiner Staatsangehörigkeit wählen. Die Ausführungen in Nr. 51 der Erläuterungen zur EuErbVO sind insoweit nicht einschlägig, da es hier gerade nicht um die Wahl des Errichtungsstatuts geht.

5. **Übergangsregelungen.** (1) Nach Art. 83 Abs. 1 findet die EuErbVO auf die Rechtsnachfolge von Personen, die am 17.8.2015 oder danach verstorben sind, Anwendung. Art. 83 Abs. 2 EuErbVO regelt den Bestandsschutz von vorher getroffenen Rechtswahlerklärungen. Hat der Erblasser vor dem 17.8.2015 eine Rechtswahl getroffen, so ist und bleibt diese wirksam, wenn sie die Voraussetzungen der EuErbVO erfüllt oder wenn sie nach den zum Zeitpunkt der Rechtswahl geltenden Vorschriften des IPR in dem Staat, in dem der Erblasser seinen gewöhnlichen Aufenthalt hatte, oder in einem Staat, dessen Staatsangehörigkeit er besaß, wirksam ist. Art. 83 Abs. 2 EuErbVO regelt damit zunächst, dass der Erblasser bereits vor dem 17.8.2015 nach Art. 22 EuErbVO eine Rechtswahl treffen und dabei das Recht seiner Staatsangehörigkeit wählen konnte. Wirkung entfaltet diese Rechtswahl allerdings nur, wenn der Erblasser nach dem 17.8.2015 verstorben ist, verstarb er vorher ging die Rechtswahl ins Leere.

(2) Ferner schützt Art. 83 Abs. 2 EuErbVO unter bestimmten Voraussetzungen nach dem alten Recht getroffene Rechtswahlen. Nach deutschem IPR bestand die Rechtswahlmöglichkeit des Art. 25 Abs. 2 EGBGB aF. Hat zB ein Franzose mit jetzigem gewöhnlichem Aufenthalt in Deutschland für sein in Deutschland belegenes Immobilienvermögen vor dem 17.8.2015 deutsches Recht gewählt, so blieb und bleibt diese Rechtswahl wirksam (aA ohne weitere Begründung *Lehmann* DStR 2012, 2085: Rechtswahl wird unwirksam), auch wenn der Betroffene nach dem 17.8.2015 mit gewöhnlichem Aufenthalt in Frankreich verstirbt und es dadurch zu einer von der EuErbVO eigentlich unerwünschten Nachlassspaltung kommt. Leider ist der Bestandsschutz für nach Art. 25 Abs. 2 EGBGB aF wirksam getroffene Rechtswahlen nach dem Wortlaut von Art. 83 Abs. 2 EuErbVO nicht umfassend. Hat zB ein Franzose mit gewöhnlichem Aufenthalt in Frankreich für sein in Deutschland belegenes Immobilienvermögen vor dem 17.8.2015 deutsches Recht gewählt, so hat diese Rechtswahl ab dem 17.8.2015 ihre Wirkung verloren, da nach dem alten IPR Frankreichs, wo der gewöhnliche Aufenthalt lag und dessen Staatsangehörigkeit der Verfügende besaß, eine Rechtswahl nach damaliger

Rechtslage nicht zulässig war (so auch *Simon/Buschbaum* NJW 2012, 2393 (2398)). Dieses unschöne Ergebnis kann allenfalls durch eine sehr weite Auslegung (allgemein für eine weite Auslegung *Lehmann* DStR 2012, 2085 (2088)) von Art. 83 Abs. 2 EuErbVO vermieden werden, indem man berücksichtigt, dass das vormalige französische internationale Erbrecht bezüglich des Immobiliarvermögens auf deutsches Recht zurückverwiesen und daher selbst die Rechtswahl nach Art. 25 Abs. 2 EGBGB aF anerkannt hat. In gewissem Sinne war damit im Beispielsfall die Rechtswahl nach dem IPR in dem Staat, dessen Staatsangehörigkeit der Verfügende besaß, wirksam.

(3) Art. 83 Abs. 3 EuErbVO regelt den Bestandsschutz für vor dem 17.8.2015 errichtete letztwilligen Verfügungen. Diese sind weiterhin wirksam, wenn sie die Voraussetzungen der EuErbVO erfüllen oder nach den im Errichtungszeitpunkt geltenden Vorschriften des IPR am gewöhnlichen Aufenthalt des Erblassers oder in einem Staat, dessen Staatsangehörigkeit er besaß, oder in dem Mitgliedstaat, dessen Behörde mit der Erbsache befasst ist, zulässig sowie materiell und formell wirksam waren.

(4) Art. 83 Abs. 4 EuErbVO enthält eine das tatsächliche Erbstatut betreffende Rechtswahlfiktion. Wurde eine Verfügung von Todes wegen vor dem 17.8.2015 nach dem Staatsangehörigkeitsrecht errichtet, so gilt dieses Recht zugleich als das auf die Rechtsfolge von Todes wegen anzuwendende gewählte Recht, also abweichend von Art. 21 EuErbVO als Erbstatut. Wann eine Verfügung „nach" dem betreffenden Recht getroffen wurde, wird nicht näher erläutert. Ausreichend dürfte sein, dass die Verfügung in Übereinstimmung mit der betreffenden Rechtsordnung, nach dieser also wirksam errichtet wurde (Nordmeier GPR 2013, 148 (155); siehe auch Lehmann DStR 2012, 2085 (2088)).

**6. Kosten.** Allgemein → Form. XI.1 Anm. 16. Bei der Beurkundung einer Rechtswahl, die eine Rechtsnachfolge von Todes wegen betrifft, ist zusätzlich § 104 Abs. 2 GNotKG zu beachten. Demnach beträgt der Geschäftswert der Rechtswahl 30 Prozent des Geschäftswertes der letztwilligen Verfügung nach § 102 GNotKG. Bei der Rechtswahl handelt es sich dabei nach § 111 Nr. 4 GNotKG stets um einen besonderen Beurkundungsgegenstand, so dass der Geschäftswert der Rechtswahl zum Geschäftswert der letztwilligen Verfügung hinzu addiert wird.

**7. Hinweise, Belehrungen.** Bei der Beurkundung einer Rechtswahl braucht der Notar nicht darüber zu belehren, wie die zugunsten des deutschen Erbrechts getroffene Rechtswahl aus der Sicht eines Drittstaates (Nicht-Mitgliedstaat der EuErbVO) beurteilt wird und welche Folgen dies für sein in einem Drittstaat belegenes Vermögen haben kann. Hat er nämlich in einem Drittstaat nicht nur unbeträchtliches Vermögen, so kann evtl. dort ein Ausgleich zugunsten naher testamentarisch übergangener Angehöriger wegen des ihnen in der Bundesrepublik entzogenen Grundvermögens erfolgen, der wirtschaftlich gesehen die hiesige Erbrechtsgestaltung aufhebt. Es kann jedoch ein Hinweis aufgenommen werden:

***„Dem Notar ist nicht bekannt und muss dies auch nicht sein, ob und inwieweit die getroffene Erbrechtswahl von einem Drittstaat der EuErbVO anerkannt wird und wie sich die Rechtswahl im wirtschaftlichen Gesamtergebnis auswirkt, insbesondere mit Blick auf etwaige Pflichtteils- oder Noterbberechtigte. Es ist Sache des Erblassers, sich über die Reaktion eines Drittstaates auf die hier getroffene Rechtswahl und ihre möglichen Folgen zu informieren."***

**8. Steuern.** Der deutsche Gesetzgeber knüpft die Erbschaft- und Schenkungssteuer nicht daran, ob die vererbten oder verschenkten Vermögenswerte von einem deutschen oder fremden Staatsangehörigen stammen (Zuwendungsgeber) oder erworben werden (Zuwendungsempfänger) oder ob ihr Gegenstand sich in Deutschland oder im Ausland befindet (Belegenheit der Sache). Für die persönliche Steuerpflicht (Erbanfallsteuer) ist vielmehr § 2 ErbStG maßgebend, der zwischen unbeschränkter und beschränkter persönlicher Steuerpflicht unterscheidet. Unbeschränkte Steuerpflicht, dh für den ganzen

Erwerb ohne Rücksicht auf die Belegenheit der Sache im In- oder Ausland, tritt ein, wenn entweder der Zuwendungsgeber zum Zeitpunkt des Erbfalls oder der Schenkung oder der Zuwendungsempfänger zum Zeitpunkt des Erwerbs Inländer ist. Inländerbegriff ist in § 2 ErbStG definiert. Natürliche Personen sind Inländer, wenn sie ihren Wohnsitz oder gewöhnlichen Aufenthalt (§§ 8, 9 AO) im Inland (Bundesrepublik, Festlandsockel § 2 Abs. 2 ErbStG) haben. Körperschaften, Personenvereinigungen, Vermögensmassen, Stiftungen sind Inländer, wenn sie Geschäftsleitung (§ 10 AO) oder Sitz (§ 11 AO) im Inland haben (§ 2 Abs. 1 Nr. 1d ErbStG). Inländer bleiben ferner in Erweiterung dieses Begriffes alle deutschen Staatsangehörigen bis zu 5 Jahren nach ihrem Wegzug ins Ausland (§ 2 Abs. 1 Nr. 1b ErbStG) und alle deutschen Staatsangehörigen und deren Angehörigen im Ausland, die in einem Dienstverhältnis zu einer inländischen Körperschaft des öffentlichen Rechts stehen und aus einer inländischen öffentlichen Kasse Arbeitslohn beziehen (dh die Angehörigen des auswärtigen Dienstes, § 2 Abs. 1 Nr. 1c ErbStG). Ferner besteht für die Zeit zwischen 5 bis 10 Jahren nach dem Wegzug eines deutschen Staatsangehörigen ins Ausland eine sog. erweiterte beschränkte Steuerpflicht bezüglich verschiedener Inlandsgegenstände (§ 4 AStG) über den § 121 BewG hinaus (*Langenfeld/Gail* VII Rn. 314–316). Ist weder der Zuwendungsgeber noch der Zuwendungsempfänger Inländer, so beschränkt sich die Besteuerung auf das Inlandsvermögen iSd § 121 BewG (beschränkte Erbschaftsteuerpflicht, § 2 Abs. 1 Nr. 3 ErbStG). Auslandserwerbe werden nicht zur Erbschaftsteuer herangezogen, wenn mit dem betreffenden Land ein Doppelbesteuerungsabkommen (DBA) besteht (siehe bezgl. DBA *Troll/Gebel/Gottschalk* § 2 Rn. 146 ff. Erbschaftsteuer- und Schenkungssteuergesetz). Bei Zuwendungsempfängern, die mit ihrem ausländischen Erwerb im Ausland zu einer der deutschen Erbschaftsteuer entsprechenden Steuer herangezogen werden, ist diese, sofern der Auslandserwerb auch der deutschen Erbschaftsteuer unterliegt, auf die deutsche Steuer anzurechnen (§ 21 Abs. 1 ErbStG). Einen Überblick zu Erbschaft- und Schenkungsteuerrecht im Ausland enthält *Troll/Gebel/Jülicher/Gottschalk* § 21 Rn. 91–138.

## 3. Rechtswahl im Erbvertrag nach Art. 25 Abs. 3 EuErbVO

**Heute, den[1]. . . . .**

**erschienen gleichzeitig vor mir, Notar . . . . ., in meinen Geschäftsräumen in . . . . . .**

**Herr A. . . . .**

**Frau B. . . . .**

**Die Beteiligten erklärten mit dem Ersuchen um Beurkundung:[2]**

**§ 1 Vorbemerkung, Rechtswahl**

**Alternative 1:**

***Zwei Deutsche, gewöhnlicher Aufenthalt in Deutschland, vorsorgliche Rechtswahl***

**Wir sind beide deutsche Staatsangehörige. Wir haben unseren gewöhnlichen Aufenthalt in Deutschland, werden diesen jedoch möglicherweise ins Ausland verlegen. Für diesen Erbvertrag gilt damit grds. deutsches Recht.**

**Wir treffen gemeinsam vorsorglich folgende Rechtswahl: Für die Zulässigkeit, die materielle Wirksamkeit sowie die Bindungswirkung des zu dieser Urkunde errichteten Erbvertrages[3, 4] soll einheitlich das deutsche Recht als unser Staatsangehörigkeitsrecht gelten. Diese Rechtswahl vereinbaren wir, soweit rechtlich möglich, mit erbvertraglicher Bindungswirkung.[5]**

Wir wählen außerdem für die Rechtsnachfolge von Todes wegen in unser gesamtes Vermögen das deutsche Recht als unser Staatsangehörigkeitsrecht. Auch diese Rechtswahl erfolgt, soweit rechtlich möglich, mit erbvertraglicher Bindungswirkung.

Alternative 2:

*Zwei Deutsche, gewöhnlicher Aufenthalt im Ausland*

Wir sind beide deutsche Staatsangehörige. Wir haben unseren gewöhnlichen Aufenthalt in . . . . . (ausländischer Staat).

Wir treffen gemeinsam folgende Rechtswahl: Für die Zulässigkeit, die materielle Wirksamkeit sowie die Bindungswirkung des zu dieser Urkunde errichteten Erbvertrages soll einheitlich das deutsche Recht als unser Staatsangehörigkeitsrecht gelten. Diese Rechtswahl vereinbaren wir, soweit rechtlich möglich, mit erbvertraglicher Bindungswirkung.

Wir wählen außerdem für die Rechtsnachfolge von Todes wegen in unser gesamtes Vermögen jeweils das deutsche Recht als unser Staatsangehörigkeitsrecht. Auch diese Rechtswahl erfolgt, soweit rechtlich möglich, mit erbvertraglicher Bindungswirkung.

Alternative 3:

*Verschiedene Staatsangehörigkeiten, ein Deutscher, gewöhnlicher Aufenthalt in Deutschland*

Ich, A, bin ausschließlich deutscher Staatsangehöriger. Ich, B, bin ausschließlich . . . . . . Staatsangehörige. Wir haben unseren gewöhnlichen Aufenthalt in Deutschland, diesen wollen wir auch dauerhaft beibehalten. Für diesen Erbvertrag gilt damit grds. deutsches Recht.

Wir treffen gemeinsam vorsorglich folgende Rechtswahl: Für die Zulässigkeit, die materielle Wirksamkeit sowie die Bindungswirkung des zu dieser Urkunde errichteten Erbvertrages soll einheitlich das deutsche Recht als Staatsangehörigkeitsrecht von A gelten. Diese Rechtswahl vereinbaren wir, soweit rechtlich möglich, mit erbvertraglicher Bindungswirkung.

Ich, A, wähle außerdem für die Rechtsnachfolge von Todes wegen in mein gesamtes Vermögen das deutsche Recht als mein Staatsangehörigkeitsrecht. Auch diese Rechtswahl erfolgt, soweit rechtlich möglich, mit erbvertraglicher Bindungswirkung.

Ich, B, wünsche keine Wahl meines derzeitigen Staatsangehörigkeitsrechts.

Der Notar hat uns in diesem Zusammenhang insbesondere auf Folgendes hingewiesen:

- Für die Rechtsnachfolge von Todes wegen nach B kommt deutsches Recht nur zur Anwendung, wenn der gewöhnliche Aufenthalt zum Todeszeitpunkt noch in Deutschland liegt; wird dieser ins Ausland verlegt oder wird nachträglich ein ausländisches Staatsangehörigkeitsrecht gewählt, können wesentliche Ziele des Erbvertrags verfehlt werden.
- Der Notar muss ausländisches Recht nicht kennen und hat darüber auch nicht beraten. Wir befreien ihn insoweit von jeder Haftung.

Alternative 4:

*Verschiedene Staatsangehörigkeiten, ein Deutscher, gewöhnlicher Aufenthalt im Ausland*

Ich, A, bin ausschließlich deutscher Staatsangehöriger. Ich, B, bin ausschließlich . . . . . . Staatsangehörige. Wir haben unseren gewöhnlichen Aufenthalt in Frankreich, diesen wollen wir auch dauerhaft beibehalten.

Wir treffen gemeinsam folgende Rechtswahl: Für die Zulässigkeit, die materielle Wirksamkeit sowie die Bindungswirkung des zu dieser Urkunde errichteten Erbvertrages soll einheitlich das deutsche Recht als Staatsangehörigkeitsrecht des A gelten. Diese Rechtswahl vereinbaren wir, soweit rechtlich möglich, mit erbvertraglicher Bindungswirkung.

Ich, A, wähle außerdem für die Rechtsnachfolge von Todes wegen in mein gesamtes Vermögen das deutsche Recht als mein Staatsangehörigkeitsrecht. Auch diese Rechtswahl erfolgt, soweit rechtlich möglich, mit erbvertraglicher Bindungswirkung.

**Ich, B, wünsche keine Wahl meines derzeitigen Staatsangehörigkeitsrechts.**

**Der Notar hat uns in diesem Zusammenhang insbesondere auf Folgendes hingewiesen:**

- **Die vorstehende Rechtswahl bezieht sich lediglich auf den nachstehenden Erbvertrag, nicht jedoch auf die Rechtsnachfolge von Todes wegen nach B. Diesbezüglich kommt deutsches Recht nur zur Anwendung, wenn der gewöhnliche Aufenthaltsort zum Todeszeitpunkt in Deutschland liegt; bleibt dieser im Ausland oder wird nachträglich ein ausländisches Staatsangehörigkeitsrecht gewählt, gilt insoweit ausländisches Recht.**
- **Der Notar muss ausländisches Recht nicht kennen und hat darüber auch nicht beraten. Wir befreien ihn insoweit von jeder Haftung.**

**§ 3 Erbvertrag**

**Wir schließen sodann folgenden Erbvertrag nach deutschem Recht . . . . .**

**. . . . .*(es folgen die letztwilligen Verfügungen)***

**Ggf. Ein Erb- oder Pflichtteilsverzicht soll heute nicht geschlossen werden.[6]**

**§ 4 Kosten,[7] Hinweise, Schlussbestimmungen**

**. . . . .**

## Anmerkungen

1. **Erbverträge unter der EuErbVO.** Im Formular Alternative 4 handelt es sich um ein deutsch-französisches Ehepaar, das in Frankreich lebt, so dass nach Art. 21 EuErbVO grds. für beide französisches Erbrecht gelten würde. Nach Art. 25 Abs. 2 EuErbVO würden sich damit auch die Zulässigkeit des Erbvertrages und wegen des gewöhnlichen Aufenthalts in Frankreich nach Art. 25 Abs. 2 EuErbVO wohl auch die materielle Wirksamkeit und die Bindungswirkung nach französischem Recht richten. Dieses anerkennt Erbverträge jedoch nur in eingeschränktem Umfang. Da die Ehegatten bindend verfügen und ggf. ohnehin zu einem späteren Zeitpunkt evtl. nach Deutschland umziehen wollen, wollen sie einen Erbvertrag nach deutschem Recht errichten. Art. 25 EuErbVO enthält eine eigene spezielle Kollisionsnorm für Erbverträge, für gemeinschaftliche Testamente dagegen findet sich keine weitere Regelung. Erbverträge und gemeinschaftliche Testamente sind in vielen Rechtsordnungen wegen des Misstrauens gegenüber Vereinbarungen auf den eigenen Tod verboten oder nur eingeschränkt zulässig, vgl. den Länderüberblick bei *Frank/Döbereiner*, Nachlassfälle mit Auslandsbezug, Anhang, 2015. Durch die Regelungen der EuErbVO wird nunmehr von den Mitgliedstaaten der Erbvertrag als ein mögliches Instrument der Erbregelung ausdrücklich anerkannt, ein Verstoß eines Erbvertrages gegen den ordre public eines der Mitgliedstaaten scheidet damit von vornherein aus. Ein Drittstaat ist freilich dadurch nicht gehindert, einen Erbvertrag als ordre-public-widrig anzusehen.

(1) **Begriff des Erbvertrages in der EuErbVO**

a) **Definition.** Nach der bewusst weiten Formulierung des Art. 3 Abs. 1 lit. b EuErbVO ist ein Erbvertrag für die Zwecke der Verordnung eine „Vereinbarung, einschließlich einer Vereinbarung aufgrund gegenseitiger Testamente, die mit oder ohne Gegenleistung Rechte am künftigen Nachlass oder künftigen Nachlässen einer oder mehrerer an dieser Vereinbarung beteiligter Personen begründet, ändert oder entzieht." Der autonom auszulegenden Begriff des Erbvertrages der EuErbVO stimmt nicht mit dem Erbvertragsbegriff des deutschen materiellen Rechts oder einer anderen Rechtsordnung überein.

b) **Vereinbarung, Einigung.** Begrifflich muss es sich beim Erbvertrag iSv Art. 25 EuErbVO um eine **Vereinbarung** handeln, es müssen also mindestens zwei Personen beim Abschluss des Erbvertrages beteiligt sein. Weiter muss eine **Einigung** der Beteiligten vorliegen, die sich zum einen darauf bezieht, dass eine letztwillige Verfügung getroffen wird, und zum anderen darauf, der Verfügung Bindungswirkung im nachstehend erläuterten Sinn zukommen zu lassen. Im Zweifelsfall ist das Vorliegen bzw. Nichtvorliegen einer Einigung in diesem Sinn im Wege der Auslegung zu ermitteln, die nach Art. 26 Abs. 1 lit. d EuErbVO eine Frage der materiellen Wirksamkeit des Erbvertrags darstellt.

c) **Bindung.** Die Vereinbarung muss eine gewisse **Bindung** entfalten, die im Vergleich zum einseitigen Testament nicht oder nur unter weiteren Voraussetzungen durch einen Vertragsteil einseitig wieder beseitigt werden kann. Keinerlei Bindung liegt vor, wenn sich der Erblasser grundlos und ohne Mitteilung an den/die anderen Vertragsbeteiligten wieder von der Verfügung befreien kann. Ist eine Bindung zu verneinen, handelt es sich tatsächlich um ein oder mehrere einseitige Testamente, auch wenn die Verfügungen in einem Schriftstück enthalten sind und zB durch ihre Bezeichnung den Anschein eines Vertrages erwecken. Dies gilt zB für die nach Eheschließung zwischen Ehegatten getroffene *institution contractuelle* des französischen, belgischen oder luxemburgischen Rechts (jeweils Art. 1082 ff. des jeweiligen CC). Man kann den Bindungsbegriff in einem engen Sinne als strikte Unwiderruflichkeit der Verfügungen oder in einem weiten Sinn dahingehend, dass eine ausreichende Bindung bereits dann gegeben ist, wenn zB der andere Vertragsteil von einem Widerruf oder einem Rücktritt in welcher Form auch immer verständigt werden muss, verstehen (Vgl. auch *Süß* in *Süß*, Erbrecht in Europa, Allg. Teil § 4 Rn. 64). Um der Vielgestaltigkeit der Rechtsordnungen gerecht zu werden, ist im Rahmen der EuErbVO einem weiten Erbvertrags- und Bindungsbegriff zu folgen. Eine für die Annahme eines Erbvertrages erforderliche Bindungswirkung ist bereits dann zu bejahen, wenn eine Rechtsordnung für den einseitigen Widerruf oder die einseitige Abänderung der Verfügung Voraussetzungen aufstellt, die über die bei einem einseitigen Testament geltenden Widerrufs- bzw. Änderungsvoraussetzungen hinausgehen. Dies gilt zB für das Erfordernis des Zugangs eines Widerrufs an den anderen Teil bei Vorliegen von wechselbezüglichen Verfügungen in einem deutschen gemeinschaftlichen Testament gem. §§ 2271 Abs. 1 S. 1, 2296 Abs. 2 BGB.

d) **Begründung, Änderung oder Entzug von Rechten.** Liegt eine Bindung im vorstehend erläuterten Sinn vor, ergibt sich daraus zugleich, dass die betreffende Vereinbarung ein **Recht** an einem künftigen Nachlass begründet. Vor Eintritt des Erbfalls besteht dieses Recht darin, hinsichtlich einer Abänderung des Erbvertrages ein Mitspracherecht zu besitzen bzw. von einem Widerruf wenigstens verständigt werden zu müssen. Ein „echtes" Recht des Bedachten, etwa vergleichbar einem Anwartschaftsrecht im Sinne des deutschen Rechts (also mehr als eine Erwerbsaussicht) muss dagegen nicht entstanden sein. Nach Art. 3 Abs. 1 lit. b EuErbVO sind unter Erbverträgen im Sinne der EuErbVO nicht nur Rechte am Nachlass begründende oder ändernde Erbverträge im Sinne von §§ 2274 ff. BGB zu verstehen sind, sondern auch Verträge, die Rechte am Nachlass entziehen, also etwa Erbverzichts- und Pflichtteilsverzichtsverträge iSv §§ 2346 ff. BGB.

e) **Beteiligung des Erblassers.** Art. 3 Abs. 1 lit. b EuErbVO verlangt weiter, dass es bei einem Erbvertrag um Rechte am Nachlass einer oder mehrerer an der Vereinbarung selbst **beteiligter Personen** gehen muss. Soweit lediglich Rechte am Nachlass eines Dritten bzw. bereits durch den Erbfall entstandene Rechte betroffen sind, ist Art. 25 EuErbVO damit nicht einschlägig. Verträge über den Nachlass eines noch lebenden Dritten iSv § 311b Abs. 4 und 5 BGB sind damit nicht erfasst, ebenso wenig Erbauseinandersetzungsverträge oder Verträge zur Regelung von Pflichtteilsrechten nach dem Tod. Ein Zuwendungsverzicht iSv § 2352 BGB ist dagegen umfasst, wenn und soweit der künftige Erblasser betroffen ist. Ein Zuwendungsverzichtsvertrag, der nach dem Tod des erstversterbenden Ehegatten, zB zur Beseitigung der für den längerlebenden Ehegatten eingetretenen Bindungswirkung in einem Erbvertrag, geschlossen werden soll, fällt unter den Erbvertragsbegriff, da es um den Nachlass des längerlebenden Ehegatten geht.

f) **Gegenleistung.** Unerheblich ist, ob es sich um einen unentgeltlichen oder einen unentgeltlichen Erbvertrag handelt. Als Gegenleistungen für eine Erb- oder Vermächtnisanordnung kommen zB Pflege- oder Unterhaltsverpflichtungen in Betracht. Beim Erb-

oder Pflichtteilsverzicht wird häufig eine Abfindungszahlung geleistet. Zur kollisionsrechtlichen Behandlung der Gegenleistung vgl. *Döbereiner* MittBayNot 2013, 437.

(2) **Gemeinschaftliche Testamente.** Nach den vorstehenden Erläuterungen ist auch die Einordnung von gemeinschaftlichen Testamenten in der EuErbVO schlüssig lösbar, auch wenn in diesem Zusammenhang die Formulierungen in der Verordnung teilweise missglückt und auslegungsbedürftig sind. Das gemeinschaftliche Testament wird in Art. 3 Abs. 1 lit. c EuErbVO lediglich definiert und zwar als „ein von zwei oder mehr Personen in einer einzigen Urkunde errichtetes Testament". Aus der Definition des Erbvertrages in Art. 3 Abs. 1 lit. b EuErbVO ergibt sich durch die Erwähnung des Begriffs (gegenseitiges) Testament, dass ein Erbvertrag im Sinne der EuErbVO auch eine Vereinbarung sein kann, die im betreffenden materiellen Recht als Testament bezeichnet wird. Dies gilt etwa für die *joint and mutual wills* des englischen Rechts. Da bereits nach dem Wortlaut von Art. 3 Abs. 1 lit. b EuErbVO gegenseitige (bindende), in unterschiedlichen Urkunden enthaltene Einzeltestamente erfasst sind, muss dies erst Recht für in einer Urkunde enthaltene gegenseitige (bindende) Testamente gelten (Zutreffend *Frank/Döbereiner*, Nachlassfälle mit Auslandsbezug, Rn. 424 ff.; *Lechner* NJW 2013, 26; *Hausmann/Odersky*, Internationales Privatrecht in der Notar- und Gestaltungspraxis, § 15 Rn. 228 ff.; Würzburger Notarhandbuch/*Hertel*, 5. Aufl. 2018, Teil 7 Kap. 3 Rn. 172; *Odersky* notar 2013, 3 (9); wohl auch *Dutta* FamRZ 2013, 4 (9); aA *Simon/Buschbaum* NJW 2012, 2393 (2396); *Wilke* RIW 2012, 601 (606)). Die Gegenauffassung (vor allem *Nordmeier* ZEV 2012, 513 (514), ZEV 2013, 117 (120)), die aus der Definition des gemeinschaftlichen Testaments in Art. 3 Abs. 1 lit. c EuErbVO unter Überbewertung des formellen Aspekts schließen will, dass ein von mehreren Personen in einer Urkunde enthaltenes (bindendes) Testament kein Erbvertrag sein kann, sondern stets nach Art. 24 EuErbVO anzuknüpfen sei, überzeugt nicht. Gemeinschaftliche Testamente mit gegenseitigen wechselbezügliche Verfügungen nach deutschen Recht gem. § 2271 Abs. 1 S. 2 BGB, fallen demnach unter Art. 25 EuErbVO. In Art. 3 Abs. 1 lit. b EuErbVO sind allerdings nur gegenseitige Testamente ausdrücklich erwähnt. Nach deutschem Recht kann in einem gemeinschaftlichem Testament nur ein Beteiligter bindend (nach deutscher Terminologie wechselbezüglich) verfügen, auch eine gegenseitige Erbeinsetzung ist nicht erforderlich. Es ist jedoch nicht ersichtlich, dass der Wortlaut von Art. 3 Abs. 1 lit. b EuErbVO abschließend zu verstehen ist. Art. 25 Abs. 1 EuErbVO regelt ausdrücklich einseitige Erbverträge, bei denen von vornherein nur ein Vertragsteil letztwillig verfügt. Konsequenterweise sind auch gemeinschaftliche Testamente, mittels derer zwar beide Beteiligten letztwillig verfügen, aber nur einer bindend, von Art. 25 Abs. 1 EuErbVO erfasst.

(3) **Schenkungen auf den Todesfall.** Der Begriff der Schenkung von Todes wegen wird in den verschiedenen Rechtsordnungen äußerst uneinheitlich verwendet. Gemeinsam ist allen derartigen Rechtsinstituten, dass es sich dabei um Zuwendungsverträge handelt, die auf eine Verteilung des Vermögens erst nach dem Tod ausgerichtet sind (Vgl. *Süß* in *Süß*, Erbrecht in Europa, Allg. Teil § 4 Rn. 77). Unentgeltliche Zuwendungen unter Lebenden sind nach Art. 1 Abs. 2 lit. g EuErbVO ausdrücklich vom Anwendungsbereich der EuErbVO ausgenommen. Die in Deutschland bis zum Inkrafttreten der EuErbVO wohl hM (BGH NJW 1959, 1317 (1318); OLG Düsseldorf ZEV 1996, 423; *Schotten/Schmellenkamp*, 2. Aufl., Rn. 323; aA zB Staudinger/*Dörner* EGBGB Art. 25 Rn. 375: immer erbrechtliche Qualifikation) stellte kollisionsrechtlich vor Inkrafttreten der EuErbVO wie im materiellen deutschen Recht, vgl. § 2301 BGB, darauf ab, ob es sich um ein vollzogenes Schenkungsversprechen von Todes wegen handelt oder ob der endgültige Vollzug erst im oder nach dem Todesfall erfolgt. Bei vollzogenen Schenkungen sei das Schenkungsstatut, bei nicht vollzogenen das erbrechtliche Errichtungsstatut anzuwenden. Gegen eine Beibehaltung dieser Abgrenzung (so *Nordmeier* ZEV 2013, 117 (121)) spricht, dass die Begriffe der EuErbVO autonom auszulegen sind und ein Rückgriff auf § 2301 BGB kein tauglicher Maßstab sein kann. Entscheidend ist, ob das betreffende

Rechtsgeschäft gerade auf eine Vermögensverteilung nach dem Tod gerichtet ist. Dies dürfte für alle Rechtsgeschäfte gelten, die im Hinblick auf den Tod des Erblassers (mortis causa, „in Lebensgefahr“, „in Gedanken an den Tod“, „im Angesicht des Todes“) vorgenommen oder in denen die Wirksamkeit der Schenkungsverpflichtung bzw. deren Erfüllung auf den Zeitpunkt des Todes des Schenkers hinausgeschoben werden (so wörtlich zum bisherigen deutschen IPR Staudinger/*Dörner* EGBGB Art. 25 Rn. 375. In diesem Sinne auch *Dörner* ZEV 2012, 505 (508); *Dutta* FamRZ 2013, 4 (5); *Vollmer* ZErb 2012, 227 (229); vgl. auch *Odersky* notar 2013, 3).

(4) **Verträge zugunsten Dritter auf den Todesfall.** Auch bei Verträgen zugunsten Dritter auf den Todesfall (zB Lebens- und Unfallversicherungen, Spar-Konto- und Depotverträgen zugunsten Dritter) geht es um eine Verteilung des Vermögens für die Zeit nach dem Ableben. Im deutschen materiellen Recht wird dabei zwischen Deckungsverhältnis und Valutaverhältnis (Zuwendungsverhältnis) unterschieden. Ersteres regelt das Verhältnis zwischen Zuwendendem und Schuldner und ist schuldrechtlich anzuknüpfen. Erbrechtliche Fragestellungen können sich lediglich im Valutaverhältnis ergeben, wenn zwischen dem Gläubiger und dem Dritten eine unentgeltliche Zuwendung erfolgen soll. Handelt es sich dabei um eine Schenkung von Todes wegen, so gelten die vorstehenden Ausführungen unter (3) entsprechend (in diesem Sinne auch *Dörner* ZEV 2012, 505 (508); *Vollmer* ZErb 2012, 227 (229); aA *Nordmeier* ZEV 2013, 117 (123): einheitliche Anknüpfung an das Statut des Deckungsverhältnisses. Wie hier bereits zum deutschen IPR zB Staudinger/*Dörner* EGBGB Art. 25 Rn. 423).

(5) **Testierverträge.** Im Spannungsfeld zwischen Schuldrecht und Erbrecht liegen auch sog. Testierverträge insbesondere des common law, wie etwa der *contract to make a will* des englischen Rechts, siehe hierzu zB *Odersky* in *Süß*, Erbrecht in Europa, Länderbericht Großbritannien: England und Wales Rn. 83 ff. Materiellrechtlich handelt es sich dabei in der Regel um schuldrechtliche bindende Vereinbarungen, in vertraglich bestimmter Weise zu testieren oder ein bestimmtes Testament nicht zu widerrufen. Ein Verstoß gegen diese Verpflichtungen führt ggf. zu Schadensersatzpflichten. Auch derartige Vereinbarungen unterfallen dem Erbvertragsbegriff der EuErbVO, da sie erbrechtliche Funktionen und Ziele verfolgen und dazu führen, dass eigentlich frei widerrufliche letztwillige Verfügungen nur unter erschwerten Bedingungen, nämlich ggf. unter Inkaufnahme von finanziellen Sanktionen, widerrufen werden können (MünchKomm/*Dutta* EuErbVO Art. 3 Rn. 10 mwN; zweifelnd Palandt/*Thorn* EuErbVO Art. 1 Rn. 11).

(6) **Abgrenzung zu güterrechtlichen Vereinbarungen.** Unklar und problematisch ist auch unter der EuErbVO die Abgrenzung und Einordnung von auf den ersten Blick güterrechtlich einzuordnenden Vereinbarungen, die für die Eheauflösung durch Tod bestimmte auf den ersten Blick ausschließlich *güterrechtliche* Vorteile vorsehen. Dies gilt zB für die sog. *avantages matrimoniaux* des französischen Rechts, die es den Ehegatten erlauben, für den Todesfall dem überlebenden Ehegatten bestimmte Gegenstände aus dem Gesamtgut der ehelichen Gütergemeinschaft oder sogar das Gesamtgut insgesamt zukommen zu lassen (*Clause de préciput, stipulation de parts inégales, clause d'attribution de la totalité de la communauté,* ausführlich hierzu *Döbereiner* in *Süß/Ring,* Eherecht in Europa, 3. Aufl. 2017, Länderbericht Frankreich, Rn. 108; *Döbereiner,* Ehe- und Erbverträge im deutsch-französischen Rechtsverkehr, S. 84 ff.). Richtigerweise ist auch unter der EuErbVO danach zu unterscheiden, ob die in Frage stehende Abweichung von der Halbteilung in der betreffenden Rechtsordnung gesetzlich angeordnet ist oder den Ehegatten als Gestaltungsinstrument zur Verfügung gestellt wird. Ist Ersteres der Fall, so ist eine güterrechtliche Qualifikation vorzunehmen, da es die freie Entscheidung des jeweiligen Gesetzgebers ist, wie er den Schutz eines überlebenden Ehegatten gesetzlich sicherstellen will. Bedarf es dagegen wie zB bei einer *stipulation de parts inégales* bzw. einer *clause d'attribution de la totalité de la communauté* des französischen Rechts zusätzlich zur Verwirklichung der Abweichung von der Halbteilung noch einer ausdrück-

lichen Vereinbarung durch die Ehegatten, so ist dies in der Regel erbrechtlich zu qualifizieren und nach Art. 25 EuErbVO zu beurteilen.

**2. Form des Erbvertrages.**

(1) **Allgemeines.** Auch wenn nach der EuErbVO bindende gemeinschaftliche Testamente dem Erbvertragsbegriff unterfallen, ist für die Formwirksamkeit weiterhin zwischen gemeinschaftlichen Testamenten und Erbeinsetzungsverträgen zu unterscheiden. Für die Form eines gemeinschaftlichen Testaments gilt nach Art. 75 Abs. 1 EuErbVO unmittelbar das Haager Übereinkommen vom 5.10.1961 über das auf die Form letztwilliger Verfügungen anzuwendende Recht. Art. 4 des Übereinkommens bezieht in seinen Anwendungsbereich ausdrücklich Verfügungen von Todes wegen mit ein, die von zwei oder mehreren Personen in derselben Urkunde errichtet werden. Die Vorschrift erfasst auch gemeinschaftliche Testamente, in denen die Beteiligten wechselbezüglich verfügen (*Riering* ZEV 1994, 225 (226); *Riering/Marck* ZEV 1995, 90 (91)). Die Formwirksamkeit eines Erbvertrages im engeren Sinn ist dagegen nicht unmittelbar nach dem genannten Haager Übereinkommen zu beurteilen, da dieses für Erbverträge nicht gilt (*Janzen* DNotZ 2012, 484 (488); Palandt/*Thorn* EuErbVO Art. 27 Rn. 1; *Schotten/Schmellenkamp,* 2. Aufl., Rn. 260; Staudinger/*Dörner* EGBGB Vorb. zu Art. 25 f. Rn. 76, EGBGB Art. 25 Rn. 359). Art. 27 EuErbVO erweitert jedoch (wie bereits Art. 26 Abs. 4 EGBGB aF) den Anwendungsbereich der dem Übereinkommen weitgehend entsprechenden Regelungen des Art. 27 EuErbVO auch auf Erbverträge. Bei einer Beurkundung vor einem deutschen Notar ist jedenfalls die Ortsform gem. Art. 1 Abs. 1 lit. a des Haager Übereinkommens bzw. Art. 27 Abs. 1 lit. a EuErbVO gewahrt und das gemeinschaftliche Testament bzw. der Erbvertrag damit formgültig.

(2) **Zulässigkeit des Erbvertrages als Formfrage.** Wie bisher im deutschen IPR ist bei der Frage der Zulässigkeit eines Erbvertrages danach zu unterscheiden, ob ein im Raum stehendes Verbot von Erbverträgen und gemeinschaftlichen Testamenten auf formellen oder materiellen, dh sachlichen Erwägungen beruht. Zwar spricht Art. 25 EuErbVO generell von „Zulässigkeit" des Erbvertrages, so dass man mit einer im Vordringen befindlichen Auffassung (*Bonomi/Wautelet,* Le droit européen des successions. Commentaire du règlement n 650/2012 du 4 juillet 2012, Art. 27 Rn. 14 ff.; *Dutta* FamRZ 2013, 4 (10); Würzburger Notarhandbuch/*Hertel,* 5. Aufl. 2018, Teil 7 Kap. 3 Rn. 180) auch die formelle Zulässigkeit in diesem Sinn ausschließlich nach Art. 25 EuErbVO beurteilen könnte. Aus dem Gesamtkontext ergibt sich jedoch, dass darunter ausschließlich die materielle Zulässigkeit des Erbvertrages im nachstehend erläuterten Sinn gemeint ist und nach wie vor formelle und materielle Zulässigkeit abzugrenzen sind (so auch *Nordmeier* ZEV 2012, 513 (515 f.); Palandt/*Thorn* EuErbVO Art. 25 Rn. 4; offengelassen von *Simon/Buschbaum* NJW 2012, 2393 (2396)). Die Qualifizierung eines Verbots von gemeinschaftlichen Testamenten und Erbverträgen hat unter Geltung der EuErbVO nicht mehr nach der lex fori, sondern autonom zu erfolgen. Dabei ist zunächst zu ermitteln, welche Funktion das Erbvertragsverbot in der betreffenden Rechtsordnung selbst verfolgt (vgl. zum bisherigen deutschen IPR: OLG Frankfurt a. M. IPRax 1986, 111, zum gemeinschaftlichen Testament; *Schotten/Schmellenkamp,* 2. Aufl., Rn. 319, 316; Staudinger/*Dörner* EGBGB Art. 25 Rn. 326, 355). Soll es dazu dienen, die Beweisbarkeit, Authentizität und unverfälschte Niederlegung des Erblasserwillens zu gewährleisten, so ist in der Regel ein formelles Verbot anzunehmen. Soll andererseits eine, insbesondere psychologische Einschränkung der Testierfreiheit zu Lebzeiten verhindert oder der Gefahr einer Beeinflussung des freien letzten Willens des Erblassers vorgebeugt werden, so liegt in der Regel ein materiellrechtliches Verbot vor (*Döbereiner,* Ehe- und Erbverträge im deutsch-französischen Rechtsverkehr, S. 180 mwN). Liegt ein lediglich formelles Verbot vor, so ist ein in Deutschland unter Beachtung der Formvorschriften des deut-

schen Rechts errichteter Erbvertrag in jedem Fall wegen Wahrung der Ortsform formwirksam errichtet.

**3. Der einseitige Erbvertrag, Art. 25 Abs. 1 EuErbVO.**

(1) **Materielle Wirksamkeit.** Die Zulässigkeit und die materielle Wirksamkeit und die Bindungswirkungen eines Erbvertrags, der den Nachlass einer einzigen Person betrifft, einschließlich der Voraussetzungen für seine Auflösung, unterliegen nach Art. 25 Abs. 1 EuErbVO dem Errichtungsstatut. Nach Art. 21 Abs. 1 EuErbVO ist damit – vorbehaltlich Art. 21 Abs. 2 EuErbVO – für diese Bereiche grds. das Recht am gewöhnlichen Aufenthalt bzw. das Recht, das der Verfügende nach Art. 22 EuErbVO gewählt hat, maßgeblich.

Soweit die Frage der Zulässigkeit eines Erbvertrages nicht als Formfrage zu qualifizieren ist, entscheidet hierüber das Errichtungsstatut des Verfügenden im Zeitpunkt des Vertragsschlusses. Das Errichtungsstatut ist berufen, wenn ein Erbvertrag in einer Rechtsordnung nur zwischen bestimmten und zugunsten bestimmter Personen, insbesondere unter Ehegatten, oder zu einem bestimmten Zeitpunkt zB vor Eheschließung errichtet werden kann. Ist der Erbvertrag nach dem Errichtungsstatut unzulässig, so beantwortet dieses auch, ob eine Umdeutung in ein Einzeltestament möglich ist (so bereits zum bisherigen deutschen IPR: *Schotten/Schmellenkamp,* Das IPR in der notariellen Praxis, Rn. 320; Staudinger/*Dörner* EGBGB Art. 25 Rn. 353). Bei einem einseitigen Erbvertrag spielt das Erbstatut von anderen am Vertrag Beteiligten ebenso wenig eine Rolle wie das Erbstatut eines gegebenenfalls im Erbvertrag eingesetzten Dritten.

Bei einem einseitigen Erbvertrag betrifft die Frage der Testierfähigkeit nur den Verfügenden. Der Begriff der Testierfähigkeit ist hier unabhängig davon, dass im deutschen Sachrecht für den Abschluss eines Erbvertrages gem. § 2275 BGB die Regeln über die Geschäftsfähigkeit anwendbar sind, in einem kollisionsrechtlichen Sinn als die Fähigkeit, eine Verfügung von Todes wegen jeglicher Art zu errichten, zu verstehen, vgl. Art. 26 Abs. 1 lit. a EuErbVO. Das Errichtungsstatut des Verfügenden entscheidet bei einem einseitigen Erbvertrag auch darüber, ob und in welchem Maße der andere Partner, der keine letztwillige Verfügung trifft, geschäftsfähig sein muss. Da Art. 26 Abs. 1 lit. a EuErbVO nur für die Testierfähigkeit des Verfügenden gilt und im Übrigen nach Art. 1 Abs. 2 lit. b EuErbVO Fragen der Rechts- und Geschäftsfähigkeit vom Anwendungsbereich der EuErbVO ausgenommen sind, ist die Frage, ob dieses Erfordernis gewahrt ist, gem. Art. 7 EGBGB, also nach dem Personalstatut, zu beantworten (so bereits zum bisherigen deutschen IPR zB Staudinger/*Dörner* EGBGB Art. 25 Rn. 348). Das auf den Verfügenden anwendbare Recht dagegen beantwortet insgesamt, welche Folgen ein Mangel der Testier- bzw. Geschäftsfähigkeit einer der Parteien auf die Vereinbarung hat und wie bzw. von wem dies geltend gemacht werden kann.

Für Fragen der Stellvertretung (vgl. Art. 26 Abs. 1 lit. c EuErbVO) und von Willensmängeln (vgl. Art. 26 Abs. 1 lit. e EuErbVO) gilt ebenfalls das hypothetische Erbstatut des Verfügenden im Zeitpunkt der Errichtung. Die Form einer Vollmacht dagegen wird gem. Art. 11 EGBGB angeknüpft, da hierfür weder das Haager Testamentsabkommen noch Art. 27 EuErbVO einschlägig sind. Das Gleiche gilt für die Form einer Anfechtungserklärung, sofern die Anfechtung nicht durch letztwillige Verfügung zu erklären ist. Für nach Vertragsschluss eintretende Veränderungen der tatsächlichen Umstände wie die spätere Geburt von Kindern oder eine spätere Eheschließung und deren Auswirkungen auf den Erbvertrag gilt ebenfalls das Errichtungssta.

Die Folgen einer Eheauflösung durch Scheidung oder Trennung von Tisch und Bett nehmen in diesem Zusammenhang eine Sonderstellung ein. Ob die Ehe wirksam aufgelöst wurde, ist nach dem Scheidungsstatut zu beurteilen. Zweifelhaft ist jedoch, nach welchem Recht die Auswirkungen der Scheidung auf den Erbvertrag zu ermitteln sind (zu Art. 25, 26 EGBGB aF wurde überwiegend vertreten, es handle sich um eine nach dem tatsächlichen Erbstatut anzuknüpfende Frage, so zB Staudinger/*Dörner* EGBGB Art. 25 Rn. 252, 310; siehe weiterhin BayObLG IPRax 1981, 100 (102); *Coester* IPRax 1981, 206; *Firsching* IPRax 1981, 86 (88)). Wendet man das erbrechtliche Errichtungsstatut an, wofür insbesondere spricht, dass der Wortlaut des Art. 25 Abs. 1 EuErbVO für den Erbvertrag allgemein die Voraussetzungen für seine Auflösung regelt, kann dies zu erheblichen Problemen führen, wenn die Ehe nach dem anwendbaren Scheidungsstatut aus Gründen geschieden wird, welche die einschlägige erbrechtliche Rechtsordnung nicht oder in dieser Form nicht kennt. Ausländische Rechtsordnungen sehen teilweise zB im Gegensatz zum deutschen Recht noch eine Verschuldensscheidung vor und knüpfen an eine solche unter Umständen andere erbrechtliche Folgen als an eine einverständliche Scheidung. Wurde im Einzelfall die Scheidung nach einer Rechtsordnung ausgesprochen, die im Gegensatz zum erbvertraglichen Errichtungsstatut eine Unterscheidung zwischen verschiedenen Scheidungsformen nicht kennt, kann diese Unvereinbarkeit nur im Wege einer materiellrechtlichen Anpassung behoben werden. Besser, aber mit dem Wortlaut von Art. 25 EuErbVO wohl nicht zu vereinbaren wäre es daher, die Auswirkungen einer Eheauflösung auf einen Ehegattenerbvertrag als Folge der Scheidung anzusehen und nach dem Scheidungsstatut zu beurteilen (so *Döbereiner,* Ehe- und Erbverträge im deutsch-französischen Rechtsverkehr, S. 186 f. Nach deutschem IPR sind Fragen des Widerrufs und der Rückgewähr von Schenkungen unter Lebenden aufgrund der Scheidung nach nahezu einhelliger Ansicht vom Scheidungsstatut zu beurteilen, vgl. zB MünchKomm/*Winkler von Mohrenfels* EGBGB Art. 17 Rn. 203; Palandt/*Thorn* EGBGB Art. 17 Rn. 4; Staudinger/*Mankowski* EGBGB Art. 17 Rn. 275). Wendet man das erbrechtliche Errichtungsstatut an und verlangt dieses für die Auflösung des Erbvertrages nach Scheidung eine rechtsgeschäftliche Erklärung, so gilt für deren Form Art. 11 EGBGB, sofern es sich nicht selbst um eine letztwillige Verfügung handelt, die dem Haager Testamentsübereinkommen vom 5.10.1961 bzw. Art. 27 EuErbVO unterfällt.

(2) **Wirkungen des Erbvertrages zu Lebzeiten, Bindung.** Das Errichtungsstatut ist nach der Regelung in Art. 25 Abs. 1 EuErbVO zur Entscheidung darüber, ob und in welchem Umfang einem Erbvertrag Bindungswirkung zukommt, berufen. Es beantwortet die Frage, welche Anordnungen mit Bindungswirkung getroffen werden können. Lässt das Errichtungsstatut in einem Erbvertrag sowohl bindende als auch frei widerrufliche Anordnungen zu und erfordert die Feststellung der Art der Verfügung eine Auslegung, so ist diese nach dem Errichtungsstatut durchzuführen. Das Errichtungsstatut bestimmt weiter, welche Auswirkungen die in einem Erbvertrag getroffenen Anordnungen auf spätere, also nach Abschluss des Erbvertrages getroffene Verfügungen von Todes wegen haben. Hatte der Erblasser dagegen bereits vor Abschluss des Erbvertrages anderslautende Verfügungen von Todes wegen errichtet, so hängt die Wirkung des Erbvertrages auf diese Anordnungen davon ab, ob und in welchem Umfang der Erblasser durch die früheren Verfügungen gebunden ist. Hierüber entscheidet das Errichtungsstatut der früheren Verfügung (aA zum bisherigen deutschen IPR Staudinger/*Dörner* EGBGB Art. 25 Rn. 361). Von dem nach Art. 25 EuErbVO ermittelten Recht wird auch die Frage beantwortet, ob und in welchem Umfang der Erblasser nach Abschluss des Erbvertrages weiterhin unter Lebenden über sein Vermögen disponieren kann.

Diese Grundsätze gelten entsprechend für die Beseitigung einer eingetretenen Bindungswirkung zB durch einen Rücktritt oder Aufhebungsvertrag. Soll die Bindungswirkung durch eine neue Verfügung von Todes wegen aufgehoben werden, so gelten für die Form Art. 27 Abs. 1 und 2 EuErbVO. Hinsichtlich der materiellen Wirksamkeit der neuen Verfügung ist zu differenzieren: Soweit die Widerrufswirkung in Frage steht, ist das Errichtungsstatut des ursprünglichen Erbvertrages maßgeblich (aA zum bisherigen deutschen IPR Staudinger/*Dörner* EGBGB Art. 26 Rn. 78: Analog Art. 26 Abs. 5 S. 1 EGBGB das Errichtungsstatut zur Zeit des Widerrufs), soweit die Wirksamkeit der neuen Anordnungen betroffen ist, ist das im Zeitpunkt der Errichtung der neuen letztwilligen Verfügung anwendbare Erbstatut berufen. Hat das Errichtungsstatut durch einen Wechsel des gewöhnlichen Aufenthalts im Zeitraum zwischen den beiden Akten gewechselt, so ist denkbar, dass eine neue Verfügung von Todes wegen zwar einen vorher geschlossenen Erbvertrag beseitigt, die dort neu getroffenen Anordnungen jedoch unwirksam sind. Will sich der Verfügende auf andere Weise als durch eine Verfügung von Todes wegen, zB durch einen Rücktritt, von der durch den Erbvertrag eingetretenen Bindungswirkung befreien, so gilt für die Form dieser Erklärung Art. 11 EGBGB (so schon zum bisherigen deutschen IPR Staudinger/*Dörner* EGBGB Art. 25 Rn. 361; EGBGB Art. 26 Rn. 39, 58). Für die materielle Wirksamkeit ist das Errichtungsstatut des aufzuhebenden Erbvertrages maßgeblich.

**4. Der mehrseitige Erbvertrag, Art. 25 Abs. 2 EuErbVO.**

(1) **Abgrenzungsfragen.** Art. 25 Abs. 2 EuErbVO enthält Sonderregeln für mehrseitige Erbverträge, also Erbverträge, die den Nachlass mehrerer Personen betreffen. Beim mehrseitigen Erbvertrag kann bereits die Feststellung, ob im Einzelfall überhaupt eine Bindung und damit ein Erbvertrag gegeben ist, Probleme bereiten, da nicht klar ist, nach welchem Recht diese Feststellung erfolgen soll. Die Regelung in Art. 25 Abs. 2 UAbs. 1 EuErbVO spricht zunächst dafür, im Ausgangspunkt zunächst für jeden Partner gesondert nach Art. 21 EuErbVO zu ermitteln, ob aus dessen Sicht überhaupt ein Erbvertrag vorliegt. Andererseits bestimmt Art. 25 Abs. 2 UAbs. 2 EuErbVO, dass die Frage der Bindungswirkung für alle Vertragsteile gemeinsam und einheitlich nach dem Recht zu beurteilen ist, zu dem die engsten Verbindungen bestehen. Folgt man dem ersten Ansatz, also der Anwendung von Art. 25 Abs. 2 UAbs. 1 EuErbVO so kann es dazu kommen, dass die Bindungswirkung zunächst bei der Frage, ob überhaupt ein Erbvertrag vorliegt, anders zu beurteilen ist als bei der Frage, ob tatsächlich eine Bindungswirkung vorliegt und wie diese ausgestaltet ist. Dies wird durch die unterschiedlichen Anknüpfungen der Zulässigkeit des Erbvertrages einerseits und der übrigen Fragen der materiellen Wirksamkeit und Bindungswirkung andererseits von der EuErbVO bewusst in Kauf genommen. Im Ergebnis ist damit die Frage, ob überhaupt eine vertragliche Regelung mit ausreichender Bindung vorliegt, zunächst nach dem jeweiligen Errichtungsstatut der Beteiligten zu ermitteln.

Art. 25 Abs. 2 EuErbVO setzt für die Anwendung der Vorschrift nicht voraus, dass mehrere Personen bindend verfügen, dh auch wenn nur ein Vertragsteil bindend verfügt und der andere lediglich in einseitiger Weise, ist insgesamt Art. 25 Abs. 2 EuErbVO und nicht Art. 25 Abs. 1 EuErbVO einschlägig. Es findet dann auch keine getrennte Anknüpfung dergestalt statt, dass für den bindend Verfügenden Art. 25 Abs. 1 EuErbVO und für den einseitig Verfügenden Art. 24 EuErbVO zur Anwendung käme.

Fraglich ist, ob Art. 25 Abs. 1 oder Abs. 2 EuErbVO anwendbar ist, wenn mehrere Personen in einer Urkunde bindend zugunsten eines Dritten, ebenfalls am Erbvertrag Beteiligten, verfügen, etwa, wenn beide Elternteile in einem Erbvertrag ihre gemeinsamen Kinder als Erben einsetzen und zwar bindend nur gegenüber ihren Kindern und nicht gegenüber dem jeweils anderen Elternteil. Nach dem Wortlaut ist Art. 25 Abs. 2 EuErbVO einschlägig, da von der Verfügung tatsächlich der Nachlass mehrerer Personen betroffen ist. Andererseits stehen in derartigen Fällen die einzelnen Erbeinsetzungen (im Beispiel Erbeinsetzung der Kinder durch den Vater und Erbeinsetzung der Kinder durch die Mutter) nicht unbedingt in einem Abhängigkeitsverhältnis, so dass jeder Elternteil etwa für eine Aufhebung zwar die Zustimmung der Kinder benötigt, nicht aber die Zustimmung des anderen Ehegatten. Es hätten also auch zwei getrennte Erbverträge geschlossen werden können und es besteht keine Bindungswirkung zwischen den beteiligten Erblassern, sondern nur gegenüber dem Vertragserben. Tatsächlich handelt es sich um zwei eigenständige, lediglich formell in einer Urkunde zusammengefasste Verträge, die jeweils eigenständig nach Art. 25 Abs. 1 EuErbVO zu beurteilen sind. Anders ist dies zu beurteilen, wenn die Verfügungen auch Bindungswirkung zwischen den Verfügungen entfaltet, in diesem Fall ist Art. 25 Abs. 2 EuErbVO einschlägig. Der Anwendungsbereich von Art. 25 Abs. 2 EuErbVO ist somit nur dann eröffnet, wenn der Vertrag den Nachlass mehrerer Personen betrifft und gerade (auch) Bindungswirkung zwischen diesen Personen und nicht nur und ausschließlich gegenüber Dritten entfaltet.

(2) **Zulässigkeit des mehrseitigen Erbvertrages.** Ein Erbvertrag, der den Nachlass mehrerer Personen betrifft, ist nach Art. 25 Abs. 2 EuErbVO nur zulässig, wenn er nach jedem betroffenen Errichtungsstatut zulässig ist. Es ist also zunächst die Frage der Zulässigkeit für jeden Vertragsteil nach dessen Errichtungsstatut zu stellen. Verbietet eines der Errichtungsstatute den Erbvertrag, so ist die letztwillige Verfügung jedenfalls als Erbvertrag nicht wirksam. Bei strenger Anwendung des Wortlauts wäre der Erbvertrag damit insgesamt aus kollisionsrechtlichen Gründen bzw. nach allgemeinen Vertragsgrundsätzen nichtig. Sachgerechter ist jedoch folgende Handhabung: Verbietet das Errichtungsstatut eines der Vertragsteile den Erbvertrag, so entscheidet das Errichtungsstatut des anderen Vertragspartners, welche Auswirkungen dies auf den Vertrag insgesamt hat und ob gegebenenfalls eine Umdeutung in ein einseitiges Testament in Betracht kommt (so bereits zum bisherigen deutschen IPR Staudinger/*Dörner* EGBGB Art. 25 Rn. 354; zum gemeinschaftlichen Testament in diesem Sinne auch OLG Zweibrücken FamRZ 1992, 608 (609); OLG Frankfurt a.M. IPRax 1986, 111; OLG Hamm NJW 1964, 553 (554)).

(3) **Materielle Wirksamkeit und Bindungswirkung.** Die materielle Wirksamkeit und die Bindungswirkungen eines nach Art. 25 Abs. 2 UAbs. 1 EuErbVO zulässigen Erbvertrages, einschließlich der Voraussetzungen für seine Auflösung, unterliegen nach Art. 25 Abs. 2 UAbs. 2 EuErbVO demjenigen unter den in Unterabsatz 1 genannten Rechten, zu dem er die engste Verbindung hat. Die einheitliche Anknüpfung des mehrseitigen Erbvertrages für alle Beteiligten an nur eine Rechtsordnung hat den Vorteil, dass komplizierte Auslegungs- und Angleichungsfragen vermieden werden, die sonst bei unterschiedlichen Errichtungsstatuten der Ehegatten unvermeidbar sind. Andererseits kann damit für eine Person das anwendbare Recht unterschiedlich sein, je nachdem ob diese ein einseitiges Testament bzw. einen einseitigen Erbvertrag errichtet hat oder an einem mehrseitigen Erbvertrag beteiligt ist. Wie die „engste Verbindung" des Erbvertrages zu ermitteln ist, wird in der EuErbVO nicht weiter erläutert. Maßgeblicher Zeitpunkt ist der Zeitpunkt der Errichtung des Erbvertrages, später eintretende Umstände sind grds. unerheblich und können allenfalls im Rahmen einer ggf. später vorzunehmenden Würdigung aller Umstände zu einer Verstärkung der bei Vertragsabschluss vorliegenden Umstände herangezogen werden. Bei dem Begriff der „engsten Verbindung" handelt es sich um einen nicht der Disposition der Vertragsteile unterliegenden Begriff. Die Beteiligten können die engste Verbindung also nicht nach Belieben wählen, da sonst praktisch eine weitere, nach der EuErbVO nicht zulässige mittelbare Rechtswahlmöglichkeit geschaffen würde. Dennoch wird es – sofern die Voraussetzungen für eine zulässige Rechtswahl nicht vorliegen – künftig sinnvoll sein, im Erbvertrag zu dokumentieren, zu welcher Rechtsordnung nach Auffassung der Beteiligten die engste Verbindung besteht. Zu beachtende Kriterien sind dabei der gewöhnliche Aufenthalt der Vertragsteile, ihre Staatsangehörigkeit, die Belegenheit des künftigen Nachlasses, der Ort der Errichtung des Erbvertrages oder die ggf. im Text in Bezug genommenen Rechtsvorschriften einer bestimmten Rechtsordnung. Zur Dokumentation kann zB wie folgt formuliert werden:

***„Wir wollen mit dieser Urkunde einen Erbvertrag errichten. Ich, M, bin ausschließlich griechischer Staatsangehöriger und habe meinen gewöhnlichen Aufenthalt in Deutschland. Ich, F, bin ausschließlich italienische Staatsangehörige und habe meinen gewöhnlichen Aufenthalt in Belgien. Wir beabsichtigen, zu heiraten und nach unserer Eheschließung einen gemeinsamen gewöhnlichen Aufenthalt zu wählen, wissen allerdings derzeit aus beruflichen Gründen noch nicht sicher, wo dies sein wird, wobei jedoch eine Tendenz zu München besteht, wo ich M eine***

***Eigentumswohnung besitze. Wir gehen daher davon aus, dass der nachfolgende Erbvertrag die engste Verbindung zum deutschen Recht aufweist, weshalb wir auch einen deutschen Notar mit der Beurkundung beauftragt haben. Eine Wahl unseres jeweiligen Rechts der Staatsangehörigkeit wünschen wir ausdrücklich nicht.“***

**5. Rechtswahlmöglichkeiten in einem Erbvertrag nach der EuErbVO.**

Auch im Erbvertrag gibt es verschiedene Rechtswahlmöglichkeiten, wobei im betreffenden Erbvertrag unbedingt und ausdrücklich klargestellt werden sollte, von welcher Variante Gebrauch gemacht werden soll.

(1) **Rechtswahl nach Art. 25 Abs. 1 bzw. Abs. 2 UAbs. 1 iVm Art. 22 EuErbVO**

a) **Allgemeines.** Nach Art. 25 Abs. 1 bzw. Art. 25 Abs. 2 UAbs. 1 EuErbVO entscheidet über die dort genannten Bereiche des Erbvertrages das Errichtungsstatut. Die Vorschrift verweist zunächst auf Art. 21 EuErbVO, also auf das Recht des Staates, in dem der Erblasser seinen gewöhnlichen Aufenthalt hat. Jeder Vertragspartner des Erbvertrages kann jedoch vor Abschluss des Erbvertrages zB in einem früheren Testament nach Art. 22 EuErbVO das Recht des Staates gewählt haben, dem er im Zeitpunkt der Rechtswahl angehört bzw. kann eine solche Rechtswahl auch anlässlich des Abschlusses des betreffenden Erbvertrages treffen. Diese Rechtswahl bestimmt zunächst das im Todeszeitpunkt tatsächlich anwendbare Erbstatut. Sie ist jedoch auch im Rahmen der Ermittlung des auf den Erbvertrag anwendbaren Errichtungsstatuts nach Art. 25 Abs. 1 bzw. Art. 25 Abs. 2 UAbs. 1 EuErbVO zu beachten, da sie gerade das Recht festlegt, das anwendbar wäre, wenn der Verfügende zu dem Zeitpunkt verstorben wäre, in dem der Erbvertrag geschlossen wurde.

**Beispiel:** Zwei deutsche Staatsangehörige mit gewöhnlichem Aufenthalt in Frankreich wollen einen Erbvertrag nach deutschem Recht errichten. Sie suchen hierzu einen Notar in Deutschland auf, der eine Urkunde errichtet, in dem die Parteien in Punkt A. beide nach Art. 22 EuErbVO deutsches Erbrecht wählen und in Punkt B. dann in einem Erbvertrag letztwillige Bestimmungen treffen. Durch die vorangestellte Rechtswahl unter Punkt A. wird das gewählte deutsche Recht Errichtungsstatut des Erbvertrages. Die Rechtswahl hat somit eine doppelte Bedeutung, nämlich zum einen als Wahl des Errichtungsstatuts für den Erbvertrag und zum anderen als Wahl des späteren tatsächlichen Erbstatuts.

Da es für die im Rahmen von Art. 25 EuErbVO zu beurteilenden Umstände um das Errichtungsstatut des Erbvertrages geht, spielt die im Zeitpunkt des Todes maßgebliche Staatsangehörigkeit des Erblassers keine Rolle, so ausdrücklich auch Nr. 51 der Erläuterungen zur EuErbVO. Nach Art. 25 Abs. 1 EuErbVO kann damit der Erblasser beim einseitigen Erbvertrag wie bei einem einseitigen Testament für alle vom Errichtungsstatut umfassten Fragen das Recht seiner Staatsangehörigkeit im Zeitpunkt der Erbvertragserrichtung wählen. Beim mehrseitigen Erbvertrag kann jeder Erblasser nach Art. 25 Abs. 2 UAbs. 1 EuErbVO für die Frage der Zulässigkeit des Erbvertrages das Recht seiner Staatsangehörigkeit im Zeitpunkt der Erbvertragserrichtung wählen. Es kann auch nur ein Vertragsteil wählen. Es muss außerdem nicht von allen Vertragsteilen das gleiche Recht gewählt werden, insgesamt ist der Erbvertrag jedoch nur zulässig, wenn er nach allen beteiligten Rechtsordnungen zulässig ist. Unberührt hiervon bleibt Art. 25 Abs. 2 UAbs. 2 EuErbVO, so dass für die dort genannten Aspekte die engste Verbindung festzustellen ist.

(b) **Bindungswirkung der Rechtswahl.** Fraglich ist, ob und inwieweit eine in einem Erbvertrag getroffene Rechtswahl an dessen Bindungswirkung teilnimmt (ausführlich hierzu *Döbereiner* DNotZ 2014, 323). Die EuErbVO enthält hierzu keine ausdrückliche Regelung. Richtigerweise entscheidet das anwendbare materielle, also das gewählte Recht, welche Verfügungen in einem Erbvertrag mit Bindungswirkung vorgenommen werden können und ob eine solche bindende Verfügung im Einzelfall tatsächlich getroffen wurde. Haben die Vertragsteile unterschiedliche Rechte gewählt und lässt nur eine der beteiligte

Rechtsordnungen eine Bindung an die Rechtswahl zu, so entscheidet für den gebundenen Partner dessen Recht, welche Auswirkungen dies auf seine Rechtswahl hat. Im deutschen IPR war diese Frage im Rahmen von Art. 25 Abs. 2 EGBGB aF stark umstritten. Hinsichtlich der vormals gem. Art. 26 Abs. 5 S. 1 EGBGB aF bzw. nun gemäß Art. 25 EuErbVO nach dem Errichtungsstatut zu beurteilenden Aspekte des Erbvertrages ist die Frage von vornherein ohne Bedeutung, da sich das Errichtungsstatut logischerweise nachträglich nicht ändern kann und damit in diesem Bereich ein späterer Widerruf der Rechtswahl keine Auswirkungen haben (so zutreffend zu Art. 26 Abs. 5 S. 1 EGBGB aF *Dörner* DNotZ 1988, 67 (88); *Riering* ZEV 1994, 225 (229); 1995, 404 (406)). Im Übrigen würde sich aus Art. 25 Abs. 3 EuErbVO selbst ergeben, dass die Vertragsteile diese Rechtswahl nur gemeinsam und einheitlich treffen können, so dass nach allgemeinen Vertragsgrundsätzen auch eine Abänderung oder Aufhebung nur gemeinsam erfolgen kann.

Soweit es sich bei dem gewählten Recht um das deutsche Recht handelt, ist auf die Vorschriften des deutschen materiellen Rechts zurückzugreifen. § 2278 Abs. 2 BGB bestimmte hierzu bis 17.8.2015, dass in einem Erbvertrag nur Erbeinsetzungen, Vermächtnisse und Auflagen in vertragsmäßiger, dh bindender Weise getroffen werden können. Eine Rechtswahl (vormals nach Art. 25 Abs. 2 EGBGB aF) war deshalb nach wohl hM (*Dörner* DNotZ 1988, 67 (91); *Kühne* IPRax 1987, 69 (74); Staudinger/*Dörner* EGBGB Art. 25 Rn. 547, 550; aA *von Bar* IPR Bd. 2, Rn. 368; *Kropholler* IPR § 51 II 2c; *Krzywon* BWNotZ 1987, 4 (6); MünchKomm/*Birk* EGBGB Art. 25 Rn. 58; *Siehr* IPRax 1987, 4 (7); *Tiedemann* RabelsZ (1991), 17 (34)) immer frei widerruflich, da sie unter keine der genannten Kategorien eingeordnet werden kann. Der Verfügende konnte also zB die Höhe von Pflichtteils- und Noterbrechten, für die nicht das Errichtungsstatut, sondern das tatsächliche, im Todeszeitpunkt maßgebliche Erbstatut gilt, durch Änderung der Rechtswahl einseitig beeinflussen und die durch den Erbvertrag ggf. bezweckte einvernehmliche Regelung etwa durch Wahl eines pflichtteilsfreundlicheren oder pflichtteilsfeindlicheren Rechts aus den Angeln heben. Dieser Gesichtspunkt sprach bisher bereits dafür, eine Rechtswahl mit Bindungswirkung zuzulassen. Erfreulicherweise wurde dies mit Wirkung ab 17.8.2015 in § 2278 BGB nF ausdrücklich klargestellt. Eine vergleichbare Regelung trifft § 2270 Abs. 3 BGB nF für wechselbezügliche Verfügungen in einem gemeinschaftlichen Testament.

**(2) Rechtswahl nach Art. 25 Abs. 3 EuErbVO.** Nach Art. 25 Abs. 3 EuErbVO können die Parteien auch ungeachtet der Absätze 1 und 2 für die Zulässigkeit, die materielle Wirksamkeit und die Bindungswirkungen ihres Erbvertrags, einschließlich der Voraussetzungen für seine Auflösung, einheitlich das Recht wählen, das die Person oder eine der Personen, deren Nachlass betroffen ist, nach Artikel 22 EuErbVO unter den darin genannten Bedingungen hätte wählen können. Ein Beispiel hierfür findet sich im Formular. Durch die Rechtswahl wird lediglich das Errichtungsstatut des Erbvertrages bestimmt. Für das tatsächliche spätere Erbstatut bleibt es dagegen für jeden Ehepartner bei der allgemeinen Vorschrift des Art. 21 EuErbVO. Jeder Ehepartner könnte zu einem späteren Zeitpunkt insoweit ggf. auch allein noch eine Rechtswahl nach Art. 22 EuErbVO treffen.

Beim mehrseitigen Erbvertrag eröffnet die Vorschrift die Möglichkeit einer einheitlichen Rechtswahl, die sonst im Einzelfall bei unterschiedlichen Nationalitäten nicht zur Verfügung stehen würde. Auch für Art. 25 Abs. 3 EuErbVO gilt, dass eine Wahl des Rechts der im Todeszeitpunkt maßgeblichen Staatsangehörigkeit ausgeschlossen ist, da es sonst zu einem – logischerweise ausgeschlossenen – Wechsel des Errichtungsstatuts kommen könnte. Die Rechtwahl kann nur einheitlich für alle dem Errichtungsstatut unterliegenden Fragen, nicht getrennt für die Zulässigkeit und die übrigen in Art. 25 Abs. 2 UAbs. 2 EuErbVO aufgeführten Bereiche erfolgen. Die Rechtswahl des Art. 25 Abs. 3 EuErbVO bezieht sich nur auf die nach dem Errichtungsstatut zu beurteilenden Fragen, dagegen nicht auf das spätere tatsächliche Erbstatut. Aus diesem Grund ist ein späterer Widerruf einer Rechtswahl nach Art. 25 Abs. 3 EuErbVO wieder von vornherein ausgeschlossen (aA wohl *Odersky* notar 2013, 3 (8)). Auf die Frage der Bindungswirkung der Rechtswahl kommt es damit hier nicht an. Im Übrigen würde sich aus Art. 25 Abs. 3 EuErbVO selbst ergeben, dass die Vertragsteile diese Rechtswahl nur gemeinsam und einheitlich treffen können, so dass nach allgemeinen Vertragsgrundsätzen auch eine Abänderung oder Aufhebung nur gemeinsam erfolgen kann.

(3) **Wahl des tatsächlichen Erbstatuts nach Art. 22 EuErbVO.** Die dritte Rechtswahlmöglichkeit im Erbvertrag besteht schließlich darin, dass nach der allgemeinen Vorschrift des Art. 22 EuErbVO von den Vertragsparteien des Erbvertrages jeweils – ohne Wahl des Errichtungsstatutes – das tatsächlich anwendbare Erbstatut gewählt werden kann. Jeder Erblasser kann hierzu nach Art. 22 EuErbVO das Recht des Staates wählen, dem er im Zeitpunkt der Rechtswahl oder im Zeitpunkt des Todes angehört.

**Beispiel:** Zwei französische Staatsangehörige mit gewöhnlichem Aufenthalt in Deutschland wollen einen Erbvertrag nach deutschem Recht errichten. Sie suchen hierzu einen Notar in Deutschland auf, der eine Urkunde errichtet, in dem die Parteien in Punkt A. in einem Erbvertrag letztwillige Bestimmungen treffen und in Punkt B. dann jeweils französisches Erbrecht als tatsächliches Erbstatut wählen. Errichtungsstatut des Erbvertrages und damit zuständig für Zulässigkeit, materielle Wirksamkeit und Bindungswirkung des Erbvertrages ist wegen des gewöhnlichen Aufenthalts in Deutschland deutsches Recht. Die Rechtswahl bezieht sich nur auf das im Todesfall später zur Anwendung gelangende Erbstatut, was aber in jedem Fall auch nochmals ausdrücklich klargestellt werden sollte.

Die Ausführungen in Nr. 51 der Erläuterungen zur EuErbVO sind insoweit nicht einschlägig, da es hier gerade nicht um die Wahl des Errichtungsstatuts geht. Beim mehrseitigen Erbvertrag ist eine einheitliche Rechtswahl nur möglich, wenn beide Vertragsteile die gleiche Staatsangehörigkeit besitzen oder bei gemischtnationalen Parteien ein Partner bis zum Todeszeitpunkt noch die Staatsangehörigkeit des anderen Vertragsteils erwirbt (zutreffend *Leitzen* ZEV 2013, 128 (130); aA wohl *Nordmeier* ZEV 2012, 513 (518)). Bei einem mehrseitigen Erbvertrag kann auch nur eine Partei diese Möglichkeit nutzen. Sofern der Erbvertrag keine ausdrückliche Aussage trifft, ist stets im Einzelfall zu prüfen, ob bei Inanspruchnahme einer der vorstehend unter 1. bzw. 2 erläuterten Rechtswahlmöglichkeiten zugleich eine Wahl des tatsächlichen Erbstatuts vorliegt. Die Frage der Bindungswirkung an die Rechtswahl ist dabei genauso zu beurteilen wie bei der vorstehend unter (1) erläuterten Wahl des Errichtungsstatuts nach Art. 25 Abs. 1 bzw. Abs. 2 UAbs. 1 iVm Art. 22 EuErbVO (so wohl auch *Leitzen* ZEV 2013, 128 (130); aA wohl *Odersky* notar 2013, 3 (8): einseitige Abänderung in jedem Fall möglich).

6. **Besonderheiten bei Verzichtsverträgen.** Auch Verträge, die Rechte am künftigen Nachlass einer Personen entziehen, stellen nach der Legaldefinition in Art. 3 lit. b EuErbVO Erbverträge dar. Bei der Anwendung der Vorschriften der EuErbVO ist Erblasser derjenige, dessen (künftiger) Nachlass betroffen ist. Zusätzlich zu den allgemein bei Erbverträgen auftretenden Fragen gelten folgende Besonderheiten:

(1) **Form.** Ein Verzichtsvertrag ist keine Verfügung von Todes wegen im Sinne des Haager Testamentsübereinkommens vom 5.10.1961. Da es sich jedoch um einen Erbvertrag im Sinne der EuErbVO handelt, gilt für die Formwirksamkeit Art. 27 EuErbVO.

(2) **Materielle Wirksamkeit.** Als einseitiger Erbvertrag im Sinne des Art. 25 Abs. 1 EuErbVO ist ein Verzicht zu behandeln, wenn nur gegenüber einem (künftigen) Erblasser verzichtet wird. Maßgeblich ist das Errichtungsstatut des Erblassers, das Erbstatut des Verzichtenden spielt keine Rolle (siehe auch *Simon/Buschbaum* NJW 2012, 2393 (2396)). Handelt es sich um einen gegenseitigen Verzicht, so ist der Anwendungsbereich des Art. 25 Abs. 2 EuErbVO eröffnet. Verzichtet eine Person in einer Urkunde gegenüber mehreren Personen, etwa, wenn ein Abkömmling in einer Urkunde einen Pflichtteilsverzicht gegenüber beiden Elternteilen erklärt, ist wie folgt zu unterscheiden: Stehen die

beiden Verzichte in einem Abhängigkeitsverhältnis, so dass ein Verzicht nicht ohne den anderen abgeschlossen worden wäre, ist der Anwendungsbereich von Art. 25 Abs. 2 EuErbVO eröffnet. Fehlt es an einem solchen Abhängigkeitsverhältnis und hätten genauso zwei getrennte Pflichtteilsverzichtsverträge in verschiedenen Urkunden geschlossen werden können, besteht keine Bindungswirkung zwischen den beteiligten Erblassern, sondern nur zwischen dem Verzichtenden und dem jeweiligen Erblasser. In diesem Fall handelt es sich um zwei eigenständige, lediglich formell in einer Urkunde zusammengefasste Verträge, die jeweils eigenständig nach Art. 25 Abs. 1 EuErbVO zu beurteilen sind. Werden mehrere gegenseitige Verzichte in einer Urkunde errichtet, verzichten also zB in einer Urkunde ein Kind gegenüber beiden Elternteilen und jeder Elternteil gegenüber dem Kind, ist Art. 25 Abs. 2 EuErbVO einschlägig. Fraglich kann allenfalls sein, ob es sich um zwei gesondert nach Art. 25 Abs. 2 EuErbVO zu beurteilende gegenseitige Verzichte oder einen einzigen, insgesamt nur einmal nach Art. 25 Abs. 2 EuErbVO zu beurteilenden Vertrag handelt. Dies hängt wieder davon ab, ob die einzelnen Verzichte in einem Abhängigkeitsverhältnis stehen.

(3) **Zulässigkeit eines wechselseitigen Verzichts.** Bei einem wechselseitigen Verzicht ist nach Art. 25 Abs. 2 UAbs. 1 EuErbVO die Zulässigkeit des Verzichts für beide Erblasser gesondert nach dem jeweiligen Errichtungsstatut zu prüfen. Ist der Erbverzicht nach einer der berufenen Rechtsordnungen unzulässig, entscheidet das Errichtungsstatut des anderen Partners – ggf. im Wege der Auslegung -, ob die gegenüber diesem abgegebene Verzichtserklärung als einseitiger Verzicht bestehen bleiben kann (So zum bisherigen IPR Staudinger/*Dörner* EGBGB Art. 25 Rn. 396).

(4) **„Testierfähigkeit" beim Erbverzicht.** Nach Art. 26 Abs. 1 lit. a EuErbVO gehört zur materiellen Wirksamkeit iSv Art. 25 EuErbVO auch die Testierfähigkeit der Person, welche die Verfügung von Todes wegen errichtet. Nach Art. 25 Abs. 1 EuErbVO ist bei einem einseitigen Erbvertrag Erblasser die Person, deren Nachlass betroffen ist und damit beim Erbverzicht die Person, gegenüber der verzichtet wird. Der (künftige) Erblasser ist damit derjenige, der den Erbvertrag im Sinne von Art. 26 Abs. 1 lit. a EuErbVO errichtet. Das nach Art. 25 Abs. 1 EuErbVO für diesen geltende Errichtungsstatut entscheidet auch darüber, in welchem Maße der Verzichtende geschäfts- oder testierfähig sein muss. Ob dieses Erfordernis gewahrt ist, ist gem. Art. 7 EGBGB, also nach dem Personalstatut des Verzichtenden, festzustellen. Beim mehrseitigen Erbverzicht spielt dies keine Rolle, da nach Art. 25 Abs. 2 UAbs. 2 EuErbVO einheitlich auf das Errichtungsstatut abzustellen ist, zu dem der Vertrag die engsten Beziehungen aufweist.

(5) **Wirkungen im Todesfall.** Die Wirkungen von Verzichtsverträgen auf die Erbfolge sind nach dem tatsächlichen Erbstatut zu beurteilen (*Nordmeier* ZEV 2013, 117 (121); zum bisherigen deutschen IPR zB Staudinger/*Dörner* EGBGB Art. 25 Rn. 402). Dies kann dazu führen, dass der Verzicht keine Auswirkung hat und ins Leere geht, wenn das tatsächliche Erbstatut einen solchen Verzicht nicht kennt und ihn deshalb nicht berücksichtigt (ausführlich *Hausmann/Odersky*, Internationales Privatrecht in der Notar- und Gestaltungspraxis, § 15 Rn. 272 ff.). Eine im Vordringen befindliche Auffassung will dieses unerwünschte Ergebnis insbesondere durch eine (sehr) weite Auslegung des Begriffs der Bindungswirkung vermeiden (vgl. zB *Weber* ZEV 2015, 503 (506); Staudinger/*Schotten* BGB Einl. zu §§ 2346–2352 Rn. 56).

**7. Kosten, Hinweise.** → Form. XVI.

# XV. Gemeinwohlorientierte Vermögenszuwendungen

## 1. Stiftungsgeschäft unter Lebenden zur Errichtung einer nichtrechtsfähigen Stiftung (Schenkung unter Auflage)

Zwischen
A, geb. am . . . . . in . . . . ., wohnhaft . . . . . (im Folgenden „Stifter"),
und
B, geschäftsansässig . . . . . (im Folgenden „Stiftungsträger"),
wird das folgende Stiftungsgeschäft geschlossen:
Der Stifter errichtet hiermit im Wege der Schenkung unter Auflage die nichtrechtsfähige . . . . .-Stiftung in der treuhänderischen Verwaltung des Stiftungsträgers.
Gemeinnütziger Zweck der Stiftung ist . . . . .
Als Stiftungsvermögen übereignet der Stifter dem Stiftungsträger unentgeltlich, endgültig und unwiderruflich folgende Vermögensgegenstände: . . . . .
Dieses Vermögen ist vom Stiftungsträger gesondert von seinem eigenen Vermögen zu halten und in seinem Wert zu erhalten; die Erträge sind zur Erfüllung des Stiftungszwecks zu verwenden.
Zu Mitgliedern des ersten Kuratoriums werden berufen: . . . . .
Die Rechte und Pflichten des Stiftungsträgers ergeben sich aus der beigefügten Satzung, die Bestandteil dieses Stiftungsgeschäfts ist.
(Ort), den . . . . .
. . . . .
(Unterschriften von Stifter und Stiftungsträger)

*Schrifttum* (allgemein zur nichtrechtsfähigen Stiftung): *Streck,* Die Steuerpflicht nichtrechtsfähiger Stiftungen und anderer Zweckvermögen, StuW 1975, 135; *Westebbe,* Die Stiftungstreuhand, 1993; *Reuter,* Die unselbständige Stiftung, in: v. Campenhausen/Kronke/Werner (Hrsg.): Stiftungen in Deutschland und Europa, 1998, 203; *O. Werner,* Die unselbständige Stiftung, Stiftung&Sponsoring Rote Seiten 1999; *Wochner,* Die unselbständige Stiftung, ZEV 1999, 125; *K. Schmidt,* Ersatzformen der Stiftung – unselbständige Stiftung, Treuhand und Stiftungskörperschaft, in: Hopt/Reuter (Hrsg.): Stiftungsrecht in Europa, 2001, 175; *Schindler/Steinsdörfer,* Treuhänderische Stiftungen (Materialien aus dem Deutschen Stiftungszentrum 18), 7. Aufl. 2002; *A. Werner,* Die Zustiftung, 2003; *Hüttemann/Herzog,* Steuerfragen bei gemeinnützigen nichtrechtsfähigen Stiftungen, DB 2004, 1001; *Koos,* Fiduziarische Person und Widmung, 2004; *Ohlmann/Preißler,* Die Stiftung als steuerliches Gestaltungs- und Finanzierungsinstrument, 2004; *Neuhoff,* Rechtstatsachenforschung zur unselbständigen Stiftung, ZSt 2005, 277; *Augsten,* Rechtliche und steuerliche Aspekte der unselbständigen Stiftung – unter Berücksichtigung erbrechtlicher Regelungen, ZErb 2006, 155; *Bock et al.,* Gemeinden und Stiftungen, 2006; *Henß,* Der Schein trügt: Die Treuhandstiftung ist keine dauerhafte Alternative zur selbstständigen Stiftung, Stiftung&Sponsoring 6/2006, 22; *Herzog,* Die unselbständige Stiftung des bürgerlichen Rechts, 2006; *Hoffmann-Steudtner/Küstermann,* Treuhandstiftungen, 2006; *Küstermann,* Bürgerstiftungen als Treuhänder, Die Verwaltung von Treuhandstiftungen als Dienstleistungsangebot für regional orientierte

Stifter, 2006; *Mecking/Weger*, Stiftungsverwaltungen: Verbundstiftungsmodelle zwischen Stifterbetreuung und Mittelbeschaffung, Stiftung&Sponsoring Rote Seiten 6/2006; *S. Möller*, Die Überführung von Treuhandstiftungen in rechtsfähige Stiftungen, ZEV 2007, 565; *Fritsche,* Grundfragen zur unselbständigen Stiftung des Privatrechts, ZSt 2008, 3; *Geibel*, Treuhandrecht als Gesellschaftsrecht, 2008; *Küstermann*, Die Beendigung der vertraglichen Beziehung zwischen Stifter und Treuhänder, ZSt 2008, 161; *Neuhoff,* Die nicht-rechtsfähige Stiftung unter Lebenden als besonderes Rechtsproblem, ZSt 2008, 23; *A. Werner*, Die Struktur der unselbstständigen Stiftung, ZSt 2008, 58; *Bruns,* Fiduziarische Stiftung als Rechtsperson, JZ 2009, 840; *Feick*, Erstmals: BGH zur unselbständigen Stiftung. Zu ihrer Rechtsnatur und zur Anwendbarkeit des AGB-Rechts auf Treuhandverträge, Stiftung&Sponsoring 3/2009, 48; *Seyfarth,* Der Schutz der unselbständigen Stiftung, 2009; *M. Fischer*, Dogmatik des unselbständigen Stiftungsgeschäfts unter Lebenden und Steuerrecht, in: Festschrift für Dieter Reuter, 2010, 73; *Förster,* Stiftung und Nachlass, 2010; *Rawert*, Vereine, Stiftungen, Vollmachten, Beck'sches Formularbuch Bürgerliches, Handels- und Wirtschaftsrecht, I. Bürgerliches Recht – Allgemeiner Teil, 13. Aufl. 2018; *Mecking*, Schutz der Treuhandstiftung. Missbrauch und Gläubigerzugriff vermeiden, Werte stiften 3/2010, 60; *Meyer-Vogelfänger/Schneider*, Verantwortung für sich und andere. Die Treuhandstiftung zwischen Gemeinnützigkeit und Altersvorsorge, Stiftung&Sponsoring 1/2010, 38; *Tyarks*, Körperschaftsteuerrechtliche Zweckvermögen des privaten Rechts und ihre Behandlung im Umsatzsteuerrecht, 2010; *Küstermann/Hoffmann-Steudner*, Stiften und spenden. Treuhandstiftung, Stiftungsfonds und Co. – Gestaltungsmöglichkeiten zur finanziellen Förderung gemeinnütziger Organisationen (StiftungsRatgeber 2), 2011; *Mecking*, Entwarnungen für Treuhänder, FUNDStücke 4/2011, 14; *Schiffer/Pruns*, Unselbständige Stiftung: Vermögensverwaltung und Genehmigungspflicht nach dem KWG, npoR 2011, 78; *Studen*, Die Dachstiftung. Das Tragen und Verwalten von Unterstiftungen unter dem Dach einer selbständigen Stiftung, 2011; *Deutsches Stiftungszentrum* (Hrsg.): Die Treuhandstiftung – Ein Traditionsmodell mit Zukunft, 2012; *Heuel*, die Treuhandstiftung – Grenzen und Möglichkeiten, Stiftung&Sponsoring Rote Seiten 4/2012; *Küstermann*, Praktische Überlegungen des Stifters zur Gründung einer Treuhandstiftung, ZStV 2012, 67; *Ohlmann*, Immobilienvermögen in Treuhandstiftungen: Besonderheiten bei der Übertragung, Stiftung&Sponsoring 4/2012, 28; *Weisheit*, Unselbstständige Stiftung: Ab diesem Zeitpunkt beginnt für sie bereits die Steuerpflicht, Stiftungsbrief 2012, 63; *Frankenberger,* Der funktionale Stiftungsbegriff als Denkmodell eines rechtsformübergreifenden Stiftungsrechts, 2013; *Hübner/Currle/Schenk,* Die nichtrechtsfähige Stiftung als Familienstiftung, DStR 2013, 1966; *Weidlich/Foppe,* Der Stiftungsverein – Die Alternative für gemeinnützige Trägervereine, Stiftung&Sponsoring 5/2013, 32; *A. Werner,* Satzungsänderungen bei unselbständigen Stiftungen, in: Andrick et al. (Hrsg.): Die Stiftung – Jahreshefte zum Stiftungswesen 2013, 153; *Kögel*, Welche Einflussmöglichkeiten hat ein Stifter auf „seine" Stiftung nach deren Errichtung, FuS 2014, 47; *O. Werner,* Zur rechtlichen Verselbständigung einer fiduziarischen Stiftung – Anmerkung zu OLG Oldenburg vom 20.9.2013, ZStV 2014, 60; *Hackenberg*, Treuhandstiftung in der steuerlichen Beratungspraxis. Gestaltungsalternativen für Stiftungsprojekte, NWB 2016, 179; *Oppel*, Unterliegen unselbständige Stiftungen der Ersatzerbschaftsteuer?, ZEV 2017, 22.

## Anmerkungen

**1. Gemeinnützig motivierte Vermögenszuwendungen.** (1) Immer häufiger sind Menschen daran interessiert, ihr Vermögen ganz oder teilweise gemeinwohlorientierten, steuerbegünstigten Zwecken zu widmen. Das damit verbundene, meist mäzenatisch motivierte Anliegen näher zu bestimmen und einen geeigneten Adressaten der Dotation zu identifizieren, ist das zentrale Ergebnis eines Entscheidungsprozesses, der auf der Werthaltung und den damit verbundenen Beweggründen des Zuwendungsgebers beruht.

Die Motive für eine solche Zuwendung können vielfältig sein. Mitunter soll sie persönliche Neigungen vertiefen, die der potenzielle Geber zu bestimmten sozialen Einrichtungen oder Themen wie etwa Bildung oder Umweltschutz hat. Sie mag Ausdruck der Dankbarkeit für frühere Förderungen der eigenen Person oder für den eigenen wirtschaftlichen Erfolg sein. Sie soll eine bestimmte Idee ins Werk setzen oder ist Zeichen persönlicher Betroffenheit. Mancher möchte mit seiner Gabe seinen Namen verewigen, mancher ein bestimmtes Anliegen dauerhaft fördern.

(2) Damit eine schon bestehende Einrichtung solche Gönner für die eigene Idee gewinnen kann, ist es sinnvoll, dafür in Frage kommende Personen zu identifizieren, eine Beziehung zu ihnen aufzubauen und zu pflegen und dabei die genannten Motive zu adressieren. Außerdem sollten attraktive Instrumente und Leistungen („Donor Services") angeboten werden.

(3) Potenziell motivierend wirkt auch, dass Zuwendungen an eine Organisation, die steuerbegünstigte Zwecke fördert, als Sonderausgaben steuerlich abzugsfähig sind (→ Anm. 8).

(4) Ebenso vielgestaltig wie die Motive sind die Anlässe. Der richtige Anlass bildet häufig den letzten Anstoß für die Entscheidung zur Zuwendung und für die Form ihrer Umsetzung. Stiftungen etwa werden nicht selten anlässlich eines runden Geburtstages, eines persönlichen Jahrestages oder eines Firmenjubiläums errichtet. Anlass mag auch das Fehlen direkter Erben, eine „nicht benötigte" Erbschaft oder der Tod einer nahestehenden Person sein.

**2. Stiftungstypen.** (1) Potenziellen Stiftern stehen zur Realisierung ihres Vorhabens wahlweise mehrere rechtliche Varianten zur Verfügung: zB (zweckempfohlene) Spende (→ Form. XV.10), Stifterdarlehen (→ Form. XV.11), Zustiftung (→ Form. XV.9), Stiftungsfonds (→ Form. XV.8), nichtrechtsfähige Stiftung als Auflagenschenkung (→ Anm. 6) oder Treuhand (→ Form. XV.2) und rechtsfähige Stiftung – hier geordnet nach ihrer Verselbständigung (Unabhängigkeit, Dauerhaftigkeit). Diese Rechtsformen sind Lösungen für bestimmte, aus der Gesellschaft an die Rechtsordnung herangetragene Bedürfnisse. Sie weisen somit bestimmte Eigenheiten bzw. Besonderheiten etwa im Hinblick auf die Stellung von Stifter, Stiftungsgremien und Behörden oder die steuerliche Behandlung und damit bestimmte Vor- und Nachteile auf. Dies bietet Möglichkeiten der Wahl, bringt aber auch die Schwierigkeit der Entscheidung mit sich.

Wer Vermögenswerte dauerhaft einem selbstbestimmten Zweck widmen will, wird eine Rechtsform mit Stiftungs- oder stiftungsähnlichem Charakter wählen, denn die Stiftung bezeichnet ein verselbständigtes und beständiges Zweckvermögen. Der Begriff der Stiftung selbst ist dabei rechtlich (noch) nicht geschützt.

Die Existenz einer Stiftung beruht jedenfalls auf drei Grundelementen:

- Dem Stiftungszweck, in aller Regel steuerbegünstigte (gemeinnützige, mildtätige und/oder kirchliche) Zwecke;
- dem Stiftungsvermögen, aus dessen Erträgen die Verwirklichung des Zwecks erfolgt;
- der Stiftungsorganisation, die die Handlungsfähigkeit der Stiftung sicherstellt.

(2) Prototypus der Stiftung als juristischer Person ist die rechtsfähige Stiftung des bürgerlichen Rechts (vgl. dazu MVHdB I GesR, 8. Aufl. 2018, → Form. VIII. mwN). Bei Beteiligung einer öffentlich-rechtlichen Körperschaft kommt in Ausnahmefällen die rechtsfähige Stiftung des öffentlichen Rechts in Betracht, deren Rechtsverhältnisse durch Verwaltungs- (oder Kirchen-)Recht bestimmt werden.

(3) Weit verbreitet sind auch körperschaftliche Ersatzformen wie Idealverein („A-Stiftung eV"), GmbH („A-Stiftung gGmbH") oder Aktiengesellschaft („A-Stiftung gAG"), die jedoch wegen der unabdingbaren Autonomie von Mitgliedern oder Gesell-

schaftern in Satzungsfragen trotz kautelarjuristischer Absicherungen keine Garantie für die dauerhafte Bindung des Stiftungsvermögens an den Stifterwillen bieten.

(4) Daneben beobachtet die Rechtstatsachenforschung, dass zunehmend sog. nichtrechtsfähige oder – untechnisch – unselbstständige, fiduziarische, treuhänderische oder Treuhand-Stiftungen in privatrechtlicher oder öffentlich-rechtlicher Trägerschaft errichtet werden. Ihre Zahl wird auf mehrere zehntausend geschätzt. Sie werden in der Rechtsträgerschaft von Nonprofit-Organisationen, gewerblichen Anbietern oder auch Privatpersonen errichtet und von ihnen treuhänderisch verwaltet. In der Regel bleibt ihre Vermögensausstattung hinter der der rechtsfähigen Stiftungen zurück; sie verfügen meist auch nicht über eigenes Personal und beschränken sich daher meist auf fördernde Tätigkeiten.

Eine nichtrechtsfähige Stiftung wird beschrieben als die Zuwendung von Vermögen an eine bereits existierende natürliche oder juristische Person mit der Maßgabe, dass die übertragenen Werte als vom Eigenvermögen des Trägers wirtschaftlich getrenntes Sondervermögen dauerhaft zur Verfolgung eines vom Stifter festgelegten Zwecks genutzt werden müssen (statt vieler Staudinger/*Hüttemann*/*Rawert*, 2017, Vorbem 319 zu §§ 80 ff. mwN). Eine Legaldefinition gibt es auch für sie nicht.

Sprachgebrauch, Verkehrsauffassung und Stiftungspraxis, aber auch Rechtsprechung und die herrschende Lehre stimmen weitgehend darin überein, dass die nichtrechtsfähige Stiftung in ausreichendem Umfang Merkmale aufweist, um als Stiftung im Rechtssinne verstanden zu werden (so bereits RGZ 88, 338 f.), nämlich

a) die freiwillige Vermögensübertragung im Sinne einer grundsätzlich endgültigen rechtlichen Aussonderung von Vermögen aus der Sphäre eines Stifters, die ihn für die Zukunft hindert, dieses Vermögen selbst zu nutzen oder anderweitig zuzuwenden, insbesondere zu vererben;
b) die Stiftungsabsicht im Sinne einer autonomen Entscheidung eines Rechtssubjekts, Bindungswirkungen zugunsten Dritter zu begründen;
c) die Dauerhaftigkeit der Zweckbestimmung, die weit überwiegend gemeinwohlorientiert ausgestaltet ist;
d) das Vorhandensein eines unveräußerlichen Stiftungsvermögens, das der Zweckbestimmung zugeordnet ist;
e) die nicht verbandsmäßige Organisationsstruktur, die mit personellen Zuständigkeiten und Bindungen in Bezug auf Zweck und Vermögen verbunden ist.

In der Praxis nimmt die nichtrechtsfähige Stiftung – oft in ihrer eigentlichen Gestaltung kaum erkennbar – am allgemeinen Verkehr teil, entfaltet Wirkungen nach innen und außen, bindet Personen zur Zweckverwirklichung in Aufgaben und Gremien ein und befördert selbstlos öffentliche (und seltener auch private) Angelegenheiten, die außerhalb ihrer eigenen Sphäre liegen. Rechtshistorisch betrachtet bildet sie die Urform der Stiftung.

(5) Im Unterschied etwa zur rechtsfähigen Stiftung fehlt der nichtrechtsfähigen Stiftung die eigene Rechtspersönlichkeit (funktionaler Stiftungsbegriff). Sie bedarf daher stets eines Rechtsträgers (im Folgenden: Stiftungsträger; auch Treuhänder, treuhänderische Verwaltung, Trägerorganisation genannt), der die mit der Zweckwidmung des Vermögens verbundenen Rechte und Pflichten wahrnimmt. Er erhält in jedem Fall zivilrechtlich das Eigentum am Stiftungsvermögen. Folglich handelt er im Rechts- und Geschäftsverkehr im eigenen Namen für die nichtrechtsfähige Stiftung, ist aber nicht ihr Organ.

Stifter und Stiftungsträger können neben natürlichen Personen und juristischen Personen des privaten und des öffentlichen Rechts auch rechtsfähige Personengesellschaften sein (vgl. *Herzog*, 35 mwN). Als Stiftungsträger werden wegen ihrer Dauerhaftigkeit in der Regel juristische Personen bevorzugt.

Nach hM ist eine Personenidentität von alleinigem Stifter und Stiftungsträger nicht möglich; bei einer solchen Eigenstiftung (→ Form. XV.2 Anm. 3.5) fielen Gläubiger- und Schuldnerstellung zusammen und ein entsprechendes Rechtsgeschäft wäre wegen Kollusion nichtig (aA *Koos*, 253 ff., 348 ff. mwN). Wenn aber ein Stifter gemeinsam mit anderen (gebunden in einer GbR oder juristischen Person) eine nichtrechtsfähige Stiftung errichtet und selbst die Position des Trägers einnimmt, liegt mangels Personenidentität keine solche Eigenstiftung vor (so auch *Herzog*, 36 f.).

(6) Nicht zuletzt aus Praktikabilitätsgründen ist dieser Stiftungstyp im öffentlichen Recht, hier insbesondere im Kommunalrecht („örtliche Stiftung"; vgl. zB OVG Münster, DÖV 1985, 983 mAnm *Neuhoff*), im Kirchenrecht oder besonders im Steuerrecht (→ Anm. 8) anerkannt. Dabei unterscheidet das Kirchenrecht nur bedingt zwischen einer selbstständigen und einer nichtrechtsfähigen kirchlichen Stiftung; beide bedürfen der Genehmigung der kirchlichen Behörde. Sie dürfen nur in der Trägerschaft einer juristischen Person des Kirchenrechts entstehen, zB einer Kirchengemeinde, einer Ordensgemeinschaft oder des Bistums. Regelungsversuche im Landesstiftungsrecht sind wieder aufgegeben worden. Auch im BGB ist die nichtrechtsfähige Stiftung nicht eigens geregelt; in Rechtspraxis und Rechtsprechung aber anerkannt (OVG Münster, npoR 2016, 257; OLG Celle, npoR 2016, 166). Bei ihr geht es darum, eine nicht durch Anteilseigner getragene, vermögensbasierte Rechtsperson zu „fingieren" bzw. zu „simulieren" (statt vieler Staudinger/*Hüttemann*/*Rawert*, 2017, Vorbem 320 zu §§ 80 ff. mwN), so dass *K. Schmidt* (in Hopt/Reuter 2001, 177 ff.) sie als „mit einzelvertraglichen Mitteln hingezauberte ..... virtuelle juristische Person" bezeichnet hat. Um den Schutz des autonomen Stifterwillens zu erreichen, ist daher im Einzelfall auf das Entstehungsgeschäft (→ Anm. 6) abzustellen, das je nach Ausgestaltung im Schuld- oder Erbrecht ankert. Vor diesem Hintergrund verbietet sich zur Lösung von Rechtsproblemen auch ein Analogieschluss zur rechtsfähigen Stiftung und damit zu den §§ 80 ff. BGB (so schon RGZ 105, 305: „in ihrem rechtlichen Wesen ..... grundverschieden"). Dies gilt trotz der Beobachtung, dass Formulierungen im BGB anzudeuten scheinen, dass es auch nichtrechtsfähige Stiftungen gibt, denen nur (wie beim nichtrechtsfähigen Verein gem. § 54 BGB) die Rechtspersönlichkeit fehle (zB § 80 Abs. 1 BGB: „Entstehung einer rechtsfähigen Stiftung", § 80 Abs. 2 Satz 1 BGB: „ist als rechtsfähig anzuerkennen"). Eine umfassende Ausstattung dieses Rechtsinstituts mit Attributen der Rechtsfähigkeit, wie sie der BGH mit Urteil vom 29.1.2001 (NJW 2001, 1056) für die Gesellschaft bürgerlichen Rechts vorgesehen hat, ist derzeit nicht in Sicht. Zum Schutz des Rechts- und Geschäftsverkehrs dürfte es dabei bleiben, dass nur die BGB-Stiftung nach den §§ 80 ff. BGB in vollem Umfang rechts- und parteifähig ist (vgl. aber bei öffentlicher Trägerschaft OLG Dresden, ROLG 20, 36; BFH NV 1995, 859).

**3. Gestaltungsfreiheit.** (1) Der Mangel an rechtlicher Festschreibung sowie Typisierung und damit der Zuwachs an Gestaltungsfreiheit gilt für die Praxis als großer Vorteil und trägt zur Attraktivität dieses Rechtsinstituts bei. Die Form einer nichtrechtsfähigen Stiftung wird vom Stifter meist aus praktischen Erwägungen gewählt. Vorteile der nichtrechtsfähigen Stiftung sind eine beschleunigte Errichtung, eine einfache und – häufig – unentgeltliche Verwaltung durch einen fachkompetenten Stiftungsträger und die größere Gestaltungsfreiheit. So sind im Unterschied zur rechtsfähigen Stiftung Änderungen des Namens, der Organisation und des Zwecks unter Lebenden regelmäßig durch einfachen Beschluss der Beteiligten möglich. Eine Mitwirkung der staatlichen (nicht selten als regulierend und bevormundend empfundenen) Stiftungsaufsicht ist weder bei Gründung noch Satzungsänderungen vorgesehen; auch sind einschränkende Bestimmungen der §§ 80 ff. BGB oder der Landesstiftungsgesetze nicht zu beachten. Gleichwohl lassen sich die Wirkungen der rechtsfähigen Stiftung – auch in steuerlicher Hinsicht (→ Form. XV. 1 Anm. 8) – weitgehend erreichen. Die Finanzkrise und die damit verbundene schwierige Ertragssituation, die zu einer Erhöhung des zur Errichtung einer rechtsfähigen Stiftung von den Stiftungsaufsichten für notwendig erachteten Grundstockvermögens geführt hat, hat den Charme der nichtrechtsfähigen Stiftung weiter erhöht, bei der kein Mindestvermögen zwingend vorgegeben ist.

(2) Sollen die Privilegien der Steuerbegünstigung (→ Anm. 8) in Anspruch genommen werden, ist allerdings die Beteiligung der Finanzverwaltung unumgänglich.

(3) Die verbreitete Vorstellung, die nichtrechtsfähige Stiftung entstehe generell nach einem bestimmten, zwingenden Vertragsmodell, ist nicht zutreffend. Es handelt sich vielmehr um eine Gestaltungsfrage, die in der Praxis allerdings meist vernachlässigt wird. Vielmehr lassen die Vertragsparteien die konkrete Einordnung häufig – bewusst oder unbewusst – offen. Schon das Entstehungsgeschäft wird – in Anlehnung an § 81 BGB und damit an die rechtsfähige Stiftung – nur „Stiftungsgeschäft" genannt und so eine Festlegung auf einen Vertragstypus vermieden.

Wie ein Vertrag zu typisieren ist, ist umstritten, lässt sich allerdings auch nicht generell entscheiden; der Stiftungsträger wird jedenfalls zu einer Verfügung über Rechte ermächtigt, die er aber nicht in eigenem, sondern im Interesse anderer Personen oder bestimmter Zwecke zu verfolgen hat. Nach welchen zivilrechtlichen Bestimmungen sich die Entstehung und Verwaltung der jeweiligen nichtrechtfähigen Stiftung richtet, ist durch Auslegung des Entstehungsgeschäfts (→ Anm. 6, Form. XV.2, XV.3, XV.4, XV.8, XV.9, XV.10, XV.11) im Einzelfall zu ermitteln (vgl. VGH Karlsruhe VerwRspr 8, 554; BGH NJW 1965, 688). Daher sind eindeutige Regelungen in der Vereinbarung zwischen Stifter und Stiftungsträger dringend anzuraten, denn in späteren Konfliktfällen ist entscheidend, welche Rechtsform die Parteien gewählt haben, nicht welche sie hätten wählen sollen (so BGH WM 2009, 909; vgl. *Feick*, Stiftung&Sponsoring 3/2009, 48).

Meist werden von Todes wegen die Erbeinsetzung (→ Form. XV.3) bzw. das Vermächtnis unter Anordnung einer Auflage (→ Form. XV.4) in Betracht kommen und für das Rechtsgeschäft unter Lebenden die Auflagenschenkung (→ Anm. 6), eine (uneigennützige) Verwaltungstreuhand (→ Form. XV.2) oder ein typengemischter Vertrag *sui generis* (bei *Koos,* 353: „Widmungsvertrag"), bei dem zu ermitteln wäre, auf welche Vertragselemente von den Parteien der Schwerpunkt gelegt wurde.

Art (Rechtsform) und Rechtsfolgen der (treuhänderischen) Bindung des Stiftungsträgers sind dem Zweck und dem im konstituierenden Rechtsgeschäft niedergelegten Willen der Parteien – einschließlich der Satzung – zu entnehmen; auch Rechte Dritter am Stiftungsvermögen sind zu beachten. Anders als beim einseitigen Stiftungsgeschäft nach § 81 BGB zur Errichtung einer rechtsfähigen Stiftung bürgerlichen Rechts kommt es dabei allerdings nicht allein auf den Stifterwillen an. Für das zweiseitige Stiftungsgeschäft der nichtrechtsfähigen Stiftung kommt es vielmehr darauf an, wie die Erklärung des Stifters vom Stiftungsträger nach Treu und Glauben unter Rücksicht auf die Verkehrssitte verstanden werden durfte (§§ 133, 157 BGB). Deshalb empfiehlt sich die Klarstellung, dass es sich nicht um eine bloße Schenkung oder Erbeinsetzung zugunsten des Vermögensempfängers handelt. Die bewusste Verwendung der Worte „Stifter" und „Stiftung" ist anzuraten. Dann wird auch die Perpetuierung der Wirkung der Stiftung entsprechend dem ihr zugrunde liegenden Stifterwillen eine Rolle bei der Auslegung spielen. Für die dauernde Wirksamkeit des Gründungsaktes sind neben etwaigen Formvorschriften auch die Vorgaben des Rechts der allgemeinen Geschäftsbedingungen zu beachten (→ Form. XV.2 Anm. 3.4).

(4) Unabhängig von der konkreten vertragstypologischen Einordnung wird für die nichtrechtsfähige Stiftung häufig der Begriff der Treuhandschaft (Treuhandstiftung; *Schindler/Steindörfer* 2002: Treuhänderische Stiftungen) verwendet. Dies entspricht einem funktional verstandenen Stiftungsverständnis, zumal die Verwendung des Treuhandbegriffs nicht auf das Auftragsrecht beschränkt ist. Es handelt sich ganz in diesem Sinne um die Verpflichtung des Stiftungsträgers zur treuhänderisch gebundenen Verwaltung des vom Stifter bereitgestellten Vermögens sowie zur zweckentsprechenden Verwendung der daraus erwirtschafteten Mittel. Oder umgekehrt: Der Stifter verpflichtet sich, dem Stiftungsträger die zur Erfüllung des Stiftungszwecks erforderlichen Vermögensgegen-

stände zu übertragen; der Stiftungsträger verpflichtet sich im Gegenzug, diese Vermögensgegenstände dem Stiftungszweck entsprechend zu verwenden.

(5) Das Stiftungsgeschäft ist also – anders als bei der rechtsfähigen Stiftung – kein einseitiger Rechtsakt. Vielmehr handelt es sich – unter Lebenden – um ein Vertragsverhältnis, das Stifter und Stiftungsträger begründen. Die Inhalte der Vereinbarung lehnen sich regelmäßig an Recht und Praxis der rechtsfähigen Stiftung an. Das gewünschte Ergebnis, dass dem Stiftungsträger – wie dem Vorstand einer rechtsfähigen Stiftung (vgl. §§ 87, 27 Abs. 3 iVm 644–670 BGB) – Rechte und Pflichten zugewiesen werden, lässt sich in der Tat durch schenkungs-, daneben durch erb- (→ Form. XV.3) oder auftragsrechtlich (→ Form. XV.2) grundierte „Simulationskunst" erreichen.

(6) Üblicherweise werden – in Anlehnung an § 81 Abs. 1 BGB – die entsprechenden Regelungen in einer Satzung (→ Form. XV.4, XV.5) festgehalten, die gleichzeitig das Organisationsstatut der Stiftung bildet; wenn ein Stiftungsgremium (zB Kuratorium, wie hier und in → Form. XV.2–4 vorgeschlagen) vorgesehen ist, kann die Ersebesetzung bereits im Stiftungsgeschäft vorgenommen werden. Die Satzung ist insoweit auch das für die Gewährung der Steuerbegünstigung (→ Anm. 8) maßgebliche Dokument; die Einhaltung der zwingenden satzungsmäßigen Voraussetzungen nach den §§ 51, 59, 60 und 61 AO wird dann nach § 60a AO vom zuständigen Finanzamt verbindlich festgestellt (sog. Feststellungsbescheid).

**4. Stellung des Stiftungsträgers.** (1) im Unterschied zur rechtsfähigen Stiftung, die als Trägerin von Rechten und Pflichten selbst Eigentümerin ihres Vermögens ist, geht für die nichtrechtsfähige Stiftung das zivilrechtliche Eigentum am Vermögen auf den Stiftungsträger über. Bei Übertragung von Immobilienvermögen wird im Grundbuch der Stiftungsträger genannt. Einen Zusatzvermerk, wonach er das Grundstück für eine nichtrechtsfähige Stiftung hält, wird überwiegend nicht für zulässig gehalten (dazu *Ohlmann*, Stiftung&Sponsoring 4/2012, 28 f. mwN). Die Zuordnung kann aber in der Erwerbsurkunde und damit in der Grundakte dokumentiert werden, die Teil des Grundbuchs im weiteren Sinne ist.

(2) Während die rechtsfähige Stiftung im Rechtsverkehr im eigenen Namen auftritt, ist die nichtrechtsfähige Stiftung auf die Wahrnehmung der mit ihr verbundenen Rechte und Pflichten durch ihren Stiftungsträger angewiesen. Dieser tritt nach außen zwar im eigenen Namen auf, allerdings wegen seiner treuhänderischen Bindung im Auftrag und auf Rechnung der Stiftung.

(3) Die Aufgabenwahrnehmung durch den Stiftungsträger ergibt sich im Einzelnen aus den Verabredungen mit dem Stifter. Dazu gehören üblicherweise Funktionen wie die Vermögensbewirtschaftung, Zweckverfolgung oder Berichterstattung. Dabei können die grundlegenden Trägerfunktionen weit reduziert und etwa durch Vollmacht auf die Mitglieder der Gremien der nichtrechtsfähigen Stiftung oder Dritte ausgelagert werden. Im Rechts- und Geschäftsverkehr kann der Stiftungsträger sich aber nicht der Letztverantwortung entziehen. Bei einem eigenständigen Auftritt der Stiftung in der Öffentlichkeit sollte das hier bestehende Rechtsverhältnis transparent gemacht werden (zB Briefbogen), wobei es keine Rechtspflicht zu einer entsprechenden Aufdeckung des Treuhandverhältnisses gibt.

(4) Im Steuerrecht können nichtrechtsfähige Stiftungen eine eigenständige Steuerrechtssubjektivität in Anspruch nehmen (vgl. BFH, DB 2015, 1324; OFD Magdeburg, DB 2014, 987). Sie sind dann Träger eigener steuerlicher Rechte und Pflichten (→ Anm. 8; *Hüttemann/Herzog*, DB 2004, 1001). Auf die Steuerbegünstigung des Stiftungsträgers kommt es in diesem Fall dann grundsätzlich nicht an.

(5) Bei Wegfall des Stiftungsträgers (zB durch Insolvenz → Anm. 7, Form. XV.2 Anm. 4) entscheidet sich die Existenz der nichtrechtsfähigen Stiftung nach den ursprünglichen vertraglichen Grundlagen. Kommt es zu einem Trägerwechsel (→ Form. XV.7) sind regelmäßig Änderungen zu überlegen.

(6) Der Übergang der nichtrechtsfähigen Stiftung in die Rechtsfähigkeit (→ Form. XV.5 § 9, XV.6 § 7) kann, gegebenenfalls unter Beachtung von Rechten Dritter, nachträglich durch den Träger umgesetzt werden, wenn nicht dem Entstehungsgeschäft zu entnehmen ist, dass der Stifter die staatliche Stiftungsaufsicht heraushalten wollte. Nicht selten sieht der Stifter schon in der Satzung aber die Option der rechtlichen Verselbstständigung vor und betont so die Eigenständigkeit der Stiftung gegenüber dem Stiftungsträger.

(7) Die Verpflichtung des Trägers auf die Beachtung des Stifterwillens und die Erfüllung von Berichts- und Transparenzpflichten hat zunächst nur Innenwirkung. Denkbar ist, dass die Stiftung praktisch – und sanktionslos – nur als Position im Rechnungswerk des Stiftungsträgers geführt oder der Zweck nicht wie vom Stifter vorgegeben verwirklicht wird. Um solche unerwünschten Entwicklungen zu vermeiden, kann die Satzung verpflichtend detaillierte Vorgaben machen (zB die Eintragung in das vom Bundesverband Deutscher Stiftungen periodisch herausgegebene „Verzeichnis Deutscher Stiftungen" oder regelmäßige öffentliche Verlautbarungen vorsehen) und Personen bestimmen, die gegenüber dem Stiftungsträger die Umsetzung dieser Vorgaben auch durchsetzen können.

Um – mangels staatlicher Aufsicht – aufsichtsähnliche Elemente in das Treuhandverhältnis zu bringen, sind von der Praxis Modelle entwickelt worden, bei denen entweder Stiftungsträger und Destinatär auseinanderfallen und der Stiftungsträger dem Destinatär rechenschaftspflichtig ist oder der Destinatär Sitz und Stimme in einem Stiftungsgremium hat. Ähnliche Wirkungen erzeugt die Berufung eines eigenen Stiftungsgremiums und dessen Besetzung mit geeigneten Mitgliedern, die ggf. mit Klagerechten ausgestattet sind. Dabei ist Selbstkooptation im Gremium ebenso möglich wie die Benennung bestimmter Funktionsträger als geborene Mitglieder oder die Entsendung durch eine ausgewählte öffentliche oder private Institution. Um das Vertrauen des Stifters zu stärken, kommt es auch in Betracht, beim Stiftungsträger ein unabhängiges Kontrollgremium für die Stifter zu etablieren.

(8) Eine Orientierungshilfe für Stifter bereitstellen und ganz generell Transparenz und öffentliches Vertrauen in die Tätigkeit der Stiftungsträger vermitteln sollen die vom Bundesverband Deutscher Stiftungen 30.3.2012 verabschiedeten „Grundsätze Guter Verwaltung von Treuhandstiftungen" („Treuhandverwaltungs-Grundsätze"). Sie bestimmen Qualitätsanforderungen an Stiftungsträger und sind eine Grundlage für die Verleihung des Qualitätssiegels für gute Treuhandstiftungsverwaltung, das Auswahlentscheidungen erleichtern soll. So soll jeder Stiftungsträger die Öffentlichkeit durch Bereitstellung eines im Internet frei zugänglichen Verzeichnisses aller von ihm verwalteten nichtrechtsfähigen Stiftungen informieren. Alle Treuhandstiftungen sollen darin mit ihrem Namen, dem Zweck, der Höhe des Vermögens sowie mit einer Kontaktmöglichkeit aufgeführt werden. Der Stiftungsträger stellt sich so einer gewissen Kontrolle durch Stifter, Destinatäre und Öffentlichkeit.

(9) Ob und unter welchen Bedingungen sich ein Stiftungsträger zur Übernahme einer nichtrechtsfähigen Stiftung bereit erklärt, hängt von verschiedenen Faktoren ab. Wesentlich ist die inhaltliche Ausrichtung des Stiftungsträgers, die Werthaltigkeit und Ertragskraft des eingebrachten Vermögens oder die Komplexität der Zweckwidmung und der gewünschten Verwaltung. Um hier effizient agieren zu können, versuchen vor allem gewerbliche Anbieter ihr Leistungsangebot zu standardisieren und die Kostenbelastung nach betriebswirtschaftlichen Überlegungen niedrig zu halten. So werden etwa Modelle für noch lebende Stifter angeboten, bei denen diese nur bis zu ihrem Ableben Rechenschaftsberichte erhalten. Eine individuelle Zwecksetzung wird regelmäßig nicht ermöglicht; vielmehr kann nur unter einigen wenigen steuerbegünstigten Förderzwecken (zB Katalog des § 52 Abs. 2 AO) gewählt werden. Bei diesen Modellen wählt der Stiftungsträger die Begünstigten aus und bündelt die Erträge zahlreicher Stiftungen zu größeren Fördersummen.

**5. Rechnungslegung.** (1) Mangels Rechtsfähigkeit im iSd §§ 80 ff. BGB ergeben sich für die nichtrechtsfähige Stiftung keine eigenen Rechnungslegungspflichten aus dem BGB bzw. aus den Landesstiftungsgesetzen. Aufgrund fehlender Rechtspersönlichkeit entfällt auch eine Verpflichtung zur handelsrechtlichen Rechnungslegung.

Wesentlich für die bilanzielle Behandlung ist damit die Frage, ob neben dem zivilrechtlichen auch das wirtschaftliche Eigentum an der Stiftung mit ihrer Errichtung auf den Stiftungsträger übergegangen ist, was bei Auflagenschenkung (→ Anm. 6) und Treuhand (→ Form. XV. 2) unterschiedlich sein kann. Wenn das wirtschaftliche Eigentum beim Stiftungsträger liegt, so empfiehlt sich der Ausweis in der Bilanz des Stiftungsträgers als jeweils letzter Posten („Sondervermögen" und „Sonderverpflichtung"). Wenn dagegen das wirtschaftliche Eigentum beim Stifter oder dem Stiftungsgremium verbleibt, so empfiehlt sich die Angabe unterhalb der Bilanz des Stiftungsträgers. Erstellt der Träger einen Anhang, so kann der Ausweis als weitere Alternative dort erfolgen. Bei einem Ausweis in der Bilanz sind die Erträge und Aufwendungen in der Gewinn- und Verlustrechnung ebenfalls gesondert zu erfassen.

(2) Die Bewertung der einzelnen Bilanzposten der unselbstständigen Stiftung soll aufgrund des engen Bezugs zum Stiftungsträger in entsprechender Anwendung seiner Bewertungsmethoden erfolgen (Empfehlung des IDW RS HFA 5). Werden mehrere nichtrechtsfähige Stiftungen durch den Stiftungsträger verwaltet, so können die Posten in der Bilanz und der Gewinn- und Verlustrechnung zusammengefasst werden.

(3) Angaben im Transparenzregister sind bei nichtrechtsfähigen Stiftungen nur verpflichtend, wenn der Stiftungszweck aus Sicht des Stifters eigennützig ist (§ 21 Abs. 2 Nr. 1 GwG). Das ist bei einer steuerbegünstigten Zwecksetzung nicht der Fall. Und in der Tat ist wirtschaftlich Berechtigter die für den Stiftungsträger handelnde Person.

**6. Schenkung unter Auflage als Entstehungsgeschäft.** (1) Unter Lebenden kann – wie hier – eine nichtrechtsfähige Stiftung als Schenkung unter Auflage gem. § 525 BGB errichtet werden. Zur Auflage gehören die – meist in der Satzung (→ Form. XV.5, XV. 6) ausgeführte – Festlegung von Name und Sitz (§ 1) der Stiftung sowie Vorgaben zur allgemeinen Zweckwidmung (§ 2) des eingebrachten Vermögens, zur Sonderung des Stiftungsvermögens vom Vermögen des Stiftungsträgers (§ 7 bzw. § 6), zum Erhalt oder Verbrauch und zur Anlage des Stiftungsvermögens (§ 4), zu Konstituierung und Zuständigkeiten eines Entscheidungs- und Kontrollgremiums (→ Form. XV.5 § 6) oder zu Einflussrechten von Destinatären. Die Mittelverwendung kann auf die Förderung Dritter oder auf institutionelle oder projektbezogene Zuwendungen an den gemeinnützigen Stiftungsträger gerichtet sein.

(2) Bei dieser Schenkung durch den Stifter muss der Stiftungsträger als Beschenkter zumindest teilweise dauernd und endgültig in einem materiell zu verstehenden Sinne bereichert sein (so schon RGZ 105, 305; 112, 210). Dies wird regelmäßig durch den sachenrechtlich wirksamen Erwerb der Eigentumsposition erfolgen. An dieser Bereicherung darf der Vollzug der Auflage nichts ändern.

Wenn dem Stiftungsträger als echtem Fiduziar einzig die Last der Verwaltung zugewiesen ist und er – zumindest außerhalb seiner eigenen Zwecke oder Interessen – für die zur Verfügung stehenden Stiftungsmittel nur als Durchgangs- oder Mittelsperson zugunsten Dritter agiert, könnte die Bereicherungswirkung ggf. in Frage stehen (vgl. RGZ 62, 391; 105, 308 f.). In einem solchen Fall könnte dann ein Vertrag sui generis vorliegen, denn immerhin hat sich der Stiftungsträger zur Übernahme der Aufgabe bereiterklärt. Beweggründe mögen eine Zweckparallelität oder -identität oder das Vorhandensein einer entsprechend eingerichteten Organisation sein, auf deren Kompetenz durch Übernahme eines weiteren Zweckvermögens werbend aufmerksam gemacht werden soll. Für den Fall der Beendigung der Stiftung könnte der Vermögensanfall an den Stiftungsträger bzw. der Wechsel in die Rechtsfähigkeit vorgesehen sein.

(3) Das Erfordernis der Bereicherung des Beschenkten wird mitunter gegen die Typisierung des Stiftungsgeschäfts als Schenkung ins Feld geführt (vgl. § 516 Abs. 1 BGB). Danach soll eine Schenkung nur dann vorliegen, wenn dem Beschenkten bei wirtschaftlicher Betrachtungsweise ein eigener Vorteil verbleibt. Dies soll nur dann überhaupt möglich sein, wenn der Bedachte eine juristische Person ist, deren satzungsgemäße Aufgabe auch den Zweck der unselbständigen Stiftung umfasst. Eine Bereicherung wird nach dieser Auffassung daher grundsätzlich dann verneint, wenn der Stiftungsträger eine natürliche Person ist, da diese lediglich als Durchgangsstadium für Vermögen und Erträge auf ihrem Weg zu den Destinatären fungiere. Übersehen wird dabei allerdings, dass der Stiftungsträger schon durch die Möglichkeit, über das ihm übertragene Vermögen zu verfügen, bereichert ist. Außerdem darf der Stiftungsträger das ihm zugewandte Vermögen behalten und muss lediglich die Erträge zur Erfüllung des Stiftungszwecks verwenden. Daneben genügt es, dass dem Stiftungsträger ein nur immaterieller Vorteil verbleibt, weil die Schenkungsauflage auch seinen eigenen Interessen dient. Denn idR stellt schon die Vertrauensstellung des Stiftungsträgers einen Vorteil für diesen dar. Weiterhin kann die Bereicherung auch darin gesehen werden, dass die Vermögensübertragung endgültig sein, dh auch dann Bestand haben soll, wenn die Erfüllung der Schenkungsauflage unmöglich wird.

(4) Bei einem Stiftungsgeschäft als Schenkung unter Auflage übereignet der Stifter dem Stiftungsträger das der Stiftung zugedachte Vermögen unter der Bedingung, es ertragbringend anzulegen und die Erträge für die vom Stifter vorgegebenen Zwecke zu verwenden.

Wird das Stiftungsvermögen nicht unmittelbar übertragen, bedarf das Stiftungsgeschäft der notariellen Beurkundung (§ 518 BGB). Mit Vollzug der Schenkung wird der Stiftungsträger auf Dauer zivilrechtlicher und wirtschaftlicher Eigentümer des Stiftungsvermögens. Ist der Stiftungszweck erfüllt oder nicht mehr erfüllbar, bleibt er in diesem Fall dennoch weiterhin Eigentümer. Für die durch Schenkung unter Auflage entstandene nichtrechtsfähige Stiftung finden die §§ 516 ff. BGB Anwendung.

Sobald der Stifter das Stiftungsvermögen auf den Stiftungsträger übertragen hat, kann er die Vollziehung der Auflage verlangen (§ 525 Abs. 1 BGB). Dies gilt ebenso für seine Rechtsnachfolger. Liegt die Vollziehung der Auflage im öffentlichen (gemeinwohlfördernden) Interesse, so geht diese Befugnis gem. § 525 Abs. 2 BGB nach dem Tode des Schenkers auf die zuständige (Landes-)Behörde über (vgl. § 2194 S. 2 BGB); sie ist auf dem ordentlichen Rechtsweg durchzusetzen. Dieser Vollziehungsanspruch ist allerdings in der Praxis von nur geringer Bedeutung, denn die Behörde muss erst einmal Kenntnis von der Existenz solcher Auflagen haben, was aber bei privatrechtlicher Trägerschaft der Stiftung meistens nicht der Fall ist.

Ob auch der auflagenbegünstigte Dritte selbst einen Anspruch auf Vollziehung hat, hängt von den Umständen des jeweiligen Falles ab, wird sich aber regelmäßig nach § 330 S. 2 BGB richten.

(5) Das Vermögen einer Stiftung kann grundsätzlich aus Geld, Grundstücken und Immobilien, Wertpapieren und anderen übertragbaren Rechten bestehen. Der Wert des Grundstockvermögens sollte im Stiftungsgeschäft mit Blick auf den Anspruch der Stiftung und die in der Zuwendungsbestätigung zu benennende Spendenhöhe genau beziffert werden.

(6) Bei der Qualifizierung des Stiftungsgeschäfts als Schenkung kommt ein Widerruf nur unter den engen Voraussetzungen der §§ 528 f. BGB oder mangels Vollziehung der Auflage (§ 527 BGB) in Betracht.

(7) Den pflichtteilsberechtigten Erben des Stifters stehen ggf. Pflichtteilsergänzungsansprüche zu (§§ 2325, 2329 BGB). Der Stifter hat lebzeitig die Möglichkeit, mit den Berechtigten einen Erb- oder Pflichtteilsverzicht (§ 2346 BGB) zu vereinbaren, der notariell zu beurkunden ist (§ 2348 BGB).

**7. Insolvenz.** (1) Ein selbstständiges Insolvenzverfahren kann über das Vermögen einer nichtrechtsfähigen Stiftung nicht eröffnet werden, da sie keine juristische Person darstellt; sie ist nicht insolvenzfähig (vgl. § 11 InsO). Mangels eigener Rechtspersönlichkeit der unselbständigen Stiftung muss bei der Frage der Insolvenz daher auf den Stiftungsträger abgestellt werden (§ 11 Abs. 1 S.1 InsO).

Bei natürlichen Personen beruht die Eröffnung des Insolvenzverfahrens auf deren Zahlungsunfähigkeit (§ 17 InsO), auf ihrem eigenen Antrag oder drohende Zahlungsunfähigkeit (§ 18 InsO). Ist der Stiftungsträger eine juristische Person, haftet sie den Gläubigern nach dem Trennungsprinzip. Bei juristischen Personen ist als zusätzlicher Eröffnungsgrund die Überschuldung genannt (§ 19 InsO).

Das Stiftungsvermögen geht bei einer Auflagenschenkung in das dauerhafte, unbeschränkte zivilrechtliche und wirtschaftliche Eigentum des Stiftungsträgers über. Damit haftet es bei Insolvenz des Stiftungsträgers auch dessen Gläubigern. Will der Stifter die Inanspruchnahme des Stiftungsvermögens vermeiden, kann er sich für den Fall der Insolvenz des Stiftungsträgers im Schenkungsvertrag die Rückforderung des Stiftungsvermögens vorbehalten. Rechte aus § 771 ZPO oder § 47 InsO hat der Stifter nicht.

(2) Bei der Insolvenz des Stifters ist das Stiftungsvermögen dessen Gläubigern grundsätzlich entzogen, da es im Eigentum des Stiftungsträgers steht. Zugunsten seiner Gläubiger greifen aber die Schutzvorschriften vor unentgeltlichen Vermögensübertragungen ein. Den Gläubigern des Stifters können damit die Anfechtungsrechte der §§ 3 ff. AnfG, dem Insolvenzverwalter die der §§ 129 ff. InsO zur Verfügung stehen. Danach kann die Schenkung angefochten werden, wenn sie innerhalb eines Zeitraums von vier Jahren vor der Anfechtung bzw. vor dem Antrag auf Eröffnung des Insolvenzverfahrens vorgenommen wurde (§§ 4 Abs. 1 AnfG, 134 Abs. 1 InsO).

Ist der Stifter verarmt, kann er die Herausgabe des Stiftungsvermögens vom Stiftungsträger verlangen (§ 528 BGB). Im Verfahren der Zwangsvollstreckung können die Gläubiger des Stifters diesen Anspruch pfänden und sich zur Einziehung überweisen lassen (§§ 829, 835 ZPO). In der Insolvenz des Stifters kann nur der Insolvenzverwalter diesen Anspruch geltend machen (§ 80 InsO).

**8. Steuern.** (1) Zuwendungen an eine Organisation, die steuerbegünstigte Zwecke fördert, sind gemäß § 10b Abs. 1 EStG bzw. als abziehbare Aufwendungen gemäß § 9 Abs. 1 Nr. 2 KStG beim Zuwendenden steuerlich absetzbar; sie kürzen die Summe des Gewinns gemäß § 9 Nr. 5 GewStG und führen auch zur Befreiung von Erbschaft- und Grunderwerbsteuer. Ausschlaggebend für die Steuervergünstigung beim Zuwendenden ist grundsätzlich ausschließlich der mit der Zuwendung verfolgte Zweck, unabhängig von der Rechtsform des Zuwendungsempfängers.

Abzugsfähig sind Zuwendungen in Höhe von bis zu 20 % des Gesamtbetrags der Einkünfte bzw. des Einkommens einer natürlichen Person oder – bei Körperschaften – 0,4 % der Summe der gesamten Umsätze und der im Kalenderjahr aufgewendeten Löhne und Gehälter.

Abziehbare Zuwendungen, die die Höchstbeträge nach § 10b Abs. 1 Satz 1 EStG überschreiten oder im Veranlagungszeitraum der Zuwendung nicht berücksichtigt werden können, sind im Rahmen der Höchstbeträge in den folgenden Veranlagungszeiträumen als Sonderausgaben abzuziehen (§ 10b Abs. 1 Satz 3 EStG). Sie können also im Rahmen der Höchstbeträge zeitlich unbegrenzt vorgetragen werden. Auf diese Weise wird verhindert, dass sich Großspenden etwa wegen zu geringer Einkünfte im Jahr der Zuwendung überhaupt nicht auswirken. Nach wie vor ist ein Sonderausgabenüberhang aber nicht vererblich.

(2) Bei der Dotation des Vermögens einer nach § 5 Abs. 1 Nr. 9 KStG steuerbefreiten Stiftung ist der Stifter zudem durch einen zusätzlichen Vermögenshöchstbetrag iHv 1 Mio. EUR privilegiert. Er kann der Höhe nach innerhalb eines Zehnjahreszeitraums nur

einmal in Anspruch genommen und auf Antrag des Steuerpflichtigen im Veranlagungszeitraum der Zuwendung und in den folgenden neun Veranlagungszeiträumen abgezogen werden. Bei zusammen veranlagten Ehegatten gilt er doppelt. Der Höchstbetrag gilt sowohl für die Erstausstattung als auch für Zustiftungen zu einer bereits vorhandenen Stiftung, nicht aber für zeitnah verwendungspflichtige Spenden. Für Zuwendungen von Kapitalgesellschaften greifen diese besonderen Abzugsmöglichkeiten nicht.

(3) Ein besonderes Steuerrecht für gemeinnützige Stiftungen gibt es nicht, vielmehr ist dieses rechtsformenübergreifend konzipiert. Soweit Stiftungen besonders privilegiert sind, gilt dies auch für nichtrechtsfähige Stiftungen, insofern sie selbstständige Körperschaftsteuersubjekte sind.

Bei nichtrechtsfähige Stiftung sieht § 3 Abs. 1 KStG, und zwar unabhängig von der Trägerschaft, einen Vorrang der Besteuerung bei einem anderen Steuerpflichtigen vor. Ansonsten ist die Stiftung selbst steuerpflichtig. Das am Verwaltungssitz der Stiftung zuständige Finanzamt prüft dabei zunächst, ob die nichtrechtsfähige Stiftung eine eigenständige Körperschaftssubjektivität gem. § 1 Abs. 1 Nr. 5 KStG aufweist (vgl. dazu OFD Düsseldorf, Wpg 1983, 94). Wenn dies zu bejahen ist und die Stiftung die Steuerbegünstigung anstrebt, sind von ihr die Voraussetzungen des § 59 AO zu erfüllen (→ Anm. 8.5).

Wird der Stiftungsträger durch den Vermögenserwerb bereichert (zB durch Schenkung → Anm. 6), also zivilrechtlicher und wirtschaftlicher Eigentümer des Vermögens, was bei letztwilligen Zuwendungen (→ Form. XV.3 und XV.4) meist der Fall ist, handelt es sich bei der nichtrechtsfähigen Stiftung nicht um ein selbstständiges Körperschaftsteuersubjekt. Das gilt auch bei Auflagen zu stiftungshaften Tatbeständen (zB eigener Name, Zweckverfolgung, Vermögenserhalt). Solange Zweckidentität zwischen Stiftungsträger und Stiftung besteht und der Stiftungsträger in eigener Verantwortung über die Mittelverwendung beschließt, liegt steuerlich – zwar gebundenes aber letztlich – eigenes Vermögen des Trägers vor. Die Einengung des Stiftungszwecks gegenüber dem weiteren des Trägers (zB „nur für Hunde“ bei einem gemeinnützigen „Tierheim eV“) ändert hieran nichts. Eine eigenständige Freistellung der nichtrechtsfähigen Stiftung von der Körperschaftsteuer ist dann nicht möglich, denn sie nimmt mangels eigener Körperschaftssubjektivität an der steuerlichen Einordnung des Stiftungsträgers teil. Soll die nichtrechtsfähige Stiftung von Steuervorteilen profitieren (→ Anm. 8.5), muss in diesem Fall auch der Träger steuerbegünstigt sein.

Handelt es sich indes um einen gewerblichen und damit steuerpflichtigen Stiftungsträger, muss die nichtrechtsfähige Stiftung, um als steuerbegünstigt anerkannt werden zu können, Körperschaftsteuersubjektivität besitzen. Dafür muss sie wirtschaftlich selbstständig sein und dem Stiftungsträger damit steuerlich nicht zugerechnet werden können. Dies erfordert

- dass das Stiftungsvermögen gesondert vom sonstigen Vermögen des Stiftungsträgers verwaltet wird,
- dass nichtrechtsfähige Stiftung und Stiftungsträger unterschiedliche Zwecke verfolgen, oder
- beide identische Zwecke verfolgen, „aber die nichtrechtsfähige Stiftung über eigene Stiftungsgremien“ verfügt, „die unabhängig vom Treuhänder des Stiftungsvermögens über die Verwendung der Mittel entscheiden können. Der Treuhänder als zivilrechtlicher Rechtsträger ist vom Einfluss auf die Verwendung der Mittel ausgeschlossen.“ (OFD Frankfurt am Main v. 30.8.2011).

(4) Grundsätzlich sind nichtrechtsfähige Stiftungen des privaten Rechts, die Körperschaftsteuersubjekt sind, gem. § 1 Abs. 1 Nr. 5 KStG hinsichtlich ihrer Einkünfte unbeschränkt körperschaftsteuerpflichtig – und zwar unabhängig davon, ob der Träger als juristische Person des öffentlichen Rechts (Umkehrschluss aus § 1 Abs. 1 Nr. 6 KStG) oder nach § 5 KStG Abs. 1 von der Körperschaftsteuer befreit ist oder nicht. Darüber hinaus sind sie auch steuerpflichtig nach anderen Steuergesetzen.

Sowohl die Erstausstattung mit Vermögen als auch weitere Zuwendungen sind unentgeltliche Zuwendungen und unterliegen daher der Erbschaft- bzw. Schenkungsteuer (Steuerklasse III).

(5) Stiftungen sind wie andere Körperschaften bei satzungsmäßig angeordneter und tatsächlich durchgeführter Verfolgung steuerbegünstigter (gemeinnütziger, mildtätiger, kirchlicher) Zwecke von Ertragsteuern befreit (vgl. § 5 Abs. 1 Ziff. 9 KStG, §§ 51–68 AO). Von der Erhebung der Kapitalertragsteuer (inkl. Solidaritätszuschlag) wird Abstand genommen, wenn eine gesonderte Nichtveranlagungsbescheinigung gem. § 44a Abs. 4 und 7 EStG vorgelegt wird.

Um als steuerbegünstigt anerkannt zu werden, muss schon die Satzung den notwendingen Vorgaben entsprechen, insbesondere die Festlegungen der Mustersatzung in Anl. 1 zu § 60 AO enthalten. Dass die Satzung die formellen Voraussetzungen erfüllt, wird gesondert festgestellt und gem. § 60a AO beschieden (sog. Feststellungsbescheid). Stellt die Körperschaft keinen Antrag, so erfolgt die Feststellung von Amts wegen.

Um den steuerbegünstigten Status aufrechtzuerhalten, muss dann auch die tatsächliche Geschäftsführung den satzungsmäßigen und gemeinnützigkeitsrechtlichen Bestimmungen entsprechen.

## 2. Stiftungsgeschäft unter Lebenden zur Errichtung einer nichtrechtsfähigen Stiftung (Treuhand)

**Zwischen**
**A, geb. am . . . . . in . . . . ., wohnhaft . . . . . (im Folgenden „Stifter“),**
**und**
**B, geschäftsansässig . . . . . (im Folgenden „Stiftungsträger“),**
**wird das folgende Stiftungsgeschäft (Treuhandvereinbarung) geschlossen:**

**§ 1 Stiftungserrichtung**

**(1) Der Stifter errichtet hiermit die nichtrechtsfähige . . . . . -Stiftung in der treuhänderischen Verwaltung des Stiftungsträgers.**
**(2) Gemeinnütziger Zweck der Stiftung ist . . . . .**
**(3) Als Stiftungsvermögen übereignet der Stifter dem Stiftungsträger folgende Vermögensgegenstände: . . . . .**
**(4) Dieses Vermögen ist vom Stiftungsträger gesondert von seinem eigenen Vermögen zu halten und in seinem Wert zu erhalten; die Erträge sind zur Erfüllung des Stiftungszwecks zu verwenden.**
**(5) Zu Mitgliedern des ersten Kuratoriums werden berufen: . . . . .**
**(6) Die Rechte und Pflichten des Stiftungsträgers ergeben sich aus der beigefügten Satzung, die Bestandteil dieses Stiftungsgeschäfts ist.**

**§ 2 Pflichten des Stiftungsträgers**

**(1) Der Stiftungsträger verpflichtet sich, seine Aufgaben mit kaufmännischer und treuhänderischer Sorgfalt durchzuführen. Der Stiftungsträger kann durch das Kuratorium von den Beschränkungen des § 181 BGB befreit werden.**
**(2) Die Haftung des Stiftungsträgers ist auf Vorsatz und grobe Fahrlässigkeit beschränkt. Er haftet der Stiftung nicht für Geschäfte oder einzelne Handlungen, die auf deren ausdrücklichen Wunsch oder Weisung durchgeführt oder unterlassen wurden. Der**

Anspruch auf Schadensersatz – gleich aus welchem Rechtsgrund – verjährt in drei Jahren ab seiner Entstehung, soweit nicht kraft Gesetzes eine kürzere Verjährung gilt.

§ 3 Vergütung

(1) Der Stiftungsträger erhält mit Zustimmung des Kuratoriums eine angemessene Vergütung für seine Leistungen, wenn der Stiftung ausreichende Mittel zur Verfügung stehen.
(2) Der Stiftungsträger ist berechtigt, dieses Verwaltungsentgelt unterjährig einzuziehen; die Ausgleichszahlung erfolgt zum Jahresende.
(3) Die Vergütung kann dem Vermögen oder den Mitteln der Stiftung entnommen werden.

§ 4 Beständigkeit

(1) Die Rückgabe der Dotation an den Stifter oder dessen Rechtsnachfolger ist ausgeschlossen.
(2) Aus wichtigem Grund kann der Stiftungsträger mit Zustimmung des Kuratoriums seine Rechte und Pflichten aus dem Stiftungsgeschäft auf eine andere Einrichtung übertragen, soweit diese Gewähr für die Fortführung der Verpflichtungen bietet und die Steuerbegünstigung hierdurch nicht gefährdet wird. Er hat diese Absicht mit angemessenem zeitlichem Vorlauf der Stiftung mitzuteilen.
(3) Ein Widerruf dieses Stiftungsgeschäfts kann nur durch den Stifter, ersatzweise das Kuratorium gegenüber dem Stiftungsträger unter Benennung eines neuen Stiftungsträgers erfolgen; die Widerrufsfrist beträgt sechs Monate zum Jahresende.
(4) Eine Kündigung kann durch den Stiftungsträger gegenüber dem Kuratorium erfolgen. Die Kündigungsfrist beträgt sechs Monate zum Jahresende. In diesem Falle hat der Stiftungsträger die treuhänderische Verwaltung der Stiftung nach der Regelung dieses Stiftungsgeschäfts fortzusetzen, bis ein neuer Träger die Verwaltung übernehmen kann.
(5) Im Falle der Auflösung oder einer schwerwiegenden Pflichtverletzung des Stiftungsträgers kann das Kuratorium das Stiftungsgeschäft auch fristlos kündigen und mit sofortiger Wirkung die Fortsetzung der Stiftung bei einem anderen Träger beschließen.

§ 5 Umwandlung

(1) Diese nichtrechtsfähige Stiftung ist auf Beschluss des Stifters, ersatzweise des Kuratoriums, in eine gleichnamige rechtsfähige und steuerbegünstigte Stiftung umzuwandeln.
(2) Das Kuratorium wird ermächtigt, das Stiftungsgeschäft zu gestalten und die Besetzung der Mitglieder der ersten Organe zu bestimmen.
(3) Der Stiftungsträger führt nach Aufforderung die vorbereitenden Schritte durch und überträgt nach Anerkennung der Stiftung als rechtsfähig durch die zuständige Behörde sämtliche Vermögenswerte der nichtrechtsfähigen Stiftung auf die rechtsfähige Stiftung.

§ 6 Geltungserhaltung

Sollten Bestimmungen dieses Stiftungsgeschäfts ganz oder teilweise nicht rechtswirksam oder nicht durchführbar sein oder ihre Rechtswirksamkeit oder Durchführbarkeit später verlieren, so wird die Gültigkeit der übrigen Bestimmungen nicht berührt. An die Stelle der unwirksamen bzw. undurchführbaren Bestimmungen tritt eine Regelung, die dem von den Parteien gewünschten Ergebnis am nächsten kommt. Entsprechendes gilt zur Ergänzung etwaiger Regelungslücken.
(Ort), den . . . . .
. . . . .
(Unterschriften von Stifter und Stiftungsträger)

## Anmerkungen

**1. Treuhandvereinbarung als Entstehungsgeschäft.** (1) Nichtrechtsfähige Stiftungen werden in der Praxis häufig bewusst oder unbewusst aufgrund einer Vereinbarung errichtet, die nicht als Schenkung unter Auflage (→ Form. XV.1 Anm. 6), Vertrag sui generis oÄ zu charakterisieren ist, sondern als Treuhandvertrag (kritisch zur Zulässigkeit der Stiftungstreuhand *Herzog* 2006), der letztlich ein Rechtsverhältnis zwischen Stifter und Stiftungsträger beschreibt. Um in diesem Fall eine Stiftungsgestalt annehmen zu können, ist insbesondere eine „endgültige Vermögenswidmung zugunsten der Allgemeinheit" (*Hüttemann/Rawert*, npoR 2016, 168, 169) vorzusehen. Der Stifter ist damit grundsätzlich für die Stiftung und deren Verwaltung nicht mehr verantwortlich, wenn er sich nicht eine Mitwirkungsmöglichkeit – wie hier – vorbehalten hat.

(2) Nicht selten als Stiftungsgeschäft bezeichnet (→ Form. XV.1 Anm. 3.3) fehlt oft eine Klarstellung durch den Titel „Treuhandvereinbarung" oÄ. Mitunter ergänzt eine Treuhandvereinbarung, die dann das Rechtsverhältnis zwischen Treugeber (Stifter) und Treuhänder (Stiftungsträger) beschreibt, auch das Stiftungsgeschäft, das sich dann lediglich auf den Errichtungsakt (mit Name, Grundstockvermögen, Zweck) beschränkt. In der begleitenden Treuhandvereinbarung werden dann Fragen der Verwaltungsvergütung, des Leistungsumfangs oder der Beendigungsmöglichkeiten geregelt. Redundanzen sind nicht ausgeschlossen; auch sind gegenseitige Verweise zwischen den Urkunden genau zu prüfen. Für den Stifter gewinnt das Dokument des Stiftungsgeschäfts so ggf. an Attraktivität, weil es nur den (großzügigen) Stiftungsakt dokumentiert und technische Fragen von Verwaltung und Vergütung keine Beachtung finden. Das Stiftungsgeschäft wird daher wie eine Urkunde präsentiert.

(3) Die Stiftung entsteht aufgrund des mit Bindungen einhergehenden Wechsels in der Vermögensträgerschaft nicht als selbstständige juristische Person, sondern als verselbstständigtes Zweckvermögen in der treuhänderischen Verwaltung des Stiftungsträgers, der seine Aufgaben ohne Kontrolle einer staatlichen Stiftungsaufsicht wahrnimmt.

(4) Ob der nichtrechtsfähigen Stiftung auch eine steuerliche Eigenständigkeit zukommt (sog. Körperschaftsteuersubjektivität), ist anhand der dazu entwickelten Kriterien zu entscheiden (→ Form. XV.1 Anm. 8.3). Bei einer entgeltlichen Treuhandverwaltung sollten die Vergütungsansprüche des Stiftungsträgers ausdrücklich geregelt werden (→ § 3). Dabei sind auch die steuerlichen Folgen zu bedenken. Erzielt der steuerbefreite Stiftungsträger Einnahmen, die über den reinen Aufwendungsersatz hinausgehen, wird er partiell steuerpflichtig im wirtschaftlichen Geschäftsbetrieb (§ 14 AO). Das Zweckbetriebsprivileg des § 65 AO greift schon wegen des Wettbewerbsvorbehalts nicht. Übersteigen die Umsätze die Grenzen der Kleinunternehmerregelung des § 19 UStG, ist auch Umsatzsteuer auf die Verwaltungsleistungen zu erheben (vgl. ausführlich *Hüttemann/Herzog*, DB 2004, 1001).

(5) Mit der Übertragung des Eigentums am Stiftungsvermögen nach Errichtung verliert der Stifter die rechtliche Verfügungsmöglichkeit über das Vermögen und die daraus erwirtschafteten Erträge.

(6) Die Haftung für eine ordnungsgemäße Verwaltung der Stiftung trifft den jeweiligen Stiftungsträger; sie kann beschränkt werden (→ § 2). Nach der ausdrücklichen Bestimmung des → § 2 hat der Stiftungsträger die Geschäfte der Stiftung „mit kaufmännischer und treuhänderischer Sorgfalt" (Variante: „mit der Sorgfalt eines ordentlichen Kaufmanns„) zu führen. Danach haftet der Stiftungsträger für die Verbindlichkeiten der Stiftung.

**2. Dauerhaftigkeit.** Mit der angeordneten Beständigkeit des Zweckvermögens, das auch einen Trägerwechsel übersteht (→ § 4), nähert sich die als Treuhand gegründete nichtrechtsfähige Stiftung der rechtsfähigen Stiftung stark an. Wie dort und auch bei der Schenkung unter Auflage (→ Form. XV.1 Anm. 6) wird der Rückfallanspruch des Stifters ausgeschlossen. Problematisch ist aber die jederzeitige Möglichkeit des Widerrufs durch den Stifter bzw. der Kündigung durch den Stiftungsträger nach § 671 BGB (→ § 4). Diese Möglichkeiten stehen in deutlichem Widerspruch zu dem für die Stiftung konstitutiven Merkmal der Dauerhaftigkeit der Zweckverfolgung. § 671 BGB abzubedingen wäre ohnehin konsequent, allerdings ist Dauerhaftigkeit nicht mit Ewigkeit gleichzusetzen. Das Treuhandgeschäft als Dauerschuldverhältnis bleibt insofern zumindest aus wichtigem Grund stets widerruflich bzw. kündbar (vgl. § 314 GB). Ein wichtiger Grund wird allerdings nur dann vorliegen, wenn der Widerruf des Treuhandgeschäfts dem Stiftungszweck dienlicher ist als die Weiterführung der Stiftung in der Hand des bisherigen Stiftungsträgers.

Der Treuhandvertrag kann also im Rahmen üblicher Fristen und unter Beachtung bestimmter (Form-)Vorschriften grundsätzlich jederzeit widerrufen bzw. gekündigt werden. Durch die fehlende Rückholbarkeit des Vermögens durch den Stifter bei einer steuerbegünstigten nichtrechtsfähigen Stiftung aber wird der Standard der Treuhand modifiziert; ob damit gleich die ganze Rechtsfigur verlassen wird und ein Vertrag sui generis besteht, ist dabei eher eine theoretische Frage. Deutlich wird jedenfalls, dass der Stifter sich mit der Stiftung auch im Rahmen eines Treuhandverhältnisses eindeutig und endgültig zugunsten bestimmter, im öffentlichen Interesse liegender und langfristig angelegter Zwecke trennt. Die damit verbundene wirtschaftliche Selbstständigkeit zugunsten gemeinnütziger Zwecke ist auch die Grundlage für die Gewährung der Steuerbegünstigung.

**3. Beendigung.** (1) Die Beendigung der Treuhand und ihre Konsequenzen sind umstritten und richten sich im Einzelfall nach dem jeweiligen Entstehungsgeschäft. So könnte die Vereinbarung und damit die Stiftung erlöschen und ein Herausgabeanspruch des Stifters für das Restvermögen nach § 667 oder §§ 812 ff. BGB entstehen.

(2) Wenn ein Verzicht auf eine Kündigungsmöglichkeit in Treuhandvereinbarung („Stiftungsgeschäft") und Satzung nicht ausdrücklich vorgesehen ist, ist gleichwohl fraglich, unter welchen Umständen eine Kündigung rechtmäßig und gültig ist. Grundsätzlich wird der Stiftungsträger sein Kündigungsrecht „mit Rücksicht auf seine Treuhänderpflichten nur unter Schonung der Interessen des Stifters und der Belange der Stiftung ausüben dürfen" (Campenhausen/Richter–*Hof*, Stiftungsrechts-Handbuch, 4. Aufl. 2014, § 36 Rn. 205).

Wenn es sich um einen unentgeltlichen Auftrag iSd § 662 BGB handeln würde, dürfte der Stiftungsträger zwar nach § 671 Abs. 1 BGB jederzeit kündigen, müsste aber den aus einer Kündigung zur Unzeit entstehenden Schaden ersetzen. Eine solche Kündigung zur Unzeit liegt vor, wenn der Stifter „für die Besorgung des Geschäfts (nicht) anderweitig Vorsorge treffen", also die Treuhänderschaft auf einen anderen Stiftungsträger übertragen kann.

Handelt es sich aber um eine entgeltliche Geschäftsbesorgung, wäre nach § 675 Abs. 1 iVm § 621 Nr. 4 BGB eine Kündigung „unter Einhaltung einer Kündigungsfrist von sechs Wochen für den Schluss des Kalendervierteljahres" möglich.

Daneben kommt unter Umständen auch eine fristlose außerordentliche Kündigung aus wichtigem Grund in Betracht, etwa wegen schwerwiegender Pflichtverletzung.

(3) Wenn der Stifter einen Widerruf erklärt, würde die Treuhandvereinbarung erlöschen. Er könnte dann nach §§ 812 ff. BGB Herausgabe des Restvermögens an sich oder – wie hier mit Rücksicht auf die Besonderheit der nichtrechtsfähigen Stiftung bestimmt – Dritte verlangen, die dann die Trägerschaft des Zweckvermögens übernehmen.

(4) Zu beachten ist zudem, dass nach der Rechtsprechung zumindest ein Treuhandvertrag über eine unselbständige Stiftung, sofern er für eine Vielzahl von Fällen vorformuliert und von einer der Vertragsparteien vorgegeben ist, dem Recht der allgemeinen Geschäftsbedingungen unterfällt (BGH, WM 2009, 909 ff.). Daher kann der Stifter wegen § 309 Nr. 9 Buchst. a) BGB die Vereinbarung grundsätzlich jederzeit gemäß § 620 Abs. 2 iVm § 621 Nr. 5 BGB kündigen, sofern der Treuhandvertrag eine längere Vertragsbindung für den Stifter als zwei Jahre vorsieht, was meist der Fall sein wird. An die

Stelle einer unwirksamen Regelung zur Kündigungsfrist tritt insoweit allerdings nicht die zulässige Höchstfrist von zwei Jahren, vielmehr sind gemäß § 306 Abs. 2 BGB die gesetzlichen Vorschriften, vorliegend des Dienstvertragsrechts, anzuwenden. Diese sehen in § 620 Abs. 2 iVm § 621 Abs. 1 Nr. 5 BGB ein jederzeitiges Kündigungsrecht mit einer Kündigungsfrist von zwei Wochen vor. Falls das Stiftungsgeschäft als Verbrauchervertrag eingeordnet wird, weil auf einer Seite ein Privater beteiligt ist, sind sogar die strengeren Anforderungen des § 310 Abs. 3 BGB zu beachten (vgl. *Hüttemann/Rawert*, Anm. zu OVG Münster v. 31.5.2016, npoR 2016, 262).

(5) Insofern entstehen ähnliche Probleme wie bei einem Aufhebungsvertrag, der zwischen Stifter und Stiftungsträger geschlossen werden kann. Es müssten die Treuhandvereinbarung rückabgewickelt und das Vermögen – etwa die Zeichnungsberechtigung für das Stiftungskonto, die Geschäftspapiere etc – auf den Stifter übertragen werden. Dadurch könnte allerdings eine sog. unzulässige Eigenstiftung (→ Form. XV.1 Anm. 2.5) entstehen. Die Unzulässigkeit soll sich nach herrschender Meinung daraus ergeben, dass der Stifter dann gleichzeitig Gläubiger und Schuldner der Treuhandvereinbarung wäre bzw. in seiner Person Stifter und Stiftungsträger zusammenfallen und damit die Vermögensabsonderung scheitert. Anders als bei der Gründung der Stiftung, wo sich bei einer Eigenstiftung keine zwei Vertragspartner gegenüberstehen, würde dem Stifter bei der Rückabwicklung allerdings der Stiftungsträger als Vertragspartner gegenüberstehen. Außerdem könnte der Stifter durch entsprechende Maßnahmen in der Kontoführung und Rechnungslegung dafür Sorge tragen, dass das Vermögen nicht mit seinem sonstigen Vermögen vermischt wird. Ob dies aus steuerlicher Sicht ausreicht, ist indes nicht sicher. Allerdings entfällt eine Spendenhaftung, wenn keine Zuwendungsbestätigungen ausgestellt wurden.

Wird eine grundsätzliche Ablehnung der Eigenstiftung für gerechtfertigt gehalten, selbst wenn die Zweckerfüllung dauerhaft sichergestellt ist, kann es sich anbieten, eine juristische Person für die Übernahme der Rechtsträgerschaft zu gründen oder zu nutzen. Das kann auch eine sog. UG (haftungsbeschränkt) sein, die schon mit einem Euro als Stammkapital gegründet werden kann. Damit würde auch der Notwendigkeit der Benennung eines neuen Stiftungsträgers (→ § 5) Rechnung getragen.

(6) Ist das Stiftungsvermögen aufgezehrt, wird auch vertreten, dass auch die Verpflichtungen des Stiftungsträgers aus Treuhandvereinbarung und Satzung automatisch enden und die Stiftung erlischt (Campenhausen/Richter–*Hof*, Stiftungsrechts-Handbuch, 4. Aufl. 2014, § 36 Rn. 208, 215). Er hätte den Vorgang beim Finanzamt anzumelden.

(7) Schließlich ist eine – stiftungsinterne – Auflösungsentscheidung möglich, über die ein internes Gremium beschließt – in der Regel gemeinsam mit dem Stiftungsträger. Hier können freilich bestimmte Voraussetzungen vorgesehen werden (zB das Nichterreichen eines Mindestvermögens in einer bestimmten Frist).

Wenn, wie das nicht selten zu beobachten ist, nur der Stifter und der Stiftungsträger Mitglieder des Gremiums sind, weil das von vorneherein so vorgesehen ist oder keine weiteren Mitglieder berufen wurden, besteht für Entscheidungen eine Patt-Situation. Dann dürfte das Gremium keine Beschlüsse treffen, die einer der Parteien nicht mittragen will. Um solche Situationen zu vermeiden, könnten Bestimmungen eingefügt werden (deren Einsatz auf besonders wichtige Entscheidungen beschränkt sein könnte) wie:

- einer der Partner bekommt ein erhöhtes Stimmrecht („Bei Stimmengleichheit entscheidet x."); die Zuordnung könnte beispielsweise quartalsweise oder in anderen Zeiträumen wechseln;
- Losentscheid („Bei Stimmengleichheit entscheidet das Los.");
- Zwingendes Mediations-, Schlichtungs- oder Schiedsgerichtsverfahren.

**4. Insolvenz.** (1) Bei der Treuhand übernimmt der Stiftungsträger das Stiftungsvermögen als Fiduziar des Stifters zur uneigennützigen Verwaltung. Grundlagen sind bei Unentgeltlichkeit ein Auftrag iSd §§ 662 ff. BGB, bei Entgeltlichkeit ein Geschäftsbesorgungsvertrag nach § 675 BGB. In beiden Fällen wird der Stiftungsträger zivilrechtlicher, nicht aber wirtschaftlicher Eigentümer des Stiftungsvermögens. Der Auftrag lässt der individuellen Gestaltung einen weiten Spielraum. Der Stiftungsträger hat Anspruch auf Ersatz der Aufwendungen, die er nach den Umständen für erforderlich halten darf (§ 670 BGB).

(2) Grundsätzlich haftet das treuhänderisch übertragene Stiftungsvermögen für sämtliche Verbindlichkeiten des Stiftungsträgers. Gleichzeitig haftet der Stiftungsträger für Rechtsgeschäfte, die er im Rahmen der Stiftungsverwaltung abschließt, mit seinem gesamten Vermögen, es sei denn, er hat seine Haftung ausdrücklich auf das Stiftungsvermögen beschränkt.

Wird in der Zwangsvollstreckung wegen solcher stiftungsfremder Forderungen in das Stiftungsvermögen vollstreckt, kann der Stifter Drittwiderspruchsklage nach § 771 ZPO erheben. Wird über das Vermögen des Stiftungsträgers das Insolvenzverfahren eröffnet, kann der Stifter das Stiftungsvermögen nach § 47 InsO aussondern; auch besteht das Recht auf Ersatzaussonderung (§ 48 S.1 InsO). Weil der vom Stifter mit der Übertragung des Stiftungsvermögens zu Eigentum des Stiftungsträgers zu verfolgende bestimmte Stiftungszweck bei Insolvenz des Stiftungsträgers nicht mehr erreichbar ist, muss das Stiftungsvermögen an den Stifter zurückgegeben werden. Der Rückgabeanspruch des Stifters ergibt sich aus § 667 Alt. 1 BGB. Die Fälligkeit dieses Anspruchs setzt bei der unselbständigen Stiftung die Beendigung des Stiftungsgeschäfts voraus. Soll dieses mit Eröffnung des Insolvenzverfahrens über das Vermögen des Stiftungsträgers nicht automatisch enden, stellt die Verfahrenseröffnung in jedem Fall einen wichtigen Grund zum Widerruf des Stiftungsgeschäfts iSd § 671 Alt. 1 BGB und die Übertragung auf einen anderen Stiftungsträger dar (→ Form. XV.7).

Demgegenüber kann der Stifter die bisher aus dem Stiftungsvermögen erzielten Erträge nicht aussondern. Hierfür steht ihm der gegen die Masse gerichtete Verschaffungsanspruch des § 667 Alt. 2 BGB zur Verfügung.

(3) Für Verbindlichkeiten des Stifters haftet das Stiftungsvermögen nicht unmittelbar, da es sich im Eigentum des Stiftungsträgers befindet. Bei Insolvenz des Stifters könnte das Auftragsverhältnis zwischen Stifter und Stiftungsträger erloschen sein (§ 115 InsO). Der Insolvenzverwalter erhält den dadurch entstandenen Herausgabeanspruch gegen den Stiftungsträger aus § 667 BGB. Der Stiftungsträger kann bei Insolvenz des Stifters keine Rechte aus §§ 771 ZPO, 47 InsO geltend machen. Allerdings muss sein Gewahrsam nach §§ 808 Abs. 1, 809, 846 ff. ZPO beachtet werden.

## 3. Stiftungsgeschäft von Todes wegen zur Errichtung einer nichtrechtsfähigen Stiftung (Stiftungsträger ist Erbe)

Testament

**Zu meinem alleinigen Erben bestimme ich,**

**A, geb. am . . . . . in . . . . ., wohnhaft . . . . . (im Folgenden „Stifter"), den**

**B, geschäftsansässig . . . . . (im Folgenden „Stiftungsträger").**

**Der Stiftungsträger ist verpflichtet, mein Nachlassvermögen in eine nichtrechtsfähige Stiftung einzubringen.**

**Die Stiftung soll den Namen . . . . .-Stiftung tragen; ihr Vermögen ist in seinem Wert zu erhalten und aus den Erträgen der gemeinnützige Zweck der . . . . . zu fördern.**

**Zu Mitgliedern des ersten Kuratoriums bestimme ich: . . . . .**

**Die Satzung ist Bestandteil dieser Verfügung von Todes wegen; nach ihr ist die treuhänderische Verwaltung der Stiftung zu führen.**
**Zu Lasten meines Erbes setzte ich folgende Vermächtnisse aus: . . . . .**
**Ich ordne Testamentsvollstreckung an. Zu meinem Testamentsvollstrecker bestimmte ich C, geschäftsansässig . . . . .,**
**ersatzweise D, wohnhaft . . . . . .**
**Falls C, ersatzweise D, sein Amt nicht antritt, soll das Nachlassgericht einen Testamentsvollstrecker benennen.**
**Der Testamentsvollstrecker ist befugt, nach meinem Tode die Satzung zu ändern, soweit dies erforderlich ist, um meinem Willen Geltung zu verschaffen und sicherzustellen, dass die Stiftung als steuerbegünstigte Körperschaft anerkannt wird.**
**(Ort), den . . . . .**
**. . . . .**
**(Unterschrift des Stifters/Erblassers)**
**Die erbrechtlichen Formvorschriften sind zu beachten (→ Anm. 2).**

*Schrifttum* (zur nichtrechtsfähigen Stiftung von Todes wegen): O. *Schmidt*, Vermögenszuwendung und Festlegung des Stiftungszwecks bei der Errichtung unselbstständiger Stiftungen von Todes wegen, ZEV 2003, 316; *Hof*, Stiftungsgeschäft von Todes wegen, in: MVHdB I GesR, 8. Aufl. 2018, → Form. VIII.2; *Berkel*, Vertrauen ist gut, Kontrolle ist besser. Wie können Testamentsvollstrecker und Stiftung in der Praxis zusammenarbeiten, Stiftung&Sponsoring 5/2011, 32; *Beder*, Sicher? Die unselbstständige Auflagenstiftung, Stiftung&Sponsoring 4/2012, 26; *Heinzmann*, Der Auflagenvollziehungsanspruch nach § 2194 BGB als Grundlage der unselbständigen Stiftung, BW/NotZ 2012, 97; *Pauli*, Stiftung und Testament als Gestaltungsmittel zur Sicherung des Erblasserwillens, ZEV 2012, 461; *Ponath/Jestaedt*, Dauertestamentsvollstreckung und Stiftungen (unter besonderer Berücksichtigung der Stiftungserrichtung von Todes wegen), ZErb 2012, 253; *Lange*, Die unselbständige Stiftung von Todes wegen, ZErb 2013, 324; *Neuhoff*, Dauer-Testamentsvollstreckung und Stiftung, ZErb 2013, 81; *Muscheler*, Die unselbstständige Stiftung von Todes wegen, ZEV 2014, 573; *Rott*, Damit die Erbschaft nicht zum Risiko wird. Testamentsvollstreckung und andere Vorkehrungen bei letztwilligen Zuwendungen an Stiftungen, Stiftung&Sponsoring 1/2014, 36; *Förster*, Die Stiftung von Todes wegen. Ein Praxisleitfaden, Stiftung&Sponsoring Rote Seiten 5/2017.

## Anmerkungen

**1. Entstehungsgeschäft von Todes wegen.** (1) Bei der Errichtung einer nichtrechtsfähigen Stiftung von Todes wegen kommt zunächst die testamentarische Berücksichtigung des Stiftungsträgers durch Erbeinsetzung (§ 1937 BGB) oder Vermächtnis (→ Form. XV. 4) unter Anordnung einer Auflage gem. § 1940 BGB in Frage.

Als Erbe tritt der Stiftungsträger in alle Rechte – und Pflichten – des Erblassers (Stifters) ein; damit verbunden ist die Unsicherheit, wieviel von der Erbschaft nach der Nachlassabwicklung (insbesondere der Begleichung von Nachlassverbindlichkeiten) als Vermögensausstattung für die nichtrechtsfähige Stiftung tatsächlich übrig bleibt. Wird die nichtrechtsfähige Stiftung hingegen im Rahmen eines Vermächtnisses begünstigt, hat sie einen Anspruch gegen den Erben auf den vermachten Betrag.

(2) Bei der Stiftung von Todes wegen handelt es sich stets um eine einseitige Verfügung. Ein (Treuhand-)Vertrag kommt mangels Vertragspartner auf der Stiftungsseite nicht in Betracht. Denkbar wären allerdings eine erbvertragliche Lösung oder eine bedingt eingegangene vertragliche Gestaltung. Der Stifter kann aber die Satzung (→ Form. XV.5) auch

so gestalten, dass die Auflagenstiftung der Treuhand nahekommt, indem dem Kuratorium im Rahmen der Auflage Veränderungen (etwa der Übergang auf einen anderen Stiftungsträger) überlassen werden. Denkbar ist auch, dass der Erblasser die Ausgestaltung und den Abschluss einer Treuhandvereinbarung als Auflage den Erben überlässt.

(3) Die Stiftung entsteht mit dem Tod des Stifters, sofern das Erbe angenommen wird. Scheitert die Erbeinsetzung, scheitert auch die vorgesehene Stiftungsgründung. Der Stiftungsträger als Erbe haftet grundsätzlich unbeschränkt, seine Haftung kann jedoch nach §§ 1975 ff. BGB beschränkt werden.

(4) Der Stiftungsträger ist nach Abwicklung des Nachlasses verpflichtet, die in Stiftungsgeschäft und Satzung festgelegte Auflage auszuführen. Anspruch auf Vollziehung der Auflage, die zeitlich unbeschränkt ist, haben nach § 2194 BGB allerdings nur der Erbe, der Miterbe und der sog. Neiderbe, also derjenige, „welchem der Wegfall des mit der Auflage zunächst Beschwerten unmittelbar zustattenkommen würde." Insofern ist die Einsetzung eines Testamentsvollstreckers zu empfehlen, um die schwach ausgeprägte Auflage durchzusetzen. Daneben kann die „zuständige Behörde" bei Auflagen im öffentlichen, gemeinwohlfördernden Interesse die Vollziehung verlangen (→ Form. XV.1 Anm. 6.4).

(5) Um eine Ausschlagung zu vermeiden, sollte der Stifter schon vor Abfassung seines letzten Willens die Abstimmung mit dem Stiftungsträger suchen. Sollte er nicht (schon vorab) in den Kontakt zum Stiftungsträger treten wollen, so sollte er erwägen, für den Fall der Ausschlagung einen Ersatzerben zu bestimmen.

Beim Erbvertrag (§ 1941), der für die Errichtung einer nichtrechtsfähigen Stiftung von Todes wegen ebenfalls in Betracht kommt, liegt die notwendige Einigung der Vertragsparteien in der Natur der Sache.

**2. Notwendige Form.** (1) Bei der Errichtung des privatschriftlichen Testaments sind die Formvorschriften gem. § 2247 BGB unbedingt zu beachten. So ist es in vollem Umfang eigenhändig zu schreiben und – am besten mit Vor- und Zunamen – zu unterschreiben; dies gilt auch für die Stiftungssatzung. Auch sollen Ort und Zeit der Niederschrift angegeben werden.

Ehegatten können ein gemeinschaftliches Testament gem. §§ 2265, 2267 BGB unter Mitunterzeichnung errichten. Für sie kann es sich zur wirtschaftlichen Sicherung des überlebenden Ehegatten empfehlen, ein Berliner Testament mit gegenseitiger Erbeinsetzung und Erbeinsetzung des zukünftigen Stiftungsträgers nach dem Tode des Überlebenden vorzusehen (§ 2269 BGB). Allerdings sind die steuerlichen Folgen zu bedenken, die sich aus zwei Erbgängen ergeben. Möglich ist auch, dem überlebenden Ehegatten einen Nießbrauch am Stiftungsvermögen zu bestellen (vgl. zur steuerlichen Einordnung BFH, DB 1998, 659).

(2) Das eigenhändige Testament kann in amtliche Verwahrung beim Amtsgericht (§ 2248 BGB) gegeben werden. Hiermit ist sichergestellt, dass das Testament im Falle des Todes dem dann zuständigen Amtsgericht bekannt und damit eröffnet wird.

Gerade bei einer Stiftungserrichtung, der ja regelmäßig eine Satzung beigegeben wird, macht es Sinn, die Verfügung als öffentliches Testament gem. §§ 2231 Nr. 1, 2232 BGB zur Niederschrift eines Notars zu errichten.

(3) Der Erblasser und Stifter kann im Testament weitere erbrechtliche Anordnungen treffen, etwa ein Vermächtnis aussetzen. Er kann auch Testamentsvollstreckung anordnen und ggf. einen Testamentsvollstrecker benennen und sollte dies auch tun, um die Umsetzung seines Willens gegenüber dem Stiftungsträger tatsächlich sicherzustellen, denn eine Einbeziehung der Stiftungsbehörde findet bei der nichtrechtsfähigen Stiftung nicht statt (→ Form. XV.1 Anm. 3.1). Insofern kommt im Unterschied zur rechtsfähigen Stiftung bei der Treuhandstiftung auch die Anordnung einer Dauertestamentsvollstreckung in Betracht.

## 4. Stiftungsgeschäft von Todes wegen zur Errichtung einer nichtrechtsfähigen Stiftung (Stiftungsträger ist Vermächtnisnehmer)

**Testament**
**Zu meinem alleinigen Erben bestimme ich,**
**A, geb. am . . . . . in . . . . ., wohnhaft . . . . ., den**
**B, wohnhaft . . . . .**
**Zu Lasten meines Erbes setze ich folgendes Vermächtnis aus: C, geschäftsansässig . . . . . (im Folgenden „Stiftungsträger") erhält . . . . . EUR (in Worten: . . . . . Euro) mit der Auflage, damit eine nichtrechtsfähige Stiftung in seiner treuhänderischen Verwaltung zu errichten.**
**Die Stiftung soll den Namen . . . . .-Stiftung tragen; ihr Vermögen ist in seinem Wert zu erhalten und aus den Erträgen der gemeinnützige Zweck der . . . . . zu fördern.**
**Zu Mitgliedern des ersten Kuratoriums bestimme ich: . . . . .**
**Die Satzung ist Bestandteil dieser Verfügung von Todes; nach ihr ist die treuhänderische Verwaltung der Stiftung zu führen.**
**Ich ordne Testamentsvollstreckung an. Zu meinem Testamentsvollstrecker bestimme ich D, geschäftsansässig . . . . .**
**(Ort), den . . . . .**
**. . . . .**
**(Unterschrift des Stifters/Erblassers)**
**Die erbrechtlichen Formvorschriften sind zu beachten! (→ Form. XV. 3 Anm. 2)**

### Anmerkungen

**1. Vermächtnisstiftung.** (1) Eine nichtrechtsfähige Stiftung kann von Todes wegen neben der Erbeinsetzung (→ Form. XV. 3) auch durch Vermächtnis (§ 1939 BGB) ins Leben gerufen werden. Die Stiftung entsteht mit ihrer Einrichtung nach Erfüllung des Vermächtnisanspruches durch den Erben.

(2) Als Vermächtnisgegenstand kommen neben Geldvermögen auch Sachzuwendungen in Betracht, zB Immobilien, Sammlungen oder Wertpapiere (→ Form. XV.5 Anm. 6).

(3) Nach dem Prinzip der Gesamtrechtsnachfolge ist der Erbe (oder eine Erbengemeinschaft) Rechtsnachfolger des Erblassers geworden. Der durch die letztwillige Verfügung in Aussicht genommene, durch die Errichtungsauflage beschwerte Stiftungsträger erwirbt den betreffenden Vermögensgegenstand nicht unmittelbar mit dem Tode des Erblassers, sondern erlangt lediglich einen schuldrechtlichen Anspruch gegen den mit dem Vermächtnis belasteten Erben (§ 2147 BGB).

Der beschwerte Erbe hat nach Antritt der Erbschaft das Vermächtnis unverzüglich zu erfüllen. Der Vermächtnisnehmer hat einen sofort fälligen Rechtsanspruch auf Leistung (§ 2174 BGB). Wegen der mit dem Vermächtnis verbundenen, gemeinwohlfördernden Auflage steht zudem der zuständigen Behörde wegen § 2194 S.2 BGB ein Anspruch auf Vollziehung zu (→ Form. XV.1 Anm. 6.4).

**2. Auflagenstiftung.** Mitunter treten in der Praxis Unklarheiten auf, ob es sich bei der Anordnung des Erblassers tatsächlich um ein Vermächtnis oder um eine Auflage handelt. Nicht selten richten sich Auflagen zur Einrichtung einer (nichtrechtsfähigen) Stiftung an den Erben (vgl. schon RGZ 96, 19). Die Abgrenzung kann im Zweifel schwierig sein. Dann ist die Verfügung von Todes wegen entsprechend der üblichen Regeln auszulegen.

Bei einer Auflage hätte der in Aussicht genommene Stiftungsträger – anders als beim Vermächtnis – keinen Anspruch gegen den Erben. Zur Umsetzung des Stifterwillens gem. § 2194 S.1 BGB wäre er auf die Mitwirkung des Auflagenberechtigten (→ Form. XV.3 Anm. 1.4) angewiesen, der in fremdem Interesse Leistung an ihn als nicht anspruchsberechtigten Stiftungsträger verlangen müsste. Doch kann die zuständige Behörde gem. § 2194 S.2 BGB eingeschaltet werden, die bei gemeinnützigen Stiftungszwecken die Vollziehung der Auflage im öffentlichen Interesse verlangen kann (→ Form. XV.1 Anm. 6.4).

## 5. Satzung einer nichtrechtsfähigen Stiftung (mit eigenem Gremium)

Präambel

§ 1 Name, Rechtsform, Sitz, Geschäftsjahr

(1) Die Stiftung führt den Namen „. . . . .-Stiftung", kurz: „. . . . ." (nachfolgend „Stiftung").

(2) Sie besteht aus dem von A (nachfolgend „Stifter") an B (nachfolgend „Stiftungsträger") unter Auflagen übertragenen Vermögen.

(3) Die Stiftung ist eine nichtrechtsfähige Stiftung des bürgerlichen Rechts in der treuhänderischen Verwaltung des Stiftungsträgers und wird von ihm im Rechts- und Geschäftsverkehr vertreten. Die Stiftung ist keine rechtsfähige Stiftung oder sonstige juristische Person, aber wirtschaftlich selbstständiges Körperschaftssteuersubjekt.

(4) Sitz der Stiftung ist der Sitz des Stiftungsträgers in . . . . .

(5) Soweit Funktionsbezeichnungen in dieser Satzung verwendet werden, gelten diese gleichermaßen für alle Geschlechter.

§ 2 Zweck

(1) Zweck der Stiftung ist die Förderung von . . . . . unter besonderer Berücksichtigung von . . . . . durch eigene Projekte oder durch die Beschaffung und Weiterleitung von Mitteln für die Verwirklichung dieser steuerbegünstigten Zwecke durch eine andere steuerbegünstigte Körperschaft oder eine Körperschaft des öffentlichen Rechts.

(2) Der Stiftungszweck wird verwirklicht insbesondere durch

a) . . . . .;

b) . . . . .;

c) . . . . .

(3) Die Stiftung muss zur Verwirklichung ihres Zwecks nicht gleichzeitig oder im gleichen Maße in den steuerbegünstigten Förderbereichen nach Abs. 1 tätig sein. Der Stiftung steht es frei, welchen dieser Zwecke sie mit welchen Maßnahmen wahrnimmt.

(4) Die Ergebnisse ihrer Tätigkeit in Wissenschaft und Forschung werden zeitnah und in geeigneter Weise der Allgemeinheit zugänglich gemacht. Von der Stiftung durchgeführte Veranstaltungen sind öffentlich zugänglich. Soweit die Stiftung Stipendien und Förderpreise vergibt, werden diese auf der Grundlage öffentlich zugänglicher Richtlinien vergeben.

(5) Bei ihrer Tätigkeit arbeitet die Stiftung mit steuerbegünstigten und öffentlichen Organisationen ähnlicher Aufgabenstellung zusammen, wo und insoweit dies der Verwirklichung des Stiftungszwecks dient.

(6) Die Stiftung kann weltweit fördern; ihre Auslandstätigkeit bleibt dabei im Sinne des § 51 Abs. 2 der Abgabenordnung (AO) strukturell auf die Verwirklichung ihrer steuerbegünstigten Zwecke im Inland bezogen.

§ 3 Steuerbegünstigung

(1) Die Stiftung verfolgt ausschließlich und unmittelbar gemeinnützige, mildtätige und/ oder kirchliche Zwecke im Sinne des Abschnittes „Steuerbegünstigte Zwecke" der AO.

(2) Die Stiftung ist selbstlos tätig. Sie verfolgt nicht in erster Linie eigenwirtschaftliche Zwecke.

(3) Mittel der Stiftung dürfen nur für die satzungsmäßigen Zwecke verwendet werden. Die Stiftung darf keine Person durch Ausgaben, die dem Zweck der Stiftung fremd sind, oder durch unverhältnismäßig hohe Vergütungen begünstigen. Der Stifter und seine Erben/Rechtsnachfolger erhalten in dieser Eigenschaft und unbeschadet der Regelung des § 58 Nr. 6 AO keine Zuwendungen aus den Mitteln der Stiftung.

(4) Die Stiftung erfüllt ihre Aufgaben selbst oder durch eine Hilfsperson im Sinne des § 57 Abs. 1 Satz 2 AO, sofern sie nicht im Wege der Mittelbeschaffung gemäß § 58 Nr. 1 AO tätig wird.

§ 4 Vermögen

(1) Das der Stiftung zur dauernden und nachhaltigen Erfüllung ihres Zwecks zugewendete Vermögen (Grundstockvermögen) zum Zeitpunkt ihrer Errichtung ergibt sich aus dem Stiftungsgeschäft.

(2) Das Grundstockvermögen ist im Interesse des dauerhaften Bestandes und des nachhaltigen Wirkens der Stiftung in seinem Wert dauerhaft und ungeschmälert zu erhalten sowie ertragreich anzulegen.

(3) Dem Grundstockvermögen wachsen alle Zuwendungen zu, die dazu bestimmt sind (Zustiftungen). Zustiftungen können auch auf die Verfolgung einzelner Zwecke der Stiftung beschränkt sein; in diesem Fall sind sie selbst, ihre Surrogate sowie die aus ihnen oder ihren Surrogaten erzielten Erträge in der Rechnungslegung der Stiftung gesondert auszuweisen und zu verwenden. Verbrauchszustiftungen oder Zustiftungen auf Zeit sind nach dem erklärten Willen des Zuwendenden zum Verbrauch bestimmt; sie unterliegen nicht dem Grundsatz der Vermögenserhaltung nach Abs. 2. Zuwendungen von Todes wegen ohne besondere Verwendungsbestimmung können dem zu erhaltenden oder dem verbrauchbaren Vermögen zugeführt werden. Eine Verpflichtung der Stiftung zur Annahme von Zuwendungen besteht aufgrund dieser Satzung nicht.

(4) Das Stiftungsvermögen darf zur Werterhaltung, zur Stärkung seiner Ertragskraft oder zur Verwirklichung des Stiftungszwecks umgeschichtet werden. Die konkreten Entscheidungen zur Verwaltung und Anlage des Stiftungsvermögens, die auf Ertragsstärke und Wertsteigerung gerichtet sein und neben einer finanziellen auch eine soziale Rendite im Sinne des Stiftungszwecks („Mission Investing") erzielen und nicht gegen ethische Standards verstoßen sollen, werden auf Entscheidung des Kuratoriums vom Stiftungsträger entsprechend umgesetzt. Es dürfen auch Investitionen in Aktien, Immobilien und Beteiligungen (auch in Venture-Capital- und Start-up-Unternehmen) vorgenommen sowie Darlehen an Unternehmen vergeben werden, vorzugsweise solche, die im Umfeld des Stiftungszwecks tätig sind, wenn diese in ausreichendem Maße gesichert sind und eine angemessene jährliche Ausschüttung gewährleistet ist.

(5) Das Grundstockvermögen kann in Anspruch genommen werden, wenn dies zur Erfüllung des Stiftungszwecks erforderlich ist und der Bestand der Stiftung nicht gefährdet erscheint. Der Betrag ist dem Grundstockvermögen unverzüglich wieder zuzuführen. Eine erneute Entscheidung über die Inanspruchnahme ist nur dann möglich, wenn der

wertmäßige Bestand des Grundstockvermögens wieder erreicht worden ist, den es vor einer vorangegangenen Inanspruchnahme hatte.
(6) Zur Verwirklichung des Stiftungszwecks kann die Stiftung Zweckbetriebe unterhalten und treuhänderisch Zweckvermögen aufnehmen, die ab einer angemessenen Dotationshöhe auf Wunsch des Stifters mit seinem Namen verbunden und/oder für eine spezielle thematische Ausrichtung innerhalb des Stiftungszwecks vorgesehen werden können.

§ 5 Mittel und Rücklagen

(1) Die Stiftung erfüllt ihre Aufgaben zeitnah aus den Erträgen des Stiftungsvermögens und eventuell weiterer Zuwendungen, soweit diese nicht ausdrücklich zur Stärkung des Grundstockvermögens bestimmt sind, insbesondere Spenden. Verwaltungskosten sind vorab zu decken.
(2) Die Stiftung kann ihre Mittel im Rahmen des steuerlich Zulässigen freien oder zweckgebundenen Rücklagen oder dem Grundstockvermögen zuführen.
(3) Gewinne aus Vermögensumschichtungen können einer Umschichtungsrücklage zugeführt werden, die zum Ausgleich von Umschichtungsverlusten verwendet oder zugunsten der Mittel oder des Vermögens aufgelöst werden darf. Abschreibungen sind nur bei realisierten Vermögensverlusten oder dauernder Wertminderung notwendig.
(4) Die Stiftung darf einen Teil, höchstens jedoch ein Drittel ihres Einkommens dazu verwenden, um in angemessener Weise den Stifter und seine nächsten Angehörigen zu unterhalten, ihre Gräber zu pflegen und ihr Andenken zu ehren.
(5) Ein Rechtsanspruch auf Leistungen der Stiftung besteht aufgrund dieser Satzung nicht.

§ 6 Kuratorium

(1) Einziges Organ der Stiftung ist das Kuratorium, das aus bis zu . . . . . Personen besteht. Der Stifter gehört dem Kuratorium als Vorsitzender auf Lebenszeit, bis zur festgestellten andauernden Geschäftsunfähigkeit oder bis zum Amtsverzicht, der jederzeit möglich ist, an. Er benennt seinen Nachfolger und die weiteren Mitglieder des Kuratoriums. War der Stifter Alleinvorstand und hat er vor seinem Ausscheiden aus dem Kuratorium keinen Nachfolger benannt, wird dieser durch den Stiftungsträger bestimmt. Ist der Stifter nicht mehr Mitglied des Kuratoriums, beruft das Kuratorium seine Mitglieder selbst; scheidet ein Alleinvorstand aus, gilt Satz 4 entsprechend. Wiederberufungen sind zulässig.
(2) Das Kuratorium ist grundsätzlich ehrenamtlich tätig. Seine Mitglieder haben jedoch Anspruch auf Ersatz der ihnen tatsächlich entstandenen angemessenen Auslagen und Aufwendungen oder eine angemessene Vergütung, auch als Pauschale, soweit die eingesetzte Arbeitszeit und -kraft für die Stiftung dies rechtfertigen und die Stiftungsmittel dies zulassen. Die Entscheidung über eine Vergütung treffen Kuratorium und Stiftungsträger gemeinsam.
(3) Das Kuratorium beschließt über die Grundsätze der Anlage des Stiftungsvermögens und der Verwendung der Stiftungsmittel, nimmt die weiteren in Satzung und Stiftungsgeschäft vorgesehenen Aufgaben wahr und kontrolliert die Einhaltung des Stifterwillens. Es hat bei seinen Entscheidungen den Vorgaben von Stiftungsgeschäft und Satzung sowie rechtlichen und steuerlichen Bestimmungen zu entsprechen.
(4) Zur Vorbereitung seiner Beschlüsse, zur Erledigung seiner Aufgaben oder zur Qualitätssicherung kann das Kuratorium Sachverständige heranziehen.

§ 7 Beschlussfassung des Kuratoriums

(1) Das Kuratorium fasst seine Beschlüsse in der Regel in Sitzungen. Mit Zustimmung aller Mitglieder des Kuratoriums sind Beschlussfassungen im schriftlichen, fernschriftlichen, telefonischen oder elektronischen Umlaufverfahren, auf einer Telefon- oder Videokonferenz oder durch Nutzung sonstiger Medien zulässig.

(2) Das Kuratorium wird vom Stiftungsträger nach Bedarf, mindestens aber einmal jährlich einberufen. Das Kuratorium ist ferner einzuberufen, wenn mindestens die Hälfte der Mitglieder des Kuratoriums dies unter Mitteilung des Beratungspunktes verlangt.

(3) Die Einladung zur Sitzung erfolgt unter Mitteilung von Ort, Zeit und Tagesordnung mit einer Frist von vier Wochen, sofern nicht außerordentliche Umstände eine kürzere Frist erfordern; Textform ist ausreichend. Mit Zustimmung aller Mitglieder kann auf Form und Frist der Einladung verzichtet werden. Ladungsfehler gelten als geheilt, wenn alle Mitglieder anwesend sind und kein Widerspruch erfolgt. Ist ein mangelhaft geladenes Mitglied nicht anwesend, kann die mangelhafte Ladung durch nachträgliche Genehmigung der Beschlüsse durch das betroffene Mitglied geheilt werden.

(4) Der Stiftungsträger leitet die Sitzung oder Beschlussfassung.

(5) Das Kuratorium ist beschlussfähig, wenn mindestens die Hälfte der Mitglieder an der Beschlussfassung mitwirkt. Es fasst seine Beschlüsse mit einfacher Mehrheit der an der Beschlussfassung mitwirkenden Mitglieder. Stimmenthaltungen gelten als Zustimmung. Bei Stimmengleichheit entscheidet das Los.

(6) Über Sitzungen sind Niederschriften zu erstellen, vom Stiftungsträger und einem Kuratoriumsmitglied zu unterzeichnen; Beschlüsse sind im Wortlaut festzuhalten. Die Protokolle sind bei der Stiftung dauerhaft aufzubewahren.

§ 8 Treuhandverwaltung

(1) Der Stiftungsträger verwaltet das Stiftungsvermögen getrennt von seinem Vermögen. Er ist berechtigt, die Mittel der Stiftung mit den Mitteln anderer Stiftungen auf Sammelkonten und/oder Depots anzulegen, soweit die Trennung der Mittel und der auf sie entfallenden anteiligen Erträge jederzeit nachvollzogen werden kann.

(2) Der Stiftungsträger vergibt die Stiftungsmittel, wickelt die Fördermaßnahmen ab und sorgt für eine angemessene Publizität der Stiftungsaktivitäten. Dabei ist er an die Entscheidungen des Kuratoriums gebunden, sofern sie nicht die Steuerbegünstigung gefährden oder der Stiftungssatzung widersprechen.

(3) Der Stiftungsträger übernimmt insbesondere folgende Aufgaben:
a) Anlage des Stiftungsvermögens;
b) Vergabe der Stiftungsmittel sowie Abwicklung von Fördermaßnahmen;
c) Bearbeitung von Anfragen um Fördermittel;
d) Berichterstattung, regelmäßige Information, Beratung und Abstimmung der Mittelverwendung mit dem Kuratorium;
e) Buchführung und Erstellung des Jahresberichts über die Erfüllung des Stiftungszwecks mit Jahresabrechnung und Vermögensübersicht jeweils zum 31.12. eines jeden Jahres;
f) Vorbereitung und Abgabe der steuerlichen Erklärungen und Anträge sowie Abwicklung des Schriftverkehrs mit der Finanzverwaltung;
g) Öffentlichkeitsarbeit über die Stiftungsaktivitäten.

(4) Der Stiftungsträger kann die Rechnungslegung der Stiftung durch einen Wirtschaftsprüfer oder eine andere geeignete Stelle prüfen lassen; das Kuratorium kann ihn dazu auffordern. Der Prüfbericht ersetzt den Jahresbericht und die Vermögensübersicht.

(5) Der Stifter und das Kuratorium können jederzeit Einsicht in die vom Stiftungsträger für die Stiftung geführten Unterlagen nehmen. Sie haben die Einsichtnahme fünf Arbeitstage zuvor beim Stiftungsträger anzumelden.

(6) Der Stiftungsträger kann sich zur Erfüllung einzelner Aufgaben dritter Hilfspersonen bedienen. Er kann Mitglieder des Kuratoriums mit der Übernahme seiner Aufgaben bevollmächtigen.

(7) Der Stiftungsträger ist von den Beschränkungen des § 181 BGB befreit.

§ 9 Veränderungen

(1) Der Stiftungsträger kann gemeinsam mit dem Kuratorium Änderungen der Satzung beschließen, wenn hierdurch die nachhaltige Erfüllung des Stiftungszwecks nach dem Willen des Stifters verbessert wird; sie dürfen die Gemeinnützigkeit der Stiftung nicht beeinträchtigen oder aufheben. Auch Erweiterungen oder Anpassungen des Stiftungszwecks sind grundsätzlich ohne wesentliche Veränderungen der Verhältnisse zulässig.

(2) Ändern sich die Verhältnisse derart, dass die dauernde und nachhaltige Erfüllung des Stiftungszwecks von Stiftungsträger und Kuratorium nicht mehr für sinnvoll gehalten wird, so können sie einen geänderten oder neuen Stiftungszweck, die Zusammenlegung mit einer anderen Stiftung oder die Auflösung der Stiftung beschließen.

(3) Die Stiftung kann in eine gleichnamige rechtsfähige und steuerbegünstigte Stiftung umgewandelt werden; die Entscheidung über die Gründungsdokumente trifft das Kuratorium. Nach Anerkennung der Stiftung als rechtsfähig durch die zuständige Behörde und Feststellung der satzungsmäßigen Voraussetzungen im Sinne des § 60a AO wird der Stiftungsträger unverzüglich sämtliche Vermögenswerte der nichtrechtsfähigen Stiftung auf die rechtsfähige Stiftung übertragen.

(4) Beschlüsse über Satzungsänderungen, die Umwandlung der Stiftung in eine rechtsfähige Stiftung, die Zusammenlegung der Stiftung mit einer anderen Stiftung oder die Auflösung der Stiftung sind dem zuständigen Finanzamt anzuzeigen. Für Satzungsänderungen, die den Zweck der Stiftung betreffen, ist die Unbedenklichkeitserklärung des Finanzamtes einzuholen.

(5) Bei Auflösung der Stiftung oder bei Wegfall steuerbegünstigter Zwecke fällt das Vermögen der Stiftung an eine andere steuerbegünstigte Körperschaft oder eine juristische Peron des öffentlichen Rechts zwecks Verwendung für die Förderung .....

(Ort), den .....

.....

(Unterschriften von Stifter und Stiftungsträger)

## Anmerkungen

**1. Organisation.** (1) Wegen der großen Gestaltungsfreiheit und des Fehlens einer staatlichen Stiftungsaufsicht kann bei nichtrechtsfähigen Stiftungen aus einer großen Bandbreite organisatorischer Vorstellungen ausgewählt werden.

Die Satzung kann, wenn weder Vermögen, die Zweckverfolgung oder steuerliche Gründe eine vom Stiftungsträger unabhängige, aufwändige Organisationsstruktur oder Verwaltung gebieten, recht knapp abgefasst sein und ggf. sogar in das Entstehungsgeschäft (→ Form. XV.1–4) integriert werden. Dabei kommt ein Zweckvermögen ohne personelle Identität (→ Form. XV.6) ebenso in Betracht wie eine Stiftung mit eigener Entscheidungsstruktur und vergleichsweise großer Regelungsdichte (wie hier).

(2) Dabei kann der Satzung eine Präambel vorangestellt werden, die Überlegungen und Herkommen des Stifters verdeutlichen oder mögliche Interessenten auf die Leitidee

der Stiftung hinweisen. Der Inhalt der Präambel kann für die spätere Auslegung der Satzung eine Rolle spielen.

**2. Name und Sitz.** (1) Zur klaren Erkennbarkeit als eigene Organisation, zur Unterscheidung und zur Betonung des individuellen Charakters sollte (nicht zuletzt mit Blick auf ein erfolgreiches Fundraising) auf die Namensgebung (→ § 1 Abs. 1) besonderer Wert gelegt werden. Oft wird die Stiftung nach ihrem Stifter oder ihrem Zweck benannt. Bei der Benennung handelt es sich aber nicht um einen Namen im Rechtssinne, da es sich hier nicht um eine rechtsfähige Person oder Personenvereinigungen handelt. Der Name der nichtrechtsfähigen Stiftung kennzeichnet daher an sich nur das Rechtsverhältnis zwischen Stifter und Stiftungsträger – eine besondere Geschäftsbezeichnung, die ebenfalls dem Schutz nach § 12 BGB unterliegt. Der Stiftungsträger kann daher die unbefugte Verwendung der Bezeichnung der Stiftung durch Dritte unterbinden (*Heuel*, Stiftung&Sponsoring 4/2012, 10).

(2) Einen eigenständigen Sitz hat die nichtrechtsfähige Stiftung nicht; maßgeblich und zur Bestimmung der Zuständigkeit des Finanzamtes erforderlich ist immer der (Verwaltungs-)Sitz des Stiftungsträgers; insofern hat → § 1 Abs. 4 nur deklaratorische Bedeutung.

(3) Die Genderregelung des → § 1 Abs. 5 erlaubt es, umständliche und insbesondere fehleranfällige Formulierungen, die stets die männliche und weibliche Form von Funktionsträgern berücksichtigen, zu vermeiden und die Satzung damit lesbarer zu gestalten.

**3. Entstehung und Vertretungsmacht.** Die Hinweise zur Vermögensübertragung (→ § 1 Abs. 2) und Rechtsnatur (→ § 1 Abs. 3) haben zwar juristisch ebenfalls nur deklaratorischen Charakter, verdeutlichen jedoch gegenüber Beteiligten und Behörden (zB gegenüber dem zuständigen Finanzamt), wo die Letztverantwortung im Außenverhältnis liegt – beim Stiftungsträger (→ Form. XV.1 Anm. 4).

**4. Zwecksetzung.** (1) Die Bestimmungen zum Stiftungszweck (→ § 2) sind der Kern der Satzung des „Zweck"vermögens nichtrechtsfähige Stiftung. Stifter und Stiftungsträger können dabei als Ausdruck der Vertragsfreiheit – im Rahmen satzungsmäßiger Einschränkungen des Stiftungsträgers – jeden beliebigen Stiftungszweck vereinbaren. Er darf nur nicht gegen Gesetze oder die guten Sitten verstoßen, sonst ergäbe sich die Unwirksamkeit direkt aus den §§ 134, 138 BGB.

(2) Bei einer steuerbegünstigten Stiftung sind die gemeinnützigkeitsrechtlichen Vorgaben zu beachten. Dabei sind die Zwecke (→ § 2 Abs. 1) und Verwirklichungsarten (→ § 2 Abs. 2) zu benennen, denn gem. § 60 Abs. 1 S.1 AO müssen „die Satzungszwecke und die Art ihrer Verwirklichung [. . . . .] so genau bestimmt sein, dass auf Grund der Satzung geprüft werden kann, ob die satzungsmäßigen Voraussetzungen für Steuervergünstigungen gegeben sind". Die Frage, wie differenziert die Festlegungen in der Satzung einer steuerbegünstigten Organisation diesbezüglich sein müssen, ist immer wieder Anlass für Auseinandersetzungen zwischen Stiftern bzw. ihren Beratern und der Finanzverwaltung (dazu ausführlich *Mecking*, SB 7/2016 ff. – 17 Teile). Häufig verlangen die Mitarbeiter der zuständigen Finanzämter für jeden steuerbegünstigten Satzungszweck ein mehr oder weniger konkretes Verwirklichungsbeispiel. Daher bietet es sich mitunter an, eine Klarstellung in der Satzung aufzunehmen, dass die Stiftung nicht gleichzeitig oder im gleichen Maße in den genannten steuerbegünstigten Förderbereichen tätig sein muss und das die zuständigen Organe letztlich selbst bestimmen können, auf welche Art und Weise die Stiftung ihre verschiedenen Zwecke verwirklicht und damit nicht an die Verwirklichungsbeispiele aus der Satzung gebunden ist (→ § 2 Abs. 3). Nichtsdestotrotz ist es sinnvoll, zur Stiftung im Grunde tatsächlich passende Verwirklichungsmaßnahmen in die Satzung aufzunehmen, damit etwa mögliche Förderer sowie Fördersuchende auch durch die Satzung ein realitätsnahes Bild der Stiftung vermittelt bekommen.

→ § 2 Abs. 4 zum Umgang mit Ergebnissen von Wissenschafts- und Forschungstätigkeit, zur Öffentlichkeit von Veranstaltungen sowie zur Vergabe von Stipendien und Förderpreisen enthält ebenfalls Bestimmungen, die sich aus dem Gemeinnützigkeitssteuerrecht ergeben.

(3) Meist entsprechen die Bestimmungen zum Stiftungszweck den Formulierungen anderer steuerbegünstigter Körperschaften, etwa denen einer rechtsfähigen Stiftung. In der Praxis allerdings müssen die Handlungsmöglichkeiten von nichtrechtfähiger Stiftung und Stiftungsträger realistisch aufeinander bezogen werden. Eine operative Zweckverwirklichung – wie sie hier als Option in → § 2 Abs. 1 verankert ist – macht etwa nur dann Sinn, wenn der Stiftungsträger bereit ist, die entsprechenden Strukturen – auch personell – aufzubauen. In der Praxis sind nichtrechtfähige Stiftungen daher meist als reine Förderstiftungen ausgestaltet.

(4) Je nach Ausrichtung können weitere Aspekte geregelt werden, etwa zur Kooperation (→ § 2 Abs. 5) oder zur Auslandsförderung (→ § 2 Abs. 6).

5. **Steuerbegünstigung.** (1) Die Formulierungen in → § 3 sind Ausdruck der zwingenden Festlegungen der Mustersatzung (Anlage 1 zu § 60 Abs. 1 S.2 AO; dazu ausführlich *Mecking*, SB 7/2016 ff. – 17 Teile). Ihre Einbeziehung in die Satzung ist unumgänglich, um die Steuerbegünstigungen, etwa die Freistellung von der Körperschaftsteuer und die Vermittlung des Spendenabzugs gewährt zu erhalten. Die Satzung ist eine Grundlage späterer, periodischer Überprüfung der tatsächlichen Geschäftsführung (§ 62 AO) durch den Fiskus.

(2) Die Bestimmungen des → § 3 können entfallen, wenn die Steuerrechtssubjektivität nicht angestrebt wird, also das gestiftete Vermögen zu echtem, wenngleich (zweck-) gebundenem Vermögen des Trägers wird, zB nur unter dem Namen des Stifters auf Dauer getrennt zu verwalten ist (sog. Stiftungsfonds → Form. XV.8).

6. **Vermögen.** (1) Wegen des Erfordernisses eines Mindestgrundstockvermögens zur Erlangung der staatlichen Anerkennung einer Stiftung als rechtsfähig wird bei kleineren Vermögen oder bei Spendensammlungen zum Aufbau eines Stiftungsvermögens über einen längeren Zeitraum hinweg häufig zwangsläufig auf die nichtrechtsfähige Stiftung als Organisationsform zurückgegriffen werden müssen. Welches Mindestvermögen hier einzubringen ist, bleibt Verhandlungssache mit dem Stiftungsträger und ist regelmäßig vom Verwaltungsaufwand und von der Zwecksetzung abhängig.

(2) Das (nichtverbrauchbare) Grundstockvermögen kann durch entsprechende Zuwendungen unter Lebenden und von Todes wegen erhöht werden (Zustiftungen → Form. XV. 9, § 62 Abs. 3 Nr. 2 AO). Auch Zuwendungen von Todes wegen, bei denen der Erblasser keine zeitnahe Verwendung explizit vorgeschrieben hat (§ 62 Abs. 3 Nr. 1 AO), Zuwendungen, aufgrund eines entsprechenden öffentlichen Spendenaufrufs (§ 62 Abs. 3 Nr. 3 AO) sowie Sachzuwendungen (zB eine Immobilie), die ihrer Natur nach zum Vermögen gehören (§ 62 Abs. 3 Nr. 4 AO), können zur Erhöhung des Grundstockvermögens genutzt werden; eine konkrete Bestimmung hierzu in der Satzung ist nicht erforderlich.

(3) Die Regelungsmöglichkeiten zur Werterhaltung und Vermögensanlage sind bei der nichtrechtfähigen Stiftung durch keine gesetzlichen Vorgaben eingeschränkt. Die Pflicht zum dauernden Erhalt des Stiftungsvermögens (→ § 4 Abs. 2) müssen Stifter und Treuhänder nicht zwingend vereinbaren. Sie können stattdessen in der Satzung verschiedene Optionen bis hin zum vollständigen Verbrauch des Stiftungsvermögens vorsehen (weiterführend *Mecking*, Die endliche Stiftung im Kulturbereich. Die Verbrauchsstiftung als Alternative zur „Stiftung für die Ewigkeit"?, in: Handbuch Kulturmanagement, 2016, K-C 2.20). Dabei sind allerdings die steuerlichen Konsequenzen zu beachten (→ Form. XV.1 Anm. 8). Sofern der Stifter etwa den Stiftungshöchstbetrag gem. § 10b Abs. 1a EStG geltend gemacht hat, kommt der Verbrauch des Grundstockvermögens für den Stiftungszweck nicht in Betracht.

Die in → § 4 Abs. 5 beschriebene Möglichkeit des zeitbefristeten Teilverbrauchs des – an sich nicht verbrauchbaren – Grundstockvermögens verschafft der Stiftung eine gewisse Flexibilität insbes. in finanziell schwierigen Zeiten. Eine solche sog. Inanspruchnahme schließt den erhöhten Spendenabzug nach § 10b Abs. 1a EStG nicht aus, da hierbei das Stiftungsvermögen nicht endgültig verbraucht wird.

Der Hinweis auf den Umgang mit Verbrauchszustiftungen in → § 4 Abs. 3 S.3 dient der Klarstellung und Motivation entsprechender Zuwendungen.

(4) Der Stifter kann Bestimmungen zur konkreten Anlage des Stiftungsvermögens (→ § 4 Abs. 4) in die Satzung aufnehmen lassen, wenn der Stiftungsträger die Einschränkungen seiner wirtschaftlichen Handlungsmöglichkeiten akzeptiert.

**7. Mittelverwendung und Rücklagenbildung.** (1) Das Gemeinnützigkeitssteuerrecht sieht für steuerbegünstigte Körperschaften grundsätzlich die Pflicht zur zeitnahen Mittelverwendung vor (§ 55 Abs. 1 Nr. 5 AO; → § 5 Abs. 1). § 62 AO lässt hiervon indes Ausnehmen zu. So darf eine steuerbegünstigte Stiftung bis zu einem Drittel ihrer jährlichen Überschüsse aus der Vermögensverwaltung sowie ein Zehntel ihrer sonstigen Mittel (Spenden, Überschüsse aus wirtschaftlichen Geschäftsbetrieben) in eine sog. „freie Rücklage" einstellen bzw. direkt dem Vermögen zuführen (§ 62 Abs. 1 Nr. 3 AO). Darauf anzurechnen sind Rücklagen, die gebildet werden, um bei späteren Kapitalerhöhungen zwecks Erhaltung der prozentualen Beteiligungsquote weitere Anteile an einer bestehenden Beteiligung an einer Kapitalgesellschaft hinzuzukaufen (§ 62 Abs. 1 Nr. 4 AO).

(2) Rücklagen können auch für die Wiederbeschaffung von zweckgewidmeten Wirtschaftsgütern gebildet werden (§ 62 Abs. 1 Nr. 2 AO).

(3) Zusätzlich können Stiftungen gem. § 62 Abs. 4 AO die Überschüsse aus der Vermögensverwaltung (und ggf. die Gewinne aus wirtschaftlichen Geschäftsbetrieben) im Jahr der Errichtung und in den drei Folgejahren ganz oder teilweise ihrem Vermögen zuführen oder als sog. Ansparrücklage zunächst dafür zurückhalten.

(4) Der Stiftung steht, wie jedem Steuersubjekt, auch die Möglichkeit zu, zur nachhaltigen Zweckerfüllung Mittel des laufendes Jahres in eine Rücklage einzustellen (sog. Projektrücklagen, gebundene Rücklagen, Betriebsmittelrücklagen), um damit zuvor beschlossene (Projekt-)Vorhaben in Folgeperioden zu realisieren (§ 62 Abs. 1 Nr. 1 AO). Die explizite Erwähnung der Möglichkeit zur Rücklagenbildung in der Satzung (→ § 5 Abs. 2) ist letztlich entbehrlich (→ Form. XV.6).

(5) Ebenfalls sind Rückstellungen für Verbindlichkeiten zulässig.

(6) Bei der Vermögensanlage ist zwischen ordentlichen Erträgen (Zinsen und Dividenden) und außerordentlichen Erträgen (Gewinne, die sich aus der Veräußerung und Wiederanlage von Vermögenswerten ergeben) zu differenzieren: Ordentliche Erträge sind grundsätzlich zeitnah zur Verwirklichung der Stiftungszwecke zu verausgaben; außerordentliche Erträge werden dagegen grundsätzlich dem Grundstockvermögen zugerechnet. Um zu vermeiden, dass Umschichtungsgewinne das Grundstockvermögen – und damit den Wert, den es ggf. (nominal oder sogar real) zu erhalten gilt – erhöhen (bzw. – im Falle eines Verlustes – vermindern), wurde das Konstrukt der Umschichtungsrücklage (→ § 5 Abs. 3 S.1), das auch von der Finanzverwaltung geduldet wird, entwickelt. Gewinne oder Verluste aus Vermögensumschichtungen werden in der Rechnungslegung dann nicht direkt dem Grundstockvermögen zugeschlagen, sondern in die Bilanzposition „Umschichtungsrücklage" eingestellt und als eine Art (positiver oder negativer) Verrechnungsposten geführt. Die ergänzende Bestimmung, die Umschichtungsrücklage auch zugunsten der Mittel auflösen zu können, schafft der nichtrechtsfähigen Stiftung weiteren Handlungsspielraum.

(7) Der Hinweis auf den Umgang mit Abschreibungen (→ § 5 Abs. 3 S.2) sowie die Verneinung eines Rechtsanspruchs auf Leistungen aufgrund der Satzung (→ § 5 Abs. 5) dienen der Klarstellung.

**8. Familienbezug.** (1) Auch die nichtrechtsfähige Stiftung kann gem. § 58 Nr. 6 AO bis zu einem Drittel ihres Einkommens für (nicht gemeinnützige) Familienzwecke abzweigen und einen angemessenen Unterhalt für den Stifter und seine nächsten Angehörigen bereitstellen (→ § 5 Abs. 4); damit kann eine Teil-Familienstiftung auf Zeit entstehen. Begünstigt ist der Personenkreis bis zur Enkelgeneration.

(2) Diese Leistung ist für die Stiftung freiwillig; daher darf der Stifter in diesem Rahmen keine verpflichtenden Satzungsformulierungen vorsehen. Die nichtrechtsfähige Stiftung kann solche Zahlungen auch ohne Satzungsauftrag auf Antrag (als „freiwillige Leistungen") gewähren, was bei der rechtsfähigen Stiftung (aus stiftungsrechtlichen Gründen) nicht möglich wäre.

**9. Gremien.** (1) Ein Stiftungsgremium kann bei satzungsmäßig festgelegtem Empfänger (zB Forschungsinstitut, Museum, humanitärer Trägerverein oÄ) oder bei einfach zu erfüllendem Stiftungszweck entfallen (→ Form. XV.6). Wenn aber – wie hier ein eigenes Organ, in diesem Fall Kuratorium genannt (→ § 6) – vorgesehen ist, nimmt es oft eine zentrale Funktion wahr, etwa durch die Entscheidung über die Anlage des Stiftungsvermögens und die Verwendung der Mittel (→ § 6 Abs. 3). Häufig wird es auch an grundlegenden Entscheidungen wie Satzungsänderung oder die Auflösung der Stiftung beteiligt werden (→ § 9).

Die Bezeichnung des Gremiums ist dabei ins Belieben gestellt. Auch mehrere Gremien mit unterschiedlichen Aufgaben können grundsätzlich vorgesehen werden, erhöhen aber den Verwaltungsaufwand.

(2) Wenn der Rechtsträger (zB über ein Entsenderecht) im Gremium der Stiftung vertreten ist, etwa um die konkreten Fördermaßnahmen besser abstimmen zu können und sicher zu stellen, dass die dem Treuhänder obliegenden steuerlichen und rechtlichen Belange bei der Entscheidungsfindung Berücksichtigung finden, könnte das einen Einfluss auf die Beurteilung der wirtschaftlichen Selbstständigkeit und damit die Körperschaftsteuerrechtssubjektivität haben (→ Form. XV.6 Anm. 8.3). Jedenfalls sollte auf eine ausgewogene Zusammensetzung geachtet und der Einfluss des Stiftungsträgers nicht zu dominant werden.

(3) Der Stifter selbst kann sich besondere Rechte in der Stiftung vorbehalten, etwa als geborenes Mitglied im Gremium (→ § 6 Abs. 1 S. 2). Auch besteht die Möglichkeit, Benennungs- und Abberufungsrechte im Hinblick auf die weiteren Mitglieder des Gremiums auf den Stifter zu übertragen (→ § 6 Abs. 1 S. 3) oder vorzusehen, dass die Änderung der Satzung oder bestimmte Entscheidungen nicht gegen sein Votum erfolgen können.

Um die letzte Bindung zu „seiner Stiftung" zu lösen, kann der Stifter als geborenes Mitglied des Gremiums (Kuratorium) zurücktreten und erklären, für das Amt nicht mehr zur Verfügung zu stehen. Diese Möglichkeit wird durch eine Satzungsbestimmung, die für den Stifter in seiner Gremienfunktion eine unbegrenzte Amtszeit vorsieht (→ § 6 Abs. 1 S. 2), nicht gehindert. Die Bestimmung begründet lediglich das Recht, nicht aber die Pflicht, auf Lebenszeit Kuratoriumsmitglied zu bleiben. Auch schließt die Satzung die vorzeitige Amtsniederlegung des Stifters als Kuratoriumsmitglied regelmäßig nicht ausdrücklich aus. Er kann daher sein Amt von sich aus jederzeit, wenn auch nicht zur Unzeit, niederlegen. Dies ergibt sich direkt aus § 671 Abs. 1, Abs. 2 S. 1 BGB, der für den unentgeltlichen Auftrag ein ordentliches Kündigungsrecht postuliert.

Seine Rechte aus dem der Stiftung zugrunde liegenden Vertragsverhältnis bleiben dabei unberührt.

(4) Während hinsichtlich der Vergabe der Stiftungsmittel (und ggf. auch noch hinsichtlich der Vermögensverwaltung) das Kuratorium aufgrund der Satzungsbestimmungen in → § 6 Abs. 3 als weisungsbefugt anzusehen ist, hat der Träger bei den Vergabebeschlüssen dieses Gremiums ein (strukturimmanentes) Vetorecht, denn seine fiduziarische Verpflichtung umfasst auch die Gewährleistung der Steuerbefreiung der Stiftung. Dieses

höherrangige Recht muss der Autonomie eines qua Satzung vom Stifter eingesetzten Gremiums vorgehen.

(5) Die Bestimmungen zu den Aufgaben des Stiftungsträgers in → § 8 sind aufgrund der fiduziarischen Verpflichtung des Stiftungsträgers letztlich rein deklaratorischer Natur, dienen aber auch der Klarstellung.

**10. Ehrenamtlichkeit vs. Vergütung.** (1) Ob eine Vergütung für Gremienmitglieder (dazu *Mecking*, Recht der Vergütung, in: Sandberg: Führungskräfte in Stiftungen zwischen Ehrenamt und Spitzengehalt. Die Vergütungsstudie 2014, 2015, 19) und/oder den Stiftungsträger vorgesehen sein soll, sollten Treuhandvereinbarung und/oder Satzung entscheiden (→ § 6 Abs. 2). Die Gemeinnützigkeit der Stiftung ist nicht gefährdet, weil Stiftungsverwaltung grundsätzlich nicht kostenfrei zu machen ist und die Stiftung bzw. der Stiftungsträger ohne entgegenstehende Satzungsvorschriften durchaus berechtigt ist (als Ausdruck der ihr/ihm grundrechtlich zustehenden Handlungsautonomie), bestimmte Dienstleistungen gegen Entgelt auszulagern, was dann zumeist teurer wird.

(2) Für ein pauschaliertes Entgelt kann eine in der Praxis übliche Mischformel als unbedenklich angesehen werden, etwa: 0,2 % des Investments zum Marktwert am Anfang des Berichtsjahres plus 5 % der Mittelverwendungen für die Zweckverwirklichung (alternativ: 10–15 % der Ausgaben für die Zweckverwirklichung als Kerngeschäft einer Stiftung; nicht empfehlenswert: die bankübliche Verwaltungsgebühr von 0,5–1,5 % des Marktwertes am Jahresende).

**11. Veränderungen.** Stiftungen sind grundsätzlich für die Ewigkeit errichtet – ein Zeitraum, den niemand überblicken kann. Daher werden im Laufe des Bestehens einer Stiftung mitunter Anpassungen notwendig, um den Stiftungszweck unter veränderten Rahmenbedingungen stets so effektiv und effizient wie möglich verwirklichen zu können. Daher ist es sinnvoll, dass sich Stifter und Stiftungsträger über die Voraussetzungen für entsprechende Änderungen der Satzung verständigen und dies in der Satzung festhalten (→ § 9).

## 6. Satzung einer nichtrechtsfähigen Stiftung (ohne eigenes Gremium)

### Präambel

**§ 1 Name, Rechtsform**

**(1) Die Stiftung führt den Namen „. . . . . -Stiftung“, kurz: „. . . . .“ (nachfolgend: „Stiftung“).**

**(2) Sie besteht aus dem von A (nachfolgend: „Stifter“) an B (nachfolgend „Stiftungsträger“) unter Auflagen übertragenen Vermögen.**

**(3) Die Stiftung ist eine nichtrechtsfähige Stiftung des bürgerlichen Rechts in der treuhänderischen Verwaltung des Stiftungsträgers und wird von ihm im Rechts- und Geschäftsverkehr vertreten. Die Stiftung ist keine rechtsfähige Stiftung oder sonstige juristische Person, aber wirtschaftlich selbstständiges Körperschaftssteuersubjekt.**

**(4) Soweit Funktionsbezeichnungen in dieser Satzung verwendet werden, gelten diese gleichermaßen für alle Geschlechter.**

**§ 2 Zweck**

**(1) Zweck der Stiftung ist die Förderung von . . . . . durch die Beschaffung und Weiterleitung von Mitteln für die Verwirklichung vorgenannter steuerbegünstigten Zwecke durch eine andere steuerbegünstigte Körperschaft oder eine Körperschaft des öffentlichen Rechts.**

(2) Der Stiftungszweck wird verwirklicht insbesondere durch
a) . . . . . ;
b) . . . . . ;
c) . . . . .

§ 3 Gemeinnützigkeit

(1) Die Stiftung verfolgt ausschließlich und unmittelbar steuerbegünstigte gemeinnützige, mildtätige und/oder kirchliche Zwecke im Sinne des Abschnittes „Steuerbegünstigte Zwecke“ der Abgabenordnung (AO).

(2) Die Stiftung ist selbstlos tätig. Sie verfolgt nicht in erster Linie eigenwirtschaftliche Zwecke.

(3) Mittel der Stiftung dürfen nur für die satzungsmäßigen Zwecke verwendet werden. Die Stiftung darf keine Person durch Ausgaben, die dem Zweck der Stiftung fremd sind, oder durch unverhältnismäßig hohe Vergütungen begünstigen. Der Stifter und seine Erben/Rechtsnachfolger erhalten in dieser Eigenschaft und unbeschadet der Regelung des § 58 Nr. 6 AO keine Zuwendungen aus Mitteln der Stiftung.

(4) Die Stiftung erfüllt ihre Aufgaben selbst oder durch eine Hilfsperson im Sinne des § 57 Abs. 1 Satz 2 AO, sofern sie nicht im Wege der Mittelbeschaffung gemäß § 58 Nr. 1 AO tätig wird.

§ 4 Vermögen

(1) Das der Stiftung zur dauernden und nachhaltigen Erfüllung ihres Zwecks zugewendete Vermögen (Grundstockvermögen) zum Zeitpunkt ihrer Errichtung ergibt sich aus dem Stiftungsgeschäft.

(2) Das Grundstockvermögen ist im Interesse des dauerhaften Bestandes und des nachhaltigen Wirkens der Stiftung in seinem Wert dauerhaft und ungeschmälert zu erhalten sowie ertragreich anzulegen.

(3) Das Stiftungsvermögen darf umgeschichtet werden.

§ 5 Mittel und Rücklagen

(1) Die Stiftung erfüllt ihre Aufgaben zeitnah aus den Erträgen des Stiftungsvermögens und eventuell weiterer Zuwendungen, soweit diese nicht ausdrücklich zur Stärkung des Grundstockvermögens bestimmt sind, insbesondere Spenden.

(2) Die Stiftung kann ihre Mittel im Rahmen des steuerlich Zulässigen freien oder zweckgebundenen Rücklagen oder dem Grundstockvermögen zuführen.

(3) Gewinne aus Vermögensumschichtungen können einer Umschichtungsrücklage zugeführt werden, die zum Ausgleich von Umschichtungsverlusten verwendet oder zugunsten der Mittel oder des Vermögens aufgelöst werden darf. Abschreibungen sind nur bei realisierten Vermögensverlusten oder dauernder Wertminderung notwendig.

(4) Die Stiftung darf einen Teil, höchstens jedoch ein Drittel ihres Einkommens dazu verwenden, um in angemessener Weise den Stifter und seine nächsten Angehörigen zu unterhalten, ihre Gräber zu pflegen und ihr Andenken zu ehren.

(5) Ein Rechtsanspruch auf Leistungen der Stiftung besteht aufgrund dieser Satzung nicht.

§ 6 Treuhandverwaltung

(1) Der Stiftungsträger verwaltet das Stiftungsvermögen getrennt von seinem Vermögen. Er ist berechtigt, die Mittel der Stiftung mit den Mitteln anderer Stiftungen auf Sammelkonten und/oder Depots anzulegen, soweit die Trennung der Mittel und der auf sie entfallenden anteiligen Erträge jederzeit nachvollzogen werden kann.

**(2) Der Stiftungsträger vergibt die Stiftungsmittel, wickelt die Fördermaßnahmen ab und sorgt für eine angemessene Publizität der Stiftungsaktivitäten.**

**(3) Der Stiftungsträger kann die Rechnungslegung der Stiftung durch einen Wirtschaftsprüfer oder eine andere geeignete Stelle prüfen lassen. Der Prüfbericht ersetzt den Jahresbericht und die Vermögensübersicht.**

**(4) Der Stifter kann jederzeit Einsicht in die vom Stiftungsträger für die Stiftung geführten Unterlagen nehmen. Er hat die Einsichtnahme fünf Arbeitstage zuvor beim Stiftungsträger anzumelden.**

**§ 7 Veränderungen**

**(1) Der Stiftungsträger kann gemeinsam mit dem Stifter Änderungen der Satzung beschließen; sie dürfen die Gemeinnützigkeit der Stiftung nicht beeinträchtigen oder aufheben. Auch Erweiterungen oder Anpassungen des Stiftungszwecks sind grundsätzlich ohne wesentliche Veränderungen der Verhältnisse zulässig.**

**(2) Nach dem Ableben des Stifters sind Satzungsänderungen nur möglich, wenn der Stiftungszweck aufgrund der bestehenden Satzung nicht mehr dauernd und nachhaltig erfüllt werden kann.**

**(3) Der Stiftungsträger kann einen geänderten oder neuen steuerbegünstigten Stiftungszweck, die Zusammenlegung mit einer anderen Stiftung oder die Auflösung der Stiftung beschließen, wenn die Umstände es nicht mehr zulassen, den Stiftungszweck dauernd und nachhaltig zu erfüllen; zu Lebzeiten muss der Stifter zustimmen.**

**(4) Die Stiftung kann in eine gleichnamige rechtsfähige und steuerbegünstigte Stiftung umgewandelt werden; der Stifter kann die Umwandlung bestimmen. Die Entscheidung über die Gründungsdokumente trifft der Stiftungsträger unter Berücksichtigung der Vorgaben des Stifters. Nach Anerkennung der Stiftung als rechtsfähig durch die zuständige Behörde und Feststellung der satzungsmäßigen Voraussetzungen im Sinne des § 60a AO wird der Stiftungsträger unverzüglich sämtliche Vermögenswerte der nichtrechtsfähigen Stiftung auf die rechtsfähige Stiftung übertragen.**

**(5) Der Stiftungsträger kann die Auflösung der Stiftung beschließen, wenn innerhalb von . . . . . Jahren nach Ableben des Stifters ein Grundstockvermögen von mindestens . . . . . EUR (in Worten: . . . . . Euro) nicht erreicht wird.**

**(6) Beschlüsse über Satzungsänderungen, die Umwandlung der Stiftung in eine rechtsfähige Stiftung, die Zusammenlegung der Stiftung mit einer anderen Stiftung oder die Auflösung der Stiftung sind dem zuständigen Finanzamt anzuzeigen. Für Satzungsänderungen, die den Zweck der Stiftung betreffen, ist die Unbedenklichkeitserklärung des Finanzamtes einzuholen.**

**(7) Bei Auflösung der Stiftung oder bei Wegfall steuerbegünstigter Zwecke fällt das Vermögen der Stiftung an eine andere steuerbegünstigte Körperschaft oder eine juristische Person des öffentlichen Rechts zwecks Verwendung für die Förderung . . . . .**

**(Ort), den . . . . .**

**. . . . .**

**(Unterschriften von Stifter und Stiftungsträger)**

## Anmerkungen

Dieses Formular der Satzung einer nichtrechtsfähigen Stiftung unterscheidet sich von → Form. XV.5 nicht nur hinsichtlich des Verzichts auf ein eigenes Stiftungsgremium (→ Form. XV.5 § 6), es wurde auch in den anderen Paragrafen knapper gefasst, indem auf Regelungen, die sich bereits aus den Bestimmungen des Zivilrechts (Bürgerliches

Gesetzbuch) bzw. des Steuerrechts (Abgabenordnung) ergeben, verzichtet wurde. Dazu gehört etwa die Angabe des Sitzes (→ Form. XV.5 Anm. 2.2).

Darüber hinaus wurden hier solche Bestimmungen ausgespart, die insbes. der Klarstellung dienen oder Sonderrechte beschreiben, wie solche

- zur Zweckverwirklichung bei mehreren Stiftungszwecken (→ Form. XV.5 § 2 Abs. 3);
- zum Umgang mit Ergebnisses aus Wissenschafts- und Forschungstätigkeit, zur Öffentlichkeit von Veranstaltungen, zur Vergabe von Stipendien und Förderpreisen, zu Kooperationen sowie zur Auslandstätigkeit (→ Form. XV.5 § 2 Abs. 4–6);
- zum Umgang mit Zustiftungen, zur Anlage des Stiftungsvermögens, zur (zeitbefristeten) Inanspruchnahme des Grundstockvermögens und zur wirtschaftlichen Betätigung der Stiftung (→ Form. XV.5 § 4 Abs. 3–6);
- zu den Aufgaben sowie zu Sonderrechten des Stiftungsträgers (→ Form. XV.5 § 8 Abs. 3–7);
- zu den Voraussetzungen für Satzungsänderungen (→ Form. XV.5 § 9).

Der Vergleich mag verdeutlichen, dass recht knappe Regelungen ausreichen können, aber gleichwohl eine große Detailschärfe erreicht werden kann.

## 7. Trägerwechsel

**Vereinbarung zur Übernahme der Rechtsträgerschaft und treuhänderischen Verwaltung der . . . . .-Stiftung (im Folgenden „Stiftung“)**

**Zwischen A, wohnhaft . . . . . (im Folgenden „Stifter“),**

**und**

**B, geschäftsansässig . . . . ., vertreten durch seinen Geschäftsführer C, dem durch Gesellschafterbeschluss Einzelvertretungsbefugnis und Befreiung von den Beschränkungen des § 181 BGB erteilt worden ist (im Folgenden „GmbH“),**

**und**

**D, geschäftsansässig . . . . ., vertreten durch seinen Geschäftsführer D, dem durch Gesellschafterbeschluss Einzelvertretungsbefugnis und Befreiung von den Beschränkungen des § 181 BGB erteilt worden ist (im Folgenden „Stiftungsträger“),**

**wird die folgende Vereinbarung geschlossen:**

**Präambel**

**Der Stifter und die GmbH haben am . . . . . die steuerbegünstigte nichtrechtsfähige Stiftung in der treuhänderischen Verwaltung der GmbH errichtet. Stiftungsgeschäft und Satzung sind als Anlage in Kopie beigefügt. Daraus ergibt sich die ursprüngliche Vermögensausstattung der Stiftung.**

**Die Stiftung wird beim Finanzamt . . . . . unter der Steuernummer . . . . . geführt; sie wurde zuletzt durch Freistellungsbescheid vom . . . . . als steuerbegünstigt anerkannt.**

**Der Stifter und die GmbH beabsichtigen, das Treuhandverhältnis mit der GmbH zu beenden und die Stiftung in die Trägerschaft des Stiftungsträgers zu überführen. Dazu wird die im Stiftungsgeschäft vorgesehene Rechtsträgerschaft und Treuhandvereinbarung aufgehoben und zeitgleich eine neue Rechtsträgerschaft und Treuhandvereinbarung mit dem Stiftungsträger begründet.**

§ 1 Übernahme der Stiftung

(1) Der Stifter, die GmbH und der Stiftungsträger vereinbaren hiermit die Übernahme der Rechtsträgerschaft und treuhänderischen Verwaltung der Stiftung als nichtrechtsfähige Stiftung des bürgerlichen Rechts von der GmbH durch den Stiftungsträger.

(2) Der Stiftungsträger tritt mit allen Rechten und Pflichten mit Wirkung zum ..... (Stichtag) in das Stiftungsgeschäft vom ..... ein. Die Übertragung des Vermögens erfolgt im Innenverhältnis, dh schuldrechtlich, mit Wirkung zu diesem Stichtag.

(3) Der Stiftungsträger informiert das zuständige Finanzamt über den Wechsel von Rechtsträgerschaft und Treuhänderschaft.

§ 2 Weitergeltung der Regelungen

(1) Die Regelungen in Stiftungsgeschäft und Satzung gelten nach der Übernahme entsprechend fort.

(2) Satzung und Treuhandvereinbarung im Stiftungsgeschäft können ggf. an die mit dem Trägerwechsel verbundenen Erfordernisse und ggf. geänderten Zielsetzungen angepasst werden. Die Steuerbegünstigung ist zu erhalten.

§ 3 Vermögensübertragung

(1) Die GmbH überträgt das der Stiftung zum Stichtag zuzurechnende Finanzvermögen auf das vom Stiftungsträger eingerichtete Konto der Stiftung und übergibt dem Stiftungsträger die weiteren Vermögensgegenstände und Geschäftsunterlagen, insbesondere die Jahresberichte, Vorstandsprotokolle und die Rechte an der Website der Stiftung. Sie wird die ihr bis zum Stichtag obliegenden Verpflichtungen, die während der Dauer des Treuhandverhältnisses entstanden sind, weiterhin erfüllen.

(2) Der Stiftungsträger nimmt die Vermögensübertragung als Schenkung unter den Auflagen an, die sich aus diesem Vertrag, dem Stiftungsgeschäft und der Satzung ergeben.

§ 4 Organisation der Stiftung

(1) Die derzeitige Besetzung des Kuratoriums der Stiftung bleibt unverändert.

(2) Die weiteren Einzelheiten der Organisation der Stiftung, der Verwirklichung ihres Zwecks sowie die Rechte und Pflichten des Stiftungsträgers ergeben sich aus dem beigefügten Stiftungsgeschäft und der Satzung, die Bestandteil dieser Vereinbarung ist.

§ 5 Vergütung

Eine Vergütung für die Übernahme und Verwaltung der Stiftung wird nicht erhoben, sie erfolgen unentgeltlich.

§ 6 Schlussbestimmungen/Salvatorische Klausel

(1) Mündliche Nebenabreden bestehen nicht. Änderungen des Vertrages bedürfen der Schriftform und sind nur zulässig, soweit sie zu seinem ordnungsgemäßen Vollzug erforderlich sind.

(2) Sollten einzelne Bestimmungen dieses Vertrags unwirksam sein oder werden, oder sollte sich in dem Vertrag eine Lücke herausstellen, so soll hierdurch die Gültigkeit der übrigen Bestimmungen und des Vertrages als Ganzem nicht berührt werden. Anstelle der unwirksamen Bestimmung oder zur Ausfüllung der Lücke soll eine angemessene Regelung gelten, die – soweit rechtlich möglich – dem am nächsten kommt, was die Vertragsparteien gewollt haben oder nach dem Sinn und Zweck des Vertrages gewollt haben würden, sofern sie den Punkt bedacht hätten.

(3) Falls sich aus diesem Vertrag Streitigkeiten ergeben sollten, werden sich beide Vertragsparteien zunächst bemühen, diese unter Berücksichtigung ihrer treuhänderischen Bindung auf dem Verhandlungswege zu lösen.
(Ort), den . . . . .
. . . . .
(Unterschriften von Stifter, GmbH und Stiftungsträger)
Anlagen: Stiftungsgeschäft und Satzung der Stiftung

## Anmerkungen

(1) Für den Fall, dass ein Trägerwechsel erforderlich ist, mag es sinnvoll sein, die Übergänge zwischen neuem und vorherigem Stiftungsträger zu klären.

(2) An der Identität und Steuerbegünstigung der nichtrechtsfähigen Stiftung als Körperschaft wird sich dadurch regelmäßig nichts ändern, wenn nicht etwa Zweckidentität hergestellt wird und dadurch die Steuerrechtssubjektivität wegfällt. In solchen Fällen ist die vorherige Abstimmung mit dem Finanzamt anzuraten.

## 8. Vertrag zur Errichtung eines Stiftungsfonds

Stiftungsgeschäft
A, geb. am . . . . . in . . . . . , wohnhaft . . . . . (im Folgenden „Stifter"),
errichtet hiermit als Stiftungsfonds
im B, vertreten durch seinen Vorstand C, . . . . . (im Folgenden „Stiftungsträger"),
die . . . . .-Stiftung (im Folgenden „Stiftung").

§ 1 Zustiftung

(1) Der Stifter überweist dem Stiftungsträger als Schenkung unter Auflage zum . . . . . auf das Konto bei der . . . . .-Bank, IBAN DE. . . . . EUR (in Worten: . . . . . Euro). Der Betrag erhöht das Grundstockvermögen des Stiftungsträgers (Zustiftung).
(2) Der Stifter behält sich vor, mit weiteren Zustiftungen zu Lebzeiten und/oder von Todes wegen die Stiftung aufzustocken. Dazu ist eine Überweisung an den Stiftungsträger mit dem Verwendungszweck „Zustiftung . . . . .-Stiftung" ausreichend; der Stifter kann die Zuwendung aber auch mit einer ausdrücklichen Erklärung verbinden. Solche Zustiftungen sind nach den Grundsätzen dieses Stiftungsgeschäfts zu verwalten. Das Vermögen der Stiftung darf auch durch Zuwendungen Dritter erhöht werden.
(3) Für die treuhänderische Verwaltung der Stiftung werden dem Stifter und der Stiftung durch den Stiftungsträger keine eigenen Kosten belastet.

§ 2 Zweckbestimmung

(1) Die Stiftung verfolgt ausschließlich und unmittelbar steuerbegünstigte gemeinnützige, mildtätige und/oder kirchliche Zwecke durch die Förderung der . . . . . gemäß der Satzung des Stiftungsträgers.
(2) Die Förderung der Stiftung soll sich auf Aktivitäten in der Region . . . . . beziehen.

§ 3 Vermögen der Stiftung

(1) Der Stiftungsträger verpflichtet sich, das Vermögen der Stiftung dauerhaft und nachvollziehbar in seinem Rechnungswesen festzuhalten.

(2) Das Vermögen der Stiftung darf zusammen mit dem übrigen Vermögen des Stiftungsträgers angelegt werden. Die anteilig auf das Vermögen der Stiftung entfallenden Erträge werden im Wege der Verhältnisrechnung ermittelt, sofern nicht andere objektive Zuordnungskriterien vorliegen. Ermittelt wird der Prozentsatz an den Gesamterträgen nach Kosten, der sich aus dem Verhältnis des Vermögens der Stiftung zum angelegten Gesamtvermögen des Stiftungsträgers ergibt. Bewertungsstichtag ist der 31.12. jeden Jahres.

§ 4 Mittelverwendung

(1) Die Mittel der Stiftung werden entsprechend ihrer Zweckbestimmung vom Stiftungsträger verwendet.
(2) Der Stifter wird vorab über die beabsichtigte Verwendung und mögliche Alternativen informiert; seine Wünsche zur Verwendung der Mittel sind zu berücksichtigen, sofern nicht rechtliche Gründe entgegenstehen oder eine praktische Umsetzung nicht durchführbar erscheint.

§ 5 Transparenz und Publizität

(1) Der Stifter ist berechtigt, die Unterlagen über die Entwicklung des Vermögens und die Berechnung der Erträge der Stiftung einzusehen.
(2) Stifter und/oder Stiftung sollen auf der Website und im Geschäftsbericht des Stiftungsträgers nicht/ausdrücklich und immer erwähnt werden.
(3) Bei der Vergabe ihrer Mittel soll die Stiftung nicht/für die nächsten ..... Jahre/auf Dauer genannt werden.

§ 6 Steuerbegünstigung

Die Stiftung als Bestandteil des Grundstockvermögens der Stiftungsträgers folgt den Bestimmungen über die Steuerbegünstigung in der Satzung des Stiftungsträgers.
(Ort), den .....

.....
(Unterschriften von Stifter und Stiftungsträger)

## Anmerkungen

**1. Rechtsnatur.** (1) Der Stiftungsfonds stellt eine vereinfachte Zwischengestaltung zwischen (einfacher) Zustiftung und nichtrechtsfähiger Stiftung dar.

(2) Unter rechtlichen Gesichtspunkten handelt es sich um eine Schenkung unter Auflage (→ Form. XV.1 insbes. Anm. 6) an eine auch hier als „Stiftungsträger" bezeichnete steuerbegünstigte Organisation. Würde das Vermögen auf eine nicht steuerbegünstigte Person übertragen, könnte ggf. ein selbstständiges Körperschaftsteuersubjekt entstehen; dieser Fall soll indes nicht weiter ausgeführt werden. Eine eigene Steuerrechtssubjektivität (eigene Steuernummer, Berichterstattung gegenüber dem Finanzamt etc) besteht regelmäßig mangels wirtschaftlicher Selbstständigkeit nicht, wenn der Stiftungsträger die gleichen steuerbegünstigten Zwecke verfolgt und beim Stiftungsfonds keine eigenen, formell eingerichteten Entscheidungsgremien bestehen.

Natürlich ist die Errichtung eines solchen Fonds auch steuerbegünstigt → Form. XV.1 Anm. 6).

(3) Gegenüber Stiftungsgeschäft und Satzung einer nichtrechtsfähigen Stiftung (→ Form. XV.2, XV.5) ist die vertragliche Grundlage beim Stiftungsfonds hier vereinfacht und kompakt gestaltet. Insbesondere wegen des Fehlens einer Satzung ist die Stiftungsähnlichkeit aufgegeben. Um noch eine gewisse Nähe zu halten, bleibt es bei der Überschrift „Stiftungsgeschäft"; verbreitet ist auch die Bezeichnung als „Fonds-Vertrag". Dass es sich

nicht um eine nichtrechtsfähige Stiftung handelt, wurde nicht eigens erwähnt. Gleichwohl ist die Errichtung eines solchen Fonds auch steuerbegünstigt (→ Form. XV.1 Anm. 6).

(4) Der Stiftungsträger verpflichtet sich, den Stiftungsfonds in seinem Rechnungswesen nachvollziehbar und dauerhaft unterscheidbar zu halten und seine Erträge – im Rahmen seiner steuerbegünstigten Zwecke – einer speziellen Zweckbestimmung zukommen zu lassen.

Der (Zu-)Stifter bestimmt im Rahmen der Vorgaben Name und Zweck des Stiftungsfonds und erhält die Möglichkeit der Bestimmung, wohin die Erträge konkret fließen sollen. Da der Stiftungsfonds Teil des Grundstockvermögens des Stiftungsträgers ist, sind nur solche Zwecke möglich, die sich mit dessen satzungsmäßigen Zwecken decken.

**2. Ausgestaltung.** (1) Da es sich um eine Schenkung handelt, wird die „Stiftung" erst mit Eingang der Überweisung wirksam; um hier die Verbindlichkeit zu fördern, ist ein Zahlungsziel vorgesehen (→ § 1 Abs. 1). Ansonsten wäre es nur durch notarielle Beurkundung möglich, den „Stiftungsfonds zu sichern". Das wird aber – unabhängig von der Kostenfrage und den Umständen – regelmäßig nicht opportun sein.

(2) Selbstverständlich können – außer Geld – auch andere Vermögensgegenstände (zB Wertpapiere, Immobilien) eingebracht werden (→ Form. XV.5 Anm. 6).

Motivierend gemeint ist der Hinweis auf weitere – auch letztwillige Zuwendungen durch den Stifter (→ § 1 Abs. 2). Insofern sind die Übertragungsmöglichkeiten schon aufgeführt (was ggf. gestrichen werden kann).

Dass auch Zuwendungen Dritter (zB Kranz- und andere Anlassspenden) aufgenommen werden können, ist ebenfalls ergänzt. Vielleicht will der eine oder andere Stifter diese Möglichkeit aber auch ausschließen oder von seiner Zustimmung abhängig machen.

(3) Ob dem Stifter bzw. der Stiftung Kosten entstehen sollen, wäre zu klären (→ § 1 Abs. 3).

(4) Als vertrauensbildende Maßnahmen sind noch Regelungen zur Transparenz und Publizität (→ § 5) eingefügt, bei denen der Stifter entscheiden mag, ob und in welchem Umfang er davon Gebrauch machen möchte.

(5) Schließlich ist noch der Name der Stiftung zu klären und ob es einen Zusatz für Stiftungsfonds geben soll, zB „im Stiftungsträger".

## 9. Vertrag über Zustiftung

**Zwischen**

**A, geb. am ..... in ....., wohnhaft ..... (im Folgenden „Stifter"),**

**und**

**B, geschäftsansässig ..... (im Folgenden „Stiftung"),**

**wird die folgende Zustiftungsvereinbarung geschlossen:**

**§ 1 Zustiftung**

**Der Stifter verspricht, der Stiftung ..... EUR (in Worten ..... Euro) in bar unentgeltlich, endgültig und unwiderruflich zur Verwendung für ihre satzungsgemäßen steuerbegünstigten Zwecke zuzuwenden. Der zugewendete Betrag soll zur Erhöhung des Grundstockvermögens der Stiftung (Zustiftung) dienen.**

**§ 2 Auflage**

**(1) Die Zustiftung erfolgt unter der Auflage, dass die Erträge aus dem zugestifteten Vermögen ausschließlich und vollständig zur Verwirklichung von ..... verwendet wird.**

**(2) Zur Dokumentation sind die Zustiftung, ihre Surrogate und die aus ihnen erzielten Erträge in der Rechnungslegung der Stiftung gesondert auszuweisen.**
**(3) Der Stifter hat das nicht vererbliche Recht, einmal jährlich über die Wert- und Ertragsentwicklung seiner Zustiftung informiert und mit angemessenem Vorlauf vor der Vergabeentscheidung unverbindlich angehört zu werden.**

**§ 3 Annahme**

**Die Stiftung nimmt die Zustiftung an. Sie ist sich der Unentgeltlichkeit der Zuwendung bewusst. Die Stiftung erklärt sich mit der Auflage einverstanden.**

**§ 4 Vollzug**

**(1) Die Schenkung wird vollzogen durch unverzügliche Überweisung des zugestifteten Geldbetrags auf das Konto der Stiftung bei der . . . . . Bank, IBAN DE. . . . .**
**(2) Nach Eingang der Zuwendung stellt die Stiftung unverzüglich eine entsprechende Zuwendungsbestätigung nach amtlichem Muster aus.**
**(Ort), den . . . . .**
**. . . . .**
**(Unterschriften von Stifter und Stiftung)**

*Schrifttum* (zur Zustiftung): *A. Werner*, Die Zustiftung, 2003; *Rawert*, Kapitalerhöhung zu guten Zwecken – Die Zustiftung in der Gestaltungspraxis, DNotZ 2008, 5; *Flues*, Die Zustiftung im Zivilrecht, um Steuerrecht und in der Rechnungslegung unter Berücksichtigung der Rechtslage in Österreich und der Schweiz, 2015.

## Anmerkungen

**1. Rechtsnatur.** (1) Als Zustiftung gilt eine freiwillige Zuwendung zur Erhöhung des (nicht verbrauchbaren) Grundstockvermögens einer Stiftung und damit zur nachhaltigen Widmung für die (alle) satzungsmäßigen Zwecke dieser Stiftung. Sie ist grundsätzlich mit Vollzug der Zahlung bewirkt; eines eigenen Vertrages bedarf es dann nicht. Die Zustiftung wird grundsätzlich im Rahmen der allgemeinen Investitionsentscheidungen der Stiftung angelegt. Sie kann aus Geld oder Sachleistungen (zB Immobilien, Wertpapiere) bestehen (→ Form. XV.5 Anm. 5).

Der Stifter kann eine Zweckbindung vorsehen, etwa dass die Zuwendung ausschließlich für einen bestimmten Zweck bzw. ein bestimmtes Projekt zu verwenden ist (→ § 2; sog. zweckgebundene Zuwendung, dazu ausführlich *Lehmann*, DB 2006, 1281 ff.). Dann entsteht innerhalb des Grundstockvermögens eine eigenständige finanzielle Position, die als Stiftung im funktionalen Sinne gesehen werden kann. Die zweckgebundene Zustiftung muss daher im Rechnungswesen der Stiftung entsprechend erfasst werden. Denkbar ist in diesem Zusammenhang auch eine Auflage zur tatsächlich getrennten Vermögensanlage (etwa bei Immobilien oder Wertpapieren) oder zur Vermögensumschichtung für die Anschaffung einer Immobilie, die der konkreten Zweckempfehlung dient.

(2) Eine auf nicht satzungsgemäße Zwecke gerichtete Zustiftung dürfte im Prinzip nicht angenommen werden. Allerdings kann dadurch ein Treuhandvermögen entstehen, für dessen Verwaltung aber nicht die Erträge der begünstigten Stiftung verwendet werden dürfen.

(3) Als Auflagenschenkung ist die Zustiftung mit Zweckbindung nur schwer vom Stiftungsfonds (→ Form. XV.8) abzugrenzen, der ebenfalls eine Zustiftung darstellt, aber regelmäßig durch eine deutlichere Sichtbarkeit und Stiftungsähnlichkeit (zB Zuweisung eines eigenen Namens) charakterisiert wird.

(4) Die Zustiftung ist im steuerlichen Sinne (§ 10b Abs. 1 S. 1 EStG) eine Zuwendung (Spende), also eine freiwillige und unentgeltliche Ausgabe zur Förderung steuerbegüns-

tigter Zwecke. Daran fehlt es nur, wenn mit ihr eine Gegenleistung im Sinne eines Leistungsaustausches verbunden wird (BFH, BStBl. II 1991, 358). Die Zweckbindung einer Zustiftung ist im steuerlichen Sinne nicht als Gegenleistung zu verstehen und daher steuerlich unschädlich.

Verknüpft der Stifter mit seiner Zustiftung die Bedingung, über deren Anlageentscheidungen und die Wert- und Ertragsentwicklung informiert zu werden, oder ist er berechtigt, vor der Ertragsverwendung mit Vorschlägen gehört zu werden, handelt es sich ebenfalls um keine Gegenleistung im genannten Sinne (→ § 2 Abs. 3). Auch die Berufung des Zuwendungsgebers in eine Amtsposition in einem Organ der begünstigten Stiftung dürfte unschädlich sein. Manche Stiftungen, insbesondere solche, die ausdrücklich als sog. Verbund-, Gemeinschafts- oder Dachstiftung bzw. Bürgerstiftung ausgestaltet sind, sehen ausdrücklich die Aufnahme von Stiftern – zB in die „Stifterversammlung" – vor, die mit einem signifikanten Betrag zur Vermögensentwicklung beigetragen haben.

(5) Bei einer Zustiftung von Todes wegen wird es sich regelmäßig um eine Erbeinsetzung oder ein Vermächtnis unter Auflage handeln (→ Form. XV.3, XV.4).

**2. Besonderer Spendenabzug.** (1) Die Zustiftung dient gem. der Zustiftungsvereinbarung der Förderung (satzungsmäßiger) steuerbegünstigter Zwecke. Die Zuwendung ist damit nach § 10b Abs. 1 S. 1 EStG grundsätzlich als Sonderausgabe abzugsfähig (→ Form. XV.1 Anm. 8.1). Zustiftungen an Stiftungen, auch nichtrechtsfähige Stiftungen, sind, im Unterschied zu Zuwendungen an andere steuerbegünstigte Organisationen, zusätzlich steuerliche privilegiert. So gilt gem. § 10b Abs. 1a EStG über den regelmäßigen Sonderausgabenabzug hinaus ein sog. Vermögenshöchstbetrag für Zuwendung „in das zu erhaltende Vermögen (Vermögensstock)" einer Stiftung iHv 1 Mio. EUR, der auf Antrag im Jahr der Zuwendung selbst und über die folgenden neun Jahre verteilt werden kann (→ Form. XV.1 Anm. 8.2).

(2) Soll die Zustiftung das zum Verbrauch bestimmt (freie) Vermögen der Stiftung erhöhen, scheidet der erhöhte Spendenabzug aus (§ 10b Abs. 1a S. 2 EStG).

(3) Grundlage des Spendenabzugs ist eine entsprechende Zuwendungsbestätigung (Spendenquittung), zu deren Ausstellung sich hier die Stiftung verpflichtet (→ § 4 Abs. 2).

**3. Form.** (1) Die noch nicht geleistete Zuwendung, das Spendenversprechen, bedarf grundsätzlich zu ihrer rechtlichen Wirksamkeit einer notariellen Beurkundung, weil eine formlose (mündliche oder privatschriftliche) Zusage des potenziellen Stifters wegen des Rechtscharakters als Schenkung gem. § 518 BGB an einem Formmangel litte mit der Folge, dass die Einlösung des Schenkungsversprechens rechtlich nicht durchsetzbar wäre.

(2) Sollte es sich allerdings mit Rücksicht auf die besondere Beziehung zu einem Stifter – wie im Regelfall – verbieten, eine notarielle Beurkundung des Zuwendungsversprechens zu erbitten, wäre das Ausbleiben der Beurkundung als Mangel in dem Moment geheilt, wo die Spende tatsächlich bewirkt wird, § 518 Abs. 2 BGB (→ Form. XV. 1 Anm. 6.4). Eine solche sog. Handschenkung zu bewirken, ist hier durch die Angaben der Kontendaten vorgesehen (→ § 4 Abs. 1). Die Hinzufügung eines Fälligkeitsdatums kann die Verbindlichkeit noch erhöhen.

(3) Der Abschluss der Vereinbarung und damit die Entgegennahme der Zustiftung bedürfen seitens der Stiftung entsprechender Geschäftsführungsmaßnahmen (ggf. Beschlussfassung durch das Gremium der nichtrechtsfähigen Stiftung nach pflichtgemäßem Ermessen) und der ordnungsgemäßen Vertretung (ggf. durch den Stiftungsträger), die im Zweifel durch eine Vertretungsbescheinigung nachzuweisen ist.

Außerdem bedürfen sie einer Ermächtigung in der Satzung, die ausdrücklich vorliegen kann oder unter Beachtung des ursprünglichen Stifterwillens durch Auslegung zu gewinnen ist. Wenn sich keine entgegenstehenden Anhaltspunkte aufdrängen, wird regelmäßig von einer konkludenten Gestattung auszugehen sein.

## 10. Zweckempfohlene Spende (Schenkung unter Auflage zur zeitnahen Verwendung)

**Zwischen**
**A, geb. am ..... in ....., wohnhaft ..... (im Folgenden „Spender"),**
**und**
**B, geschäftsansässig ..... (im Folgenden „Stiftung"),**
**wird die folgende Vereinbarung über eine zweckempfohlene Spende geschlossen:**

**§ 1 Spende**

**Der Spender verspricht, der Stiftung ..... EUR (in Worten ..... Euro) in bar unentgeltlich, endgültig und unwiderruflich zur zeitnahen Verwendung für ihr satzungsgemäßen steuerbegünstigten Zwecke der Förderung von ..... zuwenden zu wollen.**

**§ 2 Auflage**

**(1) Die Schenkung erfolgt unter der Auflage, dass der Geldbetrag ausschließlich und vollständig zur Verwirklichung des Projekts ..... verwendet wird.**
**(2) Sofern die Mittel abgeflossen sind, das Projekt aber bis spätestens ..... nicht umgesetzt ist, behält sich der Spender das Recht zum Widerruf der Schenkung mit der Folge der Rückforderung des Geldbetrages ausdrücklich vor.**

**§ 3 Annahme**

**(1) Die Stiftung nimmt die Spende an. Sie ist sich der Unentgeltlichkeit der Zuwendung bewusst.**
**(2) Die Stiftung erklärt sich mit der Auflage einverstanden.**

**§ 4 Vollzug**

**(1) Die Schenkung wird vollzogen durch unverzügliche Überweisung des geschenkten Geldbetrags auf das Konto der Stiftung bei der .....-Bank, IBAN DE. ....**
**(2) Nach Eingang der Zuwendung stellt die Stiftung unverzüglich eine entsprechende Zuwendungsbestätigung nach amtlichen Muster aus.**
**(Ort), den .....**
**.....**
**(Unterschriften von Spender und Stiftung)**

### Anmerkungen

**1. Rechtsnatur.** Im Unterschied zur Zustiftung handelt es sich bei der Spende nicht um ein Geschäft, das die Neubestimmung des Grundstockvermögens nach sich zieht, sondern (nur) um einen – ggf. über mehrere Jahre gedehnten – durchlaufenden Posten. Die Spende erhöht nicht das Vermögen der Stiftung, sondern ihre zeitnah zu verwendenden Mittel. Daher sind die Anforderungen an die Annahme einer Spende geringer. So wird hierfür meist gar nicht erst ein schriftlicher Vertrag geschlossen, sondern der Spendenvorgang direkt durch die Überweisung der Spende vollzogen. Eine ggf. gewünschte Zweckbindung der Spende lässt sich durch einen Hinweis auf dem Überweisungsträger mitteilen.

Die meisten Stiftungen nehmen Spenden an und werben mitunter intensiv dafür (sog. Fundraising).

**2. Zeitnahe Mittelverwendung.** (1) Eine Spende ist eine unter Beachtung des Selbstlosigkeitsgebots grundsätzlich zeitnah (§ 55 Abs. 1 Nr. 5 AO) zur Förderung steuerbegünstigter Zwecke im Sinne der §§ 52 ff. AO (§ 10b Abs. 1 S.1 EStG) zu verwendende Zuwendung an eine steuerbegünstigte Körperschaft. Eine solche zeitnahe Mittelverwendung ist nach § 55 Abs. 1 Nr. 5 S.3 AO gegeben, wenn die Mittel spätestens in den auf den Zufluss folgenden zwei Kalender- oder Wirtschaftsjahren für die steuerbegünstigten satzungsmäßigen Zwecke verwendet werden. Ausnahmen vom Gebot der zeitnahen Mittelverwendung eröffnet § 62 AO insbesondere durch die Bildung von Rücklagen.

(2) Es ist fraglich, ob die Mittel auch „verwendet" werden, wenn damit am Ende eine Anschaffung (etwa einer Immobilie) finanziert wird, denn hierbei werden die Mittel nicht wirklich verbraucht, sondern nur umgeschichtet. Eine Mittelthesaurierung soll aber durch § 55 Abs. 1 Nr. 5 AO gerade ausgeschlossen werden. Allerdings umfasst nach der ausdrücklichen Festlegung in S.2 „Verwendung" auch die Verwendung der Mittel „für die Anschaffung oder Herstellung von Vermögensgegenständen, die satzungsmäßigen Zwecken dienen". Durch die Spendenverwendung entsteht dann zulässiges sog. nutzungsgebundenes Vermögen. Insofern kommt eine Verwendung etwa für eine Immobilie oder einen sonstigen Sachgegenstand in Betracht; dies erfordert jedoch, dass die Sache den satzungsgemäßen Zwecken – bei einer zweckempfohlenen Spende dem bestimmten Zweck – der Stiftung dient. Werden die Mittel durch Verkauf wieder freigesetzt, sind sie weiterhin zeitnah verwendungspflichtig.

**3. Zweckbindung.** (1) Gemeinnützigkeitsrechtlich ist die Stiftung lediglich dazu verpflichtet, eine ihr zugewendete Spende – ggf. nach Abzug der sog. freien Rücklage iHv 10 % – unmittelbar und ausschließlich für ihre satzungsmäßigen Zwecke zu verwenden. Ob die Spende der Stiftung vom Spender für einen bestimmten Zweck zugewendet wurde, spielt gemeinnützigkeitsrechtlich keine Rolle. So muss auf einer für eine Spende ausgestellten Zuwendungsbestätigung der Zweck, für den die Zuwendung erfolgt ist bzw. verwendet wurde, nicht (mehr) kenntlich gemacht werden. Zur Vereinfachung hat die Finanzverwaltung bestimmt, dass auf der Zuwendungsbestätigung stets alle von der Stiftung verwirklichten steuerbegünstigten Zwecke angegeben werden können (BMF v. 7.11.2013, BStBl. I 2013, 1333).

Gibt die Körperschaft die Mittel anders aus als vom Spender gewünscht, darf sie aus gemeinnützigkeitssteuerlicher Sicht gleichwohl Zuwendungsbestätigungen ausstellen, wenn sie mit der Vergabe im Rahmen ihrer satzungsmäßigen steuerbegünstigten Zwecke bleibt.

(2) Zivilrechtlich allerdings wird die Stiftung durch die Zweckbindung des Stifters eingeschränkt, denn sie hat sich durch die Entgegennahme der für den bestimmten Zweck gegebenen Spende schenkungsvertraglich gebunden, diese auch entsprechend zu verwenden (sog. Schenkung unter Auflage, § 525 BGB).

Daraus folgt, dass die durch den Stifter gewünschte Zweckbindung der Zuwendung an die Stiftung im Einklang mit dem steuerbegünstigten Stiftungszweck stehen muss.

Verwendet die Stiftung die Spende anders, hat der Spender einen Anspruch auf Rückzahlung. Wenn also der von ihm bezweckte Erfolg – der deswegen genau bezeichnet werden sollte – ausbleibt, könnte er einen Herausgabeanspruch wegen ungerechtfertigter Bereicherung nach § 812 Abs. 1 BGB oder wegen Wegfalls der Geschäftsgrundlage nach § 313 BGB geltend machen. Ob ein Rückforderungsanspruch besteht, hängt freilich davon ab, wie die Willenserklärung des Spenders zu seiner Schenkung auszulegen ist. Im Zweifel käme es darauf an, wie ein objektiver Dritter sie in der Situation des Empfängers verstehen würde. Ausgelegt wird also nach dem objektiven Empfängerhorizont (vgl. §§ 133, 157 BGB). Dabei spielt die Spendermotivation eine Rolle. Und diese wiederum ergibt sich aus den vertraglichen Vereinbarungen (oder ggf. aus der Formulierung eines

Spendenaufrufs). Bei größeren Spendenbeträgen mit individuell ausgehandelter Zweckauflage und Förderern mit enger Bindung zur Organisation kann es nach Erfahrungen aus der Praxis durchaus Streit um die zweckentsprechende Verwendung von Spenden geben. Dann müsste geklärt werden, wie konkret eine Zweckbindung war, ob eine abweichende Verwendung wirklich einen Rückforderungsanspruch begründet oder ob sich die auf den ersten Blick abweichende Verwendung bei genauerer Prüfung nicht doch noch im Rahmen der getroffenen Zweckbestimmung hält.

Zur Vermeidung von Konflikten über die Einhaltung der Zweckbindung einer (Groß-) Spende ist zu empfehlen, im persönlichen Gespräch mit den Spender darauf hinzuwirken, dass die Zweckbestimmung möglichst weit gefasst ist – etwa durch die knappe Formulierung des Verwendungszwecks auf dem Überweisungsträger („Zuwendung für Projekt . . . . .") – bzw. umgekehrt detailliert vertraglich abgesichert wird. Dies kann auch in einem begleitenden Schriftverkehr erfolgen.

(3) Ein etwaiger Rückzahlungsvorgang hätte im Übrigen steuerliche Folgen: Wenn bereits eine Zuwendungsbestätigung durch die Stiftung ausgestellt wurde, wäre das zuständige Finanzamt zu unterrichten, um eine Spendenhaftung der Stiftung nach § 10b Abs. 4 EStG auszuschließen.

Sollte der Spender den Sonderausgabenabzug für die Spende in der Steuererklärung bereits geltend gemacht haben, hätte die Rückzahlung ggf. eine Berichtigung der Steuerfestsetzung zur Folge.

**4. Buchführung.** Um von vorneherein den Überblick zu bewahren und keinen Verstoß gegen die Zweckbindung zu begehen, müssen auch bei einer Spende Einnahmen und Ausgaben konten- und buchungsmäßig getrennt geführt werden. Der Zufluss kann als Verbindlichkeit abgegrenzt oder als Ertrag vereinnahmt werden (zur Spendenbilanzierung ausführlich *Lehmann*, DB 2006, 1283 ff. und IDW RS HFA 21).

Ein Sonderkonto muss nicht eingerichtet werden, wenn die Zuordnung der zweckempfohlenen Spende auch im Rechnungswesen der Stiftung zuverlässig und sicher abgebildet ist.

Bis zum Abruf der Spende können die Mittel in eine sog. gebundene Rücklage (Projektmittelrücklage) nach § 62 Abs. 1 Nr. 1 AO eingestellt werden. Diese bleiben dann so lange bestehen, bis die Mittel zur Finanzierung des Projektes, das den steuerbegünstigten Zwecken der Stiftung dient, vollständig verbraucht sind.

## 11. Vertrag über ein Stifterdarlehen

**Zwischen**

**A, geb. am . . . . . in . . . . . , wohnhaft . . . . . (im Folgenden „Darlehensgeber")**

**und**

**B, geschäftsansässig . . . . ., (im Folgenden „Darlehensnehmer")**

**wird folgender Vertrag über ein Stifterdarlehen geschlossen:**

**Präambel**

**§ 1 Darlehen**

**(1) Der Darlehensgeber gewährt dem Darlehensnehmer einen Betrag in Höhe von . . . . . EUR (in Worten: . . . . . Euro) als Darlehen zur Unterstützung seiner satzungsgemäßen Zwecke. Es handelt sich dabei um keine unentgeltliche Zuwendung (Spende).**

(2) Das Stifterdarlehen wird zins- und tilgungsfrei gewährt.

(3) Das Stifterdarlehen wird auf unbestimmte Zeit gewährt; eine feste Laufzeit ist ausdrücklich nicht vereinbart.

(4) Die Darlehenssumme wird innerhalb von vier Wochen nach Abschluss dieses Vertrages auf das Konto des Darlehensnehmers Nr. . . . . . bei der . . . . . -Bank (IBAN DE. . . . . ) überweisen.

§ 2 Verwendung

(1) Das Stifterdarlehen soll in seinem nominalen Bestand erhalten bleiben.

(2) Der Darlehensnehmer ist in der Verwendung der aus dem Darlehen erwirtschafteten Überschüsse frei.

(3) Der Darlehensgeber erhält jährlich einen Bericht über die Verwendung der Kapitalerträge.

§ 3 Beendigung und Rückzahlung

(1) Das Stifterdarlehen kann ganz oder teilweise unter Einhaltung einer Kündigungsfrist von sechs Monaten zum Jahresende schriftlich gekündigt werden.

(2) Zum Tag der Fälligkeit wird der gekündigte nominale Darlehensbetrag auf das vom Darlehensgeber angegebene Konto überwiesen. Wenn keine andere Bankverbindung für diesen Zweck mitgeteilt wird, erfolgt die Rückzahlung auf das Konto des Darlehensgebers Nr. . . . . . bei der . . . . . -Bank (IBAN DE. . . . .). Ein Inflationsausgleich findet nicht statt.

(3) Wenn der Darlehensgeber in eine persönliche Notlage gerät, verpflichtet sich der Darlehensnehmer auf Wunsch des Darlehensgebers zur vorzeitigen Rückzahlung des ihm gewährten Stifterdarlehens. Persönliche Notlagen können zB Langzeitarbeitslosigkeit, Unglücksfälle, Todesfälle im engsten Familienkreis oder schwere chronische Erkrankungen sein. Die Entscheidung über die vorzeitige Rückgewähr aufgrund einer persönlichen Notlage liegt im Ermessen des Darlehensnehmers und ist nicht justiziabel.

(4) Für den Fall, dass dieser Vertrag durch den Darlehensgeber vorzeitig beendet wird, kann der Darlehensnehmer von ihm die Erstattung sämtlicher Kosten beanspruchen, die ihm durch die vorzeitige Rückzahlung entstanden sind oder entstehen. Sie können vom Rückzahlungsbetrag einbehalten werden.

§ 4 Verzicht auf Rückzahlung und Erlass

(1) Für den Fall, dass der Darlehensgeber ganz oder teilweise auf die Rückzahlung des Stifterdarlehens verzichtet, erklärt der Darlehensnehmer mit der Unterzeichnung dieses Vertrages vorab die Annahme des Verzichtes.

(2) Für den Fall, dass der Darlehensgeber das Stifterdarlehen dem Darlehnsnehmer ganz oder teilweise zur Erhöhung seiner Mittel oder seines Vermögens zuwendet, erhält er auf Wunsch eine Zuwendungsbestätigung über den entsprechenden Betrag.

(3) Für den Fall des Todes des Darlehensgebers erlässt dieser dem Darlehensnehmer die Darlehensschuld in der zum Zeitpunkt seines Todes noch bestehenden Höhe.

§ 5a Sicherheit

(1) Der Darlehensnehmer gewährt dem Darlehensgeber zur Sicherung des Rückzahlungsanspruchs eine Bankbürgschaft der . . . . . -Bank. Deren Bedingungen sind Bestandteil dieses Vertrages. Die Urkunde wird dem Darlehensgeber unverzüglich nach Eingang des Darlehensbetrags übersandt.

(2) Der Darlehensgeber verpflichtet sich, die Bürgschaftsurkunde sorgfältig aufzubewahren und durch Verschluss gegen unberechtigten Zugriff zu sichern. Jeder Verlust der Urkunde ist dem Darlehensnehmer unverzüglich anzuzeigen.

(3) Die Urkunde ist nach Kündigung des Darlehens Zug um Zug gegen Rückzahlung an den Darlehensnehmer zurückzugeben. Das gilt auch bei Teilkündigung; in diesem Fall wird über den geminderten Darlehensbetrag eine neue Bürgschaftsurkunde ausgestellt.

(4) Kann die Bürgschaftsurkunde nicht zurückgegeben werden, so ist die Rückzahlung davon abhängig, dass der Darlehensgeber eine Verzichtserklärung auf die Bürgschaft vorlegt.

§ 5b Rangrücktritt

(1) Unter Berücksichtigung des Interesses des Darlehensgebers am weitest möglichen Erhalt der Darlehensansprüche wird vereinbart, dass er mit seiner Forderung auf Rückzahlung des Stifterdarlehens unwiderruflich hinter sämtliche Forderungen derzeitiger und künftiger Gläubiger des Darlehensnehmers zurücktritt, sofern und soweit bei diesem eine Überschuldung gegeben ist.

(2) Der Darlehensgeber kann eine Begleichung seiner Forderung nur zu Lasten eines Bilanzgewinns, der auf einem künftigen Jahresüberschuss oder einer künftigen Eigenkapitalzuführung beruht, aus einem Liquidationsüberschuss oder dem, die sonstigen Verbindlichkeiten des Darlehensnehmers übersteigenden – freien – Vermögen verlangen. Zahlungen auf die Forderung können nur verlangt werden, wenn sämtliche übrige Gläubiger befriedigt sind.

(3) Solange eine Überschuldung oder Krise des Darlehensnehmers besteht, ist die Forderung auf Rückzahlung des Stifterdarlehens nur zugleich mit etwaigen Rückgewähransprüchen von Zuwendungsgebern zu berücksichtigen. Die gegenüber dem Darlehensgeber bestehende Verbindlichkeit ist bis zur Abwendung der Krise so zu behandeln, als handele es sich um statutarisches Kapital. Die Forderungen des Darlehensgebers sind gleichrangig gegenüber Forderungen anderer Gläubiger, die ebenfalls einen Rangrücktritt erklärt haben.

(4) Die Forderung des Darlehensgebers erlischt durch Erlass, wenn das Insolvenzverfahren über das Vermögen des Darlehensnehmers formal eröffnet oder die Eröffnung eines solchen Verfahrens mangels Masse abgewiesen wird.

§ 6 Schlussbestimmunen/Salvatorische Klausel

(1) Nebenabreden, Änderungen und Ergänzungen dieses Vertrages bedürfen zu ihrer Wirksamkeit der Schriftform. Dies gilt auch für einen Verzicht auf dieses Schriftformerfordernis.

(2) Sollten Bestimmungen dieses Vertrages ganz oder teilweise nicht rechtswirksam oder nicht durchführbar sein, so wird die Gültigkeit der übrigen Bestimmungen dieses Vertrages hierdurch nicht berührt. An die Stelle der unwirksamen bzw. undurchführbaren Bestimmungen tritt eine solche Regelung, die dem von den Parteien gewünschten Ergebnis am nächsten kommt. Entsprechendes gilt zur Ergänzung etwaiger Regelungslücken.

(3) Gerichtsstand und Erfüllungsort ist . . . . . Falls sich aus dieser Vereinbarung Streitigkeiten ergeben sollten, werden sich beide Parteien zunächst bemühen, diese auf dem Verhandlungswege zu lösen.

(Ort), den . . . . .

. . . . .

(Unterschriften von Darlehensgeber und Darlehensnehmer)

*Schrifttum* (zum Stifterdarlehen): *Kern/Regierer/Mühling*, Stifterdarlehen. Richtig gestaltet ein optimales Finanzierungsinstrument, Stiftung&Sponsoring 5/2013, 36; *Meyn*, Erlaubsnispflichtige Aktivitäten. Finanzmarktregulierung lässt Stiftungen nicht außen vor, Stiftung&Sponsoring 4/2015, 34.

## Anmerkungen

**1. Rechtsnatur.** (1) Der Vertrag über das zinslose Stifterdarlehen dient als rechtsgeschäftliche Grundlage für die Ausstattung einer (nichtrechtsfähigen) Stiftung mit weiteren finanziellen Mitteln, die die Spende, Zustiftung oder Stiftung ergänzen: Der Darlehensgeber verzichtet für eine bestimmte oder unbestimmte Zeit (→ § 1 Abs. 3) auf die Zinserträge aus der Darlehenssumme, die nunmehr beim Stiftungsträger für eine bestimmte nichtrechtsfähige Stiftung anfallen und als zeitnah verwendungspflichtige Erträge steuerfrei dem Stiftungszweck dieser nichtrechtsfähigen Stiftung zugutekommen. Es findet hier jedoch – anders als bei den anderen Förderinstrumenten – keine Vermögens-, sondern lediglich eine Einkommensverlagerung vom Darlehensgeber zur Stiftung statt. Der Darlehensgeber kann sich also engagieren, ohne sich endgültig von dem zur Verfügung gestellten Betrag zu trennen; daher erhält er aber auch keine Zuwendungsbestätigung über die Darlehenssumme (→ Form. XV.1 Anm. 8.1).

(2) Das Stifterdarlehen ist im Rechnungswesen der Stiftung bzw. des Stiftungsträgers (→ Form. XV.1 Anm. 5) gesondert zu erfassen. Es ist bilanziell auf der Passivseite als Verbindlichkeit zu behandeln (vgl. § 266 Abs. 3 C HGB) und erhöht nicht das Eigenkapital der Stiftung.

**2. Gestaltungsfreiheit.** Bei diesem Formular handelt es sich um ein Formulierungsbeispiel mit mittlerer Regelungstiefe, das im Einzelfall ggf. einer weiteren rechtlichen und steuerlichen Gestaltung bedarf, die den jeweiligen tatsächlichen Verhältnissen sowie den Wünschen der Vertragspartner entspricht. Dabei sind vielfältige Varianten denkbar.

So kann das Stifterdarlehen für eine bestimmte Laufzeit oder bis zu einem bestimmten Endtermin gewährt werden. Es kann dann von vorneherein eine Verlängerungsmöglichkeit bestimmt werden.

Denkbar sind auch Vorgaben für die Festlegung der Anlageform, zB in einem bestimmten Fonds oder für die Verwendung der Mittel für eine konkrete Zweckbestimmung.

Statt des Rückfalls an den Darlehensgeber oder seinen Erben kann auch die Auflage eingefügt werden, die Darlehenssumme als Spende oder Zustiftung zum Vermögen einer nichtrechtsfähigen Stiftung zu verwenden.

Es kann zudem vereinbart werden, dass der Darlehensgeber in wirtschaftlicher Not oder aus anderen – dann näher zu bestimmenden Gründen – das Darlehen zurückfordern kann. Das mag ihm die Sicherheit und Flexibilität geben, um sich für diese Art der Förderung zu entscheiden.

In gewissen Grenzen kann auch bestimmt werden, dass die Darlehensgewährung publik gemacht und im Rahmen der Öffentlichkeitsarbeit verwendet wird.

**3. Stifterdarlehen als Bankgeschäft.** (1) Die Aufnahme von Darlehen kann bei einer Stiftung gegenüber der Stiftungsaufsichtsbehörde anzeigepflichtig sein.

(2) Außerdem ist zu klären, ob die neueren Kapitalmarkt- und Anlegerschutzgesetze Einfluss auf die Zulässigkeit haben. Dabei kommt es nicht zuletzt auf Zahl und Höhe der Stifterdarlehen an. So liegt nahe, dass es sich bei der Entgegennahme von Darlehen um ein Einlagengeschäft und damit grundsätzlich um ein Bankgeschäft handelt, denn § 1 Abs. 1 Nr. 1 KWG zählt dazu „die Annahme fremder Gelder als Einlagen oder anderer unbedingt rückzahlbarer Gelder des Publikums, sofern der Rückzahlungsanspruch nicht

in Inhaber- oder Orderschuldverschreibungen verbrieft wird, ohne Rücksicht darauf, ob Zinsen vergütet werden (Einlagengeschäft)".

(3) Als Ausweg bietet sich an

- der Erwerb einer Banklizenz, was regelmäßig nicht in Betracht kommt;
- ein Treugut-Vertrag zwischen Bank und Darlehensgeber zugunsten Dritter (vgl. *Sommer*, Stiftung&Sponsoring 2/2007, 18);
- eine Absicherung des Darlehens durch banküblliche Sicherheit, wobei die Aval-Provision so bemessen sein sollte, dass noch Ertrag für den Darlehensnehmer übrig bleibt, etwa auch durch Stellung einer Globalbürgschaft (§ 5a);
- eine Nachrangigkeitserklärung des Darlehensgebers (§ 5b).

# XVI. Erb- und Pflichtteilsverzicht

## 1. Bedingter und gegenständlich beschränkter Pflichtteilsverzicht

Verhandelt zu[1, 2]..... (kann nur zu notarieller Urkunde errichtet werden!)[4]
am .....
Vor dem unterzeichneten Notar .....
erscheinen, ausgewiesen durch Personalausweise:
A, geboren am ..... in ....., wohnhaft in ..... (Ort, Straße)

– Erblasser –

E, wohnhaft in ..... (Ort, Straße) handelnd für C, wohnhaft in ..... (Ort, Straße) und D, wohnhaft in ..... (Ort, Straße) auf Grund privatschriftlicher Vollmachten vom .....

– Verzichtende –

Die Erschienenen erklären zu öffentlicher Urkunde:[4]

§ 1 Pflichtteilsverzicht[3]

Die Töchter C und D verzichten gegenüber ihrem Vater A unter den unter § 2 gemachten Bedingungen auf ihre Pflichtteilsrechte bei Ableben ihres Vaters A, jedoch nur insoweit, dass bei der Nachlassbewertung zum Zwecke der Pflichtteilsberechnung der Wert der Beteiligung ihres Vaters an der A-OHG außer Betracht bleiben soll.[3] Der A nimmt diese gegenständlich beschränkte Verzichtserklärung an.[5]

§ 2 Bedingungen[6]

Die beiden gegenständlich beschränkten Pflichtteilsverzichte erfolgen unter der aufschiebenden Bedingung, dass A seinen Töchtern C und D und im Falle ihres Vorversterbens ihren Abkömmlingen unter sich nach der gesetzlichen Erbregel erster Ordnung entweder bis zu seinem Tod an seinem Geschäftsanteil an der A-OHG jeweils Unterbeteiligungen in Höhe von betragsmäßig je 20 % seines Kapitalanteils einschließlich des Kapitalkontos II zum Zeitpunkt des Abschusses der Unterbeteiligungsverträge, jedoch nicht weniger als nach dem heutigen Stand, durch gültige Rechtsgeschäfte unter Lebenden einräumt oder durch gültige Verfügung von Todes wegen vermächtnisweise zuwendet.[3a] Weiter erfolgen die Pflichtteilsverzichte und die Abfindungsverträge unter der gegenseitigen auflösenden Bedingung, dass sie gültig sind und bleiben.[7]

§ 3 Gestaltung der ausbedungenen Unterbeteiligungen[8, 9]

Die abzuschließenden Unterbeteiligungsverträge sollen insbesondere folgende Bestimmungen enthalten:

a) Die Unterbeteiligten sind im Verhältnis zum Hauptbeteiligten mit je 20 % an dessen Gewinn und Verlust beteiligt, am Verlust jedoch eingeschränkt auf die Höhe ihrer Einlagen.
b) Die Unterbeteiligten können vom Hauptbeteiligten die Vorlage der jährlichen Bilanz und der Gewinn- und Verlustrechnung der OHG verlangen.
c) die Unterbeteiligungen sind grundsätzlich auf unbestimmte Zeit geschlossen. Sie enden jedoch

- bei Beendigung der Hauptbeteiligung,
- beim Tod des Hauptbeteiligten, wenn die Hauptbeteiligung nicht auf Grund des OHG-Vertrages mit den oder einigen der Erben des Hauptbeteiligten fortgesetzt wird,
- beim Tod der Unterbeteiligten, falls die Unterbeteiligungen nicht jeweils auf deren Ehegatten oder ehelichen Abkömmlinge übergehen und dabei mehrere Erben oder Vermächtnisnehmer sich nicht durch einen gemeinsamen Bevollmächtigten aus ihrer Mitte vertreten lassen,
- bei Kündigung, die jeweils von beiden Teilen ab dem 7. Jahr nach dem Tod des A jeweils auf Jahresende mit einer Frist von 6 Monaten zulässig ist.

d) Im Falle der Beendigung der Unterbeteiligung erhält der Unterbeteiligte eine Abfindung in Höhe des Nominalbetrages seiner Einlage zuzüglich etwaiger auf seinem Darlehenskonto verbuchter Gewinnanteile einschließlich Zinsen nach dem Stand zum Beendigungszeitpunkt. Zu den Auseinandersetzungsguthaben gehören jeweils auch die auf die Unterbeteiligten entfallenden Anteile an den auf dem Kapitalkonto II des Hauptbeteiligten gutgeschriebenen Gewinnbeträgen nach dem Stand zum Beendigungszeitpunkt. Wegen der Begrenzung unter lit. a noch nicht ausgeglichene Verlustanteile der Unterbeteiligten mindern ihre Auseinandersetzungsguthaben. Ansprüche auf anteilige stille Reserven und den Firmenwert bestehen für die Unterbeteiligten nicht. Die Abfindungsguthaben der Unterbeteiligten sind unbeschadet der Zulässigkeit früherer Erfüllung jeweils in fünf gleichen Jahresraten auszuzahlen. Wird die Unterbeteiligung durch Beendigung der Hauptbeteiligung beendet, so richtet sich die Auszahlung der Abfindung nach der der Hauptbeteiligung.

§ 4 Hinweise

Die Beteiligten wurden vom Notar darauf aufmerksam gemacht, dass durch diesen Vertrag der Verzichtende und seine Abkömmlinge lediglich ihre Pflichtteilsansprüche bezüglich des Wertes der Beteiligung des Erblassers an der A-OHG verlieren, die gesetzliche Erbfolge sowie die Pflichtteilsansprüche der Verzichtenden bezüglich anderer Nachlassgegenstände des Erblassers aber bestehen bleiben. Ferner, dass der Erblasser die gesetzliche Erbfolge jederzeit ändern kann. Eine vorsorgliche Rechtswahl wird nach Belehrung nicht gewünscht.[10] Der Notar hat auf die Schenkungssteuer hingewiesen. Er hat im Übrigen steuerlich nicht beraten.[11]

In Gegenwart des Notars den Beteiligten vorgelesen, von ihnen genehmigt und eigenhändig unterschreiben:[12]

.....

Unterschriften

*Schrifttum: Armbrüster,* Noch einmal: Zur Sittenwirdigkeit eines Behindertentestaments sowie eines Pflichtteilsverzichtsvertrags, ZEV 2010, 655; *Baumgärtel,* Die Wirkung des Erbverzichts auf Abkömmlinge, DNotZ 1959, 63; *Bengel,* Die gerichtliche Kontrolle von Pflichtteilsverzichten, ZEV 2006, 192; *Bilsdorfer,* Gesellschafts- und steuerliche Probleme bei der Unterbeteiligung von Familienangehörigen, NJW 1980, 2785; *Blomeyer,* Die vorweggenommene Auseinandersetzung der in gemeinschaftlichem Testament bedachten Kinder nach dem Tod des einen Elternteils, FamRZ 1974, 421; *Bülow,* Die Unterbeteiligung, 1980, *Coing,* Zur Lehre vom teilweisen Erbverzicht, JZ 1960, 209; *ders.,* Grundlagenirrtum bei vorweggenommener Erbfolge, NJW 1967, 1977; *ders.,* Nachlaßverteilungsverträge im deutschen Erbrecht, FS Schwind, 1978, 63; *Damrau,* Der Erbverzicht als Mittel zweckmäßiger Vorsorge für den Todesfall, 1966; *ders.,* Nochmals: Bedarf der dem Erbverzicht zugrundeliegende Verpflichtungsvertrag notarieller Beurkundung? NJW 1984, 1163; *Daniels,* Verträge mit Bezug auf den Nachlaß eines noch lebenden Dritten, 1973; *Degenhart,* Erbverzicht und Abfindungsvereinbarung, Rpfleger 1969, 145; *Dieckmann,* Zur Auswirkung eines Erb- oder Pflichtteilsverzichts auf die nachehelichen Unterhaltsansprüche eines (früheren) Ehegatten, NJW 1970, 743; *ders.,* Kein nachehehlicher Unterhaltsanspruch gegen den Erben nach Erb- und Pflichtteilsverzicht, FamRZ 1999, 1029; *Dreher/Görner,* Das Behindertentestament und § 138 BGB, NJW 2011, 1761; *Dremer,* Zur Zulässigkeit des gegenständlich beschränkten Pflichtteilsverzichtsvertrages, MittRh-NotK 1978, 169; *Dressler,* Zur Reichweite der Erbenhaftung für den Geschiedenenunterhalt nach § 1586b BGB, NJW 2003, 2430; *Edenfeld,* die Stellung weichender Erben beim Erbverzicht, ZEV 1997, 134; *Everts,* Die Erstreckungswirkung beim Zuwendungsverzicht: Ein Fortschritt und (fast) ein Glücksgriff des Gesetzgebers!, ZEV 2010, 392; *Frenz,* Pflichtteilsverzichtsvereinbarungen, ZNotP 2001, 48; *Grziwotz,* Pflichtteilsrecht und nachehelicher Unterhalt, FamRZ 1991, 1258; *Habermann,* Stillschweigender Erb- und Pflichtteilsverzicht im notariellen gemeinschaftlichen Testament, JuS 1979, 169; *Haegele,* Inhalt und wirtschaftliche Bedeutung des Erb-(Pflichtteils-)Verzichts, Rpfleger 1968, 247; *ders.,* Rechtsfragen zum Erbverzicht, BWNotZ 1971, 36; *Harrer,* Zur Lehre vom Erbverzicht, ZBlFG 15, 1; *Heine,* Zur Lehre vom Erbverzicht, ZBlFG 19, 201; *Ivo,* Der Verzicht auf Abfindungs- und Nachabfindungsansprüche nach HöfeO, ZEV 2004, 316; *Jackschath,* Der Zuwendungsverzichtsvertrag, MittRhNotK 1977, 117; *Jordan,* Der gegenständlich beschränkte Pflichtteilsverzicht, Rpfleger 1985, 7; *Kanzleiter,* Die Erstreckung der Wirkungen eines Zuwendungsverzichts auf die Abkömmlinge – Reichweite der neuen Regelung und Folgerungen für die Gestaltungspraxis, DNotZ 2010, 520; *Kanzleiter,* Die Erstreckung der Wirkungen eines Zuwendungsverzichts auf die Abkömmlinge des Verzichtenden – ein Missgriff des Gesetzgebers!, DNotZ 2009, 850; *Kapfer,* Gerichtliche Inhaltskontrolle von Erb- und Pflichtteilsverzichtsverträgen?, MittBayNot 2006, 385; *Keim,* Zuwendungsausgleich durch Erbverzicht, Diss. 1979; *ders.,* Die Aufhebung des Erbverzichts, NotBZ 1999, 1; *ders.,* Der stillschweigende Erbverzicht: sachgerechte Auslegung oder unzulässige Unterstellung?, ZEV 2001, 1; *Keller,* Die Form des Erbverzichts, ZEV 2005, 229; *Klinck,* Der Zuwendungsverzicht zu Lasten Dritter, ZEV 2009, 533; *Kuchinke,* Bedarf der dem Erbverzicht zugrunde liegende Verpflichtungsvertrag notarieller Beurkundung? NJW 1983, 2358; *ders.,* Zur Aufhebung des Erbverzichts mit Drittwirkung, ZEV 2000, 169; *Lange,* Der entgeltliche Erbverzicht, FS Nottarp, 1961; *Lange/Hom.* Die Anfechtung von Erb-. und Pflichtteilsverzichtsverträgen ZEV 2019, 381, *Larenz,* Der Erbverzicht als abstraktes Rechtsgeschäft, JhJb 81, 2; *Lauck,* Scheidungsvereinbarungen und erbrechtliche Verzichtserklärungen, NJ 2014, 1; *J. Mayer,* Der beschränkte Pflichtteilsverzicht, ZEV 2000, 263; *Menzel,* Die negative Erbfreiheit, MittBayNot 2013, 289; *Muscheler,* Aufhebung des Erbverzichts nach dem Tod des Verzichtenden, ZEV 1999, 49; *ders.,* Inhaltskontrolle bei Erbverzicht- und Pflichtteilsverzichtsverträgen, in FS Spiegelberger, 2009, S. 1079; *ders.,* Der postmortal aufschiebend befristete Pflichtteilsverzicht – Zulässigkeit und Rechtsfolgen, hereditare 2016, 341–363; *Münch,* Infiziert der Ehevertrag erbrechtliche Verzichte oder Verfügungen?, ZEV 2008, 571; *Odersky,* Der wirksamwirkungslose Erb- und Pflichtteilsverzicht nach der EU-ErbVO, notar 2014, 139; *Pentz,* Anfechtung eines Erbverzichts, MDR 1999, 785; *ders.,* Nachehelicher Unterhalt trotz Pflichtteilsverzichts, FamRZ 1998, 1344; *Peter,* Anfechtung oder Zuwendungsverzicht, BWNotZ 1977, 113; *Frhr. v. Proff,* Pflichtteilserlass und Pflichtteilsverzicht von Sozialleistungsempfängern, ZErb 2010, 206; *ders.,* Ungewollte Fernwirkungen des Erbverzichts und Gestaltungshinweise zu ihrer Vermeidung, ZErb 2017, 33; *ders.,* Das schuldrechtliche Grundgeschäft zum Erbverzicht, DNotZ 2017, 84; *Regler,* Erbverzicht von Vorfahren oder Ehegatten mit Wirkung für deren Abkömmlinge? DNotZ 1970, 646; *Reul,* Erbverzicht, Pflichtteilsverzicht, Zuwendungsverzicht, MittRhNotK 1997, 373 sowie 1998, 6; *Rheinbay,* Erbverzicht – Abfindung – Pflichtteilsergänzung, 1983; *Schindler,* erbvertragliche Bindung und Aufhebung des Pflichtteilsverzichts, DNotZ 2004, 824;

*ders.,* Probleme der Vererblichkeit des Unterhaltspflicht nach § 1586b Abs. 1 Satz 3 BGB, FamRZ 2004, 1527; *ders.*, Die Abfindung für Erb- und Pflichtteilsverzichte als Schenkung, Hereditare 2017, 1–46; *Schmitz,* Kein nachehelicher Unterhaltsanspruch gegen den Erben nach Erb- und Pflichtteilsverzicht, FamRZ 1999, 1569; *Schopp,* Der „gegenständliche" Pflichtteilsverzicht, Rpfleger 1984, 175; *Schotten,* Das Kausalgeschäft beim Erbverzicht, DNotZ 1998, 163; *Schramm,* Möglichkeiten zur Einwirkung auf das Pflichtteilsrecht, BWNotZ 1959, 227; *ders.,* Abfindung für Erbverzicht = Schenkung i.S.v. § 2325 BGB?, BWNotZ 1971, 162; *ders.,* Wie berücksichtigt § 2310 BGB denjenigen, der sowohl durch letztwillige Verfügung als auch durch Erbverzicht von der gesetzlichen Erbfolge ausgeschlossen ist? BWNotZ 1977, 88; *Schüller,* Die Unterbeteiligung, MittRhNotK 1977, 45; *Schulz,* Pflichtteilsrecht und Pflichtteilsverzicht – Die Gretchenfrage des modernen Erbrechts? 2017; *Schulze zur Wiesche,* Die Unterbeteiligung in der steuerlichen Rechtsprechung, NJW 1983, 2362; *Spanke,* Der persönlich beschränkte Pflichtteilsverzicht, ZEV 2012, 345; *Speckmann,* Der Erbverzicht als „Gegenleistung" in Abfindungsverträgen, NJW 1979, 117; *Wachter,* Inhaltskontrolle von Pflichtteilsverzichtsverträgen?, ZErb 2004, 238, 306; *ders.*, Neues zum Pflichtteilsverzicht gegen Abfindung, DB 2017, 2500; *Wagenknecht,* Pflichtteilsrechte in der Enkelgeneration, ZErb 2012, 322; *Weber,* Erb- und Pflichtteilsverzichtsverträge im Spiegel der EUErbVO ZEV 2015, 503; *Weber/Raude*, Erb- und Pflichtteilsverzichtsverträge bei zwischenzeitlichem Tod des Erblassers: Gefahren und Handlungsempfehlungen für die Gestaltungspraxis, RNotZ 2018, 238; *Weidlich,* Ausgewählte Probleme bei erbrechtlichen Verzichtsverträgen, NotBZ 2009, 149; *ders.,* Die Erstreckung des Zuwendungsverzichts auf Ersatzerben, FamRZ 2010, 166; *Weirich,* Der gegenständlich beschränkte Pflichtteilsverzicht, DNotZ 1986, 5; *Wendelstein,* Die Unterbeteiligung als zweckmäßige Erbfolgeregelung, BB 1970, 735; *Wendt,* Unverzichtbares bei erbrechtlichen Verzichten, ZNotP 2006, 2; *Wiedemann,* Abfindungs- und Wertfestsetzungsvereinbarungen unter zukünftigen Erben, NJW 1968, 769; *Wirner,* Vorzeitiger Erbausgleich oder Pflichtteilsverzicht, MittBayNot 1984, 13; *Zeranski*, Ausschluss der Ansprüche auf Pflichtteilsergänzung und Schenkungsrückforderung wegen Fristablaufs, NJW 2017, 1345; *Zimmer*, Störungen beim Erb- und Pflichtteilsverzichtsvertrag, NJW 2017, 513.

## Anmerkungen

**1. Sachverhalt.** Der A ist persönlich haftender Gesellschafter einer offenen Handelsgesellschaft. Er ist verwitwet und hat einen Sohn B, der ihm in der Beteiligung nachfolgen soll, und zwei Töchter C und D. Die Nachfolge seines Sohnes in seinen Anteil an der OHG hat A geregelt, möchte jedoch zusätzlich sicherstellen, dass die Nachfolge nicht durch ordentliche oder außerordentliche Pflichtteilsansprüche seiner Töchter gestört wird. Die Töchter sind dazu – unter den im Einzelnen ausgehandelten Bedingungen – bereit.

**2. Anwendungsfälle.** Jede erbrechtliche Regelung und jede vorweggenommene Erbfolge ist bei Vorhandensein Pflichtteilsberechtigter letztlich trotz aller noch so fein ersonnener Minderungsmöglichkeiten (siehe hierzu den ausführlichen Überblick von *Worm* RNotZ 2003, 535) durch die Geltendmachung ordentlicher (§ 2303 BGB) oder außerordentlicher (§ 2325 BGB) Pflichtteilsansprüche gefährdet. Insbesondere wenn sich im Nachlass die Beteiligung an einer Handelsgesellschaft befindet, kann die Geltendmachung solcher Ansprüche die vorgesehene Nachfolgeregelung durchkreuzen und den Fortbestand des Unternehmens gefährden. Der einfachste Weg der Abhilfe ist der Abschluss eines auf den Anteil gegenständlich beschränkten Pflichtteilsverzichtsvertrages mit den nicht nachfolgeberechtigten Pflichtteilsberechtigten (RGRK/*Johannsen* § 2346 Rn. 24; *Zimmermann* BB 1969, 969; *Cremer* MittRhNotK 1978, 169). Der wird allerdings nicht ohne eine angemessene Gegenleistung zu erlangen sein. Hat der Erblasser nicht genügend außerbetriebliches Vermögen für die Gegenleistung, bietet sich die lebzeitige Einräumung oder vermächtnisweise Zuwendung einer Unterbeteiligung an der Gesellschaftsbeteiligung an (*Zimmermann* BB 1969, 969; *Rüthers* AcP 168 (1968), 261 (281 ff.); *Wendelstein* BB 1970, 735; *Damrau* Der Erbverzicht S. 82). Der Erblasser sollte sich nicht auf Patentrezepte verlassen (zB *Sudhoff* Betr. 1968, 648; Betr. 1973, 53 u. 1006), die den Pflichtteilsanspruch gering zu halten versprechen, sondern sollte den Pflichtteilsberechtigten ein großzügiges Angebot machen, um sie zum Abschluss eines zumindest beschränkten Pflichtteilsverzichts zu veranlassen (*Damrau* BB 1970, 474).

Kommt eine Einigung nicht zustande – häufig auch wegen einer Scheu, das Thema in der Familie überhaupt anzusprechen –, bleiben dem Erblasser neben der wegen enger Voraussetzungen Pflichtteilsentziehung nur Gestaltungen, die den Pflichtteil gering halten (vgl aus jüngerer Zeit *Kappler/Kappler* ZEV 2017, 601), oder dem Berechtigten einen Anreiz geben, von der Geltendmachung abzusehen. Neben der „Strafklausel" (→ Form. XII.11) kommen dafür Varianten der sog. cautela Socini in Betracht, bei welcher der Pflichtteilsberechtigte im Ergebnis wählt, ob er einen unbelasteten Erbteil (im Wert des Pflichtteils) oder ein deutliches höheres Erbe erhält, dies aber belastet mit Testamentsvollstreckung und anderen Bindungen nach dem Willen des Erblassers (Gestaltungshinweise bei *Daragan* ZErb 2018, 1 (3)).

**3. Erb- und Pflichtteilsverzichtsvertrag.** (1) **Begriff und Rechtsnatur.** Gesetzliche Erben (ausgenommen der Fiskus), gewillkürte Erben, Vermächtnisnehmer und Pflichtteilsberechtigte können durch Erbverzichtsvertrag mit dem Erblasser auf den künftigen Erwerb von Todes wegen verzichten (§§ 2346 Abs. 1, 2352 BGB). Der Erbverzicht kommt durch erbrechtlichen, abstrakten Vertrag des Erblassers mit seinen künftigen gesetzlichen oder gewillkürten Erben, Pflichtteilsberechtigten oder Vermächtnisnehmern zustande (BGHZ 37, 319 (327)). Auch der künftige Ehegatte kann auf sein erst durch die Eheschließung entstehendes Erbrecht schon vorher verzichten (Palandt/*Weidlich* § 2346 Rn. 1). Der Verzicht besitzt verfügenden Charakter, da er unmittelbar auf die Erbfolge bzw. das Pflichtteilsrecht einwirkt (BGHZ 37, 319 (328); KG OLGZ 1974, 263 (264)). Er hat rein negativen Inhalt (BGHZ 37, 319 (325)). Er ist ein Rechtsgeschäft unter Lebenden, daher beurteilen sich Willensmängel nach §§ 116 ff. BGB, eine teilweise Unwirksamkeit nach § 139 BGB und nicht nach § 2085 BGB, seine Auslegung erfolgt nach §§ 133, 157, 242 BGB und nicht nach § 2084 BGB (BayObLGZ 1981, 30), und seine Anfechtung richtet sich nach §§ 119 ff. BGB, so dass ein Motivirrtum anders als nach § 2078 Abs. 2 BGB unbeachtlich ist (Palandt/*Weidlich* § 2346 Rn. 18). Die Vertragsparteien können die Verpflichtung zum Erbverzicht gegen Abfindung zum Gegenstand eines Vertrages iSd §§ 320 ff. BGB machen (MüKoBGB/Strobel § 2346 Rn. 22; Palandt/*Weidlich* § 2346 Rn. 8 ff.). Die Causa kann, muss aber nicht unmittelbar im Verzichtsvertrag enthalten sein (→ Anm. 3 (7)). Allein der Umstand, dass ein Pflichtteilsverzicht im Zuge einer Zuwendung des Erblassers erklärt wird, nimmt dieser noch nicht den Charakter der Unentgeltlichkeit – insbesondere wenn der Verzicht hauptsächlich der erbrechtlichen Ausgleichung dienen soll (BGH NJW 2016, 234).

(2) **Rechtswirkungen.** Vor dem Erbfall ist der Erbverzicht, wie sich aus seinem Vertragscharakter ergibt, **unwiderruflich.** Ein Widerrufs- oder Rücktrittvorbehalt des abstrakten Geschäfts ist unzulässig und kann allenfalls als auflösende Bedingung des Kausalgeschäfts gewertet werden (NK-BGB/*Beck/Kroiß* 4. Aufl. 2014, § 2346 Rn. 17/33). Soll der Erbverzicht letztlich vom Eingang einer Abfindungsleistung abhängig gemacht werden, kann das dadurch geschehen, dass die Ausübung eines (ausdrücklich vorbehaltenen oder gesetzlichen) Rücktrittsrechts vom schuldrechtlichen Vertrag (→ Anm. 7) zur auflösenden Bedingung des Erbverzichts erklärt wird (*Bengel/Spall* in Münchener Anwaltshandbuch Erbrecht, § 31 Rn. 11 mit Formulierungsvorschlag Rn. 12). Der Erbverzicht

verhindert den Anfall der Erbschaft an den Verzichtenden, wie wenn er zurzeit des Erbfalls nicht gelebt hätte – **Verlust der Erbenstellung** – (§ 2346 Abs. 1 S. 2 BGB). Diese Fiktion führt zu einer unmittelbaren Änderung der Erbfolge (*Lange/Kuchinke* § 7 III). Da nach der ausdrücklichen Vorschrift des § 2310 S. 2 BGB bei der Feststellung des für die Berechnung des Pflichtteils maßgebenden Erbteils die durch Erbverzicht ausgeschlossenen Pflichtteilsberechtigten nicht mitgezählt werden, erhöhen sich durch einen Erbverzicht (nicht auch beim bloßen Pflichtteilsverzicht nach § 2346 Abs. 2 BGB) die Pflichtteilsquoten der anderen Pflichtteilsberechtigten (MüKoBGB/*Strobel* § 2346 Rn. 19). Folgerichtig bleibt nach § 2316 Abs. 1 S. 2 BGB auch bei der Berechnung der Ausgleichspflichtteile ein erbverzichtender Abkömmling außer Betracht (NK-BGB/*Bock*, 4. Aufl. 2014, § 2316 Rn. 8). Unberührt bleibt von den Folgen des Erbverzichts die Möglichkeit des Erblassers, den Verzichtenden letztwillig zu bedenken, ein Verzicht auf Erbrechte aus künftigen Verfügungen von Todes wegen ist nicht möglich (MüKoBGB/*Strobel* § 2352 Rn. 3). Es bleibt aber auch in diesem Fall bei der Wirkung des § 2346 Abs. 1 S. 2 BGB: Der Verzichtende gilt als vorverstorben und es kann somit zu Pflichtteilsansprüchen entfernterer Abkömmlinge kommen (BGH ZEV 2012, 474). Der Erbverzicht führt auch automatisch zum Verlust des Pflichtteilsrechts (§ 2346 Abs. 1 S. 2 Hs. 2 BGB). Der Verzichtende kann sich jedoch auch das Pflichtteilsrecht vorbehalten (Palandt/*Weidlich* § 2346 Rn. 3). Kraft ausdrücklicher gesetzlicher Vorschrift (§ 2346 Abs. 2 BGB) kann auch nur auf das Pflichtteilsrecht verzichtet werden (reiner oder bloßer Pflichtteilsverzicht), der Verzichtende bleibt dann gesetzlicher Erbe, wenn der Erblasser nicht zusätzlich ein Enterbungstestament errichtet. Mit dem Erbverzicht geht auch ein Pflichtteilsrestanspruch (§ 2305 BGB) und ein Pflichtteilsergänzungsanspruch (§ 2325 BGB) verloren.

Der Erbverzicht eines **Ehegatten** gegenüber seinem mit ihm in Zugewinngemeinschaft lebenden Ehepartners umfasst nicht etwa auch seinen etwaigen rechnerischen Zugewinnausgleichsanspruch nach §§ 1371 Abs. 2, 1372 ff. BGB (*Haegele* BWNotZ 1971, 36 (41); *Lange/Kuchinke* § 7 II 5). Auf ihn kann er jedoch in einem Ehevertrag verzichten (NK-BGB/*Limbach* § 1371 Rn. 47: Im Zweifel von einem Verzicht auf den Zugewinnausgleich umfasst), ohne dass dies zur Gütertrennung führt. Zulässig ist auch ein Verzicht auf den Bruchteil des Pflichtteils, der sich durch die Erhöhung des gesetzlichen Erbteils um $^1/_4$ gem. § 1371 BGB ergibt (*Firsching/Graf,* Nachlassrecht, 8. Aufl. 2000, Muster 40). Nach heute wohl hA (*Pentz* FamRZ 1998, 1344; *Grziwotz* FamRZ 1991, 1258; *Bergschneider* FamRZ 2003, 1049 (1057); *Lauck* NJ 2014, 1; Bamberger/Roth/*J. Mayer* § 2346 Rn. 21; Staudinger/*Schotten*, Bearbeitung 2016, § 2346 Rn. 67; aA *Dieckmann* (NJW 1980, 2777 und FamRZ 1999, 1029; Soergel/*Häberle* § 1586b Rn. 1, MüKoBGB/*Leipold*, 7. Aufl. 2017, § 1933 Rn. 25 und *Maurer* § 1586b Rn. 2) führt ein Erb- und/oder Pflichtteilsverzicht zwischen Ehegatten dazu, dass der Verzichtende nach der Scheidung der Ehe und dem Tod seines früheren Ehegatten den nachehelichen **Unterhaltsanspruch** gegen die Erben gem. § 1586b Abs. 1 BGB verliert, da die Unterhaltsschuld durch den fiktiven Pflichtteil (§ 1586b Abs. 1 S. 3 BGB) begrenzt und gerechtfertigt wird. Die Bedeutung dieser Nachlassverbindlichkeit ist nicht zu unterschätzen. Auch fiktive Pflichtteilsergänzungsansprüche werden in die Haftungsgrenze eingerechnet (BGHZ 153, 372 = NJW 2003, 1796; BGHZ 146, 114 = NJW 2001, 828, dazu und insgesamt zur Bedeutung der Norm für die Gestaltung von Erbverträgen und Pflichtteilsverzichten *Frhr.v.Proff* ZErb 2017, 33 mit Mustern; *Frenz* ZEV 2001, 115 und *ders.* ZEV 1997, 450). Die genannten BGH-Entscheidungen zeigen, dass der BGH (obwohl § 1586b Abs. 2 BGB in eine andere Richtung weist) sich daran orientiert, wie sich die erbrechtlichen Mindestansprüche des Ehegatten bei Fortbestand der konkreten Ehe bis zum Erbfall dargestellt hätten. Auf dieser Grundlage liegt es nahe, auch den Pflichtteilsverzicht bei der Bestimmung der Haftungsgrenze nach § 1586b Abs. 1 S. 3 BGB zu beachten (*Frenz* ZEV 2001, 115). Diese in der Rechtsprechung unentschiedene Rückwirkung auf das Unterhaltsrecht mag allerdings auch dazu führen, den Erbverzicht jedenfalls an dieser Stelle einer verstärkten

**Inhalts- und Ausübungskontrolle** zu unterwerfen (vgl. *Wachter* ZErb 2004, 238 (306) einerseits, *Kapfer* MittBayNot 2006, 385 andererseits). *Dieckmann* (NJW 1980, 2777) schlägt vor, in Vereinbarungen über den nachehelichen Unterhalt, falls dieser nicht ganz ausgeschlossen wird, festzulegen, ob die Unterhaltspflicht mit dem Tod des Verpflichteten erlöschen soll, ob sie bis zur Grenze des fiktiven Pflichtteils nach § 1586b Abs. 1 S. 3 BGB oder ohne summenmäßige Begrenzung bestehen soll oder ob und welche Abwandlung dieser Grundmuster getroffen wird.

Ein etwaiger Erbverzicht muss bis zu einer höchstrichterlichen Klärung zwingend mit einer solchen Unterhaltsvereinbarung abgestimmt werden (siehe auch *Bengel/Spall* in Münchener Anwaltshandbuch Erbrecht, § 31 Rn. 50 f. sowie *Lauck* NJ 2014, 1 jeweils mit Formulierungsvorschlägen). Die ausdrückliche Regelung im Erbverzicht, ob er auch für den (fiktiven) Pflichtteil im Rahmen der nach § 1586b anzustellenden Berechnung gelten soll, empfiehlt sich auch deshalb, um ihn für eine etwaige Inhaltskontrolle nach §§ 138, 242 BGB vom übrigen Verzichtsinhalt getrennt zu halten (§ 139 BGB). Die Fortzahlung des Getrenntlebendenunterhalts über den Tod hinaus nach §§ 1933 S. 3 iVm § 1586b BGB können die Beteiligten wenn überhaupt nur über einen Pflichtteilsausschluss steuern (§§ 1585c, 1614 Abs. 1, 1360a Abs. 3, 1361 Abs. 4 BGB). Gerade diese von der wohl hM (Palandt/*Weidlich* § 1933 Rn. 10) angenommene mittelbare Wirkung führt aber auch zurück zu der Frage, ob erbrechtlich überhaupt über die in § 1586b Abs. 1 S. 2 BGB eingehende Rechengröße des „fiktiven Pflichtteils" disponiert werden kann. Angesichts dieser Unsicherheiten wird hier empfohlen (zur Verteilung der Unterhaltslast auf die Erben → Form. XII.16 Anm. 4.):

a) Wenn auch eine Unterhaltsvereinbarung getroffen wird, sind Weiterzahlung, Begrenzung oder Ausschluss des Unterhalts bei Tod des Unterhaltspflichtigen in dieser zu regeln. Im Erbverzicht ist dann,
   - wenn die Ansprüche (modifiziert) fortbestehen sollen, klarzustellen, dass er etwaige nach dem Tod fortbestehende Unterhaltsansprüche unberührt lässt.
   - wenn die Ansprüche abbedungen werden, eine derartige Regelung entbehrlich, aber auch unschädlich.

b) Wenn eine Unterhaltsvereinbarung nicht zustande kommt oder deren Auslegung hinsichtlich § 1586b BGB nicht eindeutig ist,
   - erfolgt im Erbverzicht, wenn es bei der gesetzlichen Regelung bleiben soll, eine Klarstellung wie vor,
   - wenn die Beteiligten keine Unterhaltszahlung nach dem Tod des Verpflichteten wollen, sollte der Abschluss bzw. die Ergänzung einer dahingehenden unterhaltsrechtlichen Regelung angeraten werden. Die Beteiligten sind in der Beratung darauf hinzuweisen, dass die Einwirkung des Pflichtteilsverzichts auf den unterhaltsrechtlichen Anspruch nur mittelbar ist und nicht feststeht. Wenn sie dennoch keine Unterhaltsvereinbarung wünschen, muss es beim Pflichtteilsverzicht bleiben. In diesem ist dann (sicherheitshalber ausdrücklich) die Erstreckung des Pflichtteilsverzichts auch auf den fiktiven Pflichtteil gem. § 1586b Abs. 1 S. 3 BGB zu erklären. Praktisch mag diese Situation vorkommen, wenn die glücklich verheirateten Beteiligten fernab von jedem Trennungswunsch gar keine ehevertraglichen Vereinbarungen, sondern nur erbrechtliche Festlegungen treffen wollen. Wird später dann doch eine Regelung der Scheidungsfolgen erforderlich, kann und sollte die Wirkung des Verzichts dort abgesichert werden.

c) Wenn ohne vorherige unterhaltsrechtlichen Regelung ein Erb- oder Pflichtteilsverzicht erklärt wurde, der sich ausdrücklich oder als mögliches Auslegungsergebnis auch auf die Berechnung des fiktiven Pflichtteils auswirken kann und
   - später eine Unterhaltsvereinbarung den Anspruch nach § 1586b BGB ausschließt und sie auch nicht durch andere aus dem Nachlass zu erbringende Zahlungen ersetzt, besteht kein weiterer Regelungsbedarf. Aber wenn

• später der Unterhalt geregelt und an § 1586b BGB festgehalten oder eine modifizierte Regelung gefunden wird, die eine Anwendung des § 1586b Abs. 1 S. 3 voraussetzt, dann wird es erforderlich, die Wirkungen des nach den Folgerungen der wohl hM dann zu weit gehenden erbrechtlichen Verzichts wieder zu beseitigen. Das kann am einfachsten durch (Teil-)Aufhebung des Erbverzichts geschehen (→ Anm. 9): „Soweit der am . . . . . . erklärte Erbverzicht so zu verstehen sein sollte, dass er auch etwaige nach dem Tod fortbestehende Unterhaltsansprüche beeinflussen kann, wird er mit diesem Teil seines Inhalts aufgehoben.“ *Bengel/Spall* (in Münchener Anwaltshandbuch Erbrecht, § 31 Rn. 49 und 51) beseitigt die mögliche Reichweite des Erbverzichts in diesem Fall durch ein erbvertragliches Vermächtnis zugunsten des (ehemaligen) Partners.

Mangels anders lautender Regelung im Erbverzichtsvertrag erstreckt sich der Verzicht eines Abkömmlings oder Seitenverwandten des Erblassers gem. § 2349 BGB auch auf die Abkömmlinge des Verzichtenden, auch wenn sie dem Verzicht nicht zugestimmt haben. Diese **Erstreckung** tritt unabhängig davon ein, ob eine Abfindung gewährt wird (*Baumgärtel* DNotZ 1959, 64). Keine Erstreckung der Verzichtswirkung auf die Abkömmlinge erfolgt dagegen, wenn der Ehegatte oder ein Vorfahre des Erblassers verzichtet (*Regler* DNotZ 1970, 646). Diese Erstreckungswirkung des Erb- und/oder Pflichtteilsverzichts (unten 4) kann ausgenutzt werden, um entferntere Abkömmlinge auch vom Pflichtteilsrecht auszuschließen (→ Form. XII.15 Anm. 3). Zur Erstreckung beim Zuwendungsverzicht siehe unten 6.

(3) **Beschränkungen des Verzichts.** Die Verzichtswirkung kann rechtsgeschäftlich in verschiedener Weise beschränkt werden. Beispiele:

a) Verzicht mit **Beschränkung auf das Pflichtteilsrecht** (§ 2346 Abs. 2 BGB). Siehe hierzu des näheren unten (4).

b) Verzicht lediglich auf das gesetzliche Erbrecht unter **Vorbehalt des Pflichtteilsrechts** (RGRK/*Johannsen* § 2346 Rn. 16; *Dieckmann* NJW 1980, 2778 Fn. 4 mwN), obwohl der Erblasser diese Wirkung regelmäßig auch durch Enterbung erreichen kann. Eventuell will der Erblasser jedoch die Enterbung nicht ohne Zustimmung des gesetzlichen Erben vornehmen, oder der Erblasser ist wegen Testierunfähigkeit zur Enterbung nicht in der Lage, während er auch als Geschäftsunfähiger durch seinen gesetzlichen Vertreter (Ausnahme vom Grundsatz der Höchstpersönlichkeit: § 2347 Abs. 2 S. 2) einen Erbverzicht abschließen kann.

c) Verzicht lediglich auf einen Bruchteil des Erbrechts (RGZ 71, 133), so dass der vom Verzicht nicht umfasste Erbteil an den Verzichtenden fällt, soweit die gesetzliche Erbfolge eintritt, bzw. er ein Pflichtteilsrecht in Höhe des halben Wertes des nicht vom Verzicht umfassten Anteils hat. Dieser Teilverzicht kann sich jedoch nur auf eine ideelle Quote des Erbrechts erstrecken, nicht auf Vermögenskomplexe, etwa Erbverzicht mit Ausnahme des nach Vertragsschluss erworbenen Vermögens, oder einzelner realer Gegenstände, da das BGB keine unmittelbare erbrechtliche Rechtsnachfolge an einzelnen Gegenständen kennt (*Hahn* ZEV 2016, 360 (364); KG DNotZ 1930, 165; JW 1937, 1734 = KG JFG 15, 98). Gegenständlicher Verzicht auf ein Vermächtnis ist allerdings zulässig – § 2352 BGB – (*Coing* JZ 1960, 211). Ein unzulässiger Erbverzicht in Bezug auf einen einzelnen Gegenstand kann allerdings uU in einen zulässigen quotenmäßigen Verzicht umgedeutet werden (MüKoBGB/*Strobel* § 2346 Rn. 14).

d) Auch eine **zeitliche Einschränkung des Erbverzichts** in der Weise, dass der Verzichtende erst von einem bestimmten Zeitpunkt an Erbe sein will oder nach einer bestimmten Zeit aufhören will Erbe zu sein, ist zulässig und führt über die §§ 2104, 2105 BGB zur Vor- und Nacherbfolge (MüKoBGB/*Wegerhoff* § 2346 Rn. 15). Ein **Pflichtteilsberechtigter** kann grds auch aufschiebend befristet auf den eigenen Tod auf das Pflichtteilsrecht verzichten (→ Anm. 6).

e) Der Verzicht kann auch auf die **Übernahme von Beschränkungen und Beschwerungen** beschränkt werden, wie zB die Ernennung eines Testamentsvollstreckers, eine Teilungsanordnung, die Belastung mit Vermächtnissen und Auflagen (OLG Dresden OLGE 34, 315; *Kretzschmar* JW 1914, 1122; BGH NJW 1978, 1153; *Coing* JZ 1960, 209), die Umwandlung von Voll- in Vor- oder Nacherbeinsetzung (MüKoBGB/*Strobel* § 2346 Rn. 16), die Berücksichtigung oder Nichtberücksichtigung von Anrechnungs- und/oder Ausgleichungspflichten gem. §§ 2315, 2050 BGB (RGZ 71, 133; *Haegele* Rpfleger 1968, 249; *Damrau* Erbverzicht S. 56) oder die Unterstellung nur des Erbteils des Verzichtenden unter die Verwaltung eines Testamentsvollstreckers (*Coing* JZ 1960, 209 (211)). Ein so beschränkter Erbverzicht wäre insbesondere im Hinblick auf § 2306 BGB empfehlenswert, da dann der Erbe nicht ausschlagen und seinen Pflichtteil fordern kann.

f) Der Verzicht konnte bis 1.4.1998 auch auf den damaligen Erbersatzanspruch nichtehelicher Kinder (§ 1934a BGB aF) bezogen werden. Damit war der Anspruch des Kindes auf vorzeitigen Erbausgleich (§ 1934d BGB aF) aber nicht ausgeschlossen.

g) Beschränkungen der Verzichtswirkungen sind auch der **gegenständlich beschränkte Pflichtteilsverzicht** (→ Anm. 5) und der Verzicht unter einer Bedingung oder Befristung (→ Anm. 6).

h) Nicht möglich ist es, durch Erbverzicht oder Zuwendungsverzicht isoliert auf das **Ausschlagungsrecht** (etwa für die Fälle des § 2306 BGB) zu verichten (*Muscheler* Heriditare 2014, 263 (268). Eine mit Schadensersatzansprüchen bewehrte schuldrechtliche Verpflichtung, das künftige Erbe oder ein Vermächtnis anzunehmen, können Erblasser und Erbe oder Vermächtnisnehmer als einen Vertrag zugunsten Dritter hingegen vereinbaren (*Muscheler* Heriditare 2014, 263 (288).

(4) **Insbesondere bloßer Pflichtteilsverzicht.** Eine häufige Beschränkung der Verzichtswirkung ist, wie im Formular, der bloße Verzicht auf das Pflichtteilsrecht unter Vorbehalt des gesetzlichen Erbrechts (§ 2346 Abs. 2 BGB), wodurch der Erblasser die volle Testierfreiheit erhält. Auch der bloße Pflichtteilsverzicht erstreckt sich mangels anderer Regelung im Verzichtsvertrag automatisch auf die Abkömmlinge des Verzichtenden, wenn ein Abkömmling oder Seitenverwandter des Erblassers verzichtet (MünchKomm/*Strobel* § 2349 Rn. 5; NK-BGB/*Beck/Kroiß*, 4.Aufl. 2014, § 2349 Rn. 3; *Baumgärtel* DNotZ 1959, 65). Gerade diese Erstreckungswirkung macht den bloßen Pflichtteilsverzicht zum geeigneten Gestaltungsmittel, um bei Übereinstimmung von Erblasser und näheren Abkömmlingen entfernteren Abkömmlingen auch den Pflichtteil zu entziehen (*Stanovsky* BWNotZ 1974, 102 ff.; → Form. XII.15). § 2349 BGB ist dispositiv. Mit Rücksicht auf den Normzweck (Ausschluss eines ganzen Stammes) kommt aber wohl nur ein „Ganz- oder gar nicht" in Betracht. Bedenklich ist es daher, die Verzichtswirkung nur auf bestimmte Abkömmlinge des Verzichtenden zu erstrecken (NK-BGB/*Beck/Ullrich* § 2349 Rn. 3; Staudinger/*Schotten,* Bearbeitung 2016, § 2349 Rn. 14; *Weidlich* NotBZ 2009, 149 (154); anders Bamberger/Roth/J. Mayer § 2349 Rn. 3; MüKoBGB/*Strobel* § 2349 Rn. 6; Soergel/*Damrau* § 2349 Rn. 3). Da hinsichtlich der Regelungen in §§ 2310 S. 2, 2316 Abs. 1 S. 2 BGB der bloße Pflichtteilsverzicht dem Erb- und Pflichtteilsverzicht nicht gleichgestellt ist, erhöht der bloße Pflichtteilsverzicht nicht die Pflichtteilsquoten (Quotenerhöhung) der übrigen Pflichtteilsberechtigten und auch nicht die Pflichtteilsbeträge beim durch ausgleichungspflichtige Zuwendungen unter Abkömmlingen erhöhten Pflichtteil (*Schotten* RNotZ 2015, 412). Hat ein in Zugewinngemeinschaft lebender Ehegatte nur auf seinen Pflichtteil verzichtet, so verbleibt ihm bei gesetzlicher Erbfolge der gem. §§ 1371 Abs. 1, 1931 BGB um $^1/_4$ erhöhte Erbteil (*Lange/Kuchinke* § 7 II 5). Der uneingeschränkte Pflichtteilsverzicht schließt den Verzicht auf den Pflichtteilsrestanspruch (§ 2305 BGB), den Pflichtteilsanspruch bei Zuwendung eines Vermächtnisses (§ 2307 BGB), den Wegfall der Beschränkungen und Beschwerungen gem. § 2306 BGB, den Pflichtteilsergänzungsanspruch (§ 2325 BGB) und auf die Berufungsmöglichkeiten nach den §§ 2318 Abs. 2, 2319 und 2328 BGB ein (*Schramm* BWNotZ 1966, 31).

(5) **Zweckmäßigkeit von Erb- oder Pflichtteilsverzichtsvertrag.** Nahezu immer ist der bloße Pflichtteilsverzichtsvertrag in Verbindung mit enterbendem Testament dem Erbverzicht vorzuziehen (*Damrau* Der Erbverzicht S. 30, 46, 51 u. 137; *ders.* BB 1970, 469 (470 u. 474); *Haegele* BWNotZ 1971, 43; *Rheinbay,* Erbverzicht – Abfindung – Pflichtteilsergänzung, 1983, S. 155; *Wirner* MittBayNot 1984, 13). Vor allem weil beim bloßen Pflichtteilsverzicht gemäß § 2310 S. 1 BGB im Gegensatz zum Erbverzicht der Verzichtende mitgezählt wird und sich daher die Pflichtteilsrechte der übrigen Berechtigten nicht erhöhen (ganz hM, dazu *Schotten* RNotZ 2015, 412 gegen Staudinger/*Otte* (2015) § 2310 Rn 20). Keine Quotenerhöhung gemäß § 2310 S. 2 BGB erfolgt auch beim Erbverzicht unter Pflichtteilsvorbehalt (MüKoBGB/*Lange* § 2310 Rn. 6). Liegt ein Fall vor, der zur Ausgleichung von Zuwendungen unter Abkömmlingen führen kann, so hat der Erblasser in seine Erwägungen einzubeziehen, dass die Quotenerhöhung der übrigen Pflichtteilsberechtigten durch den Erbverzicht (§ 2316 Abs. 1 S. 2 BGB) zugunsten der ausgleichungsberechtigten Pflichtteilsberechtigten zur Erhöhung ihrer Ausgleichungspflichtteilsansprüche oder Pflichtteilsrestansprüche aus dem um die ausgleichungspflichtigen Zuwendungen erhöhten Nachlass führt und zwar auch, wenn sie Miterben geworden sind, aber der Wert des ausgeglichenen Pflichtteils den des ihnen hinterlassenen Erbteils übersteigt (§ 2316 Abs. 2 BGB) (*Bühler* DNotZ 1967, 778; *Haegele* BWNotZ 1971, 36 (43) Fn. 66; *Reinbay* S. 22). Da der Verzichtende als vorverstorben gilt, entstehen Pflichtteilsrechte in der nächsten Generation der Abkömmlinge, und zwar (entschieden für denselben Stamm) auch dann, wenn sich der Erblasser umbesinnt und den Verzichtenden als Erben einsetzt (BGH ZEV 2012, 474 mAnm *Lichtenwimmer;* kritisch gegenüber der Rechtsprechung *Wagenknecht* ZErb 2012, 322). Allerdings unterbleibt beim Erbverzicht auch die Zurechnung einer dem Verzichtenden gemachten ausgleichungspflichtigen Zuwendung (MüKoBGB/*Heldrich* § 2050 Rn. 3). Beim bloßen Pflichtteilsverzicht wird dagegen der Verzichtende bei der Feststellung der für die Berechnung der Pflichtteile maßgeblichen Erbteile mitgezählt. Daher kommt der evtl. auf ihn entfallende Ausgleichungspflichtteil aus dem um die Zuwendungen (auch an ihn) vermehrten Nachlass letztlich den Erben zugute, da sie an die übrigen Pflichtteilsberechtigten entsprechend niedrigere Pflichtteilsbeträge oder Pflichtteilsrestansprüche (§ 2316 Abs. 2 BGB) auszuzahlen haben. Zur Durchführung der Ausgleichung von Zuwendungen unter Abkömmlingen im Pflichtteilsrecht → Form. XII.23 Anm. 7 (1c). Grundsätzlich kann wegen § 2310 S. 2 BGB ein Erbverzicht nur empfohlen werden, wenn auch alle übrigen pflichtteilsberechtigten Personen Erbverzichte abgeben oder sicher abgeben werden oder mit dem Erbverzicht nur ein relativ kurzer Zeitraum überbrückt werden soll, bis die Erbberechtigung des Verzichtenden ohnehin wegfällt (so beim Erbverzicht im Kontext einer Scheidungsfolgenvereinbarung). Sonst sollte zum bloßen Pflichtteilsverzicht mit ergänzender Verfügung von Todes wegen geraten werden (*Schramm* BWNotZ 1959, 227 (230)). Ein weiterer Vorteil des bloßen Pflichtteilsverzichts liegt darin, dass er im Gegensatz zum Erbverzicht eine gegenständliche Beschränkung zulässt (→ Anm. 5). Gerade durch entsprechend beschränkten Pflichtteilsverzicht (siehe oben Abs. 3e), kann man die Gefahr vermeiden, dass der Erbe, obwohl sein Erbteil größer als der Pflichtteil oder gar als der gesetzliche Erbteil ist, der jedoch mit Beschränkungen oder Beschwerungen im Sinne des § 2306 BGB beschwert ist, die Erbschaft ausschlägt und den Pflichtteil verlangt.

Der uneingeschränkte Erbverzichtsvertrag gem. § 2346 Abs. 1 BGB bietet sich daher vor allem für Fälle an, in denen der Erblasser eine Erbaussicht nicht durch Enterbungstestament beseitigen kann. Dies sind im Wesentlichen (siehe dazu eingehend *Damrau,* Der Erbverzicht als Mittel zweckmäßiger Vorsorge für den Todesfall, 1966, S. 31 ff.):

a) Testierunfähigkeit des Erblassers, da er auch bei Geschäfts- und Testierunfähigkeit einen Erbverzichtsvertrag durch seinen gesetzlichen Vertreter schließen kann, der dazu allerdings der Genehmigung des Vormundschaftsgerichts bedarf (§ 2347 BGB).
b) Beseitigung wechselbezüglicher Verfügungen eines gemeinschaftlichen Testaments im Einverständnis des Bedachten zur Wiedererlangung der eigenen Verfügungsfreiheit,

entweder um zu vermeiden, dass der andere Ehegatte durch die Zustellung des Widerrufs (§§ 2271 Abs. 1, 2296 Abs. 2 BGB) davon erfährt (*Damrau* Der Erbverzicht S. 43), oder nach dem Tod des anderen Ehegatten, wenn der Erblasser das ihm Zugewendete nicht ausschlagen will (*Damrau* Der Erbverzicht S. 42). Durch diesen Zuwendungsverzicht (§ 2352 BGB) werden die zugunsten des Erblassers vom vorverstorbenen Ehegatten getroffenen Verfügungen nicht gem. § 2270 Abs. 1 BGB unwirksam (wie etwa bei einer Anfechtung nach § 2079 BGB), und zwar auch dann, wenn sie zum Gegenstand des Verzichts wechselbezüglich sind. Das folgt daraus, dass durch den Zuwendungsverzicht die Verfügungen des Erblassers nur gegenstandslos und nicht, wie § 2270 Abs. 1 BGB voraussetzt, nichtig werden (Staudinger/*Kanzleiter*, Bearbeitung 2019, § 2270 Rn. 37; *Peter* BWNotZ 1977, 113 ff.). Die Verfügungsfreiheit des überlebenden Ehegatten tritt aber durch den Zuwendungsverzicht grundsätzlich dann nicht ein, wenn Ersatzerbfolge angeordnet ist oder Anwachsung eintritt (Auslegungsfrage; vgl. Palandt/*Weidlich* § 2352 Rn. 4 sowie unten (6)). Die gleiche Lage besteht und die gleiche Lösung hilft beim Erbvertrag nach dem Tod eines der Vertragschließenden, wenn ein Dritter bedacht ist (§§ 2290 Abs. 1, 2298 Abs. 2 BGB).

c) Haben Abkömmlinge Vorempfänge mit oder ohne Ausgleichungspflicht gem. §§ 2050, 2316 BGB erhalten, die sie nach der voraussichtlichen Entwicklung des Vermögens des Erblassers besser stellen würden als ihre Geschwister, kann der Erbverzicht der Vereinfachung der späteren Nachlassabwicklung und der Verhütung von Streit dienen (*Lange* FS Nottarp, 1961, 119 (120)).

Dagegen sind bloße Pflichtteilsverzichte verbunden mit einer evtl. einverständlichen testamentarischen Enterbung im Wesentlichen als Vorsorge für den Todesfall sinnvoll und gebräuchlich:

a) zur Sicherstellung der Befolgung eines Berliner Testaments (*Damrau* Der Erbverzicht S. 53), damit beim Tod des Erstversterbenden der Eltern kein Kind die Erbeinsetzung des Längstlebenden durch Pflichtteilsforderung beeinträchtigen kann. Diese Lösung ist der komplizierten Jastrow'schen Pflichtteilstrafklausel (→ Form. XII.28 Anm. 9) vorzuziehen. Auch das geschäftsfähige behinderte oder bedürftige Kind kann vorab auf den Pflichtteil verzichten, womit einer Überleitung auf einen Sozialhilfeträger nicht mehr in Betracht kommt (BGHZ 188, 96).

b) um die einverständliche Enterbung des Verzichtenden zwecks Übertragung seines zukünftigen Nachlassanteils oder gesamten Nachlasses auf einen Dritten im Wege der Erbfolge sicherzustellen. Dies erfolgt an Stelle eines Vertrages unter zukünftigen gesetzlichen Erben gem. § 311b Abs. 5 BGB (*Damrau* Der Erbverzicht S. 54 f.). Ein Bedürfnis dazu kann zB beim Berliner Testament nach dem Tod des erstversterbenden Elternteils bestehen, wenn sich die Abkömmlinge als zukünftige Schlusserben vorweg über den Nachlass auseinandersetzen wollen und ein Vertrag zwischen ihnen gem. § 311b Abs. 5 BGB nicht riskiert werden kann, da streitig ist, ob ein solcher Vertrag auch wirksam ist, wenn es nicht zur gesetzlichen, sondern zur gewillkürten Erbfolge kommt (nach hM kommt es nur darauf an, dass die Vertragsschließenden zum Zeitpunkt des Vertragsschlusses „künftige gesetzliche Erben" sind, nicht auf den Zeitpunkt des Erbfalls, jurisPK-BGB/*Ludwig* § 331b Rn. 406). Erbschaftsteuerlich wäre allerdings ein Vertrag unter künftigen gesetzlichen Erben nach § 311b Abs. 5 BGB zwecks Übertragung des künftigen Nachlassanteils auf den oder die Miterben immer günstiger als ein Erb- und/oder Pflichtteilsverzicht, da bei ihm nur der spätere Anfall der Erbschaft bei dem zur Übertragung Verpflichteten steuerpflichtig ist, beim Erb- und/oder Pflichtteilsverzicht aber gem. § 7 Abs. 1 Nr. 5 ErbStG die Zahlung der Abfindung, die als Schenkung unter Lebenden fingiert wird und der spätere Erbfall (*Damrau* Der Erbverzicht S. 35 u. 55).

c) zur Erhaltung von Unternehmen im Familienbesitz (*Damrau* Der Erbverzicht S. 77 ff.).

d) hat der Erblasser einem pflichtteilsberechtigten Abkömmling eine Zuwendung ohne Anrechnungs- oder Ausgleichungsbestimmung gem. §§ 2315 Abs. 1, 2050 Abs. 3 BGB gemacht, kann dem im Einverständnis mit dem Zuwendungsempfänger dadurch abgeholfen werden, dass im Wege eines gegenständlich beschränkten Pflichtteilsverzichtsvertrages mit ihm die Anrechnung der Zuwendung auf den Pflichtteilsanspruch vereinbart wird (RGZ 71, 131; *Haegele* Rpfleger 1968, 249; *Damrau* Der Erbverzicht S. 56; *Schmidt* BWNotZ 1971, 29 (34) Fn. 34). Die Anrechnung von Vorausempfängen auf den Erbteil muss, wenn sie über § 2050 BGB hinausgehen soll, dagegen nach BGH ZEV 2009, 33 im Wege letztwilliger Verfügung geschehen (abl. *Leipold* ZEV 2009, 54).

(6) **Zuwendungsverzicht.** Nach § 2352 BGB kann der Erblasser mit demjenigen, der durch Testament oder als nicht am Erbvertrag beteiligter Dritter von ihm als Erbe eingesetzt oder mit einem Vermächtnis bedacht ist, einen Vertrag abschließen, in dem auf diese Zuwendung verzichtet wird. Verzichten können nicht nur die unmittelbar eingesetzten, sondern auch Ersatzerben und Ersatzvermächtnisnehmer. Die Bedeutung dieser Vorschrift wird dadurch eingeschränkt, dass Testamente grundsätzlich frei widerrufen (§§ 2253 ff. BGB) und Erbverträge von den Vertragschließenden jederzeit aufgehoben werden können (§ 2290 BGB). Zuwendungsverzichte sind daher nur dann zweckmäßig, wenn der Widerruf oder die Aufhebung der Verfügung von Todes wegen nicht möglich ist. Dies ist der Fall, wenn der Erblasser geschäftsunfähig geworden ist, so dass er seine Verfügung nicht aufheben, sein gesetzlicher Vertreter aber einen Zuwendungsverzichtsvertrag schließen kann, beim gemeinschaftlichen Testament hinsichtlich wechselbezüglicher Verfügungen nach dem Tod eines Ehegatten (OLG Hamm Rpfleger 1982, 148) und beim Erbvertrag nach dem Tod eines der Vertragschließenden (*Jackschath* MittRh-NotK 1977, 117 (123 f.)).

Form und persönliche Voraussetzungen sind beim Zuwendungsverzichtsvertrag gemäß den in § 2352 S. 2 BGB in Bezug genommenen §§ 2347, 2348 BGB dieselben wie beim Erbverzichtsvertrag. Die Vertragschließenden eines Erbvertrages können die vertragsmäßigen Verfügungen, auch wenn sie Erblasser und Begünstigter sind, nicht durch Zuwendungsverzichtsvertrag aufheben, sondern nur durch Aufhebungsvertrag gem. § 2290 BGB (OLG Stuttgart DNotZ 1979, 107 = OLGZ 1979, 129 mwN). Wurde der Erbvertrag allerdings zwischen mehr als zwei Personen abgeschlossen, so kann, je nachdem zwischen wem materiell die betreffende Verfügung getroffen wurde, auch ein Vertragschließender bezüglich dieser Verfügung nur formal beteiligter Dritter im Sinne des § 2352 S. 2 BGB sein (so vom BGH nicht entschiedener Vorlagebeschluss des BayObLG NJW 1965, 1552 = BayObLGZ 1965, 188; BayObLGZ 1974, 401; RGRK/*Johannsen* § 2352 Rn. 4; Palandt/*Weidlich* § 2352 Rn. 3). Andererseits können vertragsmäßige Verfügungen eines Erbvertrages vom Erblasser und dem durch den Vertrag Begünstigten, jedoch nicht am Vertragsabschluss beteiligten Dritten ohne Zuziehung und ohne Zustimmung des Vertragsgegners, also auch nach seinem Tod durch Zuwendungsverzichtsvertrag gem. § 2352 S. 2 BGB aufgehoben werden (Reimann/Bengel/*J. Mayer*, BGB § 2290 Rn. 9).

Seit 1.1.2010 erstreckt sich die Wirkung des Zuwendungsverzichts auch auf die **Abkömmlinge des Verzichtenden.** Diese durch Erweiterung des § 2352 BGB um Nennung des § 2349 BGB erfolgte 180-Grad-Wende des Gesetzgebers gilt für alle Erbfälle seither und im Zweifel auch für ältere Erbverzichtsverträge (Art. 229 § 23 Abs. 4 EGBGB). Das erscheint nicht unproblematisch, zumal auch die Neuregelung erheblichen Klärungsbedarf offen lässt (*Kanzleiter* DNotZ 2009, 805). In der Rechtsprechung wurde bereits ein Hinweis in einem älteren Zuwendungsverzichtsvertrag auf die damalige Rechtlage (also keine Erstreckung auf die Abkömmlinge) so ausgelegt, dass die Beteiligten genau dies wollten (OLG Schleswig NJW-RR 2014, 1356). Insolvenzrechtlich ist die **Mitwirkung des Vertragserben an der Aufhebung** seiner Einsetzung als höchstpersönliches Geschäft nicht anfechtbar (BGH ZErb 2013, 129).

Wie beim Erbverzicht (oben Abs. 3) ist auch ein teilweiser Zuwendungsverzicht möglich. So auf ideelle Bruchteile und auf Gegenstände, wenn sie vermächtnisweise zugewendet wurden (MünchKomm/*Wegerhoff* § 2352 Rn. 4). Insbesondere kann durch Verzicht dem Erblasser die Befugnis eingeräumt werden, den gewillkürten Erben mit neuen

Auflagen und Vermächtnissen zu beschweren, sowie Testamtensvollstreckung und Nacherbschaft anzuordnen (MünchKomm/*Wegerhoff* § 2352 Rn. 4; aM *Jackschath* MittRhNotK 1977, 121). Durch die Einräumung einer derartigen Befugnis sind diese Beschränkungen oder Beschwerungen jedoch noch nicht angeordnet, dazu bedarf es der Umsetzung in einer entsprechenden Verfügung von Todes wegen. Beschränkte Zuwendungsverzichte und damit nach § 2348 BGB formbedürftig sind auch die Zustimmung des Bedachten eines Erbvertrages zu ihn beeinträchtigenden späteren Verfügungen von Todes wegen gem. § 2289 Abs. 1 S. 2 BGB (MünchKomm/*Musielak* § 2289 Rn. 18) und die Zustimmung eines durch Erbvertrag oder bindend gewordenes gemeinschaftliches Testament Bedachten zu beeinträchtigenden Schenkungen nach § 2287 Abs. 1 BGB (BGHZ 83, 44 = NJW 1982, 1100 (1102); str., vgl. Staudinger/Kanzleiter, Bearbeitung 2019, § 2287 Rn. 19). Der Verzicht auf eine Zuwendung aus einer Verfügung von Todes wegen enthält nicht notwendig einen Verzicht auf das gesetzliche Erb- und Pflichtteilsrecht und umgekehrt (RG LZ 1919 Sp. 594; MünchKomm/*Wegerhoff* § 2352 Rn. 17). Andererseits hat der Bundesgerichtshof (WPM 1972, 313 = DNotZ 1972, 500) in einem Fall, in dem „auf Erbteils- und Pflichtteilsansprüche für jetzt und in alle Zukunft“ verzichtet war, angenommen, dass, wenn nicht sonstige gegenteilige Umstände vorlägen, damit auch auf Zuwendungen in Verfügungen von Todes wegen verzichtet wurde. Bei einem Zuwendungsverzichtsvertrag ist daher klar zum Ausdruck zu bringen, ob sich der Verzicht auch auf ein evtl. gesetzliches Erb- und Pflichtteilsrecht erstrecken soll. Sind mehrere Berufungsgründe gegeben oder möglich, ist genau anzugeben, auf welche sich der Verzicht erstrecken soll. Gegebenenfalls sollte vorsorglich auf alle derartigen Zuwendungen mit verzichtet werden. Umgekehrt sollte, da die Rechtsprechung stillschweigende Verzichte zulässt (→ Anm. 8) auch bei einem Erb- und Pflichtteilsverzichtsvertrag geregelt werden, ob etwaige Zuwendungen in bereits bestehenden Verfügungen von Todes wegen vom Verzicht miterfasst werden (*Jackschath* MittRhNotK 1977, 124). Letztlich ist es wegen der Dispositivität der Erstreckungswirkung (§§ 2352, 2349 BGB) ratsam, in die Urkunde aufzunehmen, ob der Verzicht auch für Abkömmlinge gelten soll (siehe oben).

(7) **Schuldrechtlicher Verpflichtungsvertrag.** Der Erbverzicht ist ein erbrechtlicher abstrakter Verfügungsvertrag negativen Inhalts (BGHZ 37, 319 = NJW 1962, 1910). Der Erbverzicht führt unmittelbar eine Rechtswirkung herbei, den Verlust des Erbrechts. Früher nahm man an, dass der Erbverzicht seine Rechtfertigung in sich selbst trage, es bei ihm daher keines Rechtsgrundes (causa) bedürfe. Im Anschluss an *Larenz* (JherJb Bd. 81 (1931), 22 ff.) und vor allem Lange (FS Nottarp, 1961, 119 ff.) ist jedoch heute anerkannt, dass in der Regel hinter dem abstrakten erbrechtlichen Verfügungsvertrag des Erbverzichts ein kausaler schuldrechtlicher Abfindungsvertrag steht (BGHZ 134, 152 = NJW 1997, 653 = ZEV 1997, 69; ausf. *Frhr. v. Proff,* DNotZ 2017, 84). Dieses Verpflichtungsgeschäft ist beim unentgeltlichen Verzicht ein einseitiges Rechtsgeschäft, jedoch keine Schenkung (Staudinger/*Schotten*, Bearbeitung 2016, § 2346 Rn. 121; *Keim* NotBZ 1999, 1 (5)). Beim entgeltlichen Erbverzicht ist das Verpflichtungsgeschäft ein gegenseitiger Schuldvertrag nach §§ 320 ff. BGB (MünchKomm/*Wegerhoff* § 2346 Rn. 22; Staudinger/*Schotten*, Bearbeitung 2016, § 2346 Rn. 162), der den einen Vertragsteil zum Abschluss eines Erbverzichtsvertrages mit dem Erblasser und den anderen zur Zahlung einer Abfindung verpflichtet (*Mattern* LM § 2271 Nr. 13). Dieser Verpflichtungsvertrag bedarf nach hM entsprechend § 2348 BGB der notariellen Form (KG OLGZ 1974, 263 = DNotZ 1975, 163; MüKoBGB/*Wegerhoff* §§ 2348 Rn. 2 mwN; *Damrau* NJW 1984, 1163; aM *Kuchinke* NJW 1983, 2354). Bei Nichtbeachtung der Form tritt analog §§ 311b Abs. 1, 518 Abs. 2, 766 S. 2, 2301 Abs. 2 BGB, 15 Abs. 4 GmbHG mit Abschluss des gültigen Erbverzichtsvertrages Formheilung ein (NK-BGB/*Beck/Kroiß*, 4. Aufl. 2014, § 2348 Rn. 7). Das Stellvertretungsverbot hinsichtlich des Erblassers beim Erbverzicht nach § 2347 Abs. 2 BGB findet auf den Verpflichtungsvertrag keine Anwendung (BGHZ 37, 319 (328)). Leistungsstörungen können nach den allgemeinen Regeln

der §§ 320 ff. BGB durch Leistungsklage, Schadensersatz oder Rücktritt beseitigt werden. Notfalls kann bei fehlendem oder nichtigem Erbverzicht die geleistete Abfindung kondiziert (§ 812 BGB) werden (BGHZ 77, 264 (270) = NJW 1980, 2307 (2309)). Stirbt der Erblasser vor Abschluss des Erbverzichtsvertrages, wird der zum Verzicht Verpflichtete gem. § 275 BGB von seiner Leistung frei, da hier ein höchstpersönlicher Anspruch des Erblassers auf Regelung seiner Erbfolge vorliegt (BGHZ 37, 319 (329 f.); KG OLGZ 1974, 263 (265); NK-BGB/*Beck/Kroiß*, 4.Aufl. 2014, § 2346 Rn. 27; für eine Umdeutung in eine Verpflichtung zur Ausschlagung oder zum Pflichtteilserlass *Lange/Kuchinke* § 7 V 2d). Die Erben des Erblassers können dann aber nach §§ 323 Abs. 2, 812 BGB Rückzahlung der Abfindung für den Erbverzicht verlangen. Schwierigkeiten bereitet der Ausgleich allerdings bei wirksamem abstrakten Erbverzicht, jedoch fehlendem oder nichtigem Verpflichtungsvertrag (dazu Palandt/*Weidlich* § 2346 Rn. 11; NK-BGB/*Beck/Kroiß*, 4.Aufl. 2014, § 2346 Rn. 28). Das Problem konzentriert sich darauf, ob und in welcher Weise man sich die Erbchance (und entsprechend der Verzicht darauf) als ein bewertbares und damit kondizierbares Gut vorstellen kann (*Lange/Kuchinke* § 7 V.3.). Als Ersatzlösungen zur Kondiktion werden ein Anfechtungsrecht analog § 2081 BGB, ein Rücktrittsrecht entsprechend § 2295 BGB, eine stillschweigende Bedingung, der Einwand der unzulässigen Rechtsausübung und der Wegfall der Geschäftsgrundlage (zu dieser vgl. BGHZ 134, 152 = NJW 1997, 653 = ZEV 1997, 69) angeboten. Aus diesem Grund empfiehlt sich immer die rechtsgeschäftliche Verbindung zwischen Erbverzicht und Abfindungsvereinbarung durch wechselseitige Bedingungen.

(8) **Stillschweigender Erbverzicht.** Der Bundesgerichtshof (BGHZ 22, 364 = NJW 1957, 422 = JR 1957, 339 m. Abl. Anm. v. *Lübtow*) hat in einem Erbvertrag, in dem sich die Ehegatten gegenseitig als Alleinerben einsetzen und ein gemeinsames Kind, das Vertragspartner des Erbvertrages war, zum Schlusserben bestimmten, zugleich einen stillschweigenden Verzicht dieses Kindes auf sein Pflichtteilsrecht nach dem erstversterbenden der Ehegatten gefunden. In Fortführung dieser Rechtsprechung hat er (BGH NJW 1977, 1728 = Rpfleger 1977, 247) in einem notariellen gemeinschaftlichen Testament, durch das die Eheleute Dritte zu Erben einsetzten, einen Pflichtteilsverzicht des überlebenden Ehegatten auf den Tod des erstversterbenden gesehen. Die Literatur (Staudinger/*Schotten* § 2346 Rn. 14 f.; MüKoBGB/*Strobel* § 2348 Rn. 8; *Kipp/Coing* § 82 III Fn. 24; *Jochem* JuS 1977, 765; *Habermann* JuS 1979) fordert dagegen unter Berufung auf die Rechtsprechung des Reichsgerichts (RGZ 115, 391; 118, 66; RG HRR 1932 Nr. 628) überwiegend eine ausdrückliche Verzichtserklärung. In den Grenzen der Andeutungstheorie lassen gewichtige Stimmen aber auch die Ermittlung des Verzichtswillens durch Auslegung zu (so *Lange/Kuchinke* § 7 I 5d; *Keim* ZEV 2001, 1 (3 f.) und Bamberger/Roth/*Mayer* § 2346 Rn. 8; vgl. auch BayObLGZ 1981, 35 = MDR 1981, 673 und OLG Hamm FamRZ 1996, 1176). Die notarielle Praxis sollte vor diesem Hintergrund die Frage des Pflichtteilsrechts in gemeinschaftlichen Testamenten und Ehegattenerbverträgen am besten jeweils ausdrücklich regeln (→ Form. XVI.28 Anm. 13).

(9) **Rechtsgeschäftliche Aufhebung des Erbverzichts.** Der Verzicht auf das gesetzliche Erbrecht oder auf Pflichtteilsansprüche kann gem. § 2351 BGB wieder beseitigt werden. Auch eine teilweise Aufhebung ist im Rahmen der bei Erklärung des Erbverzicht möglichen Beschränkungen zulässig (MüKoBGB/*Strobel* § 2351 Rn. 1). Für den Aufhebungsvertrag gelten hinsichtlich Form und Vertretungsverbot des Erblassers die Vorschriften für den Erbverzichtsvertrag. Nach der hM gilt dies, obwohl § 2352 BGB nicht auf § 2351 BGB verweist, entsprechend auch für Zuwendungsverzichtsverträge (BGH NJW-RR 2008, 747: jedenfalls wenn der vorherige Zustand durch Erblasserverfügung allein nicht wieder herstellbar ist). Dabei bleibt es wohl auch nach der Neufassung des § 2352 BGB, der wieder nicht auf § 2351 verweist (jurisPK-BGB/*Hau,* 7. Aufl. § 2351 Rn. 1.1). Da in § 2351 BGB nur „in Ansehung des Erblassers“ und nur auf den Abs. 2 des § 2347 BGB verwiesen ist, wendet die eine Meinung (*Haegele* Rpfleger 1968, 250) auf

den Verzichtenden die allgemeinen Vorschriften der §§ 104 ff. BGB mit der Folge an, dass ein beschränkt geschäftsfähiger Verzichtender den Aufhebungsvertrag persönlich und ohne Zustimmung seines gesetzlichen Vertreters abschließen darf, da er durch ihn lediglich einen rechtlichen Vorteil erlangt (§ 107 BGB) und auch wenn er geschäftsunfähig ist und von seinem gesetzlichen Vertreter vertreten werden muss, keiner Genehmigung des Vormundschaftsgerichts bedarf. Der beschränkt geschäftsfähige Erblasser kann nach dieser Meinung den Aufhebungsvertrag nur persönlich schließen und bedarf dazu nicht der Zustimmung seines gesetzlichen Vertreters, obwohl die Aufhebung für ihn nachteilig ist. Ist der Erblasser geschäftsunfähig, hat für ihn sein gesetzlicher Vertreter zu handeln und braucht dazu die vormundschaftsgerichtliche Genehmigung, sofern der Erblasser nicht unter elterlicher Sorge steht und der Aufhebungsvertrag zwischen Verlobten oder Ehegatten geschlossen wird. Die andere Meinung sieht in der Verweisung ein Redaktionsversehen, belässt es bei der obigen Lösung hinsichtlich des Verzichtenden, verlangt aber beim beschränkt geschäftsfähigen Erblasser die Zustimmung seines gesetzlichen Vertreters (Palandt/*Weidlich* § 2351 Rn. 1). Der Aufhebungsvertrag hat zur Folge, dass der Erb- und/oder Pflichteils- oder Zuwendungsverzicht beseitigt ist, so als sei er nie erfolgt. Die bereits geleistete Abfindung kann kondiziert werden (BGHZ 77, 264 (270) = NJW 1980, 2307 (2309)). Durch die Aufhebung können Pflichtteilsansprüche wieder begründet werden. Auch eine erbvertragliche Bindung hindert den Erblasser nicht, einen Erb- und/oder Pflichtteilsverzicht aufzuheben, auch wenn dadurch gegen die Vertragserben wieder Pflichtteilsansprüche erwachsen. Er verstößt damit auch nicht gegen § 2287 BGB (BGHZ 77, 264 (269 f.) = NJW 1980, 2307 (2308)). Der Aufhebungsvertrag nach § 2351 BGB ist die einzige Beseitigungsmöglichkeit für Erb- und/oder Pflichtteils- oder Zuwendungsverzichtsverträge. Ein Rücktritt kann nur vom Verpflichtungsvertrag, nicht vom Verzichtsvertrag vorbehalten werden (→ Anm. 3 (2)).

(10) **Abgrenzung von anderen Gestaltungsmöglichkeiten.** Für die vorweggenommene Erbfolge zwischen Erblasser und künftigen Erben und die vorgezogene Erbauseinandersetzung zwischen künftigen Erben stehen eine ganze Reihe allerdings nur schuldrechtlich wirkender Vorbereitungsgeschäfte zur Verfügung. Sie führen wirtschaftlich zum gleichen Ergebnis wie Erb- und/oder Pflichtteilsverzichte, haben jedoch nicht deren unmittelbare erbrechtlich-dingliche Wirkung. Letzteres sollte beachtet werden, wenn Abfindungen oder sonstige Gegenleistungen vereinbart werden. Sie sollten entweder erst nach dem Erbfall fällig gestellt oder irgendwie gesichert werden.

a) Unbeschränkt können schuldrechtliche Vereinbarungen dieser Art unter Lebenden von den künftigen Erben mit dem Erblasser getroffen werden. Dem steht insbesondere nicht das Verbot eines Vertrages über den Nachlass eines noch lebenden Dritten nach § 311b Abs. 4 BGB entgegen, da der Erblasser nicht zugleich Dritter sein kann. Eine Einschränkung ist allerdings insoweit zu machen, als die Beteiligung des Erblassers an dem Vertrag sich nicht in der Zustimmung zu einem zwischen den anderen über seinen künftigen Nachlass geschlossenen Vertrag erschöpfen darf. Ein solcher Vertrag wäre trotz der Zustimmung des Erblassers nach § 311b Abs. 4 BGB außerhalb des Abs. 5 nichtig (juris-PK-BGB/*Ludwig* § 311b Rn. 368 mN). Der Erblasser muss vielmehr selbst als Vertragspartner auftreten und einen eigenen rechtsgeschäftlichen Willen äußern (*Wiedemann* NJW 1968, 772). Hierher gehören zB:

aa) Nach § 2050 Abs. 3 BGB hat der Erblasser die Ausgleichung von Zuwendungen an Abkömmlinge, die als gesetzliche Erben zur Erbfolge gelangen, vor oder spätestens bei der Zuwendung anzuordnen. Eine nachträgliche einseitige Anordnung der Ausgleichungspflicht durch den Erblasser ist nicht möglich (KG OLGE 21, 318; RGRK/*Kregel* § 2050 Rn. 19). Möglich ist allerdings eine nachträgliche Anordnung als Teilungsanordnung oder Vorausvermächtnis durch Verfügung von Todes wegen, wodurch aber das Pflichtteilsrecht des Zuwendungsempfängers gem. § 2316 Abs. 3 BGB nicht beeinträchtigt wird (RGZ 90, 419 (422); 71, 133 (135)). Ferner ist eine nachträgliche Vereinbarung des Erblassers mit dem Begünstigten über dessen Ausgleichungspflicht als Rechtsgeschäft unter Lebenden in Form eines Vertrages zugunsten Dritter, hier der übrigen Miterben möglich (Staudinger/*Löhnig*, Bearbeitung 2016, § 2050 Rn. 35). Diese Vereinbarung hat aber nur schuldrechtliche nicht unmittelbar erbrechtlich-dingliche Wirkung und ebenfalls keine Wirkung auf die Pflichtteilsberechnung unter Berücksichtigung der Ausgleichungspflicht nach § 2316 BGB, da diese sich nach dem Wert des Erbteils in seiner gesetzlichen, entsprechend der gesetzlichen Anrechnungsvorschriften des § 2050 BGB ermittelten Größe richtet (RGZ 71, 133 (135)). Auch die Anrechnungsbestimmung auf den Pflichtteil gem. § 2315 Abs. 1 BGB muss der Erblasser durch einseitig empfangsbedürftige Erklärung vor oder bei der Zuwendung treffen (RG SeuffA 76 Nr. 57 = LZ 1921, 144). Eine spätere Bestimmung durch Testament ist selbst dann nicht möglich, wenn der Pflichtteilsberechtigte zustimmt (RGZ 67, 306). Um die nachträgliche unmittelbare erbrechtlich-dingliche Anrechnungswirkung zu erreichen, müssen Erblasser und Anrechnungsverpflichteter einen beschränkten Pflichtteilsverzichtsvertrag schließen, der die Vereinbarung der Anrechnung zum Inhalt hat (RGZ 71, 133 (136); *Damrau* Der Erbverzicht S. 58). Aber auch hier ist es schuldrechtlich im Wege des Vertrages zugunsten Dritter zwischen Erblasser und anrechnungsverpflichtetem Pflichtteilsberechtigten möglich, die Anrechnung indirekt dadurch nachträglich zu erreichen, dass sich der pflichtteilsberechtigte Zuwendungsempfänger gegenüber dem Erblasser zugunsten der Erben verpflichtet, sich im Falle seines Pflichtteilsverlangens so behandeln zu lassen, als wäre die Anrechnungspflicht gegeben (*Damrau* Der Erbverzicht S. 48). Allerdings bedarf auch dieser Vertrag nach der hM (bei *Kuchinke* NJW 1983, 2354 Fn. 5) als Verpflichtungsvertrag über das Pflichtteilsrecht entsprechend § 2348 BGB der notariellen Form (*Damrau* Der Erbverzicht S. 50), jedoch ohne das Stellvertretungsverbot für den Erblasser (BGHZ 37, 319 (328)).

bb) Wird ein Abkömmling im Wege der vorweggenommenen Erbfolge gegenüber den anderen voll oder teilweise abgefunden, so steht ein ganzer oder teilweiser Pflichtteilsverzicht zur Erwägung (siehe *Damrau* Der Erbverzicht S. 64 ff.). *Damrau* schlägt hier einen Verzicht auf den Pflichtteil vor, soweit er eine bestimmte Summe übersteigt, nämlich das, was ihm wertmäßig nach dem jetzigen Stand des Erblasservermögens an seinem Erbanteil noch fehlt. Diese Lösung hat aber, worauf *Bühler* (DNotZ 1967, 778) hinweist, den Nachteil, dass sie den Verzichtenden hinsichtlich seines Pflichtteils von der Teilnahme an den künftigen Werterhöhungen des Nachlasses ausschließt. Aus diesem Grund hat die Rechtsprechung (RG LZ 1932, 102 (103) = HRR 1932 Nr. 628; BayObLGZ 1981, 30 = Rpfleger 1981, 305; BayObLG Rpfleger 1984, 191) es auch wiederholt abgelehnt, mehrdeutige Abfindungserklärungen in Übergabeverträgen im Wege der Auslegung als Erb- oder Pflichtteilsverzichte zu werten, da der Übernehmer kaum auf die Teilhabe an einem späteren Vermögenserwerb des Übergebers verzichten will (RG HRR 1932 Nr. 628). Zweckmäßiger ist es, und so haben die obigen Gerichte die Abfindungsklauseln auch ausgelegt, den Übernehmer nur hinsichtlich des gegenwärtigen Vermögens des Übergebers als abgefunden zu erklären und etwa erklärend hinzuzufügen: „Schuldrechtlich verpflichtet sich der Übernehmer gegenüber dem Übergeber und zugunsten der späteren Erben, bei der Erbauseinandersetzung nach dem Tod des Übergebers lediglich Ansprüche auf Teilhabe am künftigen Vermögenserwerb des Übergebers geltend zu machen."

cc) Ein Pflichtteilsberechtigter kann sich ganz allgemein im Vertrag mit dem künftigen Erblasser schuldrechtlich verpflichten, sein eventuelles künftiges Pflichtteilsrecht nicht geltend zu machen oder zugunsten eines oder aller Erben zu erlassen oder an den oder die Erben abzutreten. Es ist dies ein Verpflichtungsvertrag zugunsten Dritter, der das Versprechen, eine Forderung nicht geltend zu machen, zum Inhalt hat (*Damrau* Der Erbverzicht S. 50 und die dort unter Fn. 10 Genannten). Auch dieser Vertrag ist jedoch, da er die Verpflichtung zum Verzicht auf das Pflichtteilsrecht enthält, entsprechend § 2348 BGB beurkundungsbedürftig (*Damrau* Der Erbverzicht S. 50), jedoch ohne das Stellvertretungsverbot für den Erblasser (BGHZ 37, 319 (328)). Ein Nachteil besteht darin, dass der Vertrag keine Wirkung gegenüber den Abkömmlingen des Pflichtteilsberechtigten hat, sofern diese nicht seine Erben werden.

dd) Im Wege des Vertrages zugunsten Dritter auf den Tod des Übergebers pflegen auch die Zuwendungen an weichende Erben in Übergabeverträgen, insbesondere über landwirtschaftliche Anwesen, geregelt zu werden. Der Übernehmer verpflichtet sich dabei gegenüber dem Übergeber zugunsten seiner Geschwister, nach dem Tod des Übergebers an diese Gleichstellungsgelder zu zahlen (§ 331 BGB). Ein solcher Vertrag unterliegt auch nicht gem. § 2301 Abs. 1 BGB den Vorschriften über Verfügungen von Todes wegen, hier also denen des Erbvertrages, da es sich meist um ein entgeltliches Geschäft handeln dürfte, die Zuwendungen an die weichenden Erben unbedingt und nicht unter Überlebensbedingung erfolgen und zumindest die Schenkung als mit Vertragsabschluss vollzogen im Sinne des § 2301 Abs. 2 BGB anzusehen ist (BGH NJW 1975, 382 mwN).

ee) Für den Fall, dass die Beteiligten nicht dem Kreis der gesetzlichen Erben des Erblassers angehören und daher keinen Vertrag gem. § 311b Abs. 4 BGB schließen können, wird als zulässig und sogar mit unmittelbar erbrechtlich-dinglicher Wirkung ausgestattet angesehen, dass der Veräußerer der künftigen Erbschaft mit dem künftigen Erblasser einen Erb- oder Zuwendungsverzichtsvertrag abschließt, dieser den Erwerber erbvertraglich zum Erben einsetzt und in einem schuldrechtlichen Vertrag zwischen Veräußerer und Erwerber die Abfindung des Veräußerers geregelt wird (*Daniels,* Verträge mit Bezug auf den Nachlass eines noch lebenden Dritten, 1974, S. 141 ff.; *Damrau* Der Erbverzicht S. 97 Fn. 23).

b) Vorgezogene Erbauseinandersetzungen zwischen künftigen Erben ohne Beteiligung des Erblassers mit Verpflichtungswillen stehen unter der Beschränkung des § 311b BGB, nach dessen Abs. 4 ein Vertrag über den Nachlass eines noch lebenden Dritten oder über ein Vermächtnis oder den Pflichtteil nichtig ist. Ein solcher Vertrag ist auch nicht mit Zustimmung des Erblassers wirksam (jurisPK-BGB/*Ludwig* § 311b Rn. 368 mN). Abs. 2 lässt schuldrechtliche Verträge in notarieller Beurkundung zwischen künftigen gesetzlichen Erben über den gesetzlichen Erbteil oder den Pflichtteil, nicht jedoch über ein Vermächtnis (BGH NJW 1956, 1151) eines von ihnen zu. Nach der hM (RGZ 65, 367; 71, 136; 169, 99; BGHZ 37, 319 (325) = NJW 1962, 1910) unterfallen dieser Vorschrift nur schuldrechtliche Verträge, nicht solche mit erbrechtlich-dinglicher Wirkung, da nach den Grundsätzen des BGB solche Verträge über den Nachlass eines lebenden Dritten undenkbar sind (aM *Daniels,* Verträge mit Bezug auf den Nachlass eines lebenden Dritten, 1973, S. 60; *Blomeyer* FamRZ 1974, 423). Künftige gesetzliche Erben im Sinne des § 311b Abs. 5 BGB sind diejenigen, die gegenüber dem Dritten (= Erblasser) zurzeit des Vertragsschlusses in einem solchen Verhältnis stehen, dass sie nach §§ 1924 ff. BGB seine gesetzliche Erben werden können (RGZ 98, 332; BGH NJW 1956, 1152; ausf. jurisPK-BGB/*Ludwig,* 7. Aufl., 311b Rn. 388 ff.). Es müssen dabei nicht die derzeit unmittelbaren Erben, es können auch entferntere gesetzliche Erben sein. Ob die Vertragschließenden beim Erbfall wirklich Erben werden, ist für die Gültigkeit des Vertrages unerheblich (RGZ 98, 332; BGH NJW 1956, 1152). Werden die Vertragschließenden später nicht Erben, so ist der Vertrag nach Leistungsstörungsrecht rückabzuwickeln. Werden die Vertragschließenden später nicht kraft Gesetzes, sondern auf Grund letztwilliger Verfügung Erben, so kann der Vertrag grundsätzlich dennoch vollzogen werden (BGHZ 104, 279 = NJW 1988, 2726 = MittBayNot 1988, 168; anders die frühere Rechtsprechung). Noch unentschieden ist, ob die Erbschaft kraft Verfügung von Todes wegen nur bis zur Höhe des gesetzlichen Erbteils diesem gleichgestellt werden kann (angedeutet von BGH NJW 1956, 1152, zustimmend die wohl hM, vgl. *Damrau* ZEV 1995, 425). Das würde zu erheblicher Rechtsunsicherheit führen, da erst mit dem Erbfall feststünde, ob der gewillkürte Erbteil in der vom gesetzlichen Erbteil gezogenen Grenze bleibt oder ob der Vertrag im Ganzen unwirksam ist (jurisPK-BGB/*Ludwig,* 7. Aufl., 311b Rn. 417 f.). Richtigerweise sollte daher die tatsächliche Beteiligungshöhe des Erben bei Nachlassteilung keine Auswirkung auf die Zulässigkeit des Erbschaftsvertrags nach § 311b Abs. 5 S. 1 BGB haben (*Limmer* DNotZ 1998, 927 (937 ff.)). Es bleibt allerdings bei dem Erfordernis, dass nur die zum Zeitpunkt des Vertragsschlusses hypothetischen gesetzlichen Erben den Vertrag schließen können (jurisPK-BGB/*Ludwig,* 7. Aufl., 311b Rn. 419). Auf eine erst künftig durch Erbeinsetzung begründete Erbanwartschaft kann nicht verzichtet werden (KG DNotZ 1930, 165). Ging die Vereinbarung zwischen potentiellen gesetzlichen Erben um das Pflichtteilsrecht, ist nach der hM nicht notwendig, dass der Vertragsgegner des Pflichtteilsberechtigten beim Erbfall gesetzlicher Erbe wird, wenn er nur bei Vertragsschluss diesem Kreis angehörte (RGZ 98, 330 (334)).

Zwischen künftigen Erben sind im Wesentlichen nur zulässig:

aa) Schuldrechtlich verpflichtende Verträge gem. § 311b Abs. 5 BGB in notarieller Urkunde zwischen abstrakt möglichen gesetzlichen Erben über ihre gesetzliche Erbteile, den Pflichtteil, nicht jedoch über Vermächtnisse (BGH NJW 1956, 1151; anders *Limmer* DNotZ 1998, 927 (936); jurisPK-BGB/*Ludwig,* 7. Aufl., § 311b Rn. 420 mwN) ausgenommen gesetzliche Vermächtnisse. Kein Vertragschluss ist dagegen möglich zwischen einem testamentarisch eingesetzten Erben, der zum Zeitpunkt des Vertragsschlusses nicht auch zum Kreis der gesetzlichen Erben gehört, und einem künftigen gesetzlichen Erben, etwa über dessen künftiges Pflichtteilsrecht (RGZ 93, 297 ff.).

bb) Verträge zwischen beliebigen Personen über einzelne Gegenstände eines künftigen Nachlasses (RG LZ 24, 587; OGH NJW 1949, 603; BGH LM § 312 Nr. 3), es sei denn der Nachlass wird durch die Einzelgegenstände erschöpft oder besteht nur aus einem Gegenstand (OGH NJW 1949, 603; BGHZ 26, 325; BGH MDR 1960, 575; gegen die Erschöpfungstheorie neuere Stimmen wie zB *Kaufhold* ZEV 1996, 454 (455)). Maßgebend ist dabei der Zeitpunkt des Vertragschlusses (BGH LM § 312 Nr. 3). Nicht unter diese vom Verbot des § 311b Abs. 4 BGB freigestellte Fallgruppe fällt die Verpflichtung zur Geldzahlung in Höhe eines Bruchteils des Wertes der Erbschaft eines noch lebenden Dritten (BGHZ 26, 320 = NJW 1958, 705 mAnm *Johannsen* in LM § 312 Nr. 2).

cc) Abfindungs- und Wertfestsetzungsvereinbarungen sind zwischen potentiellen gesetzlichen Erben in notarieller Form gem. § 311b Abs. 5 BGB möglich. Ob sie allerdings auch zwischen künftigen gesetzlichen Erben einerseits und testamentarisch bedachten Erben zB Schlusserben andererseits zulässig sind (so *Wiedemann* NJW 1968, 769 ff.) erscheint angesichts des Dogmas, dass alle Vertragschließenden wenigstens potentiell künftige gesetzliche Erben sein müssen, fraglich. Die Praxis sollte sich nicht darauf verlassen, sondern in diesen Fällen den Erblasser zum Vertragsschluss zuziehen. Betrifft die Abfindungs- und Wertfestsetzungsvereinbarung allerdings nur einen einzelnen Gegenstand aus dem künftigen Nachlass eines noch lebenden Dritten, ist sie gem. der oben lit. bb zitierten Rechtsprechung zulässig (*Daniels* S. 57).

dd) In den Fällen oben Abs. 10a) bb) kann anstelle eines oft nicht zweckmäßigen beschränkten Pflichtteilsverzichts oder eines schuldrechtlichen Vertrages zugunsten Dritter mit dem künftigen Erblasser auch ein schuldrechtlicher Verzicht der Geschwister des Übernehmers eines bestimmten Gegenstandes im Rahmen des Übergabevertrages auf die künftigen Pflichtteilsergänzungsansprüche bezüglich dieses Gegenstandes erfolgen. Dieser Vertrag verstößt schon deshalb nicht gegen § 311b Abs. 4 BGB, da er nur einen Einzelgegenstand betrifft (*Daniels* S. 56). Er ist allerdings entspr. § 2348 BGB beurkundungspflichtig.

ee) Entgegen dem Grundsatz (BGHZ 37, 319 (327); 104, 280), dass § 311b Abs. 5 BGB nur schuldrechtliche Verträge und keine mit erbrechtlich-dinglicher Wirkung zulässt, lässt die hM in der Literatur antizipierte Abtretungen bzw. Erlassverträge von Pflichtteilsansprüchen zwischen potentiellen gesetzlichen Erben mit der Begründung zu, dass auch sonst Verfügungen über künftige Rechte und Forderungen zugelassen werden (*Lange/Kuchinke* § 37 III 3; *Daniels* S. 130 und die dort Fn. 271 Genannten). Wer sich darauf nicht verlassen will, wird, wie *Roellenbleg* (DNotZ 1973, 712) vorschlägt, neben

Abtretung und Erlass auch noch die zweifellos zulässige schuldrechtliche Verpflichtung zu diesen Erfüllungsgeschäften aufnehmen.

Eine Abtretung des gesetzlichen Erbteils ist dagegen erst und frühestens ab dem Erbfall zulässig. Insoweit ist nur zwischen künftigen gesetzlichen Erben die Verpflichtung zur Übertragung möglich, die durch Aufnahme einer unwiderruflichen über den Tod des Vollmachtgebers hinaus gültigen und von den Beschränkungen des § 181 BGB befreiten Vollmacht des künftigen Erwerbers zur Vornahme des Verfügungsgeschäftes nach dem Tod des Dritten verstärkt werden kann (Erman/*Battes* § 312 Rn. 3; *Daniels* S. 132). Desgleichen ist die Übertragung der Erbschaft durch den künftigen Alleinerben nicht möglich (*Daniels* S. 117). Dagegen ist die Vollmacht des künftigen Erben, wonach ein Dritter berechtigt ist, in bestimmter Weise über den Nachlass nach dessen Anfall zu verfügen, gültig, sofern sie nicht unwiderruflich sein soll (Erman/*Battes* § 312 Rn. 3; RG Recht 1914 Nr. 2628).

ff) Nicht unter § 311b Abs. 4 BGB fallend und daher zulässig ist die von einem Vermächtnisnehmer gegenüber den Erben übernommene Verpflichtung, vom Erblasser unter Lebenden keine Zuwendungen anzunehmen oder sie doch an die späteren Erben herauszugeben (BGH WPM 1977, 689 (699)). Diese Verpflichtung ist auch kein Erbvertrag, fällt daher nicht unter § 2276 BGB und ist somit auch formlos gültig (BGH WPM 1977, 689 (699)).

**3a. Inhalts- und Ausübungskontrolle beim Erbverzicht.** (vgl. *Bengel* ZEV 2006, 192; *Kapfer* MittBayNot 2006, 385; *Münch* ZEV 2008, 571; *Muscheler* FS Spiegelberger, 2009, 1079; *Rande* DNotZ 2019, 221; *Schulz* Diss. 2017). Im Zuge der vom Bundesverfassungsgericht angestoßenen Diskussion über die Inhaltskontrolle von Verträgen, die einen der beiden Vertragspartner ungewöhnlich stark belasten und sich als das Ergebnis strukturell ungleicher Verhandlungsstärke erweisen (BVerfGE 89, 214 = NJW 1994, 36 zu Angehörigenbürgschaften), die nach Ansicht des Gerichts durch einseitige Lastenverteilung die einseitige Dominanz eines Vertragspartners widerspiegeln (BVerfGE 103, 89 = NJW 2001, 957 = DNotZ 2001, 222; BVerfG NJW 2001, 2248 zum Unterhaltsverzicht einer Schwangeren) und zu Erbvertragsklauseln, welche die Entschließungsfreiheit des unter einer Bedingung eingesetzten Erben vor Eingehung einer Ehe nachhaltig beeinflussen können (BVerfG NJW 2004, 2088 = ZEV 2004, 241, Ebenbürtigkeitsklausel im Hause Hohenzollern), werden nunmehr in der Literatur auch beim erbrechtlichen Verzicht verfassungsrechtliche „Schlaglöcher" (*Wendt* ZNotP 2006, 2) ausgemacht, die Rechtsprechung beginnt zu folgen (OLG Hamm NJW 2017, 576 m abl Anm *Frhr v. Proff.* ZEV 2017, 301; kritisch auch *Zimmer* NJW 2017, 513 (515)). Eine Ausgewogenheitsüberprüfung unternimmt das LG Nürnberg-Fürth ZEV 2018, 593 = DNotZ 2019, 213 m. Anm. *Rande*, es erkennt dabei aber eine weitgehende Testierfreiheit an). Der Themenkreis kann hier nur angerissen werden. Letztlich erweisen sich die Bedenken – die allgemeine Schutzwirkung korrekter notarieller Verfahrensgestaltung vorausgesetzt – wohl als unbegründet bzw. ergibt sich für die Ausgestaltung der Verträge kein Änderungsbedarf (deutlich *Kapfer* MittBayNot 2006, 385 (390); vgl auch *Andrissek* MittBayNot 2018, 54). Ausgangpunkt ist stets, dass der Verzicht an sich als Verfügungsgeschäft auch ganz ohne Gegenleistung möglich (und insbesondere bei Gegenseitigkeit üblich) ist. Trotzdem setzt die Rechtsprechung ganz selbstverständlich ein Unwerturteil hinsichtlich des Kausalgeschäfts (allgemein zu diesem *Frhr. v. Proff*, DNotZ 2017, 84) unmittelbar in eine Entscheidung über die Wirksamkeit des Verzichts um. Ein derartiger richterlicher Korrekturbedarf kann sich ausnahmsweise ergeben:

- Aus dem Zeitpunkt und sonstigen **Umständen** bei Vertragsschluss. Verschwiegene Vermögenswerte des Erblassers sind unerheblich, wenn die Beteiligten ersichtlich keine rechnerische Bestimmung einer Abfindungszahlung wollten (OLG Düsseldorf ZErb 2012, 94). Schon weil der Nachlasswert bei Vereinbarung des Verzichts nie feststeht, wird ein Mindestverhältnis von Abfindung und mutmaßlichem Nachlasswert in der

Rechtsprechung nicht gefordert (dafür aber *Schulz*, S. 174: grobes Missverhältnis bei weniger als 50 % Abfindung). Der Verzicht kann aber von Anfang an im Ganzen als sittenwidrig nichtig sein, wenn der knapp volljährige Sohn, maßgeblich beraten allein vom Rechtsanwalt des Vaters, über die Berechnungsgrundlagen eines nur vermeintlich adäquaten Ausgleichsbetrags im Unklaren gehalten wird und auf dieser Grundlage auf sein Erbrecht gegenüber dem Vater verzichtet, wobei der beurkundende Notar den wirtschaftlichen Hintergrund der Berechnung des Abfindungsbetrags nicht erkennen und darüber nicht beraten konnte (OLG München ZEV 2006, 313 = NotBZ 2006, 325). Ähnlich, wenn die Abfindung unter mehrere ungewiss erreichbare aufschiebende Bedingungen gestellt wird, deren Bedeutung der überrumpelte Verzichtende nicht sogleich realisieren kann (OLG Hamm NJW 2017, 576). Auf neuere Überlegungen zur Inhaltskontrolle muss hier nicht zurückgegriffen werden. Die Sittenwidrigkeit ergibt sich schon aus einer Gesamtwürdigung der Umstände, ungeklärt bleibt nur das Verhältnis zum Anfechtungsrecht, weil sich § 123 BGB nach dem Sachverhalt aufdrängt (vgl. auch *Theiss/Boger* ZErb 2006, 164 und *Lange/Hom* ZEV 2019, 381, 384) und, da der Erblasser noch lebte, auch nach hM für den Erbverzicht nicht ausgeschlossen war. In dieser Fallgruppe hätte sich möglicherweise auch der von *Wendt* (ZNotP 2006, 2) ins Spiel gebrachte Fall (OLG Nürnberg FamRZ 2003, 634 = ZEV 2003, 514) einordnen lassen: Die Bedenken der fremdsprachigen künftigen Ehefrau gegen einen Pflichtteilsverzicht wurden zerstreut durch den drängenden Verlobten mit Hinweis auf die in drei Tagen anstehende Heirat und durch die Notarin mit einer windelweichen Vertragsergänzung, wonach die Parteien ihren Willen bekundeten, nach Eheschließung ein gemeinschaftliches Testament errichten zu wollen, letzteres wurde dann noch in Richtung einer echten Verpflichtung fehlübersetzt. Zum gemeinschaftlichen Testament kam es nicht, wohl aber zur Enterbung. Das OLG Nürnberg hielt den Pflichtteilsverzicht nicht für sittenwidrig, beseitigt ihn aber infolge Wegfalls der Geschäftsgrundlage: zu dieser erhebt es hier den Abschluss des gemeinschaftlichen Testaments, das offenbar alle Probleme gelöst hätte (kritisch auch wegen hier nicht interessierender internationalrechtlicher Probleme *Grziwotz* FamRZ 2003, 637). Hier hätte man auch die Täuschung (§ 123 BGB) diskutieren können (vgl. *Lange/Horn* ZEV 2019, 381, 383). Im weitesten Sinn kann man diese Fälle unter ein **„ungebührliches Hinwirken auf den Vertragsabschluss"** fassen (jurisPK-BGB/*Hau* § 2346 Rn. 22; vgl. auch *Westermann* FS Wolfgang Wiegand, 2005, 661 (681)). Es gibt sie wohl schon immer und es ist gut, dass Gerichte sie überprüfen. In diesem Bereich kann das notarielle Verfahren wichtige Schutzfunktionen erfüllen, aber auch nicht jeden einseitigen Missbrauch der Vertragsfreiheit hindern. Zur Art der möglichen Korrektur – nach Eintritt des Erbfalls darf keine Rechtsunsicherheit entstehen – s. *Bengel* ZEV 2006, 192 (193).

- Beim Verzicht unter Verlobten, Ehegatten oder eingetragenen Lebenspartnern aus den beim **Ehevertrag** angelegten Maßstäben. Der BGH setzt die Vorgaben des BVerfG um in der sog. Kernbereichslehre: Die Belastungen des einen Ehegatten, die eine evident einseitige und durch die individuelle Gestaltung der ehelichen Lebensverhältnisse und die Privatautonomie nicht mehr gerechtfertigte Lastenverteilung begründen können, wiegen dabei um so schwerer, und die Belange des anderen Ehegatten bedürfen um so genauerer Prüfung, je unmittelbarer die vertragliche Abbedingung gesetzlicher Regelungen in den Kernbereich des Scheidungsfolgenrechts eingreift (statt aller BGH 28.3.2007 – XII ZR 130/04). Dazu wird im Ergebnis eine Abstufung der einzelnen Scheidungsfolgen vorgenommen. Natürlich ist das Ehegattenerbrecht darin nicht unmittelbar einzuordnen, da es ja schon nach dem Gesetz mit der Scheidung wegfällt (*Kapfer* MittBayNot 2006, 385 (388)). Dennoch bleibt festzustellen, dass im System der Rechtsprechung die Unterhaltssicherung eine prominente Rolle einnimmt, die vermögensrechtliche Ebene des Zugewinnausgleichs dagegen zB größerer Gestaltungsfreiheit unterliegt. Insofern können auch erbrechtliche Ansprüche besondere Aufmerksamkeit verdienen, soweit sie unterhaltssichernde Funktionen wahrnehmen (dahin *Wachter* ZErb 2004, 238; vgl. auch BGH NotBZ 2009, 64 mAnm *Reetz* S. 37). Das Pflichtteilsrecht (von Kindern) wird verfassungsrechtlich ua begründet durch seine Funktion, die Fortsetzung des ideellen und wirtschaftlichen Zusammenhangs von Vermögen und Familie – unabhängig von einem konkreten Bedarf – über den Tod des Vermögensinhabers hinaus zu ermöglichen (BVerfGE 112, 332 = NJW 2005, 1561). Es geht also um Anteilhabe am Vermögen, jedenfalls nicht in erster Linie um eine Unterhaltssicherung oder Versorgungsaspekte. Das entspricht der Wertung des einfachen Rechts, dass Unterhalt und Pflichtteil grundverschiedene Institute sind (*Kapfer* MittBayNot 385, 388 mN; vgl. auch MüKoBGB/*Lange* § 2303 Rn. 5). Allein über § 1586b Abs. 1 S. 3 BGB kann ein Pflichtteilsverzicht, wenn man der wohl hM folgt (→ Anm. 3 (2)), Wirkung auf einen unterhaltsrechtlichen Anspruch haben. Das spricht in seiner Systemwidrigkeit jedoch eher gegen diese Auffassung, als dass es dem Pflichtteilsrecht unterhaltssichernde Funktionen zuwiese. Als Frage des Vermögensrechts muss die Dispositionsfreiheit der Ehepartner über ihr Pflichtteilsrecht vielmehr wenigstens soweit unbedenklich sein wie ein Zugewinnausgleich im Ehevertrag. Damit bleibt die Frage, inwieweit beim einheitlichen Scheidungsfolgenvertrag mit Erbverzicht die Nichtigkeit auf den Verzicht durchschlagen kann (§ 139 BGB), wenn sich die ehevertraglichen Regelungen nach den neuen Grundsätzen als nichtig erweisen. Allgemein gehaltene salvatorische Klauseln dürften nicht genügen, es empfiehlt sich eine individuelle Regelung mit Vereinbarung alternativer Rechtsfolgen (*Bengel* ZEV 2006, 192 (197)).

- Beim Verzicht von Abkömmlingen kann außer einem vom Institut der Ehe auf die Familie zu übertragenden Schutz auch der vom Bundesverfassungsgericht gewährte Schutz der Entschließungsfreiheit potentieller Erben vor **unzumutbarem Druck** zu diskutieren sein. Erb- oder Pflichtteilsverzichte unter Eheleuten werden zumeist gegenseitig erklärt. Sie erfolgen entweder in der Trennungssituation, wenn der Verlust des Erbrechts ohnehin bevorsteht, oder sie dienen der Absicherung eines von den Eheleuten einvernehmlich gefundenen Nachfolgekonzeptes. Die Ausgangssituation ist beim unmittelbaren Verzicht auch anders als bei der Wiederverheiratungsklausel (→ Form. XII.11 Anm. 10): Der Verzicht gilt sofort und steuert nicht wie die Bedingung eine höchstpersönliche Entscheidung in ferner Zukunft. Sicher mag es Konstellationen geben, in denen der auf den Pflichtteil Verzichtende sich zu besonderer Wohlgefälligkeit gegenüber dem Erblasser veranlasst sieht, damit der von seiner erweiterten Testierfähigkeit keinen Gebrauch mache. Das erreicht aber kaum die Stufe direkten verfassungsrechtlich bedenklichen Drucks, denn es bleibt dabei, dass der Verzicht frei ausgehandelt ist. Die Verhandlungssituation ist anders als beim Abschluss eines Erbvertrags mit unzumutbaren Bedingungen, die im Extremfall akzeptiert werden müssen, um nicht auf den Pflichtteil gesetzt zu sein. Auch der Verzicht von Abkömmlingen erfolgt in der Praxis oft im Rahmen eines ganzheitlichen Nachfolgekonzepts, etwa wie im Formular die Unternehmensnachfolge durch einen einzigen Erben, oder zB zur Übertragung des Familienheims als einzig relevantem Vermögensgegenstand, wobei der übernehmende Abkömmling, der Grundpfandrechte und Sanierungsbedarf mit übernimmt, vom theoretischen Risiko künftiger Pflichtteilsergänzungsansprüche freigehalten werden soll. Eine angemessene Abfindung der weichenden Erben, im Formular geschützt durch die bedingungsmäßige Verknüpfung, liegt zumeist auch im Interesse des Erblassers. Dabei kommt es auf die Höhe der Abfindung nicht einmal an, da der Erbverzicht ein typisches Risikogeschäft darstellt (*Mayer* ZEV 2004, 440) und beide Seiten sich Planungssicherheit erkaufen. Zur Zeit des § 1934d BGB aF galt es als besonderer Vorzug, dass das pflichtteilsberechtigte nichteheliche Kind durch den Erbausgleich nicht von der weiteren Entwicklung des Erblasservermögens abhängig war (*Bosch* FamRZ 1969, 509). Eben dieses für das pflichtteilsberechtigte Kind zB in einer Existenzgründungsphase durchaus interessante Konzept wird durch einen entgeltlichen Pflichtteilsverzicht des Abkömmlings verwirklicht.

- Der wirksame Pflichtteilsverzicht eines bedürftigen Pflichtteilsberechtigten schließt den späteren Übergang von Pflichtteils- oder Pflichtteilsergänzungsansprüchen auf Sozialleistungsträger (→ Form. XII.19) aus. Dieser **Nachteil für die öffentliche Hand** ist aber nur ein Reflex der Regelung, der jedenfalls bei dem typischen Behindertentestament grundsätzlich hinzunehmen ist und die Wirksamkeit des Geschäfts im Regelfall nicht berührt (BGH BGHZ 188, 96 = NJW 2011, 1586). Die Entscheidung ist ergangen für den Verzicht des behinderten Kindes zugunsten des erstversterbenden Elternteils. Ihre Übertragbarkeit auf andere Bedürftigen-Konstellationen wird überwiegend angenommen (*Dreher/Görner* NJW 2011, 1761; *Ivo* DNotZ 2011, 381; *Kleensang* ZErb 2011, 121; trotz Kritik an der „Erfindung" negativer Erbfreiheit durch den BGH bei konsequenter Fortführung dieses Arguments auch *Leipold* ZEV 2011, 528). Die Entscheidung wird aber von einem Teil der Literatur auch kritisch gesehen (Staudinger/*Sack/Fischinger*, 2011, BGB § 138 Rn. 466; *Zimmer* ZEV 2011, 262; grundsätzlich ablehnend zum Behindertentestament etwa *Armbrüster* (ZEV 2010, 88 und ZEV 2010, 555), so dass für andere Konstellationen Vorsicht angeraten bleibt (*Klühs* ZEV 2011, 15; *Menzel* MittBayNot 2013, 289; *Frhr. v. Proff* RNotZ 2012, 272). **Unterhaltsrechtlich** besteht keine einklagbare Verpflichtung, den Pflichtteil geltend zu machen, wohl aber eine Obliegenheit, deren Verletzung bei Ermittlung der Leistungsfähigkeit beachtlich ist (BGH FamRZ 2013, 530).

**4. Form und persönliche Voraussetzungen des Erbverzichts.** (1) **Form.** Der Erb- und/oder Pflichtteilsverzichtsvertrag bedarf nach § 2348 BGB der notariellen Beurkundung. Gleichzeitige Anwesenheit beider Teile, wie sie zB beim Erbvertrag vorgeschrieben ist (§ 2348 BGB), ist nicht gefordert. Die Beurkundung kann daher sukzessiv, dh durch Angebot und Annahme vorgenommen werden (§ 152 BGB). Dabei müssen Angebot und Annahme und zwar in dieser Reihenfolge beurkundet werden und nicht nur die Verzichtserklärung (RG JW 1909, 139). Die Nichtwahrung der Form bewirkt die Nichtigkeit des Erbverzichts (§ 125 BGB). Der **Erblasser,** auch der beschränkt geschäftsfähige, kann den Erbverzicht nur **persönlich** schließen (§ 2347 Abs. 2 BGB), seine Vertretung im Willen oder in der Erklärung ist abgesehen vom Sonderfall des Geschäftsunfähigen ausgeschlossen und diesbezügliche Fehler nicht heilbar. Der Verzichtende kann sich wie bei jedem anderen Rechtsgeschäft unter Lebenden formlos vertreten lassen. Die Genehmigung eines ohne Vertretungsmacht abgeschlossenen Vertrages ist jedoch nur bis zum Tod des Erblassers möglich (BGH NJW 1978, 1159). Zur Gestaltung in Eilfällen: *Weber/Raude* RNotZ 2018, 238. Der Erb- und/oder Pflichtteilsverzicht kann auch in einem Prozessvergleich wirksam vereinbart werden. Dessen Form genügt, aber der Erblasser muss persönlich anwesend sein (BGH FamRZ 1960, 28 (30); RGZ 48, 183; BayObLG NJW 1965, 1276).

(2) **Persönliche Voraussetzungen des Erblassers.** Im Gegensatz zur Regelung beim Erbvertrag (§ 2274 BGB) kann für einen gem. § 104 Ziff. 1 oder 2 BGB geschäftsunfähigen Erblasser sein gesetzlicher Vertreter einen Erb- und/oder Pflichtteilsverzichtsvertrag abschließen (§ 2347 Abs. 2 S. 2 BGB). Sofern für den geschäftsunfähigen Erblasser der Vertrag nicht mit seinem Ehegatten oder Verlobten geschlossen wird und er gleichzeitig unter elterlicher Sorge steht, bedarf der gesetzliche Vertreter dazu der Genehmigung des Vormundschaftsgerichts (§ 2347 Abs. 2 S. 2 Hs. 2 BGB). Der in der Geschäftsfähigkeit beschränkte Erblasser kann den Erb- und/oder Pflichtteilsverzichtsvertrag nur persönlich abschließen und bedarf dazu weder der Zustimmung seines gesetzlichen Vertreters noch einer Genehmigung des Vormundschaftsgerichts (§ 2347 Abs. 2 S. 1 BGB).

(3) Persönliche **Voraussetzungen des Verzichtenden.** Für den geschäftsunfähigen Verzichtenden (§ 104 Ziff. 1–2 BGB) schließt der gesetzliche Vertreter den Erb- und/oder Pflichtteilsverzichtsvertrag. Der in der Geschäftsfähigkeit beschränkte Verzichtende (§§ 106, 114 BGB) schließt ihn selbst mit Zustimmung seines gesetzlichen Vertreters (§§ 108 ff. BGB). Steht der Verzichtende unter Vormundschaft oder umfasst die Betreu-

ung diesen Aufgabenkreis (§ 1896 Abs. 2–4 BGB), bedarf er immer dazu der vormundschaftsgerichtlichen Genehmigung, steht er unter elterlicher Gewalt nur dann nicht, wenn der Verzicht gegenüber seinem Ehegatten oder Verlobten erfolgt (§ 2347 Abs. 1 BGB). Die vormundschaftsgerichtliche Genehmigung kann nur bis zum Tod des Erblassers erteilt werden (BGH NJW 1978, 1159). Handelt für den Verzichtenden ein Pfleger gem. § 1910 BGB, so bedarf der ebenfalls der vormundschaftsgerichtlichen Genehmigung (§§ 1910 Abs. 1, 2347 Abs. 1 BGB). Das Erfordernis der vormundschaftsgerichtlichen Genehmigung nach § 2347 Abs. 1 BGB ist nicht entspr. anwendbar auf die Übernahme von Belastungen durch Minderjährige bei vorweggenommener Erbfolge (BGHZ 24, 372).

**5. Gegenständlich beschränkter Pflichtteilverzicht.** (Siehe hierzu eingehend: *J. Mayer* ZEV 2000, 263). Während der Erbverzicht auf einen realen Vermögensgegenstand des künftigen Nachlasses wegen des Grundsatzes der Universalsukzession nicht möglich ist (*Coing* JZ 1960, 209 (210); *Fette* NJW 1970, 743), wenn es sich nicht um den Zuwendungsverzicht auf ein Vermächtnis handelt, wird der auf einen einzelnen realen Nachlassgegenstand beschränkte bloße Pflichtteilsverzichtsvertrag von der hM für zulässig gehalten (Palandt/*Weidlich* § 2346 Rn. 15; RGZ 71, 133; krit. *Mayer* ZEV 2000, 263). Der betreffende Gegenstand ist dann bei der Berechnung des Pflichtteils nicht zu berücksichtigen (*Fette* NJW 1970, 773). Ein gegenständlich beschränkter Pflichtteilsverzicht bietet sich bei der vorweggenommenen Erbfolge an, wenn dem Bedachten der gegenwärtige Vermögenserwerb im Hinblick auf den späteren Erbfall sichergestellt werden soll (*Jordan* Rpfleger 1985, 8). Weitere rechtsgeschäftliche Beschränkungen der Verzichtswirkung beim Pflichtteilsverzicht sind neben den oben → Anm. 3 Abs. 3 genannten zB möglich auf einen Bruchteil, auf eine besondere Bewertungsweise, Festlegung auf eine feste Summe oder Obergrenze (*Schramm* BWNotZ 1959, 227 (235)) oder auf Pflichtteilsergänzungsansprüche (*Wieser* MittBayNot 1972, 106 (111)).

**6. Verzicht unter Bedingung oder Befristung.** (1) **Allgemein.** Der Erbverzichtsvertrag kann unter einer auflösenden oder aufschiebenden Bedingung oder Befristung geschlossen werden. Das ergibt sich schon daraus, dass der Gesetzgeber in § 2350 BGB bestimmte Fälle eines bedingten Erbverzichts geregelt hat (BGHZ 37, 219 = NJW 1962, 1910 (1912)). Verzichten Ehegatten für den Fall der Trennung und Scheidung auf ihr jeweiliges Erbrecht, dann greift dieser Verzicht nicht mehr, wenn nach der Scheidung eine Wiederverheiratung erfolgt (OLG Düsseldorf NJW-RR 2017, 296).

(2) **Wirkung der Bedingung oder Befristung.** Gemäß §§ 158, 163 BGB wirkt der Eintritt der Bedingung oder Befristung dinglich nicht zurück (§ 159 BGB hat nur schuldrechtliche Wirkung), die abhängig gemachte Wirkung tritt vielmehr erst ab dem Eintritt der Bedingung oder Befristung ein (aufschiebende Bedingung) oder endet mit ihrem Eintritt (auflösende Bedingung). Der Bedingungseintritt kann auch erst nach dem Erbfall eintreten, beim Verzicht auf das Pflichtteilsrecht auch nach seiner Wandlung zum Pflichtteilsanspruch (hM, NK-BGB/*Beck/Kroiß*, 4.Aufl. 2014, § 2346 Rn. 13; jurisPK-BGB/*Hau* § 2346 Rn. 24). Denn durch die sog. konstruktive Nacherbfolge (§§ 2104, 2105 BGB) werden beim Tod des Erblassers klare erbrechtliche Verhältnisse geschaffen (*Mayer* MittBayNot 1985, 101).

(3) **Erbverzicht zugunsten eines anderen (relativer Erbverzicht).** Der Erbverzicht kann zugunsten eines anderen erfolgen, er ist dann im Zweifel dadurch bedingt, dass dieser andere gesetzlicher oder gewillkürter Erbe wird (§ 2350 Abs. 1 BGB). Verzichtet ein Abkömmling des Erblassers, so ist auch ohne eine solche ausdrückliche Bedingung im Zweifel anzunehmen, dass dieser Verzicht nur zugunsten der anderen Abkömmlinge und des Ehegatten des Erblassers gelten soll – vermuteter relativer Erbverzicht – (§ 2350 Abs. 2 BGB). Streitig ist, ob entgegen dem Wortlaut des § 2350 Abs. 1 BGB und obwohl § 2350 BGB in § 2352 S. 3 BGB nicht aufgeführt ist, diese Auslegungsregel auch auf einen Zuwendungsverzicht zugunsten eines anderen anwendbar ist (dafür: *Lange/Kuchinke* § 7

III 3c; BGH NJW 1974, 43 = DNotZ 1974, 231; *Blomeyer* FamRZ 1974, 426; Palandt/*Weidlich* § 2350 Rn. 1; aA *Jackschath* MittRhNotK 1977, 119 mwN). Man sollte daher beim Zuwendungsverzicht, sofern gewünscht, diese Bedingung ausdrücklich zum Gegenstand der Parteivereinbarung machen (OLG Hamm MittRhNotK 1982, 144 (145)). Sehr umstritten sind von jeher die Auswirkungen des relativen Erbverzichts, wenn auf Grund der gesetzlichen Erbregel an die Stelle des Verzichtenden nicht nur der Begünstigte, sondern weitere gesetzliche Erben treten. Hier vertritt eine starke Meinung (Palandt/*Edenhofer* § 2350 Rn. 2–69. Aufl.; RGRK/*Johannsen* § 2350 Rn. 6; *Erman/Schlüter* § 2350 Rn. 3; *Faßbender* MittRhNotK 1962, 609), dass dann der ganze gesetzliche Erbteil, auf den verzichtet wurde, dem Begünstigten zufällt („Anwachsung kraft Erbverzichts" = *Harrer* ZBlFG 19, 201), ohne dass der Erblasser dies ausdrücklich letztwillig verfügen müsse. Dem Erbverzicht wird für diesen Sonderfall damit positive Wirkung zugeschrieben. Die Gegenmeinung (jetzt auch Palandt/*Weidlich* § 2350 Rn. 2) lehnt dies mit Recht mit der Begründung ab, in § 2346 Abs. 1 S. 2 BGB komme deutlich zum Ausdruck, dass der Erbverzicht nur den Anfall der Erbschaft an den Verzichtenden verhindert und dem Begünstigten, sofern der Erblasser nicht anders letztwillig verfügt, nur der auf Grund der gesetzlichen Erbfolge zufallende Teil der Verzichtsquote zuwächst (OLG München JFG 15, 364; *Lange/Kuchinke* § 7 III 1c; *Damrau* Der Erbverzicht S. 37 f.; *Blomeyer* FamRZ 1974, 421 (426); *Keim,* Zuwendungsausgleich durch Erbverzicht, Diss. 1979 S. 67). Unbestritten ist, dass ein Zuwendungsverzicht (§ 2352 BGB) zugunsten bestimmter Personen keine unmittelbar übertragende Wirkung hat, sondern voraussetzt, dass der Begünstigte Erbe wird (OLG Hamm MittRhNotK 1982, 145). Wenn zugunsten einer bestimmten Person verzichtet wurde (§ 2050 Abs. 1 BGB), kommt § 2050 Abs. 2 BGB nach hM nicht mehr zur Anwendung (Gutachten DNotI-Report 2013, 29). Wenn ein ganzer Stamm begünstigt werden soll, muss das also im Verzicht auch formuliert werden.

(4) **Auf bestimme Erben beschränkter Pflichtteilsverzicht.** Über Bedingungen herzustellen ist auch der von *Spanke* (ZEV 2012, 345) so genannte persönlich beschränke Pflichtteilsverzicht: Der Verzicht umfasst nur Ansprüche, die sich gegen bestimmte Personen (zB den länger lebenden Elternteil) richten. Wer in der Gestaltung sichergehen willen, vermacht zusätzlich dem von dem Verzicht Begünstigten als Voraus einen Freistellungsanspruch, damit in die Pflichtteilslast auch im Innenverhältnis der Erben nicht trifft (*Spanke* ZEV 2012, 345).

(5) **Postmortal aufschiebend befristerer Pflichtteilsverzicht.** Ein Pflichtteilsberechtigter kann grds auch aufschiebend befristet auf den eigenen Tod auf das Pflichtteilsrecht verzichten. Auf diese Weise können Erblasser und Pflichtteilsberechtigter Erben des Pflichtteilsberechtigten von dem Nachlasswert auch dann fernhalten, wenn der Pflichtteilsberechtigte zu Lebzeiten Nutzungen aus dem Wert des Pflichtteils ziehen können soll (ausf. Muscheler herditare 2016, 341–363).

7. **Koppelung von Verzichts- und Abfindungsvertrag.** Um die oben → Anm. 3 Abs. 7 aufgezeigten Schwierigkeiten zu vermeiden, empfiehlt es sich, durch Vereinbarung eines gegenseitigen Bedingungsverhältnisses Erbverzicht und Abfindungsvereinbarung rechtsgeschäftlich miteinander zu verbinden (BGHZ 37, 319 (327) = NJW 1962, 1910; Palandt/*Weidlich* § 2346 Rn. 8). Streitig ist, ob ein solches Bedingungsverhältnis bei einem entgeltlichen Erbverzicht stillschweigend angenommen werden kann. Die heute wohl hM (*Damrau* S. 92 ff.; RGRK/*Johannsen* § 2346 Rn. 5 mwN; MünchKomm/*Wegerhoff* § 2346 Rn. 26 mwN) verlangt, dass sich zumindest aus dem Wortlaut der Urkunde Anhaltspunkte für einen entsprechenden einheitlichen Geschäftswillen der Vertragsparteien auf Vereinbarung eines Bedingungsverhältnisses ergeben müssen (*Damrau* Der Erbverzicht S. 93 ff.). In dieser Weise kann auch die Aufrechterhaltung einer Verfügung von Todes wegen zur auflösenden Bedingung eines Erb- und/oder Pflichtteilsverzichts gemacht werden. Eine Verpflichtung zur Errichtung einer Verfügung von Todes

wegen kann dagegen wegen § 2302 BGB nicht Gegenstand der Abfindung sein, wohl aber zur auflösenden oder aufschiebenden Bedingung des Verzichts, da dadurch lediglich dieser eingeschränkt wird, nicht die Testierfreiheit.

**8. Abfindung und andere Pflichtteilsberechtigte.** Verzichtet ein Pflichtteilsberechtigter gegen Abfindung auf sein gesetzliches Erb- oder Pflichtteilsrecht, so schmälert die Abfindung das Vermögen des Erblassers und damit seinen späteren Nachlass. Dies mindert die Ansprüche der übrigen Pflichtteilsberechtigten. Es fragt sich daher, ob die **Abfindung Schenkungscharakter** im Sinne des § 2325 BGB haben kann und damit Pflichtteilsergänzungsansprüche auslöst oder ob sie durch den Erbverzicht als Gegenleistung **grundsätzlich entgeltlich** erfolgt (ausf. *Schindler*, Hereditare 2017, 1–44; *Theiss/Boger* ZEV 2006, 1443; *Mauch* BWNotZ 1995, 88). Während ein Teil der Literatur die Entgeltlichkeit der Abfindung annimmt (*Coing* NJW 1967, 278; *Damrau* FamRZ 1969, 131), hält eine starke Gegenmeinung entweder grundsätzlich Unentgeltlichkeit (*Dietz* MittBayNot 2009, 476 mwN; *Weidlich* NotBZ 2009, 149 (157)) für gegeben oder differenziert nach der Höhe der Abfindung (OLG Hamm NJW 1999, 3643; MüKoBGB/*Lange,* 4. Aufl., § 2325 Rn. 17; jurisPK-BGB/*Birkenheier* § 2325 Rn. 61 ff. mwN). Früher bejahte der BGH einen Pflichtteilsergänzungsanspruch insoweit, als der Verzichtende im Rahmen eines Vertrags zur Vorwegnahme der Erbfolge mehr erhalten hat, als ihm als rechnerischer Pflichtteilsanspruch zukam (BGH NJW 1986, 127). Das hat er ausdrücklich aufgegeben (BGH NJW 2009, 1143). Da ein Erbverzicht ohnehin die Pflichtteilsquoten der anderen erhöht (§ 2310 S. 2 BGB) soll bei einer Abfindung in Höhe der Erberwartung kein Pflichtteilsergänzungsanspruch entstehen. Ob darüber hinaus eine Pflichtteilsergänzung erfolgt, wenn subjektive und objektive Erwartung auseinanderfallen bleibt offen (kritisch mit Hinweis auf missbräuchliche Gestaltungen *Schindler* ZEV 2009, 80 und wegen der Schwierigkeit, einen fiktiven Erbfall zum Zeitpunkt des Verzichts durchzuspielen *Schindler* Hereditare 2017, 1 (46)). Mit MüKoBGB/*Lange* § 2325 Rn. 29 sollte es zur Bejahung eines entgeltlichen Rechtsgeschäfts genügen, wenn die Parteien der Ansicht sind, dass der Verzicht wertmäßig mehr oder weniger der Zuwendung entspricht. Für die Gestaltung dürfte es zweckmäßig sein, die Überlegungen im Vertrag darzustellen, welche die Beteiligten zu eben dieser Einschätzung führen.

**9. Unterbeteiligung.** Die Unterbeteiligung ist die Beteiligung an einer Beteiligung (*Schüller* MittRhNotK 1977, 45). Sie ist eine Beteiligung, die ein Beteiligter (Hauptbeteiligter) einer anderen Person (Unterbeteiligter) an einer ihm zustehenden Gesellschaftsbeteiligung (Hauptbeteiligung) einräumt. Sie ist gesetzlich nicht geregelt. Durch die Unterbeteiligung werden Rechtsbeziehungen nur zwischen dem Hauptbeteiligten und dem Unterbeteiligten begründet, nicht dagegen zwischen dem Unterbeteiligten und der Gesellschaft oder den übrigen Gesellschaftern. Die Unterbeteiligung ist Innengesellschaft im Sinne der §§ 705 ff. BGB (BGHZ 50, 316 (319) = NJW 1968, 2003), die nach außen hin nicht in Erscheinung tritt und die kein Gesamthandvermögen der Gesellschafter kennt. Der Unterbeteiligte hat hinsichtlich des Gesellschaftsanteils an der Hauptbeteiligung die Stellung eines stillen Gesellschafters. Die Unterbeteiligung kann, weil das Erbrecht dafür keine Handhabe bietet, nicht unmittelbar mit dem Erbfall „kraft Erbrecht" entstehen. Sie muss durch Vermächtnis angeordnet werden, das dem Begünstigten einen schuldrechtlichen Anspruch (§ 2174 BGB) gegen den Gesellschafter-Erben auf Abschluss des Unterbeteiligungsvertrages gibt (BGHZ 50, 316 (320)). Das hindert den Erblasser nicht, wie hier, den Inhalt des Unterbeteiligungsvertrages schon in der letztwillige Verfügung festzulegen (*Wendelstein* BB 1970, 735 (736); *Rüthers* AcP 168, 283). Dies ist zweckmäßig, um Meinungsverschiedenheiten zwischen den künftigen Vertragspartnern über den Vertragsinhalt weitgehend auszuschließen. Einer besonderen Form bedarf der durch Vermächtnis angeordnete Unterbeteiligungsvertrag nicht. Lediglich eine schenkweise eingeräumte Unterbeteiligung bedarf gemäß § 518 BGB der notariellen

Beurkundung, da die bloße Einbuchung der Unterbeteiligung nicht als Bewirkung der versprochenen Leistung im Sinne des § 518 Abs. 2 BGB angesehen wird (BGHZ 7, 378 = BB 1952, 901; BFH BStBl. II 1979, 768). Steuerlich unterscheidet man zwischen typischer und atypischer Unterbeteiligung. Die Ansprüche des typischen Unterbeteiligten beschränken sich, wie hier, auf einen bestimmten Anteil am laufenden Gewinn. Der typische Unterbeteiligte bezieht daher Einkünfte aus Kapitalvermögen (§ 20 Abs. 1 Nr. 4 EStG). Der Gewinnanteil, der dem Unterbeteiligten von Hauptbeteiligten ausbezahlt wird, ist beim Hauptbeteiligten als Sonderbetriebsausgabe abziehbar. Gewerbesteuerlich müssen allerdings auch die Gewinnanteile eines Unterbeteiligten dem Gewerbeertrag zwecks Berechnung der Gewerbesteuer hinzugerechnet werden (BFH BStBl. II 1968, 669). Nähert sich die Stellung eines Unterbeteiligten jedoch der eines Kommanditisten, ist er auch am Substanzwert des Hauptgesellschaftsanteils beteiligt und hat bei Beendigung der Unterbeteiligung Anteil an etwaigen anteilsmäßigen stillen Reserven und dem Firmenwert, oder ist seine Stellung rechtlich und wirtschaftlich besonders stark ausgestaltet, weil er etwa als Nichtgesellschafter auch Kontroll- und Mitwirkungsrechte in der Hauptgesellschaft hat (BFH BStBl. III 1965, 260), liegt eine atypische Unterbeteiligung vor und der Unterbeteiligte bezieht als Mitunternehmer Einkünfte aus Gewerbebetrieb gem. § 15 Abs. 1 Nr. 2 EStG – mitunternehmerische Unterbeteiligung – (*Bilsdorfer* NJW 1980, 2785; *Schulze zur Wiesche* NJW 1983, 2362).

**10. Anzuwendendes Recht.** Das Formular geht von einer ausschließlichen Beteiligung deutscher Staatsangehöriger bzw. EU-Ausländern mit gewöhnlichem Aufenthalt in Deutschland aus. Bei einem späteren Wechsel des gewöhnlichen Aufenthalts innerhalb des Geltungsbereichs der EU-Erbrechtsverordnung dürfte die Wirksamkeit nach dem bei Errichtung geltenden deutschen Recht fortbestehen (*Weber* ZEV 2015, 503; zweifelnd *Odersky* notar 2014, 139). Gesichert ist das jedoch nicht, sodass ein deutscher Staatsangehöriger vorsorglich die Anwendung deutschen Erbrechts wählen sollte, wenn irgendwann ein Wechsel des Staats des gewöhnlichen Aufenthalts auch nur in Betracht kommt. Längst nicht jede Rechtsordnung erkennt den Erbverzichtsvertrag an → Form. XIV.3 Anm. 1 (3) und → Anm. 5.

**11. Steuern.** Erbschaftsteuer. Nicht der Erb- und/oder Pflichtteilsverzicht ist steuerbar, wohl aber die Abfindung für einen solchen Verzicht. Sie gilt gem. § 7 Abs. 1 Nr. 5 ErbStG als Schenkung unter Lebenden. Auch wenn die Abfindung von einem Dritten bezahlt wird, bestimmt sich die Steuerklasse jeweils nach dem Verhältnis des Verzichtenden zum Erblasser (BFH BStBl. II 1977, 733). Steuerpflichtig ist der Verzichtende. Siehe aber auch BFH DStRE 2013, 393.

**12. Kosten.** Für den Erb- und/oder Pflichtteilsverzichtsvertrag entsteht eine doppelte Gebühr nach KV Nr. 21100 GNotKG (mindestens 120 EUR). Dieselbe Gebühr fällt auch bei der Aufhebung eines solchen Vertrages an. Erfolgt der Erb- und/oder Pflichtteilsverzicht im Rahmen eines Austauschvertrages, so bestimmt sich der Geschäftswert gem. § 97 Abs. 3 GNotKG nach dem Wert der höherwertigen Leistung. Der Wert des Verzichts ist nach § 102 Abs. 4 aus dem nach § 102 Abs. 1–3 GNotKG ermittelten Nachlasswert zum Zeitpunkt der Beurkundung zu ermittelt. Dabei ist vom Wert des Erb- bzw. Pflichtteils des Verzichtenden auszugehen, wie er sich nach der gesetzlichen Erbfolge zur Zeit des Verzichts und aus dem gegenwärtigen Reinvermögen des Erblassers ergibt. Anders als nach der Kostenordnung hat der Notar insoweit kein Ermessen, insbesondere erfolgen keine Wertabschläge wegen der Wahrscheinlichkeit des Erbanfalls.

## 2. Übersicht über die Pflichtteilsrechte von Erben und Vermächtnisnehmern

Das Bundesverfassungsgericht sieht eine grundsätzlich unentziehbare und bedarfsunabhängige wirtschaftliche Mindestbeteiligung der Kinder des Erblassers an dessen Nachlass als durch die Erbrechtsgarantie des Art. 14 Abs. 1 S. 1 in Verbindung mit Art. 6 Abs. 1 GG gewährleistet an. Das geltende Pflichtteilsrecht ist mit dem Grundgesetz vereinbar (entschieden für das Pflichtteilsrecht der Kinder in BVerfGE 112, 332 = NJW 2005, 1561). Pflichtteilsansprüche kommen grundsätzlich nur in Betracht, wenn ein Pflichtteilsberechtigter, dh Abkömmling, Ehegatte, oder, sofern nicht durch Abkömmlinge ausgeschlossen, Elternteil des Erblassers von der Erbfolge gänzlich ausgeschlossen ist (§ 2303 Abs. 1 BGB). Für die Gestaltung von Testament und Erbvertrag besonders beachtlich sind daneben die Fälle, in denen auch der nicht gänzlich vom Nachlass ausgeschlossene Pflichtteilsberechtigte neben dem ihm Zugewandten weitere Ansprüche haben kann. Die Fallgruppen und ihre Voraussetzungen sind im Folgenden dargestellt:

| *Der Pflichtteilsberechtigte hat durch Verfg. v. Todes wegen erhalten:* | *Um mehr zu erhalten, muss er unternehmen* *als Ehegatte des Erblassers im ges. Güterstand (Zugewinngemeinschaft):* | *als sonstiger Pflichtteilsberechtigter:* |
|---|---|---|
| 1. Den vollen gesetzl. Erbteil = Erbquote,[1] eine größere oder eine zwischen der ges. und deren Hälfte (= Pflichtteilsquote) liegende Quote – jeweils unbeschränkt u. unbeschwert – | Wahl: a) Annahme b) Ausschlagung,[2] dann kleiner Pflichtteil = aus der ges. Erbquote ohne Zugewinnviertel (§ 1371 Abs. 3 BGB) u. zusätzl. der güterrechtl. Zugewinnausgleich (§ 1372 BGB) | Nichts, bei Ausschlagung würde er jeden erbrechtlichen Anspruch verlieren (BGHZ 28, 177 = NJW 1958, 1964), ausgenommen einen evtl. Pflichtteilsergänzungsanspruch (vgl. § 2326) |
| 2. Eine Erbquote[1] kleiner als seine Pflichtteilsquote, unbeschränkt und unbeschwert – | Wahl: a) Annahme u. Forderung des Pflichtteilsrestanspruchs (Zusatzpflichtteil) gem. § 2305 BGB berechnet aus dem großen Pflichtteil = ges. Erbteil + Zugewinnviertel b) Ausschlagung,[2] dann kleiner Pflichtteil + güterrechtlicher Zugewinnausgleich | Geltendmachung des Pflichtteilsrestanspruchs (§ 2305 BGB) = Differenzbetrag zwischen dem Wert der zugewandten Erbquote und dem Wert des Pflichtteils unter Berücksichtigung der Anrechnungen und Ausgleichungen und evtl. Vermächtnisse. Bei Ausschlagung erhält er nur diesen Zusatzpflichtteil (RGZ 93, 3 (9); BGH NJW 1973, 995 (996)) |

| *Der Pflichtteilsberechtigte hat durch Verfg. v. Todes wegen erhalten:* | *Um mehr zu erhalten, muss er unternehmen* *als Ehegatte des Erblassers im ges. Güterstand (Zugewinngemeinschaft):* | *als sonstiger Pflichtteilsberechtigter:* |
|---|---|---|
| 3. Erbteil (Erbquote)[1] **gleich** od. kleiner als sein Pflichtteil u. beschränkt durch Nacherbschaft, Testamentsvollstreckung od. Teilungsanordnung od. beschwert mit Vermächtnis oder Auflage (§ 2306 Abs. 1 BGB) od. Pflichtteilsberechtigter ist zu dem Erbteil bloß als Nacherbe eingesetzt (§ 2306 Abs. 2 BGB)[4] | – nach § 2306 BGB idF 1.1.2010 keine Abweichungen von Fall 4 mehr, mit Ausnahme des Anspruchs auf einen Zusatzpflichtteil (§ 2305 BGB) – | |
| 4. Erbteil beschränkt durch Nacherbschaft, Testamentsvollstreckung od. Teilungsanordnung od. beschwert mit Vermächtnis od. Auflage (§ 2306 Abs. 1 BGB) od. Pflichtteilsberechtigter ist zu diesem Erbteil nur als Nacherbe eingesetzt (§ 2306 Abs. 2 BGB)[4] | Wahl: a) Annahme mit Beschränkung u. Belastung (§ 2306 Abs. 1 BGB) b) Ausschlagung,[2] dann voller kleiner Pflichtteil + güterrechtl. Zugewinnausgleich (BGHZ 42, 142) | Wahl: a) Annahme mit Beschränkung u. Beschwerung b) Ausschlagung, dann voller Pflichtteil (§ 2306 Abs. 1 BGB). Diese Wahl besteht auch, wenn die zugewandte Erbquote gleich oder größer als die gesetzliche Erbquote ist. |
| 5. Nur ein Vermächtnis unabhängig von dessen Wert | Wahl a) Annahme u. Forderung des Pflichtteilsrestanspruchs = Wertdifferenz zwischen Vermächtnis u. dem großen Pflichtteil ohne Abzug von Beschränkungen u. Beschwerungen (§ 2307 Abs. 1 S. 2 BGB) b) Ausschlagung,[3] dann kleiner Pflichtteil + güterrechtl. Zugewinnausgleich (§ 1371 Abs. 3 BGB) | Wahl: a) Annahme, daneben reduzierter Pflichtteil (§ 2307 Abs. 1 S. 2 BGB) b) Ausschlagung,[3] dann Pflichtteil (§ 2307 Abs. 1 S. 2 BGB) |
| 6. Neben einer Erbquote ein Vermächtnis | In diesen Fällen muss zunächst durch Zusammenrechnung der Werte von Erbquote und Vermächtnis eine neue Quote gebildet werden, mit der dann die Ziffern 1–5 anwendbar sind. | |

*Schrifttum: Beckmann,* Nacherbschaft oder Pflichtteil? – Die Entscheidung des als Nacherbe eingesetzten Pflichtteilsberechtigten gemäß § 2306 BGB, ZEV 2012, 637; *Everts,* Neue Perspektiven zur Pflichtteilsdämpfung aufgrund der EuRbVO?, ZEV 2013, 124; *Herrler,* Behandlung von Lebensversicherungen im Pflichtteilsrecht: Der goldene Mittelweg des BGH? ZEV 2010, 333; *Joachim,* Pflichtteilsrecht für die gerichtliche, anwaltliche und notarielle Praxis, 2. Aufl. 2010; *Kerscher/Riedel/Lenz,* Pflichtteilsrecht, 3. Aufl.; *Klinger,* Die Lebensversicherung im Pflichtteilsrecht, FS Spiegelberger, 2009, 1018; *Karczewski* Neuere Entwicklungen im Pflichtteilsrecht in der Rechtsprechung des Bundesgerichtshofs seit 2010, FS 25 Jahre Deutsches Notarinstitut, 2018, S. 639–663;

*Lange*, Pflichtteil als Gestaltungsgrenze bei der Nachfolge in Personengesellschaften, ZErb 2014, 97; *de Leve*, Die Ausschlagung nach § 2306 – Was hat sich geändert und was ist zu beachten, ZEV 2010, 184; *Mayer/Süß/Tanck/Wälzholz*, Handbuch Pflichtteilsrecht; *Muscheler*, Der prämortale Verzicht auf das Ausschlagungsrecht, HEriditare 2014, 263; *Nieder/Kössinger*, Hdb. Testamentsgestaltung, 3. Aufl. § 2; *Roth*, Erbauseinandersetzung und Pflichtteilsanspruch im Erbschaftsteuerrecht, RNotZ 2013, 193; *Sagmeister*, Pflichtteilsrechtliche und erbschaftsteuerliche Probleme bei trans-/postmortalen Vollmachten, MittBayNot 2013, 107; *Sachs*, Noch einmal: Die Ausschlagung nach § 2306 – Was hat sich geändert und was ist zu beachten, ZEV 2010, 556; *Schindler*, Umfang der Einrede des Gesamtpflichtteils nach § 2328 BGB, ZEV 2010, 558; *Seer/Krumm*, Der Pflichtteilsergänzungsanspruch im System der erbschaftsteuerlichen Vermögensanfallbesteuerung, ZEV 2010, 57; *Siebert*, Der Pflichtteilsanspruch gegenüber dem Beschenkten, ZEV 2013, 241; *Wendt*, Grenzen der Pflichtteilsbeeinflussung, ZErb 2012, 262 und 313; *Trappe*, Die pro-rata-Regelung bei der Pflichtteilsergänzung, ZEV 2010, 388; *Wagenknecht*, Pflichtteilsrechte in der Enkelgeneration, ZErb 2012, 322.

## Anmerkungen

**1. Quotentheorie** (Erbquote ist maßgebend). Zu vergleichen sind die halbe gesetzliche Erbquote (Pflichtteil) mit dem quotenmäßigen (bruchteilsmäßigen) Anteil des hinterlassenen Erbteils am Gesamtnachlass, unter Hinzurechnung eines etwa neben dem Erbteil zugewendeten Vermächtnisses (Palandt/*Weidlich* § 2307 Rn. 4; OLG Neustadt NJW 1957, 1523) und wobei die Belastungen des hinterlassenen Erbteils unberücksichtigt bleiben. Auf den Wert des Erbgutes kommt es nicht an (RGZ 113, 45 (48) = JW 1926, 1543 (1544) mAnm *Kipp;* BGH WPM 1968, 542 (543) = LM § 2306 Nr. 4; OLG Schleswig NJW 1961, 1929 mAnm *Lange*). Bei der Erbeinsetzung nach Vermögensgruppen (→ Form. XVI.2 Anm. 3 Abs. 2a) muss zuvor die Quote des Hinterlassenen aus dem Wertverhältnis zwischen Zuwendung und dem Gesamtnachlass errechnet werden (RG LZ 32, 1050). Bei der Zugewinngemeinschaft berechnen sich der gesetzliche Erbteil und damit die Pflichtteile des überlebenden Ehegatten und der Abkömmlinge oder Eltern des Erblassers nach dem erhöhten Ehegattenerbteil des § 1371 Abs. 1 BGB. Sind jedoch bei der Berechnung des Pflichtteils Anrechnungs- und Ausgleichungspflichten gem. §§ 2315, 2316 BGB zu berücksichtigen, dann sind nach der hM (RGZ 93, 3 (5); 113, 45 (48) = JW 1926, 1543 (1544) mAnm *Kipp;* BayObLG 1959, 77 (80); 1968, 112 (114); OLG Köln ZEV 1997, 298; MüKoBGB/*Lange* § 2306 Rn. 4 mwN; aA *Natter* JZ 1955, 138; OLG Stuttgart NJW 1959, 138; differenziert OLG Celle ZEV 1996, 307; eine Mischform vertritt ua *Keim* ZEV 2003, 358) statt der Quoten die Werte des Pflichtteils unter Berücksichtigung der gesetzlichen Ausgleichungs- und Anrechnungspflichten und des hinterlassenen Erbteils (ohne Abzug der Beschränkungen oder Beschwerungen) miteinander zu vergleichen (sog. Werttheorie). Der Pflichtteilsergänzungsanspruch gem. § 2325 BGB ist selbstständig und unabhängig vom Bestehen eines ordentlichen Pflichtteilsanspruchs nach § 2303 BGB bzw. seiner Geltendmachung durch den Pflichtteilsberechtigten (jurisPK-BGB/*Birkenheier*, 7. Aufl., § 2325 Rn. 5).

**2. Ausschlagung eines Erbteils.** (1) Frist. Die Ausschlagung hat gem. § 1944 BGB innerhalb einer Frist von 6 Wochen ab dem Zeitpunkt zu erfolgen, in welchem der Erbe von dem Anfall und dem Grund der Berufung Kenntnis erlangt. Bei Erbeinsetzung durch Verfügung von Todes wegen beginnt die Frist nicht vor der Eröffnung der Verfügung. Auf den Lauf der Frist finden die §§ 203, 206 BGB entspr. Anwendung. Die Frist beträgt 6 Monate, wenn der Erblasser seinen letzten Wohnsitz im Ausland gehabt hat oder sich der Erbe bei Beginn der Frist im Ausland aufhält. Bei dem Wahlrecht der pflichtteilsberechtigten Erben nach § 2306 Abs. 1 BGB beginnt die Ausschlagungsfrist erst, wenn der Pflichtteilsberechtigte von den Beschränkungen und Beschwerungen Kenntnis erlangt hat. Im Bereich der Werttheorie bereitet die Ermittlung des Fristbeginns Probleme (s. MüKoBGB/*Lange* § 2306 Rn. 21; Bamberger/Roth/*Mayer* BGB § 2306 Rn. 23). Im Grundsatz wird darauf abgestellt, wann der Berechtigte die Wertverhältnisse übersehen kann.

(2) Form. Die Ausschlagung erfolgt durch Erklärung gegenüber dem Nachlassgericht, und zwar entweder zu dessen Niederschrift oder in öffentlich beglaubigter Form (§ 1945 Abs. 1 BGB).

(3) **Anfechtung der Ausschlagung.** Die Ausschlagung ist ebenso wie die Annahme gem. den §§ 119, 120, 123 BGB innerhalb einer Frist von 6 Wochen (§ 1954 BGB) anfechtbar. Nur der Irrtum in der Erklärungshandlung oder über den Inhalt der Erklärung, der Eigenschaftsirrtum und der wegen falscher Übermittlung berechtigten also zur Anfechtung, nicht auch (wie bei § 2078 BGB) der Motivirrtum. Ein Rechtsirrtum berechtigt nach ständiger Rechtsprechung nur dann als Inhaltsirrtum zur Anfechtung, wenn das vorgenommene Rechtsgeschäft wesentlich andere als die beabsichtigten Wirkungen erzeugt. Dagegen ist der nicht erkannte Eintritt zusätzlicher oder mittelbarer Rechtswirkungen ein unbeachtlicher Motivirrtum (BGHZ 134, 152 (156)). Die Rechtsprechung (etwa BGHZ 168, 210 = NJW 2006, 3353) half allerdings zumeist bei Irrtümern i. R. der Anwendbarkeit des § 2306 Abs. 1 S. 1 BGB aF. Aufgrund ausdrücklicher Vorschrift des § 2308 Abs. 1 BGB ist der Pflichtteilsberechtigte ausnahmsweise dann zur Anfechtung der Ausschlagung berechtigt, wenn er den Erbteil in Unkenntnis dessen ausgeschlagen hat, dass seine Beschränkungen und/oder Beschwerungen zwischen Erbfall und Ausschlagung weggefallen sind. Der Irrtum über die Zugehörigkeit bestimmter Sachen oder Rechte zum Nachlass, über seine Zusammensetzung und über wertbildende Faktoren von Nachlassgegenständen berechtigen wegen Irrtums über verkehrswesentliche Eigenschaften der Sache (§ 119 Abs. 2 BGB) zur Anfechtung, nicht jedoch fehlerhafte Vorstellungen über den Wert des gesamten Nachlasses (ohne Irrtum über den Nachlassbestand, MüKoBGB/*Leipold,* 4. Aufl., § 1954 Rn. 10 f.).

**3. Ausschlagung eines Vermächtnisses.** Die Ausschlagung eines Vermächtnisses erfolgt gem. § 2180 BGB durch nicht formbedürftige, bedingungs- und befristungsfeindliche Erklärung gegenüber dem Beschwerten und ist an keine Frist gebunden. Der beschwerte Erbe kann jedoch dem mit dem Vermächtnis Bedachten gem. § 2307 Abs. 2 BGB formlos eine angemessene Frist zur Erklärung über die Annahme des Vermächtnisses setzen. Mit dem erfolglosen Ablauf der Frist gilt das Vermächtnis als ausgeschlagen.

**4. Beschränkungen und Beschwerungen iSd § 2306 BGB.** Die Aufzählung der Beschränkungen und Beschwerungen in § 2306 Abs. 1 u. 2 BGB ist erschöpfend (MüKoBGB/*Lange* § 2306 Rn. 6). Familienrechtliche Anordnungen, Ersatzerbeinsetzungen und Pflichtteilsbeschränkungen in guter Absicht (§ 2338 BGB) muss der Pflichtteilsberechtigte daher hinnehmen. Ist der Pflichtteilsberechtigte unter einer aufschiebenden Bedingung als Nacherbe eingesetzt, so gilt § 2306 Abs. 2 BGB nicht, er ist zunächst als von der Erbfolge ausgeschlossen anzusehen und kann daher, ohne auszuschlagen, den Pflichtteil verlangen, muss sich allerdings bei Eintritt des Nacherbfalls, was er darauf erhalten hat, anrechnen lassen (MüKoBGB/*Frank,* 3. Aufl., § 2306 Rn. 7; Bamberger/Roth/*Mayer* § 2306 Rn. 26; anders MüKoBGB/*Lange,* 4. Aufl., § 2306 Rn. 9). Auch einem Ersatzerben ist zunächst nichts hinterlassen.

# XVII. Erbauseinandersetzung

## 1. Erbauseinandersetzungsvertrag

Verhandelt zu[1, 2]. . . . .
am . . . . . (kann wegen § 311b Abs. 1 BGB nur in notarieller Urkunde errichtet werden!)

§ 1 Erbfall

Der Kaufmann A ist am . . . . . in . . . . . M-Stadt verstorben und wurde laut Erbschein des Amtsgerichts vom . . . . . (Az. . . . . . /. . . . .) auf Grund Gesetzes beerbt von
a) seiner Witwe A, geb. E zu $^1/_2$ Erbteil,
b) seinem Sohn B zu $^1/_4$ Erbteil und
c) seiner Tochter C zu $^1/_4$ Erbteil.
Der Erblasser war mit A, geb. E in einziger am . . . . . in . . . . . geschlossener Ehe verheiratet. In der Ehe galt der gesetzliche Güterstand der Zugewinngemeinschaft. Der Erblasser und die Witwe sind deutsche Staatsangehörige.

§ 2 Nachlassbestand und Anspruchsberechnung

Der Nachlass des Erblassers setzt sich nach dem Stand vom Todestag wie folgt zusammen:

A. Aktiven

| | |
|---|---|
| a) Eine unter der Firma A – Papierwaren und Büroartikel in M-Stadt einzelkaufmännisch betriebene Großhandlung mit diesem Gegenstand, die im Handelsregister des Amtsgerichts M-Stadt unter Nr. HRA . . . . . eingetragen ist. Sie wurde am . . . . . durch den Steuerberater und Wirtschaftsprüfer R auf den Todestag mit geschätzt. In der Schätzung enthalten ist auch das im Grundbuch von M-Stadt Band . . . . . Blatt . . . . . mit der Flst. Nr. . . . . . eingetragene, in M-Stadt, F-Straße Nr. . . . . . gelegene Betriebsgrundstück. | 760.000,– EUR |
| b) Eine Miteigentumshälfte an dem im Grundbuch von M-Stadt Band . . . . . Blatt . . . . . mit der Flst. Nr. . . . . . eingetragene Einfamilienhausgrundstück in M-Stadt in der S-Straße Nr. . . . . . Das Grundstück wurde durch den Gutachterausschuss von M-Stadt am . . . . . auf 300.000,– EUR geschätzt. Hiervon hierher die Hälfte mit | 150.000,– EUR |
| c) Der Bestand des Wertpapierdepots Nr. . . . . . bei der R u. W Bank, Filiale M-Stadt mit einem Kurswert per dem Todestag des Erblassers von | 30.000,– EUR |
| d) Privatgirokonto des Erblassers bei der Stadtsparkasse M-Stadt Nr. . . . . . mit einem Kontostand per Todestag von | 11.000,– EUR |
| e) Bargeld | 2.500,– EUR |
| | Summe: 953.500,– EUR |

Die beweglichen Gegenstände wurden bereits unter den Miterben aufgeteilt.

B. Passiven

| | |
|---|---|
| a) Grundschuld in Höhe von 100.000,– EUR auf dem unter A b beschriebenen Einfamilienhausgrundstück, noch valutiert per Todestag für die Volksbank M-Stadt mit 63.400,– EUR, hiervon hierher die Hälfte mit | 31.700,– EUR |
| b) Beerdigungskosten sowie Kosten der Grabanlage einschließlich des Grabmals, laut Belegen ausgelegt von der Witwe | 31.500,– EUR |
| | Summe: 32.200,– EUR |

Somit beträgt der Reinnachlass:

| | | |
|---|---|---|
| | Aktiven | 953.500,– EUR |
| abzüglich | Passiven | 32.200,– EUR |
| | Reinnachlass = | 921.300,– EUR |

Davon haben die Miterben im Einzelnen anzusprechen:

| | | |
|---|---|---|
| a) die Witwe A, geb. E | $^1/_2$ = | 460.650,– EUR |
| b) der Sohn B | $^1/_4$ = | 230.325,– EUR |
| c) die Tochter C | $^1/_4$ = | 230.325,– EUR |
| | | 921.300,– EUR |

3 Auseinandersetzung, Zuteilung und Ausgleichung

Die Beteiligten heben die Erbengemeinschaft an den unter § 2 aufgeführten Nachlassgegenstände auf und setzen sich über sie wie folgt auseinander:

a) Die Witwe erhält die Miteigentumshälfte an dem unter § 2 A b beschriebenen Einfamilienhausgrundstück, dessen andere Hälfte ihr bereits gehört. Der B verpflichtet sich gegenüber seiner Mutter innerhalb von fünf Jahren die auf diesem Hausgrundstück ruhende Belastung von 63.400,– EUR abzulösen und bis dahin die laufende Verzinsung und Tilgung der Schuld zu tragen. Der Rückübertragungsanspruch und alle anderen Gläubigerrechte bezüglich der Grundschuld werden hiermit an die Witwe abgetreten. B verpflichtet sich ferner, seiner Mutter eine monatlich im Voraus ab ..... zahlbare Versorgungsrente in Höhe von 1.800,– EUR monatlich auf Lebenszeit zu zahlen. Die Höhe der Rente soll sich ab heute bis zum Tod der Berechtigten jährlich im gleichen prozentualen Verhältnis nach oben oder unten verändern, in dem sich der vom Statistischen Bundesamt in Wiesbaden berechnete Verbraucherpreisindex für Deutschland (Basis 2000 = 100) verändert. Jeweils nach Eintreten der genannten Bedingungen erfolgt die entsprechende Anpassung ab dem 1.1. des folgenden Jahres. Auf eine dingliche Sicherung der Rente durch eine Reallast auf dem Betriebgrundstück und die Unterwerfung unter die sofortige Zwangsvollstreckung wird, trotz Hinweis des Notars über die damit verbundenen Gefahren, verzichtet. Letztlich erhält die Witwe A, geb. E den Bestand des Wertpapierdepots gem. § 2 A c und wird hiermit von den anderen Miterben unwiderruflich bevollmächtigt, die zur Übertragung erforderlichen Erklärungen gegenüber den Schuldnern und der verwahrenden Bank abzugeben.

b) Der Sohn B erhält das unter der Firma A – Papierwaren und Büroartikel vom Erblasser einzelkaufmännisch betriebene Unternehmen mit Aktiven und Passiven und sämtlichen Betriebsmitteln, Einrichtungsgegenständen und dem Betriebsgrundstück, wie sie sich aus der letzten vom Erblasser vor seinem Tod errichteten Bilanz ergeben und dem Recht, jedoch nicht der Pflicht, zur Fortführung der Firma. Er verpflichtet sich, die Miterben von jeglicher Inanspruchnahme aus den Geschäftsschulden freizustellen. Zum Ausgleich mit seiner Schwester C hat er, unter Berücksichtigung der an und für seine Mutter zu leistenden Zahlungen (oben lit. a), an die C 250.000,– EUR zu zahlen. Dieser Betrag verbleibt als typische stille Beteiligung im Unternehmen und nimmt an dessen Gewinn in Höhe von $^1/_3$ des Gewinnbetrages teil, der auf die stille Beteiligung entfällt, wenn man den Jahresgewinn im Verhältnis der Beteiligung zu dem bilanzierten Eigenkapital des B aufteilt. Am Verlust des Unternehmens ist die C nicht beteiligt, desgleichen nicht an seinen stillen Reserven. Die stille Gesellschaft ist auf die Dauer von 15 Jahren ab heute unkündbar, danach ist sie mit einjähriger Kündigungsfrist zum Schluss eines Kalenderjahres kündbar.

§ 4 Übergabe

Die an die Übergabe der übertragenen Grundstücke geknüpften Rechtswirkungen sollen bereits mit dem Todestag des Erblassers eingetreten sein. Das Unternehmen gilt als seit dem Todestag für Rechnung seines Übernehmers geführt.

§ 5 Verzichtklausel[3]

Mit der heute erfolgten Auseinandersetzung sollen alle den Miterben auf Grund des Erbfalls gegeneinander zustehenden Ansprüche vergleichsweise ausgeglichen sein. Auf alle darüber hinausgehenden Ansprüche wird ausdrücklich gegenseitig verzichtet.

§ 6 Mängelrechtsausschluss[4]

Alle Ansprüche und Rechte wegen Rechts- und Sachmängeln werden hiermit in jeder Hinsicht ausgeschlossen, es sei denn es läge Vorsatz, Arglist oder eine Garantie vor.

§ 7 Kosten[6]

Die Kosten dieser Urkunde tragen die Beteiligten im Verhältnis ihrer Erbquoten, die Kosten des Grundbuchvollzugs trägt jeder für seinen Erwerb.

§ 8 Güterrecht

Die Beteiligten leben, soweit verheiratet nach ihren Angaben jeweils im gesetzlichen Güterstand der Zugewinngemeinschaft und verfügen nicht über ihr Vermögen im Ganzen oder Wesentlichen. Die Witwe lebt nicht in fortgesetzter Gütergemeinschaft.

Auflassung

Die Beteiligten sind sich über die Eigentumsübergänge der Grundstücke wie oben unter §§ 3a und b bestimmt einig und bewilligen und die Erwerber beantragen den Vollzug der Eigentumswechsel im Grundbuch.

Hinweise

Die Beteiligten wurden vom beurkundenden Notar darauf hingewiesen, dass der Eigentumserwerb an den Grundstücken erst durch Eintragung im Grundbuch erfolgt und diese erst nach dem Vorliegen der Unbedenklichkeitsbescheinigung des Finanzamts und Zahlung der Gebühren erfolgen kann.

Schluss[5]

Beantragt werden:

1. Grunderwerbsteuerliche Unbedenklichkeitsbescheinigung des Finanzamts
2. Genehmigung des Bundesamts für Wirtschaft, Frankfurter Str. 29–31, 65760 Eschborn bezüglich der Wertsicherungsklausel unter § 3a.
3. Beglaubigte Abschrift an das Finanzamt – Erbschaftsteuerstelle . . . . .

**4. Je eine beglaubigte Abschrift an die Vertragspartner.**

**5. Nach Vollzugsreife Ausfertigung an das Grundbuchamt M-Stadt zum Vollzug gegen Vollzugsanzeige.**

**In Gegenwart des Notars den Beteiligten vorgelesen, von ihnen genehmigt und eigenhändig unterschrieben.**

.....

**Unterschriften**

*Schrifttum: Ann,* Die Erbengemeinschaft, 2001, S. 271 ff., *Barton,* Steuerrechtliche Probleme bei der Unternehmensnachfolge, Mitt-RhNotK 1982, 1; *Bonefeld*, Regelungen der Verwaltungs- und Verfügungsbefugnisse in der Erbengemeinschaft – ein Vorschlag für die Praxis, ZErb 2017, 121; *Bracker,* Die amtliche Vermittlung der Nachlaßauseinandersetzung, MittBayNot 1984, 114; *Drischler,* Die Aufhebung der ungeteilten Erbengemeinschaft durch Zwangsversteigerung des Nachlaßgrundstücks, JurBüro 1963, 241; *Firsching/Graf,* Nachlaßrecht, 8. Aufl.; *Hartlich*, Ausgewählte Probleme der Erbauseinandersetzung aus notarieller Sicht, RNotZ 2018, 285; *Heskamp*, Überführung von Nachlassgegenständen in das nacherbenfrei Vermögen des Vorerben, RNotZ 2014, 517; *Holzer,* Das Verfahren zur Auseinandersetzung des Nachlasses nach dem FamFG, ZEV 2013, 656; *Horn*, Richterliche Entscheidung bei Testamentsauslegung und Auslegungsvertrag, ZEV 2016, 565; *Kanzleiter,* Die Abschichtung eines Miterben, der aus einer Erbengemeinschaft ausscheiden möchte: Lässt sich diese Fallentwicklung noch stoppen?, ZEV 2012, 447; *Keim,* Erbauseinandersetzung und Erbanteilsübertragung, RNotZ 2003, 375; *ders.*, Gefahren für das Behindertentestament durch fehlerhafte Erbauseinandersetzung, DNotZ 2014, 895; *Kürzel,* Grundstücksveräußerung bei Erbauseinandersetzung, Betr. 1958, 1067; *Lange,* Verwaltung, Verfügung und Auseinandersetzung bei der Erbengemeinschaft, JuS 1967, 453; *Littmann,* Einkommensteuerliche Fragen der Erbauseinandersetzung und der Erbanteilsveräußerung, DStR 1972, 227; *Märkle,* Der Erbfall und die Erbauseinandersetzung im Ertragsteuerrecht, BWNotZ 1984, 73; *Mittelbach,* Übertragung von Betriebsvermögen aus privatem Anlaß, DStR 1981, 404; *Neukirchen*, Vereinbarungen zwischen Vor- und Nacherben bzw. Vor- und Nachvermächtnisnehmern RNotZ 2018, 357; *Patschke,* Erbteilsübernahme durch den Miterben, NJW 1955, 444; *Frhr. v. Proff,* Der erbrechtliche Auslegungsvertrag/Erbvergleich und seine steuerlichen Auswirkungen, ZEV 2010, 348; *Rössler,* Kreditzinsen eines Miterben als Sonderausgaben, BB 1985, 460; *Reimann,* Erbauseinandersetzung durch Abschichtung, ZEV 1998, 213; *Reimann,* Die steckengebliebene Erbauseinandersetzung, ZEV 2009, 120; *Roth,* Erbauseinandersetzung und Pflichtteilsanspruch im Erbschaftsteuerrecht, RNotZ 2013, 193; *Sarres,* Die Erbengemeinschaft und das Teilungskonzept des BGB, ZEV 1999, 377; *ders.,* Aufschub und Ausschluss der Auseinandersetzung, ZEV 2005, 191; *Schulze zur Wiesche,* Erbauseinandersetzung als entgeltlicher oder unentgeltlicher Vorgang? Betr. 1978, 2381; *Sonnenfeld,* Vertretungsrechtliche Betrachtung der Erbauseinandersetzung und der Grundstücksveräußerung durch die Erbengemeinschaft, bestehend aus minderjährigen Kindern und deren gesetzlichen Vertretern, NotBZ 2001, 322; *Stöcker,* Die einkommensteuerliche Behandlung der Unternehmensvererbung – Eingriff in die Erbrechtsgarantie, WPM 1981, 570; *Streck*, Unerwünschte und geplante Steuerfolgen der Erbauseinandersetzung, NJW 1985, 2454; *Weidlich*, Rechtsgeschäfte zwischen Vor- und Nacherben zur Aufhebung der Nacherbenbindung, ZErb 2014, 325; *Weimar,* Die Auseinandersetzung unter Miterben, MDR 1978, 287; *Westphal,* Vermittlung der Auseinandersetzung einer Erbengemeinschaft, RpflJB 1981, 345; *Winkler,* Verhältnis von Erbteilsübertragung und Erbauseinandersetzung, ZEV 2001, 435; *Zimmermann,* Vermittlung der Erbauseinandersetzung durch das Nachlassgericht, ZEV 2009, 374; *Zimmermann,* Die Vermittlung der Erbauseinandersetzung durch den Notar, NotBZ 2013, 335.

## Anmerkungen

**1. Sachverhalt.** Die Erbengemeinschaft auf Ableben des A soll aufgehoben, und der Nachlass einverständlich auseinandergesetzt werden, und zwar durch Zuteilung der einzelnen Nachlassgegenstände an die Miterben und Ausgleichung ihrer Werte, wobei jedoch die Witwe bezüglich eines Teils zugunsten ihrer Kinder verzichtet.

**2. Überblick.** (1) **Erbengemeinschaft.** Miterben bilden nach §§ 2032 ff. BGB bezüglich der Nachlassgegenstände eine Gesamthandsgemeinschaft. Die Verwaltung des Nachlasses erfolgt durch die Miterben grundsätzlich gemeinschaftlich (§ 2038 BGB). Desgleichen haben die Miterben die Verfügungsmacht nur gemeinschaftlich (§ 2040 BGB). Bei größeren Erbengemeinschaften oder absehbar längerer Dauer bis zur Abwicklung kann sich eine allgemeine Vereinbarung der Miterben unteinander über die Ausübung der Verwaltung und die Verfügungsmacht anbieten (Muster für solche „Geschäftsordnungen" bei *Bonefeld*, ZErb 2017, 121). Zum Nachlass gehören nicht nur die bei Eintritt des Erbfalls vorhandenen Vermögensgegenstände, sondern im Rahmen des § 2041 BGB auch deren Surrogate. Die Erbengemeinschaft bleibt ohne zeitliche Grenze solange bestehen, bis die Miterben sich über sämtliche Nachlassgegenstände auseinandergesetzt haben. Stirbt ein Erbe, so treten an seine Stelle seine Erben (Erbeserben). Da die Erbengemeinschaft nach hM nicht auf Dauer, sondern auf Liquidation angelegt ist, kann jeder Miterbe grundsätzlich jederzeit die Auseinandersetzung verlangen (§ 2042 Abs. 1 BGB). Die Auseinandersetzung der Miterbengemeinschaft bedeutet Auflösung der vermögensrechtlichen gesamthänderischen Bindung an allen Nachlassgegenständen. Der Erblasser kann die Auseinandersetzung des Nachlasses in der Verfügung von Todes wegen für den ganzen Nachlass oder an einzelnen Teilen ausschließen (§ 2044 Abs. 1 BGB). Dies ist grundsätzlich nur für die Dauer von 30 Jahren möglich (§ 2044 Abs. 2 BGB). Die Anordnung ist wirkungslos, wenn ein wichtiger Grund für die Auseinandersetzung spricht (§§ 2044 Abs. 1, 749 Abs. 2, 3 BGB). Die Miterben können sich jedoch einverständlich ohne besonderen Grund über das Auseinandersetzungsverbot des Erblassers hinwegsetzen (BGHZ 40, 115). Auch wenn ein Testamentsvollstrecker eingesetzt ist, kann dieser zusammen mit den Miterben einverständlich ein Auseinandersetzungsverbot des Erblassers durchbrechen (BGHZ 56, 275; vgl aber auch OLG München FamRZ 2016, 1302). Auch die Miterben können einstimmig die Auseinandersetzung auf Zeit oder auf Dauer ausschließen (§§ 2042 Abs. 2, 749 Abs. 2, 3, 750, 751 BGB; Staudinger/*Löhnig*, Bearbeitung 2016, § 2042 Rn. 5) oder von besonderen Voraussetzungen, wie zB einer Kündigung, abhängig machen. Bei Vorliegen eines wichtigen Grundes kann aber auch hier die Auseinandersetzung verlangt werden (§§ 749 Abs. 2, 3, 750, 751 BGB). Die unter Miterben getroffene Vereinbarung wirkt für und gegen einen Sonderrechtsnachfolger im Erbteil (§§ 2042 Abs. 2, 751 BGB), so dass ihre Eintragung im Grundbuch als überflüssig abgelehnt wird (RG JW 1935, 3121; Staudinger/*Löhnig*, Bearbeitung 2016, § 2042 Rn. 5a). Gegenüber Pfandrechtsgläubigern, die nicht lediglich auf Grund eines vorläufig vollstreckbaren Titels in den Anteil vollstrecken, gilt dieser vereinbarte Auseinandersetzungsausschluss nicht (§§ 2042 Abs. 2, 751 S. 2 BGB). Für eine solche Miterbenvereinbarung gilt die 30-Jahresgrenze nicht (MünchKomm/*Ann* § 2042 Rn. 10). Allerdings ist zu beachten, dass die Erbengemeinschaft nach hM nicht rechts- oder parteifähig ist (BGH NJW 2006, 3715 = FamRZ 2007, 41), so dass die Fortsetzung häufig mit einem Umwandlung in gesellschaftsrechtliche Strukturen zu verbinden ist. Jedenfalls darin liegt rechtlich dann doch eine Auseinandersetzung (vgl. Staudinger/*Löhnig*, Bearbeitung 2016, § 2042 Rn. 55). Die Vereinbarung kann formlos erfolgen, und zwar trotz § 311b Abs. 1 BGB auch, wenn ein Grundstück Gegenstand der Erbschaft ist, da das Grundstück nicht den Eigentümer wechselt. Teilungsverbote, und zwar gleichgültig, ob vom Erblasser angeordnet oder von den Miterben einstimmig vereinbart, sind in einer Teilungsversteigerung eines Nachlassgrundstücks gem. §§ 180 ff. ZVG in entspr. Anwendung mit der Widerspruchsklage des § 771 ZPO geltend zu machen (OLG Bamberg JW 1927, 2473; OLG Dresden HRR 38, 1060; OLG Hamburg NJW 1961, 610). Kraft Gesetzes ist die Auseinandersetzung ausgeschlossen, soweit die Erbteile wegen der zu erwartenden Geburt eines Miterben noch unbestimmt sind (§ 2043 Abs. 1 BGB) und wenn die Entscheidung über eine Ehelichkeitserklärung, über einen Antrag auf Annahme als Kind, über die Aufhebung eines Annahmeverhältnisses oder über die Genehmigung einer vom Erblasser errichteten Stiftung noch aussteht (§ 2043 Abs. 2 BGB). Letztlich darf gem. § 2045 BGB jeder Miterbe den Aufschub der Auseinandersetzung verlangen, bis ein Gläubigeraufgebot nach § 1970 BGB beendigt oder die Frist zur Anmeldung von Nachlassforderungen auf Grund einer von einem Miterben gem. § 2061 BGB durchgeführten öffentlichen Aufforderung abgelaufen ist. Bis zur Auseinandersetzung kann der einzelne Miterbe über einzelne Nachlassgegenstände oder seinen Anteil an ihnen nicht verfügen (§ 2033 Abs. 3 BGB), und auch seine Privatgläubiger können sich nicht an bestimmte einzelne Nachlassgegenstände halten. Jedoch kann jeder Erbe in der Form des § 2033 BGB dinglich über seinen Anteil am ganzen Nachlass verfügen, und in ihn können auch seine Privatgläubiger vollstrecken.

(2) **Durchführung der Erbauseinandersetzung.**

a) **Auseinandersetzung nach Maßgabe der gesetzlichen Vorschriften.** Hat der Erblasser keine Anordnungen für die Auseinandersetzung getroffen (§ 2048 BGB), so haben die Miterben gegeneinander den Anspruch auf Auseinandersetzung nach der in den §§ 2042 ff. BGB festgelegten Art und Weise (BGHZ 21, 232 (234)). Das bedeutet, dass zunächst aus dem Nachlass die Nachlassverbindlichkeiten zu berichtigen sind (§ 2046 Abs. 1 BGB). Dafür ist der Nachlass, soweit erforderlich, in Geld umzusetzen (§ 2046 Abs. 3 BGB). Der nach Berichtigung der Nachlassverbindlichkeiten verbleibende Überschuss ist unter die Erben nach dem Verhältnis ihrer Erbteile zu verteilen (§ 2047 Abs. 1 BGB). Bei der Teilung sind die allgemeinen Vorschriften der §§ 752–754 BGB über die Gemeinschaftsteilung anzuwenden (§ 2042 Abs. 2 BGB). Die Teilung hat daher in Natur zu erfolgen, wenn ein gemeinschaftlicher Gegenstand oder mehrere sich ohne Minderung ihres Wertes in gleichartige, den Erbanteilen entsprechende Teile zerlegen lassen (§ 752 BGB). Teilbar sind danach Geldbeträge, unbebaute Grundstücke (zumeist), Wertpapiere, Forderungen, Geschäftsanteile, sofern nicht durch Satzung ausgeschlossen, ebenso ein in Erbengemeinschaft gehaltener Erbteil (Staudinger/*Löhnig*, Bearbeitung 2016, § 2042 Rn. 23). Die Umwandlung des Gesamthandeigentums der Erbengemeinschaft in Bruchteilseigentum kann nicht verlangt werden (RGZ 67, 61 (64); BGHZ 21, 232 (233)). Ist die Teilung in Natur ausgeschlossen, erfolgt die Auseinandersetzung durch Verkauf und Teilung des Erlöses (§ 753 BGB). Der Verkauf der Nachlassgegenstände erfolgt für bewegliche Gegenstände nach den Vorschriften über den Pfandverkauf (§§ 1253 f. BGB), bei Grundstücken gem. §§ 180 ff. ZVG durch Zwangsversteigerung (§ 753 Abs. 1 S. 1 BGB). Ist die Teilung oder Veräußerung an Dritte zB wegen Anordnung des Erblassers ausgeschlossen, ist der Nachlassgegenstand unter den Miterben zu versteigern (§ 753 Abs. 1 S. 2 BGB). Diese gesetzlichen Teilungsregeln gelten für die Auseinandersetzung bei fehlender gütlicher Vereinbarung zwischen den Miterben und fehlender Anordnung des Erblassers gem. § 2048 BGB. Auf sie muss sich vor allem der Teilungsplan stützen, zu dessen Einwilligung ein Miterbe die anderen im Wege der sog. **Erbteilungsklage** verklagen kann (prozessuale Hinweise zB bei jurisPK-BGB/*Schütte,* 7. Aufl., § 2042 Rn. 43 ff.). Nach ihnen hat bei Fehlen von Erblasseranordnungen und mangelnder Einigung mit den Erben gem. § 2204 Abs. 1 BGB auch der Testamentsvollstrecker zu verfahren (Staudinger/*Reimann* § 2204 Rn. 11 ff.). Der Testamentsvollstrecker hat dabei einen Auseinandersetzungsplan aufzustellen und nach Anhörung der Erben (§ 2204 Abs. 2 BGB) durch einseitiges empfangsbedürftiges Rechtsgeschäft (BayObLG 1967,

230 (240)) ausdrücklich oder stillschweigend den Erben gegenüber zu erklären, dass die Auseinandersetzung nach diesem Plan erfolgen soll. Der Teilungsplan bedarf keiner Form, und zwar auch nicht nach § 311b Abs. 1 BGB, wenn Grundstücke zum Nachlass gehören, da er kein Vertrag, sondern ein einseitiges feststellendes Rechtsgeschäft ist (*Haegele* Rpfleger 1963, 331). Der Plan hat jedoch nur obligatorische Wirkung, so dass bei Grundstücken zu seiner Ausführung eine Auflassung in der Form des § 925 BGB notwendig ist. Bei Einigkeit mit den Erben wird der Testamentsvollstrecker mit ihnen einen Auseinandersetzungsvertrag schließen. Bezüglich der bei der Nachlassauseinandersetzung evtl. vorzunehmenden Ausgleichung von Vorempfängen → Form. XII.23 Anm. 7.

b) **Vertragliche Regelung der Erbauseinandersetzung.** Die Erben einigen sich dabei freiwillig und gütlich über die Teilung und haben dabei volle Gestaltungsfreiheit, ein etwaiger Testamentsvollstrecker muss allerdings zustimmen. Der obligatorische Auseinandersetzungsvertrag hebt die Erbengemeinschaft ganz oder teilweise auf und legt fest, wie die Nachlassgegenstände verteilt werden sollen. Er ist ein gegenseitiger (BGH DNotZ 1956, 406), schuldrechtlicher Vertrag und der Rechtsgrund für den Erwerb der Nachlassgegenstände durch die einzelnen Miterben. Der Auslegungsvertrag verpflichtet die beteiligten Erben, sich untereinander so zu stellen, als sei die vereinbarte Auslegung zutreffend (OLG Düsseldorf ErbR 2019, 438). Soweit er von den gesetzlichen oder letztwillig angeordneten Auseinandersetzungsregeln abweicht, kommt ihm konstitutive Wirkung zu, und in ihm kann ein Anerkenntnis, ein Verzicht oder ein Vergleich gefunden werden (Staudinger/*Löhnig*, Bearbeitung 2016, § 2042 Rn. 10; MünchKomm/*Ann* § 2042 Rn. 33). Mangels Einigung über die Unentgeltlichkeit wird jedoch kaum je in einer Mehrzuteilung im Rahmen eines Erbauseinandersetzungsvertrages eine Schenkung erblickt werden können (*Lange/Kuchinke*, Erbrecht, § 44 III 3), zumal die Erbauseinandersetzung sich auch als Vergleich über die Auslegung der letztwilligen Verfügungen darstellen kann (zum Erbvergleich *Hübner* ErbStB 2003, 231; *Thonemann* NotBZ 2006, 268). Der nur schuldrechtlich wirkende Auseinandersetzungsvertrag muss durch dingliche Übertragung der Nachlassgegenstände entsprechend der Vereinbarung vollzogen werden, dh Grundstücke müssen aufgelassen, Forderungen abgetreten und bewegliche Sachen übereignet werden. Erst dadurch endet die gesamthänderische Bindung der einzelnen Nachlassgegenstände. Die vertragliche Auseinandersetzung kann auch in der Umwandlung des Gesamthandseigentums an allen oder einzelnen Nachlassgegenständen in Bruchteilseigentum zu den Erbquoten entsprechenden Berechtigungsbruchteilen der Miterben bestehen (BGHZ 21, 232 (233)). Allerdings dürfte das bei der wirtschaftlichen Gleichheit zwischen einer Gesamthands- und einer Bruchteilsgemeinschaft (RGZ 30, 150; 57, 434) wenig zweckmäßig sein, zudem dadurch die Grunderwerbsteuerfreiheit für den Erwerb durch einen Miterben zur Teilung des Nachlasses gem. § 3 Ziff. 3 GrEStG 1983 verbraucht wird. Zum wirtschaftlich gleichen Ergebnis würde die Einigung der Miterben führen, an dem oder den betreffenden Nachlassgegenständen die Gesamthandsgemeinschaft durch zeitlichen oder dauernden Ausschluss des Rechts auf Auseinandersetzung aufrecht zu erhalten (§§ 2042 Abs. 2, 749 Abs. 2, 3, 750, 751 BGB). Die Erbauseinandersetzung kann auch durch Übertragung sämtlicher Erbanteile auf einen Miterben evtl. gegen Abfindung erfolgen (siehe hierzu *Patschke* NJW 1955, 444; *Zunft* JZ 1956, 550). Neben der Auseinandersetzung der Erbengemeinschaft durch Erbteilung oder durch Übertragung von Erbteilen besteht nach der Rechtsprechung die Möglichkeit des Ausscheidens eines Miterben aus der Erbengemeinschaft durch Abschichtung (dazu unten g).

c) **Form.** Der schuldrechtliche Erbauseinandersetzungsvertrag bedarf als solcher keiner Form, sofern er nicht formbedürftige Abreden enthält, wie zB die Verpflichtung zur Übertragung eines Grundstücks (§ 311b Abs. 1 BGB), eines GmbH-Anteils (§ 15 GmbHG) oder die Übernahme einer Bürgschaft (§ 766 BGB). Übernimmt ein Miterbe im Wege der Erbauseinandersetzung alle Erbanteile gegen Abfindung, so ist dies kein nach § 2371 BGB formgebundener Erbteilsverkauf, sondern ein formfreier Auseinandersetzungsvertrag (RG

WarnR 1909 Nr. 512; MünchKomm/*Ann* § 2042 Rn. 36; aA *Patschke* NJW 1955, 444 (446)). Wohl bedarf jedoch der Vollzug dieses Vertrages durch dingliche Übertragung der Erbanteile nach § 2033 BGB der notariellen Form (jurisPK-BGB/*Otto*, 7. Aufl., § 2033 Rn. 37 mN). Die notarielle Form ist generell zwingend, sobald besorgt werden muss, dass ein Gericht zu einer anderen als der von den Vertragsbeteiligten zugrunde gelegten Auslegung der letztwilligen Verfügung gelangt; der Auseinandersetzungsvertrag ist dann einem Erbschaftskauf ähnlich (*Horn* ZEV 2016, 565 (568)).

d) **Genehmigungsbedürftigkeit.** Steht ein minderjähriger Miterbe unter Vormundschaft, bedarf der Erbauseinandersetzungsvertrag der Genehmigung des Vormundschaftsgerichts nach § 1822 Ziff. 2 BGB. Eltern bedürfen dagegen nach § 1643 Abs. 1 BGB keiner vormundschaftsgerichtlichen Genehmigung, wenn sie ihr Kind bei einem Erbauseinandersetzungsvertrag vertreten, es sei denn, der Vertrag oder sein Vollzug enthält andere nach § 1643 Abs. 1 BGB genehmigungspflichtige Geschäfte (Staudinger/*Löhnig*, Bearbeitung 2016, § 2042 Rn. 17). Sind die Eltern, ein Elternteil oder andere Verwandte gerader Linie neben den Kindern an der auseinanderzusetzenden Erbschaft beteiligt, können diese gem. §§ 1629 Abs. 2, 1795 BGB nicht durch die Eltern vertreten werden, sondern bedürfen eines Ergänzungspflegers nach § 1909 BGB. Sind dabei mehrere minderjährige Miterben beteiligt, bedarf jeder von ihnen wegen § 181 BGB eines eigenen gesetzlichen Vertreters (BGHZ 21, 229 = NJW 1956, 1433 = DNotZ 1956, 559). Erfolgt allerdings, was selten der Fall sein wird, die Auseinandersetzung genau nach den gesetzlichen Teilungsregeln der §§ 2042 ff. BGB, können alle minderjährigen Miterben von einem gesetzlichen Vertreter vertreten werden, da es sich dann nur um die Erfüllung einer Verbindlichkeit (§ 181 BGB) handelt (BGHZ 21, 229), ebenso wenn eine Teilungsanordnung des Erblassers vollzogen wird (*Damrau* ZEV 1994, 3). Die Umwandlung des Gesamthandseigentums der Erbengemeinschaft in Bruchteilseigentum ist jedoch keine Auseinandersetzung nach den gesetzlichen Teilungsregeln (BGHZ 21, 229). Übertragen die minderjährigen Kinder ihre Erbteile an den überlebenden Elternteil oder einen anderen volljährigen Miterben, so kommt kein Vertrag zwischen ihnen, sondern jeweils einer zwischen dem einzelnen Kind und dem Erbteilserwerber zustande, und alle Minderjährigen können daher auch hier von einem gesetzlichen Vertreter vertreten werden (RGZ 93, 334; KG KGJ 40 A 1; OLG München HRR 1940 Nr. 779; MüKoBGB/*Heldrich* § 2042 Rn. 38). Ein im gesetzlichen Güterstand lebender Ehegatte bedarf gem. § 1365 BGB der Zustimmung des anderen, wenn der Erbteil sein ganzes oder doch wesentliches Vermögen bildet (BGHZ 35, 135 (143) = NJW 1961, 1301). Je nach Art der übernommenen Verpflichtungen gelten die für diese im Einzelnen jeweils bestehenden öffentlich-rechtlichen Genehmigungserfordernisse, so bei Vorhandensein landwirtschaftlicher Grundstücke eine Genehmigungspflicht nach dem Grundstücksverkehrsgesetz oder wenn, wie im Formular, der Vertrag eine Wertsicherungsklausel enthält, nach der Preisklauselverordnung.

e) **Teilauseinandersetzung.** Es besteht ein Anspruch der Miterben gegeneinander auf Auseinandersetzung des ganzen Nachlasses (Totalerledigung). Es kann daher grundsätzlich keine persönliche Teilauseinandersetzung verlangt werden (BGH NJW 1985, 51). Die gegenständlich beschränkte Teilauseinandersetzung hingegen ist gegen den Willen von Miterben dann zulässig, wenn besondere Gründe es rechtfertigen und die Belange der Erbengemeinschaft und der anderen Miterben nicht beeinträchtigt werden (BGH MDR 1963, 578). Der BGH (FamRZ 1965, 267 = Rpfleger 1965, 271 = DNotZ 1965, 694; aA *Lange* JuS 1967, 453) sieht in § 2038 Abs. 1 S. 2 BGB, nach dem jeder Miterbe zur Mitwirkung an der ordnungsgemäßen Verwaltung des Nachlasses verpflichtet ist, eine Grundlage, im Einzelfall die Zustimmung der Miterben zur Teilauseinandersetzung zu erzwingen (vgl. auch BGHZ 164, 181 = NJW 2006, 439, wonach der Miterbe zu einer Veräußerungszustimmung als Maßnahme ordnungsgemäßer Verwaltung verpflichtet sein kann). Unbestritten ist eine Teilerbauseinandersetzung bei Zustimmung aller Miterben möglich. Sie kann entweder den Zweck verfolgen, einen Miterben auszuzahlen (subjektive Teilauseinandersetzung), während die übrigen weiter der Erbengemeinschaft angehören, oder sie beschränkt sich auf einzelne Nachlassgegenstände, während der Rest allen Miterben in Gesamthand verbleibt (objektive Teilauseinandersetzung). Eine Miterbengemeinschaft kann weder ganz noch teilweise durch Vertrag begründet oder wiederhergestellt werden (MüKoBGB/*Heldrich* § 2042 Rn. 15; KG DNotZ 1952, 84). Es kann hinsichtlich des Nachlassgegenstandes höchstens eine neue Gesamthandsgemeinschaft, etwa in Form einer BGB-Gesellschaft, begründet werden. Es ist daher auch keine Teilauseinandersetzung mit dem Ziel möglich, dass innerhalb der Gemeinschaft aller Miterben eine engere Gemeinschaft nur zwischen einzelnen Miterben begründet wird (MüKoBGB/*Heldrich* § 2042 Rn. 15). Eine Auseinandersetzung nur bezüglich einzelner Nachlassgegenstände birgt insoweit eine Gefahr, als die Miterben bis zur vollständigen Nachlassteilung weiterhin als Gesamtschuldner haften (§ 2058 BGB; *Lange/Kuchinke*, Erbrecht, 5. Aufl., § 44 III 2a).

f) Jeder Miterbe kann gegen die übrigen auf Zustimmung zu einem von ihm vorgelegten **Auseinandersetzungsplan** klagen (prozessuale Hinweise bei jurisPK-BGB/*Schütte* § 2042 Rn. 40, 48 ff. und ausf. *Erker/Oppelt* in Münchener Anwaltshandbuch Erbrecht, § 61; Groll/*Steiner/Rösler,* Erbrechtsberatung 2. Aufl., S. 1902 ff.; *Adam* MDR 2014, 1060). Dieser Auseinandersetzungsplan hat sich zu richten nach den entsprechenden Anordnungen des Erblassers (§ 2048 BGB), den bereits bindenden Vereinbarungen unter den Miterben und nach den gesetzlichen Teilungsregeln der §§ 2042 ff. BGB. Das rechtskräftige Urteil ersetzt die Zustimmung der beklagten Miterben zur Nachlassauseinandersetzung (§ 894 ZPO), und, wenn die Klage auch auf die dingliche Rechtsänderung gerichtet ist, auch die Zustimmung zu ihr. Dem Richter ist jeder gestaltende Eingriff in den Auseinandersetzungsplan verwehrt. Er hat nur darüber zu befinden, ob die gestellten Anträge, an die er gebunden ist (§ 306 ZPO), begründet sind. Lediglich im Rahmen seiner richterlichen Aufklärungspflicht (§ 139 ZPO) kann er auch insoweit auf sachgemäße Anträge hinwirken. Der Kläger trägt somit bei der Erbteilungsklage ein erhebliches Prozessrisiko.

g) **Erbauseinandersetzung durch Abschichtung.** Die so genannte Abschichtung wird in der Rechtsprechung als ein dritter Weg der Erbauseinandersetzung angesehen (neben unmittelbarer vollständiger Auseinandersetzung und der Übertragung von Erbanteilen durch die Miterben, bis alle dem letzten von ihnen angewachsen sind). Der Miterbe gibt entsprechend § 738 BGB seine Mitgliedschaftsrechte an der Erbengemeinschaft gegen Abfindung auf und scheidet dadurch einvernehmlich aus der Erbengemeinschaft aus. Der vom Ausscheidenden aufgegebene Erbteil wächst den verbleibenden Miterben an (BGHZ 86, 379 (381); BGH NJW 2005, 284 = FamRZ 2005, 206; zustimmend *Lange/Kuchinke,* Erbrecht, 5. Aufl., § 44 III 2a; grundsätzlich ablehnend mit überzeugender Argumentation *K. Schmidt* AcP 205 (2005), 305, zur Entwicklung des Meinungsstands s. *Kanzleiter* ZEV 2012, 447). Dieser Weg soll grundsätzlich formfrei sein (BGHZ 138, 8 = NJW 1998, 1557 = DNotZ 1999, 60 m. abl. Anm. *Rieger,* OLG Hamm Rpfleger 2014, 479 m. abl. Anm. *Bestelmeyer*), obwohl die Abschichtung nicht anders als eine Verfügung über den Erbteil zu verstehen ist (Form des § 2033 Abs. 1 S. 2 BGB, dafür ua Schöner/Stöber GrundbuchR Rn. 976b; jurisPK-BGB/*Otto* § 2033 Rn. 32 mwN). Nach jeder Ansicht bedarf der Abschichtungsvertrag (das Kausalgeschäft zur Erklärung des Ausscheidens) aber der Form des § 311b Abs. 1 BGB, wenn als Abfindung ein Grundstück übertragen wird (BGHZ 138, 8) bzw. des § 15 Abs. 4 GmbHG wenn der Ausscheidende einen GmbH-Anteil erhalten soll oder sonst formgebundene Leistungen zugesagt werden. Ist Grundbesitz im Nachlass, wird das Grundbuch mit der Abschichtung unrichtig. Die erfolgte Abschichtung ist dem Grundbuchamt in der Form des § 29 GBO (mindestens Beglaubigung) nachzuweisen (unstr.). Die Abschichtung kann in Einzelfällen Kostenvorteile bieten, wegen eingeschränkter Gestaltungsmöglichkeiten wird sie in der Praxis aber weniger empfohlen (*Erker/Oppelt* in Münchner Anwaltshandbuch Erbrecht, § 26 Rn. 94 mN; *Reimann* ZEV 1998, 213 und in Beck'sches Notarhandbuch 4. Aufl. C Rn. 250; jeweils mit Formulierungshinweisen).

h) **Vermittlungsverfahren** (*Bracker* MittBayNot 1984, 114). Seit 1.9.2013 führt ausschließlich der Notar das Auseinandersetzungsverfahren durch (dazu *Holzer* ZEV 2013, 656; Zimmermann NotBZ 2013, 335). Auf Antrag eines Miterben hat der Notar die Auseinandersetzung zu vermitteln, wenn kein Testamentsvollstrecker vorhanden ist. Er kann dabei jedoch nur zwischen den Beteiligten vermitteln und nicht gestaltend eingreifen. Es ist ein Auseinandersetzungsplan aufzustellen. Sind die Erben mit dem Plan einverstanden, wird er beurkundet und wirkt wie ein Auseinandersetzungsvertrag. Widerspricht ein Erbe, so kann der Streit nur durch Erbteilungsklage vor dem Prozessgericht ausgetragen werden. Falls ein Miterbe im Termin zur Vermittlung der Auseinandersetzung trotz ordnungsgemäßer Ladung nicht erscheint oder sich während der Verhandlung entfernt, ohne dem Teilungsplan zu widersprechen, findet gegen ihn ein Versäumnisverfahren statt. Er bekommt den Teilungsplan mit dem Hinweis zugestellt, dass sein Einverständnis angenommen wird, wenn er nicht innerhalb einer vom Gericht bestimmten Frist einen neuen Termin zur Fortsetzung der mündlichen Verhandlung beantragt oder in dem neuen Termin wieder nicht erscheint (§ 365 FamFG). Ein säumiger Beteiligter wird somit als Zustimmender behandelt. Das Verfahren hat letztlich den Zweck, alle Miterben an den Verhandlungstisch zu zwingen und nützt nur gegenüber einem uninteressierten und gleichgültigen Miterben, der sich nur mit den anderen nicht zusammensetzen will, jedoch keine materiellen Interessen an der Erbschaft hat. Da jeder Miterbe die Durchführung des Verfahrens durch Erscheinen und Widerspruch im Termin verhindern kann, ist die praktische Bedeutung des Verfahrens reduziert (MüKoBGB/*Ann* § 2042 Rn. 47; RGRK/*Kregel* § 2042 Rn. 13).

3. **Verzichtsklausel.** Die Klausel stellt sich als Vergleich iSd § 779 BGB dar (vgl. auch *Thonemann* NotBZ 2006, 268). Für die Auslegung eines Vergleichs gelten die allgemeinen Regeln der §§ 133, 157 BGB. Danach erstreckt sich eine solche allgemeine Verzichtserklärung nicht auf Ansprüche, die auf einem arglistig verschwiegenen strafbaren Verhalten des Vertragspartners beruhen und solche, die dem Berechtigten unbekannt sind. Ferner ist nach § 779 BGB der Erbteilungsvertrag unwirksam, wenn sich ein Miterbe hinsichtlich der Vergleichsgrundlage zB der Gültigkeit eines Testaments geirrt hat, während ein Irrtum über solche Zweifelsfragen, die durch den Vergleich beseitigt werden sollten, bedeutungslos ist (Staudinger/*Löhnig*, Bearbeitung 2016, § 2042 Rn. 27).

4. **Mängelhaftungsausschluss.** Bei Zuteilung eines Nachlassgegenstandes innerhalb der Auseinandersetzung an einen Miterben haften die anderen Miterben ihm für Rechts- und Sachmängel wie Verkäufer (§§ 2042 Abs. 2, 757 BGB). Diese wenig glückliche Regelung bedarf der vertraglichen Einschränkung (*Lange/Kuchinke,* Erbrecht, 5. Aufl., § 44 IV 5a).

5. **Steuern.** (1) **Erbschaftsteuer.** Die Erbengemeinschaft wird in Abweichung von der bürgerlich-rechtlichen Regelung, wonach die Erben zu gesamter Hand Eigentümer des Nachlasses sind, gem. § 39 Abs. 2 Nr. 2 AO so zur Erbschaftsteuer herangezogen, als ob die Miterben zu Bruchteilen in Höhe ihrer Erbteile an ihr beteiligt wären. Für die Erhebung der Erbschaftsteuer kommt es dabei allein auf den Erbteil an, den der einzelne Miterbe beim Tod des Erblassers kraft Gesetzes oder durch Verfügung von Todes wegen erhalten hat. Wie im Rahmen der Erbauseinandersetzung dann die Verteilung der einzelnen Nachlassgegenstände und ihre Bewertung erfolgt, ist erbschaftsteuerlich grundsätzlich unerheblich. In einer wertmäßig von den Erbquoten abweichenden Erbauseinandersetzung kann jedoch uU eine Schenkung zwischen den Erben liegen. Erhält bei klaren Erbverhältnissen ein Erbe im Rahmen der Erbauseinandersetzung mehr zugeteilt, als ihm nach den gesetzlichen Vorschriften oder nach der Verfügung von Todes wegen zusteht, andere dagegen weniger, so handelt es sich steuerlich dann um eine freigebige Zuwendung, wenn die einen auf Kosten der anderen bereichert sind und zudem die Bereicherung seitens der Benachteiligten gewollt ist (*Peter/Petzoldt/Winkler,* Unternehmernachfolge, Testamente und Gesellschaftsverträge in der Praxis, 4. Aufl. Ziff. 15.2.1a).

(2) **Einkommensteuer.** Seit dem Beschluss des Großen Senats des BFH vom 5.7.1990 (GrS 2/89, BStBl. II 1990, 837) sind Erbfall und Erbauseinandersetzung keine rechtliche Einheit, sondern als getrennte Vorgänge anzusehen mit Folgerungen für das Entstehen und die steuerliche Zurechnung von Einkünften bei den Miterben. Seither wird die Erbauseinandersetzung, selbst wenn sie unmittelbar nach dem Erbfall erfolgt, grundsätzlich als ein vom Erbfall getrennter Vorgang angesehen. Kommt es bei der Erbteilung zu Abfindungszahlungen, weil einzelne Erben mehr aus dem Nachlass erhalten als ihnen daran zusteht, handelt es sich um einen entgeltlichen Vorgang und die Übernehmer haben dadurch steuerlich verwertbare Anschaffungskosten. Erfolgt dagegen Natural- oder Realteilung ohne Spitzenausgleichszahlungen durch eine entsprechende Verteilung der Nachlassgegenstände, so wird diese immer noch als unentgeltlicher Vorgang angesehen (*Groh* Betr. 1990, 2135; *Söffing* DStR 1991, 201).

Seither sind Miterben hinsichtlich des Betriebsvermögens in der Erbschaft ab dem Erbfall geborene Mitunternehmer iSv § 15 Abs. 1 Nr. 2 EStG mit allen sich daraus ergebenden einkommensteuerlichen Konsequenzen (*Schmidt,* EStG, § 16 → Anm. 601). Damit ist jede Erbauseinandersetzung über Betriebsvermögen eine mitunternehmerische Auseinandersetzung, bei der dieselben Grundsätze gelten wie bei Auseinandersetzungen über das Vermögen gewerblich tätiger Personengesellschaften. Das hat zur Folge, dass auch bei zeitnaher Auseinandersetzung sowohl bei Geldabfindung eines ausscheidenden Miterben als auch bei einer Realteilung des Betriebsvermögens mit Spitzenausgleich ein gem. §§ 16, 34 EStG tarifbegünstigter Veräußerungsgewinn in Höhe des Unterschieds zwischen der Geldabfindung bzw. dem Spitzenausgleich einerseits und dem seiner Erbquote entsprechenden Teil des Buchwertes des Kapitalkontos andererseits erzielt wird, der von dem betreffenden Erben zu versteuern ist (*Schmidt* § 16 →Anm. 601; BMF BStBl. I 2006, 253).

Aber auch wenn der Nachlass wie normal aus Betriebs- und Privatvermögen besteht (Mischnachlass), gelten die gleichen Regeln. Es ist daher einkommensteuerlich neutral, wenn die Miterben sowohl Betriebs- als auch Privatvermögen ohne Abfindung untereinander verteilen (Natural- oder Realteilung), sofern das Betriebsvermögen beim Erwerber jeweils wiederum einem Betriebsvermögen zugeführt wird (*Meincke* NJW 1991, 198 (201)). Ist dagegen einem Miterben eine Abfindung zu leisten, so wird diese in dem Verhältnis in dem die Zuteilung von Betriebsvermögen beim Erwerber dessen Erbquote an den Buchwerten überschreitet (Überquotenausgleich für Mehrempfang von Betriebsvermögens), beim Betriebsübernehmer als Anschaffungskosten und beim Abfindungsberechtigten als Veräußerungsgewinn gewertet (BMF BStBl. I 2006, 253 Rn. 14). Die Erfüllung eines Sachvermächtnisses hinsichtlich eines Wirtschaftsgutes des Betriebsvermögens führt nicht zu Anschaffungskosten bei den zur Erfüllung verpflichteten Erben (BMF BStBl. I 2006, 253 Rn. 60). Geht ein Betrieb durch Erbeinsetzung mit der Verpflichtung über, dass ein Wirtschaftsjahr des Betriebsvermögens an einen Dritten herauszugeben ist, führt dies zu einer Entnahme (auch dann, wenn das Wirtschaftsjahr beim Vermächtnisnehmer Betriebsvermögen wird; vgl. BMF BStBl. I 2006, 253 Rn. 60). Anders bei einem Vorausvermächtnis betreffend einen Betrieb (BMF BStBl. I 2006, 253 Rn. 65; gewinnneutrale Buchwertfortführung). Abfindungsleistungen hinsichtlich des Betriebsvermögens zwischen den Miterben, die vom Erblasser im Wege des Vorausvermächtnisses und nicht nur im Wege der Teilungsanordnung bestimmt sind, werden nach wie vor einkommensteuerlich als unentgeltlicher Vorgang angesehen und führen daher weder zu Anschaffungskosten noch zu Veräußerungsgewinn (*Groh* DStJG Bd. 10 (1987), 135 (154); *Herzig/Müller* DStR 1990, 359 (362); *Felix* GmbHR 1990, 561; *ders.* BB 1990, 2085; *Meincke* NJW 1991, 198 (201); *Felix* KÖSDI 1991, 8356). Kann die Abfindung von vornherein aus liquiden Mitteln des Nachlasses (zB Bargeld, Sparguthaben, Schecks) geleistet werden, sind auch darauf die obigen Regeln für die Natural- oder Realteilung anzuwenden. Wird die Abfindungszahlung vom erwerbenden Miterben an die weichenden allerdings durch Verwertung oder Belastung des Nachlasses aufgebracht, ist ein Anschaffungsvorgang mit Anschaffungskosten und Veräußerungsgewinn gegeben (BFH-Beschluss vom 5.7.1990 Abschnitt C, II, 5). Unerheblich ist bezüglich der Einkommensteuerfolgen die Zeitdauer der Fortführung des Betriebes durch die ungeteilte Erbengemeinschaft (*Felix* KÖSDI 1990, 8281; BMF BStBl. I 2006, 253 Rn. 3). Anschaffungskosten und Veräußerungsgewinn entstehen somit bei der Erbauseinandersetzung von Betriebsvermögen immer dann, wenn ein Miterbe mehr an Betriebsvermögen aus dem Nachlass erhält als dem Wert seiner Erbquote entspricht und dafür die weichenden Miterben Abfindungsleistungen erhalten, die über ihren Anteilen am Buchwert des Betriebsvermögens liegen und nicht durch Zuteilungen aus dem Privatnachlass ersetzt werden können. Ferner ist die Vermächtnisleistung im Unterschied zur Abfindungsleistung im Rahmen der Erbauseinandersetzung in der Regel nach wie vor einkommensteuerlich neutral (*Meincke* NJW 1991, 198 (201)). Nach der Änderung der Rechtsprechung des BFH zur einkommensteuerlichen Beurteilung der Erbauseinandersetzung darf bei einem steuerorientierten Unternehmertestament der Erblasser daher den Ausgleich des Betriebsvermögens entsprechend den Erbquoten nicht den Miterben im Rahmen der Erbauseinandersetzung überlassen, sondern muss ihn durch wertidentische Festsetzung der Erbquoten oder zusätzliche Vorausvermächtnisse selbst im Testament regeln. Es bieten sich ihm dabei im Wesentlichen folgende Gestaltungsmöglichkeiten:

a) Der vorgesehene Betriebsübernehmer wird zum Alleinerben eingesetzt und der Ausgleich mit den sonstigen Bedachten erfolgt durch Vermächtnisse (*Felix* KÖSDI 1989, 7711) – ggf. Bewertung problematisch (*Troll/Gebel/Jülicher,* 2007, § 3 Rn. 172 ff.; *Kapp/Ebeling* § 3 Rn. 169 ff.; *Schmidt,* EStG, 26. Aufl. 2007, § 16 Rn. 597).

b) Betriebs- und Privatvermögen wird durch Teilungsanordnungen unter die Miterben verteilt und diese werden zu den Erbquoten eingesetzt, die dem Wert der ihnen zugeteilten Nachlassgegenstände zueinander zum Zeitpunkt des Erbfalls entsprechen (siehe oben Rn. 476). Dieses sog. „Frankfurter Testament" wurde von *Felix* am 27.10.1990 auf dem Taylorix-Fachseminar 1990 für steuerberatende Berufe in Frankfurt/Main vorgeschlagen (*Felix* KÖSDI 1990, 8265; *ders.* GmbHR 1990, 561 (566); *Meincke* NJW 1991, 198 (201)).

   Formulierungsvorschlag von *Felix* (KÖSDI 1990, 8265): „Mein Sohn und meine Tochter sind Miterben im Verhältnis der Werte der ihnen durch die Teilungsanordnung zugewiesenen Vermögensteile ..... Mein Sohn erhält mein Einzelunternehmen und meine Tochter mein Privatvermögen ..... Mein Testamentsvollstrecker, Steuerberater A., bewertet nach freiem Ermessen nach den Grundsätzen ordnungsmäßiger Unternehmens- und Grundstücksbewertung das Betriebsvermögen und das Privatvermögen. Meine Tochter erhält ein nicht anrechnungspflichtiges Vorausvermächtnis in Höhe der Hälfte der Bewertungsdifferenz in bar, welches zwei Jahre nach meinem Tod fällig ist und den Erbteil meines Sohnes belastet."

c) Dem erbrechtlichen Typenzwang entsprechender und hinsichtlich der Erbscheinserteilung unproblematischer erscheint mir allerdings eine Erbeinsetzung der Miterben zu bestimmten Erbquoten und Vornahme der Ausgleichung durch Vorausvermächtnisse.

**Formulierungsvorschlag:**

**„Mein Sohn und meine Tochter setze ich je zur Hälfte zu meinen Erben ein. Im Wege der Teilungsanordnung erhält mein Sohn mein Einzelunternehmen und meine Tochter mein Privatvermögen. Mein Testamentsvollstrecker, Steuerberater A., bewertet nach billigem Ermessen nach den Grundsätzen ordnungsmäßiger Unternehmens- und Grundstücksbewertung das Betriebs- und Privatvermögen. Meiner Tochter vermache ich im Wege des nicht anrechnungspflichtigen Vorausvermächtnisses zu Lasten des Erbteils meines Sohnes die Hälfte der Bewertungsdifferenz in bar. Dieses Vermächtnis ist zwei Jahre nach meinem Tod fällig."**

(3) Grunderwerbsteuer. Nach § 3 Ziff. 2 GrEStG ist der Grundstückserwerb von Todes wegen im Sinne des Erbschaftsteuergesetzes von der Grunderwerbsteuer ausgenommen. Ferner ist nach § 3 Ziff. 3 GrEStG der Erwerb eines zum Nachlass gehörenden Grundstücks durch Miterben zur Teilung des Nachlasses von der Grunderwerbsteuer ausgenommen. Den Miterben steht der überlebende Ehegatte gleich, wenn er mit den Erben des verstorbenen Ehegatten gütergemeinschaftliches Vermögen zu teilen hat oder wenn ihm in Anrechnung auf eine Ausgleichsforderung am Zugewinn des verstorbenen Ehegatten ein zum Nachlass gehörendes Grundstück übertragen wird. Den Miterben stehen außerdem ihre Ehegatten gleich, so dass bei einer Erbteilung zB ein Grundstück grunderwerbsteuerfrei von der Erbengemeinschaft, an der nur die Ehefrau beteiligt war, beiden Eheleuten in Miteigentum zu je $^1/_2$ übertragen kann, ohne dass man wie früher den Umweg über die Zuteilung an die Ehefrau zu Alleineigentum wählen müsste.

**6. Kosten.** Der Erbauseinandersetzungsvertrag ist ein mehrseitiges Rechtsgeschäft und es fällt daher für seine Beurkundung eine doppelte Gebühr nach KV Nr. 21100 GNotKG an. Geschäftswert des Auseinandersetzungsvertrages ist der Gesamtwert des auseinandergesetzten Vermögens ohne Schuldenabzug (§ 97 Abs. 1 GNotKG). Beim Erwerber des Nachlassgegenstandes ist nicht etwa die eigene Quote abzuziehen. Beim Grundbuchamt ist die Berichtigung der Eigentümer infolge Erbschaft gebührenfrei, wenn sie innerhalb von zwei Jahren seit dem Erbfall vorgenommen wird (KV 14110 → Anm. 1 GNotKG). Dabei macht es keinen Unterschied, ob die Erbauseinandersetzung durch Übereignung einzelner Nachlassgegenstände oder durch Erbanteilsabtretung geschieht. Wird aber zunächst die Erbengemeinschaft eingetragen, sind nachfolgende Eintragungen, auch die Auseinandersetzung der Erbengemeinschaft in Bruchteile oder die Berichtigung im Fall der Abschichtung, nicht mehr gerichtsgebührenfrei. Dabei kommt es nicht darauf an, ob die Zwischeneintragung verzichtbar war (OLG Köln MittBayNot 2014, 477).

# XVIII. Erbschaftskauf

## 1. Erbteilskauf- und Übertragungsvertrag

Verhandelt zu[1]. . . . .
am . . . . . (muss in notarieller Urkunde errichtet werden!)

§ 1 Kaufgegenstand

Der A verstarb am . . . . . in . . . . . Er wurde laut vorliegendem Erbschein des Amtsgerichts . . . . . vom . . . . . kraft Gesetzes unter anderem beerbt von dem Anwesenden B zu $^1/_3$ Erbteil. Die Miterben sind C und D. Der ungeteilte Nachlass des A besteht nur noch aus dem im Grundbuch des Amtsgerichts . . . . . für . . . . . Band . . . . . Blatt . . . . . auf den A als Alleineigentümer eingetragenen Mehrfamilienhausgrundstücks Flst.Nr. . . . . .
Der übrige Nachlass ist bereits unter den Erben auseinandergesetzt.[2]

§ 2 Belastungen

Das unter § 1 aufgeführte Hausgrundstück ist in der III. Abteilung unter lfd. Nr. 1 mit einer Briefgrundschuld von . . . . . Euro nebst bis zu . . . . . % Jahreszinsen für die Volksbank . . . . . und unter lfd. Nr. 2 mit einer Buchgrundschuld von . . . . . Euro nebst bis zu . . . . . % Zinsen für die Sparkasse . . . . . belastet. Im Übrigen ist das Grundstück unbelastet. Die Grundschulden sichern gegenüber der Erbengemeinschaft per . . . . . für die Volksbank . . . . . noch . . . . . Euro und für die Sparkasse noch . . . . . Euro. Für diese Verbindlichkeiten haftet der B gegenüber den Gläubigern als Gesamtschuldner, im Verhältnis zu seinen Miterben aber nur zu einem seinem Erbteil entsprechenden Bruchteil.[3] Diesen Bruchteil soll der Käufer nach Maßgabe des § 4 in Anrechnung auf den Kaufpreis übernehmen. Weitere Nachlassverbindlichkeiten sind nach Angaben des Verkäufers nicht vorhanden.

§ 3 Verkauf und Kaufpreis

Der B – künftig Verkäufer genannt – verkauft hiermit den unter § 1 beschriebenen Erbteil an den E – künftig Käufer genannt – zu Alleinberechtigung[4] zum Kaufpreis von . . . . . Euro – in Worten: . . . . . Euro.

§ 4 Kaufpreisfälligkeit und Zahlungsbedingungen

Der Kaufpreis ist wie folgt zahlbar:

a) Der Käufer verpflichtet sich, den Verkäufer zum Betrag von . . . . . (= $^1/_3$ der oben § 2 angenommenen Restvalutierung) zuzüglich Zinsen ab dem übernächsten Monatsersten ab heute von den Verbindlichkeiten einschließlich Zinsen und Tilgungsverpflichtungen freizustellen, die durch die unter § 2 gesicherten Grundschulden gesichert werden (Anrechnungsbetrag). Er wird dazu mit den Gläubigern entweder jeweils den Verkäufer bis zu dieser Höhe befreiende Schuldübernahmen vereinbaren oder die bestehenden Darlehen mit diesem Betrag teilweise tilgen mit der Maßgabe, dass diese Tilgungsleistungen im Verhältnis der Miterben zueinander ausschließlich auf die Verbindlichkeiten des Verkäufers angerechnet werden. Soweit die von den Banken mitgeteilten Valutierungsbeträge zum Stichtag von den hier angenommen Zahlen abweichen, ist Anrechnungsbetrag ein Drittel der von den Banken mitgeteilten Gesamtvalutierung. Dem Käufer ist bekannt, dass die Gläubiger zur Mitwirkung bei einer Schuldübernahme nicht verpflichtet sind und dass je nach Maßgabe der Darlehensverträge die Gläubiger auch keine teilweisen Tilgungen entgegen nehmen müssen. Der Käufer weiß, dass das Grundstück selbst ihm als Sicherungsgegenstand für eine Fremdfinanzierung nicht zur Verfügung steht und die Verpfändung des Erbteils von einem Kreditgeber nicht in jedem Fall als gleichwertig anerkannt wird. Die Beteiligten erklären dazu, dass die Banken in einer Vorberatung zum heutigen Vertrag ihre Bereitschaft erklärt haben, eine teilweise Ablösung der Darlehen in der Höhe der Erbquote zuzulassen und sie nach erfolgter Zahlung des Anrechnungsbetrags auch eine Teillöschung der Grundschulden bewilligen werden. Der Käufer erklärt, dass er die Ablösebeträge aus eigenen Mitteln erbringen kann. Der Käufer hat dem Verkäufer – zu Händen des Notars – bis zum . . . . . durch Bestätigungen der Banken nachzuweisen, dass diese den Verkäufer für die durch die Grundpfandrechte jeweils gesicherten Verbindlichkeiten nicht mehr in Anspruch nehmen. Diese Bestätigungen dürfen unter keiner anderen Voraussetzung stehen als der Rechtsbeständigkeit des heutigen Vertrages, der Berichtigung des Grundbuchs gem. § 9 und der Löschung der Verfügungsbeschränkung des Käufers gem. § 9 im Grundbuch. Etwaige Vorfälligkeitsentschädigungen, Gebühren und Spesen der Banken in diesem Zusammenhang trägt der Verkäufer. Der Verkäufer ist zum Rücktritt von diesem Vertrag berechtigt, wenn die genannten Bestätigungen nicht binnen dreier Monate ab heute vorgelegt werden.

Den Beteiligten ist bekannt, dass ungeachtet der heutigen Vereinbarungen der Käufer infolge des Erbteilskaufs für die Nachlassverbindlichkeiten kraft Gesetzes nach außen in voller Höhe haften kann und dass auch der Verkäufer durch den heutigen Vertrag von seiner Haftung für bestehende Nachlassverbindlichkeiten nicht befreit wird. Im Innenverhältnis verpflichtet sich der Verkäufer, den Käufer von jeder Inanspruchnahme über den genannten Anrechnungsbetrag hinaus freizustellen. Auf eine Sicherstellung dieser Verpflichtung wurde verzichtet.[5]

Der Restkaufpreis von . . . . . Euro ist bis spätestens . . . . . zahlbar auf das Konto des Verkäufers Nr. . . . . . bei der . . . . ., BLZ . . . . ., jedoch nicht früher als eine Woche, nachdem der Notar[6] dem Käufer schriftlich mitgeteilt hat, dass die unten beantragte Grundbuchberichtigung im Grundbuch eingetragen ist, die Verzichtserklärungen der Miterben auf ihr Vorkaufsrecht eingekommen sind bzw. die Frist zur Ausübung des Vorkaufsrechts verstrichen ist[7] und die Bestätigungen der Banken gem. lit. a dem Notar vorliegen. Der bare Kaufpreisteil wird bis zu diesem Zeitpunkt zinslos gestundet. Bei Zahlungsverzug hat der Verkäufer ohne besondere Inverzugssetzung das Recht, wahlweise einen Zinssatz von . . . . . % über dem jeweiligen Basiszins zu verlangen oder vom Vertrag zurückzutreten.

§ 5 Übergang und Garantien

Der Übergang von Nutzen, Lasten und Gefahr erfolgt mit Wirkung ab dem auf die vollständige Kaufpreiszahlung folgenden Monatsersten.[10] Der Verkäufer hat andere Nachlassgegenstände oder Surrogate als den Anteil an dem oben beschriebenen Grundstück nicht herauszugeben, keinen Wertersatz zu leisten und verzichtet auf den Ersatz aller von ihm auf die Erbschaft gemachten Aufwendungen, erfüllten Verbindlichkeiten, Abgaben und außerordentlichen Lasten.[11]

Bezüglich der Mängelhaftung verbleibt es bei der gesetzlichen Regelung, wonach der Verkäufer nur für die in § 2376 Abs. 1 BGB aufgeführten Rechtsmängel des Erbteils[12] nicht jedoch für Sachmängel der Nachlassgegenstände haftet.[13]

Darüber hinaus garantiert der Verkäufer,[14] dass

- er mit der genannten Quote Erbe des Erblassers geworden ist,
- sich das oben beschriebene Grundstück in der Erbschaft befindet,
- keine weiteren Nachlassverbindlichkeiten als die in der Urkunde aufgeführten bestehen,
- die Erbschaftssteuer bereits bezahlt ist,
- er den Erbteil nicht anderweitig veräußert oder verpfändet hat und er auch nicht gepfändet oder mit sonstigen Rechten Dritter belastet ist.
- nicht die unbeschränkte Erbenhaftung gegenüber Nachlassgläubigern eingetreten ist.
- bisher keine Auseinandersetzungsvereinbarungen zwischen den Miterben getroffen wurden.

Im Garantiefall stehen dem Erwerber die gesetzlichen Mängelrechte zu, insbesondere kann er vom Vertrag zurücktreten, darüber hinaus kann er im Garantiefall Schadensersatz auch ohne Verschulden des Veräußerers verlangen. Die Ansprüche des Erwerbers hieraus sollen erst in fünfzehn Jahren ab dem gesetzlichen Verjährungsbeginn verjähren.

Sollten sich außer dem unter § 1 aufgeführten Nachlassgegenstand doch noch weitere Gegenstände ungeteilt im Nachlass befinden, verpflichtet sich der Käufer schuldrechtlich, sie unentgeltlich an den Verkäufer auf dessen Kosten zu übertragen.

§ 6 Kosten und Steuern

Die Kosten dieser Urkunde bei Notar und Grundbuchamt sowie die Grunderwerbsteuer trägt der Käufer. Die Erbschaftsteuer trägt im Innenverhältnis der Verkäufer.[20]

Der Vertrag bedarf keiner Genehmigung.[15]

§ 7 Eheliches Güterrecht

Die Vertragsparteien leben nach ihren Angaben jeweils im gesetzlichen Güterstand. Der Verkäufer erklärt, mit diesem Vertrag nicht über sein Vermögen im Ganzen oder Wesentlichen zu verfügen.

§ 8 Erbteilsübertragung

Im Vollzug des obigen Kaufvertrages überträgt der B hiermit den obengenannten Erbteil an den E mit dinglicher Wirkung gem. § 2033 BGB unter der auflösenden Bedingung des Rücktritts des Verkäufers vom Kaufvertrag wegen Zahlungsverzugs des Käufers.[8] Der E nimmt diese bedingte Übertragung hiermit an.[16]

§ 9 Grundbuchberichtigungsantrag

Der B bewilligt und der E beantragt die Berichtigung des Grundbuchs von . . . . . Band . . . . . Blatt . . . . . dahin, dass E anstelle des B als Mitglied der Erbengemeinschaft eingetragen wird[17] und zugleich auch die in der auflösenden Bedingung der Erbteilsübertragung liegende Verfügungsbeschränkung[9] des Erbteilserwerbers E im Grundbuch vermerkt wird.

Der Verkäufer ist verpflichtet, dem Notar unverzüglich die erfolgte Kaufpreiszahlung mitzuteilen und nach vollständiger Kaufpreiszahlung mitzuwirken und alle erforderlichen Erklärungen abzugeben, damit dieser Vermerk gelöscht werden kann. Er wird dem Notar hierzu bereits heute zu treuen Händen eine öffentlich beglaubigte Löschungsbewilligung übergeben. Die Beteiligten weisen den Notar an, diese Bewilligung beim Grundbuchamt einzureichen und den Löschungsantrag zu stellen, sobald ihm der Verkäufer die vollständige Zahlung des Kaufpreises schriftlich anzeigt oder die Kaufpreiszahlung durch Bankbestätigung nachgewiesen ist.[9]

§ 10 Hinweise

Die Beteiligten wurden vom beurkundenden Notar insbesondere auf Folgendes hingewiesen:

- Der Erbteilserwerber wird in seinem Vertrauen an die unbeschränkte und unbelastete Erbenstellung des Veräußerers und die Zugehörigkeit des Grundstücks zur Erbschaft nicht geschützt und ist insoweit auf die Richtigkeit der Angaben des Verkäufers angewiesen.
- Mit der dinglichen Übertragung nach § 2033 BGB gehen alle noch im ungeteilten Nachlass befindlichen Vermögenswerte automatisch anteilsmäßig auf den Erwerber über.
- Den Miterben steht gemäß §§ 2034 ff. BGB ein gesetzliches Vorkaufsrecht an dem verkauften Erbteil zu, das innerhalb zweier Monate nach Mitteilung des rechtsgültigen und vollwirksamen Kaufvertrages auszuüben wäre. Der Verkäufer behält sich für den Fall der Ausübung dieses Vorkaufsrechts im Verhältnis zum Käufer das Rücktrittsrecht vor.

Unbeschadet der Vereinbarungen in diesem Vertrag haftet im Verhältnis zu den Nachlassgläubigern der Erwerber ab sofort neben dem weiterhin haftenden Veräußerer für alle etwaigen Nachlassschulden.[19]

- Unbeschadet der Vereinbarungen in diesem Vertrag haften die Vertragsparteien gesamtschuldnerisch für die Vertragskosten und die Grunderwerbssteuer.
- Die beantragte Grundbuchberichtigung kann erst erfolgen, wenn die Unbedenklichkeitsbescheinigung des Finanzamts vorliegt und die Notariats- und Grundbuchgebühren bezahlt sind.

Schluss

Der Notar wird von den Beteiligten beauftragt, sämtliche zum Vollzug dieses Vertrages notwendigen oder sachdienlichen Genehmigungen und Erklärungen einzuholen und ist dabei zur Entgegennahme aller vorbehaltslosen Genehmigungen ermächtigt.

Insbesondere hat er einzuholen bzw. zu erteilen:

Unbedenklichkeitsbescheinigung des Finanzamts .....[20]

- Verzicht der Miterben C und D auf ihr gesetzliches Vorkaufsrecht durch Zustellung einer Vertragsausfertigung mittels Postzustellungsurkunde mit dem Anschreiben, dass den Miterben nach § 2034 BGB ein gesetzliches Vorkaufsrecht an dem Erbteil zusteht, das innerhalb von zwei Monaten ab dem Zugang dieses Schreibens gegenüber dem Käufer (§ 2035 Abs. 1 BGB) auszuüben wäre und mit der Bitte, sich über ihre Entschließung baldmöglichst gegenüber dem Notar schriftlich zu äußern.
- Beglaubigte Abschrift an das Grundbuchamt ..... mit dem Ersuchen um Vollzug der Grundbuchberichtigung und Eintragung der Verfügungsbeschränkung.

Die Beteiligten beauftragen den Notar, in ihrem Namen den Verkauf der Erbschaft und den Namen der Käufers dem Nachlassgericht gem. § 2384 Abs. 1 BGB anzuzeigen.

Vorgelesen, genehmigt und unterschrieben:

......

Unterschriften

*Schrifttum: Ann,* Zum Problem der Vorkaufsberechtigung beim Miterbenvorkaufsrecht nach § 2034 BGB, ZEV 1994, 343; *Haegele,* Rechtsfragen zu Erbschaftskauf und Erbteilsübertragung, BWNotZ 1971, 129 und 1972, 1; *Henssler*, Erbschaftsverträge nach § 311b Abs. 4 und 5 BGB, RNotZ 2010, 221; *Heskamp*, Überführung von Nachlassgegenständen in das nacherbenfrei Vermögen des Vorerben, RNotZ 2014, 517; *Keim,* Erbauseinandersetzung und Erbanteilsübertragung, RNotZ 2003, 375; *Kössinger,* Erbteilsübertragung mit Grundbesitz, ZNotP 1997, 94; *H. Keller,* Formproblematik der

Erbteilsveräußerung, 1995; *N. Mayer,* Sicherungsprobleme beim Erbschaftskauf, ZEV 1997, 105; *Muscheler,* Verfügung über den Erbteil, ZErb 2010, 40; *Neukirchen*, Vereinbarungen zwischen Vor- und Nacherben bzw. Vor- und Nachvermächtnisnehmern RNotZ 2018, 357; *Neusser,* Probleme des Erbteilskaufes, MittRhNotK 1979, 143; *Frhr.v.Proff*, Erbschaftsverträge in der Praxis, ZEV 2013, 183; *Zarnekow,* Der Erbschaftskauf, MittRhNotK 1969, 620; *Weidlich*, Rechtsgeschäfte zwischen Vor- und Nacherben zur Aufhebung der Nacherbenbindung, ZErb 2014, 325; *Winkler,* Verfügungen des bedingten Grundstückseigentümers, MittBayNot 1978, 1.

## Anmerkungen

**1. Sachverhalt und Überblick.** (1) Das Formular geht davon aus, dass der Käufer den Erbanteil des B zu $^1/_3$ an dem Mehrfamilienhausgrundstück, das der einzige noch ungeteilte Nachlassgegenstand im Nachlass des A ist, erwirbt, um danach entweder die Erbanteile der beiden Miterben C und D im Verhandlungsweg ebenfalls zu erwerben oder, wozu er als Erbteilserwerber berechtigt ist, nach § 2042 BGB, §§ 180 ff. ZVG die Zwangsversteigerung des Grundstücks zwecks Aufhebung der Erbengemeinschaft zu betreiben und das Gesamtgrundstück zu ersteigern.

**Abzugrenzen** ist der hier behandelte Verkauf einer bereits **angefallenen Erbschaft** von dem Erbschaftsvertrag zu Lebzeiten des künftigen Erblassers, wie er in § 311b Abs. 5 BGB nur im Ausnahmefall zugelassen ist. Zu Lebzeiten des Erblassers sind nur Verträge unter künftigen gesetzlichen Erben über den gesetzlichen Erbteil oder den Pflichtteil eines von ihnen möglich (→ Form.XVI.1 Anm. 10). Dieser **Erbschaftsvertrag** kann sich anbieten, wenn erbvertragliche Regelungen mit dem Erblasser zB wegen Geschäftsunfähigkeit nicht (mehr) möglich sind (dazu ausf. *Henssler* RNotZ 2010, 221; *Kaufhold* ZEV 1996, 454 und – mit Muster – *Frhr.v.Proff* ZEV 2013, 183). Er wird auch zur Lösung des Problems vorgeschlagen, dass ein zu Lebzeiten der Eltern von einem Elternteil auf einen gemeinsamen Abkömmling übertragender Vermögensgegenstand bei dessen Vorversterben nur an den Schenker bzw. dessen Familie zurückfallen soll. Der andere Elternteil kann sich für diesen Fall zur Herausgabe seines Erbteils nach dem Abkömmling (oder auch nur des bestimmten Gegenstandes) an den schenkenden Elternteil bzw. dessen Verwandte verpflichten *Henssler* RNotZ 2010, 221 222).

(2) Der Erbschaftskauf ist der in den §§ 2371–2384 BGB geregelte, gegenseitige, schuldrechtliche Vertragstyp für den Verkauf ganzer Erbschaften, Erbteile, Bruchteile ganzer Erbschaften oder Erbteile und Vor- und Nacherbschaften. § 2385 BGB ordnet darüber hinaus die Anwendung dieser Vorschriften auf andere Geschäfte über Erbschaften wie zB Erbteilsschenkung, Weiterverkauf und Tausch an. Kaufgegenstand ist jeweils nicht das Erbrecht des Verkäufers, sondern die Alleinerbschaft als Vermögensinbegriff bzw. die vermögensrechtliche Seite des Miterbenanteils. Der Käufer wird durch Vollzug des Erbschaftskaufs nicht Erbe, er hat nur einen schuldrechtlichen Anspruch, wirtschaftlich wie ein Erbe gestellt zu werden. Mitgliedschaftliche Rechte können ihm nur soweit übertragen werden, als sie nicht an den Status als Erbe gebunden sind (BGHZ 121, 47). Erbe bzw. Miterbe bleibt der Verkäufer, da diese Stellung auf verwandtschaftlicher Beziehung oder auf Verfügung von Todes wegen beruht und daher nicht durch Rechtsgeschäft unter Lebenden voll übertragen werden kann (BGHZ 56, 115). Deshalb wird der Erbschaftserwerber auch nicht im Erbschein aufgeführt oder dieser berichtigt (Palandt/*Weidlich* § 2353 Rn. 2). Besonderheiten gelten nur, wenn der Verkauf an einen Miterben erfolgt. In diesem Fall wächst der abgetretene Erbteil dem Erwerber an (BayObLG NJW-RR 1991, 1030).

(3) Die Vorschriften über den Erbschaftskauf sind bis auf die Formvorschrift des § 2371 BGB und die zum Schutz der Gläubiger getroffenen Bestimmungen der §§ 2382, 2383 BGB vertraglich abänderbar.

(4) Der schuldrechtliche Vertrag nach §§ 2371 ff. BGB ist zu unterscheiden von dem dinglichen Erfüllungsgeschäft. Die Erfüllung erfolgt beim Verkauf einer Alleinerbschaft und von Erbteilen **nach erfolgter Teilung** durch die für die betreffenden einzelnen Nachlassgegenstände vorgeschriebenen Übertragungsakte – **Einzelübertragung** – (BGH DNotZ 1968, 358). Beim **Verkauf eines Miterbenanteils**, wie hier, erfolgt dagegen die Erfüllung durch einheitlichen dinglichen Übertragungsakt nach §§ 2033 ff. BGB. Eine Verfügung eines Miterben über einen einzelnen Nachlassgegenstand ist gem. § 2033 Abs. 2 BGB nicht zulässig. Dies wird oft übersehen, wenn ein Miterbanteil an mehrere Miterben weitervererbt wird. Damit wird er Nachlassgegenstand des zweiten Nachlasses. Ein Miterbe des zweiten Nachlasses kann über seinen „Anteil" am ersten Nachlass nicht isoliert verfügen (RGZ 162, 397 (400)).

(5) Sowohl der schuldrechtliche Erbschaftskauf nach § 2371 BGB als auch die dingliche Erbteilsübertragung nach § 2033 Abs. 1 BGB bedürfen der notariellen Beurkundung. Der Vollzug des dinglichen Erfüllungsgeschäftes nach § 2033 Abs. 1 BGB bewirkt dabei, anders als bei Grundstücksveräußerungen durch die Sondervorschrift des § 311b Abs. 1 BGB oder Anteilsübertragungen nach § 15 Abs. 4 S. 2 GmbHG, keine Heilung des formnichtigen schuldrechtlichen Kaufvertrages (BGH NJW 1967, 1128 = DNotZ 1968, 48; BGH DNotZ 1971, 37; AnwK-BGB/*Ann* § 2033 Rn. 16; aM Erman/*Schlüter* § 2033 Rn. 6; *Habscheid* FamRZ 1968, 13; *H. Keller,* Formproblematik der Erbteilsveräußerung, 1995 Rn. 215). Das Formerfordernis nach § 2371 BGB umfasst den gesamten Kaufvertrag mit allen Nebenabreden – Vollständigkeitsgrundsatz – (BGH NJW 1967, 1128). Verletzung der Formvorschrift bei Nebenabreden kann über § 139 BGB zur Gesamtnichtigkeit führen. Für die Wirksamkeit des dinglichen Geschäfts ist der Mangel der Form des schuldrechtlichen Geschäfts grundsätzlich bedeutungslos, eine Geschäftseinheit kann nicht ohne weiteres angenommen werden (jurisPK-BGB/*Hau,* 7. Aufl., § 2371 Rn. 10). Der veräußernde Erbe kann jedoch mit der Bereicherungsklage Rückübertragung des Erbteils verlangen, soweit dem nicht die Einrede der Arglist entgegensteht.

Ein Notar darf eine dingliche Erbteilsübertragung nur dann vom schuldrechtlichen Geschäft getrennt beurkunden, wenn dieses bereits vorher notariell beurkundet worden ist. Dieses Postulat der Dienstprüfung (*Roh/Heinemanns,* Die Geschäftsführung der Notare, 11. Aufl. Rn. 461) ist wohl zu begründen durch eine Übertragung des Rechtsgedankens des § 925a BGB in eine allgemeine Amtspflicht iSd § 14 BNotO, § 4 BeurkG, zumal die Erbteilsübertragung anders als die Auflassung das formnichtige Grundgeschäft nach hM eben nicht heilt.

**2. Anwendungsfälle.** (1) Da der Erwerber zum Zeitpunkt der Verfügung nach § 2033 Abs. 3 BGB an die Stelle des ausscheidenden veräußernden Miterben als Teilhaber in das Gesamthandverhältnis eintritt (RGZ 60, 131; 83, 30), kann das Formular nur gewählt werden, wenn das Grundstück der einzige noch nicht geteilte Nachlassgegenstand ist. Sind etwa noch andere Gegenstände im ungeteilten Nachlass, so setzt seine Anwendung voraus, dass zunächst der Nachlass durch einen Teilerbauseinandersetzungsvertrag, an dem alle Miterben mitwirken müssen, soweit bereinigt wird, dass nur noch das Zielgrundstück im ungeteilten Nachlass verbleibt. Erbteilskauf und -übertragung begrenzt auf ein einzelnes Grundstück bei Vorhandensein weiterer Gegenstände im ungeteilten Nachlass ist unzulässig (§ 2033 Abs. 2 BGB).

(2) Erfolgt dagegen, wie in der Praxis häufig, der Erbteilskauf und -übertragungsvertrag unter Miterben, soll zumeist die Beteiligung am gesamten ungeteilten Nachlass übergehen, gleich wie er sich zusammensetzt. Die Angabe der einzelnen unverteilten Nachlassgegenstände im Vertrag ist entbehrlich.

(3) **Übertragung des Anwartschaftsrechts des Nacherben auf den Vorerben.** Der Nacherbe hat nach dem Erbfall, sofern der Erblasser dies nicht ausgeschlossen hat, ein vererb- und veräußerliches Anwartschaftsrecht (→ Form. XII.11 Anm. 9). Seine Über-

tragung bedarf der notariellen Beurkundung entspr. § 2033 BGB (RGZ 101, 186; KG JFG 6, 273; DNotZ 1954, 389), ebenso die Verpflichtung hierzu nach § 2371 BGB (*Gantzer* MittBayNot 1993, 67). Überträgt der Nacherbe seine Anwartschaft auf den Vorerben, so wird dieser dadurch nur dann endgültiger Vollerbe, wenn keine Ersatznacherbfolge vom Erblasser ausdrücklich angeordnet war oder auf Grund § 2069 BGB vermutet wird (BGHZ 33, 61 = NJW 1960, 1899 = DNotZ 1960, 662; LG Duisburg NJW 1960, 1205 = DNotZ 1960, 430 L), oder wenn der Erblasser sie für diesen speziellen Fall ausdrücklich (*Kanzleiter* DNotZ 1970, 697) oder stillschweigend (LG München II MittBayNot 1980, 29) ausgeschlossen hat. Sind jedoch Ersatznacherben ausdrücklich (§ 2069 BGB) oder kraft der Auslegungsregel des § 2069 BGB eingesetzt, dann bedarf der Nacherbe zwar zur Übertragung seiner Anwartschaft auf den Vorerben keiner Mitwirkung des Ersatznacherben (RGZ 145, 316; OLG Köln NJW 1955, 633), und der Vorerbe kann, nachdem er die Anwartschaft des Nacherben erworben hat, frei, mit Wirkung auch gegen den Ersatznacherben und ohne seine Zustimmung über die Nachlassgegenstände verfügen (BayObLG 1970, 137 = DNotZ 1970, 687 mAnm *Kanzleiter* DNotZ 1970, 693 ff.). Die Rechtsstellung des Ersatznacherben wird dadurch nicht berührt und bleibt weiter bestehen. Der Vorerbe verliert dann aber seine durch die Übertragung erworbene Rechtsstellung als Nacherbe in dem Fall und zu dem Zeitpunkt an den Ersatznacherben, an dem sie auch der ursprüngliche Nacherbe verloren hätte (BayObLG 1970, 137; OLG Stuttgart BWNotZ 1957, 152). Aus diesem Grund kann nach der Übertragung des Anwartschaftsrechts des Nacherben auf den Vorerben auch nicht die Löschung des Nacherbenvermerks im Grundbuch ohne Zustimmung der Ersatznacherben erfolgen (BayObLG DNotZ 1970, 687; OLG Hamm DNotZ 1970, 688; OLG Frankfurt a. M. DNotZ 1970, 691). Will der Vorerbe daher sicher gehen, dass er endgültiger Vollerbe wird, so muss er sich sämtliche Anwartschaftsrechte, dh auch das des Ersatznacherben übertragen lassen (MüKoBGB/*Grunsky* § 2102 Rn. 8). Dabei kann uU eine Pflegschaft für die Ersatznacherben notwendig werden (LG Duisburg NJW 1960, 1205). Es kann zweckmäßig sein, den Erblasser bei ausdrücklicher oder stillschweigender (§ 2069 BGB) Anordnung einer Ersatznacherbfolge auf diese Frage hinzuweisen. Er könnte dann evtl. anordnen, dass die Ersatznacherbfolge erlöschen soll, wenn der Nacherbe sein Anwartschaftsrecht auf den Vorerben überträgt (*Kanzleiter* DNotZ 1970, 697 mwN). Die Ersatznacherbschaft hat auch erhebliche Bedeutung, wenn Einzelgegenstände aus der Vorerbenbindung gelöst in das freie Vermögen des Vorerben übertragen werden sollen (vgl OLG Hamm ZErb 2014, 350; ausf *Weidlich* ZErb 2014, 325).

**3. Miterbenhaftung.** Mehrere Erben haften grundsätzlich vor und nach der Teilung gegenüber den Nachlassgläubigern als Gesamtschuldner (§ 2058 BGB). Das Eigenvermögen des einzelnen Miterben ist jedoch vor der Teilung durch § 2059 Abs. 1 S. 1 BGB, der bis dahin nur den Zugriff auf den Erbteil zulässt, und ferner und insbesondere danach durch die jedem Miterben zustehenden allgemeinen Möglichkeiten der Haftungsbeschränkung nach §§ 1967–2017 BGB gegen den Zugriff von Nachlassgläubigern geschützt. Gemäß § 2383 Abs. 1 BGB haftet der Käufer nach außen unbeschränkt, wenn der Verkäufer zur Zeit des Verkaufs unbeschränkt haftet. Maßnahmen des Verkäufers zur Haftungsbeschränkung kommen ihm bis zum Verkauf zugute, danach gelten grundsätzlich selbständige Haftungslagen (jurisPK-BGB/*Hau,* 7. Aufl., § 2383 Rn. 3 f.). Deshalb haftet der Erbschaftsverkäufer dem Käufer nach § 2376 Abs. 1 BGB dafür, dass keine unbeschränkte Haftung gegenüber allen oder einzelnen Nachlassgläubigern eingetreten ist. Ferner tritt, sofern die Voraussetzungen dazu herbeigeführt wurden, gemäß §§ 2060, 2061 BGB nach der Teilung anteilige Haftung des Miterben zur ideellen Erbquote ein. Unter den Miterben sind die Nachlassverbindlichkeiten gem. §§ 2038 Abs. 2, 748 BGB im Verhältnis der ideellen Erbquoten auszugleichen.

**4. Verkauf von Bruchteilen eines Erbteils und zu Bruchteilen.** Obwohl § 2033 Abs. 1 BGB sich dem Wortlaut nach lediglich auf den „Anteil am Nachlass" bezieht, lässt die hM zu, dass auch ein Bruchteil eines Erbteils an eine Person oder ein Erbteil zu Bruchteilen an mehrere Personen übertragen wird (BGH NJW 1963, 1610; *Neusser* MittRhNotK 1979, 143 (145)). Nach der hM spaltet sich dabei der Erbteil nicht in entsprechende Gesamthandsanteile an der Erbengemeinschaft auf, sondern der Veräußerer bildet mit dem Erwerber bzw. die Erwerber des Anteils bilden untereinander eine Bruchteilsgemeinschaft an dem Erbteil (OLG Düsseldorf Rpfleger 1968, 188; BayObLG Rpfleger 1968, 187; OLG Köln Rpfleger 1974, 109), die auch als solche im Grundbuch zu verlautbaren sind (*Neusser* MittRhNotK 1979, 143 (146); *Haegele* Rpfleger 1968, 173 u. BWNotZ 1972, 1 mwN). Wird dagegen ein Erbteil von einem Miterben im ganzen oder zu einem Bruchteil auf alle übrigen an der Erbengemeinschaft beteiligten Miterben übertragen, so wächst – mangels abweichender Vereinbarung – dieser Erbteil den Erwerbern entsprechend §§ 1935, 2094 BGB im Verhältnis ihrer Erbteile zur gesamten Hand an (BayObLG Rpfleger 1980, 21 = NJW 1981, 830).

**5. Erfüllungsübernahme.** Eine Genehmigung der Gläubiger zur befreienden Schuldübernahme durch den Käufer wird in der Praxis selten zu erlangen sein, wenn die Verbindlichkeit als Nachlassverbindlichkeit fortbestehen soll. Sie macht auch rechtliche Probleme: Erforderlich wäre die Auswechslung eines Schuldners im Rahmen der Gesamthand, wobei aber der neue Schuldner wirtschaftlich nur zu einem Bruchteil haften will und die Bank den Verkäufer nicht über diesen Bruchteil hinaus entlassen möchte. Jedenfalls ergeben sich wohl kaum überwindbare Hindernisse, wenn für die Schuldübernahme auch noch die Vorschriften über den Verbraucherkredit ins Spiel kommen. Eher umzusetzen erscheint demgegenüber die Lösung, dass der Käufer das Darlehen anteilig ablöst. Allerdings kann er das Grundstück als Sicherungsbasis für einen dafür aufzunehmenden eigenen Kredit nur begrenzt auf die Verpfändung des Erbanteils einsetzen. Die Gläubiger müssen sich auf diese Lösung nicht einlassen, zumal nach dem Konzept des Form. im Ergebnis der Verkäufer durch die Banken auch aus seiner möglicherweise über die Quote hinausgehenden Erbenhaftung entlassen wird. Letzteres scheint hier aber für die Gläubigerbanken wirtschaftlich eher vertretbar als bei einer (Teil)schuldübernahme, da effektiv die Darlehensvaluten und damit das Risiko der Gläubiger zurückgeführt werden. Das Konzept sollten die Beteiligten dringend vor Beurkundung mit den Gläubigern abstimmen.

**6. Mitteilung der Kaufpreisfälligkeit durch den Notar.** Diese Betreuungstätigkeit löst eine Betreuungsgebühr nach KV Nr. 22200 GNotKG in Höhe von 0,5 aus. Geschäftswert ist stets der Wert des Beurkundungsverfahrens (§ 113 Abs. 1 GNotKG), hier also der gesamte Kaufpreis.

**7. Kaufpreisfälligkeitsvoraussetzungen zur Sicherung des Käufers.** Bis zur 5. Auflage wurde an dieser Stelle zur Sicherung des Käufers allein auf den **Eingang** des Grundbuchberichtigungsantrags beim Grundbuchamt abgestellt. Das lässt sich wie folgt rechtfertigen: Obwohl zwar nur der Inhalt des Grundbuchs selbst, nicht der vorliegender unvollzogener Anträge gemäß § 892 BGB den gutgläubigen Erwerb vom Nichtberechtigten verhindert, garantiert doch die Vorschrift des § 17 GBO, dass der Grundbuchberichtigungsantrag bezüglich der Erbteilsübertragung vor später eingelaufenen Anträgen vollzogen wird und gegen diese dann als Grundbuchinhalt zum maßgeblichen Zeitpunkt der Vollendung des Rechtserwerbs (BGH Rpfleger 80, 336 = NJW 1980, 2413 mwN) geltend gemacht werden kann. Es setzt allerdings voraus, dass der Erbteilsverkäufer bereits im Grundbuch als Erbe eingetragen ist, allein der Erbschein hilft zB bei einer Pfändung des Erbteils nicht. Außerdem muss sich der Notar bei dieser Lösung vergewissern, das vor seinem Antrag sicher keine weiteren nicht erledigten Anträge beim Grundbuchamt vorliegen. Selbst dann drohen irreparable Schäden, wenn aus irgendeinem Grunde § 17 GBO verletzt wird. Diese Risiken sollte, wenn nicht die Beteiligten ohnehin trotz Belehrung auf Sicherungsmechanismen verzichten, allenfalls der Notar eingehen, der zugleich als Grundbuchamt fungiert (Baden-Württemberg). Auf die Grundbucheintragung abzustellen hat allerdings den Nachteil, dass zur Vornahme des Berichtigungseintrags im Grundbuch häufig die steuerliche Unbedenklichkeitsbescheinigung (§ 22 GrEStG, Anm. 20) vorliegen muss. Da die Steuerlast zumeist wie hier § 6 dem Käufer auferlegt wird, hat er es mittelbar in der Hand, durch verzögerte Steuerzahlung den Eintritt der Fälligkeit zu verhindern. Zur Lösung dieses Problems wird vorgeschlagen, zunächst im Grundbuch auf Bewilligung des Verkäufers nur einen Widerspruch (§ 899 BGB) zugunsten des Erwerbers eintragen zu lassen und den Berichtigungsantrag erst dann erst zu stellen, wenn alle Unterlagen vorliegen (Schöner/Stöber GrundbuchR, 15. Aufl., Rn. 970 und Muster Rn. 955, ihnen folgend zB das Muster von *Fröhler* in Wurm/Wagner/Zartmann, Rechtsformularbuch, 15. Aufl., M 86 §§ 5, 8). Die Fälligkeit knüpft dann an die Eintragung dieses Widerspruchs an, der funktional die Rolle einer Vormerkung beim Grundstückskauf übernimmt: Wie bei dieser dürfen keine nicht übernommenen Grundbuchbelastungen vorgehen, wie diese (mit Eigentumsumschreibung) sollte sie vorsorglich gleichzeitig mit Vollzug der Berichtigung zur Löschung bewilligt werden.

Im Interesse der Sicherung des Käufers wären hier etwaige, für den Erbteilskauf notwendige Genehmigungen behördlicher und rechtsgeschäftlicher Art (zB Genehmigung nach dem Grundstücksverkehrsgesetz) als weitere Fälligkeitsvoraussetzungen festzulegen. Auch wenn der Erbschein einen gutgläubige Erwerb des Erbteils nicht erlaubt (Palandt/*Weidlich* § 2366 Rn. 1), worauf der Käufer deutlich hinzuweisen ist, sollte als Vergewisserung dennoch die Nachreichung des Erbscheins oder ein notarielles Testament mit Eröffnungsvermerk (§ 36 Abs. 1 GBO) eingefordert werden, wenn derartige Nachweise nicht wie hier bei Beurkundung vorlagen.

Vor Fälligstellung muss schließlich auch die Frage der Miterbenvorkaufsrechte geklärt sein (unten 18 (7)).

**8. Die Sicherung des Austauschverhältnisses.** (1) Die Sicherung des Austauschverhältnisses zwischen Erbteilskäufer und Verkäufer gestaltet sich anders als beim Grundstückskaufvertrag, weil die dingliche Erbteilsübertragung nach § 2033 Abs. 1 BGB nicht wie die Auflassung nach § 925 Abs. 2 BGB bedingungsfeindlich ist.

(2) Bei der hier gewählten Lösung wird entsprechend dem Vorschlag, den *Staudenmaier* BWNotZ 1959, 191 ff. für die sicherungsweise Erbteilsübertragung gemacht hat, die dingliche Erbteilsübertragung zwar gleichzeitig mit dem Kaufvertrag protokolliert, jedoch **auflösend bedingt** durch die Ausübung des vorbehaltenen Rücktrittsrechts des Verkäufers bei Verzug des Käufers mit der Kaufpreiszahlung. Da das dingliche Rechtsgeschäft zusammen mit dem obligatorischen Rechtsgeschäft erfolgt und auf das Erstere nach § 413 BGB die Abtretungsbestimmungen nach §§ 398 ff. BGB Anwendung finden (*Staudenmaier* BWNotZ 1959, 191), ist der Käufer gegen vertragswidrige Verfügungen des Verkäufers und seiner Gläubiger über den Erbteil selbst ab Vertragsschluss gesichert, da eine Forderung außer im Sonderfall des § 405 BGB nicht gutgläubig erworben werden kann (*Staudenmaier* BWNotZ 1959, 191 (193)). Aber auch der einzelne Nachlassgegenstand, hier das Mehrfamilienhaus, kann vom Erbteilsveräußerer als nach der Übertragung Nichtberechtigtem nicht mehr gutgläubig erworben werden, sobald die Grundbuchberichtigung vollzogen ist. Der Schutz des Käufers ist somit ab diesem Zeitpunkt gegeben. Um allerdings auch den Verkäufer bis zum Ausfall der auflösenden Bedingung durch vollständige Kaufpreiszahlung durch den nach § 161 Abs. 3 BGB durch gutgläubigen Erwerb möglichen Verlust des Grundstücks zu schützen (der im Grundbuch eingetragene Käufer könnte nämlich gemeinsam mit den anderen Erben über das Grundstück verfügen), muss die in der auflösenden Bedingung liegende Verfügungsbeschränkung (§ 161 Abs. 2 BGB) des Erwerbers im Grundbuch eingetragen werden. Die Eintragungsfähigkeit

eines dementsprechenden Vermerks ist heute anerkannt, auch wenn sie sich nicht unmittelbar aus dem Gesetzeswortlaut ergibt (K/E/H/E/*Keller,* Grundbuchrecht 6. Aufl. Einl. J 15 mwN; Schöner/Stöber GrundbuchR 15. Aufl., Rn. 970 mwN). *Staudenmaier* BWNotZ 1959, 191 (194) schlägt für die Eintragung in der II. Abt. folgende Formulierung vor: „Die am . . . . . erfolgte Erbteilsübertragung des B auf E ist auflösend bedingt. Die Bedingung tritt ein mit dem Rücktritt des B vom Erbteilskaufvertrag nach Zahlungsverzug des E." Die Lösung sollte man dann nicht anwenden, wenn der Erwerber bereits Miterbe ist oder andere Erbteile erworben hat und durch die Übertragung die Erbschaft insgesamt erhält, da dann durch die dinglich auflösend bedingte Übertragung des letzten Erbteils die einzelnen Erbteile nicht mehr existieren, da sie sich durch Konfusion beim Erwerber vereinigt haben, so dass der Eintritt der auflösenden Bedingung nur noch schuldrechtliche Ansprüche gegen ihn auslösen kann. Wenn allerdings die Erbschaft durch die auflösend bedingte Übertragung noch nicht insgesamt in seine Hand kommt, ist eine Rückübertragung des Anteils möglich (LG Frankenthal MittBayNot 1978, 17; Palandt/*Weidlich* § 2033 Rn. 4).

(3) Eine alternative Gestaltung zur Sicherung des Austauschverhältnisses ist es, zunächst lediglich den Erbteilskauf zu beurkunden, den Kaufpreis im Vertrag erst nach Vorlage der notwendigen Genehmigungen und der Verzichte auf Vorkaufsrechte fällig zu stellen und erst nach Kaufpreiszahlung die dingliche **Erbteilsübertragung in eigener Urkunde** erklären zu lassen (so das Muster von Kersten/Bühling/*Wegmann,* 23. Aufl., § 118 M 21 mit alternativer Lösung über Notaranderkonto). Diese Lösung schützt den Käufer jedoch nicht vor vertragswidrigen Verfügungen des Verkäufers und seiner Gläubiger in der Zeit bis zur dinglichen Erbteilsübertragung (*Neusser* MittRhNotK 1979, 143 (147)), hinzu kommt eine Erhöhung der Notarkosten.

(4) *Neusser* MittRhNotK 1979, 143 (147, 149) will die Sicherung dadurch gewährleisten, dass die dingliche Erbteilsübertragung wie hier gleichzeitig mit dem Erbteilskaufvertrag erfolgt, jedoch **aufschiebend bedingt** durch die vollständige Zahlung des Kaufpreises. Da der Nachweis der Kaufpreiszahlung in grundbuchmäßiger Form auf Schwierigkeiten stößt und er andererseits die Errichtung einer getrennten, öffentlich beglaubigten Löschungsbewilligung bezüglich der Bedingung ersparen will, soll alternativ die aufschiebende Bedingung auch bei Erteilung einer den Grundbuchberichtigungsantrag enthaltenden Ausfertigung oder beglaubigten Abschrift des Vertrages durch den Notar eintreten. Der Notar soll daher zur Sicherung des Käufers zunächst nur eine auszugsweise, die Berichtigungsbewilligung nicht enthaltende Ausfertigung mit dem Antrag beim Grundbuchamt einreichen, nur die durch die aufschiebend bedingte Erbteilsübertragung zugunsten des Käufers bewirkte Verfügungsbeschränkung in der II. Abt. einzutragen. Erst nach Kaufpreiszahlung soll er dann mit einer vollständigen Ausfertigung die Grundbuchberichtigung beantragen und dadurch gleichzeitig die Bedingung eintreten lassen und ihren Nachweis führen. Der Umstand, dass der Eigentümer durch eine aufschiebend bedingte Abtretung in seiner Verfügungsgewalt beschränkt ist (§ 161 Abs. 1 BGB), ist eintragungsfähig (K/E/H/E/*Keller,* Grundbuchrecht 6. Aufl. Einl. J 15 mwN; Schöner/Stöber GrundbuchR 15. Aufl., Rn. 970 mwN). Seine Eintragung muss allerdings eigens bewilligt sein, ansonsten wäre die Eintragung der Verfügungsbeschränkung nur zusammen mit dem Vollzug der Grundbuchberichtigung möglich, da die Verfügungsbeschränkung eben erst mit der aufschiebend bedingten Erbteilsübertragung nachgewiesen wäre (zT abweichend hier bis 5. Auflage; vgl. auch *Baumann* in Würzburger Notarhandbuch Teil 4 Rn. 770, der eine Verfügungsbeschränkung aus aufschiebender Bedingung vor Bedingungseintritt und folglich auch derartige Vermerke im Grundbuch für ausgeschlossen hält). Eine Variante zu dieser Lösung ist, die dingliche Erbteilsübertragung aufschiebend zu bedingen durch die Bestätigung (Eigenurkunde) des Notars an das Grundbuchamt, dass der Kaufpreis vollständig bezahlt ist und den Notar dazu von den Beteiligten bevollmächtigen zu lassen.

(5) Eine weitere Möglichkeit ist, entsprechend dem bei der Auflassung vorgeschlagenen Verfahren (*Greiner* BWNotZ 1969, 243), dass der Erwerber die dingliche Erbteilsübertragung und den Grundbuchberichtigungsantrag allein auch namens des Veräußerers in Vertretung ohne Vertretungsmacht erklärt und dass der dies in getrennter öffentlicher beglaubigter Urkunde genehmigt. Diese Urkunde nimmt der Notar solange in Verwahrung (Schubladengenehmigung), bis ihm der Veräußerer die Kaufpreiszahlung bestätigt. Erst danach gibt er sie an das Grundbuchamt, das dann die Grundbuchberichtigung vornimmt. Da hier die dingliche Erbteilsübertragung bereits vorliegt, ist eine vertragswidrige weitere Verfügung des Veräußerers über den Erbteil nicht möglich, da eine Forderung nicht gutgläubig erworben werden kann. Jedoch bleibt gutgläubiger Erwerb eines einzelnen Nachlassgegenstandes, insbesondere auch von Grundbesitz möglich. Das beschränkt die Tauglichkeit dieses Vorschlags erheblich, mindestens muss hierauf im Belehrungsvermerk hingewiesen werden.

(6) Nicht möglich ist die von *Gass* JuS 1963, 153 (155) vorgeschlagene Sicherung der Anwartschaft des Erbteilsverkäufers vor der Erbteilsübertragung durch Eintragung einer Vormerkung, die *Gass* zumindest in den Fällen, in denen der Nachlass wie hier nur noch aus einem Grundstück besteht, im Wege der Analogie für zulässig hält. Dem steht entgegen, dass eine Vormerkung nur einen Anspruch auf ein Recht am Grundstück oder an einem Recht am Grundstück sichern kann, während der Erbteilskauf nur einen Anspruch auf Übertragung eines Erbteils gibt und ferner, dass die Bewilligung einer Vormerkung eine Verfügung über einen Nachlassgegenstand ist, die gemäß § 2041 Abs. 1 BGB nur von allen Miterben vorgenommen werden kann (KG OLG 10, 82; *Michaelis* JuS 1963, 230; *Neusser* MittRhNotK 1979, 143 (148)).

(7) Abwicklung über Notaranderkonto schlagen neben Kersten/Bühling/*Wegmann*, 23. Aufl. § 118 M 21 zB auch vor *Baumann* in Würzburger Notarhandbuch Teil 4 Rn. 770 sowie *Fenner* in Beck'sches Formularbuch Bürgerliches, Handels- und Gesellschaftsrecht, VI 34 § 2.

**9. Die Löschung der Verfügungsbeschränkung des Erbteilserwerbers.** Damit der Vermerk über die Verfügungsbeschränkung des Erbteilserwerbers nach Zahlung des Kaufpreises gelöscht werden kann, kann zB vom beurkundenden Notar im Kaufvertragstermin eine vom Verkäufer zu unterschreibende und vom Notar zu beglaubigende Berichtigungsbewilligung gemäß § 22 GBO mit etwa folgendem Wortlaut aufgenommen werden:

„Der Erbteilsverkäufer . . . . . bewilligt die Löschung des Vermerks der auflösenden Bedingung der Erbteilsübertragung vom . . . . . durch den Rücktritt des Verkäufers nach Zahlungsverzug des Käufers. Der Notar soll – was das Grundbuchamt aber nicht zu prüfen hat – von dieser Erklärung erst nach erfolgter Kaufpreiszahlung Gebrauch machen."

Alternativ ist es möglich, die Bewilligung in den Urkundstext aufzunehmen mit der Maßgabe, dass bis zum Zahlungsnachweis nur auszugsweise Ausfertigungen oder beglaubigte Abschriften ohne diese Passage erteilt werden dürfen. Den Antrag auf Vollzug der Berichtigungsbewilligung stellt der Notar nach Zahlungsnachweis gemäß seiner Ermächtigung nach § 15 GBO.

**10. Übergang von Nutzen, Lasten und Gefahr.** Nach §§ 2379, 2380 BGB ist dieser Zeitpunkt der Abschluss des Kaufvertrages. Abweichungen sind sinnvoll und vertraglich zu vereinbaren.

**11. Modifizierung der gegenseitigen gesetzlichen Verpflichtungen.** Der Grundsatz der dispositiven gesetzlichen Regelung ist die schuldrechtliche Verpflichtung der Parteien, einander zu gewähren, was sie haben würden, wenn an Stelle des Verkäufers der Käufer zum Zeitpunkt des Erbfalls Erbe geworden wäre. Demzufolge hat daher der Verkäufer nicht nur die zurzeit des Verkaufs vorhandenen Erbschaftsgegenstände an den Käufer herauszugeben, sondern auch alle Surrogate für solche Gegenstände, die im Zeitpunkt des

Erbfalls vorhanden waren (§ 2374 BGB), sowie Ersatz zu leisten für die Erbschaftsgegenstände, die er vor dem Verkauf verbraucht, unentgeltlich veräußert oder unentgeltlich belastet hat (§ 2375 BGB). Andererseits kann der Verkäufer vom Käufer Ersatz für alle Nachlassschulden verlangen, die er nach dem Erbfall erfüllt hat (§ 2378 Abs. 2 BGB), für alle Verwendungen auf die Erbschaft, die notwendig waren oder ihren Wert erhöhten (§ 2381 BGB) und für die von der Erbschaft zu entrichtenden Abgaben und außerordentliche Lasten (§ 2379 S. 2 BGB). Wenn wie hier der Vertrag wirtschaftlich nur zur Übertragung des Erbanteils an einem bestimmten Nachlassgegenstand führen soll, sind alle diese Verpflichtungen vertraglich abzubedingen.

**12. Die gesetzliche Rechtsmängelhaftung.** Nach § 2376 Abs. 1 BGB haftet der Erbschaftsverkäufer dem Käufer dafür, dass ihm das Erbrecht zusteht, dass es nicht durch das Recht eines Nacherben oder durch die Ernennung eines Testamentsvollstreckers beschränkt ist, dass nicht Vermächtnisse, Auflagen, Pflichtteilslasten, Ausgleichungspflichten oder Teilungsanordnungen bestehen, und dass nicht unbeschränkte Haftung gegenüber den Nachlassgläubigern oder einzelnen von ihnen eingetreten ist.

**13. Sachmängel von Nachlassgegenständen.** Fehler einer zur Erbschaft gehörenden Sache hat der Verkäufer nicht zu vertreten (§ 2376 Abs. 2 BGB). Wie beim vertraglichen Ausschluss ist davon im Fall der Arglist eine Ausnahme zu machen (§§ 444, 442 Abs. 1 BGB). Außerdem kann der Verkäufer Beschaffenheitsgarantien (§ 443 BGB) übernehmen.

**14. Garantie.** Eine echte Sicherung des Erbteilskäufers dafür, dass sich der Gegenstand, auf den es ihm ankommt, überhaupt in der Erbschaft befindet und der Erbteil unbelastet ist, gibt es nicht. Sein guter Glaube wird, da er ein Recht (§§ 413, 398 ff. BGB) und keine Sache erwirbt, nicht geschützt (*Staudenmaier* BWNotZ 1959, 193; *Neusser* MittRhNotK 1979, 143 (148)). Er wird gemäß § 2030 BGB noch nicht einmal in seinem guten Glauben daran geschützt, dass der Veräußerer Erbe des Erblassers geworden ist. Selbst der öffentliche Glaube des Erbscheins kommt dem Erbteilserwerber nicht zugute, da § 2366 BGB nur den Erwerber einzelner Nachlassgegenstände schützt.

Ein gewisser Schutz gegen Gefahren dieser Art kann durch eine Verstärkung der Haftung des Verkäufers durch eine ausdrückliche Garantie dieser Umstände gem. §§ 442, 443 BGB erreicht werden. Zudem erscheint es billig, die normale Verjährungsfrist durch Vereinbarung zu verlängern (§ 202 BGB).

**15. Genehmigungsbedürftigkeit.** Erbteilskauf- und Übertragungsverträge sind insbesondere in folgenden Fällen genehmigungspflichtig:

- Nach § 2 Abs. 2 Nr. 2 GrdstVG die Veräußerung eines Erbteils an einen anderen als an einen Miterben, wenn der Nachlass im Wesentlichen aus einem land- oder forstwirtschaftlichen Betrieb besteht (zum Anwendungsbereich BGH NotBZ 2013, 246 = NJW 2013, 607).
- Vormundschaftsgerichtliche Genehmigung nach § 1822 Nr. 1 BGB, wenn ein Minderjähriger den Erbteil veräußert und nach § 1822 Nr. 10 BGB wegen der Übernahme der Haftung nach § 2382 BGB bei entgeltlichem (hier auch nach § 1821 Abs. 1 Nr. 5 BGB falls Grundstück in der Erbschaft) und unentgeltlichem Erwerb eines Erbteils durch einen Minderjährigen und zwar jeweils auch, wenn er unter elterlicher Gewalt steht (§ 1643 Abs. 1 BGB). Wegen der Haftung aus § 2382 BGB bringt dem Minderjährigen eine schenkweise Erbteilsübertragung auch nicht lediglich einen rechtlichen Vorteil iSd § 107 BGB, so dass er auch nicht allein handeln kann (AG Stuttgart BWNotZ 1970, 177 = MDR 1971, 182). Ist der Minderjährige bereits Miterbe und erwirbt einen Anteil dazu, so bedarf sein gesetzlicher Vertreter und auch seine Eltern (§ 1643 Abs. 1 BGB), wenn zum Nachlass Grundbesitz gehört (*Haegele* BWNotZ 1972, 1 (5)), bei entgeltlichem Erwerb der Genehmigung nach § 1821 Abs. 1 Nr. 5 BGB, während er bei

unentgeltlichem Erwerb selbst auftreten kann und keiner Genehmigung bedarf (§ 107 BGB), da er ja ohnehin für die Nachlassverbindlichkeiten haftet.

- Stellt bei einem im gesetzlichen Güterstand lebenden Ehegatten der Erbteil das ganze oder wesentliche Vermögen dar, bedarf er zur Veräußerung der Genehmigung seines Ehegatten nach § 1365 BGB (BGHZ 35, 135 NJW 1961, 1301). Bei Gütergemeinschaft können bei Erbteilsübertragungen Genehmigungen nach §§ 1423, 1425 BGB bei fortgesetzter Gütergemeinschaft iVm § 1487 Abs. 1 BGB in Frage kommen.
- Da Erbteilsübertragung und nicht Grundstücksübertragung vorliegt, bedarf es, auch wenn sich in der Erbschaft ein Grundstück befindet, keiner Genehmigung nach § 19 BauGB, oder, falls sie ein Erbbaurecht enthält, nach § 5 Abs. 1 ErbbauRG (BayObLGZ 1967, 408 = Rpfleger 1968, 188). Auch kann kein gesetzliches Grundstücksvorkaufsrecht zB nach § 24 BauGB ausgeübt werden (BGH DNotZ 1970, 423). Seit Neufassung der Grundstücksverkehrsordnung (Beitrittsgebiet) verlangt auch diese für Erbteilsübertragungen keine Genehmigung mehr.

**16. Erbteilsübertragung.** Sie ist die dingliche Verfügung gemäß § 2033 BGB über den Erbteil (Anteil an der Gesamthandsgemeinschaft) durch einen einheitlichen, vertraglichen Übertragungsakt, der Gesamtrechtsnachfolge bewirkt und in seiner Wirksamkeit von der Gültigkeit des schuldrechtlichen Vertrages unabhängig ist (Abstraktionsprinzip; BGH WM 1969, 592). Nicht erfasst sind allerdings Sondererbfolgen, die zur Nachlasstrennung führen (va § 13 HöfeO und in der früheren DDR Bodenreformgrundstücke). Personengesellschaftsanteile fallen dagegen trotz möglicher Sonderzuordnung in den einheitlichen Nachlass. Die Verfügung ist nur möglich, wenn schon und solange noch gemeinschaftliches Vermögen vorhanden ist (OLG Hamm DNotZ 1966, 746 (747)). Sie ist daher nicht möglich vor dem Erbfall (BGHZ 37, 324 (325)), nach erfolgter vollständiger dinglicher Teilung des Nachlasses (RGZ 134, 299) und nachdem ein Miterbe sämtliche Anteile erworben hat (RGZ 88, 116). Sie bleibt möglich, wenn, wie hier, der ungeteilte Nachlass lediglich noch aus einem einzigen Gegenstand besteht (BGH NJW 1969, 92 = DNotZ 1969, 626) und wenn der Nachlass einen Anteil an einem anderen Nachlass enthält (BayObLGZ 1960, 138 = Rpfleger 1961, 19). § 2033 enthält zwingendes Recht und wird auch nicht durch Testamentsvollstreckung eingeschränkt. Der Erblasser kann die Veräußerlichkeit des Erbteils mit dinglicher Wirkung nicht ausschließen oder beschränken und auch nicht von der Zustimmung eines Testamentsvollstreckers abhängig machen (RG WarnR 1915 Nr. 292; Staudinger/*Löhnig*, Bearbeitung 2016, § 2033 Rn. 3). Er kann jedoch ein Veräußerungsverbot durch eine auflösende Bedingung der Erbenstellung sanktionieren.

**17. Grundbuchberichtigung.** Der Anteilserwerber tritt mit der Übertragung in alle durch die Erbengemeinschaft begründeten und in dem Erbteil enthaltenen Rechtsbeziehungen des Veräußerers ein und damit auch in die gegenstandsrechtlichen Anteilsrechte an den einzelnen Nachlassgegenständen (Staudinger/*Werner* § 2033 Rn. 26). Ist der Veräußerer als Teilhaber der Erbengemeinschaft im Grundbuch eingetragen (§ 47 GBO), wird das Grundbuch unrichtig und der Erwerber kann vom Veräußerer nach § 894 BGB entsprechende Berichtigungsbewilligung verlangen. Bei mehreren Anteilserwerbern ist deren Gemeinschaftsverhältnis im Grundbuch anzugeben (BGH DNotZ 1967, 434).

**18. Vorkaufsrecht der Miterben.** (1) Verkauft ein Miterbe oder dessen Erbe (BGH NJW 1966, 2207 = DNotZ 1967, 313) seinen Erbanteil an einen Nichterben, so sind die übrigen Miterben nach § 2034 Abs. 1 BGB zum Vorkauf berechtigt. Ausgelöst wird dieses obligatorische, gesetzliche Vorkaufsrecht durch den schuldrechtlichen Kaufvertrag über den Erbteil (§§ 2371 ff. BGB). Die dingliche Erbteilsübertragung (§ 2033 BGB) ist lediglich von Bedeutung für die Frage, wem gegenüber das Vorkaufsrecht auszuüben ist. Ausübungsadressat ist gemäß §§ 2034 Abs. 1, 464 Abs. 1 BGB bis zum dinglichen Vollzug der Verkäufer, danach gemäß § 2035 Abs. 1 BGB der Käufer (BGH BB 1967, 1104).

Das Vorkaufsrecht kann innerhalb der Ausübungsfrist von zwei Monaten durch formlose Erklärung (§ 464 Abs. 1 S. 2 BGB) ausgeübt werden, seit der Vorkaufsberechtigte die vom Verkäufer geschuldete, aber auch dem Käufer mögliche Mitteilung des Inhalts des Kaufvertrages empfangen hat (§§ 2034 Abs. 2, 469 Abs. 2 BGB). Dabei hat, sofern der Kaufvertrag genehmigungsbedürftig ist, die Mitteilung auch die Erteilung der Genehmigung zu umfassen (BGHZ 23, 342 (348) = DNotZ 1960, 551; BGH WPM 79, 1066 = BWNotZ 80, 160). Unabhängig von dieser Mitteilungspflicht, hat der Verkäufer nach § 2035 Abs. 2 BGB den Miterben auch unverzüglich Mitteilung über die dingliche Übertragung des Erbteils zu machen. Erst danach können sie gemäß § 2035 Abs. 1 BGB das Vorkaufsrecht nur noch dem Käufer gegenüber ausüben. Soweit einzelnen Miterben das Vorkaufsrecht nicht mehr zusteht (wer selbst seinen Erbteil veräußert hat, hat kein Vorkaufsrecht mehr, BGHZ 86, 379) oder sie auf ihr Vorkaufsrecht verzichten, sind die übrigen wiederum gemeinschaftlich berechtigt, es im ganzen auszuüben (§ 472 S. 2 BGB). Die Ausübung des Vorkaufsrechts führt zur schuldrechtlichen Verpflichtung auf dingliche Erbteilsübertragung. Die Übertragung erfolgt an die das Vorkaufsrecht ausübenden Miterben gemäß § 2033 BGB, denen der Erbteil nach der entsprechend §§ 1935, 2094 BGB nach dem Verhältnis ihrer Erbteile anwächst, wobei etwaige schon früher hinzuerworbene Erbteile für die Berechnung der Quote außer acht bleiben (jurisPK-BGB/*Otto*, 7. Aufl., § 2034 Rn. 31; BayObLG NJW-RR 1991, 1030). Das Vorkaufsrecht hat, obwohl es nur schuldrechtlicher Natur ist, insofern Drittwirkung, als es nach § 2035 BGB gegen den Käufer und nach § 2037 BGB gegen weitere Erwerber wirken kann, in diesem Zusammenhang hat die richtige Adressierung der Benachrichtigung nach § 2035 Abs. 2 BGB erhebliche Bedeutung (dazu jurisPK-BGB/*Otto*, 7. Aufl., § 2037 Rn. 4 f.). Das Vorkaufsrecht erlischt außer durch ungenutzten Ablauf der Ausübungsfrist durch Verzicht sämtlicher Berechtigten, der auch schon vor der Mitteilung formlos erfolgen kann (Staudinger/*Werner* Rn. 21 § 2034). Der Notar hat bei der Beurkundung des Erbteilskaufvertrages die Beteiligten auf das Vorkaufsrecht hinzuweisen (§§ 20, 17 BeurKG; BGH MDR 1968, 1002 = MittBayNot 1968, 307 = WPM 1968, 1042).

(2) Gegenstand des Vorkaufsrechts muss ein Miterbenanteil sein. Das Vorkaufsrecht erlischt daher nach vollständiger Auseinandersetzung des Nachlasses (jurisPK-BGB/*Otto*, 7. Aufl., § 2034 Rn. 28). Das Miterbenvorkaufsrecht setzt einen gültigen Kaufvertrag voraus. Ein wegen Formmangels nichtiger oder mangels behördlicher Genehmigung unwirksamer Vertrag löst es nicht aus (BGH DNotZ 1960, 551). Ein wirksam ausgeübtes Vorkaufsrecht nach § 2034 BGB kann nicht durch nachträgliche Aufhebung des Kaufvertrages wieder beseitigt werden (OLG Stuttgart BWNotZ 1979, 150). Da § 465 BGB gilt, ist die Vereinbarung eines Rücktrittsrechts oder einer auflösenden Bedingung für den Vorkaufsfall dem Vorkaufsberechtigten gegenüber unwirksam (Staudinger/Werner § 2034 Rn. 4). Der Kreis der Vorkaufsberechtigten und der mit dem Vorkaufsrecht Belasteten bestimmt sich nach dem Zweck der Regelung, die Erbengemeinschaft gegen das Eindringen außenstehender, nicht dem Familienbund zugehöriger Personen zu schützen (BGH LM § 2034 Nr. 3 = JZ 1965, 617), dh frühere Erwerber, die nicht Miterbe sind, haben kein Vorkaufsrecht.

(3) Von dem Vorkaufsrecht betroffen ist der Verkauf durch einen Miterben. Da der Erwerber eines Erbteils nicht Miterbe wird (§ 2033 BGB), lässt der Weiterverkauf durch ihn kein Vorkaufsrecht nach § 2034 BGB entstehen (jurisPK-BGB/*Otto*, 7. Aufl., § 2034 Rn. 6 f.). Der Verkauf des Erbteils am 1. Nachlass durch den oder die Erben oder Erbeserben eines nachverstorbenen Miterben am 1. Nachlass an einen Dritten lässt dagegen ein Vorkaufsrecht nach § 2034 BGB entstehen, da die Erben oder Erbeserben durch die weiteren Erbfälle jeweils in die volle Miterbenstellung des Miterben am 1. Nachlass eingetreten sind (BGH NJW 1966, 2207 = DNotZ 1967, 313; BGH NJW 1969, 92 = DNotZ 1969, 623). Verkaufen die Erben oder Erbeserben des Miterben am 1. Nachlass ihre Anteile an seinem Nachlass (2. Nachlass), so entsteht grundsätzlich nur ein

Vorkaufsrecht zugunsten der übrigen Miterben am 2. Nachlass, nicht auch eines zugunsten der Miterben am 1. Nachlass, von dem sich ein Erbteil als Nachlassgegenstand im 2. Nachlass befindet (BGHZ 56, 115 (120) = NJW 1971, 1264; BGH Rpfleger 1975, 445 (446) = DNotZ 1975, 726; *Schubert* JR 1975, 290; *Kanzleiter* DNotZ 1969, 625; eingehend hierzu *Kreuzer* MittBayNot 1989, 293). Ausnahmsweise entsteht jedoch auch in diesem Fall ein Vorkaufsrecht für die Miterben des 1. Nachlasses, wenn der 2. Nachlass nur noch aus dem Miterbenanteil am 1. Nachlass besteht, dh beide Nachlässe im Wesentlichen identisch sind (BGH NJW 1969, 92 = DNotZ 1969, 623) und die Miterben des 2. Nachlasses ihre Anteile in einem einzigen Vertrag mit einheitlichem Kaufpreis an einen Dritten verkaufen (BGH 2.7.1970 – II ZR 27/67, MittRhNotK 1970, 535; BGH LM § 2034 Nr. 6 = DNotZ 1971, 744; BGH 56, 115 (120) = NJW 1971, 1264 = DNotZ 1972, 26; BGH Rpfleger 1975, 445 (446) = DNotZ 1975, 726 = JR 1975, 288 m. zust. Anm. *Schubert*).

(4) Der Verkauf muss, um das Vorkaufsrecht auszulösen, an einen Dritten erfolgen. Dritter gem. § 2034 Abs. 1 BGB sind alle Personen, die nicht Miterben sind. Zu Miterben in diesem Sinne gehören auch die Erben und Erbeserben usw eines Miterben, da sie kraft Erbfolge in die Erbenstellung des Miterben eintreten. Ferner zählt die Rechtsprechung zu den Miterben in diesem Sinne auch diejenigen, die bereits einen Erbteil von einem Miterben im Wege der vorweggenommenen Erbfolge erhalten haben, wenn sie einen weiteren Erbteil dieses Nachlasses hinzuerwerben (BGH LM § 2034 Nr. 3 = DNotZ 1966, 242; aM Staudinger/*Löhnig*, Bearbeitung 2016, § 2034 Rn. 11a). Wird von einem Miterben ein Erbteil an den Abkömmling und gesetzlichen Erben eines Miterben veräußert, der noch nicht dessen Erbe geworden ist und von ihm auch seinen Erbteil noch nicht im Wege der vorweggenommenen Erbfolge erhalten hat, so wäre dieser erwerbende Abkömmling eines Miterben eigentlich Dritter mit der Folge, dass der Verkauf an ihn das Vorkaufsrecht der Miterben nach § 2034 BGB auslösen würde. Trotzdem lässt der BGH (WPM 1971, 457 = DNotZ 1971, 744) auch in diesem Fall das Vorkaufsrecht nicht entstehen, da der miterbberechtigte Elternteil des Erbschaftskäufers in diesem Fall der Ausübung des gesetzlichen Vorkaufsrechts durch die anderen Miterben widersprechen könnte, was in entsprechender Anwendung des dem § 470 BGB innewohnenden Rechtsgedankens nicht rechtsmissbräuchlich wäre, da er den Erbteil ja selbst erwerben und an seinen Abkömmling hätte weiter übertragen können, ohne dadurch das Miterbenvorkaufsrecht auszulösen. Dritter gem. § 2034 Abs. 1 BGB mit der Folge, dass ein Verkauf an ihn das Vorkaufsrecht auslöst ist dagegen derjenige, der nur Miterbe oder Erbeserbe eines 1. Nachlasses ist, von dem sich ein Erbteil als Nachlassgegenstand im 2. Nachlass befindet, wenn jetzt ein Erbteil dieses 2. Nachlasses an ihn verkauft wird und zwar auch dann, wenn der Erbteil des 1. Nachlasses der einzige Nachlassgegenstand des 2. Nachlasses ist (BGHZ 56, 115 = NJW 1971, 1264; *Johannsen* LM § 2034 Nr. 9a). Es spielt somit keine Rolle, dass der Erwerber des Erbteils an dem Haupt- oder auch einzigen Nachlassgegenstand bereits kraft eines anderen Rechtsverhältnisses als Mitberechtigter beteiligt ist (*Johannsen* LM § 2034 Nr. 9a Ziff. II).

(5) Vorkaufsberechtigt sind gem. § 2034 Abs. 1 BGB die Miterben und, da dieses Vorkaufsrecht vererblich ist (§ 2034 Abs. 2 S. 2 BGB), auch deren Erben und Erbeserben usw (BGH NJW 1969, 92 = DNotZ 1969, 623). Dabei ist die Größe des Bruchteils, zu dem der Vorkaufsberechtigte an der Erbschaft beteiligt ist, unerheblich (BGH DNotZ 1972, 361). Nach Soergel/*Wolf* (§ 2034 Rn. 7, offenbar in Anlehnung an die Rechtsprechung des BGH in LM § 2034 Nr. 3 = DNotZ 1966, 242) steht das Vorkaufsrecht auch dem künftigen Erben eines Miterben zu, dem bereits ein Erbteil im Wege der vorweggenommenen Erbfolge übertragen wurde. Einem Dritten, dh einem der nicht Miterbe oder Erbeserbe ist, steht auch dann kein Vorkaufsrecht zu, wenn er bereits einen Erbteil des Nachlasses erworben hat, da die Regelung nicht nur vor dem Eindringen Fremder, sondern auch vor einer Überfremdung der Erbengemeinschaft schützen soll (BGHZ 56, 115 (118) =

NJW 1971, 455; aM Staudinger/*Löhnig*, Bearbeitung 2016, § 2034 Rn. 13). Ein Miterbe, der durch Veräußerung seines Erbteils bereits aus der Gemeinschaft ausgeschieden ist, hat gleichfalls kein Vorkaufsrecht mehr (BGHZ 86, 379 = NJW 1983, 1555; BGHZ 121, 47 = NJW 1993, 726 unter Aufgabe früherer Rechtsprechung).

(6) Vorkaufsberechtigt sind nach dem ergänzend anwendbaren § 472 BGB alle Miterben gemeinschaftlich (BGH LM § 2034 Nr. 6 = DNotZ 1971, 74). Die Ausübungserklärungen der einzelnen Miterben müssen aber nicht gleichzeitig erfolgen. Sie können auch unter der Bedingung abgegeben werden, dass andere Miterben ihr Recht (nicht) ausüben (BGH NJW 1982, 330). Die Ausübungsfrist läuft für jeden Miterben einzeln. Übt ein Miterbe sein Vorkaufsrecht nicht aus oder ist es für ihn durch Fristablauf erloschen, so sind die anderen ohne seine Teilnahme und Verpflichtung wiederum gemeinschaftlich und im ganzen vorkaufsberechtigt (BGH NJW 1982, 330 = DNotZ 1982, 368). Es ist dann eine Auslegungsfrage, ob die bereits vorliegenden Ausübungserklärungen auch für diesen Fall gelten.

(7) **Im Ausgangsfall** sind die **Ausübungserklärungen an den Käufer** zu richten, da die Abtretung bereits erfolgt ist (§ 2035 Abs. 1 BGB). Wenn die Vorkaufsberechtigten jetzt noch gegenüber dem Verkäufer ausüben, wäre dies unwirksam (§ 2035 Abs. 1 S. 2 BGB; MüKoBGB/*Heldrich* § 2035 Rn. 2). Insofern erleichtert die im Formular gewählte Sicherungsmechanik der *auflösend* bedingten Abtretung (→ Anm. 8) die Abwicklung gegenüber allen anderen Lösungen erheblich. Ob nämlich die Ausübung dem Verkäufer gegenüber ausgeübt wurde, können Notar und Käufer (als negative Voraussetzung der Kaufpreisfälligkeit) schwer feststellen. Insofern kann dem Notar zwar Empfangsvollmacht für die Ausübungserklärung erteilt werden, sie wirkt aber nicht verdrängend. Wenn vor Abtretung dem Verkäufer die Vorkaufsrechtsausübung erklärt war, ist auch der gutgläubige Erwerber zur Übertragung auf die Vorkaufsberechtigten verpflichtet (BGH NJW 2002, 820). Das gilt ohne zeitliche Begrenzung und setzt sich bei einer Weiterveräußerung fort (§ 2037 BGB), so dass sich hier erhebliche Risiken für den Käufer verbergen (jurisPK-BGB/*Otto*, 7. Aufl., § 2035 Rn. 4, § 2037 Rn. 4). Ein Restrisiko bleibt allerdings auch bei der gewählten Gestaltung: Bis zum Erhalt der Mitteilung nach § 2035 Abs. 2 BGB (auch anderweitige Kenntnis reicht nicht) können die Miterben das Vorkaufsrecht nach dem Rechtsgedanken des § 407 Abs. 1 BGB noch wirksam gegenüber dem Verkäufer ausüben. Für den Zeitraum zwischen förmlicher Mitteilung des Kaufvertrags (vorher ist nur Verzicht, nicht aber Ausübung möglich, § 469 Abs. 2 BGB, BGH WM 1962, 722) und Mitteilung der Abtretung könnte also der Verkäufer wirksam die Vorkaufsrechtsausübung entgegennehmen, wenn er noch vor dem dazu bevollmächtigten Notar den Kaufvertrag mitgeteilt hat.

**19. Haftung des Erwerbers.** Der Käufer eines Erbteils haftet unabdingbar ab dem Abschluss des Kaufvertrages neben dem Verkäufer als weiterer Gesamtschuldner für alle Nachlassverbindlichkeiten (§§ 2382, 1967, 2058–2063, 421 BGB). Anderweitige Vereinbarungen zwischen den Vertragsparteien haben nur Wirkung für das Innenverhältnis (§ 2382 Abs. 2 BGB). Nach § 2383 BGB haftet er jedoch nur soweit der Verkäufer als Miterbe haftet (→ Anm. 3). Um einen Erbschaftskauf mit Auslösung der Haftung nach § 2382 BGB handelt es sich auch, wenn nur ein einzelner Gegenstand einer Erbschaft verkauft wird, der jedoch den ganzen oder nahezu den ganzen Nachlass bildet und – entsprechend der von der Rspr. für die Haftung des Vermögensübernehmers nach § 419 BGB aF und für § 1365 BGB entwickelten Grundsätze –, der Käufer dies positiv gewusst hat oder doch zum mindesten die Verhältnisse aufseiten des Verkäufers kannte, aus denen sich dies ergab (BGH LM Nr. 2 § 2382 = WPM 1965, 343; MüKoBGB/*Musielak* § 2382 Rn. 4).

**20. Steuern.** Der Erbschaftskauf ist kein steuerpflichtiger Vorgang iS des Erbschaftsteuergesetzes, da er keinem der unter § 3 ErbStG aufgezählten Tatbestände unterfällt. Für die beim Erbfall entstandene Erbschaftsteuer haftet der Käufer jedoch neben dem

Verkäufer der Steuerbehörde aus § 2382 BGB und bis zur Teilung nach § 20 Abs. 3 ErbStG. Im Innenverhältnis zum Verkäufer hat mangels abweichender, formbedürftiger Abrede nach § 2379 BGB der Käufer die Erbschaftsteuer, die eine von der Erbschaft zu entrichtende Abgabe ist, zu tragen. Seit der Grundsatzentscheidung (BFHE 117, 270 = BStBl. II 1976, 159 = BB 1976, 734 = DNotZ 1977, 532 ist jeder Übergang eines Erbteils, zu dem Grundbesitz gehört, an einen Dritten ein grunderwerbsteuerbarer Vorgang nach § 1 Abs. 1 Nr. 3 GrEStG, der nur nach den allgemeinen Vorschriften grunderwerbsteuerfrei sein kann. Die Übertragung eines Erbteils **auf einen Miterben** ist nach Ansicht der Finanzverwaltung jedoch nach § 3 Ziff. 3 GrEStG als Nachlassteilung steuerfrei (DNotZ 1985, 193; *Boruttau/Klein* Rn. 15h § 1 GrEStG). Veräußert ein Miterbe seinen Erbanteil, zu dem ein gesamthänderisch gebundener Betriebsvermögensanteil gehört, an einen Dritten außerhalb der Erbengemeinschaft, so kann, wenn der Veräußerungspreis über dem Buchwert liegt, dies einen gem. §§ 16, 34 EStG zu versteuernden Veräußerungsgewinn auslösen (*Kapp/Ebeling,* Handbuch der Erbengemeinschaft, 3. Aufl. III. 692). Die nach § 22 GrEStG zur Vornahme einer Grundbuchberichtigung nach Erbteilsübertragung erforderliche **Unbedenklichkeitsbescheinigung** ist grundsätzlich auch dann erforderlich, wenn der Vorgang (va unter Miterben) steuerfrei ist. Einzelne Ländererlasse gem. § 22 Abs. 1 S. 2 GrEStG sehen insoweit aber einen Verzicht vor.

**21. Kosten und Gebühren.** (1) Der Notar erhält je eine doppelte Gebühr nach KV-Nr. 21100 GNotKG (mindestens 120 Euro) für den Erbteilskauf und die Erbteilsübertragung. Werden, wie hier, beide gleichzeitig beurkundet, haben sie denselben Gegenstand (§ 109 Abs. 1 GNotKG), so dass die Gebühr nur einmal entsteht. Der Geschäftswert bestimmt sich nach § 97 Abs. 1, Abs. 3 GNotKG und ist der höhere Wert im Vergleich zwischen dem Wert des Erbteils und dem der Gegenleistung, dh dem Kaufpreis. Der Wert des Erbteils wird nach § 38 GNotKG nach dem Aktivwert des Nachlasses ohne Schuldenabzug bestimmt (OLG Hamm DNotZ 1971, 124 = Rpfleger 1971, 77). Der Grundbuchberichtigungsantrag ist gegenstandsgleich mit der Erbteilsübertragung (§ 109 Abs. 1 GNotKG). Wenn jedoch nicht nur der Erbteilserwerber, sondern, weil der Erblasser noch im Grundbuch steht, noch andere Miterben im Wege der Grundbuchberichtigung eingetragen werden müssen, haben die beiden Erklärungen verschiedenen Gegenstand und es fällt nach § 94 Abs. 1 der beim Vergleich zwischen der getrennten Berechnung und der Anwendung des höchsten Gebührensatzes aus der Addition der Geschäftswerte günstigste Kostenbetrag an.

Für die Einholung und Entgegennahme der Verzichtserklärung der Miterben erhält der Notar eine 0,5 Vollzugsgebühr nach KV Nr. 22110 GNotKG aus dem Wert des Beurkundungsverfahrens (§ 112 GNotKG). Für die Fälligstellung des Kaufpreises, Überwachung der Kaufpreiszahlung und Sperre der Löschungsbewilligung fällt einmalig eine Betreuungsgebühr von 0,5 nach KV Nr. 22200 GNotKG an, wiederum aus dem vollen Verfahrenswert (§ 113 Abs. 1 GNotKG). Abgedeckt ist damit auch die Anzeige nach § 2384 BGB).

Die Einholung etwa notwendiger Genehmigungen ist mit der – stets nur einmal je Verfahren – entstandenen Vollzugsgebühr abgegolten.

(2) Für die Entgegennahme der Mitteilung nach § 2384 BGB erhebt das Nachlassgericht eine Festgebühr von 15 Euro (KV Nr. 12410 GNotKG).

(3) Das Grundbuchamt erhebt für den Vollzug der Grundbuchberichtigung eine Gebühr nach KV Nr. 14110 GNotKG aus dem anteiligen Grundstückswert. Nur bei Übertragung auf einen der Miterben ist, wenn das Grundbuch nach dem Erblasser noch nicht berichtigt war und keine Voreintragung erfolgt, innerhalb der Zweijahresfrist nach → Anm.(1) zu KV Nr. 14110, die Grundbuchberichtigung kostenfrei (OLG Köln RNotK 2014, 455).

# XIX. Dienst- und Arbeitsvertragsrecht

## 1. Dienstvertrag eines freien Mitarbeiters

Zwischen[1, 2, 12, 13, 14]
..... (Name und Anschrift der Gesellschaft) (im Folgenden „Gesellschaft“ genannt)
und
Herrn/Frau ..... (Name und Anschrift des freien Mitarbeiters) (im Folgenden „freier Mitarbeiter“ genannt)
wird folgender Dienstvertrag geschlossen:

§ 1 Vertragsgegenstand[3]

(1) Der freie Mitarbeiter wird als ..... (Bezeichnung der Tätigkeit) bei der Gesellschaft tätig. Zur Tätigkeit des freien Mitarbeiters gehört insbesondere:
- ..... (nähere Beschreibung der Aufgaben und Tätigkeiten des freien Mitarbeiters)

(2) Ansprechpartner des freien Mitarbeiters bei der Gesellschaft ist Herr/Frau .....[4]

§ 2 Leistungsumfang und Vertragsdurchführung

(1) Der freie Mitarbeiter wird für die Gesellschaft als selbständiger Unternehmer tätig. Er erbringt seine Leistungen nach diesem Dienstvertrag im eigenen Namen und auf eigene Rechnung. Der freie Mitarbeiter ist nicht zur rechtsgeschäftlichen Vertretung der Gesellschaft berechtigt. Der freie Mitarbeiter wird frei von Weisungen der Gesellschaft tätig.[5]
(2) Der freie Mitarbeiter ist in der Bestimmung seines Arbeitsortes und seiner Arbeitszeit frei.
(3) Die Gesellschaft stellt dem freien Mitarbeiter zur Ausübung seiner Tätigkeit alle erforderlichen Informationen und Unterlagen zur Verfügung.

§ 3 Vergütung, Abrechnung[6]

(1) Der freie Mitarbeiter erhält für seine erbrachten Tätigkeiten ein monatliches Pauschalhonorar von Euro ..... (netto) zuzüglich der gesetzlichen Umsatzsteuer.
(2) Dem freien Mitarbeiter steht kein Vergütungs- oder Vergütungsfortzahlungsanspruch zu, wenn er infolge Krankheit oder sonstiger Arbeitsverhinderung an der Erbringung seiner vertraglich geschuldeten Tätigkeit gehindert ist.
(3) Der freie Mitarbeiter stellt der Gesellschaft das Honorar jeweils zum Ende eines Kalendermonats in Rechnung. Die Umsatzsteuer ist auf der Rechnung gesondert auszuweisen. Die Zahlung der Vergütung erfolgt spätestens 15 Kalendertage nach Erhalt der Rechnung auf das vom freien Mitarbeiter angegebene Konto. Stellt sich heraus, dass die Leistungen des freien Mitarbeiters nicht umsatzsteuerpflichtig sind, hat der freie Mitarbeiter der Gesellschaft die zu Unrecht ausgewiesene und gezahlte Umsatzsteuer unverzüglich zurückzuzahlen.
(4) Steuern und Sozialversicherungsbeiträge führt der freie Mitarbeiter selbst ab.
(5) Mit dem vorstehend vereinbarten Honorar sind sämtliche Aufwendungen des freien Mitarbeiters im Zusammenhang mit seiner vertraglichen Tätigkeit abgegolten, sofern sich aus § 4 nicht etwas anders ergibt.

§ 4 Reisekosten[7]

(1) Die Gesellschaft ersetzt dem freien Mitarbeiter die erforderlichen und nachgewiesenen Reisekosten, die in Ausübung seiner Aufgaben im Rahmen dieses Vertrages entstehen. Die Erforderlichkeit von Reisen ist vor Reiseantritt mit der Gesellschaft abzustimmen.
(2) Der freie Mitarbeiter hat etwaige Reisekosten monatlich abzurechnen und durch steuerlich anerkennungsfähige Original-Quittungen nachzuweisen.

§ 5 Einsatz Dritter[8]

Der freie Mitarbeiter kann sich bei der Erfüllung seiner vertraglichen Tätigkeit auch anderer Personen bedienen. Der Einsatz von Subunternehmern bedarf wegen der in § 13 MiLoG iVm § 14 AEntG enthaltenen Haftungsregelungen jedoch einer vorherigen schriftlichen Zustimmung durch die Gesellschaft.

§ 6 Verschwiegenheit

Der freie Mitarbeiter verpflichtet sich, über alle ihm während seiner Tätigkeit für die Gesellschaft bekanntwerdenden vertraulichen Informationen und Unterlagen, die die Gesellschaft betreffen, insbesondere Geschäftsgeheimnisse, Stillschweigen zu bewahren. Der freie Mitarbeiter ist auch zur Geheimhaltung solcher Tatsachen verpflichtet, die ihm von der Gesellschaft ausdrücklich als vertraulich bekannt gegeben worden sind oder deren Geheimhaltungsbedürftigkeit sonst für ihn erkennbar ist. Die Verschwiegenheitspflicht gilt auch nach Vertragsbeendigung fort.

§ 7 Aufbewahrung und Rückgabe von Unterlagen[9]

(1) Der freie Mitarbeiter verpflichtet sich, alle ihm zur Verfügung gestellten Geschäfts- und Betriebsunterlagen ordnungsgemäß aufzubewahren und insbesondere dafür zu sorgen, dass Dritte nicht Einsicht nehmen können. Die zur Verfügung gestellten Unterlagen sowie etwaige Kopien hiervon sind während der Dauer des Vertragsverhältnisses auf Anforderung, nach Beendigung des Vertragsverhältnisses unverzüglich unaufgefordert an die Gesellschaft zurückzugeben.
(2) Dieselbe Aufbewahrungs- und Herausgabepflicht gilt für sämtliche Schriftstücke, die Angelegenheiten der Gesellschaft betreffen (wie Aufzeichnungen, Entwürfe etc.) und sich im Besitz des freien Mitarbeiters befinden.
(3) Der freie Mitarbeiter ist nicht berechtigt, an solchen Unterlagen ein Zurückbehaltungsrecht auszuüben.

§ 8 Andere Tätigkeiten, Wettbewerbsverbot[10]

(1) Dem freien Mitarbeiter steht es frei, während der Dauer dieses Vertrages auch für andere Auftraggeber tätig zu werden.
(2) Der freie Mitarbeiter verpflichtet sich jedoch, während der Dauer des Vertragsverhältnisses nicht für ein Unternehmen tätig zu sein, das mit der Gesellschaft in Wettbewerb steht („Wettbewerbsunternehmen“) und insbesondere folgende Erzeugnisse entwickelt, herstellt oder vertreibt:

.....

Der freie Mitarbeiter hat sich jeder selbstständigen – direkten oder indirekten – oder unselbstständigen Tätigkeit für ein solches Wettbewerbsunternehmen zu enthalten. Dem freien Mitarbeiter ist es ferner untersagt, ein solches Wettbewerbsunternehmen zu gründen oder sich an seinem solchen Wettbewerbsunternehmen mittelbar oder unmittelbar zu beteiligen.
(3) Von dem Wettbewerbsverbot ausgenommen ist eine Tätigkeit für folgende Unternehmen:

.....

§ 9 Vertragsdauer[11]

(1) Der Vertrag tritt am ..... in Kraft und wird auf unbestimmte Zeit geschlossen.
*(Alternative zu Abs. (1)*
*(1) Der Vertrag tritt am.....in Kraft und endet am....., ohne dass es einer Kündigung bedarf.)*
(2) Das Vertragsverhältnis kann beiderseits mit einer Frist von einem Monat zum Monatsende gekündigt werden. Das Recht zur außerordentlichen Kündigung aus wichtigem Grund bleibt unberührt.
(3) Kündigungen müssen zu ihrer Wirksamkeit schriftlich erfolgen.

§ 10 Nebenabreden und Vertragsänderungen

Mündliche Nebenabreden bestehen nicht. Änderungen und Ergänzungen dieses Vertrages bedürfen zu ihrer Wirksamkeit der Schriftform. Dies gilt auch für die Aufhebung und Änderung dieser Schriftformklausel. Der Vorrang von individuellen mündlichen Vertragsabreden zwischen den Parteien nach Vertragsschluss (§ 305b BGB) bleibt hiervon unberührt.

§ 11 Gerichtsstand

Gerichtsstand ist – soweit rechtlich zulässig – am Sitz der Gesellschaft.

§ 12 Teilnichtigkeit

Sind einzelne Bestimmungen dieses Vertrages unwirksam, so berührt dies nicht die Wirksamkeit der übrigen Regelungen des Vertrages. Die Parteien sind verpflichtet, die unwirksame Bestimmung durch eine wirksame Bestimmung zu ersetzen, die den mit der unwirksamen Bestimmung angestrebten wirtschaftlichen Erfolg soweit wie möglich erreicht. Dies gilt auch im Falle von Vertragslücken.

§ 13 Vertragsaushändigung

Die Vertragsparteien bekennen, eine schriftliche Ausfertigung dieses Vertrages erhalten zu haben.
..... (Ort), den .....

| | |
|---|---|
| ..... | ..... |
| Unterschrift des freien Mitarbeiters | Unterschrift Gesellschaft |

*Schrifttum: (Auswahl neuerer Aufsätze): Becker,* Scheinwerkverträge und Scheinselbständigkeit, DB 2015, 2267; *Boemke*, Aktuelles zum GmbH-Geschäftsführer aus arbeitsrechtlicher Sicht, RdA 2018, 1; *Boss*, Medienberufe aus arbeits- und sozialversicherungsrechtlicher Sicht – Freie Mitarbeiter, Freelancer, Honorarkräfte und die ewige Gretchenfrage: selbständig, „scheinselbständig" oder abhängig beschäftigt?, NZS 2010, 483; *Brock*, Unternehmensrisiko als Voraussetzung für selbstständige Tätigkeit – Klarstellung durch das BSG, BAt 2019, 95; *Buschbaum/Klösel*, Interim Management aus Sicht der arbeitsrechtlichen Vertragspraxis, NJW 2012, 1482; *Francken*, Die Darlegungs- und Beweislast bei der Abgrenzung der Arbeitnehmerüberlassung von Werk- und Dienstverträgen, NZA 2013, 985; *Freckmann*, Freie Mitarbeit wieder im Trend, DB 2013, 459; *Gaul/Hahne*, Der Versuch des Gesetzgebers zur Kennzeichnung von Arbeitnehmern, Leiharbeitnehmern und sonstigem Fremdpersonal durch § 611a BGB, BB 2016, 58; *Günther/Böglmüller*, Einführung agiler Arbeitsmethoden – Risiken des Einsatzes von

Fremdpersonal sowie betriebliche Mitbestimmung, NZA 2019, 417; *Haupt/Wollenschläger,* Virtueller Arbeitsplatz – Scheinselbständigkeit bei einer modernen Arbeitsorganisation, NZA 2001, 289; *Heise*, Sozialversicherungspflicht in der agilen Arbeitswelt, NZA 2017, 1571; *Lembke*, Der Einsatz von Fremdpersonal im Rahmen von freier Mitarbeit, Werkverträgen und Leiharbeit, NZA 2013, 1312; *Real*, Angst vor Scheinselbständigkeit – steuerrechtliche Risiken, DStR 2016, 2406; *Porten*, Zur Sozialversicherungspflicht von ärztlichen „Freelancern" im Rettungsdienst, NZS 2016, 456; Reinecke, Rechtsprechung des BAG zum Arbeitnehmerstatus – Eine kritische Bestandsaufnahme, NZA-RR 2016, 393; *Reiserer,* Angst vor Scheinselbständigkeit – eine permanente Bedrohung für die Bauindustrie, DStR 2016, 1613; *ders./Freckmann,* Scheinselbstständigkeit – heute noch ein schillernder Begriff, NJW 2003, 180; *Riesenhuber*, Auslegung und Dogmatik von § 611a BGB, JuS 2018, 103; *Ruland*, Beschäftigungsverhältnis oder „Neue Selbständigkeit"? NZS 2019, 681; *Salger/Breitfeld,* Regelungen zum Schutz von betrieblichem Know-how – die Sicherung von Geschäfts- und Betriebsgeheimnissen, BB 2005, 154; *Schmidt,* Freie Mitarbeit – Ehrenamt, Minijob von A–Z, 2004; *Schröder/Schubert,* AGB-Kontrolle von Arbeitsverträgen (Teil 1 u. 2), NZA-RR 2005, 169 u. 225; *Schubert,* Der Schutz arbeitnehmerähnlicher Personen, 2004; *Siebert*, Freie Mitarbeit, Werkverträge, Arbeitnehmerüberlassung – Ein Überblick, öAT 2014, 24; *von Steinau-Steinrück*, Aktuelles zur Scheinselbstständigkeit, NJW-Spezial 2018, 114; *Wank/Mathies,* Arbeitnehmer oder Gesellschaftsorgan oder Vereinsmitglied, NZA 2007, 353; *Werths*, Werkverträge – ein unkalkulierbares Compliancerisiko?, BB 2014, 697.

## Anmerkungen

**1. Sachverhalt.** Das freie Dienstverhältnis stellt neben dem Arbeitsverhältnis eine weitere Form dar, wie Mitarbeiter für ein Unternehmen tätig werden können. Freie Mitarbeiter werden in der Praxis in vielen Bereich eingesetzt, wobei vor allem in der Softwareentwicklung, bei Rundfunk- und Fernsehanstalten, Filmunternehmen und Verlagen sowie in der Vertriebsunterstützung auf freie Mitarbeiter zurückgegriffen wird. Freie Mitarbeiter werden in der Praxis auch häufig als Berater tätig, indem sie einem Unternehmen ihr Know-how und ihre Fachkenntnis in einem bestimmten Bereich zur Verfügung stellen. In diesem Fall müsste das Formular vor allem hinsichtlich des Vertragsgegenstandes entsprechend angepasst werden. Der freie Dienstvertrag unterscheidet sich erheblich von einem Arbeitsvertrag, sodass hinsichtlich der Tätigkeit von freien Mitarbeitern nicht auf die Regelungen in einem typischen Arbeitsvertrag zurückgegriffen werden kann. In jedem Fall sollte auch mit den freien Mitarbeitern ein schriftlicher Vertrag geschlossen werden.

**2. Begriffsbestimmung und Abgrenzung zum Arbeitsverhältnis.** Selbständiger ist, wer im Wesentlichen frei seine Tätigkeit gestalten und seine Arbeitszeit bestimmen kann (§ 84 Abs. 1 S1 HGB). Arbeitnehmer ist hingegen, wer aufgrund eines privatrechtlichen Vertrags im Dienste eines anderen zur Leistung weisungsgebundener, fremdbestimmter Arbeit in persönlicher Abhängigkeit verpflichtet ist (§ 611a Abs 15.1. BGB). Damit unterscheidet sich der Arbeitnehmer nach der ständigen Rechtsprechung des BAG vom Selbständigen durch den Grad seiner persönlichen Abhängigkeit (vgl. aus der neueren Rspr. BAG NZA 2018, 448; BAG NZA 2017, 1463; BAG NZA-RR 2016, 288; BAG NZA-RR 2016, 344; BAG NZA-RR 2014, 522). Der Grad der persönlichen Abhängigkeit hängt dabei auch von der Eigenart der jeweiligen Tätigkeit ab. Es lassen sich diesbezüglich keine allgemeingültigen Kriterien benennen. Vielmehr kommt es für die rechtliche Einordnung einer Tätigkeit immer auf eine Würdigung des konkreten Einzelfalls an. Letztlich ist für die Beantwortung der Frage, welches Rechtsverhältnis im konkreten Fall vorliegt, eine Gesamtwürdigung aller maßgeblichen Umstände des Einzelfalls entscheidend. Im Rahmen dieser Gesamtwürdigung kommt es neben den ausdrücklich getroffenen Vereinbarungen maßgeblich auf die tatsächliche Durchführung des Vertrages an. Widersprechen sich Vereinbarung und tatsächliche Durchführung, ist letztere maßgeblich. Die von den Parteien gewählte Bezeichnung des Vertragsverhältnisses ist für die rechtliche Entscheidung grundsätzlich ohne Bedeutung. Etwas anderes kann ausnahmsweise gelten, wenn sich das Vertragsverhältnis im Rahmen der Gesamtwürdigung nicht eindeutig einordnen lässt. In derartigen Grenzfällen kann es auf den im Vertrag niedergelegten Willen der Parteien ankommen (BAG NZA-RR 2016, 288; BAG NZA 2010, 877). Diese gefestigte höchstrichterliche Rechtsprechung wurde in dem zum 1.4.2017 in Kraft getretenen § 611a BGB gesetzlich normiert. Im neuen § 611a BGB findet sich nun eine gesetzliche Definition des Begriffs des Arbeitsvertrages. Durch den neuen § 611a BGB ändert sich folglich nichts an der bereits zuvor geltenden Rechtslage.

Das BAG bedient sich zur Abgrenzung des freien Dienstvertrags vom Arbeitsvertrag insbesondere folgender Kriterien (siehe hierzu auch Küttner/*Röller*, Personalbuch 2019, 191 Rn. 4–12; ErfK/*Preis*, BGB, § 611a Rn. 32 ff.):

- **Weisungsrecht hinsichtlich der Art der Leistungserbringung:** Der freie Mitarbeiter schuldet eine bestimmte Leistung/Tätigkeit. Er kann dabei jedoch selbst bestimmen, wie er diese Leistung erbringt. Der Auftraggeber darf keinen Einfluss auf die Art und Weise der Leistungserbringung nehmen. Vor diesem Hintergrund muss der Vertragsgegenstand in Verträgen mit freien Mitarbeitern derart konkret festgelegt sein, dass der freie Mitarbeiter keine weiteren Weisungen des Auftraggebers mehr benötigt, um seine Leistung zu erbringen.
- **Zeitsouveränität und freie Wahl des Arbeitsortes:** Der freie Mitarbeiter muss selbst entscheiden können, wann und von wo er seine geschuldete Leistung erbringt. Werden bestimmte Fertigstellungsfristen vereinbart, muss der freie Mitarbeiter zumindest insoweit frei sein, dass er im Rahmen dieser Frist selbst entscheiden kann, wann er genau arbeitet. Ist der Mitarbeiter an vom Auftraggeber einseitig vorgegebene Dienstpläne gebunden, spricht dies für eine abhängige Beschäftigung (BAG NZA 2013, 903; BAG NZA 2012, 731). Auch die Anordnung, die vertraglich vereinbarte Tätigkeit nur in bestimmten Räumlichkeiten zu verrichten, kann, sofern diese Räumlichkeiten nur zeitlich begrenzt zur Verfügung stehen, eine Weisungsgebundenheit in zeitlicher Hinsicht begründen, soweit die Zeitspanne nicht so bemessen ist, dass dem Mitarbeiter ein erheblicher Spielraum verbleibt (BAG NZA 2018, 448).
- **Möglichkeit mehrerer Auftraggeber:** Der freie Mitarbeiter wird in der Regel für mehrere Auftraggeber tätig, sodass er nicht nur von einem Auftraggeber wirtschaftlich abhängig ist. Der freie Mitarbeiter kann aber nur dann gewerblich am Markt auftreten, wenn er nicht seine gesamte Arbeitskraft bei einem Auftraggeber zur Verfügung stellen muss, sondern noch freie Ressourcen verbleiben, die er verwerten kann. Ist der freie Mitarbeiter verpflichtet, seine gesamte oder weit überwiegende Arbeitskraft einem Auftraggeber zur Verfügung zu stellen, spricht dies für eine Arbeitnehmerstellung. Vor diesem Hintergrund sollten Nebentätigkeitsverbote in jedem Fall vermieden werden. Allerdings stellt das Merkmal der Tätigkeit für mehrere Auftraggeber in der aktuellen Verwaltungspraxis der zuständigen Prüfbehörden im Umkehrschluss kein allzu gewichtiges Indiz für eine selbständige Tätigkeit dar.
- **Höchstpersönliche Leistungspflicht:** In der Regel besteht bei einem selbständigen Dienstverhältnis keine Pflicht, die Leistung persönlich zu erbringen. Eine höchstpersönliche Leistungspflicht bildet bei einem selbständigen Dienstverhältnis stattdessen die Ausnahme (§ 613 S. 1 BGB). Kann der freie Mitarbeiter nach freiem Ermessen Dritte bei der Erbringung der beauftragten Leistung hinzuziehen oder die Leistungserbringung auch vollständig an eigene Mitarbeiter oder Dritte delegieren, stellt dies ein gewichtiges Indiz für eine selbständige Tätigkeit dar (BAG NZA-RR 2016, 288; BAG NZA-RR 2011, 112). Im Einsatz von Dritten spiegelt sich ein unternehmerisches Risiko für den freien Mitarbeiter wieder. Im Gegensatz dazu muss der ArbN seine Leistung persönlich erbringen. Allerdings ist hierbei zu beachten, dass nach Auffassung

des BSG die Möglichkeit auch Dritte bei der Auftragserbringung einzubeziehen nur dann als Indiz für eine selbständige Tätigkeit gesehen werden kann, wenn der freie Mitarbeiter von dieser Möglichkeit auch Gebrauch macht bzw. realistischer Weise Gebrauch machen kann (BSG NJOZ 2016, 666). Vor diesem Hintergrund spricht es auch für eine selbständige Tätigkeit, wenn das Auftragsvolumen den Einsatz von Dritten erforderlich macht (BAG NZA 2002, 787).

- **Unternehmerisches Risiko:** Zunehmend an Bedeutung gewinnt die Frage, ob der Mitarbeiter ein unternehmerisches Risiko trägt. Hat der Mitarbeiter ein nennenswertes Unternehmerrisiko, stellt dies ein Indiz für eine selbständige Tätigkeit dar. Ein unternehmerisches Risiko liegt immer dann vor, wenn der Einsatz von Kapital und der eigenen Arbeitskraft mit einem Verlustrisiko verbunden ist, der Erfolg des Einsatzes der sachlichen oder persönlichen Mittel also ungewiss ist. Ein unternehmerisches Risiko kann sich in der Beschäftigung eigener Arbeitnehmer niederschlagen. Teil des Unternehmerrisikos ist auch, dass der Selbständige seine Leistungen mit eigenen Arbeitsmitteln erbringt und diese nicht vom Auftraggeber gestellt bekommt. Auch die Übernahme von Haftungsrisiken ist Ausdruck eines übernommenen Unternehmerrisikos, da der Mitarbeiter dem finanziellen Risiko unterliegt, bei einer Schlechtleistung auf eigene Kosten nachzubessern bzw. einen durch ihn verursachten Schaden auszugleichen.
- **Eingliederung in die Betriebsorganisation:** Der freie Mitarbeiter darf nicht in die Betriebsorganisation des Auftraggebers eingegliedert sein. Für eine Eingliederung in die Betriebsorganisation spricht es, wenn der Mitarbeiter eng mit anderen Arbeitnehmern des Auftraggebers zusammenarbeitet, ein eigenes Büro im Betrieb des Auftraggebers erhält, die Arbeitsmittel vom Auftraggeber gestellt werden und der Mitarbeiter bei seiner Tätigkeit von der betrieblichen Organisation des Auftraggebers abhängig ist. Allein das Vorliegen eines dieser Kriterien führt in der Regel jedoch noch nicht zur Begründung eines abhängigen Beschäftigungsverhältnisses. Hingegen kann das Vorhandensein einer eigenen Betriebsstätte ein starkes Indiz für eine selbständige Tätigkeit darstellen (vgl. hierzu auch Küttner/*Röller*, Personalbuch 2019, 191 Rn. 7).
- **Urlaub und Entgeltfortzahlung:** Die Vereinbarung von Urlaub und Entgeltfortzahlung stellt ein Indiz für eine Arbeitnehmerstellung dar. Im Umkehrschluss stellt das Fehlen derartiger Vereinbarung aber nur ein sehr schwaches Indiz für eine selbständige Tätigkeit dar.

**Keine Bedeutung** für eine rechtliche Einordnung hat eine Gewerbeanmeldung oder das Erstellen von Mehrwertsteuerabrechnungen.

**3. Vertragsgegenstand.** Im Rahmen eines freien Dienstvertrages sollten die zu erbringenden Tätigkeiten bereits im Vertrag möglichst genau bezeichnet werden. Hintergrund hierfür ist, dass der freie Mitarbeiter anders als der ArbN nicht nur seine Arbeitskraft zur Verfügung stellt, sondern eine konkrete Dienstleistung schuldet. Wird der Vertragsgegenstand im Vertrag nicht genau festgelegt, so besteht das Risiko, dass die vertraglich geschuldete Tätigkeit nur dann sinnvoll erbracht werden kann, wenn der Auftraggeber diese durch Weisungen weiter konkretisiert. Ein derartiges Weisungsrecht würde für ein Arbeitsverhältnis sprechen (vgl. Küttner/*Röller*, Personalbuch 2019, 191 Rn. 8).

**4. Ansprechpartner.** Der freie Mitarbeiter darf nicht in den Betrieb des Auftraggebers eingegliedert sein. Vor diesem Hintergrund sollte im Vertrag konkret geregelt sein, wer dem freien Mitarbeiter bei etwaigen erforderlichen Abstimmungen und Rückfragen als Ansprechpartner zur Verfügung steht.

**5. Fehlende Weisungsgebundenheit.** Für die Abgrenzung des freien Mitarbeiters zum ArbN kommt es wesentlich auf die fehlende Weisungsunterworfenheit an. Dazu gehört ganz besonders die fehlende zeitliche und örtliche Bindung (vgl. ua BAG NZA 2018, 448; BAG NZA 2017, 1463; BAG NZA-RR 2016, 288; BAG NZA-RR 2016, 344; BAG NZA-

RR 2014, 522). Der freie Mitarbeiter muss in der Regel selbst bestimmen können, wann und von wo aus er seine vertraglich geschuldete Leistung erbringt. Sofern für den Auftraggeber das Bedürfnis besteht, die Leistung zu einem bestimmten Zeitpunkt zu erhalten, muss versucht werden, eine Regelung zu finden, die die zeitliche Freiheit des freien Mitarbeiters nicht zu sehr einschränkt. Eine zu starke zeitliche Gebundenheit stellt ein Indiz dafür dar, dass der freie Mitarbeiter tatsächlich weisungsgebunden und damit als Arbeitnehmer tätig wird. Sofern nicht zwingend erforderlich, sollte von derartigen Regelungen daher abgesehen werden. Weniger problematisch sind Regelungen, die lediglich den zeitlichen Umfang der Tätigkeiten oder einen Fertigstellungstermin festlegen, der freie Mitarbeiter aber frei bestimmen kann, wann er seine Tätigkeit erbringt. Daneben sollte es grundsätzlich vermieden werden, dass der freie Mitarbeiter ein Büro im Betrieb des Auftraggebers erhält. Ist es aufgrund der zu erbringenden Tätigkeit erforderlich, dass der freie Mitarbeiter vor Ort beim Auftraggeber tätig wird, sollte vereinbart werden, dass dieser für die Nutzung der Betriebsmittel des Auftraggebers (zB Büro, EDV) eine Nutzungsgebühr entrichtet. Durch die vereinbarte Nutzungsgebühr wird die Überlassung von Arbeitsmitteln praktisch „neutralisiert" und so das Risiko minimiert, dass die Überlassung eines Büros als Eingliederung in die Betriebsorganisation des Auftraggebers angesehen werden kann. Bei einer Tätigkeit vor Ort beim Auftraggeber muss zudem noch stärker darauf geachtet werden, dass auch sonstige Merkmale nicht auf eine Eingliederung des freien Mitarbeiters schließen lassen (zB keine Aufnahme in Telefonliste, keine E-Mail-Signatur des Auftraggebers, keine Nutzung betrieblicher Sozialeinrichtungen).

**6. Honorar.** Der Art der Vergütung war früher kein nennenswertes Abgrenzungskriterium. In der neueren Verwaltungspraxis wird die Vereinbarung eines Stundenhonorars jedoch immer häufiger als Kriterium für eine abhängige Beschäftigung bewertet. Sofern in der Praxis umsetzbar, sollte eine Pauschalvergütung für die zu erbringende Tätigkeit vereinbart werden. Diese ist rein erfolgsabhängig und spricht für eine selbständige Tätigkeit. Erhält der freie Mitarbeiter nur eine Pauschalvergütung, trägt er das Risiko, die beauftragten Arbeiten innerhalb der bemessenen Zeit fertig zu stellen. Benötigt er länger, wird diese Zeit nicht mehr vergütet, sodass er diese Stunden ohne entsprechende Gegenleistung erbringen muss. Bei der Vereinbarung von Stunden- oder Tagessätzen hat der freie Mitarbeiter hingegen praktisch kein unternehmerisches Risiko, da er seine tatsächlich geleisteten Zeiten vergütet bekommt. Die zuständigen Prüfstellen argumentieren bei der Vereinbarung eines Stundenhonorars auch oftmals, dass eine Erhöhung der Einnahmen in diesem Fall nur durch eine erhöhte Arbeitsleistung möglich sei. Damit stehe der freie Mitarbeiter in diesem Punkt einem Arbeitnehmer gleich. Alternativ kann eine bestimmte Pauschalvergütung pro Monat oder Quartal vereinbart werden. Grundsätzlich ist zu beachten, dass der freie Mitarbeiter nur dann einen Honoraranspruch hat, wenn er auch tatsächlich tätig geworden ist. Der freie Mitarbeiter hat keinen Anspruch auf Entgeltfortzahlung im Falle einer Erkrankung oder bei Urlaub.

**7. Aufwendungsersatz.** Ein Aufwendungsersatz auf Nachweis kann ebenso vereinbart werden wie die pauschale Abgeltung der Aufwendungen. Nach § 670 BGB hat der Dienstherr dem Beschäftigten die Aufwendungen, die dieser nach den Umständen für erforderlich halten durfte, zu ersetzen. Die Abbedingung oder Pauschalierung des Aufwendungsersatzes ist zulässig (vgl. MüKoBGB/*Schäfer,* § 670 Rn. 3). Dabei kommt es auf die Höhe der Vergütung an. Der freie Mitarbeiter handelt im Interesse des Auftraggebers und darf trotz seiner gewissen Selbständigkeit und Eigenverantwortlichkeit nicht Ausgaben entgegen dem Willen des Auftraggebers machen.

**8. Einsatz Dritter.** Vor dem Hintergrund der unter → Anm. 1 dargestellten Abgrenzungskriterien sollte dem freien Mitarbeiter der Einsatz Dritter ausdrücklich erlaubt werden. Hinsichtlich des Einsatzes von Subunternehmern scheint ein Zustimmungsvorbehalt vor dem Hintergrund der Auftraggeberhaftung aus § 13 MiLoG iVm § 14 AEntG sinnvoll. Da diese Haftung nicht abdingbar ist, stellt der Zustimmungsvorbehalt die einzige mögliche Absicherung dar. Angesichts dessen dürfte ein solcher Zustimmungsvorbehalt auch kaum als Indiz für eine Arbeitnehmerstellung gelten.

**9. Unterlagen.** Die Herausgabepflicht ergibt sich aus § 242 BGB oder § 667 BGB. Dem Auftraggeber gebühren alle Gegenstände, die der freie Mitarbeiter in Erfüllung der Tätigkeit erhalten hat und die die Angelegenheit des Auftraggebers betreffen. Ein Zurückbehaltungsrecht kann durch Vereinbarung ausgeschlossen werden (vgl. MüKoBGB/*Krüger*, § 273 Rn. 44), jedoch gem. §§ 309 Nr. 2b, 310 Abs. 3 BGB nicht im Formularvertrag. Es ist dort aber möglich, eine Vorleistungspflicht zu vereinbaren, die lediglich der Kontrolle nach § 307 BGB unterliegt (vgl. BGH NJW 2001, 292; BGH NJW-RR 2003, 834).

**10. Wettbewerbsverbot.** Ein wichtiges Kriterium für eine selbständige Tätigkeit ist, dass der freie Mitarbeiter auch für andere Auftraggeber tätig werden kann und von dieser Möglichkeit auch Gebrauch macht. Dies sollte im Vertrag auch entsprechend klargestellt werden. Der Auftraggeber kann jedoch ein Interesse daran haben, dass der freie Mitarbeiter während seiner vertraglichen Tätigkeit nicht für ein Wettbewerbsunternehmen tätig wird. Allerdings ist bei der Vereinbarung eines Wettbewerbsverbots mit einem freien Mitarbeiter Vorsicht geboten. Zwar führt nach der Rechtsprechung ein Wettbewerbsverbot nicht an sich zur Annahme einer abhängigen Beschäftigung (BAG NJW 1998, 99). Ist die Reichweite des Wettbewerbsverbots sehr weit, steigt jedoch das Risiko, dass nicht mehr von einer selbständigen Tätigkeit ausgegangen wird, da der freie Mitarbeiter am Markt praktisch nicht bzw. kaum mehr anderweitig tätig werden kann. Es sollte daher genau abgewogen werden, ob es erforderlich ist, ein Wettbewerbsverbot mit dem freien Mitarbeiter zu vereinbaren.

**11. Dauer des Vertragsverhältnisses.** Das Vertragsverhältnis kann unbefristet, aber auch befristet abgeschlossen werden. Wegen der sozialen Schutzbedürftigkeit ist die Beendigung des Dienstverhältnisses als freier Mitarbeiter angemessene Zeit vorher, mindestens zwei Wochen, anzukündigen (vgl. BAG BB 71, 568). Im Übrigen sind die Kündigungsvorschriften des BGB anwendbar. Die allgemeinen arbeitsrechtlichen Kündigungsschutzbestimmungen sind hingegen nicht anwendbar. Auch die Vorschriften des TzBfG finden auf das Vertragsverhältnis mit einem freien Mitarbeiter keine Anwendung, sodass eine Befristung auch länger als zwei Jahre erfolgen kann, ohne dass es hierfür eines Befristungsgrundes bedarf.

**12. Betriebsverfassungsrecht.** Freie Mitarbeiter sind keine ArbN iSd Betriebsverfassungsrechts. Es kommt dabei aber nicht auf die von den Parteien gewählte Bezeichnung des Vertragsverhältnisses an, sondern darauf, ob nach den unter → Anm. 2 genannten Kriterien ein freies Mitarbeiterverhältnis vorliegt (vgl. *Fitting/Engels/Schmidt/Trebinger/Linsenmaier* BetrVG § 5 Rn. 36). Allein die Beschäftigung eines freien Mitarbeiters stellt noch keine Einstellung iSv § 99 BetrVG dar. Hinzukommen muss zumindest eine teilweise Eingliederung des freien Mitarbeiters in den Betrieb des Auftraggebers. Freie Mitarbeiter können dann in den Betrieb des Auftraggebers eingegliedert sein, wenn der Betriebsinhaber – zumindest teilweise – die für ein Arbeitsverhältnis typischen Entscheidungen über den Arbeitseinsatz des freien Mitarbeiters trifft (BAG NZA 2014, 1149). Seit dem 1.4.2017 sind die Informationsrechte des Betriebsrats hinsichtlich des Einsatzes von freien Mitarbeitern erweitert. Gem. § 80 Abs. 2 S. 1 BetrVG ist der Betriebsrat über die Beschäftigung von Personen, die nicht in einem Arbeitsverhältnis zum ArbG stehen, zu unterrichten. Seit 1.4.2017 muss die Unterrichtung vor allem Angaben über den zeitlichen Umfang des Einsatzes, den Einsatzort und die Arbeitsaufgaben enthalten. Der ArbG ist nach § 80 Abs. 2 S. 2 BetrVG nunmehr ausdrücklich verpflichtet, dem Betriebsrat auf Verlangen Verträge mit freien Mitarbeitern vorzulegen, die im Betrieb eingesetzt werden sollen. Werden über die Einsatztage und Einsatzzeiten einzelner freier Mitarbeiter Kontrolllisten geführt, kann der Betriebsrat diese Unterlagen verlangen, um seine Beteiligungsrechte bei der Personalplanung wahrzunehmen, aber auch um zu prüfen, ob möglicherweise ein Scheindienstvertrag vorliegt. Die Personalplanung gem. § 92 BetrVG muss sich seit 1.4.2017 auch auf Personen beziehen, die nicht in einem Arbeitsverhältnis zum ArbG stehen. Der Betriebsrat kann gem. § 93 BetrVG die Ausschreibung von Arbeitsplätzen beanspruchen, die der ArbG mit freien Mitarbeitern besetzen will, wenn es sich um eine gem. § 99 BetrVG mitbestimmungspflichtige Einstellung handelt (vgl. hierzu Küttner/*Röller*, Personalbuch 2019, 191 Rn. 20).

**13. Steuern.** Der freie Mitarbeiter kann Einkünfte aus
- Gewerbebetrieb (§ 15 EStG)
- selbständiger Arbeit (§ 18 EStG)
- oder nichtselbständiger Arbeit (§ 19 EStG) beziehen.

Es hängt im Wesentlichen von den vertraglichen Vereinbarungen ab, welche Einkunftsart tatsächlich erzielt wird.

Voraussetzung für das Vorliegen von Einkünften aus selbständiger Arbeit (§ 18 EStG) ist zum einen, dass der freie Mitarbeiter selbständig, dh ohne den Weisungen eines Dritten folgen zu müssen, und auf eigene Rechnung und Gefahr arbeitet. Zum anderen müssen die Voraussetzungen der nachhaltigen Betätigung, der Gewinnerzielungsabsicht, der Beteiligung am allgemeinen wirtschaftlichen Verkehr und des Einsatzes der persönlichen Arbeitsleistung des Berufsträgers erfüllt sein. Zusätzliches Abgrenzungsmerkmal ist, dass die Tätigkeit in § 18 EStG ausdrücklich aufgeführt oder den dort genannten Tätigkeiten ähnlich sein muss. Für die Beurteilung ist schließlich das Gesamtbild der Verhältnisse maßgebend (Blümich/*Hutter,* EStG, § 18 Rn. 20 ff.). Indizien können ua die eigene Zeit- und Arbeitseinteilung und ein eigener Verantwortungsbereich sein.

Der freie Mitarbeiter bezieht Einkünfte aus nichtselbständiger Arbeit (§ 19 EStG), wenn er ArbN im einkommensteuerlichen Sinne ist, also in öffentlichem oder privatem Dienst angestellt oder beschäftigt ist oder war. Dabei liegt nach § 1 Abs. 2 LStDV ein Dienstverhältnis vor, wenn er dem ArbG seine Arbeitskraft schuldet. Dies ist dann der Fall, wenn die tätige Person in der Betätigung ihres geschäftlichen Willens unter der Leitung des ArbG steht oder im geschäftlichen Organismus des Arbeitgebers dessen Weisungen zu folgen verpflichtet ist.

Der steuerliche Arbeitnehmerbegriff weicht zT ab von dem des Arbeits- und Sozialversicherungsrechtes. In Zweifelsfällen besteht die Möglichkeit, nach § 42e EStG beim Betriebstättenfinanzamt Auskunft einzuholen, ob und inwieweit im Einzelnen die Vorschriften über die Lohnsteuer anzuwenden sind.

Unterscheidungsschwierigkeiten bestehen gegenüber der Erzielung gewerblicher Einkünfte. Nach § 15 Abs. 2 EStG ist Gewerbebetrieb eine selbstständige nachhaltige Betätigung, die mit Gewinnerzielungsabsicht unternommen wird und sich als Beteiligung am allgemeinen wirtschaftlichen Verkehr darstellt, wenn die Betätigung weder als Ausübung von Land- und Forstwirtschaft noch als Ausübung eines freien Berufes noch als eine andere selbständige Arbeit iSd Einkommensteuerrechts anzusehen ist.

Erfüllt die Tätigkeit des freien Mitarbeiters das Typbild der selbständigen Arbeit oder des Gewerbebetriebes, so wird der freie Mitarbeiter idR Unternehmer iSd UStG sein. Sein Honoraranspruch ist dann unter den üblichen Voraussetzungen des UStG umsatzsteuerpflichtig. Siehe auch § 19 UStG zur besonderen Besteuerung der Kleinunternehmer.

**14. Sozialversicherung.** Die freien Mitarbeiter sind in der Regel nicht sozialversicherungspflichtig. Obwohl der Beschäftigungsbegriff im Sozialversicherungsrecht nicht mit dem arbeitsrechtlichen Beschäftigungsbegriff deckungsgleich ist, können für die rechtliche Einordung eines Beschäftigungsverhältnisses in der Praxis meist dieselben Kriterien herangezogen werden (ErfK/*Rolfs*, SGB XIX, § 7 Rn. 2). Ist der freie Mitarbeiter in den

Betriebsablauf des Auftraggebers eingegliedert und unterliegt er dem Weisungsrecht des Auftraggebers, so liegen regelmäßig ein Arbeitsverhältnis sowie eine sozialversicherungspflichtige Beschäftigung vor. Eine Ausnahme von der Versicherungsfreiheit freier Mitarbeiter kann für die Rentenversicherung in Fällen des § 2 SGB VI gegeben sein. Rentenversicherungspflichtig sind gemäß § 2 Nr. 9 SGB VI zB Personen, die im Zusammenhang mit ihrer selbständigen Tätigkeit keinen versicherungspflichtigen ArbN beschäftigen und auf Dauer sowie im Wesentlichen nur für einen Auftraggeber tätig sind. Lehrer und Erzieher, die als freie Mitarbeiter tätig werden, aber keinen versicherungspflichtigen Arbeitnehmer beschäftigen, unterliegen ebenfalls der Rentenversicherungspflicht (§ 2 Nr. 1 SGB VI). In der gesetzlichen Unfallversicherung versichert sind Beschäftigte, die nicht ArbN sind, aber wie ein nach § 2 Abs. 1 Nr. 1 SGB VII Versicherter tätig werden. Selbständige Künstler und Publizisten sind nach dem Künstlersozialversicherungsgesetz regelmäßig sozialversicherungspflichtig.

## Vorvertragliche Formulare

## 2. Einladung zu einem Bewerbungsgespräch

**Betr.: Ihr Bewerbungsschreiben vom[1, 3, 4] . . . . .**

**Sehr geehrte/r Frau/Herr . . . . .**

**Wir danken Ihnen für Ihr Schreiben vom . . . . .**

**Um uns einen persönlichen Eindruck von Ihnen zu verschaffen, möchten wir Sie zu einem Gespräch mit unserem Personalleiter . . . . . am . . . . ., . . . . . Uhr einladen.**

**Wir weisen Sie darauf hin, dass wir Ihnen evtl. entstehende Auslagen und Verdienstausfall im Zusammenhang mit dem Vorstellungsgespräch nicht ersetzen.[2]**

**. . . . .**

**Unterschrift des Arbeitgebers**

*Schrifttum: Adomeit/Mohr,* Benachteiligung von Bewerbern (Beschäftigten) nach dem AGG als Anspruchsgrundlage für Entschädigung und Schadensersatz, NZA 2007, 179; *Bayreuther,* Einstellungsuntersuchungen, Fragerecht und geplantes Beschäftigungsdatenschutzgesetz NZA 2010, 679; *Diller,* Einstellungsdiskriminierung durch Dritte, NZA 2007, 649; *Ege,* Online-Bewerbermanagement und AGG, AuA 2008, 154; *Greßlin,* Umgang mit Bewerberdaten – was geht und was geht nicht?, BB 2015, 117; *Günther,* Das Einstellungsverfahren im öffentlichen Dienst, öAT 2017, 243; *Kania/Merten,* Auswahl und Einstellung von Arbeitnehmern und Geltung des AGG, ZIP 2007, 8; *Krieger/Günther,* Vorsicht Falle! – Diskriminierungsnachweis durch Testing-Verfahren?, NZA 2015, 262; *Laber/Gerdom,* Bezahlte Freizeit zur Stellensuche, ArbRB 2010, 255; *Lützeler/Kopp,* HR mit System: Bewerbermanagement-Tools, ArbRAktuell 2015, 491; *Ohlendorf/Schreier,* AGG-konformes Einstellungsverfahren – Handlungsanleitung und Praxistipps, BB 2008, 2458; *Schreiner/Kolmhuber,* Diskriminierungsschutz bei der Einstellung, ArbRB 2006, 314; *Schulte Westenberg,* Unmittelbare Benachteiligung wegen Behinderung – Nichteinladung zum Vorstellungsgespräch, NJW 2017, 1517; *Schwab,* Diskriminierende Stellenanzeigen durch Personalvermittler, NZA 2007, 178; *Sieber/Wagner,* Keine Zahlungspflicht des Arbeitgebers bei Vorstellungsgesprächen, NZA 2003, 1312; *Thum/Szczesny,* Background Checks im Einstellungsverfahren: Zulässigkeit und Risiken für Arbeitgeber, BB 2007, 2405; vgl. auch Schrifttum zu → Form. XIX. 3.

## Anmerkungen

**1. Sachverhalt.** Fordert ein ArbG einen ArbN zur Vorstellung auf, so hat er diesem nach den §§ 662–670 BGB die erwachsenden notwendigen Auslagen zu ersetzen wie zB Fahrt-, Übernachtungs- und Verpflegungskosten (vgl. BAG NZA 1989, 468; LAG Hessen DB 1981, 1000; ArbG Köln NZA-RR 2005, 577). Dabei ist es unerheblich, ob das Arbeitsverhältnis zustande kommt oder nicht. Der dem ArbN entstehende Zeitaufwand und etwaiger Verdienstausfall ist nicht auszugleichen. Mit derartigen Kosten muss der ArbG idR nicht rechnen, weil sie nicht verkehrsüblich sind und der ArbN zudem von seinem bisherigen ArbG gemäß §§ 629, 616 BGB bezahlte Freizeit zur Stellensuche beanspruchen kann (Küttner/*Poeche,* Personalbuch 2019, 132 Rn. 5*;* a. A. ErfK/*Müller-Glöge,* BGB, § 629 Rn. 15).

**2. Ausschluss des Aufwendungs- und Verdienstausfallersatzes.** Ein Ausschluss oder eine Beschränkung dieser Ersatzpflicht ist zulässig, wenn dies dem Bewerber in der Einladung zum Vorstellungsgespräch unmissverständlich und rechtzeitig mitgeteilt wird (vgl. ArbG Kempten BB 1994, 1504). Wurde keine Regelung getroffen, steht dem ArbN ein Erstattungsanspruch immer dann zu, wenn das Vorstellungsgespräch auf Veranlassung des ArbG oder zumindest im erklärten Interesse des ArbG erfolgt ist. Bei der Einladung zu einem Bewerbungsgespräch kann Ersatz der Vorstellungskosten aber auch ausdrücklich zugesagt werden, um einen Anreiz zu geben, der Einladung Folge zu leisten.

**3. Diskrimierungsfreie Behandlung der Bewerber.** Ein ArbG muss zur Vermeidung von Entschädigungsansprüchen nach § 15 AGG bei der Stellenausschreibung sowie im Rahmen des nachfolgenden Bewerbungsverfahrens auf eine diskriminierungsfreie Behandlung der Bewerber achten. Es ist jeder Anschein zu vermeiden, die Personalauswahl orientiere sich an einem der nach § 1 AGG verbotenen Merkmale (BAG NZA 2010, 383).

**4. Betriebsverfassung.** Nach § 92 Abs. 1 BetrVG hat der ArbG den Betriebsrat über die Personalplanung, insbesondere über den gegenwärtigen und künftigen Personalbedarf sowie über die sich daraus ergebenden personellen Maßnahmen anhand von Unterlagen rechtzeitig und umfassend zu unterrichten. Nach § 93 BetrVG kann der Betriebsrat verlangen, dass Arbeitsplätze, die besetzt werden sollen, allgemein oder für bestimmte Arten von Tätigkeiten vor ihrer Besetzung innerhalb des Betriebs ausgeschrieben werden. Kommt der ArbG dem nicht nach, kann der Betriebsrat nach § 99 Abs. 2 Nr. 5 BetrVG grundsätzlich seine Zustimmung zu einer personellen Maßnahme verweigern. Nach § 99 Abs. 1 BetrVG hat der ArbG den Betriebsrat bei einer Einstellung zu beteiligen. Er leitet dieses Beteiligungsverfahren nur dann ordnungsgemäß ein, wenn er dem Betriebsrat die erforderlichen Bewerbungsunterlagen vorlegt.

## 3. Personalfragebogen

**1. Angaben zur Person**[1, 2, 6, 7, 8, 3]
**Name . . . . . Vorname . . . . .**
**Wohnort . . . . . E-Mail-Adresse . . . . .**
**Straße . . . . . Telefon . . . . .**
**bei minderjährigen Arbeitnehmern Name und Anschrift des gesetzlichen Vertreters (Vater, Mutter bzw. Vormund)**
. . . . .

2. Ausbildung und vorherige Arbeitsverhältnisse[4]
Schulabschluss .....
sonstige Ausbildung und Prüfungen ..... Note .....
.....
Führerschein ..... Fremdsprachen .....
erlernter Beruf .....
Ausbildung vom ..... bis .....
Name und Anschrift des Ausbildenden .....
Zusatzausbildung .....
vorherige Arbeitsverhältnisse – auch bezogen auf den einstellenden Arbeitgeber –:
von ..... bis ..... Name und Anschrift des Arbeitgebers ..... ausgeübte Tätigkeit
.....
letztes Arbeitsverhältnis gekündigt/ungekündigt?
von wem? .....
3. Gesundheitszustand[5]
Ansteckende Erkrankungen, die Einfluss auf die vorgesehene Arbeitsleistung haben könnten? .....
.....
sonstige Krankheiten in den letzten zwei Jahren, die die Ausübung der vorgesehenen Tätigkeit beeinträchtigen? .....
4. Verschiedenes
Beziehen Sie eine Rente? ja/nein
Haben Sie gegen Ihren früheren Arbeitgeber einen Anspruch auf eine Betriebsrente? Besteht eine Anwartschaft? ja/nein
Haben Sie ein öffentliches Ehrenamt übernommen? ja/nein
Haben Sie in dem laufenden Urlaubsjahr Urlaub oder Urlaubsabgeltung erhalten? ja/nein
Wie viele Urlaubstage? .....
Unterliegen Sie einem Wettbewerbsverbot? ja/nein
5. Angaben zu dem erstrebten Arbeitsverhältnis
Für welche Beschäftigung bewerben Sie sich? .....
.....
Vergütungsvorstellung .....
frühest mögliches Eintrittsdatum .....
Ich versichere, die vorstehenden Angaben vollständig und der Wahrheit entsprechend gemacht zu haben. Mir ist bekannt, dass bei wissentlich falschen Angaben oder bei Verschweigen wesentlicher Tatsachen der Vertrag angefochten werden kann.
Vorgelegte Arbeitspapiere:
Lohnsteuerkarte .....
Versicherungsnachweis der Rentenversicherung Nummer .....
Urlaubsbescheinigung .....
Zeugnisse .....
Arbeitserlaubnis .....
Aufenthaltserlaubnis bis .....
.....
Sonstiges .....
..... (Ort), den .....
.....
Unterschrift des Bewerbers

*Schrifttum: Adomeit/Mohr,* Benachteiligung von Bewerbern (Beschäftigten) nach dem AGG als Anspruchsgrundlage für Entschädigung und Schadensersatz, NZA 2007, 179; *Bauer/Bäeck,* Scientology – Fragerecht des Arbeitgebers und Kündigungsmöglichkeiten, DB 1997, 2534; *Boemke/Danko,* AGG im Arbeitsrecht, 2007; *Brecht-Heitzmann,* Die Anfechtbarkeit von Arbeitsverträgen wegen verschwiegener Schwerbehinderung, ZTR 2006, 639; *Däubler,* Gläserne Belegschaften, 7. Auflage 2017; *Feldhoff,* Die Frage nach der Schwangerschaft, ZTR 2004, 58; *Hohenstatt/Stamer/Hinrichs,* Background Checks von Bewerbern in Deutschland. Was ist erlaubt?, NZA 2006, 1065; *Husemann,* Die Information über die Schwerbehinderung im Arbeitsverhältnis, RdA 2014, 16; *Iraschko-Luscher/Kiekenbeck,* Welche Krankheitsdaten darf der Arbeitgeber von seinem Mitarbeiter abfragen?, NZA 2009, 1239; *Joussen,* Schwerbehinderung, Fragerecht und positive Diskriminierung nach dem AGG, NZA 2007, 174; *Kleinebrink,* Inhaltliche Gestaltung von Personalfragebögen in Zeiten des Allgemeinen Gleichbehandlungsgesetzes (AGG) – eine Risikoabwägung, ArbRB 2006, 374; *Kort,* Eignungsdiagnose von Bewerbern unter der Datenschutz-Grundverordnung (DS-GVO), NZA-Beilage 2016, 62; *Künzl,* Das Fragerecht des Arbeitgebers bei der Einstellung, ArbRAktuell 2012, 235; *Meyer,* Fragerecht nach der Gewerkschaftsmitgliedschaft bei Arbeitsbeginn?, BB 2011, 2362; *Laue/Nink/Kremer,* Das neue Datenschutzrecht in der betrieblichen Praxis, 1. Auflage 2016; *Moos/Bandehzadeh/Bodenstedt,* Datenschutzrechtliche Zulässigkeit der Aufbewahrung von Bewerberdaten unter Berücksichtigung des AGG, DB 2007, 1194; *Pallasch,* Diskriminierungsverbot wegen Schwangerschaft bei der Einstellung, NZA 2007, 306; *Preis/Bender,* Recht und Zwang zur Lüge – Zwischen List, Tücke und Wohlwollen im Arbeitsleben, NZA 2005, 1321; *Richardi,* Neues und Altes – Ein Ariadnefaden durch das Labyrinth des Allgemeinen Gleichbehandlungsgesetzes, NZA 2006, 881; *Steinkühler,* Allgemeines Gleichbehandlungsgesetz (AGG) Arbeitsrecht in der betrieblichen Praxis, 2007; *Wichert/Zange,* AGG: Suche nach Berufsanfängern in Stellenanzeigen, DB 2007, 970; *Wisskirchen/Bissels,* Das Fragerecht des Arbeitgebers bei Einstellung unter Berücksichtigung des AGG, NZA 2007, 169.

## Anmerkungen

**1. Sachverhalt.** Personalfragebögen haben den Zweck, den ArbG über die persönlichen Verhältnisse des ArbN, seine Fähigkeiten und Kenntnisse sowie sonstige für die Einstellung erhebliche Fragen zu unterrichten. Eine gesetzliche Regelung zu Umfang und Grenzen des Fragerechts besteht aktuell nicht. Allerdings muss hinsichtlich der konkreten Reichweite des Fragerechts des ArbG eine Interessenabwägung vorgenommen werden. Im Rahmen der Interessenabwägung sind die Vorgaben des BDSG zu beachten. Nach § 26 Abs. 1 BDSG n. F. dürfen personenbezogene Daten von Beschäftigten nur erhoben werden, soweit die Datenerhebung zur Begründung, Durchführung und Beendigung des Arbeitsverhältnisses erforderlich ist. § 26 Abs. 8 BDSG n. F. zählt ausdrücklich auch die Bewerber zu den „Beschäftigten". Der ArbG hat folglich nur dann ein Fragerecht, wenn die Beantwortung der Frage für das Arbeitsverhältnis und seine Begründung von wesentlicher Bedeutung ist und das Interesse des ArbG an der Datenerhebung das Intereses des ArbN am Schutz seines Persönlichkeitsrechts und seiner Individualsphäre überwiegt (vgl. BAG NZA 1985, 57; BAG NJW 2013, 1115; SWK-ArbR/*Littig,* Fragebogen/Fragerecht Rn. 2). Dieser Grundsatz gilt auch nach Inkrafttreten der EU-Datenschutzgrundverordnung (DSGVO) sowie dem BDSG n. F. weiter. § 26 Abs. 1 BDSG n. F. behält den Wortlaut des bisherigen § 32 Abs. 1 BDSG a. F. bei, sodass an den bisherigen Rechtsgrundsätzen hinsichtlich der Datenverarbeitung im Beschäftigungsverhältnis festgehalten werden kann.

**2. Problematische Fragen.** (vgl. weitere Fälle aus der Rechtsprechung in Formular XIX. 32) Die Frage nach der Gewerkschaftszugehörigkeit ist grds. unzulässig (vgl. BAG NZA 2000, 1294; *Braun* MDR 2004). Zur Klärung einer möglichen Tarifbindung reicht ein

Fragerecht nach Einstellung des Bewerbers aus (vgl. *Schönhöft/Haug* BB 2011, 821; *Roos* AiB 2000, 211). Die Frage nach der Religions- oder Parteizugehörigkeit ist nur zulässig, wenn es sich um einen konfessionell gebundenen ArbG, zB ein Krankenhaus oder einen Kindergarten handelt (§ 9 Abs. 1 AGG). Fragen nach der Parteizugehörigkeit sind im Hinblick auf das Diskriminierungsmerkmal der Weltanschauung im AGG unzulässig. Insofern gilt die Ausnahmeregelung des § 9 AGG nicht für (partei-)politisch gebundene ArbG wie Stiftungen, Gewerkschaften, Arbeitgeberverbände oder politische Parteien. Nach Vermögensverhältnissen darf nur bei solchen ArbN gefragt werden, die besonderes Vertrauen genießen müssen (Kassierer, Buchhalter etc) oder bei leitenden Angestellten. Das Interesse des ArbG, durch Lohnpfändungen keinen Arbeitsaufwand zu haben, rechtfertigt entsprechende Fragen nicht. Die Frage nach Vorstrafen ist nur zulässig, wenn diese für die besondere Tätigkeit von Interesse sind (vgl. BAG NZA 1999, 975 mwN). So kann bei Kassierern nach vermögensrechtlichen Vorstrafen oder bei Kraftfahrern nach Verkehrsstrafen gefragt werden (Grobys/Panzer-Heemeier/*Littig*, Fragebogen/Fragerecht Rn. 14). Auch die Frage nach noch anhängigen Straf- oder Ermittlungsverfahren kann zulässig sein, wenn solche Verfahren Zweifel an der persönlichen Eignung des ArbN begründen können (vgl. BAG NJW 2013, 1115). Das Verlangen nach Vorlage eines Führungszeugnisses ist bedenklich, da dadurch unter Umständen mehr Vorstrafen offenbart werden, als der Bewerber verpflichtet ist, mitzuteilen. Soweit Strafen nicht im Bundeszentralregister vermerkt sind, weil sie nicht strafregisterpflichtig sind oder getilgt wurden, muss der ArbN sie nicht angeben. Die Frage nach einer Scientology-Mitgliedschaft ist rechtlich problematisch und sollte daher eher vermieden werden. Die Frage könnte gegen das AGG verstoßen, wenn man die Scientology-Ideologie als Weltanschauung iSd AGG einordnet. Dies wurde von der Rechtsprechung bisher nicht abschließend geklärt. In Frankreich wurde Scientology von den Gerichten jedoch bereits als Religion anerkannt. Bei Bewerbern in Führungspositionen wurde die Frage in Teilen der Literatur bisher als zulässig angesehen (vgl. Kort, NZA-Beilage 2016, 62 mwN).

**3. Angaben zur Person.** Die Anforderung eines Lichtbildes kann im Hinblick auf das AGG problematisch sein. Fragen nach dem Familienstand, der Anzahl der Kinder, dem Geburtsnamen, den Namen der unterhaltsberechtigten Personen und der Berufstätigkeit des Ehegatten können eine unmittelbare Benachteiligung wegen des Geschlechts oder der sexuellen Identität darstellen. Von einer Frage nach dem Lebensalter sollte abgesehen werden, da sie für eine Benachteiligung wegen des Alters sprechen kann und sich das Lebensalter regelmäßig aus vorgelegten Unterlagen (zB Zeugnissen, dem beruflichen Werdegang) ergibt. Die Frage nach dem wahren Geschlecht des Bewerbers musste bislang nur dann wahrheitsgemäß beantwortet werden, wenn die sexuelle Identität des Bewerbers für die zu besetzende Stelle von grundlegender Bedeutung war (vgl. BAG NZA 1991, 719). Das AGG verbietet eine Diskriminierung auf Grund des Geschlechts; es kann aber ein Rechtfertigungsgrund für eine unterschiedliche Behandlung wegen der beruflichen Anforderungen an die Tätigkeit vorliegen. Die Frage nach der Staatsangehörigkeit ist problematisch, da sie zu einer Diskriminierung wegen der Rasse oder ethnischen Herkunft führen kann (§ 1 AGG). Es dürfte aber zumindest zulässig sein, zu fragen, ob der Bewerber aus einem Mitgliedstaat der EU stammt, da eine ggf. erforderliche Aufenthalts- oder Arbeitserlaubnis Grundvoraussetzung für die legale Aufnahme der Arbeit ist.

**4. Angaben zur Ausbildung und beruflichen Vorbildung.** Fragen nach Schulbildung, beruflicher Bildung (vgl. BAG NZA 1996, 637), bisheriger Berufstätigkeit, Anzahl der im Kalenderjahr genommenen Urlaubstage und einem etwaigen Wettbewerbsverbot sind zulässig. Wegen § 14 Abs. 2 S. 2 TzBfG kann die Frage nach vorherigen Arbeitsverhältnissen wichtig werden. Die Frage nach der letzten Vergütung ist regelmäßig problematisch (vgl. *Schaub* ArbR-HdB, 18. Aufl., § 26 Rn. 43; *Ehrich* DB 2000, 422; vgl. auch BAG DB 1984, 298).

**5. Angaben zum Gesundheitszustand.** (vgl. weitere Fälle aus der Rechtsprechung in Formular XIX. 32): Erkrankungen waren bereits vor Inkrafttreten des AGG nur insoweit zu offenbaren, wie sie für das beabsichtigte Arbeitsverhältnis von Bedeutung waren (vgl. BAG NZA 1985, 57). Davon war immer dann auszugehen, wenn sich die Erkrankung auf die Einsatzfähigkeit des Arbeitnehmers auswirkte oder aufgrund einer Ansteckungsgefahr eine Gefährdung anderer Arbeitnehmer oder Dritter vorliegen konnte. Durch das Inkrafttreten des AGG hat sich hieran nichts geändert, da nur das Merkmal „Behinderung" diskriminierungsrelevant ist. Bei chronischen Erkrankungen kann aber bereits eine Behinderung vorliegen (vgl. EuGH NZA 2006, 839; BAG NZA 2007, 1098). Tätigkeitsneutrale Fragen nach einer Schwerbehinderteneigenschaft oder einer Gleichstellung kommen wegen § 164 Abs. 2 S. 1 SGB IX iVm dem AGG vor Vertragsschluss und in den ersten sechs Monaten nach Vertragsschluss nicht in Betracht. Wirtschaftliche Belastungen und organisatorische Probleme des ArbG sind nach der gesetzgeberischen Wertung unbeachtlich und damit hinzunehmen. Die Frage nach einer Behinderung kann aber ausnahmsweise dann zulässig sein, wenn die Behinderung die vertragsgemäße Arbeitsleistung dauerhaft unmöglich macht. In diesem Fall stellt das Nichtvorliegen einer Behinderung eine wesentliche und entscheidende berufliche Anforderung nach § 8 Abs. 1 AGG dar (vgl. ErfK/*Preis*, BGB, § 611a Rn. 274a; LAG Hamm BeckRS 2007, 40902; ArbG Stuttgart BeckRS 2011, 78478) Die Frage nach einer Schwangerschaft ist unzulässig. § 3 Abs. 1 S. 2 AGG ordnet für den Bereich von Beschäftigung und Beruf an, dass eine unmittelbare Benachteiligung wegen des Geschlechts im Fall einer ungünstigeren Behandlung einer Frau wegen Schwangerschaft vorliegt, sodass eine Frage nach einer Schwangerschaft immer unzulässig ist. Dies gilt auch dann, wenn die Frau aufgrund eines mutterschutzrechtlichen Beschäftigungsverbots ihren Dienst von vornherein nicht antreten kann (BAG NZA 2003, 848; EuGH NZA 2000, 255).

Ausnahmen von den Diskriminierungsverboten des § 1 AGG finden sich in den §§ 8–10, 20 AGG. Diese umfassen insbesondere eine zulässige unterschiedliche Behandlung wegen wesentlicher beruflicher Anforderungen, in engen Grenzen wegen des Alters oder wegen der Verfolgung eines sachlichen Grundes, der im Interesse des Bewerbers liegt.

**6. Rechtsfolgen.** Hat der Bewerber eine Frage falsch beantwortet, kommt unter bestimmten Voraussetzungen eine Anfechtung des Arbeitsvertrags durch den ArbG in Betracht. Voraussetzung für ein mögliches Anfechtungsrecht ist, dass die in dem Personalfragebogen gestellte Frage zulässig war, der ArbN sie bewusst falsch beantwortet hat, obwohl er wissen oder erkennen musste, dass die verschwiegene oder wahrheitswidrig angegebene Tatsache für die Entscheidung des ArbG zu seiner Einstellung ausschlaggebende Bedeutung haben könnte, und diese Tatsache für die Einstellung ursächlich war (vgl. Formular XIX. 32). Zur Anfechtung nach § 123 Abs. 1 BGB berechtigt die wahrheitswidrige Beantwortung einer in zulässiger Weise gestellten Frage (BAG NZA 2012, 34; BAG NZA 2010, 1250; zum Fragerecht: *Wisskirchen/Bissels* NZA 2007, 169 mwN). Bei unrichtiger Beantwortung einer unzulässigen Frage kann sich der Bewerber auf das Recht zur Lüge berufen. Dies gilt möglicherweise selbst dann, wenn an sich zulässige Fragen ein Diskriminierungsmerkmal des AGG berühren und der Bewerber die Zulässigkeit der Frage nicht sicher erkennt (vgl. *Preis/Bender* NZA 2005, 1322;). Der wegen einer unzulässigen Frage abgelehnte Bewerber kann nach dem AGG Schadensersatz verlangen (vgl. *Adomeit/Mohr* NZA 2007, 179). Überschreitet der ArbG die Grenzen des Fragerechts, so liegt eine unzulässige Datenerhebung und damit eine Verstoß gegen Art. 6 Abs. 1 DSGVO und gegen § 26 Abs. 1 S. 1 BDSG n.F. vor. Verstöße gegen Art. 6 DSGVO können nach Art. 83 Abs. 5a DSGVO im Falle eines Unternehmens mit einer Geldbuße von bis zu 4 % des weltweiten Jahresumsatzes belegt werden. Damit sind die Sanktionsmöglichkeiten künftig deutlich höher als nach dem bisherigen BDSG, wobei davon auszugehen ist, dass sich die von den Aufsichtsbehörden bei Verstößen verhängten Strafen zunächst am unteren Rand bewegen.

7. **Anspruch auf Vernichtung.** Aufgrund des Datenschutzes haben abgelehnte Bewerber regelmäßig einen Anspruch auf Vernichtung des von ihnen ausgefüllten Personalfragebogens nach Art. 17 Abs. 1a DSGVO, sobald nicht mehr mit einer gerichtlichen Auseinandersetzung zu rechnen ist. Wegen möglicher Schadensersatzansprüche sollten die Unterlagen aber für die Dauer der Fristen des § 15 Abs. 4 AGG und des § 61b ArbGG aufbewahrt werden. Die Bayerische Datenaufsicht hält eine „Vorhaltefrist" von sechs Monaten für angemessen, da sich erst nach Ablauf dieser Frist mit Gewissheit sagen lasse, ob die Daten noch wegen Auseinandersetzungen mit dem abgelehnten Bewerber benötigt würden (Däubler, Gläserne Belegschaften, 7. Auflage, § 11 Rn. 559).

8. **Betriebsverfassungsrecht.** Die Einführung von Personalfragebögen steht im freien Ermessen des ArbG. Ihr Inhalt unterliegt der erzwingbaren Mitbestimmung (§ 94 Abs. 1 BetrVG). Werden entsprechende Fragen in Formulararbeitsverträgen gestellt, gilt auch insoweit das Mitbestimmungsrecht des Betriebsrats (§ 94 Abs. 2 BetrVG).

## 4. Einwilligung in eine psychologische Eignungsuntersuchung

**Ich erkläre mich hiermit mit einer psychologischen Eignungsuntersuchung einverstanden. Die Untersuchung dient ausschließlich dem Zweck, meine gesundheitliche Eignung für die künftige Tätigkeit zum Zeitpunkt der Einstellung und in absehbarer Zeit danach festzustellen. Die Einwilligung ist beschränkt auf Untersuchungen, die zur Feststellung der wesentlichen und entscheidenden gesundheitlichen Voraussetzungen für die Ausübung der erstrebten Tätigkeit erforderlich sind.[2] Den untersuchenden Arzt entbinde ich von der ärztlichen Schweigepflicht, soweit Auskünfte für die Frage der Eignung für die erstrebte Tätigkeit erforderlich sind. Er darf meinem Arbeitgeber mithin lediglich mitteilen, ob ich für die künftige Tätigkeit gesundheitlich geeignet bin. Der untersuchende Arzt darf jedoch keine konkreten Untersuchungsergebnisse an meinen Arbeitgeber mitteilen.[1, 3, 4]**

**. . . . . (Ort), den . . . . .**

**. . . . .**

**Unterschrift des Arbeitnehmers**

*Schrifttum: Albrecht,* Psycho-Tests im Betrieb Rechtskonformer Umgang mit psychologischen Testverfahren, AiB 2010, 576; *Beckschulze,* Die arbeitsmedizinische Untersuchung – Vorsorge oder Eignung? – Teil 1, BB 2014, 1013; *Beckschulze,* Die arbeitsmedizinische Untersuchung – Vorsorge oder Eignung? – Teil 2, BB 2014, 1077; *Behrens,* Eignungsuntersuchungen und Datenschutz, NZA 2014, 401; *Behrens,* Rechtgrundlagen für routinemäßige Eignungsuntersuchungen, SPA 2014, 157; *Byers,* Mitarbeiterkontrollen, 1. Auflage 2016; *Franzen,* Rechtliche Rahmenbedingungen psychologischer Eignungstests, NZA 2013, 1; *Fuhlrott/Hoppe,* Einstellungsuntersuchungen und Gentests von Bewerbern, ArbRAktuell 2010, 183; *Goepfert/Burkhard,* Prophylaktische medizinische Untersuchungen im laufenden Arbeitsverhältnis – Praxishinweise, BB 2015, 1912; *Hohenstatt/Stamer/Hinrichs,* Background Checks von Bewerbern in Deutschland. Was ist erlaubt?, NZA 2006, 1065; *Kleinebrink*, Bedeutung von Gesundheitsuntersuchungen für Arbeitgeber nach neuem Recht, DB 2014, 779; *Kort,* Eignungsdiagnose von Bewerbern unter der Datenschutz-Grundverordnung (DS-GVO), NZA-Beilage 2016, 62; vgl. auch Schrifttum zum AGG, → Form. XIX. 3.

## Anmerkungen

**1. Sachverhalt.** Psychologische Eignungsuntersuchungen sind nur dann zulässig, wenn die Anforderungen an den zu besetzenden Arbeitsplatz diese nach Art und Umfang rechtfertigen. Bei Berufsgruppen wie Kraftfahrern, Piloten oder bewaffneten Wachleuten, die besonderen Stresssituationen ausgesetzt sind und eine hohe Verantwortung für Leib und Leben Dritter tragen, kann beispielsweise ein berechtigter Anlass für eine psychologische Eignungsuntersuchung bestehen (vgl. BAG DB 1964, 302 bzgl. Omnibusfahrer).

**2. Rechtmäßigkeit.** Psychologische Eignungsuntersuchungen greifen erheblich in das Persönlichkeitsrecht des Bewerbers ein. Sie sind daher nur in sehr engen rechtlichen Grenzen zulässig. Die Durchführung psychologischer Tests ist nur insoweit mit § 26 Abs. 1 BDSG n. F. vereinbar, als sie erforderlich sind, um die persönliche Eignung des Bewerbers für den in Aussicht genommenen Arbeitsplatz beurteilen zu können. Der Test muss somit einen konkreten Bezug zu der geplanten Tätigkeit aufweisen und darf nicht dazu dienen, ein pauschales Persönlichkeitsbild des Bewerbers zu ermitteln. Allgemeine Persönlichkeits- und Intelligenztests, die einen solchen Bezug vermissen lassen, sind deshalb grundsätzlich unzulässig (vgl. *Simitis/Seifert,* BetrVG, § 32 Rn. 36). Die Untersuchung kann zudem nur auf freiwilliger Basis durchgeführt werden. Der Bewerber kann nicht dazu gezwungen werden, an einer psychologischen Eignungsuntersuchung teilzunehmen. Die Einwilligung muss dabei die Anforderungen der Art. 6 Abs. 1 a), 7 DSGVO erfüllen. Vor diesem Hintergrund muss der Bewerber über die Art, die Beurteilungskriterien sowie den Umfang der Untersuchung aufgeklärt werden. Dem Bewerber muss also erklärt werden, was mit dem Test genau herausgefunden werden soll und wie das genaue Untersuchungsverfahren abläuft. Nur wenn der Bewerber weiß, was auf ihn zukommt, kann er informiert in die Untersuchung einwilligen.

Die Einholung graphologischer Gutachten soll nach herrschender Auffassung nicht generell ausgeschlossen sein. Ein Gutachten soll dann zulässig sein, wenn dadurch Eigenschaften ermittelt werden, die für das Arbeitsverhältnis von Bedeutung sind und der Bewerber in ein solches Gutachten einwilligt (BAG NJW 1984, 446; *Gola/Wronka,* Handbuch zum Arbeitnehmerdatenschutz, Rn. 622). Allerdings ist fraglich, ob an der bisherigen Rechtsprechung weiter festgehalten werden kann. In diesem Zusammenhang ist zu berücksichtigen, dass allgemeine Persönlichkeits- und Intelligenztests nach überwiegender Auffassung unzulässig sein sollen, da sie keinen unmittelbaren Bezug zum Beschäftigungsverhältnis aufweisen. Dies muss im Umkehrschluss erst recht für ein graphologisches Gutachten gelten (vgl. *Byers,* Mitarbeiterkontrollen, 1. Auflage 2016, Rn. 237). Arbeitgeber sollten vor diesem Hintergrund von graphologischen Gutachten im Bewerbungsverfahren absehen.

**3. Rechtsfolgen.** Zu einer unrechtmäßig durchgeführten psychologischen Eignungsuntersuchung vgl. das Schrifttum zum Recht auf Lüge bei Fragerechtsüberschreitung zu → Form. XIX.3; ferner BAG DB 2003, 1795. Zu den möglichen Rechtsfolgen vgl. auch *Kaehler* DB 2006, 277 u. → Form. XIX.3 Anm. 6 u. 7. Willigt der ArbN in einen an sich zulässigen Eignungstest nicht ein, kann der ArbG das Bewerbungsverfahren für diesen Bewerber beenden, ohne das sich hieraus Konsequenzen für ihn ergeben dürften (*Beckschulze/Natzel* BB 2010, 2368; *Byers,* Mitarbeiterkontrollen, Rn. 243). Auch für den Fall, dass der ArbG einen Eignungstest durchführt, ohne dass die Voraussetzungen des § 26 BDSG n. F. erfüllt sind, enthält das BDSG keine zivilrechtlichen Rechtsfolgen. Insoweit sieht das BDSG lediglich öffentlich-rechtliche Sanktionen vor.

**4. Betriebsverfassungsrecht.** Es ist streitig, ob Testbögen für psychologische Eignungsuntersuchungen Personalfragebögen gleichzustellen sind und damit gemäß § 94 Abs. 1

BetrVG der Mitbestimmung unterliegen. Eine Auffassung nimmt jedoch ein Mitbestimmungsrecht des Betriebsrats nach § 94 Abs. 1 BetrVG an (vgl. *Fitting/Engels/Schmidt/Trebinger/Linsenmaier,* BetrVG, § 94 Rn. 24; *Schaub* ArbR-HdB, 17. Auflage, § 238 Rn. 19). Zudem kommt ein Mitbestimmungsrecht des Betriebsrats nach § 95 BetrVG in Betracht, wenn das Ergebnis solcher Tests in die spätere Auswahlentscheidung miteinfließen soll (Richardi/*Thüsing,* BetrVG, § 95 Rn. 27). Die konkrete Durchführung solcher Tests unterliegt jedoch nicht der Mitbestimmung.

## 5. Einwilligung in eine werks- oder vertrauensärztliche Eignungsuntersuchung

**Ich erkläre mich hiermit mit der werks- oder vertrauensärztlichen Eignungsuntersuchung einverstanden. Die Untersuchung dient ausschließlich dem Zweck, meine körperliche und gesundheitliche Eignung für die künftige Tätigkeit zum Zeitpunkt der Einstellung und in absehbarer Zeit danach festzustellen. Die Einwilligung ist beschränkt auf Untersuchungen, die zur Feststellung der wesentlichen und entscheidenden gesundheitlichen Voraussetzungen für die Ausübung der erstrebten Tätigkeit erforderlich sind. Im Rahmen der Eignungsuntersuchung werden folgende Untersuchungen vorgenommen . . . . .(*zB Seh-, Hörtest, allgemeiner Gesundheitscheck*). Den untersuchenden Arzt entbinde ich von der ärztlichen Schweigepflicht, soweit Auskünfte für die Frage der Eignung für die erstrebte Tätigkeit erforderlich sind. Er darf meinem Arbeitgeber mithin lediglich mitteilen, ob ich für die künftige Tätigkeit körperlich und gesundheitlich geeignet bin. Der untersuchende Arzt darf jedoch keine konkreten Untersuchungsergebnisse an meinen Arbeitgeber mitteilen.**[1, 3, 4, 2]

**. . . . . (Ort), den . . . . .**

**. . . . .**

**Unterschrift des Arbeitnehmers**

*Schrifttum: Beckschulze,* Die arbeitsmedizinische Untersuchung – Vorsorge oder Eignung? – Teil 1, BB 2014, 1013; *Behrens,* Eignungsuntersuchungen und Datenschutz, NZA 2014, 401; Die arbeitsmedizinische Untersuchung – Vorsorge oder Eignung? – Teil 2, BB 2014, 1077; *Behrens,* Eignungsuntersuchungen und Datenschutz, NZA 2014, 401; *Behrens,* Rechtgrundlagen für routinemäßige Eignungsuntersuchungen, SPA 2014, 157; *Byers,* Mitarbeiterkontrollen, 1. Auflage 2016; *Diller/Powietzka,* Drogenscreenings und Arbeitsrecht, NZA 2001, 1227; *Fischinger,* Die arbeitsrechtlichen Regelungen des Gendiagnostikgesetzes NZA 2010, 65; Fuhlrott/Hoppe, Einstellungsuntersuchungen und Gentests von Bewerbern, ArbRAktuell 2010, 183; *Genenger,* Begrenzung genetischer Untersuchungen und Analysen im Arbeitsrecht, AuR 2009, 285; *Goepfert/Burkhard,* Prophylaktische medizinische Untersuchungen im laufenden Arbeitsverhältnis – Praxishinweise, BB 2015, 1912; *Hohenstatt/Stamer/Hinrichs,* Background Checks von Bewerbern in Deutschland. Was ist erlaubt?, NZA 2006, 1065; *Kleinebrink,* Bedeutung von Gesundheitsuntersuchungen für Arbeitgeber nach neuem Recht, DB 2014, 779; *Kort,* Eignungsdiagnose von Bewerbern unter der Datenschutz-Grundverordnung (DS-GVO), NZA-Beilage 2016, 62; *Krimphove,* Das Gendiagnostikgesetz AuA 2010, 340; *Oberthür,* Arbeitsrechtliche Regelungen im Gendiagnostikgesetz ArbRB 2010, 81; *Rehwald,* Einstellungsuntersuchungen auf Alkohol- und Drogenkonsum, AiB 2000, 125; *Roos,* Die genetische Analyse an Stellenbewerbern und Arbeitnehmern, AiB 2000, 125; Sörup/Marquardt, Auswirkungen der EU-Datenschutzgrundverordnung auf die Datenverarbeitung im Beschäftigungskontext, ArbRAktuell 2016, 103; *Tinnefeld,* Der Januskopf genetischen Wissens RDV 2010, 209; *Wein,* Die ärztliche Untersuchung des Arbeitnehmers, NZA-RR 2005, 505; *Wiese,* Gendiagnostikgesetz und Arbeitsleben, BB 2009, 2198; *ders.*, Genetische Untersuchungen und Analysen zum Arbeitsschutz und Rechtsfolgen bei deren Verweigerung oder Durchführung, BB 2011, 313; vgl. auch Schrifttum zu → Form. XIX. 3 und → Form. XIX.4.

## Anmerkungen

**1. Sachverhalt.** Eine Gesundheitsuntersuchung im Bewerbungsverfahren hat das Ziel, die körperliche Eignung des Bewerbers für seine künftige Tätigkeit festzustellen. Der Gesundheitszustand des ArbN kann für den ArbG wegen der erstrebten Tätigkeit oder besonderer Leistungen, die der ArbG gewährt, von Bedeutung sein.

**2. Rechtmäßigkeit.** Eine Gesundheitsuntersuchung stellt einen erheblichen Eingriff in das Persönlichkeitsrecht des Bewerbers dar. Zudem werden bei einer Gesundheitsuntersuchung sensitive Gesundheitsdaten erhoben und verarbeitet, welche besondere Arten personenbezogener Daten nach Art. 9 Abs. 1 DSGVO darstellen. Folglich ist eine derartige Untersuchung sowohl im Bewerbungsverfahren als auch im laufenden Arbeitsverhältnis nur in engen rechtlichen Grenzen zulässig. Eine ausdrückliche gesetzliche Regelung für die Durchführung von werks- oder vertrauensärztlichen Untersuchungen besteht nicht. Daher ist auf die allgemeinen arbeits- und datenschutzrechtlichen Grundsätze zurückzugreifen. Die Zulässigkeit einer Gesundheitsuntersuchung im Bewerbungsverfahren richtet sich nach § 26 Abs. 3 BDSG n.F., der eine Rechtsgrundlage für die Verarbeitung von besonderen Arten personenbezogener Daten für Zwecke des Beschäftigungsverhältnisses schafft. § 26 Abs. 3 setzt Art. 9 Abs. 2 lit. b DSGVO um und normiert die Zulässigkeit der Verarbeitung für Zwecke des Beschäftigungsverhältnisses, wenn diese zur Ausübung von Rechten oder zur Erfüllung von rechtlichen Pflichten aus dem Arbeitsrecht erforderlich ist und entgegenstehende Interessen des ArbN nicht überwiegen. Ausweislich der Gesetzesbegründung stellt die Verarbeitung von Daten zur Beurteilung der Arbeitsfähigkeit einen nach § 26 Abs. 3 BDSG n.F. zulässigen Verarbeitungszweck dar (BT-Drs. 18/11325,97). Eine Verarbeitung ist aber auch nach der neuen Gesetzeslage nur dann zulässig, wenn sie erforderlich und verhältnismäßig ist. Hinsichtlich dieser beiden Kriterien wird man auf die zur alten Rechtslage aufgestellten Grundsätze zurückgreifen können. Der ArbG darf Gesundheitsdaten von Bewerbern danach nur dann erheben und speichern, wenn der Gesundheitszustand wegen der Art der auszuübenden Tätigkeit oder der konkreten Arbeitsbedingungen eine wesentliche und entscheidende berufliche Anforderung darstellt. Eine werks- oder vertrauensärztliche Untersuchung kommt folglich nur dann in Betracht, wenn für die Ausübung der zu besetzende Stelle besondere gesundheitliche Anforderungen zwingend erforderlich sind. So kommt eine Untersuchung möglicher Haut- oder Atemwegserkrankungen bei einem Bewerber im Produktionsbereich in Betracht, wenn er bei einer Arbeit mit entsprechenden Allergenen oder sonstigen reizenden Stoffen in Kontakt kommt. Bei Lokführern oder Piloten können Seh- und Gehörsuntersuchungen aufgrund der auszuübenden Tätigkeit angezeigt sein. Kommt es dem ArbG bei einer werks- oder vertrauensärztlichen Untersuchung hingegen nur darauf an, die Leistungsfähigkeit des Bewerbers oder etwaige zu erwartende Krankheitstage abstrakt zu ermitteln, so ist die Untersuchung generell unzulässig (*Byers,* Mitarbeiterkontrollen, Rn. 240 ff.; *Behrens,* NZA 2014, 402). Weiter ist zu beachten, dass eine grundsätzlich zulässige ärztliche Untersuchung im Bewerbungsverfahren stets die Einwilligung des betroffenen Bewerbers erfordert. Eine ärztliche Untersuchung kann nie gegen den Willen des Bewerbers durchgeführt werden. Die Einwilligung muss dabei die Anforderungen der Art. 9 Abs. 2 a),

7 DSGVO erfüllen → vgl. → Form. XIX.4 Anm. 2. Verweigert ein Bewerber die Einwilligung in eine rechtmäßige Gesundheitsuntersuchung, hat der ArbG das Recht, den Bewerber aus sachlichen Gründen abzulehnen, da die gesundheitliche Eignung des Bewerbers in diesen eng begrenzten Ausnahmefällen für die zu besetzende Stelle unabdingbar ist (*Byers,* Mitarbeiterkontrollen, Rn. 243) In einem bestehenden Arbeitsverhältnis sind Gesundheitsuntersuchungen nur in absoluten Ausnahmefällen zulässig. Es müssen konkrete Anhaltspunkte dafür vorliegen, dass der ArbN aufgrund einer fortdauernden gesundheitlichen Einschränkung nicht mehr geeignet ist, seine Arbeitstätigkeit weiter auszuführen. Ein konkreter Anfangsverdacht kann beispielsweise bei einem Epilepsieanfall eines Busfahrers oder bei mehrfachen Schwindelanfällen eines Bauarbeiters bestehen. Allerdings bedarf es auch in diesen Fällen einer wirksamen Einwilligung des betroffenen ArbN in die zulässige Gesundheitsuntersuchung (*Byers,* Mitarbeiterkontrollen, Rn. 257; *Behrens,* NZA 2014, 404). In diesem Zusammenhang sollten auch die Grundsätze hinsichtlich des Fragerechts des ArbG im Bewerbungsverfahren beachtet werden. Die vorgenommene Untersuchung darf grundsätzlich nicht über das Fragerecht des Arbeitgebers hinausreichen. Durch das AGG werden derartige Untersuchungen zusätzlich fraglich, da die Gefahr einer Diskriminierung wegen Behinderung besteht. Deshalb sollten Einstellungsuntersuchungen nur insoweit durchgeführt werden als eine zwingende Notwendigkeit für die Tätigkeit besteht. Hinsichtlich des Untersuchungsergebnisses gilt die ärztliche Schweigepflicht zu Gunsten des Bewerbers. Der Arzt ist daher nur berechtigt, Auskünfte bezüglich der Eignung des Bewerbers für die zu besetzende Stelle zu geben, nicht dagegen die Diagnose mitzuteilen. Es ist dem Arzt dabei auch untersagt, offenzulegen, warum der Bewerber für die Stelle ungeeignet ist. Auch der Betriebsarzt ist an die ärztliche Schweigepflicht nach § 8 Abs. 1 ASiG iVm § 203 StGB gebunden. Die mitgeteilten Daten sind in den Personalakten besonders zu schützen (vgl. BAG NZA 1988, 53); im Übrigen → Form. XIX.4 Anm. 3.

Ein Sonderproblem stellen Genomanalysen dar. Das Gendiagnostikgesetz enthält ein generelles Verbot der Anordnung und Verwertung genetischer Untersuchungen im Arbeitsverhältnis (§§ 19–21 GenDG). Nach § 19 GenDG ist es dem ArbG verboten, vom Beschäftigten genetische Untersuchungen oder Analysen oder die Mitteilung der Ergebnisse früherer Untersuchungen zu verlangen, entgegenzunehmen oder zu verwenden. Ein Beschäftigter kann durch seine Einwilligung das Verbot nicht entkräften. § 21 Abs. 1 GenDG enthält ein Benachteiligungsverbot für den ArbG, bei dessen Verstoß sich der ArbG schadensersatzpflichtig nach § 21 Abs. 2 GenDG iVm § 15 Abs. 2 AGG macht. Vgl. im Übrigen zur Problematik der Zulässigkeit von Gesundheitsfragen und Einstellungsentscheidungen im Hinblick auf das AGG → Form. XIX.3 Anm. 5.

**3. Rechtsfolgen.** → Anm. 2 und → Form. XIX.4 Anm. 3.

**4. Betriebsverfassungsrecht.** → Form. XIX.4 Anm. 4.

## Arbeitsverträge und Verträge mit zu ihrer Berufsausbildung beschäftigten Personen

# 6. Einfacher Arbeitsvertrag

Zwischen[1, 16, 17, 18]

der Fa. . . . . . (im Folgenden „Arbeitgeber" genannt)

und

Herrn/Frau . . . . . (im Folgenden „Arbeitnehmer" genannt)

wird folgender Arbeitsvertrag vereinbart:

§ 1 Beginn des Arbeitsverhältnisses, Probezeit[2]

(1) Das Arbeitsverhältnis beginnt am . . . . .

(2) Die ersten sechs Monate gelten als Probezeit. Während dieser Zeit kann das Arbeitsverhältnis beiderseits mit einer Frist von zwei Wochen gekündigt werden.

(3)Eine ordentliche Kündigung vor Arbeitsantritt ist ausgeschlossen.

§ 2 Tätigkeit, Ort[3]

(1) Der Arbeitnehmer wird als . . . . . in . . . . . (Arbeitsort) eingestellt.

(2) Der Arbeitgeber behält sich vor, den Arbeitnehmer aus betrieblichen Gründen unter Wahrung seiner Interessen für eine andere, gleichwertige Tätigkeit, in einem anderen Arbeitsgebiet oder an einem anderen Arbeitsort einzusetzen, soweit dies seinen Fähigkeiten und Kenntnissen entspricht. Macht der Arbeitgeber von diesem Recht Gebrauch, ist er verpflichtet die bisherige Vergütung weiter zu entrichten.

§ 3 Arbeitszeit, Über- und Mehrarbeit[4]

(1) Die regelmäßige wöchentliche Arbeitszeit beträgt . . . . . Stunden.

(2) Die werktägliche Verteilung der Arbeitszeit obliegt dem Arbeitgeber. Beginn und Ende der täglichen Arbeitszeit sowie die Pausenregelung richten sich nach den betrieblichen Regelungen und Erfordernissen.

(3) Der Arbeitnehmer ist verpflichtet auf Anordnung des Arbeitgebers, im gesetzlich zulässigen Rahmen zumutbare Über- oder Mehrarbeit sowie auch Nacht-, Sonn- und Feiertagsarbeit zu leisten.

§ 4 Vergütung[5]

(1) Der Arbeitnehmer erhält für seine vertragliche Tätigkeit ein Bruttomonatsgehalt in Höhe von EUR . . . . ., das jeweils am Kalendermonatsende unter Einbehalt der gesetzlichen Abzüge auf das vom Arbeitnehmer anzugebende Konto überwiesen wird.

(2) Mit dem Bruttomonatsgehalt nach Abs. (1) sind . . . . . Über- bzw. Mehrarbeitsstunden mit abgegolten. Darüberhinausgehende Überstunden bzw. Mehrarbeit werden nach Wahl des Arbeitgebers in Freizeit ausgeglichen oder vergütet. Zuschläge werden nicht gezahlt und sind in den Bezügen mit enthalten. (Alternativ: Jede geleistete Über- oder Mehrarbeitsstunde wird mit einem Zuschlag von 25 % auf die übliche Vergütung bezahlt.)[6]

§ 5 Abtretung und Verpfändung des Arbeitseinkommens[7]

Die Abtretung sowie die Verpfändung von Vergütungsansprüchen sind ohne Zustimmung des Arbeitgebers ausgeschlossen.

§ 6 Arbeitsverhinderung und Vergütungsfortzahlung im Krankheitsfall[8]

(1) Der Arbeitnehmer ist verpflichtet, jede Arbeitsverhinderung und ihre voraussichtliche Dauer unverzüglich dem Arbeitgeber anzuzeigen sowie auf Verlangen des Arbeitgebers die Gründe der Arbeitsverhinderung mitzuteilen.

(2) Im Falle der Arbeitsunfähigkeit infolge Krankheit ist der Arbeitnehmer verpflichtet, vor Ablauf des dritten Tages der Arbeitsunfähigkeit eine ärztliche Bescheinigung über die Arbeitsunfähigkeit sowie über deren voraussichtliche Dauer vorzulegen. Dauert die Arbeitsunfähigkeit länger als in der Bescheinigung angegeben, so ist der Arbeitnehmer verpflichtet, die Fortdauer der Arbeitsunfähigkeit dem Arbeitgeber unverzüglich anzuzeigen und spätestens am ersten Tag des verlängerten Krankheitszeitraums eine neue ärztliche Bescheinigung vorzulegen. Der Arbeitgeber kann im Einzelfall auch eine frühere Vorlage einer Arbeitsunfähigkeitsbescheinigung verlangen.

§ 7 Urlaub[9]

(1) Der Arbeitnehmer erhält einen Erholungsurlaub von 25 Arbeitstagen im Kalenderjahr.

(2) Die zeitliche Festlegung des Urlaubs ist mit dem Arbeitgeber rechtzeitig abzusprechen.

§ 8 Nebentätigkeiten[10]

(1)Während der Dauer des Arbeitsverhältnisses ist jede entgeltliche oder unentgeltliche Nebentätigkeit nur mit Zustimmung des Arbeitgebers zulässig.

(2) Die Zustimmung ist zu erteilen, wenn die Nebentätigkeit die dienstlichen Aufgaben nicht behindert, gesetzlich zulässig ist und sonstige berechtigte Interessen des Arbeitgebers nicht beeinträchtigt werden.

§ 9 Verschwiegenheits-, Herausgabepflicht[11]

(1) Der Arbeitnehmer verpflichtet sich, über alle ihm während seiner Tätigkeit bekannt werdenden Geschäfts- und Betriebsgeheimnisse und sonstigen geschäftlichen bzw. betrieblichen Tatsachen vertraulicher Natur auch nach Beendigung des Arbeitsverhältnisses Stillschweigen zu bewahren und sie nicht unlauter zu verwerten.

(2) Der Arbeitnehmer verpflichtet sich, auf Verlangen des Arbeitgebers jederzeit oder unaufgefordert beim Ausscheiden aus dem Arbeitsverhältnis sämtliche betriebliche Arbeitsmittel, Unterlagen, Datenträger und Aufzeichnungen sowie etwaige angefertigte Abschriften oder Kopien an den Arbeitgeber herauszugeben. Ein Zurückbehaltungsrecht steht dem Arbeitnehmer nicht zu.

§ 10 Beendigung des Arbeitsverhältnisses

(1) Das Arbeitsverhältnis endet mit Ablauf des Monats, in dem der Arbeitnehmer das gesetzliche Regelrenteneintrittsalter erreicht.[12]

(2) Das Arbeitsverhältnis kann nach Ablauf der Probezeit unter Einhaltung der gesetzlichen Kündigungsfristen von jeder Partei gekündigt werden. Die gesetzliche Verlängerung der Kündigungsfrist für den Arbeitgeber gilt auch für den Arbeitnehmer.[13]

(3) Das Recht zur außerordentlichen Kündigung bleibt unberührt.

(4) Jede Kündigung muss schriftlich erfolgen.

**§ 11 Nebenabreden, Schriftform, betriebliche Übung[14]**

**Mündliche Nebenabreden bestehen nicht. Änderungen und Ergänzungen dieses Vertrages bedürfen zu ihrer Wirksamkeit der Schriftform. Dies gilt auch für die Aufhebung und Änderung dieser Schriftformklausel. Ausgeschlossen sind damit Vertragsänderungen durch betriebliche Übung. Der Vorrang von individuellen mündlichen Vertragsabreden zwischen den Parteien nach Vertragsschluss (§ 305b BGB) bleibt unberührt.**

**§ 12 Salvatorische Klausel[15]**

**(1) Sind einzelne Bestimmungen dieses Vertrages ganz oder teilweise unwirksam, so berührt dieses nicht die Wirksamkeit der übrigen Regelungen des Vertrages.**
**(2) Die Parteien sind in einem solchen Falle verpflichtet, an der Schaffung von Bestimmungen mitzuwirken, durch die ein der unwirksamen Bestimmung möglichst nahekommender wirtschaftlicher Erfolg rechtswirksam erzielt wird.**

**. . . . . (Ort), den . . . . .**

| **. . . . .** | **. . . . .** |
|---|---|
| **Unterschrift des Arbeitgebers** | **Unterschrift des Arbeitnehmers** |

*Schrifttum:* a) Kommentare, Lehrbücher, Monographien: *Anziger/Koberski,* Kommentar zum Arbeitszeitgesetz, 4. Aufl., 2014; *Ascheid/Preis/Schmidt,* Großkommentar zum Kündigungsrecht, 5. Aufl., 2017; *Baeck/Deutsch,* Kommentar zum Arbeitszeitgesetz, 3. Auflage 2014; *Boecken/Joussen,* Teilzeit- und Befristungsgesetz, 4. Aufl. 2016; *Buchner/Becker,* Mutterschutzgesetz und Bundeselterngeld- und Elternzeitgesetz, 8. Aufl., 2008; *Däubler/Bertzbach,* AGG, 3. Aufl. 2013; *ders./Bonin/Kleinert,* AGB-Kontrolle im Arbeitsrecht (Kommentierung zu den §§ 305 bis 310 BGB), 4. Auflage 2014; *ders./Kittner/Klebe/Wedde,* Betriebsverfassungsgesetz, 15. Aufl., 2016; *ders./Klebe/Wedde/Weichert,* Bundesdatenschutzgesetz, 5. Auflage 2016; *Etzel/Bader/Fischermeier* KR Gemeinschaftskommentar zum Kündigungsschutzgesetz und zu sonstigen kündigungsschutzrechtlichen Vorschriften, 10. Aufl., 2013; *Fitting/Engels/Schmidt/Trebinger/Linsenmaier,* BetrVG, 28. Aufl., 2016; *Großmann/Schimanski/Spiolek,* Gemeinschaftskommentar zum Sozialgesetzbuch – GK-SGB IX, Loseblatt. Stand 2017;*Hohmeister/Oppermann,* Kommentar zum Bundesurlaubsgesetz, 3. Auflage 2013; *v. Hoyningen-Huene/Linck,* Kündigungsschutzgesetz, 15. Aufl., 2013; *Küttner,* Personalhandbuch 2017, 24. Aufl. 2017; *Lakies* Jugendarbeitsschutzgesetz, 7. Auflage 2014; *ders.,* Berufsbildungsgesetz, 4. Aufl. 2017; *ders.,* Mindestlohngesetz, 3. Aufl. 2017; *Maschmann/Sieg/Göpfert,* Vertragsgestaltung im Arbeitsrecht, 2. Aufl. 2016; *Müller-Glöge/Preis/Schmidt* (Hrsg.), Erfurter Kommentar zum Arbeitsrecht, 17. Aufl. 2017; *Neumann/Biebl,* Arbeitszeit- gesetz, 16. Aufl., 2012; *Neumann/Fenski/Kühn,* Bundesurlaubsgesetz, 11. Aufl., 2016; *Preis,* Der Arbeitsvertrag, Handbuch der Vertragsgestaltung, 5. Aufl. 2015; *Richardi,* Betriebsverfassungsgesetz, 15. Aufl., 2016; *ders./Wlotzke/Wißmann/Oetker,* Münchener Handbuch zum Arbeitsrecht, 3 Bd., 3. Aufl., 2009; *Schaub,* Arbeitsrechts-Handbuch, 17. Aufl., 2017; *Schliemann,* ArbZG – Arbeitszeitgesetz mit Nebengesetzen, 3. Aufl. 2017; *Schmitt,* Entgeltfortzahlungsgesetz und Aufwendungsausgleichsgesetz, 8. Aufl., 2018; *Ulmer/Brandner/Hensen,* AGB-Recht, 12. Aufl., 2016.

b) Aufsätze: *Annuß,* Grundstrukturen der AGB-Kontrolle von Arbeitsverträgen, BB 2006, 1333; *Baeck,* Neue Entwicklungen im Arbeitszeitrecht, NZA-RR 2005, 247; *Bauer,* Ein Stück aus dem Tollhaus: Altersbefristung und der EuGH, NZA 2005, 800; *Bauer/Günther,* Ungelöste Probleme bei Einführung von Kurzarbeit, BB 2009, 662; *Bayreuther,* Das Verbot der geltungserhaltenden Reduktion im Arbeitsrecht, NZA 2004, 953; *ders.,* Vertragskontrolle im Arbeitsrecht nach der Entscheidung des BAG zur Zulässigkeit zweistufiger Ausschlussfristen, NZA 2005, 1337; *ders.,* Freiwilligkeitsvorbehalte: Zulässig, aber überflüssig?, BB 2009, 102; *Beckschulze/Henkel,* Der Einfluss des Internets auf das Arbeitsrecht, Betr. 2001, 1491; *Bergwitz,* Die Bedeutung des Nachweisgesetzes für die Darlegungs- und Beweislast beim Arbeitsvertrag BB 2001, 2316; *Bieder,* Richterliche Vertragshilfe durch ergänzende Auslegung vorformulierter Arbeitsvertragsbestimmungen, NZA-Beil. 2011, 142; *Bissels,* Rückzahlung von Fortbildungskosten und pauschale Abgeltung von Überstunden – Aktuelle Rechtsprechung, ArbRAktuell 2011, 83; *Boemke/Schönfelder,* Arbeitsvertragsschluss mit sprachunkundigen Arbeitnehmern, NZA 2015, 1222; *Chwalisz,* Dienstwagen-Übernahmeklauseln bei Beendigung des Arbeitsverhältnisses, ArbRAktuell 2011, 627; *Crisolli/Zaumseil,* BB-Rechtssprechungsreport zum arbeitsrechtlichen AGB-Recht, BB 2012, 1281; *Däubler,* Aktuelle Fragen der AGB-Kontrolle im Arbeitsrecht – Bezugnahme auf Tarifverträge, salvatorische Klauseln, Schriftform, Altersgrenze, NZA 2006, Sonderbeilage 3 zu Nr. 24, 133; *Deeg/Müller,* Kurzarbeitsklauseln in Arbeitsverträgen, ArbRAktuell 2010, 209; *Dzida/Schramm,* Versetzungsklauseln: mehr Flexibilität für den Arbeitgeber, Kündigungsschutz für den Arbeitnehmer, BB 2007, 1221; *Freckmann/Schmoll,* Geheimnisschutzrichtlinie: Neuer Standard für Vertraulichkeitsvereinbarungen und arbeitsvertraglichen Verschwiegenheitsklauseln, BB 2017, 1780; *Gaul/Kaul,* Verschärfung der Rechtsprechung zum Widerrufsvorbehalt, BB 2011, 181; *Hromadka,* Möglichkeiten und Grenzen vertraglicher Gestaltung von Arbeitsbedingungen, NZA 2006, Sonderbeilage zu Nr. 24, 97; *ders.,* Unbillige Weisungen, NZA 2017, 601; *Hunold,* Ausgewählte Recht- sprechung zur Gleichbehandlung im Betrieb – 1. Teil: Personalgewinnung, laufendes Arbeitsentgelt, Zulagen, NZA 2006, 562; *ders.,* Die aktuelle Rechtsprechung zur Inhaltskontrolle arbeitsrechtlicher Absprachen – AGB-Kontrolle, NZA-RR 2008, 449; *ders.,* AGB-Kontrolle einer Versetzungsklausel, NZA 2007, 19; *ders.,* Die Rechtsprechung des BAG zur AGB-Kontrolle arbeitsvertraglicher Versetzungsklauseln, BB 2011, 693; *Jansen/Willemsen,* Die Befristung von Entgeltbestandteilen als Alternative zu Widerrufs- und Freiwilligkeitsvorbehalten, RdA 2010, 1; *Jensen,* Arbeitsvertragsklauseln gegen betriebliche Übungen – was geht noch?, NZA-RR 2011, 225; *Husemann,* Ausschlussfristen im Arbeitsrecht, NZA-RR 2011, 337; *Johnson,* Arbeitsrechtliche Fallstricke infolge der Neufassung des § 309 Nr. 13 BGB, BB 2017, 2805; *Jordan/Bissels,* Gilt „der jeweils anwendbare Tarifvertrag in der jeweils gültigen Fassung“ noch?, NZA 2010, 71; *Junker,* AGB-Kontrolle von Arbeitsvertragsklauseln in der neueren Rechtsprechung des Bundesarbeitsgerichts, BB 2007, 1274; *Kamanabrou,* Die arbeitsrechtlichen Vorschriften des Allgemeinen Gleichbehandlungsgesetzes, RdA 2006, 321; *dies.,* Vertragsgestaltung und Antidiskriminierung, NZA 2006, Sonderbeilage 3 zu Nr. 24, 147; *Kelber/Zeißig,* Das Schicksal der Gegenleistung bei der Reduzierung der Leistungen nach dem Teilzeit- und Befristungsgesetz, NZA 2001, 577; *Kleinebrink,* Tätigkeitsklauseln in Formulararbeitsverträgen, ArbRB 2007, 57; *ders.,* Vertragliche Vereinbarungen zum Kündigungsgrund, ArbRB 2007, 120; *Lakies,* Kontrolle vorformulierter Arbeitsvertragsinhalte: Reichweite und Grenzen, 2006; *ders.,* Das Weisungsrecht des Arbeitgebers und Vertragsgestaltungsoptionen (Versetzungsklauseln), ArbRAktuell 2013, 3; *Leder/Scheuermann,* Schriftformklauseln in Arbeitsverträgen – das Ende einer betrieblichen Übung?, NZA 2008, 1222; *Lembke,* Die Gestaltung von Vergütungsvereinbarungen, NJW 2010, 257; *ders.,* Mindestlohngesetz – erste Rechtsprechung und praktische Erfahrungen, NZA 2016, 1; *Lingemann/Gotham,* Freiwilligkeits-, Stichtags- und Rückzahlungsregelungen bei Bonusvereinbarungen – was geht noch?, NZA 2008, 509; *dies.,* Freiwillige Zulagen des Arbeitgebers – es gibt sie noch!, DB 2008, 2307; *dies.,* Doppelte Schriftformklausel – gar nicht einfach!, NJW 2009, 268; *Lingemann/Otte,* Der neue § 309 Nr. 13 BGB – Das Ende des schriftlichen Geltendmachens arbeitsvertraglicher Ausschlussfristen, NZA 2016, 519; *Lunk/Leder,* Der Arbeitsvertrag Allgemeine Grundlagen, Einzelne Vertragsklauseln, NJW 2015, 1577, 2474, 3766, NJW 2016, 1292; *Maaß,* Widerrufs- und Freiwilligkeitsvorbehalt – Welche Formulierung genügt dem Transparenzgebot?, ArbRAktuell 2011, 59; *Lindemann/Preis,* Änderungsvorbehalt – das BAG durchschlägt den gordischen Knoten, NZA 2006, 632; *ders.,* Probleme der Bezugnahme auf Allgemeine Arbeitsbedingungen und

Betriebsvereinbarungen, NZA 2010, 361; *Lingemann/Gottschalk,* Vertragsstrafengestaltung im Arbeitsrecht – ein kurzer Leitfaden, DStR 2011, 774; *Matthiessen,* Arbeitsvertragliche Ausschlussfristen und das Klauselverbot des § 309 Nr. 7 BGB, NZA 2007, 361; *Müller,* Entgelttransparenzgesetz – und nun?, BB 2017, 2101; *Preis,* AGB-Recht und Arbeitsrecht – Eine Zwischenbilanz, NZA 2006, Sonderbeilage 3 zu Nr. 24, 115; *ders.,* Verbot der Altersdiskriminierung als Gemeinschaftsgrundrecht – Der Fall „Mangold" und die Folgen, NZA 2006, 401; *ders.,* Probleme der Bezugnahme auf Allgemeine Arbeitsbedingungen und Betriebsvereinbarungen, NZA 2010, 361; *Raif,* Die Tätigkeitsbeschreibung im Arbeitsvertrag – kurz und knapp oder doch eher weit?, ArbRAktuell 2015, 1; *Repey,* Folgen unwirksamer Versetzungsklauseln im Rahmen der Sozialauswahl, NZA 2016, 1444; *Richardi,* Neues und Altes – Ein Ariadnefaden durch das Labyrinth des Allgemeinen Gleichbehandlungsgesetzes, NZA 2006, 881; *Richter,* Vereinbarung der Schriftform in Allgemeinen Geschäftsbedingungen: Auswirkungen des § 309 Nr. 13 BGB n. F. im Arbeitsrecht, ArbRAktuell 2016, 395, *Salomon,* Mitarbeitersteuerung durch erfolgs- und bestandsabhängige Gestaltung von Vergütungsbestandteilen, NZA 2010, 314; *ders.,* Rechtsfolgen des Zusammentreffens von Freiwilligkeitsvorbehalten und Gratifikationszweckvereinbarungen, NZA 2009, 656; *ders.,* Die freiwillige Verpflichtung zur Gratifikationszahlung und die Divergenz der Rechtsprechung zur ergänzenden Vertragsauslegung durch BGH und BAG, NZA 2009, 1076; *ders./Fuhlrott,* Die Festlegung des Arbeitsplatzes als Vorfrage der AGB-Kontrolle, NZA 2011, 839; *Schimmelpfennig,* Inhaltskontrolle eines formularmäßigen Änderungsvorbehalts, NZA 2005, 603; *Schlewing,* Vertragsgestaltung-Auslegung, Unklarheitenregel, geltungserhaltende Reduktion, blue-pencil-Test, ergänzende Vertragsauslegung und Verweisungsklauseln, NZA-Beil. 2012, 33; *Schlottfeldt/Hoff,* „Vertrauensarbeitszeit" und arbeitszeitrechtliche Aufzeichnungspflicht nach § 16 Abs. 2 ArbZG, NZA 2001, 530; *Schrader,* Gestaltungsmöglichkeiten des Arbeitgebers nach Inkrafttreten des AGG, Betr. 2006, 2571; *ders./Müller,* Flexible Vergütungsvereinbarungen, RdA 2007, 145; *ders./Schubert,* AGB-Kontrolle von Arbeitsverträgen (Teil 1 u. 2), NZA-RR 2005, 169 u. 225; *Schramm/Kröpelin,* Neue Anforderungen an die arbeitsvertragliche Gestaltung von Schriftformklauseln, DB 2008, 2362; *ders./Lodemann,* Regelungsmöglichkeiten zur Vergütung von Umkleidezeiten, NZA 2017, 624; *Singer,* Flexible Gestaltung von Arbeitsverträgen, RdA 2006, 362; *Stenslik,* Neues zu Ausschlussfristen in Arbeits- und Dienstverträgen, DStR 2017, 938, *Strecker,* Pauschale Überstundenabgeltung und Vergütungserwartung bei Überstunden, BB 2013, 949; *Thüsing/Leder,* Gestaltungsspielräume bei der Verwendung vorformulierter Arbeitsvertragsbedingungen – Allgemeine Grundsätze, BB 2005, 938; *dies.,* Gestaltungsspielräume bei der Verwendung vorformulierter Arbeitsvertragsbedingungen – Besondere Klauseln, BB 2005, 1563; *Waltermann,* Verbot der Altersdiskriminierung – Richtlinie und Umsetzung, NZA 2005, 1265; *Wank,* Änderung von Arbeitsbedingungen, NZA-Beil. 2012, 41; *Wertheimer/Krug,* Rechtsfragen der Nebentätigkeit von ArbN, BB 2000, 1462; *Willemsen/Schweibert,* Schutz der Beschäftigten im Allgemeinen Gleichbehandlungsgesetz, NJW 2006, 2583; *Wisskirchen,* Der Umgang mit dem Allgemeinen Gleichbehandlungsgesetz – Ein „Kochrezept" für Arbeitgeber, Betr. 2006, 1491; *Winter,* Wirksamkeits- und Angemessenheitskontrolle bei Vertragsstrafen im Formulararbeitsvertrag, BB 2010, 2757; *Worzalla,* Die Wirksamkeit einzelner Arbeitsvertragsklauseln nach der Schuldrechtsreform – Entgelt, Arbeitszeit und Tätigkeit, Betriebsvereinbarungs- und Tarifoffenheit, Änderung des Arbeitsvertrags, NZA 2006 Sonderbeilage 3 zu Nr. 24, 122; *Zimmermann,* Rechtsfolgen unwirksamer Allgemeiner Geschäftsbedingungen in Arbeitsverträgen, ArbRAktuell 2012, 105. *Zundel,* Die Entwicklung des Arbeitsrechts im Jahr 2011, NJW 2012, 131, 435; *ders.,* Die Entwicklung des Arbeitsrechts im Jahr 2010, NJOZ 2011, 97; *ders.,* Unangemessene Benachteiligung des Arbeitnehmers durch Vereinbarung einer Durchschnittsarbeitszeit, RdA 2012, 101.

## Anmerkungen

**1. Sachverhalt.** Der Abschluss eines Arbeitsvertrages bedarf idR (anders zB für die Befristungsabrede bei befristeten Arbeitsverträgen § 14 Abs. 4 TzBfG) nicht der Schriftform. Es bietet sich aber an, den Arbeitsvertrag schriftlich abzuschließen, um späteren Streitigkeiten vorzubeugen und wegen einzelner Bestimmungen nicht in Beweisnot zu geraten. Im Übrigen ist nach dem am 20.7.1995 in Kraft getretenen Nachweisgesetz ohnehin eine Vertragsniederschrift vom ArbG zu unterzeichnen und dem ArbN auszuhändigen. Da der ArbN als Verbraucher einzuordnen ist (vgl. BAG NZA 2006, 324), wird der Anwendungsbereich der arbeitsvertraglichen Inhaltskontrolle gem. § 310 Abs. 3 Nr. 1 u. 2 BGB erweitert. Die Arbeitsvertragsklauseln gelten als vom ArbG gestellt; es sei denn, dass sie durch den ArbN in den Vertrag eingeführt wurden. Selbst ein nur zur einmaligen Verwendung bestimmter Vertragstext kann dann der Inhaltskontrolle der §§ 305 ff. BGB unterfallen. Etwas anderes kann nur gem. § 305b BGB (Vorrang der Individualabrede) gelten. Dies setzt aber voraus, dass die Vertragsbedingung ausgehandelt wurde. Es muss eine Möglichkeit der Einflussnahme gegeben sein, indem der ArbG die Klausel ernsthaft zur Disposition stellt und dem ArbN Gestaltungsfreiheit zur Wahrung seiner Interessen einräumt (vgl. BAG AP BGB § 310 Nr. 1). Ausgehandelte Vertragsbedingungen verstoßen nur ausnahmsweise gegen §§ 242, 138 BGB. Das Formular stellt einen einfachen Arbeitsvertrag mit üblichen Regelungen und ohne Tarifbindung dar. Für weitere, ausführlichere oder auch alternative Arbeitsvertragsklausel, die jedoch nicht für alle ArbN erforderlich und einschlägig sind, → Form. XIX.7.

**2. Probearbeitsverhältnis, Kündigung vor Dienstantritt.** Ein Probearbeitsverhältnis kann nicht nur als unbefristetes Arbeitsverhältnis mit vorgeschalteter Probezeit abgeschlossen werden, sondern auch als fest befristetes Probearbeitsverhältnis (wegen der Einzelheiten → Form. XIX.12). Dann ist nur die außerordentliche Kündigung möglich; es sei denn, die Zulässigkeit einer ordentlichen Kündigung ist ausdrücklich vereinbart. Die Dauer der Probezeit kann von den Arbeitsvertragsparteien bis zu sechs Monaten frei vereinbart werden. Grenze ist das Ausmaß, das sachlich gerechtfertigt erscheint. Eine zunächst kürzer vereinbarte Probezeit kann nachträglich auf sechs Monate noch verlängert werden. Schon aus der Vereinbarung des Probearbeitsverhältnisses folgt nach hM, dass die gesetzlich und tariflich kürzesten Kündigungsfristen gelten soll (vgl. BAG AP BGB § 620 Probearbeitsverhältnis Nr. 9; Nr. 10; Nr. 11; LAG Düsseldorf AP BGB § 620 Probearbeitsverhältnis Nr. 8). Gemäß § 622 Abs. 3 BGB gilt für eine vereinbarte Probezeit, längstens für die Dauer von sechs Monaten, eine zweiwöchige Kündigungsfrist. Tarifvertraglich kann auch eine kürzere Kündigungsfrist möglich sein. Die Mindestkündigungsfrist des § 169 SGB IX für Schwerbehinderte von vier Wochen gilt in den ersten sechs Monaten nach § 173 Abs. 1 Nr. 1 SGB IX nicht. Ein Kündigungstermin ist nicht einzuhalten. Der Zugang der Kündigung muss innerhalb der Probezeit erfolgen, das Ende der 2-Wochen-Frist kann aber auch danach liegen. Bei Vereinbarung einer längeren als sechsmonatigen Probezeit gilt nach Ablauf der sechs Monate die Grundkündigungsfrist des § 622 Abs. 1 BGB und ggf. findet auch das Kündigungsschutzgesetz Anwendung, da die darin vorgesehene sechsmonatige Wartefrist dann ebenfalls verstrichen ist (ErfK/*Müller-Glöge* BGB § 622 Rn. 14). Die oftmals vom ArbG zur Vermeidung einer frühen Kündigung vorgeschlagene Verlängerung der Probezeit über sechs Monate hinaus, hilft daher nicht und unterliegt unabhängig von einer Zustimmung des ArbN nicht mehr den erleichterten Bedingungen der Probezeitkündigung. Als Alternative kann ggf. eine Probezeitkündigung mit einer längeren Kündigungsfrist ausgesprochen werden, was zumindest etwas weiteren Erprobungszeitraum verschaffen kann. Bei Schwangeren muss zur Kündigung während eines unbefristeten Arbeitsverhältnisses mit vorgeschalteter Probezeit die Zustimmung gemäß § 17 MuSchG eingeholt werden. Bei einem fest befristeten Probearbeitsverhältnis kommen diese Kündigungsbeschränkungen nicht zum Zuge. Nach § 173 Abs. 4 SGB IX sind Einstellungen auf Probe und die Beendigung des Arbeitsverhältnisses schwerbehinderter Menschen in den Fällen des Abs. 1 Nr. 1 dem Integrationsamt innerhalb von 4 Tagen anzuzeigen. Die Kündigung kann gegenüber schwerbehinderten Menschen in den ersten 6 Monaten der Beschäftigung ohne Zustimmung des Integrationsamtes ausgesprochen werden (§ 173 Abs. 1 SGB IX).

Eine ordentliche Kündigung vor Arbeitsantritt ist an sich möglich. Die Kündigungsfrist beginnt im Zweifel mit Zugang der Kündigung. Die ordentliche Kündigung vor Arbeitsantritt, nicht aber eine außerordentliche Kündigung, kann jedoch im Arbeitsvertrag wirksam ausgeschlossen werden (vgl. BAG NJW 1974, 1399; Betr. 1979, 1086; NJW 2004, 3444 = NZA 2004, 1089).

**3. Arbeitspflicht und Direktionsrecht des ArbG.** Ort und Art der Arbeitsleistung ergeben sich aus dem Inhalt des Arbeitsvertrages unter Berücksichtigung von Treu und Glauben und der Verkehrssitte. Nach § 2 Nachweisgesetz sind die dort aufgeführten wesentlichen Vertragsbedingungen in die Vertragsniederschrift aufzunehmen. Deshalb kann auch ein Hinweis erforderlich sein, dass der Arbeitnehmer an verschiedenen Orten beschäftigt werden kann. Ist der ArbN für eine bestimmte Tätigkeit eingestellt, so wird diese zum Vertragsinhalt (vgl. BAG AP BGB § 611 Beschäftigungspflicht Nr. 2). Ist die Tätigkeit nur fachlich umschrieben, so kann der ArbG kraft des Direktionsrechts alle Tätigkeiten zuweisen, die sich innerhalb des Berufsbildes halten (vgl. BAG AP BGB § 611 Direktionsrecht Nr. 26). Ist der ArbN nicht im Rahmen eines bestimmten Berufsbildes, sondern unter einem Sammelbegriff (Hilfsarbeiter) eingestellt worden, so muss er jede Tätigkeit verrichten, die billigem Ermessen (§ 106 GewO) entspricht. Durch den Inhalt des Arbeitsvertrages kann das Direktionsrecht so erweitert werden, dass eine einseitige Versetzung, dh die Zuweisung anderer Tätigkeit nach Ort, Art und Umfang, zulässig ist (vgl. BAG AP BGB § 611 Direktionsrecht Nr. 20; Nr. 44; Nr. 49; BAG AP LPVG NW § 2 Nr. 6; BAG NZA 1996, 440; BAG Betr. 2001, 2051). Dadurch wird die Austauschbarkeit von Arbeitnehmern im Interesse des Betriebs herbeigeführt. Eine das Direktionsrecht erweiternde Klausel ermöglicht es dem ArbG, den ArbN auf einen anderen gleichwertigen Arbeitsplatz zu versetzen (vgl. BAG NZA 2007, 145 = AP BGB § 307 Nr. 21). Eine solche Klausel ist nicht nach § 307 Abs. 1 S. 1 BGB unwirksam, wenn sich der ArbG verpflichtet, auch die Interessen des ArbN zu berücksichtigen, und damit die in § 106 GewO geregelten Maßstäbe der Ausübungskontrolle bereits in die Vertragsklausel aufnimmt (vgl. BAG NJW 2006, 3303 = NZA 2006, 1149). Dadurch erweitert sich allerdings bei einer betriebsbedingten Kündigung der Kreis der in die Sozialauswahl einzubeziehenden ArbN. Eine Vertragsklausel, mit der sich der Arbeitgeber vorbehält, eine geringerwertige Tätigkeit zuzuweisen, ist unwirksam (BAG NZA 2010, 1355).

Bei der Zuweisung von Tätigkeiten an Schwangere und schwerbehinderte Menschen ist auf deren körperliche Kräfte Rücksicht zu nehmen. Betriebsratsmitglieder können nicht versetzt werden, wenn dadurch die Betriebsratstätigkeit erschwert würde (§ 78 BetrVG). Bei der Versetzung des ArbN ist das Recht des Betriebsrats (§§ 99 ff. BetrVG) zu wahren. Im Übrigen → Form. XIX.44; → Form. XIX.8.

**4. Arbeitszeit, Über- und Mehrarbeit.** Die Vereinbarung einer festen Arbeitszeit (idR Wochenarbeitszeit) ist nach § 2 Abs. 1 Nr. 7 NachwG notwendig.. Die Lage der Arbeitszeit (Beginn und Ende, Pausen) sowie die Verteilung auf die Wochentage kann nach § 106 GewO der Arbeitgeber im Rahmen seines Direktionsrechts festlegen. Möglich ist auch eine zB monatliche Durchschnittsarbeitszeit festzulegen. Dann muss allerdings auch der Zeitraum der Durchschnittsberechnung mit geregelt sein, ansonsten ist die Klausel intransparent (BAG NZA 2012, 527).

Bei Vereinbarung einer Arbeitsleistung entsprechend dem Arbeitsanfall ist § 12 TzBfG zu beachten. Die Vereinbarung muss eine bestimmte Dauer der wöchentlichen und täglichen Arbeitszeit festlegen. Wenn die Dauer der wöchentlichen Arbeitszeit nicht festgelegt ist, gilt eine Arbeitszeit von 20 Stunden als vereinbart. Wenn die Dauer der täglichen Arbeitszeit nicht festgelegt ist, hat der ArbG die Arbeitsleistung des ArbN jeweils für mindestens 3 aufeinander folgende Stunden in Anspruch zu nehmen. Der ArbG muss dem ArbN ferner die Lage seiner Arbeitszeit jeweils mindestens 4 Tage im Voraus mitteilen. Die bei einer Vereinbarung von Arbeit auf Abruf einseitig vom ArbG abrufbare Arbeit des ArbN darf nicht mehr als 25 % der vereinbarten Mindestarbeitszeit bzw. nicht weniger als 20 % der Höchstarbeitszeit, § 12 Abs. 2. TzBfG, betragen.

Nach § 15 Abs. 4 – 7 BEEG kann der ArbN während der Elternzeit Teilzeit beantragen. Nach § 8 TzBfG kann ein ArbN, dessen ArbG unabhängig von der Anzahl der Personen in Berufsbildung idR mehr als 15 ArbN beschäftigt und dessen Arbeitsverhältnis länger als 6 Monate bestanden hat, verlangen, dass seine vertraglich vereinbarte Arbeitszeit verringert wird. Der ArbG hat der Verringerung der Arbeitszeit zuzustimmen und ihre Verteilung entsprechend den Wünschen des ArbN festzulegen, soweit betriebliche Gründe nicht entgegenstehen. Zu den Einzelheiten, insbes. des Verfahrens vgl. § 8 TzBfG. Gem. § 9 TzBfG hat der ArbG einen teilzeitbeschäftigten ArbN, der ihm den Wunsch nach einer Verlängerung seiner vertraglich vereinbarten Arbeitszeit angezeigt hat, bei der Besetzung eines entsprechenden freien Arbeitsplatzes bei gleicher Eignung bevorzugt zu berücksichtigen, es sei denn, dass dringende betriebliche Gründe und Arbeitszeitwünsche anderer teilzeitbeschäftigter ArbN entgegenstehen. Nach § 7 Abs. 2 TzBfG muss der ArbG über entsprechende Arbeitsplätze informieren.

Zur Leistung von Überarbeit (Arbeit über die regelmäßige betriebliche Arbeitszeit hinaus) und Mehrarbeit (Arbeit über die gesetzlich zulässige Arbeitszeit hinaus) ist der ArbN nur entsprechend dem Arbeitsvertrag, der durch Betriebsübung gestaltet sein kann, und der Treuepflicht verpflichtet. Sie muss daher grundsätzlich einzelvertraglich vereinbart sein, da sie ansonsten nur in außergewöhnlichen Fällen (§ 14 ArbZG) und in Notfällen verlangt werden kann. Um zu vermeiden, dass Arbeitnehmer „im eigenen Interesse" Überstunden oder Mehrarbeit leisten, wird hier in der Klausel festgelegt, dass eine Anordnung durch den ArbG erforderlich ist. Ihre Grenze findet sie im Arbeitszeitgesetz und in der Zumutbarkeit, ferner im Jugendarbeitsschutzgesetz und Mutterschutzgesetz (vgl. *Neumann/Biebl* ArbZG § 14 Rn. 21). Schwerbehinderte Menschen sind auf ihr Verlangen von der Mehrarbeit freizustellen (§ 207 SGB IX). Nach Auffassung des EuGH ist der ArbN vom ArbG gem. der Richtlinie 91/533/EWG zu unterrichten, dass er auf bloße Anordnung des ArbG zur Leistung von Überstunden verpflichtet ist (vgl. EuGH BB 2001, 1255).

**5. Vergütung.** Die Vergütung kann wie hier im Arbeitsvertrag festgelegt sein. Um den Arbeitsvertrag durch Änderungen der Vergütung oder ihrer Zusammensetzung möglichst wenig zu beeinflussen, kann der Lohn auch durch eine Anlage oder gesonderte Mitteilung festgelegt werden (→ Form. XIX.19./20.). Eine solche Verfahrensweise ermöglicht eine genaue Überprüfung des zu gewährenden Lohns (auf Grund von Betriebsvereinbarung, Tarifvertrag etc), bevor dieser verbindlich festgesetzt wird. Weitere Alternativen: Die Aufnahme einer an das → Form. XIX.19 angelehnten Klausel im Arbeitsvertrag selbst kommt in Betracht. Im Rahmen der Vergütungsfestsetzung kann auch auf eine bestimmte Lohngruppe eines Tarifvertrages verwiesen werden. Soll nicht der gesamte Tarifvertrag zur Anwendung kommen, so ist aus Gründen der Rechtsklarheit ein Hinweis aufzunehmen, dass nur in Anlehnung an den Tarifvertrag gezahlt wird.

Zum 1. Januar 2015 wurde mit dem MiLoG der gesetzliche Mindestlohn eingeführt, der sich seit 1. Januar 2019 auf 9,91 EUR brutto pro Zeitstunde beläuft. Branchenmindestlöhne gehen nach § 1 Abs. 3 MiLoG dem allgemeinen Mindestlohn vor. Vereinbarungen mit denen der Mindestlohn unterschritten wird, sind unwirksam. Wird der

Mindestlohn pro geleisteter Arbeitsstunde unterschritten, so hat der ArbN einen Differenzvergütungsanspruch gegen den ArbG (BAG NZA 2016, 1327). Erfüllt ist der Anspruch auf den gesetzlichen Mindestlohn, wenn die für den Kalendermonat gezahlte Bruttovergütung den Betrag erreicht, der sich aus der Multiplikation der Anzahl der in diesem Monat tatsächlich geleisteten Arbeitsstunden mit dem gesetzlichen Mindestlohn ergibt. Alle im Synallagma stehenden Geldleistungen des ArbG sind geeignet, den Mindestlohnanspruch zu erfüllen, also auch Sonderzahlungen und Zuschläge, soweit damit auch die Arbeitsleistung abgegolten wird. Nur solchen Zahlungen fehlt die Erfüllungswirkung, die der Arbeitgeber ohne Rücksicht auf tatsächliche Arbeitsleistung erbringt oder die auf einer besonderen gesetzlichen Zweckbestimmung beruhen (BAG NZA 2016, 1327). Zur Anrechenbarkeit von Vergütungsbestandteilen auf den gesetzlichen Mindestlohn vgl. auch *Weigert*, NZA 2017, 745 oder *Fuhlrott*, Update Mindestlohn: Rechtsprechungsüberblick 2016, ArbRAktuell 2017, 81.

Bei der Vergütungsfestsetzung ist das AGG zu beachten, nach dem eine Diskriminierung schon anzunehmen ist, wenn ein ArbN aus Gründen iSd § 1 AGG eine weniger günstige Behandlung als eine andere Person erfährt (vgl. *Schrader* Betr. 2006, 2574). → Form. XIX.19 Anm. 1. Desweiteren ist am 6.7.2017 das Entgelttransparenzgesetz in Kraft getreten, das geschlechtsbezogene Entgeltbenachteiligungen verhindern soll. Das EntgTranspG enthält in §§ 3, 7 EntgTranspG ein ausdrücklich geregeltes Entgeltgleichheitsgebot. Hiernach darf in einem Beschäftigungsverhältnis allein wegen des Geschlechts für gleiche oder gleichwertige Arbeit kein geringeres Entgelt vereinbart oder ausgezahlt werden. Ein Verstoß gegen das Entgeltgleichheitsgebot führt zur Nichtigkeit der entsprechenden Regelung im Individualvertrag (vgl. § 8 Abs. 1 EntgTranspG). ArbN haben einen Auskunftsanspruch zur Einhaltung des Entgeltgleichheitsgebots nach §§ 10ff EntgTranspG, allerdings nur in Betrieben mit mehr als 200 ArbN, (vgl. zum EntgTranspG zB *Oberthür,* Das Gesetz zur Förderung der Transparenz von Entgeltstrukturen, NJW 2017, 2228)

**6. Überstundenvergütung, Zuschläge.** Überstunden sind zu vergüten, wenn ihre Erbringung nur gegen Vergütung zu erwarten ist Es besteht zwar kein allgemeiner Rechtssatz, dass jede Mehrarbeit zu vergüten ist, allerdings wird dies wohl nur bei Diensten höherer Art oder bei ArbN, die nicht unter das ArbZG fallen, ausscheiden. Verneint wird ein Entgeltanspruch vom BAG auch bei Zahlung einer Vergütung, die die Beitragsbemessungsgrenze der Rentenversicherung überschreitet (NZA 2012, 861). Die Höhe ergibt sich aus dem auf bei regelmäßiger Arbeitszeit entfallenden Stundenlohn (*Küttner/Poeche* Personalbuch 2017, 411 Rn. 9 ff.). Abgeltungsklauseln, die alle Überstunden mit dem Bruttogehalt als abgegolten festhalten, verstoßen gegen das Transparenzgebot § 307 Abs. 1 S. 2, da die vom ArbN zu erbringende Gegenleistung nicht hinreichend bestimmt ist (BAG NZA 2011, 571). Die Höchstzahl der abgegoltenen Überstunden sowie der Bemessungszeitraum müssen klar angegeben sein. Der ArbN muss bereits bei Vertragsschluss erkennen können, „was auf ihn zukommt" (BAG NZA 2016, 487). Wie hoch die Höchstzahl sein darf, ist von der Rechtsprechung noch nicht entschieden. Als zu hoch wurde die Abgeltung von Überstunden bis zu höchstzulässigen Arbeitszeit (48 Wochenstunden) angesehen (LAG Hamm BeckRS 2006, 40441), bis zu 10 % müsste jedoch möglich sein. Ggf. kann auch der Bemessungszeitraum gestreckt werden, um starke saisonale Schwankungen aufzufangen. Rechtsprechung dazu fehlt ebenfalls, so dass eine solche Regelung risikobehaftet ist. Es kann für Überstunden auch eine zusätzliche Pauschale zur Abgeltung von Über- und Mehrarbeit vereinbart werden. Wegen der durch § 307 Abs. 1 S. 2 BGB verbotenen unangemessenen Benachteiligung sollte die Höhe der Pauschale klar ausgewiesen werden und das Ausmaß der damit abgegoltenen Überarbeitsstunden festgelegt werden (vgl. BAG NZA 2006, 324; ; *Hümmerich/Holthausen* NZA 2002, 180). Mit der Pauschale/Abgeltung darf aber nicht der gesetzliche Mindestlohn pro geleisteter Arbeitsstunde (inkl. der Überstunden) unterschritten werden. Bei

Tarifbindung muss die Pauschale höher als der tarifliche Grundlohn zuzüglich der Zuschläge sein. Häufig ist ein Zuschlag für Überarbeit betriebs- oder branchenüblich. Er muss aber vereinbart werden. Durch das Arbeitszeitgesetz ist die gesetzliche Regelung des Mehrarbeitszuschlages entfallen. Ein Anspruch kann sich aber aus Tarifvertrag, Betriebsvereinbarung oder Einzelarbeitsvertrag ergeben.

7. **Rechtsübergang an Zahlungsansprüchen.** Alternative: Es kann auch vereinbart werden, dass die Abtretung oder Verpfändung von Vergütungsansprüchen der schriftlichen Zustimmung des ArbG bedarf. Für die Abtretung und Verpfändung sind solche Verbote auch im Hinblick auf die AGB-Rechtsprechung unbedenklich. Nicht erfasst von dieser Klausel sind Lohnpfändungen nach der ZPO. Sie können arbeitsvertraglich nicht ausgeschlossen werden. Auf Grund der Rechtsprechung des BGH (vgl. die Urteile vom 18.5.1999, NJW 1999, 2276 und vom 19.10.1999, NJW 2000, 651) hat das BAG angenommen, dass ein Ersatz von Lohnpfändungskosten nicht möglich ist, und zwar auch nicht durch eine Betriebsvereinbarung geregelt werden kann (vgl. BAG NJW 2007, 1302 = NZA 2007, 462).

8. **Arbeitsunfähigkeit, Entgeltfortzahlung.** Die Melde- und Nachweispflicht ergibt sich aus § 5 EntgeltfortzahlungsG, wobei der ArbG berechtigt ist, die Vorlage einer Arbeitsunfähigkeitsbescheinigung auch früher als gesetzlich geregelt zu verlangen Da teilweise abweichende Regelungen in manchen Betrieben bestehen, empfiehlt es sich, zur Klarheit eine Regelung im Arbeitsvertrag niederzulegen. Die Aufforderung eines einzelnen ArbN durch den ArbG bedarf weder einer Begründung, noch eines Sachverhalts, der Anlass für ein rechtsmissbräuchliches Verhalten des Arbeitnehmers gibt (LAG Köln BeckRS 2011, 78217). Die Vergütung im Krankheitsfall richtet sich beim Arbeitnehmer nach den §§ 4, 4a EntgeltfortzahlungsG. Gemäß §§ 5 Abs. 1, 7 Abs. 1 Nr. 1 EntgeltfortzahlungsG kann der ArbG die Lohnfortzahlung verweigern, solange der Arbeiter keine Arbeitsunfähigkeitsbescheinigung vorlegt.

9. **Urlaub.** Der Urlaub richtet sich nach dem Bundesurlaubsgesetz und evtl. Betriebsvereinbarungen oder anwendbaren Tarifverträgen. Sonderregelungen finden sich zB für Schwerbehinderte in § 208 SGB IX. Der gesetzliche Mindesturlaubsanspruch beläuft sich auf 24 Arbeitstage bei einer 6-Tage-Woche und auf 20 Arbeitstage bei einer 5-Tages-Woche, für Teilzeitbeschäftigte anteilig zu ihren Arbeitstagen gerechnet. Auf die Tagesarbeitszeit kommt es dabei nicht an. Einzelvertraglich kann darüber hinausgehender Urlaub vereinbart werden, für den auch vom Bundesurlaubsgesetz abweichende Regelungen vereinbart werden können (zB → Form. XIX.7.) Die Vereinbarung von Teilurlaubsansprüche, oft für das Ein- und Austrittsjahr pauschal vorgesehen, ist nicht möglich, wenn sie den gesetzlichen Mindesturlaub unterschreitet. Ein Teilurlaubsanspruch besteht gemäß § 5 BUrlG abgesehen vom Ausscheiden vor Ablauf der Wartefrist (weniger als 6 Monate) nur bei einem Arbeitsbeginn ab dem 1.7. eines Kalenderjahres oder einem Ausscheiden bis zum Ablauf des 30.6. eines Kalenderjahres. In allen anderen Fällen besteht nach Ablauf der gesetzlichen Wartezeit der volle Urlaubsanspruch. Ergänzend kann Bildungsurlaub oder Sonderurlaub für Jugendleiter (vgl. die Zusammenstellung bei *Schaub* ArbR-HdB 17. Aufl. § 105 Rn. 1 ff.) nach Ländergesetzen verlangt werden. Die Zahlung eines neben dem Urlaubsentgelt anfallenden zusätzlichen Urlaubsgeldes kann vereinbart werden. Im Übrigen vgl. Anmerkungen zu → Form. XIX.39. und → Form. XIX.7. § 7.

10. **Nebentätigkeit.** Grundsätzlich steht es dem ArbN frei, eine Nebentätigkeit aufzunehmen, sofern er damit nicht eine Konkurrenztätigkeit (§ 60 HGB) ausübt. Eine vertragliche Einschränkung kann erfolgen, wenn der ArbG ein berechtigtes Interesse daran hat (vgl. BAG AP BGB § 626 Nr. 60; BAG BB 1977, 144; NZA 1997, 41 = BB 1996, 1892; BAG Betr. 2000, 1336; NZA 2000, 723). Der ArbN hat einen Anspruch auf Zustimmung, wenn betriebliche Interessen nicht beeinträchtigt sind (BAG NZA 2002, 965).

**11. Verschwiegenheits-, Herausgabepflicht.** Die Verschwiegenheitspflicht ergibt sich aus der Treuepflicht des Arbeitnehmers. Diese bezieht sich auf alle Geschäfts- und Betriebsgeheimnisse (vgl. BGH AP UWG § 17 Nr. 1; Nr. 6). Allgemein bekannte und übliche Verfahren oder Tatsachen werden auch nicht kraft Vereinbarung zu Geschäfts- oder Betriebsgeheimnissen (vgl. BGH GRUR 1958, 297; BGH AP UWG § 17 Nr. 1). Abreden über die Verschwiegenheitspflicht werden restriktiv ausgelegt (vgl. BAG Betr. 1988, 1020). Bei einer näheren Beschreibung der Gegenstände, auf die sich die Verschwiegenheitspflicht bezieht, ist darauf zu achten, dass die weitere Tätigkeit des ArbN nicht zu sehr eingeschränkt wird. Denn in der Abrede kann sonst ein Wettbewerbsverbot gesehen werden, was zur Anwendung zwingender Schutzvorschriften der Wettbewerbsverbote (wie zB Karenzentschädigung) führt (vgl. BAG AP HGB § 74 Nr. 10). Die Verschwiegenheitspflicht kann einzelvertraglich während des Bestandes des Arbeitsverhältnisses auch auf den Arbeitsvertrag bezogen werden.

Eine gesetzliche Herausgabepflicht für Arbeitsmittel und Gegenstände des Arbeitgebers entsteht bei Beendigung schon durch Wegfall des Besitzrechtes (§ 986). Es wird hier nochmals zusätzlich ein vertragliche Pflicht begründet. Der oftmals enthaltene Ausschluss des Zurückbehaltungsrechts ist wegen Verstoß gegen § 309 Nr. 2 BGB in Formulararbeitsverträgen nicht mehr zulässig. Aus personalpolitischen Gründen kann er aber noch verwendet werden, auch wenn er unwirksam ist.

**12. Beendigung des Arbeitsverhältnisses ohne Kündigung.** Ein Arbeitsverhältnis kann auch befristet abgeschlossen werden (→ Form. XIX.12). Die Festlegung der Höchstdauer des Arbeitsverhältnisses mit Erreichen der Altersgrenze ist nach der bisherigen Rechtsprechung des Bundesarbeitsgerichts zulässig (vgl. BAG NZA 2008, 1302; BAG AP BGB § 620 Befristeter Arbeitsvertrag Nr. 18; BAG AP BetrVG § 57 Nr. 5; BAG Betr. 1986, 281; BAG AP BGB § 620 Altersgrenze Nr. 27). Nach § 41 S. 2 SGB VI sind Beendigungsklauseln, wenn sie auf das Erreichen der Regelaltersgrenze für die Rentenversicherung lauten, zulässig; Vereinbarungen, die die Beendigung des Arbeitsverhältnisses eines ArbN ohne Kündigung zu einem Zeitpunkt vorsieht, zu dem der ArbN vor Erreichen der Regelaltersgrenze eine Rente wegen Alters beantragen kann, gilt dem ArbN gegenüber als auf das Erreichen der Regelaltersgrenze abgeschlossen, es sei denn, dass die Vereinbarung innerhalb der letzten drei Jahre vor diesem Zeitpunkt abgeschlossen oder von dem Arbeitnehmer innerhalb der letzten drei Jahre vor diesem Zeitpunkt bestätigt worden ist. Nach § 8 Abs. 3 des Altersteilzeitgesetzes ist eine Vereinbarung über Altersteilzeit, die die Beendigung des Arbeitsverhältnisses ohne Kündigung zu einem Zeitpunkt vorsieht, in dem der ArbN Anspruch auf eine Rente nach Altersteilzeit hat, zulässig. Mit Rücksicht auf die Richtlinie Nr. 2000/78/EG v. 27.11.2000 (ABl. 2000 L 303, 16) könnten Befristungen des Arbeitsverhältnisses als Diskriminierung wegen des Alters eingeordnet werden, aber Art. 6 Abs. 1 der Richtlinie erlaubt Ungleichbehandlungen wegen des Alters, „sofern sie objektiv und angemessen sind und im Rahmen des nationalen Rechts durch ein legitimes Ziel, worunter rechtmäßige Ziele aus den Bereichen Beschäftigungspolitik, Arbeitsmarkt und berufliche Bildung zu verstehen sind, gerechtfertigt sind“ (vgl. *Bauer* NJW 2001, 2672). § 10 S. 3 Nr. 5 AGG eröffnet jedenfalls die Möglichkeit, eine Altersgrenze zu vereinbaren, wenn der ArbN zu diesem Zeitpunkt eine Altersrente beantragen kann – die Rechtmäßigkeit dieser Norm wurde zwar im Hinblick auf die Richtlinie 2000/78/EG angezweifelt (vgl. aber EuGH NJW 2007, 3339 = NZA 2007, 1219). Das BAG (NZA 2013, 1428) hält inzwischen auch eine dem AGG entsprechende Altersbefristung für sachlich gerechtfertigt (zu weiteren Einzelheiten vgl. *ErfK*/Müller-Glöge TzBfG § 14 Rn. 56)

**13. Kündigung.** Die Kündigungsfrist richtet sich beim ArbN nach § 622 Abs. 1 u. 2 BGB. Zulässig, auch in vorformulierten Arbeitsverträgen des ArbG, ist eine sog Gleichbehandlungsabrede, wonach die gesetzlich verlängerten Kündigungsfristen, die zunächst nur für den ArbG gelten, auch für eine Kündigung durch den ArbN gelten sollen (*ErfK*/Müller-Glöge BGB § 622 Rn. 40). Die Berücksichtigung von Beschäftigungszeiten hat gem. § 622 Abs. 2 S. 2 zweiter Halbsatz BGB eigentlich ab dem 25. Lebensjahr zu erfolgen. Dies stellt jedoch eine sachlich nicht gerechtfertigte Altersdiskriminierung dar, verstößt damit gegen Unionsrecht und die Vorschrift ist daher unangewendet zu lassen (EuGH NZA 2010, 85; BAG NZA 2011, 343). Tarifverträge können von den gesetzlichen Kündigungsfristen abweichende Regelungen enthalten. Einzelvertraglich kann aber wegen § 622 Abs. 6 BGB nicht nur für den AN eine längere Frist vereinbart werden. Nach § 622 Abs. 5 BGB kann auch eine kürzere Frist bei Aushilfsarbeitsverhältnissen und bei Betrieben bis zu einer bestimmten Größe vereinbart werden. Gem. § 623 BGB ist für die Kündigung die Schriftform einzuhalten. Dies gilt auch für die Auflösung. Nach § 17 Abs. 2 MutterschutzG bedarf die Kündigung der Schriftform und muss den zulässigen Kündigungsgrund angeben. Eine Vereinbarung darüber, dass die Kündigung durch eingeschriebenen Brief erfolgen muss, ist wegen § 309 Nr. 13 BGB unzulässig (*ErfK*/Preis BGB §§ 305–310 Rn. 83). Eine Vereinbarung des Inhalts, dass empfangsbedürftige Willenserklärungen wie die Kündigung an einem festen Tag nach Aufgabe zur Post als zugegangen gelten, ist wegen § 308 Nr. 6 BGB ebenfalls unzulässig (*ErfK*/Preis BGB §§ 305–310 Rn. 101). Das BAG vertritt die Ansicht, dass das Kündigungsschreiben dem ArbN auch bei dem ArbG bekannter Ortsabwesenheit zugeht, solange der ArbN die Wohnung aufrecht erhält (vgl. BAG AP BGB § 130 Nr. 16; Nr. 17). Die Rechtsprechung zu der Frage, wann ein ArbG Kenntnis von einer Anschriftenänderung des ArbN hat, ist jedoch sehr weitgehend; so kann bereits eine Adressenangabe auf einer Arbeitsunfähigkeitsbescheinigung genügen (vgl. BAG AP BGB § 130 Nr. 10). Vgl. im Übrigen zur Kündigung → Form. XIX.34, → Form. XIX.37, → Form. XIX.38.

Statt einer problematischen Klausel über eine Zugangsfiktion bei Kündigung kann eine Regelung in den Arbeitsvertrag aufgenommen werden, dass der ArbN eine Änderung seiner Anschrift dem ArbG unverzüglich mitzuteilen habe.

**14. Nebenabreden, Schriftform, betriebliche Übung.** Die Klausel über die Nebenabreden sichert, dass ein Berufen auf mündliche Vereinbarungen außerhalb des Vertrages nicht ohne weiteres möglich ist. Bei Formularverträgen ist eine doppelte Schriftformklausel nach § 307 BGB unwirksam, da damit der Vorrang der Individualabrede gem. § 305b BGB ausgeschaltet werden soll (BAG NZA 2008, 1233). Ihr Anwendungsbereich liegt nur noch bei der Verhinderung einer betrieblichen Übung, soweit sie tatsächlich auf diesen Fall eingeschränkt ist, wie hier im Formular vorgesehen (*ErfK*/Preis BGB §§ 305–310 Rn. 96). Eine Vollständigkeitsklausel ist dagegen möglich (*ErfK*/Preis BGB §§ 305–310 Rn. 80; LAG Düsseldorf NZA-RR 2007, 455).

Wegen der Regelungen des NachwG und § 305 Abs. 2 BGB sollten die einschlägigen tariflichen und betrieblichen Regelungen dem ArbN ausgehändigt werden.

**15. Salvatorische Klausel.** Die Regelung zur Teilunwirksamkeit entspricht der gesetzlichen Regelung in § 306 Abs. 1 BGB und hat daher nur deklaratorischen Charakter. Sog Ersetzungsklauseln (zB „Regelung, die unwirksamer Bestimmung wirtschaftlich am nächsten kommt"), die bei Unwirksamkeit einer Bestimmung das gesetzlich angeordnete Eingreifen dispositiven Rechts (§ 306 Abs. 2 BGB) verhindern sollen, sind unwirksam, selbst wenn die Ersatzregelung schon vorgesehen ist. Dies gilt auch für Reduktionsklauseln oder gesetzesverweisende Klauseln, da sie alle das Verbot der geltungserhaltenden Reduktion unterlaufen und das Unwirksamkeitsrisiko des ArbG als Klauselverwender reduzieren sollen (*ErfK*/Preis BGB §§ 305–310 Rn. 95). Das Formular sieht daher nur noch eine Verhandlungspflicht für eine Vertragsänderung vor.

**16. Betriebsverfassungsrecht.** Der Betriebsrat hat bei der inhaltlichen Ausgestaltung von Arbeitsverträgen kein Mitbestimmungsrecht; es sei denn, im Arbeitsvertrag sind Angaben über persönliche Verhältnisse des ArbN enthalten (§ 94 Abs. 2 BetrVG). Bei der Einstellung besteht dagegen gemäß § 99 Abs. 1 BetrVG ein Mitbestimmungsrecht (→ Form. XIX.7). Die Beschäftigung über die vereinbarte Altersgrenze hinaus bedarf nach der Rspr. der Zustimmung des Betriebsrats (vgl. BAG AP BetrVG 1972 § 99 Nr. 54; BAG Betr. 1992, 1530; aA GK-BetrVG/Kraft Rn. 26 zu § 99 BetrVG). Dies erscheint auf Grund der Regelungen des § 41 S. 2 SGB VI nicht immer haltbar.

Vorschlagsrechte des Betriebsrats ergeben sich aus den §§ 80 Abs. 1 Nr. 2 und 8, 92a BetrVG.

**17. Steuern, Sozialversicherung.** Auf der Grundlage dieses Vertragsmusters werden Einkünfte aus nichtselbstständiger Tätigkeit erzielt (§ 19 EStG). Die Tätigkeit ist sozialversicherungspflichtig. Über die Ausnahmen sowie die einzelnen Abzüge vgl. *Küttner/Griese* Personalbuch 2017, 387.

**18. Alternativen.** Soweit nicht in den vorstehenden Anmerkungen alternative Klauseln schon aufgezeigt sind, kommen darüber hinaus Klauseln aus den → Form. XIX.7– → Form. XIX.12 in Betracht.

## 7. Ausführlicher Arbeitsvertrag

**Zwischen[1, 16, 17, 18]**
**der Fa. . . . . . (im Folgenden „Arbeitgeber“ genannt)**
**und**
**Herrn/Frau . . . . . . (im Folgenden „Arbeitnehmer“ genannt)**
**wird folgender Arbeitsvertrag vereinbart:**

**§ 1 Beginn des Arbeitsverhältnisses, Probezeit[2]**

**(1) Das Arbeitsverhältnis beginnt am . . . . . .**
**(2) Die ersten sechs Monate gelten als Probezeit. Während dieser Zeit kann das Arbeitsverhältnis beiderseits mit einer Frist von zwei Wochen gekündigt werden.**
**(3) Eine ordentliche Kündigung vor Arbeitsantritt ist ausgeschlossen.**

**§ 2 Tätigkeit, Ort[3]**

**(1) Der Arbeitnehmer wird als . . . . . . in . . . . . . (Arbeitsort) eingestellt und mit allen einschlägigen Arbeiten nach näherer Anweisung der Betriebsleitung und seiner Vorgesetzten beschäftigt.**
**(2) Der Arbeitgeber behält sich vor, den Arbeitnehmer aus betrieblichen Gründen unter Wahrung seiner Interessen für eine andere gleichwertige Tätigkeit, in einem anderen Arbeitsgebiet oder an einem anderen Arbeitsort einzusetzen, soweit dies seinen Fähigkeiten und Kenntnissen entspricht. Macht der Arbeitgeber von diesem Recht Gebrauch, ist er verpflichtet die bisherige Vergütung weiter zu entrichten.**

**§ 3 Arbeitszeit,[4] Über- und Mehrarbeit, Kurzarbeit**

**(1) Die regelmäßige wöchentliche Arbeitszeit beträgt . . . . . . Stunden.**
**(2) Die werktägliche Verteilung der Arbeitszeit obliegt dem Arbeitgeber. Beginn und Ende der täglichen Arbeitszeit sowie die Pausenregelung richten sich nach den betrieblichen Regelungen und Erfordernissen.**

(3) Der Arbeitnehmer ist verpflichtet auf Anordnung des Arbeitgebers, im gesetzlich zulässigen Rahmen zumutbare Über- oder Mehrarbeit sowie auch Nacht-, Sonn- und Feiertagsarbeit zu leisten.
(4) Der Arbeitgeber kann unter Einhaltung einer dreiwöchigen Ankündigungsfrist Kurzarbeit bis zu sechs Monaten und mit mindestens 50 % Verringerung der Arbeitszeit anordnen, wenn die Voraussetzungen der Gewährung von Kurzarbeitergeld (§§ 95 ff. SGB III) erfüllt sind und der ganze Betrieb oder die Betriebsabteilung des Arbeitnehmers betroffen ist.[16]

§ 4 Vergütung, sonstige Leistungen[5]

(1) Der Arbeitnehmer erhält für seine vertragliche Tätigkeit ein Bruttomonatsgehalt in Höhe von EUR . . . . . ., das jeweils am Kalendermonatsende unter Einbehalt der gesetzlichen Abzüge auf das vom Arbeitnehmer anzugebende Konto überwiesen wird.
(2) Mit dem Bruttomonatsgehalt nach Abs. (1) sind . . . . . . Über- bzw. Mehrarbeitsstunden im Monat mit abgegolten. Darüberhinausgehende Überstunden bzw. Mehrarbeit wird nach Wahl des Arbeitgebers in Freizeit ausgeglichen oder vergütet. Zuschläge werden nicht gezahlt und sind in den Bezügen mit enthalten. (Alternativ: Jede geleistete Über- oder Mehrarbeitsstunde wird mit einem Zuschlag von 25 % auf die übliche Vergütung bezahlt.)[6]
(3) Wird Weihnachtsgeld gewährt, stellt es eine freiwillige Leistung des Arbeitgebers dar, die auch bei mehrmaliger vorbehaltloser Gewährung keinen Rechtsanspruch für die Zukunft begründet./Alternativ: Über die Gewährung einer Weihnachtsgratifikation wird jedes Jahr neu entschieden, mit der Maßgabe, dass auch mit einer wiederholten Zahlung kein Rechtsanspruch für die Zukunft begründet wird.[17]

§ 5 Abtretung und Verpfändung des Arbeitseinkommens[7]

Die Abtretung sowie die Verpfändung von Vergütungsansprüchen sind ohne Zustimmung des Arbeitgebers ausgeschlossen.

§ 6 Arbeitsverhinderung und Vergütungsfortzahlung im Krankheitsfall[8]

(1) Der Arbeitnehmer ist verpflichtet, jede Arbeitsverhinderung und ihre voraussichtliche Dauer unverzüglich dem Arbeitgeber anzuzeigen sowie auf Verlangen des Arbeitgebers die Gründe der Arbeitsverhinderung mitzuteilen.
(2) Im Falle der Arbeitsunfähigkeit infolge Krankheit ist der Arbeitnehmer verpflichtet, vor Ablauf des dritten Tages der Arbeitsunfähigkeit eine ärztliche Bescheinigung über die Arbeitsunfähigkeit sowie über deren voraussichtliche Dauer vorzulegen. Dauert die Arbeitsunfähigkeit länger als in der Bescheinigung angegeben, so ist der Arbeitnehmer verpflichtet, die Fortdauer der Arbeitsunfähigkeit dem Arbeitgeber unverzüglich anzuzeigen und spätestens am ersten Tag des verlängerten Krankheitszeitraums eine neue ärztliche Bescheinigung vorzulegen. Der Arbeitgeber kann im Einzelfall auch eine frühere Vorlage einer Arbeitsunfähigkeitsbescheinigung verlangen.
(3) Ist der Arbeitnehmer an der Arbeitsleistung infolge auf unverschuldeter Krankheit beruhender Arbeitsunfähigkeit verhindert, so leistet der Arbeitgeber Vergütungsfortzahlung nach den Bestimmungen des Entgeltfortzahlungsgesetzes. Der Arbeitgeber ist berechtigt, die Vergütungsfortzahlung zurückzubehalten, bis die Arbeitsunfähigkeitsbescheinigung eingeht.

§ 7 Urlaub[9, 18]

(1) Der Arbeitnehmer hat Anspruch auf den gesetzlichen Mindesturlaub von 20 Arbeitstagen, ausgehend von einer 5-Tage-Woche. Darüber hinaus gewährt der Arbeitgeber dem Arbeitnehmer einen vertraglichen Erholungsurlaub von weiteren . . . . . . Arbeitstagen pro

Kalenderjahr. Mit Urlaubserteilung erfüllt der Arbeitgeber zunächst den gesetzlichen Urlaubsanspruch. Der vertragliche Urlaubsanspruch verfällt nach Ablauf des Kalenderjahres (*alternativ:* mit Ablauf des 31.3. des Folgejahres) ersatzlos, selbst wenn der Arbeitnehmer den Urlaub wegen Arbeitsunfähigkeit nicht nehmen kann.

(2) Die Festlegung des Urlaubs erfolgt durch den Arbeitgeber unter Berücksichtigung der Wünsche des Arbeitnehmers. Dringende betriebliche Gründe oder Urlaubswünsche anderer Arbeitnehmer, die unter sozialen Gesichtspunkten Vorrang verdienen, gehen vor.

(3) Bei Urlaubsantritt zahlt der Arbeitgeber dem Arbeitnehmer ein zusätzliches Urlaubsgeld von Euro . . . . . . je Urlaubstag.

(4) Eine etwaige Urlaubsabgeltung im Fall einer Beendigung des Arbeitsverhältnisses erfolgt nur bis zur Höhe des gesetzlichen Urlaubsanspruchs.

§ 8 Nebentätigkeiten,[10] Wettbewerbsverbot[19]

(1) Während der Dauer des Arbeitsverhältnisses ist jede entgeltliche oder unentgeltliche Nebentätigkeit nur mit Zustimmung des Arbeitgebers zulässig.

(2) Die Zustimmung ist zu erteilen, wenn die Nebentätigkeit die dienstlichen Aufgaben nicht behindert, gesetzlich zulässig ist und sonstige berechtigte Interessen des Arbeitgebers nicht beeinträchtigt werden

(3) Während der Dauer des Arbeitsverhältnisses unterliegt der Arbeitnehmer einem Wettbewerbsverbot. Insbesondere ist es dem Arbeitnehmer untersagt, als Arbeitnehmer, freier Mitarbeiter oder in irgendeiner sonstigen Form für einen Wettbewerber des Arbeitgebers tätig zu werden oder ein solches Wettbewerbsunternehmen zu gründen oder sich an einem solchen Wettbewerbsunternehmen mittelbar oder unmittelbar zu beteiligen, mit Ausnahme reiner Finanzbeteiligungen.

§ 9 Verschwiegenheits-, Herausgabepflicht[11]

(1) Der Arbeitnehmer verpflichtet sich, über alle ihm während seiner Tätigkeit bekannt werdenden Geschäfts- und Betriebsgeheimnisse und sonstigen geschäftlichen bzw. betrieblichen Tatsachen vertraulicher Natur auch nach Beendigung des Arbeitsverhältnisses Stillschweigen zu bewahren und sie nicht unlauter zu verwerten.

(2) Der Arbeitnehmer verpflichtet sich, auf Verlangen des Arbeitgebers jederzeit oder unaufgefordert beim Ausscheiden aus dem Arbeitsverhältnis sämtliche betriebliche Arbeitsmittel, Unterlagen, Datenträger und Aufzeichnungen sowie etwaige angefertigte Abschriften oder Kopien an den Arbeitgeber herauszugeben. Ein Zurückbehaltungsrecht steht dem Arbeitnehmer nicht zu.

§ 10 Beendigung des Arbeitsverhältnisses

(1) Das Arbeitsverhältnis endet mit Ablauf des Monats, in dem der Arbeitnehmer das gesetzliche Regelrenteneintrittsalter erreicht.[12]

(2) Das Arbeitsverhältnis kann nach Ablauf der Probezeit unter Einhaltung der gesetzlichen Kündigungsfristen von jeder Partei gekündigt werden. Die gesetzliche Verlängerung der Kündigungsfrist für den Arbeitgeber, gilt auch für den Arbeitnehmer.[13]

(3) Das Recht zur außerordentlichen Kündigung bleibt unberührt.

(4) Jede Kündigung muss schriftlich erfolgen.

(5) Im Falle einer Kündigung ist der Arbeitgeber aus triftigen Gründen (zB Geheimhaltungs- oder Wettbewerbsinteressen) berechtigt, den Arbeitnehmer für die Dauer der Kündigungsfrist unter Fortzahlung seiner Vergütung von der Verpflichtung zur Arbeit freizustellen. Eine unwiderrufliche Freistellung erfolgt unter Anrechnung auf etwaige bestehende und noch entstehende Urlaubsansprüche und Freizeitausgleichsansprüche.[20]

§ 11 Arbeitsergebnisse, Arbeitnehmererfindungen[21]

(1) Sämtliche Ergebnisse aus der Tätigkeit des Arbeitnehmers stehen unmittelbar und ausschließlich dem Arbeitgeber zu. Der Arbeitnehmer überträgt dem Arbeitgeber das ausschließliche, zeitlich, räumlich und inhaltlich unbeschränkte Nutzungs- und Verwertungsrecht für alle etwaigen, nach Urheber-, Geschmacksmuster-, Gebrauchsmuster-, Marken- oder einem anderen Schutzrecht schutzfähigen Arbeitsergebnisse, die der Arbeitnehmer während der Dauer seines Arbeitsverhältnisses, während seiner Arbeitszeit oder, sofern sie Bezug auf seine arbeitsvertraglichen Aufgaben haben, auch außerhalb seiner Arbeitszeit erstellt. Die Übertragung des Nutzung- und Verwertungsrecht umfasst insbesondere auch die uneingeschränkte Entscheidungsfreiheit des Arbeitgebers über die Anmeldung, Aufrechterhaltung und Aufgabe von Schutzrechten sowie die Erlaubnis zur Bearbeitung und die Lizenzvergabe an Dritte. Der Arbeitgeber nimmt die Übertragung vollumfänglich an.
(2) Der Arbeitnehmer verzichtet ausdrücklich auf sonstige, ihm etwa als Urheber oder sonstigen Schutzrechtsinhaber zustehende Rechte an den Arbeitsergebnissen, insbesondere auf das Recht auf Namensnennung, auf Bearbeitung und Zugänglichmachung des Werkes.
(3) § 69b UrhG bleibt unberührt.
(4) Die Übertragung bzw. Einräumung von Rechten und der Verzicht auf Rechte nach § 11 (1) bis (3) ist vollumfänglich mit dem Bruttomonatsgehalt abgegolten.
(5) Für Rechte an Erfindungen oder technischen Verbesserungen, die der Arbeitnehmer während seiner Tätigkeit für den Arbeitgeber gemacht oder erarbeitet hat, findet ausschließlich das Arbeitnehmererfindungsgesetz Anwendung. Der Arbeitnehmer ist daher verpflichtet, jede von ihm während der Dauer des Arbeitsverhältnisses gemachte Erfindung oder technische Verbesserung dem Arbeitgeber unverzüglich schriftlich zu melden und hierbei kenntlich zu machen, dass es sich um die Meldung einer Erfindung oder eines technischen Verbesserungsvorschlags handelt.

§ 12 Vertragsstrafe, Schadensersatz[22]

(1) Nimmt der Arbeitnehmer die Arbeit nicht oder verspätet auf, verweigert er vorübergehend unberechtigt die Arbeit, löst er das Arbeitsverhältnis ohne Einhaltung der maßgeblichen Kündigungsfrist unberechtigt auf oder wird der Arbeitgeber durch vertragswidriges Verhalten des Arbeitnehmers zur außerordentlichen Kündigung veranlasst, so hat der Arbeitnehmer an den Arbeitgeber eine Vertragsstrafe zu zahlen. Als Vertragsstrafe wird für den Fall der verspäteten Aufnahme der Arbeit, der vorübergehenden Arbeitsverweigerung und der Auflösung des Arbeitsverhältnis ohne Einhaltung der maßgeblichen Kündigungsfrist ein sich aus dem Bruttomonatsgehalt nach § 4 Abs. 1 zu errechnendes Bruttotagegeld für jeden Tag der Zuwiderhandlung vereinbart, insgesamt jedoch nicht mehr als das in der gesetzlichen Mindestkündigungsfrist ansonsten zu zahlende Arbeitsentgelt. Im Übrigen beträgt die Vertragsstrafe ein Bruttomonatsgehalt gemäß § 4 Abs. 1.
(2) Die Geltendmachung von weiterem Schadenersatz bleibt unberührt.

§ 13 Verfallfristen[23]

(1) Alle beiderseitigen Ansprüche aus dem Arbeitsverhältnis und solche, die mit dem Arbeitsverhältnis in Verbindung stehen, verfallen, wenn sie nicht innerhalb von drei Monaten nach Fälligkeit gegenüber der anderen Vertragspartei in Textform geltend gemacht worden sind.
(2) Lehnt die Gegenseite den Anspruch ab oder erklärt sie sich nicht innerhalb von zwei Wochen nach der Geltendmachung des Anspruchs, so verfällt dieser, wenn er nicht innerhalb von drei Monaten nach der Ablehnung oder dem Fristablauf gerichtlich geltend gemacht wird.

(3) Vorstehende Verfallfristen gelten nicht für Ansprüche, die auf der Verletzung des Lebens, des Körpers oder der Gesundheit sowie auf vorsätzlichen Pflichtverletzungen beruhen, und nicht für sonstige unverzichtbare Ansprüche aus Gesetzen wie der gesetzliche Mindestlohn

§ 14 Rückzahlung von Vorschüssen und Darlehen[24]

Im Falle der Beendigung des Arbeitsverhältnisses noch offene Restbeträge von Vorschüssen und Darlehen werden bei Beendigung des Arbeitsverhältnisses zur Rückzahlung fällig; es sei denn, der Arbeitgeber hat aus betriebsbedingten Gründen das Arbeitsverhältnis gekündigt oder der Arbeitnehmer hat ausdrücklich wegen eines zur außerordentlichen Kündigung berechtigenden Grundes gekündigt.

§ 15 Personalfragebogen[25]

Die Angaben im Personalfragebogen sind wesentlicher Bestandteil dieses Vertrages. Änderungen sind unverzüglich dem Arbeitgeber mitzuteilen. Bei unwahren Angaben oder Verschweigen wesentlicher Tatsachen im Personalfragebogen kann der Arbeitgeber den Vertrag anfechten.

§ 16 E-Mail- und Internetnutzung[26]

Betriebliche Telekommunikationsmittel, insbesondere E-Mail und Internet, dürfen nur für dienstliche Zwecke verwendet werden. Eine private Nutzung ist nur im Notfall erlaubt.

§ 17 Nebenabreden, Schriftform, betriebliche Übung[14]

Mündliche Nebenabreden bestehen nicht. Änderungen und Ergänzungen dieses Vertrages bedürfen zu ihrer Wirksamkeit der Schriftform. Dies gilt auch für die Aufhebung und Änderung dieser Schriftformklausel. Ausgeschlossen sind damit Vertragsänderungen durch betriebliche Übung. Der Vorrang von individuellen mündlichen Vertragsabreden zwischen den Parteien nach Vertragsschluss (§ 305b BGB) bleibt unberührt.

§ 18 Salvatorische Klausel[15]

(1) Sind einzelne Bestimmungen dieses Vertrages ganz oder teilweise unwirksam, so berührt dieses nicht die Wirksamkeit der übrigen Regelungen des Vertrages.
(2) Die Parteien sind in einem solchen Falle verpflichtet, an der Schaffung von Bestimmungen mitzuwirken, durch die ein der unwirksamen Bestimmung möglichst nahekommender wirtschaftlicher Erfolg rechtswirksam erzielt wird.

...... (Ort), den ......

| | |
|---|---|
| ...... | ...... |
| Unterschrift des Arbeitgebers | Unterschrift des Arbeitnehmers |

*Schrifttum:* wie Form. XIX. 6; *Bartenbach/Volz,* Arbeitnehmererfindungsgesetz, 5. Aufl., 2013; *dies.,* Die Novelle des Gesetzes über Arbeitnehmererfindungen, GRUR 2009, 997; *Bayreuther,* Zum Verhältnis zwischen Arbeits-, Urheber- und Arbeitnehmererfindungsrecht, GRUR 2003, 570; *Beier,* Die gemeinschaftliche Erfindung von Arbeitnehmern, GRUR 1979/10, 669; *Düwell/Brink*, Beschäftigtendatenschutz nach der Umsetzung der Datenschutz-Grundverordnung: Viele Änderungen und wenig Neues, NZA 2017, 1081; *Enders,* Know How Schutz als Teil des geistigen Eigentums, GRUR 2012, 25; *Gärtner/Simon,* Reform des Arbeitnehmererfinderrechts – Chancen und Risiken, BB 2011, 1909; *Gaul/Bartenbach,* Entscheidungssammlung Arbeitnehmererfindungsrecht EGR; *Gebel,* Kurzarbeit bei Personalabbau, BB 2015, 2485; *Gola,* Der "neue" Beschäftigtendatenschutz nach § 26 BDSG n. F, BB 2017, 1462; .*Holzner,* Private Nutzung von E-Mail- und Internet am Arbeitsplatz, BB 2009, 2148; *ders.,* Neues zur Regelung der Nutzung von E-Mail und Internet am Arbeitsplatz?, ZRP 2012, 11; *Hartmann/Pröpper,* Internet und E-Mail am Arbeitsplatz – Mustervereinbarung für den dienstlichen und privaten Zugang, BB 2009, 1300; *Jesgarzewski,* Auskunftsansprüche bei Arbeitnehmererfindungen, BB 2011, 2933; *Koch,* Rechtsprobleme privater Nutzung betrieblicher elektronischer Kommunikationsmittel, NZA 2008, 911; *Leuchten,* Konkurrenztätigkeit im gekündigten Arbeitsverhältnis, NZA 2011, 391; *Mengel,* Internal Investigations – Arbeitsrechtliche Lessons Learned und Forderungen an den Gesetzgeber, NZA 17, 1494; *Müller/Deeg,* Kurzarbeitsklauseln in Arbeitsverträgen, ArbRAktuell 2010, 209; *v. Olenhusen,* Der Arbeitnehmer-Urheber im Spannungsfeld zwischen Urheber-, Vertrags- und Arbeitsrecht, ZUM 2010, 474; *Oster,* Arbeitnehmererfindungen beim Betriebsübergang in der Insolvenz. Das Verhältnis von § 27 Nr. 1 ArbnErfG zu § 613a BGB, GRUR 2012, 467;;*Schwab,* Arbeitnehmererfindungsrecht, 4. Auflage 2018; *Ulrici,* Das Recht am Arbeitsergebnis, RdA 2009, 92; *Wybitul,* Der neue Beschäftigtendatenschutz nach § 26 BDSG und Art. 88 DSGVO, NZA 2017, 413.

## Anmerkungen

**1.–15.** Es gelten die Anmerkungen zu → Form. XIX.6 1.–15.; ergänzend gelten die folgenden Anmerkungen. Nicht einschlägige oder nicht gewünschte Klauseln können gestrichen werden.

**16. Kurzarbeit.** Die Anordnung von Kurzarbeit bedarf einer Rechtsgrundlage. Der ArbG ist nicht zur einseitigen Einführung berechtigt, da sie zur teilweisen Suspendierung der Hauptleistungspflichten führt. Ist keine tarifliche Bestimmung einschlägig und besteht auch kein Betriebsrat, mit dem eine Betriebsvereinbarung darüber geschlossen werden kann, ist eine einzelvertragliche Vereinbarung erforderlich, die entweder vorsorglich in den Arbeitsvertrag schon aufgenommen oder im konkreten Einzelfall durch eine Zusatzvereinbarung zu treffen ist. Solche Kurzarbeitsklauseln unterliegen der AGB-Kontrolle. Eine höchstrichterliche Entscheidung liegt hierzu noch nicht vor. Das BAG hat in einer Entscheidung 1994 lediglich ein uneingeschränktes und voraussetzungsloses Anordnungsrecht durch Tarifvertrag abgelehnt (BAG NZA 1995, 134). Allerdings hat das LAG Berlin-Brandenburg (NZA-RR 2011, 65) eine Kurzarbeitsklausel für unwirksam gehalten, wenn sie keine Ankündigungsfrist vorsieht und nicht Umfang und Ausmaß der Kurzarbeit sowie den betroffenen Personenkreis bestimmt. Die Regelungen zum Kurzarbeitergeld sind seit 1.4.2012 in den §§ 95 ff. SGB III geregelt (vormals §§ 169 ff. SGB III).

**17. Weihnachtsgeld, Gratifikation.** Wegen der Einzelheiten für Gratifikationen, Tantiemen etc und die Flexibilisierungsmöglichkeiten wird auf die → Form. XIX.29, 29a verwiesen. Kraft betrieblicher Übung kann ein Anspruch auf sonstige Leistungen erwachsen, wenn auch ohne schriftliche Festlegung die Zahlung wiederholt und vorbehaltlos gewährt wird und hierdurch bei dem ArbN ein Vertrauenstatbestand entsteht, der ArbG wolle sich auch für die Zukunft binden (vgl. BAG AP BGB § 611 Gratifikation Nr. 4; Nr. 6). Einem solcher Vertrauenstatbestand wurde bisher zB mit folgender Pauschalklausel im Arbeitsvertrag entgegengewirkt: „Die Zahlung von Gratifikationen, Tantiemen, Prämien und sonstigen Leistungen liegt im freien Ermessen des Arbeitgebers und begründet keinen Rechtsanspruch, auch wenn die Zahlung wiederholt ohne ausdrück- lichen Vorbehalt der Freiwilligkeit erfolgt.“. Nach neuer BAG-Rechtsprechung benachteiligt ein allgemeiner vertraglicher Freiwilligkeitsvorbehalt, der alle zukünftigen Leistungen unabhängig von ihrer Art und ihrem Entstehungsgrund erfasst, also auch laufende Leistungen, und wohl auch den Vorrang der Individualabrede nicht ausnimmt, den Arbeitnehmer regelmäßig unangemessen gem. § 307 Abs. 1 S. 1, Abs. 2 Nr. 1 und 2 BGB und ist daher unwirksam (BAG NZA 2012, 81; Anm. *Krieger* ArbRAktuell 2012, 15). Der Arbeitgeber muss bei weiterer, ggf. personalpolitisch erforderlicher Verwendung solcher allgemeiner Klauseln daher zur Verhinderung eines Anspruchs aus betrieblicher Übung zumindest kumulativ jeweils vorsorglich noch bei der jeweiligen Auszahlung der Leistung auf die Freiwilligkeit hinweisen (→ Form. XIX.29a). Ein allgemeiner arbeitsvertragliche Freiwilligkeitsvorbehalt ist damit nicht mehr rechtssicher verwendbar. Ferner ist mit den Urteilen des BAG vom 18.1.2012 (10 AZR 667/10, BeckRS 2012, 68196; 10 AZR 612/10, NZA 2012, 561) und der damit auch angedeuteten Aufgabe der Unterscheidung zwischen laufendem Entgelt (Freiwilligkeitsvorbehalt nicht möglich) und Jahressonderzahlung (Freiwilligkeitsvorbehalt bisher möglich) der Freiwilligkeitsvorbehalt für synallagmatische Leistungen generell fraglich geworden, da darin der 10. Senat praktisch alle Arten von Leistungen als Entgelt für erbrachte Leistungen des ArbN einordnet, die nicht deutlich als Sonderzuwendung einen anderen Charakter haben (auch früher sog. Sonderleistungen mit Mischcharakter). Hier wurde der arbeitsvertragliche Vorbehalt deshalb konkret nur auf das Weihnachtsgeld als nichtsynallagmatische Leistung bezogen, wobei im Hinblick auf den eigentlich ebenfalls klarzustellenden Vorrang der Individualabrede fraglich ist, ob die Klausel weiterhin wirksam ist. Vorsorglich wäre demnach vom Arbeitgeber bei jeder Weihnachtsgeldzahlung nochmals zB auf der Lohnabrechnung ein Freiwilligkeitsvorbehalt für das Weihnachtsgeld zu erklären.

Zur Entgeltflexibilisierung generell empfiehlt es sich daher künftig zusätzliche Leistungen mit konkretisiertem Widerrufsvorbehalt zu versehen (→ Form. XIX.19), die Bestimmung zumindest der Höhe etwaiger zusätzlichen Leistungen, ggf. auch ob überhaupt eine Sonderzahlung geleistet wird, ins Ermessen des ArbG zu stellen (sog. „Ermessensgratifkationen vgl. oben im Text Alternative, *Küttner/Kania,* Personalbuch 2017, 6 Rn. 15 ; sie halten einer Inhaltskontrolle stand (BAG NZA 2013, 1013), die Ermessensausübung unterliegt jedoch einer gerichtlichen Kontrolle, eine Reduzierung der Leistung auf Null ist nur in Ausnahmefällen zulässig (BAG NZA 2014, 595, NZA 2016, 1334), aber selbst eine jahrelange gleiche Ermessensausübung bindet den ArbG nicht für die Zukunft (BAG NZA 2017, 1595)) oder ohne jegliche Zusage nicht regelmäßig zu zahlen und vorsorglich zur Vermeidung der Annahme einer individuellen konkludenten Zusage (BAG NZA 2010, 808) jeweils mit einem Freiwilligkeitsvorbehalt zB auf der Lohnabrechnung zu versehen. Ferner sollte unbedingt auf die Verwendung der doppelten Schriftformklausel (§ 17) im Arbeitsvertrag geachtet werden, die bis dato bei entsprechender Begrenzung noch die Entstehung einer betrieblichen Übung hindert. Möglich dürfte auch noch eine konkrete Zusage im Einzelfall zB für ein bestimmtes Jahr sein, die vorsorglich zur Vermeidung einer betrieblichen Übung mit einem konkreten Freiwilligkeitsvorbehalt zu versehen ist (→ Form. XIX.29a).

**18. Urlaub.** Mit der hier gewählten Unterscheidung zwischen gesetzlichen und vertraglichen Urlaub, – eine solche ist explizit zu treffen oder es müssen zumindest für diese Entkoppelung deutliche Anhaltspunkte vorliegen, anderenfalls unterliegt der gesamte Urlaubsanspruch den Regelungen des Bundesurlaubsgesetzes (vgl. BAG NZA 2009, 538) – ist es möglich, für den vertraglichen Zusatzurlaub vom Bundesurlaubsgesetz abweichende Regelungen zu treffen, wie zB den Verfall zum Kalenderjahresende/Ablauf des 31.3. des Folgejahres bei Arbeitsunfähigkeit oder die Nichtabgeltung bei Beendigung vorzusehen. Zu den grundlegenden Rechtsprechungsänderungen im Urlaubsrecht im Falle der Arbeitsunfähigkeit → Form. XIX.39. Ein Anspruch auf zusätzliches Urlaubsgeld, zu unterscheiden von dem dem ArbN zustehenden Urlaubsentgelt, besteht grundsätzlich nicht, kann aber als zusätzliche Leistung zugesagt werden.

**19. Wettbewerbsverbot.** Das in § 60 HGB für Handlungsgehilfen verankerte Wettbewerbsverbot wird als Ausprägung eines allgemeinen Rechtsgedankens gesehen und gilt für alle Arbeitnehmer (BAG NZA 2007, 1431). Es gilt grundsätzlich auch ohne Erwähnung im Vertragstext, dies kann aber zur Klarstellung förderlich sein. Für Wettbewerbstätigkeiten, die bei Vertragsbeginn dem ArbG bekannt sind, wird unwiderleglich die Einwilligung vermutet, wenn nicht die Aufgabe ausdrücklich vereinbart wird, § 60 Abs. 2 HGB. Ein Wettbewerbsverstoß kann eine ordentliche, ggf. auch eine außerordentliche Kündigung rechtfertigen und gibt dem ArbG Schadensersatzansprüche oder ein sog Eintrittsrecht. Hierbei gilt dann im Verhältnis zum ArbN das Geschäft des ArbN als Geschäft des ArbG, so dass zB eine Provision daraus, dem ArbG zusteht. Zu beachten ist auch § 61 HGB, der eine sehr kurze Verjährungsfrist von drei Monaten ab Kenntnis und kenntnisunabhängig fünf Jahre vorsieht. Zur Problematik des Wettbewerbsverbots im gekündigten Arbeitsverhältnis vgl. BAG NZA-RR 2010, 461; *Leuchten* NZA 2011, 391.

**20. Freistellung.** Grundsätzlich ist der ArbG gemäß Art. 1 u. 2 GG verpflichtet, den ArbN bei Bestand des Arbeitsverhältnisses zu beschäftigen. Für die Freistellung auch während der Kündigungsfrist bedarf es eines besonderen Interesses (vgl. BAG NJW 1977, 215). Nunmehr wird teilweise eine generelle und einschränkungslose Freistellungsklausel gem. § 307 Abs. 1 S. 1, Abs. 2 Nr. 1 BGB als unwirksam angesehen (vgl. LAG Baden-Württemberg NZA-RR 2007, 406, LAG Hessen, BeckRS 2013, 70301), da auf den kollektivrechtlichen Beschäftigungsanspruch gem. § 102 Abs. 5 S. 1 BetrVG und den allgemeinen Weiterbeschäftigungsanspruch nicht im Voraus verzichtet werden könne. Die Anforderungen an eine wirksame Klausel sind umstritten. Zum Teil wird vertreten, dass nach dem Ausspruch einer Kündigung für den Lauf der Kündigungsfrist generell ein berechtigtes Interesse des ArbG besteht und die Freistellungsbefugnis für den Kündigungsfall daher unbedenklich ist (BAG NZA 2012, 616), zum Teil wird auch ein sachlicher oder wichtiger Grund gefordert (vgl. *Küttner/Kreitner*, Personalbuch 2017, 191 Rn. 13 ff.; ErfK/*Preis* § 611a Rn. 568 mwN). Das LAG Hessen hat in einer Entscheidung (NZA-RR 2011, 419 ff.) die Bezeichnung der berechtigten Interessen in der Klausel selbst gefordert, so dass in der hier gewählten Formulierung zumindest eine beispielhafte Aufzählung aufgenommen wurde. Die Freistellung erfolgt ferner unter Anrechnung der bestehenden und noch entstehenden Urlaubs- und Freizeitausgleichsansprüche, um einen Abgeltungsanspruch nach BUrlG zu vermeiden. Legt der ArbG in der Freistellungserklärung die genaue Lage des Urlaubs nicht fest, dann bleibt dem ArbN die Festlegung der zeitlichen Lage des Urlaubs überlassen, mit der Folge, dass eine Anrechnung von Zwischenverdienst nicht vorzunehmen ist (vgl. BAG NJW 2007, 2796 = NZA 2007, 36). Die vertraglichen Nebenpflichten wie Verschwiegenheit, Wettbewerbsverbot etc bestehen bei einer einseitigen Freistellung grundsätzlich aber fort, ebenso wie die Vergütungspflicht. Bei einer unwiderruflichen Freistellung unter Anrechnung etwaigen anderweitigen Verdienstes ist der ArbN in der Verwertung seiner Arbeitsleistung allerdings frei und nicht mehr an vertragliche Wettbewerbsverbote (§ 60 HGB) gebunden (vgl. BAG NJW 2007, 2796 = NZA 2007, 36).

**21. Arbeitsergebnisse, Arbeitnehmererfindungen.** Grundsätzlich stehen alle Arbeitsergebnisse des ArbN entschädigunglos dem ArbG zu. Davon zu unterscheiden ist aber das nicht übertragbare Eigentum eines Urhebers, an dem der ArbN dem ArbG Nutzungsrechte im jeweils gewünschten Umfang einräumen kann. Innerhalb des Arbeitsverhältnisses ist die Einräumung von Nutzungsrechten durch einen Urheber im Allgemeinen in § 43 UrhG und speziell für Computerprogramme in § 69 UrhG geregelt. Die Vorschriften des Arbeitnehmererfindungsgesetzes gelten demgegenüber zwingend für Diensterfindungen und qualifizierte technische Verbesserungsvorschläge; sie können nicht zu Ungunsten des ArbN abbedungen werden. Die dazu ergangenen Richtlinien für die Vergütung von Arbeitnehmererfindungen im privaten Dienst sind anzuwenden. Die Regelung von technischen Verbesserungsvorschlägen erfolgt grundsätzlich durch Betriebsvereinbarung oder Tarifvertrag (§ 20 Abs. 2 ArbNErfG). Wegen der gesetzlichen Verweisung ist die vertragliche Klausel auch im Hinblick auf die §§ 305 ff. BGB ausreichend. Vergütungen wie auch Prämien für Verbesserungsvorschläge und Erfindungen sind in voller Höhe lohnsteuerpflichtig; ein Freibetrag ist nicht zu berücksichtigen.

**22. Vertragsstrafe, Schadensersatz.** → Form. XIX.23.

**23. Rückzahlung.** Die Fälligkeit von Vorschüssen und Darlehen wird durch die Beendigung des Arbeitsvertrages regelmäßig nicht herbeigeführt. Grundsätzlich kann und muss daher zur Absicherung eine vorzeitige Rückzahlungspflicht für den Fall der Beendigung des Arbeitsverhältnisses vereinbart werden, da das Darlehen bei Beendigung nicht schon ohne weiteres wegen Wegfalls der Geschäftsgrundlage nach § 313 BGB zur Rückzahlung fällig wird (*Schaub* ArbR-HdB 17. Aufl. § 70 Rn. 21; BAG AP BGB § 607 Nr. 2, DB 1964, 737). Nach einer Entscheidung des BAG v. 23.9.1992 (AP BGB § 611 Arbeitnehmerdarlehen Nr. 1 = NZA 1993, 936 = DB 1993, 436) besteht nämlich dann kein Anspruch des ArbG auf sofortige Rückzahlung, wenn die Auslegung des Darlehensvertrages ergibt, dass er in diesem Fall weitergeführt werden soll. Eine sofortige Rückzahlung ist jedoch ausgeschlossen und eine entsprechende Klausel benachteiligt den ArbN auch unangemessen (§ 307 Abs. 2 Nr. 1 BGB), wenn der ArbN aus einem vom ArbG zu vertretenden Grund fristlos kündigt (BAG AP BGB § 607 Nr. 1) oder der ArbG betriebsbedingt kündigt, da dann der ArbG es selbst in der Hand hätte, die Bedingung für die sofortige Rückzahlung herbeizuführen (§ 162 Abs. 2 BGB; *Küttner/Griese,* Personalbuch 2017, 23, Rn. 8; *Schaub* ArbR-HdB 17. Aufl. § 70 Rn. 21, der zusätzlich noch die ArbG-Kündigung wegen Gründen, die in der Person des ArbN liegen ausnimmt). Eine formularmäßige Klausel, die die sofortige Rückzahlung ohne Differenzierung nach dem Beendigungsgrund vorsieht benachteiligt den ArbN unangemessen und ist daher unwirksam; eine geltungserhaltende Reduktion ist ebenfalls ausgeschlossen (BAG NJW 2014, 2138). Das gilt auch dann, wenn Darlehensgeber ein mit dem ArbG verbundener Unterstützungsverein ist (BAG AP BGB § 607 Nr. 1). Darüber hinaus sind solche Klauseln auch unter dem Gesichtspunkt der unzulässigen Kündigungserschwerung (Art. 12 Abs. 1 GG Berufsfreiheit) kritisch zu sehen (*Küttner/Griese,* Personalbuch 2017, 23, Rn. 9, der sie aber für vom ArbN verursachte außerordentliche ArbG-Kündigung für zulässig hält; mit Verweis auf die Rspr. zur Rückzahlungsklauseln für Gratifikationen, ErfK/*Preis* § 611a Rn. 426).

**24. Verfallfristen.** Die einzelvertragliche Regelung von Verfallfristen, nach deren Ablauf eine Forderung erlischt, ist rechtswirksam; es sei denn, ein anwendbarer Tarifvertrag sieht eine andere Regelung vor (vgl. BAG AP TVG § 1 Bezugnahme auf Tarifvertrag Nr. 1; BAG NZA 1989, 101; LAG Düsseldorf Betr. 1981, 590; *Hergenröder* „Ausschlussfristen" AR-Blattei SD 350). Verfallfristen sollten aber drucktechnisch hervorgehoben werden, da ihre Rechtswirksamkeit sonst nach Auffassung des Bundesarbeitsgerichts im Hinblick auf das Transparenzgebot problematisch sein kann, insbesondere dürfen sie nicht an versteckter Stelle oder unter falscher Überschrift im Vertrag enthalten sein (vgl. BAG NZA 2006, 1273). Wegen § 307 BGB kann keine einseitige Verfallfrist zu Lasten des ArbN vereinbart werden (vgl. BAG NZA 2006, 324). Eine eingliedrige Ausschlussfrist, die eine Geltendmachung innerhalb einer bestimmten Frist vorsieht, darf 3 Monate nicht unterschreiten (vgl. BAG NJW 2006, 795 = NZA 2006, 149). Der Fristbeginn muss sich auf die Fälligkeit des Anspruchs beziehen (vgl. BAG NJW 2006, 2205 = NZA 2006, 783). Eine zweigliedrige Ausschlussfrist, die ferner eine gerichtliche Geltendmachung binnen einer bestimmten Frist fordert, muss für die gerichtliche Geltendmachung mindestens 3 Monate betragen (vgl. BAG NJW 2005, 3305 = NZA 2005, 1111). Ob Ausschlussfristen an § 309 Nr. 7 BGB zu messen sind und daher Ansprüche aus schuldhaft herbeigeführten Schäden aus der Verletzung des Lebens, des Körpers oder der Gesundheit sowie wegen grobfahrlässiger oder vorsätzlicher Pflichtverletzung nicht erfassen dürfen, ist strittig (BAG NZA 2005, 1111; 2006, 149, aA BGH

NJW 2007, 674; vgl. auch *ErfK*/Preis BGB §§ 194–218 Rn. 45). Nach BAG (NZA-RR 2016, 438; NZA 2013, 1265) sind allerdings vertragliche Ausschlussfristen regelmäßig so auszulegen, dass sie nur die von den Parteien für regelungsbedürftig gehaltenen Fälle erfassen sollen und eine Anwendung auch auf Fallkonstellationen, die zwingend durch gesetzliche Verbote oder Gebote geregelt sind, regelmäßig gerade nicht gewollt ist, wie zB Ansprüche aus vorsätzlichem Handeln. § 3 MiLoG, der die Beschränkung der Geltendmachung sowie den Ausschluss der Mindestlohnansprüche verbietet, ist auch ein solcher Fall. Allerdings hat das BAG (NZA 2016,1539) eine Klausel, die Ansprüche auf Mindestentgelt in der Pflegebranche nicht ausnimmt, für unwirksam gehalten, da sie die Rechtslage irreführend darstellt und der ArbN davon abgehalten werden könnte, seine Mindestlohnansprüche geltend zu machen. Demgemäß werden auch diese Ansprüche aus dem Anwendungsbereich der Verfallfrist vorsorglich ausgenommen. In einer weiteren Entscheidung (BeckRS 2017, 135371) konnte das BAG offen lassen, ob die Nichtherausnahme von Mindestlohnansprüchen die Verfallsklausel insgesamt unwirksam macht. Nach BAG (NZA 2018, 1619) verstößt nun eine Ausschlussfrist, die and den gesetzlichen Mindestlohn erfasst, gegen das Transparenz gebot des § 307 Abs.1 S.2 BGB, wenn der Arbeitsvertrag nach dem 31.12.2014 geschlossen wurde.

Seit 1.10.2016 kann aufgrund der Neufassung des § 309 Nr. 13 BGB für die Geltendmachung von Ansprüchen aus dem Arbeitsverhältnis keine strengere Form mehr als die Textform vereinbart werden, sonst ist die Regelung unwirksam. Damit ist Geltendmachung durch Fax oder E-Mail möglich und ausreichend.

**25. Personalfragebogen, Anfechtung.** Durch diese Klausel wird für den ArbN in jedem Falle erkennbar, dass die verschwiegene oder unrichtige Angabe im Personalfragebogen, so einer bei Einstellung verwendet wurde, für die Entscheidung des ArbG über seine Einstellung von ausschlaggebender Bedeutung ist. Dies ist für das Anfechtungsrecht erforderlich. Die Verpflichtung zur Mitteilung von Änderungen der Angaben im Personalfragebogen kann ua für die Frage des Zugangs von Kündigungen wichtig sein (→ Form. XIX.6 Anm. 17). Im Übrigen → Form. XIX.32.

**26. Private E-Mail- und Internetnutzung.** Eine private Nutzung von E-Mail und Internet ist grundsätzlich von der vorherigen Genehmigung des Arbeitgebers abhängig. Der Arbeitgeber kann darüber nach freiem Ermessen entscheiden und es auch, wie hier vorgesehen, vollständig untersagen. Ein Anspruch des ArbN auf Privatnutzung besteht nicht. Die generelle Untersagung bietet aus ArbG-Sicht den Vorteil, dass ansonsten bei gestatteter Privatnutzung diese von der dienstlichen Nutzung getrennt und unter dem Schutz des Fernmeldegeheimnisses (§ 88 TKG) ermöglicht werden müsste (str. *Küttner/Kreitner,* Personalbuch 2017, 229 Rn. 7 mwN, aA LAG BlnBbg BeckRS 2016, 67048). Erfolgt keine Trennung strahlt das Fernmeldegeheimnis ggf. auch auf die betriebliche Kommunikation aus, so dass die betrieblichen E-Mails wie private E-Mails behandelt werden müssen und dem Zugriff des ArbG weitgehend entzogen sind (vgl. hierzu ausführlich *Koch* NZA 2008, 911). Ob sich aus der Billigung oder Duldung über längere Zeit hinweg ein Anspruch auf Privatnutzung aus betrieblicher Übung ergeben kann ist bisher str. (bejahend *Küttner/Kreitner,* Personalbuch 2017, 229 Rn. 4 ff. mwN, ablehnend *Koch* NZA 2008, 911). Ein Verstoß gegen das Verbot der Privatnutzung rechtfertigt, zumindest bei einer gewissen Schwere des Verstoßes, eine Abmahnung und im Wiederholungsfalle in Abhängigkeit von der Dauer und der Schwere auch eine verhaltensbedingte Kündigung (BAG NZA 2006, 98). Eine Kontrolle des ArbG ist zwar grundsätzlich zulässig, vor dem Hintergrund des Datenschutzes (§ 32 BDSG) und des Persönlichkeitsrechts des ArbN jedoch stark eingeschränkt, insbesondere bei einer gestatteten Privatnutzung (zu Einzelheiten vgl. *Küttner/Kreitner,* Personalbuch 2017, 229 Rn. 48 ff.).

# 8. Arbeitsvertrag mit Tarifunterstellung

Zwischen[1]
der Fa. . . . . . (im Folgenden „Arbeitgeber" genannt)
und
Herrn/Frau . . . . . (im Folgenden „Arbeitnehmer" genannt)
wird folgender Arbeitsvertrag vereinbart:

§ 1 Beginn des Arbeitsverhältnisses, Probezeit[2]

(1) Das Arbeitsverhältnis beginnt am . . . . . .
(2) Die Probezeit beträgt . . . . . Wochen/Monate.
(3) Eine ordentliche Kündigung vor Arbeitsantritt ist ausgeschlossen.

§ 2 Tätigkeit, Ort[3]

(1) Der Arbeitnehmer wird als . . . . . in . . . . . (Arbeitsort) eingestellt.
(2) Der Arbeitnehmer ist verpflichtet, auf Anweisung auch andere zumutbare Tätigkeiten zu verrichten, die im Rahmen der Vergütungsgruppe liegen, in die er eingruppiert ist. Die anderen Tätigkeiten dürfen ihm nur nach billigem Ermessen unter Wahrung seiner Interessen zugewiesen werden.

§ 3 Arbeitszeit

(1) Die regelmäßige Arbeitszeit richtet sich nach den für den Betrieb geltenden tariflichen und betrieblichen Regelungen. Sie beträgt zurzeit . . . . . Wochenstunden.
(2) Die werktägliche Verteilung der Arbeitszeit obliegt dem Arbeitgeber. Beginn und Ende der täglichen Arbeitszeit sowie die Pausenregelung richten sich nach den betrieblichen Regelungen und Erfordernissen.

§ 4 Vergütung[4, 5]

(1) Der Arbeitnehmer erhält ein Gehalt nach dem Gehalts-/Entgeltrahmen-/Lohntarifvertrag in der jeweils geltenden Fassung und wird in die Vergütungsgruppe . . . . . eingruppiert.
(2) Der Arbeitnehmer erhält eine übertarifliche Zulage von derzeit monatlich EUR . . . . . brutto. Sie kann ganz oder teilweise auf Tariferhöhungen angerechnet werden.[6]
(3) Das Gehalt wird unter Einbehalt der gesetzlichen Abzüge auf das vom Arbeitnehmer anzugebende Konto überwiesen.

§ 5 Abtretung und Verpfändung des Arbeitseinkommens[7]

Die Abtretung sowie die Verpfändung von Vergütungsansprüchen sind ohne Zustimmung des Arbeitgebers ausgeschlossen.

§ 6 Arbeitsverhinderung und Vergütungsfortzahlung im Krankheitsfall[8]

(1) Der Arbeitnehmer ist verpflichtet, jede Arbeitsverhinderung und ihre voraussichtliche Dauer unverzüglich dem Arbeitgeber anzuzeigen sowie auf Verlangen des Arbeitgebers die Gründe der Arbeitsverhinderung mitzuteilen.
(2) Im Falle der Arbeitsunfähigkeit infolge Krankheit ist der Arbeitnehmer verpflichtet, vor Ablauf des dritten Tages der Arbeitsunfähigkeit eine ärztliche Bescheinigung über die

Arbeitsunfähigkeit sowie über deren voraussichtliche Dauer vorzulegen. Dauert die Arbeitsunfähigkeit länger als in der Bescheinigung angegeben, so ist der Arbeitnehmer verpflichtet, die Fortdauer der Arbeitsunfähigkeit dem Arbeitgeber unverzüglich anzuzeigen und spätestens am ersten Tag des verlängerten Krankheitszeitraums eine neue ärztliche Bescheinigung vorzulegen. Der Arbeitgeber kann im Einzelfall auch eine frühere Vorlage einer Arbeitsunfähigkeitsbescheinigung verlangen.

§ 7 Urlaub[9]

(1) Der Arbeitnehmer erhält einen Erholungsurlaub nach Maßgabe der tariflichen Bestimmungen, derzeit . . . . . Arbeitstage im Kalenderjahr.

(2) Die zeitliche Festlegung des Urlaubs ist mit dem Arbeitgeber rechtzeitig abzusprechen.

§ 8 Nebentätigkeiten[10]

(1)Während der Dauer des Arbeitsverhältnisses ist jede entgeltliche oder unentgeltliche Nebentätigkeit nur mit Zustimmung des Arbeitgebers zulässig.

(2) Die Zustimmung ist zu erteilen, wenn die Nebentätigkeit die dienstlichen Aufgaben nicht behindert und sonstige berechtigte Interessen des Arbeitgebers nicht beeinträchtigt werden.

§ 9 Verwiegenheits-, Herausgabepflicht[11]

(1) Der Arbeitnehmer verpflichtet sich, über alle ihm während seiner Tätigkeit bekannt werdenden Geschäfts- und Betriebsgeheimnisse und sonstigen geschäftlichen bzw. betrieblichen Tatsachen vertraulicher Natur auch nach Beendigung des Arbeitsverhältnisses Stillschweigen zu bewahren und sie nicht unlauter zu verwerten.

(2) Der Arbeitnehmer verpflichtet sich, auf Verlangen des Arbeitgebers jederzeit oder unaufgefordert beim Ausscheiden aus dem Arbeitsverhältnis sämtliche betriebliche Arbeitsmittel, Unterlagen, Datenträger und Aufzeichnungen sowie etwaige angefertigte Abschriften oder Kopien an den Arbeitgeber herauszugeben. Ein Zurückbehaltungsrecht steht dem Arbeitnehmer nicht zu.

§ 10 Beendigung des Arbeitsverhältnisses

(1) Das Arbeitsverhältnis endet mit Ablauf des Monats, in dem der Arbeitnehmer das gesetzliche Regelrenteneintrittsalter erreicht.[12]

(2) Das Arbeitsverhältnis kann nach Ablauf der Probezeit unter Einhaltung der tariflichen Bestimmungen von jeder Partei gekündigt werden.[13]

(3) Das Recht zur außerordentlichen Kündigung bleibt unberührt.

(4) Jede Kündigung muss schriftlich erfolgen.

§ 12 Anwendbarkeit des Tarifvertrages[1]

Auf das Arbeitsverhältnis finden die Bestimmungen des Manteltarifvertrages (Rahmentarifvertrages) für die Arbeiter/Angestellten des . . . . . vom . . . . . sowie die ergänzenden Tarifverträge in der jeweils geltenden Fassung Anwendung, solange der Arbeitgeber in Bezug auf die anwendbaren Tarifverträge tarifgebunden ist. Fällt die Tarifbindung weg, gilt die letzte kraft Tarifbindung anwendbare Fassung statisch fort, bis die Arbeitsvertragsparteien eine andere Vereinbarung treffen oder der Arbeitgeber in Bezug auf einen anderen Tarifvertrag tarifgebunden ist. Tritt eine solche anderweitige Tarifbindung des Arbeitgebers ein, gilt zukünftig dieser andere Tarifvertrag für das Arbeitsverhältnis. Der Arbeitgeber wird auf einen Wechsel entsprechend dem Nachweisgesetz pauschal hinweisen.

**§ 13 Schriftform, betriebliche Übung**[14]

**Mündliche Nebenabreden bestehen nicht. Änderungen und Ergänzungen dieses Vertrages bedürfen zu ihrer Wirksamkeit der Schriftform. Dies gilt auch für die Aufhebung und Änderung dieser Schriftformklausel. Ausgeschlossen sind damit Vertragsänderungen durch betriebliche Übung. Der Vorrang von individuellen mündlichen Vertragsabreden zwischen den Parteien nach Vertragsschluss (§ 305b BGB) bleibt unberührt.**

**§ 14 Salvatorische Klausel**[15]

**(1) Sind einzelne Bestimmungen dieses Vertrages ganz oder teilweise unwirksam, so berührt dieses nicht die Wirksamkeit der übrigen Regelungen des Vertrages.**
**(2) Die Parteien sind in einem solchen Falle verpflichtet, an der Schaffung von Bestimmungen mitzuwirken, durch die ein der unwirksamen Bestimmung möglichst nahekommender wirtschaftlicher Erfolg rechtswirksam erzielt wird.**

**. . . . . (Ort), den . . . . .**

| | |
|---|---|
| **. . . . .** | **. . . . .** |
| **Unterschrift des Arbeitgebers** | **Unterschrift des Arbeitnehmers** |

*Schrifttum: Bayreuther,* Vorbehaltlose dynamische Bezugnahmeklauseln nach einem Betriebsübergang – Neues vom EuGH, NJW 2017, 2158; *Däubler,* Tarifvertragsgesetz, 4. Aufl., 2016; *Diehn,* AGB-Kontrolle von arbeitsrechtlichen Verweisungsklauseln, NZA 2004, 129; *Giesen,* Bezugnahmeklauseln – Auslegung, Formulierung und Änderung, NZA 2006, 625; *Klebeck,* Unklarheiten bei arbeitsvertraglicher Bezugnahmeklausel – Zur angekündigten Anwendbarkeit des § 305c Abs. 2 BGB auf arbeitsvertragliche Bezugnahmeklauseln, NZA 2006, 15; *Hanau,* Die Rechtsprechung des BAG zur arbeitsvertraglichen Bezugnahme auf Tarifverträge, NZA 2005, 489; *Haussmann,* Schöne Bescherung: Abschied von der Gleichstellungsabrede! Betr. 2005, 2815; *Herms/Meinel,* Änderung der BAG-Rechtsprechung zu Bezugnahmeklauseln in Arbeitsverträgen – Anmerkung zum BAG-Urteil vom 14.12.2005 – 4 AZR 536/2004, Betr. 2006, 1429; *Kempen/Zachert,* Tarifvertragsgesetz, 5. Aufl., 2014; *Klebeck,* Unklarheiten bei arbeitsvertraglicher Bezugnahmeklausel, NZA 2006, 15; *Löwisch/Rieble,* TVG, 4. Aufl., 2017; *Preis,* Probleme der Bezugnahme auf Allgemeine Arbeitsbedingungen und Betriebsvereinbarungen, NZA 2010, 361, *Ubber/Massig,* Die Betriebsvereinbarungsoffenheit Allgemeiner Geschäftsbedingungen – ein Ausweg aus der "Ewigkeitsbindung" durch Bezugnahmeklauseln?, BB 2017, 2230; *Wißmann/Niklas,* Asklepios – Der Vorhang zu und neue Fragen offen, NZA 2017, 967.

## Anmerkungen

**1. Sachverhalt.** Sind beide Vertragsparteien Mitglieder der tarifschließenden Parteien oder soll nach ihrem übereinstimmenden Willen ein bestimmter Tarifvertrag Anwendung auf das Arbeitsverhältnis finden oder behandelt ein ArbG seine ArbN regelmäßig nach einem bestimmten Tarifvertrag und dessen Ergänzungen, kann ein Arbeitsvertrag geschlossen werden, der nur einzelne erhebliche Punkte im Arbeitsvertrag regelt und im Übrigen auf einen Tarifvertrag sowie dessen Ergänzungen Bezug nimmt. Der anwendbare Tarifvertrag ist eindeutig zu bezeichnen, da nach § 305c Abs. 2 BGB zu Lasten des ArbG geht, wenn die Tragweite der Verweisung auf Tarifnormen zweifelhaft ist (vgl. BAG NZA 2006, 202). Da durch die vorgeschlagene Regelung auch für den ArbG nicht vorhersehbare Ergänzungen und Änderungen des Tarifvertragswerks anwendbar werden, muss vor

Abschluss dieses Vertrages geprüft werden, ob der ArbG ohnehin tarifgebunden ist und ob in dem Geltungsbereich des Tarifvertrages mit ganz besonderen Vereinbarungen zu rechnen ist. Nachdem das Bundesarbeitsgericht seine Rechtsprechung zu sog Gleichstellungsabreden geändert hat (vgl. BAG NJW 2006, 2571 = NZA 2006, 607; BAG NZA 2007, 965), ist zu beachten, dass eine Verweisung auf Tarifverträge nur dann als bloße Gleichstellungsklausel der tarifgebundenen und tarifungebundenen Arbeitnehmer eingeordnet wird, wenn klargestellt wird, dass eine Tarifanwendung nur solange erfolgen soll, wie der Tarifvertrag auch auf Grund Tarifbindung anwendbar wäre. Dann wirken die Regelungen der letzten anwendbaren Fassung des Tarifvertrages (statisch) nach, bis sie durch eine andere Abmachung – einzelvertragliche Abrede – ersetzt werden (vgl. BAG NZA 2006, 923; BAG AP TVG § 1 Nr. 50), wobei diese bereits vor Eintritt der Nachwirkung geschlossen werden kann. Der Vorteil des vorgeschlagenen Formulars liegt darin, dass eine einheitliche Behandlung der ArbN ermöglicht wird und meist davon ausgegangen werden kann, dass durch die Tarifvertragsparteien eine die Interessen beider Seiten sowie die Besonderheiten der Tätigkeit berücksichtigende Regelung der Arbeitsvertragsbedingungen erreicht wird. Dies kann wegen der Inhaltskontrolle nach § 310 Abs. 4 BGB ausschlaggebende Bedeutung haben (vgl. *Däubler* NZA 2001, 1335; *Hümmerich/Holthausen* NZA 2002, 179). Wegen der Regelungen des Nachweisgesetzes und § 305 Abs. 2 BGB sollten die einschlägigen tariflichen und betrieblichen Regelungen dem ArbN ausgehändigt werden. Vgl. zum Meinungsstand und möglichen Klauseln auch *Klebeck* NZA 2006, 15; *Giesen* NZA 2006, 625.

Werden lediglich Teile eines Tarifvertrages in Bezug genommen, so führt die Bezugnahme dazu, dass jeweils der gesamte Regelungskomplex insoweit Bestandteil des Arbeitsvertrages wird; es sei denn, es erfolgt eine klare Eingrenzung (vgl. BAG NZA 2006, 923). Da nach § 2 Abs. 3 Nachweisgesetz der Hinweis auf den Tarifvertrag genügt, kann von weiteren Angaben abgesehen werden. Nach Auffassung des BAG ist dann kein gesonderter Hinweis auf eine tarifvertragliche Ausschlussfrist erforderlich (vgl. BAG NZA 2002, 800).

**2. Probezeit.** Es sollte nur die Dauer der Probezeit festgelegt werden, weil viele Tarifverträge regeln, ob es sich um ein Arbeitsverhältnis mit vorgeschalteter Probezeit oder ein fest befristetes Probearbeitsverhältnis handelt und welche Kündigungsfrist gilt. Soweit der anzuwendende Tarifvertrag eine Höchstdauer der Probezeit festlegt, ist diese zu beachten.

**3. Tätigkeit.** → Form. XIX.6 Anm. 3. Da einzelne Tarifverträge nur eine andere Tätigkeit im Rahmen der Vergütungsgruppe, in die der ArbN eingruppiert ist, zulassen, sollte bei Tarifunterstellung das Direktionsrecht lediglich auf zumutbare Tätigkeiten im Rahmen der Vergütungsgruppe erweitert werden.

**4. Vergütung.** Welche Bedeutung der Eingruppierung zukommt, ergibt sich zumeist aus dem für anwendbar erklärten Tarifvertrag.

**5. Änderungen.** Bei Änderung der Tätigkeit und der Vergütungsgruppe kann folgender Änderungsvertrag geschlossen werden: Der Arbeitnehmer wird ab dem ..... als ..... unter Eingruppierung in Vergütungsgruppe ..... tätig. Die Bestimmungen des Arbeitsvertrages vom ..... gelten im Übrigen fort. Generell kann auch auf eine Lohnaufschlüsselung, → Form. XIX.19, 20 zurückgegriffen werden.

**6. Übertarifliche Zulage, Anrechnung.** Der Vorbehalt der Anrechnung von übertariflichen Zulagen oder Zuschlägen auf Tariferhöhungen verstößt auch in Formularverträgen nicht gegen §§ 307 f. BGB (vgl. BAG NZA 2006, 746 = AP BGB § 308 Nr. 3; BAG NZA 2006, 1170). Nach BAG vom 27.8.2008 (AP BGB § 307 Nr. 36 mAnm.*Lindemann*) kann im Übrigen eine Tariferhöhung in Form einer tarifliche Einmalzahlung auch dann auf eine allgemeine, nicht zweckgebundene übertarifliche Zulage angerechnet werden, wenn kein ausdrücklicher Anrechnungsvorbehalt vereinbart wurde, da es gerade Sinn und Zweck einer solchen Zulage ist, zukünftige Tariferhöhungen vorweg zu nehmen.

**7.–15.** → Form. XIX.6 Anm. 7.–→ Form. XIX.6 Anm. 15.

**16. Betriebsverfassungsrecht.** → Form. XIX.6 Anm. 16. Bei Umgruppierung ist das Mitbestimmungsrecht des Betriebsrats nach § 99 BetrVG zu wahren.

**17. Steuern, Sozialversicherung.** → Form. XIX.6 Anm. 17.

**18. Alternativen.** Für weitere Klauseln kommen darüber hinaus die → Form. XIX.7, → Form. XIX.23, → Form. XIX.24 in Betracht.

## 9. Arbeitsvertrag für Außendienst

Zwischen der Fa.[1, 2] . . . . . (im Folgenden „Arbeitgeber“ genannt)
und
Herrn/Frau . . . . . (im Folgenden „Arbeitnehmer“ genannt)
wird folgender Arbeitsvertrag vereinbart:

§ 1 Beginn des Arbeitsverhältnisses, Probezeit[3]

(1) Das Arbeitsverhältnis beginnt am . . . . .
(2) Die ersten sechs Monate gelten als Probezeit. Während dieser Zeit kann das Arbeitsverhältnis beiderseits mit einer Frist von zwei Wochen gekündigt werden.
(3) Eine ordentliche Kündigung vor Arbeitsantritt ist ausgeschlossen.

§ 2 Aufgabenbereich[4]

(1) Der Arbeitnehmer wird damit betraut, für den Arbeitgeber im Außendienst Verträge über . . . . . zu vermitteln.
(2) Das Tätigkeitsgebiet des Arbeitnehmers erstreckt sich auf den Bezirk . . . . ./auf den Kundenkreis . . . . . Der dem Arbeitnehmer zugewiesene Tätigkeitsbereich kann entsprechend den geschäftlichen Erfordernissen im Rahmen der Zumutbarkeit von dem Arbeitgeber umgestaltet oder geändert werden. Die Umgestaltung oder Änderung darf nur nach billigem Ermessen unter Wahrung der Interessen des Arbeitnehmers erfolgen; der neue Tätigkeitsbereich muss dem Bisherigen vergleichbar sein.[5]
(3) Bei betrieblicher Notwendigkeit und während des Laufs der Kündigungsfrist kann der Arbeitnehmer mit einer gleichwertigen zumutbaren Tätigkeit im Innendienst unter Fortzahlung seiner vertragsgemäßen Bezüge beschäftigt werden. Ihm wird für diese Zeit anteilig die monatliche Durchschnittsprovision, die er in den letzten 12 Monaten oder während der kürzeren Dauer der Beschäftigung im Außendienst erzielt hat, gezahlt.

§ 3 Arbeitszeit[6]

(1) Die regelmäßige Arbeitszeit beträgt . . . . . Stunden wöchentlich. Beginn und Ende der täglichen Arbeitszeit sowie die Pausenregelung richten sich nach den betrieblichen Regelungen und Erfordernissen.
(2) Der Arbeitnehmer ist verpflichtet auf Anordnung des Arbeitgebers, im gesetzlich zulässigen Rahmen zumutbare Über- oder Mehrarbeit sowie auch Nacht-, Sonn- und Feiertagsarbeit zu leisten.

§ 4 Pflichten des Arbeitnehmers[7]

(1) Der Arbeitnehmer ist verpflichtet, den ihm gemäß § 2 dieses Vertrages zugewiesenen Aufgabenbereich intensiv zu bearbeiten, Kunden regelmäßig zu besuchen und neue Kunden zu werben. Er hat den Arbeitgeber wöchentlich zu unterrichten über alle ihm bekannt gewordenen in den Geschäftsbeziehungen interessierenden Umstände, insbesondere die Bonität der Kunden, seine Kundenbesuche und erzielten Abschlüsse.

(2) Der Arbeitnehmer ist nicht zum Inkasso berechtigt.[8]

(3) Der Arbeitnehmer übernimmt keine Delkrederehaftung.[9]

§ 5 Pflichten des Arbeitgebers[10]

(1) Der Arbeitgeber stellt dem Arbeitnehmer zur Ausübung seiner Tätigkeit alle erforderlichen Informationen und Unterlagen zur Verfügung. Die dem Arbeitnehmer zur Verfügung gestellten Unterlagen sind während der Dauer des Arbeitsverhältnisses sorgfältig zu verwahren und auf Anforderung bzw. nach Beendigung des Arbeitsverhältnisses unverzüglich unaufgefordert dem Arbeitgeber zurückzugeben.

(2) Der Arbeitgeber hat den Arbeitnehmer zu unterrichten, wenn er Geschäfte voraussichtlich nur in erheblich geringerem Umfang, als unter gewöhnlichen Umständen zu erwarten, abschließen kann und will. Im Falle der Unterrichtung stehen dem Arbeitnehmer keine Schadensersatzansprüche zu.

(3) Der Arbeitgeber teilt dem Arbeitnehmer unverzüglich mit, ob er ein vermitteltes Geschäft annehmen oder ablehnen will.

§ 6 Vergütung[11]

(1) Der Arbeitnehmer erhält ein Grundgehalt von Euro . . . . . brutto, das jeweils am Kalendermonatsende unter Einbehalt der gesetzlichen Abzüge auf das vom Arbeitnehmer anzugebende Konto überwiesen wird, und eine Provision nach § 7 dieses Vertrages.

(2) Mit dem Grundgehalt nach Abs. (1) und den Provisionen nach § 7 sind . . . . . Über- bzw. Mehrarbeitsstunden mit abgegolten. Darüberhinausgehende Überstunden bzw. Mehrarbeit wird nach Wahl des Arbeitgebers in Freizeit ausgeglichen oder vergütet. Zuschläge werden nicht gezahlt und sind in den Bezügen mit enthalten.

§ 7 Provision

(1) Der Arbeitgeber zahlt an den Arbeitnehmer für alle von ihm vermittelten Geschäfte eine Provision in Höhe von . . . . .% des Rechnungsbetrages abzüglich der dem Kunden besonders in Rechnung gestellten Nebenkosten.[12, 13] Die Provision wird vierteljährlich abgerechnet. Der Arbeitnehmer erhält monatlich mit dem Grundgehalt einen Provisionsvorschuss in Höhe von Euro . . . . .[14, 15]

(2) Der Provisionsanspruch entsteht für während des Arbeitsverhältnisses von dem Arbeitnehmer vermittelte oder mit Kunden, die er für Geschäfte der gleichen Art geworben hat, abgeschlossene Geschäfte, die der Arbeitgeber ausführt. Ein Provisionsanspruch besteht nicht, wenn und soweit die Provision seinem Vorgänger zusteht. Bei Nichtausführung des Geschäfts entsteht ein Provisionsanspruch des Arbeitnehmers dann nicht, wenn dem Arbeitgeber die Ausführung des Geschäfts aus Gründen unmöglich wird, die er nicht zu vertreten hat. Ferner entfällt ein Provisionsanspruch, wenn feststeht, dass der Kunde nicht leistet.

(3) Die Provisionssätze können von dem Arbeitgeber widerrufen und neu festgesetzt werden, wenn dies durch eine wesentliche Änderung der Kalkulationsgrundlagen nötig wird. Eine dadurch eintretende Reduzierung der Provision darf höchstens 25 % der bisherigen Provision betragen. Die Änderung der Provisionssätze wird wirksam, wenn

ab Ankündigung eine Frist, die der unter § 13 dieses Vertrages geregelten Kündigungsfrist entspricht, abgelaufen ist und der Arbeitnehmer nicht widersprochen hat.

(4) Nach Beendigung des Arbeitsverhältnisses besteht ein Provisionsanspruch, wenn

- der Arbeitnehmer das Geschäft vermittelt hat oder es eingeleitet und so vorbereitet hat, dass der Abschluss überwiegend auf seine Tätigkeit zurückzuführen ist, und das Geschäft innerhalb einer angemessenen Frist nach Beendigung des Arbeitsverhältnisses abgeschlossen worden ist oder
- vor Beendigung des Arbeitsverhältnisses das Angebot des Kunden zum Abschluss eines gem. Abs. 1 und 2 provisionspflichtigen Geschäfts dem Arbeitnehmer oder dem Arbeitgeber zugegangen ist.

Insoweit ist nur ein anteiliger Provisionsanspruch gegeben, wenn wegen besonderer Umstände eine Teilung der Provision mit dem Nachfolger der Billigkeit entspricht.

§ 8 Erstattung von Aufwendungen[16]

(1) Der Arbeitgeber ersetzt dem Arbeitnehmer die erforderlichen und nachgewiesenen Aufwendungen. Aufwendungen für Essen und Unterkunft werden im Rahmen der Steuerrichtlinien ersetzt.[32]

(2) Der Arbeitnehmer hat die Aufwendungen monatlich abzurechnen und nachzuweisen.

§ 9 Abtretung und Verpfändung des Arbeitseinkommens[17]

Die Abtretung sowie die Verpfändung von Vergütungsansprüchen sind ohne Zustimmung des Arbeitgebers ausgeschlossen.

§ 10 Arbeitsverhinderung und Vergütungsfortzahlung im Krankheitsfall[18]

(1) Der Arbeitnehmer ist verpflichtet, jede Arbeitsverhinderung und ihre voraussichtliche Dauer unverzüglich dem Arbeitgeber anzuzeigen sowie auf Verlangen des Arbeitgebers die Gründe der Arbeitsverhinderung mitzuteilen.

(2) Im Falle der Arbeitsunfähigkeit infolge Krankheit ist der Arbeitnehmer verpflichtet, vor Ablauf des dritten Tages der Arbeitsunfähigkeit eine ärztliche Bescheinigung über die Arbeitsunfähigkeit sowie über deren voraussichtliche Dauer vorzulegen. Dauert die Arbeitsunfähigkeit länger als in der Bescheinigung angegeben, so ist der Arbeitnehmer verpflichtet, die Fortdauer der Arbeitsunfähigkeit dem Arbeitgeber unverzüglich anzuzeigen und spätestens am ersten Tag des verlängerten Krankheitszeitraums eine neue ärztliche Bescheinigung vorzulegen. Der Arbeitgeber kann im Einzelfall auch eine frühere Vorlage einer Arbeitsunfähigkeitsbescheinigung verlangen.

(3) Die Vergütung gemäß § 6 dieses Vertrages wird bei unverschuldeter Arbeitsunfähigkeit bis zu 6 Wochen fortgezahlt. Die gemäß § 7 dieses Vertrages zu zahlende Provision wird in diesem Fall ebenfalls fortgezahlt. Dabei wird die Provision wie bei Beschäftigung im Innendienst gemäß § 2 Abs. 3 dieses Vertrages berechnet. Im Übrigen richtet sich die Vergütung im Krankheitsfall nach dem Entgeltfortzahlungsgesetz.

§ 11 Urlaub[19]

(1) Der Arbeitnehmer hat ausgehend von einer 5-Tage-Woche.Anspruch auf den gesetzlichen Mindesturlaub von 20 Arbeitstagen. Darüber hinaus gewährt der Arbeitgeber dem Arbeitnehmer einen vertraglichen Erholungsurlaub von weiteren ..... Arbeitstagen pro Kalenderjahr. Mit Urlaubserteilung erfüllt der Arbeitgeber zunächst den gesetzlichen Urlaubsanspruch. Der vertragliche Urlaubsanspruch verfällt nach Ablauf des Kalenderjahres (*alternativ:* mit Ablauf des 31.3. des Folgejahres) ersatzlos, selbst wenn der Arbeitnehmer den Urlaub wegen Arbeitsunfähigkeit nicht nehmen kann.

(2) Die Festlegung des Urlaubs erfolgt durch den Arbeitgeber unter Berücksichtigung der Wünsche des Arbeitnehmers. Dringende betriebliche Gründe oder Urlaubswünsche anderer Arbeitnehmer, die unter sozialen Gesichtspunkten Vorrang verdienen, gehen vor.

(3) Die Berechnung des Urlaubsentgelts wird wie bei Vergütungsfortzahlung im Krankheitsfall vorgenommen.

(4) Eine etwaige Urlaubsabgeltung im Fall einer Beendigung des Arbeitsverhältnisses erfolgt nur bis zur Höhe des gesetzlichen Urlaubsanspruchs.

§ 12 Nebentätigkeiten, Wettbewerbsverbot[20]

(1) Während der Dauer des Arbeitsverhältnisses ist jede entgeltliche oder unentgeltliche Nebentätigkeit nur mit Zustimmung des Arbeitgebers zulässig.

(2) Die Zustimmung ist zu erteilen, wenn die Nebentätigkeit die dienstlichen Aufgaben nicht behindert, gesetzlich zulässig ist und sonstige berechtigte Interessen des Arbeitgebers nicht beeinträchtigt werden.

(3) Während der Dauer des Arbeitsverhältnisses unterliegt der Arbeitnehmer einem Wettbewerbsverbot. Insbesondere ist es dem Arbeitnehmer untersagt, als Arbeitnehmer, freier Mitarbeiter oder in irgendeiner sonstigen Form für einen Wettbewerber des Arbeitgebers tätig zu werden oder ein solches Wettbewerbsunternehmen zu gründen oder sich an einem solchen Wettbewerbsunternehmen mittelbar oder unmittelbar zu beteiligen, mit Ausnahme reiner Finanzbeteiligungen.

§ 13 Verschwiegenheits-, Herausgabepflicht[21]

(1) Der Arbeitnehmer verpflichtet sich, über alle ihm während seiner Tätigkeit bekannt werdenden Geschäfts- und Betriebsgeheimnisse und sonstigen geschäftlichen bzw. betrieblichen Tatsachen vertraulicher Natur auch nach Beendigung des Arbeitsverhältnisses Stillschweigen zu bewahren und sie nicht unlauter zu verwerten.

(2) Der Arbeitnehmer verpflichtet sich, auf Verlangen des Arbeitgebers jederzeit oder unaufgefordert beim Ausscheiden aus dem Arbeitsverhältnis sämtliche betriebliche Arbeitsmittel, Unterlagen, Datenträger und Aufzeichnungen sowie etwaige angefertigte Abschriften oder Kopien an den Arbeitgeber herauszugeben. Ein Zurückbehaltungsrecht steht dem Arbeitnehmer nicht zu.

§ 14 Beendigung des Arbeitsverhältnisses[22]

(1) Das Arbeitsverhältnis endet mit Ablauf des Monats, in dem der Arbeitnehmer das gesetzliche Regelrenteneintrittsalter erreicht.

(2) Das Arbeitsverhältnis kann nach Ablauf der Probezeit unter Einhaltung der gesetzlichen Kündigungsfristen von jeder Partei gekündigt werden. Die gesetzliche Verlängerung der Kündigungsfrist für den Arbeitgeber, gilt auch für den Arbeitnehmer.

(3) Das Recht zur außerordentlichen Kündigung bleibt unberührt.

(4) Jede Kündigung muss schriftlich erfolgen.

(5) Im Falle einer Kündigung ist der Arbeitgeber aus triftigen Gründen (zB Geheimhaltungs- oder Wettbewerbsinteressen) berechtigt, den Arbeitnehmer für die Dauer der Kündigungsfrist unter Fortzahlung seiner Vergütung von der Verpflichtung zur Arbeit freizustellen. Eine unwiderrufliche Freistellung erfolgt unter Anrechnung auf etwaige bestehende und noch entstehende Urlaubsansprüche und Freizeitausgleichsansprüche.[23]

§ 15 Vertragsstrafe, Schadensersatz[24]

(1) Nimmt der Arbeitnehmer die Arbeit nicht oder verspätet auf, verweigert er vorübergehend unberechtigt die Arbeit, löst er das Arbeitsverhältnis ohne Einhaltung der maß-

geblichen Kündigungsfrist unberechtigt auf oder wird der Arbeitgeber durch vertragswidriges Verhalten des Arbeitnehmers zur außerordentlichen Kündigung veranlasst, so hat der Arbeitnehmer an den Arbeitgeber eine Vertragsstrafe zu zahlen. Als Vertragsstrafe wird für den Fall der verspäteten Aufnahme der Arbeit, der vorübergehenden Arbeitsverweigerung und der Auflösung des Arbeitsverhältnis ohne Einhaltung der maßgeblichen Kündigungsfrist ein sich aus dem Bruttomonatsgehalt nach § 6 Abs. 1 zu errechnendes Bruttotagegeld für jeden Tag der Zuwiderhandlung vereinbart, insgesamt jedoch nicht mehr als das in der gesetzlichen Mindestkündigungsfrist ansonsten zu zahlende Arbeitsentgelt. Im Übrigen beträgt die Vertragsstrafe ein Bruttomonatsgehalt gemäß § 6 Abs. 1.
(2) Die Geltendmachung von weiterem Schadenersatz bleibt unberührt.

§ 16 Verfallfristen[25]

(1) Alle beiderseitigen Ansprüche aus dem Arbeitsverhältnis und solche, die mit dem Arbeitsverhältnis in Verbindung stehen, verfallen, wenn sie nicht innerhalb von drei Monaten nach Fälligkeit gegenüber der anderen Vertragspartei in Textform geltend gemacht worden sind.
(2) Lehnt die Gegenseite den Anspruch ab oder erklärt sie sich nicht innerhalb von zwei Wochen nach der Geltendmachung des Anspruchs, so verfällt dieser, wenn er nicht innerhalb von drei Monaten nach der Ablehnung oder dem Fristablauf gerichtlich geltend gemacht wird.
(3) Vorstehende Verfallfristen gelten nicht für Ansprüche, die auf der Verletzung des Lebens, des Körpers oder der Gesundheit sowie auf vorsätzlichen Pflichtverletzungen beruhen, und nicht für sonstige unverzichtbare Ansprüche aus Gesetzen wie der gesetzliche Mindestlohn.

§ 17 Rückzahlung von Vorschüssen und Darlehen[26]

Im Falle der Beendigung des Arbeitsverhältnisses noch offene Restbeträge von Vorschüssen und Darlehen werden bei Beendigung des Arbeitsverhältnisses zur Rückzahlung fällig; es sei denn, der Arbeitgeber hat aus betriebsbedingten Gründen das Arbeitsverhältnis gekündigt oder der Arbeitnehmer hat ausdrücklich wegen eines zur außerordentlichen Kündigung berechtigenden Grundes gekündigt.

§ 18 Personalfragebogen[27]

Die Angaben im Personalfragebogen sind wesentlicher Bestandteil dieses Vertrages. Änderungen sind unverzüglich dem Arbeitgeber mitzuteilen. Bei unwahren Angaben oder Verschweigen wesentlicher Tatsachen im Personalfragebogen kann der Arbeitgeber den Vertrag anfechten.

§ 19 Schriftform, betriebliche Übung[28]

Mündliche Nebenabreden bestehen nicht. Änderungen und Ergänzungen dieses Vertrages bedürfen zu ihrer Wirksamkeit der Schriftform. Dies gilt auch für die Aufhebung und Änderung dieser Schriftformklausel. Ausgeschlossen sind damit Vertragsänderungen durch betriebliche Übung. Der Vorrang von individuellen mündlichen Vertragsabreden zwischen den Parteien nach Vertragsschluss (§ 305b BGB) bleibt unberührt.

§ 20 Salvatorische Klausel[29]

(1) Sind einzelne Bestimmungen dieses Vertrages ganz oder teilweise unwirksam, so berührt dieses nicht die Wirksamkeit der übrigen Regelungen des Vertrages.

**(2) Die Parteien sind in einem solchen Falle verpflichtet, an der Schaffung von Bestimmungen mitzuwirken, durch die ein der unwirksamen Bestimmung möglichst nahekommender wirtschaftlicher Erfolg rechtswirksam erzielt wird.**

..... (Ort), den .....

| | |
|---|---|
| ..... | ..... |
| Unterschrift des Arbeitgebers | Unterschrift des Arbeitnehmers |

*Schrifttum: Abrahamzik,* Die Abgrenzung des Handelsvertreters zum angestellten Außendienstmitarbeiter, DStR 1996, 184; *Baumbach/Hopt,* Kommentar zum HGB, 37. Aufl., 2016; *Eckert,* Das neue Recht der Handelsvertreter. Die Umsetzung der EG-Richtlinie in deutsches Recht, NZA 1990, 384; *Ehler,* Gerichtsstand bei Außendiensttätigkeit, BB 1995, 1849; *Franzen,* Urlaubsentgelt, Provisionen und andere unregelmäßig anfallende Vergütungsbestandteile, NZA 2014, 647; *Gründel/Butz,* Provisionen bei Fehlzeiten eines Arbeitnehmers, BB 2014, 1210; *dies.,* Mitbestimmung bei Provisionssystemen, BB 2014, 2747; *Hopt,* Die Selbständigkeit von Handelsvertretern und anderen Vertriebspersonen – Handels- und arbeitsrechtliche Dogmatik und Vertriebsgestaltung, Betr. 1998, 863; *ders.,* Handelsvertreterrecht, 5. Aufl., 2015; *Koller/Kindler/Roth/Morck,* HGB, 8. Aufl., 2015; *von Koppenfels-Spies:* Provisionen im Elterngeldrecht, NZS 2017, 641; *Küstner,* Das neue Recht des Handelsvertreters, 5. Aufl., 2013; *ders./Manteuffel,* Die Änderungen des Handelsvertreterrechts aufgrund der EG-Harmonisierungsrichtlinie vom 18.12.1986, BB 1990, 291; *ders./Thume* Handbuch des gesamten Vertriebsrechts, 4. Auflage 2014; *Leuchten,* Widerrufsvorbehalt und Befristung von Arbeitsvertragsbedingungen, insbesondere Provisionsordnungen, NZA 1994, 721; *Loritz,* Die Dienstreise des Arbeitnehmers, NZA 1997, 1188; *Matthes,* Auswärtszulage (Auslösung), AR-Blattei SD, 360; *Oberthür/Lohr,* Der Handelsvertreter im Arbeits- und Sozialversicherungsrecht, NZA 2001, 126; *Plenker,* Neuregelung des Reisekostenrechts durch die Lohnsteuer-Richtlinien (LStR) 2008, BC 2007, 310; *Rehbinder,* Der Handelsreisendenvertrag als Sonderfall des Arbeitsvertrages, Arbeitsrecht und Zivilrecht in Entwicklung 1995, 93, *Thume,* Der Provisionsanspruch des Handelsvertreters: Grenzen der Vertragsgestaltung, BB 2012, 975.

## Anmerkungen

**1. Sachverhalt.** Angestellte im Außendienst können bezüglich ihrer Arbeitsleistung nicht so überwacht werden wie im Betriebe des ArbG beschäftigte ArbN. Aus diesem Grunde werden sie regelmäßig auf Provisionsbasis beschäftigt, um einen Leistungsanreiz zu geben. Dadurch wird allerdings eine wesentliche Umgestaltung des Arbeitsvertrages erforderlich.

**2. Anwendbare Regelungen.** Die gesetzlichen Vorschriften des Handelsgesetzbuchs § 87 Abs. 1, Abs. 3, § 87a – c HGB gelten über § 65 HGB (analog) auch für Arbeitnehmer und sind in gleichem Umfang wie bei Handelsvertretern unabdingbar (vgl. BAG AP HGB § 65 Nr. 1; Nr. 2). Ein Ausgleichsanspruch nach § 89b HGB besteht nicht.

**3. Beginn, Probezeit.** → Form. XIX.6 Anm. 2.

**4. Aufgabenbereich.** Da provisionspflichtig alle mit Kunden des Bezirkes oder des zugewiesenen Kundenkreises während des Bestandes des Arbeitsverhältnisses abgeschlossenen Geschäfte sind, auf die sich die Tätigkeit des ArbN erstrecken soll, ist der Aufgabenbereich genau festzulegen. Ein Gebietsschutz ist damit aber idR nicht verbunden (vgl. BAG AP BGB § 315 Nr. 81).

**5. Direktionsrecht.** Eine Änderung des Bezirks oder Kundenkreises ist nur bei einem entsprechenden Vorbehalt im Rahmen des Direktionsrechts möglich. Auch dann darf nur ein vergleichbarer Bezirk oder Kundenkreis zugewiesen werden (vgl. BAG AP BGB § 611 Fleischbeschauer-Dienstverhältnis Nr. 12). Wegen § 308 Nr. 4 BGB ist ein derartiges Recht nur wirksam vereinbart, wenn die Änderung unter Berücksichtigung der Interessen des Verwenders (ArbG) für den anderen Vertragsteil zumutbar ist. Es müssen auch die Voraussetzungen des § 106 GewO erfüllt sein. → Form. XIX.6 Anm. 3.

**6. Arbeitszeit.** → Form. XIX.6 Anm. 4

**7. Pflichten des ArbN.** Vgl. § 86 Abs. 1 und 2 HGB.

**8. Inkasso.** Eine Berechtigung zum Inkasso kann aufgenommen werden (vgl. § 87 Abs. 4 HGB).

**9. Delkrederehaftung.** Die Delkrederehaftung muss ausdrücklich und schriftlich vereinbart werden (§ 86b HGB). Im Bereich Arbeitsrecht ist sie unüblich, weil dann eine besondere Delkredereprovision anfällt.

**10. Pflichten des ArbG.** Vgl. § 86a HGB. Wegen eines etwaigen Zurückbehaltungsrechts des ArbN an den Unterlagen vgl. § 88a HGB.

**11. Vergütung.** Alternative: Statt des Grundgehalts kann eine Garantieprovision oder ein verrechenbarer Provisionsvorschuss vereinbart werden (vgl. LAG Rheinland-Pfalz BeckRS 2003, 30799391). Zur pauschalen Abgeltung von Über- oder Mehrarbeit etc. → Form. XIX.6 Anm. 6.

**12. Alternativen.** Die Vereinbarung einer Abschlussprovision kann erfolgen. Es kann auch eine Bezirksprovision, dh eine Provision für alle mit Kunden eines bestimmten Bezirkes oder eines vorbehaltenen Kundenstammes abgeschlossenen Geschäfte, auch wenn der ArbN nicht an ihrem Zustandekommen beteiligt ist, vereinbart werden (vgl. BAG BB 1966, 208). Für Handlungshilfen ist § 87 Abs. 2 HGB ohne entsprechende Vereinbarung nicht anwendbar. Die Provision kann auch nach Stückzahl, Gewicht der verkauften Ware (x Euro je Stück, je to) oder nach einem bestimmten Prozentsatz eines pro Jahr zu vermittelnden Mindestumsatzes (10 % bis zu einem pro Jahr vermittelten Umsatz von Euro ....., 8 % für den weiteren Umsatz bis Euro ....., 5 % für den auch hierüber hinausgehenden Umsatz) berechnet werden. In dem Fall kann aber bei unterjähriger Beschäftigung eine Regelungslücke entstehen (vgl. BAG NJW 1997, 541 = NZA 1996, 1151). Wegen des Provisionssatzes kann entsprechend wie bezüglich Lohn- und Gehaltsfestsetzung auf eine Provisionsliste Bezug genommen werden.

**13. Provision.** Es sind nur solche Geschäfte zu verprovisionieren, die auf die Tätigkeit des ArbN zurückzuführen sind oder die mit von ihm als Kunden für Geschäfte der gleichen Art geworbenen Dritten abgeschlossen werden. § 87 Abs. 3 HGB regelt, wann für nach Beendigung des Arbeitsverhältnisses abgeschlossene Geschäfte ein Provisionsanspruch entsteht und dieser ggf. mit dem Nachfolger zu teilen ist. Dementsprechend normiert § 87 Abs. 1 S. 2 HGB einen Provisionsausschluss im Verhältnis zum Vorgänger. Die Regelung des Provisionsanspruchs im Formular entspricht den gesetzlichen Regelungen. Wegen der Höhe der Provision vgl. § 87b HGB. Nachlässe sind bei Barzahlung nicht abzuziehen. Nebenkosten können nur abgezogen werden, wenn sie dem Kunden gesondert in Rechnung gestellt werden. Umsatzsteuer gilt nicht als besonders in Rechnung gestellt. Der Provisionsanspruch wird spätestens am Ende des Monats fällig, der dem Monat der Ausführung folgt oder – wenn der Abrechnungszeitraum auf drei Monate erstreckt worden ist (§ 87c Abs. 1 S. 1 HGB) – am Ende des vierten Monats nach Ausführung. Eine Abrede, dass Provisionsabrechnungen bei Schweigen des ArbN als genehmigt gelten, sollte vermieden werden, da sie nach § 87c HGB unwirksam ist (vgl. BAG AP HGB § 87c Nr. 3; Nr. 18). Es genügt nicht, dem ArbN den Zugriff auf ein elektronisches Informationssystem zu ermöglichen, das jeweils nur den aktuellen Stand provisionsrelevanter Daten wiedergibt (vgl. BGH NJW-RR 2007, 246). Gemäß § 87a Abs. 1, 2 HGB entsteht der Provisionsanspruch, wenn der ArbG das Geschäft ausführt. Bei Nichtausführung des Geschäfts entfällt der Provisionsanspruch, wenn dem ArbG die Ausführung des Geschäfts aus Gründen unmöglich wird (§ 275 Abs. 1 BGB), die er nicht zu vertreten hat (§ 87a Abs. 3 HGB), oder wenn feststeht, dass der Dritte nicht leistet (§ 87a Abs. 2 HGB). Weitere Vereinbarungen über das Entfallen des Provisionsanspruchs sind unzulässig (§ 87a Abs. 5 HGB); so kann nicht vereinbart werden, wann die Nichtleistung des Kunden als feststehend gilt.

**14. Verrechnung von Rückzahlungsansprüchen.** Es ist zweifelhaft, ob eine Vereinbarung über die Verrechnung von Rückzahlungsansprüchen des ArbG gegen Provisionsverdienste zulässig ist (vgl. BAG BB 1976, 1028).

**15. Änderung der Provision, Widerrufsvorbehalt.** Eine einseitige Änderung der Provisionssätze ist ohne Vorbehalt unwirksam; die Änderung kann nur durch Vertrag oder Änderungskündigung herbeigeführt werden. Nach der Rspr. des Bundesarbeitsgerichts dürfen Leistungen, die im Gegenseitigkeitsverhältnis wie eine Provision stehen, nur zu höchstens 25 % widerruflich sein (vgl. BAG NZA 2006, 423 = AP TzBfG § 12 Nr. 4; BAG NJW 2007, 536 = BB 2007, 109). Voraussetzungen und Umfang der vorbehaltenen Änderungen müssen zudem konkretisiert sein. Bei der Neufestsetzung ist § 315 BGB zu beachten. → Form. XIX.19.

**16. Aufwendungsersatz.** Nach § 670 BGB hat der ArbG dem ArbN Aufwendungen zu ersetzen, die zur Ausführung der Arbeit nach dem verständigen Ermessen des ArbN notwendig waren. Hierzu gehören Auslagen für Fahrtkosten, Kosten für Unterkunft und Verpflegung. Der Aufwendungsersatz kann pauschaliert werden. Dabei darf die Auslagenpauschale nicht zu niedrig sein. Der Aufwendungsersatz ist, soweit er das Ausmaß des Üblichen nicht überschreitet, unpfändbar (§ 850a Nr. 3 ZPO). Dies gilt jedenfalls für Ersatz im Rahmen der Lohnsteuerrichtlinien (vgl. BAG AP ZPO § 850a Nr. 4). Wegen dieser besonderen Behandlung und der besonderen Behandlung im Rahmen der Steuer und Sozialversicherung muss die Pauschale klar von der sonstigen Vergütung getrennt werden. Zu der möglichen Ausgestaltung des Ersatzes von Fahrtkosten oder Stellung eines Dienstwagens → Form. XIX.26 u. → Form. XIX.27.

**17. Abtretung und Verpfändung.** → Form. XIX.6 Anm. 7.

**18. Arbeitsverhinderung, Vergütungsfortzahlung.** Provisionen, die während der Krankheit entstehen oder fällig werden, sind ohnehin weiter zu zahlen (vgl. BAG AP HGB § 89b Nr. 1), ferner der mutmaßliche Provisionsausfall (vgl. *Stötter/Lindner/Karrer* S. 43). Nach § 4 Abs. 1a letzter Satz EntgeltfortzahlungsG ist der von dem ArbN in der für ihn maßgebenden regelmäßigen Arbeitszeit erzielbare Durchschnittsverdienst fortzuzahlen. Provisionen sind ein Sonderfall des dort angesprochenen Leistungslohns (BAG NZA 2001, 153). Die ergänzende Verweisung auf das Entgeltfortzahlungsgesetz ist nötig, da gem. § 4 Abs. 1a EntFG zusätzlich für Überstunden gezahltes Entgelt nicht fortzuzahlen ist. → Form. XIX.6 Anm. 8.

**19. Urlaub.** Das Gleiche gilt bzgl. der Provisionen für Urlaubsentgelt (vgl. BAG AP BUrlG § 11 Nr. 3; Nr. 7). Es gilt nicht für vereinbarte Bezirksprovisionen gem. § 87 Abs. 2 HGB, weil diese während des Urlaubs ohnehin fortgezahlt werden. → Form. XIX.6 Anm. 9, → Form. XIX.7 Anm. 18.

**20. Nebenbeschäftigung, Wettbewerb.** → Form. XIX.6 Anm. 10 u. → Form. XIX.7 Anm. 19.

**21. Verschwiegenheitspflicht, Herausgabepflicht.** → Form. XIX.6 Anm. 11.

**22. Kündigung.** Bei gehobenen Positionen ist es wegen der Schwierigkeit, Ersatz zu finden, häufig angebracht, eine längere Kündigungsfrist als die gesetzliche zu vereinbaren.

**23. Freistellung.** → Form. XIX.7 Anm. 20.

**24. Vertragsstrafe, Schadensersatz.** → Form. XIX.23.

**25. Rückzahlung von Vorschüssen.** → Form. XIX.7 Anm. 23.

**26. Verfallfristen.** → Form. XIX.7 Anm. 24

**27. Personalfragebogen, Anfechtung.** → Form. XIX.7 Anm. 25

**28. Schriftform, betriebliche Übung.** → Form. XIX.6 Anm. 14

**29. Salvatorische Klausel.** → Form. XIX.6 Anm. 15.

**30. Nebenabreden.** Insbesondere Wettbewerbsvereinbarung (→ Form. XIX.21), Vereinbarung über Umzugskosten (→ Form. XIX.25b), Dienstwagenvertrag (→ Form. XIX.26) und Vereinbarung über Dienstfahrten mit dem Privatfahrzeug (→ Form. XIX.27).

**31. Betriebsverfassungsrecht.** → Form. XIX.6 Anm. 25. Die Ein- und Zuteilung der Bearbeitungsgebiete von Außendienstmitarbeitern ist nicht gem. § 87 Abs. 1 Nr. 10 BetrVG mitbestimmungspflichtig (vgl. BAG NZA 1992, 178). Bei der Festsetzung von Provisionen besteht gemäß § 87 Abs. 1 Nr. 10 oder 11 BetrVG ein Mitbestimmungsrecht des Betriebsrats (vgl. zu Ausnahmen BAG NJW 1985, 399). Der Erlass einer Dienstreiseordnung für Außendienstmitarbeiter ist nicht mitbestimmungspflichtig (vgl. BAG Betr. 1982, 960). Eine Betriebsvereinbarung kann festlegen, welche Fahrtzeiten eines Außendienstmitarbeiters zum Kunden als Arbeitszeit anerkannt werden (vgl. BAG NZA 2007, 523 = AP BetrVG 1972 § 50 Nr. 32).

**32. Steuern.** Ob ein Außendienstmitarbeiter/Reisender gewerblich (*Schmidt/Krüger* § 19 EStG Anm. 35 Stichwort Handelsvertreter) tätig ist oder nichtselbstständige Tätigkeit ausübt, richtet sich nach der Tätigkeit und der Stellung gegenüber dem Auftraggeber (vgl. BFH BStBl. II 1970, 474). Zu prüfen ist, ob er so in das Unternehmen seines Auftraggebers eingegliedert ist, dass er den Weisungen des Auftraggebers zu folgen verpflichtet ist. Es kommt auf das Gesamtbild der beruflichen Stellung an. Eine Unterordnung hinsichtlich Ort, Zeit, Art und Weise der Tätigkeit muss gegeben sein. Unwesentlich ist die Bezeichnung des Vertragsverhältnisses. Nichtselbstständige Tätigkeit kann auch gegeben sein, wenn die Entlohnung ganz oder teilweise erfolgsabhängig ist. Folgende Umstände sprechen gegen die Selbstständigkeit des Handelsvertreters (vgl. BFH BStBl. II 1970, 474): Die ganze Arbeitskraft ist dem Auftraggeber zur Verfügung zu stellen; Schriftverkehr und Inkasso werden nicht vom Vertreter geführt; Krankheits- und Fehlzeiten sind dem Auftraggeber mitzuteilen. Auch umsatzsteuerlich gelten diese Unterscheidungskriterien (zur Abgrenzung iRd § 2 UStG s. *Bunjes/Korn* § 2 UStG → Anm. 92 ff.). Aus dem vorliegenden Vertragsmuster folgt nichtselbstständige Tätigkeit (regelmäßige Arbeitszeit, Versetzbarkeit in den Innendienst, Vergütung von Überstunden uÄ, Mitteilungspflicht für Krankheits- und Fehlzeiten).

## 10. Arbeitsvertrag für außertarifliche Angestellte

Zwischen[1]
der Fa. . . . . . (im Folgenden „Arbeitgeber“ genannt)
und
Herrn/Frau . . . . . (im Folgenden „Arbeitnehmer“ genannt)
wird folgender Arbeitsvertrag vereinbart:

§ 1 Beginn des Arbeitsverhältnisses, Probezeit[2]

(1) Das Arbeitsverhältnis beginnt am . . . . . .

(2) Die ersten sechs Monate gelten als Probezeit. Während dieser Zeit kann das Arbeitsverhältnis beiderseits mit einer Frist von zwei Wochen gekündigt werden.

(3) Eine ordentliche Kündigung vor Arbeitsantritt ist ausgeschlossen.

§ 2 Tätigkeit, Ort[3]

(1) Der Arbeitnehmer wird als außertariflicher Angestellter für den nachfolgenden Aufgabenbereich in . . . . . (Arbeitsort) eingestellt:

(2) Der Arbeitnehmer ist ferner verpflichtet, bei gleicher Vergütung andere seinen Fähigkeiten entsprechende und ihm zumutbare Aufgaben nach näherer Weisung der Geschäftsleitung, evtl. auch nur vertretungsweise oder an einem anderen Ort, zu übernehmen. Die anderen Aufgaben müssen gleichwertig sein und dürfen nur nach billigem Ermessen unter Wahrung der Interessen des Arbeitnehmers zugewiesen werden.

§ 3 Arbeitszeit[4]

(1) Die regelmäßige Arbeitszeit beträgt . . . . . Stunden wöchentlich.

(2) Der Arbeitnehmer verpflichtet sich, seine ganze Arbeitskraft seinem Aufgabenbereich bei dem Arbeitgeber zu widmen und – soweit dies erforderlich ist – auch über die betriebsübliche Arbeitszeit hinaus tätig zu werden.

§ 4 Vergütung, betriebliches Ruhegeld[5]

(1) Der Arbeitnehmer erhält für seine vertragliche Tätigkeit ein Bruttomonatsgehalt in Höhe von EUR . . . . ., das jeweils am Kalendermonatsende unter Einbehalt der gesetzlichen Abzüge auf das vom Arbeitnehmer anzugebende Konto überwiesen wird.

(2) Dieses Bruttogehalt steigt bei Erhöhungen des für den Bereich, in dem der Arbeitnehmer eingesetzt ist, einschlägigen Gehaltstarifvertrages um den Prozentsatz, um den sich das höchste Tarifgehalt für Angestellte ändert. Im Übrigen werden Veränderungen der Vergütung besonders geregelt.

(3) Über-, Mehr-, Sonn- und Feiertagsarbeit bis zu . . . . . Stunden ist durch eine in dem gezahlten Bruttogehalt enthaltene Pauschale von Euro . . . . . abgegolten. Weitere Überstunden wird der Arbeitnehmer durch entsprechende Freizeitnahme ausgleichen.

(4) Der Arbeitnehmer erhält betriebliches Ruhegeld nach einer besonders abzuschließenden Vereinbarung über betriebliches Ruhegeld.[6]

§ 5 Abtretung und Verpfändung des Arbeitseinkommens[7]

Die Abtretung sowie die Verpfändung von Vergütungsansprüchen ist ohne Zustimmung des Arbeitgebers ausgeschlossen.

§ 6 Arbeitsverhinderung und Vergütungsfortzahlung im Krankheitsfalle[8]

(1) Der Arbeitnehmer ist verpflichtet, jede Arbeitsverhinderung und ihre voraussichtliche Dauer unverzüglich dem Arbeitgeber anzuzeigen sowie auf Verlangen des Arbeitgebers die Gründe der Arbeitsverhinderung mitzuteilen.

(2) Im Falle der Arbeitsunfähigkeit von mehr als drei Kalendertagen infolge Krankheit ist der Arbeitnehmer verpflichtet, vor Ablauf des darauf folgenden Arbeitstages eine ärztliche Bescheinigung über die Arbeitsunfähigkeit sowie über deren voraussichtliche Dauer vorzulegen. Bei über den angegebenen Zeitraum hinausgehender Erkrankung ist eine Folgebescheinigung innerhalb weiterer drei Tage seit Ablauf der vorangehenden einzureichen.

(3) Ist der Arbeitnehmer an der Arbeitsleistung infolge unverschuldeter Krankheit verhindert, so leistet der Arbeitgeber sechs Wochen Vergütungsfortzahlung nach den gesetzlichen Regelungen über die Entgeltfortzahlung im Krankheitsfall.

§ 7 Urlaub[9]

(1) Der Arbeitnehmer hat Anspruch auf den gesetzlichen Mindesturlaub von 20 Arbeitstagen, ausgehend von einer 5-Tage-Woche. Darüber hinaus gewährt der Arbeitgeber dem Arbeitnehmer einen vertraglichen Erholungsurlaub von weiteren . . . . . Arbeitstagen pro Kalenderjahr. Mit Urlaubserteilung erfüllt der Arbeitgeber zunächst den gesetzlichen Urlaubsanspruch. Der vertragliche Urlaubsanspruch verfällt nach Ablauf des Kalenderjahres (*alternativ:* mit Ablauf des 31.3. des Folgejahres) ersatzlos, selbst wenn der Arbeitnehmer den Urlaub wegen Arbeitsunfähigkeit nicht nehmen kann.

(2) Die Festlegung des Urlaubs erfolgt durch den Arbeitgeber unter Berücksichtigung der Wünsche des Arbeitnehmers.

(3) Eine etwaige Urlaubsabgeltung im Fall einer Beendigung des Arbeitsverhältnisses erfolgt nur bis zur Höhe des gesetzlichen Urlaubsanspruchs.

§ 8 Nebentätigkeiten, Wettbewerbsverbot[10]

(1)Während der Dauer des Arbeitsverhältnisses ist jede entgeltliche oder unentgeltliche Nebentätigkeit nur mit Zustimmung des Arbeitgebers zulässig.

(2) Die Zustimmung ist zu erteilen, wenn die Nebentätigkeit die dienstlichen Aufgaben nicht behindert, gesetzlich zulässig ist und sonstige berechtigte Interessen des Arbeitgebers nicht beeinträchtigt werden.

(3) Veröffentlichungen und Vorträge des Arbeitnehmers bedürfen ebenfalls der Zustimmung des Arbeitgebers, wenn dadurch die Interessen des Arbeitgebers berührt werden.

(4) Während der Dauer des Arbeitsverhältnisses unterliegt der Arbeitnehmer einem Wettbewerbsverbot. Insbesondere ist es dem Arbeitnehmer untersagt, als Arbeitnehmer, freier Mitarbeiter oder in irgendeiner sonstigen Form für einen Wettbewerber des Arbeitgebers tätig zu werden oder ein solches Wettbewerbsunternehmen zu gründen oder sich an einem solchen Wettbewerbsunternehmen mittelbar oder unmittelbar zu beteiligen, mit Ausnahme reiner Finanzbeteiligungen.

§ 9 Verschwiegenheitspflicht, Herausgabepflicht[11]

(1) Der Arbeitnehmer verpflichtet sich, über alle ihm während seiner Tätigkeit bekannt werdenden Geschäfts- und Betriebsgeheimnisse und sonstigen geschäftlichen bzw. betrieblichen Tatsachen vertraulicher Natur auch nach Beendigung des Arbeitsverhältnisses Stillschweigen zu bewahren und sie nicht unlauter zu verwerten.

(2) Der Arbeitnehmer verpflichtet sich, auf Verlangen des Arbeitgebers jederzeit oder unaufgefordert beim Ausscheiden aus dem Arbeitsverhältnis sämtliche betriebliche Arbeitsmittel, Unterlagen, Datenträger und Aufzeichnungen sowie etwaige angefertigte

Abschriften oder Kopien an den Arbeitgeber herauszugeben. Ein Zurückbehaltungsrecht steht dem Arbeitnehmer nicht zu.

§ 10 Beendigung des Arbeitsverhältnisses[12]

(1) Das Arbeitsverhältnis endet mit Ablauf des Monats, in dem der Arbeitnehmer das gesetzliche Regelrenteneintrittsalter erreicht.

(2) Das Arbeitsverhältnis kann mit einer Frist von ..... zum Schluss des Kalendermonats/Kalendervierteljahres/Halbjahres/Jahres von beiden Parteien ordentlich gekündigt werden. Die Verlängerung der Kündigungsfrist richtet sich nach den gesetzlichen Bestimmungen. Solche Verlängerungen der Kündigungsfrist hat auch der Arbeitnehmer bei Kündigungen gegenüber dem Arbeitgeber einzuhalten.

(3) Das Recht zur außerordentlichen Kündigung bleibt unberührt.

(4) Jede Kündigung muss schriftlich erfolgen.

(5) Im Falle einer Kündigung ist der Arbeitgeber aus triftigen Gründen (zB Geheimhaltungs- oder Wettbewerbsinteressen) berechtigt, den Arbeitnehmer für die Dauer der Kündigungsfrist unter Fortzahlung seiner Vergütung von der Verpflichtung zur Arbeit freizustellen. Eine unwiderrufliche Freistellung erfolgt unter Anrechnung auf bestehende und noch entstehende Urlaubsansprüche und Freizeitausgleichsansprüche.[13]

§ 11 Vertragsstrafe, Schadensersatz[14]

(1) Nimmt der Arbeitnehmer die Arbeit nicht oder verspätet auf, verweigert er vorübergehend unberechtigt die Arbeit, löst er das Arbeitsverhältnis ohne Einhaltung der maßgeblichen Kündigungsfrist unberechtigt auf oder wird der Arbeitgeber durch vertragswidriges Verhalten des Arbeitnehmers zur außerordentlichen Kündigung veranlasst, so hat der Arbeitnehmer an den Arbeitgeber eine Vertragsstrafe zu zahlen. Als Vertragsstrafe wird für den Fall der verspäteten Aufnahme der Arbeit, der vorübergehenden Arbeitsverweigerung und der Auflösung des Arbeitsverhältnis ohne Einhaltung der maßgeblichen Kündigungsfrist ein sich aus dem Bruttomonatsgehalt nach § 4 Abs. 1 zu errechnendes Bruttotagegeld für jeden Tag der Zuwiderhandlung vereinbart, insgesamt jedoch nicht mehr als das in der gesetzlichen Mindestkündigungsfrist ansonsten zu zahlende Arbeitsentgelt. Im Übrigen beträgt die Vertragsstrafe ein Bruttomonatsgehalt gemäß § 4 Abs. 1.

(2) Die Geltendmachung von weiterem Schadenersatz bleibt unberührt.

§ 12 Rückzahlung von Vorschüssen und Darlehen[15]

Im Falle der Beendigung des Arbeitsverhältnisses noch offene Restbeträge von Vorschüssen und Darlehen werden bei Beendigung des Arbeitsverhältnisses zur Rückzahlung fällig; es sei denn, der Arbeitgeber hat aus betriebsbedingten Gründen das Arbeitsverhältnis gekündigt oder der Arbeitnehmer hat ausdrücklich wegen eines zur außerordentlichen Kündigung berechtigenden Grundes gekündigt.

§ 13 Verfallfristen[16]

(1) Alle beiderseitigen Ansprüche aus dem Arbeitsverhältnis und solche, die mit dem Arbeitsverhältnis in Verbindung stehen, verfallen, wenn sie nicht innerhalb von drei Monaten nach Fälligkeit gegenüber der anderen Vertragspartei in Textform geltend gemacht worden sind.

(2) Lehnt die Gegenseite den Anspruch ab oder erklärt sie sich nicht innerhalb von zwei Wochen nach der Geltendmachung des Anspruchs, so verfällt dieser, wenn er nicht innerhalb von drei Monaten nach der Ablehnung oder dem Fristablauf gerichtlich geltend gemacht wird.

(3) Vorstehende Verfallfristen gelten nicht für Ansprüche, die auf der Verletzung des Lebens, des Körpers oder der Gesundheit sowie auf vorsätzlichen Pflichtverletzungen beruhen, und nicht für sonstige unverzichtbare Ansprüche aus Gesetzen wie der gesetzliche Mindestlohn.

§ 14 Personalfragebogen[17]

Die Angaben im Personalfragebogen sind wesentlicher Bestandteil dieses Vertrages. Änderungen sind unverzüglich dem Arbeitgeber mitzuteilen. Bei unwahren Angaben oder Verschweigen wesentlicher Tatsachen im Personalfragebogen kann der Arbeitgeber den Vertrag anfechten.

§ 15 Email- und Internetnutzung[18]

Betriebliche Telekommunikationsmittel, insbesondere Email und Internet, dürfen nur für dienstliche Zwecke verwendet werden. Eine private Nutzung ist nur im Notfall erlaubt.

§ 16 Schriftform, betriebliche Übung[19]

Mündliche Nebenabreden bestehen nicht. Änderungen und Ergänzungen dieses Vertrages bedürfen zu ihrer Wirksamkeit der Schriftform. Dies gilt auch für die Aufhebung und Änderung dieser Schriftformklausel. Ausgeschlossen sind damit Vertragsänderungen durch betriebliche Übung. Der Vorrang von individuellen mündlichen Vertragsabreden zwischen den Parteien nach Vertragsschluss (§ 305b BGB) bleibt unberührt.

§ 17 Salvatorische Klausel[20]

(1) Sind einzelne Bestimmungen dieses Vertrages ganz oder teilweise unwirksam, so berührt dieses nicht die Wirksamkeit der übrigen Regelungen des Vertrages.
(2) Die Parteien sind in einem solchen Falle verpflichtet, an der Schaffung von Bestimmungen mitzuwirken, durch die ein der unwirksamen Bestimmung möglichst nahekommender wirtschaftlicher Erfolg rechtswirksam erzielt wird.

. . . . . (Ort), den . . . . .

| | |
|---|---|
| . . . . . | . . . . . |
| Unterschrift des Arbeitgebers | Unterschrift des Arbeitnehmers |

*Schrifttum: Baur,* Ist der Chefarzt leitender Angestellter?, Arzt und Krankenhaus 1995, 353; *Blanke* (Hrsg.), Handbuch Außertarifliche Angestellte, 3. Aufl. 2003; *Breisig,* AT-Angestellte, 2. Auflage 2012; *Diller,* Gesellschafter und Gesellschaftsorgane als Arbeitnehmer, 1994; *Faustmann/van den Woldenberg,* Rechtliche Wirkungen tarifvertraglicher Bestimmungen auf außertarifliche Arbeitsverhältnisse, NZA 2001, 1113; *Freifrau von Friesen,* Betriebliche Lohngestaltung für AT-Angestellte, ArbuR 1980, 367; *Hunold,* Außertarifliche Angestellte: Gehalt, Arbeitszeit, Betriebsrat, NZA-RR 2010; *Jaeger,* Der Anstellungsvertrag des GmbH-Geschäftsführers, 6. Aufl., 2016; *Lembke,* Arbeitsvertrag für Führungskräfte, 5. Auflage 2012; *Meents,* Leitende Angestellte und ihre Sonderstellung im Gesetz, DStR 1995, 1353.

## Anmerkungen

**1. Sachverhalt.** Bei besonderen oder leitenden Funktionen wird häufig ein Arbeitsvertrag dahingehend geschlossen, dass der ArbN außertariflich eingestellt werde. Dies ist dann angebracht, wenn die Funktion des ArbN im einschlägigen Tarifgefüge nicht vorhanden ist oder dem ArbN ein attraktives Angebot gemacht werden soll. Dabei ist zu beachten, dass manche Tarifverträge festlegen, unter welchen Voraussetzungen ein AT-Vertrag geschlossen werden kann. Zum Begriff des AT-Angestellten vgl. BAG Betr. 1974, 143; BAG Betr. 1974, 1917; *Fitting/Engels/Schmidt/Trebinger/Linsenmaier* Rn. 488 zu § 87 BetrVG, Hunold NZA-RR 2010: AT-Angestellte, sind solche Arbeitnehmer, die auf Grund ihrer Tätigkeitsmerkmale und/oder ihrer Entgelthöhe von dem persönlichen Geltungsbereich eines Tarifvertrags nicht mehr erfasst werden

**2. Beginn des Arbeitsverhältnisses/Probezeit.** → Form. XIX.6 Anm. 2.

**3. Tätigkeit.** Da häufig eine einfache Tätigkeitsbezeichnung die Tätigkeit des Angestellten nicht genau genug umschreibt, sollte die Funktion eingehend beschrieben werden. Durch einzelvertraglichen Versetzungsvorbehalt kann das Direktionsrecht auch dahin erweitert werden, dass Tätigkeiten an einem anderen Ort zugewiesen werden können (vgl. BAG NJW 2006, 3303 = NZA 2006, 1149). Im Übrigen wird dadurch ein möglichst vielseitiger Einsatz ohne Änderungskündigung ermöglicht. Zur Erweiterung des Direktionsrechts → Form. XIX.6 Anm. 3.

**4. Arbeitszeit.** → Form. XIX.6 Anm. 4. Soweit AT-Angestellte nicht zugleich leitende Angestellte (→ Form. XIX.11) sind, unterliegen sie auch dem Arbeitszeitgesetz.

**5. Vergütung, Überstunden.** Das Bruttomonatsgehalt sollte mindestens so hoch sein wie das höchste Tarifgehalt im Betrieb. Für Gehaltserhöhungen in der Zukunft sollte eine klare Regelung getroffen werden, um Unstimmigkeiten vorzubeugen. Im Übrigen kann auch ein außertariflicher Angestellter bei Lohnerhöhungen nach dem Gleichbehandlungsgrundsatz wenigstens die lineare Lohnerhöhung zum Ausgleich des Preisverfalls verlangen (vgl. BAG AP BGB § 242 Gleichbehandlung Nr. 15; Nr. 32; Nr. 36). Zur Abgeltung von Mehrarbeitsvergütung → Form. XIX.6 Anm. 6. Denkbar wäre hier auch eine volle Abgeltung mit dem Gehalt, soweit es die Beitragsbemessungsgrenze der Rentenversicherung übersteigt (BAG NZA 2012, 861).

**6. Betriebliches Ruhegeld.** Alternative: Es kann auch vereinbart werden, dass der ArbN in die betriebliche Altersversorgung einzubeziehen ist.

**7. Abtretung und Verpfändung.** → Form. XIX.6 Anm. 7.

**8. Vergütungsfortzahlung im Krankheitsfalle.** → Form. XIX.6 Anm. 8.

**9. Urlaub.** → Form. XIX.6 Anm. 9 und → Form. XIX.7 Anm. 18.

**10. Nebenbeschäftigung, Wettbewerb.** Bei Veröffentlichungen und Vorträgen können verschiedene Interessen des ArbG (Geschäfts-, Betriebsgeheimnisse, neuartige Herstellungsverfahren etc) berührt sein, so dass zwischen ArbN und ArbG eine Abstimmung unter Abwägung der gegenseitigen Interessen erfolgen sollte. → Form. XIX.6 Anm. 10 u. → Form. XIX.7 Anm. 19.

**11. Verschwiegenheits-, Herausgabepflicht.** → Form. XIX.6 Anm. 11.

**12. Kündigung.** Bei gehobenen Positionen ist es wegen der Schwierigkeit, Ersatz zu finden, häufig angebracht, eine längere Kündigungsfrist als die gesetzliche zu vereinbaren.

**13. Freistellung.** → Form. XIX.7 Anm. 20.

**14. Vertragsstrafe, Schadensersatz.** → Form. XIX.23.

**15. Rückzahlung von Vorschüssen.** → Form. XIX.7 Anm. 23.

**16. Verfallfristen.** → Form. XIX.7 Anm. 24

**17. Personalfragebogen, Anfechtung.** → Form. XIX.7 Anm. 25

**18. Email- und Internetnutzung.** → Form. XIX.7 Anm. 26

**19. Schriftform, betriebliche Übung.** → Form. XIX.6 Anm. 14

**20. Salvatorische Klausel.** → Form. XIX.6 Anm. 15.

**21. Nebenabreden.** Insbesondere Wettbewerbsvereinbarung (→ Form. XIX.21), Vereinbarung über Umzugskosten (→ Form. XIX.25b), Dienstwagenvertrag (→ Form. XIX.26) und Vereinbarung über Dienstfahrten mit dem Privatfahrzeug (→ Form. XIX.27).

**22. Betriebsverfassungsrecht.** § 99 BetrVG ist auch bei AT-Angestellten uneingeschränkt anwendbar. Der Betriebsrat hat ein Mitbestimmungsrecht bei der Eingruppierung, wenn ein betriebliches Funktions- bzw. Gehaltsgruppenschema in Form einer Betriebsvereinbarung oder individualrechtlichen Einheitsregelung besteht (vgl. BAG AP BetrVG § 99 Eingruppierung Nr. 5; BAG NZA 2007, 348; *Fitting/Engels/Schmidt/Trebinger/Linsenmaier* BetrVG § 99 Rn. 87). Bei Umgruppierung eines Tarifangestellten in eine Funktionsgruppe von AT-Angestellten und bei Rückstufung eines AT-Angestellten in die Gehaltsgruppen des Tarifvertrages sowie bei Umgruppierungen innerhalb des AT-Bereichs besteht ebenfalls ein Mitbestimmungsrecht des Betriebsrats. Die Regelungskompetenz des Betriebsrats nach § 87 Abs. 1 Nr. 10, 11 BetrVG ist im AT-Bereich grds. gegeben (vgl. BAG AP BetrVG 1972 § 87 Lohngestaltung Nr. 3). Sie erstreckt sich auf Struktur- formen des Entgelts einschließlich ihrer näheren Vollziehungsformen, nicht dagegen auf die Festsetzung der Höhe der Gruppengehälter oder die Festlegung des Wertunterschieds zwischen der letzten tariflichen Gehaltsgruppe und den AT-Gehaltsgruppen (vgl. BAG NZA 1991, 434). Der Betriebsrat hat gem. § 87 Abs. 1 Nr. 10 BetrVG ein Mitbestimmungsrecht bei der Ausgestaltung außertariflicher Sonderzulagen, insbes. bei deren Verteilungsgrundsätzen (vgl. BAG NZA 2007, 99 = AP BetrVG 1972 § 80 Nr. 68).

## 11. Arbeitsvertrag für leitende Angestellte

**Zwischen[1,2]**
**der Fa. . . . . . (im Folgenden „Arbeitgeber" genannt)**
**und**
**Herrn/Frau . . . . . (im Folgenden „Arbeitnehmer" genannt)**
**wird folgender Anstellungsvertrag vereinbart:**

**§ 1 Beginn des Arbeitsverhältnisses, Probezeit[3]**

**(1) Das Arbeitsverhältnis beginnt am . . . . . .**
**(2) Die ersten sechs Monate gelten als Probezeit. Während dieser Zeit kann das Arbeitsverhältnis beiderseits mit einer Frist von zwei Wochen gekündigt werden.**
**(3) Eine ordentliche Kündigung vor Arbeitsantritt ist ausgeschlossen.**

**§ 2 Aufgabengebiet, Tätigkeit,[4] Ort**

**(1) Der Arbeitnehmer wird als leitender Angestellter im Sinne des § 5 Abs. 3 und 4 Betriebsverfassungsgesetz für nachfolgenden Aufgabenbereich in . . . . . (Arbeitsort) eingestellt:**
**. . . . .**

(2) Er ist direkt der Geschäftsführung unterstellt.

(3) Die regelmäßige Arbeitszeit beträgt ..... Stunden wöchentlich. Der Arbeitnehmer verpflichtet sich, seine ganze Arbeitskraft seinem Aufgabenbereich bei dem Arbeitgeber zu widmen und – soweit dies erforderlich ist – auch über die betriebsübliche Arbeitszeit hinaus tätig zu werden.[5]

(4) Der Arbeitnehmer ist ferner verpflichtet, bei gleicher Vergütung andere seinen Fähigkeiten entsprechende und ihm zumutbare Aufgaben nach näherer Weisung der Geschäftsleitung, evtl. auch nur vertretungsweise oder an einem anderen Ort, zu übernehmen. Die anderen Aufgaben müssen gleichwertig sein und dürfen nur nach billigem Ermessen unter Wahrung der Interessen des Arbeitnehmers zugewiesen werden.

§ 3 Handlungsvollmacht/Generalvollmacht/Prokura[6]

Der Arbeitnehmer erhält nach einer Einarbeitungszeit von ..... Monaten Handlungsvollmacht/Generalvollmacht/Prokura. Die Erteilung der Vollmacht erfolgt durch besondere Urkunde.

§ 4 Vergütung, sonstige Leistungen

(1) Der Arbeitnehmer erhält für seine vertragliche Tätigkeit ein Bruttomonatsgehalt in Höhe von EUR ....., das jeweils am Kalendermonatsende unter Einbehalt der gesetzlichen Abzüge auf das vom Arbeitnehmer anzugebende Konto überwiesen wird.

(2) Der Arbeitnehmer erhält jährlich eine Umsatzbeteiligung/Tantieme/Umsatzbonus/sonstige Sonderzuwendungen in Höhe von ....% vom Jahresumsatz.[7] Diese Leistung ist fällig mit Feststellung der Bilanz. Scheidet der Arbeitnehmer im Laufe des Geschäftsjahres aus, steht ihm ein anteiliger Anspruch zu.

(3) Über-, Mehr-, Sonn- und Feiertagsarbeit ist mit dem gezahlten Bruttogehalt abgegolten.[8]

(4) Der Arbeitgeber schließt für die Dauer dieses Vertrages eine Unfallversicherung seiner Wahl für den Arbeitnehmer zur Absicherung dienstlicher und privater Unfallrisiken mit einer Versicherungssumme von EUR ..... für den Todesfall und EUR ..... für den Invaliditätsfall ab.[9]

§ 5 Abtretung und Verpfändung des Arbeitseinkommens[10]

Die Abtretung sowie die Verpfändung von Vergütungsansprüchen sind ohne Zustimmung des Arbeitgebers ausgeschlossen.

§ 6 Arbeitsverhinderung und Vergütungsfortzahlung im Krankheits- und Todesfalle[11]

(1) Der Arbeitnehmer ist verpflichtet, jede Arbeitsverhinderung und ihre voraussichtliche Dauer unverzüglich dem Arbeitgeber anzuzeigen sowie auf Verlangen des Arbeitgebers die Gründe der Arbeitsverhinderung mitzuteilen.

(2) Im Falle der Arbeitsunfähigkeit von mehr als drei Kalendertagen infolge Krankheit ist der Arbeitnehmer verpflichtet, vor Ablauf des darauf folgenden Arbeitstages eine ärztliche Bescheinigung über die Arbeitsunfähigkeit sowie über deren voraussichtliche Dauer vorzulegen. Bei über den angegebenen Zeitraum hinausgehender Erkrankung ist eine Folgebescheinigung innerhalb weiterer drei Tage seit Ablauf der vorangehenden einzureichen.

(3) Ist der Arbeitnehmer an der Arbeitsleistung infolge unverschuldeter Krankheit verhindert, so leistet der Arbeitgeber sechs Wochen Vergütungsfortzahlung nach den gesetzlichen Regelungen über die Entgeltfortzahlung im Krankheitsfall. Bei länger andauernder Krankheit erhält der Arbeitnehmer für die Dauer von ..... Wochen den Unterschiedsbetrag zwischen der letzten Nettovergütung und den aus Anlass der Krankheit von öffentlichen und privaten Kassen gezahlten Beträgen.

(4) Im Falle des Ablebens des Arbeitnehmers erhalten sein Ehegatte/Lebenspartner und die unterhaltsberechtigten Kinder gemeinsam das letzte monatliche Bruttogehalt für die Dauer von . . . . . Monaten.

§ 7 Urlaub[12]

(1) Der Arbeitnehmer hat Anspruch auf den gesetzlichen Mindesturlaub von 20 Arbeitstagen, ausgehend von einer 5-Tage-Woche. Darüber hinaus gewährt der Arbeitgeber dem Arbeitnehmer einen vertraglichen Erholungsurlaub von weiteren . . . . . Arbeitstagen pro Kalenderjahr. Mit Urlaubserteilung erfüllt der Arbeitgeber zunächst den gesetzlichen Urlaubsanspruch. Der vertragliche Urlaubsanspruch verfällt nach Ablauf des Kalenderjahres (*alternativ:* mit Ablauf des 31.3. des Folgejahres) ersatzlos, selbst wenn der Arbeitnehmer den Urlaub wegen Arbeitsunfähigkeit nicht nehmen kann.

(2) Die Festlegung des Urlaubs erfolgt durch den Arbeitgeber unter Berücksichtigung der Wünsche des Arbeitnehmers.

(3) Eine etwaige Urlaubsabgeltung im Fall einer Beendigung des Arbeitsverhältnisses erfolgt nur bis zur Höhe des gesetzlichen Urlaubsanspruchs.

§ 8 Nebentätigkeiten, Wettbewerbsverbot[13]

(1)Während der Dauer des Arbeitsverhältnisses ist jede entgeltliche oder unentgeltliche Nebentätigkeit nur mit Zustimmung des Arbeitgebers zulässig. Die Zustimmung ist zu erteilen, wenn die Nebentätigkeit die dienstlichen Aufgaben nicht behindert, gesetzlich zulässig ist und sonstige berechtigte Interessen des Arbeitgebers nicht beeinträchtigt werden.

(2) Veröffentlichungen und Vorträge des Arbeitnehmers bedürfen ebenfalls der Zustimmung des Arbeitgebers, wenn dadurch die Interessen des Arbeitgebers berührt werden.

(3) Während der Dauer des Arbeitsverhältnisses unterliegt der Arbeitnehmer einem Wettbewerbsverbot. Insbesondere ist es dem Arbeitnehmer untersagt, als Arbeitnehmer, freier Mitarbeiter oder in irgendeiner sonstigen Form für einen Wettbewerber des Arbeitgebers tätig zu werden oder ein solches Wettbewerbsunternehmen zu gründen oder sich an einem solchen Wettbewerbsunternehmen mittelbar oder unmittelbar zu beteiligen, mit Ausnahme reiner Finanzbeteiligungen.

§ 9 Verschwiegenheitspflicht, Herausgabepflicht[14]

(1) Der Arbeitnehmer verpflichtet sich, über alle ihm während seiner Tätigkeit bekannt werdenden Geschäfts- und Betriebsgeheimnisse und sonstigen geschäftlichen bzw. betrieblichen Tatsachen vertraulicher Natur auch nach Beendigung des Arbeitsverhältnisses Stillschweigen zu bewahren und sie nicht unlauter zu verwerten.

(2) Der Arbeitnehmer verpflichtet sich, auf Verlangen des Arbeitgebers jederzeit oder unaufgefordert beim Ausscheiden aus dem Arbeitsverhältnis sämtliche betriebliche Arbeitsmittel, Unterlagen, Datenträger und Aufzeichnungen sowie etwaige angefertigte Abschriften oder Kopien an den Arbeitgeber herauszugeben. Ein Zurückbehaltungsrecht steht dem Arbeitnehmer nicht zu.

§ 10 Beendigung des Arbeitsverhältnisses[15]

(1) Das Arbeitsverhältnis endet mit Ablauf des Monats, in dem der Arbeitnehmer das gesetzliche Regelrenteneintrittsalter erreicht.

(2) Die ordentliche Kündigung des Arbeitsverhältnisses ist für beide Vertragsparteien bis zum Ablauf des . . . . . Jahres nach seinem Beginn ausgeschlossen. Danach kann es nur mit einer Frist von . . . . . zum Schluss des Kalendermonats/Kalendervierteljahres/Halbjahres/Jahres gekündigt werden. Die Verlängerung der Kündigungsfrist richtet sich nach

den gesetzlichen Bestimmungen. Solche Verlängerungen der Kündigungsfrist hat auch der Arbeitnehmer bei Kündigungen gegenüber dem Arbeitgeber einzuhalten.

(3) Das Recht zur außerordentlichen Kündigung bleibt unberührt.

(4) Jede Kündigung muss schriftlich erfolgen.

(5) Im Falle einer Kündigung ist der Arbeitgeber aus triftigen Gründen (zB Geheimhaltungs- oder Wettbewerbsinteressen) berechtigt, den Arbeitnehmer für die Dauer der Kündigungsfrist unter Fortzahlung seiner Vergütung von der Verpflichtung zur Arbeit freizustellen. Eine unwiderrufliche Freistellung erfolgt unter Anrechnung auf etwaige bestehende und noch entstehende Urlaubsansprüche und etwaige Freizeitausgleichsansprüche.[16]

§ 11 Vertragsstrafe, Schadensersatz[17]

(1) Nimmt der Arbeitnehmer die Arbeit nicht oder verspätet auf, verweigert er vorübergehend unberechtigt die Arbeit, löst er das Arbeitsverhältnis ohne Einhaltung der maßgeblichen Kündigungsfrist unberechtigt auf oder wird der Arbeitgeber durch vertragswidriges Verhalten des Arbeitnehmers zur außerordentlichen Kündigung veranlasst, so hat der Arbeitnehmer an den Arbeitgeber eine Vertragsstrafe zu zahlen. Als Vertragsstrafe wird für den Fall der verspäteten Aufnahme der Arbeit, der vorübergehenden Arbeitsverweigerung und der Auflösung des Arbeitsverhältnis ohne Einhaltung der maßgeblichen Kündigungsfrist ein sich aus dem Bruttomonatsgehalt nach § 4 Abs. 1 zu errechnendes Bruttotagegeld für jeden Tag der Zuwiderhandlung vereinbart, insgesamt jedoch nicht mehr als das in der gesetzlichen Mindestkündigungsfrist ansonsten zu zahlende Arbeitsentgelt. Im Übrigen beträgt die Vertragsstrafe ein Bruttomonatsgehalt gemäß § 4 Abs. 1.

(2) Die Geltendmachung von weiterem Schadenersatz bleibt unberührt.

§ 12 Rückzahlung von Vorschüssen und Darlehen[18]

Im Falle der Beendigung des Arbeitsverhältnisses noch offene Restbeträge von Vorschüssen und Darlehen werden bei Beendigung des Arbeitsverhältnisses zur Rückzahlung fällig; es sei denn, der Arbeitgeber hat aus betriebsbedingten Gründen das Arbeitsverhältnis gekündigt oder der Arbeitnehmer hat ausdrücklich wegen eines zur außerordentlichen Kündigung berechtigenden Grundes gekündigt.

§ 13 Verfallfristen[19]

(1) Alle beiderseitigen Ansprüche aus dem Arbeitsverhältnis und solche, die mit dem Arbeitsverhältnis in Verbindung stehen, verfallen, wenn sie nicht innerhalb von drei Monaten nach Fälligkeit gegenüber der anderen Vertragspartei in Textform geltend gemacht worden sind.

(2) Lehnt die Gegenseite den Anspruch ab oder erklärt sie sich nicht innerhalb von zwei Wochen nach der Geltendmachung des Anspruchs, so verfällt dieser, wenn er nicht innerhalb von drei Monaten nach der Ablehnung oder dem Fristablauf gerichtlich geltend gemacht wird.

(3) Vorstehende Verfallfristen gelten nicht für Ansprüche, die auf der Verletzung des Lebens, des Körpers oder der Gesundheit sowie auf vorsätzlichen Pflichtverletzungen beruhen und nicht für sonstige unverzichtbare Ansprüche aus Gesetzen wie der gesetzliche Mindestlohn.

§ 14 Personalfragebogen[20]

Die Angaben im Personalfragebogen sind wesentlicher Bestandteil dieses Vertrages. Änderungen sind unverzüglich dem Arbeitgeber mitzuteilen. Bei unwahren Angaben oder Verschweigen wesentlicher Tatsachen im Personalfragebogen kann der Arbeitgeber den Vertrag anfechten.

**§ 15 E-Mail- und Internetnutzung[21]**

**Betriebliche Telekommunikationsmittel, insbesondere Email und Internet, dürfen nur für dienstliche Zwecke verwendet werden. Eine private Nutzung ist nur im Notfall erlaubt.**

**§ 16 Schriftform, betriebliche Übung[22]**

**Mündliche Nebenabreden bestehen nicht. Änderungen und Ergänzungen dieses Vertrages bedürfen zu ihrer Wirksamkeit der Schriftform. Dies gilt auch für die Aufhebung und Änderung dieser Schriftformklausel. Ausgeschlossen sind damit Vertragsänderungen durch betriebliche Übung. Der Vorrang von individuellen mündlichen Vertragsabreden zwischen den Parteien nach Vertragsschluss (§ 305b BGB) bleibt unberührt**

**§ 17 Salvatorische Klausel[23]**

**(1) Sind einzelne Bestimmungen dieses Vertrages ganz oder teilweise unwirksam, so berührt dieses nicht die Wirksamkeit der übrigen Regelungen des Vertrages.**
**(2) Die Parteien sind in einem solchen Falle verpflichtet, an der Schaffung von Bestimmungen mitzuwirken, durch die ein der unwirksamen Bestimmung möglichst nahekommender wirtschaftlicher Erfolg rechtswirksam erzielt wird.**

**. . . . . (Ort), den . . . . .**

| | |
|---|---|
| **. . . . .** | **. . . . .** |
| **Unterschrift des Arbeitgebers** | **Unterschrift des Arbeitnehmers** |

*Schrifttum:* Siehe → Form. XIX.10.: *Annuß,* Arbeitsrechtliche Aspekte von Zielvereinbarungen in der Praxis NZA 2007, 290; *Bauer/Krieger/Bader,* Bezugnahmeklausel und Statusveränderung – Alterssicherung für leitende Angestellte?, NZA 2004, 464; *Fritz,* Haftungsbegrenzung bei Führungskräften, NZA 2017, 673; *Fuhlrott,* Die rechtliche Stellung leitender Angestellter, ArbRAktuell 2011, 55; *Hansen/Kelber/Zeißig,* Rechtsstellung der Führungskräfte im Unternehmen, 2006; *Horn,* Abfindungsschutz statt Kündigungsschutz?, NZA 2012, 186; *Möller,* Führungskräfte: Abgrenzung, kündigungsrechtliche Sonderstellung und Haftung?, NZA 2017, 1567; *Rinsdorf, Kiedrowski,* Konzernbezug von § 14 II KSchG?, NZA 2012, 183; *Schulze/Hintzen,* Der ähnlich leitende Angestellte nach § 14 II KSchG im Spannungsfeld zwischen Vertrag und Wirklichkeit, ArbRAktuell 2012, 137; *Verstege,* Leitender Angestellter auch in der Elternzeit?, RdA 2011, 99; *Weber/Hoß/Burmester,* Handbuch der Managerverträge, 2000; *Weinrich/Weinrich,* Gratifikationen, Anwesenheits- und Treueprämien, Tantiemen, 4. Aufl., 1998.

## Anmerkungen

**1. Sachverhalt.** Bei den leitenden Angestellten wird danach unterschieden, ob der ArbN nach Arbeitsvertrag und Stellung im Unternehmen oder im Betrieb (1) zur selbstständigen Einstellung und Entlassung berechtigt ist oder (2) Generalvollmacht oder Prokura hat und die Prokura im Verhältnis zum Arbeitgeber nicht unbedeutend ist oder (3) regelmäßig sonstige Aufgaben wahrnimmt, die für den Bestand und die Entwicklung des Unternehmens oder eines Betriebes von Bedeutung sind und deren Erfüllung besondere Erfahrungen und Kenntnisse voraussetzt, wenn er dabei entweder die Entscheidungen im Wesentlichen frei von Weisungen trifft oder sie maßgeblich beeinflusst. Weitere Einzelheiten der Abgrenzung ergeben sich aus § 5 Abs. 3 u. 4 BetrVG. Die leitenden Angestellten müssen unternehmerische Teilaufgaben wahrnehmen. Dem leitenden Angestellten obliegen gesteigerte Pflichten gegenüber dem ArbG. Er ist in besonderem Maß zur

Rücksichtnahme auf die Interessen und den Rechtskreis seines ArbG verpflichtet. Aus diesem Grunde ist aus denselben Erwägungen wie bei AT-Angestellten ein besonderer Arbeitsvertrag abzufassen. Oft sind die als leitende Angestellte bezeichneten Arbeitnehmer in einem Unternehmen tatsächlich aber keine leitenden Angestellten im Rechtssinne, sondern haben nur Führungspositionen inne.

**2. Begriff des leitenden Angestellten.** Vgl. *Fitting/Engels/Schmidt/Trebinger/Linsenmaier* BetrVG § 5 Rn. 347 ff.; *ErfK*/Koch BetrVG § 5 Rn. 17, *Fuhlrott,* Die rechtliche Stellung leitender Angestellter, ArbRAktuell 2011, 55; Davon zu unterscheiden ist der Begriff des Angestellten in leitender Stellung iSd § 14 Abs. 2 KSchG (vgl. zB *Schulze/Hintzen,* Der ähnlich leitende Angestellte nach § 14 Abs. 2 KSchG im Spannungsfeld zwischen Vertrag und Wirklichkeit, ArbRAktuell 2012, 137).

**3. Beginn des Arbeitsverhältnisses/Probezeit.** → Form. XIX.6 Anm. 2.

**4. Tätigkeit.** Da nach § 5 Abs. 3, 4 BetrVG der leitende Angestellte kraft Arbeitsvertrag und Stellung im Unternehmen oder im Betrieb aus dem Kreis der übrigen ArbN herausragen muss, ist bei der Bestimmung des Aufgabenbereichs darauf zu achten, dass er den gängigen Kriterien für einen leitenden Angestellten entspricht. Durch einzelvertraglichen Versetzungsvorbehalt kann das Direktionsrecht auch dahin erweitert werden, dass Tätigkeiten an einem anderen Ort zugewiesen werden können (vgl. BAG NJW 2006, 3303 = NZA 2006, 1149). Im Übrigen wird dadurch ein möglichst vielseitiger Einsatz ohne Änderungskündigung ermöglicht. Zur Erweiterung des Direktionsrechts → Form. XIX.6 Anm. 3.

**5. Arbeitszeit.** Leitende Angestellte unterliegen nicht dem Arbeitszeitgesetz. Allerdings gilt das NachwG, so dass generell auch die Arbeitszeit angegeben werden muss. Dennoch findet man in der Praxis oft Arbeitsverträge, die nur die Verpflichtung enthalten, die volle Arbeitskraft zur Verfügung zu stellen. Dies soll der Überstundendiskussion vorbauen. Außerdem darf der ArbG von seinen leitenden Angestellten ein besonderes Maß an Arbeitsleistung, auch über die betriebsübliche Arbeitszeit hinaus verlangen (BAG NJW 1967, 413). Zur Abgeltung → Anm. 8. Im Übrigen → Form. XIX.6 Anm. 4, → Form. XIX.10 Anm. 5

**6. Vollmachten.** Gem. § 5 Abs. 3 Nr. 2 BetrVG kommt der Erteilung von Generalvollmacht oder Prokura bei der Einordnung als leitender Angestellter besondere Bedeutung zu.

**7. Umsatzbeteiligung etc.** Bei leitenden Angestellten ist es häufig üblich, einen Anreiz durch Beteiligung am Geschäftsergebnis zu bieten. Wird diese Sonderleistung am Umsatz bemessen, so liegt eine Zwischenform zwischen Tantieme und Provision vor. Alternativen: Es kann vereinbart werden, dass eine Tantieme in Prozenten des jährlichen Reingewinns (vgl. LAG Düsseldorf Betr. 1957, 288) oder Rohgewinns des ganzen Unternehmens oder eines Unternehmensteils gezahlt wird. Auch die Vereinbarung einer Mindesttantieme ist möglich oder der jeweiligen Festsetzung nach billigem Ermessen der Geschäftsführung (§ 315 BGB). Das Erfordernis einer Zwischenbilanz zur Feststellung des entsprechenden anteiligen Anspruchs eines im Laufe des Geschäftsjahres ausscheidenden ArbN kann vereinbart werden. Die Vereinbarung, dass bei Ausscheiden eines ArbN der Tantiemeanspruch entfällt, sollte vermieden werden, da sie gegen die guten Sitten verstoßen kann oder eine unzulässige Kündigungserschwerung darstellen kann (vgl. BAG AP HGB § 87a Nr. 4).

**8. Überstunden.** Zur Abgeltung von Mehrarbeitsvergütung → Form. XIX.6 Anm. 6. Da leitende Angestellte idR Dienste höherer Art schulden und eine hervorgehobene Vergütung erhalten, wird ohne Vereinbarung keine Vergütung für Mehrarbeit geschuldet; ihr Gehalt liegt regelmäßig über der Beitragsbemessungsgrenze der gesetzlichen Rentenversicherung, so dass eine Überstundenabgeltungsklausel möglich ist BAG NZA 2012, 861).

**9. Unfallversicherung** Es ist vielfach auch üblich, wegen des beruflichen Risikos (zB bei Dienstfahrten) für einen bestimmten Kreis von leitenden Angestellten eine Unfallversicherung abzuschließen. Dies kann auch in der Form einer Kollektiv-Unfallversicherung erfolgen, in die der neue leitende Angestellte aufgenommen wird. Versicherungsnehmer ist immer der ArbG. Versichert werden im allgemeinen Tod und Invalidität, wobei idR die Versicherungssumme für den Invaliditätsfall doppelt so hoch wie diejenige für den Todesfall angesetzt wird. Die Höhe richtet sich regelmäßig nach der Stellung des leitenden Angestellten in der Firma und der Art seiner Tätigkeit sowie nach der wirtschaftlichen Leistungsfähigkeit des Unternehmens. Häufig wird auch für die Dauer der Arbeitsunfähigkeit infolge Unfalls ein Tagegeld oder ein bestimmter Betrag für Heilkosten vorgesehen.

**10. Abtretung und Verpfändung.** → Form. XIX.6 Anm. 7.

**11. Vergütungsfortzahlung im Krankheits- und Todesfalle.** Entsprechende Regelungen über die gesetzliche Ausdehnung sind häufig, weil die seitens der Versicherungen gezahlten Leistungen meist hinter den üblichen Bezügen der gehobenen Angestellten zurückbleiben. Eine Ausdehnung des Zeitraumes der Gehaltsfortzahlung sollte nicht erfolgen, da dann der ArbG für Kassenleistungen eintreten würde. Die Vereinbarung von sogenannten Sterbegeldern wird bei gehobenen Angestellten häufig gewünscht. Im Übrigen → Form. XIX.6 Anm. 8.

**12. Urlaub.** → Form. XIX.6 Anm. 9 und → Form. XIX.7 Anm. 18.

**13. Nebenbeschäftigung, Wettbewerb.** Die Teilhaberschaft an anderen Firmen oder Mitgliedschaft in Aufsichtsorganen anderer Unternehmen kann den leitenden Angestellten in dem Interesse des ArbG abträgliche Konflikte bringen. Bei Veröffentlichungen und Vorträgen können verschiedene Interessen des ArbG (Geschäfts-, Betriebsgeheimnisse, neuartige Herstellungsverfahren etc) berührt sein, so dass zwischen ArbN und ArbG eine Abstimmung unter Abwägung der gegenseitigen Interessen erfolgen sollte. → Form. XIX.6 Anm. 10 u. → Form. XIX.7 Anm. 19.

**14. Verschwiegenheitspflicht, Herausgabepflicht.** → Form. XIX.6 Anm. 11.

**15. Kündigung.** Vgl. § 622 BGB. Bei gehobenen Positionen ist es wegen der Schwierigkeit, Ersatz zu finden, häufig angebracht, eine längere Kündigungsfrist als die gesetzliche zu vereinbaren. Zu den Sonderregelungen des § 14 Abs. 2 KSchG vgl. *Horn,* Abfindungsschutz statt Kündigungsschutz?, NZA 2012, 186.

**16. Freistellung.** → Form. XIX.7 Anm. 20.

**17. Vertragsstrafe, Schadensersatz.** → Form. XIX.23.

**18. Rückzahlung von Vorschüssen.** → Form. XIX.7 Anm. 23.

**19. Verfallfristen.** → Form. XIX.7 Anm. 24

**20. Personalfragebogen, Anfechtung.** → Form. XIX.7 Anm. 25

**21. E-Mail- und Internetnutzung.** → Form. XIX.7 Anm. 26

**22. Nebenabreden, Schriftform, betriebliche Übung.** → Form. XIX.6 Anm. 14

**23. Salvatorische Klausel.** → Form. XIX.6 Anm. 15.

**24. Nebenabreden.** Insbesondere Wettbewerbsvereinbarung (→ Form. XIX.21), Vereinbarung über Umzugskosten (→ Form. XIX.25b), Dienstwagenvertrag (→ Form. XIX.26) und Vereinbarung über Dienstfahrten mit dem Privatfahrzeug (→ Form. XIX.27).

**25. Betriebsverfassungsrecht.** Gemäß § 105 BetrVG besteht bei Einstellung oder personeller Veränderung eines leitenden Angestellten gegenüber dem Betriebsrat nur eine Mitteilungspflicht. → Form. V.19. Gem. § 31 Abs. 1 SprAuG besteht ebenfalls eine Mitteilungspflicht gegenüber dem Sprecherausschuss der leitenden Angestellten. Mit dem Sprecherausschuss können auch Richtlinien über den Inhalt, Abschluss oder die Beendigung von Arbeitsverhältnissen der leitenden Angestellten vereinbart werden, denen zwingende Geltung beigelegt werden kann (§ 28 SprAuG). Bei Änderung von Arbeitsbedingungen und bei Beurteilungsgrundsätzen ist der Sprecherausschuss zu unterrichten (§ 30 SprAuG). Es besteht ferner eine Beratungspflicht.

**26. Steuern.** Gewinnbeteiligungen, Umsatzbeteiligungen und vergleichbare Sonderzuwendungen des ArbN sind Arbeitslohn. Wird eine Unfallversicherung zugesagt, so sind die Beiträge des ArbG zur Unfallversicherung, wenn der ArbN einen eigenen unentziehbaren Rechtsanspruch gegen den Versicherer auf die späteren Leistungen erwirbt, ebenfalls Arbeitslohn hinsichtlich der Absicherung des privaten Risikos, nicht jedoch hinsichtlich der Absicherung des beruflichen Risikos, und sind damit lohnsteuerpflichtig; (*Schmidt/Krüger* § 19 EStG → Anm. 100 Stichwort Unfallversicherung). Eine Ausnahme besteht nur bei Gruppenunfallversicherung der Arbeitnehmer mit einem durchschnittlichen jährlichen Beitragsaufwand von nicht mehr als 62,– Euro. In diesem Fall besteht die Möglichkeit der Pauschalierung der Lohnsteuer mit 20 % gem. § 40b Abs. 3 EStG. (vgl. hierzu auch *Küttner/Windsheimer* Personalbuch 2017, 417, Rn. 6ff).

## 12. Befristeter Arbeitsvertrag

**Zwischen der Fa. . . . . . (im Folgenden „Arbeitgeber" genannt)[1, 2]**
**und**
**Herrn/Frau . . . . . (im Folgenden „Arbeitnehmer" genannt)**
**wird folgender Arbeitsvertrag vereinbart:**

**§ 1 Beginn des Arbeitsverhältnisses, Tätigkeit**

**(1) Der Arbeitnehmer wird mit Wirkung ab dem . . . . . im Rahmen eines befristeten Arbeitsverhältnis angestellt und als . . . . . in . . . . . für den Arbeitgeber tätig.[1, 2]**

**(2) Der Arbeitgeber behält sich vor, den Arbeitnehmer aus betrieblichen Gründen unter Wahrung seiner Interessen für eine andere gleichwertige Tätigkeit, in einem anderen Arbeitsgebiet oder an einem anderen Arbeitsort einzusetzen, soweit dies seinen Fähigkeiten und Kenntnissen entspricht. Macht der Arbeitgeber von diesem Recht Gebrauch, ist er verpflichtet die bisherige Vergütung weitet zu entrichten.[3]**

**§ 2 Dauer,[4, 9] Beendigung, Probezeit**

**(Zeitbefristung ohne Sachgrund):[5]**

**(1) Das Arbeitsverhältnis endet mit Ablauf des . . . . ., ohne dass es einer Kündigung bedarf. Der Arbeitnehmer versichert ausdrücklich, dass er vor Vertragsbeginn nicht beim Arbeitgeber beschäftigt gewesen war.**

**(Zeitbefristung mit Sachgrund)[6]**

**(1) Der Arbeitnehmer wird als Vertretung einer in Elternzeit befindlichen Arbeitnehmerin eingestellt. Das Arbeitsverhältnis endet mit Ablauf des . . . . ., ohne dass es einer Kündigung bedarf.**

**(Zweckbefristung mit Sachgrund)[6]**

(1) Das Arbeitsverhältnis wird zum Zwecke der Unterstützung beim Abverkauf des Lagerbestands des Arbeitgebers geschlossen. Das Arbeitsverhältnis endet mit Zweckerreichung, frühestens jedoch zwei Wochen nach Zugang der schriftlichen Unterrichtung des Arbeitnehmers durch den Arbeitgeber über den Zeitpunkt der Zweckerreichung.
(2) Die ersten . . . . . Monate gelten als Probezeit. Während dieser Zeit kann das Arbeitsverhältnis beiderseits mit einer Frist von zwei Wochen gekündigt werden. Eine ordentliche Kündigung vor Arbeitsantritt ist ausgeschlossen.[7]
(3) Nach Ablauf der Probezeit kann das Arbeitsverhältnis beiderseits auch vorzeitig ordentlich mit einer Frist von . . . . . gekündigt werden. Verlängert sich die Kündigungsfrist für den Arbeitgeber aus gesetzlichen Gründen, gilt diese Verlängerung auch für den Arbeitnehmer. Das Recht zur außerordentlichen Kündigung bleibt unberührt.[8]
(4) Jede Kündigung muss schriftlich erfolgen.

§ 3 Arbeitszeit, Über- und Mehrarbeit[10]

(1) Die regelmäßige wöchentliche Arbeitszeit beläuft sich auf . . . . . Stunden.
(2) Die werktägliche Verteilung der Arbeitszeit obliegt dem Arbeitgeber. Beginn und Ende der täglichen Arbeitszeit richten sich nach den betrieblichen Erfordernissen und Gepflogenheiten.
(3) Der Arbeitnehmer verpflichtet sich, im Rahmen der gesetzlichen Bestimmungen Nacht-/Wochenend- und Feiertagsarbeit sowie Überstunden und Mehrarbeit auf Anordnung des Arbeitgebers zu leisten.

§ 4 Vergütung[11]

(1) Der Arbeitnehmer erhält für seine vertragliche Tätigkeit ein Bruttomonatsgehalt in Höhe von EUR . . . . ., das jeweils am Kalendermonatsende unter Einbehalt der gesetzlichen Abzüge auf das vom Arbeitnehmer anzugebende Konto überwiesen wird.
(2) Mit dem Bruttomonatsgehalt nach Abs. (1) sind . . . . . Über- bzw. Mehrarbeitsstunden mit abgegolten. Darüberhinausgehende Überstunden bzw. Mehrarbeit wird nach Wahl des Arbeitgebers in Freizeit ausgeglichen oder vergütet. Zuschläge werden nicht gezahlt.

§ 5 Abtretung und Verpfändung des Arbeitseinkommens[12]

Die Abtretung sowie die Verpfändung von Vergütungsansprüchen sind ohne Zustimmung des Arbeitgebers ausgeschlossen.

§ 6 Arbeitsverhinderung und Vergütungsfortzahlung im Krankheitsfall[13]

(1) Der Arbeitnehmer ist verpflichtet, jede Arbeitsverhinderung und ihre voraussichtliche Dauer unverzüglich dem Arbeitgeber anzuzeigen sowie auf Verlangen des Arbeitgebers die Gründe der Arbeitsverhinderung mitzuteilen.
(2) Im Falle der Arbeitsunfähigkeit infolge Krankheit ist der Arbeitnehmer verpflichtet, vor Ablauf des dritten Tages der Arbeitsunfähigkeit eine ärztliche Bescheinigung über die Arbeitsunfähigkeit sowie über deren voraussichtliche Dauer vorzulegen. Dauert die Arbeitsunfähigkeit länger als in der Bescheinigung angegeben, so ist der Arbeitnehmer verpflichtet, die Fortdauer der Arbeitsunfähigkeit dem Arbeitgeber unverzüglich anzuzeigen und spätestens am ersten Tag des verlängerten Krankheitszeitraums eine neue ärztliche Bescheinigung vorzulegen. Der Arbeitgeber kann im Einzelfall auch eine frühere Vorlage einer Arbeitsunfähigkeitsbescheinigung verlangen.

§ 7 Urlaub[14]

(1) Der Arbeitnehmer hat ausgehend von einer 5-Tage-Woche Anspruch auf den gesetzlichen Mindesturlaub von 20 Arbeitstagen. Darüber hinaus gewährt der Arbeitgeber dem Arbeitnehmer einen vertraglichen Erholungsurlaub von weiteren . . . . . Arbeitstagen pro

Kalenderjahr. Mit Urlaubserteilung erfüllt der Arbeitgeber zunächst den gesetzlichen Urlaubsanspruch. Der vertragliche Urlaubsanspruch verfällt nach Ablauf des Kalenderjahres (alternativ: mit Ablauf des 31.3. des Folgejahres), selbst wenn der Arbeitnehmer den Urlaub wegen Arbeitsunfähigkeit nicht nehmen kann.
(2) Die Festlegung des Urlaubs erfolgt durch den Arbeitgeber unter Berücksichtigung der Wünsche des Arbeitnehmers. Dringende betriebliche Gründe oder Urlaubswünsche anderer Arbeitnehmer, die unter sozialen Gesichtspunkten Vorrang verdienen, gehen vor.
(3) Eine etwaige Urlaubsabgeltung im Fall einer Beendigung des Arbeitsverhältnisses erfolgt nur bis zur Höhe des gesetzlichen Urlaubsanspruchs.

§ 8 Nebentätigkeiten[15]

(1)Während der Dauer des Arbeitsverhältnisses ist jede entgeltliche oder unentgeltliche Nebentätigkeit nur mit Zustimmung des Arbeitgebers zulässig.
(2) Die Zustimmung ist zu erteilen, wenn die Nebentätigkeit die dienstlichen Aufgaben nicht behindert, gesetzlich zulässig ist und sonstige berechtigte Interessen des Arbeitgebers nicht beeinträchtigt werden.

§ 9 Verschwiegenheits-, Herausgabepflicht[16]

(1) Der Arbeitnehmer verpflichtet sich, über alle ihm während seiner Tätigkeit bekannt werdenden Geschäfts- und Betriebsgeheimnisse und sonstigen geschäftlichen bzw. betrieblichen Tatsachen vertraulicher Natur auch nach Beendigung des Arbeitsverhältnisses Stillschweigen zu bewahren und sie nicht unlauter zu verwerten.
(2) Der Arbeitnehmer verpflichtet sich, auf Verlangen des Arbeitgebers jederzeit oder unaufgefordert beim Ausscheiden aus dem Arbeitsverhältnis sämtliche betriebliche Arbeitsmittel, Unterlagen, Datenträger und Aufzeichnungen sowie etwaige angefertigte Abschriften oder Kopien an den Arbeitgeber herauszugeben. Ein Zurückbehaltungsrecht steht dem Arbeitnehmer nicht zu.

§ 10 Nebenabreden, Schriftform, betriebliche Übung[17]

(1) Mündliche Nebenabreden bestehen nicht.
(2) Dieser Vertrag kommt nur zustande, wenn ein vom Arbeitnehmer gegengezeichnetes Vertragsexemplar vor Arbeitsantritt dem Arbeitgeber vorliegt.[9]
(3) Änderungen und Ergänzungen dieses Vertrages bedürfen zu ihrer Wirksamkeit der Schriftform. Dies gilt auch für die Aufhebung und Änderung dieser Schriftformklausel. Ausgeschlossen sind damit Vertragsänderungen durch betriebliche Übung. Der Vorrang von individuellen mündlichen Vertragsabreden zwischen den Parteien nach Vertragsschluss (§ 305b BGB) bleibt unberührt.

§ 11 Salvatorische Klausel[18]

(1) Sind einzelne Bestimmungen dieses Vertrages ganz oder teilweise unwirksam, so berührt dieses nicht die Wirksamkeit der übrigen Regelungen des Vertrages.
(2) Die Parteien sind in einem solchen Falle verpflichtet, an der Schaffung von Bestimmungen mitzuwirken, durch die ein der unwirksamen Bestimmung möglichst nahekommender wirtschaftlicher Erfolg rechtswirksam erzielt wird.

. . . . . (Ort), den . . . . .

| | |
|---|---|
| . . . . . | . . . . . |
| Unterschrift des Arbeitgebers | Unterschrift des Arbeitnehmers[19, 20, 21] |

*Schrifttum: Annuß/Thüsing,* Kommentar zum Teilzeit- und Befristungsgesetz, 3. Aufl., 2012; *Bader,* Die Befristung von Arbeitsverträgen zur Vertretung und der Rechtsmissbrauch, NJW 2017, 989; *ders./Jörchel,* Das Befristungsrecht weiter in Bewegung, NZA 2016, 1105; *Bahnsen,* Schriftform nach § 14 XIX TzBfG – die neue Befristungsfalle für Arbeitgeber, NZA 2005, 676; *Bauer,* Tückisches Befristungsrecht, NZA 2011, 241; *Bitsch/Drosdeck,* Zulässigkeit von Kettenbefristungen, NJW 2012, 977; *Boecken/Joussen,* Teilzeit- und Befristungsgesetz: TzBfG, 5. Aufl. 2018; *Braun,* Anspruch auf Arbeitsvertrag nach wirksamer Befristung, ZTR 2007, 78; *Bruns,* Aktuelle Rechtsprechung zu befristeten Arbeitsverhältnissen, NZA-RR 2010, 113; *ders.,* BB-Rechtsprechungsreport zu den prozessualen Besonderheiten des arbeitsrechtlichen Teilzeit- und Befristungsrechts, BB 2010, 1151; *Dörner,* Neues aus dem Befristungsrecht, NZA 2007, 57; *ders.,* Der befristete Arbeitsvertrag, 2. Aufl., 2011; *Frieling/Münder,* Neue richterrechtliche Grenzen der Tarifdispositivität sachgrundloser Befristungsmöglichkeiten, NZA 2017, 766; *Frik/Werthebach,* Die Befristung von Leiharbeitsverträgen nach dem Teilzeit- und Befristungsgesetz, NZA 2005, 386; *Fuhlrott,* Anforderungen an die Befristung einzelner Arbeitsbedingungen, NZA 2016, 1000; *Greiner,* Nachträgliche Schriftformwahrung in befristeten Arbeitsverhältnissen zwischen Privatautonomie, Positivismus und Rechtsfortbildung, RdA 2009, 82; *Groeger,* Haushaltsrecht und Befristung von Arbeitsverträgen, NJW 2008, 465; *Holwe/Kossens/Pielenz/Räder,* Teilzeit- und Befristungsgesetz, 5. Aufl. 2016; *Höpfner,* Die Reform der sachgrundlosen Befristung durch das BAG – Arbeitsmarktpolitische Vernunft contra Gesetzestreue, NZA 2011, 893; *Jörchel,* Befristungsrecht – Ein Zwischenstopp, NZA 2012, 1065; *Junker,* Auswirkungen der neueren EuGH-Rechtsprechung auf das deutsche Arbeitsrecht, NZA 2011, 950; *Koberski,* Befristete Arbeitsverträge älterer Arbeitnehmer im Einklang mit Gemeinschaftsrecht, NZA 2005, 79; *Kröger,* Die Befristung von Arbeitsverträgen in Frankreich, Großbritannien und Deutschland, 2008; *v. Medem/Nadler,* Formnichtigkeit einer Befristungsabrede im Arbeitsvertrag – ein nicht zu korrigierender Fehler? NZA 2005, 1214; *Müller,* Aktuelle Rechtsprechung zur Befristung von Arbeitsverhältnissen im Wissenschaftsbereich, insbesondere zum Wissenschaftszeitvertragsgesetz (WissZeitVG), öAT 2017, 89; *Lunk/Leder,* Der Arbeitsvertrag – Befristung und Teilzeit, NJW 2016, 1705; *Meinel/Hein/Herms,* Teilzeitbefristungsgesetz, 5. Aufl., 2015; *Persch,* Kernfragen des Befristungsrechts, 2010; *ders.,* Der Prüfungsgegenstand der Entfristungskontrolle im Lichte der Befristungsrichtlinie 1999/70/EG, NZA 2011, 1068; *Petrovicki,* Projektbefristung von Arbeitsverhältnissen, NZA 2006, 411; *Preis,* Flexibilität und Rigorismus im Befristungsrecht, NZA 2005, 714; *Preis/Greiner,* Befristungsrecht – Quo vadis?, RdA 2010, 148; *Rudolf,* Die sachgrundlose Befristung von Arbeitsverträgen im Wandel der Zeit, BB 2011, 2808; *Sagan/Brose,* Kettenbefristungen wegen Vertretungsbedarfs im Zwielicht des Unionsrechts, NZA 2012, 308; *Schiefer/Köster/Korte,* Befristung von Arbeitsverträgen – Die neue Altersbefristung nach § 14 Abs. 3 TzBfG, DB 2007, 1081; *Schiefer,* Befristete Arbeitsverträge: Hindernisse und Fallstricke – Die aktuelle Rechtsprechung (Teil I), DB 2011, 1164, (Teil II) DB 2011, 1220; *Schwarze,* Der Missbrauchstatbestand bei der befristungsrechtlichen Missbrauchskontrolle, RdA 2017, 302; *Sprenger,* Sachgrundlose Befristung nach der „verjährten" Zuvor-Beschäftigung, BB 2012, 447; *Walker,* Die nachträgliche Altersbefristung auf einen Zeitpunkt vor Erreichen der Regelaltersgrenze, NZA 2017, 1417.

## Anmerkungen

**1. Sachverhalt.** Zur Abdeckung besonderer Zeiträume oder Zwecke kann es erforderlich sein, kein unbefristetes Arbeitsverhältnis, sondern ein Arbeitsverhältnis von bestimmtem zeitlichen Umfang abzuschließen, um nicht mit irgendwelchen Kündigungsbestimmungen (§ 168 SGB IX, § 17 MuSchG) zu kollidieren. Ein befristetes Arbeitsverhältnis endet automatisch ohne Kündigung und vermeidet die damit ggf. verbundenen Problemen, soweit die Vorgaben des Teilzeitbefristungsgesetzes beachtet sind. Ist die Befristung hiernach unwirksam, besteht ein unbefristetes Arbeitsverhältnis mit besonderen Kündigungsregelungen, § 16 TzBfG (→ Anm. 8). Auch für ein Probearbeitsverhältnis kommt die feste Befristung in Betracht, allerdings sollte dies ausreichend gekennzeichnet sein, damit es nicht als überraschende Klausel unwirksam ist (LAG Berlin-Brandenburg, NZA-RR 2013, 459)

**2. Zulässigkeit.** Aus dem Grundsatz der Vertragsfreiheit (Art. 2 GG, § 620 BGB) ergibt sich, dass Arbeitsverhältnisse von bestimmter Dauer begründet werden können. Nach § 620 Abs. 3 BGB gilt für befristete Arbeitsverhältnisse das Teilzeitbefristungsgesetz. Nach § 14 Abs. 1 TzBfG ist die Befristung eines Arbeitsvertrages grds. nur zulässig, wenn sie durch einen sachlichen Grund gerechtfertigt ist. Gem. § 14 Abs. 2 TzBfG ist jedoch die kalendermäßige Befristung eines Arbeitsvertrages ohne Vorliegen eines sachlichen Grundes bis zur Dauer von 2 Jahren ebenfalls zulässig. Auch in Betrieben bzw. Unternehmen, die nicht unter das KSchG fallen, und in den ersten 6 Monaten eines Arbeitsverhältnisses ist eine Befristung ohne Sachgrund nicht möglich (vgl. BAG NZA 2005, 218 = AP TzBfG § 14 Nr. 7. Die Befristung ist gem. § 14 Abs. 4 TzBfG schriftlich zu vereinbaren (→ Anm. 9).

Ferner ist zB nach § 21 BEEG der Abschluss eines befristeten Arbeitsvertrages aus bestimmten Vertretungsgründen zulässig. Die Dauer der Befristung des Arbeitsvertrages darf gem. § 21 Abs. 3 BEEG nur kalendermäßig bestimmt oder bestimmbar sein oder den in den Absätzen 1 und 2 genannten Zwecken zu entnehmen sein. Besondere Befristungsmöglichkeiten bestehen überdies im Hochschulbereich nach dem Wissenschaftszeitvertragsgesetz (vgl. *Müller,* Aktuelle Rechtsprechung zur Befristung von Arbeitsverhältnissen im Wissenschaftsbereich, insbesondere zum Wissenschaftszeitvertragsgesetz (WissZeitVG), öAT 2017, 89). Eine Unzulässigkeit von Befristungen kann sich aber aus Tarifverträgen ergeben.

Will der ArbN geltend machen, dass die Befristung eines Arbeitsvertrages rechtsunwirksam ist, so muss er gem. § 17 TzBfG innerhalb von drei Wochen nach dem vereinbarten Ende des befristeten Arbeitsvertrages Klage erheben, sonst gilt der Vertrag rechtwirksam durch die Befristung beendet. Deshalb kommt es regelmäßig nur auf die Wirksamkeit der Befristung des letzten Arbeitsvertrages an (BAG NZA 2014, 623), es sei denn der ArbN hat sich die Überprüfung von vorausgegangenen Verträgen vorbehalten. § 17 TzBfG ist eine abschließende Regelung für Streitigkeiten über Inhalt, Auslegung und Wirksamkeit einer Befristung, die nur auf Initiative des ArbN möglich ist. Eine allgemeine Feststellungsklage des ArbG ist daneben nicht zulässig, da die Drei-Wochen-Frist ausreichend für seine Rechtssicherheit ist (BAG NZA 2017, 803).

Auch die mehrfache Vereinbarung von Befristungen ist grundsätzlich zulässig. Solche Kettenbefristungen sind gegeben, wenn zB mehrere mit Sachgrund befristete Arbeitsverträge hintereinander mit demselben Arbeitgeber abgeschlossen werden. Der EuGH hat sich auf ein Vorabentscheidungsersuchen des BAG mit der Zulässigkeit solcher Kettenbefristungen wegen ständigen oder wiederholten Vertretungsbedarfs im Hinblick auf die Vereinbarkeit mit europäischem Recht zu befassen (EuGH 26.1.2012 – C–586/10, NzA 2012, 135 („Kücük"), nachdem das BAG bisher davon ausgegangen war, dass auch eine hohe Anzahl von Befristungen keine strengeren Anforderungen an die Prüfung das Sachgrunds stellt (BAG NJW 2009, 3180) und immer nur das letzte befristete Arbeitsverhältnis zu Prüfung ansteht. Der EuGH hat die Kettenbefristung grundsätzlich als zulässig gesehen, aber festgehalten, dass bei der Beurteilung der Frage, ob die Verlängerung eines befristeten Arbeitsvertrags durch einen sachlichen Grund wie den vorübergehenden Bedarf an Vertretungskräften gerechtfertigt ist, alle Umstände des Einzelfalls zu berücksichtigen sind, insbesondere auch die Zahl und die Gesamtdauer der in der Vergangenheit mit demselben Arbeitgeber geschlossenen, befristeten Verträge. Demgemäß kann im Einzelfall eine Missbrauchskontrolle unter Berücksichtigung aller bisherigen Arbeitsverträge durchaus geboten sein. Das Bundesarbeitsgericht hat sich dieser Rechtsprechung angeschlossen und geht in Rahmen solcher Kettenbefristungen vom Erfordernis einer Missbrauchskontrolle aus. Bei der Prüfung der letzten Befristungsabrede müssen dann die Umstände des Einzelfalls einschließlich Zahl und Gesamtdauer der in der Vergangenheit mit demselben ArbG geschlossenen befristeten Arbeitsverträge mitberücksichtigt werden (BAG NZA 2013, 777). Eine Missbrauchskontrolle ist geboten, bei mehr als 8 Jahren oder 12 Verlängerungen und bei mehr als 6 Jahren und 9 Verlängerungen (BAG NZA 2017, 383). 11 Jahre und 13 Verlängerungen, mehr als 10 Jahre oder 15 Verlängerungen, mehr als 8 Jahre und 12 Verlängerungen indiziert rechtsmissbräuchliche Gestaltung (BAG NZA 2012, 1359; BAG NZA 2017, 383). Besonderheiten können auch längere Befristungen rechtfertigen (BAG NZA 2015, 928).

Die Nichtverlängerung von Befristungen kann einen Verstoß gegen § 1 AGG darstellen. Kündigt zB eine befristet angestellte Arbeitnehmerin an, in Zukunft schwanger werden zu wollen und wird daraufhin der befristete Arbeitsvertrag nicht verlängert, spricht der Anschein dafür, dass eine Benachteiligung wegen des Geschlechts vorliegt (vgl. EuGH NZA 2001, 1243 = NJW 2002, 125). Dies führt jedoch nicht zur Verlängerung des Arbeitsverhältnisses, sondern nur zu Entschädigungsansprüchen nach dem AGG.

**3. Versetzungsklausel.** → Form. XIX.6 Anm. 4. Die Beschäftigung mit anderen Tätigkeiten sollte nicht überwiegend erfolgen, weil sie sonst gegen das Vorliegen des Befristungsgrundes sprechen könnte.

**4. Zeit- und Zweckbefristungen.** Das Gesetz unterscheidet zwischen Zeit- und Zweckbefristung (§ 3 Abs. 1 TzBfG). Die Zeitbestimmtheit ergibt sich aus der kalendermäßigen Befristung des Arbeitsverhältnisses. Die Zeitbefristung kann für eine bestimmte Dauer (Tag, Woche, Monat, Jahr) oder nach dem Kalender (bis zum 15., 30. des Monats) erfolgen. Eine Befristung kann ferner auch aus der Art, Beschaffenheit oder dem Zweck der Arbeitsleistung folgen (§ 15 Abs. 2 TzBfG). Ein solcher zweckbefristeter Arbeitsvertrag ist nur zulässig, wenn der Zeitpunkt der Zweckerfüllung voraussehbar ist, der Eintritt als gewiss angesehen wird und in überschaubarer Zeit liegt. Dann muss eine Einigung der Parteien gegeben sein, dass die Dauer des Arbeitsverhältnisses von seinem Zweck abhängig sein soll und die Zweckerreichung muss objektiv bestimmbar sein. Ohne eine Einigung über die Befristung des Arbeitsverhältnisses durch seinen Zweck handelt es sich nur um ein unbeachtliches Motiv des ArbG. Der Befristungsgrund ist bei Zweckbefristungen wesentlicher Vertragsbestandteil und deshalb im Gegensatz zu kalendermäßigen Befristungen schriftlich zu vereinbaren (vgl. BAG NJW 2006, 1084 = AP TzBfG § 14 Nr. 18). Unklarheiten gehen zulasten des ArbG als Verwender der Befristungsklausel (BAG NZA 2008, 876). Zweckbefristungen können nur mit Sachgrund erfolgen, da die Befristung ohne Sachgrund nach § 14 Abs. 2 TzBfG immer eine kalendermäßige ist. Nach § 15 Abs. 2 TzBfG endet der zweckbefristete Arbeitsvertrag mit Erreichen des Zwecks, frühestens jedoch 2 Wochen nach Zugang der schriftlichen Unterrichtung des ArbN durch den ArbG über den Zeitpunkt der Zweckerreichung.

Wird das befristete Arbeitsverhältnis nach Zeitablauf oder Zweckerreichung mit Wissen des ArbG fortgesetzt, gilt es als für unbestimmte Zeit als geschlossen, wenn der ArbG nicht unverzüglich widerspricht oder dem ArbN die Zweckerreichung nicht unverzüglich mitteilt (§ 15 Abs. 5 TzBfG).

Eine Zeitbestimmung des Arbeitsverhältnisses kann auch dadurch erfolgen, dass das Arbeitsverhältnis bei Eintritt eines bestimmten objektiv bestimmbaren Ereignisses enden soll (auflösende Bedingung im Sinne des § 158 BGB). Hierzu gehören Fälle, in denen ungewiss ist, ob die Bedingung überhaupt eintritt (Anstellung, bis eine andere Stelle gefunden ist). Das Bundesarbeitsgericht hatte sich aber kritisch zu der Frage der auflösenden Bedingung bei einem Arbeitsverhältnis geäußert (vgl. BAG AP BGB § 620 Befristeter Arbeitsvertrag Nr. 55; BAG Betr. 1982, 121). Danach sollte eine auflösende

Bedingung nur noch zulässig sein, wenn sie vornehmlich im Interesse des ArbN liegt oder ihr Eintritt allein vom Willen des ArbN abhängig ist (vgl. BAG Betr. 1984, 2710; BAG AP BGB § 320 Bedingung Nr. 17). Da § 21 TzBfG ausdrücklich auflösende Bedingungen regelt und sie den Befristungen gleichstellt, dürfte die Zulässigkeit auflösender Bedingungen jedoch nicht mehr zweifelhaft sein.

Die Aufnahme einer Zölibats- oder Nichtschwangerschaftsklausel als auflösende Bedingung ist wegen Verstoßes gegen Grundrechte und Mutterschutz unzulässig (vgl. BAG AP GG Art. 6 Abs. 1 Ehe und Familie Nr. 1). Unzulässig wegen Verstoßes gegen § 626 BGB oder das Kündigungsschutzgesetz ist auch der auflösend bedingte Abschluss eines Arbeitsverhältnisses für den Fall, dass der ArbN nicht rechtzeitig aus dem Urlaub kommt (vgl. BAG AP BGB § 620 Bedingung Nr. 3). Das Bundesarbeitsgericht hat bisher eine Befristung des Arbeitsverhältnisses auf den Zeitpunkt des Erreichens des gesetzlichen Rentenalters für wirksam erachtet und hieran auch im Hinblick auf eine Kontrolle der einzelvertraglichen Abrede festgehalten (vgl. BAG NZA 2006, 37 = AP BGB § 620 Altersgrenze Nr. 27, für auflösende Bedingung BAG NZA 2016, 695). Für auflösend bedingte Arbeitsverträge gelten nach § 21 TzBfG die meisten Regelungen des TzBfG über Befristungen. Auch bei ihnen ist der Befristungsgrund als wesentlicher Vertragsbestandteil schriftlich zu vereinbaren.

5. **Zeitbefristung ohne Sachgrund.** Gem. § 14 Abs. 2 TzBfG ist die kalendermäßige Befristung eines Arbeitsvertrages ohne Vorliegen eines sachlichen Grundes bis zur Dauer von 2 Jahren zulässig. Bis zu dieser Gesamtdauer von 2 Jahren ist auch die höchstens dreimalige Verlängerung eines kalendermäßig befristeten Arbeitsvertrages zulässig, wobei als Verlängerung nur das unmittelbare Anschließen ohne Vertragsänderung zu verstehen ist (BAG NZA 2001, 546). Nur die Vertragslaufzeit, nicht jedoch sonstige Vertragsbedingungen dürfen hierbei geändert werden, so dass solche Änderungen schon während der Vertragslaufzeit ggf. durchzuführen sind, nicht jedoch bei der Verlängerung selbst mit Ausnahme von Anpassungen an eine geänderte Rechtslage (BAG NZA 2007, 204). Kalendermäßige Befristungen sind allerdings dann nicht zulässig, wenn mit demselben ArbG bereits zuvor ein befristetes oder unbefristetes Arbeitsverhältnis bestanden hat. Dies erfasst auch, wenn die Laufzeit eines bisher ohne Sachgrund befristetes Arbeitsverhältnis durch Vereinbarung verkürzt wird. Es liegt dann eine neue Befristung vor, für die ein Sachgrund gegeben sein muss (BAG NZA 2017, 634). Ein Berufsausbildungsverhältnis gilt jedoch nicht als eine solche Vorbeschäftigung (BAG NZA 2012, 255). Auch ein Leiharbeitsverhältnis oder ein Heimarbeitsverhältnis schadet nicht (BAG NZA 2007, 443, BAG NZA 2017, 244). Durch diese Bestimmung wurde die Möglichkeit der befristeten Einstellung ohne Sachgrund auf Grund irgendeines Vorarbeitsverhältnisses, und zwar bisher ohne zeitliche Eingrenzung, ausgeschlossen. Das BAG hatte in seiner umstrittenen Entscheidung vom 6.4.2011 (NZA 2011, 905) diesen Zeitraum auf drei Jahre eingeschränkt. Diese zeitliche Einschränkung der Zuvor-Beschäftigung wurde jedoch vom BVerfG als nicht verfassungsgemäß gekippt (NZA 2018, 774). Bewerber müssen daher bei derartigen Einstellungen in Personalfragebögen nach einem früheren Arbeitsverhältnis bei dem ArbG künftig wieder vorsorglich wohl zeitlich unbegrenzt gefragt werden, wobei das BAG in einer aktuellen Entscheidung (BAG v. 21.8.2019 – 7 AZR 452/17) das Verbot der sachgrundlosen Befristung bei Vorbeschäftigung bei einer 22 Jahre zurückliegenden Vorbeschäftigung als unzumutbar eingestuft hat.

Abweichende Bestimmungen zur kalendermäßigen Befristung sind durch Tarifvertrag – im Geltungsbereich des Tarifvertrages auch durch Vereinbarung der tariflichen Regelungen zwischen nicht tarifgebundenem ArbG und ArbN – bzgl. der Anzahl der Verlängerungen und der Höchstdauer der Befristung möglich (BAG NZA 2017, 463 begrenzt tariflich abweichende mögliche Höchstdauer auf 72 Monaten bei neunmaliger Verlängerung).

§ 14 Abs. 2a TzBfG sieht darüber hinaus eine erweiterte Befristungsmöglichkeit für neu gegründete Unternehmen in den ersten vier Jahren ohne Sachgrund für vier Jahre vor, wobei die Befristung hier auch am letzten Tag des Vier-Jahres-Zeitraums erst für vier Jahre oder zunächst auch weniger abgeschlossen werden kann (*Küttner/Kania,* Personalbuch 2017, 90, Rn. 14 ff. für weitere Einzelheiten). Nach § 14 Abs. 3 TzBfG ist die kalendermäßige Befristung eines Arbeitsvertrages ohne Vorliegen eines sachlichen Grundes bis zu einer Dauer von 5 Jahren ferner zulässig, wenn der ArbN bei Beginn des befristeten Arbeitsverhältnisses das 52. Lebensjahr vollendet hat und unmittelbar vor Beginn mindestens 4 Monate beschäftigungslos iSd § 138 Abs. 1 Nr. 1 SGB III gewesen ist, Transferkurzarbeitergeld bezogen oder an einer öffentlich geförderten Beschäftigungsmaßnahme nach SGB II oder III teilgenommen hat. Bis zu der Gesamtdauer von 5 Jahren ist bei solchen ArbN auch die mehrfache Verlängerung des Arbeitsvertrages zulässig. Ob diese Regelung europarechtskonform ist, bleibt abzuwarten (bejahend BAG NZA 2015, 1131; vgl. zur Vorgängernorm BAG NZA 2006, 1162 = AP TzBfG § 14 Nr. 23 sowie insgesamt *Küttner/Kania,* Personalbuch 2017, 90, Rn. 16 ff.).

**6. Zeit- oder Zweckbefristung mit Sachgrund.** Ein sachlich berechtigender Grund liegt nach § 14 Abs. 1 TzBfG insbesondere vor, wenn (1) der betriebliche Bedarf nur vorübergehend besteht, (2) die Befristung im Anschluss an eine Ausbildung oder ein Studium erfolgt, um den Übergang des ArbN in eine Anschlussbeschäftigung zu erleichtern, (3) der ArbN zur Vertretung eines anderen ArbN beschäftigt wird (vgl. hierzu auch § 21 Abs. 1 BEEG), (4) die Eigenart der Arbeitsleistung die Befristung rechtfertigt, (5) die Befristung zur Erprobung erfolgt, (6) in der Person des ArbN liegende Gründe die Befristung rechtfertigen, (7) der ArbN aus Haushaltsmitteln vergütet wird, die haushaltsrechtlich für eine befristete Beschäftigung bestimmt sind, und er entsprechend beschäftigt wird oder (8) die Befristung auf einem gerichtlichen Vergleich beruht. Der Katalog ist nicht abschließend (zu Einzelfällen vgl. *Küttner/Kania* Personalbuch 2017, 90 Rn. 30 ff.)Die Wirksamkeit der Befristung beurteilt sich nach den Verhältnissen im Zeitpunkt des Vertragsschlusses. Spätere eintretende Änderungen berühren die Wirksamkeit der Befristung nicht. Auch die rechtswidrige Verweigerung der Verlängerung eines befristeten Vertrags (zB mit Verletzung des AGG) lässt die Wirksamkeit der Befristung unberührt (ErfK/*Müller-Glöge* § 14 Rn. 17). Hier wurde zum einen der häufig vorliegende Sachgrund der Vertretung abgebildet, der auch als Zweckbefristung möglich wäre, zB bei Krankheitsvertretung, bei der oft noch kein Enddatum absehbar ist. Zum anderen enthält die Alternative Zweckbefristung den Sachgrund des nur vorübergehenden betrieblichen Bedarfs für zB bestimmte Kampagnen, Projekte etc. Die gewählte Dauer der Befristung muss sich lediglich am Sachgrund der Befristung orientieren und so mit ihm im Einklang stehen, dass sie nicht gegen das Vorliegen eines Sachgrundes spricht (vgl. BAG NZA 1989, 965). Eine besondere Prüfung, ob auch für die Dauer ein sachlicher Grund gegeben ist, erfolgt nicht (BAG NZA 2010, 633; näher auch ErfK/*Müller-Glöge* TzBfG § 14 Rn. 19). Allerdings darf die Befristungsdauer nicht so kurz sein, dass eine dem Befristungsgrund entsprechende Mitarbeit nicht mehr möglich erscheint (BAG NZA 2017, 711).

Oft nicht beachtet wird, dass eine Vereinbarung einer Weiterbeschäftigung eines unbefristetet beschäftigten ArbN über seine Kündigungsfrist hinaus ein befristetes Arbeitsverhältnis darstellt und deshalb ein Sachgrund hierfür erforderlich ist (BAG NZA 2004, 1275). Wird im Rahmen eines Aufhebungsvertrags ein Beendigungszeitpunkt festgelegt, der die Kündigungsfrist um ein Vielfaches überschreitet und fehlt es an weiteren Vereinbarungen im Zusammenhang mit der Beendigung des Arbeitsverhältnisses, wie sie im Aufhebungsvertrag regelmäßig getroffen werden, gilt es als Indiz für eine befristete Fortsetzung für die ein sachlicher Grund vorliegen muss (BAG NZA 2017, 634).

Zulässig wäre auch eine sog Doppelbefristung, bei der neben der Zweckbefristung noch eine maximale Höchstdauer vereinbart wird, zB „zur Krankheitsvertretung des AN . . . . . längstens jedoch bis zum . . . . .“ (BAG NZA 2009, 35; 2011, 1178). Die Wirksamkeit der Zweckbefristung und der zeitlichen Höchstbefristung sind rechtlich getrennt zu beurteilen, sie können auch auf unterschiedlichen Rechtsgrundlagen beruhen. Eine mögliche Unwirksamkeit der Zweckbefristung hat auf die zugleich vereinbarte Zeitbefristung keinen Einfluss. Sie führt nur dazu, dass das Arbeitsverhältnis nicht bereits auf Grund der möglichen früheren Zweckerreichung endet, sondern bis zum Ablauf der vorgesehenen Höchstfrist fortbesteht. Wurde das Arbeitsverhältnis bis zu diesem Zeitpunkt fortgesetzt, gewinnt die Zweckbefristung keine Bedeutung (BAG NZA 2002, 85). Riskant für den ArbG ist eine solche Doppelbefristung, wenn der ArbN bei wirksamer Zweckbefristung und erfolgter Mitteilung über die Zweckerreichung das Arbeitsverhältnis mit Wissen des ArbG fortsetzt, da dann § 15 Abs. 5 TzBfG eintritt, der nicht abdingbar ist und für solche Fälle eine Verlängerung auf unbestimmte Zeit vorsieht, wenn nicht unverzüglich widersprochen wird. Die zeitliche Höchstbefristung kommt dann nicht mehr zum Tragen (ErfK/*Müller-Glöge* TzBfG § 3 Rn. 13, aA *Küttner/Kania,* Personalbuch 2017, 90, Rn. 29). Wichtig ist jedenfalls, eine solche Doppelbefristung transparent zu formulieren und ggf. auch optisch im Vertrag hervorzuheben, damit sie nicht als überraschende Klausel unwirksam ist (BAG BB 2008, 1736, BAG NZA-RR 2014, 408).

**7. Probezeit, Kündigung vor Dienstantritt.** → Form. XIX.6 Anm. 2.

**8. Beendigung, Kündigung.** Das zeitbestimmte Arbeitsverhältnis endet nach Ablauf der bestimmten Zeit. Das zweckbefristete Arbeitsverhältnis endet gem. § 15 Abs. 2 TzBfG mit Erreichen des Zwecks, frühestens jedoch 2 Wochen nach Zugang der schriftlichen Unterrichtung des ArbN durch den ArbG über den Zeitpunkt der Zweckerreichung. Etwaige Kündigungsbeschränkungen finden keine Anwendung (→ Anm. 1). Gem. § 173 Abs. 4 SGB IX muss der ArbG die Beendigung von Arbeitsverhältnissen bei schwerbehinderten Menschen in den Fällen des Abs. 1 Nr. 1 innerhalb von 4 Tagen dem Integrationsamt anzeigen. Gem. § 175 SGB IX ist ein erweiterter Beendigungsschutz in bestimmten Fällen gegeben. Während des Laufs eines befristeten Arbeitsverhältnisses ist die ordentliche Kündigung ausgeschlossen (vgl. BAG AP BGB § 620 Befristeter Arbeitsvertrag Nr. 27; BAG NJOZ 2002, 596 = EzA Nr. 4 zu § 620 BGB). Deshalb muss ihre Zulässigkeit ausdrücklich vereinbart werden (§ 15 Abs. 3 TzBfG). In der Vereinbarung einer Probezeit im befristeten Arbeitsverhältnis kann eine solche Vereinbarung einer Kündigungsmöglichkeit erblickt werden. Die Frist muss der gesetzlichen (§ 622 BGB) oder der tariflichen Mindestfrist für eine Kündigung entsprechen. Nach § 15 Abs. 4 TzBfG kann das Arbeitsverhältnis, wenn es für die Lebenszeit einer Person oder für längere Zeit als 5 Jahre eingegangen ist, von dem ArbN nach Ablauf von 5 Jahren mit einer Kündigungsfrist von 6 Monaten gekündigt werden.

Nach § 21 Abs. 4 BEEG kann das befristete Arbeitsverhältnis unter Einhaltung einer Frist von mindestens drei Wochen, jedoch frühestens zum Ende der Elternzeit gekündigt werden, wenn die Elternzeit ohne Zustimmung des ArbG vorzeitig endet und der ArbN dem ArbG die vorzeitige Beendigung seiner Elternzeit mitgeteilt hat. Dies gilt entsprechend, wenn der ArbG die vorzeitige Beendigung der Elternzeit in den Fällen des § 16 Abs. 3 S. 2 BEEG nicht ablehnen darf.

Ist die Befristung unwirksam, so gilt der befristete Arbeitsvertrag gem. § 16 TzBfG als auf unbestimmte Zeit geschlossen; er kann vom ArbG frühestens zum vereinbarten Ende ordentlich gekündigt werden, sofern nicht nach § 15 Abs. 3 TzBfG die ordentliche Kündigung zu einem früheren Zeitpunkt vereinbart ist. Ist die Befristung nur wegen Mangels der Schriftform unwirksam, kann der Arbeitsvertrag auch vor dem vereinbarten Ende ordentlich gekündigt werden.

Wird das Arbeitsverhältnis über die Befristung – auch die Zweckerreichung – hinaus mit Wissen des ArbG fortgesetzt, so gilt es als auf unbestimmte Zeit verlängert, wenn der ArbG nicht unverzüglich widerspricht oder dem ArbN die Zweckerreichung nicht unverzüglich mitteilt (§ 15 Abs. 5 TzBfG). Dies gilt nicht, wenn eine Fortsetzung unter der dem

ArbN mitgeteilten Bedingung der schriftlichen Vertragsverlängerung steht (BAG NZA 2016, 359)

**9. Schriftform,** § 14 Abs. 4 TzBfG sieht als Wirksamkeitserfordernis für die Befristung Schriftform vor. Bei Nichteinhaltung entsteht bei Arbeitsaufnahme nach § 16 TzBfG ein unbefristetes Arbeitsverhältnis, da die Befristungsabrede nichtig ist. Der Arbeitsvertrag im Übrigen bleibt wirksam. Die Schriftform gilt nur für die Befristungsabrede selbst. Bei Zeitbefristungen sind daher nur zwingend die Dauer schriftlich zu vereinbaren, nicht aber der Befristungsgrund. Es ist nicht einmal Voraussetzung für die Wirksamkeit bei Zeitbefristungen, dass der Grund erörtert oder mitgeteilt worden ist, ggf. kann sogar ein anderer Grund nachgeschoben werden (ErfK/*Müller-Glöge* TzBfG § 14 Rn. 20) bzw. soweit auch § 14 Abs. 2 TzBfG einschlägig ist, kann dies auch alternativ die Wirksamkeit begründen. Bei Zweckbefristungen und auch bei auflösenden Bedingungen ist der Sachgrund wesentlicher Vertragsbestandteil und daher ebenfalls schriftlich zu vereinbaren (BAG NZA 2006, 321). Zur Vermeidung von Streitigkeiten und mit Rücksicht auf die eindeutige Befristung ist es dennoch empfehlenswert, den Grund für die Befristung im Arbeitsvertrag anzugeben (für Sachgrund Vertretung fordert das BAG zumindest die Angabe der Vertretungsverhältnisse, NZA 2006, 781).

Die Befristungsabrede muss vor Vertragsbeginn schriftlich niedergelegt sein. Eine nachträgliche Niederlegung einer zunächst nur mündlich vereinbarten Befristung heilt den Formverstoß nicht mehr (BAG NZA 2005, 575 und 923). Allerdings kann eine reine Arbeitsaufnahme nicht konkludent einen Arbeitsvertrag begründen, wenn der ArbG den Abschluss des Arbeitsvertrags von der schriftlichen Annahme des Angebots abhängig gemacht hat. Dies ist zB der Fall, wenn der ArbG in den Verhandlungen deutlich macht, dass die Einhaltung der Schriftform Voraussetzung für den Vertragsabschluss ist oder einen von ihm einseitig unterzeichneten Vertrag vor Vertragsbeginn an den ArbN ohne Absprache zur Unterzeichnung verschickt. Die Annahme kann dann nur durch Unterzeichnung der Vertragsurkunde, nicht durch Arbeitsaufnahme erfolgen (BAG NZA 2008, 1184, BAG NZA 2017, 638). Zur Absicherung wird empfohlen, bei Übersendung der Vertragsunterlagen ggf. nochmals auf das Zustandekommen des Vertrags nur bei Vorliegen eines unterschriebenen Exemplars bei Arbeitsantritt hinzuweisen oder wie hier im Formular eine entsprechende Ergänzung der Schriftformklausel (§ 10) im Vertrag selbst vorzunehmen (*Schimmelpfennig/Krannich* BB 2008, 1959).

Nach § 2 des Nachweisgesetzes sind die vorhersehbare Dauer des Arbeitsverhältnisses und die wesentlichen Vertragsbedingungen aufzunehmen.

**10. Arbeitszeit, Über- und Mehrarbeit.** → Form. XIX.6 Anm. 4.

**11. Vergütung, Überstundenabgeltung.** → Form. XIX.6 Anm. 5 und → Form. XIX.6 Anm. 6.

**12. Abtretung, Verpfändung.** → Form. XIX.6 Anm. 7.

**13. Arbeitsverhinderung, Entgeltfortzahlung.** Die Entgeltfortzahlung im Krankheitsfall besteht erst gem. § 3 Abs. 3 EntgeltfortzahlungsG nach vierwöchiger ununterbrochener Dauer des Arbeitsverhältnisses, so dass sie bei sehr kurzen Befristungen nicht entsteht. → Form. XIX.6 Anm. 8.

**14. Urlaub.** Befristet angestellte Arbeitnehmer haben auch nur unter den Voraussetzungen des § 5 BUrlG Teilurlaubsansprüche, ansonsten aber den vollen Urlaubsanspruch. So hat zB der zum 1.10. für ein Jahr eingestellte ArbN für das Rumpfjahr (Okt.–Dez.) nur einen Teilurlaubsanspruch ($^{3}/_{12}$), für die Folgemonate Jan.–Sept. nach Ablauf der Wartefrist aber den vollen ungekürzten Jahresurlaubsanspruch, da hier ein Ausscheiden aus dem Arbeitsverhältnis nach dem 30.6. und damit kein Fall des § 5 Abs. 1 BUrlG vorliegt (LAG Hessen BeckRS 2011, 71325: das Benachteiligungsverbot des § 4 Abs. 2 S. 1 TzBfG verbietet eine Schlechterstellung im Verhältnis zum unbefristet Beschäftigten). Wegen des Benachteiligungsverbots muss dem befristet eingestellten ArbN auch dieselbe Anzahl an Urlaubstagen wie unbefristet angestellte ArbN zugestanden werden. → Form. XIX.6 Anm. 9, → Form. XIX.7 Anm. 18.

**15. Nebentätigkeiten.** → Form. XIX.6 Anm. 10.

**16. Verschwiegenheits-, Herausgabepflicht.** → Form. XIX.6 Anm. 11.

**17. Nebenabreden, Schriftform, betriebliche Übung.** → Form. XIX.6 Anm. 14 und → Anm. 9.

**18. Salvatorische Klausel.** → Form. XIX.6 Anm. 15. Neben der salvatorischen Klausel können auch nach Bedarf weitere Klauseln aus dem Formular für einen einfachen oder ausführlichen Arbeitsvertrag übernommen werden (→ Form. XIX.6 und (→ Form. XIX.7).

**19. Sonstige Leistungen.** Nach § 18 TzBfG hat der ArbG die befristet beschäftigten ArbN über entsprechende unbefristete Arbeitsplätze zu informieren, die besetzt werden sollen. Der ArbG ist gem. § 19 TzBfG verpflichtet, für die angemessene Aus- und Weiterbildung der befristet beschäftigten ArbN zu sorgen. Die Benachteiligung des befristet beschäftigten Arbeitnehmer ist nach § 4 TzBfG verboten.

**20. Beweislast.** Für die Zeitbestimmung beweisbelastet ist die Partei, die sich auf die Zeitbestimmung beruft bzw. günstige Rechtsfolgen für sich daraus herleitet. Der ArbG hat aber im Prozess die Sachgrundvoraussetzungen darzulegen. Das BAG muss zur weiteren Verteilung der Beweislast, die weiterhin unklar erscheint, noch Stellung nehmen (vgl. BAG AP TzBfG § 14 Nr. 14; *Dörner* ZTR 2001, 485; *Bauer* BB 2001, 2526). Allerdings geht die Tendenz dahin, dem ArbG immer höhere Anforderungen (vgl. für den Fall des vorübergehenden Mehrbedarfs BAG NZA 2010, 633) bis hin zur vollen Darlegungs- und Beweislast für das Vorliegen des sachlichen Grundes aufzuerlegen (*Küttner/Kania,* Personalbuch 2017, 90, Rn. 53).

**21. Betriebsverfassungsrecht.** Das Zustimmungserfordernis nach § 99 BetrVG besteht auch bei nur befristet einzustellenden ArbN. Eine Prüfungskompetenz für die Wirksamkeit der Befristung hat der Betriebsrat aber nicht. Bei Verlängerung der Befristung bzw. Umwandlung in ein unbefristetes Arbeitsverhältnis ist ebenfalls die Mitbestimmung des Betriebsrats gem. § 99 Abs. 1 BetrVG zu beachten (vgl. BAG AP BetrVG 1972 § 99 Nr. 54; BAG AP BetrVG 1972 § 118 Nr. 32; BAG NZA 1992, 150). Nach § 20 TzBfG hat der ArbG den Betriebsrat über die Anzahl der befristet beschäftigten ArbN und ihren Anteil an der Gesamtbelegschaft des Betriebes und des Unternehmens zu informieren.

## 13. Arbeitsvertrag für Aushilfskräfte

**Zwischen der Fa.[1, 6, 7] . . . . . (im Folgenden „Arbeitgeber" genannt)**
**und**
**Herrn/Frau . . . . . (im Folgenden „Arbeitnehmer" genannt)**
**wird Folgendes vereinbart:**

**§ 1 Beginn des Arbeitsverhältnisses/Tätigkeit/Arbeitszeit**

**(1) Der Arbeitnehmer wird ab dem . . . . . in . . . . . (Arbeitsort) als Aushilfe für folgende Arbeiten eingestellt:[2]**

**. . . . .**

(2) Der Arbeitnehmer wird mit allen einschlägigen Arbeiten nach näherer Anweisung der Betriebsleitung und seiner Vorgesetzten beschäftigt. Er ist verpflichtet, auf Anweisung auch andere gleichwertige zumutbare Tätigkeiten zu verrichten, die ihm nach billigem Ermessen unter Wahrung seiner Interessen zugewiesen werden.
(3) Die tägliche/wöchentliche Arbeitszeit beträgt ..... Stunden. Der Arbeitnehmer ist verpflichtet, zumutbare Über- oder Mehrarbeit zu leisten.

§ 2 Beendigung des Arbeitsverhältnisses

(1) Das Arbeitsverhältnis kann beiderseits mit einer Kündigungsfrist von drei Tagen gekündigt werden.[3]
(2) Wird das Arbeitsverhältnis über die Dauer von drei Monaten fortgesetzt, gelten die gesetzlichen Kündigungsfristen.
(3) Die Kündigung muss schriftlich erfolgen.
(4) Die Auflösung des Vertrages bedarf der Schriftform.

§ 3 Vergütung

(1) Der Arbeitnehmer erhält eine Stunden-/Tages-/Wochen-/Monatsvergütung von Euro ..... brutto.
(2) Jede geleistete Über- oder Mehrarbeitsstunde wird mit einem Zuschlag von 25 % auf die übliche Vergütung bezahlt.
(3) Die Abtretung sowie die Verpfändung von Vergütungsansprüchen sind ohne Zustimmung des Arbeitgebers ausgeschlossen.

§ 4 Urlaub[4]

Der Arbeitnehmer erhält den Mindesturlaub nach den Bestimmungen des Bundesurlaubgesetzes.

§ 5 Arbeitsverhinderung[4]

(1) Der Arbeitnehmer ist verpflichtet, jede Arbeitsverhinderung und ihre voraussichtliche Dauer unverzüglich dem Arbeitgeber anzuzeigen sowie auf Verlangen des Arbeitgebers die Gründe der Arbeitsverhinderung mitzuteilen.
(2) Im Falle der Arbeitsunfähigkeit infolge Krankheit ist der Arbeitnehmer verpflichtet, vor Ablauf des zweiten Tages der Arbeitsunfähigkeit eine ärztliche Bescheinigung über die Arbeitsunfähigkeit sowie über deren voraussichtliche Dauer vorzulegen. Dauert die Arbeitsunfähigkeit länger als in der Bescheinigung angegeben, so ist der Arbeitnehmer verpflichtet, die Fortdauer der Arbeitsunfähigkeit dem Arbeitgeber unverzüglich anzuzeigen und spätestens am ersten Tag des verlängerten Krankheitszeitraums eine neue ärztliche Bescheinigung vorzulegen.

§ 6 Nebenabreden, Schriftform, betriebliche Übung[5]

Mündliche Nebenabreden bestehen nicht. Änderungen und Ergänzungen dieses Vertrages bedürfen zu ihrer Wirksamkeit der Schriftform. Dies gilt auch für die Aufhebung und Änderung dieser Schriftformklausel. Ausgeschlossen sind damit Vertragsänderungen durch betriebliche Übung. Der Vorrang von individuellen mündlichen Vertragsabreden zwischen den Parteien nach Vertragsschluss (§ 305b BGB) bleibt unberührt.

§ 7 Salvatorische Klausel[5]

**(1) Sind einzelne Bestimmungen dieses Vertrages ganz oder teilweise unwirksam, so berührt dieses nicht die Wirksamkeit der übrigen Regelungen des Vertrages.**
**(2) Die Parteien sind in einem solchen Falle verpflichtet, an der Schaffung von Bestimmungen mitzuwirken, durch die ein der unwirksamen Bestimmung möglichst nahekommender wirtschaftlicher Erfolg rechtswirksam erzielt wird.**

. . . . . (Ort), den . . . . .

| | |
|---|---|
| . . . . . | . . . . . |
| Unterschrift des Arbeitgebers | Unterschrift des Arbeitnehmers |

*Schrifttum: Abels/Besgen/Deck;* Mini-Jobs, Aushilfen, Teilzeit 2018; 39. Auflage 2018; *Heller,* Das „Aushilfsarbeitsverhältnis" als Grundlage der Prekarität? Missbrauch eines wandelbaren Rechtsbegriffs, 2014; *Marburger,* Aushilfskräfte, 13. Aufl., 2013; *Maties,* Generation Praktikum – Praktika, Einfühlungsverhältnisse und ähnliche als umgangene Arbeitsverhältnisse?, RdA 2007, 135; *Preis/Kliemt/Ulrich,* „Das Aushilfsarbeitsverhältnis" AR-Blattei SD 310.

## Anmerkungen

**1. Sachverhalt.** Durch Einstellung als Aushilfe soll ein plötzlicher und vorübergehend auftretender Bedarf an Arbeitskräften gedeckt werden. Im Rahmen der Kündigungsfrist sind besondere Bestimmungen möglich.

**2. Formen.** Das Aushilfsarbeitsverhältnis kann als befristetes Arbeitsverhältnis (nach § 14 Abs. 2 TzBfG oder regelmäßig nach § 14 Abs. 1 S. 2 Nr. 1 TzBfG „vorübergehender Arbeitskräftebedarf", vgl. hierzu auch BAG NZA 2004, 978) nach → Form. XIX.12 abgeschlossen werden. Es kann auch als Aushilfsarbeitsverhältnis von unbestimmter Dauer abgeschlossen werden. Um nicht dem Vorwurf der Gesetzesumgehung zu unterliegen, muss der Aushilfszweck klargestellt werden. Allein die Bezeichnung reicht jedoch nicht aus, sondern der Bedarf muss objektiv vorliegen.

Nach § 1 Nachweisgesetz ist für ArbN, die zur vorübergehenden Aushilfe von höchstens einem Monat eingestellt werden, nicht unbedingt eine Vertragsniederschrift erforderlich; sie empfiehlt sich aus Beweisgründen jedoch und sollte dann die wesentlichen Vertragsbedingungen iSd § 2 Nachweisgesetz umfassen.

**3. Kündigung.** Es gilt der allgemeine und besondere Kündigungsschutz, sofern dessen Voraussetzungen gegeben sind. Bei schwerbehinderten Menschen ist zur Kündigung die Zustimmung des Integrationsamtes nicht notwendig, wenn das Aushilfsarbeitsverhältnis nicht über sechs Monate dauert (§ 173 Abs. 1 Nr. 1 SGB IX); nach § 173 Abs. 4 SGB IX ist aber die Beendigung des Arbeitsverhältnisses dem Integrationsamt innerhalb von 4 Tagen anzuzeigen. Bei einer Schwangeren ist dagegen die Zustimmung des staatlichen Gewerbeaufsichtsamts erforderlich (§ 17 MuSchG). Ein bestehender Betriebsrat ist nach § 102 BetrVG zu beteiligen. Sowohl bei Arbeitern als auch bei Angestellten kann einzelvertraglich beim Aushilfsarbeitsverhältnis die gesetzliche Mindestkündigungsfrist für die ersten drei Monate unbeschränkt abgekürzt werden (§ 622 Abs. 5 Nr. 1 BGB). Maßgeblicher Zeitpunkt ist der Kündigungszugang.

**4. Urlaub, Entgeltfortzahlung.** Grundsätzlich erlangt der ArbN im Aushilfsarbeitsverhältnis Anspruch auf Urlaub, Feiertagsbezahlung, Entgeltfortzahlung. Der Anspruch auf Urlaub ist aber ausgeschlossen, wenn das Arbeitsverhältnis nicht ununterbrochen einen vollen Monat bestanden hat (§ 5 Abs. 1 BUrlG). Die Wartezeit nach § 3 Abs. 3 EFZG kann dazu führen, dass auch keine Entgeltfortzahlungsansprüche entstehen.

5. **Sonstige Bestimmungen.** Neben der Schriftformklausel und der salvatorischen Klausel können auch nach Bedarf weitere Klauseln aus dem Formular für einen einfachen oder ausführlichen Arbeitsvertrag übernommen werden (→ Form. XIX.6 und 7).

6. **Betriebsverfassungsrecht.** Aushilfskräfte sind nach § 7 BetrVG wahlberechtigt und nach sechsmonatiger Betriebszugehörigkeit wählbar. Sie zählen jedoch nicht als „ständige Arbeitnehmer" im Sinne von § 1 BetrVG und sind daher bei der für eine Betriebsratsgründung erforderlichen Mitarbeiterzahl nicht zu berücksichtigen. Ob sie als „in der Regel" beschäftigte Mitarbeiter gelten und damit die davon abhängige Personalstärke des Betriebsrat nach § 9 BetrVG beeinflussen, hängt davon ab, ob sie normalerweise während des größten Teils eines Jahres beschäftigt werden (BAG NZA 2008, 1142, *Küttner/Röller,* Personalhandbuch 2017, 77 Rn. 9).

7. **Steuern, Sozialversicherung.** Derartige Arbeitsverträge begründen idR ein Dienstverhältnis iSd § 1 Abs. 2 LStDV; denn der Dienstleistende schuldet dem ArbG seine Arbeitskraft und ist dessen Leitung unterstellt. Es gelten die gleichen Abgrenzungskriterien wie bei einer Nebentätigkeit (*Schmidt/Krüger* § 19 → Anm. 35 Stichwort Aushilfstätigkeit). Bei Aushilfskräften, die jeweils nur kurzfristig für verschiedene Auftraggeber tätig sind, stellt sich aber die Frage, ob eine selbstständige gewerbliche Tätigkeit vorliegt. Die Kürze der jeweiligen Tätigkeit des Gelegenheitsarbeiters könnte gegen eine Eingliederung in die geschäftliche Organisation des ArbG sprechen. Andererseits ist der Gelegenheitsarbeiter an Zeit und Ort gebunden und unterliegt der laufenden Kontrolle des Auftraggebers. Der BFH BStBl. II 1974, 301 hat in diesem Fall das Gesamtbild einer unselbstständigen Tätigkeit bejaht. Bei einfachen Tätigkeiten wird eher einer Eingliederung in den Betrieb und die Zurverfügungstellung der Arbeitskraft anzunehmen sein als bei gehobenen Arbeiten (BFH BStBl. II 1975, 513).

Bei einer kurzfristigen Beschäftigung (§ 40a Abs. 1 EStG) kann die Lohnsteuer vom ArbG auch mit einem Pauschsteuersatz von 25 % erhoben werden. Eine kurzfristige Beschäftigung liegt vor, wenn der ArbN bei dem ArbG gelegentlich, nicht regelmäßig wiederkehrend beschäftigt wird, die Dauer der Beschäftigung 18 zusammenhängende Arbeitstage nicht überschreitet, der Höchstlohn je Tag 62,– Euro (durchschnittlich) nicht übersteigt oder die Beschäftigung zu einem unvorhersehbaren Zeitpunkt sofort erforderlich wird und der Arbeitslohn durchschnittlich 12,– Euro je Arbeitsstunde nicht übersteigt. Liegen die Voraussetzungen nicht vor, kommt uU immer noch eine pauschale Besteuerung im Rahmen einer geringfügigen Beschäftigung in Frage. Vgl. zu Einzelheiten zur Sozialversicherung bei geringfügiger Beschäftigung, insbesondere zur unständigen Beschäftigung *Küttner/Schlegel* Personalhandbuch 2017, 76 Rn. 44 ff.). Ferner gibt es Sonderregelungen für Aushilfskräfte in der Land- und Forstwirtschaft (Pauschsteuersatz 5 %, § 40a Abs. 3 EStG).

## 14. Arbeitsvertrag über Telearbeit/Homeoffice

**Zwischen der Fa.[1, 2, 3, 4, 26, 27] . . . . . (im Folgenden „Arbeitgeber" genannt)**
**und**
**Herrn/Frau . . . . . . (im Folgenden „Arbeitnehmer" genannt)**
**wird Folgendes vereinbart:**

**§ 1 Beginn des Arbeitsverhältnisses/Probezeit**

**Das Arbeitsverhältnis beginnt am . . . . . . Die ersten sechs Monate gelten als Probezeit.[5] Während dieser Zeit kann das Arbeitsverhältnis beiderseits mit einer Frist von zwei Wochen gekündigt werden. Eine ordentliche Kündigung vor Arbeitsantritt ist ausgeschlossen.**

§ 2 Tätigkeit

(1) Der Arbeitnehmer wird als ..... eingestellt und mit allen einschlägigen Arbeiten nach näherer Anweisung der Betriebsleitung und seiner Vorgesetzten beschäftigt. Der Arbeitgeber behält sich vor, den Arbeitnehmer aus betrieblichen Gründen unter Wahrung seiner Interessen für eine andere, gleichwertige Tätigkeit, in einem anderen Arbeitsgebiet oder an einem anderen Arbeitsort einzusetzen, soweit dies seinen Fähigkeiten und Kenntnissen entspricht. Macht der Arbeitgeber von diesem Recht Gebrauch, ist er verpflichtet die bisherige Vergütung weiter zu entrichten.

(2) Die Beschäftigung erfolgt bis auf weiteres in alternierender oder ausschließlicher Teleheimarbeit. Der Arbeitgeber kann jederzeit nach billigem Ermessen mit einer Ankündigungsfrist von einem Monat schriftlich festlegen, dass der Arbeitnehmer künftig seine Arbeitsleistung nur noch an der Betriebsstätte erbringt und die häusliche Arbeitsstätte aufgehoben wird, sofern die berechtigten Interessen des Arbeitnehmers angemessen berücksichtigt werden. Die Telearbeit endet davon unabhängig automatisch bei Aufgabe der Wohnung, in der die häusliche Arbeitsstätte eingerichtet ist.[6, 7]

§ 3 Arbeitsstätte[8]

(1) Im Falle der Beschäftigung in alternierender Teleheimarbeit wird die individuelle regelmäßige Arbeitszeit teilweise in der Wohnung des Arbeitnehmers (häusliche Arbeitsstätte) und teilweise im Betrieb des Arbeitgebers (betriebliche Arbeitsstätte) in ..... erbracht. Im Falle der Beschäftigung in ausschließlicher Teleheimarbeit wird die individuelle Arbeitszeit ausschließlich in der häuslichen Arbeitsstätte erbracht.

Der soziale Kontakt zum Betrieb wird durch technische und organisatorische Maßnahmen gewährleistet.

(2) Die häusliche Arbeitsstätte muss in der Wohnung des Arbeitnehmers in einem Raum eingerichtet werden, der für einen dauernden Aufenthalt zugelassen und vorgesehen sowie für die Aufgabenerledigung unter Berücksichtigung der allgemeinen Arbeitsplatzanforderungen geeignet ist. Sie muss den Anforderungen der Arbeitsstättenverordnung, der Unfallverhütungsvorschriften und den sonstigen geltenden gesetzlichen Bestimmungen entsprechen.

(3) Der Arbeitnehmer ist verpflichtet, vor Vertragsbeginn eine schriftliche Erklärung des Eigentümers oder Miteigentümers vorzulegen, dass Einverständnis mit der Nutzung als häusliche Arbeitsstätte besteht, wenn diese nicht in seinem alleinigen Eigentum steht.

§ 4 Zugangsrechte zur häuslichen Arbeitsstätte[9]

(1) Der Arbeitnehmer verpflichtet sich, Vertretern des Arbeitgebers sowie des Betriebsrates Zugang zur häuslichen Arbeitsstätte zu gewähren.

(2) Die Besichtigung der Arbeitsstätte durch Vertreter des Arbeitgebers sowie des Betriebsrates bedarf der vorherigen Einwilligung des Arbeitnehmers. Sie erfolgt ausschließlich zum Zwecke der Erfüllung der gesetzlichen Rechte und Pflichten und mit Ausnahme von Eilfällen zu den üblichen betrieblichen Arbeitszeiten.

§ 5 Arbeitszeit[10, 11]

(1) Die regelmäßige wöchentliche Arbeitszeit beträgt ..... Stunden.

(2) Die Arbeitszeit ist im Falle der Beschäftigung in alternierender Teleheimarbeit zwischen betrieblicher und außerbetrieblicher Arbeitsstätte aufzuteilen. Diese Verteilung obliegt dem Arbeitgeber nach billigem Ermessen unter Wahrung der Interessen des Arbeitnehmers. Sie ist dem Arbeitnehmer schriftlich mitzuteilen.

(3) Wird die Aufteilung der Arbeitszeit auf die häusliche und die betriebliche Arbeitsstätte vom Arbeitgeber vorgenommen, handelt es sich um betriebsbestimmte Arbeitszeiten.

(4) Die Verteilung der verbleibenden Differenz zur individuellen regelmäßigen Arbeitszeit iSv Abs. 1 ist vom Arbeitnehmer vorzunehmen (selbstbestimmte Arbeitszeit).

(5) Der Arbeitnehmer ist verpflichtet auf Anordnung des Arbeitgebers, im gesetzlich zulässigen Rahmen zumutbare Über- oder Mehrarbeit sowie auch Nacht-, Sonn- und Feiertagsarbeit zu leisten. Über- oder Mehrarbeit muss vom Arbeitgeber im Voraus angeordnet oder angefordert werden. Eine nachträgliche Genehmigung ist nicht möglich.

(6) Im Falle der alternierenden Teleheimarbeit gelten Fahrzeiten zwischen betrieblicher und häuslicher Arbeitsstätte nicht als betriebsbedingt und finden keine Anrechnung auf die Arbeitszeit.[12] Fahrtkosten zwischen betrieblicher und häuslicher Arbeitsstätte werden auch sonst nicht erstattet.

(7) Anträge auf Verringerung der Arbeitszeit und ihre Verteilung sind schriftlich an die Personalstelle zu richten.

§ 6 Arbeitszeiterfassung[13]

(1) Die Erfassung aller geleisteten Arbeitszeiten und -aufgaben erfolgt durch den Arbeitnehmer in einem Arbeitstagebuch, das dem Arbeitgeber jeweils unmittelbar nach dem Monatsende vorzulegen ist.

(2) Im Falle der Beschäftigung in alternierender Teleheimarbeit richtet sich die Zeiterfassung der in der betrieblichen Arbeitsstätte geleisteten Arbeitszeiten nach den jeweils geltenden betrieblichen Regelungen.

§ 7 Vergütung/Sonstige Leistungen[14, 16]

(1) Der Arbeitnehmer erhält für seine vertragliche Tätigkeit ein Bruttomonatsgehalt in Höhe von EUR . . . . ., das jeweils am Kalendermonatsende unter Einbehalt der gesetzlichen Abzüge auf das vom Arbeitnehmer anzugebende Konto überwiesen wird.

(2) Mit dem Bruttomonatsgehalt nach Abs. (1) sind . . . . . Über- bzw. Mehrarbeitsstunden mit abgegolten. Darüberhinausgehende Überstunden bzw. Mehrarbeit wird in Absprache mit dem Arbeitgeber in Freizeit ausgeglichen oder vergütet. Zuschläge werden nicht gezahlt und sind in den Bezügen mit enthalten. (Alternativ: Jede geleistete Über- oder Mehrarbeitsstunde wird mit einem Zuschlag von . . . . . . % auf die übliche Vergütung bezahlt.)

(3) Für die Überlassung von Wohnraum für die häusliche Arbeitsstätte wird dem Arbeitnehmer eine Miete in Höhe von . . . . . gezahlt. Ferner ersetzt der Arbeitgeber die für die Versicherung der EDV-Anlage notwendigen Versicherungsprämien.

§ 8 Abtretung und Verpfändung des Arbeitseinkommens[15]

Die Abtretung sowie die Verpfändung von Vergütungsansprüchen sind ohne Zustimmung des Arbeitgebers ausgeschlossen.

§ 9 Arbeitsverhinderung und Vergütungsfortzahlung im Krankheitsfall[15]

(1) Der Arbeitnehmer ist verpflichtet, jede Arbeitsverhinderung und ihre voraussichtliche Dauer unverzüglich dem Arbeitgeber anzuzeigen sowie auf Verlangen des Arbeitgebers die Gründe der Arbeitsverhinderung mitzuteilen.

(2) Im Falle der Arbeitsunfähigkeit infolge Krankheit ist der Arbeitnehmer verpflichtet, vor Ablauf des dritten Tages der Arbeitsunfähigkeit eine ärztliche Bescheinigung über die Arbeitsunfähigkeit sowie über deren voraussichtliche Dauer vorzulegen. Dauert die Arbeitsunfähigkeit länger als in der Bescheinigung angegeben, so ist der Arbeitnehmer

verpflichtet, die Fortdauer der Arbeitsunfähigkeit dem Arbeitgeber unverzüglich anzuzeigen und spätestens am ersten Tag des verlängerten Krankheitszeitraums eine neue ärztliche Bescheinigung vorzulegen. Der Arbeitgeber kann im Einzelfall auch eine frühere Vorlage einer Arbeitsunfähigkeitsbescheinigung verlangen.

§ 10 Urlaub[15]

(1) Der Arbeitnehmer erhält einen Erholungsurlaub von 25 Arbeitstagen im Kalenderjahr.

(2) Die zeitliche Festlegung des Urlaubs ist mit dem Arbeitgeber rechtzeitig abzusprechen.

§ 11 Arbeitsmittel[16]

(1) Die notwendigen Arbeitsmittel für die häusliche Arbeitsstätte werden vom Arbeitgeber kostenlos zur Verfügung gestellt. Über die zur Verfügung gestellten Arbeitsmittel wird eine Inventarliste durch den Arbeitgeber geführt.

(2) Die Arbeitsmittel, insbesondere die zur Verfügung gestellte EDV-Anlage dürfen nur für betriebliche Zwecke, nicht aber für private Zwecke benutzt werden. Der Arbeitnehmer darf nur das vom Arbeitgeber freigegebene Betriebssystem und die zur Verfügung gestellte Anwendersoftware nutzen. Es ist nicht gestattet, fremde Dateien oder Programme zu benutzen oder zu kopieren. Insbesondere darf der Arbeitnehmer auch keine fremden E-Mails und angehängte Dateien öffnen. Genausowenig ist dem Arbeitnehmer gestattet, Dateien aus dem Internet auf die Festplatte oder einen anderen Datenträger zu kopieren. Der Arbeitnehmer wird die ihm überlassene Hardware pfleglich behandeln. Die Nutzung der zur Verfügung gestellten elektronischen Arbeitsmittel kann durch den Arbeitgeber durch geeignete Maßnahmen eingeschränkt und anhand des monatlichen Gebührenaufkommens überprüft werden.

(3) Die bereitgestellten Arbeitsmittel sind vor dem Zugriff Dritter zu schützen. Eine Überlassung an Dritte ist nicht gestattet, dies gilt auch für Familienmitglieder.[17]

(4) Technisch bedingte Störungen der Arbeitsmittel sind unverzüglich dem Arbeitgeber anzuzeigen. Technisch bedingte Ausfallzeiten gelten als Arbeitszeit.

(5) Der Auf- und Abbau der gestellten Arbeitsmittel sowie eine eventuelle Wartung erfolgt durch den Arbeitgeber. Dazu ist dem Arbeitgeber nach Absprache Zutritt zu gewähren.

§ 12 Haftung[18]

(1) Die Haftung des Arbeitnehmers und der in seinem Haushalt lebenden Familienangehörigen unterliegt den gleichen Regeln wie an der Betriebsstätte. Der Arbeitnehmer ist verpflichtet, eine Hausrat- und Glasversicherung für die überlassenen Arbeitsmittel, die insbesondere auch Wasserschäden abdeckt, abzuschließen. Die Versicherungsprämie wird der Arbeitgeber anteilig erstatten.

(2) Die Überlassung der Arbeitsmittel an Dritte oder deren private Nutzung gilt stets als grob schuldhafte Pflichtverletzung.

(3) Der Arbeitgeber übernimmt die Schadensersatzansprüche von Dritten, wenn diese berechtigt sind und ursächlich ein Zusammenhang mit der außerbetrieblichen Arbeitsstätte in der Wohnung besteht.

§ 13 Daten- und Informationsschutz[19]

Auf den Schutz von Daten und Informationen gegenüber Dritten ist bei der häuslichen Arbeitsstätte besonders zu achten. Vertrauliche Daten und Informationen sowie Pass- und Codewörter sowie Prozeduren zur Benutzung von Netzen, elektronischen Mail-Systemen und Rechnern sind vom Arbeitnehmer so zu schützen, dass Dritte keine Einsicht und/oder Zugriff nehmen können.

§ 14 Nebentätigkeiten[20]

(1)Während der Dauer des Arbeitsverhältnisses ist jede entgeltliche oder unentgeltliche Nebentätigkeit nur mit Zustimmung des Arbeitgebers zulässig.
(2) Die Zustimmung ist zu erteilen, wenn die Nebentätigkeit die dienstlichen Aufgaben nicht behindert, gesetzlich zulässig ist und sonstige berechtigte Interessen des Arbeitgebers nicht beeinträchtigt werden.

§ 15 Verschwiegenheits-, Herausgabepflicht[21]

(1) Der Arbeitnehmer verpflichtet sich, über alle ihm während seiner Tätigkeit bekannt werdenden Geschäfts- und Betriebsgeheimnisse und sonstigen geschäftlichen bzw. betrieblichen Tatsachen vertraulicher Natur auch nach Beendigung des Arbeitsverhältnisses Stillschweigen zu bewahren und sie nicht unlauter zu verwerten.
(2) Der Arbeitnehmer verpflichtet sich, auf Verlangen des Arbeitgebers jederzeit oder unaufgefordert beim Ausscheiden aus dem Arbeitsverhältnis sämtliche betriebliche Arbeitsmittel, Unterlagen, Datenträger und Aufzeichnungen sowie etwaige angefertigte Abschriften oder Kopien an den Arbeitgeber herauszugeben. Ein Zurückbehaltungsrecht steht dem Arbeitnehmer nicht zu.

§ 16 Beendigung des Arbeitsverhältnisses[22]

(1) Das Arbeitsverhältnis endet mit Ablauf des Monats, in dem der Arbeitnehmer das gesetzliche Regelrenteneintrittsalter erreicht.
(2) Das Arbeitsverhältnis kann nach Ablauf der Probezeit unter Einhaltung der gesetzlichen Kündigungsfristen von jeder Partei gekündigt werden. Die gesetzliche Verlängerung der Kündigungsfrist für den Arbeitgeber gilt auch für den Arbeitnehmer.
(3) Das Recht zur außerordentlichen Kündigung bleibt unberührt.
(4) Jede Kündigung muss schriftlich erfolgen.

§ 17 Nebenabreden, Schriftform, betriebliche Übung[23]

Mündliche Nebenabreden bestehen nicht. Änderungen und Ergänzungen dieses Vertrages bedürfen zu ihrer Wirksamkeit der Schriftform. Dies gilt auch für die Aufhebung und Änderung dieser Schriftformklausel. Ausgeschlossen sind damit Vertragsänderungen durch betriebliche Übung. Der Vorrang von individuellen mündlichen Vertragsabreden zwischen den Parteien nach Vertragsschluss (§ 305b BGB) bleibt unberührt.

§ 18 Salvatorische Klausel[24]

(1) Sind einzelne Bestimmungen dieses Vertrages ganz oder teilweise unwirksam, so berührt dieses nicht die Wirksamkeit der übrigen Regelungen des Vertrages.
(2) Die Parteien sind in einem solchen Falle verpflichtet, an der Schaffung von Bestimmungen mitzuwirken, durch die ein der unwirksamen Bestimmung möglichst nahekommender wirtschaftlicher Erfolg rechtswirksam erzielt wird.

. . . . . (Ort), den . . . . .

| | |
|---|---|
| . . . . . | . . . . . |
| Unterschrift des Arbeitgebers | Unterschrift des Arbeitnehmers |

*Schrifttum: Aligbe,* Arbeitsschutzrechtliche Bestimmungen bei Telearbeitsplätzen, ArbRAktuell 2016, 132; *Beckschulze/Henkel,* Der Einfluss des Internets auf das Arbeitsrecht, Betr 2001, 1491; *Blanke/Schüren/Wank* Neue Beschäftigungsformen (Teilzeitarbeit, Telearbeit, Fremdfirmenpersonal, Franchiseverhältnisse), 2002; *Boemke,* Das

Telearbeitsverhältnis, BB 2000, 147; *Boemke/Ankersen,* Das Telearbeitsverhältnis – Arbeitsschutz, Datenschutz und Sozialversicherungsrecht, BB 2000, 1570; *dies.*, Telearbeit und Betriebsverfassung, BB 2000, 2254; *Dietz,* Steuerrechtliche Fragen rund um Telearbeitsplätze, PersF 2010, 82; *Engelhard,* Kleine Tele-Heimarbeit, AiB 2006, 696; *ders.*, Abschied vom Normalarbeitsverhältnis, RdA 2010, 193; *Fenski,* Außerbetriebliche Arbeitsverhältnisse. Heim- und Telearbeit, 2. Aufl., 2000; *Haupt/Wollenschläger,* Virtueller Arbeitsplatz – Scheinselbständigkeit bei einer modernen Arbeitsorganisation, NZA 2001, 289; *Herb,* Telearbeit – Chancen, Risiken und rechtliche Einordnung des Computerarbeitsplatzes zu Hause, Betr. 1986, 1823; *Hohmeister/Küper,* Individualvertragliche Arbeitszeitgestaltung bei der alternierenden Telearbeit, NZA 1998, 1206; *Hülsemann,* Arbeiten von zu Hause aus? – Elemente einer Betriebsvereinbarung zur alternierenden Telearbeit, ArbRAktuell 2017, 483; *Kamann*, Arbeitsvertragliche Gestaltung von Telearbeitsverhältnissen, ArbRAktuell 2016, 75; *Körner,* Telearbeit – neue Form der Erwerbsarbeit, alte Regeln?, NZA 1999, 1190; *Kramer,* Gestaltung arbeitsvertraglicher Regelungen zur Telearbeit, Betr 2000, 1329; *Krause,* Digitalisierung der Arbeitswelt – Herausforderungen und Regelungsbedarf, NZA 2016, 1004; *Krets,* EDV – Betriebsvereinbarungen im Praxistest, NZA 2005, 259; *Otten,* Heimarbeitsrecht, Kommentar, 2008; *Oberthür, Die Arbeitssicherheit im Mobile Office, NZA 2013, 246; Raif/Nann*, Arbeitsrecht 4.0 – Möglichkeiten und Hürden in der digitalen Arbeitswelt, GWR 2016, 221; *Rieble/Picker*, Arbeitsschutz und Mitbestimmung bei häuslicher Telearbeit, ZfA 2013, 383; *Schmidt/Koberski/Tiemann/Wascher,* HAG, 4. Aufl., 1998; *Telekom,* Tarifvertrag über alternierende Teleheimarbeit, NZA 1996, 189; *Schulze/Ratzesberger*, Telearbeit: Fluch oder Segen? – Mitbestimmung des Betriebsrats bei mobiler Arbeit, ArbRAktuell 2016, 109; *Schwiering/Zurel,* Das Homeoffice in der Arbeitswelt 2.0 – Rechtliche Rahmenbedingungen für Telearbeit, ZD 2016, 17; *Wedde,* Telearbeit, 2002; *Wiese*, Personale Aspekte und Überwachung der häuslichen Telearbeit, RdA 2009, 344, *Wiebauer,* Die Novelle der Arbeitstättenverordnung 2016, NZA 2017, 220.

## Anmerkungen

**1. Sachverhalt.** Telearbeit stellt seit geraumer Zeit eine neue Form der Arbeitsorganisation dar, die gerade vor dem Hintergrund der rasanten Entwicklung der digitalen Kommunikation, auch im Rahmen des Begriffs Arbeit 4.0 diskutiert wird (*Kamann*, ArbRAktuell 2016, 75). Der Begriff der Telearbeit (siehe zB § 5 BetrVG) hat sich weitgehend durchgesetzt (und wird heutzutage umgangssprachlich gern auch mit dem Begriff des „home office" umschrieben. Gemeint sind Arbeitsformen, bei denen der Mitarbeiter jedenfalls einen Teil seiner Arbeit außerhalb des Betriebes erbringt. Typisch ist die Nutzung der elektronischen Informations- und Kommunikationstechnik (*Schaub* ArbR-HdB 17. Aufl. § 164 B Rn. 2) Eine einheitliche oder gesetzliche Definition, was inhaltlich unter Telearbeit zu verstehen ist, besteht nicht. Lediglich im Rahmen der Neufassung der ArbStättV hat der Gesetzgeber in § 2 Abs. 7 ArbStättV eine – wenn auch sehr enge – Definition geregelt. Hiernach sind Telearbeitsplätze, vom Arbeitgeber fest eingerichtete Bildschirmarbeitsplätze im Privatbereich der Beschäftigten, für die der Arbeitgeber eine mit den Beschäftigten vereinbarte wöchentliche Arbeitszeit und die Dauer der Einrichtung festgelegt hat. Ein Telearbeitsplatz ist vom Arbeitgeber erst dann eingerichtet, wenn Arbeitgeber und Beschäftigte die Bedingungen der Telearbeit arbeitsvertraglich oder im Rahmen einer Vereinbarung festgelegt haben und die benötigte Ausstattung des Telearbeitsplatzes mit Mobiliar, Arbeitsmitteln einschließlich der Kommunikationseinrichtungen durch den Arbeitgeber oder eine von ihm beauftragte Person im Privatbereich des Beschäftigten bereitgestellt und installiert ist. Für solche Telearbeitsplätze gilt die ArbStättV.

Einer der wesentlichen Faktoren, die die Entwicklung der Telearbeit in der Praxis gehemmt haben, war deren sozialpolitische Umstrittenheit und die damit verbundenen Vorbehalte bei Gewerkschaften und Betriebsräten. Daneben sind jedoch auch bei ArbG Vorbehalte vorhanden, die aus der notwendigen weitgehenden Umstrukturierung der Unternehmensorganisation herrühren (*Wedde,* Telearbeit, S. 40 ff. mwN). An dieser Stelle sei lediglich darauf hingewiesen, dass betriebswirtschaftlich die Vorteile der Telearbeit vor allem in der Kosteneinsparung für Räumlichkeiten und deren Ausstattung, in der größeren Flexibilität im Personaleinsatz sowie in einer Steigerung der Produktivität und der Qualität der Arbeit gesehen werden, während aus Sicht des ArbG die Nachteile der Einrichtung von Telearbeitsplätzen vor allem darin liegen, dass die Kosten einer Verlagerung der Arbeit auf Telearbeit noch immer ungeklärt sind, die Möglichkeiten einer direkten Kontrolle der Beschäftigten entfällt und die Bewältigung von Koordinations- und Kommunikationsprozessen bei der Arbeitsorganisation einen beträchtlichen technischen Aufwand erfordert. Von Seiten der Arbeitnehmerorganisationen werden im Wesentlichen folgende Nachteile der Telearbeit ins Feld geführt: monotone Arbeitsinhalte, soziale Isolation, geringe berufliche Aufstiegschancen, Beeinträchtigung des Familienlebens, Verfestigung der Doppelbelastung von Frauen.

**2. Formen und Inhalte der Telearbeit.** Aus der og weiten Definition der Telearbeit ist bereits ersichtlich, dass diese in sehr verschiedenen Formen und mit sehr verschiedenen Inhalten denkbar ist. Die Tätigkeit des Telearbeiters reicht von der Auslagerung einfacher Bürotätigkeiten, insbesondere von Schreibarbeiten, bis hin zur regelmäßigen Betreuung ganzer Rechenzentren durch häuslich tätige Systemmanager (vgl. *Wedde,* Telearbeit, S. 22 ff.). Als Organisationsformen der Telearbeit kommen vor allem fünf verschiedene Möglichkeiten in Betracht. Eine Ausnahme in Deutschland bildet derzeit noch die Telearbeit in Nachbarschafts- und Satellitenbüros. Bei Nachbarschaftsbüros handelt es sich um Büros, die teilweise oder permanent in unmittelbarer Nähe zum Wohnort der Mitarbeiter gelegen sind und von einem oder mehreren Unternehmen unterhalten werden Das Satellitenbüro ist nichts anderes als eine ausgelagerte Betriebsabteilung eines Unternehmens (*Schaub* ArbR-HdB 17. Aufl. § 164 Rn. 3). Beide Organisationsformen werfen letztlich keine telearbeitsspezifischen arbeitsrechtlichen Probleme auf, da sie sich rechtlich nicht vom Bildschirmarbeitsplatz innerhalb des Betriebes unterscheiden. Ferner gibt es noch Teleservicecenter, bei denen es sich um ein Dienstleistungsangebot für dezentrale Unternehmen wohnortnah handelt. Die „mobile Telearbeit" ist dadurch gekennzeichnet, dass die Arbeit ohne ständige Anwesenheit an einem festen Arbeitsplatz geleistet wird (Bsp.: Handelsvertreter, Reporter), wobei die Möglichkeit besteht, mittels neuer Kommunikationstechniken mit dem Unternehmen einen Informationsaustausch vorzunehmen (*Otten,* Heimarbeitsrecht, S. 322 Rn. 20). On-site-Telearbeit ist die Ausführung von Telearbeit am Ort des Gebäudes und der Infrastruktur eines Fremdunternehmens (*Schaub* ArbR-HdB 17. Aufl. § 164 Rn. 3). Schließlich gibt es die derzeit gebräuchlichste und meist diskutierte Organisationsform der Telearbeit in der Wohnung des ArbN, bei der der ArbN über die notwendige technische Ausstattung in seiner Wohnung verfügt, um zumindest zeitweise zu Hause arbeiten zu können (*Otten,* Heimarbeitsrecht, S. 322 C Rn. 21). Innerhalb dieser Organisationsform wird nochmals unterschieden zwischen der sog „alternierenden Telearbeit", bei der die Mitarbeiter sowohl im Betrieb als auch zu Hause beschäftigt werden, und der sog „ausschließlichen Telearbeit", bei der die Mitarbeiter von zu Hause aus tätig werden und über keinen betrieblichen Arbeitsplatz mehr verfügen (*Wedde,* Telearbeit, S. 22 f.; *Schaub* ArbR-HdB 17. Aufl. § 164 Rn. 3). Ein Rechtsanspruch auf Homeoffice besteht anders als in den Niederlanden in Deutschland nicht (ggf. als Schwerbehinderter über § 164 Abs. 4 SGB IX, LAG Köln, BeckRS 2016, 69901; *Küttner/Röller,* Personalbuch 2017, 224 Rn. 3)

**3. Der rechtliche Status des Telearbeiters.** Der rechtliche Status derjenigen Personen, die Telearbeit verrichten, ist von den verschiedenen tatsächlichen Umständen des Einzelfalles abhängig. In Betracht kommen Arbeitsverhältnis, Heimarbeit, Arbeitnehmerähnlichkeit und Selbstständigkeit. Spezielle gesetzliche Regelungen für die rechtliche Einordnung und Abgrenzung der Beschäftigungsverhältnisse von Telearbeitern bestehen nicht. Höchstrichterliche Entscheidungen sind bislang ebenfalls nicht ergangen. In der Literatur finden sich dagegen zu dieser Frage eine Fülle von Veröffentlichungen. Zusammenfassend gilt danach im Wesentlichen Folgendes:

Ob der Telearbeiter Arbeitnehmerstatus hat, ist vom allgemeinen Arbeitnehmerbegriff her zu bestimmen (BAG AP BetrVG 1972 § 5 Nr. 48; *Wedde,* Telearbeit, S. 51 ff.; *Schaub* ArbR-HdB 17. Aufl. § 164 Rn. 14 ff., *Küttner/Windsheimer/Voelzke,* Personalbuch 2017, 224 Rn. 30 ff.). Arbeitnehmer ist danach, wer auf Grund eines privatrechtlichen Vertrages im Diensteeines anderen zur fremdbestimmten Arbeit in persönlicher Abhängigkeit verpflichtet ist (BAG 6.7.1995, NZA 1996, 33). Zu den weiteren Einzelheiten → Form. XIX.1 Anm. 2 und *Schaub* NZA 2001, 364. Entscheidendes Kriterium des Arbeitnehmerbegriffes ist danach die persönliche Abhängigkeit, in der der zur Dienstleistung Verpflichtete steht. Die Eingliederung in eine fremde Arbeitsorganisation und damit das Bestehen einer persönlichen Abhängigkeit wird insbesondere dadurch deutlich, dass ein ArbN hinsichtlich Zeit, Dauer und Ort der Ausführung der versprochenen Dienste einem umfassenden Weisungsrecht des ArbG unterliegt (→ Form. XIX.1 Anm. 4). Die persönliche Abhängigkeit und damit die Arbeitnehmereigenschaft sind bei den Organisationsformen der Telearbeit in Nachbarschafts- und Satellitenbüros regelmäßig zu bejahen. Dieses gilt jedenfalls dann, wenn ein leitender Angestellter die Arbeit organisiert und dadurch die organisatorische Einbindung in den Betrieb begründet wird oder aber eine entsprechende örtliche Gebundenheit gegeben ist (*Schaub* ArbR-HdB 17. Aufl. § 164 Rn. 14 ff.; *Wedde* Telearbeit S. 61 ff.).

Erfolgt die Beschäftigung in der Wohnung des Mitarbeiters, dürfte es sich bei Telearbeit im sogenannten Online-Betrieb (Online-Tätigkeit erfolgt in direkter Verbindung mit der zentralen Datenverarbeitungsanlage) ebenfalls in der Regel um Arbeitnehmer handeln, da auch in diesem Fall eine Abhängigkeit von der Betriebsorganisation der Zentrale gegeben ist und somit trotz räumlicher Entfernung eine Eingliederung in den Arbeitsprozess vorliegt. Zudem wird dann regelmäßig die zeitliche Einteilung der Tätigkeit vorgegeben sein, so dass auch aus diesem Grund eine persönliche Abhängigkeit gegeben ist (*Schaub* ArbR-HdB 17. Aufl. § 164 Rn. 14 ff., *Karmann,* ArbRAktuell 2016, 75; *Küttner/Röller,* Personalbuch 2017, 224 Rn. 2). Fehlt es an der persönlichen Abhängigkeit, ist der Telearbeiter aber wirtschaftlich abhängig bzw. sozial schutzbedürftig, so kann ein Heimarbeitsverhältnis im Sinne des HAG in Betracht kommen, soweit die Voraussetzungen des § 2 Abs. 1 HAG erfüllt sind (BAG AP BetrVG 1972 § 5 Nr. 48; *Schaub* ArbR-HdB 17. Aufl. § 164 Rn. 19 ff.). Heimarbeiter ist danach, wer in selbstgewählter Arbeitsstätte allein oder mit seinen Familienangehörigen erwerbsmäßig im Auftrage von Gewerbetreibenden oder Zwischenmeistern oder den in § 2 Abs. 4 HAG genannten Auftraggebern arbeitet, jedoch die Verwertung der Arbeitsergebnisse dem unmittelbar oder mittelbar auftraggebenden Gewerbetreibenden überlässt. Sie unterliegen also nicht dem Direktionsrecht des Arbeitgebers, unterscheiden sich aber von selbstständigen Unternehmern dadurch, dass sie nicht für den Absatzmarkt arbeiten und kein eigenes kaufmännisches Risiko tragen.

Wenn keine persönliche Abhängigkeit des Telearbeiters vorliegt und dieser auch nicht als Heimarbeiter zu qualifizieren ist, liegt freie Mitarbeit vor (→ Form. XIX.1). Liegt bei freier Mitarbeit eine wirtschaftliche Abhängigkeit vor, sind die freien Mitarbeiter als arbeitnehmerähnliche Personen zu qualifizieren, auf die teilweise arbeitsrechtliche Regelungen analoge Anwendung finden (→ Form. XIX.1 Anm. 2; LAG Berlin BeckRS 2003, 41031).

**4. Rechtliche Einordnung.** Für den Abschluss von Arbeitsverträgen für Telearbeit gibt es keine speziellen gesetzlichen Vorgaben; es gelten demnach die allgemeinen Grundsätze. Dies gilt unabhängig von der Beschäftigungsform.

5. **Probezeit.** Während des Probearbeitsverhältnisses kann auch beim Telearbeitsverhältnis mit der kürzest möglichen Kündigungsfrist gekündigt werden. Es gelten die Anmerkungen zu → Form. XIX.6 Anm. 2.

6. **Art der Telearbeit.** Das Vertragsbeispiel regelt das Arbeitsverhältnis eines Mitarbeiters, der in seiner eigenen Wohnung ausschließliche oder alternierende Telearbeit zu erbringen hat. Eine solche Kombination bietet sich schon deshalb an, weil Telearbeit häufig im Rahmen der Erprobungsphase in Form der alternierenden Telearbeit durchgeführt wird und anschließend im Falle der positiven Bewertung zur ausschließlichen Telearbeit übergegangen werden kann.

Während der Probezeit sollte nur sehr überlegt von der Möglichkeit der Beschäftigung auf einem häuslichen Arbeitsplatz Gebrauch gemacht werden, da sich dadurch eine Vielzahl von Rückabwicklungsproblemen ergibt. Eventuell sollte für die Probezeit festgelegt werden, dass die Beschäftigung an einem Arbeitsplatz im Betrieb erfolgen kann und kein Anspruch auf häusliche Telearbeit besteht.

7. **Telearbeit und Direktionsrecht.** Steht noch nicht fest, ob der ausgelagerte Arbeitsplatz dauerhaften Charakter annehmen wird oder besteht die Möglichkeit, dass der Mitarbeiter später ausschließlich zur betrieblichen Normalarbeit zurückkehren soll, so ist an dieser Stelle ein entsprechender „Rückkehrvorbehalt" des ArbG eingefügt, der dann im Rahmen des Direktionsrechts eine entsprechende Versetzung (Zuweisung des Arbeitsortes) anordnen kann. Eine Änderungskündigung ist nicht erforderlich. Eine formularmäßige Vereinbarung, welche die Beendigung einer vereinbarten alternierenden Telearbeit für den Arbeitgeber allerdings voraussetzungslos ermöglicht und nicht erkennen lässt, dass dabei auch die Interessen des Arbeitnehmers zu berücksichtigen sind, wäre wegen Abweichung von dem gesetzlichen Leitbild des § 106 Satz 1 GewO gemäß § 307 Abs. 1 Satz 1 BGB i. V. m. § 307 Abs. 2 Nr. 1 BGB unwirksam (LAG Düsseldorf, BeckRS 2014, 73155; *Schaub* ArbR-HdB 17. Aufl. § 164 Rn. 27, *Oberthür*, MDR 2015, 1269). Wird, wie hier, der Beschäftigte ausdrücklich für Telearbeit in häuslicher Arbeitsstätte neu eingestellt, ist dies auf Grund der bestehenden Vertragsfreiheit im Rahmen aller denkbaren Rechtsformen möglich. Soll jedoch ein bestehendes Arbeitsverhältnis in ein Telearbeitsverhältnis umgewandelt werden, so ist wie folgt zu differenzieren: Stimmt der ArbN ausdrücklich zu oder nimmt er die Telearbeit ohne ausdrücklichen Widerspruch auf, kommt ein entsprechender Änderungsvertrag zustande. In diesem Fall kann auf Grundlage dieses Vertragsformulars auch ein entsprechender Änderungsvertrag abgeschlossen werden. Problematisch ist jedoch die Situation, wenn der betreffende ArbN die Aufnahme der Telearbeit verweigert. Soll die Telearbeit in einem Nachbarschafts- oder Satellitenbüro erfolgen, das vom ArbG betrieben wird, so kann, falls der Arbeitsvertrag eine entsprechend weitgehende Versetzungsermächtigung enthält, nach billigem Ermessen unter Wahrung der Interessen des ArbN eine Versetzung im Rahmen des Direktionsrechts erfolgen. Fehlt es an einer entsprechenden arbeitsvertraglichen Klausel, so kommt allenfalls eine Änderungskündigung in Betracht. Anders ist die Rechtslage jedoch zu beurteilen, wenn der Mitarbeiter in der eigenen Wohnung tätig werden soll. Eine solche Ermächtigung beinhaltet derzeit wohl kaum ein Arbeitsvertrag. Doch auch eine Änderungskündigung scheidet insoweit aus, denn diese würde einen nicht zu rechtfertigenden Eingriff in die Privatsphäre des ArbN darstellen und dem ArbG fehlt die Verfügungsbefugnis über die Wohnung des ArbN (LAG Rheinland-Pfalz, BeckRS 2015, 66249) → Form. XIX.6 Anm. 4.

8. **Arbeitsstätte.** Auf die Notwendigkeit, die häusliche Arbeitsstätte im Arbeitsvertrag festzulegen, wurde bereits hingewiesen. Auch nach der Novelle der ArbeitsstättV 2016 unter Integration der BildscharbV unterliegt der häusliche Telearbeitsplatz nur im Rahmen der Definition des § 2 Abs. 5 ArbsstättV dieser Verordnung (vgl. oben → Anm. 1.), mithin

soweit der ArbG das Homeoffice vollumfänglich eingerichtet hat. Selbst dann gilt die ArbStättV aber nur bei der Gefährdungsbeurteilung (§ 3), zur Unterweisung (§ 6) und zur Bildschirmarbeit nach Anhang Nr. 6, und hat damit nur einen sehr eingeschränkten Anwendungsbereich. Ob diese Definition im Hinblick auf die europarechtlichen Vorgaben zur Bildschirmarbeit noch weiter ausgelegt wird, ist fraglich (vgl. hierzu ausführlich *Wiebauer*, NZA 2017, 220; *Aligbe*, ArbRAktuell 2016, 132). Ferner gilt das ArbSchG, im Rahmen dessen eine Gefährdungsbeurteilung durchzuführen ist (§ 5 ArbSchG) und das ArbSichG (*Küttner/Röller*, Personalbuch 2017, 224 Rn. 14f). Demgemäß sollte ein Hinweis auf die geltenden Vorschriften in den Vertrag aufgenommen werden..

Die Nutzung einer Wohnung als häusliche Arbeitsstätte entspricht im Regelfall nicht der vertraglich definierten Nutzung, so dass eine Genehmigung des Vermieters vorgelegt werden muss. Selbiges gilt auch, wenn es Miteigentümer neben dem ArbN gibt.

**9. Zugang zur häuslichen Arbeitsstätte.** Soll der Telearbeitsplatz in arbeitgebereigenen Nachbarschafts- oder Satellitenbüros erfolgen, so bedarf es der hier vorgeschlagenen Vertragsklausel nicht; denn insoweit ergeben sich hinsichtlich des Zutrittsrechts keine Besonderheiten gegenüber betrieblichen Arbeitsplätzen. Soll jedoch, wie hier, die Telearbeit in der Wohnung des Beschäftigten erfolgen, sollte eine entsprechende Zutrittsklausel aufgenommen werden. Die rechtlichen Voraussetzungen und Grenzen der Zugangsrechte von ArbG, Betriebsrat, Gewerkschaften sowie staatlichen Stellen zur häuslichen Arbeitsstätte sind umstritten (vgl. *Schaub* ArbR-HdB 17. Aufl. § 164 Rn. 30 ff.). Es besteht ein Spannungsverhältnis zwischen der Unverletzlichkeit der Wohnung des Telearbeiters (Art. 13 GG) und den bestehenden gesetzlichen Vorschriften, die ArbG, Betriebsräte, Gewerkschaften sowie staatliche Stellen zur Kontrolle des Telearbeitsplatzes berechtigen und verpflichten. Die bloße Vereinbarung von Telearbeit enthält noch keine Zustimmung zum Betreten der Wohnung (*Küttner/Röller,* Personalbuch 2017, 224 Rn. 13). Die vorgeschlagene Klausel soll diesem Spannungsverhältnis Rechnung tragen.

Das vertraglich vereinbarte Zutrittsrecht soll dem ArbG ermöglichen, seinen gesetzlichen Verpflichtungen zur Kontrolle des Telearbeitsplatzes nachzukommen. Denn der ArbG ist, soweit er die Arbeitsmittel zur Verfügung stellt, für die Arbeitssicherheit verantwortlich (§ 618 BGB; *Otten,* Heimarbeitsarbeitsrecht, S. 329 C Rn. 45) und hat auch die Einhaltung der gesetzlichen Vorschriften des Arbeitsschutzes zu überwachen (*Wedde,* Telearbeit, S. 121 f.). Die vorgeschlagenen Einschränkungen des Zutrittsrechts, insbesondere die Zustimmungspflichtigkeit durch den ArbN, sollen dagegen sicherstellen, dass das Recht auf Unverletzlichkeit der Wohnung des Telearbeiters gewahrt bleibt. Ein Betreten darf nur im angemessenen Umfang und nicht zur Unzeit erfolgen, mithin also außer in Eilfällen nur im Rahmen der häuslichen Arbeitszeit. Die Vereinbarung eines Zutrittsrechts für Vertreter des Betriebsrates ist ebenfalls zu empfehlen, da der Zutrittsanspruch aus der Überwachungspflicht des § 80 Abs. 1 Nr. 1 BetrVG sich nur gegen den ArbG richtet, der wiederum dieses Recht durch eine entsprechende Vereinbarung mit dem ArbN gewährleisten muss (*Schaub* ArbR-HdB 17. Aufl. § 164 Rn. 31, *Küttner/Röller,* Personalbuch 2017, 224 Rn. 13). Streitig ist, ob ein bestehendes vertragliches Zugangsrecht für den Arbeitgeber auch für den Betriebsrat eingreift (verneinend *Schaub* ArbR-HdB 17. Aufl. § 164 Rn. 31, bejahend *Rieble/Picker* ZfA 2013, 383). Eine ausdrückliche Vereinbarung eines Zutrittsrechts für Gewerkschaftsbeauftragte und Vertreter staatlicher Stellen (Arbeitsschutzbehörden, Gewerbeaufsicht, Berufsgenossenschaften) auf arbeitsvertraglicher Ebene erscheint dagegen entbehrlich. Unstreitig ist für deren Zutrittsrecht die jeweilige Einwilligung des Telearbeitnehmers erforderlich (*Schaub* ArbR-HdB 17. Aufl. § 164 Rn. 32).

**10. Arbeitszeit.** Anm. wie → Form. XIX.6 § 3, ergänzend gelten die nachfolgenden Anmerkungen.

**11. Aufteilung der Arbeitszeit.** Bei der alternierenden Teleheimarbeit erfolgt eine Aufteilung der Arbeitszeit auf die betriebliche Arbeitsstätte und die häusliche Arbeitsstätte. In Rahmen des Direktionsrechts kann der ArbG – ausgehend von der Arbeitsaufgabe und den organisatorischen Rahmenbedingungen – den Anteil der Arbeitszeit sowie deren zeitliche Lage festlegen und dadurch vorgeben, wann der Mitarbeiter im Betrieb anwesend sein muss. Die Klausel stellt dies ausdrücklich klar. Darüber hinaus ist der ArbG sowohl bei alternierender als auch bei ausschließlicher Teleheimarbeit berechtigt, bestimmte Arbeitszeiten festzulegen, in denen der Mitarbeiter zu Hause arbeiten bzw. erreichbar sein muss. Eine solche Regelung bietet sich an, um dem ArbG zu ermöglichen, den ArbN in die Organisation des Betriebes zu integrieren. Gleichzeitig sollte jedoch beachtet werden, dass die Vorteile der Telearbeit für den Mitarbeiter gerade in der erhöhten Zeitsouveränität liegen, so dass die selbstbestimmte Arbeitszeit gem. Abs. 4 immer auch einen entsprechenden Anteil an der Gesamtarbeitszeit ausmachen sollte.

Bei Telearbeitern kann nicht mehr im herkömmlichen Sinn die Anwesenheit des Mitarbeiters kontrolliert werden. Zudem können die Mitarbeiter im Rahmen der selbstbestimmten Arbeitszeit die Lage und Dauer der Arbeit selbst bestimmen. Eine ausdrückliche Vereinbarung darüber, dass eine nachträgliche Genehmigung von Über- und Mehrarbeit nicht möglich ist, ist deshalb angezeigt.

**12. Fahrzeiten.** Es handelt sich bei dieser Klausel lediglich um eine Klarstellung, dass auch bei der alternierenden Teleheimarbeit keine unterschiedliche Bewertung der Fahrzeiten zum Normalarbeitsverhältnis vorgenommen werden soll. Vgl. zur Einordnung von Fahrzeiten als Arbeitszeit BAG NZA 2007, 155.

**13. Arbeitszeiterfassung.** Auch bei Telearbeit gilt das ArbZG. Seine Einhaltung liegt in der Verantwortung des ArbG, auch bei Vertrauensarbeitszeit (BAG NZA 2003, 1348). Dass der Telearbeiter hinsichtlich der geleisteten Arbeitszeit schwieriger zu kontrollieren ist als derjenige Mitarbeiter, der ausschließlich im Betrieb des ArbG tätig wird, liegt auf der Hand. Zur Kontrolle bieten sich daher die Führung eines Arbeitstagebuches an. Für diese Lösung spricht, dass möglicherweise nicht alle Tätigkeiten mit Hilfe des Computers erledigt und somit nicht zB durch eine computergestützte Arbeitszeitkontrolle erledigt werden können. Dabei ist zu beachten, dass der ArbN selbst Datenschutz genießt und eine Kontrolle seines Rechners nur unter Berücksichtigung des Rechts auf informationelle Selbstbestimmung im Rahmen der datenschutzrechtlichen Vorschriften erlaubt ist (*Küttner/Röller,* Personalbuch 2017, 224 Rn. 1). Für die in der betrieblichen Arbeitsstätte erbrachten Arbeitsleistungen gelten dagegen die jeweiligen betrieblichen Regelungen.

**14. Vergütung/Sonstige Leistungen.** Text und Anm. wie → Form. XIX.6 § 4. Da der Mitarbeiter im Übrigen auch Büroräumlichkeiten beim Homeoffice zur Verfügungstellt, sollte hierfür eine anteilige Miete vereinbart werden. Sofern die EDV-Anlage zu versichern ist, sind dies Auslagen, die erstattet werden müssen.

**15. Abtretung und Verpfändung, Arbeitsverhinderung und Vergütungsfortzahlung im Krankheitsfall, Urlaub.** Text und Anm. wie → Form. XIX.6 §§ 5–7.

**16. Arbeitsmittel.** Die vorgeschlagene Regelung hinsichtlich der Arbeitsmittel folgt dem gesetzlichen Leitbild, wonach der Arbeitsplatz grundsätzlich vom ArbG einzurichten und zu unterhalten ist (*Otten,* Heimarbeitsrecht, S. 329 C Rn. 46). Dies schließt ein, dass der Arbeitsplatz gemäß den gesicherten arbeitswissenschaftlichen Erkenntnissen eingerichtet ist.

Zu beachten ist insoweit, dass dem Betriebsrat bei Bildschirmarbeit ein Mitbestimmungsrecht nach § 87 Abs. 1 Nr. 7 BetrVG zusteht (BAG NZA 1996, 998). Denkbar ist auch eine Regelung, wonach der ArbN verpflichtet/berechtigt ist, die notwendigen Arbeitsmittel zu stellen (Schlagwort „Bring your own device“, BYOD). In diesem Fall ist eine vertragliche Nutzungsabrede mit Entgeltregelung angezeigt (*Küttner/Röller,* Personalbuch 2017, 224

Rn. 11). Ferner kommt eine steuerpflichtige Pauschale für anteilige Kosten der Raummiete, Telekommunikationskosten, Energie, Reinigung etc in Betracht.

**17. Private Nutzung.** Das Formular sieht den Ausschluss einer privaten Nutzung der zur Verfügung gestellten Arbeitsmittel vor. Ein solcher Ausschluss ist wegen der Gefährdung durch zB Computerviren und den damit verbundenen Haftungsfragen bei Schäden angezeigt. Das Gleiche gilt hinsichtlich der ausdrücklichen Hervorhebung, dass die Geräte vor dem Zugriff Dritter zu schützen sind. Dies findet seinen Niederschlag auch in der Regelung des § 12 Abs. 3 des Arbeitsvertrages.

**18. Haftung.** Das Haftungsrisiko, dem Telearbeiter ausgesetzt sind, ist relativ hoch. Die Arbeitsmittel stellen Vermögenswerte dar, deren Beschädigung oder Verlust für den ArbN kostspielig ist. Dazu tritt das Schadensrisiko, das im Zusammenhang mit der genutzten Software und den gespeicherten Daten auftritt (vgl. *Wedde,* Telearbeit, S. 111). Erfolgt die Beschäftigung des Telearbeiters – wie hier – in einem Arbeitsverhältnis, so haftet der ArbN nach den allgemeinen für ArbN geltenden Haftungsgrundsätzen („innerbetrieblicher Schadensausgleich").. Zu den allgemeinen Grundsätzen vgl. BAG GS AP BGB § 611 Haftung des ArbN Nr. 103u. § 619a BGB. Ob darüber hinaus die Haftungsbeschränkung bei Telearbeitern durch analoge Anwendung/Prinzip Vertrag mit Schutzwirkung zugunsten Dritter auch auf Dritte anzuwenden ist, ist derzeit offen. Rechtsprechung zu dieser Frage ist bislang nicht ersichtlich (*Küttner/Röller,* Personalbuch 2017, 224 Rn. 16). Sachgerecht, aber nicht zwingend, erscheint die im Formular vorgenommene Haftungserleichterung für Personen, die im Haushalt des Telearbeiters leben, denn insoweit erfolgt erkennbar für den ArbG die Verknüpfung von Privatsphäre und Arbeitsplatz. Die Beweislast für die Pflichtverletzung trifft nach § 619a BGB den ArbG.

Um das Haftungsrisiko möglichst gering zu halten, sollte der ArbN zum Abschluss einer Hausrat- und Glasversicherung auf Kosten des ArbG verpflichtet werden. In diesem Zusammenhang ist zu erwähnen, dass die IBM in ihren Betriebshinweisen für eine außerbetriebliche Arbeitsstätte den Telearbeitern empfiehlt, um eine Unterversicherung zu vermeiden, mit der Hausratsversicherung eine Vereinbarung darüber zu treffen, dass die zur Verfügung gestellten Arbeitsmittel nicht mitversichert sind (siehe *Fenski,* Außerbetriebliche Arbeitsverhältnisse. Heim- und Telearbeit, Rn. 429; Musterschreiben S. 250).

**19. Daten- und Informationsschutz.** Bei der Einrichtung einer häuslichen Arbeitsstätte muss der Datenschutz und die Datensicherheit besonders beachtet werden, worauf die Vertragsklausel hinweist. Allgemein gilt, dass der Datenschutz als solcher durch den Einsatz von Telearbeitnehmern nicht verändert wird. Danach gilt, dass jede Datenverarbeitung erlaubt ist, die durch den Zweck des Arbeitsverhältnisses geboten ist (BAG AP BDSG § 23 Nr. 2).

**20. Nebenbeschäftigung.** Text und Anm. wie in → Form. XIX.6 § 8.

**21. Verschwiegenheits-, Herausgabepflicht.** Text und Anm. wie in → Form. XIX.6 § 9.

**22. Beendigung des Arbeitsverhältnisses.** Text und Anm. wie in → Form. XIX.6 § 10.

**23. Nebenabreden, Schriftform** Text und Anm. wie in → Form. XIX.6 § 12.

**24. Salvatorische Klausel** Text und Anm. wie in → Form. XIX.6 § 13.

**25. Betriebsverfassung.** § 5 Abs. 1 BetrVG bezieht als ArbN die mit Telearbeit Beschäftigten ein. Bei der Einführung von Telearbeit sind eine Fülle von Mitwirkungsrechten und Mitbestimmungsrechten zu beachten. In Betracht kommen neben den allgemeinen Überwachungsrechten und Informationsrechten gem. § 80 Abs. 1 und 2 BetrVG die Informations- und Beratungsrechte gem. § 111 BetrVG, da die Einführung von Telearbeitsplätzen in der Wohnung des Arbeitnehmers eine grundlegende Änderung der Betriebsanlagen iSd

§ 111 S. 3 Nr. 4 BetrVG oder Einführung grundlegend neuer Arbeitsmethoden gem. § 111 S. 3 Nr. 5 BetrVG darstellt (vgl. ArbG Frankfurt 8.1.2003 – 2 BV 6a 587/02, AiB 2003, 697). Die Kontrolle gesicherter arbeitswissenschaftlicher Erkenntnisse gem. §§ 90 f. BetrVG, die Information und Beratung über Personalplanung gem. § 92 BetrVG, die Mitwirkung bei personellen Einzelmaßnahmen gem. § 99 (vgl. BAG AP BetrVG 1972 § 99 Versetzung Nr. 14, LAG Düsseldorf, BeckRS 2014, 73155: Beendigung der alternierenden Telearbeit als Versetzung), die Mitbestimmung gem. § 87 Abs. 1 Nr. 1, 2, 6, 7, 10 und 11 BetrVG, die Mitwirkung und Mitbestimmung bei Bildungsmaßnahmen gem. §§ 96 ff. BetrVG und schließlich unter den Voraussetzungen des § 106 BetrVG die Information und Beratung über wirtschaftliche Angelegenheiten und deren personelle Auswirkungen im Wirtschaftsausschuss. Weitere Vorschlagsrechte des Betriebsrats ergeben sich aus den §§ 80 Abs. 1 Nr. 2 u. 8, 92a BetrVG. → Form. V.37, → Form. V.42.

**26. Steuern, Sozialversicherung.** Anm. wie in → Form. XIX.6 Anm. 17. Die Vorschriften über die Kranken-, Renten-, Arbeitslosen- und Unfallversicherung finden auf ArbN auch dann Anwendung, wenn die Arbeitsleistung ganz oder teilweise zu Hause erbracht wird (zu Einzelheiten vgl. *Küttner/Voelzke,* Personalbuch 2017, 224 Rn. 41 ff.).

Wird bei alternierender Telearbeit die Tätigkeit überwiegend am häuslichen Arbeitsplatz verrichtet, liegt der Mittelpunkt der gesamten beruflichen Betätigung im häuslichen Arbeitszimmer (vgl. BFH NJW 2006, 2655). In diesem Fall sind die Aufwendungen für das Homeoffice sowie die Kosten der Ausstattung abzugsfähig (BFH 26.2.2014, BStBl II 2014, 568). Ersetzt der ArbG dem ArbN die Kosten für ein Arbeitszimmer in dessen eigener oder gemieteter Wohnung, liegt steuer- und beitragspflichtiger Arbeitslohn vor. Der ArbN kann die Kosten jedoch wieder als Werbungskosten im Rahmen des § 9 Abs. 5 iVm § 4 Abs. 5 S. 1 Nr. 6b EStG geltend machen. Ersetzt der ArbG nicht nur die Kosten für das Arbeitszimmer sondern auch Aufwendungen für Telefon, Fax, Computer etc, so gelten Besonderheiten (siehe dazu *Schmidt/Heinicke* § 3 Stichwort Arbeitsmittelgestellung durch ArbG). Stellt der ArbG ein Außendienst-Mitarbeiterbüro zur Verfügung, handelt es sich dabei nicht um einen dem Lohnsteuerabzug zu unterwerfenden geldwerten Vorteil (vgl. BFH NZA-RR 2002, 256 = DStR 2001, 2196). (Vgl. zu Einzelheiten auch *Küttner/Windsheimer,* Personalbuch 2017, 224 Rn. 30 ff.)

## 15. Gruppenarbeitsvertrag

**Zwischen der Fa.[1, 2, 19, 20] . . . . . . (im Folgenden Arbeitgeber genannt)**
**und**
**Herrn/Frau . . . . . . (im Folgenden Arbeitnehmer genannt)**
**wird Folgendes vereinbart:**

**§ 1 Beginn des Arbeitsverhältnisses/Probezeit[3]**

**Das Arbeitsverhältnis beginnt am . . . . . .**
**Die ersten drei Monate gelten als Probezeit. Während dieser Zeit kann das Arbeitsverhältnis beiderseits mit einer Frist von zwei Wochen gekündigt werden. Eine Kündigung vor Arbeitsantritt ist ausgeschlossen.**

**§ 2 Tätigkeit[4]**

**(1) Der Arbeitnehmer wird als . . . . . . in . . . . . . (Arbeitsort) eingestellt und mit allen einschlägigen Arbeiten nach näherer Anweisung der Betriebsleitung und seiner Vorgesetzten beschäftigt. Er ist verpflichtet, auch andere gleichwertige zumutbare Tätigkeiten**

zu verrichten, die ihm nach billigem Ermessen unter Wahrung seiner Interessen zugewiesen werden.

(2) Die geschuldete Tätigkeit umfasst auch die Beschäftigung innerhalb einer Betriebsgruppe.[5, 6]

(3) Während der Beschäftigung innerhalb einer Betriebsgruppe ist der Arbeitnehmer verpflichtet, die jeweils notwendigen Arbeitsleistungen innerhalb des Aufgabengebiets der Gruppe (Gruppenrotation), einschließlich der Tätigkeit eines Gruppensprechers, nach näherer Bestimmung durch die Gruppe selbst oder eines Vorgesetzten zu übernehmen. Er ist verpflichtet, höherwertige oder geringerwertige Arbeiten auszuführen. Er ist verpflichtet, an Gruppensitzungen teilzunehmen.[7]

(4) Im Falle der Beschäftigung innerhalb einer Betriebsgruppe ist der Arbeitnehmer nicht nur gehalten, die jeweils auf ihn entfallende Teilaufgabe sachgerecht zu erfüllen, sondern er muss entsprechend seinen Kenntnissen und Möglichkeiten dazu beitragen, dass Mängel, die das Gruppenergebnis gefährden, beseitigt und Gefahren abgewendet werden.[8]

§ 3 Arbeitszeit[9]

§ 4 Vergütung/Sonstige Leistungen[10]

§ 5 Abtretung und Verpfändung des Arbeitseinkommens[11]

§ 6 Arbeitsverhinderung und Vergütungsfortzahlung im Krankheitsfall[11]

§ 7 Urlaub[11]

§ 8 Haftung[12]

(1) Im Falle der Beschäftigung innerhalb einer Betriebsgruppe haftet der Arbeitnehmer gegenüber dem Arbeitgeber für die Erfüllung der Verpflichtungen der Betriebsgruppe, insbesondere für die sach- und fachgerechte Ausführung der gesamten Arbeit.

(2) Für den Ersatz eines von der Betriebsgruppe verursachten Schadens haftet der Arbeitnehmer anteilmäßig nach Kopfzahl (Zahl der nicht gemäß § 8 Abs. 3 von der Haftung ausgenommenen Gruppenmitglieder) der Gruppe.

(3) Die Haftung des Arbeitnehmers entfällt in allen Fällen insoweit, als er den Nachweis erbringt, dass er die Verletzung der Pflichten, insbesondere die nicht sach- und fachgerechte Arbeit bzw. den Schaden weder verursacht noch verschuldet haben kann.

§ 9 Nebenbeschäftigung[13]

§ 10 Beendigung des Arbeitsverhältnisses[14]

§ 11 Rückzahlung von Vorschüssen und Darlehen[15]

§ 12 Verschwiegenheitspflicht[16]

§ 13 Diensterfindungen und Verbesserungsvorschläge[17]

**§ 14 Personalfragebogen**[18]

**§ 15 Verfallfristen**[18]

**§ 16 Nebenabreden, Schriftform, betriebliche Übung**[18]

**§ 17 Salvatorische Klausel**[18]

. . . . . . (Ort), den . . . . . .

| | |
|---|---|
| . . . . . . | . . . . . . |
| Unterschrift des Arbeitgebers | Unterschrift des Arbeitnehmers |

*Schrifttum: Breisig,* Gruppenarbeit und ihre Regelung durch Betriebsvereinbarung, 1997; *Elert,* Gruppenarbeit, Individual- und kollektivarbeitsrechtliche Fragen moderner Arbeitsformen, 2001; *Häuser,* Zur Haftung der Mitglieder einer Betriebsgruppe, FS Beuthien, 2009, S. 411; *Herlitzius,* Lean Production – Arbeitsrechtsfragen bei Einführung und Gestaltung von Gruppenarbeit, 1995; *Hunold,* Lean Production, Rechtsfragen bei der Einführung neuer Arbeitsformen und Techniken, 1993; *Klein,* Gruppenarbeit – Praxis, Interessenlagen und Mitbestimmung, NZA Sonderbeilage 2001, 15; *Kreßel,* Tarifvertragliche Regelungsbefugnisse bei Fragen der Arbeitsgestaltung. Dargestellt am Beispiel der Gruppenarbeit, RdA 1994, 23; *Neef,* Lean production und Betriebsänderung, BB 1993, Beilage 15, 7; *Ortmann/Weis,* Weiterbildung für Gruppenarbeit, Betr. 1997, 21; *Preis/Elert,* Erweiterung der Mitbestimmung bei Gruppenarbeit, NZA 2001, 371; *Schack,* Gruppenarbeit in der chemischen Industrie; Gemeinsame Hinweise des Bundesarbeitgeberverbandes Chemie und der IG Chemie-Papier-Keramik, NZA 1996, 923; *Schaub,* Lean production und arbeitsrechtliche Grundlagen, BB 1993, Beilage 15, 1; *Schindele,* Lean production und Mitbestimmung des Betriebsrats, BB 1993, Beilage 15, 14; *Springer,* Gruppenarbeit – produktivitätsorientierter Motivationsansatz, AuA 1994, 17; *ders.,* Durch neue Arbeitsformen zur stetigen Verbesserung, AuA 1994, 73; *Thüsing,* Arbeitsgruppen nach § 28a BetrVG, ZTR 2002, 3; *Wiese,* Die Mitbestimmung des Betriebsrats über Grundsätze zur Durchführung von Gruppenarbeit nach § 87 Abs. 1 Nr. 13 BetrVG, BB 2002, 199.

## Anmerkungen

**1. Sachverhalt.** Der Gruppenarbeitsvertrag hat im Rahmen der mit dem Oberbegriff „Lean Production" oder auch „lean management" gekennzeichneten Maßnahmen zur Veränderung der Produktion Bedeutung erlangt. „Lean Production" (schlanke Produktion) ist ein Sammelbegriff für die Umsetzung von Prinzipien und Verfahren zur Produktivitätssteigerung (*Hunold,* Lean Production, S. 1; *Schindele,* BB 1993, Beilage 15, 14, [15]). Wesentliche Elemente sind dabei: Gruppenarbeit, Abflachung der Hierarchie, Just-in-time-Production, Verringerung der Fertigungstiefe, Outsourcing sowie der sog „kontinuierliche Verbesserungsprozess" (*Schindele,* BB 1993, Beilage 15, 14, [16]; *Hunold,* Lean Production, S. 1; *Schaub,* BB 1993, Beilage 15, 1, [2]). Auswirkungen auf den Individualvertrag ausführender Mitarbeiter hat jedoch lediglich die Einführung von Gruppenarbeit (zu den Auswirkungen der Einführung „flacher Hierarchien" auf den Individualvertrag von Führungskräften vgl. *Hunold,* Lean Production, S. 67 ff.). Darüber hinaus sind individualvertragliche Vereinbarungen zur Regelung der Verbesserungsvorschläge angezeigt (*Schaub,* BB 1993, Beilage 15, 1, [5]).

Ziel der Einführung von Gruppenarbeit ist es, durch die Übertragung bisher getrennt ausgeführter Arbeiten auf eine Gruppe, die im Zusammenwirken die ihr übertragenen Aufgaben erfüllt, die Produktivität zu steigern, indem die Verantwortung der einzelnen Gruppenmitglieder erhöht wird, Ressourcen optimal genutzt werden und das Wissen der Mitarbeiter besser genutzt wird. Übertragen werden dabei nicht nur der Produktionsvorgang selbst, sondern – je nach Ausgestaltung – auch Aufgaben wie Planung, Gestaltung des Arbeitsablaufs, Verteilung der Arbeit unter den Mitgliedern der Gruppe, Qualitätskontrolle, Personalbemessung, etc. (zu unterschiedlichen Konzepten, Ausgestaltungen und Zielen von Gruppenarbeit vgl. *Hunold,* Lean Production, S. 8 ff.; *Kreßel,* RdA 1994, 23, [28 f.]). Bislang besteht für die Einführung von Gruppenarbeit auch bei den Arbeitnehmer-Organisationen hohe Akzeptanz, was ua darauf zurückzuführen ist, dass die Einführung von Gruppenarbeit mit einer Anreicherung der bisherigen Tätigkeit der Mitarbeiter verbunden ist, die auch mit einer günstigeren tariflichen Eingruppierung verbunden sein kann (*Kreßel,* RdA 1994, 23 [29]). Gleichzeitig ist jedoch zu berücksichtigen, dass sich nicht alle Produktionsvorgänge für die Gruppenarbeit eignen und im Allgemeinen für die Einführung eine mehrjährige Vorbereitungsphase als notwendig angesehen wird (*Kreßel,* RdA 1994, 23, [29]; *Schaub,* BB 1993, Beilage 15, 1, [2]).

**2. Rechtliche Einordnung.** Das Vertragsbeispiel regelt das Arbeitsverhältnis eines ausführenden Mitarbeiters, der sofort oder zukünftig in einer so genannten Betriebsgruppe beschäftigt werden soll. Sie unterscheidet sich von der in der Praxis seltenen Eigengruppe (vgl. dazu Vertragsformular XIX. 52, ferner *Schaub* ArbR-HdB 17. Aufl. § 181 Rn. 13 ff.) dadurch, dass sich bei ihr nicht mehrere ArbN vor gemeinsamer Eingehung des Arbeitsverhältnisses zur gemeinsamen Arbeit zusammengefunden haben, sondern die Gruppe vom ArbG gebildet wird (zur Abgrenzung: BAG AP BGB § 611 Akkordkolonne Nr. 2).

Ein Gruppenarbeitsverhältnis liegt vor, wenn über die übliche Zusammenarbeit von ArbN hinaus nach dem Inhalt des Leistungsversprechens die Arbeit als Gruppenleistung zu erbringen ist (*Schaub* ArbR-HdB 17. Aufl. § 181 Rn. 2; vgl. LAG Sachsen-Anhalt BeckRS 2005, 40079). Kennzeichnend für die Betriebsgruppe ist dabei, dass zwischen ArbG und den einzelnen Gruppenmitgliedern ein unmittelbarer Arbeitsvertrag besteht (BAG AP BGB § 611 Akkordkolonne Nr. 2). Dies hat zur Folge, dass die einzelnen Arbeitsverträge der Gruppenmitglieder auch unterschiedlich gestaltet sein können (*Schaub* ArbR-HdB 17. Aufl. § 181 Rn. 6). § 87 Abs. 1 Nr. 13 BetrVG definiert als Gruppenarbeit, wenn im Rahmen des betrieblichen Arbeitsablaufs eine Gruppe von ArbN eine ihr übertragene Gesamtaufgabe im Wesentlichen eigenverantwortlich erledigt. Dieser Begriff stimmt nicht ganz mit dem bisher Vorherrschenden überein, wonach auf die gemeinsame Verantwortung für das Gruppenergebnis abgestellt wurde (vgl. *Preis/Elert* NZA 2001, 372).

**3. Probezeit.** Während des Probearbeitsverhältnisses kann auch beim Gruppenarbeitsverhältnis mit der kürzest möglichen Kündigungsfrist gekündigt werden. Es gelten die Anmerkungen zu → Form. XIX.6 Anm. 2.

**4. Arbeitspflicht und Direktionsrecht des ArbG.** Es gelten die Anmerkungen zu → Form. XIX.6 Anm. 3, ergänzend gelten die → Anmerkungen 5–6.

**5. Bildung und Zusammensetzung der Betriebsgruppe.** Die Zusammensetzung der Betriebsgruppe als Akt der betrieblichen Arbeitsorganisation fällt unter das Direktionsrecht des ArbG. Die Mitglieder der Betriebsgruppe können daher weder einzeln noch zusammen eine bestimmte Zusammensetzung der Gruppe noch bestimmte Zu- oder Abgänge verlangen. Ein Mitentscheidungsrecht der Gruppe kann zwar vertraglich vereinbart werden (*Schaub* ArbR-HdB 17. Aufl. § 181 Rn. 3f). Davon ist jedoch abzuraten, denn dies birgt die Gefahr, dass die Gruppe einseitig die Interessen der bereits vorhandenen Gruppenmitglieder bei der Zuweisung neuer Mitglieder verfolgt. So kann bei vereinbarten gruppenabhängigen Vergütungsbestandteilen die Verwendung älterer oder schwächerer ArbN zu Schwierigkeiten führen. Deshalb sollte Wert auf Integration leistungsgeminderter ArbN gelegt werden. Ein Vorschlagsrecht der Gruppe oder des Gruppensprechers sollte jedoch installiert werden. Die Gruppe kann selbst kein Mitglied ausschließen, sondern dies nur beim ArbG beantragen (*Schaub* ArbR-HdB 17. Aufl. § 181 Rn. 4).

Kehrseite des Rechts des ArbG, über Bildung und Zusammensetzung zu entscheiden, ist dessen Verpflichtung, der Gruppe für die geschuldete Gruppenleistung geeignete Arbeitskräfte zuzuweisen. Versäumt der ArbG im Falle der Gruppenentlohnung, der Gruppe geeignete Arbeitskräfte zuzuweisen, so unterlässt er seine Mitwirkungshandlung im Sinne von § 295 BGB und gerät daher in Annahmeverzug (§ 615 BGB) mit der Folge, dass der Lohnanspruch der übrigen Gruppenmitglieder in voller Höhe entsteht bzw. kann er nach § 280 Abs. 1 BGB für die von ihm zu vertretenden Mängel bei der personellen Zusammensetzung haften (*Schaub,* BB 1993, Beilage 15, 1, [4]; *Schaub* ArbR-HdB 17. Aufl. § 181 Rn. 7, 9). Das Betriebsrisiko trägt der ArbG nach § 615 S. 3 BGB ohnehin. Hinsichtlich der Auflösung der Betriebsgruppe gelten die gleichen rechtlichen Gesichtspunkte wie bei ihrer Bildung und Zusammensetzung (*Schaub,* ArbR-HdB 17. Aufl. § 181 Rn. 3).

**6. Gruppenarbeit und Direktionsrecht des Arbeitgebers.** Unproblematisch ist der Fall, in dem der ArbG den ArbN schon beim Abschluss des Arbeitsvertrages zur Beschäftigung innerhalb eines Gruppenarbeitsverhältnisses einstellt. Auf Grundlage des Formulars kann der ArbN innerhalb von Betriebsgruppen eingesetzt werden. Problematisch ist jedoch, ob der ArbG ArbN, die bislang ihre Arbeit als Einzelleistung zu erbringen hatten, ohne Vertragsänderung kraft seines Direktionsrechts zu einer Betriebsgruppe zusammenfassen kann (dafür: *Schaub,* BB 1993, Beilage 15, 1, [4]; differenzierend: *Hunold,* Lean Production, , S. 39 ff.).

Empfehlenswert erscheint auch hier auf Grundlage des Formulars ein entsprechender Änderungsvertrag. Dafür spricht zum einen, dass die im Formular vorgesehene Verteilung der Beweislast bei der Arbeitnehmerhaftung nicht einseitig durch den ArbG festgesetzt werden kann. Sie ist nur dann gerechtfertigt, wenn die Mitglieder der Betriebsgruppe vertraglich für ein gemeinsames Arbeitsergebnis eine gemeinsame Verantwortung übernommen haben (*Hanau,* Anm. zu BAG 24.4.1974, EzA § 611 BGB Arbeitnehmerhaftung Nr. 24; *Schaub* ArbR-HdB 17. Aufl. § 181 Rn. 11). → Anm. 12. Zum anderen kann der ArbG nach einhelliger Auffassung ohne entsprechende vertragliche Vereinbarung nicht einseitig für die Gruppe Gruppenentlohnung (zB Gruppenakkord) festsetzen (*Schaub* ArbR-HdB 17. Aufl. § 181 Rn. 7). Schließlich können die mit der Einführung von Gruppenarbeit bezweckten, positiven Entwicklungen nur dann eintreten, wenn die Mitarbeiter zu dieser Arbeitsform sozial geeignet sind und harmonieren, was letztlich die Freiwilligkeit voraussetzt (*Hunold,* Lean Production, S. 30, 41; *Kreßel,* RdA 1994, 23, [29]).

Typische Regelungsgegenstände der Gruppe sind: Planung des konkreten Arbeitseinsatzes, Material- und Fertigungssteuerung, fertigungsnahe Abrechnungsaufgaben, vorbeugende Instandhaltung, Urlaubsplanung, Arbeitszeitmanagement, Qualifizierung, Förderung von Verbesserungen etc (*Klein,* NZA Sonderbeilage 2001, 18).

**7. Gruppenrotation.** Zentrales Element der Beschäftigung der Mitarbeiter innerhalb von Gruppenarbeitsverhältnissen ist ua die Gruppenrotation, also die Übernahme der jeweils notwendigen Arbeitsleistung durch jedes Gruppenmitglied.

Die einzelnen Arbeitsverträge bedürfen daher der Anpassung an die Erfordernisse der Gruppenrotation (*Schaub,* BB 1993, Beilage 15, 1, [4]). Denn das Direktionsrecht des ArbG umfasst lediglich die Zuweisung von Arbeiten auf derselben hierarchischen Ebene.

Die Regelung im Formular erlaubt auch den Einsatz des Mitarbeiters als Gruppensprecher, dem je nach Ausgestaltung der Betriebsgruppe unterschiedliche Aufgaben zukommen können (vgl. *Hunold,* Lean Production, S. 43). Zur Verbesserung der Kommunikation zwischen ArbG und Gruppe bzw. aus sonstigen Gründen sollte die Funktion des Gruppensprechers eingerichtet werden. Er vertritt die Gruppe nach außen, ist primärer Ansprechpartner für ArbG und Betriebsrat. Er kann die Arbeiten in der Gruppe koordinieren, Gruppensitzungen leiten. Der Gruppensprecher kann von den Gruppenmitgliedern gewählt oder vom ArbG ernannt werden. Eine vermittelnde Lösung könnte darin bestehen, einen Gruppensprecher nominieren zu lassen und dann durch Wahlentscheid der Gruppe zu legitimieren. Wahlmodus, Amtszeit, Abberufung, Vergütung des Gruppensprechers (Funktionszulage) können sich nach Tarifvertrag oder Betriebsvereinbarung richten.

**8. Verantwortungsübernahme.** Die im Formular vorgenommene Verteilung der Beweislast bei der Arbeitnehmerhaftung, ist nach der Rechtsprechung des BAG nur dann gerechtfertigt, wenn der ArbN als Mitglied der Betriebsgruppe vertraglich eine Verantwortung für das gemeinsame Arbeitsergebnis übernommen hat (BAG, AP Nr. 4 zu § 611 BGB Akkordlohngruppe = EzA zu § 611 BGB Arbeitnehmerhaftung Nr. 24).

**9. Arbeitszeit.** Text und Anm. wie in → Form. XIX.6 § 3.

**10. Vergütung/Sonstige Leistungen.** Text und Anmerkung wie in → Form. XIX.6 § 4. Im Rahmen von Gruppenarbeitsverhältnissen steht häufig ein produktivitätsorientierter Gruppenlohn im Vordergrund (*Herlitzius,* Lean Production, S. 320), die Ausgestaltung der Entlohnung im Einzelnen kann jedoch unterschiedlich sein (zu den Vor- und Nachteilen einzelner Modelle vgl. *Herlitzius,* Lean Production, S. 320). Soll der ArbN sofort innerhalb einer Betriebsgruppe beschäftigt werden, so empfiehlt sich, in die Anlage oder gesonderte Mitteilung eine Öffnungsklausel für Betriebsvereinbarung aufzunehmen. In dieser kann festgelegt werden, dass sich die Entlohnung des Mitarbeiters nach den für den jeweiligen Arbeitsbereich mit dem Betriebsrat vereinbarten Entlohnungsgrundsätzen richtet (*Hunold,* Lean Production, S. 45). Sollen ArbN eingestellt werden, die zunächst Einzelleistungen erbringen und dabei Zeitlohn erhalten sollen und später unter Veränderung der Entlohnung in Gruppenarbeit tätig werden sollen, empfiehlt sich, eine Klausel aufzunehmen, wonach sich der ArbN mit dem Wechsel der Entlohnungsart im Falle der Beschäftigung innerhalb einer Betriebsgruppe einverstanden erklärt. Für den Gruppensprecher wird sich idR eine höhere Vergütung ergeben, da er höhere Verantwortung übernimmt. Ob eine höhere Eingruppierung durch einen Gruppensprecherzuschlag ersetzt werden kann, hängt von der Auslegung eines etwa anwendbaren Tarifvertrages ab (*Schaub* BB 1993 Beil. 15, 7). Ist ein leistungsabhängiger Gruppenlohn vereinbart, verringert sich der einzelne Vergütungsanspruch der ArbN bei Minderleistung automatisch, bei Schlechtleistung ggf. nach Vereinbarung auch oder er besteht voll und der ArbG hat nur einen Schadensersatzanspruch (*Schaub* ArbR-HdB 17. Aufl. § 181 Rn. 9f). Besteht eine entsprechende Bevollmächtigung kann der ArbG die Vergütung mit befreiender Wirkung nur an den Gruppensprecher bezahlen (BAG NZA 2013, 27).

**11. Abtretung und Verpfändung, Arbeitsverhinderung und Vergütungsfortzahlung im Krankheitsfall, Urlaub.** Text und Anm. wie → Form. XIX.6 §§ 5–7.

**12. Arbeitnehmerhaftung.** Die im Formular vorgenommene Veränderung der Haftung der Arbeitnehmer zu deren Lasten entspricht der Rechtsprechung des BAG zur Haftung in der Betriebsgruppe. Sie sollte im Hinblick auf die Rspr. des Bundesarbeitsgerichts zu Überraschungsklauseln in Arbeitsverträgen (BAG ARST 1996, 146) und nunmehr wegen § 310 Abs. 4 BGB drucktechnisch hervorgehoben werden.

Nach Auffassung des Bundesarbeitsgerichts gilt auch im Rahmen von Betriebsgruppen der Grundsatz, dass ArbN nur für von ihnen durch schuldhaftes Verhalten verursachte Schäden im Rahmen der begrenzten Arbeitnehmerhaftung (vgl. zur Arbeitnehmerhaftung allgemein GS AP BGB § 611 Haftung des Arbeitnehmer Nr. 103) haften (BAG, AP Nr. 4

zu § 611 BGB Akkordlohngruppe = EzA zu § 611 BGB Arbeitnehmerhaftung Nr. 24). Daraus folgt, dass der Einzelne für Schäden infolge von Schlechtleistung nur dann Schadenersatz schuldet, wenn er selbst seine Vertragspflicht schuldhaft verletzt hat (vgl. *Herlitzius,* Lean Production, S. 53 ff.). Hat der der Betriebsgruppe angehörende ArbN jedoch vertraglich die Verantwortung für das gemeinsame Arbeitsergebnis übernommen, so kommt es zur Verschiebung der Darlegungs- und Beweislast:

Der geschädigte ArbG muss nachweisen, dass sein Schaden durch eine vertragswidrige Schlechtleistung der Gruppe verursacht worden ist. Ist dieser Beweis erbracht, so haben sich die einzelnen Gruppenmitglieder durch den Nachweis einwandfrei erbrachter Arbeitsleistung zu entlasten und zusätzlich zu beweisen, dass auch eine Mitverursachung des Schadens durch Verletzung arbeitsvertraglicher Nebenpflichten nicht gegeben ist (BAG, AP Nr. 4 zu § 611 BGB Akkordlohngruppe = EzA zu § 611 BGB Arbeitnehmerhaftung Nr. 24 für den Fall der vertraglichen Übernahme auch *Schaub* ArbR-HdB 17. Aufl. § 181 Rn. 11). Ob diese bisherige Rechtsprechung aufrechterhalten werden kann, erscheint unter verschiedenen Aspekten zweifelhaft. *Schaub* hält diese Grundsätze mit der gesetzlichen Regelung der Beweislastverteilung bei Arbeitnehmerhaftung in § 619a BGB für unvereinbar, wonach der ArbN nur Schadensersatz bei Pflichtverletzung zu leisten hat, wenn er die Pflichtverletzung zu vertreten hat. Außerdem ergeben sich Probleme aus den §§ 307, 309 Nr. 12, 310 Abs. 4 BGB. → Form. XIX.22 Anm. 3. Im Hinblick darauf, dass bei Gruppenarbeit dem ArbG der entsprechende Nachweis idR kaum möglich sein wird, sollte dennoch bis zu einer Entscheidung des BAG über diese Frage eine derartige Klausel über die Haftung in den Arbeitsvertrag aufgenommen werden.

Bei deliktischen Ansprüchen des ArbG kann eine Haftungserleichterung nach § 830 Abs. 1 S. 2 BGB in Betracht kommen.

Nach dem Formular haften die Gruppenmitglieder lediglich teilschuldnerisch. Auch dies entspricht der Rechtsprechung des BAG und der hM zur Haftung innerhalb der Betriebsgruppe (BAG, AP Nr. 4 zu § 611 BGB Akkordlohngruppe = EzA zu § 611 BGB Arbeitnehmerhaftung Nr. 24). Zwar kann durch vertragliche Vereinbarung auch eine Haftung für die Schlechtleistung anderer oder aller Gruppenmitglieder vereinbart werden. Eine solche Haftungserweiterung entspricht aber eher den Rechten und Pflichten innerhalb einer Eigengruppe.

Das Formular sieht darüber hinaus eine Haftung nach Kopfteilen vor. Denkbar ist zwar auch die Vereinbarung, dass der Haftungsanteil der einzelnen Gruppenmitglieder nach Maßgabe ihres Verantwortungsbeitrages zu bemessen ist. Gegen eine solche Regelung spricht jedoch, dass nach der hier vorgeschlagenen Vereinbarung die Haftung der Gruppenmitglieder schon bei vermutetem Verschulden einsetzt und es in diesem Fall an Ansatzpunkten für eine differenzierende Haftung nach Maßgabe des Verantwortungsbeitrages fehlt.

**13. Nebenbeschäftigung.** Text und Anm. wie in → Form. XIX.6 § 8.

**14. Beendigung des Arbeitsverhältnisses.** Text und Anm. wie in → Form. XIX.6 § 10. Für das Gruppenarbeitsverhältnis innerhalb der Betriebsgruppe bestehen insoweit keine Besonderheiten, so dass der ArbG nur berechtigt ist, einzelnen Gruppenmitgliedern zu kündigen (*Schaub* ArbR-HdB 17. Aufl. § 181 Rn. 3).

**15. Rückzahlung von Vorschüssen und Darlehen.** Text und Anm. wie in → Form. XIX.7 § 1414

**16. Verschwiegenheitspflicht.** Text und Anm. wie in → Form. XIX.6 § 9.

**17. Diensterfindungen und Verbesserungsvorschläge.** Text und Anm. wie in → Form. XIX.7 § 11. Zur Gestaltung des betrieblichen Verbesserungsvorschlagswesens im Rahmen der Lean Production vgl. *Hunold,* Lean Production, S. 72 ff.

**18. Personalfragebogen, Verfallfristen, Nebenabreden, Schriftform, betriebliche Übung, Salvatorische Klausel.** Text und Anm. wie in → Form. XIX.6 §§ 13, 15, 17, 18. Da die Gruppenarbeit wegen ihres kollektiven Bezugs oft durch Betriebsvereinbarung geregelt wird, sollte in den Arbeitsvertrag ggf. eine Betriebsvereinbarungsöffnungsklausel aufgenommen werden.

**19. Gruppenarbeit und Betriebsverfassungsrecht.** Die Einführung von Gruppenarbeit im Rahmen der Lean Production löst eine Vielzahl von Mitwirkungs- und Mitbestimmungsrechten des Betriebsrats aus. Die Entscheidung darüber, ob Gruppenarbeit eingeführt werden soll, ist als unternehmerische Frage mitbestimmungsfrei (vgl. *Preis/Elert* NZA 2001, 371; *Klein* NZA Sonderbeilage 2001, 20). Bereits im Rahmen der Unternehmerentscheidung zur Einführung von Gruppenarbeit kommt eine Mitwirkungspflicht des Betriebsrats in Betracht. So besteht in Unternehmen mit entsprechender Größe eine Pflicht zur Unterrichtung des Betriebsrats gem. § 111 S. 1 BetrVG, da die Einführung von Gruppenarbeit regelmäßig eine grundlegende Änderung der Betriebsorganisation (§ 111 S. 3 Nr. 4 BetrVG) mit sich bringt und darüber hinaus die Einführung grundlegend neuer Arbeitsmethoden darstellt (*Schaub, BB 1993, Beilage 15, 1,* [2 f.]; *Hunold,* Lean Production, S. 13; *Fitting/Engels/Schmidt/Trebinger/Linsenmaier* BetrVG § 111 Rn. 92, 98).

Der ArbG hat gem. § 90 Abs. 1 Nr. 3 BetrVG den Betriebsrat über die Planung der Einführung von Gruppenarbeit rechtzeitig zu unterrichten, da dies eine Änderung von Arbeitsverfahren und Abläufen beinhaltet (*Hunold,* Lean Production, S. 12; *Schaub,* BB 1993, Beilage 15, 1, [3]; *Fitting/Engels/Schmidt/Trebinger/Linsenmaier* BetrVG § 90 Rn. 25 mwN); er hat ferner vorgesehene Änderungen gem. § 90 Abs. 2 BetrVG mit dem Betriebsrat zu beraten.

In personeller Hinsicht kommt in der Planungsphase eine Unterrichtungspflicht gem. § 92 Abs. 1 BetrVG in Betracht (*Schaub,* BB 1993, Beilage 15, 1 [3]; *Hunold,* Lean Production, S. 18 ff.). Auch im Rahmen der Einführung und Durchführung von Gruppenarbeit sind Mitbestimmungsrechte des Betriebsrats zu beachten. So kommt ein Mitbestimmungsrecht gemäß § 91 BetrVG in Betracht, wenn durch die Einführung von Gruppenarbeit die Arbeit zu stark verdichtet wird (*Schaub,* BB 1993, Beilage 15, 1, [3]; aA *Hunold,* Lean Production, S. 21 f.). Hinsichtlich der sozialen Mitbestimmung des Betriebsrats kommen insbesondere Mitbestimmungsrechte gem. § 87 Abs. 1 Nr. 10 und ggf. auch Nr. 11 BetrVG in Betracht; denn die Einführung von Gruppenarbeit zieht regelmäßig die Änderung der Entlohnung der Mitarbeiter nach sich. Danach hat der Betriebsrat nicht nur ein Mitbestimmungsrecht beim Übergang von Zeitlohn auf Leistungslohn, sondern auch bei der Einführung freiwilliger Leistungsprämien (BAG 8.12.1981, AP BetrVG 1972 § 87 Prämie Nr. 1).

Kommt es im Zusammenhang mit der Einführung von Gruppenarbeit zu kollektiv neuen Arbeitszeitregelungen, so sind diese gemäß § 87 Abs. 1 Nr. 2 BetrVG mitbestimmungspflichtig. Dagegen besteht für den Betriebsrat kein Mitbestimmungsrecht hinsichtlich der Frage, wie viele ArbN konkret in der Gruppe tätig werden sollen (*Kreßel,* RdA 1994, 23, [30]). Ein Mitbestimmungsrecht im Hinblick auf Methoden der Datenerhebung kommt auch in Betracht (§ 87 Abs. 1 Nr. 6 BetrVG).

Soweit mit der Einführung der Gruppenarbeit Entscheidungsbefugnisse des ArbG zur autonomen Entscheidung auf die Gruppe delegiert werden, die der Mitbestimmung des Betriebsrats nach § 87 Abs. 1 BetrVG unterliegen, bleiben diese Mitbestimmungsrechte unberührt (*Kreßel,* RdA 1994, 23, [30]; aA *Hunold,* Lean Production, S. 20, 23).

Werden im Rahmen der Gruppenarbeit auch sog Qualitätszirkel (auf Wunsch des ArbG gebildete Arbeitskreise mit dem Ziel, durch verbesserte Kommunikation die Produktivität zu steigern) gebildet, so besteht ein Mitbestimmungsrecht des Betriebsrats nach § 87 Abs. 1 Nr. 12 BetrVG, wenn und soweit es Aufgabe der Arbeitskreise ist, Verbesserungsvorschläge zu machen (*Fitting/Engels/Schmidt/Trebinger/Linsenmaier* BetrVG § 87 Rn. 536 ff. mwN). Nach § 87 Abs. 1 Nr. 13 BetrVG hat der Betriebsrat ein Mitbestimmungsrecht bezogen auf Grundsätze über die Durchführung von Gruppenarbeit.

Die Mitwirkungsrechte hinsichtlich der allgemeinen personellen Maßnahmen gem. §§ 93–98 BetrVG sind zu beachten.

Die Frage, ob bei Einführung von Gruppenarbeit mitbestimmungspflichtige Versetzungen iSv §§ 99 Abs. 1, 95 Abs. 3 BetrVG vorliegen, ist umstritten (*Hunold,* Lean Production, S. 35; *Schindele,* BB 1993, Beilage 15, 14, [17]). Das BAG geht davon aus, dass bei Vorliegen der sonstigen Voraussetzungen bei Einführung von Gruppenarbeit eine Versetzung gegeben ist (BAG AP BetrVG 1972 § 95 Nr. 33; BAG AP BetrVG 1972 § 99 Versetzung Nr. 14). Weitere Vorschlagsrechte des Betriebsrats ergeben sich aus den §§ 80 Abs. 1 Nr. 2 u. 8, 92a BetrVG.

**20. Steuern, Sozialversicherung.** Anm. wie in → Form. XIX.6 Anm. 17 und *Küttner/ Windsheimer/Ruppelt*, Personalbuch 2017, 211, Rn. 33 ff.

## 16. Berufsausbildungsvertrag

**Zwischen der Firma[1,2, 3,5] . . . . . (im Folgenden „Ausbildender" genannt)**
**Anschrift . . . . .**
**und**
**Herrn/Frau . . . . . (im Folgenden „Auszubildender" genannt) geboren am . . . . .**
**wohnhaft in . . . . ., Straße . . . . .**
**gesetzlich vertreten durch seinen/ihren Vater[4] . . . . ., wohnhaft in . . . . ., Straße . . . . .**
**durch seine/ihre Mutter . . . . ., wohnhaft in . . . . ., Straße . . . . .**
**wird nachstehender Vertrag zur Ausbildung im Ausbildungsberuf . . . . . nach Maßgabe der Ausbildungsordnung geschlossen:[6]**

**§ 1 Ausbildungszeit/Probezeit**

**(1) Das Ausbildungsverhältnis beginnt am . . . . . und endet am . . . . . Die Ausbildungszeit beträgt nach der Ausbildungsordnung . . . . . Jahre.[7] Hierauf wird die Berufsausbildung zum . . . . ., eine Vorbildung/Ausbildung im . . . . . mit . . . . . Monaten angerechnet.**
**(2) Die Probezeit beträgt . . . . . Monate.[8] Wird die Ausbildung während dieser Probezeit um mehr als ein Drittel dieser Zeit unterbrochen, verlängert sich die Probezeit um den Zeitraum der Unterbrechung. Während der Probezeit kann das Berufsausbildungsverhältnis jederzeit ohne Einhalten einer Kündigungsfrist und ohne Angabe der Kündigungsgründe schriftlich gekündigt werden.**
**(3) Besteht der Auszubildende die Abschlussprüfung vor Ablauf der Ausbildungszeit, so endet das Berufsausbildungsverhältnis mit Bekanntgabe des Ergebnisses durch den Prüfungsausschuss. Besteht der Auszubildende die Abschlussprüfung nicht, so verlängert sich das Berufsausbildungsverhältnis auf sein Verlangen bis zur nächstmöglichen Wiederholungsprüfung, höchstens um ein Jahr.**

**§ 2 Ausbildungsmaßnahmen, Ausbildungsstätten**

**(1) Die Ausbildung findet vorbehaltlich der Regelungen in Absatz 2 in . . . . . und den mit dem Betriebssitz für die Ausbildung üblicherweise zusammenhängenden Bau-, Montage- und sonstigen Arbeitsstellen statt.[9]**
**Sie gliedert sich wie folgt:**
**. . . . .**
**(Art, sachliche und zeitliche Gliederung der Berufsausbildung)**

(2) Ausbildungsmaßnahmen außerhalb der Ausbildungsstätte:

. . . . .

(Art, sachliche und zeitliche Gliederung der Berufsausbildung)
Die Kosten dieser Maßnahmen trägt der Ausbildende, soweit diese nicht von anderen getragen werden.

§ 3 Vergütung/tägliche Ausbildungszeit

(1) Der Ausbildende zahlt dem Auszubildenden eine angemessene Vergütung.[11,22(24)]
Diese beträgt zzt. monatlich
Euro . . . . . brutto im 1. Ausbildungsjahr,
Euro . . . . . brutto im 2. Ausbildungsjahr,
Euro . . . . . brutto im 3. Ausbildungsjahr,
mindestens aber die tariflichen Sätze. Die Vergütung ist spätestens am letzten Arbeitstag des Monats fällig.
(2) Die regelmäßige werktägliche Ausbildungszeit beträgt . . . . . Stunden.[10]
(3) Die über die regelmäßige tägliche Ausbildungszeit hinausgehende Beschäftigung wird mit Euro . . . . . pro Stunde vergütet oder durch entsprechende Freizeit ausgeglichen.
(4) Soweit der Ausbildende dem Auszubildenden Kost und/oder Wohnung gewährt, gilt die anliegende Regelung.[12]
(5) Ist eine besondere Berufskleidung vorgeschrieben, wird sie dem Auszubildenden zur Verfügung gestellt.

§ 4 Fortzahlung der Vergütung

(1) Dem Auszubildenden ist die Vergütung vom Ausbildenden auch zu zahlen
1. für die Zeit der Freistellung für die Teilnahme am Berufsschulunterricht und an Prüfungen sowie von Ausbildungsmaßnahmen außerhalb der Ausbildungsstätte,
2. bis zur Dauer von sechs Wochen, wenn er
   a) sich für die Berufsausbildung bereithält, diese aber ausfällt,
   b) infolge unverschuldeter Krankheit, infolge einer Maßnahme der medizinischen Vorsorge oder Rehabilitation, einer Sterilisation oder eines Abbruchs der Schwangerschaft durch einen Arzt nicht an der Berufsausbildung teilnehmen kann oder
   c) aus einem sonstigen, in seiner Person liegenden Grund unverschuldet verhindert ist, seine Pflichten aus dem Berufsausbildungsverhältnis zu erfüllen.[13]

(2) Kann der Auszubildende während der Zeit, für welche die Vergütung fortzuzahlen ist, aus berechtigtem Grund Sachleistungen nicht abnehmen, so sind diese abzugelten.[12]

§ 5 Pflichten des Ausbildenden

Der Ausbildende darf dem Auszubildenden nur Aufgaben übertragen, die dem Ausbildungszweck dienen und seinen körperlichen Kräften angemessen sind. Er hat
a) dafür zu sorgen, dass dem Auszubildenden die berufliche Handlungsfähigkeit vermittelt wird, die zum Erreichen des Ausbildungsziels erforderlich ist, und die Berufsausbildung in einer durch ihren Zweck gebotenen Form planmäßig, zeitlich und sachlich gegliedert so durchzuführen, dass das Ausbildungsziel in der vorgesehenen Ausbildungszeit erreicht werden kann,
b) selbst auszubilden oder einen Ausbilder oder eine Ausbilderin ausdrücklich damit zu beauftragen,
c) dem Auszubildenden kostenlos die Ausbildungsmittel, insbesondere Werkzeuge und Werkstoffe zur Verfügung zu stellen, die zur Berufsausbildung und zum Ablegen von

Zwischen- und Abschlussprüfungen, auch soweit solche nach Beendigung des Berufsausbildungsverhältnisses stattfinden, erforderlich sind,

d) den Auszubildenden zur Teilnahme am Berufsschulunterricht und an Prüfungen sowie zu Ausbildungsmaßnahmen außerhalb der Ausbildungsstätte freizustellen,

e) den Auszubildenden zum Besuch der Berufsschule sowie zum Führen von schriftlichen Ausbildungsnachweisen anzuhalten, soweit solche im Rahmen der Berufsausbildung verlangt werden, und diese durchzusehen,

f) dafür zu sorgen, dass der Auszubildende charakterlich gefördert sowie sittlich und körperlich nicht gefährdet wird,

g) sich von Auszubildenden unter 18 Jahren Bescheinigungen gemäß den §§ 32, 33 Jugendarbeitsschutzgesetz darüber vorlegen zu lassen, dass dieser innerhalb der letzten vierzehn Monate vor der Aufnahme der Ausbildung ärztlich untersucht worden ist sowie vor Ablauf des ersten Ausbildungsjahres die erste Nachuntersuchung erfolgt ist, und den Auszubildenden für die ärztliche Untersuchung freizustellen,

h) unverzüglich nach Abschluss des Berufsausbildungsvertrages die Eintragung in das Verzeichnis der Berufsausbildungsverhältnisse der zuständigen Stelle unter Beifügung der Vertragsniederschrift und – bei Auszubildenden unter 18 Jahren – einer ärztlichen Bescheinigung über die Erstuntersuchung gemäß § 32 Jugendarbeitsschutzgesetz zu beantragen sowie bei Änderungen des wesentlichen Vertragsinhalts entsprechend zu verfahren,

i) den Auszubildenden rechtzeitig zu den angesetzten Zwischen- und Abschlussprüfungen anzumelden und freizustellen sowie der Anmeldung zur Zwischenprüfung oder zum ersten Teil der Abschlussprüfung bei Auszubildenden unter 18 Jahren eine ärztliche Bescheinigung über die erste Nachuntersuchung gemäß § 33 Jugendarbeitsschutzgesetz beizufügen.[14]

§ 6 Pflichten des Auszubildenden

Der Auszubildende hat sich zu bemühen, die berufliche Handlungsfähigkeit zu erwerben, die erforderlich ist, um das Ausbildungsziel zu erreichen. Er ist insbesondere verpflichtet,

a) die ihm im Rahmen seiner Berufsausbildung aufgetragenen Aufgaben sorgfältig auszuführen,

b) an Ausbildungsmaßnahmen teilzunehmen, für die er vom Ausbildenden freigestellt wird,

c) den Weisungen zu folgen, die ihm im Rahmen der Berufsausbildung vom Ausbildenden, vom Ausbilder oder von anderen weisungsberechtigten Personen erteilt werden,

d) die für die Ausbildungsstätte geltende Ordnung zu beachten,

e) Werkzeug, Maschinen und sonstige Einrichtungen pfleglich zu behandeln,

f) über Betriebs- und Geschäftsgeheimnisse Stillschweigen zu bewahren,

g) bei Fernbleiben von der betrieblichen Ausbildung, vom Berufsschulunterricht und sonstigen Maßnahmen den Ausbildenden unter Angabe von Gründen unverzüglich zu benachrichtigen sowie bei Krankheit von mehr als drei Kalendertagen vor Ablauf des darauf folgenden Arbeitstages eine ärztliche Bescheinigung über die Arbeitsunfähigkeit sowie über deren voraussichtliche Dauer einzureichen,

h) sich – sofern er unter 18 Jahre alt ist – gemäß den §§ 32, 33 Jugendarbeitsschutzgesetz vor Beginn der Ausbildung ärztlich untersuchen zu lassen sowie vor Ablauf des ersten Jahres der Ausbildung nachuntersuchen zu lassen und dem Ausbildenden die Bescheinigung hierüber vorzulegen.[15]

§ 7 Urlaub

(1) Der Ausbildende gewährt dem Auszubildenden Urlaub nach den geltenden Regelungen.[16] Der Urlaub beträgt

..... Arbeits-/Werktage im Jahre .....,

..... Arbeits-/Werktage im Jahre .....,

..... Arbeits-/Werktage im Jahre .....,

..... Arbeits-/Werktage im Jahre .....

Der Urlaub soll zusammenhängend und in der Zeit der Berufsschulferien erteilt werden. Während des Urlaubs darf von dem Auszubildenden keine dem Urlaubszweck widersprechende Erwerbstätigkeit geleistet werden.

(2) Das Urlaubsentgelt wird vor Antritt des Urlaubs gezahlt.

§ 8 Kündigung

(1) Nach der Probezeit kann das Berufsausbildungsverhältnis nur gekündigt werden

a) aus einem wichtigen Grund ohne Einhalten einer Kündigungsfrist,

b) vom Auszubildenden mit einer Kündigungsfrist von 4 Wochen, wenn er die Berufsausbildung aufgeben oder sich für eine andere Berufstätigkeit ausbilden lassen will.[17]

(2) Die Kündigung muss schriftlich und unter Angabe der Kündigungsgründe erfolgen.

(3) Eine Kündigung aus wichtigem Grund ist unwirksam, wenn die ihr zugrunde liegenden Tatsachen dem zur Kündigung Berechtigten länger als zwei Wochen bekannt sind. Ist ein Güteverfahren vor einem Ausschuss gemäß § 12 dieses Vertrages eingeleitet, so wird bis zu dessen Beendigung der Lauf dieser Frist gehemmt.

§ 9 Schadensersatz

(1) Wird das Berufsausbildungsverhältnis nach der Probezeit vorzeitig gelöst, so kann der Ausbildende oder der Auszubildende Ersatz des Schadens verlangen, wenn der andere den Grund für die Auflösung zu vertreten hat, sofern nicht der Auszubildende wegen Aufgabe oder Wechsels der Berufsausbildung gekündigt hat.[18, 22]

(2) Der Anspruch erlischt, wenn er nicht innerhalb von drei Monaten nach Beendigung des Berufsausbildungsverhältnisses geltend gemacht wird.

§ 10 Wegfall der Ausbildungseignung/Aufgabe des Betriebes

Bei Kündigung des Berufsausbildungsverhältnisses wegen Wegfalls der Ausbildungseignung oder Aufgabe des Betriebes verpflichtet sich der Auszubildende, sich mit Hilfe der Berufsberatung der zuständigen Stelle im Bereich der Arbeitsverwaltung rechtzeitig um eine weitere Ausbildung im bisherigen Ausbildungsberuf in einer anderen geeigneten Ausbildungsstätte zu bemühen.[19]

§ 11 Zeugnis

(1) Der Ausbildende hat dem Auszubildenden bei Beendigung des Berufsausbildungsverhältnisses ein Zeugnis auszustellen.[20] Hat der Ausbildende die Berufsausbildung nicht selbst durchgeführt, so soll auch der Ausbilder oder die Ausbilderin das Zeugnis unterschreiben.

(2) Das Zeugnis muss Angaben enthalten über Art, Dauer und Ziel der Berufsausbildung sowie über die erworbenen Fertigkeiten, Kenntnisse und Fähigkeiten des Auszubildenden. Auf Verlangen des Auszubildenden sind auch Angaben über Verhalten und Leistung aufzunehmen.

§ 12 Güteverfahren

Bei Streitigkeiten aus dem bestehenden Berufsausbildungsverhältnis ist vor Inanspruchnahme des Arbeitsgerichts der gemäß § 111 Abs. 2 Arbeitsgerichtsgesetz gebildete Ausschuss anzurufen.[21]

§ 13 E-Mail- und Internetnutzung[23]

Betriebliche Telekommunikationsmittel, insbesondere Email und Internet, dürfen nur für dienstliche Zwecke verwendet werden. Eine private Nutzung ist nur im Notfall erlaubt.

§ 14 Sonstige Bestimmungen; Nebenabreden, Schriftform, betriebliche Übung[24]

(1) Es gelten der Tarifvertrag und die Betriebsvereinbarungen, die für die Ausbildungsstätte anwendbar sind.
(2) Mündliche Nebenabreden bestehen nicht. Änderungen und Ergänzungen dieses Vertrages bedürfen zu ihrer Wirksamkeit der Schriftform. Dies gilt auch für die Aufhebung und Änderung dieser Schriftformklausel. Ausgeschlossen sind damit Vertragsänderungen durch betriebliche Übung. Der Vorrang von individuellen mündlichen Vertragsabreden zwischen den Parteien nach Vertragsschluss (§ 305b BGB) bleibt unberührt

§ 15 Vertragsaushändigung

Die Vertragsparteien und die gesetzlichen Vertreter des Auszubildenden bekennen, eine schriftliche Ausfertigung dieses Vertrages erhalten zu haben.[5]
Empfangsbestätigung zu § 15: . . . . .

. . . . . (Ort), den . . . . .

| | |
|---|---|
| . . . . . | . . . . . |
| Unterschrift des Ausbildenden | Unterschrift des Auszubildenden |

. . . . .
Unterschriften der gesetzlichen Vertreter des Auszubildenden[5, 25]

*Schrifttum: Benecke/Hergenröder,* Berufsbildungsgesetz, Kommentar 2009; *Benecke,* Das gesetzliche begründete Arbeitsverhältnis nach § 24 BBiG, NZA 2009, 829; *Braun/Mühlhausen/Munk/Stück,* BBiG, 2004; *Gagel,* Sozialgesetzbuch III, Arbeitsförderung; Loseblatt, 2017; *Gehlhaar,* Gesetzliche Wartezeitregelungen bei der Übernahme von Auszubildenden, DB 2011, 590; *Hammer,* Der betriebsverfassungsrechtliche Begriff der Berufsausbildung in Rechtsprechung und Literatur, ZTR 1996, 245; *Herkert/Töltl,* Das neue Berufsbildungsgesetz, Bd. I u. II, Loseblatt, 2017; *Houben,* Tarifvertragliche Ansprüche auf Übernahme in ein Arbeitsverhältnis – Chance oder Risiko für Auszubildende, NZA 2011, 182; *Hülsemann:,* Fallstricke bei der Kündigung von Ausbildungsverhältnissen, ArbRAktuell 2016, 107; *Hurlebaus/Baumstümmler/Schulien,* Berufsbildungsrecht, Loseblatt, Stand 2017; *Koch-Rust/Rosentreter*; Ausbildungsverträge bei praxisintegrierten dualen Studiengängen, NZA 2013, 879; *Lakies/Malottke,* Berufsbildungsgesetz, 5. Aufl., 2016; *Laakies,* Jugendarbeitsschutzgesetz, 7. Aufl., 2014; *Leinemann/Taubert,* Berufsbildungsgesetz, 2. Auflage 2008; *Mallottke,* Berufsbildung, AiB 2008, 128; *Meier/Schulz,* Die Rückzahlung von Ausbildungskosten bei vorzeitiger oder erfolgloser Beendigung der Ausbildung, NZA 1996, 742; *Natzel,* Das neue Berufsbildungsgesetz, Betr. 2005, 610; *ders.,* Duale Studiengänge – arbeitsrechtliches Neuland?, NZA 2008, 567; *ders.,* Berufsvorbereitung – praktische Erfahrungen, rechtliche Rahmenbedingungen, BB 2011, 1589; *Opolony,* Die Beendigung von Berufsausbildungsverhältnissen, BB 1999, 1706; *ders.,* Die Jugend- und Auszubildendenvertretung nach dem Betriebsverfassungs-Reformgesetz BB 2001, 2055; *ders.,* Das Recht der

Berufsausbildung nach dem Berufsausbildungsreformgesetz, BB 2005, 1050; *Ramsauer/Stallbaum,* Bundessausbildungsförderungsgesetz, 6. Aufl., 2016; *Reinartz,* Beendigung von Berufsausbildungsverhältnissen; DB 2015, 1347; *Rieble,* Die befristete Übernahme von Auszubildenden als Rechtsproblem, Betr 1995, 2474; *Schulze,* Die Übernahmeverpflichtung von Auszubildenden nach Tarifvertrag, NZA 2007, 1329; *Taubert,* Neuregelungen im Berufsbildungsrecht, NZA 2005, 503; *Wohlgemuth,* Berufsbildungsgesetz, 1. Auflage 2011; *Zwanziger,* Die Mitbestimmung des Betriebsrates bei Berufsbildungs- und Qualifizierungsmaßnahmen im Lichte der Rechtsprechung, ArbuR 2010, 459.

## Anmerkungen

**1. Sachverhalt.** Berufsausbildung soll eine breit angelegte berufliche Grundbildung und die für die Ausübung einer qualifizierten beruflichen Tätigkeit notwendigen beruflichen Fertigkeiten, Kenntnisse und Fähigkeiten (berufliche Handlungsfähigkeit) in einem geordneten Ausbildungsgang vermitteln sowie den Erwerb der erforderlichen Berufserfahrungen vermitteln (§ 1 Abs. 2 u. 3 Berufsbildungsgesetz). Dieser besondere Zweck ist Inhalt des Berufsausbildungsverhältnisses, das ein Arbeitsverhältnis ist und dessen Abschluss zwingend schriftlich niederzulegen ist (§ 11 Abs. 2 BBiG). Vgl. zu den ausgenommenen Bereichen die Zusammenstellung bei *Schaub* ArbR-HdB 17. Aufl. § 173 Rn. 11 ff.).

**2. Wahl des Formulars.** Die Kammern und sonst für die Ausbildung zuständigen öffentlich-rechtlichen Körperschaften geben regelmäßig Musterverträge heraus, die im Interesse der Vereinheitlichung und der reibungslosen Anerkennung verwendet werden sollten. Die Eintragung in das Ausbildungsverzeichnis kann allerdings nicht von der Verwendung der Musterverträge abhängig gemacht werden (vgl. OVG Koblenz BB 1974, 788).

**3. Rechtsquellen.** Vgl. die Zusammenstellung der Verordnungen über Ausbildungsberufe bei *Schaub* ArbR-HdB 17. Aufl. § 174 Rn. 26).

**4. Gesetzliche Vertreter.** Ist der Auszubildende bei Abschluss des Vertrages noch minderjährig, so wird er durch gesetzliche Vertreter vertreten. Wird der Auszubildende von seinen Eltern ausgebildet, sind sie von dem Verbot des Insichgeschäfts (§ 181 BGB) befreit (§ 10 Abs. 3 BBiG). Das Gleiche gilt, wenn der gesetzliche Vertreter zugleich gesetzlicher Vertreter des Ausbildenden (Geschäftsführer etc) ist. Die Befreiung gilt nicht für den Pfleger oder Vormund. Wegen der Eigenart des Ausbildungsverhältnisses und des Schutzes des Minderjährigen ist eine Ermächtigung des Minderjährigen nach § 113 BGB zum Abschluss des Ausbildungsvertrages nicht möglich.

**5. Form.** Der Berufsausbildungsvertrag kann mündlich oder schriftlich abgeschlossen werden. Ein mündlich abgeschlossener Vertrag ist spätestens vor Beginn der betrieblichen Berufsausbildung schriftlich niederzulegen (§ 11 Abs. 1 BBiG). Die Niederschrift muss mindestens Angaben enthalten über

a) Art, sachliche und zeitliche Gliederung sowie Ziel der Berufsausbildung, insbes. die Berufstätigkeit, für die ausgebildet werden soll,
b) Beginn und Dauer der Berufsausbildung,
c) Ausbildung außerhalb der Ausbildungsstätte,
d) Dauer der regelmäßigen täglichen Ausbildungszeit,
e) Dauer der Probezeit,
f) Zahlung und Höhe der Vergütung,
g) Dauer des Urlaubs und
h) Voraussetzungen, unter denen der Berufsausbildungsvertrag gekündigt werden kann,

i) einen in allgemeiner Form gehaltenen Hinweis auf die Tarifverträge, Betriebs- und Dienstvereinbarungen, die auf das Berufsausbildungsverhältnis anzuwenden sind,
j) die Form des Ausbildungsnachweises nach § 13 Satz 2 Nummer 7 BBiG

Die Niederschrift ist von dem Ausbildenden, dem Auszubildenden und – bei Minderjährigen – dessen gesetzlichem Vertreter zu unterzeichnen. Sämtlichen Unterzeichnern ist eine Ausfertigung auszuhändigen. Diese Form hat nur deklaratorische Bedeutung und soll nur der Klarstellung sowie Beweiserleichterung dienen. Eine Verletzung der Formerfordernisse kann die Belegung des Ausbildenden mit einer Geldbuße bis zu 1.000,– Euro (§ 102 Abs. 1 Nr. 1, 2, Abs. 2 BBiG) nach sich ziehen oder das Recht zur außerordentlichen Kündigung nach Abmahnung oder Schadensersatzverpflichtungen des Ausbildenden oder berufsrechtliche Mängel, die zu Schwierigkeiten bei der Prüfungsablegung führen können. Der Ausbildungsvertrag ist seinem wesentlichen Inhalt nach in das Berufsausbildungsverzeichnis einzutragen. Die Anmeldung hierfür obliegt dem Ausbildenden (§§ 34 ff. BBiG).

**6. Alternativen, nichtige Vereinbarungen.** Jugendliche unter 18 Jahren dürfen nach § 4 Abs. 3 BBiG in anderen als anerkannten Ausbildungsberufen nicht ausgebildet werden; es sei denn, dass die Berufsausbildung auf den Besuch weiterführender Bildungsgänge vorbereitet (Das Bundesinstitut für Berufsbildung führt ein Verzeichnis der anerkannten Ausbildungsberufe – § 90 BBiG, das jährlich im Bundesanzeiger zu veröffentlichen ist). Abreden, die den Auszubildenden rechtlich oder faktisch in seiner beruflichen Tätigkeit beschränken, sind unwirksam (§ 12 Abs. 1 S. 1 BBiG). Dies kann für Gratifikationsrückzahlungsklauseln oder Schweigepflichten gelten ebenso für Wettbewerbsverbote und Weiterarbeitsklauseln. Dies gilt nicht, wenn sich der Auszubildende innerhalb der letzten sechs Monate des Berufsausbildungsverhältnisses dazu verpflichtet, nach dessen Beendigung mit dem Ausbildenden ein Arbeitsverhältnis einzugehen (§ 12 Abs. 1 S. 2 BBiG). Eine Klausel, durch die der Auszubildende sich verpflichtet, drei Monate vor Beendigung des Berufsausbildungsverhältnisses dem Ausbildenden schriftlich anzuzeigen, falls er mit dem Ausbildenden nach Beendigung des Ausbildungsverhältnisses kein Arbeitsverhältnis eingehen will, ist nichtig (vgl. BAG BB 1974, 464). Nichtig sind darüber hinaus Vereinbarungen über die Verpflichtung des Auszubildenden, für die Berufsausbildung eine Entschädigung zu zahlen, Vertragsstrafen (auch bei zulässigem Wettbewerbsverbot), den Ausschluss oder die Beschränkung von Schadensersatzansprüchen und die Festsetzung der Höhe eines Schadensersatzes in Pauschbeträgen (§ 12 Abs. 2 BBiG). Eine Abrede über die Beteiligung des Auszubildenden an den Kosten ist zulässig, wenn es sich um eine von der betrieblichen Ausbildung gelöste schulische Ausbildung handelt (vgl. BAG BB 1975, 184; NZA 2002, 1396). Dagegen dürfen dem Auszubildenden keine Kosten auferlegt werden, die dem Ausbildenden durch die betriebliche Ausbildung entstehen (vgl. BAG NJW 1996, 947 = NZA 1996, 205; BAG NZA 2002, 1396).

**7. Ausbildungszeit.** Die Ausbildungsdauer soll nicht mehr als drei und nicht weniger als zwei Jahre betragen (§ 5 Abs. 1 Nr. 2 BBiG). Damit ist die abstrakte Ausbildungsdauer des konkreten Ausbildungsberufs gemeint. Auf die Ausbildungszeit können auf gemeinsamen Antrag des Auszubildenden und Ausbildenden durch die Landesregierung nach Anhörung des Landesausschusses für Berufsbildung durch RechtsVO Schul- und Fachschulzeiten angerechnet werden, § 7 BBiG. Eine weitere Verkürzung oder Verlängerung kann gemäß § 8 Abs. 2 BBiG durch die zuständige Stelle erfolgen, aber die Verlängerung erfolgt nicht automatisch (vgl. BAG AP BBiG § 14 Nr. 13). Gemäß § 45 BBiG kann ein Auszubildender vorzeitig zur Prüfung zugelassen werden, wenn seine Leistungen dies rechtfertigen. Dann endet das Ausbildungsverhältnis vorzeitig mit Bestehen der Abschlussprüfung (§ 21 Abs. 2 BBiG). Besteht der Auszubildende die Abschlussprüfung nicht, so endet das Ausbildungsverhältnis eigentlich mit Ablauf der Ausbildungszeit; es sei denn, der Auszubildende verlangt unverzüglich, dass das Ausbildungsverhältnis bis zur nächst möglichen Wiederholungsprüfung, längstens für die Dauer eines Jahres fortgesetzt wird (§ 21 Abs. 3 BBiG). Der Anspruch auf Verlängerung des Berufsausbildungsverhältnisses nach § 21 Abs. 3 BBiG entsteht mit Kenntnis des Auszubildenden vom Nichtbestehen der Abschlussprüfung. Vor Ablauf der vereinbarten Ausbildungszeit ist die Geltendmachung des Verlängerungsanspruchs nicht fristgebunden; sie muss nach deren Ablauf aber unverzüglich erfolgen (vgl. BAG NZA 2005, 413).

§ 5 Abs. 2 Nr. 1 BBiG sieht auch eine sog Stufenausbildung vor. In dem Fall endet die Ausbildung mit Ablauf der letzten Stufe (§ 21 Abs. 1 S. 2 BBiG). Wenn Auszubildende das Ausbildungsverhältnis nach Abschluss einer Stufe beenden wollen, bleibt ihnen die Möglichkeit einer Kündigung nach § 22 Abs. 2 Nr. 2 BBiG wegen Aufgabe der Ausbildung oder wegen eines Wechsels des Ausbildungsziels.

**8. Probezeit.** Das Berufsausbildungsverhältnis beginnt gemäß § 20 BBiG mit einer Probezeit, die mindestens einen Monat betragen muss und höchstens vier Monate betragen darf. Eine fest befristete Probezeit ist unzulässig, ebenso die Anrechnung eines vorangegangenen Praktikums (BAG NZA 2016, 228). Wird die Ausbildung während der Probezeit für eine nicht unverhältnismäßige Zeit (wegen Erkrankung des Auszubildenden etc) unterbrochen, so verlängert sich weder die Probezeit noch das Ausbildungsverhältnis um die Dauer der Unterbrechung automatisch (vgl. BAG Betr. 1982, 234; *Herkert/Töltl*, Das neue Berufsbildungsgesetz, Rn. 9 zu § 20 BBiG); eine Vereinbarung über eine Verlängerung der Probezeit bei einer erheblichen Unterbrechung (von mindestens $^1/_3$ der Probezeit) kann aber getroffen werden. Während der Probezeit kann nach § 22 Abs. 1 BBiG jederzeit ohne Einhalten einer Kündigungsfrist schriftlich gekündigt werden. Diese Kündigung ist auch vor Beginn der Berufsausbildung möglich (vgl. BAG NZA 1988, 735). Kündigungsschutzbestimmungen wie § 17 MuSchG etc sind anwendbar.

**9. Ausbildungsstätte und Ausbildungsmaßnahmen außerhalb der Ausbildungsstätte.** In die Vertragsniederschrift ist aufzunehmen, wo (Ausbildungswerkstatt, betrieblicher Durchlauf) die betriebliche Ausbildung stattfindet. Nach § 11 Abs. 1 Nr. 1 BBiG muss die Vertragsniederschrift Angaben über Art, sachliche und zeitliche Gliederung sowie Ziel der Berufsausbildung enthalten. Die sachliche und zeitliche Gliederung ist oft in den AusbildungsO in Form eines Ausbildungsrahmenplanes enthalten, so dass nur noch eine differenzierte Anpassung an die betrieblichen Verhältnisse (betrieblicher Ausbildungsplan) erfolgen muss. Ausbildungsmaßnahmen außerhalb der Ausbildungsstätte (in überbetrieblichen Werkstätten, Labors etc) müssen ebenfalls aufgeführt werden. Eine Vereinbarung, wonach der Auszubildende mit den Kosten für notwendige außerbetriebliche Lehrgänge belastet wird, ist gem. § 12 Abs. 2 Nr. 1 BBiG nichtig (vgl. BAG Betr. 1985, 51). Dies gilt insoweit auch für eine Vereinbarung über die Erstattung der Kosten für Unterkunft und Verpflegung (vgl. BAG NZA 1996, 205).

**10. Tägliche Ausbildungszeit.** Bei der Festlegung der regelmäßigen täglichen Ausbildungszeit ist das gesetzliche (Jugendarbeitsschutzgesetz) und tarifliche Arbeitsschutzrecht zu berücksichtigen. Wird diese Zeit regelmäßig erheblich unterschritten, kann ein Schadensersatzanspruch bei Nichtbestehen der Prüfung in Betracht kommen.

**11. Vergütung.** Die Vergütung ist nach § 17 BBiG zwingend zu zahlen. Sie hat ausbildungs-, sozialversicherungs- und arbeitsrechtliche Elemente. Die Vergütung ist wegen ihres Mischcharakters nicht als Arbeitsentgelt einzustufen, – damit besteht auch kein Anspruch auf den gesetzlichen Mindestlohn – und fällt unter „Erziehungsgelder" iSv § 850a Nr. 6 ZPO und ist daher unpfändbar und nicht abtretbar (*Küttner/Kania,* Personalbuch 2017, 74 Rn. 26). Ihre Höhe muss angemessen sein (vgl. zu den Maßstäben BAG AP BBiG § 10 Nr. 15) und nach dem Lebensalter des Auszubildenden so bemessen sein, dass sie mit fortschreitender Berufsausbildung, mindestens jährlich, ansteigt. Regelmäßig werden die für den Betrieb geltenden Mindestsätze vereinbart oder branchenübliche tarifliche Sätze. Unterschreitungen von mehr als 20 % der üblichen tariflichen Vergütung oder etwaiger Kammerempfehlungen sind nicht mehr angemessen, selbst wenn der Ausbildungsbetrieb gemeinnützig ist (BAG NZA 2012, 211, NZA 2003, 1343, NZA 2015, 1384). Unterschreitungen sind möglich, wenn das Ausbildungsverhältnis durch die Bundesagentur für Arbeit finanziert wird (BAG NJW 2008, 1833) oder wenn die Ausbildungsplätze durch Spenden Dritter finanziert sind und es der Bekämpfung der Jugendarbeitslosigkeit dient (BAG NZA 2017, 1129). Der Auszubildende kann klageweise die Anpassung einer unangemessenen Vergütung begehren. Die Ausbildungsvergütung ist monatlich zu zahlen und ist spätestens am letzten Arbeitstag des Monats fällig. Vereinbarungen über eine Zahlung von Abschlägen und des Restes mit der Abrechnung im Folgemonat sind unzulässig (§ 25 BBiG). Über- und Mehrarbeitsstunden sind besonders zu vergüten oder durch entsprechende Freizeit auszugleichen (§ 17 Abs. 3 BBiG). Ob die Vergütung mit einem Zuschlag zu erfolgen hat, ist streitig (bejahend *Schaub* ArbR-HdB 17. Aufl. § 174 Rn. 67; *Küttner/Kania,* Personalbuch 2017, 74 Rn. 31; verneinend *Natzel,* Das Berufsausbildungsverhältnis, S. 68).

**12. Sachbezüge.** Die Gewährung von Unterkunft und Verpflegung kann auf die vereinbarte Vergütung angerechnet werden. Der Sachbezugswert richtet sich nach der in der jeweils gültigen SvEV gem. §§ 14, 17 Abs. 1 S. 1 Nr. 4 SGB IV bestimmten Höhe und darf ferner nicht 75 % der Bruttovergütung übersteigen (§ 17 Abs. 2 BBiG). Kann der Auszubildende aus berechtigtem Grunde (Urlaub, Krankheit etc) die Sachleistungen nicht abnehmen, sind sie mit dem so bestimmten Wert abzugelten (§ 19 Abs. 2 BBiG).

**13. Fortzahlung der Vergütung.** Nach § 19 Abs. 1 BBiG ist die Ausbildungsvergütung im Falle der Arbeitsfreistellung, des Betriebsrisikos und der Dienstverhinderung fortzuzahlen. Eine abweichende Regelung ist unzulässig. Im Falle der Krankheit gelten die Regelungen des EntgeltfortzahlungsG gemäß § 10 Abs. 2 BBiG. Im Übrigen → Form. XIX.6 Anm. 13.

**14. Pflichten des Ausbildenden.** Die Pflichten des Ausbildenden sind in § 14 BBiG geregelt. Verletzungen der Ausbildungspflicht können zur Belegung mit Geldbußen (§ 102 BBiG), zur Entziehung der Befugnis zur Einstellung und Ausbildung (§ 33 BBiG), zur Schadensersatzpflicht oder einem Recht des Auszubildenden (grundsätzlich nach Abmahnung) zur außerordentlichen Kündigung führen. Bei Direktionsrechtsüberschreitungen kann der Auszubildende sich bei der Berufsorganisation und dem Betriebsrat (§ 84 BetrVG) beschweren, ein Zurückbehaltungsrecht geltend machen oder nach vorheriger Abmahnung eine außerordentliche Kündigung aussprechen. Bei Bestellung von Ausbildern muss der Ausbildende darauf achten, dass diese persönlich und fachlich geeignet sind, da er sonst mit Geldbußen belegt werden kann.

Nach § 32 Abs. 1 JArbSchG darf ein Jugendlicher, der in das Berufsleben eintritt, nur beschäftigt werden, wenn er innerhalb der letzten 14 Monate von einem Arzt untersucht worden ist (Erstuntersuchung) und dem ArbG eine von diesem Arzt ausgestellte Bescheinigung vorlegt. Gemäß § 33 JArbSchG hat sich der ArbG ein Jahr nach Aufnahme der ersten Beschäftigung eine Bescheinigung eines Arztes darüber vorlegen zu lassen, dass der Jugendliche nachuntersucht worden ist (1. Nachuntersuchung). Der Anspruch auf Freistellung zu den Untersuchungen folgt aus § 43 JArbSchG.

Nach § 36 BBiG hat der Ausbildende unverzüglich nach Abschluss des Berufsausbildungsvertrages die Eintragung in das Verzeichnis der Berufsausbildungsverhältnisse der zuständigen Stelle zu beantragen unter Beifügung der Vertragsniederschrift. Dabei muss er nach § 35 Abs. 1 Nr. 3 BBiG die Bescheinigung über die Erstuntersuchung beifügen. Bei Änderungen des wesentlichen Vertragsinhalts muss der Ausbildende entsprechend verfahren. Der Ausbildende ist bezüglich der Zwischen- und Abschlussprüfungen antragsberechtigt. Gemäß § 35 Abs. 2 BBiG muss die Bescheinigung über die 1. Nachuntersuchung spätestens am Tage der Anmeldung des Auszubildenden zur Zwischenprüfung vorgelegt werden.

**15. Pflichten des Auszubildenden.** Die Pflichten des Auszubildenden folgen aus § 13 BBiG. Bei Schlechtleistung zulässig übertragener Aufgaben haftet der Auszubildende auf Schadensersatz. Die Haftung richtet sich nach den Grundsätzen über die Arbeitnehmerhaftung. Bei Schlechtleistung unzulässig übertragener Aufgaben haftet der Auszubildende nur bei Vorsatz und grober Fahrlässigkeit (vgl. BAG SAE 1971, 199; LAG Düsseldorf Betr. 1973, 974; Arbeitsgericht Kiel AP BGB § 611 Lehrverhältnis Nr. 21). Bei Nichtteilnahme des Auszubildenden an der Ausbildung kann nach vorheriger Abmahnung eine außerordentliche Kündigung in Betracht kommen. Bei Verletzung von Obhutspflichten macht sich der Auszubildende schadensersatzpflichtig; möglicherweise kann auch außerordentlich gekündigt werden. Die Anzeige- und Nachweispflicht bei Arbeitsverhinderung folgt aus der Treuepflicht. Die Verpflichtung zur ärztlichen Untersuchung ergibt sich aus den §§ 32, 33 JArbSchG. Während des Ausbildungsverhältnisses unterliegt der Auszubildende einem Wettbewerbsverbot; danach ist die Vereinbarung eines Wettbewerbsverbots gem. § 12 Abs. 1 S. 1 BBiG unzulässig (vgl. BAG NZA 2007, 977 = AP BGB § 611 Konkurrenzklausel Nr. 56).

**16. Urlaub.** Bei der Dauer des Urlaubs sind das Bundesurlaubsgesetz, das SGB IX, das Jugendarbeitsschutzgesetz, das Arbeitsplatzschutzgesetz sowie die tariflichen Regelungen zu beachten.

**17. Kündigung.** Nach Ablauf der Probezeit ist das Berufsausbildungsverhältnis grundsätzlich unkündbar. Es kann aber von beiden Parteien aus wichtigem Grund (§ 626 BGB) außerordentlich gekündigt werden. Bei dem Begriff des wichtigen Grundes ist die Rechtsnatur des Berufsausbildungsverhältnisses und die zurückgelegte Ausbildungszeit heranzuziehen (vgl. BAG AP BBiG § 15 Nr. 3). Die außerordentliche Kündigung muss binnen zwei Wochen nach Kenntniserlangung von den Kündigungsgründen ausgesprochen werden. Sie bedarf grundsätzlich einer vorherigen Abmahnung (LAG Rheinland-Pfalz, NZA-RR 2013, 406). Der Auszubildende kann auch mit einer Kündigungsfrist von vier Wochen kündigen, wenn er die Berufsausbildung aufgeben oder sich für eine andere Berufstätigkeit ausbilden lassen will (§ 22 Abs. 2 Nr. 2 BBiG). Nicht erforderlich ist, dass dieser Wille tatsächlich vorhanden ist bzw. später realisiert wird; er muss auch nicht glaubhaft gemacht werden. Die Kündigung muss schriftlich und unter Angabe der Gründe erfolgen (§ 22 Abs. 3 BBiG). Bereits bekannte Gründe können nicht nachgeschoben werden; nur unterstützende Tatsachen können später noch angegeben werden. Der Kündigungsgegner muss sich ein Bild davon machen können, warum gekündigt wird. Bei minderjährigen Auszubildenden muss die Kündigung durch bzw. gegenüber seinem gesetzlichen Vertreter erklärt werden (BAG NZA 2012, 495). Sonderkündigungsschutz wie § 17 MuSchG, 15 KSchG etc. ist zu beachten. Ferner ist auch eine Betriebsratsanhörung vor Kündigungsausspruch nach §§ 102, 103 BetrVG erforderlich. Im Übrigen → Form. XIX.34, → Form. XIX.37 und → Form. XIX.38.

**18. Schadensersatz.** Nach § 23 Abs. 1 BBiG kann ein Schadensersatzanspruch bei vorzeitiger Beendigung des Berufsausbildungsverhältnisses nach der Probezeit gegeben sein. Zu ersetzen ist der Schaden, der infolge vorzeitiger Beendigung des Berufsausbildungsverhältnisses erwächst. Hierzu gehören Aufwendungen für die Begründung eines neuen Berufsausbildungsverhältnisses und Mehrkosten, die durch eine Ausbildung an einem anderen Ort verursacht werden (vgl. BAG NZA 1988, 93). Auch der Ausbildende kann Schadensersatz verlangen (vgl. BAG NZA 2001, 150). Dies gilt nicht, wenn der Auszubildende kündigt, um die Berufsausbildung aufzugeben oder sich für eine andere Berufstätigkeit ausbilden zu lassen (§ 23 Abs. 1 S. 2 BBiG). Schadensersatz kommt grundsätzlich auch bei einem Aufhebungsvertrag in Betracht, in der Regel ist aber davon auszugehen, dass ohne entsprechendem Vorbehalt im Aufhebungsvertrag gegenseitig auf Schadensersatz verzichtet wird (*Küttner/Kania*, Personalbuch 2017, 74 Rn. 62). Die

Ausschlussfrist von drei Monaten ergibt sich aus § 23 Abs. 2 BBiG. Fristbeginn ist das vertragsgemäße rechtliche Ende des Ausbildungsverhältnisses (BAG AP BBiG § 14 Nr. 14 = BeckRS 2007, 48695).

**19. Wegfall der Ausbildungseignung/Aufgabe des Betriebs.** Nach § 33 BBiG hat die zuständige Behörde das Ausbilden zu untersagen, wenn die persönliche oder fachliche Eignung des Ausbildenden nicht oder nicht mehr vorliegt. Bei Aufgabe des Betriebes wird die Ausbildung unmöglich. Dem Auszubildenden steht dann ein Recht zur außerordentlichen Kündigung zu. Bei Betriebsaufgabe wegen Insolvenz ist die Frist des § 113 InsO zu beachten. Ferner haftet der Ausbildende auf Schadensersatz. Aus diesem Grunde kann es von Wichtigkeit sein, dem Auszubildenden klarzumachen, dass er sich einen anderen Ausbildungsplatz beschaffen muss. Der Ausbildende hat ein außerordentliches Kündigungsrecht.

**20. Zeugnis.** Gemäß § 16 Abs. 1 BBiG hat der Ausbildende dem Auszubildenden bei Beendigung des Ausbildungsverhältnisses auch ohne ausdrückliches Verlangen ein Zeugnis zu erteilen. Steht fest, dass das Ausbildungsverhältnis nicht in ein Arbeitsverhältnis übergeleitet wird und der Auszubildende ein Zeugnis zur Arbeitsuche benötigt, ist ein Zwischenzeugnis auszustellen. Hat der Ausbildende die Ausbildung nicht selbst durchgeführt, soll auch der Ausbilder das Zeugnis unterschreiben. Das Zeugnis muss nach § 16 Abs. 2 BBiG Angaben enthalten über Art, Dauer und Ziel der Berufsausbildung sowie über die erworbenen Fertigkeiten und Kenntnisse des Auszubildenden. Auf Verlangen selbst des minderjährigen Auszubildenden sind auch Angaben über Führung, Leistung und besondere fachliche Fähigkeiten aufzunehmen. Vor Beendigung des Ausbildungsverhältnisses ist ein Verzicht auf das Zeugnis unwirksam (§§ 16, 25 BBiG). Im Übrigen → Form. XIX.47 und → Form. XIX.48.

**21. Güteverfahren.** Nach § 111 Abs. 2 ArbGG können neben den Handwerksinnungen bei allen anderen zuständigen Stellen Ausschüsse zur Beilegung von Streitigkeiten zwischen Ausbildenden und Auszubildenden aus einem bestehenden Berufsausbildungsverhältnis gebildet werden. Diese sind vor Inanspruchnahme der Arbeitsgerichte zwingend (Ausnahme einstweiliger Rechtsschutz) anzurufen. Die fehlende Anrufung kann bis zur Entscheidung des Arbeitsgerichts nachgeholt werden (vgl. BAG BB 1976, 365; Betr. 1977, 868). Der Ausschuss braucht bei sonstiger Anwendbarkeit des Kündigungsschutzgesetzes nicht zwingend binnen drei Wochen angerufen zu werden (vgl. BAG AP KSchG 1969 § 4 Nr. 21; BAG AP KSchG 1969 § 4 Nr. 43), es sei denn, es besteht ausnahmsweise kein Ausschuss, dann ist die Drei-Wochen-Klagefrist nach § 4, 13 KSchG einzuhalten. Der Spruch des Ausschusses wird verbindlich, wenn er innerhalb einer Woche anerkannt wird oder nicht innerhalb von zwei Wochen Klage beim ArbGer erhoben wird (*Küttner/Kania,* Personalbuch 2017, 74 Rn. 70f).

**22. Beweisfragen.** Bei einem Schadensersatzanspruch wegen Verletzung der Ausbildungspflicht trifft den Auszubildenden die Darlegungs- und Beweislast, dass die betriebliche Ausbildung mangelhaft war und er deswegen das vereinbarte Berufsziel nicht erreicht hat (vgl. LAG Köln NZA 1999, 317). Der Ausbildende muss dann beweisen, dass ihn an der mangelhaften Ausbildung kein Verschulden trifft. Für sachliche und persönliche Ausbildungsvoraussetzungen muss er einstehen (vgl. BAG EzA Nr. 2 zu § 6 BBiG). Bei der Frage der Angemessenheit der Vergütung spricht eine tatsächliche Vermutung dafür, dass die für den Wirtschaftsbereich geltenden Tarife und Verbandsrichtlinien eine angemessene Regelung darstellen. Durch ein höheres Lebensalter des Auszubildenden kann diese Vermutung aber schon widerlegt sein.

**23. Private E-Mail- und Internetnutzung.** → Form. XIX.7 Anm. 26.

**24. Sonstige Bestimmungen, Nebenabreden, Schriftform, betriebliche Übung.** Der Verweis auf die Tarifverträge erübrigt sich, wenn solche keine Anwendung finden. → Form. XIX.6 Anm. 14.

**25. Betriebsverfassungsrecht.** Auszubildende sind ArbN iSd Betriebsverfassungsgesetzes (§ 5 Abs. 1 BetrVG). Aus diesem Grunde bedarf ihre Einstellung und Kündigung der Beteiligung des Betriebsrats. Der Betriebsrat hat ferner ein Mitbestimmungsrecht nach § 87 BetrVG. ArbG und Betriebsrat haben im Rahmen der betrieblichen Personalplanung und in Zusammenarbeit mit den für die Berufsbildung zuständigen Stellen zusammenzuarbeiten sowie über Einrichtungen und Maßnahmen der Berufsbildung zu beraten (§§ 96, 97 BetrVG). Der Betriebsrat hat nach § 98 Abs. 1 BetrVG ein Mitbestimmungsrecht bei der Durchführung der betrieblichen Berufsbildung und kann nach § 98 Abs. 2 BetrVG der Bestellung einer mit der Durchführung der betrieblichen Berufsausbildung beauftragten Person widersprechen oder ihre Abberufung verlangen (wegen der Einzelheiten vgl. *Fitting/Engels/Schmidt/Trebinger/Linsenmaier* Rn. 19 ff. zu § 98 BetrVG). Führt der ArbG betriebliche Maßnahmen der Berufsbildung durch oder stellt er für außerbetriebliche Maßnahmen der Berufsbildung Auszubildende frei oder trägt er die durch die Teilnahme an solchen Maßnahmen entstehenden Kosten ganz oder teilweise, so kann der Betriebsrat gem. § 98 Abs. 3 BetrVG Vorschläge über die Teilnahme von Einzelnen oder Gruppen an diesen Maßnahmen machen. Bei mindestens fünf jugendlichen ArbN bzw. Auszubildenden unter 25 Jahren werden nach §§ 60 ff. BetrVG Jugend- bzw. Auszubildendenvertretungen gewählt. Für Mitglieder von Jugend- und Auszubildendenvertretungen ist der Weiterbeschäftigungsanspruch in § 78a BetrVG zu beachten (vgl. hierzu ausführlich *Küttner/Kania,* Personalbuch 2017, 74 Rn. 77 ff.). Im Übrigen → Form. V.4, → Form. V.5, → Form. V.7 ff.

**26. Steuern.** Der Auszubildende ist lohnsteuer- und sozialversicherungspflichtig. Soweit der Auszubildende Kost und/oder Wohnung erhält, sind diese Arbeitslohn, bewertet durch Schätzung mit dem ortsüblichen Mittelpreis. Für freie bzw. verbilligte Kost und Wohnung ist die jeweils geltende SvEV anzuwenden. Die Gestellung und auch die Übereignung typischer Berufskleidung kann nach § 3 Nr. 31 EStG steuerfrei sein, wenn die Kleidungsstücke als Arbeitsschutzkleidung auf die jeweils ausgeübte Berufstätigkeit zugeschnitten sind oder nach ihrer zB uniformartigen Beschaffenheit oder dauerhaft angebrachten Kennzeichnung durch Firmenemblem objektiv eine berufliche Funktion erfüllen, wenn ihre private Nutzung so gut wie ausgeschlossen ist (R 3.31 LStR). Bei typischer Arbeitskleidung wie Monteuranzug, Uniformen uÄ ist dies der Fall. Die Überlassung von bürgerlicher Kleidung als Arbeitskleidung stellt einen steuerpflichtigen Sachbezug dar.

## 17. Praktikantenvertrag

**Zwischen der Firma[1, 2] . . . . . (im Folgenden „Firma" genannt)**

**und**

**Herrn/Frau . . . . . (im Folgenden „Praktikant" genannt)**

**wird Folgendes vereinbart:**

**§ 1 Dauer des Praktikantenvertrages/Probezeit**

**(1) Der Praktikant wird in der Zeit von . . . . . bis . . . . . gemäß dem beiliegenden Praktikumsplan, der Gegenstand dieses Vertrages ist, im Rahmen eines Praktikums zur**

Vermittlung von Erfahrungen und Kenntnissen des jeweiligen Fachbereichs im Betrieb ..... in ..... (Arbeitsort) eingesetzt.

(2) Das Praktikum beginnt am ..... Die Probezeit beträgt einen Monat.[3] Während der Probezeit kann der Praktikantenvertrag beiderseits mit einer Frist von einem Tag ohne Angabe von Gründen schriftlich gekündigt werden.

§ 2 Vergütung/Praktikumszeit

(1) Der Praktikant erhält eine monatliche Vergütung von Euro ..... brutto, die am letzten Tag des Monats zu zahlen ist.[4, 10]

(2) Die regelmäßige werktägliche Ausbildungszeit beträgt ..... Stunden.

§ 3 Urlaub

Der Urlaub beträgt nach dem Bundesurlaubsgesetz und Jugendarbeitsschutzgesetz pro vollen Tätigkeitsmonat ..... Werktage, insgesamt ..... Werktage während des Praktikantenverhältnisses.

§ 4 Pflichten der Firma

Die Firma verpflichtet sich, im Rahmen der betrieblichen Gegebenheiten

a) die nach dem Praktikumsplan vorgesehenen Fertigkeiten, Kenntnisse und Fähigkeiten zu vermitteln, (ausgenommen sind: .....) und
b) dem Praktikanten nach Beendigung des Praktikums einen schriftlichen Tätigkeitsnachweis zu erstellen.[5]

§ 5 Pflichten des Praktikanten

Der Praktikant verpflichtet sich,

a) den Praktikumsplan gewissenhaft einzuhalten und die Ausbildung zu betreiben,
b) die Anweisungen zu befolgen, die ihm im Rahmen des Praktikums von Weisungsberechtigten erteilt werden, und die im Rahmen des Praktikumsplans übertragenen Arbeiten sorgfältig auszuführen,
c) die Betriebsordnung und die Unfallverhütungsvorschriften einzuhalten und die betrieblichen Gegenstände und Einrichtungen pfleglich zu behandeln,
d) bei Verhinderung die Firma unverzüglich zu benachrichtigen sowie bei Arbeitsunfähigkeit wegen Krankheit von mehr als drei Kalendertagen vor Ablauf des darauf folgenden Arbeitstages eine ärztliche Bescheinigung über die Arbeitsunfähigkeit sowie über deren voraussichtliche Dauer einzureichen,
e) auf Verlangen der Firma jederzeit oder unaufgefordert beim Ausscheiden aus dem Praktikums sämtliche ihm überlassene Gegenstände und etwaige angefertigte Unterlagen oder Kopien an die Firma herauszugeben.
f) über alle ihm während seiner Tätigkeit bekannt werdenden Geschäfts- und Betriebsgeheimnisse, alle ihm bekannt gewordenen Herstellungsverfahren und sonstigen geschäftlichen bzw. betrieblichen Tatsachen auch nach Beendigung des Praktikantenverhältnisses Stillschweigen zu bewahren.[6]

§ 6 Beendigung des Praktikantenverhältnisses

(1) Das Praktikantenverhältnis endet mit Ablauf der Praktikantenzeit, ohne dass es einer Kündigung bedarf.[7]

(2) Während der Dauer des Praktikums kann das Praktikantenverhältnis nur von dem Praktikanten mit einer Kündigungsfrist von vier Wochen gekündigt werden. Die Kündigung muss schriftlich erfolgen und die Kündigungsgründe angeben.

(3) Das beiderseitige Recht zur außerordentlichen Kündigung bleibt unberührt. Diese hat ebenfalls schriftlich unter Angabe der Gründe zu erfolgen.

§ 7 E-Mail- und Internetnutzung[8]

Betriebliche Telekommunikationsmittel, insbesondere E-Mail und Internet, dürfen nur für dienstliche Zwecke verwendet werden. Eine private Nutzung ist nur im Notfall erlaubt.

§ 8 Sonstige Bestimmungen; Nebenabreden, Schriftform, betriebliche Übung[9]

(1) Es gelten der Tarifvertrag und die Betriebsvereinbarungen, die für die Ausbildungsstätte anwendbar sind.
(2) Mündliche Nebenabreden bestehen nicht. Änderungen und Ergänzungen dieses Vertrages bedürfen zu ihrer Wirksamkeit der Schriftform. Dies gilt auch für die Aufhebung und Änderung dieser Schriftformklausel. Ausgeschlossen sind damit Vertragsänderungen durch betriebliche Übung. Der Vorrang von individuellen mündlichen Vertragsabreden zwischen den Parteien nach Vertragsschluss (§ 305b BGB) bleibt unberührt

§ 9 Salvatorische Klausel[10]

(1) Sind einzelne Bestimmungen dieses Vertrages ganz oder teilweise unwirksam, so berührt dieses nicht die Wirksamkeit der übrigen Regelungen des Vertrages.
(2) Die Parteien sind in einem solchen Falle verpflichtet, an der Schaffung von Bestimmungen mitzuwirken, durch die ein der unwirksamen Bestimmung möglichst nahekommender wirtschaftlicher Erfolg rechtswirksam erzielt wird.

. . . . . (Ort), den . . . . .

| | |
|---|---|
| . . . . . | . . . . . |
| Unterschrift des Vertreters der Firma[10, 11, 12] | Unterschrift des Praktikanten |

*Schrifttum: Barth,* Arbeitsrechtliche Einfühlungsverhältnisse rechtssicher gestalten, BB 2009, 2646; *Bayreuther,* Rechtsfragen des Mindestlohns in der betrieblichen und anwaltlichen Praxis – ein Update, NZA 2015, 385; *Brecht-Heitzmann,* Rechtlicher Status von Studierenden dualer Studiengänge, AuR 2009, 389; *Burkard-Pötter/Sura,* Das Praktikum im neuen Gewand – Praxiseinblicke zwischen Mindestlohn und prekärem Beschäftigungsverhältnis, NJW 2015, 517; *Düwell,* Neue Regeln für Praktikanten: Qualitätsrahmen der EU, Mindestlohngesetz und Änderung des Nachweisgesetzes, DB 2014, 2047; *Eilts,* Sozialversicherungsrechtliche Beurteilung von beschäftigten Studenten und Praktikanten. Neue Regeln seit dem 1.1.2017, NWB 2017, 874; *Greiner,* Die Praktikantenregelung in § 22 MiLoG, NZA 2016, 594; *Ferme,* Praktikantenverträge, AuA 2007, 456; *Hirdina,* Rechtsfragen zur Kündigung eines Praktikumsvertrags, NZA 2008, 916; *Knigge,* Volontär und Praktikant, AR-Blattei SD 1740; *Koch-Rust/Rosentreter,* Wiedereinführung der Sozialversicherungspflicht für Studierende in praxisintegrierten dualen Studiengängen NJW 2011, 2852; *Lakies,* Volontär und Praktikant, AR-Blattei SD 1748; *Löw,* Das Einfühlungsverhältnis, RdA 2007, 124; *Maties,* Generation Praktikum – Praktika, Einfühlungsverhältnisse und ähnliche als umgangene Arbeitsverhältnisse?, RdA 2007, 135; *Natzel,* Berufsvorbereitung – praktische Erfahrungen, rechtliche Rahmenbedingungen, BB 2011, 1589; *ders.,* Der Praktikant als Mindestlöhner, BB 2014, 2490; *Nebeling/Dippel,* Praktikanten, die besseren Arbeitnehmer?!, NZA-RR 2004, 617;*Orlowski,* Praktikantenverträge – transparente Regelung notwendig!, RdA 2009, 38; *Schade,* Praktikum: Aktuelle Rechtslage 2012, NZA 2012, 654; *E. Schmidt,* AR-Blattei D Volontär und Praktikant.

## Anmerkungen

**1. Allgemeines.** Praktikant ist, wer auf vertraglicher Grundlage für eine vorübergehende Dauer zum Erwerb praktischer Kenntnisse und Erfahrungen eine bestimmte Tätigkeit und Ausbildung in einem Betrieb absolviert, ohne dass es eine systematische Berufsausbildung darstellt. weil er diese im Rahmen einer Gesamtausbildung, zB zur Zulassung zu Studium, Beruf, zu einer Prüfung oder zu anderen Zwecken benötigt. Im Vordergrund steht der Ausbildungszweck. (BAG BeckRS 2015, 71693, *Küttner/Röller,* Personalhandbuch 2017, 342 Rn. 1). Ähnlich auch die neue gesetzliche Definition in § 22 Abs. 1 S. 3 MiLoG. Ein solches Praktikantenverhältnis ist ein anderes Vertragsverhältnis iSv § 26 BBiG und kein Arbeitsverhältnis. Praktikanten iSv § 26 BBiG gelten aber als Arbeitnehmer im Sinne des MiLoG gem. § 22 Abs. 1 S. 2 MiLoG und damit besteht auch nach § 2 Abs. 1a NachwG für ihre Vertragsbedingungen die schriftliche Nachweispflicht.

**2. Inhalt.** Der Praktikant wird eingestellt, um ihm berufliche Kenntnisse, Fähigkeiten und Erfahrungen zu vermitteln. Wenn ein Arbeitsverhältnis vereinbart ist, gilt § 26 BBiG nicht. Diese Vorschrift ist nur auf solche Personen anzuwenden, die sich nicht wie in einem Arbeitsverhältnis überwiegend zur Leistung von Arbeit nach Weisung des ArbG verpflichtet haben, sondern bei denen der Lernzweck im Vordergrund steht (vgl. BAG BeckRS 2008, 54164; BAG NZA 2005, 779). Ferner gilt § 26 BBiG auch nicht für Fachhoch- und Hochschulpraktikanten, die im Rahmen ihres Studiums ein Praktikum absolvieren müssen, so dass sie keinen Anspruch auf Urlaub, Entgelt und Kündigungsschutz nach dem BBiG haben (BAG NZA 2009, 435; *Küttner/Röller,* Personalhandbuch 2017, 342 Rn. 7). Das Berufsbildungsgesetz (§ 26 BBiG) unterstellt den Praktikantenvertrag den Regelungen über den Berufsausbildungsvertrag (§§ 10–23, 25 BBiG). Zwar ist gemäß § 26 BBiG eine schriftliche Niederlegung des Vertrages nicht erforderlich; Praktikanten unterfallen jedoch seit 1.1.2015 dem Nachweisgesetz, so dass nach § 2 Abs. 1a Nachweisgesetz die wesentlichen Vertragsbedingungen schriftlich niederzulegen sind. Vgl. zum Ganzen die Anmerkungen zu → Form. XIX.6.

Da in Ausbildungsverträgen ein Wettbewerbsverbot grundsätzlich nicht vereinbart werden kann (§ 12 BBiG), kann es angebracht sein, ein normales Arbeitsverhältnis abzuschließen, wenn der Praktikant in betrieblichen Spezialkenntnissen unterwiesen wird.

**3. Probezeit.** Gemäß § 20 BBiG beginnt das Berufsausbildungsverhältnis mit einer Probezeit von mindestens einem Monat; diese Probezeit darf höchstens drei Monate betragen. Dies gilt im Praktikantenverhältnis mit der Abweichung, dass die Probezeit auch abgekürzt werden kann (§ 26 BBiG). Innerhalb der Probezeit kann das Praktikantenverhältnis jederzeit ohne Einhaltung einer Kündigungsfrist schriftlich gekündigt werden (§ 22 Abs. 1 BBiG). Praktikantinnen unterfallen ab 1.1.2018 dem Geltungsbereich des MuSchG, so dass die Kündigungsschutzbestimmung des § 17 MuSchG anwendbar ist.

**4. Vergütung.** Praktikanten haben Anspruch auf den Mindeststundenlohn von derzeit EUR 8,84 brutto, so keine Ausnahme nach § 22 Abs. 1 S. 2 Nr. 1–3 MiLoG vorliegt, also kein Pflichtpraktikum im Rahmen einer Schul-, Ausbildungs- oder Studienordnung, kein Kurzpraktikum zur Orientierung (max. 3 Monate), kein berufs- oder hochschulbegleitendes Praktikum (max. 3 Monate) oder kein Praktikum im Rahmen einer Einstiegsqualifizierung nach § 54a SGB III oder im Rahmen einer Berufsausbildungsvorbereitung nach §§ 68 ff. BBiG. Praktikanten, die hiernach nicht dem Mindestlohn unterliegen, haben gemäß § 17 BBiG nur Anspruch auf eine angemessene Vergütung (vgl. ArbG Berlin NZA 1992, 842). Das Muster geht von einem Praktikum aus, das dem Mindestlohn unterliegt. Für Praktika, die ausgenommen sind, kann § 4 des Musters entsprechend angepasst werden und nur eine Aufwandspauschale oder Unterhaltsbeihilfe in Höhe von

. . . . . EUR zugesagt werden. Liegt tatsächlich kein Praktikum, sondern ein Arbeitsverhältnis vor oder leistet der Praktikant höherwertige Dienste als vereinbart, richtet sich der Vergütungsanspruch nach § 612 Abs. 1 BGB nach der üblichen bzw. der höherwertigen Leistungen entsprechenden Vergütung (BAG BeckRS 2015, 68606, vgl. auch *Küttner/Röller,* Personalhandbuch 2017, 342 Rn. 9).

**5. Pflichten des Ausbildenden.** → Form. XIX.16 Anm. 14.

**6. Pflichten des Praktikanten.** → Form. XIX.16 Anm. 15.

**7. Beendigung des Praktikantenverhältnisses.** Das Praktikantenverhältnis endet grundsätzlich mit Ablauf der Zeit, für die es eingegangen ist (§ 21 Abs. 1 BBiG). Deshalb sind Kündigungsbeschränkungen nicht anwendbar. Die ordentliche Kündigung kann nach Ablauf der Probezeit nur vom Praktikanten mit einer Kündigungsfrist von vier Wochen ausgesprochen werden, wobei die Kündigung schriftlich und unter Angabe von Gründen zu erfolgen hat (§ 22 Abs. 2 u. 3 BBiG). Außerordentlich kann das Praktikantenverhältnis von beiden Seiten, aber auch nur schriftlich unter Angabe von Gründen gekündigt werden. § 24 BBiG über die Rechtsfolgen einer Weiterarbeit nach Kündigung findet keine Anwendung (§ 26 BBiG), so dass bei Weiterarbeit grds. kein Arbeitsverhältnis zu Stande kommt.

**8. Private E-Mail- und Internetnutzung.** → Form. XIX.7 Anm. 26.

**9. Sonstige Bestimmungen, Nebenabreden, Schriftform, betriebliche Übung.** Der Verweis auf die Tarifverträge erübrigt sich, wenn solche nicht Anwendung finden. Im Übrigen → Form. XIX.6 Anm. 14.

**10. Salvatorische Klausel** → Form. XIX.6 Anm. 15

**11. Schadensersatz und Vertragsstrafe.** Der Schadensersatzanspruch bei vorzeitiger Lösung des Vertragsverhältnisses nach § 23 Abs. 1 S. 1 BBiG ist ausgeschlossen. Es kommen nur Schadensersatzansprüche gemäß § 628 BGB wegen Vertragsbruchs in Betracht. Vereinbarungen über Vertragsstrafen, Ausschluss oder Beschränkung von Schadensersatzansprüchen oder Pauschalierung von Schadensersatz zu Ungunsten des Praktikanten sind nichtig (§ 12 Abs. 2 BBiG).

**12. Betriebsverfassungsrecht.** → Form. XIX.16 Anm. 25. Praktikanten sind als wahlberechtigte ArbN bei der Wahl eines Betriebsrats zu berücksichtigen, wenn ihnen auf Grund eines privatrechtlichen Vertrags berufliche Kenntnisse, Fertigkeiten und Erfahrungen vermittelt werden sollen (vgl. LAG Schleswig-Holstein NZA-RR 2004, 251).

**13. Steuer-, Sozialversicherungsrecht.** Praktikantenvergütung ist steuerpflichtiger Arbeitslohn. Ggf. kann bei nur Kostenersatz oder nicht regelmäßiger Zahlung steuerfreier Auslagenersatz vorliegen (vgl. zu Einzelheiten, *Küttner/Windsheimer,* Personalhandbuch 2017, 342 Rn. 15). Für sozialversicherungsrechtliche Beurteilung wird zwischen vorgeschriebenem und nicht vorgeschriebenen Praktikum sowie hierbei nochmals nach mit oder ohne Entgelt und auch für die einzelnen Versicherungszweige (KV, PflegeV und RV) unterschieden (Vgl. hierzu ausführlich und auch zu dualen Studiengängen *Küttner/Schlegel,* Personalhandbuch 2017, 342 Rn. 20 ff.; *Schaub* ArbR-HdB 17. Aufl. § 15 Rn. 11).

# 18. Fortbildungsvereinbarung

Zwischen der Fa. . . . . . (im Folgenden „Arbeitgeber" genannt)
und
Herrn/Frau . . . . . (im Folgenden „Arbeitnehmer" genannt)
wird Folgendes vereinbart:

§ 1 Fortbildungsteilnahme, Kostenübernahme

(1) Der Arbeitnehmer nimmt in der Zeit vom . . . . . bis . . . . . zum Zwecke der beruflichen Fort- und Weiterbildung an der Fortbildung . . . . . teil.

(2) Von den Kosten dieser Fortbildung übernimmt der Arbeitgeber die vom Träger der Fortbildung geforderten Gebühren in Höhe von Euro . . . . . und eine Mehraufwandspauschale von Euro . . . . .

(3) Werden von anderer Seite (zB Arbeitsverwaltung oder andere Sozialversicherungsträger) Förderungsmittel gewährt, sind diese in Anspruch zu nehmen und werden auf die Leistungen des Arbeitgebers angerechnet.

§ 2 Freistellung, Gehaltszahlung

Der Arbeitnehmer ist für die Zeit der Fortbildungsteilnahme von der Arbeitsleistung unter Fortzahlung seiner Bezüge freigestellt.

§ 3 Rückzahlung vor Fortbildungsende

(1) Bei vorzeitigem Abbruch der Fortbildungsmaßnahme, erfolgloser Teilnahme an der Fortbildungsmaßnahme oder bei Ausscheiden des Arbeitnehmers aus dem Arbeitsverhältnis vor Ablauf des Monats, in dem das Abschlusszeugnis ausgestellt wird, ist der Arbeitnehmer zur Rückzahlung der vom Arbeitgeber übernommenen Fortbildungskosten nach § 1 Abs. 2 sowie des bis dahin bezahlten Gehalts nach § 2 Abs. 2 in voller Höhe verpflichtet, wenn dies auf eigenem Wunsch oder aus eigenem Verschulden des Arbeitnehmers erfolgt. Der Rückzahlungsbetrag ist sofort zur Zahlung fällig.

(2) Ein Abbruch innerhalb einer Überlegungsfrist von 4 Wochen nach Beginn der Fortbildung ist unschädlich.

§ 4 Rückzahlung nach Fortbildungsende

(1) Sollte das Arbeitsverhältnis durch eine nicht vom Arbeitgeber schuldhaft verursachte Kündigung des Arbeitnehmers oder durch eine verhaltensbedingte ordentliche oder außerordentliche Kündigung des Arbeitgebers innerhalb von . . . . . Monaten (zulässige Bindungsdauer in Monaten) enden, so ist der Arbeitnehmer nach Maßgabe des nachstehenden Abs. 2 zur Rückzahlung der erhaltenen Fortbildungskosten nach § 1 Abs. 2 sowie des bezahlten Gehalts nach § 2 Abs. 2 verpflichtet. Dies gilt auch im Falle einer auf Wunsch des Arbeitnehmers hin erzielten einvernehmlichen Beendigung des Arbeitsverhältnisses.

(2) Der Rückzahlungsbetrag verringert sich um je 1/(zulässige Bindungsdauer in Monaten) pro vollem Monat, in dem das Arbeitsverhältnis zwischen Arbeitgeber und Arbeitnehmer nach Beendigung der Fortbildung fortbesteht. Der hiernach verbleibende Restbetrag ist zum Zeitpunkt der Beendigung des Arbeitsverhältnisses zur sofortigen Rückzahlung fällig.

**§ 5 Schriftform, betriebliche Übung**

**Mündliche Nebenabreden bestehen nicht. Änderungen und Ergänzungen dieses Vertrages bedürfen zu ihrer Wirksamkeit der Schriftform. Dies gilt auch für die Aufhebung und Änderung dieser Schriftformklausel. Ausgeschlossen sind damit Vertragsänderungen durch betriebliche Übung. Der Vorrang von individuellen mündlichen Vertragsabreden zwischen den Parteien nach Vertragsschluss (§ 305b BGB) bleibt unberührt**

**§ 6 Salvatorische Klausel**

**(1) Sind einzelne Bestimmungen dieses Vertrages ganz oder teilweise unwirksam, so berührt dieses nicht die Wirksamkeit der übrigen Regelungen des Vertrages.**
**(2) Die Parteien sind in einem solchen Falle verpflichtet, an der Schaffung von Bestimmungen mitzuwirken, durch die ein der unwirksamen Bestimmung möglichst nahekommender wirtschaftlicher Erfolg rechtswirksam erzielt wird.**

**. . . . . (Ort), den . . . . .**

| | |
|---|---|
| **. . . . .** | **. . . . .** |
| **Unterschrift des Arbeitgebers** | **Unterschrift des Arbeitnehmers** |

*Schrifttum: Becker-Schaffner,* Die Rechtsprechung zur Rückerstattung von Ausbildungskosten, Betr. 1991, 1016; *Blomeyer/Buchner,* Rückzahlungsklauseln im Arbeitsrecht, 1969; *Bettinghausen,* Rückzahlungsvereinbarungen über Fortbildungskosten – Was Arbeitgeber zu beachten haben; NZA-RR 2017, 573; *Bissels/Haag,* Rückzahlung von Fortbildungskosten und pauschale Abgeltung von Überstunden – Aktuelle Rechtsprechung, ArbRAktuell 2011, 83; *Bötticher,* Die Verpflichtung zur Rückzahlung von Arbeitgeberleistungen als Mittel der Arbeitsplatzbindung, AuR 1975, 170; *Gaenslen,* Rückzahlungsklauseln bei Fortbildungsverträgen – Berufliche Bildung für ewige Betriebstreue? Gestaltung Rückzahlungsvereinbarungen in Fortbildungsverträgen, öAT, 2017, 92; *Hanel,* Rückzahlungsklauseln und Betriebsbindung, Personal 1976, 145; *Hennige,* Rückzahlung von Aus- und Fortbildungskosten NZA-RR 2000, 617; *Hoffmann,* Rückzahlungsklauseln bei Fortbildungskosten – Anforderungen, Rechtsfolgenproblematik und Vertrauensschutz, NZA-RR 2015, 337; *Jesgarzewski,* Rückzahlungsvereinbarungen für Fortbildungskosten, BB 2011, 1594; *Klinkhammer/Peters,* Fortbildungsvereinbarungen – eine nützliche Investition mit Risiken, ArbRAktuell 2015, 369; *Lakies,* Betriebliche Weiterbildung und Rückzahlungsklauseln, ArbRAktuell 2012, 216; *Lingemann/Kiecza,* Rückzahlungsvereinbarungen bei Fortbildungskosten, ArbR-Aktuell 2009, 156; *Maier/Mosig* Unwirksame Rückzahlungsklauseln bei arbeitgeber- seitiger Übernahme der Ausbildungskosten, NZA 2008, 1168; *Meyer/Schulz,* Die Rückzahlung von Ausbildungskosten bei vorzeitiger oder erfolgloser Beendigung der Ausbildung NZA 1996, 742; *Olbertz/Sturm,* Rückzahlungsvereinbarungen für Fortbildungskosten – welche Spielregeln gelten?, GWR 2015, 510; *Rischar,* Arbeitsrechtliche Klauseln zur Rückzahlung von Fortbildungskosten, BB 2002, 2550; *Schmidt,* Der Fortbildungsvertrag mit Rückzahlungsklausel im Arbeitsrecht, BB 1971, 44; *ders.,* Die Beteiligung der Arbeitnehmer an den Kosten der beruflichen Bildung – Umfang und Grenzen der Vertragsgestaltung, NZA 2004, 1002; *Schönhoft,* Rückzahlungsverpflichtungen in Fortbildungsvereinbarungen; NZA-RR 2009, 625; *Stück,* Rückzahlungsvereinbarungen für Fortbildungskosten – Was ist noch zulässig, DStR 2008, 2020; *Thiele,* Bemerkungen zum Problem der Rückzahlungsklauseln, RdA 1969, 265; *Zeranski,* Rückzahlung von Ausbildungskosten bei Kündigung des Arbeitsverhältnisses, NJW 2000, 336; vgl. auch → Form. XIX. 16 und 29 Schrifttum.

## Anmerkungen

**1. Inhalt,** Form. Die Fortbildungsvereinbarung soll es dem ArbN ermöglichen, die berufliche Handlungsfähigkeit zu erhalten, zu erweitern oder der technischen Entwicklung anzupassen oder beruflich aufzusteigen. Dies kann auch im Interesse des ArbG liegen. Der ArbG kann den ArbN selbst schulen oder schulen lassen. Es geht von einem bereits bestehenden Arbeitsvertrag und insbesondere davon aus, dass den ArbG keinerlei vertragliche oder tarifvertragliche Pflicht zur Bezahlung von Fortbildungskosten trifft. Das Formular geht von einer längeren Fortbildungsdauer aus, die eine Freistellung des ArbN nötig macht (zB Technikerausbildung, Meisterbrief etc). Es kann nicht für eine Fortbildung verwendet werden, die nur innerbetrieblich von Nutzen ist oder bei der es lediglich um die Auffrischung oder Anpassung vorhandener Kenntnisse an vom ArbG veranlasste neuere betriebliche Gegebenheiten geht, denn insoweit ist eine Rückzahlungsvereinbarung unzulässig (BAG AP § 611 Ausbildungsbeihilfe Nr. 18 = NZA 1994, 937; *Schaub* ArbR-HdB 17. Aufl. § 176 Rn. 18, 25). Damit eine Rückzahlungsvereinbarung möglich ist, muss der ArbN auch außerhalb des derzeitigen Arbeitsplatzes die erworbenen Kenntnisse verwerten können (BAG NZA 1994, 937). Ausbildungskosten im Rahmen eines Berufsausbildungsverhältnisses trägt der Ausbilder, dh eine Rückzahlungsvereinbarung ist hier wegen §§ 12 Abs. 2 Nr. 1, 25 BBiG unzulässig (ErfK/*Preis* § 611a Rn. 439). Das Formular enthält eine Freistellung des ArbN für die Fortbildungsdauer und, obwohl eigentlich dazu nicht verpflichtet (str. BAG NJW 1962, 1981; vgl. *Schaub* ArbR-HdB 17. Aufl. § 176 Rn. 9), auch eine Verpflichtung des ArbG zur Weiterzahlung des Gehalts während der Teilnahmezeit. Die Rückzahlungsvereinbarung ist grundsätzlich formfrei. Es empfiehlt sich aber aus Beweisgründen sie schriftlich vor Teilnahme abzuschließen, da der ArbG dem ArbN bei Beginn der Ausbildung auf die mit der Vereinbarung verbundenen Folgen hinweisen muss und im Übrigen der Eindruck vermieden werden sollte, dass die Vereinbarung unzulässiger Weise unter Druck während der Ausbildung geschlossen wurde (BAG AP BGB § 611 Ausbildungsbeihilfe Nr. 5 = BB 1980, 1470; ErfK/*Preis* § 611a Rn. 436). Die Arbeitsverwaltung fördert die berufliche Fortbildung. Auch in einem bestehenden Arbeitsverhältnis kann die Förderung erfolgen (§ 77 SGB III). Weitere Möglichkeiten ergeben sich aus dem Aufstiegsfortbildungsförderungsgesetz.

**2. Zulässigkeit.** Zweifelsfragen ergeben sich nur hinsichtlich der Rückzahlungsklausel, weil sie das aus Art. 12 GG folgende Recht des ArbN beschränkt, den Arbeitsplatz frei zu wählen und aufzugeben. Die Kündigungsbeschränkung durch Bindung an Zahlungspflichten wird dann als zulässig angesehen, „wenn sie unter Berücksichtigung aller Umstände des Einzelfalles nach Treu und Glauben dem ArbN zuzumuten ist und vom Standpunkt eines verständigen Betrachters aus einem begründeten und zu billigenden Interesse des ArbG entspricht" (BAG AP GG Art. 12 Nr. 25 mAnm *A. Hueck* = NJW 1962, 1981 und NJW 1963, 73 mAnm *Nordemann;* stRspr zuletzt auch BAG NZA 2009, 666; DB 2011, 1338). Vorformulierte Rückzahlungsklauseln unterliegen der Inhaltskontrolle, wobei in der Sache keine Änderungen der bisherigen Grundsätze eingetreten sind. Weiterhin gilt die st. Rechtsprechung des BAG, nach der der ArbG den ArbN zur Rückzahlung von Aus- und Weiterbildungskosten verpflichten kann, wenn die Kostentragungspflicht bei verständiger Betrachtung einerseits einem billigenswerten Interesse des ArbG entspricht, andererseits der ArbN mit der Fortbildungsmaßnahme eine angemessene Gegenleistung für die Beteiligung an den Ausbildungskosten erhalten hat und ihm die Kostenbeteiligung zuzumuten ist. Die für den ArbN tragbaren Bindungen sind folglich auf Grund einer Güter- und Interessenabwägung nach Maßgabe des Verhältnismäßigkeitsgrundsatzes unter Heranziehung aller Umstände des Einzelfalles zu ermitteln (BAG AP BGB § 611 Ausbildungsbeihilfe Nr. 32 = NZA 2003, 559; BAG AP BGB § 611 Ausbildungsbeihilfe Nr. 34 = NZA 2004, 1035). Für den ArbN kommt es in erster Linie darauf an, in welchem Ausmaß sich die beruflichen Chancen des ArbN erhöhen (BAG NZA 2002, 551 – Fall der Pilotenausbildung; vgl. auch LAG Düsseldorf NZA-RR 2002, 292) und ob ihm damit ein geldwerter Vorteil zugeflossen ist (BAG NZA 2006, 1042). Je größer der berufliche Vorteil für den ArbN, umso eher ist ihm die Rückzahlung zumutbar. Auf Seiten des ArbG sind vor allem die Zeit- und Kostenintensität der Fortbildungsmaßnahme sowie sein Interesse daran, dass ihm der Nutzen der Fortbildung, so er sie schon bezahlt hat, zumindest für eine gewisse Zeit zur Verfügung steht, in der Abwägung zu berücksichtigende Punkte (ErfK/*Preis* § 611a Rn. 437 f.). Die Rückzahlungsklausel kann anfechtbar sein, wenn sie nachträglich durch Androhung einer Kündigung zustande kam (vgl. den Fall BAG AP BGB § 611 Ausbildungsbeihilfe Nr. 6 = DB 1980, 1703).

**3. Dauer und Umfang der Bindung.** Der Umfang der zulässigen Bindungsdauer (im Formular durch die Kürzungsquote festgelegt) orientiert sich nach ständiger Rechtsprechung des BAG in erster Linie an der Dauer der Aus- bzw. Fortbildung, da sie sowohl für die Höhe der Aufwendungen als auch für die Qualität bestimmend ist (BAG AP BGB § 611 Ausbildungsbeihilfe Nr. 33 = BB 2004, 1860). Bindungsdauer und Fortbildungsdauer müssen in einem angemessenen Verhältnis stehen (BAG AP BGB § 611 Ausbildungsbeihilfe Nr. 37 = NZA 2006, 542; BAG NZA 2009, 666; DB 2011, 1338). Für die Bemessung haben sich richterrechtliche Regelwerte entwickelt, die jedoch einzelfallbezogenen Abweichungen zugänglich sind (BAG NZA 2006, 542; BAG NZA 2009, 666; BAG DB 2011, 1338): Ausbildungsdauer – zulässige Bindungsdauer: bis 1 Monat→ bis zu 6 Monate (BAG NZA 2003, 559; 2009, 666); bis 2 Monate→ bis zu 12 Monate (BAG NZA 1994, 835; 2009, 666); bis 4 Monate→ bis zu 24 Monate (BAG DB 1995, 1866; NZA 2009, 666); 6 bis 12 Monate→ bis zu 36 Monate (BAG NZA-RR 2008, 107; NZA 2009, 666); mehr als 24 Monate→ bis zu 60 Monate (BAG DB 1980, 1704; NZA 2009, 666; insgesamt dazu auch ErfK/*Preis* BGB § 611a Rn. 441). Die Bindungsdauer wird im Formular durch die anteilige Kürzungsquote pro Monat erreicht, dh bei einer zulässigen Bindungsdauer von 6 Monaten ist die Kürzungsquote $^1/_6$, für die Bindungsdauer von 36 Monaten $^1/_{36}$ etc.

Zulässig ist auch die Staffelung nach Jahren statt Monaten (3 Jahre Bindungsdauer führt zu je $^1/_3$ Erlass der Kosten für jedes auf die Ausbildung folgende Arbeitsjahr, BAG NZA 1986, 741, aA LAG Rheinland-Pfalz, BeckRS 2015, 70516, nicht beanstandet aber in der Revisionsinstanz, BAG RS 2016, 73355). Abweichend von diesen Regelwerten kann zB auch bei kürzerer Ausbildungsdauer, aber sehr hohen Kosten oder großen Vorteilen für den ArbN eine längere Bindung gerechtfertigt sein (BAG AP BGB § 611 Ausbildungsbeihilfe Nr. 32 = NZA 2003, 559 = DB 2003, 887).

Bei der Bestimmung der Bindefrist bedarf es besonderer Sorgfalt. Während früher das Risiko einer zu lang vereinbarten Bindefrist gering war, da die Rspr. die Rückzahlungsklausel nicht ersatzlos als unwirksam behandelt hat, sondern durch Umdeutung das rechtlich zulässige Maß als von den Parteien gewollt ansah, werden nunmehr seit Anwendung der AGB-Kontrolle unzulässige Klauseln nicht mehr auf das zulässige Maß reduziert, sondern sind aufgrund des Verbots der geltungserhaltenden Reduktion insgesamt unwirksam. In diesem Falle erhält der ArbG überhaupt keine Rückzahlung mehr mangels wirksamer Rückzahlungsklausel. Zugunsten des ArbG kommt nur noch eine ergänzende Vertragsauslegung in Betracht, wenn es für den ArbG schwierig war, die zulässige Bindungsdauer zu bestimmen (BAG NZA 2009, 666). Ein bereicherungsrechtlicher Anspruch scheidet auch aus, da die Fortbildungsvereinbarung grundsätzlich mit der Kostenübernahme, nur eben ohne Rückzahlungsklausel, fortbesteht und dies im Übrigen auch dem Sinn und Zweck des Rechtsfolgensystems der allgemeinen Geschäftsbedingungen entgegen steht (BAG 2013, 1419).

Eine vorformulierte Klausel eines „Ausbildungs-Anstellungsvertrages“, in welcher sich der Arbeitgeber bei Vertragsbeendigung innerhalb der ersten drei Beschäftigungsjahre des

Arbeitnehmers die Rückzahlung von Ausbildungskosten neben einer für diesen Zeitraum durch eine Gehaltsstaffelung reduzierten Vergütungspflicht ausbedingt, hält einer Inhaltskontrolle nach § 307 Abs. 1 S. 1 BGB nicht stand und ist daher unwirksam (BAG BeckRS 2016, 73355).

**4. Rückzahlungstatbestände.** Eine Klausel, die ohne Rücksicht auf den Beendigungsgrund die Rückzahlung der Ausbildungskosten vorsieht, ist im Formularvertrag unwirksam (BAG AP BGB § 307 Nr. 16 = NZA 2006, 1042 = NJW 2006, 3083). Man kann die Rückzahlung nicht für jeden Fall des Ausscheidens des ArbN vereinbaren. In einer alten Entscheidung (AP GG Art. 12 Nr. 25 in I 2e d. Gr.) hat das BAG die Formulierung „ausscheiden" dahin verstanden, dass die Rückforderung nur bei einem Ausscheiden durch Arbeitnehmerkündigung möglich ist. Diese Entscheidung ist überholt. Als die Rückzahlung auslösender Beendigungstatbestand kommt auf der ArbG-Seite die verhaltensbedingte ordentliche und außerordentliche Kündigung in Frage, auf ArbN-Seite jede Kündigung, soweit sie nicht auf vom ArbG gesetzte Gründe beruht (ErfK/*Preis* BGB § 611a Rn. 445; personenbedingte Kündigung ist umstr., wenn dann nur wenn der Kündigungsgrund aus der Risikosphäre des ArbN stammt, vgl. *Schaub* ArbR-HdB 17. Aufl. § 176 Rn. 26). Nur in diesen Fällen ist dem ArbN die Gelegenheit bzw. der Einfluss darauf gegeben, die Bindefrist einzuhalten und eine Rückzahlung zu vermeiden. Eine ArbG-Kündigung während der Probezeit, ohne dass ein vertragswidriges Verhalten vorliegt, kann die Rückzahlungspflicht nicht auslösen (BAG NZA 2004, 1035). Gleichzustellen mit einer ArbN-Kündigung und damit zulässig als Beendigungstatbestand vereinbart, ist ein auf Wunsch des ArbN und unter Berücksichtigung seiner Interessen abgeschlossener Aufhebungsvertrag (BAG AP BGB § 611 Ausbildungsbeihilfe Nr. 29 = NZA 2001, 394 = BB 2000, 2208; zulässige Rückzahlungsverpflichtung bei Auflösungsvertrag auf Wunsch des ArbN und tariflicher Regelung BAG NZA 2001, 39 = DB 2000, 2226; BAG NZA 1997, 1002 = DB 1998, 140). Der Fall des Ausscheidens durch Arbeitnehmerkündigung soll auch vorliegen, wenn im Anschluss an die Kündigung und auf entsprechendes Angebot des ArbN hin ein Aufhebungsvertrag geschlossen wird (LAG Düsseldorf DB 1966, 1774); im Allgemeinen wird es bei Aufhebungsverträgen aber einer ausdrücklichen Klärung der Rückzahlungsfrage bedürfen, ohne die der Rückforderungsfall jedenfalls dann nicht eintritt, wenn der ArbG nicht beweist, dass der Aufhebungsvertrag ausschließlich auf Initiative des ArbN hin geschlossen wurde (LAG Berlin AP BGB § 611 Gratifikation Nr. 65 ; LAG Düsseldorf BB 1975, 652). Tarifliche Regelungen der Rückzahlung von Weiterbildungskosten werden von der Rechtsprechung weitgehend als wirksam angesehen (BAG NZA 1997, 663 = DB 1997, 1339; BAG NZA 1997, 659; BAG AP AVR Caritasverband § 10 Nr. 1 = NZA 1997, 778; BAG NZA 1997, 1002). Das gilt auch für den Fall, dass ein Tarifvertrag lediglich kraft vereinbarter Einbeziehung in einen Einzelarbeitsvertrag anzuwenden ist (BAG AP BGB § 611 Ausbildungsbeihilfe Nr. 29 = NZA 2002, 394 = BB 2000, 2208 – dreijährige Bindung mit jährlich um ein Drittel abnehmender Rückzahlungsverpflichtung). Nach einer Entscheidung des BAG (NZA 2012, 85) ist die Anknüpfung der Rückzahlung an das Nichtbestehen einer Prüfung, vorzeitigem Abbruch sowie auch an eine Beendigung des Arbeitsverhältnis vor Fortbildungsende als zulässig angesehen worden; allerdings nur soweit diese Tatbestände in den alleinigen Verantwortungs- und Risikobereich des ArbN fallen, also ausschließlich seiner Sphäre zuzurechnen sind („auf eigenem Wunsch oder aus eigenem Verschulden"). Für eine vorzeitige Beendigung der Ausbildung durch den ArbN wurde eine Rückzahlungsklausel vom BAG bereits früher für zulässig erachtet, wenn dem ArbN darin eine angemessene Überlegensfrist eingeräumt wird, innerhalb derer er ohne Kostenrisiko eine Abbruchsentscheidung treffen kann (BAG AP BGB § 611 Ausbildungsbeihilfe Nr. 2 = BB 1975, 1206).

Die Darlegungs- und Beweislast für die Rechtswirksamkeit der Rückzahlungsklausel trägt der ArbG (BAG DB 1976, 2260 und DB 1990, 2222). Allerdings muss der ArbG nach neuerer Rspr. nur Umstände darlegen und beweisen, aus denen sich ergibt, dass im Zeitpunkt der Vereinbarung der Rückzahlungsklausel durch die Weiterbildung ein beruflicher Vorteil für den ArbN mit überwiegender Wahrscheinlichkeit zu erwarten war (BAG AP BGB § 611 Ausbildungsbeihilfe Nr. 18 = NZA 1994, 937; BAG AP BGB § 611 Ausbildungsbeihilfe Nr. 20 = NZA 1995, 727) → Form. XIX.29 Anm. 5.

5. **Rückzahlungskosten.** Klauseln in Formularverträgen über die Erstattung von Weiterbildungskosten genügen dem Transparenzgebot des § 307 I 2 BGB nur, wenn sie keine vermeidbaren Unklarheiten bezüglich der gegebenenfalls zu erstattenden Kosten dem Grunde und der Höhe nach enthalten und für den ArbeitG keine ungerechtfertigten Beurteilungs- und Gestaltungsspielräume entstehen. Der ArbN kann sein Zahlungsrisiko nicht ausreichend abschätzen, wenn der ArbG die Art und die Berechnungsgrundlagen der gegebenenfalls zu erstattenden Kosten nicht angibt und die einzelnen Positionen (z. B. Lehrgangsgebühren, Fahrtkosten) nicht genau und abschließend bezeichnet (NZA 2013, 1361). Die Verpflichtung zur Rückzahlung „in voller Höhe" umschließt den Lohnsteueranteil (BAG AP BGB § 611 Gratifikation Nr. 224 = NZA 2000, 1008 = DB 2000, 2225). Nicht zu erstatten sind dagegen die auf die Personalkosten entfallenden Arbeitgeberanteile zur Sozialversicherung (BAG AP BGB § 611 Ausbildungsbeihilfe Nr. 25 = NZA 1997, 1002 = DB 1998, 140 in III. d. Gr. mwN).

6. **Schriftform, Salvatorische Klausel.** → Form. XIX.6 Anm. 14 und → Form. XIX.6 Anm. 15.

7. **Steuern.** Fortbildungskosten für einen ausgeübten Beruf (zur Unterscheidung von Ausbildungskosten iSv § 12 Nr. 5 EStG) sind als Werbungskosten in unbeschränkter Höhe abzugsfähig. Kosten der Berufsausbildung sind nur als Sonderausgaben, begrenzt auf 6.000,– EUR im Kalenderjahr steuerlich geltend zu machen. Die Kostenübernahme für eine Fortbildung, die nicht im ganz überwiegenden betrieblichen Interesse des ArbG liegt, stellt einen steuerpflichtigen Sachbezug dar (Einzelheiten vgl. *Küttner/Windsheimer,* Personalbuch 2017, 189 Rn. 20 ff.).

8. **Betriebsverfassung.** Die Vereinbarung einer Rückzahlungsklausel für Fortbildungskosten bedarf nicht der Mitwirkung des Betriebsrates nach §§ 96 ff. BetrVG (str. ErfK/*Kania* BetrVG § 98 Rn. 6). Allgemeine Grundsätze können Gegenstand einer freiwilligen Betriebsvereinbarung sein, soweit nicht der Tarifvorbehalt (§ 77 Abs. 3 BetrVG) zu beachten ist.

## Nebenabreden

## 19. Aufschlüsselung des Lohnes für gewerbliche Arbeitnehmer

**Betr.: Eingruppierung**

**Sehr geehrte/r Frau/Herr . . . . .!**

**Auf Ihr Arbeitsverhältnis finden nach den Regelungen in Ihrem schriftlichen Arbeitsvertrag die jeweils geltenden Tarifverträge und Betriebsvereinbarungen des Betriebes, in dem Sie eingesetzt sind, Anwendung. Diese Regelungen sind für beide Seiten verbindlich. Sie können im Lohnbüro/am Schwarzen Brett eingesehen werden.**

**Auf Grund dieser Regelungen werden Sie ab dem . . . . . in Lohngruppe . . . . . eingruppiert. Diese Eingruppierung ist deklaratorisch. Ihr Lohn berechnet sich wie folgt:**

**1. Grundlohn . . . . .**
**2. Tarifliche Zulagen . . . . .**
**3. Übertarifliche Zulage . . . . .**
**4. Außertarifliche Zulagen . . . . .**
**5. Betriebliche Zulage . . . . .**
**6. Besondere Zuschläge/Zulagen . . . . .**

**Bei der übertariflichen Zulage, der außertariflichen und der betrieblichen Zulage handelt es sich um Leistungen des Arbeitgebers, die jederzeit auf spätere Tariferhöhungen anrechenbar sind und nach billigem Ermessen bis zur Höhe von weniger als 25 % Ihrer Gesamtvergütung in folgenden Fällen widerrufen werden können:**

- **wirtschaftliche Notlage des Unternehmens**
- **negatives wirtschaftliches Ergebnis Ihrer Betriebsabteilung von . . . . . Euro im vorausgegangenen Halbjahr**
- **Rückgang bzw. Nichterreichen der erwarteten wirtschaftlichen Entwicklung in Höhe von . . . . .% der Prognose für das vorausgegangene Halbjahr**
- **unterdurchschnittliche Leistungen Ihrerseits von 20 % des Durchschnitts der vergleichbaren Arbeitnehmer Ihrer Betriebsabteilung, bezogen auf das vorausgegangene Halbjahr**
- **schwerwiegende Pflichtverletzungen wie unentschuldigtes Fehlen, Vermögensdelikte etc.**

**Die tariflichen Zulagen und besonderen Zuschläge/Zulagen werden nur solange gezahlt, wie die tariflichen und sonstigen Voraussetzungen bei Ihnen vorliegen.**

**. . . . . (Ort), den . . . . .**

**. . . . .**

**Unterschrift des Arbeitgebers**

**Einverstanden:**

**. . . . .**

**Unterschrift des Arbeitnehmers**

*Schrifttum: Annuß,* Arbeitsrechtliche Aspekte von Zielvereinbarungen in der Praxis, NZA 2007, 290; *Bieder/Diekmann,* Wirksamkeit von Widerrufsvorbehalten in Formulararbeitsverträgen bei der Gewährung freiwilliger Leistungen – zugleich Besprechung des BAG-Urteils vom 12.1.2005 5 AZR 364/04, Betr. 2005, 722; *Däubler,* Die Auswirkungen der Schuldrechtsmodernisierung auf das Arbeitsrecht, NZA 2001, 1335; *ders.,* Zeitvereinbarungen als Mitbestimmungsproblem, NZA 2005, 793; *Gaul/Kaul,* Verschärfung der Rechtsprechung zum Widerrufsvorbehalt, BB 2011, 181; *Hanau,* Gleichbehandlung geringfügig Beschäftigter beim Entgelt, Betr. 2005, 828; *ders./Hromadka,* Richterliche Kontrolle flexibler Entgeltregelungen in Allgemeinen Arbeitsbedingungen, NZA 2005, 73; *Hoppenrath/Berenz,* Das neue Finanzierungsverfahren des PSVaG, Betr 2007, 630; *Hunold,* Freiwillige Zulagen: übertariflich – außertariflich, NZA 2007, 912; *Jahna,* Die Anrechnung von Tariflohnerhöhungen auf über- und außertarifliche Zulagen, 1995; *Lembke,* Die Gestaltung von Vergütungsvereinbarungen, NJW 2010, 257, 321; *Lingemann/Gotham,* Freiwillige Leistungen des Arbeitgebers – gibt es sie noch?, DB 2007, 1754; *Lischka,* Führen und Entlohnen mit Zielvereinbarungen, BB 2007, 552; *Maties,* Freiwilligkeits- und Widerrufsvorbehalte in Arbeitsverträgen und bei richterlicher Übung, Betr. 2005, 2689; *Ludwig/Rein,* Starr, flexibel, Mindestlohn? Aktuelle Gestaltungs- und Rechtsfragen des Arbeitsentgelts, NZA 2010, 865; *Marscher,* AR-Blattei SD Lohn XII, 1110.12; *Petersen/Bechtoldt/Krazeisen,* Teuerungsanpassung der Betriebsrenten in 2007, Betr 2007, 284; *Preis,* Widerrufsvorbehalte auf dem höchstrichterlichen Prüfstand, NZA 2004, 1014; *ders./Lindemann,* Änderungsvorbehalte – Das BAG durchschlägt den gordischen Knoten, NZA 2006, 632; *Preis/Deutzmann,* Entgeltgestaltung durch Arbeitsvertrag und Mitbestimmung, NZA-Beilage 2017, 101; *Reinecke,* Flexibilisierung von Arbeitsentgelt und Arbeitsbedingungen nach dem Schuldrechtsmodernisierungsgesetz, NZA 2005, 953; *Schimmelpfennig,* Inhaltskontrolle eines formularmäßigen Änderungsvorbehalts – Zum Widerrufsvorbehalt in Arbeitsverträgen nach der Schuldrechtsreform, NZA 2005, 603; *Schmiedl,* Freiwilligkeits- und Widerrufsvorbehalt – überkommene Rechtsinstitute?, NZA 2006, 1195; *Schrader/Müller,* Flexible Vergütungsvereinbarungen, RdA 2007, 145; *Schüren,* Mitbestimmung des Betriebsrats bei Zulagen und betrieblichen Entgeltsystemen, RdA 1996, 14; *Schwab,* Rechtsprobleme der Arbeit im Leistungslohn, NZA-RR 2009, 1, 57; *Seel,* (Sonder-)Vergütung an Arbeitnehmer – Außer- vs. Übertarifliche Zulagen und Gestaltungsfragen, öAT 2013, 51, *Singer,* Flexible Gestaltung von Arbeitsverträgen, RdA 2006, 363; *Stoffels,* Neues zu Widerrufsvorbehalten in Arbeitsverträgen, NZA 2017, 1217; *Willemsen/Grau,* Alternative Instrumente zur Entgeltflexibilisierung im Standardarbeitsvertrag, NZA 2005, 1137.

## Anmerkungen

**1. Sachverhalt.** Soweit die Vergütung bei Einstellung nicht vereinbart worden ist bzw. im Arbeitsvertrag auf eine separate Aufstellung verwiesen wird, bedarf sie einer Festlegung durch den ArbG. Findet auf das Arbeitsverhältnis ein Tarifvertrag Anwendung, muss darauf geachtet werden, dass der Lohn dem Tarif entspricht bzw. bei Erhöhungen angepasst wird. Wegen § 307 Abs. 1 S. 1 BGB sollte bei Nichttarifgebundenen der Tariflohn nicht um mehr als 20 % unterschritten werden (vgl. *Däubler* NZA 2001, 1335). In jedem Fall sind bei der Vergütungsfestsetzung die Regelungen des AGG zu beachten. Das BAG unterscheidet zwischen übertariflichen Zulagen, die an einen tariflichen Gegenstand anknüpfen und über die tariflichen Mindestbedingungen hinausgehen, und außertariflichen Zulagen, die in den tariflichen Bedingungen nicht vorgesehene Gegenstände betreffen (vgl. BAG AP BGB § 308 Nr. 3; BAG NZA 2007, 934). Als besondere Zuschläge/Zulagen kommen persönliche Zulagen für besondere Fähigkeiten, Nachtarbeit-, Spätschicht-, Sonn- und Feiertagszuschläge, Schmutzzulagen, Zulagen für besonders gefährliche oder gesundheitsschädigende Arbeit und Zulagen für weite Entfernung der Arbeitsstelle in Betracht.

**2. Eingruppierung.** Die Eingruppierung des ArbN richtet sich nach der überwiegend von ihm verrichteten Tätigkeit. Ist der ArbN in eine höhere Vergütungsgruppe eingereiht worden, als es der von ihm geleisteten Arbeit entspricht, hat die Eingruppierung grds. konstitutive Wirkung. Deshalb ist der Vorbehalt, dass es sich um eine deklaratorische Maßnahme handelt, von Bedeutung.

**3. Flexibilisierung, Widerrufsvorbehalt, Anrechnung.** Zulagen oder Zuschläge können unter dem Vorbehalt des Widerrufs, der an das billige Ermessen (§ 315 BGB) gebunden ist, gezahlt werden (vgl. BAG AP BGB § 611 Lohnzuschläge Nr. 5; Nr. 6; BAG AP BGB § 315 Nr. 12; BAG BB 1983, 1791; NZA 1988, 95). Eine Klausel, wonach eine freiwillige Leistung jedoch „jederzeit unbeschränkt widerrufen" können werden soll, verstößt aber gegen § 308 Nr. 4 BGB (vgl. BAG NJW 2005, 1820). Leistungen, die im unmittelbaren Gegenseitigkeitsverhältnis stehen (Provisionen, Akkordprämien), dürfen nur zu weniger als 25 % des Gesamtverdienstes widerruflich sein und der Tariflohn darf hierdurch nicht unterschritten werden. Bei nicht im Gegenseitigkeitsverhältnis stehenden Leistungen kann der Anteil auch 30 % der Gesamtvergütung betragen (vgl. BAG NJW 2005, 1820; BAG AP TzBfG § 12 Nr. 4; BAG BB 2007, 109 = NZA 2007, 87). Nach der Rechtsprechung des 5. Senats des BAG müssen Voraussetzungen und Umfang der vorbehaltenen Änderungen konkretisiert sein, die Vertragsklausel muss zumindest die Richtung angeben, aus der der

Widerruf möglich ist (BAG NJW 2005, 1820; NZA 2011, 796). Der 9. Senat des BAG verlangt hingegen die Angabe eines konkreten Sachgrunds in der Vertragsklausel selbst (BAG NZA-RR 2010, 457). Mit zwei neuen Entscheidungen des 1. Senats des BAG (NZA 2017, 777 und 931) hat das BAG nun die Formulierung „Fall der wirtschaftliche Notlage" als wirksam bezeichnet. Eine weitere Konkretisierung ist wegen der Vielzahl der möglichen wirtschaftlichen Entwicklungen nicht erforderlich. Die darüber hinausgehenden vorgeschlagenen Widerrufsgründe hier entsprechen den vom BAG genannten Widerrufsgründen (vgl. BAG NJW 2005, 1820) und wurden vorsorglich weitestgehend konkretisiert. Sie beziehen sich auf über- bzw. außertarifliche Zulagen, so dass der Tariflohn nicht unterschritten wird. Auch die besonderen Zuschläge oder Zulagen könnten hier zusätzlich, wenn sie übertariflich sind, widerrufen werden, müssten dann aber auch in den Vorbehalt mit aufgenommen werden. Ferner unterliegt die Ausübung des Widerrufs einer Ausübungskontrolle und muss im Einzelfall billigem Ermessen gemäß § 315 BGB entsprechen. Der Widerruf muss vor der Fälligkeit der Leistung zugehen (vgl. BAG NZA 2001, 24).

Der Vorbehalt der Anrechnung von Zulagen oder Zuschlägen auf Tariferhöhungen verstößt auch in Formularverträgen nicht gegen §§ 307 f. BGB (vgl. BAG NZA 2006, 746 = AP BGB § 308 Nr. 3; BAG NZA 2006, 1170). Nach BAG vom 27.8.2008 (AP BGB § 307 Nr. 36 mAnm *Lindemann*) kann im Übrigen eine Tariferhöhung in Form einer tarifliche Einmalzahlung auch dann auf eine allgemeine, nicht zweckgebundene übertarifliche Zulage angerechnet werden, wenn kein ausdrücklicher Anrechnungsvorbehalt vereinbart wurde, da es gerade Sinn und Zweck einer solchen Zulage ist, zukünftige Tariferhöhungen vorweg zu nehmen. Ein vom ArbG vorformulierter Arbeitsvertrag, der eine monatlich zu zahlende Leistungszulage unter Ausschluss jeden Rechtsanspruchs vorsieht, benachteiligt den ArbN unangemessen; eine solche Klausel ist daher rechtsunwirksam (vgl. BAG NZA 2007, 1757).

**4. Betriebsverfassungsrecht.** Ein- und Umgruppierungen sind mitbestimmungspflichtig, gleichgültig, ob sie auf Tarifvertrag oder Sonstigem beruhen (§ 99 BetrVG). Bei Fragen der betrieblichen Lohngestaltung, insbesondere die Aufstellung von Entlohnungsgrundsätzen und die Einführung und Anwendung von neuen Entlohnungsmethoden sowie deren Änderung, ferner die Festsetzung der Akkord- und Prämiensätze und vergleichbarer leistungsbezogener Entgelte, steht dem Betriebsrat nach § 87 Abs. 1 Nr. 10, 11 BetrVG ein Mitbestimmungsrecht zu. Dies gilt auch für außertarifliche Zulagen (vgl. BAG NZA 2007, 99). Lediglich die Absenkung des Dotierungsrahmens einer freiwilligen Arbeitgeberleistung unterliegt nicht der Mitbestimmung des Betriebsrats (vgl. BAG NZA 2007, 278). Der Vorbehalt erfasst im Zweifel nicht den Lohnausgleich für eine tarifliche Arbeitszeitverkürzung (vgl. BAG AP BetrVG 1972 § 87 Lohngestaltung Nr. 85). Der GS des BAG hat mit Beschlüssen vom 3.12.1991 (GS 1/90 u. GS 2/90) entschieden, dass die Anrechnung einer Tariflohnerhöhung auf freiwillig und jederzeit anrechenbar gewährte übertarifliche Zulagen grds. mitbestimmungspflichtig ist (vgl. EzA Nr. 29 zu § 87 BetrVG 1972 Betriebliche Lohngestaltung). Etwas anderes soll nur dann gelten, wenn tatsächliche (Reduzierung des Zulagenvolumens auf Null) oder rechtliche Hindernisse (vollständige und gleichmäßige Anrechnung) vorliegen (vgl. BAG AP BetrVG 1972 § 87 Lohngestaltung Nr. 80; BAG NZA 2006, 1170). Etwas anderes gilt lediglich bei nicht tarifgebundenen ArbG (vgl. BAG NZA 2006, 1426). Diese Rechtsprechung gilt im Grundsatz auch für die Ausübung des Widerrufsvorbehalts. Sie ist vollumfänglich mitbestimmungspflichtig, wenn der ArbG nicht tarifgebunden ist. Die bloße Vereinbarung von Widerrufsvorbehalten in Arbeitsverträgen ist hingegen nicht mitbestimmungspflichtig (BAG NZA 2017, 931). Weitere Vorschlagsrechte des Betriebsrats können sich aus den §§ 87 Abs. 1 Nr. 2 u. 8, 92a BetrVG ergeben.

**5. Steuern, Sozialversicherung.** → Form. XIX.6 Anm. 17.

## 20. Aufschlüsselung des Gehalts für Angestellte

Betr.: Eingruppierung

Sehr geehrte/r Frau/Herr . . . . .!

Auf Ihr Arbeitsverhältnis finden nach den Regelungen in Ihrem schriftlichen Arbeitsvertrag die jeweils geltenden Tarifverträge und Betriebsvereinbarungen des Betriebes, in dem Sie eingesetzt sind, Anwendung. Sie können im Gehaltsbüro/am Schwarzen Brett eingesehen werden.

Auf Grund dieser Regelungen werden Sie ab dem . . . . . in Gehaltsgruppe . . . . . eingruppiert. Diese Eingruppierung ist deklaratorisch. Ihr Gehalt berechnet sich wie folgt:

1. Grundgehalt . . . . .
2. Tarifliche Zulagen . . . . .
3. Übertarifliche Zulage . . . . .
4. Außertarifliche Zulage . . . . .
5. Betriebliche Zulage . . . . .
6. Besondere Zuschläge/Zulagen . . . . .

Bei der übertariflichen Zulage, der außertariflichen Zulage und der betrieblichen Zulage handelt es sich um Leistungen des Arbeitgebers, die jederzeit auf spätere Tariferhöhungen angerechnet werden können. Die tariflichen Zulagen und besonderen Zuschläge/Zulagen werden nur solange gezahlt, wie die tariflichen und sonstigen Voraussetzungen bei Ihnen vorliegen.

. . . . . (Ort), den . . . . .

. . . . .

Unterschrift des Arbeitgebers

Einverstanden:

. . . . .

Unterschrift des Arbeitnehmers

*Schrifttum: Schaub,* Die Mitbestimmung beim Arbeitsentgelt, AuA 1995, 1; vgl. auch Schrifttum zu → Form. XIX. 19.

### Anmerkungen

**1. Sachverhalt.** Soweit die Vergütung bei Einstellung nicht vereinbart worden ist bzw. im Arbeitsvertrag auf eine separate Aufstellung verwiesen wird, bedarf sie auch bei einem Angestellten einer Festlegung durch den ArbG. Bei Anwendbarkeit eines Tarifvertrages muss das Gehalt dem Tarif entsprechen bzw. bei Erhöhungen des Gehaltstarifes angepasst werden. Im Übrigen sind bei der Festlegung der Höhe des Arbeitsentgelts die Bestimmungen des MiLoG zu beachten, seit 1.1.2019 ein Stundenlohn von EUR 9,19 Euro brutto.

**2. Flexibilisierung, Widerrufsvorbehalt, Anrechnung.** → Form. XIX.19 Text und → Anm. 3.

**3. Betriebsverfassungsrecht.** Die Vereinbarung übertariflicher Arbeitsentgelte unterliegt nicht dem Mitbestimmungsrecht des Betriebsrats, aber die Eingruppierung eines AT-Angestellten in etwa vorhandene betriebliche Gehaltsgruppen. Der Betriebsrat hat ferner gem. § 87 Abs. 1 Nr. 10 BetrVG ein Mitbestimmungsrecht bei der Ausgestaltung außertariflicher Sonderzulagen, insbes. bei deren Verteilungsgrundsätzen (vgl. BAG NZA

2007, 99). Bei leitenden Angestellten besteht eine Mitteilungspflicht des ArbG gegenüber dem Betriebsrat (§ 105 BetrVG) und gegenüber dem Sprecherausschuss der leitenden Angestellten (§ 30 SprAuG). Mit dem Letzteren sind die Maßnahmen zudem zu beraten.

## 21. Wettbewerbsvereinbarung für Arbeitnehmer

Zwischen der Firma . . . . . (im Folgenden „Firma" genannt)
und
Herrn/Frau . . . . . (im Folgenden „Arbeitnehmer" genannt)
wird Folgendes vereinbart:

§ 1 Geltungsbereich

(1) Der Arbeitnehmer verpflichtet sich, für die Dauer von . . . . . Monaten/Jahren nach Beendigung des Arbeitsverhältnisses nicht für ein Unternehmen tätig zu sein, dass mit der Firma oder ihrem Rechtsnachfolger in Wettbewerb steht („Wettbewerbsunternehmen"), insbesondere folgende Erzeugnisse entwickelt, herstellt oder vertreibt:

. . . . .

(2) Dem Arbeitnehmer ist jede selbstständige oder unselbstständige Tätigkeit, bezahlt oder unbezahlt, für eigene oder für fremde Rechnung, sei es als Arbeitnehmer, Berater, freier Mitarbeiter oder in sonstiger Weise für ein solches Unternehmen untersagt. Der Arbeitnehmer verpflichtet sich zudem, während der Dauer des nachvertraglichen Wettbewerbsverbots kein Wettbewerbsunternehmen zu gründen oder zu erwerben und sich nicht an einem Wettbewerbsunternehmen mittelbar oder unmittelbar zu beteiligen.

(3) Das Wettbewerbsverbot erstreckt sich räumlich auf das gesamte Tätigkeitsgebiet der Firma, in dem Zeitpunkt in dem das Arbeitsverhältnis endet.

(4) Das Wettbewerbsverbot gilt nicht, wenn der Arbeitnehmer wegen Bezugs von Erwerbsunfähigkeitsrente oder Altersrente aus der Firma ausscheidet.

§ 2 Karenzentschädigung

(1) Für die Dauer des Wettbewerbsverbot verpflichtet sich die Firma dem Arbeitnehmer eine Karenzentschädigung zu zahlen, die für jedes Jahr/für jedes Monats des Verbots die Hälfte der vom Arbeitnehmer zuletzt bezogenen vertragsmäßigen Leistungen erreicht.

(2) Die Karenzentschädigung ist in monatlichen Beträgen jeweils am Monatsende fällig.

(3) Auf die fällige Entschädigung wird alles angerechnet, was der Arbeitnehmer während der Dauer des Wettbewerbsverbots durch anderweitige Verwertung seiner Arbeitskraft erwirbt oder zu erwerben böswillig unterlässt, sofern dieser Verdienst und die Entschädigung zusammengerechnet um mehr als $^1/_{10}$ – bei Verlegung des Wohnsitzes durch den Arbeitnehmer an einen anderen Ort um mehr als $^1/_4$ – die bisherigen Bezüge übersteigen.

(4) Der Arbeitnehmer verpflichtet sich, während der Dauer des Wettbewerbsverbots der Firma, unaufgefordert spätestens am Schluss eines Kalendervierteljahres Auskunft über die Höhe seines Erwerbs zu erteilen, und auf Verlangen der Firma die Angaben zu belegen.

§ 3 Zeitpunkt des Inkrafttretens

Diese Wettbewerbsvereinbarung tritt nur in Kraft, wenn das Arbeitsverhältnis nach Ablauf der Probezeit fortgesetzt wird.

§ 4 Verzicht auf das Wettbewerbsverbot

Die Firma kann vor Beendigung des Arbeitsverhältnisses durch schriftliche Erklärung auf das Wettbewerbsverbot mit der Wirkung verzichten, dass sie mit Ablauf eines Jahres seit der Erklärung von der Verpflichtung frei wird, die Karenzentschädigung zu zahlen.

§ 5 Vertragsstrafe

(1) Verletzt der Arbeitnehmer schuldhaft das Wettbewerbsverbot, ist er verpflichtet eine Vertragsstrafe von Euro ..... zu zahlen.
(2) Besteht die Verletzungshandlung in der kapitalmäßigen Beteiligung an einem Wettbewerbsunternehmen oder der Eingehung eines Dauerschuldverhältnisses (zB Arbeits-, Dienst-, Handelsvertreter- oder Beraterverhältnis), wird die Vertragsstrafe für jeden angefangenen Monat, in dem die kapitalmäßige Beteiligung oder das Dauerschuldverhältnis besteht, neu verwirkt (Dauerverletzung). Mehrere Verletzungshandlungen lösen jeweils gesonderte Vertragsstrafen aus, gegebenenfalls auch mehrfach innerhalb eines Monats. Erfolgen dagegen einzelne Verletzungshandlungen im Rahmen einer Dauerverletzung, sind sie von der für die Dauerverletzung verwirkten Strafe mit umfasst.
(3) Die Geltendmachung von Schäden, die über die verwirkte Vertragsstrafe hinausgehen, bleibt vorbehalten, desgleichen die Geltendmachung aller sonstigen gesetzlichen Ansprüche und Rechtsfolgen aus einer Verletzung (zB Unterlassungsansprüche, Wegfall des Anspruchs auf Karenzentschädigung für die Dauer des Verstoßes etc).

§ 6 Anwendung der gesetzlichen Regelungen

Im Übrigen gelten die Vorschriften des §§ 74 ff. Handelsgesetzbuchs.

§ 7 Teilnichtigkeit

Die Nichtigkeit einzelner Bestimmungen dieser Vereinbarung berührt die Gültigkeit der übrigen Bestimmungen nicht.

§ 8 Gerichtsstand

Für Streitigkeiten über bzw. aus dieser Vereinbarung ist das Arbeitsgericht zuständig, an dessen Ort die streitige Verpflichtung zu erfüllen ist. Hat der Arbeitnehmer im Inland keinen Wohnsitz, so ist für den Gerichtsstand der Sitz der Firma maßgeblich.

..... (Ort), den .....

| | |
|---|---|
| ..... | ..... |
| Unterschrift des Vertreters der Firma | Unterschrift des Arbeitnehmers |

Der Arbeitnehmer bestätigt, ein rechtsverbindlich unterzeichnetes Originalexemplar dieser Vereinbarung erhalten zu haben.
..... (Ort), den .....
.....
Unterschrift des Arbeitnehmers

*Schrifttum: Bauer/Diller,* Wechselwirkungen zwischen Wettbewerbstätigkeit, Ruhestand und betrieblicher Altersversorgung, BB 1997, 990; *dies.,* Wettbewerbsverbote, 7. Aufl., 2015; *dies.,* Nachvertragliche Wettbewerbsverbote durch die Schuldrechtsreform, NJW 2002, 1609;; *Bauer/v. Medem,* Wettbewerbsverbote mit vertretungsberechtigten Organmitgliedern, ArbRAktuell 2011, 473; *Köhler/Bornkamm,* UWG, 35. Aufl., 2017; *Baumbach/Hopt,* HGB, 37. Aufl., 2016; *Buchner,* AR-Blattei SD Wettbewerbsverbot III, 1; *ders.*, Wettbewerbsverbote während und nach Beendigung des Arbeitsverhältnisses, 1995; *Cardinale-Koc/Baisch,* Zusammentreffen mehrerer nachvertraglicher Wettbewerbsverbote, NJW 2016, 1914; *Diller,* Nachvertragliche Wettbewerbsverbote und AGB-Recht, NZA 2005, 250; *ders.*, Vertragsstrafen bei Wettbewerbsverboten: was nun?, NZA 2008, 574; *ders.*, Anrechnung von Arbeitslosengeld auf Karenzentschädigung: Brutto oder Netto?, BB 2008, 1680; *ders.*, Nachvertragliches Wettbewerbsverbot: Entschädigungsanspruch ohne Entschädigungszusage?, NZA 2014, 1184; *Gaul,/Khanian,* Zulässigkeit und Grenzen arbeitsrechtlicher Regelungen zu Wettbewerbsverboten, MDR 2006, 181; *ders./Ludwig,* Betriebsübergang: Auswirkungen auf Vereinbarungen über nachvertragliche Wettbewerbsverbote, NZA 2013, 489; Gehle, Nachvertragliches Wettbewerbsverbot: Geltungserhaltende Reduktion kraft vertraglicher Vereinbarung?, DB 2010, 1981; *Hunold,* Rechtsprechung zum Nachvertraglichen Wettbewerbsverbot, NZA-RR 2007, 617; *ders.*, Aktuelle Rechtsprechung zum nachvertraglichen Wettbewerbsverbot, NZA-RR 2013, 174; *Kamann,* Aktuelles zum nachvertraglichen Wettbewerbsverbot, ArbAktuell 2015, 372; *van Kann/Keiluweit,* Nachvertragliches Wettbewerbsverbot und Karenzentschädigung bei Organmitgliedern einer Gesellschaft – ein Überblick, BB 2010, 2050; *Kempen/Kreuder,* Nebentätigkeit und arbeitsrechtliches Wettbewerbsverbot bei verkürzter Arbeitszeit, ArbuR 1994, 214; *Kielkowski,* Zur Problematik von nachvertraglichen Wettbewerbsverboten für Geschäftsführer NZG 2015, 900; *Kittner,* Der „volatile" Arbeitnehmer – Wettbewerb im und außerhalb des Arbeitsverhältnisses, BB 2011, 1013; *Korkmaz,* Konzernweite nachvertragliche Wettbewerbsverbote für Vorstandsmitglieder, NJOZ 2014, 481; *Leuchten,* Konkurrenztätigkeit im gekündigten Arbeitsverhältnis, NZA 2011, 391; *Naber,* Nachvertragliche Wettbewerbsverbote ohne Karenzentschädigung – Nicht mehr zu retten! NZA 2017, 1170; *ders./Seeger,* Auswirkungen von Virtual-Stock-Programmen auf die Bemessung einer Karenzentschädigung, GWR 2016, 117; *Nägele,* Das Gebot der Wettbewerbsenthaltung während des Kündigungsschutzprozesses, NzA 2016, 271; *Neighbour,* Wenn der Mitarbeiter fremdgeht, AuA 2011, 89; *Pauken,* Nachvertragliche Wettbewerbsverbote rechtssicher gestalten, ArbRAktuell 2017, 377; *Reufels,* Grenzüberschreitende nachvertragliche Wettbewerbsverbote – Vereinbarkeit mit der Arbeitnehmerfreizügigkeit, ArbRB, 2003, 313; *ders.,* Nachvertragliche Wettbewerbsverbote mit Organmitgliedern, ArbRR 2008, 57; *Salomon/Fuhlrott,* Die Reichweite des Wettbewerbsverbots im gekündigten Arbeitsverhältnis – unter besonderer Berücksichtigung taktischer und strategischer Überlegungen, BB 2011, 1018; *Schramm,* Neue Herausforderungen bei der Gestaltung von Vertragsstrafenklauseln, NJW 2008, 1494; *Schwill,* Ausscheiden aus der Anwaltspartnerschaft – Sperrabreden unter Arbeitgebern, NJW 2017, 3120; *Straube,* AGB-Kontrolle von nachvertraglichen Wettbewerbsverboten, BB 2013, 117; *Urban,* Wettbewerbsverbote rechtssicher vereinbaren, ArbRAktuell 2012, 241; *Wertheimer,* Abhängigkeit der Karenzentschädigungspflicht vom Abschlusszeitpunkt des nachvertraglichen Wettbewerbsverbots, BB 1996, 1714; *ders.,* Bezahlte Karenz oder entschädigungslose Wettbewerbsenthaltung des ausgeschiedenen Arbeitnehmers, BB 1999, 1600.

## Anmerkungen

**1. Allgemeines.** Nach Beendigung des Arbeitsverhältnisses unterliegt der ArbN grds. keinen Wettbewerbsbeschränkungen. Die Wettbewerbstätigkeit kann aber durch eine Vereinbarung mit dem bisherigen ArbG beschränkt werden. Der ArbG muss vor Abschluss des Wettbewerbsverbots sorgfältig prüfen, ob sein Interesse an der Unterbindung von Wettbewerb des ArbN so groß ist, dass es die Ausgabe der erheblichen Karenzentschädigung rechtfertigt. Über § 110 S. 2 GewO gelten die Bestimmungen der §§ 74 ff. HGB für alle Arbeitnehmer, nicht nur im kaufmännischen Bereich. Sie gelten ferner entsprechend auch für arbeitnehmerähnliche Personen (BAG NZA 1997, 1284) und für wirtschaftlich abhängige freie Mitarbeiter (BGH NJW 2003, 1864). Ein Wettbewerbsverbot kann nicht mit Minderjährigen (§ 74a Abs. 2 HGB) – auch nicht durch den gesetzlichen Vertreter – und zu ihrer Berufsausbildung Beschäftigten (§ 12 Abs. 1 S. 1 BBiG) vereinbart werden.

In manchen freien Berufen kommen sog beschränkte oder allgemeine Mandantenschutz bzw. Mandantenübernahmeklauseln in Betracht; für freie Mitarbeiter oder besondere Berufe gilt Unterschiedliches (vgl. im Einzelnen *Schaub* ArbR-HdB 17. Auflage § 55 Rn. 7 ff., 21 ff., *Küttner/Poeche,* Personalbuch 2017, 459, Rn. 4 f.).

**2. Alternativen.** Es kann ein Vorvertrag geschlossen werden, in dem sich der ArbN verpflichtet, später ein inhaltlich genau bestimmtes Wettbewerbsverbot zu vereinbaren. Dies kann sinnvoll sein, wenn erst bei längerem Bestand des Arbeitsverhältnisses das Wettbewerbsverbot wichtig wird. Problematisch und ggf. unverbindlich sind aber Vertragsgestaltungen, in denen entsprechend dem Vorvertrag erst bei Beendigung des Arbeitsverhältnisses auf Anforderung des ArbG eine Vereinbarung über ein Wettbewerbsverbot erfolgen soll (vgl. BAG AP GewO §§ 133 ff. Nr. 22; noch offen was bei Begrenzung bis Ausspruch einer Kündigung gilt). Es kann auch bestimmt werden, dass die Parteien für den Fall, dass das Arbeitsverhältnis über die Dauer der Probezeit verlängert wird, ein näher bestimmtes Wettbewerbsverbot vereinbaren (BAG AP BGB § 615 Nr. 25).

Das Wettbewerbsverbot ist nach stRspr rechtswirksam, wenn das Arbeitsverhältnis während der Probezeit gekündigt bzw. ein befristetes Probearbeitsverhältnis beendet wird; es sei denn, etwas Abweichendes ist vereinbart (vgl. (BAG AP BGB § 615 Nr. 25; BAG AP HGB § 74 Nr. 25; BAG Betr. 1982, 1406; BAG AP HGB § 74 Nr. 78; BAG NJW 2006, 3659 = NZA 2006, 1157). Dagegen entfaltet ein Wettbewerbsverbot idR keine Wirkung, wenn der ArbN überhaupt nicht die Arbeit aufgenommen hat (vgl. BAG NZA 1992, 976). Wird die Übernahme einer Konkurrenztätigkeit ohne vorherige Zustimmung des ArbG verboten, so handelt es sich um ein bedingtes Wettbewerbsverbot, das unverbindlich ist (vgl. BAG AP GewO §§ 133 ff. Nr. 22; BAG AP HGB § 74 Nr. 21; Nr. 32; Nr. 33; Nr. 36). In einem solchen Fall wird der Anspruch auf Karenzentschädigung jedoch ausgelöst, wenn der ArbN sich zu Beginn der Karenzzeit endgültig für das Wettbewerbsverbot entscheidet und seiner Unterlassungsverpflichtung nachkommt, ohne dass es einer Erklärung gegenüber dem ArbG bedarf (vgl. BAG Betr. 1991, 709).

Es ist zulässig, das Wettbewerbsverbot davon abhängig zu machen, dass der ArbN nicht Altersrente (vgl. BAG AP HGB § 74 Nr. 46) oder Rente wegen verminderter Erwerbsfähigkeit bezieht (vgl. *Bauer/Diller* Betr. 1997, 98). Im Übrigen → Form. XIX.25 Anm. 28.

**3. Rechtswirksamkeit.** Das Wettbewerbsverbot ist gem. § 74 Abs. 2 HGB unwirksam, wenn keine Karenzentschädigung zugesagt wird, daran ändert auch eine salvatorische Klausel nichts (vgl. BAG NZA 2017, 845). Ist die Karenzentschädigung in einer zu geringen Höhe oder unter Bedingungen zugesagt oder ist sie in das Ermessen des ArbG gestellt ohne einen Mindestbetrag nach § 74 Abs. 2 HGB, ist das Verbot unverbindlich, der ArbN hat ein Wahlrecht und kann sich an das Wettbewerbsverbot halten und die vereinbarte Entschädigung, nicht aber die gesetzliche Entschädigung verlangen (vgl. BAG AP HGB § 74 Nr. 60; BAG AP HGB § 74 Nr. 86).). Eine besondere Erklärung an den ArbG ist entbehrlich (BAG NZA 2011, 413). Das Wettbewerbsverbot ist ferner unverbindlich und löst das Wahlrecht des ArbN aus, wenn keine bestimmte Entschädigung für die Karenzzeit, sondern nur die laufende Zahlung von Teilbeträgen während des Arbeitsverhältnisses vorgesehen ist (vgl. BAG Betr. 1982, 125). § 74a HGB normiert besondere Nichtigkeitsgründe und stellt die Nichtigkeit bei Verstoß gegen die guten Sitten (§ 138 BGB) heraus. Eine Nichtigkeit wegen Sittenverstoßes kann vorliegen, wenn die Abrede wucherisch oder knebelnd ist.

**4. Umfang des Wettbewerbsverbots.** Zeitlich kann ein Wettbewerbsverbot bis höchstens zwei Jahre festgelegt werden. Tarifverträge können keine höhere Dauer festlegen (vgl. BAG AP HGB § 74 Nr. 28). Wie weit diese Höchstdauer ausgeschöpft werden darf, richtet sich danach, ob der ArbG ein berechtigtes Interesse hat. Ist die Grenze der Billigkeit überschritten, so ist der ArbN insoweit nicht gebunden (vgl. BAG NZA 1996, 310 = NJW 1996, 1364 = BB 1996, 379; BAG NZA 1996, 700). Hält sich der ArbN an den verbindlichen Teil, hat er Anspruch auf die volle Karenzentschädigung (BAG NZA 2010, 1175). Die Frist beginnt mit der rechtlichen Beendigung des Arbeitsverhältnisses. Hat der ArbG zu Unrecht außerordentlich gekündigt, so beginnt die Frist mit der tatsächlichen Beendigung. Inhaltlich kann dem ArbN eine selbstständige und/oder abhängige gewerbliche Tätigkeit untersagt werden. Es ist dabei zulässig, jegliche Tätigkeit des ArbN in Konkurrenzunternehmen zu verbieten, nicht nur eine solche, die der bisher ausgeübten Tätigkeit entspricht. Eine umfassende Formulierung „mit Rat und Tat irgendwie zu unterstützen" verstößt nicht gegen das Transparenzgebot, § 307 Abs. 1 S. 2 BGB (BAG NZA 2015, 1253). Der räumliche Geltungsbereich richtet sich nach der Vereinbarung und ist hier im Hinblick auf mögliche Änderungen offen auf das Tätigkeitsende gestaltet worden. Das Wettbewerbsverbot ist ebenfalls unverbindlich, wenn es unter Berücksichtigung der zu zahlenden Karenzentschädigung nach Ort, Zeit oder Gegenstand eine unbillige Erschwerung des Fortkommens des ArbN enthält. Eine unbillige Erschwerung des Fortkommens liegt vor, wenn dem ArbN in Deutschland die Ausübung seines Berufs unmöglich gemacht wird oder jede Beschäftigung in Konkurrenzunternehmen verboten ist, obwohl es zur Wahrung der Interessen des ArbG genügen würde, wenn eine der früheren Tätigkeit entsprechende Beschäftigung untersagt wird (vgl. *Baumbach/Hopt* HGB § 74a Rn. 1, 2). Es ist darauf zu achten, dass das Wettbewerbsverbot hinreichend bestimmt ist (vgl. LAG Düsseldorf LAGE Nr. 15 zu § 74 HGB). Ein berechtigtes Interesse in örtlicher Hinsicht ist nicht gegeben, wenn in dem Land, in dem eine Wettbewerbstätigkeit verboten werden soll, keine Konkurrenz möglich ist, da der ArbG hier nicht tätig ist (BAG AP BGB § 615 Nr. 25).

**5. Karenzentschädigung.** Nach § 74 Abs. 2 HGB ist das Wettbewerbsverbot nur verbindlich, wenn sich der ArbG während der Verbotsdauer verpflichtet, für jedes Jahr des Verbotes mindestens die Hälfte der von dem ArbN zuletzt bezogenen vertraglichen Leistungen zu erbringen. Dabei sind sämtliche Einkommensbestandteile zu berücksichtigen, so zB auch die Privatnutzung des Dienstwagens (vgl. *Schaub* ArbR-HdB 17. Auflage § 55 Rn. 77 ff.). Es genügt nicht, die Hälfte der zuletzt erhaltenen Bezüge zuzusagen (vgl. LAG Hessen LAGE Nr. 1 zu § 74a HGB). Die Entschädigung ist vielmehr unter Zugrundelegung der zuletzt erhaltenen Bezüge (Entgelt für letzten Abrechnungszeitraum) auf Jahresbezüge umzurechnen, nicht jedoch auf der Grundlage eines vereinbarten Referenzzeitraums. Dies führt dazu, dass im Anschluss an eine einvernehmlich vereinbarte reduzierte Wochenarbeitszeit der reduzierte Teilzeitverdienst maßgeblich ist, unabhängig davon ob die Reduzierung der Arbeitszeit nur vorübergehend oder auf Dauer angelegt ist (BAG NZA 2009, 962 für Elternteilzeit). Bei Provisionen und anderen wechselnden Bezügen ist allerdings gem. § 74b Abs. 2 HGB der Durchschnitt der letzten 3 Jahre maßgebend. Wenn das Arbeitsverhältnis nur kürzere Zeit bestanden hat, ist der Durchschnitt des Bestandszeitraums zu berücksichtigen. Der Krankenversicherungszuschuss nach § 257 SGB V ist nicht einzubeziehen (vgl. BAG Betr. 1982, 1227); dies gilt auch für Reisekostenersatz (vgl. LAG Hamm Betr. 1984, 623). Die Karenzentschädigung ist am Schluss eines jeden Monats seit Beendigung des Arbeitsverhältnisses fällig (§ 74b Abs. 1 HGB). Die Pflicht zur Zahlung einer Karenzentschädigung entfällt nicht deshalb, weil der ArbN arbeitsunfähig ist (LAG Köln NZA-RR 2011, 513). Nur bei Verbüßung einer Freiheitsstrafe ist gem. § 74c Abs. 1 S. 3 HGB kein Anspruch auf Karenzentschädigung gegeben. Auf die Karenzentschädigung muss sich der ArbN anrechnen lassen, was er durch anderweitige Verwertung seiner Arbeitskraft erwirbt oder zu erwerben böswillig unterlässt (§ 74c Abs. 1 S. 1 HGB). Die Aufnahme eines Studiums steht der Karenzentschädigung nicht entgegen (vgl. BAG NJW 1996, 2677). Ob Arbeitslosengeld anzurechnen ist, wurde vom BAG nach Aufhebung des § 148 SGB III offen gelassen (BAG NZA-RR 2012, 98: „begegnet Bedenken", verneinend LAG Düsseldorf, BeckRS 2015, 73316) wäre aber jedenfalls nur in Höhe des tatsächlichen Auszahlungsbetrags, nicht aber einen aus dem Arbeitslosengeld hochgerechneten Bruttobetrag möglich. Das nach § 57 SGB III gezahlte Überbrückungsgeld ist anzurechnen (vgl. BAG NJW 2006, 3227). Anzurechnen ist alles, was auch bei der Berechnung der Karenzentschädigung zu berücksichtigen ist (vgl. BAG AP HGB § 74 Nr. 34). Nicht anzurechnen ist anderweitiges Einkommen, wenn der ArbN weniger als 60 % oder – sofern er infolge des Wettbewerbsverbots seinen Wohnsitz an einen anderen Ort verlegen musste – weniger als 75 % seines früheren Einkommens verdient. Ein Zwang zur Wohnsitzverlegung liegt nur dann vor, wenn der ArbN eine Arbeitsstelle außerhalb seines bisherigen Wohnorts antritt, weil er lediglich dort eine nach Art, Vergütung und Aufstiegschancen seiner bisherigen Tätigkeit entsprechende Tätigkeit ausüben kann (vgl. *Baumbach/Hopt* HGB § 74c Rn. 4; BAG NZA 1986, 329). Die Anrechnung erfolgt bei unselbstständiger Tätigkeit auf jede fällige Monatsrate (kein Gesamtvergleich über Bezugszeitraum; zu näheren Einzelheiten sowie zur Anrechnung bei selbstständiger Tätigkeit vgl. *Schaub* ArbR-HdB 17. Auflage § 55 Rn. 81). Nach § 74c Abs. 2 HGB ist der ArbN verpflichtet, seinem ArbG auf Aufforderung über die Höhe seines Erwerbs Auskunft zu erteilen. Zur Vorlage einer Gewinn- und Verlustrechnung soll er nach hM bei selbstständiger Tätigkeit nicht verpflichtet sein (vgl. BAG Betr. 1988, 238), wenn er bereit ist, einen Einkommensteuerbescheid vorzulegen.

**6. Verzicht, Wegfall des Wettbewerbsverbots oder der Karenzentschädigung.** Wettbewerbsverbote können einverständlich jederzeit aufgehoben werden (vgl. BAG NZA 1989, 797). Durch schriftliche einseitige Willenserklärung kann der ArbG vor Beendigung des Arbeitsverhältnisses (bei außerordentlicher Kündigung spätestens zusammen mit der Kündigungserklärung) auf das Wettbewerbsverbot verzichten (§ 75a HGB) mit der Wirkung, dass der ArbN sofort von dem Wettbewerbsverbot befreit wird, der ArbG dagegen bis zum Ablauf eines Jahres seit Zugang der Verzichtserklärung zur Zahlung der Karenzentschädigung verpflichtet bleibt (vgl. BAG NZA 1987, 453, LAG Berlin-Brandenburg, BeckRS 2016, 115376). Kündigt der ArbN das Arbeitsverhältnis wirksam fristlos wegen vertragswidrigem Verhalten des ArbG, hat der ArbN ein Wahlrecht und kann binnen Monatsfrist schriftlich erklären, dass er sich an das Wettbewerbsverbot nicht gebunden halte, § 75 Abs. 1 HGB. Kündigt der ArbG das Arbeitsverhältnis außerordentlich wegen vertragswidrigem Verhalten des ArbN, so wird das Wettbewerbsverbot unwirksam, wenn der ArbG vor Ablauf eines Monats nach der Kündigung schriftlich erklärt, dass er sich an die Vereinbarung nicht gebunden erachte (§ 75 Abs. 1 HGB analog). § 75 Abs. 3 HGB (Ausschluss der Karenzentschädigung bei außerordentlicher ArbG-Kündigung) ist wegen Verstoßes gegen Art. 3 I GG verfassungswidrig (BAG NZA 15, 1253). Kündigt der ArbG das Arbeitsverhältnis, ohne dass ein erheblicher Anlass in der Person des ArbN vorliegt, so kann der ArbN schriftlich binnen eines Monats nach der Kündigung erklären, dass er sich nicht an das Verbot halten wolle, § 75 Abs. 2 HGB. Eine nach § 1 Abs. 1 KSchG gerechtfertigte verhaltens- oder personenbedingte Kündigung schließt in der Regel das Wahlrecht des ArbN aus (*Küttner/Poeche*, Personalbuch 2017, 459, Rn. 23). Der ArbG kann diese Erklärung dadurch zunichte machen, dass er die vollen zuletzt bezogenen vertragsgemäßen Bezüge zusagt. Ein Wettbewerbsverbot, dessen Geltung für den Fall der ordentlichen Kündigung des Arbeitsverhältnisses seitens des ArbG ausgeschlossen ist, ist unverbindlich (vgl. BAG Betr. 1982, 906). Verstößt der ArbN gegen das Wettbewerbsverbot, so kann der ArbG für diese Zeit dem Anspruch des ArbN auf Karenzentschädigung die Einrede des nichterfüllten Vertrages (§ 320 BGB) entgegensetzen; außerdem kann der ArbG Schadensersatz wegen Nichterfüllung verlangen oder vom Vertrag zurücktreten, wobei der Rücktritt nur eine Befreiung von der Leistungspflicht für die Zukunft bewirkt. Unverbindlichkeit eines Wettbewerbsverbotes wegen fehlenden berechtigten geschäftlichen Interesses kann jedoch nach § 74a Abs. 1 i. V. mit § 75d HGB nur der ArbN geltend machen, wenn er sich von der Bindung befreien möchte. Solange er sich an das Wettbewerbsverbot hält, ist es dem ArbG nach der ständigen Rechtsprechung des BAG verwehrt, sich auf das Fehlen des berechtigten Interesses zu berufen (BAG 20, 162 [170] = AP Nr. 21 zu § 74 HGB [zu XIX, 2]; BAG AP BGB § 615 Nr. 25). Eine in Unkenntnis der Wettbewerbstätigkeit gezahlte Karenzentschädigung kann nach Maßgabe von §§ 346 ff. BGB zurückverlangt werden (*Schaub* ArbR-HdB 17. Auflage § 55 Rn. 31 f.). Zu den Folgen einer Betriebsnachfolge und der Insolvenz des ArbG vgl. *Schaub* ArbR-HdB 17. Auflage § 55 Rn. 41 ff.

**7. Rechtsfolgen eines Verstoßes, Sicherung des Wettbewerbsverbots.** Hält sich der ArbN nicht an das Wettbewerbsverbot, wird der ArbG von der Verpflichtung zur Zahlung der Karenzentschädigung nach § 320 Abs. 1 S. 1 BGB befreit, der ArbN verliert nach § 326 Abs. 1 S. 1 BGB seinen Zahlungsanspruch (BAG NZA 15, 1253). Die Einhaltung des Wettbewerbsverbots kann durch Vereinbarung von Vertragsstrafen gesichert werden. Eine solche Vertragsstrafenklausel verstößt nicht gegen § 309 Nr. 6 BGB, ist aber unwirksam, wenn nicht erläutert wird, wann von einem Einzelverstoß und wann von einem Dauerverstoß auszugehen ist und wie oft in den verschiedenen Konstellationen die Vertragsstrafe anfällt (BAG NZA 2008, 170; *Diller* NZA 2008, 574 mit hier verwendetem Formulierungsbeispiel). Diese Abrede muss bei Handlungsgehilfen in Schriftform erfolgen (vgl. *Schlegelberger/Schröder* HGB § 75c Rn. 1a). Wegen der §§ 307, 309 Abs. 1 Nr. 6, 310 Abs. 4 BGB sollte die Vereinbarung der Vertragsstrafe drucktechnisch hervorgehoben werden. Die Vertragsstrafe sollte ein Bruttomonatsgehalt nicht übersteigen, sonst könnte eine unangemessene Benachteiligung durch Übersicherung vorliegen (BAG NZA 2006, 34). ArbG kann bei einem Wettbewerbsverstoß entweder Erfüllung verlangen (§ 340 Abs. 1 S. 1 BGB) oder statt der Erfüllung die vereinbarte Vertragsstrafe (§ 340 Abs. 1 S. 1 BGB) und Ersatz eines auf dem Wettbewerbsverstoß beruhenden weiteren Schadens (§ 340 Abs. 2 BGB). Verlangt er die Vertragsstrafe, so ist für die Vergangenheit der Anspruch auf Erfüllung ausgeschlossen (§ 340 Abs. 1 S. 2 BGB). Der ArbN kann Herabsetzung der Vertragsstrafe verlangen, wenn sie unverhältnismäßig hoch ist (§ 343 BGB). Im Übrigen → Form. XIX.23. Neben den Ansprüchen auf Vertragsstrafe und Schadensersatz hat der ArbG einen Unterlassungs- und auch einen Auskunftsanspruch bei Wettbewerbsverstoß.

**8. Form.** Das Wettbewerbsverbot muss gemäß § 74 Abs. 1 HGB schriftlich erfolgen, elektronische Form oder Textform ist nicht ausreichend Bei fehlender Schriftform ist das Wettbewerbsverbot nichtig. Nicht ausreichend ist auch die Fortsetzung eines Arbeitsverhältnisses aufgrund mündlicher Vereinbarung nach Kündigung des schriftlichen Arbeitsvertrags mit Wettbewerbsabrede (LAG Hamm, GWR 2016, 285). Dem ArbN ist eine vom ArbG unterzeichnete Urkunde auszuhändigen (zur Einrede der Arglist bei fehlender Schriftform vgl. BAG AP HGB § 74 Nr. 2; BAG NJW 2005, 2732 = NZA 2005, 411). Unterbleibt die Übergabe der Originalurkunde über ein vertraglich vereinbartes Wettbewerbsverbot, ist das Wettbewerbsverbot unverbindlich, hindert den ArbN aber nicht, sich auf das Wettbewerbsverbot zu berufen, soweit die Schriftform im Übrigen eingehalten ist.

**9. Ausgleichsklauseln, Ausschlussfristen.** Die Karenzentschädigung unterliegt zumindest im Hinblick auf die monatlich fällig werdenden Zahlungen tariflichen Verfallsfristen und auch Verfallklauseln, die beiderseitige Ansprüche aus dem Arbeitsverhältnis und die mit ihm in Verbindung stehen, erfassen (BAG NZA 2005, 1319). Ausgleichsklauseln in Prozessvergleich oder in Aufhebungsverträgen, die sich auf alle Ansprüche aus dem Arbeitsverhältnis erstrecken, erfassen in der Regel auch Ansprüche auf Wettbewerbsenthaltung und Karenzentschädigung (BAG NZA 2009, 139; NJW 2009, 3529).

**10. Steuern, Sozialabgaben.** Nach § 2 Abs. 2 Nr. 4 LStDV sind Entschädigungen, die dem ArbN oder seinem Rechtsnachfolger für die Aufgabe oder Nichtausübung von Konkurrenz gewährt werden, Arbeitslohn. Es handelt sich um eine Entschädigung iSd § 24 Nr. 1 Buchst. b EStG. Wird die Entschädigung als Einmalzahlung geleistet, ist sie unter Anwendung der sog Fünftelregelung ermäßigt zu versteuern, wenn eine Zusammenballung von Einkünften vorliegt, § 34 Abs. 2 Nr. 2 EStG. Die Karenzentschädigung ist nicht sozialversicherungspflichtig, da sie kein Arbeitsentgelt im Sinne von § 14 SGB IV ist.

## 22. Mankovereinbarung

**Zwischen der Fa. . . . . . (im Folgenden „Arbeitgeber" genannt)**
**und**
**Herrn/Frau . . . . . (im Folgenden „Arbeitnehmer" genannt)**
**wird Folgendes vereinbart:**

**§ 1 Mankoübernahme**

**(1) Der Arbeitnehmer übernimmt den in der Inventur vom . . . . . gemeinsam mit ihm ermittelten Warenbestand des Lagers in . . . . . von Euro . . . . . Ergibt sich bei einer späteren in seiner Anwesenheit durchgeführten Jahresinventur ein Manko (abzgl. . . . . .% des Warenbestands für Schwund), so haftet er jährlich bis zur Höhe des ihm für ein Jahr zu zahlenden Mankogeldes. Erfolgt die Inventur für einen kürzeren Zeitraum, haftet der Arbeitnehmer lediglich bis zur Höhe des für den entsprechenden Zeitraum zu zahlenden Mankogelds.**
**(2) Diese Grenze gilt nicht für nachgewiesene Fehlbestände auf Grund von Untreue, Unterschlagung und ähnlichen Fällen vorsätzlicher oder grob fahrlässiger Schadensverursachung durch den Arbeitnehmer.**

**§ 2 Mankogeld**

**Für die Übernahme der Mankohaftung erhält der Arbeitnehmer ein Mankogeld in Höhe von Euro . . . . . monatlich.**

**§ 3 Mankoabzug**

**(1) Ein etwaiges Manko kann im Rahmen der Pfändungsfreigrenzen von dem Entgelt des Arbeitnehmers abgezogen werden. Der Arbeitgeber ist berechtigt, als Ersatz den Wareneinkaufspreis einzusetzen.**
**(2) Das tarifliche Entgelt bleibt dem Arbeitnehmer trotz eines zu zahlenden Ersatzes für ein entstandenes Manko in jedem Fall erhalten.**

**. . . . . (Ort), den . . . . .**

| | |
|---|---|
| **. . . . .** | **. . . . .** |
| **Unterschrift des Arbeitgebers** | **Unterschrift des Arbeitnehmers** |

*Schrifttum: Busemann,* Die Haftung des Arbeitnehmers gegenüber dem Arbeitgeber und Dritten, 1999; *Brose,* Haftung und Risiken nach den arbeitsrechtlichen Grundsätzen und dem SGB VII, RdA 2011, 205; *Deinert,* Mankohaftung, RdA 2000, 22; *Joussen,* Arbeitsrecht und Schuldrechtsreform NZA 2001, 745; *Krause,* Die Haftung des Arbeitnehmers für Mankoschäden – Bilanz und Perspektiven, RdA 2013, 129; *Lansnicker/*

*Schwirtzek,* Neuordnung der Mankohaftung, BB 1999, 259; *Mache,* Haftungsbeschränkung auch bei der „Mankohaftung“, AiB 1995, 698; *Oetker,* Neues zur Arbeitnehmerhaftung durch § 619a BGB, BB 2002, 43; *Otto/Schwarze/Krause,* Die Haftung des Arbeitnehmers, 4. Aufl. 2014; *Pauly,* Haftung für Mankoschäden und innerbetrieblicher Schadensausgleich, JR 1995, 228; *ders.,* Grundfragen der Mankohaftung, BB 1996, 2038; *Schwab,* Die Mankohaftung des Arbeitnehmers, NZA-RR 2017, 7; *ders.,* Die Schadenshaftung im Arbeitsverhältnis – Eine Übersicht – 1. Teil: Die Haftung des Arbeitnehmers, NZA-RR 2006, 449; *Schwirtzek,* Mankoabreden nach der Schuldrechtsreform – Zurück in die Zukunft, NZA 2005, 437; *Waltermann,* Besonderheiten der Haftung im Arbeitsverhältnis, JuS 2009, 193.

## Anmerkungen

**1. Sachverhalt.** Mankovereinbarungen können mit ArbN abgeschlossen werden, denen ein Warenbestand oder eine Kasse anvertraut ist. Durch sie werden die ArbN verpflichtet, dem ArbG ein entstandenes Manko (Fehlbestand) zu ersetzen. Bei Filialleitern oder Personen, die im Team arbeiten, wird zT durch Mankovereinbarungen eine Einstandspflicht für andere ArbN festgelegt. Im Hinblick darauf, dass das BAG die Grundsätze zur privilegierten ArbN-Haftung für einseitig zwingendes ArbN-Schutzrecht hält, sind Mankovereinbarungen jedoch sehr problematisch geworden. Eine vom Verschulden unabhängige Garantiehaftung kann nicht mehr wirksam vereinbart werden, wenn hierdurch zu Lasten des ArbN von den zwingenden Grundsätzen der eingeschränkten ArbN-Haftung abgewichen wird. Möglich ist daher nur noch eine Mankoabrede, die dem ArbN im Ergebnis allein die Chance einer zusätzlichen Vergütung (Mankogeld) für die erfolgreiche Verwaltung des Waren- oder Kassenbestands zusagt (*Schaub* ArbR-HdB 17. Aufl. § 59 Rn. 62; ErfK/*Preis* BGB § 310 Rn. 88 ff.).

**2. Inhalt.** Das BAG hat im Urteil v. 2.12.1999 (NZA 2000, 715 = AP BGB § 611 Mankohaftung Nr. 3) die Begründung einer Erfolgshaftung durch besondere Mankovereinbarung für zulässig erachtet, wenn der ArbN lediglich bis zur Höhe des vereinbarten Mankogeldes haftet. Dadurch würde keine Verschärfung der auf Gesetz beruhenden beschränkten Arbeitnehmerhaftung vorgenommen, sondern der ArbN verliere lediglich die „Erfolgsprämie“ der Mankovergütung (vgl. ferner *Krause* in: Anm. zu AP BGB § 611 Mankohaftung Nr. 3). Eine vom Verschulden völlig unabhängige Haftung für ein entstandenes Manko (Gefährdungshaftung) kann trotz Mankogeldes gegen die guten Sitten verstoßen, wenn das Mankogeld keinen entsprechenden wirtschaftlichen Vorteil darstellt (vgl. BAG AP BGB § 611 Haftung des Arbeitnehmers Nr. 4; Nr. 53; Nr. 54; BAG AP BGB § 611 Mankohaftung Nr. 2; Nr. 3). Mankovereinbarungen verstoßen ferner trotz Zahlung eines Mankogeldes gegen die guten Sitten (§ 138 BGB), wenn die anderen ArbN nicht in zumutbarer Weise überwacht werden können (vgl. BAG AP BGB § 626 Nr. 67). Nach Rspr. des BAG kommt es für die allgemeine Mankohaftung darauf an, ob der ArbN Alleinbesitzer der Sachen ist (vgl. BAG AP BGB § 611 Mankohaftung Nr. 1). Bei einer besonderen Mankovereinbarung hat das BAG es für möglich gehalten, dass auch das Risiko der Beaufsichtigung zB von Hilfskräften übernommen wird (vgl. BAG AP BGB § 611 Mankohaftung Nr. 3). Für natürlichen Warenschwund haftet der ArbN nicht. Das Ausmaß des Warenschwundes (sog Mankospanne) kann vereinbart werden. Eine Vereinbarung, wonach ein Manko durch einen Überschuss bei einer nachfolgenden Inventur ausgeglichen werden kann, ist wegen Verstoßes gegen die guten Sitten unwirksam (vgl. BAG BB 1976, 1517). Bei einer Mankovereinbarung mit einem Kassierer ist statt des Wortes „Inventur“ das Wort „Abrechnung“ und statt des Wortes „Lager“ das Wort „Kasse“ zu verwenden.

3. **Kausalitäts- und Beweisfragen.** Eine Beweisvereinbarung über die Feststellung des Mankos, wonach der ArbN sich nicht auf die Unrichtigkeit von Inventuren, an denen er teilgenommen hat, berufen kann, ist früher als zulässig angesehen worden (vgl. BAG AP BGB § 611 Haftung des Arbeitnehmers Nr. 77), wegenegen § 309 Nr. 12 BGB sind diese nun unwirksam (*Schaub* ArbR-HdB 17. Aufl. § 59 Rn. 63; ErfK/*Preis* BGB § 310 Rn. 90). Ob das BAG seine Rspr. zu Mankovereinbarungen im Hinblick auf § 619a BGB (Beweislast bei Haftung des ArbN) oder die §§ 307, 309 Nr. 12, 310 Abs. 4 BGB explizit ändert, bleibt abzuwarten. Ohne wirksame Mankoabrede würde der ArbN wegen § 619a BGB nur für eine schuldhafte Vertragsverletzung haften. Diese müsste der ArbG ihm nachweisen (vgl. *Joussen* NZA 2001, 748; *Däubler* NZA 2001, 1332), wobei dem ArbG die Grundsätze über den Anscheinsbeweis zugute kommen könnten (vgl. *Krause* in Anm. zu AP BGB § 611 Mankohaftung Nr. 1). Mindestens trifft den ArbN eine Auskunftspflicht hinsichtlich der schadensverursachenden Umstände (vgl. BAG AP BGB § 611 Mankohaftung Nr. 2).

4. **Mankogeld.** Die Vereinbarung eines Mankogeldes ist erforderlich, damit eine Haftung ohne Verschulden zulässig ist und die Mankovereinbarung nicht wegen Verstoßes gegen die guten Sitten (§ 138 BGB) oder Treu und Glauben (§ 242 BGB) wegen übermäßiger Benachteiligung des ArbN unwirksam ist (vgl. BAG AP BGB § 611 Haftung des Arbeitnehmers Nr. 77; BAG AP BGB § 611 Mankohaftung Nr. 3; BAG AP BGB § 626 Nr. 67). Die Höhe des Mankogeldes muss dem Durchschnitt des nach dem regelmäßigen Verlauf der Dinge zu erwartenden Mankos entsprechen, damit es geeignet ist, eine hinreichende Risikoprämie darzustellen (vgl. BAG AP BGB § 611 Mankohaftung Nr. 3 u. *Krause* in Anm. dazu; ErfK/*Preis* BGB § 310 Rn. 89).

5. **Aufrechnung.** Bei dem Abzug der Mankobeträge von zu zahlendem Entgelt handelt es sich um eine Aufrechnung gegen Arbeitsvergütung, die gemäß § 394 BGB nur im Rahmen der Pfändungsfreigrenzen möglich ist. Dies gilt nicht bei vorsätzlicher Schädigung. Eine Tarifunterschreitung ist gemäß § 4 Abs. 3 TVG verboten und würde zur Unwirksamkeit der Mankoabrede führen.

6. **Steuern.** Ein Mankogeld bis 16 Euro monatlich ist nicht steuerpflichtiger Arbeitslohn (R 19.3 Abs. 1 Satz 2 Nr. 4 LStR). Darüber hinausgehende Beträge sind steuerpflichtiger Arbeitslohn. (vgl. zu weiteren Lohnsteueraspekten bei Mankoabreden: *Küttner/Thomas,* Personalbuch 2017, 187 Rn. 23 ff.).

## 23. Vereinbarung über Vertragsstrafe

**Zwischen der Fa. . . . . . (im Folgenden „Arbeitgeber" genannt)**
**und**
**Herrn/Frau . . . . . (im Folgenden „Mitarbeiter" genannt)**
**wird Folgendes vereinbart:**

1. **Nimmt der Mitarbeiter die Arbeit schuldhaft nicht oder verspätet auf, verweigert er vorübergehend unberechtigt die Arbeit, löst er das Arbeitsverhältnis ohne Einhaltung der maßgeblichen Kündigungsfrist unberechtigt auf oder wird der Arbeitgeber durch vertragswidriges Verhalten des Mitarbeiters zur außerordentlichen Kündigung veranlasst, so hat der Mitarbeiter an den Arbeitgeber eine Vertragsstrafe zu zahlen.**
2. **Als Vertragsstrafe wird für den Fall der verspäteten Aufnahme der Arbeit, der vorübergehenden Arbeitsverweigerung und der Auflösung des Arbeitsverhältnis ohne Einhaltung der maßgeblichen Kündigungsfrist ein sich aus dem vereinbarten Brutto-**

**monatsgehalt zu errechnendes Bruttotagegeld für jeden Tag der Zuwiderhandlung vereinbart, insgesamt jedoch nicht mehr als das in der gesetzlichen Mindestkündigungsfrist ansonsten zu zahlende Arbeitsentgelt. Im Übrigen beträgt die Vertragsstrafe ein Bruttomonatsgehalt. Der Arbeitgeber behält sich die Geltendmachung weiteren Schadens vor.**

**. . . . . (Ort), den . . . . .**

| | |
|---|---|
| **. . . . .** | **. . . . .** |
| **Unterschrift des Arbeitgebers** | **Unterschrift des Mitarbeiters** |

*Schrifttum: Beisenkotter,* Arbeitsvertragsbruch durch den Arbeitnehmer: Schadenersatz und Vertragsstrafe, 1997; *Brors,* „Neue" Probleme für arbeitsvertragliche Vertragsstrafeklauseln?, DB 2004, 1778; *Conein-Eikelmann,* Erste Rechtsprechung zur Wirksamkeit von Vertragsstrafeabreden nach der Schuldrechtsreform, DB 2003, 2546; *Diller,* Vertragsstrafen bei Wettbewerbsverboten: was nun?, NZA 2008, 574; *Haas/Fuhlrott,* Ein Plädoyer für mehr Flexibilität bei Vertragsstrafen, NZA-RR 2010, 1; *Hauck,* Die Vertragsstrafe im Arbeitsrecht im Lichte der Schuldrechtsreform, NZA 2006, 816; *Lakies,* AGB-Kontrolle von Vertragsstrafenvereinbarungen, ArbRAktuell 2014, 313; *Lohr,* Vertragsstrafen im Arbeitsverhältnis, MDR 2000, 429; *Mävers,* Vertragsstrafenklauseln in Arbeitsverträgen – Ein Überblick über die Rechtslage und aktuelle Rechtsprechung, ArbRAktuell 2017, 37; *Niemann,* Vertragsbruch: Strafabreden in Formulararbeitsverträgen, RdA 2013, 92; *Nolde/Günther,* Vertragsstrafenklauseln bei Vertragsbruch – Angemessene und abschreckende Strafhöhe, NZA 2012, 62; *Ostendorf,* Vertragsstrafe und pauschalierter Schadensersatz als Instrumente der Vertragsgestaltung, JuS 2015, 977; *Payrhuber,* Aus der Praxis: Vertragsstrafenklausel im Arbeitsvertrag, JuS 2009, 328; Preis/*Stoffels,* AR-Blattei SD „Vertragsstrafe" 1710; *Reichenbach,* Konventionalstrafe für den vertragsbrüchigen Arbeitnehmer, NZA 2003, 309; *Richter,* Should I stay or should go? – Risiken der Arbeitnehmerkündigung unter Missachtung der Kündigungsfrist, ArbRAktuell 2013, 509; *Schramm,* Neue Herausforderungen bei der Gestaltung von Vertragsstrafenklauseln, NJW 2008, 1494; *Stoffels,* Der Vertragsbruch des Arbeitnehmers, 1994; *Wensing/Niemann,* Vertragsstrafen in Formulararbeitsverträgen: § 307 BGB neben § 343 BGB?, NJW 2007, 401; *Winter,* Wirksamkeits- und Angemessenheitskontrolle bei Vertragsstrafen im Formulararbeitsvertrag, BB 2010, 2757.

## Anmerkungen

**1. Begriff, Zweck.** Vertragsstrafen sind unselbständige Strafversprechen im Sinne des § 339 BGB, die das ordnungsgemäße Erbringen der Arbeitsleistung absichern sollen. Der ArbG wird häufig ein Interesse haben, durch eine Vertragsstrafe zu bewirken, dass der ArbN die Arbeit wirklich antritt und auch nicht vorzeitig das Arbeitsverhältnis abbricht. Dies gilt insbesondere bei termingebundenen Arbeiten oder bei Künstlern. Ferner erleichtert es dem ArbG eine Schadloshaltung ohne Einzelnachweis, der nur schwer oder unter großem Aufwand zu führen sein wird. Ein weitergehender Schadensersatzanspruch ist nicht ausgeschlossen, sondern die Vertragsstrafe ist hierauf anzurechnen (§ 340 BGB). Mit Auszubildenden oder Volontäre und Praktikanten (§ 26 BBiG) können keine Vertragsstrafen vereinbart werden, § 12 Abs. 2 BBiG. Die Vertragsstrafe kann auch für den Fall der nicht gehörigen Vertragserfüllung vereinbart werden. Dann muss der Gläubiger sich bei Annahme der Erfüllung die Strafe ausdrücklich vorbehalten. Die Strafe kann in einer anderen Leistung als Geld bestehen; dann ist jedoch der Anspruch auf Schadensersatz aus der Hauptverbindlichkeit wegen Nichterfüllung oder nicht gehöriger Erfüllung ausgeschlossen (§ 342 BGB). Eine übermäßige Bewehrung mit Vertragsstrafen kann gemäß § 138 BGB zur

Sittenwidrigkeit des Vertrages führen, weil er dann einen Knebelungsvertrag darstellt (vgl. *Palandt/Grüneberg* BGB § 343 Rn. 8 mwN; LAG Schleswig-Holstein ARST 1991, 64).

2. **Zulässigkeit.** Vertragsstrafen in vorformulierter Fassung sind AGB und unterliegen vollumfänglich der Inhaltskontrolle nach §§ 307 ff. BGB. Sie können nach Auffassung des BAG zulässig vereinbart werden. § 309 Nr. 6 BGB steht dem nicht entgegen, da die Besonderheiten des Arbeitsrechts (§ 888 Abs. 3 ZPO Erfüllung der Arbeitsverpflichtung nicht mit Zwangsgeld oder -haft durchsetzbar) gemäß § 310 Abs. 4 S. 2 BGB die Möglichkeit erfordern, für einen verschuldeten Vertragsbruch Vertragsstrafen wirksam vereinbaren zu können (BAG NZA 2016, 945; 2009, 370; 2008, 170; 2004, 727). Aber die Anforderungen nach §§ 305 Abs. 1, 307 BGB sind zu beachten (vgl. *Mävers,* ArbRAktuell 2017, 37, *Hümmerich/Holthausen* NZA 2002, 1502; *Lingemann* NZA 2002, 191).

2a. **Überraschungsklausel.** Die Verwendung einer Vertragsstrafe ist per se nicht überraschend und beinhaltet keinen unzulässigen Überrumpelungs- oder Übertölpelungseffekt. Sie kann jedoch im Einzelfall überraschend sein, wenn sie an unerwarteter oder versteckter Stelle verwendet wird (*Haas/Fuhlrott,* Ein Plädoyer für mehr Flexibilität bei Vertragsstrafen, NZA-RR 2010, 1). In der hier gewählten Variante einer separaten Vertragsstrafenvereinbarung dürfte dies kein Problem darstellen, allerdings sollte bei Verwendung in einem Arbeitsvertrag darauf geachtet werden, dass die Regelung durch eine eindeutige Überschrift („Vertragsstrafe") und ggf. auch durch drucktechnische Hervorhebung gekennzeichnet ist. Unzulässig bzw. überraschend ist zB die Verwendung unter einer falschen oder missverständlichen Überschrift (BAG NZA 2008, 170; *Küttner/Poeche,* Personalbuch 2017, 441 Rn. 9).

3. **Bestimmtheit, Transparenz.** Die Vereinbarung muss eindeutig sein, dh es muss klar erkennbar sein, wann die Vertragsstrafe verwirkt ist (vgl. BAG EzA Nr. 7 zu § 339 BGB; BAG AP BGB § 339 Nr. 14). Die Vertragsstrafenregelung muss erkennen lassen, welche konkreten Pflichten durch sie tatsächlich gesichert werden sollen. Sie muss die zu leistende Strafe ebenso wie die sie auslösende Pflichtverletzung so klar bezeichnen, dass sich der Versprechende in seinem Verhalten darauf einstellen kann (vgl. BAG NZA 2006, 34). Bei einer Vertragsstrafe für den Fall der „vorzeitigen Beendigung" ist nur die rechtliche Beendigung strafbewehrt, das bloße Einstellen der Arbeitsleistung ist keine Kündigung, damit keine Vertragsbeendigung und wird hiervon nicht erfasst (BAG NZA 2014, 777). Eine Vertragsstrafenabrede für den Fall „schuldhaft vertragswidrigen Verhaltens des ArbN, das den ArbG zur fristlosen Kündigung veranlasst" hat das Bundesarbeitsgericht als zu unbestimmt eingeordnet (vgl. BAG NZA 2005, 1053) ebenso „im Falle eines gravierenden Vertragsverstoßes" (BAG NZA 2006, 34). Zulässig können solche allgemeinen Formulierungen dann sein, wenn sie durch eine beispielhafte Aufzählung von Pflichtverletzungen konkretisiert werden (BAG NZA 2006, 34). Die hier gewählte Regelung lehnt sich an eine Formulierung an, die das BAG im Urteil vom 28.5.2009 (AP BGB § 306 Nr. 6 = NZA 2009, 1337) als wirksam angesehen hat.

4. **Angemessenheit, Höhe.** Die Regelung darf den ArbN nicht unangemessen benachteiligen. Dies setzt ein berechtigtes Interesse des ArbG an der Absicherung voraus, das für den Fall der unberechtigten Lösung vom Vertrag bejaht wird (BAG NZA 2004, 727). Die Vertragsstrafe darf nicht eine „Einnahmequelle" für den ArbG darstellen (*Küttner/Poeche,* Personalbuch 2017, 441 Rn. 12). Unangemessen sind jedenfalls Klauseln, die auch eine Vertragsstrafe für nicht schuldhafte Vertragsverstöße vorsehen (*Küttner/Poeche,* Personalbuch 2017, 441 Rn. 13). Besonderes Gewicht bei der Angemessenheitskontrolle liegt auf der Höhe der Vertragsstrafe. Das Bundesarbeitsgericht hat entschieden, dass ein Monatsgehalt als Vertragsstrafe generell angemessen sein kann; nicht jedoch wenn die Dauer der vereinbarten Kündigungsfrist dahinter zurückbleibt oder wenn dies auch in der Probezeit mit kurzer Kündigungsfrist von zwei Wochen gilt, da die Kündigungsfrist regelmäßig das wirtschaftliche Interesse des ArbG widerspiegelt und den möglichen Schaden bestimmt

(BAG NZA 2006, 34; 2004, 727 = AP BGB § 309 Nr. 3). Eine Vertragsstrafe, die höher ist als die Arbeitsvergütung, die für die Zeit zwischen der vorzeitigen tatsächlichen Beendigung des Arbeitsverhältnisses und dem Ablauf der maßgeblichen Kündigungsfrist an den Arbeitnehmer zu zahlen gewesen wäre, ist deshalb nur ausnahmsweise angemessen im Sinne von § 307 I 1 BGB. Dies kann nur angenommen werden, wenn das Interesse des Arbeitgebers den Wert der Arbeitsleistung, der sich in der bis zum Ablauf der maßgeblichen Kündigungsfrist geschuldeten Arbeitsvergütung niederschlägt, aufgrund besonderer Umstände typischerweise und generell übersteigt (BAG NZA 2016, 945). Eine hiernach einmal unzulässige Klausel bleibt unwirksam, selbst wenn der Vertragsverstoß zB erst nach Ablauf der Probezeit begangen wird und somit im konkreten Fall die Höhe nicht unangemessen wäre (BAG NZA 2016, 945; BAG NZA 2011, 89). Zur Einhaltung dieser Prämissen enthält die obige Regelung je nach Pflichtenverstoß eine Reduzierung auf ein Bruttotagegeld. Im Einzelfall kann aber auch eine höhere Vertragsstrafe zulässig sein, bei ArbN mit besonders hohem Einkommen (so angedeutet BAG NZA 2009, 370).

5. **Rechtsfolge, Herabsetzung.** Die Rechtsfolge der Unangemessenheit ist die Unwirksamkeit der Vertragsstrafenregelung. Das Bundesarbeitsgericht hat bei einer formularmäßigen Vertragsstrafenabrede eine geltungserhaltende Reduktion auf das zulässige Maß abgelehnt (vgl. BAG NZA 2004, 727 = AP BGB § 309 Nr. 3). Eine Herabsetzung der Vertragsstrafe nach § 343 BGB setzt ein an und für sich wirksames Strafversprechen voraus, bei dem nur aufgrund besonderer Umstände des Einzelfalls die Höhe der Strafe herabzusetzen ist, und scheidet daher aus (*Küttner/Poeche,* Personalbuch 2017, 441 Rn. 14).

6. **Beweisfragen.** Die Verwirkung der Vertragsstrafe setzt Verschulden voraus (vgl. BAG AP BGB § 622 Nr. 27). Der ArbG muss das Verschulden des ArbN nachweisen, wobei ihm möglicherweise die Grundsätze über den Anscheinsbeweis zugute kommen könnten. Mindestens müsste den ArbN eine Auskunftspflicht hinsichtlich der Ursachen und des Verschuldens an der Pflichtverletzung treffen (→ Form. XIX.22 Anm. 3).

7. **Konkurrenzen.** Ist die Strafe für den Fall der Nichterfüllung versprochen worden und verlangt der Gläubiger die Erfüllung der Vertragsstrafe, so ist der Erfüllungsanspruch ausgeschlossen (§ 340 Abs. 1 S. 2 BGB). Steht dem Gläubiger ein Schadensersatzanspruch wegen Nichterfüllung zu, so kann die Strafe ohne Schadensnachweis als Mindestbetrag verlangt werden; die Geltendmachung eines weiteren Schadens ist möglich (§ 340 Abs. 2 BGB). Ist die Strafe für den Fall der nicht gehörigen Erfüllung der Hauptverbindlichkeit vereinbart worden, so kann der Gläubiger die Strafe neben der Erfüllung verlangen (§ 341 Abs. 1 BGB). Bei Annahme der Erfüllung muss er sich aber die Strafe vorbehalten. Die Strafe kann als Mindestbetrag des Schadens verlangt werden (§ 341 Abs. 2 BGB). Ein derartiges Strafversprechen kann aber wegen Umgehung der Grund- sätze über die Arbeitnehmerhaftung (§ 619a BGB) unwirksam sein (vgl. *Schaub* ArbR-HdB 17. Aufl. § 57 Rn. 15 ).

8. **Aufrechnung.** Die Aufrechnung gegen etwaige Restverdienstforderungen des ArbN ist im Rahmen der Pfändungsfreigrenzen möglich.

9. **Betriebsverfassungsrecht.** Bei der Regelung von Vertragsstrafen besteht kein Mitbestimmungsrecht des Betriebsrats nach § 87 BetrVG (vgl. GK/*Wiese* BetrVG § 87 Rn. 240 mwN; aA *Schaub* ArbR-HdB 17. Aufl. § 57 Rn. 3, wenn sie als Sanktionsmittel zur Ordnung des Betriebs eingesetzt werden). Der ArbG kann nicht mit dem Betriebsrat rechtswirksam eine Vereinbarung treffen, wonach er verpflichtet ist, bei Verstößen gegen Mitbestimmungsrechte eine Vertragsstrafe an den Betriebsrat oder einen Dritten zu zahlen. Dem Betriebsrat fehlt hierfür die erforderliche Vermögens- und Rechtsfähigkeit (BAG NZA 2005, 123 und BAG NZA 2010, 592).

## 24. Abtretung von Schadensersatzansprüchen

Zwischen der Fa. . . . . . (im Folgenden „Arbeitgeber/Ausbildender" genannt)
und
Herrn/Frau . . . . . (im Folgenden „Arbeitnehmer/Auszubildender" genannt)
(gesetzlich vertreten durch seinen/ihren Vater . . . . .
durch seine/ihre Mutter . . . . .)
wird Folgendes vereinbart:
Der Arbeitnehmer/Auszubildende tritt seine Schadensersatzforderungen insoweit an den Arbeitgeber/Ausbildenden ab, als er durch einen Dritten verletzt wird und infolge Arbeitsunfähigkeit von dem Arbeitgeber/Ausbildenden Vergütungsfortzahlung im Krankheitsfall erhält.
. . . . . Ort, den . . . . .

| | |
|---|---|
| . . . . . | . . . . . |
| Unterschrift des Arbeitgebers/Ausbildenden | Unterschrift des Arbeitnehmers/Auszubildenden |

. . . . .
(Unterschriften der gesetzlichen
Vertreter des Auszubildenden)

*Schrifttum: Balke,* Schadenspositionen von A bis Z: Anwaltskosten des Arbeitgebers – Eine kurze Rechtsprechungsübersicht zur Erstattungsfähigkeit von Rechtsanwaltskosten für die Durchsetzung des Entgeltfortzahlungsregresses des Arbeitgebers gemäß § 6 Abs. 1 EFZG, SVR 2015, 415; *Benner,* Entgeltfortzahlung und Dritthaftung, DB 1999, 482, *Hanau,* AR-Blattei Schadensersatz im Arbeitsrecht II; *Burmann/Jahnke,* Lohnfortzahlung und Regress des Arbeitgebers bei nicht bewiesener Verletzung des Arbeitnehmers, NZV 2013, 313; *Holtmann,* Arbeitsunfall und Haftungsrisiken, 1998; *Marburger,* Forderungsübergang nach § 6 EFZG bei Verkehrsunfällen, NZV 2015, 578; *Schlünder,* Forderungsübergang bei Dritthaftung – Arbeitsrechtliche Fallkonstellationen des § 6 I EFZG; NZA 2012, 1126; *Schwab,* Die Schadenshaftung im Arbeitsverhältnis – Eine Übersicht – 1. Teil: Die Haftung des Arbeitnehmers, NZA-RR 2006, 449.

### Anmerkungen

**1. Sachverhalt.** Der ArbN oder Auszubildende erlangt auch dann einen gesetzlichen Anspruch auf Entgeltfortzahlung nach EFZG, wenn ein Dritter seine Arbeitsunfähigkeit verursacht hat. Daneben kann ein Anspruch auf Schadensersatz gegeben sein, wenn ein Fall der Gefährdungshaftung (zB § 7 StVG) oder ein schuldhaftes Handeln des Dritten vorliegt. Gemäß § 6 EFZG (cessio legis) geht im Falle der Dritthaftung der Anspruch des ArbN auf Verdienstausfall (und Sozialabgaben) auf den ArbG über, es sei denn es gilt das anspruchsausschließende Haftungsprivileg des § 105 SGB VII bei Arbeitsunfällen unter Arbeitskollegen (näher hierzu *Küttner/Griese,* Personalbuch 2017, 33, Rn. 3 ff.) oder § 116 Abs. 6 S. 1 SGB X analog verhindert bei fahrlässiger Schädigung durch Familienangehörige den Forderungsübergang (ErfK/*Reinhard* EFZG § 6 Rn. 7) oder der Anspruch ist bereits nach sozialversicherungsrechtlichen Vorschriften z. B. an den Unfallversicherungsträger übergegangen, der EFZ kongruente Leistungen wie Verletztengeld oder –

rente erbringt (BGH, VersR 2009, 230, ErfK/*Reinhard* EFZG § 6 Rn. 6). (Es bedarf an sich nicht mehr der zusätzlichen vertraglichen Abtretung. Eine vertragliche Abtretung ist erforderlich, wenn Entgeltfortzahlung über den gesetzlichen vorgesehen Umfang des § 3 Abs. 1 oder 3 EFZG hinaus (freiwillig, tarif- oder arbeitsvertraglich) bezahlt wird (str. so ErfK/*Reinhard* EFZG § 6 Rn. 11 mwN). Im Regelfall wird damit aber allenfalls gegenüber dem Schädiger klargestellt, wem der Anspruch auf Schadensersatz zusteht, und einem Fall des § 7 Abs. 1 Nr. 2 EFZG (Verhinderung des Anspruchsübergangs durch den ArbN) entgegengewirkt. Da der Ersatzanspruch nach § 6 EFZG nur wenn und soweit der ArbG Entgeltfortzahlung leistet, übergeht („sukzessiver Forderungsübergang", anders im Sozialversicherungsrecht bereits mit Schadensereignis), ist es möglich, dass der ArbN im Zeitraum zwischen schädigenden Ereignis und Entgeltfortzahlung zum Nachteil des ArbG über den Ersatzanspruch wirksam verfügt (zB Verzicht, Abtretung oder in der Praxis häufig Abfindungsvergleich mit der Haftpflichtversicherung des Schädigers, Tilgung) und uU auch noch danach. In diesen Fällen, aber auch bei Behinderung in tatsächlicher Hinsicht (Nichterfüllung der Pflichten nach § 6 Abs. 2 EFZG) hat der ArbG jedoch dann auch bezüglich der Entgeltfortzahlung ein (dauerhaftes) Leistungsverweigerungsrecht (§ 7 Abs. 1 Nr. 2 EFZG). Bei einer schuldhaften Verhinderung des Anspruchsübergangs nach Beginn der Entgeltfortzahlung kann das Leistungsverweigerungsrecht einen Anspruch auf Rückzahlung nach § 812 BGB bewirken (LAG Schleswig-Holstein NZA-RR 2006, 568; ErfK/*Reinhard* EFZG § 7 Rn. 12 ff.).

**2. Befriedigungsvorrecht.** Wenn das Vermögen des Schädigers nicht zur Befriedigung des ArbN (bzgl. der Sachschadens- oder Schmerzensgeldansprüche etc) ausreicht oder der Anspruch auf Ersatz eines Schadens durch Gesetz der Höhe nach begrenzt ist (zB § 12 StVG, § 9 HaftPflG), kann der ArbG den Forderungsübergang nicht zum Nachteil des ArbN geltend machen, sondern die Ansprüche des ArbN gehen nach § 6 Abs. 3 EFZG vor (früher Quotenvorrecht). Dies gilt nach § 116 Abs. 2 und 4 SGB X auch gegenüber dem Sozialversicherungsträger. Kann der ArbG seine Ansprüche wegen des Quotenvorrechts nicht realisieren, darf er diese auch nicht vom ArbN verlangen oder die Entgeltfortzahlung kürzen. Selbiges gilt auch, wenn aufgrund des Mitverschuldens des ArbN der Ersatzanspruch gekürzt ist (ErfK/*Reinhard* EFZG § 6 Rn. 21 f.).

**3. Form.** Für Auszubildende → Form. XIX.16 Anm. 5.

## 25. Versorgungszusage für betriebliches Ruhegeld

**der Firma[1–7]. . . . . (im Folgenden „Firma" genannt)**

**für**

**Herrn/Frau . . . . . (im Folgenden „Arbeitnehmer" genannt)**

**§ 1 Betriebliches Ruhegeld**

**(1) Die Firma verpflichtet sich, dem Arbeitnehmer ein betriebliches Ruhegeld in Form der Altersrente und der Erwerbsminderungsrente zu gewähren, wenn er mit Erreichen oder nach Erreichen der Regelaltersgrenze der gesetzlichen Rentenversicherung oder aufgrund teilweiser oder voller Erwerbsminderung im Sinne von § 43 SGB VI aus dem Arbeitsverhältnis ausscheidet.[4, 8, 10, 12, 28] Die Erwerbsminderung wird für beide Seiten bindend durch den Bescheid des Rentenversicherungsträgers festgestellt.**

(2) Voraussetzung für die Gewährung ist, dass der Arbeitnehmer bei Eintritt des Versorgungsfalls über eine Betriebszugehörigkeit von 10 Jahren verfügt.[9, 33]

(3) Als Zeiten der Betriebszugehörigkeit gelten solche Zeiten, in denen der Arbeitnehmer im Arbeitsverhältnis zu der Firma oder solchen Unternehmen gestanden hat, die durch einheitliche Leitung mit der Firma verbunden sind. Zeiten eines Berufsausbildungsverhältnisses sind anzurechnen. Bei unverschuldeter Unterbrechung der Betriebszugehörigkeit gilt die Unterbrechung dann als nicht erfolgt, wenn sie . . . . . Tage/Monate nicht übersteigt. Bei längerer unverschuldeter Unterbrechung werden die Zeiten der Betriebszugehörigkeit zusammengerechnet; die Zeit der Unterbrechung bleibt außer Betracht.[11]

§ 2 Höhe des Ruhegeldes

(1) Das betriebliche Ruhegeld beträgt 15 % des letzten Bruttomonatseinkommens des Arbeitnehmers. Dieses Bruttomonatseinkommen errechnet sich aus dem Durchschnitt der letzten 12 Monate des Arbeitsverhältnisses, in denen der Arbeitnehmer Anspruch auf Vergütung gegenüber der Firma hatte. Bei der Ermittlung des Bruttomonatseinkommens bleiben Weihnachtsgratifikationen, Tantiemen und sonstige einmalige Zahlungen sowie vermögenswirksame Leistungen und etwaige Sachbezüge außer Betracht.[4, 8, 13, 14, 15, 30, 31, 36]

(2) Bei Teilzeitbeschäftigung des Arbeitnehmers im Verlauf des Arbeitsverhältnisses wird das betriebliche Ruhegeld anteilig im Verhältnis des tatsächlich erreichten durchschnittlichen Beschäftigungsgrades zur Vollzeit berechnet.[13]

(3) Im Falle der Inanspruchnahme von betrieblichem Ruhegeld wegen teilweiser oder voller Erwerbsminderung bis zum 55. Lebensjahr erhält der Arbeitnehmer bis zur Vollendung des 65. Lebensjahres ein um 50 % vermindertes betriebliches Ruhegeld.[12]

(4) Nimmt der Arbeitnehmer Altersrente vor Erreichen der Regelaltersgrenze der gesetzlichen Rentenversicherung in Anspruch (vorzeitige Altersrente), so verringert sich das zu zahlende betriebliche Ruhegeld um 0,3 % pro jeden angefangenen Monat der vorzeitigen Inanspruchnahme[4, 8, 12, 13, 19, 28]

§ 3 Anwartschaft

(1) Die Zusage des betrieblichen Ruhegeldes begründet eine unverfallbare Anwartschaft, wenn der Arbeitnehmer mindestens das 21. Lebensjahr vollendet hat und die Versorgungszusage für ihn mindestens 3 Jahre bestanden hat.[10, 11, 33]

(2) Scheidet der Arbeitnehmer vor Eintritt des Versorgungsfalls aus dem Arbeitsverhältnis aus, so hat er lediglich einen Anspruch auf einen Anteil des ohne das vorzeitige Ausscheiden bis zur Erreichung der Regelaltersgrenze der gesetzlichen Rentenversicherung im Betrieb erreichbaren vollen betrieblichen Ruhegeldes, berechnet nach dem Verhältnis der bis zum Zeitpunkt des Ausscheidens erreichten Betriebszugehörigkeit zu der bis zum Erreichen der Regelaltersgrenze der gesetzlichen Rentenversicherung theoretisch erreichbaren Betriebszugehörigkeit. Im Falle der teilweisen oder vollen Erwerbsminderung gilt ferner § 2 Abs. 1 S. 2 BetrAVG.[12, 13]

(3) Bei Eintritt des Versorgungsfalls ist das betriebliche Ruhegeld zu berechnen unter Zugrundelegung des letzten Bruttomonatseinkommens des mit der unverfallbaren Anwartschaft ausgeschiedenen Arbeitnehmers, das gem. § 2 Abs. 1 S. 2 u. 3 zu ermitteln ist. Bei Teilzeitbeschäftigung des Arbeitnehmers im Verlauf des Arbeitsverhältnisses gilt § 2 Abs. 2.[13, 16, 17, 18]

§ 4 Fälligkeit des betrieblichen Ruhegelds

(1) Die Zahlung des betrieblichen Ruhegelds erfolgt erstmalig bei Altersrente mit Ablauf des Monats, in dem das Arbeitsverhältnis des Arbeitnehmers endet und er das Lebensjahr

erreicht, das nach den Bestimmungen der gesetzlichen Rentenversicherung zum Bezug einer Altersrente berechtigt, bei Rente wegen teilweiser oder voller Erwerbsminderung mit Ablauf des Monats, in den das Ausscheiden wegen teilweiser oder voller Erwerbsfähigkeit fällt.

(2) Das betriebliche Ruhegeld wird monatlich nachträglich gezahlt.

(3) Der Anspruch auf Zahlung des Ruhegelds ruht, solange dem Arbeitnehmer Dienstbezüge gezahlt werden; es sei denn, es handelt sich bei diesen Zahlungen um einmalige Leistungen wie Tantiemen oÄ, die erst nach Ausscheiden fällig werden.[20]

(4) Zahlung eines betrieblichen Ruhegelds wegen teilweiser oder voller Erwerbsminderung kann nur beansprucht werden bis zum Ablauf des Monats, in dem die teilweise oder volle Erwerbsminderung endet.[28,33]

§ 5 Versorgungsbezüge der Hinterbliebenen des Arbeitnehmers

(1) Die Versorgungsbezüge der Witwe/des Witwers betragen 60 % des betrieblichen Ruhegelds, das der Arbeitnehmer bei seinem Tode beanspruchen konnte.[4,19] Solche Bezüge erhält nur die Ehepartnerin/der Ehepartner, die/der vor dem Eintritt des Versorgungsfalls: *alternativ:* Ausscheiden aus dem Arbeitsverhältnis bereits mit dem Arbeitnehmer verheiratet war. Der Anspruch der Witwe/des Witwers entfällt mit dem Ende des Monats, in den die Wiederverheiratung fällt. Ein Anspruch der Witwe/Witwer besteht nicht, wenn sie/er mehr als 15 Jahr jünger ist als der Arbeitnehmer.

(2) Die Versorgungsbezüge seiner Kinder als Halbwaisen betragen 12 % des betrieblichen Ruhegelds, das der Arbeitnehmer bei seinem Tode beanspruchen konnte, die der Vollwaisen 20 %. Solche Bezüge erhalten die Kinder bis zu ihrem 18. Lebensjahr und unter den Voraussetzungen des § 32 Abs. 3 und Abs. 4 S. 1 Nr. 1–3 und Abs. 5 EStG bis längstens zum 25. Lebensjahr.[19]

(3) Die Witwen-/Witwerrente und die Halbwaisen- oder Waisenrenten werden anteilig im gleichen Verhältnis gekürzt, wenn sie zusammengerechnet den Anspruch des Arbeitnehmers auf betriebliches Ruhegeld im Zeitpunkt seines Todes übersteigen.

(4) Die Zahlung der Witwen-/Witwer-, Halbwaisen- oder Waisenrenten beginnt mit dem auf den Sterbemonat folgenden Monat.

(5) Der Anspruch auf Witwen-/Witwer-, Halbwaisen- oder Waisenrenten ruht, solange die Witwe-/der Witwer oder die Halbwaisen/Waisen Fortzahlung der Vergütung des Arbeitnehmers erhalten.[19, 20]

(6) Bei eingetragenen Lebenspartnerschaften gelten die Regelungen über die Witwen-/Witwerrente entsprechend.[19]

§ 6 Anrechnung anderweitiger Versorgungsleistungen[14, 15]

Eine Anrechnung anderweitiger Versorgungsleistungen auf das betriebliche Ruhegeld findet nicht statt.

§ 7 Anpassungsprüfung

(1) Die Firma prüft alle 3 Jahre nach Eintritt des Versorgungsfalls die Anpassung der laufenden Versorgungsbezüge im Sinne des § 16 BetrAVG.[21]

(2) Die Überprüfung erfolgt für alle Versorgungsberechtigten der Firma einheitlich zum . . . . . eines Kalenderjahres unabhängig davon, in welchem Kalendermonat erstmals das betriebliche Ruhegeld gezahlt wurde.[22] Das Ergebnis wird dem Arbeitnehmer schriftlich mitgeteilt.

§ 8 Auskunftserteilung

Der Arbeitnehmer hat der Firma alle Auskünfte zu erteilen, die zur Berechnung des Versorgungsanspruchs notwendig sind, und die erforderlichen Unterlagen vorzulegen.[23] Jede Änderung des Rentenbescheids muss er unverzüglich mitteilen.

§ 9 Abtretung von Schadensersatzansprüchen

Ist der Eintritt des Versorgungsfalls auf das Verhalten eines Dritten zurückzuführen, und ist dieser deshalb verpflichtet, gleichartige Leistungen als Schadensersatz zu erbringen, so muss der Arbeitnehmer Schadensersatzansprüche gegen diesen Dritten bis zur Höhe des betrieblichen Ruhegelds an die Firma abtreten.[24]

§ 10 Kürzung und Widerruf der Versorgungszusage

Die Firma behält sich vor, die zugesagten Leistungen zu kürzen oder zu widerrufen, wenn die bei Erteilung der Versorgungszusage maßgeblichen Verhältnisse sich nachhaltig so wesentlich geändert haben, dass ihr die Aufrechterhaltung der zugesagten Leistungen nach billigem Ermessen unter objektiver Beachtung der Belange des Arbeitnehmers nicht zugemutet werden kann. Sie ist hierzu insbesondere berechtigt, wenn
a) die wirtschaftliche Lage der Firma sich nachhaltig so wesentlich verschlechtert hat, dass ihr die Aufrechterhaltung der zugesagten Leistungen nicht mehr zugemutet werden kann, oder
b) der Personenkreis, die Beiträge, die Leistungen oder das Pensionierungsalter bei der gesetzlichen Sozialversicherung oder anderen Versorgungseinrichtungen mit Rechtsanspruch sich wesentlich ändern, oder
c) die rechtliche, insbesondere die steuerrechtliche Behandlung der Aufwendungen, die zur planmäßigen Finanzierung der Versorgungsleistungen von der Firma gemacht werden oder gemacht worden sind, sich so wesentlich ändert, dass der Firma die Aufrechterhaltung der zugesagten Leistungen nicht mehr zugemutet werden kann, oder
d) der Arbeitnehmer Handlungen begeht, die in grober Weise gegen Treu und Glauben verstoßen oder zu einer fristlosen Entlassung berechtigen würden.[25, 26, 27, 28, 31, 32]

§ 11 Anwendung der gesetzlichen Vorschriften

Ergänzend finden die Regelungen des BetrAVG Anwendung.[12, 29, 30, 31, 32, 33]

§ 12 Schlussbestimmungen[34]

(1) Mündliche Nebenabreden bestehen nicht. Änderungen und Ergänzungen dieser Versorgungszusage bedürfen zu ihrer Wirksamkeit der Schriftform. Dies gilt auch für die Aufhebung und Änderung dieser Schriftformklausel. Ausgeschlossen sind damit Vertragsänderungen durch betriebliche Übung. Der Vorrang von individuellen mündlichen Vertragsabreden zwischen den Parteien nach Vertragsschluss (§ 305b BGB) bleibt unberührt.
(2) Sind einzelne Bestimmungen dieser Versorgungszusage ganz oder teilweise unwirksam, so berührt dieses nicht die Wirksamkeit der übrigen Regelungen der Versorgungszusage.
(3) Die Parteien sind in einem solchen Falle verpflichtet, an der Schaffung von Bestimmungen mitzuwirken, durch die ein der unwirksamen Bestimmung möglichst nahekommender wirtschaftlicher Erfolg rechtswirksam erzielt wird.

. . . . . (Ort), den . . . . .

| | |
|---|---|
| . . . . . | . . . . . |
| Unterschrift des Arbeitgebers | Unterschrift des Arbeitnehmers[35,36] |

*Schrifttum:* a) Kommentare, Lehrbücher und Monographien: *aba Arbeitsgemeinschaft für betriebliche Altersversorgung e. V.,* Handbuch der betrieblichen Altersversorgung H-BetrAV, Stand 2017; *Ahrend/Förster/Rößler,* Arbeitsrecht/Steuerrecht der betrieblichen Altersversorgung, Loseblattsammlungen, 2017; *Asmis/Engelstädter/Schwebe,* Betriebliche Altersversorgung, 4. Aufl., 2013; *Blomeyer/Rolfs/Otto,* Betriebsrentengesetz: BetrAVG Gesetz zur Verbesserung der betrieblichen Altersversorgung, 6. Aufl., 2015; *Bode/Obenberger,* Die betriebliche Altersversorgung nach dem Betriebsrentengesetz 2005, 2005; *Boecken/Düwell/Diller/Hanau,* Gesamtes Arbeitsrecht, 1. Aufl. 2018; *Buttler/Keller* Einführung in die betriebliche Altersversorgung, 8. Aufl., 2017; *Droßel,* Das neue Betriebsrentenrecht, 1. Aufl. 2018; *Förster/Cisch/Karst,* Betriebsrentengesetz, 14. Aufl., 2014; *Griebeling/Griebeling,* Betriebliche Altersversorgung, 2. Aufl., 2003; *Hanau/Arteaga/Rieble/Veit,* Entgeltumwandlung, 3. Aufl. 2014; *Höfer/Veit/Verhuven,* Betriebsrentenrecht (BetrAVG), Loseblatt-Kommentar, Bd. 1 Arbeitsrecht, 2017 u. Bd. 2 Steuerrecht, 2016; *Kemper/Kisters-Kölkes,* Arbeitsrechtliche Grundzüge der betrieblichen Altersversorgung, 9. Aufl., 2017; *dies./Berenz/Huber/Betz-Rehm* BetrAVG – Kommentar zum Betriebsrentengesetz mit Insolvenzsicherung und Versorgungsausgleich, 57 Aufl., 2018; *Klemm/Hamisch,* Betriebliche Altersversorgung, 3. Aufl., 2009; *Langohr-Plato,* Rechtshandbuch Betriebliche Altersversorgung, 7. Aufl., 2016; *Leichum,* Die Direktversicherung in der betrieblichen Altersversorgung, 2005; *Roth,* Private Altersvorsorge: Betriebsrentenrecht und individuelle Vorsorge, 2009; *Schlewing/Henssler/Schipp/Schnitker,* Arbeitsrecht der betrieblichen Altersversorgung, Loseblattsammlung, 2017; *Stief,* Die neue Altersteilzeit in der Praxis, 2. Aufl., 2006; *Uckermann/Fuhrmanns/Ostermayer/Doetsch,*Das Recht der betrieblichen Altersversorgung, 2014.

b) Aufsätze: *Allgaier,* Tarifvertragliche Zusage in der betrieblichen Altersversorgung – Teil 1, Teil 2, NZA 2011, 786, 899; *Ars/Teslau,* Der Ausschluss befristet beschäftigter Arbeitnehmer aus der betrieblichen Altersversorgung, NZA 2006, 297; *Bauer/Thüsing/Schunder,* Das Allgemeine Gleichbehandlungsgesetz – Alter Wein in neuen Schläuchen?, NZA 2006, 774; *Baumeister/Merten,* Rente ab 67 – Neue Altersgrenzen in der gesetzlichen und zusätzlichen Altersvorsorge, DB 2007, 1306; *Beck/Franzen,* Aktuelle Rechtsprechung des BAG zur Betrieblichen Altersvorsorge, ArbRAktuell 2017, 87; *Berenz,* Übergang des Vermögens einer Unterstützungskasse auf den PSVaG bei Insolvenz des Trägerunternehmens – Systematik des § 9 Abs. 3 BetrAVG, Betr. 2006, 1006; *Blumenstein,* Neues Abkommen zur Übertragung von Direktversicherungen oder Versicherungen in einer Pensionskasse bei Arbeitgeberwechsel, Betr. 2006, 218; *Böhm/Ulbrich,* Versorgungszusagen mit gespaltener Rentenformel auf dem Prüfstand, BB 2010, 1341; *Boemke,* Wirtschaftliche Notlage und Widerruf von Zusagen der betrieblichen Altersversorgung, NJW 2009, 2491; *ders.,* Widerruf von Versorgungszusagen wegen wirtschaftlicher Notlage, RdA 2010, 10; *ders.,* Die wirtschaftliche Notlage als Widerrufsgrund für Versorgungszusagen, BetrAV 2010, 205; *Buddenbrock/Manhardt,* Betriebliche Mitbestimmung an der betrieblichen Altersversorgung, BB 2011, 2293; *Cisch/Bleeck,* BB-Rechtsprechungsreport zur betrieblichen Altersversorgung 2009/2010, BB 2010, 1215; *dies./Karst,* BB-Rechtsprechungsreport zur betrieblichen Altersversorgung 2010/2011, BB 2011, 1141; *dies.,* BB-Rechtsprechungsreport zur betrieblichen Altersversorgung 2011/2012, BB 2012, 1153; *dies.,* BB-Rechtsprechungsreport zur betrieblichen Altersversorgung 2012/2013, BB 2013, 1205; *dies.,* BB-Rechtsprechungsreport zur betrieblichen Altersversorgung 2013/2014, BB 2014, 1141; *dies.,* BB-Rechtsprechungsreport zur betrieblichen Altersversorgung 2014/2015, BB 2015, 1128; *dies.,* BB-Rechtsprechungsreport zur betrieblichen Altersversorgung 2016/2017, BB 2017, 1012; *Cisch/Böhm,* Das Allgemeine Gleichbehandlungsgesetz und die betriebliche Altersversorgung in Deutschland, BB 2007, 602; *Cisch/Kruip,* Die Auswirkung der Anhebung der Altersgrenzen in der gesetzlichen Rentenversicherung auf die betriebliche Altersversorgung, BB 2007, 1162; *Debler,* Altersteilzeit – „Störfälle" und andere unvorhergesehene Ereignisse, NZA 2001, 1285; *Diller,* Abfindung von Betriebsrenten und Anwartschaften, NZA 2011,

1021; *ders.*, Diskriminierung der ratierlichen Kürzung nach § 2 BetrAVG?, NZA 2011, 725; *Ehrentraut,* Betriebsrenten im demografischen Wandel, BetrAV 2009, 379; *Feudner,* Nachholende Rentenanpassung gem. § 16 BetrAVG – Wie weit ist nachzuholen?, Betr. 2005, 50; *Grabner/Bode,* Neue BAG-Rechtsprechung zur vorgezogenen betrieblichen Altersrente im Widerspruch zur arbeitsrechtlichen Gleichbehandlung, BB 2001, 2425; *Guse,* Die „gemeinsame Einrichtung" – das unbekannte Wesen, DB 2017, 2736; *Fraedrich,* Sozialversicherungsrechtliche Grundlagen der betrieblichen Altersversorgung, NZA 2012, 129; *Haas,* Überführung der Pensionszusage in eine Unterstützungskasse, DStR 2012, 987; *Granetzny/Wallraven,* Ausgewählte Rechtsfragen der betrieblichen Altersversorgung im Konzern, NZA 2017, 1231; *Giese/Orth,* „Equal Pay" ohne Ausnahme: Umgang mit der betrieblichen Altersversorgung in der Leiharbeit, BB 2017, 693; *Günther/Diller,* Plädoyer für das Ende der Dreistufentheorie in der betrieblichen Altersversorgung, DB 2017, 908; *Heither,* Nachwirkung einer gekündigten Betriebsvereinbarung zur betrieblichen Altersversorgung, DB 2008, 2705; *Höfer/Witt/Kuchem,* Die Anpassung betrieblicher Versorgungsregelungen an die neuen Altersgrenzen in der Rentenversicherung, BB 2007, 1445; *Höfer,* Auswertung der Umfrage zur betrieblichen Altersversorgung, BB 2007, 885; *ders.*, Der gesetzliche Beitragszuschuss zur Entgeltumwandlung für betriebliche Altersversorgung, DB 2017, 2481; *Horn/Vogel,* In der Geschäftsführung tätige Gesellschafter und das BetrAVG, BetrAV 2010, 640; *Hunold,* Ausgewählte Rechtsprechung zur Gleichbehandlung im Betrieb – 2. Teil: Sonderzulagen, betriebliche Altersversorgung, sonstige Arbeitsbedingungen, Kündigung, Sozialplan, NZA 2006, 617; *Karst,* Beitragsorientierte Leistungszusage bei Direktzusagen – inhaltliche Anforderungen, BB 2017, 2164; *Kremhelmer/Cisch,* Neue Rechtsprechung des Bundesarbeitsgerichts zur Betriebsrente, Betr. Beil. 3 zu Heft 23 v. 10.6.2005, S. 25; *Jurk/Kolvenbach,* Wackelt jetzt auch die zweite Säule?, AuA 2009, 68; *Kleffmann/Reich,* Aktuelle Entwicklungen in der betrieblichen Altersversorgung beim Unternehmenskauf, BB 2009, 214; *Körper,* Steuerliche Förderung der privaten Altersversorgung und betriebliche Altersversorgung – BMF – Schreiben vom 31.3.2010, DStR 2010, 1214; *Kortmann,* Die betriebliche Altersversorgung in Privatwirtschaft und öffentlichem Dienst, BetrAV 2007, 503; *Langohr-Plato,* Die rechtlichen Rahmenbedingungen bei der Anpassungsprüfung laufender Betriebsrenten nach § 16 BetrAVG, BB 2002, 406; *ders.*, Besondere Beschäftigungsverhältnisse und ihre Besonderheiten in der betrieblichen Altersversorgung, NZA 2016, 1051; *Löwisch/Diller,* Wechsel des Durchführungsweges in der bAV gegen den Willen des Arbeitnehmers, BetrAV 2010, 411; *May/Birkel,* Verwendung von Wertguthaben für Zwecke der betrieblichen Altersversorgung – welchen Bestandsschutz gewährt das Flexi II?, BetrAV 2009, 514; *Meese/Maiß,* Abfindung und Kapitalisierung von Anwartschaften und laufenden Leistungen der betrieblichen Altersversorgung, ArbR 2011, 579; *Meissner,* Das BMF-Schreiben zur Förderung der betrieblichen Altersversorgung, *DStR 2018, 99; Metz,* „Bilanzielle Auslagerung" von Versorgungsverbindlichkeiten nach BilMoG, BB 2009, 2244, *Mück/Schmalz,* Betriebliche Altersvorsorge und Tarifvertrag, AiB 2010, 477; *Müller,* Gestaltungsoptionen und Herausforderungen des Betriebsrentenstärkungsgesetzes (BRSG) als neues Sozialpartnermodell, öAT 2018, 30; *Müller,* Betriebsstilllegung und Liquidation: Handlungsbedarf auch für die betriebliche Altersversorgung, BB 2015, 2423; *Neumann,* Die Vorstandsversorgung in der Insolvenz, DB 2007, 744; *Plenker,* Steuerliche Neuregelungen bei der betrieblichen Altersversorgung durch das sog. Betriebsrentenstärkungsgesetz ab 1.1.2018, DB 2017, 1534; *Powietzka,* Eingetragene Lebenspartnerschaft und Arbeitsrecht, BB 2002, 146; *Preis,* Altersdiskriminierung im Betriebsrentenrecht, BetrAV 2010, 513; *Reichel/Volk,* Portabilität von Versorgungsanwartschaften in der betrieblichen Altersversorgung, Betr. 2005, 886; *Reichenbach/Grüneklee,* Betriebliche Altersversorgung: Zeitgemäße Weiterentwicklung der Nettolohnobergrenze im Rahmen von § 16 BetrAVG, Betr. 2006, 446; *dies.*, Rente erst mit 67: Anpassungsbedarf für betriebliche Versorgungsregelungen?, Betr. 2006, 2234;

*Reinecke,* Neue Rechtsprechung des Bundesarbeitsgerichts zum Betriebsrentenrecht (2002–2005), Betr. 2005, 1963; *ders.*, Schutz des Arbeitnehmers im Betriebsrentenrecht: Informationspflichten des Arbeitgebers und Kontrolle von Versorgungsvereinbarungen, Betr. 2006, 555; *ders.*, Hinweis-, Informations- und Beratungspflichten im Betriebsrentenrecht nach der Reform des Versicherungsvertragsrechts, RdA 2009, 13; *ders.*, Betriebliche Altersversorgung: Invalidenversorgung – Ein Rechtsprechungsbericht, Betr. 2010, 2167; *ders.* Betriebliche Altersversorgung: Wechsel des Durchführungsweges gegen den Willen des Arbeitnehmers, Betr. 2010, 2392; *ders.*, Der Begriff der betrieblichen Altersversorgung in der Rechtsprechung des Bundesarbeitsgerichts, BB 2011, 245; *ders.*, Betriebliche Hinterbliebenenversorgung in der Rechtsprechung des BAG, BB 2012, 1025; *ders.*,Informations- und Beratungspflichten in der betrieblichen Altersversorgung, insbesondere bei Entgeltumwandlung, NZA 2015, 1153: ; *Reinsch/Novara/Stratmann*, Übertragung von unverfallbaren Anwartschaften beim Arbeitgeberwechsel, NZA 2011, 10; *Rengier,* Betriebliche Altersversorgung und Allgemeines Gleichbehandlungsgesetz, NZA 2006, 1251; *Richardi,* Teilwiderruf einer Versorgungszusage, RdA 2010, 59; *Rößler,* Zur Anpassungsprüfungspflicht, des Arbeitgebers nach § 16 BetrAVG, NZA 2007, 1; *ders.*, Auslegung von Versorgungszusagen – Risiken erkennen und vermeiden, DB 2009, 2490; *Rolfs,* Stärkung der Betriebsrenten, NZA 2017, 1287; ders. Beratungs- und Informationspflichten in der betrieblichen Altersversorgung nach der VVG-Reform, BetrAV 2010, 199; *ders.*, Auswirkungen der „Rente mit 67" auf betriebliche Versorgungssysteme, NZA 2011, 540; *Saal/Flockenhaus,* „Outsourcing" von Pensionsverbindlichkeiten – Wirksame Maßnahmen im Niedrigzinsumfeld, BB 2017, 2933; *Salamon,* Rechtsprobleme gemischt individual- und betriebsvereinbarungsrechtlicher Ruhegeldzusagen – insbesondere Reichweite der normativen Geltung und Nachwirkung, NZA 2010, 536; *Schipp,* Vorgezogenes Altersruhegeld, NZA 2002, 1113; *ders.*, Zusagen auf betriebliches Ruhegeld nach dem System des BetrAVG, NZA 2011, 445; *Schlewing,* Fortgeltung oder Nachwirkung gekündigter Betriebsvereinbarungen über Leistungen der betrieblichen Altersversorgung?, NZA 2010, 529; *dies.*, Die aktuelle Rechtsprechung des BAG zur Anpassung der Betriebsrenten an den Kaufkraftverlust RdA 2010, 304; *Schmidt,* Betriebliche Altersversorgung und Zwangsvollstreckung, BetrAV 2010, 340; *Schnitker/Sittard,* Wie frei ist der Arbeitgeber? Betriebliche Altersversorgung und Mitbestimmung, NZA 2011, 331; *Schrader,* Gleichbehandlung von Arbeitern und Angestellten bei der Betriebsrente, RdA 2010, 308; *Seel,* Die rechtlichen Folgen eine Unternehmenstransaktion für die betriebliche Altersversorgung, MDR 2009, 1260; *Spiolek,* Die Hinterbliebenenversorgung eingetragener Lebenspartner gleichgeschlechtlicher Paare, BB 2011, 2169; *Thüsing/Granetzny,* Der Wechsel des Durchführungswegs in der betrieblichen Altersversorgung, BetrAV 2009, 485; *Uckermann,* Die sozialversicherungsrechtliche Behandlung der Durchführungswege der betrieblichen Altersversorgung, NZS 2010, 489; *ders.*, Versorgungszusagen an Gesellschafter-Geschäftsführer bzw. Vorstände von Kapitalgesellschaften, NZA 2012, 434; *ders.*, Informations- und Aufklärungspflichten in der betrieblichen Altersversorgung, NZA 2011, 552; *ders./Fuhrmanns,* Die Rechtsbegründungsakte der betrieblichen Altersversorgung, NZA 2011, 138; *dies.*, Historische, gesetzliche und zivilrechtliche Grundlagen der betrieblichen Altersversorgung, NZA 2011, 24; *Ulbrich,* Die Reform der Betriebsrente oder die Befreiung einer Gazelle: Das Betriebsrentenstärkungsgesetz (BRSG) Teil I – Arbeitsrecht, BB 2017, 2423; *Vogt,* Betriebsrentenanpassung und Berechnungsdurchgriff im Konzern, NZA 2013, 1250; *Weber,* Versorgungszusagen nach außerordentlicher Erhöhung der Beitragsbemessungsgrenze der gesetzlichen Rentenversicherung, Betr. 2010, 1642; *Wilhelm/Jurk,* Änderung 2012: Unisex Tarife in der betrieblichen Altersversorgung?, BB 2012, 381, *Zülch,* Das Betriebsrentenstärkungsgesetz – ein Überblick, ArbRAktuell 2017, 290

## Anmerkungen

**1. Sachverhalt.** Die betriebliche Altersversorgung dient der möglichst weitgehenden Versorgung des ArbN und seiner Hinterbliebenen. Dies ist gerade bei leitenden Angestellten von Wichtigkeit. Andererseits ist sie für den ArbG häufig wichtig, weil sie ein Instrument dafür ist, die Fluktuation von Arbeitskräften gering zu halten und sich damit eine leistungsfähige Arbeitnehmerschaft zu sichern. Aufgrund der sinkenden gesetzlichen Rente gewinnt die betriebliche Altersversorgung an Bedeutung, zumal sie durch den Staat gefördert wird. Es ist aber nicht zu verkennen, dass die betriebliche Altersversorgung erhebliche finanzielle Risiken für den ArbG beinhaltet, da bisher unabhängig vom gewählten Durchführungsweg dem ArbN ein direkter Verschaffungsanspruch gegenüber dem ArbG aus dem arbeitsrechtlichen Grundverhältnis nach § 1 Abs. 1 S. 3 BetrAVG zustand. Ein Anspruch auf arbeitgeberfinanzierte betriebliche Altersversorgung besteht nicht. Der ArbN hat nur einen Anspruch nach § 1a BetrAVG auf eine durch Entgeltumwandlung finanzierte betriebliche Altersversorgung (zur neuen Zuschusspflicht s. sogleich). Mit dem Betriebsrentenstärkungsgesetz, das die Verbreitung von Betriebsrenten in kleinen und mittelständischen Betrieben fördern soll, wurde das BetrAVG zum 1.1.2018 grundlegend reformiert. Kernpunkt ist die Einführung einer tarifvertraglich basierten reinen Beitragszusage, bei der ArbG nur für die Versorgungsbeiträge, nicht aber mehr für die Erfüllung der Rentenzahlung haftet („pay and forget"). Die geltende Einstandspflicht des ArbG gemäß § 1 Abs. 1 S. 3 BetrAVG findet bei reinen Beitragszusagen gemäß § 1 Abs. 2 Nr. 2a BetrAVG(neu) ausdrücklich keine Anwendung. Der ArbN trägt hier sämtliche Anlagerisiken ohne Planungssicherheit. Die Beitragszusage ist mit dem sog. Sozialpartnermodell verknüpft und basiert auf der Einbindung der Tarifvertragsparteien. Sie sind nicht nur bei der tariflichen Grundlage, sondern vor allem auch bei der Durchführung und Steuerung beteiligt. Nichttarifgebundene ArbG und ArbN können einschlägige Tarifregelungen vertraglich für anwendbar erklären. Ferner wurde das Optionsmodell eingeführt, bei dem vom ArbG automatisch ein bestimmter Teil des Bruttoentgelts zur Finanzierung einer betrieblichen Altersversorgung einbehalten wird. Dieser automatischen Umwandlung kann der ArbN innerhalb einer bestimmten Frist zu widersprechen („opt out"). Das Betriebsrentenstärkungsgesetz sieht ferner auch ab 1.1.2019 einen Pflichtzuschuss zur Entgeltumwandlung vor. Danach muss der Arbeitgeber bei Entgeltumwandlung zugunsten einer Zusage über einen versicherungsförmigen Durchführungsweg pauschal 15 % an den Versorgungsträger zahlen, sofern er durch die Entgeltumwandlung Sozialversicherungsbeiträge einspart (zum Betriebsrentenstärkungsgesetz vgl. zB *Zülch,* ArbRAktuell 2017, 290; *Rolfs,* NZA 2017, 1225).

**2. Durchführungswege und Formen der betrieblichen Altersversorgung.** Es bestehen fünf Durchführungswege für die betriebliche Altersversorgung. Die Wahl des Durchführungswegs steht dem ArbG frei: Direktzusage, bei der ArbG die Leistungen selbst erbringt; Direktversicherung, durch Abschluss einer Lebensversicherung auf das Leben des ArbN zugunsten einzelner oder mehrerer ArbN als Bezugsberechtigte (Einzel- oder Gruppenversicherungsverträge); Pensionskasse als rechtlich selbständige Versorgungseinrichtung, die dem ArbN oder Hinterbliebenen einen Rechtsanspruch gewährt; Unterstützungskasse als rechtsfähige Versorgungseinrichtung, die dem ArbN oder seinen Hinterbliebenen keinen Rechtsanspruch gewährt; Pensionsfonds gem. §§ 112, 113 VAG, eine rechtsfähige Einrichtung, die weitgehend wie ein Versicherungsunternehmen behandelt werden (zu Einzelheiten vgl. *Küttner/Kreitner,* Personalbuch 2017, 104 Rn. 24 ff. Zu unterscheiden ist die betriebliche Altersversorgung nach der Art der Zusageform Leistungszusage, beitragsorientierte Leistungszusage (vgl. hierzu ausführlich BAG BeckRS 2016, 74796), Beitragszusage mit Mindestleistung und neu die tarifvertraglich basierte reine Beitragszusage (zu Einzelheiten vgl. *Küttner/Kreitner,* Personalbuch 2017, 104 Rn. 14 ff.). Nach § 1a BetrAVG ist eine betriebliche Altersversorgung auch in der Form der Entgeltumwandlung möglich (vgl. hierzu *Heither* NZA 2001, 1275; *Böhm/Scheurich* NZA 2001, 1291; *Blomeyer* NZA 2001, 915; *Schliemann* Betr. 2001, 2554; *Grabner/Bode* Betr. 2001, 48; *Reinecke* NZA 2001, 3513). Welcher Durchführungsweg und welche Form für den einzelnen ArbG zu wählen ist, richtet sich nach betriebswirtschaftlichen und steuerrechtlichen Erwägungen. Als Muster ist hier die Direktzusage eines betrieblichen Ruhegelds gewählt worden, da sie aus Gründen der Betriebsliquidität und des Steuerrechts vorzuziehen ist. Nachteil ist die langfristige Bindung des ArbG. Bei deckungslosem Zahlungsverfahren erfolgt die Zahlung aus dem laufenden Bilanzgewinn. In der Regel erfolgen aber Rückstellungen in der Bilanz. Beim Kapitaldeckungsverfahren erfolgt die Rückstellung bei Ausscheiden des ArbN aus dem Betrieb; beim Anwartschaftsdeckungsverfahren werden laufend Rückstellungen entsprechend der versicherungsmathematischen Berechnung gebildet. Möglicherweise empfiehlt sich eine Rückdeckungsversicherung (*Schaub* ArbR-HdB 17. Aufl. § 273 Rn. 39). Ein Wechsel des Durchführungswegs ist nach erfolgter Festlegung nur möglich, wenn der ArbG sich dies vorbehalten hat.

3. **Begriffsbestimmung.** Die betriebliche Altersversorgung umfasst Leistungen der Alters-, Invaliditäts- oder Hinterbliebenenversorgung aus Anlass des Arbeitsverhältnisses. Sie deckt die biometrischen Risiken Alter, Invalidität und Tod ab. Der erforderliche enge Bezug zum Arbeitsverhältnis und damit eine betriebliche Altersversorgung wurde zB bei Versorgungsleistungen der Konzernobergesellschaft an einen Mitarbeiter der Tochtergesellschaft verneint (BAG NZA 2015, 225). Bei der betrieblichen Altersversorgung kann es sich um Renten- oder Kapitalleistungen, Sach- oder Nutzungsrechte (Deputate, Wohnrechte) handeln. Das betriebliche Ruhegeld ist eine Geldrente, die dem ausgeschiedenen ArbN im Falle der Erwerbsminderung oder des Erreichens der Altersgrenze vom ArbG oder der betrieblichen Pensions- oder Unterstützungskasse gewährt wird.

4. **Anwendbares Recht.** Die betriebliche Altersversorgung ist im Gesetz zur Verbesserung der betrieblichen Altersversorgung (BetrAVG) geregelt. Trotz § 2 Abs. 2 S. 2 AGG gilt das AGG auch für das Betriebsrentenrecht, soweit dies keine vorrangigen Sonderregelungen enthält (BAG NZA 2008, 532). Für eine unterschiedliche Behandlung im Rahmen des Diskriminierungsmerkmals „Alter" sind sachliche Differenzierungsgründe erforderlich (vgl. hierzu *Küttner/Kreitner,* Personalbuch 2017, 104 Rn. 9 f.).

Die inhaltliche Ausgestaltung der betrieblichen Altersversorgung bleibt regelmäßig den vertragsschließenden Parteien vorbehalten. Ruhegeldregelungen unterliegen aber der Billigkeitskontrolle durch die Gerichte (§ 315 BGB). Wegen der Anwendbarkeit der Grundrechte ist zB der Ausschluss von Witwerrenten verfassungswidrig (vgl. BVerfG NJW 1975, 919; BAG AP BetrAVG § 1 Hinterbliebenenversorgung Nr. 8). Das unterschiedliche Pensionierungsalter für Männer und Frauen wurde als verfassungsgemäß angesehen (vgl. BAG NZA 1986, 607). Der EuGH hat für die betriebliche Altersversorgung unterschiedliche Altersgrenzen für Männer und Frauen jedoch als eine Geschlechterdiskriminierung eingeordnet (vgl. die Zusammenstellung der Rspr. des EuGH bei *Schaub*, ArbR-HdB 17. Aufl. § 274 Rn. 30 ff.). Vereinbart der ArbG sowohl mit bei ihm beschäftigten Männern als auch Frauen die Zahlung eines betrieblichen Ruhegeldes, so muss deshalb eine Harmonisierung der Bezugsrechte erfolgen. Dabei ist nach der Richtlinie 86/378/EWG idF der Richtlinie 96/97 EG zur Verwirklichung des Grundsatzes der Gleichbehandlung von Männern und Frauen bei den betrieblichen Systemen der sozialen Sicherheit zwischen Beitrags- und Leistungszusagen zu unterscheiden. Bei reinen Leistungszusagen ist eine Differenzierung der Leistung für Männer und Frauen unzulässig. Demgegenüber darf bei Beitragszusagen die damit finanzierte Leistung (Rente) wegen der unterschiedlichen Lebenserwartung unterschiedlich sein. Dies gilt auch für beitragsorientierte Leistungszusagen nach § 1 Abs. 2 Nr. 1 BetrAVG und für die Beitragszusage mit Mindestleistung nach § 1 Abs. 2 Nr. 2 BetrAVG. Die anderweitige Behandlung von Beitragszusagen ergibt sich auch aus § 20 Abs. 2 AGG (vgl. *Rengier* NZA 2006, 1251; differenzierend *Cisch/Böhm* BB 2007, 602). Vgl. auch § 30a BetrAVG.

Teilzeitbeschäftigte haben Anspruch auf anteilige – ihrer reduzierten Arbeitszeit entsprechende – betriebliche Altersversorgung (vgl. BAG BB 1995, 2217; 1996, 593 (648), BeckRS 2013, 71596). Im Rahmen von Gesamtversorgungssystemen war der Ausschluss von iSd § 8 SGB IV lediglich geringfügig beschäftigten ArbN nach Auffassung des Bundesarbeitsgerichts zumindest bis 31.3.1999 zulässig, für die Zeit danach wurde es jedoch ausdrücklich offen gelassen (vgl. BAG BB 1996, 648; Betr. 1996, 1827; NZA 2002, 54). Nach neuerer Rechtsprechung ist es wegen Verstoßes gegen § 4 Abs. 1 S. 1 TzBfG nicht mehr zulässig (LAG München, BeckRS 2016, 68611). Befristet beschäftigte ArbN können ausgenommen werden, da der Zweck Förderung der Betriebstreue hier für den ArbG nicht von Interesse ist (BAG NZA 2005, 840).

5. **Form.** Regelmäßig ist nicht die Einhaltung einer bestimmten Form für die Zusage eines betrieblichen Ruhegelds nötig. Zur Rechtsklarheit sollte wegen der langen Laufzeit solcher Verträge und zur Bestimmung der Unverfallbarkeitsfrist die Schriftform eingehalten werden. Auf Grund des NachwG ist der ArbG zudem verpflichtet, die Regelungen zur betrieblichen Altersversorgung schriftlich niederzulegen. Nach § 6a Abs. 1 Nr. 3 EStG ist außerdem zur Erlangung der Steuervorteile die Schriftform erforderlich; dabei muss die Zusage eindeutige Angaben zu Art, Form, Voraussetzungen und Höhe der in Aussicht gestellten Leistungen enthalten. Ein formbedürftiges Schenkungsversprechen iSd § 518 BGB liegt nur dann vor, wenn die Zusage überwiegend mit Rücksicht auf familiäre Verhältnisse oder zur Absicherung einer in eheähnlichem Verhältnis lebenden Frau abgegeben wird (vgl. BAG AP BGB § 518 Nr. 1; Nr. 2; BAG AP BGB § 242 Ruhegehalt-Lebensversicherung Nr. 2).

6. **Alternative.** Der ArbG kann sich das Recht vorbehalten, die Einzelheiten der betrieblichen Altersversorgung einseitig zu bestimmen (Blankettzusage; vgl. BAG AP BGB § 242 Ruhegehalt Nr. 110; Nr. 167; Nr. 181). Dann ist jedoch eine Billigkeitskontrolle möglich (vgl. BAG AP BetrAVG § 1 Nr. 42).

7. **Anspruchsgrundlage.** Eine Verpflichtung des ArbG, dem ArbN Ruhegeld zu gewähren, besteht nicht. Sie kann nur durch Einzelvertrag, Gesamtzusage, betriebliche Übung, Betriebsvereinbarung, auf Grund des Gleichbehandlungsgrundsatzes oder durch Tarifvertrag entstehen. Der ArbN hat aber nach § 1a BetrAVG einen Anspruch auf Entgeltumwandlung, der ab 1.1.2019 (Neuzusagen) bzw. 1.1.2022 (Übergangsfrist für Altzusagen) bei versicherungsförmigen Lösungen von einem Pflichtzuschuss des ArbG von pauschal 15 % des Umwandlungsbetrags flankiert ist, sofern er durch die Entgeltumwandlung Sozialversicherungsbeiträge einspart, § 1a Abs. 1a BetrAVG. Zwingend tariflich flankiert muss auch die neue reine Beitragszusage, § 1 Abs. 2 Nr. 2a BetrAVG, sein.

8. **Anspruchsvoraussetzungen.** Der Anspruch auf betriebliches Ruhegeld wird idR an Voraussetzungen wie Bestand des Arbeitsverhältnisses bei Eintritt des Versorgungsfalls, Versetzung in den Ruhestand, Zurücklegung einer Wartezeit, Erreichen der Altersgrenze oder Eintritt von vollständiger oder teilweiser Erwerbsminderung geknüpft. Die Voraussetzung „Bestand des Arbeitsverhältnisses" ist im Zusammenhang mit der Unverfallbarkeit (§ 1b BetrAVG) zu sehen und wird durch diese abgemildert. Ist die Unverfallbarkeit der Anwartschaft auf Grund der Vollendung des 21. Lebensjahres (seit 1.1.2018, davor seit 1.1.2009 25. Lebensjahr und 5 Jahre und vorher 30. Lebensjahr) und des 3-jährigen Bestandes der Versorgungszusage eingetreten, so ist der Bestand des Arbeitsverhältnisses bei Eintritt des Versorgungsfalls entbehrlich. Bisher schon war die Mindestaltersgrenze für die unverfallbare Anwartschaft für zulässig erachtet (vgl. BAG 18.10.2005 NZA 2006, 1159; *Rengier* NZA 2006, 1251), was nach der Herabsetzung

nun erst recht gelten muss Dies gilt insbesondere wegen § 10 S. 3 Nr. 4 AGG. Die Vereinbarung von Altersteilzeit kann gem. § 8 Abs. 3 Altersteilzeitgesetz auf den Bezug von Rente befristet werden. Da nach der hier gewählten Formulierung Voraussetzung für den Bezug von Ruhegeld die Beendigung des Arbeitsverhältnisses ist, kann die Vereinbarung von Altersteilzeit keinen Anspruch auf Zahlung von Ruhegeld auslösen. Denn das Arbeitsverhältnis bleibt bei Altersteilzeit grundsätzlich bestehen. In § 6 S. 1 u. 2 BetrAVG ist inzwischen auch klargestellt, dass die Gewährung der gesetzlichen Teilrente nicht zum vorzeitigen Bezug des betrieblichen Altersruhegelds berechtigt (vgl. *Höfer* BetrAVG § 6 Rn. 4167 ff.). Es sollte bei der Vereinbarung von Altersteilzeit jedoch eine Regelung über die Berechnungsgrundlagen gem. § 2 des Formulars für das Ruhegeld erfolgen.

**9. Wartezeit.** Das Ruhegeld wird idR nur gezahlt, wenn der ArbN gewisse Mindestdienstzeiten zurückgelegt hat. Der ArbG kann die Wartezeit im Rahmen des billigen Ermessens beliebig lang festsetzen (vgl. BAG Betr. 1982, 2089). Wartezeiten von 5, 10 bzw. 15 Jahren sind üblich. Dienstzeitabhängige Wartezeiten werden wegen § 10 S. 3 Nr. 4 AGG für zulässig erachtet (vgl. *Cisch/Böhm* BB 2007, 602). Bisher war es nach Auffassung des Bundesarbeitsgerichts im Rahmen von qualifizierten Wartezeitregelungen zulässig, Zeiten der Elternzeit unberücksichtigt zu lassen (vgl. BAG EZA Nr. 2 zu § 1 BetrAVG Wartezeit). Dies dürfte wegen des AGG nicht mehr zutreffen. Vgl. auch § 1b Abs. 1 BetrAVG. Von der Ausgestaltung der Versorgungsregelung hängt ab, ob der ArbN die Wartezeit auch nach Eintritt des Versorgungsfalls erfüllen kann (vgl. BAG Betr. 2002, 226). Ist die Wartezeit länger als die Unverfallbarkeitsfrist des § 1b Abs. 1 BetrAVG, so kann gem § 1b Abs. 1 S. 5 BetrAVG der ArbN diese auch nach seinem Ausscheiden zurücklegen.

**10. Unverfallbare Anwartschaft.** Eine Ruhegeldanwartschaft besteht grundsätzlich vor Eintritt der Bedingungen der Ruhegeldzahlung. Vgl. § 1b BetrAVG zum Entstehen einer unverfallbaren Anwartschaft, die auch bei Ausscheiden aus dem Arbeitsverhältnis als Vermögenswert bestehen bleibt (s. o. → Anm. 8). Eine verfallbare Anwartschaft hingegen erlischt bei Ausscheiden aus dem Arbeitsverhältnis. Bei Entgeltumwandlung tritt nach § 1b Abs. 5 S. 1 BetrAVG die sofortige gesetzliche Unverfallbarkeit ein, was ab 1.1.2018 auch für den Pflichtzuschuss des ArbG nach § 1a Abs. 1a BetrAVG gilt. Nach § 17 Abs. 3 BetrAVG kann von den gesetzlichen Bestimmungen nicht zu Ungunsten des ArbN abgewichen werden; nur Tarifverträge können in gewissem Umfang abweichen (wobei im Falle der Vereinbarung dieser tariflichen Regelungen die Abweichung auch für nicht tarifgebundene Arbeitsvertragsparteien möglich ist). Die Ruhegeldanwartschaft kann unter bestimmten Bedingungen jedoch auch zum Nachteil des ArbN geändert werden, insbes. an veränderte wirtschaftliche Verhältnisse angepasst werden. Bei einer vorbehaltlos erteilten Einzelzusage kann im Wege gegenseitigen Einvernehmens die Änderung oder Aufhebung der Anwartschaft außerhalb der Schranken des § 17 Abs. 3 BetrAVG erfolgen; in erdiente Besitzstände darf jedoch nicht eingegriffen werden.

**11. Anrechenbare Zeiten.** Zwischen den anrechenbaren Zeiten für die Wartezeit der Versorgungszusage und für die Unverfallbarkeitsfrist ist zu unterscheiden:

Die Unverfallbarkeitsfrist beginnt mit der Erteilung der Versorgungszusage zu laufen. Bei der Voraussetzung des 5jährigen, künftig seit 1.1.2018 3jährigen Bestandes der Versorgungszusage für die Unverfallbarkeit der Anwartschaft muss die Anwartschaftszeit im Zeitpunkt des Ausscheidens gerechnet ab der Erteilung der Zusage zurückgelegt sein. Die einzelne Zusage wird als Einheit gewertet. Dies gilt auch, wenn sie nach ihrer Erteilung geändert wird (vgl. BAG BlStSozArbR 1981, 325; BB 1981, 1338) oder ein anderer die Zusage übernimmt (zB bei Betriebsübernahme; § 1b Abs. 1 S. 3 BetrAVG) oder der Versorgungsträger wechselt. Zeiten eines Berufsausbildungsverhältnisses sind anzurechnen (§ 17 Abs. 1 BetrAVG). Zeiten einer Teilzeitbeschäftigung sind bei der Betriebszugehörigkeit anzurechnen. Zeiten des Wehrdienstes werden nach dem ArbPlSchG nicht angerechnet

(BAG NZA 2007, 512). Rechtliche Unterbrechungen des Arbeitsverhältnisses sind im Übrigen nur dann unerheblich, wenn Absprachen über eine Zusammenrechnung getroffen werden; dies gilt auch, wenn das erste und das zweite Arbeitsverhältnis von einer Versorgungszusage begleitet waren (vgl. BAG BB 1981, 367; BAG Betr. 1982, 2089). Wird die Anrechnung von Vordienstzeiten von dem ArbG zugesagt, kann dies für die Wartezeit oder auch für die Unverfallbarkeitsfrist gelten. Im Zweifel betrifft die Anrechnung von Vordienstzeiten auch die Unverfallbarkeitsfrist; es sei denn, dies ist ausdrücklich ausgeschlossen worden (vgl. BAG Betr. 1982, 1728). Werden Beschäftigungszeiten angerechnet, die von einer Versorgungszusage begleitet waren, sind diese auch als Zeiten der Betriebszugehörigkeit bei der Unverfallbarkeit mitzurechnen (vgl. BAG AP BetrAVG § 7 Nr. 1; BAG Betr. 1982, 2090). Die gesetzlichen Unverfallbarkeitsfristen können nicht durch Vorschaltzeiten verlängert werden (vgl. BAG BlStSozArbR 1981, 119; BAG Betr. 1982, 855; BAG Betr. 1982, 1879). Bei Ausscheiden des ArbN auf Grund einer Vorruhestandsregelung sind im Rahmen der Unverfallbarkeitsfrist auch Zeiten nach dem Ausscheiden anzurechnen (§ 1b Abs. 1 S. 2 BetrAVG). Insolvenzschutz genießt aber nur die gesetzliche Unverfallbarkeit (BAG NZA 2004, 152).

Im Gegensatz zur Regelung der Unverfallbarkeitsfrist kann festgelegt werden, dass auf die Wartezeit Dienstzeiten vor Erreichen eines bestimmten Lebensalters und nach Erreichen der Regelaltersgrenze oder Zeiten der Berufsausbildung nicht angerechnet werden. Ob die Nichtberücksichtigung bestimmter Dienstzeiten gem. § 10 S. 1 u. 2 AGG noch zulässig ist, ist aber zweifelhaft (vgl. *Rengier* NZA 2006, 1251). Bei der Regelung der Wartezeit können Zeiten einer Teilzeitbeschäftigung nicht ausgenommen werden (vgl. EuGH AP EWG-Vertrag Art. 119 Nr. 10; BAG AP EWG-Vertrag Art. 119 Nr. 11). Um Auslegungsprobleme zu vermeiden, sollte sich bei Erteilung einer Versorgungszusage die Anrechnung von Zeiten auf die Wartezeit im Rahmen der gesetzlichen Anrechnung für die Unverfallbarkeitsfrist halten.

**12. Versorgungsfall.** Regelmäßig wird das Ruhegeld nur zugesagt für den Fall des Ausscheidens aus dem Arbeitsverhältnis. Der ArbN tritt aber bei Eintritt des Versorgungsfalls nicht automatisch in den Ruhestand. Hierzu ist vielmehr eine Einigung der Parteien oder Kündigung nötig; es sei denn, das Arbeitsverhältnis war auflösend befristet bzw. bedingt. Ist in einer Ruhegeldregelung nur vorgesehen, dass Ruhegeld nach Erreichen einer bestimmten Altersgrenze (zB Regelaltersgrenze) gezahlt wird, muss durch Auslegung ermittelt werden, ob Ruhegeld auch bei Fortbestand des Arbeitsverhältnisses gezahlt werden soll. Durch die vorgeschlagene Formulierung wird diese Auslegungsproblematik vermieden. Da Ruhegeld idR nur gezahlt wird, wenn eine bestimmte Altersgrenze erreicht wird, kann diese in der Zusage festgelegt werden. Üblich war früher, die Altersgrenze für männliche ArbN auf die Vollendung des 65. Lebensjahrs, für weibliche ArbN auf die Vollendung des 60. Lebensjahrs festzulegen (vgl. BAG NZA 1989, 229). Die Frau musste dann keinen versicherungsmathematischen Abschlag hinnehmen. Wegen der Rspr. des EuGH zur Geschlechterdiskriminierung durch unterschiedliche Altersgrenzen für Männer und Frauen (→ Anm. 4) darf aber keine unterschiedliche Handhabung erfolgen (vgl. auch § 30a BetrAVG). Dies gilt erst recht nach In-Kraft-Treten des AGG (vgl. im Übrigen zu unterschiedlichen Altersgrenzen für bestimmte Beschäftigte oder Gruppen von Beschäftigten *Rengier* NZA 2006, 1254). Im Rahmen einer individuellen Vereinbarung könnte auch bereits jetzt das genaue Regelrenteneintrittsalter des ArbN jeweils genannt werden. Da aber Besonderheiten für besonders langjährig Versicherte bestehen, könnte dies zu zusätzlichen Problemen führen (vgl. *Cisch/Kruip* BB 2007, 1662).

§ 6 S. 1 BetrAVG sieht als begleitende Maßnahme zur vorzeitigen Altersrente vor, dass dem ArbN, der die Altersrente aus der gesetzlichen Rentenversicherung als Vollrente in Anspruch nimmt, auf sein Verlangen die Leistungen der betrieblichen Altersversorgung zu gewähren sind, wenn die Anspruchsvoraussetzungen der Ruhegeldzusage erfüllt sind.

Dieser Anspruch auf vorzeitiges Ruhegeld ist nicht davon abhängig, dass beim Ausscheiden aus dem Arbeitsverhältnis und Eintritt in den Ruhestand eine unverfallbare Anwartschaft besteht, weil das vorzeitige Ausscheiden aus dem Erwerbsleben mit Altersruhegeld aus der gesetzlichen Rentenversicherung ein Versorgungsfall ist (vgl. BAG NZA 1989, 676). Der ArbN hat aber nur dann einen Anspruch, wenn er bei Fortsetzung des Arbeitsverhältnisses einen Anspruch auf endgültiges Ruhegeld hätte erwerben können (vgl. BAG Betr. 2002, 226). Da § 6 BetrAVG keine Regelung über die Höhe der zu zahlenden Altersversorgung trifft, insbesondere auch nicht bezüglich einer Kürzung wegen der damit verbundenen typischerweise längeren Rentenlaufzeit, ist eine Regelung in die Ruhegeldzusage aufzunehmen, die billigem Ermessen entspricht (zB versicherungsmathematischer Abschlag, zeitratierliche Kürzung). Das BAG hat seine Rspr. zur Berechnung der vorzeitigen Rente bei vorzeitigem Ausscheiden aus dem Arbeitsverhältnis aufgegeben, die die fehlende Betriebstreue doppelt berücksichtigt hatte, und greift nunmehr auf die allgemeinen Grundsätze des BetrAVG zurück (vgl. BAG AP BetrAVG § 1 Berechnung Nr. 16; BAG NZA 2002, 672 und 1113). Ausgangspunkt für die Anspruchsberechnung ist hiernach die bis zum Erreichen der festen Altersgrenze erreichbare Vollrente. Sie ist im Hinblick auf das vorzeitige Ausscheiden wegen der deshalb fehlenden Betriebstreue nach § 2 BetrAVG zu kürzen, falls die Versorgungsordnung keine für den Arbeitnehmer günstigere Berechnungsweise vorsieht. Der so ermittelte Besitzstand zum Zeitpunkt des vorzeitigen Ausscheidens kann ein zweites Mal wegen des früheren und längeren Bezuges der Altersrente gekürzt werden. Soweit die Versorgungsordnung das vorsieht, kann ein versicherungsmathematischer Abschlag vorgenommen werden. Fehlt eine solche Bestimmung, kann die Kürzung stattdessen in der Weise erfolgen, dass die fehlende Betriebstreue zwischen vorgezogener Inanspruchnahme und fester Altersgrenze zusätzlich mindernd berücksichtigt wird. Diese Kürzung ist als „unechter versicherungsmathematischer Abschlag" anzusehen. Eine Ausnahme von der zweiten Minderung ist zu machen, wenn der Versorgungsregelung nicht zu entnehmen ist, dass die Betriebsrente wegen ihres vorzeitigen Bezugs gekürzt werden soll (vgl. zur Berechnung im Einzelnen *Schipp* NZA 2002, 1113). Das BAG hat seine Rechtsprechung mit Urteil vom 19.4.2011 grundsätzlich nochmals bestätigt (NZA 2011, 1120), wobei hier für die Anwendbarkeit des sog untechnischen versicherungsmathematischen Abschlag Fragen offen blieben.

Im Formular ist eine Minderung des Anspruchs bei vorzeitiger Inanspruchnahme von Altersruhegeld vorgesehen, da durch diese gesetzliche Möglichkeit in der Rentengesetzgebung ein Anreiz für ältere ArbN gegeben wird, frühzeitig aus dem Unternehmen auszuscheiden. Die Minderung von 0,3 % entspricht dem üblichen versicherungsmathematischen Abschlag wegen der früheren und längeren Inanspruchnahme der Betriebsrente (BAG AP BetrAVG § 1 Berechnung Nr. 16; BAG AP BetrAVG § 6 Nr. 27; BAG AP BetrAVG § 1 Überversorgung Nr. 10). Dieser Abschlag ist auch in § 18 Abs. 2 Nr. 2 BetrAVG für den öffentlichen Dienst geregelt. Ein Abschlag von 0,5 % entspricht billigem Ermessen (BAG NZA 2011, 206). Bei einer Betriebsrente mit ansteigenden „Rentenbausteinen" darf dagegen keine weitere zeitratierliche Kürzung entsprechend § 2 Abs. 1 BetrAVG vorgenommen werden (vgl. BAG AP BetrAVG § 1 Berechnung Nr. 16). Durch die vorgeschlagene Regelung wird eine erhöhte Belastung des Unternehmens auf Grund ungekürzter Ruhegeldleistungen trotz früheren Bezugs vermieden.

Die Ruhegeldzusage kann auch als Versorgungsfall die Unmöglichkeit der Arbeitsleistung seitens des ArbN festlegen. Arbeits- und Dienstunfähigkeit würde bereits vorliegen, wenn der ArbN die geschuldete oder eine ihm zumutbare andere betriebliche Arbeitsleistung nicht mehr erbringen kann. Dies kann gleichbedeutend mit der teilweisen oder vollständigen Erwerbsminderung sein. Um Streitigkeiten zu vermeiden, sollte der Begriff teilweisen und vollständigen Erwerbsminderung verwendet werden, der regelmäßig iSd § 43 SGB VI auszulegen ist. Es ist bisher als zulässig erachtet worden, derartige Leistungen erst ab Vollendung eines bestimmten Mindestalters vorzusehen (vgl. BAG

NZA 1988, 394). Der ArbG kann auch die Invaliditätsversorgung vollständig unterlassen (vgl. BAG Betr. 1979, 410).

**13. Art und Höhe des Ruhegelds.** Art und Höhe des Ruhegelds werden idR durch die Versorgungszusage festgelegt (vgl. BAG Betr. 1991, 343). Die Berechnung des anteiligen Anspruchs bei Ausscheiden vor Eintritt des Versorgungsfalls ergibt sich aus § 2 BetrAVG, dem im Formular § 3 Abs. 2 entspricht (BAG AP BetrAVG § 1 Berechnung Nr. 16). Zur Bedeutung der Altersgrenze für die pro-rata-temporis-Berechnung vgl. BAG NJW 1984, 996; NZA 1991, 771; BAG EzA Nr. 17 zu § 2 BetrAVG. Zulässig ist die Gewährung einer einmaligen Kapitalzahlung bei Eintritt des Versorgungsfalls oder von laufenden Renten.

Die Höhe der laufenden Renten kann sich bestimmen zB nach festen Beträgen, nach Prozentsätzen des letzten Einkommens, nach Prozentsätzen des Einkommens eines vergleichbaren noch aktiven ArbN, nach der Höhe der gebildeten Rückstellungen, nach dem erwirtschafteten Betriebsergebnis. Eine Staffelung kann vorgenommen werden entsprechend der Betriebszugehörigkeit des ArbN, wobei die Zulässigkeit im Hinblick auf das AGG aber nunmehr zweifelhaft sein kann. Bei Bemessung des Ruhegelds nach dem Einkommen ist klarzustellen, welche Einkommensbestandteile berücksichtigt werden sollen. Erhält der ArbN einen Prozentsatz seines letzten Einkommens als Ruhegeld, so müssen jedenfalls solche Einkommensbestandteile berücksichtigt werden, für die er Beiträge zu einer Versorgungseinrichtung geleistet hat (vgl. BAG AP BGB § 242 Ruhegehalt Nr. 148). Wird auf die Höhe der letzten Bezüge abgestellt, muss die Versorgungszusage die Behandlung bei Wechsel zwischen Voll- und Teilzeitbeschäftigung regeln (vgl. BAG Betr. 1984, 1940). Dies kann bei der Vereinbarung der Teilzeitarbeit erfolgen. Es kann vereinbart werden, dass die Rente des ArbN auf der Grundlage seines tatsächlich erreichten durchschnittlichen Beschäftigungsgrades ermittelt wird (vgl. BAG NZA 2002, 672). Wegen der Berücksichtigung von Elternzeit wird auf → Anm. 9 verwiesen.

Da durch § 16 BetrAVG eine Anpassungsprüfungspflicht für laufende Rentenzahlungen eingeführt worden ist, ist die Aufnahme von Wertsicherungs- oder Spannenklauseln idR bei der Bestimmung der Höhe des Ruhegelds nicht mehr erforderlich; etwas anderes gilt für unverfallbare Anwartschaften, die auf den Zeitpunkt des Ausscheidens des ArbN festgeschrieben werden (vgl. wegen der Einzelheiten, insbes. etwaiger Genehmigungspflicht solcher Klauseln → Anm. 16 und wegen der Anpassung → Anm. 21). Solche Klauseln sind aufzunehmen, wenn feste Beträge als Ruhegeld zugesagt werden, da dann keine Dynamisierung während des Arbeitsverhältnisses eintritt und die Anpassung nach § 16 BetrAVG erst nach Eintritt des Versorgungsfalls zum Zuge kommt. Eine Spannenklausel liegt im Übrigen vor, wenn eine Verweisung auf beamtenrechtliche Versorgungs- und Besoldungsregeln erfolgt, insbesondere eine Koppelung des Ruhegelds an eine bestimmte beamtenrechtliche Besoldungsgruppe vorgenommen wird.

Alternativen: Es kann auch ein anderer Prozentsatz des letzten Einkommens gewählt werden. Ferner kann zugesagt werden, dass ArbN, die vorzeitig Altersrente in Anspruch nehmen, das bis zum Ausscheidenszeitpunkt erworbene betriebliche Ruhegeld nicht zeitanteilig gekürzt erhalten. Die Dynamisierung des vorherigen Bruttomonatseinkommens als Bemessungsgrundlage während der Altersteilzeit kann mit zB 2 % p. a. vereinbart werden.

**14. Anrechnung von Sozialversicherungsrenten, Gesamtversorgung.** Zu unterscheiden ist die verdeckte und die offene Anrechnung von Sozialversicherungsrenten. Eine verdeckte Anrechnung liegt dann vor, wenn das Ruhegeld in der Weise zugesagt wird, dass es auf Grund seiner autonomen Berechnung eine nach der durchschnittlich zu erwartenden Sozialversicherungsrente anzunehmende Versorgungslücke schließt. Die verdeckte Anrechnung führt zu einer weitgehenden Berücksichtigung der Sozialversicherungsrenten; bei Änderung dieser Renten erfolgt aber nicht ohne weiteres eine Anpassung des betrieblichen Ruhegelds. Eine offene Anrechnung der Sozialversicherungsrenten liegt dann vor, wenn eine bestimmte Gesamtversorgung zugesagt wird und die Sozialversicherungsrente hierauf sodann angerechnet wird (reine Gesamtversorgungszusage). Teilweise wird davon noch die einfache Anrechnungsklausel unterschieden, bei der eine relativ hohe technische Betriebsrente zugesagt wird, auf die bestimmte, in der Klausel genau bezeichnete Ruhestandseinkünfte angerechnet werden. Durch die offene Anrechnung der Sozialversicherungsrenten würde das Versorgungsprinzip sichergestellt und der ArbG nicht über Gebühr mit Versorgungsleistungen belastet.

Nach § 5 Abs. 1 BetrAVG sind Steigerungen wegen Änderung des Rentenversicherungssystems anrechenbar. Bezüge, die auf Leistungen eines früheren ArbG als desjenigen, der die Zusage erteilt, beruhen, können angerechnet werden (vgl. BAG AP BetrAVG § 5 Nr. 36). Es bedarf aber einer Anrechnungsklausel. Leistungen aus Pflichtbeiträgen und solche Leistungen, die mindestens zur Hälfte vom ArbG finanziert wurden, sind anrechenbar. Diese Anrechnung ist auch zulässig, wenn die Sozialversicherungsrente auf vorbetrieblicher oder nachbetrieblicher Zeit beruht oder die Wartezeit durch freiwillige Beitragsleistung erfüllt worden ist (vgl. BAG AP BetrAVG § 5 Nr. 1; BAG Betr. 1982, 2627; NZA 1988, 692 ff.; 1990, 936). Allerdings bleibt die Sozialversicherungsrente in dem Umfang, in dem sie sich aus den freiwilligen Beiträgen des ArbN ergibt, von der Anrechnung ausgenommen. Die Anrechnung des Kindergeldzuschusses zu einer Sozialversicherungsrente ist auf das betriebliche Ruhegeld unzulässig (vgl. BAG BlStSozArbR 1981, 84). Eine Anrechnung von Unfallrenten darf nur erfolgen, soweit die Unfallrente dazu bestimmt ist, die Verdienstminderung zu ersetzen (vgl. BAG NZA 1988, 57; BAG AP BetrAVG § 5 Nr. 45). Dementsprechend wird eine hälftige Anrechnung für möglich gehalten (vgl. BAG Betr. 1984, 1887). Dies gilt nicht für die Hinterbliebenenversorgung; dort darf eine volle Anrechnung erfolgen (vgl. BAG NZA 1986, 748 ff.). Bei offener Anrechnung ist der Versorgungsempfänger verpflichtet, die Sozialversicherungsrente zu beantragen, wenn betriebliches Ruhegeld gezahlt wird.

Maximierungs- oder Höchstbegrenzungsklauseln können mit der offenen oder verdeckten Anrechnung von Sozialversicherungsrenten kombiniert werden (eingeschränkte Gesamtversorgung). Sie besagen, dass die Gesamtversorgung des Ruheständlers einen bestimmten Prozentsatz des letzten Einkommens oder des Einkommens eines vergleichbaren ArbN nicht überschreiten darf (vgl. BAG AP BGB § 242 Ruhegehalt Nr. 114; BAG NZA 1991, 15). Das betriebliche Ruhegeld wird dann um den Betrag gekürzt, um den die Summe von Sozialversicherungsrente und betrieblichem Ruhegeld den festgelegten Prozentsatz übersteigt. Nachdem der Gesetzgeber wiederholt die Grundlagen der Sozialversicherungsrenten wesentlich geändert hat und dadurch erhebliche Probleme in die betriebliche Altersversorgung gebracht worden sind, sollte jedoch nicht mehr die Zusage eines Gesamtversorgungssystems erfolgen. Bei einer solchen Zusage sind die finanziellen Auswirkungen nicht mehr kalkulierbar. Da sich zudem langfristig ein Absinken der Sozialversicherungsrenten ergeben wird, werden die Belastungen des ArbG in sog Gesamtversorgungssystemen höher werden.

Im Formular ist eine Anrechnung von anderweitigen Versorgungsleistungen nicht vorgesehen. Alternativen: Es kann vereinbart werden, dass auf das betriebliche Ruhegeld die Rente aus der Sozialversicherung angerechnet wird (einfache Anrechnungsklausel). Die anzurechnenden Leistungen sind zur Vermeidung von Streitigkeiten klar zu definieren (vgl. hierzu auch *Schaub* ArbR-HdB 17. Aufl. § 275 Rn. 181 ff.).

**15. Anrechnungs- bzw. Auszehrungsverbote.** Nach § 5 Abs. 2 BetrAVG dürfen Leistungen der betrieblichen Altersversorgung durch Anrechnung oder Berücksichtigung anderer Versorgungsbezüge nicht gekürzt werden, soweit sie auf eigenen Beiträgen des Versorgungsempfängers beruhen (→ Anm. 14.). § 5 Abs. 2 BetrAVG ist jedoch nicht abschließend. Daneben bestehen noch weitere gesetzliche Anrechnungsverbote, so dürfen Leistungen nach den § 83 BVersG, § 206 SGB IX nicht angerechnet werden, (vgl. BSG BetrAV 1977, 46), ebenso wenig Leistungen der Sozialhilfe (vgl. BAG Betr. 1981, 113).

Auch die Auszehrung einer Ruhegeldanwartschaft ist unzulässig (vgl. BAG AP BGB § 242 Ruhegehalt Nr. 161; Nr. 170; *Schaub* ArbR-HdB 17. Aufl. § 275 Rn. 186 ff.). Vgl. auch § 2 Abs. 5 BetrAVG. Auch die Anrechnung der Betriebsrente auf die staatliche Hilfe zum Lebensunterhalt sowie auf die Grundsicherung im Alter und bei Erwerbsminderung wurde im Rahmen des Betriebsrentenstärkungsgesetz geändert, da sie Geringverdiener oftmals davon abgehalten hat, die Entgeltumwandlung zu nutzen. Nach § 82 XIX, V SGB XII bleibt eine lebenslange monatliche Betriebsrente bis zu einem absoluten Betrag i. H. v. 100 EUR anrechnungsfrei, darüber hinausgehende monatliche Betriebsrenten bleiben zu 30 % anrechnungsfrei. Insgesamt darf der Freibetrag jedoch 50 % der Regelbedarfsstufe 1 nach der Anlage zu § 28 SGB XII nicht überschreiten (*Zülch,* ArbRAktuell 2017, 290; *Rolfs,* NZA 2017, 1225).

**16. Höhe des Ruhegelds bei unverfallbarer Anwartschaft.** Nach § 2 Abs. 1 S. 1 BetrAVG hat der mit einer unverfallbaren Anwartschaft ausgeschiedene ArbN mindestens einen Anspruch in Höhe des Teils der ohne das vorherige Ausscheiden zustehenden Leistung, der dem Verhältnis der Dauer der Betriebszugehörigkeit zu der Zeit vom Beginn der Betriebszugehörigkeit bis zum Erreichen der Regelaltersgrenze in der gesetzlichen Rentenversicherung entspricht. An die Stelle dieses Zeitpunktes tritt ein früherer Zeitpunkt, wenn dieser in der Versorgungsregelung als feste Altersgrenze vorgesehen ist (bei besonders langjährig Versicherten gilt anderes). Vgl. zur pro rata temporis – Berechnungsmethode BAG NZA 1991, 771; *Schaub* ArbR-HdB 17. Aufl. § 275 Rn. 88 ff. Bei Ausscheiden mit unverfallbarer Anwartschaft ist also die bis zum Erreichen der festen Altersgrenze erreichbare Vollrente nach § 2 Abs. 1 BetrAVG zeitratierlich zu kürzen. Nimmt ein solcher ArbN vorgezogenes Altersruhegeld in Anspruch, so darf die fehlende Betriebstreue nicht zweifach mindernd berücksichtigt werden (vgl. BAG AP BetrAVG § 1 Berechnung Nr. 16 und auch → Anm. 12). Etwas anderes gilt nur bei Tarifverträgen (vgl. BAG NZA 2002, 1291). Die Invalidenrente des vorzeitig ausgeschiedenen ArbN ist dagegen nach § 2 Abs. 1 BetrAVG zu berechnen; dies kann dazu führen, dass die zwischen Versorgungsfall und fester Altersgrenze fehlende Betriebstreue zweifach anspruchsmindernd berücksichtigt wird (vgl. BAG EzA Nr. 17 zu § 2 BetrAVG; BAG AP BetrAVG § 2 Nr. 48). Die ratierliche Berechnung ist keine unzulässige Altersdiskriminierung (BAG NZA 13, 564, BVerfG BeckRS 2012, 55223) und findet Anwendung bei nicht beitragsorientierten und vom ArbG finanzierten Zusagen. Für Direktversicherungen und Pensionskassen kann hiervon abweichend die versicherungsförmige Lösung gewählt werden, § 2 Abs. 2, 3 BetrAVG. Das Verlangen des Arbeitgebers muss spätestens drei Monate nach der Beendigung des Arbeitsverhältnisses dem Arbeitnehmer und dem Versicherer gegenüber erklärt werden. Es kann bereits vor der Beendigung des Arbeitsverhältnisses vom Arbeitgeber wirksam erklärt werden, wenn zum Zeitpunkt seines Zugangs beim Arbeitnehmer und beim Versicherer ein sachlicher und zeitlicher Zusammenhang mit der bevorstehenden Beendigung des Arbeitsverhältnisses besteht (AP BetrAVG § 2 Nr. 78).

Zur Berechnung von Teilrenten bei Gesamtversorgungssystemen vgl. BAG Betr. 1984, 193; NZA 1992, 466). Bei der Berechnung des Wertes einer unverfallbaren Anwartschaft bleiben gem. § 2 Abs. 5 BetrAVG, ab 1.1.2018 § 2a BetrAVG Veränderungen der Versorgungsregelung und der Bemessungsgrundlagen für die Leistung der betrieblichen Altersversorgung, soweit sie nach dem Ausscheiden des ArbN eintreten, grundsätzlich außer Betracht, es sei denn dass ein ausgeschiedener ArbN hinsichtlich seiner Versorgungsanwartschaft ansonsten schlechter gestellt wird als ein beim ArbG verbleibender vergleichbarer ArbN. Übergangsregeln hierzu in § 30g Abs. 1 BetrAVG (zu Einzelheiten vgl. *Schaub* ArbR-HdB 17. Aufl. § 275 Rn. 104 ff). Der Wert der Versorgungszusage wird also grundsätzlich auf den Zeitpunkt des Ausscheidens festgeschrieben (vgl. BAG AP BetrAVG § 2 Nr. 46). Für den ArbN kann von Interesse sein, dass der ratierliche Ruhegeldanspruch fortgeschrieben wird. Wertsicherungs- und Spannenklauseln sind dafür mögliche Instrumente (vgl. hierzu auch *Schaub* ArbR-HdB 17. Aufl. § 275 Rn. 175 ff.). Wertsicherungsklauseln liegen vor, wenn die Höhe des Ruhegelds vom Preis oder Wert andersartiger Güter oder Leistungen abhängig sein soll. Nach dem EuroEG gilt für Wertsicherungsklauseln nicht mehr § 3 WährG. Das Indexierungsverbot ist jetzt im Preisklauselgesetz idF vom 7.9.2007 (BGBl. I 2246) enthalten, das mWv 14.9.2007 gilt. Bereits nach dem früheren Preisangaben- und PreisklauselG waren nur noch automatische Wertsicherungsklauseln, die unmittelbar und selbsttätig zu einer Anpassung von Geldschulden führen, genehmigungsbedürftig. Spannenklauseln (vom Gesetz „Spannungsklauseln" genannt) sind dagegen gegeben, wenn eine Anknüpfung an gleichartige Leistungen (zB vergleichbare Beamten- oder Angestelltengehälter, Pensionen, Altersrenten aus der gesetzlichen Rentenversicherung) erfolgt (vgl. BAG AP WährG § 3 Nr. 1; BGH LM Nr. 2 zu § 133 BGB; BGHZ 14, 306 = NJW 1954, 1684). Sie sind gem. § 1 Abs. 2 Nr. 2 Preisklauselgesetz von der Genehmigungspflicht ausgenommen worden. Bei überproportionaler Steigerung der Vergleichsbezüge kann nach den Grundsätzen über den Wegfall der Geschäftsgrundlage Anpassung verlangt werden (vgl. BGH NJW 1974, 273). Verweist eine Spannenklausel auf eine bestimmte Tarifgruppe und werden nachträglich Dienstaltersstufen eingeführt, so ist die entstandene Regelungslücke durch ergänzende Vertragsauslegung zu schließen (vgl. BAG AP BGB § 242 Ruhegehalt-Wertsicherung Nr. 3).

Eine Loyalitätsklausel ist gegeben, wenn im Falle des Kaufkraftschwundes die Parteien der Ruhegeldvereinbarung über eine Anpassung zunächst verhandeln wollen und im Falle des Scheiterns der Verhandlungen die Neufestsetzung durch einen Sachverständigen vorgenommen werden soll. Solche Klauseln sind nicht genehmigungsbedürftig.

Versorgungsanwartschaften, die der ArbN nach seinem Ausscheiden erwirbt, dürfen gem. § 2 Abs. 5 S. 4 BetrAVG zu keiner Kürzung des Teilanspruchs führen.

**17. Auskunftsanspruch bei unverfallbarer Anwartschaft.** Vgl. §§ 4 Abs. 3, 4a Abs. 1 BetrAVG. Seit 1.1.2018 regelt der neue § 4a BetrAVG einen erweiterten Auskunftsanspruch, weiterhin auch für noch im Unternehmen tätige ArbN, ein berechtigtes Interesse ist nicht mehr erforderlich. In dieser Auskunft liegt kein abstraktes oder deklaratorisches Schuldanerkenntnis (BAG NZA-RR 2012, 268, *Schaub* ArbR-HdB 17. Aufl. § 275 Rn. 113). Eine fehlerhafte Auskunft kann aber Schadensersatzansprüche des ArbN begründen. Vgl. im Einzelnen hierzu *Reinicke* Betr. 2006, 555.

**18. Abfindung der unverfallbaren Versorgungsanwartschaft.** Nach § 3 BetrAVG können Kleinstanwartschaften und derartige laufende Leistungen nur unter den dort geregelten Voraussetzungen abgefunden werden. Seit 1.1.2018 gilt zusätzlich, dass die Abfindung von Kleinstanwartschaften bei grenzüberschreitendem ArbG-Wechsel immer die Zustimmung des ArbN erfordern. Der Teil der Anwartschaft, der während eines Insolvenzverfahrens erdient worden ist, kann ohne Zustimmung des ArbN abgefunden werden, wenn die Betriebstätigkeit vollständig eingestellt und das Unternehmen liquidiert wird. Die Anwartschaft ist auf Verlangen des ArbN abzufinden, wenn die Beiträge zur gesetzlichen Rentenversicherung erstattet worden sind. Weiterhin ist die Abfindung im laufenden Arbeitsverhältnis zulässig, wenn sie nicht in zeitlichem und sachlichem Zusammenhang mit dessen Beendigung erfolgt (vgl. *Cisch* Betr. 2005, 12). Eine Abfindung ist in anderen Fällen unzulässig. Das Abfindungsverbot bezieht sich auf Versorgungsanwartschaften und laufende Leistungen. Die Höhe der Abfindung richtet sich nach § 3 Abs. 5 iVm § 4 Abs. 5 BetrAVG. Es kommt in bestimmten Fällen auch eine Übertragung in Betracht. Vgl. wegen der Einzelheiten §§ 3 Abs. 2 S. 3, 4 BetrAVG.

**19. Hinterbliebenenbezüge.** Meist wird neben dem ArbN dessen Witwe/Witwer und den Waisen ein Ruhegeld zugesagt (§ 328 Abs. 1 BGB). Der ArbG ist aber nicht verpflichtet, eine Hinterbliebenenversorgung zu schaffen, auch nicht bei Entgeltumwandlung (vgl. BAG AP BetrAVG § 1 Ablösung Nr. 27, BAG AP BetrAVG § 1a Nr. 1 = BB 2007, 2410). Wegen der zunehmenden rechtlichen und auch schwer überschaubaren finanziellen Risiken für den ArbG in diesem Bereich kann daran gedacht werden, die Klausel über die Hinterbliebenenversorgung in dem Formular zu streichen oder zB die Zahlung vom Erreichen erst eines bestimmten Lebensalters der/des Hinterbliebenen abhängig zu machen (vgl. ausführlich zur Hinterbliebenenversorgung, *Reinecke* NZA 2011, 1025). Die Witwen-/Witwerversorgung kann auf einen in der Zusage namentlich genannten Ehepartner beschränkt werden. Oftmals wird es auf den Ehepartner, mit dem der ArbN im Zeitpunkt des Versorgungsfalls verheiratet ist, beschränkt oder Ehepartner, die der ArbN erst nach Eintritt des Ruhestands geheiratet hat, ausgeschlossen (zB BAG BB 1998, 1114; OVG Koblenz BB 2010, 1596). Es können aber auch nur Hinterbliebene begünstigt werden, deren familienrechtliche Beziehungen zu dem ArbN bereits während des Arbeitsverhältnisses/vor Ausscheiden aus dem Arbeitsverhältnis bestanden (vgl. BAG EzA Nr. 9 zu § 1 BetrAVG Hinterbliebenenversorgung, BAG NZA 2011, 1092). Zusagen für Ehepartner werden dahingehend ausgelegt, dass auch getrennt lebende Ehepartner eine Versorgung erhalten, nicht aber geschiedene Ehepartner (*Reinecke* NZA 2011, 1025). Zulässig ist der Ausschluss eines getrennt lebenden Ehepartners (vgl. BAP AP BGB § 242 Ruhegehalt Nr. 183; Nr. 183a; BAG BB 1995, 1593). Der Ausschluss eines erst im höheren Alter oder erst nach Eintritt des Ruhestands oder des Leistungsbezugs geheirateten Ehepartners wurde früher als zulässig erachtet (Spätehenklausel; vgl. BAG AP BGB § 242 Ruhegehalt Nr. 158; Nr. 179; BVerfG AP BGB § 242 Ruhegehalt Nr. 182; BAG NZA-RR 2006, 591). Spätehenklauseln, die auf ein bestimmtes Lebensalter (zB 60. Lebensjahr) abstellen, sind aber nach der neueren Rechtsprechung des BAG eine unzulässige Altersdiskriminierung nach §§ 1, 3 I 1, 7 AGG (BAG NZA 2015, 1447). Der Ausschluss einer Hinterbliebenenrente bei wesentlich jüngeren Ehegatten (Abstandsklausel) wurde bisher ebenfalls als zulässig angesehen (vgl. BAG NJW 2002, 2339 = NZA 2002, 1286). Das BAG hat diese Frage aber dem EuGH vorgelegt (vgl. BAG BeckRS 2006, 44194 = BB 2006, 2536; vgl. hierzu auch *Cisch/Böhm* NZA 2007, 602), der einen gemeinschaftsrechtlichen Bezug verneinte (EuGH BB 2008, 2353). Nach neuster BAG-Rechtsprechung ist eine Regelung in einer Versorgungsordnung, dass Ehegatten nur dann eine Hinterbliebenenversorgung erhalten, wenn sie nicht mehr als 15 Jahre jünger als der Versorgungsberechtigte sind, zulässig. Es stellt zwar eine unmittelbare Altersdiskriminierung dar, die jedoch nach § 10 AGG wegen der Begrenzung des finanziellen Risikos des ArbG gerechtfertigt ist (BAG vom 20.02.2018, 3 AZR 43/17). Es können in derartigen Fällen aber auch angemessene Abschläge gemacht werden. Der Ausschluss von Witwerrenten ist verfassungswidrig (vgl. BVerfG NJW 1975, 919; BAG AP BetrAVG § 1 Hinterbliebenenversorgung Nr. 8). Bei Zusage einer Witwerrente gebietet aber der Gleichberechtigungsgrundsatz (Art. 3 Abs. 2 GG) eine gleichartige Behandlung von Witwern und Witwen (vgl. BAG NZA 1990, 271). Bei Wiederverheiratung erlischt der Anspruch auf Witwenleistung im Falle einer sog Wiederverheiratungsklausel (BAG BB 1997, 1903). Zu weiteren Klauselvarianten vgl. *Schaub*, ArbRHdb. 17. Aufl. § 275 Rn. 155 ff.)

Bei der Hinterbliebenenrente im Rahmen der Sozialversicherung ist die Begrenzung der Witwen/Witwerrente auf 60 % der Versichertenrente zulässig, so dass dies auch im Rahmen der Hinterbliebenenbezüge bei betrieblichem Ruhegeld gelten kann. Bei den Kindern kann die Höhe der Rente von der Eigenschaft als Voll- oder Halbwaise abhängig gemacht werden. Die Renten für Vollwaisen betragen meist 20–30 %, für Halbwaisen 10–15 % des betrieblichen Ruhegelds des ArbN (vgl. § 18 Abs. 2 Nr. 6 BetrAVG für den öffentlichen Dienst). Die Höchstbegrenzung der Waisenrente auf das 25. Lebensjahr entspricht § 32 Abs. 4 Nr. 2 EStG, um keine steuerrechtlichen Probleme zu verursachen. Alternative: Bei Altersteilzeit könnte für den Todesfall während der Altersteilzeit eine Regelung aufgenommen werden, dass die Hinterbliebenenrente 60 %, 20 % bzw. 12 % des ab dem 65. Lebensjahr des ArbN vorgesehenen betrieblichen Ruhegelds beträgt. Für die Berechnung der Hinterbliebenenrente des vorzeitig ausgeschiedenen ArbN gilt die Berechnungsregel des § 2 Abs. 1 BetrAVG.

Eingetragene Lebenspartner sind in der betrieblichen Altersversorgung hinsichtlich der Hinterbliebenenversorgung Ehegatten nach der Entscheidung des BAG vom 14.1.2009 gleichzustellen (BAG BB 2009, 954 soweit der Versorgungsgläubiger nicht vor dem 1.1.2005 (ab diesem Zeitpunkt gesetzliche Gleichstellung in der Sozialversicherung und bei Versorgungsausgleich) verstorben ist).

**20. Ruhen des Anspruchs.** Solange der ArbN oder ein sonstiger Versorgungsberechtigter noch die vollen Bezüge des ArbN erhält, ruhen die Ansprüche auf betriebliche Altersversorgung (vgl. BAG NZA 1992, 65).

**21. Anpassung des Ruhegelds.** Ein Recht oder eine Pflicht zur Anpassung des betrieblichen Ruhegelds an veränderte Umstände kann sich aus der Zusage selbst, im Wege ergänzender Vertragsauslegung oder aus § 16 BetrAVG ergeben. Wird das betriebliche Ruhegeld nach Prozentsätzen des letzten Einkommens berechnet, so wird die Anwartschaft dem gestiegenen Einkommen angepasst. Bei Berechnung nach Prozentsätzen des Einkommens eines vergleichbaren, noch aktiven ArbN ergibt sich die Anpassung automatisch aus dem Inhalt der Zusage. Die Zusage kann auch ausdrücklich die Anpassungspflicht festlegen, zB für den Fall allgemeiner Steigerung der Lebenshaltungskosten oder des Einkommensniveaus (nicht genehmigungspflichtige Wertsicherungs- oder Dynamisierungsklausel). Fehlen nähere Einzelheiten zum Maßstab, Umfang und Zeitpunkt der Anpassung, so bestimmt dies der ArbG nach billigem Ermessen. Nach § 16 BetrAVG muss der ArbG alle 3 Jahre eine Anpassung der laufenden Leistungen der betrieblichen Altersversorgung prüfen und hierüber nach billigem Ermessen entscheiden. Dies gilt nicht für Sachleistungen, weil diese nicht der Entwertung unterliegen. Einmalige Kapitalzahlungen müssen nicht angepasst werden. Bei mehreren unverfallbaren Anwartschaften muss jeder einzelne ArbG den Anpassungsbedarf gesondert prüfen. Für Neurenten beginnt der 3-Jahres-Rhythmus für die Anpassung mit dem Eintritt in den Ruhestand. Häufiger als alle 3 Jahre muss die Überprüfung nicht vorgenommen werden, auch wenn die materielle Opfergrenze überschritten ist.

Maßstab des Anpassungsbedarfs ist der Verbraucherpreisindexes (Veröffentlichungen des Statistischen Bundesamtes, *www.destatis.de*), begrenzt durch die Nettolohnentwicklung vergleichbarer Arbeitnehmergruppen im Unternehmen. Dabei ist auf den Kaufkraftverlust aus den aktuellsten, vom Bundesamt veröffentlichten Verbraucherpreisindex abzustellen (BAG NZA 2011, 1285). Ist der Anpassungsbedarf ermittelt, ist über die vorzunehmende Anpassung nach billigem Ermessen zu entscheiden, wobei die Belange des Versorgungsberechtigten und die wirtschaftliche Lage des ArbG zu berücksichtigen sind. Die Belange des Versorgungsberechtigten sind nicht individuell festzustellen, sondern abstrakt die Veränderung der Lebenshaltungskosten (vgl. BAG AP BGB § 242 Ruhegeld-Geldentwertung Nr. 4). Vermögens- und Einkommensverhältnisse des Versorgungsberechtigten sind nicht heranziehen (vgl. BAG AP BGB § 242 Ruhegeld-Geldentwertung Nr. 4). Die Entwicklung der Sozialversicherungsrenten darf bei der Anpassung keine Berücksichtigung finden (*Küttner/Kreitner,* Personalbuch 2017, 104 Rn. 56 f.). Der für den Anpassungsbedarf und die reallohnbezogene Obergrenze maßgebliche Prüfungszeitraum ist auch nach der Neufassung des § 16 BetrAVG der Zeitraum vom Rentenbeginn bis zum Anpassungsstichtag (vgl. BAG AP BetrAVG § 16 Nr. 56; BAG AP BetrAVG § 16 Nr. 62, zuletzt BAG NZA 2012, 1291).

Soweit bei der Anpassung die wirtschaftliche Lage des ArbG zu berücksichtigen ist, zieht das Bundesarbeitsgericht die Grundsätze heran, die bei Eingriffen in Versorgungswerke gelten. Danach sind Eingriffe in die erdiente Dynamik gerechtfertigt, wenn triftige Gründe vorliegen (vgl. BAG NZA 2007, 39). Das Bundesarbeitsgericht hat noch keine allgemeine Gewichtung der maßgeblichen Kriterien (Gewinn, Umsatz, Rendite, Auftragslage, Beschäftigungsstand, Investitionsbedarf etc) vorgenommen (vgl. zu einigen Kriterien BAG NZA 1985, 496). Das BAG sieht als übermäßige Belastung des ArbG an, wenn es mit einiger Wahrscheinlichkeit nicht möglich sein wird, den Teuerungsausgleich aus dem Wertzuwachs des Unternehmens und seinen Erträgen in der Zeit nach dem Anpassungsstichtag aufzubringen, also eine die Entwicklung des Unternehmens beeinträchtigende Substanzauszehrung zu erwarten ist (vgl. BAG NZA 2002, 554; 2002, 560). Die dazu erforderliche Prognose muss auf die Unternehmensentwicklung der zurückliegenden Zeit (repräsentativer Zeitraum von mindestens 3 Jahren; vgl. BAG NZA 2002, 560) gestützt werden und durch anerkannte betriebswirtschaftliche Methoden im jeweiligen Einzelfall ermittelt werden. Tendenziell räumt das BAG der Erhaltung der Arbeitsplätze Vorrang vor dem Anpassungsbegehren der Betriebsrentner ein (vgl. BAG BB 1996, 2573; BAG AP BetrAVG § 16 Nr. 53). Eine angemessene Eigenkapitalverzinsung muss erzielt werden; die Anpassung muss nicht aus der Unternehmenssubstanz finanziert werden (vgl. BAG AP BetrAVG § 16 Nr. 40; BAG NZA 2002, 560). Die angemessene Eigenkapitalverzinsung besteht aus der für festverzinsliche Wertpapiere langfristig erzielbaren Verzinsung (Basiszins s. Veröffentlichungen des Statistischen Bundesamtes) und einem Risikozuschlag von 2 % (vgl. BAG NZA 2002, 560). Eine Notlage des ArbG muss für die Ablehnung der Anpassung nicht gegeben sein (vgl. BAG Betr. 1984, 1833 = NZA 1984, 357). Gehört der ArbG einem Konzern an, ist ausnahmsweise je nach den Umständen bei der Würdigung der wirtschaftlichen Lage auch die Lage anderer Konzerngesellschaften zu berücksichtigen (sog Berechnungsdurchgriff; vgl. BAG BB 1981, 1900; 1989, 1902; 1995, 777; BAG AP BetrAVG § 16 Nr. 56, vgl. zu neueren Tendenzen des 3. Senats BAG NZA 2010, 95; 2010, 641; 2011, 1416). Das BAG geht inzwischen davon aus, dass das Bestehen eines Beherrschungsvertrages ausreicht, da es eine Gefahrenlage für das geschützte Interesse der Betriebsrentner am Werterhalt laufender Altersversorgungsleistungen darstellt (BAG NZA 2015, 1187, vgl. hierzu auch *Schaub*, ArbR-HdB, 17. Aufl. § 279, Rn. 10 ff.)Im Rahmen der Anpassungsentscheidung darf der ArbG berücksichtigen, ob im 3-Jahres-Rhythmus gewährleistet ist, dass bei allen Versorgungsberechtigten des Unternehmens eine Anpassung möglich ist (vgl. BAG AP BetrAVG § 16 Nr. 3).

Nach § 16 Abs. 2 Nr. 1 BetrAVG gilt die Anpassungsprüfungspflicht als erfüllt, wenn die Anpassung nicht geringer ist als der Anstieg des Verbraucherpreisindexes für Deutschland. Gem. § 16 Abs. 2 Nr. 2 BetrAVG gilt sie ebenfalls als erfüllt, wenn die Anpassung nicht geringer ist als der Anstieg der Nettolöhne vergleichbarer Arbeitnehmergruppen des Unternehmens im Prüfungszeitraum. Ausnahmen von der Anpassungsprüfungspflicht bestehen gem. § 16 Abs. 3 BetrAVG, wenn der ArbG sich verpflichtet, die laufenden Leistungen jährlich um wenigstens 1 % anzupassen (eine derartige Zusage sollte aber vermieden werden, weil auf eine schlechte wirtschaftliche Lage des Unternehmens dann nur sehr schwer reagiert werden kann) oder wenn es sich um andere Arten der betrieblichen Altersversorgung handelt. Passt der ArbG das Ruhegeld wegen seiner wirtschaftlichen Lage nicht oder nicht in vollem Umfang an, so ist er – sofern die Anpassung zu Recht unterblieben ist – nicht verpflichtet, die Anpassung zu einem späteren Zeitpunkt nachzuholen (vgl. BAG AP BetrAVG § 16 Nr. 56; BAG AP BetrAVG § 16 Nr. 62). Nach § 16 Abs. 4 BetrAVG gilt die Anpassung als zu Recht unterblieben, wenn der ArbG dem Versorgungsempfänger die wirtschaftliche Lage des Unternehmens schriftlich darlegt, der Versorgungsempfänger nicht binnen 3 Kalenderwochen nach Zugang der Mitteilung schriftlich widersprochen hat und er auf die Rechtsfolgen eines nicht fristgemäßen Widerspruchs hingewiesen worden ist. Fraglich sind jedoch die inhaltlichen Anforderungen an diese Mitteilungspflicht und damit deren rechtliche Einordnung. Das BAG hat die Anforderung verschärft und lässt die Fiktion nur eintreten, wenn der ArbG im Unterrichtungsschreiben die wirtschaftliche Lage so detailliert darstellt, dass der Versorgungsempfänger allein auf dieser Grundlage die Entscheidung auf Plausibilität prüfen kann. Er muss die sich aus den Bilanzen der letzten drei Jahre ergebenden Daten zum Eigenkapital und zur Berechnung der Eigenkapitalverzinsung für jedes zur Prognoseerstellung herangezogenes Jahr angeben (BAG

BetrAV 2012, 172). Eine nicht gerügte Anpassung führt zum Erlöschen eines Anspruchs auf Korrektur der Anpassungsentscheidung (vgl. BAG AP BetrAVG § 16 Nr. 57).

Von der nachholenden Anpassung ist die nachträgliche Anpassung zu unterscheiden. Durch eine nachträgliche Anpassung soll die Betriebsrente bezogen auf einen früheren Anpassungsstichtag unter Berücksichtigung der damaligen wirtschaftlichen Lage des Unternehmens erhöht werden. Sie kommt in Betracht, wenn der ArbG weder die Betriebsrente erhöht noch sich zur Anpassung ausdrücklich erklärt hat (vgl. BAG AP BetrAVG § 16 Nr. 35).

Vgl. ferner § 30c BetrAVG zur Anwendbarkeit des § 16 Abs. 3 Nr. 1 BetrAVG.

**22. Anpassungsstichtag.** § 16 BetrAVG zwingt nicht zu starren individuellen Überprüfungsterminen; die fälligen eines Kalenderjahres dürfen im Unternehmen gebündelt werden. Eine Zusammenlegung zum Halbjahr oder auch zum Jahresende ist möglich (vgl. BAG AP BetrAVG § 16 Nr. 2; BAG NZA-RR 2006, 485 = AP BetrAVG § 16 Nr. 56, BAG, ArbRAktuell 2016, 139)).

**23. Auskunftspflicht.** Dem ArbN obliegen Anzeige- und Auskunftspflichten bezüglich der Höhe seiner Sozialversicherungsrente, die zT auch gesetzlich normiert (zB § 6 S. 3 BetrAVG) sind.

**24. Abtretung von Schadensersatzansprüchen.** Streitig ist, ob der Versorgungsempfänger bei Bezug einer Unfallrente verpflichtet ist, Schadensersatzansprüche gegen einen Dritten an den ArbG abzutreten. Daher ist eine besondere Vereinbarung notwendig (vgl. LAG Hamm Betr. 1978, 213).

**25. Widerruf der Ruhegeldzusage mit Rechtsanspruch.** Es ist zu unterscheiden zwischen einer Ruhegeldzusage mit Rechtsanspruch und einer solchen, bei der der Rechtsanspruch ausgeschlossen ist oder der Widerruf vorbehalten ist (→ Anm. 26). In der betrieblichen Altersversorgung bewirkt der Ausschluss von Rechtsansprüchen jedoch lediglich, dass ein Widerrufsrecht besteht, das an sachliche Gründe gebunden ist (vgl. BAG BeckRS 2009, 55849; BAG NZA 1985, 22; BAG AP BGB § 313 Nr. 1).

Für die Ruhegeldzusage mit Rechtsanspruch gilt Folgendes: Die ordentliche Kündigung des Ruhestandsverhältnisses ist ausgeschlossen; dagegen ist die außerordentliche Kündigung aus wichtigem Grund in Form des Widerrufs möglich (vgl. BAG AP BGB § 139 Nr. 1; BAG AP BGB § 242 Ruhegehalt Nr. 100). Nach hM obliegen dem Versorgungsberechtigten vertragliche Rücksichtspflichten (§ 242 BGB). Aber nicht jedes Verhalten, das Anlass für eine außerordentliche Kündigung sein kann, rechtfertigt den Widerruf. Es muss sich nach der Rechtsprechung des Bundesarbeitsgerichts um eine Treuepflichtverletzung handeln, die das Begehren des ArbN als Rechtsmissbrauch erscheinen lässt (vgl. BAG AP BGB § 242 Ruhegehalt Nr. 141; Nr. 151; Nr. 172; BAG AP BetrAVG § 1 Treuebruch Nr. 1; Nr. 2; Nr. 10; BAG NJW 1980, 1127; NZA-RR 2007, 306; LAG Frankf./M. BB 1981, 978 u. 1098; LAG Hessen LAGE § 1 BetrAVG Rechtsmissbrauch Nr. 4). In neueren Entscheidungen lässt das Bundesarbeitsgericht (BAG DB 2014, 2534, NZA 2014, 780) einen Widerruf dann zu, wenn der Arbeitnehmer die Unverfallbarkeit seiner Versorgungsanwartschaft nur durch Vertuschung schwerer Verfehlungen erschlichen hat oder wenn der Arbeitnehmer dem Arbeitgeber durch grobes Fehlverhalten einen nicht behebbaren, insbesondere durch Ersatzleistungen nicht wieder gutzumachenden schweren Schaden zugefügt hat. Dies gilt auch, wenn die groben Pflichtverletzungen, die einen existenzgefährdenden Schaden verursachen, im Rahmen eines anderen Rechtsverhältnisses mit dem ehemaligen AG (zB als Organmitglied) begangen worden sind (BAG BetrAV 2017, 104; *Schaub* ArbR-HdB, 17. Aufl. § 280 Rn. 4 f.)

Auf Grund der Treuepflicht hat die Rechtsprechung einen Widerruf wegen Konkurrenztätigkeit auch ohne besondere Vereinbarung eines Wettbewerbsverbots für möglich gehalten, zumindest bei hauptberuflicher Tätigkeit mit Hinzutreten weiterer Umstände (vgl. BAG AP BetrAVG § 1 Treue Nr. 9). Inzwischen reicht die Konkurrenztätigkeit wohl nur aus, wenn der ArbN als Rentner bereits Versorgungsleistungen bezieht und die Voraussetzungen eines Rechtsmissbrauchs vorliegen (*Schaub* ArbR-HdB, 17. Aufl. § 280 Rn. 6). Die Gesamtumstände des Einzelfalls sind abzuwägen (vgl. BAG NZA 1990, 807). Möglicherweise ist lediglich ein teilweiser Widerruf oder eine vorübergehende Einstellung der Leistungen zulässig (eher ablehnend BAG AP BetrAVG § 1 Treue Nr. 7).

Wegen der wirtschaftlichen Lage des Unternehmens ist nach der bisher hM eine Einstellung oder Kürzung der Versorgungszusage möglich, wenn der Bestand des Unternehmens (nicht des Betriebes) gefährdet ist, die Ruhegeldeinstellung oder -kürzung gemeinsam mit anderen sachdienlichen Maßnahmen (Sanierungsplan) geeignet ist, die Sanierung des Unternehmens herbeizuführen, und auch anderen Personen (Vorständen, leitenden Angestellten, nicht sonstigen ArbN) als den Versorgungsberechtigten Opfer zugemutet werden (vgl. BAG AP BGB § 242 Ruhegehalt Nr. 154; Nr. 157; Nr. 167; Nr. 175; BAG BB 1981, 792; NZA 1987, 62; BB 2001, 1687; BeckRS 2000, 30368378; BeckRS 2000, 30782637). Bei vorübergehender Notlage ist eine Stundung oder Kürzung vorzunehmen (vgl. BAG AP BGB § 242 Ruhegehalt Nr. 175). Der ArbG muss das Ruhegeld zunächst aus seinem Privatvermögen bezahlen. Der Widerruf einer Versorgungszusage wegen wirtschaftlicher Schwierigkeiten ist nur insoweit und solange wirksam, wie die geplante Sanierung Erfolg verspricht; scheitert diese, so leben die Versorgungsrechte wieder auf (vgl. BAG Betr. 1982, 1330). Auch den Widerruf von Ruhegeldanwartschaften wegen wirtschaftlicher Schwierigkeiten hielt das BAG früher für möglich (vgl. BAG AP BGB § 242 Ruhegehalt Nr. 175; Nr. 177; BAG BB 2003, 56). Mit Wirkung vom 1.1.1999 ist jedoch durch eine Änderung im Rahmen der Insolvenzrechtsreform § 7 Abs. 1 S. 3 Nr. 5 BetrAVG gestrichen worden (Art. 91 Nr. 2 EGInsO, BGBl. 1994 I 2947, § 7 Abs. 2 BetrAVG). Ein Widerruf von insolvenzgeschützten Versorgungsansprüchen und unverfallbaren Anwartschaften wegen wirtschaftlicher Notlage ist deshalb nach Auffassung des Bundesarbeitsgerichts nicht mehr zulässig (vgl. BAG AP BetrAVG § 7 Nr. 24). Der ArbG muss nach § 7 Abs. 1 S. 4 Nr. 2 BetrAVG vorgehen, dh einen außergerichtlichen Vergleich zur Abwendung der Insolvenz versuchen, für den die Zustimmung des Trägers der Insolvenzsicherung erforderlich ist. Ob hinsichtlich anderer Versorgungsansprüche oder Anwartschaften ein Widerruf wegen wirtschaftlicher Notlage in Betracht kommt, ist dagegen unklar. Zum Widerruf wegen Überversorgung vgl. *Schaub* ArbR-HdB 17. Aufl. § 280 Rn. 12.

Bei Widerruf einer Gesamtzusage genügt es, dass die einzelnen ArbN typischerweise von der Widerrufserklärung Kenntnis nehmen konnten (vgl. BAG NZA 2005, 1117 = BB 2006, 1391).

**26. Ruhegeldzusage mit Ausschluss des Rechtsanspruchs bzw. Widerrufsvorbehalt.** Zu unterscheiden hierbei sind allgemeine und spezielle Widerrufsvorbehalte (vgl. *Schaub* ArbR-HdB 17. Aufl. § 280 Rn. 13 ff.). Ein spezieller Widerrufsvorbehalt liegt vor, wenn fest umrissene Widerrufstatbestände aufgeführt werden. Die in den Einkommensteuerrichtlinien enthaltenen Mustervorbehalte sollten benutzt werden, da diese steuerunschädlich sind. Werden spezielle Vorbehalte gemacht, kann der Widerruf auch aus allgemeinen Rechtsgründen erfolgen. Das Formular enthält eine Kombination von speziellen Widerrufstatbeständen iSd EStR und allgemeinen Widerrufsgründen. Der allgemeine Widerrufsvorbehalt wurde entsprechend der Rechtsprechung über den Wegfall oder die Änderung der Geschäftsgrundlage (§ 242 BGB) formuliert. Die steuerunschädlichen Mustervorbehalte drücken dies nur klarstellend aus, sie wirken nur deklaratorisch (vgl. BAG AP BetrAVG § 7 Widerruf Nr. 24). Vgl. zum Begriff der wesentlichen Änderung BAG AP BGB § 242 Ruhegehalt Nr. 153; BAG NZA 1989, 305 und zum Widerruf wegen sozialversicherungsrechtlicher Änderungen oder Änderung der rechtlichen Verhältnisse BAG AP BGB § 242 Ruhegehalt Nr. 153; Zur Bedeutung des Entfallens des Sicherungsfalles bei wirtschaftlicher Notlage des Versorgungsschuldners → Anm. 25. Bei Eingriffen in unverfallbare Anwartschaften ist ein dreistufiges Prüfungsschema einzuhalten (vgl. BAG AP BetrAVG § 1 Unterstützungskassen Nr. 4; BAG AP BetrAVG § 1 Ablösung Nr. 27).

**27. Entfallen des Ruhegeldanspruchs.** Bei betrieblicher Altersversorgung wegen teilweiser oder voller Erwerbsminderung entfällt der Anspruch auf Ruhegeldzahlung, wenn der ArbN wieder arbeitsfähig wird. Hat der ArbN vorgezogenes Altersruhegeld in Anspruch genommen, fällt der Anspruch auf Ruhegeld fort, wenn die Voraussetzungen des Rentenbezuges wegen Erwerbstätigkeit nicht mehr vorliegen (§§ 34 Abs. 2, 100 SGB VI). Streitig ist, ob der Anspruch auf betriebliche Altersversorgung auf jeden Fall entfällt oder bei Überschreiten der Erwerbsgrenzen nur bei einem entsprechenden Vorbehalt in der Ruhegeldordnung (vgl. BAG BetrAV 1973, 202). Wegen des Zweckes und der Subsidiarität der betrieblichen Altersversorgung ist aber von dem Entfallen des Anspruchs auszugehen; es sei denn, die Weitergewährung ist ausdrücklich zugesagt. Der ArbN ist verpflichtet, die Aufnahme einer Tätigkeit gegen Entgelt dem ArbG anzuzeigen.

**28. Wettbewerbsverbot.** Nach dem Ausscheiden aus dem Arbeitsverhältnis unterliegt der ArbN grundsätzlich keinem Wettbewerbsverbot. Auch bei einer Ruhegeldanwartschaft kann nicht Unterlassung der Konkurrenztätigkeit ohne Karenzentschädigung beansprucht werden (vgl. BAG AP BGB § 242 Ruhegehalt Nr. 172). § 60 HGB findet auch keine entsprechende Anwendung auf das Ruhestandsverhältnis. Ein Wettbewerbsverbot kann für den Versorgungsfall festgelegt werden. Auch bei laufenden Versorgungsleistungen ist der ArbN nicht ohne Vereinbarung eines Wettbewerbsverbots verpflichtet, Konkurrenztätigkeit zu unterlassen (vgl. BAG AP BGB § 611 Konkurrenzklausel Nr. 40). Ein Wettbewerbsverbot sollte aber nur in Ausnahmefällen in einer Ruhegeldzusage für den Fall des Eintritts des Versorgungsfalls vereinbart werden. Dies gilt insbesondere, nachdem das Bundesarbeitsgericht bei einem unverbindlichen Wettbewerbsverbot wegen einer Bedingung den ArbG zur Karenzzahlung verpflichtet hat (vgl. BAG BB 1978, 612). Das Ruhegeld darf nicht auf die Karenzentschädigung angerechnet werden; dagegen kann die Karenzentschädigung das Ruhegeld mindern oder entfallen lassen (vgl. BAG NZA 1985, 809). Im Übrigen → Form. XIX.21.

**29. Pfändung, Verpfändung, Abtretung und Aufrechnung bei Ruhegeld.** Ruhegeld unterliegt dem Pfändungsschutz wie sonstiges Arbeitseinkommen (§ 850 Abs. 2 ZPO). Betriebliches Ruhegeld und Sozialversicherungsrenten sind im Rahmen der Pfändung nur gem. § 850e Nr. 2a ZPO zusammenzurechnen. Soweit das Ruhegeld unpfändbar ist, kann es gem. §§ 400, 1274 Abs. 2 BGB nicht abgetreten oder verpfändet werden. In gleichem Umfang ist eine Aufrechnung des ArbG unzulässig (§ 394 BGB); es sei denn, es handelt sich um eine Aufrechnung gegen Schadensersatzansprüche aus vorsätzlicher Handlung. Die Verrechnung mit Vorschüssen ist zulässig.

**30. Verwirkung und Verjährung von Ruhegeldansprüchen.** Eine Verwirkung des Stammrechts tritt ausnahmsweise ein, wenn der Versorgungsberechtigte den Eindruck erweckt, er werde seine Rechte endgültig nicht geltend machen. Verfallfristen als Normierung des Verwirkungstatbestandes erfassen idR nicht das Ruhegeldstammrecht; für einzelne Ruhegeldleistungen laufen sie ab Fälligkeit (vgl. BAG AP BGB § 242 Ruhegehalt Nr. 155; BAG AP BetrAVG § 1 Vordienstzeiten Nr. 13). Ohne ausdrückliche Erwähnung werden Ruhegeldanwartschaften und Ruhegeld durch Ausgleichsquittungen nicht beseitigt (vgl. BAG AP BGB § 242 Ruhegehalt Nr. 163). Die einzelnen Ruhegeldforderungen verjähren in 3 Jahren, das Ruhegeldstammrecht in 30 Jahren (§ 18a BetrAVG).

**31. Insolvenzschutz.** Gem. den §§ 7 ff. BetrAVG ist die betriebliche Altersversorgung insolvenzgeschützt. Die Mittel zur Insolvenzsicherung sind von den ArbG aufzubringen, die Versorgungsleistungen gewähren, die insolvenzgeschützt sind, dh die entweder eine Direktzusage abgegeben haben oder betriebliche Altersversorgung über eine Unterstützungskasse, eine Direktversicherung oder einen Pensionsfonds gewähren. Diese ArbG haben innerhalb von 3 Monaten seit Abgabe der Neuzusage den Pensions-Sicherungs-Verein zu informieren (§ 11 Abs. 1 BetrAVG). Beitragspflichtige ArbG haben dem Pensions-Sicherungs-Verein spätestens bis zum 30.9. eines jeden Kalenderjahres die Höhe des für die Bemessung des Beitrages maßgebenden Betrages bei unmittelbaren Versorgungszusagen und Pensionsfonds auf Grund eines versicherungsmathematischen Gutachtens, bei Direktversicherungen auf Grund einer Bescheinigung des Versicherers und bei Unterstützungskassen auf Grund einer nachprüfbaren Berechnung mitzuteilen (§ 11 Abs. 2 BetrAVG). Diese Unterlagen muss der ArbG mindestens 6 Jahre aufbewahren. Der gesetzliche Insolvenzschutz erfasst nicht die Anpassungsprüfungspflicht nach § 16 BetrAVG (vgl. *Langohr-Plato* BB 2002, 412). Vgl. wegen weiterer Einzelheiten *Schaub* ArbR-HdB 17. Aufl. § 281 Rn. 1 ff.

32. **Beweisfragen.** Der ArbN ist für den Ablauf der Unverfallbarkeitsfrist und der Wartezeit, damit für den Zeitpunkt der Erteilung der Versorgungszusage beweispflichtig. Für einen Widerrufsvorbehalt nach freiem Belieben ist der ArbG beweispflichtig. Dagegen muss der ArbN beweisen, dass Widerrufsgründe nicht bestehen. Die Billigkeit des Widerrufs ist von dem ArbG zu beweisen. Er muss auch bei späterem Wegfall der verminderten Erwerbsfähigkeit den Nachweis erbringen, dass der Ruhegeldanspruch entfallen ist. Bei der Anpassungsprüfung ist der ArbG für die wirtschaftliche Lage darlegungs- und beweisbelastet (vgl. *Langohr-Plato* BB 2002, 410).

33. **Haftung.** Bei innerbetrieblichem Ruhegeld haftet der ArbG für die Erfüllung der Zusage nicht nur mit dem Betriebsvermögen, sondern auch mit seinem gesamten Privatvermögen (vgl. BAG AP BGB § 242 Ruhegehalt Nr. 104; Nr. 167). Eine Haftungsbeschränkung auf das Betriebsvermögen ist unzulässig. Aus dem NachhBG v. 18.3.1994 (BGBl. I 560) ergibt sich die seitdem ua in § 160 HGB, § 736 Abs. 2 BGB verankerte Nachhaftungsbegrenzung für ausgeschiedene Gesellschafter. Vgl. zur Haftung ausgeschiedener Gesellschafter einer Personengesellschaft und von Konzernmüttern gegenüber ArbN von beherrschten Tochtergesellschaften ferner *Schaub* ArbR-HdB 17. Aufl. § 275 Rn. 138 ff. Zur Abdeckung der Haftung kann mit Zustimmung des Versorgungsberechtigten eine Rückdeckungsversicherung auf sein Leben abgeschlossen werden.

34. **Schlussbestimmungen.** → Form. XIX.6 Anm. 14, 15.

35. **Betriebsverfassungsrecht.** Mitbestimmungsrechte des Betriebsrats bezüglich der betrieblichen Altersversorgung können auf § 87 Abs. 1 Nr. 8 (Unterstützungs- und Pensionskasse) u. 10 (Direktzusage, Direktversicherung) BetrVG beruhen. Bei Direktzusagen und Versicherungen besteht wegen des Fehlens einer Sozialeinrichtung kein Mitbestimmungsrecht nach § 87 Abs. 1 Nr. 8 BetrVG (vgl. *Fitting/Engels/Schmidt/Trebinger/Linsenmaier* BetrVG § 87 Rn. 340, 348), Mitbestimmungsfrei ist, ob der ArbG überhaupt Mittel für die betriebliche Altersversorgung einsetzen oder diese einschränken bzw. aufheben will, in welchem Umfang (Dotierungsrahmen) er Mittel einsetzen will, welche Form der Versorgungszusage er wählen will und wie die abstrakte Abgrenzung der Versorgungsberechtigten erfolgt (vgl. BAG AP BetrVG 1972 § 87 Altersversorgung Nr. 3). Die betriebliche Altersversorgung ist daher nicht durch den Betriebsrat erzwingbar. Die erstmalige Einführung einer Ruhegeldordnung ist auch dann nicht mitbestimmungspflichtig, wenn sie auf arbeitsvertraglicher Einheitsregelung oder Gesamtzusage beruht. Der Betriebsrat kann keine anderweitige Verteilung der Mittel auf die einzelnen von dem ArbG gebildeten Gruppen erzwingen (vgl. BAG NZA 2004, 331 = DB 2003, 2130; BAG DB 2004, 883). Da die betriebliche Altersversorgung nicht nur Versorgungs-, sondern auch Entgeltcharakter hat, kommt – auch bei Direktzusagen – ein Mitbestimmungsrecht gem. § 87 Abs. 1 Nr. 10 BetrVG in Betracht. Mitbestimmungspflichtig ist die Aufstellung von Versorgungsgrundsätzen, Einführung, Anwendung und Änderung von

Versorgungsmethoden, insbesondere die Gestaltung des Leistungsplans ohne Eingriff in den Dotierungsrahmen des ArbG (vgl. BAG AP BetrVG 1972 § 87 Altersversorgung Nr. 16; BAG AP BetrAVG § 1 Geschäftsgrundlage Nr. 3). Der Betriebsrat hat ein Initiativrecht zur Änderung des Leistungsplans. Gem. § 75 BetrVG hat der Betriebsrat im Übrigen über die Behandlung der Personen im Betrieb nach Recht und Billigkeit zu wachen. Der Betriebsrat hat bei der Ausübung eines kollektiven Widerrufs ein Mitbestimmungsrecht, wenn der Dotierungsrahmen geändert wird. Bei Widerruf wegen grober Treuwidrigkeit besteht kein Mitbestimmungsrecht (vgl. BAG NZA 2004, 331 = DB 2003, 2130). Erteilt der ArbG nur in Einzelfällen Ruhegeldzusagen oder sagt er Ruhegeld nur leitenden Angestellten zu, so besteht kein Mitbestimmungsrecht. Ebenso entfällt das Mitbestimmungsrecht nach Eintritt des Versorgungsfalls (§ 2 Abs. 5 BetrAVG). Ist eine planwidrige Überversorgung eingetreten, kann der ArbG die zulässigen Anpassungsregelungen einer Betriebsvereinbarung auch den mit einer unverfallbaren Anwartschaft ausgeschiedenen ArbN entgegenhalten, wenn die Anwartschaft auf einer Gesamtzusage beruht (vgl. BAG NZA 1999, 444). Das Mitbestimmungsrecht bezieht sich im Übrigen lediglich auf Versorgungsanwartschaften von noch im Betrieb befindlichen ArbN (vgl. BAG AP BGB § 242 Ruhegehalt Nr. 177; BAG Betr. 1988, 2312). Für die Regelung der Ruhestandsverhältnisse hat der Betriebsrat keine Befugnis (BAG BeckRS 2011, 70704).

Beruht die Ruhegeldzusage auf einer einzelvertraglichen Regelung, kann eine Betriebsvereinbarung diese nicht ablösen oder ändern (vgl. BAG NZA 1990, 351). Nur die in der Betriebsvereinbarung enthaltenen günstigeren Normen verdrängen für ihre Geltungszeit die einzelvertraglichen Regelungen. Auf vertraglicher Einheitsregelung oder Gesamtzusage beruhende Ruhegeldzusagen können nach dem Beschluss des GS des Bundesarbeitsgerichts vom 16.9.1986 durch Betriebsvereinbarung nur geändert werden, wenn in der Ruhegeldzusage eine Ablösung durch eine spätere Betriebsvereinbarung vereinbart worden ist oder die Betriebsvereinbarung insgesamt bei kollektiver Betrachtung für die ArbN nicht ungünstiger ist oder die Geschäftsgrundlage für die bisherige Regelung entfallen ist (vgl. BAG GS AP BetrVG 1972 § 77 Nr. 17). Ist die vertragliche Einheitsregelung oder Gesamtzusage betriebsvereinbarungsoffen, ist in einem zweiten Schritt zu prüfen, ob die Ablösung einer materiellen Rechtskontrolle standhält zB nach den Grundsätzen der Verhältnismäßigkeit und des Vertrauensschutzes (vgl. BAG NZA 2003, 968 = DB 2002, 1383; BAG NZA 2004, 1110). Rentennahe Jahrgänge sind von der Verschlechterung als Härtefall auszunehmen. Auf Betriebsvereinbarung beruhende Ruhegeldansprüche können durch eine neue Betriebsvereinbarung geändert werden. Ist die neue Betriebsvereinbarung ungünstiger, so unterliegt sie ebenfalls einer Rechtskontrolle. Die Betriebsparteien müssen die Grundsätze der Verhältnismäßigkeit und des Vertrauensschutzes wahren; der Eingriff muss ausgewogen sein (vgl. BAG BB 1990, 2047). Die Betriebsvereinbarung muss der Billigkeit iSd § 315 BGB entsprechen (vgl. BAG EzA Nr. 27 zu § 5 BetrAVG). Für Eingriffe in Versorgungsanwartschaften (§ 2 Abs. 1 BetrAVG) ist ein dreistufiges Prüfungsschema einzuhalten (vgl. BAG AP BetrAVG § 1 Unterstützungskassen Nr. 4; BAG AP BetrAVG § 1 Ablösung Nr. 37; BAG NZA-RR 2005, 598 = DB 2005, 1527). Der auf seltene Ausnahmefälle begrenzte Eingriff in den bereits erdienten, nach den Grundsätzen des § 2 BetrAVG errechneten Teilbetrag setzt zwingende Gründe voraus. Zuwächse aus variablen, dienstzeitunabhängigen Berechnungsfaktoren (sog erdiente Dynamik) können nur aus triftigen Gründen geschmälert werden. Für den Eingriff in dienstzeitabhängige Zuwächse genügen sachlich-proportionale Gründe. Alle Eingriffe müssen am Zweck der Maßnahme gemessen, geeignet, erforderlich und verhältnismäßig sein. Bei Verschlechterungen nach Eintritt des Versorgungsfalls sind die Grundsätze der Verhältnismäßigkeit und des Vertrauensschutzes zu wahren (vgl. BAG NZA 2005, 580 = DB 2005, 783). Nach diesem Zeitpunkt sind idR nur noch geringfügige Verschlechterungen gerechtfertigt.

Im Rahmen der Ausübung des Mitbestimmungsrechts muss der Betriebsrat bei Direktversicherungen auch die Rechtsbeziehungen zwischen ArbG und Versicherung beachten. Besteht ein Unternehmen aus mehreren Betrieben, so obliegt das Mitbestimmungsrecht dem Gesamtbetriebsrat, bei Pensions- oder Unterstützungskassen für den Konzern steht es dem Konzernbetriebsrat zu.

**36. Steuern, Sozialabgaben.** Die steuerliche Behandlung hängt von dem jeweiligen Durchführungsweg ab. Zu Einzelheiten vgl. *Küttner/Windsheimer/Schlegel,* Personalbuch 2017, 104 Rn. 101 ff.; *Schaub* ArbR-HdB 17. Aufl. § 282 Rn. 1 ff.

## 25a. Vereinbarung über unbezahlten Urlaub

**Herr/Frau[1, 3, 5] . . . . . erhält vereinbarungsgemäß unbezahlten Urlaub[2], beginnend mit dem . . . . . und endend am . . . . . Diese Zeit dient nicht der Erholung, sondern wird vom Arbeitnehmer für die Erledigung persönlicher Angelegenheiten verwendet. Während der Dauer der Beurlaubung ruhen Rechte und Pflichten aus dem Arbeitsverhältnis, insbesondere die Arbeits- und die Lohnzahlungspflicht. Für eine etwa gewünschte freiwillige Weiterversicherung in der Sozialversicherung trägt der Arbeitnehmer selbst Sorge.[4]**

**. . . . . (Ort), den . . . . .**

| | |
|---|---|
| **. . . . .** | **. . . . .** |
| **Unterschrift des Arbeitgebers** | **Unterschrift des Arbeitnehmers** |

*Schrifttum: Faßhauer,* Rechtsfragen zur unbezahlten Freistellung, NZA 1986, 453; *Herschel,* Erkrankung während unbezahlten Sonderurlaubs, DB 1981, 2431; *v. Hoyningen-Huene,* Die unbezahlte Freistellung von Arbeit, NJW 1981, 713; Karb, Der Erholungsurlaub im ruhenden Arbeitsverhältnis, öAT 2014, 219; *Schönhöft/Oelze,* Sonderurlaub – Die Entstehung des Urlaubsanspruchs bei Doppelarbeitsverhältnissen und dessen Anrechnungsmöglichkeiten, NZA 2016, 868; *Ströfer,* Zur Lohnfortzahlung bei Krankheit im unbezahlten Sonderurlaub, DB 1984, 2406; *Vogel,* Rechtsfragen im Zusammenhang mit dem Sonderurlaub nach § 28 TVöD, öAT 2011, 3.

### Anmerkungen

**1. Wesen.** Der im hier gewählten Beispiel behandelte unbezahlte Urlaub, auch Beurlaubung, Sonderurlaub oÄ genannt, hat mit dem Urlaub iSd Bundesurlaubsgesetzes (BUrlG) nur die Bezeichnung gemeinsam, ist aber eigentlich ein Fall der unbezahlten Freistellung (Küttner/*Poeche,* Personalbuch 2019, 429 Rn. 1). Beim unbezahlten Urlaub sind die sich aus dem Arbeitsverhältnis ergebenden Hauptleistungspflichten, Arbeitsleistung und Vergütung, nicht zu erfüllen; das Arbeitsverhältnis ruht. Die sich aus dem Arbeitsverhältnis ergebenden Nebenpflichten wie Wettbewerbsverbot und Fürsorgepflichten bestehen aber weiter. Der unbezahlte Urlaub steht nicht im Zusammenhang mit der Arbeitsleistung (Erhaltung der Arbeitskraft durch bezahlte Erholungszeit), so dass er grundsätzlich nicht den Regelungen des BUrlG unterliegt. Der ArbN ist also zB an die aus § 8 BUrlG folgende Pflicht zur Unterlassung dem Urlaubszweck widersprechender Erwerbstätigkeit nicht gebunden (zum Erlaubnisvorbehalt des ArbG und dem Anspruch auf Nebentätigkeit des ArbN BAG NZA 2003, 976), genießt aber im Krankheitsfall auch nicht den Schutz des § 9 BUrlG. Eine Erkrankung im unbezahlten Urlaub unterbricht diesen also in der Regel nicht, dh der ArbN hat keinen Entgeltfortzahlungsanspruch (BAG NJW 1995, 1774; BAG DB 1978, 499; BAG NJW 1984, 686). In einer dem obigen Beispiel entsprechenden Vereinbarung (kein Erholungszweck) wird regelmäßig der Ausschluss von § 9 BUrlG gesehen (BAG DB 1975, 157; BAG NJW 1981, 781). Die Sechs-Wochen-Frist der Entgeltfortzahlung beginnt aber erst nach dem unbezahlten Urlaub (BAG RdA 1974, 315). Hat der ArbG zusätzlich unbezahlten Sonderurlaub für Erholungszwecke im Anschluss an einen gesetzlichen Teilurlaub gewährt, so gilt bei krankheitsbedingter Arbeitsunfähigkeit während des unbezahlten Urlaubes aber § 9 BUrlG entsprechend (BAG BB 1973, 89; BAG DB 1974, 2114). Dient der vereinbarte unbezahlte Urlaub Erholungszwecken, ist der ArbN nicht verpflichtet, ihn im Krankheitsfalle auch anzutreten (BAG NJW 1972, 789; BAG BB 1973, 89). Wird dem ArbN unbezahlter Sonderurlaub gewährt, stellt dies keinen in der Person des ArbN liegenden Grund iSd § 7 Abs. 3 S. 2 BUrlG dar. Damit muss wegen eines unbezahlten Urlaubs nicht genommener Erholungsurlaub nicht auf das nächste Kalenderjahr übertragen werden (LAG Berlin-Brandenburg BeckRS 2017, 121913; aA LAG Berlin-Brandenburg BeckRS 2017, 117379). Mit der Vereinbarung unbezahlten Urlaubes sind die Folgen des Annahmeverzuges (§ 615 S. 1 BGB) abbedungen. Zur Unterscheidung von der Suspendierung → Form. XIX. 43.

**2. Anspruch.** Unbezahlter Urlaub kann nicht einseitig angeordnet werden. Von vereinzelten gesetzlichen Sonderregelungen abgesehen (zB Wahlbewerber Art. 48 Abs. 1 GG, Wehrdienstleistende) lässt sich ein Anspruch des ArbN auf Gewährung unbezahlten Urlaubes nur aus tarifvertraglichen Regelungen (zB § 28 TVöD), aus der Fürsorgepflicht des ArbG oder aus § 242 BGB ableiten. Dem ArbN kann aber nur bei wichtigen Gründen ein Anspruch auf unbezahlten Urlaub erwachsen. Maßgeblich ist eine sorgfältige Interessenabwägung, die einerseits die Dauer der begehrten Freistellung und das Gewicht des geltend gemachten Freistellungsgrundes, andererseits die konkret entgegenstehenden betrieblichen Belange angemessen berücksichtigen muss (LAG Hessen NZA 1986, 717; LAG Hamm DB 1982, 1328; für einen Fall der Pflichtenkollision wurde ein Leistungsverweigerungsrecht des ArbN und damit ein Anspruch auf unbezahlten Urlaub bejaht in BAG DB 1983, 1602). Im öffentlichen Dienst ist ein wichtiger Grund erforderlich, der zB für Kindesbetreuung (ArbG Köln NZA-RR 2008, 49) oder Begleitung des im Ausland beschäftigten Ehepartner (ArbG Kassel BeckRS 2009, 50161) bejaht wurde (vgl. auch (Küttner/*Poeche*, Personalbuch 2019, 429 Rn. 3 mwN). Der ArbN kann auch nur unter ganz besonderen Umständen (zB schwerwiegende negative Veränderungen der wirtschaftlichen Lage des ArbN und Zumutbarkeit der Beschäftigung für ArbG) die Einwilligung des ArbG zur vorzeitigen Beendigung eines einmal vereinbarten Sonderurlaubes verlangen (BAG NZA 1995, 953; BAG NZA 1998, 104 – Kollision von vereinbartem Sonderurlaub und Erziehungsurlaub; zum wichtigen Grund BAG NZA 2002, 160). Zur Bestimmung der Grenzen der Vereinbarkeit bedarf es einer Abwägung der berechtigten Interessen (BAG NJW 1977, 456; BAG BB 1981, 974, II 2c der Gründe). Dabei kann auch das Interesse des ArbG maßgebliches Motiv sein.

**3. Unzulässige Klauseln.** Eine Bestimmung, nach der es dem ArbG frei steht, wann er den ArbN wieder zur Arbeitsleistung auffordert, ist nichtig. Die sich aus einer solchen Vereinbarung ergebende Lücke ist durch ergänzende Vertragsauslegung in der Weise zu schließen, dass, notfalls durch das Gericht, eine angemessene, bestimmte Dauer der Beurlaubung festgelegt wird (BAG BB 1981, 974, II 3 der Gründe). Die Vereinbarung, dass ein ArbN bei Auftragsmangel bezahlten oder unbezahlten Urlaub nehmen muss, ist jedenfalls unwirksam, wenn Anlass und Menge der Arbeitsreduzierung nicht näher konkretisiert sind. Durch eine solche Vereinbarung wird das Wirtschaftsrisiko unzulässiger Weise auf den ArbN verlagert (LAG Nürnberg NZA-RR 2006, 511). Die Vereinbarung unbezahlten Urlaubs für zurückliegende Krankentage ist unzulässig (BAG NJW 1981, 781). Unter dem Gesichtspunkt der Umgehung des Kündigungsschutzes ist eine Bedingung nichtig, nach der das Arbeitsverhältnis endet, sofern der ArbN nicht pünktlich an den Arbeitsplatz zurückkehrt (BAG NJW 1975, 1531). Ein Vorbehalt des ArbG, nach Gewährung eines Sonderurlaubs die Freistellung eventuell mit dem tariflichen Erholungsurlaub zu verrechnen, ist ebenfalls unwirksam (BAG NZA 1992, 1078 – Fall eines bezahlten Sonderurlaubes). Der ArbG darf den tariflich oder gesetzlich bestehenden Urlaubsanspruch des ArbN auch nicht um die Zeit des unbezahlten Urlaubs anteilig kürzen (BAG NZA 2014, 959; BAG DB 1986, 2394). → Form. XIX. 39 Anm. 2.

4. **Sonstige Rechtsfolgen.** Da im ruhenden Arbeitsverhältnis der Entgeltanspruch entfällt, fallen idR auch Lohnersatzleistungen weg. Für Zeiten einer Arbeitsunfähigkeit ist folglich keine Entgeltfortzahlung im Krankheitsfall zu leisten. Auch etwaig anfallende Feiertagsvergütung entfällt grundsätzlich. Das gilt auch für den Anspruch auf Zuschuss zum Mutterschaftsgeld nach § 19 MuSchG, soweit sich Schutzfrist und unbezahlter Urlaub decken (BAG NZA 2004, 537). Für Sonderzahlungen kann abhängig von ihrer arbeitsvertraglichen Ausgestaltung eine anteilige Minderung zulässig sein (vgl hierzu Küttner/*Poeche*, Personalbuch 2019, 429 Rn. 6). Das Ruhen des Arbeitsverhältnisses hindert nicht den Lauf der Wartezeit des § 4 BUrlG (ErfK/*Gallner,* BUrlG, § 4 Rn. 4). Auch ist der Lohnausfall infolge unbezahlten Urlaubes bei der Berechnung des Urlaubsentgeltes nicht zu berücksichtigen (BAG BB 70, 925). Der Anspruch auf den Jahresurlaub darf nicht anteilig gekürzt werden (BAG NZA 1987, 13). Beiträge zur Sozialversicherung sind vom ArbG mangels Arbeitsentgelts nicht mehr zu entrichten. Der sozialversicherungsrechtliche Schutz des ArbN entfällt, wenn der unbezahlte Urlaub das Beschäftigungsverhältnis beendet (BSGE BB 1964, 598), dh wenn der unbezahlte Urlaub länger als einen Monat dauert (§ 7 Abs. 3 S. 1 SGB IV: Eine Beschäftigung gegen Arbeitsentgelt gilt als fortbestehend, solange das Beschäftigungsverhältnis ohne Anspruch auf Arbeitsentgelt fortdauert, jedoch nicht länger als einen Monat). Während der Monatsfrist können grundsätzlich alle Leistungsansprüche der gesetzlichen Krankenversicherung geltend gemacht werden (Küttner/*Ruppelt*, Personalbuch 2019, 429 Rn. 12 ff.). Eine freiwillige Weiterversicherung in der gesetzlichen Krankenversicherung nach Ablauf der Monatsfrist muss innerhalb von drei Monaten begründet werden (§ 9 Abs. 2 Nr. 1 SGB V).

5. **Betriebsverfassung.** Vereinbarungen mit einer Gruppe von ArbN (zB Gastarbeitern) über unbezahlten Urlaub sind jedenfalls dann gemäß § 87 Abs. 1 Nr. 5 BetrVG mitbestimmungspflichtig, wenn eine Gruppe betroffen ist und der unbezahlte Urlaub in unmittelbarem Zusammenhang mit dem Erholungsurlaub steht (BAG NJW 1975, 80; weitergehend ErfK/*Kania,* BetrVG, § 87 Rn. 43 MBR bei jeder Form von bezahltem und unbezahltem Urlaub). Die sogenannte Werkbeurlaubung (Einführung von Betriebsferien) kann durch Betriebsvereinbarung vorgenommen werden (BAG DB 1984, 209).

## 25b. Vereinbarung über Umzugskosten mit Rückzahlungsklausel

**Zwischen der Fa. . . . . . (im Folgenden „Arbeitgeber“ genannt)**

**und**

**Herrn/Frau . . . . . (im Folgenden „Arbeitnehmer“ genannt)**

**wird Folgendes vereinbart:**

**§ 1 Umzugskostenübernahme**

**Der Arbeitnehmer ist beim Arbeitgeber gemäß Arbeitsvertrag vom . . . . . als . . . . . auf unbestimmte Zeit beschäftigt. Er/Sie beabsichtigt, von . . . . . nach . . . . . umzuziehen. Der**

**Arbeitgeber verpflichtet sich hiermit, dem Arbeitnehmer die durch den Umzug entstehenden Transportkosten zu 80 % bis zum Höchstbetrag von Euro . . . . . bei Vorlage der Speditionsrechnung zu vergüten.**

§ 2 Rückzahlungsverpflichtung

**(1) Sollte das Arbeitsverhältnis durch eine nicht vom Arbeitgeber schuldhaft verursachte Kündigung des Arbeitnehmers oder durch eine verhaltensbedingte ordentliche oder außerordentliche Kündigung des Arbeitgebers innerhalb von . . . . . . Monaten *(zulässige Bindungsdauer in Monaten)* enden, so ist der Arbeitnehmer *(optional: nach Maßgabe des nachstehenden Abs. 2)* zur Rückzahlung der nach § 1 erstatteten Umzugskosten verpflichtet. Dies gilt auch im Falle einer auf Wunsch des Arbeitnehmers hin erzielten einvernehmlichen Beendigung des Arbeitsverhältnisses.**
***Optional: (2) Der Rückzahlungsbetrag verringert sich um je 1/(zulässige Bindungsdauer in Monaten) pro vollem Monat, in dem das Arbeitsverhältnis zwischen Arbeitgeber und Arbeitnehmer nach Vorlage der Speditionsrechnung fortbesteht. Der hiernach verbleibende Restbetrag ist zum Zeitpunkt der Beendigung des Arbeitsverhältnisses zur sofortigen Rückzahlung fällig.***

§ 3 Nebenabreden, Schriftform

**Nebenabreden sind nicht getroffen. Änderungen und Ergänzungen dieses Vertrages bedürfen zu ihrer Wirksamkeit der Schriftform. Dies gilt auch für diese Schriftformklausel. Der Vorrang von individuellen Vertragsabreden (§ 305b BGB) bleibt unberührt.**

§ 4 Salvatorische Klausel

**Sollten einzelne Bestimmungen dieser Vereinbarung unwirksam sein, so berührt dies die Vereinbarung im Übrigen nicht. Arbeitgeber und Arbeitnehmer sind in einem solchen Fall verpflichtet, über eine Ersatzregelung zu verhandeln, die dem von den Parteien mit der unwirksamen Bestimmung verfolgten wirtschaftlichen Zweck am nächsten kommt.**

**. . . . . (Ort), den . . . . .**

| | |
|---|---|
| **. . . . .** | **. . . . .** |
| **Unterschrift des Arbeitgebers** | **Unterschrift des Arbeitnehmers** |

*Schrifttum:* → Form. XIX.18.

## Anmerkungen

**1. Inhalt, Form.** Das obige Formular ist für eine arbeitgeberseitige Umzugskostenübernahme vorgesehen, die oftmals zur Gewinnung eines neuen Mitarbeiters oder zur Erleichterung eines freiwilligen Stellenwechsels innerhalb eines Unternehmens zugesagt wird. Es geht von einem bereits bestehenden Arbeitsvertrag und insbesondere davon aus, dass den ArbG keinerlei vertragliche oder tarifvertragliche Pflicht zur Bezahlung von Umzugskosten trifft. Die Frage ob und unter welchen Umständen dem ArbN etwa aus dem Gesichtspunkt des Verschuldens bei Vertragsschluss, Aufwendungsersatz nach § 670 BGB oder einer Tarifnorm ein Erstattungsanspruch erwächst, bleibt hier außer Betracht (für Ersatz von Umzugskosten zB aufgrund dienstlicher Versetzung vgl. ErfK/*Preis* § 611a Rn. 429, Näheres auch zum Erstattungsanspruch bei betrieblicher Notwendigkeit *Küttner/Griese,* Personalbuch 2017, 415 Rn. 5 f.). Ohne Rückzahlungsvereinbarung ist keine

Rückzahlung seitens des ArbN geschuldet. Die Rückzahlungsvereinbarung ist grundsätzlich formfrei, aus Beweisgründen und der Klarstellung der Rückzahlungspflicht empfiehlt sich aber eine schriftliche Niederlegung.

**2. Zulässigkeit.** Ähnlich wie bei der Fortbildungsvereinbarung ergeben sich Zweifelsfragen nur hinsichtlich der Rückzahlungsklausel, weil sie das aus Art. 12 GG folgende Recht des ArbN beschränkt, den Arbeitsplatz frei zu wählen und aufzugeben. Die Kündigungsbeschränkung durch Bindung an Zahlungspflichten wird dann als zulässig angesehen, „wenn sie unter Berücksichtigung aller Umstände des Einzelfalles nach Treu und Glauben dem ArbN zuzumuten ist und vom Standpunkt eines verständigen Betrachters aus einem begründeten und zu billigenden Interesse des ArbG entspricht" (BAG AP GG Art. 12 Nr. 25 mAnm *A. Hueck* = NJW 1962, 1981 und NJW 1963, 73 mAnm *Nordemann;* stRspr zuletzt auch BAG NZA 2009, 666; DB 2011, 1338 für Fortbildungskosten). Vorformulierte Rückzahlungsklauseln unterliegen der Inhaltskontrolle. Die bei Ausbildungskosten entwickelten Regeln (ausführlich → Form. XIX.18) gelten im Grundsatz auch für die Rückzahlung von Umzugskostenersatz (BAG AP BGB § 611 Umzugskosten Nr. 1 = BB 1973, 383). Danach wird man mit LAG Düsseldorf DB 1991, 708 eine Rückzahlungsklausel als unzulässig ansehen müssen, wenn der ArbG die Umzugskosten übernommen hat, weil der Umzug allein in seinem Interesse erfolgt war. Die Interessenlage ist nach den Umständen im Zeitpunkt des Vertragsabschlusses zu beurteilen (BAG NZA 1992, 211 = DB 1992, 534; zur Beweislast BAG NZA 1991, 178 = BB 1982, 360).

**3. Dauer und Umfang der Bindung.** Für Umzugskosten wird eine Bindungsfrist von maximal drei Jahren nach der Rspr. als zulässig angesehen (BAG NZA 2014, 957). Je nach den Umständen ist aber auch nur eine zweijährige Bindung möglich, wenn der Umzug im besonderen Interesse des ArbG erfolgt (ErfK/*Preis* BGB § 611a Rn. 431 f. mwN) Erfolgte der Umzug aufgrund einer dienstlichen Versetzung oder allein aufgrund des Interesses des ArbG ist eine Rückzahlungsklausel unzulässig (ErfK/*Preis* BGB § 611a Rn. 431 f.; *Küttner/Griese,* Personalbuch 2017, 415 Rn. 9). Eine zu lange Bindungsdauer wird nicht auf die zulässige Dauer reduziert, sondern die Rückzahlungsklausel entfällt vollständig (BAG NZA 2014, 957). Eine Staffelung der Rückzahlung nach den Grundsätzen für Fortbildungskosten bedarf es zwingend wohl nur, wenn der Rückzahlungsbetrag ein Monatsgehalt übersteigt oder ein besonders hohes Bindungsinteresse des ArbG gegeben ist (ErfK/*Preis* BGB § 611a Rn. 431 f.; aA *Küttner/Griese,* Personalbuch 2017, 415 Rn. 9, der generell eine Staffelung für nötig hält, idR $^{1}/_{36}$). Ohne Staffelung wäre § 2 Abs. 2 komplett und auch der Verweis hierauf aus § 2 Abs. 1 zu streichen.

**4. Rückzahlungstatbestände.** Bei Umzugskosten gelten hinsichtlich der Beendigungstatbestände dieselben Grundsätze wie bei den Fortbildungskosten (→ Form. XIX.18 Anm. 4; *Küttner/Griese,* Personalbuch 2017, 415 Rn. 9; ErfK/*Preis* BGB § 611a Rn. 433, der allerdings auch die personenbedingte Kündigung des ArbG für zulässig hält). Wird die Umzugskostenvereinbarung als Darlehen formuliert, das nach bestimmter Zeit erlischt, gelten die gleichen Grundsätze, da faktisch auch eine Rückzahlungsklausel vereinbart ist (BAG NZA 1995, 305; BAG AP GG Art. 12 Nr. 50 mAnm *Blomeyer* = DB 1975, 1082; LAG Düsseldorf DB 1972, 979 und 1587). Zu Fragen der Gleichbehandlung vgl. LAG Hamm Betr. 1980, 1552.

**5. Schriftform, salvatorische Klausel.** → Form. XIX.6 Anm. 14 und → Form. XIX.6 Anm. 15.

**6. Steuern.** Beruflich veranlasste, dh mit der unselbstständigen Tätigkeit zusammenhängende Umzugskostenerstattung (und damit als Werbungskosten bei Nichterstattung abzugsfähig) ist gem. § 3 Nr. 16 EStG steuerfrei und damit gemäß § 1 Abs. 1 S. 1 SvEV auch nicht dem Arbeitsentgelt nach § 14 SGB IV zuzurechnen. Die Höhe der lohnsteuerfreien Umzugskostenentschädigung richtet sich aus Gleichbehandlungsgründen auch bei privatem ArbG nach der Höhe der Umzugskostengewährung aus öffentlichen Kassen vgl. im Einzelnen hinsichtlich Anlass des Umzuges und Höhe der abzugsfähigen Umzugskosten Küttner/*Seidel/Schlegel,* Personalbuch 2017, 415 Rn. 12 ff. und 32 ff.).

## 26. Dienstwagenvertrag[1, 9, 10]

§ 1 Vertragsgegenstand

**(1) Die Firma . . . . . (im Folgenden: „die Firma“) überlässt Herrn/Frau . . . . . (im Folgenden: „der Mitarbeiter“) den firmeneigenen PKW . . . . . (Marke, Typ, polizeiliches Kennzeichen) zur Benutzung für dienstliche Zwecke.**
**(2) Die Firma behält sich vor, das Fahrzeug jederzeit durch einen anderen, gleichwertigen Pkw zu ersetzen.**

§ 2 Betriebskosten, Versicherungen, Wartung[7]

**(1) Die gewöhnlichen Kosten des Betriebs, der Wartung und der Pflege trägt die Firma.**
**(2) Die Firma unterhält für den Dienstwagen eine Kfz-Haftpflichtversicherung für Personen-, Sach- und Vermögensschäden mit unbegrenzter Deckungssumme (jedoch bei Personenschäden für die einzelne Person nicht mehr als EUR . . . . .). Ferner schließt die Firma – jeweils zu marktüblichen Bedingungen – eine Vollkaskoversicherung mit einer Selbstbeteiligung in Höhe von EUR . . . . . und eine Teilkaskoversicherung mit einer Selbstbeteiligung in Höhe von EUR . . . . . ab und übernimmt die Versicherungsbeiträge.**
**(3) Handelt es sich bei dem Dienstwagen um ein Leasing-Fahrzeug, treffen den Mitarbeiter alle gegenüber der Firma bestehenden Pflichten auch im Verhältnis zum Leasing-Unternehmen. Rechnungen für Aufwendungen, die zu Lasten des Leasing-Unternehmens gehen, sind auf das Leasing-Unternehmen auszustellen.**
**(4) Der Mitarbeiter ist verpflichtet, rechtzeitig alle vom Hersteller empfohlenen oder sonst notwendig erscheinenden Maßnahmen wie Inspektionen, Reparaturen, Ölwechsel, Reinigung durchzuführen. Er ist für rechtzeitiges Auftanken und für die Kontrolle des Ölstandes und des Reifendruckes verantwortlich.**
**(5) Der Mitarbeiter wird das Fahrzeug stets schonend fahren. Er hat alle sich aus dem Betrieb und der Haltung des Dienstwagens ergebenden gesetzlichen Verpflichtungen zu erfüllen. Dies gilt insbesondere für die Vorschriften des Straßenverkehrsgesetzes (StVG), der Straßenverkehrsordnung (StVO) und der Straßenverkehrszulassungsordnung (StVZO). Diese Verpflichtungen bestehen auch unmittelbar gegenüber dem Arbeitgeber. Nach Alkoholgenuss darf das Fahrzeug nicht benutzt werden.[2]**
**(6) Erforderlichenfalls legt der Mitarbeiter anfallende Kosten, zB für Kraftstoff, Inspektionen und dergleichen aus. Der jeweilige Nachweis, der die angefallene Mehrwertsteuer aufzeigen soll, wird der Firma unverzüglich zur Erstattung übergeben.**
**(7) Der Mitarbeiter führt ein Fahrtenbuch, das über Tag, Stunde und Kilometerstand zu Beginn und am Ende jeder Fahrt, Start- und Zielort sowie Umwege Auskunft gibt. In das Fahrtenbuch werden auch das Auftanken mit Kilometerstand und getankter Menge sowie besondere Vorkommnisse, insbesondere Unfälle, eingetragen.**

§ 3 Unfälle und polizeiliche Maßnahmen[3]

(1) Bei Unfällen ist unabhängig davon, wen eine Schuld trifft, grundsätzlich die Polizei zu verständigen. Davon kann abgesehen werden, wenn kein Personenschaden entstanden ist und der Gegner schriftlich die alleinige Schuld am Zustandekommen des Unfalles anerkennt. In jedem Falle sind die Adressen aller Beteiligten und Zeugen sowie die Fahrzeug- und Versicherungsdaten, bei Fahrzeugen mit ausländischen Kennzeichen auch Nummer und Gültigkeitsdauer der grünen Versicherungskarte zu notieren. Die örtlichen Verhältnisse und Spuren sind durch Skizzen und fotographische Aufnahmen soweit als möglich zu sichern. Der Mitarbeiter wird die Firma unverzüglich verständigen.

(2) Bietet die Polizei dem Mitarbeiter wegen eines Verkehrsverstoßes eine gebührenpflichtige Verwarnung an, soll, wenn erheblicher eigener Schaden entstanden ist, eine Überlegungsfrist von einer Woche (§ 56 Abs. 2 OWiG) beantragt und in Anspruch genommen werden. Die Firma ist von jeder polizeilichen Maßnahme zu unterrichten.

§ 4 Benutzung durch Dritte und Privatfahrten[4]

(1) Die Überlassung des Fahrzeuges an Dritte ist im Rahmen der dienstlichen Nutzung nicht gestattet. Ein Verstoß gegen diese Regel gilt stets als grob schuldhafte Pflichtverletzung.

(2) Der Mitarbeiter kann das Fahrzeug auch für private Zwecke einschließlich Urlaubsreisen benutzen. Die private Nutzungserlaubnis erstreckt sich insoweit auf die Benutzung durch Ehegatten, Lebensgefährten oder in häuslicher Gemeinschaft lebende Familienangehörige. Die Mitnahme von Personen, die dem Mitarbeiter bekannt sind, ist gestattet.

(3) Auf Urlaubsreisen trägt der Mitarbeiter die Benzinkosten selbst. Im Übrigen trägt die Firma auch die Kosten der privaten Nutzung. Der geldwerte Vorteil der Privatnutzung ist zu versteuern. Die Firma übernimmt nicht die hierauf entfallenden Steuern und Arbeitnehmeranteile zur Sozialversicherung. Der geldwerte Vorteil wird, soweit zulässig, pauschal versteuert, es sei denn, der Mitarbeiter verlangt unter rechtzeitiger Vorlage aller Belege die Versteuerung auf Einzelnachweis.

§ 5 Haftung[5]

(1) Der Mitarbeiter haftet im Zusammenhang mit betrieblich veranlassten Tätigkeiten für von ihm durch vorsätzliches oder grob fahrlässiges Verhalten verursachte Schäden oder Wertminderungen am Dienstwagen (auch soweit diese durch mangelhafte Pflege oder Wartung sowie durch unterlassene Reparaturen entstehen), soweit nicht eine Versicherung gemäß Abs. 4 eintritt. Bei Fahrlässigkeit ist quotaler Ersatz unter Berücksichtigung aller Umstände des Einzelfalles zu leisten. Bei ganz leichter Fahrlässigkeit ist die Ersatzpflicht des Mitarbeiters zusätzlich der Höhe nach auf die Hälfte seines gewöhnlichen Monatsnettoverdienstes beschränkt.

(2) Hat der Mitarbeiter bei einem Unfall entgegen § 3 Abs. 1 die Polizei nicht verständigt, wird sein grobes Verschulden vermutet. Soweit schuldhaft unzureichende Eintragungen im Fahrtenbuch zu Unklarheiten führen, trägt im Verhältnis zur Firma der Mitarbeiter in jeder Hinsicht die Beweislast.

(3) Entsteht Fahrzeugschaden bei privater Nutzung, hat der Mitarbeiter stets und unabhängig vom eigenen Verschulden vollen Ersatz zu leisten. In diesem Falle ist die Firma auch von etwaigen Ansprüchen dritter Personen freizustellen, soweit Ersatz nicht durch Versicherungsleistungen oder sonst von dritter Seite zu erhalten ist.

(4) Der Mitarbeiter haftet nicht, soweit der Schaden oder Wertminderung durch eine Versicherung abgedeckt wird und die Versicherung hierfür auch nicht bei der Firma Rückgriff nimmt. Soweit die Voll- oder Teilkaskoversicherung eintrittspflichtig ist, haftet

der Mitarbeiter in Höhe der unter § 2 Nr. 2 vereinbarten Selbstbeteiligung und für den Schaden durch den Verlust des Schadensfreiheitsrabatts.

(5) Für gebührenpflichtige Verwarnungen, Bußgelder oder Strafen hat der Mitarbeiter eigenverantwortlich aufzukommen.

§ 6 Herausgabe, Widerruf der Nutzung[6]

(1) Mit Beendigung des Arbeitsverhältnisses hat der Mitarbeiter den Dienstwagen samt Zubehör am Sitz der Firma zurückzugeben.

(2) Die Firma behält sich vor, die Überlassung des Dienstwagens für die Zukunft aus sachlichen Gründen, also aufgrund der wirtschaftlichen Entwicklungen der Gesellschaft oder in der Person, der Leistung oder des Verhaltens des Mitarbeiters liegender Gründe zu widerrufen und die Herausgabe des Dienstwagens zu verlangen, sofern dies dem Mitarbeiter zumutbar ist. Ein sachlicher Grund liegt insbesondere vor bei

a) Verlust der Fahrerlaubnis des Mitarbeiters, gleich auch welchem Grund;
b) einer Langzeiterkrankung über den Entgeltfortzahlungszeitraum nach § 3 Abs. 1 EFZG hinaus;
c) Ruhen des Arbeitsverhältnisses (z. B. bei Inanspruchnahme von Elternzeit);
d) berechtigter Freistellung des Mitarbeiter von der Verpflichtung zur Arbeitsleistung;
e) Änderung der Arbeitsaufgabe, wenn die Überlassung des Dienstwagens im Zusammenhang mit der bisherigen Arbeitsaufgabe stand;
f) groben oder mehrmaligen Verstößen des Mitarbeiters gegen Vorschriften dieser Vereinbarung;
g) Durchführung von Wartungs- und Reparaturarbeiten oder Ersatzbeschaffung.

(3) Ein Zurückbehaltungsrecht steht dem Mitarbeiter gegen den Herausgabeanspruch der Firma oder für den Fall des Widerrufs der Nutzung nicht zu.

(4) Der Mitarbeiter hat keinen Anspruch auf Schadensersatz oder Entschädigung für Nutzungsausfall wegen des Wegfalls der Privatnutzungsmöglichkeit, wenn der Dienstwagen wegen Freistellung von der Verpflichtung zur Arbeitsleistung oder wegen Wegfalls der Entgeltfortzahlungspflicht des Arbeitgebers zurückzugeben ist.

§ 7 Form, Teilunwirksamkeit[8]

(1) Änderungen und Ergänzungen sowie die Aufhebung auch nur einzelner Bestimmungen dieses Vertrages bedürfen zu ihrer Wirksamkeit der Schriftform. Dies gilt auch für die Änderung dieser Schriftformklausel selbst. Ausgeschlossen sind damit insbesondere Vertragsänderungen durch betriebliche Übung. Das vorstehende Schriftformerfordernis findet keine Anwendung bei Abreden, die nach Vertragsschluss unmittelbar zwischen den Parteien mündlich getroffen werden.

(2) Sollten einzelne Regeln dieses Vertrages nicht wirksam sein, berührt dies den Vertrag im Übrigen nicht. Firma und Mitarbeiter sind in einem solchen Fall verpflichtet, einander so zu stellen, als sei eine Ersatzregelung vereinbart, die den wirtschaftlichen Zweck der unwirksamen Regel möglichst nahekommt und weitgehend in wirksamer Weise erfüllt.

. . . . . (Ort), den . . . . .

| | |
|---|---|
| . . . . . | . . . . . |
| Unterschrift | Unterschrift |

*Schrifttum:* → Form. XIX.27.

## Anmerkungen

**1. Sachverhalt.** Der Vertrag regelt die Überlassung eines im Eigentum des ArbG stehenden Kraftfahrzeuges an den ArbN. Der ArbG ist Halter und schließt als Versicherungsnehmer auf seine Kosten die erforderlichen Versicherungen ab. Er trägt grundsätzlich auch alle sonstigen Kosten. Grundsätzlich kann der Vertrag ebenso für die Überlassung eines Leasing-Fahrzeugs durch den ArbG verwendet werden, sofern die Besonderheiten dieser Überlassung vertraglich entsprechend berücksichtigt werden. Es obliegt den Parteien, festzulegen, ob der ArbN den Dienstwagen auch zu Privatfahrten nutzen darf. Ist insoweit keine vertragliche Absprache getroffen, kann der ArbN den Dienstwagen nur für dienstliche Zwecke benutzen. Soweit nicht anders vereinbart, hat der ArbG grds. die Kosten für den Betrieb und die Nutzung des Dienstwagens zu tragen. Es ist jedoch zulässig, den ArbN angemessen an den durch seine Privatnutzung verursachten Kosten (z.B. Benzinkosten während Urlaubsreisen) zu beteiligen. Die Benutzung des Fahrzeugs für Privatzwecke kann beliebig erweitert, eingeschränkt oder ganz untersagt werden, ohne dass dadurch die Schadensregelung des § 5 Abs. 3 obsolet würde. Für den öffentlichen Dienst ist entschieden, dass der ArbG kraft seines Direktionsrechtes auch anordnen kann, dass der ArbN einen Dienstwagen selbst führt und Kollegen mitnimmt (BAG NZA 1992, 67 = DB 1992, 147).

**2. Sorgfaltspflichten.** Auch ohne ausdrückliche Aufnahme in den Text ist ein ArbN vertraglich dem ArbG gegenüber zur Einhaltung der Verkehrsvorschriften verpflichtet (BAG AP BGB § 611 Haftung des Arbeitnehmers Nr. 19 = BB 1960, 939 für den angestellten Kraftfahrer). Den ArbN weitgehend auch zur Besorgung von Erhaltungsmaßnahmen zu verpflichten, ist jedenfalls dann gerechtfertigt, wenn das Fahrzeug allein oder ganz überwiegend von ihm benutzt wird. Die Verletzung dieser vertraglichen Pflichten macht ihn ggf. schadenersatzpflichtig.

**3. Verhalten bei Unfällen.** Ein nur schriftlich wirksames abstraktes oder konstitutives Anerkenntnis iSv §§ 780, 781 BGB wird idR nicht zu erlangen sein. Der ArbN soll sich aber auch nicht mit einer mündlichen, an sich gültigen deklaratorischen (kausalen) Anerkenntniserklärung begnügen. In welchem Umfang durch das schriftliche Anerkenntnis Einwendungen ausgeschlossen werden, ist stets Auslegungsfrage (vgl. BAG AP BGB § 781 Nr. 2 = VersR 1970, 648; BAG AP BGB § 781 Nr. 3 = DB 1976, 1532; BGH NJW 1963, 2317). Der das Anerkenntnis abgebende Schädiger verstößt, wenn er es „ohne offenbare Unbilligkeit verweigern könnte", allerdings gegen eine versicherungsrechtliche Obliegenheit.

**4. Privatnutzung, Steuern.** Überlässt ein ArbG seinem ArbN einen PKW kostenlos oder verbilligt zur Privatnutzung, so liegt darin ein geldwerter Vorteil, der zum steuerpflichtigen Arbeitslohn gehört. Die Berechnung des geldwerten Vorteils ist seit 1996 in § 8 Abs. 2 EStG geregelt. Der ArbG ist auch dann wirtschaftlicher Eigentümer, wenn das Fahrzeug vom ArbN zugelassen und geleast wird (vgl. die Hinweise bei *Macher* NZA 2002, 376 und 728; zur Überlassung „beamteneigener" Kraftfahrzeuge BFH NZA-RR 2002, 258).

Wird das Kfz, das durch den ArbG gestellt wird, für Fahrten des ArbN verwendet, so kann der geldwerte Vorteil nach zwei verschiedenen Verfahren ermittelt werden:
- Einzelnachweis
- Nutzungspauschalen.

Bei **Einzelnachweis** ist ein Fahrtenbuch zu führen und die Zahl der dienstlichen und privat gefahrenen km sowie die Zahl der für Fahrten zwischen Wohnung und Arbeitsstätte zurückgelegten km müssen im Einzelnen nachgewiesen werden. Zur Ermittlung des geldwerten Vorteils für die Privatfahrten sind die tatsächlichen Gesamtkosten des Fahrzeuges, dh incl. Abschreibung, entsprechend dem Verhältnis der privat gefahrenen km zu dem Gesamt-km aufzuteilen.

Die Berechnung des geldwerten Vorteils durch monatliche Nutzungspauschalen erfolgt mit monatlich 1 % des auf volle 100,– EUR abgerundeten Bruttolistenpreises des PKW (für die Fahrten zwischen Wohnung und Arbeitsstätte zusätzlich 0,03 % des Listenpreises für jeden Kilometer der Entfernung zwischen Wohnung und Arbeitsstätte). Bruttolistenpreis in diesem Sinne ist – auch bei Gebrauchtwagen – die im Zeitpunkt der Erstzulassung für den genutzten PKW unverbindliche Preisempfehlung zuzüglich Kosten für Sonderausstattung und MWSt. Ein Autotelefon bleibt außer Ansatz.

Kürzungen dieser Erfahrungssätze, zum Beispiel unter Hinweis auf Beschriftungen des Firmenwagens, auf einen Zweitwagen des ArbN, auf Übernahme der Treibstoffkosten uä, sind nicht zulässig. Allerdings können pauschale Geldleistungen des ArbN, die dieser unabhängig von der tatsächlichen Nutzung des PKW an den ArbG zahlt, zB feste Jahres- oder Monatsbeträge, angerechnet werden. Zuzahlungen des ArbN zu den Anschaffungskosten können im Kalenderjahr der Zahlung auf den geldwerten Vorteil angerechnet werden. Die Privatnutzungsbefugnis unterliegt mit ihrem geldwerten Vorteil auch der Beitragspflicht in der gesetzlichen Sozialversicherung.

**5. Schadensregelung.** Im Falle der Beschädigung eines Dienstwagens durch den ArbN werden die Grundsätze des innerbetrieblichen Schadensausgleichs angewendet. Die Gefahrgeneigtheit einer Tätigkeit, insbesondere also die Benutzung eines Kraftfahrzeuges im Straßenverkehr, ist nicht mehr maßgeblich und ist nur noch bei der Bemessung der Höhe einer etwaigen Ersatzpflicht des ArbN von Bedeutung (BAG Beschluss des Großen Senates vom 27.9.1994, NZA 1994, 1083 iVm dem Beschluss des BGH vom 21.9.1993, NZA 1994, 270 = NJW 1994, 856 und NZA 1994, 1083). Bei grober Fahrlässigkeit hat der ArbN in aller Regel den gesamten Schaden zu tragen; eine Haftungsbeschränkung bei grober Fahrlässigkeit ist jedoch nicht generell ausgeschlossen und kann sich aus einem deutlichen Missverhältnis zwischen Schadenshöhe und Verdienst des Arbeitnehmers ergeben (vgl. Küttner Personalbuch 2017 Dienstwagen Rn. 6 bis 8, Arbeitnehmerhaftung Rn. 11 ff.); bei leichtester Fahrlässigkeit haftet der ArbN dagegen nicht, während bei normaler Fahrlässigkeit der Schaden in aller Regel zwischen ArbG und ArbN quotal zu verteilen ist. Dabei sind die Gesamtumstände von Schadensanlass und Schadensfolgen nach Billigkeitsgründen und Zumutbarkeitsgesichtspunkten gegeneinander abzuwägen (BAG NZA 1998, 140; zur Haftung bei Verwahrungspflichten BAG AP BGB § 611 Mankohaftung Nr. 1 = NZA 1997, 1279 = DB 1998, 135). Zum Erfordernis des Abschlusses einer (Voll-)Kaskoversicherung → Anm. 7. Voraussetzung einer Haftungserleichterung ist allein, dass der Schaden bei einer betriebsbezogenen Tätigkeit entstanden ist. Zu Einzelfragen können ältere Entscheidungen herangezogen werden wie BAG AP BGB § 611 Haftung des Arbeitnehmers Nr. 58 = DB 1970, 1982 – Verschuldensbegriff, Beweislast; BAG AP BGB § 611 Haftung des Arbeitnehmers Nr. 80 = NJW 1977, 598 – leitender Angestellter; LAG Rheinland-Pfalz DB 1981, 223 – Alkohol, Beweislast; BAG NZA 1984, 83; BAG AP BGB § 611 Haftung des ArbN Nr. 82 = DB 1983, 1207 = BB 1983, 1603 und BGH BB 1991, 626 – Haftung nur bei Vorsatz und grober Fahrlässigkeit; BAG 8. Senat, NZA 1988, 579 ff. (584) = DB 1988, 1603 (1606); BAG NZA 1989, 181 = DB 1989, 280 = BB 1989, 147 – Freistellungsanspruch des ArbN. Zum privaten Bereich wird man die Fahrten zum oder vom Arbeitsplatz rechnen müssen mit der Folge, dass die Haftungserleichterung entfällt und der ArbN auch die Regeln des Anscheinsbeweises gegen sich gelten lassen muss (so LAG Köln NZA 1995, 1163 und NZA 1999, 991). Die Haftungsregelung ist in den durch die §§ 138, 242 BGB gezogenen Grenzen dispositiv (LAG Hessen Betr. 1970, 888; LAG Düsseldorf BB 1966, 80). Die hier entworfene Regelung erscheint ausgewogen und zulässig. Der von einer Haftungsbeteiligung auch bei leichter Fahrlässigkeit ausgehende Anreiz zu sorgfältigem Fahren sollte bei angemessener Begrenzung der Höhe zumutbar sein. Ähnliches gilt hinsichtlich der Beweislastregelung. Eine Vereinbarung, wonach der ArbG dem ArbN etwaige Geldbußen für Verstöße des ArbN gegen straßenverkehrsrechtliche Bestimmungen erstattet, hält das BAG für sittenwidrig und damit nichtig (BAG AP BGB § 611 Haftung des ArbG Nr. 14 = DB 2001, 1095 = BB 2001, 1154).Zur Frage der Teilnahme am allgemeinen Verkehr bei Mitnahme eines Arbeitskollegen BGH NJW 1992, 572; zum Gesamtschuldnerausgleich BAG NZA 1991, 13.

6. **Entzug des Dienstwagens.** Der ArbG kann den Dienstwagen jederzeit herausverlangen, sofern dieser dem ArbN nur zu dienstlichen Zwecken überlassen wurde. Ist dagegen auch die Privatnutzung vereinbart worden, darf der ArbN den Dienstwagen grundsätzlich bis zu der Beendigung seines Arbeitsverhältnisses weiterbenutzen, da die Überlassung eines Dienstwagens auch zur privaten Nutzung den Charakter einer zusätzlichen Vergütung hat. Das vorzeitige Herausgabeverlangen soll erst dann rechtmäßig sein, wenn der ArbG keine Entgeltzahlungen mehr schuldet, zB nach Ablauf des Entgeltfortzahlungszeitraums im Krankheitsfalle (BAG NJW 2011, 1469 = NZA 2011, 569; LAG Köln NZA 1996, 986 = LAGE § 616 BGB Nr. 8; LAG Köln NZA-RR 2001, 523), nicht allerdings, wenn die dienstliche Verwendungsmöglichkeit des Dienstwagens in der Person des ArbN entfällt, zB bei Urlaub oder Freistellung; anders allenfalls (gegen Entschädigung), wenn der Dienstwagen für eine Ersatzkraft benötigt wird (ErfK/*Preis* § 611a Rn. 522 ff. mwN). Die Benutzung des Dienstwagens muss auch während eines Beschäftigungsverbotes iSv §§ 3 Abs. 1, 4 MuSchG und während der Schutzfristen der §§ 3 Abs. 2, 6 Abs. 1 MuSchG weiter gewährt werden (BAG AP BGB § 611 Sachbezüge Nr. 13 = NZA 2001, 445 = DB 2001, 486). Beim vorzeitigen Entzug stellt sich ebenso das Problem der Einhaltung einer Kündigungsfrist wie auch des Kündigungsschutzes (vgl. LAG Düsseldorf DB 1975, 1849; LAG Hamm DB 1973, 2306; ArbG Wetzlar NZA 1987, 163 = DB 1987, 1899; LAG Köln NZA 1996, 986). Zur Vermeidung von Unklarheiten im Einzelfall empfiehlt es sich, die Widerrufsmöglichkeit der privaten Nutzung arbeitsvertraglich zu regeln. Der Widerrufsvorbehalt ist allerdings in vorformulierten Arbeitsverträgen im Hinblick auf §§ 308 Nr. 4, 307 BGB nur dann zulässig, wenn er an sachliche Gründe geknüpft ist und die Widerrufsgründe in möglichst konkretem Umfang im vorformulierten Vertrag wiedergegeben werden (BAG NZA-RR 2010, 457 = DB 2010, 1943; BAG NZA 2007, 809). Dabei sind die im Gegenseitigkeitsverhältnis stehenden Vergütungsbestandteile nur widerrufbar, soweit sie weniger als 25 % des Gesamtverdienstes betragen. Im Falle der unterbliebenen oder unrechtmäßig vorenthaltenen Bereitstellung eines Dienstwagens hatte das BAG es zunächst (NZA 1994, 1128 = DB 1994, 2239) offen gelassen, ob der Wert der privaten Nutzung an den Mietwagenkosten ausgerichtet werden könne. In einem anderen Verfahren hatte das BAG die Parteien veranlasst, sich auf eine Nutzungsausfallentschädigung nach Maßgabe der ADAC-Tabelle zu einigen. Im Falle der tatsächlichen Nutzung des eigenen, gleichwertigen Pkw nach Entzug des Dienstwagens hatte das BAG die Ermittlung der Nutzungsausfallentschädigung nach der Tabelle *Sanden/Danner/Küppersbusch* ausdrücklich abgelehnt und nur die für die Nutzung des eigenen Pkw aufgewendeten Kosten als zu ersetzen anerkannt (BAG NZA 1996, 415 = BB 1996, 432). Schließlich hat das BAG entschieden, dass der ArbN bei Entzug eines ihm auch zur privaten Nutzung überlassenen Dienst-PKW-Schadenersatz nur in Höhe der steuerlichen Bewertung der privaten Nutzungsmöglichkeit iSv § 6 Abs. 1 Nr. 4 EStG verlangen kann (BAG AP BGB § 611 Sachbezüge Nr. 12 = NZA 1999, 1038 = DB 1999, 1759). Man wird die Entscheidung so zu lesen haben, dass die konkrete Berechnung eines höheren Schadens möglich ist. Auch eine Austauschregelung ist zulässig, nach der anstatt des entzogenen Dienstwagens ein Ersatzfahrzeug zur privaten Nutzung zur Verfügung gestellt wird, welches nicht gleichwertig sein muss (so LAG

Sachsen BB 1997, 1693). Ein ausdrücklicher vertraglicher Ausschluss eines etwaigen Ersatzanspruchs des ArbN soll als Verzicht prinzipiell zulässig sein (Nägele, Der Dienstwagen, Arbeits- und Steuerrecht von A-Z 2010, 217; Nägele NZA 1997, 1196; BAG zumindest für den Fall der berechtigten Freistellung (BAG NZA 2012, 616); ablehnend demgegenüber ErfK/Preis BGB § 611a Rn. 524).

**7. Versicherungen.** Die höchstr. Rspr. hält bisher den ArbG nicht für verpflichtet, eine Haftpflichtversicherung über die gesetzlichen Mindestbeträge hinaus abzuschließen (BAG AP BGB § 611 Haftung des Arbeitnehmers Nr. 39 = NJW 1966, 2233). Auch eine Teil- oder Vollkaskoversicherung muss der ArbG nicht abschließen (BAG AP Nr. 92 zu § 611 BGB Haftung des Arbeitnehmers).. Der Abschluss derartiger Versicherungen ist jedoch üblich und aus Sicht des Arbeitgebers dringend zu empfehlen. Haftet nämlich ein ArbN für einen von ihm verschuldeten Unfall gegenüber seinem ArbG aufgrund der Grundsätze über den innerbetrieblichen Schadensausgleich anteilig, kann zu Lasten des ArbG ins Gewicht fallen, dass dieser für das Unfallfahrzeug keine (Voll-)Kaskoversicherung abgeschlossen hatte (LAG Köln BB 2006, 335; BAG NZA 88, 584 = DB 88, 1606). Dies kann dazu führen, dass der ArbN nur in Höhe einer Selbstbeteiligung (in der Regel EUR 500,00) haftet, die bei Abschluss einer (Voll-)Kaskoversicherung zu vereinbaren gewesen wäre.

**8. Schriftformklausel.** Die gewählte Formulierung soll das Schriftformerfordernis möglichst ausdehnen. Die höchstrichterliche Rechtsprechung geht allerdings davon aus, dass die Parteien einen vereinbarten Formzwang jederzeit formlos aufheben können (BAG AP BGB § 127 Nr. 1 = BB 1963, 977; zur konkludenten Aufhebung LAG Düsseldorf/Köln EzA § 125 BGB Nr. 6 mwN).

**9. Verjährung.** Die Gebrauchsüberlassung im Rahmen eines Arbeitsvertrages ist weder Miete noch Leihe. Deren kurze Verjährungsfristen greifen daher nicht (BAG AP BGB § 611 Haftung des Arbeitnehmers Nr. 85 = NZA 1984, 353).

**10. Betriebsverfassungsrecht.** Der Vertrag unterliegt nicht der Mitbestimmung des Betriebsrates. Bei allgemeinen Regelungen (zB über Fahrtenschreiber) kommen Mitbestimmungsrechte gem. § 87 Abs. 1 Nr. 6, 7 und Unterrichtungspflichten gem. § 90 BetrVG in Frage. Dienstreiseordnungen unterliegen jedoch nicht der Mitbestimmung (BAG DB 1982, 960). Im Arbeitgeberinteresse – auch im Interesse der Gleichbehandlung – dürfte eine Öffnungsklausel für zum Nachteil des ArbN ändernde Betriebsvereinbarungen liegen, die als „§ 8 Öffnungsklausel" angefügt werden könnte (→ Form. XIX.28 Anm. 10). Zur Mitbestimmung des Betriebsrats bei Dienstreisen vgl. BAG NZA 1997, 216 = BB 1997, 206 = DB 1997, 380, zur Mitbestimmung bei Regelungen über den Aufwendungsersatz BAG AP BetrVG 1972 § 87 Lohngestaltung Nr. 99 = NZA 1999, 381 = DB 1999, 489.

## 27. Vereinbarung über Dienstfahrten mit dem Privatfahrzeug[1, 2] (Privatwagenvertrag)

**Zwischen der Firma . . . . . (im Folgenden: „die Firma") und . . . . . (im Folgenden: „der Mitarbeiter") wird folgende Vereinbarung über die Benutzung des PKW des Mitarbeiters für dienstliche Zwecke geschlossen.**

§ 1 Dienstfahrten

(1) Der Mitarbeiter benutzt ein ihm privat zur Verfügung stehendes Kraftfahrzeug für dienstliche Zwecke, soweit die Firma dies ausdrücklich wünscht oder Dienstfahrten genehmigt.

(2) Fehlt es an einer ausdrücklichen vorherigen Einwilligung und anerkennt die Firma eine Fahrt auch nicht nachträglich als Dienstfahrt, so gilt sie als Privatfahrt des Mitarbeiters.

(3) Allgemein sind als Dienstfahrten anerkannt die Fahrten zwischen ..... und .....,
soweit sie nicht im Einzelfall ausschließlich privaten Zwecken des Mitarbeiters dienen.

§ 2 Fahrzeugunterhaltung

(1) Der Mitarbeiter ist allein für Wartung des Fahrzeuges verantwortlich und schließt die gesetzliche Haftpflichtversicherung ab. Der Firma steht es frei, zur Absicherung bestimmter Risiken auf eigene Kosten eine zusätzliche Versicherung abzuschließen. Alle hierfür erforderlichen Daten teilt der Mitarbeiter der Firma auf Verlangen mit; er verpflichtet sich, an der Erfüllung eines solchen Versicherungsvertrages mitzuwirken, soweit dies erforderlich ist.[4]

(2) Die Firma ersetzt dem Mitarbeiter die Kosten von Dienstfahrten in Höhe des steuerrechtlich zulässigen Pauschalbetrages pro gefahrenen km. Zur Feststellung der gefahrenen km führt der Mitarbeiter ein Fahrtenbuch, das über Tag und Stunde, Start- und Zielort sowie den Kilometerstand bei Beginn und Ende der Dienstfahrt Auskunft gibt.[3]

§ 3 Aufwand im Schadensfall[5, 6]

(1) Entsteht dem Mitarbeiter Schaden bei einer Privatfahrt (§ 1 Abs. 2), so hat er keinen Ersatzanspruch gegen die Firma.

(2) Den materiellen Schaden, der auf einer Dienstfahrt entsteht, trägt der Mitarbeiter bei grobem Verschulden in vollem Umfange selbst, bei einfacher Fahrlässigkeit anteilig unter Berücksichtigung aller Umstände des Einzelfalles, bei ganz leichter Fahrlässigkeit ist der Anteil des Mitarbeiters zusätzlich der Höhe nach auf die Hälfte seines gewöhnlichen Monatsnettoverdienstes beschränkt. Aufwendungen, die den Mitarbeiter auf Grund vertraglicher Absprachen mit Dritten treffen, hat die Firma nicht zu ersetzen.

(3) Soweit die Frage des Verschuldens bzw. seines Ausmaßes nicht ausreichend sicher beurteilt werden kann, weil der Mitarbeiter im Zusammenhang mit einem Unfall zumutbare Feststellungen unterlassen hat, ist von mindestens mittlerer Schuld des Mitarbeiters auszugehen. Dies gilt auch, soweit Feststellungen unterlassen wurden, die eine Inanspruchnahme Dritter ermöglichen konnten.

(4) Hat die Firma einen Fahrzeugversicherungsvertrag abgeschlossen (§ 2 Abs. 1), beschränkt sich ihre Haftung auf die Leistung des Versicherers; die Regelungen des § 3 Abs. 2 und 3 entfallen in diesem Falle.

§ 4 Widerruf

Dieser Privatwagenvertrag kann von beiden Teilen unter Einhaltung einer Frist von 14 Kalendertagen widerrufen werden, wenn der Mitarbeiter für seine arbeitsvertraglich geschuldeten Leistungen kein Kraftfahrzeug mehr benötigt oder dem Mitarbeiter ein Dienstwagen zur Verfügung gestellt wird. In letzterem Falle wird mit dem Mitarbeiter ein gesonderter Dienstwagenvertrag abgeschlossen. Ein Widerruf hat keinen Einfluss auf den Bestand des Arbeitsverhältnisses.

**§ 5 Schlussbestimmungen**

**→ Form. XIX.26 § 7**

**. . . . . (Ort), den . . . . .**

**. . . . .** **. . . . .**

**Unterschrift** **Unterschrift**

*Schrifttum: Annuß,* (Nichts) Neues zur Arbeitnehmerhaftung?, NZA 1998, 1089; *Baumann,* Die Haftung des Arbeitnehmers gegenüber Dritten, BB 1990, 1833; *Berndt,* Aufwendungsersatzansprüche des ArbN bei Dienstfahrten mit privatem Pkw, NJW 1997, 2213; *Böhlk-Lankes,* Die sogenannte Dienstwagenbesteuerung, BB 1997, 1122; *Buchheim,* (Rechts-) Sicher unterwegs mit dem Dienstwagen, LKV 2014, 402; *van Bürck/Nussbaum,* Herausgabe des Dienstfahrzeugs während der Freistellung des Arbeitnehmers: Vertragliche Gestaltungsmöglichkeiten für die Praxis, BB 2002, 2278; *Denck,* Zur betrieblichen Tätigkeit als Voraussetzung für die privilegierte Arbeitnehmerhaftung, DB 1986, 590; *Deutsch,* Das Verschulden als Merkmal der Arbeitnehmer-Haftung RdA 1996, 1; *Falkenberg,* Das Direktionsrecht des Arbeitgebers bei Dienstfahrten mit dem Kraftfahrzeug, DB 1978, 1930; *Fiebig,* Abstrakte Nutzungsausfallentschädigung des Arbeitgebers bei Vorenthaltung gewerblicher Sachen, NZA 1997, 1151; *Frieges,* Der Anspruch des Arbeitnehmers auf Ersatz selbstverschuldeter Eigen-Sachschäden NJW 1995, 403; *Gamillscheg,* Arbeitnehmerhaftung, ArbuR 1994, 100; *Geserich,* „Dienstwagenbesteuerung“ im Lichte der aktuellen Rechtsprechung, SteuK 2013, 309; *Gick,* Verschuldensunabhängige Haftung des Arbeitgebers für Sachschäden des Arbeitgebers, JuS 1979, 638; *Gruss,* Nochmals: Rechtsfragen zum Dienstfahrzeug, BB 1994, 71; *Haase,* Steuerfalle bei Zuschüssen des Arbeitgebers zum Dienstwagen?, NZA 2002, 1199; *Hohn,* Vertragliche Regelung für Dienstfahrten des Arbeitnehmers mit eigenem PKW, BB 1978, 1474; *Holly/Friedhofen,* Die Abwälzung von Geldstrafen und Geldbußen auf den Arbeitgeber, NZA 1992, 145; *Joussen,* Der Betriebsrat und die Privatnutzung eines Dienstwagens, NZA 2018, 139; *Kappus,* Dienstfahrzeugunfall und Führerscheinentzug beim Arbeitnehmer, NJW 2015, 387; *Krasney,* Der Verkehrsunfall als Arbeitsunfall, NZV 1989, 369; *Kühn,* Eine Analyse zur Neuregelung der Besteuerung privat genutzter Betriebs-Kraftfahrzeuge, BB 1997, 285; *Loritz,* Die Dienstreise des Arbeitnehmers, NZA 1997, 1188; *Marburger,* Haftungsfreistellung bei Arbeitsunfällen BB 2000, 1781; *Mayer-Maly,* Die Risikohaftung des Arbeitgebers für Eigenschäden des Arbeitnehmers, NZA 1991, Beilage 3 S. 5; *Meier,* Möglichkeiten zum Entzug der Privatnutzung des Dienstwagens, NZA 1997, 298; *ders.,* Konsequenzen aus dem unberechtigten Entzug eines Firmenwagens im Rahmen des Annahmeverzugs, NZA 1999, 1083; *Nägele,* Probleme beim Einsatz von Dienstfahrzeugen, NZA 1997, 1196; *Nägele/Schmidt,* Das Dienstfahrzeug, BB 1993, 1797; *Nieskens,* Private Pkw-Nutzung und das häusliche Arbeitszimmer, BB 1996, 2177; *Otten,* Rechtsstellung des Arbeitnehmers bei Beschädigung von Dritteigentum, DB 1987, 1618; *Pauly,* zur Nutzungsentschädigung des ArbN wegen Entzugs des privat genutzten Firmenwagens, AuR 1999, 467; *Romani Bechthold,* Professionelles Flottenmanagement – steuerrechtliche Aspekte BB 2012, 543; *Schaub,* Die Haftung des Arbeitnehmers in den beigetretenen Ländern, S. 21 der Beilage Nr. 38 zu Heft 32, BB 1990; *Schmiedl,* Die Sicherung des Herausgabeanspruchs am Dienstwagen nach Beendigung des Arbeitsverhältnisses mittels einstweiliger Verfügung, BB 2002, 992; *Schmidt,* Dienstreisen mit privatem PKW bei verlängerter Nutzungsdauer, Betr. 1992, 502; *Schiefer,* Ausschluß und Grenzen der Arbeitgeberhaftung für unfallbedingte Schäden des Arbeitnehmers bei Dienstfahrten mit Privat-Pkw, NJW 1993; *Sommer,* Arbeitnehmerhaftung und Kaskoversicherung, NZA 1990, 837; *Urban,* Aktuelle Probleme der Besteuerung von Dienst- und Firmenwagen NJW 2011, 2465; *Worzalla,* Arbeitnehmerhaftung nach Verkehrsunfall, NZA 1991, 166; *Zacharias,* nochmals: Haftungsfreistellung bei Arbeitsunfällen, BB 2000, 2411; *Zundel,* Wirksamkeit arbeitsvertraglicher Klauseln insbesondere unter dem Aspekt der AGB-Kontrolle, NJW 2006, 1237.

## Anmerkungen

**1. Inhalt.** Der Vertrag regelt die Inanspruchnahme eines Kraftfahrzeuges des ArbN für Belange des ArbG. Für die Anwendung des Vertrages kommt es nicht darauf an, ob das nicht dem ArbG gehörende Fahrzeug im Eigentum des ArbN oder diesem sonst zur Verfügung steht. Da es sich also auch um einen vom ArbN gemieteten Wagen handeln kann, erscheint die besondere Aufwandsersatzregelung des § 3 Abs. 2 S. 2 erforderlich. Die Kennzeichnung bestimmter, meist häufig wiederkehrender Fahrten als Dienstfahrten in § 1 Abs. 3 kann zB vertraglich regeln, dass die täglichen Fahrten zwischen Wohnung und Arbeitsstätte bürgerlich-rechtlich Dienstfahrten sind. Eine auch für das private Arbeitsverhältnis brauchbare Definition der Dienstfahrt findet sich in § 2 BRKG (hierauf nahm der frühere § 42 BAT Bezug).

**2. Erstattung von Kosten.** Vereinbarungen über die Bezahlung von Fahrgeld können unter einen Widerrufsvorbehalt gestellt werden; die Ausübung des Widerrufs unterliegt nicht der Billigkeitskontrolle iSv § 315 BGB (BAG AP TVG § 1 Tarifverträge: Metallindustrie Nr. 172 = DB 2001, 1312). Jedoch sind Widerrufsvorbehalte in vorformulierten Arbeitsverträgen im Hinblick auf §§ 308 Nr. 4, 307 BGB grundsätzlich nur noch dann zulässig, wenn sie an sachliche Gründe geknüpft sind und die Widerrufsgründe in möglichst konkretem Umfang im vorformulierten Vertrag wiedergegeben werden (BAG NZA 2005, 465 = NJW 2005, 1820).

**3. Steuern.** Pauschale Vergütungen sind grundsätzlich steuerpflichtiger Lohn. Steuerneutral können jedoch bestimmte Beträge pro gefahrenen Kilometer vergütet werden, insbesondere etwa bei der Benutzung eines Pkw für eine Dienstreise (s. im Einzelnen zur Definition und zum Nachweis R 9.5 LStR). Der ArbG kann die Kosten, die dem ArbN zur Beseitigung eines Unfallschadens an seinem privaten Kraftfahrzeug entstehen, steuer- und beitragsfrei ersetzen, wenn die Unfallkosten begrifflich den Reisekosten im lohnsteuerlichen Sinne zugerechnet werden können. Im Übrigen → Form. XIX.26 Anm. 4.

**4. Versicherungen.** Dass der ArbN auf eigene Kosten die Pflichtversicherung mit einer die gesetzlichen Mindestbeträge übersteigenden Versicherungssumme und eine Vollkaskoversicherung abschließt, kann nicht verlangt werden (vgl. für den umgekehrten Fall → Form. XIX.26 Anm. 7). Soweit der ArbG für Drittschäden, die der ArbN auf Dienstfahrten verursacht, nach §§ 278 oder 831 BGB einzustehen hat, ist er nach § 10 Nr. 2 f. AKB in der vom Fahrzeughalter abgeschlossenen Haftpflichtversicherung mitversichert. Zur gesetzlichen Unfallversicherung → Form. XIX.11 Anm. 15 sowie BSG NZA 1991, 159; BAG NZA 1990, 70; zum Wegeunfall bei Fahrt zum Tanken BSG BB 1995, 829.

**5. Unfallkosten.** Ein ArbG hat dem ArbN in entsprechender Anwendung von § 670 BGB die an dem Fahrzeug des ArbN ohne Verschulden des ArbG entstandenen Unfallschäden grundsätzlich zu ersetzen, wenn das Fahrzeug mit Billigung des ArbG ohne besondere Vergütung im Betätigungsbereich des ArbG eingesetzt worden ist (BAG NZA 2011, 406; 2007, 870; grundlegend BAG GS AP BGB § 611 Gefährdungshaftung des ArbG Nr. 2 = NJW 1962, 411; ferner BAG AP BGB § 611 Gefährdungshaftung des ArbG Nr. 6 = NJW 1981, 702; wichtige Präzisierung durch BAG NZA 1996, 417 = DB 1996, 630 = BB 1996, 433 und BAG NZA 1996, 32 = DB 1995, 2481 = BB 1995, 2429, auch LAG Rheinland-Pfalz NZA 1995, 842: Abgrenzung des persönlichen Lebensbereiches vom arbeitsvertraglichen Betätigungsbereich; kein Ersatz jedoch bei laufender Bezahlung einer Risikopauschale LAG Baden-Württemberg NZA 1992, 458 = BB 1992, 568; eingeschränkte Haftung des ArbG, der die nach Steuerrecht anerkannte Kilometerpauschale bezahlt, BAG NZA 1993, 262 = DB 1992, 2555 = BB 1992, 2363). Der konkrete Ersatzanspruch des ArbN wird wiederum anhand seines Mitverschuldens nach den Grundsätzen über den innerbetrieblichen Schadensausgleich bestimmt (BAG NZA 2011, 406; 2007, 870; → Form. XIX.26 Anm. 5). Der Aufwendungsersatzanspruch des ArbN nach § 670 BGB besteht auch dann, wenn über das Fahrzeug des ArbN ein Mietvertrag abgeschlossen wurde; zugunsten des ArbN gelten auch in diesem Falle die Grundsätze der beschränkten Arbeitnehmerhaftung (BAG AP BGB § 611 Gefährdungshaftung des ArbG Nr. 14 = NZA 1997, 1347 = DB 1998, 1238). Der ArbG muss ein Bußgeld, das dem ArbN auferlegt wird, nicht erstatten (LAG Hamm BB 1990, 2267). Zusagen des ArbG über die Erstattung von etwaigen Geldbußen aus Verstößen des ArbN gegen Verkehrsvorschriften sind sogar nach § 138 BGB unwirksam (BAG AP § 611 Haftung des ArbG Nr. 14 = DB 2001, 1095). Das LAG Schleswig-Holstein (DB 2000, 1769) hält es jedoch für möglich, dass im Einzelfall wegen betrieblicher Übung den ArbG eine Erstattungspflicht treffen kann. Eine Ersatzpflicht des ArbG kommt in Betracht, wenn der ArbN bei einer Fahrt für den Betriebsrat verunglückt (BAG DB 1983, 1366). Zur Vereinbarung von Ersatzregelungen und Beweislastfragen → Form. XIX.26 Anm. 5.

6. **Personenschaden.** Bei Personenschaden können die Haftungseinschränkungen der §§ 104, 105 SGB VII eingreifen (zur Abgrenzung von Wegeunfällen vgl. BAG AP SGB VII § 105 Nr. 1 = NZA 2001, 549 = DB 2001, 595; zu den Voraussetzungen der Teilnahme am allgemeinen Verkehr BGH NJW 1992, 572). Fahrten zwischen Wohnung und Arbeitsstätte sind nicht stets der betrieblichen Tätigkeit zuzuordnen (BGH AP RVO § 637 Nr. 3 = NJW 1968, 250; vgl. aber BGH AP RVO § 637 Nr. 6 = DB 1971, 777; zur Bindung der Arbeitsgerichte bzw. der ordentlichen Gerichte an den Bescheid des Sozialversicherers: BAG AP RVO § 636 Nr. 8 = NJW 1975, 711 und BGH NJW 1972, 1990; zur Ersatzpflicht in Fahrgemeinschaften BGH NJW 1981, 1842). Verweigert der ArbG die Entgeltfortzahlung im Krankheitsfalle zu Recht, etwa weil der ArbN mit dem Schädiger einen Abfindungsvergleich geschlossen hat, bleibt die Krankenkasse leistungspflichtig (BSG DB 1993, 1036).

7. **Betriebsverfassungsrecht.** → Form. XIX.26 Anm. 10.

8. **Form, Teilunwirksamkeit.** → Form. XIX.26 § 7 und → Anm. 8.

## 28. Arbeitgeberdarlehen

### § 1 Arbeitgeberdarlehen

**Die Firma . . . . . (nachfolgend „Firma“ genannt) gewährt hierdurch Herrn/Frau . . . . . (nachfolgend „Mitarbeiter“ genannt) im Hinblick auf das bestehende Arbeitsverhältnis ein Darlehen in Höhe von Euro . . . . . zu . . . . .% Zinsen pro Jahr.**

### § 2 Fälligkeit der Auszahlung

**Das Darlehen ist am . . . . . zur Auszahlung fällig. Die Auszahlung des Darlehens ist davon abhängig, dass der Mitarbeiter seine Lohnansprüche weder abgetreten noch verpfändet hat, was er hiermit versichert.**

§ 3 Rückzahlung

Das Darlehen ist in monatlichen Raten von Euro . . . . ., beginnend mit dem Monat . . . . . zurückzuzahlen. Die Zinsen werden kalendervierteljährlich berechnet; sie sind im ersten Monat nach dem Abrechnungsquartal zusätzlich zu der Rückzahlungsrate zu bezahlen. Rückzahlungsraten und Zinsraten sind gleichzeitig mit der jeweiligen Monatsvergütung fällig.

§ 4 Aufrechnung

Die Rückzahlung der Raten und der Zinsen erfolgt dadurch, dass die Firma die entsprechenden Beträge jeweils mit dem im Fälligkeitsmonat dem Mitarbeiter geschuldeten pfändbaren Lohn verrechnet. Ist eine solche Verrechnung nicht möglich, ist der Mitarbeiter verpflichtet, den nicht verrechneten Betrag an die Firma im Fälligkeitszeitpunkt zu zahlen.

§ 5 Vorzeitige Rückzahlung

Endet das Arbeitsverhältnis vor vollständiger Tilgung des Darlehens, so wird der ganze, noch offene Betrag sofort zur Rückzahlung fällig und vom Tag der Beendigung des Arbeitsverhältnisses an mit . . . . .% verzinst. Beruht die Beendigung des Arbeitsverhältnisses auf einer betriebsbedingten Arbeitgeberkündigung oder auf einer vom Arbeitgeber schuldhaft verursachten fristlosen Kündigung des Arbeitnehmers, so kann der Arbeitnehmer den Restbetrag bei Verzinsung gemäß vorstehendem Satz 1 weiterhin in Raten von Euro . . . . . pro Monat zurückzahlen und zwar spätestens zum 15. eines jeden Monats.

§ 6 Lohnabtretung

Der Mitarbeiter tritt hiermit den pfändbaren Teil seiner künftigen Lohnansprüche gegen jeden neuen Arbeitgeber in Höhe der noch geschuldeten Raten und Zinsen an die Firma ab. Er verpflichtet sich, der Firma jeden neuen Arbeitgeber und jede Änderung seiner eigenen Anschrift unverzüglich bekannt zu geben.
Die Firma wird die Lohnabtretung dem neuen Arbeitgeber nur offen legen, wenn der Mitarbeiter einen Rückzahlungsbetrag später als zum 15. des Fälligkeitsmonats bezahlt. Für die Rechtzeitigkeit der Zahlung kommt es auf den Eingang (Gutschrift) bei der Firma an.

§ 7 Schriftformklausel

Nebenabreden sind nicht getroffen. Änderungen und Ergänzungen dieses Vertrages bedürfen zu ihrer Wirksamkeit der Schriftform. Dies gilt auch für diese Schriftformklausel.

§ 8 Salvatorische Klausel

Sollten einzelne Bestimmungen dieses Vertrages unwirksam sein, so berührt dies den Vertrag im Übrigen nicht. Firma und Mitarbeiter sind in einem solchen Fall verpflichtet, einander so zu stellen, als sei eine Ersatzregelung vereinbart, die den wirtschaftlichen Zweck der unwirksamen Bestimmung möglichst weitgehend in wirksamer Weise erfüllt.

*Schrifttum: Bauer/Kock,* Arbeitsrechtliche Auswirkungen des neuen Verbraucherschutzrechts, DB 2002, 42; *Berger-Delhey,* Arbeitsrechtliche Probleme des Arbeitgeberdarlehens, Betr. 1990, 837; *Denck,* Lohnvorschuss und Pfändung, BB 1979, 480; *ders.,* Finanzierter Personaleinkauf und Arbeitnehmerschutz, JuS 1981, 484; *Friedrich,* AGB-Gesetz und Verträge mit arbeitnehmerähnlichen Personen, MDR 1979, 190; *Jesse/Schellen,* Arbeitgeberdarlehen und Vorschuß, Stuttgart 1990; *Schirdewahn,* Mitbestimmung bei Arbeitgeberdarlehen aus laufenden Mitteln?, BB 1980, 891; *Schlüter,* Vorschüsse und Darlehen an Arbeitnehmer, Das Personalbüro 1970 Nr. 3; *Strohmer,* Versteuerung fiktiver Zinsvorteile bei Arbeitgeberdarlehen, DB 2006, 2046.

## Anmerkungen

**1. Wesen.** Das Beispiel stellt einen Darlehensvertrag im Sinne von § 488 BGB (Konsensualvertrag) dar. Es geht davon aus, dass der Darlehensbetrag die laufende Arbeitsvergütung übersteigt und für einen Zweck gegeben wird, für den auch sonst üblicherweise Kredit in Anspruch genommen wird. Hierauf, und nicht auf die von den Parteien gewählten Bezeichnungen kommt es zur Unterscheidung von Vorschüssen (Leistungen auf zukünftig zu verdienendes Entgelt) und Abschlagszahlungen (Leistungen auf verdientes, aber noch nicht abgerechnetes Entgelt) an, wobei auch die Berechnung von Zinsen und die Rückzahlung in Raten für ein Darlehen sprechen (LAG Bremen DB 1961, 243; LAG Düsseldorf AP BGB § 614 Gehaltsvorschuss Nr. 1 mAnm *Larenz* = DB 1955, 1020; die Zahlung von Verteidigerkosten des ArbN in Höhe von einem Viertel des Monatsgehaltes ist unabhängig von der Bezeichnung Vorschuss, ArbG Frankfurt DB 1968, 1544; zum Begriff des Vorschusses s. auch ErfK/*Preis* § 614 Rn. 19 ff.). Der Vertrag kann durch Sicherheitsleistungen des ArbN, etwa eine Sicherungsübereignung des Kraftwagens ergänzt werden (vgl. das Beispiel bei *Hümmerich/Lücke/Mauer* FormB-ArbR § 2 Rn. 304). Zur Sicherungsabtretung vgl. BAG AP ZPO § 850 Nr. 10 = NJW 1980, 800 und (→ Anm. 7) . Ein Lohnabtretungsverbot (§ 399 BGB) kann vereinbart werden, erübrigt sich aber bei eindeutiger Aufrechnungsabrede (→ Anm. 5). Der Arbeitgeber muss bei der Gewährung von Darlehen den Gleichbehandlungsgrundsatz, insbesondere das Benachteiligungsverbot bei Teilzeitarbeit aus § 4 Abs. 1 TzBfG beachten (BAG NZA 1994, 1130 = DB 1994, 2348 = BB 1994, 2279). Das seltene Darlehen des ArbN, der Teile seiner Vergütung „im Geschäft stehen" lässt, wird nicht behandelt.

**2. Wirksamkeit.** Formvorschriften bestehen nicht, außer es finden die Vorschriften für den Verbraucherdarlehensvertrag (§§ 491 ff. BGB) Anwendung. Sie sind aber gemäß § 491 Abs. 2 S. 1 Nr. 2 BGB ausgeschlossen, wenn der im Arbeitgeberdarlehen vereinbarte Zinssatz unterhalb des marktüblichen Zinssatzes liegt. Mängel können sich aus den allgemeinen Anforderungen an das Zustandekommen von Verträgen ergeben. Bei Minderjährigen ist zu beachten, dass die Zustimmung des gesetzlichen Vertreters zur Eingehung eines Arbeitsverhältnisses nicht ohne weiteres den Abschluss eines Darlehensvertrages umfasst (LAG Hamm ARSt 1975 S. 126 L für den Fall eines Arbeitgeberdarlehens zur Bestreitung der Kosten des Führerscheines). Da der ArbN Verbraucher iSv § 13 BGB ist (BVerfG 23.11.2006, NZA 2007, 85) und auch der Arbeitsvertrag ein Verbrauchervertrag nach § 310 Abs. 3 BGB (BAG NZA 2005, 1111), unterliegen vorformulierte Darlehensbedingungen der Inhaltskontrolle nach §§ 305 ff. BGB. Die Kreditbedingungen sind darauf zu überprüfen, ob sie eine unangemessene Benachteiligung des ArbN darstellen (*Küttner/Griese,* Personalbuch 2017, 23, Rn. 4).

**3. Zins.** Zinsen sind nur bei entsprechender Vereinbarung geschuldet. Die Modalitäten können in den durch die §§ 138, 242 BGB bzw. §§ 305 ff. BGB gezogenen Grenzen frei vereinbart werden. Ist nur Verzinsung vereinbart, gilt der Zinsfuß von 4 % (§ 246 BGB) bei nachträglicher Zahlung. Zinseszinsen können nicht vereinbart werden (§ 248 BGB). Eine Vereinbarung, wonach Zinsvergünstigungen bei einer Kündigung durch den Arbeitnehmer rückwirkend entfallen, dürfte unwirksam sein (BAG NZA 1992, 793 = DB 1992, 1000 = BB 1992, 716 zur Kündigung nach § 19 BErzGG). Bei Verzug mit der Rückzahlung des Darlehens kommt für den Verzugsschaden der § 288 Abs. 1 BGB zur Anwendung (*Küttner/Griese,* Personalbuch 2017, 23, Rn. 5).

**4. Kündigung, Verfallklausel.** Ist über die Rückzahlung nichts vereinbart, muss unter Einhaltung einer Frist von 3 Monaten (§ 488 Abs. 3 BGB) gekündigt werden. Ist, wie hier, die Rückzahlung in Raten vereinbart, scheidet eine Kündigung des Darlehens durch den ArbG aus (zur Fortführung des Darlehens über die Beendigung des Arbeitsverhältnisses hinaus BAG NZA 1993, 936 = DB 1993, 436 = BB 1993, 1438; → Anm. 6; zur Darlehensforderung bei Beendigung des Arbeitsverhältnisses mit Ausgleichsklausel vgl. LAG Hamm NZA-RR 1996, 286 = DB 1996, 989). Für den Fall des Zahlungsverzugs mit der Ratenzahlung kann eine Verfallklausel aufgenommen werden, wonach zB bei Verzug mit zwei aufeinanderfolgenden Raten oder einem Betrag von EUR . . . . . der gesamte noch offene Darlehensbetrag nebst Zinsen zur Rückzahlung fällig ist (vgl. BAG AP BGB § 611 Arbeitgeberdarlehen Nr. 3, NZA 2011, 520).

**5. Aufrechnung.** Während der Vorschuss ohne weiteres vom Lohn, und zwar auch vom unpfändbaren Teil, einbehalten werden kann (*Schaub* ArbR-HdB 17. Aufl. § 70 Rn. 14; aA ArbG Wetzlar DB 1985, 288; der Notunterhalt iSv § 850d ZPO muss dem ArbN allerdings verbleiben, *Schaub* 17. Aufl. § 70 Rn. 14 ; ArbG Göttingen AP BGB § 394 Nr. 2 mAnm *G. Hueck*), gelten für die Verrechnung von Darlehensraten die allgemeinen Regeln der §§ 387 ff. BGB. Besteht keine Aufrechnungsvereinbarung, kann ein Pfändungsgläubiger dem ArbG zuvorkommen. Die eindeutig getroffene Aufrechnungsabrede, die nur für den pfändbaren Teil des Lohnes gilt (§ 394 BGB), geht jedoch der später wirksam gewordenen Pfändung im Rahmen des § 392 BGB vor (*Küttner/Griese,* Personalbuch 2017, 23, Rn. 2; *Schaub* ArbR-HdB 17. Aufl. § 73 Rn. 11; BAG AP BGB § 392 Nr. 1 mAnm *Vollkommer* = DB 1959, 1006; LAG Hamm DB 1993, 1247, auch zur Berechnung des pfändbaren Betrages). Das hier gewählte Beispiel geht von (gleichzeitiger) monatlicher Fälligkeit der Darlehensraten und der Lohnansprüche aus. Gelten andere Lohnabrechnungszeiträume, muss die Darlehensrückzahlung angepasst werden.

**6. Vorzeitige Rückzahlung.** Grundsätzlich kann und muss zur Absicherung eine vorzeitige Rückzahlungspflicht (hier § 5) für den Fall der Beendigung des Arbeitsverhältnisses vereinbart werden, da das Darlehen bei Beendigung des Arbeitsverhältnisses nicht schon ohne weiteres wegen Wegfalls der Geschäftsgrundlage nach § 313 BGB zur Rückzahlung fällig wird (*Küttner/Griese,* Personalbuch 2017, 23, Rn. 6BAG AP BGB § 607 Nr. 2, DB 1964, 737). Nach einer Entscheidung des BAG v. 23.9.1992 (AP BGB § 611 Arbeitnehmerdarlehen Nr. 1 = NZA 1993, 936 = DB 1993, 436) besteht nämlich dann kein Anspruch des ArbG auf sofortige Rückzahlung, wenn die Auslegung des Darlehensvertrages ergibt, dass er in diesem Fall weitergeführt werden soll. Eine sofortige Rückzahlung/Fälligstellung bei Beendigung des Arbeitsverhältnisses ist jedoch ausgeschlossen und eine entsprechende (Kündigungs-)Klausel benachteiligt den ArbN auch unangemessen (§ 307 Abs. 2 Nr. 1 BGB), wenn sie ohne Differenzierung auch die Fälle der vom ArbG zu vertretenden fristlosen Kündigung des ArbN oder die betriebsbedingte ArbG-Kündigung erfasst (BAG AP BGB § 611 Nr. 5 = NZA 2014, 905; *Schaub* ArbR-HdB 17. Aufl. § 70 Rn. 21, der zusätzlich noch die ArbG-Kündigung wegen Gründen, die in der Person des ArbN liegen ausnimmt). Das gilt auch dann, wenn Darlehensgeber ein mit dem ArbG verbundener Unterstützungsverein ist (BAG AP BGB § 607 Nr. 1). Darüber hinaus sind solche Klauseln auch unter dem Gesichtspunkt der unzulässigen Kündigungserschwerung (Art. 12 Abs. 1 GG Berufsfreiheit) kritisch zu sehen (*Küttner/Griese,* Personalbuch 2017, 23, Rn. 9). Zulässig und keine unangemessene Benachteiligung dürfte ferner die vorherige konkrete Vereinbarung einer angemessenen Erhöhung des Zinsfußes (hier § 5) ab Beendigung des Arbeitsverhältnisses sein (BAG AP BGB § 607 Nr. 2 = DB 1964, 737; vgl. auch LAG Baden-Württemberg AP BGB § 607 Nr. 3 = DB 1969, 1850, *Schaub* ArbR-HdB 17. Aufl. § 70 Rn. 21; ErfK/*Preis* § 611a Rn. 426). In der bereits genannten Entscheidung (NZA 1988, 164 = BB 1987, 1887) hat das LAG Saarland in einer Zinsanpassungsklausel für den Fall des Ausscheidens des Mitarbeiters eine unangemessene Benachteiligung iSv § 9 AGB-Gesetz gesehen. Das BAG hat im Falle eines Versicherungsunternehmens die Bedingung, dass nach Beendigung des Arbeitsverhältnisses der für Versicherungsnehmer geltende höhere Zinssatz zur Anwendung kommt, jedoch als zulässig beurteilt (BAG AP BGB § 611 Arbeitnehmerdarlehen Nr. 4 = NZA 1999, 1212 = DB 1999, 2011).

7. **Lohnabtretung.** Die Vorausabtretung des pfändbaren Anteils von Gehaltsansprüchen ist grundsätzlich möglich (BGH NJW-RR 2010, 211), nur für den unpfändbaren Anteil wegen § 400 BGB unzulässig. Ob diese formularmäßige Vorausabtretung einer AGB-Inhaltskontrolle standhält, ist im Hinblick auf die dem ArbN generell zustehende Verfügungsmacht über sein Gehalt als Regelfall gerichtlich nicht entschieden (*Hümmerich/Reufels*, Gestaltung ArbV, 3. Aufl. 2015, Rn. 769). Die Vorausabtretung ist auf die noch geschuldeten Raten und Zinsen begrenzt, um einer Übersicherung als unangemessene Benachteiligung vorzubeugen. Ggf. können aber auch in Arbeitsverträgen Abtretungsverbote zugunsten des Arbeitgebers enthalten sein.

8. **Personaleinkauf.** Ein Arbeitgeberdarlehen darf auch nicht zum Zwecke des Erwerbs von Produkten oder Dienstleistungen des ArbG gewährt werden. Dies ist nach § 107 GewO verboten und führt zur Nichtigkeit des Darlehensvertrags nach § 134 BGB.

9. **Ausschlussfristen, Ausgleichsklausel.** Ob ein Rückzahlungsanspruch des ArbG auch unter eine tarifliche Ausschlussfrist oder eine Ausgleichsklausel im Abwicklungs- oder Aufhebungsvertrag fällt, hängt von der Formulierung und der konkreten Ausgestaltung des Darlehensvertrags ab, insbesondere, wie eng das Arbeitgeberdarlehen mit dem Arbeitsverhältnis verknüpft ist, dh ob es noch eine zusätzliche Verknüpfung zum Arbeitsverhältnis gibt (bejaht für „alle Ansprüche aus dem Arbeitsverhältnis"; BAG AP BGB § 611 Arbeitgeberdarlehen Nr. 3 = NZA 2010, 672; bejaht für „mit Erfüllung dieser Vereinbarung alle gegenseitigen Ansprüche aus dem Arbeitsverhältnis, gleich welchen Rechtsgrundes, seien sie bekannt oder unbekannt, abgegolten und erledigt sind", BAG AP BGB § 611 Arbeitgeberdarlehen Nr. 1, NZA 2009, 896; verneint für „mit diesem Vertrag sämtliche aus dem bestehenden Arbeitsverhältnis und seiner Beendigung abzuleitenden wechselseitigen Ansprüche ..... geregelt und abgegolten sind", BAG AP BGB § 611 Arbeitgeberdarlehen Nr. 4, NJW 2011, 2381 bejaht für „Ansprüche, die im Zusammenhang bzw. in Verbindung zum Arbeitsverhältnis stehen" BAG AP BGB§ 611 Arbeitgeberdarlehen Nr. 5, DB 2001, 2353 = BB 2001, 2222).

10. **Steuern, Sozialversicherung.** Ein Arbeitgeberdarlehen liegt vor, wenn durch den ArbG oder aufgrund des Dienstverhältnisses durch einen Dritten an den ArbN Geld überlassen wird und diese Geldüberlassung auf einem Darlehensvertrag beruht. Keine Arbeitgeberdarlehen sind dagegen insbesondere Reisekostenvorschüsse, vorschüssig gezahlter Auslagenersatz, Lohnabschläge und Lohnvorschüsse, wenn es sich hierbei um eine abweichende Vereinbarung über die Bedingungen der Zahlung des Arbeitslohns handelt (BMF 19.5.2015, DStR 15, 1180). Echte Darlehen haben weder bei der Auszahlung noch bei der Rückzahlung Einfluss auf die Berechnung der Steuer. Wird das Darlehen erlassen, ist der Betrag auf den Zeitpunkt des Erlasses als Arbeitslohn zu versteuern (BFH BB 75, 263). Erhält der ArbN durch solch ein Arbeitgeberdarlehen Zinsvorteile, sind sie als Sachbezüge zu versteuern. Der zur Anwendung des Lohnsteuerabzugsverfahrens verpflichtete ArbG hat die Lohnsteuer nach Maßgabe von § 38 Abs. 1 iVm Abs. 4 S. 3 EStG einzubehalten und abzuführen, sofern er sie nicht nach § 40 Abs. 1 EStG pauschal erhebt oder die Einkommensteuer nicht nach § 37b EStG pauschal erhoben wird (BMF 19.5.2015, DStR 15, 1180). Ein Zinsvorteil ist unabhängig von der Verwendung des Darlehens gegeben, bei einem vereinbartem Zins, der unter dem marktüblichen Zinssatz- liegt. Er wird aber nur erfasst, wenn die noch offene Darlehenssumme am Ende des Lohnzahlungszeitraums 2.600,– Euro übersteigt (BMF 19.5.2015 DStR 15, 1180)) Für

weitere Einzelheiten, insbesondere zur Ermittlung des Zinsvorteils nach § 8 Abs. 2 oder Abs. 3 EStG, vgl. BMF 19.5.2015 DStR 15, 1180, *Küttner/Thomas,* Personalbuch 2017, 23, Rn. 12 ff.)

Vergünstigungen im Zusammenhang mit einem Arbeitgeberdarlehen sind nur insoweit beitragspflichtig zur Sozialversicherung, als sie steuerrechtlich Arbeitslohn darstellen (vgl. § 14 SGB IV iVm § 1 Abs. 1 SvEV). Soweit die Freigrenze des § 8 Abs. 2 S. 11 EStG und die Steuerfreiheit nach § 8 Abs. 3 EStG (va für Bankmitarbeiter) nicht eingreift, wären sie daher generell sozialversicherungspflichtig, wobei sich die Spitzenverbände der Sozialversicherungsträger der Praxis der Finanzverwaltung (vgl. BMF 19.5.2015 DStR 15, 1180, Vereinfachungsregelung mit 2.600 EUR-Grenze und 6 %-Regelung) angeschlossen haben und nur Zinsersparnisse als beitragspflichtig ansehen, wenn die Finanzverwaltung sie als lohnsteuerpflichtig erfasst. Eine gesetzliche Grundlage für diese Praxis gibt es bisher nicht (vgl. hierzu ausführlich *Küttner/Schlegel,* Personalbuch 2017, 23, Rn. 17 ff.)

**11. Prozessuales.** Die Darlegungs- und Beweislast für die Rückzahlung trifft den ArbN. Dies gilt entsprechend auch für die „Tilgung" von Vorschüssen durch Arbeitsleistung (LAG Berlin ARSt 1976, 8). Die Zuständigkeit der Arbeitsgerichte folgt aus § 2 Abs. 1 Nr. 4a ArbGG; zum Gerichtsstand – § 29 ZPO – ArbG Limburg NZA-RR 1999, 666.

**12. Betriebsverfassung.** Hinsichtlich der Einzelabrede bestehen keine Beteiligungsrechte des Betriebsrates. Generelle Regelungen über die Gewährung zinsgünstiger Darlehen betreffen aber die betriebliche Lohngestaltung iS von § 87 Abs. 1 Nr. 10 BetrVG (BAG DB 1981, 996 = BB 1981, 735); auch kommen Beteiligungsrechte nach § 87 Abs. 1 Nr. 8 BetrVG bei Übertragung der Darlehensgewährung auf Sondervermögen in Betracht (BAG AP BetrVG 1972 § 87 Lohngestaltung Nr. 5 mAnm *Herschel* = DB 1981, 996; BAG AP BetrVG 1972 § 87 Nr. 2; Nr. 3 = DB 1979, 2495 und NJW 1980, 2376). Im Arbeitgeberinteresse könnte § 7 des Vertrages um eine Klausel ergänzt werden, wonach künftige Betriebsvereinbarungen den Vertrag auch zum Nachteil des ArbN ändern können (Öffnungsklausel; zum Stand der Meinungen vgl. BAG AP BetrVG 1972 § 77 Nr. 6 mAnm *Hanau* = DB 1983, 346).

## 29. Weihnachtsgratifikation mit Bindungsklauseln

§ 1 Weihnachtsgratifikation

**Die Firma gewährt zur Honorierung der vergangenen und künftigen Betriebstreue eine Weihnachtsgratifikation in Höhe des Monatsgehaltes, das der Mitarbeiter unter gewöhnlichen Umständen im Oktober bezieht. Im Eintrittsjahr wird die Weihnachtsgratifikation anteilig entsprechend der Dauer der Beschäftigungszeit gezahlt.**

§ 2 Auszahlung

**Die Gratifikation wird mit dem Novembergehalt ausbezahlt.**

§ 3 Ausschluss

**Die Weihnachtsgratifikation ist, auch anteilig, ausgeschlossen, wenn das Arbeitsverhältnis vor dem Auszahlungszeitpunkt endet oder sich im Auszahlungszeitpunkt im gekündigten Zustand befindet oder noch keine drei Monate bestanden hat.**

**§ 4 Rückzahlung**

**Der Mitarbeiter ist zur Rückzahlung der Weihnachtsgratifikation in voller Höhe verpflichtet, wenn das Arbeitsverhältnis vor Ablauf des 31.3. des folgenden Kalenderjahrs durch Kündigung oder Aufhebungsvertrag endet.**

**. . . . . (Ort), den . . . . .**

| | |
|---|---|
| **. . . . .** | **. . . . .** |
| **Unterschrift des Arbeitgebers** | **Unterschrift des Arbeitnehmers** |

*Schrifttum: Albicker/Wiesenecker,* Sonderzahlungen und Stichtagsklauseln in Betriebsvereinbarungen, BB 2008, 2631; *Bauer/Medem,* Betrübliche betriebliche Übung – oder doch nicht so schlimm, ArbRAktuell 2011, 3; *Baeck/Winzer,* Neuere Entwicklungen im Arbeitsrecht Stichtagsklauseln- was geht noch?, NZG 2012, 657; *Bayreuther,* Freiwilligkeitsvorbehalte: Zulässig, aber überflüssig?, BB 2009, 102; *Buchner,* Die Berücksichtigung von Fehlzeiten bei der Bemessung von Jahressonderleistungen, FS für Hilger/Stumpf, S. 61; *Ekkenga/Schirrmacher,* Bonuszusagen für Arbeitnehmer; Eine Gratwanderung zwischen Arbeits- und Gesellschaftsrecht, BB 2017, 2549; *Freckmann/Grillo,* Das Ende der Stichtagsklauseln bei leistungsbezogenen Sonderzahlungen – was nun?, BB 2014, 520; *Fuhlrott,* Der arbeitsrechtliche Gleichbehandlungsgrundsatz als Anspruchsnorm, ArbRAktuell 2015, 241; *Heinemann-Diehl/Ginal,* Betriebliche Übung – Auf die Höhe kommt es nicht mehr an, ArbRAktuell 2016, 51; *Heins/Leder* Stichtagsklauseln und Bonuszusagen – unvereinbar?, NZA 2014, 520; *Hilger/Stumpf,* Ablösung betrieblicher Gratifikations- und Versorgungsordnungen durch Betriebsvereinbarungen, Festschrift für G. Müller, S. 209; *Hinrichs,* Weihnachtsgeld, AiB 2007, 17; *Jensen,* Arbeitsvertragsklauseln gegen betriebliche Übungen – was geht noch?, NZA-RR 2011, 225; *ders.,* Der Freiwilligkeitsvorbehalt bei Entgeltleistungen, 2010 *Kroeschell*: Die AGB-Kontrolle von Widerrufs- und Freiwilligkeitsvorbehalten, NZA 2008, 1393; *Lakies,* AGB-Kontrolle von Sonderzahlungen, ArbRAktuell 2012, 306; *Lembke,* Die Gestaltung von Vergütungsvereinbarungen, NJW 2010, 257 u. 321; *Lingemann/Gotham,* Freiwilligkeits- Stichtags- und Rückzahlungsregelungen bei Bonusvereinbarungen – was geht noch?, NZA 2008, 509; *Lingemann/Pfister/Jörn,* Ermessen bei Gratifikation und Vergütung als Alternative zum Freiwilligkeitsvorbehalt, NZA 2015, 65; *Lingemann/Otte,* Bonuszahlungen und Freiwilligkeitsvorbehalt – Die Gewichte verschieben sich, NJW 2014, 2400; *Löw/Glück,* Incentivepläne und ihre Terms & Conditions – AGB-Kontrolle bei Bonuszahlungen, DB 2015, 187; *Lunk/Leder,* Mitbestimmung der Betriebsräte bei freiwilligen Leistungen, NZA 2011, 249; *Maaß,* Widerrufs- und Freiwilligkeitsvorbehalt – Welche Formulierung genügt dem Transparenzgebot? ArbRAktuell 2011, 59; *Preis,* Der langsame Tod der Freiwilligkeitsvorbehalte und die Grenzen betrieblicher Übung, NZA 2009, 281; *Reinecke,* Neue Regeln für Sonderzahlungen, BB 2013, 437; *Reiserer, Fallenstein,* Mitarbeiterbindung und leistungsabhängige Bonussysteme: ein Widerspruch oder zulässige Praxis?, DStR 2011, 1572; *Salomon,* Das Ende von Sonderzahlungen mit Mischcharakter?, NZA 2011, 1328; *ders.,* Rechtsfolgen des Zusammentreffens von Freiwilligkeitsvorbehalten und Gratifikationszweckvereinbarungen, NZA 2009, 656; *ders.,* Umgehung der Voraussetzungen einer betrieblichen Übung durch Anerkennung schlüssiger Individualzusagen?, NZA 2010, 1272; *ders.;* Die freiwillige Verpflichtung zur Gratifikationszahlung und die Divergenz der Rechtsprechung zur ergänzenden Vertragsauslegung durch BGH und BAG, NZA 2009, 1076; *Schäfer,* Neues zu Möglichkeiten und Grenzen des Freiwilligkeitsvorbehalts, öAT 2013, 243; *Schiefer,* Die schwierige Handhabung der Jahressonderzahlungen, NZA-RR 2000, 561; *Schramm,* Die Zulässigkeit von Freiwilligkeitsvorbehalten in Arbeitsverträgen, NZA 2007, 1325; *Spielberger,* Sonderzahlungen und Stichtagsklauseln – nichts ist (un)möglich?, ArbRAktuell 2014,

373; *Urban,* Sondervergütungen unter Freiwilligkeitsvorbehalt, ArbRAktuell 2010, 6; *dies.*, Mitarbeiterbindung durch bestandsabhängige Vergütung – Zur Zulässigkeit von Bindungsklausel, ArbRAktuell 2011, 528; *Vossen,* Die Jahressondervergütung, NZA 2005, 734; *Zundel,* Die Entwicklung des Arbeitsrechts im Jahre 2011, NJW 2012, 131; s. auch → Form. XIX.25 b Schrifttum.

## Anmerkungen

**1. Inhalt.** Sondervergütungen (auch Sonderzahlungen, Sonderzuwendungen) sind Zuwendungen des ArbG, die nicht regelmäßig mit dem Arbeitsentgelt ausgezahlt werden, sondern zu einem konkreten Anlass oder bestimmten Terminen (ErfK/*Preis* BGB § 611a Rn. 527; *Küttner/Röller,* Personalbuch 2017, 154 Rn. 1). Dabei wurde nach der bisherigen Rechtsprechung unterschieden zwischen Jahressonderzahlung mit reinem Entgeltcharakter (zB 13. Monatsgehalt), Sonderzahlungen als Belohnung für vergangene und für künftige Betriebstreue sowie Sonderzahlung mit Mischcharakter, die aber als eigenständige Kategorie von der jüngeren Rechtsprechung nun aufgegeben wurde (ErfK/*Preis* BGB § 611a Rn. 528, BAG NZA 2012, 561 und unten → Anm. 4). Welche Art von Sondervergütung vorliegt, bestimmt nicht die Bezeichnung, sondern ihre Zweckbestimmung und der Inhalt der Zusage, die durch Auslegung zu ermitteln ist (BAG AP BGB § 611 Gratifikation Nr. 173 = NZA 1995, 1098). Die Höhe der Sonderzahlung ist bei der Auslegung ebenfalls zu berücksichtigen. Macht die Sonderzuwendung einen wesentlichen Anteil der Gesamtvergütung des Arbeitnehmers aus, handelt es sich nach BAG (NZA 2012, 620; ; NZA 2004, 456) regelmäßig um Arbeitsentgelt, das als Gegenleistung zur erbrachten Arbeitsleistung geschuldet wird. Der Vergütungscharakter ist eindeutig, wenn die Sonderzahlung an das Erreichen quantitativer oder qualitativer Ziele geknüpft ist. Fehlt es hieran und sind auch weitere Anspruchsvoraussetzungen nicht vereinbart, spricht dies ebenfalls dafür, dass die Sonderzahlung als Gegenleistung für die Arbeitsleistung geschuldet wird. Will der Arbeitgeber andere Zwecke verfolgen, so muss sich dies deutlich aus der zugrunde liegenden Vereinbarung ergeben (BAG NZA 2012, 620). Die hier als Beispiel gewählte Weihnachtsgratifikation ist eine sog freiwillige Sonderzahlung als Treueprämie für vergangene und künftige Betriebstreue. Indiz für die Belohnung vergangener Betriebstreue ist neben der Zweckvereinbarung, die allerdings nicht allein ausschlaggebend ist, die Stichtagsklausel, die die Gratifikation nur für ArbN vorsieht, die am Ende November (Auszahlungszeitpunkt) noch im ungekündigten Arbeitsverhältnis stehen. Mit der Rückzahlungsklausel wird die künftige Betriebstreue sichergestellt (ErfK/*Preis* BGB § 611a Rn. 534). Außerdem ergibt sich zusätzlich aus dem Wort „Weihnachtsgratifikation“, dass es ein Beitrag zu den erhöhten Weihnachtsaufwendungen sein soll, so dass ein Vergütungscharakter ausgeschlossen ist (angelehnt an Fallgestaltung in BAG NZA 2012, 620). Die Sondervergütung ist niemals Schenkung, auch nicht, soweit sie an Pensionäre bezahlt wird (BAG AP BGB § 611 Gratifikation Nr. 26 mAnm *Isele* = NJW 1963, 1893), sondern hat Entgeltcharakter (so schon BAG NJW 1954, 1343; BAG AP GG Art. 3 Nr. 69 mAnm *G. Hueck* = NJW 1962, 220; insbes. AP BGB § 611 Gratifikation Nr. 86 mAnm *Schwerdtner* = Betr. 1975, 2089; zur Sonderzahlung bei Betriebsübergang nach Konkurseröffnung BAG NZA 1996, 432 = BB 1996, 166). Denkbar sind die verschiedensten Sondervergütungen wie Erfolgs-, Jahresabschluss-, Urlaubsgratifikationen, hier Weihnachtsgratifikation, 13. Monatsgehalt, Dienstjubiläen, Treue- oder Halteprämien (Retention-Zahlung) etc.

Die Gratifikation hat keine gesetzliche Grundlage, sondern folgt idR aus Tarifverträgen, Betriebsvereinbarungen oder aus einer arbeitsvertraglichen Vereinbarung, Einheitsregelungen oder Gesamtzusagen (ErfK/*Preis* BGB § 611a Rn. 529). Wird sie dreimal hintereinander vorbehaltlos gewährt, entsteht aber auch ohne ausdrückliche Vereinbarung aus sog betrieblicher Übung ein Rechtsanspruch für die Zukunft (BAG AP BAG § 611 Gratifikation Nr. 3 mAnm *A. Hueck* = NJW 1956, 1123; stRspr, zB BAG NZA 1997, 1007 und BAG AP BGB § 242 betriebliche Übung Nr. 55 = NZA 1999, 1162 = DB 1999, 1907). Die früher empfohlene Gewährung in unterschiedlicher Höhe hindert nun auch nicht mehr das Entstehen einer betrieblichen Übung (BAG NZA 2015, 992 unter Aufgabe der bisherigen Rechtsprechung). Weitere Anspruchsgrundlage kann auch der arbeitsrechtliche Gleichbehandlungsgrundsatz sein, wenn der ArbG allen einer nach objektiven Merkmalen abzugrenzenden Gruppe von ArbN eine Sondervergütung bezahlt (*Schaub* ArbR-HdB 17. Aufl. § 78 Rn. 15 ff.). Ein Ausschluss anderer ArbN kann dann nicht willkürlich erfolgen. Der ArbG darf einzelne ArbN von der Leistung nur ausnehmen, wenn dies sachlichen Kriterien entspricht (BAG NZA 2007, 687). Zu verschiedenen Differenzierungsmerkmalen vgl.: BAG NZA 1994, 786 = DB 1994, 2141 = BB 1994, 1219 und BAG DB 2001, 710 = BB 2001, 420 und BAG NZA 2005, 1418 – Arbeiter und Angestellte, für den Bereich der betrieblichen Altersvorsorge BAG AP BetrAVG § 1 Gleichbehandlung Nr. 56 = NZA 2004, 321 = DB 2003, 2018; LAG Hessen NZA 1995, 1162 – geringfügig Beschäftigte; BAG AP BGB § 611 Gratifikation Nr. 211 = NZA 1999, 700 = DB 1999, 1118 – Unterscheidung nach Tätigkeiten; EuGH AP EG-Vertrag Art. 119 Nr. 14 = DB 2000, 223 – Männer und Frauen; EuGH AP EG-Vertrag Art. 119 Nr. 11 = BB 1999, 2085 mit ArbG Gelsenkirchen NZA-RR 2000, 296 – geringfügige Beschäftigung, mittelbare Frauendiskriminierung; BAG AP BGB § 242 Gleichbehandlung Nr. 162 = NZA 1999, 606 = DB 1999, 637 – Erstreckung der Gleichbehandlung auf das ganze Unternehmen; auch mwN ErfK/*Preis* BGB § 611a Rn. 535 f.. Tarifliche Regelungen über Sonderzahlungen bestimmen in der Regel ausdrücklich, dass die in Einzelarbeitsverträgen und Betriebsvereinbarungen oder betriebsübliche sonstige Gratifikationen anzurechnen sind (vgl. BAG NZA 1993, 805 = DB 1993, 1930 = BB 1993, 1734; zur Konkurrenz zwischen tariflichen und einzelvertraglichen Regelungen LAG Rheinland-Pfalz NZA-RR 1999, 37 = MDR 1999, 103 = BB 1999, 109; zur Unterscheidung zwischen Sonderleistung und regulären Vergütungsbestandteilen BAG AP HGB § 87a Nr. 6 = NZA 1999, 420 = DB 1999, 804 und BAG AP BGB § 611 Gratifikation Nr. 212 = NZA 1999, 766 = DB 1999, 1119).

**3. Kürzung, Fehlzeiten.** Auf eine Kürzungsregelung für Fehlzeiten wurde verzichtet, da sie die Höhe der Zuwendung dann auch an die tatsächlich erbrachte Arbeitsleistung anknüpft und damit zumindest auch die Leistung des vergangenen Jahres belohnt und nach Aufgabe der Kategorie Sonderleistung mit Mischcharakter nur als Sondervergütung mit Entgeltcharakter zu werten wäre. Bindungsklauseln wären dann unzulässig (ErfK/*Preis* BGB § 611a Rn. 534a). Lediglich der Ausschluss der Gratifikation für Arbeitsverhältnisse, die weniger als drei Monate im Auszahlungszeitraum bestanden haben, sowie eine Quotelung für das Eintrittsjahr wurde mit aufgenommen, da eine solche Regelung vom BAG in seiner Entscheidung zur Zulässigkeit von Bindungsklauseln bei Sonderzahlungen, die nicht der Vergütung geleisteter Arbeit dienen, sondern anderen Zwecken wie Betriebstreue, auch nicht beanstandet wurde (BAG NZA 2012, 620). Das BAG führte hierzu aus, dass einer Auslegung als Gratifikation ohne Vergütungscharakter eine Regelung nicht entgegensteht, wonach im Eintrittsjahr die Gratifikation nur anteilig entsprechend der Dauer der Beschäftigungszeit gezahlt wird. Im Übrigen vgl. zu Kürzungsmöglichkeiten bei Fehlzeiten für Sonderzahlungen mit Vergütungscharakter → Form. XIX.29a.

**4. Stichtag.** Nach neuer Rechtsprechung (BAG BeckRS 2012, 68196; BAG NZA 2012, 561) verbleibt für Bindungsklauseln (Stichtag- und Rückzahlungsklauseln) nur noch ein sehr eingeschränkter Anwendungsbereich. Zulässig sind solche Klauseln nur noch für Sonderzahlungen, die nicht im Synallagma zur Arbeitsleistung stehen und rein die vergangene und künftige Betriebstreue honorieren, wobei das BAG hier für die Unterscheidung auch maßgeblich auf das Kriterium „wesentlicher Gehaltsbestandteil" abstellt, ohne hierzu jedoch konkrete Angaben zur Höhe zu machen. Sonderzahlungen mit reinen Entgeltcharakter (BAG ArbRAktuell 2011, 642 für eine erfolgsabhängige variable Vergütung) oder nun vormalige Sonderzahlungen mit Mischcharakter können jedenfalls nicht vom ungekündigten Zustand des Arbeitsverhältnisses zu einem Zeitpunkt innerhalb und erst recht nicht außerhalb des Bezugszeitraums abhängig gemacht werden (BAG NZA 2012, 561, NZA 2014, 368, ErfK/*Preis* BGB § 611a Rn. 534a), da verdientes Arbeitsentgelt dem ArbN nicht einfach durch sonstige Bedingungen entzogen werden darf, wenn die hierzu geschuldete Arbeitsleistung bereits erbracht wurde. Insoweit hat das BAG seine frühere Rechtsprechung (BAG NZA 2007, 687, die noch von einer Zulässigkeit von Stichtagsklauseln bei Sonderzahlungen mit Mischcharakter ausging) ausdrücklich aufgegeben, und damit inzident auch die bisherige dritte Kategorie „mit Mischcharakter" (BAG NZA 2012, 561; BAG NZA 2016, 1334; ErfK/*Preis* BGB § 611a Rn. 528, 534ff.) Scheidet ein ArbN bei einer Sonderzahlung mit Entgeltcharakter vorzeitig aus, so entfällt diese nicht komplett, sondern der ArbN hat Anspruch auf anteilige Gratifikation (Dauer Arbeitsverhältnis im Bezugszeitraum, pro rata temporis). Zulässig sollen Sonderzahlungen mit Stichtag im Bezugszeitraum allerdings dann noch sein, wenn die Sonderzahlungen an bestimmte Arbeits- oder Unternehmenserfolge anknüpfen oder für bestimmte vor dem Stichtag zu erbringende Leistungen versprochen werden (BAG NZA 2014, 368).

Das Beispiel enthält eine Stichtagsklausel bezogen auf den Auszahlungszeitpunkt November. Es stellt nach BAG (NZA 2012, 620) aber im Rahmen von allgemeinen Geschäftsbedingungen keine unangemessene Benachteiligung dar, wenn der ungekündigte Bestand des Arbeitsverhältnisses zum Auszahlungstag als Anspruchsvoraussetzung bestimmt wird. Diese Stichtagsklauseln dürfen auch an betriebsbedingte Kündigungen anknüpfen bzw. allgemein für den Fall vereinbart werden, dass der Grund für die Beendigung des Arbeitsverhältnisses nicht in der Sphäre des ArbN liegt, da die Sonderzahlung ihren Zweck künftige Betriebstreue zu belohnen, bei ausgeschiedenen oder alsbald ausscheidenden ArbN nicht mehr erfüllen kann (BAG NZA 2007, 687, BAG NZA 2012, 620, wobei das BAG sich eine Missbrauchskontrolle im Einzelfall über § 162 Abs. 2 BGB vorbehält). Den Arbeitsvertragsparteien steht es aber grundsätzlich frei, die zukunftsbezogenen Anspruchsvoraussetzungen einer Sonderzahlung so zu gestalten, dass nicht jede Beendigung des Arbeitsverhältnisses vor Ablauf der Bindungsfrist den Anspruch auf die Sonderzahlung hindert. Vereinbaren sie, dass nur Gründe für die Beendigung des Arbeitsverhältnisses den Anspruch auf die Sonderzahlung ausschließen oder eine Rückzahlungspflicht des Arbeitnehmers auslösen, die im Verantwortungsbereich des Arbeitnehmers liegen, und dieser die Sonderzahlung nur dann nicht beanspruchen kann, wenn er selbst gekündigt oder eine Kündigung des Arbeitgebers veranlasst hat, steht eine betriebsbedingte Kündigung oder der Ablauf eines befristeten Arbeitsvertrags dem Anspruch auf die Sonderzahlung nicht entgegen (BAG NZA 2007, 687). Demgemäß wurde in der Klausel nicht nach Art der Beendigung differenziert. Auch Elternzeit steht einer Beendigung nicht gleich (BAG NZA 2009, 258), da hier die Hauptleistungspflichten zwar suspendiert ist, das Arbeitsverhältnis jedoch mit den Nebenpflichten fortbesteht. Die Beendigung des Arbeitsverhältnisses genau zum Stichtag (letzter Tag des Bestandes des Arbeitsverhältnisses) ist unschädlich (BAG DB 1984, 464; zum Fall der einzelvertraglich verlängerten Kündigungsfrist vgl. LAG Köln DB 1982, 2717 und LAG Hessen BB 1990, 2339; BAG BB 1992, 142). Das gilt bei Eigenkündigung des ArbN (BAG NZA 1991, 689 = DB 1991, 1730 = BB 1991, 1045) ebenso wie bei einem Ausscheiden des ArbN auf Grund betriebsbedingter Arbeitgeberkündigung (BAG NZA 1991, 763 (765) = DB 1991, 1574 (1575) = BB 1991, 1713 (1715); BAG NZA 2002, 337 = DB 2002, 485; BAG NZA 1993, 353 = DB 1993, 688 = BB 1993; 653; BAG NZA 1996, 418 = DB 1986, 1575 = BB 1996, 378 – auch zum Gleichbehandlungsgrundsatz und zum Umfang der gerichtlichen Inhaltskontrolle). Eine unnötig frühzeitige (sog vorfristige) Kündigung kann eine treuwidrige Vereitelung des Anspruches bedeuten (BAG AP BGB § 611 Gratifikation Nr. 214 = NZA 1999, 1053 = DB 1999, 1706). Bei einer Regelung, die den Anspruch nach Zugang einer Kündigung vor der Fälligkeit entfallen lässt, steht der vor dem Stichtag abgeschlossene Aufhebungsvertrag einer Kündigung nicht gleich (BAG NZA 1993, 948 = DB 1993, 687 = BB 1993, 220). Auch eine Befristung steht der Kündigung nicht gleich; die Beendigung vor dem Stichtag auf Grund einer Befristung führt nicht zu einem anteiligen Anspruch, der im Falle einer Kündigung gegeben ist (BAG NZA 1994, 463 = DB 1994, 1625 und BAG NZA 1994, 465 = DB 1994, 539). „Bindungsklauseln" wie der Ausschluss von ArbN in gekündigter Stellung (und Rückzahlungsklauseln) können durch Tarifvertrag vereinbart werden (BAP NJW 1975, 2089 und BAG NZA 1986, 225 = DB 1986, 382 = BB 1986, 807). Der Ausschluss kann auch einzelvertraglich vereinbart werden; die Regelung muss eindeutig sein, ein Freiwilligkeitsvorbehalt genügt nicht (BAG AP BGB § 611 Gratifikation Nr. 86 = DB 1975, 2089).

**5. Rückzahlungsklausel, Bindungsfrist.** Auch eine Rückzahlungsklausel, soweit sie noch zulässig ist, muss ausdrücklich und eindeutig vereinbart sein (BAG NJW 1974, 2151; BAG NZA 1995, 1034 = DB 1995, 2273). Für eine Rückzahlungsklausel gelten dieselben Regeln wie beim Ausschluss eines ArbN (BAG NZA 2007, 687; NZA 2012, 620 ; → Anm. 4). Sie kann daran anknüpfen, dass das Arbeitsverhältnis über den Auszahlungszeitpunkt hinaus innerhalb eines bestimmten Zeitraum fortbesteht (BAG NZA 2007, 687). Dies ist sogar dann zulässig, wenn der Grund für die Beendigung des Arbeitsverhältnisses vor Ablauf der Bindungsfrist nicht in der Sphäre des ArbN liegt, mithin auch für betriebsbedingte Kündigungen, und diesbezüglich nicht nur für Klauseln in Tarifverträgen (BAG NZA 2007, 687). Die zulässige Bindungsdauer richtet sich nach Höhe und dem Zeitpunkt der Fälligkeit der vereinbarten Leistung. Dies gilt auch dann, wenn eine als einheitlich bezeichnete Leistung in zwei Teilbeträgen zu unterschiedlichen Zeitpunkten fällig wird (BAG AP BGB § 611 Gratifikation Nr. 250 = NZA 2003, 1032 = BB 2003, 1958). Was die Verbindung des Kündigungsrechtes des ArbN mit der Verpflichtung zur Rückzahlung von Sonderzahlungen für einen vergangenen Bezugszeitraum angeht, hatte die Rspr. bisher folgendes Schema entwickelt: Bezogen auf den Bezugszeitraum eines Kalenderjahres kann in Betriebsvereinbarungen und einzelvertraglich bis zum Betrag der Sonderzahlung von 100,– EUR eine Bindung nicht, bis zum Betrag eines Monatsgehaltes eine Bindung bis zum 31.3. des folgenden Jahres und bei Beträgen über einem Monatsgehalt bis zum 30.6. des Folgejahres vereinbart werden (BAG AP BGB § 611 Gratifikation Nr. 110 = BB 1982, 558; BAG NZA 1993, 935 = DB 1993, 2135 = BB 1993, 1809; zur Rückzahlung der Jahreszuwendung im öffentlichen Dienst BAG NZA 1986, 741 = DB 1986, 2135; BAG NZA 1992, 1086 = DB 1992, 2248 = BB 1992, 922). Diese Regelung war an den früheren Quartalskündigungsfristen für Angestellte orientiert und forderte, dass der Angestellte die erste Kündigungsmöglichkeit zum 31.3. ausließ und erst die zweite zum 30.6. nutzte (ErfK/*Preis* BGB § 611a Rn. 550, *Küttner/Griese,* Personalhandbuch 2017, 154 Rn. 17 ff.). Nach neuerer Rechtsprechung kann sich der ArbG bei einer Zuwendung in Höhe eines Monatsgehalts nur noch die Rückforderung für den Fall vorbehalten, dass der ArbN nicht über die folgenden drei Monate hinaus bis zum nächstzulässigen Kündigungstermin bleibt (BAG AP BGB § 611 Gratifikation Nr. 255 = BB 2004, 1687 = NZA 2004, 924). Je nach Kündigungsfristen sind daher unterschiedliche Bindungsfristen zulässig; bei den gesetzlichen Kündigungsfristen von einem Monat nur noch bis 30.4. Daher wurde im Formular sicherheitshalber nur eine Bindungsfrist bis 31.3. gewählt, obwohl eine volle Monatsvergütung gezahlt wird. Für die Berechnung der zulässigen Betriebsbindung kommt es auf die Höhe der Monatsvergütung im Auszahlungsmonat an (BAG AP BGB § 611 Gratifikation Nr. 82 mAnm *Buchner* = NJW 1974, 1671; BAG DB 1981, 1419; LAG Rheinland-Pfalz EzA Art. 12 GG, 18). Der Abschluss eines, auch vom ArbN gewünschten Aufhebungsvertrages steht einer eigenen Kündigung des ArbN nicht gleich (LAG Hamm NZA-RR

1999, 514), daher wurde die Beendigung durch Aufhebungsvertrag explizit aufgenommen. Ist die Zuwendung „in voller Höhe" zurückzuzahlen, umfasst die Verpflichtung auch die vom ArbG abgeführte Lohnsteuer (BAG AP BGB § 611 Gratifikation Nr. 224 = NZA 2000, 1008 = DB 2000, 2225 und BAG AP BAG §§ 22, 23 Zuwendungs-TV Nr. 24 = NZA 2000, 1004 = DB 2000, 1621).

**6. Widerrufsvorbehalt, Freiwilligkeitsvorbehalt.** Um zusätzlichen Zuwendungen des ArbG generell flexibel zu gestalten und auf unterschiedliche Entwicklungen reagieren zu können, sollte der ArbG Vorsorgeregelungen in der Vereinbarung treffen, denn ohne eine solche Regelung besteht ansonsten von einer einvernehmlichen Regelung und der Änderungskündigung abgesehen, keine Möglichkeit sich von einer einmal zugesagten Sondervergütung zu lösen (*Küttner/Kania,* Personalhandbuch 2017, 6 Rn. 4 f.). Praxisübliche Klauseln waren bisher Widerrufs- und der Freiwilligkeitsvorbehalt. Mit dem Widerrufsvorbehalt wird zunächst die Leistung zugesagt, dem ArbG aber das Recht eingeräumt, mit Ausübung des Widerrufsrechts die Leistung einzustellen. Leistungen, die im unmittelbaren Gegenseitigkeitsverhältnis stehen, dürfen nur zu weniger als 25 % des Gesamtverdienstes widerruflich sein und der Tariflohn darf hierdurch nicht unterschritten werden. Bei nicht im Gegenseitigkeitsverhältnis stehenden Leistungen (wie hier für Gratifikation ohne Vergütungscharakter) kann der Anteil auch 30 % der Gesamtvergütung betragen (vgl. BAG NJW 2005, 1820; BAG AP TzBfG § 12 Nr. 4; BAG BB 2007, 109, = NZA 2007, 87). Nach der Rechtsprechung des 5. Senats des BAG müssen Voraussetzungen und Umfang der vorbehaltenen Änderungen konkretisiert sein, die Vertragsklausel muss zumindest die Richtung angeben, aus der der Widerruf möglich ist (BAG NJW 2005, 1820; NZA 2011, 796). Der 9. Senat des BAG verlangt hingegen die Angabe eines konkreten Sachgrund in der Vertragsklausel selbst (BAG NZA-RR 2010, 457). Für einen Formulierungsvorschlag entsprechend den vom BAG genannten Widerrufsgründen (vgl. BAG NJW 2005, 1820) → Form. XIX.19. Ferner unterliegt die Ausübung des Widerrufs einer Ausübungskontrolle und muss im Einzelfall billigem Ermessen gemäß § 315 BGB entsprechen. Der Widerruf muss vor der Fälligkeit der Leistung zugehen (vgl. BAG NZA 2001, 24).

Die Verschärfung der Rechtsprechung zum Freiwilligkeitsvorbehalt lässt ihn als geeignetes Mittel zur Flexibilisierung von Gratifikationen nahezu ausscheiden. Früher konnte ein Freiwilligkeitsvorbehalt generell das Bestehen eines Rechtsanspruchs auf eine künftige Sonderzahlung wirksam verhindern, allerdings nur soweit es sich nicht um laufendes Entgelt im Sinne einer nach Zeitabschnitten bemessenen Vergütung handelt, sondern um Gratifikationen und Jahressonderleistungen, die der ArbN aus bestimmten Anlass, zu bestimmten Terminen oder nur einmal jährlich zum laufenden Arbeitsentgelt erhält (BAG NZA 2007, 853). Eine hiernach zwar zulässige formularmäßige Klausel „Die Zahlung der Gratifikation erfolgt in jedem Fall freiwillig und begründet keinen Rechtsanspruch für die Zukunft", war aber schon im Zusammenhang mit einer Regelung, die zunächst die Sonderzahlung zusagte („erhält eine Weihnachtsgratifikation", „gewährt eine Tantieme", „nimmt am Bonusprogramm teil") oder die Voraussetzungen und Höhe der Leistung konkret und präzise formuliert, widersprüchlich und damit nach § 307 Abs. 1 S. 2 BGB unwirksam, da einerseits ein Entgeltanspruch begründet wird und andererseits zugleich bestimmt wird, dass ein Rechtsanspruch nicht bestehen soll (BAG NZA 2008, 40; 2008, 1173; 2009, 258). Auch die Kombination eines Freiwilligkeits- mit einem Widerrufsvorbehalt wurde vom BAG als intransparent und damit unwirksam beurteilt (BAG NZA 2008, 1173). So verblieb für den Freiwilligkeitsvorbehalt lediglich der Anwendungsbereich der Vermeidung einer betrieblichen Übung als allgemeiner vertraglicher Vorbehalt (vgl. hierzu aber nun Entscheidung BAG NZA 2012, 81, mit der der allgemeine vertragliche Freiwilligkeitsvorbehalt sein Ende gefunden hat, → Form. XIX.7 Anm. 17) oder konkret bei jeder Zahlung. Mit den Entscheidungen des BAG vom 18.1.2012 (10 AZR 667/10,

BeckRS 2012, 68196; 10 AZR 612/10, NZA 2012, 561) ist darüber hinaus auch die Unterscheidung zwischen laufendem Entgelt und Jahressonderzahlung fraglich geworden und nur noch zwischen „zusätzliche Vergütung" und „sonstige Zwecke" differenziert werden, so dass ggf. ohnehin alle im Synallagma stehenden Leistungen nicht mehr mit einem Freiwilligkeitsvorbehalt versehen werden könnten. Auch die Verwendung von Stichtags- und Rückzahlungsklauseln würde einen Freiwilligkeitsvorbehalt schon intransparent machen, soweit nicht klar ist, dass sie nur im Falle der tatsächlichen Gewährung gelten sollen, da diese generell von einem Anspruch ausgehen, der bedingt ist oder eben nachträglich entfällt (*Jensen* NZA-RR 2011, 225). Die oftmals personalpolitisch erforderliche verbindliche Zusage der Gratifikation (wie hier als Beispiel gewählt) hindert damit die Verwendung eines Freiwilligkeitsvorbehalts zur Entgeltflexibilisierung, unabhängig davon, ob es sich wie hier um eine nicht synallagmatische Sonderzuwendung oder eine Sonderzuwendung mit Vergütungscharakter handelt. Wenn aber keine feste vertragliche Zusage vorliegt und erforderlich ist und auch kein Widerrufsvorbehalt gewünscht ist, verbleibt die Lösung über einen bei jeder einfach ohne vertragliche Festlegung erfolgenden Zahlung konkret erklärten Freiwilligkeitsvorbehalt, zB auf der Lohnabrechnung oder bei Ankündigung der „einmaligen" Zahlung (→ Form. XIX.29a). Die einfache Zahlung in unterschiedlicher Höhe hindert die betriebliche Übung nach neuer Rechtsprechung nicht mehr. Ferner sollte eine doppelte Schriftformklausel (→ Form. XIX.6 § 12) im Arbeitsvertrag aufgenommen werden, die bis dato noch das Entstehen einer betrieblichen Übung hindert. Zu weiteren Flexibilisierungsmöglichkeit „Ermessensgratifikation", Gratifikation bei der das „ob", meist aber nur die Höhe der Gratifikation ins Ermessen des ArbG gestellt wird und damit der ArbG ein einseitiges, wenn auch gerichtlich überprüfbares Leistungsbestimmungsrecht behält, vgl. → Form. XIX.7 § 4 Abs. 3 und → Anm. 17).

7. **Steuern, Sozialversicherung.** Die Gratifikation ist grundsätzlich steuerpflichtiges Einkommen. Sie ist ferner Arbeitsentgelt iSd §§ 14 SGB IV (BAG NZA 1993, 848 = DB 1993, 1523 = BB 1992, 2512). Unter den Entgeltarten, die ausgenommen sind (§ 17 Abs. 1 SGB XIX iVm ArEV) kommen, abgesehen von Zuwendungen zu hohen Dienstjubiläen Beihilfeleistungen, nur geringfügige Beträge in Betracht. Vgl. ausführlich zu sozialversicherungsrechtlichen Behandlung *Küttner/Schlegel,* Personalhandbuch 2017, 154 Rn. 36 ff.).

8. **Pfändung, Insolvenz.** Gratifikationen sind nach Maßgabe der §§ 850a, 850d ZPO pfändbar (BAG AP BGB § 611 Gratifikation Nr. 21 mAnm *A. Hueck* = DB 1961, 647 und 712; Weihnachtsvergütungen sind nach § 850a Nr. 4 ZPO bis zur Hälfte des monatlichen Arbeitsentgelts unpfändbar, höchstens aber bis EUR 500,00 (BAG NZA 2016, 840); zur Aufrechnung gegen einen Rückzahlungsanspruch BAG NZA 2005, 655 und LAG Hessen NZA 1992, 840). In der Insolvenz des ArbG richtet sich die Einordnung der Gratifikation nach den Zeitabschnitten, für die sie geschuldet wird. Je nach Zeitpunkt der Bestellung eines vorläufigen Insolvenzverwalters bzw. der Eröffnung des Insolvenzverfahrens kann sie ganz oder teilweise Insolvenzforderung gem. §§ 108 Abs. 2, 38 InsO oder Masseverbindlichkeit gem. § 58 Abs. 2 InsO sein.

9. **Betriebsverfassung.** Das Mitbestimmungsrecht nach § 87 Abs. 1 Nr. 10 BetrVG greift nur ein, wo der ArbG mit einer Gruppe von ArbN Regelungen trifft. Mitbestimmungspflichtig ist nicht die konkrete Höhe, sondern die Festlegung abstrakter kollektiver Regelungen zur Verteilung von Einmalzahlungen. Dies gilt jedoch nicht für Einmalzahlungen, die freiwillige Leistungen sind, auf die kein Rechtsanspruch besteht (BAG DB 1982, 1276; aA *Küttner/Griese,* Personalhandbuch 2017, 154 Rn. 25). Über allgemeine Richtlinien zur Ausübung des Widerrufsrechtes hat der Betriebsrat mitzubestimmen, jedoch nicht für deren Anwendung im Einzelfall (BAG BB 1981, 789 und BAG AP BetrVG 1972 § 87 Lohngestaltung Nr. 12 = DB 1983, 237; BAG AP BetrVG 1972 § 77 Nr. 25, NZA 1988, 509 = DB 1988, 966 = BB 1988,

1257). Ein kollektiver, also mitbestimmungspflichtiger Tatbestand kann auch dann vorliegen, wenn nur wenige ArbN einen Anspruch auf die Sondervergütung erwerben, etwa wenn die Zahlungen nach Leistungsgesichtspunkten erfolgen (BAG AP BetrVG 1972 § 87 Lohngestaltung Nr. 105 = NZA 2000, 1066 = DB 2000, 2614). Angesichts zahlreicher Tarifverträge wird nur ein geringer Spielraum für an sich mögliche Betriebsvereinbarungen bleiben (Tarifvorbehalt § 77 Abs. 3 BetrVG; Fall einer nichtigen Betriebsvereinbarung über Treueprämien LAG Hamm BB 1989, 218; Betriebsvereinbarung beim Betriebsübergang BAG NZA 2002, 276 = BB 2002, 413). Für Gratifikationsregelungen in Betriebsvereinbarungen gelten die für einzelvertragliche Gratifikationen entwickelten Grundsätze (BAG AP BGB § 611 Gratifikation Nr. 63 mAnm *Gamillscheg* = DB 1967, 2032 und 1968, 315; Freiwilligkeitsvorbehalt in Betriebsvereinbarung verhindert deren Nachwirkung: BAG NZA 1995, 1010 = DB 1995, 1410 = BB 1995, 1643); zur Einwirkung von § 4b aF EFZG auch auf Betriebsvereinbarungen BAG AP BGB § 611 Gratifikation Nr. 221 = NZA 2000, 1062 = DB 2000, 1181). Zur Öffnungsklausel → Form. XIX.28 Anm. 10.

## 29a. Einmalige Bonuszahlung mit Freiwilligkeitsvorbehalt

***Einmalige Mitteilung/Ankündigung vor Auszahlung:***

**Sehr geehrter Herr/Frau . . . . .,**

**wir freuen uns, Ihnen mitteilen zu dürfen, dass die Geschäftsleitung aufgrund des großartigen Unternehmenserfolgs beschlossen hat, jeder/m Mitarbeiter/in für das Jahr 2018 einmalig einen Bonus in Höhe eines Bruttomonatsgehaltes unter folgenden Bedingungen auszuzahlen:**

**1. Quotierung**

**Mitarbeiter, deren Arbeitsverhältnis im Bezugsjahr vor dem 31.12. endet, erhalten für jeden vollen Monat der Beschäftigung ein Zwölftel des Bonus. Dies gilt auch für Mitarbeiter, die erst unterjährig in das Arbeitsverhältnis eingetreten sind.**

**2. Fehlzeiten**

**Zeiten im Kalenderjahr, in denen der Mitarbeiter wegen unbezahltem Urlaub, Krankheit oder aus sonstigen Gründen (ausgenommen Mutterschutzzeiten) tatsächlich nicht arbeitet, mindern die Gratifikation in der Weise, dass sie nur zu je einem Zwölftel pro vollem Monat tatsächlicher Arbeitsleistung einschließlich der Urlaubs- und Feiertage bezahlt wird; Bruchteile von Monaten werden zusammengerechnet.**

**3. Auszahlung**

**Der Bonus wird mit dem nächsten Gehalt ausbezahlt.**

**4. Freiwilligkeitsvorbehalt**

**Die Zahlung des Bonus erfolgt einmalig ohne dadurch einen Rechtsanspruch für die Zukunft zu begründen. Die Geschäftsleitung behält sich vor, jedes Jahr neu zu entscheiden, ob und in welcher Höhe ein Bonus gewährt wird.**

**Unterschrift Geschäftsleitung**

*Schrifttum:* → Form. XIX.29.

## Anmerkungen

**1. Inhalt.** Vgl. allgemein zu Sonderzuwendungen → Form. XIX.29. Der hier gewählte Bonus für den Beitrag zum Unternehmenserfolg ist eigentlich eine Sonderzahlung mit Mischcharakter und steht auch im Synallagma zur Arbeitsleistung, was durch die Kürzungsregelung bestätigt wird.

**2. Form und Wesen.** → Form. XIX.29.

**3. Bindungsklauseln (Stichtag- oder Rückzahlungsklauseln).** Eine Sonderzuwendung mit Entgeltcharakter und früher auch mit Mischcharakter kann nach Rechtsprechung des BAG (BAG NZA 2012, 561 und NZA 2012, 620), nicht mehr vom ungekündigten Zustand des Arbeitsverhältnisses zu einem Zeitpunkt innerhalb oder außerhalb des Bezugszeitraums abhängig gemacht werden. Insoweit hat das BAG seine frühere Rechtsprechung zu Sondervergütungen mit Mischcharakter (BAG NZA 2007, 687) aufgegeben. Möglich ist bis dato noch, eine im Synallagma stehende Sondervergütung wie einen Bonus, der auf ein Geschäftsergebnis bezogen ist, an das Bestehen des Arbeitsverhältnisses im Geschäftsjahr als Bezugsjahr anzuknüpfen (BAG AP BGB § 307 Nr. 43; BAG NZA 2014, 368). Für weitere Einzelheiten → Form. XIX.29.

**4. Kürzung, Fehlzeiten.** Bei Sondervergütung mit reinem Entgeltcharakter, zB 13. Monatsgehalt, ergibt sich eine Kürzung wegen Fehlzeiten ohne besondere Regelung, da sie wie laufende Arbeitsvergütung verdient, aber nur eben bis zur Sonderzahlung aufgespart wird. Sie entsteht aufgrund des Austauschverhältnisses ohnehin nur für Zeiten, in denen tatsächlich die Arbeitsleistung erbracht wurde oder ein gesetzlicher, tarifvertraglicher oder arbeitsvertraglicher Entgeltfortzahlungsanspruch besteht (ErfK/*Preis* BGB § 611a Rn. 541, *Schaub* ArbR-HdB 17. Aufl. § 78 Rn. 25.). Für Sondervergütungen, die rein die Betriebstreue belohnen, sind Fehlzeiten und erbrachte Arbeitsleistung ohne explizite Kürzungsabrede irrelevant, da allein auf den Bestand des Arbeitsverhältnisses abzustellen ist (ErfK/*Preis* § 611a Rn. 541 ff.). Bei Sondervergütung mit Mischcharakter müssen Kürzungen wegen Fehlzeiten – wenn gewünscht – ebenfalls ausdrücklich vereinbart werden. Dabei können Kürzungen sowohl für Zeiten mit als auch ohne gesetzliche Entgeltfortzahlung vereinbart werden. Allerdings ist für Fehlzeiten mit Entgeltfortzahlungsanspruch bei Sondervergütungen im Sinne von Leistungen, die der ArbG zusätzlich zum laufenden Entgelt erbringt, dann § 4a EFZG zu berücksichtigen (BAG AP EFZG § 4a Nr. 2 = NZA 2002, 1284; BAG NZA 1990, 601 = BB 1990, 1275; Fehlzeiten wegen krankheitsbedingter Arbeitsunfähigkeit bei eindeutiger Regelung BAG NZA 1995, 266 = DB 1995, 830 = BB 1995, 312; BAG NZA 1996, 133 = DB 1995, 1966; BAG BB 1998, 2367 – lang dauernde Arbeitsunfähigkeit; BAG DB 2001, 1675 = BB 2001, 1363 – Arbeitsunfähigkeit ohne Entgeltfortzahlungspflicht; LAG Schleswig-Holstein NZA-RR 1998, 409 = Begriff „Ruhen" im Tarifvertrag; LAG Düsseldorf BB 1998, 594 – lang dauernde Arbeitsunfähigkeit; LAG Düsseldorf BB 1999, 59 = Arbeitsunfähigkeit nach Arbeitsunfall). Es gibt aber keinen allgemeinen Rechtssatz, wonach der Anspruch auf eine tarifliche Sonderzahlung auf jeden Fall eine nicht ganz unerhebliche tatsächliche Arbeitsleistung im Bezugszeitraum voraussetzt (BAG NZA 1993, 130 = DB 1992, 2348 = BB 1993, 2218; vgl. auch BAG NZA 1993, 327 = DB 1993, 942 und BAG NZA 1993, 132 = DB 1993, 1092; gegen mancherlei Kritik bestätigt in BAG NZA 1994, 747 = DB 1994, 2035; voller Anspruch trotz dauernder Arbeitsunfähigkeit nach dem einschlägigen Tarifvertrag: BAG NZA 1993, 1042 = DB 1993, 2490; zum Tarifvertrag über ein 13. Monatseinkommen im Baugewerbe BAG NZA 1995, 899 = DB 1995, 1034; zum Tarifvertrag über Sonderzahlungen in der Niedersächsischen Metallindustrie BAG NZA 1996, 542 = DB 1996, 1041; zur anteiligen Zahlung bei vorzeitigem Ausscheiden LAG Düsseldorf und LAG München BB 1990, 1563, LAG Hamm NZA

1989, 470 = DB 1989, 1243; LAG Düsseldorf DB 1990, 2175). Krankheitsbedingte Fehlzeiten können auch dann anspruchsmindernd berücksichtigt werden, wenn die Krankheit im Zusammenhang mit einer Schwangerschaft steht (BAG NZA 1994, 233 = DB 1994, 2506 = BB 1994, 2418). Die Gewährung der Gratifikation kann davon abhängig gemacht werden, dass der ArbN sich zum Zeitpunkt der Gewährung im aktiven Beschäftigungsverhältnis befindet; deshalb kann die Inanspruchnahme von Elternzeit den Anspruch mindern oder ausschließen; Mutterschutzzeiten sind jedoch Beschäftigungszeiten gleichzustellen (EuGH AP EG-Vertrag Art. 119 Nr. 14 = NZA 1999, 1325 = DB 2000, 223; hierzu schon BAG NZA 1994, 423 = DB 1994, 2349; BAG NZA 1995, 1096 und 1098; zur Behandlung von Zeiten von Beschäftigungsverboten nach dem MuSchG BAG NZA 1995, 2427). Die Zeit der Teilnahme an einem Streik ist als Ruhen des Arbeitsverhältnisses anzusehen, die den Anspruch auf die Gratifikation mindert (BAG AP GG Art. 9 Arbeitskampf Nr. 156 = NZA 2000, 487 = DB 2000, 677). Nach § 4a EFZG darf das zulässige Maß der Anspruchsminderung – abweichend von den bisherigen Grundsätzen der Rechtsprechung – pro Krankheitstag nicht mehr betragen als ein Viertel des Arbeitsentgelts, das im Jahresdurchschnitt auf einen Arbeitstag entfällt. Ein Tarifvertrag kann ohne Verstoß gegen den Gleichheitssatz Zeiten einer Arbeitsunfähigkeit ohne Entgeltfortzahlung und Zeiten des Grundwehr- oder Zivildienstes, des Mutterschutzes und des Erziehungsurlaubes (Elternzeit) unterschiedlich berücksichtigen (BAG NZA 1995, 429 = DB 1995, 1338 = BB 1995, 100; BAG NZA 1995, 176 = BB 1995, 97; BAG AP BGB § 611 Gratifikation Nr. 175 = NZA 1996, 31; BAG NZA 1996, 996 = DB 1996, 2341).

5. **Freiwilligkeitsvorbehalt, betriebliche Übung.** Vor dem Hintergrund der Rechtsprechungsentwicklungen (→ Form. XIX.7, 29.) ist der Anwendungsbereich von Freiwilligkeitsvorbehalten stark eingeschränkt. Er kann und soll hier nur das Entstehen einer betrieblichen Übung bzw. einer individuell konkludenten Zusage bzgl. der ohne vertraglichen Grundlage erfolgten Bonuszahlung für die Zukunft bei mehrfacher Gewährung verhindern. Der Freiwilligkeitsvorbehalt kann zB auf der Lohnabrechnung oder wie hier im Ankündigungsschreiben enthalten sein. Ferner sollte eine doppelte Schriftformklausel (→ Form. XIX.6 § 12) im Arbeitsvertrag aufgenommen werden, die bis dato noch das Entstehen einer betrieblichen Übung hindert.

## 30. Anwesenheitsprämie durch zusätzlichen Urlaub

### § 1 Zusätzlicher Urlaub

**Zum pauschalen Ausgleich für besondere Leistungen in Zeiten von Personalausfällen in einem Kalenderjahr erhält der Mitarbeiter unbeschadet der Vergütung von Überstunden jeweils im folgenden Kalenderjahr 6 zusätzliche Urlaubstage.**

### § 2 Quotelung

**Mitarbeiter, deren Arbeitsverhältnis nicht während des ganzen Bezugsjahres bestand, erhalten für jeden vollen Monat der Betriebszugehörigkeit einen halben zusätzlichen Urlaubstag. Bruchteile eines Urlaubstages sind weder auf- noch abzurunden. Für Bruchteile von weniger als einem halben Tag kann jedoch nur Abgeltung verlangt werden.**

**§ 3 Übertragung, Abgeltung**

**Eine Übertragung des zusätzlichen Urlaubes auf das an das folgende Jahr im Sinne von § 1 anschließende Jahr ist nicht möglich. Wird der zusätzliche Urlaub, zB wegen Beendigung des Arbeitsverhältnisses, in dem folgenden Jahr im Sinne von § 1 nicht gewährt, so ist er mit Fälligkeit am 31.12. abzugelten.**

**§ 4 Vorgezogener Urlaub**

**Der Mitarbeiter kann die vorgezogene Erteilung des ihm gem. § 1 für das folgende Jahr zustehenden zusätzlichen Urlaubes im Zeitraum vom 22.12. bis zum 31.12. des laufenden Jahres in Natur verlangen.**

**§ 5 Anwendung des Bundesurlaubsgesetzes**

**Für die Berechnung des Urlaubsentgeltes gilt § 11 Abs. 1 BUrlG entsprechend. Im Übrigen sind die Vorschriften des BUrlG insoweit entsprechend anzuwenden, als die Regelungen dieser Vereinbarung nicht entgegenstehen.**

**§ 6 Wegfall des zusätzlichen Urlaubes**

**Der zusätzliche Urlaub wird für jeden Tag der Abwesenheit von der Arbeit (Fehltage), gleichgültig worauf dieser beruht (ausgenommen Mutterschutz), um einen Dritteltag gekürzt. Die Tage des Erholungsurlaubs, bis zu 5 Tage Abwesenheit wegen krankheitsbedingter Arbeitsunfähigkeit und bis zu 3 Tage entschuldigte Arbeitsverhinderung im Jahr zählen nicht als Fehltage. Unentschuldigtes Fernbleiben von der Arbeit führt zu einem vollständigen Verlust des zusätzlichen Urlaubs.**

*Schrifttum: Bienert,* Lohn für „Anwesenheit“? Zur Berechnung von Arbeitslosengeld bei Zahlung eines Anwesenheitsbonus, infoalso 2017, 110; *Blanke/Diederich,* Die Rehabilitierung der Anwesenheitsprämie AuR 1991, 321; *Franke,* Legitimation und Grenzen der Anwesenheitsprämie, DB 1981, 1669; *v. Friesen,* Mitbestimmung bei der Einführung und Ausgestaltung eines Prämiensystems im zentralen Schreibdienst, DB 1983, 1871; *Fuhlrott,* Update Mindestlohn: Rechtsprechungsübersicht 2016, ArbRAktuell 2017, 81; *Gaul,* Die Mitbestimmung des Betriebsrats bei der fehlzeitenorientierten Gewährung von Sonderleistungen, DB 1994, 1137; *Hanau/Vossen,* Die Kürzung von Jahressonderzahlungen aufgrund fehlender Arbeitsleistung, DB 1992, 213; *Heiden,* Neue Entwicklungen im Recht der Sonderzahlungen, RdA 2012, 225; *Reinartz,* Einige Fragen und Lösungsvorschläge zu § 4a EFZG, NZA 2015, 83; *Reinecke,* Neue Regeln für Sonderzahlungen, BB 2013, 437; *Salamon,* Bestandsabhängige Vergütungsgestaltung, NZA 2013, 590; *Tofall,* Zeiten ohne Arbeitsleistung und Jahressonderzahlungen, ZTR 1997, 446; → Form. XIX.29 Schrifttum und → Form. XIX.39 Schrifttum.

## Anmerkungen

**1. Inhalt.** Die klassische Anwesenheitsprämie ist eine Geldzahlung zur Honorierung der Anwesenheit am Arbeitsplatz und zur Vermeidung von Missbrauch der Entgeltfortzahlungsregelungen. Sie wird entweder laufend für jeden Arbeitstag oder als einmalige Zahlung für einen längeren Zeitraum geleistet. Ersteres spricht eher für einen Entgeltbestandteil, letztere Ausformung eher für eine nach § 4a EFZG kürzbare Sondervergütung als zusätzlich zum laufenden Arbeitsentgelt erbrachte Leistung Maßgebliches Abgrenzungskriterium ist aber nicht der Zahlungsturnus, sondern der mit der Prämie verfolgte Zweck. (ErfK/*Reinhard* EFZG § 4a Rn. 8). Nur wenn sie nicht als Gegenleistung für erbrachte Arbeitsleistung gedacht ist, sondern einen weitergehende Leistung ist, liegt eine Sondervergütung iSv § 4a EFZG vor (*Schaub* ArbR-HdB 17. Aufl. § 79 Rn. 6). Von der Rechtsprechung nicht abschließend geklärt ist, ob die hier gewählte Gewährung von übergesetzlichen Urlaubsansprüchen eine Sondervergütung iSv § 4a EFZG darstellt (bejahend LAG Rheinlandpfalz BeckRS 2012, 68203 mit dem Verweis auf die EuGH-Rechtsprechung, die im zweigeteilten Urlaubsanspruch wegen des Urlaubsentgelt auch eine geldwerte Leistung sieht, offen gelassen BAG AP BUrlG § 7 Nr. 70 = NZA-RR 2014, 234). Die obige Vereinbarung geht von der praktischen Erfahrung aus, dass gelegentliche, vorübergehende Personalausfälle, gleichgültig worauf sie beruhen mögen, für die anwesenden ArbN einen erhöhten Arbeitsanfall mit sich bringen, den sie innerhalb der normalen Arbeitszeit durch gesteigerte Leistung bewältigen. Da zwangsläufig ArbN, die weniger Fehltage aufweisen, häufiger derart belastet werden, soll ein Ausgleich grundsätzlich durch mehr bezahlte Freizeit geschaffen werden. Die Vereinbarung enthält keine Rückzahlungsklausel (→ Anm. 4) und auch keinen Widerrufsvorbehalt (→ Anm. 5). Sie ist wirtschaftlich eine Anwesenheitsprämie. Der Text kann auch für die Vereinbarung einer Anwesenheitsprämie in Gestalt einer Geldleistung verwendet werden, wobei an die Stelle der zusätzlichen Urlaubstage ein Geldbetrag tritt, der auf das Ende des Kalenderjahres fällig gestellt werden kann. Bei der Anwendung der Kürzungsklausel (§ 7) müsste im Einzelfall die Grenze des § 4a EFZG beachtet werden, soweit es sich um krankheitsbedingte Fehlzeiten handelt (zur Berechnung im Einzelnen *Schaub* ArbR-HdB 17. Aufl. § 79 Rn. 10 ff.; BAG DB 2001, 2608 und BAG BB 2002, 2288). Nach LAG Bremen, ArbRAktuell 2017, 370 bzw. LAG Mecklenburg-Vorpommern, NZA-RR 2017, 140 (Revision anhängig) ist eine Anwesenheitsprämie auf den gesetzlichen Mindestlohn anrechenbar. Bei der Gewährung der Anwesenheitsprämie ist der ArbG an den Gleichbehandlungsgrundsatz und die Diskriminierungsverbote des AGG gebunden (*Küttner/Griese,* Personalbuch 2017, 19 Rn. 4).

**2. Zulässigkeit.** Die sogenannte Anwesenheitsprämie, die wegen Fehlzeiten des ArbN gekürzt werden oder ganz wegfallen kann, wurde lange als unzulässig beurteilt. Insbesondere wurde eingewandt, sie habe die Funktion, den ArbN zu veranlassen, den ihm zustehenden sozialen Schutz (zB EFZG, MuSchG) nicht in Anspruch zu nehmen, weshalb die Bindung an die Anwesenheit im Betrieb unzulässig sei (vor allem *Fenn* in einer Anm. zu BAG EzA § 611, 72 Gratifikation, Prämie; kritisch und differenzierend *Franke* DB 1981, 1669). Der 5. Senat des BAG hat später alle Anwesenheitsprämien dem lohnfortzahlungspflichtigen Entgelt zugerechnet und kam so zu dem Ergebnis, dass Fehltage dann die Anwesenheitsprämie kürzen können, wenn für sie kein Lohnfortzahlungsanspruch bestand, etwa weil es sich um Krankentage über sechs Wochen hinaus handelte (BAG NZA 1985, 89 = DB 1984, 2410 = BB 1984, 2132; vgl. die eingehende Anm. von *Meisel* zu dieser Entscheidung in AP BGB § 611 Anwesenheitsprämie Nr. 14). Schließlich hat der 6. Senat des BAG, ausdrücklich von der Rechtsprechung des 5. Senates abweichend, grundsätzlich entschieden, dass eine vertragliche Vereinbarung, nach der eine vom Arbeitgeber freiwillig gewährte Gratifikation durch Krankfeierzeiten und Fehlzeiten gemindert werden kann, nicht rechtsunwirksam ist (BAG AP BGB § 611 Anwesenheitsprämie Nr. 15 = NZA 1990, 601 = DB 1990, 1416 = BB 1990, 1275; BAG NZA 1991, 689). Das gilt auch insoweit, als Fehlzeiten berücksichtigt werden, für die der Arbeitgeber Lohn- und Gehaltsfortzahlung zu leisten hat. Der 10. Senat des BAG hat sich ausdrücklich der Rechtsprechung des 6. Senates angeschlossen und bestätigt, dass eine Regelung zulässig ist, nach der auch krankheitsbedingte Fehlzeiten mit einem Anspruch auf Lohnfortzahlung zur Kürzung einer freiwilligen Sonderzahlung führen; eine solche Regelung stelle auch keinen Verstoß gegen das Maßregelungsverbot in § 612a BGB dar (BAG NZA 1995, 266 = DB 1995, 830 = BB 1995, 312). Auch krankheitsbedingte Fehlzeiten, die im Zusammenhang mit einer Schwangerschaft stehen, können anspruchsmindernd berücksichtigt werden (BAG NZA 1995, 233 = DB 1994, 2506 = BB 1994, 2418). Im Falle einer tariflichen Regelung wurde auch die Kürzung einer Zuwendung durch Zeiten des Grundwehr- oder Zivildienstes, des Mutterschutzes und des Erziehungsurlaubs zugelassen (BAG NZA 1995, 429 = DB 1995, 1338 = BB 1995, 100; zur Differenzierung zwischen Arbeitern und Angestellten BAG NZA 1996, 133 = DB 1995, 1966 und BAG NZA 1996, 531 = DB 1996, 2342 = BB 1996, 1383; zur Kürzung wegen Teilnahme an einem Streik LAG Nürnberg NZA 1996, 784). Durch § 4b EFZG (aF, jetzt § 4a) wurde erstmals eine gesetzliche Regelung über die Zulässigkeit von Anwesenheitsprämien geschaffen.

**3. Kürzungsmöglichkeit.** Das zulässige Maß der Kürzung wird bei Sondervergütungen iSv § 4a EFZG, die nach ihrem Zweck nicht als Gegenleistung für erbrachte Arbeitsleistungen zu sehen sind und damit nicht zum Arbeitsentgelt gehören, dahingehend begrenzt, dass pro Fehltag infolge Arbeitsunfähigkeit wegen Krankheit ein Betrag von nicht mehr als einem Viertel des Arbeitsentgelts, das im Jahresdurchschnitt auf einen Arbeitstag entfällt, gekürzt werden darf. Dies gilt auch für quartalsweise gezahlte Anwesenheitsprämien, die nicht schon wegen eines krankheitsbedingten Fehltags gestrichen werden dürfen, sondern vielmehr anteilig gekürzt ausgezahlt werden müssen (BAG AP EFZG § 4a Nr. 1 = BB 2001, 2608). Auf die Krankheitsursache kommt es nicht an, so dass auch für Arbeitsunfähigkeit infolge Arbeitsunfalls (BAG AP BGB § 611 Gratifikationen Nr. 221 = NJW 2000, 3155 = BB 2000, 1144) oder schwangerschaftsbedingte Krankheit (BAG NZA 1995, 233) eine anteilige Kürzung erfolgen kann. Gleiches gilt aufgrund der Verweisung in § 9 EFZG für Vorsorge- und Rehabilitationsmaßnahmen. Für sonstige Fehlzeiten ist § 4a EFZG nicht entsprechend anwendbar (ErfK/*Reinhard* EFZG § 4a Rn. 9). Hier dürften die Grundsätze der früheren Rechtsprechung (BAG AP BGB § 611 Gratifikationen Nr. 156) weiterhin Geltung haben, dh die Kürzung um $^{1}/_{60}$ pro Fehltag im Einzelvertrag (BAG AP BGB § 611 Anwesenheitsprämie Nr. 15 = BB 1990, 1275 = NZA 1990, 601) bzw. um $^{1}/_{30}$ bei Vereinbarung durch Betriebsvereinbarung (BAG AP BGB § 611 Anwesenheitsprämie Nr. 18 = BB 1995, 312 = NZA 1995, 266). Sie dürften insoweit auch keine unangemessene Benachteiligung im Sinne des § 307 BGB bei formularmäßiger Kürzungsklausel darstellen. Streitig ist aber weiterhin, ob Kürzungen für Zeiten des Mutterschutzes erlaubt sind (bejahend BAG AP BGB § 611 Gratifikation Nr. 182 = NZA 1995, 1165 unter Aufgabe der früheren Rspr.; aA ErfK/*Reinhard* EFZG § 4a Rn. 9 mit Verweis auf frühere Rspr., *Schaub* ArbR-HdB 17. Aufl. § 79 Rn. 9). Da die neuere Rechtsprechung des BAG aber wegen des europarechtlichen Diskriminierungsverbots problematisch sein dürfte, wird im Formular der Mutterschutz als nachteilige Fehlzeit ausgenommen. Das vollständige Wegfallen der Anwesenheitsprämie aufgrund unentschuldigten Fehlens ist zwar im Verhältnis zu den oben genannten Grundsätzen überproportional, wird aber als zulässig angesehen (BAG AP GG Art. 9 Arbeitskampf Nr. 140 = NJW 1996, 1844 für Streikteilnahme; *Küttner/Griese,* Personalbuch 2017, 19 Rn. 9).

Das hier gewählte Beispiel einer Anwesenheitsprämie durch zusätzlichen Urlaub dürfte einer Betrachtung unter Gesichtspunkten der Lohn- und Gehaltsfortzahlung entzogen sein, weil Urlaub jedenfalls nach der Rspr. des BAG nicht Gegenleistung für erbrachte Arbeit ist (BAG AP BUrlG § 3 Rechtsmissbrauch Nr. 11 mAnm *Boldt* = NJW 1982, 1548 insbes. II 2b aa d. Gr.) und die unabdingbaren Regelungen des BUrlG nur für den gesetzlichen Urlaubsanspruch gelten. Das BAG hat eine tarifliche Regelung über zusätzlichen Urlaub mit der Möglichkeit einer Kürzung bei Fehltagen zugelassen, solange der gesetzliche Mindesturlaubsanspruch bestehen blieb (BAG AP TVG § 1 Tarifverträge: Fleischerhandwerk Nr. 1 = NZA 2000, 157 = DB 1999, 2575). Im Übrigen können die zur Kürzung wegen Fehlzeiten bei Gratifikationen ergangenen Entscheidungen herangezogen werden (→ Form. XIX.29a → Anm. 4). Dennoch bleibt hier mangels gesetzlicher Regelung wie bei Geldprämien (§ 4a EFZG) und mangels gesicherter Rechtsprechung (→ Anm. 1) ein Risiko im Hinblick auf das hier vorgesehene Ausmaß der Kürzung von $^{1}/_{3}$ je Fehltag. Nach der

Schuldrechtsreform findet auf vorformulierte Klauseln, wie hier der Kürzungsregelung in § 7, das AGB-Recht Anwendung. Bei einer von einem Gericht als zu hoch angesehenen Kürzungsquote, würde diese nicht mehr vom Gericht wie früher modifiziert und auf das zulässige Maß zurückgeführt werden, sondern die Klausel aufgrund des Verbots der geltungserhaltenden Reduktion insgesamt für unwirksam erklärt werden. Die Kürzung des Zusatzurlaubs wäre nicht möglich. Im Hinblick auf die Praxisrelevanz wurde dennoch an dieser Ausgestaltung der Anwesenheitsprämie festgehalten.

4. **Rückzahlungsklausel.** Für eine etwaige Rückzahlungsklausel, die bezüglich eines zu vereinbarenden wirtschaftlichen Äquivalentes für in Natur gewährten Urlaub nicht ausgeschlossen, insbesondere aber bezügl. bezahlter Abgeltung denkbar ist, gelten die für Rückzahlungsklauseln bei Gratifikationen entwickelten Grundsätze (vgl. BAG AP BGB § 611 Gratifikation Nr. 106 = DB 1981, 1419; → Form. XIX.29 Anm. 5, 18 und → Anm. 3, 4).

5. **Widerrufsvorbehalt.** Die Anwesenheitsprämie kann auch unter dem Vorbehalt des Widerrufs zugesagt werden, um eine Flexibilisierung des ArbG zu erreichen. Hierbei sind jedoch die genauen Vorgaben der Rechtsprechung zum Widerrufsvorbehalt zu beachten (Vgl. XIX. 19 → Anm. 3).

6. **Arbeitsverhinderung.** → Form. XIX.42.

7. **Unabdingbarkeit nach § 13 BUrlG.** Da es sich um zusätzlichen, dh über der Höhe des gesetzlichen Mindestanspruches liegenden Urlaub handelt, bestehen gegen eine vertragliche Ausgestaltung, die von den Vorschriften des BUrlG abweicht, keine Bedenken (BAG AP BUrlG § 13 Unabdingbarkeit Nr. 5 = NJW 1979, 566 in 2 d. Gr.).

8. **Betriebsverfassung.** Bei Einzelabreden bestehen keine Beteiligungsrechte. Eine generelle Regelung unterliegt nur dann der Mitbestimmung, wenn man sie als Entgelt- oder Prämienregelung iSv § 87 Abs. 1 Nr. 10, 11 BetrVG ansieht (hierzu vgl. BAG AP BetrVG 1972 § 87 Nr. 2 = DB 1979, 2186, auch zum Tarifvorbehalt; eingeschränkte Mitbestimmung bei freiwilligen Prämien: BAG AP BetrVG 1972 § 87 Prämie Nr. 1 mAnm *Hilger* = BB 1982, 2106 mAnm *Gaul;* BAG DB 1983, 2470). Die vorliegende Vereinbarung ist als echte Gewährung von Zusatzurlaub konzipiert. Dass sie überobligationsmäßige Leistungen ausgleichen soll, ändert weder den Charakter als Urlaubsregelung noch führt dies zur Beurteilung als leistungsbezogenes Entgelt iSv § 87 Abs. 1 Nr. 11 BetrVG (hierzu BAG NZA 1984, 296 = DB 1984, 2145 = BB 1984, 2128). Wird über die zeitliche Lage des zusätzlichen Urlaubes kein Einvernehmen erzielt, kommt eine Mitbestimmung nach § 87 Abs. 1 Nr. 5 BetrVG in Frage.

## 31. Aufhebungsvertrag

**Zwischen[1, 2, 3, 4, 20]**
**..... (Name und Anschrift des Arbeitgebers) (im Folgenden „Gesellschaft" genannt)**
**und**
**Herrn/Frau ..... (Name und Anschrift des Arbeitnehmers) (im Folgenden „Mitarbeiter" genannt)**
**wird folgender Aufhebungsvertrag geschlossen:**

§ 1 Beendigung des Arbeitsverhältnisses, Abrechnung

(1) Das zwischen der Gesellschaft und dem Mitarbeiter bestehende Arbeitsverhältnis wird auf Veranlassung der Gesellschaft durch diesen Aufhebungsvertrag einvernehmlich mit Wirkung zum . . . . . beendet („Beendigungszeitpunkt“).[5] (*Optional: Anlass für die einvernehmliche Aufhebung des Arbeitsverhältnisses sind die von der Gesellschaft dargelegten betriebsbedingten Gründe.*)[6]

(2) Das Arbeitsverhältnis wird bis zum vereinbarten Beendigungszeitpunkt auf der Grundlage des vertraglich vereinbarten Grundgehaltes in Höhe von EUR . . . . . brutto abgerechnet und die sich ergebenden Nettobeträge an den Mitarbeiter ausgezahlt.

(3) Die Parteien sind sich darüber einig, dass darüber hinaus keine weiteren Vergütungsansprüche und keine Ansprüche auf sonstige Leistungen wie etwaige Boni, Provisionen oder Gratifikationen des Mitarbeiters gegen die Gesellschaft bestehen.

*(Alternative zu Abs. (3) für den Fall einer Bonuszahlung:*

*(3) Der Mitarbeiter erhält einen anteiligen Bonus aus. . . . .in Höhe von EUR. . . . . brutto. Der Bonusanspruch ist zum Beendigungszeitpunkt fällig. Die Parteien sind sich darüber einig, dass darüber hinaus keine weiteren Bonusansprüche sowie keine Ansprüche auf sonstige Leistungen, wie etwaige Provisionen oder Gratifikationen des Mitarbeiters gegen die Gesellschaft bestehen.)*[7]

§ 2 Abfindung[11, 12]

(1) Die Gesellschaft zahlt an den Mitarbeiter als sozialen Ausgleich für den Verlust seines Arbeitsplatzes und die damit verbundenen Nachteile gemäß §§ 9, 10 KSchG eine Abfindung in Höhe von Euro . . . . . brutto.[8]

(2) Der Abfindungsanspruch entsteht mit Abschluss dieses Aufhebungsvertrags und ist zum Beendigungszeitpunkt zur Zahlung fällig.[9] Der Anspruch auf die Abfindung besteht auch dann, wenn das Arbeitsverhältnis vor dem in § 1 genannten Zeitpunkt enden sollte; er ist ferner vererblich.[10]

*(Alternative zu Abs. (1) für den Fall einer Sozialplanabfindung*

*(1) Die Gesellschaft zahlt an den Mitarbeiter als sozialen Ausgleich für den Verlust seines Arbeitsplatzes und die damit verbundenen Nachteile gemäß §§ 9, 10 KSchG eine soziale Abfindung in Höhe von Euro. . . . .brutto. Auf diesen Abfindungsanspruch wird die Abfindung angerechnet, die dem Mitarbeiter aus dem zwischen der Gesellschaft und dem Betriebsrat des Betriebs. . . . .am. . . . .geschlossenen Sozialplan zusteht.)*

§ 3 Urlaub/Freistellung

(1) Dem Mitarbeiter stehen für die Zeit bis zur Beendigung des Arbeitsverhältnisses noch . . . . . Arbeitstage Urlaub zu, der für die Zeit vom . . . . . bis . . . . . erteilt wird. Zwischen der Gesellschaft und dem Mitarbeiter besteht Einverständnis darüber, dass tatsächliche Voraussetzungen für weitere Urlaubs- oder Urlaubsabgeltungsansprüche nicht bestehen.

*(Alternative zu Abs. (1) bei unwiderruflicher Freistellung mit Urlaubsgewährung*

*(1) Die Gesellschaft stellt den Mitarbeiter vom Zeitpunkt des Abschlusses dieses Aufhebungsvertrags bis zum Beendigungszeitpunkt unter Fortzahlung der vertraglichen Vergütung von jeglicher weiteren Tätigkeit unwiderruflich frei. Die Freistellung erfolgt unter Anrechnung auf sämtliche etwaige bestehende oder noch entstehende Urlaubs- und Freizeitausgleichsansprüche des Mitarbeiters. § 615 S. 2 BGB findet für die Zeit der Freistellung entsprechend Anwendung.)*[13]

*(Alternative zu Abs. (1) bei widerruflicher Freistellung mit vorheriger Urlaubsgewährung*

*(1) Dem Mitarbeiter stehen für die Zeit bis zur Beendigung des Arbeitsverhältnisses noch. . . . .Arbeitstage Urlaub zu, der für die Zeit vom. . . . .bis. . . . .erteilt wird.*

*Anschließend stellt die Gesellschaft den Mitarbeiter bis zum Beendigungszeitpunkt unter Fortzahlung der vertraglichen Vergütung von jeglicher weiteren Tätigkeit widerruflich frei. § 615 S. 2 BGB findet für die Zeit der Freistellung entsprechend Anwendung.)*[14]

(2) Der gesamte noch bestehende oder entstehende Urlaub wurde bis zum Beendigungszeitpunkt in natura gewährt und genommen.

(3) Das vertragliche Wettbewerbsverbot gilt für die Zeit der Freistellung unverändert fort.[15]

§ 4 Arbeitszeugnis/Arbeitspapiere

(1) Die Gesellschaft erteilt dem Mitarbeiter zum Beendigungszeitpunkt ein wohlwollendes qualifiziertes Endzeugnis, welches alle wesentlichen Aufgaben- und Tätigkeitsfelder des Mitarbeiters enthält.

(2) Die Gesellschaft händigt dem Mitarbeiter zum Beendigungszeitpunkt die Arbeitspapiere aus.

§ 5 Herausgabe von Betriebsmitteln[16]

(1) Der Mitarbeiter wird sämtliche ihm von der Gesellschaft zur Ausübung seiner Tätigkeit überlassenen Gegenstände, insbesondere ..... (*zB Firmenfahrzeug, Berechtigungskarten, Schlüssel, Mobiltelefon, Laptop*), spätestens zum Beendigungszeitpunkt (*Alternative: zum Beginn des Freistellungszeitraums*) vollständig und unbeschädigt an die Gesellschaft zurückgeben.

(2) Des Weiteren wird der Mitarbeiter sämtliche sich in seinem Besitz befindlichen Unterlagen, insbesondere Korrespondenz, Notizen, Protokolle, Kundenlisten, Akten und andere ähnliche Dokumente, die im Eigentum der Gesellschaft stehen oder die die Gesellschaft betreffen, spätestens zum Beendigungszeitpunkt (*Alternative: zum Beginn des Freistellungszeitraums*) vollständig an die Gesellschaft zurückgeben. Dem Mitarbeiter ist es nicht gestattet, Kopien oder sonstige Reproduktionen der Unterlagen zu behalten. Die vorstehende Regelung gilt entsprechend für elektronisch gespeicherte Daten. Nach Rückgabe der Daten ist der Mitarbeiter verpflichtet, diese elektronischen Unterlagen auf privaten Datenträgern zu löschen.

(3) Ein Zurückbehaltungsrecht steht dem Mitarbeiter nicht zu.

§ 6 Geheimhaltung[17]

(1) Der Mitarbeiter verpflichtet sich, auch nach der Beendigung des Arbeitsverhältnisses Verschwiegenheit über alle ihm während seiner Tätigkeit bekanntgewordenen betriebsinternen und vertraulichen Angelegenheiten der Gesellschaft, insbesondere über Geschäftsgeheimnisse, zu bewahren. Der Mitarbeiter ist auch zur Geheimhaltung solcher Tatsachen verpflichtet, die ihm von der Gesellschaft ausdrücklich als vertraulich bekannt gegeben worden sind oder deren Geheimhaltungsbedürftigkeit sonst für ihn erkennbar ist. Etwaige nachwirkende Pflichten aus dem Arbeitsvertrag gelten ergänzend fort.

(2) Die Geheimhaltungspflicht erstreckt sich auch auf den finanziellen Inhalt dieses Aufhebungsvertrags, es sei denn, der Mitarbeiter ist gesetzlich zu dieser Auskunft verpflichtet oder die Auskunft ist aus steuerlichen oder sozialversicherungsrechtlichen Gründen gegenüber Behörden oder zur Wahrung von Rechtsansprüchen gegenüber Gerichten erforderlich.

§ 7 Ausgleich aller Ansprüche[18]

Mit Unterzeichnung dieses Aufhebungsvertrags sind alle wechselseitigen Ansprüche der Parteien aus und im Zusammenhang mit dem Arbeitsverhältnis und anlässlich seiner Beendigung, gleichgültig auf welchem Rechtsgrund sie im Einzelnen beruhen mögen, ob bekannt oder unbekannt und unabhängig vom Zeitpunkt des Entstehens (*optional: – mit Ausnahme von Ansprüchen auf den gesetzlichen Mindestlohn –*) vollständig abgegolten und erledigt. (*Optional: Ausgenommen hiervon sind Ansprüche der Gesellschaft/des Mitarbeiters auf. . . . .*).

§ 8 Belehrung[19]

(1) Der Mitarbeiter wurde darauf hingewiesen, dass Auskünfte über mögliche sozialversicherungs- und steuerrechtliche Auswirkungen dieses Aufhebungsvertrags durch die Sozialversicherungsträger sowie das Finanzamt erteilt werden. Der Mitarbeiter erklärt, dass er hinreichend Gelegenheit hatte, sich hierüber zu informieren. Er verzichtet insoweit auf weitere Hinweise der Gesellschaft.
(2) Die Gesellschaft weist den Mitarbeiter auch darauf hin, dass er sich spätestens drei Monate vor dem Beendigungszeitpunkt bei der zuständigen Agentur für Arbeit zu melden sowie Eigenaktivitäten bei der Suche nach einer anderen Beschäftigung zu entfalten hat, um Rechtsnachteile beim Bezug von Arbeitslosengeld zu vermeiden. Liegen zwischen dem Abschluss dieses Aufhebungsvertrags und dem Beendigungszeitpunkt weniger als drei Monate, muss sich der Mitarbeiter innerhalb von drei Tagen nach der Kenntnis vom Beendigungszeitpunkt bei der zuständigen Agentur für Arbeit melden. Weitere Auskünfte hierzu erteilt die zuständige Agentur für Arbeit.

§ 9 Schlussbestimmungen

(1) Mündliche Nebenabreden bestehen nicht. Änderungen und Ergänzungen dieses Aufhebungsvertrags bedürfen zu ihrer Wirksamkeit der Schriftform. Dies gilt auch für die Aufhebung und Änderung dieser Schriftformklausel. Der Vorrang von individuellen mündlichen Vertragsabreden zwischen den Parteien nach Vertragsschluss (§ 305b BGB) bleibt unberührt.
(2) Sind einzelne Bestimmungen dieses Aufhebungsvertrags ganz oder teilweise unwirksam, so berührt dies nicht die Wirksamkeit der übrigen Regelungen des Aufhebungsvertrags. Die Parteien werden in einem solchen Fall eine neue Regelung treffen, durch die ein der unwirksamen Bestimmung möglichst nahekommender wirtschaftlicher Erfolg rechtswirksam erzielt wird.

. . . . . (Ort), den . . . . .

| | |
|---|---|
| . . . . . | . . . . . |
| Unterschrift der Gesellschaft | Unterschrift des Mitarbeiters |

*Schrifttum: (Auswahl neuerer Aufsätze)*: *Baeck/Hopfner,* Schlüssige Aufhebungsverträge mit Organmitgliedern auch nach Inkrafttreten des § 623 BGB, DB 2000, 1914; *Bauer*, Keine Begünstigung eines Betriebsratsmitglieds durch einen Aufhebungsvertrag, ArbRAktuell 2018, 201; *Bauer/Arnold/Zeh*, Widerruf von Arbeits- und Aufhebungsverträgen – Wirklich alles neu?, NZA 2016, 449; *Bahnmüller/Wörz*, Nachträgliche Zahlungen aus einem beendeten Arbeitsverhältnis und Abfindungszahlungen, NWB 2016, 3315; *Bauer/Krieger,* Das Ende der außergerichtlichen Beilegung von Kündigungsstreitigkeiten?, NZA 2004, 640; *von Bernuth*, Aufhebungsverträge – aktuelle Rechtsprechung, BB 2017, 825; *Besgen/Velten,* Der Rücktritt vom Aufhebungsvertrag in der Insolvenz, NZA-RR 2010, 561; *Böhm,* Aus für die Ausgleichsquittung/Ausgleichsklausel?, NZA 2008, 919; *Caspers,* Rechtsfolgen des Formverstoßes bei § 623 BGB, RdA 2001, 28; *Eckert*, Sozialversicherungsrechtliche Fragen bei Beendigung des Arbeitsverhältnisses (insbesondere Sperrzeit), BC 2007, 120; *Fuhlrott*, Geänderte Dienstanweisung der Agentur für Arbeit – Sperrzeitneutrale Aufhebungsverträge, NZA 2017, 225; *ders.*, Gestaltung von Abwicklungsverträgen – Aktuelle Rechtsprechungsvorgaben, GWR 2016, 177; *Ganz*, Die Freistellung des Arbeitnehmers in der Kündigungsfrist – zu Risiken und Nebenwirkungen, ArbRAktuell 2015, 240; *Gaul/Niklas*, Neue Grundsätze zur Sperrzeit bei Aufhebungsvertrag, Abwicklungsvereinbarung und gerichtlichem Vergleich, NZA 2008, 137; *Geserich*, Die ermäßigte Besteuerung von Entlassungsentschädigungen, DB 2016, 1953; *Juli*, Aufhebungsverträge ohne Sperrzeit, ArbRAktuell 2017, 237; *Kleinebrink*, Grundsätze der inhaltlichen Gestaltung außergerichtlicher Aufhebungsverträge, ArbRB 2008, 121; *Lingemann*, Allgemeine Geschäftsbedingungen und Arbeitsvertrag, NZA 2002, 181; *Lingemann/Chakrabarti*, Ein Ende, das keines ist – Beseitigung von Aufhebungsverträgen, NJW 2019, 2445; *Lingemann/Groneberg*, Der Aufhebungsvertrag, NJW 2010, 3496 und 3624; *Niklas/Köhler*, Vermeidung von Problemen bei Massenentlassungsanzeigen, NZA 2010, 913; *Schiefer*, Beendigung des Arbeitsverhältnisses – aktuelle Entwicklungen, DB 2000, 669; *Schleusener*, Zur Widerrufsmöglichkeit von arbeitsrechtlichen Aufhebungsverträgen nach § 312 BGB, NZA 2002, 949; *Schönhöft*, Sozial- und steuerrechtliche Behandlung von (nachträglichen) Entgeltzahlungen aus einem beendeten Arbeitsverhältnis, BB 2016, 1397; *Schulze/Kittel/Pfeffer*, Widerrufsrecht des Arbeitnehmers bei Auflösungsvereinbarungen, ArbRAktuell 2017, 105; *Willemsen*, Aufhebungsverträge bei Betriebsübergang – ein „Erfurter Roulette"?, NZA 2013, 242 → Form. XIX. 45 Schrifttum.

## Anmerkungen

**1. Wesen,** Form. Ein Arbeitsverhältnis kann grundsätzlich zu jedem Zeitpunkt auf der Grundlage einer Aufhebungsvereinbarung ohne Rücksicht auf Kündigungsfristen oder etwaige Sonderschutzbestimmungen einvernehmlich beendet werden. Die einvernehmliche Beendigung des Arbeitsverhältnisses im Wege eines Aufhebungsvertrags bedarf der Schriftform (§ 623 BGB). Das Formerfordernis erstreckt sich dabei auf alle Abreden, die in einem Aufhebungsvertrag zwischen den Parteien getroffen werden sollen. Wird das Schriftformerfordernis nicht gewahrt, so ist der Aufhebungsvertrag gemäß § 125 BGB nichtig und beendet das Arbeitsverhältnis nicht. Soll ein außergerichtlich vereinbarter Vergleich noch gerichtlich protokolliert werden, ist in der Regel anzunehmen, dass der Vergleich, der einen Aufhebungs- oder Abwicklungsvertrag enthält, erst mit der Protokollierung abgeschlossen ist (BAG NZA 1997, 789). Ein gerichtlicher Vergleich nach § 278 Abs. 6 ZPO wahrt das Schriftformerfordernis, denn § 127a BGB ist hierauf entsprechend anzuwenden (BAG NZA 2007, 466). Auf den sog. Abwicklungsvertrag, der sich in tatsächlicher Hinsicht von einem Aufhebungsvertrag dadurch unterscheidet, dass zunächst der ArbG eine fristgerechte Kündigung ausspricht und anschließend mit dem Abwicklungsvertrag die Abwicklung des Arbeitsverhältnisses geregelt wird, findet das Schriftformerfordernis nach § 623 BGB hingegen keine Anwendung (BAG NZA 2007, 466; BAG NZA 2006, 48; zur sozialversicherungsrechtlichen Behandlung BSG NZA 2004, 661). Anders als der Aufhebungsvertrag löst der Abwicklungsvertrag das Arbeitsverhältnis nicht auf. Die Beendigung des Arbeitsverhältnisses wird in diesem Fall durch die ausgesprochene Kündigung ausgelöst. Vor diesem Hintergrund findet das Schriftformerfordernis auf Abwicklungsverträge ausnahmsweise Anwendung, wenn erst der Abwicklungsvertrag die Auflösung des Arbeitsverhältnisses herbeiführt. Davon ist auszugehen, wenn die Kündigung unwirksam ist oder jedenfalls die Beendigung des Arbeitsverhältnisses nicht zu dem darin vorgesehenen Termin bewirken kann (BAG AP InsO § 113 Nr. 23; ErfK/*Müller-Glöge*, BGB, § 623 Rn. 8). Wird dem ArbN im Abwicklungsvertrag jedoch das Recht eingeräumt, das Arbeitsverhältnis durch einseitige Erklärung vorzeitig zu beenden, so bedarf diese Vereinbarung der Schriftform nach § 623 BGB (BAG NZA 2016, 361). Auch der vom ArbN nach Kündigungsausspruch erklärte Verzicht auf Erhebung einer Kündigungsschutzklage kann dem Schriftformerfordernis nach § 623 BGB unterliegen, wenn der Klageverzicht gemeinsam mit der zuvor ausgesprochenen Kündigung als Aufhebungsvertrag anzusehen ist. Dies ist jedoch nur dann der Fall, wenn der Klageverzicht in einem unmittelbaren zeitlichen und sachlichen Zusammenhang mit einer Kündigung steht und damit ein einheitliches Rechtsgeschäft zur Auflösung des Arbeitsverhältnisses bildet (BAG NZA 2015, 350; BAG NZA 2007, 1227; ErfK/*Müller-Glöge,* BGB, § 623 Rn. 8). Wo die (einseitige) Kündigung eine behördliche Genehmigung voraussetzt, wie bei Schwangeren und Schwerbehinderten, bedarf der (zweiseitige) Aufhebungsvertrag einer solchen Genehmigung grundsätzlich nicht. Etwas anderes gilt jedoch im Fall des § 175 SGB IX. Wird ein über den Kündigungstermin hinausreichendes befristetes Arbeitsverhältnis vereinbart, liegt darin nicht unbedingt ein Aufhebungsvertrag. Ob es sich bei einer Vereinbarung um einen Aufhebungsvertrag oder um eine befristete Fortsetzung des Arbeitsvertrags handelt, richtet sich nach dem Regelungsgehalt der Vereinbarung (BAG NZA 2015, 1066). Die Umdeutung einer unwirksamen Kündigung in ein Auflösungsangebot ist unter strengen Anforderungen an die Annahmeerklärung möglich (BAG DB 1972, 1784; BAG NZA 1986, 28; aA Küttner/*Eisemann*, Personalbuch 2019, 64 Rn. 11). Wegen des Schriftformerfordernisses aus § 623 BGB kann die Annahme grundsätzlich nicht konkludent erfolgen (*Schaub* ArbR-HdB, 17. Aufl., § 122 Rn. 18).

Bei dem mit dem Abschluss eines Aufhebungsvertrages beabsichtigten Ausscheiden des ArbN handelt es sich um eine Entlassung iSv § 17 Abs. 1 S. 1 KSchG (BAG NZA 1999, 761).

**2. Inhalt.** Da Aufhebungs- und Abwicklungsverträge regelmäßig vorformulierte Vertragsklauseln enthalten, die oftmals nicht zwischen den Parteien im Einzelnen ausgehandelt werden, unterliegen diese Verträge grundsätzlich der AGB-Kontrolle nach §§ 305 ff. BGB. Allerdings kommt eine Inhaltskontrolle nach einer im Schrifttum vertretenen Auffassung nur sehr eingeschränkt in Betracht, da es als „arbeitsrechtliche Besonderheit" iSv § 310 Abs. 4 S. 2 BGB anzuerkennen ist, dass beim Aushandeln von Aufhebungsverträgen kein strukturelles Ungleichgewicht zwischen ArbG und ArbN besteht (*Bauer* NZA 2002, 169; *Lingemann* NZA 2002, 181). Nach Auffassung des BAG sind entsprechend § 307 Abs. 3 BGB nur solche Allgemeine Geschäftsbedingungen kontrollfähig, die von Rechtsvorschriften abweichen oder diese ergänzende Regelungen enthalten. Abreden über den unmittelbaren Gegenstand der Hauptleistung unterliegen aber aus Gründen der Vertragswahrheit regelmäßig keiner Inhaltskontrolle (BAG NZA 2008, 1148; BAG NZA 2004, 597; BAG NZA 2004, 1295).

**3. Anfechtung.** Der Aufhebungsvertrag kann nach den §§ 119 ff. BGB angefochten werden. Ein Anfechtungsrecht nach § 123 Abs. 1 BGB kann bestehen, wenn der ArbN durch eine widerrechtliche Drohung seitens des ArbG zum Abschluss eines Aufhebungsvertrags veranlasst wurde (ua BAG NZA 2006, 841; BAG NZA 2004, 597; BAG NZA 2002, 731; BAG NZA 1996, 1030; BAG BB 2002, 1814;). Das BAG bejaht ein Recht des ArbN zur Anfechtung der auf Abschluss des Aufhebungsvertrags gerichteten Willenserklärung wegen widerrechtlicher Drohung, wenn ein verständiger ArbG die angedrohte ordentliche oder außerordentliche Kündigung nicht ernsthaft in Erwägung ziehen durfte (BAG NZA 2000, 27). Um zu vermeiden, dass dem ArbN ein Anfechtungsrecht zusteht, müssen einer angedrohten Kündigung Pflichtverletzungen zugrunde liegen, die geeignet sind, einen wirksamen Kündigungsgrund darzustellen. Ob sich die beabsichtigte Kündigung im Kündigungsschutzprozess als wirksam herausgestellt hätte, ist dabei unerheblich. Die Widerrechtlichkeit der Drohung wird auch durch eine dem ArbN eingeräumte Bedenkzeit nicht ausgeräumt. Allerdings kann eine Bedenkzeit die Kausalität der Drohung für die angefochtene Willenserklärung unter Umständen beseitigen (BAG NZA 2008, 348). Grundsätzlich trägt der ArbN die Darlegungs- und Beweislast für das Vorliegen eines Anfechtungsgrundes. Der ArbG hat jedoch nach den Grundsätzen der sekundären Darlegungslast im Einzelnen darzulegen, dass er in vertretbarer Weise einen Kündigungsgrund annehmen durfte und somit keine widerrechtliche Drohung vorliegt (BAG NZA 2008, 348). Ein Anfechtungsrecht kann sich auch aufgrund einer arglistigen Täuschung ergeben.

Dies kann zB der Fall sein, wenn der ArbG bestimmten Aufklärungspflichten beim Abschluss des Aufhebungsvertrags nicht nachkommt (BAG NZA 2004, 1295).

4. **Widerruf nach §§ 312, 355 BGB.** Ohne entsprechende Widerrufsklausel kann der Aufhebungsvertrag nicht nach den §§ 312, 355 BGB widerrufen werden. Eine arbeitsrechtliche Beendigungsvereinbarung stellt nach der Rspr. des BAG kein Haustürgeschäft iSd § 312 BGB dar, da dies der Systematik des Gesetzes, seinem Sinn und Zweck sowie der Entstehungsgeschichte widerspricht. Der ArbN ist deshalb nicht zum Widerruf seiner Erklärung berechtigt (BAG NZA 2004, 597; BAG NZA 2004, 1295). Trotz gegenteiliger Stimmen in der Literatur hält die Instanzrechtsprechung nach der Novellierung des verbraucherrechtlichen Widerrufsrechts bisher an dieser Auffassung fest (ArbG Solingen, BeckRS 2016, 74881; LAG Rheinland-Pfalz, BeckRS 2016, 67784).

5. **Beendigung des Arbeitsverhältnisses.** Die Arbeitsvertragsparteien müssen sich über die Beendigung des Arbeitsverhältnisses einigen. Die Vereinbarung des Beendigungszeitpunkts unterliegt grundsätzlich keiner gerichtlichen Überprüfung anhand einer AGB-Kontrolle nach den §§ 307 ff. BGB, da es sich hierbei um eine Regelung zu den Hauptleistungspflichten handelt. Das vollzogene Arbeitsverhältnis kann jedoch nicht mit rückwirkender Kraft aufgehoben werden (BAG NZA 2010, 273; BAG NZA 1999, 422). Soll der Zeitpunkt der Beendigung des Arbeitsverhältnisses in der Vergangenheit liegen, ist dies nur dann möglich, wenn das Arbeitsverhältnis bereits außer Vollzug gesetzt war, der ArbN mithin keine Arbeitsleistung mehr erbracht hat (zB infolge einer Freistellung). Wird ein Beendigungszeitpunkt vor Ablauf der Kündigungsfrist vereinbart und dabei gleichzeitig eine Abfindung gezahlt, wird die Agentur für Arbeit in der Regel eine Sperrzeit hinsichtlich des Anspruchs auf Arbeitslosengeld verhängen (→ Anm. 6). Liegt der Beendigungszeitpunkt nach dem Ablauf der ordentlichen Kündigungsfrist, kann dies eine unzulässige Umgehung der arbeitsrechtlichen Befristungskontrolle darstellen. Ein Aufhebungsvertrag unterliegt als Vereinbarung über das vorzeitige Ausscheiden eines ArbN aus einem Arbeitsverhältnis grundsätzlich nicht der Befristungskontrolle. Der Aufhebungsvertrag ist seinem Regelungsgehalt nach auf eine alsbaldige Beendigung der arbeitsvertraglichen Beziehungen gerichtet. Dies bringen die Parteien in der Regel durch die Wahl eines zeitnahen Beendigungszeitpunkts, der sich häufig an der jeweiligen Kündigungsfrist orientiert, und weitere Vereinbarungen wie Freistellung, Urlaubsregelungen oder eine Abfindung zum Ausdruck, die typischerweise im Zusammenhang mit der Beendigung des Arbeitsverhältnisses getroffen werden. Von einer befristeten Fortsetzung des Arbeitsverhältnisses ist dagegen auszugehen, wenn es an derartigen Absprachen fehlt und der von den Parteien gewählte Beendigungszeitpunkt die jeweilige Kündigungsfrist um ein Vielfaches überschreitet (BAG NZA 2017, 849). Überschreitet der Beendigungszeitpunkt im Aufhebungsvertrag die ordentliche Kündigungsfrist um ein Vielfaches, bedarf diese Vereinbarung zu ihrer Wirksamkeit eines sachlichen Grundes im Sinne des Befristungsrechts (BAG NJW 2008, 1341; BAG NZA 2000, 718). Bedingte Aufhebungsklauseln sind meist unwirksam, so zB eine Vertragsklausel, wonach das Arbeitsverhältnis beendet sei, wenn der ArbN aus dem Urlaub nicht rechtzeitig zurückkommt (BAG DB 75, 890; vgl. auch BAG NZA 1987, 20 und LAG Baden-Württemberg BB 1991, 209). Dasselbe gilt für die Aufhebung mit bedingter Wiedereinstellungszusage (BAG NZA 1985, 324, vgl. aber BAG DB 2002, 1997). Einer aufschiebend oder auflösend bedingten Aufhebung steht der im Voraus nicht verzichtbare Kündigungsschutz entgegen (BAG NJW 1975, 1531; LAG Baden-Württemberg DB 1991, 918; vgl. auch LAG München BB 1988, 348; BAG NZA 1988, 391).

Die hier vorgeschlagene Formulierung „auf Veranlassung der Gesellschaft" ist in der Praxis durchaus üblich. Ihr liegen vor allem steuerrechtliche Erwägungen zugrunde, da dadurch gegenüber den Finanzbehörden dokumentiert werden soll, dass die endgültige Beendigung des Arbeitsverhältnisses vom ArbG ausging und es sich bei der Abfindung um eine Entschädigung hierfür handelt § 24 Nr 1 iVm § 34 Abs 1 und 2 Nr 2 EStG (→ Anm. 11).

**6. Beendigung aus betrieblichen Gründen, Sperrzeit.** Die Formulierung, dass die Beendigung des Arbeitsverhältnisses „aus betriebsbedingten Gründen" erfolgt, wird in der Praxis oftmals gewählt, um zu verhindern, dass der ArbN eine Sperrzeit für den Bezug von Arbeitslosengeld von der Agentur für Arbeit erhält. Hierzu sei jedoch darauf hingewiesen, dass die Formulierung „aus betriebsbedingten Gründen" nur dann aufgenommen werden darf, wenn der ArbG auch tatsächlich eine entsprechende unternehmerische Entscheidung getroffen hat. Anderenfalls kommt eine Strafbarkeit von ArbG und ArbN wegen Betrugs zu Lasten der Sozialversicherungsträger in Betracht. Eine Sperrzeit kann gemäß § 159 Abs. 1 S. 1, Abs. 3 SGB III immer dann verhängt werden, wenn sich der ArbN versicherungswidrig verhält. Ein versicherungswidriges Verhalten ist gemäß § 159 Abs. 1 S. 2 Nr. 1 SGB III gegeben, wenn der ArbN das Beschäftigungsverhältnis gelöst oder durch ein arbeitsvertragswidriges Verhalten Anlass für die Lösung des Beschäftigungsverhältnisses gegeben und dadurch vorsätzlich oder grob fahrlässig die Arbeitslosigkeit herbeigeführt hat. Von einer Sperrzeit ist jedoch abzusehen, wenn der ArbN einen „wichtigen Grund" für sein Verhalten hatte. Bis zum 25.1.2017 waren Aufhebungsverträge nach der Geschäftsanweisung („GA") der Bundesagentur für Arbeit nur dann sperrzeitneutral, wenn:
- zuvor eine betriebsbedingte Kündigung durch den ArbG in Aussicht gestellt wurde,
- die ordentliche Kündigungsfrist gewahrt wurde,
- der ArbN nicht unkündbar war und
- eine Abfindung zwischen 0,25 und 0,5 Bruttomonatsgehältern pro Beschäftigungsjahr gezahlt wurde.

„Personenbedingte Gründe" wurden nur dann als sperrzeitneutral behandelt, wenn der ArbN die zu verrichtende Tätigkeit aus gesundheitlichen Gründen nicht mehr ausüben konnte, wobei dies durch ein ärztliches Attest nachgewiesen werden musste.

Durch eine Änderung der GA zum 25.1.2017 wurde der Anwendungsbereich des „wichtigen Grundes" erheblich erweitert. Die Agentur für Arbeit hält nicht mehr an der Begrenzung auf „betriebliche Gründe" fest. Zudem gibt die Agentur für Arbeit die Untergrenze im Zusammenhang mit der Zahlung einer Abfindung auf. Damit liegt nach der aktuellen GA ein „wichtiger Grund" vor, wenn:
- zuvor eine Kündigung durch den Arbeitgeber in Aussicht gestellt wurde, die sich auf betriebliche oder personenbedingte Gründe stützt (verhaltensbedingte Gründe sind nicht geeignet),
- die ordentliche Kündigungsfrist gewahrt wurde,
- der ArbN nicht unkündbar war und
- eine Abfindung von max. 0,5 Bruttomonatsgehältern pro Beschäftigungsjahr gezahlt wurde.

Damit muss eine einvernehmliche Beendigung des Arbeitsverhältnisses nicht mehr ausschließlich auf betriebsbedingte Gründe gestützt werden, um zu vermeiden, dass eine Sperrzeit durch die Agentur für Arbeit verhängt wird. Auch personenbedingte Gründe können eine sperrzeitneutrale einvernehmliche Aufhebung des Arbeitsverhältnisses rechtfertigen.

Wird eine höhere Abfindung als 0,5 Bruttomonatsgehälter pro Beschäftigungsjahr gezahlt, ist von der Agentur für Arbeit zu prüfen, ob die drohende Kündigung rechtmäßig gewesen wäre. Hierzu soll insbesondere eine vollständige Prüfung der sozialen Rechtfertigung der drohenden Kündigung erfolgen. In diesem Fall besteht das Risiko, dass die Agentur für Arbeit davon ausgeht, dass die drohende Kündigung rechtswidrig gewesen wäre, da es ansonsten für den ArbG keinen Grund gibt, von der Abfindungshöhe des § 1a KSchG abzuweichen.

**7. Bonus.** Steht dem Mitarbeiter ein Anspruch auf eine Bonuszahlung oder eine sonstige variable Vergütung zu, sollte zur Vermeidung von Streitigkeiten im Aufhebungsvertrag eine abschließende Regelung hierzu getroffen werden. Kann der anteilige Bonus bei Vertragsschluss noch nicht genau berechnet werden, kann sich auch die Vereinbarung einer pauschalen Bonuszahlung anbieten. Es sollte stets versucht werden, eine konkrete Bonushöhe im Aufhebungsvertrag festzulegen.

**8. Höhe der Abfindung.** Die Höhe der Abfindung unterliegt der freien Verhandlung zwischen den Arbeitsvertragsparteien und muss im Aufhebungsvertrag ausdrücklich geregelt werden. In Aufhebungsverträgen sind die Parteien insbesondere nicht an die aus § 10 KSchG folgenden Höchstgrenzen der Kündigungsentschädigung gebunden. Auch die von den Arbeitsgerichten üblicherweise zugrunde gelegte Faustformel „halbes Bruttomonatsgehalt pro Beschäftigungsjahr" (vgl. § 1a KSchG) stellt nur eine Orientierung dar und muss im Aufhebungsvertrag nicht angewandt werden. Soll jedoch eine Sperrzeit für den Bezug von Arbeitslosengeld verhindert werden, sollte eine Abfindungshöhe von 0,5 Bruttomonatsgehältern pro Beschäftigungsjahr nicht überschritten werden (→ Anm. 6). Bei der Festlegung der Abfindungshöhe sollte darauf geachtet werden, dass der Betrag im Aufhebungsvertrag als Bruttobetrag ausgewiesen wird. Zahlt ein ArbG wegen der Schließung seines Betriebes an mehrere ArbN Abfindungen, muss er den allgemeinen arbeitsrechtlichen Gleichbehandlungsgrundsatz beachten (BAG NZA 1994, 788). Eine Ungleichbehandlung ist aber immer dann erlaubt, wenn hierfür ein sachlicher Grund besteht. Vor diesem Hintergrund sah es das BAG als zulässig an, wenn ArbN, die bereits eine neue Stelle gefunden hatten, geringere Abfindungen angeboten wurden, als ArbN, deren Arbeitsmarktchancen eher schlecht waren (BAG NZA 1995, 489). Ebenso wurde eine Altersdiskriminierung verneint, wenn der ArbG älteren ArbN keinen Aufhebungsvertrag mit Zahlung einer Abfindung anbietet (BAG NZA 2010, 561). Ob neben der im Aufhebungsvertrag vereinbarten Abfindung tarifliche Abfindungen zu zahlen sind, muss im Einzelfall nach den Regelungen im jeweiligen Tarifvertrag geprüft werden (Beispiele: BAG NZA 1995, 1116 und BAG NZA 1996, 150; zum tariflichen Anspruch auf Zuschuss zum Kurzarbeitergeld trotz Aufhebungsvertrag BAG NZA 1996, 778).

**9. Fälligkeit der Abfindung.** Im Aufhebungsvertrag sollte eine Regelung zur Fälligkeit des Abfindungsanspruchs getroffen werden, um diesbezügliche Streitigkeiten zwischen den Parteien zu vermeiden. Enthält der Aufhebungsvertrag keine Regelung zur Fälligkeit, wird die Abfindung erst zum vertraglich vereinbarten Beendigungszeitpunkt fällig. Hat der ArbN ein Interesse daran, dass die Abfindung nicht vor einem bestimmten Zeitpunkt gezahlt wird (zB aus steuerlichen Erwägungen), so muss dies im Aufhebungsvertrag ebenfalls ausdrücklich geregelt werden. Hierzu bietet sich zB folgende Formulierung an: „Der Arbeitgeber ist nicht berechtigt, die Abfindung vor dem vertraglich festgelegten Fälligkeitszeitpunkt zu bezahlen." Fehlt es an einer solchen Regelung, darf der ArbG auch vorfällig zahlen und haftet dem ArbN nicht für etwaige daraus entstehende Steuerschäden (BAG NZA 2016, 1459).

**10. Vererblichkeit der Abfindung.** Es empfiehlt sich zudem, im Aufhebungsvertag eine Regelung hinsichtlich der Vererblichkeit der Abfindung zu treffen. Fehlt es an einer entsprechenden Regelung, ist die Abfindung grundsätzlich vererblich, wenn der ArbN nach Abschluss des Aufhebungsvertrags aber vor dem Beendigungszeitpunkt verstirbt. Ist die Abfindung in erster Linie als Gegenleistung des ArbG für die Einwilligung des ArbN in die vorzeitige Beendigung des Arbeitsverhältnisses anzusehen, spricht dies dafür, dass die Zahlung der Abfindung nicht davon abhängig sein soll, dass der ArbN den vereinbarten Beendigungszeitpunkt erlebt (BAG BB 2004, 894; BAG NZA 1988, 466). Etwas anders gilt jedoch dann, wenn die Abfindung vor allem künftige Einkommenseinbußen mildern sollte. In diesem Fall entsteht der Anspruch auf Abfindung nur dann, wenn der ArbN am vertraglich vereinbarten Beendigungszeitpunkt noch nicht verstorben ist. Folglich ist der Anspruch auch erst ab dem Beendigungszeitpunkt vererblich (BAG NZA 2000, 1236; BAG NZA 1998, 643).

**11. Abfindung und Steuern.** Abfindungszahlungen können nach den §§ 24, 34 EStG steuerbegünstigt sein. Die Zahlung einer Abfindung wegen einer vom ArbG veranlassten Auflösung des Dienstverhältnisses stellt idR eine Entschädigung iSd § 24 Nr. 1 Buchst. a EStG dar. Die Abfindung kann unter Anwendung der sog Fünftelregelung (§ 34 EStG) ermäßigt besteuert werden, wenn eine Zusammenballung von Einkünften vorliegt. Eine solche Zusammenballung liegt vor, wenn die Entschädigung die bis zum Ende des Veranlagungszeitraums entgehenden Einnahmen, die der ArbN bei Fortsetzung des Arbeitsverhältnisses bezogen hätte, übersteigt (BFH NZA-RR 2010, 153; BFH/NV 2009, 558). Hierfür muss die Abfindung idR in einem einzigen Veranlagungszeitraum bezahlt werden (BFH NZA-RR 2010, 153). Der ArbN kann ebenso wie der ArbG nach § 42e EStG beim Betriebsstättenfinanzamt eine Anrufungsauskunft einholen, an deren Inhalt das Finanzamt jedoch nur im Lohnsteuer-Abzugsverfahren gebunden ist (BFH BB 1993, 1201). Das Wohnsitzfinanzamt kann den Vorgang dennoch steuerlich anders behandeln als das Betriebsstättenfinanzamt. In einem solchen Fall ist mithin nur die Lohnsteuerhaftung des ArbG nach § 42d EStG ausgeschlossen.

Nicht steuerfrei sind Abfindungen, die wegen der aus einem Betriebsübergang folgenden Nachteile jedoch bei fortbestehendem Arbeitsverhältnis bezahlt werden (BFH ArbuR 1997, 404).

**12. Abfindung und Sozialversicherung.** Die zivilrechtlichen Regelungen einer Abfindungsvereinbarung sind für die Beurteilung der Beitragspflicht maßgeblich (BSG DB 1981, 2432 für den Fall eines gerichtlichen Vergleiches). Abfindungen sind grundsätzlich sozialversicherungsfrei. Dies gilt unabhängig von einer etwaigen Steuerbegünstigung nach den §§ 24, 34 EStG. Aus einer zur Abgeltung aller Ansprüche geleisteten Abfindung sind allerdings die während des Arbeitsverhältnisses bereits erdienten beitragspflichtigen Ansprüche herauszurechnen (vgl. BSG BB 1988, 1966). Abfindungen, die im Rahmen eines weiter bestehenden Arbeitsverhältnisses als Ausgleich für verschlechterte Arbeitsbedingungen gezahlt werden, sind sozialversicherungspflichtiges Arbeitsentgelt nach § 14 SGB IV (BSG BB 1999, 1928).

**13. Unwiderrufliche Freistellung.** Durch die unwiderrufliche Freistellung wird der ArbN bis zum Beendigungszeitpunkt von seiner Arbeitspflicht entbunden. Soll der ArbN unwiderruflich freigestellt werden, so sollte sich dies aus der Regelung unmissverständlich ergeben, da die Rechtsprechung davon ausgeht, dass die widerrufliche Freistellung den Regelfall darstellt (BAG NZA 2006, 1122). Das sozialversicherungsrechtliche Beschäftigungsverhältnis besteht auch bei einer unwiderruflichen Freistellung bis zum Beendigungszeitpunkt fort (BSG NZA-RR 2009, 272).

Durch eine unwiderrufliche Freistellung kann der ArbG etwaige noch bestehende Urlaubsansprüche des ArbN erfüllen. Der ArbG muss den konkreten Urlaubszeitraum im Falle einer unwiderruflichen Freistellung nicht festlegen (BAG BeckRS 2013, 72234). Allerdings stellt die bloße Freistellungserklärung an sich noch keine stillschweigende Urlaubsgewährung dar. Es bedarf daher einer ausdrücklichen Anrechnungserklärung, wie sie im Formular vorgesehen ist (BAG NZA 2009, 1211; BAG DB 2006, 2583).

Das Formular erklärt § 615 S. 2 BGB ausdrücklich für anwendbar. Diese Klarstellung ist zwingend erforderlich, da sich der ArbN ansonsten anderweitigen Verdienst während der Freistellungsphase nicht anrechnen lassen muss. § 615 S. 2 BGB setzt zu seiner originären Anwendbarkeit Annahmeverzug voraus, der bei einer einvernehmlichen Freistellung jedoch nicht vorliegt (BAG NZA 2013, 207).

**14. Widerrufliche Freistellung.** Im Falle einer widerruflichen Freistellung kann der ArbG den ArbN während der Freistellungsphase ganz oder teilweise wieder an seinen Arbeitsplatz zurückrufen. Bei einer widerruflichen Freistellung ist keine Anrechnung noch bestehender Urlaubsansprüche möglich. Hat der ArbN bei Abschluss des Aufhebungsvertrags noch bestehende Urlaubsansprüche, die bis zum Beendigungszeitpunkt in natura gewährt werden sollen, so muss der Urlaubszeitraum im Aufhebungsvertrag ausdrücklich bestimmt werden. Die widerrufliche Freistellung als solche kann den Urlaubsanspruch nicht erfüllen (BAG NZA 2009, 1211 mwN). Dabei muss deutlich werden, dass die Arbeitsbefreiung gewährt wird, um den Urlaubsanspruch zu erfüllen (BAG ArbRB 2009, 98). Bezüglich der Anrechnung anderweitigen Verdienstes (→ Anm. 13).

**15. Vertragliches Wettbewerbsverbot.** Wird der ArbN bis zum Beendigungszeitpunkt freigestellt, sollte im Aufhebungsvertrag geregelt werden, dass das vertragliche Wettbewerbsverbot auch während der Zeit der Freistellung unverändert fortgelten soll. Wird der ArbN unter Anrechnung anderweitigen Verdienstes von seiner Arbeitspflicht freigestellt, so ist ohne entsprechende Klarstellung davon auszugehen, dass er nicht mehr an das vertragliche Wettbewerbsverbot gebunden ist. Das BAG sieht in einer Freistellung unter Anrechnung anderweitigen Verdienstes nach § 615 S. 2 BGB regelmäßig einen konkludenten Verzicht auf das vertragliche Wettbewerbsverbot (BAG NZA 2007, 36; BAG NZA 2013, 207).

**16. Herausgabe von Betriebsmitteln.** Im Aufhebungsvertrag sollte auch geregelt werden, dass der ArbN verpflichtet ist, sämtliche Betriebsmittel und Geschäftsunterlagen an den ArbG herauszugeben. Dabei sollte sich die Regelung aus Gründen der Rechtssicherheit auch auf elektronisch gespeicherte Daten beziehen. Wird der ArbN bis zum Beendigungszeitpunkt freigestellt, empfiehlt es sich, dass die Gegenstände und Unterlagen bereits zu Beginn des Freistellungszeitraums zurückgegeben werden. Etwas anders kann jedoch gelten, wenn der ArbN berechtigt war, das Betriebsmittel (zB Firmenfahrzeug) auch privat zu nutzen. In diesem Fall stellt die private Nutzung als sog. Sachbezug einen Teil der Vergütung des ArbN dar. Daher kann der ArbG dem ArbN die private Nutzung nicht einseitig vor Beendigung des Arbeitsverhältnisses entziehen, sofern nicht bereits während des Arbeitsverhältnisses (zB im Rahmen einer Nutzungsvereinbarung) ein wirksamer Widerrufsvorbehalt vereinbart wurde (→ vgl. Form XIX 26. → Anm. 6). Selbstverständlich können die Parteien aber auch im Falle einer erlaubten Privatnutzung einvernehmlich regeln, dass der ArbN den Gegenstand bereits zu Beginn des Freistellungszeitraums zurückgibt. In der Praxis wird der ArbN allerdings idR nur gegen Zahlung einer entsprechenden Nutzungsentschädigung zu einer solchen Vereinbarung bereit sein. Die Höhe einer etwaigen Nutzungsentschädigung liegt im freien Ermessen der Parteien. Als Anhaltspunkt können etwaige steuerrechtliche Bewertungsfaktoren herangezogen werden.

Das Formular sieht vor, dass dem ArbN kein Zurückbehaltungsrecht hinsichtlich seiner Rückgabeverpflichtung zusteht. Bei dieser Regelung handelt es sich um eine in der Praxis gängige Regelung. Allerdings bestehen hinsichtlich dieser Vereinbarung gewisse Wirksamkeitsbedenken. In vorformulierten Verträgen ist der Ausschluss von Leistungsverweigerungsrechten zum Nachteil des Vertragspartners gemäß § 309 Nr. 2b BGB unzulässig. Ob eine angemessene Berücksichtigung „arbeitsrechtlicher Besonderheiten" (§ 310 Abs. 4 S. 2 BGB) zu einer anderen Wertung führt, ist bisher nicht höchstrichterlich entschieden.

**17. Geheimhaltungspflicht.** Die im Formular vorgesehene Regelung zur nachvertraglichen Geheimhaltungspflicht hat vor allem eine Hinweisfunktion. Dem ArbN soll durch diese Klausel nochmal verdeutlich werden, dass er aufgrund einer nachvertraglichen Treuepflicht zur Verschwiegenheit verpflichtet ist. Die von der Rechtsprechung anerkannte Geheimhaltungspflicht bezieht sich jedoch nur auf Betriebs- und Geschäftsgeheimnisse, während sich die vorliegend verwendete Regelung auch auf alle sonstigen vertraulichen Angelegenheiten bezieht. Sollte der ArbN durch die ihm auferlegte Geheimhaltungspflicht jedoch in seiner künftigen Berufsausübung beeinträchtigt werden, besteht das Risiko, dass es sich praktisch um ein nachvertragliches Wettbewerbsverbot handelt, welches aufgrund einer fehlenden Karenzentschädigung unwirksam wäre (→ Form. XIX. 6 Anm. 11).

Kommt es dem ArbG entscheidend auf die Geheimhaltung eines ganz bestimmten Betriebsgeheimnisses an, sollte dies ausdrücklich in der Regelung hinsichtlich der Verschwiegenheitspflicht aufgenommen werden.

**18. Ausgleichsklausel.** Sofern die Parteien alle etwaigen Ansprüche aus dem Arbeitsverhältnis mit dem Aufhebungsvertrag abschließend regeln wollen, sollte der Aufhebungsvertrag eine Ausgleichsklausel enthalten. Diese sollte wie im Formular vorgesehen als beidseitige Ausgleichsklausel ausgestaltet sein. Eine einseitige Ausgleichsklausel, wonach nur die Ansprüche des ArbN gegen den ArbG abgegolten sein sollen, stellt nach der höchstrichterlichen Rechtsprechung eine unangemessene Benachteiligung des ArbN dar und ist daher unwirksam (BAG NZA 2011, 1338). Durch die beidseitige Ausgleichsklausel werden nicht nur Ansprüche des ArbN gegen den ArbG, sondern auch Ansprüche des ArbG gegen den ArbN erfasst. Vor der Aufnahme einer beiderseitigen Ausgleichsklausel sollte daher genau geprüft werden, ob noch Ansprüche gegen den ArbN bestehen, die nicht im Aufhebungsvertrag geregelt wurden, auf die aber auch nicht verzichtet werden soll. Unterzeichnen die Parteien einen Aufhebungsvertrag mit einer beiderseitigen Ausgleichsklausel, ist es den Parteien nicht mehr möglich, anderweitige Ansprüche aus und im Zusammenhang mit dem Arbeitsverhältnis gegenüber der anderen Partei geltend zu machen. Während Ausgleichsklauseln bei Ausgleichsquittungen strengeren Anforderungen unterliegen und im Zweifel eng auszulegen sind (BAG NZA 2008, 355), soll im Rahmen von Aufhebungsverträgen das Arbeitsverhältnis in der Regel abschließend bereinigt werden und es sollen alle Ansprüche der Parteien erledigt werden (BAG NZA 2008, 1066). Inhalt und Umfang einer Ausgleichsklausel müssen immer durch Auslegung konkret ermittelt werden (BAG NZA 2008, 355). Eine allgemeine Ausgleichsklausel erfasst grundsätzlich alle Ansprüche, soweit sie nicht ausdrücklich ausgenommen sind oder sich aus anderen Umständen klar ergibt, dass sie nicht einbezogen sein sollen; im Interesse klarer Verhältnisse sind sie grundsätzlich weit auszulegen (BAG NZA 2009, 139; BAG NZA 2004, 554; BAG NZA 2004, 1097). Eine Ausgleichsklausel, wonach „alle beiderseitigen Ansprüche aus dem Arbeitsverhältnis abgegolten" sind, erfasst grundsätzlich auch ein nachvertragliches Wettbewerbsverbot und die damit verbundene Karenzentschädigung (BAG NZA 2009, 139; BAG NZA 2009, 318), sofern im Aufhebungsvertrag keine Regelung zum nachvertraglichen Wettbewerbsverbot getroffen wurde. Die Vertragspartner können durch die Ausgleichsklausel zudem nur Ansprüche und Pflichten erledigen, die zu ihrer Disposition stehen. Das ist nicht der Fall bei Pflichten aus dem Bereich des Sozialversicherungs- und des Steuerrechts, sodass zB der Anspruch auf richtige Eintragungen in die Steuerkarte und die Sozialversicherungskarte nicht verzichtbar ist (LAG Hamm MDR 1972, 900 mwN). Darüber hinaus stehen Unabdingbarkeitsnormen einem Verzicht bzw. einer vergleichsweisen Erledigung insbesondere von Lohnfortzahlungs- (§ 12 EFZG) und Urlaubsansprüchen (§ 13 BUrlG) im Wege (BAG NZA 1998, 816; BAG NZA 1999, 80). Insoweit ist jedoch nach hM eine Einigung über tatsächliche Anspruchsvoraussetzungen (Tatsachenvergleich) zulässig (BAG NZA 1998, 434). Ein Verzicht auf Urlaubsabgeltung ist hingegen möglich, sofern der Urlaubsabgeltungsanspruch zum Zeitpunkt des Verzichts bereits entstanden war (BAG NZA 2013, 1098). Auch auf die Ansprüche auf gesetzlichen Mindestlohn (§ 3 MiLoG, § 9 AEntG), auf Erteilung eines Zeugnisses sowie auf Herausgabe der Arbeitspapiere kann nicht wirksam verzichtet werden, sodass diese Ansprüche von einer Ausgleichsklausel nicht erfasst werden. Zum Verzicht auf Ansprüche aus einer betrieblichen Versorgungszusage vgl. BAG NZA 2001, 203; zu Ansprüchen aus Aktienoptionsplänen vgl. BAG NZA 2008, 1066. Werden die kraft Gesetzes unverzichtbaren Ansprüche nicht ausdrücklich aus der Ausgleichsklausel ausgenommen, stellt dies in der Regel keinen Verstoß gegen des Transparenzgebot dar (vgl. BAG NZA 2013, 1265 zu Ausschlussklauseln). Anders hat dies das BAG jedoch hinsichtlich der Mindestlohnansprüche nach dem AEntG gesehen. Danach müssen bei der Gestaltung von Ausschlussklauseln Ansprüche auf Mindestlohn ausdrücklich aus deren Anwendungsbereich ausgenommen werden. Ein Verstoß hiergegen führe zur Gesamtunwirksamkeit der Ausschlussfrist (BAG NZA 2016, 1539). Hinsichtlich des gesetzlichen Mindestlohns nach dem Mindestlohngesetz hat das BAG diese Frage bisher jedoch offengelassen. Aus Gründen der Rechtssicherheit kann daher erwogen werden, eine derartige Einschränkung in Bezug auf Mindestlohnansprüche in die Klausel aufzunehmen. Sollen anderweitige Ansprüche von der Ausgleichsklausel ausgenommen werden, so muss sich dieser Ausschluss aus der Regelung ausdrücklich ergeben. Von Ausgleichsklauseln werden solche Forderungen regelmäßig nicht erfasst, die objektiv außerhalb des von den Parteien Vorgestellten liegen und bei Vergleichsabschluss subjektiv unvorstellbar waren (BAG NZA 2008, 72). So werden Rückzahlungsansprüche aus einem neben dem Arbeitsverhältnis bestehenden selbständigen Darlehensvertrag grundsätzlich nicht erfasst (BAG NJW 2011, 2381; differenzierend BAG NZA 2009, 896).

Um zu vermeiden, dass die Ausgleichsklausel nach § 305c BGB unwirksam ist, sollte die Vereinbarung stets unter einer eigenen Ziffer mit einer entsprechenden Überschrift geregelt werden.

In zeitlicher Hinsicht sollte die Ausgleichsklausel so formuliert werden, dass die gegenseitigen Ansprüche bereits „mit Unterzeichnung“ der Aufhebungsvertrags erlöschen. Von einer Formulierung „mit Erfüllung aller Ansprüche aus dem Aufhebungsvertrag“ sollte Abstand genommen werden. Bei dieser Formulierung könnte eine Partei mutwillig verhindern, dass die Ansprüche erlöschen, in dem bestimmte Ansprüche aus dem Aufhebungsvertrag nicht zeitnah erfüllt werden.

**19. Belehrung.** Ob und in welchem Umfang der ArbG dem ArbN bei Abschluss eines Aufhebungsvertrags über etwaige Folgen des Aufhebungsvertrags aufklären muss, richtet sich nach dem Grundsatz von Treu und Glauben. Dabei ist das Informationsbedürfnis des ArbN und die Beratungsmöglichkeit des ArbG im konkreten Einzelfall abzuwägen (BAG NZA 2001, 206). Grundsätzlich muss sich ein ArbN vor Abschluss eines Aufhebungsvertrages selbst Klarheit über die damit verbundenen rechtlichen Folgen verschaffen (BAG NZA 2004, 1295; BAG NZA 2001, 206). Ohne Hinzutreten besonderer Umstände muss der ArbG nicht von einem besonderen Informationsbedürfnis des ArbN ausgehen. Die im Formular vorgesehene Regelung geht von diesem Fall aus. Sollte den ArbG entgegen diesem Grundsatz eine gesteigerte Aufklärungs- und Informationspflicht treffen, kann der ArbG dieser Pflicht nicht durch die im Formular verwendete Regel entgehen. Nach BAG kommt es bei der Frage nach einer besonderen Hinweis- und Aufklärungspflicht ua darauf an, von wem die Initiative zum Abschluss des Aufhebungsvertrags ausgegangen ist (BAG NZA-RR 2012, 148). Wird der ArbN selbst wegen des Abschlusses eines Aufhebungsvertrags initiativ, darf es ihm der ArbG überlassen, sich über die Folgen und Risiken seines Ausscheidens zu unterrichten (BAG NZA-RR 2012, 148). Kommt der Aufhebungsvertrag hingegen auf Initiative und im Interesse des ArbG zustande, können ihn besondere Informationspflichten treffen (BAG BeckRS 2014, 70024). Erteilt der ArbG gegenüber dem ArbN Auskünfte, so müssen diese richtig und zutreffend sein. Anderenfalls kann sich der ArbG schadensersatzpflichtig machen (BAG NZA 2001, 206). Die Verletzung möglicher Aufklärungspflichten führt jedoch nicht zur Unwirksamkeit des Aufhebungsvertrags, sondern kann allenfalls Schadensersatzansprüche auslösen (BAG NZA-RR 2012, 148).

Zur Hinweispflicht des ArbG über sozialversicherungsrechtliche Folgen bei unterlassener oder verspäteter Arbeitslosmeldung → Form. XIX. 34 Anm. 10.

**20. Betriebsverfassung.** Mitbestimmungsrechte nach dem BetrVG bestehen nicht. Insbesondere hat der ArbG den Betriebsrat nicht vor Abschluss einer Aufhebungsvereinbarung nach § 102 BetrVG zu unterrichten.

## Einseitige Erklärungen

## 32. Anfechtung[1]

Anfechtung eines Arbeitsvertrages[2, 3, 4]

**Sehr geehrter Herr . . . . ., hiermit fechten wir den mit Ihnen abgeschlossenen Arbeitsvertrag an. Für diese Maßnahme ist vor allem bedeutsam, dass Sie uns bei Ihrer Einstellung über Ihren tatsächlichen beruflichen Werdegang falsche Angaben geliefert haben, obwohl dieser für unsere Entscheidung von maßgeblicher Bedeutung war. Die Anfechtung erfolgt jedoch ohne Einschränkung aus jedem tatsächlichen und rechtlichen Grunde.**

Anfechtung einer Kündigung

**Sehr geehrte Damen und Herren, meine Ihnen gegenüber unter dem . . . . . abgegebene Kündigungserklärung fechte ich hiermit an, weil Sie mich durch Ihre Drohung mit sofortiger Entlassung zur eigenen Kündigung gezwungen haben. Ich stütze diese Anfechtung aber auch auf jeden weiteren gegebenen Anfechtungsgrund, vor allem auf meinen Irrtum über den Inhalt meiner Erklärung. Zur Fortsetzung des Arbeitsverhältnisses bin ich bereit; ich biete meine Arbeitsleistung ausdrücklich an.**

*Schrifttum: Bauer,* Beseitigung von Aufhebungsverträgen, NZA 1992, 1015; *Boemke,* Die Zulässigkeit der Frage nach Grundwehrdienst und Zivildienst, RdA 2008, 129; *Brecht-Heitzmann,* Die Anfechtbarkeit von Arbeitsverträgen wegen verschwiegener Schwerbehinderung, ZTR 2006, 639; *Däubler*, Gläserne Belegschaften, 7. Auflage 2017;*Düwell,* Die Neuregelung des Verbots der Benachteiligung wegen Behinderung im AGG, BB 2006, 1741; *Pallasch,* Diskriminierungsverbot wegen Schwangerschaft bei der Einstellung, NZA 2007, 306; *Paul,* Einstellung Schwangerer bei Beschäftigungsverboten nach dem Mutterschutzgesetz, DB 2000, 974; *Ehrich/Weber,* Prozessuale Folgen der Unwirksamkeit von Aufhebungsvereinbarungen bei Kündigungsschutzklagen, DB 1995, 2369; *Husemann,* Die Information über die Schwerbehinderung im Arbeitsverhältnis, RdA 2014, 16; *Hunold,* Die Frage des Arbeitgebers nach der Verfügbarkeit von Bewerbern, DB 2000, 573; *Joussen* Schwerbehinderung, Fragerecht und positive Diskriminierung nach dem AGG, NZA 2007, 174; *Pallasch,* Diskriminierungsverbot wegen Schwangerschaft bei der Einstellung, NZA 2007, 306; *Raab,* Das Fragerecht des Arbeitgebers nach schwebenden Strafverfahren und die Unschuldsvermutung des Bewerbers, RdA 1995, 36; *Strick,* Die Anfechtung von Arbeitsverträgen durch den ArbG, NZA 2000, 695; *Stürmer,* Die Entscheidung des EuGH in der Rechtssache „Mahlburg", NZA 2001, 526; *Thüsing,* Das Fragerecht des Arbeitgebers – aktuelle Probleme zu einem klassischen Thema, BB 2002, 1146; *Weber/Ehrich,* Anfechtung eines Aufhebungsvertrages – der verständig denkende ArbG, NZA 1997, 414; *Wisskirchen/Bissels* Das Fragerecht des Arbeitgebers bei Einstellung unter Berücksichtigung des AGG, NZA 2007, 169; *Wohlgemuth,* Fragerecht und Erhebungsrecht, AuR 1992, 46; .

### Anmerkungen

**1. Inhalt.** Dargestellt sind zwei Beispiele der Anfechtung privater Rechtsgeschäfte (das sind Verträge ebenso wie einseitige Willenserklärungen), und zwar die in erster Linie auf arglistige Täuschung (§ 123 Abs. 1 1 Alt. BGB) gestützte Anfechtung eines Arbeitsvertrages und die Anfechtung einer eigenen Kündigung des Arbeitnehmers wegen widerrechtlicher Drohung (§ 123 Abs. 1 2 Alt. BGB). Der Wille, auch aus anderen Rechtsgründen anzufechten, wird in beiden Beispielen zum Ausdruck gebracht, um der Verspätungsgefahr vorzubeugen. Weil die Anfechtung wegen Irrtums oder falscher Übermittlung (§§ 119, 120 BGB) unverzüglich (§ 121 BGB), wegen Täuschung oder Drohung binnen Jahresfrist (§ 124 BGB) erfolgen muss, vertritt die Rspr. die Ansicht, ein „Nachschieben" von Anfechtungstatbeständen nach Fristablauf sei grundsätzlich nicht zulässig (BAG NZA 2008, 530; BAG AP BGB § 119 Nr. 5 = DB 1981, 1196; BGH NJW 1966, 39; zur Anfechtung auf Grund Prozessvollmacht LAG Mecklenburg-Vorpommern NZA-RR 1996, 401; zur Nichtigkeit nach § 138 BGB vgl. BAG DB 1985, 1352).

**2. Form und Frist.** Die Anfechtung ist formfrei, die Verwendung des Wortes „anfechten" also nicht erforderlich. Doch muss der Wille, das Rechtsgeschäft wegen eines Willensmangels zu beseitigen, unzweideutig erkennbar sein (RGZ 158, 168; BGH DB 1971, 2302). Die Erklärung des Rücktritts ist keine Anfechtung (RGZ 105, 206), ebenso wenig der Wunsch nach einer Vertragsänderung. Die Umdeutung einer Kündigung in eine Anfechtung ist grundsätzlich nicht möglich (BAG AP MuSchG 1968 § 9 Nr. 4 = NJW 1976, 592), uU aber die Auslegung einer „außerordentlichen Kündigung" als Anfechtungserklärung (*Schaub* ArbR-HdB 18. Aufl. § 34 Rn. 25). Ist der Anfechtungsgrund dem Gegner bekannt, muss er nicht im Einzelnen dargestellt werden (zur Problematik vgl. MüKoBGB/*Busche* § 143 Rn. 7, 8 mwN). Für die Abgrenzung des Zeitraumes, in dem die Irrtumsanfechtung noch unverzüglich erklärt ist (§ 121 BGB), gelten die von der Rspr. zu § 626 Abs. 2 BGB entwickelten Grundsätze (BAG AP BGB § 119 Nr. 4 mAnm *Mühl* = NJW 1980, 1302, str., in Frage gestellt auch in BAG DB 1984, 298 mwN). Für die Anfechtung nach § 123 BGB gilt aber uneingeschränkt die Jahresfrist nach § 124 Abs. 1 BGB (BAG AP BGB § 123 Nr. 25 mAnm *Mühl* = DB 1984, 298; zum Fristbeginn vgl. LAG Hessen BB 1984, 1555). Der ArbN muss die dreiwöchige Frist des § 4 KSchG nicht einhalten (BAG aaO; s. hierzu *Brox* S. 527 mwN; *Schaub* aaO). Eine Teilanfechtung mit der Folge, dass der übrige Vertrag fortbesteht, ist möglich, wenn nur der angefochtene Teil auf einer Täuschung beruht (BAG AP HGB § 60 Nr. 4 = DB 1970, 1788; MüKoBGB/*Busche* § 143 Rn. 11). Zum Beginn der Jahresfrist bei der Anfechtung wegen Täuschung und Drohung vgl. § 124 Abs. 2 BGB; die kurze Frist (unverzüglich) bei Irrtum und falscher Übermittlung ist unter Abwesenden durch rechtzeitige Absendung gewahrt (§ 121 Abs. 1 S. 2 BGB). Das Recht, die aus einer begründeten und fristgerecht erklärten Anfechtung folgenden Ansprüche durch Klage geltend zu machen, kann verwirkt sein, wenn der Anspruchsteller die Klage erst nach Ablauf eines längeren Zeitraumes erhebt und dadurch beim Gegner ein Vertrauenstatbestand geschaffen wird (hierzu BAG AP BGB § 242 Verwirkung Nr. 45 = NZA 1998, 374 = DB 1998, 521).

**3. Wirkung.** Die Wirkung der Anfechtungserklärung tritt erst durch Zugang beim Anfechtungsgegner ein (§§ 130, 143 BGB; zum Problem des Zuganges → Form. XIX.34 Anm. 3) und führt regelmäßig zur Nichtigkeit von Anfang an (§ 142 Abs. 1 BGB). Nicht zuletzt wegen der Schwierigkeiten einer Rückabwicklung eines Arbeitsverhältnisses hat sich jedoch in Schrifttum und Rechtsprechung die Auffassung durchgesetzt, dass ein bereits in Vollzug gesetzter Arbeitsvertrag nicht mehr mit rückwirkender Kraft angefochten werden kann (ständige Rechtsprechung seit BAGE 5, 159 = AP BGB § 123 Nr. 2; vgl. ferner BAGE 51, 167 = NZA 1986, 739 = AP BGB § 123 Nr. 31 (C II) mwN). In diesen Fällen wird der Anfechtung anstelle der rückwirkenden Nichtigkeit nur die kündigungsähnliche Wirkung der Auflösung des Arbeitsverhältnisses für die Zukunft (ex-nunc-Wirkung) zugeschrieben. Hiervon wiederum macht das BAG grundsätzlich dann eine Ausnahme, wenn das Arbeitsverhältnis – aus welchen Gründen auch immer – zwischenzeitlich wieder außer Funktion gesetzt worden ist; dann soll die Anfechtung auf den Zeitpunkt der Außerfunktionsetzung des Arbeitsvertrages zurückwirken (BAG AP BGB § 123 Nr. 49 = NZA 1999, 584 = DB 1999, 852). Zur Rückwirkung bei Teilanfechtung BAG AP HGB § 60 Nr. 4 = DB 1970,

1788 (1789); zur rückwirkenden Anfechtung einer Gehaltserhöhung ArbGer Stuttgart NZA-RR 1996, 46). Die Anfechtung (auch wegen arglistiger Täuschung) kann, insbes. nach gewisser Dauer des Arbeitsverhältnisses gegen Treu und Glauben verstoßen und daher gem. § 242 BGB unwirksam sein (BAG AP BGB § 123 Nr. 17 = NJW 1970, 1565; BAG NZA 1988, 731 = DB 1988, 815 = BB 1988, 632); zur Nichtigkeit nach § 138 BGB vgl. BAG DB 1985, 1352). Auch kommt eine Bestätigung des anfechtbaren (§ 144 BGB) wie des bereits angefochtenen (§ 141 BGB) Rechtsgeschäftes in Frage. Die Beweislast trägt für die Anfechtungsgründe der Anfechtende, für den Zeitpunkt der Kenntnis der Anfechtungsgegner (BAG AP BGB § 119 Nr. 4 mAnm *Mühl* in XIX 3 der Gründe = NJW 1980, 1302; zur Darlegungs- und Beweislast im Anfechtungsprozess wegen widerrechtlicher Drohung auch BAG AP BGB § 123 Nr. 51 = NZA 2000, 27 = DB 1999, 2574; Zur Beweislast bei bereicherungsrechtlicher Rückabwicklung von gegenseitigen Verträgen BGH DB 1999, 845). Der nach § 119 BGB Anfechtende kann nach § 122 BGB schadenersatzpflichtig sein. Dem nach § 123 BGB berechtigterweise Anfechtenden können Schadenersatzansprüche erwachsen, BAG NZA 1991, 895 = DB 1991, 2144).

**4. Beispiele aus der Rechtsprechung.** Die Anfechtung des Arbeitsvertrages spielt in Fällen besonderer Kündigungserschwernisse (zB § 9 MuSchG, § 15 SchwbG, § 15 KSchG) eine große Rolle. Zwar nimmt die Rspr. nur in sehr engen Grenzen verkehrswesentliche Eigenschaften iSv § 119 Abs. 2 BGB an. Eine Anfechtung wegen arglistiger Täuschung wird aber regelmäßig zB dann in Frage kommen, wenn der ArbN über für den Arbeitsvertrag relevante Umstände bewusst falsche Angaben zB in einem Personalfragebogen gemacht hat (vgl. auch Formular XIX. 3). Allerdings berechtigt zur Anfechtung nach § 123 Abs. 1 BGB lediglich die wahrheitswidrige Beantwortung einer in zulässiger Weise gestellten Frage (BAG NZA 2012; 34; 2010, 1250; zum Fragerecht: *Wisskirchen/Bissels* NZA 2007, 169 mwN). Nach dem In-Kraft-Treten des AGG ist im Besonderen darauf zu achten, dass die gestellte Frage auch keine Benachteiligung iSd §§ 1, 7 AGG beinhaltet. Nach der Rechtsprechung des EuGH ist die Frage nach der Schwangerschaft nicht zulässig (EuGH AP EWG-Richtlinie Nr. 76/207 Nr. 27 = NZA 2001, 1243; EuGH NZA 2003, 373). Das BAG hat sich der Auffassung des EuGH angeschlossen und sieht in der Frage nach der Schwangerschaft ebenso eine unzulässige Diskriminierung, weshalb ein Anfechtungsrecht ausscheidet (BAG 6.2.2003, AP BGB § 611a Nr. 21 = NZA 2003, 848). § 3 Abs. 1 S. 2 AGG ordnet jetzt für den Bereich von Beschäftigung und Beruf an, dass eine unmittelbare Benachteiligung wegen des Geschlechts im Fall einer ungünstigeren Behandlung einer Frau wegen Schwangerschaft vorliegt, sodass eine Frage nach einer Schwangerschaft immer unzulässig ist. Anfechtung wegen Verschweigens der Schwerbehinderteneigenschaft: Tätigkeitsneutrale Fragen nach einer Schwerbehinderteneigenschaft oder einer Gleichstellung kommen wegen § 164 Abs. 2 S. 1 SGB IX iVm dem AGG vor Vertragsschluss und in den ersten sechs Monaten nach Vertragsschluss nicht in Betracht und sind unzulässig. Die Frage nach einer Behinderung kann aber ausnahmsweise dann zulässig sein, wenn die Behinderung die vertragsgemäße Arbeitsleistung dauerhaft unmöglich macht (vgl. auch Formular XIX. 3. → Anm. 5). Verschweigen von Vorstrafen und Ermittlungsverfahren: ArbGer Münster NZA 1993, 461 = BB 1993, 1592; BAG AP BGB § 123 Nr. 50 = NZA 1999, 975 = DB 1999, 1859; Auskunftspflicht des ArbN über eine frühere Tätigkeit für das Ministerium für Staatssicherheit: BAG NZA 1996, 637 = DB 1996, 634 = BB 1996, 749; BVerfG NZA 1999, 1095; BAG AP BGB § 123 Nr. 46 = NZA 1998, 1052; BAG NZA-RR 1999, 635; BAG AP BGB § 123 Nr. 58 = NZA 2001, 317 = DB 2001, 981; Anfechtung nach § 123 BGB bei Drohung mit einer Strafanzeige BAG AP BGB § 781 Nr. 5 = NZA 1999, 417 = DB 1999, 586; BAG AP BGB § 123 Nr. 51 = NZA 2000, 27 = DB 1999, 2574; LAG Hessen DB 1998, 82, BAG NZA 2002, 731 = DB 2002, 1328; Frage nach früheren Arbeitsverhältnissen: LAG Köln DB 1996, 892 und NZA-RR 1996, 403; Frage nach einer Anschlussbeschäftigung im Zusammenhang mit der Vereinbarung einer Abfindung: LAG

Hamm BB 1995, 2117 und ArbG Rheine DB 1993, 1881 = BB 1993, 1810 mAnm*Liebscher* aaO 2236; Anfechtung einer eigenen Kündigung des Arbeitnehmers: BAG 63 zu § 123 BGB = DB 2003, 1685; BAG AP BGB § 123 Nr. 21 = NJW 1980, 2213; BAG AP BGB § 123 Nr. 23 = DB 1983, 1602 = BB 1983, 1727, BAG NZA 1996, 875 = BB 1996, 434 und BAG NZA 1992, 790 = DB 1992, 1529 = BB 1992, 1286 (Eigenkündigung einer Schwangeren); Anfechtung eines Aufhebungsvertrages wegen widerrechtlicher Drohung: Das BAG (vgl. BGB § 123 Nr. 37; 23.11.2006 NZA 2007, 866; 12.3.2015 NZA 2015, 676 Rn. 27) bejaht ein Recht des Arbeitnehmers zur Anfechtung der auf Abschluss des Aufhebungsvertrags gerichteten Willenserklärung wegen widerrechtl. Drohung (§ 123), wenn ein verständiger ArbG eine außerordentl. Kündigung nicht ernsthaft in Erwägung ziehen durfte. Maßgebl. ist nicht nur der tats. subj. Wissensstand des Arbeitgebers. Zu berücksichtigen sind vielmehr auch die Erg. weiterer Ermittlungen, die ein verständiger Arbeitgeber zur Aufklärung des Sachverhalts angestellt hätte. Entscheidend ist also nach der Rspr. der objektiv mögliche und damit ein hypothetischer Wissensstand (vgl. ErfK/*Müller-Glöge*, BGB, § 620 Rn. 11a; BAG 16.11.1979 AP BGB § 123 Nr. 21; 21.3.1996 AP BGB § 123 Nr. 42). Anfechtung eines Aufhebungsvertrages wegen arglistiger Täuschung: BAG AP BGB § 620 Aufhebungsvertrag Nr. 27 = EzA § 312 BGB 2002 Nr. 2; Irrtumsanfechtung eines befristeten Anschlussvertrages: BAG NZA 1988, 734 = DB 1988, 1704 = BB 1988, 1823; Verschweigen des Bezugs einer befristeten Erwerbsunfähigkeitsrente: LAG Düsseldorf NZA 1991, 674 = BB 1991, 1197; Verschweigen der Transsexualität nach dem TSG: BAG NZA 1991, 719 = DB 1991, 1934 = BB 1991, 2014.

5. **Betriebsverfassung.** Die Vorschriften über die Anhörung des Betriebsrats vor einer Kündigung sind auf die Anfechtung nicht anwendbar. Beschlüsse des Betriebsrates können nach §§ 119 ff. BGB nicht angefochten werden (BAG AP BetrVG 1972 § 103 Nr. 11 = NJW 1978, 661). Dagegen unterliegen Tarifverträge und Betriebsvereinbarungen der Anfechtung mit Wirkung ex nunc (BAG AP TVG § 1 Form Nr. 6 = NJW 1977, 318; BAG AP BGB § 615 Kurzarbeit Nr. 1 = NJW 1962, 654).

## 33. Abmahnung[1, 2, 3, 4]

**Mit Ihrem nachfolgend dargestellten Verhalten haben Sie Ihre arbeitsvertraglichen Pflichten in erheblichem Maße verletzt. Dies können wir nicht unbeanstandet hinnehmen, mahnen Sie deshalb ab und fordern Sie auf, wieder uneingeschränkt und ordnungsgemäß Ihren arbeitsvertraglichen Pflichten nachzukommen. In der vergangenen Woche sind Sie mehrfach erheblich zu spät zur Arbeit gekommen. Sie erschienen am . . . . . um . . . . . Min. und am . . . . . um . . . . . Min. verspätet an Ihrem Arbeitsplatz. Wir machen Sie darauf aufmerksam, dass wir auf pünktlicher Anwesenheit zu Arbeitsbeginn bestehen. Achten Sie auch in Ihrem eigenen Interesse unbedingt darauf, künftig stets rechtzeitig die Arbeit aufzunehmen. Zuwiderhandlungen wie die geschilderten sind uneingeschränkt zu unterlassen. Im Wiederholungsfalle weiterer derartiger oder ähnlicher Pflichtverletzungen müssen Sie mit personellen Maßnahmen bis hin zur ordentlichen oder gar außerordentlichen Kündigung Ihres Arbeitsverhältnisses rechnen. Eine Ausfertigung dieser Abmahnung nehmen wir zu Ihrer Personalakte.**

*Schrifttum: Adam,* Die Abmahnungsberechtigung, DB 1996, 476; *ders.,* Grundfragen der Abmahnung im Arbeitsverhältnis, AuR 2001, 41; *Bahntje,* Behält eine unwirksame Abmahnung für eine spätere Kündigung ihre Warnfunktion?, AuR 1996, 250; *Becker-Schaffner,* Die Abmahnung in der Praxis, BB 1995, 2526; *Bergwitz,* Abmahnung und

Vertrauensstörungen im Arbeitsrecht, BB 1998, 2310; *Besgen,* Kündigung und Abmahnung bei unzulässiger Nutzung von Internet und E-Mail, MDR 2007, 1; *Binkert,* Die Rechtsprechung zur Entbehrlichkeit der Abmahnung vor verhaltensbedingten Kündigungen, NZA 2016, 721; *Diller,* Klage gegen Abmahnung – Ein Kunstfehler?, ArbRB 2010, 595; *Gerhards,* Abmahnungserfordernis bei Vertrauensstörungen, BB 1996, 794; *Heinze,* Zur Abgrenzung von Betriebsbuße und Abmahnung, NZA 1990, 169; *Hunold,* Die Rechtsprechung zur Abmahnung, NZA-RR 2000, 169; *ders.*, Abmahnung und Kündigung wegen Leistungs- und/oder Qualifikationsdefiziten des Mitarbeiters – Eine aktuelle Bestandsaufnahme, NZA-RR 2014, 169; *ders.*, Abmahnung, Ermahnung, Vertragsrüge und Kündigungsverzicht, ArbRAktuell 2016, 341; *Jurkat,* Gerichtliche Feststellung der Rechtswirksamkeit einer Abmahnung auf Antrag des Arbeitgebers?, DB 1990, 2218; *Joussen,* Abmahnung und Krankheit – Das Abmahnerfordernis bei Therapieverweigerung, NZA-RR 2016, 1; *Kammerer,* Personalakte und Abmahnung Heidelberg 1995; *ders.,* Die „letzte Abmahnung" in der Rechtsprechung des BAG, BB 2002, 1747; *Kannia,* Die betriebsverfassungsrechtliche Abmahnung, DB 1996, 374; *ders.,* Die „Betriebsverfassungsrechtliche Abmahnung" – warum nicht?, NZA 1996, 90; *Koffka,* Die arbeitsrechtliche Abmahnung als Rechtsinstitut Frankfurt a.M. 1993; *Kranz,* Die Ermahnung in der arbeitsrechtlichen Praxis, DB 1998, 1464; *Leisten,* Das Nachschieben von Abmahnungsgründen, AuR 1991, 206; *Notzon,* Die Abmahnung im öffentlichen Dienst, öAT 2016, 4; *Pauly,* Hauptprobleme der arbeitsrechtlichen Abmahnung, NZA 1995, 449; *Raab,* Die Abmahnung als Verzicht auf das Kündigungsrecht, FS Buchner, 2009, S. 704; *Schaub,* Die Abmahnung als zusätzliche Kündigungsvoraussetzung, NZA 1997, 1185; *Schrader,* Verwirkung der Abmahnung durch Zeitablauf?, NZA 2011, 180; *Schunck,* Gescheiterte Abmahnung: Kündigungsrechtliche Konsequenzen?, NZA 1993, 828; *Sibben,* Abschied vom Erfordernis der „einschlägigen" Abmahnung, NZA 1993, 583; *Tschöpe,* Formelle und prozessuale Probleme der Abmahnung, NZA 1990, Beilage Nr. 2 zu Heft 18 S. 10; *Walker,* Fehlentwicklungen bei der Abmahnung im Arbeitsrecht, NZA 1995, 601; *Zuber,* Das Abmahnungserfordernis vor Ausspruch verhaltensbedingter Kündigungen, NZA 1999, 1142.

## Anmerkungen

**1. Voraussetzungen und Inhalt.** Mit der Abmahnung macht der ArbG sein Gläubigerrecht auf Einhaltung der Dienstpflicht geltend, verbunden mit der Androhung der Kündigung oder zumindest einer Versetzung im Wiederholungsfall. Es muss deutlich erkennbar sein, welches Fehlverhalten beanstandet wird. Die angedrohten Maßnahmen brauchen nicht im Einzelnen bezeichnet zu werden (BAG AP KSchG 1969 § 1 Verhaltensbedingte Kündigung Nr. 3 = DB 1980, 1351). Die ausdrückliche Erwähnung einer möglichen Kündigung oder gar fristlosen Kündigung ist nicht erforderl. (BAG 27.9.2012 NZA 2013, 425). Die Abmahnung darf keinen über ihren Zweck hinausgehenden Sanktionscharakter haben. Sie darf kein Unwerturteil über die Person des ArbN enthalten (BAG AP GG Art. 5 Abs. 1 Meinungsfreiheit Nr. 9 = DB 1982, 2705), Bewertungen von Vorgängen oder Verhaltensweisen sind aber zulässig (zur Abgrenzung von Abmahnung und Betriebsbuße LAG Köln NZA-RR 1996, 204). Der erhobene Vorwurf muss objektiv gerechtfertigt sein, es kommt aber nicht darauf an, ob das beanstandete Verhalten dem ArbN auch subjektiv vorgeworfen werden kann (BAG AP BetrVG 1972 § 87 Betriebsbuße Nr. 3 mAnm *Herschel* = DB 1980, 550; BAG AP GG Art. 9 Arbeitskampf Nr. 74 = NJW 1982, 2835; BAG AuR 1993, 252). Sie darf sich nur auf arbeitsvertragliche Pflichten beziehen, was insbesondere bei der Abmahnung gegenüber einem Betriebsratsmitglied zu beachten ist (hierzu insbesondere BAG NZA 1995, 225 = DB 1995, 1235; BAG NZA 1994, 500 = DB 1994, 2554; BAG NZA 1993, 220 = DB 1993, 438 = BB

1992, 2512; LAG Bremen NZA 1995, 964; LAG Hamm BB 1996, 1015; LAG Düsseldorf DB 1993, 2604; kein Abwehranspruch des Betriebsratsmitgliedes bezüglich der Korrespondenz des ArbG mit dem Betriebsrat, ArbGer Bielefeld NZA-RR 1996, 445). Auch die Abmahnung steht unter dem Grundsatz der Verhältnismäßigkeit (BAG AP GewO § 106 Nr. 3 = NZA 2009, 1011; BAG NZA 2000, 208 = DB 2000, 147; BAG NZA 1990, 658 = DB 1990, 1928; LAG Düsseldorf DB 1991, 975; BAG NZA 1992, 690 = DB 1992, 843; LAG Bremen DB 1990, 742). Die formalisierende Rechtsprechung betont die Hinweisfunktion der Abmahnung ebenso wie ihre Warnfunktion: Der ArbG muss unmissverständlich deutlich machen, welches Verhalten er als vertragswidrig beurteilt, und muss den ArbN davor warnen, dass im Wiederholungsfalle mit arbeitsrechtlichen Konsequenzen zu rechnen ist (BAG AP BGB § 611 Abmahnung Nr. 33 = NZA 2009, 842). Bei zahlreichen Abmahnungen wegen gleichartiger Pflichtverletzungen muss die letzte Abmahnung vor Ausspruch einer Kündigung besonders eindringlich gestaltet sein (BAG NZA 2002, 968 = DB 2002, 689). Beispiele von Grenzfällen: Abmahnung wegen des Verteilens von Flugblättern im Betrieb, BAG NZA 1987, 153; Verletzung der Pflicht zur Vorlage einer Arbeitsunfähigkeitsbescheinigung LAG Köln DB 1989, 1294; DKP-Kandidatur BAG NZA 1988, 834 = BB 1988, 2109; Unterbrechung der Arbeit für fünf Mahnminuten für den Frieden LAG Hamm DB 1985, 2691; Abmahnung bei Erhebung einer Dienstaufsichtsbeschwerde LAG Bremen NZA 1992, 694; Abmahnung eines Chefarztes im katholischen Krankenhaus BAG NZA 1994, 443 = NJW 1994, 3032; Abmahnung wegen Arbeitsunterbrechung zur Teilnahme an einer politischen Demonstration LAG Schleswig-Holstein NZA 1995, 842 = DB 1995, 1336 oder zur Verrichtung kurzzeitiger Gebete LAG Hamm NZA 2002, 1090; Abmahnung wegen Gewerkschaftswerbung während der Arbeit BVerfG NJW 1997, 375 = BB 1996, 590 = DB 1996, 1627; Abmahnung wegen kritischer Äußerungen in der Öffentlichkeit – Meinungsfreiheit – ArbGer Berlin NZA-RR 1997, 281; Abmahnung wegen Ausübung einer nicht genehmigten Nebentätigkeit BAG NZA 1997, 145 = DB 1997, 233, BAG NZA 2002, 288 und 965; Abmahnung wegen einer Straftat außerhalb des Dienstes LAG Nürnberg NZA-RR 2001, 27; Abmahnung ohne vorherige Anhörung? LAG Hamm NZA-RR 1999, 467 = NZA-RR 2001, 238 und ArbG Frankfurt/Oder DB 2000, 146 mwN; Meinungsfreiheit und Persönlichkeitsrecht BVerfG NZA 1999, 77.

**2. Abmahnung und Kündigung.** Nach heute herrschender Auffassung setzt im Anwendungsbereich des KSchG (BAG AP BGB § 611 Abmahnung Nr. 26 = BB 2001, 1902) die außerordentliche und die ordentliche Kündigung eine vorherige Abmahnung voraus, soweit es sich um Leistungsstörungen handelt, deren Beseitigung durch eine Abmahnung erwartet werden kann (BAG NZA 2010, 1227; BAG AP KSchG 1969 § 1 Verhaltensbedingte Kündigung Nr. 59 = NZA 2009, 1198; BAG DB 1980, 1351 = BB 1980, 1269; BAG AP KSchG 1969 § 1 verhaltensbedingte Kündigung Nr. 9 = DB 1976, 2356; BAG DB 1982, 1417; NZA 1994, 656 = BAG NJW 1994, 2783 = BB 1994, 1148). Die Abmahnung muss ihrerseits dem Grundsatz der Verhältnismäßigkeit entsprechen (BAG AP GewO § 106 Nr. 3 = NZA 2009, 1011). Bei Störungen im Vertrauensbereich (zum Begriff LAG Köln NZA 1995, 792 = BB 1995, 522) bedarf es nur dann einer Abmahnung, wenn es um ein steuerbares Verhalten des ArbN geht und eine Wiederherstellung des Vertrauens erwartet werden kann (BAG AP BGB § 626 Nr. 137 = NZA 1997, 1281 = DB 1997, 2386). Bei schweren Pflichtverletzungen, deren Rechtswidrigkeit für den ArbN ohne weiteres erkennbar ist und bei denen eine Hinnahme des Verhaltens durch den ArbG offensichtlich ausgeschlossen ist, bedarf es vor einer Kündigung keiner Abmahnung (BAG 20.11.2014 NZA 2015, 294 (sexuelle Belästigung); BAG NZA 2011, 112 (außerdienstliche Straftat); BAG NZA-RR 2010, 461 (Überlassung von Kundendaten an Konkurrenzunternehmen); BAG NZA 2010, 1348; NZA-RR 2009, 393; BAG AP KSchG 1969 § 15 Nr. 42 = NZA 1999, 708 = DB 1999, 1121 und BAG AP BGB § 626 Nr. 149 =

NZA 1999, 587 = DB 1999, 1324, stRspr); das gilt auch im Ausbildungsverhältnis (BAG AP BBiG § 15 Nr. 11 = NZA 1999, 1270 = DB 1999, 2216). Auch bei Störungen des Betriebsfriedens (BAG DB 1985, 340 und LAG Hamm DB 1985, 49) und bei in einem Personalgespräch bekundeter Uneinsichtigkeit des ArbN (LAG Köln NZA-RR 1966, 128) kann das Erfordernis einer Abmahnung entfallen. Nimmt der Arbeitgeber eine bestimmte Leistungsstörung zum Anlass, eine Abmahnung auszusprechen, verzichtet er dadurch konkludent auf sein Kündigungsrecht wegen der Gründe, die Gegenstand der Abmahnung waren (BAG AP KSchG 1969 § 1 Verhaltensbedingte Kündigung Nr. 61 = NZA 2010, 823; BAG 13.12.2007, AP KSchG 1969 § 1 Nr. 33 = NZA 2008, 403; BAG NZA 1989, 633 = DB 1989, 1427 = BB 1989, 1347). Nach Erhalt einer Abmahnung ist dem ArbN eine ausreichende „Umlernphase" zuzubilligen (LAG Hessen NZA-RR 1999, 637 für den Fall von Leistungsmängeln; uU ist dem ArbG auch bei wiederholtem Pflichtverstoß des ArbN eine erneute Abmahnung zuzumuten LAG Hamm NZA 1998, 483 im Falle eines langjährigen zuvor störungsfrei verlaufenen Arbeitsverhältnisses). Soweit zur Wirksamkeit einer außerordentlichen Kündigung wegen Verletzung von Verhaltenspflichten durch den ArbN eine vorherige Abmahnung erforderlich ist, müssen der abgemahnte und der zur Kündigung herangezogene Pflichtverstoß gleichartig sein (LAG Hessen NZA 1998, 822). Hat der Arbeitgeber einen bestimmten Vorgang zum Anlass für eine Kündigung genommen und wird deren Rechtsunwirksamkeit festgestellt, kann er denselben Vorgang nachträglich zum Gegenstand einer Abmahnung machen (BAG NZA 1989, 272 = DB 1989, 284 = BB 1989, 222). Der Abmahnung muss nicht zunächst das mildere Mittel der anderweitigen Maßregelung vorausgehen (BAG NZA 1991, 557 = DB 1991, 1637). Spätere nachgiebige Reaktion des ArbG kann der Abmahnung die Wirkung wieder nehmen (LAG Baden-Württemberg AR-Blattei Abmahnung Entscheidung 2). Auch der ArbN muss uU vor Ausspruch einer außerordentlichen Kündigung abmahnen (LAG Düsseldorf BB 1980, 1526; LAG Hamm BB 1991, 2017; LAG Baden-Württemberg BB 1991, 415; LAG Hamm NZA 1992, 314). Auch eine Versetzung wegen Leistungsmängeln kann erst nach einer vorausgegangenen Abmahnung wirksam vorgenommen werden (BAG NZA 1986, 713 = DB 1986, 2188 = BB 1986, 1918; anders aber im Falle einer Umsetzung BAG NZA 1996, 1088 = BB 1996, 2254 = DB 1996, 1931).

Die Warnfunktion einer Abmahnung gilt bislang als zeitlich begrenzt, ohne dass es hierfür starre Regelfristen gibt. Dennoch ist eine ältere Abmahnung nicht wirkungslos, sondern behält ihre Bedeutung zumindest für die abschließende Interessenabwägung (BAG für die außerordentliche Kündigung NZA 2010, 1227). Eine Abmahnung verliert nicht allein wegen Zeitablaufs ihre Wirkung (BAG 27.9.2012 NZA 2013, 425).Vor diesem Hintergrund kann ein ArbN entgegen der bisherigen Rechtsprechung des BAG wohl nicht mehr die Entfernung einer Abmahnung aus der Personalakte mit der Begründung fordern, diese sei wegen Zeitablaufs wirkungslos.

**3. Berechtigter, Form.** Die Abmahnung kann auch von Personen vorgenommen werden, die zwar nicht zur Kündigung berechtigt, wohl aber bezüglich der Arbeitsleistung weisungsbefugt sind (BAG AP KSchG 1969 § 1 Verhaltensbedingte Kündigung Nr. 3 Ls. 3 = Betr. 1980, 1351; LAG Hamm Betr. 1983, 1930; kritisch dagegen zuletzt *Adam* DB 1996, 476 mwN). Die Abmahnung bedarf zu ihrer Wirksamkeit keiner Form. Schriftform empfiehlt sich aus Beweissicherungsgründen. UU ist ein Anschlag am schwarzen Brett ausreichend (Beispiel: Pausenbummelei mehrerer ArbN).

Der ArbN kann die Rücknahme einer unberechtigten Abmahnung und die Entfernung aus der Personalakte wegen Verletzung der Fürsorgepflicht und in analoger Anwendung von § 1004 BGB verlangen und gerichtlich durchsetzen (BAG AP GewO § 106 Nr. 3 = NZA 2009, 1011; BAG NZA-RR 2011, 162; BAG AP BGB § 611 Fürsorgepflicht Nr. 84 = NJW 1978, 2263; BAG NZA 1986, 227 = DB 1986, 489 = BB 1986, 594; BAG NZA 1993, 838 = DB 1993, 1677; ArbG Köln BB 1994, 580 gegen LAG Niedersachsen BB

1993, 2453). Nach Beendigung des Arbeitsverhältnisses besteht aber regelmäßig kein Anspruch mehr auf Entfernung einer unberechtigt erteilten Abmahnung aus der Personalakte (BAG NZA 1995, 220 = DB 1995, 732). Hat der Arbeitnehmer davon abgesehen, die Berechtigung einer Abmahnung gerichtlich überprüfen zu lassen, so ist er nicht daran gehindert, die Richtigkeit der abgemahnten Pflichtwidrigkeiten in einem späteren Kündigungsschutzprozess zu bestreiten (BAG NZA 1987, 518 = DB 1987, 1494. Das gilt auch bei einer vergleichsweisen Erledigung des Rechtsstreites um die Abmahnung (LAG Hamm NZA 1990, 540 = DB 1990, 691). Auch an der Beweislast im Kündigungsschutzprozess ändert sich nichts (LAG Hessen BB 1987, 1463). Die Darlegungs- und Beweislast im Prozess folgt den für Kündigungsschutzverfahren aufgestellten Grundsätzen (LAG Bremen NZA 1992, 694).

Im Anwendungsbereich des BAT (seit 2005 TVöD) ist eine ohne vorherige Anhörung des Angestellten vorgenommene Abmahnung ohne weiteres aus der Personalakte zu entfernen (BAG NZA 1990, 477 = DB 1990, 841 = BB 1990, 708). Auch bei einer aus formalen Gründen (§ 13 Abs. 2 S. 1 BAT) unwirksamen Abmahnung bleibt die Warnfunktion erhalten (BAG AP BGB § 626 Verdacht strafbarer Handlung Nr. 46 = NZA 2009, 894; BAG NZA 1992, 1028 = DB 1992, 2143 = BB 1992, 2079; LAG Hamm BB 1992, 863). Das Recht des ArbG zur Abmahnung fällt ebensowenig unter die Ausschlussfrist des § 70 BAT wie der Anspruch des ArbN auf Entfernung einer Abmahnung aus der Personalakte (BAG NZA 195, 678 = DB 1995, 981 = BB 1995, 622; aA LAG Berlin BB 1994, 2075; 1991, 1343 und LAG Düsseldorf DB 1988, 450 = BB 1988, 348). Der TVöD hat das Anhörungserfordernis aus dem BAT allerdings nicht übernommen. Im Rechtsstreit um die Entfernung einer Abmahnung aus der Personalakte können Abmahnungsgründe nachgeschoben werden (LAG Berlin NZA 1989, 964 = DB 1990, 738 = BB 1989, 1979). Eine Abmahnung kann durch Zeitablauf wirkungslos werden; der Zeitraum kann aber nur auf Grund aller Umstände des Einzelfalles bestimmt werden (BAG NZA 1987, 418 = DB 1987, 1303; BAG NZA 1986, 421 = DB 1986, 1075 = BB 1986, 943 gegen LAG Hamm NZA 1987, 26; vgl. auch BAG DB 1987, 2387 und LAG Hessen BB 1988, 1255).

Es musste entschieden werden, dass die Entfernung einer Abmahnung aus der Personalakte nicht durch das Überkleben strittiger Passagen realisiert werden kann (LAG Köln DB 1989, 636). Enthält eine Abmahnung unter mehreren Rügen nur eine unberechtigte, kann der Arbeitnehmer die Entfernung der Abmahnung insgesamt verlangen; dem Arbeitgeber bleibt es aber vorbehalten, die entfernte Abmahnung durch eine korrigierte neue zu ersetzen (BAG NZA 1991, 768 = DB 1991, 1527 = BB 1991, 1567; LAG Düsseldorf NZA 1987, 354). Es verstößt gegen § 308 Abs. 1 S. 1 ZPO, wenn das Gericht in einem Streit über die Entfernung einer Abmahnung den beklagten ArbG ohne Antrag für berechtigt erklärt, erneut schriftlich abzumahnen (BAG NZA 1995, 461). Für den Antrag auf Erlass einer einstweiligen Verfügung zur Untersagung einer Abmahnung fehlt es regelmäßig am Verfügungsgrund (LAG Köln NZA-RR 1996, 470); zur vorbeugenden Unterlassungsklage ArbGer Bochum NZA-RR 1997, 82).

Die Entfernung einer Abmahnung aus der Personalakte hindert den ArbN nicht, den Widerruf einer in der Abmahnung enthaltenen Behauptung zu verlangen; Voraussetzung ist allerdings, dass eine fortdauernde Beeinträchtigung von Rechten des ArbN zu besorgen ist, die durch den verlangten Widerruf beseitigt werden könnte (BAG AP BGB § 611 Abmahnung Nr. 22 = NZA 1999, 1037 = DB 1999, 1810; vgl. auch ArbG München NZA-RR 2000, 524 = DB 2000, 1771 = BB 2000, 1790).

Der Streit um die Entfernung aus der Akte ist vermögensrechtlicher Art (BAG DB 1982, 1731). Den Streitwert wird man auf ein halbes bzw. ein volles Monatsgehalt anzusetzen haben (vgl. zB LAG Düsseldorf NZA-RR 1996, 391; LAG Schleswig-Holstein BB 1995, 1596). Die Vollstreckung des Anspruches auf Entfernung einer Abmahnung aus der Personalakte richtet sich nach § 888 ZPO (LAG Hessen NZA 1994, 288).

**4. Betriebsverfassung.** Die reine Abmahnung ist nicht mitbestimmungspflichtig, auch wenn das vertragswidrige Verhalten mit einem Verstoß gegen die „kollektive betriebliche Ordnung" zusammenfällt (BAG AP BetrVG 1972 § 87 Betriebsbuße Nr. 2 = NJW 1980, 856; BAG AP BetrVG 1972 § 87 Betriebsbuße Nr. 5 = DB 1983, 2695; BAG NZA 1985, 459 = DB 1985, 1239 = BB 1984, 2002; BAG NZA 1996, 218 = BB 1996, 643 = DB 1996, 333, auch zur Frage einer Betriebsvereinbarung; Wertung als mitbestimmungspflichtige Betriebsbuße LAG Hessen NZA 1989, 273 = DB 1989, 1931; zum Personalvertretungsrecht ebenso BVerwG ZBR 1983, 131, 308). Der Betriebsrat hat auch kein Recht auf Unterrichtung (LAG Schleswig-Holstein DB 1983, 2145; ebenso zum Personalvertretungsrecht OVG Münster DB 1996, 225). Die Abmahnung wird aber (auch) zur mitbestimmungspflichtigen Sanktion, wenn sie über den Warnzweck hinaus zugleich ein Unwerturteil über die angesprochene Person iS einer Bestrafung zum Ausdruck bringt (BAG AP BetrVG 1972 § 87 Betriebsbuße Nr. 3 mAnm *Herschel* = DB 1980, 550). Streitig ist, ob bei einer Beschwerde gegen eine Abmahnung die Einigungsstelle (offensichtlich) unzuständig ist (LAG Rheinland-Pfalz NZA 1985; LAG Köln NZA 1985, 191; dazu vgl. *Dedert* BB 1986, 320). → Form. V.6 (Führung von Personalakten).

Die Abmahnung eines ArbN wegen seines Verhaltens als Betriebsratsmitglied ist nicht zulässig, es sei denn, es handele sich zugleich um die Verletzung arbeitsvertraglicher Pflichten. So hat das BAG entschieden, dass die Pflicht eines Betriebsratsmitgliedes, sich vor Beginn seiner Betriebsratstätigkeit beim ArbG abzumelden, jedenfalls auch auf dem Arbeitsvertrag beruhe, die Verletzung dieser Pflicht also Gegenstand und Inhalt einer Abmahnung sein kann (AP BGB § 611 Abmahnung Nr. 9 = NZA 1993, 220 = DB 1993; zur Störung des Betriebsfriedens durch Betriebsratstätigkeit LAG Hessen NZA-RR 1998, 17).

## 34. Ordentliche Kündigung durch den Arbeitgeber[1]

Einfache Erklärung[2, 3, 4, 5, 6, 7, 8, 9]

**Wir kündigen hiermit das mit Ihnen bestehende Arbeitsverhältnis unter Einhaltung der gesetzlichen (vertraglichen, tariflichen) Frist von . . . . . zum . . . . ., hilfsweise zum nächst möglichen Zeitpunkt. Wir fordern Sie auf, innerhalb der Kündigungsfrist den noch bestehenden Urlaub in Anspruch zu nehmen.**

Erläuternde Erklärung

**Veränderungen innerhalb unseres Betriebes haben leider zur Folge, dass wir den mit Ihnen bestehenden Arbeitsvertrag unter Einhaltung der geltenden Frist ordentlich zum . . . . . kündigen müssen. Es sind mehrere Arbeitsplätze weggefallen und wir mussten bei der Auswahl der zu kündigenden Mitarbeiter vor allem soziale Belange berücksichtigen. Der Betriebsrat wurde angehört. Lassen Sie es uns bitte wissen, ob Sie ein Zwischenzeugnis benötigen. Soweit uns dies möglich ist, sind wir selbstverständlich bei der Suche nach einem anderen Arbeitsplatz behilflich.**

**Wir weisen darauf hin, dass Sie verpflichtet sind, sich unverzüglich bei der zuständigen Arbeitsagentur arbeitslos zu melden, sofern Sie beabsichtigen, nach Ende des Arbeitsverhältnisses Leistungen der Arbeitsagentur in Anspruch zu nehmen und Nachteile vermieden werden sollen. Darüber hinaus weisen wir auf die Notwendigkeit eigener Aktivitäten bei der Suche nach einer anderen Beschäftigung hin.[10]**

*Schrifttum: Adam,* Die Kündigung wegen Sicherheitsbedenken, ZTR 2009, 569; *Bader,* Das Gesetz zu Reformen am Arbeitsmarkt: Neues im Kündigungsschutzgesetz und im Befristungsrecht, NZA 2004, 65; *ders.,* Die gerichtsfeste betriebsbedingte Kündigung, NZA

Beilage 2010, Nr. 2, S. 85; *Bauer,* Ein Vorschlag für ein modernes und soziales Kündigungsschutzrecht, NZA 2002, 529; *Bauer/Powietzka,* Heilung unterbliebener Massenentlassungsanzeigen nach § 17 KSchG, DB 2000, 1013; *Bauer/von Medem,* Altersdiskriminierende Kündigung im Kleinbetrieb, NJW 2016, 210; *Baumeister/Richter,* Das betriebliche Eingliederungsmanagement und die krankheitsbedingte Kündigung, ZfA 2010, 3; *Becker-Schaffner,* Die Rechtsprechung zum Umfang der Pflicht zur Mitteilung der Kündigungsgründe gem. § 102 Abs. 1 BetrVG, DB 1996, 426; *ders.,* Zugang der Kündigung, BB 1998, 422; *Beckschulze,* Der Wiedereinstellungsanspruch nach betriebsbedingter Kündigung, DB 1998, 417; *Bengelsdorf,* Alkoholkonsum und verhaltensbedingte Kündigung, NZA 2001, 993; *Berkowsky,* Kündigungsschutz außerhalb des KSchG – Eine Herausforderung für die Praxis; NJW 2009, 113; *ders.,* Die verhaltensbedingte Kündigung, NZA-RR 2001, 1 und 57; *ders.,* Die personenbedingte Kündigung, NZA-RR 2001, 393 und 449; *ders.,* Kündigungsschutzklage und allgemeine Feststellungsklage – eine „liasion dangereuse"?, NZA 2001, 801; *ders.,* Aktuelle Entscheidungen zur betriebsbedingten Kündigung, NZA-RR 2007, 169; *Bitter,* Zur Unternehmensentscheidung zwecks Personalabbau, DB 2000, 1760; *Boewer,* Der Wiedereinstellungsanspruch, NZA 1999, 1121; *ders.,* Ausgewählte Aspekte des Kündigungsschutzprozesses, RdA 2001, 380; *Böhm,* § 623 BGB: Risiken und Nebenwirkungen, NZA 2000, 561; *Bufalica,* Urlaubsansprüche als Kündigungsgrund?, ArbRB 2010, 133; *Burr,* Kündigung wegen unternehmensschädlichen Facebook-Postings, NZA-Beilage 2015, 114; *Busch,* Maßgeblicher Beurteilungszeitpunkt für die Möglichkeit der Weiterbeschäftigung bei betriebsbedingten Kündigungen, NZA 2000, 754; *Buchner,* Notwendigkeit und Möglichkeiten einer Deregulierung des Kündigungsschutzrechts, NZA 2002, 533; *Däubler,* Der Zugang von Kündigungserklärungen, AiB 2000, 81; *Deckers,* Die Geltendmachung der Unwirksamkeit von „sonstigen" Kündigungen (§ 13 KSchG), RdA 1998, 326; *Dorndorf,* Abfindung statt Kündigungsschutz?, BB 2000, 1938; *Enderlein,* Das erschütterte Arbeitgebervertrauen im Recht der verhaltensbedingten Tat- und Verdachtskündigung, RdA 2000, 325; *Evermann,* Sind Vorbereitungsmaßnahmen zur Kündigung während des Mutterschutzes trotz § 17 MuSchG nF noch erlaubt?, NZA 2018, 550; *Eylert,* Die Verdachtskündigung, NZA-RR 2014, 393; *ders.,* Kündigung nach heimlicher Arbeitnehmerüberwachung, NZA-Beilage 2015, 100; *Ferme/Lipinski* Änderung der Rechtssprechung des BAG bei Massenentlassungen, NZA 2006, 937; *Feudner,* betriebsbedingte Kündigung quo vadis?, NZA 2000, 1136; *ders.,* Kündigungsschutz im Konzern, DB 2002, 1106; *Fischer,* Die Rücknahme der Arbeitgeberkündigung vor und im Kündigungsschutzprozess – rechtliche und taktische Überlegungen, NZA 1999, 459; *ders.,* Sozialauswahl bei Kündigung nach Widerspruch gegen einen Betriebsübergang, AuR 2002, 291; *Fischermeier,* Die betriebsbedingte Kündigung nach den Änderungen durch das Arbeitsrechtliche Beschäftigungsförderungsgesetz, NZA 1997, 1089; *Franzen,* Die unternehmerische Entscheidung in der Rechtsprechung des BAG zur betriebsbedingten Kündigung, NZA 2001, 805; *Friemel/Walk,* Neues zur Kündigung wegen Schlecht- und Minderleistung, NJW 2010, 1557; *Fuhlrott/Fabritius;* Besonderheiten der betriebsbedingten Kündigung von Leiharbeitnehmern, NZA 2014, 122; *Gaul/Ludwig,* Betriebsbedingte Kündigung trotz des Einsatzes von Leiharbeitnehmern?, DB 2010, 2334; *Geyer,* Der „konzernbezogene" Kündigungsschutz bei Verlagerung von Aufgaben, FA 2008, 226; *Gottwald,* nochmals: Verhaltensbedingte Kündigung bei krankhaftem Alkoholismus, NZA 1999, 180; *Gragert,* Kündigungsschutz in Kleinbetrieben, NZA 2000, 961; *Griebeling,* Die Zurechnung von Bevollmächtigtenverschulden im Kündigungsrecht, NZA 2002, 838; *Günzel,* Der Wiedereinstellungsanspruch bei Fortführung des Betriebs nach Ablauf der Kündigungsfrist, DB 2000, 1227; *Hemming,* Die alkoholbedingte Kündigung, BB 1998, 1998; *Herbert/Oberrath,* Beherrschung und Verwendung der deutschen Sprache bei Durchführung und Beendigung des Arbeitsverhältnisses, DB 2010, 391; *Hilbrandt,* Sonderkündigungsschutz von Betriebsratsmitgliedern bei Massenänderungskündigungen, NZA 1997, 465; *ders.,* Neue Entwicklungen beim Sonderkündigungsschutz von Mandatsträgern, NZA 1998, 1258; *Houben,* Weiterbeschäftigungspflicht auf höherwertigen Arbeitsplätzen – ein Tabubruch im Kündigungsrecht?, NZA 2008, 851; *Hromadka,* Entwurf für ein neues modernes Kündigungsschutzgesetz, NZA 2002, 783; *Hunold,* Arbeitsrechtliche Probleme bei verändertem Anforderungsprofil einer Stelle, DB 2009, 846; *ders.,* Die Kündigung wegen mangelhafter Kenntnisse des Mitarbeiters, NZA 2000, 802; *Joussen,* Verhältnis von Betrieblichem Eingliederungsmanagement und krankheitsbedingter Kündigung, DB 2009, 286; *ders.,* Die Kündigung eines Arbeitsverhältnisses vor Arbeitsantritt, NZA 2002, 1177; *Kania/Gilberg,* Kündigungsrechtliche Bedeutung der Betriebsfiktion gem. § 4 BetrVG, NZA 2000, 678; *Keßler,* Der Auflösungsantrag nach § 9 KSchG im Spiegel der Judikatur, NZA-RR 2002, 1; *Klinkhammer,* Kündigungen gegenüber schwerbehinderten Arbeitnehmern bei Unkenntnis des Arbeitgebers von der Schwerbehinderteneigenschaft, ArbRAktuell 2017, 559; *Kiel/Koch,* Die betriebsbedingte Kündigung, München, Beck 2000; *Kleinebrink,* In der Krise: Arbeitsrechtliche Möglichkeiten zur Verringerung des Volumens der Arbeitszeit, DB 2009, 342; *Kock,* Rechtsprechungsübersicht zur personenbedingten Kündigung 2009/2010, BB 2011, 565; *Lepke,* AIDS als Grund für eine Kündigung des Arbeitgebers, RdA 2000, 87; *Leuchten/Zimmer,* Kündigung wegen subjektiver Einigungsmängel, BB 1999, 1973; *Lingemann,* Unterhaltspflichten und Kündigung, BB 2000, 1835; *Löwisch,* Kündigungsschutz alleingebliebener Initiatoren zur Betriebsratswahl, DB 2002, 1503; *Löwisch/Buschbaum,* Darlegungslast für die Betriebsbedingtheit einer Kündigung wegen Auftragsrückgangs, BB 2010, 1789; *Lunk,* Auflösungsantrag (§ 9 KSchG) und Betriebsratsanhörung, NZA 2000, 807; *Lunk/Seidler,* Betriebsbedingte Kündigungen bei anderweitig freien Arbeitsplätzen, NZA 2018, 201; *Mareck,* Die Weiterbeschäftigung im Kündigungsschutzverfahren nach § 102 Abs. 5 BetrVG – Ein steiniger Weg?, BB 2000, 2042; *Mauer,* Zugangsfiktionen für Kündigungserklärungen in Arbeitsverträgen, DB 2002, 1442; *Mauer/Schüßler,* Kündigung unkündbarer Arbeitnehmer, BB 2001, 466; *Neef,* Von der Unmöglichkeit der betriebsbedingten Kündigung 2006, 1241; *Mühlmann,* Beteiligung der Schwerbehindertenvertretung bei Kündigungen durch den Arbeitgeber, NZA 2017, 884; *Nehls,* Die Fortsetzung des beendeten Dienst- oder Arbeitsverhältnisses nach §§ 625 BGB/15 Abs. 5 TzBfG, BB 2001, 2718; *Polzer/Powietzka,* Rechtsextremismus als Kündigungsgrund?, NZA 2000, 970; *U. Preis,* Die „Reform" des Kündigungsschutzrechts, DB 2004, 70, 77; *Quecke,* Unternehmerentscheidung als Kündigungsgrund?, DB 2000, 2429; *Raab,* Der Wiedereinstellungsanspruch des Arbeitnehmers bei Wegfall des Kündigungsgrundes, RdA 2000, 147; *Richardi,* Die Mitbestimmung bei Kündigungen im kirchlichen Arbeitsrecht, NZA 1998, 113; *ders.,* Misslungene Reform des Kündigungsschutzes durch das Gesetz zu Reformen am Arbeitsmarkt, DB 2004, 486, 489; *Rolf/Riechwald,* Personalabbau im kurzarbeitenden Betrieb, BB 2010, 1597; *Rommé/Pauker,* Die Unternehmerentscheidung bei der betriebsbedingten Beendigungskündigung, NZA-RR 2000, 281; *Roos,* Die Rechtsprechung zur Kündigung wegen Krankheit, NZA-RR 1999, 617; *Sasse,* Kündigung bei Schlechtleistung, ZTR 2009, 186; *Roth,* Die betriebsbedingte Kündigung zwischen freier Unternehmerentscheidung und Arbeitnehmerschutz, ZIP 2009, 1845; *Schiefer/Borchard,* Betriebliches Eingliederungsmanagement (BEM) – „Erste Eckpunkte", DB 2010, 1884; *Schiefer,* Kündigungsschutz und Unternehmerfreiheit – Auswirkungen des Kündigungsschutzes auf die betriebliche Praxis, NZA 2002, 770; *Schleusener,* Die Freikündigung eines Arbeitsplatzes zugunsten eines Betriebsratsmitglieds bei Stillegung eines Betriebsteils, DB 1998, 2368; *J. Schmidt,* § 4 S. 4 KSchG und Gesetz zu Reformen am Arbeitsmarkt, NZA 2004, 79, 80; *Schönfeld,* Effektiver Rechtsschutz bei straftatbegründeter Kündigung?, NZA 1999, 299; *Stein,* Freiheit und Dringlichkeit der unternehmerischen Entscheidung im Kündigungsschutzrecht, BB 2000, 457; *Spelge,* Die Kunst, formal wirksam zu kündigen – Probleme der Schriftform, Vertretungsmacht und Genehmigung bei der Kündigung von Rechtsverhältnissen am Beispiel der GbR, RdA 2016, 309; *Stückmann/Kohlepp,* Verhältnismäßigkeitsgrundsatz und „ultima-ratio-Prinzip" im Kündigungsrecht, RdA 2000, 331; *Tschöpe,* Betriebsbedingte Kündigung, BB 2000, 2630; *ders.,* Personenbedingte Kündigung, BB 2001, 2110; *Thüsing,* Die

Rücknahme der Kündigung im Kündigungsschutzprozess, AuR 1996, 245; *von Steinau-Steinrück,* In welchem Maß schützt Schwangerschaft vor Kündigung? NJW-Spezial 2018, 242; *Wahlig/Jeschke,* Betriebsbedingte Kündigung versus Kurzarbeit, NZA 2010, 607; *Weber/Lohr,* Der Sonderkündigungsschutz von Betriebsratsmitgliedern, BB 1999, 2350; *Wetzling/Habel,* Die Beanstandung der Arbeitsleistung und die leistungsbedingte Kündigung, BB 2009, 1638; *Wilhelm,* Verlängerte Probezeit und Kündigungsschutz, NZA 2001, 818; *Willemsen,* Verhaltensbedingte Kündigung: Fünf Thesen und fünf Fragezeichen, RdA 2017, 115; *Zwanziger,* Tarifliche Unkündbarkeit und Sozialauswahl, DB 2000, 2166.

## Anmerkungen

**1. Wesen, Berechtigter.** Die Kündigung ist die einseitige, empfangsbedürftige Willenserklärung zur Beendigung des Arbeitsvertrages (zur Kündbarkeit von Abwicklungsverträgen LAG Bremen NZA-RR 2002, 186). Auch eine vorsorgliche Kündigung ist idR eine vollwertige Kündigung. Die Kündigungserklärung muss eindeutig sein; der Begriff „Kündigung" muss aber nicht ausdrücklich verwendet werden (BAG AP KSchG 1969 § 4 Nr. 69); eine Mitteilung des ArbG, wegen einer Arbeitsniederlegung des ArbN betrachte man das Arbeitsverhältnis als beendet, genügt aber ebenso wenig wie die Bitte an den ArbN, er möge sich wegen derzeit schlechter Auftragslage arbeitslos melden (LAG Nürnberg NJW 1995, 174 = BB 1994, 1290; LAG Hamm NZA 1995, 229). Ein Widerruf der Kündigung ist nur nach Maßgabe des § 130 BGB möglich; im Übrigen ist eine einseitige Rücknahme wirkungslos; zur Fortsetzung des Arbeitsverhältnisses bedarf es einer vertraglichen Abrede. Die Kündigung ist vom Dienstberechtigten abzugeben, der sich auch rechtsgeschäftlich vertreten lassen kann (BAG NZA 2008, 403). Die Vertretung kann durch Zusätze wie „iV" oder „iA" zum Ausdruck gebracht werden (BAG aaO). Gemäß § 174 S. 1 BGB muss im Falle der Vertretung aufgrund einer rechtsgeschäftlichen Bevollmächtigung bei Ausspruch der Kündigung dem Gekündigten eine Vollmachtsurkunde vorgelegt werden, da die Kündigung andernfalls unverzüglich zurückgewiesen werden kann. Allerdings ist eine Zurückweisung nach § 174 S. 2 ausgeschlossen, wenn der Vertretene den Erklärungsgegner von der Vollmacht ausdrücklich oder konkludent in Kenntnis gesetzt hatte. Kündigt der Leiter der Personalabteilung, so gilt seine Vertretungsbefugnis ohne weiteres als dem ArbN bekannt gemacht (BAG AP BGB § 174 Nr. 11 = NZA 1998, 699 = DB 1998, 990; BAG NZA 1993, 307 = DB 1993, 541; BAG NZA 1995, 24 = DB 1994, 1984; Kündigung durch Prokuristen BAG NZA 2008, 753; 1992, 449 = DB 1992, 895; Kündigung durch den Amtsleiter LAG Hessen NZA-RR 2002, 194; Kündigung durch den Prozessbevollmächtigten des ArbG im anhängigen Abmahnungsprozess LAG Hamm NZA-RR 2000, 494, außergerichtlich BAG AP BGB § 174 Nr. 3 = DB 1980, 168 und AP ZPO § 81 Nr. 2; Kündigung durch den Niederlassungsleiter LAG Berlin NZA-RR 2007, 15–17; LAG Hessen NZA-RR 2000, 585 = DB 2000, 1972 = BB 2000, 2263; Kündigung durch den vorläufigen Insolvenzverwalter LAG Düsseldorf BB 2001, 2479). Die Kündigung des Sachbearbeiters einer Personalabteilung kann aber bei fehlender Vollmachtsurkunde zurückgewiesen werden, wobei dem ArbN für die Zurückweisung eine angemessene Überlegungsfrist zusteht (BAG AP BGB § 626 Nr. 150 = NZA 1999, 818 = DB 1999, 1612: Die Zurückweisung einer Kündigung im Arbeitsrecht ist aber nach mehr als einer Woche in der Regel nicht mehr rechtzeitig (BAG NZA 2012, 498; LAG Kiel BeckRS 2016, 66301). Dasselbe gilt für die Kündigung eines nur gesamtvertretungsbefugten Geschäftsführers (BAG AP BGB § 174 Nr. 4 = NJW 1981, 2374) oder eines kaufmännischen Leiters der Niederlassung eines Automobilherstellers (LAG Hessen NZA-RR 1998, 396). Es gibt keinen Erfahrungssatz, dass die Befugnis zur Einstellung und zur Entlassung zusammenfallen. (LAG Berlin DB 1988, 2310). § 174 BGB gilt auch im Bereich des Öffentlichen Dienstes (BAG NZA 1990, 63 = DB 1990, 635

= AP BGB § 174 Nr. 7; Zurückweisung bei fehlendem Dienstsiegel: BAG NZA 1989, 143 = DB 1988, 1806 = BB 1988, 1675). Die berechtigte Zurückweisung einer Vollmacht wegen Nichtvorlage der Vollmachtsurkunde hat die volle Unwirksamkeit und nicht nur die schwebende Unwirksamkeit des Rechtsgeschäfts zur Folge. Fehlt demgegenüber die Vollmacht lediglich in materieller Hinsicht, kann die Kündigung nach Maßgabe des § 180 BGB geheilt werden (hierzu BAG AP BGB § 180 Nr. 1 = RdA 1957, 437; BAG NZA 1987, 778 = DB 1987, 1996). Zusätzlich eingegangene Verträge (zB Miete, Darlehen) bedürfen einer besonderen Kündigung. Beruht die Vertretungsmacht auf gesetzlicher Grundlage, ist § 174 unanwendbar (BAG AP BGB § 174 Nr. 18; BAG NZA 2007, 377). Zur Anwendung von § 174 BGB bei Organhandeln BAG AP BGB § 174 Nr. 18= NZA 2005, 1207.

**2. Form.** Die Kündigung eines Arbeitsverhältnisses bedarf nach § 623 BGB der Schriftform (so auch § 62 SeemannsG, § 22 Abs. 3 BBiG und § 17 Abs. 2 MutterschutzG); zur vertraglichen Schriftformklausel vgl → Form. XIX. 6 Anm. 14. Ein Telefax (BAG NZA 2016, 361, NZA 2016, 1137) oder E-Postbrief oder eine SMS genügen nicht. Die Kündigung eines Ausbildungsverhältnisses nach Ablauf der Probezeit muss außerdem die Kündigungsgründe angeben; ebenso die Kündigung einer Schwangeren. Durch Einzelvereinbarung oder Tarifvertrag kann konstitutiv wirkender Begründungszwang vorgeschrieben werden (BAG AP BMTG II § 54 Nr. 2 = NZA 1999, 602 = DB 1999, 1763). Im Zweifel (Auslegungsfrage) hat vereinbarter Begründungszwang aber nur den Sinn, die Gründe transparent zu machen. Im Übrigen ist es eine Frage der Zweckmäßigkeit, ob die Gründe der Kündigung (etwa Krankheit, Wegfall des Arbeitsplatzes) mitgeteilt werden. Im Prozessfall können Gründe, die beim Zugang der Kündigung bestanden, grundsätzlich nachgeschoben werden; → Anm. 8. „Kündigung durch Einschreiben" bedeutet in aller Regel nur die Vereinbarung der Schriftform, während der Zugang auch in anderer Weise erfolgen kann (BAG AP BGB § 125 Nr. 8 = NJW 1980, 1304 = DB 1980, 547). Ein Radiogramm genügt nicht der Schriftform des § 62 SeemG (BAG MDR 1984, 345, auch zur Kündigung durch Vertreter). Die Vereinbarung der Schriftform für Vertragsänderungen bezieht sich nicht auf Kündigungen (LAG Sachsen-Anhalt NZA 1995, 791; LAG Rheinland-Pfalz DB 1997, 1413 = BB 1997, 1212). Zur formlosen Aufhebung eines vertraglichen Schriftformerfordernisses BAG NZA 1987, 778 = DB 1987, 1996. Wegen §§ 309 Nr. 13,310 Abs. 4 S. 2 BGB kann seit dem 1.10.2016 bei vorformulierten und zur mehrfachen Verwendung bestimmten Arbeitsverträgen keine strengere Form als die Textform mehr vereinbart werden (ErfK/*Müller-Glöge* BGB § 623 Rn. 11).

**3. Zugang.** Die Kündigung wird erst mit Zugang an den ArbN wirksam (§ 130 BGB). Der Zeitpunkt des Zuganges ist maßgeblich insbes. für die Einhaltung von Fristen, aber zB auch zur Wahrung der Unverzüglichkeit (BAG AP SchwBG § 18 Nr. 2 = NJW 1981, 1332), des Zeitraumes vor Eintritt der Unkündbarkeit (BAG DB 1988, 1607 = BB 1988, 1393) oder zur Bestimmung der Betriebsgröße gem. § 1 KSchG (BAG AP § 611 Treuepflicht Nr. 8 I der Gründe = NJW 1977, 646). Die Erklärung muss so in den „Machtbereich" des Empfängers gelangt sein, dass dieser unter gewöhnlichen Umständen Kenntnis nehmen kann. Wird die Kündigung erst nach der allgemeinen Postzustellungszeit in den Wohnbriefkasten geworfen, geht sie erst am folgenden Tag zu (BAG NJW 1984, 1651). Bei einer Kündigung unter Abwesenden trägt grundsätzlich der Erklärende das Zugangsrisiko. Wird die Kündigung einem Empfangsboten des ArbN ausgehändigt, was auch außerhalb der Wohnung des ArbN geschehen kann, geht die Kündigung dem ArbN zu, sobald der ArbN unter Zugrundelegung gewöhnlicher Übermittlungsverhältnisse die Möglichkeit der Kenntnisnahme erlangt (BAG NZA 2011, 847). Wer als Empfangsbote in Betracht kommt, bestimmt sich nach der Verkehrsanschauung (BAG aaO). Hierzu können erwachsene Familienangehörige, Angestellte oder der Zimmervermieter gehören (BAG aaO). Es genügt im Allgemeinen die Übergabe an den Vermieter (BAG AP BGB

§ 130 Nr. 7 = NJW 1976, 1284, auch am Zweitwohnsitz ArbGer Stade BB 1991, 625) oder an qualifizierte Angestellte (BAG AP BGB § 130 Nr. 8 = DB 1977, 546; s. aber auch LAG Hessen BB 1981, 1469). Sofern kein Fall der vom ArbN veranlaßten Zugangsvereitelung vorliegt, kann der Empfangsbote aber die Annahme der Erklärung erfolgreich ablehnen (BAG NZA 2011, 847). Der Prozeßbevollmächtigte soll nicht zur Entgegennahme einer Kündigung berechtigt sein (LAG Baden-Württemberg DB 1967, 2079). Ein eingeschriebener Brief geht noch nicht mit der Benachrichtigung durch die Post, sondern erst bei Aushändigung zu (BAG AP BGB § 130 Nr. 4 = NJW 1963, 554; BAG NZA 1996, 1227 = DB 1996, 2235; LAG Hessen NZA-RR 2001, 637), anders jedoch beim „Einwurfeinschreiben", das mit dem Einwurf in den Briefkasten im Rahmen der normalen Postzustellung zugeht. Allerdings bietet der Auslieferungsbeleg der Deutschen Post im Bestreitensfalle nur einen begrenzten Beweiswert, nachdem dieser keine öffentliche Urkunde iSv §§ 415, 418 ZPO darstellt (LAG Hamm 22.5.2002, LAGReport 2003, 8 (10)). Während die Einhaltung der PostO im Normalfall ohne Bedeutung ist, gilt die ordnungsgemäße förmliche Zustellung durch den Gerichtsvollzieher (§ 132 Abs. 1 BGB, §§ 167, 169–173, 180, 181, 193–195 ZPO) unabhängig vom tatsächlichen Empfang als Zugang (LAG Düsseldorf DB 1978, 752). Eine Vereinbarung, wonach das „Datum der Aufgabe zur Post" entscheidend sein soll, ist ohne Bedeutung (BAG AP BGB § 130 Nr. 9 = DB 1977, 639). Der Zugang kann durch besondere Verhältnisse des Empfängers, etwa Sprachschwierigkeiten oder Urlaubsabwesenheit, vereitelt oder verzögert werden (zur Verzögerung durch Sprachschwierigkeiten LAG Hamm AR-Blattei Kündigung II Entscheidung 19; Zugang an der Wohnanschrift während des Urlaubes des Arbeitnehmers genügt: BAG NZA 1993, 259 mAnm *Herbert* NZA 1994, 391 = DB 1993, 487; BAG NZA 1988, 875 = DB 1988, 2415 = BB 1989, 150; Zugang bei Auslieferungshaft im Ausland: BAG NZA 1989, 635 = DB 1989, 2619; Übergabe an Lebensgefährtin: LAG Bremen NZA 1988, 548 = DB 1988, 814; zur Ablehnung der Annahme eines Einschreibens: LAG Hamm DB 1981, 2132 und LSG Nordrhein-Westfalen MDR 1990, 85; Zugang bei Wohnungswechsel ArbGer Gelsenkirchen DB 1995, 332; Zugang durch auffälliges Einklemmen des Briefes in die Wohnungstür: LAG Hamm NZA 1994, 32 = DB 1993, 1428; Ablage auf der Treppe: LAG Düsseldorf AuR 1991, 249). Wenn sich der Zugang wegen treuwidrigen Verhaltens des ArbN verzögert, kann er sich auf die Verzögerung nicht berufen (grundsätzlich BAG AP BGB § 130 Nr. 10 = DB 1977, 1194; Nichtabholung eines Einschreibens: BAG NZA 1986, 640 = DB 1986, 2336); LAG Hessen NZA 1987, 62 = BB 1987, 412; LAG Hessen BB 1988, 979; NZA 2002, 98). Holt der ArbN eine durch Einschreiben zugehende Kündigung zwar nicht alsbald, jedoch noch innerhalb der ihm von der Post mitgeteilten Aufbewahrungsfrist ab, schadet ihm die Verzögerung nicht (BAG NZA 1996, 1227 = BB 1997, 2058). Lehnt ein als Empfangsbote anzusehender Familienangehöriger die Annahme des Kündigungsschreibens ab, soll dies als Zugang nur dann gelten, wenn der ArbN auf die Annahmeverweigerung Einfluss genommen hatte (BAG NZA 1993, 259 = BB 1993, 292).

**4. Fristen und Termine.** Die wichtigsten gesetzlichen Fristen für die ordentliche Kündigung eines Arbeitsverhältnisses finden sich in § 622 BGB. Die Fristen des § 622 BGB gelten auch für den abhängigen Geschäftsführer einer GmbH, jedenfalls dann, wenn er am Kapital der Gesellschaft nicht beteiligt ist (BGH AP BGB § 622 Nr. 14 = NJW 1981, 1270). Werden einschlägige gesetzliche Vorschriften wörtlich oder inhaltlich unverändert in einen Tarifvertrag aufgenommen, handelt es sich um eine deklaratorische Klausel, die den jeweiligen Gesetzesinhalt zum Inhalt auch des Tarifvertrages macht (zuletzt BAG NZA 1996, 539 = DB 1996, 1187 = BB 1996, 220; zur Konkurrenz von tariflichen und einzelvertraglichen Fristenregelungen BAG DB 2002, 538; Günstigkeitsvergleich zwischen vertraglicher und gesetzlicher Regelung BAG DB 2002, 96; zum vertraglichen Ausschluss der ordentlichen Kündigung BAG NZA 2002, 963). Während einer vereinbarten Probezeit, längstens für 6 Monate, kann das Arbeitsverhältnis mit einer Frist von 2 Wochen gekündigt werden (§ 622 Abs. 3 BGB). Der ArbN darf nicht an eine längere Frist gebunden werden als die für den ArbG geltende (§ 622 Abs. 6 BGB). Kürzere als die gesetzlichen Kündigungsfristen können tarifvertraglich vereinbart werden, wobei auch nicht Tarifgebundene im Tarifgebiet solche Fristen zum Inhalt von Einzelverträgen machen können (§ 622 Abs. 4 BGB). Unterschiedliche Grundkündigungsfristen für Arbeiter und Angestellte können bei im Einzelfall zu prüfender sachlicher Rechtfertigung zulässig sein (BAG NZA 1992, 742, NZA 1992, 739). Soweit in einer Probezeit die kurze Frist gilt, muss mangels anders lautender Vereinbarung nur die Kündigung innerhalb der Probezeit zugehen, das Ende der Frist kann danach liegen (so schon BAG AP BGB § 133 Nr. 30 mAnm *Kuchinke* = RdA 1966, 197; zum Zugang vor Unkündbarkeit: BAG DB 1988, 1607 = BB 1988, 1393; zum SchwbG BAG DB 1981, 1417). Kündigungen können oft nur zu bestimmten Terminen (zB Quartalsende) ausgesprochen werden. Haben die Vertragspartner nur die Kündigungsfrist, jedoch keine Kündigungstermine vereinbart, gilt die gesetzliche Regelung des Kündigungstermins (BAG AP KSchG 1969 § 9 Nr. 10 mAnm *Herschel* = DB 1984, 883). Wird die Kündigungsfrist nicht gewahrt und kann die Kündigung nicht dahingehend ausgelegt werden, es solle zum nächst zulässigen Termin gekündigt werden, ist die Kündigung im Zweifel in eine Kündigung zum nächst zulässigen Termin umzudeuten (ErfK/*Müller-Glöge* BGB § 622 Rn. 12). Für die Berechnung der Fristen gelten die §§ 186 ff. BGB. Zur Kündigung vor Dienstantritt → Form. XIX.38 Anm. 2, zur Berechnung der Beschäftigungsdauer nach § 622 Abs. 2 BGB, BAG AP BGB § 622 Nr. 57 = NZA 2000, 720 = DB 2000, 1469. Für Kündigungen durch den Insolvenzverwalter gilt nach § 113 Abs. 1 S. 2 InsO eine Kündigungsfrist von längstens 3 Monaten, und zwar selbst dann, wenn das Arbeitsverhältnis vertraglich oder tariflich ordentlich unkündbar war (BAG AP InsO § 113 Nr. 1 = NZA 1999, 425 = DB 1999, 748, AP InsO § 113 Nr. 3 = NZA 1999, 1331 = DB 1999, 2472, AP InsO § 113 Nr. 5 = NZA 2000, 658 = BB 2000, 1409 und AP InsO § 113 Nr. 6 = NZA 2001, 23 = DB 2000, 2382).

**5. Bedingung.** Die Kündigung ist grundsätzlich bedingungsfeindlich (BAG NZA 2001, 1070 = BB 2001, 1960). Der Empfänger darf, soll die Kündigung wirksam sein, nicht in eine ungewisse Lage versetzt werden. Das führt dazu, dass reine Potestativbedingungen zulässig sind (BAG AP BGB § 626 Bedingung Nr. 1 mAnm *A. Hueck* = NJW 1968, 2078); → Anm. 7). Die Vereinbarung einer auflösenden Bedingung bedarf zu ihrer Wirksamkeit – wie die Befristung – eines sachlich rechtfertigenden Grundes (BAG NZA 1992, 838 = DB 1992, 948). Eine für befristete Arbeitsverhältnisse geltende Klagefrist findet jedoch keine Anwendung bei der Beendigung eines Arbeitsverhältnisses durch den Eintritt einer auflösenden Bedingung (BAG AP BeschFG 1985 § 1 Nr. 25 = NZA 2000, 821 = BB 2000, 1473).

**6. Umdeutung.** Eine Umdeutung iSv § 140 BGB kommt erst dann in Betracht, wenn der Erklärungswert einer Kündigung, notfalls durch Auslegung, feststeht, wobei der reine Wortlaut unter Berücksichtigung des Empfängerhorizontes eventuell auch nur scheinbar zweifelsfrei sein kann. Die Umdeutung einer unwirksamen außerordentlichen Kündigung in eine ordentliche wird in der Praxis bei entsprechendem Tatsachenvortrag des Kündigenden im Prozess regelmäßig als zulässig behandelt (ErfK/*Müller-Glöge* BGB § 620 Rn. 61; BAG AP BGB § 626 Druckkündigung Nr. 10 = NJW 1976, 869; LAG Hamm BB 1982, 2109; vgl. auch BAG AP BGB § 626 Nr. 80 = NZA 1985, 286 und LAG Rheinland-Pfalz NZA 1985, 290; LAG Berlin DB 1989, 1344; vgl. aber auch BAG NZA 1988, 129 = DB 1988, 813; zu prozessualen Fragen vgl. BAG AP ZPO § 256 Nr. 50 mAnm *Leipold* = DB 1980, 312). Derjenige, der ein Arbeitsverhältnis fristlos beenden will, wird regelmäßig auch den mutmaßlichen Willen haben, im Zweifel die Beendigung zum nächstzulässigen Termin herbeizuführen (BAG AP BGB § 626 Nr. 217). Dies muss allerdings dem Erklärungsempfänger erkennbar gewesen sein (BAG NZA 2010, 1348). Die Umdeutung einer unwirksamen ordentlichen Kündigung in eine außerordentliche ist grundsätzlich nicht möglich. (ErfK/*Müller-Glöge* BGB § 620 Rn. 62; BAG AP TVAL II § 44 Nr. 1 mAnm *Herschel* = [stark verkürzt] DB 1975, 214; LAG Köln NZA-RR 1997, 277 in einem Fall des tariflichen Ausschlusses der ordentlichen Kündigung). Es ist aber nicht ausgeschlossen, eine ordentliche Kündigung in eine außerordentliche Kündigung mit notwendiger Auslauffrist umzudeuten (BAG NZA-RR 2011, 75). Sie kommt dann in Frage, wenn sie im konkreten Fall nicht dazu führt, dass das Ersatzgeschäft in seinen Wirkungen über das ursprünglich beabsichtigte Geschäft hinaus geht (BAG AP TVAL II § 44 Nr. 1 in III der Gründe mwN). Die unwirksame fristgemäße Kündigung ist nicht in eine Anfechtung umzudeuten (BAG AP MuSchG 1968 § 9 Nr. 4 mAnm *K. H. Schmidt* = NJW 1976, 592). Die Umdeutung der unwirksamen außerordentlichen Kündigung in ein Angebot zur Vertragsauflösung ist möglich; an die Annahmeerklärung sind aber strenge Anforderungen zu stellen (BAG AP BGB § 626 Nr. 64 mAnm *H. P. Westermann* = DB 1972, 1784).

7. **Beendigung auf andere Weise.** Dass Arbeitsverhältnisse befristet abgeschlossen werden können, ist im Grundsatz anerkannt (BAG NZA 1989, 719 = DB 1989, 1728 = BB 1989, 1624 – uU Fortsetzungspflicht; BAG NZA 1987, 241 = DB 1987, 1099 = BB 1987, 196 – Befristung einzelner Bedingungen). Zur Vermeidung einer Umgehung von Kündigungsschutzbestimmungen wird aber, soweit nicht die Voraussetzungen besonderer gesetzlicher Regelungen wie zB §§ 14 ff. TzBfG vorliegen, ein sachlich rechtfertigender Grund für die Befristung verlangt, ohne den das Arbeitsverhältnis als unbefristet gilt (Übersicht der in der Rechtsprechung anerkannten Befristungen bei *Schaub* ArbR-HdB 17. Aufl. § 40 Rn. 8 ff.), also durch Fristablauf nicht endet. Ähnliches wurde für die Beendigung durch auflösende Bedingung angenommen (BAG NZA 1992, 838 = DB 1992, 948; BAG NZA 1985, 324 = DB 1985, 1026 = BB 1985, 930 und NZA 1988, 391 = DB 1988, 1024 = BB 1988, 1123). Zur Anfechtung → Form. XIX.32.

8. **Materielle Wirksamkeit.** Das Recht des Kündigungsschutzes kann hier nicht dargestellt werden. Hinzuweisen ist aber auf den Ausschluss der in der Praxis bedeutsamsten Angriffe gegen die materielle Wirksamkeit der ordentlichen (§ 1 KSchG) und der außerordentlichen (§ 13 Abs. 1 KSchG) Kündigung sowie damit auch des Antragsrechtes nach §§ 9, 13 Abs. 1 S. 3 KSchG durch Versäumung der Klage- und Vortragsfristen der §§ 4–7 KSchG (Frist für die Klage gegen eine Befristung in § 17 TzBfG). Das Fehlen der sozialen Rechtfertigung iSv § 1 KSchG wird durch Ablauf der Drei-Wochen-Frist ebenso geheilt, wie das Fehlen des wichtigen Grundes einer außerordentlichen Kündigung (vgl. BAG AP KSchG 1969 § 13 Nr. 2 mAnm *Herschel* = DB 1973, 2100 und BAG AP 3 aaO mAnm *Vollkommer* = NJW 1975, 408; stRspr) und die Versäumung der Zwei-Wochen-Frist des § 626 Abs. 2 BGB (BAG AP BGB § 626 Ausschlussfrist Nr. 3 mAnm *Söllner* = NJW 1973, 214). Gem. § 4 KSchG gilt die Klagefrist zur Erhebung der Kündigungsschutzklage nicht nur für Kündigungen, deren Sozialwidrigkeit angegriffen wird, sondern darüber hinaus für alle sonstigen Unwirksamkeitsgründe einer Kündigung, zB Verstöße gegen §§ 104 ff., 134, 138, 242 BGB oder Nichtbeachtung von Sonderkündigungsschutz (zB § 9 MuSchG, § 18 BerzGG, §§ 85, 91 SGB IX, § 2 ArbPlSchG); die einheitliche Klagefrist gilt allerdings wegen § 623 BGB nicht für nur mündlich ausgesprochene Arbeitgeberkündigungen. Soweit im Übrigen die Kündigung der Zustimmung einer Behörde bedarf, läuft die Frist zur Anrufung der Arbeitsgerichte erst von der Bekanntgabe der Entscheidung der Behörde an den Arbeitnehmer ab, § 4 S. 4 KSchG; allerdings soll § 4 S. 4 nur in den Fällen zur Anwendung kommen, in denen dem Arbeitgeber zum Zeitpunkt der Kündigung bekannt war, dass die Kündigung der Zustimmung einer Behörde bedarf (LAG Düsseldorf 10.2.2005, NZA-RR 2005, 382; *Richardi* DB 2004, 486 (489); *J. Schmidt* NZA 2004, 79 (80); *Preis* DB 2004, 70 (77)); hat der Arbeitgeber trotz Bekanntheit ein Zustimmungsverfahren nicht eingeleitet, kann der Arbeitnehmer

außerhalb der 3-Wochen-Frist bis zur Grenze der Verwirkung nach § 4 S. 4 zuwarten (BAG NZA 2008, 1055; 2011, 854; 2009, 980). Nach § 23 Abs. 1 S. 3 KSchG wurde der Schwellenwert im Hinblick auf die Anwendung des KSchG für Arbeitsverhältnisse, die nach dem 31.12.2003 begonnen haben, von fünf auf zehn Arbeitnehmer je Betrieb und Verwaltung erhöht, wobei der nach § 23 Abs. 1 S. 2 KSchG erwirkte Bestandschutz für die zu diesem Zeitpunkt bereits beschäftigten Arbeitnehmer erhalten bleibt. Der Bestandsschutz entfällt allerdings, wenn die Zahl der „Altbeschäftigten" auf fünf oder weniger absinkt (BAG 21.9.2006 – 2 AZR 840/05). Die rein tatsächliche Fortsetzung des Arbeitsverhältnisses über den Kündigungstermin hinaus hat die rechtliche Fortsetzung auf unbestimmte Zeit zur Folge, § 625 BGB (hierzu BAG AP BGB § 625 Nr. 8 = NZA 1999, 482 = DB 1999, 694; Prozessverwirkung LAG Köln DB 2001, 2256); als Sonderregelung gilt § 15 Abs. 5 TzBfG für die Weiterarbeit im Arbeitsverhältnis nach Ablauf einer Zeit- oder Zweckbefristung oder nach dem Eintritt einer auflösenden Bedingung (BAG 3.9.2003, AP TzBfG § 14 Nr. 4 = NZA 2004, 255). Zum Verbrauch der Kündigungsgründe – Wiederholungskündigung – BAG NZA 1994, 70 = BB 1994, 862; BAG NZA 1996, 931 = BB 1996, 1557 = DB 1996, 523. In der Erklärung des ArbN, er sei mit der Kündigung einverstanden, kann ein – grundsätzlich zulässiger – Klageverzicht liegen (LAG Köln NZA-RR 2001, 85). Im Falle einer Massenentlassung muss aufgrund geänderter Rechtsprechung unter richtlinienkonformer Auslegung von § 17 KSchG (Richtlinie 98/59/EG vom 20.7.1998) vor Erklärung der Kündigungen die Massenentlassungsanzeige gegenüber der Agentur für Arbeit erstattet und das Konsultationsverfahren durchgeführt worden sein (BAG NZA 2007, 25–27; BAG NZA 2006, 971 = NJW 2006, 3161; EuGH NZA 2005, 213 = NJW 2005, 1099); jedoch konnten Arbeitgeber aufgrund der Änderung der ständigen Rechtsprechung des BAG auch nach der Entscheidung des EuGH vom 27.1.2005 noch vorübergehend Vertrauensschutz für sich in Anspruch nehmen (BAG NZA 2007 mwN). Die konkreten Auswirkungen des in Kraft getretenen Allgemeinen Gleichbehandlungsgesetzes (AGG) auf das Kündigungsrecht sind noch weitgehend offen. Insoweit wird die Auffassung vertreten, dass § 2 Abs. 4 AGG missverständlich formuliert wurde und eine richtlinienkonforme Auslegung dieser Vorschrift erfolgen muss (ErfK/*Schlachter* AGG § 2 Rn. 17 ff. mwN). Das BAG zieht die materiellen Diskriminierungsverbote einschließlich der Rechtfertigungsgründe der §§ 1–10 AGG zur Auslegung der unbestimmten Rechtsbegriffe des KSchG, insbesondere zur Konkretisierung der „Sozialwidrigkeit" einer Kündigung heran (BAG NZA 2009, 361).

**9. Betriebsverfassung.** Erforderlich ist die Anhörung des Betriebsrates nach § 102 BetrVG, des Sprecherausschusses nach § 31 Abs. 2 SprAuG und des Personalrates zB nach § 79 BPersVG unter möglichst umfassender Darstellung der Kündigungsgründe (stRspr seit BAG DB 1982, 1171: Unwirksamkeit der Kündigung trotz Zustimmung des unzureichend unterrichteten Personalrates). Das BAG betont zwar, dass der ArbG nur die aus seiner Sicht tragenden Umstände für die Kündigung mitteilen muss (sog subjektive Determinierung, vgl. BAG NZA 1992, 38 = DB 1991, 2445 = BB 1991, 2371 und BAG NZA 1995, 363 = DB 1995, 477); er muss insbesondere kein Beweismaterial vorlegen (BAG NZA 1995, 672 = DB 1995, 1134), die Instanzgerichte stellen jedoch strenge Anforderungen an die Informationspflicht des ArbG. Der ArbG muss dem Betriebsrat auch sagen, wann er die Kündigung aussprechen will (*Fitting* BetrVG 29. Aufl. § 102 Rn. 25 mwN; BAG 7.10.1993 – 2 AZR 423/93, AuR 1994, 107). Die Anhörung allein zur außerordentliche Kündigung ersetzt, von Ausnahmefällen abgesehen, nicht die Anhörung zu einer ordentlichen Kündigung (BAG AP BetrVG 1972 § 102 Nr. 15 mAnm *Meisel* = NJW 1979, 76). Will der ArbG eine Kündigung wiederholen, weil er zB versehentlich die Äußerungsfrist des § 102 BetrVG nicht abgewartet hatte, muss er den Betriebsrat erneut anhören (LAG Köln NZA-RR 1996, 373 mwN; BAG NZA 1996, 649 = DB 1996, 1042 = BB 1996, 1016). Die Anhörungspflicht besteht auch bei einer Kündigung innerhalb der ersten sechs Monate (BAG DB 1989, 1575

= BB 1989, 1345). Zum Anhörungsverfahren → Form. V.16–25, zur Anhörung bei Verhinderung des Obmannes BAG DB 1985, 1028). Soll einem Mitglied des Betriebsrates gekündigt werden, muss der Betriebsrat zuvor zustimmen; verweigert er die Zustimmung, kann der ArbG erst kündigen, wenn er die Ersetzung der Zustimmung durch das ArbGer erlangt hat – § 15 KSchG, § 103 BetrVG. Die Kündigung kann erst ausgesprochen werden, wenn der Ersetzungsbeschluss unanfechtbar geworden ist (BAG AP BetrVG 1972 § 103 Nr. 36 = NZA 1998, 1273 = BB 1998, 2317). Dies gilt auch bei tariflich geforderter Zustimmung des Betriebsrats; auch die Unwirksamkeit der Kündigung wegen fehlender Zustimmung des Betriebsrates muss innerhalb der 3-Wochen-Frist des § 4 S. 1 KSchG geltend gemacht werden (ErfK/*Kiel* KSchG § 4 Rn. 4). Zum Beschwerderecht des ArbN BAG NZA 1993, 501 = Betr. 1993, 889; zu den betriebsverfassungsrechtlichen Folgen eines Verlangens des Betriebsrates, einem bestimmten ArbN zu kündigen, BAG NZA 1997, 1106.

10. **Hinweispflicht zu sozialversicherungsrechtlichen Folgen.** Personen, deren Arbeitsverhältnis endet, müssen sich schon vor der Inanspruchnahme von Leistungen der Agentur für Arbeit nach Maßgabe des § 38 SGB III unverzüglich (regelmäßig innerhalb von drei Kalendertagen) nach Kenntnis des Beendigungszeitpunktes arbeitssuchend melden. Die Verletzung der Pflicht führt bei Eintritt der Arbeitslosigkeit zur Minderung des Anspruchs auf Arbeitslosengeld (§ 159 Nr. 7 SGB III). Nach § 2 Abs. 2 S. 2 Nr. 3 SGB III sollen ArbG die ArbN vor der Beendigung des Arbeitsverhältnisses frühzeitig über diese Verpflichtung zur unverzüglichen Meldung informieren. Diese Informationspflicht bezweckt eine Verbesserung des Zusammenwirkens von ArbG, ArbN und den Agenturen für Arbeit. Unterlässt der ArbG seine Informations- und Hinweispflichten, begründet dies keinen Schadensersatzanspruch des ArbN gegen den ArbG (BAG AP SGB III § 2 Nr. 2 = NZA 2005, 1406–1409; LAG Düsseldorf NZA-RR 2005, 104–107 = BB 2005, 888–891).

## 34a. Ordentliche Kündigung mit Abfindungsangebot nach § 1a KSchG[1]

**Wir kündigen hiermit das mit Ihnen bestehende Arbeitsverhältnis unter Einhaltung der gesetzlichen (vertraglichen, tariflichen) Frist von . . . . . zum . . . . ., hilfsweise zum nächstmöglichen Zeitpunkt.**

**Nachdem die Kündigung wegen dringender betrieblicher Erfordernisse nach § 1 Abs. 2 S. 1 KSchG erfolgt, erklären wir uns bereit, Ihnen als sozialen Ausgleich für den Verlust des Arbeitsplatzes gemäß § 1a KSchG eine Abfindung anzubieten, sofern Sie keine Kündigungsschutzklage gegen die Kündigung erheben. Die Abfindung werden wir zum Zeitpunkt der rechtlichen Beendigung des Arbeitsverhältnisses abrechnen und auszahlen. Die Höhe der Abfindung beträgt 0,5 Monatsverdienste für jedes Jahr des Bestehens des Arbeitsverhältnisses mit der Maßgabe, dass bei der Ermittlung der Dauer des Arbeitsverhältnisses der Zeitraum von mehr als sechs Monaten auf ein volles Jahr aufgerundet wird. Vorsorglich machen wir Sie darauf aufmerksam, dass der Anspruch auf eine Abfindung mit Erhebung einer Kündigungsschutzklage entfällt.[2, 3]**

**Wir weisen darauf hin, dass Sie verpflichtet sind, sich unverzüglich bei der zuständigen Arbeitsagentur arbeitslos zu melden, sofern Sie beabsichtigen, nach Ende des Arbeitsverhältnisses Leistungen der Arbeitsagentur in Anspruch zu nehmen und Nachteile vermieden werden sollen. Darüber hinaus weisen wir auf die Notwendigkeit eigener Aktivitäten bei der Suche nach einer anderen Beschäftigung hin.[4]**

*Schrifttum: Altenburg/Reufels/Leister,* Der Verzicht auf den Abfindungsanspruch aus § 1a KSchG, NZA 2006, 71; *Bauer/Krieger,* Neuer Abfindungsanspruch – § 1a daneben!, NZA 2004, 77; *Bauer/Krieger,* Das Ende der außergerichtlichen Beilegung von Kündigungsstreitigkeiten?, NZA 2004, 12; *Bienert,* Neue Geschäftsanweisungen der BA zum Ruhen des Anspruchs auf Arbeitslosengeld bei Sperrzeit, infoalso 2017, 158; *Gaul/Bonnani,* Agenda 2010 – Änderungen im Kündigungsrecht, bei befristeten Arbeitsverhältnissen und im BErzGG, ArbRB 2004, 48; *Giesen/Besgen,* Fallstricke des neuen gesetzlichen Abfindungsanspruchs, NJW 2004, 185; *Grobys,* Der gesetzliche Abfindungsanspruch in der Praxis, DB 2003, 2174; *Kögel,* Der Abfindungsanspruch nach § 1a KSchG, RdA 2009, 358; *Kortstock,* Abfindung nach § 1a KSchG und Betriebsübergang, NZA 2007, 297; *Peters-Lange/Gagel,* Arbeitsförderungsrechtliche Konsequenzen aus § 1a KSchG, NZA 2005, 740; *Preis,* Die „Reform" des Kündigungsschutzrechts, DB 2004, 70; *Preis/Schneider,* § 1a KSchG – die sozialrechtliche Aufwertung einer bisher arbeitsrechtlich unbedeutenden Vorschrift, NZA 2006, 1297; *Raab,* Der Abfindungsanspruch gemäß § 1a KSchG, RdA 2005, 1; *Schmitt-Rolfes,* Aufhebungs- und Abwicklungsvertrag unter Berücksichtigung der Abfindungsregel nach § 1a KSchG, NZA Beilage 1/2005, 3; *von Steinau-Steinrück/Paul,* § 1a KSchG – Die wichtigsten Anwendungsfragen, NJW-Spezial 2004, 225; *Thüsing/Stelljes,* Fragen zum Entwurf eines Gesetzes zu Reformen am Arbeitsmarkt, BB 2003, 1673; *Thüsing/Wege,* Der Abfindungsanspruch des § 1a KSchG, JuS 2006, 97; *Tschöpe,* Steuerliche Begünstigungen von Abfindungen – nicht für Abfindungen nach § 1a KSchG?, NZA 2006, 23; *Ulrici/Mohnke,* Abfindung nach § 1a KSchG trotz Kündigungsschutzklage, NZA 2006, 77.

## Anmerkungen

**1. Wesen und Inhalt.** § 1a KSchG ist durch das Gesetz zu Reformen am Arbeitsmarkt mit Wirkung zum 1.1.2004 in das KSchG eingefügt worden (BGBl. 2003 I 3002). Mit § 1a wurde die Möglichkeit für Arbeitsvertragsparteien geschaffen, durch Erklärung einer betriebsbedingten Kündigung unter Zahlung einer gesetzlich festgelegten Abfindung das Arbeitsverhältnis zu beenden, ohne dass hinsichtlich der Wirksamkeit der Kündigung eine Kündigungsschutzklage erhoben werden muss oder die Parteien Aufhebungs- oder Abwicklungsverträge abschließen müssen. Insoweit bietet der ArbG dem ArbN im Kündigungsschreiben eine gesetzlich vorgegebene Abfindung an, die der ArbN annehmen kann, indem er die dreiwöchige Klagefrist des § 4 KSchG auf entsprechenden Hinweis des ArbG hin verstreichen lässt (BAG NZA 2017, 121). Nach der Begründung zum Gesetzesentwurf soll somit eine einfach zu handhabende, moderne und unbürokratische Alternative zum Kündigungsschutzprozess geschaffen werden (Begr.GEntw. BT-Drs. 15/1204). Nach dem BAG hat der Gesetzgeber mit Einführung von § 1a einen gesetzlichen Anspruch auf Abfindung geschaffen, der ebenfalls ein Junktim zwischen Abfindung und Hinnahme einer Kündigung vorsieht (BAG aao; BAG AP BGB § 612a Nr. 15 = NZA 2005, 1017). Insoweit stellt aber § 1a lediglich eine Alternative zu den sonstigen Möglichkeiten dar, ein Arbeitsverhältnis durch Kündigung, mit oder ohne Zahlung einer Abfindung, und gleich in welcher Abfindungshöhe, zu beenden und schränkt diese nicht ein. Umstritten ist allerdings, ob durch § 1a ein gesetzlicher oder aber ein rechtsgeschäftlicher Abfindungsanspruch für den ArbN begründet wird, nachdem der Anspruch nicht aufgrund einer Willenserklärung des ArbN zustande kommt, sondern aufgrund eines bestimmten Verhaltens von diesem, indem er die Klagefrist verstreichen lässt (zum aktuellen Meinungsstand: ErfK/*Oetker* KSchG § 1a Rn. 13). Während der überwiegende Teil des Schrifttums von einem Realakt des ArbN ausgeht, hat dies das BAG bisher offen gelassen (BAG NZA-RR 2011, 421).

**2. Voraussetzungen und Rechtsfolgen.** Nach einhelliger Auffassung setzt die Entstehung des Abfindungsanspruchs zunächst die Anwendbarkeit des KSchG voraus (ErfK/*Oetker* KSchG § 1a Rn. 3), so dass ua das Arbeitsverhältnis bereits mindestens sechs Monate Bestand haben muss. Ferner muss die Kündigung des ArbG aufgrund dringender betrieblicher Erfordernisse nach § 1 Abs. 2 S. 1 KSchG erfolgen, wobei es ausreichend sein dürfte, dass sich der ArbG in seinem Kündigungsschreiben auf diese beruft und diese nicht tatsächlich vorliegen müssen. Der ArbG muss aber in seiner Kündigungserklärung darauf hinweisen, dass die Kündigung auf dringende betriebliche Erfordernisse gestützt wird und der ArbN (allein) bei Verstreichenlassen der Klagefrist gegen die Kündigung die Abfindung beanspruchen kann (§ 1a Abs. 1 S. 2 KSchG). Sofern der ArbG diese Hinweise unterlässt, entsteht für den ArbN mit Ablauf der Klagefrist kein Anspruch auf die angebotene Abfindung. Weist der ArbG lediglich darauf hin, dass er dem ArbN eine Abfindung zahlen werde, wenn dieser die Kündigung rechtswirksam werden lässt, so stellt dies kein Angebot nach § 1a KSchG dar (LAG Hamm NZA 2005, 1123). Ein Hinweis auf die konkrete Höhe der Abfindung ist nicht erforderlich. Die Kündigung nach § 1a muss unter Wahrung der anwendbaren Kündigungsfristen erfolgen; § 1a findet auch auf betriebsbedingte Änderungskündigungen oder bei einem tariflich unkündbaren ArbN auf dessen außerordentliche Kündigung mit Auslauffrist Anwendung (BAG NZA 2008, 528).

Mit Verstreichenlassen der dreiwöchigen Klagefrist erwirbt der ArbN einen aufschiebend bedingten Anspruch auf Zahlung einer Abfindung in gesetzlich definierter Höhe. Eine zusätzliche Annahmeerklärung des ArbN ist nicht erforderlich. Erhebt der ArbN dagegen rechtzeitig Kündigungsschutzklage, entsteht der Anspruch nicht, selbst wenn er seine Klage später wieder zurücknimmt (BAG NZA 2008, 696 = AP KSchG 1969 § 1a Nr. 7; BAG NZA 2009, 1197 = AP KSchG 1969 § 1a Nr. 9). Auch ist der Anspruch nicht dauerhaft entstanden, wenn die Klagefrist verstrichen ist, der ArbN aber später einen Antrag nach § 5 KSchG stellt (BAG aaO). Mit Verstreichenlassen der Klagefrist gilt die Kündigung des ArbG als sozial gerechtfertigt iSd §§ 4, 7 KSchG.

Der Anspruch auf Abfindung wird erst fällig, wenn mit Ablauf der Kündigungsfrist das Arbeitsverhältnis bedingungsgemäß endet. Endet das Arbeitsverhältnis vorzeitig (zB durch Tod des ArbN oder aufgrund fristloser Kündigung), so entsteht der Anspruch auf Abfindung nach § 1a nicht (BAG NZA 2007, 1043 = AP KSchG 1969 § 1a Nr. 3; BAG NZA 2009, 1197 = AP KSchG 1969 § 1a Nr. 9).

**3. Höhe der Abfindung.** Nach § 1a Abs. 2 beträgt die Abfindungshöhe 0,5 Monatsverdienste für jedes Jahr des Bestehens des Arbeitsverhältnisses. Aufgrund dieser gesetzlichen Definition ist eine konkrete Bezifferung der Abfindung im Kündigungsschreiben nicht erforderlich. Als Monatsverdienst gilt nach dem in Bezug genommenen § 10 Abs. 3 KSchG dasjenige, was dem ArbN bei der für ihn maßgebenden regelmäßigen Arbeitszeit in dem Monat, in dem das Arbeitsverhältnis endet, an Geld und Sachbezügen zusteht. Insoweit wird der zuletzt erlangte monatliche Bruttoverdienst zugrunde gelegt, bei dem neben dem Grundgehalt grundsätzlich alle sonstigen Verdienstbestandteile zu berücksichtigen sind. Hierzu zählen insbesondere Zulagen, Tantiemen, Provisionen, Urlaubsgeld, Gratifikationen, siehe ErfK/*Kiel* KSchG § 10 Rn. 3). Sofern sich hierunter Einmalzahlungen befinden (zB 13. Monatsgehalt), sind diese anteilig umzurechnen. Sachbezüge, wie zB der geldwerte Vorteil der privaten Dienstwagenbenutzung sind ebenso zu beachten. Bei der Ermittlung der Dauer des Arbeitsverhältnisses wird nach § 1a Abs. 2 S. 3 ein Zeitraum von mehr als sechs Monaten auf ein volles Jahr aufgerundet. Zeiträume bis zu sechs Monaten bleiben dagegen außer Betracht.

**4. Abfindung und sozialversicherungsrechtliche Folgen.** Da das Arbeitsverhältnis durch eine arbeitgeberseitige Kündigung beendet wird, liegt im Falle des § 1a KSchG kein Tatbestand der Arbeitsaufgabe im Sinne des § 159 Abs. 1 S. 2 Nr. 1 SGB III vor (Durchführungsanweisung der Bundesagentur für Arbeit Ziff. 2.2.2 zu § 144 SGB III

(Rn. 144.19) Stand: 02/2006), so dass keine Sperrzeit bezüglich des Anspruchs auf Arbeitslosengeld ausgelöst wird. Im Unterschied zu einem Abwicklungs- oder Aufhebungsvertrag bleibt der ArbN im Rahmen des § 1a KSchG untätig, so dass ein aktives Mitwirken an der Beendigung des Arbeitsverhältnisses nicht in Betracht kommt. Etwas anderes galt aber bisher immer dann, wenn – insbesondere im Hinblick auf die Vermeidung einer Sperrzeit- vorab zwischen den Parteien Absprachen oder Vereinbarungen hierüber stattgefunden haben. Allerdings hat das BSG mit seiner Entscheidung vom 12.7.2006 seine Rechtsprechung dahingehend geändert, dass anlässlich des In-Kraft-Tretens von § 1a KSchG bezüglich der Begründung einer Sperrzeit bei vorherigen (Aufhebungs-/Abwicklungs-)Vereinbarungen zukünftig ein wichtiger Grund iSv § 159 Abs. 1 S. 1 SGB III vorliegen wird, wenn die vereinbarte Abfindungshöhe die in § 1a Abs. 2 KSchG vorgesehene nicht überschreitet (BSG NZA 2006, 1359; → Form. XIX.31 Anm. 12). Dem ist die Bundesagentur durch Schaffung einer neuen Weisungslage gefolgt (Durchführungsanweisung der Bundesagentur für Arbeit aaO Rn. 144.101 ff.). Eine in den Grenzen des § 1a Abs. 2 gewährte Abfindung stellt auch keine Entlassungsentschädigung iSd. § 158 I 1 SGB III dar (BSG NZS 2017, 310). Vgl. im Übrigen hinsichtlich Grundsätzlichem zur Abfindung und deren Besteuerung, sozialversicherungsrechtliche Erfassung, Pfändung und Stellung in der Insolvenz → Form. XIX.31 Anm. 7–11.

XIX. 35 35. Änderungskündigung

## 35. Änderungskündigung[1, 2, 3, 4, 5, 6]

**Wie Sie wissen, wird nach der unmittelbar bevorstehenden Erweiterung unserer EDV-Anlage auch die Fakturierung nicht mehr manuell vorgenommen. Damit entfällt Ihr Arbeitsplatz. Wir sprechen deshalb hierdurch unter Einhaltung der für Ihr Arbeitsverhältnis geltenden Frist von . . . . . zum nächstmöglichen Termin, das ist zum . . . . ., die Kündigung des Arbeitsvertrages aus. Gleichzeitig bieten wir Ihnen die Fortsetzung des Arbeitsverhältnisses zu geänderten Bedingungen an. Sie können nach dem og Kündigungstermin den Ihnen bekannten Arbeitsplatz unseres Mitarbeiters . . . . . in der Abteilung Versand übernehmen, da der genannte Mitarbeiter aus Altersgründen ausscheidet. Die Änderung des Arbeitsplatzes ist mit einer Verringerung der Vergütung um Euro . . . . . brutto verbunden. Wir halten uns an dieses Angebot 3 Wochen nach Zugang dieses Kündigungsschreibens gebunden. Die Rechte des Betriebsrats sind gewahrt.**

*Schrifttum: Annuß,* Der Vorrang der Änderungs- vor der Beendigungskündigung, NZA 2005, 443; *Aszmons/Hoppe,* Herausforderungen bei der Änderungskündigung im Spiegel der aktuellen Rechtsprechung, ArbRAktuell 2016, 448; *Bauer/Krets,* Auflösungsantrag im Rahmen einer Änderungsschutzklage, DB 2002, 1937; *Becker-Schaffner,* Die Änderungskündigung aus materiellrechtlicher und prozessualer Sicht, BB 1991, 129; *Beneke,* Die „überflüssige Änderungskündigung" – ein Scheinproblem, NZA 2005, 1092; *Berger-Delhay,* Betriebsbedingte Änderungskündigung: Gestaltungsmittel der Sanierung oder Zwang zur Pleite?, DB 1991, 1571; *Berkowsky,* Vorrang der Änderungs- vor der Beendigungskündigung, NZA 2006, 697; *ders.,* Die unzulässige Änderungsschutzklage, NZA 2004, 1140; *ders.,* Aktuelle Entwicklungen im Recht der Änderungskündigung, NZA-RR 2008, 337; *ders.,* Änderungskündigung und vorbehaltlose Annahme eines Änderungsangebotes, NZA 2008, 26; *ders.,* Aktuelle Probleme der Versetzungs-Änderungskündigung: Der Arbeitgeber im Zangengriff von individuellem und kollektivem Arbeitsrecht, NZA 2010, 250; *Betz,* Die betriebsbedingte Änderungskündigung, 2008; *ders.,* Möglichkeiten und Grenzen der Änderungskündigung, NZA-

Beilage 2010, Nr. 2, S. 50; *Birk,* Die Änderungskündigung, FS Bauer, 2010, S. 181; *Boewer,* Streitgegenstand und Prüfungsmaßstab bei der Änderungsschutzklage, BB 1996, 2618; *Ehrich/Weber,* Direktionsrecht und Änderungskündigung bei Veränderungen im Arbeitsverhältnis, BB 1996, 2246; *Enderlein,* Die Annahme unter Vorbehalt ZfA 1992, 21; *Fischer,* Die Änderungskündigung in der Insolvenz, NZA 2002, 536; *Fischermeier,* Die betriebsbedingte Änderungskündigung, NZA 2000, 737; *Gaul,* Änderungskündigung zur Absenkung oder Flexibilisierung von Arbeitszeit und/oder Arbeitsentgelt, DB 1998, 1913; *ders.,* Vertragsänderung durch Änderung des Organisationsplans?, NZA 1990, 873; *Gehlhaar,* Viel Lärm um nichts: Der „neue" § 167 ZPO, NZA-RR 2011, 169; *Herbert/Oberrath,* Die soziale Rechtfertigung der betriebsbedingten Änderungskündigung, NJW 2008, 3177; *Hohmeister,* Die Beteiligung des Betriebsrats bei unter Vorbehalt angenommener Änderungskündigung, BB 1994, 1777; *Hromadka,* Das Leistungsbestimmungsrecht des Arbeitgebers, DB 1995, 1609; *ders.,* Die Änderungskündigung – eine Skizze, DB 2002, 1322; *Hunold,* Die „überflüssige Änderungskündigung", NZA 2008, 860; *Kittner,* Leichter kündigen als änderungskündigen?, NZA 1997, 968; *Krois,* Die Änderungskündigung zum Zweck der Entgeltsenkung, ZfA 2009, 575; *Löwisch,* Viertagewoche durch Änderungskündigung?, BB 1993, 2371; *Lunk/Seidler,* Betriebsbedingte Kündigungen bei anderweitig freien Arbeitsplätzen, NZA 2018, 201; *Maurer,* Eingruppierungskorrekturen nur durch Änderungskündigung?, NZA 1993, 721; *Nägele/Gertler,* Der „neue" § 167 ZPO und seine Auswirkungen im Arbeitsrecht, NZA 2010, 1377; *Niemann,* Änderungskündigung und Änderungsschutzklage: eine Einladung zum Diskurs, RdA 2016, 339; *Plander,* Änderungskündigungen zwecks Umwandlung unbefristeter in befristete Arbeitsverhältnisse, NZA 1993, 1057; *Preis,* Unbillige Weisungsrechte und überflüssige Änderungskündigungen, NZA 2015, 1; *Quecke,* Änderungskündigung mit tarifwidrigem Inhalt, NZA 2001, 812; *Reiserer/Powietzka,* Änderungskündigung zur Entgeltsenkung, BB 2006, 1106; *Reuter/Sagan/Witschen,* Die überflüssige Änderungskündigung, NZA 2013, 935; *Rost,* Neues zur Änderungskündigung, FS Hromadka, 2008, S. 319; *Stoffels,* Die Abänderung mehrerer Arbeitsbedingungen durch Änderungskündigung, NZA 2016, 581; *Vogel,* Der Stand der aktuellen Rechtsprechung zur Änderungskündigung, öAT 2013, 199; *Wagner,* Änderungskündigung im Kleinbetrieb: Vorbehaltsannahme zulässig?, ArbRAktuell 2016, 369; *Wallner,* Die „vorsorgliche" Änderungskündigung – keinesfalls überflüssig!, NZA 2017, 1562; *Zirnbauer,* Die Änderungskündigung, NZA 1995, 1073; vgl. auch Schrifttum zu → Form. XIX.34 und 36.

## Anmerkungen

**1. Wesen.** Das hier gewählte Beispiel stellt eine echte Änderungskündigung iSv § 2 KSchG dar, dh eine unbedingte, ordentliche Kündigung des Arbeitsverhältnisses als erstes Element verbunden mit einem Fortsetzungsangebot des Arbeitsverhältnisses zu geänderten Arbeitsbedingungen als zweites Element (BAG NZA 2010, 333). Sie kommt auch als außerordentliche in Betracht (BAG NZA-RR 2011, 155; NZA 2009, 954; 1995, 1157). Die Änderungskündigung hatte erheblich an Bedeutung gewonnen durch die frühere Rechtsprechung des BAG (NZA 1985, 455) nach der sie Vorrang vor der Vollkündigung hatte. Nach der aktuellen Rechtsprechung des BAG gibt es aber keinen Vorrang der Änderungskündigung vor der Beendigungskündigung mehr in dem Sinn, dass eine Beendigungskündigung allein deshalb unwirksam ist, weil zuvor kein Änderungsangebot erfolgt ist (BAG NZA 2005, 1307; NZA 2005, 1297). Ein ArbN kann sich aber im Falle einer Beendigungskündigung stets darauf berufen, dass eine Änderungskündigung dem Interesse des ArbG ausreichend Rechnung getragen hätte, wenn der ArbN objektiv zu geänderten Arbeitsbedingungen weiterbeschäftigt werden kann (BAG aaO). Eine Formulierung, nach der unter der Bedingung gekündigt wird, dass der ArbN bestimmt angebotene neue

Arbeitsbedingungen nicht annehme, schadet nicht (Potestativbedingung, vgl. ErfK/*Oetker* KSchG § 2 Rn. 11). Kündigt der ArbG unter Inanspruchnahme eines entsprechenden vertraglichen Vorbehaltes einzelne Bedingungen des Arbeitsvertrages, etwa eine Provisionsregelung, so handelt es sich in der Regel um eine Teilkündigung (→ Form. XIX.36). Die Ausübung des Direktionsrechtes etwa durch Zuweisung eines vertraglich nicht fixierten Arbeitsortes oder einer bestimmten Arbeit (zu den Grenzen BAG AP BGB § 611 Beschäftigungspflicht Nr. 2 mAnm *A. Hueck* und AP BGB § 611 Arbeitsleistung Nr. 2 mAnm *Grunsky* = RdA 1981, 327), ist keine Kündigung. Die Ausübung eines vertraglich vorbehaltenen Bestimmungsrechtes hinsichtlich einzelner Vertragsbestandteile stellt keine Änderungskündigung dar (BAG NZA 1993, 552 = DB 1993, 1038). Eine Änderungskündigung ist nicht berechtigt, wenn der ArbG die Arbeitsbedingungen durch Ausübung des Direktionsrechts nach Ort, Zeit und Art der Tätigkeit einseitig ändern kann (BAG NZA 2012, 856, NZA-RR 2014, 181, NZA 2016, 568). Es ist aber zulässig, eine Änderungskündigung nur für den Fall zu erklären, dass die Ausübung des Direktionsrechts unwirksam ist (BAG NZA 2016, 568). In diesem Fall muss der ArbN den Änderungsschutzantrag unter die auflösende Bedingung stellen, dass die einseitige Ausübung des Direktionsrechts durch den ArbG rechtsunwirksam ist (BAG aaO). Die vertragliche Befristung eines Teiles der Vergütung führt nicht zur Unwirksamkeit der Befristung wegen Umgehung des Änderungskündigungsschutzes (BAG NZA 1994, 476 = DB 1994, 2400). Unter Aufgabe seiner früheren Rechtsprechung hat das BAG entschieden, dass die nachträgliche Befristung eines zunächst auf unbestimmte Zeit eingegangenen Arbeitsverhältnisses im Wege der Änderungskündigung erfolgen kann (BAG NZA 1996, 1197 = DB 1996, 1780; BAG NZA 1999, 81 = DB 1998, 2472). Im Übrigen → Form. XIX.34 Anm. 1, insbes. zur Person des Kündigungsberechtigten.

**2. Form, Zugang, Fristen und Termine, Bedingung.** → Form. XIX.34 Anm. 2, → Form. XIX.34 Anm. 3,→ Form. XIX.34 Anm. 4,→ Form. XIX.34 Anm. 5 Das Schriftformerfordernis des § 623 BGB erstreckt sich bei einer Änderungskündigung auch auf das Änderungsangebot (BAG NZA 2005, 635). Das Angebot muss bestimmbar sein (BAG AP KSchG 1969 § 2 Nr. 78; ArbG Düsseldorf NZA-RR 2006, 21 ff.; LAG Nürnberg NZA-RR 2006, 133 (134)).

**3. Vorbehaltsannahme.** Nach § 2 KSchG kann der ArbN, der eine Änderungskündigung erhält, das Angebot unter dem Vorbehalt annehmen, dass die Änderung der Arbeitsbedingungen nicht sozial ungerechtfertigt ist. Diesen Vorbehalt muss der ArbN dem ArbG innerhalb der Kündigungsfrist, spätestens jedoch innerhalb von 3 Wochen nach Zugang der Kündigung, erklären. Das bedeutet, dass die Vorbehaltserklärung innerhalb von 3 Wochen dem ArbG zugehen muss, also verspätet zugeht, wenn sie erst in der Kündigungsschutzklage enthalten ist und diese dem ArbG später als 3 Wochen nach Zugang der Kündigung zugestellt wird (BAG AP KSchG 1969 § 2 Nr. 49 = NZA 1998, 1225 = DB 1998, 2170; LAG Köln NZA-RR 2000, 303). Der Prüfungsmaßstab eines unter dem Vorbehalt sozialer Rechtfertigung vom ArbN angenommenen Änderungsangebots beschränkt sich nicht auf die Prüfung, ob die Änderungskündigung den Anforderungen des § 1 Abs. 2 KSchG entspricht. Insbesondere verzichtet der ArbN nicht auf eine Überprüfung anderer Unwirksamkeits- oder Nichtigkeitsgründe wie z. B. einer ordnungsgemäßen BRAnhörung nach § 102 Abs. 1 S. 3 BetrVG (BAG NZA 2016, 225). Liegt folglich ein anderer Unwirksamkeitsgrund vor, ist die Änderungskündigung rechtsunwirksam (BAG aaO).

**4. Materielle Wirksamkeit.** → Form. XIX.34 Anm. 8. Auf einige besondere Probleme des Kündigungsschutzes bei der Änderungskündigung sei hingewiesen: Bei der Änderungskündigung ist der Prüfungsmaßstab ein anderer als bei der reinen Beendigungskündigung. Zu prüfen ist, ob die Kündigungsgründe „unter vernünftiger Abwägung des

Interesses des ArbG an der erstrebten Änderung gegenüber dem Interesse des ArbN an der Aufrechterhaltung seiner gegenwärtigen Arbeitsbedingungen es als billigenswert und angemessen erscheinen lassen, um dieser Änderung Willen das Mittel einer Kündigung zu gebrauchen und damit das Arbeitsverhältnis zu gefährden und u. U. zu beenden" (so BAG NJW 1982, 2687 = DB 2982, 1776 in I. 2c der Gründe). Nicht völlig übereinstimmend mit dieser Entscheidung des 7. Senats formulierte der 2. Senat, dass auch bei einer Ablehnung des Änderungsangebotes durch den ArbN nicht auf die Beendigung des Arbeitsverhältnisses, sondern auf das Änderungsangebot und seine soziale Rechtfertigung abzustellen ist (BAG NZA 1993, 1075 = DB 1993, 1879 in II. 1 der Gründe; vgl. auch BAG AP BGB § 626 Änderungskündigung Nr. 1, insbes. Ls. 2 und II 2, 3 der Gründe = NJW 1973, 1819 und BAG NZA 1986, 824 = DB 1986, 2442, BAG NZA 1987, 102 = DB 1986, 2605, BAG NZA 1990, 734 = DB 1990, 1773, auch zum Problem der vom Gericht hinzunehmenden Unternehmerentscheidung; für die außerordentliche Kündigung: BAG AP KSchG 1969 § 15 Nr. 19 = NZA 1987, 102). Wird aber auch um die Wirksamkeit der Vorbehaltsannahme gestritten, ist der Bestand des Arbeitsverhältnisses insgesamt Gegenstand des Rechtsstreites (BAG NZA 1985, 709 = DB 1985, 2461 = BB 1985, 2179). Unter teilweiser Aufgabe der früheren Rechtssprechung ist eine Beendigungskündigung grundsätzlich ausgeschlossen, wenn eine Weiterbeschäftigungsmöglichkeit auf einem freien Arbeitsplatz, auch zu geänderten Arbeitsbedingungen besteht (BAG AP KSchG 1969 § 2 Nr. 79; Nr. 80 = NZA 2005, 1289 (1294) = DB 2005, 2250). Eine Änderungskündigung ist selbst dann auszusprechen, wenn der Arbeitnehmer zuvor das Weiterbeschäftigungsangebot abgelehnt hat, es sei denn, er hat unmissverständlich zum Ausdruck gebracht, dass er die geänderten Arbeitsbedingungen unter keinen Umständen, insbesondere nicht einmal unter Vorbehalt im Falle einer Änderungskündigung annehmen werde (BAG aaO). Ein ArbG darf sich bei einem an sich anerkennenswerten Anlass darauf beschränken, lediglich solche Änderungen vorzuschlagen, die der ArbN billigerweise hinnehmen muss, was nach dem Verhältnismäßigkeitsgrundsatz zu beurteilen ist (BAG AP KSchG 1969 § 2 Nr. 81 = NZA 2006, 92 = DB 2006, 285). Der ArbG ist, wenn der ArbN die geänderten Bedingungen unter Vorbehalt (§ 2 S. 2 KSchG) angenommen hat, während der Dauer eines Kündigungsschutzprozesses nicht verpflichtet, den ArbN zu den bisherigen Bedingungen weiterzubeschäftigen (BAG NZA 1990, 734 = DB 1990, 1773 = BB 1990, 1843; LAG München DB 1987, 1099 = BB 1987, 405; LAG Köln DB 1989, 2032; aA LAG Düsseldorf AuR 1993, 372 und LAG Köln NZA-RR 2002, 356; zur Rechtzeitigkeit der Vorbehaltsannahme BAG NZA 1988, 737 = DB 1988, 1068). Im Falle einer betriebsbedingten Änderungskündigung muss insbesondere auch die soziale Auswahl vorgenommen werden (BAG NZA 2011, 460; 1987, 155 = DB 1987, 335 = BB 1987, 475; BAG BB 1990, 705, auch zu der Frage, ob der Arbeitgeber zur Vermeidung einer Beendigungskündigung eine höher dotierte Tätigkeit anbieten muss). Weitere Beispiele aus der Rechtsprechung: BAG NZA-RR 2011, 155; NZA 2008, 812; BAG AP KSchG 1969 § 2 Nr. 81 = NZA 2006, 92 – Änderung des Tätigkeitsbereichs und der Vergütung; BAG AP BetrVG 1972 § 103 Nr. 40 = NZA 2000, 592 und BAG NZA 2002, 750 – Verschlechterung einer Vergütungsregelung; BAG AP KSchG 1969 § 2 Nr. 81 = NZA 2006, 92; BAG NZA 2008, 1182; BAG AP KSchG 1969 § 2 Nr. 50 = NZA 1999, 255 = DB 1999, 103 – Entgeltkürzung; BAG AP KSchG 1969 § 2 Nr. 46 = NZA 1998, 304 = DB 1998, 477 – Änderung der Lage der Arbeitszeit; BAG AP KSchG 1969 § 2 Nr. 52 = NZA 1999, 657 = DB 1999, 1606 – Erhöhung der tariflichen Arbeitszeit; BAG AP KSchG § 2 Nr. 51 = NZA 1999, 471 = DB 1999, 536 – Unrentabilität einer Betriebsabteilung; BAG DB 2002, 2276 – Änderung der betrieblichen Organisation. Nach erklärter Vorbehaltsannahme kann im Kündigungsschutzprozess kein Auflösungsantrag nach § 9 KSchG gestellt werden (BAG AP KSchG 1969 § 9 Nr. 6 = DB 1981, 2438; LAG München DB 1988, 866). Hat der ArbG unter Missachtung des Ultima-ratio-Prinzips eine somit sozial ungerechtfertigte reine Beendigungskündigung ausgesprochen, kommt er in der Regel in Annahmeverzug, wenn er dem ArbN nicht die ursprünglich geschuldete Arbeit anbietet (BAG NZA 1994, 840 = BB 1994, 1714).

**5. Tatsächliche Fortsetzung.** In der widerspruchs- und vorbehaltslosen Weiterarbeit zu geänderten Arbeitsbedingungen kann nur dann eine Annahme des Änderungsangebotes gesehen werden, wenn sich die neuen Arbeitsbedingungen alsbald auf das Arbeitsverhältnis auswirken (BAG NZA 1987, 94 = DB 1986, 2604 = BB 1986, 2418; vgl. aber LAG Hamm NZA-RR 1997, 419 – grundsätzlich keine Annahme durch Weiterarbeit). In der Regel bedeutet die sofortige widerspruchslose Weiterarbeit auf dem neuen Arbeitsplatz aber so lange keinen Verzicht auf die Geltendmachung der Unwirksamkeit der Änderungskündigung, wie der ArbN noch rechtzeitig einen Vorbehalt nach § 2 KSchG erklären kann (BAG NZA 1988, 737 = DB 1988, 1068 = BB 1988, 913 für den Fall einer fristlosen Änderungskündigung).

**6. Betriebsverfassung.** Die echte Änderungskündigung bedarf der vorherigen Anhörung des Betriebsrates (Personalrates) wie jede andere Kündigung (→ Form. XIX.34 Anm. 9). Zum Umfang der Unterrichtungspflicht: BAG NZA 1990, 607 = BB 1990, 1628; BAG NZA 1990, 529 = DB 1990, 993 = BB 1990, 704; BAG AP BetrVG 1972 § 102 Nr. 56 = BB 1990, 2118; LAG Hamm DB 1997, 1722 = BB 1997, 2053: umfassende Information; LAG Köln NZA-RR 2000, 168: Zustimmungsverweigerung durch den Personalrat nur aus Gründen, die innerhalb der Mitbestimmung liegen. In Mitbestimmungsangelegenheiten ist ggf. die Einigungsstelle anzurufen (BAG DB 1984, 1353: Umstellung des Vergütungsgruppensystems). Beinhaltet das Änderungsangebot eine Versetzung, muss die Zustimmung des Betriebsrats nach § 99 BetrVG ebenfalls eingeholt werden; deren Versagung macht die Änderungskündigung nicht unwirksam, der ArbG kann aber die geänderten Vertragsbedingungen nicht durchsetzen und muss den ArbN weiter im alten Arbeitsbereich beschäftigen (BAG NZA 1994, 615 = DB 1994, 637; zur Zuständigkeit der Stufenvertretung bei Auflösung einer Dienststelle BAG NZA 1996, 222). Zur Vermeidung einer nach § 15 Abs. 5 KSchG bei Stilllegung einer Betriebsabteilung möglichen Änderungskündigung ist der ArbG nicht verpflichtet, einen das Betriebsratsmitglied weniger belastenden Arbeitsplatz freizukündigen (BAG NZA 2000, 825 = DB 2000, 578).

## 36. Teilkündigung[1, 2, 3]

**In dem zwischen Ihnen und unserem Hause bestehenden Arbeitsvertrag wurde uns die Möglichkeit vorbehalten, die Provisionsregelung aufzukündigen. Von diesem Recht machen wir hierdurch unter Einhaltung der vereinbarten Frist von . . . . . mit Wirkung zum . . . . . Gebrauch. Vom . . . . . an tritt vereinbarungsgemäß an die Stelle der Provisionsregelung eine Erhöhung Ihres Festgehaltes um . . . . .%, also um EUR . . . . . auf insgesamt EUR . . . . . brutto.**

*Schrifttum: Hromadka,* Das Leistungsbestimmungsrecht des Arbeitgebers, DB 1995, 1609; *Franzen,* Anspruch auf Weiterbeschäftigung als Datenschutzbeauftragter, Teilkündigung, AP Nr 3 zu § 4f BDSG; *Maaß,* Die Zulässigkeit der Teilkündigung einer Betriebsvereinbarung ArbR 2010, 335; *Zöllner,* Vorsorgende Flexibilisierung durch Vertragsklauseln, NZA 1997, 121; *Zundel,* Wirksamkeit arbeitsvertraglicher Klauseln insbesondere unter dem Aspekt der AGB-Kontrolle, NJW 2006, 1237; ferner → Form. XIX.34, → Form. XIX.35 Schrifttum.

## Anmerkungen

**1. Wesen und Wirksamkeit.** Die Teilkündigung ist eine Willenserklärung, mit der der Kündigende einzelne Vertragsbedingungen einseitig ändern will. Von der Kündigung unterscheidet sich die Teilkündigung dadurch, dass die Kündigung das Arbeitsverhältnis in seinem ganzen Bestand erfasst, während die Teilkündigung unter Aufrechterhaltung des Arbeitsverhältnisses im Übrigen nur einzelne Rechte und Pflichten aus dem Arbeitsvertrag beseitigen soll (BAG AP BGB § 620 Teilkündigung Nr. 6 = NZA 1997, 711 = DB 1997, 1038 mwN). Eine Teilkündigung kann nur zulässig sein, wenn sie vertraglich vereinbart wurde, was sich auch durch Auslegung ergeben kann (BAG NZA 2007, 563; offen bzw. ablehnend aber BAG NZA 2011, 151 bzw. BAG NZA 2011, 1036). Das BAG hat allerdings eine auf die einseitige Änderung der Vertragsbedingungen gegen den Willen des Vertragspartners gerichtete Teilkündigung nur bezüglich eines untergeordneten Zusatzvertrages als Teilkündigung (BAG NZA 2007, 563; 1991, 377 = BB 1991, 1268) und in anderen Fällen, sofern sie vertraglich ausdrücklich vorbehalten ist, mit der Maßgabe als zulässig behandelt, dass es sich um den Vorbehalt eines Widerrufes handele, dessen Ausübung nach billigem Ermessen zu erfolgen habe (BAG AP BGB § 620 Teilkündigung Nr. 5 = DB 1983, 1368 = BB 1983, 1791 und BAG AP BGB § 611 Arzt-Krankenhaus-Vertrag Nr. 18 = NZA 1988, 763 (769) = DB 1988, 1504 in A III 3c) aa) Abs. 3 der Gründe; BAG AP KSchG 1969 § 2 Nr. 34 = NZA 1994, 476 = DB 1994, 2400 – Vorbehalt der Änderung einer Provisionsregelung; zur Anpassungsregelungen in einem Chefarztvertrag BAG NZA 1993, 552 = DB 1993, 1038). Bei Widerrufsvorbehalten in vorformulierten Arbeitsverträgen ist jedoch im Hinblick auf §§ 308 Nr. 4, 307 BGB zu beachten, dass diese grundsätzlich nur noch dann zulässig sind, wenn sie an sachliche Gründe geknüpft sind und die Widerrufsgründe in möglichst konkretem Umfang im vorformulierten Vertrag wiedergegeben werden (BAG NZA 2005, 465 = NJW 2005, 1820). Der Widerruf ist nicht fristgebunden und unterliegt ebenso wie die Teilkündigung nicht dem Kündigungsschutzgesetz (BAG NZA 2007, 563). Das BAG hat ausdrücklich die Teilkündigung zugelassen im Falle einer tarifvertraglich vorbehaltenen fristgebundenen Teilkündigung einer Nebenabrede (BAG AP BAT § 17 Nr. 17 = NZA 1990, 848). Das hier formulierte Beispiel geht davon aus, dass der ArbN durch die (vereinbarte) Ersatzregelung, gemessen am Ertrag der bisherigen, nicht erheblich schlechter gestellt wird (ähnlich BAG NZA 1994, 476 = DB 1994, 2400 zu einer befristeten Provisionsregelung; unzulässig ist jedoch der Vorbehalt einseitiger Kürzung der Arbeitszeit nach Bedarf: BAG NZA 1985, 321 = DB 1985, 1240).

**2. Form, Zugang.** Da die Teilkündigung nicht auf die Beendigung des Arbeitsverhältnisses gerichtet ist, findet das Schriftformerfordernis des § 623 BGB keine Anwendung (*Richardi/Annuß* NJW 2000, 1231 (1233); BBDW/*Bader* Rn. 10; aA *Kiel/Koch* Vorb. Rn. 5); Zugang → Form. XIX.34 Anm. 3.

**3. Betriebsverfassung.** Die hier besprochene Teilkündigung unterliegt nicht den §§ 102, 103 BetrVG bzw. den entsprechenden Bestimmungen der PersVG (*Fitting* 29. Aufl. BetrVG § 102 Rn. 5 mwN). Soweit es sich um generelle Regelungen durch Betriebsvereinbarung oder allgemeine Maßnahmen in der Form von Regelungsabreden bezüglich der in § 87 BetrVG aufgezählten Bereiche handelt, kommen Beteiligungsrechte in Frage.

## 37. Außerordentliche Kündigung durch den Arbeitgeber[1, 2, 3, 4, 5]

**Wir kündigen hiermit das mit Ihnen bestehende Arbeitsverhältnis außerordentlich, hilfsweise ordentlich zum nächst möglichen Zeitpunkt.**

**Maßgeblich für unseren Entschluss war nicht zuletzt die Tatsache, dass .....**

**Die Rechte des Betriebsrates sind gewahrt.[6]**

**Wir weisen darauf hin, dass Sie verpflichtet sind, sich unverzüglich bei der zuständigen Arbeitsagentur arbeitslos zu melden, sofern Sie beabsichtigen, nach Ende des Arbeitsverhältnisses Leistungen der Arbeitsagentur in Anspruch zu nehmen und Nachteile vermieden werden sollen. Darüber hinaus weisen wir auf die Notwendigkeit eigener Aktivitäten bei der Suche nach einer anderen Beschäftigung hin.[7]**

*Schrifttum: Adam,* Kündigung wegen vorsätzlicher Straftaten mit geringem Schaden, MDR 2011, 205; *Bauer/Günther,* Kündigung wegen beleidigender Äußerungen auf Facebook, NZA 2013, 67; *Behrend/Rinsdorf,* Verdachtskündigung – Zur Verzichtbarkeit der Anhörung des Arbeitnehmers beim Nachschieben von Kündigungsgründen, FS Küttner, 2006, S. 277; *Deinert,* Die Verdachtskündigung – Neues zu einem alten Thema?, AuR 2005, 285; *Deiseroth,* Kündigungsschutz bei Strafanzeigen gegen den Arbeitgeber, AuR 2007, 198; *Diller,* „Gesuchte" Kündigungsgründe, NZA 2006, 569; *Dzida,* Tat- und Verdachtskündigung bei komplexen Sachverhalten NZA 2014, 809; *Fenski,* Außerordentliche Kündigung von Schwerbehinderten, BB 2001, 570; *Fischer,* Außerordentliche Kündigung wegen privater Internetnutzung am Arbeitsplatz, AuR 2006, 207; *Gilberg,* Statt Tat- und Verdachtskündigung: Die Vertrauenskündigung, DB 2006, 1555; *Grimm,* Einhaltung der Kündigungserklärungsfrist nach § 626 Abs. 2 BGB bei scheinbarer Schwerbehinderung eines Arbeitnehmers, DB 2000, 570; *Groeger,* Probleme der außerordentlichen betriebsbedingten Kündigung ordentlich unkündbarer Arbeitnehmer, NZA 1999, 850; *Husemann,* Zur Berücksichtigungsfähigkeit des Arbeitnehmerverhaltens nach außerordentlicher Kündigung, RdA 2016, 30 *Joussen,* Die Kündigungsfristen bei der außerordentlichen Kündigung von Schwerbehinderten, DB 2002, 2162; *Kania/Kramer,* Unkündbarkeitsvereinbarungen in Arbeitsverträgen, Betriebsvereinbarungen und Tarifverträgen, RdA 1995, 287; *Kramer,* Außerordentliche Kündigung wegen privater Nutzung betrieblicher IT-Ressourcen NZA 2016, 341; *Koch,* Das Abmahnungserfordernis bei der außerordentlichen Kündigung von Organmitgliedern einer Kapitalgesellschaft, ZIP 2005, 1621; *Kolbe,* Unkündbarkeit für Korruptionstäter?, NZA 2009, 228; *Kramer,* Kündigung wegen privater Internetnutzung, NZA 2006, 194; *Lunk,* Die Verdachtskündigung: Eine Kündigung vor dem Aus?, NJW 2010, 2753; *Mennemeyer/Dreymüller,* Verzögerungen der Arbeitnehmeranhörung bei der Verdachtskündigung, NZA 2005, 382; *Müller-Thele,* Internet am Arbeitsplatz – Neue Rechtsprechung des BAG, MDR 2006, 428; *Preis,* Minima (non) curat praetor?, AuR 2010, 182 und 242; *Reiserer,* Die außerordentliche Kündigung des Dienstvertrags des GmbH-Geschäftsführers, BB 2002, 1199; *Reuter,* „Geringwertige Vermögensdelikte" und Kündigungen – kein Änderungsbedarf beim BAG, NZA 2009, 594; *Schlachter,* Fristlose Kündigung wegen Entwendung geringwertiger Sachen des Arbeitgebers, NZA 2005, 433; *Schulte-Westenberg,* Die außerordentliche Kündigung im Spiegel der neueren Rechtsprechung, NZA-RR 2018, 225, NZA-RR 2016, 337; NZA-RR 2014, 225, NZA-RR 2002, 561, NZA-RR 2005, 617 und NZA-RR 2009, 401; *Walker,* Die Kündigung wegen eines Bagatelldelikts, NZA 2011, 1; ferner → Form. XIX.34 Schrifttum.

## Anmerkungen

**1. Wesen und Wirkung.** Nach § 626 BGB kann „das Dienstverhältnis" von jedem Vertragsteil aus wichtigem Grund ohne Einhaltung einer Kündigungsfrist gekündigt werden. Die Bestimmung gilt für Arbeitsverhältnisse ebenso wie für den freien Dienstvertrag (zu Letzterem BGH NZA 1999, 320 = BB 1998, 216 und BGH NZA 2000, 430, stRspr). Ein wichtiger Grund zur Kündigung kann nicht nur in einer erheblichen Verletzung der vertraglichen Hauptleistungspflichten, sondern auch in der schuldhaften Verletzung von Nebenpflichten liegen (BAG NZA 2010, 1348; NZA-RR 2006, 636). Das Gesetz spricht von einer Kündigung „ohne Einhaltung einer Kündigungsfrist". Grundsätzlich kann die Kündigung nach § 626 BGB also fristlos ausgesprochen werden; in Ausnahmefällen ist aber die Gewährung einer Auslauffrist möglich und in bestimmten Fällen sogar erforderlich (Gewährung einer der ordentlichen Kündigungsfrist entsprechenden Auslauffrist bei außerordentlicher Kündigung gegenüber ordentlich unkündbaren ArbN (BAG AP BGB § 626 Nr. 143 = NZA 1998, 771 = DB 1998, 1035, BAG DB 2002, 100; NZA 2002, 232). Die Wirksamkeit der außerordentlichen Kündigung hängt davon ab, ob der Sachverhalt, auf den sie gestützt wird, an sich einen wichtigen Grund zur außerordentlichen Kündigung darstellt (erste Stufe) und ob dem Kündigenden die Fortsetzung des Arbeitsverhältnisses bis zum Ablauf der ordentlichen Kündigungsfrist der vertragsmäßigen Beendigung des Arbeitsverhältnisses unter Berücksichtigung aller Umstände des Einzelfalles und unter Abwägung der Interessen beider Vertragsteile unzumutbar ist (zweite Stufe – BAG NZA 2006, 98 ff. = NJW 2006, 530 ff. = DB 2006, 397 ff.; BAG AP BGB § 626 Verdacht strafbarer Handlung Nr. 28 = NZA 2000, 421 = DB 2000, 48, BAG NZA 2002, 847). Nur dann, wenn der ArbG eine außerordentliche Kündigung auf einen Verdacht stützt, muss er sich um eine Aufklärung bemühen und insbesondere den ArbN anhören (BAG AP BGB § 626 Verdacht strafbarer Handlung Nr. 47 = NZA 2009, 1136; BAG AP BGB § 626 Verdacht strafbarer Handlung Nr. 43 = NZA 2008, 809). Die Rechtsprechung zu § 626 BGB ist umfangreich. Eine instruktive Übersicht findet sich bei *Schaub* ArbR-HdB 18. Aufl. § 127 Rn. 60 ff. (Beispiele aus der neueren Rechtsprechung: Abwerbung von Arbeitskollegen BAG NZA 2008, 1415; Arbeitsverweigerung BAG NZA 2016, 1144 BAG NZA 2013, 1197; Arbeitszeitbetrug BAG NZA 2008, 636; Außerdienstliches Verhalten BAG NZA 2011, 112; 2010, 220; 2009, 604; NZA-RR 2009, 362; für das Verhalten von Angestellten im öffentlichen Dienst BAG NZA 2011, 112, BAG AP KSchG 1969 § 1 Verhaltensbedingte Kündigung Nr. 60 = NZA 2010, 220; Üble Nachrede BAG AP BGB § 626 Nr. 226 = NZA 2010, 698; Diebstahl geringwertiger Güter BAG NZA 2010, 1227; „Surfen" im Internet BAG NZA 2006, 98 ff. = NJW 2006, 530 ff.; Private Nutzung des Dienst-PC BAG NZA 2017, 1327; Strafanzeige gegen den Arbeitgeber BAG NZA 2004, 427 ff. = DB 2004, 878 ff.; Androhung und Erschleichung einer Arbeitsunfähigkeit BAG NZA 2004, 564; Sexuelle Belästigung BAG NZA 2017, 1121; ältere Entscheidungen: Nebentätigkeit während einer ärztlich attestierten Arbeitsunfähigkeit BAG NZA 1994, 63 = DB 1993, 2534; Krankheit BAG NZA 1996, 871 = BB 1996, 1722 = DB 1996, 1574; angekündigte Krankschreibung BAG NZA 1993, 8 = DB 1993, 486; krankheitsbedingte Minderung der Leistungsfähigkeit BAG NZA 1995, 1100 = BB 1995, 2063; ausländerfeindliche Äußerungen BAG DB 1996, 2134 = NZA 1996, 873 und LAG Hamm NZA 1995, 994 = BB 1995, 678; beharrliche Arbeitsverweigerung BAG DB 1997, 832 = BB 1997, 1101; Trunkenheit bei außerdienstlicher Teilnahme am Straßenverkehr BAG DB 1997, 1240; grobe Beleidigungen des Arbeitgebers oder seines Vertreters außerhalb der Arbeitszeit BAG AuR 1997, 210; schuldlose Pflichtverletzungen BAG AP BGB § 626 Nr. 151 = NZA 1999, 863 = DB 1999, 1400; Krankheitsbedingte Fehlzeiten bei unkündbaren Arbeitnehmern, BAG AP BGB § 626 Krankheit Nr. 9 = NZA 2001, 219 = DB 2001, 338; Verletzung der

Loyalitätspflicht im kirchlichen Dienst BAG NZA 2001, 1136; Umdeutung der außerordentlichen in eine ordentliche Kündigung BAG DB 2002, 1562 und BGH NZA 2000, 430). Durch Tarifvertrag kann das Recht zur außerordentlichen Kündigung nur in Ausnahmefällen eingeschränkt werden (BAG AP BAT § 55 Nr. 4; BAG AP BGB § 613a Nr. 278; BAG NZA-RR 2006, 416). Die Erweiterung des Rechts zur außerordentlichen Kündigung durch Vereinbarung von Kündigungsgründen ist nicht zulässig (*Schaub* ArbR-HdB 17. Aufl. § 127 Rn. 10–11). Nach Entstehung des konkreten Kündigungsrechts im Einzelfall kommt ein Verzicht in Frage, der zB auch darin liegen kann, dass der ArbG nur ermahnt oder innerhalb der Frist des § 626 Abs. 2 S. 1 ordentlich kündigt (zur Verwirkung des Rechts zur außer- ordentlichen Kündigung: BAG NZA 1986, 467 und 1987, 366 mAnm *Popp* = DB 1986, 1339 = BB 1986, 943). In vielen Fällen muss der außerordentlichen Kündigung eine Abmahnung vorausgegangen sein (→ Form. XIX.33). Sonderregelungen finden sich in §§ 64–68a, 78 SeemannsG und § 22 Abs. 4 BBiG (hierzu BAG AP KSchG 1969 § 4 Nr. 43 = NZA 1999, 934 = DB 1999, 1408 – Erfordernis der Einhaltung der Dreiwochenfrist), aber auch in § 627 BGB für freie Dienste höherer Art, die auf Grund besonderen Vertrauens übertragen werden.

**2. Berechtigte.** Zur Person des Kündigungsberechtigten → Form. XIX.34 Anm. 1; zum Kündigungsberechtigten im öffentlichen Dienst BAG AP BAT § 54 Nr. 1 = DB 1977, 1856; BAG NZA 1994, 1086 = DB 1994, 2553; BAG AP BGB § 626 Nr. 150 = NZA 1999, 818 = DB 1999, 1612 – Verspätete Zurückweisung der vollmachtslosen Kündigungserklärung.

**3. Form, Zugang.** → Form. XIX.34 Anm. 2, 3; Bedingung → Form. XIX.34 Anm. 5; Anfechtung → Form. XIX.32; Umdeutung → Form. XIX.34 Anm. 6; materielle Wirksamkeit → Form. XIX.34 Anm. 8. Die Erklärung muss für den Empfänger zweifelsfrei den Willen des Erklärenden erkennen lassen, von der sich aus § 626 Abs. 1 ergebenden besonderen Kündigungsbefugnis Gebrauch zu machen (BAG AP BGB § 620 Kündigungserklärung Nr. 2 = NJW 1983, 303). Die Umdeutung einer unwirksamen außerordentlichen Kündigung in eine ordentliche wird allgemein zugelassen, die Umdeutung einer ordentlichen in eine außerordentliche Kündigung nur in Ausnahmefällen (→ Form. XIX.34 Anm. 6, ferner LAG Köln DB 1994, 2632 und LAG Köln NZA-RR 1996, 5). Die Nichtangabe von Gründen macht trotz § 626 Abs. 2 S. 3 die Kündigung nicht unwirksam, kann aber zu Auskunfts- und Schadensersatzansprüchen führen (BAG AP BGB § 626 Nr. 50 mAnm *A. Hueck* = NJW 1963, 1267). Im Ausbildungsverhältnis ist die außerordentliche Kündigung ohne schriftliche Angaben von Gründen aber unwirksam (§ 22 Abs. 3 BBiG); ein Begründungszwang findet sich auch in § 9 Abs. 3 S. 2 MuSchG und in Tarifverträgen.

**4. Ausschlussfrist.** Die Zwei-Wochen-Frist des § 626 Abs. 2 ist eine auch durch Tarifvertrag nicht abdingbare materielle Ausschlussfrist (BAG AP BGB § 626 Ausschlussfrist Nr. 13 mAnm *Hölters* = DB 1978, 2180; BAG AP SchwbG § 18 Nr. 2 = NJW 1981, 1322 unter 3a) aa) der Gründe; LAG Hamm DB 1985, 1845). Die Versäumung der Frist führt zur Unwirksamkeit der Kündigung (prozessual: § 13 KSchG). Der Berufung auf den Fristablauf kann uU der Arglisteinwand entgegenstehen (BAG NZA 1988, 429 = DB 1988, 763 = BB 1988, 140 und BGH LM § 626 BGB Nr. 17 = NJW 1975, 1618). Schwierigkeiten bereitet oft die Feststellung des Fristbeginns, der grundsätzlich erst bei zureichender Kenntnis von den maßgeblichen Fakten auf Seiten des Kündigungsberechtigten angenommen werden kann (Fristbeginn bei Selbstbeurlaubung BAG AP BGB § 626 Ausschlussfirst Nr. 38 = NZA 1998, 708 = DB 1998, 1210; Wegfall des Aufgabengebiets ist Dauertatbestand BAG NZA 1996, 871 = DB 1996, 1574, BAG AP BGB § 626 Nr. 143 = NZA 1998, 771 = DB 1998, 1035; Fristbeginn bei Kündigung wegen einer Straftat BAG AP BGB § 626 Nr. 160 = NZA 2000, 381 = DB 2000, 725; Fristbeginn bei

Verdachtskündigung LAG Hamm DB 1999, 2068; Fristbeginn bei notwendiger Personalratsbeteiligung BAG AP BGB § 626 Nr. 164 = NZA 2001, 212 = BB 2001, 46; Fristbeginn bei Aufklärungsbedarf BGH DB 1996, 1030 und OLG Frankfurt a.M. NZA-RR 1998, 433; Kenntnis der Mitglieder der Gesellschafterversammlung bei Kündigung gegenüber dem Geschäftsführer einer GmbH BGH NZA 1998, 1005; Pflicht zur zügigen Ermittlung BAG NZA 1994, 171 = DB 1994, 146 und LAG Köln NZA-RR 1996, 317). Sind mehrere Vorstandsmitglieder nur gemeinsam zur Kündigung berechtigt, genügt die Kenntnis eines Mitglieds (BAG NZA 1985, 250 = DB 1985, 237 und 581 – Anm. *Densch, Kahlo;* BGH NJW-RR 1990, 1330; vgl. aber LAG Hamm DB 1985, 1952). Auch grob fahrlässige Unkenntnis schadet nicht. Ausnahmsweise soll die Kenntnis eines nicht zur Erklärung der Kündigung Berechtigten genügen, wenn die Nichtweitergabe auf einem Organisationsverschulden beruht (BAG AP BGB § 626 Ausschlussfrist Nr. 11 mAnm Auch die Heilung des Mangels der Vertretungsmacht gem. § 180 BGB muss innerhalb von 2 Wochen erfolgen (BAG NJW 1987, 1038 = DB 1986, 2292). Beim Nachschieben von Gründen kommt es nur darauf an, dass die Kenntnis nicht früher als zwei Wochen vor Zugang der Kündigungserklärung erlangt war (BGH NJW 1978, 2093; BAG AP BGB § 626 Nachschieben von Kündigungsgründen Nr. 5 = NZA 1997, 1158 = DB 1997, 2080; → Anm. 6). Die Frist des § 626 Abs. 2 BGB gilt nicht für die Entlassung des Dienstordnungsangestellten eines Sozialversicherungsträgers als Dienststrafe (BAG DB 1972, 1492). Die Berechnung der Frist folgt den §§ 187 ff. BGB. Die Beweislast für die Einhaltung der Frist trägt der Kündigende (BAG AP BGB § 626 Ausschlussfrist Nr. 7 = DB 1975, 1656; BAG DB 1988, 451 = BB 1988, 487).

5. **Vergütung, Schadensersatz.** In § 628 Abs. 1 BGB ist der Vergütungsanspruch des Dienstleistungsverpflichteten für alle Fälle der vorzeitigen Vertragsbeendigung geregelt. Auch die Schadenersatzregelung des § 628 Abs. 2 BGB gilt für Arbeits- und freie Dienstverträge (Sonderregelung in § 23 BBiG). Das Auflösungsverschulden muss das Gewicht des wichtigen Grundes iSv § 626 BGB haben (stRspr des BAG; BAG NZA 2009, 547; 2002, 1323). Der Schadenersatzanspruch setzt die Einhaltung der Ausschlussfrist des § 626 Abs. 2 BGB voraus (BAG AP BGB § 628 Nr. 13; BAG NZA 2002, 1323). In der Beweisführung für den Eintritt und die Höhe des Schadens genügt Wahrscheinlichkeit iSv § 252 BGB (BAG AP BGB § 252 Nr. 2 = NJW 1972, 1437; zur Beweislast auch BGH AP BGB § 628 Nr. 12). Das BAG hat entschieden, dass der Schadensersatzanspruch des ArbN gem. § 628 Abs. 2 BGB zeitlich begrenzt ist, und zwar auf den Zeitraum bis zum Ablauf der Kündigungsfrist einer fiktiven ordentlichen Kündigung, wobei zusätzlich eine den Verlust des Bestandsschutzes ausgleichende angemessene Entschädigung entsprechend §§ 9, 10 KSchG hinzutreten könne (BAG NZA 2002, 325 und AuR 2002, 349); zum Umfang des Schadenersatzanspruches des ArbG vgl. auch BAG DB 1975, 1607. Eine Vertragsstrafe kann wirksam vereinbart werden (BAG NZA 1984, 255 = DB 1984, 2143). → Form. XIX.38 Anm. 6.

6. **Betriebsverfassung.** Der Betriebsrat ist gem. § 102 BetrVG anzuhören (zum Umfang der Unterrichtung des Betriebsrates BAG AP BetrVG 1972 § 102 Nr. 73 = NZA 1996, 419 = DB 1996, 816); in den Fällen des § 103 BetrVG ist seine Zustimmung erforderlich. Die außerordentliche Kündigung im Falle tariflicher Unkündbarkeit eines Betriebsratsmitglieds ist kein Fall des § 103 BetrVG 1972, sie bedarf also nicht der Zustimmung des Betriebsrats (BAG AP BetrVG 1972 § 103 Nr. 35 = NZA 1998, 189 = BB 1998, 482). Der Betriebsrat ist jedoch wie bei einer ordentlichen Kündigung zu beteiligen (BAG AP BGB § 626 Nr. 143 = NZA 1998, 771 = DB 1998, 1035 und AP BGB § 626 Krankheit Nr. 9 = NZA 2001, 219 = DB 2001, 338 – so jedenfalls für den Fall, dass der zu kündigende ArbN nicht Mitglied des Betriebrates ist). Im Falle eines Ersetzungsverfahrens (§ 103 Abs. 2) muss idR die Rechtskraft abgewartet werden, bevor die Kündigung ausgesprochen wird (BAG AP BetrVG 1972 § 103 Nr. 36 = NZA 1998, 1213 = DB

1998, 2124; zur Einhaltung der Zweiwochenfrist durch den Zustimmungsantrag VGH Kassel NZA 1995, 428 und BAG NZA 1997, 371 = BB 1997, 629; zur Anhörung nach behördlicher Zustimmung vgl. BAG AP SchwbG § 18 Nr. 2 = NJW 1981, 1332 und BAG Betr. 1984, 1250). Das betroffene Betriebsratsmitglied kann gegen den Ersetzungsbeschluss eigenständig Beschwerde einlegen (BAG NZA 1993, 501 = DB 1993. 889). → Form. XIX.34 Anm. 9 und → Form. V.16–→ Form. V.25.

**7. Sozialversicherungsrechtliche Folgen.** → Form. XIX.34 Anm. 10.

## 38. Kündigung durch den Arbeitnehmer[1, 2, 3, 4, 5, 7, 8]

**Einfache Erklärung (ordentliche Kündigung)**

**Unter Einhaltung der für mich geltenden Frist von . . . . . kündige ich hiermit mein Arbeitsverhältnis zum nächstmöglichen Termin, also zum . . . . . .**

**Erklärung mit Zusätzen (außerordentliche Kündigung)**

**Hiermit kündige ich mein Arbeitsverhältnis wegen Ihres vertragswidrigen Verhaltens fristlos und behalte mir vor, von Ihnen Ersatz des gesamten Schadens zu fordern, der mir durch die von Ihnen verschuldete Auflösung des Arbeitsverhältnisses entsteht. Vorsorglich spreche ich auch die ordentliche Kündigung zum nächstzulässigen Termin aus.[6]**

**Gleichzeitig teile ich mit, dass ich mich an das mit Ihnen für die Zeit nach Vertragsende vereinbarte Wettbewerbsverbot nicht gebunden halte.**

*Schrifttum:* → Form. XIX.34–→ Form. XIX.37.

### Anmerkungen

**1. Inhalt und Form.** Die materiell rechtmäßige Kündigung beendet als einseitige, nur bis zu ihrem Zugang widerrufliche (§ 130 BGB) Erklärung mit dem Zugang beim Dienstberechtigten das Arbeitsverhältnis. Das erste Beispiel stellt eine ordentliche Kündigung dar, für die keinerlei Besonderheiten gelten. Kündigungen eines Dienstverpflichteten, der nicht ArbN ist (§ 621 BGB), unterliegen keinen gesetzlichen Anforderungen hinsichtlich ihrer Form; im Arbeitsverhältnis bedarf die Kündigung zu ihrer Wirksamkeit jedoch der Schriftform gem. § 623 BGB und kann weder durch die Arbeitsvertragsparteien noch durch kollektivrechtliche Bestimmungen abbedungen werden (BAG BeckRS 2016, 66413). Diese Formvorschrift gilt für die arbeitgeber- und arbeitnehmerseitige Kündigung. Die Form des § 623 wird nicht durch die Textform gem. § 126b BGB gewahrt. Der Schriftform bedarf auch jede Kündigung des Auszubildenden und die ordentliche Kündigung des Seemannes (§ 22 Abs. 3 BBiG, § 62 SeemannsG). Die Kündigung des Auszubildenden nach Ablauf der Probezeit muss außerdem die Kündigungsgründe nennen, ebenso im Anwendungsbereich von § 17 Abs. 2 MuSchG. Die Verletzung der Mitteilungspflicht bei der außerordentlichen Kündigung (§ 626 Abs. 2 S. 3 BGB) macht diese materiell nicht unwirksam (BAG AP BGB § 626 Nr. 65 Ziff. II 1 der Gründe = NJW 1973, 553 stRspr). Die im zweiten Beispiel mit der außerordentlichen Kündigung verbundene Lossagung vom Wettbewerbsverbot bedarf der Schriftform (§ 75 Abs. 1 HGB); sie muss ferner innerhalb eines Monats nach Zugang der Kündigung erklärt werden. Ob man sie überhaupt ausspricht, ist eine Frage der Zweckmäßigkeit. Die Lossagung hat den Verlust des Anspruches auf Karenzentschädigung zur Folge.

**2. Fristen.** → Form. XIX.34 Anm. 4. Die vom ArbN einzuhaltende Frist kann kürzer sein als diejenige des ArbG, weil § 622 Abs. 2 BGB nur die Kündigung durch den ArbG an längere Fristen bindet. Der Geschäftsführer einer GmbH ist an die Frist des § 622 Abs. 1 BGB jedenfalls dann gebunden, wenn er am Kapital der Gesellschaft nicht beteiligt ist (BGH NJW 1981, 1270). Vor Arbeitsantritt kann gekündigt werden. Sofern sich aus dem Vertrag oder sonstigen Umständen nichts anderes ergibt, beginnt auch in diesem Falle die Frist mit dem Zugang der Kündigung (BAG AP BGB § 620 Nr. 2 mAnm *G. Hueck* = NJW 1974, 1399; BAG AP BGB § 620 Nr. 3 = NJW 1980, 1015; LAG Hessen DB 1981, 532 – teilweise abweichend LAG Hessen DB 1997, 1572). Die Kündigungsmöglichkeit vor Vertragsbeginn ist grundsätzlich möglich (BAG AP KSchG 1969 § 4 Nr. 56 = NZA 2006, 1207). Ein Ausschluss des Kündigungsrechts muss mittels Auslegung dem Vertragsinhalt zu entnehmen sein (BAG AP BGB § 620 Kündigung vor Dienstantritt Nr. 1 = NZA 2004, 1089). Fehlt die Vereinbarung einer Kündigungsfrist für den Fall einer Kündigung vor Vertragsbeginn, muss das Gericht die Vertragslücke schließen und den mutmaßlichen Parteiwillen ermitteln (BAG NZA 1986, 671 = DB 1986, 1781 = BB 1986, 1919; vgl. auch BAG NZA 1988, 735 = DB 1988, 1454 = BB 1988, 1462 und LAG Hamm DB 1989, 1191). Die Vereinbarung einer Vertragsstrafe für den Fall des Nichtantrittes ist zulässig; durch sie wird das Kündigungsrecht in zulässiger Weise eingeschränkt (ArbGer Oldenburg BB 1991, 415 mwN); dies gilt insbesondere auch nach der Schuldrechtsreform bei Formulararbeitsverträgen (BAG NZA 2004, 727; zur Vertragsstrafe → Form. XIX.23.).

**3. Zugang, Bedingung.** → Form. XIX.34Anmerkungen 3, 5.

**4. Anfechtung, Unwirksamkeit.** Die eigene Kündigungserklärung kann wie jede Willenserklärung angefochten werden (BAG NZA 1996, 875; zur Irrtumsanfechtung BAG NZA 1992, 790). Für die Praxis von gewisser Bedeutung ist die Anfechtung gem. § 123 BGB, insbes. wegen der Drohung des ArbG, er werde andernfalls fristlos kündigen. Eine solche Anfechtung greift aber nicht durch, wenn Tatsachen vorliegen, die einem verständigen ArbG Anlass sein können, eine außerordentliche Kündigung ernsthaft zu erwägen (BAG AP BGB § 123 Nr. 21 = NJW 1980, 2213). Es ist nicht grundsätzlich rechtsmissbräuchlich, wenn sich eine Arbeitnehmerin auf die Rechtsunwirksamkeit der eigenen Kündigung beruft (LAG Berlin NZA 1989, 968 = DB 1989, 1826 = BB 1989, 1121). Den Fall der Unwirksamkeit einer Kündigung des ArbN wegen Geschäftsunfähigkeit (und die Belastung des ArbG aus Annahmeverzug) behandelt BAG NJW 1994, 2501 = DB 1994, 1626, ausführlicher Sachverhalt in AP BGB § 286 Nr. 2. Zur Anfechtung → Form. XIX.32.

**5. Änderungs- und Teilkündigung.** Sie sind praktisch kaum von Interesse, rechtlich aber nicht ausgeschlossen. Zur Teilkündigung → Form. XIX.36. Die in → Form. XIX.35 Anm. 4 und 5 erörterten Probleme entfallen bei der Änderungskündigung des ArbN. Ob die neuen Bedingungen (auch konkludent) angenommen werden, ist nach den tatsächlichen Umständen des Einzelfalles zu entscheiden. Der Arbeitnehmer wird bei eigener Änderungskündigung meist die vollständige Beendigung des Arbeitsverhältnisses riskieren, weil der Arbeitgeber das Änderungsangebot nicht annimmt.

**6. Schadensersatz.** Eine nicht vertragsgerechte Kündigung macht grundsätzlich schadensersatzpflichtig. Die Rspr., die dem ArbG insbes. den Ersatz von Inseratskosten zubilligte, ohne dass der ArbN sich darauf berufen konnte, die Kosten wären auch bei vertragsgerechter Kündigung angefallen (Gedanke der Prävention, vgl. insbes. BAG AP BGB § 276 Vertragsbruch Nr. 3 = NJW 1970, 1496) ist überholt (BAG AP BGB § 276 Vertragsbruch Nr. 7 = NJW 1981, 2430; LAG Hamm DB 1981, 1243; BAG NZA 1984, 122 = DB 1984, 1731 = BB 1984, 1687; vgl. auch BAG AP TVG § 4 Günstigkeitsprinzip Nr. 15 = DB 1977, 1854: der geltend gemachte Schaden muss unter den Schutzzweck der verletzten Bestimmung fallen). Vertragswidriges Verhalten des ArbG, das den ArbN zur außerordentlichen

Kündigung berechtigt und ihm Schadensersatzansprüche nach § 628 Abs. 2 BGB erwachsen lässt, kann auch im Ausspruch einer unberechtigten Kündigung bestehen. Wird sodann eine Kündigungsentschädigung iSd §§ 9, 10 KSchG zugesprochen oder vereinbart, gleicht diese in der Regel jedenfalls den Schaden wegen des Verlustes des Arbeitsentgeltes aus (BAG AP KSchG § 7 Nr. 24 mAnm *Herschel* = DB 1971, 1531; BAG AP KSchG 1969 § 9 Nr. 2 mAnm *Herschel* = NJW 1973, 1902). Der im zweiten Beispiel vorgesehene Vorbehalt von Schadensersatzansprüchen ist von Interesse, weil im Falle einer nachfolgenden Beendigungsvereinbarung nicht ausgeglichene Schadensersatzforderungen ausdrücklich vorbehalten werden müssen (BAG AP BGB § 628 Nr. 6 mAnm *Canaris* = NJW 1971, 2092). Auch der ArbG kann ein berechtigtes Interesse iSv § 256 ZPO an der alsbaldigen Feststellung der Unwirksamkeit einer Kündigung des Arbeitnehmers haben (BAG NZA 1986, 714 = DB 1986, 2678 = BB 1986, 2418; BAG DB 1997, 636). Bezahlt der ArbG auch nach Abmahnung durch den ArbN die Vergütung nicht, kann darin ein wichtiger Grund für eine fristlose Kündigung des ArbN liegen (LAG Hamm NZA-RR 2000, 242). Der Schadensersatzanspruch des ArbN nach § 628 Abs. 2 BGB ist beschränkt auf den Zeitraum bis zur Beendigung des Arbeitsverhältnisses durch eine fiktive ordentliche Kündigung des ArbN, eventuell zusätzlich einer Entschädigung analog §§ 9, 10 KSchG (BAG NZA 2002, 325 = NJW 2002, 1593 und AuR 2002, 349).

**7. Soziale Folgen.** Die Eigenkündigung des ArbN führt in aller Regel zu einer Sperrfrist von 12 Wochen und zum Ruhen des Anspruches auf Arbeitslosengeld (§ 159 SGB III). Die Eigenkündigung kann – wie der Aufhebungsvertrag – bei entsprechender Regelung in der Betriebsvereinbarung auch zum Ausschluss von Sozialplanansprüchen führen (BAG NZA 1996, 271 = DB 1996, 1570 = BB 1995, 2534).

**8. Freier Dienstvertrag.** Eine Befristung ist frei vereinbar (§ 620 BGB), die Kündigungsfristen sind nach der Vergütungsregelung gestaffelt (§ 621 BGB). Zu befristeten freien Dienstverträgen (zB Arzt, Rechtsanwalt, Steuerberater, Privatlehrer) gibt es ein erleichtertes außerordentliches Kündigungsrecht (§ 627 BGB; zur Frage der Dienste höherer Art OLG Celle NJW 1981, 2762; LG Berlin MDR 1981, 670; OLG Düsseldorf BB 1987, 2187; BGH NJW-RR 1993, 374; OLG Koblenz NJW 1990, 3153; zum Direktunterrichtsvertrag OLG Karlsruhe NJW 1981, 1676 mAnm *Heinbuch* NJW 1981, 2734). Eine Kündigung zur Unzeit ist zwar nicht unwirksam, macht aber schadenersatzpflichtig. Daneben gelten §§ 626, 628 BGB.

## 39. Erteilung des Urlaubs

**Wir erteilen Ihnen für den gewünschten Zeitraum Erholungsurlaub. Ihr erster Urlaubstag ist . . . . . (Wochentag und volles Datum), Ihr letzter Urlaubstag ist . . . . . (Wochentag und volles Datum), so dass Sie nach dem Urlaub die Arbeit im Betrieb wieder aufnehmen am . . . . . .**

**Von dem Ihnen zustehenden Jahresurlaub von . . . . . Arbeitstagen haben Sie damit insgesamt . . . . . . Arbeitstage Urlaub erhalten.**

**Wir wünschen Ihnen eine schöne und erholsame Urlaubszeit.**

*Schrifttum: Bauer/v. Medem,* Von Schultz-Hoff zu Schulte – der EuGH erweist sich als lernfähig, NZA 2012, 113; *Becker,* Urlaub und Kündigungsschutzprozess – Plädoyer für eine Modifizierung der BAG-Rechtsprechung unter Berücksichtigung europarechtlicher Aspekte, NZA-RR 2010, 337; *Betz,* Der Anspruch auf Urlaubsentgelt und Urlaubsabgeltung im Falle der Insolvenz des Arbeitgebers nach der geänderten Rechtsprechung zum Urlaubsrecht, BB 2015, 886; *Conze,* Einfluss von Arbeitszeitänderungen auf den Urlaubs- und Urlaubsentgeltanspruch im öffentlichen Dienst – unter besonderer Einbeziehung des „Brandes"-Urteil des EuGH, öAT 2014, 241; *Eppinger,* Zur Bilanzierung von Urlaubsrückstellungen im Lichte der aktuellen arbeitsrechtlichen Rechtsprechung, DB 2010, 9; *Falder,* Immer erreichbar – Arbeitszeit- und Urlaubsrecht in Zeiten des technologischen Wandels, NZA 2010, 1150; *Fenski,* Was am Ende (vom Urlaubsrecht) übrigbleibt – Falsche Prämissen, falsche Ergebnisse, NZA 2014, 1381; *Fuhlrott,* Urlaubsgeltung im Todesfall – vom Rheinland über Erfurt nach Brüssel und zurück?, ArbRAktuell 2016, 541; *Gaul/Josten/Strauf,* EuGH. Urlaubsanspruch trotz Dauerkrankheit, BB 2010, 497; *Gooren/Rudkowski,* Urlaubsabgeltung bei Tod des Arbeitnehmers – Bollacke reloaded, NJW 2017, 1149; *ders.*, Pflicht des Arbeitgebers zur initiativen Urlaubsgewährung? NZA 2016, 1374; *Hahn,* Die Berechnung des Urlaubsanspruchs bei flexibler Gestaltung der Arbeitszeit, öAT 2014, 222; *v. Hase/Lembke,* Das Selbstbeurlaubungsrecht arbeitnehmerähnlicher Personen, BB 1997, 1095; *Hohmeister,* BB-Rechtsprechungsreport zum Urlaubsrecht 2009, BB 2010, 1599; *ders.*, BB-Rechtsprechungsreport zum Urlaubsrecht im Jahr 2010, BB 2011, 890; *ders.*, BB-Rechtsprechungsreport zum Urlaubsrecht im Jahr 2011, BB 2012, 1343; *ders.*, BB-Rechtsprechungsreport zum Urlaubsrecht 2012, BB 2013, 1973 ; *ders.*, BB-Rechtsprechungsreport zum Urlaubsrecht 2013, BB 2014, 2037; *ders.*, BB-Rechtsprechungsreport zum Urlaubsrecht 2014, BB 2015, 1333; *ders.*, BB-Rechtsprechungsreport zum Urlaubsrecht 2015, BB 2016, 1525;; *Imani/Stiebert,* Magische Vermehrung von Urlaubsansprüchen, NZA 2013, 1338; *Kamanabrou,* Urlaubsabgeltung bei Tod des Arbeitnehmers im laufenden Arbeitsverhältnis, RdA 2017, 162; *Karb,* Der Erholungsurlaub im ruhenden Arbeitsverhältnis, öAT 2014, 219; *Kern,* Sozialversicherungsrechtliche Gestaltungsmöglichkeiten in „Schultz-Hoff" Fällen, ArbRAktuell 2010, 161; *Kock/Heyde,* Urlaubsanspruch von Arbeitnehmern nach einem Wechsel von Vollzeit zu Teilzeit und umgekehrt, BB 2013, 2938; *Krieger/Arnold,* Urlaub 1. + 2. Klasse – Das BAG folgt der Schultz-Hoff-Entscheidung des EuGH, NZA 2009, 530; *Leinemann/Linck,* Berechnung der Urlaubsdauer bei regelmäßig und unregelmäßig verteilter Arbeitszeit, DB 1999, 1498; *Moll,* Wen oder was schützt das (Urlaubs-)Recht?, RdA 2015, 239; *Natzel,* Tilgungsbestimmung – Heilmittel im Urlaubsrecht?, NZA 2011, 77; *Neumann,* Urlaubsrecht im Wechselbad, DB 2014, 484; *Pfeifer,* Pfändung urlaubsrechtlicher Ansprüche, NZA 1996, 738; *Pieroth,* Die Anrechnungsbefugnis des Arbeitgebers gem. § 10 BUrlG zwischen Tarifvertragsrecht und Koalitionsfreiheit, AuR 1998, 190; *Polzer/Kafka,* Verfallbare und unverfallbare Urlaubsansprüche, NJW 2015, 2289; *Pötters/Stiebert,* Fallstricke im Urlaubsrecht – Weiterhin keine Rechtssicherheit für die Praxis?, NJW 2012, 1034; *Powietzka/Fallenstein,* Urlaubsklauseln in Arbeitsverträgen, NZA 2010, 673; *Renners/Streßig,* Das Schicksal des Urlaubsabgeltungsanspruchs bei Beendigung des Arbeitsverhältnisses durch Tod des Arbeitnehmers, ZEV 2017, 313; *Richter*, Rechtliche Probleme beim Zusammentreffen von Krankheit und Urlaub, ArbRAktuell 2015, 417; *Ricken*, Urlaubsabgeltung bei Tod des Arbeitnehmers – Rechtskonstruktion und beitragsrechtliche Bewertung, NZA 2014, 1361; *Schipper/Polzer*, Die Vererblichkeit des Urlaubsabgeltungsanspruchs – Die Rechtsprechung im Wandel?, NZA 2011, 80; *Schneider,* Anspruch auf „ Religionsurlaub"? – Die Frage nach den Auswirkungen religiöser bzw. weltanschaulicher Überzeugungen auf das Arbeitsverhältnis, ArbRAktuell 2016, 298; *Schubert,* Der Erholungsurlaub zwischen Arbeitsschutz und Entgelt, NZA 2013, 1105; *dies.*, Der Urlaubsabgeltungsanspruch nach dem Abschied von der Surrogationsthese, RdA 2014, 9; *Schullte,* Urlaub durch einstweiligen Rechtsschutz – aber wie, ArbRB 2005, 125; *Schweighart/Ott,* Die tarifliche Abdingbarkeit des gesetzlichen Urlaubsanspruchs und ihre unionsrechtlichen Grenzen, NZA-RR 2015, 1; *Thelen/Worm,* Der Abgeltungsanspruch für nicht genommenen Urlaub, NJW 2016, 1764; v. *Steinau-Steinrück*, Aktuelles Urlaubsrecht – Antrag, Arbeitszeit und Vererbbarkeit, NJW-

Spezial 2017, 498; *Vogel,* Arbeitsrecht im Jahre 2013 – Urlaubs- und Kündigungsrecht, NJ 2014, 9; *Wulfers*, Urlaubsabgeltung und tarifliche Ausschlussfrist, ZTR 2010, 180;

## Anmerkungen

**1. Wesen, Anspruch, Dauer.** Der Urlaubsanspruch war nach früherer Rechtsprechung des BAG ein Freistellungsanspruch des ArbN gegen den ArbG, auf Befreiung von der nach dem Arbeitsverhältnis an sich geschuldeten Arbeitspflichten für einen bestimmten Zeitraum, ohne die übrigen Pflichten aus dem Arbeitsverhältnis, insbesondere die Pflicht zur Zahlung des Arbeitsentgelts, zu verändern. Der Anspruch des ArbN ist nicht von einer Gegenleistung abhängig und er muss erfüllbar sein, dh der ArbN muss in diesen Zeiten zur Erbringung der Arbeitsleistung verpflichtet sein. Der EuGH („Schultz-Hoff", NZA 2009, 135; EuGH „Vicente Pereda" NZA 2009, 1133; EuGH, „ZentralBR der Landeskrankenhäuser Tirols" NZA 2010, 557, EuGH „Greenfield/The Care Bureau Ltd", NZA 2015, 1501) geht anders als das BAG für das nationale Recht von einem aus Freistellung und Entgelt zusammengesetzten Einheitsanspruch aus. Dieses unterschiedliche Verständnis hat Auswirkungen auf zahlreiche Urlaubsregelungen (vgl. zu Einzelheiten *Schaub* ArbR-HdB 17. Aufl. § 104 Rn. 2 ff.; *Küttner/Röller,* Personalbuch 2017, 423, Rn. 1 ff.; ErfK/*Gallner* BUrlG § 1 Rn. 1). Seine jährliche Dauer ist meist vertraglich oder tarifvertraglich festgelegt, gesetzlich vorgeschrieben ist nur die Mindesturlaubsdauer in § 3 Abs. 1 BUrlG. Nur für ihn gelten die Vorschriften des BUrlG mit der Unabdingbarkeitsvorschrift des § 13 BUrlG unmittelbar. Daneben gibt es noch weitere gesetzliche Sonderregelungen (vgl. auch *Küttner/Röller,* Personalbuch 2017, 428, Rn. 1 ff.) zB für Jugendliche, § 19 JArbSchG und für Schwerbehinderte in § 208 Abs. 1 SGB IX (Anspruch auf Zusatzurlaub tritt zum individuellen Urlaubsanspruch des ArbN hinzu, den er ohne Berücksichtigung seiner Schwerbehinderung beanspruchen kann; BAG AP SGB IX § 125 Nr. 1 = NZA 2007, 26 = NJW 2007, 1083). Der gesetzliche Mindesturlaub beträgt nach § 3 Abs. 1 BUrlG 24 Werktage ausgehend von einer Sechs-Tage-Woche. Für eine 5-Tage-Woche ergibt sich nur ein $^5/_6$ Anspruch, mithin 20 Werktage (zur Umrechnung von Werktagen in Arbeitstage: BAG NZA 2001, 1254 = BB 2002, 51 und NZA 2002, 815; BAG NZA 1993, 79 = DB 1993, 841; Berechnung bei Schichtarbeit BAG NZA 1995, 477 = BB 1995, 311; Umrechnung bei Treueurlaub BAG NZA 1995, 86 = BB 1994, 1432; Umrechnung tariflich auf die 5-Tage-Woche bezogenen Urlaubsdauer bei betrieblicher Verteilung der Arbeitszeit auf 9 Tage in der Doppelwoche BAG NZA 1999, 665 = DB 1999, 694; Urlaub und nachfolgendes Arbeitsverhältnis BAG NZA 1991, 944 = DB 1991, 1987 = BB 1991, 1788 und BAG NZA 2000, 480 = DB 2000, 831 = BB 2000, 726). Bei Teilzeitarbeit kommt es für die Berechnung nur auf die Anzahl der Arbeitstage, nicht auf die darauf verteilten Arbeitsstunden an (BAG NZA 1991, 777 = DB 1991, 1987 = BB 1991, 1789, BAG NZA 2001, 1254). Ändert sich die Anzahl der Tage mit Arbeitspflicht, bevor der Arbeitnehmer den gesamten Urlaub in Anspruch genommen hat, ist der verbleibende Urlaubsanspruch unter Berücksichtigung des bereits vom Arbeitgeber gewährten Urlaubs zu berechnen. Dabei ist die Anzahl der zum Zeitpunkt des Wechsels noch nicht genommenen Urlaubstage mit dem Quotienten zu multiplizieren, der sich aus der Anzahl der Wochenarbeitstage unter dem neuen Arbeitszeitregime (Divident) und der Anzahl der Wochenarbeitstage unter dem alten Arbeitszeitregime (Divisor) ergibt (BAG NZA-RR 2017, 376). Die vor der Änderung erworbenen Ansprüche bleiben hiervon unberührt, sowohl hinsichtlich der Gewährung als auch hinsichtlich einer Abgeltung (BAG NZA 2015, 1005 unter Aufgabe seiner früheren Rechtsprechung, EuGH „Brandes" NZA 2013, 775). Der Urlaubsanspruch entsteht erstmalig nach einer sechsmonatigen Wartefrist. Nach abgelaufener Wartefrist ist er jeweils zum 1.1. des Jahres fällig und kann ab diesem Zeitpunkt in voller Höhe verlangt werden. Da der Urlaubsanspruch an das Bestehen des Arbeitsverhältnisses anknüpft, kommt es auf die tatsächlich erbrachte Arbeitsleistung nicht an. Er entsteht auch, wenn der ArbN langfristig nicht gearbeitet hat. Seine Geltendmachung ist in diesem Falle auch nicht rechtsmissbräuchlich (stRspr zB BAG AP BUrlG § 3 Rechtsmissbrauch Nr. 17 = NZA 2003, 1111= DB 2003, 1448). Besteht das Arbeitsverhältnis nicht das gesamte Kalenderjahr, so ergibt sich in den abschließend in § 5 BUrlG geregelten Fällen (Kein Erwerb Vollurlaubsanspruch wegen Nichterfüllung der Wartezeit im laufenden Kalenderjahr (Eintritt ab einschließlich 1.7.), Ausscheiden vor erfüllter Wartezeit oder Ausscheiden nach erfüllter Wartezeit in der ersten Hälfte eines Kalenderjahres (Ausscheiden bis 30.6.) nur ein Teilurlaubsanspruch von je $^1/_{12}$ des Jahresurlaubs pro vollen Monat des Bestehen des Arbeitsverhältnisses (zur Berechnung von Teilurlaubsansprüchen: BAG NZA 1989, 756 = DB 1989, 2129 = BB 1989, 1983). Bruchteile von mindestens einem halben Tag werden beim Teilurlaub nach § 5 Abs. 2 BurlG aufgerundet. § 5 Abs. 2 BurlG gilt jedoch nicht für Bruchteile, die sich bei Umrechnung von Vollzeit auf Teilzeit ergeben. In den nicht von § 5 BUrlG erfassten Fällen ist der gesetzliche (Mindest-)Urlaubsanspruch in voller Höhe gegeben, insbesondere daher auch bei einem Ausscheiden nach erfüllter Wartezeit in der zweiten Jahreshälfte (BAG NZA 2016, 159). Urlaubsstaffelungen nach Alter stellen in der Regel unmittelbare Benachteiligungen nach dem AGG dar, sind unwirksam und führen zu einer „Anpassung nach oben" für alle Mitarbeiter (BAG NZA 2017, 339; BAG NZA 2016, 1081).

**2. Erteilung.** Der ArbN muss nach bisheriger höchstrichterlicher Rechtsprechung seinen Urlaubsanspruch gegenüber dem ArbG geltend machen, sonst verfällt er ersatzlos (zuletzt BAG NZA 2016, 634). Neue Tendenzen in der obergerichtlichen Rechtsprechung sehen eine Pflicht zur Gewährung des Urlaubs durch den Arbeitgeber von sich aus. Der schadensersatzpflichtige Verzug des Arbeitgebers mit der Gewährung setze demzufolge auch keinen Urlaubsantrag des Arbeitnehmers mehr voraus (zB LAG Berlin-Brandenburg NZA-RR 2014, 631; LAG Köln NZA-RR 2016, 466). Das BAG hat die Frage des Erfordernis eines Leistungsverlangens zur Klärung dem EuGH vorgelegt (BAG NZA 2017, 271), vgl. hierzu unten → Anm. 6. Der ArbG als Schuldner des Urlaubsanspruch erfüllt den Anspruch durch Abgabe der Freistellungserklärung (ErfK/*Gallner* BUrlG § 7 Rn. 4). Dem Arbeitnehmer steht kein Selbstbeurlaubungsrecht zu, auch nicht bei verweigerter Freistellung durch den Arbeitgeber (BAG NZA 1994, 548 = DB 1994, 1042; BAG NZA 1994, 454 = DB 1994, 51; BAG NZA 1998, 708 = DB 1998, 1290 = BB 1998, 1213; LAG Köln NZA-RR 2001, 533 = BB 2001, 1481; LAG Hamm NZA-RR 1999, 76; Selbstbeurlaubung und Arbeitsunfähigkeitsbescheinigung ArbG Nürnberg NZA-RR 1999, 79; ausnahmsweise Selbsterteilung: LAG Rheinland Pfalz NZA 1991, 600). Die Selbstbeurlaubung ist eine Vertragsverletzung und kann einen Kündigungsgrund darstellen (ErfK/*Gallner* BUrlG § 7 Rn. 9). Die hier allein behandelte Erteilung als Freistellungserklärung ist einseitig gestaltende, empfangsbedürftige Willenserklärung. Für den Arbeitnehmer muss aus ihr klar erkennbar sein, dass es sich nicht um irgendeine Befreiung von der Arbeitspflicht, sondern um die Erteilung des Urlaubs handelt (konkludente Erteilung durch Freistellung in einem Aufhebungsvertrag mit Ausgleichsklausel LAG Köln NZA-RR 1997, 248). Ansonsten bleibt der Urlaubsanspruch bestehen (ErfK/*Gallner* BUrlG § 7 Rn. 7). Der Arbeitgeber kann dem Arbeitnehmer auch Urlaub vorsorglich für den Fall gewähren, dass eine von ihm erklärte ordentliche oder außerordentliche Kündigung das Arbeitsverhältnis nicht auflöst (BAG, NZA 2008, 473 Rn. 14 f. mwN). Eine wirksame Urlaubsgewährung liegt darin nach jüngerer Rechtsprechung des BAG aber nur dann, wenn der Arbeitgeber dem Arbeitnehmer die Urlaubsvergütung vor Antritt des Urlaubs zahlt oder vorbehaltlos zusagt (BAGE 150, 355 = NZA 2015, 998 = NJW 2015, 2520 Rn. 18; BAG, NZA 2016, 1144). Der ArbG hat sich bei der zeitlichen Festlegung an § 7 Abs. 1 BUrlG zu orientieren. Die Erteilung unterliegt nicht seinem Direktionsrecht, dh billigem Ermessen, sondern Maßstab für eine ordnungsgemäße Erfüllung ist § 7 Abs. 1 BUrlG (ErfK/*Gallner* BUrlG § 7 Rn. 10; *Schaub* ArbR-HdB 17. Aufl. § 104 Rn. 77). Demgemäß sind Urlaubswünsche des ArbN zu berücksichtigen, soweit nicht dringende betriebliche Belange oder sozial gewichtigere Urlaubswünsche anderer ArbN entgegenstehen. Betriebliche Belange können auch bei der Erteilung des Zusatzurlaubes nach § 208 SGB IX vorrangig berücksichtigt werden (BAG NZA 1996, 1103 = DB 1996, 1345). Der Urlaub ist grundsätzlich gemäß § 7 Abs. 2 BUrlG (in der Praxis regelmäßig missachtet) zusammenhängend zu gewähren, es sei denn dringende betriebliche Belange oder in der Person des ArbN liegende Gründe stehen dem entgegen. In diesen Fällen müsste dem ArbN dann ein zusammenhängender Teil von mindestens 12 zusammenhängenden Werktagen gewährt werden, ansonsten liegt keine wirksame Erfüllung vor und dieser Urlaub könnte erneut verlangt werden (ErfK/*Gallner* BUrlG § 7 Rn. 25 f.). Die ohne Urlaubswunsch des ArbN vorgenommene Erteilung (zeitliche Festlegung) ist rechtswirksam, wenn der ArbN auf die Erklärung des ArbG hin keinen anderweitigen Urlaubswunsch äußert (BAG NZA 2009, 538; BAG AP BUrlG § 7 Nr. 13 = NZA 1993, 407 = DB 1993, 891). Urlaubserteilung im Vorgriff auf das nächste Jahr ist unzulässig, da der Urlaubsanspruch grundsätzlich entstanden sein muss (BAG AP BUrlG § 1 Nr. 3 = DB 1974, 783; aA *Schaub* ArbR-HdB 17. Aufl. § 104 Rn. 75, soweit sich die beantragte Gesamturlaubszeit über die Jahreswende erstreckt, und auch BAG BB 2012, 844 für eine Urlaubsgewährung im Rahmen einer Freistellung bei einer jahresübergreifenden Kündigungsfrist; hier gilt weiter zu beachten, dass deutlich erkennbar sein muss, ob nur der Anspruch auf gekürzten Vollurlaub oder ggf. vorsorglich, wenn die Kündigung nicht wirksam sein sollte, auch auf Vollurlaub gewährt wird); ebenso die nachträgliche Bezeichnung von Fehlzeiten als Urlaub (BAG NZA 1995, 591). Es ist möglich, Urlaub innerhalb der Kündigungsfrist auch gegen den Willen des ArbN zuzuweisen (LAG Hamm DB 1979, 507), es sei denn, dies wäre angesichts besonderer Umstände dem ArbN nicht zuzumuten (BAG AP BUrlG § 7 Nr. 6 = DB 1974, 1023; LAG Düsseldorf DB 1973, 191). Eine Annahmeverweigerung des ArbN, um in den Genuss einer Urlaubsabgeltung zu kommen, ist nicht möglich (ErfK/*Gallner* BUrlG § 7 Rn. 15). Umgekehrt kann auch der ArbN die Erteilung des Urlaubs in der Kündigungsfrist verlangen. Für die Zeit einer krankheitsbedingten Arbeitsunfähigkeit (ebenso wie bei Ruhenstatbeständen wie Elternzeit, Sonderurlaub oder bei Beschäftigungsverboten) kann der Arbeitnehmer Urlaub nicht wirksam verlangen, der ArbG kann ihn nicht wirksam erneut befreien (LAG Hessen DB 1997, 681 = BB 1997, 947; ErfK/*Gallner* BUrlG § 7 Rn. 21 ff.). Ein am Streik teilnehmender Arbeitnehmer kann nur dann Urlaub verlangen, wenn er sich, zumindest vorübergehend, zur Wiederaufnahme der Arbeit bereit erklärt (BAG DB 1997, 679 = BB 1997, 580). Wird die Erteilung trotz rechtzeitiger Geltendmachung und Erfüllbarkeit des Urlaubsanspruchs verweigert und geht der Urlaubsanspruch wegen Verfalls deshalb mit dem Ende des Kalenderjahrs oder des Übertragungszeitraums unter, hat der ArbN einen Schadensersatzanspruch in Form eines Ersatzurlaubsanspruchs in Höhe der vergeblich geltend gemachten Urlaubstage gegen den sich im Verzug befindlichen ArbG (ausreichend hierfür auch die erkennbare Absicht des ArbGeb, den Urlaub nicht gewähren zu wollen, BAG NZA 2016, 235; aA Schadensersatz auch ohne vorherige Geltendmachung, LAG Berlin-Brandenburg NZA-RR 14, 631; hierzu auch → Anm. 2., *Küttner/Röller,* Personalbuch 2017, 423, Rn. 20, 23). Zur Berechnung des Urlaubsentgelt nach § 11 BUrlG vgl. BAG NZA 2002, 453. Das Urlaubsentgelt ist wie der gesetzliche Urlaubsanspruch unabdingbar und unverzichtbar (vgl. zur Urlaubsentgeltberechnung und allgemein: *Küttner/Röller,* Personalbuch 2017, 425, Rn. 1 ff.).

**3. Anrechnung, Kürzung.** Erkrankt ein ArbN während des Urlaubs, so sind die Krankheitstage gemäß § 9 BUrlG nicht auf den Jahresurlaub anzurechnen. Der ArbG ist zur Nachgewährung verpflichtet. Selbiges gilt wegen des Benachteiligungsverbots auch für Tage, an denen ein ehrenamtlicher Helfer des THW im Urlaub zu einem Einsatz herangezogen wurde (BAG AP BUrlG § 8 Nr. 4 = NZA 2006, 149). Die nachträgliche Anrechnung arbeitsfreier Tage auf den Erholungsurlaub ist unzulässig (BAG AP BUrlG § 1 Nr. 4 = DB 1979, 1138). Unzulässig ist es auch, zuviel gewährten Urlaub im Vorjahr auf den Urlaubsanspruch im nächsten Jahr anzurechnen (BAG NZA 2006, 1008). Eine Anrechnung von Kuren und Schonzeiten kommt nur noch in Betracht, soweit kein Lohnfortzahlungsanspruch besteht (§ 10 BUrlG nF; BAG AP BUrlG § 10 Schonzeit Nr. 10 mAnm *Trieschmann* = NJW 1971, 1231). Die Vereinbarung unbezahlten Urlaubs für zurückliegende Krankentage ist unzulässig (BAG AP BUrlG § 1 unbezahlterUrlaub Nr. 1 = NJW 1981, 781). Hatte der ArbN im Urlaubsjahr zeitweise unbezahlten Urlaub, führt dies nicht zu einer Verkürzung des Anspruches auf Erholungsurlaub (BAG NZA 1987, 13 = DB 1986, 2394 = BB 1986, 2200). Auch Ausfallzeiten wegen mutterschutzrechtlicher Beschäftigungsverbote verkürzen den Anspruch nicht. Endet das Arbeitsverhältnis in der ersten Hälfte des Jahres, so verkürzt sich sein zunächst in voller Höhe entstandener Urlaubsanspruch um ein Zwölftel für jeden vollen Monat, in dem das Arbeitsverhältnis in diesem Jahr nicht mehr besteht (BAG NZA 1997, 265 = DB 1996, 2391; zur Kürzung durch Tarifvertrag BAG NZA 2000, 157 = DB 1999, 2575 = BB 2000, 207). Der ArbG kann den Erholungsurlaub, der dem ArbN für das Urlaubsjahr zusteht, für jeden vollen Kalendermonat, für den Elternzeit in Anspruch genommen wird, um ein Zwölftel kürzen, es sei denn der ArbN leistet während der Elternzeit bei seinem ArbG Teilzeitarbeit (§ 17 Abs. 1 S. 1 BEEG). Die Kürzungsmöglichkeit besteht nur im laufenden Arbeitsverhältnis, wenn der Urlaubsanspruch noch besteht, aber nicht mehr nach Beendigung für die Urlaubsabgeltung (BAG NZA 2015, 989). Er ist nicht verpflichtet, dem ArbN vor Antritt der Elternzeit mitzuteilen, dass er den Erholungsurlaub anteilig kürzen will (BAG NZA 1994, 27 = DB 1993, 642; zur Kürzung eines tariflichen Urlaubsgeldes bei Erziehungsurlaub BAG NZA 1995, 232 = DB 1995, 936). Etwaiger Resturlaub aus der Zeit vor der Elternzeit ist gemäß § 17 Abs. 2 BEEG nach der Elternzeit im laufenden oder im nächsten Urlaubsjahr zu gewähren. Diese gesetzliche Regelung verlängert nicht den Übertragungszeitraum des § 7 Abs. 3 S. 3 BUrlG bis zum Ablauf des nächsten auf die Beendigung der Beschäftigungsverbote/der Elternzeit folgenden Jahres. Sie dehnen vielmehr die Befristung des Urlaubsanspruchs nach § 7 Abs. 3 S. 1 BUrlG auf das Urlaubsjahr, in dem der Urlaubsanspruch entstanden ist, auf das nächste Kalenderjahr (Folgejahr) aus. Dieses ist dann das für das Fristenregime des § 7 Abs. 3 BUrlG maßgebliche Urlaubsjahr (BAG, NZA 2016, 433). Der Zusatzurlaub nach § 208 SGB IX wird von einer tariflichen Zwölftelung des Urlaubs nicht berührt (BAG NZA 1994, 1095 = DB 1994, 1528).

**4. Betriebsferien, Freistellung.** An die vom ArbG in betrieblichem Interesse festgelegten Betriebsferien ist der ArbN gebunden; der ArbG kommt aber in Annahmeverzug, wenn er – notfalls im Voraus – Urlaub während der Dauer von Betriebsferien nicht gewährt und den ArbN auch nicht beschäftigt. Bei der Festlegung von Betriebsferien sind jedoch auch die Interessen der ArbN zu berücksichtigen. (zur Problematik *Schaub* ArbR-HdB 17. Aufl. § 104 Rn. 84 ). Dasselbe gilt für den ArbN, der nicht am Betriebsausflug teilnimmt (BAG AP BUrlG § 7 Nr. 5 = DB 1971, 295). Eine Vereinbarung über den Ausschluss der Lohnzahlung während der Betriebsferien kann bei gehöriger Abwägung der beiderseitigen Interessen zulässig sein (BAG AP BUrlG § 7 Betriebsferien Nr. 3 mit Anm. *Moritz* = NJW 1977, 456 = DB 1976, 2167). Ob arbeitsfreie Tage in der Zeit zwischen Weihnachten und Dreikönig auf den Urlaub anzurechnen sind, muss nach den Umständen des Einzelfalles beurteilt werden (keine Anrechnung auf den Urlaub: LAG Baden-Württemberg DB 1970, 2328). Der Urlaubsanspruch kann dadurch erfüllt werden, dass der ArbG bei Kündigung den ArbN bis zur Beendigung des Arbeitsverhältnisses unter Anrechnung auf den Urlaubsanspruch von der Arbeit unwiderruflich freistellt, eine widerrufliche Freistellung ist nicht ausreichend (BAG NZA-RR 2010, 473; NZA 2009, 1211). Der ArbG muss im Voraus hinreichend erkennbar machen, dass er den ArbN von der Arbeitspflicht befreit, um den Urlaubsanspruch zu erfüllen (BAG AP BUrlG § 7 Nr. 32 = NZA 2006, 1008). Mit einer im

Aufhebungsvertrag vereinbarten Freistellung wird daher nicht ohne weiteres der Urlaubsanspruch erfüllt (BAG NZA 1999, 80 = DB 1999, 52 = BB 1999, 159), nach neuerer Rechtsprechung ist die Formulierung „unter Anrechnung der Urlaubsansprüche von der Arbeit freigestellt“ aber regelmäßig als unwiderrufliche Freistellung zu verstehen (BAG AP BUrlG § 7 Nr. 32; BAG NZA 2007, 36). Hierbei ist auch zu beachten, dass die Freistellungserklärung aber hinreichend deutlich erkennen lassen muss, in welchem Umfang der ArbG die Urlaubsansprüche (nur zB Teilurlaubsansprüche bis Ende der Kündigungsfrist oder auch ggf. den Vollurlaubsanspruch) erfüllen wolle (BAG NZA 2011, 1032; → Anm. 2.) Regelmäßig überlässt der ArbG dann auch dem ArbN die zeitliche Festlegung des Urlaubs in der Kündigungsfrist. Teilt der ArbN nicht unverzüglich die Geltendmachung eines Annahmeverweigerungsrechts mit, ist ein nachträgliches Urlaubsabgeltungsverlangen rechtsmissbräuchlich (BAG NJW 2007, 2796).

**5. Widerruf, Anfechtung.** Der ArbG hat grundsätzlich keinen Anspruch, den gewährten Urlaub abzubrechen oder zu unterbrechen. An seine Erteilungserklärung als Erfüllungshandlung ist er gebunden (BAG AP BUrlG § 7 Nr. 32 = NZA 2006, 1008). Ein nur widerruflich erteilter Urlaub stellt keine zur Erfüllung des Urlaubsanspruchs ausreichende Freistellungsklärung dar (BAG NZA 2006, 1008). Ein Rückruf kann nur bei außergewöhnlichen Umständen aufgrund vertraglicher Rücksichtnahmepflicht des Arbeitnehmers berechtigt sein (BAG BeckRS 2009, 55110; LAG Hamm BB 1961, 789), kann grundsätzlich aber wegen der Unabdingbarkeitsregel in § 13 Abs. 1 BUrlG nicht vereinbart werden (BAG NZA 2001, 100 = DB 2000, 2327 = BB 2000, 2313). Als Willenserklärung ist die Urlauberteilung anfechtbar (§§ 119, 123 BGB), jedoch nur vor Beendigung des Urlaubes und mit Wirkung ex nunc (BAG AP GewO § 123 Nr. 12 = NJW 1960, 1734). Eine Kondiktion nach §§ 812 ff. BGB ist möglich, wenn die Freistellungserklärung rechtsgrundlos erteilt wurde oder der Rechtsgrund nachträglich weggefallen ist (ErfK/*Gallner* BUrlG § 7 Rn. 27).

**6. Befristung Übertragung, Verfall.** Der gesetzliche Urlaubsanspruch ist grundsätzlich auf das Urlaubsjahr befristet und erlischt mit Ablauf des Kalenderjahres. Dieser Grundsatz ist durch die gesetzliche Übertragungsregelung des § 7 Abs. 3 S. 2 und S. 4 BUrlG und weiteren Regelungen wie § 17 BEEG durchbrochen.

Nach neuer EuGH- und infolgedessen auch BAG-Rechtsprechung (EuGH NZA 2018, 1474, BAG NZA 2019, 982) ist allerdings § 7 BUrlG in der Regel richtlinienkonform so auszulegen, dass Urlaub nur verfallen kann, wenn der ArbG den AN zuvor konkret aufgefordert hat, den Urlaub zu nehmen, und ihn klar und rechtzeitig darauf hingewiesen hat, dass der Urlaub anderenfalls mit Ablauf des Urlaubsjahres oder Übertragungszeitraums erlischt. Diese Initiativlast des Arbeitgebers ist nicht auf den originären Urlaubsanspruch im jeweiligen Kalenderjahr beschränkt, sondern bezieht sich auch auf den Urlaub aus vorangegangenen Kalenderjahren (LAG Köln v. 9.4.2019 – 4 Sa 242/18, BeckRS 2019, 9979). Ist der ArbG seiner Initiativlast nachgekommen und der AN nimmt seinen Urlaub dennoch nicht aus freien Stücken, ist ein Verfall nach den gesetzlich vorgesehenen Regelungen des § 7 BUrlG möglich. Eine Belehrungspflicht des AG dahingehend, dass Urlaubsansprüche bei Nichtinanspruchnahme bis zum 31.12. des Kalenderjahres oder bis zum 31.3. des Folgejahres im Fall der Übertragung erlöschen, besteht bei langfristig erkrankten AN hingegen nicht. Sie besteht erst wieder nach Wiedergenesung bezogen auf die konkreten Ansprüche des AN (LAG Hamm v. 24.7.2019 – 5 Sa 676/19, BeckRS 2019, 19058).

Die Übertragung des Urlaubs auf das erste Quartal des nächsten Kalenderjahrs (§ 7 Abs. 3 S. 2, 3 BUrlG) erfolgt daher kraft Gesetzes bei einer wegen dringender Gründe während des laufenden Urlaubsjahres unterbliebenen Erteilung. Die Gründe können betrieblicher Art sein oder in der Person des ArbN liegen; ein Grund kann auch darin bestehen, dass der volle Urlaubsanspruch erst zum Jahresende erlangt war. Will der ArbN Teilurlaub nach § 5 Abs. 1a BUrlG auf das ganze nächste Kalenderjahr übertragen, muss er dies noch im Urlaubsjahr verlangen. Ausreichend ist dafür jede Handlung die deutlich macht, den Urlaub erst im nächsten Jahr nehmen zu wollen, nicht aber schon der Verzicht einen Urlaubsantrag zu stellen (BAG AP BUrlG § 7 Nr. 26 = NZA 2004, 385). Mehrere tarifliche Regelungen sehen für den ArbN auch günstigere Übertragungsregelungen vor (vgl. zB BAG DB 1997, 830; längere Übertragungsfrist auch durch betriebliche Übung begründbar, BAG AP InsO § 55 Nr. 11 = NZA 2006, 232). Lag ein dringender Grund vor, so ist der Urlaub auch dann übertragen, wenn er nicht verlangt worden war (BAG AP BUrlG § 7 Urlaubsjahr Nr. 1 mAnm *Richardi* = NJW 1969, 1981). Soweit er dann aber nicht so rechtzeitig geltend gemacht wird, dass er innerhalb der ersten drei Monate des nächsten Jahres erteilt werden kann, verfällt er. Fehlte es am dringenden Grund, führt die unterlassene Geltendmachung zum Verfall (BAG AP BUrlG § 7 Übertragung Nr. 18 = NZA 1991, 423 = DB 1991, 2671, vgl. zum Urlaubsantragserfordernis aber → Anm. 2.). Dringende betriebliche Gründe liegen nicht schon deshalb vor und sind nicht deshalb zu vermuten, weil der ArbG den Urlaub nicht von sich aus gewährt hat (BAG NZA 1993, 360 = BB 1993, 144). Eine grundlegende Änderung der bisherigen Verfallsrechtsprechung des BAG bei fortdauernder Arbeitsunfähigkeit des ArbN ist durch die EuGH-Rechtsprechung im Falle Schultz-Hoff (NZA 2009, 135) eingetreten, nachdem der EuGH darin festgehalten hat, dass Art. 7 der AZRL 2003/88/EG einzelstaatlichen Rechtsvorschriften oder Gepflogenheiten entgegenstehe, nach denen der Urlaubs(-abgeltungs)anspruch untergehe, wenn der AN bis zum Ende des Bezugszeitraums oder des einzelstaatlichen Übertragungszeitraums „krankgeschrieben" gewesen sei. Das BAG ist dieser Rechtsprechung gefolgt und hat durch unionsrechtskonforme Auslegung des § 7 Abs. 3 BUrlG entschieden, dass in Fällen der krankheitsbedingten Arbeitsunfähigkeit die gesetzlichen Urlaubs(-abgeltungs)ansprüche nicht erlöschen, wenn der ArbN bis zum Ende des Urlaubsjahres und/oder des Übertragungszeitraums erkrankt und deswegen arbeitsunfähig ist (BAG NZA 2009, 538; 2010, 810; 2010, 1011). Bis auf die Fälle der vom Willen des ArbN unabhängigen Hinderungsgründe wie die Arbeitsunfähigkeit verbleibt es jedoch beim auch unionsrechtlich zulässigen Verfall, wenn der ArbG seiner oben ausgeführten Initiativlast nachgekommen ist. Ferner gilt diese Rechtsprechung auch nicht für vertraglichen oder tarifvertraglichen Mehrurlaubsanspruch, da diese nicht in den Anwendungsbereich des Unionsrechts fallen (BAG NZA 2009, 538). Sie können weiterhin verfallen, allerdings nur wenn sie nicht an den gesetzlichen Mindesturlaub gekoppelt sind. Für einen solchen Regelungswillen, der zwischen Mindesturlaub und Mehrurlaub unterscheidet, müssen im Arbeitsvertrag oder Tarifvertrag aber deutliche Anhaltspunkte bestehen (BAG NZA 2009, 538). Die Rechtsprechungsänderung erfasst auch den Teilurlaubsanspruch und den Zusatzurlaub für Schwerbehinderte. (Zu Rechtsprechungsänderung und seine weiteren Folgen vgl. auch ErfK/*Gallner* BUrlG § 7 Rn. 41 ff.) Setzt ein langzeiterkrankter ArbN nach seiner Genesung die Arbeit fort, gehen während der Arbeitsunfähigkeit kumulierte Urlaubsansprüche grundsätzlich mit dem Ende des laufenden Kalenderjahres unter. Der übertragene und laufende Urlaubsanspruch bilden einen Gesamturlaubsanspruch, der dem Fristenregime des § 7 Abs. 3 BUrlG unterliegt (BAG NZA 2012, 29). Zum abgelehnten Vertrauensschutz aufgrund der jahrzehntelanger Rechtsprechung vgl. BAG NZA 2009, 538; 2010, 810 und ErfK/*Gallner* BUrlG § 7 Rn. 51. Etwas entschärft wurde die Problematik des unbegrenzten Ansammelns von Urlaubsansprüchen bei Langzeiterkrankung durch die EuGH-Entscheidung vom 22.11.2011 im Rahmen eines Vorabentscheidungsersuchens auf Vorlage des LAG Hamm ((„KHS/Schulte", NZA 2011, 1333). Hiernach stehen einzelstaatliche Vorschriften, die eine unbegrenzte Ansammlung von Urlaubsansprüche beschränken, indem sie einen Übertragungszeitraum von 15 Monaten vorsehen, nach dessen Ablauf der Urlaubsverfall eintritt, dem Unionsrecht nicht entgegen. Das BAG nimmt inzwischen ebenfalls in unionsrechtskonformer Auslegung des § 7 Abs. 3 S. 3 BUrlG den Verfall von

Urlaubsansprüchen langzeiterkrankter ArbN 15 Monate nach Ablauf des Urlaubsjahres an (BAG NZA 2012, 1216, NZA 2016, 37).

7. **Abgeltung, Ausschlussfristen, Verjährung.** Ein Urlaubsabgeltungsanspruch nach § 7 Abs. 4 BUrlG als Ersatz für den wegen der Beendigung des Arbeitsverhältnisses nicht mehr erfüllbaren Anspruch des ArbN auf Befreiung von der Arbeitspflicht, war nach früherer Rechtsprechung an die gleichen Voraussetzungen gebunden wie der Freistellungsanspruch, so zB hinsichtlich der Befristung und dem Verfall (BAG NZA 2004, 1064). Im Zusammenhang mit der EuGH-Rechtsprechung „Schultz-Hoff" hat das BAG zunächst für die Fälle der Langzeiterkrankung seine Surrogationstheorie, wonach der Abgeltungsanspruch für den Mindesturlaub ein Surrogat für den Naturalurlaubsanspruch sei, den urlaubsrechtlichen Regelungen unterliegt und damit zB unverzichtbar sei, aufgegeben. Nach Rechtsprechungsänderung handelt es sich nun jedenfalls bei krankheitsbedingter Arbeitsunfähigkeit um einen reinen Geldanspruch. Das BAG nimmt an, dass der nicht verfallene Urlaub auch dann abzugelten ist, wenn der ArbN die Arbeitsfähigkeit nach Beendigung des Arbeitsverhältnisses nicht wiedererlangt hat und aus dem Arbeitsverhältnis ausscheidet, ohne sich zur Erfüllbarkeit ausdrücklich zu äußern (BAG NZA 2009, 538; 2010, 810; 2010, 1011; 2011, 1421). Als reiner Geldanspruch unterliegt der Urlaubsabgeltungsanspruch dann auch den tariflichen und arbeitsvertraglichen Ausschlussfristen (BAG NZA 2011, 1421, BAG NZA-RR 2015, 399) und der Verjährung (ErfK/Gallner BUrlG § 7 Rn. 84f). Auch für die Fälle nicht andauernder Arbeitsunfähigkeit hat das BAG mit Urteil vom 19.6.2012 (NZA 2012, 1087) seine Surrogationstheorie mangels sachlichen Differenzierungsgrundes aufgegeben, so dass der Abgeltungsanspruch als reiner Geldanspruch unabhängig von Arbeitsfähigkeit oder Arbeitsunfähigkeit generell nicht mehr dem Fristenregime des Bundesurlaubsrechts unterliegt. Auf die Art der Beendigung des Arbeitsverhältnisses (auch bei Ruhestand, Befristung, außerordentliche Kündigung etc.) kommt es nicht an. Während des Bestehens eines Arbeitsverhältnis ist die Abgeltung von Urlaub nicht zulässig (BAG NZA 2006, 1232; zur Möglichkeit tarifvertraglicher Abweichungen von § 7 Abs. 4 BUrlG vgl. ErfK/*Gallner* BUrlG § 7 Rn. 70). Der Abgeltungsanspruch entsteht auch ohne vorherige Geltendmachung des Freistellungsanspruches bei Beendigung des Arbeitsverhältnisses (BAG NZA 1996, 1153 = DB 1996, 2290 = BB 1996, 2361 – auch zum Zusatzurlaub für Schwerbehinderte). Auf ihn kann nach Beendigung des Arbeitsverhältnisses wirksam verzichtet werden (BAG NZA 2013, 1098 für Ausgleichsklausel im gerichtlichen Vergleich). Der Urlaubsabgeltungsanspruch ist als reiner Geldanspruch nach seinem Entstehen mit Beendigung des Arbeitsverhältnisses auch vererblich (BAG NZA 2016, 37), jedoch gibt es keinen Anspruch der Erben auf Abgeltung des Resturlaubs, wenn der ArbN während des Arbeitsverhältnisses verstirbt (BAG NZA 2012, 326; aA LAG Düsseldorf, BeckRS 2016, 67728, hierzu Vorlagebeschluss BAG NZA 2017, 207 zum EuGH).

8. **Gerichtliche Durchsetzung, Pfändbarkeit.** Die Leistungsklage auf Verurteilung des ArbG zur Erteilung des Urlaubes in einem bestimmten Zeitraum ist mit der Vollstreckung nach § 894 ZPO möglich (BAG AP BGB § 611 Urlaubsrecht Nr. 86 = DB 1962, 410 (411); BAG NZA 1987, 379 = DB 1987, 1362 = BB 1987, 1044), bereitet aber praktische Probleme, da der begehrte Urlaubszeitraum bis zur Erlangung eines rechtskräftigen Urteils in der Regel längst verstrichen sein wird und damit die Klage unbegründet ist (*Schaub* ArbRHdb. 17. Aufl. § 104 Rn. 34 ff.; ausführlich auch zu Leistungsklagen ohne bestimmte Zeitangabe ErfK/*Dörner* BUrlG § 7 Rn. 29 ff.). Der Erlass einer einstweiligen Verfügung ist grundsätzlich möglich. Sie kann auf Erteilung des Urlaubes in einer ganz bestimmten Zeit lauten, wenn eine andere Sicherung des Urlaubsanspruches als durch Schaffung des Erfüllungszwanges nicht möglich ist (LAG Hamm DB 1970, 885 und 1396 mwN; LAG Baden-Württemberg BB 1968, 1330; ArbGer Hamm DB 1983, 1553; vgl. auch *Schaub* ArbRHdb. 17. Aufl. § 104 Rn. 36 mwN). Die Erhebung einer Kündigungsschutzklage hat nicht die Geltendmachung von Urlaubs- oder Urlaubsabgeltungsansprü-

chen zum Inhalt (BAG NZA 2000, 590 = DB 2000, 2611 = BB 2000, 881). Schwierigkeiten ergeben sich, wenn die Dauer des Urlaubes streitig ist. Die Feststellungsklage bezügl. der Dauer des Urlaubes ist während des bestehenden Arbeitsverhältnisses jedenfalls dann zulässig, wenn der Arbeitgeber „nicht in Abrede stellt, dass er einem für ihn ungünstigen Feststellungsurteil nachkommen wird" (BAG AP BUrlG § 3 Nr. 1 mAnm *Wieczorek* und *Schlep* = NJW 1965, 787; zum Feststellungsinteresse nach Erlöschen des Anspruches BAG NZA 1994, 859 = DB 1994, 2352; LAG Köln DB 1985, 182). Sowohl das Urlaubsentgelt als auch der Urlaubsabgeltungsanspruch ist wie Arbeitsentgelt in den Grenzen des § 850c ZPO pfändbar (BAG NZA 2001, 100 = BB 2000, 2313; BAG NZA 2002, 323 = DB 2002, 327). Unpfändbar gemäß § 850a Nr. 2 ZPO ist, soweit es sich im Rahmen des Üblichen hält, das sog Urlaubsgeld, das zur Abdeckung der urlaubsbedingten Mehraufwendungen bezahlt wird (LAG Nürnberg DB 2007, 868).

**9. Betriebsverfassung.** Mitbestimmungsrechte des Betriebsrates bzw. des Personalrates bestehen, soweit es um die Aufstellung allgemeiner Urlaubsgrundsätze und des Urlaubsplanes, zB auch um die Festlegung der Betriebsferien geht (BAG NJW 1982, 959 = DB 1981, 2621 = BB 1982, 616). Der Betriebsrat hat ferner ein Mitbestimmungsrecht, wenn zwischen Arbeitgeber und einzelnen ArbN kein Einverständnis über die zeitliche Lage des Urlaub erzielt wird (§§ 87 Abs. 1 Nr. 5 BetrVG, 75 Abs. 3 Nr. 3 BPersVG; auch bei Widerruf des Urlaubs: LAG München BB 1988, 2175). Die konkrete Berechnung der Urlaubsdauer ist kein allgemeiner Urlaubsgrundsatz iSv § 87 Abs. 1 Nr. 5 BetrVG (BAG NZA 1992, 759 = DB 1992, 1889).

## 40. Urlaubsbescheinigung

**Herr/Frau . . . . ., geb. am . . . . ., wohnhaft in . . . . ., war im Kalenderjahr . . . . . vom . . . . . bis zum . . . . . bei uns beschäftigt. Der volle Urlaubsanspruch (Jahresurlaub) beträgt für dieses Jahr gemäß vertraglicher Vereinbarung/gemäß auf das Arbeitsverhältnis anwendbarem Tarifvertrag (TV für die . . . . . vom . . . . .) . . . . . Arbeitstage.**

**Urlaub wurde vom . . . . . bis . . . . . (. . . . . Arbeitstage) gewährt. Weitere . . . . . Arbeitstage Urlaub wurden finanziell abgegolten. Zusatzurlaub wurde nicht/mit . . . . . Arbeitstagen gewährt. Der Resturlaubsanspruch beträgt damit noch . . . . . Arbeitstage.**

*Schrifttum:* → Form. XIX.39. *Hergenröder,* AR-Blattei, SD 180, Das Recht der Arbeitspapiere.

### Anmerkungen

**1. Rechtsgrund.** Nach § 6 Abs. 2 BUrlG hat der ArbG dem ausscheidenden ArbN eine Bescheinigung über den im laufenden Kalenderjahr gewährten oder abgegoltenen Urlaub auszuhändigen. Es handelt sich um eine nachvertragliche Pflicht des bisherigen ArbG. Der bisherige ArbG hat die Bescheinigung von sich aus, nicht erst auf Verlangen, am letzten Arbeitstag zur Abholung bereitzustellen oder zu übersenden. Ein Zurückbehaltungsrecht des bisherigen ArbG besteht aus keinem Rechtsgrund (ErfK/*Gallner* BUrlG § 6 Rn. 5). Der ArbN kann auf Erteilung der Bescheinigung vor dem Arbeitsgericht klagen. Der Klageantrag muss den genauen Wortlaut der Bescheinigung enthalten (*Küttner/Röller,* Personalbuch 2017, 423, Rn. 29). Die Vollstreckung erfolgt nach § 888 ZPO (unvertretbare Handlung – Wissenserklärung) durch gerichtliche Verhängung von

Zwangsgeld und Zwangshaft. Der Klage fehlt das Rechtsschutzinteresse, wenn das Kalenderjahr, für das die Urlaubsbescheinigung begehrt wird, bereits abgelaufen ist und die Urlaubsansprüche nach § 7 Abs. 3 BUrlG ohnehin verfallen sind (LAG Hessen NZA-RR 2002, 263 = BB 2002, 207). Die Nichtausstellung kann zur Schadensersatzpflicht des bisherigen ArbG führen, wenn der ArbN deswegen den Urlaubsanspruch gegen den neuen ArbG nicht erheben kann (ArbG Lübeck ARSt 1980, 125).

**2. Wesen und Zweck.** Hintergrund der Bescheinigung ist der Ausschluss von Doppelansprüchen gem. § 6 Abs. 1 BUrlG (zum Urlaubsanspruch in aufeinander folgenden Arbeitsverhältnissen vgl. BAG AP BUrlG § 6 Nr. 3 = DB 1983, 1155 und BAG NZA 1991, 944 = DB 1991, 1987 = BB 1991, 1788; zum Urlaubskassenverfahren BAG AP BUrlG § 13 Nr. 46 = DB 2001, 1256). Eine Anrechnung bzw. ein Ausschluss nach § 6 Abs. 1 BUrlG erfolgt nur, wenn der ArbN im laufenden Kalenderjahr seinen ArbG wechselt und der frühere ArbG dem ArbN für den Zeitraum, für den das neue ArbV begründet wurde, bereits Erholungsurlaub gewährt oder abgegolten hat. Gewährter übertragener Urlaub aus dem Vorjahr kann nicht angerechnet werden, da § 6 Abs. 1 BUrlG nur Doppelansprüche im jeweiligen Kalenderjahr ausschließen soll (ErfK/*Gallner* BUrlG § 6 Rn. 2 ff.). Entstehen in den jeweiligen Arbeitsverhältnissen nur Teilurlaubsansprüche findet § 6 Abs. 1 BUrlG keine Anwendung (BAG AP BUrlG § 5 Nr. 1 = NJW 1966, 221 = BB 1966, 34). § 6 Abs. 1 BUrlG erfasst nicht Doppelarbeitsverhältnisse, bei denen der ArbN seine Verpflichtungen aus beiden Arbeitsverhältnissen nebeneinander erfüllen kann. Im Falle einer unwirksamen Kündigung muss sich der ArbN den beim neuen ArbG gewährten Urlaub auf den im gekündigten Arbeitsverhältnis entstandenen Urlaub entsprechend § 11 Nr. 1 KSchG und § 615 S. 2 BGB demgemäß auch nur anrechnen lassen, wenn er die Pflichten aus beiden Arbeitsverhältnissen nicht gleichzeitig hätte erfüllen können (BAG NZA 2012, 793).

Bei der Anrechnungsprüfung muss der neue ArbG in Natur gewährten Urlaub ebenso berücksichtigen wie (zulässiger oder unzulässiger Weise) abgegoltenen sowie etwaigen Zusatzurlaub (*Küttner/Röller*, Personalbuch 2017, 423, Rn. 26); er kann ferner nicht nur den gesetzlichen Mindesturlaub in die Anrechnung einbeziehen, sondern den meist höheren tatsächlich vereinbarten Urlaub (BAG AuR 1970, 248; BAG AP BUrlG § 6 Nr. 1 mit Anm. *Söllner* = NJW 1970, 678) und auch gesetzlichen Zusatzurlaub nach § 208 SGB IX (ErfK/*Gallner* BUrlG § 6 Rn. 1). War im ersten Arbeitsverhältnis ein höherer Urlaubsanspruch als im zweiten vereinbart, erfolgt eine Anrechnung des im ersten Arbeitsverhältnis gewährten oder abgegoltenen Urlaubs nur insoweit, als dieser nach dem Quotelungsprinzip der Dauer des Arbeitsverhältnisses entspricht (*Schaub* ArbR-HdB 16. Aufl. § 104 Rn. 41). Der ArbN muss sich weder vom bisherigen ArbG bei einer Abgeltungsklage auf die Urlaubsansprüche beim neuen ArbG, noch vom neuen ArbG auf Abgeltungsansprüche gegen den alten ArbG verweisen lassen. Eine Anrechnungsbefugnis steht nur dem neuen ArbG zu, der alte ArbG hat keine Kürzungsbefugnis für Abgeltungsansprüche nach § 6 Abs. 1 BUrlG analog, selbst wenn der neue ArbG den Urlaub gewährt hat (BAG AP BUrlG § 6 Nr. 3 = DB 1983, 1155, korrigierend BAG AP BUrlG § 6 Nr. 4 = NZA 1991, 944 = BB 1991, 1788). Wird der Urlaubsabgeltungsanspruch durch den alten ArbG noch beglichen, entfällt nachträglich der ggf. beim neuen ArbG noch nicht gewährte Urlaub. Bereits gewährter Urlaub beim neuen ArbG kann nicht kondiziert werden, lediglich das Urlaubsentgelt kann auf bereicherungsrechtlicher Grundlage zurückverlangt werden (ErfK/*Gallner* BUrlG § 6 Rn. 3). Ein Gesamtschuldnerausgleich zwischen dem alten und neuen ArbG ist nicht möglich, da der Urlaubsanspruch als Arbeitsbefreiungsanspruch nicht gesamtschuldfähig ist. Dies gilt nach Aufgabe der Surrogationstheorie durch das BAG aber nicht mehr für den Urlaubsabgeltungsanspruch. Dieser entsteht am Ende des Arbeitsverhältnisses als reiner Geldanspruch und ist damit einem Gesamtschuldnerausgleich zugänglich (*Schaub* ArbR-HdB 17. Aufl. § 104 Rn. 43, aA ErfK/*Gallner* BUrlG § 6 Rn. 3). Der neue ArbG hat weder einen Auskunftsanspruch gegen den bisherigen ArbG noch gegen den ArbN auf Vorlage der Bescheinigung. Er kann allerdings bei Nichtvorlage der Bescheinigung die Urlaubsgewährung verweigern (*Schaub* ArbR-HdB 16. Aufl. § 104 Rn. 45). Str. ist, ob dies sogar bei Ablauf des Kalenderjahres oder des Übertragungszeitraums zum Erlöschen der Urlaubsansprüche führen kann (ablehnend LAG Hamm AuR 1965, 378). Beruft sich der ArbG trotz Vorlage einer Urlaubsbescheinigung auf eine doppelte Inanspruchnahme von Urlaub, ist dies eine negative Anspruchsvoraussetzung, die er gestuft darlegen und beweisen muss (BAG NZA 2015, 827).

**3. Form und Inhalt.** Die Bescheinigung muss schriftlich erteilt werden. Eine Verbindung ist weder mit einem qualifizierten Zeugnis noch mit einem einfachen Zeugnis zulässig (*Schaub* ArbR-HdB 17. Aufl. § 104 Rn. 45, zu Letzterem aA ErfK/*Gallner* BUrlG § 6 Rn. 4). Anzugeben ist die Identität des ArbN, die Dauer des Arbeitsverhältnisses im laufenden Kalenderjahr, die Höhe des entstandenen Urlaubsanspruch ausgehend vom tatsächlich vereinbarten Urlaub, nicht vom gesetzlichen Mindesturlaub und der im laufenden Kalenderjahr gewährte oder abgegoltene Urlaub, um dem neuen ArbG eine korrekte Anrechnungsprüfung zu ermöglichen. Im hier formulierten Beispiel wurde davon ausgegangen, dass der Urlaub nach Arbeitstagen bemessen ist (zur Umrechnung von Werktagen in Arbeitstage → Form. XIX.39 Anm. 1).

**4. Betriebsverfassung.** → Form. XIX.39 Anm. 7.

## 41. Dienstbefreiung zur Arbeitsplatzsuche

a) Verlangen des Arbeitnehmers.[1, 3, 4, 6]

**Nachdem das mit Ihrem Hause bestehende Arbeitsverhältnis zum ..... enden wird, bitte ich darum, mir für den ..... Freizeit zu gewähren, damit ich mich auf der Suche nach einem neuen Arbeitsplatz in einem anderen Unternehmen vorstellen kann.**

**Unter Berücksichtigung der Zeit für die An- und Rückreise benötige ich hierfür den ganzen Tag.[2] Ich gehe davon aus, dass mein Gehalt wegen der versäumten Zeit nicht gemindert wird.[5]**

**b) Bewilligung durch den Arbeitgeber.**

**Ihrem Wunsch entsprechend stellen wir Sie am ..... für die Suche eines anderen Arbeitsplatzes von der Arbeitspflicht frei.**

**Aus diesem Anlass leisten wir im Umfang verhältnismäßig nicht erheblicher Versäumung von Arbeitszeit Lohnfortzahlung. Die Arbeitszeit am ..... von ..... Uhr bis ..... Uhr behandeln wir als bezahlte Freizeit.**

*Schrifttum: Brill,* Der Anspruch des Arbeitnehmers auf Freizeit zur Stellensuche, AuR 1970, 8; *Dütz,* Eigenmächtige Arbeitsversäumnis und Freizeitnahme durch Arbeitnehmer und Betriebsratsmitgliedern, DB 1976, 1428, 1480; *Hanel,* Freizeit zur Stellensuche, Personal 1988, 164; *Hoppe,* Rechte älterer Arbeitnehmer auf Zeit für Stellensuche, BB 1970, 399; *Köhler*, Neue Pflichten des Arbeitgebers beim Ausspruch von Kündigungen, DStR 2003, 1303.

### Anmerkungen

**1. Wesen und Inhalt.** Die Beispiele betreffen den einzigen für alle Dienst- und Arbeitsverträge gesetzlich vorgesehenen Anspruch auf Freistellung von der Arbeitspflicht. Die

Regelung in § 629 BGB befasst sich ausschließlich mit der Gewährung von Freizeit zur Stellensuche, sagt also nichts zur Frage der Vergütung aus. Sie beinhaltet einen Fall aus dem Bereich der Fürsorgepflicht des Arbeitgebers und ist nicht abdingbar (hM vgl. *Schaub* ArbR-HdB, 17. Aufl., § 25 Rn. 14; BAG NJW 1957, 1292). Der Anspruch auf Dienstbefreiung wird erst fällig, wenn er geltend gemacht wird. Der ArbN muss die Dienstbefreiung rechtzeitig verlangen, damit der ArbG notwendige betriebliche Vorkehrungen treffen kann, die eine Störung des Betriebsablaufs durch das Fehlen des ArbN verhindern. Bei seinem Freizeitverlangen muss der ArbN den Grund und die voraussichtliche Dauer der benötigten Freistellung angeben. Der ArbN muss hingegen nicht mitteilen, bei welchem neuen ArbG er sich vorstellen will (ErfK/*Müller-Glöge,* BGB, § 629 Rn. 4). Der Freistellungsanspruch wird mit dem Verlangen durch den ArbN fällig. Verweigert der ArbG die Freistellung des ArbN für den beantragten Zeitraum, kann der ArbN seinen Freistellungsanspruch notfalls durch Klage oder einstweilige Verfügung geltend machen. Ihm steht jedoch kein Selbstbeurlaubungsrecht zu (vgl. ErfK/*Müller-Glöge,* BGB, § 629 Rn. 8; Küttner/*Kania*, Personalbuch 2019, 390 Rn. 6; aA LAG Baden-Württemberg DB 1967, 1048). Er kann jedoch uU fristlos kündigen und Schadensersatz wegen Nichterfüllung des Freistellungsanspruchs (§ 628 BGB, auch Schadensersatz nach § 280 BGB) verlangen (*Schaub* ArbR-HdB, 17. Aufl., § 25 Rn. 24; ErfK/*Müller-Glöge,* BGB, § 629 Rn. 10; LAG Düsseldorf DB 1967, 1227, LAG Düsseldorf DB 1973, 676). Daneben hat der ArbN ein Zurückbehaltungsrecht gem. § 273 BGB an seiner Arbeitsleistung. Allerdings darf dieser nicht zur Erfüllung des Freistellungsanspruchs eingesetzt werden. Stattdessen kommt ein Zurückbehaltungsrecht nur so lange in Betracht, wie die Freistellung durch den ArbG noch gewährt werden kann, dh zwischen dem Verlangen und dem gewünschten Termin der Freistellung (Küttner/*Kania*, Personalbuch 2019, 390 Rn. 6; ErfK/*Müller-Glöge,* BGB, § 629 Rn. 8). Berücksichtigt man weiter, dass die Ausübung des Zurückbehaltungsrechts auch den Vergütungsanspruch entfallen lässt, ist festzuhalten, dass das Zurückbehaltungsrecht nur wenig praktische Bedeutung hat. Hat der ArbN im Erholungsurlaub eine andere Stelle gesucht, tritt keine Unterbrechung des Urlaubes ein (LAG Düsseldorf DB 1973, 676).

**2. Zeitlicher Umfang.** § 629 BGB ist zwar zwingendes Recht, der Begriff der angemessenen Zeit kann aber zumindest tarif- oder einzelvertraglich definiert werden. Die Konkretisierung muss dabei aber den Grundsatz einer billigen Ermessensausübung (§ 315 BGB) beachten (ErfK/*Müller-Glöge* BGB § 629 Rn. 16). Angemessen iSv § 629 BGB ist nicht nur die kürzestmögliche, sondern die nach den Umständen des Einzelfalles dem Zweck entsprechende Zeit (Küttner/*Kania*, Personalbuch 2019, 390 Rn. 5). Dabei kann es sich, etwa wenn eine weite Reise erforderlich ist, durchaus um einen Zeitraum von mehreren Tagen handeln (LAG Baden-Württemberg DB 1967, 1048: 3 Tage noch angemessen).

**3. Dauerarbeitsverhältnis.** Im Allgemeinen wird der Anspruch nur zugebilligt, wenn das Arbeitsverhältnis auf eine längere Dauer zumindest angelegt war oder faktisch bereits seit längerer Zeit besteht (ErfK/*Müller-Glöge,* BGB, § 629 Rn. 2). Der Anspruch besteht auch während der Probezeit, sofern das Arbeitsverhältnis auf Dauer angelegt war. Im Probe- und Aushilfsarbeitsverhältnis ist § 629 BGB grundsätzlich nicht anzuwenden, da diese Arbeitsverhältnisse nicht auf Dauer angelegt sind (*Schaub* ArbR-HdB, 17. Aufl., § 25 Rn. 15; ErfK/*Müller-Glöge,* BGB, § 629 Rn. 2a). Der Freistellungsanspruch steht wegen § 4 Abs. 1 TzBfG auch Teilzeitbeschäftigten zu, soweit eine Freistellung während der Arbeitszeit zur Stellensuche erforderlich ist. Auf das Ausbildungsverhältnis ist § 629 BGB ebenfalls anwendbar (vgl. § 10 Abs. 2 BBiG; LAG Düsseldorf BB 1967, 799).

**4. „Nach der Kündigung".** Nach dem Sinn der Bestimmung kann es nicht darauf ankommen, ob das Arbeitsverhältnis auf Grund einer Kündigung des ArbG oder des

ArbN endet. Auf eine Änderungskündigung findet § 629 BGB nur dann Anwendung, wenn der ArbN das Änderungsangebot nicht – auch nicht unter Vorbehalt – angenommen hat. Allerdings genügt es nicht, dass der ArbN lediglich die Absicht hat, sich zu verändern. Der Wunsch des ArbG, der ArbN möge sich nach einer anderen Arbeit umsehen, oder die Ankündigung von Entlassungen begründen jedoch den Freizeitanspruch (ErfK/*Müller-Glöge* BGB § 629 Rn. 3). Nach hL besteht der Anspruch auch bei Beendigung des Arbeitsverhältnisses durch Befristung oder auflösende Bedingung. Er wird in diesen Fällen zu dem Zeitpunkt fällig, der im Falle einer Kündigung als Beginn der Kündigungsfrist anzusehen wäre (ErfK/*Müller-Glöge,* BGB, § 629 Rn. 3). § 629 BGB ist zudem entsprechend anzuwenden, wenn das Arbeitsverhältnis aufgrund eines Aufhebungsvertrags mit Auslauffrist endet (Küttner/*Kania*, Personalbuch 2019, 390 Rn. 3; ErfK/*Müller-Glöge*, BGB, § 629 Rn. 3).

5. **Vergütung.** Die Notwendigkeit der Stellensuche bedeutet gleichzeitig eine unverschuldete Verhinderung iSv § 616 Abs. 1 BGB (BAG NJW 1957, 1292; Küttner/*Kania*, Personalbuch 2019, 390 Rn. 7). Allerdings ist der Zeitraum der verhältnismäßig nicht erheblichen Zeit iSv § 616 Abs. 1 BGB nicht identisch mit dem der angemessenen Zeit iSv § 629 BGB (BAG DB 1970, 211). So kann ein mehrtägiger Vorstellungsprozess die vergütungspflichtige Grenze des § 616 BGB überschreiten. Der Vergütungsanspruch kann deshalb uU nur für einen Teil der Freizeit zur Stellensuche bestehen. § 616 ist allerdings einzel- und tarifvertraglich abdingbar, was zur Folge haben kann, dass zwar einerseits nach § 629 ein Freistellungsanspruch bestehen kann, nicht aber zugleich ein entsprechender Entgeltfortzahlungsanspruch (*Schaub* ArbR-HdB, 17. Aufl. § 25 Rn. 23; im Einzelnen zur Abdingbarkeit des § 616 BGB → Form. XIX. 42 Anm. 5).

6. **Betriebsverfassung.** Beteiligungsrechte bestehen nicht.

## 42. Anzeige einer Arbeitsverhinderung

**Am[1, 5, 6]. . . . . wird meine Ehefrau unser gemeinsames Kind per Kaiserschnitt zur Welt bringen.[2] Ich bin deshalb am . . . . ., mithin für einen Arbeitstag, ohne mein Verschulden[4] an der Arbeitsleistung verhindert. Ich gehe davon aus, dass mein Lohn für diese Zeit fortbezahlt wird.[3]**

*Schrifttum:* → Form. XIX.41 Schrifttum. Ferner: *Bittner,* Die Erfüllung des arbeitsrechtlichen Freistellungsanspruchs, NZA 2002, 833; Brose, Das erkrankte Kind des Arbeitnehmers im Arbeits- und Sozialrecht, NZA 2011, 719; *Dossow,* Das Smogalarm-Risiko, BB 1988, 2455; *Ehmann,* Das Lohnrisiko bei Smogalarm, NJW 1987, 401; *Forst,* Verlust des Lohnanspruchs durch Aschewolken?, BB 2010, 1213; *Houben,* Trifft den Arbeitnehmer eine vertragliche Pflicht, sich gesund zu halten?, NZA 2000, 128; *Kießling/Jünemann,* Dienstbefreiung, Entgeltfortzahlung und Kündigung bei der Erkrankung von Kindern, DB 2005, 1684; *Kolbe,* Kindergartenstreik und Konsequenzen, BB 2009, 1414; *Marburger,* Zu den Ansprüchen bei Erkrankung eines Kindes aus sozialversicherungsrechtlicher Sicht, RdA 1993, 31; *Müller,* Arbeitsvertragliche Pflichten und pandemiebedingte Kinderbetreuung, FA 2010, 2; *Reinecke,* Der Anspruch auf Entgeltfortzahlung beim Zusammentreffen mehrerer Verhinderungsgründe, DB 1991, 1168; *ders.,* Entgeltfortzahlung bei Arztbesuchen, AuA 1996, 339; *Schaub,* Rechtsprobleme der Arbeitsverhinderung, AuA 1996, 82; *Schiefer,* Schulung und Weiterbildung im Arbeits- und Dienstverhältnis, NZA 1993, 822.

## Anmerkungen

**1. Wesen.** Die Anzeige der Arbeitsverhinderung ist eine rein tatsächliche Mitteilung über einen bevorstehenden Verhinderungsfall. Auch ohne Anzeige bleibt zwar, soweit eine Verhinderung für verhältnismäßig nicht erhebliche Zeit aus unverschuldeten, in der eigenen Person liegenden Gründen vorliegt, der Vergütungsanspruch des Arbeitnehmers gem. § 616 BGB erhalten. Die verspätete oder gar unterlassene Anzeige kann aber zu Schadensersatzansprüchen des ArbG und nach vorheriger einschlägiger Abmahnung zur sozialen Rechtfertigung einer (verhaltensbedingten) Kündigung führen (vgl. *Schaub* ArbR-Hbd., 17. Aufl., § 97 Rn. 19).

**2. Verhinderungsfälle.** Die Bestimmung des § 616 Abs. 1 S. 1 BGB findet Anwendung, wenn der ArbN durch einen in seiner Person oder in seinen persönlichen Verhältnissen liegenden Grund an der Erbringung seiner Arbeitsleistung tatsächlich gehindert ist. § 616 Abs. 1 S. 1 BGB stellt damit eine Ausnahme vom Grundsatz „Ohne Arbeit kein Lohn" (§ 326 BGB) dar. Der Hinderungsgrund muss im Falle von § 616 Abs. 1 S. 1 BGB nicht unmittelbar in der Person des ArbN liegen, er muss jedoch der persönlichen Sphäre des ArbN zuzuordnen sein (vgl. *Schaub* ArbR-Hbd., 17. Aufl. § 97 Rn. 4; zahlreiche Beispielsfälle bei ErfK/*Preis,* BGB, § 616 Rn. 4). Der Vergütungsanspruch bleibt aber nicht etwa nur im Falle nicht zu vertretender Unmöglichkeit der Arbeitsleistung erhalten, sondern bereits dann, wenn die Arbeitsleistung dem ArbN unter Berücksichtigung von Treu und Glauben nicht zuzumuten ist. Der ArbN muss seine persönliche Verhinderung jedoch möglichst zu vermeiden versuchen (BAG NZA 1993, 115 – Interessenabwägung bei unverschuldeter Notlage). In der Praxis kommen als Leistungshindernisse aus der persönlichen Sphäre des ArbN vor allem in Frage: der notwendige Arztbesuch (BAG NZA 1986, 524), wenn der Arztbesuch zwingend während der Arbeitszeit stattfinden muss, Todesfälle und Begräbnisse im engen Familienkreis, Geburten (selbst bei Niederkunft der Ehefrau in Spanien: BAG DB 1975, 1179; für den – häufigen – Fall einer tariflichen Regelung vgl. auch BAG NZA 1987, 667). Familienfeiern stellen nur dann einen Verhinderungsfall iSv § 616 Abs. 1 BGB dar, wenn es als unverzichtbar gilt, anwesend zu sein. Neben der eigenen Hochzeit oder der Hochzeit der Kinder entspricht nach Auffassung des BAG zB auch die Teilnahme an der Goldenen Hochzeit der Eltern einem Fest von herausragender Bedeutung (BAG NJW 1974, 663), sodass sie als Verhinderung mit Vergütungsanspruch anzuerkennen ist. Ebenso anerkannt werden religiöse Feste wie Erstkommunion und Konfirmation (vgl. ErfK/*Preis,* BGB, § 616 Rn. 4). Die Ausübung eines öffentlichen Ehrenamtes muss nach Möglichkeit in die Gleitzeit gelegt werden (BAG NZA 2009, 735; BAG NZA 1994, 854). Ist dies nicht möglich, fällt zB die Tätigkeit als ehrenamtlicher Richter oder Schöffe unter den Anwendungsbereich von § 616 BGB. Dagegen besteht bei der Wahrnehmung von Aufgaben in privaten Vereinen kein Anspruch auf Freistellung. Die Ladung zu einem gerichtlichen Termin mit der Anordnung des persönlichen Erscheinens wird in der Regel ein Verhinderungsfall sein (LAG Hamm BB 1972, 177; anders jedoch für den Fall einer tarifvertraglichen Regelung BAG NZA 1986, 784). Objektive, allgemein wirksame Hinderungsgründe wie das Fehlen einer Berufsausübungserlaubnis (BAG DB 1974, 1168) oder Verkehrsbehinderungen wie Staus, Verkehrssperren, Glatteis, Smogalarm, etc fallen nicht unter die Norm (zB BAG DB 1983, 395; BAG NJW 1983, 1078; LAG Hamm DB 1980, 311). Die Vorführung des eigenen Kraftfahrzeuges beim TÜV gehört zu den Kosten der privaten Lebenshaltung, die nicht über § 616 Abs. 1 BGB auf den ArbG abgewälzt werden können (BAG NJW 1961, 749). Auch die Erfüllung religiöser Pflichten kann ein subjektives Leistungshindernis sein (BAG DB 1983, 2201). § 616 BGB betrifft nicht die Fälle krankheitsbedingter Arbeitsunfähigkeit oder die Kur (BAG NZA 2016, 1028), die spezialgesetzlich im EFZG geregelt sind. Die Verhinderung wegen des Verdachtes einer ansteckenden Krankheit liegt aber in der Person begründet (BGH NJW 1979, 422 unter II der Gründe). Häufig hatte sich das BAG mit der Frage zu befassen, ob die Betreuung eines erkrankten Kindes Lohnfortzahlung nach § 616 Abs. 1 S. 1 BGB zur Folge hat. Die Frage wurde mit wechselnder dogmatischer Begründung bejaht (besonders wichtig BAG NJW 1980, 903). Mit der Einführung des 2008 in Kraft getretenen PflegeZG wurde zudem erstmals gesetzlich geregelt, dass unter den gesetzlichen Voraussetzungen ein Arbeitsverhinderungstatbestand gegeben ist, der den Vergütungstatbestand nach § 616 BGB erhalten kann. Bei der Pflege naher Angehöriger kommt zudem bei Vorliegen der gesetzlichen Voraussetzungen ein Anspruch nach § 45 SGB V in Betracht.

Fällt ein Vorgang, der Leistungshindernis sein könnte, zB ein Arztbesuch, in den Urlaub, führt dies anders als bei Arbeitsunfähigkeit im Urlaub nicht zu einer Unterbrechung (BAG DB 1966, 156). Hätte der ArbN an den Verhinderungstagen ohnehin nicht gearbeitet, besteht kein Anspruch aus § 616 BGB (BAG DB 1986, 438). Mittlerweile sind zahlreiche „Verhinderungsfälle“ durch Gesetz oder Tarifvertrag geschaffen worden, die keine Verhinderung iSv § 616 Abs. 1 BGB darstellen, aber zu einem eigenständigen Freistellungsanspruch führen (Beispiel: Arbeitnehmerweiterbildung – AWbG – hierzu BAG NZA 1996, 647 und BAG NZA 1997, 151; ferner BAG NZA 1996, 256 und BAG NZA 1998, 758; Lehrgang der Freiwilligen Feuerwehr – FSHG NW –, hierzu BAG NZA 1996, 1104; LAG Hamm NZA 2002, 1090 – Abhaltung kurzzeitiger Gebete; tarifliche Erweiterung des § 616 Abs. 1 BGB NZA 1996, 383 und BAG NZA 1999, 1339).

3. **Umfang der Vergütung.** § 616 BGB hält den Vergütungsanspruch nur für eine verhältnismäßig nicht erhebliche Zeit aufrecht. Dauert die Verhinderung zu lange an, entfällt der Anspruch vollständig. Jedoch enthält das Gesetz keine zeitlichen Vorgaben oder Grenzen. Es ist hier stets auf den konkreten Einzelfall abzustellen. Anhaltspunkte für die Bestimmung des verhältnismäßig nicht erheblichen Zeitraums können sich aus der Art des Verhinderungsgrundes sowie dem Verhältnis der Verhinderungszeit zur Gesamtdauer des Arbeitsverhältnisses ergeben (Küttner/*Griese*, Personalbuch 2019, 56 Rn. 10). Bei einer längeren Verhinderung muss der ArbN anderweitig Vorsorge treffen (BAG DB 1977, 2332). Meist wird unter einer nicht erheblichen Dauer nur ein Zeitraum von wenigen Tagen zu verstehen sein. Im Falle der Betreuung eines erkrankten Kindes unter 8 Jahren wurde Lohnfortzahlung gemäß § 616 S. 1 BGB bis zu 5 Arbeitstagen zugebilligt (BAG NJW 1978, 2316). An diesem Grundsatz wird man auch nach der Änderung des § 45 SGB V festhalten können. § 45 SGB V regelt nur den sozialversicherungsrechtlichen Kinderkrankengeldanspruch, sodass sich dessen Vorgaben (10 Tage pro Kalenderjahr) nicht schematisch auf den Anwendungsfall von § 616 BGB übertragen lassen (Küttner/*Griese*, Personalbuch 2019, 56 Rn. 13). Die Anrechnungsvorschrift des § 616 S. 2 BGB ist nicht auf andere Bezüge auszudehnen. Anrechnungsfrei sind damit insbesondere Leistungen aus der gesetzlichen Rentenversicherung, einer privaten Kranken- und Unfallversicherung sowie Entschädigungen als Zeuge (*Schaub* ArbR-HdB, 17. Aufl., § 97 Rn. 24).

4. **Verschulden, Beweislast.** Der Verschuldensbegriff wird wie bei Arbeitsunfähigkeit wegen Erkrankung oder Unfall behandelt (BAG BB 1975, 471). Bei § 616 S. 1 BGB muss von Verschulden wohl dann gesprochen werden, wenn ein grober Verstoß gegen das von einem verständigen Menschen zu erwartende Verhalten vorliegt bzw. die Inanspruchnahme des ArbG unter Berücksichtigung der Treuepflicht unangemessen erschiene. Auf eine Pflichtenkollision kann sich der ArbN nur bei unverschuldeter Zwangslage berufen (BAG NZA 1993, 115 zur Arbeitgeberkündigung wegen Arbeitsverweigerung). Die Darlegungs- und Beweislast trifft für die Verhinderung den ArbN, für das Verschulden den ArbG (*Schaub* ArbR-HdB 17. Aufl. § 97 Rn. 20;). Zum Nachweis der Pflegebedürftigkeit eines erkrankten Kindes genügt eine ärztliche Bescheinigung (BAG DB 1979, 1994).

5. **Abdingbarkeit.** Der Vergütungsanspruch aus § 616 BGB ist (im Gegensatz zum Freizeitanspruch aus § 629 BGB, → Form. XIX. 41) abdingbar. Er kann nicht nur durch Tarifvertrag (vgl. BAG DB 1982, 2574; BAG NZA 1984, 33), sondern auch durch Betriebsvereinbarung oder Einzelvertrag (BAG DB 1970, 211) abbedungen werden. Die Abweichung von § 616 BGB kann dabei sowohl zugunsten als auch zu Ungunsten des ArbN erfolgen. Was den völligen Ausschluss von § 616 BGB im Einzelvertrag angeht, hat das BAG Bedenken angemeldet (BAG NJW 1980, 903 und die sachliche Rechtfertigung durch die Verhältnisse des Betriebes oder Wirtschaftszweiges verlangt). Eine tarifliche Begrenzung auf maximal fünf Arbeitstage pro Kalenderjahr für alle Betreuungsfälle wurde hingegen als zulässig erachtet (BAG NZA-RR 2014, 672). § 616 BGB kann auch in einem Formulararbeitsvertrag abbedungen werden. Der ArbN wird hierdurch nicht gemäß § 307 Abs. 1 BGB unangemessen benachteiligt (*Schaub* ArbR-HdB, 17. Aufl., § 97 Rn. 23).

6. **Betriebsverfassung.** Beteiligungsrechte kommen in Frage, soweit allgemeine Regelungen zB zur betrieblichen Ordnung getroffen werden (LAG Düsseldorf BB 1981, 1336; BAG NZA 1997, 785 zu einem Formular für den Arztbesuch während der Arbeitszeit; krit. Anm. *Fenge* BB 1981, 1577).

## 43. Freistellung von der Arbeitspflicht[1, 5, 6, 7, 8]

**Bei der heute vorgenommenen Kassenprüfung haben sich, wie Sie wissen, Tatsachen ergeben, die gegen Sie den Verdacht finanzieller Unregelmäßigkeiten begründen. Da auch das mit Ihnen geführte Gespräch keine Klärung ergab, haben wir sofort weitere Überprüfungsmaßnahmen veranlasst. Wir sehen uns gezwungen, Sie bis auf weiteres unter Fortzahlung der vertraglichen Vergütung[4] von der Pflicht zur Arbeitsleistung freizustellen.[2, 3] Dabei gehen wir davon aus, dass Sie während der Dauer der Freistellung unsere Geschäftsräume nicht betreten.**

*Schrifttum: Bauer,* „Spielregeln" für die Freistellung von Arbeitnehmern, NZA 2007, 409; *Bauer/Günther,* Die Freistellung von der Arbeitspflicht, DStR 2008, 2422; *Bauer/Krieger,* Freistellungsvereinbarungen – Neue sozialversicherungsrechtliche Spielregeln – Rechtsfolgen, Kritik, Alternativen, DB 2005, 2242; *Fischer,* Die formularmäßige Abbedingung des Beschäftigungsanspruchs des Arbeitnehmers während der Kündigungsfrist, NZA 2004, 233; *Fröhlich,* Einstweilige Verfügung zur Durchsetzung von Beschäftigungsansprüchen, ArbRB 2007, 89; *Hartmann,* Beschäftigungsanspruch und Zustimmungsersetzung, ZfA 2008, 383; *Ganz,* Die Freistellung des Arbeitnehmers in der Kündigungsfrist – zu Risiken und Nebenwirkungen, ArbRAktuell 2015, 240; *Hohmeister,* Die zeitliche Festlegung des Urlaubs eines „freigestellten" Arbeitnehmers, DB 1998, 1130; *Kramer,* Gestaltung einer Freistellung von der Arbeit, DB 2008, 2538; *Krause,* Nach der Kündigung: Weiterbeschäftigung, Freistellung, Annahmverzug, NZA Beilage 1/2005; *Lindemann/Simon,* Die Freistellung von der Arbeitspflicht – Neue Risiken und Nebenwirkungen, BB 2005, 2462; *Luckey,* Suspendierung und Schmerzensgeldanspruch des ArbN, NZA 1992, 873; *Nägele,* Freistellung und anderweitiger Erwerb, NZA 2008, 1039; *Ohlendorf/Salamon,* Freistellungsvorbehalte im Lichte des Schuldrechtsmodernisierungsgesetzes, NZA 2008, 856. *Schlegel,* Versicherungs- und Beitragspflicht bei Freistellung von der Arbeit, NZA 2005, 972; *Schweiger,* Arbeitsförderungsrechtliche Folgen der Freistellung des Arbeitnehmers von der Arbeitsleistung, NZS 2013, 767 *Stück,* Freistellungen im Spannungsfeld, AuA 2005, 704.

## Anmerkungen

**1. Wesen.** Unter Freistellung (auch: Suspendierung) wird hier ausschließlich die „einseitige, durch den ArbG angeordnete Dienstenthebung" (BAG NJW 1964, 1918) verstanden. Sie umfasst nicht die bei Streik und rechtmäßiger Aussperrung mit dem Verlust des Lohnanspruches verbundene Suspendierung im Arbeitskampf (hierzu BAG NZA 1989, 353; BAG NZA 1989, 353) und auch nicht die Vereinbarung unbezahlten Urlaubs (→ Form. XIX. 25a). Von der Kündigung unterscheidet sich die Freistellung dadurch, dass sie rechtlich nicht auf die Beendigung des Arbeitsverhältnisses gerichtet ist, auch wenn sie in der Praxis häufig zeitgleich mit einer Kündigung ausgesprochen wird (zur Abgrenzung der Kündigung von der Suspendierung LAG Hamburg NZA 1992, 456; LAG Hamm BB 1994, 1714, BAG BB 1994, 1012).

**2. Zulässigkeit ohne vertragliche Vereinbarung.** Grundsätzlich besteht für den ArbG während des Bestehens eines Arbeitsverhältnisses eine Beschäftigungspflicht gegenüber dem ArbN. Der Beschäftigungsanspruch des ArbN im bestehenden Arbeitsverhältnis wird aus den §§ 611, 613 iVm § 242 BGB hergeleitet (BAG NZA 2016, 108; BAG NZA 2016, 508; BAG NZA 2014, 719). Ein einseitiger Verzicht des ArbG auf die Arbeitsleistung ist im Gesetz nicht vorgesehen (BAG NZA 2002, 1055). Fehlt es an einer vertraglichen Vereinbarung über die Freistellung des ArbN, ist eine einseitige Freistellung des ArbN von seiner bestehenden Arbeitspflicht im bestehenden Arbeitsverhältnis durch den ArbG grundsätzlich nicht zulässig (BAG NZA 2016, 508; BAG NZA 2014, 719; *Schaub* ArbR-Hdb, 17. Aufl., § 109 Rn. 15). Etwas anders kann nur dann gelten, wenn der Beschäftigung des ArbN überwiegende schutzwürdige Interessen des ArbG entgegenstehen (BAG NZA 2014, 719). Die Freistellung bedarf folglich eines rechtfertigenden Grundes, der nicht mit dem Grund für eine Kündigung übereinstimmen muss. Unter Berücksichtigung dieses Grundsatzes kommt eine Nichtbeschäftigung zB dann in Betracht, wenn ein wichtiger Grund zur fristlosen Kündigung gegeben ist, der ArbG die Kündigung aber noch nicht aussprechen kann, weil es hierfür einer Zustimmung durch eine Behörde (§ 9 Abs. 3 MuSchG, § 174 SGB IX) oder der Zustimmung des BR nach § 103 BetrVG bedarf. Die wirksame Freistellung eines Betriebsratsmitgliedes während des Zustimmungsverfahrens nach § 103 BetrVG hat das LAG Sachsen jedoch davon abhängig gemacht, dass der Weiterbeschäftigung überwiegende und schutzwürdige Interessen des ArbG entgegenstehen, die eine Verhinderung der Beschäftigung geradezu gebieten (LAG Sachsen NZA-RR 2000, 588). Das Interesse des ArbG an einer Nichtbeschäftigung kann zudem überwiegen, wenn der ArbG weitere Auseinandersetzungen zwischen Arbeitskollegen unterbinden will oder gegenüber dem ArbN Anhaltspunkte für das Begehen einer Straftat (zB Unterschlagung) oder einer sonstigen schweren Arbeitsvertragsverletzung (zB Konkurrenztätigkeit, Verrat von Betriebsgeheimnissen) bestehen, die der ArbG aufklären will (vgl. LAG Hamm DB 1994, 148; *Schaub* ArbR-HdB, 17. Aufl., § 109 Rn. 10). Häufig wird die Suspendierung zugleich mit der Kündigung ausgesprochen, mit der Folge, dass immer wieder im Kündigungsschutzprozess auch um den Weiterbeschäftigungsanspruch gestritten wird, der dem in erster Instanz obsiegenden ArbN bis zum Ende des Kündigungsschutzprozesses zugesprochen werden kann, sofern nicht überwiegende schützenswerte Interessen des ArbG einer solchen Beschäftigung entgegenstehen (BAG GS NZA 1985, 688; zum Weiterbeschäftigungsanspruch während des Rechtsstreites über die Wirksamkeit einer Befristung vgl. LAG Hamm DB 1989, 1577; zur Interessenabwägung iSv § 626 Abs. 1 BGB nach Suspendierung BAG NZA 2001, 873). Der bloße Ausspruch einer ordentlichen Kündigung begründet für sich genommen noch kein überwiegendes Interesse des ArbG an einer Nichtbeschäftigung des ArbN während des Laufs der Kündigungsfrist. Die Suspendierung kann aber auch den Sinn haben, abzuklären, ob eine Kündigung überhaupt notwendig erscheint. Eine der

Kündigung vorausgegangene unwiderrufliche Freistellung ist im Falle einer fristlosen Kündigung bei der Interessenabwägung zu berücksichtigen (BAG BB 2001, 2062 – Fall der Verdachtskündigung). Der ArbG muss alles ihm Zumutbare tun, um die Zeit der Dienstenthebung so kurz wie möglich zu halten (BAG DB 1964, 809). Eine unberechtigte Freistellung kann dem ArbN einen wichtigen Grund zur außerordentlichen Kündigung geben, wenn ihm wesentliche Aufgaben entzogen werden und die Anordnung der Freistellung kränkend ist (BAG BB 1972, 1191).

**3. Vertragliche Regelung.** Die Freistellung von der Arbeitspflicht mittels individueller Vereinbarung ist angesichts der Dispositivität des Beschäftigungsanspruches grundsätzlich zulässig (BAG NZA 2002, 1099; LAG Hessen BeckRS 2013, 70301; LAG Hamm NZA-RR 2005, 358 mwN). Wird die Vereinbarung zum Freistellungsrecht des ArbG im Rahmen eines vorformulierten Arbeitsvertrags vereinbart, unterliegt die Freistellungsklausel einer Inhaltskontrolle nach den §§ 305 ff BGB. Eine Regelung, die eine allgemeine und insgesamt voraussetzungslose Freistellungsmöglichkeit des ArbG vorsieht, stellt eine unangemessene Benachteiligung des ArbN iSv § 307 Abs. 1 BGB dar, da sie mit dem allgemeinen Beschäftigungsanspruch des ArbN nicht vereinbar ist (LAG Hessen BeckRS 2013, 70301; LAG München BeckRS 2003 30464239; Küttner/*Kreitner*, Personalbuch 2019, 192 Rn. 16 mwN). Beschränkt sich die vertraglich vereinbarte Freistellungsmöglichkeit auf den Zeitraum nach Ausspruch einer Kündigung, gehen die Rechtsprechung sowie die herrschende Auffassung in der Literatur davon aus, dass derartige Regelungen grundsätzlich zulässig sein können. Allerdings sind die inhaltlichen Ansprüche, die an eine wirksame Klausel zu stellen sind, umstritten. Während die eine Ansicht eine vertraglich vereinbarte Freistellungsmöglichkeit nach dem Ausspruch einer Kündigung grundsätzlich für rechtwirksam hält (vgl. ua LAG Hamburg BeckRS 2008, 58013; LAG Köln NZA-RR 2006, 342; LAG Hamm NZA-RR 2005, 358), stellt die andere Ansicht strengere Anforderungen an eine wirksame Freistellungsklausel für den Zeitraum nach Ausspruch einer Kündigung. Um die Wirksamkeit vorformulierter Freistellungsklauseln bejahen zu können, bedürfe es eines besonderen Freistellungsinteresses des Arbeitgebers, welches sich auch in der Klauselformulierung wiederfinden müsse (vgl. ua LAG Hamburg BeckRS 2013, 73628; LAG Hessen BeckRS 2013, 70301; LAG Hessen NZA-RR 2011, 419; *Ohlendorf/Salomon* NZA 2008, 851; Küttner/*Kreitner*, Personalbuch 2019, 192 Rn. 16 mwN). Wird die Freistellungsmöglichkeit gleichzeitig mit einer Vergütungsreduzierung verbunden, führt diese ebenfalls zur Unwirksamkeit der vorformulierten Freistellungsklausel (LAG Rheinland-Pfalz BeckRS 2017, 123582).

**4. Vergütung.** Durch die einseitige Freistellung wird der Vergütungsanspruch des ArbN grundsätzlich nicht beseitigt. Der ArbG bringt mit der Freistellung zum Ausdruck, dass er die Vergütungsansprüche auch ohne Arbeitsleistung erfüllt. Der ArbG gerät durch die einseitige Freistellung in der Regel in Annahmeverzug nach § 615 BGB. Der ArbN muss sich aber anderweitiges Einkommen gemäß § 615 S. 2 BGB anrechnen lassen (*Schaub* ArbR-HdB, 17. Aufl., § 109 Rn. 19; BAG NZA 2007, 36; LAG Hamm DB 1988, 1501; LAG Hamm BB 1991, 1940). Diese Grundsätze gelten unabhängig davon, ob die Freistellung rechtmäßig ist. Annahmeverzug liegt hingegen dann nicht vor, wenn der ArbG mit der einseitigen Freistellung Urlaubsansprüche des ArbN erfüllt. Dies bedarf jedoch einer expliziten Klarstellung durch den ArbG. Im Falle der Freistellung unter Fortzahlung der Bezüge, etwa für die restliche Zeit eines gekündigten Arbeitsverhältnisses, muss der ArbN sich jedenfalls dann anderweitigen Verdienst anrechnen lassen, wenn ihn der ArbG unter Verzicht auf jede Arbeitsleistung freigestellt hatte (BAG DB 1964, 664). In eng begrenzten Ausnahmefällen kann der Vergütungsanspruch des ArbN entfallen. Davon kann ausnahmsweise dann ausgegangen werden, wenn das vertragswidrige Verhalten des ArbN derart schwerwiegend ist, dass dem ArbG die Annahme der Arbeitsleistung schlichtweg unzumutbar ist. In diesen Fällen liegt kein ordnungsgemäßes Angebot des ArbN vor (vgl. ErfK/*Preis*, BGB, § 611a Rn. 567). Das BAG hat dies in einer bisher einmaligen Entscheidung für dann Fall bejaht, dass bei Annahme der Leistung Rechtsgüter des ArbG, seiner Familienangehörigen oder anderer ArbN gefährdet werden, deren Schutz Vorrang vor den Interessen des ArbN an der Erhaltung seines Verdienstes hat (BAG NZA 1988, 465). Bei einer Suspendierung wegen des Verdachtes strafbarer Handlungen hat das BAG hingegen keinerlei Lohnminderung zugelassen (BAG NJW 1964, 1918). Eine von § 615 S. 2 BGB (Anrechnung anderweitigen Verdienstes) abweichende Regelung muss ausdrücklich und zweifelsfrei getroffen werden. Eine Abbedingung des § 615 S. 2 BGB kann sich auch auf einzelne Bereiche des Verdienstes beschränken. Die Beweislast für eine solche Vereinbarung trägt der Arbeitnehmer (BAG DB 1971, 2217; LAG Schleswig-Holstein NZA-RR 1997, 286; aA für in gerichtlichem Vergleich vereinbarte Freistellung LAG Hamm DB 1991, 1577; LAG Hamm NZA-RR 1997, 287 und LAG Köln NZA 1992, 124; zur Tragweite einer Freistellungsklausel im Prozessvergleich auch LAG Köln NZA 1992, 123). Nach Eintritt des Suspendierungsfalles können individualvertraglich ebenso unbedenklich Vereinbarungen über Lohnminderung getroffen werden wie Vereinbarungen über die Beendigung eines Arbeitsverhältnisses nach Eintritt eines Kündigungsfalles. Eine schon im vorformulierten Arbeitsvertrag getroffene Vereinbarung über eine Lohnminderung im Falle einer Freistellung stellt eine unangemessene Benachteiligung des ArbN dar und ist somit gemäß § 307 Abs. 1 BGB unwirksam. Zudem stellt eine solche Regelung eine Umgehung des Kündigungsschutzes dar (LAG Rheinland-Pfalz BeckRS 2017, 123582; LAG Hamm DB 1975, 1131).

5. **Urlaub.** Nach der Rechtsprechung des BAG kann der Urlaubsanspruch eines ArbN auch dadurch erfüllt werden, dass der ArbG den ArbN nach Ausspruch einer ordentlichen Kündigung bis zur Beendigung des Arbeitsverhältnisses unter Anrechnung auf den Urlaubsanspruch von der Arbeit freistellt (BAG NZA 2007, 36). Die Anrechnung der Freistellung auf den Erholungsurlaub kann grundsätzlich nur erfolgen, wenn die Freistellung unwiderruflich ist und die Anrechnung ausdrücklich erklärt worden ist (BAG NZA 2009, 1211; BAG NZA 2006, 1008; vgl. auch LAG Köln NZA-RR 2002, 237; LAG Düsseldorf BB 2002, 1428). Der Urlaubsanspruch wird in diesem Fall mit der Freistellung erfüllt und erlischt nach § 362 BGB (BAG NZA 2006, 1008; BAG NZA 2007, 36). Der ArbG muss den genauen Urlaubszeitraum in der Freistellungserklärung nicht bestimmen. Es ist ausreichend, wenn er die Urlaubsgewährung im Freistellungszeitraum anordnet (BAG BeckRS 2013, 72234). Die Formulierung „beurlaubt" genügt nicht, wenn sie erkennbar für „suspendiert" gebraucht wurde (→ Form. XIX. 39). Der ArbN erwirbt auch während der Freistellungsphase einen Urlaubsanspruch, sodass der Zeitraum der Freistellung bei der Urlaubsberechnung zu berücksichtigen ist.

6. **Wettbewerbsverbot.** Erfolgt eine unwiderrufliche Freistellung unter dem Vorbehalt einer Anrechnung etwaigen anderweitigen Verdienstes, kann der ArbN regelmäßig davon ausgehen, nicht mehr an vertragliche Wettbewerbsverbote gebunden zu sein (BAG NZA 2007, 36). Einen abweichenden Willen hat der ArbG in der Freistellungserklärung zum Ausdruck zu bringen. Ist die Freistellungserklärung des ArbG dahingehend auszulegen, dass abweichend von § 615 S. 2 BGB eine Anrechnung anderweitigen Verdienstes nicht erfolgen soll, kann der ArbN redlicherweise nicht ohne ausdrückliche Erklärung des ArbG annehmen, der ArbG habe auf die Einhaltung des vertraglichen Wettbewerbsverbots verzichtet (BAG NZA 2007, 36).

7. **Betriebsverfassung.** Beteiligungsrechte des Betriebsrats bestehen nicht (*Schaub* ArbR-HdB, 17. Aufl., § 109 Rn. 14; BAG NZA 1998, 699, 990; aA ArbG Wesel BB 1998, 644; BAG NZA 2000, 1355 – Freistellung während der Kündigungsfrist). Da bei einer Freistellung keine neuen Arbeitsaufgaben zugewiesen werden, handelt es sich nicht um eine Versetzung nach § 95 Abs. 3 BetrVG, sodass kein Mitbestimmungsrecht nach § 99 Abs. 1

BetrVG in Betracht kommt. Wird ein Mitglied des Betriebsrates freigestellt, muss die weitere Wahrnehmung seiner Funktionen ermöglicht werden (LAG Hamm BB 1974, 1638).

**8. Sozialversicherung.** Eine Freistellung führt nach der Rechtsprechung des BSG nicht zur Beendigung des sozialversicherungsrechtlichen Beschäftigungsverhältnisses, weil von dem Vollzug eines Beschäftigungs(Arbeits-)verhältnisses nicht allein bei tatsächlicher Erbringung der vertraglich geschuldeten Arbeitsleistung auszugehen ist (BSG NZA-RR 2009, 272; BSG NZS 2015, 314). Eine Beschäftigung besteht ua auch dann fort, wenn bei Beendigung eines Arbeitsverhältnisses im Rahmen eines arbeitsgerichtlichen Vergleichs das vereinbarte Ende des Arbeitsverhältnisses zeitlich nach dem Vergleichsabschluss liegt und der ArbN für die Zeit bis dahin von jeglicher Arbeitspflicht freigestellt wurde. Damit ist die gegenteilige Auffassung der Sozialversicherungsträger, wonach im Fall der einvernehmlichen unwiderruflichen Freistellung das sozialversicherungsrechtliche Beschäftigungsverhältnis endet, überholt.

## 44. Versetzung[1, 2, 3, 4]

**Wegen des voraussichtlich länger andauernden Ausfalles mehrerer Arbeiter in der Abteilung ..... versetzen wir Sie mit sofortiger Wirkung dorthin. Bitte melden Sie sich sofort bei Ihrem/Ihrer neuen unmittelbaren Vorgesetzten, Herrn/Frau ..... in Halle ....., damit Sie mit den Einzelheiten Ihres neuen Arbeitsplatzes vertraut gemacht werden können.**

**Der Betriebsrat hat der Versetzung zugestimmt.**[5]

*Schrifttum: Aigner,* Die kurzfristige Änderung des Arbeitsorts – Versetzung i. S. von § 95 Abs. 3 S. 1 2. HS BetrVG, DB 1996, 1237; *Busch,* Mitbestimmung des Betriebsrats bei arbeitskampfbedingter Versetzung in bestreikte Betriebe, DB 1997, 1974; *Fliss,* Die örtliche Versetzung – Neue Regeln seit dem 11.4.2006?, NZA-RR 2008, 225; *Gaul,* Wechselbeziehungen zwischen Direktionsrecht und Sozialauswahl, NZA 1992, 673; *Groß,* Anforderungen an eine ordnungsgemäße Unterrichtung des Betriebsrats bei Einstellungen und Versetzungen, ArbRAktuell 2016, 7; *Hilbrandt,* Versetzung aufgrund vermeintlichen Weisungsrechts und einstweiliger Rechtsschutz, RdA 1998, 155; *Hoffmann-Remy,* Versetzung gefährdet? Das Weisungsrecht im Rahmen des bEM, NZA 2017, 1581; *v. Hoyningen-Huene,* Grundlagen und Auswirkungen einer Versetzung, NZA 1993, 145; *Hromadka,* Das Leistungsbestimmungsrecht des Arbeitgebers, DB 1995, 1609; *Hunold,* AGB-Kontrolle einer Versetzungsklausel, NZA 2007, 19; *ders.,* Die Rechtsprechung zur Mitbestimmung des Betriebsrats bei Versetzungen, NZA-RR 2001, 617; *Lingemann/Steinau-Steinrück,* Konzernversetzung und Kündigungsschutz, DB 1999, 2161; *ders.,* Versetzung, Beförderung, Arbeitgeberwechsel – Wann ist eine neue Befreiung nach § 6 I Nr. 1 SGB VI zu beantragen?, NZA 2015, 265; *Novara/Römgens,* Kostenübernahme bei örtlicher Versetzung, NZA 2016, 668; *Oetker,* Die Reichweite des Amtsschutzes betriebsverfassungsrechtlicher Organmitglieder – am Beispiel der Versetzung von Betriebsratsmitgliedern, RdA 1990, 343; *Preis/Genenger,* Die unechte Direktionsrechtserweiterung, NZA 2008, 969; *Raab,* Individualrechtliche Auswirkungen der Mitbestimmung des Betriebsrats gem. §§ 99, 102 BetrVG, ZfA 1995, 479; *Repey,* Die unternehmerische Entscheidung bei Versetzungen, ArbRAktuell 2017, 214; *ders.,* Folgen unwirksamer Versetzungsklauseln im Rahmen der Sozialauswahl, NZA 2016, 1444.

## Anmerkungen

**1. Begriff.** Als Versetzung wird die Änderung des Aufgabenbereichs bzw. des Arbeitsplatzes des ArbN durch den ArbG nach Ort, Zeit, Umfang oder Inhalt seiner Tätigkeit bezeichnet. Die Versetzung ist eine „einseitige, rechtsgeschäftliche Handlung, die im Weisungsrecht (Direktionsrecht, § 106 GewO) des ArbG wurzelt und durch die dieser die Arbeitsbedingungen des Arbeitsvertrages gegebenenfalls zu ändern befugt ist" (so BAG AP BGB § 611 Direktionsrecht Nr. 8 mAnm *Nikisch* = NJW 1960, 744 Ls. 2) oder der „Wechsel des Arbeitsplatzes auf Anweisung des ArbG", wobei der Wechsel in der Beschäftigungsart, im Beschäftigungsort, im teilweisen Entzug von Arbeitsaufgaben (BAG NZA 1997, 112 = DB 1996, 1880 = BB 1996, 1940), uU sogar im Wechsel vom Zeitlohn zum Akkordlohn (BAG DB 1985, 1481) oder im Wechsel vom Einzelakkord in den Gruppenakkord (BAG AP BetrVG 1972 § 99 Versetzung Nr. 14 = NZA 1997, 1358 = DB 1998, 208) liegen kann. Eine Versetzung liegt idR jedoch nicht vor bei der Umsetzung eines ArbN von der Tagschicht in die Nachtschicht (BAG NZA 1994, 718 = DB 1994, 735) oder beim Entzug der bisherigen Arbeitsaufgaben durch Freistellung während der Kündigungsfrist (BAG NZA 2000, 1355 = DB 2000, 2176 = BB 2000, 2414). Ob eine (mitbestimmungspflichtige) Versetzung vorliegt, hängt stets von den Umständen des Einzelfalles ab (BAG NZA 2000, 781 = BB 2000, 928 = BB 2000, 1036). Der Begriff Versetzung wird auch dort gebraucht, wo es um Veränderungen des Arbeitsplatzes geht, die einer Vereinbarung oder einer Änderungskündigung bedürfen (BAG NZA 1994, 615 = DB 1994, 637). Hier vorliegend wird jedoch nur die Versetzung behandelt, die der ArbG im Rahmen seines Weisungsrechts einseitig und ohne Einhaltung einer Frist vornehmen kann (zur Änderungskündigung → Form. XIX.35); auch die Umgruppierung in eine andere Lohngruppe bleibt außer Betracht. Wo von Umsetzung gesprochen wird (BAG NZA 2000, 1357 = DB 2000, 2384 = BB 2000, 1784), ist meist Versetzung im hier umschriebenen Sinne gemeint. Betriebsverfassungsrechtlich ist zwar allein der tatsächliche Vorgang der Zuweisung eines anderen Arbeitsbereiches relevant, unabhängig davon, ob die vom ArbG gewünschte Änderung im Direktionsrecht liegt oder einer Änderungskündigung bedarf; der Begriff der Versetzung ist aber im Wesentlichen durch die Rechtsprechung zu den §§ 95 Abs. 3,§ 99 BetrVG geprägt (unbestimmter Rechtsbegriff, BAG NZA 2002, 232).

**2. Zulässigkeit.** Die Ableitung aus dem Direktionsrecht hat zur Folge, dass nur insoweit eine Änderung des Arbeitsplatzes durch Versetzung in Frage kommt, als der Arbeitsvertrag dem ArbG einen Spielraum bei der Bestimmung von Art und Ort der Arbeitsleistung lässt. Im Allgemeinen wird dieser bei einem Hilfsarbeiter, auf den das oben formulierte Beispiel zugeschnitten ist, größer sein als beim Spezialisten. Der ArbG kann die Arbeitspflicht des ArbN nur insoweit einseitig konkretisieren, als diese nicht vertraglich bereits konkretisiert ist, was auch konkludent geschehen kann (LAG Rheinland-Pfalz AuR 1994, 311; ArbGer Freiburg DB 1988, 184; LAG Baden-Württemberg BB 1967, 1481; LAG Hessen DB 1969, 2043; LAG Rheinland Pfalz NZA 1988, 471). Was insoweit Vertragsinhalt ist, lässt sich oft nur schwer bestimmen. So soll zB die Einteilung einer Krankenschwester zum Nachtdienst nicht schon deshalb zulässig sein, weil Dienste einer Krankenschwester naturgemäß auch nachts erforderlich sind (LAG Hamm BB 1976, 603). Im Notfall oder im außergewöhnlichen Fall, dessen Folgen nicht auf andere Weise zu beseitigen sind, geht das Direktionsrecht weiter als im Normalfall (BAG AP BGB § 615 Böswilligkeit Nr. 4 in II 2 der Gründe = DB 1981, 799). Der einseitigen Bestimmung sind Grenzen durch den Rahmen billigen Ermessens gezogen (BAG AP BGB § 611 Direktionsrecht Nr. 26 = DB 1980, 1603 und BAG AP BGB § 611 Direktionsrecht Nr. 42 = NZA 1993, 1127 = DB 1994, 482; zu den Grenzen des Direktionsrechtes bei Versetzung auch: LAG München DB 1988, 1553 = BB 1988, 1783;

LAG Hamm DB 1989, 1293). Die Befugnis zur Versetzung an eine andere Arbeitsstätte bejaht im Falle einer Raumpflegerin LAG Berlin DB 1988, 1228). Allgemein wird angenommen, dass der Inhalt der Weisungsbefugnisse durch Tarif- und Einzelvertrag erweitert (und beschränkt) werden könne (BAG AP BGB § 611 Direktionsrecht Nr. 20 mAnm *A. Hueck* = DB 1965, 1823; BAG AP 2 mAnm *A. Hueck* = DB 1958, 1186: auch beim Schwerbeschädigten, soweit nicht zwingende gesetzliche Bestimmungen umgangen werden; vgl. auch BAG AP TVG § 1 Tarifverträge Metallindustrie Nr. 4 = DB 1975, 648). Die durch den Bestandsschutz des Arbeitsvertrages gezogenen Grenzen sind hierbei aber zu beachten (vgl. LAG Hamburg DB 1969, 2187). Zur Entziehung einer Teiltätigkeit unter Kürzung der Bezüge ist zB stets eine Änderungskündigung erforderlich (BAG DB 1965, 1823 = BB 1965, 1455; BAG NZA 1997, 104 und NZA 1996, 440 = BB 1996, 276 zum Wechsel der Tätigkeit gleicher Vergütungsgruppe im öffentlichen Dienst; LAG Sachsen NZA-RR 1997, 4). Die Zuweisung eines Arbeitsplatzes in der Herrenabteilung an eine Verkäuferin, die acht Jahre lang in der Kinderabteilung gearbeitet hatte, wurde nicht als Versetzung angesehen, weil sich das Gesamtbild des Aufgabenbereiches nicht wesentlich wandelte (LAG Köln NZA 1985, 258). Der Wechsel vom Zeitlohn in den Akkordlohn ist – im Falle tariflicher Regelungen – als Versetzung angesehen worden (BAG AP TVG § 1 Tarifverträge Textilindustrie Nr. 3). Probleme der Versetzung stellen sich meist im Zusammenhang mit betriebsverfassungsrechtlichen Fragen (vgl. unten 4, auch mit weiteren Beispielen). Dem Versetzungsrecht kann eine (aus der Fürsorgepflicht abgeleitete) Versetzungspflicht des ArbG entsprechen (BAG AP BGB § 611 Fürsorgepflicht Nr. 27 mAnm *A. Hueck* = NJW 1959, 1294; auch bei arbeitsvertraglichem Vorbehalt der Versetzung in einen anderen Betrieb LAG Köln NZA 1997, 887).

**3. Vertragliche Regelung.** Es bestehen keine grundsätzlichen Bedenken gegen die formularmäßige arbeitsvertragliche Aufnahme von Versetzungsklauseln, wenn sie billigem Ermessen entsprechen (§ 315 BGB), da diese dem im Arbeitsrecht bestehendem spezifischem Anpassungs- und Flexibilisierungsbedürfnis Rechnung tragen. Bei der Frage der Wirksamkeit solcher Klauseln ist streng nach deren Reichweite und Zweckrichtung zu unterscheiden. Eine formularmäßige Versetzungsklausel, die materiell der Regelung in § 106 S. 1 GewO nachgebildet ist oder zugunsten des ArbN davon abweicht, stellt weder eine unangemessene Benachteiligung des ArbN nach § 307 Abs. 1 S. 1 BGB dar (BAG NZA 2012, 1154), noch verstößt sie gegen das Transparenzgebot des § 307 Abs. 1 S. 2 BGB, wenn keine konkreten Versetzungsgründe genannt werden (BAG DB 2010, 2805; BAG AP BGB § 307 Nr. 17 = NZA 2006, 1149 = DB 2007, 289). Behält sich dagegen der ArbG vor, einseitig ohne den Ausspruch einer Änderungskündigung die vertraglich vereinbarte Tätigkeit unter Einbeziehung geringerwertiger Tätigkeiten zulasten des ArbN ändern zu können, liegt darin regelmäßig eine unangemessene Benachteiligung iSd §§ 307 Abs. 1 S. 1 iVm § 307 Abs. 2 Nr. 1 BGB (BAG NZA 2010, 1355). Das BAG differenziert bei der Angemessenheitskontrolle von Versetzungsklauseln iSd § 307 Abs. 1 BGB danach, ob sich der ArbG eine Änderung der vertraglichen Tätigkeit als solcher vorbehalten hat (dann grundsätzlich unangemessene Benachteiligung) oder nur eine Konkretisierung der Arbeitspflichten im Rahmen der vertraglich geschuldeten Tätigkeit durch Zuweisung eines anderen Aufgabengebiets (BAG NZA 2010, 1355; 2007, 145; 2006, 1149; *Schaub* ArbR-HdB 18. Aufl. § 45 Rn. 31 ff. mit weiteren Beispielen). Zur Wahrung des Transparenzgebots aus § 307 Abs. 1 S. 2 BGB ist es nach der Rechtsprechung des BAG nicht erforderlich, dass Versetzungsklauseln Ankündigungsfristen oder Angaben zu einem höchstzulässigen Versetzungsradius enthalten (BAG NZA DB 2010, 2805). § 308 Nr. 4 BGB ist nicht auf arbeitsvertragliche Versetzungsvorbehalte anzuwenden, denn die Vorschrift erfasst nur einseitige Bestimmungsrechte hinsichtlich der Leistung des Verwenders, während demgegenüber Versetzungsklauseln in Arbeitsverträgen die Arbeitsleistung als die dem Verwender geschuldete Gegenleistung betreffen (BAG NZA 2006, 1149).

4. **Rechtsfolgen der unzulässigen Versetzung.** Bei einer wirksamen Versetzung hat der ArbN die nunmehr von ihm geschuldete Tätigkeit durchzuführen. Nimmt er die Arbeit nicht auf, verliert er den Anspruch auf Entgelt und der ArbGeb ist überdies berechtigt, auf das unentschuldigte Fehlen des ArbN mit den üblichen arbeitsrechtlichen Mitteln (Abmahnung/Kündigung) zu reagieren. Hält sich dagegen die Versetzung nicht im Rahmen des Direktionsrechtes, ist sie unwirksam. Die Unwirksamkeit hat die Pflicht des ArbG zur Beschäftigung des ArbN auf dem bisherigen Arbeitsplatz zur Folge (BAG NZA 2010, 1355; BAG AP BGB § 611 Direktionsrecht Nr. 19 mAnm *Crisolli* = NJW 1965, 2366), die bei offensichtlich unwirksamer Versetzung auch im Wege einer einstweiligen Verfügung erzwungen werden kann (LAG Sachsen NZA-RR 1997, 4 und Thüringer LAG AuR 2001, 275). Sie führt aber insbes. zum Recht des ArbN auf Verweigerung der Arbeit und zum Annahmeverzug des ArbG (BAG AP BGB § 611 Direktionsrecht Nr. 18 = DB 1962, 1704; BAG AP BGB § 615 Böswilligkeit Nr. 4 = DB 1981, 799). Da beharrliche Arbeitsverweigerung nur dann keinen Grund zur fristlosen Kündigung darstellt, wenn sie durch schuldlosen Irrtum verursacht ist, kann der Kampf um die Versetzung risikoreich sein (BAG AP BGB § 611 Direktionsrecht Nr. 24 mit Anm *Schnorr von Carolsfeld* = DB 1973, 1904; LAG Düsseldorf LAGE § 626 BGB Nr. 70). Zulässig ist eine Feststellungsklage um die Frage der Rechtmäßigkeit der Versetzung (*Schaub* ArbR-HdB 17. Aufl. § 45 Rn. 21; BAG AP BGB § 611 Direktionsrecht Nr. 8 = NJW 1960, 744). Auch kann die Erhebung einer Leistungsklage in Betracht kommen, gerichtet auf die Beschäftigung des ArbN zu den bisherigen Bedingungen (BAG NZA 10, 1355). Bei unklarer Rechtslage riskiert der ArbN seinen Arbeitsplatz, wenn er die ihm zugewiesene Arbeit nicht aufnimmt und sich seine rechtliche Einschätzung als unzutreffend erweist. Nach früherer Auffassung des BAG sollte der ArbN an „nur" unbillige Weisungen vorläufig, dh bis zu einer rechtskräftigen Entscheidung nach § 315 Abs 2 S 2 BGB gebunden sein (BAG 22.2.12 – 5 AZR 249/11, NZA 12, 858). Die Entscheidung ist aber stark kritisiert worden und sowohl der 5. Senat, als auch der 10. Senat haben zwischenzeitlich von dieser Rspr Abstand genommen (BAG 14.9.17 – 5 AS 7/17, BeckRS 2017, 126645 und BAG 14.6.17 – 10 AZR 330/16 (A), BeckRS 2017, 122787) und entschieden, dass ein ArbN nicht, auch nicht vorläufig, an Weisungen des ArbG gebunden ist, die die Grenzen billigen Ermessens nicht wahren (BAG 18.10.17 – 10 AZR 330/17, NZA 17, 1452).

5. **Betriebsverfassung.** Anders als im Beamtenrecht ist arbeitsrechtlich eine Unterscheidung zwischen Umsetzung und Versetzung nicht sinnvoll. Das Betriebsverfassungsrecht kennt eine Legaldefinition der Versetzung, die nach dem erklärten Willen des Gesetzgebers Umsetzungen innerhalb des gleichen Betriebes oder der Betriebsabteilung miterfasst. Nach § 95 Abs. 3 BetrVG ist betriebsverfassungsrechtlich Versetzung jede Zuweisung eines anderen Arbeitsbereichs, die voraussichtlich die Dauer von einem Monat überschreitet, oder die mit einer erheblichen Änderung der Umstände verbunden ist, unter denen die Arbeit zu leisten ist, was auch für Auszubildende gilt (BAG NZA 1986, 532 = DB 1986, 915 = BB 1986, 1291). Das Mitbestimmungsrecht nach § 99 BetrVG besteht auch dann, wenn die Änderung der Arbeitsbedingungen durch eine Änderungskündigung als Versetzung iSv § 95 Abs. 3 BetrVG zu qualifizieren ist (BAG AP KSchG 1969 § 2 Nr. 33 = NZA 1994, 615 = DB 1994, 637). Der andere Arbeitsbereich iSv § 95 Abs. 3 BetrVG kann auch durch die Umstände bestimmt werden, unter denen die Arbeit zu leisten ist (BAG NZA 1989, 438 = DB 1988, 2158 = BB 1988, 2100). Die Zuweisung eines anderen Arbeitsbereichs liegt bei Entsendung zu einem anderen Arbeitsort auch dann vor, wenn die Arbeitsaufgabe sich nicht ändert (BAG NZA 1990, 198 = DB 1990, 537; BAG NZA 191, 565 = DB 1991, 1627; zur Versetzung durch Änderungskündigungen BAG NZA 1994, 615 = DB 1994, 637; zur vorübergehenden Abordnung BAG NZA 1990, 357; 1990, 186 und BAG NZA 1989, 188 = DB 1989, 386 = BB 1989, 286; zur Anordnung von Dienstreisen ins Ausland mit Übernachtung BAG NZA 2000, 781 = DB

2000, 928 = BB 2000, 1036). Werden ArbN nach der Eigenart ihres Arbeitsverhältnisses üblicherweise nicht ständig an einem bestimmten Arbeitsplatz beschäftigt, so gilt die Bestimmung des jeweiligen Arbeitsplatzes nicht als Versetzung. Auch die Umsetzung in eine andere Schicht des gleichen Tätigkeitsbereiches ist keine mitbestimmungspflichtige Versetzung (LAG Schleswig-Holstein NZA 1985, 540 mwN; BAG NZA 1991, 601; vgl. aber ArbGer Freiburg DB 1988, 184). Die Abordnung von ArbN desselben Unternehmens von einer Filiale in die andere ist für die aufnehmende Filiale eine Einstellung iSv § 99 BetrVG, für die abgebende eine Versetzung (BAG NZA 1987, 424 = DB 1987, 747 = BB 1987, 900; BAG NZA 1996, 667 = DB 1996, 1044; keine Zuständigkeit des Gesamtbetriebsrates BAG NZA 1993, 714 = DB 1993, 1475; zur Mitbestimmung im öffentlichen Dienst LAG Hamm NZA-RR 1996, 116 mwN; zur Mitbestimmung bei Versetzung von Postbeamten in ein Nachfolgeunternehmen der Deutschen Bundespost BAG NZA 1998, 273 = BB 1998, 56 und LAG Düsseldorf NZA-RR 1997, 503). Allgemeine Richtlinien über Versetzungen, die der Betriebsrat in Betrieben mit mehr als 500 Arbeitnehmern auch verlangen kann, sind zustimmungsbedürftig (§ 95 Abs. 1 und 2 BetrVG). Bei Einzelmaßnahmen besteht die Unterrichtungspflicht gem. § 99 Abs. 1 BetrVG mit eingeschränktem Verweigerungsrecht des Betriebsrates (§ 99 Abs. 2–4 BetrVG). Der ArbN, der mit seinem Einverständnis versetzt werden soll, hat gegen den ArbG grds keinen Anspruch auf Durchführung des Zustimmungsersetzungsverfahrens nach § 99 Abs 4 BetrVG aus § 241 Abs 2 BGB, wenn der BR seine Zustimmung verweigert hat. Ein solcher Anspruch besteht nur, wenn der ArbG sich im Wege der Selbstbindung zur Durchführung des Verfahrens verpflichtet hat, wenn eine kollusive Zusammenarbeit der Betriebsparteien anzunehmen ist und im Fall des § 81 Abs 4 S 1 Nr 1 SGB IX (BAG NZA 17, 740).Wird eine beabsichtigte Versetzung nicht ausgeführt, später aber wieder erwogen, muss der Betriebsrat erneut zustimmen (BAG BB 1991, 70 = NZA 1991, 392 – Beispiel aus dem Bereich des LPVG NW). Auswahlrichtlinien für Versetzungen in Form eines Punktsystems sind grundsätzlich zulässig (BAG NZA 1993, 607 = DB 1993, 885). Verlangt der Betriebsrat selbst die Versetzung, so liegt darin bereits die Zustimmung iSv § 99 BetrVG (BAG DB 1997, 2227). Der ArbG muss den Betriebsrat umfassend und rechtzeitig informieren, andernfalls läuft die Anhörungsfrist nicht (*Fitting* BetrVG 29. Aufl. § 99 Rn. 162 ff.; BAG NZA-RR 2015, 23).

Eine Versetzung, die ohne Zustimmung des Betriebsrates oder ohne Ersetzung der Zustimmung durch das Arbeitsgericht erfolgt, ist auch individualrechtlich gegenüber dem ArbN unwirksam (BAG NZA 1988, 476 = DB 1988, 1167 = BB 1988, 1327; LAG Sachsen NZA-RR 2001, 641). Der Betriebsrat hat in der Regel einen gerichtlich durchsetzbaren Unterlassungsanspruch hinsichtlich der Durchführung der konkreten personellen Einzelmaßnahme (BAG NZA 1995, 488; vgl. auch LAG Köln NZA-RR 1998, 19).

Nach § 103 Abs. 3 BetrVG gilt der besondere Schutz von Mitgliedern des Betriebsrats und der anderen in § 103 Abs. 1 BetrVG genannten Arbeitnehmervertretungen auch für eine Versetzung, die zu einem Verlust des Amtes oder der Wählbarkeit führt. Folglich bedarf die Versetzung der Zustimmung des abgebenden Betriebsrats, sofern der betroffene ArbN nicht mit der Versetzung einverstanden ist.

## 45. Ausgleichsquittung[1, 11]

**Mein Arbeitsverhältnis mit der Firma . . . . . endet mit dem . . . . . .[2, 3]**

***Ich verzichte darauf, das Fortbestehen des Arbeitsverhältnisses unter irgendeinem Gesichtspunkt geltend zu machen. Ich werde insbesondere keine Kündigungsschutzklage erheben bzw. eine schon erhobene Klage zurücknehmen.[4]***

**Ich habe heute die mir zustehende restliche Arbeitsvergütung (Lohn/Gehalt) in Höhe von Euro . . . . . (brutto) = Euro . . . . . (netto) für die Zeit bis zur Beendigung des Arbeitsverhältnisses erhalten. Auch meine Arbeitspapiere, nämlich**
**1) Lohnsteuerbescheinigung**
**2) Nach § 312 SGB III ausgefüllte Arbeitsbescheinigung für die Agentur für Arbeit**
**2) Versicherungsnachweisheft und Versicherungsausweis.**
**3) Urlaubsbescheinigung**
**4) Arbeitszeugnis**
**5) Lohnabrechnung**
**6) . . . . .**
**habe ich erhalten. Es liegen keine Umstände vor, die einen Anspruch auf Lohnfortzahlung wegen Krankheit oder auf Abgeltung von Urlaub zur Folge hätten.**
**Im Übrigen sind alle meine Ansprüche aus dem Arbeitsverhältnis und anläßlich seiner Beendigung, gleichgültig auf welchem Rechtsgrunde sie im Einzelnen beruhen mögen, vollständig ausgeglichen und erledigt, soweit ich nachfolgend keine Ausnahmen eingetragen habe. Ich bestätige, dass insbesondere besprochen wurden:**
**❐ etwaige Voraussetzungen für weitere Urlaubsansprüche,**
**❐ das Arbeitszeugnis,**
**❐ die Karenzentschädigung,**
**❐ die betriebliche Altersversorgung,**
**❐ . . . . .**
**Es gelten nur angekreuzte Positionen.[5, 6, 7, 8, 9, 10]**
**Noch offen sind lediglich folgende, von mir noch geltend gemachte Ansprüche:**
**Es gelten nur schriftlich vermerkte Vorbehalte.**
**. . . . . (Ort), den . . . . .**
**. . . . .**
**Unterschrift**

*Schrifttum: Bauer/Günther,* Neue Spielregeln für Klageverzichtsvereinbarungen, NJW 2008, 1617; *Böhm,* Aus für die Ausgleichsquittung/Ausgleichsklausel?, NZA 2008, 919; *Germelmann,* Grenzen der einvernehmlichen Beendigung von Arbeitsverhältnissen, NZA 1997, 236; *Kibler,* Die Ausgleichsquittung im deutschen Arbeitsrecht, ZIAS 1995, 51; *Kramer/Marhold,* Ausgleichsquittung, AR-Blattei, SD 290; *Marraud,* Die Bereinigung von Forderungen bei Auflösung des Arbeitsvertrages: Ausgleichsquittung und Vergleich, ZIAS 1993, 256; *Plander,* Die Ausgleichsquittung als Rechtsanwendungs- und Gesetzgebungsproblem, DB 1986, 1873; *Preis,* Abschied von der Ausgleichsquittung?, AuR 1979, 97; *Preis/Bleser/Rauf,* Die Inhaltskontrolle von Ausgleichsquittungen und Verzichtserklärungen DB 2006, 2812; *Schulte,* Rechtsfragen der Ausgleichsquittung bei Beendigung des Arbeitsverhältnisses, DB 1981, 937; *Schwerdtner,* Rechtsprobleme der Ausgleichsquittung, BlfSt 1979, 17. Vgl. auch die Literaturhinweise zu → Form. XIX.31.

## Anmerkungen

**1. Wesen.** Das hier gewählte Beispiel einer Ausgleichsquittung stellt, wie die meisten in der Praxis bekannten Texte, eine Mischung aus reiner Quittung iSv § 368 BGB und negativem Schuldanerkenntnis iSv § 397 Abs. 2 BGB dar(im Zweifel allerdings nur deklaratorisch, was jedoch durch Auslegung zu ermitteln ist, BAG NZA 2008, 335). Ein deklaratorisches negatives Schuldanerkenntnis ist anzunehmen, wenn die Parteien nur die von ihnen angenommene Rechtslage eindeutig dokumentieren und damit fixieren wollen

(BAG 25.9.2013 AP BGB § 397 Nr. 7) bzw. wenn die Parteien davon ausgehen, dass keine Ansprüche mehr bestehen. Ein konstitutives kommt in Betracht, wenn sie alle bekannten und unbekannten Ansprüche zum Erlöschen bringen wollen (BAG 14.5.2013 NZA 2013, 1098 Rn. 11). Die Vorlage enthält (kursiv hervorgehoben) einen Verzicht auf die Erhebung der Kündigungsschutzklage, wie er nach der früheren Rechtslage noch zulässig war, jetzt aber nur noch in sehr eingeschränktem Rahmen zulässig sein dürfte (→ Anm. 2 und→ Anm. 4). Die Quittung ist außergerichtliches Geständnis des Leistungsempfanges, dessen Beweiskraft der freien richterlichen Beweiswürdigung unterliegt. Die Last des Gegenbeweises obliegt dem ArbN, doch ist ein voller Beweis des Gegenteils nicht erforderlich (BGH NJW-RR 2005, 1558; 2007, 351). Der ArbG kann sie gegen Erbringung der quittierten Leistungen gemäß § 368 S. 1 BGB verlangen und zwar in schriftlicher Form, hat aber kein Zurückbehaltungsrecht hinsichtlich des Lohnes oder gar der Arbeitspapiere, wenn die Erteilung einer Quittung verweigert wird (MünchArbR/*Wank* 2. Aufl. § 127 Rn. 2). Dagegen ist das negative Schuldanerkenntnis zweiseitiger Vertrag (Erlass), auf den kein Anspruch besteht. Eine Ausgleichsquittung kann ferner Elemente eines Vergleiches iSv § 779 BGB enthalten und zwar insoweit, als es etwa vorausgegangenen Streit über bestimmte Ansprüche erledigt. Das gilt im Beispiel insbesondere für die Bestätigung, dass Umstände, aus denen Lohnfortzahlungsansprüche oder Urlaubsabgeltungsansprüche resultieren, nicht vorliegen (Tatsachenvergleich, → Anm. 5). Die im Beispiel enthaltene Bestätigung über die Erörterung bestimmter Ansprüche bzw. tatsächlicher Anspruchsvoraussetzungen hat reine Beweisfunktion (Wissenserklärung). Die Frage nach Kosten der Quittung (§ 369 BGB) stellt sich im Arbeitsleben praktisch nicht; die Leistung an den Überbringer der Quittung (§ 370 BGB) ist selten.

**2. Wirksamkeit, Auslegung** (→ Form. XIX.31 Anm. 5). Ausgleichsklauseln in Ausgleichsquittungen sind im Zweifel eng auszulegen, da diese anders als in Aufhebungsverträgen, Abwicklungsvereinbarungen und gerichtlichen Vergleichen nicht dazu dienen, das Arbeitsverhältnis abschließend zu bereinigen und alle Ansprüche zu erledigen (BAG NZA 2008, 1748). Stets ist sorgfältig unter Berücksichtigung aller Umstände die Rechtsnatur der abgegebenen Erklärungen sowie deren Umfang durch Auslegung zu ermitteln (BAG NZA 2008, 335; 2009, 139), weil hiervon auch ihre Wirkung maßgeblich abhängt. Gehen beide Parteien davon aus, dass keine Ansprüche mehr bestehen, enthält die Ausgleichsklausel in der Regel ein deklaratorisches negatives Schuldanerkenntnis, mit welchem dies nur eindeutig dokumentiert und fixiert werden soll (BAG NZA 2008, 335). Wollen die Beteiligten alle bekannten oder unbekannten Ansprüche beseitigen, stellt dies ein konstitutives negatives Schuldanerkenntnis nach § 397 Abs. 2 BGB dar (BAG NZA 2010, 883; 2006, 854); sollen bekannte Forderungen erlassen werden, handelt es sich bei der Ausgleichsklausel um einen Erlassvertrag nach § 397 Abs. 1 BGB (BAG NZA 08, 355; 06, 854); haben die Parteien über den Bestand oder die Höhe einer Forderung gestritten und den Streit durch Nachgeben beendet, liegt ein Vergleich nach § 779 BGB vor. Die Ausgleichsquittung ist in aller Regel auch als formularmäßige Verzichtserklärung ausgestaltet. Als solche unterliegt sie der Inhaltskontrolle nach §§ 305 ff. BGB und kann bei einer Kombination von „Quittung" und Verzichtserklärung überraschend, intransparent und unangemessen benachteiligend sein (BAG NZA 2008, 219 mwN; BAG NZA 2005, 1193; LAG LAGE AGBG § 3 Nr. 1; *Preis/Bleser/Rauf* DB 2006, 2812; *Bauer/Günther* NJW 2008, 1617; *Böhm* NZA 2008, 919). Zur Wirksamkeit des Erlasses einzelner Ansprüche → Anm. 5–10. Der Umfang der Rechtsverluste im Rahmen einer Ausgleichsquittung muss sich für die Betroffenen aus der Quittung selbst oder den Umständen bei ihrer Unterzeichnung eindeutig und unmissverständlich ergeben (BAG NJW 81, 1285). Die von der Ausgleichsklausel erfassten Ansprüche sollten stets korrekt und eindeutig bezeichnet werden. Da ein Verzicht auf Rechte nach der Lebenserfahrung im Allgemeinen nicht zu vermuten ist, muss sich nach dem Wortlaut der Erklärung und den Begleitumständen klar ergeben, dass und in welchem Umfang der Arbeitnehmer ihm bekannte oder mögliche Ansprüche aufgibt (BAG NZA 2008, 355).

Die Erteilung oder Annahme einer Abrechnung wird in der Regel keinen Erlass beinhalten (MüKoBGB/*Schlüter* 7. Aufl. § 397 Rn. 4). Während eine Lohnabrechnung grundsätzlich kein Schuldanerkenntnis enthält (BAG AP BUrlG § 7 Abgeltung Nr. 34 = NZA 1987, 557 = DB 1987, 1694), werden durch sie im Zusammenhang mit der Ausgleichsquittung die Vergütungshöhe und der Rechtsgrund der Vergütungsbestandteile anerkannt. Wird in einem gerichtlichen Vergleich formuliert, dass „damit der Rechtsstreit erledigt" ist, liegt hierin keine Ausgleichsklausel (LAG Köln NZA 1995, 739); zur Auslegung der Klausel „keine weiteren Ansprüche" LAG Köln NZA-RR 1997, 123; zur Klausel „sämtliche gegenseitigen Ansprüche der Parteien aus dem Arbeitsverhältnis und dessen Beendigung" LAG Berlin NZA-RR 1997, 124; zur Klausel „dass keine Tatsachen vorliegen, aus denen sich . . . . . Ansprüche irgendwelcher Art herleiten lassen" ArbGer Düsseldorf AuR 1997, 333. Als Wirksamkeitsvoraussetzung einer Erlasserklärung wird häufig der ausdrückliche Hinweis des ArbG auf eventuell bestehende Ansprüche verlangt. Soweit die Erklärung Erlass- oder Vergleichscharakter hat, besteht kein Formzwang, und zwar auch nicht für die Annahmeerklärung (MüKoBGB/*Schlüter* 7. Aufl. § 397 Rn. 2 und 12). Die Ausgleichsquittung hat indes in schriftlicher Form zu erfolgen (§ 368 BGB). Minderjährige können eine Ausgleichsquittung wirksam abgeben, sofern sie, auch stillschweigend, vom gesetzlichen Vertreter zur Eingehung des Arbeitsvertrages iSv § 113 BGB ermächtigt waren (*Schaub* ArbR-HdB 18. Aufl. § 72 Rn. 16; LAG Düsseldorf BB 1961, 1238; ArbG Hamburg BB 1965, 1396; keine Ermächtigung, wenn der gesetzliche Vertreter selbst den Arbeitsvertrag geschlossen hatte: LAG Hamm DB 1971, 779). Im Ausbildungsverhältnis bedarf die Ausgleichsquittung des Minderjährigen der Zustimmung des gesetzlichen Vertreters (BAG AP BBiG § 6 Nr. 2 in 6 d. Gründe = NJW 1977, 74). Manche Tarifverträge schreiben vor, dass eine Ausgleichsquittung nur wirksam ist, wenn sie eine Widerrufsklausel enthält (vgl. ArbG Wesel DB 1989, 2541). Ein gesetzliches Widerrufsrecht nach §§ 312, 355 BGB besteht nicht (→ Form. XIX.31 Anm. 4).

3. **Beseitigung der Erklärung.** Wie grundsätzlich bei jedem Rechtsgeschäft ist auch bei der Ausgleichsquittung eine Anfechtung nach § 119 oder § 123 BGB möglich (im Einzelnen vgl. *Schaub* ArbR-HdB 18. Aufl. § 72 Rn. 20 f.; *Schwerdtner* Anm. zu EzA § 4 KSchG nF Nr. 12). Ausgleichsquittungen ausländischer ArbN, die Verständigungsschwierigkeiten haben, wird unter dem Schlagwort „Sprachrisiko" häufig die Wirksamkeit schlechthin versagt, sofern die Erklärung nicht zumindest von einem Dolmetscher übersetzt war oder der ArbG sonst beweist, dass der ArbN sie verstanden hatte (*Woltereck* AR-Blattei Ausländische Arbeitnehmer I C I 3 f. mwN; LAG Hessen BB 1975, 562; LAG Baden-Württemberg DB 1971, 245). In Wirklichkeit handelt es sich hierbei durchweg um Anfechtungsfälle, die nach §§ 121, 122, 124 BGB zu behandeln sind, prozessual unter Beachtung der Regeln über den Beweiswert der Urkunde einerseits, über den Anscheinsbeweis andererseits (MüKoBGB/*von Feldmann* § 397 Rn. 11). Beweist der ArbN, dass er davon ausging, die (tatsächlich bestehende) Forderung habe nicht bestanden, kommt die Rückforderung der Ausgleichsquittung nach § 812 Abs. 2 BGB in Frage (BAG AP KSchG 1969 § 4 Nr. 4 mAnm *Herschel* = NJW 1977, 1983). Denkbar ist auch ein nach §§ 154, 155 BGB zu behandelnder Dissens (vgl. den Fall ArbGer Wiesbaden BB 1980, 630).

4. **Kündigungsschutz.** Nach früherer Rechtsprechung des BAG konnte ein ArbN in einer Ausgleichsquittung nach Zugang der Kündigung grundsätzlich auf das Recht zur Erhebung bzw. Fortführung der Kündigungsschutzklage wirksam verzichten (BAG AP KSchG 1969 § 4 Nr. 5; Nr. 6 = NJW 1979, 287 u. 2267; BAG NZA 1986, 258 = DB 1985, 2357). Nach neuerer Auffassung des BAG ist ein in einer Ausgleichsquittung enthaltener Verzicht auf eine Kündigungsschutzklage unangemessen, wenn hierfür vom Arbeitgeber keine Gegenleistung erbracht wird (BAG AP KSchG 1969 § 4 Nr. 62 = NZA

2008, 219; ErfK/*Preis* BGB §§ 305–310 Rn. 77 mwN). Klageverzichtsvereinbarungen, die in unmittelbarem zeitlichem und sachlichem Zusammenhang mit dem Ausspruch einer Kündigung getroffen werden sind im Übrigen nach Auffassung des BAG „Auflösungsverträge“ im Sinne von § 623 BGB und bedürfen der Schriftform (BAG NZA 2007, 1227). Allgemeine Erklärungen, wonach aus dem Arbeitsverhältnis keine Ansprüche mehr bestehen genügen nicht für eine Verzichtserklärung. Der Text muss klar das Recht, um den Fortbestand des Arbeitsverhältnisses zu streiten, als Gegenstand des Verzichtes zum Ausdruck bringen und in der Gestaltung des Textes zumindest durch einen besonderen Absatz deutlich machen. Der Verzicht auf den besonderen Kündigungsschutz nach MuSchG, SchwbG und § 15 KSchG ist grundsätzlich zulässig (MünchArbR/*Wank* 2. Aufl. § 127 Rn. 16 mwN; besonders strenge Anforderungen beim nachträglichen Verzicht auf den Kündigungsschutz nach MuSchG BAG AP KSchG 1969 § 4 Nr. 4 = NJW 1977, 1983 = DB 1977, 1559).

**5. Entgeltfortzahlung, unverzichtbare Ansprüche.** Ein ArbN kann in einer Ausgleichsquittung nach Beendigung des Arbeitsverhältnisses wirksam auf bereits fällige Lohnfortzahlungsansprüche verzichten, allerdings nur, wenn sich zumindest aus den Umständen ergibt, dass diese in den Verzicht einbezogen sind (BAG AP LohnFG § 9 Nr. 3 = NJW 1981, 1285). Vor Eintritt der Fälligkeit (normaler Lohnzahlungstermin) einer Lohnfortzahlung kann nicht wirksam verzichtet werden (BAG AP LohnFG § 6 Nr. 11 = NJW 1981, 1061 = BAG DB 1981, 111 = BB 1982, 1302). Eine Ausgleichsklausel ist im Übrigen insoweit unwirksam, wie in ihr auf unabdingbare gesetzliche Ansprüche (zB Urlaub, Urlaubsabgeltung) oder auf Ansprüche, die in einem Tarifvertrag (§ 4 Abs. 4 TVG) oder einer Betriebsvereinbarung (§ 77 Abs. 4 BetrVG) geregelt sind, verzichtet wird. Ein Vergleich über die tatsächlichen Voraussetzungen des Anspruches (Tatsachenvergleich, etwa über die Frage, ob die Arbeitsunfähigkeit verschuldet ist), ist aber ebenso wie bei sonstigen tarifvertraglichen Ansprüchen zulässig (BAG AP LohnFG § 6 Nr. 12 = RdA 1980, 351; vgl. auch BAG AP LohnFG § 9 Nr. 1 in 3 der Gründe mit ablehnender Anm. *Trieschmann* = BB 1973, 427). Fortzahlungsansprüche über das Ende des Arbeitsverhältnisses hinaus werden von einer Ausgleichsquittung nicht betroffen (BAG AP LohnFG § 6 Nr. 15 = NJW 1981, 1286). Für die Kenntnis des ArbG (§ 407 BGB) vom Forderungsübergang auf die Krankenkasse genügt deren Mitteilung über eine bevorstehende Zahlung (BAG AP LohnFG § 6 Nr. 11 = NJW 1981, 1061). Die Krankenkasse muss eine nach Kündigung getroffene Vereinbarung für die Zeit bis zum Ende des Arbeitsverhältnisses gegen sich gelten lassen, auch wenn sie zuvor Krankengeld gezahlt hatte (BAG AP LohnFG § 6 Nr. 14 = RdA 1981, 351).

**6. Urlaub.** Aus § 13 Abs. 1 S. 3 BUrlG folgt, dass in der Ausgleichsquittung weder auf Urlaubsentgelt noch auf Abgeltungsansprüche verzichtet werden kann (BAG AP BUrlG § 13 Unabdingbarkeit Nr. 5 mAnm *Herschel;* BAG AP BUrlG § 13 Unabdingbarkeit Nr. 13 = DB 1991, 392; kritisch *Schulte* aaO S. 940 mwN in Fn. 15); über den gesetzlichen Urlaub hinausgehender einzelvertraglicher Urlaub ist abdingbar (BAG AP BUrlG § 13 Nr. 45 = NZA 1998, 816 DB 1998, 1236). Ein „Tatsachenvergleich“, dh eine Einigung darüber, dass die tatsächlichen Voraussetzungen für einen Urlaubsanspruch oder einen bestimmten Teil des Urlaubs nicht bestehen oder aber bereits erfüllt wurden, wird aber von der hM für zulässig gehalten (*Dersch/Neumann* § 13 Rn. 76, 77 mwN; aA *Herschel* mwN in einer Anm. zu BAG AP BUrlG § 13 Unabdingbarkeit Nr. 5).

**7. Betriebsrente.** Der grundsätzlich rechtlich mögliche Verzicht auf Ansprüche aus einer Versorgungszusage wird nur dann anzuerkennen sein, wenn ausdrücklich formuliert wird, dass die Ausgleichsquittung sich auch hierauf bezieht oder wenn sich dies aus nachweisbaren Erörterungen ergibt (*Schaub* ArbR-HdB 18. Aufl. § 72 Rn. 17; MünchArbR/*Wank* 2. Aufl. § 127 Rn. 19; BAG AP BGB § 242 Ruhegehalt Nr. 163 mit Anm

*Herschel* = DB 1974, 487; BAG AP BetrAVG § 1 Vordienstzeiten Nr. 13 = NZA 1990, 689; BAG AP BetrAVG § 1 Zusatzversorgungskassen Nr. 56 = NZA 2001, 203 = DB 2001, 391; LAG Hamm DB 1980, 643; LAG Düsseldorf DB 1980, 113 und 643; → Anm. 11).

**8. Zeugnis.** Der Verzicht auf die Erteilung eines Zeugnisses ist jedenfalls nach der Fälligkeit des Anspruches zulässig (BAG AP BGB § 630 Nr. 9 mAnm *Küchenhoff* = NJW 1975, 407). Die allgemein gehaltene Ausgleichsklausel genügt insoweit nicht; vielmehr muss sich zumindest aus weiteren Umständen ergeben, dass gerade auch auf die Erteilung eines Zeugnisses verzichtet wurde (BAG aaO; LAG Köln LAGE § 630 BGB Nr. 22).

**9. Karenzentschädigung.** In einer bei Beendigung des Arbeitsverhältnisses unterzeichneten Ausgleichsquittung soll durch die allgemeine Ausgleichsklausel auch auf den Erhalt der künftig zu zahlenden Karenzentschädigungen verzichtet werden können. Soerfasst eine allgemeine Ausgleichsklausel, wonach „alle beiderseitigen Ansprüche aus dem ArbVerh. abgegolten" sind, grundsätzlich auch ein nachvertragliches Wettbewerbsverbot und die damit verbundene Karenzentschädigung (BAG NZA 2009, 139; 2009, 318); → Form. XIX.31 Anm. 5.

**10. Heimarbeiter.** Im Bereich des HAG sind Lohnfortzahlungsansprüche ebenso wie Urlaubsabgeltungsansprüche und Feiertagsvergütungen strikt unabdingbar (BAG AP HAG § 25 Nr. 1 = NJW 1965, 836 und BAG AP HAG § 25 Nr. 2 = NJW 1966, 2378).

**11. Betriebsverfassung.** Soweit Ansprüche sich aus wirksamen Betriebsvereinbarungen ergeben, ist ein Verzicht nur mit Zustimmung des Betriebsrates gültig (§ 77 Abs. 4 S. 1 BetrVG).

## 46. Zwischenbescheinigung für Arbeitspapiere[1, 2, 3, 4]

**Bescheinigung**

**Herr/Frau . . . . ., geb. am . . . . ., wohnhaft in . . . . ., stand vom . . . . . bis . . . . . zum . . . . . in einem Arbeitsverhältnis zu unserem Unternehmen. Eine Lohnsteuerbescheinigung und die Versicherungsbescheinigungen konnten aus technischen Gründen noch nicht ausgefüllt werden. Wir bescheinigen, dass uns die maßgeblichen Lohnsteuer- und Versicherungsunterlagen vorliegen. Die Versicherungsnummer der Entgeltbescheinigung für die Rentenversicherung lautet: . . . . . Die Krankenversicherung besteht bei: . . . . .**
**Ferner liegen uns derzeit noch folgende Arbeitspapiere vor:**

**. . . . .**

**. . . . . (Ort), den . . . . .**

**. . . . .**
**Unterschrift**

*Schrifttum: Becker-Schaffner,* Die Rechtsprechung zum Recht der Arbeitspapiere, DB 1983, 1304; *Busemann,* Arbeitspapiere (Rechtsbehelfe) in: Spiegelhalter, Arbeitsrechtslexikon Bd. I; *Ermer,* Pflichten des Arbeitgebers und Durchsetzungsmöglichkeiten im Arbeitsförderungsrecht, NZA 1988, 649; *Hanel,* Verwahrung und Herausgabe der Arbeitspapiere, Personal 1976, 267; *Hentschel,* Erweiterter Umfang an Arbeitspapieren, Personal 1976, 10; *Kitzelmann,* Die einstweilige Verfügung auf Herausgabe der Arbeitspapiere, AuR 1970, 299; *W. Müller,* Praxisfragen zur Lohnsteuerkarte, DStZ 1993, 307; *ders.,* Die Zuständigkeit der Gerichte für Arbeitssachen, Beilage Nr. 5/85, DB 1985;

*Schickedanz,* Klage auf Erteilung einer Arbeitsbescheinigung, DB 1981, 1880; *Steffen,* Zum Inhalt der Arbeitsbescheinigung nach dem Arbeitsförderungsgesetz, BB 1987, 1456; *Thoma,* Rechtsbehelfe gegen Eintragungen auf der Lohnsteuerkarte, Deutsches Steuerblatt 1986, 710.

## Anmerkungen

**1. Wesen und Rechtsgrundlage.** Unter den zahlreichen Urkunden, die man als Arbeitspapiere bezeichnet (Übersicht bei *Schaub* ArbR-HdB 18. Aufl. § 149 Rn. 1), kommt aus steuerlichen und sozialversicherungsrechtlichen Gründen der Lohnsteuerbescheinigung/-karte und dem Versicherungsnachweisheft/Versicherungskarten besondere Bedeutung zu. Gelegentlich scheitert der Abschluss eines neuen Arbeitsvertrages daran, dass ein Unternehmen sich weigert, den ArbN einzustellen, solange er insbesondere die Lohnsteuerbescheinigung und eine Versicherungsbescheinigung nicht vorlegt. Andererseits ist der bisherige ArbG oft gar nicht in der Lage, rechtzeitig zum Ausscheiden des ArbN die erforderlichen Eintragungen vorzunehmen, etwa weil das Arbeitsverhältnis kurzfristig durch außerordentliche Kündigung endet oder weil die Lohnabrechnung noch nicht durchgeführt werden konnte. Für letzteren Fall enthält § 41b EStG eine ausdrückliche gesetzliche Regelung, nach der dem ArbN eine elektronische Lohnsteuerbescheinigung mit allen arbeitsvertragsbezogenen Daten und Lohnabzugsmerkmalen auszuhändigen ist (*Küttner*/Personalbuch 2018, Lohnsteuerbescheinigung); zur Bescheinigungspflicht des Insolvenzverwalters nach §§ 314, 316 SGB III LAG Bremen DB 1995, 1770 zum früheren § 141h AFG. Wegen Veränderungen im elektronischen Meldewesen wird einem ArbN seit dem 1.1.2005 nur noch eine elektronisch erstellte Lohnsteuerbescheinigung ausgehändigt. Können Fotokopien der Lohnsteuerbescheinigung und des Versicherungsnachweises nicht vorgelegt werden; müssen sämtliche Daten der Lohnsteuerbescheinigung in der Zwischebescheinigung vermerkt werden. Die steuerrechtliche Ersatzbescheinigung ist reine Wissenserklärung und Beweisurkunde (LAG Hamm DB 1976, 923), die dem Gegenbeweis zugänglich ist (zur Darlegungs- und Beweislast vgl. BGH BB 1978, 1232). Dass der ArbG Arbeitspapiere während der Dauer des Arbeitsverhältnisses aufzubewahren und bei Beendigung herauszugeben hat, ist für steuerliche und sozialver sicherungsrechtliche Bescheinigungen gesetzlich besonders angeordnet (im Einzelnen vgl. Beck'sches Personalhandbuch Bd. 2 Kap. VII und VIII Stichwort Arbeitsbescheinigung, Kap. V Stichwort Lohnsteuerbescheinigung). Die Aufbewahrungspflicht des ArbG besteht auch nach Beendigung des Arbeitsverhältnisses (§§ 28 f. SGB IV – im Einzelnen Beck'sches Personalhandbuch Bd. 1 Arbeitsrechtslexikon Stichwort Aufbewahrungspflicht). Der ArbN hat grundsätzlich gem. § 985 BGB einen Herausgabeanspruch bezüglich der Arbeitspapiere, der zum Ende des Arbeitsverhältnisses fällig wird (zum Streitwert einer Herausgabeklage LAG Köln BB 1998, 543).

**2. Holschuld.** Der ArbN muss die Arbeitspapiere grundsätzlich abholen (§ 269 BGB; BAG NZA 1995, 671; DB 1995, 1518). Unter besonderen Umständen kann der ArbG aus (nachwirkender) Fürsorgepflicht zur Übersendung verpflichtet sein; ist er im Verzug, muss er zusenden (*Schaub* ArbR-HdB 18. Aufl. § 149 Rn. 2). Der ArbG kann gegen Übergabe der Papiere eine einfache, schriftliche Quittung verlangen (§ 368 BGB; → Form. XIX.45 Anm. 1).

**3. Zurückbehaltungsrecht, Schadenersatz.** Nach heute wohl einhelliger Auffassung steht dem ArbG auch im Falle des Vertragsbruches des ArbN kein Zurückbehaltungsrecht an den Arbeitspapieren zu (*Schaub* ArbR-HdB 18. Aufl. § 149 Rn. 3; ArbG Wetzlar DB 1989, 1428 = BB 1989, 1203; vgl. auch BAG AP BGB § 611 Urlaubskarten Nr. 2 mAnm *Larenz* = NJW 1959, 453; LAG Düsseldorf BB 1967, 1207 mwN; ArbG Berlin BB 1968, 1038 mit zustimmender Anm. *Lepke*). Der ArbG macht sich bei schuldhaft verzögerter Herausgabe, insbesondere auch bei unterlassener Ausstellung einer Zwischenbescheinigung schadenersatzpflichtig (*Schaub* ArbR-HdB 18. Aufl. § 149 Rn. 3; LAG Hessen DB 1984, 2200; LAG Hamburg DB 1985, 284; nur bei unrichtigen Tatsachenangaben: LSG Bayern NZA 1985, 71), und zwar nicht zuletzt gegenüber der Bundesagentur für Arbeit (LAG Hamm DB 1986, 128; BSG NZA 1990, 790). Macht der ArbN gegen den ArbG für den Fall nicht fristgerechter Ausfüllung und Herausgabe der Arbeitspapiere eine Entschädigung nach § 61 Abs. 2 ArbGG geltend, sind mit der Entschädigung in der Regel sämtliche Schadensersatzansprüche abgegolten (BAG NZA 1997, 880 = DB 1997, 1779 = BB 1997, 1696). Das Ende des Arbeitsverhältnisses ist nur Fälligkeitsdatum, eine Mahnung ist Voraussetzung für den Eintritt des Verzuges auf der Seite des ArbG (ArbG Ulm AuR 1962, 283). Im Herausgabeverlangen kann aber uU eine Mahnung liegen (ArbG Wuppertal DB 1976, 2477). Bei strikter Weigerung des ArbG ist eine Mahnung nicht mehr erforderlich (LAG Düsseldorf DB 1967, 1207). Welche Zeit für die Erledigung der Eintragungen angemessen ist mit der Folge, dass der ArbG solange trotz Mahnung nicht in Verzug kommt, muss von Fall zu Fall entschieden werden (ArbG Darmstadt BB 1966, 1024; ArbG Ulm AuR 1962, 283: 4 Tage nicht zu lange; sehr streng bezüglich der Pflichten des ArbG: LAG Düsseldorf/Köln BB 1964, 472). Ein Mitverschulden des ArbN wird kaum einmal anzunehmen sein; insbesondere ist es nicht Sache des ArbN, zunächst eine Zwischenbescheinigung zu fordern (LAG Düsseldorf BB 1967, 1207; ArbG Wetzlar DB 1976, 2477; *Hanel* S. 267).

**4. Verfahrensrecht.** Nach der Einfügung von Nr. 3e in § 2 Abs. 1 ArbGG 1979 ist die arbeitsgerichtliche Zuständigkeit für bürgerlich-rechtliche Ansprüche auf Herausgabe ebenso wie auf Berichtigung und Ergänzung von Arbeitspapieren jeder Art gegeben, während es für öffentlich-rechtliche Pflichten bei der Zuständigkeit der Finanz- und Sozialgerichte geblieben ist. Die Literatur aus der Zeit vor 1979 sowie die Entscheidungen des BAG AP BGB § 138 Nr. 34 in XIX der Gründe und der GemS OG AP RVO § 405 Nr. 3 sind durch die Neuregelung teilweise überholt. Für die Klage auf Erteilung einer Arbeitsbescheinigung nach § 312 SGB III ist der Rechtsweg zu den Arbeitsgerichten gegeben (BAG NZA 1992, 996 = DB 1992, 2199 = BB 1992, 1360; BAG AP ArbGG 1979 § 2 Nr. 75 = NZA 2001, 99 = DB 2001, 824), dagegen für Klagen auf Berichtigung der Rechtsweg zu den Sozialgerichten (BAG AP ArbGG 1979 § 2 Nr. 84 = NZA 2003, 877; BAG NZA 1989, 321; BSG NZA 1991, 696; BAG NZA 1989, 315 = DB 1989, 587 = BB 1989, 636; BAG AP ArbGG 1979 § 2 Nr. 21 = NZA 1992, 996; zum Rechtsschutzinteresse des ArbN bezüglich einer Berichtigung der Lohnsteuerbescheinigung BAG AP BUrlG § 13 Nr. 46 = NZA 2002, 221, BAG NZA 2002, 218 und FG Nürnberg DB 1995, 1183). Die Berichtigung von Eintragungen in die Lohnnachweiskarte für tarifliche Sozialkassenverfahren und in Bescheinigungen für Zusatzversorgungskassen kann aber zu den Arbeitsgerichten eingeklagt werden (BAG AP BGB § 611 Arbeitspapiere Nr. 1 = NZA 2001, 620 = DB 2001, 764 und BAG AP BGB § 611 Arbeitspapiere Nr. 2). Die Herausgabe kann auch im Wege der einstweiligen Verfügung (§ 940 ZPO) begehrt werden (*Kitzelmann* S. 299; ArbG Wetzlar BB 1972, 222). Die Vollstreckung des Anspruches auf Herausgabe erfolgt nach § 883 ZPO (LAG Berlin DB 1998, 684 = BB 1998, 1216). Ein auf Ausstellung, Berichtigung oder Ergänzung lautender Titel wird in aller Regel nach § 888 Abs. 1 ZPO (unvertretbare Handlung) zu vollstrecken sein (streitig, Thüringer LAG BB 2001, 943; LAG Hamburg LAGE § 888 Nr. 37; LAG Rheinland-Pfalz BB 1998, 1695; LAG Düsseldorf MDR 1990, 1044); insoweit kommt auch die Verurteilung zur Zahlung einer Entschädigung gemäß § 61 Abs. 2 ArbGG in Frage, die dann allerdings dem Gläubiger die Vollstreckungsmöglichkeit nach § 888 ZPO entzieht (§ 61 Abs. 2 S. 2 ArbGG; zum Streitwert vgl. LAG Hamm DB 1985, 1897). Der ArbN muss im Streitfall sowohl die Übergabe der Papiere wie auch die Ursächlichkeit der verspäteten Herausgabe für einen behaupteten Schaden, insbesondere für das Scheitern eines neuen Vertragsabschlusses beweisen (*Schaub* ArbR-HdB 18. Aufl. § 149 Rn. 3; BAG AP HGB § 73 Nr. 6 mAnm *Brecher* = NJW 1968, 1350).

## 47. Einfaches Zeugnis

**Zeugnis**

**Herr . . . . ., Schlossergeselle, geb. am . . . . ., wohnhaft in . . . . ., war in unserem Unternehmen vom . . . . . bis . . . . . als Betriebsschlosser beschäftigt. Er wartete und reparierte unsere Spinnerei- und Webereimaschinen, soweit diese Arbeiten nicht auf Grund besonderer Wartungsverträge vom jeweiligen Maschinenhersteller ausgeführt werden.**

**Herr . . . . . scheidet auf eigenen Wunsch aus unserem Unternehmen aus. Wir bedauern seinen Weggang, bedanken uns für die Zusammenarbeit und wünschen ihm für seine Zukunft weiterhin alles Gute.**

**. . . . . (Ort), den . . . . .** **. . . . .**

**Unterschrift**

*Schrifttum:* → Form. XIX.48.

### Anmerkungen

**1. Wesen, Rechtsgrundlage.** Seit 1.1.2003 ist das Zeugnisrecht einheitlich für ArbN im § 109 GewO geregelt. Die früheren Bestimmungen des § 113 GewO aF sowie § 73 HGB sind aufgehoben, § 630 BGB gilt nur noch für freie Dienstverhältnisse. Die mit § 630 BGB verbundene Einschränkung auf „dauernde Dienstverhältnisse" ist im § 109 GewO nicht mehr enthalten. Der Zeugnisanspruch für Auszubildende ist in § 16 BBiG geregelt. § 16 BBiG gilt über § 26 BBiG auch für Personen, die eingestellt werden, um berufliche Fertigkeiten, Kenntnisse, Fähigkeiten oder berufliche Erfahrungen zu erwerben, ohne dass es sich um ein Arbeitsverhältnis oder Berufsausbildungsverhältnis iSd BBiG handelt, wie zB bei Volontären und Praktikanten (ErfK/*Müller-Glöge* GewO § 109 Rn. 1 a ff.). Das Beispiel stellt ein sog einfaches Zeugnis dar, auf das der ArbN bei Beendigung seines Arbeitsverhältnisses Anspruch hat und Angaben zur Art und Dauer des Arbeitsverhältnisses enthalten muss, § 109 Abs. 1 S. 1 GewO. Auf Verlangen des ArbN ist das einfache Zeugnis um Angaben zur Leistung und Verhalten zu ergänzen (dann sog qualifiziertes Zeugnis, → Form. XIX.48), wobei mit Erteilung des verlangten einfachen Zeugnisses zunächst der Zeugnisanspruch erloschen ist und nur aus nachwirkender Vertragspflicht bei berechtigtem Interesse des ArbN eine Ergänzung erfolgen muss. Umgekehrt ist der Wechsel ausgeschlossen, da ein zutreffendes Zeugnis nicht zurückzunehmen ist (str. mwN, ErfK/*Müller-Glöge* GewO § 109 Rn. 5 ff.).

**2. Inhalt.** Mit dem einfachen Zeugnis werden nur die Art und die Dauer des Arbeitsverhältnisses bestätigt. Aus ihm muss die Person des ArbN mit Namen, Vornamen und Beruf hervorgehen. Geburtsdatum, Geburtsort und Adresse darf enthalten sein (ErfK/*Müller-Glöge* GewO § 109 Rn. 13, LAG Rheinland-Pfalz BeckRS 2016, 111141; aA *Schaub* ArbR-HdB 17. Aufl. § 147 Rn. 18: Geburtsdatum und Anschrift bzw. Geburtsort nur mit Einverständnis des ArbN, so auch LAG Schleswig-Holstein BeckRS 2012, 66137). Die Art der Tätigkeit ist genau und vollständig anzugeben, so dass ein Dritter sich ein klares Bild von der ausgeübten Tätigkeit machen kann. Unwesentliches kann weggelassen werden, nicht aber Aufgaben und Tätigkeiten, die ein Urteil über die Leistungsfähigkeit des ArbN erlauben (BAG AP BGB § 630 Nr. 11 = DB 1976, 2211). Angaben zur tariflichen Eingruppierung des ArbN dürfen aufgenommen werden (ErfK/

*Müller-Glöge* GewO § 109 Rn. 29). Die Betriebsratstätigkeit als solche gehört nicht zur Arbeitsleistung und ist daher nicht zu erwähnen. Die rechtliche Dauer ist anzugeben. Kürzere Fehlzeiten, Urlaub, Krankheit ua sind im Zeugnis nicht aufzuführen. Ob längere Unterbrechungen wie Elternzeit oder Wehrdienst anzugeben sind, ist str. (bejahend ErfK/*Müller-Glöge* GewO § 109 Rn. 28 ff. mit Verweis auf den ansonsten entstehenden Eindruck einer kontinuierlichen Arbeitsleistung und entsprechender Berufserfahrung). Nach BAG (AP BGB § 630 Nr. 30 = NZA 2005, 1237) hängt es von den Umständen des Einzelfalls ab. Es können erhebliche Ausfallzeiten erwähnt werden, wenn sie im Verhältnis zur Dauer der tatsächlichen Beschäftigung ins Gewicht fallen und es nach Art der Tätigkeit auf Erfahrungswissen besonders ankommt.

3. **Weitere Rechtsfragen.** Für das einfache Zeugnis gelten im Übrigen die Hinweise zum qualifizierten Zeugnis (→ Form. XIX.48 Anmerkungen), so zB auch für den Anspruch auf eine Schlussformel und die Erwähnung des Beendigungsgrundes.

4. **Anhang: Arbeitsbescheinigung.** Mit dem Zeugnis nicht identisch ist die Arbeitsbescheinigung, die der ArbN zur Erlangung von Arbeitslosengeld benötigt. Der ArbG muss sie nach § 312 SGB III auf besonderem, von der Bundesagentur für Arbeit bereit gestelltem Formular erteilen und ohne besonderen Antrag dem ArbN bei Beendigung des Beschäftigungsverhältnisses aushändigen ohne dass es auf die Art der Beendigung ankommt und selbst wenn die Wirksamkeit der Beendigung noch im Streit steht. Ein Zurückbehaltungsrecht wegen evtl. Gegenforderungen besteht für den ArbG nicht (*Küttner/Kreiter*, Personalhandbuch 2017, 36 Rn. 4). Die Pflicht des ArbG besteht zwar gegenüber der Bundesagentur für Arbeit, nach hM folgt aber aus der Fürsorgepflicht des ArbG auch ein individualrechtlicher Anspruch des ArbN auf Erteilung der Bescheinigung (BAG AP ArbGG 1979 § 2 Nr. 21 = NZA 1992, 996 in 2c d. Gr.; BAG NZA 2000, 1359). Diesen Anspruch kann der ArbN gem. § 2 Abs. 1 Nr. 3e ArbGG vor dem ArbGer verfolgen (BAG NZA 2000, 1359), jedoch nicht den Anspruch auf Berichtigung; für Streitigkeiten, die sich auf den Inhalt einer Arbeitsbescheinigung beziehen, ist der Rechtsweg zu den Sozialgerichten gegeben, wobei das Rechtsschutzbedürfnis fehlt, wenn bereits ein Verwaltungsverfahren auf Arbeitslosengeld läuft (BSG NZA 1991, 696 = NJW 1991, 2101; → Form. XIX.46 Anm. 4). Die Bundesagentur kann bei nicht rechtzeitiger bzw. unrichtiger oder unvollständiger Ausstellung der Bescheinigung Geldbußen verhängen (§ 404 Abs. 2 Nr. 19 SGB III). Bei unrichtigen Ausfüllung haftet der ArbG der Bundesagentur auf Schadenersatz gem. § 321 Nr. 1 SGB III. Schadensersatz kann der ArbG wegen Verletzung der Fürsorgepflicht durch verspätete oder unrichtige Ausstellung der Bescheinigung auch dem ArbN schulden (*Schaub* ArbR-HdB 17. Aufl. § 149 Rn. 8; LAG Hamm DB 1986, 128; BSG NZA 1990, 790). Allerdings entsteht ein Schaden für den ArbN in Höhe des nicht ausgezahlten Arbeitslosengeld immer erst dann, wenn endgültig feststeht, dass eine ALG-Zahlung durch die Arbeitsverwaltung nicht erfolgt (LAG NdS NZA-RR 2004, 46). Die rechtswirksame Verhängung einer Sperrfrist durch die Bundesagentur schließt Schadensersatzansprüche des ArbN aus (LAG Hessen BeckRS 2012, 75674). Aus Gründen der Schadensminderung ist der ArbN auch ohne Arbeitspapiere zur Arbeitssuche verpflichtet.

## 48. Qualifiziertes Zeugnis

**Zeugnis**

**Frau . . . . ., geb. am . . . . ., wohnhaft in . . . . ., war vom . . . . . bis zum . . . . . in unserer Anwaltskanzlei als Rechtsanwaltsfachangestellte beschäftigt. Sie war zunächst bis . . . . .**

**im Pool-Sekretariat tätig und führte anschließend selbstständig das Sekretariat eines Partners. Zu ihren Aufgaben gehörten:**

- **Anfertigen von Schriftsätzen und Korrespondenz nach Diktat**
- **Terminkoordination**
- **Fristenkontrolle**
- **Gebührenabrechnungen**
- **Durchführung und Abwicklung von Zwangsvollstreckungen**

**Frau ..... erfüllte ihre Aufgaben eigenverantwortlich und pflichtbewusst. Aufgrund ihrer umfassenden EDV-Kenntnisse war es ihr jederzeit möglich, zügig und effizient die anfallenden Sekretariatsarbeiten zu erledigen und sehr gute Arbeitsergebnisse zu erzielen. Die Fristenkontrolle und die Gebührenabrechnungen wurden von ihr stets zuverlässig und gründlich durchgeführt. Aufgrund ihrer beruflichen Erfahrungen in der Zwangsvollstreckung leistete sie für unsere Anwaltskanzlei wertvolle Dienste. Sie erwies sich auch bei hohem Arbeitsanfall als fleißig, einsatzbereit und belastbar. Im Kontakt mit Mandanten war sie jederzeit höflich und zuvorkommend. Die ihr übertragenen Aufgaben erledigte sie stets zu unserer vollen Zufriedenheit.**

**Das Verhalten von Frau ..... gegenüber Vorgesetzten war stets vorbildlich und einwandfrei. Sie verfügte auch in Zeiten hoher Belastung über ein angenehmes und ausgeglichenes Wesen und wurde auch von den Mitarbeitern als freundliche und hilfsbereite Kollegin geschätzt.**

**Frau ..... verlässt unsere Kanzlei auf eigenen Wunsch. Wir bedauern ihr Ausscheiden, danken ihr für die stets gute Zusammenarbeit und wünschen ihr für die Zukunft alles Gute.**

**..... (Ort), den .....** **.....**

**Unterschrift**

*Schrifttum: (Auswahl): Burkard-Pötter,* Das Arbeitszeugnis, NJW-Spezial 2013, 50; *Dahl/Düwell,* Die Leistungs- und Verhaltensbeurteilung im Arbeitszeugnis, NZA 2011, 958; *Eckert,* Arbeitszeugnisse schreiben und verstehen, München 2000; *Ecklebe,* Das Arbeitszeugnis DB 2015, 923; *Gäntgen,* Die Leistungsbeurteilung im Arbeitszeugnis, RdA 2016, 147; *Göldner,* Die Problematik der Zeugniserteilung im Arbeitsrecht, ZfA 1991, 225; *Günther,* Defizite bei qualifizierten Werturteilen, AuA 2000, 272; *Hilgenstock,* Das Arbeitszeugnis als kompensatorische Gegenleistung im Abwicklungsvertrag, ArbRAktuell 2013, 254; *Höser,* Rechtsprechungsübersicht zu Arbeitszeugnissen – insbesondere zur Bindungswirkung, NZA-RR 2012, 281; *Hohmeister,* Zeugnisanspruch für freie Mitarbeiter?, NZA 1998, 571; *Hunold,* Die Rechtsprechung zum Zeugnisrecht, NZA-RR 2001, 113; *Jüchser,* Auswirkungen des Betriebsübergangs auf den Zeugnisanspruch des Arbeitnehmers nach § 109 GewO, NZA 2012, 244; *Kempe,* Zeugnisse, Menschenwert per Katalog, AuA 1999, 532; *Kölsch,* Die Haftung des Arbeitgebers bei nicht ordnungsgemäßer Zeugniserteilung, NZA 1985, 382; *Kolbe,* Zeugnisberichtigung und Beweislast, NZA 2015, 582; *Küchle/Hessel/Bopp,* Zeugnismuster für die betriebliche Praxis; *Liedtke,* Der Anspruch auf ein qualifiziertes Arbeitszeugnis, NZA 1988, 270; *Löw,* Neues vom Arbeitszeugnis, NZA-RR 2008, 561; *ders.,* Aktuelle Rechtsfragen zum Arbeitszeugnis, NJW 2005, 3605; *Mühlhausen,* Die Erwähnung von Ausfallzeiten im Arbeitszeugnis, NZA-RR 2006, 337; *Nasemann,* Arbeitszeugnisse durchschauen und interpretieren, 1993; *Novak,* Zeugnisgestaltung aus Arbeitgebersicht – Wahrheit oder Pflicht?, ArbRAktuell 2015, 443; *dies.,* Prozessuale Aspekte im Rahmen der Zeugnisgestaltung, ArbRAktuell 2015, 520; *Popp,* Die Bekanntgabe des Austrittsgrunds im Arbeitszeugnis, NZA 1997, 588; *ders.* Das formal korrekte Arbeitszeugnis, DB 2016,

1075; *Schleßmann,* Geheimzeichen und Merkmale des Arbeitszeugnisses, BB 1975, 329; *ders.,* Das Arbeitszeugnis, 21. Auflage 2015; *ders.,* Historisches zum Arbeitszeugnis, NZA 2006, 1392; *ders.,* Zwei Fragen zum Arbeitszeugnis, BB 2015, 2421; *Schmid,* Das „geknickte" Zeugnis, BB 2000, 412; *Schulz,* Zur Auskunftserteilung unter Arbeitgebern über Arbeitnehmer, NZA 1990, 717; *ders.,* Alles über Arbeitszeugnisse, 9. Aufl. 2009; *Schweres,* Zwischen Wahrheit und Wohlwollen, BB 1986, 1572; *Stiller,* Der Zeugnisanspruch in der Insolvenz des Arbeitgebers; *Stück,* Das Arbeitszeugnis, MDR 2006, 791; *Weuster,* Zeugnisgestaltung und Zeugnissprache zwischen Informationsfunktion und Werbefunktion, BB 1992, 58; *ders.,* Praxis vor Logik: Die unvermeidliche „vollste Zufriedenheit", BB 1992, 638; *ders.,* Personalauswahl und Personalbeurteilung mit Arbeitszeugnissen, 1994; *Witt,* Die Erwähnung des Betriebsratsamts und der Freistellung im Arbeitszeugnis, BB 1996, 2194. → Form. XIX.46, Schrifttum.

## Anmerkungen

**1. Wesen, Anspruch.** Das Beispiel stellt ein sog qualifiziertes Zeugnis dar, das der ArbN bei Beendigung des Arbeitsverhältnisses verlangen kann, § 109 Abs. 1 GewO. Zusätzlich zu der im einfachen Zeugnis (→ Form. XIX.47) bestätigten Art und Dauer des Arbeitsverhältnisses erstreckt sich das qualifizierte Zeugnis auch auf die Leistung und das Verhalten des ArbN im Arbeitsverhältnis, § 109 Abs. 1 S. 3 GewO. Der Regelfall in der Praxis ist heute das qualifizierte Zeugnis, so dass die Bitte des ArbN auf Zeugniserteilung ohne weitere Anhaltspunkte als Verlangen eines qualifizierten Zeugnisses aufzufassen ist. Dem ArbN steht aber grundsätzlich ein Wahlrecht zu, welche Zeugnisart er verlangt (ErfK/*Müller-Glöge* GewO § 109 Rn. 5 f.). Mit Erteilung eines ordnungsgemäßen Zeugnisses erlischt der Anspruch. Unter Umständen kann sich aber bei berechtigten Interesse des ArbN ein Anspruch aus nachwirkender Fürsorgepflicht des ArbG auf Erteilung eines Zweitzeugnisses ergeben (; str. mwN ErfK/*Müller-Glöge* GewO § 109 Rn. 5 f.; *Küttner/ Poeche,* Personalbuch 2017, 470 Rn. 36).

**2. Erteilung durch den ArbG.** Zur Ausstellung des Zeugnisses ist der ArbG verpflichtet. Vor allem in Konfliktsituationen wird nicht selten die Ausstellung des Zeugnisses delegiert. Das ist nur in Grenzen zulässig. Zwar kann der ArbG grundsätzlich einen betriebsangehörigen Dritten auch zur Erteilung des Zeugnisses bevollmächtigten, insbesondere da in größeren Unternehmen der ArbG selbst oft keine Kenntnisse über Leistungen und Führung des einzelnen ArbG hat, jedoch nicht einen dem ArbN mehr oder weniger Gleichgeordneten, weil darin der Ausdruck der Geringschätzung des Zeugnisempfängers liegen kann (BAG NZA 2002, 34 = DB 2001, 2450; BAG AuR 1996, 195; LAG Köln NZA 1995, 685), auch nicht einen Rechtsanwalt, weil darin der Hinweis auf eine streitige Auseinandersetzung gesehen wird (LAG Hamm DB 1966, 1815). Die Vertretungsmacht muss bei der Unterschrift deutlich gemacht werden, sonst ist der Zeugnisanspruch nicht erfüllt (BAG AP BGB § 630 Nr. 23 = EzA 22 zu § 630 BGB; BAG AP BGB § 630 Nr. 32 = NZA 2006, 436). Die Verpflichtung des ArbG zur Erteilung eines Zeugnisses erlischt nicht mit seinem Tod, sondern geht als Verbindlichkeit auf die Erben über (ArbGer Münster BB 1990, 2266). Bei Beendigung eines Arbeitsverhältnisses vor Insolvenzeröffnung bleibt der ArbG Schuldner des Zeugniserteilungsanspruchs. Wird das Arbeitsverhältnis erst nach Insolvenzeröffnung beendet, ist der Insolvenzverwalter zur Erteilung verpflichtet, unabhängig davon, ob und wie lange er den ArbN beschäftigt hat oder eigene Kenntnisse über dessen Arbeitsleistung erlangen konnte. Er hat zur Erfüllung dieser Verpflichtung einen Auskunftsanspruch gegen den Schuldner nach § 97 InsO (BAG NZA 1991, 599 = BB 1991, 1626; BAG AP BGB § 630 Nr. 29 = NJW 2005, 460). Bei einem Betriebsübergang ist der Erwerber Schuldner des Zeugnisanspruchs (ErfK/*Müller-Glöge* GewO § 109 Rn. 3).

**3. Holschuld.** Das Zeugnis muss der ArbN wie die anderen Arbeitspapiere grundsätzlich abholen (BAG NZA 1995, 671 = DB 1995, 1518 = BB 1995, 1355; BAG AP BGB § 630 Nr. 21 = NZA 1995, 671; im Einzelnen vgl. → Form. XIX.46 Anm. 2). Allerdings muss der ArbG es dem ArbN übersenden, wenn die Abholung für den ArbN unverhältnismäßig hohe Kosten oder besondere Mühen bereiten würde (BAG AP BGB § 630 Nr. 21 = NJW 1995, 2373 = NZA 1995, 671). Eine Schickschuld wird auch für die Fälle angenommen, dass der ArbG trotz rechtzeitigen Verlangens des ArbN das Zeugnis bei Beendigung des Arbeitsverhältnisses aus Gründen, die in seiner Sphäre liegen, nicht bereit gelegt hat (LAG Hessen DB 1984, 2200).

**4. Entstehung, Fälligkeit, Zwischenzeugnis.** Der Anspruch auf Erteilung eines Zeugnisses entsteht und ist zugleich fällig bei der Beendigung des Arbeitsverhältnisses. Der ArbG kann ihn allerdings erst nach Ausübung des Wahlrechts, ob einfaches oder qualifiziertes Zeugnis, erfüllen und danach erst nach Mahnung bei Nichterteilung in Verzug geraten (BAG NZA 2014, 31). Der Regelfall in der Praxis ist heute das qualifizierte Zeugnis, so dass die Bitte des ArbN auf Zeugniserteilung ohne weitere Anhaltspunkte als Verlangen eines qualifizierten Zeugnisses aufzufassen ist (*Küttner/Poeche,* Personalbuch 2017, 470 Rn. 9). Es entspricht der überwiegenden Auffassung, dass der ArbN ein Zeugnis bereits anlässlich der Kündigung (Beendigung) verlangen kann und nicht erst beim tatsächlichen Ausscheiden. Da der ArbN das Zeugnis für seine Bewerbung um eine andere Stelle benötigt, ist die Pflicht zur Erteilung eines Zeugnisses nach § 242 BGB so zu erfüllen, dass der ArbN es erhält, wenn das Ende des Arbeitsverhältnisses abzusehen ist und vernünftigerweise Bewerbungen eingeleitet werden. Ein Kündigungsschutzprozess ändert hieran nichts. Bei einer fristlosen Kündigung ist das Zeugnis unverzüglich durch den ArbG auszustellen (*Schaub* ArbR-HdB 17. Aufl. § 147 Rn. 7; *Küttner/Poeche,* Personalbuch 2017, 470, Rn. 9). Da der ArbG nach allgemeiner Meinung auch in ungekündigter Stellung jedenfalls bei Darlegung eines triftigen Grundes (zB Versetzung, längere Arbeitsunterbrechung wie Elternzeit, Betriebsübergang) einen Anspruch auf die Erteilung eines Zwischenzeugnisses hat (*Schaub* ArbR-HdB 17. Aufl. § 147 Rn. 9; ErfK/*Müller-Glöge* GewO § 109 Rn. 50 f.), wird ein Streit um die Fälligkeit in der Regel vermeidbar sein. Im Allgemeinen wird der Anspruch auf Ausstellung eines Zwischenzeugnisses bejaht (BAG NZA 1993, 1031 = DB 1993, 2134 = BB 1993, 2309; BAG AP BAT § 61 Nr. 2 = NZA 1999, 894 – Wechsel des Vorgesetzten, jedoch nicht für einen Rechtsstreit um eine Höhergruppierung). Es muss nach denselben Grundsätzen wie das Schlusszeugnis ausgestaltet sein (*Schaub* ArbR-HdB 17. Aufl. § 147 Rn. 9); zum tariflichen Anspruch auf Erteilung eines Zwischenzeugnisses BAG NZA 1999, 894 = DB 1999, 1120 = BB 1999, 903; zur Bindung des ArbG an den Inhalt des Zwischenzeugnisses bei Erteilung des Schlusszeugnisses BAG NZA 2008, 298).

**5. Form. Inhalt.** Das Zeugnis ist schriftlich in deutscher Sprache zu erteilen und vom Aussteller eigenhändig zu unterschreiben (BAG AP BGB § 630 Nr. 27 = NZA 2002, 33); elektronische Form ist ausgeschlossen, § 109 Abs. 3 GewO. Eine völlig überdimensionierte Unterschrift stellt keine ordnungsgemäße Unterschrift dar, da der Verdacht der Distanzierung des Unterzeichners vom Inhalt aufkommen kann (LAG Nürnberg NZA-RR 2006, 13 = DB 2005, 2476). Darüber hinaus ist es nur dann ordnungsgemäß, wenn es auf üblicherweise verwendeten Firmenbögen ausgestellt wird (BAG NZA 1993, 697 = DB 1993, 1624 = BB 1993, 1439). Der Briefbogen darf nicht gefaltet werden und muss äußerlich einwandfrei sein (LAG Hamburg NZA 1994, 890; aA BAG NZA 2000, 257 = DB 2000, 282 = BB 2000, 411: Falten zulässig, wenn die Knicke sich auf Kopien nicht abzeichnen). Auf Wunsch des ArbN muss der Briefkopf der Fachabteilung verwendet werden (LAG Hamm BB 1995, 154: Briefkopf der Chirurgischen Abteilung, Unterschrift des Chefarztes). Die Anschrift des AN darf in einem etwaigen Adressfeld nicht ausgefüllt sein, da dies auf einen postalischen Versand im Rahmen einer Streitigkeit hinweisen kann

(LAG Hessen, BeckRS 2015, 70674). Das Zeugnis muss in der Überschrift als solches bezeichnet werden und darf nicht in der persönlichen Anredeform abgefasst werden (LAG Düsseldorf NZA-RR 1996, 42). Rechtschreibfehler sind im Zeitalter des PC mit Rechtschreibkontrolle nicht hinzunehmen, da dies eher auf eine Distanzierung als auf eine Rechtschreibschwäche des Ausstellers schließen lässt (LAG Hessen BeckRS 2015, 70674, aA sofern nicht negative Auswirkungen auf Bewerbungsaussichten zu erwarten sind ErfK/*Müller-Glöge* GewO § 109 Rn. 15). Ein Anspruch auf Neuerteilung eines Zeugnis mit mehr Silbentrennungen besteht nicht (LAG Baden-Württemberg BeckRS 2015, 66785).

Es muss wegen der geltenden Wahrheitspflicht regelmäßig das Ausstellungsdatum enthalten. Nach ganz herrschender Meinung kann der ArbN eine Rückdatierung auf den Tag der Beendigung des Arbeitsverhältnisses nicht verlangen, wenn er ein Zeugnis erst einige Zeit nach seinem Ausscheiden anfordert; wird dagegen ein bereits erteiltes Zeugnis später berichtigt, muss es das Datum des ursprünglich erteilen Zeugnis tragen (BAG NZA 1993, 698 = DB 1993, 644 = BB 1993, 729). Wird ein Zeugnis erst nach einem Rechtstreit ausgestellt, ist das Datum auf den Beendigungszeitpunkt zu korrigieren, um einen negativen Eindruck zu vermeiden, der Misstrauen hinsichtlich des Inhalts hervorrufen könnte (BAG AP BGB § 630 Nr. 19). Ob dies auch gilt, wenn der ArbG pflichtwidrig das Zeugnis nicht am Beendigungstag ausgestellt hat, ist strittig (bejahend LAG Hamm BeckRS 2006, 44447; verneinend ErfK/*Müller-Glöge* GewO § 109 Rn. 12). Unterstreichungen, überflüssige Striche, Frage-, Ausrufungs- oder Anführungszeichen und insbesondere Geheimzeichen sind unzulässig, denn das Zeugnis muss klar und verständlich formuliert sein und darf keine Merkmale oder Formulierungen enthalten, die den Zweck haben, eine andere als aus der äußeren Form oder aus dem Wortlaut ersichtliche Aussage über den ArbN zu treffen, § 109 Abs. 2 GewO. Ein Smiley in der Unterschrift wird als unzulässiges Zeichen gesehen (ArbGer Kiel, BeckRS 2013, 71590). Ein Zeugnis darf dort keine Auslassungen enthalten, wo der verständige Leser eine positive Hervorhebung erwartet (BAG NZA 2008, 1349). Verschlüsselte, doppelbödige Formulierungen wie zB „kennengelernt" sind unzulässig (LAG Hamm BB 2000, 1090; NZA 2002, 624 und BB 2001, 629, aA BAG NZA 2012, 448). Für eine Übersicht zu vermeintlichen Geheimcodes und versteckten Hinweise vgl. *Novak*, ArbRAktuell 2015, 443.

Das Zeugnis muss wahr und vollständig im Sinne objektiver Richtigkeit sein; deshalb darf das Zeugnis sich zB nicht auf einen Abschnitt eines langjährigen Arbeitsverhältnisses beschränken (LAG Hessen NZA 1985, 820). Bewertungen müssen sich auf Tatsachen stützen. Andererseits muss es die Gesamtwürdigung „eines wohlwollenden verständigen ArbG" enthalten und das berufliche Fortkommen des ArbN nicht unnötig erschweren. Dies bedeutet aber nicht, dass nicht auch negative Umstände erwähnt werden dürfen (*Schaub* ArbR-HdB 17. Aufl. § 147 Rn. 28). Wortwahl und Beurteilung stehen im Ermessen des ArbG (*Schaub* ArbR-HdB 17. Aufl. § 147 Rn. 20; BAG AP BGB § 630 Nr. 6 = NJW 1971, 2325; LAG Köln LAGE § 630 BGB Nr. 30; LAG Berlin BB 1999, 851; BAG AP BGB § 630 Nr. 11 = DB 1976, 2211; zu Inhalt und Form eines qualifizierten Zeugnisses ausführlich LAG Hamm NZA-RR 1998, 151). Nicht zuletzt durch Formulierungsempfehlungen (zB des Rationalisierungs-Kuratoriums der Deutschen Wirtschaft – RKW) hat sich eine der Individualisierung abträgliche besondere Zeugnissprache gebildet (vgl. auch die Formulierungsstandards bei *Schmid* DB 1982, 1112 f.; zur Berücksichtigung von Standards LAG Hamm NZA-RR 1998, 151, zur Leistungsbeurteilung und „Zeugnisbrauch" *Gäntgen,* RdA 2016, 147). Ein zu knappes Zeugnis wird vor allem nach längerer Dauer des Arbeitsverhältnisses nicht als Erfüllung des Zeugnisanspruches anzusehen sein (LAG Baden-Württemberg DB 1968, 538).

**6. Inhalt, Einzelheiten.** Neben den Angaben zu Art und Dauer des Arbeitsverhältnisses (→ Form. XIX.47) muss das qualifizierte Zeugnis zur Leistung und Verhalten des ArbN im Arbeitsverhältnis Stellung nehmen. Bei der Leistung ist auf für die Tätigkeit benötigte Eigenschaften sowie Arbeitstempo, Arbeitserfolg, Fachkenntnisse etc abzustellen. Dazu kommt oftmals eine Gesamtbewertung der Leistung, die sich an einer in der Praxis herausgebildeten, allerdings nicht völlig einheitlich verwendeten Notenskala orientiert (vgl. *Schaub* ArbR-HdB 17. Aufl. § 147 Rn. 23):

Sehr gut: „stets (immer, jederzeit) zu unserer vollsten Zufriedenheit; gut: „stets zu unserer vollen Zufriedenheit"; befriedigend (durchschnittlich): „stets zu unserer Zufriedenheit/zu unserer vollen Zufriedenheit"; ausreichend (unterdurchschnittlich): „zu unserer Zufriedenheit"; mangelhaft: „insgesamt zu unserer Zufriedenheit" oder „im Großen und Ganzen zufriedenstellend"; unzureichend: „der ArbN hat sich bemüht" oder „hat die ihm übertragenen Aufgaben mit großem Fleiß und Interesse durchgeführt".

Das Verhalten ist in aller Regel für den dienstlichen Bereich zu beurteilen (zur Bewertung des Verhalten LAG Hamm BB 2000, 1786, *Novak*, ArbRAktuell 2015, 443 mit einer Notenskala für Verhaltensbeurteilung). Ein Anspruch auf eine bestimmte Reihenfolge der aufgezählten Personen (Vorgesetzte vor Kollegen) besteht nicht, da dies arbeitsplatzabhängig sein kann (LAG Köln, AuR 2008, 230). Das dienstliche Verhalten kann aber auch durch außerdienstliches Verhalten betroffen sein (so für den Fall der unbefugten privaten Benutzung eines Dienstfahrzeuges in fahruntüchtigem Zustand (BAG NZA 1987, 384 = DB 1986, 1340). Ein anhängiges Strafverfahren ist in das Zeugnis aufzunehmen, wenn es für das Arbeitsverhältnis von Belang war (BAG AP BGB § 630 Nr. 10 = BB 1977, 297). Erwartet werden regelmäßig Angaben zum Verhalten gegenüber Vorgesetzten und Kollegen. Eine überdurchschnittliche Leistungsbeurteilung muss aber nicht automatisch zu einer überdurchschnittlichen Verhaltensbeurteilung führen (LAG Rheinland-Pfalz NZA-RR 2010, 69).

Der Lösungstatbestand wird nur auf Wunsch des ArbN zu erwähnen sein (*Schaub* ArbR-HdB 17. Aufl. § 147 Rn. 18, differenzierter: ErfK/*Müller-Glöge* GewO § 109 Rn. 26; LAG Düsseldorf NZA 1988, 399 = BB 1988, 1463). Dasselbe gilt für die Tätigkeit des ArbN als Betriebsrat oder Personalrat (ErfK/*Müller-Glöge* GewO § 109 Rn. 21; LAG Hamm DB 1991, 1527 = BB 1991, 1640; vgl. auch LAG Hessen AR-Blattei Zeugnis Entscheidung Nr. 19; zur Personalratstätigkeit BAG NZA 1993, 222 = DB 1993, 1525 = BB 1992, 2512 und LAG Hessen DB 1994, 1044 = BB 1994, 1150) und für gewerkschaftliche Tätigkeit (ArbGer Ludwigshafen DB 1987, 1364 = BB 1987, 1464). Auf einen Arbeitsvertragsbruch des ArbN darf im Zeugnis nicht hingewiesen werden (LAG Köln BB 1990, 856). Bestand eine Prokura nur zeitweise, dürfen Beginn und Ende angegeben werden (LAG Baden-Württemberg NZA 1993, 127 = DB 1993, 1040). Eine Verpflichtung zur Bescheinigung der Ehrlichkeit besteht nur, wo es auf sie ankommt und branchenüblich davon ausgegangen wird, dass beim Fehlen des Wortes Zweifel an der Ehrlichkeit bestehen (LAG Hessen DB 1962, 1215; LAG Hamm 29.7.2005, dbr 2006, Nr. 7, 40). Aussagen über den Gesundheitszustand gehören nur dann in das Zeugnis, wenn sie für das Gesamturteil von Belang sind (vgl. LAG Sachsen NZA-RR 1997, 47; 1997, 47).

Zum „guten Ton" des ArbG gehören auch das Bedauern über das Ausscheiden, ein Dank und abschließende gute Wünsche für den Mitarbeiter; das BAG hat zwar anerkannt, dass sie üblich sind, einen Anspruch des ArbN auf die Schlussformel aber bisher verneint (BAG NZA 2013, 324; BAG NZA 2001, 843 aA bei gutem Zeugnis unentbehrlich, da sonst als Brüskierung und Distanzierung aufzufassen: ArbGer Darmstadt DB 2001, 931, LAG Düsseldorf NZA-RR 2009, 177 und NZA-RR 2011, 123 mwN; ähnlich auch LAG Hamm LSK 2012, 030.759, das von der Verpflichtung eines ArbG in einem Prozessvergleich zur Erteilung eines Arbeitszeugnis, welches „dem beruflichen Fortkommen förderlich ist" auch eine Abschlussklausel umfasst sieht.) Ist eine Schlussformel aber vorhanden, darf sie nicht im Widerspruch zum sonstigen Zeugnisinhalt stehen (BAG NZA 2001, 843). Ist der ArbN mit einer vom ArbG in das Zeugnis aufgenommenen Schlussformel nicht einverstanden, hat er keinen Anspruch auf Ergänzung oder Umformulierung der Schlussformel, sondern nur Anspruch auf Erteilung eines Zeugnisses ohne Schlussformel (BAG NZA 2001, 843).

7. **Berichtigung, Widerruf.** Das Zeugnis ist ein „Bekenntnis von Tatsachen" und keine Willenserklärung. Eine Anfechtung scheidet deshalb aus. Der Zeugnisanspruch ist erfüllt, wenn der ArbG ein formell zutreffendes, inhaltlich vollständiges und mindestens „durchschnittliches" Zeugnis erteilt hat. Der ArbN kann bei Mängeln Berichtigung durch Ausstellung eines neuen Zeugnisses verlangen (*Schaub* ArbR-HdB 17. Aufl. § 147 Rn. 30 ff.; BAG NZA 1987, 384 = DB 1986, 1340; LAG Hessen BB 1989, 1761 – auch zu Vollstreckungsfragen – = DB 1989, 1979; LAG Bremen NZA 1989, 848; LAG Hamm BB 1989, 1486 = MDR 1989, 937 – auch zu Beweislastfragen –). Verlangt der ArbN Berichtigung, macht er damit seinen Erfüllungsanspruch geltend (BAG DB 1988, 1071 = BB 1988, 978). Der ArbG, der auf das berechtigte Verlangen des ArbN nach einer Berichtigung ein neues Zeugnis ausstellt, ist an seine bisherige Verhaltensbeurteilung gebunden, soweit keine neuen Umstände eine schlechtere Beurteilung rechtfertigen (BAG AP BGB § 630 Nr. 31 = DB 2005, 2360 = NZA 2006, 104). Stellen sich erst nach Erteilung Tatsachen heraus, die das Zeugnis unrichtig oder unvollständig erscheinen lassen, kann der ArbG es widerrufen und Zug um Zug gegen Neuerteilung herausverlangen (*Schaub* ArbR-HdB 17. Aufl. § 147 Rn. 36; einschränkend ArbGer Passau BB 1991, 350). Er kann zum Widerruf sogar verpflichtet sein (BGH AP BGB § 630 Nr. 13 = NJW 1979, 1882 → Anm. 11).

8. **Abdingbarkeit.** Der Zeugnisanspruch kann nicht im Voraus ausgeschlossen werden (*Schaub* ArbR-HdB 17. Aufl. § 147 Rn. 14). Auch bei Beendigung des Arbeitsverhältnisses kann wegen des Wahrheitsgebotes nicht wirksam die Beschränkung eines Zeugnisses etwa auf einen Teil der Tätigkeiten des ArbN vereinbart werden (LAG Hessen NJW 1968, 2028 mwN). Ein wirksamer Verzicht auf die Erteilung eines Zeugnisses nach Beendigung ist allerdings möglich (*Schaub* ArbR-HdB 17. Aufl. § 147 Rn. 14 mwN). Jedoch wird der Zeugniserteilungsanspruch in der Regel nicht von einer allgemeinen Ausgleichsquittung erfasst (BAG AP BGB § 630 Nr. 9 = NJW 1975, 407: LAG Düsseldorf BB 1995, 2064 und NZA-RR 1996, 42, aA LAG Köln 17.6.1994, LAGE § 630 BGB Nr. 22). Tarifliche Ausschlussfristen, die sich auf alle Ansprüche aus dem Arbeitsverhältnis beziehen, erfassen auch den Anspruch auf Erteilung eines qualifizierten Zeugnisses (BAG AP BAT § 70 Nr. 10 = DB 1983, 2043 = BB 1983, 1859; BAG AP BGB § 630 Nr. 32 = NZA 2006, 436). → Form. XIX.45 Anm. 8.

9. **Bindung des ArbG.** Soweit ihm nicht das Recht auf Widerruf zusteht (→ Anm. 7), ist der ArbG an seine Beurteilung der Leistungen des AN gebunden, v. a. bei Zwischenzeugnis aber auch bei der Verfolgung von Ansprüchen gegen den ArbN (*Schaub* ArbR-HdB 17. Aufl. § 147 Rn. 29). Diese Bindungswirkung gilt auch bei Betriebsübergängen für Betriebserwerber (BAG NZA 2008, 298). Unter dem Gesichtspunkt des venire contra factum proprium kann er zB nach Bescheinigung von Fleiß, Ehrlichkeit und Gewissenhaftigkeit Mankoansprüche nicht mehr geltend machen, es sei denn, er hat sich dies bei Erteilung des Zeugnisses vorbehalten (BAG AP BGB § 630 Nr. 7 = NJW 1972, 1214).

10. **Auskünfte.** Nach älterer Rechtsprechung des BAG kann der ArbG auf Anforderung Personen, die ein berechtigtes Interesse darlegen, insbesondere präsumptiven neuen ArbG, Auskünfte erteilen, die wie ein Zeugnis wahr sein müssen (BAG AP BGB § 630 Nr. 1 = NJW 1958, 1061; LAG München VersR 1986, 150). Nach neuerer Ansicht in der Literatur verstößt dies allerdings ohne Einwilligung des ArbN gegen dessen Persönlichkeitsrecht und ist im Hinblick auf ArbN-Daten im Sinne des BDSG unzulässig (ErfK/*Müller-Glöge* GewO § 109 Rn. 61 ff.; *Schaub* ArbR-HdB 17. Aufl. § 147 Rn. 45 mwN; zu Auskünften über Erkrankungen des ArbN LAG Köln NZA-RR 1998, 533). Das Angebot ergänzender mündlicher Auskünfte im Zeugnistext ist ohne Zustimmung des ArbN nicht zulässig

(ArbGer Herford ArbRB 2009, 258). Die Wirksamkeit von Auskunftsverträgen zwischen ArbG ist hängt ebenfalls von der Zustimmung des ArbN ab (MüKoBGB/*Henssler* § 630 Rn. 81). Hat der ArbG Auskunft erteilt, ist er verpflichtet, dem ArbN auf Verlangen über den Inhalt der Auskunft zu unterrichten (BGH AP BGB § 630 Nr. 2 = NJW 1959, 2011, *Schaub* ArbR-HdB 17. Aufl. § 147 Rn. 46). Auf Wunsch des ArbN muss der ArbG allerdings neben und nach der Zeugniserteilung Auskünfte geben, soweit dies nicht zu unzumutbaren Belastungen führt (LAG Berlin NZA 1989, 965; ErfK/*Müller-Glöge* GewO § 109 Rn. 59). Ein Dritter hat keinen unmittelbaren Auskunftsanspruch gegen den früheren ArbG (*Schaub* ArbR-HdB 17. Aufl. § 147 Rn. 44 mwN). Vereinbarungen zwischen ArbG und ausscheidendem ArbN über die Auskunftserteilung (Umfang, Voraussetzungen) sind möglich (ErfK/*Müller-Glöge* GewO § 109 Rn. 62).

**11. Schadenersatzanspruch des ArbN.** Dem ArbN kann aus unterlassener, verspäteter oder unrichtiger Zeugniserteilung ein Schadenersatzanspruch erwachsen (BAG AP BGB § 630 Nr. 12 = DB 1977, 1396, auch zur Beweislast; BAG AuR 1996, 195; LAG Berlin NZA 1989, 965; LAG Düsseldorf AuA 2004, Nr. 7, 42). Hat er allerdings ein ihm erteiltes Zeugnis nicht alsbald beanstandet, kann er Schadenersatzansprüche nicht auf die Unrichtigkeit des Zeugnisses stützen (BAG AP BGB § 630 Nr. 8 = DB 1973, 228: Verwirkung schon nach 5 Monaten; ähnlich BAG AP BGB § 611 Fürsorgepflicht Nr. 80 in III 1 der Gründe = DB 1973, 622). Schadensersatz aus Verzug setzt voraus, dass der ArbN sein Wahlrecht zwischen einem einfachen und einem qualifizierten Zeugnis ausgeübt hat und nach Nichterteilung das gewählte Zeugnis gegenüber dem ArbG angemahnt hat (BAG NZA 2014, 32). Wann eine Nichterfüllung oder wann eine Schlechterfüllung vorliegt, wird von der Rechtsprechung nicht strikt unterschieden. Nach Literaturmeinung ist der Zeugnisanspruch erfüllt, wenn der ArbG ein formell zutreffendes, inhaltlich vollständiges und mindestens „durchschnittliches“ Zeugnis (mittlerer Art und Güte) erteilt hat (ErfK/*Müller-Glöge* GewO § 109 Rn. 63 ff.; *Schaub* ArbR-HdB 17. Aufl. § 147 Rn. 30ff, aA BAG NZA 2012, 448, das auch inhaltliche Mängel als Nichterfüllung wertet).

Durch die Vorlage der Personalakte an einen Dritten kann der ArbG das Persönlichkeitsrecht des ArbN verletzen und schadensersatzpflichtig werden (BAG NZA 1985, 811 = DB 1985, 2307). Auch fehlerhafte Auskünfte führen zur Ersatzpflicht (Verletzung der nachwirkenden Fürsorgepflicht LAG Hamburg BB 1985, 804). Ein Zurückbehaltungsrecht am Zeugnis oder die Einrede des nichterfüllten Vertrages steht dem ArbG selbst gegenüber dem vertragsbrüchigen ArbN nicht zu (ErfK/*Müller-Glöge* GewO § 109 Rn. 48; → Form. XIX.46 Anm. 3).

**12. Schadenersatzansprüche Dritter.** Insbesondere der zukünftige ArbG kann durch Unrichtigkeiten (Auslassungen) im Zeugnis zu schädlichen Dispositionen veranlasst werden. Es ist seit langem anerkannt, dass die Erteilung eines unrichtigen (unvollständigen) Zeugnisses gemäß § 826 BGB Schadenersatzansprüche auch eines Dritten gegen den ArbG auslösen kann (BGH AP BGB § 826 Nr. 10 = DB 1964, 517). Dafür muss der ArbG wissentlich unwahre Angaben ins Zeugnis aufnehmen und zumindest billigend die Schädigung anderer ArbG in Kauf nehmen. Es muss ein objektiver Verstoß gegen die guten Sitten gegeben sein (ErfK/*Müller-Glöge* GewO § 109 Rn. 68). Der Aussteller darf zwar die kritische Lektüre des Zeugnisses, Rückfragen aber nur bei „beredtem Schweigen“ des Textes erwarten (BGH AP BGB § 826 Nr. 16 = NJW 1970, 2291 in III 1 der Gründe). Das Zeugnis hat naturgemäß (auch) den Sinn, Dritte über Leistungen und Führung eines ArbN in einem bestimmten Arbeitsverhältnis zu unterrichten (BAG AP BGB § 630 Nr. 10 = BB 1977, 297, stRspr). Auch wird der Erteilung des Zeugnisses eine „rechtsgeschäftliche Komponente“ zugebilligt, die zu einer „Einstandspflicht des Ausstellers“ führt (BGH AP BGB § 630 Nr. 13 = NJW 1979, 1882 in 3d der Gründe = DB 1979, 2378). Der BGH hat den ArbG, der nachträglich die Unrichtigkeit des Zeugnisses erkennt, als verpflichtet angesehen, den neuen ArbG zu warnen (BGH AP BGB § 630 Nr. 13 = NJW 1979, 1882).

**13. Verjährung, Verwirkung, Ausschlussfrist.** Die Verjährungsfrist beträgt 3 Jahre (§ 195 BGB). Vor der Änderung des § 195 BGB hat sich die Rechtsprechung mehrfach mit der Frage befasst, ob schon vor Ablauf der Verjährungsfrist der Zeugnisanspruch (Berichtigungsanspruch) verwirkt (BAG NZA 1988, 427 = DB 1988, 1071 = BB 1988, 978: Verwirkung schon nach zehn Monaten; LAG Düsseldorf DB 1995, 1135: nach 11 Monaten; LAG Köln NZA-RR 2001, 130: nach 12 Monaten). Der Anspruch unterliegt der Ausschlussfrist, sofern diese Ansprüche aus dem Arbeitsverhältnis allgemein erfasst werden (BAG NZA 2006, 436; BAG AP BAT § 70 Nr. 10 = DB 1983, 2043).

**14. Verfahrensrecht.** Die Zuständigkeit der ArbGer für Zeugnisstreitigkeiten im Arbeitsverhältnis war schon vor der Einfügung des § 2 Abs. 1 Nr. 3e ArbGG unzweifelhaft. Im ordentlichen Verfahren sind alle Meinungsverschiedenheiten über den Inhalt eines Zeugnisses auszutragen. Unbeschadet des Formulierungsermessens des ArbG hat im Weigerungsfalle der ArbN Teile oder auch einen vollständigen Wortlaut des Zeugnisses in seinen Klageantrag aufzunehmen; im Rahmen seiner Entscheidung kann dann auch das Gericht den Text formulieren (BAG AP HGB § 73 Nr. 1 in I 4 der Gründe mAnm *A. Hueck* = NJW 1960, 1973; *Schaub* ArbR-HdB 17. Aufl. § 147 Rn. 33). Ein Antrag schlicht auf Erteilung eines einfachen bzw. qualifizierten Zeugnisses kommt nur solange in Frage, als der ArbG kein oder nur ein Zeugnis erteilt hat, das den Anforderungen auch nicht theoretisch genügt (LAG Düsseldorf/Köln DB 1973, 1853, auch zur Formulierung der Anträge). Entsprechend ist das Vollstreckungsverfahren nach § 888 Abs. 1 ZPO nur zulässig, wenn der ArbG noch kein oder ein Zeugnis erteilt hat, das auch nicht annähernd die Mindestanforderungen erfüllt (LAG Hessen DB 1981, 648; *Schaub* ArbR-HdB 17. Aufl. § 147 Rn. 34; BAG AP ZPO § 888 Nr. 1 mAnm *Zöllner* = BB 1959, 117; LAG Nürnberg BB 1993, 365; zu Zwangsvollstreckungsfragen LAG Hessen NZA 1990, 192 = DB 1989, 1979 und LAG Berlin BB 1993, 365; LAG Schleswig-Holstein BeckRS 2012, 66137). Eine Überprüfung auf inhaltliche Richtigkeit kann im Vollstreckungsverfahren zur Erteilung eines Zeugnisses nicht erfolgen; hier ist der ArbN auf eine Zeugnisberichtigungsklage angewiesen (BAG DB 2011, 2444 = MDR 2012, 165; LAG Rheinland-Pfalz MDR 2007, 284). Ebenso sind bestimmte inhaltliche Formulierung nicht im Zwangsvollstreckungsverfahren durchsetzbar, sondern bleiben einem neuen Erkenntnisverfahren überlassen (LAG Köln BeckRS 2010, 71321). Hiervon umfasst sind auch Formulierungen, die deklaratorisch das wiedergeben, was nach allgemeinen Zeugnisgrundsätze („wohlwollendes Zeugnis", „dem beruflichen Fortkommen dienlich") inhaltlich von einem Zeugnis zu fordern ist, die regelmäßig mangels hinreichender Bestimmtheit nicht vollstreckungsfähig sind. Dies gilt auch für die durchaus gängige Vergleichsformulierung: „Der Beklagte (ArbG) erteilt dem Kläger (ArbN) ein wohlwollendes qualifiziertes Arbeitszeugnis mit einer sehr guten Führungs- und Leistungsbeurteilung und einer Bedauerns-, Dankes- und gute Wünscheformulierung im Schlusssatz" (BAG BeckRS 2017, 103516). Unterwirft sich der Arbeitgeber in einem gerichtlichen Vergleich aber bestimmten Vorgaben für das Zeugnis (zB „Abweichung vom Entwurf nur bei grober Unrichtigkeit"), so darf er hiervon nicht ohne weitere Begründung abweichen (LAG Hamm BeckRS 2010, 72055 = LSK 2011, 440044). Ein ArbG kann grundsätzlich mit Zwangsmitteln dazu angehalten werden, dem ArbN ein Zeugnis mit den von diesem vorgegebenen Formulierungen zu erteilen. Er kann jedoch nicht angehalten werden, in das Zeugnis Formulierungen aufzunehmen, die mit dem in § 109 GewO enthaltenen Grundsatz der Zeugniswahrheit nicht in Einklang stehen (BAG DB 2011, 2444). Da ein qualifiziertes Zeugnis erst auf Verlangen erstellt werden muss, § 109 Abs. 1 GewO, ist bei sofortiger Klageerhebung ohne vorgerichtliches, ergebnisloses Verlangen die Prozesskostenhilfe zu versagen (LAG Hamm 16.12.2004, BeckRS 2005, 40654). Die Eröffnung der Insolvenz über das

Vermögen des ArbG unterbricht den Zeugnisrechtsstreit nicht; der Anspruch ist, soweit es sich nicht um die Zeit eines vom Insolvenzverwalter fortgesetzten Arbeitsverhältnisses handelt, gegen den Gemeinschuldner gerichtlich zu verfolgen (BAG AP ZPO § 275 Nr. 2= NJW 1967, 648 und 1389 mAnm *Lindacher*).

**15. Darlegungs- und Beweislast, Streitwert.** Erfüllt ist der Zeugnisanspruch vom ArbG durch ein Zeugnis mit durchschnittlicher Bewertung. Verlangt der ArbN eine Bewertung besser als durchschnittlich, so trägt der ArbN auch die Darlegungs- und Beweislast für Tatsachen, aus denen sich eine bessere Beurteilung ergibt (BAG AP BGB § 630 Nr. 28 = NJW 2004, 2770 = DB 2004, 1270). Erst bei einer unterdurchschnittlichen Bewertung obliegt dem ArbG die Darlegungs- und Beweislast für die Tatsachen, aus denen sich seine unterdurchschnittliche Beurteilung ergibt (BAG NZA 2015, 435; *Schaub* ArbR-HdB 17. Aufl. § 147 Rn. 31). Im Schadenersatzprozess des ArbN hat dieser mit Erleichterungen nach §§ 252 S. 2 BGB, 287 Abs. 1 ZPO die Beweislast für den Ursachenzusammenhang und die Höhe, während der ArbG für die Richtigkeit seiner Leistungsbeurteilung beweispflichtig bleibt (BAG AP BGB § 630 Nr. 12 = DB 1977, 1369; BAG AP BGB § 252 Nr. 3 mAnm *E. Schneider* = NJW 1976, 1470; BAG AP HGB § 73 Nr. 6 mAnm *Brecher* = NJW 1968, 1350; zu Fragen der Beweislast sowohl im deskriptiven Bereich wie auch hinsichtlich der Bewertung LAG Köln NZA-RR 1997, 84; 2000, 235; LAG Bremen NZA-RR 2001, 287). Streitwert ist regelmäßig ein Bruttomonatsverdienst (BAG AP ArbGG 1953 § 12 Nr. 16; LAG Hamm und LAG Hessen AR-Blattei Zeugnis Entscheidungen 23 und 14; LAG Köln NZA-RR 2000, 218).

**16. Betriebsverfassung.** Das allgemeine Überwachungsrecht des Betriebsrates aus § 80 Abs. 1 Nr. 1 BetrVG und das allgemeine Beschwerderecht (§ 84 BetrVG) können eine Rolle spielen. Ein Einigungsverfahren scheidet aber gem. § 85 Abs. 2 S. 3 BetrVG aus. Die Aufstellung allgemeiner Beurteilungsrichtlinien bedarf der Zustimmung des Betriebsrates (§ 94 Abs. 2 BetrVG).

## Verträge mit arbeitsrechtlicher Drittbeteiligung

## 49. Arbeitnehmerüberlassungsvertrag[1, 2, 5, 7, 8, 9, 10, 12]

**Zwischen der Firma . . . . . in . . . . . (im Folgenden Verleiher genannt)**
**und**
**der Firma . . . . . in . . . . . (im Folgenden Entleiher genannt)**
**wird folgender Arbeitnehmerüberlassungsvertrag geschlossen:**

**§ 1 Erlaubnis[2]**

**Der Verleiher ist im Besitze der Erlaubnis zur Überlassung von Arbeitnehmern gemäß § 1 Abs. 1 des Gesetzes zur Regelung der Arbeitnehmerüberlassung (AÜG), ausgestellt von der Bundesagentur für Arbeit am . . . . ., zuletzt verlängert am . . . . . (oder: unbefristet nach § 2 Abs. 5 AÜG). Er verpflichtet sich, den Entleiher über alle etwaigen Änderungen iSv § 12 Abs. 2 AÜG schriftlich zu unterrichten.**

**§ 2 Überlassung[2]**

**Der Verleiher überlässt dem Entleiher für die Zeit vom . . . . . bis zum . . . . . die in der Anlage zu diesem Vertrag namentlich bezeichneten Arbeitnehmer zum Einsatz in dessen Betrieb in . . . . . .**

§ 3 Austausch

(1) Der Entleiher kann nur bis 15.00 Uhr des ersten Tages des Arbeitseinsatzes eines Arbeitnehmers dessen Austausch verlangen. Kommt der Verleiher diesem Verlangen nicht unverzüglich nach, kann der Entleiher den Vertrag hinsichtlich dieses Arbeitnehmers kündigen (Teilkündigung) und Schadenersatz wegen Nichterfüllung verlangen.
(2) Während der Dauer der Überlassung kann der Verleiher Arbeitnehmer ohne Einhaltung einer Frist abberufen, sofern er sie gleichzeitig durch andere, in gleicher Weise geeignete Arbeitnehmer unter Mitteilung der in der Anlage zu diesem Vertrag vorgesehenen Angaben ersetzt.

§ 4 Vergütung

(1) Der Entleiher vergütet dem Verleiher, soweit aus der Anlage zu diesem Vertrag nichts anderes hervorgeht, für jede Arbeitsstunde eines jeden Arbeitnehmers EUR . . . . . zuzüglich der gesetzlichen Mehrwertsteuer.
(2) Im Verhältnis zwischen dem Verleiher und dem Entleiher gelten als wöchentlich von jedem Arbeitnehmer geleistete Arbeitszeit . . . . . Stunden. Sollen mehr Stunden gearbeitet werden, bedarf dies der vorherigen Zustimmung des Verleihers.
(3) Der Entleiher bezahlt bei Vorlage der entsprechenden Rechnung an den Verleiher jeweils montags im Nachhinein einen Abschlag in Höhe eines Viertels der bei Durchführung dieses Vertrages voraussichtlich anfallenden Monatsvergütung und legt gleichzeitig einen Arbeitsnachweis für die zurückliegende Woche vor.

§ 5 Wesentliche Arbeitsbedingungen beim Entleiher

(1) Für die Zeit der Überlassung der in der Anlage zu diesem Vertrag namentlich bezeichneten Arbeitnehmer gelten für diese die im Betrieb des Entleihers für einen vergleichbaren Arbeitnehmer des Entleihers wesentlichen Arbeitsbedingungen einschließlich des Arbeitsentgelts. Der Entleiher hat in der Anlage unter anderem mitzuteilen, welche besonderen Merkmale die für den Leiharbeitnehmer vorgesehene Tätigkeit hat und welche berufliche Qualifikation hierfür erforderlich ist.
(2) Die wesentliche Arbeitsbedingungen beim Entleiher iSv Abs. 1 sind:

(a) Arbeitsentgelt einschließlich der Zuschläge und Sonderzuwendungen
(b) Arbeitszeit/Überstunden
(c) Ruhezeiten
(d) Erholungsurlaub
(e) Sonstige wesentliche Arbeitsbedingungen.

§ 6 Weisung und Überwachung[3]

Das allgemeine Weisungsrecht bezüglich der Arbeitsleistung steht dem Entleiher zu. Er darf die überlassenen Arbeitnehmer aber nur mit Arbeiten betrauen, die bei der Ausübung der in der Anlage zu diesem Vertrag angegebenen Tätigkeiten der einzelnen Arbeitnehmer gewöhnlich anfallen. Die Überwachung der Tätigkeit der Arbeitnehmer ist Sache des Entleihers.

§ 7 Treuepflicht[4]

Der Verleiher hat die überlassenen Arbeitnehmer arbeitsvertraglich zu verpflichten, dem Entleiher gegenüber Treue und Verschwiegenheit wie gegenüber einem Arbeitgeber zu wahren, soweit nicht berechtigte Interessen des Verleihers entgegenstehen.

§ 8 Fürsorgepflicht[3]

Der Entleiher steht dem Verleiher dafür ein, die Fürsorgepflicht eines Arbeitgebers gegenüber den überlassenen Arbeitnehmern wahrzunehmen.

§ 9 Haftung des Verleihers[6]

(1) Der Verleiher steht dafür ein, dass die überlassenen Arbeitnehmer allgemein für ihre in der Anlage zu diesem Vertrag angegebenen Tätigkeiten geeignet sind; er ist jedoch zur Nachprüfung von Arbeitspapieren, insbesondere von Zeugnissen der Arbeitnehmer auf ihre Richtigkeit hin oder zur Einholung von polizeilichen Führungszeugnissen nicht verpflichtet. Auch trifft ihn über die richtige Auswahl der Arbeitnehmer hinaus keine weitergehende Verpflichtung.
(2) Die überlassenen Arbeitnehmer sind weder Bevollmächtigte noch Erfüllungsgehilfen des Verleihers.

§ 10 Form, Teilunwirksamkeit

(1) Änderungen und Ergänzungen sowie die Aufhebung auch nur einzelner Bestimmungen dieses Vertrages bedürfen zu ihrer Wirksamkeit der Schriftform.
(2) Sollten einzelne Regeln dieses Vertrages nicht wirksam sein, berührt dies den Vertrag im Übrigen nicht. Verleiher und Entleiher sind in einem solchen Falle verpflichtet, einander so zu stellen, als sei eine Ersatzregelung vereinbart, die de wirtschaftlichen Zweck der unwirksamen Regel möglichst weitgehend in wirksamer Weise erfüllt.

§ 11 Erfüllungsort und Gerichtsstand[11]

Erfüllungsort und Gerichtsstand für beide Vertragspartner ist ..... (Ort)

..... (Ort), den .....

| | |
|---|---|
| ..... | ..... |
| Unterschrift | Unterschrift |

Anlage zum Arbeitnehmerüberlassungsvertrag vom ..... zwischen der Firma ..... und der Firma .....
Folgende Arbeitnehmer werden überlassen:

| | 1 | 2 | 3 |
|---|---|---|---|
| a) Name | ..... | ..... | ..... |
| b) Vorname | ..... | ..... | ..... |
| c) geboren am | ..... | ..... | ..... |
| c) Staatsangehörigkeit | ..... | ..... | ..... |
| e) Tätigkeit, Qualifikation | ..... | ..... | ..... |
| f) Stundensatz | ..... | ..... | ..... |
| g) Krankenversicherung | ..... | ..... | ..... |
| h) Rentenversicherung | ..... | ..... | ..... |

*Schrifttum: (Auswahl): Bayreuther,* Vergütungsstrukturen und Equal-pay in der Arbeitnehmerüberlassung nach der AÜG-Reform, NZA 2017, 18; *Bertram,* Die AÜG-Reform im Spiegel des EG-Richtlinienentwurfs zur Leiharbeit, ZESAR 2003, 205; *Blanke,* Der Gleichbehandlungsgrundsatz in der Arbeitnehmerüberlassung, DB 2010, 1528; *Böhm,* Lohndumping durch konzerninterne Arbeitnehmerüberlassung?, DB 2010,

672; ders., „Echter" Auftrag oder „verdeckte" Arbeitnehmerüberlassung?, NZA 2017, 494; *Boemke/Lembke,* Änderungen im AÜG durch das „Job-AQTXIX-Gesetz", DB 2002, 893; *Boemke,* Annahmeverzug des Entleihers bei Nichtbeschäftigung des Leiharbeitnehmers?, BB 2006, 997; *Böhm/Röder/Krieger,* Arbeitnehmerüberlassung: Ausweg aus der equal pay-Falle ein Holzweg?, DB 2007, 168; *Brors,* Equal Pay Anspruch und Ausschlussfristen, NZA 2010, 1385; *Call,* Sittenwidrige Tarifverträge zur Leiharbeit?, NJ 2010, 89; *Däubler,* Totale Verdrängung von Equal Pay durch Leiharbeitstarife?, DB 2008, 1914; *Dahl,* Das Beschäftigungsrisiko in der Zeitarbeit, DB 2006, 2519; *ders.,* Zeitarbeit – zwei Jahre nach Hartz, FA 2006, 290; *Dauner-Lieb, Denck,* Zur Haftung des Verleihers bei Arbeitsunfällen von Arbeitnehmern des Entleihers, ZfA 1989, 265; *Düwell,* Arbeitnehmerüberlassung in Betrieben des Baugewerbes, BB 1995, 1082; *ders.,* Änderungen im Arbeitsrecht durch das Job-AQTIV-Gesetz, BB 2002, 98; *Düwell/Dahl,* Verhinderung des missbräuchlichen Einsatzes von Arbeitnehmerüberlassung und Umsetzung der Leiharbeitsrichtlinie DB 2010, 1759; *dies.,* Aktuelle Gesetzes- und Tariflage in der Arbeitnehmerüberlassung, DB 2009, 1070; *dies.,* Leiharbeitnehmer: First in, first out, DB 2007, 1699; *Evermann,* Die „gelegentliche" Arbeitnehmerüberlassung, NZA 2018, 751; *Frik,* Die Befristung von Leiharbeitsverträgen nach dem Teilzeit- und Befristungsgesetz, NZA 2005, 386; *Giesen,* Rechtspolitik der atypischen Arbeitsverhältnisse, NZS 2010, 473; *Greiner,* Kernfragen des novellierten Gleichstellungsgrundsatzes im Recht der Arbeitnehmerüberlassung (§ 8 AÜG), RdA 2017, 153; *Häsemeyer,* Der Arbeitnehmerüberlassungsvertrag im Insolvenzverfahren des Verleihers, KTS 2006, 99; *Hamann,* Gleichbehandlungsgrundsatz im AÜG, BB 2005, 2185; *ders.,* Mitbestimmung des Betriebsrats in Arbeitszeitfragen bei der gewerbsmäßigen Arbeitnehmerüberlassung, AuR 2002, 322; *Hanau,* Das Verhältnis von Arbeitsvertrag, Arbeitserlaubnis und Aufenthaltsbescheinigung ausländischer Arbeitnehmer, BAG-Festschrift S. 169; *Heine/Buchholz,* Die Überlassung als Geschäftsführer–Anwendbarkeit des Arbeitnehmerüberlassungsgesetzes?, DStR 2018, 529; *Henrichs,* Zur Anwendbarkeit des deutschen Arbeitnehmerüberlassungsgesetzes auf in der Bundesrepublik tätige internationale Organisationen, RdA 1995, 158; *Henssler,* Fremdpersonaleinsatz durch On-Site-Werkverträge und Arbeitnehmerüberlassung – offene Fragen und Anwendungsprobleme des neuen Rechts, RdA 2017, 83; *Heuschemer/Schielke,* Herausforderungen für die Zeitarbeitsbranche, BB 2011, 758; *Jerczynski/Zimmermann,* Arbeitsunfälle bei der Beschäftigung ausländischer Leiharbeitnehmer, UV-Recht Aktuell 2007, 785; *Karthaus;* Der Kampf um die Leiharbeitslöhne hat gerade erst begonnen, ArbuR 2010, 494; *Kienle/Koch,* Grenzüberschreitende Arbeitnehmerüberlassung – Probleme und Folgen, DB 2001, 922; *Koller-van Delden/Gallini,* Gemeinschaftsbetrieb statt Arbeitnehmerüberlassung, DStR 2017, 206; *Kreuder,* Fremdfirmeneinsatz und Beteiligung des Betriebsrats, ArbuR 1993, 316; *Leitner,* Abgrenzung zwischen Werkvertrag und Arbeitnehmerüberlassung, NZA 1991, 293; *Lembke,* Aktuelle Brennpunkte in der Zeitarbeit, BB 2010, 1533; *Krieger/Ampatziadis,* Die Reform der Arbeitnehmerüberlassung – Auf was müssen Unternehmen achten?, NJW 2017, 593; *Lembke/Fesenmeyer,* Abreden über Vermittlungsprovisionen in Arbeitnehmerüberlassungsverträgen, DB 2007, 801; *Litschen/Yacoubi,* Arbeitnehmerüberlassung und agile Prozess- und Organisationsmethoden, NZA 2017, 484; *Maschmann,* Leiharbeitnehmer und Betriebsratswahl nach dem BetrVG-Reformgesetz, DB 2001, 2446; *Mastmann,* Ausgewählte Probleme der Leiharbeit, AuA 2005, 330; *Marschner,* Die Abgrenzung der Arbeitnehmerüberlassung von anderen Formen des Personaleinsatzes, NZA 1995, 668; *Mayer,* Gesetzliche Mindestlöhne für die Leiharbeit, ArbuR 2011, 4; *Mohr/Pomberg,* Die Änderung der Rechtsprechung zu der vermuteten Arbeitsvermittlung nach dem Arbeitsnehmerüberlassungsgesetz, DB 2001, 590; *Park/Riederer von Paar/Schüren,* Arbeits-, sozial- und strafrechtliche Risiken bei der Verwendung von Scheintarifverträgen, NJW 2008, 3670; *Richter,* Illegale Arbeitnehmerüberlassung: Der Nachweis von Vorsatz und Fahrlässigkeit bei Scheinwerkverträgen, BB 1992, 421; *Röder/Krieger,*

Arbeitnehmerüberlassung: kein Ausweg aus der equal pay-Falle?, DB 2007, 2122; *Sahl/ Bachner,* Die Neuregelung der Arbeitnehmerüberlassung im Baugewerbe, NZA 1994, 1063; *Schaub,* Heim- und Telearbeit sowie bei Dritten beschäftigte Arbeitnehmer im Referenten- und Regierungsentwurf zum BetrVG, NZA 2001, 364; *Schönhöft/Lermen,* Der Gemeinschaftsbetrieb im Vergleich zur Arbeitnehmerüberlassung, BB 2008, 2515; *Schubel,* Entleiher-Begriff und Mehrfachüberlassung nach dem AÜG, BB 1990, 2118; *Schüren,* Leiharbeit in Deutschland, RdA 2007, 231; *Schwab,* Die Beschäftigung bei einer (Bau-)Arbeitsgemeinschaft, NZA-RR 2008, 169; *Talkenberg,* Reform der Arbeitnehmerüberlassung – Fragen der praktischen Umsetzung, NZA 2017, 473; *Thüsing,* Equal pay bei Leiharbeit, DB 2003, 446–451; *ders.,* Dauerhafte Arbeitnehmerüberlassung: Neues vom BAG, vom EuGH und auch vom Gesetzgeber, NZA 2014, 10; *Thüsing/Lembke,* Zeitarbeit im Spannungsverhältnis von Dienstleistungsfreiheit und Tarifautonomie, ZfA 2007, 87; *Ulber,* Personal-Service-Agenturen und Neuregelung der Arbeitnehmerüberlassung, ArbuR 2003, 7; *ders.,* Wirksamkeit tariflicher Regelungen zur Ungleichbehandlung von Leiharbeitnehmern, NZA 2009, 232; *Wagner,* Die werkvertragsbedingte Beschäftigung betriebsfremder Arbeitnehmer als Einstellung im Sinne des § 99 BetrVG, AuR 1992, 40; *Waltermann,* Fehlentwicklung in der Leiharbeit, NZA 2010, 482; *ders.,* Wesentliche Aussagen des Gutachtens zur Abteilung Arbeits- und Sozialrecht des 68. DJT, NZA 2010, 860; *Wank,* Abschied vom Normalarbeitsverhältnis?, RdA 2010, 193; *Wensing/ Freise,* Beteiligungsrechte des Betriebsrats bei der Übernahme von Leiharbeitnehmer, BB 2004, 2238; *Werthebach,* Die Befristung von Leiharbeitsverträgen nach dem Teilzeit- und Befristungsgesetz, NZA 2005, 1044; *Zieglmeier,* Werkverträge und Arbeitnehmerüberlassung im Lichte des AÜG 2017, DStR 2016, 2858.

## Anmerkungen

**1. Wesen, Inhalt.** Die Arbeitnehmerüberlassung, auch Zeitarbeit, Leiharbeit oder Personalleasing genannt, stellt ein Dienstverschaffungsverhältnis dar. Ein Unternehmer (Verleiher) „verkauft“ dem anderen (Entleiher) Arbeitsleistung, indem er bei sich vertraglich verpflichtete ArbN (Leiharbeiter) in dem Betrieb des anderen arbeiten lässt und diesem zur Verfügung stellt. Ursprünglich nicht gesetzlich geregelt und häufig zur Umgehung arbeits- und sozialrechtlicher Schutzbestimmungen missbraucht, war gewerbsmäßige Arbeitnehmerüberlassung dennoch rechtlich zulässig (Art. 12 GG; BVerfG 21, 261). Der Versuch des BSG (AP AVAVG § 37 Nr. 9 m. abl. Anmerkung *Becker* = NJW 1971, 166), sie in die der staatlichen Kontrolle unterliegende Arbeitsvermittlung einzuordnen, wurde nicht weiterverfolgt. Das AÜG vom 7.8.1972 (BGBl. I 1393), in der Fassung vom 3.2.1995 (BGBl. I 158) wurde mehrfach geändert, ua durch das „Job-AQTIV-Gesetz“ v. 10.12.2001 (BGBl. I 3443), durch das „Erste Gesetz für moderne Dienstleistungen am Arbeitsmarkt“ v. 23.12.2002 (BGBl. I 4607), durch das „Erste Gesetz zur Änderung des AÜG-Verhinderung von Missbrauch der Arbeitnehmerüberlassung“ v. 29.4.2011 (BGBl. I 643), das „Gesetz zur Änderung des AÜG und des Schwarzarbeitsbekämpfungsgesetzes“ v. 20.7.2011 (BGBl. I 1506) und zuletzt durch das „Gesetz zur Änderung des ArbNüberlassungsgesetzes und anderer Gesetze“ (AÜGÄndG) vom 21.2.2017 (BGBl. 2017 I 258), welches auf der RL 2008/104/EG beruht. Die Änderungen des AÜG brachten hauptsächlich zum Schutze der ArbN einschneidende gewerberechtliche und arbeitsrechtliche Sonderregelungen sowohl für das Rechtsverhältnis zwischen Verleiger/Entleiher wie auch für den Arbeitsvertrag zwischen Verleiher und Leiharbeiter. Nachdem bereits vormals das Befristungs- und Synchronisationsverbot sowie die zeitliche Überlassungsbegrenzung aufgehoben und ein Schlechterstellungsverbot eingeführt wurden, wurden in der Folgezeit ua weitere Umgehungstatbestände verhindert, Lohnuntergrenzen eingeführt und der Anwendungsbereich des AÜG erweitert, indem zB die

Arbeitnehmerüberlassung nicht mehr gewerbsmäßig, sondern lediglich „im Bereich der wirtschaftlichen Tätigkeit“ (§ 1 Abs. 1 S. 1 AÜG) erfolgen muss. Demzufolge ist auch das Erfordernis der Gewinnerzielungsabsicht entfallen (ErfK/*Wank* AÜG § 1 Rn. 31 ff.). Somit unterliegen auch Verleiher, die keine Gewinnerzielungsabsicht verfolgen, sondern gemeinnützig handeln, dem AÜG. Auch Personalführungsgesellschaften im Konzern werden inzwischen vom AÜG erfasst (ErfK aaO, mwN), nachdem das Konzernprivileg dahingehend eingeschränkt wurde, dass es nur noch den Verleih von Arbeitnehmern betrifft, die nicht zum Zwecke der Überlassung eingestellt und beschäftigt werden. Bei den neuesten Änderungen im AÜG geht es vor allem darum, einen Missbrauch durch angebliche Werkverträge zu verhindern und das Merkmal „vorübergehend“ zu konkretisieren (Wank RdA 2017, 100 ff).

In Betrieben des Baugewerbes ist die Leiharbeit nach wie vor nur sehr eingeschränkt zulässig (§ 1b AÜG, verfassungsgemäß nach BVerfG NJW 1988, 1195 zu § 12a AFG; BGH AP AFG § 12 Nr. 1 = NZA 2000, 608). Und auf die rechtlich zulässige Überlassung von freien Mitarbeitern und sonstigen Selbständigen findet das AÜG keine Anwendung (BAG NZA 1995, 572 = BB 1995, 1293). Es muss aber in diesem Fall gewährleistet sein, dass die verschafften Dienste durch Mitarbeiter erbracht werden, die tatsächlich in wirtschaftlicher und sozialer Selbständigkeit und Unabhängigkeit ihre Dienste erbringen. Das hier gewählte Vertragsbeispiel regelt ausschließlich die Rechtsbeziehungen zwischen Verleiher und Entleiher (zum Vertrag zwischen Verleiher und Arbeitnehmer, → Form. XIX.50). Mit der zum 1.4.2017 in Kraft getretenen AÜG-Reform enthält das AÜG in § 1 Abs 1 Satz 1, Satz 2 AÜG erstmals eine gesetzliche Definition des Begriffs der ArbNÜberlassung. Diese liegt vor, wenn ArbG bei ihnen beschäftigte ArbN im Rahmen ihrer wirtschaftlichen Tätigkeit als Verleiher einem Dritten zur Arbeitsleistung überlassen. Eine Überlassung liegt dann vor, wenn die ArbN in die Arbeitsorganisation des Entleihers eingegliedert sind und ihren Weisungen unterliegen. Arbeitnehmerüberlassung iSd AÜG setzt demzufolge voraus, dass sich der drittbezogene Personaleinsatz auf Seiten des Vertragsarbeitgebers (Verleihers) darauf beschränkt, einem Dritten (Entleiher) ArbN zur Förderung von dessen Betriebszwecken zur Verfügung zu stellen und diese ArbN dann in den Betrieb des Entleihers eingegliedert sind und ihre Arbeit allein nach den Weisungen des Entleihers und in dessen Interesse ausführen. (BAG AP AÜG § 10 Nr. 19; BAG AP AÜG § 10 Nr. 15 = NZA 2001, 259 = DB 2001, 767; keine Arbeitnehmerüberlassung bei nur annexer Überlassung von Assistenzpersonal: OLG Düsseldorf BB 2002, 2339). Auch der ArbG mit eigenem Produktionsbetrieb kann Arbeitnehmerüberlassung betreiben (Mischbetrieb, BAG AP AÜG § 1 Nr. 2 mAnm *Weber* = NJW 1979, 2636; zur Abgrenzung von anderen Arbeitsverhältnissen mit Drittbeteiligung BAG DB 1991, 335 = BB 1991, 277; BAG NZA 1992, 19 = BB 1991, 2375 = DB 1991, 2342; LAG Hamm DB 1987, 2575; BSG AP AÜG § 1 Nr. 10 = DB 1989, 930 = BB 1988, 1184 und BGH NZA 2002, 1086, Werkvertrag; BAG NZA 1987, 128 und OLG Frankfurt a. M. BB 1990, 778; LAG Baden-Württemberg DB 1990, 2071 Dienstvertrag; LAG Köln BB 1987, 335 und LAG Schleswig-Holstein BB 1983, 1161 Entsendung; zu Schwesterngestellungsverträgen BAG AP BGB § 611 Rotes Kreuz Nr. 10 mAnm *Mayer-Maly* = DB 1979, 2282; BAG NZA 1993, 178 = DB 1993, 2337 – Bewachungsauftrag; BAG NZA 1997, 1165 – Abordnung nach dem AsylverfahrensG). Eine Überlassung iSv § 1 Abs. 1 AÜG liegt nur vor, wenn der ArbN innerhalb der Betriebsorganisation des Entleihers für diesen und nicht weiterhin allein für seinen ArbG tätig wird. Letzteres ist der Fall, wenn der ArbN durch seine Arbeitsleistung nach wie vor ausschließlich Pflichten erfüllt, die seinem ArbG gegenüber fremden Auftraggebern obliegen (BAG NZA 1995, 462 = DB 1995, 981). Arbeitnehmerüberlassung liegt aber vor, wenn ein Werk- oder Dienstleistungsunternehmen nicht über die betrieblichen oder personellen Voraussetzungen verfügt, die Tätigkeit der zur Erfüllung vertraglicher Pflichten im Betrieb eines Dritten eingesetzten ArbN vor Ort zu organisieren und ihnen Weisungen zu erteilen (BAG NZA 1995, 572 = BB 1995,

1293; BAG NZA 1993, 1125 = DB 1993, 2287 – Maschinen mit Bedienungspersonal; BAG NZA 1995, 572 = DB 1995, 1566 = BB 1995, 1293 – freie Mitarbeiter).

Der Vertrag zwischen Verleiher und Entleiher bedarf nach § 12 Abs. 1 AÜG der Schriftform. Der Verleiher muss im Vertrag erklären, dass er die Erlaubnis besitzt und den Wegfall sowie das bevorstehende Ende der Erlaubnis dem Entleiher mitteilen. Der Verleiher muss dem Entleiher die für die Meldung nach § 28a SGB IV erforderlichen Angaben machen. Der Entleiher muss in dem Vertrag erklären, welche besonderen Merkmale die für den Leiharbeitnehmer vorgesehene Tätigkeit hat und welche berufliche Qualifikation dafür erforderlich ist. Des Weiteren hat der Entleiher mitzuteilen, welche im Betrieb des Entleihers für einen vergleichbaren ArbN des Entleihers wesentlichen Arbeitsbedingungen einschließlich des Arbeitsentgelts gelten, es sei denn, es liegen die Ausnahmetatbestände von § 8 Absatz 2 und 4 Satz 2 AÜG vor. Seit dem 1.4.2017 sind zudem die Offenlegungspflichten (Kennzeichnungs-, Konkretisierungs- und Informationspflicht) des § 1 Abs. 1 S. 5 und 6 und des § 11 Abs. 2 S. 4 AÜG zu beachten. Für die Kennzeichnungspflicht gilt ebenso das Schriftformerfordernis, da die Kennzeichnung im Arbeitnehmerüberlassungsvertrag erfolgen muss (§ 1 Abs. 1 S. 5). Hiernach muss die Überlassung ausdrücklich als Arbeitnehmerüberlassung im Arbeitnehmerüberlassungsvertrag bezeichnet werden. Die Kennzeichnung muss nicht zwingend bei Vertragsschluss vorliegen. Vielmehr genügt, wenn die Kennzeichnung vor Beginn der Überlassung, also mit tatsächlicher Aufnahme der Tätigkeit des ArbN beim Entleiher erfolgt (BAG BeckRS 2016, 69503). Auch muss die Person des Leiharbeitnehmers vor der Überlassung, also vor Aufnahme der Tätigkeit beim Entleiher unter Bezugnahme auf den Überlassungsvertrag konkretisiert werden (BAG aao; § 1 Absatz 1 S. 6 AÜG). Die Konkretisierung setzt aber keine Schriftform voraus, da die Konkretisierung nur „unter „Bezugnahme auf den Vertrag“ erfolgen soll. Ein kumulierter Verstoß sowohl gegen die Kennzeichnungspflicht, als auch gegen die Konkretisierungspflicht führt zur Unwirksamkeit des Leiharbeitsverhältnisses sowie zur Begründung eines Arbeitsverhältnisses zwischen LeiharbN und Entleiher gem. §§ 9 Abs. 1 Nr. 1a, 10 Abs. 1 S. 1 AÜG (zur Festhaltenserklärung des LeiharbN Anm. 7). Der Mitarbeiter muss im Übrigen vor Beginn jeder Überlassung darauf hingewiesen werden, dass er als LeiharbN eingesetzt wird (§ 11 Abs. 2 S. 4 AÜG). Die Schriftform ist für die Erfüllung dieser Informationspflicht allerdings nicht vorgeschrieben.

Die Arbeitnehmerüberlassung wird zwar nicht mehr ausdrücklich in Abgrenzung zur Arbeitsvermittlung definiert. Die Erlaubnisvoraussetzungen sind aber verschieden; für die Arbeitsvermittlung gelten die §§ 296 ff. SGB III.

**2. Grenzen der Zulässigkeit, Erlaubnis.** § 1 Abs. 3 AÜG erlaubt die Arbeitnehmerüberlassung zwischen Arbeitgebern desselben Wirtschaftszweiges zur Vermeidung von Kurzarbeit oder Entlassungen, wenn ein für den Entleiher und Verleiher geltender Tarifvertrag dies vorsieht; ferner zwischen Konzernunternehmen iSd § 18 AktG, wenn der Arbeitnehmer nicht zum Zwecke der Überlassung eingestellt und beschäftigt wird. Genehmigungsfrei ist auch die Überlassung zwischen Arbeitgebern, wenn die Überlassung nur gelegentlich erfolgt und der Arbeitnehmer nicht zum Zwecke der Überlassung eingestellt und beschäftigt wird oder das Überlassen ins Ausland, wenn der LeihArbN in ein auf der Grundlage zwischenstaatlicher Vereinbarungen begründetes deutsch-ausländisches Gemeinschaftsunternehmen verliehen wird, an dem der Verleiher beteiligt ist. Keiner Erlaubnis bedarf ferner ein ArbG mit weniger als 50 Beschäftigten, der zur Vermeidung von Kurzarbeit oder Entlassungen an einen ArbG desselben Wirtschaftszweiges im selben oder im unmittelbar angrenzenden Handwerkskammerbezirk einen ArbN bis zur Dauer von zwölf Monaten überlässt, wenn er die Überlassung vorher schriftlich der Bundesagentur für Arbeit angezeigt hat (§ 1a AÜG mit näherer Bestimmung des Inhalts der Anzeige). Die Abordnung von Arbeitnehmern zu einer zur Herstellung eines Werkes gebildeten Arbeitsgemeinschaft ist nach § 1 Abs. 1 S. 3 AÜG keine Arbeitnehmerüberlassung, wenn der Arbeitgeber Mitglied der Arbeitsgemeinschaft ist, für alle Mitglieder der Arbeitsgemeinschaft Tarifverträge desselben Wirtschaftszweiges gelten und alle Mitglieder auf Grund des Arbeitsgemeinschaftsvertrages zur selbständigen Erbringung von Vertragsleistungen verpflichtet sind (zur Mitgliedschaft des Arbeitgebers in der Arbeitsgemeinschaft OLG Karlsruhe BB 1990, 1561). § 1 Abs. 2 AÜG enthält eine widerlegbare gesetzliche Vermutung für Arbeitsvermittlung (zur Widerlegung der Vermutung BAG NZA 1991, 269).

Schließlich normiert § 9 einen Katalog von unwirksamen vertraglichen Regelungen, der um wesentliche Bestimmungen mit der zum 1.4.2017 in Kraft getretenen AÜG-Reform ergänzt wurde. Nach wie vor erfolgt die Unwirksamkeit aller Verträge bei fehlender Erlaubnis des Verleihers (§ 9 Nr. 1 AÜG). Die Erlaubnis kann bei jeder Arbeitsagentur beantragt werden. Für die Erteilung (Verlängerung usw) sind die Regionaldirektionen der Bundesagentur zuständig. Die Modalitäten der Erteilung, Versagung, Rücknahme, des Widerrufs und des Erlöschens der Erlaubnis sind vom Gesetz ausführlich geregelt (§§ 2–6 AÜG; zu den Voraussetzungen der Nichtverlängerung SG Essen EzAÜG Nr. 300), ebenso die besonderen Pflichten des Verleihers zu Mitteilungen(§ 7 AÜG). Formulare für Anträge usw halten die Arbeitsagenturen bereit. Die Kenntnis vom Wegfall der Erlaubnis ist für den Entleiher im Hinblick auf die Fiktion eines Arbeitsvertrages zwischen ihm und dem Leiharbeiter in den Fällen der Unwirksamkeit bzw. des Wegfalles der Erlaubnis (§ 10 Abs. 1 AÜG) von großer Bedeutung (→ Anm. 7). Die Erlaubnis ist zu versagen, wenn dem Antragsteller die elementarsten Kenntnisse für die Ausübung des Gewerbes fehlen (BSG NZA 1992, 1006 = BB 1992, 2365). Die Erlaubnis geht nicht im Wege der Rechtsnachfolge auf einen anderen über (BSG NZA 1992, 668 = DB 1992, 1636). Die Arbeitsagentur kann Auflagen erteilen (BSG BB 1993, 437 und BSG NZA 1993, 527 = DB 1993, 1477).

Wie unter Anm. 1 bereits erläutert sind ferner nach § 9 Abs. 1 Nr. 1a AÜG die Arbeitsverträge zwischen Verleihern und LeihArbN unwirksam bei einem kumulierten Verstoß gegen die in § 1 Abs 1 Satz 5 und Satz 6 AÜG normierten Offenlegungspflichten.

Darüber hinaus sind nach § 9 Abs. 1 Nr. 1b AÜG die Arbeitsverträge zwischen Verleihern und LeihArbN unwirksam mit dem Überschreiten der nach § 1 Absatz 1b AÜG zulässigen Überlassungshöchstdauer (zur Festhaltenserklärung des LeiharbN Anm. 1). Insoweit wurde mit der zum 1.4.2017 in Kraft getretenen AÜG-Reform eine Überlassungshöchstdauer von 18 Monaten eingeführt. Eine vorherige Überlassung durch denselben oder einen anderen Verleiher an denselben Entleiher ist vollständig anzurechnen, wenn zwischen den Einsätzen jeweils nicht mehr als 3 Monate liegen. Derselbe LeihArbN darf folglich für max. 18 aufeinanderfolgende Monate an denselben Entleiher überlassen werden. Noch strittig ist, ob insoweit von einem Unternehmensbezug (Lembke NZA 17, 1; Bayreuther NZA 17, 18; Hamann/Rudnik NZA 17, 210) oder von einem Betriebsbezug des Entleihers (Talkenberg NZA 17, 473, Bissels/Falter ArbRAktuell 17, 4) auszugehen ist. Maßgeblich sind hier aber nur die tatsächlichen Einsatzzeiten des LeihArbN. Unterbrechungen der Einsatzzeiten von weniger als drei Monaten werden auf die Höchstüberlassungsdauer nicht angerechnet. Für die Berechnung der Überlassungszeiten werden gem § 19 Abs 2 AÜG Zeiten vor dem 1.4.2017 nicht berücksichtigt, sodass die Höchstüberlassungsdauer von 18 Monaten frühestens erstmalig zum 30.09.2018 erreicht werden konnte. Abweichende tarifvertragliche Regelungen und Regelungen in Betriebsvereinbarung sind im Rahmen von § 1 Abs 1b Satz 3 bis 6 AÜG möglich.

Nach § 9 Abs. 1 Nr. 2 AÜG sind Vereinbarungen unwirksam, die für einen LeihArbN für die Zeit der Überlassung an einen Entleiher schlechtere als die im Betrieb des Entleihers für einen vergleichbaren ArbN des Entleihers geltenden wesentlichen Arbeitsbedingungen einschließlich des Arbeitsentgelts vorsehen, es sei denn, es liegen die in § 8 Absatz 2 und 4 Satz 2 AÜG normierten Ausnahmetatbestände vor; ein Tarifvertrag kann folglich abweichende Regelungen zulassen, soweit er nicht die in einer Rechtsverordnung nach § 3a Abs. 2 AÜG festgesetzten Mindeststundenentgelte unterschreitet; im Geltungsbereich eines solchen Tarifvertrages können nicht tarifgebundene ArbG und ArbN die Anwendung der tariflichen Regelungen vereinbaren; eine abweichende tarifliche Regelung gilt aber nicht für LeihArbN, die in den letzten drei Monaten vor der Überlassung an den Entleiher aus einem Arbeitsverhältnis bei diesem oder einem ArbG, der mit dem Entleiher einen Konzern im Sinne des § 18 des Aktiengesetzes bildet, ausgeschieden sind. Im Falle des Verstoßes gegen das Schlechterstellungsverbot ist der LeihArbN gemäß § 8 Abs. 1 AÜG berechtigt, von dem Verleiher die im Entleiherbetrieb geltenden wesentlichen Arbeitsbedingungen einschließlich Arbeitsentgelt zu verlangen. Zu dem Arbeitsentgelt zählt nicht nur das Grundgehalt, sondern auch andere Lohnbestandteile wie zB Zuschläge, Überstundenabgeltung, Sonderzuwendungen, etc (Näheres zu Art und Umfang der wesentlichen Arbeitsbedingungen im Entleiherbetrieb siehe ErfK/*Wank* AÜG § 8 Rn. 5 ff. m. w. Hinweisen zu den gesetzgeberischen Vorgaben und Auffassungen aus der Literatur). Die Vorschriften von § 8, der früheren §§ 3 Abs. 1 Nr. 3, 9 Abs. 2 und 10 Abs. 4 AÜG sind verfassungsgemäß (BVerfG NZA 2005, 153).

Unwirksam sind ferner „Konkurrenzklauseln", die dem Entleiher die Einstellung des ArbN nach Beendigung von dessen Leiharbeitsverhältnis untersagen (§ 9 Abs. 1 Nr. 3 AÜG). Der ArbG kann allerdings dem wirtschaftlichen Risiko für den Verlust des ArbN seit dem 1.1.2004 dadurch entgegenwirken, indem er mit dem Entleiher eine angemessene Vergütung für den wechselnden ArbN vereinbart (§ 9 Abs. 1 Nr. 3 Hs. 2 AÜG). Vereinbarungen einer Vermittlungsgebühr mit dem LeihArbN sind indes unwirksam (§ 9 Abs. 1 Nr. 5 AÜG).

**3. Weisungen, Fürsorgepflicht.** Aus der Natur der Arbeitsleistung im Betrieb des Entleihers und auf dessen betriebliches Risiko folgt die Weisungsbefugnis des Entleihers (BAG AP AÜG § 1 Nr. 2 mAnm *Weber* = NJW 1979, 2636; BGH AP AÜG § 10 Nr. 2 in I 2a der Gründe = NJW 1980, 452). Die vertragliche Festlegung eines zeitlichen Rahmens der Leistungen im Betrieb begründet das erforderliche Weisungsrecht nicht (BAG NZA 1993, 357). Den Entleiher treffen die gesetzlichen Schutzpflichten (§ 11 Abs. 6 AÜG) und eine eigenständige arbeitsrechtliche Fürsorgepflicht gegenüber dem Leiharbeiter (EG-Rahmenrichtlinie Arbeitsschutz BGBl. 1996 I 1246). Der vorliegende Vertrag nimmt darüber hinaus den Entleiher in eine Einstandspflicht gegenüber dem Verleiher, dessen Fürsorgepflichten gegenüber seinem ArbN durch dessen Eingliederung in den fremden Betrieb nicht entfallen.

**4. Treuepflicht.** Der Leiharbeiter hat schutzwürdige Interessen des Entleihers wie seines ArbG zu beachten, insbes. unerlaubten Wettbewerb zu unterlassen (LAG Berlin DB 1981, 1095 schon für den Fall eines echten Leiharbeitsverhältnisses).

**5. Haftung des Arbeitnehmers.** Der Leiharbeiter haftet dem Entleiher nur nach den Grundsätzen der Haftungsbeschränkung bei betriebsbezogenen Tätigkeiten (grundlegend → Form. XIX.26 Anm. 5). Bei schuldhafter Nicht- oder Schlechtleistung des ArbN kommt seine Schadenersatzpflicht gegenüber Verleiher und Entleiher in Frage (BAG DB 1978, 1504 = BB 1978, 1522).

**6. Haftung des Verleihers.** Das Vertragsbeispiel konkretisiert in § 8 die der Natur der Arbeitnehmerüberlassung entsprechende, aber abdingbare (BGH AP AÜG § 12 Nr. 1 in II 1 der Gründe = NJW 1975, 1695 mAnm *Händel*) Einstandspflicht des Verleihers. Er hat nicht bestimmte Aufgaben im Betrieb des Entleihers zu erledigen, sondern nur Arbeitskapazität zu verschaffen (BGH aaO; OLG München EzAÜG Nr. 135). Dabei schuldet er die Auswahl einer für die Aufgabe grundsätzlich geeigneten Kraft (vgl. auch OLG Hamburg BB 1973, 891; BGH AP BGB § 611 Leiharbeitsverhältnis Nr. 1 = NJW 1971, 1129; AG Solingen NZA-RR 2000, 579). Die Sorgfaltspflicht des Verleihers ist nicht dadurch gemindert, dass er nur Aushilfskräfte zur Verfügung zu stellen hat. Auch hier kommt es auf die erforderliche, nicht auf die übliche Sorgfalt an. Der BGH (AP AÜG

§ 12 Nr. 1 in II 2 der Gründe = NJW 1975, 1695) hat bei der Überlassung eines Buchhalters zur Aushilfe vom Verleiher gefordert, dass er mangels anderer Erkenntnisquellen den ArbN zur Vorlage eines Führungszeugnisses iSv § 28 Abs. 1 BZRG veranlasst. Der Verleiher kann unter Umständen nach § 831 BGB in Anspruch genommen werden; der ArbN ist dann sein Verrichtungsgehilfe, wenn das widerrechtliche Verhalten in die Weisungszuständigkeit des Verleihers fällt (BAG NZA 1989, 340 = DB 1989, 131 = BB 1988, 2391). Zur Geltung der Arbeitsbedingungen des Entleihers LAG Baden-Württemberg NZA 1986, 67 = DB 1985, 2256.

**7. Fingiertes Arbeitsverhältnis, Festhaltenserklärung.** Ist der Vertrag zwischen Verleiher und LeihArbN nach § 9 AÜG unwirksam, wird gem. § 10 Abs. 1 AÜG ein Arbeitsverhältnis zwischen Entleiher und LeihArbN fingiert. Das neue Arbeitsverhältnis entsteht kraft Gesetzes. Die Wirkung der Fiktion tritt unabhängig vom Willen und von der Kenntnis der Beteiligten ein. Dies gilt z.B., wenn der Verleiher nicht die nach § 1 AÜG erforderliche Erlaubnis hat (§ 9 Abs 1 Nr 1 AÜG). Der Verleiher ist dem ArbN schon bei Verdacht der unerlaubten Arbeitnehmerüberlassung in weitem Umfang auskunftspflichtig (BAG NZA 1984, 161; zur Ausschlussfrist des § 16 BRTV-Bau im fingierten Arbeitsverhältnis vgl. BAG DB 1984, 54). Ist der Vertrag wegen fehlender Erlaubnis unwirksam (§ 9 Nr. 1 AÜG), hat der Verleiher aber Löhne bezahlt, so kann er vom Entleiher insoweit Ersatz verlangen, als dieser seiner Lohnzahlungspflicht als fiktiver ArbG ledig geworden ist (BGH AP AÜG § 10 Nr. 2 = NJW 1980, 452). Die nach § 1b AÜG verbotene Arbeitnehmerüberlassung im Baugewerbe führt nicht nach § 10 Abs. 1 S. 1 AÜG zum Arbeitsverhältnis zwischen dem ArbN und dem entleihenden Baubetrieb. Einer analogen Anwendung von § 10 Abs. 1 S. 1, § 9 Nr. 1 AÜG steht entgegen, dass keine unbewusste, planwidrige Regelungslücke vorliegt (BAG BB 2007, 610).

Ein kumulierter Verstoß sowohl gegen die Kennzeichnungspflicht, als auch gegen die Konkretisierungspflicht führt ebenfalls zur Unwirksamkeit des Leiharbeitsverhältnisses sowie zur Begründung eines Arbeitsverhältnisses zwischen LeiharbN und Entleiher gem. §§ 9 Abs. 1 Nr. 1a, 10 Abs. 1 S. 1 AÜG (neu eingefügt seit 1.4.2017).

Ferner führt das Überschreiten der Überlassungshöchstdauer gem dem ebenso neu eingefügten § 9 Abs 1 Nr 1b AÜG zur Unwirksamkeit des Arbeitsvertrages zwischen Verleiher und LeihArbN und damit zur Fiktion eines Arbeitsverhältnisses zwischen Entleiher und LeihArbN (§ 10 Abs 1 Satz 1 AÜG). Der Leiharbeitsvertrag wird ab der Überschreitung unwirksam. Die Überschreitung der Höchstüberlassungsdauer führt aber nicht dazu, dass der Überlassungsvertrag zwischen Entleiher und Verleiher unwirksam wird (Wank RdA 17, 100). Es liegt insoweit nur eine Ordnungswidrigkeit des Verleihers vor (§ 16 Abs 1 Nr 1e AÜG).

Die Fiktionswirkung gem § 9 Abs 1 Nr 1, 1a und 1b AÜG tritt jedoch nicht ein, wenn der LeihArbN in den dort geregelten Fällen erklärt, dass er an dem Arbeitsvertrag mit dem Verleiher festhalten will. Diese zum 1.4.2017 neu eingeführte Festhaltenserklärung des LeihArbN ist gem § 9 Abs 2 AÜG nur wirksam, wenn sie schriftlich erfolgt (§ 126 BGB) und innerhalb eines Monats ab dem Unwirksamkeitszeitpunkt abgegeben wird. Die Erklärung kann sowohl gegenüber dem Verleiher als auch gegenüber dem Entleiher abgegeben werden. Vor der Abgabe muss der LeihArbN die Erklärung persönlich der Agentur für Arbeit vorlegen, welche die Erklärung mit dem Datum des Tages der Vorlage datiert und dem Hinweis versieht, dass sie die Identität des LeihArbN festgestellt hat. Die Erklärung muss spätestens am dritten Tag nach der Vorlage bei der Agentur für Arbeit dem Ver- oder Entleiher zugehen. Damit soll ausgeschlossen werden, dass die Erklärung bereits im Vorfeld vorsorglich auf Vorrat erstellt wird. Die Festhaltenserklärung wirkt ex nunc, nicht ex tunc. Das Arbeitsverhältnis mit dem Verleiher bleibt durchgehend wirksam; zum Entleiher wird kein Arbeitsverhältnis begründet. Wird die Überlassung des LeihArbN nach der Festhaltenserklärung fortgeführt, tritt die erneute Unwirksamkeitsfolge mit der entsprechenden Fiktionswirkung ein (§ 9 Abs 3 Satz 2 AÜG). Im Falle der erneuten Unwirksamkeit kann der LeihArbN nicht erneut eine Festhaltenserklärung abgeben (§ 9 Abs 3 Satz 3 AÜG).

Ein nach § 10 Abs. 1 AÜG fingiertes Arbeitsverhältnis wird gem den Bestimmungen des § 10 Abs 1 Satz 3 bis 5 AÜG näher geregelt. So gilt die zwischen Verleiher und Entleiher vorgesehene Arbeitszeit auch für das fingierte Arbeitsverhältnis zwischen Entleiher und LeihArbN. Im Übrigen bestimmen sich Inhalt und Dauer des fingierten Arbeitsverhältnisses, insbes die Höhe des Arbeitsentgelts, nach den für den Betrieb des Entleihers geltenden Vorschriften und sonstigen Regelungen (§ 10 Abs 1 Satz 4 AÜG). Der LeihArbN hat allerdings gegen den Entleiher mindestens Anspruch auf das mit dem Verleiher vereinbarte Arbeitsentgelt (§ 10 Abs 1 Satz 5 AÜG). Der Begriff Arbeitsentgelt ist weit zu verstehen (BAG NZA 2013, 1226, NZA 2014, 1658). Darunter fallen Gehalt, Lohn, Kindergeld, Familienzulagen, Trennungszulage, Urlaubsgeld, Provision und Auslösung sowie Sachleistungen (ErfK/Wank § 10 AÜG Rn 13). Der LeihArbN nimmt auch an einem beim Entleiher durch Betriebsvereinbarung begründeten betrieblichen Versorgungswerk teil (BAG DB 03, 2181) teil. Die für den Entleiherbetrieb geltenden tariflichen Entgeltregelungen sind anzuwenden, wenn LeihArbN und Entleiher tarifgebunden sind, § 4 Abs 1 Satz 1 TVG. Hinsichtlich der sonstigen Arbeitsbedingungen sind die im Entleiherbetrieb geltenden Vorschriften und sonstigen Regelungen anzuwenden.

**8. Kündigung.** Da im Verhältnis Verleiher/Entleiher keine Kündigungsbeschränkungen gelten, ist die vertragliche Gestaltung frei. Das Beispiel versucht im Zusammenhang der §§ 2 und 3 eine gemischte Regelung von Teilkündigung und Beendigung des ganzen Vertrages. Zur Kündigung des Leiharbeitsvertrages → Form. XIX.50 Anm. 5.

**9. Strafrecht, Ordnungswidrigkeiten.** Das AÜG enthält in §§ 15, 15a Straftatbestände und in § 16 Ordnungswidrigkeiten (zur Verfassungsmäßigkeit der Strafnormen BVerfG BB 1991, 2227). Die entsprechenden Bestimmungen aus dem früheren AFG finden sich nunmehr in aktueller Version in den §§ 406, 407 SGB III wieder. Gewerbsmäßiges Handeln iSv § 15 Abs. 1 ist auch gegeben, wenn der Überlassung die Absicht zugrunde liegt, entsprechende Werkverträge zu erhalten (BayObLG AP AÜG § 1 Nr. 1 = NJW 1978, 1869; zum Begriff der Gewerbsmäßigkeit vgl. auch OLG Düsseldorf NJW 1979, 1313, OLG Saarbrücken BB 1982, 2187; BayObLG DB 1989, 1574, AG Kehl NZA 1988, 315 = BB 1987, 2093; zur Unterscheidung der Arbeitnehmerüberlassung von Werk- und Dienstverträgen im Bereich der Ordnungswidrigkeiten vgl. auch BayObLG AP AÜG § 1 Nr. 3 = GewArchiv 1979, 246 und BayObLG BB 1996, 1556; zur Abgrenzung von der Arbeitsvermittlung BayObLG AP AÜG § 1 Nr. 4 und OLG Düsseldorf BB 1996, 79). Die Gewerbsmäßigkeit iSv § 15 Abs. 2 bezieht sich auf das Überlassen nichtdeutscher ArbN (BGH NJW 1982, 394; zur Beschäftigung von Ausländern vgl. auch BayObLG DB 1999, 1019 und BayObLG DB 2001, 548). Die verliehenen ArbN und die Entleiher selbst sind als sogenannte notwendige Teilnehmer nicht nach § 15 AÜG, wohl aber nach § 15a oder § 16 Abs. 1 Nr. 2 AÜG und § 404 SGB III verfolgbar. Die Straftatbestände der Steuerhinterziehung, der Beitragsverkürzung und des Betruges prüft der BGH in NStZ 1984, 26, NJW 1984, 987, wistra 1984, 107; 1987, 102 und wistra 1987, 290, der Bildung einer kriminellen Vereinigung in NJW 1983, 1334 mit zahlreichen weiteren Hinweisen der Schriftleitung.

Bei isoliertem Verstoß gegen die Kennzeichnungs- oder Konkretisierungspflicht werden die Ordnungswidrigkeitentatbestände des § 16 Absatz 1 Nr. 1c und 1d AÜG erfüllt. Die Ordnungswidrigkeit kann sowohl vom Verleiher als auch vom Entleiher verwirklicht werden. Wird der LeiharbN nicht vor Beginn einer Überlassung darauf hingewiesen, dass er „als Leiharbeitnehmer“ eingesetzt wird, stellt dies einen Verstoß gem. § 16 Absatz 1 Nr. 8 dar.

**10. Steuern, Sozialversicherung.** In Fällen der Arbeitnehmerüberlassung ist derjenige als Arbeitgeber anzusehen, der dem Arbeitnehmer den Lohn im eigenen Namen und für eigene Rechnung (unmittelbar) auszahlt (BFH 2.4.1982, BStBl. II 1982, 502). Somit hat in der Regel der Verleiher als steuerrechtlicher Arbeitgeber den Lohnsteuereinbehalt vorzunehmen (R 19.1 Satz 5 LStR; *Schmidt/Krüger* EStG § 38 Rn. 4). Wird jedoch zB der Arbeitslohn im Fall unerlaubter Arbeitnehmerüberlassung (Verleiher besitzt nicht die nach § 1 AÜG erforderliche Erlaubnis) nicht vom Verleiher, sondern vom Entleiher unmittelbar an die Arbeitnehmer ausgezahlt, ist der Entleiher regelmäßig als steuerrechtlicher Arbeitgeber anzusehen mit der Verpflichtung den Lohnsteuereinbehalt vorzunehmen (R 19.1 Satz 6 LStR).

Über eine Haftung als Arbeitgeber gem. § 42d Abs. 1 Nr. 1 EStG hinaus, können der Verleiher und der Entleiher auch als Dritte für die Lohnsteuer haften, wenn sie nicht als steuerrechtlicher Arbeitgeber anzusehen sind (§ 42d Abs. 6, 7 EStG). Die Haftung des Entleihers kommt hierbei nur bei gewerbsmäßiger Arbeitnehmerüberlassung nach § 1 AÜG in Betracht (§ 42d Abs. 6 S. 1 EStG, R 42 d.2 Abs. 2 Satz 4 ff. LStR). Eine Haftung des Entleihers scheidet im Fall erlaubter Arbeitnehmerüberlassung aus, wenn er nachweisen kann, dass er den nach § 51 Abs. 1 Nr. 2 Buchst. d EStG vorgesehnen Mitwirkungspflichten nachgekommen ist (§ 42d Abs. 6 S. 2 EStG). Darüber hinaus haftete der Entleiher nicht, wenn er über das Vorliegen einer Arbeitnehmerüberlassung ohne Verschulden irrte. Entleiher und Verleiher sind Gesamtschuldner (§ 42d Abs. 6 S. 5 EStG). Der Entleiher darf gegenüber dem Verleiher jedoch nur subsidiär auf Zahlung in Anspruch genommen werden, wenn und soweit die Vollstreckung in das inländische bewegliche Vermögen des Verleihers fehlgeschlagen ist oder keinen Erfolg verspricht (§ 42d Abs. 6 S. 6 EStG). Zur Haftung nach § 42d Abs. 6, 7 EStG siehe auch *Schmidt/Krüger* EStG § 42d Rn. 66–73. Die vom Verleiher verschaffte Arbeit ist grundsätzlich sonstige Leistung iS vom § 1 Abs. 1 Nr. 1 UStG, die dafür in Rechnung gestellte Vergütung also umsatzsteuerpflichtig. Auch im Sozialversicherungsrecht ist die Abgrenzung der Arbeitnehmerüberlassung von anderen Verträgen vorzunehmen (BSG NZA 1988, 263 und 748 zur Abgrenzung vom Werkvertrag). Bei erlaubter Arbeitnehmerüberlassung hat der Verleiher als ArbG die Anzeigepflichten zu erfüllen und Sozialversicherungsbeiträge abzuführen (§§ 28a, 28e Abs. 1 SGB IV). Der Entleiher haftet aber wie ein selbstschuldnerischer Bürge (§ 28e Abs. 2 SGB IV), mit Zahlungsverweigerungsrecht, solange die Kasse den ArbG nicht gemahnt hat. Klagt die Einzugsstelle gegen den Verleiher, ist der Entleiher notwendig beizuladen (BSG NZA 1991, 446). Im fingierten Arbeitsverhältnis treffen den Entleiher alle Arbeitgeberpflichten; der unerlaubt tätige Verleiher ist Gesamtschuldner (§ 10 Abs. 3 AÜG; zum Betretungs- und Prüfungsrecht der Bundesanstalt für Arbeit BSG NZA 1993, 524 = DB 1993, 889). Der Entleiher hat im fingierten Arbeitsverhältnis auch die Beiträge zu den Sozialkassen im Baugewerbe zu bezahlen (LAG Hessen NZA 1994, 672 und BB 1994, 2283). Zum Anspruch auf Konkursausfallgeld – heute Insolvenzgeld – vgl. BSG AR-Blattei Zeitarbeit Entscheidungen 9, 10 und BSG BB 1985, 665.

**11. Verfahrensrecht.** Auseinandersetzungen zwischen Verleiher und Entleiher sind vor den ordentlichen Gerichten (AG, LG) auszutragen. Die in § 10 des Vertragsbeispiels vorgesehene Gerichtsstandsklausel setzt Vollkaufleute (§ 29 Abs. 2 ZPO) als Vertragspartner voraus. Im Streit um Ersatzansprüche wegen Auswahlverschuldens des Verleihers hat der Entleiher die volle Darlegungs- und Beweislast (OLG Hamburg BB 1973, 891 mwN).

**12. Betriebsverfassung.** Durch § 14 AÜG sind ua der Ausschluss des Leiharbeiters vom aktiven und passiven Wahlrecht zum Betriebsrat des Entleihers geregelt. Nach § 7 S. 2 nF BetrVG steht dem Leiharbeiter allerdings ein Wahlrecht im Betrieb des Entleihers zu, wenn der Einsatz bei diesem Entleiher länger als 3 Monate dauert. Vor der Übernahme eines LeihArbN ist der Betriebsrat des Entleihers nach § 99 BetrVG zu beteiligen.

Keine Beteiligung bei Arbeiten einer Drittfirma auf Grund Werkvertrages (BAG NZA 1992, 275 = DB 1992, 327). LeihArbN sind berechtigt, die Sprechstunden der Arbeitnehmervertretungen aufzusuchen und an den Betriebs- und Jugendversammlungen im Entleiherbetrieb teilzunehmen. Die §§ 81, 82 Abs. 1 und 84–86 BetrVG gelten auch für LeihArbN im Entleiherbetrieb. Der Entleiher muss dem Betriebsrat die schriftliche Erklärung des Verleihers nach § 12 Abs. 1 S. 3 AÜG vorlegen. Für den Bereich des Öffentlichen Dienstes ordnet § 14 Abs. 4 AÜG die sinngemäße Anwendung des BPersVG an. Bei der nichtgewerbsmäßigen Arbeitnehmerüberlassung bleibt der Arbeitnehmer ebenfalls Angehöriger des Verleiherbetriebes (BAG DB 1989, 1419; BAG AP AÜG § 14 Nr. 8 = NZA 2000, 1119 = DB 2000, 2330; zur Mitbestimmung des Betriebsrates des Verleihers BAG AP BetrVG 1972 § 99 Einstellung Nr. 32 = DB 2001, 2301 = NZA 2001, 1263; zur Einordnung von Wachmännern BAG NZA 1990, 364 und LAG Hamm DB 1987, 2575; zur eingeschränkten Unterrichtungspflicht auch LAG Köln DB 1987, 2106 und BAG DB 1989, 982). Das Amt des Betriebsrates beim Verleiher endet mit Beginn eines fingierten Arbeitsvertrages (BAG AP BetrVG 1972 § 103 Nr. 9 mAnm *Moritz* = NJW 1977, 1413; zur Anrechnung von Zeiten der Eingliederung in den Entleiherbetrieb als Leiharbeiter als Wartezeit iSv § 8 Abs. 1 BetrVG ArbG Berlin NZA 1990, 788 = DB 1989, 2072). Der Betriebsrat des Entleihers kann nach § 87 Abs. 1 Nr. 2 BetrVG über Beginn und Ende der Arbeitszeit auch für Leiharbeiter mitbestimmen (BAG NZA 1993, 513 = DB 1993, 888 = BB 1993, 648).

## 50. Leiharbeitsvertrag[1, 2, 8, 9, 10, 11, 12, 13]

**Zwischen der Firma . . . . ., (Ort, Straße) (im Folgenden Arbeitgeber genannt)**

**und**

**Herrn/Frau . . . . ., geb. am . . . . . in . . . . ., wohnhaft in . . . . . (Ort, Straße) (im Folgenden Mitarbeiter genannt) wird hierdurch ein Leiharbeitsvertrag geschlossen, der dem Gesetz zur Regelung der Arbeitnehmerüberlassung (AÜG) unterliegt.**

**§ 1 Erlaubnis[7]**

**Der Arbeitgeber erklärt, dass er im Besitze der Erlaubnis zur Arbeitnehmerüberlassung ist, ausgestellt v. . . . . . in . . . . . am . . . . .**

**§ 2 Merkblatt**

**Der Mitarbeiter bestätigt durch seine Unterschrift unter diesen Vertrag zugleich, dass er vom Arbeitgeber das Merkblatt der Bundesagentur für Arbeit über den wesentlichen Inhalt des AÜG in . . . . . Sprache erhalten hat.**

**§ 3 Art und Ort der Arbeit**

**(1) Der Mitarbeiter wird als Arbeiter/Angestellter, fachlich als . . . . . beschäftigt. Der Arbeitgeber behält sich vor, dem Mitarbeiter unter Aufrechterhaltung der vereinbarten Vergütung eine andere zumutbare Arbeit zuzuweisen, die seinen Fähigkeiten und Vorkenntnissen entspricht.**

**(2) Der Arbeitgeber bestimmt jederzeit widerruflich den Betrieb, in dem der Mitarbeiter eingesetzt wird. Der Mitarbeiter ist verpflichtet, auch außerhalb seines Wohnortes im Gebiet der Postleitzahlen . . . . . zu arbeiten. Hinsichtlich seiner jeweiligen Tätigkeit unterliegt der Mitarbeiter im Einzelnen dem Weisungsrecht des Entleihers.**

(3) Der Mitarbeiter verpflichtet sich, den Arbeitgeber unverzüglich in Kenntnis zu setzen, sofern seine Arbeitsgenehmigung oder Aufenthaltsgenehmigung endet oder sonstwie eingeschränkt wird.

§ 4 Beginn und Dauer[4]

Das Arbeitsverhältnis beginnt am . . . . . und dauert unbestimmte Zeit, endet jedoch spätestens mit Ablauf des Monats, in dem der Mitarbeiter die gesetzliche Regelaltersgrenze vollendet. Vor dem Beginn des Arbeitsverhältnisses ist die ordentliche Kündigung ausgeschlossen.

§ 5 Probezeit, Kündigung[5]

(1) Die ersten zwei Monate des Arbeitsvertrages gelten als Probezeit.

(2) Während der Probezeit gilt beiderseits eine Kündigungsfrist von zwei Wochen, danach gelten für die Kündigungsfrist die gesetzlichen Bestimmungen.

§ 6 Wesentliche Arbeitsbedingungen beim Entleiher[6]

Für die Zeit der Überlassung gelten die im Betrieb des Entleihers für einen vergleichbaren Arbeitnehmer des Entleihers wesentlichen Arbeitsbedingungen einschließlich des Arbeitsentgelts. Vor der Überlassung werden die wesentlichen Arbeitsbedingungen des jeweiligen Entleiherbetriebes in einer Anlage schriftlich niedergelegt und zwischen den Parteien als weiterer Bestandteil dieses Vertrages vereinbart.

Alternativ:

*§ 6 Anwendung von Tarifrecht*[3]

*Zwischen den Vertragsparteien wird die Anwendung des Manteltarifvertrages . . . . . auf das Arbeitsverhältnis vereinbart. Der Manteltarifvertrag findet in seiner jeweils gültigen Fassung Anwendung.*

*(Anmerkung: In Falle der Vereinbarung der Anwendung eines Tarifvertrages sind die nachfolgenden Regelungen unter §§ 7–10 entbehrlich, sofern der Tarifvertrag entsprechende Regelungen enthält).*

§ 7 Arbeitsentgelt

(1) Für die Zeit der Überlassung wird dem Mitarbeiter ein Arbeitsentgelt entsprechend § 6 des Vertrages gewährt.

(2) Ein Anspruch auf Überstundenvergütung besteht nur, wenn die Überstunden im Einvernehmen mit dem Arbeitgeber geleistet worden oder zur Erledigung der obliegenden Arbeiten notwendig geworden sind.

(3) Während der Zeit, in der der Mitarbeiter nicht verliehen wird, erhält der Mitarbeiter eine Stundenvergütung von EUR . . . . . (brutto).

(4) Die Vergütung wird im Nachhinein zum Monatsende ausgezahlt.

§ 8 Arbeitszeit

(1) Für die Zeit der Überlassung gelten die im Betrieb des Entleihers gültigen Arbeitszeit-, Pausen- und Überstundenregelungen entsprechend § 6 des Vertrages.

(2) Die regelmäßige wöchentliche Arbeitszeit beträgt im Übrigen für die Zeiten, in denen der Mitarbeiter nicht verliehen wird, ausschließlich der Pausen . . . . . Stunden. Diese sind für den Mitarbeiter auf fünf Tage zu verteilen, wenn betriebliche Erfordernisse dieser Regelung nicht entgegenstehen. Des Weiteren richten sich Beginn und Ende der täglichen Arbeitszeit sowie der Pausen nach den betrieblichen Gepflogenheiten im Ver-

leiherbetrieb. Der Mitarbeiter verpflichtet sich, Nacht-/Wechselschicht-/Sonntags- und Mehrarbeit zu leisten, soweit dies gesetzlich zulässig ist.

§ 9 Arbeitsverhinderung und Freistellung

(1) Bei Arbeitsverhinderung ist der Mitarbeiter verpflichtet, dem Arbeitgeber unter Angabe der Gründe unverzüglich, möglichst fernmündlich Mitteilung zu machen. Bei schuldhafter Verletzung dieser Mitteilungspflicht ist der Mitarbeiter dem Arbeitgeber zum Schadenersatz verpflichtet. Das Recht des Arbeitgebers, das Arbeitsverhältnis bei Vorliegen besonderer Umstände aus wichtigem Grunde fristlos zu kündigen, bleibt hiervon unberührt.
(2) Bei krankheitsbedingter Arbeitsunfähigkeit ist der Mitarbeiter darüber hinaus verpflichtet, vor Ablauf des 3. Kalendertages nach Beginn der Arbeitsunfähigkeit dem Arbeitgeber eine ärztliche Bescheinigung über die Arbeitsunfähigkeit sowie deren voraussichtliche Dauer einzureichen. Dauert die Arbeitsunfähigkeit über die vom Arzt angegebene voraussichtliche Dauer weiter an, ist der Mitarbeiter verpflichtet, eine neue ärztliche Bescheinigung vorzulegen.
(3) Höhe und Dauer der Entgeltfortzahlung richten sich nach den gesetzlichen Bestimmungen.
(4) Im Übrigen bleibt der Vergütungsanspruch in Fällen einer Arbeitsverhinderung aus persönlichen Gründen iSv § 616 BGB bestehen.

§ 10 Urlaub

(1) Für die Zeit der Überlassung gelten die im Betrieb des Entleihers gültigen Urlaubsregelungen entsprechend § 6 des Vertrages.
(2) Im Übrigen gelten die Bestimmungen des Bundesurlaubsgesetzes.

§ 11 Arbeitskampf

Der Mitarbeiter ist nicht verpflichtet, in einem Betrieb zu arbeiten, der unmittelbar von einem rechtmäßigen Arbeitskampf betroffen ist.

§ 12 Form, Teilunwirksamkeit

(1) Änderungen und Ergänzungen sowie die Aufhebung auch nur einzelner Bestimmungen dieses Vertrages bedürfen zu ihrer Wirksamkeit der Schriftform.
(2) Sollten einzelne Regeln dieses Vertrages nicht wirksam sein, berührt dies den Vertrag im Übrigen nicht. Arbeitgeber und Mitarbeiter sind in einem solchen Falle verpflichtet, einander so zu stellen, als sei eine Ersatzregelung vereinbart, die den wirtschaftlichen Zweck der unwirksamen Regel möglichst weitgehend in wirksamer Weise erfüllt.

. . . . . (Ort), den . . . . .

| | |
|---|---|
| . . . . . | . . . . . |
| Unterschrift | Unterschrift |

*Schrifttum:* → Form. XIX.49.

## Anmerkungen

**1. Wesen der Leiharbeit.** → Form. XIX.49 Anm. 1. Der Leiharbeitsvertrag ist Arbeitsvertrag zwischen Verleiher und Arbeitnehmer mit der Besonderheit, dass der ArbN von vornherein sein Einverständnis mit nach einseitigen Weisungen des ArbG wechselnden Einsätzen in fremden Betrieben erklärt. Darin liegt zugleich das Einverständnis mit der Übertragung des Anspruches auf die Dienste auf einen Dritten (§ 613 S. 2 BGB). Da die Inhaber der Betriebe, in denen er arbeitet, nicht seine Vertragspartner sind, kommt der

Leiharbeiter grundsätzlich nicht in den Genuss von Sozialleistungen der Entleiherbetriebe. Etwas anderes gilt jedoch für den Zeitraum der Überlassung dann, wenn es sich bei diesen Leistungen um wesentliche Arbeitsbedingungen iSd § 8 AÜG handelt. Jedem Entleiher steht aber in jedem Fall – ohne Vertrag – das Direktionsrecht zu; auch hat der Leiharbeiter betriebliche Ordnungen der Entleiher zu beachten. Entgegen sonst für den Arbeitskampf angewandten Grundsätzen trägt der ArbN nicht das Lohnrisiko bei Streik und Aussperrung im Entleiherbetrieb (BAG AP BGB § 615 Betriebsrisiko Nr. 29 = NJW 1973, 1295, 1629 mAnm *Becker*).

**2. Inhalt und Form.** Das AÜG enthält einen Katalog von unabdingbaren Pflichten des ArbG (Verleihers) über Gestaltung (Form) und Inhalt des Vertrages, deren Verletzung zwar nicht immer zur Unwirksamkeit des Vertrages, uU aber zu Schadenersatzansprüchen des ArbN und zu Maßnahmen der Arbeitsverwaltung gegen den Verleiher führen. Durch §§ 15–16 AÜG sind Pflichtverletzungen des Verleihers auch mit Strafe und Buße bedroht. Das hier gewählte Beispiel beschränkt sich auf die Erfüllung der Mindestanforderungen von § 11 AÜG in Verbindung mit den Bestimmungen des Nachweisgesetzes (§ 11 Abs. 1 AÜG). Soll der Mitarbeiter länger als 1 Monat im Ausland arbeiten, müssen die weitergehenden Anforderungen des § 2 Abs. 2 NachwG erfüllt sein. Soweit auf zwischen dem Bundesverband Zeitarbeit und Gewerkschaften abgeschlossene Tarifverträge Bezug genommen wird, dürfte die Pflicht zur schriftlichen Festlegung von Regelungen erfüllt sein. Die Mitglieder des Bundesverbandes Zeitarbeit eV unterliegen einer Selbstverpflichtung hinsichtlich bestimmter sozialer Leistungen. Der gesetzlich geforderte Nachweis der wesentlichen Vertragsbedingungen kann durch den Leiharbeitsvertrag oder aber durch Aushändigung einer Niederschrift erfolgen, die dem ArbN spätestens einen Monat nach dem vereinbarten Beginn des Arbeitsverhältnisses zu übergeben ist (§ 2 Abs. 1 NachwG).

**3. Tarifrecht.** Es gelten die allgemeinen Regeln. Das Tarifrecht, dem der Entleiher unterworfen ist, ist auf den Arbeitsvertrag nicht anzuwenden, solange dies nicht zwischen den Parteien vereinbart oder nicht ein Arbeitsverhältnis mit dem Entleiher gesetzlich fingert wird (→ Anm. 7) oder aber das Tarifrecht wesentliche Arbeitsbedingungen enthält, die entsprechend dem § 8 Abs. 2–4 AÜG zur Anwendung kommen. Für Unternehmen, die überwiegend Arbeitnehmerüberlassung betreiben, gelten spezielle Tarifverträge, zB für das Elektrohandwerk, nicht (LAG Köln NZA-RR 2001, 648).

**4. Befristung.** Die Bestimmungen über die eingeschränkten Möglichkeiten der wiederholten Befristung von Leiharbeitsverhältnissen (§§ 9 Nr. 2, 3 Abs. 1 Nr. 3, Nr. 5 AÜG aF) sind zwischenzeitlich ersatzlos aufgehoben worden. Dadurch bestimmt sich die Zulässigkeit der Befristung eines Leiharbeitsverhältnisses allein nach Maßgabe der Regelungen aus § 14 TzBfG. Der ArbN muss die Dreiwochenfrist des § 4 KSchG beachten, wenn er die Unwirksamkeit einer Befristung geltend machen will (§ 17 TzBfG).

**5. Kündigung.** Die Wirksamkeit einer Kündigung ist nach den allgemeinen Vorschriften zu beurteilen. Die Sonderbestimmungen der §§ 9 Nr. 3, 3 Abs. 1 Nr. 4 AÜG aF sind zwischenzeitlich auch aufgehoben worden.

**6. Beschränkung der Vertragsfreiheit.** → Form. XIX.49 Anm. 1, 2 und → Form. XIX.49 Anm. 7. Nach § 9 Abs. 1 Nr. 2 AÜG sind Vereinbarungen unwirksam, die für einen LeihArbN für die Zeit der Überlassung an einen Entleiher schlechtere als die im Betrieb des Entleihers für einen vergleichbaren ArbN des Entleihers geltenden wesentlichen Arbeitsbedingungen einschließlich des Arbeitsentgelts vorsehen, es sei denn, es liegen die in § 8 Absatz 2 und 4 Satz 2 AÜG normierten Ausnahmetatbestände vor. Demzufolge steht es dem Verleiher frei, für Zeiten, in denen er seinen Mitarbeiter nicht verleihen kann, abweichende Regelungen zu vereinbaren, wie dies im Beispielsfall erfolgt ist. Als ausnahmebegründende Alternative im Rahmen von § 8 Absatz 2 und 4 Satz 2 AÜG kann die

Anwendung eines bestimmten Tarifvertrages vereinbart werden. Im Falle des Verstoßes gegen das Schlechterstellungsverbot ist der LeihArbN gemäß § 8 Abs. 1 AÜG berechtigt, von dem Verleiher die im Entleiherbetrieb geltenden wesentlichen Arbeitsbedingungen einschließlich Arbeitsentgelt zu verlangen. Nach § 9 Abs. 1 Nr. 3 und 4 AÜG sind (bei Aufrechterhaltung des Vertrages im Übrigen) auch Vereinbarungen unwirksam, die dem Entleiher die Einstellung des Leiharbeiters in sein Unternehmen und dem Leiharbeiter die Eingehung eines Arbeitsverhältnisses mit dem Entleiher untersagen (Wettbewerbsverbot). Die Vorschriften sind verfassungsrechtlich unbedenklich. Der ArbG kann allerdings seit dem 1.1.2004 dem wirtschaftlichen Risiko für den Verlust des ArbN dadurch entgegenwirken, indem er mit dem Entleiher eine Vergütung für den wechselnden ArbN vereinbart (§ 9 Abs. 1 Nr. 3 Hs. 2 AÜG). Die Vergütung muss sich allerdings im angemessen Rahmen bewegen, da andernfalls auch eine wesentliche Behinderung und Erschwernis des LeihArbN im Hinblick auf die Wahrnehmung seines verfassungsrechtlich geschütztes Rechts auf freie Wahl seines Arbeitsplatzes vorliegen dürfte. Vereinbarungen einer Vermittlungsgebühr mit dem LeihArbN sind indes unwirksam (§ 9 Abs. 1 Nr. 5 AÜG).

**7. Unwirksamkeit von Arbeitsverträgen; fingiertes Arbeitsverhältnis.** → Form. XIX.49 Anm. 2 und 7. Fehlt dem ArbG (Verleiher) die Erlaubnis nach § 1 AÜG oder fällt sie weg, ist das Arbeitsverhältnis Verleiher/Arbeitnehmer unwirksam (§ 9 Nr. 1 AÜG). Es wird durch das fingierte Arbeitsverhältnis mit dem Entleiher ersetzt (§ 10 Abs. 1 S. 1 AÜG). Auch ein kumulierter Verstoß gegen die seit 1.4.2017 neu ins AÜG eingefügten Kennzeichnungspflicht und Konkretisierungspflicht führt ebenfalls zur Unwirksamkeit des Leiharbeitsverhältnisses sowie zur Begründung eines fingierten Arbeitsverhältnisses zwischen LeiharbN und Entleiher gem. §§ 9 Abs. 1 Nr. 1a, 10 Abs. 1 S. 1 AÜG. Entsprechendes gilt ebenso beim Überschreiten der Überlassungshöchstdauer von 18 Monaten gem. dem ebenso neu eingefügten § 9 Abs 1 Nr 1b AÜG. Das fingierte Arbeitsverhältnis ist ein aus verschiedenen Bestimmungen zusammengesetzter Vertrag. Ein nach § 10 Abs. 1 AÜG fingiertes Arbeitsverhältnis wird gem den Bestimmungen des § 10 Abs 1 Satz 3 bis 5 AÜG näher geregelt. So gilt die zwischen Verleiher und Entleiher vereinbarte Arbeitzeit (§ 10 Abs. 1 S. 3 AÜG). Im Übrigen bestimmen sich Inhalt und Dauer des Arbeitsverhältnisses nach den für den Betrieb des Entleihers geltenden Vorschriften und sonstigen Regelungen (§ 10 Abs. 1 S. 4 AÜG). Der LeihArbN hat allerdings gegen den Entleiher mindestens Anspruch auf das mit dem Verleiher vereinbarte Arbeitsentgelt (§ 10 Abs 1 Satz 5 AÜG). Die Fiktion greift nicht ein, wenn der ArbN mit dem bisherigen Entleiher ein neues Arbeitsverhältnis begründet (BAG AP AÜG § 10 Nr. 1 = DB 1980, 883).

**8. Weisungen. Fürsorgepflicht, Treuepflicht.** → Form. XIX.49 Anm. 3 und → Form. XIX.49 Anm. 4.

**9. Haftung des Arbeitnehmers.** → Form. XIX.49 Anm. 5. Die Grundsätze der Haftungserleichterung im Arbeitsverhältnis gelten auch zugunsten des Leiharbeiters. Der Arbeitnehmer kann einen Freistellungsanspruch gegen den Verleiher haben (LAG Düsseldorf DB 1990, 240).

**10. Haftung des Entleihers.** Der Fürsorgepflicht des Entleihers auch ohne Vertrag entspricht seine Schadenersatzpflicht gegenüber dem ArbN. Man wird diese Fürsorgepflicht jedoch als Grund für die Haftungserleichterung aus § 104 SGB VII anzuerkennen haben (zum Haftungsprivileg vgl. zB BGH VersR 1982, 40).

**11. Form (§ 12 Abs. 1).** → Form. XIX.26 Anm. 8.

**12. Steuern, Sozialversicherung.** → Form. XIX.49 Anm. 10. Der ArbN hat gem. § 28o SGB IV die erforderlichen Angaben zu machen.

**13. Betriebsverfassung.** → Form. XIX.49 Anm. 12.

## 51. Mittelbares Arbeitsverhältnis[1, 3, 4, 5, 6, 8]

a) Saisonvertrag

zwischen

Herrn . . . . . wohnhaft in . . . . ., Leiter der Tanzkapelle . . . . . (im Folgenden Leiter genannt)

und

Herrn/Firma . . . . . in . . . . . (im Folgenden Hotelier genannt).

§ 1 Umfang der Leistung

Der Leiter verpflichtet sich, in der Zeit von Samstag, den . . . . . bis Sonntag, den . . . . . täglich außer montags jeweils von 20.00 Uhr bis 24.00 Uhr, an Samstagen bis 1.00 Uhr nachts, in der Tanzbar des Hotels . . . . . mit seiner aus mindestens 4 Personen bestehenden Kapelle Tanzmusik zu spielen. Im genannten Zeitraum ist der Vertrag beiderseits nur aus wichtigem Grund kündbar.

§ 2 Einrichtung und Instrumente

Der Hotelier stellt Beleuchtungskörper und ein mechanisches Klavier zur Verfügung. Die weiteren Musikinstrumente samt Zubehör, Noten und elektrische Verstärkeranlage beschafft der Leiter.

§ 3 Vergütung[2, 7]

Der Hotelier bezahlt für die vom Leiter und seiner Kapelle zu erbringenden Leistungen ab . . . . . jeweils samstags, also wöchentlich im Voraus, an den Leiter EUR . . . . . brutto. Der Leiter entlohnt selbst die Musiker seiner Kapelle. Er sorgt auch dafür, dass die Steuern abgeführt und die Sozialversicherungsbeiträge bezahlt werden. Der Hotelier kann jeweils zum Monatsende und vor Auszahlung der letzten Wochenvergütung vom Leiter den Nachweis verlangen, dass Steuern und Sozialversicherungsbeiträge bezahlt sind.

§ 4 Sonstige Kosten

Der Hotelier trägt die GEMA-Gebühren und die Kosten des elektrischen Stromes. Alle sonstigen Unkosten trägt der Leiter.

§ 5 Musikerverträge

Der Leiter schließt in eigenem Namen Arbeitsverhältnisse mit weiteren Musikern zur Mitwirkung in der Tanzkapelle ab. Die Auswahl dieser Musiker ist allein seine Sache. Er hat den Hotelier von allen etwaigen Ansprüchen, die den Musikern gegenüber dem Hotelier erwachsen sollten, freizustellen.

. . . . . (Ort), den . . . . .

. . . . .
Unterschrift

. . . . .
Unterschrift

b) Musikervertrag

Herr . . . . ., Musiker, wohnhaft in . . . . ., hat sich . . . . . am . . . . . gegenüber Herrn . . . . ., Leiter der Tanzkapelle . . . . ., zur Mitwirkung bei der Aufführung von Tanzmusik verpflichtet. Während der Dauer des vom Leiter der Kapelle eingegangenen Engagements

**im Hotel ..... in ....., das ist die Zeit von ..... bis ....., ist der Vertrag beiderseits nur aus wichtigem Grunde kündbar. In diesem Zeitraum besteht die Mitwirkungspflicht des Musikers täglich außer montags, jeweils von 20.00 Uhr bis 24.00 Uhr, an Samstagen bis 1.00 Uhr nachts. Der Musiker erhält vom Leiter eine Vergütung von wöchentlich EUR ..... brutto, zahlbar jeweils mittwochs im Voraus. Im Übrigen gelten die gesetzlichen Bestimmungen.**

**..... (Ort), den .....**

**.....** **.....**

**Unterschrift** **Unterschrift**

*Schrifttum: Däubler* FS Buchner 2009, 163; *Heinze,* Zum Arbeitsrecht der Musiker, NJW 1985, 2112 (2118); *Kauffmann,* Zum Begriff des mittelbaren Arbeitsverhältnisses, seinen Voraussetzungen und Wirkungen, RdA 1951, 176; *Konzen,* Arbeitsrechtliche Drittbeziehungen, ZfA 1982, 259; *Marburger,* Versicherungs- und Beitragspflicht bei mittelbaren Beschäftigungsverhältnissen, BlStSozArbR 1976, 120; *Ramm,* Die Aufspaltung der Arbeitgeberfunktion, ZfA 1973, 263; *Waas,* Das sogenannte „mittelbare Arbeitsverhältnis", RdA 1993, 153.

## Anmerkungen

**1. Wesen.** Das im Sozialversicherungsrecht zum Schutze mittelbar Beschäftigter entstandene Institut des mittelbaren Arbeitsverhältnisses hat nur geringe praktische Bedeutung (z.B. Engagement einer Musikkapelle (ErfK/*Preis* BGB § 611a Rn. 172 ff). Die Auswahl der Begriffe für die beteiligten Personen ist vielfältig; hier sollen der Einfachheit halber die Bezeichnungen aus den konkreten Vertragsbeispielen verwandt werden. Im Allgemeinen wird das mittelbare Arbeitsverhältnis als ein Tatbestand umschrieben, in dem ein ArbN sich gegenüber einem Mittelsmann, der selbst ArbN eines Dritten ist, zur Leistung von Arbeit verpflichtet, die tatsächlich mit Wissen des Dritten diesem unmittelbar geleistet wird. Insoweit liegt eine Ausnahme zu § 613 vor, wonach der zur Dienstleistung Verpflichtete die Dienste iZw. in Person zu erbringen hat. Bei Drittmittelprojekten im Hochschulbereich wurde früher geprüft, ob der wissenschaftliche Mitarbeiter des Hochschullehrers in einem mittelbaren Arbeitsverhältnis zur Hochschule oder ihrem Träger steht (verneinend BAG NZA 1989, 342 = DB 1989, 388 = BB 1989, 1675). Geprüft wurde, ob durch die Einschaltung eines Mittelsmannes rechtsmissbräuchlich die Entstehung eines Arbeitsverhältnisses zum „Unternehmer" verhindert werden sollte, insbesondere wenn schriftliche Vertragstexte und die praktische Handhabung nicht übereinstimmten (BAG AP BGB § 611 Abhängigkeit Nr. 57 = BB 1990) Das hier gewählte Beispiel soll die Zweistufigkeit auch äußerlich durch zwei getrennte Verträge an einem in der Praxis noch anzutreffenden Tatbestand aufzeigen (im Hinblick auf die Vermittlungstätigkeit der den Landesarbeitsämtern angeschlossenen „Künstlerdienste" wird meist der Vordruck „Kapellenvertrag", Verlag Lintz, Düsseldorf verwendet). Beide Verträge sind eindeutig Arbeitsverträge (BAG verneinend bei einem Organisator und Dirigenten eines Kurorchesters BAG DB 2010, 788 = AP BGB § 611 Abhängigkeit Nr. 119), beide auf ein Minimum von Regelungen beschränkt. Zur Problematik des Missbrauchs der Vertragsfreiheit → Anm. 2 aE. Der Vertrag überlässt die Auswahl der Musiker dem Leiter (zu einem Fall des Mitspracherechtes des Hoteliers vgl. BAG AP BGB § 399 Nr. 3 = DB 1964, 1666).

**2. Ansprüche gegen den Hotelier.** Ob der im Beispiel genannte Musiker-ArbN Lohnansprüche zumindest subsidiär gegen den Hotelier geltend machen kann, ist streitig. Die Literatur bejaht überwiegend den subsidiären Anspruch (MünchArbR/*Marschall* 2. Aufl. § 172 Rn. 21 mwN). In der Rechtsprechung wurde vielfach im Interesse der Einzelfallgerechtigkeit auf mehr oder weniger sich anbietende Wertungen des Sachverhaltes zurückgegriffen: Das LAG München (ArbRSlg. 29, L 26) prüft, ob nach den Umständen nicht doch ein direkter Vertrag zwischen dem Musiker und dem Hotelier zustande kam. Im Falle LAG Düsseldorf (ArbRSlg. 34, L 49) half eine Tarifordnung zum gewünschten Ergebnis. Das LAG Bremen (AP BGB § 611 Nr. 1 mittelbares Arbeitsverhältnis mAnm *Trieschmann*) folgert den unmittelbaren Vertragsschluss Hotelier-Musiker trotz Bestreitens des Hoteliers aus dem Umstand, dass der Leiter der Kapelle bei Abschluss des Vertrages mit dem Musiker erklärt hatte, „als Beauftragter des Unternehmers" zu handeln (vgl. auch RAG ArbRSlg. 12, 369 und *A. Hueck* in einer Anm. zu LAG Bremen AP 1953 Nr. 121). Nach LAG Hessen (BB 1952, 86; vgl. auch *Kauffmann* S. 176) haftet der Hotelier aus einem stillschweigenden Garantievertrag (zu einem Sonderfall vgl. auch LAG Hamburg BB 1993, 145). Der 3. Senat des BAG (AP BGB § 611 Nr. 2 mittelbares Arbeitsverhältnis = NJW 1957, 1165) ging von der Möglichkeit subsidiärer Haftung des Hoteliers aus. Davon rückte der 4. Senat ab (AP 3 aaO mAnm *G. Hueck* = NJW 1959, 454): wem eine Leistung wirtschaftlich zugute kommt, der hafte deshalb nicht vertraglich, auch dann nicht, wenn er Weisungsbefugnisse ausübe (Vertragstheorie). Dieser Entscheidung schloss sich der 5. Senat an (AP BGB § 611 Abhängigkeit Nr. 19 mAnm *Beuthien/Wehler* = DB 1976, 346), prüft aber jeweils, ob eine Einstandspflicht unter dem Gesichtspunkt des Missbrauchs der Vertragsfreiheit in Frage kommt (in casu verneinend; vgl. auch BAG AP § 611 Rotes Kreuz Nr. 10 mAnm *Mayer-Maly* DB 1979, 2282 in 3b der Gründe; BAG EzA § 611 Arbeitnehmerbegriff Nr. 32). Dieser Gedanke dürfte dann nahe liegen, wenn die Zahl der zusammenwirkenden ArbN gering ist und nach den Umständen direkte Kontakte zwischen ArbG und allen ArbN angenommen werden können, ein berechtigendes Interesse an der zweistufigen Ausgestaltung der Arbeitsverträge also nicht ohne weiteres einzusehen ist (dazu BAG AP BGB § 611 Nr. 5 mittelbares Arbeitsverhältnis mAnm *Koller* = BB 1983, 59). In einer weiteren Entscheidung hat das BAG betont, bei Bestehen eines mittelbaren Arbeitsverhältnisses müsse sich der ArbN mit seinen Ansprüchen in erster Linie an seinen unmittelbaren ArbG halten und könne den mittelbaren ArbG nur dann in Anspruch nehmen, wenn er gegenüber dem unmittelbaren ArbG nicht zu seinem Recht kommen könne (BAG EzAÜG § 611 BGB Leiharbeitsverhältnis Nr. 5). Im hier gewählten Beispiel besteht deshalb für den Hotelier das Risiko, von den Musikern direkt in Anspruch genommen zu werden.

**3. Fürsorgepflicht.** Entsprechendes gilt für Ansprüche der Musiker gegen den Hotelier aus Verletzung der Fürsorgepflicht. Die oben → Anm. 2 genannte Literatur bejaht die Fürsorgepflicht des Hoteliers mit der Folge, dass dieser für Hilfskräfte nach § 278 BGB und nicht nur nach § 831 BGB einzustehen hat.

**4. Urlaub.** Die mittelbaren ArbN – hier die Musiker – haben Urlaubsansprüche nur gegen den Mittelsmann – hier den Leiter (BAG AP BGB § 611 mittelbares Arbeitsverhältnis Nr. 5 = NJW 1983, 645 und BAG AP HRG § 25 Nr. 1 = NZA 1989, 342 = DB 1989, 388).

**5. Haftung für Schlechtleistung.** Der Mittelsmann hat grundsätzlich für Schlechtleistung seiner ArbN einzustehen. Ein an sich möglicher vertraglicher Haftungsausschluss (§ 278 S. 2 BGB gestattet insoweit auch den Ausschluss für Vorsatz) ist angesichts der Art der Arbeitsleistung im Beispielsfall kaum sinnvoll. Im Falle eines Gruppenarbeitsverhältnisses einer Musikkapelle wurde das außerordentliche Kündigungsrecht des Hoteliers gegenüber allen Musikern schon bei Schlechtleistung eines Einzelnen anerkannt (BAG AP BGB § 626 Nr. 39 mAnm *A. Hueck* = BB 1960, 594).

**6. Kündigung.** Nur der Mittelsmann (hier der Leiter) kann das Arbeitsverhältnis zum Musiker kündigen. Allenfalls in einem Ausnahmefall (wie BAG DB 1959, 892 = BB 1959, 814) kann dem Hotelier eine eigene Kündigungsbefugnis nach § 185 Abs. 1 BGB zugestanden werden (ErfK/*Preis* BGB § 611 Rn. 174). Hat der Leiter gekündigt, muss der Arbeitnehmer seine Kündigungsschutzklage gegen ihn richten (BAG AP BGB § 611 Abhängigkeit Nr. 57 = BB 1990, 1064 mAnm *Skaupy*). Ob der Leiter ein Kleinbetrieb iSv § 23 KSchG ist, richtet sich nicht nach der Anzahl der beim Hotelier sondern bei ihm Beschäftigten (BAG AP BGB § 611 mittelbares Arbeitsverhältnis Nr. 5 in 3a der Gründe).

**7. Sozialversicherung, Steuer.** Den Hotelier trifft im Beispiel die Pflicht, Sozialversicherungsbeiträge abzuführen (*Marburger* S. 122 mwN). Man wird im „Saisonvertrag" des Hoteliers mit dem Leiter kaum einen Werkvertrag sehen können (so aber, wohl zu Unrecht, LSG Bayern, Die Beiträge 1960, 223 für einen Vertrag, der die Einspielung von Bandaufnahmen zum Gegenstand hatte). Die Lohnsteuerabführungspflicht trifft grundsätzlich den bürgerlichrechtlichen ArbG. Für die steuerliche Behandlung der in Gastwirtschaften spielenden Musiker besteht die widerlegbare Vermutung, dass es sich um ArbN des Gastwirts handelt. Dies soll dann nicht gelten, wenn nur gelegentlich für den Gastwirt gespielt wird (BFH BStBl. II 1977, 178; dazu auch FG Nürnberg NJW 1985, 2160), oder wenn die Kapelle als selbstständige Gesellschaft oder der Kapellmeister als ArbG auftritt. Die Finanzgerichte können die Unwirksamkeit einer bestimmten vertraglichen Gestaltung im Rahmen der §§ 41, 42 AO eigenständig beurteilen. Der BFH (BStBl. II 1974, 72c) hat in einer Erklärung des Leiters einer Kapelle, wonach diese selbstständig sei und für ihre steuerlichen Belange selbst aufkomme, kein Hindernis für die steuerliche Inanspruchnahme des Hoteliers gesehen.

**8. Betriebsverfassung.** Die Musiker sind betriebsverfassungsrechtlich ArbN des Hotelbetriebes (ErfK/*Koch* BetrVG § 5 Rn. 2; einschränkend *Schaub* ArbR-HdB 17. Aufl. § 212 Rn. 9 mwN: sofern sie dem Weisungsrecht des mittelbaren ArbG unterliegen; vgl. BAG NZA 1986, 689 = DB 1986, 2497 = BB 1986, 1986; BAG NZA 1987, 424 = DB 1987, 747 = BB 1987, 900, und zwar auch dann, wenn der Mittelsmann nicht in einem Arbeitsverhältnis zum Unternehmer steht (BAG NZA 1989, 804 = DB 1990, 179 = BB 1989, 1622).

## 52. Gruppenakkordvertrag[1, 6, 8]

**Zwischen der Firma . . . . . in . . . . . (im Folgenden Firma genannt) und der Fliesenlegerkolonne bestehend aus**

**1. . . . . . (Gruppenführer)**

**2. . . . . .**

**3. . . . . .**

**(im Folgenden die Kolonne genannt) wird folgender Vertrag geschlossen.**

**§ 1 Gegenstand[2]**

**Die Firma schließt hierdurch mit den oben genannten Mitgliedern der Kolonne auf unbestimmte Zeit einen Arbeitsvertrag ab, durch den die Kolonne sich zur handwerklich einwandfreien Ausführung von Fliesenlegerarbeiten in von der Firma benannten Objekten verpflichtet.**

§ 2 Gruppenführer

Der Gruppenführer ist von den Mitgliedern der Kolonne bevollmächtigt, in deren Namen alle rechtserheblichen Erklärungen der Firma, die sich auf diesen Vertrag beziehen sowie alle Zahlungen der Firma entgegenzunehmen.

§ 3 Vergütung[4]

(1) Die Firma vergütet der Kolonne insgesamt
a) für jeden fertigverlegten qm Wandfliesen EUR . . . . . brutto
b) für jeden fertigverlegten qm Bodenfliesen EUR . . . . . brutto
c) . . . . .

Die Vergütung ist monatlich im Nachhinein fällig.

(2) Die Verteilung der von der Firma ausbezahlten Nettobeträge ist Sache der Kolonne. Für die Errechnung der von der Firma abzuführenden Sozialversicherungsbeiträge und Steuern teilt der Gruppenführer der Firma die Aufteilung der Vergütung mit. Liegt eine anders lautende Mitteilung nicht vor, geht die Firma von gleichen Anteilen aller Mitglieder aus.

§ 4 Material, Werkzeug

(1) Alle erforderlichen Baumaterialien stellt die Firma jeweils rechtzeitig zur Verfügung. Die Firma hat auch dafür zu sorgen, dass alle Materialien an die Stelle gebracht werden, an der sie zu verarbeiten sind.

(2) Die Kolonne beschafft sich selbst das erforderliche Werkzeug.

§ 5 Kündigung[3]

(1) Der Vertrag kann seitens der Firma nur gegenüber der Kolonne insgesamt gekündigt werden. Kündigt ein Mitglied der Kolonne gegenüber der Firma, kann diese auf denselben Zeitpunkt der Kolonne insgesamt kündigen, es sei denn der Gruppenführer stellt gem. § 6 dieses Vertrages ein neues Mitglied. Kündigt der Gruppenführer, so gilt dies im Verhältnis zur Firma als gemeinsame Kündigung der Kolonne.

(2) Im Übrigen gelten die gesetzlichen Bestimmungen.

§ 6 Änderung der Gruppe

(1) Der Gruppenführer kann unter Vorlage der schriftlichen Einverständniserklärung des unmittelbar betroffenen Mitgliedes von der Firma jederzeit die Zustimmung zum Beitritt eines neuen Mitgliedes zu diesem Vertrag sowie zum Ausscheiden eines bisherigen Mitgliedes der Kolonne aus dem Vertrag verlangen. Ändert sich dadurch die Zahl der Kolonnenmitglieder, hat dies keinen Einfluss auf die Höhe der Gesamtvergütung.

(2) Die Einverständniserklärung eines beitretenden Mitgliedes muss die Bestätigung enthalten, dass es diesem, ihm vollinhaltlich bekannten Vertrag beitritt. Die Erklärung eines ausscheidenden Mitgliedes muss die Bestätigung enthalten, dass es auf einen genau zu benennenden Zeitpunkt aus dem Vertrag auszuscheiden wünscht.

§ 7 Schadenersatz[5, 7]

Sollten der Firma aus Vertragsverletzung auch nur eines Mitgliedes der Kolonne Schadenersatzansprüche erwachsen, haben alle Mitglieder, die an dem betreffenden Objekt mitgearbeitet haben, gesamtschuldnerisch der Firma einzustehen.

**§ 8 Form, Teilunwirksamkeit**

**(1) Änderungen und Ergänzungen sowie die Aufhebung auch nur einzelner Bestimmungen dieses Vertrages bedürfen zu ihrer Wirksamkeit der Schriftform. Betriebsvereinbarungen können diesen Vertrag nur zugunsten der Kolonne ändern.**

**(2) Sollten einzelne Regeln dieses Vertrages nicht wirksam sein, berührt dies den Vertrag im Übrigen nicht. Firma und Kolonne sind in einem solchen Fall verpflichtet, einander so zu stellen, als sei eine Ersatzregelung vereinbart, die den wirtschaftlichen Zweck der unwirksamen Regel möglichst weitgehend in wirksamer Weise erfüllt.**

**..... (Ort), den .....**

**.....**

**.....** **.....**

**Unterschriften der Mitglieder der Gruppe** **Unterschrift des Arbeitgebers**

*Schrifttum: Breisig,* Gruppenarbeit und ihre Regelungen durch Betriebsvereinbarung, Köln 1997; *Gaul,* Haftung der Mitarbeiter einer Akkordkolonne wegen Schlechtarbeit als Gesamtschuldner?, DB 1968, 984; *ders.,* Rechtsprobleme der Akkordentlohnung, BB 1990, 1549; *Kreßel,* Tarifvertragliche Regelungsbefugnisse bei Fragen der Arbeitsgestaltung, dargestellt am Beispiel der Gruppenarbeit, RdA 1994, 23; *Naendrup,* „Gruppen"-Vertrags- insbesondere „Gruppen"-Arbeitsverhältnisse – Formale Struktur – und inhaltliche Wertungsprobleme in Thesenform, BlStSozArbR 1975, 241, 257; *Preis/Elert,* Erweiterung der Mitbestimmung bei Gruppenarbeit?, NZA 2001, 371; *Rüthers,* Probleme der Organisation des Weisungsrechts und der Haftung bei Gruppenarbeitsverhältnissen, ZfA 1977, 1; *Schack,* Die partnerschaftliche Unternehmung als Mittel zur Liberalisierung des Arbeitsrechts, in Adomeit, Arbeitsrecht für die 90er Jahre, München 1991; *ders.,* Gruppenarbeit, BB 1993, 2084; *Wiese,* Die Mitbestimmung des Betriebsrats über Grundsätze zur Durchführung von Gruppenarbeit nach § 87 Abs. 1 Nr. 13 BetrVG, BB 2002, 198; s. auch → Form. XIX. 51 Schrifttum und → Form. XIX. 15 Schrifttum.

## Anmerkungen

**1. Inhalt, Wesen.** Den Gruppenarbeitsvertrag (Betriebsgruppe, lean production) behandelt das Formular oben XIX. 15. Im Vertragsbeispiel → Form. XIX.52 steht auf der Arbeitnehmerseite eine sogenannte Eigengruppe, die sich von der durch den ArbG kraft seines Weisungsrechtes gebildeten Betriebsgruppe (Arbeitsgruppe) dadurch unterscheidet, dass mehrere ArbN sich vor gemeinsamer Eingehung eines Arbeitsverhältnisses zur gemeinsamen Arbeit, meist gegen gemeinsames Entgelt, zusammengefunden haben (zur Abgrenzung vgl. *Schaub* ArbR-HdB 17. Aufl. § 181; BAG AP BGB § 611 Akkordkolonne Nr. 2 in 1b der Gründe mAnm *A. Hueck* = DB 1961, 645; BAG AP BGB § 611 Akkordlohn Nr. 14 mAnm *Gaul* = DB 1961, 881). Auch ohne die hier ausdrücklich getroffene Regelung wird man im Allgemeinen davon ausgehen, dass der Arbeitsvertrag der Eigengruppe ein Bündel von Einzelarbeitsverhältnissen ist (*Schaub* ArbR-HdB 1. Aufl. § 181 Rn. 15; 17; LG München AP BGB § 611 Akkordkolonne Nr. 1 = RdA 1959, 240; enger MünchArbR/*Marschall* 2. Aufl. § 171 Rn. 11, 12). Beispiele für Eigengruppen sind Baukolonnen, Musikkapellen, Schauspielertruppen usw (zur Konstruktion des mittelbaren Arbeitsverhältnisses → Form. XIX.51). Die Vergütungsregelung kann anders erfolgen, zB so, dass Vorschüsse und nach Abschluss eines Objektes der „Akkordüberschuss" ausbezahlt werden (vgl. den Fall BAG AP BGB § 611 Akkordkolonne Nr. 3 mAnm *G. Hueck* = DB 1965, 1706).

**2. Innenverhältnis.** Die Gruppe selbst wird meist eine Gesellschaft bürgerlichen Rechts (Innengesellschaft) darstellen (im Einzelnen vgl. *Schaub* ArbR-HdB 18. Aufl. § 181 Rn. 15), wobei vertragliche Bindungen, die das Kündigungsrecht bezüglich des Arbeitsvertrages einschränken würden, unzulässig sein dürften. Es gibt keine Vermutung für eine Außengesellschaft; ein Gläubiger, der die Kolonne als solche in Anspruch nehmen will, müsste das Bestehen einer solchen beweisen (BGH NJW 1960, 1851). Der hier vorliegende Vertrag regelt nur das Verhältnis zwischen einer Gruppe von ArbN einerseits und dem ArbG andererseits.

Rechte und Pflichten des Gruppenführers können nach Inhalt und Umfang unterschiedlich geregelt sein. Zwar wird ein Rechtschein für gewisse Befugnisse des Gruppenführers nach außen anzunehmen sein (*Schaub* ArbR-HdB 18. Aufl. § 181 Rn. 16). Ohne ausdrückliche Regelung im Gruppenarbeitsvertrag bleiben aber wichtige Fragen der Vertretungsbefugnis offen. Schwierigkeiten bereitet es zB mangels einer Abrede auch, die Lohnempfangsvollmacht des Gruppenführers anzunehmen (BAG AP BGB § 611 Akkordkolonne Nr. 2 mAnm *A. Hueck* = DB 1961, 645). Im Beispielsfall ist der Gruppenführer zur Entgegennahme von Erklärungen des ArbG und von Geld umfassend bevollmächtigt, während die Vollmacht zur Abgabe von Erklärungen im Namen anderer Gruppenmitglieder nur für bestimmte Einzelfälle festgelegt wurde. Das Beispiel geht von Vertragsunterzeichnung durch alle Mitglieder der Gruppe aus (§ 127 BGB).

**3. Kündigung.** Grundsätzlich besteht das Recht zur ordentlichen Kündigung (BAG AP BGB § 611 Akkordkolonne Nr. 3 mAnm *G. Hueck* = DB 1965, 1706). Ob die Kündigung in der Regel nur von und gegenüber der gesamten Gruppe erfolgen kann (so *Schaub* ArbR-HdB 18. Aufl. § 181 Rn. 24 ff. unter Berufung auf BAG AP BGB § 626 Nr. 39 – Fall einer Musikkapelle – und BAG AP BGB § 611 Gruppenarbeitsverhältnis Nr. 1; MünchArbR/*Marschall* 2. Aufl. § 171 Rn. 16 ff.; LAG Düsseldorf DB 1967, 2231; LAG Sachsen-Anhalt NZA-RR 2000, 528; vgl. auch *Hanau* JuS 1975, 638 f.) erscheint zweifelhaft, soweit es sich um die Kündigung des ArbN handelt (Kündigungserschwernis). Eine Kündigungsbeschränkung zu Lasten des ArbG in der Weise, dass er nur der Gruppe im ganzen kündigen kann, ist zulässig. Ohne diese Vereinbarung müsste man im Falle einer Arbeitgeberkündigung gegenüber einzelnen Mitgliedern den übrigen ein eigenes außerordentliches Kündigungsrecht zubilligen. Der ArbG kann bei Fehlleistungen nur eines ArbN der ganzen Gruppe kündigen, jedenfalls dann, wenn er verständlicherweise nur an der vollständigen Leistung der Gruppe interessiert ist wie zB bei der Musikkapelle oder Artistengruppe (vgl. auch BAG AP BGB § 611 Gruppenarbeitsverhältnis Nr. 1 mAnm *Hanau* = DB 1972, 244: Heimleiterehepaar; BAG AP BGB § 626 Nr. 39 mAnm *A. Hueck* = BB 1960, 594: Fünf-Mann-Kapelle; LAG Hamm DB 1964, 923 mwN: Musikkapelle). Der ArbG kommt gegenüber den arbeitswilligen ArbN auch nicht in Annahmeverzug, wenn ein einzelner die Arbeit verweigert (LAG Düsseldorf BB 1963, 1055 für den Fall einer Musikkapelle). Die im Beispiel gewählte Austauschregelung (§ 6) basiert auf der Annahme, dass der ArbG im Grundsatz auf die Zusammensetzung der Gruppe keinen Einfluss nehmen kann (vgl. *Schaub* ArbR-HdB 18. Aufl. § 181; BAG AP TVG § 1 Tarifverträge: Bau Nr. 51 = DB 1983, 2200).

**4. Lohnverteilung, Lohnfortzahlung.** Ist ein Gesamtentgelt vereinbart, muss die Gruppe wohl auch ohne besondere Vereinbarung die Verteilung selbst vornehmen (LAG Düsseldorf BB 1960, 484 für den Fall der Tarifbindung nur eines Mitgliedes der Gruppe; vgl. aber BAG AP FeiertagslohnzahlungsG § 1 Nr. 43 = BB 1985, 1535 zur Verteilung des Feiertagslohnes und BAG AP BGB § 612 Nr. 57 = NZA 1999, 306 = DB 1999, 587 zur Anpassung der Vergütung bei Kündigung einer Gruppenvergütungsregelung durch den ArbG – Topfvereinbarung mit Autoverkäufergruppen). Nach dem Lohnausfallprinzip muss der ArbG dem arbeitsunfähig kranken ArbN den Akkordlohn fortbezahlen, den dieser voraussichtlich im Zeitraum seiner Arbeitsunfähigkeit verdient hätte (BAG AP LohnFG § 2 Nr. 10 = DB 1981, 480).

5. **Schadenersatz.** Schwierigkeiten bereitet ohne ausdrückliche Regelung die Frage, ob der einzelne ArbN für Fehler seines Kollegen einzustehen hat und ggf. in welchem Umfange. Grundsätzlich muss jedes Mitglied einer Gruppe zwar auch Schaden vom Gesamtergebnis abwenden, haftet aber nur bei eigener Pflichtverletzung (so für die Betriebsgruppe BAG AP BGB § 611 Akkordkolonne Nr. 4 mit kritischer Anm. *Lieb* = NJW 1974, 2255; LAG Berlin BB 1990, 286; ArbG Berlin DB 1970, 644; gesamtschuldnerische Haftung aller ArbN jedoch bei der Eigengruppe – so *Schaub* ArbR-HdB 18. Aufl. § 181 Rn. 23, str.). Gesamtschuldnerische Haftung besteht jedenfalls, wenn die ganze Gruppe auf Grund eines gemeinsamen Entschlusses vertragsbrüchig wird (BAG AP TVG § 4 Ausschlussfrist Nr. 50 mAnm *Dütz* DB 1972, 2487; ArbG Bochum DB 1970, 644). Gesamtschuldnerische Haftung von Bauunternehmer und ArbN gegenüber dem Bauherren mit Ausgleich nach § 426 BGB nimmt das LAG Rheinland-Pfalz in: NZA 1984, 163 an. Von grundsätzlich anteiliger Haftung des einzelnen ArbN geht das BAG in DB 1983, 2200 aus. Bei der Eigengruppe ist von schärferer Haftung als bei der Betriebsgruppe auszugehen; auch kann ein Mitglied der Eigengruppe nicht als Erfüllungsgehilfe des ArbG hinsichtlich dessen Obliegenheiten zur Schadenverhütung angesehen werden (*Hanau* in VI der Anm. zu BAG EzA § 611 BGB Arbeitnehmerhaftung Nr. 24; zum Sonderfall einer tariflichen Regelung LAG Hamburg DB 1980, 2087 und die dazu ergangene Revisionsentscheidung BAG DB 1983, 2200; zum Fall eines Vertragsstrafeversprechens des Gruppenführers BAG AP BGB § 399 Nr. 3 = DB 1964, 1666; Probleme der vertragsgemäßen Arbeitsleistung der Gruppe in BAG AP BetrVG § 56 Nr. 14 mAnm *A. Hueck* = DB 1959, 1257).

6. **Form (§ 8 Abs. 1).** → Form. XIX.26 Anm. 8.

7. **Verfahrensrecht.** Beweisen muss der ArbG die Ursächlichkeit einer Schlechtleistung der Gruppe für einen Schaden; sodann muss der einzelne ArbN sich entlasten (BAG AP BGB § 611 Akkordkolonne Nr. 4 m. kritischer Anm. *Lieb* = NJW 1974, 2255). Ob eine Schiedsgutachtervereinbarung (die das Beispiel nicht enthält) zulässig ist, blieb bisher offen (bejahend LAG Baden-Württemberg AP BGB § 317 Nr. 1 = RdA 1961, 45 für den Fall einer tariflichen Regelung). Das Gericht kann uU analog § 319 Abs. 1 S. 2 BGB in die Vergütungsregelung eingreifen (BAG AP BGB § 611 Akkordlohn Nr. 20 mAnm *Gaul* = DB 1969, 840 für die Bestimmung des tariflich richtigen Akkordansatzes). Von ZPO und ArbGG abweichende Verfahrensregelungen können auch tarifvertraglich nicht wirksam vereinbart werden (BAG AP TVG § 1 Tarifverträge: Bau Nr. 51 = DB 1983, 2200).

8. **Betriebsverfassung.** Der Betriebsrat hat gemäß § 87 Abs. 1 Nr. 10 und 11 BetrVG ein Mitbestimmungsrecht hinsichtlich der Akkordregelung. Das Mitbestimmungsrecht hinsichtlich der Grundsätze über die Durchführung von Gruppenarbeit (§ 87 Abs. 1 Nr. 13 BetrVG) dürfte sich allein auf die Betriebsgruppe beziehen (kritisch *Preis/Elert* NZA 2001, 371). Sieht man den Gruppenarbeitsvertrag als ein Bündel von Einzelarbeitsverhältnissen an, sind die Mitglieder der Kolonne auch betriebsverfassungsrechtlich Arbeitnehmer des Beschäftigungsbetriebes. In diesem Falle gelten keine Besonderheiten. Ein vom Arbeitgeber veranlasster Gruppenwechsel kann eine Versetzung iSv § 95 BetrVG darstellen (LAG Köln NZA 1997, 280). Da der Gruppenarbeitsvertrag jedoch recht unterschiedlich gestaltet sein kann, ist es möglich, dass die Gruppe in die betriebsverfassungsrechtlichen Beziehungen des Beschäftigungsbetriebes nicht eingebunden ist (im Einzelnen GK-BetrVG/*Kreutz* § 7 Rn. 56).

## 53. Arbeitsvertrag mit Arbeitsplatzteilung (Job-sharing)[1, 7, 9]

Zwischen der Firma . . . . . (Ort, Straße) (im Folgenden Firma genannt)

und

1. . . . . ., wohnhaft in . . . . . (Ort, Straße)
2. . . . . ., wohnhaft in . . . . . (Ort, Straße)
(im Folgenden Sekretärinnen genannt)
wird folgender Arbeitsvertrag geschlossen.

§ 1 Arbeitsplatz

Die Sekretärinnen werden mit Wirkung vom . . . . . gemeinsam als Phonotypistinnen/Sekretärinnen eingestellt. Sie teilen sich einen Arbeitsplatz. Der Firma bleibt es vorbehalten, die Arbeit im Einzelnen und den Arbeitsplatz im Hause . . . . . zuzuweisen und die Zuweisung im allgemeinen Rahmen der Tätigkeiten einer Phonotypistin/Sekretärin zu ändern.

§ 2 Arbeitszeit[2]

(1) Die Sekretärinnen halten den Arbeitsplatz in der betriebsüblichen Arbeitszeit, das ist derzeit montags bis freitags von 7.45 Uhr bis 12.00 Uhr (mit einer Pause von 10.00 Uhr bis 10.15 Uhr) und von 12.30 Uhr bis 16.45 Uhr (mit einer Pause von 14.45 Uhr bis 15.00 Uhr) besetzt.
(2) Jede Sekretärin arbeitet halbtags, und zwar Frau A vormittags, Frau B nachmittags. Die Beschäftigungspflicht der Firma besteht gegenüber jeder Sekretärin nur für eine Halbtagstätigkeit und niemals gegenüber beiden zugleich für denselben Zeitraum.
(3) Den Sekretärinnen steht es frei, die Zuordnung der Halbtagsschichten untereinander für einzelne Zeitabschnitte oder auf Dauer abweichend von der Regelung des Abs. 2 abzustimmen; an eine einmal getroffene Absprache sind sie der Firma gegenüber nicht gebunden.

§ 3 Gegenseitige Vertretung[3]

(1) Die Sekretärinnen vertreten sich gegenseitig in ihrem jeweiligen Urlaub.
(2) Ist eine Sekretärin, gleichgültig aus welchem Grunde, an der Arbeitsleistung verhindert oder kommt sie ihrer Arbeitspflicht nicht nach, kann die Firma im Falle eines dringenden betrieblichen Erfordernisses die Arbeitsleistung von der anderen Sekretärin verlangen, soweit ihr dies zumutbar ist.

§ 4 Urlaub[6]

(1) Jede Sekretärin hat Anspruch auf . . . . . Werktage Urlaub im Kalenderjahr. Die Firma muss den Urlaub entsprechend einem gemeinsamen Vorschlag der Sekretärinnen erteilen, wenn dieser bis längstens . . . . . schriftlich vorliegt. Nach Ablauf dieser Frist legt die Firma den Urlaub nach billigem Ermessen fest.
(2) Die Sekretärinnen können den Urlaub nicht für denselben Zeitraum verlangen. Schließt der Betrieb für einen bestimmten Zeitraum (Betriebsferien), kann beiden Sekretärinnen der Urlaub für denselben Zeitraum erteilt werden.

§ 5 Vergütung[5, 8]

(1) Die Firma bezahlt jeweils zum Monatsende jeder Sekretärin den auf sie entfallenden Anteil der Gesamtvergütung von monatlich EUR ..... brutto. Die Anteile entsprechen dem Verhältnis der von jeder Sekretärin im Abrechnungsmonat tatsächlich erbrachten Arbeit (Zeitanteil), die sich aus einem von den Sekretärinnen gemeinsam zu führenden Arbeitsbuch ergibt.
(2) Die Firma bezahlt zusätzlich im Rahmen der gesetzlichen Bestimmungen das Gehalt im Falle unverschuldeter Arbeitsunfähigkeit durch Krankheit, bei Verhinderung durch Urlaub, bei Verhinderung für verhältnismäßig nicht erhebliche Zeit aus unverschuldeten, in der Person der Sekretärin liegenden Gründen (§ 616 Abs. 1 BGB) und in sonstigen gesetzlich oder tariflich zwingend geregelten Fällen.

§ 6 Kündigung[4]

(1) Im Rahmen der gesetzlichen Bestimmungen kann die Firma das Arbeitsverhältnis gegenüber jeder Sekretärin einzeln kündigen. Kündigt eine Sekretärin das Arbeitsverhältnis von sich aus, kann der Firma ein Recht zur Änderungskündigung gegenüber der anderen zustehen. Das Recht der Firma zur Kündigung aus anderen Gründen bleibt unberührt.
(2) Es gelten die gesetzlichen Kündigungsfristen mit der Maßgabe, dass eine vom Gesetz für den ArbG bestimmte längere Frist auch für die Kündigung der Sekretärinnen vereinbart wird.

§ 7 Tarifvertrag

Die für teilzeitbeschäftigte Arbeitnehmer geltenden Bestimmungen des Tarifvertrages ..... vom ..... sowie der ihn ergänzenden und ändernden Tarifverträge gelten in der jeweils aktuellen Fassung vorrangig auch, soweit sie zu Ungunsten der Sekretärinnen von den Regelungen dieses Vertrages abweichen sollten.

§ 8 Form, Teilwirksamkeit

(1) Änderungen und Ergänzungen sowie die Aufhebung auch nur einzelner Bestimmungen dieses Vertrages bedürfen zu ihrer Wirksamkeit der Schriftform. Betriebsvereinbarungen können diesen Vertrag nur zugunsten der Sekretärinnen ändern.
(2) Sollten einzelne Regeln dieses Vertrages nicht wirksam sein, berührt dies den Vertrag im Übrigen nicht. Firma und Sekretärinnen sind in einem solchen Fall verpflichtet, einander so zu stellen, als sei eine Ersatzregelung vereinbart, die den wirtschaftlichen Zweck der unwirksamen Regel möglichst weitgehend in wirksamer Weise erfüllt.

..... (Ort), den .....

| | | |
|---|---|---|
| ..... | ..... | ..... |
| Unterschrift | Unterschrift | Unterschrift |

*Schrifttum: Albrecht,* Die Einrichtung von Tele- und Außenarbeitsplätzen – rechtliche und personalpolitische Anforderungen, NZA 1996, 1240; *Andretzky,* Nochmals: Abrufarbeit mit variabler Arbeitszeit, NZA 1997, 643; *Bellgardt,* Arbeitszeitverkürzung und Arbeitszeitflexibilisierung, BB 1991, 1; *Diller,* Das neue Gesetz zur Absicherung flexibler Arbeitszeitregelungen („Flexi-Gesetz"), NZA 1998, 792; *ders.,* § 7 Abs. 1b SGB IV – ein Eigentor auf dem Weg zu mehr Arbeitszeitflexibilisierung?, BB 1998, 844; *Falkenberg,* Teilzeitarbeit, insbesondere im öffentlichen Dienst, ZTR 1990, 97; *Fenski,* Außerbetriebliche Arbeitsverhältnisse – Heim- und Telearbeit, Neuwied 1994; *Franke,* Kündigung und

Kündigungsschutz bei Job-Sharing-Arbeitsverhältnissen, DB 1985, 1635; *Frey,* Flexible Arbeitszeit 1985; *Gaul,* Das Gesetz zur sozialrechtlichen Absicherung flexibler Arbeitszeitregelungen, BB 1998, 1634; *Göbel/Neifer-Dichman,* Gestaltungsformen flexibler Teilzeitarbeit, 1989; *Gotthardt,* Teilzeitanspruch und einstweiliger Rechtsschutz, NZA 2001, 1183; *Grobys/Bram,* Die prozessuale Durchsetzung des Teilzeitanspruchs, NZA 2001, 1175; *Hanau,* Offene Fragen zum Teilzeitgesetz, NZA 2001, 1068; *Heinze,* Flexible Arbeitszeitmodelle, NZA 1997, 681; *Höfer/Pister,* Betriebsrentenbemessung für Teilzeitkräfte nach Einführung der gesetzlichen Teilrente, DB 1992, 2295; *Hromadka (Hrsg.),* Möglichkeiten und Grenzen flexibler Vertragsgestaltung, 1991; *ders.,* Mehr Flexibilität für die Betriebe – ein Gesetzesvorschlag NZA 1996, 1233; *Hunold,* Beschäftigung in zahlreichen kurzzeitig befristeten oder Dauerteilzeitarbeitsverhältnissen, NZA 1996, 113; *Kliemt,* Der neue Teilzeitanspruch, NZA 2001, 63; *Langmaack,* Teilzeitarbeit und Arbeitszeitflexibilisierung Berlin 1996; *Linnenkohl,* Flexibilisierung der Arbeitsbeziehungen, AuA 1991, 112; *Lipke,* Betriebsverfassungsrechtliche Probleme der Teilzeitarbeit, NZA 1990, 758; *ders.,* individualrechtliche Grundprobleme der Teilzeitarbeit, ArbuR 1991, 76; *Löw,* Flexibilisierungsmodell mit Zukunft?, AuA 2006, 592; *Lubnow,* Die Rechtsprechung zur Gleichbehandlung von Teilzeitbeschäftigten, AuR 1991, 76; *Neumann,* Arbeitszeit und Flexibilisierung, NZA 1990, 961; *Peifer,* Die Teilzeitbeschäftigung in der neueren Rechtsprechung des Bundesarbeitsgerichts, ZfA 1999, 271; *Reinfelder/Zwanziger,* Teilzeitarbeit und betriebsbedingte Kündigung, DB 1996, 677; *Richardi,* Die Mitbestimmung des Betriebsrats bei flexibler Arbeitszeitgestaltung, NZA 1994, 593; *ders.,* Das Gleichbehandlungsgebot für Teilzeitarbeit und seine Auswirkung auf Entgeltregelungen, NZA, 1992, 625; *Richardi/Annuß,* Gesetzliche Neuregelung von Teilzeitarbeit und Befristung, BB 2000, 2201; *Schaub,* Flexibilisierung des Personaleinsatzes, BB 1998, 2106; *ders.,* Die Arbeit in verschiedenen Formen des Teilzeitarbeitsverhältnisses, BB 1990, 1069; *Schlichting,* Arbeitszeit ist Lebenszeit, AiB 2006, 656; *Schmidt,* Die neue EG-Richtlinie zur Teilzeitarbeit, NZA 1998, 576; *Schüren,* Gleitzeitsysteme – Inhaltsschranken der „Zeitsouveränität", AuR 1996, 381; *ders.,* Der Anspruch Teilzeitbeschäftigter auf Überstundenzuschläge – „Frauendiskriminierung per Tarifvertrag", RdA 1990, 18; *Senne,* Flexible Arbeitszeiten und Mitbestimmung, BB 1996, 1609; *Sowka,* Teilzeitarbeit – Ausgewählte Rechtsprobleme, DB 1994, 1873; *Sowka/Köster,* Teilzeitarbeit und geringfügige Beschäftigung München 1993; *Stichler,* Freizeitausgleich teilzeitbeschäftigter Betriebsratsmitglieder für Schulungsbesuch außerhalb ihrer individuellen Arbeitszeit, BB 1996, 426; *ders.,* der Kündigungsschutz des Teilzeitarbeitsverhältnisses während des Erziehungsurlaubs, BB 1995, 355; *Stindt,* Ziele, Anreize und Chancen des neuen Altersteilzeitgesetzes, DB 1996, 2281; *Stückmann,* Überstundenzuschläge für Teilzeitbeschäftigte – endlich entschieden!?, DB 1995, 826; *Thannheiser,* Mal weniger, mal mehr – Teilzeitarbeit, AiB 2011, 735; *Wank,* Teilzeitbeschäftigte im KSchG, ZIP 1986, 206; *Wildschütz,* Arbeitszeitverkürzung, Lohnausgleich und die Vergütung von Teilzeitarbeitskräften, NZA 1991, 925; *Zietsch,* Zur Frage der Lohnfortzahlung im Krankheitsfall beim Job-Sharing, NZA 1997, 526.

## Anmerkungen

**1. Wesen.** Das amerikanische Modell des Job-Sharing, bei dem sich zwei oder mehrere ArbN einen einzigen Arbeitsplatz und die Verantwortung für die Aufgabenerledigung auf freiwilliger Basis teilen, ist eine Form der Teilzeitbeschäftigung, die zur Umsetzung der Richtlinie 97/81/EG des Rates vom 15.12.1997 und der Richtlinie 1999/70/EG des Rates vom 28.6.1999 in § 13 TzBfG eine gesetzliche Regelung gefunden hat. Mit der Regelung des § 13 TzBfG hat der Gesetzgeber die Arbeitsplatzteilung als zulässiges Arbeitsvertragsmodell anerkannt, ihr aber zugleich rechtl. Grenzen gesetzt. Die praktische Bedeutung des

Job-Sharing ist in Deutschland ist aber wohl gering. Zahlreiche andere Erscheinungsformen der „Arbeit nach Maß", insbesondere die sog kapazitätsorientierte variable Arbeitszeit (KAPOVAZ), alle mit im Wesentlichen gleichen rechtlichen Problemen, werden praktiziert. Nach Angaben des Kölner Instituts der deutschen Wirtschaft sind im Bereich der Teilzeitarbeit die Kosten für Mehrarbeit gering, weil Überstundenzuschläge erst bei Überschreiten der tariflichen Arbeitszeit anfallen. Ferner wird die durchschnittliche Leistung pro Stunde höher bewertet als bei Vollzeitkräften. Teilzeitarbeiter fehlen nach derselben Quelle um bis zu 50 % seltener. Auf dieser Grundlage will der vorliegende Vertrag zwei Teilzeitarbeitsverhältnisse mit einer gewissen Freiheit der ArbN, die Lage ihrer Arbeitszeit untereinander (auch wechselnd) abzustimmen und dem Vorteil für den ArbG verbinden, dass Urlaubs- und sonstige Ausfallprobleme so weit als möglich ausgeräumt werden. Den ArbN schützende gesetzliche Bestimmungen dürfen nicht umgangen werden. So ist es nach deutschem Recht selbstverständlich, dass der arbeitsunfähig kranke Arbeitnehmer Entgeltfortzahlung erhält. Da der vertretungsweise einspringende ArbN – jedenfalls nach dem vorliegenden Beispiel – seinem Zeitanteil entsprechend mehr Lohn bekommt, erhöht sich für den Zeitraum der Arbeitsunfähigkeit eines ArbN das Vergütungsvolumen insgesamt. Entsprechendes gilt für Fälle sonstiger Verhinderungen, die nach geltendem Recht den Vergütungsanspruch nicht beseitigen.

Anders als bei der Betriebsgruppe (vgl. Formular XIX. 15) oder der Eigengruppe (vgl. Formular XIX. 52) bilden die ArbN beim Job-sharing untereinander kein Gesamtschuldverhältnis nach § 421 BGB auf Arbeitnehmerseite. Jeder ArbN haftet nur für seine persönlichen Fehlleistungen.

**2. Arbeitszeit.** Die Individualisierung der Arbeitszeit im (modifizierten) Job-sharing-Modell ändert nach richtiger Auffassung nichts an der persönlichen Abhängigkeit, die den Dienstverpflichteten zum ArbN macht. Im Beispiel wird davon ausgegangen, dass die ArbN grundsätzlich einen 8-Stunden-Tag gleichmäßig unter sich aufteilen. Die beiden Arbeitsschichten können aber auch länger sein. Nur kann es dann angesichts der Höchstarbeitszeiten nach § 3 ArbZG (8 bzw. 10 Stunden arbeitstäglich) im Vertretungsfalle zu Schwierigkeiten kommen. Bei der Berechnung der Höhe der Lohnfortzahlung im Krankheitsfall (§ 4 EntgeltFG) sowie des Urlaubsentgeltes (§ 11 BUrlG) wirkt sich eine unterdurchschnittliche Arbeitsleistung in den maßgeblichen Zeiträumen uU mindernd aus. Die Verkürzung der wöchentlichen Vollarbeitszeit kann Teilzeitbeschäftigten einen Anspruch auf anteilige Arbeitszeitverkürzung verschaffen (BAG NZA 1992, 1037 = DB 1993, 278 = BB 1992, 1724). Wer halbtags bis 12.00 Uhr beschäftigt ist, hat keinen Anspruch auf bezahlte Freistellung an Tagen, an denen Vollzeitbeschäftigten Arbeitsbefreiung unter Fortzahlung der Bezüge gewährt wird, wie zB an Heiligabend oder Silvester (BAG NZA 1994, 413 = DB 1994, 99 = BB 1993, 2451; zur Gewährung von Freischichten bei Schichtarbeit LAG Köln NZA-RR 1996, 326).

**3. Vertretung.** Im Voraus kann die Vertretungspflicht nur beschränkt vereinbart werden. Nach § 13 Abs. 1 S. 2 TzBfG sind die mehreren ArbN – im Beispiel hier die beiden Sekretärinnen – zur Vertretung nur dann verpflichtet, wenn sie dies nach Eintritt des Vertretungsfalles vereinbaren. Eine generelle Vorabvereinbarung zur gegenseitigen Vertretung ist nur zulässig, sowie die Pflicht für den Fall eines dringenden betrieblichen Erfordernisses begründet wird und die Vertretung im konkreten Einzelfall dem verpflichteten ArbN zumutbar ist (hierzu ErfK/*Preis* TzBfG § 13 Rn. 9, 10; ; zum dringenden betrieblichen Erfordernis vgl. LAG München DB 1993, 2599 = BB 1994, 360). Die Vertretung dürfte dann zumutbar sein, wenn sie iSv § 315 BGB der Billigkeit entspricht. Die eine generelle Vertretungsregelung einschränkenden Bestimmungen des TzBfG sind auch zuungunsten des ArbN tarifoffen (§ 13 Abs. 4 S. 1 TzBfG). Auch die im Teilzeitarbeitsverhältnis geltende Regelung des § 12 TzBfG, wonach der ArbN zur Arbeitsleistung nur verpflichtet ist, wenn der ArbG ihm die Lage seiner Arbeitszeit 4 Tage im

Voraus mitteilt, ist tarifdispositiv (§ 12 Abs. 3 TzBfG; zu einer tariflichen Regelung LAG Hessen NZA-RR 1997, 487). Im Geltungsbereich eines solchen Tarifvertrages können auch nicht tarifgebundene ArbG und ArbN die Anwendung der tariflichen Regelungen vereinbaren (§ 13 Abs. 4 TzBfG).

**4. Kündigung.** Für die Kündigung wurde in § 6 Abs. 1 eine Regelung entsprechend § 13 Abs. 2 TzBfG gewählt. Hat eine Sekretärin gekündigt, kann der ArbG allein darauf keine Vollkündigung gegenüber der anderen stützen (zur Umgehung des Kündigungsschutzes durch variable Arbeitszeit LAG München BB 1986, 1577). Auch für die Befristung eines Teilzeitarbeitsverhältnisses gelten die allgemeinen Grundsätze; sie ist nur zulässig, wenn ein sachlich rechtfertigender Grund vorhanden ist (BAG AP BGB § 620 Befristeter Arbeitsvertrag Nr. 65 = NJW 1982, 1478 = BB 1982, 1547), wobei die in § 14 Abs. 1 TzBfG (nicht abschließend) aufgezählten Gründe jedenfalls eine Befristung rechtfertigen. Dass eine betriebsbedingte Kündigung mit dem Ziel der Änderung der Arbeitsbedingungen (§ 2 KSchG) in Frage kommt, erklärt das Gesetz ausdrücklich (zur Erstreckung der Sozialauswahl auf Vollzeitbeschäftigte BAG NZA 1999, 431, bestätigt durch EuGH NZA 2000, 1155).

**5. Vergütung.** Auch im Job-sharing-Arbeitsverhältnis ist das Benachteiligungsverbot für Teilzeitarbeit aus § 4 TzBfG zu beachten. Eine unterschiedliche Behandlung ist nur zulässig, wenn dafür sachliche Gründe sprechen. Ein sachlich rechtfertigender Grund ist beispielsweise darin gesehen worden, dass ein durch eine Hauptbeschäftigung sozial bereits gesicherter ArbN die Teilzeitbeschäftigung nebenberuflich ausübt (BAG NZA 1991, 107 = BB 1991, 141 = DB 1991, 285). Sind prozentual erheblich weniger Männer als Frauen teilzeitbeschäftigt, muss ferner das Verbot auch der mittelbaren Diskriminierung aus Art. 119 EGV beachtet werden (vgl. EuGH NZA 1990, 771; 1992, 687 = DB 1992, 1481 = BB 1992, 2073). Erhält ein teilzeitbeschäftigter ArbN eine geringere anteilige Vergütung als Vollzeitbeschäftigte, kann die Vergütungsabrede unwirksam sein mit der Folge, dass der ArbN die anteilige übliche Vergütung beanspruchen kann (BAG NZA 1989, 209 = DB 1989, 1271 = BB 1989, 1127; zur Gleichbehandlung beim Urlaubsgeld BAG NZA 1991, 346 = DB 1991, 865 = BB 1991, 981; beim Weihnachtsgeld: BAG NZA 1991, 350 = DB 1991, 866; zu Jubiläumszuwendungen LAG Düsseldorf BB 1991, 697 und BAG NZA 1996, 938 = DB 1996, 1783; zur Unzulässigkeit des Ausschlusses von Teilzeitbeschäftigten aus der Zusatzversorgung im öffentlichen Dienst BAG NZA 1996, 992 = DB 1996, 1827 und BAG NZA 1996, 939; zur Gleichbehandlung bei der Lohnerhöhung BAG NZA 1992, 611 = DB 1992, 989 = BB 1992, 856; Unzulässigkeit auch einer tariflichen Schlechterstellung von Teilzeitbeschäftigten hinsichtlich der Unkündbarkeit BAG BB 1997, 1638; Unzulässigkeit des Ausschlusses von Teilzeitbeschäftigten von Sonderkonditionen für Arbeitgeberdarlehen BAG NZA 1994, 1130 = DB 1994, 2348 = BB 1994, 2279; Wechselschichtzulage auch für Teilzeitbeschäftigte BAG NZA 1994, 41 = Betr. 1993, 2188 = BB 1993, 1875). Die Zahlung von Überstundenzuschlägen kann aber jedenfalls durch Tarifvertrag auf Zeiten beschränkt werden, die die Regelarbeitszeit von Vollzeitbeschäftigten überschreiten (EuGH NZA 1995, 218 = DB 1995, 49 = BB 1995, 153; BAG NZA 1996, 597 = DB 1996, 685). Der teilzeitbeschäftigte ArbN muss sich bei Annahmeverzug des ArbG nur solchen anderweitigen Verdienst anrechnen lassen, der kausal durch das Freiwerden seiner Arbeitskraft im Teilzeitarbeitsverhältnis ermöglicht worden ist (BAG NZA 1991, 221 = BB 1991, 418 = DB 1991, 496 und BAG DB 2002, 1154, auch zur Darlegungs- und Beweislast beim Kausalitätsnachweis). Auch tarifliche Regelungen, die zu einer erheblichen Absenkung der Vergütung für Mehrarbeit bei teilzeitbeschäftigten ArbN führen, widersprechen dem Benachteiligungsverbot und sind unwirksam (BAG AP BeschFG § 2 Nr. 72 = DB 1999, 2116). Die Quotierung einer Zulage kann jedoch zulässig sein (BAG AP BAT § 34 Nr. 5 = NZA 1999, 1001 – tarifliche Pflegezulage – und BAG AP BAT § 40 Nr. 12 = NZA 1998,

887 – Quotierung der Beihilfe; voller Anspruch jedoch auf Spätarbeits- und Nacharbeitszuschläge BAG AP BeschFG § 2 Nr. 71 = NZA 1999, 882). Feiertagslohn wird nur geschuldet, soweit der teilzeitbeschäftigte ArbN zur Arbeit eingeteilt war (BAG NZA 2001, 1026 = DB 2001, 1889).

**6. Urlaub.** Wird ein teilzeitbeschäftigter ArbN unter Verletzung des Benachteiligungsverbotes unterschiedlich vergütet, richten sich sein Urlaubsanspruch bzw. sein Anspruch auf Urlaubsentgelt nach dem anteiligen üblichen Urlaub und Arbeitsverdienst eines vollzeitbeschäftigten Arbeitnehmers (BAG NZA 1990, 486 = DB 1990, 1044 = BB 1990, 1414; BAG EzA § 2 BeschFG 1985 Nr. 5; BAG NZA 1991, 777 = DB 1991, 1987 = BB 1991, 1789; zum Urlaubsanspruch des teilzeitbeschäftigten Schwerbehinderten BAG DB 1990, 2428 = BB 1990, 2408 = NZA 1991, 105; zur Berechnung der Jahres-Ist-Arbeitszeit im Rolliersystem BAG NZA 1990, 445 = DB 1990, 792 = BB 1990, 923). Arbeitet der ArbN regelmäßig an weniger als 6 Werktagen in der Woche, ist die Dauer seines Urlaubes nach der Formel zu berechnen: Nominale Urlaubsdauer geteilt durch Werktage, multipliziert mit den individuellen Arbeitstagen einer Woche (MünchArb/*Leinemann* 2. Aufl. § 89 Rn. 61; BAG AP BUrlG § 3 Teilzeit Nr. 1 = NZA 1991, 777 = DB 1991, 1987; zur Umrechnung auch BAG NZA 2001, 1254), sofern keine tarifliche Umrechnungsformel vorhanden ist.

**7. Weitere Regelungen.** Das Beispiel beschränkt sich im Wesentlichen auf diejenigen Regelungen, die sich aus den Besonderheiten der Arbeitsplatzteilung ergeben. Weitere Einzelheiten wie Probezeit, Wettbewerbsabreden und dergleichen können selbstverständlich aufgenommen werden. Das Beispiel geht davon aus, dass der ArbG einem Verband angehört, der an tarifvertraglichen Regelungen auch für Teilzeitarbeitsverhältnisse beteiligt ist. § 13 Abs. 4 TzBfG erlaubt die Abweichung vom Gesetz auch zuungunsten des ArbN durch Tarifvertrag (BAG NZA 1996, 938; zur Frage der Umgehung des Kündigungsschutzes durch tarifliche Regelungen der Teilzeit BAG NZA 1992, 938 = DB 1992, 1785 = BB 1992, 286). Im Übrigen kann vereinbart werden, dass im Geltungsbereich eines Tarifvertrages die abweichenden tarifvertraglichen Bestimmungen auch zwischen nicht tarifgebundenen Arbeitgebern und Arbeitnehmern anzuwenden sind.

**8. Sozialversicherung.** Das Beispiel geht davon aus, dass der Arbeitsplatz im halbtäglichen Wechsel aufgeteilt wird. Bleibt es bei dieser Regelung, ergeben sich versicherungsrechtlich kaum Probleme, sofern Entgelt oder durchschnittliche wöchentliche Arbeitszeit sich nicht der Geringfügigkeitsgrenze nähern. Schwierigkeiten können sich aber ergeben, wenn im Beispielsfalle die Sekretärinnen den Wechsel so regeln, dass längere arbeitsfreie Intervalle entstehen. Steht ein ArbN dem ArbG für längere Zeit, insbesondere mehrere Monate, nicht zur Verfügung, liegt kein durchgehendes versicherungspflichtiges Beschäftigungsverhältnis mehr vor, es sei denn, die Voraussetzungen von § 7 Abs. 1a SGB IV wären gegeben (BSG NJW 2009, 1772; vgl. auch Rundschreiben und Kataloge der Spitzenorganisationen der Sozialversicherung, zuletzt vom 31.3.2009, AuR 2009, 202).

**9. Betriebsverfassung.** Für ArbN im Arbeitsverhältnis mit Arbeitsplatzteilung bestehen betriebsverfassungsrechtlich keine Besonderheiten. In Fragen der Arbeitszeitgestaltung kann ein Mitbestimmungsrecht des Betriebsrates nach § 87 Abs. 1 Nr. 2 und 3 BetrVG mit der Möglichkeit, die Einigungsstelle anzurufen, in Frage kommen (BAG NZA 1989, 184 = DB 1989, 1033 = BB 1989, 423; BAG NZA 1992, 178 = DB 1992, 145 = BB 1991, 2156; LAG Schleswig-Holstein BB 1990, 922; BAG AP BetrVG 1972 § 87 Arbeitszeit Nr. 68 = NZA 1997, 274). Teilzeitbeschäftigte Betriebsratsmitglieder haben bei ganztägiger Beanspruchung (zB durch eine Schulungsveranstaltung) weder einen Anspruch auf Arbeitsbefreiung noch auf Vergütung in gleicher Höhe wie Vollzeitbeschäftigte (LAG Berlin DB 1991, 49; anders jedoch, wenn der Gruppe der Teilzeitbeschäftigten erheblich mehr Frauen als Männer angehören – EuGH NZA 1996, 319 = BB 1996, 429 und NZA

1996, 430 = DB 1996, 887). Der Arbeitgeber kann sich in einer Betriebsvereinbarung dem Betriebsrat gegenüber verpflichten, teilzeitbeschäftigte Mitarbeiter nur zu den zuvor im Arbeitsvertrag festgelegten festen Arbeitszeiten zu beschäftigen und Arbeitsverträge nur mit festen Arbeitszeiten abzuschließen (BAG NZA 1988, 253 = DB 1988, 345 = BB 1988, 275).

## 54. Dienstwohnungsvertrag[1, 2, 3, 4, 5, 6]

**Zwischen der Firma ..... in .....**

**und**

**Herrn/Frau ..... in .....**
**besteht ein Mietvertrag über die Wohnung .....**
**Vermieter und Mieter sind sich darüber einig, dass diese Wohnung im Rahmen des zwischen Vermieter und Mieter gleichzeitig bestehenden Arbeitsverhältnisses dem Mieter überlassen wird. Die Wohnung ist Werkmietwohnung iSv § 576 BGB. Soweit mietvertragliche Regelungen in einer besonderen Urkunde getroffen sind, gehen die für Werkmietwohnungen geltenden gesetzlichen Bestimmungen auch dann vor, wenn sie für den Mieter ungünstiger sind.**
**....., den .....**
**(Unterschriften)**

*Schrifttum:* → Form. II.1 Schrifttum; ferner *Blank,* Mietrecht von A–Z, 16. Aufl. München 1998; *Bruns,* Die Werkmietwohnung, NZM 2014, 535; *Buch,* Die Kündigung von Werkwohnungen, NZM 2000, 167; *Grundmann,* Die Mietrechtsreform, NJW 2001, 2497; *Röder,* Mieterhöhungen bei Werkmietwohnungen, MDR 1982, 276; *Schmidt-Futterer,* Die Kündigung von Werkswohnungen nach neuem Recht, BB 1972, 1058; *Schmidt-Futterer/Blank,* Die Werkdienstwohnung nach neuem Recht, BB 1976, 1033; *Trümmer,* Mitbestimmung beim Verkauf von Werkswohnungen?, BetrR 1989, 33.

### Anmerkungen

**1. Begriff.** Das BGB unterscheidet zwischen Werkmietwohnungen und Werkdienstwohnungen. Werkmietwohnung ist Wohnraum, der „mit Rücksicht auf das Bestehen eines Dienstverhältnisses vermietet" ist (§ 576 BGB). Werkdienstwohnung ist Wohnraum, der „im Rahmen eines Dienstverhältnisses überlassen" wird (§ 576b BGB). Während also bei der Werkmietwohnung neben dem Dienst(Arb-)vertrag ein selbstständiger Mietvertrag besteht, liegt bei der Werksdienstwohnung lediglich ein einheitlicher gemischter Vertrag vor, bei dem die Überlassung der Wohnung Bestandteil des Dienst (Arb-)vertrags ist. Der Formulierungsvorschlag geht von einer Werkmietwohnung aus. Für die Praxis spielt die Unterscheidung allerdings idR keine Rolle, weil der ArbN/Mieter in aller Regel die Wohnung „überwiegend mit Einrichtungsgegenständen ausgestattet" haben dürfte oder in der Wohnung „mit seiner Familie oder Personen lebt, mit denen er einen auf Dauer angelegten gemeinsamen Haushalt führt". Für diese Fälle setzt § 576b BGB die Werkdienstwohnung der Werkmietwohnung gleich. Es gelten zunächst alle mietrechtlichen Bestimmungen. Wird ein Mietvertrag schriftlich abgeschlossen, kann ein allgemein gebräuchliches Muster verwendet werden. Zu verweisen ist auch auf das Muster Mietvertrag über Wohnraum → Form. II.1. Da allerdings Besonderheiten für den Kündigungsschutz von Werkwohnungen gelten, sollten klarstellende Regelungen in den Vertragstext mit aufgenommen werden.

**2. Kündigungsschutz.** a) Besteht ein ungekündigtes Arbeitsverhältnis, folgt auch der Kündigungsschutz für die Werkwohnungen den allgemeinen Regeln. Es empfiehlt sich, in den Vertrag Kündigungsregelungen wie beim normalen Mietvertrag aufzunehmen, da insbesondere bei Werkdienstwohnungen umstritten ist, inwieweit ein stillschweigender Ausschluss des Kündigungsrechts während des Bestands des Arbeitsverhältnisses in Betracht kommt (*Buch* NZM 2000, 167). Eine Lockerung des Kündigungsschutzes tritt erst mit der Beendigung des Arbeitsverhältnisses ein. Nach dem Gesetzeszweck (§ 576 BGB) gilt die Lockerung „nach Beendigung des Dienstverhältnisses". Die Kündigung des Mietvertrages kann bereits mit der Kündigung des Arbeitsverhältnisses ausgesprochen werden, jedoch nicht vor der Kündigung des Arbeitsverhältnisses. In der Kündigung des Arbeitsverhältnisses liegt nicht automatisch die Kündigung des Mietvertrages. Die Wohnungskündigung muss spätestens alsbald nach dem Ende des Arbeitsverhältnisses ausgesprochen werden, sonst gilt wieder der normale, nicht gelockerte Kündigungsschutz.

b) § 576 BGB verkürzt zunächst die Kündigungsfrist. Spätestens am 3. Werktag eines Kalendermonats kann für den Ablauf des nächsten Monats gekündigt werden, wenn der Wohnraum weniger als zehn Jahre überlassen war und für einen anderen ArbN dringend benötigt wird. Bei der sog Funktionswohnung, die nach der Art des Dienstverhältnisses in unmittelbarer Beziehung oder Nähe zum Arbeitsort steht, kann spätestens am 3. Werktag eines Kalendermonats sogar für den Ablauf desselben Monats gekündigt werden, wenn der Wohnraum aus dem gleichen Grunde für einen anderen ArbN benötigt wird.

c) Grundsätzlich gilt zwar der Kündigungsschutz nach §§ 573–573b BGB. Das erforderliche berechtigte Interesse des Vermieters liegt, wenn die für die Kündigungsfrist dargelegten Voraussetzungen (oben b)) erfüllt sind, aber ohne weiteres vor. Das berechtigte Interesse muss wie beim normalen Kündigungsschutz im Kündigungsschreiben dargelegt werden (§ 573 Abs. 3 BGB). Fehlt die Darlegung, kann für die Rechtfertigung der Kündigung nur ein erst nachträglich entstandenes berechtigtes Interesse anerkannt werden. Wird die Wohnung für einen Hausmeister oder für einen anderen ArbN benötigt, wird das berechtigte Interesse des Vermieters meist zu bejahen sein (vgl. LG Hamm MDR 1980, 315; LG Tübingen ZMR 1987, 20).

d) Das Widerspruchsrecht (§§ 574–574c BGB) gilt im Grundsatz ebenfalls; § 576a Abs. 1 bestimmt ausdrücklich, dass „auch die Belange des Dienstberechtigten zu berücksichtigen" sind. Die Sozialklausel gilt nicht, wenn die Voraussetzungen für eine Kündigung spätestens am 3. Werktag eines Kalendermonats für den Ablauf dieses Monats vorliegen (Funktionswohnung, oben b)) oder wenn der ArbN den Arbeitsvertrag ohne wichtigen Grund iSv § 626 BGB gekündigt hatte oder der ArbN seinerseits einen wichtigen Grund für eine außerordentliche Arbeitgeberkündigung gegeben hatte. Es muss sich um einen wichtigen Grund iSv § 626 BGB handeln. Die Sozialrechtfertigung iSv § 1 KSchG reicht nicht aus.

**3. Benutzungspflicht, Aufrechnung.** Arbeitsvertraglich kann eine Verpflichtung zum Bewohnen einer Werkdienstwohnung begründet werden, die auch vom ArbN nicht unabhängig vom Arbeitsverhältnis gekündigt werden kann (BAG NZA 1990, 191 = DB 1990, 740; LAG München NZA 1991, 821). Die Aufrechnung des Mietzinsanspruches des ArbG/Vermieters gegen den Gehaltsanspruch des ArbN/Mieters ist zulässig. Die beiden Ansprüche bestehen selbstständig nebeneinander. Auch eine Aufrechnungsvereinbarung ist zulässig (zur Aufrechnung Miete gegen Gehalt BAG DB 1974, 1965 = BB 1974, 1121; LAG Hessen NZA-RR 1998, 558).

**4. Betriebsverfassung.** Ein Mitbestimmungsrecht nach § 87 Abs. 1 Nr. 9 BetrVG besteht nur hinsichtlich Werkmietwohnungen iSv § 576 BGB, nicht auch bezüglich der

Werkdienstwohnung iSv § 576b BGB (*Fitting* BetrVG 29. Aufl. § 87 Rn. 384 ff.; zu § 75 Abs. 2 BPersVG vgl. BVerwG NZA-RR 1996, 76; zu § 72 Abs. 2 Nr. 2 PersVGNW LAG Hamm NZA-RR 1996, 480). Der Betriebsrat hat im Rahmen der vorgegebenen finanziellen Dotierung durch den ArbG ein Mitbestimmungsrecht bei der allgemeinen Festsetzung der Grundsätze für die Mietzinsbildung bei Werkmietwohnungen. Er hat auch dann mitzubestimmen, wenn aus einem einheitlichen Bestand von Werkmietwohnungen für alle ArbN eines Betriebes oder Unternehmens einem leitenden Angestellten eine Wohnung zugewiesen werden soll (BAG AP BetrVG 1972 § 87 Werkmietwohnungen Nr. 7 = NZA 1993, 272 = DB 1993, 740; zum Umfang des Mitbestimmungsrechtes vgl. auch BAG DB 1978, 2418 = BB 1978, 1668 und BAG DB 1986, 704 = BB 1986, 1640). Der Beschluss des ArbG, bestimmte Wohnungen künftig nur noch an eine vom Betriebsrat nicht repräsentierte Personengruppe zu vergeben, ist mitbestimmungsfrei (BAG AP 8 aaO = NZA 1993, 766 = DB 1993, 1829).

5. **Steuern.** Dienstwohnungen werden häufig zu einem besonders günstigen Mietzins überlassen. Als steuerpflichtige Einnahme gilt nach § 8 Abs. 2 EStG der übliche Mietpreis des Verbrauchsortes nach einer objektiven Wertbestimmung (im Einzelnen Beck'sches Personalhandbuch Band II StW IV Werkswohnungen). Die Steuerlast trifft den ArbN, sofern er eine Nettovereinbarung nicht beweisen kann (BAG DB 1964, 37, 375 = BB 1964, 39, 307).

6. **Gerichtliche Zuständigkeit.** Die Frage, ob für Rechtsstreitigkeiten um Werkmietwohnungen, insbesondere eine etwaige Räumungsklage, die ausschließlich Zuständigkeit des Amtsgerichts nach § 29a ZPO oder eine Zuständigkeit der Arbeitsgerichte nach § 2 Abs. 1 Nr. 3a oder Nr. 4a ArbGG begründet ist, dürfte durch die Änderung des § 29a Abs. 1 ZPO und des § 23 Nr. 2a GVG im ersteren Sinne geklärt sein. Höchstrichterlich entschieden war bereits, dass für Streitigkeiten über die Miethöhe für Werkmietwohnungen die Amtsgerichte ausschließlich sachlich zuständig sind (BAG NZA 1990, 539 = DB 1991, 1839 = BB 1990, 712). Zur Rechtswegprüfung siehe auch BAG AP ArbGG 1979 § 2 Zuständigkeitsprüfung Nr. 11 = NZA 2008, 843. Im Streit um die Höhe der „Werkdienstwohnungsvergütung", die ein Schulhausmeister für die ihm zugewiesene Wohnung bezahlten sollte, hat das BAG (AP ArbGG 1979 § 2 Nr. 68 = NZA 2000, 277 = DB 2000, 628) entgegen den Vorinstanzen die Zuständigkeit der Arbeitsgerichte erkannt und ausgeführt, dass die Arbeitsgerichte nur zuständig sind, wo es sich um Streitigkeiten aus der im Rahmen eines Arbeitsverhältnisses zugewiesenen Dienstwohnung handelt, während die ordentlichen Gerichte immer dann zuständig seien, wenn ein Mietvertrag über eine Werkmietwohnung im Zusammenhang mit einem Arbeitsverhältnis abgeschlossen wird (ErfK/*Koch* ArbGG § 2 Rn. 14; vgl. auch LAG Hessen NZA-RR 1998, 558).

## Kollektives Arbeitsrecht

## 55. Betriebsvereinbarung[1]

**Zwischen[2] der Firma . . . . . in . . . . . (im Folgenden Arbeitgeber genannt)**

**und**

**dem Betriebsrat der Firma . . . . ., vertreten durch seinen Vorsitzenden (im Folgenden Betriebsrat genannt)**

**wird folgende Betriebsvereinbarung „. . . . ." abgeschlossen[3]:**

1. Präambel

.....

2. Zielsetzung

.....

3. Geltungsbereich[4]

Diese Betriebsvereinbarung gilt für alle Mitarbeiter im Betrieb des Arbeitgebers in ...... mit Ausnahme der leitenden Angestellten im Sinne des § 5 Abs. 3 BetrVG.

4. Regelungsinhalte[5, 6, 7]

.....

5. Streitigkeiten[8]

Sollten bei der Abwicklung und Durchführung[9] dieser Betriebsvereinbarung oder bei ihrer Auslegung Schwierigkeiten eintreten, die nicht einvernehmlich gelöst werden können, kann jede Betriebspartei die mit jeweils zwei Beisitzern einzurichtende Einigungsstelle anrufen, die verbindlich und endgültig entscheidet.

Der Arbeitgeber und der Betriebsrat sind sich darüber einig, dass den Vorsitz einer derartigen Einigungsstelle einer der nachfolgend aufgeführten Richter, entsprechend der Reihenfolge ihrer Nennung, im Falle der Verhinderung der Nächstfolgende, übernehmen soll:

.....

.....

.....

6. Laufzeit[10]

Diese Betriebsvereinbarung tritt am ...... in Kraft. Eine ordentliche Kündigung dieser Betriebsvereinbarung ist mit einer Frist von drei Monaten zum Ende eines jeden Kalenderjahres, erstmals mit Wirkung zum Ablauf des 31. Dezember ....., möglich und bedarf der Schriftform. Im Falle einer Kündigung wirkt die Betriebsvereinbarung bis zum Abschluss einer neuen Betriebsvereinbarung nach.

7. Schlussbestimmungen

Mündliche Nebenabreden bestehen nicht. Änderungen oder Ergänzungen dieser Betriebsvereinbarung, einschließlich dieser Bestimmung, bedürfen zu ihrer Wirksamkeit der Schriftform.

Sollten einzelne Bestimmungen dieser Vereinbarung unwirksam sein oder im Widerspruch zu tariflichen oder gesetzlichen Regelungen stehen, so bleiben die übrigen Regelungen bestehen. Die unwirksame oder im Widerspruch stehende Regelung ist durch eine Regelung zu ersetzen, die dem von den Betriebsparteien mit der ersetzten Regelung Gewollten möglichst nahe kommt. Gleiches gilt für eine eventuelle Regelungslücke. Sollten sich die dieser Betriebsvereinbarung zugrunde liegenden tatsächlichen oder rechtlichen Bedingungen grundlegend ändern, so werden die Betriebsparteien unverzüglich in Verhandlungen treten mit dem Ziel, die Betriebsvereinbarung an die geänderten Bedingungen anzupassen.

....., den .....

(Unterschriften von Vertretungsberechtigten des Arbeitgebers und des Betriebsrats)

*Schrifttum: Annuß*, Der Eingriff in den Arbeitsvertrag durch Betriebsvereinbarung, NZA 2001, 756; *Creutzfeldt*, Die konkludente Vereinbarung einer „Betriebsvereinbarungsoffenheit" von Arbeitsverträgen, NZA 2018, 1111; *Eich*, Betriebsvereinbarung – Das verkannte Medium, NZA 2010, 1389; *Fitting/Engels/Schmidt/Trebinger/Linsenmaier*, Betriebsverfassungsgesetz mit Wahlordnung, 29. Aufl. 2018; *Lange*, Die Fortgeltung von Betriebsvereinbarungen bei Umstrukturierung, NZA 2017, 288; *Linsenmaier*, Arbeitsvertrag und Betriebsvereinbarung – Kompetenz und Konkurrenz, RdA 2014, 336; *Löwisch/Kaiser*, Kommentar zum Betriebsverfassungsgesetz, 6. Aufl. 2010; *Moll*, Begründung einer Gesamtzusage nach unwirksamer Betriebsvereinbarung, RdA 2019, 229; *Oberthür/Seitz*, Betriebsvereinbarungen, 2. Aufl. 2016; *Preis/Ulber*, Die Rechtskontrolle von Betriebsvereinbarungen, RdA 2013, 211; *Pulte/Bigos*, Betriebsvereinbarungen in der Praxis, 5. Aufl. 2019; *Richardi* (Hrsg.), Betriebsverfassungsgesetz mit Wahlordnung, 16. Aufl. 2018; *Schönhöft/Brahmstaedt*, Betriebsvereinbarungen und Gemeinschaftsbetrieb, NZA 2010, 851; *Völksen*, Beendigung fortgeltender freiwilliger Betriebsvereinbarungen nach einem Betriebsübergang, NZA 2013, 1182; *Waltermann*, „Ablösung" arbeitsvertraglicher Zusagen durch Betriebsvereinbarung?, RdA 2016, 296; *ders.*, „Umfassende Regelungskompetenz" der Betriebsparteien zur Gestaltung durch Betriebsvereinbarung?, RdA 2007, 257; *Wiese/Kreutz/Oetker/Raab/Weber/Franzen/Gutzeit*, Gemeinschaftskommentar zum Betriebsverfassungsgesetz (GK-BetrVG), 11. Aufl. 2018; *Ziai-Ruttkamp* in: Grobys/Panzer-Heemeier (Hrsg.), Stichwortkommentar Arbeitsrecht, 3. Aufl. 2017, „Betriebsvereinbarung";

## Anmerkungen

**1. Grundlagen.** Die Betriebsvereinbarung ist ein eigenes Regelungsinstrument, das – wenn auch nicht umfassend – in § 77 BetrVG gesetzlich geregelt ist. Das Gesetz enthält keine Definition der Betriebsvereinbarung. Die Praxis versteht die Betriebsvereinbarung als privatrechtlichen kollektiven Normenvertrag, der zwischen Arbeitgeber und Betriebsrat abgeschlossen wird und kraft staatlicher Ermächtigung (§ 77 Abs. 4 BetrVG) unmittelbar und zwingend die betrieblichen Arbeitsverhältnisse normativ gestaltet (Fitting § 77 BetrVG Rn. 13 mwN).

§ 77 Abs. 4 Satz 1 BetrVG bewirkt, dass die Normen der Betriebsvereinbarung unmittelbar und zwingend auf die Arbeitsverhältnisse aller Arbeitnehmer des Betriebs einwirken, die vom Geltungsbereich der Betriebsvereinbarung erfasst sind. Sie müssen, um Wirkung zu entfalten, insbesondere nicht durch Individualvereinbarung zwischen Arbeitgeber und Arbeitnehmer in Bezug genommen werden. Die unmittelbare und zwingende Wirkung einer Betriebsvereinbarung hängt nach § 77 Abs. 4 Satz 1 BetrVG nicht vom Fortbestand einer Arbeitnehmervertretung im Betrieb ab (BAG AP Nr. 478 zu § 613a BGB). Endet (durch Zeitablauf oder Rücktritt) die Amtszeit des Betriebsrats, ohne dass ein neuer Betriebsrat gewählt wird, oder verliert der Betrieb seine Betriebsratsfähigkeit, bleiben die abgeschlossenen Betriebsvereinbarungen in Kraft.

Hinsichtlich ihres inhaltlichen Charakters sind erzwingbare von freiwilligen Betriebsvereinbarungen zu unterscheiden. Erzwingbare Betriebsvereinbarungen liegen vor, wenn sie im Falle der Nichteinigung der Betriebsparteien durch Spruch der Einigungsstelle ersetzt werden können. Welche Regelungsgegenstände durch Spruch der Einigungsstelle erzwungen werden können und wer die Einigungsstelle anrufen kann, ergibt sich unmittelbar aus dem Gesetz (zB §§ 39 Abs. 1, 47 Abs. 5 und 6, 72 Abs. 5 und 6, 87 Abs. 2, 91 S. 2, 94 Abs. 1, 95 Abs. 1 und 2, 97 Abs. 2, 98 Abs. 4, 112 Abs. 4 BetrVG). Fehlt eine solche Regelung zur Erzwingung einer Einigung, können die Betriebsparteien den betreffenden Gegenstand in einer freiwilligen Betriebsvereinbarung regeln.

**2. Zuständigkeit.** Zuständig für den Abschluss der Betriebsvereinbarung ist gemäß § 77 Abs. 2 Satz 1 BetrVG auf der einen Seite der Arbeitgeber. Arbeitgeber ist der Inhaber des Betriebes. Sind mehrere Unternehmen Träger eines gemeinsamen Betriebes (§ 1 Abs. 2 BetrVG), müssen alle Trägerunternehmen an der Betriebsvereinbarung beteiligt sein, damit sämtliche im gemeinsamen Betrieb beschäftigten Arbeitnehmer von der Betriebsvereinbarung erfasst werden. Dies kann auch durch entsprechende Bevollmächtigung des einheitlichen Leitungsapparats durch die Trägerunternehmen geschehen. Sind nicht sämtliche Trägerunternehmen Partei der Betriebsvereinbarung, weil etwa der Regelungsgegenstand nicht sämtliche Arbeitnehmer im gemeinsamen Betrieb betrifft und die gemeinsame Leitung daher nicht alle Trägerunternehmen vertritt, erfasst die Betriebsvereinbarung auch nur die Arbeitnehmer der Unternehmen, die Partei der Betriebsvereinbarung geworden sind (*Oberthür/Seitz* A. III. Rn. 1). Schließlich mag in Transaktionssachverhalten ein Bedürfnis bestehen, bereits vor Übergang eine dreiseitige Betriebsvereinbarung abzuschließen, bei der neben dem (derzeitigen) Arbeitgeber auch schon der potenzielle Erwerber als zukünftiger Arbeitgeber beteiligt wird. Auch wenn die Vorschrift des § 77 Abs. 2 BetrVG den „Arbeitgeber" erwähnt und der potenzielle Erwerber im Zeitpunkt des Abschlusses der Betriebsvereinbarung mangels Arbeitgeberstellung keine Parteistellung in einer solchen Betriebsvereinbarung einnehmen kann (GK-BetrVG/*Kraft* § 77 Rn. 48), ist eine solche Gestaltung gleichwohl zulässig; sie stellt zumindest einen schuldrechtlichen Vorvertrag dar, der auf das Wirksamwerden der Betriebsübertragung aufschiebend bedingt ist. Im Übrigen ergibt sich die normative Wirkung einer solchen Betriebsvereinbarung nach Betriebsübergang aus § 613a Abs. 2 BGB.

Auf der anderen Seite ist für den Abschluss der Betriebsvereinbarung zunächst der Betriebsrat zuständig. Dies führt dazu, dass in betriebsratslosen Betrieben grundsätzlich keine Betriebsvereinbarung abgeschlossen werden kann. Hat allerdings das Unternehmen mehrere Betriebe und betrifft die zu regelnde Angelegenheit mehrere Betriebe, ist im Rahmen des § 50 BetrVG der Gesamtbetriebsrat – ggf. auch für die betriebsratslosen Betriebe – zuständig. Im Rahmen des § 58 Abs. 1 BetrVG kann sich auch eine Regelungszuständigkeit des Konzernbetriebsrats ergeben, wenn die zu regelnde Angelegenheit den gesamten Konzern oder zumindest mehrere Konzernunternehmen betrifft und nicht durch die einzelnen Gesamtbetriebsräte innerhalb ihrer Unternehmen geregelt werden kann. Insoweit erstreckt sich seine Zuständigkeit auch auf Unternehmen, die einen Gesamtbetriebsrat nicht gebildet haben, sowie auf Betriebe der Konzernunternehmen ohne Betriebsrat. Der Betriebsrat (bzw. Gesamt- oder Konzernbetriebsrat) hat sein Mandat allerdings höchstpersönlich auszuüben. Er kann sein Mandat nicht in der Weise auf Dritte delegieren, dass er mit dem Arbeitgeber vereinbart, dass im Betrieb die „jeweils gültigen" Betriebsvereinbarungen eines anderen Unternehmens oder Betriebes und somit also auch die Regelungen gelten sollen, die erst durch künftige Betriebsvereinbarungen eines anderen Arbeitgebers, selbst wenn es die Konzernmutter ist, getroffen werden (sog. „dynamische Blankettverweisung"; BAG NZA 2007, 1187). Der Verzicht auf eine vorhersehbare und bestimmbare eigene inhaltliche Gestaltung durch die Betriebsparteien ist, anders als die Übernahme einer im Zeitpunkt des Abschlusses der Betriebsvereinbarung bestehenden Regelung, nicht zulässig (BAG NZA 1993, 229).

**3. Zustandekommen und Form.** Die Betriebsvereinbarung kommt durch inhaltlich übereinstimmende Willenserklärungen von Arbeitgeber und Betriebsrat zustande (*Richardi*, § 77 BetrVG Rn. 30). Auf Seiten des Betriebsrats vollzieht sich die Willensbildung zum Abschluss der Betriebsvereinbarung durch einen Beschluss des Gremiums. Ist der Beschluss unwirksam oder deckt dieser die abgeschlossene Betriebsvereinbarung nicht, ist die Betriebsvereinbarung gemäß § 177 Abs. 1 BGB schwebend unwirksam und kann durch nachträglichen (ordnungsgemäßen und auch im Übrigen wirksamen) Beschluss des Betriebsrats genehmigt werden (§ 184 BGB), wodurch der Beschlussmangel geheilt wird (BAG NZA 2015, 368). Zum Vertrauensschutz des Arbeitgebers und einer sich aus dem Grundsatz der vertrauensvollen Zusammenarbeit ergebenden Verpflichtung des Betriebsrats zur Heilung von Beschlussmängeln *Oberthür/Seitz* A. V. 2 mwN.

Die Betriebsvereinbarung bedarf gemäß § 77 Abs. 2 BetrVG der Schriftform. Diese ist gemäß § 126 Abs. 2 Satz 1 BGB nur gewahrt, wenn die Betriebsparteien auf demselben Schriftstück im Original unterzeichnet haben. Die Unterzeichnung einer Kopie reicht nicht aus (LAG Berlin NZA 1992, 383). Wegen des Charakters der Betriebsvereinbarung als ein die Arbeitnehmer bindender kollektiver Normenvertrag ist die Betriebsvereinbarung gemäß § 77 Abs. 2 Satz 2 von beiden Seiten zu unterzeichnen; § 126 Abs. 2 Satz 2 BGB ist nicht anwendbar. Denn die Arbeitnehmer, die am Zustandekommen der Betriebsvereinbarung nicht unmittelbar beteiligt waren, müssen erkennen können, ob eine wirksame Betriebsvereinbarung vorliegt (*Richardi* § 77 BetrVG Rn. 37); dazu würde es nicht ausreichen, wenn jede Partei nur die für die andere Partei bestimmte Urkunde unterzeichnete. Etwas anderes gilt gemäß § 77 Abs. 2 Satz 2 Hs. 2 BetrVG, wenn die Betriebsvereinbarung nicht von beiden Betriebsparteien gemeinsam beschlossen worden ist, sondern auf einem Spruch der Einigungsstelle beruht. In diesem Fall ist der Beschluss der Einigungsstelle gemäß § 76 Abs. 3 Satz 4 BetrVG schriftlich niederzulegen, vom Vorsitzenden zu unterzeichnen und Arbeitgeber und Betriebsrat zuzuleiten. Hinsichtlich der Schriftform macht es keinen Unterschied, ob es sich um eine erzwingbare oder eine freiwillige Betriebsvereinbarung handelt. Auch eine freiwillige Betriebsvereinbarung muss die Formvorschriften des § 77 Abs. 2 BetrVG einhalten, wenn sie für die Belegschaft verbindlich sein soll; eine bloße formlose Regelungsabrede ist für die Arbeitnehmer nicht verbindlich (BAG NZA 1998, 304).

Der Arbeitgeber ist gemäß § 77 Abs. 2 Satz 3 BetrVG verpflichtet, die Betriebsvereinbarung an geeigneter Stelle im Betrieb auszulegen. Dies ist allerdings eine reine Ordnungsvorschrift, sie begründet keine Wirksamkeitsvoraussetzung. Der Arbeitgeber kann die Pflicht auch dadurch erfüllen, dass er die Betriebsvereinbarung den im Betrieb beschäftigten Arbeitnehmern in anderer geeigneter Weise, zB über das Intranet, zugänglich macht.

4. **Geltungsbereich.** Der räumliche Geltungsbereich einer Betriebsvereinbarung erstreckt sich auf den Betrieb oder Betriebsteil, für den sie abgeschlossen worden ist. Bei Gesamt- oder Konzernbetriebsvereinbarungen ist wegen der Zuständigkeitsregelungen in §§ 50, 58 BetrVG ausgeschlossen, dass sie nur für einzelne Betriebe des Unternehmens oder Konzerns gelten sollen, denn dann dürfte Gesamt- oder Konzernbetriebsrat die Vereinbarung gar nicht abschließen. Es empfiehlt sich aber gerade in größeren Unternehmen oder Konzernen, den räumlichen Geltungsbereich in der Vereinbarung präzise zu definieren.

Der persönliche Geltungsbereich einer Betriebsvereinbarung erstreckt sich grundsätzlich auf alle Arbeitnehmer des Betriebes iSv § 5 Abs. 1 BetrVG mit Ausnahme der leitenden Angestellten (§ 5 Abs. 3 BetrVG) und der Organmitglieder. Es kommt hierbei weder darauf an, ob die Arbeitnehmer Mitglied einer Gewerkschaft sind, noch darauf, ob sie an der Betriebsratswahl teilgenommen haben oder sogar umgekehrt von dem Betriebsrat „nichts halten“. Irrelevant ist auch, wie lange die Arbeitnehmer im Betrieb beschäftigt sind; die Betriebsvereinbarung gilt somit auch für Arbeitnehmer, die erst nach Abschluss der Betriebsvereinbarung eintreten, soweit sie unter den erfassten Personenkreis fallen (BAG AP Nr. 4 zu § 399 BGB = BB 1960, 1202). Allerdings können die Betriebsparteien den persönlichen Geltungsbereich auf einen bestimmten Teil der Belegschaft beschränken, wenn hierfür sachliche Gründe bestehen (zB auf Mitarbeiter im Außendienst, auf Produktionsmitarbeiter im Schichtdienst etc.).

5. **Regelungsinhalt.** Betriebsvereinbarungen können grundsätzlich über alle Gegenstände abgeschlossen werden, die zum Regelungsbereich des Betriebsrats gehören. Nach

ständiger Rechtsprechung des Bundesarbeitsgerichts haben die Betriebsparteien grundsätzlich eine umfassende Kompetenz zur Regelung von materiellen und formellen Arbeitsbedingungen. Sie können durch (freiwillige) Betriebsvereinbarungen Regelungen über den Inhalt, den Abschluss und die Beendigung von Arbeitsverhältnissen treffen (BAG NZA 2013, 916; *Linsenmaier* RdA 2014, 336, 337). Betriebsvereinbarungen dürfen nicht gegen höherrangiges Recht (Grundrechte, Gesetze, Tarifverträge) verstoßen. Die Betriebsparteien können durch eine Betriebsvereinbarung Rechte und Pflichten nur im Verhältnis zueinander, nicht jedoch normative Ansprüche gegenüber und zu Lasten Dritter begründen; hierzu fehlt ihnen die durch das Betriebsverfassungsgesetz vermittelte Regelungsbefugnis (BAG AP Nr. 54 zu § 77 BetrVG 1972 = BB 2011, 1171). Die Regelungskompetenz der Betriebsparteien ist ferner begrenzt durch § 77 Abs. 3 Satz 1 BetrVG, der der Sicherung und Stärkung der Tarifautonomie dient (allgA, vgl. nur *Linsenmaier* RdA 2014, 336, 337). Materielle und formelle Arbeitsbedingungen, die durch Tarifvertrag geregelt sind oder üblicherweise geregelt werden, können – sofern es sich nicht um Gegenstände der erzwingbaren Mitbestimmung nach § 87 BetrVG handelt – nicht Gegenstand einer Betriebsvereinbarung sein. Diese Regelungssperre kommt nicht nur bei solchen Arbeitgebern zur Anwendung, die kraft Verbandszugehörigkeit gemäß § 3 Abs. 1 TVG tarifgebunden sind oder gemäß § 2 Abs. 1 TVG selbst einen Tarifvertrag abgeschlossen haben (BAG NZA 2006, 383). § 77 Abs. 3 Satz 1 Alt. 2 BetrVG sperrt darüber hinaus die genannten Betriebsvereinbarungen sogar schon dann, wenn die Arbeitsbedingungen nur „üblicherweise" durch Tarifvertrag geregelt werden, ohne dass es auf eine Tarifgebundenheit des Arbeitgebers ankommt. Von einer „Tarifüblichkeit" ist dann auszugehen, wenn ein Verbandstarifvertrag existiert, der den Betrieb fachlich, räumlich und zeitlich erfasst und den der Arbeitgeber durch einen schlichten Verbandsbeitritt zur Anwendung bringen könnte.

Gegenstand einer erzwingbaren Betriebsvereinbarung können sein:

- Sprechstunden des Betriebsrats, § 39 BetrVG
- Mitgliederzahl des Gesamtbetriebsrats, § 47 BetrVG
- Mitgliederzahl des Konzernbetriebsrats, § 55 BetrVG
- Mitgliederzahl der Gesamt-Jugend- und Auszubildendenvertretung, § 72 BetrVG
- Soziale Angelegenheiten, § 87 BetrVG:
  - Fragen der Ordnung des Betriebs und des Verhaltens der Arbeitnehmer im Betrieb
  - Beginn und Ende der täglichen Arbeitszeit einschließlich der Pausen sowie Verteilung der Arbeitszeit auf die einzelnen Wochentage
  - Vorübergehende Verkürzung oder Verlängerung der betriebsüblichen Arbeitszeit
  - Zeit, Ort und Art der Auszahlung der Arbeitsentgelte
  - Aufstellung allgemeiner Urlaubsgrundsätze und des Urlaubsplans sowie die Festsetzung der zeitlichen Lage des Urlaubs für einzelne Arbeitnehmer, wenn zwischen dem Arbeitgeber und den beteiligten Arbeitnehmern kein Einverständnis erzielt wird
  - Einführung und Anwendung von technischen Einrichtungen, die dazu bestimmt sind, das Verhalten oder die Leistung der Arbeitnehmer zu überwachen
  - Regelungen über die Verhütung von Arbeitsunfällen und Berufskrankheiten sowie über den Gesundheitsschutz im Rahmen der gesetzlichen Vorschriften oder der Unfallverhütungsvorschriften
  - Form, Ausgestaltung und Verwaltung von Sozialeinrichtungen, deren Wirkungsbereich auf den Betrieb, das Unternehmen oder den Konzern beschränkt ist
  - Zuweisung und Kündigung von Wohnräumen, die den Arbeitnehmern mit Rücksicht auf das Bestehen eines Arbeitsverhältnisses vermietet werden, sowie die allgemeine Festlegung der Nutzungsbedingungen
  - Fragen der betrieblichen Lohngestaltung, insbesondere die Aufstellung von Entlohnungsgrundsätzen und die Einführung und Anwendung von neuen Entlohnungsmethoden sowie deren Änderung

- Festsetzung der Akkord- und Prämiensätze und vergleichbarer leistungsbezogener Entgelte, einschließlich der Geldfaktoren
- Grundsätze über das betriebliche Vorschlagswesen
- Grundsätze über die Durchführung von Gruppenarbeit

- Menschengerechte Gestaltung des Arbeitsplatzes, § 91 BetrVG
- Personalfragebögen, § 94 Abs. 1 BetrVG
- Persönliche Angaben in allgemein für den Betrieb zu verwendenden schriftlichen Arbeitsverträgen, § 94 Abs. 2 BetrVG
- Allgemeine Beurteilungsgrundsätze, § 94 Abs. 2 BetrVG
- Auswahlrichtlinien, § 95 BetrVG
- Einführung von Berufsbildungsmaßnahmen, § 97 BetrVG
- Durchführung von Maßnahmen der beruflichen Bildung, § 98 BetrVG
- Sozialplan bei Betriebsänderungen, §§ 112, 112a BetrVG

Alle übrigen Gegenstände können die Betriebsparteien durch freiwillige Betriebsvereinbarung regeln. Typischerweise kommen hierfür (nicht abschließend) in Betracht:

- Anwendung des vereinfachten Wahlverfahrens, § 14a Abs. 5 BetrVG
- Übertragung von Aufgaben auf Arbeitsgruppen, § 28a Abs. 1 Satz 1 BetrVG
- Freistellung von Betriebsratsmitgliedern, § 38 Abs. 1 Satz 5 BetrVG
- Errichtung einer ständigen Einigungsstelle, § 76 Abs. 1 Satz 2 BetrVG
- Kosten der Einigungsstelle, § 76a Abs. 5 BetrVG
- Einzelheiten des Beschwerdeverfahrens, § 86 Satz 1 BetrVG
- Soziale Angelegenheiten, § 88 BetrVG („insbesondere"):
  - Zusätzliche Maßnahmen zur Verhütung von Arbeitsunfällen und Gesundheitsschädigungen
  - Maßnahmen des betrieblichen Umweltschutzes
  - Errichtung von Sozialeinrichtungen, deren Wirkungsbereich auf den Betrieb, das Unternehmen oder den Konzern beschränkt ist
  - Maßnahmen zur Förderung der Vermögensbildung
  - Maßnahmen zur Integration ausländischer Arbeitnehmer sowie zur Bekämpfung von Rassismus und Fremdenfeindlichkeit im Betrieb
  - Maßnahmen zur Eingliederung schwerbehinderter Menschen
- Ausschreibung von Arbeitsplätzen, § 93 BetrVG
- Vereinbarung, dass Kündigungen der Zustimmung des Betriebsrats bedürfen, § 102 Abs. 6 BetrVG
- Freiwilliger Sozialplan bei Maßnahmen, die keine Betriebsänderung iSv §§ 111, 112 BetrVG darstellen

**6. Günstigkeitsprinzip.** Gemäß § 77 Abs. 4 Satz 1 BetrVG gelten Betriebsvereinbarungen „unmittelbar und zwingend". Das bedeutet zunächst, dass von den Bestimmungen der Betriebsvereinbarung nicht zu Ungunsten der Arbeitnehmer abgewichen werden darf. Aus dem Attribut „zwingend" kann aber nicht umgekehrt geschlossen werden, dass Abweichungen zu Gunsten der Arbeitnehmer ebenso unzulässig wären. Vielmehr sind die Bestimmungen einer Betriebsvereinbarung nach Auffassung des BAG nur einseitig zwingend und haben als Ausdruck der Privatautonomie zu Gunsten der Arbeitnehmer stets dispositiven Charakter (BAG GS AP Nr. 17 zu § 77 BetrVG 1972; *Richardi* § 77 Rn. 158). Festzustellen ist daher im Einzelfall zunächst, ob eine individualrechtliche Vereinbarung mit dem Arbeitnehmer von den Bestimmungen der Betriebsvereinbarung abweicht. Nur wenn dies der Fall ist, kommt das Günstigkeitsprinzip überhaupt zur Anwendung. Keine Abweichung von den Bestimmungen der Betriebsvereinbarung liegt vor, wenn der Arbeitsvertrag „betriebsvereinbarungsoffen" gestaltet worden ist, wenn er also eine Klausel enthält, wonach spätere betriebliche Regelungen Vorrang vor den individualvertraglichen Regelungen haben sollen.

In der betrieblichen Praxis ist die Frage, welche Regelung für den Arbeitnehmer günstiger sei, nicht immer leicht zu beantworten. Betrifft die Regelung beispielsweise eine Entgeltleistung des Arbeitgebers, hat der Günstigkeitsvergleich relativ einfach am Maßstab von Leistung und Gegenleistung zu erfolgen: Günstiger ist diejenige Regelung für den Arbeitnehmer, die ihm für dieselbe Arbeitsleistung die höhere Vergütung verschafft. Schwieriger wird hingegen die Beurteilung, wenn individuelle Freiheiten des Arbeitnehmers berührt sind. Enthält beispielsweise der Arbeitsvertrag eine Abrede über das Ende des Arbeitsverhältnisses mit Erreichen einer bestimmten Altersgrenze, dann kann durch eine nachfolgende Betriebsvereinbarung keine niedrigere Altersgrenze festgelegt werden. Denn eine Altersgrenzenregelung ist für den Arbeitnehmer umso günstiger, je länger er zwischen Arbeit und Ruhestand wählen kann (BAG NZA 1990, 816).

7. **Rechtsfolgen bei Unwirksamkeit.** Ist die Betriebsvereinbarung nicht wirksam zu Stande gekommen, kann sie gemäß § 140 BGB in eine Gesamtzusage umgedeutet werden, wenn hinreichende Anhaltspunkte für einen entsprechenden hypothetischen Verpflichtungswillen des Arbeitgebers bestehen (BAG NZA 2016, 642; siehe auch *Moll* RdA 2019, 229).

8. **Streitigkeiten.** Kommt es im Zusammenhang mit der Durchführung der Betriebsvereinbarung zu Streitigkeiten, ist zu differenzieren: Soweit Arbeitnehmer aus einer Betriebsvereinbarung Ansprüche gegen den Arbeitgeber geltend machen, hat hierüber das Arbeitsgericht im Urteilsverfahren zu entscheiden (§ 2 Abs. 1 Nr. 3, 4, Abs. 5 ArbGG). Streitigkeiten zwischen Arbeitgeber und Betriebsrat über das Bestehen oder die Geltung einer Betriebsvereinbarung sowie darüber, ob und wie eine Betriebsvereinbarung (richtig) auszuführen ist, entscheidet auf Antrag das Arbeitsgericht im Beschlussverfahren (§ 2a Abs. 1 Nr. 1, Abs. 2 ArbGG; vgl. GK-BetrVG/*Kreutz*, § 77 Rn. 477 f.). Antragsberechtigt ist neben dem Arbeitgeber nur der Betriebsrat als Gremium auf Grund eines entsprechenden Beschlusses, nicht jedoch das einzelne Betriebsratsmitglied oder eine einzelne (Minderheits- oder Mehrheits-) Fraktion (BAG NZA 2015, 1397). Nicht antragsberechtigt ist eine Tarifvertragspartei (insbesondere Gewerkschaft), auch nicht für einen Antrag auf Feststellung eines Verstoßes gegen die Sperrwirkung nach § 77 Abs. 3 BetrVG (BAG NZA 1988, 26), wohl aber für einen Antrag nach § 23 Abs. 3 BetrVG.

Die Betriebsparteien können vereinbaren, vor Einleitung eines Beschlussverfahrens zunächst ein innerbetriebliches Schlichtungsverfahren durchzuführen (BAG NZA-RR 2015, 26); dazu dient Ziffer 5 des Musters. Erfahrungsgemäß kommt die Einigungsstelle eher zu sachgerechten Lösungen. Um ein solches Verfahren nicht durch (meist durch taktische Überlegungen gesteuerte) Streitigkeiten über die personelle Zusammensetzung der Einigungsstelle und ein entsprechendes Beschlussverfahren nach § 100 ArbGG zu verzögern, empfiehlt es sich, schon bei Abschluss der Betriebsvereinbarung „mit kühlem Kopf" eine Regelung zur Anzahl der Beisitzer und zu der Person des Vorsitzenden zu treffen. Dabei sollten mehrere geeignete Personen für den Vorsitz benannt und eine Reihenfolge vorgesehen werden, in der sie im Falle einer möglichen Verhinderung heranzuziehen sind.

9. **Durchführung.** Gemäß § 77 Abs. 1 Satz 1 BetrVG hat der Arbeitgeber, soweit im Einzelfall nichts anderes vereinbart ist, die Betriebsvereinbarung durchzuführen. Die Vorschrift begründet zum einen eine entsprechende Verpflichtung des Arbeitgebers, enthält zum anderen aber auch eine Kompetenzzuweisung. Denn der Betriebsrat darf gemäß § 77 Abs. 1 Satz 2 BetrVG nicht durch einseitige Handlung in die Leitung des Betriebs eingreifen. Tut er dies doch, verletzt er damit seine Amtspflichten, was zu den in § 23 Abs. 1 BetrVG geregelten Sanktionen führen kann. Unterlässt der Arbeitgeber die Durchführung der Betriebsvereinbarung, kann der Betriebsrat die Einigungsstelle anrufen oder ein Beschlussverfahren beim Arbeitsgericht einleiten.

**10. Beendigung.** Eine Betriebsvereinbarung endet
- mit Ablauf der Zeit, für die sie eingegangen ist,
- mit Erreichen des mit der Betriebsvereinbarung verfolgten Zwecks,
- durch Aufhebungsvereinbarung,
- durch Ablösung durch eine neue Betriebsvereinbarung zum gleichen Regelungsgegenstand,
- durch zulässige Kündigung (die grundsätzlich keiner Rechtfertigung bedarf) mit der vereinbarten Frist; mangels Vereinbarung gilt gemäß § 77 Abs. 5 BetrVG eine solche von drei Monaten.

Die Betriebsvereinbarung kann als höherrangiges Recht hingegen nicht durch eine Regelungsabrede abgelöst werden (BAG NZA 1986, 401). Sie bleibt auch in Kraft, wenn die Amtszeit des Betriebsrats endet oder wenn es im Betrieb keinen Betriebsrat mehr gibt: Die unmittelbare und zwingende Wirkung einer Betriebsvereinbarung hängt nach § 77 Abs. 4 Satz 1 BetrVG nicht vom Fortbestand einer Arbeitnehmervertretung im Betrieb ab (BAG AP Nr. 478 zu § 613a BGB). Der Arbeitgeber kann in diesem Fall mangels handlungsfähigen Betriebsverfassungsorgans eine Kündigung der Betriebsvereinbarung gegenüber allen betroffenen Arbeitnehmern des Betriebs erklären (BAG NZA 2003, 670). Schließlich bleibt die Betriebsvereinbarung auch im Falle eines Betriebsübergangs in Kraft, da der Betrieb als Bezugspunkt seine Identität bei einem Betriebsinhaberwechsel behält.

Wenn die Betriebsvereinbarung endet, gelten ihre Regelungen in Angelegenheiten der erzwingbaren Mitbestimmung (siehe oben Ziffer 5) weiter, bis sie durch eine andere Abmachung ersetzt werden (§ 77 Abs. 6 BetrVG), und zwar auch für diejenigen Arbeitnehmer, die erst nach Ablauf der Betriebsvereinbarung in den Betrieb eintreten (*Richardi* § 77 BetrVG Rn. 180). Die Weitergeltung nach Abs. 6 ist aber – anders als die Geltung nach Abs. 4 Satz 1 – nicht „zwingend". „Abmachung" iSv § 77 Abs. 6 BetrVG kann deshalb nicht nur eine Betriebsvereinbarung, Regelungsabrede oder formlose Betriebsabsprache sein, sondern auch eine individualvertragliche Abrede. Die Parteien können aber in der Betriebsvereinbarung auch regeln, dass diese „nachwirken" soll. In diesem Falle bleibt es auch nach Ablauf der Betriebsvereinbarung bei ihrer unmittelbaren und zwingenden Wirkung.

**11. Kosten.** Soweit dem (Einzel-, Gesamt- oder Konzern-) Betriebsrat im Zusammenhang mit dem Abschluss der Betriebsvereinbarung durch externe Berater (wie Rechtsanwälte oder Sachverständige) für die Erfüllung seiner Aufgaben notwendige Kosten entstehen, hat der Arbeitgeber diese gemäß § 40 Abs. 1 BetrVG zu tragen. Der Betriebsrat entscheidet dabei grundsätzlich nach pflichtgemäßem Ermessen selbst, ob er die Hinzuziehung eines Rechtsanwalts – etwa auch für Verhandlungen über eine Betriebsvereinbarung – für erforderlich halten darf. Streitigkeiten zwischen Arbeitgeber und Betriebsrat über die Notwendigkeit und Angemessenheit der Kosten entscheidet das Arbeitsgericht im Beschlussverfahren. § 80 Abs. 3 BetrVG und § 111 Satz 2 BetrVG berechtigen den Betriebsrat unter den dort genannten Voraussetzungen, bei der Durchführung seiner Aufgaben Sachverständige oder Berater hinzuzuziehen. Hierzu ist aber eine Vereinbarung mit dem Arbeitgeber erforderlich, die das Thema, die voraussichtlichen Kosten und die Personen des Sachverständigen festzulegen hat.

# Sachverzeichnis

Römische und arabische Zahlen beziehen sich auf die Systematik des Vertragshandbuches; Zahlen mit dem Zusatz „Anm." kennzeichnen die betreffende Anmerkung.


**Abfindung XIX.** 31 Anm. 8 ff.
- Ruhegeld **XIX.** 25 Anm. 29

**Abkömmling**
- Begriff **XII.** 3 Anm. 7

**Ablösungsrecht XII.** 9 Anm. 6

**Abmahnung**
- Abwehrrecht **XIX.** 33 Anm. 4
- Berechtigter **XIX.** 33 Anm. 3
- Betriebsverfassungsrecht **XIX.** 33 Anm. 5
- und Kündigung **XIX.** 33 Anm. 2
- Voraussetzungen, Inhalt **XIX.** 33 Anm. 1

**Abtretung von Schadensersatzansprüchen XIX. 24**
- Befriedigungsvorrecht **XIX.** 24 Anm. 2

**Adoption (s. a. Annahme als Kind)**
- Antrag auf Anerkennungs- und Wirkungsfeststellung **X. 10**
- Antrag auf Umwandlungsanspruch nach § 3 Abs. 1 AdWirkG **X. 11**
- Gemeinschaftliche ~ durch Ehegatten **X. 1**
- Stiefkindadoption **X. 2**
- durch Unverheiratete **X. 3**
- Volljährigenadoption **X. 9**

**Allgemeines Ehewirkungsstatut IX.** 9 Anm. 2

**Altersteilzeit XIX.** 6 Anm. 12

**Änderungskündigung XIX. 35**
- Annahme unter Vorbehalt **XIX.** 35 Anm. 3
- Betriebsverfassung **XIX.** 35 Anm. 6
- materielle Wirksamkeit **XIX.** 35 Anm. 4
- tatsächliche Fortsetzung **XIX.** 35 Anm. 5
- Wesen **XIX.** 35 Anm. 1

**Anerkennung und Wirkungsfeststellung, Antrag**
- § 2 Adoptionswirkungsgesetz **X. 10**

**Anfangsvermögen**
- Nachweis **IX.** 1 Anm. 6.1

**Anfechtung eines Arbeitsvertrags**
- Betriebsverfassungsrecht **XIX.** 32 Anm. 5
- Form, Frist **XIX.** 32 Anm. 2
- Inhalt **XIX.** 32 Anm. 1
- Rechtsprechungsbeispiele **XIX.** 32 Anm. 4
- Wirkung **XIX.** 32 Anm. 3

**Annahme als Kind X. 1 ff.**
- Adoption durch Unverheiratete **X. 3**
- Anerkennung- und Wirkungsfeststellungsantrag **X. 10**
- Antrag auf Umwandlungsanspruch nach § 3 Abs. 1 AdWirkG **X. 11**
- Einwilligung der Mutter **X. 5**
- Einwilligung des Kindes **X. 4**
- Einwilligung in Inkognito-Adoption **X. 6**
- gemeinschaftliche Adoption durch Ehegatten **X. 1**
- Stiefkindadoption **X. 2**
- durch unverheiratete Verwandte **X. 3**
- Verzicht des Vaters auf Beantragung der Übertragung der Sorge für das nichteheliche Kind **X. 7**
- Volljährigenadoption **X. 9**
- Widerruf der Einwilligung **X. 8**

**Anwachsung XII.** 3 Anm. 9

**Anwesenheitsprämie**
- Abdingbarkeit **XIX.** 30 Anm. 7
- Betriebsverfassung **XIX.** 30 Anm. 8
- Inhalt **XIX.** 30 Anm. 1
- Kürzungsmöglichkeit **XIX.** 30 Anm. 3
- Rückzahlungsklausel **XIX.** 30 Anm. 4
- Widerrufsvorbehalt **XIX.** 30 Anm. 5
- Zulässigkeit **XIX.** 30 Anm. 2
- zusätzlicher Urlaub **XIX. 30**

**Arbeitgeberdarlehen**
- Aufrechnung **XIX.** 28 Anm. 5
- Ausschlussfristen, Ausgleichsklausel **XIX.** 28 Anm. 9
- Kündigung **XIX.** 28 Anm. 4
- Lohnabtretung **XIX.** 28 Anm. 7
- Steuern, Sozialversicherung **XIX.** 28 Anm. 10
- Verfallklausel **XIX.** 28 Anm. 4
- Vorzeitige Rückzahlung **XIX.** 28 Anm. 6
- Wesen **XIX.** 28 Anm. 1
- Wirksamkeit **XIX.** 28 Anm. 2
- Zins **XIX.** 28 Anm. 3

**Arbeitnehmer**
- Abhängigkeit vom Arbeitgeber **XIX.** 1 Anm. 2
- Begriff **XIX.** 1 Anm. 2
- Verbraucher **XIX.** 6 Anm. 1

**Arbeitnehmererfindungen XIX.** 7 Anm. 21

**Arbeitnehmerüberlassung XIX. 49**
- Betriebsverfassungsrecht **XIX.** 49 Anm. 12

- Fingiertes Arbeitsverhältnis, Festhaltenserklärung **XIX. 49** Anm. 7
- Grenzen der Zulässigkeit, Erlaubnis **XIX. 49** Anm. 2
- Haftung des Arbeitnehmers **XIX. 49** Anm. 5
- Haftung des Verleihers **XIX. 49** Anm. 6
- Kündigung **XIX. 49** Anm. 8
- Steuern, Sozialversicherung **XIX. 49** Anm. 10
- Strafrecht, Ordnungswidrigkeiten **XIX. 49** Anm. 9
- Treuepflicht **XIX. 49** Anm. 4
- Verfahrensrecht **XIX. 49** Anm. 11
- Weisungen, Fürsorgepflicht **XIX. 49** Anm. 3
- Wesen, Inhalt **XIX. 49** Anm. 1

**Arbeitsbescheinigung XIX. 47** Anm. 4

**Arbeitsleistungen für anderen Ehepartner** IX. 1 12

**Arbeitsverhinderung**
- Abdingbarkeit **XIX. 42** Anm. 5
- Anzeige **XIX. 42**
- Umfang der Vergütung **XIX. 42** Anm. 3
- Verhinderungsfälle **XIX. 42** Anm. 2
- Verschulden, Beweislast **XIX. 42** Anm. 4

**Arbeitsvertrag XIX. 6**
- Abmahnung **XIX. 33**
- Anfechtung **XIX. 32**
- Arbeitnehmererfindungen **XIX. 7** Anm. 21
- Arbeitsergebnisse **XIX. 7** Anm. 21
- Arbeitspflicht **XIX. 6** Anm. 3
- Arbeitsplatzteilung **XIX. 53**
- Arbeitsunfähigkeit **XIX. 6** Anm. 8
- arbeitsvertraglichen Inhaltskontrolle **XIX. 6** Anm. 1
- Arbeitszeit **XIX. 6** Anm. 4; **XIX. 10** Anm. 4; **XIX. 11** Anm. 5
- Außendienst **XIX. 9**
- außertarifliche Angestellte **XIX. 10**
- befristeter Vertrag **XIX. 12**
- Befristung **XIX. 6** Anm. 12
- Berufsausbildung **XIX. 16**
- betriebliche Übung **XIX. 6** Anm. 14
- Betriebsverfassungsrecht **XIX. 6** Anm. 16
- Direktionsrecht des AG **XIX. 6** Anm. 3; **XIX. 9** Anm. 5
- Entgeltfortzahlung **XIX. 6** Anm. 8
- Form **XIX. 6** Anm. 14
- Freistellung **XIX. 7** Anm. 20
- Geschäfts- oder Betriebsgeheimnisse **XIX. 6** Anm. 11
- Gratifikation **XIX. 7** Anm. 17
- Herausgabepflicht **XIX. 6** Anm. 11
- Kündigung vor Dienstantritt **XIX. 6** Anm. 2
- Kurzarbeit **XIX. 7** Anm. 16
- leitende Angestellte **XIX. 11**
- Mankovereinbarung **XIX. 22**
- mittelbares Arbeitsverhältnis **XIX. 51**
- Nebenabreden **XIX. 6** Anm. 14
- Nebenbeschäftigung **XIX. 10** Anm. 10; **XIX. 11** Anm. 13
- Nebentätigkeit **XIX. 6** Anm. 10
- Personalfragebogen **XIX. 7** Anm. 25
- Praktikantenvertrag **XIX. 17**
- private Email- und Internetnutzung **XIX. 7** Anm. 26
- Probearbeitsverhältnis **XIX. 6** Anm. 2
- Probezeit **XIX. 8** Anm. 2
- Rechtsübergang an Zahlungsansprüchen **XIX. 6** Anm. 7
- Rückzahlung **XIX. 7** Anm. 23
- salvatorische Klausel **XIX. 6** Anm. 15
- Sozialversicherung **XIX. 6** Anm. 17
- Steuern **XIX. 6** Anm. 17
- Tarifunterstellung **XIX. 8**
- Teilkündigung **XIX. 36**
- Über- und Mehrarbeit **XIX. 6** Anm. 4
- Überstunden **XIX. 10** Anm. 5; **XIX. 11** Anm. 8
- Überstundenvergütung **XIX. 6** Anm. 6
- übertarifliche Zulage **XIX. 8** Anm. 6
- Urlaub **XIX. 6** Anm. 9; **XIX. 7** Anm. 18; **XIX. 9** Anm. 19; **XIX. 39**
- Vereinbarung über Umzugskosten mit Rückzahlungsklausel **XIX. 25b**
- Vereinbarung über unbezahlten Urlaub **XIX. 25a**
- Verfallfristen **XIX. 7** Anm. 24
- Vergütung **XIX. 6** Anm. 5 ff.; **XIX. 9** Anm. 11 ff; **XIX. 10** Anm. 5
- Verschwiegenheitspflicht **XIX. 6** Anm. 11
- Weihnachtsgeld **XIX. 7** Anm. 17
- Wettbewerbsverbot **XIX. 7** Anm. 19
- Zuschläge **XIX. 6** Anm. 6

**Arbeitsvertragliche Nebenabreden**
- Abtretung von Schadensersatzansprüchen **XIX. 24**
- Arbeitgeberdarlehen **XIX. 28**
- Betriebliche Altersversorgung **XIX. 25**
- Dienstwagenvertrag **XIX. 26**
- Lohnaufschlüsselung **XIX. 19**
- Mankovereinbarung **XIX. 22**
- Privatwagenvertrag **XIX. 27**
- Vereinbarung über Umzugskosten mit Rückzahlungsklausel **XIX. 25b**
- Vereinbarung über unbezahlten Urlaub **XIX. 25a**
- Vertragsstrafenvereinbarung **XIX. 23**
- Weihnachtsgratifikation mit Bindungsklauseln **XIX. 29**
- Wettbewerbsvereinbarung für Arbeitnehmer **XIX. 21**

**Arbeitszeit**
- Vereinbarung **XIX. 6** Anm. 4; **XIX. 10** Anm. 4

**Arbeitszeugnis XIX. 47 f.**
- Abdingbarkeit **XIX. 48** Anm. 8

– Arbeitsbescheinigung **XIX. 47** Anm. 3, Anm. 4
– Auskünfte **XIX. 48** Anm. 10
– Berichtigung, Widerruf **XIX. 48** Anm. 7
– Bindung des Arbeitgebers **XIX. 48** Anm. 9
– Darlegungs- und Beweislast **XIX. 48** Anm. 15
– einfaches ~ **XIX. 47**
– Entstehung, Fälligkeit **XIX. 48** Anm. 4
– Erteilung durch Arbeitgeber **XIX. 48** Anm. 2
– Form **XIX. 48** Anm. 5
– Holschuld **XIX. 48** Anm. 3
– Inhalt **XIX. 47** Anm. 2; **XIX. 48** Anm. 5 f.
– qualifiziertes ~ **XIX. 48**
– Rechtsgrundlage **XIX. 47** Anm. 1
– Schadenersatzansprüche **XIX. 48** Anm. 11 f.
– Verfahrensrecht **XIX. 48** Anm. 14
– Verjährung, Verwirkung, Ausschlussfrist **XIX. 48** Anm. 13
– Zwischenzeugnis **XIX. 48** Anm. 4
**Ärztliche Untersuchung**
– Rechtmäßigkeit **XIX. 5** Anm. 2
**Atypische stille Gesellschaft XII. 8** Anm. 6
**Aufhebungstestament XII. 26** Anm. 5 (6) f.
**Aufhebungsvertrag**
– Abfindung **XIX. 31** Anm. 8 ff.
– Anfechtbarkeit **XIX. 31** Anm. 3
– Ausgleichsklausel **XIX. 31** Anm. 18
– Beendigung aus betrieblichen Gründen **XIX. 31** Anm. 6
– Beendigung des Arbeitsverhältnisses **XIX. 31** Anm. 5
– Belehrung **XIX. 31** Anm. 19
– Bonus **XIX. 31** Anm. 7
– Form **XIX. 31** Anm. 1
– Geheimhaltungspflicht **XIX. 31** Anm. 17
– Herausgabe von Betriebsmitteln **XIX. 31** Anm. 16
– Inhalt **XIX. 31** Anm. 2
– Unwiderrufliche Freistellung **XIX. 31** Anm. 13
– Vertragliches Wettbewerbsverbot **XIX. 31** Anm. 15
– Wesen **XIX. 31** Anm. 1
– Widerruf **XIX. 31** Anm. 4
– Widerrufliche Freistellung **XIX. 31** Anm. 14
**Auflage**
– Anordnung von Todes wegen **XII. 4** Anm. 16
– Testamente **XII. 23** Anm. 5
**Auflagenstiftung XV. 3** Anm. 2
**Aufteilung (s. a. Teilung)**
**Aufwendungsersatz**
– Außendienstmitarbeiter **XIX. 9** Anm. 16
**Ausbildungsbeihilfe XIX. 18**
**Ausgleichsquittung XIX. 45**
– Beseitigung der Erklärung **XIX. 45** Anm. 3
– Betriebsrente **XIX. 45** Anm. 7
– Entgeltfortzahlung, unverzichtbare Ansprüche **XIX. 45** Anm. 5
– Heimarbeiter **XIX. 45** Anm. 10
– Karenzentschädigung **XIX. 45** Anm. 9
– Kündigungsschutz **XIX. 45** Anm. 4
– Urlaub **XIX. 45** Anm. 6
– Wirksamkeit, Auslegung **XIX. 45** Anm. 2
– Zeugnis **XIX. 45** Anm. 8
**Aushilfsarbeitsverhältnis**
– Betriebsverfassungsrecht **XIX. 13** Anm. 6
– Entgeltfortzahlung **XIX. 13** Anm. 4
– Formen **XIX. 13** Anm. 2
– Kündigung **XIX. 13** Anm. 3
– plötzlicher/vorübergehender Bedarf **XIX. 13** Anm. 1
– Schriftformklausel **XIX. 13** Anm. 5
– Sozialversicherung **XIX. 13** Anm. 7
– Steuern **XIX. 13** Anm. 7
– Urlaub **XIX. 13** Anm. 4
**Ausschlagung**
– eines Erbteils **XVI. 2** Anm. 2
– eines Vermächtnisses **XVI. 2** Anm. 3
**Außendienst**
– Abschlussprovision **XIX. 9** Anm. 12
– Änderung der Provision **XIX. 9** Anm. 15
– Arbeitsverhinderung **XIX. 9** Anm. 18
– Aufgabenbereich **XIX. 9** Anm. 3
– Aufwendungsersatz **XIX. 9** Anm. 16
– Betriebsverfassungsrecht **XIX. 9** Anm. 31
– Delkrederehaftung **XIX. 9** Anm. 9
– Direktionsrecht des AG **XIX. 9** Anm. 5
– Krankheit **XIX. 9** Anm. 18
– Leistungsanreiz Provison **XIX. 9** Anm. 1
– Nebenabreden **XIX. 9** Anm. 30
– Nebenbeschäftigung **XIX. 9** Anm. 20
– Provision **XIX. 9** Anm. 13
– Steuern **XIX. 9** Anm. 32
– Urlaub **XIX. 9** Anm. 19
– Vergütung **XIX. 9** Anm. 11 ff
– Vergütungsfortzahlung **XIX. 9** Anm. 18
– Verrechnung von Rückzahlungsansprüchen **XIX. 9** Anm. 14
– Vorschriften des HGBs **XIX. 9** Anm. 2
– Wettbewerbsvereinbarung **XIX. 9** Anm. 30
**Außertarifliche Angestellte**
– Arbeitszeit **XIX. 10** Anm. 4
– Beginn des Arbeitsverhältnisses **XIX. 10** Anm. 2
– bei besonderen/leitenden Funktionen **XIX. 10** Anm. 1
– betriebliche Altersversorgung **XIX. 10** Anm. 6
– betriebliches Ruhegeld **XIX. 10** Anm. 6
– Betriebsverfassungsrecht **XIX. 10** Anm. 22
– Kündigung **XIX. 10** Anm. 12
– Nebenabreden **XIX. 10** Anm. 21
– Nebenbeschäftigung **XIX. 10** Anm. 10
– Probezeit **XIX. 10** Anm. 2
– Überstunden **XIX. 10** Anm. 5

- Vergütung **XIX. 10** Anm. 5
- Wettbewerb **XIX. 10** Anm. 10

**Bedingte Zuwendungen XII. 23** Anm. 4
**Bedürftigen-Testament XII. 17 f.**
**Befristeter Arbeitsvertrag XIX. 12**
- Beendigung, Kündigung **XIX. 12** Anm. 8
- Betriebsverfassungsrecht **XIX. 12** Anm. 21
- Beweislast **XIX. 12** Anm. 20
- Entgeltfortzahlung **XIX. 12** Anm. 13
- Salvatorische Klausel **XIX. 12** Anm. 18
- Schriftform **XIX. 12** Anm. 9
- Urlaub **XIX. 12** Anm. 14
- Versetzungsklausel **XIX. 12** Anm. 3
- Zeit- oder Zweckbefristung mit Sachgrund **XIX. 12** Anm. 6
- Zeit- und Zweckbefristungen **XIX. 12** Anm. 4
- Zeitbefristung ohne Sachgrund **XIX. 12** Anm. 5
- Zulässigkeit **XIX. 12** Anm. 2

**Behinderte**
- Behindertentestament **XII. 19**
- Blinder, notarielles Testament **XI. 6**
- Gehörloser, mit dem schriftliche Verständigung möglich ist, notarielles Testament **XI. 7**
- Gehörloser, mit dem schriftliche Verständigung nicht möglich ist, der jedoch sprechen kann, notarielles Testament **XI. 8**
- Stummer, mit dem schriftliche Verständigung möglich ist, notarielles Testament **XI. 9**
- Taubstummer, mit dem schriftliche Verständigung möglich ist, notarielles Testament **XI. 10**
- Verfügungen von Todes wegen (Übersicht über Sondervorschriften) **XI. 4**

**Behindertentestament**
- Alternativlösungen **XII. 19** Anm. 2 c)
- Erbquote **XII. 19** Anm. 3
- Nicht befreiter Vorerbe **XII. 19** Anm. 4
- Testamentsvollstrecker **XII. 19** Anm. 5
- Vermächtnislösung **XII. 19** Anm. 2 b)
- Verwaltungsanordnungen **XII. 19** Anm. 7 ff.
- Vor- und Nacherbschaftslösung **XII. 19** Anm. 2 a)
- Zwecklose Gestaltungen **XII. 19** Anm. 2 d)

**Berliner Testament XII. 24** Anm. 6
- gegenseitiges ~ **XII. 24**
- mit gegenständlich beschränkter Freistellung **XII. 25**

**Berufsausbildungsverhältnis**
- Anrechenbare Zeiten **XIX. 25** Anm. 11

**Berufsausbildungsvertrag**
- Alternativen **XIX. 16** Anm. 6
- Ausbildungsmaßnahmen außerhalb der Ausbildungsstätte **XIX. 16** Anm. 9
- Ausbildungszeit **XIX. 16** Anm. 7
- Betriebsaufgabe **XIX. 16** Anm. 19
- Betriebsverfassungsrecht **XIX. 16** Anm. 25
- Beweisfragen **XIX. 16** Anm. 22
- Form **XIX. 16** Anm. 5
- Fortzahlung der Vergütung **XIX. 16** Anm. 13
- gesetzliche Vertreter **XIX. 16** Anm. 4
- Güteverfahren **XIX. 16** Anm. 21
- Kündigung **XIX. 16** Anm. 17
- nichtige Vereinbarungen **XIX. 16** Anm. 6
- Pflichten des Ausbildenden **XIX. 16** Anm. 14
- Pflichten des Auszubildenden **XIX. 16** Anm. 15
- private Email- und Internetnutzung **XIX. 7** Anm. 26
- Probezeit **XIX. 16** Anm. 8
- Sachbezüge **XIX. 16** Anm. 12
- Schadensersatz **XIX. 16** Anm. 18
- Steuern **XIX. 16** Anm. 26
- tägliche Ausbildungszeit **XIX. 16** Anm. 10
- Urlaub **XIX. 16** Anm. 16
- Vergütung **XIX. 16** Anm. 11 ff.
- vorzeitige Beendigung **XIX. 16** Anm. 18
- Wegfall der Ausbildungseignung **XIX. 16** Anm. 19
- Zeugnis **XIX. 16** Anm. 20

**Betreuungsunterhalt**
- unterhaltsverstärkende Vereinbarung **IX. 2** 4 ff.

**Betreuungsverfügung VIII. 9 f.;**
**VIII. 10** Anm. 11

**Betriebliche Altersversorgung XIX. 10** Anm. 6
- Abfindung der unverfallbaren Versorgungsanwartschaft **XIX. 25** Anm. 18
- Abtretung von Schadensersatzansprüchen **XIX. 25** Anm. 24
- Alternative **XIX. 25** Anm. 6
- Anpassung des Ruhegelds **XIX. 25** Anm. 21
- Anpassungsstichtag **XIX. 25** Anm. 22
- Anrechnung von Sozialversicherungsrenten **XIX. 25** Anm. 14
- Anrechnungs- bzw. Auszehrungsverbote **XIX. 25** Anm. 15
- Anspruchsgrundlage **XIX. 25** Anm. 7
- Anspruchsvoraussetzungen **XIX. 25** Anm. 8
- anwendbares Recht **XIX. 25** Anm. 4
- Art und Höhe des Ruhegelds **XIX. 25** Anm. 13
- Auskunftsanspruch **XIX. 25** Anm. 17
- Auskunftspflicht **XIX. 25** Anm. 23
- Begriff **XIX. 25** Anm. 3
- Betriebsverfassungsrecht **XIX. 25** Anm. 35
- Beweisfragen **XIX. 25** Anm. 32
- Durchführungswege **XIX. 25** Anm. 2
- Entfallen des Ruhegeldanspruchs **XIX. 25** Anm. 27
- Formen **XIX. 25** Anm. 2
- Haftung **XIX. 25** Anm. 33
- Hinterbliebenenbezüge **XIX. 25** Anm. 19

– Höhe des Ruhegelds bei unverfallbarer Anwartschaft **XIX. 25** Anm. 16
– Insolvenzschutz **XIX. 25** Anm. 31
– Pfändung, Verpfändung, Abtretung und Aufrechnung **XIX. 25** Anm. 29
– Ruhegeldzusage mit Ausschluss des Rechtsanspruchs bzw. Widerrufsvorbehalt **XIX. 25** Anm. 26
– Ruhegeldzusage, Rechtsanspruch **XIX. 25** Anm. 25
– Ruhen des Anspruchs **XIX. 25** Anm. 20
– Schriftform **XIX. 25** Anm. 5
– Steuern **XIX. 25** Anm. 36
– Unverfallbare Anwartschaft **XIX. 25** Anm. 10
– Verjährung und Verjährung **XIX. 25** Anm. 30
– Versorgungsfall **XIX. 25** Anm. 12
– Wartezeit **XIX. 25** Anm. 9
– Wettbewerbsverbot **XIX. 25** Anm. 28
– Widerruf der Ruhegeldzusage mit Rechtsanspruch **XIX. 25** Anm. 25
**Betriebliche Übung XIX. 6** Anm. 14
**Betriebliches Ruhegeld**
– außertarifliche Angestellte **XIX. 10** Anm. 6
**Betriebsvereinbarung**
– Abschlusszuständigkeit **XIX. 55** Anm. 2
– Beendigung **XIX. 55** Anm. 10
– Durchführungspflicht **XIX. 55** Anm. 9
– erzwingbare **XIX. 55** Anm. 1
– Form **XIX. 55** Anm. 3
– freiwillige **XIX. 55** Anm. 1
– Geltungsbereich **XIX. 55.** Anm. 1, 4
– Günstigkeitsprinzip **XIX. 55** Anm. 6
– Inhalt **XIX. 55** Anm. 5
– Kosten **XIX. 55** Anm. 11
– Umdeutung **XIX. 55** Anm. 7
– Zustandekommen **XIX. 55** Anm. 3
**Betriebsverfassungsrecht XIX. 1** Anm. 12
**Beurkundung**
– Ehe- und Erbvertrag **XI. 16**
– Erbvertrag **XI. 15**
**Bewerber**
– Einwilligung in ärztliche Untersuchung **XIX. 4**
– Personalfragebogen **XIX. 2**
**Bewerbungsgespräch**
– Ausschluss der Ersatzpflicht **XIX. 2** Anm. 2
– Betriebsverfassung **XIX. 2** Anm. 4
– diskrimierungsfreie Behandlung der Bewerber **XIX. 2** Anm. 3
– Einwilligung in psychologische Eignungsuntersuchung **XIX. 4**
– Ersatz der notwendigen Auslagen **XIX. 2** Anm. 1
**Bezugsrecht einer Lebensversicherung XII. 3** Anm. 11

**Bietervollmacht VIII. 7**
**Bonuszahlung mit Freiwilligkeitsvorbehalt**
– einmalige **XIX. 29a**
– Freiwilligkeitsvorbehalt, betriebliche Übung **XIX. 29a** Anm. 5
– Kürzung, Fehlzeiten **XIX. 29a** Anm. 4
– Stichtag- oder Rückzahlungsklauseln **XIX. 29a** Anm. 3

**Darlehen**
– Arbeitgeberdarlehen **XIX. 28**
**Delkrederehaftung XIX. 9** Anm. 9
**Dienstbefreiung zur Arbeitsplatzsuche**
– Dauerarbeitsverhältnis **XIX. 41** Anm. 3
– nach Kündigung **XIX. 41** Anm. 4
– Vergütung **XIX. 41** Anm. 5
– zeitlicher Umfang **XIX. 41** Anm. 2
**Dienstvertrag, Freie Mitarbeiter XIX. 1**
– Abgrenzung zu Arbeitnehmer **XIX. 1** Anm. 2
– Aufwendungsersatz **XIX. 1** Anm. 7
– Begriffsbestimmung **XIX. 1** Anm. 2
– Betriebsverfassungsrecht **XIX. 1** Anm. 12
– Dauer des Vertragsverhältnisses **XIX. 1** Anm. 11
– Einsatz Dritter **XIX. 1** Anm. 8
– fehlende Weisungsgebundenheit **XIX. 1** Anm. 5
– Herausgabepflicht **XIX. 1** Anm. 9
– Honorar **XIX. 1** Anm. 6
– Steuern **XIX. 1** Anm. 13
– Wettbewerbsverbot **XIX. 1** Anm. 10
**Dienstwagenvertrag XIX. 26**
– Betriebsverfassungsrecht **XIX. 26** Anm. 10
– Entzug des Dienstwagens **XIX. 26** Anm. 6
– Form **XIX. 26** Anm. 8
– Privatnutzung, Steuern **XIX. 26** Anm. 4
– Schadensregelung **XIX. 26** Anm. 5
– Sorgfaltspflichten des Arbeitnehmers **XIX. 26** Anm. 2
– Verhalten bei Unfällen **XIX. 26** Anm. 3
– Verjährung **XIX. 26** Anm. 9
– Versicherungen **XIX. 26** Anm. 7
**Dienstwohnungsvertrag XIX. 54**
– Begriff **XIX. 54** Anm. 1
– Benutzungspflicht, Aufrechnung **XIX. 54** Anm. 3
– Betriebsverfassungsrecht **XIX. 54** Anm. 4
– gerichtliche Zuständigkeit **XIX. 54** Anm. 6
– Kündigungsschutz **XIX. 54** Anm. 2
– Steuern **XIX. 54** Anm. 5
**Digitaler Nachlass XII. 4** Anm. 18
**Direktionsrecht XIX. 6** Anm. 3; **XIX. 8** Anm. 3; **XIX. 9** Anm. 5
**Diskrepanzehe IX. 4** Anm. 1.2; **IX. 5**
**Dispositionsnießbrauch XIII. 2**
**Dreizeugentestament XI. 14**

**Ehebedingte Zuwendung**
- Arbeitsleistungen für anderen Ehepartner IX. 1 12
- Begriff IX. 1 Anm. 11.1
- Behandlung im Scheidungsfall IX. 1 Anm. 11.3
- Eheverträge IX. 1 Anm. 11
- Erscheinungsformen IX. 1 Anm. 11.2.
- vertragliche Gestaltung IX. 1 Anm. 11.4

**Ehegattengesellschaft** IX. 1 Anm. 11

**Ehegattentestament** XI. 17
- Abänderungsbefugnis XII. 25 Anm. 3
- Abänderungsbefugnis hinsichtlich der Strafklausel XII. 24 Anm. 10
- Alleinerbenlösung XII. 24 Anm. 2
- Anfechtungsmöglichkeit wegen Übergehung eines Pflichtteilsberechtigten XII. 11 Anm. 19
- Befugnis des überlebenden Ehegatten zur wertverschiebenden Verteilung des Nachlasses XII. 11 Anm. 12
- Berliner Testament mit gegenständlich beschränkter Freistellung XII. 25
- Bestimmungen auf zweiten Erbfall XII. 20 Anm. 11
- Enterbung XII. 11 Anm. 22
- Freistellungsklausel XII. 11 Anm. 14
- gegenseitiges Berliner Testament XII. 24
- gemeinschaftlicher Testierwille XII. 24 Anm. 3
- gemeinschaftliches Testament XII. 11; XII. 24 Anm. 3
- Jastrow'sche Klausel XII. 24 Anm. 9
- mit Nießbrauchsvermächtnis des Überlebenden XII. 20
- Pflichtteilsstrafklausel XII. 11 Anm. 17; XII. 20 Anm. 12; XII. 24 Anm. 9
- Scheidung XII. 11 Anm. 20 f.
- Schutz der von Todes wegen bindend Bedachten XII. 24 Anm. 5, Anm. 8
- Stillschweigender Erb- und Pflichtteilsverzicht XII. 11 Anm. 23
- Supervermächtnis XII. 24 Anm. 2
- Testamentsvollstrecker-Nießbrauch-Lösung XII. 24 Anm. 2
- Trennbare Gestaltung XII. 11 Anm. 4
- Trennung zu Lebzeiten XII. 24 Anm. 11a
- Verfügungen für zweiten Erbfall XII. 11 Anm. 13
- mit Vorerbschaft des Überlebenden XII. 11 Anm. 4 ff.
- Wechselbezügliche Verfügungen XII. 11 Anm. 18; XII. 20 Anm. 13; XII. 24 Anm. 4
- Wegfall der Bindung nach Wiederverheiratung XII. 11 Anm. 15
- wertverschiebende Verteilung des Nachlasses durch Überlebenden XII. 20 Anm. 9
- Wiederverehelichungsklausel XII. 11 Anm. 10
- Wiederverheiratungsklausel XII. 20 Anm. 7; XII. 24 Anm. 7

**Eheverträge** IX. 1 ff.
- Anpassungsanspruch IX. 3 Anm. 1
- ohne anwaltliche Mitwirkung IX. 1 Anm. 4.1
- Ausschluss der Verfügungsbeschränkungen IX. 1 Anm. 10
- Ausschluss des Zugewinnausgleichs IX. 1 Anm. 6; IX. 3 Anm. 2
- Ausübungskontrolle IX. 1 Anm. 5.2; IX. 3 Anm. 1
- Begriff und Inhalt IX. 1 Anm. 1
- bei Diskrepanz des Zugewinnpotenzials IX. 4
- Ehegattenzuwendungen IX. 1 Anm. 11
- Ehevertrag bei Heirat mit Muslim (Islamischer Ehevertrag) IX. 11
- Einschränkung der Teilhabe am Zugewinn IX. 4
- „Ein-Topf-Modell" IX. 1 Anm. 7, Anm. 9.1
- EuGüVO IX. 9 Anm. 4
- faire Korrektur gesetzlicher Vorgaben IX. 2
- faire Teilhabe ohne Streitpotenzial bei Scheidung IX. 1
- Gegenseitiger Pflichtteilsverzicht IX. 3 Anm. 3
- gemeinsame Nachlassplanung IX. 1 Anm. 18
- gleichgeschlechtliche Ehegatten IX. 1 Anm. 1
- Güterstandsschaukel IX. 5
- Herausnahme echter Wertsteigerungen aus Zugewinn IX. 2 Anm. 1 ff.
- Inhaltskontrolle IX. 1 Anm. 5; IX. 3 Anm. 1
- Kompensation des Verzichts auf Zugewinnausgleich IX. 1 Anm. 8
- Methodik der Vertragsgestaltung IX. 1 Anm. 2
- nachehelicher Unterhalt IX. 1 Anm. 15 ff.
- notarielle Beurkundung IX. 1 Anm. 3
- Partner mit gesicherter wirtschaftlicher Ausgangslage IX. 3
- Privatautonomie IX. 1 Anm. 5
- Rechtswahl nach Eheschließung IX. 10
- Rechtswahl vor Eheschließung IX. 9
- Rolle des Notars IX. 1 Anm. 4
- Rückwirkende Aufhebung der Gütertrennung IX. 6
- Teilhabemechanismen IX. 1 Anm. 2.1
- Typenbildung IX. 1 Anm. 2
- unterhaltsverstärkende Vereinbarung bei Kinderbetreuung IX. 2 Anm. 4 ff.
- Versorgungsausgleichsvereinbarungen IX. 1 Anm. 13
- Wirksamkeitskontrolle IX. 1 Anm. 5.2; IX. 3 Anm. 1

**Ehewohnung**
- Scheidungsfolgenvereinbarung IX. 7 Anm. 5

**Einstellungsgespräch** XIX. 2

**Eintrittsklausel**
– erbrechtliche Unternehmensnachfolge **XIII. 1** Anm. 6
**Einwilligung**
– in Inkognito-Adoption **X. 6**
– des Kindes in die Annahme **X. 4**
– der Mutter in Annahme des Kindes **X. 5**
– Widerruf der ~ in Annahme durch vierzehnjähriges, nicht geschäftsunfähiges Kind **X. 8**
**Einzelvollmacht VIII. 1** Anm. 1
**Elterliche Sorge**
– Scheidungsfolgenvereinbarung **IX. 7** Anm. 10.1
**E-Mail**
– private Nutzung im Arbeitsverhältnis **XIX. 7** Anm. 26
**Enterbung XII. 3** Anm. 10
**Entgeltfortzahlung XIX. 6** Anm. 8; **XIX. 9** Anm. 18
**Erb- und Pflichtteilsverzicht XVI. 1** Anm. 3 (4); **XVI. 1 ff.**
– Abfindung **XVI. 1** Anm. 8
– Abgrenzungen **XVI. 1** Anm. 3 (10)
– Ausnützung der Erstreckungswirkung **XII. 15** Anm. 4
– Bedingung/Befristung **XVI. 1** Anm. 6
– Begriff und Rechtsnatur **XVI. 1** Anm. 3 (1)
– Beschränkung **XVI. 1** Anm. 5
– Beschränkungen **XVI. 1** Anm. 3 (3)
– bloßer Pflichtteilsverzicht **XVI. 1** Anm. 3 (4)
– Form **XVI. 1** Anm. 4
– Inhalts- und Ausübungskontrolle **XVI. 1** Anm. 3a
– Koppelung von Verzichts- und Abfindungsvertrag **XVI. 1** Anm. 7
– persönliche Voraussetzungen **XVI. 1** Anm. 4
– Pflichtteilsberechtigte **XVI. 1** Anm. 8
– Rechtsgeschäftliche Aufhebung des Erbverzichts **XVI. 1** Anm. 3 (9)
– Rechtswirkungen **XVI. 1** Anm. 3 (2)
– schuldrechtlicher Verpflichtungsvertrag **XVI. 1** Anm. 3 (7)
– stillschweigender Erbverzicht **XVI. 1** Anm. 3 (8)
– Unterbeteiligung **XVI. 1** Anm. 9
– vermuteter relativer Erbverzicht **XII. 15** Anm. 6
– Zuwendungsverzicht **XVI. 1** Anm. 3 (6)
– Zweckmäßigkeit **XVI. 1** Anm. 3 (5)
**Erbauseinandersetzung**
– Durchführung **XVII. 1** Anm. 2 (2)
– Erbauseinandersetzungsvertrag **XVII. 1**
– Erbengemeinschaft **XVII. 1** Anm. 2 (1)
– Mängelhaftungsausschluss **XVII. 1** Anm. 4
– Steuern **XVII. 1** Anm. 5
– Verzichtsklausel **XVII. 1** Anm. 3
**Erbeinsetzung XII. 3** Anm. 4 ff.; **XII. 4** Anm. 3
**Erbschaftskauf**
– Erbteilskauf- und Übertragungsvertrag **XVIII. 1**
– Erbteilsübertragung **XVIII. 1** Anm. 16
– Erfüllungsübernahme **XVIII. 1** Anm. 5
– Garantie **XVIII. 1** Anm. 14
– Genehmigungsbedürftigkeit **XVIII. 1** Anm. 15
– Grundbuchberichtigung **XVIII. 1** Anm. 17
– Haftung des Erwerbers **XVIII. 1** Anm. 19
– Kaufpreisfälligkeitsvoraussetzungen **XVIII. 1** Anm. 7
– Löschung der Verfügungsbeschränkung **XVIII. 1** Anm. 9
– Mängelhaftung **XVIII. 1** Anm. 12 f.
– Miterbenhaftung **XVIII. 1** Anm. 3
– Mitteilung der Kaufpreisfälligkeit **XVIII. 1** Anm. 6
– Modifizierung gegenseitiger gesetzlicher Verpflichtungen **XVIII. 1** Anm. 11
– Sicherung des Austauschverhältnisses **XVIII. 1** Anm. 8
– Übergang von Nutzen, Lasten und Gefahr **XVIII. 1** Anm. 10
– Verkauf von Bruchteilen eines Erbteils und zu Bruchteilen **XVIII. 1** Anm. 4
– Vorkaufsrecht der Miterben **XVIII. 1** Anm. 18
**Erbschaftsteuer**
– Ehegattentestament **XII. 11** Anm. 26 (1)
– Nachlass **XII. 8** Anm. 14 (1)
– steuerorientierte Nachlassregelung **XII. 2**
– Vermächtnis **XII. 4** Anm. 21 (1); **XII. 5** Anm. 13; **XII. 6** Anm. 12; **XII. 9** Anm. 9
**Erbvertrag**
– Anfechtung durch den Erblasser **XII. 26** Anm. 5 (9)
– Anfechtung durch Dritte **XII. 26** Anm. 5 (10)
– Annahme vertragsmäßiger Verfügungen **XII. 26** Anm. 7
– Aufhebung **XII. 26** Anm. 5
– Bindungswirkung **XII. 26** Anm. 3
– Checkliste **XII. 1**
– einseitiger ~ **XII. 26** Anm. 4; **XIV. 3** Anm. 3
– EuErbVO **XIV. 3** Anm. 1
– Form **XIV. 3** Anm. 2
– Grenzen der Bindungswirkung **XII. 26** Anm. 5
– mehrseitiger ~ **XIV. 3** Anm. 4
– mit Nacherbfolge und Pflichtteilsverzicht des Vorerben zwecks Ausschließung der Weitervererbung und Ausschaltung entfernterer Pflichtteilsberechtigter **XII. 15**
– bei nichtehelicher nichteingetragener Lebensgemeinschaft **XII. 27**
– Rechtswahlmöglichkeiten **XIV. 3** Anm. 5
– Rücktritt **XII. 26** Anm. 5 (8)
– Rücktrittsvorbehalt **XII. 27** Anm. 3

- Schenkungsvertrag mit auf den Tod verzögerter Erfüllung **XII.** 28
- Schutz der vertragsmäßig Bedachten **XII.** 26 Anm. 6
- Sukzessivberechtigung **XII.** 26 Anm. 9
- mit Unterhalts- und Verfügungsunterlassungsvertrag **XII.** 26
- Unwirksamkeit durch Eheauflösung **XII.** 26 Anm. 5 (4)
- Verbindung mit anderen Verträgen **XII.** 26 Anm. 8
- Verzichtsverträge **XIV.** 3 Anm. 6
- Wechselbezüglichkeit **XII.** 26 Anm. 3 (3)

**Erbverzicht (s. Erb- und Pflichtteilsverzicht)**
**Ersatzerbfolge** **XII.** 3 Anm. 6, Anm. 8
**Ersatznacherbschaft** **XII.** 13 Anm. 3
**Ersatzvermächtnis** **XII.** 7 Anm. 3
**Ersatzvermächtnisnehmer** **XII.** 4 Anm. 20
**Erwerb von Grundstücken**
- Vollmacht **VIII.** 5

**EuErbVO**
- Anwendungsbereich **XIV.** 1 Anm. 3 (1)
- Dokumentation des gewöhnlichen Aufenthalts **XIV.** 1
- drittstaatliche Rechtsordnungen außerhalb ~ **XIV.** 1 Anm. 3 (7)
- Eingriffsnormen **XIV.** 1 Anm. 3 (8)
- einseitige Testamente **XIV.** 2 Anm. 3
- Erbverträge **XIV.** 3
- Ermittlung des Erbstatuts **XIV.** 1 Anm. 3 (3)
- Mehrrechtsstaaten **XIV.** 1 Anm. 3 (9)
- Nachlassspaltung **XIV.** 1 Anm. 3 (6)
- Ordre public **XIV.** 1 Anm. 3 (10)
- Rechtswahl **XIV.** 2 Anm. 2
- Rechtswahl im einseitigen Testament **XIV.** 2
- Reichweite des Erbstatuts **XIV.** 1 Anm. 3 (4)
- Rück- und Weiterverweisung **XIV.** 1 Anm. 3 (5)

**EuGüVO**
- Anwendungsbereich **IX.** 9 Anm. 2

**Finanzierungsvollmacht** **VIII.** 14 Anm. 3 ff.
- Beschränkung **VIII.** 14 Anm. 3b
- Bindung an Notarstelle **VIII.** 14 Anm. 3e
- Persönliche Haftungsübernahme **VIII.** 14 Anm. 3d
- Sicherungszweckerklärung/Sicherungsabrede **VIII.** 14 Anm. 3f
- Vollstreckungsunterwerfung **VIII.** 14 Anm. 3c
- Zahlungsanweisung/Abtretung der Auszahlungsansprüche **VIII.** 14 Anm. 3g

**Formelle Gestaltung der Verfügungen von Todes wegen** **XI.** 1 ff.
- Beurkundung eines Ehe- und Erbvertrages **XI.** 16
- Dreizeugentestament **XI.** 14
- Erbvertragsbeurkundung **XI.** 15
- Mündlich erklärtes notarielles Testament durch Jasagen **XI.** 12
- Notarielles Testament durch mündliche Erklärung **XI.** 1
- Notarielles Testament durch Übergabe offener Schrift **XI.** 2
- Notarielles Testament durch Übergabe verschlossener Schrift **XI.** 3
- Notarielles Testament eines Blinden **XI.** 6
- Notarielles Testament eines der deutschen Sprache Unkundigen **XI.** 11
- Notarielles Testament eines Schreibunfähigen **XI.** 5
- Notarielles Testament eines Stummen, mit dem schriftliche Verständigung möglich ist **XI.** 9
- Notarielles Testament eines Tauben (Gehörlosen), mit dem eine schriftliche Verständigung möglich ist **XI.** 7
- Notarielles Testament eines Tauben (Gehörlosen), mit dem eine schriftliche Verständigung nicht möglich ist, der jedoch sprechen kann **XI.** 8
- Notarielles Testament eines Taubstummen, mit dem schriftliche Verständigung möglich ist **XI.** 10
- Nottestament vor dem Bürgermeister durch mündliche Erklärung **XI.** 13
- Sondervorschriften für behinderte Personen **XI.** 4

**Fortbildungsvereinbarung** **XIX.** 18
- Dauer und Umfang der Bindung **XIX.** 18 Anm. 3
- Rückzahlungskosten **XIX.** 18 Anm. 5
- Rückzahlungstatbestände **XIX.** 18 Anm. 4
- Zulässigkeit **XIX.** 18 Anm. 2

**Fortsetzungsklausel**
- erbrechtliche Unternehmensnachfolge **XIII.** 1 Anm. 3

**Freistellung von Arbeitspflicht** **XIX.** 7 Anm. 20
- Betriebsverfassung **XIX.** 43 Anm. 7
- Sozialversicherung **XIX.** 43 Anm. 8
- Urlaub **XIX.** 43 Anm. 5
- Vergütung **XIX.** 43 Anm. 4
- mit vertragliche Regelung **XIX.** 43 Anm. 3
- ohne vertragliche Vereinbarung **XIX.** 43 Anm. 2
- Wettbewerbsverbot **XIX.** 43 Anm. 6

**Freistellungsklausel** **XII.** 11 Anm. 14

**Gemeinschaftliche Adoption** **X.** 1
**Gemeinschaftliche Testamente**
- EuErbVO **XIV.** 3 Anm. 1 (2)

**Gemeinschaftlicher Erbteil** **XII.** 3 Anm. 5
**Gemeinschaftliches Testament (s. Ehegattentestament)**
**Gemeinschaftliches Vermächtnis** **XII.** 4 Anm. 8

**Gemeinwohlorientierte Vermögenszuwendungen** XV. 1 Anm. 1; XV. 1 ff.
- Gestaltungsfreiheit XV. 1 Anm. 3
- Stifterdarlehen XV. 11
- Stiftungsfonds XV. 8
- Stiftungsgeschäft unter Lebenden zur Errichtung nichtrechtsfähiger Stiftung XV. 1 ff.
- Stiftungstypen XV. 1 Anm. 2
- Zustiftung XV. 9
- Zweckempfohlene Spende XV. 10

**Generalvollmacht** VIII. 1 Anm. 3; VIII. 10 Anm. 9

**Geschiedenen-Testament** XII. 16
- gewillkürter Erbe des Vorerben als Nacherbe XII. 16 Anm. 3
- Herausgabevermächtnislösung XII. 16 Anm. 2 b)
- Kombinationslösungen XII. 16 Anm. 2 c)
- Nachehelicher Unterhalt XII. 16 Anm. 4
- Nacherbfolgelösung XII. 16 Anm. 2 a)

**Gleichbehandlungsgesetz**
- Entschädigungsansprüchen nach § 15 AGG XIX. 2 Anm. 3

**Gleichgeschlechtliche Ehegatten** IX. 1 Anm. 1

**Gratifikation**
- Arbeitsvertrag XIX. 7 Anm. 17

**Grundstücksvollmachten** VIII. 3 ff.
- Bauträgerbereich VIII. 8 Anm. 3
- Bietervollmacht VIII. 7
- Form VIII. 8 Anm. 2
- isolierte VIII. 8 Anm. 3
- Speizialvollmachten VIII. 8 Anm. 1
- Unternehmensbereich VIII. 6
- Vollmacht zum Erwerb von Grundstücken VIII. 5
- Vollmacht zur Veräußerung von Grundstücken VIII. 4
- Vollmachtsbescheinigung VIII. 8 Anm. 1a
- Wirksamkeitszusammenhang mit Grundgeschäft VIII. 8 Anm. 3
- Zwangsversteigerungsvollmacht VIII. 7

**Gründungsvollmacht** VIII. 13 Anm. 3

**Gruppenakkordvertrag** XIX. 52
- Betriebsverfassung XIX. 52 Anm. 9
- Innenverhältnis der Gruppe XIX. 52 Anm. 2
- Kündigung XIX. 52 Anm. 4
- Lohnverteilung, Lohnfortzahlung XIX. 52 Anm. 5
- Schadensersatz XIX. 52 Anm. 6
- Verfahrensrecht XIX. 52 Anm. 8
- Wesen XIX. 52 Anm. 1

**Gruppenarbeitsvertrag** XIX. 15
- Arbeitnehmerhaftung XIX. 15 Anm. 12
- Beendigung des Arbeitsverhältnisses XIX. 15 Anm. 14
- Betriebsverfassungsrecht XIX. 15 Anm. 19
- Bildung und Zusammensetzung der Gruppe XIX. 15 Anm. 5
- Diensterfindung und Verbesserungsvorschläge XIX. 15 Anm. 17
- Direktionsrecht des Arbeitgebers XIX. 15 Anm. 6
- Gruppenrotation XIX. 15 Anm. 7
- Oberbegriff XIX. 15 Anm. 1
- Probezeit XIX. 15 Anm. 3
- rechtliche Einordnung XIX. 15 Anm. 2
- Verantwortungsübernahme XIX. 15 Anm. 8
- Vergütung/Sonstige Leistungen XIX. 15 Anm. 10

**Günstigkeitsprinzip** XIX. 55 Anm. 6

**Güterrechtstatut** IX. 9 Anm. 2

**Güterstandsschaukel** IX. 5
- Auswirkungen in Zivil- und Steuerrecht IX. 5 Anm. 5
- Gläubigerbenachteiligung IX. 5 Anm. 3
- Konstruktion IX. 5 Anm. 2

**Güterstandswechsel**
- aus Kostengründen? IX. 7 Anm. 1.2

**Gütertrennung**
- Erbschaft- und Schenkungsteuer IX. 7 Anm. 3.1
- Pflichtteilsquoten IX. 7 Anm. 3.2
- Rückwirkende Aufhebung IX. 6
- Vereinbarung IX. 7 Anm. 1

**Haushaltsgegenstände**
- Scheidungsfolgenvereinbarung IX. 7 Anm. 6

**Herausgabevermächtnis** XII. 6 Anm.
- Geschiedenen-Testament XII. 16 Anm. 2 b)

**Honorierung von Pflegeleistungen** XII. 23 Anm. 8

**Immobilie** (s. a. **Scheidungsimmobilie**)
- gemeinsame Finanzierungsverbindlichkeiten IX. 8 Anm. 3
- Kapitalanlage IX. 8 Anm. 1.1
- selbstgenutzte Immobilie IX. 8 Anm. 1.2
- Vermögensauseinandersetzung IX. 8 Anm. 2 ff.

**Inkognito-Adoption**
- Einwilligung X. 6

**Internationale Nachlassverfahren**
- Anknüpfung XIV. 1 Anm. 2, Anm. 3 (3)
- Auslandsberührung XIV. 1 Anm. 2
- EuErbVO XIV. 1 Anm. 3
- Qualifikation XIV. 1 Anm. 2

**Internationale Vollmachten** VIII. 15

**Internet**
- private Nutzung im Arbeitsverhältnis XIX. 7 Anm. 26

**Islamischer Ehevertrag**
- Einehe IX. 11 Anm. 10
- Freizügigkeit der Frau IX. 11 Anm. 12
- Gefahren des islamischen Eherechts IX. 11 Anm. 2
- Heiratsgeld IX. 11 Anm. 9

- Inhalt und Grenzen **IX. 11** Anm. 3
- nachehelicher Unterhalt **IX. 11** Anm. 11
- Zuteilung der Kinder **IX. 11** Anm. 13

**Job-sharing**
- Arbeitszeit **XIX. 53** Anm. 2
- Betriebsverfassungsrecht **XIX. 53** Anm. 9
- Kündigung **XIX. 53** Anm. 4
- Sozialversicherung **XIX. 53** Anm. 8
- Urlaub **XIX. 53** Anm. 6
- Vergütung **XIX. 53** Anm. 5
- Vertretung **XIX. 53** Anm. 3
- Wesen **XIX. 53** Anm. 1

**Kapitalvermächtnis mit Rentenoption XII. 10**
**Kinderbetreuung**
- unterhaltsverstärkende Vereinbarung **IX. 2** 4 ff.

**Kindergeld IX. 7** Anm. 10.4
**Kindesunterhalt**
- Scheidungsfolgenvereinbarung **IX. 7** Anm. 11

**Kündigung des Arbeitsverhältnisses**
- Abfindungsangebot nach § 1a KSchG **XIX. 34a**
- Änderungskündigung **XIX. 35**
- Anfechtung, Unwirksamkeit **XIX. 38** Anm. 4
- durch Arbeitgeber **XIX. 34 ff.**
- durch Arbeitnehmer **XIX. 38**
- Ausschlussfrist **XIX. 37** Anm. 4
- außerordentliche ~ **XIX. 37**
- Bedingung **XIX. 34** Anm. 5
- Beendigung auf andere Weise **XIX. 34** Anm. 7
- Betriebsverfassung **XIX. 34** Anm. 9
- Betriebsverfassungsrecht **XIX. 37** Anm. 6
- Form **XIX. 34** Anm. 2
- Freier Dienstvertrag **XIX. 38** Anm. 8
- Fristen **XIX. 38** Anm. 2
- Fristen und Termine **XIX. 34** Anm. 4
- leitende Angestellte **XIX. 11** Anm. 15
- Materielle Wirksamkeit **XIX. 34** Anm. 8
- Nachschieben von Gründen **XIX. 37** Anm. 4
- ordentliche ~ **XIX. 34**
- Schadensersatz **XIX. 38** Anm. 6
- soziale Folgen **XIX. 38** Anm. 7
- Sozialversicherungsrecht **XIX. 34** Anm. 10
- Teilkündigung **XIX. 36**
- Umdeutung **XIX. 34** Anm. 6
- Vergütung, Schadensersatz **XIX. 37** Anm. 5
- Wesen, Berechtigter **XIX. 34** Anm. 1
- aus wichtigem Grund **XIX. 37** Anm. 1
- Zugang **XIX. 34** Anm. 3

**Kurzarbeit XIX.** 7 Anm. 16

**Leiharbeit XIX.** 50
- Befristung **XIX. 50** Anm. 4
- fingiertes Arbeitsverhältnis **XIX. 50** Anm. 7
- Haftung des Arbeitnehmers **XIX. 50** Anm. 9
- Haftung des Entleihers **XIX. 50** Anm. 10
- Inhalt und Form **XIX. 50** Anm. 2
- Kündigung **XIX. 50** Anm. 5
- Tarifrecht **XIX. 50** Anm. 3
- Unwirksamkeit von Arbeitsverträgen **XIX. 50** Anm. 7
- Vertragsfreiheit, Beschränkung **XIX. 50** Anm. 6
- Wesen **XIX. 50** Anm. 1

**Leitende Angestellte XIX. 11**
- Arbeitszeit **XIX. 11** Anm. 5
- Betriebsverfassungsrecht **XIX. 11** Anm. 25
- Kündigung **XIX. 11** Anm. 15
- Nebenabreden **XIX. 11** Anm. 24
- Nebenbeschäftigung **XIX. 11** Anm. 13
- Steuern **XIX. 11** Anm. 26
- Tätigkeit **XIX. 11** Anm. 4
- Überstunden **XIX. 11** Anm. 8
- Umsatzbeteiligung **XIX. 11** Anm. 7
- Unfallversicherung **XIX. 11** Anm. 9
- Vergütungsfortzahlung im Krankheits- und Todesfalle **XIX. 11** Anm. 11
- Versetzungsvorbehalt **XIX. 11** Anm. 4
- Vollmachten **XIX. 11** Anm. 6
- Wettbewerb **XIX. 11** Anm. 13
- Wettbewerbsvereinbarung **XIX. 11** Anm. 24

**Letztwillige Verfügungen**
- Patchworkfamilie **XIV. 4**

**Lohnaufschlüsselung**
- gewerbliche Arbeitnehmer **XIX. 19**

**Mankovereinbarung**
- Anwendungsbereich **XIX. 22** Anm. 1
- Aufrechnung **XIX. 22** Anm. 5
- Inhalt **XIX. 22** Anm. 2
- Kausalitäts- und Beweisfragen **XIX. 22** Anm. 3
- Mankogeld **XIX. 22** Anm. 4
- Steuern **XIX. 22** Anm. 6

**Minderjährige**
- Testierunfähigkeit **XI. 1** Anm. 2, Anm. 9

**Mittelbares Arbeitsverhältnis XIX. 51**
- Ansprüche gegen den Hotelier **XIX. 51** Anm. 2
- Betriebsverfassung **XIX. 51** Anm. 8
- Fürsorgepflicht **XIX. 51** Anm. 3
- Haftung für Schlechtleistung **XIX. 51** Anm. 5
- Kündigung **XIX. 51** Anm. 6
- Sozialversicherung, Steuer **XIX. 51** Anm. 7
- Urlaub **XIX. 51** Anm. 4
- Wesen **XIX. 51** Anm. 1

**Muslim, Heirat (islamischer Ehevertrag) IX. 11**

**Nachehelicher Unterhalt**
- Bedarfsdeckungsvereinbarung **IX. 1** 17
- Bedarfsgrenzenvereinbarung **IX. 1** 16
- Eheverträge **IX. 1** 15 ff.
- Geschiedenen-Testament **XII. 16** Anm. 4

– Verzicht **IX. 5** Anm. 6.2
**Nacherbentestamentsvollstreckung**
**XII. 11** Anm. 24; **XII. 13** Anm. 6
**Nacherbschaft (s. Vor- und Nacherbschaft)**
**Nachfolge**
– Unternehmensnachfolge **XIII. 1 ff.**
**Nachfolgeklausel**
– einfache erbrechtliche ~ **XIII. 1** Anm. 8
– qualifizierte erbrechtliche ~ **XIII. 1** Anm. 10
– rechtsgeschäftliche ~ **XIII. 1** Anm. 7
**Nachlassplanung**
– Eheverträge **IX. 7** Anm. 12
– bei Eheverträgen **IX. 1** 18
**Nachlassspaltung XIV. 1** Anm. 3 (6)
**Nachlassvollmacht VIII. 12** Anm. 1
– Erlöschen bei Alleinerbenstellung **VIII. 12** Anm. 3
– postmortale Vollmacht **VIII. 12** Anm. 1
**Nebenbeschäftigung XIX. 10** Anm. 10; **XIX. 11** Anm. 13
**Nebentätigkeit**
– Arbeitnehmer **XIX. 6** Anm. 10
**Nichteheliche Lebensgemeinschaft**
– Erbvertrag **XII. 27**
**Nichteheliches Kind**
– gemeinschaftliche Adoption durch Ehegatten **X. 1**
– Verzicht des Vaters auf Beantragung der Übertragung der Sorge **X. 7**
**Nichtrechtsfähige Stiftung**
– Ehrenamtlichkeit vs. Vergütung **XV. 4** Anm. 10
– Familienbezug **XV. 4** Anm. 8
– Gremien **XV. 4** Anm. 9
– ohne Gremium **XV. 6**
– mit Gremium **XV. 5**
– Mittelverwendung und Rücklagenbildung **XV. 4** Anm. 7
– Name und Sitz **XV. 4** Anm. 2
– Organisation **XV. 4** Anm. 1
– Satzung **XV. 4**
– Schenkung unter Auflage **XV. 1**
– Steuerbegünstigung **XV. 4** Anm. 5
– Stiftungsgeschäft unter Lebenden zur Errichtung **XV. 1 ff.**
– Stiftungsträger ist Erbe **XV. 3**
– Stiftungsträger ist Vermächtnisnehmer **XV. 3**
– Trägerwechsel **XV. 7**
– Treuhandvereinbarung **XV. 2**
– Veränderungen **XV. 4** Anm. 11
– Vermögen **XV. 4** Anm. 6
– Zwecksetzung **XV. 4** Anm. 4
**Nießbrauch**
– Dispositionsnießbrauch **XIII. 2**
– Unternehmensnießbrauch **XIII. 2** Anm. 3
**Nießbrauchsvermächtnis**
– Einsetzung des Nießbrauchers als Testamentsvollstrecker **XII. 22**
– am Einzelunternehmen **XIII. 2**
– an Erbteilen **XII. 21**
– am GmbH-Geschäftsanteil **XIII. 5**
– an KG-Beteiligung **XIII. 4**
– Nießbrauch an Wertpapieren **XII. 22**
– an OHG-Beteiligung **XIII. 3**
– Quotennießbrauch an einem Grundstück **XII. 22**
– zugunsten des überlebenden Ehegatten im Testament **XII. 20**
**Notarielle Vollzugsvollmachten VIII. 14**
**Notarielles Testament (s. a. Testament)**
– durch Übergabe einer offenen Schrift **XI. 2**
– durch Übergabe einer verschlossenen Schrift **XI. 3**
**Nottestament**
– vor dem Bürgermeister durch mündliche Erklärung **XI. 13**

**Patchworkfamilie**
– Erbeinsetzung des Ehegatten **XIV. 4** Anm. 2
– Gefahren des Pflichtteilsrechts **XIV. 4** Anm. 3
– Letztwillige Verfügungen **XIV. 4**
– Vor- und Nachvermächtnis **XIV. 4** Anm. 4
**Patientenverfügung VIII. 9 f.; VIII. 10** Anm. 12
**Personalfragebogen**
– Anfechtung **XIX. 7** Anm. 25
– Angaben zum Gesundheitszustand **XIX. 3** Anm. 5
– Angaben zur Ausbildung/Vorbildung **XIX. 3** Anm. 4
– Angaben zur Person **XIX. 3** Anm. 3
– Betriebsverfassungsrecht **XIX. 3** Anm. 8
– Ermessen **XIX. 3** Anm. 8
– Falschangaben **XIX. 7** Anm. 25
– Falschbeantwortung **XIX. 3** Anm. 6
– problematische Fragen **XIX. 3** Anm. 2
– Schadensersatz bei unzulässigen Fragen **XIX. 3** Anm. 6
– Vernichtungsanspruch **XIX. 3** Anm. 7
– Zweck **XIX. 3** Anm. 1
**Personengesellschaften**
– erbrechtliche Unternehmensnachfolge **XIII. 1 ff.**
**Pflichtteil**
– Belehrung bei Verfügungen von Todes wegen **XI. 1** Anm. 13
– Gegenseitiger Pflichtteilsverzicht **IX. 3** 3
– Scheidungsfolgenvereinbarung **IX. 7** Anm. 13
– Verzicht **IX. 7** Anm. 13.2
**Pflichtteilsrecht**
– Bedürftigen-Testament **XII. 17** Anm. 6
– Vermächtnis einer Rente, dauernden Last und Wohnungsrecht **XII. 9** Anm. 9
– wohlmeinenden Pflichtteilsbeschränkung **XII. 18** Anm. 3 ff.
**Pflichtteilsrechte**
– von Erben und Vermächtnisnehmern **XVI. 2**

– Testament mit gegenständlicher Verteilung des Nachlasses **XII. 5** Anm. 12
– Übersicht **XVI. 2**
**Pflichtteilsstrafklausel XII. 11** Anm. 17; **VIII. 12** Anm. 11
**Pflichtteilsverzicht (s. Erb- und Pflichtteilsverzicht)**
**Praktikantenvertrag**
– Ausbildungszweck **XIX. 17** Anm. 2
– Beendigung des Praktikantenverhältnisses **XIX. 17** Anm. 7
– Begriff des Praktikanten **XIX. 17** Anm. 1
– Berufsausbildungsvertrag **XIX. 17** Anm. 2
– Betriebsverfassungsrecht **XIX. 17** Anm. 12
– Inhalt **XIX. 17** Anm. 2
– Pflichten des Ausbildenden **XIX. 17** Anm. 5
– Pflichten des Praktikanten **XIX. 17** Anm. 6
– private Email- und Internetnutzung **XIX. 17** Anm. 8
– Probezeit **XIX. 17** Anm. 3
– Schadensersatz/Vertragsstrafe **XIX. 17** Anm. 11
– Sozialversicherung **XIX. 17** Anm. 4
– Steuern **XIX. 17** Anm. 13
– Vergütung **XIX. 17** Anm. 4
**Privatwagenvertrag XIX. 27**
– Erstattung von Kosten **XIX. 27** Anm. 2
– Inhalt **XIX. 27** Anm. 1
– Personenschaden **XIX. 27** Anm. 6
– Steuern **XIX. 27** Anm. 3
– Unfallkosten **XIX. 27** Anm. 5
– Versicherungen **XIX. 27** Anm. 4
**Probearbeitsverhältnis XIX. 6** Anm. 2; **XIX. 8** Anm. 2
**Probezeit**
– Höchstdauer nach Tarifvertrag **XIX. 8** Anm. 2
**Provision**
– Abschlussprovision **XIX. 9** Anm. 12
– Änderung der Provision **XIX. 9** Anm. 15
– Außendienst **XIX. 9** Anm. 1
– Garantieprovision **XIX. 9** Anm. 11
– verrechenbarer Provisionsvorschuss **XIX. 9** Anm. 11
**Psychologische Eignungsuntersuchung**
– Betriebsverfassungsrecht **XIX. 4** Anm. 4
– Einwilligung **XIX. 4**
– Rechtmäßigkeit **XIX. 4** Anm. 2
– unrechtmäßige Durchführung **XIX. 4** Anm. 3

**Reallast**
– Sicherungswirkung **XII. 9** Anm. 5
**Realsplitting**
– Scheidungsfolgenvereinbarung **IX. 7** Anm. 9
**Rechtswahl**
– nach Eheschließung **IX. 10**
– vor Eheschließung **IX. 9**
– EuGüVO **IX. 9 f.**
– Nachfolgeregelungen im Internationalen Bereich **XIV. 1 ff.**
**Registervollmacht VIII. 13** Anm. 2
**Rentenoption**
– Kapitalvermächtnis mit R. **XII. 10**
**Rückzahlung**
– Verrechnung **XIX. 9** Anm. 14
– Vorschüsse, Darlehen **XIX. 7** Anm. 23
**Rückzahlungsklausel**
– Fortbildungskostenvergütung
– Umzugskostenvergütung **XIX. 25b**

**Schadensersatz**
– Abtretung arbeitsrechtlicher Ansprüche **XIX. 24**
**Scheidungsfolgenvereinbarung IX. 7**
**Scheidungsimmobilie**
– gemeinsame Finanzierungsverbindlichkeiten **IX. 8** Anm. 3
– Störungsfrei zum Alleineigentum eines der Ex-Partner **IX. 8**
– Übernahme des Darlehensvertrages **IX. 8** Anm. 3.1
– Vereinbarung einer Freistellungspflicht **IX. 8** Anm. 3.2
**Scheidungsvereinbarungen**
– Ehewohnung **IX. 7** Anm. 5
– Haushaltsgegenstände **IX. 7** Anm. 6
– Scheidungsfolgenvereinbarung **IX. 7**
– Scheidungsimmobilie **IX. 8**
– selbstgenutzte Immobilie **IX. 8** Anm. 1.2
**Schenkung unter Auflage**
– Stiftungsgeschäft unter Lebenden zur Errichtung nichtrechtsfähiger Stiftung **XV. 1**
**Schenkungen auf den Todesfall**
– EuErbVO **XIV. 3** Anm. 1 (3)
**Schenkungsteuer**
– Eheverträge **IX. 1** 9.2
**Schiedklausel**
– Testament **XII. 23** Anm. 11
**Sondervergütung (s. Weihnachtsgratifikation)**
**Spende XV. 10**
**Spezialvollmacht VIII. 1; VIII. 3 ff.**
**Stellenausschreibung**
– Vermeidung von Entschädigungsansprüchen **XIX. 2** Anm. 3
**Steuerorientierte Nachlassregelung XII. 2**
**Stiefkind**
– Adoption **X. 2**
**Stiefkindadoption X. 2**
– Annahme eines volljährigen Stiefkindes **X. 9**
– Besonderheiten **X. 2** Anm. 4
– kein Ergänzungspfleger **X. 2** Anm. 5
– in nichtehelichen Familien **X. 2** Anm. 2
**Stifterdarlehen XV. 11**
– Bankgeschäft **XV. 11** Anm. 3
– Gestaltungsfreiheit **XV. 11** Anm. 2

– Rechtsnatur **XV. 11** Anm. 1
**Stiftung (s. Nichtrechtsfähige Stiftung)**
**Stiftungsfonds**
– Vertrag zur Errichtung **XV. 8**
**Stiftungsgeschäft unter Lebenden**
– Errichtung einer nichtrechtsfähigen Stiftung **XV. 1**
– Insolvenz **XV. 1** Anm. 7
– Rechnungslegung **XV. 1** Anm. 5
– Schenkung unter Auflage **XV. 1** Anm. 6
– Stellung des Stiftungsträgers **XV. 1** Anm. 4
– Steuern **XV. 1** Anm. 8
– Stiftungsträger ist Erbe **XV. 3**
– Stiftungsträger ist Vermächtnisnehmer **XV. 3**
– Treuhandvereinbarung **XV. 2**
**Stimmrechtsvollmacht VIII. 11** Anm. 6 (5); **VIII. 13**

**Tarifvertrag XIX. 8**
– Direktionsrecht **XIX. 8** Anm. 3
– Eingruppierung des ArbN **XIX. 19** Anm. 2
– Höchstdauer der Probezeit **XIX. 8** Anm. 2
– Regelung der Probezeit **XIX. 8** Anm. 2
**Teilkündigung**
– Arbeitsvertrag **XIX. 36**
**Teilungsanordnung XII. 23** Anm. 6
**Teilungsverbot**
– des Nachlasses **XII. 20** Anm. 6; **XII. 23** Anm. 3
**Telearbeit/Homeoffice**
– Abhängigkeit, persönliche **XIX. 14** Anm. 3
– Änderungsvertrag **XIX. 14** Anm. 7
– Arbeitnehmerstatus **XIX. 14** Anm. 3
– Arbeitsmittel **XIX. 14** Anm. 16
– Arbeitsstätte **XIX. 14** Anm. 8 ff.
– Arbeitszeit **XIX. 14** Anm. 10
– Beendigung des Arbeitsverhältnisses **XIX. 14** Anm. 21
– Begriff **XIX. 14** Anm. 4
– Betriebsverfassung **XIX. 14** Anm. 25
– Datenschutz **XIX. 14** Anm. 19
– Direktionsrecht **XIX. 14** Anm. 7
– Eingriff in die Privatsphäre **XIX. 14** Anm. 7
– Fahrzeiten **XIX. 14** Anm. 12
– Formen/Inhalte **XIX. 14** Anm. 2
– freie Mitarbeit **XIX. 14** Anm. 3
– Haftung **XIX. 14** Anm. 18
– Informationsschutz **XIX. 14** Anm. 19
– Nebenbeschäftigung **XIX. 14** Anm. 20
– Organisationsformen **XIX. 14** Anm. 2
– Probezeit **XIX. 14** Anm. 5
– rechtliche Einordnung **XIX. 14** Anm. 4
– rechtlicher Status des Telearbeiters **XIX. 14** Anm. 3
– Rückkehrvorbehalt **XIX. 14** Anm. 6
– Sozialversicherung **XIX. 14** Anm. 26
– Steuern **XIX. 14** Anm. 26
– Tätigkeiten **XIX. 14** Anm. 2
– Umwandlung, bestehendes Arbeitsverhältnis in Tele-Arbeitsverhältnis **XIX. 14** Anm. 7
– Vergütung **XIX. 14** Anm. 14
– Weisungsgebundenheit **XIX. 14** Anm. 3
– Zugang zur häuslich Arbeitsstätte **XIX. 14** Anm. 9
**Testament XII. 1 ff.**
– Anordnung mehrfacher Nacherbfolge **XII. 13**
– Anwachsung **XII. 3** Anm. 9
– Auflage **XII. 4** Anm. 16; **XII. 23** Anm. 5
– aufschiebend (auf den Tod des Erben) befristetes Herausgabevermächtnis **XII. 6** Anm.
– Ausgleichung und Anrechnung **XII. 23** Anm. 7
– mit Auslandsberührung **XIV. 1 ff.**
– Ausschluss des Notars von Beurkundung **XI. 1** Anm. 5
– Bedürftigen-Testament **XII. 17**
– Begriff des Abkömmlings **XII. 3** Anm. 7
– Behindertentestament **XII. 19**
– Belehrung über Pflichtteilsrecht **XI. 1** Anm. 13
– Berliner Testament mit gegenständlich beschränkter Freistellung **XII. 25**
– Bestimmung des Zuwendungsempfängers durch Dritte **XII. 5** Anm. 9
– Bestimmungsrecht des Testamentsvollstreckers **XII. 5**
– Bezugsrecht einer Lebensversicherung **XII. 3** Anm. 11
– Bindung an die Erklärungen einer zweiten Person **XII. 24 ff.**
– eines Blinden **XI. 6**
– Checkliste zur Errichtung von Verfügungen von Todes wegen **XII. 1**
– eines der deutschen Sprache Unkundigen **XI. 11**
– Digitaler Nachlass **XII. 4** Anm. 18
– Dolmetscher **XI. 11** Anm. 6 ff.
– Drittbestimmung des Zuwendungsempfängers **XII. 8** Anm. 4
– Ehegattentestament mit Nießbrauchsvermächtnis des Überlebenden und seiner Einsetzung als Testamentsvollstrecker **XII. 20**
– der im eigenen Interesse durch Nacherbfolge und Testamentsvollstreckung beschränkte überschuldete Ehegatte **XII. 17**
– einseitiges ~ **XIV. 2**
– Enterbung **XII. 3** Anm. 10
– Erb- und Ersatzerbeinsetzung, gemeinschaftlichem Erbteil und Anwachsung **XII. 3**
– Erbeinsetzung **XII. 3** Anm. 4 ff.; **XII. 4** Anm. 3
– Erbschaftssteuer **XII. 2**
– Erbvertrag mit Nacherbfolge und Pflichtteilsverzicht des Vorerben zwecks Ausschließung der Weitervererbung und Ausschaltung entfernterer Pflichtteilsberechtigter **XII. 15**

– Ersatzerbfolge **XII. 3** Anm. 6, Anm. 8
– Ersatznacherbschaft **XII. 13**
– Familienrechtliche Anordnungen **XII. 23** Anm. 9
– Familienverhältnisse **XI. 1** Anm. 12
– Gegenseitiges Berliner Testament **XII. 24**
– Gegenständlich beschränkte Nacherbfolge **XII. 12**
– mit gegenständlicher Verteilung des Nachlasses **XII. 5**
– mit „gegenständlicher" Nacherbfolge an Grundstücken **XII. 14**
– eines Gehörlosen, mit dem eine schriftliche Verständigung nicht möglich ist, der jedoch sprechen kann **XI. 8**
– eines Gehörlosen, mit dem schriftliche Verständigung möglich ist **XI. 7**
– Gemeinschaftlicher Erbteil **XII. 3** Anm. 5
– gemeinschaftliches ~ **XI. 17; XII. 11**
– Geschäftsfähigkeit **XI. 1** Anm. 9
– Geschiedenen-Testament **XII. 16**
– Honorierung der Pflegeleistung **XII. 5** Anm. 10
– Honorierung von Pflegeleistungen **XII. 23** Anm. 8
– Identitätsfeststellung **XI. 1** Anm. 6 ff.
– internaionales Erbrecht **XIII. 1 ff.**
– Kapitalvermächtnis mit Rentenoption **XII. 10**
– Minderjährige **XI. 1** Anm. 2, Anm. 9
– Mündliche Erklärung **XI. 1** Anm. 11
– mündliche Erklärung **XI. 1; XI. 12**
– Niederschrift **XI. 1** Anm. 18, Anm. 4
– Nießbrauchsvermächtnis an Erbteilen **XII. 21**
– Notarielle Verhandlung **XI. 1** Anm. 4
– Pflichtteilsrechte **XII. 5** Anm. 12; **XII. 9** Anm. 9
– Rechtswahl nach EuErbVO **XIV. 2**
– Schiedsklausel **XII. 23** Anm. 11
– eines Schreibunfähigen **XI. 5**
– steuerorientierte Nachlassregelung **XII. 2**
– eines Stummen, mit dem schriftliche Verständigung möglich ist **XI. 9**
– eines Taubstummen, mit dem schriftliche Verständigung möglich ist **XI. 10**
– Teilungsanordnung **XII. 23** Anm. 6
– Teilungsverbot **XII. 23** Anm. 3
– Testamentsvollstreckung **XII. 23** Anm. 10
– Testierfreiheit **XI. 1** Anm. 14
– Testierunfähigkeit **XI. 1** Anm. 9
– Totenfürsorge **XII. 3** Anm. 12
– Übersetzung **XI. 11** Anm. 9 f.
– Universalsukzession **XII. 5** Anm. 5
– Unterschrift **XI. 1** Anm. 19; **XI. 5** Anm. 8; **XI. 6** Anm. 6; **XI. 8** Anm. 8
– Vergleich zum privatschriftlichen Testament **XI. 1** Anm. 2
– Vermächtnisanordnungen **XII. 4; XII. 7; XII. 9; XII. 22; XII. 23**
– Verwahrung **XI. 1** Anm. 17
– Verwirkungsklauseln **XII. 23**
– Vorzeitiges Unternehmertestament **XII. 8**
– Widerruf früherer letztwilliger Verfügungen **XI. 1** Anm. 15
– Wohlmeinende Pflichtteilsbeschränkung eines überschuldeten Abkömmlings **XII. 18**
– Zeugen **XI. 1** Anm. 10; **XI. 5** Anm. 3, Anm. 6; **XI. 6** Anm. 5; **XI. 8** Anm. 4; **XI. 9** Anm. 5

**Testamentsvollstrecker**
– Aufgaben und Befugnisse **XII. 23** Anm. 10 (6)
– Behindertentestament **XII. 19** Anm. 5
– Einsetzung des überlebenden Ehegatten als TV. durch Ehegattentestament **XII. 20**
– Führung des Unternehmens **XII. 8** Anm. 8
– Haftung **XII. 8** Anm. 10; **XII. 19** Anm. 10
– mehrere **XII. 8** Anm. 7
– Rechtsstellung **XII. 23** Anm. 10
– Treuhandlösung **XII. 8** Anm. 8 (2)
– Vergütung **XII. 8** Anm. 9
– Verhältnisse zum Erben **XII. 23** Anm. 10 (5)
– Vollmachtslösung **XII. 8** Anm. 8 (1)
– Vorerbe als Testamentsvollstrecker? **XII. 12** Anm. 10

**Testamentsvollstrecker-Nießbrauch-Lösung** **XII. 24** Anm. 2

**Testamentsvollstreckung**
– Abänderungsmöglichkeiten **XII. 23** Anm. 10
– Abwicklungsvollstreckung **XII. 23** Anm. 10
– Beginn und Ende **XII. 23** Anm. 10
– Bestimmungsrecht des Testamentsvollstreckers **XII. 5**
– Dauertestamentsvollstreckung **XII. 23** Anm. 10
– Ernennungsbefugnis **XII. 4** Anm. 19
– an Gesellschaftsanteilen **XIII. 1** Anm. 9
– Nacherbentestamentsvollstreckung **XII. 11** Anm. 24; **XII. 13** Anm. 6
– Testament mit gegenständlicher Verteilung des Nachlasses **XII. 5** Anm. 4
– Testament mit Vermächtnisanordnungen und Auflagen **XII. 4** Anm. 17
– an Unternehmensnießbrauch **XIII. 2** Anm. 8
– Zweck **XII. 23** Anm. 10

**Testierverträge**
– EuErbVO **XIV. 3** Anm. 1 (5)

**Totenfürsorge** **XII. 3** Anm. 12

**Trennungsunterhalt**
– Höhe **IX. 7** Anm. 8.2
– Scheidungsfolgenvereinbarung **IX. 7** Anm. 8
– kein Verzicht für die Zukunft **IX. 7** Anm. 8.1

**Typische stille Gesellschaft** **XII. 12** Anm. 8

**Umgangsrecht**
– Scheidungsfolgenvereinbarung **IX. 7** Anm. 10.2

**Umzugskostenübernahme mit Rückzahlungsklausel**
- Dauer und Umfang der Bindung **XIX. 25b** Anm. 3
- Inhalt, Form **XIX. 25b** Anm. 1
- Rückzahlungstatbestände **XIX. 25b** Anm. 4
- Zulässigkeit **XIX. 25b** Anm. 2

**Umzugskostenvergütung mit Rückzahlungsklausel XIX. 25b**
**Unfallversicherung**
- leitende Angestellte **XIX. 11** Anm. 9

**Universalsukzession XII. 5** Anm. 5
**Unternehmensnachfolge, erbrechtliche XIII. 1 ff.**
- Dispositionsnießbrauch **XIII. 2**
- einfache Nachfolgeklausel **XIII. 1** Anm. 8
- Fortsetzungsklausel **XIII. 1** Anm. 3
- am GmbH-Geschäftsanteil **XIII. 5**
- Nachfolgeregelungen auf den Todesfall **XIII. 1**
- Nießbrauchsvermächtnis am Einzelunternehmen **XIII. 2**
- Nießbrauchsvermächtnis an KG-Beteiligung **XIII. 4**
- Nießbrauchsvermächtnis an OHG-Beteiligung **XIII. 3**
- Personengesellschaften **XIII. 1**
- qualifizierte Nachfolgeklausel **XIII. 1** Anm. 10; **XIII. 3** Anm. 3; **XIII. 4** Anm. 3, Anm. 4
- Rechtsgeschäftliche Eintrittsklausel **XIII. 1** Anm. 6
- Rechtsgeschäftliche Nachfolgeklausel **XIII. 1** Anm. 7
- steuerliche Auswirkungen **XIII. 1** Anm. 12

**Unternehmensnießbrauch XIII. 2** Anm. 3
**Unternehmer**
- vorzeitiges Unternehmertestament **XII. 8**

**Untervollmacht VIII. Einl** Anm. 5; **VIII. 2**
**Urlaub**
- Abgeltung, Ausschlussfristen, Verjährung **XIX. 39** Anm. 7
- Anrechnung, Kürzung **XIX. 39** Anm. 3
- Anwesenheitsprämie durch zusätzlichen ~ **XIX. 30**
- Arbeitsvertrag, ausführlicher **XIX. 7** Anm. 18
- Arbeitsvertrag, einfacher **XIX. 6** Anm. 9
- Außendienstmitarbeiter **XIX. 9** Anm. 19
- Befristung Übertragung, Verfall **XIX. 39** Anm. 6
- Bescheinigung **XIX. 40**
- Betriebsferien, Freistellung **XIX. 39** Anm. 4
- Betriebsverfassung **XIX. 39** Anm. 9
- Erteilung **XIX. 39** Anm. 2
- Gerichtliche Durchsetzung **XIX. 39** Anm. 8
- Wesen, Anspruch, Dauer **XIX. 39** Anm. 1
- Widerruf, Anfechtung **XIX. 39** Anm. 5

**Urlaub, unbezahlter**
- Anspruch **XIX. 25a** Anm. 2
- Betriebsverfassung **XIX. 25a** Anm. 5
- sonstige Rechtsfolgen **XIX. 25a** Anm. 4
- unzulässige Klauseln **XIX. 25a** Anm. 3
- Wesen **XIX. 25a** Anm. 1

**Veräußerung von Grundstücken**
- Vollmacht **VIII. 4**

**Verdienstausfallersatz XIX. 2** Anm. 2
**Verfallsklausel XII. 9** Anm. 6
**Verfügungen von Todes wegen**
- Checkliste **XII. 1**

**Verfügungsbeschränkungen**
- Eheverträge **IX. 1** Anm. 10

**Verfügungen von Todes wegen**
- Begriff **XI. 1** Anm. 3
- Bindung an die Erklärungen einer zweiten Person **XII. 24 ff.**
- formelle Gestaltung **XI. 1 ff.**

**Vergütung**
- Arbeitsvertrag für Tarifunterstellung **XIX. 8** Anm. 4 f.
- Festlegung durch den ArbG **XIX. 19** Anm. 1

**Vergütung des Arbeitnehmers**
- Anrechnung **XIX. 19** Anm. 3
- Aufschlüsselung des Gehalts für Angestellte **XIX. 20**
- Aufschlüsselung des Lohnes für gewerbliche Arbeitnehmer **XIX. 19**
- Betriebsverfassungsrecht **XIX. 19** Anm. 4
- Ein-/Umgruppierung **XIX. 19** Anm. 2
- Flexibilisierung **XIX. 19** Anm. 3
- Widerrufsvorbehalt **XIX. 19** Anm. 3

**Vermächtnisse**
- Arten **XII. 4** Anm. 4 (4)
- aufschiebend bedingtes oder befristetes **XII. 6** Anm. 5 ff.
- Ausschlagung **XVI. 2** Anm. 3
- bedingtes **XII. 23** Anm. 4
- Begriff **XII. 4** Anm. 4 (1)
- Betrieb **XII. 9** Anm. 3
- Erfüllung des Grundstücksvermächtnisses **XII. 5** Anm. 6
- Erlass- bzw. Schuldbefreiungsvemächtnis **XII. 4** Anm. 11
- Ersatzberufung **XII. 4** Anm. 20
- Ersatzvermächtnis **XII. 7** Anm. 3
- Gattungsvermächtnis **XII. 4** Anm. 12
- Gegenstand **XII. 4** Anm. 4 (2)
- Gemeinschaftliches Vermächtnis **XII. 4** Anm. 8
- Haftung des Beschwerten **XII. 4** Anm. 4 (3)
- Kapitalvermächtnis mit Rentenoption **XII. 10**
- zugunsten Minderjähriger **XII. 4** Anm. 14
- Nachlassnießbrauch **XII. 20** Anm. 4 b)
- Nachvermächtnis **XII. 7** Anm. 4
- Nießbrauch an Erbteilen **XII. 21**

- Nießbrauch an Wertpapieren **XII. 22**
- Nießbrauchsvermächtnis **XII. 20**
- Quotennießbrauch an Grundstück **XII. 22**
- Rente **XII. 8** Anm. 13; **XII. 9**
- Restnachlass **XII. 5** Anm. 7
- Rückvermächtnis **XII. 7** Anm. 4 (2)
- Unabhängigkeit von der Person des Beschwerten **XII. 6** Anm. 4
- Universalvermächtnis **XII. 5** Anm. 11
- Untervermächtnis **XII. 7** Anm. 6
- Vermächtnisanordnungen verschiedener Art und Auflagen **XII. 4**
- Vermächtnisanwartschaft **XII. 6** Anm. 5
- Vermächtnisnehmerbestimmung durch Dritten **XII. 8** Anm. 4 (2)
- Verschaffungsanordnung **XII. 4** Anm. 22
- Verschaffungsvermächtnis **XII. 4** Anm. 6
- Versorgung der Ehefrau **XII. 8** Anm. 12
- trotz Verweis auf den Pflichtteil **XII. 6** Anm. 11
- Vorausvermächtnis an Alleinvorerbin **XII. 12** Anm. 7; **XII. 14** Anm. 3
- Vorausvermächtnis des Vorerben **XII. 11** Anm. 11
- Wahlvermächtnis **XII. 4** Anm. 10
- und WEG-Eigentum **XII. 4** Anm. 15
- Zweckvermächtnis **XII. 8** Anm. 13
- Zweckvermächtnis mit Auflage **XII. 4** Anm. 13
- Zweckvermächtnis mit Drittbestimmung **XII. 10** Anm. 7

**Vermächtnisstiftung XV. 3** Anm. 1
**Verschaffungsvermächtnis XII. 4** Anm. 6
**Verschwiegenheitspflicht**
- Arbeitnehmer **XIX. 6** Anm. 11

**Versetzung XIX. 44**
- Betriebsverfassung **XIX. 44** Anm. 5
- unzulässige ~ **XIX. 44** Anm. 4
- vertragliche Regelung **XIX. 44** Anm. 3
- Zulässigkeit **XIX. 44** Anm. 2

**Versorgungsausgleich**
- Ausschluss **IX. 1** 13.2; **IX. 5** Anm. 6.2
- Eheverträge **IX. 1** 13
- Eingriffe **IX. 1** 13.2
- einseitiger Ausschluss **IX. 4** 2
- Kompensation durch private Rentenversicherung **IX. 1** 14
- Scheidungsfolgenvereinbarung **IX. 7** Anm. 7
- Zeitanteilige Herausnahme von Anrechten **IX. 7** Anm. 7

**Verträge zugunsten Dritter auf den Todesfal**
- EuErbVO **XIV. 3** Anm. 1 (4)

**Vertragsstrafe**
- Angemessenheit, Höhe **XIX. 23** Anm. 4
- Aufrechnung **XIX. 23** Anm. 8
- Bestimmtheit, Transparenz **XIX. 23** Anm. 3
- Betriebsverfassungsrecht **XIX. 23** Anm. 9
- Beweisfragen **XIX. 23** Anm. 6
- Herabsetzung **XIX. 23** Anm. 5
- Konkurrenzen **XIX. 23** Anm. 7
- Überraschungsklausel **XIX. 23** Anm. 2a
- Unangemessenheit **XIX. 23** Anm. 5
- Vereinbarung **XIX. 23**
- Zulässigkeit **XIX. 23** Anm. 2
- Zweck **XIX. 23** Anm. 1

**Verwaistes Kind, Annahme X. 3**
**Verzicht**
- Beantragung der Übertragung der Sorge für nichteheliches Kind **X. 7**
- Erb- und Pflichtteilsverzicht **XII. 15; XVI. 1 ff.**

**Volljährigenadoption X. 9**
**Vollmachten VIII. 1 ff.**
- Bietervollmacht **VIII. 7**
- Einzelvollmacht **VIII. 1** Anm. 1
- erbrechtlicher Bezug **VIII. 12**
- Erlöschen **VIII. Einl** Anm. 3
- Erteilung **VIII. Einl** Anm. 1
- Form **VIII. Einl** Anm. 3
- Gesellschaftsrecht **VIII. 13**
- Grundbuchverfahren **VIII. 8** Anm. 1
- Grundstückserwerb **VIII. 5**
- Grundstücksveräußerung **VIII. 4**
- Grundstücksverkehr **VIII. 3 ff.**
- Gründungsvollmacht **VIII. 13** Anm. 3
- Innen- und Außenverhältnis **VIII. Einl** Anm. 2
- Internationale **VIII. 15**
- Internationales Privatrecht **VIII. Einl** Anm. 5
- Nachlassvollmacht **VIII. 12**
- Notarielle Vollzugsvollmachten **VIII. 14**
- Registervollmacht **VIII. 13** Anm. 2
- Spezial- und Generalvollmacht **VIII. 1**
- Stimmrechtsvollmacht **VIII. 11** Anm. 6 (5); **VIII. 13** Anm. 1
- Untervollmacht **VIII. Einl** Anm. 5; **VIII. 2**
- Unwiderrufliche **VIII. Einl** Anm. 4
- Vollmachtsbescheinigung **VIII. 8**
- Vorsorgevollmacht des Unternehmers **VIII. 11**
- Vorsorgevollmacht/Betreuungs- und Patientenverfügung **VIII. 9 f.**
- Zwangsversteigerungsvollmacht **VIII. 7**

**Vollmachtsbescheinigung VIII. 8**
**Vollzugsvollmachten**
- Auslegung **VIII. 14** Anm. 2a
- Finanzierungsvollmacht **VIII. 14** Anm. 3 ff.
- Grundbuchverfahren **VIII. 14** Anm. 2a
- Handelsregisterverfahren **VIII. 14** Anm. 2b
- Kosten **VIII. 14** Anm. 4
- Mitwirkungspflicht des Verkäufers **VIII. 14** Anm. 3a
- notarielle **VIII. 14**
- Notarvollmacht/Mitarbeitervollmacht **VIII. 14** Anm. 2c
- Urkundenvollzug **VIII. 14** Anm. 1

– Vollzugsauftrag **VIII. 14** Anm. 2
**Vor- und Nacherbschaft**
– Abgrenzung zum Nießbrauchsvermächtnis **XII. 11** Anm. 5 (4)
– Allgemeines **XII. 11** Anm. 5 (1)
– Anordnung **XII. 11** Anm. 5
– Anordnung mehrfacher Nacherbfolge **XII. 13**
– befreite Vorerbschaft **XII. 11** Anm. 6
– Erbenhaftung **XII. 11** Anm. 5 (3)
– Erbvertrag mit N. und Pflichtteilsverzicht des Vorerben zwecks Ausschließung der Weitervererbung und Ausschaltung entfernterer Pflichtteilsberechtigter **XII. 15**
– Ersatznacherbschaft **XII. 13**
– gegenständlich beschränkte Nacherbfolge **XII. 12**
– gemeinschaftliches Ehegattentestament **XII. 11**
– Gestaltungsalternative **XII. 15** Anm. 3
– Nacherbeinsetzung unter auflösender Bedingung anderweitiger Verfügungen **XII. 12** Anm. 3
– Nacherbentestamentsvollstreckung **XII. 11** Anm. 24
– Nacherbfolge Nachgeborener **XII. 13** Anm. 5
– Nach-Nacherben **XII. 13** Anm. 4
– Schutz des Nacherben durch Beschränkung des Vorerben **XII. 11** Anm. 5 (2)
– unbekannte Nacherben **XII. 11** Anm. 8
– Unternehmensfortführung durch Vorerben **XII. 12** Anm. 4
– Vererblichkeit und Veräußerlichkeit der Nacherbenanwartschaft **XII. 11** Anm. 9
– Vollstreckungsschutz zugunsten des Nacherben **XII. 17** Anm. 3
– Vorausvermächtnis an Alleinvorerbin **XII. 12** Anm. 7; **XII. 14** Anm. 3
– Vorausvermächtnis des Vorerben **XII. 11** Anm. 11
– Vorerbe als Testamentsvollstrecker? **XII. 12** Anm. 10
**Vorsorgevollmacht des Unternehmers VIII. 11**
– Ausgliederung **VIII. 11** Anm. 6 (4)
– Ausübung der Gesellschafterrechte **VIII. 11** Anm. 4a
– betroffene Unternehmertypen **VIII. 11** Anm. 3
– GbR, ERVGBG und Vollmachten **VIII. 11** Anm. 4b
– Grenzen von Generalvollmachten **VIII. 11** Anm. 4
– Handlungsanweisung **VIII. 11** Anm. 2, Anm. 6 (1)
– mögliche Bevollmächtigte **VIII. 11** Anm. 5
– Prokura **VIII. 11** Anm. 6 (2)
– Rechtsformwechsel **VIII. 11** Anm. 6 (3)
– Regelungsbedarf **VIII. 11** Anm. 1
– Stimmrechtsvollmacht **VIII. 11** Anm. 6 (5)
**Vorsorgevollmacht mit Betreuungs- und Patientenverfügung VIII. 9 f.**
– Auslandsbezug **VIII. 10** Anm. 8
– Befreiung von §181 BGB **VIII. 10** Anm. 5
– Betreuungsverfügung **VIII. 10** Anm. 11
– Bevollmächtigung gegen Entgelt **VIII. 10** Anm. 7
– Einzel-/Gesamtvertretungsberechtigung **VIII. 10** Anm. 4
– Form **VIII. 9** Anm. 4
– gemeinsame Beurkundung **VIII. 9** Anm. 3
– Generalvollmacht **VIII. 10** Anm. 9
– Geschäftsfähigkeit **VIII. 10** Anm. 3
– getrennte Beurkundung **VIII. 9** Anm. 3; **VIII. 10** Anm. 1
– Identitätsfeststellung **VIII. 10** Anm. 2
– Kosten **VIII. 10** Anm. 14
– in persönlichen Angelegenheiten **VIII. 10** Anm. 10
– Rechtsnatur/Begriff **VIII. 9** Anm. 2
– transmortale Vollmacht **VIII. 10** Anm. 6
– Zentrales Vorsorgeregister **VIII. 10** Anm. 13

**Wechselbezügliche Verfügungen XII. 11** Anm. 18; **XII. 20** Anm. 13
– Begriff und Zulässigkeit **XII. 24** Anm. 4 (1)
– Berliner Testament **XII. 24** Anm. 4
– Bindungswirkung **XII. 24** Anm. 4 (4)
– einseitige Beseitigung der Bindungswirkung **XII. 24** Anm. 4 (6)
– Erbverträge **XII. 26** Anm. 3 (3)
– Feststellung der Wechselbezüglichkeit **XII. 24** Anm. 4 (3)
– Wirkung auf andere letztwillige Verfügungen **XII. 24** Anm. 4 (5)
– Wirkung der Wechselbezüglichkeit **XII. 24** Anm. 4 (2)
**Weihnachtsgeld XIX. 7** Anm. 17
**Weihnachtsgratifikation mit Bindungsklauseln**
– Betriebsverfassung **XIX. 29** Anm. 9
– Inhalt **XIX. 29** Anm. 1
– Kürzung, Fehlzeiten **XIX. 29** Anm. 3
– Pfändung, Insolvenz **XIX. 29** Anm. 8
– Rückzahlungsklausel, Bindungsfrist **XIX. 29** Anm. 5
– Steuern, Sozialversicherung **XIX. 29** Anm. 7
– Stichtag **XIX. 29** Anm. 4
– Widerrufsvorbehalt, Freiwilligkeitsvorbehalt **XIX. 29** Anm. 6
**Wettbewerbsverbot XIX. 1** Anm. 10; **XIX. 7** Anm. 19
**Wettbewerbsvereinbarung XIX. 21**
– Alternativen **XIX. 21** Anm. 2
– für Arbeitnehmer **XIX. 21**
– Ausgleichsklauseln, Ausschlussfristen **XIX. 21** Anm. 9
– Form **XIX. 21** Anm. 8
– Karenzentschädigung **XIX. 21** Anm. 5 f.

– Rechtsfolgen eines Verstoßes **XIX. 21** Anm. 7
– Rechtswirksamkeit **XIX. 21** Anm. 3
– Sicherung **XIX. 21** Anm. 7
– Steuern **XIX. 21** Anm. 10
– Umfang des Wettbewerbsverbots **XIX. 21** Anm. 4
– Verzicht **XIX. 21** Anm. 6
– Wegfall Wettbewerbsverbot/Karenzentschädigung **XIX. 21** Anm. 6
**Widerruf**
– der Einwilligung in die Annahme durch das vierzehnjährige nicht geschäftsunfähige Kind (§ 1746 Abs. 2 BGB) **X. 8**
**Wiederverheiratungsklausel XII. 20** Anm. 7
– Einheitslösung **XII. 24** Anm. 7 b)
– Gemeinschaftliches Ehegattentestament mit Vorerbschaft des Überlebenden **XII. 11** Anm. 10
– Pflichtteil **XII. 24** Anm. 7 d)
– Trennungslösung **XII. 24** Anm. 7 a)
– Wegfall der Bindung **XII. 24** Anm. 7 d)
**Wiederverheiratungsvermächtnis**
**XII. 24** Anm. 7 c)
**Wirkungsfeststellung, Antrag**
– Adoptionswirkungsgesetz **X. 10**
**Wohnungsrecht**
– Testament mit Vermächtnisanordnungen **XII. 4** Anm. 5
– Vermächtnis **XII. 9** Anm. 8

**Zentrales Testamentsregister IX. 5** Anm. 6.3; **XI. 1** Anm. 17
**Zugewinnausgleich**
– Abweichung vom Halbteilungsgrundsatz **IX. 4** 1
– Ausschluss **IX. 1** 6; **IX. 3** 2
– bei Diskrepanzehe **IX. 4** 1
– Einschränkung der Teilhabe **IX. 4**
– fliegender **IX. 1** 9
– Güterstandsschaukel **IX. 5**
– Herausnahme echter Wertsteigerungen **IX. 2** 1 ff.
– Kompensation des Verzichts **IX. 1** 8
**Zugewinngemeinschaft**
– modifizierte **IX. 1** 6.2
**Zugewinnprivileg**
– aus § 5 ErbStG **IX. 6** Anm. 1
**Zustiftung**
– Besonderer Spendenabzug **XV. 9** Anm. 2
– Form **XV. 9** Anm. 3
– Rechtsnatur **XV. 9** Anm. 1
**Zuwendung des Nachlasses im Ganzen oder zu Bruchteilen XII. 3**
**Zuwendung einzelner Nachlassgegenstände XII. 4**
**Zuwendungen (s. a. Ehebedingte Zuwendungen)**
– bedingte ~ **XII. 23**
– an Mitarbeiter in besonderen Wohnformen **XII. 5** Anm. 8
**Zuwendungsverzicht XVI. 1** Anm. 3 (6)
**Zwangsversteigerungsvollmacht VIII. 7**
**Zwangsvollstreckungsunterwerfung**
– Vermächtnis einer Rente, dauernden Last und Wohnungsrecht **XII. 9** Anm. 7
**Zweckempfohlene Spende XV. 10**
– Buchführung **XV. 10** Anm. 4
– Rechtsnatur **XV. 10** Anm. 1
– Zeitnahe Mittelverwendung **XV. 10** Anm. 2
– Zweckbindung **XV. 10** Anm. 3
**Zwischenbescheinigung für Arbeitspapiere XIX. 46**
– Holschuld **XIX. 46** Anm. 2
– Schadensersatz **XIX. 46** Anm. 3
– Verfahrensrecht **XIX. 46** Anm. 3